JN085343

監査法規集

第5版

中央経済社 編

中央経済社

序

わが国の財務諸表監査制度は、昭和23年７月に制定された証券取引法に基づき、昭和26年７月に「会計制度監査」として段階的に始り、昭和32年１月からは「正規の財務諸表監査」として全面的に開始された。

こうしたなか、公認会計士が監査を行う際に遵守しなければならない監査基準は、昭和25年７月の制定以来、数次にわたって改訂されてきた。とくに、平成14年１月には、公認会計士監査による適正なディスクロージャーの確保や、監査の質の向上に対する社会の要求が高まってきたこと等により全面改訂された。この平成14年全面改訂監査基準は、その後も監査基準の基本的な思考体系として踏襲され、その後の数次にわたる改訂においても基本部分として維持された。そうしたなかで26年２月には、監査の対象に特別目的の財務諸表が加えられ、また監査の目的に準拠性監査が加えられるという大改訂が行われた。この結果、監査意見は４種類になった。この26年大改訂によって、それまで部分改訂されてきた14年改訂監査基準に新たな基準が付け加わることになった。改訂はその後も続き、30年７月には監査報告書に「監査上の主要な検討事項」の記載が求められることになり、また監査意見を監査報告書の冒頭に記載することに変更された。令和元年９月には、監査報告書に限定付適正意見と不適正意見または意見不表明との相違の理由を記載する等の改訂が行われた。そして、令和２年11月には追記情報に関する「その他の記載内容」に対する監査手続の明確化と、リスク・アプローチ監査の強化を内容とした監査基準の改訂が公表された。

以上のように、監査基準は当初の制定以来さまざまに改訂されたが、これに対応して、日本公認会計士協会の監査基準委員会報告書等も数度にわたって改正されている。

このような監査基準の改訂を中心とする財務諸表監査制度の充実の結果、財務諸表監査に関する諸基準、諸報告（書）、諸法令等は膨大なものとなった。本書は、これらの諸基準等を体系的に整理し、読者が利用しやすいように編集したものである。

本書が監査論の学習・研究用に、また、公認会計士や企業等の経理部において監査実務に従事されている方々の座右の書として広く活用されることを希望してやまない。

令和３年５月

編　者

本書の利用にあたって

1　本書は、公認会計士試験「監査論」の受験学習、監査論の研究、そして公認会計士や企業等の方々の監査実務に役立つように編集したものです。

2　本書で収録している資料は、監査基準、『公認会計士試験用法令基準等（監査論）』の諸基準、日本公認会計士協会委員会報告（書）等で、いずれも令和３年５月20日までに公表されたものです。

3　収録した資料には、公表した機関名、公表年月日または最終改正年月日を明記しています。

4　本書は、次の特徴をもっています。

⑴　公認会計士試験時に貸与される『試験用法令基準等』に収録されている委員会報告（書）については、目次、中扉、本文見出しに＊を付して明示しています。

なお、監査基準等、日本公認会計士協会委員会報告（書）の付録と、「財務諸表等の監査証明に関する内閣府令・同ガイドライン」の様式は、『試験用法令基準等』には収録されていませんが、本書では収録しています。

⑵　会社法、金融商品取引法、公認会計士法等については、監査論の観点から条文を抄録しています。

⑶　法令の収録にあたっては、法律の各条文に関連する政・府令を┆┆で囲み、該当する条項の後で掲出しています。政令が複数の条項に関連する場合は、初出条項の後に掲出し、再出の際は、その条項番号のみを示しています。

⑷　読者の参考のために、「監査基準委員会報告書」一覧を次頁に収録しています。

⑸　検索の便宜に供するために、巻末にインデックスシールを添付しています。

5　公認会計士試験「会計学」の学習受験にあたっては、姉妹書の『会計法規集』をあわせてご利用ください。

●監査基準委員会報告書一覧●

（　）は公表日・最終改正日

報告書番号	監査基準委員会報告書
序	監査基準委員会報告書の体系及び用語（2016.1.26）
200-299 監査全般にわたる基本的事項と責任	
200	財務諸表監査における総括的な目的（2021.1.14）
210	監査業務の契約条件の合意（2021.1.14）
220	監査業務における品質管理（2019.2.27）
230	監査調書（2021.1.14）
240	財務諸表監査における不正（2021.1.14）
250	財務諸表監査における法令の検討（2019.6.12）
260	監査役等とのコミュニケーション（2021.1.14）
265	内部統制の不備に関するコミュニケーション（2019.6.12）
300-499 リスク評価及び評価したリスクへの対応	
300	監査計画（2019.6.12）
315	企業及び企業環境の理解を通じた重要な虚偽表示リスクの識別と評価（2019.6.12）
320	監査の計画及び実施における重要性（2019.6.12）
330	評価したリスクに対応する監査人の手続（2019.6.12）
402	業務を委託している企業の監査上の考慮事項（2015.5.29）
450	監査の過程で識別した虚偽表示の評価（2021.1.14）
500-599 監査証拠	
500	監査証拠（2021.1.14）
501	特定項目の監査証拠（2019.6.12）
505	確認（2015.5.29）
510	初年度監査の期首残高（2021.1.14）
520	分析的手続（2019.6.12）
530	監査サンプリング（2011.12.22）
540	会計上の見積りの監査（2021.1.14）
550	関連当事者（2021.1.14）
560	後発事象（2021.1.14）
570	継続企業（2021.1.14）
580	経営者確認書（2021.1.14）
600-699 他者の作業の利用	
600	グループ監査（2021.1.14）
610	内部監査人の作業の利用（2021.1.14）
620	専門家の業務の利用（2011.12.22）
700-799 監査の結論及び報告	
700	財務諸表に対する意見の形成と監査報告（2021.1.14）
701	独立監査人の監査報告書における監査上の主要な検討事項の報告（2021.1.14）
705	独立監査人の監査報告書における除外事項付意見（2021.1.14）
706	独立監査人の監査報告書における強調事項区分とその他の事項区分（2021.1.14）
710	過年度の比較情報－対応数値と比較財務諸表（2021.1.14）
720	その他の記載内容に関連する監査人の責任（2021.1.14）
800-899 特殊な監査業務	
800	特別目的の財務報告の枠組みに準拠して作成された財務諸表に対する監査（2021.1.14）
805	個別の財務表又は財務諸表項目等に対する監査（2021.1.14）
810	要約財務諸表に関する報告業務（2016.1.26）
900-999 その他の考慮事項	
900	監査人の交代（2019.6.12）
910	中間監査（2021.1.14）

目　次

I　企業会計審議会編

II　公認会計士協会委員会報告編

III　関係法令編

IV　法改正解釈指針編

I　企業会計審議会編

監査基準

目　次

監査基準の改訂について

（平成14年１月25日
企業会計審議会）

一　経　緯

１．審議の背景

公認会計士（監査法人を含む。）による財務諸表の監査（以下「公認会計士監査」という。）は、財務諸表の信頼性を担保するための制度であり、その規範となる監査基準は、財務諸表の作成規範である会計基準とともに、適正なディスクロージャーを確保するための重要なインフラストラクチャーである。

我が国の監査基準は、証券取引法に基づく公認会計士監査が昭和25年に導入されたことに伴い、「監査基準」及び「監査実施準則」という構成で設けられ、その後、昭和31年には正規の監査の実施に伴い「監査報告準則」も加わって今日の監査基準の構成が固まった。また、昭和40年から41年にかけて粉飾決算事件の発生等に対処する「監査実施準則」及び「監査報告準則」の大幅な改訂、昭和57年には企業会計原則の一部修正に伴う改訂、昭和58年には後発事象に関する改訂が行われた。さらに、平成元年から平成３年にかけての「監査基準」、「監査実施準則」及び「監査報告準則」の改訂においては、いわゆるリスク・アプローチの考え方が採用され、新たな内部統制概念の導入、監査報告書における特記事項の記載、経営者確認書の入手の義務づけ等による監査基準の充実強化と個別具体的な監査手続の削除による監査基準の純化が図られたところである。直近では、平成10年に、キャッシュ・フロー計算書が証券取引法上の財務諸表に加えられたことに対応して若干の改訂が行われ、現在の監査基準となっている。

平成３年の監査基準の改訂から既に10年余が経過しており、我が国企業の活動の複雑化や資本市場の国際的な一体化を背景として、公認会計士監査による適正なディスクロージャーの確保とともに、公認会計士監査の質の向上に対する要求が国際的にも高まっている。さらに、最近、経営が破綻した企業の中には、直前の決算において公認会計士の適正意見が付されていたにも関わらず、破綻後には大幅な債務超過となっているとされているものや、破綻に至るまで経営者が不正を行っていたとされるものもある。こういった事態に対し、なぜ、公認会計士監査でこれらを発見することができなかったのか、公認会計士監査は果たして有効に機能していたのか等の厳しい指摘や批判が行われている。

このような状況を背景として、平成11年10月に開催された当審議会総会において、「監査基準等の一層の充実」を審議事項とすることが決定され、第二部会において審議が行われることとなった。

２．審議の経緯

当審議会では、国際的な監査基準の動向をも踏まえ、「監査基準」、「監査実施準則」及び「監査報告準則」全般にわたって改訂すべき事項について網羅的に検討を行い、平成12年６月に「監査基準等の一層の充実に関する論点整理」(以下「論点整理」という。) を公表した。

論点整理では、企業が公表する財務諸表に対して公認会計士が独立の立場から実施する監査について、その信頼性の一層の向上を各方面から求められていることが明らかになったとの認識が示された。その背景を要約すれば、⑴過剰流動性が現出させた飽和経済の崩壊に伴う企業破綻、あるいは信用力の低下が、企業の公表する財務諸表だけでなく、その信頼性に関し独立の立場から職業的専門家としての意見を表明する監査の機能に対しても批判を引き起こしたこと、⑵近年の情報技術 (IT) の高度化は世界的な規模での市場経済化を促し、資本市場ならびに企業活動の国際化も進展させ、企業が公表する財務諸表の監査に対しても、国際的な水準での機能向上が求められていることが挙げられる。

このような認識に基づき、我が国のコーポレート・ガバナンスの変化や国際的な監査基準の展開をも視野に入れ、監査基準の具体的な改訂について審議を行った。平成13年６月には、財務諸表の重要な虚偽の表示の原因となる不正を発見する姿勢の強化、ゴーイング・コンサーン (継続企業の前提) 問題への対処、リスク・アプローチの徹底、新たな会計基準への対応及び監査報告書の充実を図ることを改訂の重要なポイントとし、前文を含め監査基準を全面的に見直した「監査基準の改訂に関する意見書 (公開草案)」を公表して、広く各界の意見を求めた。当審議会は、寄せられた意見を参考にしつつ更に審議を行い、公開草案の内容を一部修正して、これを「監査基準の改訂に関する意見書」として公表することとした。

二　改訂基準の性格、構成及び位置付け

１．改訂基準の性格

監査基準の基本的性格は、昭和25年に我が国に監査基準が設けられた折、「監査基準は、監査実務の中に慣習として発達したもののなかから、一般に公正妥当と認められたところを帰納要約した原則であつて、職業的監査人は、財務諸表の監査を行うに当り、法令によつて強制されなくとも、常にこれを遵守しなければならない。」と明示されたところであり、今日においても、その性格は変わるものではない。

しかし、前述のように、近年、資本市場や企業活動の国際化、企業が採用する情報技術の高度化、さらに連結財務諸表原則の改訂を初めとする会計基準の改訂や新設など、我が国における公認会計士監査をめぐる環境は大きく変貌している。これらの動きに対応して、監査人個々人のみならず監査事務所などの組織としても監査の実施体制を充実し、さらに監査の質の管理と向上に注意を払う必要性が認識されているところであり、また、これらは国際的な動向とも歩調を合わせることが求められている。

一方、国民経済的な視点からは、市場経済が一層の進展を見せ、いわゆる投資者の自己責任原則が種々の方面で徹底されるようになるにつれ、企業が公表する財務情報の信頼性の確保について、従来とは比較できないほどに社会の期待と関心が高まっている。当然に、公認会計士監査に対しても、その充実が求められている。

このような背景を踏まえ、今般の改訂では、単に我が国の公認会計士監査の最大公約数的な実務を基準化するという方針ではなく、将来にわたっての公認会計士監査の方向性を捉え、また、国際的にも遜色のない監査の水準を達成できるようにするための基準を設定することを目的としている。さらに、公認会計士監査に対する社会の種々の期待に可能な範囲で応えることも改訂基準の意図したところである。

２．改訂基準の構成

今般の改訂では、諸外国のように各項目ごとに個々の基準を設けるという形式は採らず、１つの基準とする形式は維持することとしたが、「監査実施準則」及び「監査報告準則」を廃止し、監査基準という１つの枠組みの中で、一般基準、実施基準及び報告基準の区分とした。その上で、実施

基準及び報告基準について基本原則を置くとともに、項目を区分して基準化する方法を採った。

「監査実施準則」及び「監査報告準則」は、監査慣行が十分に確立していない状況において、抽象的な監査基準を補足するものとして設けられたという経緯がある。平成３年の監査基準の改訂において、「監査実施準則」の純化が大幅に行われ、監査基準を補足する具体的な指針を示す役割は日本公認会計士協会に委ねられることとなった。その後、日本公認会計士協会から、逐次、監査に係る具体的な指針が公表され、相当の整備が行われている。このような状況を踏まえると、各準則の位置付けが曖昧なものとなることから、各準則を廃止し、監査基準とこれを具体化した日本公認会計士協会の指針により、我が国における一般に公正妥当と認められる監査の基準の体系とすることが適切と判断した。なお、改訂基準の解釈にあたっては、この前文に示された趣旨を含めて理解することが必要である。

３．監査基準の位置付け

改訂基準における監査の目的が示す枠組み及びこれから引き出されたそれぞれの基準は、証券取引法に基づく監査のみならず、株式会社の監査等に関する商法の特例に関する法律に基づく監査など、財務諸表の種類や意見として表明すべき事項を異にする監査も含め、公認会計士監査のすべてに共通するものである。

一方、監査に類似する証明の業務としていわゆるレビューがある。レビューは、諸外国では、財務諸表には会計基準に照らして特に修正を要する重要な事項は見当たらなかったことを、限定した手続により消極的に証明する業務であるとされており、財務諸表全体が適正であるかどうかについて意見の表明を行う監査とは、その保証水準を明確に異にするものである。したがって、レビューが監査の一環又は一部であると誤解され、監査と混同されると、却って監査に対する信頼を損ねる虞が生じることから、レビューについては監査基準の対象としていない。このような消極的な証明を行う業務については、種々異なる需要があるので、日本公認会計士協会が適切な指針を作成する方が、実務に柔軟に対応することができると考えられる。

三　主な改訂点とその考え方

１．監査の目的

従来、監査基準は監査それ自体の目的を明確にしてこなかったために、監査の役割について種々の理解を与え、これがいわゆる「期待のギャップ」を醸成させてきたことは否めない。また、監査の目的を明確にすることにより、監査基準の枠組みも自ずと決まることになる。このような趣旨から、改訂基準において監査の目的を明らかにすることとしたが、その内容については、以下の点に留意して理解することが必要である。

⑴　監査の目的は、経営者の作成した財務諸表に対して監査人が意見を表明することにあり、財務諸表の作成に対する経営者の責任と、当該財務諸表の適正表示に関する意見表明に対する監査人の責任との区別(二重責任の原則)を明示した。

⑵　監査人が表明する意見は、財務諸表が一般に公正妥当と認められる企業会計の基準に準拠して、企業の財政状態、経営成績及びキャッシュ・フローの状況をすべての重要な点において適正に表示しているかどうかについて、監査人が自ら入手した監査証拠に基づいて判断した結果を表明したものであることを明確にした。

⑶　改訂基準では、基本的な構成からなる財務諸表に対する監査を前提として、財務諸表が企業の財政状態、経営成績及びキャッシュ・フローの状況を適正に表示しているかどうかについて意見を表明するとしているが、監査の対象となる財務諸表の種類、あるいは監査の根拠となる制度や契約事項が異なれば、それに応じて、意見の表明の形式は異なるものとなる。

⑷　適正意見と虚偽の表示との関係について、監査人が財務諸表は適正に表示されているとの意見を表明することには、財務諸表には全

体として重要な虚偽の表示がないことの合理的な保証を得たとの自らの判断が含まれていることを明確にした。

⑸　合理的な保証を得たとは、監査が対象とする財務諸表の性格的な特徴（例えば、財務諸表の作成には経営者による見積りの要素が多く含まれること）や監査の特性（例えば、試査で行われること）などの条件がある中で、職業的専門家としての監査人が一般に公正妥当と認められる監査の基準に従って監査を実施して、絶対的ではないが相当程度の心証を得たことを意味する。

なお、監査報告書における適正意見の表明は、財務諸表及び監査報告書の利用者からは、結果的に、財務諸表には全体として重要な虚偽の表示がないことについて、合理的な範囲での保証を与えているものと理解されることになる。

2．一般基準の改訂について

近年の監査を巡る環境の変化は、従来の一般基準により監査人に求められていた専門的能力や実務経験、独立性、公正不偏性、注意義務などの要件を一層徹底させ、また、監査人の自主的かつ道義的な判断や行動に任せていた点を制度的に担保する方向へと動かすものとなっていることも事実である。それらの現代的な動向は従来の監査基準では必ずしも十分に反映されていなかったので、改訂基準は以下の点でこれを改めることとした。

⑴　専門的能力の向上と知識の蓄積

監査人は、近年の資本市場の国際化、企業の大規模化や取引活動の複雑化、会計処理の技術的進展、会計基準の高度の専門化などに対応するために、職業的専門家としての能力の維持・研鑽に努め、実務経験を積み、これらの能力や知識を監査の実務に活かすことにより、これまで以上に監査に対する社会の期待に応えることが求められている。

⑵　公正不偏の態度と独立性の保持

監査人は、監査の実施に当たって、精神的に公正不偏の態度を保持することが求められ、独立性の保持を最も重視しなければならない。そのため、公正不偏な態度に影響を及ぼす可能性という観点から、独立の立場を損なう特定の利害関係を有することはもとより、このような関係を有しているとの疑いを招く外観を呈することがあってはならないことを明確にした。

⑶　職業的懐疑心

監査人としての責任の遂行の基本は、職業的専門家としての正当な注意を払うことにある。その中で、監査という業務の性格上、監査計画の策定から、その実施、監査証拠の評価、意見の形成に至るまで、財務諸表に重要な虚偽の表示が存在する虞に常に注意を払うことを求めるとの観点から、職業的懐疑心を保持すべきことを特に強調した。

⑷　不正等に起因する虚偽の表示への対応

財務諸表の虚偽の表示は、経営者による会計方針の選択や適用などの際の判断の誤りのみならず事務的な過誤によってももたらされるが、重要な虚偽の表示の多くは、財務諸表の利用者を欺くために不正な報告（いわゆる粉飾）をすること、あるいは、資産の流用などの行為を隠蔽するために意図的に虚偽の記録や改竄等を行うことに起因すると考えられる。そこで、監査人はこのような不正等について特段の注意を払うとともに、監査の過程において不正等を発見した場合には、経営者等に適切な対応を求めるとともに、その財務諸表への影響について評価することを求めることとした。

なお、違法行為については、それ自体を発見することが監査人の責任ではなく、その判断には法律の専門的な知識が必要となることも多い。また、違法行為は必ずしも財務諸表の重要な虚偽の表示の原因となるものではないが、監査人が重要な虚偽の表示につながる虞のある違法行為を発見した場合には、不正等を発見した場合に準じて適切な対応をとることになる。

⑸　監査調書

企業の大規模化や企業活動の複雑化は、とりもなおさず監査人の膨大な作業と高度な判断を要求するが、それらの作業や判断の質を自らあるいは組織的に管理するためには、監査調書の作成が不可欠である。また、監査人は自らの責任を問われるような事態に対処し、説明責任を果たすためにも、監査計画の策定から意見の形成に至るまでの監査全体について、判断の過程も含めて記録を残すことを求めることとした。なお、今後、コンピュータを利用して監査調書を作成することも視野に入れ、特に、文書による保存という表現は用いていない。

(6) 監査の質の管理

財務諸表の監査に携わる監査人に対して、自らの監査業務の質の確保に十全な注意を払うとともに、組織としても監査業務の質を担保するための管理の方針と手続を定め、さらに、その実効性の確認までを求めることを明確にした。監査業務の質の確保は、監査補助者の監督、他の監査人の監査結果の利用などに関しても同様に求められるものである。また、監査業務の質の確保には、新規に監査契約を締結する際における調査や前任監査人との引き継ぎ等も含まれる。

(7) 守秘義務

監査人が監査業務上知り得た事項を正当な理由なく他に漏らしたり、窃用することは、職業倫理の上から許されないことは当然であり、そのような行為は監査を受ける企業との信頼関係を損ない、監査業務の効率的な遂行を妨げる原因ともなりかねないことから、敢えて一般基準の1つとして維持することとした。ただし、監査人の交代に当たっての前任監査人からの引継ぎ、親子会社で監査人が異なるときに親会社の監査人が子会社の監査人から情報を入手すること、監査の質の管理のために必要な外部の審査を受けることなどは監査業務の充実に関連することであり、そのような場合には、関係者間の合意を得るなどにより、守秘義務の解除を図る必要がある。

3．リスク・アプローチの明確化について

(1) リスク・アプローチの意義

平成３年の監査基準の改訂でリスク・アプローチの考え方をとり入れたところであるが、なおも我が国の監査実務に浸透するには至っていない。その原因の一端は監査基準の中でリスク・アプローチの枠組みが必ずしも明確に示されなかったことにもある。しかし、リスク・アプローチに基づく監査は、重要な虚偽の表示が生じる可能性が高い事項について重点的に監査の人員や時間を充てることにより、監査を効果的かつ効率的なものとすることができることから、国際的な監査基準においても採用されているものである。我が国の監査実務においてもさらなる浸透を図るべく、改訂基準ではリスク・アプローチに基づく監査の仕組みをより一層明確にした。

(2) リスクの諸概念及び用語法

従来「監査上の危険性」としていた用語を国際的な用語法に改めて「監査リスク」とし、固有リスク、統制リスク、発見リスクという３つのリスク要素と監査リスクの関係を明らかにすることとした。監査実務において、これらのリスクは、実際には複合的な状態で存在することもあり、必ずしも明確に切りわけられるものではないが、改訂基準ではリスク・アプローチの基本的な枠組みを示すことを主眼としており、実際の監査においてはより工夫した手続が用いられることになる。なお、改訂基準におけるこれらの用語は以下の意味で用いられている。

① 「監査リスク」とは、監査人が、財務諸表の重要な虚偽の表示を看過して誤った意見を形成する可能性をいう。

② 「固有リスク」とは、関連する内部統制が存在していないとの仮定の上で、財務諸表に重要な虚偽の表示がなされる可能性をいい、経営環境により影響を受ける種々のリスク、特定の取引記録及び財務諸表項目が本来有するリスクからなる。

③ 「統制リスク」とは、財務諸表の重要な虚偽の表示が、企業の内部統制によって防止又は適時に発見されない可能性をいう。

④ 「発見リスク」とは、企業の内部統制によって防止又は発見されなかった財務諸表

の重要な虚偽の表示が、監査手続を実施してもなお発見されない可能性をいう。

(3)　**リスク・アプローチの考え方**

リスク・アプローチに基づく監査の実施においては、監査リスクを合理的に低い水準に抑えることが求められる。すなわち、監査人の権限や監査時間等には制約もある中で、財務諸表の利用者の判断を誤らせることになるような重要な虚偽の表示を看過するリスクを合理的な水準に抑えることが求められるのである。このため、固有リスクと統制リスクとを評価することにより、虚偽の表示が行われる可能性に応じて、監査人が自ら行う監査手続やその実施の時期及び範囲を策定するための基礎となる発見リスクの水準を決定することが求められる。例えば、固有リスク及び統制リスクが高い（虚偽の表示が行われる可能性が高い）と判断したときは、自ら設定した合理的な監査リスクの水準が達成されるように、発見リスクの水準を低く（虚偽の表示を看過する可能性を低く）設定し、より詳細な監査手続を実施することが必要となる。また、固有リスク及び統制リスクが低いと判断したときは、発見リスクを高めに設定し、適度な監査手続により合理的な監査リスクの水準が達成できることとなる。このように、固有リスクと統制リスクの評価を通じて、発見リスクの水準が決定される。

(4)　**リスク評価の位置付け**

このようなリスク・アプローチの考え方は、虚偽の表示が行われる可能性の要因に着目し、その評価を通じて実施する監査手続やその実施の時期及び範囲を決定することにより、より効果的でかつ効率的な監査を実現しようとするものである。これは、企業が自ら十分な内部統制を構築し適切に運用することにより、虚偽の表示が行われる可能性を減少させるほど、監査も効率的に実施され得ることにもなる。したがって、リスク・アプローチに基づいて監査を実施するためには、監査人による各リスクの評価が決定的に重要となる。そのために、景気の動向、企業が属する産業の状況、企業の社会的信用、企業の事業内容、経営者の経営方針や理念、情報技術の利用状況、事業組織や人的構成、経営者や従業員の資質、内部統制の機能、その他経営活動に関わる情報を入手することが求められる。監査人がこれらの情報の入手やリスクの評価を行うに当たっては、経営者等とのディスカッションが有効であると考えられ、こういった手法を通じて、経営者等の認識や評価を理解することが重要となる。

４．監査上の重要性について

監査上の重要性は、監査計画の策定と監査の実施、監査証拠の評価ならびに意見形成のすべてに関わる監査人の判断の規準であり、次のように適用される。

(1)　監査人は、監査計画の策定に当たり、財務諸表の重要な虚偽の表示を看過しないようにするために、容認可能な重要性の基準値（通常は、金額的な数値が設けられる）を決定し、これをもとに、達成すべき監査リスクの水準も勘案しながら、特定の勘定や取引について実施すべき監査手続、その実施の時期及び範囲を決定し、監査を実施する。

(2)　監査人は、監査の実施の過程で判明した重要な虚偽の表示につながる可能性のある事項については、その金額的影響及び質的影響（例えば、少額であっても他の関連項目や次年度以降に重要な影響を与える可能性がある）を検討し、必要であれば、監査の実施の結果を見直したり、追加の監査手続を実施するが、このような金額的・質的影響の評価に関わる判断の規準も監査上の重要性の一部となる。

(3)　監査人は、監査意見の形成に当たって、会計方針の選択やその適用方法、あるいは財務諸表の表示方法について不適切な事項がある場合に、当該事項を除外した上で適正とするか又は財務諸表を不適正とするかを判断するが、この判断の規準も監査上の重要性を構成する。

(4)　監査人は、監査を実施する上で一部の監査手続を実施できなかったり、必要な証拠の提供を得られないなどの制約を受けた場合に、当該事実が影響する事項を除外した上で意見を表明するか又は意見の表明をしないかを判断するが、この場合の判断の規準も監査上の重要性の一部となる。

５．内部統制の概念について

リスク・アプローチを採用する場合、アプローチを構成する各リスクの評価が肝要となるが、なかでも統制リスクの評価は監査の成否の鍵となる。監査人としては、企業に内部統制が整備されていない場合には、意見形成の合理的な基礎を得ることが著しく困難なものとなる。したがって、企業としても、効果的かつ効率的な監査を受けるためには内部統制の充実を図ることが欠かせないことになる。十分かつ適切に内部統制が運用されている企業については、利用し得る範囲において内部監査との連携等も考慮して、一層の効果的かつ効率的な監査が行われることが期待される。監査人としても、内部統制の重要な欠陥を発見した場合には、経営者等にその改善を促すことが望ましい。

ここで、内部統制とは、企業の財務報告の信頼性を確保し、事業経営の有効性と効率性を高め、かつ事業経営に関わる法規の遵守を促すことを目的として企業内部に設けられ、運用される仕組みと理解される。

内部統制は、⑴経営者の経営理念や基本的経営方針、取締役会や監査役の有する機能、社風や慣行などからなる統制環境、⑵企業目的に影響を与えるすべての経営リスクを認識し、その性質を分類し、発生の頻度や影響を評価するリスク評価の機能、⑶権限や職責の付与及び職務の分掌を含む諸種の統制活動、⑷必要な情報が関係する組織や責任者に、適宜、適切に伝えられることを確保する情報・伝達の機能、⑸これらの機能の状況が常時監視され、評価され、是正されることを可能とする監視活動という５つの要素から構成され、これらの諸要素が経営管理の仕組みに組み込まれて一体となって機能することで上記の目的が達成される。

このような内部統制の概念と構成要素は国際的にも共通に理解されているものであるが、それぞれの企業において、具体的にどのような内部統制の仕組みを構築し、どのように運用するかということについては、各国の法制や社会慣行あるいは個々の企業の置かれた環境や事業の特性等を踏まえ、経営者自らが、ここに示した内部統制の機能と役割を効果的に達成し得るよう工夫していくべきものである。

なお、監査人による統制リスクの評価対象は、基本的に、企業の財務報告の信頼性を確保する目的に係る内部統制であるが、そのための具体的な仕組み及び運用の状況は企業によって異なるため、監査人が内部統制を評価するに当たっては上記５つの要素に留意しなければならない。

６．継続企業の前提について

⑴　継続企業の前提に対する対処

企業が将来にわたって事業活動を継続するとの前提（以下「継続企業の前提」という。）について、監査人が検討することに対する社会の期待が存在する。背景には、近年我が国で企業破綻の事例が相次ぎ、利害関係者の要望が強くなったことがある。さらに、すでに米国をはじめとする主要国の監査基準、ならびに国際監査基準（ISA）は、継続企業の前提に関して監査人が検討を行うことを義務づけていることからも、改訂基準で導入することが適当と判断したものである。

⑵　監査上の判断の枠組み

継続企業の前提に関わる監査基準のあり方としては、監査人の責任はあくまでも二重責任の原則に裏付けられたものとしている。経営者は、財務諸表の作成に当たって継続企業の前提が成立しているかどうかを判断し、継続企業の前提に重要な疑義を抱かせる事象や状況について、適切な開示を行わなければならない。したがって、継続企業の前提に重要な疑義が認められる場合においても、監査人の責任は、企業の事業継続能力そのものを認定し、企業の存続を保証することにはなく、適切な開示が行われているか否かの判断、すなわち、会計処理や開示の適正性に関する意見表明の枠組みの中で対応することにある。

監査人による継続企業の前提に関する検討は、経営者による継続企業の前提に関する評価を踏まえて行われるものである。具体的には、継続企業の前提に重要な疑義を抱かせる事象や状況の有無、合理的な期間（少なくとも決算日から1年間）について経営者が行った評価、当該事象等を解消あるいは大幅に改善させるための経営者の対応及び経営計画について検討する。

その結果、継続企業の前提に重要な疑義を抱かせる事象や状況が存在し、当該事象等の解消や大幅な改善に重要な不確実性が残るため、継続企業の前提に重要な疑義が認められる場合には、その疑義に関わる事項が財務諸表において適切に開示されていれば（他に除外すべき事項がない場合には）無限定適正意見を表明し、それらの開示が適切でなければ除外事項を付した限定付適正意見を表明するか又は不適正意見を表明する。なお、無限定適正意見を表明する場合には、監査報告書において、財務諸表が継続企業の前提に基づき作成されていることや当該重要な疑義の影響が財務諸表に反映されていないことなどを含め、当該重要な疑義に関する開示について情報を追記することになる。また、経営者が適切な評価を行わず、合理的な経営計画等が経営者から提示されない場合には、監査範囲の制約に相当することとなり、除外事項を付した限定付適正意見を表明するか又は意見を表明しない。ただし、事業の継続が困難であり継続企業の前提が成立していないことが一定の事実をもって明らかなときは不適正意見を表明することになる。

これらは、基本的に国際的ないし主要国の監査基準に沿ったものである。要は、企業の事業継続能力に関わる情報の財務諸表における適切な開示を促すことが継続企業の前提に関わる監査基準の考え方である。

(3)　継続企業の前提に関わる開示

継続企業の前提に影響を与える可能性がある事象や状況を余り広範に捉えると、その影響の重要度や発現時期が混淆し、却って投資判断に関する有用性を損なうとともに、監査人が対処できる限界を超えると考えられる。したがって、公認会計士監査においては、相当程度具体的であってその影響が重要であると認められるような、重要な疑義を抱かせる事象又は状況についてのみ対処することとした。

継続企業の前提に重要な疑義を抱かせる事象や状況としては、企業の破綻の要因を一義的に定義することは困難であることから、財務指標の悪化の傾向、財政破綻の可能性等概括的な表現を用いている。より具体的に例示するとすれば、財務指標の悪化の傾向としては、売上の著しい減少、継続的な営業損失の発生や営業キャッシュ・フローのマイナス、債務超過等が挙げられる。財政破綻の可能性としては、重要な債務の不履行や返済の困難性、新たな資金調達が困難な状況、取引先からの与信の拒絶等が挙げられる。また、事業の継続に不可欠な重要な資産の毀損や権利の失効、重要な市場や取引先の喪失、巨額の損害賠償の履行、その他法令に基づく事業の制約等も考慮すべき事象や状況となると考えられる。いずれにせよ、このような事象や状況が存在する場合には、その旨、その内容、継続企業の前提に関する重要な疑義の存在、当該事象や状況に対する経営者の対応及び経営計画、当該重要な疑義の影響を財務諸表に反映しているか否か等について、財務諸表に注記を義務づけていくことが必要である。

一方、企業活動の継続が損なわれるような重要な事象や状況は突然生起することは稀であり、財務諸表の注記が行われるまで何ら投資者に情報が開示されないことも問題であると考えられる。したがって、上記のような事象や状況につながる虞のある重要な事項については、有価証券報告書や営業報告書等において適切に開示されることが求められる。

7．情報技術（IT）の利用と監査の対応について

企業における情報技術の利用は監査実務にも大きな影響を与えている。特に、監査対象の財務諸

表の基礎となる会計情報を処理するシステムが情報技術を高度に取り入れたものである場合は、監査の実施に当たって、統制リスク等の各種のリスク評価に大きく関係する。また、企業が利用している情報技術とシステムに関する十分な知識と対応できる技術的な能力の保持が監査人に求められるという意味で、監査人自身にとってもその責任の履行上、重要な影響が生じることとなる。

改訂基準では、このような状況を背景にして、企業における情報技術の利用に対応したいくつかの措置を講じているが、これも基本的な指示に止まっており、より技術的な指示は日本公認会計士協会の指針において設けられる必要がある。

8．実施基準に関わるその他の改訂事項

⑴　監査計画の充実

監査計画を策定することの重要性については、これまでも「監査基準」で指示されてきたところであるが、リスク・アプローチのもとでは、各リスクの評価と監査手続、監査証拠の評価ならびに意見の形成との間の相関性が一層強くなり、この間の一体性を維持し、監査業務の適切な管理をするために監査計画はより重要性を増している。改訂基準では、これらの点に鑑み、リスク・アプローチに基づいた監査計画の策定のあり方を指示した。

⑵　監査要点と監査証拠

監査要点とは、財務諸表の基礎となる取引や会計事象等の構成要素について立証すべき目標であり、実施基準において、実在性、網羅性、権利と義務の帰属、評価の妥当性、期間配分の適切性、表示の妥当性等を挙げるとともに、監査要点に適合した十分かつ適切な監査証拠を入手することを求めている。なお、監査要点は、監査を受ける企業の業種、組織、情報処理システムなどに対応して監査人が自らの判断で設定することが基本となる。

⑶　監査手続

改訂前の「監査基準」においては、監査人が自己の意見表明の合理的な基礎を得るために必要と認めて実施する監査手続として「通常実施すべき監査手続」という概念を用いたが、この表現は、あたかも定型的な監査手続の組み合わせとその適用方法があるかのような誤解を与えることもあるので、使用しないこととした。また、監査手続については、改訂前の「監査実施準則」で、実査、立会、確認、質問、視察、閲覧、証憑突合、帳簿突合、計算突合、勘定分析、分析的手続等として個々の監査の手法を列挙していた。しかし、改訂基準では監査手続を、統制リスクを評価するために行う統制評価手続と監査要点の直接的な立証のために行う実証手続という概念に区分した上で、監査人が選択する具体的な監査の手法の例示は削除した。重要な監査の手法については、日本公認会計士協会が指針において、その種類や適用方法を明確にすることが必要である。

⑷　会計上の見積りの合理性

新たな会計基準の導入等により、会計上の認識・測定において、従来にも増して経営者の見積りに基づく要素が重要となってきている。改訂基準では、会計上の見積りの合理性について、監査人自身も、十分かつ適切な監査証拠を入手して判断すべきことを指示し、そのために、経営者が行った見積りの方法の評価ばかりでなく、その見積りと監査人自身の見積りや決算日後に判明した実績とを比較したりすることが必要となる場合もあることを明記している。

⑸　経営者からの書面による確認

改訂前の「監査実施準則」における経営者確認書の入手は、それ自体が監査手続の一部を構成するものであるかが曖昧であるとの指摘があり、また、監査人が必要と認めた事項について経営者から書面により陳述を得ることが本来の趣旨であることから、経営者確認書という固定的なものとしてではなく、経営者からの書面による確認を監査手続として明確に位置付けた。したがって、必ずしも経営者からの書面による確認を監査の終了時に限るものではなく、監査人の判断により、適宜、適切に行うことになる。

⑹　他の監査人の監査結果の利用

企業活動の国際化・多角化及び連結対象会社

の増加による監査範囲の拡大に伴い、他の監査人の監査の結果を利用する範囲も拡大することから、主たる監査人と他の監査人との責任のあり方についての議論があるが、改訂基準では従来の考え方を変更していない。すなわち、他の監査人の監査の結果を利用する場合も、監査に関わる責任は主たる監査人が負うものであり、報告基準においても他の監査人の監査の結果を利用した場合に特別の記載を求めることはしていない。

なお、監査範囲の大半について他の監査人の監査の結果を利用しなければならない場合には、実質的には他の監査人が監査を行うという結果となることから、監査人として監査を実施することについて、監査契約の締結の可否を含めて慎重に判断すべきである。

9．監査意見及び監査報告書

我が国の監査実務を国際的に遜色のないものとすることは改訂の目的の１つであり、監査報告書の書式の改訂もその一環である。また、近年、監査を巡る社会の関心が高まるなかで、監査がどのように行われ、またいかなる判断が監査人により行われ、その結果としていかなる意見が表明されるかについて、これまで必ずしも社会的な理解が得られていたとは言えない。このような事情を背景として、改訂基準では、自己の意見を形成するに足る合理的な基礎を得て意見を表明することを報告基準においても明確にした。また、改訂前の「監査実施準則」では「適当な審査機能を備えなければならない」との表現をしていた点について、監査の質の管理の一環として設けられる審査機能を踏まえ、報告基準では意見の表明に先立ち審査を受けなければならないことを明確にし、さらに、次のように監査報告に関する抜本的な改訂を行った。

⑴　適正性の判断

① 監査意見の形成と表明に当たっての監査人による判断の規準を示すことに重点を置いた。これまでの「監査基準」や「監査報告準則」が監査報告書の記載要件を示すことを重視していた点、ならびに、結果として、会計基準への準拠性、会計方針の継続性及び表示方法の基準への準拠性という、適正である旨の意見表明に関する従来の３つの記載要件が、ともすれば形式的な監査判断に陥らせるものとなりがちであった点を改め、改訂基準は、監査人が意見を形成するに当たっての判断の規準を示すことを重視している。

② 監査人が財務諸表の適正性を判断するに当たり、実質的に判断する必要があることを示した。監査人は、経営者が採用した会計方針が会計基準のいずれかに準拠し、それが単に継続的に適用されているかどうかのみならず、その会計方針の選択や適用方法が会計事象や取引の実態を適切に反映するものであるかどうかを判断し、その上で財務諸表における表示が利用者に理解されるために適切であるかどうかについても評価しなければならない。

③ 会計方針の選択や適用方法が会計事象や取引の実態を適切に反映するものであるかの判断においては、会計処理や財務諸表の表示方法に関する法令又は明文化された会計基準やその解釈に関わる指針等に基づいて判断するが、その中で、会計事象や取引について適用すべき会計基準等が明確でない場合には、経営者が採用した会計方針が当該会計事象や取引の実態を適切に反映するものであるかどうかについて、監査人が自己の判断で評価しなければならない。また、会計基準等において詳細な定めのない場合も、会計基準等の趣旨を踏まえ、同様に監査人が自己の判断で評価することとなる。新しい会計事象や取引、例えば、複雑な金融取引や情報技術を利用した電子的な取引についても、経営者が選択し、適用した会計方針がその事象や取引の実態を適切に反映するものであるかどうかを監査人は自己の判断で評価しなければならない。

なお、財務諸表において収益の認識等の

重要な会計方針が明確に開示されることも必要である。

(2) **監査報告書の記載**

① 監査報告書は、基本的に、監査の対象、実施した監査の概要及び財務諸表に対する意見という３つの区分に分けて記載することとした。監査の対象には、いわゆる二重責任の原則についても記述することを明記した。また、監査の概要に関する記述を国際的な監査基準に合わせて、より詳細なものとし、監査が試査を基礎として実施されることや経営者によって行われた見積りの評価も含まれることなどを明記し、監査の内容に関する利用者の理解を促すようにした。

② 監査範囲の制約を受けた場合の意見表明のあり方を含め、監査人の意見がいかなる規準で形成され、表明されるかを示した。特に、意見を表明しない場合と不適正意見の場合だけでなく、除外事項を付した限定付適正意見の位置付けも明確にした。さらに、訴訟に代表されるような将来の帰結が予測し得ない事象や状況が生じ、しかも財務諸表に与える当該事象や状況の影響が複合的で多岐にわたる場合（それらが継続企業の前提にも関わるようなときもある）に、入手した監査証拠の範囲では意見の表明ができないとの判断を監査人が下すこともあり得ることを明記したが、基本的には、そのような判断は慎重になされるべきことを理解しなければならない。

③ 継続企業の前提に関わる問題については、前述のとおり、監査人の意見表明についての判断の規準と監査報告書において記載すべき事項を示した。

(3) **追記情報**

① 監査人による情報の追記について示した。本来、意見表明に関する監査人の責任は自らの意見を通しての保証の枠組みのなかで果たされるべきものであり、その枠組みから外れる事項は監査人の意見とは明確に区別することが必要である。このように考え方を整理した上で、財務諸表の表示に関して適正であると判断し、なおもその判断に関して説明を付す必要がある事項や財務諸表の記載について強調する必要がある事項を監査報告書で情報として追記する場合には、意見の表明と明確に区分し、監査人からの情報として追記するものとした。具体的には、監査報告書の基本的な３つの区分による記載事項とは別に記載することとなる。したがって、除外すべき事項を追記情報として記載することはできない。これに関連して、監査人の意見との関係が曖昧であるとの指摘もある特記事項は廃止した。

② 監査意見からの除外事項及び追記する情報に関連して、従来、除外事項とされていた正当な理由による会計方針の変更は、不適切な理由による変更と同様に取り扱うことは誤解を招くことから、除外事項の対象とせずに、追記する情報の例示としたが、会計方針の変更理由が明確でないものがあるとの指摘もある点を踏まえ、監査人には厳格な判断が求められることは言うまでもない。また、この改訂に伴い、会計基準の変更に伴う会計方針の変更についても、正当な理由による会計方針の変更として取り扱うこととすることが適当である。なお、会計方針の変更があった場合における財務諸表の期間比較の観点からは、変更後の会計方針による過年度への影響に関する情報提供についても、財務諸表の表示方法の問題として検討することが必要である。

③ 追記する情報には、監査報告書を添付した財務諸表を含む開示情報と財務諸表の記載内容との重要な相違を挙げているが、これは、財務諸表と共に開示される情報において、財務諸表の表示やその根拠となっている数値等と重要な相違があるときには、監査人が適正と判断した財務諸表に誤りがあるのではないかとの誤解を招く虞があるため、追記する情報として例示した。

(4)　監査報告書の日付及び署名

監査報告書の日付は、後発事象の範囲等も含め監査人の責任に関わる重要な事項である。したがって、監査人が自らの責任において監査が終了したと判断したときに監査報告書を作成することが基本であると考えられる。しかし、これは、財務諸表の開示制度上あるいは監査の終了をどう捉えるか等の問題であり、改訂基準においては特定の時点を示すことはしなかった。

また、個人名や捺印が必要か否か、あるいは監査事務所などの名称のみの記載が適切か否かという問題は、むしろ、監査に関わる責任主体についての法律的あるいは制度的な問題であり、監査基準には馴染まないものと考えられることから、改訂基準においては監査人の具体的な記名方法を示すことはしなかった。

四　実施時期等

1　改訂基準は、平成15年3月決算に係る財務諸表の監査から実施する。

なお、改訂基準の実施に当たり、関係法令において、改訂基準に基づく監査報告書の記載事項、継続企業の前提に重要な疑義を抱かせる事象又は状況に関する注記事項等について所要の整備を行うことが適当である。

2　監査基準は、すでに述べたとおり、日本公認会計士協会の指針と一体となって一般に公正妥当と認められる監査の基準を形成するものである。したがって、改訂基準を実務に適用するに当たっては、監査人に対してより具体的な指示が明確にされることが必要であり、日本公認会計士協会において、関係者とも協議の上、早急に、改訂基準を実施するための具体的な指針を作成することが要請される。さらに、経済社会の変化が著しい状況において、国際的にも監査実務が高度化されていくと考えられることから、国際的な動向も踏まえ、具体的な指針について柔軟に見直しを行っていくことが求められる。

監査基準の改訂について

（平成17年10月28日
企業会計審議会）

一　経　緯

当審議会は、平成17年1月の総会において、監査基準の改訂に関する審議を開始することを決定し、平成17年3月から監査部会において審議を進めてきた。これは、証券取引法上のディスクロージャーをめぐり不適正な事例が相次ぎ、公認会計士・監査審査会のモニタリングの結果等からは、リスク・アプローチが適切に適用されておらず、その改善が求められる事例が多数見受けられたことに対応したものである。また、監査基準をめぐる国際的な動向をみても、近年、リスク・アプローチの適用等に関する基準の改訂が精力的に進められており、これを我が国にも取り入れることにより、監査の水準の向上を図ると共に、監査実務の国際的な調和を図ることができると判断した。

平成17年7月、これらを取り入れた改訂監査基準を「監査基準及び中間監査基準の改訂並びに監査に関する品質管理基準の設定について（公開草案）」として公表し、広く各界の意見を求めた。当審議会は、寄せられた意見を参考にしつつ、更に審議を行い、公開草案の内容を一部修正して、これを「監査基準の改訂に関する意見書」として公表することとした。

なお、国際的には、継続的に監査基準の改訂が行われ、その作業はこれまで以上に頻繁なものとなってきている。我が国においても、こうした動きを踏まえて、継続的に監査基準を見直し、先端的な監査の考え方や手法等を積極的に取り入れ、公認会計士監査の質の向上を不断に図っていくことが重要であると考えられる。このため、当審議会では、今後も、継続的な監査基準の改訂作業を進めていく考えである。

二　主な改訂点とその考え方

1　事業上のリスク等を重視したリスク・アプローチの導入

リスク・アプローチに基づく監査は、重要な虚偽の表示が生じる可能性が高い事項について重点的に監査の人員や時間を充てることにより、監査を効果的かつ効率的に実施できることから、我が国でも、平成３年の監査基準の改訂で採用し、さらに、平成14年の監査基準の改訂で、リスク・アプローチに基づく監査の仕組みをより一層明確にしたところである。

しかし、現実の企業における日常的な取引や会計記録は、多くがシステム化され、ルーティン化されてきており、財務諸表の重要な虚偽の表示は、経営者レベルでの不正や、事業経営の状況を糊塗することを目的とした会計方針の適用等に関する経営者の関与等から生ずる可能性が相対的に高くなってきていると考えられる。また、経営者による関与は、経営者の経営姿勢、内部統制の重要な欠陥、ビジネス・モデル等の内部的な要因と、企業環境の変化や業界慣行等の外部的な要因、あるいは内部的な要因と外部的な要因が複合的に絡みあってもたらされる場合が多い。

一方、監査人の監査上の判断は、財務諸表の個々の項目に集中する傾向があり、このことが、経営者の関与によりもたらされる重要な虚偽の表示を看過する原因となることが指摘されている。そこで、リスク・アプローチの適用において、リスク評価の対象を広げ、監査人に、内部統制を含む、企業及び企業環境を十分に理解し、財務諸表に重要な虚偽の表示をもたらす可能性のある事業上のリスク等を考慮することを求めることとした。

さらに、こうした観点から、固有リスクと統制リスクを結合した「重要な虚偽表示のリスク」の評価、「財務諸表全体」及び「財務諸表項目」の二つのレベルにおける評価等の考え方を導入した。このようなリスク・アプローチを「事業上のリスク等を重視したリスク・アプローチ」という。

なお、財務諸表に重要な虚偽の表示が生じる可能性に応じて、発見リスクの水準を決定し、これに基づいて監査手続、その実施の時期及び範囲を計画し、実施するというリスク・アプローチの基本的な考え方は変わらないことから、今回の改訂に係る部分を除いて、平成14年の改正における「監査基準の改訂について」に記載されている概念や考え方は踏襲されていることに留意が必要である。

2　「重要な虚偽表示のリスク」の評価

従来のリスク・アプローチでは、監査人は、監査リスクを合理的に低い水準に抑えるため、固有リスクと統制リスクを個々に評価して、発見リスクの水準を決定することとしていた。しかし、固有リスクと統制リスクは実際には複合的な状態で存在することが多く、また、固有リスクと統制リスクとが独立して存在する場合であっても、監査人は、重要な虚偽の表示が生じる可能性を適切に評価し、発見リスクの水準を決定することが重要であり、固有リスクと統制リスクを分けて評価することは、必ずしも重要ではない。むしろ固有リスクと統制リスクを分けて評価することにこだわることは、リスク評価が形式的になり、発見リスクの水準の的確な判断ができなくなるおそれもあると考えられる。そこで、原則として、固有リスクと統制リスクを結合した「重要な虚偽表示のリスク」を評価したうえで、発見リスクの水準を決定することとした。

3　「財務諸表全体」及び「財務諸表項目」の二つのレベルでの評価

財務諸表における重要な虚偽の表示は、経営者の関与等から生ずる可能性が相対的に高くなってきていると考えられるが、従来のリスク・アプローチでは、財務諸表項目における固有リスクと統制リスクの評価、及びこれらと発見リスクの水準の決定との対応関係に重点が置かれていることから、監査人は自らの関心を、財務諸表項目に狭めてしまう傾向や、財務諸表に重要な虚偽の表示をもたらす要因の検討が不十分になる傾向があることから、広く財務諸表全体における重要な虚偽の表示を看過しないための対応が必要と考えられた。そこで、財務諸表における「重要な虚偽表示のリスク」を「財務諸表全体」及び「財務諸表項目」の二つのレベルで評価することとした。

財務諸表全体レベルにおいて重要な虚偽表示のリスクが認められた場合には、そのリスクの程度に応じて、補助者の増員、専門家の配置、適切な監査時間の確保等の全般的な対応を監査計画に反映させ、監査リスクを一定の合理的に低い水準に抑えるための措置を講じることが求められる。

また、財務諸表項目レベルでは、統制リスクの評価に関する実務的な手順を考慮して、まず、内部統制の整備状況の調査を行い、重要な虚偽表示のリスクを暫定的に評価し、次に、当該リスク評価に対応した監査手続として、内部統制の有効性を評価する手続と監査要点の直接的な立証を行う実証手続を実施することとしている。

4　「特別な検討を必要とするリスク」への対応

会計上の見積りや収益認識等の重要な会計上の判断に関して財務諸表に重要な虚偽の表示をもたらす可能性のある事項、不正の疑いのある取引、関連当事者間で行われる通常ではない取引等の特異な取引等は、監査実施の過程において特別な検討を行う必要があることから、「特別な検討を必要とするリスク」として、それが財務諸表における重要な虚偽の表示をもたらしていないかを確かめるための実証手続の実施、及び、必要に応じて内部統制の整備状況の調査や運用状況の評価を実施することを求めている。

5　経営者が提示する財務諸表項目と監査要点

財務諸表の監査の目的は、財務諸表の適正性に対して、監査人が自らの意見を表明することにある。そのためには、監査人は、経営者が提示する財務諸表項目について立証すべき監査要点を設定し、監査要点ごとに監査手続を実施して監査証拠を入手し、監査要点に関して立証した事項を積み上げて統合化し、財務諸表の適正性に関する結論を得ることになる。

経営者の提示する財務諸表項目は経営者が責任の主体であるのに対し、監査要点は監査人が設定した立証すべき目標であることを明示することにより、両者の関係を明確にすることとした。

三　実施時期等

1　改訂監査基準は、平成19年３月決算に係る財務諸表の監査から実施する。ただし、平成18年３月決算に係る財務諸表の監査から実施することを妨げない。なお、改訂基準の実施に当たり、関係法令において、基準の改訂に伴う所要の整備を行うことが適当である。

2　改訂基準を実務に適用するに当たって必要となる実務の指針については、日本公認会計士協会において、関係者とも協議の上、適切な手続の下で、早急に作成されることが要請される。

監査基準の改訂について

（平成21年４月９日
企業会計審議会）

一　経　緯

企業が将来にわたって事業活動を継続するとの前提（以下「継続企業の前提」という。）に関する監査基準については、平成14年の監査基準の改訂に際して、企業破綻の事例が相次ぎ、利害関係者の要望が強くなったことなどを背景に国際監査基準（ISA）などでも義務づけられていたことなどから導入されたものである。

近時の企業業績の急激な悪化に伴い、（四半期）財務諸表に継続企業の前提に関する注記や監査報告書に追記情報が付される企業が増加しているが、その背景として、継続企業の前提に関する注記の開示を規定している財務諸表等規則等やその監査を規定する監査基準において、一定の事象や状況が存在すれば直ちに継続企業の前提に関する注記及び追記情報の記載を要するとの規定となっているとの理解がなされ、一定の事実の存在により画一的に当該注記を行う実務となっているとの指摘がある。また、それらの規定や実務は国際的な基準とも必ずしも整合的でないとも指摘されている。

こうしたことから、当審議会は、平成21年３月、監査部会において、投資者により有用な情報を提供する等との観点から検討を行い、一定の事象や状況が存在すれば直ちに継続企業の前提に関する注記を要するとともに追記情報の対象と理解される現行の規定を改め、これらの事象や状況に対する経営者の対応策等を勘案してもなお、継続企業の前提に関する重要な不確実性がある場合に、適切な注記がなされているかどうかを監査人が判断することとした。当審議会では、これらを取り入れた公開草案を公表し広く意見を求め、寄せられた意見を参考にしつつ、更に審議を行い、公開草案の内容を一部修正して、これを「監査基準の改訂に関する意見書」として公表することとした。今回の監査基準の改訂により、継続企業の前提に関する監査実務の国際的な調和を図ることができるものと考えられる。

なお、中間監査基準及び四半期レビュー基準においても、継続企業の前提に関わる同様の基準が規定されていることから、今後、監査部会において同様の観点からの改訂を検討することが必要である。

また、国際的には、継続的に監査基準の改訂が行われており、国際監査基準については、すべての基準を必須手続とそれ以外の手続に明確に区分することなどを内容とする明瞭性（クラリティ）プロジェクトが2009年（平成21年）３月に完了したところである。さらに、当審議会の企画調整部会において、「我が国における国際会計基準の取扱い」が検討されているところであり、仮に国際会計基準を導入する場合には、それが任意適用の段階であっても、国際会計基準に基づく財務諸表を適切に監査できることが必要である。我が国においても、こうした動きを踏まえて、継続的に監査基準を見直し、国際的な監査の基準との整合性をより高めつつ、公認会計士監査の質の向上を不断に図っていくことが重要であると考えられる。このため、当審議会では、今後も、継続的な監査基準の改訂作業を進めていく考えである。

二　主な改訂点とその考え方

１　継続企業の前提に関する監査の実施手続

我が国においては、経営者が継続企業の前提について評価すること、その結果について注記することについては、明確な会計基準が存在していない。このため、財務諸表の表示のルールを定めた内閣府令である財務諸表等規則等にしたがって継続企業の前提に関する開示の実務が行われていると考えられる。今般、投資者により有用な情報を提供する観点から国際会計基準などとの整合性をも踏まえ、財務諸表等規則等を改正し、継続企業の前提に重要な疑義を生じさせるような事象又は状況が存在する場合であつて、当該事象又は状況を解消し、又は改善するための対応をしてもなお、継続企業の前提に関する重要な不確実性が認められるときは、経営者は、その評価の手順にしたがって、①当該事象又は状況が存在する旨及びその内容、②当該事象又は状況を解消し、又は改善するための対応策、③当該重要な不確実性が認められる旨及びその理由などを注記することが検討されている。

このような財務諸表等規則等の検討と合わせ、監査基準においても、国際監査基準における監査の実施手続と同様の手続を明確化することとした。すなわち、監査人は、継続企業の前提に重要な疑義を生じさせるような事象又は状況が存在すると判断した場合には、当該事象又は状況に関して合理的な期間について経営者が行った評価及び対応策について検討した上で、なお継続企業の前提に関する重要な不確実性が認められるか否かを確かめなければならないこととし、経営者が行った継続企業の前提に関する評価の手順を監査人においても確認するものとした。

なお、財務諸表の表示のルールや国際監査基準との整合性の観点も踏まえた「継続企業の前提に関する重要な不確実性」の文言については、継続企業の前提に関する監査の実施手続の文脈において、一続きで意味を持つ表現として使用することとしたものである。

２　継続企業の前提に関する意見表明

実施基準において、継続企業の前提に関し、監査人は、「継続企業の前提に関する重要な不確実性が認められるか否か」を確認することとなるよう改訂されることから、監査報告においても監査人は「継続企業の前提に関する重要な不確実性」が認められるときの財務諸表の記載に関して意見を表明することとした。

また、現行の報告基準において、重要な疑義を抱かせる事象又は状況が存在している場合において、経営者がその疑義を解消させるための合理的な経営計画等を示さないときには、重要な監査手続を実施できなかった場合に準じ、意見の表明の適否を判断することとされている。この規定については、疑義を解消できる確実性の高い経営計画等が示されない場合には、監査人は意見を表明できないとの実務が行われているとの指摘がある。今般、国際的な実務をも踏まえ同規定を見直し、経営者が評価及び一定の対応策も示さない場合には、監査人は十分かつ適切な監査証拠を入手できないことがあるため、重要な監査手続を実施できなかった場合に準じ意見の表明の適否を判断することとした。

なお、従来、「継続企業の前提に関する注記」がなされてきたケースの一部について、経営者の対応策等から継続企業の前提に関する重要な不確実性が認められないため、「注記」に至らないケースが生じることもある。上場会社等において、継続企業の前提に関する重要な不確実性が認められず当該注記を行わないケースにおいても、例えば、有価証券報告書の「事業等のリスク」等において、一定の事象や経営者の対応策等を開示し、利害関係者に情報提供が行われることが適切である。

三　実施時期等

1　改訂監査基準は、平成21年3月決算に係る財務諸表の監査から実施する。なお、改訂基準の実施に当たり、関係法令において、基準の改訂に伴う所要の整備を行うことが適当である。

2　改訂基準を実務に適用するに当たって必要となる実務の指針については、日本公認会計士協会において、関係者とも協議の上、適切な手続の下で、早急に作成されることが要請される。

監査基準の改訂について

（平成22年3月26日
企業会計審議会）

一　経　緯

公認会計士（監査法人を含む。）による財務諸表の監査（以下「公認会計士監査」という。）を行うに際しての規範である監査基準は、財務諸表の作成規範である企業会計の基準とともに、適正なディスクロージャーを確保するための重要なインフラストラクチャーである。こうした観点から、当審議会では、国際的な監査の基準や監査をめぐる内外の動向を踏まえ、これまでも必要に応じて監査基準の改訂を行ってきており、現行の監査基準は、国際監査基準（ＩＳＡ）と比して内容等において遜色のないものとなっている。

当審議会では、平成21年4月9日に公表された「監査基準の改訂に関する意見書」においても、「国際的には、継続的に監査基準の改訂が行われており、国際監査基準については、すべての基準を必須手続とそれ以外の手続に明確に区分することなどを内容とする明瞭性（クラリティ）プロジェクトが2009年（平成21年）3月に完了したところである。さらに、当審議会の企画調整部会において、『我が国における国際会計基準の取扱い』が検討されているところであり、仮に国際会計基準を導入する場合には、それが任意適用の段階であっても、国際会計基準に基づく財務諸表を適切に監査できることが必要である。我が国においても、こうした動きを踏まえて、継続的に監査基準を見直し、国際的な監査の基準との整合性をより高めつつ、公認会計士監査の質の向上を不断に図っていくことが重要であると考えられる。このため、当審議会では、今後も、継続的な監査基準の改訂作業を進めていく」との考え方を明らかにしてきた。

国際監査基準については、従前より、我が国からも国際監査・保証基準審議会（ＩＡＡＳＢ）や公益監視委員会（ＰＩＯＢ）のメンバー等として参加し、基準の策定に我が国の考え方を反映してきているところである。今般の国際監査基準の明瞭性プロジェクトは、前述のように、基準の規定文言を明確化するための技術的な改正を中心とするものであるが、改正後の国際監査基準と我が国の監査基準との間には、一部に差異が生じることになった。

こうしたことから、当審議会は、平成22年３月に開催された監査部会において、改正された国際監査基準との整合性等に関して検討を行い、国際監査基準の明瞭性プロジェクトによる改正に対応して、監査人の監査報告書における意見表明の内容等を規定している報告基準における国際基準との差異を調整することを中心に、現行の我が国監査基準を改訂することとした。

なお、中間監査基準及び四半期レビュー基準についても、今後、同様の観点からの改訂を検討することが必要である。

二　主な改訂点とその考え方

1　国際監査基準の改正と我が国の監査基準・監査実務指針の関係について

我が国の監査の基準の体系としては、平成３年の監査基準の改訂において、監査基準では原則的な規定を定め、監査基準を具体化した実務的・詳細な規定は日本公認会計士協会の指針（監査実務指針）に委ね、両者により我が国における一般に公正妥当と認められる監査の基準とすることが適切とされたところである。

日本公認会計士協会では、国際監査基準の明瞭性プロジェクトにより改正された37の国際監査基準等（36の国際監査基準及び品質管理基準）に対応した監査実務指針の改正を進めているところである。

したがって、今回の監査基準の改訂は、明瞭性プロジェクトによる国際監査基準との差異と考えられる項目のうち、監査基準の改訂が必要な項目と監査実務指針のみの改正で対応することが適切である項目についての検討を行い、監査実務指針の改正に先立って監査基準の改訂が必要と考えられる第四報告基準についての改訂を行ったものである。

2　報告基準の改訂について

⑴　監査報告書の記載区分等

現行の我が国の監査基準では、監査報告書には①監査の対象、②実施した監査の概要、③財務諸表に対する意見を記載することが求められている。一方、明瞭性プロジェクト後の国際監査基準では、監査報告書を①監査の対象、②経営者の責任、③監査人の責任、④監査人の意見に区分した上で、①の監査の対象以外については、それぞれ見出しを付して明瞭に表示することを要求していることから、我が国の監査基準においても、監査報告書の記載区分を現行の３区分から４区分にするとともに、国際監査基準において求められている記載内容を踏まえてそれぞれの記載区分における記載内容を整理した。例えば、監査の対象に含まれていた「財務諸表の作成責任は経営者にあること」という記載を経営者の責任の区分に記載することにより明確化したほか、「監査手続の選択及び適用は監査人の判断によること」等の記載を監査人の責任の区分に記載することを求めることとした。

また、監査人による監査意見の形成過程そのものは、実質的に従前とは変わらないものの、意見に関する除外及び監査範囲の制約に関して、従来の我が国の監査基準では、重要な影響として一括して扱っていた、「重要性」と「広範性」について、国際監査基準では２つの要素を明示的に示すことになっており、今般の改訂においては、当該影響について、「重要性」と財務諸表全体に及ぶのかという「広範性」の２つの要素から判断が行われることを明確にした。

⑵　追記情報

現行の監査基準では、監査人は、監査人の意見とは別に、説明又は強調することが適当と判断した事項については、情報として追記するものとされているが、財務諸表における記載を特に強調するために当該記載を前提に強調する強調事項と、監査人の判断において説明することが適当として記載される説明事項との区分がなく、混在して規定されている。明瞭性プロジェクト後の国際監査基準では、両者を区分した上で記載することが求められていることから、我が国の監査基準においても、会計方針の変更、重要な偶発事象、重要な後発事象、監査した財務諸表を含む開示書類における当該財務諸表の表示とその他の記載内容との重要な相違などの、財務諸表における記載を前提に強調することが適当と判断した事項と監査人がその他説明することを適当と判断した事項について、それぞれを区分して記載することを求めることとした。

3　監査実務指針での対応について

上述の監査報告書に係る改訂以外の部分については、監査基準に基づき、監査実務指針において対応が必要となると考えられるため、日本公認会計士協会において、関係者とも協議の上、適切な手続の下で、実務上の指針として早急に作成されることが要請される。

なお、その際に、監査上の後発事象については、以下の点に留意する必要がある。

後発事象に関して、我が国の監査基準においては、昭和58年の監査実施準則の改訂において後発事象に係る監査手続を規定したが、これまで明確な定義が置かれていなかった。一方で、明瞭性プロジェクト後の国際監査基準では、後発事象とは、決算日の翌日から監査報告書日の間に発生している事象、及び監査報告書日後に監査人が知るところとなった事実と定義されている。したがって、我が国においても監査上の後発事象の定義について、国際監査基準を参考に検討することが適当である。

4 「会計上の変更及び誤謬の訂正に関する会計基準」の適用に伴う対応について

(1) 「会計上の変更及び誤謬の訂正に関する会計基準」の適用に伴う対応の必要性

平成21年12月４日、企業会計基準委員会（ＡＳＢＪ）は、「会計上の変更及び誤謬の訂正に関する会計基準」及び「会計上の変更及び誤謬の訂正に関する会計基準の適用指針」を公表した。本基準は、会計基準のコンバージェンス（収れん）並びに財務諸表の期間比較可能性及び企業間の比較可能性が向上することが財務諸表の意思決定有用性を高めることができるとの観点から、会計方針や表示方法の変更、過去の誤謬の訂正があった場合には、あたかも新たな会計方針や表示方法等を過去の財務諸表に遡って適用していたかのように会計処理又は表示の変更等を行うものである。

現行の金融商品取引法上の開示としては、当期の財務諸表と前期の財務諸表を並記することとされている。ただし、前期の財務諸表は、原則として、前期に提出された有価証券報告書に含まれていた財務諸表がそのまま記載されており、当期に会計方針の変更等があった場合に、必ずしも財務諸表の期間比較可能性が確保されたものとはなっていない。

今般、この会計基準が適用されることに対応して、財務諸表の期間比較可能性を確保・向上し、投資者に有用な情報を提供する観点から、金融商品取引法上、前期の財務諸表は、当期の財務諸表の一部を構成するものとして、当期の財務数値に対応する前期の財務数値を比較情報として位置づけ、これを開示することが適当である。したがって、この比較情報としての前期の財務数値は、上述の新基準にしたがって修正されたものではあるが、前期に提出された財務諸表自体を全体として修正したものではなく、当期の財務諸表に含まれる比較情報の当期の財務数値に対応する前期の数値を期間比較の観点から、必要な限りで修正・記載したものであると位置づけられる。

(2)　監査意見の表明

このような比較情報に関する監査手続について、国際監査基準においては、当期の財務諸表に含まれる比較情報に対するものとして限定した形で行うこととされており、我が国においても同様に考えることが適当である。

また、比較情報に関する監査意見の表明の方法については、同基準では２つの方法が記載されており、各国の制度によりいずれもあり得るとされているところである。我が国においては、従来、当期の財務諸表に限定して監査意見を表明する実務が定着しており、上述のとおり、当事業年度における監査では、比較情報としての前期の財務数値については、限定された監査手続を行うこととされていることを踏まえれば、2つの方法のうち、監査意見は当期の財務諸表に対してのみ言及し、比較情報には明示的に言及しない方式（以下「対応数値方式」という。）の方が監査実務になじみやすく、投資者の理解にも資するものと考えられる。このような考え方に基づき、関係法令について、現在、当期及び前期の財務諸表に対して監査証明を求めている規定を当期の財務諸表のみを対象とするなど、所要の整備を行うことが適当である。

なお、今般の遡及処理が行われた場合の監査手続や監査意見の表明方法について、関係法令の整備に併せて、日本公認会計士協会において、関係者とも協議の上、適切な手続の下で、早急に実務の指針が作成されることが要請される。

三　実施時期等

1　改訂監査基準は、平成24年3月決算に係る財務諸表の監査から実施する。なお、改訂基準の実施に当たり、関係法令において、基準の改訂に伴う所要の整備を行うことが適当である。

2　改訂基準を実務に適用するに当たって必要となる実務の指針については、日本公認会計士協会において、関係者とも協議の上、適切な手続の下で、早急に作成されることが要請される。

3　国際的には、今後とも継続的に国際監査基準の改正が行われていくことが考えられる。我が国としては、引き続き、国際監査基準の策定の議論に積極的に参加し、我が国として意見を発信していくことが必要である。

監査基準の改訂について

（平成25年3月26日
企業会計審議会）

一　経　緯

1　審議の背景

公認会計士（監査法人を含む。）による財務諸表の監査（以下「公認会計士監査」という。）は、財務諸表の信頼性を担保するための制度であり、その規範となる監査基準は、財務諸表の作成規範である会計基準とともに、適正なディスクロージャーを確保するための資本市場の重要なインフラストラクチャーである。こうした観点から、当審議会では、監査をめぐる内外の動向を踏まえ、これまでも必要に応じて監査基準の改訂を行ってきている。

近時、金融商品取引法上のディスクロージャーをめぐり、不正による有価証券報告書の虚偽記載等の不適切な事例が相次いでおり、こうした事例においては、結果として公認会計士監査が有効に機能しておらず、より実効的な監査手続を求める指摘があるところである。

この点に関しては、監査基準をめぐる国際的な動向を見ても、重要な虚偽の表示の原因となる不正（以下単に「不正」という。）に対応した基準の見直しが継続的に行われており、また、各国において、職業的専門家としての懐疑心（以下「職業的懐疑心」という。）の重要性が再認識されているところである。

こうしたことから、当審議会においては、国際的な議論の動向等も踏まえつつ、我が国の公認会計士監査をより実効性のあるものとするとの観点から、不正に対応した監査手続等の検討を行い、監査基準等の所要の見直しを行うこととした。

なお、不正に関しては、財務諸表作成者である経営者に責任があるところであり、その対応としては、公認会計士監査における監査手続等の充実とともに、企業におけるコーポレート・ガバナンスのあり方の検討などを含め、幅広い観点からの取組みが重要であると考えられる。また、平成20年４月より上場企業を対象に内部統制報告制度が導入されており、企業においては適正な財務報告を作成するための取組みが継続して行われているところであり、虚偽表示のリスクの評価に当たっては、企業の内部統制の整備状況等が重要な要素となる。したがって、監査人は、企業における内部統制の取組みを考慮するとともに、取締役の職務の執行を監査する監査役等と適切に連携を図っていくことが重要である。

2　審議の経過等

当審議会における監査基準等の見直しに関する議論は、平成24年５月から監査部会において審議が進められた。同部会においては、不正に関する公認会計士監査の実務の状況や監査基準の国際的な改訂の状況等を踏まえ、不正による重要な虚偽表示のリスクに対応した監査手続等の明確化等に向けた監査基準等の見直しの審議を行い、平成24年12月、公開草案として公表し、広く各界の意見を求めた。当審議会では、寄せられた意見を参考にしつつ、更に審議を行い、公開草案の内容を一部修正して、これを「監査基準の改訂及び監査における不正リスク対応基準の設定に関する意見書」として公表することとした。

なお、監査部会の審議においては、いわゆる「循環取引」のように被監査企業と取引先企業の通謀が疑われる場合等に、監査人として採ることが考えられる監査手続として、「取引先企業の監査人との連携」が議論された。検討された「取引先企業の監査人との連携」は、被監査企業と取引先企業の通謀が疑われる場合の一つの監査手続であると考えられるものの、解決すべき論点が多いことから、今回の公開草案には含めず、循環取引等への対応について、当審議会において継続して検討を行うこととしている。

また、監査報告書の記載内容の見直し、特別目的の財務報告に対する監査の位置づけを監査基準上明確にするかどうか、といった論点も議論されたところであるが、国際的な議論の動向や利用者のニーズに関する調査等を踏まえつつ、今後、当審議会において検討を行うこととしている。

二　監査基準の改訂について

今般の監査部会における審議の結果、現行の監査基準の一部の改訂を行うこととした。

1　審　査

現行の監査基準においては、「監査人は、意見表明に先立ち、自らの意見が一般に公正妥当と認められる監査の基準に準拠して適切に形成されていることを確かめるため、意見表明に関する審査を受けなければならない。この審査は、品質管理の方針及び手続に従った適切なものでなければならない。」として、監査には、それに対する審査の実施が求められている。

監査基準は、財務諸表の種類や意見として表明すべき事項を異にする監査も含め、公認会計士監査のすべてに共通するものであることから、監査業務の種類により、その取扱いに差が設けられていないところである。今般の不正リスク対応基準の検討においては、一定の場合には、通常の審査より慎重な審査が求められることになったが、一方で、公認会計士の行う監査業務が多様化する中で、特定の目的のために監査が義務づけられ、監査報告の対象となる財務諸表の社会的影響が小さく、監査報告の利用者も限定されているようなものの中には、上場会社に対して行っている監査と同様の審査を求める必要はないものもあるのではないかとの指摘があり、国際的な監査の基準においても、上場会社とそれ以外の企業に対する審査は、その取扱いに差を設けているところである。

こうしたことから、品質管理の方針及び手続において、意見が適切に形成されていることを確認できる他の方法が定められている場合には、審査を受けないことができることを明記した。なお、他の方法については、日本公認会計士協会の実務指針において定められることが要請される。

2　監査役等との連携

今般の不正リスク対応基準の検討において、不正リスクの内容や程度に応じ、適切に監査役等と協議する等、監査役等と連携を図らなければならないとされたところである。

現行の監査基準においては監査役等との連携に関する規定がないが、監査における監査役等との連携は、不正が疑われる場合に限らず重要であると考えられることから、監査人は、監査の各段階において、適切に監査役等と協議する等、監査役等と連携を図らなければならないことを明記することとした。

三　実施時期等

1　改訂監査基準は、平成26年3月決算に係る財務諸表の監査から実施する。

2　改訂監査基準の実施に当たり、関係法令において、所要の規定の整備を行うことが適当である。

3　改訂監査基準を実務に適用するに当たって必要となる実務の指針については、日本公認会計士協会において、関係者とも協議の上、適切な手続の下で、早急に作成されることが要請される。

監査基準の改訂について

（平成26年2月18日
企業会計審議会）

一　経　緯

1　審議の背景

従来、監査基準では、「第一　監査の目的」において、「財務諸表の監査の目的は、経営者の作成した財務諸表が、一般に公正妥当と認められる企業会計の基準に準拠して、企業の財政状態、経営成績及びキャッシュ・フローの状況をすべての重要な点において適正に表示しているかどうかについて、監査人が自ら入手した監査証拠に基づいて判断した結果を意見として表明すること」と規定し、幅広い利用者に共通するニーズを満たすべく一般に公正妥当と認められる企業会計の基準に準拠して作成された財務諸表（以下「一般目的の財務諸表」という。）に対して、公認会計士（監査法人を含む。）が監査を行う場合を想定してきた。そして、当該一般目的の財務諸表に対する監査では、一般に公正妥当と認められる企業会計の基準に準拠して作成されているかに加え、経営者が採用した会計方針の選択やその適用方法、さらには財務諸表全体としての表示が適正表示を担保しているかといった実質的な判断を含めた意見（以下「適正性に関する意見」という。）が表明されている。

一方で、近時、公認会計士に対して、特定の利用者のニーズを満たすべく特別の利用目的に適合した会計の基準に準拠して作成された財務諸表（以下「特別目的の財務諸表」という。）に対しても、監査という形で信頼性の担保を求めたい、との要請が高まってきている。

特別目的の財務諸表は、一般目的の財務諸表と異なり利用目的が限定されていることに加え、例えば、財務諸表の利用者が財政状態や経営成績等を理解するに当たって財務諸表が全体として適切に表示されるように追加的な開示を求める規定（以下「追加的な開示要請の規定」という。）が会計の基準にないことが多いことなどから、公認会計士が監査意見を表明するに当たっては、必ずしも、適正性に関する意見を表明することが馴染まない場合が多いものと考えられる。また、一般目的の財務諸表であっても法令により一部の項目について開示を要しないとされている場合等には、適正性に関する意見を表明することは馴染まない場合もあると考えられる。これらの場合、適正性に関する意見を表明する場合と同様、財務諸表に重要な虚偽の表示がないかどうかの合理的な保証を得て監査意見を表明しなければならないことに変わりはないが、その会計の基準に追加的な開示要請の規定がないこと等を踏まえ、財務諸表が当該財務諸表の作成に当たって適用された会計の基準に準拠して作成されているかどうかについての意見（以下「準拠性に関する意見」という。）を表明することが、より適切であると考えられる。

なお、国際監査基準では、財務諸表の利用者のニーズに応じて、一般目的の財務諸表と特別目的の財務諸表という財務報告の枠組みが分類され、適正性に関する意見と準拠性に関する意見とのいずれかが表明されることが既に規定されており、実際に適用されている。

以上のことから、当審議会においては、従来の適正性に関する意見の表明の形式に加えて、準拠性に関する意見の表明の形式を監査基準に導入し、併せて、監査実務における混乱や財務諸表利用者の誤解等を避けるため、特別目的の財務諸表に対する監査意見の表明の位置付けを明確にすることとした。なお、その際には、国際監査基準を踏まえ、一般目的の財務諸表と特別目的の財務諸表とのそれぞれについて適正性に関する意見の表明と準拠性に関する意見の表明とがあり得ることを明らかにしつつも、一般目的の財務諸表を対象とした適正性に関する意見の表明を中心とした従来の我が国の監査基準の枠組みとの整合性には十分に配意したところである。

今回の監査基準の改訂では、準拠性に関する意見の表明の形式が導入されることとなるが、当該意見を表明するに当たっては、以下に記すとおり、適正性に関する意見を表明する場合に準じた対応が必要となることについて、公認会計士はもちろん、財務諸表の作成者や利用者に対しても十分に周知が図られることが望ましい。

2　審議の経過等

当審議会では、平成25年３月26日に公表した「監査基準の改訂及び監査における不正リスク対応基準の設定に関する意見書」の前文において、「特別目的の財務報告に対する監査の位置づけを監査基準上明確にするかどうか、といった論点も議論されたところであるが、国際的な議論の動向や利用者のニーズに関する調査等を踏まえつつ、今後、当審議会において検討を行うこととしている」と記載したところである。

これを受けて監査部会では、国際的な議論の動向や利用者のニーズに関する調査等を踏まえ、従来の監査基準が規定する監査の枠組みに特定の利用者のニーズに応じて作成される財務諸表に対する監査を取り入れるための論点等に関する審議を行い、平成25年11月、公開草案を公表し、広く各界の意見を求めた。当審議会では、寄せられた意見を参考としつつ、更に審議を行い、公開草案の内容を一部修正して、これを「監査基準の改訂に関する意見書」として公表することとした。

なお、監査部会の審議においては、監査報告書の記載内容に関し、国際的な見直しの動向についても議論されたところであり、引き続き検討を行うこととしている。

二　主な改訂点とその考え方

1　監査の目的の改訂

監査基準において、これまでと同様、一般目的の財務諸表を対象とした適正性に関する意見表明が基本であることに変わりはないことから、監査の目的にかかる従来からの記述はそのまま維持することとしつつ、特別目的の財務諸表又は一般目的の財務諸表を対象とした準拠性に関する意見の表明が可能であることを付記し、明確化を行った。

適正性に関する意見の表明に当たっては、監査人は、経営者が採用した会計方針が会計の基準に準拠し、それが継続的に適用されているかどうか、その会計方針の選択や適用方法が会計事象や取引の実態を適切に反映するものであるかどうかに加え、財務諸表における表示が利用者に理解されるために適切であるかどうかについて判断しなくてはならない。その際、財務諸表における表示が利用者に理解されるために適切であるかどうかの判断には、財務諸表が表示のルールに準拠しているかどうかの評価と、財務諸表の利用者が財政状態や経営成績等を理解するに当たって財務諸表が全体として適切に表示されているか否かについての一歩離れて行う評価が含まれるが、準拠性に関する意見の表明の場合には、後者の一歩離れての評価は行われないという違いがある。

2 実施基準の改訂

監査の実施に当たっては、準拠性に関する意見の表明の場合であっても、適正性に関する意見の表明の場合と同様に、リスク・アプローチに基づく監査を実施し、監査リスクを合理的に低い水準に抑えた上で、自己の意見を形成するに足る基礎を得なければならないことから、「第三　実施基準」（以下「実施基準」という。）が当然に適用されることに留意が必要である。

また、財務諸表に対する監査意見を表明する場合のほか、財務諸表を構成する貸借対照表等の個別の財務表や個別の財務諸表項目等に対する監査意見を表明する場合についても、監査基準が適用される（その際、監査基準中「財務諸表」とあるのは、必要に応じ「個別の財務表」又は「個別の財務諸表項目等」と読み替えるものとする。）。従って、個別の財務表又は個別の財務諸表項目等に対する監査意見を表明する場合であっても、単にそれらの検討にとどまることなく、意見を表明するために必要な範囲で、内部統制を含む、企業及び企業環境を理解し、これらに内在する事業上のリスク等が重要な虚偽の表示をもたらす可能性を考慮しなければならないことに留意が必要である。

なお、特別目的の財務諸表には多種多様な財務諸表が想定されることから、実施基準の「一　基本原則」において、監査人は、特別目的の財務諸表の監査を行うに当たり、当該財務諸表の作成の基準が受入可能かどうかについて十分な検討を行わなければならないことを明確にした。

3 報告基準の改訂

「第一　監査の目的」において、適正性に関する意見に加えて準拠性に関する意見にかかる記述を付記し、明確化を行うことを踏まえ、「第四　報告基準」についても改訂を行い、監査報告書において記載すべき事項を明確にした。

すなわち、「第四　報告基準」の「一　基本原則」では、適正性に関する意見の表明について特別の利用目的に適合した会計の基準により作成される財務諸表の場合を付記するとともに、これに加えて、準拠性に関する意見の表明について規定し、監査人が準拠性に関する意見を表明する場合には、作成された財務諸表がすべての重要な点において、当該財務諸表の作成に当たって適用された会計の基準に準拠して作成されているかどうかについての意見を表明しなければならないことを明確にした。

準拠性に関する意見には、財務諸表には重要な虚偽の表示がないことの合理的な保証を得たとの監査人の判断が含まれている。この判断に当たり、監査人は、経営者が採用した会計方針が、会計の基準に準拠して継続的に適用されているかどうか、財務諸表が表示のルールに準拠しているかどうかについて形式的に確認するだけではなく、当該会計方針の選択及び適用方法が適切であるかどうかについて、会計事象や取引の実態に照らして判断しなければならないことにも留意が必要である。

なお、準拠性に関する意見の表明については、別途の報告基準を改めて規定するのではなく、適正性に関する意見の表明を前提としている報告基準に準じることとしたが、特別目的の財務諸表の利用者の誤解を招かないようにするために「第四　報告基準」に「八　特別目的の財務諸表に対する監査の場合の追記情報」を新設した。すなわち、特別目的の財務諸表に対する監査報告書を作成する場合には、監査報告書に、会計の基準、財務諸表の作成の目的及び想定される主な利用者の範囲を記載するとともに、財務諸表は特別の利用目的に適合した会計の基準に準拠して作成されており、他の目的には適合しないことがある旨を記載しなければならないこととした。また、監査報告書が特定の者のみによる利用を想定しており、当該監査報告書に配布又は利用の制限を付すことが適切であると考える場合には、その旨を記載しなければならないこととした。

三　実施時期等

1　改訂監査基準は、平成27年４月１日以後に開始する事業年度又は会計期間に係る監査から適用する。ただし、平成26年４月１日以後に発行する監査報告書から適用することを妨げない。

2　改訂監査基準を実務に適用するに当たって必要となる実務の指針については、日本公認会計士協会において、関係者とも協議の上、適切な手続の下で、早急に作成されることが要請される。

監査基準の改訂について

（平成30年７月５日
企業会計審議会）

一　経　緯

公認会計士（監査法人を含む。）による財務諸表の監査は、財務諸表の信頼性を担保するための制度であり、その規範となる監査基準は、財務諸表の作成規範である会計基準とともに、適正なディスクロージャーを確保するための資本市場の重要なインフラストラクチャーである。こうした観点から、当審議会では、監査をめぐる内外の動向を踏まえ、これまでも必要に応じて監査基準の改訂を行ってきている。

しかしながら、近時、我が国では、不正会計事案などを契機として監査の信頼性が改めて問われている状況にあり、その信頼性を確保するための取組みの一つとして、財務諸表利用者に対する監査に関する情報提供を充実させる必要性が指摘されている。

我が国を含め、国際的に採用されてきた従来の監査報告書は、記載文言を標準化して監査人の意見を簡潔明瞭に記載する、いわゆる短文式の監査報告書であった。これに対しては、かねてより、監査意見に至る監査のプロセスに関する情報が十分に提供されず、監査の内容が見えにくいとの指摘がされてきた。

こうした中、主に世界的な金融危機を契機に、監査の信頼性を確保するための取組みの一つとして、監査意見を簡潔明瞭に記載する枠組みは基本的に維持しつつ、監査プロセスの透明性を向上させることを目的に、監査人が当年度の財務諸表の監査において特に重要であると判断した事項（以下「監査上の主要な検討事項」という。）を監査報告書に記載する監査基準の改訂が国際的に行われてきている。

当審議会は、こうした国際的な動向を踏まえつつ、我が国の監査プロセスの透明性を向上させる観点から、監査報告書において「監査上の主要な検討事項」の記載を求める監査基準の改訂について審議を行い、平成30年５月、監査部会において公開草案を公表し、広く各界の意見を求め、寄せられた意見を参考としつつ、公開草案の内容を一部修正して、これを「監査基準の改訂に関する意見書」として公表することとした。

監査報告書における「監査上の主要な検討事項」の記載は、監査人が実施した監査の透明性を向上させ、監査報告書の情報価値を高めることにその意義があり、これにより、

・財務諸表利用者に対して監査のプロセスに関する情報が、監査の品質を評価する新たな検討材料として提供されることで、監査の信頼性向上に資すること
・財務諸表利用者の監査や財務諸表に対する理解が深まるとともに、経営者との対話が促進されること
・監査人と監査役、監査役会、監査等委員会又は監査委員会（以下「監査役等」という。）の間のコミュニケーションや、監査人と経営者の間の議論を更に充実させることを通じ、コーポレート・ガバナンスの強化や、監査の過程で識別した様々なリスクに関する認識が共有されることによる効果的な監査の実施につながること等の効果が期待される。

このような効果が発揮されるためには、監査

人、監査役等、経営者といった各関係者において、今回の改訂の趣旨を十分に理解の上、実施された監査の内容に関する情報が財務諸表利用者に適切に伝わるよう運用を図っていくことが重要である。

二　主な改訂点とその考え方

1　「監査上の主要な検討事項」について

⑴　監査報告書における位置付け

我が国では監査基準設定当初より、監査報告書は、監査の結果として、財務諸表に対する監査人の意見を表明する手段であるとともに、監査人が自己の意見に関する責任を正式に認める手段であることから、その内容を簡潔明瞭に記載して報告する、いわゆる短文式の監査報告書が採用されている。監査報告書における「監査上の主要な検討事項」の記載は、財務諸表利用者に対し、監査人が実施した監査の内容に関する情報を提供するものであり、監査報告書における監査意見の位置付けを変更するものではない。このため、監査人による「監査上の主要な検討事項」の記載は、監査意見とは明確に区別しなければならないことを明確にした。

⑵　「監査上の主要な検討事項」の決定

監査人は、監査の過程で監査役等と協議した事項の中から、

・特別な検討を必要とするリスクが識別された事項、又は重要な虚偽表示のリスクが高いと評価された事項
・見積りの不確実性が高いと識別された事項を含め、経営者の重要な判断を伴う事項に対する監査人の判断の程度
・当年度において発生した重要な事象又は取引が監査に与える影響

等について考慮した上で特に注意を払った事項を決定し、当該決定を行った事項の中からさらに、当年度の財務諸表の監査において、職業的専門家として特に重要であると判断した事項を絞り込み、「監査上の主要な検討事項」として決定することとなる。

監査人は、リスク・アプローチに基づく監査計画の策定段階から監査の過程を通じて監査役等と協議を行うなど、適切な連携を図ることが求められており、「監査上の主要な検討事項」は、そのような協議を行った事項の中から絞り込みが行われ、決定されるものである。

⑶　「監査上の主要な検討事項」の記載

監査人は、「監査上の主要な検討事項」であると決定した事項について、監査報告書に「監査上の主要な検討事項」の区分を設け、関連する財務諸表における開示がある場合には当該開示への参照を付した上で、

・「監査上の主要な検討事項」の内容
・監査人が、当年度の財務諸表の監査における特に重要な事項であると考え、「監査上の主要な検討事項」であると決定した理由
・監査における監査人の対応

を記載することとなる。

「監査上の主要な検討事項」の記載を有意義なものとするためには、監査人は財務諸表の監査の過程を通じて監査役等と適切な連携を図った上で、監査人が監査役等に対して行う報告内容を基礎として、当該財務諸表の監査に固有の情報を記載することが重要である。また、財務諸表利用者にとって有用なものとなるように、監査人は、過度に専門的な用語の使用を控えて分かりやすく記載するよう留意する必要がある。

⑷　監査意見が無限定適正意見以外の場合の取扱い

財務諸表に重要な虚偽の表示があること、又は重要な監査手続を実施できなかったこと等により無限定適正意見を表明することができない場合には、監査人はその理由、影響等について、区分を設けて記載しなければならないとされている。

不適正意見の場合には、重要かつ広範な事項について虚偽の表示があることから、通常、当該意見に至った理由が最も重要な事項であると想定されるが、当該理由以外の事項を「監

査上の主要な検討事項」として記載するときには、意見の根拠の区分に記載すべき内容と明確に区別しなければならない。限定付適正意見の場合に、当該意見に至った理由以外の事項を「監査上の主要な検討事項」として記載するときも同様である。

なお、意見不表明の場合において、その根拠となった理由以外の事項を「監査上の主要な検討事項」として記載することは、財務諸表全体に対する意見表明のための基礎を得ることができていないにもかかわらず、当該事項について部分的に保証しているかのような印象を与える可能性がある。このため、意見不表明の場合には、「監査上の主要な検討事項」は記載しないことが適当である。

(5)　「監査上の主要な検討事項」と企業による開示との関係

企業に関する情報を開示する責任は経営者にあり、監査人による「監査上の主要な検討事項」の記載は、経営者による開示を代替するものではない。したがって、監査人が「監査上の主要な検討事項」を記載するに当たり、企業に関する未公表の情報を含める必要があると判断した場合には、経営者に追加の情報開示を促すとともに、必要に応じて監査役等と協議を行うことが適切である。この際、企業に関する情報の開示に責任を有する経営者には、監査人からの要請に積極的に対応することが期待される。また、取締役の職務の執行を監査する責任を有する監査役等には、経営者に追加の開示を促す役割を果たすことが期待される。

監査人が追加的な情報開示を促した場合において経営者が情報を開示しないときに、監査人が正当な注意を払って職業的専門家としての判断において当該情報を「監査上の主要な検討事項」に含めることは、監査基準に照らして守秘義務が解除される正当な理由に該当する。

監査人は、「監査上の主要な検討事項」の記載により企業又は社会にもたらされる不利益が、当該事項を記載することによりもたらされる公共の利益を上回ると合理的に見込まれない限り、「監査上の主要な検討事項」として記載することが適切である。財務諸表利用者に対して、監査の内容に関するより充実した情報が提供されることは、公共の利益に資するものと推定されることから、「監査上の主要な検討事項」と決定された事項について監査報告書に記載が行われない場合は極めて限定的であると考えられる。

もっとも、「監査上の主要な検討事項」の記載は、監査の内容に関する情報を提供するものであることから、監査人はその記載に当たり、企業に関する未公表の情報を不適切に提供することとならないよう留意する必要がある。「監査上の主要な検討事項」の記載に関する経営者及び監査役等との協議は、監査人が、当該事項の記載の結果生じる可能性がある不利益の重要性に関する経営者の見解を理解するために役立つと考えられる。

2　報告基準に関わるその他の改訂事項について

国際的な監査基準では、「監査上の主要な検討事項」の記載以外にも、監査報告書の記載内容の明瞭化や充実を図ることを目的とした改訂が行われている。

当審議会は、我が国においても、財務諸表利用者の監査及び財務諸表への理解を深めるとともに、国際的な監査基準との整合性を確保する観点から、これらの点についても監査基準の改訂を行うこととした。

なお、中間監査基準及び四半期レビュー基準についても、今後、同様の観点からの改訂を検討することが必要である。

(1)　監査報告書の記載区分等

現行の我が国の監査基準では、監査報告書には、監査の対象、経営者の責任、監査人の責任、監査人の意見を区分した上で記載することが求められている。

この点に関して、以下の通り改訂を行うこととする。

・監査人の意見を監査報告書の冒頭に記載することとし、記載順序を変更するとともに、新たに意見の根拠の区分を設ける
・経営者の責任を経営者及び監査役等の責任に変更し、監査役等の財務報告に関する責任を記載する

(2) **継続企業の前提に関する事項**

現行の我が国の監査基準では、継続企業の前提に関する重要な不確実性が認められる場合には、監査人は、継続企業の前提に関する事項が財務諸表に適切に注記されていることを確かめた上で、当該事項について監査報告書に追記することが求められている。

この点について、継続企業の前提に関する評価と開示に関する経営者及び監査人の対応についてより明確にするため、継続企業の前提に関する重要な不確実性が認められる場合に監査人が監査報告書に記載する要件は変更することなく、独立した区分を設けて継続企業の前提に関する事項を記載することとした。あわせて、経営者は継続企業の前提に関する評価及び開示を行う責任を有し、監査人はその検討を行う責任を有することを、経営者の責任、監査人の責任に関する記載内容にそれぞれ追加することとした。

また、経営者は、継続企業の前提に重要な疑義を生じさせるような事象又は状況が存在する場合、その旨及びその内容を有価証券報告書の「事業等のリスク」に、経営者による対応策を「財政状態、経営成績及びキャッシュ・フローの状況の分析」に記載することとされている。監査人は、監査の過程で継続企業の前提に重要な疑義を生じさせるような事象又は状況の有無及びその内容を確かめることとされている。この点に関し、監査人は、継続企業の前提に重要な疑義を生じさせるような事象又は状況が存在する場合には、経営者による開示について検討することとなる。

三　実施時期等

1　改訂監査基準中、「監査上の主要な検討事項」については、平成33年３月決算に係る財務諸表の監査から適用する。ただし、それ以前の決算に係る財務諸表の監査から適用することを妨げない。

2　改訂監査基準中、報告基準に関わるその他の改訂事項については、平成32年３月決算に係る財務諸表の監査から適用する。

3　改訂監査基準の実施に当たり、関係法令において、「監査上の主要な検討事項」の適用範囲その他の基準の改訂に伴う所要の整備を行うことが適当である。

4　改訂監査基準を実務に適用するに当たって必要となる実務の指針については、日本公認会計士協会において、関係者とも協議の上、適切な手続の下で、早急に作成されることが要請される。

監査基準の改訂について

（令和元(2019)年９月３日
企業会計審議会）

一　経　緯

財務諸表の監査は、財務諸表の信頼性を担保するための制度であり、監査人の行動規範となる監査基準は、財務諸表の作成規範である会計基準とともに、適正なディスクロージャーを確保するための資本市場の重要なインフラストラクチャーである。

近時、我が国では、不正会計事案を契機として、改めて監査の信頼性が問われている状況にある。監査人が財務諸表利用者に対し自ら行った監査に関する説明を行うことは、監査人の職責に含まれるものであり、監査人は監査の信頼性の確保に向けた自律的な対応の一環として、自らの説明責任を十分に果たしていくことが求められている。

監査の信頼性確保のための取組みの一つとして、財務諸表利用者に対して監査に関する説明・情報提供を充実させる必要性が指摘されている。このため、当審議会では、平成30（2018）年７

月、監査プロセスの透明性を向上させる観点から、監査報告書において「監査上の主要な検討事項」の記載を求める監査基準の改訂を行ったところである。

　このように、監査人による監査に関する説明や情報提供への要請が高まる中、特に、限定付適正意見、意見不表明又は不適正意見の場合（以下、「無限定適正意見以外の場合」という。）における監査報告書の意見の根拠の区分に関し、財務諸表利用者の視点に立ったわかりやすく具体的な説明がなされていない事例があるのではないかとの指摘がなされている。また、監査人の守秘義務に関し、本来、監査人が財務諸表利用者に対して自ら行った監査に関する説明を行うことは、監査人の職責に含まれるものであり、監査人の守秘義務が解除される正当な理由に該当するが、そうした理解が関係者間に十分に浸透していないため、監査人が財務諸表利用者に対して監査に関して説明を行う上で制約になっているのではないかとの指摘もなされている。

　当審議会は、これらの指摘を踏まえつつ、監査人による監査に関する説明及び情報提供の一層の充実を図る観点から、監査報告書における意見の根拠の記載や監査人の守秘義務に関する論点について審議を行い、令和元（2019）年5月、監査部会において公開草案を公表し、広く各界の意見を求め、寄せられた意見を参考としつつ、公開草案の内容を一部修正して、これを「監査基準の改訂に関する意見書」として公表することとした。

二　主な改訂点とその考え方

1　監査報告書の意見の根拠の記載について

　現行の監査基準では、無限定適正意見以外の場合の監査報告書について、意見の根拠の区分に以下の事項をそれぞれ記載しなければならないとされている。

・意見に関する除外により限定付適正意見を表明する場合には、除外した不適切な事項及び財務諸表に与えている影響
・不適正意見の場合には、財務諸表が不適正であるとした理由
・監査範囲の制約により限定付適正意見を表明する場合には、実施できなかった監査手続及び当該事実が影響する事項
・意見を表明しない場合には、財務諸表に対する意見を表明しない旨及びその理由

　無限定適正意見以外の場合、監査人の判断の背景や根拠となった事情は、財務諸表利用者の意思決定に対して重大な影響を与え得るため、監査報告書において意見の根拠を十分かつ適切に記載しなければならないことは言うまでもないが、特に限定付適正意見の場合に関し、なぜ不適正意見ではなく限定付適正意見と判断したのかについての説明が不十分な事例が見られるとの指摘がある。

　この点に関し、現行の監査基準は、意見の除外により限定付適正意見を表明する場合には、監査報告書の意見の根拠の区分において「除外した不適切な事項及び財務諸表に与えている影響」を記載する中で、不適正意見ではなく限定付適正意見と判断した理由についても説明がなされることを想定している。しかしながら、前述のような指摘も踏まえ、財務諸表利用者の視点に立ったわかりやすく具体的な説明の記載が求められることから、監査基準上、意見の根拠の区分の記載事項として、除外した不適切な事項及び財務諸表に与えている影響とともに、これらを踏まえて除外事項に関し重要性はあるが広範性はないと判断し限定付適正意見とした理由を記載しなければならないことを明確にすることとした。

　同様に、監査範囲の制約により限定付適正意見を表明する場合も、意見の根拠の区分において、実施できなかった監査手続及び当該事実が影響する事項とともに、これらを踏まえて除外事項に関し重要性はあるが広範性はないと判断し限定付適正意見とした理由を記載しなければならないことを明確にすることとした。

2　守秘義務について

　監査の信頼性を確保する観点から、監査人に

は、質の高い監査を提供することだけでなく、財務諸表利用者に対して監査に関する説明・情報提供を十分かつ適時、適切に行うことも求められるようになっている。とりわけ、近年、財務諸表において会計上の見積りを含む項目が増え、これらに対する監査の重要性が高まっている中、具体的な監査上の対応や監査人の重要な判断に関する説明・情報提供の充実が要請されている。

監査人が財務諸表利用者に対して監査に関する説明・情報提供を行うに際しては、守秘義務との関係が問題となり得る。守秘義務については、公認会計士法において、職業的専門家としての職業倫理上当然の義務として定められているとともに、監査基準においても、その設定当初、監査人が企業から監査に必要な情報の提供を受けることを確保するために不可欠であり、監査を受ける企業との信頼関係の下、監査業務を有効かつ効率的に遂行する上で必要な義務として定められたものである。こうした守秘義務の意義は、今日においても変わるものではないが、監査に関する情報提供の充実を求める社会的要請の高まりを踏まえ、守秘義務の在り方をあらためて検討する必要がある。

公認会計士法第27条は、「業務上取り扱つたことについて知り得た秘密」を公認会計士の守秘義務の対象として規定している。これに対し、現行の監査基準は、「業務上知り得た事項」を監査人の守秘義務の対象と定めている。

本来、守秘義務の対象は、企業の秘密に限られるものであるが、我が国においては、一般的に、企業に関する未公表の情報について、あらゆるものが守秘義務の対象になり得ると考えられる傾向があると指摘されている。このため、監査基準における守秘義務の規定については、公認会計士法との整合を図るため、秘密を対象にするものであることを明確にすることとした。

なお、監査人が自ら行った監査に関する説明を監査報告書に記載することは、守秘義務が解除される「正当な理由」に該当するところ、その記載の内容及びその程度については、これによりもたらされる公共の利益と企業又は社会の不利益との比較衡量の上、決定すべきであり、今後、具体的な事例の積み重ねとともに関係者の間で共通の理解が確立されていくことが必要である。

三　実施時期等

1　改訂監査基準は、令和２（2020）年３月決算に係る財務諸表の監査から実施する。

2　改訂監査基準の実施に当たり、関係法令において所要の整備を行うことが適当である。

3　改訂基準を実務に適用するに当たって必要となる実務の指針については、日本公認会計士協会において、関係者とも協議の上、適切な手続の下で、早急に作成されることが要請される。

4　監査基準の改訂について（平成30年７月５日企業会計審議会）の「三　実施時期等」の１中「平成33年３月決算」とあるのは「令和３（2021）年３月決算」と、同２中「平成32年３月決算」とあるのは「令和２（2020）年３月決算」とする。

監査基準の改訂について

（令和２(2020)年11月６日
企業会計審議会）

一　経　緯

当審議会は、財務諸表利用者に対して監査に関する説明・情報提供を充実させる観点から、平成30（2018）年７月、監査報告書において「監査上の主要な検討事項」の記載を求める監査基準の改訂を行い、その後も引き続き、監査報告書の記載内容の充実について議論を行ってきたところである。近時、我が国では、企業内容等に関する情報の開示について、経営者による財務諸表以外の情報の開示の充実が進んでいる。これまでも、財務諸表とともに開示される財務諸表以外の情報において、財務諸表の表示やその根拠となっている数値等との間に重要な相違があるときには、監査人が表明した適正性に関する結論に誤りがあるのではないかとの誤解を招くおそれがあることから、当該相違を監査報告書に情報として追記することとされていたが、その取扱いは必ずしも明確ではなかった。今後、財務諸表以外の情報の開示のさらなる充実が期待される中、当該情報に対する監査人の役割の明確化、及び監査報告書における情報提供の充実を図ることの必要性が高まっている。とりわけ、監査人が当該情報について通読し、当該情報と財務諸表又は監査人が監査の過程で得た知識との間に重要な相違があるかどうかについて検討し、その結果を監査報告書に記載することには、監査人の当該情報に係る役割の明確化を図るとともに、監査の対象とした財務諸表の信頼性を確保するという効果も期待される。こうした問題意識を踏まえ、当審議会は、監査した財務諸表を含む開示書類のうち当該財務諸表と監査報告書とを除いた部分の記載内容（以下、「その他の記載内容」という。）について、監査人の手続を明確にするとともに、監査報告書に必要な記載を求めることとした。

他方、近年の公認会計士・監査審査会の検査結果において、重要な虚偽表示のリスクの評価に係る手続や特別な検討を必要とするリスクに対応する手続が適切に実施されていないとの指摘がなされている。また、会計上の見積りに関して、経営者の使用した仮定の合理性の検討が不十分であるなど、重要な虚偽表示のリスクに対応する監査手続が不十分との指摘もなされている。リスク・アプローチに基づく監査の実施においては、リスク評価が決定的に重要であることから、特別な検討を必要とするリスクを含む重要な虚偽表示のリスクの評価について、その強化を図ることが必要である。同時に、会計上の見積りについては、適切に評価されたリスクに対応した深度ある監査手続が必要と考えられる。監査基準をめぐる国際的な動向をみても、世界的な金融危機を契機として会計上の見積りに係る基準が改訂されるとともに、実務における適用状況を踏まえリスク評価に関する基準の改訂がなされたところである。こうした動向を踏まえ、我が国においても、国際的な監査基準との整合性を確保しつつ、監査の質の向上を図ることが必要であると判断した。

以上のことから、当審議会は、「その他の記載内容」及びリスク・アプローチに関する論点について審議を行い、令和２（2020）年３月、監査部会において公開草案を公表し、広く各界の意見を求めた。当審議会では、寄せられた意見を参考としつつ、更に審議を行い、公開草案の内容を一部修正して、これを「監査基準の改訂に関する意見書」として公表することとした。

二　主な改訂点とその考え方

1 「その他の記載内容」について

⑴ 監査報告書における「その他の記載内容」に係る記載の位置付け

現行の監査基準では、監査人が監査した財務諸表を含む開示書類における当該財務諸表の表示と「その他の記載内容」との間の重要な相違は、監査人の意見とは明確に区別された監査報告書の追記情報の一つとして掲げられている。

この点、従来と同様、監査人は「その他の記載内容」に対して意見を表明するものではなく、監査報告書における「その他の記載内容」に係る記載は、監査意見とは明確に区別された情報の提供であるという位置付けを維持することとした。また、監査報告書において記載すべき事項を明確にすることにより、監査人の「その他の記載内容」に係る役割をより一層明確にした。

⑵ 「その他の記載内容」に対する手続

監査人は、「その他の記載内容」を通読し、「その他の記載内容」と財務諸表又は監査人が監査の過程で得た知識との間に重要な相違があるかどうかについて検討することを明確にした。

その際、監査人が監査の過程で得た知識には、入手した監査証拠及び監査における検討結果が含まれるが、「その他の記載内容」の通読及び検討に当たって、新たな監査証拠の入手が求められるものではない。

なお、監査人は、「その他の記載内容」の通読及び検討に当たって、財務諸表や監査の過程で得た知識に関連しない内容についても、重要な誤りの兆候に注意を払うこととなる。

その結果、監査人が、上記の重要な相違に気付いた場合や、財務諸表や監査の過程で得た知識に関連しない「その他の記載内容」についての重要な誤りに気付いた場合には、経営者や監査役等と協議を行うなど、追加の手続を実施することが求められる。「その他の記載内容」に重要な誤りがある場合において、上記の追加の手続を実施しても当該重要な誤りが解消されない場合には、監査報告書にその旨及びその内容を記載するなどの適切な対応が求められる。

(3) 「その他の記載内容」の記載

監査人は、監査報告書に「その他の記載内容」の区分を設け、

- ・「その他の記載内容」の範囲
- ・「その他の記載内容」に対する経営者及び監査役等の責任
- ・「その他の記載内容」に対して監査人は意見を表明するものではない旨
- ・「その他の記載内容」に対する監査人の責任
- ・「その他の記載内容」について監査人が報告すべき事項の有無、報告すべき事項がある場合はその内容

を記載することとなる。

なお、財務諸表に対し意見を表明しない場合においては、「その他の記載内容」についての重要な誤りの有無を監査報告書に記載し、財務諸表の一部についての追加的な情報を提供することは、当該記載と財務諸表全体に対する意見を表明しないという監査人の結論との関係を曖昧にするおそれがあるため、「その他の記載内容」について記載しないことが適当である。

(4) 経営者・監査役等の対応

経営者は、「その他の記載内容」に重要な相違又は重要な誤りがある場合には、適切に修正することなどが求められる。また、監査役等においても、「その他の記載内容」に重要な相違又は重要な誤りがある場合には、経営者に対して修正するよう積極的に促していくことなどが求められる。

2 リスク・アプローチの強化について

(1) リスク・アプローチに基づく監査

リスク・アプローチに基づく監査は、重要な虚偽の表示が生じる可能性が高い事項について重点的に監査の人員や時間を充てることにより、監査を効果的かつ効率的に実施できることから、平成３（1991）年の監査基準の改訂で採用した。また、平成14（2002）年の監査基準の改訂で、固有リスク、統制リスク、発見リスクという三つのリスク要素と監査リスクの関係を明らかにし、リスク・アプローチに基づく監査の仕組みをより一層明確にした。さらに、平成17（2005）年の監査基準の改訂では、監査人の監査上の判断が財務諸表の個々の項目に集中する傾向があり、経営者の関与によりもたらされる重要な虚偽の表示を看過する原因となることが指摘された。このため、「事業上のリスク等を重視したリスク・アプローチ」を導入し、固有リスクと統制リスクを結合した「重要な虚偽表示のリスク」の評価、「財務諸表全体」及び「財務諸表項目」の二つのレベルにおける評価等の考え方を導入した。

しかしながら、近年、公認会計士・監査審査会の検査結果においてリスク評価及び評価したリスクへの対応に係る指摘がなされていることに加え、会計基準の改訂等により会計上の見積りが複雑化する傾向にあり、財務諸表項目レベルにおける重要な虚偽表示のリスクの評価がより一層重要となってきている。また、国際的な監査基準においても、実務において、特別な検討を必要とするリスクの識別に一貫性がない、会計上の見積りの複雑化への対応が必要であるなどの指摘がなされたことから、会計上の見積りに関する監査基準

の改訂、特別な検討を必要とするリスクの評価を含め、重要な虚偽表示のリスクの評価の強化が図られたところである。

以上の状況を踏まえ、財務諸表全体レベルにおいて固有リスク及び統制リスクを結合した重要な虚偽表示のリスクを評価する考え方を維持することとした。

また、財務諸表項目レベルにおいては、固有リスクの性質に着目して重要な虚偽の表示がもたらされる要因などを勘案することが、重要な虚偽表示のリスクのより適切な評価に結び付くことから、固有リスクと統制リスクを分けて評価することとした。さらに、特別な検討を必要とするリスクについては、固有リスクの評価を踏まえた定義とした。加えて、会計上の見積りについては、上記のとおり重要な虚偽表示のリスクの評価に当たり、固有リスクと統制リスクを分けて評価することを前提に、リスクに対応する監査手続として、原則として、経営者が採用した手法並びにそれに用いられた仮定及びデータを評価する手続が必要である点を明確にした。また、経営者が行った見積りと監査人の行った見積りや実績とを比較する手続も引き続き重要である。

なお、今回の改訂に係る部分を除いて、平成14（2002）年及び平成17（2005）年の改訂における「監査基準の改訂について」に記載されているリスク・アプローチの概念や考え方は踏襲されていることに留意が必要である。

⑵　財務諸表項目レベルにおける重要な虚偽表示のリスクの評価

財務諸表項目レベルにおける重要な虚偽表示のリスクを構成する固有リスクについては、重要な虚偽の表示がもたらされる要因を勘案し、虚偽の表示が生じる可能性と当該虚偽の表示が生じた場合の影響を組み合わせて評価することとした。なお、この影響には、金額的影響だけでなく、質的影響も含まれることに留意が必要である。

⑶　特別な検討を必要とするリスクの定義

現行の監査基準では、会計上の見積りや収益認識等の重要な会計上の判断に関して財務諸表に重要な虚偽の表示をもたらす可能性のある事項、不正の疑いのある取引、特異な取引等は、監査の実施の過程において特別な検討を行う必要があることから、特別な検討を必要とするリスクとして、それが財務諸表における重要な虚偽の表示をもたらしていないかを確かめる実証手続の実施などを求めている。しかし、リスク・アプローチに基づく監査の実施に当たって、財務諸表項目レベルにおける重要な虚偽表示のリスクを適切に評価することがより一層重要となるなか、監査人は、固有リスクに着目をして、特別な検討を行う必要があるか検討する必要がある。そのため、財務諸表項目レベルにおける評価において、虚偽の表示が生じる可能性と当該虚偽の表示が生じた場合の影響の双方を考慮して、固有リスクが最も高い領域に存在すると評価したリスクを特別な検討を必要とするリスクと定義することとした。

三　実施時期等

1　改訂監査基準中、「その他の記載内容」については、令和4（2022）年3月決算に係る財務諸表の監査から実施する。ただし、令和3（2021）年3月決算に係る財務諸表の監査から実施することができる。

2　改訂監査基準中、リスク・アプローチの強化については、令和5（2023）年3月決算に係る財務諸表の監査から実施する。ただし、それ以前の決算に係る財務諸表の監査から実施することを妨げない。

3　改訂監査基準の実施に当たり、関係法令において所要の整備を行うことが適当である。

4　改訂基準を実務に適用するに当たって必要となる実務の指針については、日本公認会計士協会において、関係者とも協議の上、適切な手続の下で、早急に作成されることが要請される。

監 査 基 準

昭和25年７月14日
改訂昭和31年12月25日
改訂昭和40年９月30日
改訂昭和41年４月26日
改訂昭和51年７月13日
改訂昭和58年２月14日
改訂平成元年５月11日
改訂平成３年５月31日
改訂平成３年12月26日
改訂平成10年６月16日
改訂平成14年１月25日
改訂平成17年10月28日
改訂平成21年４月９日
改訂平成22年３月26日
改訂平成25年３月26日
改訂平成26年２月18日
改訂平成30年７月５日
改訂令和元(2019)年９月３日
改訂令和２(2020)年11月６日

第一　監査の目的

1　財務諸表の監査の目的は、経営者の作成した財務諸表が、一般に公正妥当と認められる企業会計の基準に準拠して、企業の財政状態、経営成績及びキャッシュ・フローの状況を全ての重要な点において適正に表示しているかどうかについて、監査人が自ら入手した監査証拠に基づいて判断した結果を意見として表明することにある。

財務諸表の表示が適正である旨の監査人の意見は、財務諸表には、全体として重要な虚偽の表示がないということについて、合理的な保証を得たとの監査人の判断を含んでいる。

2　財務諸表が特別の利用目的に適合した会計の基準により作成される場合等には、当該財務諸表が会計の基準に準拠して作成されているかどうかについて、意見として表明することがある。

第二　一般基準

1　監査人は、職業的専門家として、その専門能力の向上と実務経験等から得られる知識の蓄積に常に努めなければならない。

2　監査人は、監査を行うに当たって、常に公正不偏の態度を保持し、独立の立場を損なう利害や独立の立場に疑いを招く外観を有してはならない。

3　監査人は、職業的専門家としての正当な注意を払い、懐疑心を保持して監査を行わなければならない。

4　監査人は、財務諸表の利用者に対する不正な報告あるいは資産の流用の隠蔽を目的とした重要な虚偽の表示が、財務諸表に含まれる可能性を考慮しなければならない。また、違法行為が財務諸表に重要な影響を及ぼす場合があることにも留意しなければならない。

5　監査人は、監査計画及びこれに基づき実施した監査の内容並びに判断の過程及び結果を記録し、監査調書として保存しなければならない。

6　監査人は、自らの組織として、全ての監査が一般に公正妥当と認められる監査の基準に準拠して適切に実施されるために必要な質の管理（以下「品質管理」という。）の方針と手続を定め、これらに従って監査が実施されていることを確かめなければならない。

7　監査人は、監査を行うに当たって、品質管理の方針と手続に従い、指揮命令の系統及び職務の分担を明らかにし、また、当該監査に従事する補助者に対しては適切な指示、指導及び監督を行わなければならない。

8　監査人は、業務上知り得た秘密を正当な理由なく他に漏らし、又は窃用してはならない。

第三　実施基準

一　基本原則

1　監査人は、監査リスクを合理的に低い水準に抑えるために、財務諸表における重要な虚偽表示のリスクを評価し、発見リスクの水準を決定するとともに、監査上の重要性を勘案して監査計画を策定し、これに基づき監査を実施しなければならない。

2　監査人は、監査の実施において、内部統制を含む、企業及び企業環境を理解し、これらに内在する事業上のリスク等が財務諸表に重要な虚偽の表示をもたらす可能性を考慮しなければならない。

3　監査人は、自己の意見を形成するに足る基礎を得るために、経営者が提示する財務諸表項目に対して、実在性、網羅性、権利と義務の帰属、評価の妥当性、期間配分の適切性及び表示の妥当性等の監査要点を設定し、これらに適合した十分かつ適切な監査証拠を入手しなければならない。

4　監査人は、十分かつ適切な監査証拠を入手するに当たっては、財務諸表における重要な虚偽表示のリスクを暫定的に評価し、リスクに対応した監査手続を、原則として試査に基づき実施しなければならない。

5　監査人は、職業的専門家としての懐疑心をもって、不正及び誤謬により財務諸表に重要な虚偽の表示がもたらされる可能性に関して評価を行い、その結果を監査計画に反映し、これに基づき監査を実施しなければならない。

6　監査人は、監査計画の策定及びこれに基づく監査の実施において、企業が将来にわたって事業活動を継続するとの前提（以下「継続企業の前提」という。）に基づき経営者が財務諸表を作成することが適切であるか否かを検討しなければならない。

7　監査人は、監査の各段階において、監査役、監査役会、監査等委員会又は監査委員会（以下「監査役等」という。）と協議する等適切な連携を図らなければならない。

8　監査人は、特別の利用目的に適合した会計の基準により作成される財務諸表の監査に当たっては、当該会計の基準が受入可能かどうかについて検討しなければならない。

二　監査計画の策定

1　監査人は、監査を効果的かつ効率的に実施するために、監査リスクと監査上の重要性を勘案して監査計画を策定しなければならない。

2　監査人は、監査計画の策定に当たり、景気の動向、企業が属する産業の状況、企業の事業内容及び組織、経営者の経営理念、経営方針、内部統制の整備状況、情報技術の利用状況その他企業の経営活動に関わる情報を入手し、企業及び企業環境に内在する事業上のリスク等がもたらす財務諸表における重要な虚偽表示のリスクを暫定的に評価しなければならない。

3　監査人は、広く財務諸表全体に関係し特定の財務諸表項目のみに関連づけられない重要な虚偽表示のリスクがあると判断した場合には、そのリスクの程度に応じて、補助者の増員、専門家の配置、適切な監査時間の確保等の全般的な対応を監査計画に反映させなければならない。

4　監査人は、財務諸表項目に関連した重要な虚偽表示のリスクの評価に当たっては、固有リスク及び統制リスクを分けて評価しなければならない。固有リスクについては、重要な虚偽の表示がもたらされる要因を勘案し、虚偽の表示が生じる可能性と当該虚偽の表示が生じた場合の影響を組み合わせて評価しなければならない。また、監査人は、財務諸表項目に関連して暫定的に評価した重要な虚偽表示のリスクに対応する、内部統制の運用状況の評価手続及び発見リスクの水準に応じた実証手続に係る監査計画を策定し、実施すべき監査手続、実施の時期及び範囲を決定しなければならない。

5　監査人は、虚偽の表示が生じる可能性と当該虚偽の表示が生じた場合の金額的及び質的影響の双方を考慮して、固有リスクが最も高い領域に存在すると評価した場合には、そのリスクを特別な検討を必要とするリスクとして取り扱わなければならない。特に、監査人は、会計上の見積りや収益認識等の判断に関して財務諸表に重要な虚偽の表示をもたらす可能性のある事項、不正の疑いのある取引、特異な取引等、特別な検討を必要とするリスクがあると判断した場合には、そのリスクに対応する監査手続に係る監査計画を策定しなければならない。

6　監査人は、企業が利用する情報技術が監査に及ぼす影響を検討し、その利用状況に適合した監査計画を策定しなければならない。

7　監査人は、監査計画の策定に当たって、財務指標の悪化の傾向、財政破綻の可能性その他継続企業の前提に重要な疑義を生じさせるような事象又は状況の有無を確かめなければならない。

8　監査人は、監査計画の前提として把握した事象や状況が変化した場合、あるいは監査の実施過程で新たな事実を発見した場合には、適宜、監査計画を修正しなければならない。

三　監査の実施

1　監査人は、実施した監査手続及び入手した監査証拠に基づき、暫定的に評価した重要な虚偽表示のリスクの程度を変更する必要がないと判断した場合には、当初の監査計画において策定した内部統制の運用状況の評価手続及び実証手続を実施しなければならない。また、重要な虚偽表示のリスクの程度が暫定的な評価よりも高いと判断した場合には、発見リスクの水準を低くするために監査計画を修正し、十分かつ適切な監査証拠を入手できるように監査手続を実施しなければならない。

2　監査人は、ある特定の監査要点について、内部統制が存在しないか、あるいは有効に運用されていない可能性が高いと判断した場合には、内部統制に依拠することなく、実証手続により十分かつ適切な監査証拠を入手しなければならない。

3　監査人は、特別な検討を必要とするリスクがあると判断した場合には、それが財務諸表における重要な虚偽の表示をもたらしていないかを確かめるための実証手続を実施し、また、内部統制の整備状況を調査し、必要に応じて、その運用状況の評価手続を実施しなければならない。

4　監査人は、監査の実施の過程において、広く財務諸表全体に関係し特定の財務諸表項目のみに関連づけられない重要な虚偽表示のリスクを新たに発見した場合及び当初の監査計画における全般的な対応が不十分であると判断した場合には、当初の監査計画を修正し、全般的な対応を見直して監査を実施しなければならない。

5　監査人は、会計上の見積りの合理性を判断するために、経営者が行った見積りの方法（経営者が採用した手法並びにそれに用いられた仮定及びデータを含む。）の評価、その見積りと監査人の行った見積りや実績との比較等により、十分かつ適切な監査証拠を入手しなければならない。

6　監査人は、監査の実施において不正又は誤謬を発見した場合には、経営者等に報告して適切な対応を求めるとともに、適宜、監査手続を追加して十分かつ適切な監査証拠を入手し、当該不正等が財務諸表に与える影響を評価しなければならない。

7　監査人は、継続企業を前提として財務諸表を作成することの適切性に関して合理的な期間について経営者が行った評価を検討しなければならない。

8　監査人は、継続企業の前提に重要な疑義を生じさせるような事象又は状況が存在すると判断した場合には、当該事象又は状況に関して合理的な期間について経営者が行った評価及び対応策について検討した上で、なお継続企業の前提に関する重要な不確実性が認められるか否かを確かめなければならない。

9　監査人は、適正な財務諸表を作成する責任は経営者にあること、財務諸表の作成に関する基本的な事項、経営者が採用した会計方針、経営者は監査の実施に必要な資料を全て提示したこと及び監査人が必要と判断した事項について、経営者から書面をもって確認しなければならない。

四　他の監査人等の利用

1　監査人は、他の監査人によって行われた監査の結果を利用する場合には、当該他の監査人によって監査された財務諸表等の重要性、及び他の監査人の品質管理の状況等に基づく信頼性の程度を勘案して、他の監査人の実施した監査の結果を利用する程度及び方法を決定しなければならない。

2　監査人は、専門家の業務を利用する場合には、専門家としての能力及びその業務の客観性を評価し、その業務の結果が監査証拠として十分かつ適切であるかどうかを検討しなければならない。

3　監査人は、企業の内部監査の目的及び手続が監査人の監査の目的に適合するかどうか、内部監査の方法及び結果が信頼できるかどうかを評価した上で、内部監査の結果を利用できると判断した場合には、財務諸表の項目に与える影響等を勘案して、その利用の程度を決定しなければならない。

第四　報告基準

一　基本原則

1　監査人は、適正性に関する意見を表明する場合には、経営者の作成した財務諸表が、一般に公正妥当と認められる企業会計の基準に準拠して、企業の財政状態、経営成績及びキャッシュ・フローの状況を全ての重要な点において適正に表示しているかどうかについての意見を表明しなければならない。なお、特別の利用目的に適合した会計の基準により作成される財務諸表については、当該財務諸表が当該会計の基準に準拠して、上記と同様に全ての重要な点において適正に表示しているかどうかについての意見を表明しなければならない。

監査人は、準拠性に関する意見を表明する場合には、作成された財務諸表が、全ての重要な点において、財務諸表の作成に当たって適用された会計の基準に準拠して作成されているかどうかについての意見を表明しなければならない。

監査人は、準拠性に関する意見を表明する場合には、適正性に関する意見の表明を前提とした以下の報告の基準に準じて行うものとする。

2　監査人は、財務諸表が一般に公正妥当と認められる企業会計の基準に準拠して適正に表示されているかどうかの判断に当たっては、経営者が採用した会計方針が、企業会計の基準に準拠して継続的に適用されているかどうかのみならず、その選択及び適用方法が会計事象や取引を適切に反映するものであるかどうか並びに財務諸表の表示方法が適切であるかどうかについても評価しなければならない。

3　監査人は、監査意見の表明に当たっては、監査リスクを合理的に低い水準に抑えた上で、自己の意見を形成するに足る基礎を得なければならない。

4　監査人は、重要な監査手続を実施できなかったことにより、自己の意見を形成するに足る基礎を得られないときは、意見を表明してはならない。

5　監査人は、意見の表明に先立ち、自らの意見が一般に公正妥当と認められる監査の基準に準拠して適切に形成されていることを確かめるため、意見表明に関する審査を受けなければならない。この審査は、品質管理の方針及び手続に従った適切なものでなければならない。品質管理の方針及び手続において、意見が適切に形成されていることを確認できる他の方法が定められている場合には、この限りではない。

二　監査報告書の記載区分

1　監査人は、監査報告書において、監査人の意見、意見の根拠、経営者及び監査役等の責任、監査人の責任を明瞭かつ簡潔にそれぞれを区分した上で、記載しなければならない。ただし、意見を表明しない場合には、その旨を監査報告書に記載しなければならない。

2　監査人は、次に掲げる事項を監査報告書に記載するに当たっては、別に区分を設けて、意見の表明とは明確に区別しなければならない。

(1)　継続企業の前提に関する事項

(2)　当年度の財務諸表の監査の過程で監査役等と協議した事項のうち、職業的専門家として当該監査において特に重要であると判断した事項(以下「監査上の主要な検討事項」という。)

(3)　監査した財務諸表を含む開示書類のうち当該財務諸表と監査報告書とを除いた部分の記載内容（以下「その他の記載内容」という。）に関する事項

(4)　財務諸表の記載について強調する必要があ

る事項及び説明を付す必要がある事項

三　無限定適正意見の記載事項

監査人は、経営者の作成した財務諸表が、一般に公正妥当と認められる企業会計の基準に準拠して、企業の財政状態、経営成績及びキャッシュ・フローの状況を全ての重要な点において適正に表示していると認められると判断したときは、その旨の意見（この場合の意見を「無限定適正意見」という。）を表明しなければならない。この場合には、監査報告書に次の記載を行うものとする。

⑴　監査人の意見

監査対象とした財務諸表の範囲、及び経営者の作成した財務諸表が、一般に公正妥当と認められる企業会計の基準に準拠して、企業の財政状態、経営成績及びキャッシュ・フローの状況を全ての重要な点において適正に表示していると認められること

⑵　意見の根拠

一般に公正妥当と認められる監査の基準に準拠して監査を行ったこと、監査の結果として入手した監査証拠が意見表明の基礎を与える十分かつ適切なものであること

⑶　経営者及び監査役等の責任

経営者には、財務諸表の作成責任があること、財務諸表に重要な虚偽の表示がないように内部統制を整備及び運用する責任があること、継続企業の前提に関する評価を行い必要な開示を行う責任があること

監査役等には、財務報告プロセスを監視する責任があること

⑷　監査人の責任

監査人の責任は独立の立場から財務諸表に対する意見を表明することにあること

監査の基準は監査人に財務諸表に重要な虚偽の表示がないかどうかの合理的な保証を得ることを求めていること、監査は財務諸表項目に関する監査証拠を得るための手続を含むこと、監査は経営者が採用した会計方針及びその適用方法並びに経営者によって行われた見積りの評価も含め全体としての財務諸表の表示を検討していること、監査手続の選択及び適用は監査人の判断によること、財務諸表監査の目的は、内部統制の有効性について意見表明するためのものではないこと、継続企業の前提に関する経営者の評価を検討すること、監査役等と適切な連携を図ること、監査上の主要な検討事項を決定して監査報告書に記載すること

四　意見に関する除外

1　監査人は、経営者が採用した会計方針の選択及びその適用方法、財務諸表の表示方法に関して不適切なものがあり、その影響が無限定適正意見を表明することができない程度に重要ではあるものの、財務諸表を全体として虚偽の表示に当たるとするほどではないと判断したときには、除外事項を付した限定付適正意見を表明しなければならない。この場合には、意見の根拠の区分に、除外した不適切な事項、財務諸表に与えている影響及びこれらを踏まえて除外事項を付した限定付適正意見とした理由を記載しなければならない。

2　監査人は、経営者が採用した会計方針の選択及びその適用方法、財務諸表の表示方法に関して不適切なものがあり、その影響が財務諸表全体として虚偽の表示に当たるとするほどに重要であると判断した場合には、財務諸表が不適正である旨の意見を表明しなければならない。この場合には、意見の根拠の区分に、財務諸表が不適正であるとした理由を記載しなければならない。

五　監査範囲の制約

1　監査人は、重要な監査手続を実施できなかったことにより、無限定適正意見を表明することができない場合において、その影響が財務諸表全体に対する意見表明ができないほどではないと判断したときには、除外事項を付した限定付適正意見を表明しなければならない。この場合には、意見の根拠の区分に、実施できなかった監査手続、当該事実が影響する事項及びこれら

を踏まえて除外事項を付した限定付適正意見とした理由を記載しなければならない。

2　監査人は、重要な監査手続を実施できなかったことにより、財務諸表全体に対する意見表明のための基礎を得ることができなかったときには、意見を表明してはならない。この場合には、別に区分を設けて、財務諸表に対する意見を表明しない旨及びその理由を記載しなければならない。

3　監査人は、他の監査人が実施した監査の重要な事項について、その監査の結果を利用できないと判断したときに、更に当該事項について、重要な監査手続を追加して実施できなかった場合には、重要な監査手続を実施できなかった場合に準じて意見の表明の適否を判断しなければならない。

4　監査人は、将来の帰結が予測し得ない事象又は状況について、財務諸表に与える当該事象又は状況の影響が複合的かつ多岐にわたる場合には、重要な監査手続を実施できなかった場合に準じて意見の表明ができるか否かを慎重に判断しなければならない。

六　継続企業の前提

1　監査人は、継続企業を前提として財務諸表を作成することが適切であるが、継続企業の前提に関する重要な不確実性が認められる場合において、継続企業の前提に関する事項が財務諸表に適切に記載されていると判断して無限定適正意見を表明するときには、継続企業の前提に関する事項について監査報告書に記載しなければならない。

2　監査人は、継続企業を前提として財務諸表を作成することが適切であるが、継続企業の前提に関する重要な不確実性が認められる場合において、継続企業の前提に関する事項が財務諸表に適切に記載されていないと判断したときには、当該不適切な記載についての除外事項を付した限定付適正意見を表明するか、又は、財務諸表が不適正である旨の意見を表明し、その理由を記載しなければならない。

3　監査人は、継続企業の前提に重要な疑義を生じさせるような事象又は状況に関して経営者が評価及び対応策を示さないときには、継続企業の前提に関する重要な不確実性が認められるか否かを確かめる十分かつ適切な監査証拠を入手できないことがあるため、重要な監査手続を実施できなかった場合に準じて意見の表明の適否を判断しなければならない。

4　監査人は、継続企業を前提として財務諸表を作成することが適切でない場合には、継続企業を前提とした財務諸表については不適正である旨の意見を表明し、その理由を記載しなければならない。

七　監査上の主要な検討事項

1　監査人は、監査の過程で監査役等と協議した事項の中から特に注意を払った事項を決定した上で、その中からさらに、当年度の財務諸表の監査において、職業的専門家として特に重要であると判断した事項を監査上の主要な検討事項として決定しなければならない。

2　監査人は、監査上の主要な検討事項として決定した事項について、関連する財務諸表における開示がある場合には当該開示への参照を付した上で、監査上の主要な検討事項の内容、監査人が監査上の主要な検討事項であると決定した理由及び監査における監査人の対応を監査報告書に記載しなければならない。

ただし、意見を表明しない場合には記載しないものとする。

八　その他の記載内容

1　監査人は、その他の記載内容を通読し、当該その他の記載内容と財務諸表又は監査人が監査の過程で得た知識との間に重要な相違があるかどうかについて検討しなければならない。また、監査人は、通読及び検討に当たって、財務諸表や監査の過程で得た知識に関連しないその他の記載内容についても、重要な誤りの兆候に注意を払わなければならない。

2　監査人は、その他の記載内容に関して、その範囲、経営者及び監査役等の責任、監査人は意見を表明するものではない旨、監査人の責任及び報告すべき事項の有無並びに報告すべき事項がある場合はその内容を監査報告書に記載しなければならない。ただし、財務諸表に対する意見を表明しない場合には記載しないものとする。

九　追記情報

監査人は、次に掲げる強調すること又はその他説明することが適当と判断した事項は、監査報告書にそれらを区分した上で、情報として追記するものとする。

(1)　会計方針の変更
(2)　重要な偶発事象
(3)　重要な後発事象

十　特別目的の財務諸表に対する監査の場合の追記情報

監査人は、特別の利用目的に適合した会計の基準により作成される財務諸表に対する監査報告書には、会計の基準、財務諸表の作成の目的及び想定される主な利用者の範囲を記載するとともに、当該財務諸表は特別の利用目的に適合した会計の基準に準拠して作成されており、他の目的には適合しないことがある旨を記載しなければならない。

また、監査報告書が特定の者のみによる利用を想定しており、当該監査報告書に配布又は利用の制限を付すことが適切であると考える場合には、その旨を記載しなければならない。

また、監査報告書が特定の者のみによる利用を想定しており、当該監査報告書に配布又は利用の制限を付すことが適切であると考える場合には、その旨を記載しなければならない。

(参考)「継続企業の前提」に関する監査手続

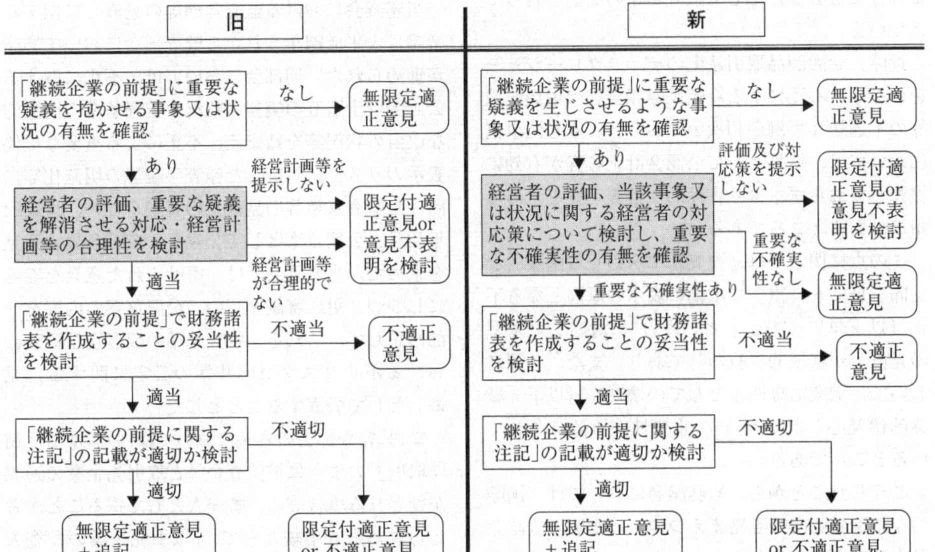

出所：平成21年４月９日　企業会計審議会資料 1-3.p.9

（編集部注）「旧」は平成21年改訂前の監査基準における監査手続を示し、「新」は平成22年改訂後の監査手続を示す。

監査における不正リスク対応基準

監査における不正リスク対応基準の設定について

（平成25年３月26日
企業会計審議会）

一　経　緯

１　審議の背景

公認会計士（監査法人を含む。）による財務諸表の監査（以下「公認会計士監査」という。）は、財務諸表の信頼性を担保するための制度であり、その規範となる監査基準は、財務諸表の作成規範である会計基準とともに、適正なディスクロージャーを確保するための資本市場の重要なインフラストラクチャーである。こうした観点から、当審議会では、監査をめぐる内外の動向を踏まえ、これまでも必要に応じて監査基準の改訂を行ってきている。

近時、金融商品取引法上のディスクロージャーをめぐり、不正による有価証券報告書の虚偽記載等の不適切な事例が相次いでおり、こうした事例においては、結果として公認会計士監査が有効に機能しておらず、より実効的な監査手続を求める指摘があるところである。

この点に関しては、監査基準をめぐる国際的な動向を見ても、重要な虚偽の表示の原因となる不正（以下単に「不正」という。）に対応した基準の見直しが継続的に行われており、また、各国において、職業的専門家としての懐疑心（以下「職業的懐疑心」という。）の重要性が再認識されているところである。

こうしたことから、当審議会においては、国際的な議論の動向等も踏まえつつ、我が国の公認会計士監査をより実効性のあるものとするとの観点から、不正に対応した監査手続等の検討を行い、監査基準等の所要の見直しを行うこととした。

なお、不正に関しては、財務諸表作成者である経営者に責任があるところであり、その対応としては、公認会計士監査における監査手続等の充実とともに、企業におけるコーポレート・ガバナンスのあり方の検討などを含め、幅広い観点からの取組みが重要であると考えられる。また、平成20年４月より上場企業を対象に内部統制報告制度が導入されており、企業においては適正な財務報告を作成するための取組みが継続して行われているところであり、虚偽表示のリスクの評価に当たっては、企業の内部統制の整備状況等が重要な要素となる。したがって、監査人は、企業における内部統制の取組みを考慮するとともに、取締役の職務の執行を監査する監査役等と適切に連携を図っていくことが重要である。

２　審議の経過等

当審議会における監査基準等の見直しに関する議論は、平成24年５月から監査部会において審議が進められた。同部会においては、不正に関する公認会計士監査の実務の状況や監査基準の国際的な改訂の状況等を踏まえ、不正による重要な虚偽表示のリスクに対応した監査手続等の明確化等に向けた監査基準等の見直しの審議を行い、平成24年12月、公開草案として公表し、広く各界の意見を求めた。当審議会では、寄せられた意見を参考にしつつ、更に審議を行い、公開草案の内容を一部修正して、これを「監査基準の改訂及び監査における不正リスク対応基準の設定に関する意見書」として公表することとした。

なお､監査部会の審議においては､いわゆる「循環取引」のように被監査企業と取引先企業の通謀が疑われる場合等に、監査人として採ることが考えられる監査手続として、「取引先企業の監査人との連携」が議論された。検討された「取引先企業の監査人との連携」は、被監査企業と取引先企業の通謀が疑われる場合の一つの監査手続であると考えられるものの、解決すべき論点が多いことから、今回の公開草案には含めず、循環取引等への対応について、当審議会において継続して検討を行うこととしている。

また、監査報告書の記載内容の見直し、特別目的の財務報告に対する監査の位置づけを監査基準上明確にするかどうか、といった論点も議論されたところであるが、国際的な議論の動向や利用者のニーズに関する調査等を踏まえつつ、今後、当審議会において検討を行うこととしている。

二　監査における不正リスク対応基準の設定について

1　監査における不正リスク対応基準の設定

現行の監査基準では、「監査人は、職業的専門家としての懐疑心をもって、不正及び誤謬により財務諸表に重要な虚偽の表示がもたらされる可能性に関して評価を行い、その結果を監査計画に反映し、これに基づき監査を実施しなければならない」とされている。しかしながら、不正は他者を欺く行為を伴う意図的な行為であるために、監査人にとって、不正による重要な虚偽の表示を発見できない可能性は、誤謬による重要な虚偽の表示を発見できない可能性よりも高くなる。また、経営者により不正が行われる場合には、内部統制が無効化される場合が多いので、監査人が経営者不正による重要な虚偽の表示を発見できない可能性は、従業員不正による場合よりも高い。

近時相次いでいる不正による不適切な事例に対しては、現行の監査基準では、不正による重要な虚偽の表示を示唆する状況等があるような場合に、どのように対応すべきかが必ずしも明確でなく、実務にばらつきが生じているという指摘や、そうした状況等がある時に、上記のような不正の特徴から、監査手続をより慎重に行うべきであるとの指摘がある。

こうしたことから、監査をめぐる内外の動向を踏まえ、不正による重要な虚偽表示のリスクに対応した監査手続を明確化するとともに、一定の場合には監査手続をより慎重に実施することを求めるとの観点から、監査における不正リスク対応基準（以下「不正リスク対応基準」という。）を設けることとした。

2　不正リスク対応基準の基本的な考え方

本基準は、以下の基本的な考え方に基づいて策定されている。

(1)　財務諸表の虚偽の表示は、不正又は誤謬から生じるが、本基準においては、監査人が財務諸表監査において対象とする重要な虚偽の表示の原因となる不正について取り扱う。ここで「不正」とは、不当又は違法な利益を得る等のために、他者を欺く行為を伴う、経営者、従業員等又は第三者による意図的な行為をいう。したがって、本基準は、重要な虚偽の表示とは関係のない不正は対象としていない。

(2)　本基準は、財務諸表監査の目的を変えるものではなく、不正摘発自体を意図するものでもない。本基準は、財務諸表監査における不正による重要な虚偽表示のリスク（以下「不正リスク」という。）に対応する監査手続等を規定しているものである。

(3)　本基準は、すべての財務諸表監査において画一的に不正リスクに対応するための追加的な監査手続の実施を求めることを意図しているものではなく、被監査企業に不正による財務諸表に重要な虚偽の表示を示唆するような状況がないような場合や監査人において既に本基準に規定されているような監査手続等を実施している場合には、現行の監査基準に基づく監査の実務と基本的には変わらないこととなる。本基準は、過重な監査手続を求めるものではなく、現行の監査基準において既に採用されているリスク・アプローチの考え方を前提として、公認会計士監査の有効性を確保するため、不正リスクを適切に評価し、評価した不正リスクに対応した適切な監査手続が実施されるように監査手続の明確化を図ったものである。

(4)　監査人の責任は、経営者の作成した財務諸表に対して監査意見を表明することにあり、財務諸表の作成に対する経営者の責任と、当該財務諸表の意見表明に対する監査人の責任とは区別されている（二重責任の原則）。経営者の作成した財務諸表に重要な虚偽の表示がないことについて、職業的専門家としての正当な注意を払って監査を行った場合には、監査人としてはその責任を果たしたことになる。

3 不正リスク対応基準の位置付け

⑴ 不正リスク対応基準の適用

本基準は、企業の不正による重要な虚偽表示のリスクにより有効に対応することにより、我が国資本市場の透明性、公正性を確保することが最終的な目的となっているところから、すべての監査において実施されるのではなく、主として、財務諸表及び監査報告について広範な利用者が存在する金融商品取引法に基づいて開示を行っている企業（非上場企業のうち資本金５億円未満又は売上高10億円未満かつ負債総額200億円未満の企業は除く。以下「上場企業等」という。）に対する監査において実施することを念頭に作成されている。なお、本基準の適用範囲は関係法令において明確化されるものであり、関係法令において明示的に求められていない限り、本基準に準拠することを要しない。

⑵ 不正リスク対応基準の位置付け

監査基準は、財務諸表の種類や意見として表明すべき事項を異にする監査も含め、公認会計士監査のすべてに共通するものである。これに対し、本基準は、前述のように、上場企業等に対する監査に限定して実施すること、不正リスクに対応するために特に監査人が行うべき監査手続等を一括して整理した方が理解しやすいと考えられることから、現行の監査基準、監査に関する品質管理基準（以下「品質管理基準」という。）からは独立した基準とすることとした。

なお、本基準は、上場企業等の不正リスクへの対応に関し監査基準及び品質管理基準に追加して準拠すべき基準であり、法令により準拠が求められている場合は、監査基準及び品質管理基準とともに、一般に公正妥当と認められる監査の基準を構成し、監査基準及び品質管理基準と一体となって適用されるものである。また、本基準の実施に当たっては、一般に公正妥当と認められる監査の基準を構成する日本公認会計士協会の作成する実務の指針と一体となって適用していくことが必要である。

⑶ 不正リスク対応基準と中間監査及び四半期レビューとの関係

本基準は、年度監査のみではなく、基準上不正に関する実証手続が定められている中間監査にも準用される。

また、四半期レビューについては、年度監査と同様の合理的保証を得ることを目的としているものではないことから、本基準は四半期レビューには適用されない。なお、四半期レビューの過程において、四半期財務諸表に本基準に規定している不正による重要な虚偽の表示の疑義に相当するものがあると判断した場合など、四半期財務諸表に重要な点において適正に表示していない事項が存在する可能性が高い場合には、監査人は、四半期レビュー基準に従って、追加的手続を実施することになる。

4 不正リスク対応基準の主な内容

⑴ 不正リスク対応基準の構成

本基準は、①職業的懐疑心の強調、②不正リスクに対応した監査の実施、及び③不正リスクに対応した監査事務所の品質管理の三つから構成される。

⑵ 職業的懐疑心の強調

現行の監査基準においては、監査人は、監査の実施に際しては、「職業的専門家としての正当な注意を払い、懐疑心を保持して監査を行」うことが求められるとともに、「職業的専門家としての懐疑心をもって、不正及び誤謬により財務諸表に重要な虚偽の表示がもたらされる可能性に関して評価を行い、その結果を監査計画に反映」しなければならないとされている。

本来、この職業的懐疑心の保持は、正当な注意義務に含まれるものであり、監査人が職業的懐疑心を常に保持して監査を行うことこそが重要な虚偽の表示の指摘につながることを特に強調するために、監査基準では、正当な注意とともに列記されている。

監査人は、不正リスクに対応するためには、誤謬による重要な虚偽表示のリスクに比し、より注意深く、批判的な姿勢で臨むことが必要であり、監査人としての職業的懐疑心の保持及びその発揮が特に重要であると考えられる。このため、本基準においては、「職業的懐疑心の強調」として冒頭に掲記し、不正リスクの評価、評価した不正リスクに対応する監査手続の実施及び監査証拠の評価の各段階において、職業的懐疑心を発揮することを求めている。さらに、監査手続を実施した結果、不正による重要な虚偽の表示の疑義に該当するかどうかを判断する場合や、不正による重要な虚偽の表示の疑義に該当すると判断した場合には、職業的懐疑心を高めて監査手続を実施することを求めている。

職業的懐疑心の保持や発揮が適切であったか否かは、具体的な状況において監査人の行った監査手続の内容で判断されるものと考えられることから、監査人は本基準に基づいて監査の各段階で必要とされる職業的懐疑心を保持又は発揮し、具体的な監査手続を実施することが求められる。

なお、本基準における職業的懐疑心の考え方は、これまでの監査基準で採られている、監査を行うに際し、経営者が誠実であるとも不誠実であるとも想定しないという中立的な観点を変更するものではないことに留意が必要である。

(3) 不正リスクに対応した監査の実施

本基準においては、監査の各段階における不正リスクに対応した監査手続等を規定している。

① 不正リスクに対応した監査計画の策定

平成17年の監査基準の改訂により、会計上の見積りや収益認識等の重要な会計上の判断に関して財務諸表に重要な虚偽の表示をもたらす可能性のある事項、不正の疑いのある取引、関連当事者間で行われる通常でない取引等は、「特別な検討を必要とするリスク」として、それが財務諸表における重要な虚偽の表示をもたらしていないかを確かめるための監査計画の策定や監査手続の実施等が求められている。

本基準においては、現行の重要な虚偽表示のリスクの検討に際し、不正リスク要因の検討や不正リスクを把握するために必要な手続を規定した。監査人は、入手した情報が不正リスク要因の存在を示しているかどうかを検討し、それらを財務諸表全体及び財務諸表項目の不正リスクの識別において考慮しなければならないこととした。その上で、監査人は、識別・評価した不正リスクに応じた監査計画を策定することが求められる。

不正リスク要因とは、不正を実行する動機やプレッシャーの存在を示し、不正を実行する機会を与え、又は、不正を実行する際にそれを正当化する事象や状況を指し、典型的な不正リスク要因は付録１に例示されている。

また、監査人は、財務諸表全体に関連する不正リスクが識別された場合には、実施する監査手続の種類、時期及び範囲の選択に当たり、評価した不正リスクに応じて、監査手続の種類、時期若しくは範囲の変更、往査先の選択方法の変更又は予告なしに往査することなど、企業が想定しない要素を監査計画に組み込むことが必要になる。特に、不正による重要な虚偽の表示の疑義があると判断した場合において、その状況によっては、修正する監査計画に企業が想定しない要素を組み込むこと（予告なしに往査することを含む。）が有効なことがあると考えられる。

② 不正リスクに対応して実施する確認

監査人が、不正リスクに対応する監査手続として、照会事項の内容の正否にかかわらず回答を求める積極的確認を実施する場合には、回答がない又は回答が不十分なときには、代替的な手続により十分かつ適切な監査証拠を入手できるか否か慎重に判断しなければならないことを明確にした。特に、不正リスクが存在する場合の確認状に回答が得られない又は回答が不十分な場合には（例えば、担保差入その他引出制限のある資産の状況等)、すべての記載事項についての回答を入手できるよう留意し、代替的な手続に移行する場合には慎重に判断する必要がある。

③　不正リスクに関連する監査証拠

監査人は、不正リスクを識別している監査要点に対しては、当該監査要点について不正リスクを識別していない場合に比べ、より適合性が高く、より証明力が強く、又はより多くの監査証拠を入手しなければならないこと、十分かつ適切な監査証拠を入手していないと判断した場合は、追加的な監査手続を実施しなければならないことを明確にした。

④　不正による重要な虚偽の表示を示唆する状況

監査実施の過程において、付録2に例示されているような「不正による重要な虚偽の表示を示唆する状況」を識別した場合には、「不正による重要な虚偽の表示の疑義」が存在していないかどうかを判断するために、適切な階層の経営者に質問し説明を求めるとともに、追加的な監査手続を実施しなければならないこととしている。

付録2に例示されている状況は、現行の監査基準に基づく現在の実務においても、監査人としては、重要な虚偽の表示の可能性が高いものとして、特に注意すべき状況を念頭に記載されている。

なお、付録2はあくまで例示であり、監査実施の過程においてそのような状況に遭遇した場合に、「不正による重要な虚偽の表示を示唆する状況」として追加的な監査手続を求めているものである。したがって、付録2に記載されている状況の有無について網羅的に監査証拠をもって確かめなければならないということではなく、必ずしも付録2をチェック・リストとして取り扱うことを意図したものではない。

⑤　不正による重要な虚偽の表示の疑義があると判断した場合の監査手続

不正による重要な虚偽の表示を示唆する状況について、関連して入手した監査証拠に基づいて経営者の説明に合理性がないと判断した場合や、識別した不正リスクに対応して追加的な監査手続を実施してもなお十分かつ適切な監査証拠を入手できない場合には、不正による重要な虚偽の表示の疑いがより強くなることから、これを不正による重要な虚偽の表示の疑義と扱わなければならないものとした。追加的な監査手続の実施の結果、不正による重要な虚偽の表示の疑義がないと判断した場合には、その旨と理由を監査調書に記載しなければならないことを明記した。

不正による重要な虚偽の表示の疑義があると判断した場合には、想定される不正の態様等に直接対応した監査手続を立案し監査計画を修正するとともに、修正した監査計画に従って監査手続を実施しなければならないこととなる。

⑥　専門家の業務の利用

不正リスクに関連する監査実施の過程において、不正リスクの内容や程度に応じて、例えば、不正リスクに対応した金融商品の評価、企業価値評価、不動産の評価、不正調査、IT等に関する専門家等の技能又は知識を利用する必要があるかどうかを判断しなければならないことを明記した。

⑦　不正リスクに関連する審査

不正による重要な虚偽の表示の疑義があると判断した場合には、監査事務所として適切な監査意見を形成するため、審査についてもより慎重な対応が求められる。したがって、監査事務所の方針と手続に従って、適切な審査の担当者による審査が完了するまでは意見の表明ができないことを明記した。

⑧　監査役等との連携

監査人は、不正による重要な虚偽の表示の疑義があると判断した場合や経営者の関与が疑われる不正を発見した場合には、取締役の職務の執行を監査する監査役や監査委員会と適切に協議する等、連携を図ることが有効である。また、監査人は、監査の各段階において、監査役等との連携を図らなければならないことを明記した。

⑨　監査調書

不正による重要な虚偽の表示の疑義があると判断した場合には、監査人が当該疑義に対して実施した監査手続の内容とその結果、また、監査人としての結論及びその際になされた重要な判断は、監査意見に重要な意味を有していると考えられることから、そうした内容については、監査調書に記載しなければならないことを明記した。

(4)　不正リスクに対応した監査事務所の品質管理

本基準においては、監査実施の各段階における不正リスクに対応した監査手続を実施するための監査事務所としての品質管理を規定している。

ただし、不正リスク対応基準のうち品質管理に係る規定は、現在各監査事務所で行っている品質管理のシステムに加えて、新たな品質管理のシステムの導入を求めているものではなく、監査事務所が整備すべき品質管理のシステムにおいて、不正リスクに対応する観点から特に留意すべき点を明記したものである。

また、整備及び運用が求められる監査事務所の方針と手続は、監査事務所の規模及び組織、当該監査業務の内容等により異なることから、すべての監査事務所において画一的な不正リスクに対応した品質管理の方針と手続が求められているものではないことは言うまでもない。

①　不正リスクに対応した品質管理のシステムの整備及び運用

監査事務所に、不正リスクに適切に対応できるよう、監査業務の各段階における品質管理のシステムを整備及び運用するとともに、品質管理システムの監視を求めることとした。

②　監査契約の新規の締結及び更新

監査契約の新規の締結及び更新に関する方針及び手続に、不正リスクを考慮して監査契約の締結及び更新に伴うリスクを評価することを含めるとともに、監査契約の新規の締結及び更新の判断に際して（更新時はリスクの程度に応じ）、監査事務所としての検討を求めている。

③　不正による重要な虚偽の表示の疑義があると判断された場合の審査

不正による重要な虚偽の表示の疑義があると判断された場合には、通常の審査担当者による審査に比べて、監査事務所としてより慎重な審査が行われる必要がある。このため、当該監査業務の監査意見が適切に形成されるよう、当該疑義に対応する十分かつ適切な経験や職位等の資格を有する審査の担当者（適格者で構成される会議体を含む）を監査事務所として選任することを、審査に関する方針及び手続に定めなければならないこととした。

この監査事務所としての審査は、監査事務所の規模や組織等により、名称や体制等は異なることとなると考えられるが、例えば、大規模監査事務所の場合には、監査事務所本部における審査など、小規模事務所の場合には、社員全員による社員会における審査などが該当するものと考えられる。

④　監査事務所間の引継

監査事務所交代時において、前任監査事務所は、後任の監査事務所に対して、不正リスクへの対応状況を含め、企業との間の重要な意見の相違等の監査上の重要な事項を伝達するとともに、後任監査事務所から要請のあったそれらに関連する監査調書の閲覧に応じるように、引継に関する方針と手続に定めなければならないこととした。

また、後任監査事務所は、前任監査事務所に対して、監査事務所の交代理由のほか、不正リスクへの対応状況、企業との間の重要な意見の相違等の監査上の重要な事項について質問するように、引継に関する方針及び手続に定めなければならないこととした。

⑤　監査実施の責任者間の引継

監査事務所内において、同一の企業の監査業務を担当する監査実施の責任者が全員交代する場合（監査実施の責任者が一人である場合の交代を含む）は、監査上の重要な事項が適切に伝達されなければならないこととした。

三　実施時期等

1　不正リスク対応基準は、平成26年３月決算に係る財務諸表の監査から実施する。なお、不正リスク対応基準中、第三不正リスクに対応した監査事務所の品質管理については、平成25年10月１日から実施する。

不正リスク対応基準は、中間監査に準用し、平成26年９月30日以後終了する中間会計期間に係る中間財務諸表の中間監査から実施する。

2　不正リスク対応基準の実施に当たり、関係法令において、所要の規定の整備を行うことが適当である。

3　不正リスク対応基準を実務に適用するに当たって必要となる実務の指針については、日本公認会計士協会において、関係者とも協議の上、適切な手続の下で、早急に作成されることが要請される。

監査における不正リスク対応基準

（平成25年３月26日）

第一　職業的懐疑心の強調

1　監査人は、経営者等の誠実性に関する監査人の過去の経験にかかわらず、不正リスクに常に留意し、監査の全過程を通じて、職業的懐疑心を保持しなければならない。

2　監査人は、職業的懐疑心を発揮して、不正の持つ特性に留意し、不正リスクを評価しなければならない。

3　監査人は、職業的懐疑心を発揮して、識別した不正リスクに対応する監査手続を実施しなければならない。

4　監査人は、職業的懐疑心を発揮して、不正による重要な虚偽の表示を示唆する状況を看過することがないように、入手した監査証拠を評価しなければならない。

5　監査人は、職業的懐疑心を高め、不正による重要な虚偽の表示の疑義に該当するかどうかを判断し、当該疑義に対応する監査手続を実施しなければならない。

第二　不正リスクに対応した監査の実施

1　企業及び当該企業が属する産業における不正事例の理解

監査人は、不正リスクを適切に評価するため、企業及び当該企業が属する産業を取り巻く環境を理解するに当たって、公表されている主な不正事例並びに不正に利用される可能性のある一般的及び当該企業の属する産業特有の取引慣行を理解しなければならない。

2　不正リスクに関連する質問

監査人は、経営者、監査役等及び必要な場合には関連するその他の企業構成員に、不正リスクに関連して把握している事実を質問しなければならない。

また、監査人は、経営者に対して、当該企業において想定される不正の要因、態様及び不正への対応策等に関する経営者の考え方を質問し、リスク評価に反映しなければならない。

3　不正リスク要因を考慮した監査計画の策定

監査人は、監査計画の策定に当たり、入手した情報が不正リスク要因の存在を示しているかどうか検討し、それらを財務諸表全体及び財務諸表項目の不正リスクの識別及び評価において考慮しなければならない。監査人は、評価した不正リスクに応じた全般的な対応と個別の監査手続に係る監査計画を策定しなければならない。

典型的な不正リスク要因は、付録１に例示されているが、この他にも不正リスク要因が存在することがあることに留意しなければならない。

４　監査チーム内の討議・情報共有

監査人は、監査実施の責任者と監査チームの主要構成員の間において、不正による重要な虚偽の表示が財務諸表のどこにどのように行われる可能性があるのかについて討議を行うとともに、知識や情報を共有しなければならない。

監査実施の責任者は、監査の過程で発見した事業上の合理性に疑問を抱かせる特異な取引など重要な会計及び監査上の問題となる可能性のある事項を、監査実施の責任者及び監査チーム内のより経験のある構成員に報告する必要があることを監査チームの構成員に指示しなければならない。

５　不正リスクに対応する監査人の手続

監査人は、識別した不正リスクに関連する監査要点に対しては、当該監査要点について不正リスクを識別していない場合に比べ、より適合性が高く、より証明力が強く、又はより多くの監査証拠を入手しなければならない。

６　企業が想定しない要素の組み込み

監査人は、財務諸表全体に関連する不正リスクが識別された場合には、実施する監査手続の種類、実施の時期及び範囲の決定に当たって、企業が想定しない要素を監査計画に組み込まなければならない。

７　不正リスクに対応して実施する確認

監査人は、不正リスクに対応する手続として積極的確認を実施する場合において、回答がない又は回答が不十分なときには、代替的な手続により十分かつ適切な監査証拠を入手できるか否か慎重に判断しなければならない。

監査人は、代替的な手続を実施する場合は、監査要点に適合した証明力のある監査証拠が入手できるかどうかを判断しなければならない。代替的な手続を実施する場合において、監査証拠として企業及び当該企業の子会社等が作成した情報のみを利用するときは、当該情報の信頼性についてより慎重に判断しなければならない。

８　入手した監査証拠の十分性及び適切性の評価

監査人は、実施した監査手続及び入手した監査証拠に基づき、不正リスクに関連する監査要点に対する十分かつ適切な監査証拠を入手したかどうかを判断しなければならない。監査人は、十分かつ適切な監査証拠を入手していないと判断した場合は、追加的な監査手続を実施しなければならない。

９　矛盾した監査証拠があった場合等の監査手続の実施

監査人は、監査実施の過程で把握した状況により、ある記録や証憑書類が真正ではないと疑われる場合、又は文言が後から変更されていると疑われる場合、また、矛盾した監査証拠が発見された場合には、監査手続の変更又は追加（例えば、第三者への直接確認、専門家の利用等）が必要であるかを判断しなければならない。

10　不正による重要な虚偽の表示を示唆する状況

監査人は、監査実施の過程において、不正による重要な虚偽の表示を示唆する状況を識別した場合には、不正による重要な虚偽の表示の疑義が存在していないかどうかを判断するために、経営者に質問し説明を求めるとともに、追加的な監査手続を実施しなければならない。

なお、不正による重要な虚偽の表示を示唆する状況は、付録２に例示されているが、この他の状況が該当することがあることに留意しなければならない。

11　不正による重要な虚偽の表示の疑義

監査人は、識別した不正による重要な虚偽の表示を示唆する状況について、関連して入手した監査証拠に基づいて経営者の説明に合理性がないと判断した場合には、不正による重要な虚偽の表示の疑義があるとして扱わなければならない。

また、識別した不正リスクに対応して当初計画した監査手続を実施した結果必要と判断した追加的な監査手続を実施してもなお、不正リスクに関連する十分かつ適切な監査証拠を入手できない場合には、不正による重要な虚偽の表示の疑義があるとして扱わなければならない。

監査人は、不正による重要な虚偽の表示の疑義がないと判断したときは、その旨と理由を監査調書に記載しなければならない。

12　不正による重要な虚偽の表示の疑義があると判断した場合の監査計画の修正

監査人は、監査計画の策定後、監査の実施過程において不正による重要な虚偽の表示の疑義があると判断した場合には、当該疑義に関する十分かつ適切な監査証拠を入手するため、不正による重要な虚偽の表示の疑義に関する十分な検討を含め、想定される不正の態様等に直接対応した監査手続を立案し監査計画を修正しなければならない。

13　不正による重要な虚偽の表示の疑義があると判断した場合の監査手続の実施

監査人は、不正による重要な虚偽の表示の疑義に関連する監査要点について十分かつ適切な監査証拠を入手するため、修正した監査計画にしたがい監査手続を実施しなければならない。

14　専門家の業務の利用

監査人は、不正リスクの評価、監査手続の実施、監査証拠の評価及びその他の監査実施の過程において、不正リスクの内容や程度に応じて専門家の技能又は知識を利用する必要があるかどうかを判断しなければならない。

15　不正リスクに対応した審査

監査人は、不正リスクへの対応に関する重要な判断とその結論について、監査事務所の方針と手続に従って、監査の適切な段階で審査を受けなければならない。

16　不正による重要な虚偽の表示の疑義があると判断した場合の審査

監査人は、不正による財務諸表の重要な虚偽の表示の疑義があると判断した場合には、当該疑義に係る監査人の対応について、監査事務所の方針と手続に従って、適切な審査の担当者による審査が完了するまでは意見の表明をしてはならない。

17　監査役等との連携

監査人は、監査の各段階において、不正リスクの内容や程度に応じ、適切に監査役等と協議する等、監査役等との連携を図らなければならない。

監査人は、不正による重要な虚偽の表示の疑義があると判断した場合には、速やかに監査役等に報告するとともに、監査を完了するために必要となる監査手続の種類、時期及び範囲についても協議しなければならない。

18　経営者の関与が疑われる不正への対応

監査人は、監査実施の過程において経営者の関与が疑われる不正を発見した場合には、監査役等に報告し、協議の上、経営者に問題点の是正等適切な措置を求めるとともに、当該不正が財務諸表に与える影響を評価しなければならない。

19　監査調書

監査人は、不正による財務諸表の重要な虚偽の表示の疑義があると判断した場合、当該疑義の内容、実施した監査手続とその結果、監査人としての結論及びその際になされた職業的専門家としての重要な判断について、監査調書に記載しなければならない。

第三　不正リスクに対応した監査事務所の品質管理

1　不正リスクに対応した品質管理

監査事務所は、不正リスクに留意して品質管理に関する適切な方針及び手続を定め、不正リスクに対応する品質管理の責任者を明確にしなければならない。

2　監査契約の新規の締結及び更新における不正リスクの考慮

監査事務所は、監査契約の新規の締結及び更新の判断に関する方針及び手続に、不正リスクを考慮して監査契約の締結及び更新に伴うリスクを評価すること、並びに、当該評価の妥当性について、新規の締結時、及び更新時はリスクの程度に応じて、監査チーム外の適切な部署又は者により検討することを含めなければならない。

3　不正に関する教育・訓練

監査事務所は、監査実施者の教育・訓練に関する方針及び手続を定め、監査実施者が監査業務を行う上で必要な不正事例に関する知識を習得し、能力を開発できるよう、監査事務所内外の研修等を含め、不正に関する教育・訓練の適切な機会を提供しなければならない。

4　不正リスクに対応した監督及び査閲

監査事務所は、不正リスクに適切に対応できるように、監査業務に係る監督及び査閲に関する方針及び手続を定めなければならない。

5　不正リスクに関連して監査事務所内外からもたらされる情報への対処

監査事務所は、監査事務所内外からもたらされる情報に対処するための方針及び手続において、不正リスクに関連して監査事務所に寄せられた情報を受け付け、関連する監査チームに適時に伝達し、監査チームが監査の実施において当該情報をどのように検討したかについて、監査チーム外の監査事務所の適切な部署又は者に報告することを求めなければならない。

6　不正による重要な虚偽の表示の疑義があると判断した場合等の専門的な見解の問合せ

監査事務所は、不正による重要な虚偽の表示を示唆する状況が識別された場合、又は不正による重要な虚偽の表示の疑義があると判断された場合には、必要に応じ監査事務所内外の適切な者（例えば、監査事務所の専門的な調査部門等）から専門的な見解を得られるようにするための方針及び手続を定めなければならない。

7　不正による重要な虚偽の表示の疑義があると判断された場合の審査

監査事務所は、不正による重要な虚偽の表示の疑義があると判断された場合には、修正後の監査計画及び監査手続が妥当であるかどうか、入手した監査証拠が十分かつ適切であるかどうかについて、監査事務所としての審査が行われるよう、審査に関する方針及び手続を定めなければならない。

監査事務所は、当該疑義に対応する十分かつ適切な経験や職位等の資格を有する審査の担当者（適格者で構成される会議体を含む）を監査事務所として選任しなければならない。

8　監査事務所内における監査実施の責任者の間の引継

監査事務所は、監査業務の実施に関する品質管理の方針及び手続において、同一の企業の監査業務を担当する監査実施の責任者が全員交代した場合、不正リスクを含む監査上の重要な事項が適切に伝達されるように定めなければならない。

9　監査事務所間の引継

監査事務所は、後任の監査事務所への引継に関する方針及び手続において、後任の監査事務所に対して、不正リスクへの対応状況を含め、監査上の重要な事項を伝達するとともに、後任の監査事務所から要請のあったそれらに関連する調書の閲覧に応じるように定めなければならない。

監査事務所は、前任の監査事務所からの引継に関する方針及び手続において、前任の監査事務所に対して、監査事務所の交代事由、及び不正リスクへの対応状況等の監査上の重要な事項について質問するように定めなければならない。

監査事務所は、監査事務所間の引継に関する方針及び手続において、監査チームが実施した引継の状況について監査チーム外の適切な部署又は者に報告することを定めなければならない。

10　不正リスクへの対応状況の定期的な検証

監査事務所は、不正リスクへの対応状況についての定期的な検証により、次に掲げる項目が監査事務所の品質管理の方針及び手続に準拠して実施されていることを確かめなければならない。

―監査契約の新規の締結及び更新

―不正に関する教育・訓練

―業務の実施（監督及び査閲、監査事務所内外からもたらされる情報への対処、専門的な見解の問合せ、審査、監査実施の責任者間の引継を含む）

―監査事務所間の引継

付録1

不正リスク要因の例示

監査人は、リスク評価を行うにあたって、不正リスクの有無を判断するために、下記に例示された典型的な不正リスク要因を検討し、それらが不正リスクに該当するか検討を行わなければならない。

1　動機・プレッシャー

(1)　財務的安定性又は収益性が、次のような一般的経済状況、企業の属する産業又は企業の事業環境により脅かされている。

(例)

・利益が計上されている又は利益が増加しているにもかかわらず営業活動によるキャッシュ・フローが経常的にマイナスとなっている、又は営業活動からキャッシュ・フローを生み出すことができない。

・技術革新、製品陳腐化、利子率等の急激な変化・変動に十分に対応できない。

(2)　経営者が、次のような第三者からの期待又は要求に応えなければならない過大なプレッシャーを受けている。

(例)

・経営者の非常に楽観的なプレス・リリースなどにより、証券アナリスト、投資家、大口債権者又はその他外部者が企業の収益力や継続的な成長について過度の又は非現実的な期待をもっている。

・取引所の上場基準、債務の返済又はその他借入に係る財務制限条項に抵触しうる状況にある。

(3)　企業の業績が、次のような関係や取引によって、経営者又は監査役等の個人財産に悪影響を及ぼす可能性がある。

(例)

・経営者又は監査役等が企業と重要な経済的利害関係を有している。

(4)　経営者（子会社の経営者を含む。）、営業担当者、その他の従業員等が、売上や収益性等の財務目標（上長から示されたもの等含む）を達成するために、過大なプレッシャーを受けている。

2　機　会

(1)　企業が属する産業や企業の事業特性が、次のような要因により不正な財務報告にかかわる機会をもたらしている。

(例)

・通常の取引過程から外れた関連当事者との重要な取引、又は監査を受けていない若しくは他の監査人が監査する関連当事者との重要な取引が存在する。

・重要性のある異常な取引、又は極めて複雑な取引、特に困難な実質的判断を行わなければならない期末日近くの取引が存在する。

・明確な事業上の合理性があるとは考えられない特別目的会社を組成している。

・業界の慣行として、契約書に押印がなされない段階で取引を開始する、正式な書面による受発注が行われる前に担当者間の口頭による交渉で取引を開始・変更する等、相手先との間で正当な取引等の開始・変更であることを示す文書が取り交わされることなく取引が行われうる。

(2) 経営者の監視が、次のような状況により有効でなくなっている。

(例)

・経営が一人又は少数の者により支配され統制がない。

(3) 組織構造が、次のような状況により複雑又は不安定となっている。

(例)

・異例な法的実体又は権限系統となっているなど、極めて複雑な組織構造である。

(4) 内部統制が、次のような要因により不備を有している。

(例)

・会計システムや情報システムが有効に機能していない。

3 姿勢・正当化

(例)

・経営者が、経営理念や企業倫理の伝達・実践を効果的に行っていない、又は不適切な経営理念や企業倫理が伝達されている。

・経営者と現任又は前任の監査人との間に次のような緊張関係がある。

—会計、監査又は報告に関する事項について、経営者と現任又は前任の監査人とが頻繁に論争している又は論争していた。

—監査上必要な資料や情報の提供を著しく遅延する又は提供しない。

—監査人に対して、従業員等から情報を得ること、監査役等とコミュニケーションをとること又は監査人が必要と判断した仕入先や得意先等と接することを不当に制限しようとしている。

付録2

不正による重要な虚偽の表示を示唆する状況の例示

監査人は、監査実施の過程において、下記に例示された不正による重要な虚偽の表示を示唆する状況が識別された場合には、当基準第二10にしたがい、不正による重要な虚偽の表示の疑義が存在していないかどうかを判断するために、経営者に質問し説明を求めるとともに、追加的な監査手続を実施しなければならない。

1 不正に関する情報

・社内通報制度を通じて企業に寄せられ、監査人に開示された情報に、財務諸表に重要な影響を及ぼすと考えられる情報が存在している。

・監査人に、不正の可能性について従業員や取引先等からの通報がある（監査事務所の通報窓口を含む)。

2 留意すべき通例でない取引等

(1) 不適切な売上計上の可能性を示唆する状況

・企業の通常の取引過程から外れた重要な取引又はその他企業及び当該企業が属する産業を取り巻く環境に対する監査人の理解に照らして通例ではない重要な取引のうち、企業が関与する事業上の合理性が不明瞭な取引が存在する。

(2) 資金還流取引等のオフバランス取引の可能性を示唆する状況

・企業の事業内容に直接関係のない又は事業上の合理性が不明瞭な重要な資産の取得、企業の買収、出資、費用の計上が行われている。

(3) その他

・関連当事者又は企業との関係が不明な相手先（個人を含む）との間に、事業上の合理性が不明瞭な重要な資金の貸付・借入契約、担保提供又は債務保証・被保証の契約がある。

3　証拠の変造、偽造又は隠蔽の可能性を示唆する状況

・変造又は偽造されたおそれのある文書が存在する。

・重要な取引に関して、重要な記録等に矛盾する証拠が存在する、又は証拠となる重要な文書を紛失している。

・重要な取引に関して、合理的な理由なく、重要な文書を入手できない、又は重要な文書のドラフトのみしか入手できない。

4　会計上の不適切な調整の可能性を示唆する状況

・期末日近くまで網羅的若しくは適時に記録されていない重要な取引、又は金額、会計期間、分類等が適切に記録されていない重要な取引が存在する。

・(根拠資料等による) 裏付けのない又は未承認の重要な取引や勘定残高が存在する。

・期末日近くに経営成績に重要な影響を与える通例でない修正が行われている。

・重要な取引に関連する証憑、又は会計帳簿や記録（総勘定元帳・補助元帳・勘定明細等）において、本来一致すべき数値が不一致でその合理的な説明がない。

・企業が合理的な理由がなく重要な会計方針を変更しようとしている。

・経営環境の変化がないにもかかわらず、重要な会計上の見積りを頻繁に変更する。

5　確認結果

・企業の記録と確認状の回答に説明のつかない重要な差異がある。

・特定の取引先に対する確認状が、合理的な理由なく監査人に直接返送されないという事態が繰り返される。

6　経営者の監査への対応

・合理的な理由がないにもかかわらず、監査人が、記録、施設、特定の従業員、得意先、仕入先、又は監査証拠を入手できるその他の者と接することを企業が拒否する、妨げる、又は変更を主張する。

・合理的な理由がないにもかかわらず、企業が確認依頼の宛先の変更や特定の相手先に対する確認の見合わせを主張したり、他の確認先に比べて著しく準備に時間がかかる残高確認先がある。

7　その他

・企業が、財務諸表に重要な影響を及ぼす取引に関して、明らかに専門家としての能力又は客観性に疑念のあると考えられる専門家を利用している。

・重要な投資先や取引先、又は重要な資産の保管先に関する十分な情報が監査人に提供されない。

参考　不正リスクに対応した監査のプロセス

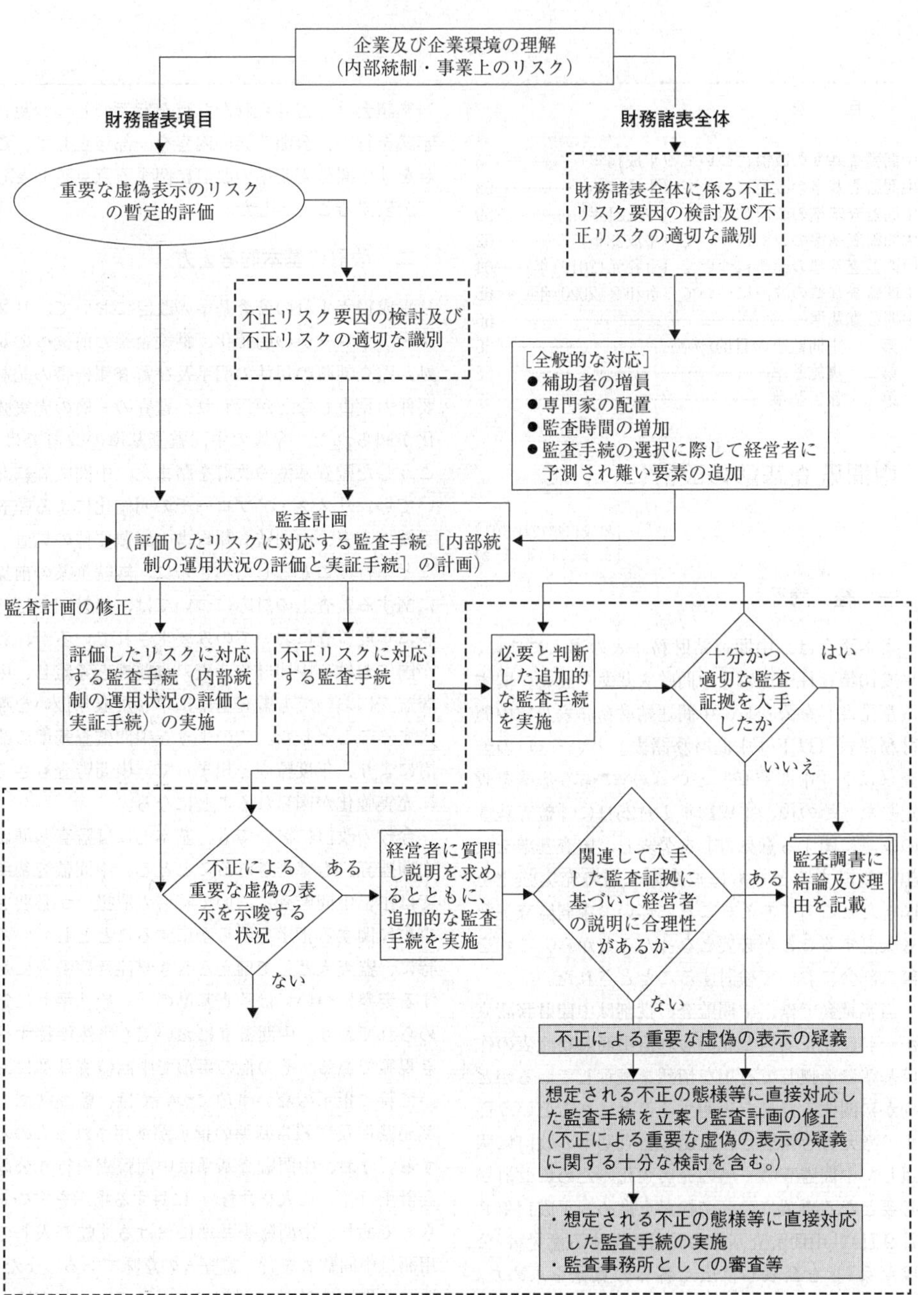

中間監査基準

目　　次

中間監査基準の改訂について

（平成14年12月６日 企業会計審議会）

一　経　緯

当審議会は、中間連結財務諸表の導入に伴い、平成10年６月16日に「中間監査基準の設定に関する意見書」を公表し、中間連結財務諸表及び中間財務諸表（以下「中間財務諸表」という。）の監査（以下「中間監査」という。）に係る基準を設定した。その後、平成14年１月25日に「監査基準の改訂に関する意見書」を公表し、監査基準を大幅に改訂するとともに監査の一層の充実強化を図ったところである。これに伴い、中間監査基準も改訂することが必要となったことから、これを第二部会において検討することとされた。

当審議会では、中間監査の役割は中間財務諸表が一般に公正妥当と認められる中間財務諸表の作成基準に準拠して有用な情報を表示しているかどうかに関する意見を表明することにあるという従来の考え方を踏襲し、上記の監査基準の改訂に関連して中間監査の一層の充実強化のために改訂が必要となる事項について検討を進め、平成14年８月９日に「中間監査基準の改訂に関する意見書（公開草案）」を公表し、広く各界の意見を求めた。当審議会は、寄せられた意見を参考にしつつ更に審議を行い、公開草案の内容を一部修正して、これを「中間監査基準の改訂に関する意見書」として公表することとした。

二　改訂の基本的考え方

平成14年１月の監査基準の改訂において、リスク・アプローチの明確化、継続企業の前提への対処、監査判断の規準の明示及び監査報告書の記載要件の見直しなどが行われ、監査の一層の充実強化が図られた。今般の中間監査基準の改訂では、こうした監査基準の改訂を踏まえ、中間監査においても、リスク・アプローチの明確化による監査手続の充実、中間監査報告書の記載要件の見直しなどを行うこととした。さらに、継続企業の前提に関する監査上の対応については、諸外国では一般に年度監査においてのみ要求されているが、わが国における中間財務諸表の重要性を考慮し、中間監査においても監査基準に準じた取り扱いを導入することとした。このような中間監査基準の改訂により、年度監査と相まって、中間監査もさらに充実強化が図られることになる。

今般の改訂においても、基本的には監査基準は中間監査にも準用されることとし、中間監査基準では主に中間監査において特有の取扱いが必要な事項に関する指示を明らかにすることとしている。特に、監査人として備えるべき要件及び監査に対する姿勢については監査基準の「一般基準」に定められており、中間監査においても当然準拠すべき規範である。その他の事項で中間監査基準において特に指示のない事項については、監査基準の実施基準及び報告基準の指示が準用されるものとする。なお、中間監査基準は中間監査を行う公認会計士（監査法人を含む。）に対する指示を定めるものであり、中間監査基準における「監査人」の用語は中間監査を行う監査人の意味である。また、改訂中間監査基準の解釈にあたっては、前文に示された趣旨を含めて理解することが必要である。

中間監査の位置付けについては、従来の中間監査基準の前文二の「二　中間監査基準の位置付け」に示されているところにより、中間監査に求める保証の水準に関する考え方を踏襲することとし、中間監査は、年度監査と同程度の信頼性を保証するものではなく、中間財務諸表に係る投資者の判断を損なわない程度の信頼性を保証する監査として位置付け、年度監査に比して監査手続の一部を省略することができることとした。すなわち、中間監査は、通常、年度監査と同一の公認会計士が監査人となり、毎期継続して実施する年度監査の狭間において年度監査の一環として実施することから、年度監査と同一の監査手続によらずとも、監査人は中間財務諸表に係る投資者の判断を損なわない程度の信頼性について合理的な保証を得ることができるものと考えられる。

三　主な改訂点

1　中間監査の目的

監査基準において監査の目的を明確にしたことから、中間監査基準においても中間監査の役割を明らかにするため、中間監査の目的を掲げることとし、監査基準と同様に二重責任の原則も明示することとした。

中間監査の目的は、経営者の作成した中間財務諸表が、一般に公正妥当と認められる中間財務諸表の作成基準に準拠して、企業の中間会計期間に係る有用な情報を表示しているかどうかについて、監査人が自ら入手した監査証拠に基づいて判断した結果を意見として表明することにあるとした。

また、中間財務諸表が有用な情報を表示している旨の監査人の意見は、中間財務諸表には全体として投資者の判断を損なうような重要な虚偽の表示がないということについて、合理的な保証を得たとの監査人の判断を含んでいることを明らかにした。ここでいう合理的な保証とは、中間監査の基準に基づき中間監査を実施して得ることのできる心証を意味するものである。

2　実施基準

改訂の基本的考え方に示したとおり、中間監査を年度監査の一環として行われるものと位置付けた上、中間監査基準においてもリスク・アプローチの明確化を図った。したがって、中間監査においても、中間監査に係る監査リスク（監査人が中間財務諸表の有用な情報の表示に関して投資者の判断を損なうような重要な虚偽の表示を看過して誤った意見を表明する可能性をいう。以下「中間監査リスク」という。）を合理的に低い水準に抑えるために、固有リスク及び統制リスクを評価して発見リスクの水準を決定し、その水準に応じて必要な監査手続を実施するという考え方を明確にした。ただし、監査人は中間監査リスクの水準を年度監査に係る監査リスクの水準よりも高く設けることができるものとしている。その結果、固有リスクと統制リスクの評価に基づき監査人が設定する発見リスクの水準は、年度監査に係る発見リスクの水準よりも高くすることが容認されることとなる。

中間監査リスクの水準は監査人が自ら設定するものであり具体的に明示することはできないが、発見リスクの水準を年度監査に係る発見リスクの水準よりも高くすることができると判断した場合には、その水準に応じた監査手続によることができることとなる。その結果、年度監査に係る監査手続の一部を省略する場合であっても、分析的手続、質問及び閲覧（以下「分析的手続等」という。）を中心とする監査手続は必ず実施しなければならないこととした。一方、発見リスクの水準を高くすることができないと判断した場合には、分析的手続等を中心とする監査手続に加え必要な実証手続を実施することを明確にした。いずれにせよ、監査人は、中間財務諸表の有用な情報の表示に関する自己の意見を形成するに足る合理的な基礎を得るために、中間監査に係る監査要点を自らの判断で設定し、監査要点に適合した十分かつ適切な監査証拠を入手しなければならない。

なお、固有リスク及び統制リスクの評価については、監査人が前事業年度の財務諸表の監査を行っている場合には、当事業年度の年度監査計画も踏まえて、前事業年度の年度監査における評価を利用することが可能な場合もある。

また、他の監査人の利用については、中間監査においては、必ずしも他の監査人が子会社等の中間財務諸表の中間監査を行っているものではないことも踏まえ、他の監査人によって行われた中間監査の結果を利用することに限らず、他の監査人によって行われた一定の手続の結果を利用することも考慮して、他の監査人に対して必要と認められる適切な指示を行うことを求めることとした。

3　報告基準

中間監査に係る監査意見については、監査基準の改訂に合わせて、従来の中間監査基準における監査報告の要件等を変更することとした。すなわち、監査基準の構成を踏まえ、中間財務諸表が有用な情報を表示しているかどうかについての意見の形成と表明に当たっての判断の規準を明確にするとともに、中間監査報告書の記載区分及び記載要件についての指示を置いた。

中間監査に係る監査意見は、監査人は中間財務諸表が当該中間会計期間に係る企業の財政状態、経営成績及びキャッシュ・フローの状況に関する有用な情報を表示しているかどうかの意見を表明するものとし、併せて、除外事項を付した限定付意見を表明する場合、中間財務諸表が有用な情報を表示していないとの意見を表明する場合、さらに意見表明をしない場合に分けてそれぞれの要件を明示している。

なお、中間監査基準において特に指示を置いていない事項については、監査基準に準じて取り扱われることとなることから、経営者が採用した会計方針の中間財務諸表の作成基準への準拠性、継続性及び表示方法の適切性の判断における実質判断や意見表明に当たっての審査が求められることになる。また、言うまでもなく、監査人が意見を表明する場合には、中間監査の結果として有用な情報の表示に関する意見表明のための合理的な基礎を得ていなければならない。

4　継続企業の前提

継続企業の前提に関しては、中間財務諸表に注記を求めることとし、年度監査に準じて中間監査における対処を求めることとした。すなわち、前事業年度の決算日において継続企業の前提に重要な疑義を抱かせる事象又は状況が存在していた場合には、当中間会計期間末までの状況の変化を検討することを求めるとともに、当中間会計期間に発生したものについては、基本的に年度監査における対処と同様の対応を求めることとした。なお、監査基準では、継続企業の前提に関する重要な疑義について経営者が行う評価や対応及び経営計画等に係る合理的な期間は少なくとも決算日から1年間とされている点に関しては、中間会計期間末において当事業年度の下半期から翌事業年度の上半期までという経営計画を求めて検討することは実務上難しい面もあることを踏まえ、また、年度監査において改めて監査手続を実施することから、中間監査においては、少なくとも当該中間会計期間の属する事業年度末までの期間における合理的な経営計画等の提示を求め検討することとする。

四　実施時期等

1　改訂中間監査基準は、平成15年9月に終了する中間会計期間に係る中間財務諸表の中間監査から実施する。

2　中間監査基準は、これを具体化した日本公認会計士協会の指針と一体となって一般に公正妥当と認められる中間監査の基準を形成するものであることから、改訂中間監査基準を実施するための具体的な指針について、日本公認会計士協会において、関係者とも協議の上、早急に、これを作成することが要請される。

中間監査基準の改訂について

（平成17年10月28日
企業会計審議会）

一　経　緯

当審議会は、平成17年1月の総会において、監査基準の改訂に関する審議を開始することを決定し、平成17年3月から監査部会において、監査基準の改訂に合わせて中間監査基準の改訂のための審議を進めてきた。これは、証券取引法上のディスクロージャーをめぐり不適正な事例が相次ぎ、公認会計士・監査審査会のモニタリングの結果等からは、リスク・アプローチが適切に適用されておらず、その改善が求められる事例が多数見受けられたこと等に対応したものである。

平成17年7月、これらを取り入れた改訂中間監査基準を「監査基準及び中間監査基準の改訂並びに監査に関する品質管理基準の設定について（公開草案）」として公表して、広く各界の意見を求めた。当審議会は、寄せられた意見を参考にしつつ、更に審議を行い、公開草案の内容を一部修正して、これを「中間監査基準の改訂に関する意見書」として公表することとした。

二　主な改訂点とその考え方

監査基準において、事業上のリスク等を重視したリスク・アプローチの考え方を取り入れた改訂が行われたことに併せ、中間監査基準においても所要の改訂を行った。具体的には、中間財務諸表が属する年度の財務諸表の監査に係る監査計画の一環として中間監査に係る監査計画が策定されることから、中間監査においても事業上のリスク等を重視したリスク・アプローチを前提にして、監査基準と同様に、固有リスクと統制リスクを結合した「重要な虚偽表示のリスク」の考え方、「財務諸表全体」及び「財務諸表項目」の二つのレベルにおける重要な虚偽表示のリスクの評価、及び「特別な検討を必要とするリスク」への対応を導入するほか、経営者が提示する財務諸表項目と監査要点の関係の明確化を行っている。

なお、中間監査は、年度監査と同程度の信頼性を保証するものではなく、中間財務諸表に係る投資者の判断を損なわない程度の信頼性を保証する監査という位置づけは変わっていないこと、及び、リスク・アプローチの基本的な考え方は変わるものではないことから、今回の改訂に係る部分を除いて、平成14年の改正における「監査基準の改訂について」及び「中間監査基準の改訂について」に記載されている概念や考え方は踏襲されていることに留意が必要である。

三　実施時期等

1　改訂中間監査基準は、平成18年9月に終了する中間会計期間に係る中間財務諸表の中間監査から実施する。ただし、改訂監査基準を平成18年3月決算に係る財務諸表の監査から実施する場合において、改訂中間監査基準は、平成17年9月に終了する中間会計期間に係る中間財務諸表の中間監査から実施することを妨げない。なお、改訂基準の実施に当たり、関係法令において、基準の改訂に伴う所要の整備を行うことが適当である。

2　改訂基準を実務に適用するに当たって必要となる実務の指針については、日本公認会計士協会において、関係者とも協議の上、適切な手続の下で、早急に作成されることが要請される。

中間監査基準の改訂について

（平成21年6月30日
企業会計審議会）

一　審議の経緯

当審議会は、中間連結財務諸表の導入に伴い、平成10年6月に「中間監査基準の設定に関する意見書」を公表し、中間連結財務諸表及び中間財務諸表の監査（以下「中間監査」という。）に係る基準を設定した。

企業が将来にわたって事業活動を継続するとの前提（以下「継続企業の前提」という。）に関しては、平成14年12月に公表された「中間監査基準の改訂に関する意見書」において、年度監査に準じて中間監査においても対処を求めることとされた。すなわち、前事業年度の決算日において継続企業の前提に重要な疑義を抱かせる事象又は状況が存在していた場合には、当中間会計期間末までの状況の変化を検討することを求めるとともに、当中間会計期間に発生したものについては、基本的に年度監査における対処と同様の対応を求めることとされた。

近時の企業業績の急激な悪化に伴い、財務諸表に継続企業の前提に関する注記や監査報告書に追記情報が付される企業が増加しているが、その背景として、継続企業の前提に関する注記の開示について規定している財務諸表等規則等やその監査を規定している監査基準において、一定の事象や状況が存在すれば直ちに継続企業の前提に関する注記及び追記情報の記載を要するとの規定となっているとの理解がなされ、一定の事実の存在により画一的に当該注記を行う実務となっているとの指摘がある。また、それらの規定や実務は国際的な基準とも必ずしも整合的でないとも指摘されている。

こうしたことから、当審議会は、平成21年3月、監査基準について、投資者により有用な情報を提供する等との観点から検討を行い、一定の事象や状況が存在すれば直ちに継続企業の前提に関する注記を要するとともに追記情報の対象と理解される規定を改め、これらの事象や状況に対する経営者の対応策等を勘案してもなお、継続企業の前提に関する重要な不確実性がある場合に、適切な注記がなされているかどうかを監査人が判断することとし、平成21年4月9日、これを「監査基準の改訂に関する意見書」として公表した。

継続企業の前提に関わる同様の基準は、中間監査基準にも規定されていることから、平成21年5月、監査部会において、中間監査基準の改訂等の所要の検討を行い、公開草案を公表し広く意見を求め、寄せられた意見を参考にしつつ、公開草案の内容を一部修正して、これを「中間監査基準の改訂に関する意見書」として公表することとした。

なお、国際的には継続的に監査基準の改訂が行われていることから、当審議会では、監査基準と同様に、今後も、継続的な中間監査基準の改訂作業を進めていく考えである。

二　主な改訂点とその考え方

1　継続企業の前提に関する中間監査の実施手続

中間財務諸表においても、経営者が継続企業の前提について評価すること、その結果について注記することについては、明確な会計基準が存在していない。このため、中間財務諸表の表示のルールを定めた内閣府令である中間財務諸表等規則等にしたがって継続企業の前提に関する開示の実務が行われていると考えられる。

今般、中間財務諸表等規則等についても、財務諸表等規則等の改正内容に合わせ、「継続企業の前提に重要な疑義を生じさせるような事象又は状況が存在する場合であつて、当該事象又は状況を解消し、又は改善するための対応をしてもなお継続企業の前提に関する重要な不確実性が認められるとき」は、経営者は、その評価の手順にしたがって、①当該事象又は状況が存在する旨及びその内容、②当該事象又は状況を解消し、又は改善するための対応策、③当該重要な不確実性が認められる旨及びその理由などを注記するよう改正することが検討されている。

このような中間財務諸表等規則等との検討と合わせ、中間監査基準においても、継続企業の前提に関する中間監査について、年度監査に準じ、改訂監査基準（平成21年4月）の実施基準と同様の考え方を明確化することとした。すなわち、監査人は、継続企業の前提に重要な疑義を生じさせるような事象又は状況が存在すると判断した場合には、当該事象又は状況に関して合理的な期間について経営者が行った評価及び対応策について検討した上で、なお継続企業の前提に関する重要な不確実性が認められるか否かを検討しなければならないこととし、経営者が行った継続企業の前提に関する評価の手順を監査人においても検討するものとした。

前事業年度の決算日において、継続企業の前提に重要な疑義を生じさせるような事象又は状況が存在し、継続企業の前提に関する重要な不確実性が認められた場合には、当該事象又は状況の変化並びにこれらに係る経営者の評価及び対応策の変更を検討するものとした。一方、前事業年度の決算日において、継続企業の前提に関する重要な不確実性が認められなかったが、当中間会計期間において、継続企業の前提に重要な疑義を生じさせるような事象又は状況が存在すると判断した場合（前事業年度の決算日から継続して存在する場合を含む。）には、当該事象又は状況に関して合理的な期間について経営者が行った評価及び対応策について検討した上で、なお重要な不確実性が認められるか否かを検討する。

なお、中間監査において、監査人が経営者の行った評価及び対応策を検討する合理的な期間については、前事業年度の決算日において継続企業の前提に重要な不確実性が認められた場合に、継続企業の前提に重要な疑義を生じさせるような事象又は状況並びにこれらに係る経営者の評価及び対応策に特段の変化がなければ、少なくとも当該中間会計期間の属する事業年度末までの期間における評価や対応策の提示を求め検討する。

一方で、前事業年度の決算日において継続企業の前提に重要な不確実性が認められた場合に、継続企業の前提に重要な疑義を生じさせるような事象又は状況並びにこれらに係る経営者の評価又は対応策に大きな変化があるとき、あるいは、前事業年度の決算日において継続企業の前提に重要な疑義を生じさせるような事象又は状況が存在していなかったが、当該中間会計期間に継続企業の前提に重要な疑義を生じさせるような事象又は状況が発生した場合については、少なくとも当事業年度の下半期から翌事業年度の上半期までの期間について経営者の行った評価及び少なくとも当該中間会計期間の属する事業年度末までの期間についての経営者の対応策の提示を求め、この対応策によってもなお継続企業の前提に関する重要な不確実性が認められるか否かを検討することとなる。その際、この経営者の対応策については、例えば、翌事業年度の上半期の末日までの１年間の経営計画のようなものが存在していることが必ずしも求められていないこと、また、例えば、翌事業年度の上半期に返済期限が来る債務の返済に対する資金的な手当が中間監査時において具体的に決定していることが必ずしも求められていないことに留意が必要である。

２　継続企業の前提に関する意見表明

実施基準において、継続企業の前提に関し、監査人は、「継続企業の前提に関する重要な不確実性が認められるか否かを検討しなければならない。」と改訂されたことから、監査報告においても監査人は「継続企業の前提に関する重要な不確実性」が認められるときの中間財務諸表の記載に関して意見を表明することとした。

また、現行の報告基準において、重要な疑義を抱かせる事象又は状況が存在している場合において、経営者がその疑義を解消させるための合理的な経営計画等を示さないときには、中間監査に係る監査手続の範囲に制約があった場合に準じ、意見の表明の適否を判断することとされている。この規定については、年度監査と同様に、疑義を解消できる確実性の高い経営計画等が示されない場合には、監査人は意見を表明できないとの実務が行われているとの指摘がある。したがって、監査基準に準じ、経営者が評価及び一定の対応策も示さない場合には、監査人は継続企業の前提に関する重要な不確実性が認められるか否かを確かめる十分かつ適切な監査証拠を入手できないことがあるため、中間監査に係る監査手続の範囲に制約があった場合に準じて、意見の表明の適否を判断することとした。

なお、従来、「継続企業の前提に関する注記」がなされてきたケースの一部について、経営者の対応策等から継続企業の前提に関する重要な不確実性が認められないため、「注記」に至らないケースが生じることもある。上場会社等において、継続企業の前提に関する重要な不確実性が認められず当該注記を行わないケースにおいても、半期報告書の「事業等のリスク」等において、一定の事象や経営者の対応策等を開示し、利害関係者に情報提供が行われることが適切である。また、中間監査基準における継続企業の前提に関する「開示」には、半期報告書の「事業等のリスク」等における記載は含まれないことに留意する。

三　実施時期等

1　改訂中間監査基準は、平成21年６月30日以後終了する中間会計期間に係る中間財務諸表の中間監査から実施する。

2　改訂基準を実務に適用するに当たって必要となる実務の指針については、日本公認会計士協会において、関係者とも協議の上、適切な手続の下で、早急に作成されることが要請される。

中間監査基準の改訂について

（平成23年６月30日
企業会計審議会）

一　経　緯

当審議会では、国際的な監査の基準や監査をめぐる内外の動向を踏まえ、これまでも必要に応じて監査基準等の改訂を行ってきており、現行の監査基準等は、国際監査基準（ＩＳＡ）と比して内容等において遜色のないものとなっている。

当審議会は、平成22年３月に開催された監査部会において、すべての基準を必須手続とそれ以外の手続に明確に区分することなどを内容とする明瞭性（クラリティ）プロジェクトにより改正された国際監査基準との整合性等に関して検討した。検討の結果、監査人の監査報告書における意見表明の内容等を規定している報告基準における国際監査基準との差異を調整することを中心とした改訂を行い、「監査基準の改訂に関する意見書」を平成22年３月26日に公表した。

今般、同様の観点から、中間監査基準の改訂案を公開草案として公表し、広く意見を求め、寄せられた意見を参考にしつつ、公開草案の内容を一部修正し、これを「中間監査基準の改訂に関する意見書」として公表することとした。

二　主な改訂点とその考え方

1　報告基準の改訂について

(1)　中間監査報告書の記載区分等

現行の我が国の中間監査基準では、中間監査報告書（以下「報告書」という。）に①中間監査の対象、②実施した中間監査の概要、③中間財務諸表に対する意見を記載することが求められている。一方、明瞭性プロジェクト後の国際監査基準では、監査報告書を①監査の対象、②経営者の責任、③監査人の責任、④監査人の意見に区分した上で、①の監査の対象以外については、それぞれ見出しを付して明瞭に表示することが要求されている。このことから、我が国の中間監査基準においても、報告書の記載区分を現行の３区分から４区分にするとともに、国際監査基準において求められている記載内容を踏まえて、それぞれの記載区分における記載内容を整理した。例えば、中間監査の対象に含まれていた中間財務諸表の作成責任は経営者にあることという記載を経営者の責任の区分に記載することにより明確化したほか、中間監査の手続の選択及び適用は監査人の判断によること等の記載を新たに監査人の責任の区分に記載することとした。

また、意見に関する除外及び監査範囲の制約に関して、従来の我が国の中間監査基準では、除外事項の識別と当該除外事項が有用な情報の表示をしていない旨の意見又は意見不表明等に至るか否かの判断について、当該除外事項が及ぼす影響の重要性に照らして判断することとされていた。この点について、国際監査基準では、影響の「重要性」と「広範性」の２つの要素を明示的に示すことになっており、今般の改訂においては、監査人による意見の形成過程そのものは、実質的に従前とは変わらないものの、当該影響について、「重要性」と中間財務諸表全体に及ぶのかという「広範性」の２つの要素から判断が行われることを明確にした。

(2)　追記情報

現行の中間監査基準では、監査人は、監査人の意見とは別に、説明又は強調することが適当と判断した事項については、追記情報として記載するものとされているが、監査人が中間財務諸表の記載を前提に当該記載を強調することが適当であると判断して追記する強調事項と、投資者等に対して説明することが適当であると判断して追記する説明事項との区分がなく、混在して規定されている。明瞭性プロジェクト後の国際監査基準では、両者を区分した上で記載することが求められていることから、我が国の中間監査基準においても、監査人が当該記載を強調するために追記する強調事項とその他監査人が投資者等に説明することが適当であると判断して追記する説明事項とを区分して記載することとした。

2 「会計上の変更及び誤謬の訂正に関する会計基準」の適用に伴う対応について

(1) 「会計上の変更及び誤謬の訂正に関する会計基準」の適用に伴う対応の必要性

平成21年12月4日、企業会計基準委員会（ＡＳＢＪ）は、「会計上の変更及び誤謬の訂正に関する会計基準」及び「会計上の変更及び誤謬の訂正に関する会計基準の適用指針」を公表した。本基準は、会計基準のコンバージェンス（収れん）並びに財務諸表の期間比較可能性及び企業間の比較可能性が向上することが財務諸表の意思決定有用性を高めるとの観点から、会計方針や表示方法の変更、過去の誤謬の訂正があった場合に、あたかも新たな会計方針や表示方法等を過去の財務諸表に遡って適用していたかのように会計処理又は表示の変更等を行うものである。

現行の金融商品取引法上の開示としては、当期の中間財務諸表と前期の中間財務諸表とを並記することとされており、前期の中間財務諸表は、原則として、前期に提出された半期報告書に含まれていた中間財務諸表を概ねそのまま記載することとされている。

今般、上述の会計基準が適用されることに対応して、中間財務諸表の期間比較可能性の確保・向上を図り、投資者に有用な情報を提供する観点から、金融商品取引法上、前期の中間財務諸表は、当期の中間財務諸表の一部を構成するものとして、前期の財務数値を当期の財務数値に対応する比較情報として位置づけ、これを開示することが適当であるとされた。この比較情報としての前期の財務数値は、上述の新基準にしたがって修正されたものではあるが、前期に提出された中間財務諸表自体を全体として修正したものではなく、当期の財務数値に対応する前期の財務数値を期間比較の観点から、必要な限りで修正・記載したものであると位置づけられる。

(2) 意見の表明

このような比較情報に関する中間監査手続については、年度の財務諸表における比較情報と同様、当期の中間財務諸表に含まれる比較情報に対するものとして限定した形で行うことが適当である。

また、比較情報に関する意見の表明の方法については、年度の財務諸表と同様、意見は当期の中間財務諸表に対してのみ言及し、比較情報には明示的に言及しない方式（対応数値方式）によることが適当と考えられる。

なお、上記の遡及処理が行われた場合の中間監査の手続や意見の表明方法については、関係法令の整備に併せて、日本公認会計士協会において、関係者とも協議の上、適切な手続の下で、早急に実務の指針が作成されることが要請される。

三　実施時期等

1　改訂中間監査基準は、平成23年9月30日以後終了する中間会計期間に係る中間財務諸表の中間監査から実施する。

2　改訂基準を実務に適用するに当たって必要となる実務の指針については、日本公認会計士協会において、関係者とも協議の上、適切な手続の下で、早急に作成されることが要請される。

中間監査基準の改訂について

（令和元(2019)年9月3日
企業会計審議会）

一　経　緯

近時、我が国では、不正会計事案を契機として、改めて監査の信頼性が問われている状況にある。監査人が財務諸表利用者に対し自ら行った監査に関する説明を行うことは、監査人の責任に含まれるものであり、監査人は監査の信頼性の確保に向けた自律的な対応の一環として、自らの説明責任を十分に果たしていくことが求められている。

当審議会は、監査報告書における「監査上の主要な検討事項」の記載に加え、国際的な監査基準で、監査報告書の記載内容の明瞭化や充実を図ることを目的とした改訂が行われていることを踏まえ、監査報告書の記載区分等及び継続企業の前提に関する事項について審議を行い、「監査基準の改訂に関する意見書」を平成30（2018）年7月5日に公表した。

監査人による監査に関する説明や情報提供への要請が高まる中、特に、限定付適正意見、意見不表明又は不適正意見の場合（以下、「無限定適正意見以外の場合」という。）における監査報告書の意見の根拠の区分に関し、財務諸表利用者の視点に立ったわかりやすく具体的な説明がなされていない事例があるのではないかとの指摘がなされている。

当審議会では、中間監査報告書の記載区分等、継続企業の前提及び無限定適正意見以外の場合の監査報告書の記載に関する事項については、中間監査基準にも規定されていることから、今般、同様の観点から中間監査基準の改訂について検討を行い、令和元（2019）年5月、監査部会において公開草案を公表し、広く各界の意見を求め、寄せられた意見を参考としつつ、公開草案の内容を一部修正して、これを「中間監査基準の改訂に関する意見書」として公表することとした。

二　主な改訂点とその考え方

1　中間監査報告書の記載区分等

現行の我が国の中間監査基準では、中間監査報告書には、中間監査の対象、経営者の責任、監査人の責任、監査人の意見を区分した上で記載することが求められている。

この点に関して、以下の通り改訂を行うこととする。

- ・監査人の意見を中間監査報告書の冒頭に記載することとし、記載順序を変更するとともに、新たに意見の根拠区分を設ける
- ・経営者の責任を経営者及び監査役等（監査役、監査役会、監査等委員会又は監査委員会をいう。）の責任に変更し、監査役等の財務報告に関する責任を記載する

2　継続企業の前提に関する事項

現行の我が国の中間監査基準では、継続企業の前提に関する重要な不確実性が認められる場合には、監査人は、継続企業の前提に関する事項が中間財務諸表に適切に注記されていることを確かめた上で、当該事項について中間監査報告書に追記することが求められている。

この点について、継続企業の前提に関する評価と開示に関する経営者及び監査人の対応についてより明確にするため、継続企業の前提に関する重要な不確実性が認められる場合に監査人が中間監査報告書に記載する要件は変更することなく、独立した区分を設けて継続企業の前提に関する事項を記載することとした。あわせて、経営者は継続企業の前提に関する評価及び開示を行う責任を有し、監査人はそれらの検討を行う責任を有することを、経営者の責任、監査人の責任に関する記載内容にそれぞれ追加することとした。

また、経営者は、継続企業の前提に重要な疑義を生じさせるような事象又は状況が存在する場合、当該疑義が存在する旨及びその内容並びに対応策を半期報告書の「事業等のリスク」に記載することとされている。監査人は、中間監

査の過程で、継続企業の前提に重要な疑義を生じさせるような事象又は状況の有無及びその内容を確かめることとされている。このため、監査人は、継続企業の前提に重要な疑義を生じさせるような事象又は状況が存在する場合には、経営者による開示について検討することとなる。

3 監査報告書の意見の根拠の記載

監査基準において、無限定適正意見以外の場合の監査報告書の記載について、限定付適正意見とした理由の記載を追加する改訂が行われることに併せ、中間監査基準においても所要の改訂を行うこととする。具体的には、現行の中間監査基準において、限定付適正意見の場合には、「意見の根拠」区分に「除外した不適切な事項及び財務諸表に与えている影響」又は「実施できなかった監査手続及び当該事実が影響する事項」を記載するとされ、例えば、不適正意見でなく限定付適正意見と判断した理由についても説明がなされることを想定しているが、財務諸表利用者の視点に立ったわかりやすく具体的な説明の記載が求められることを踏まえ、中間監査基準上、意見の根拠の記載事項として、これらを踏まえて除外事項に関し重要性はあるが広範性はないと判断し限定付適正意見とした理由を記載しなければならないことを明確にすることとする。

三 実施時期等

1 改訂中間監査基準は、令和２（2020）年９月30日以後終了する中間会計期間に係る中間財務諸表の中間監査から実施する。

2 改訂基準の実施に当たり、関係法令において所要の整備を行うことが適当である。

3 改訂基準を実務に適用するに当たって必要となる実務の指針については、日本公認会計士協会において、関係者とも協議の上、適切な手続の下で、早急に作成されることが要請される。

中間監査基準の改訂について

（令和２（2020）年11月６日
企業会計審議会）

一 経 緯

近年の公認会計士・監査審査会の検査結果において、重要な虚偽表示のリスクの評価に係る手続や特別な検討を必要とするリスクに対応する手続が適切に実施されていないとの指摘がなされている。また、会計上の見積りに関して、経営者の使用した仮定の合理性の検討が不十分であるなど、重要な虚偽表示のリスクに対応する監査手続が不十分との指摘もなされている。リスク・アプローチに基づく監査の実施においては、リスク評価が決定的に重要であることから、特別な検討を必要とするリスクを含む重要な虚偽表示のリスクの評価について、その強化を図ることが必要である。同時に、会計上の見積りについては、適切に評価されたリスクに対応した深度ある監査手続が必要と考えられる。監査基準をめぐる国際的な動向をみても、世界的な金融危機を契機として会計上の見積りに係る基準が改訂されるとともに、実務における適用状況を踏まえリスク評価に関する基準の改訂がなされたところである。こうした動向を踏まえ、我が国においても、国際的な監査基準との整合性を確保しつつ、監査の質の向上を図ることが必要であると判断した。

以上のことから、当審議会は、リスク・アプローチに関する論点について審議を行い、令和２（2020）年３月、監査部会において公開草案を公表し、広く各界の意見を求めた。

当審議会では、寄せられた意見を参考としつつ、更に審議を行い、公開草案の内容を一部修正して、これを「中間監査基準の改訂に関する意見書」として公表することとした。

二 主な改訂点とその考え方

監査基準の改訂においては、財務諸表項目レベルにおける重要な虚偽表示のリスクの評価に当たっては固有リスクと統制リスクを分けて評価すること、特別な検討を必要とするリスクの定義を固有リスクの評価を踏まえたものとすること、また、会計上の見積りについては経営者が行った見積りに対する監査手続を明確にすることとされている。

監査基準は中間監査にも準用され、中間監査基準では主に中間監査において特有の取扱いが必要な事項に関する指示を明らかにすることとする考え方は変わるものではないことを踏まえ、今般、中間監査基準に所要の改訂を行うものとした。

なお、中間監査は、年度監査と同程度の信頼性を保証するものではないものの、年度監査の一環として実施することから、中間財務諸表に係る投資者の判断を損なわない程度の信頼性を保証する監査という位置づけは変わらないこと、今回の改訂に係る部分を除いて、平成14（2002）年及び平成17（2005）年の改訂における「監査基準の改訂について」及び「中間監査基準の改訂について」に記載されているリスク・アプローチの概念や考え方は踏襲されていることに留意が必要である。

三　実施時期等

1　改訂中間監査基準は、令和4（2022）年9月に終了する中間会計期間に係る中間財務諸表の中間監査から実施する。ただし、それ以前の中間会計期間に係る中間財務諸表の中間監査から実施することを妨げない。

2　改訂中間監査基準の実施に当たり、関係法令において所要の整備を行うことが適当である。

3　改訂中間監査基準を実務に適用するに当たって必要となる実務の指針については、日本公認会計士協会において、関係者とも協議の上、適切な手続の下で、早急に作成されることが要請される。

中間監査基準

昭和52年3月29日
改訂平成10年6月16日
改訂平成14年12月6日
改訂平成17年10月28日
改訂平成21年6月30日
改訂平成23年6月30日
改訂令和元(2019)年9月3日
改訂令和2(2020)年11月6日

第一　中間監査の目的

中間監査の目的は、経営者の作成した中間財務諸表が、一般に公正妥当と認められる中間財務諸表の作成基準に準拠して、企業の中間会計期間に係る財政状態、経営成績及びキャッシュ・フローの状況に関する有用な情報を表示しているかどうかについて、監査人が自ら入手した監査証拠に基づいて判断した結果を意見として表明することにある。

中間財務諸表が有用な情報を表示している旨の監査人の意見は、中間財務諸表には、全体として投資者の判断を損なうような重要な虚偽の表示がないということについて、合理的な保証を得たとの監査人の判断を含んでいる。

第二　実施基準

1　監査人は、原則として、当該中間財務諸表が属する年度の財務諸表の監査に係る監査計画の一環として中間監査に係る監査計画を策定するものとする。ただし、中間監査に当たり、中間財務諸表に係る投資者の判断を損なわない程度の信頼性についての合理的な保証を得ることのできる範囲で、中間監査リスクを財務諸表の監査に係る監査リスクよりも高く設定することができる。

2　監査人は、広く中間財務諸表全体に関係し特定の財務諸表項目のみに関連づけられない重要な虚偽表示のリスクがあると判断した場合、そのリスクの程度に応じて、補助者の増員、専門家の配置、適切な監査時間の確保等の全般的な対応を中間監査に係る監査計画に反映させなければならない。

3　監査人は、中間監査リスクを合理的に低い水準に抑えるために、中間財務諸表における重要な虚偽表示のリスクを評価し、発見リスクの水準を決定するとともに、当該発見リスクの水準に対応した適切な監査手続を実施しなければならない。

4　監査人は、中間監査に係る自己の意見を形成するに足る基礎を得るために、経営者が提示する中間財務諸表項目に対して監査要点を設定し、これらに適合した十分かつ適切な監査証拠を入手しなければならない。

5　監査人は、中間監査に係る発見リスクの水準を財務諸表の監査に係る発見リスクの水準よりも高くすることができると判断し、財務諸表の監査に係る監査手続の一部を省略する場合であっても、分析的手続等を中心とする監査手続は実施しなければならない。

6　監査人は、中間監査に係る発見リスクの水準を財務諸表の監査に係る発見リスクの水準よりも高くすることができないと判断した場合には、分析的手続等を中心とする監査手続に加えて必要な実証手続を適用しなければならない。

7　監査人は、虚偽の表示が生じる可能性と当該虚偽の表示が生じた場合の金額的及び質的影響の双方を考慮して、固有リスクが最も高い領域に存在すると評価した場合には、そのリスクを特別な検討を必要とするリスクとして取り扱わなければならない。特に、監査人は、会計上の見積りや収益認識等の判断に関して財務諸表に重要な虚偽の表示をもたらす可能性のある事項、不正の疑いのある取引や特異な取引等、特別な検討を必要とするリスクがあると判断した場合には、そのリスクが中間財務諸表における重要な虚偽表示をもたらしていないかを確かめるための実証手続を実施しなければならない。

8　監査人は、前事業年度の決算日において、継続企業の前提に重要な疑義を生じさせるような事象又は状況が存在し、継続企業の前提に関する重要な不確実性が認められた場合には、当該事象又は状況の変化並びにこれらに係る経営者の評価及び対応策の変更について検討しなければならない。

9　監査人は、前事業年度の決算日において、継続企業の前提に関する重要な不確実性が認められなかったものの、当中間会計期間において、継続企業の前提に重要な疑義を生じさせるような事象又は状況が存在すると判断した場合には、当該事象又は状況に関して、合理的な期間について経営者が行った評価及び対応策について検討した上で、なお継続企業の前提に関する重要な不確実性が認められるか否かを検討しなければならない。

10　監査人は、中間財務諸表を作成する責任は経営者にあること、中間財務諸表を作成するための内部統制を整備及び運用する責任は経営者にあること、経営者が採用した会計方針及び中間財務諸表の作成に関する基本的事項、経営者は中間監査の実施に必要な資料を全て提示したこと及び監査人が必要と判断した事項について、経営者から書面をもって確認しなければならない。

11　監査人は、他の監査人を利用する場合には、中間監査に係る監査手続を勘案して、当該他の監査人に対して必要と認められる適切な指示を行わなければならない。

第三　報告基準

1　監査人は、経営者の作成した中間財務諸表が、一般に公正妥当と認められる中間財務諸表の作成基準に準拠して、企業の中間会計期間に係る財政状態、経営成績及びキャッシュ・フローの状況に関する有用な情報を表示しているかどうかについて意見を表明しなければならない。

2　監査人は、中間監査報告書において、監査人の意見、意見の根拠、経営者及び監査役等（監査役、監査役会、監査等委員会又は監査委員会をいう。以下同じ。）の責任、監査人の責任を明瞭かつ簡潔にそれぞれを区分した上で、記載しなければならない。ただし、継続企業の前提に関する事項又は監査人が中間財務諸表の記載について強調する必要がある事項及び説明を付す必要がある事項を中間監査報告書において情報として追記する場合には、別に区分を設けて、意見の表明とは明確に区別しなければならない。

3　監査人は、経営者が採用した会計方針の選択及びその適用方法、中間財務諸表の表示方法に関して不適切なものがなく、中間財務諸表が有用な情報を表示していると判断したときは、その旨の意見を表明しなければならない。この場合には、中間監査報告書に次の記載を行うものとする。

⑴　監査人の意見

中間監査の対象とした中間財務諸表の範囲、及び経営者の作成した中間財務諸表が、一般に公正妥当と認められる中間財務諸表の作成基準に準拠して、中間会計期間に係る企業の財政状態、経営成績及びキャッシュ・フローの状況に関する有用な情報を表示していると認められること

⑵　意見の根拠

一般に公正妥当と認められる中間監査の基準に準拠して中間監査を行ったこと、中間監査の結果として入手した監査証拠が意見表明の基礎を与える十分かつ適切なものであること

⑶　経営者及び監査役等の責任

経営者には、中間財務諸表の作成責任があること、中間財務諸表に重要な虚偽の表示がないように内部統制を整備及び運用する責任があること、継続企業の前提に関する評価を行い必要な開示を行う責任があること

監査役等には、財務報告プロセスを監視する責任があること

⑷　監査人の責任

監査人の責任は独立の立場から中間財務諸表に対する意見を表明することにあること

中間監査の基準は監査人に中間財務諸表には全体として中間財務諸表の有用な情報の表示に関して投資者の判断を損なうような重要な虚偽の表示がないかどうかの合理的な保証を得ることを求めていること、中間監査は分析的手続等を中心とした監査手続に必要に応じて追加の監査手続を適用して行われていることその他財務諸表の監査に係る監査手続との重要な相違、中間監査は経営者が採用した会計方針及びその適用方法並びに経営者によって行われた見積りの評価も含め中間財務諸表の表示を検討していること、中間監査の手続の選択及び適用は監査人の判断によること、中間監査の目的は、内部統制の有効性について意見表明するためのものではないこと、継続企業の前提に関する経営者の評価を検討すること、監査役等と適切な連携を図ること

4　監査人は、経営者が採用した会計方針の選択及びその適用方法、中間財務諸表の表示方法に関して不適切なものがある場合において、その影響が無限定意見を表明することができない程度に重要ではあるものの、中間財務諸表を全体として投資者の判断を損なうような虚偽の表示に当たるとするほどではないと判断したときには、除外事項を付した限定付意見を表明しなければならない。この場合には、意見の根拠の区分に、除外した不適切な事項、中間財務諸表に与えている影響及びこれらを踏まえて除外事項を付した限定付適正意見とした理由を記載しなければならない。

5　監査人は、経営者が採用した会計方針の選択及びその適用方法、中間財務諸表の表示方法に関して不適切なものがあり、その影響が中間財務諸表全体として投資者の判断を損なうような虚偽の表示に当たるとするほどに重要であると判断した場合には、中間財務諸表が有用な情報の表示をしていない旨の意見を表明しなければならない。この場合には、意見の根拠の区分に、その理由を記載しなければならない。

6　監査人は、中間監査に係る重要な監査手続を実施できなかったことにより、無限定意見を表

明することができない場合において、その影響が中間財務諸表全体に対する意見表明ができないほどではないと判断したときには、除外事項を付した限定付意見を表明しなければならない。この場合には、意見の根拠の区分に、実施できなかった監査手続、当該事実が影響する事項及びこれらを踏まえて除外事項を付した限定付適正意見とした理由を記載しなければならない。

7　監査人は、中間監査に係る重要な監査手続を実施できなかったことにより、中間財務諸表全体に対する意見表明のための基礎を得ることができなかったときには、意見を表明してはならない。この場合には、別に区分を設けて、中間財務諸表に対する意見を表明しない旨及びその理由を記載しなければならない。

8　監査人は、継続企業の前提に重要な疑義を生じさせるような事象又は状況が存在する場合には、次のとおり意見の表明及び中間監査報告書の記載を行わなければならない。

(1)　継続企業を前提として中間財務諸表を作成することが適切であるが、継続企業の前提に関する重要な不確実性が認められる場合において、継続企業の前提に関する事項が中間財務諸表に適切に記載されていると判断して有用な情報が表示されている旨の意見を表明するときには、当該継続企業の前提に関する事項について中間監査報告書に記載しなければならない。

(2)　継続企業を前提として中間財務諸表を作成することが適切であるが、継続企業の前提に関する重要な不確実性が認められる場合において、継続企業の前提に関する事項が中間財務諸表に適切に記載されていないと判断したときには、当該不適切な記載についての除外事項を付した限定付意見を表明するか、又は、中間財務諸表が有用な情報を表示していない旨の意見を表明し、その理由を記載しなければならない。

(3)　継続企業の前提に重要な疑義を生じさせるような事象又は状況に関して経営者が評価及び対応策を示さないときには、継続企業の前提に関する重要な不確実性が認められるか否かを確かめる十分かつ適切な監査証拠を入手できないことがあるため、中間監査に係る監査手続の範囲に制約があった場合に準じて意見の表明の適否を判断しなければならない。

(4)　継続企業を前提として中間財務諸表を作成することが適切でない場合には、継続企業を前提とした中間財務諸表は有用な情報を表示していない旨の意見を表明し、その理由を記載しなければならない。

9　監査人は、次に掲げる強調すること又はその他説明することが適当と判断した事項は、中間監査報告書にそれらを区分した上で、情報として追記するものとする。

(1)　会計方針の変更

(2)　重要な偶発事象

(3)　重要な後発事象

(4)　監査人が意見を表明した中間財務諸表を含む開示書類における当該中間財務諸表の表示とその他の記載内容との重要な相違

四半期レビュー基準

目　次

四半期レビュー基準の設定に関する意見書

（平成19年３月27日
企業会計審議会）

一　審議の背景

近年、企業を取り巻く経営環境の変化は激しく、これに伴い、企業業績等も短期間のうちに大きく変化することがみられるようになってきている。こうした状況の下では、投資者に対し、企業業績等に係る情報をより適時かつ迅速に開示することが求められるとともに、企業内においても、より適時に企業業績等に係る情報を把握し、的確な経営管理を行っていくことが期待される。

こうしたことから、証券取引法上の制度として四半期報告制度の導入が検討され、平成18年６月に成立した金融商品取引法では、平成20年４月１日以後開始する事業年度から、上場会社等に対して四半期報告書の提出が義務づけられ、当該報告書に掲載される四半期財務諸表については公認会計士又は監査法人の監査証明を受けることとされた。

公認会計士又は監査法人が四半期財務諸表に対して行う監査証明について、企業会計審議会では、平成17年１月の総会において、四半期レビュー基準の策定を行うことを決定し、監査部会において、同年９月から審議を進めてきた。同部会では、審議の結果を踏まえ、平成18年11月に「四半期レビュー基準の設定について（公開草案）」を公表して、広く意見を求めた。

当審議会は寄せられた意見を参考にしつつ更に審議を行い、公開草案の内容を一部修正して、これを「四半期レビュー基準の設定に関する意見書」として公表することとした。

二　主な内容と考え方

本四半期レビュー基準は、金融商品取引法における四半期報告制度の下で開示される四半期財務諸表について、年度の財務諸表の監査を実施する監査人が行う四半期レビューの基準であり、「四半期レビューの目的」、「実施基準」、「報告基準」の３つの区分から構成されている。

１　四半期レビューの目的

「四半期レビューの目的」では、国際的な基準との整合性も勘案し、四半期レビューの目的は、四半期財務諸表の適正性に関する消極的形式による結論の表明にあること、すなわち、経営者の作成した四半期財務諸表について、一般に公正妥当と認められる四半期財務諸表の作成基準に準拠して、企業の財政状態、経営成績及びキャッシュ・フローの状況を適正に表示していないと信じさせる事項がすべての重要な点において認められなかったかどうかに関し、監査人が自ら入手した証拠に基づいて判断した結果を結論として表明することにあるものとした。

一方、年度の財務諸表の監査の目的は、経営者の作成した財務諸表が、一般に公正妥当と認められる企業会計の基準に準拠して、企業の財政状態、経営成績及びキャッシュ・フローの状況をすべての重要な点において適正に表示しているかどうかについて、監査人が自ら入手した証拠に基づいて判断した結果を意見として表明することにある、としている。ここで、「すべての重要な点において」の位置が年度の財務諸表の監査の目的と四半期レビューの目的とでは異なっているが、年度の財務諸表も四半期財務諸表も、適正に表示しているかどうかの判断の基準に変わるところはなく、国際的に一般化している四半期レビューに特有の消極的形式による結論の表明を邦語で表現する上で、位置を変えているに過ぎない点に留意する必要がある。

四半期レビューにおける監査人の結論は、本四半期レビュー基準に従い、不適切な結論を表明するリスクを適度な水準に抑えるために必要な手続を実施して表明されるものであるが、その手続は、質問及び分析的手続等を基本とし、監査基準に準拠して実施される年度の財務諸表の監査に比べて限定的な手続からなる。また、四半期レビューは、財務諸表には全体として重要な虚偽の表示がないということについて合理的な保証を得るために実施される年度の財務諸表の監査と同様の保証を得ることを目的とするものではない。

ただし、四半期レビューは、年度の財務諸表の監査を前提として実施されるものであり、監査人は年度の財務諸表の監査と適切に組み合わせて四半期レビューを実施することにより、監査人が被監査企業の重要な虚偽表示に関わる情報を入手する機会が増すなど、全体として監査の実効性がより向上することが期待される。

監査人は、年度の財務諸表の監査を通じて得た、内部統制を含む、企業及び企業環境についての理解を四半期レビュー手続の中でも有効に活用していくことが求められるとともに、年度の財務諸表の監査における重要な着眼点等については、四半期レビューの中でも必要な検討を行い、併せて四半期レビューの結果は年度の監査計画にも適切に反映させていくことが求められる。

また、四半期レビューの目的の達成に関連して、監査人が備えるべき要件及び監査に対する姿勢について定めている監査基準の一般基準及び監査に関する品質管理基準は、四半期レビューにも適用されることに留意する必要がある。

したがって、監査人は、四半期レビューにおいても、年度の財務諸表の監査におけると同様に職業的専門家としての正当な注意を払い、特に、四半期財務諸表が一般に公正妥当と認められる四半期財務諸表の作成基準に準拠して作成されていない事項が、すべての重要な点において存在するかもしれないとの職業的懐疑心をもって四半期レビューを計画し、実施しなければならない。また、監査人は、四半期レビューにおいても、監査に関する品質管理の基準に基づいて定められた方針と手続に従い、審査その他の品質管理を実施しなければならない。

2　実施基準

「実施基準」では、四半期レビューの具体的な手続を示している。監査人は、年度の財務諸表の監査において得た、内部統制を含む、企業及び企業環境の理解及びそれに基づく重要な虚偽表示のリスクの評価を考慮して、四半期レビュー計画の策定を行い、これに基づき、質問、分析的手続その他の四半期レビュー手続を適切に実施することが求められる。四半期レビュー手続の実施に関しては、特に以下の点に留意する必要がある。

なお、四半期レビューは年度の財務諸表の監査を前提として実施されるものであるので、監査人が交代した場合には、後任の監査人は、前任の監査人から適切な引継ぎを行うとともに、年度の財務諸表の監査計画を踏まえ、四半期レビューが的確に行われるように計画しなければならない。

⑴　質問及び分析的手続の実施

四半期レビュー手続の実施に当たり、監査人は、企業が年度の財務諸表を作成する際の会計帳簿等の会計記録に基づいて四半期財務諸表を作成していることを確かめた上で、経営者等に対して、四半期財務諸表の重要な項目に関して的確な質問を実施するとともに、業種の特性等を踏まえたきめ細かな分析的手続を実施することが求められる。

(2)　**適切な追加的手続の実施**

四半期レビューは質問及び分析的手続等を基本とするが、それらを実施した結果、四半期財務諸表について、重要な点において適正に表示していない事項が存在する可能性が高い場合には、監査人は、四半期レビューの結論を表明するための十分な基礎を得るため、追加的な質問や関係書類の閲覧等の適切な追加的手続を実施して、当該事項の有無を確かめ、その事項の結論への影響を検討することが求められる。

(3)　**継続企業の前提についての検討**

継続企業の前提は四半期財務諸表の利用者の判断にも大きな影響を与えることから、監査人は、四半期レビューにおいても、経営者等に対する質問等の四半期レビュー手続を通じて、継続企業の前提について検討することが求められる。監査人は、質問等の結果、開示の必要があると判断した場合には、一般に公正妥当と認められる四半期財務諸表の作成基準に準拠して、適正に表示していないと信じさせる事項が認められないかどうかに関し、追加的な質問や関係書類の閲覧等の追加的な手続を実施して検討することになる。

まず、前事業年度の決算日において継続企業の前提に重要な疑義を抱かせる事象又は状況が存在していた場合には、当四半期会計期間末までの事象又は状況の変化の有無を質問等の四半期レビュー手続により確かめ、特段の変化がなければ、前事業年度の開示を踏まえた同様の開示が行われているかどうかを検討する。

また、前事業年度の決算日における継続企業の前提に重要な疑義を抱かせる事象又は状況に大きな変化がある場合、あるいは、前事業年度の決算日において継続企業の前提に重要な疑義を抱かせる事象又は状況が存在していなかったものの、当該四半期会計期間に継続企業の前提に重要な疑義を抱かせる事象又は状況が発生した場合については、少なくとも当該四半期会計期間末から1年間の継続企業の前提について、一般に公正妥当と認められる四半期財務諸表の作成基準に準拠して、適正に表示していないと信じさせる事項が認められないかどうかに関し、追加的な質問や関係書類の閲覧等の追加的な手続を実施して検討することに留意する。

(4)　**その他**

四半期レビューにおいても、年度の財務諸表の監査に準じて、以下の手続を実施基準に明示した。

①　後発事象への対応
②　経営者からの書面による確認
③　経営者等への伝達と対応
④　他の監査人を利用する場合の対応

3　報告基準

四半期レビューにおける監査人の結論は、経営者の作成した四半期財務諸表について、一般に公正妥当と認められる四半期財務諸表の作成基準に準拠して、企業の財政状態、経営成績及びキャッシュ・フローの状況を適正に表示していないと信じさせる事項がすべての重要な点において認められなかったかどうかについて消極的形式で表明される。

報告基準に関して、特に留意されなければならない事項は以下のとおりである。

(1)　**審　査**

監査人は、年度の財務諸表の監査における意見表明に係る審査と同様、四半期レビューに係る結論の表明に先立ち、監査に関する品質管理の基準に基づいて定められた方針と手続に従い、自己の結論が四半期レビューの基準に準拠して適切に形成されているかどうかの審査を受けることが求められる。

(2)　**四半期レビュー報告書**

四半期レビュー報告書は、四半期レビューの対象、実施した四半期レビューの概要及び四半期財務諸表に対する結論の3つの区分に分けて記載することとしている。まず、四半期レビューの対象では、年度の財務諸表の監査における監査報告書と同様、四半期レビューの対象とした四半期財務諸表の範囲、四半期財務諸表の作成責任は経営者にあること、監査人の責任は独立の立場から四半期財務諸表に対する結論を表明することにあることを記載することとしている。

また、実施した四半期レビューの概要では、四半期レビューは質問、分析的手続その他の四半期レビュー手続からなり、これらは年度の財務諸表の監査に比べて限定的な手続からなることを述べることとしている。

(3) 四半期財務諸表に対する結論

四半期財務諸表に対する結論を記載する区分については、無限定の結論の表明、除外事項を付した限定付結論の表明、否定的結論の表明及び結論の不表明の４つの種類を設け、それぞれの要件を示しているが、これらは、年度の財務諸表の監査における監査人の意見の種類に対応させたものである。すなわち、無限定の結論は無限定適正意見、除外事項を付した限定付結論は除外事項を付した限定付適正意見、否定的結論は不適正である旨の意見、結論の不表明は意見の不表明に対応している。なお、除外事項が付される場合は、四半期財務諸表に適正に表示していないと信じさせる事項が認められる場合と、重要な四半期レビュー手続が実施できなかった場合に分けられる。

(4) その他

四半期レビュー報告書においても、年度の財務諸表の監査に準じて、以下の事項を報告基準に明示した。

① 他の監査人の利用
② 将来の帰結が予測し得ない事象等
③ 継続企業の前提
④ 追記情報

三　実施時期等

1　本四半期レビュー基準は、平成20年４月１日以後開始する事業年度に係る四半期財務諸表の監査証明から適用する。なお、基準の実施に当たり、関係法令において、所要の規定の整備を行うことが適当である。

2　特定の事業を行う会社（金融商品取引法第24条の４の７に定める上場会社等のうち内閣府令で定める事業を行う会社）に係る第２四半期の四半期報告書については、金融商品取引法上も、固有の取扱いが予定されているところであり、これらの会社が作成する第２四半期の四半期財務諸表については、監査人はこの基準の規定に関わらず、基本的に中間監査基準に準拠した対応を行う必要がある。

3　「２．実施基準 (3) 継続企業の前提について」に関連して、「中間監査基準の改訂について（平成14年12月６日企業会計審議会）」の前文において、「中間監査においては、少なくとも当該中間会計期間の属する事業年度末までの期間における合理的な経営計画等の提示を求め検討することとする。」とされているが、これについても、本四半期レビュー基準の実施に当たって、「中間監査においては、前事業年度の決算日における継続企業の前提に重要な疑義を抱かせる事象又は状況に特段の変化がなければ、少なくとも当該中間会計期間の属する事業年度末までの期間における合理的な経営計画等の提示を求め検討する。また、前事業年度の決算日における継続企業の前提に重要な疑義を抱かせる事象又は状況に大きな変化がある場合、あるいは、前事業年度の決算日において継続企業の前提に重要な疑義を抱かせる事象又は状況が存在していなかったものの、当該中間会計期間に継続企業の前提に重要な疑義を抱かせる事象又は状況が発生した場合については、少なくとも当事業年度の下半期から翌事業年度の上半期までの期間における合理的な経営計画等の提示を求め検討することとする。」とすることに留意する必要がある。

4　本四半期レビュー基準を実務に適用するに当たって必要となる実務の指針については、日本公認会計士協会において、関係者とも協議の上、適切な手続の下で作成されることが要請される。

四半期レビュー基準の改訂について

（平成21年6月30日
企業会計審議会）

一 審議の経緯

当審議会は、金融商品取引法に基づく四半期報告制度の導入に伴い、平成19年3月に「四半期レビュー基準の設定に関する意見書」を公表し、金融商品取引法の下で開示される四半期財務諸表（以下「四半期財務諸表」という。）について、年度の財務諸表の監査を実施する監査人が行う四半期レビュー（以下「四半期レビュー」という。）に係る基準を設定した。

企業が将来にわたって事業活動を継続するとの前提（以下「継続企業の前提」という。）に関しては、四半期レビュー基準において、四半期財務諸表の利用者の判断にも大きな影響を与えることから、監査人は、経営者等に対する質問等の四半期レビュー手続を通じて、継続企業の前提について検討することが求められ、質問等の結果、開示の必要があると判断した場合には、一般に公正妥当と認められる四半期財務諸表の作成基準に準拠して、適正に表示していないと信じさせる事項が認められないかどうかに関し、追加的な質問や関係書類の閲覧等の追加的な手続を実施して検討することとされた。

近時の企業業績の急激な悪化に伴い、財務諸表に継続企業の前提に関する注記や監査報告書に追記情報が付される企業が増加しているが、その背景として、継続企業の前提に関する注記の開示について規定している財務諸表等規則等やその監査を規定している監査基準において、一定の事象や状況が存在すれば直ちに継続企業の前提に関する注記及び追記情報の記載を要するとの規定となっているとの理解がなされ、一定の事実の存在により画一的に当該注記を行う実務となっているとの指摘がある。また、それらの規定や実務は国際的な基準とも必ずしも整合的でないとも指摘されている。

こうしたことから、当審議会は、平成21年3月、監査基準について、投資者により有用な情報を提供する等との観点から検討を行い、一定の事象や状況が存在すれば直ちに継続企業の前提に関する注記を要するとともに追記情報の対象と理解される規定を改め、これらの事象や状況に対する経営者の対応策等を勘案してもなお、継続企業の前提に関する重要な不確実性がある場合に、適切な注記がなされているかどうかを監査人が判断することとし、平成21年4月9日、これを「監査基準の改訂に関する意見書」として公表した。

継続企業の前提に関わる同様の基準は、四半期レビュー基準にも規定されていることから、平成21年5月、監査部会において、四半期レビュー基準の改訂等の所要の検討を行い、公開草案を公表し広く意見を求め、寄せられた意見を参考にしつつ、公開草案の内容を一部修正して、これを「四半期レビュー基準の改訂に関する意見書」として公表することとした。

なお、国際的には継続的に監査基準の改訂が行われていることから、当審議会では、監査基準と同様に、今後も、継続的な四半期レビュー基準の改訂作業を進めていく考えである。

二 主な改訂点とその考え方

1 継続企業の前提に関する四半期レビューの実施手続

四半期財務諸表については、「四半期財務諸表に関する会計基準」（企業会計基準第12号、以下「四半期会計基準」という。）において継続企業の前提に関し、「注記事項」として規定がある。また、四半期財務諸表の表示のルールを定めた内閣府令である四半期財務諸表等規則等においても同様の規定がある。

今般、四半期会計基準、四半期財務諸表等規則等についても、財務諸表等規則等の改正内容に合わせ、「継続企業の前提に重要な疑義を生じさせるような事象又は状況が存在する場合であって、当該事象又は状況を解消し、又は改善するための対応をしてもなお継続企業の前提に関する重要な不確実性が認められるとき」は、経営者は、その評価の手順にしたがって、①当該事象又は状況が存在する旨及びその内容、②当該事象又は状況を解消し、又は改善するための対応策、③当該重要な不確実性が認められる旨及びその理由などを注記するよう改正することが検討されている。

このような四半期会計基準、四半期財務諸表等規則等との検討と合わせ、四半期レビュー基準においても、国際レビュー業務基準（ＩＳＲＥ）との整合性を踏まえつつ、継続企業の前提に関する四半期レビューについて、年度監査に準じて、改訂監査基準の実施基準と同様の考え方を明確化することとした。ただし、四半期レビューは、質問と分析的手続を基本とした限定された手続であることから、積極的に継続企業の前提に関する重要な不確実性が認められるか否かを確かめることは求められていない。

監査人は、前会計期間（直前の事業年度、直前の中間会計期間又は直前の四半期会計期間）の決算日において、継続企業の前提に重要な疑義を生じさせるような事象又は状況が存在し、継続企業の前提に関する重要な不確実性が認められた場合には、当四半期会計期間末までの当該事象又は状況の変化及びこれらに係る経営者の評価及び対応策の変更を質問により確かめ、特段の変化がなければ、前会計期間の開示を踏まえた開示が行われているかどうかを検討することとなる。

また、監査人は、前会計期間の決算日において、継続企業の前提に重要な不確実性が認められなかったが、当該四半期会計期間に継続企業の前提に重要な疑義を生じさせるような事象又は状況を認めた場合（前会計期間の決算日から継続して存在する場合を含む。）には、経営者に継続企業の前提に関する開示の要否について質問することとなる。その際、例えば、前会計期間の決算日における継続企業の前提に重要な疑義を生じさせる事象又は状況に大きな変化がある場合、あるいは、前会計期間の決算日において、継続企業の前提に重要な疑義を生じさせる事象又は状況が存在していなかったが、当該四半期会計期間に継続企業の前提に重要な疑義を生じさせるような事象又は状況を認めた場合などにおいては、当該事象又は状況に関して合理的な期間について経営者が行った評価及び対応策も含め質問することに留意する。これらの場合に、監査人は、当該四半期会計期間末から１年間について経営者の行った評価及び少なくとも当該四半期会計期間の翌四半期会計期間の末日までの経営者の対応策についての検討を行った上で、継続企業の前提に関する重要な不確実性が認められるか否かについて判断することとなる。その際、この経営者の対応策については、例えば、１年間の経営計画のようなものが必ずしも存在していることが求められていないこと、また、例えば、当該四半期会計期間の末日後１年間に返済期限が来る債務の返済に対する資金的な手当が具体的に決定していることが必ずしも求められていないことに留意が必要である。

これらの質問の結果、なお継続企業の前提に関する重要な不確実性が認められると監査人が判断した場合には、「当該事象又は状況が存在する旨」「当該重要な不確実性が認められる旨及びその理由」等の継続企業の前提に関する事項について、四半期財務諸表において、一般に公正妥当と認められる四半期財務諸表の作成基準に準拠して、適正に表示されていないと信じさせる事項が認められないかどうかに関し、追加的な質問や関係書類の閲覧等の追加的な手続を実施して、検討しなければならない。

２　継続企業の前提に関する結論の表明

実施基準において、監査人は、「開示を必要とする継続企業の前提に関する重要な不確実性があると判断した場合」に、継続企業の前提に関する事項が四半期財務諸表において適正に表示されていないと信じさせる事項が認められないかどうかを検討するよう改訂されることから、レビュー報告においても監査人は「継続企業の前提に関する重要な不確実性」が認められるときの四半期財務諸表の記載に関して結論を表明することとした。

なお、現行四半期レビュー基準の報告基準における継続企業の前提の項においては、監査基準及び中間監査基準の報告基準における継続企業の前提の項に規定されている「意見の不表明」に相当する規定は置かれていない。これは、国際レビュー業務基準の継続企業の前提の規定にも不表明の規定がないことや四半期レビューにおける監査人の結論は、質問及び分析的手続等を基本とする限定されたレビュー手続に基づく消極的形式による結論の表明であり、継続企業の前提の項において一般的な結論の不表明の規定と明確に差異を設ける必要がないからであるとされている。理論的には、今回の改訂によっても、経営者が評価及び対応策を示さないときには、監査人は、重要な四半期レビュー手続を実施できなかったとして結論の表明ができない場合があり得るが、そうしたケースは非常に限定されたものになると考えられる。

なお、従来、「継続企業の前提に関する注記」がなされてきたケースの一部について、経営者の対応策等から継続企業の前提に関する重要な不確実性が認められないため、「注記」に至らないケースが生じることもある。上場会社等において、継続企業の前提に関する重要な不確実性が認められず当該注記を行わないケースにおいても、四半期報告書の「事業等のリスク」等において、一定の事象や経営者の対応策等を開示し、利害関係者に情報提供が行われることが適切である。また、四半期レビュー基準における継続企業の前提に関する「開示」には、四半期報告書の「事業等のリスク」等における記載は含まれないことに留意する。

三　実施時期等

1　改訂四半期レビュー基準は、平成21年6月30日以後終了する四半期会計期間に係る四半期財務諸表の監査証明から適用する。

2　特定の事業を行う会社（金融商品取引法第24条の4の7に定める上場会社等のうち内閣府令で定める事業を行う会社）に係る第2四半期の四半期報告書において、これらの会社が作成する第2四半期の四半期財務諸表については、引き続き、基本的に中間監査基準に準拠した対応を行う必要がある。

3　改訂基準を実務に適用するに当たって必要となる実務の指針については、日本公認会計士協会において、関係者とも協議の上、適切な手続の下で、早急に作成されることが要請される。

四半期レビュー基準の改訂について

（平成23年6月30日
企業会計審議会）

一　経　緯

当審議会では、国際的な監査の基準や監査をめぐる内外の動向を踏まえ、これまでも必要に応じて監査基準等の改訂を行ってきており、現行の監査基準等は、国際監査基準（ＩＳＡ）と比して内容等において遜色のないものとなっている。

当審議会は、平成22年3月に開催された監査部会において、すべての基準を必須手続とそれ以外の手続に明確に区分することなどを内容とする明瞭性（クラリティ）プロジェクトにより改正された国際監査基準との整合性等に関して検討した。検討の結果、監査人の監査報告書における意見表明の内容等を規定している報告基準における国際監査基準との差異を調整することを中心とした改訂を行い、「監査基準の改訂に関する意見書」を平成22年3月26日に公表した。

今般、同様の観点から、四半期レビュー基準の改訂案を公開草案として公表し、広く意見を求め、寄せられた意見を参考にしつつ、公開草案の内容を一部修正し、これを「四半期レビュー基準の改訂に関する意見書」として公表することとした。

二 主な改訂点とその考え方

1 報告基準の改訂について

(1) 四半期レビュー報告書の記載区分等

現行の我が国の四半期レビュー基準では、四半期レビュー報告書（以下「報告書」という。）に①四半期レビューの対象、②実施した四半期レビューの概要、③四半期財務諸表に対する結論を記載することが求められている。一方、明瞭性プロジェクト後の国際監査基準では、監査報告書を①監査の対象、②経営者の責任、③監査人の責任、④監査人の意見に区分した上で、①の監査の対象以外については、それぞれ見出しを付して明瞭に表示することが要求されている。このことから、我が国の四半期レビュー基準においても、報告書の記載区分を現行の３区分から４区分にするとともに、国際監査基準において求められている記載内容を踏まえて、それぞれの記載区分における記載内容を整理した。例えば、四半期レビューの対象に含まれていた四半期財務諸表の作成責任は経営者にあることという記載を経営者の責任の区分に記載することにより明確化した。

また、結論に関する除外及び四半期レビュー範囲の制約に関して、従来の我が国の四半期レビュー基準では、除外事項の識別と当該除外事項が否定的結論又は結論の不表明等に至るか否かの判断について、当該除外事項が及ぼす影響の重要性に照らして判断することとされていた。この点について、国際監査基準では、影響の「重要性」と「広範性」の２つの要素を明示的に示すことになっており、今般の改訂においては、監査人による結論の形成過程そのものは、実質的に従前とは変わらないものの、当該影響について、「重要性」と四半期財務諸表全体に及ぶのかという「広範性」の２つの要素から判断が行われることを明確にした。

(2) 追記情報

現行の四半期レビュー基準では、監査人は、監査人の結論とは別に、説明又は強調することが適当と判断した事項については、追記情報として記載するものとされているが、監査人が四半期財務諸表の記載を前提に当該記載を強調することが適当であると判断して追記する強調事項と、投資者等に対して説明することが適当であると判断して追記する説明事項との区分がなく、混在して規定されている。明瞭性プロジェクト後の国際監査基準では、両者を区分した上で記載することが求められていることから、我が国の四半期レビュー基準においても、監査人が当該記載を強調するために追記する強調事項とその他監査人が投資者等に説明することが適当であると判断して追記する説明事項とを区分して記載することとした。

2 「会計上の変更及び誤謬の訂正に関する会計基準」の適用に伴う対応について

(1) 「会計上の変更及び誤謬の訂正に関する会計基準」の適用に伴う対応の必要性

平成21年12月４日、企業会計基準委員会（ＡＳＢＪ）は、「会計上の変更及び誤謬の訂正に関する会計基準」及び「会計上の変更及び誤謬の訂正に関する会計基準の適用指針」を公表した。本基準は、会計基準のコンバージェンス（収れん）並びに財務諸表の期間比較可能性及び企業間の比較可能性が向上することが財務諸表の意思決定有用性を高めるとの観点から、会計方針や表示方法の変更、過去の誤謬の訂正があった場合に、あたかも新たな会計方針や表示方法等を過去の財務諸表に遡って適用していたかのように会計処理又は表示の変更等を行うものである。

現行の金融商品取引法上の開示としては、当期の四半期財務諸表と前期の四半期財務諸表とを並記することとされており、前期の四半期財務諸表は、原則として、前期に提出された四半期報告書に含まれていた四半期財務諸表を概ねそのまま記載することとされている。

今般、上述の会計基準が適用されることに対応して、四半期財務諸表の期間比較可能性の確保・向上を図り、投資者に有用な情報を提供する観点から、金融商品取引法上、前期の四半期財務諸表は、当期の四半期財務諸表の一部を構成するものとして、前期の財務数値を当期の財務数値に対応する比較情報として位置づけ、これを開示することが適当であるとされた。この比較情報としての前期の財務数値は、上述の新基準にしたがって修正されたものではあるが、前期に提出された四半期財務諸表自体を全体として修正したものではなく、当期の財務数値に対応する前期の財務数値を期間比較の観点から、必要な限りで修正・記載したものであると位置づけられる。

⑵　**結論の表明**

このような比較情報に関する四半期レビュー手続については、年度の財務諸表における比較情報と同様、当期の四半期財務諸表に含まれる比較情報に対するものとして限定した形で行うことが適当である。

また、比較情報に関する結論の表明の方法については、年度の財務諸表と同様、結論は当期の四半期財務諸表に対してのみ言及し、比較情報には明示的に言及しない方式（対応数値方式）によることが適当と考えられる。

なお、上記の遡及処理が行われた場合の四半期レビューの手続や結論の表明方法については、関係法令の整備に併せて、日本公認会計士協会において、関係者とも協議の上、適切な手続の下で、早急に実務の指針が作成されることが要請される。

三　実施時期等

1　改訂四半期レビュー基準は、平成23年４月１日以後開始する事業年度に係る四半期財務諸表の監査証明から適用する。

2　特定の事業を行う会社（金融商品取引法第24条の４の７に定める上場会社等のうち内閣府令で定める事業を行う会社）に係る第２四半期の四半期報告書において、これらの会社が作成する第２四半期の四半期財務諸表については、引き続き、基本的に中間監査基準に準拠した対応を行う必要がある。

3　改訂基準を実務に適用するに当たって必要となる実務の指針については、日本公認会計士協会において、関係者とも協議の上、適切な手続の下で、早急に作成されることが要請される。

四半期レビュー基準の改訂について

（令和元(2019)年９月３日
企業会計審議会）

一　経　緯

近時、我が国では、不正会計事案を契機として、改めて監査の信頼性が問われている状況にある。監査人が財務諸表利用者に対し自ら行った監査に関する説明を行うことは、監査人の責任に含まれるものであり、監査人は監査の信頼性の確保に向けた自律的な対応の一環として、自らの説明責任を十分に果たしていくことが求められている。

当審議会は、監査報告書における「監査上の主要な検討事項」の記載に加え、国際的な監査基準で、監査報告書の記載内容の明瞭化や充実を図ることを目的とした改訂が行われていることを踏まえ、監査報告書の記載区分等及び継続企業の前提に関する事項について審議を行い、「監査基準の改訂に関する意見書」を平成30（2018）年７月５日に公表した。

監査人による監査に関する説明や情報提供への要請が高まる中、特に、限定付適正意見、意見不表明又は不適正意見の場合（以下、「無限定適正意見以外の場合」という。）における監査報告書の意見の根拠の区分に関し、財務諸表利用者の視点に立ったわかりやすく具体的な説明がなされていない事例があるのではないかとの指摘がなされている。

当審議会では、四半期レビュー報告書の記載区分等、継続企業の前提及び無限定適正意見以外の場合の監査報告書の記載に関する事項については、四半期レビュー基準にも規定されていることから、今般、同様の観点から四半期レビュー基準の改訂について検討を行い、令和元（2019）年５月、監査部会において公開草案を公表し、広く各界の意見を求め、寄せられた意見を参考としつつ、公開草案の内容を一部修正して、これを「四半期レビュー基準の改訂に関する意見書」として公表することとした。

二　主な改訂点とその考え方

1　四半期レビュー報告書の記載区分等

現行の我が国の四半期レビュー基準では、四半期レビュー報告書には、四半期レビューの対象、経営者の責任、監査人の責任、監査人の結論を区分した上で記載することが求められている。

この点に関して、以下の通り改訂を行うこととする。

- 監査人の結論を四半期レビュー報告書の冒頭に記載することとし、記載順序を変更するとともに、新たに結論の根拠区分を設ける
- 経営者の責任を経営者及び監査役等（監査役、監査役会、監査等委員会又は監査委員会をいう。）の責任に変更し、監査役等の財務報告に関する責任を記載する

2　継続企業の前提に関する事項

現行の我が国の四半期レビュー基準では、継続企業の前提に関する重要な不確実性が認められる場合には、監査人は、継続企業の前提に関する事項が四半期財務諸表に適切に注記されていることを確かめた上で、当該事項について四半期レビュー報告書に追記することが求められている。

この点について、継続企業の前提に関する評価と開示に関する経営者及び監査人の対応についてより明確にするため、継続企業の前提に関する重要な不確実性が認められる場合に監査人が四半期レビュー報告書に記載する要件は変更することなく、独立した区分を設けて継続企業の前提に関する事項を記載することとした。あわせて、経営者は継続企業の前提に関する評価及び開示を行う責任を有し、監査人はそれらの検討を行う責任を有することを、経営者の責任、監査人の責任に関する記載内容にそれぞれ追加することとした。

また、経営者は、継続企業の前提に重要な疑義を生じさせるような事象又は状況が存在する場合、当該疑義が存在する旨及びその内容並びに対応策を四半期報告書の「事業等のリスク」に記載することとされている。監査人は、四半期レビューの過程で、継続企業の前提に重要な疑義を生じさせるような事象又は状況の有無及びその内容を確かめることとされている。このため、監査人は、継続企業の前提に重要な疑義を生じさせるような事象又は状況が存在する場合には、経営者による開示について検討することとなる。

3　四半期レビュー報告書の結論の根拠の記載

監査基準において、無限定適正意見以外の場合の監査報告書の記載について、限定付適正意見とした理由の記載を追加する改訂が行われることに併せ、四半期レビュー基準においても所要の改訂を行うこととする。具体的には、現行の四半期レビュー基準において、限定付結論の場合には、「結論の根拠」区分に「修正すべき事項及び可能であれば当該事項が四半期財務諸表に与える影響」又は「実施できなかった四半期レビュー手続及び当該事実が影響する事項」を記載するとされ、例えば、否定的結論でなく限定付結論と判断した理由についても説明がなされることを想定しているが、財務諸表利用者の視点に立ったわかりやすく具体的な説明の記載が求められることを踏まえ、四半期レビュー基準上、結論の根拠の記載事項として、これらを踏まえて除外事項に関し重要性はあるが広範性はないと判断し限定付結論とした理由を記載しなければならないことを明確にすることとする。

三　実施時期等

1　改訂四半期レビュー基準は、令和２（2020）年４月１日以後開始する事業年度に係る四半期財務諸表の監査証明から適用する。

2　特定の事業を行う会社（金融商品取引法第24条の４の７に定める上場会社等のうち内閣府令で定める事業を行う会社）に係る第２四半期の四半期報告書において、これらの会社が作成する第２四半期の四半期財務諸表については、引き続き、基本的に中間監査基準に準拠した対応を行う必要がある。

3　改訂基準の実施に当たり、関係法令において所要の整備を行うことが適当である。

4　改訂基準を実務に適用するに当たって必要となる実務の指針については、日本公認会計士協会において、関係者とも協議の上、適切な手続の下で、早急に作成されることが要請される。

四半期レビュー基準

平成19年３月27日
改訂平成21年６月30日
改訂平成23年６月30日
改訂令和元(2019)年９月３日

第一　四半期レビューの目的

四半期レビューの目的は、経営者の作成した四半期財務諸表について、一般に公正妥当と認められる四半期財務諸表の作成基準に準拠して、企業の財政状態、経営成績及びキャッシュ・フローの状況を適正に表示していないと信じさせる事項が全ての重要な点において認められなかったかどうかに関し、監査人が自ら入手した証拠に基づいて判断した結果を結論として表明することにある。

四半期レビューにおける監査人の結論は、四半期財務諸表に重要な虚偽の表示があるときに不適切な結論を表明するリスクを適度な水準に抑えるために必要な手続を実施して表明されるものであるが、四半期レビューは、財務諸表には全体として重要な虚偽の表示がないということについて合理的な保証を得るために実施される年度の財務諸表の監査と同様の保証を得ることを目的とするものではない。

第二　実施基準

1　内部統制を含む、企業及び企業環境の理解

監査人は、四半期レビュー計画の策定に当たり、年度の財務諸表の監査において行われる、内部統制を含む、企業及び企業環境の理解並びにそれに基づく重要な虚偽表示のリスクの評価を考慮し、四半期財務諸表の作成に係る内部統制についても十分に理解しなければならない。

2　四半期レビュー計画

監査人は、四半期レビュー計画を、年度の財務諸表の監査の監査計画のなかで策定することができる。年度の財務諸表の監査を実施する過程において、四半期レビュー計画の前提とした重要な虚偽表示のリスクの評価を変更した場合や特別な検討を必要とするリスクがあると判断した場合には、その変更等が四半期レビュー計画に与える影響を検討し、必要であれば適切な修正をしなければならない。

3　四半期レビュー手続

監査人は、質問、分析的手続その他の四半期レビュー手続を実施しなければならない。四半期レビュー手続は、経営者の作成した四半期財務諸表について、一般に公正妥当と認められる四半期財務諸表の作成基準に準拠して、企業の財政状態、経営成績及びキャッシュ・フローの状況を適正に表示していないと信じさせる事項が全ての重要な点において認められなかったかどうかについての監査人の結論の基礎を与えるものでなければならない。

4　質　問

監査人は、四半期財務諸表の重要な項目に関して、それらの項目が一般に公正妥当と認められる四半期財務諸表の作成基準に準拠して作成されているかどうか、会計方針の変更や新たな会計方針の適用があるかどうか、会計方針の適用に当たって経営者が設けた仮定の変更、偶発債務等の重要

な会計事象又は状況が発生したかどうか、経営者や従業員等による不正や不正の兆候の有無等について、経営者、財務及び会計に関する事項に責任を有する者その他適切な者に質問を実施しなければならない。

5　分析的手続

監査人は、四半期財務諸表と過去の年度の財務諸表や四半期財務諸表の比較、重要な項目の趨勢分析、主要項目間の関連性比較、一般統計データとの比較、予算と実績との比較、非財務データとの関連性分析、部門別・製品別の分析、同業他社の比率や指数との比較等、財務数値の間や財務数値と非財務数値等の間の関係を確かめるために設計された分析的手続を、業種の特性等を踏まえて実施しなければならない。分析的手続を実施した結果、財務変動に係る矛盾又は異常な変動がある場合には追加的な質問を実施し、その原因を確かめなければならない。

6　会計記録に基づく作成

監査人は、四半期財務諸表が、年度の財務諸表の作成の基礎となる会計記録に基づいて作成されていることを確かめなければならない。

7　追加的な手続

監査人は、四半期財務諸表について、企業の財政状態、経営成績及びキャッシュ・フローの状況を重要な点において適正に表示していない事項が存在する可能性が高いと認められる場合には、追加的な質問や関係書類の閲覧等の追加的な手続を実施して当該事項の有無を確かめ、その事項の結論への影響を検討しなければならない。

8　後発事象

監査人は、四半期財務諸表において修正又は開示すべき後発事象があるかどうかについて、経営者に質問しなければならない。

9　継続企業の前提

監査人は、前会計期間の決算日において、継続企業の前提に重要な疑義を生じさせるような事象又は状況が存在し、継続企業の前提に関する重要な不確実性が認められた場合には、当該事象又は状況の変化並びにこれらに係る経営者の評価及び対応策の変更について質問しなければならない。

また、監査人は、前会計期間の決算日において、継続企業の前提に関する重要な不確実性が認められなかったものの、当四半期会計期間において、継続企業の前提に重要な疑義を生じさせるような事象又は状況を認めた場合には、経営者に対し、経営者による評価及び対応策を含め継続企業の前提に関する開示の要否について質問しなければならない。

これらの質問の結果、監査人は、継続企業の前提に関する重要な不確実性が認められると判断した場合には、継続企業の前提に関する事項について、四半期財務諸表において、一般に公正妥当と認められる四半期財務諸表の作成基準に準拠して、適正に表示されていないと信じさせる事項が認められないかどうかに関し、追加的な質問や関係書類の閲覧等の追加的な手続を実施して、検討しなければならない。

10　経営者からの書面による確認

監査人は、適正な四半期財務諸表を作成する責任は経営者にあること、四半期財務諸表を作成するための内部統制を整備及び運用する責任は経営者にあること、四半期財務諸表の作成に関する基本的な事項、経営者が採用した会計方針、経営者が四半期レビューの実施に必要な資料を全て提示したこと及び監査人が必要と判断した事項について、経営者から書面をもって確認しなければならない。

11　経営者等への伝達と対応

監査人は、四半期財務諸表について、企業の財政状態、経営成績及びキャッシュ・フローの状況を重要な点において適正に表示していないと信じさせる事項が認められる場合には、経営者等にその事項を伝達し、適切な対応を求めるとともに、適切な対応がとられない場合には、当該事項の四半期レビューの結論への影響を検討しなければならない。

12　他の監査人の利用

監査人は、他の監査人によって行われた四半期レビュー等の結果を利用する場合には、当該他の監査人が関与した四半期財務諸表等の重要性及び他の監査人の品質管理の状況等に基づく信頼性の程度を勘案して、他の監査人の実施した四半期レビュー等の結果を利用する程度及び方法を決定しなければならない。

第三　報告基準

1　結論の表明

監査人は、経営者の作成した四半期財務諸表について、一般に公正妥当と認められる四半期財務諸表の作成基準に準拠して、企業の財政状態、経営成績及びキャッシュ・フローの状況を適正に表示していないと信じさせる事項が全ての重要な点において認められなかったかどうかに関する結論を表明しなければならない。

2　審　査

監査人は、結論の表明に先立ち、自らの結論が一般に公正妥当と認められる四半期レビューの基準に準拠して適切に形成されていることを確かめるため、結論の表明に関する審査を受けなければならない。この審査は、品質管理の方針及び手続に従った適切なものでなければならない。

3　四半期レビュー報告書の記載

監査人は、四半期レビュー報告書において、監査人の結論、結論の根拠、経営者及び監査役等（監査役、監査役会、監査等委員会又は監査委員会をいう。以下同じ。）の責任、監査人の責任を明瞭かつ簡潔にそれぞれを区分した上で、記載しなければならない。ただし、結論を表明しない場合には、その旨を四半期レビュー報告書に記載しなければならない。

4　結論の表明と追記情報との区別

監査人は、継続企業の前提に関する事項又は四半期財務諸表の記載において強調する必要がある事項及び説明を付す必要がある事項を四半期レビュー報告書において情報として追記する場合には、別に区分を設けて、結論の表明とは明確に区別しなければならない。

5　無限定の結論

監査人は、経営者の作成した四半期財務諸表について、一般に公正妥当と認められる四半期財務諸表の作成基準に準拠して、企業の財政状態、経営成績及びキャッシュ・フローの状況を適正に表示していないと信じさせる事項が全ての重要な点において認められなかった場合には、その旨の結論（この場合の結論を「無限定の結論」という）を表明しなければならない。この場合には、四半期レビュー報告書に次の記載を行うものとする。

(1)　監査人の結論

四半期レビューの対象とした四半期財務諸表の範囲、及び経営者の作成した四半期財務諸表が、一般に公正妥当と認められる四半期財務諸表の作成基準に準拠して、企業の財政状態、経営成績及びキャッシュ・フローの状況を適正に表示していないと信じさせる事項が全ての重要な点において認められなかったこと

(2)　結論の根拠

一般に公正妥当と認められる四半期レビューの基準に準拠して四半期レビューを行ったこと、四半期レビューの結果として入手した証拠が結論の表明の基礎を与えるものであること

(3)　経営者及び監査役等の責任

経営者には、四半期財務諸表の作成責任があること、四半期財務諸表に重要な虚偽の表示がないように内部統制を整備及び運用する責任があること、継続企業の前提に関する評価を行い必要な開示を行う責任があること

監査役等には、財務報告プロセスを監視する責任があること

(4) 監査人の責任

監査人の責任は独立の立場から四半期財務諸表に対する結論を表明することにあること

四半期レビューは質問、分析的手続その他の四半期レビュー手続からなり、年度の財務諸表の監査に比べて限定的な手続となること、継続企業の前提に関する経営者の評価を検討すること、監査役等と適切な連携を図ること

6 結論に関する除外

監査人は、経営者の作成した四半期財務諸表について、一般に公正妥当と認められる四半期財務諸表の作成基準に準拠して、企業の財政状態、経営成績及びキャッシュ・フローの状況を重要な点において適正に表示していないと信じさせる事項が認められ、その影響が無限定の結論を表明することができない程度に重要ではあるものの、四半期財務諸表全体に対して否定的結論を表明するほどではないと判断したときには、除外事項を付した限定付結論を表明しなければならない。この場合には、結論の根拠の区分に、修正すべき事項、可能であれば当該事項が四半期財務諸表に与える影響及びこれらを踏まえて除外事項を付した限定付結論とした理由を記載しなければならない。

7 否定的結論

監査人は、経営者の作成した四半期財務諸表について、一般に公正妥当と認められる四半期財務諸表の作成基準に準拠して、企業の財政状態、経営成績及びキャッシュ・フローの状況を重要な点において適正に表示していないと信じさせる事項が認められる場合において、その影響が四半期財務諸表全体として虚偽の表示に当たるとするほどに重要であると判断したときには、否定的結論を表明し、結論の根拠の区分に、その理由を記載しなければならない。

8 四半期レビュー範囲の制約

監査人は、重要な四半期レビュー手続を実施できなかったことにより、無限定の結論を表明できない場合において、その影響が四半期財務諸表全体に対する結論の表明ができないほどではないと判断したときは、除外事項を付した限定付結論を表明しなければならない。この場合には、結論の根拠の区分に、実施できなかった四半期レビュー手続、当該事実が影響する事項及びこれらを踏まえて除外事項を付した限定付結論とした理由を記載しなければならない。

9 結論の不表明

監査人は、重要な四半期レビュー手続を実施できなかったことにより、無限定の結論の表明ができない場合において、その影響が四半期財務諸表全体に対する結論の表明ができないほどに重要であると判断したときは、結論を表明してはならない。この場合には、別に区分を設けて、四半期財務諸表に対する結論を表明しない旨及びその理由を記載しなければならない。

10 他の監査人の利用

監査人は、他の監査人が実施した四半期レビュー等の重要な事項について、その結果を利用できないと判断したときに、更に当該事項について、重要な四半期レビュー等の手続を追加して実施できなかった場合には、重要な四半期レビュー手続が実施できなかった場合に準じて結論の表明の適否を判断しなければならない。

11 将来の帰結が予測し得ない事象等

監査人は、重要な偶発事象等の将来の帰結が予測し得ない事象又は状況について、四半期財務諸表に与える当該事象又は状況の影響が複合的かつ多岐にわたる場合には、重要な四半期レビュー手続を実施できなかった場合に準じて、結論の表明ができるか否かを慎重に判断しなければならない。

12 継続企業の前提

監査人は、継続企業の前提に関する重要な不確実性が認められる場合には、次のとおり結論の表明及び四半期レビュー報告書の記載を行わなければならない。

(1) 継続企業の前提に関する事項が四半期財務

諸表に適切に記載されていると判断して、無限定の結論を表明する場合には、当該継続企業の前提に関する事項について四半期レビュー報告書に記載しなければならない。

⑵　継続企業の前提に関する事項が四半期財務諸表に適切に記載されていないと判断した場合は、当該不適切な記載についての除外事項を付した限定付結論又は否定的結論を表明し、その理由を記載しなければならない。

13　追記情報

監査人は、次に掲げる強調すること又はその他説明することが適当と判断した事項は、四半期レビュー報告書にそれらを区分した上で、情報として追記するものとする。

⑴　正当な理由による会計方針の変更

⑵　重要な偶発事象

⑶　重要な後発事象

⑷　監査人が結論を表明した四半期財務諸表を含む開示書類における当該四半期財務諸表の表示とその他の記載内容との重要な相違

監査に関する品質管理基準

監査に関する品質管理基準の設定について

（平成17年10月28日
企業会計審議会）

一　経　緯

当審議会は、平成17年1月の総会において、監査の品質管理の具体化・厳格化に関する審議を開始することを決定し、平成17年3月から監査部会において審議を進めてきた。これは、監査法人の審査体制や内部管理体制等の監査の品質管理に関連する非違事例が発生したことに対応し、公認会計士による監査の品質の向上を図ることを目的とするものである。

平成17年7月､監査に関する品質管理の基準(以下「品質管理基準」という。）を、「監査基準及び中間監査基準の改訂並びに監査に関する品質管理基準の設定について（公開草案)」として公表して、広く各界の意見を求めた。当審議会は、寄せられた意見を参考にしつつ、更に審議を行い、公開草案の内容を一部修正して、これを「監査に関する品質管理基準の設定に係る意見書」として公表することとした。なお、国際的にも品質管理に関する基準の改訂が進められており、今回の基準は、こうした国際的な動向にも対応したものとなっている。

二　品質管理基準の位置づけ及び構成

本品質管理基準を策定するに当たっては、我が国における監査の品質管理に関する状況を考慮するとともに、国際的な基準の動向も踏まえて検討を行い、監査基準の一般基準における品質管理の規定の一部改訂等に加えて、独立の基準を設けることとした。品質管理基準は、公認会計士による監査業務の質を合理的に確保するためのものであり、監査基準とともに一般に公正妥当と認められる監査の基準を構成し、監査基準と一体となって適用されるものである。

また、品質管理には、監査事務所が遵守すべき品質管理と個々の監査業務を実施する監査実施者が遵守すべき品質管理があることから、品質管理基準では、各項目ごとに監査事務所に適用される基準と監査実施者に適用される基準に分けて規定を設けている。

なお、品質管理基準は、公認会計士による財務諸表の監査において適用されるものであるが、品質管理のシステムの内容は、監査業務の質が合理的に確保される範囲において、監査事務所が扱う監査業務の目的、内容等に応じて、変化しうるものであると考えられる。

また、中間監査も、財務諸表の監査の一環として行われるものであることから、本品質管理基準が適用される。

三　主な内容と考え方

1　品質管理のシステムの整備及び運用

最近の非違事例等を踏まえると、監査事務所は、監査契約の新規の締結及び更新に関する意思決定、監査人の適格性の判断、監査業務の実施、監査業務に係る審査等のそれぞれの過程において、個々の監査業務を管理する体制を整備し、こうした体制を適切に運用することが必要であると考えられる。

そこで、監査事務所に、監査業務の各段階における品質管理のシステムを整備及び運用するとともに、品質管理のシステムの監視を求めることとした。また、監査実施の責任者は、これらに従って監査業務を実施すること、監査事務所は、品質管理のシステムの整備及び運用の状況を適切に記録及び保存すること、品質管理に関する責任者を明確にすること等が求められている。

2　職業倫理及び独立性

公認会計士による監査が信頼されるためには、監査人が特定の利害に関係せず公正不偏の態度を保持し、財務諸表の適正性について公正な判断を下すことが重要である。監査基準は、一般基準において、公正不偏の態度及び独立性の保持を求めているが、監査事務所は、監査実施者が法令や監査基準等で求められている独立性の要件等を、その趣旨に照らして的確に確保しているかの判断を行う必要があると考えられる。そこで、品質管理基準は、監査事務所に、職業倫理及び独立性の遵守に関する方針及び手続を策定すること、監査実施の責任者に、方針及び手続を遵守し、補助者が遵守していることを確かめること等を求めている。

3　監査契約の新規の締結及び更新

監査事務所は、監査契約の新規の締結及び更新に関する方針及び手続を策定し、監査契約を締結する企業の状況だけでなく、監査事務所の規模及び組織、当該監査業務に適した能力及び経験を有する監査実施者の確保の状況等を勘案して、適切な監査業務が実施できるかを判断することが求められている。また、監査実施の責任者は、監査契約が監査事務所の定める方針及び手続に従っていることを確かめることが求められている。

4　監査実施者の採用、教育・訓練、評価及び選任

監査事務所は、監査契約の新規の締結及び更新並びに監査業務の実施において、当該監査業務に関わる監査実施者が適切に監査業務を実施できる能力及び経験等を有しているかを判断することが必要である。そこで、監査事務所に、監査実施者の採用、教育・訓練、評価及び選任に関する方針及び手続を策定し、これを遵守すべきことを求めている。

5　業務の実施

(1)　監査業務の実施

過去の非違事例等を踏まえると、監査事務所は、企業の業態や経営状況に応じて、監査事務所が有する情報や監査の手法を、監査実施者に的確に伝達するとともに、監査実施者に適切な指示や指導を行う体制を整備することが必要と考えられた。そこで、監査事務所には、これらが実行されるような監査の実施に関する方針及び手続を求めることとした。

また、リスク・アプローチの適用や見積りの要素の増大等により、監査人の判断の部分が多くなっていることから、監査手続書等を整備すること、判断の過程を監査調書に十分に記載することが重要と考えられる。そこで、監査調書の記録及び保存の方法等を定めること、及び監査調書を適切に作成することを求めている。

(2)　監査業務に係る審査

監査基準の報告基準では、監査意見の表明に関する審査が求められている。監査事務所は、個々の監査業務に応じて適切な審査がなされるようなルールを整備することが重要であるとともに、こうした審査の内容及び結論は適切に記録及び保存されなければならないと考えられる。そこで、品質管理基準では、監査事務所に、審査に関する方針及び手続を定め、適切な審査の実施を確かめるとともに、監査事務所及び審査の担当者に、審査の内容及び結論を監査調書として記録及び保存することを求めている。

(3)　その他

専門的な見解の問合せ、監査上の判断の相違の解決等についても規定を設けている。

6　品質管理のシステムの監視

監査事務所が定める品質管理のシステムに従って品質管理が行われていない等の問題がある場合には、適時に発見され改善が図られることが必要であり、これにより監査業務の質が合理的に保たれることとなる。そこで、品質管理基準は、監査事務所に、品質管理のシステムの日常的監視及び監査業務の定期的な検証に関する方針及び手続を定め、遵守を確かめることを求めている。

また、監査業務の実施における法令違反、監査事務所の定める品質管理のシステムの抵触等

に関して情報がもたらされる場合があることから、監査事務所は、これらに対処するための方針及び手続を定めておくことが求められている。

7　監査事務所間の引継

監査事務所が交代する場合には、後任の監査事務所にとって過年度における情報は非常に重要である。そこで、監査事務所に、監査事務所間の引継に関する方針及び手続を定め、適切な引継を行うことを求めている。なお、前任の監査事務所が重要な虚偽の表示に関わる情報又は状況を把握している場合には、それらを後任の監査事務所に適切に引継ぐことが求められている。

8　共同監査

監査事務所が、他の監査事務所と共同で監査を実施する場合においても、監査業務の質は合理的に保たれる必要があるのは当然のことである。共同監査を担当する複数の監査事務所の品質管理のシステムが同一でないとしても、それらが品質管理基準に準拠したものであれば、監査業務の質は合理的に確保できると考えられる。そこで、他の監査事務所の品質管理のシステムが、品質管理基準に準拠し、監査の質を合理的に確保するものであるかを確かめることが求められている。

四　実施時期等

1　品質管理基準は、平成19年３月決算に係る財務諸表の監査から実施する。ただし、平成18年３月決算に係る財務諸表の監査から実施することを妨げない。なお、改訂基準の実施に当たり、関係法令において、基準の改訂に伴う所要の整備を行うことが適当である。

2　改訂基準を実務に適用するに当たって必要となる実務の指針については、日本公認会計士協会において、関係者とも協議の上、適切な手続の下で、早急に作成されることが要請される。

監査に関する品質管理基準

（平成17年10月28日）

第一　目　的

本基準は、監査基準と一体として適用されるものであり、財務諸表の監査を実施する監査事務所及び監査実施者に、監査業務の質を合理的に確保することを求めるものである。

（注）　1　本基準における監査事務所及び監査実施の責任者は、監査基準における監査人に相当する。

2　監査事務所とは、個人事務所及び監査法人をいう。

3　監査実施者とは、監査実施の責任者及び監査業務に従事する補助者をいう。

第二　品質管理のシステムの整備及び運用

1　監査事務所は、監査業務の質を合理的に確保するために、監査契約の新規の締結及び更新から、監査計画の策定、監査業務の実施及び監査報告書の発行に至る品質管理のシステムを適切に整備し、運用しなければならない。

2　監査実施の責任者は、監査事務所が設けた品質管理のシステムに準拠して、監査業務を行わなければならない。

3　監査事務所は、品質管理のシステムの整備及び運用の状況を適切に記録し、保存するための方針及び手続を定め、それらが遵守されていることを確かめなければならない。

第三　品質管理のシステムの構成

監査事務所は、少なくとも、以下の事項に関する方針及び手続からなる品質管理のシステムを設けなければならない。

⑴　品質管理に関する責任
⑵　職業倫理及び独立性
⑶　監査契約の新規の締結及び更新
⑷　監査実施者の採用、教育・訓練、評価及び選任
⑸　業務の実施
⑹　品質管理のシステムの監視

第四　品質管理に関する責任

1　監査事務所は、品質管理に関する適切な方針及び手続を定め、品質管理のシステムの整備及び運用に関する責任を負わなければならない。

2　監査事務所は、品質管理のシステムの整備及び運用に関する責任者を明確にしなければならない。

3　監査実施の責任者は、監査事務所が定める品質管理の方針及び手続に準拠して監査を実施する責任を負わなければならない。

第五　職業倫理及び独立性

一　職業倫理

1　監査事務所は、職業倫理の遵守に関する方針及び手続を定め、それらの方針及び手続が遵守されていることを確かめなければならない。

2　監査実施の責任者は、監査事務所の定める職業倫理の遵守に関する方針及び手続を遵守するとともに、それらが補助者により遵守されていることを確かめなければならない。

二　独立性

1　監査事務所は、独立性が適切に保持されるための方針及び手続を定め、それらの方針及び手続が遵守されていることを確かめなければならない。

2　監査実施の責任者は、監査事務所の定める独立性の保持のための方針及び手続を遵守するとともに、それらが補助者により遵守されていることを確かめなければならない。

第六　監査契約の新規の締結及び更新

1　監査事務所は、監査契約の新規の締結及び更新の判断に関する方針及び手続を定め、監査事務所の規模及び組織、当該監査業務に適した能力及び経験を有する監査実施者の確保の状況、並びに、監査契約の新規の締結及び更新の判断に重要な影響を及ぼす事項等を勘案し、適切な監査業務を実施することができるかを判断しなければならない。

2　監査実施の責任者は、監査契約の新規の締結及び更新が、監査事務所の定める方針及び手続に従って適切に行われていることを確かめ、当該契約の新規の締結及び更新の適切性に重要な疑義をもたらす情報を入手した場合には、監査事務所に、適宜、伝えなければならない。

第七　監査実施者の採用、教育・訓練、評価及び選任

1　監査事務所は、監査実施者の採用、教育・訓練、評価及び選任に関する方針及び手続を定め、監査業務を実施するために必要な能力、経験及び求められる職業倫理を備えた監査実施者を確保しなければならない。

2　監査事務所は、監査実施者の選任と構成に関する方針及び手続を定め、企業の事業内容等に応じた適切な監査を実施するための能力、経験及び独立性を有するとともに、監査業務に十分な時間を確保できる監査実施者を選任しなければならない。

3　監査実施の責任者は、監査業務に補助者を使用する場合には、当該補助者が監査業務に必要な能力、経験及び独立性を有するとともに、十分な時間を確保できることを確かめなければならない。

第八　業務の実施

一　監査業務の実施

1　監査事務所は、監査業務の実施に関する品質管理の方針及び手続を定め、監査に必要な情報

及び技法を蓄積し、監査実施者に適時かつ的確に情報を伝達するとともに、適切な指示及び指導を行う体制を整備し、監査業務の品質が合理的に確保されるようにしなければならない。

2　監査事務所は、監査業務の実施に関する品質管理の方針及び手続に、監査手続の遂行、監督及び査閲の方法、監査調書としての記録及び保存の方法等に関する適切な規程を含めなければならない。

3　監査実施の責任者は、監査事務所の定める、監査業務の実施に関する品質管理の方針及び手続を遵守し、補助者に対し適切な指示及び監督を行い、監査調書が適切に作成されているかを確かめなければならない。

4　監査実施の責任者は、監査意見の表明に先立ち、監査調書の査閲等を通して、十分かつ適切な監査証拠が入手されていることを確かめなければならない。

二　専門的な見解の問合せ

1　監査事務所は、監査事務所内外の適切な者から専門的な見解を得るための方針及び手続を定め、監査実施の責任者がそれらを遵守していることを確かめなければならない。

2　監査実施の責任者は、監査事務所の定める方針及び手続に従い、監査事務所内外の適切な者から見解を得た場合には、その内容を適切に記録し、得られた見解が監査業務の実施及び監査意見の形成において十分に検討されているかを確かめなければならない。

（注）専門的な見解の問合せとは、監査業務に関して、監査事務所内外の専門的な知識、経験等を有する者から、専門的な事項に係る見解を得ることをいう。

三　監査上の判断の相違

1　監査事務所は、監査実施者間又は監査実施の責任者と監査業務に係る審査の担当者等との間の判断の相違を解決するために必要な方針及び手続を定め、それらの方針及び手続に従って監査実施の責任者が判断の相違を適切に解決していることを確かめなければならない。

2　監査実施の責任者は、監査事務所の定める方針及び手続に従って、監査実施者間又は監査実施の責任者と監査業務に係る審査の担当者等との間の判断の相違を解決しなければならない。

3　監査事務所は、監査実施の責任者と監査業務に係る審査の担当者等との間の判断の相違が解決しない限り、監査報告書を発行してはならない。

四　監査業務に係る審査

1　監査事務所は、監査業務に係る審査に関する方針及び手続を定め、企業の状況等に応じて審査の範囲、担当者、時期等を考慮し、監査手続、監査上の判断及び監査意見の形成について、適切な審査が行われていることを確かめなければならない。

2　監査事務所は、監査業務に係る審査の担当者として、十分な知識、経験、能力及び当該監査業務に対する客観性を有する者を選任しなければならない。

3　監査事務所及び審査の担当者は、監査事務所の定める方針及び手続に従って、監査業務に係る審査の内容及び結論を、監査調書として記録及び保存しなければならない。

第九　品質管理のシステムの監視

1　監査事務所は、品質管理のシステムの監視に関する方針及び手続を定め、それらが遵守されていることを確かめなければならない。当該方針及び手続には、品質管理のシステムに関する日常的監視及び監査業務の定期的な検証が含まれる。

2　監査事務所は、品質管理のシステムの日常的監視及び監査業務の定期的な検証によって発見された不備及びこれに対して改善すべき事項が、品質管理のシステムの整備及び運用に関する責任者、監査実施の責任者等に伝えられ、必要な措置が講じられていることを確かめなければならない。

3　監査実施の責任者は、指摘された不備が監査意見の適切な形成に影響を与えていないこと、及び必要な措置が的確に講じられたかどうかを確かめなければならない。

4　監査事務所は、監査業務に係る監査実施者の不適切な行為、判断並びに意見表明、関連する法令に対する違反及び監査事務所の定める品質管理のシステムへの抵触等に関して、監査事務所内外からもたらされる情報に対処するための方針及び手続を定め、それらが遵守されていることを確かめなければならない。

第十　監査事務所間の引継

1　監査事務所は、後任の監査事務所への引継に関する方針及び手続を定め、それらが遵守されていることを確かめなければならない。なお、財務諸表における重要な虚偽の表示に関わる情報又は状況を把握していた場合には、後任の監査事務所に、それらを伝達しなければならない。

2　監査事務所は、前任の監査事務所からの引継に関する方針及び手続を定め、それらが遵守されていることを確かめなければならない。

第十一　共同監査

監査事務所及び監査実施の責任者は、複数の監査事務所が共同して監査業務を行う場合には、他の監査事務所の品質管理のシステムが、本基準に準拠し、当該監査業務の質を合理的に確保するものであるかどうかを、監査契約の新規の締結及び更新の際、並びに、必要に応じて監査業務の実施の過程において確かめなければならない。

第十二　中間監査への準用

本基準は、中間監査について準用する。

財務報告に係る内部統制基準・実施基準

目　　次

頁

財務報告に係る内部統制の評価及び監査の基準並びに財務報告に係る内部統制の評価及び監査に関する実施基準の設定について（意見書）

（平成19年２月15日
企業会計審議会）

一　審議の背景

(1)　内部統制の充実の必要性

証券市場がその機能を十全に発揮していくためには、投資者に対して企業情報が適正に開示されることが必要不可欠となるが、昨今、有価証券報告書の開示内容など証券取引法上のディスクロージャーをめぐり不適正な事例が発生している。

これらの事例を見ると、ディスクロージャーの信頼性を確保するための企業における内部統制が有効に機能しなかったのではないかといったことがうかがわれ、このような状況を踏まえると、ディスクロージャーの信頼性を確保するため、開示企業における内部統制の充実を図る方策が真剣に検討されるべきであると考えられる。開示企業における内部統制の充実は、個々の開示企業に業務の適正化・効率化等を通じた様々な利益をもたらすと同時に、ディスクロージャーの全体の信頼性、ひいては証券市場に対する内外の信認を高めるものであり、開示企業を含めたすべての市場参加者に多大な利益をもたらすものである。

この点に関しては、米国においても、エンロン事件等をきっかけに企業の内部統制の重要性が認識され、企業改革法（サーベインズ＝オクスリー法）において、証券取引委員会（SEC）登録企業の経営者に財務報告に係る内部統制の有効性を評価した内部統制報告書の作成が義務づけられ、さらに、これについて公認会計士等による監査を受けることとされている。

また、米国以外でも、英国、フランス、韓国等において、同様の制度が導入されている。

我が国では、平成16年３月期決算から、会社代表者による有価証券報告書の記載内容の適正性に関する確認書が任意の制度として導入され、その中で財務報告に係る内部統制システムが有効に機能していたかの確認が求められてきたが、平成18年６月に成立した金融商品取引法により、上場会社を対象に、財務報告に係る内部統制の経営者による評価と公認会計士等による監査が義務づけられ（内部統制報告制度）、平成20年４月１日以後開始する事業年度から適用されることとなった。

(2)　審議の経過

企業会計審議会では、平成17年１月に開催された総会において、財務報告に係る内部統制の有効性に関する経営者による評価の基準及び公認会計士等による検証の基準の策定について審議の開始が決定され、平成17年２月から内部統制部会において審議が進められた。同部会では、諸外国における内部統制の基準等の内容を検討するとともに、我が国会社法制との整合性等にも留意し、国際的にも説明可能で、かつ、我が国の実情にあった実効性のある基準のあり方について、審議を行った。

その上で、内部統制部会は、平成17年７月、財務報告に係る内部統制の評価及び監査の基準のあり方について、公開草案を公表し、これに対して寄せられた意見等を踏まえて、平成17年12月８日、「財務報告に係る内部統制の評価及び監査の基準案」をとりまとめ、公表した。

さらに、基準案のとりまとめに際して、これを実務に適用していく上での実務上の指針（実施基準）の策定を求める意見が多く出されたことから、内部統制部会では、引き続き、実施基準案の検討を行うこととした。同部会では、同部会の下に設置した作業部会における実務的な検討を踏まえて、平成18年11月、実施基準案を公開草案として公表した。

当審議会では、公開草案に寄せられた意見等を踏まえ、更に審議を行い、基準案及び実施基準案の内容を一部修正して、ここに、「財務報告に係る内部統制の評価及び監査の基準並びに財務報告に係る内部統制の評価及び監査に関する実施基準の設定について（意見書）」として公表することとした。

二　基準の構成及び内容等

本意見書で示した基準は、「Ⅰ　内部統制の基本的枠組み」「Ⅱ　財務報告に係る内部統制の評価及び報告」「Ⅲ　財務報告に係る内部統制の監査」の３部から構成されている。「Ⅰ　内部統制の基本的枠組み」は、経営者が整備・運用する役割と責任を有している内部統制それ自体についての定義、概念的な枠組みを示しており、「Ⅱ　財務報告に係る内部統制の評価及び報告」「Ⅲ　財務報告に係る内部統制の監査」はそれぞれ、財務報告に係る内部統制の有効性に関する経営者による評価及び公認会計士等による監査の基準についての考え方を示している。

基準の主な内容は、以下のとおりである。

(1)　内部統制の基本的枠組み

内部統制は、基本的に、企業等の４つの目的（①業務の有効性及び効率性、②財務報告の信頼性、③事業活動に関わる法令等の遵守、④資産の保全）の達成のために企業内のすべての者によって遂行されるプロセスであり、６つの基本的要素（①統制環境、②リスクの評価と対応、③統制活動、④情報と伝達、⑤モニタリング、⑥ITへの対応）から構成される。このうち、財務報告の信頼性を確保するための内部統制を「財務報告に係る内部統制」と定義し、本基準では、この有効性について経営者による評価及び公認会計士等による監査を実施する際の方法及び手続についての考え方を示している。

国際的な内部統制の枠組みとして、米国のCOSO（トレッドウェイ委員会支援組織委員会）の内部統制の基本的枠組みに関する報告書（以下「COSO報告書」という。）などがあるが、本基準においては、国際的な内部統制議論がCOSO報告書をベースとしていることにかんがみ、COSO報告書の枠組みを基本的に踏襲しつつも、我が国の実情を反映し、COSO報告書の３つの目的と５つの構成要素にそれぞれ１つずつ加え、４つの目的と６つの基本的要素としている。

すなわち、内部統制の目的に関して、我が国においては、資産の取得、使用及び処分が正当な手続及び承認のもとに行われることが重要であることから、独立させて１つの目的として明示した。また、内部統制の基本的要素に関しても、COSO報告書公表後のIT環境の飛躍的進展により、ITが組織に浸透した現状に即して「ITへの対応」を基本的要素の１つに加えている。なお、COSO報告書の構成要素という用語を基本的要素としているのは、これらの要素は例示であることを明確にしたものである。

上記の内部統制の４つの目的は相互に関連を有しており、企業等は、内部統制を整備・運用することにより、４つの目的を達成していくことになる。財務報告の信頼性との関係からみると、経営者は、自社のすべての活動及び社内のすべての従業員等の行動を把握することは困難であり、それに代わって、経営者は、企業内に有効な内部統制のシステムを整備・運用することにより、財務報告における記載内容の適正性を担保することとなる。また、内部統制システムの整備・運用を通じて財務報告の信頼性を確保していくことは、業務の有効性及び効率性の確保による情報処理コストの削減、さらには、市場における資金調達機会の拡大や資金調達コストの削減等を通じて一定のメリットを企業等にもたらすこととなる。

経営者には、内部統制の基本的要素が組み込まれたプロセスを構築し、それを適切に機能させていくことが求められている。このため、単に内部統制を整備するだけでなく、それを意図していたように機能させていくことが重要となる。

なお、具体的に内部統制をどのように整備し、運用するかは、個々の企業等が置かれた環境や事業の特性、規模等によって異なるものであり、一律に示すことは適切でない。経営者には、それぞれの企業の状況等に応じて、内部統制の機能と役割が効果的に達成されるよう、自ら適切に工夫を行っていくことが期待される。

(2) 財務報告に係る内部統制の評価及び報告

経営者は、内部統制を整備・運用する役割と責任を有しており、財務報告に係る内部統制については、その有効性を自ら評価しその結果を外部に向けて報告することが求められる。

この評価は、財務報告の信頼性に及ぼす影響の重要性の観点から必要な範囲において行うものであり、この評価範囲は、財務報告に対する金額的及び質的影響の重要性を考慮して、合理的に決定することとした。これにより、例えば、重要性の乏しい勘定科目又は重要性の乏しい子会社若しくは関連会社などは評価の対象とする必要はない。

経営者が、内部統制の有効性を評価するに当たっては、まず、連結ベースでの財務報告全体に重要な影響を及ぼす内部統制（以下「全社的な内部統制」という。）について評価を行い、その結果を踏まえて、業務プロセスに係る内部統制について評価することとしている。これは、適切な統制が全社的に機能しているかどうかについて、まず心証を得た上で、それに基づき、財務報告に係る重大な虚偽記載につながるリスクに着眼して業務プロセスに係る内部統制を評価していくという、トップダウン型のリスク重視のアプローチを採用するものである。

経営者は、「内部統制報告書」を作成し、財務報告に係る内部統制の有効性の評価結果等を記載することとした。

(3) 財務報告に係る内部統制の監査

経営者による財務報告に係る内部統制の有効性の評価は、その評価結果が適正であるかどうかについて、当該企業等の財務諸表の監査を行っている公認会計士等（以下「監査人」という。）が監査することによって担保される。

内部統制監査と財務諸表監査が一体となって行われることにより、同一の監査証拠を双方で利用するなど効果的でかつ効率的な監査が実施されるよう、内部統制監査は、当該企業の財務諸表監査に係る監査人と同一の監査人（監査事務所のみならず、業務執行社員も同一であることを求めている。）が実施することとした。

監査人は、企業の置かれた環境等を踏まえ、経営者による内部統制の整備並びに運用状況及び評価の状況を十分に理解し、監査上の重要性を勘案して監査計画を策定する。また、監査人は、経営者による内部統制の評価の結果を監査することから、まず、経営者により決定された評価範囲の妥当性を検討し、次いで、経営者が評価を行った全社的な評価及び全社的な評価に基づく業務プロセスに係る内部統制の評価について検討する。

監査人は、経営者による財務報告に係る内部統制の有効性の評価に対する意見等を「内部統制監査報告書」として作成し報告するが、同報告書は、原則として、財務諸表監査における監査報告書と合わせて記載することとした。

(4) 公認会計士等による検証の水準とコスト負担の考慮

内部統制に係る監査人による検証は、信頼し得る財務諸表作成の前提であると同時に、効果的かつ効率的な財務諸表監査の実施を支える経営者による内部統制の有効性の評価について検証を行うものである。また、この検証は、財務諸表監査の深度ある効率的実施を担保するためにも財務諸表の監査と一体となって行われるが、同一の監査人が、財務諸表監査と異なる水準の保証を得るために異なる手続や証拠の収集等を行うことは適当でないのみならず、同一の監査証拠を利用する際にも、保証の水準の違いから異なる判断が導き出されることは、かえって両者の監査手続を煩雑なものとすることになる。これらのことから、内部統制の有効性の評価についての検証は、「監査」の水準とすることとした。

ただし、具体的な「監査」手続等の内容を検討するに当たっては、監査人のみならず、財務諸表作成者その他の関係者にとって過度の負担にならないように留意する必要がある。このため、経営者による評価及び監査人による監査の基準の策定に当たっては、評価・監査に係るコスト負担が過大なものとならないよう、先行して制度が導入された米国における運用の状況等も検証し、具体的に以下の方策を講ずることとした。

①　トップダウン型のリスク・アプローチの活用

経営者は、内部統制の有効性の評価に当たって、まず、連結ベースでの全社的な内部統制の評価を行い、その結果を踏まえて、財務報告に係る重大な虚偽記載につながるリスクに着眼して、必要な範囲で業務プロセスに係る内部統制を評価することとした。

②　内部統制の不備の区分

本基準では、内部統制の不備を、財務報告に与える影響に応じ「重要な欠陥」と「不備」との２つに区分することとした。米国では不備を「重要な欠陥」「重大な不備」「軽微な不備」の３つに区分していることから、財務報告への影響等についての評価手続がより複雑なものになっているとの指摘がある。

③　ダイレクト・レポーティングの不採用

監査人は、経営者が実施した内部統制の評価について監査を実施し、米国で併用されているダイレクト・レポーティング（直接報告業務）は採用しないこととした。この結果、監査人は、経営者の評価結果を監査するための監査手続の実施と監査証拠等の入手を行うこととなる。

④　内部統制監査と財務諸表監査の一体的実施

内部統制監査は、財務諸表監査と同一の監査人が実施することとした。これにより、内部統制監査で得られた監査証拠及び財務諸表監査で得られた監査証拠は、双方で利用することが可能となり、効果的かつ効率的な監査の実施が期待できる。

⑤　内部統制監査報告書と財務諸表監査報告書の一体的作成

内部統制監査報告書については、財務諸表監査報告書と合わせて記載することを原則とした。

⑥　監査人と監査役・内部監査人との連携

監査人は、監査役などの監視部門と適切に連携し、必要に応じ、内部監査人の業務等を適切に利用できることとした。

なお、監査役等は、独立した立場で経営者の職務の執行について業務監査の責務を担っていることから、企業等の内部統制に係る監査を業務監査として行うとともに、大会社等においては、監査役等が会計監査人が計算書類について実施した会計監査の方法と結果の相当性を評価することとされている。一方、本基準で示す内部統制の監査において、監査人は、監査役が行った業務監査の中身自体を検討するものではないが、財務報告に係る全社的な内部統制の評価の妥当性を検討するに当たり、監査役等の活動を含めた経営レベルの内部統制の整備及び運用状況を統制環境等の一部として考慮することとなる。

三　実施基準の内容等

既述したとおり、本来、内部統制の構築の手法等については、それぞれの企業の状況等に応じて、各企業等が自ら適切に工夫して整備していくべきものと考えられるが、それだけでは実務上の対応が困難であるとの意見が多く出されたことから、実施基準においては、各企業等の創意工夫を尊重するとの基本的な考え方を維持しつつ、財務報告に係る内部統制の構築・評価・監査について、できるだけ具体的な指針を示すこととした。

なお、実施基準では、企業等を取り巻く環境や事業の特性、規模等に応じて、内部統制を整備し、運用することが求められており、内部統制の構築・評価・監査に当たって、例えば、事業規模が小規模で、比較的簡素な組織構造を有している企業等の場合に、職務分掌に代わる代替的な統制や企業外部の専門家の利用等の可能性を含め、その特性等に応じた工夫が行われるべきことは言うまでもない。

実施基準の主な内容は、以下のとおりである。

(1) 内部統制の基本的枠組み

実施基準においては、基準に示された内部統制の4つの目的と6つの基本的要素のそれぞれについて、詳細な説明を加えている。また、内部統制の基本的な枠組みを踏まえて、内部統制報告制度の導入に向けた準備を進める企業等の参考に資するよう、財務報告に係る内部統制構築の要点を示すとともに、一般的な手続としての財務報告に係る内部統制構築のプロセスを例示した。

(2) 財務報告に係る内部統制の評価及び報告

① 全社的な内部統制の評価項目

実施基準においては、全社的な内部統制の評価に関して具体的な評価項目を例示し、各企業等が適宜活用できることとした。

② 業務プロセスに係る内部統制の評価範囲

業務プロセスに係る内部統制の評価に関しては、既述したトップダウン型のリスク・アプローチの考え方に基づく評価が適切に行われるよう、評価範囲の決定について、絞り込みの方法を具体的に示している。例えば、売上高等の指標を用いて、金額の高い拠点から合算し、全体の概ね3分の2程度に達するまでの拠点を重要な拠点として選定することとした。一般的な事業会社の場合、これらの重要な事業拠点における3つの勘定科目（売上、売掛金及び棚卸資産）に至る業務プロセスは、原則として評価対象となる。その上で、財務報告への影響を勘案して、重要性の大きい業務プロセスが他にある場合には、これらを個別に評価対象として追加することで適切な評価範囲を決定することとした。

③ 監査人との協議

監査人が、経営者の決定した評価範囲の妥当性を検討した結果、それが適切でないと判断した場合、経営者が新たな評価範囲について、業務プロセスに係る内部統制の有効性を評価し直すことは、時間的な制約等から困難となることが想定される。このため、実施基準では、評価範囲について、経営者が評価範囲を決定した時点で、必要に応じて監査人と事前に協議しておくことが適切であるとした。

④ 重要な欠陥の判断指針

内部統制の不備のうち、重要な欠陥については、内部統制報告書において開示する必要があるが、内部統制の不備が重要な欠陥に該当するかどうかを判断する際には、不備の金額的重要性及び質的重要性を勘案して判断することとし、金額的重要性について、その判断基準を具体的に例示した。

⑤ 評価手続等の記録及び保存

内部統制の評価に係る記録の形式、方法等について、企業の作成・使用している記録等を適宜、利用し、必要に応じそれに補足を行っていくことで足りることを明示した。

(3) 財務報告に係る内部統制の監査

既述のとおり内部統制監査は、原則として、財務諸表監査と同一の監査人が実施することとされており、実施基準では、内部統制監査に係る監査計画について、財務諸表監査に係る監査計画と一体的に策定するとともに、それぞれの監査で得られた監査証拠は相互に利用可能であることを明示した。

四　適用時期

本基準及び実施基準は、金融商品取引法により導入される内部統制報告制度の適用時期と合わせ、平成20年4月1日以後開始する事業年度における財務報告に係る内部統制の評価及び監査から適用する。

財務報告に係る内部統制の評価及び監査の基準並びに財務報告に係る内部統制の評価及び監査に関する実施基準の改訂について（意見書）

（平成23年３月30日
企業会計審議会）

一　経　緯

(1)　審議の背景

平成18年６月に成立した金融商品取引法により、上場会社を対象に財務報告に係る内部統制の経営者による評価と公認会計士等による監査が義務づけられ（内部統制報告制度）、平成20年４月１日以後開始する事業年度から適用されている。

同制度においては、財務諸表作成者、監査人その他の関係者にとって過度のコスト負担をかけることなく内部統制を整備することを目指している。平成19年２月に当審議会が公表した「財務報告に係る内部統制の評価及び監査の基準並びに財務報告に係る内部統制の評価及び監査に関する実施基準の設定について（意見書）」（以下「内部統制の基準・実施基準」という。）においても、評価・監査に係るコスト負担が過大なものとならないよう、先行して制度が導入された米国における運用の状況等も検証し、トップ・ダウン型のリスク・アプローチの活用やダイレクト・レポーティング（直接報告業務）の不採用などの方策を講じたところである。また、内部統制の基準・実施基準の公表後も、効率的かつ効果的な制度となるよう「内部統制報告制度に関するＱ＆Ａ」の累次における公表（金融庁）や関係機関に内部統制報告制度相談・照会窓口を設置するなどの対応が図られてきたところである。

そうした一方で、制度導入後２年が経過し、実際に制度を実施した上場企業等からは、その経験を踏まえ、内部統制の基準・実施基準等の更なる簡素化・明確化等を求める内部統制報告制度に関する要望・意見が金融庁等に寄せられたところである。特に、中堅・中小上場企業からは、資源の制約等がある中で内部統制報告制度への対応を行っているため、内部統制の評価手続に関する基準等について、中堅・中小上場企業の実態に即した簡素化・明確化等を求める要望等が多く寄せられた。

また、平成20年３月に公表した内部統制報告制度の円滑な実施に向けた対応においては、「制度導入後、適時にレビューを行い、その結果を踏まえて、必要に応じ、内部統制の評価・監査の基準・実施基準の見直しや更なる明確化等を検討」することとされていた。

さらに、平成22年６月に閣議決定された「新成長戦略」においても、中堅・中小企業に係る内部統制報告制度等の見直しが、具体的な実施事項として記載されたところである。

こうしたことから、当審議会が策定した内部統制の基準・実施基準の更なる簡素化・明確化等の検討を行い、内部統制報告制度の運用の見直しを図ることとした。

(2)　審議の経緯

企業会計審議会では、平成22年５月から内部統制部会において、内部統制報告制度の運用の見直しを図るため、内部統制の基準・実施基準の更なる簡素化・明確化等の審議・検討を開始した。同部会では、実際に制度を実施した上場企業等からの内部統制報告制度に関する要望・意見等を分析するとともに、諸外国における内部統制監査の実態など検討を行った。加えて、様々な工夫を行ったことにより、内部統制の有効性を保ちつつも、効率的に内部統制の評価等を行っている事例等を検証した。

内部統制部会では、平成22年12月、財務報告に係る内部統制の基準・実施基準の改訂案をとりまとめ、公表した。当審議会では、公開草案に寄せられた意見等を踏まえ、更に審議を行い、基準・実施基準案の内容を一部修正して、「財務報告に係る内部統制の評価及び監査の基準並びに財務報告に係る内部統制の評価及び監査に関する実施基準の改訂について（意見書）」として公表することとした。

二 主な改訂点等とその考え方

(1) 企業の創意工夫を活かした監査人の対応の確保

金融商品取引法上の内部統制報告制度は、上場企業の財務報告に係る内部統制を強化し、もってディスクロージャーの信頼性を確保することを目的としている。具体的に内部統制をどのように整備し、運用するかは、個々の企業等が置かれた環境や事業の特性、規模等によって異なるものであり、一律に示すことは適切ではなく、経営者には、それぞれの企業の状況等に応じて、内部統制の機能と役割が効果的に達成されるよう、自ら適切に創意工夫を行っていくことが期待されている。

しかしながら、実態としては、監査人に企業独自の内部統制の手法を尊重してもらえない、といった意見が企業側から寄せられたところである。こうしたことから、「監査人は、内部統制の基準・実施基準等の内容や趣旨を踏まえ、経営者による会社の状況等を考慮した内部統制の評価の方法等を適切に理解・尊重した上で内部統制監査を実施する必要があり、各監査人の定めている監査の手続や手法と異なることをもって、経営者に対し、画一的にその手法等を強制することのないよう留意する」ことを実施基準上、明記した。

一方で、事業規模が小規模で、比較的簡素な組織構造を有している組織等の場合には、当該組織等の内部統制の構築や評価における経営資源配分上の制約から、監査人に対して効率的な内部統制対応に係る相談等を行うことがある。こうした際に、独立性の観点から、監査人の立場として経営者からの相談等に応じていない場合が見受けられる。このような相談等に対しては、監査人として適切な指摘を行うなどいわゆる指導的機能の適切な発揮に留意することとした。ただし、これは内部統制の有効性を保つためのものであり、企業に過度の負担を求めるものではない。

また、内部統制監査と財務諸表監査の一層の一体的実施を通じた効率化を図る観点から、監査人は、経営者による内部統制の整備並びに運用状況及び評価の状況を十分理解し、監査上の重要性を勘案しつつ、内部統制監査と財務諸表監査が一体となって効果的かつ効率的に実施する必要があることに留意するとした。

(2) 内部統制の効率的な運用手法を確立するための見直し

① 企業において可能となる簡素化・明確化

イ．全社的な内部統制の評価範囲の明確化

評価対象外とできる「財務報告に対する影響の重要性が僅少である事業拠点」について、売上高で全体の95%に入らないような連結子会社を例示するなど明確化した。

ロ．全社的な内部統制の評価方法の簡素化

全社的な内部統制の評価項目（財務報告の信頼性に特に重要な影響を及ぼす評価項目を除く。）のうち、前年度の評価結果が有効であり、かつ、前年度の整備状況に重要な変更がない項目については、前年度の運用状況の評価結果を継続して利用することが可能であることを明確化した。

ハ．業務プロセスに係る内部統制の整備及び運用状況の評価範囲の更なる絞り込み

前年度の評価範囲に入っていた重要な事業拠点のうち、前年度の評価結果が有効であり、整備状況に重要な変更がない等の場合、当該事業拠点を本年度の評価対象としないことができることとした。この場合には、結果として、売上高等の概ね３分の２を相当程度下回る場合があり得ることを規定した。

評価範囲となった重要な事業拠点のうち、事業目的に大きく関わる勘定科目に至る業務プロセスで、評価対象外とできる影響の重要性が僅少である業務プロセスを明確化した。

ニ．業務プロセスに係る内部統制の評価手続の簡素化・明確化

全社的な内部統制の前年度の評価結果が有効である場合には、財務報告の信頼性に特に重要な影響を及ぼすものを除き、整備状況に重要な変更がないときには、運用状況についても前年度の評価結果を継続利用することが可能であることを明確化した。

なお、現行の実施基準では、経営者の決定した評価範囲が適切でないと監査人が判断した場合に、監査人は評価対象の見直しなど追加的な作業を必ず求めるとの理解が一般になされていた。監査人は、財務報告に対する影響の程度等に応じ、追加的な対応を求めるものであり、監査人は経営者に対し、追加的な対応を常に求めるものではないということを明確化した。

ホ．サンプリングの合理化・簡素化

経営者が行ったサンプリングのサンプルを監査人が自らのサンプルとして利用できる範囲を拡大するとともに、経営者による評価結果についても利用できることを明確化した。

へ．持分法適用となる関連会社に係る評価・監査方法の明確化

持分法適用となる関連会社については、他の支配株主の存在等によって、子会社と同様の評価が行えないことが考えられるところであり、そうした場合には、全社的な内部統制を中心として、当該関連会社への質問書の送付、聞き取りあるいは当該関連会社で作成している報告等の閲覧等適切な方法により行う必要があるとされてきたところである。ただし、特に、海外の関連会社等のうちには、そうした方法すら取ることが困難との指摘もあることから、特段の事情がある場合には、当該関連会社等に対する投資損益の把握などの管理プロセスを確認することも適切な方法に含まれることを明確化した。

② 「重要な欠陥」（改訂後は「開示すべき重要な不備」。以下同じ）判断基準等の明確化

イ．「重要な欠陥」の判断基準の明確化

金額的重要性について、過去の一定期間の平均値等の使用や特殊要因の除外等があり得ることを明確化した。

ロ．M＆A等により、新たにグループ会社に加わった会社等に対する内部統制の評価・監査の方法等の明確化

他企業を買収又は合併したこと、災害が発生したこと等の事由が生じたことにより、通常要する期間内に評価手続を実施できない場合など「やむを得ない事情」がある場合には、内部統制報告書にその旨を記載した上で、評価範囲から外すことができることになっているが、現状では、そうした事由が期末日直前に発生したときとされている。今回の改訂においては、「やむを得ない事情」の生じた時期として「下期」を例示するとともに、合理性が認められる場合には、「下期」に限られないとした。

③ 中堅・中小上場企業に対する簡素化・明確化

イ．業務プロセスの評価手続の合理化

事業規模が小規模で、比較的簡素な構造を有している組織等の内部統制の運用状況の評価においては、特に、それぞれの組織の状況等に応じ、評価方法を工夫して効率的に実施できることとし、具体的には、一律に、通期あるいは組織内の各階層（例えば、部長レベル、担当レベル等）において必ず評価が求められるものではないことを明確化した。

ロ．代替手続の容認

事業規模が小規模で、比較的簡素な構造を有している組織等においては、経営者が直接行ったモニタリングの結果や監査役が直接行った棚卸の立会の結果などを内部統制監査において利用可能であることを明確化した。

ハ．評価手続等に係る記録及び保存の簡素化・明確化

事業規模が小規模で、比較的簡素な構造を有している組織等においては、様々な記録の形式・方法をとりうるとし、利用できる社内作成書類（当該会社の経営者からの社内への通達、後任者への伝達文書、受注の際の作成文書等）を例示するとともに、監査人も当該記録が利用可能であることを明確化した。

(3) 「重要な欠陥」の用語の見直し

「重要な欠陥」とは、財務報告に重要な影響を及ぼす可能性が高い内部統制の不備をいうとされている。したがって、内部統制に「重要な欠陥」

が存在する場合には、それが財務報告に重要な影響を及ぼす可能性があるということであり、直ちに当該企業の有価証券報告書に記載された財務報告が適正でないことを意味するわけではない。また、期末日において「重要な欠陥」が存在する場合には、経営者は内部統制報告書において、その内容及びそれが是正されない理由を記載することとされているが、これは、投資者等に対して、有価証券報告書に記載された財務報告の内容を利用する際に留意すべき事項として、財務報告に係る内部統制について「今後改善を要する重要な課題」があることを開示することに意義がある。

この「重要な欠陥」の用語については、制度上、基準上の用語として既に定着しているとの指摘もある一方で、企業自体に「欠陥」があるとの誤解を招くおそれがあるとの指摘があり、「開示すべき重要な不備」と見直すこととした。ただし、そうした経緯から用語を置き換えたものであり、用語の定義や「開示すべき重要な不備」の判断基準は変わらないこと、財務諸表監査において使用されている「重要な不備」とは異なること等に留意が必要である。

(4) 効率的な内部統制報告実務に向けての事例の作成

内部統制報告制度において、内部統制の構築・評価・監査に当たっては、企業の状況等に応じた工夫を行い、内部統制の有効性は保ちつつも、当該企業の実態にあった、効率的な内部統制が整備・運用されることを目指している。

事業規模が小規模で、比較的簡素な組織構造を有している組織等の場合には、当該組織等の内部統制の構築や評価における経営資源配分上の制約から、必ずしも効率的な内部統制報告実務を行えない場合が想定される。したがって、関係者において、制度導入後２年間にわたり、基準・実施基準に基づいて内部統制報告制度が実施されてきた中で、事業規模が小規模で、比較的簡素な構造を有している組織等が、資源の制約等がある中で、様々な工夫を行ったことにより、内部統制の有効性を保ちつつも、効率的に内部統制の評価等を行っている事例を集め、実務の参考に供することが適当である。

なお、当該事例は、基本的には、事業規模が小規模で、比較的簡素な構造を有している組織等における事例であるが、事業規模が小規模でない場合であっても比較的簡素な構造を有している組織等においても参考にできるものとすることが望まれる。

三　適用時期等

1　改訂基準及び改訂実施基準は、平成23年４月１日以後開始する事業年度における財務報告に係る内部統制の評価及び監査から適用する。なお、改訂基準及び改訂実施基準を適用するに当たり、関係法令等において、基準・実施基準の改訂に伴う所要の整備を行うことが適当である。

2　改訂基準及び改訂実施基準を実務に適用するに当たって必要となる内部統制監査の実務の指針については、日本公認会計士協会において、関係者とも協議の上、適切な手続の下で、早急に作成されることが要請される。

財務報告に係る内部統制の評価及び監査の基準並びに財務報告に係る内部統制の評価及び監査に関する実施基準の改訂について

（令和元(2019)年12月６日
企業会計審議会）

一　経　緯

近時、我が国では、不正会計事案を契機として、改めて財務諸表監査の信頼性が問われている状況にあり、その信頼性を確保するための取組みの一つとして、財務諸表利用者に対する監査に関する情報提供を充実させる必要性が指摘されている。

当審議会は、財務諸表監査における監査報告書の「監査上の主要な検討事項」の記載に加え、国際的な監査基準で、監査報告書の記載内容の明瞭化や充実を図ることを目的とした改訂が行われていることを踏まえ、財務諸表監査における監査報告書の記載区分等に関する事項について審議を行い、「監査基準の改訂に関する意見書」を平成30(2018) 年7月5日に公表した。

財務諸表監査における監査報告書の記載区分等が改訂されたことに伴い、原則として、合わせて記載するものとされている内部統制監査報告書についても改訂する必要があることから、令和元(2019) 年9月、企業会計審議会において公開草案を公表し、広く各界の意見を求め、寄せられた意見を参考としつつ、これを「財務報告に係る内部統制の評価及び監査の基準並びに財務報告に係る内部統制の評価及び監査に関する実施基準の改訂について (意見書)」として公表することとした。

二　主な改訂点とその考え方

内部統制監査報告書の記載区分等

現行の我が国の財務報告に係る内部統制の評価及び監査の基準では、内部統制監査報告書には、内部統制監査の対象、経営者の責任、監査人の責任、監査人の意見を区分した上で記載することが求められている。

この点に関して、以下の通り改訂を行うこととする。

・監査人の意見を内部統制監査報告書の冒頭に記載することとし、記載順序を変更するとともに、新たに意見の根拠区分を設ける

・経営者の責任を経営者及び監査役等（監査役、監査役会、監査等委員会又は監査委員会をいう。）の責任に変更し、監査役等の財務報告に係る内部統制に関する責任を記載する

三　実施時期等

1　改訂基準及び改訂実施基準は、令和2 (2020) 年3月31日以後終了する事業年度における財務報告に係る内部統制の評価及び監査から適用する。なお、改訂基準及び改訂実施基準を適用するに当たり、関係法令等において基準及び実施基準の改訂に伴う所要の整備を行うことが適当である。

2　改訂基準及び改訂実施基準を実務に適用するに当たって必要となる内部統制監査の実務の指針については、日本公認会計士協会において、関係者とも協議の上、適切な手続の下で、早急に作成されることが要請される。

財務報告に係る内部統制の評価及び監査の基準

平成19年2月15日
改訂平成23年3月30日
改訂令和元(2019)年12月6日

目　次

I　内部統制の基本的枠組み

本枠組みは、経営者による財務報告に係る内部統制の評価及び報告の基準と監査人による財務報告に係る内部統制の監査の基準の前提となる内部統制の概念的な枠組みを示すものである。

(注)　本基準において、経営者とは、代表取締役、

代表執行役などの執行機関の代表者を念頭に規定している。

1．内部統制の定義

内部統制とは、基本的に、業務の有効性及び効率性、財務報告の信頼性、事業活動に関わる法令等の遵守並びに資産の保全の４つの目的が達成されているとの合理的な保証を得るために、業務に組み込まれ、組織内の全ての者によって遂行されるプロセスをいい、統制環境、リスクの評価と対応、統制活動、情報と伝達、モニタリング（監視活動）及びIT（情報技術）への対応の６つの基本的要素から構成される。

○　業務の有効性及び効率性とは、事業活動の目的の達成のため、業務の有効性及び効率性を高めることをいう。

○　財務報告の信頼性とは、財務諸表及び財務諸表に重要な影響を及ぼす可能性のある情報の信頼性を確保することをいう。

○　事業活動に関わる法令等の遵守とは、事業活動に関わる法令その他の規範の遵守を促進することをいう。

○　資産の保全とは、資産の取得、使用及び処分が正当な手続及び承認の下に行われるよう、資産の保全を図ることをいう。

(注)　内部統制の目的はそれぞれに独立しているが、相互に関連している。

内部統制の目的を達成するため、経営者は、内部統制の基本的要素が組み込まれたプロセスを整備し、そのプロセスを適切に運用していく必要がある。それぞれの目的を達成するには、全ての基本的要素が有効に機能していることが必要であり、それぞれの基本的要素は、内部統制の目的の全てに必要になるという関係にある。

内部統制は、社内規程等に示されることにより具体化されて、組織内の全ての者がそれぞれの立場で理解し遂行することになる。また、内部統制の整備及び運用状況は、適切に記録及び保存される必要がある。

なお、具体的に内部統制をどのように整備し、運用するかについては、個々の組織が置かれた環境や事業の特性等によって異なるものであり、一律に示すことはできないが、経営者をはじめとする組織内の全ての者が、ここに示した内部統制の機能と役割を効果的に達成し得るよう工夫していくべきものである。

2．内部統制の基本的要素

内部統制の基本的要素とは、内部統制の目的を達成するために必要とされる内部統制の構成部分をいい、内部統制の有効性の判断の規準となる。

(1)　統制環境

統制環境とは、組織の気風を決定し、組織内の全ての者の統制に対する意識に影響を与えるとともに、他の基本的要素の基礎をなし、リスクの評価と対応、統制活動、情報と伝達、モニタリング及びITへの対応に影響を及ぼす基盤をいう。

統制環境としては、例えば、次の事項が挙げられる。

①　誠実性及び倫理観
②　経営者の意向及び姿勢
③　経営方針及び経営戦略
④　取締役会及び監査役、監査役会、監査等委員会又は監査委員会（以下「監査役等」という。）の有する機能
⑤　組織構造及び慣行
⑥　権限及び職責
⑦　人的資源に対する方針と管理

(注)　財務報告の信頼性に関しては、例えば、利益計上など財務報告に対する姿勢がどのようになっているか、また、取締役会及び監査役等が財務報告プロセスの合理性や内部統制システムの有効性に関して適切な監視を行っているか、さらに、財務報告プロセスや内部統制システムに関する組織的、人的構成がどのようになっているかが挙げられる。

(2)　リスクの評価と対応

リスクの評価と対応とは、組織目標の達成に影響を与える事象について、組織目標の達成を阻害する要因をリスクとして識別、分析及び評

価し、当該リスクへの適切な対応を行う一連のプロセスをいう。

① **リスクの評価**

リスクの評価とは、組織目標の達成に影響を与える事象について、組織目標の達成を阻害する要因をリスクとして識別、分析及び評価するプロセスをいう。

リスクの評価に当たっては、組織の内外で発生するリスクを、組織全体の目標に関わる全社的なリスクと組織の職能や活動単位の目標に関わる業務別のリスクに分類し、その性質に応じて、識別されたリスクの大きさ、発生可能性、頻度等を分析し、当該目標への影響を評価する。

② **リスクへの対応**

リスクへの対応とは、リスクの評価を受けて、当該リスクへの適切な対応を選択するプロセスをいう。

リスクへの対応に当たっては、評価されたリスクについて、その回避、低減、移転又は受容等、適切な対応を選択する。

(注)　財務報告の信頼性に関しては、例えば、新製品の開発、新規事業の立ち上げ、主力製品の製造販売等に伴って生ずるリスクは、組織目標の達成を阻害するリスクのうち、基本的には、業務の有効性及び効率性に関連するものではあるが、会計上の見積り及び予測等、結果として、財務報告上の数値に直接的な影響を及ぼす場合が多い。したがって、これらのリスクが財務報告の信頼性に及ぼす影響等を適切に識別、分析及び評価し、必要な対応を選択していくことが重要になる。

(3)　統制活動

統制活動とは、経営者の命令及び指示が適切に実行されることを確保するために定める方針及び手続をいう。

統制活動には、権限及び職責の付与、職務の分掌等の広範な方針及び手続が含まれる。このような方針及び手続は、業務のプロセスに組み込まれるべきものであり、組織内の全ての者において遂行されることにより機能するものである。

(注)　財務報告の信頼性に関しては、財務報告の内容に影響を及ぼす可能性のある方針及び手続が、経営者の意向どおりに実行されていることを確保すべく、例えば、明確な職務の分掌、内部牽制、並びに継続記録の維持及び適時の実地検査等の物理的な資産管理の活動等を整備し、これを組織内の各レベルで適切に分析及び監視していくことが重要になる。

(4)　情報と伝達

情報と伝達とは、必要な情報が識別、把握及び処理され、組織内外及び関係者相互に正しく伝えられることを確保することをいう。組織内の全ての者が各々の職務の遂行に必要とする情報は、適時かつ適切に、識別、把握、処理及び伝達されなければならない。また、必要な情報が伝達されるだけでなく、それが受け手に正しく理解され、その情報を必要とする組織内の全ての者に共有されることが重要である。

一般に、情報の識別、把握、処理及び伝達は、人的及び機械化された情報システムを通して行われる。

① **情　報**

組織内の全ての者は、組織目標を達成するため及び内部統制の目的を達成するため、適時かつ適切に各々の職務の遂行に必要な情報を識別し、情報の内容及び信頼性を十分に把握し、利用可能な形式に整えて処理することが求められる。

② **伝　達**

イ．内部伝達

組織目標を達成するため及び内部統制の目的を達成するため、必要な情報が適時に組織内の適切な者に伝達される必要がある。経営者は、組織内における情報システムを通して、経営方針等を組織内の全ての者に伝達するとともに、重要な情報が、特に、組織の上層部に適時かつ適切に伝達される手段を確保する必要がある。

ロ．外部伝達

法令による財務情報の開示等を含め、情

報は組織の内部だけでなく、組織の外部に対しても適時かつ適切に伝達される必要がある。また、顧客など、組織の外部から重要な情報が提供されることがあるため、組織は外部からの情報を適時かつ適切に識別、把握及び処理するプロセスを整備する必要がある。

(注) 財務報告の信頼性に関しては、例えば、情報について、財務報告の中核をなす会計情報につき、経済活動を適切に、認識、測定し、会計処理するための一連の会計システムを構築することであり、また、伝達について、かかる会計情報を適時かつ適切に、組織内外の関係者に報告するシステムを確保することが挙げられる。

(5) モニタリング

モニタリングとは、内部統制が有効に機能していることを継続的に評価するプロセスをいう。モニタリングにより、内部統制は常に監視、評価及び是正されることになる。モニタリングには、業務に組み込まれて行われる日常的モニタリング及び業務から独立した視点から実施される独立的評価がある。両者は個別に又は組み合わせて行われる場合がある。

① **日常的モニタリング**

日常的モニタリングは、内部統制の有効性を監視するために、経営管理や業務改善等の通常の業務に組み込まれて行われる活動をいう。

② **独立的評価**

独立的評価は、日常的モニタリングとは別個に、通常の業務から独立した視点で、定期的又は随時に行われる内部統制の評価であり、経営者、取締役会、監査役等、内部監査等を通じて実施されるものである。

③ **評価プロセス**

内部統制を評価することは、それ自体一つのプロセスである。内部統制を評価する者は、組織の活動及び評価の対象となる内部統制の各基本的要素を予め十分に理解する必要がある。

④ **内部統制上の問題についての報告**

日常的モニタリング及び独立的評価により明らかになった内部統制上の問題に適切に対処するため、当該問題の程度に応じて組織内の適切な者に情報を報告する仕組みを整備することが必要である。この仕組みには、経営者、取締役会、監査役等に対する報告の手続が含まれる。

(注) 財務報告の信頼性に関しては、例えば、日常的モニタリングとして、各業務部門において帳簿記録と実際の製造・在庫ないし販売数量等との照合を行うことや、定期的に実施される棚卸手続において在庫の残高の正確性及び網羅性を関連業務担当者が監視することなどが挙げられる。また、独立的評価としては、企業内での監視機関である内部監査部門及び監査役等が、財務報告の一部ないし全体の信頼性を検証するために行う会計監査などが挙げられる。

(6) ITへの対応

ITへの対応とは、組織目標を達成するために予め適切な方針及び手続を定め、それを踏まえて、業務の実施において組織の内外のITに対し適切に対応することをいう。

ITへの対応は、内部統制の他の基本的要素と必ずしも独立に存在するものではないが、組織の業務内容がITに大きく依存している場合や組織の情報システムがITを高度に取り入れている場合等には、内部統制の目的を達成するために不可欠の要素として、内部統制の有効性に係る判断の規準となる。

ITへの対応は、IT環境への対応とITの利用及び統制からなる。

① **IT環境への対応**

IT環境とは、組織が活動する上で必然的に関わる内外のITの利用状況のことであり、社会及び市場におけるITの浸透度、組織が行う取引等におけるITの利用状況、及び組織が選択的に依拠している一連の情報システムの状況等をいう。IT環境に対しては、組織目標を達成するために、組織の管理が及ぶ範囲において予め適切な方針と手続を定め、それを踏まえた適切な対応を行う必要がある。

IT 環境への対応は、単に統制環境のみに関連づけられるものではなく、個々の業務プロセスの段階において、内部統制の他の基本的要素と一体となって評価される。

② **ITの利用及び統制**

ITの利用及び統制とは、組織内において、内部統制の他の基本的要素の有効性を確保するためにITを有効かつ効率的に利用すること、並びに組織内において業務に体系的に組み込まれてさまざまな形で利用されているITに対して、組織目標を達成するために、予め適切な方針及び手続を定め、内部統制の他の基本的要素をより有効に機能させることをいう。

ITの利用及び統制は、内部統制の他の基本的要素と密接不可分の関係を有しており、これらと一体となって評価される。また、ITの利用及び統制は、導入されているITの利便性とともにその脆弱性及び業務に与える影響の重要性等を十分に勘案した上で、評価されることになる。

（注） 財務報告の信頼性に関しては、ITを度外視しては考えることのできない今日の企業環境を前提に、財務報告プロセスに重要な影響を及ぼすIT環境への対応及び財務報告プロセス自体に組み込まれたITの利用及び統制を適切に考慮し、財務報告の信頼性を担保するために必要な内部統制の基本的要素を整備することが必要になる。例えば、統制活動について見ると、企業内全体にわたる情報処理システムが財務報告に係るデータを適切に収集し処理するプロセスとなっていることを確保すること、あるいは、各業務領域において利用されるコンピュータ等のデータが適切に収集、処理され、財務報告に反映されるプロセスとなっていることを確保すること等が挙げられる。

3．内部統制の限界

内部統制は、次のような固有の限界を有するため、その目的の達成にとって絶対的なものではないが、各基本的要素が有機的に結びつき、一体となって機能することで、その目的を合理的な範囲で達成しようとするものである。

(1) 内部統制は、判断の誤り、不注意、複数の担当者による共謀によって有効に機能しなくなる場合がある。

(2) 内部統制は、当初想定していなかった組織内外の環境の変化や非定型的な取引等には、必ずしも対応しない場合がある。

(3) 内部統制の整備及び運用に際しては、費用と便益との比較衡量が求められる。

(4) 経営者が不当な目的の為に内部統制を無視ないし無効ならしめることがある。

4．内部統制に関係を有する者の役割と責任

(1) 経営者

経営者は、組織の全ての活動について最終的な責任を有しており、その一環として、取締役会が決定した基本方針に基づき内部統制を整備及び運用する役割と責任がある。

経営者は、その責任を果たすための手段として、社内組織を通じて内部統制の整備及び運用（モニタリングを含む。）を行う。

経営者は、組織内のいずれの者よりも、統制環境に係る諸要因及びその他の内部統制の基本的要素に影響を与える組織の気風の決定に大きな影響力を有している。

(2) 取締役会

取締役会は、内部統制の整備及び運用に係る基本方針を決定する。

取締役会は、経営者の業務執行を監督することから、経営者による内部統制の整備及び運用に対しても監督責任を有している。

取締役会は、「全社的な内部統制」の重要な一部であるとともに、「業務プロセスに係る内部統制」における統制環境の一部である。

(3) 監査役等

監査役等は、取締役及び執行役の職務の執行に対する監査の一環として、独立した立場から、内部統制の整備及び運用状況を監視、検証する

役割と責任を有している。

(4) 内部監査人

内部監査人は、内部統制の目的をより効果的に達成するために、内部統制の基本的要素の一つであるモニタリングの一環として、内部統制の整備及び運用状況を検討、評価し、必要に応じて、その改善を促す職務を担っている。

(注) 本基準において、内部監査人とは、組織内の所属の名称の如何を問わず、内部統制の整備及び運用状況を検討、評価し、その改善を促す職務を担う者及び部署をいう。

(5) 組織内のその他の者

内部統制は、組織内の全ての者によって遂行されるプロセスであることから、上記以外の組織内のその他の者も、自らの業務との関連において、有効な内部統制の整備及び運用に一定の役割を担っている。

Ⅱ 財務報告に係る内部統制の評価及び報告

1．財務報告に係る内部統制の評価の意義

経営者は、内部統制を整備及び運用する役割と責任を有している。特に、財務報告の信頼性を確保するため、「内部統制の基本的枠組み」において示された内部統制のうち、財務報告に係る内部統制については、一般に公正妥当と認められる内部統制の評価の基準に準拠して、その有効性を自ら評価しその結果を外部に向けて報告することが求められる。

なお、本基準において、次の用語は以下の意味で使われる。

(1) 「財務報告」とは、財務諸表及び財務諸表の信頼性に重要な影響を及ぼす開示事項等に係る外部報告をいう。

(2) 「財務報告に係る内部統制」とは、財務報告の信頼性を確保するための内部統制をいう。

(3) 「財務報告に係る内部統制が有効である」とは、当該内部統制が適切な内部統制の枠組みに準拠して整備及び運用されており、当該内部統制に開示すべき重要な不備がないことをいう。

(4) 「開示すべき重要な不備」とは、財務報告に重要な影響を及ぼす可能性が高い財務報告に係る内部統制の不備をいう。

2．財務報告に係る内部統制の評価とその範囲

(1) 財務報告に係る内部統制の有効性の評価

経営者は、財務報告の信頼性に及ぼす影響の重要性の観点から必要な範囲について、財務報告に係る内部統制の有効性の評価を行わなければならない。

また、経営者は、評価に先立って、予め財務報告に係る内部統制の整備及び運用の方針及び手続を定め、それらの状況を記録し保存しておかなければならない。

なお、財務報告に係る内部統制の有効性の評価は、原則として連結ベースで行うものとする。

(注) 外部に委託した業務の内部統制については評価範囲に含める。

(2) 評価の範囲の決定

経営者は、内部統制の有効性の評価に当たって、財務報告に対する金額的及び質的影響の重要性を考慮し、以下の事項等に関して合理的に評価の範囲を決定し、当該内部統制の評価の範囲に関する決定方法及び根拠等を適切に記録しなければならない。

○ 財務諸表の表示及び開示
○ 企業活動を構成する事業又は業務
○ 財務報告の基礎となる取引又は事象
○ 主要な業務プロセス

これらの事項については、重要な事業拠点の選定を踏まえ、財務諸表の表示及び開示について、金額的及び質的影響の重要性の観点から、評価の範囲を検討する。

この検討結果に基づいて、企業活動を構成する事業又は業務、財務報告の基礎となる取引又は事象、及び主要な業務プロセスについて、財務報告全体に対する金額的及び質的影響の重要性を検討し、合理的な評価の範囲を決定する。

(注)「財務諸表の表示及び開示」については、例えば、財務諸表における勘定科目ごとに、金額的影響の重要性の観点から一定金額を設定し、評価の範囲を検討するとともに、質的影響の重要性の観点から、財務諸表に対する影響の程度を勘案し、評価の範囲に必ず含めなければならない勘定科目を決定することが考えられる。なお、いずれかの重要性に該当する場合には、内部統制の評価の範囲に含める。

さらに、これに加えて、「企業活動を構成する事業又は業務」以下の事項に関しては、「財務諸表の表示及び開示」について検討した評価の範囲との関連性と財務報告全体に対する金額的及び質的影響の重要性を勘案し、合理的な評価の範囲を決定することとなる。

3．財務報告に係る内部統制の評価の方法

(1)　経営者による内部統制評価

経営者は、有効な内部統制の整備及び運用の責任を負う者として、財務報告に係る内部統制を評価する。経営者は、内部統制の評価に当たって、連結ベースでの財務報告全体に重要な影響を及ぼす内部統制（以下「全社的な内部統制」という。）の評価を行った上で、その結果を踏まえて、業務プロセスに組み込まれ一体となって遂行される内部統制（以下「業務プロセスに係る内部統制」という。）を評価しなければならない。

なお、経営者による内部統制評価は、期末日を評価時点として行うものとする。

(注)　企業において具体的にどのような内部統制を整備及び運用するかは、個々の企業の置かれた環境や事業の特性等によって様々である。経営者は、内部統制の枠組み及び評価の基準を踏まえて、それぞれの企業の状況等に応じて自ら適切に内部統制を整備及び運用するものとする。

(2)　全社的な内部統制の評価

経営者は、全社的な内部統制の整備及び運用状況、並びに、その状況が業務プロセスに係る内部統制に及ぼす影響の程度を評価する。その際、経営者は、組織の内外で発生するリスク等を十分に評価するとともに、財務報告全体に重要な影響を及ぼす事項を十分に検討する。例えば、全社的な会計方針及び財務方針、組織の構築及び運用等に関する経営判断、経営レベルにおける意思決定のプロセス等がこれに該当する。

(3)　業務プロセスに係る内部統制の評価

経営者は、全社的な内部統制の評価結果を踏まえ、評価対象となる内部統制の範囲内にある業務プロセスを分析した上で、財務報告の信頼性に重要な影響を及ぼす統制上の要点（以下「統制上の要点」という。）を選定し、当該統制上の要点について内部統制の基本的要素が機能しているかを評価する。

(4)　内部統制の有効性の判断

経営者は、財務報告に係る内部統制の有効性の評価を行った結果、統制上の要点等に係る不備が財務報告に重要な影響を及ぼす可能性が高い場合は、当該内部統制に開示すべき重要な不備があると判断しなければならない。

(5)　内部統制の開示すべき重要な不備の是正

経営者による評価の過程で発見された財務報告に係る内部統制の不備（開示すべき重要な不備を含む。）は、適時に認識し、適切に対応される必要がある。

開示すべき重要な不備が発見された場合であっても、それが報告書における評価時点（期末日）までに是正されていれば、財務報告に係る内部統制は有効であると認めることができる。

(注)　期末日後に実施した是正措置については、報告書に付記事項として記載できる。

(6) 評価範囲の制約

経営者は、財務報告に係る内部統制の有効性を評価するに当たって、やむを得ない事情により、内部統制の一部について十分な評価手続を実施できない場合がある。その場合には、当該事実が財務報告に及ぼす影響を十分に把握した上で、評価手続を実施できなかった範囲を除外して財務報告に係る内部統制の有効性を評価することができる。

(注) やむを得ない事情により十分な評価手続が実施できなかった場合としては、例えば、下期における他企業の買収等により、当該企業に係る内部統制の有効性について十分な評価手続を実施できなかった場合等が考えられる。

(7) 評価手続等の記録及び保存

経営者は、財務報告に係る内部統制の有効性の評価手続及びその評価結果、並びに発見した不備及びその是正措置に関して、記録し保存しなければならない。

4．財務報告に係る内部統制の報告

(1) 経営者による内部統制の報告

経営者は、財務報告に係る内部統制の有効性の評価に関する報告書（以下「内部統制報告書」という。）を作成するものとする。

(2) 内部統制報告書の記載項目

内部統制報告書には、次の事項を記載する。

① 整備及び運用に関する事項
② 評価の範囲、評価時点及び評価手続
③ 評価結果
④ 付記事項

(3) 整備及び運用に関する事項

① 財務報告及び財務報告に係る内部統制に責任を有する者の氏名
② 経営者が、財務報告に係る内部統制の整備及び運用の責任を有している旨
③ 財務報告に係る内部統制を整備及び運用する際に準拠した一般に公正妥当と認められる内部統制の枠組み
④ 内部統制の固有の限界

(4) 評価の範囲、評価時点及び評価手続

① 財務報告に係る内部統制の評価の範囲（範囲の決定方法及び根拠を含む。）
② 財務報告に係る内部統制の評価が行われた時点
③ 財務報告に係る内部統制の評価に当たって、一般に公正妥当と認められる内部統制の評価の基準に準拠した旨
④ 財務報告に係る内部統制の評価手続の概要

(5) 評価結果

財務報告に係る内部統制の評価結果の表明には、以下の方法がある。

① 財務報告に係る内部統制は有効である旨
② 評価手続の一部が実施できなかったが、財務報告に係る内部統制は有効である旨、並びに実施できなかった評価手続及びその理由
③ 開示すべき重要な不備があり、財務報告に係る内部統制は有効でない旨、並びにその開示すべき重要な不備の内容及びそれが是正されない理由
④ 重要な評価手続が実施できなかったため、財務報告に係る内部統制の評価結果を表明できない旨、並びに実施できなかった評価手続及びその理由

(6) 付記事項

① 財務報告に係る内部統制の有効性の評価に重要な影響を及ぼす後発事象
② 期末日後に実施した開示すべき重要な不備に対する是正措置等

Ⅲ　財務報告に係る内部統制の監査

1．財務諸表監査の監査人による内部統制監査の目的

経営者による財務報告に係る内部統制の有効性の評価結果に対する財務諸表監査の監査人による監査（以下「内部統制監査」という。）の目的は、経営者の作成した内部統制報告書が、一般に公正妥当と認められる内部統制の評価の基準に準拠して、内部統制の有効性の評価結果を全ての重要な点において適正に表示しているかどうかについて、監査人自らが入手した監査証拠に基づいて判断した結果を意見として表明することにある。

なお、内部統制報告書に対する意見は、内部統制の評価に関する監査報告書（以下「内部統制監査報告書」という。）により表明する。

内部統制報告書が適正である旨の監査人の意見は、内部統制報告書には、重要な虚偽の表示がないということについて、合理的な保証を得たとの監査人の判断を含んでいる。

合理的な保証とは、監査人が意見を表明するために十分かつ適切な証拠を入手したことを意味している。

2．内部統制監査と財務諸表監査の関係

内部統制監査は、原則として、同一の監査人により、財務諸表監査と一体となって行われるものである。内部統制監査の過程で得られた監査証拠は、財務諸表監査の内部統制の評価における監査証拠として利用され、また、財務諸表監査の過程で得られた監査証拠も内部統制監査の証拠として利用されることがある。

（注）　ここで「同一の監査人」とは、監査事務所のみならず、業務執行社員も同一であることを意味している。

一般に、財務報告に係る内部統制に開示すべき重要な不備があり有効でない場合、財務諸表監査において、監査基準の定める内部統制に依拠した通常の試査による監査は実施できないと考えられる。

監査人は、内部統制監査を行うに当たっては、本基準の他、「監査基準」の一般基準及び「監査に関する品質管理基準」を遵守するものとする。

3．内部統制監査の実施

⑴　監査計画の策定

監査人は、企業の置かれた環境や事業の特性等を踏まえて、経営者による内部統制の整備及び運用状況並びに評価の状況を十分に理解し、監査上の重要性を勘案して監査計画を策定しなければならない。

監査人は、監査計画の前提として把握した事象や状況が変化した場合、あるいは監査の実施過程で内部統制の不備（開示すべき重要な不備を含む。）を発見した場合には、内部統制の改善を評価する手続を実施するなど、適時に監査計画を修正しなければならない。

⑵　評価範囲の妥当性の検討

監査人は、経営者により決定された内部統制の評価の範囲の妥当性を判断するために、経営者が当該範囲を決定した方法及びその根拠の合理性を検討しなければならない。

特に、監査人は、経営者がやむを得ない事情により、内部統制の一部について十分な評価手続を実施できなかったとして、評価手続を実施できなかった範囲を除外した内部統制報告書を作成している場合には、経営者が当該範囲を除外した事情が合理的であるかどうか及び当該範囲を除外することが財務諸表監査に及ぼす影響について、十分に検討しなければならない。

⑶　全社的な内部統制の評価の検討

監査人は、経営者による全社的な内部統制の評価の妥当性について検討する。監査人は、この検討に当たって、取締役会、監査役等、内部監査等、経営レベルにおける内部統制の整備及び運用状況について十分に考慮しなければならない。

(4) 業務プロセスに係る内部統制の評価の検討

監査人は、経営者による業務プロセスに係る内部統制の評価の妥当性について検討する。監査人は、この検討に当たって、経営者による全社的な内部統制の評価の状況を勘案し、業務プロセスを十分に理解した上で、経営者が統制上の要点を適切に選定しているかを評価しなければならない。

監査人は、経営者が評価した個々の統制上の要点について、内部統制の基本的要素が適切に機能しているかを判断するため、実在性、網羅性、権利と義務の帰属、評価の妥当性、期間配分の適切性及び表示の妥当性等の監査要点に適合した監査証拠を入手しなければならない。

なお、業務プロセスにおける内部統制の基本的要素が機能しているかどうかを判断するに当たっては、内部統制の整備及び運用状況（ITへの対応を含む。）についても十分に検討しなければならない。

(5) 内部統制の開示すべき重要な不備等の報告と是正

監査人は、内部統制監査の実施において内部統制の開示すべき重要な不備を発見した場合には、経営者に報告して是正を求めるとともに、当該開示すべき重要な不備の是正状況を適時に検討しなければならない。また、監査人は、当該開示すべき重要な不備の内容及びその是正結果を取締役会及び監査役等に報告しなければならない。

監査人は、内部統制の不備を発見した場合も、適切な者に報告しなければならない。

監査人は、内部統制監査の結果について、経営者、取締役会及び監査役等に報告しなければならない。

(注) 監査人は、内部統制監査の過程で発見された内部統制の開示すべき重要な不備については、会社法監査の終了日までに、経営者、取締役会及び監査役等に報告することが必要になると考えられる。

(6) 不正等の報告

監査人は、内部統制監査の実施において不正又は法令に違反する重大な事実を発見した場合には、経営者、取締役会及び監査役等に報告して適切な対応を求めるとともに、内部統制の有効性に及ぼす影響の程度について検討しなければならない。

(7) 監査役等との連携

監査人は、効果的かつ効率的な監査を実施するために、監査役等との連携の範囲及び程度を決定しなければならない。

(8) 他の監査人等の利用

監査人は、他の監査人によって行われた内部統制監査の結果を利用する場合には、当該他の監査人によって行われた内部統制監査の結果の重要性及び他の監査人に対する信頼性の程度を勘案して、他の監査人の実施した監査が適切であるかを評価し、他の監査人の実施した監査の結果を利用する程度及び方法を決定しなければならない。

監査人は、内部統制の基本的要素であるモニタリングの一部をなす企業の内部監査の状況を評価した上で、内部監査の業務を利用する範囲及び程度を決定しなければならない。

4．監査人の報告

(1) 意見の表明

監査人は、経営者の作成した内部統制報告書が、一般に公正妥当と認められる内部統制の評価の基準に準拠し、財務報告に係る内部統制の評価について、全ての重要な点において適正に表示しているかどうかについて、内部統制監査報告書により意見を表明するものとする。なお、当該意見は、期末日における財務報告に係る内部統制の有効性の評価について表明されるものとする。

(注) 期末日までに開示すべき重要な不備が是正されている場合には、適正意見が表明される。また、期末日後に開示すべき重要な不備が是正さ

れた場合には、内部統制監査報告書に追記情報として記載する。

(2)　内部統制監査報告書の記載区分

①　監査人は、内部統制監査報告書に、監査人の意見、意見の根拠、経営者及び監査役等の責任並びに監査人の責任を明瞭かつ簡潔にそれぞれ区分をした上で、記載しなければならない。ただし、意見を表明しない場合には、その旨を内部統制監査報告書に記載しなければならない。

②　監査人は、内部統制報告書の記載について強調する必要がある事項及び説明を付す必要がある事項を内部統制監査報告書において情報として追記する場合には、意見の表明とは明確に区別しなければならない。

③　内部統制監査報告書は、原則として、財務諸表監査における監査報告書に合わせて記載するものとする。

(3)　内部統制監査報告書の記載事項

監査人は、経営者の作成した内部統制報告書が、一般に公正妥当と認められる内部統制の評価の基準に準拠し、財務報告に係る内部統制の評価について、全ての重要な点において適正に表示していると認められると判断したときは、その旨の意見（この場合の意見を「無限定適正意見」という。）を表明しなければならない。

なお、監査人は、内部統制報告書において、経営者が財務報告に係る内部統制に開示すべき重要な不備の内容及びそれが是正されない理由を記載している場合において、当該記載が適正であると判断して意見を表明する場合には、当該開示すべき重要な不備がある旨及び当該開示すべき重要な不備が財務諸表監査に及ぼす影響を内部統制監査報告書に追記しなければならない。

監査人は、無限定適正意見を表明する場合には、内部統制監査報告書に次の記載を行うものとする。

①　監査人の意見

イ．内部統制監査の範囲

ロ．内部統制報告書における経営者の評価結果

ハ．内部統制報告書が一般に公正妥当と認められる内部統制の評価の基準に準拠し、財務報告に係る内部統制の評価結果について、全ての重要な点において適正に表示していると認められること

②　意見の根拠

イ．内部統制監査に当たって、監査人が一般に公正妥当と認められる財務報告に係る内部統制の監査の基準に準拠して監査を実施したこと

ロ．内部統制監査の結果として入手した監査証拠が意見表明の基礎を与える十分かつ適切なものであること

③　経営者及び監査役等の責任

イ．経営者には、財務報告に係る内部統制の整備及び運用並びに内部統制報告書の作成の責任があること

ロ．監査役等には、財務報告に係る内部統制の整備及び運用状況を監視、検証する責任があること

ハ．内部統制の固有の限界

④　監査人の責任

イ．内部統制監査を実施した監査人の責任は、独立の立場から内部統制報告書に対する意見を表明することにあること

ロ．財務報告に係る内部統制監査の基準は監査人に内部統制報告書には重要な虚偽表示がないことについて、合理的な保証を得ることを求めていること

ハ．内部統制監査は、内部統制報告書における財務報告に係る内部統制の評価結果に関して監査証拠を得るための手続を含むこと

ニ．内部統制監査は、経営者が決定した評価範囲、評価手続及び評価結果を含め全体としての内部統制報告書の表示を検討していること

ホ．内部統制監査の監査手続の選択及び適用は、監査人の判断によること

(4) 意見に関する除外

① 監査人は、内部統制報告書において、経営者が決定した評価範囲、評価手続、及び評価結果に関して不適切なものがあり、その影響が無限定適正意見を表明することができない程度に重要ではあるものの、内部統制報告書を全体として虚偽の表示に当たるとするほどではないと判断したときには、除外事項を付した限定付適正意見を表明しなければならない。この場合には、意見の根拠の区分に、除外した不適切な事項及び財務諸表監査に及ぼす影響を記載しなければならない。

② 監査人は、内部統制報告書において、経営者が決定した評価範囲、評価手続、及び評価結果に関して不適切なものがあり、その影響が内部統制報告書全体として虚偽の表示に当たるとするほどに重要であると判断した場合には、内部統制報告書が不適正である旨の意見を表明しなければならない。この場合には、意見の根拠の区分に、内部統制報告書が不適正であるとした理由及び財務諸表監査に及ぼす影響を記載しなければならない。

(5) 監査範囲の制約

① 監査人は、重要な監査手続を実施できなかったこと等により、無限定適正意見を表明することができない場合において、その影響が内部統制報告書全体に対する意見表明ができないほどではないと判断したときには、除外事項を付した限定付適正意見を表明しなければならない。この場合には、意見の根拠の区分に、実施できなかった監査手続等及び財務諸表監査に及ぼす影響について記載しなければならない。

② 監査人は、重要な監査手続を実施できなかったこと等により、内部統制報告書全体に対する意見表明のための基礎を得ることができなかったときは、意見を表明してはならない。この場合には、別に区分を設けて、内部統制報告書に対する意見を表明しない旨及びその理由を記載しなければならない。

(6) 追記情報

監査人は、次に掲げる強調すること又はその他説明することが適当と判断した事項は、内部統制監査報告書にそれらを区分した上で、情報として追記するものとする。

① 経営者が、内部統制報告書に財務報告に係る内部統制に開示すべき重要な不備の内容及びそれが是正されない理由を記載している場合は、当該開示すべき重要な不備がある旨及び当該開示すべき重要な不備が財務諸表監査に及ぼす影響

② 財務報告に係る内部統制の有効性の評価に重要な影響を及ぼす後発事象

③ 期末日後に実施された是正措置等

④ 経営者の評価手続の一部が実施できなかったことについて、やむを得ない事情によると認められるとして無限定適正意見を表明する場合において、十分な評価手続を実施できなかった範囲及びその理由

Ⅰ 審議会

財務報告に係る内部統制の評価及び監査に関する実施基準

平成19年２月15日
改訂平成23年３月30日
改訂令和元(2019)年12月６日

目　次

(注)　本実施基準においては、対応する基準を四角囲みで引用している。

Ⅰ　内部統制の基本的枠組み

１．内部統制の定義（目的）

> 内部統制とは、基本的に、業務の有効性及び効率性、財務報告の信頼性、事業活動に関わる法令等の遵守並びに資産の保全の４つの目的が達成されているとの合理的な保証を得るために、業務に組み込まれ、組織内の全ての者によって遂行されるプロセスをいい、統制環境、リスクの評価と対応、統制活動、情報と伝達、モニタリング（監視活動）及びIT（情報技術）への対応の６つの基本的要素から構成される。

内部統制は、組織の事業活動を支援する４つの目的を達成するために組織内に構築される。内部統制は、4つの目的の達成を絶対的に保証するものではなく、組織、とりわけ内部統制の構築に責任を有する経営者が、4つの目的が達成されないリスクを一定の水準以下に抑えるという意味での合理的な保証を得ることを目的としている。

内部統制は、組織から独立して日常業務と別に構築されるものではなく、組織の業務に組み込まれて構築され、組織内のすべての者により業務の過程で遂行される。したがって、正規の従業員のほか、組織において一定の役割を担って業務を遂行する短期、臨時雇用の従業員も内部統制を遂行する者となる。

内部統制は、組織内の全ての者が業務の中で遂行する一連の動的なプロセスであり、単に何らかの事象又は状況、あるいは規定又は機構を意味するものではない。したがって、内部統制は一旦構築されればそれで完成するというものではなく、変化する組織それ自体及び組織を取り巻く環境に対応して運用されていく中で、常に変動し、見直される。

> なお、具体的に内部統制をどのように整備し、運用するかについては、個々の組織が置かれた環境や事業の特性等によって異なるものであり、一律に示すことはできないが、経営者をはじめとする組織内の全ての者が、ここに示した内部統制の機能と役割を効果的に達成し得るよう工夫していくべきものである。

内部統制の構築の手法等は、個々の組織が置かれた環境や事業の特性等によって異なるものであり、全ての組織に適合するものを一律に示すことはできない。

経営者は、組織を取り巻く環境や事業の特性、規模等に応じて、自らの組織に適した内部統制を整備し、運用することが求められる。内部統制の整備及び運用に当たって配慮すべき事項として、例えば、製品市場の状況、製品及び顧客の特性、地理的な活動範囲、組織間の競争の度合い、技術革新の速度、事業規模、労働市場の状況、IT 環境、自然環境への配慮等が挙げられる。

一方で、内部統制については、個々の組織の規模や形態等を問わず、共通の基本的枠組みが考えられる。本基準における「I　内部統制の基本的枠組み」は、金融商品取引法に基づく財務報告に係る内部統制の評価及び報告並びに監査の実施に当たって、前提となる内部統制の基本的な枠組みを示したものである。

(1) 業務の有効性及び効率性

> 業務の有効性及び効率性とは、事業活動の目的の達成のため、業務の有効性及び効率性を高めることをいう。

業務とは、組織の事業活動の目的を達成するため、全ての組織内の者が日々継続して取り組む活動をいう。業務の有効性とは事業活動や業務の目的が達成される程度をいい、業務の効率性とは、組織が目的を達成しようとする際に、時間、人員、コスト等の組織内外の資源が合理的に使用される程度をいう。

業務の有効性及び効率性は、組織全体として把握することもできるが、必要に応じて事業活動を個々の業務に細分化し、細分化した業務ごとに合理的な目的を設定することが適切である。内部統制は、そうした個々の目的の達成を通じて最終的には組織全体としての業務の有効性及び効率性の達成を支援するべく、組織内の各業務において整備及び運用される。

業務の有効性及び効率性に関する内部統制は、業務の達成度及び資源の合理的な利用度を測定・評価し、適切な対応を図る体制を設けることにより、組織が設定した業務の有効性及び効率性に係る目標の達成を支援する。

(2) 財務報告の信頼性

> 財務報告の信頼性とは、財務諸表及び財務諸表に重要な影響を及ぼす可能性のある情報の信頼性を確保することをいう。

財務報告は、組織の内外の者が当該組織の活動を確認する上で、極めて重要な情報であり、財務報告の信頼性を確保することは組織に対する社会的な信用の維持・向上に資することになる。逆に、誤った財務報告は、多くの利害関係者に対して不測の損害を与えるだけでなく、組織に対する信頼を著しく失墜させることとなる。

財務報告には、金融商品取引法や会社法などの法令等により義務付けられるもの、銀行や取引先との契約等により求められるもの、利害関係者等への自主的な開示などがあるが、本基準において、財務報告とは、金融商品取引法上の開示書類（有価証券報告書及び有価証券届出書）に記載される財務諸表及び財務諸表に重要な影響を及ぼす可能性のある情報をいう（詳細は、「Ⅱ　財務報告に係る内部統制の評価及び報告」１．①財務報告の範囲　参照）。

財務報告の信頼性に係る内部統制は、財務報告の重要な事項に虚偽記載が生じることのないよう、必要な体制を整備し、運用することにより、組織の財務報告に係る信頼性を支援する。

(3)　事業活動に関わる法令等の遵守

> 事業活動に関わる法令等の遵守とは、事業活動に関わる法令その他の規範の遵守を促進することをいう。

組織や組織内の者が法令の遵守を怠り、又は社会規範を無視した行動をとれば、それに応じた罰則、批判を受け、組織の存続すら危うくしかねない。反対に、商品の安全基準の遵守や操業の安全性の確保など、法令等の遵守への真摯な取組みが認知された場合には、組織の評判や社会的信用の向上を通じて、業績や株価等の向上にも資することとなる。このように、組織が存続し発展していくためには、事業活動に関し、法令等の遵守体制を適切に整備することが不可欠である。

事業活動に関わる法令等は、以下のものから構成される。

①　法令

組織が事業活動を行っていく上で、遵守することが求められる国内外の法律、命令、条令、規則等。

②　基準等

法令以外であって、組織の外部からの強制力をもって遵守が求められる規範。例えば、取引所の規則、会計基準等。

③　自社内外の行動規範

上記以外の規範で組織が遵守することを求められ、又は自主的に遵守することを決定したもの。例えば、組織の定款、その他の内部規程、業界等の行動規範等。

法令等の遵守に係る内部統制は、法令等を遵守して事業活動を営むための体制を整備し、運用することであり、これらを通じ、組織の存続及び発展が図られる。

(4)　資産の保全

> 資産の保全とは、資産の取得、使用及び処分が正当な手続及び承認の下に行われるよう、資産の保全を図ることをいう。

資産が不正に又は誤って取得、使用及び処分された場合、組織の財産や社会的信用に大きな損害や影響を与える可能性がある。また、組織が出資者等から財産の拠出等を受けて活動している場合、経営者は、これを適切に保全する責任を負っている。さらに、監査役等は、会社法の規定上、業務及び財産の状況の調査をすることができるとされており、組織の資産の保全に対して重要な役割・責任を担っている。

資産には、有形の資産のほか、知的財産、顧客に関する情報など無形の資産も含まれる。

組織においては、資産の取得、使用及び処分に係る不正又は誤謬を防止するため、資産が正当な手続及び承認の下に取得、使用及び処分される体制を整備することが求められる。仮に正当な手続及び承認の下に取得、使用及び処分が行われていない場合には、すみやかに発見して対応を図る体制を整備し、運用することが求められる。

(5) 4つの目的の関係

内部統制の4つの目的である業務の有効性及び効率性、財務報告の信頼性、事業活動に関わる法令等の遵守及び資産の保全は、それぞれ固有の目的ではあるが、お互いに独立して存在するものではなく、相互に密接に関連している。

内部統制は業務に組み込まれ、組織内の全ての者によって遂行されるプロセスであって、いずれか1つの目的を達成するために構築された内部統制であっても、他の目的のために構築された内部統制と共通の体制となったり、互いに補完し合う場合もある。

金融商品取引法で導入された内部統制報告制度は、経営者による評価及び報告と監査人による監査を通じて財務報告に係る内部統制についての有効性を確保しようとするものであり、財務報告の信頼性以外の他の目的を達成するための内部統制の整備及び運用を直接的に求めるものではない。しかしながら、財務報告は、組織の業務全体に係る財務情報を集約したものであり、組織の業務全体と密接不可分の関係にある。したがって、経営者が財務報告に係る内部統制を有効かつ効率的に構築しようとする場合には、目的相互間の関連性を理解した上で、内部統制を整備し、運用することが望まれる。

2．内部統制の基本的要素

> 内部統制の基本的要素とは、内部統制の目的を達成するために必要とされる内部統制の構成部分をいい、内部統制の有効性の判断の規準となる。

組織において内部統制の目的が達成されるためには、6つの基本的要素が全て適切に整備及び運用されることが重要である。

(1) 統制環境

> 統制環境とは、組織の気風を決定し、組織内の全ての者の統制に対する意識に影響を与えるとともに、他の基本的要素の基礎をなし、リスクの評価と対応、統制活動、情報と伝達、モニタリング及びITへの対応に影響を及ぼす基盤をいう。

統制環境は、組織が保有する価値基準及び組織の基本的な人事、職務の制度等を総称する概念である。

組織の気風とは、一般に当該組織に見られる意識やそれに基づく行動、及び当該組織に固有の強みや特徴をいう。組織の気風は、組織の最高責任者の意向や姿勢を反映したものとなることが多い。組織が保有する価値基準や基本的な制度等は、組織独自の意識や行動を規定し、組織内の者の内部統制に対する考え方に影響を与える。

統制環境は、他の基本的要素の前提となるとともに、他の基本的要素に影響を与える最も重要な基本的要素である。

統制環境に含まれる一般的な事項を例示すると、以下のようになる。

① 誠実性及び倫理観

組織が有する誠実性及び倫理観は、組織の気風を決定する重要な要因であり、組織内の全ての者の社会道徳上の判断に大きな影響を与える。

誠実性及び倫理観について様々な取組みが考えられるが、例えば、組織の基本的な理念やそれに沿った倫理規程、行動指針等を作成し、これらの遵守を確保するための内部統制を構築し、経営者自らが関与してその運用の有効性を確保することが挙げられる。

② 経営者の意向及び姿勢

経営者の意向や姿勢は、組織の基本方針に重要な影響を及ぼすとともに、組織の気風の決定にも大きな影響を及ぼす。また、経営者の意向や姿勢をどのように伝えるかも組織内の者の行動に影響を与える。例えば、財務報告に関して、経営者が適正な会計処理や財務報告を尊重する意向を有し、これを実現していくための方針や原則を明確化し、これを組織の内外に適切に伝え、その実現に向けて適切な体制等を整備していくことは、財務報告の信頼性を達成するための重要な基盤となる。

経営者が組織の内外に示す声明、日常の行動、予算・人事等の方針の決定などは、組織内の者の意識を通して組織の内部統制に影響を及ぼすものである。また、経営者の意向及び姿勢は、社訓・社是、経営理念、経営計画、倫理規程、行動指針など社内の諸規程に、直接的又は間接的に反映され、組織内では、それらの諸規程の内容を達成又は遵守すべく内部統制が整備及び運用される。

③　経営方針及び経営戦略

組織の目的を達成するために、組織がどのような経営方針及び経営戦略を取るかは、組織内の者の価値基準に大きな影響を与え、かつ、組織内の各業務への資源配分を決定する要因となり、他の基本的要素に大きな影響を及ぼす。また、経営方針及び経営戦略に基づく組織全体の目的は、年度別、部門別等の予算、事業計画等を通して分解・具体化され、内部統制による管理の対象とされることにより、内部統制の目的の達成に資することとなる。

④　取締役会及び監査役等の有する機能

取締役会及び監査役等は、取締役の業務を監視する職責を負う機関で、会社法上の規定により個々の企業に設けられる制度である。例えば、取締役会及び監査役等が、実質的に経営者や特定の利害関係者から独立して意見を述べることができるか、モニタリングに必要な正しい情報を適時かつ適切に得ているか、経営者、内部監査人等との間で適時かつ適切に意思疎通が図られているか、取締役会及び監査役等の行った報告及び指摘事項が組織において適切に取り扱われているか等、取締役会及び監査役等の活動の有効性は、組織全般のモニタリングが有効に機能しているかを判断する重要な要因となる。

⑤　組織構造及び慣行

組織構造が組織の目的に適合し、事業活動を管理する上で必要な情報の流れを提供できるものとなっていることは、組織の目的を達成し、組織の情報と伝達の有効性を確保するために重要である。組織は、その規模や業務の内容、提供する製品・サービスの種類、市場の性格、地理的分散、従業員構成等に従って、組織目的に適合した組織形態、権限及び職責、人事・報酬制度などの仕組みが経営者によって適切に構築されていることが重要である。

組織の慣行は、しばしば組織内における行動の善悪についての判断指針となる。

例えば、組織内に問題があっても指摘しにくい慣行が形成されている場合には、統制活動、情報と伝達、モニタリングの有効性に重大な悪影響を及ぼすことになる。組織の慣行は、組織の歴史、規模、業務の内容、従業員構成など組織内部の条件や、市場、取引先、株主、親会社、地域特性、産業固有の規制など組織外部の条件に合わせて形成されたものであることが多い。したがって、特に長年に亘る組織の慣行を変えるには大きな困難が伴うことがあるが、こうした慣行に組織の存続・発展の障害となる要因があると判断した場合、経営者は、適切な理念、計画、人事の方針等を示していくことが重要である。

⑥　権限及び職責

権限とは組織の活動を遂行するため付与された権利をいい、職責とは遂行すべき活動を遂行する責任ないし義務をいう。事業活動の目的に適合した権限及び職責が設けられ、適切な者に割り当てられていることは、内部統制の目的の達成のために重要である。

⑦　人的資源に対する方針と管理

人的資源とは、組織の経営資源のうち人に関するものを指す。人的資源に対する方針とは、経営上の方針の一部として設定される、雇用、昇進、給与、研修等の人事に関する方針である。組織の目的を達成していくためには、組織の保有する人的資源の能力を高度に引き出していくことが重要であり、そのためには人的資源に対する方針が適切に定められていることが重要でである。

(2) リスクの評価と対応

① リスクの評価

> リスクの評価とは、組織目標の達成に影響を与える事象について、組織目標の達成を阻害する要因をリスクとして識別、分析及び評価するプロセスをいう。

リスクとは、組織目標の達成を阻害する要因をいう。具体的には、天災、盗難、市場競争の激化、為替や資源相場の変動といった組織を取り巻く外部的要因と、情報システムの故障・不具合、会計処理の誤謬・不正行為の発生、個人情報及び高度な経営判断に関わる情報の流失又は漏洩といった組織の中で生ずる内部的要因など、様々なものが挙げられる。ここでのリスクは、組織に負の影響、すなわち損失を与えるリスクのみを指し、組織に正の影響、すなわち利益をもたらす可能性は、ここにいうリスクには含まない。

リスクの評価と対応の実務は、個々の組織が置かれた環境や事業の特性等によって異なるものであり、一律に示すことはできないが、リスクの評価の流れの例を示すと次のとおりである。

リスクの評価の流れ

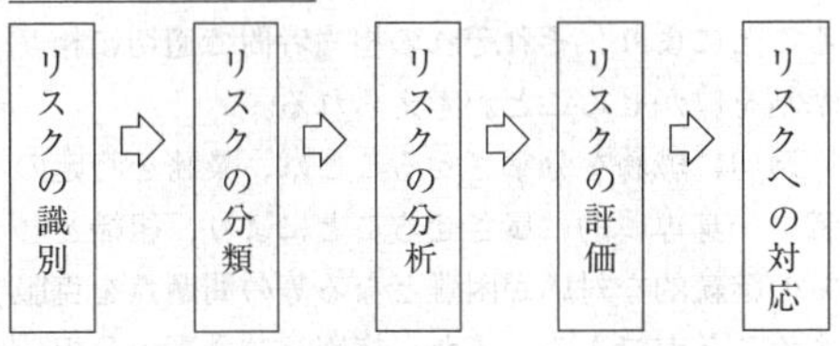

イ．リスクの識別

リスクの評価と対応のプロセスにおいては、まずはじめに、リスクを適切に識別することが必要である。このため、組織目標の達成に影響を与える可能性のある事象を把握し、そのうちにどのようなリスクがあるのかを特定する。リスクは、全社的なレベルから業務プロセスのレベルまで様々な段階で存在することから、各段階において適切にリスクを識別することが重要である。

ロ．リスクの分類

リスクを適切に分析及び評価するためには、識別したリスクを、全社的なリスクか業務プロセスのリスクか、過去に生じたリスクか未経験のリスクか等の観点から分類することが重要である。

ａ．全社的なリスクと業務プロセスのリスク

全社的なリスクとは、組織全体の目標の達成を阻害するリスクをいう。

全社的なリスクとしては、例えば、財政状態、経営成績及びキャッシュ・フローの状況の異常な変動、特定の取引先・製品・技術等への依存、特有の法的規制・取引慣行・経営方針、重要な訴訟事件等の発生、経営者個人への依存等が挙げられる。財務報告の信頼性に関して、例えば、適正な会計上の見積りや予測を行っていくためには、全社的なリスクへの適切な対応が重要な要素となる。

業務プロセスのリスクとは、組織の各業務プロセスにおける目標の達成を阻害するリスクをいう。

業務プロセスのリスクについては、通常、業務の中に組み込まれた統制活動等で対応することとなるが、全社的なリスクについては、明確な経営方針及び経営戦略の策定、取締役会及び監査役等の機能の強化、内部監査部門などのモニタリングの強化等、組織全体を対象とする内部統制を整備し、運用して対応することが必要となる。

ｂ．過去に存在したことのあるリスクと未経験のリスク

リスクには、既に過去に存在したことのあるリスクと、未経験のリスクとがある。過去に存在したことのあるリスクについては、リスクの影響を推定できるが、未経験のリスクについては、どういう影響が生じるかということについて不透明であることが多いと考えられることから、その影響について、より慎重に検討する必要がある。なお、過去に存在

したことのあるリスクであっても、時の経過とともに、状況等が変化し、影響の度合いが変化している可能性があることに留意する必要がある。

ハ．リスクの分析と評価

上記の通り識別・分類したリスクについて、当該リスクが生じる可能性及びリスクがもたらす影響の大きさを分析し、当該リスクの重要性を見積もることとなる。その上で、見積もったリスクの重要性に照らして、対応策を講じるべきリスクかどうかを評価する。

組織は、識別・分類したリスクの全てに対応策を講じるのではなく、重要性があるものについて対応策を講じることになる。

② リスクへの対応

> リスクへの対応とは、リスクの評価を受けて、当該リスクへの適切な対応を選択するプロセスをいう。
>
> リスクへの対応に当たっては、評価されたリスクについて、その回避、低減、移転又は受容等、適切な対応を選択する。

〔リスクへの対応の種類〕

リスクへの対応には、リスクの回避、低減、移転、受容又はその組み合わせ等がある 。

・リスクの回避とは、リスクの原因となる活動を見合わせ、又は中止することをいう。リスクの発生可能性や影響が非常に大きい、又はリスクを管理することが困難な場合等において、リスクの回避が選択されることがある。

・リスクの低減とは、リスクの発生可能性や影響を低くするため、新たな内部統制を設けるなどの対応を取ることをいう。

・リスクの移転とは、リスクの全部又は一部を組織の外部に転嫁することで、リスクの影響を低くすることをいう。例えば、保険への加入、ヘッジ取引の締結などが挙げられる。

・リスクの受容とは、リスクの発生可能性や影響に変化を及ぼすような対応を取らないこと、つまり、リスクを受け入れるという決定を行うことをいう。リスクへの事前の対応に掛かる費用が、その効果を上回るという判断が行われた場合、又は、リスクが顕在化した後でも対応が可能であると判断した場合、リスクが許容できる水準以下のものであれば組織はリスクをそのまま受容することが考えられる。

(3) 統制活動

> 統制活動とは、経営者の命令及び指示が適切に実行されることを確保するために定める方針及び手続をいう。
>
> 統制活動には、権限及び職責の付与、職務の分掌等の広範な方針及び手続が含まれる。このような方針及び手続は、業務のプロセスに組み込まれるべきものであり、組織内の全ての者において遂行されることにより機能するものである。

経営者においては、不正又は誤謬等の行為が発生するリスクを減らすために、各担当者の権限及び職責を明確にし、各担当者が権限及び職責の範囲において適切に業務を遂行していく体制を整備していくことが重要となる。その際、職務を複数の者の間で適切に分担又は分離させることが重要である。例えば、取引の承認、取引の記録、資産の管理に関する職責をそれぞれ別の者に担当させることにより、それぞれの担当者間で適切に相互牽制を働かせることが考えられる。

適切に職務を分掌させることは、業務を特定の者に一身専属的に属させることにより、組織としての継続的な対応が困難となる等の問題点を克服することができる。また、権限及び職責の分担や職務分掌を明確に定めることは、内部統制を可視化させ、不正又は誤謬等の発生をより困難にさせる効果を持ち得るものと考えられる。

イ．リスクの評価・対応との統合

リスクの評価と対応において、あるリスクにつき対応策を講じることが決定された場合、リスク、とりわけ業務プロセスのリスクに対応するのは、主として業務の中に組み込まれた統制活動である。

この点でリスクの評価・対応と統制活動は密接な関係にある。組織は、統制活動においてリスクへの対応策が適切に実行されているかを把握し、必要に応じて、統制活動の改善を図ることが重要である。

ロ．統制活動の方針と手続

統制活動の方針は、全社にわたって標準的・統一的に定められることが適切なものについては、例えば、全社的な職務規程等の形で整備するとともに、これに加えて組織内の各部門又は活動単位ごとに定めることが適切なものについては、個々の業務手順等を整備することが考えられる。

また、この統制活動の方針を達成するため、それぞれの業務につき、必要に応じ、承認、検証、記録等の適切な手続を設けることが考えられる。

(4) 情報と伝達

> 情報と伝達とは、必要な情報が識別、把握及び処理され、組織内外及び関係者相互に正しく伝えられることを確保することをいう。組織内の全ての者が各々の職務の遂行に必要とする情報は、適時かつ適切に、識別、把握、処理及び伝達されなければならない。また、必要な情報が伝達されるだけでなく、それが受け手に正しく理解され、その情報を必要とする組織内の全ての者に共有されることが重要である。

① 情報の識別・把握・処理

組織は、認識された情報の中から真実かつ公正な情報を特定し（識別）、当該情報が組織にとって必要であると判断した場合には、その情報を情報システムに取り入れる（把握）。情報システムとは、手作業によるか、機械化された情報システムによるかにかかわらず、情報を処理及び伝達するための仕組みをいい、情報システムに取り入れられた情報は、分類、整理、選択、演算など、目的に応じて加工される（処理）。

② 情報の伝達

組織においては、識別、把握、処理された情報が組織内又は組織外に適切に伝達される仕組みを整備することが重要となる。組織内においては、例えば、経営者の方針は組織内の全ての者に適時かつ適切に伝達される必要がある。また、不正又は誤謬等の発生に関する情報など内部統制に関する重要な情報が、経営者及び組織内の適切な管理者に適時かつ適切に伝達される仕組みを整備することが重要である。

一方、情報は組織外に対して適切に伝達又は報告される必要があり、例えば、株主、監督機関その他の外部の関係者に対する報告や開示等において、適正に情報を提供していく必要がある。また、不正又は誤謬等の重要な情報は、取引先等の関係者を通じて、組織の外部から提供されることがあるため、情報を組織の外部に伝達又は報告する仕組みだけでなく、組織の外部からの情報を入手するための仕組みも整備することが重要である。

③ 内部通報制度など

組織においては、通常の伝達経路ではないものの、組織の情報と伝達及びモニタリングの仕組みの一つとして、内部通報制度を設ける場合がある。内部通報制度は、法令等の遵守等をはじめとする問題について、組織の全ての構成員から、経営者、取締役会、監査役等、場合によっては弁護士等の外部の窓口に直接、情報を伝達できるようにするものである。内部通報制度を導入する場合、経営者は、内部通報制度を有効に機能させるために、通報者を保護する仕組みを整備するとともに、必要な是正措置等を取るための方針及び手続を整備することが重要である。

また、組織外部の者から内部統制に関する情報が提供されることもあることから、こうした情報が寄せられた場合にどのように対応するかについての方針及び手続を定めておくことが重要である。

④ 他の基本的要素との関係

情報と伝達は、内部統制の他の基本的要素を相互に結びつけ、内部統制の有効な運用を可能とする機能を有している。

例えば、統制環境において新たな経営方針を策定した場合、この内容が組織の適切な者に伝えられ、その内容が正確に理解されることにより、適時にリスクの評価と対応が行われ、適切な統制活動が実施される。

一方で、統制活動やモニタリングにおいて内部統制の不備に関する重要な情報が発見された場合は、その情報が経営者又は適切な管理者に伝達されることにより、必要に応じて統制環境に含まれる全社的な計画、方針等が変更される。

組織の内部統制の有効性を確保するためには、組織の情報システムが適切に構築され、質の高い情報と適切な伝達の経路が確保されることが重要である。

(5)　モニタリング

> モニタリングとは、内部統制が有効に機能していることを継続的に評価するプロセスをいう。モニタリングにより、内部統制は常に監視、評価及び是正されることになる。モニタリングには、業務に組み込まれて行われる日常的モニタリング及び業務から独立した視点から実施される独立的評価がある。両者は個別に又は組み合わせて行われる場合がある。

①　日常的モニタリング

日常的モニタリングは、通常の業務に組み込まれた一連の手続を実施することで、内部統制の有効性を継続的に検討・評価することをいう。業務活動を遂行する部門内で実施される内部統制の自己点検ないし自己評価も日常的モニタリングに含まれる。

例えば、財務報告に関しては、売掛金の管理を行うために、重要な売掛金について、定期又は随時に、適切な管理者等が担当者の行った残高確認の実施過程と発見された差異の分析・修正作業を監視することがある。この手続は財務情報の正確性及び資産の実在性を確認するために有効であるとともに、不一致の存在が確認された場合には、その修正にとどまらず、販売プロセスの問題点を発見してその改善を促すことにつながり得ると考えられる。

②　独立的評価

日常的モニタリングでは発見できないような経営上の問題がないかを、別の視点から評価するために定期的又は随時に行われるものが独立的評価である。

イ．経営者による独立的評価

経営者は、組織の代表者として内部統制の整備及び運用に最終的な責任を有しており、この観点から独立的評価を実施することになる。ただし、経営者が直接実施できる活動には限界がある。したがって、通常は、内部監査部門等に適切な指示を行い、その結果を監視することによって独立的評価を遂行することとなる。

ロ．取締役会による独立的評価

取締役会は内部統制の整備及び運用に係る基本方針を決定する。また、取締役会は取締役の職務の執行を監督する責任を負う。

こうした機能を果たすため、取締役会は、経営者が内部統制を取締役会の決定に従って適切に整備し、運用しているか監視する責務を負っているものと考えられる。

ハ．監査役等による独立的評価

監査役等は、取締役等の職務の執行を監査する。

監査役等は有効なモニタリングを実施するため、調査を補助する者を使用することがある。この際、監査役等は、調査を補助する者について、調査対象となる業務活動、取締役等からの独立性を確保することが重要である。

ニ．内部監査部門等による独立的評価

内部監査は、一般に、経営者の直属として設置された内部監査人が、業務活動の遂行に対して独立した立場から、内部統制の整備及び運用の状況を調査し、その改善事項を報告するものである。

③　内部統制上の問題についての報告

モニタリングを通じて識別された内部統制の

不備は、その内容に則して、適切な者に適時に報告されることが必要であり、このための方針及び手続を定めておくことが重要である。

日常的モニタリングにより識別された問題点は、通常、モニタリングを実施した部門において分析され対応が図られることとなるが、同時に、問題点とその対応策を取りまとめて、その上位の管理者等に報告するとともに、必要に応じて、経営者、取締役会、監査役等にも報告することが求められる。

独立的評価により識別された問題点は、内部監査人によるものについては、経営者が適時に報告を受ける仕組みを確保することが重要であり、必要に応じて、取締役会、監査役等にも報告することが求められる。取締役会、監査役等による独立的評価の結果は、取締役会で報告され、経営者による適切な対応を求めていくことが重要である。

経営者は、報告された問題点に対して、そのリスクを分類、分析、評価して、適切な対応を選択していく必要がある。

内部統制の不備に係る情報が、非常に広範囲にわたる内部統制の不備の兆候を示していることも多い。そのため、特定の取引又は事象に係る不備に係る報告を受けた経営者は、必要に応じて、さらに広い範囲の調査の実施について検討を指示することが重要である。

(6) IT（情報技術）への対応

> ITへの対応とは、組織目標を達成するために予め適切な方針及び手続を定め、それを踏まえて、業務の実施において組織の内外のITに対し適切に対応することをいう。
>
> ITへの対応は、内部統制の他の基本的要素と必ずしも独立に存在するものではないが、組織の業務内容がITに大きく依存している場合や組織の情報システムがITを高度に取り入れている場合等には、内部統制の目的を達成するために不可欠の要素として、内部統制の有効性に係る判断の規準となる。
>
> ITへの対応は、IT環境への対応とITの利用及び統制からなる。

IT環境の飛躍的な進展によってITが組織に深く浸透した現状に照らして、本基準における「I　内部統制の基本的枠組み」では、「ITへの対応」を基本的要素の1つに加えている。組織の業務内容がITに大きく依存していたり、組織の情報システムがITを高度に取り入れている等、現状では多くの組織がIT抜きでは業務を遂行することができなくなっている。ITへの対応を基本的要素に加えたことは、組織に深くITが浸透している現状では、業務を実施する過程において組織内外のITに対し適切に対応することが、内部統制の目的を達成するために不可欠となっていることを示したものであって、組織に新たなITシステムの導入を要求したり、既存のITシステムの更新を強いるものではない。

①　IT環境への対応

> IT環境とは、組織が活動する上で必然的に関わる内外のITの利用状況のことであり、社会及び市場におけるITの浸透度、組織が行う取引等におけるITの利用状況、及び組織が選択的に依拠している一連の情報システムの状況等をいう。

組織は、組織を取り巻くIT環境を適切に理解し、それを踏まえて、ITの利用及び統制について適切な対応を行う必要がある。個々の組織を取り巻くIT環境の具体例として、組織が考慮しなければならない項目には以下のものが挙げられる。

イ．社会及び市場におけるITの浸透度
ロ．組織が行う取引等におけるITの利用状況
ハ．組織が選択的に依拠している一連の情報システムの状況（情報システムに依拠しているかどうか、依拠している場合にどのような情報システムに依拠しているか等）
ニ．ITを利用した情報システムの安定度
ホ．ITに係る外部委託の状況

② ITの利用及び統制

> ITの利用及び統制とは、組織内において、内部統制の他の基本的要素の有効性を確保するためにITを有効かつ効率的に利用すること、並びに組織内において業務に体系的に組み込まれてさまざまな形で利用されているITに対して、組織目標を達成するために、予め適切な方針及び手続を定め、内部統制の他の基本的要素をより有効に機能させることをいう。

〔ITの利用〕

ITには、情報処理の有効性、効率性等を高める効果があり、これを内部統制に利用することにより、より有効かつ効率的な内部統制の構築を可能とすることができる。

イ．統制環境の有効性を確保するためのITの利用

統制環境のうちITに関連する事項としては、例えば、次のものが挙げられる。

(ア)　経営者のITに対する関心、考え方

(イ)　ITに関する戦略、計画、予算等の策定及び体制の整備

(ウ)　組織の構成員のITに関する基本的な知識や活用する能力

(エ)　ITに係る教育、研修に関する方針

また、ITの利用は、統制環境の整備及び運用を効率的に行っていく上でも重要となる。例えば、電子メールといったITを利用することは、経営者の意向、組織の基本的方針や決定事項等を組織の適切な者に適時に伝達することを可能にし、統制環境の整備及び運用を支援することになる。

一方で、ITの利用は、例えば、経営者や組織の重要な構成員等が電子メール等を用いることにより、容易に不正を共謀すること等も可能としかねず、これを防止すべく適切な統制活動が必要となることにも留意する必要がある。

ロ．リスクの評価と対応の有効性を確保するためのITの利用

組織内外の事象を認識する手段として、またリスク情報を共有する手段としてITを利用することにより、リスクの評価と対応をより有効かつ効率的に機能させることが可能となる。例えば、販売管理部門又は経理部門において、売掛債権の発生や回収を適時に把握し、回収が滞っている売掛債権について別途の管理をする仕組みをITを利用して構築しておくことにより、適切な売掛債権の管理を有効かつ効率的に行うことが可能となる。

また、ITを利用して組織内部におけるリスク情報の共有状況を把握し、これに基づき、リスクが適切な者の間で共有されているかを分析し、その結果に基づいて、リスク情報の共有範囲を見直すなどの内部統制の整備を行うことも考えられる。

ハ．統制活動の有効性を確保するためのITの利用

ITを利用した統制活動を、適切に設計して業務プロセスに組み込むことにより、統制活動の自動化が可能となる。例えば、適切な生産管理システムを開発し、その中に棚卸の検証プログラムを組み込んでおき、製造部門が製造指図書のデータに従って在庫原材料の出庫数量を入力する手続や倉庫係が日々の原材料の実在庫データを入力する手続等を業務プロセスに組み込むことにより、瞬時に帳簿在庫と実在庫の差を把握し、問題の発見に役立てることが考えられる。

統制活動が自動化されている場合、手作業による統制活動に比べて迅速な情報処理が期待できるほか、人間の不注意による誤謬等の防止も可能となり、結果として、内部統制の評価及び監査の段階における手続の実施も容易なものとなる。一方で、統制活動が自動化されているとプログラムの不正な改ざんや不正な使用等があった場合に、プログラムに精通した者しか対応できず、不正等の適時の発見が困難になるといった問題点も考えられ、適切なアクセス管理

等の措置を講じておくことにつき留意する必要がある。

ニ．情報と伝達の有効性を確保するためのITの利用

ITの利用により、組織内部での情報伝達の手段を効果的に業務プロセスに組み込むことも可能となる。ITを利用した情報システム、特にネットワークが使われている場合には、例えば、必要な承認や作業完了が一定期間に実施されないと、その旨が担当者の上司に伝達される機能など、業務管理に必要な情報の伝達を、業務プロセスに組み込むこともできる。

ホームページ上でメッセージの掲載などITを利用することにより、組織外部に向けた報告を適時に行うことが可能となるとともに、ITを利用して、自社製品へのクレーム情報等を外部から収集したりすることも可能である。ただし、組織外部への情報の公開及び情報の収集にITを利用する場合には、特に外部からの不正な侵入等に対して適切な防止措置を講じるなどの留意が必要となる。

ホ．モニタリングの有効性を確保するためのITの利用

統制活動の有効性に関する日常的モニタリングは、日常の業務活動を管理するシステムに組み込み自動化することで、より網羅的に実施することが可能となる。その結果、独立的評価に当たってリスクを低く見積もることができるため、独立的評価の頻度を低くしたり、投入する人員を少なくすることも可能となる。

一方、ITを利用したモニタリングは、予めモニタリングする指標を設定してプログラミングしておく必要があるため、システム設計段階から計画的に準備を進めることが必要となる。

以上のとおり、内部統制にITを利用することにより、より有効かつ効率的な内部統制の構築が期待できる反面、ITを高度に取り入れた情報システムは、手作業による情報システムと異なり、稼動後の大幅な手続の修正が困難であるとの問題がある。

また、システムの仕様によっては、ITを利用して実施した手続や情報の変更等が適切に記録されないことがあり、そのような場合には、事後の検証が困難となるとの問題が生じうる。

したがって、内部統制の整備及び運用に当たっては、ITを利用した情報システムの特性を十分に理解し、予め計画的に準備を進めるとともに、適切な事後の検証方法等について検討しておく必要がある。

なお、内部統制にITを利用せず、専ら手作業によって内部統制が運用されている場合には、例えば、手作業による誤謬等を防止するための内部統制を、別途構築する必要等が生じ得ると考えられるが、そのことが直ちに内部統制の不備となるわけではないことに留意する。

〔ITの統制〕

ITの統制とは、ITを取り入れた情報システムに関する統制であり、自動化された統制を中心とするが、しばしば、手作業による統制が含まれる。

イ．組織目標を達成するためのITの統制目標

ITの統制を有効なものとするために経営者が設定する目標を、ITの統制目標と呼ぶ。ITの統制目標としては、例えば、次のものが挙げられる。

a．有効性及び効率性：情報が業務に対して効果的、効率的に提供されていること

b．準拠性：情報が関連する法令や会計基準、社内規則等に合致して処理されていること

c．信頼性：情報が組織の意思・意図に沿って承認され、漏れなく正確に記録・処理されること（正当性、完全性、正確性）

d．可用性：情報が必要とされるときに利用可能であること

e．機密性：情報が正当な権限を有する者以外に利用されないように保護されていること

財務報告の信頼性を確保するためのITの統制は、会計上の取引記録の正当性、完全性及び正確性を確保するために実施される。

正当性とは、取引が組織の意思・意図にそって承認され、行われることをいい、完全性とは、

記録した取引に漏れ、重複がないことをいい、正確性とは、発生した取引が財務や科目分類などの主要なデータ項目に正しく記録されることをいう。

金融商品取引法による内部統制報告制度においては、ITの統制についても、財務報告の信頼性を確保するために整備するものであり、財務報告の信頼性以外の他の目的を達成するためのITの統制の整備及び運用を直接的に求めるものではない。

ロ．ITの統制の構築

経営者は、自ら設定したITの統制目標を達成するため、ITの統制を構築する。

ITに対する統制活動は、全般統制と業務処理統制の２つからなり、完全かつ正確な情報の処理を確保するためには、両者が一体となって機能することが重要となる。

ａ．ITに係る全般統制

ITに係る全般統制とは、業務処理統制が有効に機能する環境を保証するための統制活動を意味しており、通常、複数の業務処理統制に関係する方針と手続をいう。ITに係る全般統制の具体例としては、以下のような項目が挙げられる。

・システムの開発、保守に係る管理
・システムの運用・管理
・内外からのアクセス管理などシステムの安全性の確保
・外部委託に関する契約の管理

ITを利用した情報システムにおいては、一旦適切な内部統制（業務処理統制）を組み込めば、意図的に手を加えない限り継続して機能する性質を有しているが、例えば、その後のシステムの変更の段階で必要な内部統制が組み込まれなかったり、プログラムに不正な改ざんや不正なアクセスが行われるなど、全般統制が有効に機能しない場合には、適切な内部統制（業務処理統制）を組み込んだとしても、その有効性が保証されなくなる可能性がある。

こうした問題に対応していくためには、例えば、

①　システムの開発又は変更に際して、当該システムの開発又は変更が既存のシステムと整合性を保っていることを十分に検討するとともに、開発・変更の過程等の記録を適切に保存する

②　プログラムの不正な使用、改ざん等を防止するために、システムへのアクセス管理に関して適切な対策を講じる

など、全般的な統制活動を適切に整備することが重要となる。

ITに係る全般統制は、通常、業務を管理するシステムを支援するIT基盤（ハードウェア、ソフトウェア、ネットワーク等）を単位として構築することになる。例えば、購買、販売、流通の３つの業務管理システムが１つのホスト・コンピュータで集中管理されており、全て同一のIT基盤の上で稼動している場合、当該IT基盤に対する有効な全般統制を構築することにより、３つの業務に係る情報の信頼性を高めることが期待できる。

一方、３つの業務管理システムがそれぞれ異なるIT基盤の上で稼働している場合には、それぞれのIT基盤を管理する部門、運用方法等が異なっていることが考えられ、それぞれのIT基盤ごとに全般統制を構築することが必要となる。

ｂ．ITに係る業務処理統制

ITに係る業務処理統制とは、業務を管理するシステムにおいて、承認された業務が全て正確に処理、記録されることを確保するために業務プロセスに組み込まれたITに係る内部統制である。

ITに係る業務処理統制の具体例としては、以下のような項目が挙げられる。

・入力情報の完全性、正確性、正当性等を確保する統制
・例外処理（エラー）の修正と再処理
・マスタ・データの維持管理
・システムの利用に関する認証、操作範囲の限定などアクセスの管理

これらの業務処理統制は、手作業により実施することも可能であるが、システムに組み込むことにより、より効率的かつ正確な処理が可能となる。

3．内部統制の限界

> 内部統制は、次のような固有の限界を有するため、その目的の達成にとって絶対的なものではないが、各基本的要素が有機的に結びつき、一体となって機能することで、その目的を合理的な範囲で達成しようとするものである。
>
> (1) 内部統制は、判断の誤り、不注意、複数の担当者による共謀によって有効に機能しなくなる場合がある。
>
> (2) 内部統制は、当初想定していなかった組織内外の環境の変化や非定型的な取引等には、必ずしも対応しない場合がある。
>
> (3) 内部統制の整備及び運用に際しては、費用と便益との比較衡量が求められる。
>
> (4) 経営者が不当な目的の為に内部統制を無視ないし無効ならしめることがある。

内部統制の限界とは、適切に整備され、運用されている内部統制であっても、内部統制が本来有する制約のため有効に機能しなくなることがあり、内部統制の目的を常に完全に達成するものとはならない場合があることをいう。

内部統制は、判断の誤り、不注意、複数の担当者による共謀によって有効に機能しなくなる場合がある。しかし、内部統制を整備することにより、判断の誤り、不注意によるリスクは相当程度、低減されるとともに、複数の担当者が共謀して不正を行うことは、相当程度困難なものになる。

また、内部統制は、当初想定していなかった組織内外の環境の変化や非定型的な取引等には、必ずしも対応しない場合がある。しかし、例えば、当初想定していなかった環境の変化や非定型的な取引の発生しやすいプロセスに重点的に知識・経験を有する者を配置するなど、的確に内部統制を整備することによって、当初想定していなかった環境の変化や非定型的な取引に対する対応の範囲は相当程度、拡げることができる。

内部統制は、組織の経営判断において、費用と便益との比較衡量の下で整備及び運用される。組織は、ある内部統制の手続を導入又は維持することの可否を決定する際に、そのための費用と、その手続によるリスクへの対応を図ることから得られる便益とを比較検討する。

さらに、経営者が不当な目的のために内部統制を無視ないし無効ならしめることがある。しかし、経営者が、組織内に適切な全社的又は業務プロセスレベルに係る内部統制を構築していれば、複数の者が当該事実に関与することから、経営者によるこうした行為の実行は相当程度、困難なものになり、結果として、経営者自らの行動にも相応の抑止的な効果をもたらすことが期待できる。

なお、当初想定していなかった組織内外の環境の変化や非定型的な取引等に対して、経営者が既存の内部統制の枠外での対応を行うこと、既存の内部統制の限界を踏まえて、正当な権限を受けた者が経営上の判断により別段の手続を行うことは、内部統制を無視する、又は無効にすることには該当しない。

4．内部統制に関係を有する者の役割と責任

(1) 経営者

> 経営者は、組織の全ての活動について最終的な責任を有しており、その一環として、取締役会が決定した基本方針に基づき内部統制を整備及び運用する役割と責任がある。
>
> 経営者は、その責任を果たすための手段として、社内組織を通じて内部統制の整備及び運用（モニタリングを含む。）を行う。
>
> 経営者は、組織内のいずれの者よりも、統制環境に係る諸要因及びその他の内部統制の基本的要素に影響を与える組織の気風の決定に大きな影響力を有している。
>
> **(注)** 本基準において、経営者とは、代表取

締役、代表執行役などの執行機関の代表者を念頭に規定している。

経営者は、組織を代表（会社法第349条）し、業務を執行する権限を有するとともに、取締役会による基本方針の決定を受けて、組織の内部統制を整備及び運用する役割と責任を負っている。

経営者は、会社の代表者として有価証券報告書を提出する立場にあり、開示書類の信頼性に係る最終的な責任を有している。

金融商品取引法における内部統制報告制度においても、内部統制報告書に会社の代表者がその役職氏名を記載して提出することになると考えられ、経営者は、財務報告に係る内部統制の整備及び運用について適正に評価・報告することが求められる。

なお、会社が最高財務責任者を置いている場合には、代表者と併せて、最高財務責任者の署名等を求めることが考えられる。

(2) 取締役会

取締役会は、内部統制の整備及び運用に係る基本方針を決定する。

取締役会は、経営者の業務執行を監督することから、経営者による内部統制の整備及び運用に対しても監督責任を有している。

取締役会は、「全社的な内部統制」の重要な一部であるとともに、「業務プロセスに係る内部統制」における統制環境の一部である。

取締役会は、組織の業務執行に関する意思決定機関であり、内部統制の基本方針を決定する。また、取締役会は、経営者の職務執行に関する監督機関であり、経営者を選定及び解職する権限を有する（会社法第362条、第416条、第420条）。

したがって、取締役会は経営者による内部統制の整備及び運用に対しても監督責任を有している。

(3) 監査役等

監査役等は、取締役及び執行役の職務の執行に対する監査の一環として、独立した立場から、内部統制の整備及び運用状況を監視、検証する役割と責任を有している。

監査役等は取締役等の職務の執行を監査する（会社法第381条第1項、第399条の2第3項第1号及び第404条第2項第1号）。また、監査役等は、会計監査を含む、業務監査を行う。

監査役等は、業務監査の一環として、財務報告の信頼性を確保するための体制を含め、内部統制が適切に整備及び運用されているかを監視する。また、会社法上、監査役等は、会計監査人が計算書類について実施した会計監査の方法と結果の相当性を評価することとされている。

一方、本基準で示す内部統制監査において、監査人は、監査役等が行った業務監査の中身自体を検討するものではないが、財務報告に係る全社的な内部統制の評価の妥当性を検討するに当たり、監査役等の活動を含めた経営レベルにおける内部統制の整備及び運用状況を、統制環境、モニタリング等の一部として考慮する。

(4) 内部監査人

内部監査人は、内部統制の目的をより効果的に達成するために、内部統制の基本的要素の一つであるモニタリングの一環として、内部統制の整備及び運用状況を検討、評価し、必要に応じて、その改善を促す職務を担っている。

(注) 本基準において、内部監査人とは、組織内の所属の名称の如何を問わず、内部統制の整備及び運用状況を検討、評価し、その改善を促す職務を担う者及び部署をいう。

内部監査人は、内部統制の整備及び運用状況を調査、検討、評価し、その結果を組織内の適切な者に報告する。内部監査人は、経営者の直属として設置されることが多く、内部統制の独立的評価において重要な役割を担っている。

内部監査人がその業務を遂行するには、内部監査の対象となる組織内の他の部署等からの制約を受けることなく、客観性を維持できる状況になければならない。このため、経営者は、内部監査人の身分等に関して、内部監査の対象となる業務及び部署から独立し、当該業務及び部署に対し直接の権限や責任を負わない状況を確保することが重要である。

また、内部監査の有効性を高めるため、経営者は、内部監査人から適時・適切に報告を受けることができる体制を確保することが重要である。

(5) 組織内のその他の者

> 内部統制は、組織内の全ての者によって遂行されるプロセスであることから、上記以外の組織内のその他の者も、自らの業務との関連において、有効な内部統制の整備及び運用に一定の役割を担っている。

内部統制は組織内の全ての者によって遂行されるプロセスである。上記(1)～(4)以外の組織内のその他の者も、日常業務の中で、例えば、統制活動、組織内での情報と伝達及び日常的モニタリングなどに関する活動を遂行しており、自らの権限と責任の範囲で、有効な内部統制の整備及び運用に関して一定の役割と責任を有している。なお、組織内のその他の者には、正規の従業員のほか、組織において一定の役割を担って業務を遂行する短期、臨時雇用の従業員も含まれる。

5．財務報告に係る内部統制の構築

(1) 財務報告に係る内部統制構築の要点

以上に示した内部統制の基本的な枠組みを踏まえ、特に財務報告に係る具体的な内部統制の構築に関して、重要となる点を列挙すれば以下のとおりである。経営者は、以下に挙げるような事項を確認し、何らかの不備があった場合には、必要に応じて改善を図ることが求められる。

○ 適正な財務報告を確保するための全社的な方針や手続が示されるとともに、適切に整備及び運用されていること
- 適正な財務報告についての意向等の表明及びこれを実現していくための方針・原則等の設定
- 取締役会及び監査役等の機能発揮
- 適切な組織構造の構築

○ 財務報告の重要な事項に虚偽記載が発生するリスクへの適切な評価及び対応がなされること
- 重要な虚偽記載が発生する可能性のあるリスクの識別、分析
- リスクを低減する全社的な内部統制及び業務プロセスに係る内部統制の設定

○ 財務報告の重要な事項に虚偽記載が発生するリスクを低減するための体制が適切に整備及び運用されていること
- 権限や職責の分担、職務分掌の明確化
- 全社的な職務規程等や必要に応じた個々の業務手順等の整備
- 統制活動の実行状況を踏まえた、統制活動に係る必要な改善

○ 真実かつ公正な情報が識別、把握及び処理され、適切な者に適時に伝達される仕組みが整備及び運用されていること
- 明確な意向、適切な指示の伝達を可能とする体制の整備
- 内部統制に関する重要な情報が適時・適切に伝達される仕組みの整備
- 組織の外部から内部統制に関する重要な情報を入手するための仕組みの整備

○ 財務報告に関するモニタリングの体制が整備され、適切に運用されていること
- 財務報告に係る内部統制の有効性を定時又は随時に評価するための体制の整備
- 内部・外部の通報に適切に対応するための体制の整備
- モニタリングによって把握された内部統制上の問題（不備）が、適時・適切に報告される

ための体制の整備

○　財務報告に係る内部統制に関するITに対し、適切な対応がなされること

・IT環境の適切な理解とこれを踏まえたITの有効かつ効率的な利用

・ITに係る全般統制及び業務処理統制の整備

(2)　財務報告に係る内部統制構築のプロセス

内部統制の構築の手続は各組織において異なるが、内部統制の評価及び報告に先立つ準備作業として求められる一般的な手続を示すことは可能であると考えられたことから、以下に例示することとした。

①　基本的計画及び方針の決定

内部統制の構築は、経営者の一貫した方針の下で実施されることが重要である。会社法の規定によって、内部統制の基本方針は取締役会が決定することとされており、経営者は、取締役会の決定を踏まえて、財務報告に係る内部統制を組織内の全社的なレベル及び業務プロセスのレベルにおいて実施するための基本的計画及び方針を定める必要がある。

経営者が定めるべき基本的計画及び方針としては、例えば、以下のようなものが挙げられる。

・適正な財務報告を実現するために構築すべき内部統制の方針・原則、範囲及び水準

・内部統制の構築に当たる経営者以下の責任者及び全社的な管理体制

・内部統制の構築に必要な手順及び日程

・内部統制の構築に係る個々の手続に関与する人員及びその編成並びに事前の教育・訓練の方法等

②　内部統制の整備状況の把握

内部統制の基本的計画及び方針が決定された後、組織内では、内部統制の整備状況を把握し、その結果を記録・保存する。こうした作業は、経営者及び内部統制の構築に責任を有する者の指示の下、組織内における全社的なプロジェクトとして実施されることが有効である。

財務報告に係る全社的な内部統制については、既存の内部統制に関する規程、慣行及びその遵守状況等を踏まえ、全社的な内部統制の整備状況を把握し、記録・保存する。特に、暗黙裡に実施されている社内の決まり事等がある場合には、それを明文化しておくことが重要である。

なお、全社的な内部統制の整備状況の把握に当たっては、例えば、「II　財務報告に係る内部統制の評価及び報告」参考１（財務報告に係る全社的な内部統制に関する評価項目の例）に掲げられた項目を適宜参照することが有用と考えられる。

また、財務報告に係る業務プロセスにおける内部統制については、重要な業務プロセスについて、例えば、次のような手順で内部統制の整備状況を把握し、記録・保存する。

ａ．組織の重要な各業務プロセスについて、取引の流れ、会計処理の過程を、必要に応じ図や表を活用して整理し、理解する。

ｂ．これらの各業務プロセスについて虚偽記載の発生するリスクを識別し、それらのリスクがいかなる財務報告又は勘定科目等と関連性を有するのか、また、識別されたリスクが業務の中に組み込まれた内部統制によって、十分に低減できるものになっているか、必要に応じ図や表を活用して、検討する。

上記ａ．ｂ．における図や表については、「II　財務報告に係る内部統制の評価及び報告」参考２（業務の流れ図(例)、業務記述書(例)）～参考３（リスクと統制の対応（例））が参考となる。

内部統制の整備の状況を記録し、可視化することで、内部統制の有効性に関する評価が実施できる状態となる。

(注)　業務プロセスの識別の例としては、以下の図のようなものが考えられるが、組織により業務の態様等が異なるため、どのように業務プロセスを識別・整理するかについては、組織ごとに判断される必要がある。

業務プロセス細分化の例

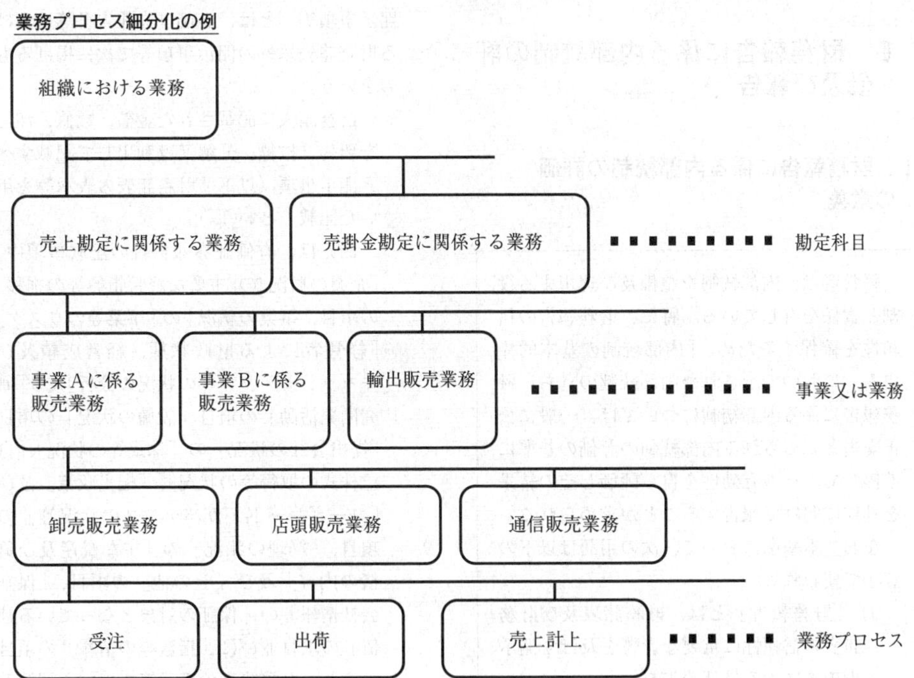

③　把握された不備への対応及び是正

内部統制の整備状況の把握の過程で把握された内部統制の不備には適切な対応が図られなければならない。経営者及び内部統制の構築に責任を有する者は、内部統制の基本的計画及び方針に基づいて、不備の是正措置をとる。

全社的な内部統制については、例えば、「Ⅱ　財務報告に係る内部統制の評価及び報告」参考１（財務報告に係る全社的な内部統制に関する評価項目の例）に掲げられた項目を参考に、問題があれば、必要な是正をする。

また、業務プロセスに係る内部統制については、例えば、次のような手順で是正する。

ａ．現状、業務に組み込まれている内部統制が、虚偽記載の発生するリスクを十分に低減できるものとなっていない場合には、当該内部統制を是正するための措置を講じる。

ｂ．ａ．によって新たな取引の流れ、会計処理の過程ができた場合には、必要に応じ②ａ．及びｂ．の図や表を更新する。

金融商品取引法で求める内部統制報告制度は、財務報告の信頼性を確保することが目的であって、財務報告に係る内部統制の不備は、内部統制報告に先立って、適切に対応及び是正されていることが期待される。経営者は、内部統制報告の実施までに、自社内の内部統制が有効なものとなるよう改善していくことが求められる。

Ⅱ　財務報告に係る内部統制の評価及び報告

1．財務報告に係る内部統制の評価の意義

経営者は、内部統制を整備及び運用する役割と責任を有している。特に、財務報告の信頼性を確保するため、「内部統制の基本的枠組み」において示された内部統制のうち、財務報告に係る内部統制については、一般に公正妥当と認められる内部統制の評価の基準に準拠して、その有効性を自ら評価しその結果を外部に向けて報告することが求められる。

なお、本基準において、次の用語は以下の意味で使われる。

⑴「財務報告」とは、財務諸表及び財務諸表の信頼性に重要な影響を及ぼす開示事項等に係る外部報告をいう。

⑵「財務報告に係る内部統制」とは、財務報告の信頼性を確保するための内部統制をいう。

⑶「財務報告に係る内部統制が有効である」とは、当該内部統制が適切な内部統制の枠組みに準拠して整備及び運用されており、当該内部統制に開示すべき重要な不備がないことをいう。

⑷「開示すべき重要な不備」とは、財務報告に重要な影響を及ぼす可能性が高い財務報告に係る内部統制の不備をいう。

① **財務報告の範囲**

イ．「財務諸表」とは、連結財務諸表の用語、様式及び作成方法に関する規則（昭和51年大蔵省令第28号）第1条に規定する連結財務諸表及び財務諸表等の用語、様式及び作成方法に関する規則（昭和38年大蔵省令第59号）第1条に規定する財務諸表をいう。

ロ．「財務諸表の信頼性に重要な影響を及ぼす開示事項等」とは、有価証券報告書等における財務諸表以外の開示事項等で次に掲げるものをいう。

a．財務諸表に記載された金額、数値、注記を要約、抜粋、分解又は利用して記載すべき開示事項（以下「財務諸表の表示等を用いた記載」という。）。

例えば、有価証券報告書の記載事項中、「企業の概況」の「主要な経営指標等の推移」の項目、「事業の状況」の「事業等のリスク」、「経営者による財政状態、経営成績及びキャッシュ・フローの状況の分析」及び「研究開発活動」の項目、「設備の状況」の項目、「提出会社の状況」の「株式等の状況」、「自己株式の取得等の状況」、「配当政策」及び「コーポレート・ガバナンスの状況等」の項目、「経理の状況」の「主な資産及び負債の内容」及び「その他」の項目、「保証会社情報」の「保証の対象となっている社債」の項目並びに「指数等の情報」の項目のうち、財務諸表の表示等を用いた記載が挙げられる。

なお、この点に係る経営者の評価は、財務諸表に記載された内容が適切に要約、抜粋、分解又は利用される体制が整備及び運用されているかについてのものであることに留意する。

b．関係会社の判定、連結の範囲の決定、持分法の適用の要否、関連当事者の判定その他財務諸表の作成における判断に密接に関わる事項

例えば、有価証券報告書の記載事項中、「企業の概況」の「事業の内容」及び「関係会社の状況」の項目、「提出会社の状況」の「大株主の状況」の項目における関係会社、関連当事者、大株主等の記載事項が挙げられる。

なお、この点に係る経営者の評価は、これらの事項が財務諸表作成における重要な判断に及ぼす影響の大きさを勘案して行われるものであり、必ずしも上記開示項目に

おける記載内容の全てを対象とするものではないことに留意する。

② 開示すべき重要な不備の判断指針

本基準においては、財務報告の信頼性に与える影響の程度の観点から、開示すべき重要な不備の判断指針を示している。開示すべき重要な不備の判断指針は、企業の置かれた環境や事業の特性等によって異なるものであり、一律に示すことはできないが、基本的には、財務報告全般に関する虚偽記載の発生可能性と影響の大きさのそれぞれから判断される。

したがって、以下に述べる開示すべき重要な不備の判断指針は、不備が開示すべき重要な不備に該当するか判断する際に用いられるものであり、Ⅱ.2.(2)②「評価対象とする業務プロセスの識別」において個別に評価対象に追加する業務プロセスを決定する際に用いる指針として示したものではないことに留意する必要がある。

イ．内部統制の不備

内部統制の不備は、内部統制が存在しない、又は規定されている内部統制では内部統制の目的を十分に果たすことができない等の整備上の不備と、整備段階で意図したように内部統制が運用されていない、又は運用上の誤りが多い、あるいは内部統制を実施する者が統制内容や目的を正しく理解していない等の運用の不備からなる。

内部統制の不備は単独で、又は複数合わさって、一般に公正妥当と認められる企業会計の基準及び財務報告を規制する法令に準拠して取引を記録、処理及び報告することを阻害し、結果として開示すべき重要な不備となる可能性がある。

ロ．開示すべき重要な不備

内部統制の開示すべき重要な不備とは、内部統制の不備のうち、一定の金額を上回る虚偽記載、又は質的に重要な虚偽記載をもたらす可能性が高いものをいう。

経営者は、内部統制の不備が開示すべき重要な不備に該当するか判断する際には、金額的な面及び質的な面の双方について検討を行う。

財務報告に係る内部統制の有効性の評価は、原則として連結ベースで行うので、重要な影響の水準も原則として連結財務諸表に対して判断する。

a．金額的な重要性の判断

金額的重要性は、連結総資産、連結売上高、連結税引前利益などに対する比率で判断する。これらの比率は画一的に適用するのではなく、会社の業種、規模、特性など、会社の状況に応じて適切に用いる必要がある。

(注1) 連結総資産、連結売上高、連結税引前利益などは、評価対象年度の実績値のみならず、それぞれの過去の一定期間における実績値の平均を含むことに留意する。

(注2) 例えば、連結税引前利益については、概ねその5％程度とすることが考えられるが、最終的には、財務諸表監査における金額的重要性との関連に留意する必要がある。

また、例年と比較して連結税引前利益の金額が著しく小さくなった場合や負になった場合には、必要に応じて監査人との協議の上、（連結税引前利益の）例えば5％ではなく、必要に応じて比率の修正や指標の変更を行うことや連結税引前利益において特殊要因等を除外することがありうることに留意する。

b．質的な重要性の判断

質的な重要性は、例えば、上場廃止基準や財務制限条項に関わる記載事項などが投資判断に与える影響の程度や、関連当事者との取引や大株主の状況に関する記載事項などが財務報告の信頼性に与える影響の程度で判断する。

2．財務報告に係る内部統制の評価とその範囲

(1) 財務報告に係る内部統制の有効性の評価

経営者は、財務報告の信頼性に及ぼす影響の重要性の観点から必要な範囲について、財務報告に係る内部統制の有効性の評価を行わ

なければならない。

　また、経営者は、評価に先立って、予め財務報告に係る内部統制の整備及び運用の方針及び手続を定め、それらの状況を記録し保存しておかなければならない。

　なお、財務報告に係る内部統制の有効性の評価は、原則として連結ベースで行うものとする（企業集団全体に関わり連結ベースでの財務報告全体に重要な影響を及ぼす内部統制を以下「全社的な内部統制」という。）。

　（注）　外部に委託した業務の内部統制については評価範囲に含める。

①　連結ベースの評価範囲

　「財務報告に係る内部統制の有効性の評価は、原則として連結ベースで行うものとする」とは、連結財務諸表を構成する有価証券報告書提出会社及び当該会社の子会社並びに関連会社を、財務報告に係る内部統制の評価範囲の決定手続を行う際の対象とすることをいい、次の点に留意するものとする。

イ．連結対象となる子会社等（組合等を含む。）は、評価範囲を決定する際の対象に含まれる。なお、子会社が上場しており、当該子会社が本基準に基づき内部統制報告書を作成し監査を受けている場合、親会社は、当該子会社の財務報告に係る内部統制の有効性の評価に当たって、当該子会社の財務報告に係る内部統制報告書（内部統制報告書が作成途上である場合における当該子会社からの報告等を含む。）を利用することができる。

ロ．持分法適用となる関連会社は、評価範囲を決定する際の対象に含まれる。ただし、当該関連会社が本基準に基づき内部統制報告書を作成し監査を受けている場合、又は当該関連会社が他の会社の子会社であって当該関連会社の親会社が本基準に基づき内部統制報告書を作成し監査を受けている場合には、イ．のなお書きに準じて取り扱う。なお、当該関連会社における他の支配株主の存在の有無、当該関連会社への投資持分及び持分法損益の状況、役員（取締役、監査役等）の派遣や兼任の状況などによって、子会社と同様の評価が行えないことが考えられるが、そうした場合には、全社的な内部統制を中心として、当該関連会社への質問書の送付、聞き取りあるいは当該関連会社で作成している報告等の閲覧、当該関連会社に係る管理プロセスの確認等適切な方法により評価を行う必要がある。

（注１）　持分法適用となる関連会社が他の会社の子会社であって当該関連会社の親会社が本基準に基づき内部統制報告書を作成し監査を受けている場合、①当該親会社の内部統制報告書又は②当該親会社が当該関連会社の財務報告に係る内部統制の有効性に関して確認を行っている旨の書面を利用することができる。

（注２）　持分法適用となる関連会社への役員の派遣や兼任の状況などにより、子会社と同様の評価が行えないことが考えられる。そうした場合には、当該関連会社の全社的な内部統制を中心として、当該関連会社への質問書の送付、聞き取りあるいは当該関連会社で作成している報告等の閲覧等適切な方法により評価を行うことを基本とするが、当該評価が行えないなど、特段の事情がある場合には、当該関連会社に対する投資損益の把握などの管理プロセスの確認等の適切な方法により評価を行うことができることに留意する。

ハ．在外子会社等についても、評価範囲を決定する際の対象に含まれる。ただし、当該在外子会社等について、所在地国に適切な内部統制報告制度がある場合には、当該制度を適宜活用することが可能である。また、所在地国に内部統制報告制度がない場合であっても、歴史的、地理的な沿革等から我が国以外の第三国の適切な内部統制報告制度が利用できることが考えられ、そのような場合には、これを適宜活用することが可能である。

②　委託業務の評価

イ．委託業務の評価の範囲

　委託業務には、例えば、企業が財務諸表の作成の基礎となる取引の承認、実行、計算、集計、記録又は開示事項の作成等の業務を企業集団の外部の専門会社に委託している場合が挙げられる。

委託業務に関しては、委託者が責任を有しており、委託業務に係る内部統制についても評価の範囲に含まれる。委託業務が、企業の重要な業務プロセスの一部を構成している場合には、経営者は、当該業務を提供している外部の受託会社の業務に関し、その内部統制の有効性を評価しなければならない。

ロ．委託業務に係る内部統制の評価

経営者は、委託業務に係る内部統制について、当該受託会社が実施している内部統制の整備及び運用状況を把握し、適切に評価しなければならない。その際には、以下の手続のいずれかにより内部統制の有効性を評価することも考えられる。

ａ．サンプリングによる検証

委託業務結果の報告書と基礎資料との整合性を検証するとともに、委託業務の結果について、一部の項目を企業内で実施して検証する。

例えば、給与計算業務について、受託会社に委託した給与データの対象人数を受託会社から受領した計算データの件数と、企業において比較するとともに、無作為に抽出したその一部について、企業において検算を実施する。

ｂ．受託会社の評価結果の利用

委託業務に係る内部統制の整備及び運用状況に関しては、経営者は、委託業務に関連する内部統制の評価結果を記載した報告書等を受託会社から入手して、自らの判断により委託業務の評価の代替手段とすることが考えられる。

その際、経営者は、当該報告書等が十分な証拠を提供しているかどうかを検討しなければならない。

(2) 評価の範囲の決定

経営者は、内部統制の有効性の評価に当たって、財務報告に対する金額的及び質的影響の重要性を考慮し、以下の事項等に関して合理的に評価の範囲を決定し、当該内部統制の評価の範囲に関する決定方法及び根拠等を適切に記録しなければならない。

○　財務諸表の表示及び開示
○　企業活動を構成する事業又は業務
○　財務報告の基礎となる取引又は事象
○　主要な業務プロセス

これらの事項については、重要な事業拠点の選定を踏まえ、財務諸表の表示及び開示について、金額的及び質的影響の重要性の観点から、評価の範囲を検討する。

この検討結果に基づいて、企業活動を構成する事業又は業務、財務報告の基礎となる取引又は事象、及び主要な業務プロセスについて、財務報告全体に対する金額的及び質的影響の重要性を検討し、合理的な評価の範囲を決定する。

経営者は、全社的な内部統制の評価を行い、その評価結果を踏まえて、業務プロセスの評価の範囲を決定する。

なお、全社的な内部統制については、以下の「業務プロセスに係る評価の範囲の決定」において記述する手順により評価の範囲を決定する対象には含まれず、原則として、全ての事業拠点について全社的な観点で評価することに留意する。

ただし、財務報告に対する影響の重要性が僅少である事業拠点に係るものについて、その重要性を勘案して、評価対象としないことを妨げるものではない。

（注１）「財務報告に対する影響の重要性が僅少である事業拠点」の判断については、例えば、売上高で全体の95％に入らないような連結子会社は僅少なものとして、評価の対象からはずすといった取扱いが考えられるが、その判断は、経営者において、必要に応じて監査人と協議して行われるべきものであり、特定の比率を機械的に適用すべきものではないことに留意する。

（注２）「財務報告に対する影響の重要性が僅少である事業拠点」の判断については、例えば、売上高の一定比率といった基準を全ての連結子会社

に適用するのではなく、各連結子会社の事業の内容等に応じ、異なる基準を適用する方法も考えられる。

〔業務プロセスに係る評価の範囲の決定〕

主として経理部門が担当する決算・財務報告に係る業務プロセスのうち、全社的な観点で評価することが適切と考えられるものについては、全社的な内部統制に準じて、全ての事業拠点について全社的な観点で評価することに留意する。

（注）　全社的な観点で評価することが適切と考えられる決算・財務報告プロセスには、例えば、以下のような手続が含まれる。

・総勘定元帳から財務諸表を作成する手続
・連結修正、報告書の結合及び組替など連結財務諸表作成のための仕訳とその内容を記録する手続
・財務諸表に関連する開示事項を記載するための手続

ただし、財務報告に対する影響の重要性が僅少である事業拠点に係るものについて、その重要性を勘案して、評価対象としないことを妨げるものではない。

上記以外の業務プロセスについては、以下の手順で評価範囲を決定する。

①　重要な事業拠点の選定

企業が複数の事業拠点を有する場合には、評価対象とする事業拠点を売上高等の重要性により決定する。例えば、本社を含む各事業拠点の売上高等の金額の高い拠点から合算していき、連結ベースの売上高等の一定の割合に達している事業拠点を評価の対象とする。

（注１）　事業拠点は、必ずしも地理的な概念にとらわれるものではなく、企業の実態に応じ、本社、子会社、支社、支店のほか、事業部等として識別されることがある。

また、事業拠点を選定する指標として、基本的には、売上高が用いられるが、企業の置かれた環境や事業の特性によって、異なる指標や追加的な指標を用いることがあり、例えば、銀行等の場合には、経常収益という指標を用いることが考えられる。

（注２）　一定割合をどう考えるかについては、企業により事業又は業務の特性等が異なることから、一律に示すことは困難であると考えられるが、全社的な内部統制の評価が良好であれば、例えば、連結ベースの売上高等の一定割合を概ね２／３程度とし、これに以下②で記述する、重要性の大きい個別の業務プロセスの評価対象への追加を適切に行うことが考えられる。なお、連結ベースの売上高に対する一定割合ではなく、内部取引の連結消去前の売上高等に対する一定割合とする方法も考えられる。

この一定割合については、当該事業拠点が前年度に重要な事業拠点として評価範囲に入っており、イ）前年度の当該拠点に係る内部統制の評価結果が有効であること、ロ）当該拠点の内部統制の整備状況に重要な変更がないこと、ハ）重要な事業拠点の中でも、グループ内での中核会社でないなど特に重要な事業拠点でないことを確認できた場合には、当該事業拠点を本年度の評価対象としないことができると考えられる。その場合、結果として、売上高等の概ね２／３を相当程度下回ることがあり得る。

（注３）　関連会社については、連結ベースの売上高に関連会社の売上高が含まれておらず、当該関連会社の売上高等をそのまま一定割合の算出に当てはめることはできないことから、別途、各関連会社が有する財務諸表に対する影響の重要性を勘案して評価対象を決定する。

なお、下期の買収・合併、災害等、評価作業を実施することが困難な事情がある重要な事業拠点については、評価対象から除外することができるが、この場合には、内部統制報告書において評価範囲の限定の記載を行う必要があることに留意する。

②　評価対象とする業務プロセスの識別

イ．①で選定した重要な事業拠点（持分法適用となる関連会社を除く。）における、企業の事業目的に大きく関わる勘定科目（例えば、一般的な事業会社の場合、原則として、売上、売掛金及び棚卸資産）に至る業務プロセスは、原則として、全てを評価の対象とする。

ただし、例えば、当該重要な事業拠点が行う重要な事業又は業務との関連性が低く、財務報告に対する影響の重要性も僅少である業務プロセスについては、それらを評価対象と

しないことができる。その場合には、評価対象としなかった業務プロセス、評価対象としなかった理由について記録しておく必要があることに留意する。

なお、棚卸資産に至る業務プロセスには、販売プロセスの他、在庫管理プロセス、期末の棚卸プロセス、購入プロセス、原価計算プロセス等が関連してくると考えられるが、これらのうち、どこまでを評価対象とするかについては、企業の特性等を踏まえて、虚偽記載の発生するリスクが的確に把えられるよう、適切に判断される必要がある。

一般に、原価計算プロセスについては、期末の在庫評価に必要な範囲を評価対象とすれば足りると考えられるので、必ずしも原価計算プロセスの全工程にわたる評価を実施する必要はないことに留意する。

（注１）「企業の事業目的に大きく関わる勘定科目」については、（売上、売掛金及び棚卸資産の３勘定はあくまで例示であり、）個別の業種、企業の置かれた環境や事業の特性等に応じて適切に判断される必要がある。

例えば、銀行等の場合、預金・貸出業務等を中心とする多くの銀行等については、預金、貸出金、有価証券の３勘定に至る業務プロセスを、原則的な評価対象とすることが考えられる。

（注２）重要な事業拠点における企業の事業目的に大きく関わる勘定科目に至る業務プロセスの評価範囲については、経営者が重要な虚偽記載の発生するリスクを勘案して、企業ごとに適切に判断すべきものであり、その判断基準について、一概に言うことは適切ではないと考えられるが、例えば、売上を「企業の事業目的に大きく関わる勘定科目」としている場合において、売上に至る業務プロセスの金額を合算しても連結売上高の概ね５％程度以下となる業務プロセスを、重要な事業又は業務との関連性が低く、財務報告に対する影響の重要性も僅少なものとして評価の対象からはずすといった取扱いはありうるものと考えられる。なお、この「概ね５％程度」については機械的に適用すべきでないことに留意する。

ロ．①で選定された事業拠点及びそれ以外の事業拠点について、財務報告への影響を勘案して、重要性の大きい業務プロセスについては、個別に評価対象に追加する。その際の留意点は以下のとおりである。

ａ．リスクが大きい取引を行っている事業又は業務に係る業務プロセス

例えば、財務報告の重要な事項の虚偽記載に結びつきやすい事業上のリスクを有する事業又は業務（例えば、金融取引やデリバティブ取引を行っている事業又は業務や価格変動の激しい棚卸資産を抱えている事業又は業務など）や、複雑な会計処理が必要な取引を行っている事業又は業務を行っている場合には、当該事業又は業務に係る業務プロセスは、追加的に評価対象に含めることを検討する。

ｂ．見積りや経営者による予測を伴う重要な勘定科目に係る業務プロセス

例えば、引当金や固定資産の減損損失、繰延税金資産（負債）など見積りや経営者による予測を伴う重要な勘定科目に係る業務プロセスで、財務報告に及ぼす影響が最終的に大きくなる可能性があるものは、追加的に評価対象に含めることを検討する。

ｃ．非定型・不規則な取引など虚偽記載が発生するリスクが高いものとして、特に留意すべき業務プロセス

例えば、通常の契約条件や決済方法と異なる取引、期末に集中しての取引や過年度の趨勢から見て突出した取引等非定型・不規則な取引を行っていることなどから虚偽記載の発生するリスクが高いものとして、特に留意すべき業務プロセスについては、追加的に評価対象に含めることを検討する。

ｄ．上記その他の理由により追加的に評価対象に含める場合において、財務報告への影響の重要性を勘案して、事業又は業務の全体ではなく、特定の取引又は事象（あるいは、その中の特定の主要な業務プロセス）のみを評価対象に含めれば足りる場合には、その部分だけを評価対象に含めることで足

ける。

〔監査人との協議〕

監査人による評価範囲の妥当性の検討の結果、後日、経営者の決定した評価範囲が適切でないと判断されることが考えられ、この場合、経営者は、新たな評価範囲について、評価し直す必要が生じるが、その手続の実施は、時間的な制約等から困難になる場合も想定される。したがって、経営者は、評価の範囲を決定した後に、当該範囲を決定した方法及びその根拠等について、必要に応じて、監査人と協議を行っておくことが適切である。

3．財務報告に係る内部統制の評価の方法

(1)　経営者による内部統制評価

経営者は、有効な内部統制の整備及び運用の責任を負う者として、財務報告に係る内部統制を評価する。経営者は、内部統制の評価に当たって、連結ベースでの財務報告全体に重要な影響を及ぼす内部統制の評価を行った上で、その結果を踏まえて、業務プロセスに組み込まれ一体となって遂行される内部統制（以下「業務プロセスに係る内部統制」という。）を評価しなければならない。

なお、経営者による内部統制評価は、期末日を評価時点として行うものとする。

①　内部統制の評価体制

経営者による評価とは、一義的には、経営者自らが企業の内部統制の評価を行い、評価の結果を表明することを意味する。内部統制の評価の最終的な責任は経営者にあり、評価の計画、実施、評価結果の責任は経営者が負うことになる。

ただし、経営者が全ての評価作業を全て実施することは困難であり、経営者の指揮下で経営者を補助して評価を行う責任者を指定するほか、通常、経営者の指揮下で評価を行う部署や機関を設置することが考えられるが、例えば、自らの業務を評価することとならない範囲において、経理部、内部監査部など既設の部署を活用することも考えられる。

経営者を補助して評価を実施する部署及び機関並びにその要員は、評価の対象となる業務から独立し、客観性を保つことが求められる。また、評価に必要な能力を有していること、すなわち、内部統制の整備及びその評価業務に精通していること、評価の方法及び手続を十分に理解し適切な判断力を有することが必要である。

日常の業務を遂行する者又は業務を執行する部署自身による内部統制の自己点検は、それのみでは独立的評価とは認められないが、内部統制の整備及び運用状況の改善には有効であり、独立的評価を有効に機能させることにもつながるものである。自己点検による実施結果に対して独立したモニタリングを適切に実施することにより、内部統制の評価における判断の基礎として自己点検を利用することが考えられる。

②　専門家の業務の利用

経営者は、財務報告に係る内部統制の評価作業の一部を、社外の専門家を利用して実施することができる。

専門家による作業結果を評価の証拠として利用するかどうかについては、あくまで経営者が自らの責任において判断する必要があり、評価結果の最終的な責任は経営者が負う。そのためには、例えば、以下の事項に留意する。

イ．専門家が、単に業務の専門的知識のみならず、内部統制の評価について経営者の依頼内容を達成するのに必要な知識と経験を有していること

ロ．専門家に業務を依頼するにあたり、評価手続の具体的内容、評価対象期間、評価範囲、サンプル件数等の基本的要件を明確にすること

ハ．評価手続や業務の内容を明確にするため、専門家から経営者に提出される報告に盛り込まれるべき事項を明確にすること

ニ．専門家が実施する業務の進捗状況を定期的に検証すること

ホ．専門家が実施した業務結果が、依頼した基本的内容を満たしているか確認すること

(2) 全社的な内部統制の評価

経営者は、全社的な内部統制の整備及び運用状況、並びに、その状況が業務プロセスに係る内部統制に及ぼす影響の程度を評価する。その際、経営者は、組織の内外で発生するリスク等を十分に評価するとともに、財務報告全体に重要な影響を及ぼす事項を十分に検討する。例えば、全社的な会計方針及び財務方針、組織の構築及び運用等に関する経営判断、経営レベルにおける意思決定のプロセス等がこれに該当する。

① 全社的な内部統制

全社的な内部統制は企業全体に広く影響を及ぼし、企業全体を対象とする内部統制であり、基本的には企業集団全体を対象とする内部統制を意味する。ただし、企業集団内の子会社や事業部等に独特の歴史、慣習、組織構造等が認められ、当該子会社や事業部等を対象とする内部統制を別途評価対象とすることが適切と判断される場合には、個々の子会社や事業部等のみを対象とする全社的な内部統制を評価することもある。その場合、どの子会社や事業部等の単位で内部統制を識別し、評価を実施するかは経営者が財務報告への影響の重要性を勘案して適切に判断する。

〔全社的な内部統制の評価項目〕

全社的な内部統制の形態は、企業の置かれた環境や事業の特性等によって様々であり、企業ごとに適した内部統制を整備及び運用することが求められるが、各基本的要素ごとに、例えば、参考１（財務報告に係る全社的な内部統制に関する評価項目の例）のような評価項目が考えられる。ただし、必ずしも参考１の例によらない場合があること及び参考１の例による場合でも、適宜、加除修正がありうることに留意する。

(注) 全社的な内部統制の評価項目（財務報告の信頼性に特に重要な影響を及ぼす項目を除く。）のうち、前年度の評価結果が有効であり、かつ、前年度の整備状況と重要な変更がない項目については、その旨を記録することで、前年度の運用状況の評価結果を継続して利用することができる。これにより、全社的な内部統制の評価項目の運用状況の評価について、一定の複数会計期間内に一度の頻度で実施されることがあることに留意する。なお、全社的な内部統制の評価を個々の子会社や事業部等の単位で実施している場合には、財務報告の信頼性に与える影響の重要性を勘案し、当該評価単位ごとに前年度の運用状況の評価結果を継続して利用するか否かを判断することができることに留意する。

② 全社的な内部統制の評価方法

全社的な内部統制を評価するときは、評価対象となる内部統制全体を適切に理解及び分析した上で、必要に応じて関係者への質問や記録の検証などの手続を実施する。

③ 全社的な内部統制と業務プロセスに係る内部統制

経営者は、全社的な内部統制の評価結果を踏まえ、業務プロセスに係る内部統制を評価するが、全社的な内部統制と業務プロセスに係る内部統制は相互に影響し合い、補完する関係にある。経営者は両者のバランスを適切に考慮した上で内部統制の評価を行うことが求められる。

〔企業の業務の性質等によるバランスの相違〕

企業の行う業務の性質等により、全社的な内部統制と業務プロセスに係る内部統制のどちらに重点を置くかが異なることもある。例えば、組織構造が相対的に簡易な場合には、全社的な内部統制の重要性が高くなることがある。

一方、社内の規程や方針、手続に準拠して行う業務の割合が高い企業においては、業務プロセスに係る内部統制が相対的に重要となることが考えられる。例えば、多店舗に展開する小売販売業務においては、業務の手続を定型化する必要があり、販売規程、現金取扱規程、従業員教育規程、例外事項対応規程などの多くの業務プロセスに係る内部統制の手引きが作成されることになる。

経営者は、全社的な内部統制の評価結果を踏

まえて、業務プロセスに係る内部統制の評価の範囲、方法等を決定する。例えば、全社的な内部統制の評価結果が有効でない場合には、当該内部統制の影響を受ける業務プロセスに係る内部統制の評価について、評価範囲の拡大や評価手続を追加するなどの措置が必要となる。一方、全社的な内部統制の評価結果が有効である場合については、業務プロセスに係る内部統制の評価に際して、サンプリングの範囲を縮小するなど簡易な評価手続を取り、又は重要性等を勘案し、評価範囲の一部について、一定の複数会計期間ごとに評価の対象とすることが考えられる。

(注) 一定の複数会計期間については、当該業務プロセスの重要性等を勘案し、適切に判断することが必要である。

なお、例えば、上記①に記載のとおり、企業集団内の子会社や事業部等の特性等にかんがみ、その重要性を勘案して、個々の子会社や事業部等のみを対象とする全社的な内部統制の評価が行われた場合には、その評価結果を踏まえて、当該子会社や事業部等に係る業務プロセスにつき、評価の範囲、方法等を調整することがありうることに留意する。

(3) 業務プロセスに係る内部統制の評価

経営者は、全社的な内部統制の評価結果を踏まえ、評価対象となる内部統制の範囲内にある業務プロセスを分析した上で、財務報告の信頼性に重要な影響を及ぼす統制上の要点(以下「統制上の要点」という。)を選定し、当該統制上の要点について内部統制の基本的要素が機能しているかを評価する。

経営者は、全社的な内部統制の評価結果を踏まえ、評価対象となる業務プロセスを分析した上で、財務報告の信頼性に重要な影響を及ぼす内部統制を統制上の要点として識別する。次に、統制上の要点となる内部統制が虚偽記載の発生するリスクを十分に低減しているかどうかを評価する。経営者は、各々の統制上の要点の整備及び運用の状況を評価することによって、当該業務プロセスに係る内部統制の有効性に関する評価の基礎とする。

① 評価対象となる業務プロセスの把握・整理

経営者は、評価対象となる業務プロセスにおける取引の開始、承認、記録、処理、報告を含め、取引の流れを把握し、取引の発生から集計、記帳といった会計処理の過程を理解する。把握された業務プロセスの概要については、必要に応じ図や表を活用して整理・記録することが有用である。

(注) 図や表の例としては、参考2(業務の流れ図(例)、業務記述書(例))が挙げられる。ただし、これは、必要に応じて作成するとした場合の参考例として掲載したものであり、また、企業において別途、作成しているものがあれば、それを利用し、必要に応じそれに補足を行っていくことで足り、必ずしもこの様式による必要はないことに留意する。

② 業務プロセスにおける虚偽記載の発生するリスクとこれを低減する統制の識別

イ. 経営者は、評価対象となる業務プロセスにおいて、不正又は誤謬により、虚偽記載が発生するリスクを識別する。

このリスクを識別するに当たっては、当該不正又は誤謬が発生した場合に、実在性、網羅性、権利と義務の帰属、評価の妥当性、期間配分の適切性、表示の妥当性といった適切な財務情報を作成するための要件のうち、どの要件に影響を及ぼすかについて理解しておくことが重要となる。

a. 実在性－資産及び負債が実際に存在し、取引や会計事象が実際に発生していること

b. 網羅性－計上すべき資産、負債、取引や会計事象を全て記録していること

c. 権利と義務の帰属－計上されている資産に対する権利及び負債に対する義務が企業に帰属していること

d. 評価の妥当性－資産及び負債を適切な価額で計上していること

e. 期間配分の適切性－取引や会計事象を適切な金額で記録し、収益及び費用を適切な期間に配分していること

f．表示の妥当性－取引や会計事象を適切に表示していること

ロ．虚偽記載が発生するリスクを低減するための統制上の要点を識別する。

経営者は、虚偽記載が発生するリスクを低減するための内部統制を識別する。その際、特に取引の開始、承認、記録、処理、報告に関する内部統制を対象に、実在性、網羅性、権利と義務の帰属、評価の妥当性、期間配分の適切性、表示の妥当性といった適切な財務情報を作成するための要件を確保するために、どのような内部統制が必要かという観点から識別する。

経営者は、個々の重要な勘定科目に関係する個々の統制上の要点について、内部統制が適切に機能し、実在性、網羅性、権利と義務の帰属、評価の妥当性、期間配分の適切性、表示の妥当性といった要件を確保する合理的な保証を提供しているかを判断することを通じて、財務報告に係る内部統制についての基本的要素が有効に機能しているかを判断する。

なお、業務プロセスに係る内部統制の整備及び運用状況の評価については、必要に応じ、図や表を活用して整理・記録することが有用である。

(注) 図や表の例としては、参考３（リスクと統制の対応（例））が挙げられる。ただし、これは、必要に応じて作成するとした場合の参考例として掲載したものであり、また、企業において別途、作成しているものがあれば、それを利用し、必要に応じそれに補足を行っていくことで足り、必ずしもこの様式による必要はないことに留意する。

③ 業務プロセスに係る内部統制の整備状況の有効性の評価

経営者は、上記②によって識別した個々の重要な勘定科目に関係する個々の統制上の要点が適切に整備され、実在性、網羅性、権利と義務の帰属、評価の妥当性、期間配分の適切性、表示の妥当性といった適切な財務情報を作成するための要件を確保する合理的な保証を提供できているかについて、関連文書の閲覧、従業員等への質問、観察等を通じて判断する。この際、内部統制が規程や方針に従って運用された場合に、財務報告の重要な事項に虚偽記載が発生するリスクを十分に低減できるものとなっているかにより、当該内部統制の整備状況の有効性を評価する。

その際には、例えば、以下のような事項に留意する。

・内部統制は、不正又は誤謬を防止又は適時に発見できるよう適切に実施されているか。
・適切な職務の分掌が導入されているか。
・担当者は、内部統制の実施に必要な知識及び経験を有しているか。
・内部統制に関する情報が、適切に伝達され、分析・利用されているか。
・内部統制によって発見された不正又は誤謬に適時に対処する手続が設定されているか。

(注) 統制上の要点として識別された内部統制の整備状況の評価は、原則として、毎期実施する必要がある。ただし、全社的な内部統制の評価結果が有効である場合には、統制上の要点として識別された内部統制（財務報告の信頼性に特に重要な影響を及ぼすものを除く。）のうち、前年度の評価結果が有効であり、かつ、前年度の整備状況と重要な変更がないものについては、その旨を記録することで、前年度の整備状況の評価結果を継続して利用することができる。これにより、業務プロセスに係る内部統制の整備状況の評価について、一定の複数会計期間内に一度の頻度で実施されることがあることに留意する。

④ 業務プロセスに係る内部統制の運用状況の有効性の評価

イ．運用状況の評価の内容

経営者は、業務プロセスに係る内部統制が適切に運用されているかを判断するため、業務プロセスに係る内部統制の運用状況の評価を実施する。

経営者は、関連文書の閲覧、当該内部統制に関係する適切な担当者への質問、業務の観察、内部統制の実施記録の検証、各現場における内部統制の運用状況に関する自己点検の状況の検討等により、業務プロセスに係る内部統制の運

用状況を確認する。

ロ．運用状況の評価の実施方法

運用状況の評価の実施に際して、経営者は、原則としてサンプリングにより十分かつ適切な証拠を入手する。全社的な内部統制の評価結果が良好である場合や、業務プロセスに係る内部統制に関して、同一の方針に基づく標準的な手続が企業内部の複数の事業拠点で広範に導入されていると判断される場合には、サンプリングの範囲を縮小することができる。

例えば、複数の営業拠点や店舗を展開している場合において、統一的な規程により業務が実施されている、業務の意思決定に必要な情報と伝達が良好である、内部統制の同一性をモニタリングする内部監査が実施されている等、全社的な内部統制が良好に運用されていると評価される場合には、全ての営業拠点について運用状況の評価を実施するのではなく、個々の事業拠点の特性に応じていくつかのグループに分け、各グループの一部の営業拠点に運用状況の評価を実施して、その結果により全体の内部統制の運用状況を推定し、評価することができる。

評価対象とする営業拠点等については、計画策定の際に、一定期間で全ての営業拠点を一巡する点に留意しつつ、無作為抽出の方法を導入するなどその効果的な選定方法について検討する。

（注１）　統制上の要点として識別された内部統制の運用状況の評価は、原則として、毎期実施する必要がある。ただし、全社的な内部統制の評価結果が有効である場合には、統制上の要点として識別された内部統制（財務報告の信頼性に特に重要な影響を及ぼすものを除く。）のうち、前年度の評価結果が有効であり、かつ、前年度の整備状況と重要な変更がないものについては、その旨を記録することで、前年度の運用状況の評価結果を継続して利用することができる。これにより、業務プロセスに係る内部統制の運用状況の評価について、一定の複数会計期間内に一度の頻度で実施されることがあることに留意する。

（注２）　事業規模が小規模で、比較的簡素な構造を有している組織等の運用状況の評価においては、特に、それぞれの組織の状況等に応じ、評価方法を工夫して効率的に実施することができる。例えば、適切な全社的な内部統制が整備及び運用されていることを前提に、一律に、通期において業務プロセスに係る内部統制については運用状況の評価が求められるものではないこと、また、組織内における各階層（例えば、部長レベル、担当者レベル等）において必ず評価が求められるものではないことに留意する。

ハ．運用状況の評価の実施時期

評価時点（期末日）における内部統制の有効性を判断するには、適切な時期に運用状況の評価を実施することが必要となる。

運用状況の評価を期中に実施した場合、期末日までに内部統制に関する重要な変更があったときには、例えば、以下の追加手続の実施を検討する。なお、変更されて期末日に存在しない内部統制については、評価する必要はないことに留意する。

ａ．重要な変更の内容の把握・整理

ｂ．変更に伴う業務プロセスにおける虚偽記載の発生するリスクとこれを低減する統制の識別を含む変更後の内部統制の整備状況の有効性の評価

ｃ．変更後の内部統制の運用状況の有効性の評価

なお、決算・財務報告プロセスに係る内部統制の運用状況の評価については、当該期において適切な決算・財務報告プロセスが確保されるよう、仮に不備があるとすれば早期に是正が図られるべきであり、また、財務諸表監査における内部統制の評価プロセスとも重なりあう部分が多いと考えられることから、期末日までに内部統制に関する重要な変更があった場合には適切な追加手続が実施されることを前提に、前年度の運用状況をベースに、早期に実施されることが効率的・効果的である。

ニ．評価の実施方法の決定に関する留意事項

運用状況の評価の実施方法（サンプル件数、サンプルの対象期間等）を決定する際に考慮すべき事項は、以下のとおりである。

a．内部統制の形態・特徴等

経営者は、内部統制の重要性、複雑さ、担当者が行う判断の性質、内部統制の実施者の能力、前年度の評価結果やその後の変更の状況等を考慮して運用状況の評価の実施方法（サンプル件数、サンプルの対象期間等）を決定する必要がある。

また、ITを利用した内部統制は一貫した処理を反復継続するため、その整備状況が有効であると評価された場合には、ITに係る全般統制の有効性を前提に、人手による内部統制よりも、例えばサンプル件数を減らし、サンプルの対象期間を短くするなど、一般に運用状況の評価作業を減らすことができる。

b．決算・財務報告プロセス

上記2・⑵で記載したとおり、決算・財務報告に係る業務プロセスのうち、全社的な観点で評価することが適切と考えられるものについては、全社的な内部統制に準じて、全社的な観点で評価が行われることとなるが、それ以外の決算・財務報告プロセスについては、それ自体を固有の業務プロセスとして評価することとなる。

その際には、決算・財務報告プロセスに係る内部統制は、財務報告の信頼性に関して非常に重要な業務プロセスであることに加え、その実施頻度が日常的な取引に関連する業務プロセスなどに比して低いことから評価できる実例の数は少ないものとなる。したがって、決算・財務報告プロセスに係る内部統制に対しては、一般に、他の内部統制よりも慎重に運用状況の評価を行う必要がある。

⑤　ITを利用した内部統制の評価

イ．ITを利用した内部統制の評価

情報システムにITが利用されている場合は、通常、情報は種々の業務システムで処理、作成され、その情報が会計システムに反映される。したがって、経営者は、こうした業務システムや会計システムによって作成される財務情報の信頼性を確保するための内部統制を評価する必要がある。この内部統制には、コンピュータ・プログラムに組み込まれて自動化されている内部統制、人手とコンピュータ処理が一体となって機能している内部統制がある。

また、ITの統制は、全般統制と業務処理統制に分けられるが、経営者はこの両者を評価する必要がある。

ロ．評価範囲の決定

a．業務プロセスとシステムの範囲

財務報告に係るITの評価では、まず、財務報告に係る内部統制に関連するシステムの対象範囲を明確にする必要がある。業務プロセスにおける取引の発生から集計、記帳といった会計処理の過程を確認する際に、財務諸表の重要な勘定科目がどのような業務プロセス及びシステムと関連しているか、システムの機能の概要、どの部署で利用されているか等について整理する。

その際には、各業務プロセスにおいて用いる業務プロセスにおける取引の発生から集計、記帳といった会計処理の過程の整理に加えて、システム間のデータの流れ等を、必要に応じ図や表を活用して把握・整理し、また各業務プロセスで使用されているシステムの一覧を作成することが有用である。

(注)　前述の参考2（業務の流れ図（例））においては、右列にシステムに関する流れの欄を設け、この点につき記載できるようになっている。

b．IT基盤の把握

各業務プロセスにおけるシステムの把握に加えて、それを支援するIT基盤の概要を把握する。例えば、以下のような項目について把握する。

・ITに関与する組織の構成
・ITに関する規程、手順書等
・ハードウェアの構成
・基本ソフトウェアの構成
・ネットワークの構成
・外部委託の状況

ハ．評価単位の識別

ITに係る全般統制は、IT基盤の概要をもとに評価単位を識別し、評価を行う。例えば、自社開発の販売、購買、物流のシステムについては、システム部が管理し、会計システムについては、経理部が市販のパッケージ・ソフトウェアを導入・管理している場合、評価単位を「システム部」と「経理部」の２つとして識別する。

一方、ITに係る業務処理統制の評価は、基本的には個々のシステム毎に行う必要があり、経営者は、必要に応じ流れ図等を利用して、各システムにおける業務処理統制を識別する。

(注)　前述の参考２（業務の流れ図（例））においては、右列にシステムに関する流れの欄を設けており、例えば、これに対する注記の中で、あるいは業務記述書（例）を別途、作成する場合にはその中で、業務処理統制の内容について記述することが考えられる。

下図は、販売取引における売上と入金の業務プロセス及び会計データとの関連を、一つの例として図式化したものである。企業の各業務プロセスは機能ごとに細分化され、その機能に基づいてシステム化される場合が多い。例えば、売上プロセスは、受注や出荷等の機能に分類され、必要に応じてシステム化される。

経営者は、財務諸表の勘定科目と取引、業務プロセス及びシステムとの関係を理解し、主要な取引等について、どの会計データがどのシステムに依存しているのかを把握する必要がある。

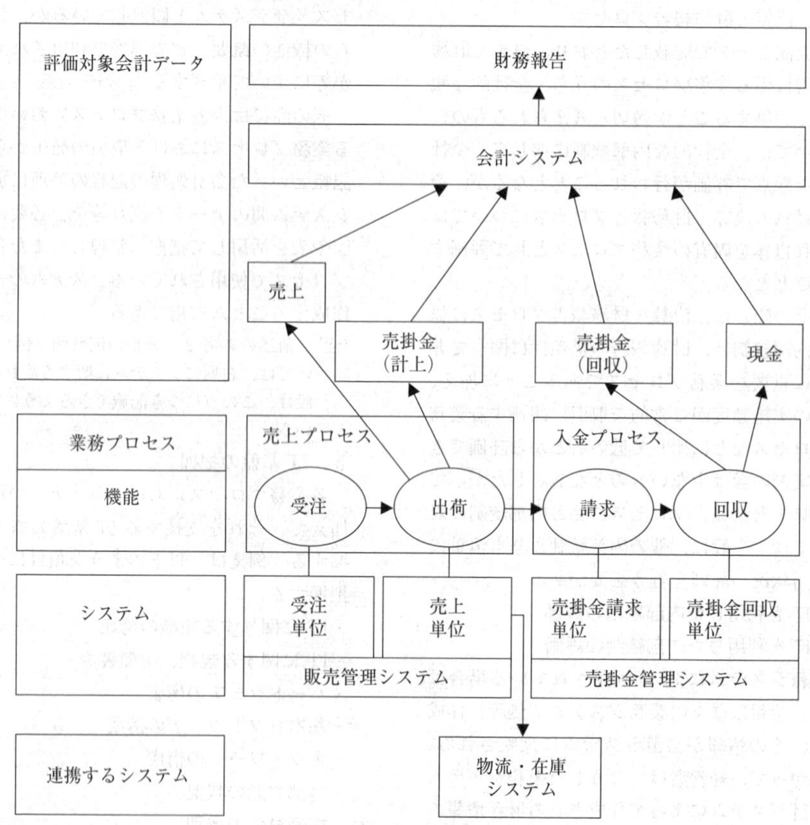

ニ．ITを利用した内部統制の整備状況及び運用状況の有効性の評価

ａ．ITに係る全般統制の評価

経営者は、ITに係る全般統制が、例えば、次のような点において有効に整備及び運用されているか評価する。

・システムの開発、保守
・システムの運用・管理
・内外からのアクセス管理などのシステムの安全性の確保
・外部委託に関する契約の管理

内部統制の有効性の評価のうち、内部統制の運用状況の有効性の評価に当たっては、経営者は、業務処理統制の運用状況の評価とあわせて、関連する全般統制の運用状況の評価を実施するが、業務処理統制の運用状況の評価の実施範囲を拡大することにより、全般統制の運用状況の評価を実施せずに、内部統制の運用状況の有効性に関して十分な心証が得られる場合もある。

(注)　IT全般統制の項目（財務報告の信頼性に特に重要な影響を及ぼす項目を除く。）のうち、前年度の評価結果が有効であり、かつ、前年度の整備状況と重要な変更がない項目については、その旨を記録することで、前年度の運用状況の評価結果を継続して利用することができる。これにより、ITに係る全般統制の運用状況の評価について、一定の複数会計期間内に一度の頻度で実施されることがあることに留意する。

ｂ．ITに係る業務処理統制の評価

経営者は、識別したITに係る業務処理統制が、適切に業務プロセスに組み込まれ、運用されているかを評価する。具体的には、例えば、次のような点について、業務処理統制が有効に整備及び運用されているかを評価する。

・入力情報の完全性、正確性、正当性等が確保されているか。
・エラーデータの修正と再処理の機能が確保されているか。
・マスタ・データの正確性が確保されているか。
・システムの利用に関する認証・操作範囲の限定など適切なアクセス管理がなされているか。

ｃ．過年度の評価結果を利用できる場合

ITを利用した内部統制の評価は、ITを利用していない内部統制と同様に原則として毎期実施する必要がある。しかし、ITを利用して自動化された内部統制に関しては、一度内部統制が設定されると、変更やエラーが発生しない限り一貫して機能するという性質がある。したがって、経営者は、自動化された内部統制が過年度に内部統制の不備が発見されずに有効に運用されていると評価された場合、評価された時点から内部統制が変更されてないこと、障害・エラー等の不具合が発生していないこと、及び関連する全般統制の整備及び運用の状況を確認及び評価した結果、全般統制が有効に機能していると判断できる場合には、その結果を記録することで、当該評価結果を継続して利用することができる。

(注)　ITに係る業務処理統制の評価のうち、ITを利用して自動化された内部統制については、上記に従い、過年度の評価結果を継続して利用できる場合、一定の複数会計期間に一度の頻度で運用状況のテストを実施する方法も含まれる。

(4)　内部統制の有効性の判断

> 経営者は、財務報告に係る内部統制の有効性の評価を行った結果、統制上の要点等に係る不備が財務報告に重要な影響を及ぼす可能性が高い場合は、当該内部統制に開示すべき重要な不備があると判断しなければならない。

①　全社的な内部統制の有効性の判断

イ．不備の評価

全社的な内部統制の不備は、業務プロセスに係る内部統制にも直接又は間接に広範な影響を及ぼし、最終的な財務報告の内容に広範な影響

を及ぼすことになる。

したがって、全社的な内部統制に不備がある場合には、業務プロセスに係る内部統制にどのような影響を及ぼすかも含め、財務報告に重要な虚偽記載をもたらす可能性について慎重に検討する必要がある。

ロ．有効性の判断

全社的な内部統制が有効であると判断するには、全社的な内部統制が財務報告に係る虚偽の記載及び開示が発生するリスクを低減するため、以下の条件を満たしていることが重要となる。

・全社的な内部統制が、一般に公正妥当と認められる内部統制の枠組みに準拠して整備及び運用されていること。

・全社的な内部統制が、業務プロセスに係る内部統制の有効な整備及び運用を支援し、企業における内部統制全般を適切に構成している状態にあること。

ハ．全社的な内部統制に不備がある場合

全社的な内部統制に不備がある場合、内部統制の有効性に重要な影響を及ぼす可能性が高い。内部統制の開示すべき重要な不備となる全社的な内部統制の不備として、例えば、以下のものが挙げられる。

ａ．経営者が財務報告の信頼性に関するリスクの評価と対応を実施していない。

ｂ．取締役会又は監査役等が財務報告の信頼性を確保するための内部統制の整備及び運用を監督、監視、検証していない。

ｃ．財務報告に係る内部統制の有効性を評価する責任部署が明確でない。

ｄ．財務報告に係るITに関する内部統制に不備があり、それが改善されずに放置されている。

ｅ．業務プロセスに関する記述、虚偽記載のリスクの識別、リスクに対する内部統制に関する記録など、内部統制の整備状況に関する記録を欠いており、取締役会又は監査役等が、財務報告に係る内部統制の有効性を監督、監視、検証することができない。

ｆ．経営者や取締役会、監査役等に報告された全社的な内部統制の不備が合理的な期間内に改善されない。

全社的な内部統制に不備がある場合でも、業務プロセスに係る内部統制が単独で有効に機能することもあり得る。ただし、全社的な内部統制に不備があるという状況は、基本的な内部統制の整備に不備があることを意味しており、全体としての内部統制が有効に機能する可能性は限定されると考えられる。

②　業務プロセスに係る内部統制の有効性の判断

イ．内部統制の整備状況の有効性の評価

内部統制が有効に整備されているか評価する場合には、内部統制が財務諸表の勘定科目、注記及び開示項目に虚偽記載が発生するリスクを合理的なレベルまで低減するものとなっているか確認する。

ロ．内部統制の運用状況の有効性の評価

経営者は、内部統制が所期の通り実際に有効に運用されているかを評価する。その場合、それぞれの虚偽記載のリスクに対して内部統制が意図した通りに運用されていることを確認しなければならない。

ハ．虚偽記載が発生する場合の影響度と発生可能性の評価

内部統制の不備が開示すべき重要な不備に該当するか否かを評価するために、内部統制の不備により勘定科目等に虚偽記載が発生する場合、その影響が及ぶ範囲を推定する。さらに、内部統制の不備による影響額を推定するときには、虚偽記載の発生可能性も併せて検討する必要がある。

内部統制の不備が複数存在する場合には、それらの内部統制の不備が単独で、又は複数合わさって、開示すべき重要な不備に該当していないかを評価する。すなわち、開示すべき重要な不備に該当するか否かは、同じ勘定科目に関係する不備を全て合わせて、当該不備のもたらす影響が財務報告の重要な事項の虚偽記載に該当する可能性があるか否かによって判断する。例えば、売掛金勘定の残高は、販売業務プロセス

での信用販売と入金業務プロセスの代金回収の影響を受けるが、この両方の業務プロセスに係る内部統制に不備がある場合は、それぞれの不備がもたらす影響を合わせて、売掛金勘定の残高に及ぼす影響を評価しなければならない。

また、集計した不備の影響が勘定科目ごとに見れば財務諸表レベルの重要な虚偽記載に該当しない場合でも、複数の勘定科目に係る影響を合わせると重要な虚偽記載に該当する場合がある。この場合にも開示すべき重要な不備となる。

さらに、勘定科目等に虚偽記載が発生する可能性と影響度を検討するときには、個々の内部統制を切り離して検討するのではなく、個々の内部統制がいかに相互に連係して虚偽記載が発生するリスクを低減しているかを検討する必要がある。そのために、ある内部統制の不備を補う内部統制（補完統制）の有無と、仮に補完統制がある場合には、それが勘定科目等に虚偽記載が発生する可能性と金額的影響をどの程度低減しているかを検討する。

内部統制の不備による影響金額の算定方法については、「Ⅲ　財務報告に係る内部統制の監査」4．⑵④業務プロセスに係る内部統制の不備の検討に詳細を記載しており、これは評価に当たっても参考になると考えられる。

③　ITに係る内部統制の有効性の判断

イ．ITに係る全般統制に不備がある場合

ITに係る全般統制に不備がある場合には、代替的又は補完的な他の内部統制により、財務報告の信頼性という目的が達成されているかを検討する。

ITに係る全般統制の不備は、財務報告の重要な事項に虚偽記載が発生するリスクに直接に繋がるものではないため、直ちに開示すべき重要な不備と評価されるものではない。しかし、ITに係る全般統制に不備があった場合には、たとえITに係る業務処理統制が有効に機能するように整備されていたとしても、その有効な運用を継続的に維持することができない可能性があり、虚偽記載が発生するリスクが高まることとなる。

ロ．ITに係る業務処理統制に不備がある場合

ITに係る業務処理統制に不備がある場合には、業務プロセスに係る内部統制に不備がある場合と同様に、その影響度と発生可能性の評価を行う。

ITに係る業務処理統制のうち、人とITが一体となって機能する統制活動に不備がある場合に、経営者は、その不備の内容が、人に関する部分から生じているものなのか、それともITに関する部分から生じているものなのかを識別する必要がある。ITに関する部分から生じている場合には、同じ種類の誤りが繰り返されている可能性があることに留意する。

④　不備等の報告

財務報告に係る内部統制の評価の過程で識別した内部統制の不備（開示すべき重要な不備を含む。）は、その内容及び財務報告全体に及ぼす影響金額、その対応策、その他有用と思われる情報とともに、識別した者の上位の管理者等適切な者にすみやかに報告し是正を求めるとともに、開示すべき重要な不備（及び、必要に応じて内部統制の不備）は、経営者、取締役会、監査役等及び会計監査人に報告する必要がある。なお、開示すべき重要な不備が期末日に存在する場合には、内部統制報告書に、開示すべき重要な不備の内容及びそれが是正されない理由を記載しなければならない。

⑸　内部統制の開示すべき重要な不備の是正

経営者による評価の過程で発見された財務報告に係る内部統制の不備（開示すべき重要な不備を含む。）は、適時に認識し、適切に対応される必要がある。

開示すべき重要な不備が発見された場合であっても、それが報告書における評価時点（期末日）までに是正されていれば、財務報告に係る内部統制は有効であると認めることができる。

(注)　期末日後に実施した是正措置について

は、報告書に付記事項として記載できる。

① **開示すべき重要な不備等の是正手続**

内部統制の評価及び報告の計画を作成するときには、内部統制の不備（開示すべき重要な不備を含む。）を発見した場合に、これを是正することを想定して、最終的な評価の時点（期末日）まで一定の期間を確保しておくことが適切である。

② **期末日後に実施した是正措置に関する評価手続**

内部統制の評価時点は期末日であり、期末日後に実施した是正措置は、期末日における財務報告に係る内部統制の評価には影響しない。

ただし、経営者は、内部統制報告書の提出日までに実施した是正措置がある場合は、その内容を内部統制報告書に付記事項として記載できる。

なお、提出日までに有効な内部統制を整備し、その運用の有効性を確認している場合には、是正措置を完了した旨を、実施した是正措置の内容とともに記載できる。

(6) 評価範囲の制約

経営者は、財務報告に係る内部統制の有効性を評価するに当たって、やむを得ない事情により、内部統制の一部について十分な評価手続を実施できない場合がある。その場合には、当該事実が財務報告に及ぼす影響を十分に把握した上で、評価手続を実施できなかった範囲を除外して財務報告に係る内部統制の有効性を評価することができる。

(注)　やむを得ない事情により十分な評価手続が実施できなかった場合としては、例えば、下期における他企業の買収等により、当該企業に係る内部統制の有効性について十分な評価手続を実施できなかった場合等が考えられる。

〔評価範囲の制約が認められる場合〕

「やむを得ない事情」とは、例えば、下期に他企業を買収又は合併したこと、災害が発生したこと等の事由が生じたことにより、財務諸表を作成して取締役会の承認を受けるまでに通常要する期間内に本基準に準拠した評価手続を実施することが困難と認められる事情をいう。

(注)　なお、「下期」はあくまでも例示であり、該当する事象が発生したが内部統制報告書作成日までに、やむを得ず評価を完了することができない場合でその合理性が認められるときには、「下期」に限られないことに留意する。

評価範囲の除外に関しては、その範囲及びその理由を内部統制報告書に記載することが必要であり、また、評価を実施できないことが財務報告の信頼性に重要な影響を及ぼす場合には、内部統制の評価結果は表明できないこととなることに留意する。

(7) 評価手続等の記録及び保存

経営者は、財務報告に係る内部統制の有効性の評価手続及びその評価結果、並びに発見した不備及びその是正措置に関して、記録し保存しなければならない。

① **内部統制の記録**

内部統制に係る記録の範囲、形式及び方法は一律に規定できないが、例えば、以下のような事項を記録し保存することが考えられる。

イ．財務報告に係る内部統制の整備及び運用の方針及び手続

ロ．全社的な内部統制の評価にあたって、経営者が採用する評価項目ごとの整備及び運用の状況

ハ．重要な勘定科目や開示項目に関連する業務プロセスの概要（各業務プロセスにおけるシステムに関する流れやITに関する業務処理統制の概要、使用されているシステムの一覧などを含む。）

ニ．各業務プロセスにおいて重要な虚偽記載が

発生するリスクとそれを低減する内部統制の内容（実在性、網羅性、権利と義務の帰属、評価の妥当性、期間配分の適切性、表示の妥当性との関係を含む。また、ITを利用した内部統制の内容を含む。）

ホ．上記ニ．に係る内部統制の整備及び運用の状況

ヘ．財務報告に係る内部統制の有効性の評価手続及びその評価結果並びに発見した不備及びその是正措置

・評価計画に関する記録

・評価範囲の決定に関する記録（評価の範囲に関する決定方法及び根拠等を含む）。

・実施した内部統制の評価の手順及び評価結果、是正措置等に係る記録

なお、記録の形式、方法等については、一律に規定されるものではなく、企業の作成・使用している記録等を適宜、利用し、必要に応じそれに補足を行っていくことで足りることに留意する。

特に、事業規模が小規模で、比較的簡素な構造を有している組織等においては、様々な記録の形式・方法をとりうる。例えば、当該会社の経営者からの社内への通達等、当該会社の作成している経営者から組織の内外の者に対する質問書、各業務の業務内容を前任者から後任者に伝達するための文書等、販売担当者が受注の際に作成した文書等、ソフトウェアのマニュアル、伝票や領収書などの原資料、受注入力後販売管理システムから出力される出荷指図書などの業務指示書等を適宜、利用し、必要に応じてそれに補足を行っていくことで足りることに留意する。

② 記録の保存

財務報告に係る内部統制について作成した記録の保存の範囲・方法・期間は、諸法令との関係を考慮して、企業において適切に判断されることとなるが、金融商品取引法上は、有価証券報告書及びその添付書類の縦覧期間（５年）を勘案して、それと同程度の期間、適切な範囲及び方法（磁気媒体、紙又はフィルム等のほか必要に応じて適時に可視化することができる方法）により保存することが考えられる。

記録・保存に当たっては、後日、第三者による検証が可能となるよう、関連する証拠書類を適切に保存する必要がある。

（参考１） 財務報告に係る全社的な内部統制に関する評価項目の例(注)

統制環境

・経営者は、信頼性のある財務報告を重視し、財務報告に係る内部統制の役割を含め、財務報告の基本方針を明確に示しているか。

・適切な経営理念や倫理規程に基づき、社内の制度が設計・運用され、原則を逸脱した行動が発見された場合には、適切に是正が行われるようになっているか。

・経営者は、適切な会計処理の原則を選択し、会計上の見積り等を決定する際の客観的な実施過程を保持しているか。

・取締役会及び監査役等は、財務報告とその内部統制に関し経営者を適切に監督・監視する責任を理解し、実行しているか。

・監査役等は内部監査人及び監査人と適切な連携を図っているか。

・経営者は、問題があっても指摘しにくい等の組織構造や慣行があると認められる事実が存在する場合に、適切な改善を図っているか。

・経営者は、企業内の個々の職能（生産、販売、情報、会計等）及び活動単位に対して、適切な役割分担を定めているか。

・経営者は、信頼性のある財務報告の作成を支えるのに必要な能力を識別し、所要の能力を有する人材を確保・配置しているか。

・信頼性のある財務報告の作成に必要とされる能力の内容は、定期的に見直され、常に適切なものとなっているか。

・責任の割当てと権限の委任が全ての従業員に対して明確になされているか。

・従業員等に対する権限と責任の委任は、無制限ではなく、適切な範囲に限定されているか。

・経営者は、従業員等に職務の遂行に必要となる手段や訓練等を提供し、従業員等の能力を引き出すことを支援しているか。

・従業員等の勤務評価は、公平で適切なものとなっているか。

リスクの評価と対応

・信頼性のある財務報告の作成のため、適切な階層の経営者、管理者を関与させる有効なリスク評価の仕組みが存在しているか。
・リスクを識別する作業において、企業の内外の諸要因及び当該要因が信頼性のある財務報告の作成に及ぼす影響が適切に考慮されているか。
・経営者は、組織の変更やITの開発など、信頼性のある財務報告の作成に重要な影響を及ぼす可能性のある変化が発生する都度、リスクを再評価する仕組みを設定し、適切な対応を図っているか。
・経営者は、不正に関するリスクを検討する際に、単に不正に関する表面的な事実だけでなく、不正を犯させるに至る動機、原因、背景等を踏まえ、適切にリスクを評価し、対応しているか。

統制活動

・信頼性のある財務報告の作成に対するリスクに対処して、これを十分に軽減する統制活動を確保するための方針と手続を定めているか。
・経営者は、信頼性のある財務報告の作成に関し、職務の分掌を明確化し、権限や職責を担当者に適切に分担させているか。
・統制活動に係る責任と説明義務を、リスクが存在する業務単位又は業務プロセスの管理者に適切に帰属させているか。
・全社的な職務規程や、個々の業務手順を適切に作成しているか。
・統制活動は業務全体にわたって誠実に実施されているか。
・統制活動を実施することにより検出された誤謬等は適切に調査され、必要な対応が取られているか。
・統制活動は、その実行状況を踏まえて、その妥当性が定期的に検証され、必要な改善が行われているか。

情報と伝達

・信頼性のある財務報告の作成に関する経営者の方針や指示が、企業内の全ての者、特に財務報告の作成に関連する者に適切に伝達される体制が整備されているか。
・会計及び財務に関する情報が、関連する業務プロセスから適切に情報システムに伝達され、適切に利用可能となるような体制が整備されているか。
・内部統制に関する重要な情報が円滑に経営者及び組織内の適切な管理者に伝達される体制が整備されているか。
・経営者、取締役会、監査役等及びその他の関係者の間で、情報が適切に伝達・共有されているか。
・内部通報の仕組みなど、通常の報告経路から独立した伝達経路が利用できるように設定されているか。
・内部統制に関する企業外部からの情報を適切に利用し、経営者、取締役会、監査役等に適切に伝達する仕組みとなっているか。

モニタリング

・日常的モニタリングが、企業の業務活動に適切に組み込まれているか。
・経営者は、独立的評価の範囲と頻度を、リスクの重要性、内部統制の重要性及び日常的モニタリングの有効性に応じて適切に調整しているか。
・モニタリングの実施責任者には、業務遂行を行うに足る十分な知識や能力を有する者が指名されているか。
・経営者は、モニタリングの結果を適時に受領し、適切な検討を行っているか。
・企業の内外から伝達された内部統制に関する重要な情報は適切に検討され、必要な是正措置が取られているか。
・モニタリングによって得られた内部統制の不備に関する情報は、当該実施過程に係る上位の管理者並びに当該実施過程及び関連する内部統制を管理し是正措置を実施すべき地位にある者に適切に報告されているか。
・内部統制に係る開示すべき重要な不備等に関する情報は、経営者、取締役会、監査役等に適切に伝達されているか。

ITへの対応

・経営者は、ITに関する適切な戦略、計画等を定めているか。
・経営者は、内部統制を整備する際に、IT環境を適切に理解し、これを踏まえた方針を明確に示しているか。
・経営者は、信頼性のある財務報告の作成という目的の達成に対するリスクを低減するため、手作業及びITを用いた統制の利用領域について、適切に判断しているか。
・ITを用いて統制活動を整備する際には、ITを利用することにより生じる新たなリスクが考慮されているか。
・経営者は、ITに係る全般統制及びITに係る業務処理統制についての方針及び手続を適切に定めているか。

(注)　全社的な内部統制に係る評価項目の例を示し

たものであり、全社的な内部統制の形態は、企業の置かれた環境や特性等によって異なると考えられることから、必ずしもこの例によらない場合があること及びこの例による場合でも、適宜、加除修正がありうることに留意する。

（参考２）　　　　　　　　　　　**業務の流れ図（例）**

事業Aに係る卸売販売プロセス

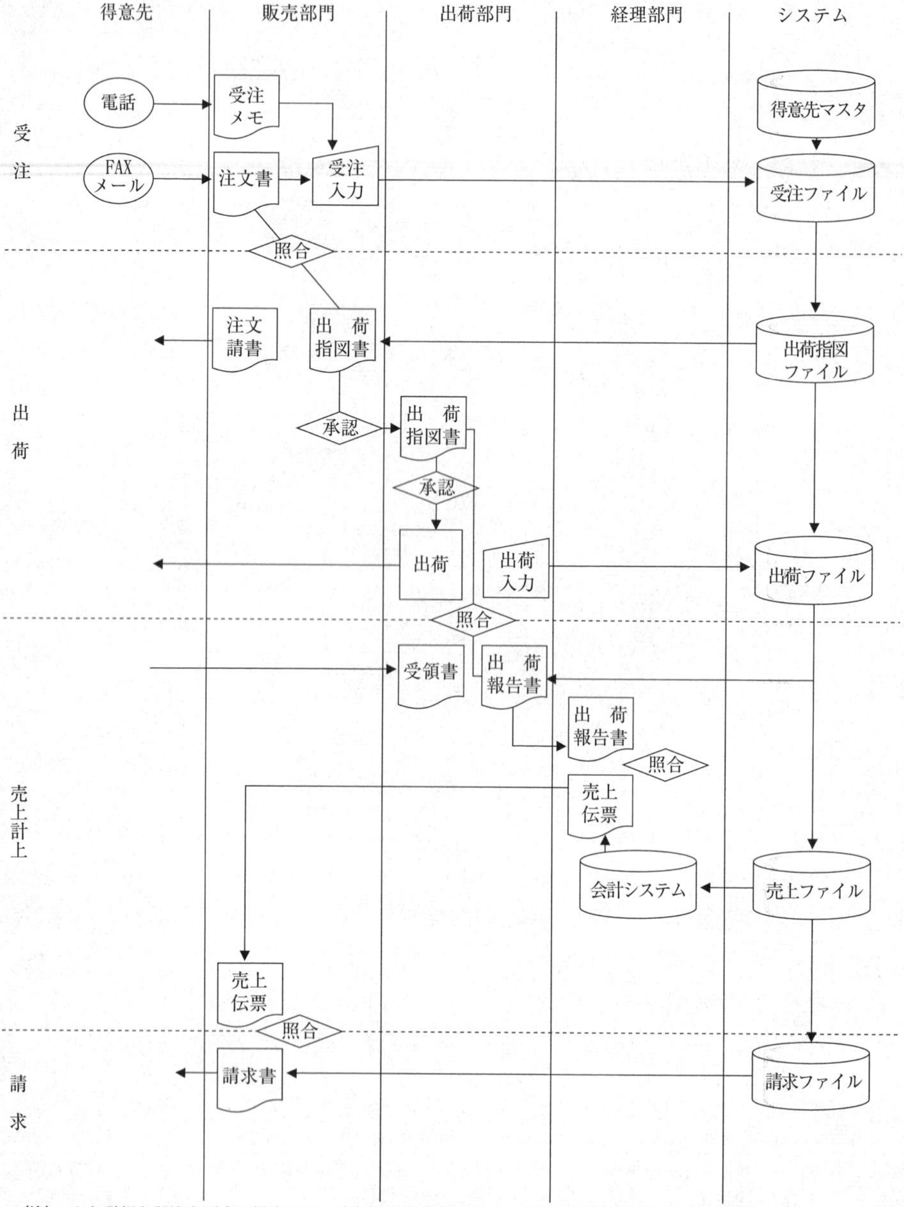

	得意先	販売部門	出荷部門	経理部門	システム
受注	電話 FAX メール	受注メモ 注文書 受注入力 照合			得意先マスタ 受注ファイル
出荷		注文請書 出荷指図書 承認	出荷指図書 承認 出荷 出荷入力 照合		出荷指図ファイル 出荷ファイル
売上計上		売上伝票 照合	受領書 出荷報告書	出荷報告書 照合 売上伝票 会計システム	売上ファイル
請求		請求書			請求ファイル

（注） より詳細な記述を要する場合には、表中に注記を行ったり、次頁の業務記述書（例）を別途、作成することも考えられる。

業務記述書（例）

事業Aに係る卸売販売プロセス

1．受　注

⑴　電話による注文の場合は、販売担当者が受注メモを作成する。

⑵　販売管理システムの受注入力は、得意先マスタに登録されている得意先の注文のみ入力することができる。

⑶　受注入力後、販売管理システムから出荷指図書及び注文請書が出力され、受注メモ又は注文書と照合された後、販売責任者の承認が行われる。

⑷　出荷指図書は受注メモ又は注文書を添付して出荷部門へ回付する。

2．出　荷

⑴　出荷担当者は、出荷責任者の承認を受けた後、出荷指図書に基づき商品の出荷をする。

・

・

・

3．売上計上

⑴　出荷入力された出荷データは、売上データへ変換される。売上データは、会計システムへ転送され、売上伝票が出力される。

・

・

・

4．請　求

⑴　出力された請求書は販売担当者へ回付され、販売担当者は売上伝票と照合する。

・

・

・

（参考３）　　　　　　　　　リスクと統制の対応（例）

業務	リスクの内容	統制の内容	要件						評価	評価内容
			実在性	網羅性	権利と義務の帰属	評価の妥当性	期間配分の適切性	表示の妥当性		
受注	受注入力の金額を誤る	注文請書、出荷指図書は、販売部門の入力担当者により注文書と照合される。全ての注文書と出荷指図書は、販売責任者の承認を受けている	○	○					○	—
受注	与信限度額を超過した受注を受ける	受注入力は、得意先の登録条件に適合した注文のみ入力できる				○			○	—
⋮										
出荷	出荷依頼より少ない数量を発送する	出荷部門の担当者により出荷指図書と商品が一致しているか確認される	○		○				△	不規則的な出荷に担当者が対応できなかった。
出荷	出荷指図書の日程どおりに商品が出荷されない	出荷指図書の日付と出荷報告書の日付が照合される					○		○	—
⋮										
⋮										

Ⅲ　財務報告に係る内部統制の監査

１．内部統制監査の目的

　経営者による財務報告に係る内部統制の有効性の評価結果に対する財務諸表監査の監査人による監査（以下「内部統制監査」という。）の目的は、経営者の作成した内部統制報告書が、一般に公正妥当と認められる内部統制の評価の基準に準拠して、内部統制の有効性の評価結果を全ての重要な点において適正に表示しているかどうかについて、監査人自らが入手した監査証拠に基づいて判断した結果を意見として表明することにある。

　なお、内部統制報告書に対する意見は、内部統制の評価に関する監査報告書（以下「内部統制監査報告書」という。）により表明する。

　内部統制報告書が適正である旨の監査人の意見は、内部統制報告書には、重要な虚偽の表示がないということについて、合理的な保証を得たとの監査人の判断を含んでいる。

　合理的な保証とは、監査人が意見を表明するために十分かつ適切な証拠を入手したことを意味している。

〔内部統制監査の目的〕

　本基準に基づく内部統制監査の目的は、経営者の作成した内部統制報告書が、一般に公正妥当と認められる内部統制の評価の基準に準拠して、適正に表示されているかについて、監査人が意見表明することにある。

すなわち、内部統制監査においては、内部統制の有効性の評価結果という経営者の主張を前提に、これに対する監査人の意見を表明するものであり、経営者の内部統制の有効性の評価結果という主張と関係なく、監査人が直接、内部統制の整備及び運用状況を検証するという形はとっていない。

（注）この点について、米国では、現在、直接報告業務（ダイレクト・レポーティング）が採用されているが、我が国においては、直接報告業務を採用しないこととしている。

しかしながら、内部統制監査において監査人が意見を表明するに当たって、監査人は自ら、十分かつ適切な監査証拠を入手し、それに基づいて意見表明することとされており、その限りにおいて、監査人は、企業等から、直接、監査証拠を入手していくこととなる。

〔経営者による財務報告に係る内部統制の評価の理解・尊重〕

内部統制監査においては、内部統制の有効性の評価結果という経営者の主張を前提に、これに対する監査人の意見を表明するものであり、この経営者の内部統制の有効性の評価に当たっては、経営者が、それぞれの会社の状況等に応じて、自ら適切に工夫しつつ、内部統制の整備及び運用状況の検証を行っていくことが期待される。

監査人は、内部統制の基準・実施基準等の内容や趣旨を踏まえ、経営者による会社の状況等を考慮した内部統制の評価の方法等を適切に理解・尊重した上で内部統制監査を実施する必要があり、各監査人の定めている監査の手続や手法と異なることをもって、経営者に対し、画一的にその手法等を強制することのないよう留意する。

（注）監査人は、経営者の評価結果を利用する場合を除き、経営者の評価方法を具体的に検証する必要はないことに留意する。

ただし、事業規模が小規模で、比較的簡素な構造を有している組織等の内部統制監査の実施に当たっては、監査人は、当該組織等の内部統制の構築や評価において経営資源配分上の制約が大きい場合があることを踏まえ、経営者からの相談に対しては、内部統制の有効性を保ちつつ、特に効果的かつ効率的な内部統制の構築や評価を行うとの観点から、適切な指摘を行う必要があることに留意する。

2．内部統制監査と財務諸表監査の関係

内部統制監査は、原則として、同一の監査人により、財務諸表監査と一体となって行われるものである。内部統制監査の過程で得られた監査証拠は、財務諸表監査の内部統制の評価における監査証拠として利用され、また、財務諸表監査の過程で得られた監査証拠も内部統制監査の証拠として利用されることがある。

（注）ここで「同一の監査人」とは、監査事務所のみならず、業務執行社員も同一であることを意味している。

一般に、財務報告に係る内部統制に開示すべき重要な不備があり有効でない場合、財務諸表監査において、監査基準の定める内部統制に依拠した通常の試査による監査は実施できないと考えられる。

監査人は、内部統制監査を行うに当たっては、本基準の他、「監査基準」の一般基準及び「監査に関する品質管理基準」を遵守するものとする。

〔内部統制監査と財務諸表監査の一体的実施〕

内部統制監査は、財務諸表監査と一体となって行われることにより、同一の監査証拠をそれぞれの監査において利用するなど効果的かつ効率的な監査が実施されると考えられることから、原則として、当該会社の財務諸表監査に係る監査人と同一の監査人（監査事務所のみならず、業務執行社員も同一であることを求めている。）により行われることとされている。

したがって、監査人は、それぞれの会社の状況等に応じ、経営者による内部統制の整備並びに運用状況及び評価の状況を十分理解し、監査上の重要性を勘案しつつ、内部統制監査と財務諸表監査が一体となって効果的かつ効率的に実施する必要があることに留意する。

また、経営者が行った内部統制の評価の検討に当たっては、監査人は、財務諸表監査の実施過程において、一定の監査証拠を入手していることが通常であると考えられ、その場合には、その利用が可能であることに留意する。

例えば、財務諸表監査において監査人が内外のIT等の専門家を利用する場合において、当該専門家が作成した監査調書等を内部統制監査において、監査証拠として利用することができることに留意する。

〔内部統制監査業務と非監査証明業務の同時提供に関する制限〕

監査人は、内部統制監査業務について、関係法令に規定する身分的、経済的利害関係を有してはならず、一定の非監査証明業務との同時提供が制限されることに留意しなければならない。

しかしながら、監査人が内部統制監査の実施において内部統制の不備（開示すべき重要な不備を含む。）を発見した場合に、経営者に報告して是正を求めなければならないことはもちろんのこと、内部統制の構築等の段階においても、経営者等と必要に応じ意見交換を行い、内部統制の構築等に係る作業や決定は、監査人によってではなく、あくまで企業・経営者によって行われるとの前提の下で、有効な内部統制の構築等に向けて適切な指摘を行うことを妨げるものではない。

３．監査計画と評価範囲の検討

(1)　監査計画の策定

> 監査人は、企業の置かれた環境や事業の特性等を踏まえて、経営者による内部統制の整備及び運用状況並びに評価の状況を十分に理解し、監査上の重要性を勘案して監査計画を策定しなければならない。監査人は、監査計画の前提として把握した事象や状況が変化した場合、あるいは監査の実施過程で内部統制の不備（開示すべき重要な不備を含む。）を発見した場合には、内部統制の改善を評価する手続を実施するなど、適時に監査計画を修正しなければならない。

監査人は、内部統制監査を効果的かつ効率的に実施するために、企業の置かれた環境や事業の特性等を踏まえて、経営者による内部統制の整備及び運用状況並びに評価の状況を十分に理解し、監査上の重要性を勘案して監査計画を策定しなければならない。

内部統制監査は、原則として、財務諸表監査と同一の監査人が実施することから、監査人は、内部統制監査の計画を財務諸表監査の監査計画に含めて策定することとなる。

①　企業の置かれた環境や事業の特性等の理解

監査人は、例えば、次のような当該企業の置かれた環境や事業の特性等を理解する。

・市場、取引先、株主、親会社、地域特性、産業固有の規制など企業外部の条件

・当該企業の歴史、規模、業務の内容、従業員構成など企業内部の条件

ただし、多くの場合、監査人は財務諸表監査を通じて、これらの点については既に理解しているのが一般的と考えられ、そのような場合に特別の手続を求めるものではないことに留意する。

②　内部統制の整備及び運用の状況の理解

監査人は、記録の閲覧、経営者及び適切な管理者又は担当者への質問等により、例えば、次に掲げる事項を含む企業の内部統制の整備及び運用の状況を理解する。

・企業の財務報告に係る内部統制についての知識

・企業の事業や財務報告に係る内部統制について、最近の変更の有無

・企業集団内の事業拠点の状況及びそれら事業拠点における財務報告に係る内部統制に関す

る記録と保存の状況、モニタリングの実施状況

③　**経営者による内部統制の評価の理解**

監査人は、記録の閲覧、経営者及び適切な管理者又は担当者への質問等により、例えば、次に掲げる事項を含む財務報告に係る内部統制の有効性を評価する経営者の評価手続の内容について、その計画も含めて把握し、理解する。

・評価の範囲の決定など、重要な手続の内容及びその実施時期
・内部統制の不備が、開示すべき重要な不備に該当するか判定するための重要性の判断基準等の設定状況
・既に経営者、監査役等、取締役会に報告された内部統制の不備、開示すべき重要な不備の有無とその内容
・内部監査等を通じて実施された作業の結果

上記②及び③については、財務諸表監査を通じて、監査人によって一定の理解が得られている場合に、監査人がその理解を利用することを妨げるものではない。

④　**監査計画の策定**

監査人は、上記①～③を勘案し、財務報告の重要な事項に虚偽記載が発生するリスクに着眼して、また、前年度の監査結果を勘案して、効果的・効率的な監査が実施できるよう、監査計画を策定する。

監査人は、監査計画策定の前提となった事象や状況が変化した場合、あるいは監査の実施過程で新たな重要な事実を発見した場合には、適宜、監査計画を修正しなければならない。

(2)　評価範囲の妥当性の検討

監査人は、経営者により決定された内部統制の評価の範囲の妥当性を判断するために、経営者が当該範囲を決定した方法及びその根拠の合理性を検討しなければならない。

特に、監査人は、経営者がやむを得ない事情により、内部統制の一部について十分な評価手続を実施できなかったとして、評価手続を実施できなかった範囲を除外した内部統制報告書を作成している場合には、経営者が当該範囲を除外した事情が合理的であるかどうか及び当該範囲を除外することが財務諸表監査に及ぼす影響について、十分に検討しなければならない。

①　**重要な事業拠点の選定**

監査人は、経営者が評価対象とする重要な事業拠点の決定過程を理解し、経営者が重要な事業拠点を「II　財務報告に係る内部統制の評価及び報告」に照らして、適切に選定しているか確認する。

その際、監査人の実施する手続としては、例えば、以下のものが挙げられる。

・子会社、関連会社等を含め当該企業における連結ベースの全ての事業拠点を網羅した事業拠点の一覧を入手する。
・事業拠点は、企業の実態に応じ、本社、子会社、支社、支店、事業部等として識別されることがあるが、その識別の方法及び識別された結果が、適切であるか確認する。
・重要な事業拠点を選定するための指標としては、売上高等が基本となるが、経営者の採用した指標が「II　財務報告に係る内部統制の評価及び報告」に照らして、適切であるか確認する。
・重要な事業拠点が経営者の採用した指標に基づき適切に選定されているか確認する。
・経営者の行った重要な事業拠点の選定の過程や結果が適切でないと判断した場合には、経営者に対し、その旨を指摘するとともに、財務報告に対する影響の程度等に応じ、重要な事業拠点の選定の見直しなどの追加的な対応を求める。

②　**評価対象とする業務プロセスの識別**

イ．重要な事業拠点における企業の事業目的に関わる業務プロセス

監査人は、重要な事業拠点について、売上、売掛金、棚卸資産など企業の事業目的に大きく関わる重要な勘定科目に至る業務プロセスが、

「Ⅱ　財務報告に係る内部統制の評価及び報告」に照らして適切に評価対象とされているか確認する。

また、監査人は、経営者が、当該重要な事業拠点が行う事業との関連性が低く、財務報告に対する影響の重要性も僅少であるとして評価対象としなかった業務プロセスがある場合には、その適切性を確認する。

これらについて、監査人は、「Ⅱ　財務報告に係る内部統制の評価及び報告」3．(7)①ハ．ニ．ホ．ヘ．に記載の内部統制の記録の閲覧や経営者及び適切な管理者又は担当者に対する質問等により、評価対象となる業務プロセスの選定の適切性を確認する。

監査人は、経営者が評価対象とした業務プロセスが適切でないと判断した場合には、経営者に対し、その旨を指摘するとともに、財務報告に対する影響の程度等に応じ、評価対象とした業務プロセスの見直しなどの追加的な対応を求める。

ロ．財務報告に重要な影響を及ぼす業務プロセス

監査人は、重要な事業拠点及びそれ以外の事業拠点において、財務報告に重要な影響を及ぼす業務プロセスがある場合に、それが「Ⅱ　財務報告に係る内部統制の評価及び報告」に照らして適切に追加的な評価対象とされているか確認する。

この際、監査人は、「Ⅱ　財務報告に係る内部統制の評価及び報告」3．(7)①ハ．ニ．ホ．ヘ．に記載の内部統制の記録の閲覧や経営者及び適切な管理者又は担当者への質問等により確認を行うが、財務諸表監査を通じて、財務報告に重要な影響を及ぼす業務プロセスの存否に係る検証が既に行われている場合には、その利用が可能であることに留意する。

監査人は、リスクが大きい取引を行っている事業又は業務の識別が適切でないなど、経営者が評価対象とした業務プロセスが適切でないと判断した場合には、経営者に対し、その旨を指摘するとともに、財務報告に対する影響の程度等に応じ、評価対象とした業務プロセスの見直しなどの追加的な対応を求める。

ハ．全社的な内部統制の評価結果を踏まえた評価範囲、方法等の調整

全社的な内部統制の評価結果を踏まえて、経営者が業務プロセスに係る評価の範囲、方法等を調整している場合（「Ⅱ　財務報告に係る内部統制の評価及び報告」3．(2)③参照）、監査人は、当該調整の妥当性について、「Ⅱ　財務報告に係る内部統制の評価及び報告」3．(7)①ハ．ニ．ホ．ヘ．に記載の内部統制の記録の閲覧や経営者及び適切な管理者又は担当者への質問等により確認する。

なお、監査人は、経営者の行った調整が適切でないと判断した場合には、経営者に対し、その旨を指摘するとともに、財務報告に対する影響の程度等に応じ、適切な評価の範囲、方法等に修正するための追加的な対応を求める。

③　経営者との協議

監査人による評価範囲の妥当性の検討の結果、経営者の決定した評価範囲が適切でないと判断されることが考えられ、この場合、経営者は新たな評価範囲について評価し直す必要が生じるが、その手続の実施には時間的な制約等の困難が伴う場合も想定される。したがって、監査人は、経営者が内部統制の評価の範囲を決定した後に、当該範囲を決定した方法及びその根拠等について、必要に応じて経営者と協議を行っておくことが適切である。

4．内部統制監査の実施

(1)　全社的な内部統制の評価の検討

監査人は、経営者による全社的な内部統制の評価の妥当性について検討する。監査人は、この検討に当たって、取締役会、監査役等、内部監査等、経営レベルにおける内部統制の整備及び運用状況について十分に考慮しなければならない。

監査人は、全社的な内部統制の概要を理解し、例えば、「Ⅱ　財務報告に係る内部統制の評価及び報告」参考１（財務報告に係る全社的な内部統制に関する評価項目の例）に示された評価項目の例に留意して、経営者の評価の妥当性について検討する。

①　全社的な内部統制の整備及び運用状況の検討

監査人は、全社的な内部統制の整備状況を検討するに当たって、経営者が採用する評価項目が、例えば、前述の参考１（財務報告に係る全社的な内部統制に関する評価項目の例）に示された評価項目の例に照らして、適切なものとなっているか確認する。その際、監査人は、「Ⅱ　財務報告に係る内部統制の評価及び報告」３．(7)イ．ロ．に記載の内部統制の記録の閲覧や経営者等に対する質問等を通じて、各評価項目についての経営者の評価結果、経営者が当該評価結果を得るに至った根拠等を確認し、経営者の行った評価結果の適切性を判断する。

なお、統制環境に係るいくつかの項目は、内部統制の運用状況に関する記録が作成されないケースもある。その場合、監査人は、関係者への質問や観察等により、運用状況を確認する。

②　取締役会並びに監査役等の監視機能の検討

有価証券報告書等の財務報告書類については、最終的には経営者が責任を持って作成し公表することになるが、公表に至る過程での取締役会や監査役等の監視機能が適切な情報開示に重要な役割を果たすことから、全社的な内部統制の整備及び運用の状況の検討に当たっては、取締役会や監査役等における監視機能について、例えば、以下の点に留意して確認することが重要となる。

イ．取締役会や監査役等の責任が記載された規定が存在しているか。

ロ．取締役会や監査役等の会議の開催実績の記録や議事録等が存在しているか。

ハ．取締役会や監査役等の構成員は、内部統制の整備及び運用に関するモニタリングを実施するため、経営者を適切に監督・監視する責任を理解した上で、それを適切に実行しているか。

ニ．監査役等は、内部監査人及び監査人と適切な連携を図っているか。

ただし、上記①及び②に関して、監査人は、財務諸表監査の実施過程において、一定の監査証拠を入手しているのが一般的と考えられ、その場合には、その利用が可能であることに留意する。

③　全社的な内部統制の不備の検討

監査人は、全社的な内部統制に不備が認められる場合には、業務プロセスに係る内部統制に及ぼす影響をも含め、財務報告に重要な影響を及ぼす可能性について慎重に検討し、経営者の評価が妥当であるか確認する。

全社的な内部統制の不備が開示すべき重要な不備となるかどうかについては、「Ⅱ　財務報告に係る内部統制の評価及び報告」３．(4)①全社的な内部統制の有効性の判断に記載した事項を考慮して判断する。

(2)　業務プロセスに係る内部統制の評価の検討

監査人は、経営者による業務プロセスに係る内部統制の評価の妥当性について検討する。

監査人は、この検討に当たって、経営者による全社的な内部統制の評価の状況を勘案し、業務プロセスを十分に理解した上で、経営者が統制上の要点を適切に選定しているかを評価しなければならない。

監査人は、経営者が評価した個々の統制上の要点について、内部統制の基本的要素が適切に機能しているかを判断するため、実在性、網羅性、権利と義務の帰属、評価の妥当性、期間配分の適切性及び表示の妥当性等の監査要点に適合した監査証拠を入手しなければならない。

なお、業務プロセスにおける内部統制の基本的要素が機能しているかどうかを判断するに当たっては、内部統制の整備及び運用状況（ITへの対応を含む。）についても十分に検討しなければならない。

① 業務プロセスに係る内部統制の評価の検討

監査人は、評価対象となった業務プロセスに係る内部統制の整備及び運用状況を理解し、経営者の評価の妥当性について検討する。

イ．業務プロセスに係る内部統制の整備状況の検討

監査人は、評価対象となった業務プロセスに係る内部統制の整備状況を理解しなければならない。そのため、監査人は、経営者の内部統制の整備状況に関する「Ⅱ　財務報告に係る内部統制の評価及び報告」3．(7)①ハ．ニ．ホ．へ．に記載の記録を入手するとともに、評価対象となった業務プロセスについて、例えば、以下の手続を実施する。

a．入手した内部統制の整備状況に関する記録の閲覧や経営者及び適切な管理者又は担当者に対する質問等により、評価対象となった業務プロセスにおいて、取引がどのように開始、承認、記録、処理及び報告されるかを含めて、取引の流れを把握する。また、取引の発生から集計、記帳といった会計処理の過程を理解する。記録の閲覧や質問等では、内部統制の整備状況について理解することが困難である場合には、監査人は、必要に応じ、業務プロセスの現場に赴いて観察することにより、当該業務プロセスにおいて実施されている手続の適否等を確認する。

b．監査人が内部統制の整備状況に関する理解を確実なものとする上では、評価対象となった業務プロセスごとに、代表的な取引を1つあるいは複数選んで、取引の開始から取引記録が財務諸表に計上されるまでの流れを「Ⅱ　財務報告に係る内部統制の評価及び報告」3．(7)①ハ．ニ．ホ．へ．に記載の内部統制の記録等により追跡する手続を実施することが有用であることに留意する。

また、監査人は、内部統制の適切な管理者及び担当者が内部統制の整備に関し、必要な権限、能力を有しているかにも留意する。

c．入手した内部統制の整備状況に関する記録の閲覧や経営者及び適切な管理者又は担当者に対する質問等により、経営者が財務報告の重要な事項に虚偽記載の発生するリスクをどのように識別したのか把握する。

d．入手した内部統制の整備状況に関する記録の閲覧や経営者及び適切な管理者又は担当者に対する質問等により、経営者が虚偽記載の発生するリスクを低減するために中心的な役割を果たす内部統制（統制上の要点）をどのように識別したのか把握する。

e．監査人は、上記d．の内部統制（統制上の要点）が既定の方針に従って運用された場合に、財務報告の重要な事項に虚偽記載が発生するリスクを十分に低減できるものとなっているかを検討する。その際、実在性、網羅性、権利と義務の帰属、評価の妥当性、期間配分の適切性、表示の妥当性といった適切な財務情報を作成するための要件を確保する合理的な保証を提供できるものとなっているかにより判断する。監査人は、この判断を基に、内部統制の整備状況の有効性に関する経営者の評価の妥当性を検証する。

上記内部統制の整備状況に関して、監査人は、財務諸表監査の実施過程において、一定の監査証拠を入手しているのが一般的と考えられ、その場合には、その利用が可能であることに留意する。

また、監査人は、「Ⅱ　財務報告に係る内部統制の評価及び報告」３．(7)①において「特に、事業規模が小規模で、比較的簡素な構造を有している組織等においては、様々な記録の形式・方法をとりうる。例えば、当該会社の経営者からの社内への通達等、当該会社の作成している経営者から組織の内外の者に対する質問書、各業務の業務内容を前任者から後任者に伝達するための文書等、販売担当者が受注の際に作成した文書等、ソフトウェアのマニュアル、伝票や領収書などの原資料、受注入力後販売管理シス

テムから出力される出荷指図書などの業務指示書等を適宜、利用し、必要に応じてそれに補足を行っていくことで足りることに留意する。」とされていることに留意する（以下、実施基準「Ⅲ　財務報告に係る内部統制の監査」において同じ。)。

ロ．業務プロセスに係る内部統制の運用状況の検討

監査人は、評価対象となった業務プロセスについて、内部統制が設計どおりに適切に運用されているかどうか及び統制を実施する担当者や責任者が当該統制を有効に実施するのに必要な権限と能力等を有しているかどうかを把握し、内部統制の運用状況の有効性に関する経営者の評価の妥当性を検討する。

ａ．運用状況の検討の内容及び実施方法

監査人は、評価対象となった業務プロセスに係る内部統制の運用状況を理解しなければならない。そのため、監査人は、経営者の内部統制の運用状況に関する「Ⅱ　財務報告に係る内部統制の評価及び報告」３．(7)に記載の内部統制の記録を入手し、関連文書の閲覧、適切な管理者又は担当者に対する質問等により、内部統制の実施状況（自己点検の状況を含む。）を検証する。

また、記録の閲覧や質問等では検証が困難な場合には、業務の観察や、必要に応じて適切な管理者又は担当者に再度手続を実施させることによって検証する。

以上の手続については、基本的に、監査人自ら選択したサンプルを用いた試査により適切な証拠を入手する方法で行われる（例えば、日常反復継続する取引について、統計上の二項分布を前提とすると、90%の信頼度を得るには、評価対象となる統制上の要点ごとに少なくとも25件のサンプルが必要になる。)。

その際、例えば、反復継続的に発生する定型的な取引について、経営者が無作為にサンプルを抽出しているような場合には、監査人自らが同じ方法で別のサンプルを選択することは効率的でないため、統制上の要点として選定した内部統制ごとに、経営者が抽出したサンプルの妥当性の検討を行った上で、監査人自らが改めて当該サンプルをサンプルの全部又は一部として選択することができる。当該サンプルについて、経営者が行った評価結果についても、評価方法等の妥当性を検証し、経営者による作業結果の一部について検証した上で、経営者の評価に対する監査証拠として利用することができる。

なお、前年度において、内部統制の評価結果が有効であった業務プロセスに係る内部統制の運用状況の評価に当たっては、当該業務プロセスに係る内部統制の整備状況に重要な変更がないなど新たに確認すべき事項がない場合、経営者が評価において選択したサンプル及びその評価結果を利用するなど効率的な手続の実施に留意する。

また、事業規模が小規模で、比較的簡素な構造を有している組織等においては、経営者が直接行った日常的モニタリングの結果や監査役等が直接行った内部統制の検証結果（例えば、棚卸の立会などの往査の結果をまとめた報告書等）を内部統制の実施状況の検証として利用するなど、効率的な運用状況の検討が可能な場合があることに留意する。

ｂ．運用状況の検討の実施時期

監査人は、期末日現在において、内部統制が有効に運用されているか判断できるよう、適切な時期に内部統制の運用状況の検討を行わなければならない。

監査人が運用状況の検討を実施する時期は、検討対象となる内部統制の性質や対象となる内部統制が実行される頻度により異なる。

監査人は、経営者の評価の実施から期末日までの期間に内部統制に重要な変更があった場合、経営者が「Ⅱ　財務報告に係る内部統制の評価及び報告」に照らして、変更に係る内部統制の整備及び運用状況の把握及び評価に必要な追加手続を実施しているか確認する。

なお、決算・財務報告プロセスに係る内部統制の運用状況の評価については、当該期に

おいて適切な決算・財務報告プロセスが確保されるよう、仮に不備があるとすれば早期に是正が図られるべきであり、また、財務諸表監査における内部統制の評価プロセスとも重なりあう部分が多いと考えられることから、期末日までに内部統制に関する重要な変更があった場合には適切な追加手続が実施されることを前提に、前年度の運用状況をベースに、早期に実施されることが効率的・効果的であることに留意する。

上記ａ．及びｂ．に関して、監査人は、財務諸表監査の実施過程において、一定の監査証拠を入手しているのが一般的と考えられ、その場合には、その利用が可能であることに留意する。

ｃ．運用状況の検討方法の決定に関する留意事項

監査人は、評価対象となった業務プロセスに係る内部統制について、経営者による評価の妥当性を判断するために十分かつ適切な証拠を入手しなければならない。実施する手続を決定する際には、以下の事項を考慮する。

○内部統制の性質

検討の方法を決定する際には、内部統制の重要性及び複雑さ並びに内部統制の運用に際しなされる判断の重要性、内部統制の実施者の能力、内部統制の実施頻度及び前年度の検討結果やその後の変更の状況等を考慮する。

○決算・財務報告プロセス

決算・財務報告プロセスに係る内部統制は、財務報告の信頼性に関して重要な業務プロセスであることに加え、その実施頻度が低いため、監査人が検討できる実例の数は少ないものとなる。したがって、決算・財務報告プロセスに係る内部統制は、他の内部統制よりも慎重な運用状況の検討作業を行う必要がある(決算・財務報告プロセスは、全社的な観点で評価される場合と固有の業務プロセスとして評価される場合とがあることについて、「Ⅱ　財務報告に係る内部統制の評価及び報告」２．⑵及び３⑶．④ニ．ｂ．参照)。

②　ITを利用した内部統制の評価の検討

イ．ITを利用した内部統制の把握

監査人は、「Ⅱ　財務報告に係る内部統制の評価及び報告」３．⑺に記載の内部統制の記録を入手して、ITを利用した内部統制の概要を把握するとともに、経営者が評価対象としたITに係る全般統制及び業務処理統制が評価対象として適切なものか検討する。

監査人は、企業が業務プロセスにITを利用している場合において、人手を利用した統制が行われている部分については、前述の「①　業務プロセスに係る内部統制の評価の検討」を実施し、ITを利用した統制が行われている部分については、以下のITに係る全般統制及び業務処理統制の評価の検証を行うことにより、業務プロセスに係る経営者の評価の妥当性の検証を行う。

ロ．ITに係る全般統制の評価の検討

監査人は、ITに係る全般統制について理解し、経営者の評価の妥当性を検討しなければならない。その際、例えば、以下の項目を検討する。

ａ．システムの開発、変更・保守

監査人は、企業が財務報告に関連して、新たにシステム、ソフトウェアを開発、調達又は変更する場合、承認及び導入前の試験が適切に行われているか確認する。

その際、監査人は、例えば、以下の点に留意する。

・システム、ソフトウェアの開発、調達又は変更について、事前に経営者又は適切な管理者に所定の承認を得ていること
・開発目的に適合した適切な開発手法がシステム、ソフトウェアの開発、調達又は変更に際して、適用されていること
・新たなシステム、ソフトウェアの導入に当たり十分な試験が行われ、その結果が当該システム、ソフトウェアを利用する部門の適切な管理者及びIT部門の適切な管理者により承認されていること
・新たなシステム、ソフトウェアの開発、調

達又は変更について、その過程が適切に記録及び保存されるとともに、変更の場合には、変更前のシステム、ソフトウェアに関する内部統制の整備状況に係る記録が更新されていること

・新たなシステム、ソフトウェアにデータを保管又は移行する場合に、誤謬、不正等を防止する対策が取られていること

・新たなシステム、ソフトウェアを利用するに当たって、利用者たる従業員が適切な計画に基づき、教育研修を受けていること

b．システムの運用・管理

監査人は、財務報告に係るシステムの運用・管理の有効性を確認する。その際、例えば、以下の点に留意する。

・システムを構成する重要なデータやソフトウェアについて、障害や故障等によるデータ消失等に備え、その内容を保存し、迅速な復旧を図るための対策が取られていること

・システム、ソフトウェアに障害や故障等が発生した場合、障害や故障等の状況の把握、分析、解決等の対応が適切に行われていること

c．システムの安全性の確保

監査人は、企業がデータ、システム、ソフトウェア等の不正使用、改竄、破壊等を防止するために、財務報告に係る内部統制に関連するシステム、ソフトウェア等について、適切なアクセス管理等の方針を定めているか確認する。

d．外部委託に関する契約の管理

企業が財務報告に関連して、ITに係る業務を外部委託している場合、監査人は、企業が適切に外部委託に関する契約の管理を行っているか検討する。

上記a．～d．に関しては、財務諸表監査の実施過程において一定の監査証拠を入手しているのが一般的と考えられ、その場合には、その利用が可能であることに留意する。なお、販売されているパッケージ・ソフトウェアをそのまま利用するような比較的簡易なシステムを有する企業の場合には、ITに係る全般統制に重点を置く必要があることに留意する。

ハ．ITに係る業務処理統制の評価の検討

監査人は、例えば、以下の手続に従ってITに係る業務処理統制の整備及び運用状況の評価の検討を行う。

a．監査人は、システム設計書等を閲覧することにより、企業の意図した会計処理が行われるシステムが作成されていることを確認する。

b．その際、監査人は、「II　財務報告に係る内部統制の評価及び報告」３．(3)に記載されている、例えば、以下のような評価項目について留意する。

・入力情報の完全性、正確性、正当性等を確保するための手段が取られているか。

・エラーデータの修正と再処理が適切に行われているか。

・仕入先、販売先等のマスタ・データの維持管理が適切に行われているか。

・システムの利用に関する認証・操作範囲の限定など適切なアクセスの管理がなされているか。

c．監査人は、業務処理統制の運用状況について確認を実施する。

監査人は、上記イ．により入手した記録等の閲覧、適切な管理者又は担当者に対する質問等により、業務処理統制の実施状況及び自己点検の状況を検討する。

その際、評価対象となった業務処理統制に係る統制上の要点ごとに、一部の取引を抜き出し（サンプリング)、当該取引に係るシステムへの入力情報とシステムからの出力情報を比較し、予想していた出力情報が得られているかを、例えば、入力データに基づいて、検算を行うこと等により確認する。

監査人は、前述のように、基本的には、監査人自ら選択したサンプルを用いた試査により、適切な監査証拠を入手して行うこ

ととなるが、監査人は、統制上の要点として選定した内部統制ごとに、経営者が抽出したサンプルの妥当性の検討を行った上で、監査人自らが改めて当該サンプルをサンプルの全部又は一部として選択することができる。当該サンプルについて、経営者が行った評価結果についても、評価方法等の妥当性を検証し、経営者による作業の一部について検証した上で、経営者の評価に対する監査証拠として利用することができる。

例えば、前年度において、内部統制の評価結果が有効であったＩＴに係る業務処理統制の運用状況の評価に当たっては、当該業務処理統制の整備状況に重要な変更がないなど新たに確認すべき事項がない場合、経営者が評価において選択したサンプル及びその評価結果を利用するなど効率的な手続の実施に留意する。

なお、ITを利用した内部統制は一貫した処理を反復継続するため、その整備状況が有効であると評価された場合には、ITに係る全般統制の有効性を前提に、監査人においても、人手による内部統制よりも、例えば、サンプル数を減らし、サンプルの対象期間を短くするなど、一般に運用状況の検討作業を減らすことができる。また、ITを利用して自動化された内部統制については、過年度の検討結果を考慮し、検討した時点から内部統制が変更されていないこと、障害・エラー等の不具合が発生していないこと、及び関連する全般統制の整備及び運用の状況を検討した結果、全般統制が有効に機能していると判断できる場合には、その結果を記録することで、当該検討結果を継続して利用することができる。

上記については、財務諸表監査の実施過程において一定の監査証拠を入手しているのが一般的と考えられ、その場合には、その利用が可能であることに留意する。

ニ．ITの専門家の利用

監査人は、監査計画の策定及び内部統制監査の実施に際して、企業のITの利用状況及びITが財務報告に係る内部統制の有効性の評価に及ぼす影響を検討して、専門家の業務を利用するか否かの判断を行わなければならない。監査人は、専門家の業務を利用する場合には、その専門家が、単にITの知識のみではなく、情報システムに関係する財務報告に重要な影響を及ぼすリスクの評価に必要な知識を有しているかなど、専門家としての能力を考慮するとともに、その専門家の業務が十分な客観性を有しているかについても考慮する。

③　委託業務の評価の検討

監査人は、経営者が外部の受託会社に対して委託した業務が、評価対象となる業務プロセスの一部を構成している場合には、当該委託業務に関し、例えば、以下のとおり、内部統制の有効性を検討する。

イ．委託業務に係る内部統制について、受託会社が実施している内部統制及び、受託会社が提供している業務に対し、企業が実施している内部統制を理解する。

ロ．受託会社の業務に対し企業が自ら内部統制を実施している場合には、経営者の行った検証の状況を確認する。

ハ．委託業務について受託会社が実施した内部統制の整備及び運用状況に関する確認の結果を記載した報告書等を企業が受託会社から入手している場合には、当該報告書等が十分な証拠を提供しているかどうか検討する。

④　業務プロセスに係る内部統制の不備の検討

監査人は、内部統制の不備が識別された場合、当該不備が、個々に又は組み合わせにより開示すべき重要な不備に該当するかどうかを、例えば、以下のとおり判断する。

イ．業務プロセスから発見された内部統制の不備がどの勘定科目等に、どの範囲で影響を及ぼしうるかについての検討

監査人は、業務プロセスに係る内部統制の不備が発見された場合、不備の重要性を判断するに当たり、当該業務プロセスに係る内部統制の不備がどの勘定科目にどの範囲で影響を及ぼすか検討する。

例えば、ある事業拠点において、ある商品の販売に係る業務プロセスで問題が起きた場合、その問題の影響が及ぶ売上高は、当該販売プロセスが当該事業拠点に横断的な場合（例えば、ある事業拠点において、全ての出荷が定型化した販売手順を経て行われる場合であって、その出荷のプロセスに不備が発見された場合）には、当該事業拠点全体の売上高に影響を及ぼすものと考えられる一方、問題となった業務プロセスが特定の商品に係る販売プロセスに固有のものである場合には、当該商品の売上高だけに影響を及ぼすものと考えることができる。

また、他の事業拠点でも、問題となった業務プロセスと同様の業務手順を横断的に用いている場合（例えば、別の事業拠点でも、同一の手順書等に基づき、先の事業拠点と同一の手順を経て販売が行われる場合）には、上記の問題の影響は当該他の事業拠点全体の売上高にも及ぶことが考えられる。ただし、最終的な内部統制の不備の程度については、以下ロ．に示すように、当該他の事業拠点において実際に問題が発生する確率の高低等を考慮して決定することになる。

ロ．影響が実際に発生する可能性の検討

監査人は、上記イ．で検討された影響が実際に発生する可能性を検討する。その際には、発生確率をサンプリングの結果を用いて統計的に導き出すことも考えられるが、それが難しいと考えられる場合には、例えば、以下に掲げる事項に留意して、リスクの程度を定性的（例えば、発生可能性の高、中、低）に把握し、それに応じて予め定めた比率を発生確率として適用することも考えられる。

この場合、影響の発生可能性が無視できる程度に低いと判断される場合には、判定から除外することも考えられる。

・検出された例外事項の大きさ・頻度

例えば、試査による検討の結果、検出された誤謬等の規模が大きく、検出の頻度が高いほど、影響の発生可能性は高いと判断される。

・検出された例外事項の原因

例えば、事業拠点において内部統制に関するルールが遵守されてはいたが不注意により誤りが発生したという場合、内部統制のルールが全く遵守されていなかったという場合よりも、影響の発生可能性は低いと判断される。

・ある内部統制と他の内部統制との代替可能性

例えば、内部統制に代替可能性が認められる場合、ある内部統制の不備を他の内部統制が補完している可能性があり、その場合には影響の発生する可能性が低減されるということが考えられる。

ハ．内部統制の不備の質的・金額的重要性の判断

監査人は、上記イ．ロ．で求めた金額と発生可能性を勘案し、当該不備が財務報告に及ぼす潜在的な影響額を検討し、「Ⅱ　財務報告に係る内部統制の評価及び報告」１．②開示すべき重要な不備の判断指針に照らして、その質的・金額的重要性を判断する。業務プロセスに係る内部統制の不備が及ぼす影響に質的又は金額的な重要性があると認められる場合には、当該不備は開示すべき重要な不備に該当するものと判断される。

なお、内部統制の不備が複数存在する場合には、影響額を合算（重複額は控除）した上で、開示すべき重要な不備に該当しないか検討する。

ニ．ITを利用した内部統制に係るITの全般統制の不備の取扱い

ITを利用した内部統制に係るITの全般統制は、ITに係る業務処理統制が有効に機能する環境を保証するための統制活動であり、仮に、全般統制に不備があった場合には、たとえ業務処理統制が有効に機能するように整備されていたとしても、その有効な運用を継続的に維持することができない可能性がある。したがって、全般統制に不備が発見された場合には、それをすみやかに改善することが求められる。

しかしながら、ITに係る全般統制の不備は、それ自体が財務報告の重要な事項に虚偽記載が発生するリスクに必ずしも直接に繋がるもので

はないため、業務処理統制が現に有効に機能していることが検証できているのであれば、全般統制の不備をもって直ちに開示すべき重要な不備と評価されるものではないことに留意する。

(3) 内部統制の開示すべき重要な不備の報告と是正

> 監査人は、内部統制監査の実施において内部統制の開示すべき重要な不備を発見した場合には、経営者に報告して是正を求めるとともに、当該開示すべき重要な不備の是正状況を適時に検討しなければならない。また、監査人は、当該開示すべき重要な不備の内容及びその是正結果を取締役会及び監査役等に報告しなければならない。
>
> 監査人は、内部統制の不備を発見した場合も、適切な者に報告しなければならない。
>
> 監査人は、内部統制監査の結果について、経営者、取締役会及び監査役等に報告しなければならない。
>
> (注) 監査人は、内部統制監査の過程で発見された内部統制の開示すべき重要な不備については、会社法監査の終了日までに、経営者、取締役会及び監査役等に報告することが必要になると考えられる。

① 開示すべき重要な不備等の報告

〔内部統制監査で発見した開示すべき重要な不備等の報告〕

監査人は、監査の過程で開示すべき重要な不備を発見した場合には、その内容を、経営者に報告して是正を求めなければならない。また、監査人は、当該開示すべき重要な不備の内容を経営者に報告した旨を、取締役会及び監査役等に報告しなければならない。

監査人は、開示すべき重要な不備以外の不備を積極的に発見することを要求されてはいないが、監査の過程において、財務報告に係る内部統制のその他の不備を発見した場合には、適切な管理責任者に適時に報告しなければならない。

監査人による報告では、報告の対象となる不備が内部統制の不備、開示すべき重要な不備のいずれに区別されるのかを明らかにしなければならない。ただし、迅速な報告が必要であると判断した場合に、その時点では当該区別を明らかにしないですみやかに報告し、当該区別については、改めて報告するということも考えられる。

② 開示すべき重要な不備の是正状況の検討

〔期中に存在した開示すべき重要な不備の是正状況の確認〕

監査人は、監査の過程で内部統制の開示すべき重要な不備を発見した場合には、経営者に報告して是正を求めるとともに、当該開示すべき重要な不備の是正状況を適時に確認しなければならない。

経営者又は監査人が開示すべき重要な不備を発見した場合でも、前年度以前に発見された開示すべき重要な不備を含め、それが内部統制報告書における評価時点（期末日）までに是正されていれば、内部統制は有効であると認めることができる。

監査人は、開示すべき重要な不備の是正結果を、取締役会及び監査役等に報告しなければならない。

なお、評価時点（期末日）までに開示すべき重要な不備について是正措置が実施された場合には、監査人は、実施された是正措置について経営者が行った評価が適切であるか確認を行う。

③ 期末後の是正措置

イ．期末日後に実施された是正措置の検討

内部統制報告書に期末日後に実施された開示すべき重要な不備に対する是正措置が付記された場合、監査人は、当該是正措置に係る内部統制報告書の付記事項などの記載内容の妥当性を検討するため、例えば、以下の手続を実施する。

a．当該是正措置に関する稟議書等の社内文書を入手して、その内容を確認する。

b．是正措置の内容について、財務、経理及び関連する部署の担当役員等に質問する。

c．是正措置が連結子会社等で実施された場合で、当該連結子会社等を他の監査人が監査している場合には、当該他の監査人から、当該是正措置の内容に関する他の監査人の見解等を確認する。

ロ．期末日後に実施された是正措置についての追記情報

監査人は、経営者が内部統制報告書に付記事項として記載した、期末日後に実施された是正措置の内容の記載が適切と判断した場合には、追記情報として内部統制監査報告書に重ねて記載する。

監査人は、是正措置の内容の記載が適切でないと判断した場合は、当該不適切な記載についての除外事項を付した限定付適正意見を表明するか、又は、内部統制報告書の表示が不適正である旨の意見を表明し、その理由を記載しなければならない。

また、内部統制報告書の提出日までに有効な内部統制を整備し、その運用の有効性を確認している場合には、経営者は、是正措置を完了した旨を、実施した是正措置の内容とともに記載することとなるが、このような記載が行われる場合には、記載内容の適正性について確認を実施する。

ただし、これらの記載事項について、財務諸表監査の過程において一定の監査証拠が得られている場合には、これらの監査証拠を、適宜、利用できることに留意する。

(4) 不正等の報告

> 監査人は、内部統制監査の実施において不正又は法令に違反する重大な事実を発見した場合には、経営者、取締役会及び監査役等に報告して適切な対応を求めるとともに、内部統制の有効性に及ぼす影響の程度について評価しなければならない。

監査人は、内部統制監査の実施において不正又は法令に違反する事実を発見した場合には、経営者、取締役会及び監査役等に対して適時に報告して適切な対応を求めるとともに、内部統制の有効性に及ぼす影響の程度について検討し、その結果、その事実が内部統制の不備又は開示すべき重要な不備に該当する場合には上記(3)に記載した対応を取らなければならない。

(5) 監査役等との連携

> 監査人は、効果的かつ効率的な監査を実施するために、監査役等との連携の範囲及び程度を決定しなければならない。

監査人は、効果的かつ効率的な監査を実施するために、監査役等との連携の範囲及び程度を決定しなければならない。ここで、連携の方法、時期及び情報や意見を交換すべき事項等については、被監査会社の置かれた状況等に応じて、監査役等との合意により決定される。

(6) 他の監査人等の利用

> 監査人は、他の監査人によって行われた内部統制監査の結果を利用する場合には、当該他の監査人によって行われた内部統制監査の結果の重要性及び他の監査人に対する信頼性の程度を勘案して、他の監査人の実施した監査が適切であるかを評価し、他の監査人の実施した監査の結果を利用する程度及び方法を決定しなければならない。
>
> 監査人は、内部統制の基本的要素であるモニタリングの一部をなす企業の内部監査の状況を評価した上で、内部監査の業務を利用する範囲及び程度を決定しなければならない。

① 他の監査人の利用

内部統制監査における他の監査人の利用については、財務諸表監査における一般に公正妥当と認められる基準に準拠して判断される。

なお、在外子会社における他の監査人の監査結果の利用について、監査人は、国外の監査人が国内基準以外の監査基準に準拠して内部統制

監査を実施する場合、国内基準に準拠して実施する場合と実質的に同等であると監査人が判断できるときには、当該監査基準に準拠して実施された監査結果を利用することができる。

②　専門家の業務の利用

財務報告に係る内部統制の監査における専門家の業務の利用についても、財務諸表監査における一般に公正妥当と認められる基準に準拠して判断される。

③　内部監査人等の作業の利用

イ．内部監査人等の作業の検証

内部監査人等が内部統制の有効性の評価に関して作業を行っている場合、監査人は、内部監査人等の作業を自己の検証そのものに代えて利用することはできないが、内部監査人等の作業の品質及び有効性を検証した上で、経営者の評価に対する監査証拠として利用することが考えられる。

ロ．内部監査人等の作業の検証にあたって実施すべき手続

監査人が内部監査人等の評価作業の品質及び有効性を検証するに当たっては、例えば、以下の手続を実施する。

a．作業実施者の能力及び独立性の検討

監査人は、評価作業の実施者が適切な専門的能力を備えているかどうか、及び、評価を実施した業務から独立しているかについて検討する。

b．当該作業の一部についての検証

監査人は、内部監査等による評価作業の品質及び有効性を判断するため、その作業の一部について検証する。

5．監査人の報告

⑴　意見に関する除外

① 監査人は、内部統制報告書において、経営者が決定した評価範囲、評価手続、及び評価結果に関して不適切なものがあり、その影響が無限定適正意見を表明することができない程度に重要ではあるものの、内部統制報告書を全体として虚偽の表示に当たるとするほどではないと判断したときには、除外事項を付した限定付適正意見を表明しなければならない。この場合には、意見の根拠の区分に、除外した不適切な事項及び財務諸表監査に及ぼす影響を記載しなければならない。

② 監査人は、内部統制報告書において、経営者が決定した評価範囲、評価手続、及び評価結果に関して不適切なものがあり、その影響が内部統制報告書全体として虚偽の表示に当たるとするほどに重要であると判断した場合には、内部統制報告書が不適正である旨の意見を表明しなければならない。この場合には、意見の根拠の区分に、内部統制報告書が不適正であるとした理由及び財務諸表監査に及ぼす影響を記載しなければならない。

〔限定付適正意見の表明〕

監査人が、経営者が決定した評価範囲、評価手続、及び評価結果に関して不適切なものがあり、その影響が無限定適正意見を表明することができない程度に重要ではあるものの、内部統制報告書を全体として虚偽の表示に当たるとするほどではないと判断できる場合には、限定付適正意見が表明される。

例えば、財務報告に係る内部統制に関する開示すべき重要な不備があるとした経営者の評価結果は適正であるが、期末日後に実施した是正措置を内部統制報告書に記載している場合において、監査人が当該是正措置に関する経営者の記載は不適切であると判断した場合が挙げられる。

⑵　監査範囲の制約

① 監査人は、重要な監査手続を実施できなかったこと等により、無限定適正意見を表明することができない場合において、その影響が内部統制報告書全体に対する意見表

明ができないほどではないと判断したときには、除外事項を付した限定付適正意見を表明しなければならない。この場合には、意見の根拠の区分に、実施できなかった監査手続等及び財務諸表監査に及ぼす影響について記載しなければならない。

② 監査人は、重要な監査手続を実施できなかったこと等により、内部統制報告書全体に対する意見表明のための基礎を得ることができなかったときは、意見を表明してはならない。この場合には、別に区分を設けて、内部統制報告書に対する意見を表明しない旨及びその理由を記載しなければならない。

〔評価範囲の制約に係る監査上の取扱い〕

監査人は、「やむを得ない事情」により、内部統制の一部について十分な評価手続を実施できなかったことにつき正当な理由が認められるか否かについて慎重に検討しなければならない。監査人は、やむを得ない事情により十分な評価を実施できなかった範囲を除き、一般に公正妥当と認められる内部統制の評価の基準に準拠し、財務報告に係る内部統制の評価について、全ての重要な点において適正に表示していると認められると判断した場合には、内部統制監査報告書において無限定適正意見を表明する。この場合、監査人は、経営者がやむを得ない事情によって評価範囲に含めなかった範囲及びその理由を内部統制監査報告書に追記しなければならない。

なお、経営者の評価手続の一部が実施できなかったことに正当な理由が認められるとして無限定適正意見を表明する場合には、次の点に留意しなければならない。

イ．経営者による財務報告に係る内部統制の有効性の評価が、やむを得ない事情により十分な評価手続を実施できなかった一部の内部統制を除き、全体として適切に実施されていること。

ロ．やむを得ない事情により、十分な評価手続を実施できなかったことが財務報告の信頼性に重要な影響を及ぼすまでには至っていないこと。

(3) 追記情報

監査人は、次に掲げる強調すること又はその他説明をすることが適当と判断した事項は、内部統制監査報告書にそれらを区分した上で、情報として追記するものとする。

① 経営者が、内部統制報告書に財務報告に係る内部統制に開示すべき重要な不備の内容及びそれが是正されない理由を記載している場合は、当該開示すべき重要な不備がある旨及び当該開示すべき重要な不備が財務諸表監査に及ぼす影響

② 財務報告に係る内部統制の有効性の評価に重要な影響を及ぼす後発事象

③ 期末日後に実施された是正措置等

④ 経営者の評価手続の一部が実施できなかったことについて、やむを得ない事情によると認められるとして無限定適正意見を表明する場合において、十分な評価手続を実施できなかった範囲及びその理由

〔内部統制報告書に記載する後発事象の検討〕

監査人は、財務報告に係る内部統制の有効性の評価に重要な影響を及ぼす後発事象の発生の有無及び、内部統制報告書に記載すべき後発事象が存在する場合には、当該後発事象が適切に記載されているかを確認する。

重要な後発事象の発生の有無を確認する手続としては、例えば、以下のものが挙げられる。

イ．重要な後発事象として認識すべき事象が発生したか否かについて財務・経理担当役員等に質問する。

ロ．決算日後に開催された株主総会、取締役会、監査役会等及び常務会等の重要な会議の議事録を閲覧する。議事録が入手できない場合には、会議で討議された事項について質問する。

ただし、監査人は、財務諸表監査の実施過程において、重要な後発事象の把握を行っている

と考えられ、その場合には、財務諸表監査の実施過程で得られた重要な後発事象に関する監査証拠を、適宜、利用することに留意する。

（参考図１）

財務報告に係る内部統制構築のプロセス

１．基本的計画及び方針の決定
経営者は、内部統制の基本方針に係る取締役会の決定を踏まえ、財務報告に係る内部統制を組織内の全社的なレベル及び業務プロセスのレベルにおいて実施するための基本的計画及び方針を決定 ※経営者が定めるべき基本的計画及び方針としては、以下が挙げられる。 ①　構築すべき内部統制の方針・原則、範囲及び水準 ②　内部統制の構築に当たる責任者及び全社的な管理体制 ③　内部統制構築の手順及び日程 ④　内部統制構築に係る人員及びその編成、教育・訓練の方法　　　　　　等

⇩

２．内部統制の整備状況の把握
内部統制の整備状況を把握し、その結果を記録・保存 ①　全社的な内部統制について、既存の内部統制に関する規程、慣行及びその遵守状況等を踏まえ、全社的な内部統制の整備状況を把握し、記録・保存 ※暗黙裡に実施されている社内の決まり事等がある場合には、それを明文化 ②　重要な業務プロセスについて、内部統制の整備状況を把握し、記録・保存 ・組織の重要な業務プロセスについて、取引の流れ、会計処理の過程を整理し、理解する。 ・整理、理解した業務プロセスについて、虚偽記載の発生するリスクを識別し、それらリスクの財務報告又は勘定科目等との関連性、業務の中に組み込まれた内部統制によって十分に低減できるものになっているかを検討

⇩

３．把握された内部統制の不備への対応及び是正
把握された内部統制の不備は適切に是正

(参考図２)

財務報告に係る内部統制の評価・報告の流れ

全社的な内部統制の評価
（原則、全ての事業拠点について全社的な観点で評価）

決算・財務報告に係る業務プロセスの評価
（全社的な観点での評価が適切なものについては、全社的な内部統制に準じて評価）

決算・財務報告プロセス以外の業務プロセスの評価

１．重要な事業拠点の選定

売上高などを用いて金額の高い拠点から合算し、全体の一定割合（例えば、概ね３分の２程度）に達するまでの拠点を重要な事業拠点として選定
※事業拠点には、本社、子会社、支社、支店の他、事業部等も含まれる。
※企業の置かれた環境や事業の特性によって、異なる指標や追加的な指標を用いることがある。

２．評価対象とする業務プロセスの識別

① 重要な事業拠点における、企業の事業目的に大きく関わる勘定科目（一般的な事業会社の場合、原則として、売上、売掛金及び棚卸資産）に至る業務プロセスは、原則として、全て評価対象
※当該重要な事業拠点が行う事業又は業務との関連性が低く、財務報告に対する影響の重要性が僅少である業務プロセスについては、評価対象としないことができる。
② 重要な事業拠点及びそれ以外の事業拠点において、財務報告への影響を勘案して、重要性の大きい業務プロセスについては、個別に評価対象に追加
（例）・リスクが大きい取引を行っている事業又は業務に係る業務プロセス
・見積りや経営者による予測を伴う重要な勘定科目に係る業務プロセス
・非定型・不規則な取引など虚偽記載が発生するリスクが高いものとして、特に留意すべき業務プロセス
③ 全社的な内部統制の評価結果を踏まえて、業務プロセスに係る評価の範囲、方法等を調整
※全社的な内部統制が有効でない場合、評価範囲の拡大、評価手続の追加などの措置が必要
※全社的な内部統制が有効である場合、サンプリングの範囲を縮小するなど簡易な評価手続の選択や、重要性等を勘案し、評価範囲の一部について、複数会計期間ごとの評価が可能

評価範囲について、必要に応じて、監査人と協議

３．評価対象とした業務プロセスの評価

① 評価対象となる業務プロセスの概要を把握、整理
② 業務プロセスにおける虚偽記載の発生するリスクとこれを低減する統制を識別
③ 関連文書の閲覧、質問、観察等により、内部統制の整備状況の有効性を評価
④ 関連文書の閲覧、質問、観察、内部統制の実施記録の検証、自己点検の状況の検討等により、内部統制の運用状況の有効性を評価
※全社的な内部統制の評価結果が良好である場合等には、サンプリングの範囲を縮小

４．内部統制の報告

① 内部統制の不備が発見された場合、期末までに是正
② 開示すべき重要な不備が期末日に存在する場合には開示

（参考図３）

業務プロセスに係る内部統制の不備の検討

業務プロセスに係る内部統制の有効性の確認
・サンプリングにより確認（90％の信頼度を得るには、統制上の要点ごとに少なくとも25件のサンプルが必要） ※反復継続的に発生する定型的な取引等については、サンプル数の低減等が可能

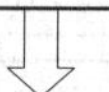

業務プロセスに係る内部統制の不備を把握

①　不備の影響が及ぶ範囲の検討
業務プロセスから発見された内部統制の不備がどの勘定科目等に、どの範囲で影響を及ぼしうるかを検討 ・ある事業拠点において、ある商品の販売プロセスで問題が起きた場合、当該販売プロセスが当該事業拠点に横断的な場合には、当該事業拠点全体の売上高に影響を及ぼす。 ・問題となった販売プロセスが特定の商品に固有のものである場合には、当該商品の売上高だけに影響を及ぼす。 ・他の事業拠点でも同様の販売プロセスを用いている場合には、上記の問題の影響は当該他の事業拠点の売上高にも及ぶ。

②　影響の発生可能性の検討
①で検討した影響が実際に発生する可能性を検討 ・発生確率をサンプリングの結果を用いて統計的に導き出す。 ・それが難しい場合には、リスクの程度を発生可能性を、例えば、高、中、低により把握し、それに応じて、予め定めた比率を適用する。 ※影響の発生可能性が無視できる程度に低いと判断される場合には、判定から除外

③　内部統制の不備の質的・金額的重要性の判断
①及び②を勘案して、質的重要性及び金額的重要性（例えば、連結税引前利益の概ね５％程度）を判断 ※不備が複数存在する場合には、これらを合算（重複額は控除）する。

質的又は金額的重要性があると認められる場合、開示すべき重要な不備と判断

財務情報等に係る保証業務の概念的枠組みに関する意見書

（平成16年11月29日
企業会計審議会）

一　審議の経緯等

1．審議の背景

(1)　財務諸表の信頼性を確保することは、証券市場の健全な発展に必要不可欠であり、財務諸表の開示及び公認会計士（監査法人を含む。）による監査の充実に対して社会から寄せられる期待は大きい。とりわけ、財務諸表の監査については、近年の企業規模の拡大や国際化、会計基準の精緻化並びに投資者等の利害関係者からの効果的かつ効率的な監査の要求も高くなる中で、監査人の判断にも高い専門性と公正不偏性が強く求められてきている。

このため、当審議会は、平成14年に公認会計士による財務諸表の監査の規範となる監査基準の全面的な改訂を行った。また、近年の会計不正問題など会計及び監査を取り巻く環境の変化を受けて、公認会計士の役割や責任が改めて問われることとなったことも踏まえ、平成15年に公認会計士法の大幅な改正が行われ、公認会計士の使命の明確化や独立性の強化、会計専門家教育の充実などが図られている。

(2)　また、財務諸表以外の財務情報の開示とその信頼性の確保に対する社会からの多様な期待も高まり、特に四半期財務情報の開示が国際的にも一般化しつつある中で、財務情報の信頼性の確保に係る費用対効果の観点から、監査の水準には至らないが一定の信頼性が確保できる業務として、いわゆるレビュー業務の必要性が増大しているとの指摘がある。さらに、内部統制等の財務情報以外の事項にも独立の立場からの信頼性の確保が求められる状況にある。

(3)　一方、社会からの多様な期待を背景として、公認会計士の行う業務は範囲を拡大し、多様なものとなってきており、公認会計士やその監査を巡る近年の諸問題の背景には、このような業務の拡大の影響があると言われている。すなわち、監査並びにその周辺業務の拡大と合わせて、企業のさまざまな活動に関するコンサルティング等の非監査業務もまた活発に行われるようになった。特に米国では、監査法人における非監査業務の比重が高まった中で、監査人としての業務とそれ以外の業務との相違が曖昧となり、結果として、監査人としての独立性が損なわれたことが監査の信頼性を低下させたとの指摘もある。

このような問題に対しては、監査人による監査業務と非監査業務の同時提供が監査人の独立性を侵害するとして、現在では、国際的にも、原則的に両者の同時提供を制限する方向にあり、そのためにも、業務の範囲の明確化が一層重要となっている。

(4)　公認会計士監査の充実強化に関しては、国際的には、国際会計士連盟の国際監査・保証基準審議会において、「国際監査基準」の策定が進められている。その過程では、従来の監査業務のみならずレビュー業務などを包摂した“Assurance Engagements”（保証業務）という概念により、関連する業務の枠組みを整理している。

「国際監査基準」は、近い将来、欧州連合諸国の域内上場会社に適用される方向での議論も行われており、国際的調和の視点からも、職業的専門家による保証業務に関するわが国の概念的枠組みを明らかにする必要がある。

2．審議の目的及び経緯

(1)　法定監査を中心としたわが国の監査制度は、

財務諸表の信頼性を確保し投資者の保護を図るために、社会的にも重要な公益性の高い業務であり、その信頼性の確保については、業務を担う者のみならず、広く関係者の理解を求めることが必要である。また、併せて、財務諸表の監査以外にも四半期財務情報のレビューなど、保証業務の範疇に入る業務の中には公益性の高いものも認められる。

保証業務の枠組みは、国際会計士連盟においては自らの職業的規範として検討されているが、わが国では、保証業務の公益性の観点から、当審議会において、幅広い関係者による議論を通じ、保証業務の意味を確認し、その要件と範囲の明確化を図ることにより、監査をはじめとする保証業務に対する社会からの信認を確保することを目的として、保証業務の概念的枠組みの整理を行うこととした。

(2)　上記の背景を踏まえ、当審議会では、平成16年２月20日に開催した総会において、財務諸表の保証に関する概念整理を審議事項として決定し、同年３月から、第二部会において具体的な検討を開始した。審議においては、諸外国の状況や歴史的背景、わが国において現に行われている種々の業務の態様などを参考に検討を進め、平成16年６月に「財務情報等に係る保証業務の概念的枠組みに関する意見書（公開草案）」を公表して、広く各界からの意見を求めた。当審議会は寄せられた意見を参考にしつつ更に審議を行い、公開草案の内容を一部修正して、これを「財務情報等に係る保証業務の概念的枠組みに関する意見書」として公表することとした。

３．本意見書の位置付け

(1)　本意見書は、「監査基準」のように、特定の保証業務を前提として適用されることを意図するものではない。したがって、本意見書に示された概念的枠組みが直接に業務上の規範となるものではないが、個々の保証業務に関する基準等は、本意見書における概念的枠組みを基礎として設定されることになる。特に、財務情報を対象とする保証業務には、社会的にも重要な公益性の高い業務も存在することに鑑み、その基準等は、本意見書の概念的枠組みの中で、幅広い関係者による公正かつ透明性のある適切な手続を通じて、一般に公正妥当と認められる規範として設定される必要がある。

(2)　なお、本意見書では、財務情報等に係る保証業務に関する概念整理を行うことを主たる目的としているが、内部統制など財務情報以外の事項を対象とした業務も含めた幅広い観点から、包括的に保証業務の概念を整理し、その中で財務情報等に係る保証業務も位置付けられるという枠組みを採っている。したがって、本意見書に示された概念的枠組みは、財務情報以外の事項を対象とする保証業務にも援用することが可能と考えられ、今後、各方面において活用されることが期待される。

４．現行制度との関係

証券取引法、公認会計士法等の財務諸表の監査を巡る現行の法制度は、それ自体、保証業務という概念を前提としているものではない。本意見書は、財務情報等を対象とする保証業務を中心とした概念的枠組みの整理を行うことを目的としているが、現行の法制度との関係については、今後、それぞれの法目的に基づいて、保証業務が制度上位置付けられていくこととなると考えられる。なお、本意見書に示された保証業務の概念的枠組みに照らせば、例えば、公認会計士の行う保証業務は、公認会計士法における「監査又は証明」業務を包含するものと捉えることができる。

二　保証業務の意味

１．保証業務の定義

保証業務とは、主題に責任を負う者が一定の規準によって当該主題を評価又は測定した結果を表明する情報について、又は、当該主題それ自体について、それらに対する想定利用者の信頼の程度を高めるために、業務実施者が自ら入手した証拠に基づき規準に照らして判断した結果を結論として報告する業務をいう。

2．保証業務の分類

⑴　保証業務は、通常、一定の規準によって主題を評価又は測定した結果を表明する情報（以下、「主題情報」という。）を主題に責任を負う者が自己の責任において想定利用者に提示することを前提として行われる。主題に責任を負う者が自己の責任において主題情報を想定利用者に提示しない場合に、業務実施者が、主題それ自体について一定の規準によって評価又は測定した結果を結論として表明する保証業務があるが、この場合においても、業務実施者は、主題それ自体に対する責任を負うものではなく、主題それ自体の信頼の程度を高めることに責任を負う。

⑵　保証業務は、保証業務リスクの程度により、合理的保証業務と限定的保証業務に分類される。合理的保証業務では、業務実施者が、当該業務が成立する状況のもとで、積極的形式による結論の報告を行う基礎として合理的な低い水準に保証業務リスクを抑える。これに対して、限定的保証業務では、合理的保証業務の場合よりは高い水準ではあるが、消極的形式による結論の報告を行う基礎としては受け入れることができる程度に保証業務リスクの水準を抑える。

⑶　保証業務の定義及び分類によれば、以下の業務はそれぞれ次のように理解される。

①　財務諸表の監査は、主題たる企業の財政状態、経営成績及びキャッシュ・フローの状況について、主題に責任を負う者としての経営者が、一定の規準としての会計基準に従って測定し、その結果を主題情報たる財務諸表として投資者に提示する。これを受けて、業務実施者である監査人は、想定利用者である投資者の財務諸表に対する信頼の程度を高めるために、監査リスクを合理的に低い水準に抑え、監査手続を実施して自ら入手した監査証拠に基づき、提示された財務諸表が会計基準に従って企業の財政状態、経営成績及びキャッシュ・フローの状況を適正に表示しているかどうかについて積極的形式によって結論を報告する。

②　内部統制に係る保証業務において、主題に責任を負う者としての経営者が、内部統制の有効性等についての主題情報を自己の責任で想定利用者に提示しない場合には、業務実施者が主題たる内部統制それ自体を、その有効性に関する評価の規準に照らして判断し、その結果を結論として表明することとなる。

③　限定的保証業務として、いわゆるレビュー業務がある。例えば、財務情報のレビュー業務においては、主題に責任を負う者としての経営者が当該財務情報を一定の作成基準に従って作成しているかどうかについて、業務実施者が自ら入手した証拠に基づき判断した結果を、財務情報が当該作成基準に従って作成されていないと認められる事項が発見されなかったとの消極的形式によって結論を報告する。この場合、当該業務の実施に当たって、保証業務リスクは、消極的形式による結論の報告を行う基礎として受け入れることができる程度の水準に抑えることとなる。

3．保証業務の実施の前提

⑴　業務実施者は、職業的専門家としての倫理を遵守し、かつ、業務の遂行に当たっては独立の立場から公正不偏の態度を保持し、さらに、自らの業務を適正に遂行するための専門的な技能や知識を有し、品質管理に関する業務規範に服することが求められる。

⑵　業務実施者は、保証業務の受託に当たり、前項の業務実施者に関する要件に加え、想定利用者の範囲やニーズの内容、主題に責任を負う者の特徴、契約の条件、主題の性格、規準の特徴、入手可能な証拠、報告の方法等について、保証業務を適正に遂行できるものであるかを判断することが求められる。

⑶　業務実施者は、保証業務について要請される要件及び保証業務の実施に関する基準に準拠して適切に業務を行わなかった場合には責任を負う。通常、限定的保証業務における実

施手続は、合理的保証業務の場合よりも限定されるため、業務実施者の責任の対象となる範囲も制限されることになる。

4．保証業務の定義に合致しない業務

(1)　保証業務の定義によれば、例えば、以下の業務は保証業務ではないと理解される。

①　業務実施者が、主題に責任を負う者又は特定の利用者との間で合意された手続に基づき発見した事項のみを報告する業務(「合意された手続」という。)。これは、実施される手続が主題に責任を負う者又は限られた利用者との間の合意によって特定されるため、業務実施者が自らの判断により証拠を入手しないこと、及び、手続の結果のみが報告され結論が報告されないことから、保証業務の定義を満たさない。

②　業務実施者が、財務情報の作成及び作成への関与を行う業務（「財務諸表等の調製」という。)。これは、業務実施者が財務情報の作成及び作成への関与を通じて、主題及び主題情報に対して責任の一部を担うことになることから、保証業務の定義を満たさない。

③　業務実施者が、主題に責任を負う者の経営又は税務上の判断に関わる助言や調査等を行う業務。これは、主題に責任を負う者のみの利用又は利益のために行う業務であり、保証業務の定義を満たさない。

④　業務実施者が、税務申告書の作成及び納税者の代理を行う業務。これは、税務申告書の作成及び納税者の代理を行うことを目的とする業務であり、保証業務の定義を満たさない。

(2)　保証業務の定義に合致しない業務に係る報告は、保証業務に係る報告と明確に識別される必要がある。このため、保証業務の定義に合致しない業務に関する報告書においては、想定利用者に保証業務の報告書との誤解を与えるおそれがある用語や表現を用いることは適当ではない。

三　保証業務の要素

保証業務は、次の要素から構成され、それぞれの要素に関する要件に適格である必要がある。

(1)　業務実施者、主題に責任を負う者及び想定利用者の三当事者の存在
(2)　適切な主題
(3)　適合する規準
(4)　十分かつ適切な証拠
(5)　合理的保証業務又は限定的保証業務について適切な書式の保証報告書

四　保証業務に関わる当事者

1．三当事者の存在

保証業務は、業務実施者、主題に責任を負う者及び想定利用者からなる三当事者が関わることにより成立する。

2．業務実施者

業務実施者とは、財務諸表の監査における監査人など特定の保証業務に関して業務実施者の固有の名称を使用する場合も含め、保証業務を実施する者をいう。

業務実施者は、独立の立場から公正不偏の態度を保持することが最も重視されるため、自らが主題に責任を負う者及び想定利用者となることはできない。

業務実施者は、職業的専門家としての倫理の遵守など保証業務の実施の前提となる要件を満たし、他の職業的専門家の業務の利用を含め、自らが実施すべき手続、実施の時期及び範囲の決定について責任を有する。

3．主題に責任を負う者

主題に責任を負う者が、主題情報を自己の責任において想定利用者に提示する場合と、これを提示しない場合がある。主題に責任を負う者は、必ずしも業務実施者と契約する当事者である必要はない。

4．想定利用者

想定利用者は、業務実施者が作成した保証報告書を利用する者である。保証報告書の名宛人以外であっても、当該保証報告書を入手可能な

者は、想定利用者に含まれる。

保証報告書は、すべての想定利用者向けのものであるが、想定利用者が多数であって特定できない場合には、主題に対して重要かつ共通の利害を有する主要な利害関係者を想定利用者とみなすことができる。一定の想定利用者が業務の要件の決定に関わる場合であっても、実施すべき手続、実施の時期及び範囲は、業務実施者が自らの責任で決定する。想定利用者又は利用目的を特定する場合には、その利用者又は利用目的を制限する旨を保証報告書に記載する。また、主題に責任を負う者は、想定利用者の1人となることはできるが、唯一の利用者となることはできない。

五 主 題

1．主題の要件

保証業務における適切な主題は、識別可能であり、一定の規準に基づいて首尾一貫した評価又は測定を行うことができ、かつ、業務実施者が主題情報に対する保証を得るために十分かつ適切な証拠を収集することができるものをいう。

2．主題の事例

保証業務の対象となり得る主題又は主題情報には、例えば次のようなものがある。

(1) 財務諸表で表示又は開示される企業の財政状態、経営成績及びキャッシュ・フローの状況を主題とすると、財務諸表の表示又は開示が主題情報となる。

(2) 非財務的な成果又は状況を主題とすると、その効率性や有効性を示す指標が主題情報となる。

(3) 設備能力のような物理的な特徴を主題とすれば、その記録や仕様が主題情報となる。

(4) 内部統制やITシステムのようなシステムやプロセスを主題とすれば、それらの有効性について示すものが主題情報となる。

(5) コーポレート・ガバナンスやコンプライアンス又は人的資源管理のような行為を主題とすれば、その遵守状況や有効性を示すものが主題情報となる。

3．主題の性格

主題には、定量的か定性的か、客観的か主観的か、確定的か予測的か、一定時点に関するものか一定期間にわたるものか、といった異なる性格があり、それらの性格は、業務実施者が主題情報に係る保証を得る際の正確性及び入手可能な証拠の説得力に影響する。このため、保証報告書には、かかる主題の性格を記載する必要がある。

六 規 準

1．規準の要件

保証業務における適合する規準とは、主題に責任を負う者が主題情報を作成する場合及び業務実施者が結論を報告する場合に主題を評価又は測定するための一定の規準であり、次のような要件を備えている必要がある。ただし、業務実施者が、一定の規準として、自らの期待、判断及び個人的な経験を用いることは適切ではない。

(1) 目的適合性

想定利用者による意思決定に役立つ結論を導くのに資する規準であること

(2) 完全性

各業務環境の下で得られる結論に影響を与える要因のうち関連する要因のいずれもが省略されていない規準であること。なお、目的適合的であるならば、表示及び開示の規準が含まれる。

(3) 信頼性

同一の環境で同一の資格を有する業務実施者が利用するとき、主題の評価又は測定を合理的にかつ首尾一貫して行うことができる信頼性のある規準であること

(4) 中立性

偏向のない結論を導くのに資する中立的な規準であること

(5) 理解可能性

明瞭かつ総合的な結論を導くことに資するもので、著しく異なる解釈をもたらすことなく、保証業務を構成する三当事者にとって理

解可能な規準であること

２．規準の適用

規準は、上記の要件を満たすものとして確立されているもののほか、主題に応じて個別に策定されることもある。確立された規準とは、法令のほか、例えば、財務諸表の作成に関しては、一般に公正妥当と認められる企業会計の基準など、幅広い関係者による公正かつ透明性のある適切な手続を通じて権威ある又は認められた機関によって公表されたものである。業務実施者は、個々の保証業務について規準の適合性を評価するが、主題が確立された規準により評価又は測定されている場合には、当該規準が業務実施者における適合する評価又は測定の規準となる。個別に策定される規準については上記の要件に基づき業務実施者が特定の業務に対する規準としての適合性を評価する。

３．想定利用者の利用可能性

主題がどのように評価又は測定されているのかを理解するためには、想定利用者にも規準が利用可能であることが求められる。想定利用者にとって利用可能な規準とは、以下のような規準である。

(1)　公表されている規準

(2)　主題情報において明示されている規準

(3)　保証報告書において明示されている規準

(4)　広く一般に理解を得られている規準

規準が特定の想定利用者にのみ利用可能である場合、又は、特定の目的にのみに適合するものである場合には、当該規準に基いた結論を報告する保証報告書の利用は、当該特定の利用者又は特定の利用目的に制限される。

七　証　拠

１．証拠の入手

業務実施者は、主題情報に重要な虚偽の表示が含まれていないかどうかについて、職業的専門家としての懐疑心をもって保証業務を計画し、実施し、十分かつ適切な証拠を入手する。証拠収集のための手続の種類、実施の時期及び範囲を決定する際には、業務実施者は、重要性、保証業務リスク及び利用可能な証拠の量及び質を検討する。

２．職業的専門家としての懐疑心

業務実施者は、主題情報に重要な虚偽の表示が存在する可能性を考慮し、職業的専門家としての懐疑心をもって保証業務を計画し、実施する。職業的専門家としての懐疑心とは、業務実施者が証拠として入手した情報の妥当性について探究心をもって批判的に評価することを意味する。また、業務実施者は、証拠として利用する情報の信頼性について、当該情報の作成及び保存に関する内部統制を含めて検討する。

３．証拠の十分性及び適切性

(1)　業務実施者は、証拠の量的な十分性及び目的適合性や信頼性などの質的な適切性を勘案して、必要とされる証拠を入手することが求められる。単に証拠の入手量を増やすことにより質的な適切性を補うことはできない。また、効率的に証拠を入手することが求められるが、費用上の観点から、十分かつ適切な証拠の収集を省略することは妥当ではない。

(2)　証拠の信頼性は、その源泉と性格だけでなく、証拠が入手された状況によっても影響を受ける。また、業務実施者は、入手した証拠が他の源泉からの証拠又は異なる性格の証拠と首尾一貫していない場合には、その不一致を解消するために追加的な証拠を必要とするかどうかを判断することになる。

(3)　業務実施者は、保証報告を裏付ける証拠の十分性と適切性を評価する場合には、職業的専門家として懐疑心をもって判断することが求められる。

４．重要性

業務実施者が、証拠を収集する手続の種類、実施の時期及び範囲を決定するとき、並びに、主題情報に虚偽の表示があるかどうかの判断をするときに、重要性が考慮される。特定の業務に係る重要性や質的及び量的な要因の相対的な重要性の評価は、業務実施者の判断に委ねられるが、業務実施者は、重要性を考慮するに当たっては、想定利用者の意思決定に影響する要因を理解して判断し、相対的な重要度、主題の評価又は測定に対する種々の要因の影響の程度、及び想定利用者の利害等といった、量的並びに質的要因の観点から検討を行うことが求められる。

5．保証業務リスク

⑴　保証業務リスクは、主題情報に重要な虚偽の表示がある場合に業務実施者が不適切な結論を報告する可能性をいい、一般に次の要素から構成される。

①　固有リスク（関連する内部統制が存在していないとの仮定の上で、重要な虚偽の表示がなされる可能性をいう。）

②　統制リスク（重要な虚偽の表示が、関連する内部統制によって適時に防止又は適時に発見されない可能性をいう。）

③　発見リスク（業務実施者により重要な虚偽の表示が発見されない可能性をいう。）

なお、業務実施者がこれらの各構成要素を検討する程度は、業務環境、特に主題の性質及び合理的保証業務か限定的保証業務かの区別により影響を受ける。

⑵　業務実施者は、保証業務リスクを合理的保証業務又は限定的保証業務に求められる水準に抑えるため、固有リスク及び統制リスクを個別に又は結合して評価することにより、発見リスクの水準を決定し、それに基づいて、証拠を収集する手続の選択、実施の時期及び範囲を決定する。

⑶　合理的保証業務においては、積極的形式で業務実施者の結論を報告する基礎として、合理的保証が得られる業務環境にある限り、業務実施者は、合理的な低い水準となるまで保証業務リスクを抑える。限定的保証業務においては、保証業務リスクの水準を、合理的保証業務における水準よりも高く設定することができる。しかし、限定的保証業務においても、証拠を収集する手続、実施の時期及び範囲を組み合わせることによって、業務実施者は、消極的形式で報告を行う際の基礎としては十分に有意な保証水準を得ることにより、想定利用者にとっての信頼性を確保することが必要である。

6．証拠収集手続の種類、実施の時期及び範囲

⑴　合理的保証業務においては、業務実施者は、積極的形式により結論を報告するために、次のような相互に関連性のある系統だった業務プロセスを経て、十分かつ適切な証拠を得る必要がある。

①　主題及び内部統制を含む業務環境の理解

②　業務環境の理解に基づく主題情報に重要な虚偽の表示が存在するリスクの評価

③　リスクの評価に応じ、業務全般の計画の策定、実施すべき手続の種類、実施の時期及び範囲の決定

④　識別されたリスクに明確に関連付けられた手続の実施

⑤　証拠の十分性及び適切性の評価

⑵　限定的保証業務においても、主題及び業務環境の理解を含む相互に関連性のある系統だった業務プロセスは必要であり、手続の適用を通じて十分かつ適切な証拠の収集が求められる。しかしながら限定的保証業務における十分かつ適切な証拠の収集手続の種類、実施の時期及び範囲は合理的保証業務に対して限定的である。

一般に、限定的保証業務であるレビューでは、主に分析的手続及び質問によって、レビューにおいて求められる十分かつ適切な証拠が得られると考えられている。

7．利用可能な証拠の量と質

⑴　業務実施者が利用可能な証拠の量及び質は、主題が予測的である場合などの主題又は主題情報の特徴による影響、主題に責任を負う者からの制約や物理的な制約による影響を考慮して検討する。

⑵　業務実施者が、環境的要因や主題に責任を負う者又は契約の当事者から制約を受けることにより、十分かつ適切な証拠が入手できない場合には、結論の報告に必要な基礎を得ることはできない。

八　保証報告書

1．保証報告書の記載

業務実施者は、適用した一定の規準や実施した手続に関する事項などを含めて、業務を実施して得た保証に関する結論を保証報告書により報告する。保証報告書には、当該保証業務が合理的保証業務であるのか又は限定的保証業務であるのかの区別が明確に理解されるように記載する。

2．結論の報告

(1)　合理的保証業務の保証報告書においては、業務実施者は、保証業務の対象となる主題又は主題情報について、保証業務リスクを合理的保証業務に求められる水準に抑えるための手続を実施したことを記した上で、積極的形式によって結論を報告する。その場合、すべての重要な点において、一定の規準に照らして適正性や有効性等が認められるかどうかを報告する。

(2)　限定的保証業務の保証報告書においては、業務実施者は、保証業務の対象となる主題又は主題情報について、保証業務リスクを限定的保証業務に求められる水準に抑えるための手続を実施したことを記した上で、消極的形式によって結論を報告する。その場合、すべての重要な点において、一定の規準に照らして適正性や有効性等がないと考えられるような事項が発見されなかったかどうかを報告する。

(3)　保証報告書における結論の報告には、主題に責任を負う者による想定利用者への主題情報の提示に対する結論を報告する方法と、直接に主題に対する結論を報告する方法がある。主題に責任を負う者による想定利用者への主題情報の提示がない場合は、業務実施者は、直接に主題について積極的形式又は消極的形式によって結論を報告する。

3．結論の報告に係る除外等

業務実施者の業務範囲に制約がある場合には、結論を表明しないか又は限定付の結論を報告するかを検討する必要がある。

また、業務実施者が、主題又は主題情報について、すべての重要な点において、一定の規準に照らして、適正性や有効性等が認められるとの結論を得られなかった場合には、その重要性を勘案して、限定付の結論又は適正性や有効性等が認められないとの結論を報告することとなる。

4．保証業務に適合しないおそれが生じた場合

保証業務を受託した後に、一定の規準が必要とされる要件を満たしていないか、あるいは主題が保証業務に適切でないことが判明した場合には、業務実施者は、その重要性や影響の程度を勘案して、限定付の結論若しくは適正性や有効性等が認められないとの結論を報告するか又は結論を表明しないなどの措置を取る。また、保証業務の継続の可否についても検討することとなる。

九　業務実施者の氏名の不適切な使用

業務実施者は、受託した保証業務以外の目的で自己の氏名又は名称が不適切に使用されないよう努める。

II　公認会計士協会委員会報告編

日本公認会計士協会

会 則(抄)

（制　　定　昭和41年12月1日）
（最終変更　2019年7月22日）

日本公認会計士協会会則

（最終変更　2019年7月22日）

目　次

第1編　総　則

第1章　通　則

（名称）

第1条　本会は、日本公認会計士協会と称する。

（目的）

第2条　本会は、公認会計士の使命及び職責に鑑み、その品位を保持し、公認会計士法（昭和23年法律第103号。以下「法」という。）第2条第1項の業務（以下「監査業務」という。）その他の公認会計士業務の改善進歩を図るため、会員の指導、連絡及び監督に関する事務を行い、並びに公認会計士、会計士補、外国公認会計士及び特定社員の登録に関する事務を行うことを目的とする。

（事業）

第3条　本会は、前条の目的を達成するため、次に掲げる事業を行う。

(1)　公認会計士の遵守しなければならない職業倫理に関する規範を定め、その保持昂揚を図ること。

(2)　会員の業務に関する講習会又は研究会を開催する等会員の資質の向上を図る諸施策を実施すること。

(3)　監査に関する理論及び実務の研究調査を行うとともに監査基準の運用普及及び監査制度の確立を図ること。

(4)　会計に関する理論及び実務の研究調査を行うとともに会計原則の運用普及及び企業会計その他の会計制度の確立を図ること。

(5)　前2号に掲げるもののほか、公認会計士制度及び公認会計士業務（租税に関するものを含む。）について調査研究を行い、必要に応じ、官公署に建議し、又はその諮問に応ずること。

(6)　会員の監査業務の適正な運用に資する諸施策を講ずること。

(7)　公認会計士業務に関し、会員の相談に応じ、資料を提供する等会員に対し必要な援助を行うこと。

(8)　法第46条の8の規定に基づき紛議の調停を行うこと。

(9)　公認会計士試験に合格した者の指導教育に関し必要な施策を講ずること。

(10)　公認会計士、会計士補、外国公認会計士及び特定社員の登録に関する事務を行うこと。

(11)　その他本会の目的を達成するに必要な事業を行うこと。

（会員及び準会員）

第５条　本会は、公認会計士、外国公認会計士及び監査法人を会員とする。

２　本会は、次の者を準会員とする。

⑴　公認会計士及び外国公認会計士となる資格を有する者

⑵　会計士補

⑶　会計士補となる資格を有する者

⑷　公認会計士試験に合格した者（第１号に該当する者を除く。）

⑸　特定社員

（会員の入会）

第11条　公認会計士、外国公認会計士及び監査法人は、当然、本会に入会し、会員となる。

２～４　（略）

（退会）

第15条　会員は、次のいずれかに該当するときは、当然、本会を退会する。

⑴　公認会計士が法第21条各号のいずれかに該当し、その登録を抹消されたとき。

⑵　外国公認会計士が法第16条の２第５項各号のいずれかに該当し、その登録を抹消されたとき。

⑶　監査法人が法第34条の18第１項各号のいずれか又は同条第２項に該当し、解散したとき。

２～５　（略）

（秘密を守る義務）

第25条　会員が本会の役員又は委員その他の役職に就任したときは、その職務に関し知り得た秘密を正当な理由なく他に漏らし、又は盗用してはならない。会員が役員又は委員その他の役職でなくなった後も、同様とする。

２　前項の規定は、会員外の者が本会の役員又は委員その他の役職に就任した場合に準用する。

（会則及び規則の遵守義務）

第26条　会員及び準会員は、本会の会則及び規則によって課せられる全ての義務を負う。

第２編　公認会計士に係る諸制度

第１章　登　録

第１節　公認会計士等の登録

（公認会計士名簿等）

第27条　本会に、公認会計士名簿、会計士補名簿、外国公認会計士名簿及び特定社員名簿を備える。

（変更登録）

第30条　公認会計士、会計士補、外国公認会計士又は特定社員は、登録を受けた事項に変更を生じたときは、直ちに本会に対し変更の登録の申請をしなければならない。

第２章　品位保持

第１節　職業規範の遵守

（使命の自覚）

第47条　会員及び準会員は、公認会計士の使命が、監査及び会計の専門家として、独立した立場において、財務書類その他の財務に関する情報の信頼性を確保することにより、会社等の公正な事業活動、投資者及び債権者の保護等を図り、もって国民経済の健全な発展に寄与するものであることを自覚し、その使命の達成に努めなければならない。

（職責の基準）

第48条　会員及び準会員は、公認会計士業務の改善進歩と監査業務の正常な発展を図り、常に関係法令及び職業的専門家としての基準等を遵守し、かつ、職業倫理の昂揚に努めるとともに、独立した立場において公正かつ誠実に職責を果たさなければならない。

（品位の保持）

第49条　会員及び準会員は、常に品位を保持し、その知識及び技能の修得に努め、いやしくも公認会計士若しくは会計士補の信用を傷つけ、又は公認会計士及び会計士補全体の不名誉となるような行為をしてはならない。

(会員及び準会員の遵守すべき倫理)

第50条　前３条に定めるもののほか、会員及び準会員の遵守すべき倫理に関する事項は、規則で定める。

(監査業務における禁止行為)

第51条　会員は、財務書類の監査業務を行うに際して、次の行為を行ってはならない。

(1)　故意に、虚偽、錯誤又は脱漏のある財務書類を虚偽、錯誤及び脱漏のないものとして意見又は結論を表明すること。

(2)　相当の注意を怠り、重大な虚偽、錯誤又は脱漏のある財務書類を重大な虚偽、錯誤及び脱漏のないものとして意見又は結論を表明すること。

(3)　財務書類に対する意見表明又は結論表明の基礎を得ていないにもかかわらず、意見又は結論を表明すること。

(会則等の遵守)

第52条　会員及び準会員は、本会の会則及び規則を守らなければならない。

(使用人等の監督)

第53条　会員及び準会員は、公認会計士業務に係るその使用人その他の従業者が業務に関して法令又はこの会則及び第50条の規定により定める倫理に関する規則に違反する行為を行わないよう監督しなければならない。

第３章　監査業務の運営状況の調査

第１節　品質管理レビュー

(品質管理レビュー)

第77条　本会は、法第46条の９の２の趣旨を踏まえ、監査業務の公共性に鑑み、会員の監査業務の適切な質的水準の維持、向上を図り、もって監査に対する社会的信頼を維持、確保するため、監査を遂行する主体としての公認会計士又は監査法人（以下この章において「監査事務所」という。）が行う監査の品質管理のシステムの整備及び運用の状況について次項に規定する品質管理レビューを実施する。

2　品質管理レビューとは、次に掲げる行為の総称をいう。

(1)　監査事務所の品質管理のシステムの整備及び運用の状況を確認し、その結果を通知し、必要に応じ改善を勧告するとともに適切な措置（勧告に対する改善が図られない場合の追加的な措置を含む。）を決定し、当該勧告に対する改善状況の報告を受ける行為(以下「通常レビュー」という。)。

(2)　監査事務所の特定の分野又は特定の監査業務に係る品質管理のシステムの整備及び運用の状況を確認し、その結果を通知し、必要に応じ改善を勧告するとともに適切な措置（勧告に対する改善が図られない場合の追加的な措置を含む。）を決定し、当該勧告に対する改善状況の報告を受ける行為（以下「特別レビュー」という。)。

3　品質管理レビューは、指導及び監督の性格を有するものであり、これを摘発又は懲戒を目的とするものと解してはならない。

4～8　(略)

第７章　研　修

(継続的専門研修制度)

第122条　本会は、公認会計士としての使命及び職責を全うし、監査業務等の質的向上を図るため、法第28条の趣旨も踏まえ、継続的専門研修制度により会員（監査法人を除く。第３項において同じ。）及び準会員を対象に次に掲げる事項について研修を行う。

(1)　監査業務その他の公認会計士業務に関する事項

(2)　職業倫理及び公認会計士制度に関する事項

2～5　(略)

第８章　実務補習

第１節　実務補習

(実務補習)

第131条　本会は、公認会計士試験に合格した者に対し、公認会計士となるのに必要な技能、専門的応用能力、品位及び識見を修習させるため、法第16条第１項の実務補習を行う。

2　前項に規定する実務補習を行うため、本会に実務補習所を設置する。

3・4　（略）

（他の実務補習団体等との連絡調整）

第132条　本会は、実務補習の実施において必要があると認めたときは、他の実務補習団体等との必要な連絡調整を行う。

第２節　修了考査

（修了考査の実施）

第134条　本会は、実務補習府令第７条第１項に規定する実務補習の内容全体について適切な理解がなされているかどうかの確認を行うための修了考査を行う。

倫 理 規 則

制　　定　昭和41年12月１日
最終改正　2019年７月22日
日本公認会計士協会

倫理規則の趣旨及び精神

会員及び準会員（以下「会員」という。）は、会則第40条の定めにあるとおり、監査及び会計に関する職業的専門家として、独立した立場において、財務書類その他の財務に関する情報の信頼性を確保することにより、会社等の公正な事業活動、投資者及び債権者の保護等を図り、もって国民経済の健全な発展に寄与することを使命とする。また、その使命を自覚し、達成に努めなければならない。

会員の使命は、上述のとおり、国民経済の健全な発展に寄与することとされており、個々の依頼人や雇用主の要請を満たすだけでは、社会から期待された責任を果たすことはできない。

日本公認会計士協会（以下「本会」という。）は、会員がその社会的役割を自覚し、自らを律し、かつ、社会の期待に応え、公共の利益に資することができるよう、その職責を果たすために遵守すべき倫理の規範として、ここに倫理規則を定める。

会員は、倫理規則の定めるところやその趣旨に注意を払い、これを遵守して行動しなければならず、倫理規則に定められていない事項についても、その制定の趣旨を正しく理解して行動しなければならない。

職業倫理の規範体系について

会員が遵守すべき倫理に関する事項は、会則第47条から第50条までに定められており、この倫理規則は会則第50条に基づき定めたものである。

倫理規則は、倫理規則注解並びに「独立性に関する指針」、「利益相反に関する指針」及び「違法行為への対応に関する指針」と一体として理解されなければならず、全体として国際会計士連盟（International Federation of Accountants：IFAC）国際会計士倫理基準審議会（The International Ethics Standards Board for Accountants：IESBA）が公表している倫理規程（Code of Ethics for Professional Accountants）に対応するものである。倫理規則（注解を含む。以下同じ。）並びに「独立性に関する指針」、「利益相反に関する指針」及び「違法行為への対応に関する指針」の解釈に当たっては、Ｑ＆Ａ形式でまとめた「職業倫理に関する解釈指針」を斟酌するものとする。

倫理規則は三つの章で構成され、第１章では、会員が遵守しなければならない基本原則、及び基本原則を遵守するために適用しなければならない概念的枠組みアプローチ等について定めている。第２章及び第３章では、特定の状況において、どのように概念的枠組みアプローチを適用するかについて定めている。

具体的には、第２章及び第３章では、基本原則の遵守を阻害する要因に対処するために適切と考えられるセーフガードの例示、及び適切なセーフガードが存在しないため、当該阻害要因を生じさせる状況又は関係を回避しなければならない場合について定めている。

第２章は会計事務所等所属の会員に適用し、第３章は企業等所属の会員に適用するが、第３章の特定の状況が、会計事務所等所属の会員にも当てはまる場合がある。

会員は、公認会計士法等の法令等によって定められた職業倫理及び独立性に関する規定を当然に遵守しなければならず、解釈に当たっては、公認会計士法における独立性に関する規定の解釈を示した「独立性に関する法改正対応解釈指針」を斟酌するものとする。

これらの規定等の関係については、別表「職業倫理の規範体系」において図示している。

第1章　総　則

（目的）

第1条　この規則は、会則第50条の規定に基づき、会員が遵守すべき倫理に関する事項を定める。

2　会員は、この規則の解釈に関して疑義が生じた場合、又はこの規則に規定されていない事項で倫理に関して疑義が生じた場合は、本会に相談することができる。

（基本原則の遵守）

第2条　会員は、専門業務を実施するに際し、次条から第7条までに定める基本原則（以下「基本原則」という。）を遵守しなければならない。

（基本原則1　誠実性の原則）

第3条　会員は、常に誠実に行動しなければならず、次のような報告その他の情報であると認識しながら、その作成や開示に関与してはならない。

一　重要な虚偽又は誤解を招く陳述が含まれる情報

二　業務上必要とされる注意を怠って作成された陳述又は情報が含まれる情報

三　必要な情報を省略する又は曖昧にすることにより誤解を生じさせるような場合において、当該情報を省略する又は曖昧にする情報

2　会員は、前項各号の情報が含まれていることを知ることになった場合には、当該情報への関与を速やかに中止しなければならない。

注解1（第3条）

1　誠実性とは、公平であること及び正直であることも意味する。

2　会員は、規則第3条第1項各号の情報が含まれていることを知ることになった場合に、確実に情報を修正するよう適切な対応をとるならば、誠実性の原則に反していることにはならない。

（基本原則2　公正性の原則）

第4条　会員は、職業的専門家としての判断又は業務上の判断を行うに当たり、先入観をもたず、利益相反を回避し、また他の者からの不当な影響に屈せず、常に公正な立場を堅持しなければならない。

2　会員が直面する状況又は関係が、先入観や利益相反を生じさせ、会員の職業的専門家としての判断に不当な影響を与える場合、会員は専門業務を提供してはならない。

注解2（第4条）

公正な立場を堅持することは、業務上の判断における客観性の保持を求めるものであり、専門業務の目的の妥当性、専門業務を実施するに当たって裁量すべき事項の選定や判断において先入観のないこと、さらに、これらの判断についての適正性が他の者により検証し得ることを含む。

（基本原則3　職業的専門家としての能力及び正当な注意の原則）

第5条　会員は、適切な専門業務を依頼人又は雇用主に提供できるよう、職業的専門家としての能力を必要とされる水準に維持しなければならない。

2　会員は、専門業務を提供するに当たって、適用される職業的専門家としての基準及び技術的基準を遵守し、職業的専門家としての正当な注意を払わなければならない。

3　会員は、当該会員の指示の下で業務を行う者が専門業務を実施するに当たって、適切な訓練及び監督を受けていることを確認しなければならない。

4　会員は、専門業務に存在する固有の限界につき、必要に応じて、専門業務の依頼人、雇用主及びその専門業務の利用者に説明し、理解を得なければならない。

注解3（第5条）

1　会員は、職業的専門家としての能力を正しく発揮し、専門業務を実施することが求められている。職業的専門家としての能力には、専門的な知識と技術が含まれ、次の二つの段階に分かれる。

一　職業的専門家としての能力の習得

二　職業的専門家としての能力の維持

2　職業的専門家としての能力を維持するには、

専門業務に関連する最新の専門的な実務の動向を絶えず把握し理解する必要がある。会員は、その能力を絶えず錬磨することによって、職業的専門家としての専門業務を実施する能力を高め、維持することができる。
3 職業的専門家としての正当な注意には、職業的専門家としての基準及び技術的基準に準拠して、提供する専門業務に求められる内容に従い、注意深く、適切に、かつ適時に専門業務を提供するという責任が含まれている。

（基本原則４ 守秘義務の原則）

第６条 会員は、正当な理由なく、業務上知り得た情報を他の者に漏洩し、又は自己若しくは第三者の利益のために利用してはならない。

2 会員は、業務上知り得た情報を利用しているのではないかという外観を呈することがないよう留意しなければならない。

3 会員は、日常の社会生活においても第１項に定める義務（以下「守秘義務」という。）を負い、特に業務上の関係者又は家族若しくは近親者への意図や違反の自覚がないことによる情報漏洩には十分留意しなければならない。

4 会員は、潜在的な依頼人や雇用主から得た情報についても守秘義務を負う。

5 会員は、会員の監督下にある職員等及び会員の求めに応じて助言・支援を行う者に対しても守秘義務を遵守させる義務を負う。

6 守秘義務は、会員が会計事務所等を退所し、依頼人又は雇用主との関係が終了した後も解除されない。

7 会員は、その所属する組織内部において、適切に情報管理を行わなければならない。会員が所属する組織を変えた場合や、新規顧客を獲得した場合に、以前の経験を活かすことは否定されないが、業務上知り得た情報を利用したり漏洩したりしてはならない。

8 会員の守秘義務が解除される正当な理由があるときは、次のような場合である。

一 守秘義務の解除が法令等によって許容されており、かつ依頼人又は雇用主から了解が得られている場合

二 守秘義務の解除が法令等によって要求されている場合

イ 訴訟手続の過程で文書を作成し、又は証拠を提出するとき。

ロ 法令等に基づく、質問、調査又は検査に応じるとき。

ハ 法令等に基づき、法令違反等事実の申出を行うとき。

三 守秘義務の解除が法令等によって禁止されておらず、かつ、職業上の義務又は権利がある場合

イ 訴訟手続において会員の職業上の利益を擁護するとき。

ロ 本会の品質管理レビューに応じるとき。

ハ 会則等の規定により本会からの質問又は調査に応じるとき。

ニ 監査の基準に基づくとき。

ホ 現任会員との交代に際し、依頼人の承諾を得て業務（監査業務を除く。）の引継を行う等、この規則に基づくとき。

9 会員は、守秘義務が解除され、情報を開示することが必要かを判断するに当たり考慮すべき点には、次のものが挙げられる。

一 情報を開示するに当たり、依頼人又は雇用主から了解が得られている場合でも、第三者も含めた利害関係者の利益が不当に損なわれるおそれがないかどうか。

二 開示する情報が、会員の知る限りにおいて、明確であるかどうか。

三 情報を開示する相手が、伝達先として適切かどうか。

四 情報を開示する伝達方法が適切かどうか。

第二号の考慮に当たっては、不確かな事実、不完全な情報又は根拠のない結論を含むような場合には、どのような情報を開示するかについて、職業的専門家として判断しなければならない。

注解４（第６条）

1 守秘義務の原則は、依頼人や所属する組織から会員に対する情報提供を促進するものであり、

公共の利益に資するものである。
2　業務上知り得た情報とは、会員が、会計事務所等、雇用主及び依頼人から知り得た情報並びに専門業務を行うことにより知り得たその他の会社等の情報をいう。

(基本原則５　職業的専門家としての行動の原則)

第７条　会員は、常に職業的専門家としての自覚を持ち、また、職業的専門家としての基準及び法令等を遵守し、いやしくも会員全体の信用を傷つけ、又は不名誉となるような行為を行ってはならない。

2　会員は、自己及び自己の専門業務に関し、専門業務の開発や外部への宣伝をする際に、会員としての評判を損なうようなことをしてはならない。

3　会員は、正直かつ誠実でなければならず、誇張した宣伝及び他の者と自己との根拠のない比較をしてはならない。

注解５　(第７条)

職業的専門家としての信用を傷つけるような行動には、事情に精通し、合理的な判断を行うことができる第三者が、その時点で知り得る事実及び状況を全て考量して、会員全体の信用を傷つけると判断するような行動が含まれる。

(概念的枠組みアプローチ)

第８条　会員は、基本原則を遵守するために、次の概念的枠組みアプローチを適用しなければならない。

一　基本原則の遵守を阻害する要因を認識する。
二　認識した阻害要因の重要性の程度を評価する。
三　基本原則の遵守を阻害する要因の重要性の程度が、許容できる水準ではないと評価された場合、セーフガードを適用して、阻害要因を除去するか、又はその重要性の程度を許容可能な水準にまで軽減しなければならない。
四　阻害要因の重要性が余りに重大か、阻害要因に対しセーフガードを適用することができない場合、専門業務を辞退するか、又は必要に応じて、依頼人との契約を解除するか、若しくは雇用主との関係を終了しなければならない。

2　会員は、基本原則の遵守を損なう可能性がある状況又は関係を認識している場合、若しくは認識していることが合理的に見込まれる場合、基本原則の遵守を阻害する要因の重要性の程度を評価しなければならない。当該阻害要因の重要性の程度を評価する際には、量的要因と質的要因の双方を考慮しなければならない。

3　会員は、概念的枠組みアプローチを適用するに当たっては、職業的専門家としての判断を行使しなければならない。この判断に当たっては、事情に精通し、合理的な判断を行うことができる第三者が、その時点で会員が知り得る個別の事実と状況を全て考量し、セーフガードを適用することにより、阻害要因を除去するか、又はその重要性の程度を許容可能な水準にまで軽減でき、その結果、基本原則の遵守は損なわれないと結論付ける可能性が高いかどうかを勘案しなければならない。

4　会員がこの規則並びに別に定める「独立性に関する指針」、「利益相反に関する指針」及び「違法行為への対応に関する指針」の規定に関する違反を認識した場合、会員は次の事項を評価しなければならない。

一　当該違反の重要性の程度
二　基本原則を遵守できるかどうか。

5　会員は、当該違反の影響に対し、速やかに十分な対応策を講じなければならない。

6　会員は、当該会員と支配従属関係にある会社等が実施する専門業務においても、第１項から前項までの規定が適用されることに留意しなければならない。

注解６　(第８条)

1　会員を取り巻く環境は、基本原則の遵守を阻害する様々な要因を生じさせる可能性がある。こうした要因を生じさせる状況を全て定義し、セーフガードを特定することは不可能である。また、専門業務の内容は様々であることから、異なる阻害要因が生じ、異なるセーフガードの適用が必要となる可能性がある。このため、概念的枠組みアプローチを採用することとしている。

概念的枠組みアプローチを採用することにより、会員が職業的専門家としての社会的役割を自覚し、社会の期待にかなう行動をとる責任を果たすことに役立つ。さらに、基本原則の遵守を阻害する要因を生じさせる多くの異なった環境への対応が必要であることを示すことで、規則において具体的に禁止されていない状況について、会員が安易な判断に陥ることを未然に防ぐことにも役立つ。

2　会員が、この規則における特定の規定に従うことが明らかに合理的でない、又は公共の利益に資さないといった異例な状況に直面した場合には、本会に相談することが推奨される。

3　阻害要因は、依頼人や雇用主との様々な関係や状況から生じる可能性がある。ある関係又は状況から阻害要因が生じる場合、当該阻害要因は会員の基本原則の遵守を危うくし、又は危うくすると考えられる。特定の状況又は関係により、複数の阻害要因が生じることがあり、特定の阻害要因が複数の基本原則の遵守に影響することがあり得る。多くの阻害要因は次のいずれかに該当する。

一　自己利益

金銭的その他の利害を有していることにより、会員の判断又は行動に不当な影響を与える可能性があること。

二　自己レビュー

会員が専門業務を行うに当たって、当該会員自身又は当該会員が所属する会計事務所等若しくは所属する組織の他の者が過去に行った判断、又は提供した業務の結果に依拠し、それらを適切に評価しない可能性が生じること。

三　擁護

会員が、専門業務の実施上、その客観性が損なわれるほど、依頼人又は所属する組織の立場を擁護すること。

四　馴れ合い

会員が、依頼人又は雇用主と長期又は密接な関係をもち、会員がそれらの者の利益に過度にとらわれること、若しくはそれらの者の業務を安易に受け入れること。

五　不当なプレッシャーを受ける脅威

現実に生じているプレッシャー又は潜在的なプレッシャーにより、会員が不当な影響を受け、公正に行動できなくなること。

なお、会計事務所等所属の会員の業務環境に存在する阻害要因を生じさせる状況及び関係を付録1に、企業等所属の会員の業務環境に存在する阻害要因を生じさせる状況及び関係を付録3に例示している。

4　このような阻害要因を除去するか、又はその重要性の程度を許容可能な水準にまで軽減する行為又は手段が、セーフガードである。セーフガードは、次の二つに大別できる。

一　本会又は法令等により設けられたセーフガード

二　業務環境におけるセーフガード

5　本会又は法令等により設けられたセーフガードには、次のものが含まれる。

一　資格を取得するための教育、訓練及び経験

二　継続的専門研修制度

三　企業統治に関する法令等

四　職業的専門家としての基準

五　本会又は規制当局による監視と懲戒制度

六　会員が作成した提出書類に対する公的機関等による外部の検証

6　業務環境とは、会員が所属する会計事務所等若しくは企業等が設定する内部統制、所属する組織の風土、適用を受ける規則又は会員が専門業務若しくは職務を履行する環境をいう。なお、会計事務所等所属の会員の業務環境におけるセーフガードを付録2に、企業等所属の会員の業務環境におけるセーフガードを付録4に例示している。

（基本原則間の相反する状況又は関係の解消）

第9条　会員は、基本原則間の相反する状況又は関係を認識した場合には、その相反する状況又は関係を速やかに是正するために、セーフガードを適用しなければならない。

2　基本原則間の相反する状況又は関係が、ある組織に関連する、又は組織内でのものである場合、会員はその組織の監査役等と協議すべきかどうかを判断しなければならない。

3　いかなる対応を行っても基本原則間の相反する状況又は関係を解消することができない場合、会員は、法令等で禁止されていない限り、当該状況又は関係を生じさせる事項への関与を可能

な限り回避しなければならない。このような場合、業務チーム若しくは特定の任務から離脱するか、又は専門業務、会計事務所等若しくは所属する組織と関係を絶つことが適切かを判断しなければならない。

注解7　(第9条)

1　基本原則間の相反する状況又は関係とは、ある基本原則を遵守するためにとる行動が、他の基本原則の遵守を損なわせるような状況又は関係をいい、会員は、当該状況又は関係を解消しなければならない場合がある。例えば、会員が不正行為等を発見したときに、誠実性の原則を遵守するためにその行為を通告することが、守秘義務の原則の遵守の違反となる場合等が考えられる。

2　基本原則間の相反する状況又は関係を解消するときには、次の事項を個別に又は総合的に検討する。

一　関連する事実関係
二　該当する倫理上の問題
三　問題となる事項に関連する基本原則
四　職業倫理に関し定められた内部手続
五　代替的な手続

3　基本原則間の相反する状況又は関係を自ら解消することができない場合、会員は、所属する会計事務所等又は組織の適切な者に、解消のための協力を求めることが考えられる。

4　会員は、問題の内容、行った協議の内容及び問題に関する決定事項を記録しておくことが望ましい。

5　重要な基本原則間の相反する状況又は関係を自ら解消することができない場合、会員は、本会に相談すること又は法律専門家から助言を受けることが考えられる。一般的に、次の場合には守秘義務の原則の遵守を阻害する要因を生じさせることなく、当該問題に関して相談する、又は助言を受けることができる。

一　倫理上の問題について実名を伏せて本会に相談するとき。
二　倫理上の問題について守秘義務を課せられている法律専門家と協議するとき。

会員が、法律的な助言を受けるかどうかの状況は様々である。例えば、会員が、不正行為等を認識した場合に、それを通告することにより守秘義務違反になる懸念がある。会員は、その場合、通告の必要があるかどうか決定するために法律的な助言を受けることを検討することが考えられる。

(監査役等とのコミュニケーション)

第9条の2　会員は、この規則並びに別に定める「独立性に関する指針」及び「違法行為への対応に関する指針」に従って監査役等とのコミュニケーションを行う際には、特定の状況の内容及びその重要性並びにコミュニケーションを行う事項を考慮し、依頼人又は所属する組織の企業統治の構造に応じて、コミュニケーションを行うのに適した者(特定の者又は監査役等を構成する全ての者)を判断しなければならない。

2　会員は、前項の判断に際し、監査役等を構成する特定の者(例えば、監査役会における監査役)と個別にコミュニケーションを行おうとする場合には、監査役等を構成する全ての者に適切に情報が伝わるように、監査役等を構成する全ての者とコミュニケーションを行うことが必要かどうかを判断しなければならない。

3　組織における企業統治の構造によっては、企業統治を行う者と経営を行う者が同じ者である場合がある。このような場合には、当該者とコミュニケーションを行うことで足りる。ただし、そのような場合であっても、会員は、統治責任を有する全ての者に対して十分にコミュニケーションが行われたと言えるかどうかについて確認しなければならない。例えば、小規模会社においてこのような場合があり得る。

第2章　会計事務所等所属の会員を対象とする規則

(基本原則の遵守)

第10条　会計事務所等所属の会員は、業務、職業又は活動に従事するに当たっては、正当な注意を払い、誠実性、公正性若しくは社会的信頼を損なう又は損なう可能性があると知りながら、当該業務、職業又は活動に従事してはならず、また、従事することによって、結果としても基本原則に反することがあってはならない。なお、業務、職業又は活動に従事するに当たっては、職業的専門家としての能力及び正当な注意の原則に留意しなければならない。

注解８　(第10条)

この章において、適当でない場合を除き、会計事務所等所属の会員には、会計事務所等が含まれる。会員（監査法人を含む。）は、会計事務所等及び専門要員がこの規則を遵守することを合理的に確保するために、職業倫理の遵守に関する方針及び手続を定め、所属する専門要員がこれを遵守するよう監督しなければならない。

(概念的枠組みアプローチの適用)

第11条　会計事務所等所属の会員は、概念的枠組みアプローチを適用し、基本原則の遵守を阻害する要因に対処しなければならない。

注解９　(第11条)

１　会計事務所等所属の会員は、規則第８条の概念的枠組みアプローチを適用するに際し、会計事務所等所属の会員が直面する状況及び関係のうち、基本原則の遵守を阻害する要因を生じさせる又はその可能性があるもの全てについて、規則が説明しているわけではないことに留意する。したがって、会計事務所等所属の会員は規則に記載されている以外の基本原則の遵守を阻害する状況又は関係にも注意を払うことが求められている。

２　基本原則の遵守を阻害する要因は、広範囲な状況及び関係の中に潜在的に存在し、阻害要因の内容と重要性は、専門業務の提供先が、監査業務の依頼人の場合でその依頼人が大会社等である場合、監査業務以外の保証業務の依頼人である場合、又は非保証業務の依頼人である場合により異なることに留意する。

３　概念的枠組みアプローチを適用するに際しては、阻害要因の重要性、専門業務の内容又は会計事務所等の組織構成を考慮する。

４　阻害要因を除去するか又はその重要性の程度を許容可能な水準にまで軽減するセーフガードは、本会又は法令等により設けられたセーフガード、並びに業務環境におけるセーフガードに大別される。さらに、業務環境におけるセーフガードは、次の二つにより構成される。

一　会計事務所等におけるセーフガード

二　個々の専門業務におけるセーフガード

５　個々の専門業務の内容によっては、依頼人が設けたセーフガードを活用することも考えられる。しかしながら、当該セーフガードのみに依拠していては阻害要因の重要性の程度を許容可能な水準にまで軽減することはできないことに留意する。

６　会計事務所等所属の会員の業務環境に存在する阻害要因を生じさせる状況及び関係を付録１に例示している。

７　本会又は法令等により設けられたセーフガードを注解６（第８条）第５項に例示し、会計事務所等所属の会員の業務環境におけるセーフガードを付録２に例示している。

(専門業務の公正性)

第12条　会計事務所等所属の会員は、専門業務の実施に際して、依頼人又は依頼人の役員及び従業員との間に金銭的又はその他の利害関係がある場合には、公正性の原則の遵守を阻害する要因の有無を判断しなければならない。この場合、当該会員は、公正性の原則を遵守するために概念的枠組みアプローチを適用しなければならない。

２　阻害要因の重要性の程度を許容可能な水準にまで軽減できない場合、会計事務所等所属の会員は当該業務を辞退し、又は契約を解除しなければならない。

注解10　(第12条)

１　その他の利害関係とは、例えば、近親者や親密な個人的関係又はビジネス上の関係であり、このような関係がある場合、公正性を阻害する馴れ合いを生じさせることがある。

２　専門業務を提供するに際し、公正性の原則の遵守を阻害する要因が存在するか否かは、個々の専門業務を取り巻く環境及び会計事務所等所属の会員が実施する専門業務の内容に依存する。

３　規則第12条第１項における、概念的枠組みアプローチを適用する際のセーフガードには、例えば次のものが挙げられる。

一　業務チームから外れること。

二　上位者による監督を実施すること。

三　阻害要因を生じさせる金銭的利害関係又はビジネス上の関係を解消すること。

四　会計事務所等内の上級管理者と協議すること。
五　依頼人の監査役等と協議すること。

（独立性）

第13条　会計事務所等所属の会員は、保証業務（監査業務を含む。以下同じ。）を提供する場合、当該保証業務の依頼人から独立した立場を保持しなければならない。

2　会計事務所等所属の会員は、保証業務を提供する際に、依頼人に対する先入観若しくは依頼人と利益相反の関係を有することなく、又は他の者からの不当な影響を受けず、自己の結論を表明すること、また、表明していることに疑問をもたれないことが求められる。このため、精神的独立性及び外観的独立性の双方を保持することが求められる。

3　会計事務所等所属の会員は、保証業務を提供する際に、別に定める「独立性に関する指針」に従って独立性の保持を判断しなければならない。

4　会計事務所等所属の会員は、保証業務の契約を締結又は継続するに際し、独立性を遵守するために概念的枠組みアプローチを適用しなければならない。

5　阻害要因の重要性の程度を許容可能な水準にまで軽減できない場合、会計事務所等所属の会員は、当該業務を辞退し、又は契約を解除しなくてはならない。

6　会計事務所等所属の会員は、監査業務の依頼人との関係において、この規則に定める独立性に関する規定のほか、法令等に定める独立性に関する規定を遵守しなければならない。

注解11　（第13条）

精神的独立性及び外観的独立性とは、次のとおりである。

一　精神的独立性

職業的専門家としての判断を危うくする影響を受けることなく、結論を表明できる精神状態を保持し、誠実に行動し、公正性と職業的専門家としての懐疑心を堅持できること。

二　外観的独立性

事情に精通し、合理的な判断を行うことができる第三者が、全ての具体的な事実と状況を勘案し、会計事務所等又は監査業務チームや保証業務チームの構成員の精神的独立性が堅持されていないと判断する状況にはないこと。

（新規の依頼人との契約）

第14条　会計事務所等所属の会員は、新規の依頼人と契約を締結する際、基本原則を遵守するために概念的枠組みアプローチを適用しなければならない。

2　阻害要因の重要性の程度を許容可能な水準にまで軽減できない場合、会計事務所等所属の会員は新規の依頼人と契約を締結してはならない。

3　会計事務所等所属の会員は、依頼人との契約を継続する場合、基本原則を遵守するために概念的枠組みアプローチを適用し、継続の適否を定期的に見直さなければならない。

4　阻害要因の重要性の程度を許容可能な水準にまで軽減できない場合、会計事務所等所属の会員は、法令等によって禁止されていないときには、契約を解除することを検討しなければならない。

注解12　（第14条）

1　新規の依頼人と契約を締結する際、依頼人の違法行為、不正行為若しくは不適切な財務報告等への関与又はその他の倫理に反する行動により、会計事務所等所属の会員の誠実性又は職業的専門家としての行動の原則の遵守を阻害する要因を生じさせる可能性がある。

2　規則第14条第1項における、概念的枠組みアプローチを適用する際のセーフガードには、例えば次のものが挙げられる。

一　依頼人、株主、経営者及び監査役等に関する情報を収集し理解すること。

二　例えば企業統治又は内部統制の改善を通じて、不適切な事項に対処する確約を依頼人から取り付けること。

3　契約を締結した後において、締結前に情報を入手していれば業務を辞退していたであろう基本原則の遵守に対する阻害要因が生じている場合があり得る。そのため、契約の継続の適否を定期的に見直すことが求められている。このような阻害要因は、例えば、不適切な利益調整や貸借対照表項目の評価のような、依頼人の倫理に反する行動によって生じる可能性がある。

（新規の専門業務の契約の締結）

第15条 会計事務所等所属の会員は、新規の専門業務の契約を締結する際、基本原則を遵守するために概念的枠組みアプローチを適用しなければならない。

2 阻害要因の重要性の程度を許容可能な水準にまで軽減できない場合、会計事務所等所属の会員は、新規の専門業務の契約を締結してはならない。

3 専門家を利用する場合、会計事務所等所属の会員は、専門家の評判、能力、利用可能なリソース並びに当該専門家に適用される職務及び職業倫理の基準等を考慮し、当該専門家により行われる業務が適切に実施されるかどうかを検討しなければならない。

注解13 （第15条）

1 依頼人と新規の専門業務の契約を締結する際、業務チームが専門業務を適切に実施する能力を有していないならば、職業的専門家としての能力及び正当な注意の原則の遵守を阻害する要因を生じさせる可能性がある。

2 規則第15条第１項における、概念的枠組みアプローチを適用する際のセーフガードには、例えば次のものが挙げられる。

一 依頼人の事業の内容、事業活動の複雑性、専門業務の具体的要件並びに実施する専門業務の目的、内容及び範囲を十分に理解すること。

二 関連する業界及び業務の対象について理解すること。

三 関連する規制上及び報告上要求される事項について理解すること。

四 必要な能力を備えた従事者を適切に配置すること。

五 必要に応じて他の専門家を利用すること。

六 専門業務の実施に必要な時間の確保について依頼人の同意を得ること。

七 専門業務を適切に実施できる場合にのみ契約を締結することを、品質管理の方針及び手続に定めて遵守すること。

（現任会員（前任会員である場合を含む。）との交代）

第16条 会計事務所等所属の会員は、依頼人から現任会員との交代を依頼される場合、又は専門業務を申し込む場合、基本原則を遵守するために概念的枠組みアプローチを適用しなければならない。

2 阻害要因の重要性の程度を許容可能な水準にまで軽減できない場合、会計事務所等所属の会員は、当該業務の契約を締結してはならない。

3 会計事務所等所属の会員と現任会員との協議に関する依頼人の承諾は、書面で得ることが望ましい。

4 承諾後、現任会員は、協議を行うに当たって、職業的専門家としての基準及び法令等を遵守しなければならない。また、誠実かつ明確に情報を提供しなければならない。

5 会計事務所等所属の会員は、現任会員との協議が困難な場合、第三者に問い合わせる、又は依頼人の経営者や監査役等の背景調査を行う等、他の方法により阻害要因に関する情報を収集しなければならない。

注解14 （第16条）

1 現任会員が、専門業務の契約を継続しない理由に、基本原則の遵守が困難となる状況等職務上の事由が存在する場合がある。このような場合、会計事務所等所属の会員が関連する事実を十分に知る前に当該業務の契約を締結するならば、職業的専門家としての能力及び正当な注意の原則の遵守を阻害する要因を生じさせる可能性がある。

2 規則第16条第１項における、概念的枠組みアプローチを適用する際のセーフガードには、例えば次のものが挙げられる。

一 専門業務の契約を締結する前に依頼人に提出する提案書等において、現任会員と面談し、依頼を受諾すべきでない理由があるかどうかに関し質問することを契約の条件として示すこと。

二 専門業務の契約の締結を判断する前に会計事務所等所属の会員が知っておくべき事実や

状況について、情報を提供するよう現任会員に依頼すること。例えば、交代の理由が、事実を十分に反映したものになっておらず、現任会員と依頼人との間に、専門業務の契約の締結の判断に影響を与える可能性のある意見の相違があることを示唆することがある。

三　その他の利用可能な情報源から必要な情報を入手すること。

3　現任会員は、法令等及び依頼人との間で締結した契約により守秘義務による制約を受けている。会計事務所等所属の会員との間で依頼人の事情についてどの範囲まで協議できるか、又は協議すべきかは、当該業務の内容と次の事項に依存することになる。

一　協議することについての依頼人からの承諾の有無

二　協議及び情報の開示に関する法律的又は倫理的な制約の有無

なお、現任会員が業務上知り得た情報を開示するよう依頼されている又は依頼される可能性がある場合、守秘義務の規定に留意する。

（現任会員の専門業務の補完的又は追加的な専門業務の契約の締結）

第17条　会計事務所等所属の会員は、現任会員の専門業務の補完的又は追加的な専門業務を依頼される場合、基本原則を遵守するために概念的枠組みアプローチを適用しなければならない。

2　会計事務所等所属の会員は、現任会員の専門業務の補完的又は追加的な専門業務を依頼される場合、前条第２項から第５項までの規定を準用する。

注解15（第17条）

1　会計事務所等所属の会員が現任会員の専門業務の補完的又は追加的な専門業務を依頼される場合、職業的専門家としての能力及び正当な注意の原則を阻害する潜在的な要因を生じさせる可能性がある。

2　規則第17条第１項における、概念的枠組みアプローチを適用する際のセーフガードには、例えば依頼人の了解を得た上で、依頼された専門業務について現任会員に通知し必要な情報を得ること等が挙げられる。

3　会計事務所等所属の会員は、現任会員の専門業務の補完的又は追加的な専門業務を依頼される場合、注解14（第16条）第３項の規定を準用する。

（共同業務）

第18条　会計事務所等所属の会員が共同して専門業務を行う場合、相互に十分に連絡し協議しなければならない。

（依頼人との利益相反）

第19条　会計事務所等所属の会員は、専門業務を実施する際に、別に定める「利益相反に関する指針」に従って、職業的専門家としての判断に不当な影響を与える利益相反を回避しなければならない。

注解16（削　除）

（違法行為への対応）

第19条の２　会計事務所等所属の会員は、依頼人に対する専門業務の実施において、違法行為又はその疑いに気付いた場合には、別に定める「違法行為への対応に関する指針」に従って、職業的専門家として対応しなければならない。

（セカンド・オピニオン）

第20条　会計事務所等所属の会員は、セカンド・オピニオンを表明するよう依頼された場合、基本原則を遵守するために概念的枠組みアプローチを適用しなければならない。

2　会計事務所等所属の会員は、セカンド・オピニオンの依頼人が現任会員と協議することに同意しない場合には、全ての状況をより慎重に判断し、セカンド・オピニオンを表明することが適切か否かを決定しなければならない。

注解17（第20条）

1　セカンド・オピニオンとは、会計事務所等所属の会員が、現任会員の依頼人からの求めに応じ、特定の取引等における会計、監査、報告又はその他の基準若しくは原則の適用について意見を表明することをいう。

2　会計事務所等所属の会員が、セカンド・オピニオンを表明するよう依頼された際に、現任会員が入手した事実と同一の事実に基づかない情報又は不適切な証拠に基づく場合には、職業的専門家としての能力及び正当な注意の原則の遵守を阻害する要因を生じさせる可能性がある。

3　阻害要因の重要性の程度は、次の事項に依存する。

一　依頼人がセカンド・オピニオンを必要とする事情

二　会計事務所等所属の会員が職業的専門家としてのセカンド・オピニオンを表明するに際して、必要となる事実関係及び前提条件についての情報を入手することが可能か否か。

4　規則第20条第１項における、概念的枠組みアプローチを適用する際のセーフガードとしては、例えば次の事項が挙げられる。

一　現任会員と協議することについて依頼人の同意を得ること。

二　事実の開示や証拠の入手が限定された場合には、セカンド・オピニオンの表明に制約が生じることに同意を得ること。

三　現任会員に対して意見の写しを提供すること。

（報酬の水準）

第21条　会計事務所等所属の会員は、専門業務の内容又は価値に基づいた報酬を請求することが適切である。報酬を算定又は請求する際、基本原則を遵守するために概念的枠組みアプローチを適用しなければならない。

注解18　（第21条）

1　会計事務所等所属の会員が他の者よりも低い報酬を提示すること自体は、直ちに倫理上の問題が生じるとはいえない。しかし、報酬の水準によっては、基本原則の遵守を阻害する要因を生じさせる可能性がある。例えば、正当な根拠に基づかない低廉な報酬の提示及び請求は、一定の水準の専門業務を実施することが困難となることが考えられることから、職業的専門家としての能力及び正当な注意の原則の阻害要因を生じさせる。

2　規則第21条第１項における、概念的枠組みアプローチを適用する際のセーフガードには、例えば次のものが挙げられる。

一　報酬を請求する基準、専門業務の内容及び専門業務の提供の条件等について依頼人の理解を得ること。

二　業務に合理的な時間をかけ、有能な従事者を起用すること。

（成功報酬）

第22条　会計事務所等所属の会員は、成功報酬に基づいて保証業務の契約を締結してはならない。

2　会計事務所等所属の会員は、成功報酬に基づいて非保証業務の契約を締結する場合、基本原則を遵守するために概念的枠組みアプローチを適用しなければならない。

注解19　（第22条）

1　成功報酬とは、取引の成果若しくは結果又は実施した専門業務の結果に応じて報酬を決定することをいう。ただし、裁判所その他の公的機関が決定した報酬は、成功報酬とはみなされない。

2　成功報酬に基づいて保証業務の契約を締結する場合、公正性の原則の遵守を阻害する要因を生じさせる。その阻害要因は、いかなるセーフガードを適用しても軽減することができない。

3　成功報酬は、特定の非保証業務に利用されている。しかし、成功報酬は、特定の状況において基本原則の遵守を阻害する要因を生じさせ、公正性の原則を阻害する自己利益を生じさせる可能性がある。阻害要因の実在性と重要性は、次の要因に依存する。

一　専門業務の内容

二　報酬の幅

三　報酬の算定基準

四　独立した第三者による取引の結果又は成果の検証の有無

4　規則第22条第２項における、概念的枠組みアプローチを適用する際のセーフガードには、例えば次のものが挙げられる。

一　報酬の算定基準をあらかじめ書面の形で依頼人と合意しておくこと。

二　会計事務所等所属の会員が実施した業務の内容及び報酬の算定基準を想定利用者に開示すること。

三　品質管理の方針及び手続を定めること。

四　実施した業務の検証を独立した第三者に依頼すること。

（紹介手数料）

第23条　会計事務所等所属の会員は、業務に関して依頼人の紹介を受け、又は紹介をすることについて、その対価として紹介手数料の授受を行うに当たり、又は第三者の商品やサービスを依頼人へ提供する対価として仲介料を受領するに当たり、基本原則を遵守するために概念的枠組みアプローチを適用しなければならない。

2　保証業務においては、公正性の原則や職業的専門家としての能力及び正当な注意の原則の遵守に加え、独立性が求められることから、保証業務の契約締結に係る紹介手数料や仲介料等の授受については通常いかなるセーフガードを適用しても阻害要因の重要性の程度を許容可能な水準にまで軽減することはできない。したがって、会計事務所等所属の会員は、保証業務を紹介し、又は紹介されたことに関して、紹介手数料その他当該業務から生じる報酬若しくはその他の対価を受領し、又は支払ってはならない。

3　監査業務の依頼人との間で、保証業務以外の業務の紹介を行い、又は紹介を受け、若しくは第三者の商品やサービスを依頼人へ提供する場合は、独立性に鑑み、原則として紹介手数料や仲介料の授受を行ってはならない。紹介手数料や仲介料の授受が監査業務の独立性を阻害する自己利益又は不当なプレッシャーを受ける脅威を生じさせるビジネス上の関係に該当すると考えられる場合は、「独立性に関する指針」の「依頼人とのビジネス上の関係」の規定を遵守しなければならない。

注解20　（第23条）

1　規則第23条第１項における紹介手数料又は仲介料等の授受は、それ自体が、許容可能な水準を超えた公正性の原則、職業的専門家としての能力及び正当な注意の原則の遵守を阻害する自己利益を生じさせる。このため、セーフガードを適用して阻害要因の重要性の程度を許容可能な水準にまで軽減することができるのは、次の場合に限られる。

一　紹介手数料又は仲介料等の授受が、慣行化している場合

二　紹介手数料又は仲介料等の金額が、公正な範囲で定められることが合理的に説明できる場合

2　規則第23条第１項における、概念的枠組みアプローチを適用する際のセーフガードには、例えば次のものが挙げられる。

一　当該業務に関し、別の会員や他の第三者である紹介者に紹介手数料を支払う約束があることを依頼人へ開示すること。

二　別の会員や他の第三者に依頼人を紹介する対価として、紹介手数料を受け取る約束があることを依頼人へ開示すること。

三　例えばソフトウェア業者等の第三者の商品やサービスを、依頼人へ提供する対価として仲介料を受け取ることについて、あらかじめ依頼人の了解を得ること。

3　会計事務所等所属の会員が別の会計事務所等の全部又は一部を買収することにより、その会計事務所等の所有者であった個人又はその相続人等に対して対価を支払うことがある。このような対価は、規則第23条第１項、第２項及び第３項で規定されている紹介手数料や仲介料等には含まれない。

（会員相互間の行為）

第24条　会計事務所等所属の会員は、次に掲げる行為を行ってはならない。

一　他の会員に対する誹謗又は他の会員の名誉を毀損すること。

二　他の会員の業務への不当な侵害をすること。

三　他の会員の使用人に対する雇用の申込みによって、当該他の会員の業務に著しく支障を来すこと。

（広告）

第25条　会計事務所等所属の会員は、専門業務の広告を行う過程において、正直かつ誠実でなければならず、会員の品位と信用を損なう次の広告をしてはならない。

一　専門業務、資格又は経験に関して誇張した広告

二　他の会員を誹謗中傷する広告又は比較広告

2　会計事務所等所属の会員は、広告の方法及び内容の適切さに疑問を感じた場合には、本会に相談することを検討しなければならない。

注解21　(第25条)
会計事務所等所属の会員が、広告その他の宣伝により新しい専門業務を獲得しようとする場合、基本原則の遵守を阻害する要因を生じさせる可能性がある。例えば、提供する専門業務、業績又は商品を、職業的専門家としての行動の原則に反した内容で宣伝や広告をする場合、当該基本原則を阻害する自己利益を生じさせる。

(贈答・接待)

第26条　会計事務所等所属の会員又は当該会員の家族若しくは近親者が、依頼人から贈答若しくは接待を受ける場合、又は当該依頼人に対し贈答若しくは接待を行う場合には、基本原則を遵守するために概念的枠組みアプローチを適用しなければならない。

2　会計事務所等又は保証業務チームの構成員が、保証業務の依頼人から、社会通念上許容される範囲を超える贈答若しくは接待を受ける場合、又は当該依頼人に対し贈答若しくは接待を行う場合には、阻害要因の重要性は余りに大きい。このため、いかなるセーフガードを適用しても、その重要性の程度を許容可能な水準にまで軽減することはできない。したがって、会計事務所等又は保証業務チームの構成員は、そのような贈答若しくは接待を受け、又は行ってはならない。

注解22　(第26条)

1　会計事務所等所属の会員又は当該会員の家族又は近親者が、依頼人から贈答若しくは接待を受ける場合、又は当該依頼人に対し贈答若しくは接待を行う場合、公正性の原則を阻害する自己利益又は馴れ合いを生じさせる可能性がある。また、贈答を受けたこと又は行ったことが公表される可能性がある場合、公正性の原則を阻害する不当なプレッシャーを受ける脅威を生じさせる可能性がある。

2　規則第26条第1項における、概念的枠組みアプローチを適用する際のセーフガードとしては、例えば次のものが挙げられる。

一　贈答及び接待に関する適切な方針及び手続を定め遵守すること。

二　贈答及び接待に関する責任者の承認を得ること。

三　贈答及び接待の内容を記録し、報告すること。

3　規則第26条第2項における「社会通念上許容される範囲」の解釈については、贈答及び接待の内容、金額、意図、時期、回数及び方法等を総合的に勘案し、極力厳格に判断するものとする。社会通念上許容される範囲か否かの判断に当たっては、公認会計士の業務や関連する法令等に精通した第三者が、基本原則の遵守は阻害されていないと結論付ける可能性が高いかどうかを勘案しなければならない。社会通念上許容される範囲と考えられるような贈答及び接待は、特定の意思決定に影響を及ぼさず、情報収集を目的とする特別の意図のない通常のビジネス上の行為であると考えられる。このような贈答及び接待が生じさせる、基本原則の遵守を阻害する要因の重要性の程度は、一般に許容可能な水準であると考えられる。なお、社会通念上許容される範囲であっても、基本原則の遵守が阻害されているとの疑いをもたれることのないように留意しなければならない。

(依頼人の資産の保管)

第27条　会計事務所等所属の会員は、原則として、依頼人の金銭その他の資産を保管してはならない。ただし、それが法令等によって許容されるものである場合はこの限りでないが、この場合、管理する会計事務所等所属の会員に課された追加的な法律的な義務を遵守する必要がある。

2　他人の金銭その他の資産を預かった会計事務所等所属の会員は、次のことを全て守らなければならない。

一　その資産を個人や会計事務所等の資産とは別に保管すること。

二　その資産を意図された本来の目的に限定し使用すること。

三　その資産並びに生じた収益、配当及び利益について、それらに対して権利を有する者にいつでも説明できるように記録を整備しておくこと。

四　その資産の保管と記録に関する法令等を全て遵守すること。

3　会計事務所等所属の会員は、依頼人との契約又は専門業務の契約手続の一環として依頼人の資産を取り扱う場合は、基本原則の遵守を阻害する要因を認識しておかなければならない。当該資産が違法行為に関係する疑いがある場合、会計事務所等所属の会員は、別に定める「違法行為への対応に関する指針」に従わなければならない。

注解23　(第27条)

1　依頼人の資産を保管することは、職業的専門家としての行動の原則や公正性の原則を阻害する自己利益を生じさせる可能性がある。
2　会計事務所等所属の会員は、資産の保管についての依頼人との契約又は専門業務の契約手続の一環として、取り扱うことが予想される依頼人の資産の出所を確認するために質問し、また、法令等に基づく本人特定事項の確認等の会計事務所等所属の会員の義務を検討しなければならない場合がある。例えば、当該資産がマネー・ローンダリングのような違法行為に関係する疑いがある場合、基本原則の遵守を阻害する要因を生じさせる。このような場合、会計事務所等所属の会員は、必要に応じて法律専門家の意見を求めることも検討すべきである。

(品質の保持)

第28条　会計事務所等所属の会員は、専門業務の実施に当たり、組織体制を整備し、また、使用人その他の従業者に対する適切な指導監督を行うなど、その品質の保持に努めなければならない。

(名義貸しの禁止)

第29条　会計事務所等所属の会員は、自己の使用人以外の者に自己の名をもって専門業務を行わせること、又は自己の使用人以外の者が実施した専門業務について自己の結論を表明することを行ってはならない。

(将来の事象に対する結論の表明)

第30条　会計事務所等所属の会員は、将来の事象に対する予測について結論を表明する場合に、その予測の実現を保証すると誤解される表現又は方法で結論を報告してはならない。

第31条　(削　除)

第３章　企業等所属の会員を対象とする規則

(基本原則の遵守)

第32条　企業等所属の会員は、業務、職業又は活動に従事するに当たっては、誠実性、公正性若しくは社会的信頼を損なうか、又はその可能性があると知りながら、当該業務、職業又は活動に従事してはならず、また、従事することによって、結果としても基本原則に反することがあってはならない。なお、業務、職業又は活動に従事するに当たっては、職業的専門家としての能力及び正当な注意の原則に留意しなければならない。

注解24　(第32条)

1　企業等所属の会員とは、従業員、共同経営者、取締役等の役員、自営業者、ボランティア等様々な形で、企業等の組織のために働く場合又は企業等の組織の指示の下で働く場合の当該会員をいう。
2　企業等所属の会員には、所属する組織との法的な関係の有無やその内容とは別に、企業等所属の会員として規則を遵守する責任が課されており、また、同時に所属する組織の正当な目標のために働くという責任も課されている。なお、企業等所属の会員と所属する組織との法的関係いかんに関わらず、当該会員に課せられる職業倫理上の責任を負うことになる。
3　投資者、債権者、雇用主、その他経済界、さらには政府、社会に至るまで全ての者は、企業等所属の会員を職業的専門家として信頼している。つまり、企業等所属の会員は、財務等の情報の作成若しくは報告又はその両方に責任を負う場合もあり、その所属する組織や第三者もそれを信頼して経済活動を行っている。さらに、企業等所属の会員は、財務管理や企業活動の様々な事項について助言を求められることもある。
4　企業等所属の会員の組織内での職位が上位であればあるほど、情報を入手する能力並びに方針の策定、意思決定及びそれらの実行に与える影響力は大きく、また、その機会は多い。企業等所属の会員は、その役割や組織内での職位を踏まえながら、会員ができる範囲で、倫理的行動を重視する文化を所属組織内で奨励し、浸透させることが期待される。講じ得る対応策は、例えば、倫理教育及び訓練プログラム、倫理規程及び内部通報制度並びに違法行為を防ぐための方針及び手続の導入、実施及び監視を行うことである。

(概念的枠組みアプローチの適用)

第33条 企業等所属の会員は、概念的枠組みアプローチを適用し、基本原則の遵守を阻害する要因に対処しなければならない。

注解25 (第33条)

1 企業等所属の会員は、規則第8条の概念的枠組みアプローチを適用するに際し、企業等所属の会員が直面する状況及び関係のうち、基本原則の遵守を阻害する要因を生じさせる又はその可能性があるもの全てについて、規則が説明しているわけではないことに留意する。したがって、企業等所属の会員は、規則に記載されている以外の基本原則の遵守を阻害する状況又は関係にも注意を払うことが求められている。

2 基本原則の遵守を阻害する要因は、広範囲な状況及び関係の中に潜在的に存在することがある。企業等所属の会員の業務環境に存在する阻害要因を生じさせる状況及び関係を付録3に例示している。

3 阻害要因を除去するか又はその重要性の程度を許容可能な水準にまで軽減するセーフガードは、大きく二つに分類される。

一 本会又は法令等により設けられたセーフガード

二 業務環境におけるセーフガード本会又は法令等により設けられたセーフガードを注解6(第8条)第5項に例示し、企業等所属の会員の業務環境におけるセーフガードを付録4に例示している。

4 倫理に反する行動や行為が、所属する組織内で継続して発生すると思われる場合には、企業等所属の会員は法律専門家の助言を受けることも考えられる。

5 いかなるセーフガードを適用しても、阻害要因の重要性の程度を許容可能な水準にまで軽減することが不可能であるという状況であれば、企業等所属の会員は、その所属する組織を辞職することが適切であるとの結論を下すこともあり得る。

(会員相互間の行為)

第34条 企業等所属の会員は、次に掲げる行為を行ってはならない。

一 他の会員に対する誹謗又は他の会員の名誉を毀損すること。

二 他の会員の業務への不当な侵害をすること。

三 他の会員の使用人に対する雇用の申込みによって、当該他の会員の業務に著しく支障を来すこと。

(利益相反)

第35条 企業等所属の会員は、専門業務を実施する際に、別に定める「利益相反に関する指針」に従って、職業的専門家としての判断に不当な影響を与える利益相反を回避しなければならない。

注解26 (削　除)

(情報の作成及び提供)

第36条 企業等所属の会員は、情報の作成及び提供に関与する場合、基本原則を遵守しなければならない。作成及び提供に当たっては、例えば、次のような行動が求められている。

一 実施する専門業務に関連する報告の枠組みが存在する場合、これに従って情報を作成及び提供すること。

二 誤った方向に導くことや契約上の条件又は規制への遵守に不適切な影響を与えることを目的として、情報を作成又は提供しないこと。

三 誤った方向に導くことや契約上の条件又は規制への遵守に不適切な影響を与えることを目的として、情報を省略しないこと。

2 企業等所属の会員は、前項を遵守するに当たり、次の各号について、職業的専門家としての判断を行使しなければならない。

一 全ての重要な点において事実を正確かつ完全に反映すること。

二 取引、資産又は負債の実態を明確に示すこと。

三　適時に適切な方法で情報を分類し、記録すること。

3　企業等所属の会員は、情報の作成又は提供に当たり、職業的専門家としての判断に際して裁量を伴う場合、誤った方向に導くことや契約上の条件又は規制への遵守に不適切な影響を与えることを目的として裁量してはならない。

4　企業等所属の会員は、実施する専門業務に関連する報告の枠組みがない場合であっても、情報が使用される目的、情報が提供される状況及び情報を提供する相手先を考慮の上、職業的専門家としての判断を行使しなければならない。

5　企業等所属の会員は、所属する組織内外の者が作成した情報を利用しようとする場合、第1項及び第2項に規定されている義務を果たすために措置を講ずる必要があるかどうか、また、どのような措置を講ずる必要があるかどうかを検討するに当たり、職業的専門家としての判断を行使しなければならない。

6　企業等所属の会員は、関与している情報が誤解を生じさせるものである場合又は誤解を生じさせるものであるとの疑いを持ち、かつ、疑う理由がある場合、当該事項に対処するために適切な対応を行わなければならない。

7　企業等所属の会員は、前項の対応を行ったにもかかわらず、情報が誤解を生じさせると考える理由がある場合、守秘義務の原則に留意し、次のうちのいずれか、又は組み合わせることにより対応することを検討しなければならない。

一　所属する組織の内部監査人に相談すること。

二　外部監査人に相談すること。

三　情報の利用者等に伝達するかどうかを判断すること。

四　法律専門家から法的助言を得ること。

8　いかなる対応を行っても、企業等所属の会員が依然として情報が誤解を生じさせると考える理由がある場合、情報への関与を回避しなければならない。

注解27　（第36条）

1　情報の作成及び提供には、情報の記録、保持及び承認が含まれる。

2　企業等所属の会員は、所属する組織内のあらゆる階層において、組織内外の情報の作成及び提供に関与している。当該情報は、利害関係者による企業等の理解及び評価並びに当該組織における意思決定に資するものである。

企業等所属の会員が作成や提供に関与する情報の利用者として想定される利害関係者は、以下の者を含む。

一　経営者及び監査役等

二　投資家、貸主及びその他の債権者

三　規制当局

3　企業等所属の会員が作成や提供に関与する情報には、財務情報及び非財務情報が含まれ、また、所属する組織外に公表する情報や組織内での内部利用を目的とする情報が含まれる。例えば、次のものが挙げられる。

一　営業及び業績報告書

二　意思決定支援情報（情報分析など）

三　予算及び予測情報

四　内部監査人及び外部監査人に提供される情報

五　リスク分析情報

六　一般目的及び特別目的の財務諸表

七　税務申告書及び納税申告の基礎となる情報

八　法令等遵守のために規制当局に提出する報告書

4　規則第36条第1項第2号及び第3号における契約上の条件又は規制への遵守に不適切な影響を与えることの例として、借入契約における財務制限条項のような契約条項及び金融機関の資本規制などの規制上の要件への抵触を回避することを意図して、非現実的な見積情報を使用することが挙げられる。

5　規則第36条第3項における職業的専門家としての判断に際して企業等所属の会員の裁量を伴う場合とは、例えば、次のような場合である。

一　見積額を決定する場合

二　適用される財務報告の枠組みにより提供されている二つ以上の選択肢の中で、会計方針又は会計処理を選択又は変更する場合

三　取引時期を決定する場合

四　取引の仕組みを決定する場合

五　開示を選択する場合

6　前項各号の場合における不適切な裁量の例として、次のものが挙げられる。

一　見積額の決定に当たり、損益について虚偽表示を行う意図をもって、公正価値の見積金額を決定すること。

二　会計方針又は会計処理の選択又は変更に当たり、損益について虚偽表示を行う意図をもって、長期契約の会計方針を選択すること。

三　取引時期を決定するに当たり、誤解を生じさせることを目的として、会計年度末近くに資産売却の時期を選ぶこと。

四　取引の仕組みを決定するに当たり、資産、負債又はキャッシュ・フローの分類について虚偽表示を行うために金融取引を構築すること。

五　開示を行うに当たり、誤解を生じさせることを目的として、財務又は事業上のリスクに関する情報を省略し、又は不明確にすること。

7　規則第36条第４項における、実施する専門業務に関連する報告の枠組みがない場合とは、例えば、仮定情報（プロフォーマ情報）や、予算又は予測情報の作成及び提供を行う場合が挙げられる。このような専門業務を提供する場合、関連する見積り、概算及び前提条件に関する情報を提供することによって、情報の利用者自身が判断できるようになる。企業等所属の会員は、情報の作成及び提供に当たり、提供される情報の想定利用者、状況及び目的がどの程度明確であるかについても十分留意する。

8　規則第36条第５項に関し、他の者が作成した情報を利用することが合理的か否かを判断する際には、次の事項を検討する。

一　当該者の評判

二　当該者が有する専門的な知識

三　個人又は組織として当該者が利用できるリソース

四　当該者に対して適用される職務及び職業倫理の基準があるかどうか。

これらの情報は、当該者又は所属する組織との過去の関係や他の者から得られることがある。

9　規則第36条第６項における適切な対応には、例えば、次の対応が含まれる。

一　当該事項が組織内でどのように対処されるべきかに関して、所属する組織の方針及び手続（例えば、倫理規程や内部通報制度など）を確認すること。

二　情報が誤解を生じさせるのではないかとの懸念について、企業等所属の会員の上司、所属する組織内の適切な階層の経営者又は監査役等と協議し、問題となる事項に適切に対応するよう要請すること。例えば、次のような対応である。

イ　情報を訂正すること。

ロ　情報が既に想定利用者に提供されている場合、想定利用者に正確な情報を伝えること。

なお、誤解を生じさせる情報が法令違反に関連する可能性がある場合、別に定める「違法行為への対応に関する指針」を参照する必要がある。

10　規則第36条第８項に関し、企業等所属の会員は、情報への関与を回避するために、所属する組織を辞職することを検討する場合もあり得る。

11　企業等所属の会員は、規則第36条第４項から第８項までに該当する場合、この規則に従い対応したことを証するため、次の事項について文書化することが推奨される。

一　当該事実

二　関連する会計基準又は職業的専門家としての基準

三　協議等を行った場合、協議等を行った者及び協議等の内容

四　検討した一連の対応

五　どのように問題となる事項に対処したか。

12　情報の作成及び提供に関する基本原則の遵守に対する阻害要因が、財務報告及び意思決定に連動する報酬やインセンティブを含む金銭的利害から生じている場合、規則第39条及び第40条を参照する必要がある。

13　情報の作成及び提供に関する基本原則の遵守に対する阻害要因がプレッシャーから生じている場合、規則第37条を参照する必要がある。

（基本原則に違反するプレッシャー）

第37条　企業等所属の会員は、他者からのプレッシャーにより基本原則に違反してはならない。また、他者に対してプレッシャーを与えることにより他者が基本原則に違反することが明らかな場合又はそのように考える理由がある場合には、会員は、そのようなプレッシャーを他者に与えてはならない。

2　基本原則への違反をもたらすプレッシャーが除去されていないと企業等所属の会員が判断する場合、会員は、基本原則への違反をもたらす

専門業務の実施を行わないか、又は継続してはならない。

注解28　（第37条）

1　企業等所属の会員は、専門業務の実施において、基本原則への遵守を阻害する要因（例えば、不当なプレッシャーを受ける脅威）を生じさせ得るプレッシャーを受ける、又は与えることがある。プレッシャーは、明示的又は黙示的であり、所属する組織内外から生じるものである。例えば、組織内においては、同僚や上司等の組織内の者からのプレッシャーが挙げられる。外部からのプレッシャーの例示としては、取引先、顧客又は借入先からのプレッシャーが挙げられ、個人や組織によるプレッシャーが含まれる。また、それらは、内外の目標達成や期待に応えようとするプレッシャーである場合がある。

基本原則違反となるプレッシャーを付録5に例示している。

2　企業等所属の会員は、基本原則への違反となり得るプレッシャーか否かを判断する場合、次の事項を含む要因を検討することが考えられる。

一　プレッシャーを与える者の意図並びにプレッシャーの性質及び重要性

二　状況に関連する法令等及び職業的専門家としての基準

三　倫理的行動を重視する度合いや従業員が倫理的に行動することへの期待を含む、所属する組織の文化とリーダーシップ。例えば、非倫理的行動を容認する文化は、プレッシャーによる基本原則違反をもたらす可能性が高いと考えられる。

四　プレッシャーに対処する倫理規程又は人事規程のような、所属する組織の方針及び手続

3　企業等所属の会員は、前項に規定する要因及びその他の要素を踏まえ、守秘義務の原則にも留意して、同僚、上司若しくは人事担当者等の所属する組織内の者又は法律専門家等に助言を求めることが考えられる。

4　企業等所属の会員は、プレッシャーが基本原則への違反をもたらし得ると判断する場合、次の対応を検討することが考えられる。

一　問題を解決するためにプレッシャーを与えている者と当該事項について協議すること。

二　会員の上司がプレッシャーを与えている者ではない場合、上司と問題となる事項について協議すること。

三　所属する組織の経営者（社外取締役を含む。）、内部監査人、外部監査人又は監査役等などに問題を提起し、組織に対する重要なリスクなどを説明すること。

四　企業等所属の会員が、プレッシャーを与えている個人又は組織とこれ以上関与しないように、担当業務の変更又は人事異動などを要請すること。例えば、企業等所属の会員が利益相反に関するプレッシャーを受けている場合、当該事項への関与をしないことで、基本原則への違反をもたらすプレッシャーが除去される可能性がある。

五　倫理規程や内部通報制度などの所属する組織の方針及び手続に従い、行動すること。

六　法律専門家から法的助言を得ること。

5　企業等所属の会員は、規則第37条第2項に関し、専門業務の実施を行わないか、又は継続しないために、所属する組織を辞職することを検討する場合もあり得る。

6　企業等所属の会員は、規則第37条第2項に該当する場合、この規則に従い対応したことを証するため、次の事項について文書化することが推奨される。

一　当該事実

二　協議等を行った場合、協議等を行った者及び協議等の内容

三　検討した一連の対応

四　どのように問題となる事項に対処したか。

（専門的知識及び経験）

第38条　企業等所属の会員は、自らが有する専門的知識及び経験の程度について、雇用主を意図的に欺いてはならない。

2　企業等所属の会員は、必要に応じて専門家による適切な助言や支援を求めることを怠ってはならない。

3　企業等所属の会員は、重要な任務を引き受ける際、職業的専門家としての能力及び正当な注意の原則を遵守するために概念的枠組みアプローチを適用しなければならない。阻害要因の重要性の程度を許容可能な水準にまで軽減できない場合は、企業等所属の会員は、当該任務を辞退するかどうかを判断しなければならない。辞退することが適切であると判断する場合は、その理由を明確に伝えなければならない。

注解29 （第38条）

1　企業等所属の会員が、重要な任務を引き受ける場合に、要求される一定の研修若しくは専門業務の経験を十分に有していない、又は習得することができないならば、職業的専門家としての能力及び正当な注意の原則の遵守が阻害される場合がある。

2　企業等所属の会員の専門業務に関し、次のような場合には、職業的専門家としての能力及び正当な注意の原則の遵守を阻害する要因を生じさせる。

一　専門業務を適切に実施するために必要な時間が不足しているとき。

二　専門業務を適切に実施するための情報が不完全か、制限されているか、又は不適切であるとき。

三　専門業務を適切に実施するために必要な教育・訓練が不足しているとき。

四　専門業務を適切に実施するために必要かつ適切なリソースが不足しているとき。

3　企業等所属の会員の専門業務に関する職業的専門家としての能力及び正当な注意の原則の遵守を阻害する要因の重要性は、当該会員の専門業務に組織内の他の職員等が関与する程度、当該会員の組織内での相対的な職位及びその専門業務に対して行われる監督と査閲の水準等による。

4　規則第38条第３項における、概念的枠組みアプローチを適用する際のセーフガードには、例えば次のものが挙げられる。

一　追加的な助言や研修を受けること。

二　専門業務を適切に実施するための十分な時間を確保すること。

三　必要な職業的専門家としての能力を有する者から必要な支援を受けること。

四　所属する組織の上級機関、独立した専門家又は本会に相談すること。

5　企業等所属の会員が、職業的専門家としての能力及び正当な注意の原則への違反をもたらすようなプレッシャーを受けた場合、規則第37条を参照する必要がある。

（財務報告及び意思決定に連動する報酬やインセンティブを含む金銭的利害）

第39条　企業等所属の会員が、報酬やインセンティブを含む金銭的利害を有しているか、又は家族若しくは近親者が金銭的利害を有していることを知っているならば、状況によっては、基本原則の遵守を阻害する要因を生じさせる可能性がある。このような場合は、当該会員は、基本原則を遵守するために概念的枠組みアプローチを適用しなければならない。

注解30 （第39条）

1　例えば、価格に影響する情報を操作して経済的利益を得ようとする動機又は機会がある場合、公正性又は守秘義務の原則を阻害する自己利益又は馴れ合いを生じさせる可能性がある。

2　阻害要因を生じさせる可能性のある状況としては、企業等所属の会員又はその家族若しくは近親者が、例えば次のような状況に置かれるということが考えられる。

一　企業等所属の会員が、所属する組織と直接的又は間接的な金銭的利害を有し、その価値に当該会員の意思決定が直接的に影響を及ぼす。

二　企業等所属の会員が、利益連動型報酬等を受け取る場合、その額に当該会員の意思決定が直接的に影響を及ぼす。

三　企業等所属の会員が、ストック・オプションなどのように所属する組織の株式等を最終的に取得することができる権利を直接的又は間接的に保有する場合、その価値に当該会員の意思決定が直接的に影響を及ぼす。

四　業績目標の達成や所属する組織の株価の最大化などの、一定の業績評価基準に連動して長期にわたりインセンティブを与えるような報酬制度に加入している。

3　金銭的利害の内容を検討することには、金銭的利害がどれほど重要か、といった評価が含まれる。重要な利害関係が何かは、企業等所属の会員によって異なり、当該会員が置かれた状況に依存する。

4　規則第39条第１項における、概念的枠組みアプローチを適用する際のセーフガードには、例えば次のものが挙げられる。

一　経営陣から独立した委員会が、上級管理職の報酬の水準や形態を決定するための方針と手順を設けていること。

二　問題となる利害関係や株式取引（権利行使を含む。）の計画を、所属する組織の監査役等に対し内規等に従って開示すること。
三　適切な場合には、所属する組織内の上司に相談すること。
四　適切な場合には、所属する組織の監査役等又は本会に相談すること。
五　内部監査、外部監査又は外部機関による検証の対象とすること。
六　職業倫理に関する事項、インサイダー取引に関する法的な制約その他の規制等（改正内容を含む。）に関する研修を受講すること。

5　報酬やインセンティブから生じる阻害要因は、所属する組織の上司や同僚からの明示的又は黙示的なプレッシャーにより増幅する可能性がある。企業等所属の会員が、基本原則への違反をもたらすプレッシャーを受けた場合、規則第37条を参照する必要がある。

（情報の改竄及び業務上知り得た情報の利用）

第40条　企業等所属の会員は、自己の利益や他者の金銭的利益のために情報を改竄し、業務上知り得た情報を利用してはならない。

（勧誘の受入れ）

第41条　企業等所属の会員又はその家族若しくは近親者が、贈答、接待又は優遇などの勧誘を受けた場合、その状況を評価しなければならない。当該会員は、基本原則を遵守するために概念的枠組みアプローチを適用しなければならない。

2　阻害要因の重要性の程度を許容可能な水準にまで軽減することが不可能な場合、企業等所属の会員は、その勧誘を受け入れてはならない。なお、単に勧誘があったという事実からでも阻害要因が生じる場合があるため、追加的なセーフガードを適用しなければならない。

3　企業等所属の会員は、勧誘を受け入れることから生じる阻害要因の重要性の程度を評価し、次の一つ以上の対応をとるかどうかを判断しなければならない。
一　勧誘を受けた場合には、直ちに、所属する組織の上級管理者又は監査役等に報告すること。
二　法律専門家に相談することを検討した上で、本会又は勧誘した者の雇用主等の第三者に通知すること。
三　企業等所属の会員の家族又は近親者が、例えば、その職位により勧誘を受ける可能性がある場合、当該会員は、当該家族又は近親者に対し、当該勧誘が生じさせる阻害要因と適用すべきセーフガードについて伝えること。
四　企業等所属の会員の家族又は近親者が、当該会員が所属する組織の競合先又は取引先で雇用されている場合、上級管理者又は監査役等に対し報告すること。

注解31　（第41条）

1　企業等所属の会員又はその家族若しくは近親者が基本原則の遵守を阻害するような勧誘の申出を受けることがある。勧誘の形態には、贈答、接待若しくは優遇を受けること、又は親密性や忠誠心の強要等様々な可能性がある。

2　勧誘の意図が企業等所属の会員の行動若しくは意思決定に不当な影響を及ぼすこと、違法若しくは不誠実な行動を強要すること、又は業務上知り得た情報を漏洩させること等を目的とする場合には、公正性又は守秘義務の原則を阻害する自己利益を生じさせる。こうした勧誘を受け、その後その行為を公表して当該会員又はその家族若しくは近親者の評判を傷つけるというプレッシャーを受け続ける場合には、公正性又は守秘義務の原則を阻害する不当なプレッシャーを受ける脅威を生じさせる。

3　阻害要因の存在及び重要性は、勧誘の内容、金額及び意図に依存する。社会通念上許容される範囲内である場合においては、企業等所属の会員は、そのような勧誘を通常のビジネス上の行為として理解し、基本原則を阻害する重大な要因はないと結論付けることもできる。

（勧誘の申出）

第42条　企業等所属の会員は、第三者の専門的判断に不当な影響を及ぼすことを目的に、贈答、接待又は優遇その他の勧誘を行ってはならない。このような非倫理的な勧誘の申出を強制するプレッシャーを所属する組織から受ける場合、当該会員は、規則第９条に示された職業倫理上の相反の解消の規定に従わなければならない。

注解32　（第42条）

1　企業等所属の会員は、他の者や組織の判断若しくは意思決定プロセスに影響を及ぼすこと、又は情報を入手することを目的として、勧誘を行うよう求められるか、又はプレッシャーを受ける状況に直面することがあり得る。

2　勧誘を行うよう求めるプレッシャーは、所属する組織内の同僚や上司等から受けることもある。また、外部の者や組織からもちかけられることもある。当該プレッシャーは、所属する組織にとって有利であるが、企業等所属の会員本人にとっては不当な影響力を及ぼす行動やビジネス上の意思決定をとらせる勧誘である場合もある。

（違法行為への対応）

第43条　企業等所属の会員は、所属する組織における専門業務の実施において、違法行為又はその疑いに気付いた場合には、別に定める「違法行為への対応に関する指針」に従って、職業的専門家として対応しなければならない。

定　義

会計事務所等

(1)　会員が開業する事務所（公認会計士法以外の法律に基づく事務所を除く。）及び監査法人

(2)　(1)を支配する事業体

(3)　(1)が支配している事業体

会計事務所等所属の会員

会計事務所等に所属する会員。提供する専門業務の種類は問わない。

家　族

配偶者若しくはそれに準ずる者又はこれら以外の被扶養者

監査業務の依頼人

監査業務を会計事務所等に依頼する事業体

(1)　監査業務の依頼人が上場会社等である場合
監査業務の依頼人には、当該依頼人の関連企業等を全て含む。

(2)　監査業務の依頼人が上場会社等でない場合
監査業務の依頼人には、当該依頼人が直接的又は間接的に支配する関連企業等を含む。

監査役等

監査役若しくは監査役会、監査等委員会又は監査委員会その他これらに準ずるもの

関連企業等

依頼人との間に次のいずれかの関係を有する企業

(1)　依頼人を直接的又は間接的に支配する企業。ただし、依頼人がその企業にとって重要である場合に限る。

(2)　依頼人に対し直接的な金銭的利害を有する企業。ただし、その企業が依頼人に対し重要な影響力を有し、依頼人に対する利害がその企業にとって重要である場合に限る。

(3)　依頼人が直接的又は間接的に支配している企業

(4)　依頼人又は依頼人と上記(3)の関係にある企業が直接的な金銭的利害を有することにより重要な影響力を及ぼす企業。ただし、依頼人及び依頼人と上記(3)の関係にある企業にとって当該金銭的利害が重要である場合に限る。

(5)　依頼人と共通の企業によって支配されている企業。ただし、この企業と依頼人がともに両者を支配する企業にとって重要である場合に限る。

企業等所属の会員

企業、行政機関、教育機関、非営利法人又は本会等（以下「企業等」という。）において、雇用又はその他の契約により、当該企業等の業務に従事している会員、又は企業等から業務の委託を受けている会員

技術的基準

企業の財務諸表の作成又は監査を行う場合の一般に公正妥当と認められる企業会計の基準のように、会員が専門業務を実施するに当たりよりどころとすべき一般に公正妥当と認められる基準をいう。

業務チーム

専門業務を実施する全ての従業者及び会計事務所等又はネットワーク・ファームに所属する者で、保証業務の手続を実施した者。会計事務

所等又はネットワーク・ファームが当該業務に関連して委託した外部の専門家は含まれない。

許容可能な水準

事情に精通し、合理的な判断を行うことができる第三者が、その時点で会員が知り得る全ての具体的な事実と状況を勘案し、基本原則の遵守が損なわれていないと結論付ける可能性が高い水準

近親者

家族の定義に該当しない両親、子供又は兄弟姉妹

金銭的利害

企業の株式その他の出資証券、無担保社債、その他の債務証券への投資。これらの有価証券を取得する権利及び義務並びにこれらの有価証券に直接関連するデリバティブを含む。

現任会員

現時点において、依頼人のために監査又は会計、コンサルティング、その他類似の専門業務を実施している会計事務所等所属の会員

広　告

業務を獲得する意図をもって、会計事務所等所属の会員が提供する専門業務及び技能に関する情報を伝達すること。

社員等

(1)　監査法人の場合
　当該監査法人の社員

(2)　個人事務所及び共同事務所の場合
　当該個人事務所又は共同事務所において業務執行責任者として業務を行っている者

成功報酬

取引の成果若しくは結果又は実施した専門業務の結果に応じて報酬を決定することをいう。ただし、裁判所その他の公的機関が決定した報酬は、成功報酬とはみなされない。

専門業務

(1)　公認会計士法第２条第１項及び同第２項に定める業務

(2)　企業等所属の会員が行う職業的専門家としての業務

専門職員

専門業務に従事する社員等以外の者。会計事務所等が雇用する専門家（会計又は監査以外の分野において専門知識を有する個人）を含む。

専門要員

会計事務所等に所属する社員等及び専門職員全体

独立性

一　精神的独立性
　職業的専門家としての判断を危うくする影響力を受けることなく、結論を表明できる精神状態を保ち、誠実に行動し、公正性と職業的専門家としての懐疑心を堅持できること。

二　外観的独立性
　事情に精通し、合理的な判断を行うことができる第三者が、全ての具体的な事実と状況を勘案し、会計事務所等又は監査業務チームや保証業務チームの構成員の精神的独立性が堅持されていないと判断する状況にはないこと。

ネットワーク

会計事務所等よりも大きな組織体であって、次の(1)と(2)の条件の両方を備えた組織体

(1)　当該組織体が、所属する事業体の相互の協力を目的としていること。

(2)　次のいずれかを備えていること。
①　利益の分配又は費用の分担を目的にしていること。
②　共通の組織により、所有、支配及び経営されていること。
③　品質管理の方針及び手続を共有していること。
④　事業戦略を共有していること。
⑤　ブランド名を共有していること。
⑥　事業上のリソースの重要な部分を共有していること。

ネットワーク・ファーム

ネットワークに所属する会計事務所等又は事業体

保証業務の依頼人

⑴　直接報告による保証業務の場合

主題に責任を負う者

⑵　主題情報に対する保証業務の場合

①　主題情報に責任を負う者

②　主題に責任を負うと考えられる者

附　則

1　この紀律規則は、日本公認会計士協会成立の日から効力を生ずる。

2　（削除）

3　（削除）

附　則（平成30年７月24日改正）

この改正規定は、平成31年４月１日から施行する。ただし、会員の判断において早期適用することを妨げるものではない。

附　則（2019年７月22日改正）

1　この改正規定は、2020年４月１日から施行する。ただし、会員の判断において早期適用することを妨げるものではない。

2　前項の規定にかかわらず、倫理規則の趣旨及び精神、職業倫理の規範体系について、第１条第１項、第31条並びに別表の※２の改正規定については、会則の改正について金融庁長官の認可のあった日（2019年９月５日）又は2019年10月１日のいずれか遅い日から施行する。

別　表

職業倫理の規範体系

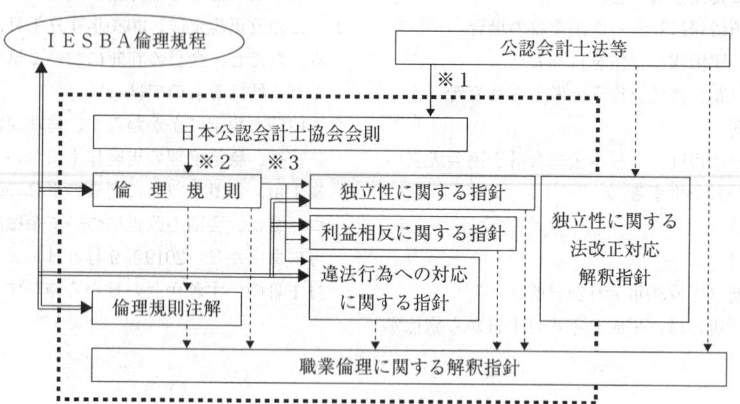

対応関係

解説及び解釈

※１　公認会計士法第46条の３において、会員は、協会の会則を守らなければならないと定められている。

※２　会則第52条において、会員及び準会員は、本会の会則及び規則を守らなければならないと定められている。

※３　倫理規則第13条において、「独立性に関する指針」に従って独立性の保持を判断しなければならないと定められている。

また、同第19条及び第35条において、「利益相反に関する指針」に従って利益相反を回避しなければならないと定められている。

さらに、同第19条の２及び第43条において、「違法行為への対応に関する指針」に従って職業的専門家として対応しなければならないと定められている。

【付録１】　会計事務所等所属の会員の業務環境に存在する阻害要因を生じさせる状況及び関係の例示

１．自己利益

(1)　保証業務チームの構成員が、その依頼人に対して直接的な金銭的利害を有していること。

(2)　会計事務所等が、特定の依頼人からの報酬に過度に依存していること。

(3)　保証業務チームの構成員が、その依頼人との間に重要で密接なビジネス上の関係があること。

(4)　会計事務所等が、重要な依頼人からの業務を失う可能性について懸念していること。

(5)　監査チームの構成員が、監査業務の依頼人と雇用契約の交渉に入ること。

(6)　保証業務について、会計事務所等が成功報酬の取り決め交渉に入ること。

(7)　会員が、その会計事務所等の構成員が以前行った専門業務の結果を評価した際に、重大な誤りを発見していること。

２．自己レビュー

(1)　会計事務所等が、財務システムを設計又は導入した後に、システムの運用効果について、保証報告書を発行すること。

(2)　会計事務所等が、保証業務の主題となる記録の元になる原始データを作成していること。

(3)　保証業務チームの構成員が、依頼人の役員若しくはこれに準ずるものであるか又は最近までこれらの職位にあったものであること。

(4) 保証業務チームの構成員が、依頼人に雇用され、業務の主題に重要な影響力を行使する職位にあるか又は最近までこれらの職位にあったものであること。

(5) 会計事務所等が、保証業務の主題情報に直接影響の及ぶ業務を保証業務の依頼人に提供していること。

3．擁護

(1) 会計事務所等が、監査業務の依頼人の株式の販売促進等を行うこと。

(2) 会員が、第三者との間に訴訟や紛争を抱えた監査業務の依頼人を擁護すること。

4．馴れ合い

(1) 業務チームの構成員の家族又は近親者が、依頼人の役員又はこれに準ずるものであること。

(2) 業務チームの構成員の家族又は近親者が、依頼人の業務の主題に重要な影響力を行使する職位にあること。

(3) 依頼人の役員、これに準ずるもの又は業務の主題に重要な影響力を行使する職位にある従業員が、最近まで当該依頼人に提供していた業務の業務執行責任者であったこと。

(4) 会員が、社会通念上許容される範囲を超える贈答又は接待を依頼人から受けていること。

(5) 主要な担当者が、保証業務に長期間にわたり関与していること。

5．不当なプレッシャーを受ける脅威

(1) 会計事務所等が、依頼人から契約解除のプレッシャーを受けていること。

(2) 会計事務所等が、監査業務の依頼人から特定の会計処理に同意しないならば、予定している非保証業務の契約を行わないと示唆されていること。

(3) 会計事務所等が、依頼人から提訴するという脅しを受けていること。

(4) 依頼人が、報酬を引き下げるために、会計事務所等が実施する業務の範囲を不当に狭めるようプレッシャーをかけていること。

(5) 依頼人が、特定の事項についてより高い専門的知識をもっているために、会員がその判断に同意せざるを得ないというプレッシャーを感じていること。

(6) 会員が、監査業務の依頼人の不適切な会計処理に同意しない場合、予定された昇進が受けられないと、会計事務所等の社員等から通告を受けていること。

【付録2】 会計事務所等所属の会員の業務環境におけるセーフガードの例示

1．業務環境におけるセーフガード

(1) 会計事務所等におけるセーフガード

① 基本原則の遵守の重要性を強調する会計事務所等の風土を醸成すること。

② 保証業務チームの構成員に対し公共の利益に沿った行動を期待する会計事務所等の風土を醸成すること。

③ 品質管理システムの整備、運用及び監視に関する方針及び手続を定めること。

④ 以下に関する方針を定め、文書化すること。

ア 基本原則の遵守を阻害する要因の認識

イ 阻害要因の重要性の程度の評価

ウ 阻害要因を除去するか又は許容可能な水準にまで軽減するセーフガードの適用

エ 適切なセーフガードが存在しないか適用できない場合における、当該業務の辞退又は契約の解除

⑤ 基本原則の遵守を義務付ける内規及び手続を定め、文書化すること。

⑥ 会計事務所等又は業務チームの構成員と依頼人の間の利害関係その他の関係を特定するための方針及び手続を定めること。

⑦ 特定の依頼人から得る報酬への依存度を監視し、必要に応じて管理する方針及び手続を定めること。

⑧ 保証業務の依頼人に対する非保証業務の提供を、指揮命令系統の異なる別の業務執行者や業務チームに行わせること。

⑨ 業務チームの構成員でない者が、業務の結果に不当な影響を及ぼすことを禁じる方針及び手続を定めること。

⑩　全ての業務執行者と専門業務を行う従業者に、会計事務所等の方針及び手続を適時に連絡し、その方針及び手続について適確な研修と教育を実施すること。

⑪　会計事務所等の品質管理体制が適切に機能していることを監視する責任者を、上級管理職の中から指名すること。

⑫　独立性を維持すべき保証業務の依頼人とその関連企業等を、業務執行者と専門業務を行う従事者に知らせること。

⑬　方針及び手続の遵守が徹底されるために懲戒制度を定めること。

⑭　基本原則の遵守に関連する問題が生じた場合に、会計事務所等内の責任部署に報告がなされるための方針及び手続を定めること。

(2)　個々の専門業務におけるセーフガード

①　非保証業務に関与しなかった会員に、当該非保証業務を検証させるか、必要に応じて他の助言を提供させること。

②　保証業務チームの構成員として関与しなかった会員に、当該保証業務を検証させるか、必要に応じて他の助言を提供させること。

③　社外役員、本会、他の会員等といった独立の第三者に相談すること。

④　依頼人の監査役等と倫理に関する事項について協議すること。

⑤　依頼人の監査役等に、提供する業務の内容と報酬請求額を説明すること。

⑥　他の会計事務所等に、業務の一部を実施又は再度実施してもらうこと。

⑦　保証業務の主要な担当者をローテーションすること。

2．依頼人の内部組織と内部手続におけるセーフガード

(1)　依頼人が、会計事務所等を選任して業務を実施させる際、経営者以外の者がその選任を許可又は承認すること。

(2)　管理上の判断について経験を積んだ有能な従業員が、依頼人の組織内に存在すること。

(3)　依頼人が非保証業務を依頼する際に、依頼人自らが、客観的な選択をするための内部手続を設けていること。

(4)　依頼人が、企業統治の仕組みをもっており、会計事務所等の業務を適切に監視し、会計事務所等とコミュニケーションをとっていること。

【付録3】　企業等所属の会員の業務環境に存在する阻害要因を生じさせる状況及び関係の例示

1．自己利益

(1)　所属する組織の株式等の保有、所属する組織からのローン又は保証を受けること。

(2)　所属する組織の利益連動型報酬制度に参加すること。

(3)　所属する組織の資産を流用すること。

(4)　雇用継続について懸念があること。

(5)　所属する組織の外部から、取引を強要するようなプレッシャーを受けること。

2．自己レビュー

実現可能性を調査し、買収を決定した後、企業結合の適切な会計処理を決定すること等

3．擁護

所属する組織の目標と目的を適法に達成するため、企業等所属の会員が、虚偽又は誤解を招かないように陳述を行う限り、所属する組織の立場を守ることは、擁護に該当しない。

4．馴れ合い

(1)　企業等所属の会員の家族又は近親者が、所属する組織の財務報告に影響を与える意思決定をし、会員が財務報告に責任を負っていること。

(2)　事業上の意思決定に影響力のある取引相手と長い付き合いをしていること。

(3)　所属する組織において許容される範囲内で贈答又は接待を受け、その金額が社会通念上許容される範囲を超えること。

5．不当なプレッシャーを受ける脅威

(1)　会計基準の適用又は開示方法について意見が相違する場合に、企業等所属の会員又はその家族若しくは近親者が解雇されたり配置転換されたりするおそれがあること。

(2)　所属する組織から、契約の締結や会計基準の

適用等に関する意思決定プロセスに影響を及ぼそうとするプレッシャーを受けていること。

【付録４】　企業等所属の会員の業務環境におけるセーフガードの例示

1．所属する組織内の監視システム又はその他の監視体制が整備されていること。
2．所属する組織に倫理及び行動に関する規範があること。
3．有能で高い倫理観をもった人材を雇用することを重視すること。
4．内部統制が整備されていること。
5．適切な懲戒制度があること。
6．倫理に沿った行動をとることの重要性を強調する風土を醸成すること、及び従業員に対する倫理観のある行為を期待すること。
7．従業員の倫理観のある適切な行動を促し、それをモニタリングする方針及び手続が整備されていること。
8．組織の方針及び手続（それらの変更も含む。）を全従業員に対して適時に伝達し、その方針及び手続についての適切な研修と教育をすること。
9．倫理に関する問題が身近で発生した場合に、報復を恐れずに組織の上層部に相談できるよう、従業員を支援し、促す方針及び手続を定めていること。
10．他の適切な会員と相談すること。

【付録５】　企業等所属の会員における基本原則違反となるプレッシャーの例示

1．利益相反に関連するプレッシャー

企業等所属の会員が、所属する組織における納入業者の選定において、当該会員の家族が業者として選定されるよう家族から受けるプレッシャー

規則第35条にも留意する。

2．情報の作成及び提供に影響を与えるプレッシャー

⑴　投資家、アナリスト又は貸主の期待に応えるよう、誤解を招くおそれのある財務情報を報告させようとするプレッシャー

⑵　有権者に対して公的プロジェクトの成果を偽って伝えさせようとする、官公庁等の公的セクターに勤務する会員に対する議員からのプレッシャー

⑶　投資に関する意思決定に先入観を持たせることを目的として、収入、支出又は投資利益率を虚偽表示させようとする同僚からのプレッシャー

⑷　合法的な事業経費と認められない支出を承認又は処理させようとする上司からのプレッシャー

⑸　不都合な発見事項が記載されている内部監査報告書を隠蔽させようとするプレッシャー

規則第36条にも留意する。

3．職業的専門家としての能力を十分に習得せず、又は正当な注意を十分に払わずに業務を行わせようとするプレッシャー

⑴　実施する作業を不適切に減らそうとする上司からのプレッシャー

⑵　十分な技能や訓練なしに、又は非現実的な期限を設定して、作業を実施させようとする上司からのプレッシャー規則第38条にも留意する。

4．金銭的利害に関連するプレッシャー業績に連動する報酬やインセンティブにより利益を得る可能性のある、上司、同僚又はその他の者からの業績指標を操作させようとするプレッシャー

規則第39条にも留意する。

5．勧誘に関するプレッシャー

⑴　個人又は組織の判断又は意思決定過程に不適切に影響を与えることを目的として勧誘を行わせようとする、所属する組織内外の他者からのプレッシャー

⑵　納入業者選定において、候補となった業者から不適切な贈答又は接待を受けるなど、賄賂又は他の勧誘を受けさせようとする同僚からのプレッシャー

規則第41条及び第42条にも留意する。

6．違法行為に関連するプレッシャー脱税をさせようとするプレッシャー規則第43条にも留意する。

品質管理基準委員会報告書第１号

監査事務所における品質管理*

改正2006年３月30日
改正2007年３月16日
改正2007年10月22日
改正2008年３月25日
改正（中間報告）2011年４月28日
改正2011年12月22日
改正2013年６月17日
改正2014年４月４日
改正2015年５月29日
最終改正2019年２月27日
日本公認会計士協会
品質管理基準委員会

項番号

Ⅰ　本報告書の範囲及び目的

1．本報告書の範囲

1．本報告書は、監査事務所における財務諸表監査、中間監査及び四半期レビュー並びに内部統制監査の品質管理に関する実務上の指針を提供するものである。なお、中間監査及び四半期レビューは財務諸表監査の一環として実施されるものであり、また、内部統制監査は財務諸表監査と一体として実施されるものであるため、これらの業務の品質管理は、財務諸表監査の品質管理の一環として実施する。ただし、それぞれの業務の目的に照らして財務諸表監査と取扱いが異なる点は、関連する適用指針に記載している。

また、本報告書は、監査・保証実務委員会実務指針第86号「受託業務に係る内部統制の保証報告書」及び、その他日本公認会計士協会が公表する報告書及び実務指針において、本報告書の適用が求められている業務における監査事務所の品質管理において適用される。

本報告書は、関連する職業倫理に関する規定と併せて適用される。

1-2．本報告書には、監査における不正リスク対応基準（以下「不正リスク対応基準」という。）に準拠して実施される監査業務を行う監査事務所に遵守が求められる要求事項と関連する適用指針（項番号の冒頭に「F」が付されている。）が含まれている。（A1項参照）

2．個々の監査業務における品質管理に関する指針は、監査基準委員会報告書220「監査業務における品質管理」に記載されている。

3．品質管理のシステムは、第10項に記載されている本報告書の目的を達成するための方針と、その方針を適用する手続及び遵守状況を監視する手続から構成される。

2．本報告書の規範性

4．本報告書は、全ての監査事務所に適用される。監査事務所が定める品質管理の方針と手続の内容や範囲は、監査事務所の規模や組織運営の特質、監査事務所がネットワークに属するか否かなどの様々な要因によって異なる。

5．本報告書には、監査事務所が本報告書に従うことによって達成すべき目的と、その目的を達成できるように定められた「要求事項」が含まれる。また、本報告書には、関連する指針を記載した「適用指針」、及び本報告書を適切に理解するための背景説明等や「定義」を記載した「本報告書の範囲及び目的」が含まれる。

6．本報告書の目的は、本報告書の要求事項が定められた意図や背景を示すものであり、監査事務所が何を遂行する必要があるかを理解し、その目的を達成するために追加的な手続を実施する必要があるかどうかを判断することが可能となるように定めている。

7．本報告書の要求事項は、「～しなければならない」という文章で記載される。

8．適用指針は、必要に応じて、要求事項の詳細な説明及びその実施のための指針を提供しており、特に以下について記載していることがある。

・要求事項の意味、又は対象とすべき範囲に関するより詳細な説明
・特定の状況において適切である方針及び手続の例示

これらの指針は、それ自体が要求事項を定めるものではないが、要求事項を適切に適用するために有用なものである。また、適用指針は、本報告書が扱う事項に関する背景を記載していることもある。

適用指針には、必要に応じて、小規模な監査事務所に特有の追加的な考慮事項が含まれる。これらの追加的な考慮事項は、小規模な監査事務所が実施する監査において本報告書の要求事項を適用する際の指針となるものであるが、本

報告書の要求事項を適用し遵守する監査事務所の責任を限定又は軽減するものではない。

9．本報告書の定義には、本報告書で使用される用語の説明が含まれる。これらは、本報告書を一貫して適用し解釈するために記載されているものであり、法令等の他の目的で規定された定義に優先することを意図するものではない。なお、監査基準委員会報告書には、本報告書で定義している用語が含まれているが、それ以外の用語の定義も含まれている。

3．本報告書の目的

10．本報告書の目的は、監査業務の品質を合理的に確保するため、監査事務所が以下の事項に関する品質管理のシステムを整備し運用することである。

⑴　監査事務所及び専門要員が職業的専門家としての基準及び適用される法令等を遵守すること。

⑵　監査事務所又は監査責任者が状況に応じた適切な監査報告書を発行すること。

4．定　義

11．本報告書における用語の定義は、以下のとおりとする。

⑴　「監査業務の定期的な検証」－監査事務所が定めた品質管理の方針及び手続に準拠して監査チームが監査業務を実施したことを確かめるために、完了した監査業務に対して実施する手続をいう。

⑵　「監査事務所」－公認会計士法に基づき登録された個人事務所又は監査法人をいう。

⑶　「監査事務所外の適格者」－監査責任者と同等の適性及び能力を有する監査事務所外部の者、例えば、他の監査事務所の社員等をいう。

⑷　「監査チーム」－個々の監査業務に従事する者をいい、監査事務所又はネットワーク・ファームに所属する者で、監査を実施する社員等及び専門職員から構成される。監査チームには、監査事務所又はネットワーク・ファームが業務を依頼する外部の専門家を含まない。倫理規則及び独立性に関する指針に定める業務チームのうち監査を実施する業務チームをいう。なお、監査に関する品質管理基準における監査実施者は、監査チームを意味する場合と専門要員を意味する場合とがある。

⑸　「監査調書」－実施した監査手続、入手した監査証拠及び監査人が到達した結論の記録をいう。

⑹　「監査報告書日」－監査人が監査報告書に付す日付をいう。

⑺　「業務執行責任者」－専門業務の実施の責任者、すなわち、専門要員のうち、専門業務とその実施及び発行する報告書に対する責任を負う社員等をいう。なお、監査業務の場合は監査責任者という。

⑻　「社員等」－監査事務所において、専門業務の業務執行権を有する全ての個人をいう。したがって、監査法人の場合は監査法人の社員をいい、個人事務所及び共同事務所の場合は業務執行責任者として業務を行っている者をいう。

⑼　「職業的専門家としての基準及び適用される法令等」－専門業務を実施するに当たって遵守しなければならない基準及び適用される法令等をいう。監査基準・不正リスク対応基準(法令により準拠が求められている場合)・監査基準委員会報告書・監査に関する品質管理基準・品質管理基準委員会報告書、公認会計士法・同施行令・同施行規則、金融商品取引法、会社法、日本公認会計士協会が公表する会則・倫理規則・報告書・実務指針・通達その他から構成される。

⑽　「審査」－監査報告書日又はそれ以前に、監査チームが行った監査手続、監査上の重要な判断及び監査意見の形成を客観的に評価するために実施する手続をいう。

⑾　「審査担当者」－監査チームが行った監査手続、監査上の重要な判断及び監査意見の形成を客観的に評価するのに十分かつ適切な経験と職位等の資格を有する、監査事務所内の監

査チームメンバー外の者、監査事務所外の適格者又はこれらの者で構成されるチーム（会議体を含む。）をいう。

⑿ 「専門職員」－専門業務に従事する社員等以外の者をいう。監査事務所が雇用する専門家（会計又は監査以外の分野において専門知識を有する個人）を含む。

⒀ 「専門要員」－監査事務所に所属する社員等及び専門職員全体をいう。なお、監査に関する品質管理基準における監査実施者は、監査チームを意味する場合と専門要員を意味する場合とがある。

⒁ 「大会社等」－

ア．全ての上場会社等

イ．法令により、監査を実施するに当たり、上場会社等と同じ独立性の要件が求められる事業体

ウ．独立性に関する指針第１部第26項により追加的に大会社等と同様に扱うこととした事業体

上記ア及びイについて、我が国においては、公認会計士法上の大会社等がこれらの要件を満たしている。

⒂ 「ネットワーク」－監査事務所よりも大きな組織体であって、所属する事業体の相互の協力を目的としており、かつ以下のいずれかを備えている組織体をいう。

ア．利益の分配又は費用の分担を目的にしていること。

イ．共通の組織により所有、支配及び経営されていること。

ウ．品質管理の方針及び手続を共有していること。

エ．事業戦略を共有していること。

オ．ブランド名を共有していること。

カ．事業上のリソースの重要な部分を共有していること。

⒃ 「ネットワーク・ファーム」－ネットワークに所属する監査事務所又は事業体をいう。

⒄ 「品質管理のシステムの監視」－監査事務所の品質管理のシステムが有効に運用されていることを合理的に確保するために策定された、品質管理のシステムに関する日常的監視及び評価（監査業務の定期的な検証を含む。）をいう。

⒅ 「我が国における職業倫理に関する規定」－監査事務所並びに監査チーム及び審査担当者が従うべき職業倫理に関する規定をいい、公認会計士法・同施行令・同施行規則、日本公認会計士協会が公表する会則、倫理規則、独立性に関する指針、利益相反に関する指針、違法行為への対応に関する指針及びその他の倫理に関する規定から構成される。なお、「職業倫理に関する規定」と表記することもある。

Ⅱ 要求事項

１．関連する要求事項の適用及び遵守

12．監査事務所の品質管理のシステムの整備及び運用に責任を有する専門要員は、本報告書の目的を理解し、要求事項を適切に適用するため、適用指針を含め、本報告書を全体として理解しなければならない。

13．監査事務所は、監査事務所の状況によって、本報告書の特定の要求事項が全ての監査業務に関連しない場合を除き、それぞれの要求事項を遵守しなければならない。（A1項参照）

14．本報告書の要求事項は、監査事務所が、本報告書の目的を達成できるように策定されている。したがって、本報告書の要求事項を適切に適用することにより、本報告書の目的を達成するための十分な基礎を得ることが想定されている。

しかしながら、個々の監査業務によって状況は様々であり、それら全ての状況を想定することはできない。したがって、監査事務所は、本報告書の目的を達成するために、本報告書で要求されている方針及び手続に追加して方針及び手続を定めるべき特定の事項又は状況が存在するかどうかを考慮しなければならない。

2．品質管理のシステムの構成

15．監査事務所は、少なくとも、以下の事項に関する方針及び手続からなる品質管理のシステムを整備し運用しなければならない。

⑴　品質管理に関する責任

⑵　職業倫理及び独立性

⑶　契約の新規の締結及び更新

⑷　専門要員の採用、教育・訓練、評価及び選任

⑸　業務の実施

⑹　品質管理のシステムの監視

F15－2．監査事務所は、不正リスクに留意して品質管理に関する適切な方針及び手続を定めなければならない。

16．監査事務所は、それぞれの方針及び手続を、内部規程や監査マニュアル等において文書化し、専門要員に伝達しなければならない。（A2項及びA3項参照）

3．品質管理に関する責任

17．監査事務所は、監査業務の品質を重視する風土を監査事務所内に醸成できるように、適切な方針及び手続を定めなければならない。監査事務所は、この方針及び手続において、理事長などの監査事務所における最高経営責任者又は理事会等（以下「最高経営責任者等」という。）が、監査事務所の品質管理のシステムに関する最終的な責任を負っていることを明確にしなければならない。（A4項及びA5項参照）

18．監査事務所は、最高経営責任者等により任命された品質管理のシステムの整備及び運用に責任を有する者が、それぞれの責任遂行に必要な十分かつ適切な経験及び能力を有し、必要な権限が付与されることを確保するための方針及び手続を定めなければならない。（A6項参照）

不正リスクに関する品質管理の責任者

F18－2．監査事務所は、不正リスクに関する品質管理の責任者を明確にしなければならない。（FA6－2項参照）

4．職業倫理及び独立性

19．監査事務所は、監査事務所及び専門要員が関連する職業倫理に関する規定を遵守することを合理的に確保するために、職業倫理の遵守に関する方針及び手続を定めなければならない。（A7項からA10項参照）

独立性

20．監査事務所は、監査事務所、専門要員及び該当する場合は独立性の規定が適用されるその他の者（ネットワーク・ファームの専門要員を含む。）が職業倫理に関する規定に含まれる独立性の規定を遵守することを合理的に確保するために、独立性の保持のための方針及び手続を定めなければならない。

その方針及び手続に基づいて、監査事務所は以下を行わなければならない。（A10項参照）

⑴　独立性の規定の内容を、専門要員及び該当する場合は独立性の規定が適用されるその他の者に伝達すること。

⑵　独立性を阻害する状況や関係を識別して評価すること、独立性に対する阻害要因を許容可能な水準にまで軽減又は除去するためにセーフガードを適用すること、又は適切であると考えられる場合には監査契約を解除すること。

21．前項の方針及び手続には、以下の事項を含めなければならない。（A10項参照）

⑴　独立性に及ぼす影響の評価を監査事務所全体として行えるように、監査責任者及び非監査業務の業務執行責任者は、関与先に提供する業務内容を含め、業務契約に関する情報を監査事務所に提供しなければならないこと。

⑵　監査事務所が適切な対応を取ることができるように、専門要員は独立性を阻害する要因となる状況や関係に気が付いた場合は、速やかに監査事務所の適切な者に報告しなければならないこと。

⑶　監査事務所は、以下を実施できるように、独立性に関連する情報を蓄積し、また関係する専門要員にこれらの情報を伝達しなければ

ならないこと。

① 監査事務所及び専門要員が独立性の規定に従っているかどうかを速やかに判断すること。

② 監査事務所が独立性に関連する記録を保管し更新すること。

③ 許容できない水準にある独立性の阻害要因に対して監査事務所が適切な対応を取ること。

22．監査事務所は、独立性に違反した場合の報告及びこれに対する適切な対応に関する方針及び手続を定めなければならない。この方針及び手続には、以下の事項を含めなければならない。(A10項参照)

(1) 専門要員は、独立性に違反した状況に気が付いた場合、その旨を速やかに監査事務所に報告しなければならないこと。

(2) 監査事務所は、独立性に違反した状況を識別した場合、以下の者に速やかに伝達しなければならないこと。

① その違反に対処する必要のある監査責任者及び業務執行責任者

② 監査事務所内又はネットワーク内（該当する場合）の適切な者並びに独立性に違反し適切な対応を取る必要のある者

(3) 必要な場合、監査責任者及び業務執行責任者と上記(2)②に該当する者は、識別された違反を解消するために取った対応について、速やかに監査事務所に伝達しなければならないこと。これにより、監査事務所は追加的な対応を取るべきかどうかを決定することができる。

23．監査事務所は、独立性の保持が要求される全ての専門要員から、独立性の保持のための方針及び手続の遵守に関する確認書を、少なくとも年に一度入手しなければならない。(A10項及びA11項参照)

24．監査事務所は、監査業務の主要な担当者の長期間の関与に関して、以下の事項に係る方針及び手続を定めなければならない。(A10項、A12項からA14項参照)

(1) 監査業務の主要な担当者が長期間にわたって継続して同一の監査業務に従事している場合、独立性を阻害する馴れ合いを許容可能な水準に軽減するためのセーフガードの必要性を決定する規準を設定すること。

(2) 大会社等の監査業務については、監査責任者、審査担当者及び該当する場合にはローテーションの対象となるその他の者に対して職業倫理に関する規定で定める一定期間のローテーションを義務付けること。

５．契約の新規の締結及び更新

25．監査事務所は、関与先との契約の新規の締結又は更新に関する方針及び手続を定めなければならない。この方針及び手続は、以下の全てを満たす場合にのみ、関与先との契約の新規の締結又は更新を行うことを合理的に確保できるように定めなければならない。

(1) 監査事務所が、時間及び人的資源を含め、業務を実施するための適性及び能力を有していること。(A15項参照)

(2) 監査事務所が、関連する職業倫理に関する規定を遵守できること。

(3) 監査事務所が、関与先の誠実性を検討し、契約の新規の締結や更新に重要な影響を及ぼす事項がないこと。(A16項及びA17項参照)

26．前項の方針及び手続には、以下の事項を含めなければならない。

(1) 監査事務所が、新規の関与先と契約の締結を行う場合、既存の関与先と既存の契約を更新するかどうかを判断する場合、及び既存の関与先と新規の契約の締結を検討する場合、それぞれの状況において必要と考えられる情報を入手しなければならないこと。(A18項参照)

(2) 新規又は既存の関与先から新規の契約を締結する際に利益相反の可能性が識別された場合、監査事務所が当該契約を締結することが適切であるかどうかを判断しなければならないこと。

(3) 問題点が識別されたにもかかわらず、監査

Ⅱ 会計士協会

事務所が関与先と契約の新規の締結又は更新を行う場合、監査事務所がその問題点をどのように解決したかを文書化しなければならないこと。

⑴ 不正リスクの考慮

F26－2．監査事務所は、監査契約の新規の締結及び更新の判断に関する方針及び手続に、不正リスクを考慮して監査契約の締結及び更新に伴うリスクを評価すること、並びに、当該評価の妥当性について、新規の締結時、及び更新時はリスクの程度に応じて、監査チーム外の適切な部署又は者により検討することを含めなければならない。（FA17－2項参照）

⑵ 契約締結後の情報の入手

27．監査事務所は、契約の締結を辞退する原因となるような情報を契約締結後に入手した場合の契約の継続又は解除に関する方針及び手続を定めなければならない。そのような方針及び手続には、以下の事項を考慮することを含めなければならない。（A19項参照）

⑴ それぞれの状況で適用される職業的専門家としての責任及び法令上の責任（監査事務所が、業務の依頼人等、又は場合によっては規制当局に報告を行う義務があるかどうかを含む。）

⑵ 一部又は全ての契約を解除する可能性

6．専門要員の採用、教育・訓練、評価及び選任

28．監査事務所は、以下を達成するために必要とされる適性、能力及び経験並びに求められる職業倫理を備えた十分な専門要員を合理的に確保するための方針及び手続を定めなければならない。（A20項から A25項参照）

⑴ 職業的専門家としての基準及び適用される法令等に準拠して業務を実施すること。

⑵ 監査事務所又は監査責任者が、状況に応じた適切な監査報告書を発行できるようにすること。

不正に関する教育・訓練

F28－2．監査事務所は、専門要員の教育・訓練に関する方針及び手続を定め、専門要員が監査業務を行う上で必要な不正事例に関する知識を習得し、能力を開発できるよう、監査事務所内外の研修等を含め、不正に関する教育・訓練の適切な機会を提供しなければならない。

監査チームの選任

29．監査事務所は、それぞれの業務に対して監査責任者を選任し、以下の事項を含む方針及び手続を定めなければならない。（A26項参照）

⑴ 監査責任者の氏名と職責を関与先の経営者及び監査役若しくは監査役会、監査等委員会又は監査委員会（以下、監査役若しくは監査役会、監査等委員会又は監査委員会を「監査役等」という。）に伝達しなければならないこと。

⑵ 監査責任者が、その職責を果たすための適切な適性、能力及び権限を有しなければならないこと。

⑶ 監査責任者の責任が明確に定められ、各監査責任者に伝達されなければならないこと。

30．監査事務所は、以下を達成するために必要な適性及び能力を有する専門職員をそれぞれの監査業務に適切に選任するための方針及び手続を定めなければならない。（A27項参照）

⑴ 職業的専門家としての基準及び適用される法令等に準拠して業務を実施すること。

⑵ 監査事務所又は監査責任者が、状況に応じた適切な監査報告書を発行することができるようにすること。

7．業務の実施

31．監査事務所は、業務が職業的専門家としての基準及び適用される法令等に準拠して実施され、監査事務所又は監査責任者が状況に応じた適切な監査報告書を発行することを合理的に確保するための方針及び手続を定めなければならない。これには、以下の事項を含めなければならない。

⑴ 業務の実施における品質を保持するための方針及び手続（A28項及び A29項参照）

(2) 監督に関する方針及び手続（A30項参照）

(3) 査閲に関する方針及び手続（A31項参照）

32．監査事務所の査閲に関する方針及び手続は、監査チームのより経験のあるメンバーが経験の浅いメンバーの作成した監査調書を査閲するという原則に基づいて定められなければならない。

監査事務所内における監査責任者の全員の交代

F32－2．監査事務所は、監査業務の実施における品質を保持するための方針及び手続において、同一の企業の監査業務を担当する監査責任者が全員交代した場合、監査の過程で識別した不正リスクを含む監査上の重要な事項が適切に伝達されるように定めなければならない。

不正リスクに適切に対応するための監査業務に係る監督及び査閲

F32－3．監査事務所は、不正リスクに適切に対応できるように、監査業務に係る監督及び査閲に関する方針及び手続を定めなければならない。

(1) **専門的な見解の問合せ**

33．監査事務所は、以下の事項を合理的に確保するために専門的な見解の問合せに関する方針及び手続を定めなければならない。（A32項からA36項参照）

(1) 専門性が高く、判断に困難が伴う事項や見解が定まっていない事項に関して、適切に専門的な見解の問合せを実施すること。

(2) 専門的な見解の問合せが適切に実施されるように、十分な人材等を確保すること。

(3) 専門的な見解の問合せの内容及び得られた見解を文書化し、専門的な見解の問合せの依頼者と助言者が同意すること。

(4) 専門的な見解の問合せから得られた見解に対処すること。

不正による重要な虚偽表示を示唆する状況が識別された場合、又は不正による重要な虚偽表示の疑義があると判断した場合の専門的な見解の問合せ

F33－2．監査事務所は、不正による重要な虚偽表示を示唆する状況が識別された場合、又は不正による重要な虚偽表示の疑義があると判断された場合には、必要に応じ監査事務所内外の適切な者から専門的な見解を得られるようにするための方針及び手続を定めなければならない。（FA35－2項参照）

(2) **審査**（A46項参照）

34．監査事務所は、原則として、全ての監査業務について監査チームが行った監査手続、監査上の重要な判断及び監査意見を客観的に評価するために、審査に関する方針及び手続を定めなければならない。（A37項参照）

34－2．監査事務所は、幼稚園のみを設置している都道府県知事所轄学校法人の私立学校振興助成法に基づく監査、又は任意監査（公認会計士法第２条第１項業務のうち、法令で求められている業務を除く監査）のうち、監査報告の対象となる財務諸表の社会的影響が小さく、かつ、監査報告の利用者が限定されている監査業務については審査を要しないとすることができる。

ただし、上記に該当する場合であっても、監査事務所は、以下のようなリスク要因が存在する監査業務については、審査の必要性を慎重に検討し、審査を要しない監査業務の範囲について、審査に関する方針及び手続に明確に定めなければならない。（A37項参照）

・独立性の阻害要因に対するセーフガードとして審査を実施する場合

・会計方針、会計上の見積り及び財務諸表の開示を含む、企業の会計実務の質的側面のうち重要なものについて、監査意見に影響を与える懸念がある場合（監基報260第14項(1)参照）

・監査期間中に困難な状況に直面した場合（監基報260第14項(2)参照）

・監査の過程で発見され、経営者と協議又は経営者に伝達すべき重要な事項について、監査意見に影響を与える懸念がある場合（監基報260第14項(3)参照）

・絶大な影響力を有する関連当事者との重要な取引が存在する場合（監基報550第18項参照）

・継続企業の前提に重要な疑義を生じさせるような事象又は状況がある場合（監基報570第15項参照）

・監査契約締結後に監査の前提条件（特に適用される財務報告の枠組みの受入可能性）が満たされていないことを示唆する情報を入手した場合（監基報210第４項及び第10項参照）
・特別目的の財務諸表又は個別の財務表若しくは財務諸表項目等に対する監査契約を新規に締結する場合において、類似した財務報告の枠組みに準拠した財務諸表等に対する監査の経験がないとき（監査基準委員会報告書800「特別目的の財務報告の枠組みに準拠して作成された財務諸表に対する監査」及び監査基準委員会報告書805「個別の財務表又は財務諸表項目等に対する監査」参照）
・完全な一組の財務諸表に対する監査報告書に除外事項付意見が表明されている場合又は強調事項区分若しくはその他の事項区分が含まれている場合において、個別の財務表又は財務諸表項目等の監査を行うとき（監基報805第13項参照）

35．監査事務所は、審査の内容、時期及び範囲を示した方針及び手続を定めなければならない。この方針及び手続において、監査報告書の日付を審査の完了日以降とすることを定めなければならない。（A38項及びA39項参照）

36．監査事務所は、審査に関する方針及び手続に、審査において以下を実施しなければならないことを含めなければならない。（A40項参照）
⑴　重要な事項についての監査責任者との討議（FA40－２項参照）
⑵　財務諸表等と監査報告書案の検討
⑶　監査チームが行った重要な判断とその結論に関する監査調書の検討（FA40－２項参照）
⑷　監査意見の評価及び監査報告書案が適切であるかどうかの検討

37．監査事務所は、審査に関する方針及び手続に、審査において以下を考慮しなければならないことを含めなければならない。（A41項参照）
⑴　独立性に関する監査チームの評価
⑵　監査上の判断の相違、又は専門性が高く判断に困難が伴う事項や見解が定まっていない事項について適切な専門的な見解の問合せが行われたかどうか、及び専門的な見解の問合せから得られた結論
⑶　重要な判断に関する監査調書には、実施した手続とその結論が適切に記載されているかどうか。

不正による重要な虚偽表示の疑義があると判断された場合の審査

F37－２．監査事務所は、不正による重要な虚偽表示の疑義があると判断された場合には、修正後のリスク評価及びリスク対応手続が妥当であるかどうか、入手した監査証拠が十分かつ適切であるかどうかについて、監査事務所としての審査が行われるよう、審査に関する方針及び手続を定めなければならない。（FA41－２項参照）

審査担当者の適格性

38．監査事務所は、審査担当者の選任に関する方針及び手続を定めるとともに、以下の事項を通じて審査担当者の適格性を確保しなければならない。
⑴　知識、経験、能力、職位等の、審査担当者の役割を担うために必要とされる専門的な資格要件（A42項参照）
⑵　審査担当者が客観性を損なうことなく業務に関して専門的な見解の問合せの助言を行うことができる程度（A43項参照）
⑶　審査担当者に対し職業倫理に関する規定で要求される独立性

不正による重要な虚偽表示の疑義がある場合の審査担当者

F38－２．監査事務所は、不正による重要な虚偽表示の疑義に対応する十分かつ適切な経験や職位等の資格を有する審査担当者の選任に関する方針及び手続を定めなければならない。（FA42－２項参照）

審査担当者の客観性

39．監査事務所は、審査担当者の客観性の保持に関する方針及び手続を定めなければならない。（A44項及びA45項参照）

40．監査事務所は、審査担当者の客観性が損なわれた場合の審査担当者の交代に関する取扱いを定めなければならない。

審査の文書化

41．監査事務所は、審査の文書化に関する方針及び手続を定め、この方針及び手続において以下の事項を文書化することを求めなければならない。

(1) 審査に係る監査事務所の方針で求められる手続が実施されたこと。

(2) 監査報告書日以前に審査が完了したこと。

(3) 審査担当者が、監査チームが行った監査上の重要な判断とその結論が適切でないと判断した事項がなかったこと。

審査を実施しない監査業務

41－2．監査事務所は、審査を実施しない監査業務に関して、監査意見が適切に形成されていることを確認できる他の方法（文書化の方法を含む。）を定めなければならない。（A46－2項参照）

(3) 監査上の判断の相違

42．監査事務所は、監査チーム内、監査チームと専門的な見解の問合せの助言者との間、又は、該当する場合、監査責任者と審査担当者との間の監査上の判断の相違を解決するための方針及び手続を定めなければならない。（A47項及びA48項参照）

43．前項の方針及び手続には、以下の事項を含めなければならない。

(1) 得られた結論を文書化し、この結論に従って対処すること。

(2) 判断の相違が解決するまで監査報告書に日付を付さないこと。

(4) 監査調書

監査ファイルの最終的な整理の完了

44．監査事務所は、監査報告書日後、適切な期限内に監査ファイルの最終的な整理を完了するため、監査ファイルの最終的な整理に関する方針及び手続を定めなければならない。（A49項及びA50項参照）

監査調書の管理

45．監査事務所は、監査調書の機密性、保管の安全性、情報の完全性、アクセス可能性及び検索可能性を確保するため、監査調書の管理に関する方針及び手続を定めなければならない。（A51項からA54項参照）

監査調書の保存

46．監査事務所は、自らの必要性を満たす十分な期間又は法令等が要求する期間にわたる監査調書の保存に関する方針及び手続を定めなければならない。（A55項からA58項参照）

８．品質管理のシステムの監視

(1) 監査事務所の品質管理に関する方針及び手続の監視

47．監査事務所は、品質管理のシステムに関するそれぞれの方針及び手続が適切かつ十分に整備され、有効に運用されていることを合理的に確保するために、品質管理のシステムの監視に関するプロセスを定めなければならない。このプロセスにおいては、以下を実施しなければならない。（A59項からA63項参照）

(1) 品質管理のシステムに関する日常的監視及び評価。この評価には、監査責任者ごとに少なくとも一定期間ごとに一つの完了した監査業務の定期的な検証を実施することが含まれる。

(2) 品質管理のシステムの監視の責任者として、当該責任を担うだけの十分かつ適切な経験と権限を有する社員等又はその他の者を選任しなければならないこと。

(3) 監査業務又は審査を実施する者が当該監査業務の定期的な検証に関与してはならないこと。

不正リスクへの対応状況についての定期的な検証

F47－2．監査事務所は、監査業務における不正リスクへの対応状況について、定期的な検証により、以下に掲げる項目が監査事務所の品質管理の方針及び手続に準拠して実施されていることを確かめなければならない。

(1) 監査契約の新規の締結及び更新

(2)　不正に関する教育・訓練
(3)　業務の実施（監督及び査閲、監査事務所内外からもたらされる情報への対処、専門的な見解の問合せ、審査、同一の企業の監査業務を担当する監査責任者が全員交代した場合の引継を含む。）
(4)　監査事務所間の引継

(2)　識別した不備の評価、伝達及び是正

48．監査事務所は、品質管理のシステムの監視によって発見された不備の影響を評価し、以下のいずれに該当するかを判断しなければならない。
(1)　監査業務が職業的専門家としての基準及び適用される法令等を遵守して実施され、かつ、発行する監査報告書が適切であることを合理的に確保する上で、品質管理のシステムが不十分であることを必ずしも示していない事例
(2)　速やかな是正措置が必要な、組織的、反復的又はその他の重要な不備

49．監査事務所は、関連する監査責任者や非監査業務の業務執行責任者並びにその他の適切な者に対して、品質管理のシステムの監視によって発見された不備とこれに対する適切な是正措置を伝達しなければならない。（A64項参照）

50．発見された不備に対する適切な是正措置には、以下のうち一つ又は複数の事項を含めなければならない。
(1)　関係する個々の監査業務又は専門要員に対する適切な是正措置の実施
(2)　訓練や職業的専門家としての能力開発に関する責任者への発見事項の伝達
(3)　品質管理の方針及び手続の変更
(4)　監査事務所の方針及び手続に違反する者、特にそれを繰り返す者に対する懲戒処分

51．監査事務所は、品質管理のシステムの監視の結果、不適切な監査報告書が発行されたおそれがある場合、又は監査業務の実施過程で必要な手続が省略されたおそれがある場合に対処するための方針及び手続を定めなければならない。当該方針及び手続には、監査事務所が、関連する職業的専門家としての基準及び適用される法令等を遵守するためにはどのような追加的な対応が適切かを決定しなければならないこと、及び法律専門家に助言を求めるかどうかを検討しなければならないことを定めなければならない。

52．監査事務所は、少なくとも年に一度、品質管理のシステムの監視の結果を、監査責任者や非監査業務の業務執行責任者並びに監査事務所の最高経営責任者等を含む監査事務所内の適切な者に伝達しなければならない。こうした伝達は、監査事務所や伝達を受けた者が、それぞれの権限と責任に応じて、速やかに適切な対応を取ることを可能にするのに十分なものでなければならない。

伝達する内容には、以下の事項を含めなければならない。
(1)　実施した品質管理のシステムの監視の内容
(2)　品質管理のシステムの監視から得られた結論
(3)　組織的、反復的又はその他の重要な不備が発見された場合には、その内容とそれに対処するために講じられた是正措置

53．ネットワークに属する監査事務所は、ネットワークで定められた品質管理のシステムの監視の手続の一部を適用することがある。

ネットワークに属する監査事務所が、本報告書又は国際品質管理基準第１号「財務諸表の監査及びレビュー並びにその他の保証業務及び関連するサービス業務を実施する事務所の品質管理」に基づいて整備された共通の品質管理のシステムの監視に関する方針及び手続に基づいて運営を行っており、これに依拠する場合には、当該監査事務所の方針及び手続では以下の事項を義務付けなければならない。
(1)　ネットワークは、少なくとも年に一度、ネットワークに属する監査事務所内の適切な責任者に対して、品質管理のシステムの監視の範囲、程度及び結果の概要について伝達する。
(2)　ネットワークは、必要な是正措置を講じることが可能となるように、関連するネットワーク・ファームの適切な者に対して、発見された不備を速やかに伝達する。

なお、監査責任者は、監査事務所やネットワークから別段の通知がない限り、ネットワーク内で実施された品質管理のシステムの監視の結果に依拠することができる。

(3) 不服と疑義の申立て

54. 監査事務所は、以下の事項に適切に対処することを合理的に確保するために、不服と疑義の申立てに関する方針及び手続を定めなければならない。

(1) 監査事務所が実施した業務における職業的専門家としての基準及び適用される法令等の違反に関する不服と疑義の申立て

(2) 監査事務所が定めた品質管理のシステムへの抵触等に関する疑義の申立て

この方針及び手続の一部として、監査事務所は、専門要員が不当な取扱いを受けることなく不服と疑義の申立てを行うことができるように、明確に定められた内部通報等の制度を設けなければならない。（A65項参照）

不正リスクに関連して監査事務所内外からもたらされる情報への対処

F54－2．監査事務所は、不服と疑義の申立てに関する方針及び手続に、以下の事項に適切に対処することを合理的に確保するため、監査事務所内外からもたらされる情報に対処するための方針及び手続を含めなければならない。

(1) 不正リスクに関連して監査事務所内外から監査事務所に寄せられた情報を受け付けること。

(2) 当該情報について、関連する監査責任者へ適時に伝達すること。

(3) 監査責任者は、監査チームが監査の実施において当該情報をどのように検討したかについて、監査事務所の適切な部署又は者に報告すること。

不服と疑義の申立ての調査

55. 不服と疑義の申立ての調査において、品質管理の方針及び手続の整備及び運用に関する不備が発見された場合、又は一人若しくは複数の者が品質管理のシステムに準拠していないことが発見された場合には、監査事務所は第50項に記載している適切な是正措置を講じなければならない。（A66項及びA67項参照）

9．品質管理のシステムの文書化

56. 監査事務所は、品質管理のシステムの整備及び運用の状況を適切に記録・保存するため、品質管理のシステムの整備及び運用状況の文書化に関する方針及び手続を定めなければならない。（A68項からA70項参照）

57. 監査事務所は、品質管理のシステムの監視の実施者が品質管理のシステムの遵守状況を評価するのに十分な期間、又は適用される法令等によって要求される場合にはその要求を満たすために十分な期間、品質管理のシステムの整備及び運用の状況を記録した文書を保管することを義務付ける方針及び手続を定めなければならない。

58. 監査事務所は、不服と疑義の申立て及びその対応についての文書化を義務付ける方針及び手続を定めなければならない。

10．監査事務所間の引継

59. 監査事務所は、監査人の交代に際して、前任の監査事務所となる場合及び後任の監査事務所となる場合の双方について監査業務の引継が適切に行われることを合理的に確保するために、監査人の交代に関する監査業務の引継についての方針及び手続を定めなければならない。（A71項及びA72項参照）

60. 監査事務所は、監査人の交代に際して前任の監査事務所となる場合及び後任の監査事務所となる場合の双方についての監査業務の引継に関して、当該監査業務の引継が監査事務所の方針及び手続に準拠して行われているかどうかを確かめなければならない。

60－2．監査事務所は、監査事務所間の引継に関する方針及び手続において、少なくとも不正リスク対応基準が適用となる監査業務に関して監査チームが実施した引継の状況について監査事務所の適切な部署又は者に報告することを定めなければならない。

11．共同監査

61．監査事務所が共同監査を実施する場合には、監査事務所は、当該監査業務の品質を合理的に確保するための共同監査に関する方針及び手続を定めなければならない。この方針及び手続には、他の監査事務所の品質管理のシステムがその監査業務の品質を合理的に確保するものであるかどうかを、監査事務所が、監査契約の新規の締結及び更新の際、並びに、必要に応じて監査業務の実施の過程において確かめるための方針及び手続を含めなければならない。（A73項参照）

Ⅲ　適用指針

1．関連する要求事項の適用及び遵守

小規模な監査事務所に特有の考慮事項（第13項参照）

A1．本報告書は、監査事務所に関連しない要求事項の遵守を求めるものではない。例えば、専門職員を用いず監査責任者のみで業務を実施している個人事務所の場合には、監査チームへの適切な専門職員の選任（第30項参照）、査閲（第32項参照）及び監査責任者への監視の結果の毎期の伝達（第52項参照）に関する方針及び手続等の本報告書における要求事項は関連しない。

また、不正リスク対応基準に準拠して実施される監査業務を行っていない監査事務所の場合には、不正リスク対応基準に基づく要求事項は関連しない。

なお、不正リスク対応基準に準拠して実施される監査業務を行っていない監査事務所においても、監査事務所における方針及び手続を定める際に、当該要求事項と関連する適用指針を参考にすることができる。

2．品質管理のシステムの構成（第16項参照）

A2．一般的に、専門要員に対して品質管理の方針及び手続を伝達する際には、それらの方針及び手続の内容、達成すべき目的、及び個々人が品質に関して責任を有するとともに当該方針及び手続を遵守することが求められている旨等を伝達する。

専門要員から、品質管理のシステムに関する意見又は懸念事項のフィードバックを受ける手段を整えることは、監査事務所にとって重要である。

小規模な監査事務所に特有の考慮事項

A3．小規模な監査事務所における方針及び手続の文書化及び伝達は、大規模な監査事務所に比して簡略化できる場合がある。

3．品質管理に関する責任

(1)　品質管理についての風土の醸成（第17項参照）

A4．監査事務所の最高経営責任者等が示す姿勢及び行動は、監査事務所の風土に大きな影響を与える。

監査事務所の最高経営責任者等を含む全ての階層の管理者が、監査事務所の品質管理に関する方針及び手続や以下の事項を強調する行動とメッセージを明確に一貫して繰り返し示すことによって、品質を重視する風土が醸成される。

(1)　職業的専門家としての基準及び適用される法令等を遵守して業務を実施すること。

(2)　状況に応じた適切な監査報告書を発行すること。

このような行動とメッセージにより、高い品質の監査業務を正当に評価しこれに報いるという風土が醸成される。これらの行動とメッセージは、研修、会議、公式又は非公式の意見交換、監査事務所の運営上の基本理念、ニュースレター又は連絡文書などによって伝達されることがあるが、伝達の方法は様々である。これらの行動とメッセージは、社員等及び専門職員に対する評価手続に組み込まれることにより、監査業務の品質を重視することの重要性やその実現に関する監査事務所の方針を浸透させることにつながる。

A5．監査業務の品質を重視する風土を醸成する

際に、全ての監査業務において監査業務の品質が保持されなければならないという要求事項が監査事務所の運営方針において優先されるということを、監査事務所の最高経営責任者等が認識することが特に重要である。このような風土を醸成するためには、例えば、以下の事項を実施する。

(1) 監査業務の品質が優先されるという監査事務所の姿勢を反映した、専門要員の評価、報酬及び昇進（インセンティブ・システムを含む。）等の人事に関する方針及び手続を定めること。

(2) 営業や業績上の考慮事項が監査業務の品質に優先することがないように、各管理者の責任を定めること。

(3) 品質管理の方針及び手続の整備や文書化、並びにその支援を行うために十分な資源を用意すること。

(2) 品質管理のシステムの整備・運用に関する責任（第18項参照）

A6．品質管理のシステムに責任を有する者が、十分かつ適切な経験と能力を有していることによって、品質管理上の問題を識別して理解し、適切な方針及び手続を定めることができる。また、当該責任を有する者に必要な権限が付与されることにより、これらの方針及び手続を適用することができる。

(3) 不正リスクに関する品質管理の責任者（第F18－2項参照）

FA6－2．最高経営責任者等により任命された品質管理のシステムの整備及び運用に責任を有する者は、不正リスクに関する品質管理の責任者を兼ねることがある。

４．職業倫理及び独立性

職業倫理に関する規定の遵守（第19項参照）

A7．職業倫理に関する事項は、職業倫理に関する規定において規定されている。また倫理規則は、専門業務を実施するに際し、以下の基本原則の遵守を求めている。

(1) 誠実性の原則

(2) 公正性の原則

(3) 職業的専門家としての能力及び正当な注意の原則

(4) 守秘義務の原則

(5) 職業的専門家としての行動の原則

A8．倫理規則及び独立性に関する指針は、特定の状況においてどのように概念的な枠組みが適用されるかということを例示している。それは基本原則の遵守を阻害する要因とそれに対する適切なセーフガードを例示する一方で、阻害要因に対するいかなるセーフガードもない状況があることも示している。

A9．基本原則は、以下によって特に浸透が図られることになる。

(1) 監査事務所の最高経営責任者等が示す姿勢

(2) 教育及び研修

(3) 品質管理のシステムの監視

(4) 違反に対処するプロセス

「監査事務所」、「ネットワーク」及び「ネットワーク・ファーム」の定義（第19項から第24項参照）

A10．本報告書における「監査事務所」、「ネットワーク」及び「ネットワーク・ファーム」の定義は、職業倫理に関する規定において定められた用語又は定義と異なることがある。例えば、倫理規則及び独立性に関する指針では「監査事務所」の代わりに「会計事務所等」を使用しており、以下のように定義している。

(1) 会員が開業する事務所（公認会計士法以外の法律に基づく事務所を除く。）及び監査法人

(2) (1)を支配する事業体

(3) (1)が支配している事業体

また、独立性に関する指針には「ネットワーク」及び「ネットワーク・ファーム」に関する指針が記載されている。

第19項から第24項の要求事項を遵守するに当たっては、倫理規則及び独立性に関する指針において定められている定義を参照する。

独立性に関する確認書（第23項参照）

A11．独立性に関する確認書は、紙媒体又は電子的媒体によることができる。確認書の入手及び独立性の違反に対する適切な対応を取ることによって、監査事務所は、専門要員に対して独立性を保持することの重要性を伝えることができ、また専門要員は、独立性に関する理解をより深めることができる。

独立性を阻害する馴れ合い（第24項参照）

A12．独立性に関する指針には、監査業務の主要な担当者の長期間の関与によって生じる馴れ合いとそれに対するセーフガードに関する説明が含まれている。

A13．独立性を阻害する馴れ合いの程度を判断する規準には、例えば、以下の事項が含まれる。

・監査業務の目的や内容（社会的影響の程度を含む。）

・主要な担当者が同一の監査業務に従事する期間

また、セーフガードの例としては、主要な担当者のローテーションやより深度のある審査の実施が挙げられる。

A14．倫理規則及び独立性に関する指針には、財務諸表監査において独立性を阻害する馴れ合いを生じさせる可能性が記載されており、大会社等及びそれ以外の一定規模以上の事業体の監査業務の主要な担当社員等のローテーションに関する指針が記載されている。

5．契約の新規の締結及び更新

⑴　適性、能力及び人的資源（第25項⑴参照）

A15．監査事務所が契約を新規に締結し、その業務を実施するための適性、能力及び人的資源を有しているかどうかの検討には、その業務で特別に要求される事項、既存の社員等や専門職員の構成や特質及び以下の事項の検討も含まれる。

・専門要員が、関与先の属する産業等に関する知識を有しているかどうか。

・専門要員が、関連する規制等に関する経験を有しているかどうか又は必要な技能と知識を習得することができるかどうか。

・監査事務所に必要な適性及び能力を有する十分な専門要員が存在しているか。

・必要と認められる場合に専門家を利用できる状況にあるか。

・審査を実施するための適格性の要件を満たす者が存在しているか。

・監査事務所は、監査報告書の発行予定日までに業務を完了することができるか。

⑵　関与先の誠実性（第25項⑶参照）

A16．関与先の誠実性に関して、例えば、以下の事項を考慮する。

・主な株主、主要な経営者及び監査役等の氏名又は名称並びに事業上の評判

・関与先の事業や商慣行の特質

・会計基準の解釈などに対する関与先に重要な影響力のある株主、経営者及び監査役等の姿勢並びに統制環境に関する情報

・関与先が監査事務所に対する報酬を過度に低く抑えようとしているか否か。

・監査範囲の制約など業務の範囲に対する不適切な制限の兆候

・関与先が資金洗浄又は他の重要な違法行為に関与している兆候

・別の監査事務所を選任する理由及び前任の監査事務所と契約を更新しない理由

・関連当事者の氏名又は名称及び事業上の評判

関与先の誠実性に関する理解は、通常、契約の更新を重ねていく中で蓄積されていく。

A17．関与先の誠実性に関する情報は、例えば、以下の方法により入手することができる。

・関与先に対し職業的専門家としての会計及び監査関連業務を現在又は過去に提供している者等とのコミュニケーション

・監査事務所内の者、又は金融機関、法律専門家、関与先の同業他社等の第三者に対する質問

・監査事務所内外のデータベース等を利用した背景調査

不正リスクの考慮（第F26－2項参照）

FA17－2．監査契約の新規の締結及び更新の判

断における不正リスクの考慮には、関与先の誠実性に関する理解が含まれる。

また、監査契約の新規の締結及び更新に伴うリスク評価の妥当性を検討する監査チーム外の適切な者には、例えば、審査担当者などが該当する。

(3) 契約の更新（第26項(1)参照）

A18．契約を更新するか否かを決定する際には、監査事務所は、当年度又は過年度における業務の実施中に生じた重要な事項と、それらが契約の更新の判断に与える影響を考慮する。例えば、関与先は、監査事務所が必要な専門知識を有していない分野に既に事業を拡大しているかもしれない。

(4) 契約の継続又は解除（第27項参照）

A19．契約の継続又は解除に関する方針及び手続には、例えば、以下の事項が含まれる。

- 関連する事実と状況に基づいて監査事務所が講じ得る適切な対応に関して、関与先の経営者及び監査役等と協議すること。
- 契約を解除することが適切であると判断した場合、監査事務所はその旨と理由に関して、関与先の経営者及び監査役等と協議すること。
- 契約の解除に関して、職業的専門家としての基準又は適用される法令等を検討すること。
- 重要な事項、専門的な見解の問合せの内容、結論及びその結論に至った根拠を文書化すること。

６．専門要員の採用、教育・訓練、評価及び選任（第28項参照）

A20．人事に関する監査事務所の方針及び手続は、例えば、以下の事項が含まれる。

- 採用
- 適性及び能力（業務を実施するだけの時間の確保を含む）
- 実務経験を通じた能力開発
- 評価、報酬及び昇進
- 専門要員の必要数の予測

採用の手続を効果的に定めることにより、監査事務所の業務の遂行に必要な適性及び能力を有し、適切な資質をもった誠実な人材を採用することが可能となる。

A21．専門要員の適性は、以下の事項を含む様々な方法を通じて高められる。

- 職業的専門家としての研修
- 継続的な職業的専門家としての能力開発
- 実務経験
- 監査チームの他のメンバーなど、より経験を積んだ専門職員による指導
- 独立性に関する教育

A22．専門要員の適性の維持・向上は、専門要員の知識及び能力を維持し更新することを目的とした継続的な職業的専門家としての能力開発に相当程度左右される。人事に関する方針及び手続において、全ての専門要員が継続的な研修を受けることの必要性を強調し、必要な研修の機会を提供することによって、専門要員に必要とされる適性や能力を維持し開発することができる。

A23．監査事務所は、例えば、監査事務所内において適切な専門的研修を実施できない場合、監査事務所外の適格者を利用することもできる。

A24．評価、報酬及び昇進に関する手続は、専門要員が能力を高め維持することや職業倫理（独立性を含む。）を遵守することについて正当に評価し、十分にこれに報いることができるように行われる。

能力開発と維持及び職業倫理の遵守について監査事務所が講じることのできる事項には、以下のものがある。

(1) 業務の実施及び職業倫理（独立性を含む。）に関する監査事務所の定める方針及び手続を全ての専門要員に理解させること。

(2) 専門要員に対して業務の実施、能力の向上及び実務経験を通じた能力開発に関して、評価及び助言相談を実施すること。

(3) 昇進には、実施した業務の品質や職業倫理（独立性を含む。）の遵守状況が特に考慮されることや、監査事務所の方針及び手続を遵守

しなければ処分を受けることもあり得ることを専門要員に理解させること。

(1)　小規模な監査事務所に特有の考慮事項

A25．専門要員の評価に関する方針及び手続は、監査事務所の規模や状況に応じて異なる。小規模な監査事務所は専門要員の評価についてより簡便的な方法を採用することができる。

(2)　監査チームの選任

監査責任者（第29項参照）

A26．監査チームのメンバーの選任に関する方針及び手続には、監査責任者が責任を果たすために十分な時間を確保することができるように、監査責任者の業務量及び時間的余裕の程度を監視するシステムが含まれることがある。

監査チーム（第30項参照）

A27．監査チームのメンバーの選任と必要とされる監督の程度の決定には、例えば、監査チームのメンバーについて以下の事項を検討することが含まれる。

・業務の内容と複雑さの程度が類似した監査業務への従事や適切な訓練を通じて得られた、監査業務の理解の程度とこれまでの実務経験
・職業的専門家としての基準及び適用される法令等についての理解
・ITの知識を含む専門知識
・関与先が属する産業に関する知識
・職業的専門家としての判断能力
・監査事務所の定める品質管理に関する方針及び手続についての理解

7．業務の実施

(1)　業務の実施における品質の保持（第31項(1)参照）

A28．監査事務所は、方針及び手続を通じて業務の実施における品質の保持を図る。この業務の実施における品質は、書面又は電子的な形式のマニュアル、ソフトウェア・ツール又はその他の標準化された定型文書、及び関与先の事業や監査業務に特有の事項に関する資料等を利用することによって確保されることが多い。

これらには、例えば、以下の事項が含まれる。

・監査チームが自らの作業の目的を理解するために監査業務の概要を把握する方法
・職業的専門家としての基準及び適用される法令等を遵守するための手続
・監査業務の指示、監督及び査閲、並びに専門職員の研修や訓練（OJT）及び指導の方法
・実施した作業、その過程で行った重要な判断及び発行される監査報告書の様式の検討方法
・実施した作業に関する適切な監査調書の作成及び査閲の時期と範囲に関する適切な記録
・業務の実施に関する全ての方針及び手続を適宜更新し、マニュアル等に反映させる方法

A29．監査チームの経験の浅いメンバーが割り当てられた作業の目的を的確に理解するためには、チームワークを適切に図り、訓練を適切に実施することが有益である。

(2)　監督（第31項(2)参照）

A30．業務の監督には、例えば、以下の事項が含まれる。

・業務の進捗状況を把握すること。
・監査チームの個々のメンバーの適性、能力及び経験、個々のメンバーがそれぞれの作業を実施するのに十分な時間が確保されているかどうか、個々のメンバーが各自に与えられた指示を理解しているかどうか、並びに作業が監査計画に従って実施されているかどうかについて検討すること。
・監査の過程で発見された重要な会計及び監査上の問題となる可能性がある事項をより経験のある監査チーム内のメンバーに報告するように指示し、当該事項の重要性の程度を検討し、監査計画を適切に修正すること。
・専門的な見解の問合せが必要な事項又はより経験のある監査チームのメンバーが検討を必要とする事項を特定すること。

(3)　査閲（第31項(3)参照）

A31．監査調書の査閲を行う場合には、以下の事

項を考慮する。

・職業的専門家としての基準及び適用される法令等に従って作業を行っているかどうか。
・重要な事項を詳細に検討しているかどうか。
・専門的な見解の問合せを適切に実施しており、その結論を文書化し、かつ対処しているかどうか。
・監査手続の種類、時期及び範囲を変更する必要があるかどうか。
・到達した結論は、実施した作業によって裏付けられているか、またそれが適切に監査調書に記載されているかどうか。
・入手した監査証拠は、監査意見を裏付けるものとして十分かつ適切であるかどうか。
・監査手続の目的は達成されているかどうか。

(4) 専門的な見解の問合せ（第33項参照）

A32. 専門的な見解の問合せは、監査事務所内外の適切な専門知識及び経験等を有する者との討議などを通じて行われることがある。

A33. 専門的な見解の問合せでは、監査事務所の専門的な調査部門などにおいて蓄積された経験及び専門知識が活用される。専門的な見解の問合せは、業務の品質と職業的専門家としての判断の質を向上させることに寄与する。また、監査事務所の方針及び手続において専門的な見解の問合せが規定されていることを適切に周知することによって、専門性が高く、判断に困難が伴う事項や見解が定まっていない事項について、専門的な見解の問合せを実施することが効果的であると認識するような風土を醸成し、専門要員に専門的な見解の問合せの実施を促すことになる。

A34. 専門的な事項、職業倫理に関する事項などについて、監査事務所内外の者に専門的な見解の問合せを実施する場合、適切な知識や経験を有している助言者に十分に関連する事実を提供し、また、得られた結論を適切に監査調書に記載し、対処することによって専門的な見解の問合せを効果的に行うことができる。

A35. 専門的な見解の問合せは、以下の事項を理解することができるように、監査調書に十分かつ詳細に記載する。

・専門的な見解の問合せを行った事項の内容
・専門的な見解の問合せの結果、当該事項に関して行った判断とその根拠、得られた結論及びその対処

不正による重要な虚偽表示を示唆する状況が識別された場合、又は不正による重要な虚偽表示の疑義があると判断した場合の専門的な見解の問合せ（第 F33－2 項参照）

FA35－2. 監査事務所内外の適切な者は、監査事務所の規模や状況により異なるが、例えば、監査事務所の専門的な調査部門や法律専門家等が含まれる。

小規模な監査事務所に特有の考慮事項

A36. 監査事務所内に適切な人材を有さない監査事務所など、監査事務所外に専門的な見解の問合せを行う必要がある監査事務所は、他の監査事務所等による助言業務を利用することがある。

監査事務所が外部の助言者の適格性を判断するに当たっては、助言業務の契約の締結前に助言者の適性及び能力を検討することが有用である。

(5) 審　査

大会社等以外の審査（第34項及び第34－2項参照）

A37. 大会社等以外の審査では、業務の品質が合理的に確保される範囲において、以下の事項を考慮して審査の方法、内容、時期及び範囲を簡素化又は柔軟に実施することができる。

・監査業務の目的や内容（社会的影響の程度を含む。）
・個々の監査業務において識別した通例でない環境又はリスクの重要性

審査の内容、時期及び範囲（第35項及び第36項参照）

A38. 監査報告書日は、監査責任者及び監査チームが財務諸表に対する意見表明の基礎となる十分かつ適切な監査証拠を入手するとともに、関連する審査を完了した日以降とすることが求められている。しかし、審査の文書化は、監査調書の整理期間を考慮して当該監査報告書日の後

に整理することができる。

A39．監査の適切な段階で適時に審査を実施することによって、審査担当者は重要な事項を監査報告書日又はそれ以前に速やかに協議し同意することが可能となる。

A40．審査の範囲は、とりわけ、監査業務の複雑性、大会社等であるかどうかや不適切な監査報告書が発行されるリスクを考慮して決定される。なお、審査は、監査責任者の責任を軽減するものではない。

不正による重要な虚偽表示を示唆する状況を識別した場合の審査（第36項(1)及び(3)参照）

FA40－2．審査担当者が審査において評価する重要な事項や監査チームが行った重要な判断には、不正による重要な虚偽表示を示唆する状況を識別した場合、不正による重要な虚偽表示の疑義があるかどうかの判断が含まれる。

大会社等の審査（第37項参照）

A41．大会社等の監査の審査において、第37項に記載されている事項に加えて、監査チームが行った重要な判断として検討され評価される事項には、以下の事項が含まれることがある。

・監査の基本的な方針と詳細な監査計画の内容（監査期間中に行われた重要な修正を含む。）
・監査の実施中に識別された特別な検討を必要とするリスクとそのリスクに対する対応
・監査上の判断、特に重要性及び特別な検討を必要とするリスクに関して行った判断
・監査の実施中に識別した修正された又は未修正の虚偽表示に関する重要性の判断とその対処
・経営者及び監査役等、該当する場合、規制当局などの第三者に伝達する事項

これらの事項は、状況に応じて、大会社等以外の財務諸表監査、並びに中間監査、四半期レビュー及び内部統制監査の審査にも適用されることがある。

なお、四半期レビュー業務の品質が合理的に確保される範囲において、四半期レビュー業務に係る審査の方法、内容等を柔軟に定めることができる。

不正による重要な虚偽表示の疑義があると判断された場合の審査（第F37－2項参照）

FA41－2．不正による重要な虚偽表示の疑義があると判断された場合、審査において検討され評価される事項には、例えば、以下の事項が含まれる。

・修正後の監査の基本的な方針と詳細な監査計画の内容
・監査上の判断、特に重要性及び重要な虚偽表示の発生可能性に関して行った判断
・リスク対応手続の種類、時期及び範囲
・入手した監査証拠が十分かつ適切かどうか。
・専門的な見解の問合せの要否及びその結論
・不正による重要な虚偽表示の疑義に関する監査調書には、実施した手続とその結論が適切に記載されているかどうか。

(6)　審査担当者の適格性

十分かつ適切な専門知識、経験及び職位等の資格（第38項(1)参照）

A42．審査担当者に求められる十分かつ適切な知識、経験、能力、職位等の資格は、個々の業務の状況によって異なる。例えば、大会社等の審査担当者は、大会社等の監査業務の監査責任者になることができる程度の十分かつ適切な経験や職位等の資格を有している社員等が想定される。

不正による重要な虚偽表示の疑義がある場合の審査担当者（第F38－2項参照）

FA42－2．不正による重要な虚偽表示の疑義の内容及び程度に応じて、必要な場合には、追加で審査担当者を選任することもあれば、適格者で構成される会議体により審査を実施することもある。

審査担当者への専門的な見解の問合せ（第38項(2)参照）

A43．監査責任者は、例えば、自らが行った判断を審査担当者が同意するかどうかを確かめるため、業務の実施中に、審査担当者に専門的な見解の問合せを行うことができる。審査担当者に対する専門的な見解の問合せは、業務が進行し

た段階で判断の相違が生じることを回避するものであり、必ずしも審査担当者の客観性を阻害する要因となるものではない。しかし、審査担当者に対する専門的な見解の問合せの内容と範囲が重要な場合には、監査チーム及び審査担当者の双方が審査担当者の客観性を維持できるよう配慮しない限り、客観性を損ねるおそれがある。審査担当者の客観性を維持することが困難な場合には、監査事務所内の別の者又は監査事務所外の適格者を、審査担当者かその業務の専門的な見解の問合せの助言者のいずれかの職務を行うために選任することがある。

審査担当者の客観性（第39項参照）

A44．監査事務所は、審査担当者の客観性が維持されるように審査に関する方針及び手続を定めることが要求される。このため、この方針及び手続には審査担当者に関して、以下の事項を規定する。

・実務的に不可能な場合を除いて、監査責任者が審査担当者を指名しないこと。
・審査担当期間においてその業務に従事しないこと。
・監査チームに代わって意思決定を行わないこと。
・審査担当者の客観性を阻害するような他の要因を有しないこと。

小規模な監査事務所に特有の考慮事項

A45．個人事務所などの小規模な監査事務所では、審査担当者の選任に監査責任者が関与しないことが実務的に不可能な場合がある。このような場合には、監査事務所外の適格者又は他の監査事務所を審査担当者として利用することがある。この場合には、第38項から第40項の要求事項及びA42項からA43項の適用指針が適用される。

なお、審査を実施するために委託審査制度を利用する場合、「監査意見表明のための委託審査要領」(日本公認会計士協会) 等が参考になる。

合議制による審査の考慮事項（第34項から第41項参照）

A46．特定の監査業務に関して審査担当者を選任しない場合、会議体による審査（以下「合議制による審査」という。）を実施することができる。こうした場合には、審査に関する方針及び手続は、第34項から第41項の記載に基づき適切に定める必要があるが、特に以下の事項に留意する。

(1) 会議体の構成員は、審査担当者として必要とされる知識、経験、能力、職位等を有する者から選任される。
(2) 合議制による審査は、監査計画の策定から監査意見の形成まで一貫してかつ適時に実施する。なお、構成員が従事している監査業務に係る審査においては、当該構成員は案件の説明のみを行い審査に加わらない。
(3) 合議制による審査の内容及び結論を、監査調書として適切に文書化する。

審査を実施しない監査業務（第41－2項参照）

A46－2．審査を実施しない監査業務に関して、監査意見が適切に形成されていることを確認できる方法には、監査責任者が意見表明前に実施し、文書化した自己点検が含まれる。

(7) 監査上の判断の相違（第42項参照）

A47．実効性のある監査上の判断の相違に関する手続を定めることによって、監査上の判断の相違が早い段階で識別されるようになるとともに、それを解決するための手順に関する指針が明確に示される。また、この手続において、得られた結論とその対処を文書化することが求められる。

A48．監査上の判断の相違を解決するための手続には、他の監査事務所等に専門的な見解の問合せを実施することを含めることができる。

(8) 監査調書

監査ファイルの最終的な整理の完了（第44項参照）

A49．第44項の要求事項には、監査事務所の方針及び手続において監査ファイルの最終的な整理を完了する期限を設定することが含まれている。例えば、監査の場合には、通常、その期限は監査報告書日から60日程度を超えないものとする。

A50．同一の事業年度の財務情報に対して異なる複数の監査報告書が発行される場合、監査ファイルの最終的な整理期限に関する方針及び手続では、原則として、それらの監査報告書を別々の業務として取り扱う。ただし、金融商品取引法に基づく監査と会社法に基づく監査を同時に行っている場合や、連結財務諸表に関する監査と個別財務諸表に関する監査を行っている場合は、それぞれの作業の関連性を考慮して、監査調書を一つの監査ファイルに整理することができる。また、このような場合には、発行される複数の監査報告書のうち、いずれか遅い監査報告書日から60日程度を超えない期限内に監査ファイルの整理を完了することができる。

なお、中間監査又は四半期レビューに関する調書のファイルは、年度監査の監査ファイルとは別のファイルにして整理することに留意する。（監査基準委員会報告書910「中間監査」及び監査・保証実務委員会報告第83号「四半期レビューに関する実務指針」を参照）

監査調書の管理（第45項参照）

A51. 職業倫理に関する規定は、情報の開示について関与先からの特段の許諾がある場合又は法令や職業倫理に関する規定に基づき守秘義務が解除されている場合を除き、監査調書に記載されている機密情報について常に守秘義務を遵守することを専門要員及びその他の職員に求めている。また、個人情報保護法など、法令等が特に個人情報の機密性を保持する義務を課していることがある。（倫理規則第６条参照）

A52. 監査調書は、紙、電子媒体又はその他の媒体であるかにかかわらず、監査事務所の方針及び手続に従わない追加、変更や削除により、又は媒体の消失や破損により、監査調書に記載された情報の完全性、アクセス可能性及び検索可能性が阻害されることがある。手続に従わない監査調書の変更や消失等を防止するため、監査事務所が整備・運用する管理手続には、以下の事項が含まれることがある。

(1) 監査調書の作成、変更又は査閲の履歴を明確にすること。

(2) 監査計画や監査の実施などの各段階において情報を保全すること。（特に、監査チーム内で重要な情報が共有されている場合、又は外部とインターネット経由でやりとりしている場合）

(3) 監査事務所の方針及び手続に従わない監査調書の変更等を防止すること。

(4) 監査チームやその他の正当な権限を有する者に対し、業務上の必要に応じた監査調書へのアクセス権を付与すること。

A53. 監査調書に関し、機密性、保管の安全性、情報の完全性、アクセス可能性及び検索可能性を確保するため、監査事務所が整備・運用する管理手続には、以下の事項が含まれることがある。

・電子的な監査調書のアクセスを正当な権限を有する者に制限するための、監査チームのメンバー間で使用するパスワードの設定

・監査期間中の適切な段階での電子的な監査調書のバックアップ

・監査開始時に監査チームのメンバーへ監査調書に含まれる必要な情報を提供し、監査実施中に監査調書を管理し、監査終了時に監査調書をファイルに取りまとめるための手続

・紙媒体の監査調書に対するアクセス管理、配付及び保管を適切に行うための手続

A54. 紙で作成した監査調書を電子的な監査ファイルに含めるために、スキャナーを使用して電子データ化することがある。その場合、監査調書に関し、機密性、保管の安全性、情報の完全性、アクセス可能性及び検索可能性を確保するため、監査事務所が適用する手続には、以下の事項を規定して監査チームに遵守することを求めることがある。

(1) 原本の監査調書に記載されていた手書きのサイン、クロス・リファレンス、注意書きなどを含めて、全ての事項が反映された電子データ化された監査調書を作成すること。

(2) 必要に応じて、電子データ化された監査調書に調書番号を付したり、電子的なサインを行うなど、電子データ化された監査調書を電子的な監査ファイルに統合すること。

(3) 必要に応じて、電子データ化された監査調

書の検索や印刷を可能にすること。

なお、法令等の規定やその他の要因により、監査事務所が電子データ化された監査調書の原本を保存することもある。

監査調書の保存（第46項参照）

A55．監査事務所が監査調書を保存する必要性やその期間は、例えば、ある監査調書が次期以降も継続して重要となる事項の記録として使用されるかなど、業務の内容や監査事務所の状況に応じて異なる。監査調書の保存期間は、法令等が特定の業務について保存期間を定めているかどうか、又は法令等の規定がない場合に一般に認められた保存期間が存在するかどうかなどの要因にも影響を受ける。

A56．監査調書の保存期間としては会社法上の会計帳簿に関する保存期間（10年）が参考となるが、状況によっては、この保存期間よりも短い保存期間が適当であるとすることもある。また、監査事務所等の責任について係争中であるような場合にはこれよりも長い保存期間が適当であるとすることもある。

A57．監査事務所が適用する監査調書の保存に関する手続には、保存期間において第46項の要求事項が満たされるように、例えば、以下の事項を含める。

・特に、電子的な監査調書は常に使用される技術の進歩や変更が行われるため、保存期間中の検索やアクセスを可能にすること。

・必要と認められる場合には、監査ファイルの最終的な整理の完了後における監査調書の修正又は追加の記録を行うこと。

・品質管理レビューなどの目的で、監査事務所外の正当な権限を有する者が監査調書を閲覧できるようにすること。

監査調書の所有権

A58．監査調書は、監査事務所の所有に属する。

8．品質管理のシステムの監視

(1) 監査事務所の品質管理に関する方針及び手続の監視（第47項参照）

A59．品質管理の方針及び手続の遵守に関して品質管理のシステムの監視を行う目的は、以下の評価を行うことにある。

(1) 職業的専門家としての基準及び適用される法令等が遵守されているかどうか。

(2) 品質管理のシステムが適切に整備され有効に運用されているかどうか。

(3) 品質管理の方針及び手続が適切に遵守されており、発行する監査報告書が状況に応じて適切であるかどうか。

A60．品質管理のシステムの日常的監視及び評価には、例えば、以下の事項が含まれる。

・以下の事項の検討

—新たに公表された職業的専門家としての基準及び適用される法令等と監査事務所が定める品質管理の方針及び手続への反映の状況

—独立性の保持のための方針及び手続の遵守についての確認書

—訓練を含む継続的な職業的専門家としての能力開発

—監査契約の新規の締結及び更新

・実施すべき是正措置と品質管理のシステムの改善の決定（教育・訓練に関する方針及び手続への反映を含む。）

・品質管理のシステムの理解又は遵守の程度について発見された不備に関する監査事務所内の適切な専門要員への伝達

・品質管理の方針及び手続に必要な修正を速やかに行うための監査事務所内の適切な専門要員によるフォローアップ

A61．監査業務の定期的な検証のサイクルに関する方針及び手続は、例えば、3年間を期間として指定することがある。

個別の監査業務の選定時期を含む定期的な検証のサイクルの計画は、例えば、以下のような多くの要因によって影響を受ける。

・監査事務所の規模

・監査事務所の拠点の数と所在地

・過去における品質管理のシステムの監視の実施結果

・専門要員や拠点が有する権限の範囲（例えば、

個々の拠点に監査業務の定期的な検証を実施する権限が与えられているか、又は監査事務所の本部だけがこれを実施する権限を有するか。）

・監査業務と監査事務所の組織の特質又は複雑性

・監査事務所の関与先や特定の監査業務に関連するリスク

A62．監査業務の定期的な検証のプロセスには、個別の監査業務の選定を含むが、一部の監査業務については、監査チームへの事前の通知を行わずに選定することがある。

監査業務の定期的な検証の範囲の決定において、監査事務所は、外部の検証プログラム（例えば､日本公認会計士協会の品質管理レビュー）の範囲又は結論を考慮することがある。しかし、外部の検証プログラムをそのまま監査事務所が実施すべき品質管理のシステムの監視の代わりとして用いることはできない。

小規模な監査事務所に特有の考慮事項

A63．小規模な監査事務所では、品質管理のシステムの監視の手続を、監査事務所の品質管理の方針及び手続の整備と運用に関する責任者、又は審査担当者が実施することがある。限られた人数で構成される監査事務所は、監査業務の定期的な検証やその他の監視の手続を実施するために、監査事務所外の適格者や他の監査事務所を利用することができる。さらに、監査事務所は、監視活動を行うために、他の監査事務所等との間で人材等の資源の利用に関する取決めを行うことがある。

⑵　不備の伝達（第49項参照）

A64．関連する監査責任者以外の者に対して識別された不備の伝達を実施する場合には、具体的な監査業務を特定できるような事項を含める必要はない。ただし、関連する監査責任者以外の者が適切にその責任を果たしていたことを明確にする上で必要と認められる場合にはこの限りではない。

⑶　不服と疑義の申立て

不服と疑義の申立ての情報源（第54項参照）

A65．不服と疑義の申立て（明らかに些細なものを除く。）は、監査事務所の内外で行われる可能性がある。監査事務所内の専門要員のほか、関与先又はその他の第三者が不服と疑義の申立てを行う場合がある。また、監査チームのメンバーや監査事務所の他の専門要員が、不服と疑義の申立てを受けることもある。

調査の方針及び手続（第55項参照）

A66．不服と疑義の申立ての調査に関する方針及び手続には、その調査を監督する社員等が、例えば、以下の要件を満たすことを含めることがある。

・十分かつ適切な経験を有している。

・監査事務所内において権限を有している。

・調査の対象となった監査業務に関与していない。

また、その調査を監督する社員等は必要に応じて法律専門家を関与させることがある。

小規模な監査事務所に特有の考慮事項

A67．社員等が少数である監査事務所の場合、関連する業務に関与していない者を、調査を監督する社員等として指名することが実務上困難な場合がある。このような小規模な監査事務所は、不服と疑義の申立ての調査を実施するために、監査事務所外の適格者又は他の監査事務所を利用することがある。

9．品質管理のシステムの文書化（第56項参照）

A68．品質管理のシステムのそれぞれの構成要素の整備及び運用状況を裏付ける文書化の様式及び内容は判断に係る事項であり、以下の事項を含む様々な要因によって影響を受ける。

・監査事務所の規模や拠点の数

・監査事務所の組織の特質や複雑性

例えば、大規模な監査事務所は、独立性の保持のための方針及び手続の遵守に関する確認、専門要員の評価及び実施した監査業務の定期的な検証の結果等を文書化するために、データベースを利用することがある。

A69．品質管理のシステムの監視に関する適切な文書化には、例えば、以下の事項が含まれる。

・監査業務の定期的な検証の対象となる監査業務の選定を含む品質管理のシステムの監視の手続

・以下の事項に関する評価の記録

―職業的専門家としての基準及び適用される法令等に準拠しているかどうか。

―品質管理のシステムが適切に整備され、有効に運用されているかどうか。

―監査事務所又は監査責任者が状況に応じて適切な監査報告書を発行することができるように、監査事務所の品質管理に関する方針及び手続が適切に運用されているかどうか。

・識別された不備の内容、その影響の評価結果、及び追加的な対応策の必要性やその根拠

小規模な監査事務所に特有の考慮事項

A70．小規模な監査事務所は、品質管理のシステムの文書化において、手書きの記録やチェックリスト等の簡略的な手法によることがある。

10．監査事務所間の引継（第59項参照）

A71．監査事務所は、監査人の交代に関する監査業務の引継についての方針及び手続を定める場合、５．契約の新規の締結及び更新の項の記載に留意するとともに、監査基準委員会報告書900「監査人の交代」を参照する。

A72．後任の監査事務所は、監査業務の引継を行う時点で、監査責任者がまだ決まっていない場合には、その引継を実施する責任者を選任する。

11．共同監査（第61項参照）

A73．共同監査に関する方針及び手続には、例えば、以下の事項が含まれる。

⑴　共同監査契約の新規の締結及び更新の承認手続

⑵　各々の監査事務所相互間の監査業務の分担方法

⑶　監査調書の相互査閲及び監査業務内容の評価の方法

⑷　監査業務に係る審査に関する事項

⑸　各々の監査事務所相互間で取り交わすべき書類

⑹　他の監査事務所の品質管理のシステムに関して確認した内容及び結論の記録及び保存

Ⅳ　適　用

・本報告書（2011年12月22日）は、2012年４月１日以後開始する事業年度に係る監査及び同日以後開始する中間会計期間に係る中間監査から適用する。

・本報告書（2013年６月17日）は、2014年３月31日以後終了する事業年度に係る監査から適用する。なお、不正リスク対応基準に基づく指針（項番号の冒頭に「Ｆ」が付されているもの）及び第60－２項については、2013年10月１日から適用する。

・本報告書（2014年４月４日）は、2015年４月１日以後に開始する事業年度又は会計期間に係る監査から適用する。ただし、監査基準委員会報告書800「特別目的の財務報告の枠組みに準拠して作成された財務諸表に対する監査」又は監査基準委員会報告書805「個別の財務表又は財務諸表項目等に対する監査」に基づいて2014年４月１日以後に監査報告書を発行する監査の場合には本報告書を適用する。

・本報告書（2015年５月29日）は、2015年４月１日以後開始する事業年度に係る監査及び同日以後開始する中間会計期間に係る中間監査から適用する。

・本報告書（2019年２月27日）は、2019年４月１日以後開始する事業年度に係る監査及び同日以後開始する中間会計期間に係る中間監査から適用する。

以　上

●監査基準委員会報告書

監査基準委員会報告書(序)

監査基準委員会報告書の体系及び用語

平成23年12月22日
改正平成25年６月17日
改正平成26年４月４日
改正平成27年５月29日
最終改正平成28年１月26日
日本公認会計士協会
監査基準委員会
(報告書：第72号)

１．本報告書の目的

１．本報告書は、監査基準委員会報告書の体系及び用語法について明確にすることにより、監査基準委員会報告書の全体的な理解に資することを目的としている。

２．監査基準委員会報告書を含む監査実務指針の位置付け

２．我が国において一般に公正妥当と認められる監査の基準に関しては、平成22年に改訂された監査基準の「前文二１」において、「我が国の監査の基準の体系としては、平成３年の監査基準の改訂において、監査基準では原則的な規定を定め、監査基準を具体化した実務的・詳細な規定は日本公認会計士協会の指針（監査実務指針）に委ね、両者により我が国における一般に公正妥当と認められる監査の基準とすることが適当」と示されている。

ここで示されている「監査実務指針」は、監査及び監査に関する品質管理に関して、日本公認会計士協会に設置されている各委員会が報告書又は実務指針の名称で公表するものが該当し、我が国における一般に公正妥当と認められる監査の基準の一部を構成している。監査基準委員会報告書は、企業会計審議会が公表する監査基準（法令により準拠が求められている場合は、監査における不正リスク対応基準を含む。）を実務に適用するために具体的･詳細に規定したものであり､監査実務指針の中核となるものである。

３．監査実務指針を実務に適用するに当たっては、日本公認会計士協会が公表する監査に関する研究報告や研究資料、及び一般的に認められている監査実務慣行が参考になることがある。これらは、監査実務指針の適用上の留意点や具体的な適用の方法を例示し、実務上の参考として示すものであることから、監査実務指針を構成するものではない。

３．監査基準委員会報告書の体系

４．監査基準委員会報告書には公表順に付す番号の他に、監査基準委員会報告書の基になった国際監査基準(ISA)との関連性を明確にするため、ISA の体系に沿った以下の報告書番号(付録１)を付している。相当する ISA がない我が国独自の監査基準委員会報告書は、900番台としている。

200-299	監査全般にわたる基本的事項と責任
300-499	リスク評価及び評価したリスクへの対応
500-599	監査証拠

600-699	他者の作業の利用
700-799	監査の結論及び報告
800-899	特殊な監査業務
900-999	その他の考慮事項

4．監査基準委員会報告書における参照方式

5．監査基準委員会報告書間における相互参照には、第4項の報告書番号を用いる。参照する監査基準委員会報告書の表題は、各報告書で最初に参照する場合にのみ示している。また、相互参照に略称を用いる場合があるが、それぞれ以下を指している。

品基報	品質管理基準委員会報告書
監基報	監査基準委員会報告書
監基研	監査基準委員会研究報告
監保報	監査・保証実務委員会報告
監保実	監査・保証実務委員会実務指針
監保研	監査・保証実務委員会研究報告
保証実	保証業務実務指針

5．監査業務に関連する用語

6．品質管理基準委員会報告書、監査基準委員会報告書及び関連する監査実務指針並びに保証業務実務指針の「定義」に含まれる用語に、その他、監査の基本的な用語や使用頻度が高く報告書の理解を促進するために必要と考えられる用語を追加して、用語集を示している。用語集には、ISA で用いられている英文表記を含めて作成している。(付録2参照)

用語集の利用にあたっては、備考欄に記載している品質管理基準委員会報告書及び監査基準委員会報告書等の本文を参照の上、理解されなければならない。

6．不正リスク対応基準に関連する指針

7．監査基準委員会報告書の一部には、監査における不正リスク対応基準（以下「不正リスク対応基準」という。）に準拠して監査を実施する際に遵守が求められる要求事項と関連する適用指針（項番号の冒頭に（F）が付されている。）が含まれている。(付録3参照)

以　上

付録１：監査基準委員会報告書の体系

報告書番号	監査基準委員会報告書	（参考）関連する監査の実務指針（注）
序	監査基準委員会報告書の体系及び用語	
200-299	監査全般にわたる基本的事項と責任	
200	財務諸表監査における総括的な目的	
210	監査業務の契約条件の合意	
220	監査業務における品質管理	品質管理基準委員会報告書第１号「監査事務所における品質管理」
230	監査調書	
240	財務諸表監査における不正	
250	財務諸表監査における法令の検討	
260	監査役等とのコミュニケーション	
265	内部統制の不備に関するコミュニケーション	
300-499	リスク評価及び評価したリスクへの対応	
300	監査計画	
315	企業及び企業環境の理解を通じた重要な虚偽表示リスクの識別と評価	IT 委員会実務指針第６号「IT を利用した情報システムに関する重要な虚偽表示リスクの識別と評価及び評価したリスクに対応する監査人の手続について」
320	監査の計画及び実施における重要性	
330	評価したリスクに対応する監査人の手続	
402	業務を委託している企業の監査上の考慮事項	監査・保証実務委員会実務指針第86号「受託業務に係る内部統制の保証報告書」
450	監査の過程で識別した虚偽表示の評価	
500-599	監査証拠	
500	監査証拠	
501	特定項目の監査証拠	監査委員会報告第73号「訴訟事件等に係わるリスク管理体制の評価及び弁護士確認に関する実務指針」
505	確認	
510	初年度監査の期首残高	
520	分析的手続	
530	監査サンプリング	
540	会計上の見積りの監査	
550	関連当事者	
560	後発事象	監査・保証実務委員会報告第76号「後発事象に関する監査上の取扱い」
570	継続企業	監査・保証実務委員会報告第74号「継続企業の前提に関する開示について」

報告書番号	監査基準委員会報告書	（参考）関連する監査の実務指針（注）
580	経営者確認書	
600-699　他者の作業の利用		
600	グループ監査	
610	内部監査の利用	
620	専門家の業務の利用	
700-799　監査の結論及び報告		
700	財務諸表に対する意見の形成と監査報告	監査・保証実務委員会実務指針第85号「監査報告書の文例」
705	独立監査人の監査報告書における除外事項付意見	
706	独立監査人の監査報告書における強調事項区分とその他の事項区分	
710	過年度の比較情報－対応数値と比較財務諸表	
720	監査した財務諸表が含まれる開示書類におけるその他の記載内容に関連する監査人の責任	
800-899　特殊な監査業務		
800	特別目的の財務報告の枠組みに準拠して作成された財務諸表に対する監査	
805	個別の財務表又は財務諸表項目等に対する監査	
810	要約財務諸表に関する報告業務	
900-999　その他の考慮事項		
900	監査人の交代	
910	中間監査	監査・保証実務委員会実務指針第85号「監査報告書の文例」

（注）　関連する監査の実務指針の欄には、業種・業界・分野を問わず監査の基本となる報告又は実務指針のみを記載している。特定の業種・業界に係る監査実務指針については、日本公認会計士協会の各委員会等が公表している報告書、実務指針を参照のこと。

付録２：用語集

―索引―

あ　1　IT 環境
2　アクセス･コントロール
3　アサーション　＊
4　アサーション・レベルの重要な虚偽表示リスク
5　アプリケーション
い　6　委託会社　＊
7　委託会社監査人　＊
8　委託会社の相補的な内部統制　＊
9　一般目的の財務諸表　＊
10　一般目的の財務報告の枠組み　＊
11　違法行為　＊
う　12　ウォークスルー
13　運用評価手続　＊
え　14　閲覧（記録や文書の閲覧）
か　15　会計記録　＊
16　会計事務所等
17　会計上の見積り　＊
18　会計上の見積りの確定額　＊
19　階層化　＊
20　確定した虚偽表示
21　確認　＊
22　確認差異　＊
23　過去財務情報　＊

24 監査業務チーム
25 監査業務の定期的な検証 ＊
26 監査計画 ＊
27 監査契約に係る予備的な活動
28 監査サンプリング（又はサンプリング） ＊
29 監査実施者
30 監査実施の基礎となる経営者の責任に関する前提 ＊
31 監査事務所 ＊
32 監査事務所外の適格者 ＊
33 監査証拠 ＊
34 監査証拠の十分性 ＊
35 監査証拠の適切性 ＊
36 監査上の重要性
37 監査済財務諸表 ＊
38 監査責任者 ＊
39 監査チーム ＊
40 監査調書 ＊
41 観察
42 監査手続
43 監査人 ＊
44 監査人の見積額又は見積りの許容範囲 ＊
45 監査人の利用する専門家 ＊
46 監査人予定者 ＊
47 監査の基本的な方針
48 監査の固有の限界
49 監査の前提条件 ＊
50 監査ファイル ＊
51 監査報告書日 ＊
52 監査要点
53 監査リスク ＊
54 監視活動
55 関連業務
56 関連当事者 ＊
き 57 企業統治
58 企業のリスク評価プロセス
59 期首残高 ＊
60 規準
61 期中財務諸表
62 期末日 ＊
63 強調事項区分 ＊
64 業務執行責任者
65 業務実施者
66 業務処理統制
67 業務チーム
68 業務ファイル
69 虚偽表示 ＊
70 許容逸脱率 ＊
71 許容虚偽表示額 ＊
く 72 グループ ＊
73 グループ監査 ＊
74 グループ監査責任者 ＊
75 グループ監査チーム ＊
76 グループ経営者 ＊
77 グループ財務諸表 ＊
78 グループ財務諸表の監査意見 ＊
79 グループ全体統制 ＊
け 80 経営者 ＊
81 経営者確認書 ＊
82 経営者の偏向 ＊
83 経営者の見積額 ＊
84 経営者の利用する専門家 ＊
85 経験豊富な監査人 ＊
86 継続企業の前提
87 限定意見
88 限定付結論
89 限定的保証業務
こ 90 合意された手続業務
91 構成単位 ＊
92 構成単位の監査人 ＊
93 構成単位の経営者 ＊
94 構成単位の重要性の基準値 ＊
95 後発事象 ＊
96 広範 ＊
97 合理的な保証 ＊
98 合理的保証業務
99 国際会計基準
100 誤謬
101 固有リスク ＊
102 コンピュータ利用監査技法
さ 103 再計算
104 再実施
105 再受託会社 ＊
106 財務情報への監査人の関与
107 財務諸表 ＊
108 財務諸表項目等 ＊
109 財務諸表全体レベルの重要な虚偽表示リスク
110 財務諸表の構成要素
111 財務諸表の承認日 ＊
112 財務諸表の発行日 ＊
113 財務表 ＊
114 財務報告に関連する情報システム
115 サンプリング ＊
116 サンプリング単位 ＊
117 サンプリングリスク ＊
し 118 事業上のリスク ＊
119 事後判明事実 ＊
120 試査
121 資産の流用
122 事実の虚偽記載 ＊
123 実査
124 実証手続 ＊
125 質問
126 社員等 ＊
127 重要性の基準値 ＊
128 重要な虚偽表示リスク ＊
129 重要な構成単位 ＊
130 重要な不備 ＊
131 主題情報
132 主題に責任を負う者
133 受託会社 ＊
134 受託会社確認書 ＊
135 受託会社監査人 ＊
136 受託会社のシステム ＊
137 受託会社のシステムに関する記述書及び内部統制のデザインに関する報告書（「タイプ1の報告書」） ＊
138 受託会社のシステムに関する記述書並びに内部統制のデザイン及び運用状況に関する報告書（「タイプ2の報告書」） ＊
139 準拠性の枠組み ＊
140 小規模企業

141 消極的確認 ＊
142 詳細テスト ＊
143 詳細な監査計画
144 情報システム
145 除外事項
146 除外事項付意見 ＊
147 除外事項付結論
148 職業的専門家としての懐疑心 ＊
149 職業的専門家としての基準及び適用される法令等 ＊
150 職業的専門家としての判断 ＊
151 職業倫理に関する規定 ＊
152 初年度監査 ＊
153 初年度レビュー業務
154 審査 ＊
155 審査担当者 ＊
す 156 推定による虚偽表示
せ 157 精査
158 積極的確認 ＊
159 前任監査人 ＊
160 前任者
161 前任の業務実施者
162 全般的な対応
163 全般統制
164 専門家 ＊
165 専門業務
166 専門職員 ＊
167 専門知識 ＊
168 専門要員 ＊
そ 169 相違 ＊
170 想定利用者
171 その他の記載内容 ＊
172 その他の事項区分 ＊
た 173 対応数値 ＊
174 大会社等
ち 175 中間監査リスク ＊
176 調書
177 調製業務
つ 178 追記情報
て 179 適正表示の枠組み
180 適切な規準
181 適用される財務報告の枠組み ＊
182 適用される要約の規準 ＊
183 手続実施上の重要性 ＊
と 184 統計的サンプリング ＊
185 統制活動
186 統制環境
187 統制目的
188 統制リスク ＊
189 統治 ＊
190 統治責任者 ＊
191 特定項目抽出による試査
192 特定の取引種類、勘定残高又は開示等に対する重要性の基準値 ＊
193 特別な検討を必要とするリスク ＊
194 特別目的の財務諸表 ＊
195 特別目的の財務報告の枠組み ＊
196 独立性
197 独立第三者間取引 ＊
な 198 内部監査機能 ＊
199 内部監査人 ＊
200 内部統制 ＊
201 内部統制の構成要素
202 内部統制の不備 ＊
203 内部統制の理解
に 204 二重責任の原則
ね 205 ネットワーク ＊
206 ネットワーク・ファーム ＊
207 年次報告書
の 208 ノンサンプリングリスク ＊
は 209 発見リスク ＊
210 判断による虚偽表示
ひ 211 比較財務諸表 ＊
212 比較情報 ＊
213 否定的意見
214 否定的結論
215 品質管理のシステム ＊
216 品質管理のシステムの監視 ＊
ふ 217 不確実性
218 不正 ＊
219 不正な財務報告
220 不正による重要な虚偽表示の疑義 ＊
221 不正による重要な虚偽表示の兆候を示す状況 ＊
222 不正による重要な虚偽表示を示唆する状況 ＊
223 不正リスク ＊
224 不正リスク要因 ＊
225 不適正意見
226 分析的手続 ＊
ほ 227 母集団 ＊
228 保証業務
229 保証業務の技能及び技法
230 保証業務リスク
231 補足的な情報
み 232 未回答 ＊
233 未修正の虚偽表示 ＊
234 見積りの不確実性 ＊
む 235 無限定意見 ＊
236 無限定の結論
よ 237 要約財務諸表 ＊
り 238 リスク対応手続 ＊
239 リスク評価手続 ＊
れ 240 例外的事象 ＊
241 (財務諸表の)レビュー業務
242 レビュー手続
わ 243 我が国において一般に公正妥当と認められる監査の基準

＊監査基準委員会報告書又は品質管理基準委員会報告書で定義されている。

	No.	用　語	定義又は説明	備　考
あ	1	IT 環境 IT environment	企業の業務を支援し事業戦略を達成するために利用するITインフラ（ハードウエア等）やアプリケーション及び企業が採用している方針と手続をいう。	監基報315 付録2
	2	アクセス・コントロール Access controls	アクセス・コントロールとは、オンライン端末、プログラムやデータにアクセスすることを制限する手続をいう。アクセス・コントロールは、「利用者の認証」と「利用者の承認」から成る。「利用者の認証」は、通常、固有のログオンによる認証、パスワード、アクセスカード又は生体認証データを通じて、個人を特定しようとするものである。「利用者の承認」は、個々の利用者がアクセス可能なコンピューター・リソースを決定するアクセスのルールから成る。 これらの手続は、特に、以下を防止又は発見するためにデザインされる。 (a)　オンライン端末、プログラムやデータへの未承認のアクセス (b)　未承認の取引の記帳 (c)　データファイルへの未承認の変更 (d)　未承認の者によるコンピュータ・プログラムの利用 (e)　コンピュータ・プログラムの未承認の利用 アクセス・セキュリティには、アクセス・コントロールに加えて、直接・間接的に会計データに影響を与える情報セキュリティが含まれる。例えば、ユーザID管理やログ管理といった、プログラム及びデータ等の情報資源へのアクセスを制限するための論理的セキュリティのツールの導入・運用、入退出管理や情報機器への物理的なアクセス制限等に係る内部統制が含まれる。	監基報240 付録1 監基報315 のA92項
	3	アサーション Assertions	経営者が財務諸表において明示的か否かにかかわらず提示するものをいい、監査人は発生する可能性のある虚偽表示の種類を考慮する際にこれを利用する。	監基報315 第3項
	4	アサーション・レベルの重要な虚偽表示リスク Risks of material misstatement at the assertion level	固有リスク及び統制リスクの二つの要素で構成される。固有リスクと統制リスクは企業側のリスクであり、財務諸表監査とは独立して存在している。	監基報200 のA36項
	5	アプリケーション Application	アプリケーションとは、企業のビジネスプロセスに関連するデータと情報を、入力、格納、処理、保有、伝送又は検索するために必要なコンピュータ・プログラムをいう。	IT 実6号
い	6	委託会社 User entity	財務諸表の監査を受けている会社で、受託会社の提供する業務を利用する会社をいう。	監基報402 第7項
	7	委託会社監査人 User auditor	委託会社の財務諸表の監査を実施する監査人をいう。	監基報402 第7項

	No.	用　語	定義又は説明	備　考
	8	委託会社の相補的な内部統制 Complementary user entity controls	受託業務をデザインする段階で、委託会社において整備されることを受託会社が想定する内部統制であり、受託会社のシステムに関する記述書において統制目的の達成に必要な内部統制として識別され、記載されるものをいう。	監基報402 第7項
	9	一般目的の財務諸表 General purpose financial statements	一般目的の財務報告の枠組みに準拠して作成される財務諸表をいう。	監基報700 第6項 保証実 2400 第14項
	10	一般目的の財務報告の枠組み General purpose framework	広範囲の利用者に共通する財務情報に対するニーズを満たすように策定された財務報告の枠組みをいう。財務報告の枠組みには、「適正表示の枠組み」と「準拠性の枠組み」がある。 ◆「適正表示の枠組み」は、その財務報告の枠組みにおいて要求されている事項の遵守が要求され、かつ、以下のいずれかを満たす財務報告の枠組みに対して使用される。 ① 財務諸表の適正表示を達成するため、財務報告の枠組みにおいて具体的に要求されている以上の開示を行うことが必要な場合があることが、財務報告の枠組みにおいて明示的又は黙示的に認められている。 ② 財務諸表の適正表示を達成するため、財務報告の枠組みにおいて要求されている事項からの離脱が必要な場合があることが、財務報告の枠組みにおいて明示的に認められている。ただし、このような離脱は、非常にまれな状況においてのみ必要となることが想定されている。 ◆「準拠性の枠組み」は、その財務報告の枠組みにおいて要求される事項の遵守が要求されるのみで、上記①及び②のいずれも満たさない財務報告の枠組みに対して使用される。	監基報700 第6項 保証実 2400 第14項
	11	違法行為 Non-compliance（in the context of ISA 250）	故意若しくは過失又は作為若しくは不作為を問わず、会社が関係する法令違反となるものをいう。このような行為には、企業が行う取引、企業の名前で行う取引又は企業のために経営者、監査役等若しくは従業員が行う取引が含まれる。違法行為には、経営者、監査役等又は従業員による企業の事業活動に関連しない個人の違法行為は含まれない。	監基報250 第10項
う	12	ウォークスルー Walk-through test	財務報告目的の情報システムにおいて、取引の開始から財務諸表に反映されるまでを追跡することをいう。	監基報315 の A13項
	13	運用評価手続 Tests of controls	アサーション・レベルの重要な虚偽表示を防止又は発見・是正する内部統制について、その運用状況の有効	監基報330 第3項

	No.	用　語	定義又は説明	備　考
			性を評価するために立案し実施する監査手続をいう。	
え	14	閲覧（記録や文書の閲覧） Inspection of records or documents（as an audit procedure）	監査手続の手法の一つ。記録や文書の閲覧は、紙媒体、電子媒体又はその他の媒体による企業内外の記録や文書を確かめる監査手続であり、記録や文書の性質や情報源によって、さらに、企業内部の記録や文書の場合にはそれらの作成に係る内部統制の有効性によって、監査人が記録や文書の閲覧により入手する監査証拠の証明力は異なる。運用評価手続として実施する記録や文書の閲覧の例として、承認の有無を確かめることがある。	監基報500のA14項
か	15	会計記録 Accounting records	企業が作成した取引や会計事象の記録とその裏付けとなる記録をいう。例えば、取引を認識した記録（起票）とその裏付けとなる記録（例えば、小切手、電信送金票、請求書、契約書等）や、総勘定元帳、補助元帳、仕訳帳、仕訳帳に記帳されない財務諸表に対するその他の修正、及び原価配分・計算・調整・開示を裏付けるワークシートやスプレッドシートなどの記録が含まれる。	監基報500第4項
	16	会計事務所等 Firm	倫理規則、独立性に関する指針及び利益相反に関する指針において用いられている用語で、以下のように定義されている。品質管理基準委員会報告書や監査基準委員会報告書で用いられている「監査事務所」は以下の(1)のみを指している（「監査事務所」の項参照）。 (1)　会員が開業する事務所（公認会計士法以外の法律に基づく事務所を除く。）及び監査法人 (2)　(1)を支配する事業体 (3)　(1)が支配している事業体	倫理規則／独立性に関する指針／利益相反に関する指針
	17	会計上の見積り Accounting estimate	正確に測定することができないため、金額を概算することをいい、見積りが要求される金額だけでなく、見積りの不確実性が存在する場合に公正価値によって測定される金額に対しても使用される。本報告書において、公正価値の測定に関連する会計上の見積りのみを示す場合、「公正価値に関する会計上の見積り」という用語が使用される。	監基報540第6項
	18	会計上の見積りの確定額 Outcome of an accounting estimate	会計上の見積りに係る取引、事象又は状況が最終的に確定することによって生ずる実績金額をいう。	監基報540第6項
	19	階層化 Stratification	母集団を類似した特性（多くの場合、金額）を持ったサンプリング単位の集団である幾つかの下位母集団に分けるプロセスをいう。	監基報530第4項
	20	確定した虚偽表示 Factual misstatement	虚偽表示の分類の一つ。虚偽表示としての事実が確かめられた場合の虚偽表示をいう。	監基報450のA3項
	21	確認	紙媒体、電子媒体又はその他の媒体により、監査人が	監基報505

No.	用　語	定義又は説明	備　考
	External confirmation	確認の相手先である第三者（確認回答者）から文書による回答を直接入手する監査手続をいう。	第５項
22	確認差異 Exception（in relation to confirmation）	確認依頼した情報や企業の記録に含まれる情報と確認回答者の提供した情報との間にある差異をいう。	監基報505 第５項
23	過去財務情報 Historical financial information	過去の一定期間に発生した経済事象、又は過去の一定時点における経済的な状態若しくは状況について財務的に表現した特定の企業に関連する情報であり、主として企業の会計システムから得られる。	監基報200 第12項
24	監査業務チーム Audit team	独立性に関する指針で用いられている用語で、以下のように定義されている。品質管理基準委員会報告書や監査基準委員会報告書で用いられている「監査チーム」は以下の(1)のみを指している（「監査チーム」の項参照）。 (1)　監査業務に携わる業務チームのすべての者 (2)　その他、監査業務の結果に直接影響を及ぼすことのできる会計事務所等内のすべての者。これには次の者が含まれる。 ①　監査業務の遂行に関連して監査業務執行責任者の報酬を勧告するか、あるいは同責任者について直接的な監督、管理、又はその他の監視を行う者。これらの者には、会計事務所等の最高責任者に至るまで、監査業務の執行責任者より上位の職位にあるすべての者が含まれる。 ②　監査業務の遂行のために専門的な、又は業界固有の問題、取引及び事象について専門的な見解の問い合わせを提供する者 ③　監査業務の品質管理を行う者。監査業務に係る審査を実施する者を含む。 (3)　監査業務の結果に直接的影響を及ぼすことができるネットワーク・ファーム内のすべての者	独立性に関する指針
25	監査業務の定期的な検証 Inspection（in relation to quality control）	監査事務所が定めた品質管理の方針及び手続に準拠して監査チームが監査業務を実施したことを確かめるために、完了した監査業務に対して実施する手続をいう。	品基報第11項 監基報220 第６項
26	監査計画 Audit plan	効果的かつ効率的な方法で監査を実施するために、監査業務に対する監査の基本的な方針を策定し、詳細な監査計画を作成することをいう。	監基報300 第２項、A1項
27	監査契約に係る予備的な活動 Preliminary engagement activities	監査契約を締結できる程度に監査リスクを低い水準に抑えるために、監査の遂行に支障をきたす可能性のある事象又は状況をあらかじめ網羅的に検討することをいい、監査契約の更新の可否に関する手続、独立性を含む倫理に関する事項への準拠性の評価、監査契約の	監基報300 第５項

No.	用　語	定義又は説明	備　考
		内容の十分な理解が含まれる。	
28	監査サンプリング（又はサンプリング） Audit sampling（sampling）	監査人が監査対象となった母集団全体に関する結論を導き出すための合理的な基礎を得るため、母集団内のすべてのサンプリング単位に抽出の機会が与えられるような方法で、母集団内の100％未満の項目に監査手続を適用することをいう。	監基報530 第４項
29	監査実施者	「監査チーム」及び「専門要員」を参照	
30	監査実施の基礎となる経営者の責任に関する前提 Premise, relating to the responsibilities of management and, where appropriate, those charged with governance, on which an audit is conducted	経営者は、一般に公正妥当と認められる監査の基準に準拠して監査を実施するための基礎となる以下の責任を認識し理解しているという前提をいう。 ①　適用される財務報告の枠組みに準拠して財務諸表を作成すること（適正表示の枠組みの場合は、財務諸表を適正に表示することを含む。） ②　不正か誤謬かを問わず、重要な虚偽表示のない財務諸表を作成するために経営者が必要と判断する内部統制を整備及び運用すること ③　以下を監査人に提供すること ア．経営者が財務諸表の作成に関連すると認識している記録や証憑書類等の全ての情報 イ．監査人が監査の目的に関連して経営者に依頼する、全ての追加的な情報 ウ．監査人が監査証拠を入手するために必要であると判断した、企業構成員への制限のない質問や面談の機会 適正表示の枠組みの場合、①の責任は、「適用される財務報告の枠組みに準拠して財務諸表を作成し適正に表示すること」となる。「監査実施の基礎となる経営者の責任に関する前提」は、「監査実施の前提」と省略して記載される場合もある。	監基報200 第12項
31	監査事務所 Firm	個人事務所又は監査法人をいう。	品基報第11項 監基報220 第６項
32	監査事務所外の適格者 Suitably qualified external person	監査責任者と同等の適性及び能力を有する監査事務所外部の者、例えば、他の監査事務所の社員等をいう。	品基報第11項 監基報220 第６項
33	監査証拠 Audit evidence	監査人が意見表明の基礎となる個々の結論を導くために利用する情報をいう。監査証拠は、財務諸表の基礎となる会計記録に含まれる情報及びその他の情報からなる。	監基報200 第12項 監基報500 第４項
34	監査証拠の十分性 Sufficiency（of audit evidence）	監査証拠の量的尺度をいう。必要とされる監査証拠の量は、評価した重要な虚偽表示リスクの程度及び監査	監基報200 第12項

No.	用　語	定義又は説明	備　考
		証拠の質によって影響を受ける。	監基報500第４項
35	監査証拠の適切性 Appropriateness（of audit evidence）	監査証拠の質的尺度をいう。すなわち、意見表明の基礎となる監査証拠の適合性と証明力をいう。	監基報200第12項 監基報500第４項
36	監査上の重要性 Materiality	一般的には、脱漏を含む虚偽表示は、個別に又は集計すると、当該財務諸表の利用者の経済的意思決定に影響を与えると合理的に見込まれる場合に、重要性があると判断される。重要性の判断は、それぞれの状況を考慮して行われ、財務諸表の利用者の財務情報に対するニーズに関する監査人の認識、虚偽表示の金額や内容、又はそれら両者の組合せによる影響を受ける。	監基報200第６項
37	監査済財務諸表 Audited financial statements	監査人が一般に公正妥当と認められる監査の基準に準拠して監査した財務諸表で、要約財務諸表を作成する基礎となる財務諸表をいう。	監基報810第３項
38	監査責任者 Engagement partner	監査業務の実施の責任者、すなわち、専門要員のうち、監査業務とその実施及び発行する監査報告書に対する責任を負う社員等をいう。 ※「業務執行責任者」を参照	品基報第11項 監基報220第６項
39	監査チーム Engagement team	個々の監査業務に従事する者をいい、監査事務所又はネットワーク・ファームに所属する者で、監査を実施する社員等及び専門職員から構成される。監査チームには、監査事務所又はネットワーク・ファームが業務を依頼する外部の専門家を含まない。倫理規則及び独立性に関する指針に定める業務チームのうち監査を実施する業務チームをいう。なお、監査に関する品質管理基準における監査実施者は、監査チームを意味する場合と専門要員を意味する場合とがある。 ※「業務チーム」を参照	品基報第11項 監基報220第６項
40	監査調書 Audit documentation	実施した監査手続、入手した関連する監査証拠及び監査人が到達した結論の記録をいう。 ※「調書」を参照	品基報第11項 監基報230第５項
41	観察 Observation	監査手続の手法の一つ。他の者が実施するプロセスや手続を確かめる手続をいい、例えば、企業の従業員が実施する棚卸資産の実地棚卸状況や統制活動の実施状況を監査人が観察する手続である。	監基報500のA17項
42	監査手続 Audit procedures	監査人が監査意見を形成するに足る基礎を得るための監査証拠を入手するために実施する手続をいい、実施する目的により、リスク評価手続とリスク対応手続（運用評価手続又は実証手続）に分けられる。監査の手法としての監査手続には、記録や文書の閲覧、有形資産	監基報500のA10項

No.	用　語	定義又は説明	備　考
		の実査、観察、質問、確認、再計算、再実施、分析的手続等があり、これらを単独又は組み合わせて実施する。	
43	監査人 Auditor	監査業務に従事する者（通常、監査責任者又は監査チームの他のメンバー）、又は該当する場合には監査事務所に対して使用される。監査責任者に要求される事項又は監査責任者の責任を特に表す場合には、「監査人」でなく「監査責任者」が使用される。	監基報200第12項
44	監査人の見積額又は見積りの許容範囲 Auditor's point estimate or auditor's range	経営者の見積額を評価するために、監査人が監査証拠から算定した金額又は金額の幅をいう。	監基報540第６項
45	監査人の利用する専門家 Auditor's expert	監査人が十分かつ適切な監査証拠を入手するに当たって、会計又は監査以外の分野において専門知識を有する個人又は組織の業務を利用する場合の当該専門知識を有する個人又は組織をいう。監査人の利用する専門家は、監査人の雇用する内部の専門家（監査事務所又はネットワーク・ファームの社員等又は専門職員（非常勤者を含む。））と監査人が業務を依頼する外部の専門家を含む。	監基報620第５項
46	監査人予定者 Successor auditor	会社から前任監査人に代わって監査人となることを指定された者をいう。	監基報900第５項
47	監査の基本的な方針 Overall audit strategy	監査業務の範囲、監査の実施時期及び監査の方向性を設定することをいい、詳細な監査計画を作成するための指針となるものである。	監基報300第６項
48	監査の固有の限界 Inherent limitations of an audit	監査の固有の限界は、以下を原因として生じる。 ・財務報告の性質 財務諸表の作成には、経営者の判断を伴い、また、多くの財務諸表項目には、主観的な判断や評価又は不確実性が関連しており、合理的と考えられる解釈や判断に幅が存在することがあること。 ・監査手続の性質 監査人による監査証拠の入手には、実務上及び法令上の限界があること。 ・監査を合理的な期間内に合理的なコストで実施する必要性 存在する可能性のある全ての情報を監査人が考慮することや、反証されない限りは、情報には誤謬又は不正が存在するという仮定に基づいて全ての事項を監査人が徹底的に追及したりすることは実務上不可能であるということ。	監基報200のA44項
49	監査の前提条件 Preconditions for an audit	経営者が財務諸表の作成に当たり、受入可能な財務報告の枠組みを使用すること及び経営者が監査実施の前	監基報210第３項

No.	用　語	定義又は説明	備　考
		提に合意することをいう。	
50	監査ファイル Audit file	紙媒体、電子媒体等に記録された特定の監査業務に関する監査調書をとりまとめたファイルをいう。 ※「業務ファイル」を参照	監基報230第５項
51	監査報告書日 Date of the auditor's report	監査人が、監査基準委員会報告書700に従って、監査報告書に記載する日付をいう。	品基報第11項 監基報560第４項
52	監査要点 ―	監査人が、自己の意見形成の基礎となる十分かつ適切な監査証拠を入手するために、経営者が提示する財務諸表項目に対して設定する立証すべき目標をいい、実在性、網羅性、権利と義務の帰属、評価の妥当性、期間配分の適切性及び表示の妥当性等をいう。 ※「アサーション」を参照	監査基準一基本原則３
53	監査リスク Audit risk	監査人が、財務諸表の重要な虚偽表示を看過して誤った意見を形成する可能性をいう。監査リスクは、重要な虚偽表示リスクと発見リスクの二つから構成される。	監基報200第12項
54	監視活動 Monitoring of controls	内部統制の構成要素の一つ。期間を通じて内部統制の有効性を評価するプロセスをいう。監視活動には、内部統制の整備及び運用の評価を適時に行うことと、必要な是正措置の実施が含まれる。	監基報315のA94項
55	関連業務 Related services	合意された手続業務及び調製業務をいう。	
56	関連当事者 Related party	以下のいずれかに該当する当事者をいう。 ①　適用される財務報告の枠組みにおいて定義される関連当事者 ②　適用される財務報告の枠組みに関連当事者についての事項が定められていない場合、又は最小限の事項しか定められていない場合には、以下のいずれかに該当する者 ア．個人又は他の企業が、直接又は間接に、財務諸表作成会社を支配しているか又は重要な影響を及ぼしている場合の当該個人又は他の企業 イ．財務諸表作成会社が、直接又は間接に、支配しているか又は重要な影響を及ぼしている他の企業 ウ．以下のいずれかによって財務諸表作成会社と共通支配下にある他の企業 ・共通の支配力を有する所有者 ・近親者である所有者 ・共通の主要な経営者 ただし、政府（例えば、国又は地方公共団体など）の共通支配下にある企業の場合には、重要な取引	監基報550第９項

	No.	用　語	定義又は説明	備　考
			があるか、又は相互に経営資源を相当程度共有している場合を除き、当該企業は関連当事者とはみなされない。	
き	57	企業統治 Corporate governance	「統治」を参照。	
	58	企業のリスク評価プロセス Entity's risk assessment process	内部統制の構成要素の一つ。財務報告に影響を及ぼす事業上のリスクを企業が識別し、識別したリスクへの対処方法を決定するプロセスをいう。	監基報315 第14項
	59	期首残高 Opening balances	会計期間の開始時点に存在する勘定残高をいう。期首残高は、前年度の期末残高に基づいており、過年度の取引及び事象の影響と前年度に採用した会計方針を適用している。期首残高には、期首に存在する偶発債務等の開示が必要な事項も含まれる。	監基報510 第３項
	60	規準 Criteria	主題に責任を負う者が主題情報を作成する場合及び業務実施者が結論を報告する場合に主題を評価又は測定するための一定の規準である。適切な規準は、次のような要件を備えている必要がある。ただし、業務実施者が、一定の規準として、自らの期待、判断及び個人的な経験を用いることは適切ではない。 (1)　目的適合性 　想定利用者による意思決定に役立つ結論を導くのに資する規準であること。 (2)　完全性 　各業務環境の下で得られる結論に影響を与える要因のうち関連する要因のいずれもが省略されていない規準であること。なお、目的適合的であるならば、表示及び開示の規準が含まれる。 (3)　信頼性 　同一の環境で同一の資格を有する業務実施者が利用するとき、主題の評価又は測定を合理的にかつ首尾一貫して行うことができる信頼性のある規準であること。 (4)　中立性 　偏向のない結論を導くのに資する中立的な規準であること。 (5)　理解可能性 　明瞭かつ総合的な結論を導くことに資するもので、著しく異なる解釈をもたらすことなく、保証業務を構成する三当事者にとって理解可能な規準であること。	保証業務の概念的枠組み 六
			主題を評価又は測定するために使用される規準をいう。規準には、該当する場合、表示と開示に関する規準が含まれる。	監保実86号８項

No.	用　語	定義又は説明	備　考
61	期中財務諸表 Interim financial information or statements	会計期間において期中の一時点（通常は中間又は四半期）に作成される財務情報（完全な一組の財務諸表より簡略化されている場合もある。）をいう。	保証実2400第14項
62	期末日 Date of the financial statements	財務諸表が対象とする直近の会計期間の末日をいう。	監基報560第４項
63	強調事項区分 Emphasis of Matter paragraph	財務諸表に適切に表示又は開示されている事項について、利用者が財務諸表を理解する基礎として重要であると監査人が判断し、当該事項を強調するため監査報告書に設ける区分をいう。	監基報706第４項
64	業務執行責任者 Engagement partner	専門業務の実施の責任者、すなわち、専門要員のうち、専門業務とその実施及び発行する報告書に対する責任を負う社員等をいう。 ※監査の場合は「監査責任者」を参照	保証実2400第14項
65	業務実施者 Practitioner	専門業務を実施する者をいい、業務執行責任者又は業務チームの他のメンバー、場合によっては監査事務所を含めて使用される。業務執行責任者に要求される事項又は業務執行責任者の責任を特に表す場合には、業務実施者ではなく、業務執行責任者が使用される。	保証実2400第14項
66	業務処理統制 Application controls in information technology	通常、業務プロセスにおいて、個々のアプリケーションによる取引の処理に適用される手続であり、手作業による場合とプログラムに組み込まれて自動化されている場合とがある。業務処理統制は防止的、発見的のいずれの種類もあり、会計記録が正確で網羅的な情報を適時に把握していることを確保するためにデザインされるものである。したがって、業務処理統制は、取引やその他の財務情報の開始から記録、処理、報告に至るまでの手続に関係し、発生した取引が承認され、網羅的かつ正確に記録・処理されることを担保する。	監基報315のA93項
67	業務チーム Engagement team	個々の専門業務に従事する者をいい、監査事務所又はネットワーク・ファームに所属する者で、専門業務を実施する社員等及び専門職員から構成される。業務チームには、監査事務所又はネットワーク・ファームが業務を依頼する外部の専門家は含まれない。 ※監査の場合は「監査チーム」を参照	保証実2400第14項
68	業務ファイル Engagement file	紙媒体、電子媒体等に記録された特定の専門業務に関する調書を取りまとめたファイルをいう。 ※監査の場合は「監査ファイル」を参照	保証実2400第14項
69	虚偽表示 Misstatements	報告される財務諸表項目の金額、分類、表示又は開示と、適用される財務報告の枠組みに準拠した場合に要求される財務諸表項目の金額、分類、表示又は開示との間の差異をいう。虚偽表示は、誤謬又は不正から発生する可能性がある。監査人が、財務諸表が、すべての重要な点において適正に表示しているかどうかに関	監基報200第12項 監基報450第３項

	No.	用　語	定義又は説明	備　考
			して意見表明する場合、虚偽表示には、監査人の判断において、財務諸表がすべての重要な点において適正に表示するために必要となる、金額、分類、表示又は開示の修正も含まれる。	
	70	許容逸脱率 Tolerable rate of deviation	母集団における実際の逸脱率が一定の率を上回らないような適切な保証水準を得るために、監査人が設定した所定の内部統制の逸脱率をいう。	監基報530 第４項
	71	許容虚偽表示額 Tolerable misstatement	母集団内の実際の虚偽表示額が一定の金額を上回らないような適切な保証水準を得るために、監査人が設定した金額をいう。	監基報530 第４項
く	72	グループ Group	グループ財務諸表に含まれる財務情報の構成単位の総体をいう。グループは、常に複数の構成単位で構成される。	監基報600 第８項
	73	グループ監査 Group audit	グループ財務諸表の監査をいう。	監基報600 第８項
	74	グループ監査責任者 Group engagement partner	グループ財務諸表の監査業務とその実施及び発行するグループ財務諸表に対して発行する監査報告書に責任を有する者をいう。共同監査の場合には各共同監査の監査責任者及びその監査チームが一体としてグループ監査責任者及びグループ監査チームとなる。ただし、本報告書は、共同監査人の間の関係や、他の共同監査人の作業に関して各共同監査人が実施する作業については取り扱わない。	監基報600 第８項
	75	グループ監査チーム Group engagement team	グループ財務諸表の監査の基本的な方針を策定し、構成単位の監査人とコミュニケーションを行い、連結プロセスに関する作業を実施し、グループ財務諸表に対する意見形成のため監査証拠から導かれた結論を評価する、グループ監査責任者及び専門職員をいう。	監基報600 第８項
	76	グループ経営者 Group management	グループ財務諸表の作成に責任を有する経営者をいう。	監基報600 第８項
	77	グループ財務諸表 Group financial statements	複数の構成単位の財務情報を含む財務諸表をいう。	監基報600 第８項
	78	グループ財務諸表の監査意見 Group audit opinion	グループ財務諸表に対する監査意見をいう。	監基報600 第８項
	79	グループ全体統制 Group-wide controls	グループとしての財務報告に対して、グループ経営者が整備及び運用する内部統制をいう。	監基報600 第８項
け	80	経営者 Management	取締役又は執行役のうち、企業における業務の執行において責任を有する者をいう。国によっては、統治責任者の一部若しくは全員が経営者である企業もあり、又はオーナー経営者のみが経営者である企業もある。	監基報200 第12項 監基報260 第９項
	81	経営者確認書	特定の事項を確認するため又は他の監査証拠を裏付け	監基報580

No.	用 語	定義又は説明	備 考
	Written representation	るため、経営者が監査人に提出する書面による陳述をいう。経営者確認書は、財務諸表、財務諸表におけるアサーション又はこれらの基礎となる帳簿及び記録を含まない。	第6項
82	経営者の偏向 Management bias	財務情報の作成及び表示における経営者の中立性の欠如をいう。	監基報540 第6項
83	経営者の見積額 Management's point estimate	財務諸表で会計上の見積りとして認識又は開示するために経営者が選択した金額をいう。	監基報540 第6項
84	経営者の利用する専門家 Management's expert	企業が財務諸表を作成するに当たって、会計又は監査以外の分野において専門知識を有する個人又は組織の業務を利用する場合の当該専門知識を有する個人又は組織をいう。	監基報500 第4項 監基報620 第5項
85	経験豊富な監査人 Experienced auditor	監査実務の経験を有し、以下の事項について相当程度理解している監査事務所内又は監査事務所外の者をいう。 ① 監査のプロセス ② 一般に公正妥当と認められる監査の基準及び適用される法令等 ③ 企業の事業内容に関連する経営環境 ④ 企業の属する産業における監査及び財務報告に関する事項	監基報230 第5項
86	継続企業の前提 Going concern assumption	経営者が、企業が将来にわたって事業活動を継続するとの前提に基づいて財務諸表を作成する場合の当該前提をいう。一般目的の財務諸表は、経営者に清算若しくは事業停止の意図があるか、又はそれ以外に現実的な代替案がない場合を除いて、継続企業の前提に基づき作成される。継続企業の前提に基づくことが適切な場合、企業の資産及び負債は、通常の事業活動において回収又は返済できるものとして計上されている。	監査基準 一基本原則6 監基報570 第2項
87	限定意見 Qualified opinion	監査人が、以下の場合、表明しなければならない意見をいう。 (1) 監査人が、十分かつ適切な監査証拠を入手した結果、虚偽表示が財務諸表に及ぼす影響が、個別に又は集計した場合に、重要であるが広範ではないと判断する場合 (2) 監査人が、無限定意見表明の基礎となる十分かつ適切な監査証拠を入手できず、かつ、未発見の虚偽表示がもしあるとすれば、それが財務諸表に及ぼす可能性のある影響が、重要であるが広範ではないと判断する場合	監基報705 第6項
88	限定付結論 Qualified conclusion	業務実施者が、以下の場合、表明しなければならない結論をいう。 (1) 業務実施者が、財務諸表に重要な虚偽表示がある	保証実 2400 第78項、

	No.	用　語	定義又は説明	備　考
			と判断した場合で、除外事項の影響が、財務諸表にとって重要であるが広範ではないと結論付けるとき (2)　業務実施者が、無限定の結論の基礎となる十分かつ適切な証拠を入手できず、かつ、未発見の虚偽表示がもしあるとすれば、それが財務諸表に及ぼす可能性のある影響が、重要であるが広範ではないと判断する場合	第82項
	89	限定的保証業務 Limited assurance engagement	結論を表明する基礎として、業務実施者が保証業務リスクを個々の業務の状況において受入可能な水準に抑えるが、保証業務リスクの水準が、合理的保証業務に比べてより高く設定される保証業務をいう。 財務諸表の限定的保証業務の結論は、実施した手続及び入手した証拠に基づいて、財務諸表に重要な虚偽表示があると業務実施者に信じさせる事項が認められたかどうかを記載する形式で表明される。限定的保証業務で実施される手続の種類、時期及び範囲は、合理的保証業務で必要な手続と比較して限定的であるが、業務実施者の職業的専門家としての判断において、意味のある保証水準を得るように計画される。意味のある保証水準は、想定利用者にとって、財務諸表の信頼性を少なくともある程度高める保証水準である。 ※「保証業務」を参照	保証実2400 第14項
こ	90	合意された手続業務 Agreed-upon procedures engagement	業務実施者が、主題に責任を負う者又は特定の利用者との間で合意された手続に基づき発見した事項のみを報告する業務をいう。これは、実施される手続が主題に責任を負う者又は限られた利用者との間の合意によって特定されるため、業務実施者が自らの判断により証拠を入手しないこと、及び、手続の結果のみが報告され結論が報告されないことから、保証業務の定義を満たさない。 (合意された手続に基づく報告書は、合意された手続の背景や決定理由を知らない第三者が報告書に記載されている結果を誤って解釈する恐れがあるため、手続について合意した者以外の者による利用は制限される)。	保証業務の概念的枠組み 二４
	91	構成単位 Component	グループ財務諸表に含まれる財務情報の作成単位となる、企業又はその他の事業単位をいう。	監基報600 第８項
	92	構成単位の監査人 Component auditor	グループ監査チームの依頼により、グループ財務諸表の監査のために、構成単位の財務情報に関する作業を実施する監査人をいう。	監基報600 第８項
	93	構成単位の経営者 Component management	構成単位の財務情報の作成に責任を有する経営者をいう。	監基報600 第８項
	94	構成単位の重要性の基準値	グループ監査チームが決定する構成単位の重要性の基	監基報600

	No.	用　語	定義又は説明	備　考
		Component materiality	準値をいう。	第８項
	95	後発事象 Subsequent events	期末日の翌日から監査報告書日までの間に発生した事象をいう。	監基報560 第４項
	96	広範 Pervasive	虚偽表示が財務諸表全体に及ぼす影響の程度、又は監査人が十分かつ適切な監査証拠を入手できず、未発見の虚偽表示がもしあるとすれば、それが財務諸表に及ぼす可能性のある影響の程度について説明するために用いられる。財務諸表全体に対して広範な影響を及ぼす場合とは、監査人の判断において以下のいずれかに該当する場合をいう。 ①　影響が、財務諸表の特定の構成要素、勘定又は項目に限定されない場合 ②　影響が、特定の構成要素、勘定又は項目に限定される場合でも、財務諸表に広範な影響を及ぼす、又は及ぼす可能性がある場合 ③　虚偽表示を含む開示項目が、利用者の財務諸表の理解に不可欠なものである場合	監基報705 第４項
	97	合理的な保証 Reasonable assurance	財務諸表監査において、絶対的ではないが高い水準の保証をいう。	監基報200 第12項
	98	合理的保証業務 Reasonable assurance engagement	「保証業務」を参照すること。	
	99	国際会計基準 International Financial Reporting Standards	国際会計基準審議会が公表する国際財務報告基準をいう。	監基報200 の A5項
	100	誤謬 Error	財務諸表の意図的でない虚偽表示をいい、金額又は開示の脱漏を含む。	監基報240 第２項
	101	固有リスク Inherent risk	「重要な虚偽表示リスク」を参照。	監基報200 第12項
	102	コンピュータ利用監査技法 Computer-assisted audit techniques	監査のツールとして、コンピュータを利用して監査手続を実施するための技法をいう。	IT 実６号
さ	103	再計算 Recalculation	監査手続の手法の一つ。再計算は、記録や文書の計算の正確性を監査人自らが計算し確かめる監査手続である。再計算は、手作業によって又はＩＴを用いて実施する。	監基報500 の A19項
	104	再実施 Reperformance	監査手続の手法の一つ。再実施は、企業が内部統制の一環として実施している手続又は内部統制を監査人が自ら実施することによって確かめる手続をいう。	監基報500 の A20項
	105	再受託会社 Subservice organization	委託会社の財務報告に関連する情報システムの一部を構成する業務を委託会社に提供するために、受託会社が受託業務の一部を他の会社に再委託する場合の当該	監基報402 第７項 監保実86

No.	用　語	定義又は説明	備　考
		他の会社をいう。 受託会社の内部統制に関する保証報告書上での再受託会社の提供する業務の取扱いの方式には、以下の「除外方式」と「一体方式」の２つがある。 ◆　除外方式では、受託会社のシステムに関する記述書に再受託会社に再委託している業務の内容が記載されるが、再受託会社に関連する統制目的及び関連する内部統制は、受託会社のシステムに関する記述書及び受託会社監査人の業務の範囲から除かれる。 ◆　一体方式では、受託会社のシステムに関する記述書に再受託会社に再委託している業務の内容が記載され、かつ、再受託会社の関連する統制目的及び関連する内部統制が受託会社のシステムに関する記述書及び受託会社監査人の業務の範囲に含まれる。	号８項
106	財務情報への監査人の関与 Auditor association with financial information	財務情報に監査人の発行する報告書が添付される場合や、職業的専門家として提供する業務に関連して監査人の名称が利用されることに同意する場合に、監査人は当該財務情報へ関与することとなる。	倫理規則第３条
107	財務諸表 Financial statements	財務報告の枠組みに準拠して、過去財務情報を体系的に表したものであり、関連する注記が含まれる。財務諸表は、一定時点における企業の経済的資源若しくは義務、又は一定期間におけるそれらの変動を伝えることを目的としている。関連する注記は、通常、重要な会計方針の要約とその他の説明情報から構成される。「財務諸表」は、通常、適用される財務報告の枠組みにおいて要求される完全な一組の財務諸表を指す。	監基報200第12項
108	財務諸表項目等 Elements, accounts or items of a financial statement	財務諸表の構成要素、勘定又はその他の項目を意味する。財務諸表項目等には、関連する注記が含まれる。関連する注記は、通常、重要な会計方針の要約と、財務表又は財務諸表項目等に関連するその他の説明情報から構成される。 ※　監基報805における定義であり、他の会計・監査の文献における用語法とは異なる場合がある。	監基報805第５項
109	財務諸表全体レベルの重要な虚偽表示リスク Risks of material misstatement at the financial statement level	財務諸表全体に広くかかわりがあり、多くのアサーションに潜在的に影響を及ぼすリスクをいう。当該リスクは、アサーション・レベル、すなわち、取引種類、勘定残高、開示等における特定のアサーションと必ずしも結び付けられるものではない。むしろ、経営者による内部統制の無効化のように、様々なアサーションにおいて重要な虚偽表示リスクを増大させるものである。また、不正による重要な虚偽表示リスクに関する監査人の検討に特に関連することがある。	監基報200のA34項 監基報315のA102項
110	財務諸表の構成要素 Element of a financial statement	財務諸表に計上されている企業の取引その他の事象は、それらの経済的特徴に従って構成要素に分類する	監基報315のA106項

	No.	用　語	定義又は説明	備　考
			ことができる。財政状態及び経営成績の測定に直接関係する構成要素には、例えば、資産、負債、純資産、収益及び費用がある。	監基報520のA2項
	111	財務諸表の承認日 Date of approval of the financial statements	関連する注記を含むすべての財務諸表が作成されており、認められた権限を持つ者が、当該財務諸表に対する責任を認めた日付をいう。	監基報560第４項
	112	財務諸表の発行日 Date the financial statements are issued	監査報告書と監査した財務諸表を第三者が入手可能となる日付をいう。	監基報560第４項
	113	財務表 A single financial statement	完全な一組の財務諸表を構成する、貸借対照表、損益計算書、キャッシュ・フロー計算書等のそれぞれを指す。財務表には、関連する注記が含まれる。 ※「財務諸表」を参照	監基報805第５項
	114	財務報告に関連する情報システム Information system relevant to financial reporting	内部統制の構成要素の一つ。会計システムを含む、企業の取引や会計事象を開始、記録、処理及び報告し、並びに資産、負債及び純資産を適正に計上するためにデザインして構築するための手続と記録から構成されている。	監基報315のA77項
	115	サンプリング Sampling	「監査サンプリング」を参照。	
	116	サンプリング単位 Sampling unit	母集団を構成する個々の項目をいう。	監基報530第４項
	117	サンプリングリスク Sampling risk	抽出したサンプルから導き出された監査人の結論が、母集団を構成するすべての項目に同じ監査手続を実施した場合の結論と異なるリスクをいう。 サンプリングリスクは、次のような２種類の誤った結論をもたらす可能性がある。 ①　運用評価手続において、内部統制が実際の状態よりも有効であるとする結論、又は、詳細テストにおいて、実際に存在している重要な虚偽表示を存在していないとする結論。 このような誤った結論は、監査の有効性に影響を与え、誤った監査意見を形成する可能性が高いため、監査人は、とりわけ、この結論に関心をもつ。 ②　運用評価手続において、内部統制が実際の状態よりも有効でないとする結論、又は、詳細テストにおいて、実際に存在していない重要な虚偽表示を存在しているとする結論。 このような誤った結論は、通常、当初の結論が正しくなかったことを確かめるための追加の作業が必要となるため、監査の効率性に影響を与える。	監基報530第４項
し	118	事業上のリスク Business risk	企業目的の達成や戦略の遂行に悪影響を及ぼし得る重大な状況、事象、環境及び行動の有無に起因するリス	監基報315第３項

No.	用　語	定義又は説明	備　考
		ク、又は不適切な企業目的及び戦略の設定に起因するリスクをいう。	
119	事後判明事実 Facts that become known to the auditor after the date of the auditor's report	監査報告書日後に監査人が知るところとなったが、もし監査報告書日現在に気付いていたとしたら、監査報告書を修正する原因となった可能性のある事実をいう。	監基報560の第４項
120	試査 Testing some selected items in a population	特定の監査手続の実施に際して、母集団（監査の対象とする特定の項目全体をいう。）からその一部の項目を抽出して、それに対して監査手続を実施することをいう。試査には、一部の項目に対して監査手続を実施した結果をもって母集団全体の一定の特性を評価する目的を持つ試査（サンプリングによる試査）と、母集団全体の特性を評価する目的を持たない試査（特定項目抽出による試査）とがある。	監基報500の A52項
121	資産の流用 Misappropriation of assets	企業の資産の盗難をいい、従業員により行われ、比較的少額であることが多い。しかし、資産の流用を偽装し隠蔽することを比較的容易に実施できる立場にある経営者が関与することもある。	監基報240の A5項
122	事実の虚偽記載 Misstatement of fact	その他の記載内容のうち、監査した財務諸表に記載された事項と関連しない情報が、不正確に記載又は表示されていることをいう。事実の重要な虚偽記載によって、監査した財務諸表が含まれる開示書類の信頼性が損なわれることがある。	監基報720第４項
123	実査 Inspection of tangible assets	監査手続の手法の一つ。資産の現物を実際に確かめる監査手続である。実査により、資産の実在性に関する証明力のある監査証拠を入手できるが、必ずしも資産に係る権利と義務又は評価に関する監査証拠を入手できるわけではない。	監基報500のA14項、A16項
124	実証手続 Substantive procedure	アサーション・レベルの重要な虚偽表示を看過しないよう立案し実施する監査手続をいい、以下の二つの手続で構成する。 ①　詳細テスト（取引種類、勘定残高、開示等に関して実施する。） ②　分析的実証手続	監基報330第３項
125	質問 Inquiry	監査手続（レビュー手続）の手法の一つ。監査人（業務実施者）が財務又は財務以外の分野に精通している企業内外の関係者に情報を求める手続をいう。	監基報500の A22項 保証実2400第14項
126	社員等 Partner	監査事務所において、専門業務の業務執行権を有する全ての個人をいう。したがって、監査法人の場合は監査法人の社員をいい、個人事務所及び共同事務所の場合は業務執行責任者として業務を行っている者をい	品基報第11項 監基報220第６項

No.	用 語	定義又は説明	備 考
		う。	
127	重要性の基準値 Materiality for the financial statements as a whole	監査計画の策定時に決定した、財務諸表において重要であると判断する虚偽表示の金額（監査計画の策定後改訂した金額を含む。）をいう。	監基報320第８項
128	重要な虚偽表示リスク Risk of material misstatement	監査が実施されていない状態で、財務諸表に重要な虚偽表示が存在するリスクをいい、誤謬による重要な虚偽表示リスクと不正による重要な虚偽表示リスクがある。アサーション・レベルにおいて、重要な虚偽表示リスクは以下の二つの要素で構成される。 ① 固有リスク－関連する内部統制が存在していないとの仮定の上で、取引種類、勘定残高、開示等に係るアサーションに、個別に又は他の虚偽表示と集計すると重要となる虚偽表示が行われる可能性をいう。 ② 統制リスク－取引種類、勘定残高又は開示等に係るアサーションで発生し、個別に又は他の虚偽表示と集計すると重要となる虚偽表示が、企業の内部統制によって防止又は適時に発見・是正されないリスクをいう。	監基報200第12項
129	重要な構成単位 Significant component	グループ監査チームが、以下のいずれかに該当すると識別した構成単位をいう。 ① グループに対する個別の財務的重要性を有する ② 特定の性質又は状況により、グループ財務諸表に係る特別な検討を必要とするリスクが含まれる可能性がある	監基報600第８項
130	重要な不備 Significant deficiency in internal control	監査人が職業的専門家として、監査役等の注意を促すに値するほど重要と判断した内部統制の不備又は不備の組合せをいう。	監基報265第５項
131	主題情報 Subject matter information	一定の規準によって主題を評価又は測定した結果を表明する情報をいう。主題情報は、保証報告書における結論の対象であり、保証業務において業務実施者は、主題情報に関する結論の基礎となる十分かつ適切な証拠を収集する。	保証業務の概念的枠組み二２(1)
132	主題に責任を負う者 Responsible party	主題情報を自己の責任において想定利用者に提示する場合と、これを提示しない場合があるが、必ずしも業務実施者と契約する当事者である必要はない。	保証業務の概念的枠組み四３
133	受託会社 Service organization	委託会社の財務報告に関連する情報システムの一部を構成する業務を、当該委託会社に提供する第三者組織（又はその一部）をいう。	監基報402第７項 監保実86号８項
134	受託会社確認書 Service organization's assertions	受託会社の内部統制に関する報告書（タイプ１の報告書又はタイプ２の報告書）に含まれる、受託会社により作成された受託業務に係る内部統制の確認書をい	監保実86号８項

No.	用　語	定義又は説明	備　考
		う。以下に関する事項が、評価又は測定するために使用した規準とともに記載される。 ①　受託会社のシステムに関する記述書が、適切な規準に基づいて、特定期間にわたりデザインされ業務に適用されている受託会社のシステムをすべての重要な点において適正に表示していること ②　受託会社のシステムに関する記述書に記載された統制目的に関連する内部統制が、適切な規準に基づいて、特定期間にわたってすべての重要な点において適切にデザインされていること ③　受託会社のシステムに関する記述書に記載された統制目的に関連する内部統制が、適切な規準に基づいて、特定期間にわたってすべての重要な点において有効に運用されていること（タイプ２の報告書の場合のみ記載）	
135	受託会社監査人 Service auditor	受託会社からの依頼に基づき、受託会社の内部統制に関して保証報告書を提供する監査人をいう。	監基報402第７項
136	受託会社のシステム Service organization's system	受託会社監査人の保証報告書が対象とする業務を委託会社に提供するために、受託会社がデザインし業務に適用する方針と手続をいう。	監基報402第７項 監保実86号８項
137	受託会社のシステムに関する記述書及び内部統制のデザインに関する報告書（「タイプ１の報告書」） Report on the description and design of controls at a service organization（referred to as a type 1 report）	以下を含む報告書をいう。 ①　受託会社のシステム、統制目的、及び、それらに関連して基準日現在でデザインされ業務に適用されている内部統制について、受託会社の経営者が作成した記述書 ②　受託会社のシステム、統制目的及び関連する内部統制の記述並びに特定された統制目的を達成する内部統制のデザインの適切性に関する意見等の合理的な保証を提供する受託会社監査人の保証報告書 監査・保証実務委員会実務指針第86号に基づくタイプ１報告書には、上記①及び②に加え、受託会社確認書が含まれる。	監基報402第７項 監保実86号８項
138	受託会社のシステムに関する記述書並びに内部統制のデザイン及び運用状況に関する報告書（「タイプ２の報告書」） Report on the description, design, and operating effectiveness of controls at a service organization（referred to as a type 2 report）	以下を含む報告書をいう。 ①　受託会社のシステム、統制目的及び関連する内部統制、基準日現在又は特定期間にわたるそれらのデザインと業務への適用、並びに、場合によっては、特定期間にわたるそれらの運用状況の有効性について、受託会社の経営者が作成した記述書 ②　以下の事項を含む、合理的な保証を提供する受託会社監査人の保証報告書 ア.　受託会社のシステム、統制目的及び関連する内部統制に関する記述、特定の統制目的を達成する内部統制のデザインの適切性、並びに内部統制の	監基報402第７項 監保実86号８項

No.	用　語	定義又は説明	備　考
		運用状況の有効性に関する受託会社監査人の意見 イ．受託会社監査人の運用評価手続とその結果に関する記述 監査・保証実務委員会実務指針第86号に基づくタイプ２報告書には、上記①及び②に加え、受託会社確認書が含まれる。	
139	準拠性の枠組み Compliance framework	「適用される財務報告の枠組み」及び「一般目的の財務報告の枠組み」を参照。	監基報200第12項 監基報700第６項
140	小規模企業 Smaller entity	小規模企業は、以下に例示した特徴を有している。ただし、例示している全ての特徴があらゆる小規模企業に該当するとは限らず、また必ずしも小規模企業の特徴を網羅的に示したものではない。 ⑴　所有と経営が少数に集中していること（多くの場合は１人である。なお、他の小規模企業に所有されている場合も含む。） ⑵　⑴に該当する場合で、以下の事項のうち少なくともいずれかに該当していること。 ①　単純な取引のみを行っていること。 ②　会計システムが単純であること。 ③　少数の事業のみ行っており、取り扱う製品の種類も少数であること。 ④　内部統制が限定的であること。 ⑤　経営者の人数が少数であり、それぞれが広範囲な内部統制に対する責任を有していること。 ⑥　企業構成員が少数であり、広範囲な職務を担っていること。	監基報200のA62項
141	消極的確認 Negative confirmation request	確認回答者が確認依頼で提供された情報に同意しない場合にのみ、監査人に直接回答する方法をいう。	監基報505第５項
142	詳細テスト Test of detail	実証手続のうち、分析的実証手続以外の手続をいう。	監基報330第３項
143	詳細な監査計画 Audit plan	監査チームが実施すべき監査手続の種類、時期及び範囲を決定することをいう。	監基報300のA12項
144	情報システム Information system	人を含めた、手続、インフラ（ハードウェア、設備を含む）、ソフトウェア及びデータから構成される。多くの情報システムではＩＴを幅広く利用している。	IT実６号 監基報315第４項
145	除外事項 ―	監査意見の表明に当たってその影響の重要性及び広範性を考慮することが必要となる事項をいい、経営者が採用した会計方針の選択及びその適用方法、財務諸表の表示方法に関する不適切な事項（意見に関する除外事項）及び重要な監査手続を実施できなかったことによる監査範囲の制約(監査範囲の制約に係る除外事項)	監基報705

No.	用　語	定義又は説明	備　考
		をいう。 除外事項付意見を表明する原因の性質と、それが財務諸表に及ぼす影響の範囲、又は及ぼす可能性のある影響の範囲が広範かどうかという監査人の判断により、限定意見、否定的意見、又は意見不表明となる。	
146	除外事項付意見 Modified opinion	限定意見、否定的意見又は意見不表明をいう。	監基報705 第４項
147	除外事項付結論 Modified conclusion	限定付結論、否定的結論又は結論の不表明をいう。	保証実 2400 第14項
148	職業的専門家としての懐疑心 Professional skepticism	誤謬又は不正による虚偽表示の可能性を示す状態に常に注意し、監査証拠を鵜呑みにせず、批判的に評価する姿勢をいう。なお、職業的懐疑心ともいう。	監基報200 第12項
149	職業的専門家としての基準及び適用される法令等 Professional standards	専門業務を実施するに当たって遵守しなければならない基準及び適用される法令等をいう。監査基準・監査における不正リスク対応基準（法令により準拠が求められている場合）・監査基準委員会報告書・監査に関する品質管理基準・品質管理基準委員会報告書、公認会計士法・同施行令・同施行規則、金融商品取引法、会社法、日本公認会計士協会が公表する会則・倫理規則・報告書・実務指針・通達その他から構成される。	品基報第11項 監基報220 第６項
150	職業的専門家としての判断 Professional judgment	個々の専門業務の状況に応じた適切な措置について十分な情報を得た上で判断を行う際に、保証業務の基準、会計の基準及び職業倫理に関する規定に照らして、関連する知識及び経験を適用することをいう。	監基報200 第12項 保証実 2400 第14項
151	職業倫理に関する規定 Relevant ethical requirements	業務チーム（監査チーム）及び審査担当者が従うべき職業倫理に関する規定をいい、公認会計士法・同施行令･同施行規則、日本公認会計士協会が公表する会則、倫理規則、独立性に関する指針、利益相反に関する指針及びその他の倫理に関する規定から構成される。	品基報 第11項 監基報220 第６項 保証実 2400 第14項
152	初年度監査 Initial audit engagement	監査人が初めて締結する監査契約であり、以下のいずれかの場合がある。 ①　前年度の財務諸表が監査されていない場合 ②　前年度の財務諸表が前任監査人によって監査されている場合	監基報510 第３項
153	初年度レビュー業務 Initial review engagement	業務実施者が初めて締結するレビュー契約であり、以下のいずれかの場合がある。 (1)　前年度の財務諸表が監査又はレビューされていない場合 (2)　前年度の財務諸表が前任者によって監査又はレ	保証実 2400 第14項

	No.	用　語	定義又は説明	備　考
			ビューされている場合	
	154	審査 Engagement quality control review	監査報告書日又はそれ以前に、監査チームが行った監査手続、監査上の重要な判断及び監査意見の形成を客観的に評価するために実施する手続をいう。	品基報第11項 監基報220第６項
	155	審査担当者 Engagement quality control reviewer	監査チームが行った監査手続、監査上の重要な判断及び監査意見の形成を客観的に評価するのに十分かつ適切な経験と職位等の資格を有する、監査事務所内の監査チームメンバー外の者、監査事務所外の適格者又はこれらの者で構成されるチーム（会議体を含む。）をいう。	品基報第11項 監基報220第６項
す	156	推定による虚偽表示 Projected misstatement	虚偽表示の分類の一つ。母集団における虚偽表示の監査人の最善の見積りであり、サンプルにおいて識別した虚偽表示から母集団全体の虚偽表示を推定した額をいう。	監基報450のA3項
せ	157	精査 Testing all items in a population	取引種類又は勘定残高を構成している項目の母集団全体（又は当該母集団における階層）について、そのすべての項目を抽出して監査手続を実施することをいう。	監基報500のA52項
	158	積極的確認 Positive confirmation request	確認回答者が、確認依頼の情報に同意するか、又は不同意かを示したり、依頼された情報を提供することにより、監査人に直接回答する方法をいう。	監基報505第５項
	159	前任監査人 Predecessor auditor	前年度の財務諸表の監査報告書を提出したか、又は当年度の財務諸表の監査に着手したものの監査報告書を提出していない別の監査事務所に属する監査人のことをいう。なお、前任監査人は、複数存在する場合がある。	監基報510第３項 監基報900第５項
	160	前任者 Predecessor	前任監査人又は前任の業務実施者をいう。	保証実2400第14項
	161	前任の業務実施者 Predecessor practitioner	前年度の財務諸表のレビュー報告書を提出したか、又は当年度の財務諸表のレビュー業務に着手したもののレビュー報告書を提出していない別の監査事務所に属する業務実施者のことをいう。なお、前任の業務実施者は、複数存在する場合がある。	保証実2400第14項
	162	全般的な対応 Overall responses	財務諸表全体レベルの重要な虚偽表示リスクに対応するため、監査証拠の入手と評価において監査チームのメンバーが職業的懐疑心を保持するとともに、豊富な経験を有する又は特定分野における専門的な知識若しくは技能をもつ監査チームのメンバーの配置及び増員、専門家の配置、監査チームのメンバーへの指導監督の強化、適切な監査時間の確保、被監査会社が想定しない監査手続の選択を考慮すること等をいう。	監基報330第４項、A1項

	No.	用　語	定義又は説明	備　考
	163	全般統制 General IT controls	全般統制は、多くのアプリケーションに関係する方針及び手続であり、業務処理統制が有効に機能することを支えるものである。全般統制は、メインフレーム、サーバー、及びエンドユーザー・コンピューティング等どのような環境に対しても適用される。 全般統制には、通常以下の事項に関する内部統制が含まれる。 ・データ・センターとネットワークの運用 ・システム・ソフトウェアの取得、変更及び保守 ・プログラム変更 ・アクセス・セキュリティ ・アプリケーションの取得、開発及び保守	監基報315の A92項
	164	専門家 Expert	「監査人の利用する専門家」を参照。	監基報620第５項
	165	専門業務 Professional services	倫理規則では、以下のように定義されている。品質管理基準委員会報告書並びに監査又はその他の実務指針では(1)のみを指している。 (1)　公認会計士法第２条第１項及び同第２項に定める業務 (2)　企業等所属の会員が行う職業的専門家としての業務	倫理規則
	166	専門職員 Staff	専門業務に従事する社員等以外の者をいう。監査事務所が雇用する専門家（会計又は監査以外の分野において専門知識を有する個人）を含む。	品基報第11項 監基報220第６項
	167	専門知識 Expertise	特定分野での技能、知識及び経験をいう。	監基報620第５項
	168	専門要員 Personnel	監査事務所に所属する社員等及び専門職員全体をいう。なお、監査に関する品質管理基準における監査実施者は、監査チームを意味する場合と専門要員を意味する場合とがある。	品基報第11項 監基報220第６項
そ	169	相違 Inconsistency	その他の記載内容が、監査した財務諸表に含まれる情報と矛盾していることをいう。重要な相違は、それまでに入手した監査証拠から導き出した監査の結論や、場合によっては、財務諸表に対する意見表明の基礎に疑問を抱かせる場合がある。	監基報720第４項
	170	想定利用者 Intended users	業務実施者が作成した保証報告書を利用する者をいう。	保証業務の概念的枠組み四４
	171	その他の記載内容 Other information	監査した財務諸表及び監査報告書が含まれる開示書類のうち、財務諸表及び監査報告書以外の法令等又は慣行に基づき作成された情報をいう。なお、その他の記	監基報720第４項

	No.	用　語	定義又は説明	備　考
			載内容には財務情報及び非財務情報が含まれる。	
	172	その他の事項区分 Other matter paragraph	財務諸表に表示又は開示されていない事項について、監査、監査人の責任又は監査報告書についての利用者の理解に関連すると監査人が判断し、当該事項を説明するため監査報告書に設ける区分をいう。	監基報706第４項
た	173	対応数値 Corresponding figures	比較情報が、当年度の財務諸表に不可分の一部として含まれ、当年度に関する金額及びその他の開示（以下、「当年度の数値」という。）と関連付けて読まれることのみを意図しており、対応する金額と開示をどの程度詳細に表示するかは、主に、当年度の数値との関連性において決定されるものとして監査意見を表明する場合の当該比較情報をいう。	監基報710第５項
	174	大会社等 Public interest entity	ア．全ての上場会社等 イ．法令により、監査を実施するに当たり、上場会社等と同じ独立性の要件が求められる事業体 ウ．独立性に関する指針第１部第26項により追加的に大会社等と同様に扱うこととした事業体 上記ア及びイについて、我が国においては、公認会計士法上の大会社等がこれらの要件を満たしている。	品基報第11項 監基報220第６項
ち	175	中間監査リスク ―	中間監査に係る監査リスクをいい、監査人が中間財務諸表の有用な情報の表示に関して投資者の判断を損なうような重要な虚偽表示を看過して誤った意見を形成する可能性をいう。	監基報910第４項
	176	調書 Engagement documentation	実施した手続、入手した証拠及び業務実施者が到達した結論の記録をいう。 ※監査の場合は「監査調書」を参照	保証実2400第14項
	177	調製業務 Compilation engagement	業務実施者が、財務情報の作成及び作成への関与を行う業務をいう。これは、業務実施者が財務情報の作成及び作成への関与を通じて、主題及び主題情報に対して責任の一部を担うことになることから、保証業務の定義を満たさない。	保証業務の概念的枠組み二４
つ	178	追記情報 Emphasis of matter paragraph or Other matter paragraph	監査人が監査報告書において監査意見とは別に情報として追記するものをいい、強調事項とその他の記載事項からなる。 ※「強調事項区分」及び「その他の事項区分」参照。	監基報706第１項
て	179	適正表示の枠組み Fair presentation framework	「適用される財務報告の枠組み」及び「一般目的の財務報告の枠組み」を参照。	
	180	適切な規準 Suitable criteria	「規準」を参照	
	181	適用される財務報告の枠組み Applicable financial reporting framework	財務諸表の作成と表示において、企業の特性と財務諸表の目的に適合する、又は法令等の要求に基づく、経営者が採用する財務報告の枠組みをいう。	監基報200第12項

	No.	用　語	定義又は説明	備　考
			「適正表示の枠組み」は、その財務報告の枠組みにおいて要求されている事項の遵守が要求され、かつ、以下のいずれかを満たす財務報告の枠組みに対して使用される。 ①　財務諸表の適正表示を達成するため、財務報告の枠組みにおいて具体的に要求されている以上の開示を行うことが必要な場合があることが、財務報告の枠組みにおいて明示的又は黙示的に認められている。 ②　財務諸表の適正表示を達成するため、財務報告の枠組みにおいて要求されている事項からの離脱が必要な場合があることが、財務報告の枠組みにおいて明示的に認められている。このような離脱は、非常に稀な状況においてのみ必要となることが想定されている。 「準拠性の枠組み」は、その財務報告の枠組みにおいて要求される事項の遵守が要求されるのみで、上記①及び②のいずれも満たさない財務報告の枠組みに対して使用される。	
	182	適用される要約の基準 Applied criteria	要約財務諸表の作成に当たって経営者により適用される規準をいう。	監基報810 第３項
	183	手続実施上の重要性 Performance materiality	未修正の虚偽表示と未発見の虚偽表示の合計が重要性の基準値を上回る可能性を適切な低い水準に抑えるために、監査人が重要性の基準値より低い金額として設定する金額をいう。この手続実施上の重要性は、複数設定される場合がある。なお、これには、特定の取引種類、勘定残高又は開示等に対する重要性の基準値に対して設定した手続実施上の重要性を含む。	監基報320 第８項
と	184	統計的サンプリング Statistical sampling	以下の特性を持ったサンプリング手法をいう。 ①　サンプル項目の無作為抽出 ②　サンプリングリスクの測定を含めサンプルのテスト結果を評価するに当たっての確率論の利用 ①及び②の特性を持たないサンプリング手法は、非統計的サンプリングとみなされる。	監基報530 第４項
	185	統制活動 Control activities	内部統制の構成要素の一つ。経営者の命令及び指示が適切に実行されることを確保するための方針及び手続をいう。	監基報315 の A84項
	186	統制環境 Control environment	内部統制の構成要素の一つ。統制環境には、企業のガバナンスや経営機能と、企業の内部統制及び企業におけるその重要度についての経営者、取締役会や監査役等の態度、姿勢、並びに実際の行動が含まれる。統制環境は、内部統制に対する従業員の意識に影響を与え、社風を形成する。	監基報315 の A70項

No.	用　語	定義又は説明	備　考
187	統制目的 Control objective	特定の内部統制が低減しようとするリスクに関連する内部統制の目的をいう。	監保実86号８項
188	統制リスク Control risk	「重要な虚偽表示リスク」を参照。	監基報200第12項
189	統治 Governance	企業の戦略的方向性と説明責任を果たしているかどうかを監視する責任を有する者又は組織の役割をいう。	監基報260第９項
190	統治責任者 Those charged with governance	企業の戦略的方向性と説明責任を果たしているかどうかを監視する責任を有する者又は組織をいう。これには、財務報告プロセスの監視が含まれる。国によっては、統治責任者には、経営者を含むことがある。 なお、我が国においては、会社法の機関の設置に応じて、取締役会、監査役若しくは監査役会、監査等委員会又は監査委員会が統治責任者に該当するが、品質管理基準委員会報告書及び監査基準委員会報告書においては、原則として監査人のコミュニケーションの対象は、監査役若しくは監査役会、監査等委員会又は監査委員会を想定し「監査役等」と記載している。一方、海外の構成単位の監査に関連する場合は、企業統治の構造の多様性を考慮して「統治責任者」を使用している。	監基報200第12項
191	特定項目抽出による試査 Testing specific items	実証手続の実施に当たり、母集団に含まれる特定項目を抽出し、アサーションに関連する虚偽表示が含まれているかどうかを直接的に立証することを目的とする試査をいう。また、運用評価手続の実施に当たり、特定項目を抽出する場合もある。	監基報500のA54項
192	特定の取引種類、勘定残高又は開示等に対する重要性の基準値 Materiality level or levels for particular classes of transactions, account balances or disclosures	企業の特定の状況において、特定の取引種類、勘定残高又は開示等に関する虚偽表示が重要性の基準値を下回る場合でも、財務諸表の利用者が財務諸表に基づいて行う経済的意思決定に影響を与えると合理的に見込まれる特定の取引種類、勘定残高又は開示等がある場合に、当該特定の取引種類、勘定残高又は開示等について適用する重要性の基準値をいう。	監基報320第８項
193	特別な検討を必要とするリスク Significant risk	識別し評価した重要な虚偽表示リスクの中で、特別な監査上の検討が必要と監査人が判断したリスクをいう。	監基報315第３項
194	特別目的の財務諸表 Special purpose financial statements	特別目的の財務報告の枠組みに準拠して作成される財務諸表をいう。なお、監査基準では、特別目的の財務諸表は、特定の利用者のニーズを満たすべく特別の利用目的に適合した会計の基準に準拠して作成された財務諸表と説明されている。	監基報200のA4項 監基報800第５項 保証実2400第14項
195	特別目的の財務報告の枠組み	特定の利用者の財務情報に対するニーズを満たすよう	監基報200

	No.	用　語	定義又は説明	備　考
		Special purpose framework	に策定された財務報告の枠組みをいう。財務報告の枠組みには、適正表示の枠組みと準拠性の枠組みがある。	の A4項 監基報800 第５項 保証実 2400 第14項
	196	独立性 Independence	独立性は、次の精神的独立性と外観的独立性から構成される。 (1)　精神的独立性 職業的専門家としての判断を危うくする影響を受けることなく、結論を表明できる精神状態を保ち、誠実に行動し、公正性と職業的懐疑心を堅持できること。 (2)　外観的独立性 事情に精通し、合理的な判断を行うことができる第三者が、すべての具体的な事実と状況を勘案し、会計事務所等又は監査業務チームの構成員の精神的独立性が堅持されていないと判断する状況にはないこと。	独立性に関する指針６項 監基報200 の A15項
	197	独立第三者間取引 Arm's length transaction	特定の関係にない買い手と売り手が、相互に独立して行動し、かつ自己の最善の利益を追求した場合の取引条件によって実行される取引をいう。	監基報550 第９項
な	198	内部監査機能 Internal audit function	企業に対して、確立され又は提供される評価活動をいう。当該機能には、内部統制の妥当性及び有効性を検討、評価及び監視することが含まれる。	監基報610 第６項
	199	内部監査人 Internal auditors	内部監査機能の活動に従事する者をいう。内部監査人は内部監査部門又はそれと同様の機能を有する部門に属することがある。	監基報610 第６項
	200	内部統制 Internal control	企業の財務報告の信頼性を確保し、事業経営の有効性と効率性を高め、事業経営に係る法令の遵守を促すという企業目的を達成するために、取締役会、経営者及びその他の企業構成員により、整備及び運用されているプロセスをいう。なお、「内部統制」の用語を内部統制の構成要素の全てを含むものとして用いている場合と一部に関係しているものとして用いている場合とがある。	監基報315 第３項
	201	内部統制の構成要素 Components of internal control	内部統制を構成する以下の五つの要素をいう。 (1)　統制環境 (2)　企業のリスク評価プロセス (3)　財務報告目的の情報システム（関連する業務プロセスを含む。）と伝達 (4)　統制活動 (5)　監視活動	監基報315 の A48項

	No.	用　語	定義又は説明	備　考
	202	内部統制の不備 Deficiency in internal control	内部統制の不備は、以下のいずれかの場合に存在する。 ①　内部統制の整備及び運用が不適切であり、財務諸表の虚偽表示を適時に防止又は発見・是正できない場合 ②　財務諸表の虚偽表示を適時に防止又は発見・是正するのに必要な内部統制が存在しない場合	監基報265第５項
	203	内部統制の理解 Understanding of internal control	監査に関連する内部統制の理解には、内部統制のデザインの評価と、それが業務に適用されているかどうかを判断することが含まれる。なお、内部統制のデザインの評価には、内部統制が単独で又は他のいくつかの内部統制との組合せによって、重要な虚偽表示を効果的に防止又は発見・是正できるかどうかを検討することを含む。	監基報315第12項、A62項
に	204	二重責任の原則	経営者の財務諸表の作成責任と、監査人の意見表明責任を区別することをいう。経営者は、適用される財務報告の枠組みに準拠して、財務諸表を作成する責任を有している。これに対し、監査人は、経営者の作成した財務諸表について意見を表明する責任を有している。 経営者の財務諸表に対する責任については、「監査実施の基礎となる経営者の責任に関する前提」を参照	監基報200のA2項、A3項
ね	205	ネットワーク Network	監査事務所よりも大きな組織体であって、所属する事業体の相互の協力を目的としており、かつ以下のいずれかを備えている組織体をいう。 ア．利益の分配又は費用の分担を目的にしていること。 イ．共通の組織により所有、支配及び経営されていること。 ウ．品質管理の方針及び手続を共有していること。 エ．事業戦略を共有していること。 オ．ブランド名を共有していること。 カ．事業上のリソースの重要な部分を共有していること。	品基報第11項 監基報220第６項
	206	ネットワーク・ファーム Network firm	ネットワークに所属する監査事務所又は事業体をいう。	品基報第11項 監基報220第６項
	207	年次報告書 Annual report	監査した財務諸表及び監査報告書が含まれる、通常年次で発行又は開示される開示書類をいう。	監基報720第２項
の	208	ノンサンプリングリスク Non-sampling risk	監査人が、サンプリングリスクに関連しない他の理由によって、誤った結論を導くリスクをいう。	監基報530第４項
は	209	発見リスク Detection risk	虚偽表示が存在し、その虚偽表示が個別に又は他の虚偽表示と集計して重要になり得る場合に、監査リスクを許容可能な低い水準に抑えるために監査人が監査手	監基報200第12項

	No.	用　語	定義又は説明	備　考
			続を実施してもなお発見できないリスクをいう。	
	210	判断による虚偽表示 Judgmental misstatement	虚偽表示の分類の一つ。監査人が合理的でないと考える会計上の見積り又は監査人が不適切と考える会計方針の選択及び適用に関する経営者の判断から生じる差異をいう。	監基報450のA3項
ひ	211	比較財務諸表 Comparative financial statements	当年度の財務諸表との比較のために、当年度の財務諸表と同程度の比較情報が含まれており、比較情報について監査が実施されている場合に、比較情報に対する監査意見が当年度の監査報告書に記載されるときの当該比較情報をいう。 比較情報に過去複数年度の金額及び開示が含まれる場合には、本報告書における「前年度」は「過年度」を表すものとする。	監基報710第５項
	212	比較情報 Comparative information	適用される財務報告の枠組みに基づき財務諸表に含まれる過年度の金額及び開示をいう。	監基報710第５項
	213	否定的意見 Adverse opinion	財務諸表監査において、監査人が、十分かつ適切な監査証拠を入手した結果、虚偽表示が財務諸表に及ぼす影響が、個別に又は集計した場合に、重要かつ広範であると判断する場合に、表明しなければならない意見をいう。 要約財務諸表に関する報告業務において、要約財務諸表が重要な点において、適用される要約の規準に準拠しておらず、監査済財務諸表と整合していない場合で、経営者が必要な変更を行うことに同意しないときに、表明しなければならない意見をいう。	監基報705第７項 監基報810第18項
	214	否定的結論 Adverse conclusion	財務諸表のレビュー業務において、業務実施者が、財務諸表に重要な虚偽表示があると判断した場合で、除外事項の影響が、財務諸表にとって重要かつ広範であると結論付けるときに、表明しなければならない結論をいう。	保証実2400第78項
	215	品質管理のシステム System of quality control	監査事務所及び専門要員が職業的専門家としての基準及び適用される法令等を遵守すること、及び、監査事務所又は監査責任者が状況に応じた適切な監査報告書を発行することに関して、監査業務の品質を合理的に確保するために、監査事務所が整備し、運用する方針と、その方針を適用する手続及び遵守状況を監視する手続から構成されるものをいう。	品基報第３項、第10項
	216	品質管理のシステムの監視 Monitoring（in relation to quality control）	監査事務所の品質管理のシステムが有効に運用されていることを合理的に確保するために策定された、品質管理のシステムに関する日常的監視及び評価（監査業務の定期的な検証を含む。）をいう。	品基報第11項 監基報220第６項
ふ	217	不確実性 Uncertainty	将来の帰結が企業の直接的な影響が及ばない将来の行為や事象に依存し、財務諸表に影響を及ぼす可能性が	監基報705第９項

Ⅱ　会計士協会

No.	用　語	定義又は説明	備　考
		ある状況をいう。	
218	不正 Fraud	不当又は違法な利益を得るために、経営者、取締役等、監査役等、従業員又は第三者による他者を欺く意図的な行為をいう。	監基報240第10項
219	不正な財務報告 Fraudulent financial reporting	不正な財務報告とは、財務諸表の利用者を欺くために財務諸表に意図的な虚偽表示を行うことであり、計上すべき金額を計上しないこと又は必要な開示を行わないことを含んでいる。	監基報240のA2項
220	不正による重要な虚偽表示の疑義 Suspicion of a material misstatement due to fraud	不正による重要な虚偽表示の疑いが高いと監査人が判断した状況をいい、以下のいずれかに当てはまる場合が該当する。 ・不正による重要な虚偽表示を示唆する状況について、関連して入手した監査証拠に基づいて経営者の説明に合理性がないと監査人が判断した場合 ・識別し評価した不正による重要な虚偽表示リスクに対応して当初計画した監査手続を実施した結果、必要と判断した追加的な監査手続を実施してもなお、不正リスクに関連する十分かつ適切な監査証拠を入手できない場合	監基報240第10項
221	不正による重要な虚偽表示の兆候を示す状況 Circumstances that may indicate the possibility of a material misstatement due to fraud	不正による重要な虚偽表示が行われている可能性を示す状況をいい、監査手続を実施した結果、当該状況を識別した場合、監査人は、アサーション・レベルの不正による重要な虚偽表示リスクに関する評価が依然として適切であるかどうかを判断する際にこれを考慮することが求められる。	監基報240第10項
222	不正による重要な虚偽表示を示唆する状況 Circumstances that indicate the possibility of a material misstatement due to fraud	不正による重要な虚偽表示の兆候を示す状況のうち、不正による重要な虚偽表示が行われている可能性がより高いものとして不正リスク対応基準で取り扱われているものをいい、当該状況が存在する場合、監査人は、経営者に質問し説明を求めるとともに、追加的な監査手続を実施することが求められる。	監基報240第10項
223	不正リスク Risks of fraud	不正による重要な虚偽表示リスクの略称。不正による重要な虚偽表示リスク、不正リスクいずれの表現も用いている。	監基報240第10項
224	不正リスク要因 Fraud risk factors	不正を実行する動機やプレッシャーの存在を示す事象や状況、不正を実行する機会を与える事象や状況、又は不正行為に対する姿勢や不正行為を正当化する状況をいう。	監基報240第10項
225	不適正意見 Adverse opinion	適用される財務報告の枠組みが適正表示の枠組みの場合の否定的意見をいう。	監基報705第７項
226	分析的手続 Analytical procedures	財務データ相互間又は財務データと非財務データとの間に存在すると推定される関係を分析・検討することによって、財務情報を評価することをいう。分析的手	監基報520第３項 保証実

	No.	用　語	定義又は説明	備　考
			続には、他の関連情報と矛盾する、又は監査人（業務実施者）の推定値と大きく乖離する変動や関係についての必要な調査も含まれる。	2400 第14項
ほ	227	母集団 Population	監査人がサンプルを抽出し、結論を導き出そうとする項目全体をいう。	監基報530 第４項
	228	保証業務 Assurance engagement	主題に責任を負う者が一定の規準によって当該主題を評価又は測定した結果を表明する情報（主題情報）について、又は、当該主題それ自体について、それらに対する想定利用者の信頼の程度を高めるために、業務実施者が自ら入手した証拠に基づき規準に照らして判断した結果を結論として報告する業務をいう。 保証業務は、保証業務リスクの程度により、合理的保証業務と限定的保証業務に分類される。合理的保証業務では、業務実施者が、当該業務が成立する状況のもとで、積極的形式による結論の報告を行う基礎として合理的な低い水準に保証業務リスクを抑える。これに対して、限定的保証業務では、合理的保証業務の場合よりは高い水準ではあるが、消極的形式による結論の報告を行う基礎としては受け入れることができる程度に保証業務リスクの水準を抑える。	保証業務の概念的枠組み二１及び２
	229	保証業務の技能及び技法 Assurance skills and techniques	業務の計画、証拠の収集、証拠の評価、コミュニケーション及び結論の報告に当たって、業務実施者により発揮される技能及び技法をいい、特定の保証業務における主題又はその測定若しくは評価における専門性とは区別される。	保証実 2400 第14項
	230	保証業務リスク Assurance engagement risk	主題情報に重要な虚偽の表示がある場合に業務実施者が不適切な結論を報告する可能性をいう。	保証業務の概念的枠組み七５ 保証実 2400 第14項
	231	補足的な情報 Supplementary information	財務諸表を作成するために使用する適用される財務報告の枠組みでは要求されないが、財務諸表と共に表示される情報をいう。通常、付表又は注記の追加として表示される。	監基報700 の A47項
み	232	未回答 Non-response	確認回答者が積極的な確認依頼に対して回答しない場合や回答が不十分な場合、又は確認依頼が配達不能で返送された場合をいう。	監基報505 第５項
	233	未修正の虚偽表示 Uncorrected misstatements	監査人が監査の過程で集計対象とした虚偽表示のうち、修正されなかった虚偽表示をいう。	監基報450 第３項
	234	見積りの不確実性 Estimation uncertainty	会計上の見積り及び関連する開示が、正確に測定することができないという性質に影響される程度をいう。	監基報540 第６項

	No.	用　語	定義又は説明	備　考
む	235	無限定意見 Unmodified opinion	財務諸表監査において、適正表示の枠組みの場合、財務諸表が、適用される財務報告の枠組みに準拠して、すべての重要な点において適正に表示していると監査人が認める場合に表明される意見をいい、準拠性の枠組みの場合、財務諸表が、すべての重要な点において、適用される財務報告の枠組みに準拠して作成されていると監査人が認める場合に表明される意見をいう。 要約財務諸表に関する報告業務において、要約財務諸表が、すべての重要な点において、適用される要約の規準に準拠して監査済財務諸表と整合していると監査人が認める場合に表明される意見をいう。	監基報700 第6項 監基報810 第10項
	236	無限定の結論 Unmodified conclusion	財務諸表のレビュー業務において、適正表示の枠組みの場合、財務諸表が、適用される財務報告の枠組みに準拠して、適正に表示していない信じさせる事項がすべての重要な点において認められないと結論付ける限定的保証を業務実施者が得たときに表明される結論をいい、準拠性の枠組みの場合、財務諸表が、適用される財務報告の枠組みに準拠して作成されていないと信じさせる事項がすべての重要な点において認められないと結論付ける限定的保証を業務実施者が得たときに表明される結論をいう。	保証実 2400 第74項、 75項
よ	237	要約財務諸表 Summary financial statements	一定時点における企業の経済的資源若しくは義務又は一定期間におけるそれらの変動に関して、財務諸表ほど詳細ではないが、これと整合する体系的な情報を提供するために、財務諸表を基礎として作成された過去財務情報をいう。	監基報810 第3項
り	238	リスク対応手続 Further audit procedures	監査リスクを許容可能な低い水準に抑えるために、識別し評価したアサーション・レベルの重要な虚偽表示リスクに対応して、立案し実施する監査手続をいう。リスク対応手続は、運用評価手続と実証手続で構成する。	監基報330 第3項
	239	リスク評価手続 Risk assessment procedures	内部統制を含む、企業及び企業環境を理解し、不正か誤謬かを問わず、財務諸表全体レベルの重要な虚偽表示リスクと、アサーション・レベルの重要な虚偽表示リスクを識別し評価するために実施する監査手続をいう。	監基報315 第3項
れ	240	例外的事象 Anomaly	抽出したサンプルに対して実施した手続の結果、特定した母集団を明らかに代表していない虚偽表示又は内部統制の逸脱をいう。	監基報530 第4項
	241	（財務諸表の）レビュー業務 Review engagement	レビューの目的は、業務実施者が実施した手続に基づいて、財務諸表が、すべての重要な点において、適用される財務報告の枠組みに準拠して作成されていないと信じさせる事項が認められなかったかどうかに関し、結論を表明することにある。限定的保証を提供す	保証実 2400 第6項

	No.	用　語	定義又は説明	備　考
			る。	
	242	レビュー手続 Review procedures	レビューの目的を満たすために必要な手続であり、主として質問と分析的手続から成る。	
わ	243	我が国において一般に公正妥当と認められる監査の基準 Auditing standards generally accepted in Japan	監査人が準拠すべき基準をいい、監査の実施時に適用される監査基準（法令により準拠が求められている場合は、監査における不正リスク対応基準を含む。）並びに日本公認会計士協会が公表する監査実務指針から構成される。	監基報（序）第2項

(注)　略号は、それぞれ以下で示している。

各委員会報告の番号及び記号

- 品質管理基準委員会報告第1号第○項：品基報第○項
- 監査基準委員会報告書○○○第○項：監基報○○○第○項
- 監査・保証実務委員会実務指針第○号：監保実○号○項
- IT 委員会実務指針第○号：IT 実○号
- 保証業務実務指針○○○○：保証実○○○○

財務情報等に係る保証業務の概念的枠組みに関する意見書：保証業務の概念的枠組み

付録３：不正リスク対応基準に準拠して監査を実施する場合の要求事項及び適用指針を含む監査基準委員会報告書の一覧（第７項参照）

本付録は、財務諸表監査において、不正リスク対応基準に準拠して監査を実施する場合に適用する要求事項及び適用指針を含んだ監査基準委員会報告書を一覧にしたものである。

この一覧は、他の監査基準委員会報告書における要求事項及び適用指針の検討に代わるものではなく、それぞれの報告書を参照する必要がある。

・監査基準委員会報告書220「監査業務における品質管理」:
　F11－２項、F14－２項、F14－３項、F15－２項、F17－２項、F20－２項、F20－３項、F22－２項、FA9－２項、FA24－２項、FA25－２項

・監査基準委員会報告書240「財務諸表監査における不正」:
　10項Ｆ(5)、10項Ｆ(6)、F11－２項、F14－２項、F15－２項、F32－３項、F35－２項からF35－４項、F36－２項、F38－２項、F38－３項、F39－２項、F44－２項、F44－３項、FA10－２項からFA10－６項、FA50－２項、FA50－３項、FA51－２項、FA51－３項、FA56－２項、FA56－３項、FA57－２項、Ｆ付録４

・監査基準委員会報告書505「確認」:
　F11－２項、FA19－３項、FA19－４項

・監査基準委員会報告書600「グループ監査」:
　F39－２項、FA58－３項、FA58－４項、FA64－２項、付録５の一部

・監査基準委員会報告書910「中間監査」:
　F2－２項、FA7－３項

監査基準委員会報告書200

財務諸表監査における総括的な目的*

2011年12月22日
改正2013年6月17日
改正2014年4月4日
改正2015年5月29日
改正2019年6月12日
最終改正2021年1月14日
日本公認会計士協会
監査基準委員会
（報告書：第51号）

項番号

Ⅰ　本報告書の範囲及び目的

1．本報告書の範囲

1．本報告書は、一般に公正妥当と認められる監査の基準に準拠した財務諸表監査の実施に関する実務上の全般的な指針を提供するものである。特に、本報告書では、独立監査人の総括的な目的を記載するとともに、当該目的を達成するために実施される監査が有する性質と範囲について説明している。

また、本報告書は、監査基準委員会報告書の範囲、位置付け及び体系を説明し、さらに、全ての監査において適用される独立監査人の一般的な責任についての要求事項（一般に公正妥当と認められる監査の基準に準拠することを含む。）を記載している。以下においては、独立監査人を「監査人」という。

2．監査基準委員会報告書は、監査人による財務諸表監査の観点から記載されている。したがって、その他の過去財務情報の監査に対して適用される場合には、状況に応じて適宜読み替えて適用されることになる。監査基準委員会報告書は、例えば、有価証券の募集に関連する法令等において規定されている監査人の責任を取り扱っていない。当該責任は、監査基準委員会報告書において記載されている責任とは異なることがある。そのような状況において、監査基準委員会報告書が有用であることもあるが、その場合でも、関連する法令上の義務又は職業的専門家としての義務を全て遵守する責任が監査人にはある。

2．財務諸表監査

3．監査は、想定利用者の財務諸表に対する信頼性を高めるために行われる。これは、財務諸表が、全ての重要な点において、適用される財務報告の枠組みに準拠して作成されているかどうかについて、監査人が意見を表明することにより達成される。一般目的の財務諸表の場合、監査意見は、財務諸表が、適用される財務報告の枠組みに準拠して、全ての重要な点において適正に表示しているかどうかについて表明されることが多い。監査人は、一般に公正妥当と認められる監査の基準及び関連する職業倫理に関する規定に準拠して監査を実施することにより、当該意見を形成することができる。（A１項参照）

4．監査の対象である財務諸表は、取締役会による監督及び監査役若しくは監査役会、監査等委員会又は監査委員会（以下、監査役若しくは監査役会、監査等委員会又は監査委員会を「監査役等」という。）による監査のもとで、経営者が作成するものである。

一般に公正妥当と認められる監査の基準は、経営者や監査役等の責任を定めるものではなく、また経営者や監査役等の責任を規定する法令等に優先するものではない。ただし、一般に公正妥当と認められる監査の基準に準拠した監査は、経営者が監査実施の基礎となる経営者の責任を認識しているという前提に基づいて実施される。財務諸表監査は、経営者又は監査役等のこれらの責任を軽減するものではない。（A2項からA10項参照）

5．一般に公正妥当と認められる監査の基準は、監査人に、意見表明の基礎として、不正か誤謬かを問わず、財務諸表全体に重要な虚偽表示がないかどうかについて合理的な保証を得ることを要求している。合理的な保証は、高い水準の保証である。合理的な保証は、監査人が、監査リスク（すなわち、財務諸表に重要な虚偽表示がある場合に監査人が不適切な意見を表明するリスク）を許容可能な低い水準に抑えるために、十分かつ適切な監査証拠を入手した場合に得られる。監査の固有の限界があるため、監査人が結論を導き、意見表明の基礎となる監査証拠の大部分は、絶対的というより心証的なものとなる。したがって、合理的な保証は、絶対的な水準の保証ではない。（A27項からA51項参照）

6．監査人は、監査の計画と実施、及び識別した虚偽表示が監査に与える影響と未修正の虚偽表示が財務諸表に与える影響の評価において、重要性の概念を適用する。（監査基準委員会報告書320「監査の計画及び実施における重要性」及び監査基準委員会報告書450「監査の過程で識別した虚偽表示の評価」参照）

一般的には、脱漏を含む虚偽表示は、個別に又は集計すると、当該財務諸表の利用者の経済的意思決定に影響を与えると合理的に見込まれる場合に、重要性があると判断される。重要性の判断は、それぞれの状況を考慮して行われ、財務諸表の利用者の財務情報に対するニーズに関する監査人の認識、虚偽表示の金額や内容、又はそれら両者の組合せによる影響を受ける。

監査意見は、財務諸表全体に対するものである。したがって、監査人が、財務諸表全体にとって重要でない虚偽表示についてまで発見する責任を負うものではない。

7．それぞれの監査基準委員会報告書には、「本報告書の範囲及び目的」、「要求事項」及び「適用指針」が含まれており、これらは監査人が合理的な保証を得ることができるように記載されている。監査基準委員会報告書は、監査人に、監査の計画、実施の過程を通じて、職業的専門家として判断し、職業的懐疑心を保持することとともに、特に以下の事項を要求している。

・内部統制を含む、企業及び企業環境の理解に基づき、不正か誤謬かを問わず、重要な虚偽表示リスクを識別し評価すること。

・評価したリスクについて、適切な対応を立案し実施することにより、十分かつ適切な監査証拠を入手すること。

・入手した監査証拠から導き出した結論に基づき、財務諸表に対する意見を形成すること。

8．監査人が表明する意見の様式は、適用される財務報告の枠組み及び法令等によって決定される。（A11項及び A12項参照）

9．監査人は、また、実施した監査に関連する事項について、利用者、経営者、監査役等、又は企業外の関係者に対して、コミュニケーションを行い、報告する責任を有することがある。当該責任は、一般に公正妥当と認められる監査の基準又は適用される法令等に記載されている。(監査基準委員会報告書260「監査役等とのコミュニケーション」、監査基準委員会報告書240「財務諸表監査における不正」第42項等参照)

3．監査人の総括的な目的

10．財務諸表監査の実施における監査人の総括的な目的は、以下のとおりである。

(1) 不正か誤謬かを問わず、全体としての財務諸表に重要な虚偽表示がないかどうかについて合理的な保証を得ることにより、財務諸表が、全ての重要な点において、適用される財務報告の枠組みに準拠して作成されているかどうか（適正表示の枠組みの場合は、財務諸表が全ての重要な点において適正に表示されているかどうか。）に関して、監査人が意見を表明できるようにすること。

(2) 監査人の発見事項に従って、財務諸表について監査意見を表明するとともに、監査基準委員会報告書により要求されるコミュニケーションを行うこと。

11．一般に公正妥当と認められる監査の基準は、監査人が合理的な保証を得ることができず、かつ、監査報告書における限定意見では財務諸表の利用者への報告として不十分な場合には、監査人に対して意見を表明しないことを求めている。また、そのような場合には監査契約が解除されることもある。

4．定　義

12．本報告書における用語の定義は、以下のとおりとする。

(1)「過去財務情報」－過去の一定期間に発生した経済事象、又は過去の一定時点における経済的な状態若しくは状況について財務的に表現した特定の企業に関連する情報であり、主として企業の会計システムから得られる。

(2)「監査実施の基礎となる経営者の責任に関する前提」－経営者は、一般に公正妥当と認められる監査の基準に準拠して監査を実施するための基礎となる以下の責任を認識し理解しているという前提をいう。

① 適用される財務報告の枠組みに準拠して財務諸表を作成すること（適正表示の枠組みの場合は、財務諸表を適正に表示することを含む。）。

② 不正か誤謬かを問わず、重要な虚偽表示のない財務諸表を作成するために経営者が必要と判断する内部統制を整備及び運用すること。

③ 以下を監査人に提供すること。

ア．経営者が財務諸表の作成に関連すると認識している記録や証憑書類等の全ての情報

イ．監査人が監査の目的に関連して経営者に依頼する、全ての追加的な情報

ウ．監査人が監査証拠を入手するために必要と判断した、企業構成員への制限のない質問や面談の機会

適正表示の枠組みの場合、①の責任は、「適用される財務報告の枠組みに準拠して財務諸表を作成し適正に表示すること」となる。「監査実施の基礎となる経営者の責任に関する前提」は、「監査実施の前提」と省略して記載される場合もある。

(3)「監査証拠」－監査人が意見表明の基礎とな

る個々の結論を導くために利用する情報をいう。監査証拠は、財務諸表の基礎となる会計記録に含まれる情報及びその他の情報からなる。監査基準委員会報告書においては、次のとおり記載がある。

① 監査証拠の十分性は、監査証拠の量的尺度をいう。必要とされる監査証拠の量は、評価した重要な虚偽表示リスクの程度及び監査証拠の質によって影響を受ける。

② 監査証拠の適切性は、監査証拠の質的尺度をいう。すなわち、意見表明のための基礎を裏付ける監査証拠の適合性と証明力をいう。

(4) 「監査人」−「監査人」は、監査業務に従事する者（通常、監査責任者又は監査チームの他のメンバー）、又は該当する場合には監査事務所に対して使用される。監査責任者に要求される事項又は監査責任者の責任を特に表す場合には、「監査人」でなく「監査責任者」が使用される。

(5) 「監査リスク」−監査人が、財務諸表の重要な虚偽表示を看過して誤った意見を形成する可能性をいう。監査リスクは、重要な虚偽表示リスクと発見リスクの二つから構成される。

(6) 「虚偽表示」−報告される財務諸表項目の金額、分類、表示又は注記事項と、適用される財務報告の枠組みに準拠した場合に要求される財務諸表項目の金額、分類、表示又は注記事項との間の差異をいう。虚偽表示は、誤謬又は不正から発生する可能性がある。監査人が、財務諸表が全ての重要な点において適正に表示されているかどうかに関して意見表明する場合、虚偽表示には、監査人の判断において、財務諸表が全ての重要な点において適正に表示されるために必要となる、金額、分類、表示又は注記事項の修正も含まれる。

(7) 「経営者」−取締役又は執行役のうち、企業における業務の執行において責任を有する者をいう。国によっては、ガバナンスに責任を有する者の一部若しくは全員が経営者である企業もあり、又はオーナー経営者のみが経営者である企業もある。

(8) 「合理的な保証」−財務諸表監査において、絶対的ではないが高い水準の保証をいう。

(9) 「財務諸表」−財務報告の枠組みに準拠して、過去財務情報を体系的に表したものであり、注記事項が含まれる。財務諸表は、一定時点における企業の経済的資源若しくは義務又は一定期間におけるそれらの変動を伝えることを目的としている。「財務諸表」は、通常、適用される財務報告の枠組みにおいて要求される完全な一組の財務諸表を指す。注記事項は、適用される財務報告の枠組みにより求められている、又は明示的か否かにかかわらず記載が認められている説明的若しくは記述的な情報から構成される。注記事項は、財務諸表本表において、又は脚注方式で記載されるが、財務諸表から他の文書に参照をすることによって財務諸表に組み込まれることもある。（A12−2項及びA12−3項参照）

(10) 「重要な虚偽表示リスク」−監査が実施されていない状態で、財務諸表に重要な虚偽表示が存在するリスクをいい、誤謬による重要な虚偽表示リスクと不正による重要な虚偽表示リスクがある。

アサーション・レベルにおいて、重要な虚偽表示リスクは以下の二つの要素で構成される。

① 固有リスク−関連する内部統制が存在していないとの仮定の上で、取引種類、勘定残高及び注記事項に係るアサーションに、個別に又は他の虚偽表示と集計すると重要となる虚偽表示が行われる可能性をいう。

② 統制リスク−取引種類、勘定残高及び注記事項に係るアサーションで発生し、個別に又は他の虚偽表示と集計すると重要となる虚偽表示が、企業の内部統制によって防止又は適時に発見・是正されないリスクをいう。

(11) 「職業的専門家としての懐疑心」−誤謬又は不正による虚偽表示の可能性を示す状態に常に注意し、監査証拠を鵜呑みにせず、批判的に評価する姿勢をいう。なお、職業的懐疑心ともいう。

(12) 「職業的専門家としての判断」－個々の監査業務の状況に応じた適切な措置について十分な情報を得た上で判断を行う際に、監査、会計及び職業倫理の基準に照らして、関連する知識及び経験を適用することをいう。

(13) 「適用される財務報告の枠組み」－財務諸表の作成と表示において、企業の特性と財務諸表の目的に適合する、又は法令等の要求に基づく、経営者が採用する財務報告の枠組みをいう。（A5項及び A7項参照）

「適正表示の枠組み」は、その財務報告の枠組みにおいて要求されている事項の遵守が要求され、かつ、以下のいずれかを満たす財務報告の枠組みに対して使用される。

① 財務諸表の適正表示を達成するため、財務報告の枠組みにおいて具体的に要求されている以上の開示を行うことが必要な場合があることが、財務報告の枠組みにおいて明示的又は黙示的に認められている。

② 財務諸表の適正表示を達成するため、財務報告の枠組みにおいて要求されている事項からの離脱が必要な場合があることが、財務報告の枠組みにおいて明示的に認められている。このような離脱は、非常に稀な状況においてのみ必要となることが想定されている。

「準拠性の枠組み」は、その財務報告の枠組みにおいて要求される事項の遵守が要求されるのみで、上記①及び②のいずれも満たさない財務報告の枠組みに対して使用される。

(14) 「ガバナンスに責任を有する者」－企業の戦略的方向性と説明責任を果たしているかどうかを監視する責任を有する者又は組織をいう。これには、財務報告プロセスの監視が含まれる。国によっては、ガバナンスに責任を有する者には、経営者を含むことがある。

なお、我が国においては、会社法の機関の設置に応じて、取締役会、監査役若しくは監査役会、監査等委員会又は監査委員会がガバナンスに責任を有する者に該当するが、品質管理基準委員会報告書及び監査基準委員会報告書においては、原則として監査人のコミュニケーションの対象は監査役若しくは監査役会、監査等委員会又は監査委員会を想定し「監査役等」と記載している。一方、海外の構成単位の監査に関連する場合は、ガバナンスの構造の多様性を考慮して「ガバナンスに責任を有する者」を使用している。

(15) 「発見リスク」－虚偽表示が存在し、その虚偽表示が個別に又は他の虚偽表示と集計して重要になり得る場合に、監査リスクを許容可能な低い水準に抑えるために監査人が監査手続を実施してもなお発見できないリスクをいう。

Ⅱ 要求事項

1．財務諸表監査に関連する職業倫理に関する規定

13．監査人は、財務諸表監査業務に関連する職業倫理に関する規定（独立性に関連するものを含む。）を遵守しなければならない。（A13項から A16項参照）

2．職業的専門家としての懐疑心

14．監査人は、財務諸表において重要な虚偽表示となる状況が存在する可能性のあることを認識し、職業的懐疑心を保持して監査を計画し実施しなければならない。（A17項から A21項参照）

3．職業的専門家としての判断

15．監査人は、財務諸表監査の計画と実施において、職業的専門家としての判断を行使しなければならない。（A22項から A26項参照）

4．十分かつ適切な監査証拠と監査リスク

16．監査人は、合理的な保証を得るため、監査リスクを許容可能な低い水準に抑える十分かつ適切な監査証拠を入手しなければならない。それ

により、監査人は、意見表明の基礎となる結論を導くことができる。(A27項からA51項参照)

5．一般に公正妥当と認められる監査の基準に準拠する監査の実施

(1)　個々の監査業務に関連する監査実務指針の遵守

17．監査人は、監査基準、法令により準拠が求められる場合、監査における不正リスク対応基準(以下「不正リスク対応基準」という。)、及び監査基準委員会報告書を含む日本公認会計士協会が公表する監査実務指針のうち個々の監査業務に関連するものは全て遵守しなければならない。個々の監査業務に関連しているとは、特定の監査業務について、既に発効している監査実務指針の取り扱う状況が存在している場合をいう。(A52項からA55項参照)

18．監査基準委員会報告書を適用するに当たり、監査人は、それぞれの監査基準委員会報告書の目的を理解し、要求事項を適切に適用するため、その適用指針を含め、監査基準委員会報告書を全体として理解しなければならない。(A56項からA64項参照)

19．監査人は、監査基準、本報告書、並びに個々の監査業務に関連する他の全ての監査基準委員会報告書及び他の監査実務指針の要求事項を遵守しない限り、監査報告書上で一般に公正妥当と認められる監査の基準に準拠した旨を記載してはならない。

(2)　それぞれの監査基準委員会報告書に記載されている目的

20．監査人の総括的な目的を達成できるように、監査人は、監査の計画と実施において、監査基準委員会報告書の相互関係を踏まえて以下の事項を行うため、関連するそれぞれの監査基準委員会報告書に記載された目的を勘案しなければならない。(A65項からA67項参照)

(1)　監査基準委員会報告書の目的を達成するために、監査基準委員会報告書で要求されている監査手続に追加して監査手続を実施する必要があるかどうかの判断(A68項参照)

(2)　十分かつ適切な監査証拠を入手したかどうかの評価(A69項参照)

(3)　関連する要求事項の遵守

21．監査人は、第22項に従うほか、以下のいずれかに該当する場合を除いて、監査基準委員会報告書に記載された要求事項を遵守しなければならない。

(1)　特定の監査基準委員会報告書がその監査業務に全く関連しない場合

(2)　一定の条件の下で要求される事項であり、その監査業務に条件が合致しないため、要求事項がその監査業務に関連しない場合(A70項及びA71項参照)

(3)　不正リスク対応基準に基づく要求事項であり、その監査業務に不正リスク対応基準が適用されないため、要求事項がその監査業務に関連しない場合

22．監査人は、例外的な状況において、監査基準委員会報告書の関連する要求事項に代えて代替的な監査手続が必要と判断する場合がある。このような状況においては、監査人は、当該要求事項の趣旨を達成するための代替的な監査手続を実施しなければならない。要求事項が特定の手続の実施に関するものであり、当該手続がその監査業務において、要求事項の趣旨を達成するために有効でない状況においてのみ、監査人は要求事項に代えて代替的な監査手続を実施する必要性が生じる。(A72項参照)

(4)　目的を達成できない状況

23．監査人は、関連する監査基準委員会報告書の目的を達成できない場合、それにより監査人の総括的な目的の達成が妨げられ、その結果、一般に公正妥当と認められる監査の基準に準拠して、監査範囲の制約に関する限定意見を表明するか若しくは意見を表明しないこと又は監査契約を解除することが必要となるかどうか評価しなければならない。

　監査基準委員会報告書の目的を達成できない

状況は、監査基準委員会報告書230「監査調書」（監基報230第７項⑶参照）において監査調書への記載が求められる重要な事項に該当する。（A73項及びA74項参照）

Ⅲ　適用指針

１．財務諸表監査

⑴　監査の範囲（第３項参照）

A1．財務諸表に対する監査意見は、財務諸表が、全ての重要な点において、適用される財務報告の枠組みに準拠して作成されているかどうかについて表明され、これは全ての財務諸表監査に共通する。したがって、監査意見は、例えば、企業の将来の存続可能性を保証したり、経営者による業務遂行の効率性や有効性を保証したりするものではない。しかしながら、国によっては、法令等により、他の特定の事項（例えば、内部統制の有効性や、財務諸表と財務諸表以外の経営者による報告書との整合性等）について、監査人による意見の表明が要求されている場合がある。監査基準委員会報告書には、財務諸表に対する意見形成に関連する範囲で、そのような他の特定の事項に関連する要求事項と適用指針が含まれているが、そのような意見を提供する追加的な責任を有する場合、監査人は追加的な作業の実施が要求されることになる。

⑵　財務諸表の作成（第４項参照）

A2．法令等が、財務報告に関連する経営者の責任を規定することがあるが、責任の範囲や規定の方法は国により異なる。これら法令等による規定上の差異に関係なく、一般に公正妥当と認められる監査の基準に準拠した監査は、経営者が以下の責任を有することを認識し理解しているという監査実施の前提に基づいて実施される。

⑴　適用される財務報告の枠組みに準拠して財務諸表を作成すること（適正表示の枠組みの場合は、財務諸表を適正に表示することを含む。）。

⑵　不正か誤謬かを問わず、重要な虚偽表示のない財務諸表を作成するために経営者が必要と判断する内部統制を整備及び運用すること。

⑶　以下を監査人に提供すること。

①　経営者が財務諸表の作成に関連すると認識している記録や証憑書類等の全ての情報

②　監査人が監査の目的に関連して経営者に依頼する、全ての追加的な情報

③　監査人が監査証拠を入手するために必要であると判断した、企業構成員への制限のない質問や面談の機会

A3．経営者は、財務諸表の作成について以下が要求される。

・関連する法令等で認められた、適用される財務報告の枠組みを決定すること。
・当該枠組みに準拠して財務諸表を作成すること。
・財務諸表において、当該枠組みについて適切に記述すること。

財務諸表の作成においては、状況に応じた合理的な会計上の見積りを行い、適切な会計方針を選択及び適用する必要があるが、この際、経営者には判断が要求される。これらの判断は、適用される財務報告の枠組みに照らして行われる。

A4．財務諸表は、以下のいずれかの財務報告の枠組みに準拠して作成される。

・広範囲の利用者に共通する財務情報に対するニーズを満たすように策定された枠組み。このような枠組みに準拠して作成される財務諸表を「一般目的の財務諸表」という。
・特定の利用者の財務情報に対するニーズを満たすように策定された枠組み。このような枠組みに準拠して作成される財務諸表を「特別目的の財務諸表」という。

A5．適用される財務報告の枠組みは、多くの場合、認知されている会計基準設定主体が設定する財務報告の基準（例えば、企業会計基準委員会が設定する企業会計基準、指定国際会計基準、又は国際会計基準審議会が公表する国際会計基準）、又は法令等により要求される事項で構成

されている。財務報告の枠組みは、認知されている会計基準設定主体が設定する財務報告の基準と、法令等により要求される事項の双方で構成されていることがある。

その他にも、適用される財務報告の枠組みには、例えば、以下のようなものが含まれており、その適用に関する指針を示していることがある。

・会計上の問題に関する法律上及び職業倫理上の外部要因（法令、判例、及び職業倫理上の義務を含む。）
・会計基準設定主体、職業的専門家等の団体が公表する会計上の解釈指針（規範性はそれぞれ異なる。）
・会計上の問題に関して会計基準設定主体、職業的専門家等の団体が公表する見解（規範性はそれぞれ異なる。）
・一般的な実務慣行及び業界の実務慣行
・会計に関する文献

財務報告の枠組みとその適用に関する指針を示す文書等の間で、又は財務報告の枠組みに含まれる文書等の間で不整合が生じている場合には、最も規範性の高いものが優先して適用される。

A6．財務諸表の様式と内容は、適用される財務報告の枠組みにより決定される。財務報告の枠組みは、全ての取引や事象の会計処理又は表示・注記の方法については明記していないことがあるが、通常、一般的な原則を含んでいる。一般的な原則は、財務報告の枠組みにおいて要求されている事項の根底にある概念と整合する会計方針を策定し適用するための基礎を提供する。

A7．財務報告の枠組みは、適正表示の枠組みであることもあれば、準拠性の枠組みであることもある。財務報告の枠組みは、認知されている会計基準設定主体が一般目的の財務諸表の作成に使用すべき基準として公表する財務報告の基準から主に構成されている場合、適正表示の達成を意図していることが多い。この点について、我が国において一般に公正妥当と認められる企業会計の基準は、会計基準からの離脱は認めていないが、金融商品取引法では、財務諸表規則等において追加情報の記載が求められており、適正表示の達成を意図していると考えられる。

A8．また、適用される財務報告の枠組みにおいて要求される事項は、完全な一組の財務諸表の構成についても記載している。多くの財務報告の枠組みにおいて、財務諸表は、企業の財政状態、経営成績及びキャッシュ・フローについての情報を提供するためのものとされている。この場合、完全な一組の財務諸表には、貸借対照表、損益計算書、株主資本等変動計算書、キャッシュ・フロー計算書、及び関連する注記が含まれる。

A9．監査基準委員会報告書210「監査業務の契約条件の合意」は、適用される財務報告の枠組みが受入可能なものであるかどうかの判断に関する要求事項と指針を提供している。（監基報210第４項(1)参照）

監査基準委員会報告書800「特別目的の財務報告の枠組みに準拠して作成された財務諸表に対する監査」は、財務諸表が特別目的の財務報告の枠組みに準拠して作成される場合の特別な考慮事項を扱っている。（監基報800第７項）

A10．監査実施の前提は重要であるため、監査基準委員会報告書210に記載のとおり、監査人は、監査契約の新規の締結又は更新の前提条件として、経営者がA2項に記載した責任を認識し理解していることについて、経営者と合意することが要求される。（監基報210第４項(2)参照）

(3)　監査意見の様式（第８項参照）

A11．監査人が表明する意見は、財務諸表が、全ての重要な点において、適用される財務報告の枠組みに準拠して作成されているかどうかに関するものである。ただし、監査意見の様式は、適用される財務報告の枠組み及び法令等によって決定される。大部分の財務報告の枠組みには、財務諸表の表示に関して要求される事項が含まれている。その場合、適用される財務報告の枠組みに準拠する財務諸表の「作成」とは、「作成及び表示」を意味することになる。

A12. 財務報告の枠組みが適正表示の枠組みの場合（一般的に、一般目的の財務諸表はこれに該当する。）、監査意見は、財務諸表が、全ての重要な点において適正に表示されているか、又は真実かつ公正な概観を与えているかどうかに関するものとなる。財務報告の枠組みが準拠性の枠組みの場合、監査意見は、財務諸表が、全ての重要な点において、財務報告の枠組みに準拠して作成されているかどうかに関するものとなる。監査基準委員会報告書における監査意見は、特に明示しない限り、両方の意見の様式を対象としている。

⑷ 定　義（第12項⑼参照）

財務諸表

A12－2．財務報告の枠組みによっては、企業の経済的資源又は義務を資産又は負債と呼び、その差額を資本又は純資産として呼称する場合がある。

A12－3．適用される財務報告の枠組みによって財務諸表への記載が要求される説明的・記述的な情報は、経営者による説明又はリスク報告書などの他の文書（財務諸表利用者が財務諸表と同じ条件で同時に利用可能なもの）の情報へ参照することによって財務諸表に組み込むことができる。「参照することによって財務諸表に組み込む」とは、財務諸表から他の文書への参照を意味するが、他の文書から財務諸表への参照は意味しない。適用される財務報告の枠組みが、説明的・記述的な情報の記載への参照を明示的に禁止しておらず、適切に参照されている場合、当該情報は財務諸表の一部を構成する。

２．財務諸表監査に関連する職業倫理に関する規定（第13項参照）

A13．監査人は、財務諸表監査業務に関連する職業倫理に関する規定（独立性に関連するものを含む。）に従う。我が国においては、職業倫理に関する規定は、品質管理基準委員会報告書第１号「監査事務所における品質管理」で記載しているとおり、公認会計士法・同施行令・同施行規則、日本公認会計士協会が公表する会則、倫理規則、独立性に関する指針、利益相反に関する指針及びその他の倫理に関する規定から構成される。なお、各国の職業倫理に関する規定は、財務諸表監査に関する国際会計士連盟の「職業会計士に対する倫理規程」の規定に、各国で要求されるより厳格な事項を加えて構成されていることが多い。

A14．倫理規則は、財務諸表監査を実施する場合の監査人に関連する職業的専門家としての倫理の基本原則を規定しており、当該原則を適用するための概念的枠組みを提供している。倫理規則が監査人に遵守を要求する基本原則は、次のとおりである。

⑴　誠実性の原則
⑵　公正性の原則
⑶　職業的専門家としての能力及び正当な注意の原則
⑷　守秘義務の原則
⑸　職業的専門家としての行動の原則

また、倫理規則、独立性に関する指針、利益相反に関する指針及びその他の倫理に関する規定は、概念的枠組みがどのように特定の状態に適用されることになるかを説明している。

A15．監査業務の場合、公共の利益の観点から、監査人は監査対象である企業に対して独立性を保持することが職業倫理に関する規定によって要求されている。倫理規則は、精神的独立性と外観的独立性の双方の保持を規定している。監査人は、企業に対して独立性を保持することにより、他の者からの不当な影響を受けることなく監査意見を形成することができる。監査人は、独立性を保持することにより、誠実に行動し、公正性と職業的懐疑心を保持することができる。

A16．監査に関する品質管理基準及び品質管理基準委員会報告書第１号は、監査事務所が、監査業務に関連する職業倫理に関する規定（独立性に関連するものを含む。）を遵守することを合理的に確保するために、職業倫理の遵守に関する方針及び手続を定めることを要求している。（品基報第19項から第24項参照）

監査に関する品質管理基準及び監査基準委員会報告書220「監査業務における品質管理」は、監査事務所の定める職業倫理の遵守に関する監査責任者の責任について記載している。これには、必要に応じて実施する質問等を通じて、監査チームメンバーが関連する職業倫理に関する規定を遵守していないことを示す証拠がないかどうかに注意を払うこと、当該規定を遵守していないことを示唆する状況に気づいた場合に適切な行動を決定すること、個々の監査業務に適用される独立性の要件を遵守しているか否かについて結論付けることが含まれる。監査基準委員会報告書220は、監査チームは、監査事務所又は第三者から品質管理のシステムに改善を要する事項が存在する旨の通知がない限り、個々の監査業務における品質管理において、監査事務所が定めた品質管理のシステムに依拠することができると記載している（監基報220第４項及び第８項から第11項参照）。

３．職業的専門家としての懐疑心（第14項参照）

A17．職業的懐疑心は、例えば、以下について注意を払うことを含む。

・入手した他の監査証拠と矛盾する監査証拠

・監査証拠として利用する記録や証憑書類又は質問に対する回答の信頼性に疑念を抱かせるような情報

・不正の可能性を示す状況

・監査基準委員会報告書により要求される事項に加えて追加の監査手続を実施する必要があることを示唆する状況

A18．監査の過程を通じて職業的懐疑心を保持することは、例えば、監査人が以下のリスクを抑えるために必要である。

・通例でない状況を見落とすリスク

・監査手続の結果について十分な検討をせずに一般論に基づいて結論を導いてしまうリスク

・実施する監査手続の種類、時期及び範囲の決定及びその結果の評価において不適切な仮定を使用するリスク

A19．職業的懐疑心は、監査証拠を批判的に評価するために必要である。これは、監査証拠の矛盾や、記録や証憑書類の信頼性、又は経営者や監査役等から入手した質問への回答又はその他の情報の信頼性について、疑念を抱くことを含む。

また、例えば、不正リスク要因が存在し、かつ、その性質上不正の可能性がある単独の記録や証憑書類が財務諸表の重要な金額を裏付ける唯一の証拠である場合など、その状況に照らして、入手した監査証拠の十分性と適切性について検討することを含む。

A20．監査人は、記録や証憑書類の真正性に疑いを抱く理由がある場合を除いて、通常、記録や証憑書類を真正なものとして受け入れることができる。しかしながら、監査人は、監査証拠として利用する情報の信頼性を検討することが要求される。（監査基準委員会報告書500「監査証拠」第６項から第８項参照）

監査基準委員会報告書は、情報の信頼性に疑義がある、又は不正の可能性の兆候がある場合（例えば、監査の過程で把握した状況により、ある記録や証憑書類が真正でないと疑われる場合、又は偽造されていると疑われる場合）、監査人に対し、さらに調査を実施し、問題事項を解消するため監査手続の種類、時期及び範囲に修正又は追加が必要であるか否かを決定することを要求している。（監基報240第12項、監基報500第10項、監基報505第９項、第10項及び第15項参照）

A21．監査人が、過去の経験に基づいて、経営者、取締役等及び監査役等は信頼が置ける、又は誠実であると認識していたとしても、それによって職業的懐疑心を保持する必要性が軽減されるわけではなく、また、合理的な保証を得る際に心証を形成するに至らない監査証拠に依拠することが許容されるわけでもない。

４．職業的専門家としての判断（第15項参照）

A22．職業的専門家としての判断は、監査の適切な実施に必要不可欠なものである。これは、関

連する職業倫理に関する規定及び一般に公正妥当と認められる監査の基準を解釈し、監査の過程を通じて要求される十分な情報に基づく判断を行う際に、関連する知識と経験を事実と状況に対して適用することが必要なためである。

職業的専門家としての判断は、特に以下の事項に関する決定において必要となる。

・重要性及び監査リスク
・監査基準委員会報告書の要求事項を満たし、監査証拠を収集するために実施する監査手続の種類、時期及び範囲
・十分かつ適切な監査証拠が入手されたかどうか、及び各監査基準委員会報告書の目的を達成し、それによって監査人の総括的な目的を達成するために追加して行うべき事項があるかどうかの評価
・適用される財務報告の枠組みを適用する際の経営者の判断の評価
・入手した監査証拠に基づき結論を導くこと（例えば、財務諸表の作成において経営者が行う見積りの合理性を評価すること）。

A23．監査人に期待される職業的専門家としての判断は、研修及び経験を通じて合理的な判断を行うのに必要な能力や知識を身に付けた監査人により行使される。

A24．監査人は、どのような場合でも、自身が知っている事実と状況に基づいて、職業的専門家としての判断を行使する。監査基準委員会報告書220で要求されているとおり、専門性が高く、判断に困難が伴う事項や見解が定まっていない事項に関して、監査業務の実施中に監査チーム内及び監査チームと監査事務所内外の適切な者との間で専門的な見解の問合せを実施することは、監査人が十分な情報を得た上で合理的な判断を行うのに役立つ（監基報220第17項参照）。

A25．職業的専門家としての判断は、監査及び会計の基準を適切に適用し、監査報告書日までに監査人が認識した事実と状況に照らして適切かつ整合的に行われる。

A26．職業的専門家としての判断は、監査の過程を通じて行使されることが必要であり、また、適切に監査調書に記載される必要がある。監査人は、経験豊富な監査人が以前に当該監査に関与していなくても、監査の過程で生じた重要な事項に関する結論に到達する際の職業的専門家としての重要な判断を理解できるような監査調書を作成することが要求されている。（監基報230第７項参照）

職業的専門家としての判断は、事実や状況又は十分かつ適切な監査証拠による裏付けのない判断を正当化するために利用されるものではない。

5．十分かつ適切な監査証拠と監査リスク

（第５項及び第16項参照）

⑴　監査証拠の十分性と適切性

A27．監査証拠は、監査意見及び監査報告書を裏付けるために必要である。監査証拠は、累積的な性質のものであり、主として監査の過程で実施した監査手続から入手する。

しかしながら、監査証拠は、過年度の監査において入手した情報（監査基準委員会報告書315「企業及び企業環境の理解を通じた重要な虚偽表示リスクの識別と評価」第８項に記載のとおり、監査人が当年度の監査に影響を与える変化が生じていないかどうか判断した場合）、又は監査契約の新規の締結及び更新に関する監査事務所の品質管理手続において入手した情報など、その他の情報源から入手した情報を含むことがある。企業内外のその他の情報源に加えて、企業の会計記録は、監査証拠として重要な情報源である。

また、監査証拠として利用する情報は、企業が雇用する、又は業務を依頼する専門家により作成されることがある。監査証拠は、アサーションを裏付ける情報と矛盾する情報の両方から構成される。さらに、情報がないことそれ自体が監査証拠となる場合がある（例えば、依頼した陳述を経営者が拒んだ場合）。監査意見の形成における監査人の作業のほとんどは、監査証拠を入手し評価することからなる。

A28．監査証拠の十分性と適切性は、相互に関連

する。

十分性は、監査証拠の量的尺度である。必要な監査証拠の量は、虚偽表示リスクの程度によって影響を受け（評価したリスクの程度が高いほど、より多くの監査証拠が要求される。)、また、監査証拠の質によっても影響を受ける（質が高いほど、少ない監査証拠で済む。)。

しかしながら、数多くの監査証拠を入手したとしても、監査証拠の質の低さを補完しないことがある。

A29. 適切性は監査証拠の質的尺度である。つまり、意見表明のための基礎を裏付ける、監査証拠の適合性と証明力である。監査証拠の証明力は、情報源及び種類により影響を受け、入手する状況により異なる。

A30. 監査リスクを許容可能な低い水準に抑え、意見表明の基礎となる十分かつ適切な監査証拠を入手したかどうかは、職業的専門家としての判断に係る事項である。監査基準委員会報告書500及びその他の関連する監査基準委員会報告書は、監査の過程を通じて、十分かつ適切な監査証拠の入手について監査人が考慮する追加的な要求事項及び詳細な指針を記載している。

(2) 監査リスク

A31. 監査リスクは、重要な虚偽表示リスク及び発見リスクの二つから構成される。監査人は、リスク評価に必要な情報を入手するための監査手続と、監査の過程を通じて入手される証拠に基づいて、リスク評価を行う。リスク評価は、正確に測定できるものではなく、職業的専門家としての判断に係る事項である。

A32. 監査リスクには、財務諸表に重要な虚偽表示がない場合に、監査人が重要な虚偽表示があるという意見を表明するリスクを含まない。このようなリスクは、通常、重要ではない。また、監査リスクは、監査のプロセスに関連して使用される用語であり、財務諸表監査に関連して発生する訴訟、風評、又はその他の事象から発生する損失など、監査人の事業上のリスクは含まない。

重要な虚偽表示リスク

A33. 重要な虚偽表示リスクは、以下の二つのレベルで存在する可能性がある。

・財務諸表全体レベル

・アサーション・レベル

A34. 財務諸表全体レベルの重要な虚偽表示リスクは、財務諸表全体に広く関わりがあり、多くのアサーションに潜在的に影響を及ぼす。

A35. 監査人は、十分かつ適切な監査証拠を入手するために必要なリスク対応手続の種類、時期及び範囲を決定するため、アサーション・レベルの重要な虚偽表示リスクを評価する。

十分かつ適切な監査証拠によって、監査人は、監査リスクを許容可能な低い水準に抑えた上で、財務諸表に対する意見を表明できる。

監査人は、重要な虚偽表示リスクを評価するために、様々なアプローチを利用する。例えば、監査人は、発見リスクを許容可能な水準に抑えるため、監査リスクの要素に関する一般的な関係を数量的に表すモデルを利用することがある。監査人は監査手続を計画する際に、このようなモデルを使用することが有用と考えることがある。

A36. アサーション・レベルの重要な虚偽表示リスクは、固有リスク及び統制リスクの二つの要素で構成される。固有リスクと統制リスクは企業側のリスクであり、財務諸表監査とは独立して存在している。

A37. 一部のアサーション及び関連する取引種類、勘定残高及び注記事項の固有リスクは、他に比べて相対的に高いことがある。例えば、複雑な計算や、見積りの不確実性が高い会計上の見積りによる金額で構成される勘定は、固有リスクが高いことがある。

事業上のリスクを生じさせる外部環境が固有リスクに影響を与えることもある。例えば、技術革新が進めば、特定の製品が陳腐化し、それにより棚卸資産の勘定残高が過大に表示される可能性が大きくなる。

また、多くの又は全ての取引種類、勘定残高及び注記事項に関係する、企業と企業環境のある要因が、特定のアサーションに関連する固有リスクに影響を与えることもある。例えば、事業継続のために必要な運転資本の不足や倒産の多発に象徴される産業衰退等が挙げられる。

A38. 統制リスクは、財務諸表の作成に関連する企業目的の達成を妨げるおそれがあると識別したリスクに対応するために経営者が整備及び運用する内部統制の有効性により影響を受ける。

しかしながら、内部統制は、いかに良好に整備され運用されていたとしても、財務諸表の重要な虚偽表示リスクを低減することはできるが、それをなくすことはできない。これは、内部統制の固有の限界のためである。内部統制の限界には、例えば、人為的なミスや間違いが起こる可能性、又は共謀や経営者が不当に内部統制を無効化する可能性が含まれる。したがって、統制リスクは常に存在する。

監査基準委員会報告書330「評価したリスクに対応する監査人の手続」及びその他の監査基準委員会報告書は、実施すべき実証手続の種類、時期及び範囲の決定において、どのような場合に内部統制の運用評価手続が要求されるのか、又は運用評価手続を利用するのかについて記載している。(監基報330第６項から第16項参照)

A39. 重要な虚偽表示リスクの評価は、百分率などのような定量的な評価によることもでき、また定性的な評価によることもできる。いずれの場合においても、監査人にとって重要なことは、適切なリスク評価を行うことである。一般に公正妥当と認められる監査の基準においては、通常、固有リスクと統制リスクについて、別々に評価するのではなく、両者を合わせて重要な虚偽表示リスクとして評価することとしている。しかしながら、監査基準委員会報告書330「評価したリスクに対応する監査人の手続」に従って会計上の見積りに関する重要な虚偽表示リスク（特別な検討を必要とするリスクを含む）に対応するためのリスク対応手続を立案し実施する（監基報330第６項(2)参照）基礎を得るため、監査基準委員会報告書540「会計上の見積りの監査」では、アサーション・レベルで固有リスクと統制リスクを別々に評価することを求めている。(監基報540第15項参照）会計上の見積り以外については、重要な取引種類、勘定残高又は注記事項に関する重要な虚偽表示リスクの識別及び評価を行う際、監査の手法に応じて、又は実務対応上、固有リスクと統制リスクを別々に評価することもあれば、合わせて評価することもある。

A40. 監査基準委員会報告書315は、財務諸表全体レベル及びアサーション・レベルの重要な虚偽表示リスクの識別と評価についての要求事項と指針を記載している。

発見リスク

A41. 監査リスクを一定水準にするためには、設定する発見リスクの水準は、アサーション・レベルの重要な虚偽表示リスクの評価と逆の関係になる。例えば、監査人は、重要な虚偽表示リスクの程度が高いと判断した場合には、発見リスクの水準を低く設定する必要があり、監査人は、より確かな心証が得られる監査証拠を入手する必要がある。

A42. 発見リスクは、監査リスクを許容可能な低い水準に抑えるために監査人が実施する監査手続の種類、時期及び範囲に関係している。したがって、発見リスクは、実施した監査手続の有効性によって影響を受ける。

以下の事項は、実施した監査手続の有効性を高め、監査人が不適切な監査手続を選択したり、監査手続の適用を誤ったり、その結果を誤って解釈したりする可能性を抑えるのに役立つ。

・適切な監査計画の策定
・監査チームメンバーの適切な配置
・職業的懐疑心の保持
・適切な監督の実施と監査調書の査閲

A43. 監査基準委員会報告書300「監査計画」及び監査基準委員会報告書330は、監査計画及び評価したリスクに対応する監査人の手続に関する要求事項と指針を記載している。監査の固有の限界のため、監査人は、発見リスクを抑えることはできても、それをなくすことはできない。したがって、発見リスクは常に存在する。

⑶　監査の固有の限界

A44．監査人は、監査リスクを零に抑えることを期待されているわけではなく、また、零にすることは不可能である。したがって、財務諸表に不正又は誤謬による重要な虚偽表示がないという絶対的な保証を得ることはできない。これは、監査の固有の限界があるためであり、その結果、監査人が結論を導き、意見表明の基礎となる監査証拠の大部分は、絶対的というより心証的なものとなる。

監査の固有の限界は、以下を原因として生じる。

・財務報告の性質

・監査手続の性質

・監査を合理的な期間内に合理的なコストで実施する必要性

財務報告の性質

A45．財務諸表の作成は、企業の実態及びその環境に基づき財務報告の枠組みにより要求される事項を適用する際、経営者の判断を伴う。さらに、多くの財務諸表項目には、主観的な判断や評価又は不確実性が関連しており、合理的と考えられる解釈や判断に幅が存在することがある。したがって、一部の財務諸表項目は、財務諸表項目の残高に影響を与える固有の変動要因があり、その影響は追加の監査手続を実施してもなくすことはできない。例えば、一部の会計上の見積りが該当する。

監査基準委員会報告書は、会計上の見積り及び関連する注記事項が適用される財務報告の枠組みに照らして合理的又は妥当であるかどうか、並びに企業の会計実務の質的側面（経営者の判断に偏向が存在する兆候を含む。）について、特定の検討を行うことを監査人に要求している。（監査基準委員会報告書540「会計上の見積りの監査」及び監査基準委員会報告書700「財務諸表に対する意見の形成と監査報告」第10項参照）

監査手続の性質

A46．監査人による監査証拠の入手には、例えば、以下のような実務上及び法令上の限界がある。

・経営者及びその他の者は、意図的であるかどうかにかかわらず、財務諸表の作成及び表示に関連する、又は監査人が依頼した、全ての情報を提供しない可能性がある。したがって、監査人は、関連する全ての情報を入手したという保証を得るための監査手続を実施しても、情報の網羅性について確信を持つことはできない。

・不正は、それを隠蔽するために巧妙かつ念入りに仕組まれたスキームを伴うことがある。したがって、監査証拠を入手するために実施する監査手続は、意図的な虚偽表示を発見するためには有効でないことがある。例えば、記録や証憑書類を改竄するための共謀を伴う場合、監査人は監査証拠が正当なものではないにもかかわらず、正当性があると信じることがある。監査人は、記録や証憑書類の鑑定の技能を習得していないし、そのような鑑定の専門家であることも期待されていない。

・監査は、法令違反の疑いについて公式な捜査を行うものではない。したがって、監査人は、そのような捜査を行うために必要となる特定の法的権限を有していない。

財務報告の適時性及び費用と便益の比較衡量

A47．監査手続の実施が容易でないこと、又は実施の時期や費用の問題は、代替手続のない監査手続を省略したり、心証を形成するに至らない監査証拠に依拠したりする理由とはならない。適切な監査計画を策定することにより、監査実施のための十分な時間と資源を利用できるようになる。しかしながら、情報の目的適合性とその価値は、時の経過とともに低下する傾向があるため、情報の信頼性とその費用を比較衡量する必要がある。財務報告の適時性及び費用と便益の比較衡量は、一部の財務報告の枠組みにおいて認識されている（例えば、国際会計基準審議会の「財務諸表の作成及び表示に関するフレームワーク」を参照）。したがって、財務諸表の利用者は、監査人が合理的な期間内に合理的な費用の範囲で財務諸表に対する意見を形成すると想定している。これは、財務諸表の利用者が、存在する可能性のある全ての情報を監査人が考慮することや、情報には誤謬又は不正が存在するという仮定に基づいて、それらが存在しないことが明らかになるまで、全ての事項を監査人が徹底的に追及したりすることは実務上不可能であるということを認識しているためである。

A48. したがって、監査人は、以下を実施する必要がある。

・効果的な方法で監査を実施するために、監査を計画すること。

・不正か誤謬かを問わず、重要な虚偽表示リスクを含む可能性が高いと想定される部分に重点を置いて監査を実施すること。

・試査その他の方法を用いて、虚偽表示がないかどうかについて母集団を検討すること。

A49. 監査基準委員会報告書は、A48項を踏まえて、監査の計画と実施における要求事項を記載しており、特に監査人は以下を実施することが要求されている。

・リスク評価手続とこれに関連する活動を実施して、財務諸表全体レベル及びアサーション・レベルの重要な虚偽表示リスクを識別し評価するための基礎を得る（監基報315第4項から第9項参照）

・母集団についての結論を導くための合理的な基礎が得られる方法で、試査等により母集団を検討する。（監基報330、監基報500、監査基準委員会報告書520「分析的手続」及び監査基準委員会報告書530「監査サンプリング」参照）

監査の固有の限界に影響を及ぼすその他の事項

A50. 特定のアサーション又は特定の事項に関しては、監査の固有の限界が監査人による重要な虚偽表示の発見に重要な影響を与える可能性がある。

特に重要な影響を受けるアサーション又は特定の事項には、例えば、以下が挙げられる。

・不正、特に上級経営者が関与する不正又は共謀を伴う不正（監基報240参照）

・関連当事者との関係及び関連当事者との取引の実在性と網羅性（監査基準委員会報告書550「関連当事者」参照）

・違法行為の発生（監査基準委員会報告書250「財務諸表監査における法令の検討」参照）

・企業が継続企業として存続できない原因となる将来の事象又は状況（監査基準委員会報告書570「継続企業」参照）

関連するそれぞれの監査基準委員会報告書は、監査の固有の限界の影響を軽減するための具体的な監査手続を記載している。

A51. 監査の固有の限界のため、一般に公正妥当と認められる監査の基準に準拠して適切に監査計画を策定し監査を実施しても、重要な虚偽表示が発見されないという回避できないリスクがある。

不正又は誤謬による財務諸表の重要な虚偽表示が事後的に発見された場合でも、そのこと自体が、一般に公正妥当と認められる監査の基準に準拠して監査が実施されなかったことを示すものではない。しかしながら、監査の固有の限界は、監査人が心証を形成するに至らない監査証拠に依拠する理由にはならない。監査が一般に公正妥当と認められる監査の基準に準拠して実施されたかどうかは、監査人の総括的な目的に照らして、状況に応じて実施された監査手続、その結果得られた監査証拠の十分性と適切性、及びその監査証拠の評価に基づいた監査報告書の適切性によって判断される。

6．一般に公正妥当と認められる監査の基準に準拠する監査の実施

⑴　一般に公正妥当と認められる監査の基準の性質（第17項参照）

A52. 監査実務指針は、全体として、監査人の総括的な目的を達成するための実務上の指針を提供している。監査実務指針は、監査における一般的な責任を取り扱うものと、特定の領域や項目において責任を果たす際の詳細な考慮事項を扱っているものが含まれている。

A53. 監査実務指針の適用範囲、発効及び適用の制限については、それぞれの監査実務指針に記載されている。

A54. 監査の実施に当たって、監査人は、監査基

準及び監査実務指針に加えて、法令により要求される事項の遵守が求められる場合がある。監査基準及び監査実務指針は、財務諸表監査に関係する法令に優先するものではない。法令の規定が監査基準及び監査実務指針と異なる場合において、法令のみに準拠して実施された監査は、必ずしも一般に公正妥当と認められる監査の基準に準拠したものにはならないことがある。

A55. また、監査人は、我が国において一般に公正妥当と認められる監査の基準に加えて、国際監査基準や特定の国の監査基準にも準拠して監査を実施することがある。このような場合、我が国において一般に公正妥当と認められる監査の基準の遵守に加えて、他の監査基準を遵守するために追加的な監査手続の実施が必要となることがある。

(2)　監査基準委員会報告書の内容（第18項参照）

A56. それぞれの監査基準委員会報告書には、「本報告書の目的」及び「要求事項」（「～しなければならない」という文章で記載される。）に加え、関連する指針が「適用指針」に含まれる。また、その監査基準委員会報告書を適切に理解するための背景説明等が記載された「本報告書の範囲及び目的」や「定義」が含まれることもある。したがって、監査基準委員会報告書に記載された目的を適切に理解し、要求事項を適切に適用するためには、その監査基準委員会報告書全体が関連することになる。

A56-2. 不正リスク対応基準に基づく要求事項及びそれに関連する適用指針は、項番号の冒頭に「F」が付されている。

A57.「適用指針」は、必要に応じて、「要求事項」の詳細な説明及びその実施のための指針を提供しており、特に以下について記載していることがある。

- 「要求事項」の意味、又は対象とすべき範囲に関するより詳細な説明
- 特定の状況において適切である手続の例示

これらの指針は、それ自体が要求事項を定めるものではないが、監査基準委員会報告書の要求事項を適切に適用するために有用なものである。また、「適用指針」は、監査基準委員会報告書が扱う事項に関する背景を記載していることもある。

A58.「付録」は、監査基準委員会報告書240付録4を除き、「適用指針」の一部を形成するものである。「付録」の趣旨及び想定される利用方法については、監査基準委員会報告書の本文、又は「付録」の表題、若しくは冒頭で説明されている。

A59.「本報告書の範囲及び目的」には、必要に応じて、以下に関する説明が含まれている。

- 監査基準委員会報告書の趣旨と範囲（他の監査基準委員会報告書との関係を含む。）
- 監査基準委員会報告書が扱う主題
- 監査基準委員会報告書の主題に関する監査人及び経営者等のそれぞれの責任
- 監査基準委員会報告書が定められた背景

A60. ある監査基準委員会報告書の「定義」において、全ての監査基準委員会報告書で使用される用語の説明が含まれることがある。これらは、監査基準委員会報告書の一貫した適用と解釈のために記載されるものであり、法令により他の目的で規定された定義に優先することを意図するものではない。「定義」に含まれる用語は、特に記載のない限り、全ての監査基準委員会報告書を通じて同じ意味を有する。

A61. 監査基準委員会報告書の「適用指針」には、必要に応じて、小規模企業の監査に特有の追加的な考慮事項が含まれる。これらの追加的な考慮事項は、小規模企業の監査において監査基準委員会報告書の要求事項を適用する際の指針となるものであるが、監査基準委員会報告書の要求事項を適用し遵守する監査人の責任を軽減するものではない。

小規模企業に特有の考慮事項

A62. 監査基準委員会報告書における「小規模企業」とは、相当に小規模な企業を想定しており、我が国の監査基準に基づく監査を行う上では適用することになる例が少ないと考えられる。このため、適用に当たっては十分に留意する必要

がある。なお、以下は、監査基準委員会報告書が想定している小規模企業が有する特徴を例示したものである。ただし、例示している全ての特徴があらゆる小規模企業に該当するとは限らず、また必ずしも小規模企業の特徴を網羅的に示したものでもない。

(1) 所有と経営が少数に集中していること（多くの場合は1人である。なお、他の小規模企業に所有されている場合も含む。)。

(2) (1)に該当する場合で、以下の事項のうち少なくともいずれかに該当していること。

① 単純な取引のみを行っていること。

② 会計システムが単純であること。

③ 少数の事業のみ行っており、取り扱う製品の種類も少数であること。

④ 内部統制が限定的であること。

⑤ 経営者の人数が少数であり、それぞれが広範囲な内部統制に対する責任を有していること。

⑥ 企業構成員が少数であり、広範囲な職務を担っていること。

A63. 監査基準委員会報告書に含まれる小規模企業に特有の考慮事項は、主に非上場企業を想定して記載されているが、その一部は、小規模の上場企業の監査に参考になることがある。

A64. 監査基準委員会報告書において、「オーナー経営者」は、企業の所有者であり、かつ、日々の事業運営に関与している者を想定している。

(3) それぞれの監査基準委員会報告書に記載されている目的（第20項参照）

A65. それぞれの監査基準委員会報告書には目的が記載されており、監査基準委員会報告書における要求事項と監査人の総括的な目的との関連を説明している。それぞれの監査基準委員会報告書に記載されている目的は、監査人が、その監査基準委員会報告書において期待されている結果に焦点を当てることができるように記載されている。また、監査人が以下を行うために具体的に記述されている。

・何を遂行する必要があるか、及び必要な場合には、そのための適切な方法について理解すること。

・特定の監査業務の状況において、目的を達成するために追加的な手続を実施する必要があるかどうか判断すること。

A66. それぞれの監査基準委員会報告書の目的は、本報告書の第10項に記載されている監査人の総括的な目的との関連で理解されることになる。それぞれの監査基準委員会報告書の目的の達成は、監査人の総括的な目的と同様に、監査の固有の限界により影響を受ける。

A67. それぞれの監査基準委員会報告書の目的を考慮するに当たって、監査人は、監査基準委員会報告書の相互関係を踏まえることが求められる。これは、A52項に記載のとおり、監査基準委員会報告書は、監査における一般的な責任を扱っている場合と、特定の項目への適用における詳細な考慮事項を扱っている場合の両方があるためである。例えば、本報告書は、職業的懐疑心の保持を監査人に要求しており、これは、監査の計画と実施の全ての局面において必要であるが、他の監査基準委員会報告書では要求事項として繰り返し記載はしていない。

また、監査基準委員会報告書315及び監査基準委員会報告書330は、重要な虚偽表示リスクの識別と評価、及び評価したリスクに対応する手続の立案と実施に関する目的及び要求事項を記載しているが、これは、監査の過程全体を通じて適用されるものである。監査に関する特定の項目を扱う監査基準委員会報告書として、例えば、監査基準委員会報告書540は、監査基準委員会報告書315及び監査基準委員会報告書330における目的と要求事項を、その監査基準委員会報告書の主題に関連してどのように適用すべきかについて記載しているが、目的と要求事項を繰り返し記載してはいない。したがって、監査基準委員会報告書540の目的を達成するために、監査人は、他の関連する監査基準委員会報告書の目的と要求事項を考慮に入れる。

監査手続を追加して実施する必要性の判断における目的の考慮（第20項⑴参照）

A68. 監査基準委員会報告書の要求事項は、監査人が、それぞれの監査基準委員会報告書に記載された目的を達成し、それによって監査人の総括的な目的を達成できるようにデザインされている。

したがって、監査人は、監査基準委員会報告書の要求事項を適切に適用することにより、総括的な目的の達成のための十分な基礎を得ることが想定されている。しかしながら、個々の監査業務によって状況は様々であり、監査基準委員会報告書においてそれら全ての状況を想定することはできない。したがって、監査人は、監査基準委員会報告書の要求事項を満たし、その目的を達成するために必要な監査手続を判断しなければならない。監査人は、監査業務の状況において存在する特定の事項によって、監査基準委員会報告書に記載された目的を達成するためには、監査基準委員会報告書で要求されている監査手続に追加して監査手続を実施することが必要と判断する場合がある。

十分かつ適切な監査証拠を入手したかどうかの評価における目的の考慮（第20項⑵参照）

A69. 監査人は、総括的な目的に照らして、十分かつ適切な監査証拠を入手したかどうかを評価するため、それぞれの監査基準委員会報告書の目的を考慮することが要求される。この結果、入手した監査証拠が十分かつ適切でないと判断した場合には、第20項⑵の要求事項を満たすため、以下のいずれかの方法によることがある。

・他の監査基準委員会報告書に従って実施した監査手続の結果、関連する追加の監査証拠を入手したかどうか、又は入手するかどうか評価する。
・要求事項を適用するに当たって実施する作業を拡大する。
・状況に応じて必要と監査人が判断する他の手続を実施する。

上記の方法がいずれも実務的でない又は不可能であると考えられる場合、監査人は、十分かつ適切な監査証拠を入手することができない。この場合、監査人は、一般に公正妥当と認められる監査の基準に準拠して、監査意見への影響又は監査業務の継続の検討が必要とされる。

⑷　関連する要求事項の遵守

関連する要求事項（第21項参照）

A70. 状況によっては、特定の監査基準委員会報告書（及びこれによる全ての要求事項）が関連しないことがある。例えば、企業に内部監査部門がない場合、監査基準委員会報告書610「内部監査人の作業の利用」の要求事項は関連しない。

A71. 監査業務に関連する監査基準委員会報告書に、ある一定の条件の下で要求される事項（以下「条件付要求事項」という。）が記載されていることがある。条件付要求事項は、要求事項において想定されている状況があり、かつその条件に当てはまる場合に関連する。

一般的に、要求事項に付される条件が、明示的なこともあれば、黙示的なこともある。例えば、以下のものがある。

・監査範囲の制約がある場合、監査範囲の制約に関する限定意見を表明するか又は意見を表明しないよう要求する事項（監査基準委員会報告書705「独立監査人の監査報告書における除外事項付意見」第12項参照）は、明示的な条件付要求事項である。
・監査の過程において識別された内部統制の重要な不備を監査役等に報告することを求める要求事項（監査基準委員会報告書265「内部統制の不備に関するコミュニケーション」第８項参照）は、識別した重要な不備が存在することを前提としている。また、適用される財務報告の枠組みに準拠してセグメント情報が表示・開示されているかどうかについて十分かつ適切な監査証拠を入手することを求める要求事項（監査基準委員会報告書501「特定項目の監査証拠」第12項参照）は、適用される財務報告の枠組みにおいて当該注記が要求され、又は任意に注記されていることを前提としている。これらは、黙示的な条件付要求事項である。

要求事項には、適用される法令等を条件としているものがある。例えば、監査人は、「法令等により禁止されていない限り」何らかの措置を講じることが求められることがある。明示的又は黙示的に法令等によって容認又は禁止されている場合がある。

要求事項に代替する手続の実施（第22項参照）

A72. 監査基準委員会報告書230は、監査人が要求事項に代えて代替的な監査手続を実施する例外的な状況において監査調書に記載すべき事項に関する要求事項を記載している（監基報230第11項）。監査基準委員会報告書は、個々の監査業務の状況に関連しない要求事項の遵守を要求するものではない。

(5) 目的を達成できない状況（第23項参照）

A73. 監査基準委員会報告書の目的を達成したかどうかは、監査人の職業的専門家としての判断に係る事項である。この判断に当たって、監査人は、監査基準委員会報告書の要求事項を遵守するために実施した監査手続の結果、十分かつ適切な監査証拠を入手したかどうか、及び個々の監査業務の状況において監査基準委員会報告書の目的を達成するために追加して監査手続を実施する必要があるかどうかについて考慮する。したがって、以下のような場合は目的を達成できないことがある。

・関連する監査基準委員会報告書の要求事項を監査人が遵守できない場合

・第20項に従い監査基準委員会報告書の目的を考慮して必要と判断された追加の監査手続の実施又は追加の監査証拠の入手が、実務上困難である、若しくは不可能である場合（例えば、利用可能な監査証拠に制限がある場合）

A74. 監査基準委員会報告書230及び他の関連する監査基準委員会報告書における文書化に関する要求事項を満たす監査調書は、監査人が総括的な目的を達成したとする監査人の結論の基礎について証拠を提供するものである。監査人は、例えば、チェックリスト等によって、個々の目的を達成したことを別途文書化する必要はないが、個々の目的を達成できなかった状況を監査調書に記載することにより、監査人の総括的な目的が達成できなかったかどうかを評価することができる。

Ⅳ 適 用

・本報告書（2011年12月22日）は、2012年４月１日以後開始する事業年度に係る監査及び同日以後開始する中間会計期間に係る中間監査から適用する。

・本報告書（2013年６月17日）は、2014年３月31日以後終了する事業年度に係る監査から適用する。

・本報告書（2014年４月４日）は、2015年４月１日以後に開始する事業年度又は会計期間に係る監査から適用する。ただし、監査基準委員会報告書800「特別目的の財務報告の枠組みに準拠して作成された財務諸表に対する監査」又は監査基準委員会報告書805「個別の財務表又は財務諸表項目等に対する監査」に基づいて2014年４月１日以後に監査報告書を発行する監査の場合には本報告書を適用する。

・本報告書（2015年５月29日）は、2015年４月１日以後開始する事業年度に係る監査及び同日以後開始する中間会計期間に係る中間監査から適用する。

・本報告書（2019年６月12日）は、2020年４月１日以後開始する事業年度に係る監査及び同日以後開始する中間会計期間に係る中間監査から適用する。ただし、2019年４月１日以後開始する事業年度に係る監査及び同日以後開始する中間会計期間に係る中間監査から早期適用することができる。

・本報告書（2021年１月14日）は、2023年３月決算に係る財務諸表の監査及び2022年９月に終了する中間会計期間に係る中間財務諸表の中間監査から実施する。ただし、それ以前の決算に係る財務諸表の監査及び中間会計期間に係る中間財務諸表の中間監査から実施することを妨げない。

以　上

監査基準委員会報告書210
監査業務の契約条件の合意＊

2011年12月22日
改正2014年４月４日
改正2015年５月29日
改正2019年２月27日
改正2019年６月12日
最終改正2021年１月14日
日本公認会計士協会
監査基準委員会
（報告書：第70号）

項番号

Ⅰ　本報告書の範囲及び目的

１．本報告書の範囲

１．本報告書は、経営者との監査業務の契約条件の合意に関する実務上の指針を提供するものである。監査業務の契約条件の合意には、経営者が責任を有する監査の前提条件が満たされていることを明確にすることが含まれる。監査基準委員会報告書220「監査業務における品質管理」は、監査契約の新規の締結又は更新に関する事項のうち、監査人の管理すべき事項に関する実務上の指針を提供している。（A1項参照）

２．本報告書の目的

２．本報告書における監査人の目的は、以下を通じて、監査実施の基礎が合意されている場合にのみ、監査契約の新規の締結又は更新を行うことである。

⑴　監査の前提条件が満たされているかどうかを明確にすること

⑵　監査業務の契約条件について監査人と経営

者が共通の理解を有することを確認すること

3．定　義

3．本報告書における用語の定義は、以下のとおりとする。

「監査の前提条件」－経営者が財務諸表の作成に当たり、受入可能な財務報告の枠組みを使用すること及び経営者が監査実施の前提（監査基準委員会報告書200「財務諸表監査における総括的な目的」第12項参照）に合意することをいう。

Ⅱ　要求事項

1．監査の前提条件

4．監査人は、監査の前提条件が満たされているかどうかを明確にするため、以下の事項を実施しなければならない。

(1)　財務諸表の作成に当たり適用される財務報告の枠組みが受入可能なものであるかどうかを判断すること（A2項から A10項参照）

(2)　以下の責任を有することを認識し理解していることについて経営者の合意を得ること（A11項から A14項及び A21項参照）

①　適用される財務報告の枠組みに準拠して財務諸表を作成すること。適正表示の枠組みの場合は、財務諸表を適正に表示することを含む。（A15項参照）

②　不正か誤謬かを問わず、重要な虚偽表示のない財務諸表を作成するために経営者が必要と判断する内部統制を整備及び運用すること（A16項から A19項参照）

③　以下を監査人に提供すること

ア．経営者が財務諸表の作成に関連すると認識している記録や証憑書類等の全ての情報（注記事項に関連する情報を含む。）

イ．監査人が監査の目的に関連して経営者に追加的に依頼する情報（A20項参照）

ウ．監査人が監査証拠を入手するために必要と判断した、企業構成員への制限のない質問や面談の機会

(1)　監査契約の締結前における監査範囲の制約

5．監査人は、経営者が監査業務の契約条件において監査人の作業の範囲に制約を課しており、その制約により、財務諸表に対する意見を表明しないことになると判断した場合、監査契約を新規に締結又は更新してはならない。

(2)　監査契約の締結に影響を及ぼすその他の要因

6．監査人は、監査の前提条件が満たされていない場合には、そのことについて経営者と協議しなければならない。以下のいずれかの場合には、監査契約を新規に締結又は更新してはならない。

(1)　監査人が財務諸表の作成において適用される財務報告の枠組みは受入可能なものではないと判断した場合（第15項に記載されている場合を除く。）

(2)　第４項(2)に記載されている合意が得られなかった場合

2．監査業務の契約条件に関する合意

7．監査人は、監査業務の契約条件について経営者と合意しなければならない。（A22項参照）

8．監査業務の契約条件の合意された内容として、以下の事項を監査契約書又はその他の適切な形式による合意書（以下「監査契約書」という。）に記載しなければならない。（A23項から A27項参照）

(1)　財務諸表監査の目的及び範囲

(2)　監査人の責任

(3)　経営者の責任

(4)　財務諸表の作成において適用される財務報告の枠組み

(5)　監査報告書の想定される様式及び内容並びに状況により想定された様式及び内容と異なる場合がある旨

(6)　状況により監査報告書の様式及び内容が想定と異なる場合がある旨

3．継続監査

9．継続監査において、監査人は、監査業務の契約条件の変更を必要とする状況が生じているか

どうか、及び監査業務の現行の契約条件の再確認を企業に求める必要性があるかどうかを評価しなければならない。（A28項参照）

4．監査業務の契約条件の変更の受諾

10．監査人は、正当な理由がない限り、監査業務の契約条件の変更に合意してはならない。（A29項から A32項参照）

11．監査人は、監査の終了前に、監査より低い水準の保証を提供する業務に変更することを依頼された場合、正当な理由があるかどうかを判断しなければならない。（A33項及び A34項参照）

12．監査業務の契約条件が変更された場合、監査人と経営者は、変更後の契約条件について合意し、それを監査契約書において記載しなければならない。（A32項参照）

13．監査人が監査業務の契約条件の変更に合意できず、かつ、経営者が当初の契約条件どおりに監査業務を継続することを許容しない場合には、監査人は、以下を実施しなければならない。

(1)　監査契約を解除すること

(2)　契約又は法令等によって、監査役若しくは監査役会、監査等委員会又は監査委員会（以下「監査役等」という。）、株主、規制当局等の他の関係者に状況を報告する義務があるかどうかを判断すること

5．監査契約の締結における追加的な考慮事項

(1)　法令等により財務報告の基準が補完されている場合

14．認知されている会計基準設定主体の設定する財務報告の基準が法令等によって補完されている場合、監査人は、財務報告の基準と法令等による追加的な要求事項との間で不整合が生じていないかどうかを判断しなければならない。不整合が生じている場合、監査人は、追加的な要求事項の内容について経営者と協議し、以下のいずれかの措置に合意しなければならない。

(1)　追加的な要求事項を満たすように財務諸表に追加的な開示を行うこと

(2)　財務諸表における適用される財務報告の枠組みに関する記載を変更すること

これらの措置のいずれも実施できない場合、監査人は、監査基準委員会報告書705「独立監査人の監査報告書における除外事項付意見」に従って除外事項付意見を表明する必要があるかどうかを判断しなければならない。（A35項参照）

(2)　法令等により財務報告の枠組みが規定されている場合における監査契約の締結に影響を及ぼすその他の事項

15．監査人が財務報告の枠組みは受入可能なものではないと判断したが（A9項参照）、法令等により財務報告の枠組みが規定されている場合、監査人は、以下のすべての条件が満たされる場合を除き、監査契約を締結してはならない。（A36項参照）

(1)　経営者が、財務諸表の利用者の判断を誤らせないようにするため、財務諸表に追加的な注記を行うことに合意している。

(2)　監査業務の契約条件において以下の点が確認されている。

①　財務諸表に対する監査報告書に、監査基準委員会報告書706「独立監査人の監査報告書における強調事項区分とその他の事項区分」に従って、追加的な注記事項に対する利用者の注意を喚起するため強調事項区分が含まれること

②　法令等により財務諸表に対する監査意見の表明において「［適用される財務報告の枠組み］に準拠して、…すべての重要な点において適正に表示している」という表現を使用することが監査人に要求されていない限り、そのような表現を使用しないこと

16．第15項に記載されている条件が満たされないにもかかわらず、法令等により監査が要求されている場合、監査人は、以下を実施しなければならない。

(1)　利用者の判断を誤らせるような性質を財務諸表が含んでいることについて、監査報告書

に及ぼす影響（監査意見に及ぼす影響や強調事項又はその他の事項の必要性）を評価する。
(2) 監査業務の契約条件に以下の事項を含める。
① 第15項に記載されている条件が満たされないにもかかわらず、法令等により監査が要求されている旨
② 利用者の判断を誤らせるような性質を財務諸表が含んでいることについて、監査報告書に及ぼす影響を評価する旨

(3) 法令等により監査報告書の様式又は用語が規定されている場合

17. 関連する法令等により、監査報告書について、一般に公正妥当と認められる監査の基準の要求事項と著しく異なる様式や用語が規定されていることがある。この場合、監査人は、以下を評価しなければならない。
(1) 財務諸表監査から得られる保証について誤解が生じる可能性があるかどうか。
(2) 誤解が生じる可能性がある場合、監査報告書に追加的な説明を記載することによって、そのような可能性を軽減できるかどうか。(監基報706参照)

監査人は、このような誤解が生じる可能性を、監査報告書に追加的な説明を記載することによっても軽減できないと判断した場合、法令等により要求されていない限り、監査契約を締結してはならない。このような法令等に準拠して実施される監査は、一般に公正妥当と認められる監査の基準に準拠したものではない。したがって、監査人は、監査報告書に、一般に公正妥当と認められる監査の基準に準拠して実施された監査であることを示すような記載を行ってはならない。(監査基準委員会報告書700「財務諸表に対する意見の形成と監査報告」第45項参照)（A37項参照）

Ⅲ　適用指針

1．本報告書の範囲（第１項参照）

A1. 保証業務（監査業務を含む。）の契約は、依頼されている業務が保証業務として成立する一定の特徴を有しており、業務実施者が独立性や職業的専門家としての能力を含む職業倫理に関する規定を遵守できると判断した場合にのみ、新規に締結又は更新することができる。監査契約の締結その他の監査人が管理する事項における職業倫理に関する規定に係る監査人の責任は、監査基準委員会報告書220第８項から第10項に記載されている。本報告書は、企業が管理する事項で、監査人と企業経営者の合意が必要となる事項（又は前提条件）に関する実務上の指針を提供している。

2．監査の前提条件

(1) 財務報告の枠組み（第４項(1)参照）

A2. 保証契約を締結するためには、主題（関連する場合、表示及び注記事項を含む。）の評価又は測定の規準が適切であり、想定利用者に利用可能である必要がある。規準が適切であれば、職業的専門家としての判断に基づき、合理的な範囲で首尾一貫して各業務の主題を評価又は測定することが可能になる。一般に公正妥当と認められる監査の基準においては、適用される財務報告の枠組みが、監査人が財務諸表を監査するために用いる規準（財務報告の枠組みが適正表示の枠組みの場合には、適正表示の規準）となる。

A3. 財務報告の枠組みが受入可能なものでなければ、経営者は財務諸表の作成に対する適切な基礎を、監査人は財務諸表の監査のための適切な規準を有しないことになる。A8項及びA9項に記載されているとおり、多くの場合は、監査人は、適用される財務報告の枠組みについて受入可能なものであると推定できる。

財務報告の枠組みが受入可能なものかどうかの判断

A4. 財務諸表の作成において適用される財務報告の枠組みが受入可能なものかどうかについて監査人が判断する際に、以下のような要素を考慮することがある。

- ・企業の特性（例えば、企業は営利企業か非営利組織か。）
- ・財務諸表の目的（例えば、広範囲の利用者に共通する財務情報に対するニーズを満たすことを目的として作成される財務諸表であるか、又は特定の利用者の財務情報に対するニーズを満たすことを目的として作成される財務諸表であるか。）
- ・財務諸表の特性（例えば、完全な一組の財務諸表であるか、個別の財務表（例えば貸借対照表）であるか。）
- ・適用される財務報告の枠組みが法令等に規定されているかどうか。

A5. 財務諸表の利用者の多くは、特定の情報に対するニーズを満たすことを目的として作成される財務諸表を要求する立場にない。特定の利用者の情報に対する全てのニーズを満たすことはできないが、広範囲の利用者に共通する財務情報に対するニーズは存在する。広範囲の利用者に共通する情報に対するニーズを満たすことを目的として策定された財務報告の枠組みに準拠して作成される財務諸表を、「一般目的の財務諸表」という。

A6. 場合によっては、特定の利用者の財務情報に対するニーズを満たすことを目的として策定された財務報告の枠組みに準拠して財務諸表が作成されることがある。そのような財務諸表を、「特別目的の財務諸表」という。こうした状況において適用される財務報告の枠組みは、想定利用者の財務情報に対するニーズによって決定される。

監査基準委員会報告書800「特別目的の財務報告の枠組みに準拠して作成された財務諸表に対する監査」は、特定の利用者の財務情報に対するニーズを満たすように策定された財務報告の枠組みの受入可能性について記載している。（監基報800第７項）

A7. 監査人は、監査契約の締結後、適用される財務報告の枠組みについて受入可能なものでないことを示す不備を発見することがある。当該枠組みを利用することが法令等に規定されている場合、第15項及び第16項の要求事項が適用される。当該枠組みを利用することが法令等に規定されていない場合、経営者は、受入可能な他の財務報告の枠組みの採用を決定することがある。経営者が他の財務報告の枠組みの採用を決定する場合、以前に合意した監査業務の契約条件とは異なることになるため、第12項に従って、財務報告の枠組みの変更を反映するため、監査業務の契約条件の変更について合意する。

一般目的の財務報告の枠組み

A8. 現在、一般目的の財務報告の枠組みが受入可能なものかどうかを判断するための、国際的に一般に認められる客観的かつ規範性のある基準は存在しない。そのような判断基準が存在しないため、企業が利用すべき基準を公表する権限を有する又は認知されている会計基準設定主体が設定する財務報告の基準は、当該設定主体が、確立された透明性のあるプロセス（広範囲の利害関係者の見解についての審議及び検討を含む。）に従っているのであれば、企業が作成する一般目的の財務諸表に適用される枠組みとして受入可能なものであると推定される。こうした財務報告の基準には、例えば、以下のものが含まれる。

- ・企業会計基準委員会が設定する企業会計基準
- ・金融庁長官が指定する指定国際会計基準
- ・国際会計基準審議会が公表する国際会計基準
- ・日本以外の国において認知されている会計基準設定主体が公表する会計原則、ただし、当該会計基準設定主体が確立された透明性のあるプロセス（広範囲の利害関係者の見解についての審議及び検討を含む。）に従っている場合

これらの財務報告の基準は、我が国において、一般目的の財務諸表の作成を定める法令等によ

り、適用される財務報告の枠組みとして認められていることがある。

法令等により財務報告の枠組みが規定されている場合

A9．監査人は、第４項⑴に従い、財務諸表の作成に適用される財務報告の枠組みが受入可能なものであるかどうかを判断することが要求される。企業の一般目的の財務諸表の作成において利用する財務報告の枠組みは法令等に規定されていることがあるが、反証がない限り、そのような財務報告の枠組みは、当該企業が作成する一般目的の財務諸表のために受入可能なものであると推定される。反証に基づき財務報告の枠組みが受入可能なものではないと判断する場合には、第15項及び第16項が適用される。

財務報告の枠組みが会計基準設定主体又は法令等によって規定されていない場合

A10．財務報告の枠組みが認知された会計基準設定主体又は法令等によって規定されていない場合には、経営者が財務諸表の作成に適用する財務報告の枠組みを決定する。付録に、そのような状況において財務報告の枠組みが受入可能なものかどうかを判断する際の指針を記載している。

⑵　経営者の責任に関する合意（第４項⑵参照）

A11．一般に公正妥当と認められる監査の基準に準拠した監査は、経営者が第４項⑵に記載された責任を有することを認識し理解しているという監査実施の前提に基づいて実施される（監基報200の A2項参照）。第４項⑵に記載された責任が法令等に明確に記載されていることもあれば、記載されていない場合もある。いずれにしても、経営者の責任に関して、一般に公正妥当と認められる監査の基準が法令等に優先して適用されるものではない。しかしながら、独立監査人による監査において、財務諸表の作成又は企業の関連する内部統制に対する責任を担うことは監査人の役割ではなく、また、経営者が提供できる限りにおいて、監査に必要な情報（総勘定元帳や補助元帳以外から入手した情報を含む。）を監査人が入手することが合理的に期待されている。したがって、これらの前提は、監査を実施するための基本となる。誤解を避けるために、第７項及び第８項における監査業務の契約条件について合意し記録することの一環として、経営者が当該責任を有することを認識し理解していることについて、経営者と合意する。

A12．経営者と監査役等その他ガバナンスに責任を有する者との間の財務報告に対する責任の分担の方法は、企業の人的資源や組織及び関連する法令等並びに企業内での経営者及び監査役等その他ガバナンスに責任を有する者それぞれの役割によって様々である。多くの場合、経営者は業務執行の責任を負う一方、監査役等その他ガバナンスに責任を有する者は経営者の職務の執行を監査する。取締役会設置の株式会社の場合、経営者の職務の執行を監督するものとして取締役会があり、財務諸表を承認する責任を負っている。

A13．監査基準委員会報告書580「経営者確認書」第９項及び第10項に基づいて、監査人は、経営者に対して、経営者の責任を果たした旨の経営者確認書を提出するよう要請しなければならない。したがって、他の監査基準委員会報告書で要求されている確認事項及び財務諸表又は財務諸表における特定のアサーションに関連する他の監査証拠を裏付けるために必要な確認事項とともに、経営者の責任を果たした旨を記載した経営者確認書の入手を予定していることを経営者に知らせることが適切な場合がある。

A14．経営者がその責任を認識していないか、又は監査人が経営者確認書で確認を要請した事項について経営者から確認を得ることに同意しない場合、監査人は十分かつ適切な監査証拠を入手することができない（監基報580の A22項参照）。このような状況が見込まれる場合、監査人が監査契約を新規に締結又は更新することは適切ではない。

財務諸表の作成（第４項⑵①参照）

A15．大部分の財務報告の枠組みには、財務諸表の表示に関する規定が含まれている。その場合、財務報告の枠組みに準拠する財務諸表の「作成」には、「表示」が含まれることになる。適正表示の財務報告の枠組みの場合、適正性に関する意見表明という監査報告の目的が重要であることから、経営者と合意する監査実施の前提に、財務諸表を適正に表示することを特に含めることになる。

内部統制（第４項⑵②参照）

A16．経営者は、不正又は誤謬による重要な虚偽表示のない財務諸表を作成するために必要であると判断する内部統制を整備及び運用する。内部統制は、いかに有効であっても、内部統制の固有の限界のため、企業の財務報告の信頼性を確保するという目的の達成について企業に合理的な保証を提供するにすぎない。（監査基準委員会報告書315「企業及び企業環境の理解を通じた重要な虚偽表示リスクの識別と評価」のA50項参照）

A17．一般に公正妥当と認められる監査の基準に準拠して実施される独立監査人による監査は、経営者による財務諸表の作成に必要な内部統制の整備及び運用を代替するものではない。したがって、監査人は、経営者が当該内部統制に対する責任を有することを認識し理解していることについて、経営者の合意を得ることが要求される。ただし、第４項⑵②の規定により要求される合意は、経営者が整備及び運用する内部統制がその目的を達成していること、又は内部統制に不備がないことを監査人が発見することを意味するものではない。

A18．経営者は、財務諸表を作成するためにどのような内部統制が必要かを判断する。内部統制は、統制環境、企業のリスク評価プロセス、財務報告目的の情報システム（関連する業務プロセスを含む。）と伝達、統制活動及び監視活動という構成要素に分割されることがあり、内部統制にはこれらの構成要素内の広範囲の活動が含まれる。この五つの構成要素は、必ずしも、特定の企業がどのようにその内部統制を整備及び運用しているか又はある内部統制がどの構成要素に分類されるかを表しているわけではない（監基報315の A48項及び付録１参照）。企業の内部統制は、経営者のニーズ、事業の複雑性、企業が影響を受けるリスクの内容及び関連する法令等を反映したものになる。

A19．国によっては、法令等が、適切な会計帳簿と会計記録又は会計システムに関する経営者の責任を規定していることがある。我が国においては、例えば、会社法において、適時かつ正確な会計帳簿の作成が経営者の責任として義務付けられている。また、実務上、会計帳簿及び会計記録又は会計システムと内部統制は区別するのが一般的である。ただし、会計帳簿及び会計記録又は会計システムは、A18項に記載された内部統制と不可分であるとみなされることから、第４項⑵②における経営者の責任としては、特に記載していない。監査人は、誤解を避けるため、経営者の責任の範囲を経営者に説明することが適切な場合がある。

追加的な情報（第４項⑵③イ参照）

A20．監査人が監査の目的に関連して経営者に追加的に依頼する情報には、監査基準委員会報告書720に従ったその他の記載内容に関する事項が含まれる場合がある。監査人が監査報告書日以後にその他の記載内容を入手する予定である場合、監査報告書日以後に入手するその他の記載内容に関する監査人の責任について、監査業務の契約条件に記載することがある。これには、該当する場合、監査人が監査報告書日以後に入手したその他の記載内容に重要な虚偽記載が存在すると判断する場合における適切又は必要な措置が含まれることがある。

小規模企業に特有の考慮事項（第４項⑵参照）

A21．監査業務の契約条件を合意する目的の一つは、経営者と監査人それぞれの責任に係る誤解を避けることである。例えば、第三者が財務諸表の作成を支援しているような場合でも、適用される財務報告の枠組みに準拠して財務諸表を作成する責任が経営者にあることの確認を求めることは有益である。

３．監査業務の契約条件に関する合意

⑴　監査業務の契約条件に関する合意（第７項参照）

A22．企業が監査業務の契約条件について合意する際の経営者と監査役等その他ガバナンスに責任を有する者の役割は、ガバナンスの構造及び関連する法令等に依存する。

⑵　監査契約書又は他の形式による合意書（第８項参照）

A23．監査の開始前に監査契約書を締結することは、監査に対する誤解を避ける上で、企業及び監査人の双方にとって有益である。

監査契約書の様式及び内容

A24．監査契約書の様式及び内容は、企業によって異なる場合がある。監査契約書における監査人の責任の記載は、監査基準委員会報告書200第３項から第９項を参考にして行う場合がある。経営者の責任に関する記述については、本報告書の第４項⑵に示されている。監査契約書には、第８項により要求される事項に加えて、例えば、以下の事項を記載することがある。

・監査の範囲に関するより詳細な説明（適用される法令等、一般に公正妥当と認められる監査の基準及び日本公認会計士協会の公表した監査人が遵守すべき職業倫理に関する規則等）
・監査報告書以外の監査業務の結果に関するコミュニケーションの方法
・監査及び内部統制の固有の限界のため、一般に公正妥当と認められる監査の基準に準拠して、適切に監査を計画し実施しても、重要な虚偽表示が発見されないという回避できないリスクがある旨
・監査の計画及び実施に関する取決め（監査チームの構成を含む。）
・経営者確認書の入手が予定されている旨（A13項参照）
・予定されている日程どおりに監査人が監査を完了できるよう、財務諸表の草案及びその作成に関連する全ての情報（総勘定元帳や補助元帳以外から入手した情報を含む。）並びにその他の記載内容の草案を監査人が適時に利用できるようにすることについての経営者の合意
・経営者が、監査報告書日の翌日から財務諸表の発行日までの間に知るところとなった、財務諸表に影響を及ぼす可能性のある事実を監査人に通知することについての経営者の同意
・報酬計算の考え方及び請求の方法

A25．監査人が、法令により又は任意で、監査報告書において監査上の主要な検討事項を報告する場合は、一般に公正妥当と認められる監査の基準に従って監査上の主要な検討事項を報告する旨を監査契約書に記載することとなる。

A26．関連する場合、監査契約書に以下の事項を記載することもできる。

・監査の一部の局面において他の監査人や専門家を関与させることに関する取決め
・企業の内部監査人等の利用に関する取決め
・初年度監査で前任監査人が存在する場合、前任監査人との業務の引継ぎに関する取決め
・法令により、違法行為又はその疑いを適切な規制当局に報告すべき監査人の責任に関する事項
・監査人の責任限定（それが可能な場合に限る。）に関する事項
・監査人と企業との間の別途協議事項
・正当な理由がある場合に監査調書を他の関係者に提供する義務

構成単位の監査

A27．親会社の監査人が構成単位の監査を実施する場合、構成単位との間で別個の監査契約を締結するかどうかの判断に影響を及ぼす要因として、以下のようなものがある。

・構成単位の監査人を選任する者
・構成単位に関する別個の監査報告書の発行の要否
・監査人の選任に関する法令等の規定
・親会社による所有の程度
・構成単位の経営者が親会社から独立している

程度

4．継続監査（第９項参照）

A28．監査人は、事業年度ごとに新規の監査契約書を取り交わすことにより、契約条件を見直し、現行の契約条件を企業との間で再確認することができるため、事業年度ごとに新規の監査契約書を取り交わすことが適切であるが、場合によっては事業年度ごとに新規の監査契約書を取り交わさないことがある。しかし、以下の要因がある場合には、監査業務の契約条件を変更すること又は現行の契約条件の再確認を企業に求めることが適切である。

・企業が監査の目的及び範囲を誤解している兆候
・監査業務の契約条件の変更又は特約
・上級経営者の交代
・株主等の重要な異動
・企業の事業内容又は規模の重要な変化
・法令等の変更
・財務諸表の作成に採用される財務報告の枠組みの変更
・財務諸表監査以外の報告に関する要求事項の変更

5．監査業務の契約条件の変更の受諾

(1) 監査業務の契約条件の変更の要請（第10項参照）

A29．企業による監査人に対する監査業務の契約条件変更の要請は、監査の必要性に影響を及ぼす状況の変化、当初依頼した監査業務の性質に関する誤解、又は経営者若しくは他の状況による監査業務の範囲の制約の結果生じることがある。監査人は、第10項に記載されているように、当該要請の正当性、特に、監査業務の範囲の制約による影響を検討する。

A30．企業の遵守すべき要求事項に影響を及ぼす状況の変化や、当初依頼した監査業務の性質に関する誤解は、監査業務の変更を要請する合理的な根拠と判断できることがある。

A31．一方、情報が不正確、不完全又は不十分であることによる契約条件の変更は、合理的であるとはいえないことがある。例えば、監査人が売掛金に関して十分かつ適切な監査証拠を入手できない場合において、監査意見の限定や意見の不表明を避けるため、企業が監査業務からレビュー業務に変更するよう求めるときが挙げられる。

A32．法令により監査人が監査上の主要な検討事項を報告することが要求されていない場合において、当初の監査業務の契約条件の合意後に、監査人と経営者が任意に監査報告書において監査上の主要な検討事項を報告することに合意したときは、契約条件の変更として取り扱われることとなる。

(2) レビュー業務、合意された手続業務又は調製業務に変更することの要請（第11項参照）

A33．一般に公正妥当と認められる監査の基準に準拠した監査を実施する契約を締結した監査人は、監査業務からレビュー業務、合意された手続業務又は財務諸表等の調製業務に変更することに合意する前に、上記のA27項からA29項に記載されている事項に加えて、変更による法令等又は契約上の影響を評価しなければならない場合がある。

A34．監査人が、監査業務をレビュー業務、合意された手続業務又は財務諸表等の調製業務に変更する正当な理由があると判断した場合において、変更の日までに実施した監査手続が変更後の業務にも関連していることがある。しかし、実施される手続及び発行される報告書は、変更後の業務にとって適切なものでなければならない。利用者の混乱を避けるため、合意された手続実施結果報告書又は財務諸表等の調製業務の報告書には、以下のいずれの事項も記載してはならない。

(1) 当初の監査契約
(2) 当初の監査契約において実施された手続。ただし、監査業務から合意された手続業務に変更され、したがって、実施した手続についての記述が合意された手続実施結果報告書の当然の一部となる場合は除く。

６．監査契約の締結における追加的な考慮事項

⑴　法令等により財務報告の基準が補完されている場合（第14項参照）

A35．認知されている会計基準設定主体の設定する財務報告の基準が、法令等により定められた財務諸表の作成に関連する追加的な要求事項によって、補完されていることがある。そのような場合、一般に公正妥当と認められる監査の基準を適用する目的で適用される財務報告の枠組みは、識別された財務報告の枠組みと、法令等による追加的要求事項（識別された財務報告の枠組みとの間で不整合のない事項に限られる。）の両者から構成される。例えば、財務報告の基準により要求される注記事項に追加して、法令等による注記事項が規定されている場合や、財務報告の基準において認められている会計方針等の選択の範囲が、法令等により制限されている場合が挙げられる。なお、監査基準委員会報告書700第13項は、財務諸表において、適用される財務報告の枠組みについて適切に記述されているかどうかを評価することを要求している。

⑵　法令等により財務報告の枠組みが規定されている場合における監査契約の締結に影響を及ぼすその他の事項（第15項参照）

A36．適用される財務報告の枠組みが法令等に規定されており、それが法令等に規定されていなければ受入可能なものではないと監査人が判断する場合でも、監査意見に「すべての重要な点において適正に表示している」という文言を使用することが法令等に規定されていることがある。このような場合、監査報告書の文言として規定されている用語は、一般に公正妥当と認められる監査の基準の要求事項と著しく異なることになる。（第17項参照）

⑶　法令等により監査報告書の様式又は用語が規定されている場合（第17項参照）

A37．監査基準委員会報告書200第19項は、監査基準及び個々の監査業務に関連する全ての監査基準委員会報告書及び他の監査実務指針の要求事項を遵守しない限り、一般に公正妥当と認められる監査の基準に準拠した旨を記載してはならないことを監査人に要求している。監査人は、法令等により、監査報告書について、一般に公正妥当と認められる監査の基準の要求事項と著しく異なる様式や用語が規定されており、かつ、監査報告書に追加的な説明を記載することによっても誤解を招く可能性を軽減できないと判断する場合、監査報告書に、一般に公正妥当と認められる監査の基準に準拠して実施された監査ではない旨を記載することを検討することがある。しかしながら、一般に公正妥当と認められる監査の基準に準拠して実施された監査であることを監査報告書に記載することが認められない場合であっても、監査人は、実施可能な限り、監査報告書に関する指針を含め、一般に公正妥当と認められる監査の基準を適用することが奨励される。

Ⅳ　適　用

・本報告書（2011年12月22日）は、2012年４月１日以後開始する事業年度に係る監査及び同日以後開始する中間会計期間に係る中間監査から適用する。

　ただし、第14項から第17項に該当する法令等に定めのある監査業務について、日本公認会計士協会による実務上の指針が公表されている場合はそれに基づくものとし、第14項から第17項は、当分の間、適用しない。

・本報告書（2014年４月４日）は、2015年４月１日以後に開始する事業年度又は会計期間に係る監査から適用する。ただし、監査基準委員会報告書800「特別目的の財務報告の枠組みに準拠して作成された財務諸表に対する監査」又は監査基準委員会報告書805「個別の財務表又は財務諸表項目等に対する監査」に基づいて2014年４月１日以後に監査報告書を発行する監査の場合には本報告書を適用する。また、第14項から

第17項に該当する法令等に定めのある監査業務について、日本公認会計士協会による実務上の指針が公表されている場合はそれに基づくものとし、第14項から第17項は、当分の間、適用しない。
・本報告書（2015年５月29日）は、2015年４月１日以後開始する事業年度に係る監査及び同日以後開始する中間会計期間に係る中間監査から適用する。
・本報告書（2019年２月27日）は、以下の時期から適用する。
―違法行為に関連する適用指針（A26項）は、2019年４月１日以後開始する事業年度に係る監査及び同日以後開始する中間会計期間に係る中間監査から適用する。
―監査上の主要な検討事項に関連する適用指針（A25項、A32項）は、2021年３月31日以後終了する事業年度に係る監査から適用する。ただし、2020年３月31日（米国証券取引委員会に登録している会社においては2019年12月31日）以後終了する事業年度に係る監査から早期適用することができる。
―上記以外の改正は、2020年３月31日以後終了する事業年度に係る監査から適用する。
・本報告書（2019年６月12日）は、2020年４月１日以後開始する事業年度に係る監査及び同日以後開始する中間会計期間に係る中間監査から適用する。ただし、2019年４月１日以後開始する事業年度に係る監査及び同日以後開始する中間会計期間に係る中間監査から早期適用することができる。
・本報告書（2021年１月14日）は、2022年３月31日以後終了する事業年度に係る監査から適用する。ただし、2021年３月31日以後終了する事業年度に係る監査から早期適用することができる。

付録　一般目的の財務報告の枠組みが受入可能なものであるかどうかの判断（A10項参照）

財務報告の枠組みが会計基準設定主体又は法令等によって規定されていない場合

1．本報告書のA10項に記載されているとおり、財務報告の枠組みが認知された会計基準設定主体又は法令等によって規定されていない場合には、経営者が財務諸表の作成に適用する財務報告の枠組みを決定する。そのような場合、実務上、本報告書のA8項に記載されている設定主体が設定する財務報告の基準が使用されることがある。

2．他方、特定の組織が作成する一般目的の財務諸表に対する財務報告の枠組みとして一般に認知されている確立された会計慣行が存在することがある。そのような財務報告の枠組みが採用される場合、監査人は、本報告書の第４項⑴に従って、そのような会計慣行が、全体として、一般目的の財務諸表に対する受入可能な財務報告の枠組みを構成すると考えることができるかどうか判断することが求められる。監査人は、当該会計慣行が受入可能な財務報告の枠組みが通常示す特性を示しているかどうかを検討したり（以下の第３項参照）、会計慣行を受入可能なものと考えられている既存の財務報告の枠組みの要求事項と比較することにより（以下の第４項参照）、この判断を行う。

3．受入可能な財務報告の枠組みは、通常、以下の特性を示しており、これらの特性の結果、想定利用者にとって有益な情報が財務諸表により提供される。

⑴　目的適合性

財務諸表で提供される情報が企業の事業活動等と財務諸表の目的に適合しているかどうか。例えば、一般目的の財務諸表を作成する営利を目的とする企業の場合、目的適合性は、広範な利用者が経済的意思決定を行う際に共通する財務情報に対するニーズを満たすのに必要な情報を提供しているかどうかという観点から評価される。これらのニーズは、通常、企業の財政状態、経営成績及びキャッシュ・フローの状況を表示することによって満たされる。

⑵　完全性

財務諸表に基づく利用者の結論に影響を及ぼす可能性がある取引及び事象、勘定残高並びに注記事項が省略されていないかどうか。

⑶　信頼性

財務諸表で提供される情報が以下に該当するかどうか。

①　単なる法形式でなく、事象及び取引の経済実態を反映していること

②　類似の状況において使用される場合、合理的な範囲で首尾一貫した評価、測定、表示及び注記がなされること

⑷　中立性

財務諸表において偏向のない情報が提供されるかどうか。

⑸　理解可能性

財務諸表において明瞭かつ総合的な情報が提供され、著しく異なる解釈をもたらさないかどうか。

4．監査人は、受入可能なものと考えられている既存の財務報告の枠組みの要求事項と比較することにより、会計慣行が受入可能なものかどうかの判断を行うことがある。例えば、監査人は、会計慣行を国際会計基準と比較することがある。小規模企業の監査の場合、監査人は、会計慣行を、認知された会計基準設定主体が小規模企業のために特別に設定した財務報告の枠組みと比較し、その適否の決定を行うことがある。監査人がこれらの比較を行い、差異が識別された場合、財務諸表の作成及び表示において採用された会計慣行が受入可能な財務報告の枠組みを構成するかどうかを判断する。その判断に当たっては、識別された差異の理由と、当該会計慣行を適用すること又は財務諸表において当該会計慣行を記載することによって財務諸表利用者の判断を誤らせる可能性があるかどうかを検討する。

5．個々の利用者のニーズに合わせて会計慣行を単に組み合わせているような場合は、一般目的の財務諸表に対する財務報告の枠組みとして受入可能なものではない。同様に、準拠性の枠組みは、財務諸表作成者と財務諸表利用者に一般的に受け入れられている場合を除き、財務報告の枠組みとして受入可能なものではない。

以　上

監査基準委員会報告書220
監査業務における品質管理*

2011年12月22日
改正2013年6月17日
改正2015年5月29日
最終改正2019年2月27日
日本公認会計士協会
監査基準委員会
(報告書：第58号)

項番号

I 本報告書の範囲及び目的

1．本報告書の範囲

1．本報告書は、個々の監査業務における品質管理に関する実務上の指針を提供するものである。また、本報告書は審査担当者に関する実務上の指針を提供する。なお、中間監査は年度監査の一環として実施されるものであるため、中間監査の品質管理は、年度監査の品質管理の一環として実施する。本報告書は、関連する職業倫理に関する規定と併せて適用される。

1-2．本報告書には、監査における不正リスク対応基準（以下「不正リスク対応基準」という。）に準拠して監査を実施する際に遵守が求められる要求事項と関連する適用指針（項番号の冒頭に「F」が付されている。）が含まれている。（監査基準委員会報告書200「財務諸表監査における総括的な目的」第21項(3)参照）（A1-2項参照）

2．品質管理のシステム及び監査チームの役割

2．監査事務所は、品質管理のシステム、方針及び手続を整備し運用する責任を有する。品質管理基準委員会報告書第1号「監査事務所における品質管理」に基づいて、監査事務所は、監査業務の品質を合理的に確保するため、以下の事項について品質管理のシステムを整備し運用する義務がある。

(1)　監査事務所及び専門要員が職業的専門家としての基準及び適用される法令等を遵守すること。

(2)　監査事務所又は監査責任者が状況に応じた適切な監査報告書を発行すること。（品基報第1号第10項参照）

本報告書は、監査事務所が品質管理基準委員会報告書第1号を遵守していることを前提にしている。（A1項参照）

3．監査事務所の品質管理のシステムにおいて、監査チームは、個々の監査業務に関連する品質管理の手続を適用するとともに、独立性に関連する品質管理のシステムを有効に機能させるための情報を監査事務所に提供する責任を有する。

4．監査チームは、監査事務所又は第三者から品質管理のシステムに改善を要する事項が存在する旨の通知がない限り、品質管理のシステムに依拠することができる。（A2項参照）

3．本報告書の目的

5．本報告書の目的は、監査業務の品質を合理的に確保するため、監査人が以下の事項に関する品質管理の手続を個々の監査業務において適用することである。

(1)　職業的専門家としての基準及び適用される法令等を遵守すること。

(2)　状況に応じた適切な監査報告書を発行すること。

4．定　義

6．本報告書における用語の定義は、以下のとおりとする。

(1)　「監査業務の定期的な検証」－監査事務所が定めた品質管理の方針及び手続に準拠して監査チームが監査業務を実施したことを確かめるために、完了した監査業務に対して実施する手続をいう。

(2)　「監査事務所」－公認会計士法に基づき登録された個人事務所又は監査法人をいう。

(3)　「監査事務所外の適格者」－監査責任者と同等の適性及び能力を有する監査事務所外部の者、例えば、他の監査事務所の社員等をいう。

(4)　「監査責任者」－監査業務の実施の責任者、すなわち、専門要員のうち、監査業務とその実施及び発行する監査報告書に対する責任を負う社員等をいう。

(5)　「監査チーム」－個々の監査業務に従事する者をいい、監査事務所又はネットワーク・ファームに所属する者で、監査を実施する社員等及び専門職員から構成される。監査チームには、監査事務所又はネットワーク・ファームが業務を依頼する外部の専門家を含まない。倫理規則及び独立性に関する指針に定める業務チームのうち監査を実施する業務チームをいう。なお、監査に関する品質管理基準における監査実施者は、監査チームを意味する場合と専門要員を意味する場合とがある。

(6)　「社員等」－監査事務所において、専門業務の業務執行権を有する全ての個人をいう。したがって、監査法人の場合は監査法人の社員をいい、個人事務所及び共同事務所の場合は業務執行責任者として業務を行っている者をいう。

(7)　「職業的専門家としての基準及び適用される法令等」－専門業務を実施するに当たって遵守しなければならない基準及び適用される法令等をいう。監査基準・不正リスク対応基準（法令により準拠が求められている場合）・監査基準委員会報告書・監査に関する品質管理基準・品質管理基準委員会報告書、公認会計士法・同施行令・同施行規則、金融商品取引法、会社法、日本公認会計士協会が公表す

る会則・倫理規則・報告書・実務指針・通達その他から構成される。

(8) 「審査」－監査報告書日又はそれ以前に、監査チームが行った監査手続、監査上の重要な判断及び監査意見の形成を客観的に評価するために実施する手続をいう。

(9) 「審査担当者」－監査チームが行った監査手続、監査上の重要な判断及び監査意見の形成を客観的に評価するのに十分かつ適切な経験と職位等の資格を有する、監査事務所内の監査チームメンバー外の者、監査事務所外の適格者又はこれらの者で構成されるチーム（会議体を含む。）をいう。

(10) 「専門職員」－専門業務に従事する社員等以外の者をいう。監査事務所が雇用する専門家（会計又は監査以外の分野において専門知識を有する個人）を含む。

(11) 「専門要員」－監査事務所に所属する社員等及び専門職員全体をいう。なお、監査に関する品質管理基準における監査実施者は、監査チームを意味する場合と専門要員を意味する場合とがある。

(12) 「大会社等」－

ア．全ての上場会社等

イ．法令により、監査を実施するに当たり、上場会社等と同じ独立性の要件が求められる事業体

ウ．独立性に関する指針第１部第26項により追加的に大会社等と同様に扱うこととした事業体

上記ア及びイについて、我が国においては、公認会計士法上の大会社等がこれらの要件を満たしている。

(13) 「ネットワーク」－監査事務所よりも大きな組織体であって、所属する事業体の相互の協力を目的としており、かつ以下のいずれかを備えている組織体をいう。

ア．利益の分配又は費用の分担を目的にしていること。

イ．共通の組織により所有、支配及び経営されていること。

ウ．品質管理の方針及び手続を共有していること。

エ．事業戦略を共有していること。

オ．ブランド名を共有していること。

カ．事業上のリソースの重要な部分を共有していること。

(14) 「ネットワーク・ファーム」－ネットワークに所属する監査事務所又は事業体をいう。

(15) 「品質管理のシステムの監視」－監査事務所の品質管理のシステムが有効に運用されていることを合理的に確保するために策定された、品質管理のシステムに関する日常的監視及び評価（監査業務の定期的な検証を含む。）をいう。

(16) 「我が国における職業倫理に関する規定」－監査事務所並びに監査チーム及び審査担当者が従うべき職業倫理に関する規定をいい、公認会計士法・同施行令・同施行規則、日本公認会計士協会が公表する会則、倫理規則、独立性に関する指針、利益相反に関する指針、違法行為への対応に関する指針及びその他の倫理に関する規定から構成される。なお、「職業倫理に関する規定」と表記することもある。

Ⅱ 要求事項

１．品質管理に関する責任

7．監査責任者は、監査事務所が定める品質管理のシステムに準拠し、実施する監査業務の全体的な品質に責任を負わなければならない。（A3項参照）

２．職業倫理及び独立性

8．監査責任者は、監査業務の全ての局面において、必要に応じて質問等を行うことにより、監査チームのメンバーが監査事務所の定める職業倫理の遵守に関する方針及び手続を遵守していない形跡がないかについて留意しなければならない。（A4項及びA5項参照）

9．監査責任者は、監査事務所の品質管理のシス

テム等を通じて監査チームのメンバーが職業倫理に関する規定を遵守していないことに気付いたときには、適切な者へ専門的な見解の問合せを行うなどの適切な対応をとらなければならない。（A5項参照）

独立性

10．監査責任者は、監査事務所の定める独立性の保持のための方針及び手続を遵守するとともに、監査チームのメンバーがこれを遵守していることを確かめなければならない。そのために監査責任者は、以下を実施しなければならない。（A5項及び A6項参照）

(1)　独立性を阻害する状況や関係を識別して評価するために、監査事務所又は適切な場合にはネットワーク・ファームから関連する情報を入手する。

(2)　独立性の保持のための方針及び手続への違反に関する情報を入手した場合、実施する監査業務にとって、当該違反が独立性を阻害する要因となっていないかどうかを判断するために、その情報を検討する。

(3)　独立性を阻害する要因を識別した場合には、これを許容可能な水準にまで軽減又は除去するためにセーフガードを適用する。また、適切であると考えられる場合には、監査契約を解除する。なお、監査責任者は、適切な対応によっても問題を解決できないときには、監査事務所に速やかに報告する。

３．契約の新規の締結及び更新

11．監査責任者は、監査契約の新規の締結及び更新が、監査事務所の定める方針及び手続に従って適切に行われていることを確かめ、その結論が適切であることを判断しなければならない。（A7項参照）

(1)　不正リスクの考慮

F11－2．監査責任者は、監査契約の新規の締結及び更新に当たり、不正リスクを考慮して監査契約の締結及び更新に伴うリスクを評価すること、並びに、当該評価の妥当性について、新規の締結時、及び更新時はリスクの程度に応じて、監査チーム外の適切な部署又は者により検討することが、監査事務所の定める方針及び手続に従って適切に行われていることを確かめなければならない。

(2)　監査契約締結後の情報の入手

12．監査責任者は、契約の締結を辞退する原因となるような情報を監査契約締結後に入手した場合、監査事務所及び監査責任者が必要な対応をとることができるように、その情報を監査事務所に速やかに報告しなければならない。

４．監査チームの選任

13．監査責任者は、職業的専門家としての基準及び適用される法令等に準拠して監査を実施し、状況に応じた適切な監査報告書を発行することができるように、監査チームと監査人が業務を依頼する外部の専門家が、全体として適切な適性及び能力を有していることを確かめなければならない。（A8項から FA9－2項参照）

５．業務の実施

(1)　指示、監督及び実施

14．監査責任者は、以下の事項に責任を負わなければならない。

(1)　職業的専門家としての基準及び適用される法令等に準拠して監査業務を指示、監督及び実施すること。（A10項から A12項、A17項参照）

(2)　状況に応じた適切な監査報告書を発行すること。

不正リスクに対応して実施される監督

F14－2．監査責任者は、監査事務所が不正リスクに適切に対応できるように定めた監査業務に係る監督に関する方針及び手続に従って監督する責任を負わなければならない。

監査事務所内における監査責任者の全員の交代

F14－3．監査責任者は、同一の企業の監査業務を担当する監査責任者が全員交代した場合、監査事務所の定める業務の実施における品質を保持するための方針及び手続に従って、監査の過程で識別した不正リスクを含む重要な事項の伝達が行われていることを確かめなければならない。

(2) 監査調書の査閲

15. 監査責任者は、監査事務所の監査調書の査閲に関する方針及び手続に従って実施される査閲に対する責任を負わなければならない。(A13項、A14項及び A17項参照)

不正リスクに対応して実施される査閲

F15－2．監査責任者は、監査事務所が不正リスクに適切に対応できるように定めた監査調書の査閲に関する方針及び手続に従って査閲が行われていることに対する責任を負わなければならない。

16. 監査責任者は、監査報告書日以前に、監査調書の査閲や監査チームとの討議を通じて、得られた結論と監査意見を裏付けるのに十分かつ適切な監査証拠が入手されたことを確かめなければならない。(A15項から A17項参照)

(3) 専門的な見解の問合せ

17. 監査責任者は、専門的な見解の問合せに関して、以下の事項を行わなければならない。(A18項及び A19項参照)

(1) 専門性が高く、判断に困難が伴う事項や見解が定まっていない事項に関して、監査チームが専門的な見解の問合せを適切に実施する責任を負うこと。

(2) 監査チーム内、及び監査チームと監査事務所内外の適切な者との間で、監査チームのメンバーが監査の期間中に専門的な見解の問合せを適切に実施したことを確かめること。

(3) 専門的な見解の問合せの内容及び範囲並びに得られた見解に助言者が同意していることを確かめること。

(4) 専門的な見解の問合せから得られた見解に対処しているかどうかを判断すること。

不正による重要な虚偽表示を示唆する状況が識別された場合、又は不正による重要な虚偽表示の疑義があると判断した場合の専門的な見解の問合せ

F17－2．監査責任者は、不正による重要な虚偽表示を示唆する状況が識別された場合、又は不正による重要な虚偽表示の疑義があると判断された場合には、監査チームが必要に応じ専門的な見解の問合せを適切に実施する責任を負わなければならない。

(4) 審　査

18. 監査責任者は、審査に関して、以下の事項を行わなければならない。

(1) 審査担当者が選任されていることを確かめること。

(2) 監査中に識別した重要な事項（審査中に識別されたものを含む。）について審査担当者と討議すること。

(3) 審査が完了した日以降を監査報告書日とすること。(A20項から A22項参照)

19. 審査担当者は、監査チームが行った重要な判断や監査意見を客観的に評価しなければならない。この評価には、以下の事項を含めなければならない。(A23項、A24項、A24－2項及び A26項参照)

(1) 重要な事項についての監査責任者との討議（FA24－2項参照）

(2) 財務諸表と監査報告書案の検討

(3) 監査チームが行った重要な判断とその結論に関する監査調書の検討（FA24－3項参照）

(4) 監査意見の評価及び監査報告書案が適切であるかどうかの検討

20. 審査において、審査担当者は、以下の事項を検討しなければならない。(A25項及び A26項参照)

(1) 独立性に関する監査チームの評価

(2) 監査上の判断の相違、又は専門性が高く判断に困難が伴う事項や見解が定まっていない事項について適切な専門的な見解の問合せが行われたかどうか、及び専門的な見解の問合せから得られた結論

(3)　重要な判断に関する監査調書には、実施した手続とその結論が適切に記載されているかどうか。

不正による重要な虚偽表示の疑義があると判断された場合の審査

F20－2．監査責任者は、不正による重要な虚偽表示の疑義があると判断された場合には、監査事務所の定める方針及び手続に従って審査担当者が選任されていることを確かめなければならない。

F20－3．審査担当者は、不正による重要な虚偽表示の疑義があると判断された場合には、修正後のリスク評価及びリスク対応手続が妥当であるかどうか、入手した監査証拠が十分かつ適切であるかどうかについて検討しなければならない。(FA25－2項参照)

審査を実施しない監査業務

20－4．監査責任者は、審査を実施しない監査業務に関して、監査意見が適切に形成されていることを確認できる他の方法が、監査事務所の定める方針及び手続に従って適切に行われていることを確かめなければならない。(A26－2項参照)

(5)　監査上の判断の相違

21．監査チーム内、監査チームと専門的な見解の問合せの助言者との間、又は、該当する場合、監査責任者と審査担当者との間で、監査上の判断の相違が生じた場合、監査チームは、監査事務所の方針及び手続に従って監査上の判断の相違に対処し、これを解決しなければならない。

また、監査報告書は、監査上の判断の相違が解決しない限り、発行してはならない。

6．品質管理のシステムの監視

22．有効な品質管理のシステムは、品質管理のシステムに関連する監査事務所の方針及び手続が、適切かつ十分であり、有効に運用されているということを合理的に確保するために設計された品質管理のシステムの監視に関するプロセスを含む。

監査責任者は、監査事務所又は他のネットワーク・ファームから伝達された品質管理のシステムの監視の結果に関する最新の情報、及び当該情報で指摘された不備が担当する監査業務に影響を与えているかどうかを考慮しなければならない。(A27項からA29項参照)

F22－2．監査責任者は、監査チームが監査の実施において、不正リスクに関連して監査事務所内外から監査事務所に寄せられた情報をどのように検討したかについて、監査事務所の方針及び手続に従って監査事務所の適切な部署又は者に書面で報告しなければならない。

7．監査調書

23．監査チームは、以下の事項を監査調書に記載しなければならない。(監査基準委員会報告書230「監査調書」第7項から第10項、A6項参照)

(1)　職業倫理に関する規定の遵守に関して識別された問題及びその問題の解決方法

(2)　監査業務に適用される独立性の遵守に関する結論及びそれらの結論を裏付ける監査事務所の適切な者との討議

(3)　監査契約の新規の締結及び更新に関して到達した結論

(4)　監査の期間中に行われた専門的な見解の問合せの内容及び範囲並びに得られた見解(A30項参照)

24．審査担当者は、審査を実施した監査業務に関して、以下の事項を文書化しなければならない。

(1)　審査に係る監査事務所の方針で求められる手続が実施されたこと。

(2)　監査報告書日以前に審査が完了したこと。

(3)　審査担当者が、監査チームが行った重要な判断とその結論が適切でないと判断した事項がなかったこと。

8．監査事務所間の引継

25．監査人の交代に際して前任の監査事務所の監査責任者は、監査事務所が定める後任の監査事務所への引継に関する方針及び手続に準拠して、監査業務の十分な引継を行わなければならない。

また、後任の監査事務所の監査責任者は、監査事務所が定める前任の監査事務所からの引継に関する方針及び手続に準拠しなければならない。(A31項参照)

25－2．監査責任者は、監査事務所の定める監査事務所間の引継に関する方針及び手続に従って、監査チームが実施した引継の状況について監査事務所の適切な部署又は者に報告されていることを確かめなければならない。

9．共同監査

26．監査責任者は、他の監査事務所と共同して監査業務を行う場合には、監査事務所が定める共同監査に関する方針及び手続に準拠しなければならない。(A32項参照)

Ⅲ　適用指針

1．品質管理のシステム及び監査チームの役割（第２項参照）

A1．品質管理基準委員会報告書第１号は、監査事務所における監査業務の品質管理のシステムの整備及び運用に関する実務上の指針を提供する。品質管理のシステムは、以下の事項に関する方針及び手続を含む。

(1)　品質管理に関する責任
(2)　職業倫理及び独立性
(3)　契約の新規の締結及び更新
(4)　専門要員の採用、教育・訓練、評価及び選任
(5)　業務の実施
(6)　品質管理のシステムの監視

A1－2．不正リスク対応基準に準拠して監査を実施する際に遵守が求められる要求事項と関連する適用指針は、不正リスク対応基準が適用されない監査業務においても、業務の状況に応じて、参考となることがある。(第1－2項参照)

監査事務所の品質管理のシステムへの依拠（第４項参照）

A2．監査チームは、監査事務所又は第三者から品質管理のシステムに改善を要する事項が存在する旨の通知がない限り、例えば、以下の監査事務所の品質管理のシステムに依拠することができる。

・専門要員の適性を確保するための採用及び研修
・独立性を評価するための独立性に関連する情報の蓄積や伝達
・関与先との契約を締結又は更新するための契約の締結及び更新のシステム
・適用される法令等を遵守するための監視のプロセス

2．品質管理に関する責任（第７項参照）

A3．個々の監査業務の品質に全般的な責任を負う監査責任者の行動及び監査チームのメンバーへの適切なメッセージでは、以下の事項が強調される。

(1)　以下の事項に関する監査の品質の重要性
　①　職業的専門家としての基準及び適用される法令等を遵守して監査を実施すること。
　②　監査事務所の品質管理の方針及び手続を遵守すること。
　③　状況に応じた適切な監査報告書を発行すること。
　④　監査チームのメンバーが不服と疑義の申立てを行う場合でも不当な取扱いを受けることはないこと。
(2)　監査業務の実施において品質が重視されること。

3．職業倫理及び独立性

(1)　職業倫理に関する規定の遵守（第８項参照）

A4．職業倫理に関する事項は、倫理規則等の職業倫理に関する規定において規定されている。また倫理規則は、専門業務を実施するに際し、以下の基本原則の遵守を求めている。

(1)　誠実性の原則
(2)　公正性の原則
(3)　職業的専門家としての能力及び正当な注意の原則

(4) 守秘義務の原則
(5) 職業的専門家としての行動の原則

「監査事務所」、「ネットワーク」及び「ネットワーク・ファーム」の定義（第８項から第10項参照）

A5. 本報告書における「監査事務所」、「ネットワーク」及び「ネットワーク・ファーム」の定義は、職業倫理に関する規定において定められた用語又は定義と異なることがある。例えば、倫理規則及び独立性に関する指針では「監査事務所」の代わりに「会計事務所等」を使用しており、以下のように定義している。

(1) 会員が開業する事務所（公認会計士法以外の法律に基づく事務所を除く。）及び監査法人
(2) (1)を支配する事業体
(3) (1)が支配している事業体

また、独立性に関する指針には「ネットワーク」及び「ネットワーク・ファーム」に関する指針が記載されている。

第８項から第10項における要求事項を遵守するに当たっては、倫理規則及び独立性に関する指針において定められている定義を参照する。

(2) 独立性を阻害する要因（第10項(3)参照）

A6. 監査責任者は、監査業務においてセーフガードを適用しても許容可能な水準にまで軽減又は除去することができないような独立性に対する阻害要因を識別することがある。その場合、第10項(3)に記載のとおり、監査責任者は、独立性に対する阻害要因を生じさせるような行為や関係の排除、監査契約の解除等の適切な対応を決定するために、監査事務所内の適切な者に報告する。

４．契約の新規の締結及び更新（第11項参照）

A7. 品質管理基準委員会報告書第１号は、新規の関与先と契約の締結を行う場合、既存の関与先と既存の契約を更新するかどうかを判断する場合及び既存の関与先と新規の契約の締結を検討する場合、その状況において必要と考えられる情報を入手することを監査事務所に求めている。（品基報第１号第26項(1)参照）

以下の情報は、監査責任者が関与先と監査契約の新規の締結又は更新に関する結論が適切であるかどうか判断する際に有用となる。

・主な株主、主要な経営者及び監査役若しくは監査役会、監査等委員会又は監査委員会（以下、監査役若しくは監査役会、監査等委員会又は監査委員会を「監査役等」という。）の誠実性
・監査チームが、時間及び人的資源を含め、監査業務を実施するための適性及び能力を有していること。
・監査事務所及び監査チームが、関連する職業倫理に関する規定を遵守できること。
・当年度又は過年度における監査業務の実施中に生じた重要な事項と、それらが契約の更新の判断に与える影響

A7－2．監査基準委員会報告書900「監査人の交代」により、監査人予定者は監査契約の締結の前に、監査契約の締結の可否を判断するために知っておく必要があると前任監査人が判断した事実又は状況に関して、当該情報の提供を前任監査人に依頼することが求められている。状況によっては、監査人予定者の要請に基づき、前任監査人は違法行為又はその疑いに関する情報の提供を監査人予定者に求められる場合がある。例えば、違法行為又はその疑いが原因で前任監査人が監査契約を継続しなかった場合、前任監査人は監査人予定者の要請に基づき、監査人予定者が監査契約の締結の可否を判断する前に知っておく必要があると前任監査人が判断した違法行為又はその疑いに関する全ての事実と情報を監査人予定者に提供することが求められている。（違法行為への対応に関する指針第30項及び監基報900第13－２項参照）

５．監査チームの選任（第13項参照）

A8. 監査チームには、会計又は監査の特殊な領域で専門知識を有するメンバーとして監査手続を実施する者（監査事務所が雇用又は依頼により業務に従事しているかを問わない。）も含ま

れる。ただし、当該専門知識を有する者に専門的な見解の問合せを行ったのみである場合は、当該専門知識を有する者は監査チームのメンバーではない。なお、専門的な見解の問合せは第17項、A18項及び A19項に記載されている。

A9. 監査チームに期待される適切な適性及び能力を検討する場合、監査責任者は、以下の事項を考慮することがある。

- 業務の内容と複雑さの程度が類似した監査業務への従事及び適切な訓練を通じて得られた監査業務の理解の程度並びにこれまでの実務経験
- 職業的専門家としての基準及び適用される法令等についての理解
- IT の知識及び会計又は監査の特定の領域を含む専門的知識
- 関与先が属する産業に関する知識
- 職業的専門家としての判断能力
- 監査事務所の定める品質管理に関する方針及び手続についての理解

専門要員の教育・訓練の考慮

FA9-2. 監査チームに期待される適切な適性及び能力を検討する場合、監査責任者は、監査事務所が提供する不正に関する教育・訓練を通じて得られた、専門要員の知識及び能力の程度を考慮することがある。

6. 業務の実施

(1) 指示、監督及び実施（第14項(1)参照）

A10. 監査チームの指示には、以下の事項を監査チームのメンバーに伝えることが含まれる。

- 関連する職業倫理に関する規定を遵守するとともに、監査基準委員会報告書200第14項が要求する職業的専門家としての懐疑心を保持して監査を計画し実施することを含む、監査チームのメンバーのそれぞれの責任
- 一つの監査に複数の監査責任者が関与している場合の各監査責任者の責任
- 実施すべき作業の目的
- 企業の事業内容
- 監査リスクに関連する事項
- 潜在的な問題点
- 監査の実施に当たっての詳細なアプローチ

監査チームのメンバー間で討議を行うことによって、経験の浅いメンバーがより経験のあるメンバーに適宜質問を行い、適切なコミュニケーションが監査チーム内で行われるようになる。

A11. 監査チームの経験の浅いメンバーが割り当てられた作業の目的を的確に理解するためには、チームワークを適切に図り、訓練を適切に実施することが有益である。

A12. 監督には、以下のような事項が含まれる。

- 監査の進捗状況を把握すること。
- 監査チームの個々のメンバーの適性、能力及び経験、個々のメンバーがそれぞれの作業を実施するのに十分な時間が確保されているかどうか、個々のメンバーが各自に与えられた指示を理解しているかどうか、並びに作業が監査計画に従って実施されているかどうかについて検討すること。
- 監査の過程で発見された重要な会計及び監査上の問題となる可能性がある事項をより経験のある監査チーム内のメンバーに報告するように指示し、当該事項の重要性の程度を検討し、監査計画を適切に修正すること。
- 専門的な見解の問合せが必要な事項又はより経験のある監査チームのメンバーが検討を必要とする事項を特定すること。

(2) 監査調書の査閲

査閲責任（第15項参照）

A13. 品質管理基準委員会報告書第１号第32項では、査閲に関する監査事務所の方針及び手続は、監査チームのより経験のあるメンバーが経験の浅いメンバーの作成した監査調書を査閲するという原則に基づいて定めることとされている。

A14. 監査調書の査閲を行う場合には、例えば、以下の事項を考慮する。

- 職業的専門家としての基準及び適用される法令等に従って作業を行っているかどうか。
- 重要な事項を詳細に検討しているかどうか。

・専門的な見解の問合せを適切に実施しており、その結論を文書化し、かつ対処しているかどうか。
・監査手続の種類、時期及び範囲を変更する必要があるかどうか。
・到達した結論は、実施した作業によって裏付けられているか、またそれが適切に監査調書に記載されているかどうか。
・入手した監査証拠は、監査意見を裏付けるものとして十分かつ適切であるかどうか。
・監査手続の目的は達成されているかどうか。

監査責任者による監査調書の査閲（第16項参照）

A15．監査責任者が、監査の実施中の適切な段階で適時に以下のような事項に関する監査調書を査閲することによって、監査報告書日前に、重要な事項を監査責任者が納得できるように適時に解決することが可能となる。
・監査上の判断を要する重要な領域、特に、監査の実施中に識別した専門的な見解の問合せが必要な事項に関連する領域
・特別な検討を必要とするリスク
・監査責任者が重要と認識するその他の領域

監査責任者は、全ての監査調書を査閲する必要はないが、監査基準委員会報告書230第８項⑶に記載のとおり、査閲した監査調書にサインを記入するなどの方法により査閲の対象と実施の時期を記録する。

A16．監査の実施中に、監査事務所内で監査責任者の交代が行われた場合には、後任の監査責任者は交代日までに実施された作業に関する監査調書の査閲を行うために、A15項に記載された監査調書の査閲の手続を適用することができる。

⑶　会計又は監査の特殊な領域において専門知識を有する者を監査チームのメンバーとして利用する場合の考慮事項（第14項から第16項参照）

A17．会計又は監査の特殊な領域において専門知識を有する者を監査チームのメンバーとして利用する場合、当該専門知識を有する者に対する指示、監督及び監査調書の査閲には、以下のような事項が含まれることがある。
・専門知識を有する者の作業の内容、範囲及び目的、並びに当該専門知識を有する者と監査チームの他のメンバーのそれぞれの役割並びにコミュニケーションの内容、時期及び範囲について合意すること。
・当該専門知識を有する者の発見事項又は結論の適合性及び合理性、並びに他の監査証拠との整合性を含め、当該専門知識を有する者の作業の適切性を評価すること。

⑷　専門的な見解の問合せ（第17項参照）

A18．専門的な事項、職業倫理に関する事項などについて、監査事務所内外の者に専門的な見解の問合せを実施する場合、適切な知識や経験を有している助言者に十分に関連する事実を提供することによって、専門的な見解の問合せを効果的に行うことができる。

A19．監査事務所内に適切な人材を有しておらず、監査チームが監査事務所外に見解の問合せを行うことが必要な場合には、他の監査事務所等に専門的な見解の問合せを行うことができる。

⑸　審　査

監査報告書日前の審査の完了（第18項⑶参照）

A20．監査基準委員会報告書700「財務諸表に対する意見の形成と監査報告」は、監査人が財務諸表に対する意見表明の基礎となる十分かつ適切な監査証拠を入手した日以降の日付を監査報告書に付すことを求めている。審査は、監査人が十分かつ適切な証拠を入手したかどうかを判断する一助となる。

A21．監査の適切な段階で適時に審査を実施することによって、重要な事項を監査報告書日以前に審査担当者と速やかに同意して解決することが可能となる。

A22．審査の完了は、審査担当者が本報告書の第19項及び第20項の要求事項を完了していること、さらに該当する場合には第21項を遵守していることを意味する。審査の文書化は、監査ファイルの最終的な整理の一環として、監査報告書日後に完了することもできる。監査基準委員会報

告書230第13項から第15項は、監査ファイルの最終的な整理に関する要求事項を定めている。

審査の内容、時期及び範囲（第19項参照）

A23．監査責任者は、状況の変化に留意することにより、監査の開始時には審査が必要でないと判断した事項が、重要な事項として審査を必要とする状況であるかを識別できる。

A24．審査の範囲は、とりわけ、監査業務の複雑性、企業が大会社等であるかどうかや不適切な監査報告書が発行されるリスクを考慮して決定される。なお、審査は、監査責任者の責任を軽減するものではない。

A24－2．監査基準委員会報告書701「独立監査人の監査報告書における監査上の主要な検討事項の報告」が適用となる場合、監査報告書案が適切であるかどうかの検討には以下が含まれる。

・報告すべき監査上の主要な検討事項が監査報告書案に記載されているかどうか。
・監査基準委員会報告書701第13項に基づき監査上の主要な検討事項を記載しない場合、記載しないことが適切かどうか。
・報告すべき監査上の主要な検討事項がない場合、企業及び監査に関する事実及び状況を踏まえて、それが適切かどうか。

加えて、第19項(2)に従って実施する監査報告書案の検討には監査上の主要な検討事項の表現方法の検討も含んでいる。

不正による重要な虚偽表示を示唆する状況を識別した場合の審査（第19項(1)及び(3)参照）

FA24－3．審査担当者が審査において評価する重要な事項や監査チームが行った重要な判断には、不正による重要な虚偽表示を示唆する状況を識別した場合、不正による重要な虚偽表示の疑義があるかどうかの判断が含まれる。

大会社等の審査（第20項参照）

A25．第20項に記載されている事項に加えて、監査チームが行った重要な判断について、大会社等の監査の審査において検討され評価される事項には、以下の事項が含まれることがある。

・監査基準委員会報告書315「企業及び企業環境の理解を通じた重要な虚偽表示リスクの識別と評価」に準拠して監査中に識別された特別な検討を必要とするリスク、同330「評価したリスクに対応する監査人の手続」に準拠した当該リスクに対する対応、及び同240「財務諸表監査における不正」に準拠した監査チームの不正リスクの評価と対応
・監査の基本的な方針と詳細な監査計画の内容（監査期間中に行われた重要な修正を含む。）
・監査上の判断、特に重要性及び特別な検討を必要とするリスクに関して行った判断
・監査の実施中に識別した修正された又は未修正の虚偽表示に関する重要性の判断及びその対処
・経営者及び監査役等、該当する場合、規制当局などの第三者に伝達する事項

これらの事項は、状況に応じて、大会社等以外の財務諸表監査の審査にも適用されることがある。

不正による重要な虚偽表示の疑義があると判断された場合の審査（第F20－3項参照）

FA25－2．不正による重要な虚偽表示の疑義があると判断された場合、審査において検討され評価される事項には、例えば、以下の事項が含まれる。

・修正後の監査の基本的な方針と詳細な監査計画の内容
・監査上の判断、特に重要性及び重要な虚偽表示の発生可能性に関して行った判断
・リスク対応手続の種類、時期及び範囲
・入手した監査証拠が十分かつ適切かどうか。
・専門的な見解の問合せの要否及びその結論
・不正による重要な虚偽表示の疑義に関する監査調書には、実施した手続とその結論が適切に記載されているかどうか。

小規模企業に特有の考慮事項（第19項及び第20項参照）

A26．大会社等以外の審査では、審査に関する方針及び手続に従い、監査の品質が合理的に確保される範囲において、前項の事項等を簡素化又は柔軟に実施することができる。なお、審査を実施するために委託審査制度を利用する場合、

「監査意見表明のための委託審査要領」（日本公認会計士協会）等が参考になる。

審査を実施しない監査業務（第20－4項参照）

A26－2．審査を実施しない監査業務に関して、監査意見が適切に形成されていることを確認できる方法には、監査責任者が意見表明前に実施し、文書化した自己点検が含まれる。

7．品質管理のシステムの監視（第22項参照）

A27．品質管理基準委員会報告書第１号第47項は、監査事務所に対して、品質管理のシステムに関するそれぞれの方針及び手続が適切かつ十分であるとともに、有効に運用されていることを合理的に確保するために、品質管理のシステムの監視に関するプロセスを定めるよう要求している。

A28．品質管理のシステムにおける不備が担当している監査業務に影響を与えているかどうかを検討する場合、監査責任者は、監査事務所がその状況を改善するために講じた是正措置を考慮することがある。

A29．監査事務所が定めた品質管理のシステムに不備が存在した場合であっても、個々の監査業務が職業的専門家としての基準及び適用される法令等を遵守して実施されなかったこと、又は監査意見の形成が適切ではなかったことを必ずしも示すものではない。

8．監査調書

専門的な見解の問合せに係る監査調書（第23項(4)参照）

A30．専門的な見解の問合せを監査調書に十分かつ詳細に記載することによって、以下の事項を理解することができる。

- 専門的な見解の問合せを行った事項の内容
- 専門的な見解の問合せの結果、当該事項に関して行った判断とその根拠、得られた結論及びその対処

9．監査事務所間の引継（第25項参照）

A31．監査人の交代は、監査基準委員会報告書900「監査人の交代」に従うことになる。監査責任者は、監査人の交代に関する監査業務の引継において専門職員を使用する場合には、監査チームが必要な能力、適性及び独立性を保持するとともに、十分な時間を確保できることを確かめることに留意する。

10．共同監査（第26項参照）

A32．監査責任者は、他の監査事務所が共同監査に関する品質管理の方針及び手続を実施しているかどうかについて、監査契約の新規の締結及び更新の際、並びに必要に応じて監査業務の実施の過程において他の監査事務所の監査責任者に確かめることに留意する。

Ⅳ　適　用

- 本報告書（2011年12月22日）は、2012年４月１日以後開始する事業年度に係る監査及び同日以後開始する中間会計期間に係る中間監査から適用する。
- 本報告書（2013年６月17日）は、2014年３月31日以後終了する事業年度に係る監査から適用する。なお、不正リスク対応基準に基づく指針（項番号の冒頭に「Ｆ」が付されているもの）及び第25－２項については、2013年10月１日から適用する。
- 本報告書（2015年５月29日）は、2015年４月１日以後開始する事業年度に係る監査及び同日以後開始する中間会計期間に係る中間監査から適用する。
- 本報告書（2019年２月27日）は、以下の時期から適用する。

―違法行為に関連する要求事項（F14－３項及びA7－２項）は、2019年４月１日以後開始する事業年度に係る監査及び同日以後開始する中間会計期間に係る中間監査から適用する。

―監査上の主要な検討事項に関連する適用指針（A24－２項）は、2021年３月31日以後終了する事業年度に係る監査から適用する。ただし、2020年３月31日（米国証券取引委員会に

登録している会社においては2019年12月31日）以後終了する事業年度に係る監査から早期適用することができる。

—上記以外の改正は、2020年３月31日以後終了する事業年度に係る監査から適用する。

以　上

監査基準委員会報告書230

監査調書*

2011年12月22日
改正2015年5月29日
改正2019年2月27日
改正2019年6月12日
最終改正2021年1月14日
日本公認会計士協会
監査基準委員会
（報告書：第45号）

項番号

Ⅰ　本報告書の範囲及び目的

1．本報告書の範囲

1．本報告書は、財務諸表監査に係る監査調書の作成に関する実務上の指針を提供するものである。付録には、他の監査基準委員会報告書における文書化に関する特定の要求事項を一覧にしている。本報告書以外に他の監査基準委員会報告書や監査実務指針が監査調書に関する要求事項を定めている場合には、本報告書を当該報告書等に併せて適用する。なお、法令等により、監査調書に関する追加的な要求事項が定められている場合がある。

2．監査調書の内容及び目的

2．本報告書の要求事項及び他の監査基準委員会報告書の文書化に関する特定の要求事項を満たす監査調書は、以下の証拠を提供する。

(1)　監査人の総括的な目的の達成に関する監査人の結論についての基礎となる証拠（監査基準委員会報告書200「財務諸表監査における総括的な目的」第10項参照）

(2)　一般に公正妥当と認められる監査の基準及び適用される法令等に準拠して監査計画を策定し監査を実施したという証拠

3．監査調書を作成する目的には、以下の事項が含まれる。

(1)　監査計画を策定する際及び監査を実施する際の支援とすること

(2)　監査責任者が、監査基準委員会報告書220「監査業務における品質管理」第14項から第16項に従って、指示、監督及び査閲を実施する際の支援とすること

(3)　実施した作業の説明根拠にすること

(4)　今後の監査に影響を及ぼす重要な事項に関する記録を保持すること

(5)　監査に関する品質管理基準及び品質管理基

準委員会報告書第１号「監査事務所における品質管理」第31項、第32項、第34項から第37項及び第47項に準拠し、監査業務に係る審査及び監査業務の定期的な検証の実施を可能にすること（監基報220第２項参照）

(6) 法令等に基づき実施される外部による検査の実施を可能にすること

３．本報告書の目的

４．本報告書における監査人の目的は、以下の事項を提供する監査調書を作成することである。

(1) 監査報告書を発行するための基礎を得たことを示す、十分かつ適切な記録

(2) 一般に公正妥当と認められる監査の基準及び適用される法令等に準拠して監査計画を策定し監査を実施したことを示す証拠

４．定　義

５．本報告書における用語の定義は、以下のとおりとする。

(1) 「監査調書」－実施した監査手続、入手した関連する監査証拠及び監査人が到達した結論の記録をいう。

(2) 「監査ファイル」－紙媒体、電子媒体等に記録された特定の監査業務に関する監査調書を取りまとめたファイルをいう。

(3) 「経験豊富な監査人」－監査実務の経験を有し、以下の事項について相当程度理解している監査事務所内又は監査事務所外の者をいう。

① 監査のプロセス

② 一般に公正妥当と認められる監査の基準及び適用される法令等

③ 企業の事業内容に関連する経営環境

④ 企業の属する産業における監査及び財務報告に関する事項

Ⅱ　要求事項

１．適時な監査調書の作成

６．監査人は、適時に監査調書を作成しなければならない。（A1項参照）

２．実施した監査手続及び入手した監査証拠の文書化

(1) 監査調書の様式、内容及び範囲

７．監査人は、経験豊富な監査人が、以前に当該監査に関与していなくとも以下の事項を理解できるように、監査調書を作成しなければならない。（A2項からA5項、A16項及びA17項参照）

(1) 一般に公正妥当と認められる監査の基準及び適用される法令等に準拠して実施した監査手続の種類、時期及び範囲（A6項及びA7項参照）

(2) 監査手続を実施した結果及び入手した監査証拠

(3) 監査の過程で生じた重要な事項とその結論及びその際になされた職業的専門家としての重要な判断（A8項からA11項参照）

８．監査人は、実施した監査手続の種類、時期及び範囲の文書化において、以下の事項を記録しなければならない。

(1) 手続を実施した項目又は対象を識別するための特性（A12項参照）

(2) 監査手続を実施した者及びその完了日

(3) 査閲をした者、査閲日及び査閲の対象（A13項参照）

９．監査人は、経営者、監査役若しくは監査役会、監査等委員会又は監査委員会（以下、監査役若しくは監査役会、監査等委員会又は監査委員会を「監査役等」という。）及びその他の者と重要な事項について協議した場合には、重要な事項の内容、協議を実施した日及び協議の相手方等について文書化しなければならない。（A14項参照）

10．監査人は、重要な事項に関する結論を形成する過程において、矛盾した情報を識別した場合には、監査人がどのようにその矛盾した情報に対応したかについて、文書化しなければならない。（A15項参照）

(2)　要求事項に代替する手続の実施

11．監査人は、例外的な状況において、監査基準委員会報告書における要求事項に代えて代替的な監査手続が必要と判断した場合には、実施された代替的な監査手続がどのようにその要求事項の目的を達成したかということ及びその理由を文書化しなければならない。（A18項及びA19項参照）

(3)　監査報告書日後に認識した事項

12．監査人は、例外的な状況において、監査報告書日後に新たに若しくは追加的に監査手続を実施する場合、又は新たな結論を導き出す場合、以下の事項を文書化しなければならない。（A20項参照）

(1)　発生した状況の内容

(2)　新たに又は追加的に実施した監査手続の内容、その結果入手した監査証拠、到達した結論及びそれらが監査報告書に及ぼす影響

(3)　監査調書に追加・変更を実施した者及び実施日並びにそれらを査閲した者及び査閲日

3．監査ファイルの最終的な整理

13．監査人は、監査報告書日後、適切な期限内に、監査ファイルにおける監査調書を整理し、監査ファイルの最終的な整理についての事務的な作業を完了しなければならない。（A21項及びA22項参照）

14．監査人は、監査ファイルの最終的な整理が完了した後、その保存期間が終了するまで、いかなる監査調書であっても、削除又は廃棄してはならない。（A23項参照）

15．監査ファイルの最終的な整理が完了した後に、第12項で想定されている状況を除いて、既存の監査調書の修正又は新たな監査調書の追加が必要となった場合には、その修正や追加の内容にかかわらず、監査人は、以下の事項を文書化しなければならない。（A24項参照）

(1)　修正又は追加が必要となった具体的理由

(2)　修正又は追加を実施した者及び実施日並びにそれらを査閲した者及び査閲日

Ⅲ　適用指針

1．適時な監査調書の作成（第６項参照）

A1．監査人が、監査調書を十分かつ適切な記録として適時に作成することにより、監査業務の品質が向上し、監査報告書の発行前に入手した監査証拠及び到達した結論を適切に査閲し、評価することが可能となる。

なお、監査手続の実施から時間が経過した後で作成される監査調書は、手続実施時に適時に作成される監査調書に比べ正確でない場合がある。

2．実施した監査手続及び入手した監査証拠の文書化

(1)　監査調書の様式、内容及び範囲（第７項参照）

A2．監査調書の様式、内容及び範囲は、以下の事項を考慮して決定する。

(1)　企業の規模や複雑性

(2)　実施した監査手続の種類

(3)　識別した重要な虚偽表示リスク

(4)　入手した監査証拠の重要性の程度

(5)　発見事項の内容及び重要性の程度

(6)　実施した作業結果や入手した監査証拠等の記録のみでは容易に結論が読み取れない場合における、結論や根拠を文書化する必要性

(7)　使用した監査の手法及び監査ツール

A3．監査調書は、通常、紙媒体、電子媒体等で記録される。監査調書には、例えば以下のものが含まれる。

・監査手続書

・分析表

・監査上検討した事項の説明

・重要な事項の要約

・確認状や経営者確認書

・チェックリスト

・重要な事項に関するやりとりを示した文書（電子メールを含む。）

また、監査人は、重要な契約書や覚書といっ

た企業の記録の抜粋又はコピーを監査調書の一部として含めることができる。しかし、監査調書は、企業の会計記録の代用とはならないことに留意する。

A4. 監査人は、作成途中の財務諸表や監査調書の草稿、結論に至っていない考えや予備的な考えを書いたメモ、字句のみを修正した場合の元の文書、重複した文書等を監査調書に含める必要はない。

A5. 監査人は、監査調書に含まれている情報を明瞭にするために口頭による説明を行うことができるが、それのみでは、監査人が実施した作業又は到達した結論に対する十分な裏付けとすることはできない。

一般に公正妥当と認められる監査の基準に準拠した監査調書（第７項(1)参照）

A6. 基本的には、本報告書の要求事項に従うことにより、状況に応じた十分かつ適切な監査調書を作成することができる。他の監査基準委員会報告書には、特定の状況において本報告書の適用を明確化することを意図した文書化に関する特定の要求事項を含むことがある。他の監査基準委員会報告書が示す文書化に関する特定の要求事項により、本報告書の適用が限定されるものではない。さらに、他の監査基準委員会報告書において文書化に関する特定の要求事項が記載されていない場合であっても、監査調書を作成しなくてよいということではない。

A7. 監査調書は、監査が一般に公正妥当と認められる監査の基準に準拠して実施されたという証拠を提供するものである。しかしながら、監査人が、監査において検討された事項又は職業的専門家としての判断の全てを文書化することが必要であるわけではなく、実務的でもない。さらに、監査人は、監査ファイルに含まれる文書により、個々の監査基準委員会報告書における要求事項に従っていることが示されているのであれば、別途、チェックリストなどにより要求事項に従っていることを文書化する必要はない。例としては以下のような事項がある。

(1) 十分に文書化された監査計画は、監査人が監査計画を策定したことを示している。

(2) 署名された監査契約書は、監査人が経営者又は適切な場合には監査役等と合意したということを示している。

(3) 適切に作成された限定付適正意見の監査報告書は、監査人が一般に公正妥当と認められる監査の基準に準拠して特定の状況に応じて限定付適正意見を表明するため、監査基準委員会報告書の要求事項に従ったということを示している。

(4) 一般的に、監査の開始から終了まで適用される要求事項に従ったことが監査ファイルにおいて様々な方法で示されている。

―例えば、監査人の職業的専門家としての懐疑心を文書化する方法は一つではない。しかし、監査調書が、一般に公正妥当と認められる監査の基準に準拠して監査人が職業的専門家としての懐疑心を行使したという証拠を提供することがある。例えば、会計上の見積りに関して、入手した監査証拠にアサーションを裏付ける証拠と矛盾する証拠の両方が含まれる場合、監査調書には、入手した監査証拠の十分性と適切性に関する結論を出す際の職業的専門家としての判断を含め、監査人がどのように当該証拠を評価したかが含まれることがある。

―同様に、監査責任者が、一般に公正妥当と認められる監査の基準に準拠した監査の指示、監督及び実施に責任を有するということは、監査調書の中の多くの方法により示されることがある。これには、監査基準委員会報告書315「企業及び企業環境の理解を通じた重要な虚偽表示リスクの識別と評価」第９項で要求されているチームの討議への参加のように、監査責任者の監査への適時な関与についての文書化が含まれる。

重要な事項及び関連する職業的専門家としての重要な判断の文書化（第７項(3)参照）

A8. 監査人は、重要な事項であるか否かの判断に際して、事実と状況を客観的に分析する必要がある。重要な事項には、以下のものが含まれる。

(1) 特別な検討を必要とするリスクを生ずる事項（監基報315第３項(3)参照）

(2) 監査手続を実施した結果、財務諸表において重要な虚偽表示の可能性を示す事項、又は当初の重要な虚偽表示リスクの評価やその対応を修正する必要性を生じさせる事項

(3) 監査手続の実施に重大な支障を来した状況

(4) 監査意見に影響を与える可能性がある、又は監査報告書に強調事項を含めることとなる可能性がある発見事項

A9. 重要な事項の監査調書の様式、内容及び範囲の決定において重要となる要素として、監査手続の実施及び結果の評価における職業的専門家としての判断の程度がある。職業的専門家としての重要な判断について文書化することにより、監査人の結論を説明するため、また当該判断の質を高めるために役立つ。これらの事項は、監査調書の査閲に責任を有する者にとって、特に関心のある事項となる。次年度以後の監査において、例えば、会計上の見積りの遡及的な検討の実施のように、継続的に重要な事項を検討する場合も含まれる。

A10. 重要な事項であり、かつ、重要な判断であるため、第７項により、職業的専門家としての判断の行使に関して監査調書を作成することが適切である状況には、例えば以下の事項が含まれる。

(1) 要求事項として、一定の情報又は要素について監査人が「考慮しなければならない」と記載されており、かつ、特定の業務の関連でその考慮が重要である場合には、監査人の結論の論理的根拠

(2) 経営者による主観的な判断における合理性に関する監査人の結論の根拠

(3) 会計上の見積り及び関連する注記事項が、適用される財務報告の枠組みに照らして合理的であるか虚偽表示であるかに関する監査人の評価の根拠

(4) ある記録や証憑書類が真正でないと疑われる状況を識別し、更に専門家の利用や第三者への直接確認といった調査の手続を行った場合、記録や証憑書類の真正性についての監査人が結論を表明するための根拠

(5) 監査基準委員会報告書701「独立監査人の監査報告書における監査上の主要な検討事項の報告」第17項に従い、監査上の主要な検討事項となるかどうかの決定の根拠及び報告すべき監査上の主要な検討事項がないと判断した場合の根拠

A11. 監査人が、識別した重要な事項やその対応、又はこれらを記載した監査調書への参照を記録した要約を作成することは有用である。このような要約は、とりわけ、大規模で複雑な監査において、効果的かつ効率的な監査調書の査閲及び監査業務の定期的な検証を容易にする。さらに、要約を作成することは、重要な事項に関して監査人が考慮する際に有用である。また、実施した監査手続及び到達した結論に照らして、監査人の総括的な目的の達成を阻害するような、監査人が達成することができない個々の監査基準委員会報告書の目的が存在するかどうかについて考慮することに役立つことがある。

(2) 手続を実施した項目又は対象並びに実施者及び査閲者の識別（第８項参照）

A12. 手続を実施した項目又は対象を識別するための特性を記録することは、いくつかの目的に役立つことになる。例えば、実施した作業内容を明らかにすることや、例外的な事項又は整合性が取れない事項の検討を効率的に行うことができるようになる。

手続を実施した項目又は対象を識別するための特性は、監査手続の種類とその項目又は対象によって異なり、例えば以下のようなものとなる。

(1) 注文書に対し詳細テストを実施する場合は、選定した注文書の日付及び注文番号

(2) ある母集団から一定金額を超える全ての項目を選定又はレビューする手続の場合は、手

続の範囲及び対象とした母集団（例えば、仕訳帳にある100万円を超える全ての仕訳）
(3) 系統的抽出法を実施する場合は、選定した母集団が記録されている資料、開始点及びサンプリング間隔（例えば、出荷報告書の抽出において４月１日から９月30日までの出荷記録から12345番の書類を開始点として125番間隔で選択）
(4) 質問を実施する場合は、日付、対象者及び役職名
(5) 観察を実施する場合は、対象としたプロセス又は事象、関係者とそれぞれの責任、場所及び日時

A13．監査基準委員会報告書220第16項では、監査人に監査調書の査閲により、監査手続が適切に実施されたことを確かめることが求められている。監査調書の査閲の記録は、必ずしも個々の監査調書に行う必要はないが、誰がいつどの監査手続を査閲したかを文書化することが求められている。

経営者、監査役等及びその他の者との重要な事項についての協議の文書化（第９項参照）

A14．監査調書には、監査人による記録だけではなく、企業が作成し、監査人が確認した議事録等の文書が含まれることがある。

なお、監査人が重要な事項について協議するその他の者には、企業構成員、経営者の利用する外部の専門家等が含まれることがある。

矛盾した情報への対応についての文書化（第10項参照）

A15．矛盾した情報への対応に関して文書化する際は、必ずしも不正確な文書や修正前の文書を残すことを要しない。

小規模企業に特有の考慮事項（第７項参照）

A16．小規模企業の監査における監査調書は、大規模企業の監査におけるものよりも一般的に範囲が狭い。例えば、監査責任者が全ての監査手続を実施するような監査の場合、監査調書には監査チームのメンバーに周知若しくは指示すること、又は当該チームの他のメンバーによる査閲の証拠を提供することのみを目的に文書化されるような事項（例えば、監査チーム内の討議又は監督に関する監査調書）は含まれない。しかし、監査調書は、規制その他の目的のために、外部の関係者による審査及び監査業務の定期的な検証の対象となることがあるため、監査責任者は、第７項における、経験豊富な監査人が理解することができる監査調書を作成しなければならないという基本的な要求事項に従う。

A17．小規模企業の監査の場合は、監査調書の作成において、裏付けとなる他の監査調書との相互参照を適切に付けた上で、一つの文書に監査の様々な側面を記録することが有用かつ効率的なことがある。小規模企業の監査において、一つにまとめて文書化される事項には、例えば、企業及びその内部統制の理解、監査の基本的な方針及び詳細な監査計画、監査基準委員会報告書320「監査の計画及び実施における重要性」に従って決定した重要性の基準値等、評価したリスク、監査の過程で気付いた重要な事項、並びに到達した結論が含まれる。

(3) 要求事項に代替する手続の実施（第11項参照）

A18．監査基準委員会報告書は、監査人がそれらに記載されている個々の目的を達成し、その結果、監査人の総括的な目的を達成することができるように記載されている。したがって、監査人は、例外的な状況を除き、監査基準委員会報告書で記載されている個々の監査業務に関連する要求事項を遵守する。

A19．監査基準委員会報告書200第21項に記載されている以下のいずれかに該当する場合に限り、個々の監査業務にとって要求事項が関連しないため、要求事項を実施しない理由を文書化する必要はない。
(1) 特定の監査基準委員会報告書がその監査業務に全く関連しない場合（例えば、企業が内部監査機能を有していないときに、監査基準委員会報告書610「内部監査人の作業の利用」における要求事項が関連しない場合）
(2) 一定の条件の下で要求される事項であり、その監査業務に条件が合致しないため、要求

事項がその監査業務に関連しない場合（例えば、十分かつ適切な監査証拠を入手することができない場合に除外事項付意見を表明しなければならないという要求事項について、そのような状況でない場合）

(4)　監査報告書日後に認識した事項（第12項参照）

A20．例外的な状況の例には、監査人が監査報告書日後に、監査報告書日現在に存在しており、その時点で気付いていたとしたら、財務諸表を修正するか、又は監査報告書において除外事項付意見を表明する可能性のある事実を知るところとなった場合が含まれる（監査基準委員会報告書560「後発事象」第13項参照）。その結果、追加・変更された監査調書は、監査基準委員会報告書220第15項の査閲に関する規定に基づき査閲され、監査責任者が調書の追加・変更の最終的な責任を負う。

3．監査ファイルの最終的な整理（第13項から第15項参照）

A21．監査に関する品質管理基準及び品質管理基準委員会報告書第１号第44項では、監査事務所に、監査ファイルの最終的な整理に関する方針及び手続を定めることを要求している。なお、監査ファイルの最終的な整理を完了する期限は、通常、監査報告書日から60日程度を超えないものとされている（品基報第１号 A49項参照）。また、複数の監査報告書が発行された監査調書を一つの監査ファイルに整理する場合には、発行される複数の監査報告書のうち、いずれか遅い監査報告書日から60日程度を超えない期限内に監査ファイルの整理を完了することができるとされている（品基報第１号 A50項参照）。

A22．監査報告書日後に行う監査ファイルの最終的な整理は、事務的な作業であり、新たな監査手続を実施したり、新たな結論を導き出すことを含まない。

しかし、事務的な作業の範囲である限り、最終的な整理の段階で監査調書に変更を加えることもできる。

そのような変更には、例えば、以下の事項が含まれる。

(1)　差し替えられた修正前の文書の削除や廃棄

(2)　監査調書を分類したり、順序をそろえたり、リファレンス（参照番号）を付ける作業

(3)　監査人が監査報告書日前に入手し、監査チームメンバーと討議して合意した監査証拠を文書化する作業

(4)　ファイル整理の手続に関する完了チェックリストへのサイン

A23．監査に関する品質管理基準及び品質管理基準委員会報告書第１号第46項では、監査事務所に、監査調書の保存に関する方針及び手続を定めることを要求している。なお、監査調書の保存期間としては会社法上の会計帳簿に関する保存期間（10年）が参考となるが、状況によっては、この保存期間よりも短い保存期間が適当であるとすることもある。また、監査事務所等の責任について係争中であるような場合にはこれよりも長い保存期間が適当であるとすることもある（品基報第１号 A56項参照）。

A24．監査ファイルの最終的な整理が完了した後に、監査調書の修正又は追加が必要となる状況の例には、内部又は外部の関係者が実施する監査業務の定期的な検証及び検査の指摘により、監査調書を明瞭に記載することが必要となった場合がある。

Ⅳ　適　用

・本報告書（2011年12月22日）は、2012年４月１日以後開始する事業年度に係る監査及び同日以後開始する中間会計期間に係る中間監査から適用する。

・本報告書（2015年５月29日）は、2015年４月１日以後開始する事業年度に係る監査及び同日以後開始する中間会計期間に係る中間監査から適用する。

・本報告書（2019年２月27日）は、以下の時期から適用する。

―違法行為に関連する付録（監基報250への参

照）は、2019年４月１日以後開始する事業年度に係る監査及び同日以後開始する中間会計期間に係る中間監査から適用する。

―監査上の主要な検討事項に関連する適用指針（A10項(4)）は、2021年３月31日以後終了する事業年度に係る監査から適用する。ただし、2020年３月31日（米国証券取引委員会に登録している会社においては2019年12月31日）以後終了する事業年度に係る監査から早期適用することができる。

・本報告書（2019年６月12日）は、2020年４月１日以後開始する事業年度に係る監査及び同日以後開始する中間会計期間に係る中間監査から適用する。ただし、2019年４月１日以後開始する事業年度に係る監査及び同日以後開始する中間会計期間に係る中間監査から早期適用することができる。

・本報告書（2021年１月14日）は、以下の事業年度に係る監査等から適用する。

―会計上の見積りの監査に関連する適用指針（A7項及び A10項）は、2023年３月決算に係る財務諸表の監査及び2022年９月に終了する中間会計期間に係る中間財務諸表の中間監査から実施する。ただし、それ以前の決算に係る財務諸表の監査及び中間会計期間に係る中間財務諸表の中間監査から実施することを妨げない。

―上記以外の改正は、2022年３月31日以後終了する事業年度に係る監査から適用する。ただし、2021年３月31日以後終了する事業年度に係る監査から早期適用することができる。

付録　他の監査基準委員会報告書における文書化に関する特定の要求事項（第１項参照）

本付録は、文書化に関する特定の要求事項を含む他の監査基準委員会報告書を一覧にしたものである。この一覧は、他の監査基準委員会報告書における要求事項及び適用指針の検討に代わるものではない。

・監査基準委員会報告書210　「監査業務の契約条件の合意」―第８項
・監査基準委員会報告書220　「監査業務における品質管理」―第23項及び第24項
・監査基準委員会報告書240　「財務諸表監査における不正」―第43項から第46項
・監査基準委員会報告書250　「財務諸表監査における法令の検討」―第29項
・監査基準委員会報告書260　「監査役等とのコミュニケーション」―第22項
・監査基準委員会報告書300　「監査計画」―第11項
・監査基準委員会報告書315　「企業及び企業環境の理解を通じた重要な虚偽表示リスクの識別と評価」―第31項
・監査基準委員会報告書320　「監査の計画及び実施における重要性」―第13項
・監査基準委員会報告書330　「評価したリスクに対応する監査人の手続」―第27項から第29項
・監査基準委員会報告書450　「監査の過程で識別した虚偽表示の評価」―第14項
・監査基準委員会報告書540　「会計上の見積りの監査」―第38項
・監査基準委員会報告書550　「関連当事者」―第27項
・監査基準委員会報告書600　「グループ監査」―第49項
・監査基準委員会報告書610　「内部監査人の作業の利用」―第22項

・監査基準委員会報告書720「その他の記載内容に関連する監査人の責任」―第24項

・監査基準委員会報告書910「中間監査」―第33項から第35項

以　上

監査基準委員会報告書240

財務諸表監査における不正*

2011年12月22日
改正2013年6月17日
改正2015年5月29日
改正2018年10月19日
改正2019年6月12日
最終改正2021年1月14日
日本公認会計士協会
監査基準委員会
(報告書:第40号)

項番号

Ⅰ　本報告書の範囲及び目的

1．本報告書の範囲

1．本報告書は、財務諸表の監査における不正に関する実務上の指針を提供するものである。

特に、本報告書は、監査基準委員会報告書315「企業及び企業環境の理解を通じた重要な虚偽表示リスクの識別と評価」及び同330「評価したリスクに対応する監査人の手続」を、不正による重要な虚偽表示リスクに関してどのように適用すべきかについて記載している。

1-2．本報告書には、監査における不正リスク対応基準（以下「不正リスク対応基準」という。）に準拠して監査を実施する際に遵守が求められる要求事項と関連する適用指針（項番号の冒頭に「F」が付されている。）が含まれている。（監査基準委員会報告書200「財務諸表監査における総括的な目的」第21項⑶参照）（A5－2項参照）

⑴　不正の特徴

2．財務諸表の虚偽表示は、不正又は誤謬から生ずる。不正と誤謬は、財務諸表の虚偽表示の原因となる行為が、意図的であるか否かにより区別する。

3．不正は様々な意味をもつ広範囲な概念であるが、本報告書では、監査人が財務諸表監査において対象とする重要な虚偽表示の原因となる不正について取り扱う。

不正には、不正な財務報告（いわゆる粉飾）と資産の流用がある。監査人は、不正の発生が疑われる場合や、まれに不正の発生を識別した場合においても、不正の発生に関する法的判断は行わない。（A1項から A5項参照）

(2) 不正の防止及び発見に対する責任

4．不正を防止し発見する基本的な責任は経営者にあるが、取締役会や監査役若しくは監査役会、監査等委員会又は監査委員会（以下、監査役若しくは監査役会、監査等委員会又は監査委員会を「監査役等」という。）も責任を負っている。なお、本報告書において、経営者とは、取締役又は執行役のうち企業における業務の執行において責任を有する者をいい、監査役設置会社においては代表取締役又は業務執行取締役を指し、指名委員会等設置会社においては代表執行役又は執行役を指す。

経営者は、取締役会による監督及び監査役等による監査（以下「取締役会及び監査役等による監視」という。）の下で、不正の発生の機会を減少させることとなる不正の防止や、不正の発見と処罰の可能性によって各人に不正を思いとどまらせることとなる不正の抑止について強調することが重要である。これは、誠実性と倫理的な行動を尊重する企業文化を創出することに対する経営者の姿勢に関係し、取締役会及び監査役等による積極的な監視により強化される。取締役会及び監査役等による監視には、経営者が内部統制を無効化する可能性、又は企業の業績や収益力に関する投資家の判断に影響を与える利益調整など、経営者による財務報告プロセスに対する不適切な干渉を考慮することが含まれる。

(3) 監査人の責任

5．監査人は、不正によるか誤謬によるかを問わず、全体としての財務諸表に重要な虚偽表示がないことについて合理的な保証を得る責任がある。

監査の固有の限界のため、一般に公正妥当と認められる監査の基準に準拠して適切に監査計画を策定し適切に監査を実施しても、重要な虚偽表示が発見されないという回避できないリスクがある。（監基報200の A50項及び A51項参照）

6．監査基準委員会報告書200の A50項に記載しているとおり、不正による虚偽表示に関しては、監査の固有の限界が重要な影響を与える可能性がある。監査人にとって不正による重要な虚偽表示を発見できないリスクは、誤謬による重要な虚偽表示を発見できないリスクよりも高くなる。不正には、文書を偽造すること、取引を故意に記録しないこと、又は意図的な虚偽の陳述を行うことのように、不正を隠蔽するために巧妙かつ念入りに仕組まれたスキームを伴うことがあるためである。このような隠蔽が共謀を伴っている場合には、更に発見することが困難になる。また、共謀により、監査証拠が実際には虚偽であるのに、監査人に心証を得られたと信じさせる要因となることがある。

監査人が不正を発見できるかどうかは、不正の巧妙さや改竄の頻度と程度、改竄された個々の金額の重要性、共謀の程度、関与した者の組織上の地位などにより影響を受ける。

監査人は、不正の可能性を識別できることがあるが、会計上の見積りのような経営者の判断を要する領域における虚偽表示が不正によるものか誤謬によるものかを監査人が判断することは困難である。

7．経営者は、直接的又は間接的に会計記録を改竄すること、不正な財務諸表を作成すること、又は他の従業員による不正を防止するためにデザインされた統制手続を無効化することができる立場にある場合が多いので、監査人が経営者不正による重要な虚偽表示を発見できないリスクは、従業員不正による場合のリスクよりも高い。

8．監査人は、合理的な保証を得るために、経営者が内部統制を無効化するリスクを考慮するとともに、誤謬を発見するために有効な監査手続が不正を発見するためには有効でない可能性があるということを認識し、監査の過程を通じて職業的懐疑心を保持する責任がある。

本報告書により要求される事項は、不正による重要な虚偽表示リスクの識別と評価及び不正による虚偽表示を発見する手続の立案に資するように記載している。

8-2．監査人は、不正を含む、企業の違法行為について、法令や職業倫理に関する規定による追加の責任を有することがある。例えば、違法行為への対応に関する指針では、以下の要求事項が定められている。(A5-3項参照)

(1)　違法行為又はその疑いに対応すること。これには以下を含む。

・経営者や監査役等との当該事項についてのコミュニケーション

・違法行為に対する経営者や監査役等の対応についての評価

・追加的な対応が必要かどうかの判断

(2)　違法行為又はその疑いを他の監査人（例えば、グループ監査におけるグループ内の他の監査人）に伝達すること。

(3)　違法行為又はその疑いについて文書化すること。

これらの追加の責任を遵守することによって、監査人は、本報告書や他の監査基準委員会報告書に準拠した監査に関連する詳細な情報（例えば、経営者や監査役等の誠実性に関する情報）を入手することがある。

2．本報告書の目的

9．本報告書における監査人の目的は、以下の事項のとおりである。

(1)　不正による重要な虚偽表示リスクを識別し評価すること。

(2)　評価された不正による重要な虚偽表示リスクについて、適切な対応を立案し実施することにより、十分かつ適切な監査証拠を入手すること。

(3)　監査中に識別された不正又は不正の疑いに適切に対応すること。

3．定　義

10．本報告書における用語の定義は、以下のとおりとする。

(1)「不正」－不当又は違法な利益を得るために他者を欺く行為を伴う、経営者、取締役、監査役等、従業員又は第三者による意図的な行為をいう。

(2)「不正リスク要因」－不正を実行する動機やプレッシャーの存在を示す事象や状況、不正を実行する機会を与える事象や状況、又は不正行為に対する姿勢や不正行為を正当化する状況をいう。(A21項からA23項参照)

(3)「不正リスク」－不正による重要な虚偽表示リスクの略称。不正による重要な虚偽表示リスク、不正リスクいずれの表現も用いている。

(4)「不正による重要な虚偽表示の兆候を示す状況」－不正による重要な虚偽表示が行われている可能性を示す状況をいい、監査手続を実施した結果、当該状況を識別した場合、監査人は、アサーション・レベルの不正による重要な虚偽表示リスクに関する評価が依然として適切であるかどうかを判断する際にこれを考慮することが求められる。

F(5)「不正による重要な虚偽表示を示唆する状況」－不正による重要な虚偽表示の兆候を示す状況のうち、不正による重要な虚偽表示が行われている可能性がより高いものとして不正リスク対応基準で取り扱われているものをいい、当該状況が存在する場合、監査人は、経営者に質問し説明を求めるとともに、追加的な監査手続を実施することが求められる。

F(6)「不正による重要な虚偽表示の疑義」－不正による重要な虚偽表示の疑いが高いと監査人が判断した状況をいい、以下のいずれかに当てはまる場合が該当する。

―不正による重要な虚偽表示を示唆する状況について、関連して入手した監査証拠に基づいて経営者の説明に合理性がないと監査人が判断した場合

―識別し評価した不正による重要な虚偽表示

リスクに対応して当初計画した監査手続を実施した結果、必要と判断した追加的な監査手続を実施してもなお、不正リスクに関連する十分かつ適切な監査証拠を入手できない場合

Ⅱ　要求事項

1．職業的専門家としての懐疑心

11．監査基準委員会報告書200第14項に記載のとおり、監査人は、経営者、取締役及び監査役等の信頼性及び誠実性に関する監査人の過去の経験にかかわらず、不正による重要な虚偽表示が行われる可能性に常に留意し、監査の全過程を通じて、職業的懐疑心を保持しなければならない。（A6項及び A7項参照）

F11－2．監査人は、不正による重要な虚偽表示リスクについては、その評価、対応する監査手続の実施、入手した監査証拠の評価に際し不正による重要な虚偽表示を示唆する状況を看過することがないよう、職業的懐疑心を発揮しなければならない。また、監査人は、職業的懐疑心を高め、不正による重要な虚偽表示の疑義に該当するかどうかを判断し、当該疑義に対応する監査手続を実施しなければならない。

12．監査人は、記録や証憑書類の真正性に疑いを抱く理由がある場合を除いて、通常、記録や証憑書類を真正なものとして受け入れることができる。しかし、監査の過程で把握した状況により、ある記録や証憑書類が真正ではないと疑われる場合、又は文言が後から変更されているが監査人に開示されていないと疑われる場合には、更に調査しなければならない。（A8項参照）

13．監査人は、経営者、取締役及び監査役等への質問に対する回答が矛盾していると判断した場合には、これを調査しなければならない。

2．監査チーム内の討議

14．監査基準委員会報告書315第９項は、監査チーム内で討議することと、討議に参加していない監査チームメンバーへ伝達する事項を決定することを要求している。この討議では、不正がどのように発生するのかも含め、不正による重要な虚偽表示がどこにどのように行われる可能性があるのかについて、特に重点を置かなければならない。

監査チームメンバーは、経営者、取締役及び監査役等が信頼でき誠実であるという考えを持たずに、討議を行わなければならない。（A9項及び A10項参照）

重要な事項の報告の指示

F14－2．監査基準委員会報告書220「監査業務における品質管理」第14項は、監査責任者に対し、職業的専門家としての基準及び適用される法令等に準拠して監査業務を指示、監督及び実施することについて責任を負うことを要求している。監査責任者は、監査業務の監督に際し、監査の過程で発見された不正に関連する重要な会計及び監査上の問題となる可能性がある事項を、監査責任者及び監査チーム内のより経験のあるメンバーに報告する必要があることを監査チームメンバーに指示しなければならない。（FA10－２項及び FA10－３項参照）

3．リスク評価手続とこれに関連する活動

15．監査基準委員会報告書315第４項から第23項で要求される、内部統制を含む、企業及び企業環境を理解するためのリスク評価手続とこれに関連する活動を実施する際、監査人は、不正による重要な虚偽表示リスクを識別するための情報を入手するため、第16項（不正リスク対応基準が適用される場合は、第 F15－２項）から第23項の手続を実施しなければならない。

企業及び当該企業の属する産業における不正事例の理解

F15－2．監査人は、不正による重要な虚偽表示リスクを識別するための情報を入手するため、以下を理解しなければならない。（FA10－４項及び FA10－５項参照）

⑴　公表されている主な不正事例

⑵　不正に利用される可能性のある一般的及び

企業の属する産業特有の取引慣行

⑴　経営者及びその他の企業構成員（FA10－6項参照）

16．監査人は、以下の事項について経営者に質問しなければならない。

⑴　財務諸表に不正による重要な虚偽表示が行われるリスクに関する経営者の評価（評価の内容、範囲及び頻度を含む。）（A11項及びA12項参照）

⑵　経営者が不正リスクの識別と対応について構築した一連の管理プロセス（経営者が識別したか注意を払っている特定の不正リスク、又は不正リスクが存在する可能性がある取引種類、勘定残高又は注記事項を含む。）（A13項参照）

⑶　上記の管理プロセスに関して経営者と監査役等の協議が行われている場合にはその内容

⑷　経営者の企業経営に対する考え方や倫理的な行動についての見解を従業員に伝達している場合にはその内容

17．監査人は、経営者、及び必要な場合にはその他の企業構成員に、その企業に影響を及ぼす不正、不正の疑い又は不正の申立てを把握しているかどうかを質問しなければならない。（A14項から A16項参照）

18．監査人は、内部監査機能を有する企業については、内部監査に従事する適切な者に対して、企業に影響を及ぼす不正、不正の疑いや不正の申立てを把握しているかどうかを判断するため、及び不正リスクに関する見解を得るため、質問を行わなければならない。（A17項参照）

⑵　取締役会及び監査役等（FA10－6項参照）

19．監査人は、不正リスクの識別と対応について経営者が構築した一連の管理プロセスに対する監視、及び不正リスクを低減するために経営者が構築した内部統制に対する監視を、取締役会及び監査役等がどのように実施しているかを理解しなければならない。（A18項及び A19項参照）

20．監査人は、監査役等にその企業に影響を及ぼす不正、不正の疑い又は不正の申立てを把握しているかどうかを質問しなければならない。これらの質問は、経営者の回答を補強するためにも行われる。

⑶　識別した通例でない又は予期せぬ関係

21．監査人は、収益勘定を対象としたものを含めて、分析的手続の実施により識別した通例でない又は予期せぬ関係が、不正による重要な虚偽表示リスクを示す可能性があるかどうかを評価しなければならない。

⑷　その他の情報

22．監査人は、自ら入手したその他の情報が不正による重要な虚偽表示リスクを示しているかどうかを考慮しなければならない。（A20項参照）

⑸　不正リスク要因の検討

23．監査人は、実施したその他のリスク評価手続とこれに関連する活動により入手した情報が、不正リスク要因の存在を示しているかどうかを検討しなければならない。

不正リスク要因の存在は、必ずしも不正が行われていることを示すわけではないが、不正が発生した状況においては、不正リスク要因が存在していることが多く、したがって不正による重要な虚偽表示リスクを示すことがある。（A21項から A25項参照）

4．不正による重要な虚偽表示リスクの識別と評価

24．監査人は、第23項で識別した不正リスク要因を考慮し、監査基準委員会報告書315第24項に記載のとおり、財務諸表全体レベル及びアサーション・レベルの二つのレベルで不正による重要な虚偽表示リスクを識別し評価しなければならない。

25．監査人は、不正による重要な虚偽表示リスクを識別し評価する際、収益認識には不正リスクがあるという推定に基づき、どのような種類の

収益、取引形態又はアサーションに関連して不正リスクが発生するかを判断しなければならない。

監査人は、収益認識に関する推定を適用する状況にないと結論付け、そのため収益認識を不正による重要な虚偽表示リスクとして識別していない場合には、第46項に従い監査調書を作成しなければならない。（A26項からA28項参照）

26．監査人は、不正による重要な虚偽表示リスクであると評価したリスクを、特別な検討を必要とするリスクとして取り扱わなければならない。そのため、監査人は、当該リスクに関連する統制活動を含む内部統制を理解しなければならない。（A29項及びA30項参照）

5．評価した不正による重要な虚偽表示リスクへの対応

(1)　全般的な対応

27．監査人は、監査基準委員会報告書330第４項に記載のとおり、評価した財務諸表全体レベルの不正による重要な虚偽表示リスクに応じて、全般的な対応を決定しなければならない。（A31項参照）

28．監査人は、財務諸表全体レベルの不正による重要な虚偽表示リスクが識別された場合には、評価したリスクに応じて全般的な対応を決定する際に、以下の事項を実施しなければならない。

(1)　重要な役割を与えられる監査チームメンバーの知識、技能及び能力、並びに評価した財務諸表全体レベルの不正による重要な虚偽表示リスクを考慮した上での監査チームメンバーの配置と指導監督（A32項及びA33項参照）

(2)　企業が採用している会計方針の選択と適用、特に主観的な測定と複雑な取引に関係する会計方針について、経営者による利益調整に起因する不正な財務報告の可能性を示唆しているかどうかの評価

(3)　実施する監査手続の種類、時期及び範囲の選択に当たって、企業が想定しない要素の組込み（A34項参照）

(2)　評価したアサーション・レベルの不正による重要な虚偽表示リスクに対応する監査人の手続

29．監査人は、監査基準委員会報告書330第５項に記載のとおり、評価したアサーション・レベルの不正による重要な虚偽表示リスクに応じて、リスク対応手続を立案し実施しなければならない。監査人は、評価したアサーション・レベルの不正による重要な虚偽表示リスクに対しては、当該アサーションについて不正リスクを識別していない場合に比べ、より適合性が高く、より証明力が強く、又はより多くの監査証拠を入手しなければならない。（A35項からA38項参照）

(3)　経営者による内部統制の無効化に関係したリスク対応手続

30．経営者は、有効に運用されている内部統制を無効化することによって、会計記録を改竄し不正な財務諸表を作成することができる特別な立場にある。経営者による内部統制を無効化するリスクの程度は企業によって異なるが、全ての企業に存在する。内部統制の無効化は予期せぬ手段により行われるため、不正による重要な虚偽表示リスクであり、それゆえ特別な検討を必要とするリスクである。

31．監査人は、経営者による内部統制を無効化するリスクに対する監査人の評価にかかわらず、以下の監査手続を立案し実施しなければならない。

(1)　総勘定元帳に記録された仕訳入力や総勘定元帳から財務諸表を作成する過程における修正についての適切性を検証するために以下の手続を立案し実施すること。（A39項からA42項参照）

①　財務報告プロセスの担当者に対して、仕訳入力及び修正のプロセスに関連する不適切な又は通例でない処理について質問すること。

②　期末時点で行われた仕訳入力及び修正を抽出すること。

③　仕訳入力及び修正を監査対象期間を通じて検証する必要性を考慮すること。

⑵　経営者の偏向が会計上の見積りに存在するかどうかを検討し、偏向の発生している状況が、もしあれば、不正による重要な虚偽表示リスクを示すかどうか評価するために以下の手続を実施すること。(A43項から A45項参照)

①　財務諸表に含まれる会計上の見積りにおける経営者の判断及び決定が、個々には合理的であるとしても、不正による重要な虚偽表示リスクとなるような経営者の偏向が存在する可能性を示唆するものかどうかを評価すること。示唆している場合には、会計上の見積りを全体として再評価すること。

②　過年度の財務諸表に反映された重要な会計上の見積りに関連する経営者の仮定及び判断に対して、遡及的に検討すること。

⑶　企業の通常の取引過程から外れた重要な取引、又は企業及び企業環境に関する監査人の理解や監査中に入手した情報を考慮すると通例でないと判断されるその他の重要な取引について、取引の事業上の合理性（又はその欠如）が、不正な財務報告を行うため又は資産の流用を隠蔽するために行われた可能性を示唆するものであるかどうかを評価すること。(A46項参照)

32．監査人は、識別した経営者による内部統制を無効化するリスクに対応するために、上記の監査手続に加えて、その他の監査手続を実施する必要があるかどうかを決定しなければならない。すなわち、第31項に記載している手続では十分に対応していない経営者による内部統制を無効化するリスクを識別した場合である。

6．監査証拠の評価

不正による重要な虚偽表示の兆候を示す状況を識別した場合におけるリスク評価への考慮

32－2．監査人は、不正による重要な虚偽表示の兆候を示す状況を識別した場合には、監査基準委員会報告書330第24項に従い、当該状況を考慮して、アサーション・レベルの不正による重要な虚偽表示リスクに関する評価が依然として適切であるかどうかを判断しなければならない。(A47項参照)

F32－3．監査人は、不正による重要な虚偽表示リスクに対する十分かつ適切な監査証拠を入手したかどうかを判断しなければならない。また、監査人は、財務諸表の重要なアサーションについて十分かつ適切な監査証拠を入手していないと判断した場合には、追加の監査証拠を入手するため、監査手続を実施しなければならない。(監基報330第25項及び第26項参照)

全般的な結論を形成するための分析的手続の結果の評価

33．監査人は、企業に関する監査人の理解と財務諸表が整合していることについて全般的な結論を形成するために、監査の最終段階で実施した分析的手続の結果が、これまで認識していなかった不正による重要な虚偽表示リスクを示唆していないかどうかを評価しなければならない。(A48項参照)

虚偽表示の識別

34．監査人は、虚偽表示を識別した場合、当該虚偽表示が不正の兆候であるかどうかを評価しなければならない。不正の兆候であると判断したときには、不正は単発的に発生する可能性は少ないことを認識し、他の監査の局面との関係、特に経営者の陳述の信頼性に留意して、当該虚偽表示が与える影響を評価しなければならない。(A49項参照)

35．監査人は、重要であるかどうかにかかわらず、虚偽表示を識別した場合、当該虚偽表示が不正に起因するものであるか又はその可能性があり、経営者（特に上級経営者）が関与していると考えるときには、不正による重要な虚偽表示リスクに関する評価と、実施するリスク対応手続の種類、時期及び範囲への影響を再評価しなければならない。さらに、監査人は、それまでに入手した証拠の証明力を再検討する場合、従業員、経営者又は第三者による共謀の可能性も検討しなければならない。(A50項参照)

不正による重要な虚偽表示の疑義（FA50－2項参照）

F35－2．監査人は、監査実施の過程において、不正による重要な虚偽表示を示唆する状況（付録4参照）を識別した場合には、不正による重要な虚偽表示の疑義が存在していないかどうかを判断するために、経営者に質問し説明を求めるとともに、追加的な監査手続を実施しなければならない。（FA50－3項参照）

F35－3．監査人は、以下の場合、不正による重要な虚偽表示の疑義があるとして扱わなければならない。

(1) 識別した不正による重要な虚偽表示を示唆する状況について、関連して入手した監査証拠に基づいて経営者の説明に合理性がないと判断した場合

(2) 識別し評価した不正による重要な虚偽表示リスクに対応して当初計画した監査手続を実施した結果必要と判断した追加的な監査手続を実施してもなお、不正リスクに関連する十分かつ適切な監査証拠を入手できない場合（FA50－3項参照）

監査人は、不正による重要な虚偽表示を示唆する状況を識別したが、不正による重要な虚偽表示の疑義に該当しないと判断した場合には、第F44－2項に従い監査調書を作成しなければならない。

F35－4．監査人は、不正による重要な虚偽表示の疑義があると判断した場合には、当該疑義に関する十分かつ適切な監査証拠を入手するため、リスク評価及び立案したリスク対応手続を修正し、不正による重要な虚偽表示の疑義に関する十分な検討を含め、想定される不正の態様等に直接対応した監査手続を実施しなければならない。

監査及び監査報告に及ぼす影響の評価

36．監査人は、不正が行われた結果として財務諸表に重要な虚偽表示が行われていると判断した場合、又はそうであるかどうかを判断することができない場合には、監査及び監査報告に及ぼす影響を評価しなければならない。（A51項参照）

6－2．専門家の業務の利用

F36－2．監査人は、監査基準委員会報告書620「専門家の業務の利用」第6項に従い、不正による重要な虚偽表示リスクの評価、監査手続の実施、監査証拠の評価において、不正リスクの内容や程度に応じて専門家の業務を利用する必要があるかどうかを判断しなければならない。（FA51－2項及びFA51－3項参照）

7．監査契約の継続の検討

37．監査人は、不正又は不正の疑いにより虚偽表示が行われ、監査契約の継続が問題となるような例外的な状況に直面した場合には、以下を実施しなければならない。（A52項からA54項参照）

(1) その状況において必要となる職業的専門家としての基準及び適用される法令上の責任を判断すること。（企業、監査役等又は規制当局等の第三者への報告が必要かどうかを含む。）

(2) 監査契約の解除が可能な場合、監査契約の解除の当否を考慮すること。

(3) 監査人が監査契約を解除する場合には、以下の事項を実施すること。

① 監査契約の解除及びその理由に関して、適切な階層の経営者及び監査役等と協議すること。

② 職業的専門家としての基準及び適用される法令等に基づき、企業又は規制当局等に、監査契約の解除及びその理由を報告する必要性について検討すること。

8．経営者確認書

38．監査人は、以下の事項を記載した経営者確認書を入手しなければならない。（A55項及びA56項参照）

(1) 不正を防止し発見する内部統制を整備及び運用する責任は、経営者にあることを承知している旨

(2) 不正による財務諸表の重要な虚偽表示の可能性に対する経営者の評価を監査人に示した

旨

(3)　以下の企業に影響を与える不正又は不正の疑いがある事項に関する情報が存在する場合、当該情報を監査人に示した旨

①　経営者による不正又は不正の疑い

②　内部統制において重要な役割を担っている従業員による不正又は不正の疑い

③　上記以外の者による財務諸表に重要な影響を及ぼす可能性がある不正又は不正の疑い

(4)　従業員、元従業員、投資家、規制当局又はその他の者から入手した財務諸表に影響する不正の申立て又は不正の疑いがある事項に関する情報を監査人に示した旨

F38－2．監査人は、不正による重要な虚偽表示の疑義があると判断した場合には、当該疑義に関連した記述を経営者確認書に含めることを要請するかどうかを検討しなければならない。(FA56－2項及びFA56－3項参照)

8－2．審査

F38－3．監査責任者は、監査事務所の定める審査に関する方針及び手続に従って、不正による重要な虚偽表示リスクへの対応に関する重要な判断と結論について、監査の適切な段階で審査を受けなければならない。また、監査責任者は、不正による財務諸表の重要な虚偽表示の疑義があると判断した場合には、当該疑義に係る監査チームの対応について、監査事務所の方針と手続に従って、適切な審査担当者による審査を受け、審査が完了するまでは意見を表明してはならない。

9．経営者及び監査役等とのコミュニケーション

(1)　経営者とのコミュニケーション

39．監査人は、不正を識別した場合、又は不正が存在する可能性があることを示す情報を入手した場合、法令により禁止されていない限り、不正の防止及び発見に対する責任を負う者にその責任に関する事項を知らせるため、適切な階層の経営者に適時にこれらの事項についてコミュニケーションを行わなければならない。(A56－4項、A57項及びFA57－2項参照)

F39－2．監査人は、経営者の関与が疑われる不正又は不正の疑い（不正リスク対応基準で規定されている不正による重要な虚偽表示の疑義があると判断した場合を含む。）を発見した場合には、第40項に従って監査役等とコミュニケーションを行い、協議の上、経営者に問題点の是正等適切な措置を求めなければならない。

(2)　監査役等とのコミュニケーション

40．監査人は、以下の企業に影響を与える不正を識別したか又は不正の疑い（不正リスク対応基準が適用される場合、不正による重要な虚偽表示の疑義があると判断した場合を含む。）を抱いた場合、適時に、監査役等とコミュニケーションを行わなければならない。

(1)　経営者による不正又は不正の疑い

(2)　内部統制において重要な役割を担っている従業員による不正又は不正の疑い

(3)　上記以外の者による財務諸表に重要な影響を及ぼす可能性がある不正又は不正の疑い

監査人は、不正又は不正の疑いに経営者の関与が疑われる場合、監査役等とコミュニケーションを行い、監査を完了するため必要となる監査手続の種類、時期及び範囲についても協議しなければならない。法令によって禁止されていない限り、当該監査役等とのコミュニケーションは求められる。(A56－4項、A58項からA60項参照)

41．法令によって禁止されていない限り、監査人は、不正に関連するその他の事項で、監査役等の責任に関係すると判断した事項について監査役等とコミュニケーションを行わなければならない。(A56－4項及びA61項参照)

10．適切な規制当局への不正の報告

42．監査人は、不正を識別した場合、以下に該当するかどうかを判断しなければならない。(A62項参照)

(1) 法令により、適切な規制当局に報告することが監査人に求められている。
(2) 職業倫理規程により、追加的な対応として、適切な規制当局に報告することが例示されている。

11．監査調書

43．監査人は、監査基準委員会報告書315第31項が要求している企業及び企業環境についての監査人の理解並びに重要な虚偽表示リスクに関する監査人の評価についての監査調書に、以下の事項を記載しなければならない。（監査基準委員会報告書230「監査調書」第７項から第10項及びＡ６項参照）
(1) 不正による重要な虚偽表示が行われる可能性に関する監査チーム内での討議及び重要な結論
(2) 識別し評価した財務諸表全体レベルの不正による重要な虚偽表示リスクとアサーション・レベルの不正による重要な虚偽表示リスク

44．監査人は、監査基準委員会報告書330第27項が要求している評価した重要な虚偽表示リスクに応じた対応についての監査調書に、以下の事項を記載しなければならない。
(1) 財務諸表全体レベルの不正による重要な虚偽表示リスクに応じた全般的な対応、及び実施したリスク対応手続の種類、時期及び範囲
(2) アサーション・レベルの不正による重要な虚偽表示リスクと実施したリスク対応手続との関連性
(3) 監査手続の結果（経営者による内部統制を無効化するリスクに対応するために実施した監査手続を含む。）

F44－2．監査人は、不正による重要な虚偽表示を示唆する状況を識別したが、当該状況が不正による重要な虚偽表示の疑義に該当しないと判断した場合には、その旨とその理由を監査調書に記載しなければならない。

F44－3．監査人は、不正による重要な虚偽表示の疑義があると判断した場合、当該疑義の内容、実施した監査手続とその結果、監査人としての結論及びその際になされた職業的専門家としての重要な判断について、監査調書に記載しなければならない。

45．監査人は、不正に関し、経営者及び監査役等と行ったコミュニケーション並びに規制当局等への報告について、監査調書に記録しなければならない。

46．監査人は、収益認識に関係する不正による重要な虚偽表示リスクがないと判断したときは、その理由を監査調書に記録しなければならない。

Ⅲ　適用指針

１．不正の特徴（第３項参照）

A1．不正な財務報告であるか資産の流用であるかを問わず、不正は、不正を実行する「動機・プレッシャー」、「機会」及び不正行為に対する「姿勢・正当化」を伴って生じる。例えば、以下のような状況が不正の発生に関係している。
・経営者が、企業内外の関係者から期待される（そして、恐らく非現実的な）利益目標又はその他の財務的な目標達成のプレッシャー下にある場合、財務的な目標達成の失敗の影響は経営者にとって深刻となり得ることから、不正な財務報告を実行する動機・プレッシャーが存在することがある。同様に、収入を超えた生活をしている者などは、資産を流用する動機をもつ場合がある。
・例えば責任のある立場にいるため、又は特定の内部統制の不備を知っているために、内部統制を無効化できると考える者は、不正を実行する機会を有している。
・不正行為を働くことを正当化する者がいる。不誠実な行為と知りながら又は意図的に、そのような行為に関与することを許容してしまうような姿勢、人格又は価値観を有している者もいる。しかし、普段は誠実であっても、非常に強いプレッシャーを受けた場合には不正を実行する可能性がある。

A2. 不正な財務報告とは、財務諸表の利用者を欺くために財務諸表に意図的な虚偽表示を行うことであり、計上すべき金額を計上しないこと又は必要な注記を行わないことを含んでいる。

不正な財務報告は、企業の業績や収益力について財務諸表の利用者を欺くために、経営者が利益調整を図ることを目的として行われる可能性がある。このような利益調整は、経営者の些細な行為又は仮定や判断の不適切な変更から始まることが多い。これらの行為は、動機やプレッシャーによって、不正な財務報告にまで至ることがある。例えば、業績報酬を最大にしたいという欲求や、市場の期待に応えるというプレッシャーのために、不正な財務報告を行うことがある。また、税金を最小限にするための利益の圧縮、又は銀行からの資金調達を確保するための利益の水増しといった動機を持つこともある。

A3. 不正な財務報告は、以下の方法により行われることがある。

・財務諸表の基礎となる会計記録や証憑書類の改竄、偽造又は変造

・取引、会計事象又は重要な情報の財務諸表における虚偽の記載や意図的な除外

・金額、分類、表示又は注記事項に関する意図的な会計基準の不適切な適用

A4. 不正な財務報告は、経営者による内部統制の無効化を伴うことが多い。経営者は、以下のような方法を用いて意図的に内部統制を無効化し、不正を行うことがある。

・経営成績の改竄等の目的のために架空の仕訳入力（特に期末日直前）を行う。

・会計上の見積りに使用される仮定や判断を不適切に変更する。

・会計期間に発生した取引や会計事象を認識しないこと、又は認識を不適切に早めたり遅らせたりする。

・適用される財務報告の枠組みで要求される注記事項又は適正表示を達成するために必要な注記事項を省略したり、不明瞭に記載したり、又は誤った表示をする。

・財務諸表に記録される金額に影響を与える可能性のある事実を隠蔽する。

・企業の財政状態又は経営成績を偽るために仕組まれた複雑な取引を行う。

・重要かつ通例でない取引についての記録や契約条項を変造する。

A5. 資産の流用は、従業員により行われ、比較的少額であることが多い。しかし、資産の流用を偽装し隠蔽することを比較的容易に実施できる立場にある経営者が関与することもある。

資産の流用は、以下のような方法で行われることがある。

・受取金の着服（例えば、売掛金の回収金を流用すること、又は償却済債権の回収金を個人の銀行口座へ入金させること。）

・物的資産の窃盗又は知的財産の窃用（例えば、棚卸資産を私用又は販売用に盗むこと、スクラップを再販売用に盗むこと、競合企業と共謀して報酬と引換えに技術的情報を漏らすこと。）

・企業が提供を受けていない財貨・サービスに対する支払（例えば、架空の売主に対する支払、水増しされた価格と引換えに売主から企業の購買担当者に対して支払われるキックバック、架空の従業員に対する給与支払）

・企業の資産の私的な利用（例えば、企業の資産を個人又はその関係者の借入金の担保に供すること。）

なお、資産の流用においては、資産の紛失や正当な承認のない担保提供といった事実を隠蔽するために記録又は証憑書類の偽造を伴うことが多い。

A5－2．不正リスク対応基準に準拠して監査を実施する際に遵守が求められる要求事項と関連する適用指針は、不正リスク対応基準が適用されない監査業務においても、業務の状況に応じて、参考となることがある。（第１－２項参照）

1－2．監査人の責任（第8－2項参照）

A5－3．法令や職業倫理に関する規定により、監査人は追加的な手続を実施し、追加的な対応を講じることが求められている場合がある。例え

ば、違法行為への対応に関する指針により、監査人は違法行為又はその疑いに対応するよう措置を講じ、追加的な対応が必要かどうかを判断することが求められている。当該措置により、監査人は違法行為又はその疑いをグループ内の他の監査人に伝達することが求められる場合がある。グループ内の他の監査人には、グループ監査責任者、構成単位の監査人又はグループ監査以外の目的でグループの構成単位において業務を実施する他の監査人（例えば、構成単位において法定監査のみを実施している監査人）を含む。（違法行為への対応に関する指針第21項及び第22項参照）

2．職業的専門家としての懐疑心（第11項から第13項参照）

A6．職業的懐疑心は、入手した情報と監査証拠が、不正による重要な虚偽表示が存在する可能性を示唆していないかどうかについて継続的に疑問をもつことを必要としている。これには、監査証拠として利用する情報の信頼性の検討及びこれに関連する情報の作成と管理に関する内部統制の検討が含まれる。不正の持つ特性から、不正による重要な虚偽表示リスクを検討する場合には、経営者の説明を批判的に検討するなど、監査人の職業的懐疑心は特に重要である。

A7．監査人が過去の経験に基づいて、経営者、取締役及び監査役等は信頼が置ける又は誠実であると認識していたとしても、状況が変化している可能性があることから、不正による重要な虚偽表示リスクを検討する場合には、経営者の説明を批判的に検討するなど、監査人の職業的懐疑心の発揮が重要である。

A8．監査基準委員会報告書200のA46項に記載のとおり、監査では、記録や証憑書類の鑑定を伴うことはほとんどなく、監査人はそのような鑑定の技能を習得していないし鑑定の専門家であることも期待されていない。しかし、ある記録や証憑書類が真正ではない、又は文言が後から変更されているが監査人に開示されていないと疑われる状況を識別した場合、さらに行う調査の手続には、以下の事項を含むことがある。

・第三者への直接確認
・記録や証憑書類の真正性を評価する専門家の利用

3．監査チーム内の討議（第14項参照）

A9．財務諸表に不正による重要な虚偽表示が行われる可能性について監査チーム内で討議することは、以下の事項を可能にする。

・監査チーム内で豊富な経験を有するメンバーが、不正による重要な虚偽表示が財務諸表のどこにどのように行われる可能性があるのかについての知識を共有すること。
・監査人が、不正による重要な虚偽表示が財務諸表に行われる可能性への適切な対応を検討し、監査チームのどのメンバーがどの監査手続を実施するかについて決定すること。
・監査人が、監査手続の実施結果をどのように監査チーム内で共有するか、及び知り得た不正の申立てにどのように対処するかについて決定すること。

A10．討議内容には、以下の事項を含む。

・財務諸表（注記事項を含む。）のどこに、どのように不正による重要な虚偽表示が行われる可能性があるのか、経営者がどのように不正な財務報告を行ったり、隠蔽する可能性があるのか、どのように企業の資産が流用される可能性があるのかについての意見交換
・利益調整を示唆する状況及び不正な財務報告となり得る利益調整のために経営者が採る手法の検討
・経営者が注記事項を、適切な理解を妨げるような方法（例えば、余り重要でない情報を多く含めたり、不明瞭で曖昧な表現を使用するなど）で記述しようとするリスクの検討
・「動機・プレッシャー」、「機会」、「姿勢・正当化」に関する企業の外部及び内部要因の検討
・現金など流用されやすい資産に対する資産保全手続についての経営者の関与の検討
・経営者や従業員の不自然な又は説明のつかな

い行動や生活様式の変化の検討
・不正による重要な虚偽表示が行われる可能性に対し、監査の過程を通じて、職業的懐疑心を保持することの重要性の強調
・不正による重要な虚偽表示の兆候を示す状況に遭遇した場合には、その状況の検討
・実施する監査手続の種類、時期及び範囲に、企業が想定しない要素をどのように組み込むかの検討
・不正による重要な虚偽表示が行われる可能性に対応して実施する監査手続、及びその監査手続が他の監査手続よりも有効であるかどうかの検討
・監査人が知り得た不正の申立ての検討
・経営者による内部統制を無効化するリスクの検討

重要な事項の報告の指示（第F14－2項参照）

FA10－2．監査基準委員会報告書220のA12項に記載されているとおり、監督には、監査の過程で発見された重要な会計及び監査上の問題となる可能性がある事項をより経験のある監査チーム内のメンバーに報告するように指示し、当該事項の重要性の程度を検討し、監査計画を適切に修正すること、また、専門的な見解の問合せが必要な事項又はより経験のある監査チームのメンバーが検討を必要とする事項を特定することが含まれる。

FA10－3．監査の過程で発見された不正に関連する重要な会計及び監査上の問題となる可能性がある事項には、事業上の合理性が不明瞭な通例でない重要な取引等、不正による重要な虚偽表示を示唆する状況が含まれる。

4．リスク評価手続とこれに関連する活動

企業及び当該企業の属する産業における不正事例の理解（第F15－2項参照）

FA10－4．公表されている主な不正事例には、例えば、以下に記載された事例が相当することになる。
・公認会計士・監査審査会が公表する監査事務所に対する直近の検査結果
・日本公認会計士協会が会員向けに公表している会員の監査業務の実施状況の直近の調査結果

これらの理解は、例えば、監査事務所内外で実施される不正に関する適切な研修への参加によって得られる。

FA10－5．不正に利用される可能性のある一般的及び企業の属する産業特有の取引慣行の理解は、監査基準委員会報告書315第10項に従って以下の事項を理解する際に併せて得られることが多い。
・企業に関連する産業、規制等の外部要因
・企業の事業活動等
・企業の会計方針の選択と適用

これらの事項は、監査基準委員会報告書315第31項に従って、監査調書に記載されることになる。

また、これらの理解は、監査契約の新規の締結及び更新に当たって入手した情報により得られることがある。

不正による重要な虚偽表示リスクに関連する質問（第16項から第20項参照）

FA10－6．不正リスク対応基準において求められている不正による重要な虚偽表示リスクに関連する質問は、本報告書の第16項から第20項によって実施されることになる。

⑴　経営者への質問

不正による重要な虚偽表示リスクに関する経営者の評価（第16項⑴参照）

A11．経営者は、内部統制を整備及び運用し、財務諸表を作成する責任を有する。したがって、不正リスクに関する経営者による評価及び不正を防止し発見するために構築した内部統制に関する経営者による評価について、監査人が経営者に質問することは有益である。

経営者による評価の内容、範囲及び頻度は、企業により様々である。ある企業では、経営者は、年次ベースで又は継続的な監視活動の一部として、詳細な評価を実施する。また、別の企業では、経営者による評価が、制度化されてい

るとまではいえず、かつ頻度も多くないことがあり得る。

経営者による評価の内容、範囲及び頻度は、企業の統制環境についての監査人の理解に影響を与える。例えば、経営者が不正リスクに関する評価を行っていない場合は、経営者が内部統制を重視していないことを示唆している可能性がある。

小規模企業に特有の考慮事項

A12. ある企業、特に比較的小規模な企業では、経営者の評価の焦点が、従業員不正に関するリスクや資産流用に関するリスクに置かれることもある。

不正リスクの識別と対応について経営者が構築した一連の管理プロセス（第16項(2)参照）

A13. 多数の事業所がある企業の場合、経営者の管理プロセスには、事業所や事業セグメントによって異なるレベルの監視活動が含まれることがある。また、経営者は、不正リスクが存在する可能性がより高い事業所や事業セグメントを識別していることがある。

経営者及びその他の企業構成員への質問（第17項参照）

A14. 経営者に対する質問は、従業員不正による重要な虚偽表示リスクに関しての有益な情報を入手することができるが、経営者不正による重要な虚偽表示リスクに関しての有益な情報を入手することができる可能性は低い。監査人によるその他の企業構成員に対する質問は、通常は伝達されない情報を企業構成員が監査人に伝える機会を提供することがある。

A15. 監査人が、不正の存在や疑いについて質問するその他の企業構成員には、例えば、以下の者が含まれる。

・財務報告プロセスに直接関係しない業務担当者
・異なる職位の従業員
・複雑な又は通例でない取引の開始、記録又は処理に関係した従業員と、その管理者又は監視者
・法務部門担当者
・倫理担当役員又はその同等者
・不正の申立てに対応する責任者

A16. 経営者が最も不正を行いやすい立場にあることが多い。したがって、監査人は、質問に対する経営者の回答を評価する場合には、職業的懐疑心を保持して、質問に対する回答を他の情報で裏付けることが必要かどうかを判断する。

内部監査担当者への質問（第18項参照）

A17. 監査基準委員会報告書315第５項(1)及び第22項、並びに監査基準委員会報告書610「内部監査人の作業の利用」では、内部監査機能を有する企業に対する監査に関連する要求事項を定め、指針を提供している。これらの報告書の要求事項を実行するため、監査人は、例えば、以下のような特定の内部監査活動について質問することがある。

・内部監査人が不正を発見するために監査対象期間中に実施した手続
・上記手続を実施したことにより発見した事項に対する、経営者による十分な対応の有無

(2) 取締役会及び監査役等による監視活動の理解（第19項参照）

A18. 取締役会及び監査役等は、リスク管理、財務報告及び法令遵守に関する体制を監視する責任がある。

取締役会及び監査役等は、不正リスクに対する評価と関連する内部統制に対する監視の役割を果たしている。（監査基準委員会報告書260「監査役等とのコミュニケーション」A1項からA7項参照）

A19. 監査人は、取締役会及び監査役等が実施している監視活動を理解することにより、経営者による不正が行われる可能性、不正リスクに係る内部統制の妥当性及び経営者の能力と誠実性に関しての見識を得ることがある。

監査人は、取締役会及び監査役会（又は監査等委員会若しくは監査委員会）の議事録の閲覧又は監査役等若しくは非業務執行取締役への質問などによって、これらを理解することができる場合がある。

(3)　その他の情報の検討（第22項参照）

A20. 分析的手続の実施により入手した情報に加えて、企業及び企業環境について入手したその他の情報は、不正による重要な虚偽表示リスクの識別に有用なことがある。監査チーム内の討議により、そのようなリスクの識別に役立つ情報を入手することがある。

さらに、監査契約の新規の締結及び更新に関する手続並びに企業に対して実施したその他の業務、例えば、四半期レビュー業務において入手した情報は、不正による重要な虚偽表示リスクの識別に関連することがある。

(4)　不正リスク要因の検討（第23項参照）

A21. 不正は、通常、隠蔽されるためその発見は非常に困難であるが、監査人は、不正を実行する動機やプレッシャーの存在を示したり、又は不正を実行する機会を与えたりする事象や状況の存在を識別する場合がある。

不正リスク要因としては、例えば、以下の事象や状況がある。

・エクイティ・ファイナンスのために第三者の期待に応えなければならない場合には、不正を実行するプレッシャーを生じさせることがある。

・非現実的な利益目標の達成に対する多額のボーナスは、不正を実行する動機を生じさせることがある。

・有効でない統制環境は、不正を実行する機会を生じさせることがある。

A22. 不正リスク要因に、重要度により序列を付けることは容易ではない。不正リスク要因の重要度は様々である。特定の状況が重要な虚偽表示リスクを示唆していない企業にも不正リスク要因が存在することがある。したがって、不正リスク要因が存在しているかどうか、及び不正による重要な虚偽表示リスクの評価において、不正リスク要因を考慮するかどうかについての決定には、職業的専門家としての判断が求められる。

A23. 付録1では、不正リスク要因を、不正な財務報告に関する不正リスク要因と資産の流用に関する不正リスク要因とに分けて例示している。さらにこれらの要因を、不正が存在するときに通常示す以下の三つの条件に分類している。

・不正を実行する「動機・プレッシャー」

・不正を実行する「機会」

・不正行為に対する「姿勢・正当化」

監査人が不正行為を正当化する姿勢に関する不正リスク要因に観察により気付くことは容易ではないが、そのような情報の存在に気付く場合がある。

付録1で記載している不正リスク要因は、広範囲に及んでいるが例示にすぎないため、別の不正リスク要因が存在する場合もある。

A24. 企業の規模、複雑性及び所有形態は、これに関連する不正リスク要因の検討に関して重要な影響を及ぼす。例えば、大規模企業の場合には、経営者による不適切な行為を抑止する働きをもつものとしては、以下のものがある。

・取締役会や監査役等による有効な監視

・有効な内部監査機能

・文書化された行動規範の存在と運用

さらに、事業セグメントのレベルで不正リスク要因を検討することにより、企業全体レベルでの検討とは異なった見識を得ることもある。

小規模企業に特有の考慮事項

A25. 小規模企業の場合には、上記A21項からA24項の検討の一部若しくは全部が該当しない、又は余り適切でない場合がある。例えば、比較的小規模な企業では文書化された行動規範はないが、代わりに、口頭による伝達や経営者による実践を通じて、誠実性と倫理的な行動を尊重する企業文化を創出することがある。小規模企業において一人の経営者による支配がなされている場合、そのこと自体が、内部統制と財務報告プロセスに関して経営者により適切な態度を示し伝達することの欠如を示すことにはならない。例えば、経営者に承認を求めることは、その他の不備のある内部統制を補完し、従業員不正に関するリスクも低減できることがある。しかしながら、一人の経営者による支配は、経営者による内部統制の無効化の機会があるので潜在的な内部統制の不備となることもある。

5．不正による重要な虚偽表示リスクの識別と評価

(1) 収益認識における不正リスク（第25項参照）

A26. 収益認識に関連する不正な財務報告による重要な虚偽表示は、多くの場合、収益の過大計上（例えば、収益の先行認識又は架空計上）による。一方、収益の過少計上（例えば、収益の次年度以降への不適切な繰延べ）によることもある。

A27. 収益認識における不正リスクは、ある企業においては他の企業より大きいことがある。例えば、業績が増収又は利益の達成によって評価される上場企業では、経営者が不適切な収益認識を通じて不正な財務報告を行うプレッシャー又は動機が存在することがある。同様に、例えば収益の大部分が現金売上による企業の場合では、収益認識における不正リスクは増大することがある。

A28. 収益認識において不正リスクがあるという推定を適用する状況にないと判断することもある。例えば、単一の賃貸資産からのリース収入のように、収益取引が単一の形態で単純なものである場合には、監査人は収益認識に関連する不正による重要な虚偽表示リスクはないと結論付けることがある。

(2) 不正による重要な虚偽表示リスクの識別と評価及び関連する内部統制（第26項参照）

A29. 監査基準委員会報告書315の A45項に記載しているとおり、経営者は、適用する内部統制の種類と範囲及び受け入れるリスクの種類と範囲に関して判断することがある。経営者は、不正を防止し発見するために適用する内部統制の種類と範囲の決定において、不正による財務諸表の重要な虚偽表示リスクの発生可能性を検討する。この検討の一部として、不正による重要な虚偽表示リスクの軽減に関して、特定の内部統制を整備及び運用することが、費用対効果に見合わないと結論付けることもある。

A30. 経営者が不正を防止し発見するために整備及び運用している内部統制を、監査人が理解することは重要である。監査人は、このことを理解することにより、経営者が不十分な職務の分離によるリスクを意識的に受け入れていることを把握することがある。このような理解から得られる情報は、不正による重要な虚偽表示リスクに対する監査人の評価に影響を及ぼす不正リスク要因の識別にとっても有益なことがある。

6．評価した不正による重要な虚偽表示リスクへの対応

(1) 全般的な対応（第27項参照）

A31. 評価した不正による重要な虚偽表示リスクに応じた全般的な対応の決定には、通常、以下のように高められた職業的懐疑心を監査全般にどのように反映することができるか考慮することを含む。

・重要な取引の裏付けとなる証憑書類の種類及びその範囲をより注意深く選択すること。

・重要な事項に関する経営者の説明や陳述を裏付ける必要性の認識を高めること。

全般的な対応は、特定の手続の計画とは別の、より概括的な検討を伴うものであり、これらの検討には第28項に列挙する事項（関連する適用指針を含む。）が含まれている。

(2) 要員の配置及び指導監督（第28項(1)参照）

A32. 監査人は、例えば、不正調査の専門家やITの専門家のような専門的な知識と技能をもったメンバーを追加し、又は豊富な経験を有するメンバーを配置することによって対応する場合がある。

A33. 不正による重要な虚偽表示リスクに関する監査人の評価と、監査チームメンバーの能力に応じて、指導監督の程度を決定する。

(3) 監査手続の選択における企業が想定しない要素の組込み（第28項(3)参照）

A34. 実施する監査手続の種類、時期及び範囲の

選択に当たって、例えば、以下のような企業が想定しない要素を組み込むことは重要である。なぜなら、企業構成員のうち、通常の監査業務で実施される監査手続に詳しい者にとっては、不正な財務報告の隠蔽がより容易に行えることがあるからである。

・重要性やリスクの観点からは通常選択しない勘定残高やアサーションについて実証手続を実施する。
・監査手続の想定される実施時期を変更する。
・異なるサンプリング方法を使用する。
・往査事業所の選択方法を変更し又は予告なしに往査する。

⑷　評価したアサーション・レベルの不正による重要な虚偽表示リスクに対応する監査人の手続（第29項参照）

A35. 監査基準委員会報告書330第６項⑵では、監査人に、リスク対応手続の立案に当たって、評価した重要な虚偽表示リスクの程度が高いほど、より確かな心証が得られる監査証拠を入手することが求められている。また、監査基準委員会報告書330第20項では、監査人に、評価したアサーション・レベルの重要な虚偽表示リスクが特別な検討を必要とするリスクであると判断した場合、そのリスクに個別に対応する実証手続を実施することが求められている。

監査人は、評価したアサーション・レベルの不正による重要な虚偽表示リスクに応じて、以下のとおり、実施するリスク対応手続の種類、時期及び範囲を変更することがある。

・より証明力が強く適合性の高い監査証拠を入手するために、又は裏付けとなる追加的な情報を入手するために、実施する監査手続の種類の変更が必要となることがある。監査手続の種類の変更は、例えば、以下のように、実施する監査手続の手法とその組合せに影響を及ぼすことがある。

　―特定の資産の実地棚卸立会や実査を実施することがより重要になる場合、又は重要な勘定や電子的な取引ファイルに含まれるデータについてより多くの証拠を集めるためにコンピュータ利用監査技法（CAAT）を利用することがある。

　―監査人は追加的な裏付け情報を入手する手続を立案する場合もある。例えば、経営者に利益目標の達成のプレッシャーがかかっていると監査人が識別した場合には、収益を認識できないような条件を付された販売契約を締結することによって、又は出荷前に請求書を発行することによって、売上を過大計上するリスクが存在していることがある。このような場合、監査人は、例えば、売上債権残高だけでなく日付、返品条件及び引渡条件を含めた販売契約の詳細を確認することがある。さらに、販売契約及び出荷条件の変更について、経理以外の部門に質問し、確認を補完することが有効なこともある。

・実証手続の実施の時期の変更が必要となることがある。監査人は、期末日又は期末日近くで実証手続を実施することが、評価した不正による重要な虚偽表示リスクにより適切に対応すると結論付けることがある。意図的な虚偽表示又は利益操作が行われるリスクがある場合には、監査人は、期中の監査上の結論を期末日まで更新して利用するために実施する監査手続は有効でないと結論付けることがある。対照的に、意図的な虚偽表示（例えば、不適切な収益認識が関係する虚偽表示）は期中から始められる場合があるので、取引の発生に近い時期又は監査対象期間を通じて、実証手続を適用することがある。

・実施する監査手続の範囲の変更が必要となることがある。例えば、サンプル数の増加や、より詳細なレベルでの分析的実証手続の実施が適切なこともある。また、CAATを用いることにより、電子的な取引ファイルと勘定ファイルに対するより広範な手続の実施が可能となることがある。CAATは、重要な電子的ファイルからのサンプルの抽出、特性に基づいた取引のソート又は項目抽出を行わずに母集団全体に手続を実施する場合に利用できる。

A36．監査人は、棚卸資産の数量に関係する不正による重要な虚偽表示リスクを識別した場合には、在庫記録の査閲が、実地棚卸時又は棚卸後において特に留意すべき事業所や品目を識別するために役立つ。この査閲の結果、例えば、予告なしに特定の事業所の実地棚卸の立会を決定する、又は各事業所で一斉に実地棚卸を実施するように企業に依頼することがある。

A37．監査人は、多くの勘定科目とアサーションに影響する不正による重要な虚偽表示リスクを識別する場合がある。これらは、資産評価、特定の取引（例えば、買収、リストラクチャリング又は事業セグメントの廃止）や重要な債務（退職給付債務等）に関する見積りを含むことがある。また、そのリスクは、経常的な見積りに関する仮定の重要な変更に関係することもある。企業及び企業環境の理解を通じて入手した情報は、経営者の見積り及びその基礎となる仮定と判断の合理性に対する監査人の評価に役立つことがある。過年度における経営者の類似の仮定と判断を遡及的に検討することにより、経営者の見積りを裏付ける仮定と判断の合理性についての理解が得られることもある。

A38．不正による重要な虚偽表示に関するリスク対応手続を、企業が想定しない要素を組み込んだ手続を含めて、付録2に例示している。当該付録には、収益認識に起因するものを含む不正な財務報告と資産の流用に関係する不正による重要な虚偽表示に関するリスク対応手続を含む。

(5) 経営者による内部統制の無効化に関係したリスク対応手続

仕訳入力及びその他の修正（第31項(1)参照）

A39．不正による重要な虚偽表示は、不適切な又は権限外の仕訳を記録するような財務報告プロセスにおける操作を伴うことが多い。これは監査対象期間を通じて又は期末に、経営者によって、連結決算修正又は組替えのように正規の仕訳によらずに財務諸表上の金額を修正することにより行われる可能性がある。

A40．監査人が仕訳入力に対する不適切な内部統制の無効化に関係する重要な虚偽表示リスクを検討することも重要である。これは、自動化されたプロセスや内部統制が、不注意から生ずる誤謬のリスクを低減させることがあるにしても、自動化されたプロセスを不適切に無効化するリスク（例えば、総勘定元帳又は財務報告システムが自動的に処理した金額を個人が変更すること。）に対応しないためである。さらに、ITが情報の自動的な転送に使用されている場合、情報システムにはそのような介入についての可視的な証拠がほとんど又は全くないことがある。

A41．詳細テストを実施する仕訳入力及びその他の修正を識別して抽出し、これらの裏付けを適切に検証する方法を決定する場合には、以下の事項が関連している。

・不正による重要な虚偽表示リスクの評価

　不正による重要な虚偽表示リスクの評価の過程で入手した不正リスク要因とその他の情報は、詳細テストを実施する特定の仕訳入力及びその他の修正を識別するのに役立つことがある。

・仕訳入力及びその他の修正に関して適用された内部統制

　仕訳入力及びその他の修正に関する内部統制について、監査人が運用評価手続を実施し有効と判断した場合には、必要となる詳細テストの範囲を狭めることができる。

・財務報告プロセスと入手可能な証拠

　多くの企業では、定型的な取引の処理を手作業による手順や手続と自動化された手順や手続を組み合わせて行っている。同様に仕訳入力及びその他の修正のプロセスは、手作業と自動化された手続や内部統制の組合せで行っていることが多い。財務報告プロセスにおいてITを利用している場合には、仕訳入力やその他の修正は電子的情報のみで存在することがある。

・不適切な仕訳入力やその他の修正がもつ特性

　不適切な仕訳入力やその他の修正は、例え

ば以下のような識別できる特性をもっていることが多い。

⑴　取引とは無関係な又はほとんど使用されない勘定を利用した仕訳入力

⑵　入力担当者以外によって入力された仕訳入力

⑶　期末又は締切後の仕訳入力のうち、摘要欄の説明が不十分な仕訳入力

⑷　未登録の勘定科目を用いて行われる仕訳入力

⑸　同じ数字が並ぶ数値を含んでいる仕訳入力（例えば、0000や9999）

・勘定の性質と複雑性

不適切な仕訳入力やその他の修正は、以下のような勘定に含まれる場合がある。

⑴　複雑な又は通例でない取引を含む勘定

⑵　重要な見積りと期末修正を含む勘定

⑶　過去において虚偽表示に利用された勘定

⑷　適時に調整されていない又は未調整の差異を含む勘定

⑸　内部取引を含む勘定

⑹　その他、識別した不正による重要な虚偽表示リスクと関係する勘定

なお、複数の事業所又は構成単位がある企業では、複数の事業所又は構成単位からの仕訳入力を抽出する必要性を検討する。

・非定型的な仕訳入力やその他の修正

非定型的な仕訳入力は、月次の販売、購買、支払といった経常的な取引を帳簿に記録する仕訳と同じレベルの内部統制では対応できないことがある。

A42．監査人は、仕訳入力及びその他の修正に対する詳細テストの種類、時期及び範囲を、職業的専門家としての判断に基づき決定する。しかし、不正な仕訳入力やその他の修正は、多くの場合、期末に行われるため、第31項⑴②は期末時点で行われた仕訳入力やその他の修正を抽出するよう監査人に要求している。さらに、財務諸表の不正による重要な虚偽表示や様々な隠蔽行為は年度を通じて起こり得るため、第31項⑴③は監査対象期間を通じて仕訳入力やその他の修正を抽出する必要性があるかどうかについて考慮するよう監査人に要求している。

⑹　会計上の見積り（第31項⑵参照）

A43．経営者は、財務諸表の作成に際して、重要な会計上の見積りに影響する多くの仮定又は判断を行うこと及び継続して見積りの合理性を監視することに責任がある。不正な財務報告は、会計上の見積りに関する意図的な虚偽表示によって行われることが多い。例えば、企業の業績と収益力に関して財務諸表の利用者を欺く目的で、利益の平準化又は目標利益水準を達成するために、引当金等が全て過少又は過大表示されることがある。

A44．過年度の財務諸表に反映された重要な会計上の見積りに関連する経営者の仮定及び判断に対する遡及的な検討を実施する目的は、経営者の偏向の可能性が示唆されているかどうかを判断することであり、過年度において利用可能であった情報を基礎として行った監査人の職業的専門家としての判断を問題とするものではない。

A45．遡及的な検討は、監査基準委員会報告書540「会計上の見積りの監査」第13項においても要求されている。遡及的な検討は、経営者の過年度の見積りの妥当性に関する情報、確定額についての監査証拠又は該当する場合には当年度の重要な虚偽表示リスクの識別及び評価を裏付けるための事後的な再見積額についての監査証拠、及び財務諸表に注記することが求められる見積りの不確実性のような事項についての監査証拠を入手するためのリスク評価手続として行う。実務上、本報告書に記載される経営者の判断と仮定における不正による重要な虚偽表示リスクとなり得る偏向に対する監査人の検討は、監査基準委員会報告書540により要求される事項と合わせて実施される。

⑺　重要な取引の事業上の合理性（第31項⑶参照）

A46．企業の通常の取引過程から外れた重要な取引、又は通例でないと判断される重要な取引が、不正な財務報告を行うため又は資産の流用を隠

蔽するために行われたことを示す兆候には、以下が含まれる。

・取引の形態が非常に複雑である（例えば、連結グループ内における複数の企業間の取引、又は通常は取引関係のない複数の第三者との取引）。
・経営者が、取引の内容や会計処理を取締役会又は監査役等と討議しておらず、十分に文書化していない。
・経営者が、取引の経済実態よりも特定の会計処理の必要性を強調している。
・特別目的会社等を含む非連結の関連当事者との取引が、取締役会によって適切に検討され承認されていない。
・取引が、以前には識別されていなかった関連当事者、又は実体のない取引先や被監査会社からの支援なしには財務的資力がない取引先に関係している。

７．監査証拠の評価（第32－２項から第36項参照）

A47．監査基準委員会報告書330第24項に記載しているとおり、監査人は実施した監査手続及び入手した監査証拠に基づいて、アサーション・レベルの重要な虚偽表示リスクに関する評価が適切であるかどうかを判断する必要がある。リスク評価が依然として適切であるかどうかは、監査人の職業的専門家としての判断に基づき、主に質的な側面を検討することにより行われるが、これにより、監査人は不正による重要な虚偽表示リスクについて理解を深め、追加的な又は異なる監査手続を実施する必要性についての見解が得られることがある。付録３では、不正による重要な虚偽表示の兆候を示す状況を例示している。

⑴　財務諸表の全般的な結論を形成するための分析的手続（第33項参照）

A48．どのような傾向や関係が不正による重要な虚偽表示リスクを示唆しているかを決定する際には、監査人の職業的専門家としての判断を要する。特に、期末日前後の収益や利益を伴う通例でない関係が該当する。例えば、期末日前の数週間に計上された、異常に多額な利益や通例でない取引、又は営業活動によるキャッシュ・フローの傾向と矛盾する利益などである。

⑵　識別した虚偽表示の検討（第34項から第36項参照）

A49．不正は、不正を実行する「動機・プレッシャー」、「機会」、不正行為に対する「姿勢・正当化」に関係しているので、不正が単発的に発生することはほとんどない。したがって、特定の事業所での多数の虚偽表示は、その累積的影響が重要でないとしても、不正による重要な虚偽表示リスクを示唆することがある。

A50．識別した不正の影響はその状況によって決まる。例えば、他の場合には重要ではない不正であっても、上級経営者が関与している場合は重要となることがある。そのような状況においては、経営者の陳述の網羅性と信頼性及び会計記録と証憑書類の真正性が疑わしくなるので、これまでに入手した証拠の信頼性に疑義が生じることがある。また、従業員、経営者又は第三者による共謀の可能性もある。

不正による重要な虚偽表示の疑義（第Ｆ35－２項から第Ｆ35－４項参照）

FA50－２．第32－２項に記載されているとおり、監査人は、不正による重要な虚偽表示の兆候を示す状況（付録３参照）を識別した場合には、当該状況を考慮して、アサーション・レベルの不正による重要な虚偽表示リスクに関する評価が依然として適切であるかどうかを判断することが求められる。不正による重要な虚偽表示を示唆する状況（付録４参照）を識別した場合、当該判断は、第Ｆ35－２項から第Ｆ35－４項の手続を実施することにより行われる。

第10項Ｆ⑸に記載のとおり、不正による重要な虚偽表示を示唆する状況が識別された場合には、不正による重要な虚偽表示の兆候を示す状況が識別された場合に比し、不正による重要な虚偽表示が行われている可能性がより高いことから、懐疑心を高め、第F35－2項から第F35－4項の所定の手続を行うことが不正リスク対応基準で求められている。

追加的な監査手続（第F35－2項及び第F35－3項(2)参照）

FA50－3．実施する追加的な監査手続の種類、時期及び範囲は、その状況に応じた監査人の職業的専門家としての判断事項である。例えば、監査人は、追加的な監査手続を実施した結果、入手した監査証拠に基づき経営者に質問し説明の合理性を確かめることもあれば、経営者に質問し説明を求めた結果、当該説明の合理性を確かめるため、必要と判断した追加的な監査手続を実施することもある。また、当初のリスク評価の基礎となった情報と大きく乖離する情報に気付いた場合、当初のリスク評価を修正した上で、追加的な監査手続を実施することもある。

監査及び監査報告に及ぼす影響の評価

A51．監査基準委員会報告書450「監査の過程で識別した虚偽表示の評価」及び監査基準委員会報告書700「財務諸表に対する意見の形成と監査報告」では、虚偽表示の評価と対処及び監査報告書における監査意見への影響について要求事項を定め、指針を提供している。

7－2．専門家の業務の利用（第F36－2項参照）

FA51－2．監査基準委員会報告書620第6項では、監査人に、十分かつ適切な監査証拠を入手するために会計又は監査以外の分野の専門知識が必要な場合、専門家の業務を利用するかどうか判断することを求めている。監査人は、以下の監査の局面において、不正による重要な虚偽表示リスクに関連して、監査人が専門家の業務を利用することが必要と判断することがある。

・不正による重要な虚偽表示リスクの識別と評価
・評価した財務諸表全体レベルの不正による重要な虚偽表示リスクに対応する全般的な対応の決定と実施
・評価したアサーション・レベルの不正による重要な虚偽表示リスクに対応するリスク対応手続の立案と実施
・入手した不正による重要な虚偽表示リスクに関連した監査証拠の十分性と適切性の評価

FA51－3．不正による重要な虚偽表示リスクの内容や程度に応じて、どのような分野の専門知識が必要かを検討することとなるが、不正リスクに関連する会計又は監査以外での専門知識には、以下のような事項を含むことがある。

・資産及び負債の評価
　―複雑な金融商品
　―企業結合において受け入れた資産及び引き受けた負債
・不正調査
・ITを利用した複雑な情報システム

専門家の利用方法としては、例えば、以下が考えられる。

・第14項で要求されている、不正による重要な虚偽表示がどこにどのように行われる可能性があるのかについて特に重点を置いた、監査チーム内での討議に参加し助言を行う。
・不正による重要な虚偽表示を識別するための情報を入手するために第16項から第18項で要求されている、経営者及びその他の企業構成員への質問に同席し、監査チームによる質問を支援するか、又は専門家自ら、経営者に対して質問を行う。
・第26項で要求されている不正による重要な虚偽表示リスクに関連する内部統制の理解を行う際の、内部統制のデザインと業務への適用の評価を支援する、又は専門家自ら実施する。
・第28項(3)で要求されている評価した財務諸表全体レベルの不正による重要な虚偽表示リスクに応じた全般的な対応を決定する際に、企業が想定しない要素の組込みについて、具体的に組み込む要素に関する助言を行う。
・第29項で要求されている評価したアサーション・レベルの不正による重要な虚偽表示リスクに応じたリスク対応手続の立案について、不正による重要な虚偽表示リスクに直接対応した内部統制の運用評価手続及び実証手続の立案に関する助言を行う。

・第31項(1)で要求されている経営者による内部統制の無効化に関係したリスク対応手続として仕訳入力及び修正の適切性の検証のための手続について、立案の助言及び実施を支援する。例えば、詳細テストの実施対象とする仕訳入力及びその他の修正の抽出に関する助言や、CAATを用いた手続の実施を支援する。

・不正による重要な虚偽表示リスクに応じたリスク対応手続を専門家自ら実施する、又は、他の監査チームメンバーが作成した監査調書を査閲する。

・不正による重要な虚偽表示の兆候を示す状況を識別した場合、不正による重要な虚偽表示かどうかを決定するために必要な監査手続の種類、時期及び範囲の立案に関する助言を行う。また、監査手続の実施及び入手した監査証拠の評価を支援する。

8．監査契約の継続の検討（第37項参照）

A52．監査契約の継続が問題とされるような例外的状況の例には、以下の事項を含む。

(1) 不正が財務諸表にとって重要でない場合でも、その状況において監査人が必要と考える不正に関する適切な行動を企業がとらないこと。

(2) 不正による重要な虚偽表示リスクに関する監査人の検討と監査を実施した結果が、重要かつ広範な不正による特別な検討を必要とするリスクを示していること。

(3) 監査人が経営者又は監査役等の能力又は誠実性に関して重大な懸念を抱いていること。

A53．監査契約の解除は様々な状況で起こるため、これらを限定的に列挙するのは不可能である。監査人の判断に影響する要因には、経営者の不正への関与（経営者の陳述の信頼性に影響する。）やその企業に継続的に関与することへの影響が含まれる。

A54．監査人は、監査契約の継続や規制当局への報告が問題となるような状況においては、適切な法律専門家に助言を求めることが有益である。

9．経営者確認書（第38項参照）

A55．監査基準委員会報告書580「経営者確認書」では、監査において適切な経営者確認書を入手することについて要求事項を定め、指針を提供している。経営者確認書において、経営者が適正な財務諸表を作成する責任を果たしたことに加えて、企業の規模にかかわらず、経営者には不正を防止し発見する内部統制を整備及び運用する責任があることを経営者が承知していることが重要である。

A56．不正の特性や、不正による重要な虚偽表示を発見することの困難さから、以下について経営者が監査人に示したことを確認する書面を、監査人が経営者から入手することは重要である。

(1) 不正による財務諸表の重要な虚偽表示の可能性に対する経営者の評価結果

(2) 企業に影響を及ぼす不正、不正の疑い又は不正の申立てに関する情報

FA56－2．監査人は、経営者の判断若しくは意思又はその他の事項等について、質問等の他の監査証拠から得た理解を裏付けるために、経営者から書面による陳述を入手することが必要と判断することがある。（監査基準委員会報告書500「監査証拠」A25項並びに監基報580のA9項、A11項及びA12項を参照）

監査人が、不正による重要な虚偽表示の疑義があると判断した場合に経営者確認書における確認の要請を検討する内容は、状況に応じて異なるが、例えば、以下の事項がある。

・経営者が当該疑義に関連していると認識している全ての情報を監査人に提供した旨

・当該疑義に関連した不正による重要な虚偽表示はないと経営者が判断している場合は、その旨及びその根拠

FA56－3．監査人は、不正による重要な虚偽表示を示唆する状況を識別したが、当該状況を不正による重要な虚偽表示の疑義に該当しないと判断した場合においても、当該状況に関連する経営者の陳述を経営者確認書に含めることを要請することが適切と判断する場合もある。

10. 経営者及び監査役等とのコミュニケーション（第39項から第41項参照）

A56－4．国によっては、法令等により、監査人が一定の事項について経営者や統治責任者にコミュニケーションを行うことが制限されている場合がある。法令等により、違法行為又はその疑いのある行為について、企業に注意喚起することを含め、適切な規制当局による調査を害するおそれのあるコミュニケーションやその他の行為を明確に禁止していることがある。例えば、マネー・ローンダリングに関する法令に従って、監査人が適切な規制当局に不正を報告することが求められている場合がある。このような状況では、監査人が検討する事項は複雑であり、監査人が法律専門家に助言を求めることが適切と考えることがある。

(1) 経営者とのコミュニケーション（第39項参照）

A57．監査人は、不正が存在又は存在するかもしれない証拠を入手した場合は、速やかに、適切な階層の経営者に注意を喚起することが重要である。これは、例え些細な事項（例えば、従業員による少額の使込み）であっても同様である。どの階層の経営者が適切かの決定は、職業的専門家としての判断事項であり、共謀の可能性、不正の内容や影響の度合い等を考慮する。通常、適切な階層の経営者は、当該不正に関与していると思われる者の上位者（少なくとも一つ上位の職階の者）である。

FA57－2．監査人は、付録４に記載されている不正による重要な虚偽表示を示唆する状況を識別した場合、第F35－2項に基づき経営者に質問し説明を求めることになる。

(2) 監査役等とのコミュニケーション（第40項参照）

A58．監査役等とのコミュニケーションは、口頭又は書面により行われる。監査基準委員会報告書260のA37項はコミュニケーションを口頭で行うか書面で行うかの決定に当たって考慮する事項を示している。監査人は、経営者が関与する不正又は財務諸表の重要な虚偽表示となった不正の場合、その内容や影響の度合い等により、適時に報告するとともに、文書によっても報告する必要があるかどうかを検討することがある。

なお、監査人は、不正を識別した場合、法令等の規定により、監査役等に対し報告する責任がある場合があることに留意する。

A59．重要な虚偽表示とはならない従業員による不正に気付いた場合に、監査役等に伝達することが適切であることを考慮することがある。同様に、監査役等がこのような状況を知ることを希望する場合もある。このような場合のコミュニケーションの方法と範囲について、監査役等との監査の初期段階で協議しておくことは、コミュニケーションの充実に資することになる。

A60．監査人が、経営者、取締役又は監査役等の信頼性や誠実性に疑念を持つような例外的な状況においては、適切に対応するため、法律専門家に助言を求めることを検討する場合がある。

(3) 不正に関連するその他の事項（第41項参照）

A61．監査役等と協議する不正に関連するその他の事項には、例えば、以下の事項が含まれる。

- 不正を防止し発見するために構築された内部統制と財務諸表の虚偽表示の可能性に対する経営者の評価の手続、その範囲及び頻度についての懸念事項
- 識別した内部統制の重要な不備及び識別した不正に対する経営者の不適切な対応
- 経営者の能力と誠実性に関する問題を含む、企業の統制環境に関する監査人の評価
- 不正な財務報告を示唆する経営者の行動（例えば、企業の業績や収益力について財務諸表の利用者を欺くための利益調整が行われたことを示唆することがある会計方針の選択及び適用）
- 企業の通常の取引過程から外れている可能性のある取引の承認に関する適切性又は網羅性に関する懸念事項

11. 適切な規制当局への不正の報告（第42項参照）

A62. 監査基準委員会報告書250では、監査人の守秘義務の検討を含め、一定の状況において、違法行為又はその疑いを適切な規制当局に報告することが求められているかどうか、又は適切であるかどうかに関する監査人の判断についての詳細な指針が記載されている。（監基報250のA27項から A32項）

A63. 第42項で要求される判断には、複雑な検討事項や職業的専門家としての判断を含むことがある。したがって、監査人が監査事務所内やネットワーク・ファーム内で協議することを検討することがある。監査人は、どのような追加的な対応を取り得るか及び特定の対応を講じることによる職業的又は法的影響を理解するために法律専門家に助言を求めることを検討することもある。

Ⅳ 適 用

・本報告書（2011年12月22日）は、2012年４月１日以後開始する事業年度に係る監査及び同日以後開始する中間会計期間に係る中間監査から適用する。

・本報告書（2013年６月17日）は、2014年３月31日以後終了する事業年度に係る監査から適用する。

・本報告書（2015年５月29日）は、2015年４月１日以後開始する事業年度に係る監査及び同日以後開始する中間会計期間に係る中間監査から適用する。

・本報告書（2018年10月19日）は、2019年４月１日以後開始する事業年度に係る監査及び同日以後開始する中間会計期間に係る中間監査から適用する。

・本報告書（2019年６月12日）は、2020年４月１日以後開始する事業年度に係る監査及び同日以後開始する中間会計期間に係る中間監査から適用する。ただし、2019年４月１日以後開始する事業年度に係る監査及び同日以後開始する中間会計期間に係る中間監査から早期適用することができる。

・本報告書（2021年１月14日）は、2023年３月決算に係る財務諸表の監査及び2022年９月に終了する中間会計期間に係る中間財務諸表の中間監査から実施する。ただし、それ以前の決算に係る財務諸表の監査及び中間会計期間に係る中間財務諸表の中間監査から実施することを妨げない。

付録1 不正リスク要因の例示（A23項参照）

本付録では、様々な状況において監査人が直面する典型的な不正リスク要因について例示している。例示に当たっては、まず監査に関連する二種類の不正、すなわち、不正な財務報告と資産の流用に分類し、さらに、それぞれについて不正による重要な虚偽表示が行われる場合に通常みられる次の三つの状況に分類している。

(1) 動機・プレッシャー

(2) 機会

(3) 姿勢・正当化

これらの不正リスク要因は、広範囲に及んでいるが例示にすぎないため、別の不正リスク要因が存在する場合がある。また、本付録での例示があらゆる状況に適合しているとは限らず、企業の規模、複雑性、所有形態、業種又は状況によって、重要度は異なるものとなる。なお、本付録の不正リスク要因は、重要度や発生の頻度順に例示しているわけではない。

1．不正な財務報告による虚偽表示に関する要因

不正な財務報告による虚偽表示に関する要因の例は、次のとおりである。

(1) 動機・プレッシャー

1．財務的安定性又は収益性が、次のような一般的経済状況、企業の属する産業又は企業の事業環境により脅かされている。

・利益の減少を招くような過度の競争がある、又は市場が飽和状態にある。

・技術革新、製品陳腐化、利子率等の急激な変化・変動に十分に対応できない。

・顧客の需要が著しく減少している、又は企業の属する産業若しくは経済全体における経営破綻が増加している。

・経営破綻、担保権の実行又は敵対的買収を招く原因となる営業損失が存在する。

・利益が計上されている又は利益が増加しているにもかかわらず営業活動によるキャッシュ・フローが経常的にマイナスとなっている、又は営業活動からキャッシュ・フローを生み出すことができない。

・同業他社と比較した場合、急激な成長又は異常な高収益がみられる。

・新たな会計基準、法令又は規制の導入がある。

2．経営者が、次のような第三者からの期待又は要求に応えなければならない過大なプレッシャーを受けている。

・経営者の非常に楽観的なプレス・リリースなどにより、証券アナリスト、投資家、大口債権者又はその他外部者が企業の収益力や継続的な成長について過度の又は非現実的な期待をもっている。

・主要な研究開発や資本的支出のために行う資金調達など、競争力を維持するために追加借入やエクイティ・ファイナンスを必要としている。

・取引所の上場基準、債務の返済条件又はその他借入に係る財務制限条項に抵触し得る状況にある。

・業績の低迷が不利な結果をもたらすような企業結合や重要な契約などの未実行の重要な取引がある。

3．企業の業績が、次のような関係や取引によって、経営者、取締役、又は監査役等の個人財産に悪影響を及ぼす可能性がある。

・経営者、非業務執行取締役又は監査役等が企業と重要な経済的利害関係を有している。

・経営者等の報酬の大部分が、株価、経営成績、財政状態又はキャッシュ・フローに関する目標の達成に左右される賞与やストック・オプションなどで構成されている（なお、このようなインセンティブ・プランは、これに関係する勘定残高や取引が財務諸表にとっては重要でなくても、特定の勘定残高や取引に関係する目標の達成に左右されることがある。）。

・企業の債務を個人的に保証している。

4．経営者（子会社の経営者を含む。）、営業担当者、その他の従業員等が、取締役会等が掲げた売上や収益性等の財務目標（上長から示されたもの等を含む。）を達成するために、過大なプレッシャーを受けている。

(2) 機　会

1．企業が属する産業や企業の事業特性が、次のよう

な要因により不正な財務報告にかかわる機会をもたらしている。

・通常の取引過程から外れた重要な関連当事者との取引、又は監査を受けていない若しくは他の監査人が監査する重要な関連当事者との取引が存在する。

・仕入先や得意先等に不適切な条件を強制できるような財務上の強大な影響力を有している。

・主観的な判断や立証が困難な不確実性を伴う重要な会計上の見積りがある。

・重要かつ通例でない取引、又は極めて複雑な取引、特に困難な実質的判断を行わなければならない期末日近くの取引が存在する。

・事業環境や文化の異なる国又は地域で重要な事業が実施されている。

・明確な事業上の合理性があるとは考えられない、仲介手段を利用している、又は特別目的会社を組成している。

・租税回避地域において、明確な事業上の合理性があるとは考えられない巨額の銀行口座が存在する、又は子会社若しくは支店を運営している。

・業界の慣行として、契約書に押印がなされない段階で取引を開始する、正式な書面による受発注が行われる前に担当者間の口頭による交渉で取引を開始・変更する等、相手先との間で正当な取引等の開始・変更であることを示す文書が取り交わされることなく取引が行われ得る。

2．経営者の監視が、次のような状況により有効でなくなっている。

・経営が一人又は少数の者により支配され統制がない。

・財務報告プロセスと内部統制に対する取締役会及び監査役等による監視が有効ではない。

3．組織構造が、次のような状況により複雑又は不安定となっている。

・企業を支配している組織等の識別が困難である。

・異例な法的実体又は権限系統となっているなど、極めて複雑な組織構造である。

・経営者又は監査役等若しくは非業務執行取締役が頻繁に交代している。

4．内部統制が、次のような要因により不備を有している。

・内部統制（ITにより自動化された内部統制を含む。）に対して十分な監視活動が行われていない。

・従業員の転出入率が高くなっている、又は十分な能力を持たない経理、内部監査若しくはITの担当者を採用している。

・会計システムや情報システムが有効に機能していない。

(3)　姿勢・正当化

・経営者が、経営理念や企業倫理の伝達・実践を効果的に行っていない、又は不適切な経営理念や企業倫理が伝達されている。

・財務・経理担当以外の経営者が会計方針の選択又は重要な見積りの決定に過度に介入している。

・過去において法令等に関する違反があった、又は不正や法令等に関する違反により企業、経営者若しくは監査役会等が損害賠償請求を受けた事実がある。

・経営者が株価や利益傾向を維持すること、又は増大させることに過剰な関心を示している。

・経営者が投資家、債権者その他の第三者に積極的又は非現実的な業績の達成を確約している。

・経営者が内部統制における重要な不備を発見しても適時に是正しない。

・経営者が不当に税金を最小限とすることに関心がある。

・経営者のモラルが低い。

・オーナー経営者が個人の取引と企業の取引を混同している。

・非公開企業において株主間紛争が存在する。

・経営者が重要性のないことを根拠に不適切な会計処理を頻繁に正当化する。

・経営者と現任又は前任の監査人との間に次のような緊張関係がある。

―会計、監査又は報告に関する事項について、経営者と現任又は前任の監査人とが頻繁に論争している又は論争していた。

―監査の終了又は監査報告書の発行に関して極端な時間的制約を課すなど、監査人への不合理な要求を行っている。

—監査上必要な資料や情報の提供を著しく遅延する又は提供しない。

—監査人に対して、従業員等から情報を得ること又は監査役等とコミュニケーションを行うことを不当に制限しようとしている。又は、監査人が必要と判断した仕入先や得意先等と接することを不当に制限しようとしている。

—経営者が、監査業務の範囲若しくは監査チームメンバーの配置等に影響を与える、又は監査人に対して高圧的な態度をとる。

2．資産の流用による虚偽表示に関する要因

資産の流用による虚偽表示に関する要因の例は、次のとおりである。なお、資産の流用による虚偽表示の場合にも、不正な財務報告による虚偽表示に関する要因が存在する場合があることに留意する。例えば、資産の流用による虚偽表示が存在するときにも、経営者の監視が不十分であることや、内部統制が不備を有していることがある。

⑴　動機・プレッシャー

1．現金等の窃盗されやすい資産を取り扱う従業員が、会社と次のような対立関係になっている。

・従業員の解雇が公表された、又は予想される。

・従業員給与等の変更が行われた、又は予想される。

・昇進や報酬等が従業員の期待に反している。

2．経営者や従業員に個人的な債務があり、現金等の窃盗されやすい資産を流用するプレッシャーとなっている。

⑵　機　会

1．資産の特性や状況が、次のような要因により資産を流用する機会をもたらしている。

・手許現金又は現金の取扱高が多額である。

・棚卸資産が小型、高価又は需要が多いものである。

・無記名債券又は貴金属のような容易に換金可能な資産である。

・小型で市場性が高い固定資産又は所有権の明示されていない固定資産である。

2．資産に対する内部統制が、次のような要因により不備となっている。

・職務の分離又は牽制が不十分である。

・経営者の旅費やその他の支出とその精算に対する監視が不十分である。

・資産を管理する従業員に対して経営者による監視活動が不十分である（特に遠方にある事業所）。

・流用されやすい資産を取り扱う従業員の採用手続が不適切である。

・資産に関する帳簿記録が不十分である。

・取引（例えば、購買取引）に関する権限と承認手続が不適切である。

・現金、有価証券、棚卸資産又は固定資産に関する資産保全手続が不適切である。

・資産について網羅的かつ適時な調整が行われていない。

・取引（例えば、商品の返品取引）について適時かつ適切な記帳が行われていない。

・内部統制において重要な役割を担っている従業員に強制休暇を取得させていない。

・ITに関する経営者の理解が不十分なため、ITの不正操作による資産の流用が可能となっている。

・自動化された記録に対するアクセス･コントロールが不十分である（コンピュータ・システムのログに関するアクセス･コントロールと査閲を含む。）。

⑶　姿勢・正当化

・資産の流用に関するリスクを考慮した監視活動を行っていない、又は当該リスクを低減する措置をとっていない。

・資産の流用に関する内部統制を無効化する、又は内部統制の不備を是正しない。

・従業員の処遇や企業に対する不満が存在する。

・行動や生活様式に資産の流用を示す変化が見られる。

・少額な窃盗を容認している。

付録２　不正による重要な虚偽表示に関するリスク対応手続の例示（A38項参照）

本付録では、不正な財務報告と資産の流用に関係する不正による重要な虚偽表示に関するリスク対応手続

について例示している。これらのリスク対応手続は、広範囲に及んでいるが例示にすぎないため、状況によっては最も適切な又は必要となる手続とは限らない。また、本付録のリスク対応手続は、重要度の順に例示しているわけではない。

1．アサーション・レベルにおける検討事項

不正による重要な虚偽表示に関するリスク対応手続は、不正リスク要因の種類や組合せ、又は識別した状況、並びにこれらが影響する取引種類、勘定残高及び注記事項並びにアサーションによって異なる。

リスク対応手続の例は、次のとおりである。

- 予告なしに事業所を往査するか、又は特定の監査手続を実施する。例えば、前もって監査人が参加することが伝えられていない事業所の実地棚卸立会を実施する、又は抜打ちで現金を実査する。
- 棚卸資産の実地棚卸完了日と期末日との間に残高の操作が行われないようにするため、期末日又は期末日近くに棚卸をするよう企業に依頼する。
- 主要な得意先及び仕入先に対して確認状を送付するとともに、直接連絡をとることにより多角的な情報を得る。
- 期末の修正仕訳を詳細に検討し、取引内容や金額について通例でないと思われる全ての仕訳を調査する。
- 重要かつ通例でない取引、特に期末日又は期末日近くに発生する取引について、関連当事者との取引の可能性や資金移動の裏付けを調査する。
- 各種データを使用して分析的実証手続を実施する。例えば、売上高と売上原価について地域別、事業セグメント別又は月別に、監査人が算出した推定値と比較する。
- 不正による重要な虚偽表示リスクを識別した部門の担当者に対して、不正リスクに関する見解と対応について質問する。
- 他の監査人が子会社等の財務諸表を監査している場合には、関連当事者との取引等から生じる不正による重要な虚偽表示リスクに対応するため、実施すべき監査業務の範囲を当該他の監査人と討議する。
- 不正による虚偽表示が行われる可能性が高い財務諸表項目について、専門家が行った業務が特に重要である場合には、当該専門家による仮定、方法又は結果に関して追加手続を実施し、その結果が非合理的ではないことを確認する。確認できなかった場合は、他の専門家への依頼を検討する。
- 会計上の見積りや判断を伴う項目、例えば、引当金がその後どのように取り崩されたかを評価するために、当年度の開始残高からの変動を分析する。
- 期中に実施された調整の検討を含め、企業が作成した勘定残高の調整表等の調整事項について調査する。
- CAATを用いて手続を実施する。例えば、データマイニングにより母集団から異常取引を抽出する。
- コンピュータ処理された記録や取引の信頼性を検証する。
- 外部証拠を追加して収集する。

2．不正な財務報告による重要な虚偽表示に関するリスク対応手続

不正な財務報告による重要な虚偽表示に関するリスク対応手続の例は、次のとおりである。

(1) 収益認識

- 各種データを利用して、収益に関する分析的実証手続を実施する。例えば、月別及び製品別又は事業セグメント別に、当年度の収益を前年度の収益と比較する。CAATは、通例でない又は予期せぬ収益間の関係や取引の識別に有用な場合がある。
- 会計処理は特定の条件又は契約により影響を受けるが、これらの事項、例えば、リベートに関する算定基礎や算定期間が十分に明記されていないことが多いため、契約条件及び付帯契約がないことを取引先に確認する。検収条件、引渡条件、支払条件、製品の返品権、保証された再販金額、解約条項又は払戻条項がある場合には、このような状況が当てはまる。
- 販売担当者、マーケティング担当者又は法務部門担当者に、期末日近くの売上と出荷、及びこれらの取引に関連する通例でない条件や状況について質問する。

・期末日に複数の事業所を往査し、出荷準備が完了した若しくは返品処理待ちの商品を観察する、又は売上や棚卸資産のカットオフ手続を実施する。
・収益に関する取引がコンピュータ処理されている場合には、計上された収益に関する取引の発生と記録に関する内部統制の有効性を検討する。

(2)　**棚卸数量**
・実地棚卸手続において特に留意すべき事業所や品目を識別するため、在庫記録を査閲する。
・特定の事業所の実地棚卸に予告なしに立ち会う、又は各事業所で一斉に現物のカウントを実施する。
・実地棚卸完了日と期末日との間に残高の操作が行われないようにするため、期末日又は期末日近くに棚卸を実施するよう企業に依頼する。
・実地棚卸立会中に追加手続を実施する。例えば、箱詰された品目の内容、商品の積み方又はラベルの添付方法、及び香料や特殊な化学物質のような液体物質の品質（純度、等級、濃度等）について、より厳密に調査する。専門家の業務を利用することは、このような場合に有用である場合がある。
・棚卸資産の種類や区分、所在場所又は他の分類基準ごとに当年度の数量を前年度の数量と、又は実際在高を継続記録と比較する。
・実地棚卸の結果を検証するために、CAATを利用する（例えば、タグ・コントロールを検証するために棚札番号順に並べる、又は品目の脱落や重複の可能性を検証するために項目番号順に並べる。）。

(3)　**経営者の見積り**
・経営者から独立した専門家に依頼し、経営者の見積りと比較する。
・見積りの前提となる事業計画を遂行する経営者の能力と意図を裏付けるため、経営者や経理部門以外の者にまで質問対象を広げる。

3．資産の流用による重要な虚偽表示に関するリスク対応手続

資産の流用による重要な虚偽表示に関するリスク対応手続は、通常、特定の勘定残高や取引に対して行われる。状況によって、上記の1又は2に記載した対応を適用することも可能であるが、その範囲は、資産の流用に関係する不正による重要な虚偽表示リスクに関して得た情報を考慮し決定する必要がある。

資産の流用による重要な虚偽表示に関するリスク対応手続の例は、次のとおりである。
・期末日又は期末日近くにおいて現金や有価証券を実査する。
・得意先に直接、監査対象期間の取引活動（マイナスの請求書の発行金額、売上返品及び支払日）について確認する。
・償却済み債権の回収分析を行う。
・保管場所別又は製品種類別に、棚卸資産の減耗について分析を行う。
・主要な棚卸資産比率について業界平均と比較する。
・棚卸資産の差異に関する分析資料を検討する。
・仕入先リストと従業員リストをCAATにより照合し、住所や電話番号が一致していないかどうかを確かめる。
・給与支払記録をCAATにより調査し、住所、従業員番号又は銀行口座の重複がないかどうかを確かめる。
・業績評価がないなど実在性の疑われる従業員がいないかどうかについて人事記録を調査する。
・異常な売上値引や返品について分析する。
・第三者との特殊な契約条件を確認する。
・契約が約定どおり履行されていることを確かめる。
・多額で通例でない費用について妥当性を検討する。
・経営者とその関係者への貸付に関する承認や帳簿残高を検討する。
・経営者から提出された経費報告書の妥当性を検討する。

付録3　不正による重要な虚偽表示の兆候を示す状況の例示（A47項参照）

不正による重要な虚偽表示の兆候を示す状況の例は、次のとおりである。監査人は、不正による重要な虚偽表示の兆候を示す状況を識別した場合には、当該状況を考慮してアサーション・レベルの不正による重要な虚偽表示リスクに関する評価の適切性を判断すること

が求められている。

(1) 会計記録の矛盾

・網羅的若しくは適時に記録されていない取引、又は金額、会計期間、分類等が適切に記録されていない取引が存在する。
・(根拠資料等による) 裏付けのない又は未承認の取引や勘定残高が存在する。
・期末日近くに経営成績に重要な影響を与える通例でない修正が行われている。
・従業員が、業務の遂行上必要のないシステム又は記録にアクセスした証拠が存在する。
・監査人に、不正の可能性について従業員や取引先等からの通報がある (監査事務所の通報窓口を含む。)。
・社内通報制度を通じて企業に寄せられ、監査人に開示された情報に、財務諸表に重要な影響を及ぼすと考えられる情報が存在している。

(2) 証拠の矛盾又は紛失

・証拠となる文書を紛失している。
・変造又は偽造されたおそれのある文書が存在する。
・合理的な理由なく、重要な文書を入手できない (原本が存在すると考えられるにもかかわらず、重要な文書の写し、電子化された文書又はドラフトのみしか入手できない場合を含む。)。
・勘定残高の通例でない変動や趨勢の変化、又は売上の増加を上回る売上債権の増加といった重要な財務比率や相関関係の変動がみられる。
・質問や分析的手続の結果、経営者や従業員から入手した回答に矛盾が生じている、又は説明が曖昧であったり、信憑性が疑われる。
・企業の記録と確認状の回答に説明のつかない重要な差異がある。
・重要な記録等に矛盾する点が存在する。
・特定の取引先に対する確認状が、合理的な理由なく監査人に直接返送されないという事態が繰り返される。
・売上債権勘定に多額の貸方記帳その他の修正がある。
・売上債権勘定の補助簿と統制勘定又は顧客向け報告書との差異に関して十分な説明がない。
・重要な取引に関連する証憑 (注文書、請求書、顧客向け報告書等)、又は会計帳簿や記録 (総勘定元帳・補助元帳・勘定明細等) において、本来一致すべき数値が不一致でその合理的な説明がない。
・多数の棚卸資産又は有形資産を紛失している。
・企業の記録保存に関する手続に従っていないため、利用不可能な又は消失した電子的証憑がある。
・確認の回答件数が予想と大きく乖離している。
・重要なシステム開発やプログラム変更テスト、又は当年度のシステム変更やプログラムの設置に関する証拠が入手できない。

(3) 経営者の監査への対応

・合理的な理由がないにもかかわらず、監査人が、記録、施設、特定の従業員、得意先、仕入先、又は監査証拠を入手できるその他の者と接することを企業が拒否する、妨げる、又は変更を主張する。
・合理的な理由がないにもかかわらず、企業が確認依頼の宛先の変更や特定の相手先に対する確認の見合せを主張したり、他の確認先に比べて著しく準備に時間がかかる残高確認先がある。
・複雑な又は問題のある事項の解決について経営者が不当な時間的プレッシャーを加える。
・監査の実施に関する経営者の不満が存在する、又は監査証拠に対する監査人の批判的評価や経営者との潜在的な意見の相違などに関して、経営者が監査チームメンバーに不当なプレッシャーを与える。
・監査上必要な情報の提供を著しく遅延する。
・監査人がCAATを用いてテストを行う際に、重要な電子的ファイルへのアクセスを制限する。
・セキュリティ、運営及びシステム開発の担当者を含む重要なＩＴ担当者と接することや設備へ立ち入ることを拒否する。
・重要な投資先や取引先、又は重要な資産の保管先に関する十分な情報が監査人に提供されない。
・財務諸表をより完全で理解しやすいものとするための注記の追加や修正に消極的である。
・識別された内部統制の不備に対して適時に対処することに消極的である。

⑷　**留意すべき通例でない取引等**

1．不適切な売上計上の可能性を示唆する状況

・企業の通常の取引過程から外れた重要な取引又はその他企業及び当該企業が属する産業を取り巻く環境に対する監査人の理解に照らして通例ではない重要な取引のうち、企業が関与する事業上の合理性が不明瞭な取引が存在する。

2．資金還流取引等のオフバランス取引の可能性を示唆する状況

・企業の事業内容に直接関係のない又は事業上の合理性が不明瞭な重要な資産の取得、企業の買収、出資、費用の計上が行われている。

3．その他

・関連当事者又は企業との関係が不明な相手先（個人を含む。）との間に、事業上の合理性が不明瞭な重要な資金の貸付・借入契約、担保提供又は債務保証・被保証の契約がある。

⑸　**その他**

・監査人が取締役又は監査役等と接することに経営者が消極的である。

・企業が属する産業における一般的な会計方針とは異なる会計方針を採用しようとしている。

・経営環境の変化がないにもかかわらず、会計上の見積りを頻繁に変更する。

・企業が合理的な理由がなく重要な会計方針を変更しようとしている。

・従業員による企業の行動規範に対する違反について寛容である。

・企業が、財務諸表に重要な影響を及ぼす取引に関して、明らかに専門家としての能力又は客観性に疑念のあると考えられる専門家を利用している。

F　付録4　不正による重要な虚偽表示を示唆する状況の例示（第F35－2項参照）

不正リスク対応基準が適用される監査の場合、監査実施の過程において、下記に例示された不正による重要な虚偽表示を示唆する状況が識別された場合には、不正による重要な虚偽表示の疑義が存在していないかどうかを判断するために、経営者に質問し説明を求めるとともに、追加的な監査手続を実施することが求められる。なお、これらの手続を実施することにより、第32－2項に記載されている、アサーション・レベルの不正による重要な虚偽表示リスクに関する評価が依然として適切であるかどうかの判断を行うことになる。

不正による重要な虚偽表示を示唆する状況は、以下に例を示しているが、当該付録は、不正による重要な虚偽表示を示唆する状況を網羅的に示したものではない。

1　不正に関する情報

・社内通報制度を通じて企業に寄せられ、監査人に開示された情報に、財務諸表に重要な影響を及ぼすと考えられる情報が存在している。

・監査人に、不正の可能性について従業員や取引先等からの通報がある（監査事務所の通報窓口を含む。）。

2　留意すべき通例でない取引等

⑴　不適切な売上計上の可能性を示唆する状況

企業の通常の取引過程から外れた重要な取引又はその他企業及び当該企業が属する産業を取り巻く環境に対する監査人の理解に照らして通例ではない重要な取引のうち、企業が関与する事業上の合理性が不明瞭な取引が存在する。

⑵　資金還流取引等のオフバランス取引の可能性を示唆する状況

企業の事業内容に直接関係のない又は事業上の合理性が不明瞭な重要な資産の取得、企業の買収、出資、費用の計上が行われている。

⑶　その他

関連当事者又は企業との関係が不明な相手先（個人を含む。）との間に、事業上の合理性が不明瞭な重要な資金の貸付・借入契約、担保提供又は債務保証・被保証の契約がある。

3　証拠の変造、偽造又は隠蔽の可能性を示唆する状況

・変造又は偽造されたおそれのある文書が存在する。

・重要な取引に関して、重要な記録等に矛盾する証拠が存在する、又は証拠となる重要な文書を紛失している。

・重要な取引に関して、合理的な理由なく、重要な文書を入手できない、又は重要な文書のドラフトのみしか入手できない。

4　会計上の不適切な調整の可能性を示唆する状況

・期末日近くまで網羅的若しくは適時に記録されていない重要な取引、又は金額、会計期間、分類等が適切に記録されていない重要な取引が存在する。

・（根拠資料等による）裏付けのない又は未承認の重要な取引や勘定残高が存在する。

・期末日近くに経営成績に重要な影響を与える通例でない修正が行われている。

・重要な取引に関連する証憑、又は会計帳簿や記録（総勘定元帳・補助元帳・勘定明細等）において、本来一致すべき数値が不一致でその合理的な説明がない。

・企業が合理的な理由がなく重要な会計方針を変更しようとしている。

・経営環境の変化がないにもかかわらず、重要な会計上の見積りを頻繁に変更する。

5　確認結果

・企業の記録と確認状の回答に説明のつかない重要な差異がある。

・特定の取引先に対する確認状が、合理的な理由なく監査人に直接返送されないという事態が繰り返される。

6　経営者の監査への対応

・合理的な理由がないにもかかわらず、監査人が、記録、施設、特定の従業員、得意先、仕入先、又は監査証拠を入手できるその他の者と接することを企業が拒否する、妨げる、又は変更を主張する。

・合理的な理由がないにもかかわらず、企業が確認依頼の宛先の変更や特定の相手先に対する確認の見合せを主張したり、他の確認先に比べて著しく準備に時間がかかる残高確認先がある。

7　その他

・企業が、財務諸表に重要な影響を及ぼす取引に関して、明らかに専門家としての能力又は客観性に疑念のあると考えられる専門家を利用している。

・重要な投資先や取引先、又は重要な資産の保管先に関する十分な情報が監査人に提供されない。

以　上

監査基準委員会報告書250
財務諸表監査における法令の検討*

2011年12月22日
改正2014年４月４日
改正2015年５月29日
改正2018年10月19日
最終改正2019年６月12日
日本公認会計士協会
監査基準委員会
（報告書：第66号）

項番号

Ⅰ　本報告書の範囲及び目的

1．本報告書の範囲

1．本報告書は、財務諸表監査における法令の検討に関する実務上の指針を提供するものである。本報告書は、監査人が特定の法令の遵守に関する検証及び報告を別途特別に実施する他の保証業務には適用されない。

2．法令による影響

2．法令が財務諸表に及ぼす影響は様々であり、また、企業に適用される法令も様々である。一部の法令は、企業の財務諸表の金額又は開示に直接影響を及ぼす。その他の法令には、経営者がそれに従うことを義務付けられていたり、企業の事業の許認可について規定していたりするが、企業の財務諸表には直接影響を及ぼさないものもある。一部の企業は、厳格な規制の対象となる産業において事業を行っているが（例えば、銀行又は化学会社）、一方で事業運営の側面において一般的に関連する法令（例えば、労働安全衛生及び雇用機会均等に関連する法令）のみが適用となる企業もある。違法行為によって、企業に罰金、課徴金、訴訟等がもたらされ、それらが財務諸表に重要な影響を及ぼすことがある。

3．法令遵守に対する責任（A1項から A7項参照）

(1) 経営者の責任

3．経営者は、取締役会による監督及び監査役若しくは監査役会、監査等委員会又は監査委員会（以下、監査役若しくは監査役会、監査等委員会又は監査委員会を「監査役等」という。）による監査（以下「取締役会及び監査役等による監視」という。）による監査（以下「取締役会及び監査役等による監視」という。）の下で、企業の財務諸表の金額又は開示に関する法令を遵守することを含め、法令に従った業務の実施を確保する責任を有する。

(2) 監査人の責任

4．本報告書の要求事項は、違法行為による財務諸表の重要な虚偽表示の識別に資するように記載されている。しかしながら、監査人は企業の違法行為の防止に対して責任は負わず、違法行為の全てを発見することが期待されているわけではない。

5．監査人は、不正によるか誤謬によるかを問わず、全体としての財務諸表に重要な虚偽表示がないことについて合理的な保証を得る責任がある（監査基準委員会報告書200「財務諸表監査における総括的な目的」第５項参照）。財務諸表監査の実施に際して、監査人は、企業に適用される法令を考慮する。監査の固有の限界のため、一般に公正妥当と認められる監査の基準に準拠して適切に監査を計画し実施しても、重要な虚偽表示が発見されないという回避できないリスクがある（監基報200の A50項及び A51項参照）。法令に関連して、監査人が重要な虚偽表示を発見できるかどうかに監査の固有の限界が及ぼす影響は、次のような理由によって高まる。

・主に企業の事業運営の側面に関連し、通常は財務諸表に影響を及ぼさないため、企業の財務報告に関連する情報システムにより把握されない法令が多数存在すること。

・違法行為は、共謀、文書を偽造すること、取引を故意に記録しないこと、経営者による内部統制の無効化又は監査人に対する意図的な虚偽の陳述などの、違法行為を隠蔽するための行為を伴う場合があること。

・ある行為が違法行為となるかどうかは、最終的には裁判所による司法判断に属する事項であること。

通常、違法行為と財務諸表に反映される事象及び取引との関連性が低くなるほど、監査人が違法行為を認識する可能性は低くなる。

6．本報告書は、遵守すべき法令を以下の二つに分類し、これに合わせて監査人の責任をそれぞれ区別している。（A6項、A11項及び A12項参照）

(1) 例えば、税金や年金に関する法令など、財務諸表の重要な金額及び開示の決定に直接影響を及ぼすものとして一般的に認識されている法令（第13項及び A11項参照）

(2) 財務諸表の金額及び開示の決定に直接影響を及ぼさないが、事業運営若しくは事業継続のために、又は重大な罰則を科されないために遵守することが必要なその他の法令（例えば、事業の許認可に関する規定、保険会社のソルベンシーに関する規制又は環境に関する規制）。したがって、これらの法令への違反が財務諸表に重要な影響を及ぼすことがある。（第14項及び A12項参照）

7．本報告書では、上記の法令の分類のそれぞれについて異なる要求事項を規定している。第６

項(1)の法令に対する監査人の責任は、当該法令を遵守していることについて十分かつ適切な監査証拠を入手することである。第６項(2)の法令に対する監査人の責任は、財務諸表に重要な影響を及ぼすことがある違法行為の識別に資する特定の監査手続を実施することに限定されている。

8．本報告書は、監査人に、財務諸表に対する意見の形成のために適用するその他の監査手続によって、違法行為が認識される場合があることに留意することを求めている。企業に影響を及ぼす法令の範囲を考慮して、監査人は、監査基準委員会報告書200第14項に従い、監査の過程を通じて職業的懐疑心を保持することが重要である。

9．監査人は、企業の違法行為について、法令や職業倫理に関する規定による追加の責任を有することがある。例えば、違法行為への対応に関する指針では、以下の要求事項が定められている。(A7項参照)

(1)　違法行為又はその疑いに対応すること。これには以下を含む。
- ・経営者や監査役等との当該事項についてのコミュニケーション
- ・違法行為に対する経営者や監査役等の対応についての評価
- ・追加的な対応が必要かどうかの判断

(2)　違法行為又はその疑いを他の監査人（例えば、グループ監査におけるグループ内の他の監査人）に伝達すること。

(3)　違法行為又はその疑いについて文書化すること。

これらの追加の責任を遵守することによって、監査人は、本報告書や他の監査基準委員会報告書に準拠した監査に関連する詳細な情報（例えば、経営者や監査役等の誠実性に関する情報）を入手することがある。

４．本報告書の目的

10．本報告書における監査人の目的は、以下の事項のとおりである。

(1)　財務諸表の重要な金額及び開示の決定に直接影響を及ぼすと一般的に認識されている法令を遵守していることについての十分かつ適切な監査証拠を入手すること。

(2)　財務諸表に重要な影響を及ぼすことがあるその他の法令への違反の識別に資する特定の監査手続を実施すること。

(3)　識別された違法行為又はその疑いに適切に対応すること。

５．定　義

11．本報告書における用語の定義は、以下のとおりとする。

「違法行為」－故意若しくは過失又は作為若しくは不作為を問わず、企業、その経営者、監査役等、従業員等又は企業の指示の下で働く委託先業者等のその他の者によって行われる、法令違反となる行為をいう。違法行為には、企業の事業活動に関連しない、個人の違法行為は含まれない。(A8項及びA9項参照)

Ⅱ　要求事項

１．法令遵守に関する監査人の検討

12．監査人は、監査基準委員会報告書315「企業及び企業環境の理解を通じた重要な虚偽表示リスクの識別と評価」第10項に従って、企業及び企業環境について理解する際に、以下の事項を全般的に理解しなければならない。

(1)　企業及び企業が属する産業に対して適用される法令

(2)　企業が当該法令をどのように遵守しているか。(A10項参照)

13．監査人は、財務諸表上の重要な金額及び開示の決定に直接影響を及ぼすと一般的に認識されている法令を遵守していることについて、十分かつ適切な監査証拠を入手しなければならない。(A11項参照)

14．監査人は、財務諸表に重要な影響を及ぼすことがあるその他の法令への違反の識別に資する

以下の監査手続を実施しなければならない。

(1) 企業がその他の法令を遵守しているかどうかについて、経営者及び適切な場合には監査役等へ質問をする。

(2) 関連する許認可等を行う規制当局とのやりとりを示した文書がある場合には、それを閲覧する。(A13項及びA14項参照)

15. 監査人は、監査期間中、その他の監査手続の適用によって、違法行為又はその疑いに気付く場合があることに留意しなければならない。(A14項参照)

16. 監査人は、経営者に、財務諸表を作成する場合にその影響を考慮すべき、既に認識されている違法行為又はその疑いが全て監査人に示された旨の経営者確認書を提出するように要請しなければならない。(A15項参照)

17. 監査人は、識別された違法行為又はその疑いがない場合、第12項から第16項に規定された手続以外に、企業の法令遵守に関する監査手続を実施することは求められない。

2. 識別された違法行為又はその疑いがある場合の監査手続

18. 監査人は、違法行為又はその疑いに関する情報に気付いた場合、以下を実施しなければならない。(A16項及びA17項参照)

(1) 行為の内容及び当該行為が発生した状況について理解すること。

(2) 財務諸表に及ぼす影響を評価するために詳細な情報を入手すること。(A18項参照)

19. 監査人は、違法行為が疑われる場合、法令により禁止されていない限り、当該事項について適切な階層の経営者、及び必要に応じて監査役等と協議しなければならない。企業が法令を遵守していることを裏付ける十分な情報を経営者からも監査役等を通じても入手できず、違法行為が財務諸表に重要な影響を及ぼす可能性があると監査人が判断した場合、監査人は、法律専門家に助言を求める必要があるかを検討しなければならない。(A19項からA21項参照)

20. 監査人は、違法行為の疑いに関して十分な情報を入手できない場合、十分かつ適切な監査証拠が入手できないことによる監査意見への影響を評価しなければならない。

21. 監査人は、識別された違法行為又はその疑いが監査の他の局面（監査人のリスク評価及び経営者確認書の信頼性を含む。）に及ぼす影響を評価し、適切な措置を講じなければならない。(A22項からA24項参照)

3. 識別された違法行為又はその疑いについてのコミュニケーション及び報告

(1) 監査役等との違法行為又はその疑いについてのコミュニケーション

22. 監査人は、監査の実施過程で気付いた違法行為又はその疑いに関連する事項を、法令により禁止されていない限り、明らかに軽微である場合を除き、監査役等とコミュニケーションを行わなければならない。(A20項参照)

23. 監査人は、第22項に記載している違法行為又はその疑いが故意でかつ重要であると判断する場合、当該事項について監査役等と速やかにコミュニケーションを行わなければならない。

24. 監査人は、経営者又は監査役等の違法行為への関与が疑われる場合、当該者より上位又は当該者を監督する機関又は者が存在するときは、当該機関又は者にその事項を報告しなければならない。そのような上位の機関又は者が存在しない場合、又は当該事項を報告しても対応がなされないと考えられる場合、若しくは報告すべき相手が不明瞭な場合、監査人は、法律専門家の助言を求めることを検討しなければならない。

(2) 違法行為又はその疑いが監査報告書に及ぼす影響（A25項及びA26項参照）

25. 監査人は、違法行為又はその疑いが財務諸表に重要な影響を及ぼし、かつ財務諸表に適切に反映されていないと判断した場合、監査基準委員会報告書705「独立監査人の監査報告書における除外事項付意見」第6項及び第7項に従って、限定意見又は否定的意見を表明しなければならない。

26．監査人は、財務諸表に重要な影響を及ぼす可能性がある違法行為が発生したかどうかについて評価するための、十分かつ適切な監査証拠の入手を経営者によって制約された場合、監査基準委員会報告書705第６項及び第８項に従って、監査範囲の制約により、財務諸表に対して限定意見を表明するか、又は意見を表明してはならない。

27．監査人は、経営者による制約ではなく、状況により監査範囲が制約された結果、違法行為が発生したかどうかを判断することができない場合、監査基準委員会報告書705に従って、監査意見への影響を評価しなければならない。

(3)　適切な規制当局への違法行為又はその疑いの報告

28．監査人は、識別された違法行為又はその疑いがある場合、以下に該当するかどうかを判断しなければならない。（A27項から A32項参照）

⑴　法令により、適切な規制当局に報告することが監査人に求められている。

⑵　職業倫理規程により、追加的な対応として、適切な規制当局に報告することが例示されている。

４．監査調書

29．監査人は、識別された違法行為又はその疑いと以下の事項を監査調書に記載しなければならない（監査基準委員会報告書230「監査調書」第７項から第10項及び A６項参照）。（A33項及び A34項参照）

⑴　実施した監査手続、行った職業的専門家としての重要な判断及び到達した結論

⑵　違法行為に関連する重要な事項についての経営者、監査役等及びその他の者との協議（経営者又は監査役等がどのように当該事項に対応したかを含む。）

Ⅲ　適用指針

１．法令遵守に対する責任（第３項から第９項参照）

⑴　経営者の責任

A1．経営者は、取締役会及び監査役等による監視の下で、法令に従った業務の実施を確保する責任を有する。法令は、企業の財務諸表に様々な影響を及ぼすことがある。例えば、最も直接的なものとしては、法令が財務諸表における特定の開示に影響を及ぼしたり、適用される財務報告の枠組みを規定することがある。また、法令が、企業の特定の法的な権利及び義務について規定していることがあり、それらの権利及び義務の一部は、財務諸表において認識される。さらに、違法行為によって、罰則が科されることがある。

A2．以下は、企業が違法行為の防止及び発見のために適用する方針及び手続の例示である。

・法令に基づいて要求される事項のモニタリング及び当該事項を満たす業務上の手続の確保
・適切な内部統制の整備及び運用
・行動規範の策定、公表及び遵守
・従業員による行動規範についての適切な研修受講及び理解の確保
・行動規範の遵守状況のモニタリング及び行動規範に違反する従業員に対する適切な懲戒処分
・法令に基づいて要求される事項のモニタリングのために法律顧問と相談すること
・特定の産業において遵守が要求される重要な法令の一覧及び通報記録の保持
・大規模企業においては、以下の組織や部門に適切な責任を割り当て、これらの方針及び手続を適用することがある。
・内部監査部門
・コンプライアンス部門

⑵ **監査人の責任**

A3．企業による違法行為は、財務諸表の重要な虚偽表示につながることがある。違法行為の発見は、その重要性にかかわらず、例えば、経営者、監査役等や従業員の誠実性についての監査人の検討を含め、監査の他の局面に影響を及ぼすことがある。

A4．ある行為が違法行為となるかどうかは、司法上の判断に属する事項であり、通常、監査人の職業的専門家としての能力の及ばない事項である。しかしながら、監査人の研修、経験並びに企業及び企業が属する産業についての理解に基づいて、監査人が気付いたある行為が違法行為となる可能性を認識することがある。

A5．監査人は、特定の法令に基づいて、財務諸表監査の一環として、企業が法令を遵守しているかどうかに関して特に報告が要求されていることがある。その場合、監査基準委員会報告書700「財務諸表に対する意見の形成と監査報告」第39項又は監査基準委員会報告書800「特別目的の財務報告の枠組みに準拠して作成された財務諸表に対する監査」第10項は、このような監査上の責任についての監査報告書における記載について規定している。さらに、法令に基づく特定の報告が求められている場合、監査計画にこれらの法令遵守に対する適切な検討を含めることが必要になる場合がある。

法令の分類（第６項参照）

A6．企業の事業活動や状況は、関連する法令が第６項⑴及び⑵に記載する法令の分類に該当するかどうかに影響を与えることがある。第６項の法令には、例えば、以下の法令が含まれる場合がある。

・不正、汚職、贈収賄
・マネー・ローンダリング、テロリストへの資金供与及び犯罪収益
・証券市場及び証券取引
・銀行業務並びにその他の金融商品及びサービス
・情報保護
・税金及び年金に係る債務及び支払
・環境保護
・公衆衛生及び安全

法令や職業倫理に関する規定により定められた追加の責任（第９項参照）

A7．法令や職業倫理に関する規定により、監査人は追加的な手続を実施し、追加的な対応を講じることが求められている場合がある。例えば、違法行為への対応に関する指針により、監査人は違法行為又はその疑いに対応するよう措置を講じ、追加的な対応が必要かどうかを判断することが求められている。当該措置により、監査人は違法行為又はその疑いをグループ内の他の監査人に伝達することが求められる場合がある。グループ内の他の監査人には、グループ監査責任者、構成単位の監査人又はグループ監査以外の目的でグループの構成単位において業務を実施する他の監査人（例えば、構成単位において法定監査のみを実施している監査人）を含む。（違法行為への対応に関する指針第21項及び第22項参照）

２．定義（第11項参照）

A8．違法行為には、企業が行う取引、企業の名前で行う取引又は企業のために経営者、監査役等、従業員等又は企業の指示の下で働く委託先業者等のその他の者が行う取引が含まれる。

A9．違法行為には、企業の事業活動に関連する個人の違法行為が含まれる。例えば、重要な管理職が、個人の立場で、企業の仕入先から賄賂を受領し、見返りに企業への業務提供や契約締結のために当該仕入先を選定することを確約する場合がある。

３．法令遵守に関する監査人の検討

⑴ **企業に適用される法令についての理解**（第12項参照）

A10．監査人は、企業に適用される法令及び企業が当該法令をどのように遵守しているかを全般的に理解するため、例えば、以下を行うことがある。

・企業の産業、規制及びその他の外部要因につ

いて監査人が既に有する情報を利用する。
・財務諸表上の金額及び開示を直接的に決定する法令についての最新の情報を入手する。
・企業の事業運営に根本的な影響を及ぼすことが想定されるその他の法令について経営者に質問する。
・法令遵守に関する企業の方針及び手続について経営者に質問する。
・訴訟の識別、評価及び会計処理のために採用している方針又は手続に関して経営者に質問する。

(2)　財務諸表上の重要な金額及び開示の決定に直接影響を及ぼすと一般的に認識されている法令（第６項及び第13項参照）

A11．第６項(1)に記載されている、財務諸表に直接影響を及ぼすものとして一般的に認識されている法令には、例えば、以下に関連するものが含まれることがある。
・財務諸表の様式と内容
・産業特有の財務報告における取扱い
・政府補助金等の会計処理
・法人税等や退職給付に関する費用の認識

第６項(1)に記載されている、財務諸表に直接影響を及ぼすものとして一般的に認識されている法令の規定の一部は、財務諸表の特定のアサーションに直接的に関連することがあり（例えば、未払法人税等の網羅性）、一方で、全体としての財務諸表に直接的に関連することもある（例えば、完全な一組の財務諸表の構成）。

第13項の要求事項の目的は、財務諸表上の金額及び開示が、これらの法令の関連する規定に準拠して決定されていることについて、十分かつ適切な監査証拠を入手することである。

これらの法令のうち財務諸表に直接的に関連しない条項やその他の法令の違反が、罰金、課徴金、訴訟等をもたらすことがあり、それによって必要となる費用を財務諸表において引当金として計上又は開示が必要となることがある。そのような条項やその他の法令は、第６項(1)に記載されている財務諸表に直接影響を及ぼすものには該当しない。

(3)　違法行為を識別するための手続－その他の法令（第６項及び第14項参照）

A12．その他の法令の一部には、第６項(2)に記載されているように、企業の事業運営に根本的な影響を及ぼすため、監査人が特に注意を必要とするものがある。企業の事業運営に根本的な影響を及ぼす違法行為は、営業停止の原因や、継続企業としての前提に疑義を生じさせることがある。例えば、企業が事業を行うための許認可その他の資格要件に違反した場合、このような影響が生ずることがある（例えば、銀行の自己資本規制や投資規制への違反）。また、主に企業の事業運営の側面に関連し、一般的には財務諸表に影響を及ぼさないため、企業の財務報告に関連する情報システムにより把握されない法令が多数存在する。

A13．その他の法令による財務報告への影響は、企業の事業運営によって様々である。したがって、第14項によって要求される監査手続は、財務諸表に重要な影響を及ぼすことがある違法行為に監査人の注意を向けることを目的としている。

(4)　その他の監査手続によって監査人が違法行為に気付く場合（第15項参照）

A14．監査人は、財務諸表に対する意見を形成するための監査手続により、違法行為又はその疑いに気付くことがある。そのような監査手続には、例えば以下が含まれる。
・議事録の閲覧
・訴訟、賠償請求及び更正等についての経営者及び企業の法務部門又は顧問弁護士への質問
・取引種類、勘定残高又は開示に対しての詳細テスト

(5)　経営者確認書（第16項参照）

A15．法令が財務諸表に及ぼす影響は様々である。したがって、経営者確認書は、財務諸表に重要な影響を及ぼす可能性がある識別された違法行

為又はその疑いについての経営者の認識に関する必要な監査証拠である。しかしながら、経営者確認書自体は、十分かつ適切な監査証拠とはならず、したがって、経営者から信頼性のある経営者確認書を入手したとしても、監査人が入手する他の監査証拠の種類及び範囲には影響を及ぼさない（監査基準委員会報告書580「経営者確認書」第４項参照）。

４．識別された違法行為又はその疑いがある場合の監査手続

⑴ 違法行為の兆候（第18項参照）

A16．監査人は、第12項から第16項までに従って実施した手続の結果以外で、違法行為に関する情報に気が付く場合がある。例えば、通報によって監査人は違法行為を知る場合がある。

A17．以下の事項は違法行為の兆候となることがある。

・規制当局や政府機関による調査の実施又は罰金若しくは課徴金の支払
・コンサルタント、関連当事者、従業員又は官公庁職員への詳細が不明なサービスに対する支払又は貸付け
・企業や企業が属する産業における通常の支払額又は実際に提供されたサービスに比して過度に多額の販売手数料又は代理店手数料
・市場価格を著しく上回る価格又は下回る価格での購入
・通例でない現金若しくは小切手による支払、又は匿名銀行口座への振込
・租税回避地域に登記されている会社との通例でない取引
・商品の原産国やサービスの提供国以外の国に対する対価の支払
・適切な外国為替管理書類のない支払
・意図的か偶然かを問わず、適切な監査証跡や十分な証拠を提供しない情報システムの存在
・未承認又は適切な記録のない取引
・マスコミによる批判的な報道

⑵ 監査人による評価に関連する事項（第18項⑵参照）

A18．財務諸表に及ぼす影響についての監査人による評価に関連する事項には、以下が含まれる。

・罰金又は課徴金、違約金、損害賠償金、資産の没収の脅威、業務停止命令及び訴訟を含む、違法行為又はその疑いにより見込まれる財務上の影響
・見込まれる財務上の影響についての開示の要否
・見込まれる財務上の影響の程度。適正表示の枠組みの場合は、財務諸表の適正表示に疑問を呈するほどか、準拠性の枠組みの場合は、財務諸表の利用者の判断を誤らせることになるかどうか。

⑶ 監査手続、並びに経営者及び監査役等との違法行為又はその疑いについてのコミュニケーション（第19項参照）

A19．追加的な監査証拠を入手できる可能性があるため、監査人は、適切な階層の経営者及び適切な場合には監査役等と違法行為の疑いについて協議することが求められている。例えば、監査人は、違法行為の可能性につながる取引又は事象に関連する事実と状況について、経営者及び適切な場合には監査役等に質問し、経営者や監査役等の理解が監査人と同じであることを確かめることがある。

A20．しかしながら、国によっては、法令等により、監査人が一定の事項について経営者や統治責任者にコミュニケーションを行うことが制限されている場合がある。法令等により、違法行為又はその疑いのある行為について、企業に注意喚起することを含め、適切な規制当局による調査を害するおそれのあるコミュニケーションやその他の行為を明確に禁止していることがある。例えば、マネー・ローンダリングに関する法令に従って、監査人が適切な規制当局に違法行為又はその疑いを報告することが求められている場合がある。このような状況では、監査人が検討する事項は複雑であり、監査人が法律専

門家に助言を求めることが適切と考えることがある。（第22項参照）

A21．企業が実際に法令を遵守していることに関する十分な情報を経営者からも監査役等を通じても入手できない場合、監査人は、不正の可能性及び財務諸表への影響を含め、違法行為が疑われる状況における法令の適用について、企業の法務部門又は顧問弁護士に見解を求めることを検討する場合がある。監査人は、企業の法務部門又は顧問弁護士に見解を求めることが適切ではないと考える、又はその見解に納得できない場合、不正の可能性を含め、違法行為かどうか、起こり得る法的な影響、及び監査人が講ずるべき措置に関して、機密扱いで、監査事務所内の他の者、ネットワーク・ファーム、監査人の利用する法律専門家に助言を求めることを検討する場合がある。

(4)　違法行為又はその疑いが及ぼす影響の評価（第21項参照）

A22．監査人は、第21項に従って、違法行為又はその疑いが監査の他の局面（監査人のリスク評価及び経営者確認書の信頼性を含む。）に及ぼす影響を評価することが求められる。違法行為が及ぼす影響は、隠蔽（場合によっては特定の統制活動に対する隠蔽）の程度、及び関与した経営者、従業員等又は会社の指示の下で働く委託先業者等のその他の者の役職に依存し、特に最上位の者又は機関が関与している場合は留意が必要である。

第９項に記載のとおり、法令や職業倫理に関する規定を遵守することにより、監査人は、第21項に基づく監査人の評価や適切な措置に関連する詳細な情報を入手することがある。

A23．違法行為又はその疑いが経営者確認書の信頼性に影響を及ぼす状況には、例えば、以下の場合が含まれる。

- 監査人が、経営者及び該当する場合には監査役等が違法行為（又はその疑い）に関与している、又は関与しようとしているという疑いを持っている場合や、その証拠を入手している場合
- 経営者及び該当する場合には監査役等が違法行為を認識しているにもかかわらず、法令に反して、合理的な期間内に適切な規制当局に報告していない、又は報告することを承認していないことを監査人が知った場合

A24．監査人は、特定の状況において、違法行為が財務諸表にとって重要でない場合でも、実務的に不可能な場合を除いて、監査契約の解除を検討することがある。例えば、その状況において監査人が必要と考える適切な是正措置を経営者又は監査役等が講じない場合や、違法行為又はその疑いにより経営者や監査役等の誠実性に疑義が生じる場合などが含まれる。監査人は、監査契約の解除が適切かどうか判断するために、法律専門家の助言を求めることが適切と考える場合がある。

監査人は監査契約の解除が適切であると判断する場合でも、監査契約の解除により違法行為又はその疑いに対応するための法令や職業倫理に関する規定に基づく全ての責任を果たしたことにはならない。さらに、監査基準委員会報告書900「監査人の交代」では、職業倫理に関する規定に基づき、前任監査人に対して、監査人予定者の要請により、違法行為に関する情報を監査人予定者に提供することを求めている（監基報900第９項参照）。

５．識別された違法行為又はその疑いについてのコミュニケーション及び報告

(1)　違法行為又はその疑いが監査報告書に及ぼす影響（第25項から第27項参照）

A25．監査人が第25項から第27項に従って除外事項付意見を表明する場合、違法行為又はその疑いが監査報告書において報告される。特定の他の状況において、例えば、以下の場合、監査人は違法行為又はその疑いを監査報告書において報告することがある。

- 我が国において一般に公正妥当と認められる監査の基準に基づいて財務諸表に対して意見を表明する監査人の責任に加えて、監査人が

その他の報告責任を有する場合（監査基準委員会報告書700「財務諸表に対する意見の形成と監査報告」第39項参照）

・監査基準委員会報告書701「独立監査人の監査報告書における監査上の主要な検討事項の報告」に従って、監査人が、違法行為又はその疑いを監査上の主要な検討事項であると判断し、当該事項を報告する場合（監基報701第13項が適用される場合を除く。）

・経営者や監査役等が、監査人が必要と考える適切な是正措置を講じず、かつ、監査契約の解除が困難である例外的な状況において（A24項参照）、監査人が監査基準委員会報告書706「独立監査人の監査報告書における強調事項区分とその他の事項区分」第９項に従って、その他の事項として違法行為又はその疑いを記載することを検討する場合

A26．国によっては、法令により、特定の事項に関して、経営者、監査役等又は監査人のいずれかによる公表が禁止されることがある。例えば、法令により、違法行為又はその疑いのある行為について、適切な規制当局による調査を害するおそれのある情報開示やその他の行為（企業への注意喚起を含む。）を明確に禁止していることがある。監査人がA25項や他の規定で規定されている状況において監査報告書で違法行為又はその疑いについて記載を検討している場合、そのような法令は、監査報告書に当該事項を記載すること、又は場合によっては監査人が監査報告書を発行することに対して影響がある場合がある。そのような場合、監査人は適切な対応を決定するために法律専門家に助言を求める場合がある。

(2)　適切な規制当局への違法行為又はその疑いの報告（第28項参照）

A27．状況によっては、適切な規制当局に違法行為又はその疑いを報告することが、以下の理由により、要求されている、又は適切である場合がある。

(1)　法令が監査人に報告を要求している場合（A28項）

(2)　職業倫理規程に基づき違法行為又はその疑いに対応するために、追加的な対応として、適切な規制当局に報告することが例示されている場合（A29項）

(3)　法令又は職業倫理規程により、監査人が報告する権利を有している場合（A30項）

A28．前項(1)に記載している場合とは、我が国では、金融商品取引法第193条の３の規定に基づく法令違反等事実に関する意見の申出が該当する。

また、国によっては、法令により、監査人が違法行為又はその疑いを適切な規制当局に報告することが要求されている場合がある。例えば、金融機関の監査人が違法行為の発生又はその疑いを金融機関の監督当局に報告することが求められていたり、違法行為による虚偽表示に対して経営者や監査役等が是正策を講じなかった場合に、監査人が虚偽表示を適切な規制当局に報告することが求められていることがある。

A29．我が国の倫理規則においては特に規定を設けていないが、国によっては、職業倫理規程により、監査人が違法行為又はその疑いを適切な規制当局に報告することが適切な対応かどうかを判断することを要求している場合がある。例えば、国際会計士倫理基準審議会（IESBA）の倫理規程においては、監査人が違法行為又はその疑いに対応するための対応を講じ、適切な規制当局への報告を含め、追加的な対応が必要かどうかを判断することが求められている。

A30．法令や職業倫理規程において、監査人が違法行為又はその疑いを報告することを要求する規定を含んでいない場合であっても、監査人が違法行為又はその疑いを適切な規制当局に報告する権利を有している場合がある。

例えば、国によっては金融機関の財務諸表監査において、法令により、監査人が違法行為又はその疑いなどの事項について監督当局と協議する権利を有する場合がある。

A31．このほか、法令や職業倫理規程に基づく監査人の守秘義務により、違法行為又はその疑い

を適切な規制当局に報告することが禁止されている国もある。

A32. 第28項で要求される判断には、複雑な検討事項や職業的専門家としての判断を含むことがある。したがって、監査人が監査事務所内やネットワーク・ファーム内で協議することを検討することがある。監査人は、どのような追加的な対応を取り得るか及び特定の対応を講じることによる職業的又は法的影響を理解するために法律専門家に助言を求めることを検討することもある。

6．監査調書（第29項参照）

A33. 識別された違法行為又はその疑いに関する発見事項についての監査調書には、例えば以下が含まれることがある。

・記録又は文書の写し

・経営者、監査役等又は企業外の第三者と行った協議についての議事録

A34. 法令又は職業倫理規程により、識別された違法行為又はその疑いについての文書化に関する追加的な要求事項が定められている場合もある。我が国の場合、違法行為への対応に関する指針第32項に従い文書化が必要となる。

Ⅳ 適 用

・本報告書（2011年12月22日）は、2012年４月１日以後開始する事業年度に係る監査及び同日以後開始する中間会計期間に係る中間監査から適用する。

・本報告書（2014年４月４日）は、2015年４月１日以後に開始する事業年度又は会計期間に係る監査から適用する。ただし、監査基準委員会報告書800「特別目的の財務報告の枠組みに準拠して作成された財務諸表に対する監査」又は監査基準委員会報告書805「個別の財務表又は財務諸表項目等に対する監査」に基づいて2014年４月１日以後に監査報告書を発行する監査の場合には本報告書を適用する。

・本報告書（2015年５月29日）は、2015年４月１日以後開始する事業年度に係る監査及び同日以後開始する中間会計期間に係る中間監査から適用する。

・本報告書（2018年10月19日）は、2019年４月１日以後開始する事業年度に係る監査及び同日以後開始する中間会計期間に係る中間監査から適用する。

・本報告書（2019年６月12日）は、以下の事業年度に係る監査等から適用する。

―監査上の主要な検討事項に関連する要求事項及び適用指針（A25項の二つ目の箇条書）は、2021年３月31日以後終了する事業年度に係る監査から適用する。ただし、2020年３月31日（米国証券取引委員会に登録している会社においては2019年12月31日）以後終了する事業年度に係る監査から早期適用することができる。

―上記以外の改正は、2020年３月31日以後終了する事業年度に係る監査から適用する。

以 上

監査基準委員会報告書260

監査役等とのコミュニケーション*

2011年12月22日
改正2015年５月29日
改正2019年２月27日
改正2019年６月12日
改正2020年８月20日
最終改正2021年１月14日
日本公認会計士協会
監査基準委員会
（報告書：第52号）

項番号

Ⅰ　本報告書の範囲及び目的

１．本報告書の範囲

１．本報告書は、監査人による監査役若しくは監査役会、監査等委員会又は監査委員会（以下「監査役等」という。）とのコミュニケーションに関する実務上の指針を提供するものである。本報告書はガバナンスの構造や企業の規模にかかわらず適用されるが、上場企業の監査の場合に特に考慮する事項を併せて記載している。

本報告書は、監査人と、ガバナンスに責任を有する者に該当しない経営者又は所有者と監査人とのコミュニケーションに関する要求事項を記載するものではない。

２．本報告書は、財務諸表監査を前提としているが、監査役等が、例えば、有価証券の募集に関連して作成される財務情報等、その他の財務情報の作成を監視する責任を有する場合にも、状況に応じて適用されることがある。

3．本報告書は、財務諸表監査における有効な双方向のコミュニケーションの重要性を認識し、監査人が監査役等と行うコミュニケーションの包括的な枠組みを提供するとともに、監査人が監査役等とコミュニケーションを行うことが要求される特定の事項について記載している。

他の監査基準委員会報告書には、本報告書で要求される事項に追加して、監査役等とコミュニケーションを行うことが要求される事項が記載されている（付録1参照）。なお、監査基準委員会報告書265「内部統制の不備に関するコミュニケーション」は、監査人が監査において識別した内部統制の重要な不備の監査役等へのコミュニケーションに関する要求事項を記載している。

法令、企業との合意、又は日本公認会計士協会の他の実務指針の追加的な要求事項によって、本報告書又は他の監査基準委員会報告書では要求されない事項についてコミュニケーションを行うことが求められる場合がある。

本報告書は、監査人が、本報告書で要求されている事項以外の事項について、監査役等とのコミュニケーションを行うことを妨げるものではない。（A32項からA35項参照）

2．コミュニケーションの役割

4．本報告書は、主として、監査人から監査役等に行うコミュニケーションに焦点を当てているが、有効な双方向のコミュニケーションは、以下のことを行う上で重要である。

⑴　監査人と監査役等が、監査に関する事項を理解し、効果的な連携をもたらすような関係を構築すること

この関係は、監査人の独立性と客観性を保持した上で構築される。

⑵　監査人が、監査役等から監査に関連する情報を入手すること

例えば、監査人の企業及び企業環境の理解に資する情報、監査証拠の適切な情報源の識別及び特定の取引や事象に関する情報を監査役等が提供することがある。

⑶　監査役等が、財務報告プロセスを監視する責任を果たし、それによって、財務諸表の重要な虚偽表示リスクを軽減すること

5．監査人は、本報告書が要求する事項について監査役等とコミュニケーションを行う責任を有するが、経営者もまた、ガバナンスの観点から、監査役等より報告を求められることがある。この経営者による報告は、監査人によるコミュニケーションによって代替されるものではない。同様に、経営者による報告によって、監査役等とコミュニケーションを行うことが要求される事項についての監査人の責任は軽減されない。ただし、経営者による報告は、監査人が監査役等と行うコミュニケーションの方法や時期に影響を与えることがある。

6．監査基準委員会報告書が要求する事項について監査役等と明確にコミュニケーションを行うことは、全ての監査において必要である。なお、要求事項以外の事項について監査役等とコミュニケーションを行う場合は、要求事項以外の事項を特定するための特別な手続を監査人に要求するものではない。

7．国によっては、法令等により、監査人が一定の事項についてガバナンスに責任を有する者にコミュニケーションを行うことが制限されている場合がある。法令等により、違法行為又はその疑いのある行為について、企業に注意喚起することを含め、適切な規制当局による調査を害するおそれのあるコミュニケーションやその他の行為を明確に禁止していることがある。例えば、マネー・ローンダリングに関する法令に従って、監査人が適切な規制当局に違法行為又はその疑いを報告することが求められている場合がある。このような状況では、監査人が検討する事項は複雑であり、監査人は法律専門家に助言を求めることが適切と考えることがある。

3．本報告書の目的

8．本報告書における監査人の目的は、以下の事項のとおりである。

⑴　監査に関する監査人の責任、及び計画した

監査の範囲とその実施時期の概要について、監査役等と明確にコミュニケーションを行うこと

(2) 監査に関連する情報を監査役等から入手すること

(3) 財務報告プロセスを監視する監査役等の責任に関連し重要と考えられる監査上発見した事項について、監査役等に適時に伝達すること

(4) 監査人と監査役等が連携し、有効な双方向のコミュニケーションを行うこと

4．定　義

9．本報告書における用語の定義は、以下のとおりとする。

(1) 「経営者」－取締役又は執行役のうち、企業における業務の執行において責任を有する者をいう。国によっては、ガバナンスに責任を有する者の一部若しくは全員が経営者である企業もあり、又はオーナー経営者のみが経営者である企業もある。

(2) 「ガバナンスに責任を有する者」－企業の戦略的方向性と説明責任を果たしているかどうかを監視する責任を有する者又は組織をいう。これには、財務報告プロセスの監視が含まれる。国によっては、ガバナンスに責任を有する者には、経営者を含むことがある。

なお、我が国においては、会社法の機関の設置に応じて、取締役会、監査役若しくは監査役会、監査等委員会又は監査委員会がガバナンスに責任を有する者に該当するが、品質管理基準委員会報告書及び監査基準委員会報告書においては、原則としてコミュニケーションの対象は監査役若しくは監査役会、監査等委員会又は監査委員会を想定し「監査役等」と記載している。一方、海外の構成単位の監査に関連する場合は、ガバナンスの構造の多様性を考慮して「ガバナンスに責任を有する者」を使用している。（A1項から A7項参照）

Ⅱ　要求事項

1．監査役等

10．監査人は、ガバナンスの構造に応じて、コミュニケーションを行うことが適切なガバナンスに責任を有する者を判断しなければならない。第９項(2)に記載のとおり、特に断りのない限り品質管理基準委員会報告書及び監査基準委員会報告書では、監査役等とのコミュニケーションを想定している。（A1項から A4項参照）

監査役会、監査等委員会又は監査委員会の一部に対するコミュニケーション

11．監査人は、監査役会、監査等委員会又は監査委員会を構成する個人とコミュニケーションを行う場合には、全ての監査役、監査等委員又は監査委員に適切に情報が伝わるように、監査役会、監査等委員会又は監査委員会にもコミュニケーションを行うことが必要かどうかを判断しなければならない。（A5項から A7項参照）

2．コミュニケーションを行うことが要求される事項

(1) 財務諸表監査に関連する監査人の責任

12．監査人は、財務諸表監査に関連する監査人の責任について、監査役等とコミュニケーションを行わなければならない。財務諸表監査に関連する監査人の責任についての監査役等とのコミュニケーションには、以下の事項を含めなければならない。

(1) 監査人は、経営者が作成する財務諸表に対して監査意見を形成し、表明する責任を有すること

(2) 財務諸表監査は、経営者又は監査役等の責任を代替するものではないこと（A8項及び A9項参照）

(2) 計画した監査の範囲とその実施時期

13．監査人は、計画した監査の範囲とその実施時期の概要について、監査役等とコミュニケー

ションを行わなければならない。これには監査人により識別された特別な検討を必要とするリスクが含まれる。（A10項から A15項参照）

⑶　監査上の重要な発見事項

14. 監査人は、以下について、監査役等とコミュニケーションを行わなければならない。（A16項及び A17項参照）

⑴　会計方針、会計上の見積り及び財務諸表の表示及び注記事項を含む、企業の会計実務の質的側面のうち重要なものについての監査人の見解

監査人は、会計実務が、適用される財務報告の枠組みの下で受入可能であるが、企業の特定の状況においては最適なものではないと考える場合は、その理由を監査役等に説明しなければならない。（A18項及び A19項参照）

⑵　監査期間中に困難な状況に直面した場合は、その状況（A20項参照）

⑶　監査の過程で発見され、経営者と協議したか又は経営者に伝達した重要な事項（A21項参照）

⑷　監査人が要請した経営者確認書の草案

⑸　監査報告書の様式及び内容に影響を及ぼす状況（A22項及び A23項参照）

⑹　監査の過程で発見され、監査人が、職業的専門家としての判断において財務報告プロセスに対する監査役等による監視にとって重要と判断したその他の事項（A24項参照）

⑷　監査人の独立性

15. 監査人は、独立性に関する指針に準拠して策定された監査事務所の方針及び手続に従い、独立性に関して監査役等とコミュニケーションを行わなければならない。

上場企業の場合、監査人は、以下について、監査役等とコミュニケーションを行わなければならない。

⑴　監査チーム及び必要な範囲の監査事務所の他の構成員、監査事務所、並びに該当する場合ネットワーク・ファームが、独立性についての職業倫理に関する規定を遵守した旨

⑵　次に掲げる事項

①　監査事務所、ネットワーク・ファームと企業の間の関係及びその他の事項で、監査人の職業的専門家としての判断により、独立性に影響を与えると合理的に考えられる事項

これには、監査事務所とネットワーク・ファームが企業及び企業が支配する構成単位に対して提供した監査及び監査以外の業務について、監査対象期間に関連した報酬金額を含めなければならない。これらの報酬に関する情報は、監査人の独立性に与える影響を監査役等が評価するのに役立つ程度に集計し、適切に区分しなければならない。

②　認識した独立性に対する阻害要因を除去する又は許容可能な水準まで軽減するために講じられたセーフガード（A25項から A28項参照）

⑸　品質管理のシステムの整備・運用状況（A29項から A31項参照）

16. 監査人は、少なくとも以下のいずれかに該当する監査の場合は、監査事務所の品質管理のシステムの整備・運用状況の概要を監査役等に書面で伝達しなければならない。これには、規制当局又は日本公認会計士協会による懲戒処分等の内容、監査事務所の品質管理のシステムの外部のレビュー又は検査の結果が含まれる。

・公認会計士法上の大会社等の監査
・会計監査人設置会社の監査
・信用金庫、信用協同組合及び労働金庫の監査

3．コミュニケーション・プロセス

⑴　コミュニケーション方法の決定

17. 監査人は、想定されるコミュニケーションの手段、実施時期及び内容について、監査役等とコミュニケーションを行わなければならない。（A36項から A44項参照）

(2) コミュニケーションの方法

18. 監査人は、職業的専門家としての判断により、口頭によるコミュニケーションが適切ではないと考える場合、監査上の重要な発見事項について、監査役等と書面によりコミュニケーションを行わなければならない。書面によるコミュニケーションには、監査の実施過程で生じた全ての事項を含める必要はない。(A45項から A47項参照)

19. 上場企業の場合、監査人は、第15項に記載した監査人の独立性について、監査役等と書面によるコミュニケーションを行わなければならない。

(3) コミュニケーションの実施時期

20. 監査人は、監査役等とのコミュニケーションを適時に行わなければならない。(A48項及び A49項参照)

(4) コミュニケーションの適切性

21. 監査人は、監査人と監査役等の間の双方向のコミュニケーションが、監査の目的に照らして適切に実施されたかどうかを評価しなければならない。

もし適切でない場合、監査人は、それが重要な虚偽表示リスクに関する監査人の評価と十分かつ適切な監査証拠を入手できるかどうかに与える影響を評価し、適切な措置を講じなければならない。(A50項から A52項参照)

4. 監査調書

22. 本報告書が実施を要求する事項について、口頭でコミュニケーションを行った場合、監査人は、いつ、誰と、どのような内容についてコミュニケーションを行ったかを記載した監査調書を作成しなければならない。書面でコミュニケーションを行った場合、監査人は、その写しを監査調書として保存しなければならない。(A53項参照)(監査基準委員会報告書230「監査調書」第7項から第10項及び A6項参照)

Ⅲ 適用指針

1. 監査役等(第10項参照)

A1. ガバナンスの構造は、異なる文化及び法的な背景、並びに規模や所有権の特徴等の影響を反映して、場合によって様々である。

監査人は、ガバナンスの構造に応じて、コミュニケーションを行うことが適切な、ガバナンスに責任を有する者を判断することになるが、その際、例えば、監査人の監査の状況についての報告義務に関する法令の規定並びに財務報告プロセスの整備及び運用状況の監視責任の所在を勘案する。

A2. 我が国においては、取締役会、監査役、監査役会、監査等委員会、監査委員会、又はそれと同等の機関等が全体としてガバナンスの責任を有している。このため、監査役等に限らず、以下のような場合に必要に応じ、社外取締役その他の非業務執行取締役ともコミュニケーションを行うことが有用なことがある。

(1) 経営者の関与が疑われる不正を発見した場合、又は不正による重要な虚偽表示の疑義があると判断した場合

(2) 経営者との連絡・調整や監査役会との連携に係る体制整備を図るため、独立社外取締役の互選により「筆頭独立社外取締役」が決定されている場合

(3) 取締役会議長と経営者とを分離している場合

なお、ガバナンス機関がその責任を果たせるように、当該機関を構成する個人又は当該機関の下位グループが特定の職務を担っていることがある。

A3. 特定の事項について監査役等のうち誰とコミュニケーションを行うのが最適かは、コミュニケーションを行う事項に応じて様々である。

監査基準委員会報告書315「企業及び企業環境の理解を通じた重要な虚偽表示リスクの識別と評価」に従って入手したガバナンスに関する

監査人の理解は、誰に対してコミュニケーションを行うかを判断する際に役立つ。

A4. 監査基準委員会報告書600「グループ監査」第48項には、グループ監査チームがグループのガバナンスに責任を有する者にコミュニケーションを行うことが要求される特定の事項に関する指針が含まれている。

企業がグループの構成単位である場合、構成単位の監査人がコミュニケーションを行うのに適切な対象者は、監査業務の状況と、コミュニケーションを行う事項によって決まる。複数の構成単位で、同一の内部統制システムの中で同一の事業及び会計実務が行われており、構成単位のガバナンスに責任を有する者が同一である場合には、これらの構成単位について同時にコミュニケーションを行うことにより、効率的な監査を実施できることがある。

監査役会、監査等委員会又は監査委員会の一部に対するコミュニケーション（第11項参照）

A5. 監査人は、監査役会、監査等委員会又は監査委員会を構成する個人とのコミュニケーションを検討する場合、以下のような事項を考慮することがある。

・当該個人と監査役会、監査等委員会又は監査委員会のそれぞれの責任

・コミュニケーションを行う事項の内容

・関連する法令

・当該個人が、コミュニケーションを行う情報に関連して措置を講じる役割を有しており、監査人が必要とする詳細な情報と説明を監査人に提供できるかどうか。

A6. 監査役会、監査等委員会又は監査委員会に対しても詳細又は要約した形式でコミュニケーションを行う必要があるかどうかの監査人の判断は、当該個人が、関連する情報を監査役会、監査等委員会又は監査委員会に有効かつ適切にコミュニケーションを行うかどうかについての監査人の評価によって影響を受けることがある。

A7. 監査役等との有効なコミュニケーションの例として、監査役等と監査人が定期的に連絡を取り合うことや、監査役等と監査人が経営者の出席なしに会うこと等が挙げられる。

2．コミュニケーションを行うことが要求される事項

(1) 財務諸表監査に関連する監査人の責任（第12項参照）

A8. 財務諸表監査に関連する監査人の責任は、多くの場合、監査業務の契約条件を定めた監査契約書又はその他の適切な形式による合意書に記載される（監査基準委員会報告書210「監査業務の契約条件の合意」第８項参照）。監査人は、以下の事項について監査役等と適切なコミュニケーションを行う手段として、監査役等に監査契約書又はその他の適切な形式による合意書の写しを提供することもある。

・一般に公正妥当と認められる監査の基準に準拠した監査の実施に関する監査人の責任は、財務諸表に対する意見の表明であること
　また、監査基準委員会報告書等がコミュニケーションの実施を要求する事項は、財務諸表監査から生じた、財務報告プロセスを監視する監査役等に関連する重要な事項であること

・一般に公正妥当と認められる監査の基準は、監査人に、監査役等とコミュニケーションを行うために、特段の追加的な手続を立案することを要求していないこと

・監査基準委員会報告書701「独立監査人の監査報告書における監査上の主要な検討事項の報告」に基づき、法令又は任意で監査上の主要な検討事項を監査報告書に記載する場合、監査上の主要な検討事項を決定し、報告する監査人の責任

・該当する場合、法令、企業との合意、又は日本公認会計士協会の報告書等の業務に適用される追加的な要求事項によって求められる、コミュニケーションに対する監査人の責任

A9. 法令、企業との合意、又は業務に適用される追加的な要求事項によって、監査役等と行うコミュニケーションについて規定されていることがある。例えば、監査事務所又はネットワー

ク・ファームが提供する財務諸表監査以外の業務から生じた特定の事項について監査役等とコミュニケーションを行うことを企業と合意する場合がある。

(2) 計画した監査の範囲とその実施時期（第13項参照）

A10．計画した監査の範囲とその実施時期についてコミュニケーションを行うことは、以下のために役立つことがある。

(1) 監査役等が、監査人の作業から得られる結果の性質をより良く理解し、リスクと重要性の概念について監査人と協議し、監査人に追加手続の実施を要請する可能性のある領域を識別すること

(2) 監査人が、企業及び企業環境をより理解すること

A11．監査範囲とその実施時期について監査役等とコミュニケーションを行う場合には、監査の有効性を損なわないための配慮が必要である。

A12．特別な検討を必要とするリスクの内容及び監査人が当該リスクとして識別した理由に関するコミュニケーションは、監査役等が財務報告プロセスを監視する責任を果たすのに役立つことがある。

A13．コミュニケーションを行う事項には、例えば、以下が含まれる。

・不正又は誤謬による、重要な虚偽表示に係る特別な検討を必要とするリスクへの監査人の対応

・特別な検討を必要とするリスク以外に識別している重要な虚偽表示リスクが高い領域への監査人の対応

・監査に関連する内部統制についての監査人の監査アプローチ

・監査に適用される重要性の概念（監査基準委員会報告書320「監査の計画及び実施における重要性」参照）

・監査人の利用する専門家の業務の利用を含む、計画した監査手続の実施又はその結果の評価において必要となる、特定分野での技能又は知識の内容及び範囲（監査基準委員会報告書620「専門家の業務の利用」参照）

・監査基準委員会報告書701が適用となる場合、監査において監査人が特に注意を払う領域であり、監査上の主要な検討事項となる可能性がある事項に関する監査人の見解

・適用される財務報告の枠組みの改正、並びに企業環境、事業活動及び財務状況における重要な変更が個々の財務諸表や注記事項に与える影響に対する、監査人が計画した監査アプローチ

A14．監査計画上の事項で、監査役等と協議することが適切なその他の事項には、例えば、以下が含まれる。

・企業が内部監査機能を有する場合、監査人が内部監査を利用する程度、及び監査人と内部監査人が効果的かつ効率的に連携して業務を行うための方法

・以下に関する監査役等の見解

―ガバナンスの構造に照らして監査人がコミュニケーションを行うことが適切な監査役等

―監査役等と経営者のそれぞれの責任

―企業目的及び戦略並びにこれらに関連して重要な虚偽表示リスクとなる可能性のある事業上のリスク

―監査役等が、監査の実施中に特別に留意することが必要と考える事項、及び追加手続の実施を要請する領域

―規制当局との間のコミュニケーションのうち重要な事項

―監査役等が財務諸表監査に影響を与える可能性があると考えるその他の事項

・以下に関する監査役等の態度や姿勢、並びに実際の行動

―内部統制及びその重要度（監査役等が内部統制の有効性を監視する方法を含む。）

―不正の発見又はその可能性

・会計基準、コーポレートガバナンス・コード、取引所の上場基準及び関連する事項の動向及び当該動向による影響に対応するための監査

役等の行動。例えば、当該動向は、以下の点に関して、財務諸表の全体的な表示、構成及び内容に影響を及ぼすことがある。

—財務諸表に表示される情報の目的適合性、信頼性、比較可能性及び理解可能性が確保されているか。

—関連しない情報又は曖昧な情報を含めることにより財務諸表全体の適切な理解を妨げていないか。

・以前に監査人と行ったコミュニケーションへの監査役等の対応

・監査基準委員会報告書720「その他の記載内容に関連する監査人の責任」で規定するその他の記載内容を構成する文書並びにその発行方法及び時期の予定。監査人が監査報告書日より後にその他の記載内容を入手する予定である場合、監査役等との協議には、監査人が監査報告書日より後に入手したその他の記載内容に重要な誤りが存在すると判断する場合における適切又は必要な措置が含まれることがある。

A15. 監査役等と行うコミュニケーションは、監査人が監査の範囲とその実施時期を計画することに役立つことがある。ただし、十分かつ適切な監査証拠を入手するために必要な監査手続、その実施時期及び範囲を含む、監査の基本的な方針と詳細な監査計画を策定する監査人自身の責任が軽減されるわけではない。

(3) 監査上の重要な発見事項（第14項参照）

A16. 監査上の発見事項について行うコミュニケーションにおいて、監査人は、入手した監査証拠を補強するため、監査役等に追加の情報を求めることがある。例えば、監査人は、特定の取引又は事象に関連する事実と状況について監査役等に質問し、監査役等の理解が監査人と同じであることを確かめることがある。

A17. 監査基準委員会報告書701が適用される場合、監査上の主要な検討事項は監査人が特に注意を払った事項から決定するため、以下の事項に関する監査役等とのコミュニケーションは、監査上の主要な検討事項を決定する際、特に有用である。

・識別した特別な検討を必要とするリスク（第13項）

・監査上の重要な発見事項（第14項）

(4) 会計実務の重要な質的側面（第14項(1)参照）

A18. 財務報告の枠組みにおいて、通常、企業は会計上の見積りを行い、会計方針と財務諸表の注記事項について判断を行うことが認められている。例えば、経営者は、会計上の見積りにおける仮定に関する注記事項の妥当性について判断を行うが、財務報告の枠組みによっては、不確実性に関する注記事項として、財務諸表を作成する上で経営者が行った最も困難、主観的又は複雑な判断に関する追加的な情報について記載することが求められることがある。企業の会計実務の重要な質的側面について監査役等と率直にコミュニケーションを行う際には、重要な会計実務が受入可能かどうかに関する監査人の見解が含まれることがある。付録2に、会計実務の重要な質的側面について、コミュニケーションを行うことがある事項を記載している。

A19. 財諸表のそのような主観的な側面に関する監査人の見解は、監査役等が財務報告プロセスに対する監視責任を果たす際に、特に有用なことがある。例えば、A18項に記載されている事項に関連して、監査役等は、複雑性、主観性又はその他の固有リスク要因が、重要な会計上の見積りに使用される見積手法、仮定及びデータの選択と適用にどの程度影響を与えるかに関する監査人の見解や、経営者の見積額や関連する注記事項が適用される財務報告の枠組みに照らして適切かどうかに関する監査人の評価に関心を持つ場合がある。企業の会計実務の重要な質的側面について監査役等と率直にコミュニケーションを行う際には、重要な会計実務が受入可能かどうかや開示の質に関する監査人の見解が含まれることがある。例えば、他の受入可能な会計上の見積りの方法があり、その方法がより適切と監査人が判断する場合である。付録2に、会計実務の重要な質的側面について、コミュニケーションを行うことがある事項を記載している。

(5) 監査期間中に直面した困難な状況（第14項(2)参照）

A20. 監査期間中に直面した困難な状況には、例えば、以下の事項が含まれる。

- 担当者の不在又は経営者の消極的な姿勢等により、経営者からの監査手続の実施に必要な情報提供が著しく遅延すること
- 不合理に短い期間内に監査を終了することが求められること
- 十分かつ適切な監査証拠を入手するために広範囲で想定外の作業が必要となること
- 想定していた情報が入手できないこと
- 経営者が監査人に制約を課すこと
- 監査人が要求したにもかかわらず、経営者が継続企業の前提に関する評価を行わない、又は評価期間が適切でなく延長に応じないこと

場合によっては、これらの困難な状況は、除外事項付意見につながる監査範囲の制約となる場合がある。（監査基準委員会報告書705「独立監査人の監査報告書における除外事項付意見」参照）

経営者との協議事項又は伝達した重要な事項（第14項(3)参照）

A21. 経営者との協議事項又は伝達した重要な事項には、例えば、以下の事項が含まれる。

- 会計年度中に発生した重要な事象又は取引
- 企業に影響を与える産業の状況、及び重要な虚偽表示リスクに影響を与える可能性がある事業計画や予算等
- 会計上、監査上の事項に関して経営者が他の会計の専門家に照会している事項に対する懸念
- 監査契約の新規の締結又は更新時に行った、会計実務、監査基準の適用、又は監査若しくはその他の業務報酬に関する協議又はやりとり
- 経営者の見解と相違がある重要な事項。ただし、不完全な事実又は不確定な情報に基づいていたために当初は見解の相違があったが、追加的な関連する事実又は情報入手により事後的には解決したものは除く。

監査報告書の様式及び内容に影響する状況（第14項(5)参照）

A22. 監査基準委員会報告書210は、監査業務の契約条件について経営者と合意することを監査人に要求している（監基報210第７項）。合意された監査業務の契約条件は、監査報告書の想定される様式及び内容を含め、監査契約書又はその他の適切な形式による合意書に記載することが求められている（監基報210第８項）。A8項に説明されているとおり、監査に関連する事項についてコミュニケーションを行うために、監査人は監査契約書の写しを監査役等に提供することがある。

第14項(5)により要求されるコミュニケーションは、監査報告書について、監査契約締結時に想定された様式及び内容と異なる場合、又は実施された監査に関する追加的な情報を含む場合に、その状況を監査役等に報告することを想定している。

A23. 監査人が、監査報告書に追加的な情報を含めることが要求される又は必要と判断するため、監査役等とのコミュニケーションが必要とされる場合には、例えば、以下が含まれる。

- 監査基準委員会報告書705第29項に従って、監査報告書において除外事項付意見を表明する場合
- 監査基準委員会報告書570第24項(4)に従って、継続企業の前提に関する重要な不確実性を報告する場合
- 監査基準委員会報告書701第16項に従って、監査上の主要な検討事項を報告する場合
- 監査基準委員会報告書706第11項に従って、又はその他の監査基準委員会報告書の要求により、「強調事項」区分又は「その他の事項」区分を含めることを監査人が必要と判断する場合
- 監査基準委員会報告書720に従って、その他

の記載内容に未修正の重要な誤りがあると監査人が判断した場合

上記のような状況においては、監査報告書において当該事項をどのように取り扱う予定かに関する協議の資料として、監査報告書の草案を監査役等に提供することが有用と監査人が判断する場合がある。

財務報告プロセスに関連するその他の重要な事項（第14項(6)参照）

A24．監査の過程で発見され、財務報告プロセスを監視する監査役等に直接関連するその他の重要な事項には、例えば以下が含まれる。

・監査基準委員会報告書300「監査計画」に従って行った監査期間中における監査の基本的な方針及び詳細な監査計画の見直し及び修正（監基報300の A13項参照）

・修正されたその他の記載内容の重要な誤り

・監査基準委員会報告書220「監査業務における品質管理」に従って審査担当者と協議又は検討したその他の重要な事項（監基報220第18項から第20項、及び第21項参照）

(6)　監査人の独立性（第15項参照）

A25．監査人は、監査業務に関連する職業倫理に関する規定（独立性に関連するものを含む。）を遵守することが要求される。（監査基準委員会報告書200「財務諸表監査における総括的な目的」第13項参照）

A26．独立性に影響を及ぼす可能性のある企業との関係やその他の事項とそれらに関連するセーフガードは、状況によって様々であるが、一般に以下の事項に関して監査役等とコミュニケーションを行う。

(1)　独立性に対する阻害要因

独立性に対する阻害要因は、自己利益、自己レビュー、擁護、馴れ合い、不当なプレッシャーを受ける脅威に分類される。

(2)　日本公認会計士協会又は法令により設けられたセーフガード、企業において講じられたセーフガード、並びに監査事務所のシステム及び手続により講じられたセーフガード

A27．独立性に関する指針では、例えば以下に該当する場合、監査役等とコミュニケーションを行うことが求められている。

・合併や企業買収時にその効力発生日までに利害関係を解消できない場合（独立性に関する指針第1部第34項から第38項）

・監査人の独立性に関する違反が生じた場合（独立性に関する指針第1部第39項から第49項）

・特定の大会社等に対する報酬依存度が一定の割合を占める場合（独立性に関する指針第1部第222項）

A28．上場企業の場合に適用される監査人の独立性に関するコミュニケーションについての要求事項は、その他の企業、特に、事業内容、事業規模又は事業体の属性により利害関係者が広範囲に及ぶため、社会的影響度が高い事業体にも適用される場合がある。上場企業ではないが、監査人の独立性に関するコミュニケーションが適切となることがある企業の例示としては、金融機関及び保険会社等を挙げることができる。

一方、監査役等の全員が関連する事実を知っていることが明らかな場合等、独立性に関するコミュニケーションを行わない場合もある。また、監査人の監査事務所とネットワーク・ファームが財務諸表監査以外に企業に関与することがほとんどないような場合には、独立性に関するコミュニケーションを行わないこともある。

(7)　品質管理のシステムの整備・運用状況（第16項参照）

A29．会計監査人設置会社には、会社法上の会計監査人設置会社のほか、法令により、会計監査人に監査役等に対して監査人の職務の遂行に関する事項の通知義務が定められている場合が含まれる。監査人は、法令により求められている監査役等に対する監査人の職務の遂行に関する事項の通知をするため、監査事務所の品質管理のシステムの整備・運用状況の概要を監査役等に伝達する。

なお、監査事務所の品質管理のシステムの整備・運用状況の概要の伝達の内容は、第22項に基づき文書化することが求められる。

A30．規制当局又は日本公認会計士協会による懲戒処分等には、金融庁による懲戒処分若しくは指示、日本公認会計士協会による懲戒処分又は公認会計士・監査審査会の勧告がある。これには、監査事務所又は監査事務所に所属する社員等又は専門職員を対象とするものを含むが、監査事務所の業務に関連しない個人の非違行為を原因とするものを除く。

懲戒処分等を受けた場合には、遅滞なく以下の事項を伝達する。

(1) 懲戒処分等について通知、指示又は勧告があった日

(2) 懲戒処分等の対象、内容及び理由

A31．監査事務所の品質管理のシステムの外部のレビュー又は検査の結果については、監査契約の新規締結又は更新に際して、直近の状況に基づき以下の事項を伝達し、監査期間中にレビュー若しくは検査の結果を受領した場合には、個々の状況に応じて適宜伝達することが適切である。

(1) 日本公認会計士協会の品質管理レビュー（日本公認会計士協会会則に基づく通常レビュー及び特別レビューをいう。以下同じ。）

① 対象となるレビュー報告書等

（ア） 直近の品質管理レビュー報告書及び改善勧告書の日付（過去に受領していない場合はその旨）

（イ） 改善状況の確認結果報告書の日付（(ア) に関連付けて記載する。）

② ①のレビュー報告書等の内容及び対応状況

（ア） 品質管理レビュー（改善状況の確認を除く。）の実施結果及びその結果に基づく措置

（イ） 改善状況の確認結果（改善の不十分な事項のある確認結果の場合にはその内容を含む。）及びその結果に基づく措置

（ウ） 監査事務所又は個別の監査業務における品質管理に関する極めて重要な不備事項、重要な不備事項又は不備事項の有無、当該事項があった場合は、その内容の要約（個別の監査業務における品質管理に係る極めて重要な不備事項、重要な不備事項又は不備事項については、その領域及び全般的な傾向）及び監査事務所の対応状況

（エ） 品質管理レビューの対象業務として選定されたかどうかの事実

（オ） 選定された場合は、当該監査業務における品質管理に関する極めて重要な不備事項、重要な不備事項又は不備事項の有無、当該事項があったときは、その内容の要約及び対応状況

(2) 公認会計士・監査審査会の検査

① 対象となる検査結果通知書直近の検査結果通知書の日付（過去に受領していない場合にはその旨）

② ①の通知書の内容及び対応状況

（ア） 監査事務所の業務運営に関する総合評価

（イ） 監査事務所の業務管理態勢、品質管理態勢及び個別監査業務における不備の内容等並びに監査事務所の対応状況

（ウ） 検査の対象業務として選定されたかどうかの事実

（エ） 選定された場合は、当該監査業務における品質管理に関する不備の有無、不備があったときは、その内容及び対応状況

なお、海外の規制当局の検査を受けている場合は、当該規制当局の監督対象になる監査業務の監査役等に対して、当該規制当局の定める検査結果の開示に関する規制の範囲内において、当該検査結果を伝達することが適切である。

(8) 追加的な事項（第３項参照）

A32．監査役等による経営者の監視には、企業の財務報告の信頼性を確保し、事業運営の有効性と効率性を高め、事業運営に係る法令の遵守を

促すために、適切な内部統制の整備及び運用を確保することが含まれる。

A33. 監査人は、財務報告プロセスの監視には必ずしも関連しないが、業務監査に関連して、企業の戦略的方向性と企業が説明責任を果たしているかどうかを監視する上で監査役等にとって重要となる可能性の高い追加的な事項に気付くことがある。追加的な事項には、例えば、ガバナンスの構造やプロセスに関する重要な事項や、上級経営者による権限外の重要な決定又は行為が含まれる。

A34. 監査役等に追加的な事項についてコミュニケーションを行うかどうか判断する際、監査人は、個々の状況において不適切でない限り、気付いた事項について適切な階層の経営者と協議することがある。

A35. 追加的な事項のコミュニケーションを行う場合、監査人は、監査役等に対し以下について明らかにすることが適切である。

(1)　追加的な事項の識別とそのコミュニケーションは、財務諸表に対する意見を形成するという監査の目的に副次的なものであること

(2)　財務諸表に対する意見を形成するのに必要な事項以外に関しては、手続を実施していないこと

(3)　他に同様の事項が存在するかどうか判断するための手続を実施していないこと

3．コミュニケーション・プロセス

(1)　コミュニケーション方法の決定（第17項参照）

A36. 監査人の責任、監査の範囲とその実施時期に関する計画、及び想定されるコミュニケーションの内容について明らかにしておくことは、有効な双方向のコミュニケーションの基礎を築くのに役立つ。

A37. また、以下に関する議論を行うことは、有効な双方向のコミュニケーションに役立つことがある。

・コミュニケーションの目的

　コミュニケーションの目的が明確であれば、コミュニケーションに関する問題とその解決策について監査人と監査役等の相互理解をより深めることができる。

・コミュニケーションを行う方法

・特定の事項に関して監査チームと監査役等のそれぞれにおいてコミュニケーションを行う者

・監査人は、双方向のコミュニケーションを想定していること、及び、監査役等が監査に関連すると考える以下の事項について、監査人に伝えることを想定していること

　―監査手続の種類、時期及び範囲に重要な影響を与えることのある企業の戦略的決定

　―不正の疑い又は発見された不正

　―上級経営者の誠実性と能力に対する懸念等

・監査人が監査役等にコミュニケーションを行った事項について監査役等がとった行動とそれを監査人に伝えるプロセス

・監査役等が監査人にコミュニケーションを行った事項について監査人がとった行動とそれを監査役等に伝えるプロセス

A38. コミュニケーションの方法は、企業の規模とガバナンスの構造、監査役等が職務を遂行する方法、及びコミュニケーションを行う事項の重要性に関する監査人の見解等、その状況によって様々である。有効な双方向のコミュニケーションを確立することが困難な場合、監査人と監査役等の間で行われるコミュニケーションが、監査の目的にとって十分でないことを示唆している場合がある。（A51項参照）

小規模企業に特有の考慮事項

A39. 小規模企業の監査の場合、監査人は、上場企業や大規模企業の場合よりも簡略的な方法で、監査役等とのコミュニケーションを行うことがある。

経営者とのコミュニケーション

A40. 監査人は、監査の通常の実施過程において、本報告書が監査役等とコミュニケーションを行うことを求めている事項を含め、多くの事項について経営者と協議を行う。経営者との協議は、経営者が企業における業務の執行に関する責任を有すること、また、特に、財務諸表の作成責

任を有することを明確にすることにもなる。

A41．監査人は、監査役等とのコミュニケーションを行う前に、経営者と該当する事項について協議することがある。なお、それが適切でない事項の場合には経営者との協議は行わない。例えば、経営者の能力や誠実性の問題については経営者と協議することは適切でないことがある。

監査役等とのコミュニケーションの前に経営者と協議を行うことは、経営者の業務執行に関する責任を踏まえたものである。これによって、事実と問題点が明確になり、また、経営者にとっては詳細な情報と説明を監査人に提供する機会となる場合がある。同様に、企業が内部監査機能を有する場合、監査人は、監査役等とコミュニケーションを行う前に、内部監査に従事する適切な者と協議することがある。

第三者への提示

A42．監査役等は、監査人からのコミュニケーションのための文書の写しを、例えば、銀行や規制当局等の第三者に提示しようとする場合があるが、第三者への提示は、不適切となるか又は制限されていることがある。

監査役等とのコミュニケーションのために作成した文書が第三者に提示される場合、監査人は、例えば、当該文書に以下の事項を記載することにより、それが第三者を念頭に置いて作成されていないことを当該第三者に知らせることが重要である。

(1) 書面によるコミュニケーションは、監査役等及び該当する場合にはグループ経営者とグループ監査人による利用のみのために作成されており、第三者が依拠すべきものではないこと
(2) 監査人は第三者に対して何ら責任を負わないこと
(3) 第三者への提示又は配布は制限されていること

A43．監査人は、法令により以下を要求されることがある。

・監査役等にコミュニケーションを行った一定の事項について規制当局等に通知すること

例えば、監査人は、経営者と監査役等が違法行為の事実の是正に必要なそれぞれの措置を講じない場合、当局に報告する義務を負っていることがある。

・監査役等のために作成したコミュニケーションのための文書の写しを、関連する規制当局等に提出すること

A44．監査人が監査役等と行うコミュニケーションのための文書の写しを第三者に提示することが法令により要求されている場合を除き、監査人は、当該文書を第三者に提示する前に、通常、監査役等の事前の同意を得ることが想定される。

(2) コミュニケーションの方法（第18項及び第19項参照）

A45．有効なコミュニケーションには、正式な報告会や書面による報告だけではなく、協議等、簡略的なコミュニケーションが含まれることがある。監査人は、第18項及び第19項に記載した事項以外のコミュニケーションを、口頭又は書面によって行う。監査役等に監査契約書等の写しを提供することによって、書面によるコミュニケーションを行うことがある。

A46．コミュニケーションの方法（例えば、コミュニケーションを口頭又は書面のいずれで行うか、コミュニケーションの詳細さの程度、コミュニケーションを正式な方法で行うかどうか等）は、コミュニケーションの対象となる事項の重要性に加えて、例えば、以下の事項の影響を受ける。

・協議した事項を監査報告書に含めるかどうか。例えば、監査上の主要な検討事項を監査報告書に記載する場合、監査上の主要な検討事項と判断した事項に関して、書面でコミュニケーションを行う必要があると判断することがある。
・問題となった事項が十分に解消されているかどうか。
・経営者が当該事項について以前に監査役等に伝達しているかどうか。
・企業の規模、事業運営の構造、統制環境、及び法的構造

・特別目的の財務諸表の監査の場合、監査人が企業の一般目的の財務諸表も監査しているかどうか。
・法令により監査役等にコミュニケーションを要求されている事項かどうか。
・監査人と行う定期的な会合又はコミュニケーションの方法に関する取決めを含む監査役等の要望
・監査人と監査役等との継続的な連携及び情報交換の頻度
・監査役等に交代があったかどうか。

A47．監査役会、監査等委員会又は監査委員会を構成する個人と重要な事項について協議した場合、監査人は、監査役等の全てが十分な情報を有することができるように、その後のコミュニケーションにおいて当該事項を要約して報告することが適切なことがある。

⑶　コミュニケーションの実施時期（第20項参照）

A48．監査期間を通じた適時なコミュニケーションは、監査役等と監査人の適切な連携の実現に寄与する。ただし、コミュニケーションの適切な時期は、業務の状況によって様々であり、例えば以下のようなコミュニケーションを行う事項の重要性とその内容、及び監査役等が講じることが予想される措置により影響を受ける。
・監査計画に関する事項のコミュニケーションは、監査業務の初期の段階に行われることが多い。初年度監査の場合、監査業務の契約条件の合意に際して行われることがある。
・監査期間中に直面した困難な状況に対処するために監査役等が監査人を支援できる場合、又は除外事項付意見につながる可能性が高い場合には、速やかにコミュニケーションを行うことが適切なことがある。

　同様に、監査人は、識別した内部統制の重要な不備を、監査基準委員会報告書265第８項及びA14項に従って書面によりコミュニケーションを行う前に、監査役等に口頭で速やかにコミュニケーションを行うことがある。
・監査基準委員会報告書701が適用となる場合、監査人は、計画した監査の範囲と実施時期についてコミュニケーションを行う際に、監査上の主要な検討事項となる可能性がある事項についてもコミュニケーションを行うことがある（A13項参照）。また、当該事項について、監査上の重要な発見事項を報告する際、深度ある協議を行うため、頻繁にコミュニケーションを行うことがある。
・独立性に関するコミュニケーションは、例えば、財務諸表監査以外の業務契約を締結する場合や監査の最終段階での協議等、独立性の阻害要因及びセーフガードについての重要な判断が行われる際に適宜行うことが適切なことがある。
・企業の会計実務の質的側面に関する監査人の見解を含め、監査の発見事項についてのコミュニケーションは、監査の最終段階での協議においても行われることがある。
・一般目的の財務諸表と特別目的の財務諸表の双方の財務諸表を監査する場合、コミュニケーションの実施時期を調整することが適切なことがある。

A49．コミュニケーションの実施時期に関連するその他の要因には、以下の事項がある。
・企業の規模、事業運営の構造、統制環境、及び法的構造
・特定の事項について一定の期間内にコミュニケーションを行うことを求める法令上の義務
・監査人と行う定期的な会合又はコミュニケーションの方法に関する取決めを含む監査役等の要望
・違法行為の特定の事項

例えば、監査人は、違法行為の特定の事項に事前に気付かなかったとしても、当該事項について認識した時点で適時にコミュニケーションを行うことにより、是正措置を促すことが可能なことがある。

⑷　コミュニケーションの適切性（第21項参照）

A50．監査人は、監査人と監査役等の間で行われる双方向のコミュニケーションの適切性に関す

る評価を裏付けるため、特別の手続を立案する必要はない。当該評価は、他の目的のために実施された監査手続から得た、以下のような監査人の理解に基づくことがある。

・監査人が指摘した事項に対する監査役等の対応

以前に指摘した重要な事項について経営者が有効な対処をしなかった場合、監査人は、監査役等にその理由に関する見解について質問し、再度問題点を指摘することを検討することが適切なことがある。これによって、監査人は、問題点が適切に処理された又は重要でないと考えているという印象を監査役等に与えることを避けることができる。

・監査人とのコミュニケーションにおいて監査役等が明瞭に情報提供を行っていることが明らかであること

・経営者の了解又は陪席なしに監査役等と監査人が会うことができること

・問題点や提案に関する質疑の内容などを通じて、監査人が指摘した事項を監査役等が十分に理解しているかどうか。

・コミュニケーションの方法、実施時期及びその内容について、監査役等と相互理解を確立することが困難かどうか。

・監査人と監査役等の間で行われる双方向のコミュニケーションが、適用される法令の規定を満たしているかどうか。

A51．第４項に記載のとおり、有効な双方向のコミュニケーションは、監査人と監査役等の双方にとって有益なものとなる。

監査基準委員会報告書315の A73項では、企業の統制環境の要素として、内部監査と外部監査人との相互関係を含めた監査役等の参画について記載している。双方向のコミュニケーションが不十分であることは、脆弱な統制環境を示唆し、重要な虚偽表示リスクに係る監査人の評価に影響を与える可能性がある。また、監査人が財務諸表に対する意見形成のための十分かつ適切な監査証拠を入手できないリスクも存在することになる。

A52．監査人と監査役等の間で行われる双方向のコミュニケーションが十分でなく、その状況を解消できない場合、監査人は、例えば、以下の措置を講じることがある。

・監査報告書において監査範囲の制約に関する除外事項を付す。

・監査人の講じる措置について、法律専門家に助言を求める。

・第三者（例えば、規制当局）、又は、事業の所有者（例えば、株主総会における株主）等、ガバナンスの構造において高い権限を有する企業外部の者とコミュニケーションを行う。

・監査契約を解除する。

４．監査調書（第22項参照）

A53．口頭によるコミュニケーションに関する事項が、企業の作成した議事録に適切に記載されている場合、当該議事録の写しを監査調書とすることがある。

Ⅳ　適　用

・本報告書（2011年12月22日）は、2012年４月１日以後開始する事業年度に係る監査及び同日以後開始する中間会計期間に係る中間監査から適用する。

・本報告書（2015年５月29日）は、2015年４月１日以後開始する事業年度に係る監査及び同日以後開始する中間会計期間に係る中間監査から適用する。

第16項は、2015年５月29日以後行われる監査役等とのコミュニケーションから適用するものとし、外部のレビュー又は検査の結果については、2015年５月29日以後受領した品質管理レビューの報告書又は検査結果通知書を対象として伝達する。ただし、日本公認会計士協会の品質管理レビューについては、2015年５月29日までに受領したレビュー報告書に記載されている限定事項及び改善勧告事項で、2015年５月29日時点で、フォローアップ・レビューによる改善状況の確認が未了の事項を伝達対象とする。

・本報告書（2019年２月27日）は、以下の事業年度に係る監査等から適用する。

―違法行為に関連する改正（第７項、付録１の監査基準委員会報告書240及び同250への参照）は、2019年４月１日以後開始する事業年度に係る監査及び同日以後開始する中間会計期間に係る中間監査から適用する。

―第16項及び関連する適用指針は、2019年４月１日以後行われる監査役等とのコミュニケーションから適用するものとし、懲戒処分等の内容、監査事務所の品質管理のシステムの外部のレビュー又は検査の結果については2019年４月１日以後通知を受けたものを対象として伝達する。

―監査上の主要な検討事項に関連する適用指針（A8項、A13項、A17項、A23項（監基報701に関連する部分に限る。）、A46項及び A48項）は、2021年３月31日以後終了する事業年度に係る監査から適用する。ただし、2020年３月31日（米国証券取引委員会に登録している会社においては2019年12月31日）以後終了する事業年度に係る監査から早期適用することができる。

―上記以外の改正は、2020年３月31日以後終了する事業年度に係る監査から適用する。

・本報告書（2019年６月12日）は、2020年４月１日以後開始する事業年度に係る監査及び同日以後開始する中間会計期間に係る中間監査から適用する。ただし、2019年４月１日以後開始する事業年度に係る監査及び同日以後開始する中間会計期間に係る中間監査から早期適用することができる。

・本報告書（2020年８月20日）における日本公認会計士協会の品質管理レビューの結果等の伝達に係る適用指針（A31項⑴）は、2020年７月１日以後新たに開始される品質管理レビューの結果の伝達から適用する。

・本報告書（2021年１月14日）は、以下の事業年度に係る監査等から適用する。

―会計上の見積りの監査に関連する適用指針（A18項及び A19項）は、2023年３月決算に係る財務諸表の監査及び2022年９月に終了する中間会計期間に係る中間財務諸表の中間監査から実施する。ただし、それ以前の決算に係る財務諸表の監査及び中間会計期間に係る中間財務諸表の中間監査から実施することを妨げない。

―上記以外の改正は、2022年３月31日以後終了する事業年度に係る監査から適用する。ただし、2021年３月31日以後終了する事業年度に係る監査から早期適用することができる。

付録１　監査役等と行うコミュニケーションについて記載している品質管理基準委員会報告書と他の監査基準委員会報告書の要求事項の一覧（第３項参照）

本付録は、監査役等と特定の事項についてコミュニケーションを行うことを要求している品質管理基準委員会報告書と他の監査基準委員会報告書を記載している。

この一覧は、他の監査基準委員会報告書における要求事項及び適用指針の検討に代わるものではなく、それぞれの報告書を参照する必要がある。

・品質管理基準委員会報告書第１号　「監査事務所における品質管理」第29項
・監査基準委員会報告書 240　「財務諸表監査における不正」第20項、第37項、第39－２項から第41項
・監査基準委員会報告書 250　「財務諸表監査における法令の検討」第14項、第19項、第22項から第24項
・監査基準委員会報告書 265　「内部統制の不備に関するコミュニケーション」第８項
・監査基準委員会報告書 450　「監査の過程で識別した虚偽表示の評価」第11項、第12項
・監査基準委員会報告書 505　「確認」第８項
・監査基準委員会報告書 510　「初年度監査の期首残

高」第６項
- 監査基準委員会報告書 540 「会計上の見積りの監査」第37項
- 監査基準委員会報告書 550 「関連当事者」第26項
- 監査基準委員会報告書 560 「後発事象」第６項、第９項、第12項、第13項、第16項
- 監査基準委員会報告書 570 「継続企業」第24項
- 監査基準委員会報告書 600 「グループ監査」第48項
- 監査基準委員会報告書 610 「内部監査人の作業の利用」第14項、第16項
- 監査基準委員会報告書 701 「独立監査人の監査報告書における監査上の主要な検討事項の報告」第16項
- 監査基準委員会報告書 705 「独立監査人の監査報告書における除外事項付意見」第11項、第13項、第22項、第29項
- 監査基準委員会報告書 706 「独立監査人の監査報告書における強調事項区分とその他の事項区分」第11項
- 監査基準委員会報告書 710 「過年度の比較情報－対応数値と比較財務諸表」第17項
- 監査基準委員会報告書 720 「その他の記載内容に関連する監査人の責任」第16項から第18項
- 監査基準委員会報告書 910 「中間監査」第30項、第32項

付録２　会計実務の質的側面（第14項⑴並びにA18項及びA19項参照）

第14項⑴並びにA18項及びA19項に記載されている会計実務の質的側面に関するコミュニケーションには、例えば、以下の事項が含まれる。

会計方針

- 情報提供に要する費用と財務諸表利用者が得られる便益とを勘案した上での、個々の企業の状況に応じた会計方針の適切性
  受入可能な代替的な会計方針が存在する場合、重要な会計方針の選択によって影響を受ける財務諸表項目の識別に加えて、類似の企業が用いる会計方針に関する情報を含めることがある。
- 新会計基準の適用時の選択と重要な会計方針の変更
  会計方針の変更の時期とその方法が現在と将来の損益に与える影響、及び今後公表が予想される新会計基準に関連した会計方針を変更する時期を含めることがある。
- 議論がある又は新たな領域における重要な会計方針（又は、確立された指針等がない、業界特有の会計方針）の影響
- 取引の発生時期が期間帰属に与える影響

会計上の見積り及び関連する注記事項

—会計上の見積り及び関連する注記事項に関する会計実務の重要な質的側面に関して、監査人が監査役等とのコミュニケーションを検討する事項が、監査基準委員会報告書540「会計上の見積りの監査」の付録２に記載されている。

財務諸表の表示及び注記事項

- 特に慎重な検討を要する事項の財務諸表の表示及び注記事項（例えば、収益認識、継続企業の前提、後発事象、及び偶発事象に関連する表示及び注記事項）の作成における問題点や関連する判断
- 財務諸表の表示及び注記事項の全体的な中立性、一貫性及び明瞭性

関連する事項

- 係争中の訴訟等、財務諸表に開示されている重要なリスクやエクスポージャー、及び不確実性が財務諸表に与える影響の可能性
- 通常の取引過程から外れた重要な取引又は通例でないと思われる取引が財務諸表に与えている影響の程度。このコミュニケーションには以下の観点が含まれる。
  —会計年度中に認識された非経常的な金額
  —当該取引が財務諸表に個別に開示されている程度
  —当該取引の意図は、特定の会計上若しくは税務上の処理、又は法令上の目的を達成することに

あるように見えるか。

—当該取引の形式が過度に複雑かどうか、又は取引の組成に関する外部のアドバイザー等からの広範な助言に基づくものかどうか。

—経営者が、取引の経済実態よりも、特定の会計処理の必要性を強調しているか。

・有形固定資産及び無形固定資産の耐用年数の決定根拠などの、資産・負債の帳簿価額に影響を与える要因

帳簿価額に影響を与える要因がどのように選択されたか、及び代替的な方法が財務諸表にどのような影響を与えるかについて説明される場合がある。

・利益が増加する効果のある虚偽表示は修正するが、利益が減少する効果のある虚偽表示は修正しない場合などの虚偽表示の選択的修正

以　上

監査基準委員会報告書265

内部統制の不備に関するコミュニケーション*

2011年12月22日
改正2015年5月29日
改正2018年10月19日
最終改正2019年6月12日
日本公認会計士協会
監査基準委員会
(報告書：第53号)

項番号

Ⅰ　本報告書の範囲及び目的

1．本報告書の範囲

1．本報告書は、財務諸表監査において識別した内部統制の不備に関して監査役若しくは監査役会、監査等委員会又は監査委員会（以下「監査役等」という。）及び経営者と適切にコミュニケーションを行う際の実務上の指針を提供するものである。

本報告書は、内部統制の理解及び運用評価手続の立案と実施に関して、監査基準委員会報告書315「企業及び企業環境の理解を通じた重要な虚偽表示リスクの識別と評価」及び監査基準委員会報告書330「評価したリスクに対応する監査人の手続」の要求事項に追加的な責任を監査人に課すものではない。監査基準委員会報告書315第3項及び第11項に、監査に関連する内部統制についての説明が記載されている。

監査基準委員会報告書260「監査役等とのコミュニケーション」は、監査に関連して監査役等とコミュニケーションを行う監査人の責任に関する要求事項と指針を提供している。

2．監査人は、監査基準委員会報告書315第11項及びA64項からA68項において、重要な虚偽表示リスクを識別し評価する際、監査に関連する内部統制を理解することが求められている。当該リスク評価の実施に際して、監査人は、状況に応じた適切な監査手続を立案するため内部統制を検討するが、これは、内部統制の有効性に対する意見を表明するためのものではない。監査人は、このリスク評価の過程のみならず、監査の他の段階においても内部統制の不備を識別することがある。本報告書は、識別した不備のうち、どのような不備について監査役等や経営者とコミュニケーションを行うことが求められるかについて記載している。

3．本報告書は、本報告書で要求する事項に加えて、監査人が監査の過程で識別した内部統制に関する他の事項について、監査役等及び経営者とコミュニケーションを行うことを妨げるものではない。

2．本報告書の目的

4．本報告書における監査人の目的は、監査の過程で監査人が識別し、職業的専門家として、監査役等及び経営者のそれぞれの注意を促すに値すると判断した内部統制の不備について、適切にコミュニケーションを行うことである。

3．定　義

5．本報告書における用語の定義は、以下のとおりとする。

(1)「内部統制の不備」－内部統制の不備は、以下のいずれかの場合に存在する。

①　内部統制の整備及び運用が不適切であり、財務諸表の虚偽表示を適時に防止又は発見・是正できない場合

②　財務諸表の虚偽表示を適時に防止又は発見・是正するのに必要な内部統制が存在しない場合

(2)「重要な不備」－監査人が職業的専門家として、監査役等の注意を促すに値するほど重要と判断した内部統制の不備又は不備の組合せをいう。(A5項参照)

Ⅱ　要求事項

6．監査人は、実施した監査手続の結果、発見した事項を検討し、内部統制の不備に該当するかどうかを判断しなければならない。(A1項からA4項参照)

7．監査人は、内部統制の不備を識別した場合、実施した監査手続に基づいて、内部統制の不備が、単独で又は複数組み合わさって重要な不備となるかどうかを判断しなければならない。(A5項からA11項参照)

8．監査人は、監査の過程で識別した重要な不備を、適時に、書面により監査役等に報告しなければならない。(A12項からA18項参照)

9．また、監査人は、適切な階層の経営者に、以下について適時に報告しなければならない。(A19項参照)

(1)　重要な不備（経営者に直接報告することが適切ではない場合を除く。）

この報告は書面により行われ、その時期は監査役等への報告の前後いずれでもよい。(A14項、A20項及びA21項参照)

(2)　監査の過程で識別したその他の内部統制の不備のうち、他の者により適切な階層の経営者に報告されておらず、監査人が職業的専門家として、適切な階層の経営者の注意を促すに値すると判断したもの（A22項からA25項参照）

10．監査人は、重要な不備を報告する際、以下を記載しなければならない。

(1)　不備の内容とそれによって見込まれる影響の説明（A26項参照）

(2)　監査役等及び経営者が、当該報告の前提を理解するための十分な情報

監査人は、特に以下について説明しなければならない。(A27項及びA28項参照)

①　監査の目的は、財務諸表に対する監査人の意見を表明することにある旨

②　監査には、財務諸表の作成に関連する内部統制の検討が含まれるが、これは、状況に応じた適切な監査手続を立案するためであり、内部統制の有効性に対して意見を表明するためではない旨

③　報告する事項は、監査人が、監査の過程で識別し監査役等に報告するに値するほど重要と判断した不備に限定される旨

Ⅲ　適用指針

1．内部統制の不備を識別したかどうかの判断（第6項参照）

A1．監査人は、内部統制の不備に該当するかどうかを判断するため、監査人の発見事項に関連する事実と状況について適切な階層の経営者と協議することがある。この協議を通じて、監査人は、経営者がそれまで気付いていなかった不備の存在について適時に経営者に注意を促すことができる。発見事項について協議する適切な階層の経営者とは、関連する内部統制の領域に精通しており、識別した内部統制の不備に対する是正措置を講じる権限を有する者である。状況によっては、監査人が発見事項を経営者と直接協議することが適切でないことがある（例えば、発見事項が経営者の誠実性や能力に関連し

ているような場合)。(A20項参照)

A2. 監査人は、監査人の発見事項に関する事実と状況について経営者と協議する際、更なる検討のため、以下のような関連するその他の情報を入手することがある。

・不備の原因又は考えられる原因についての経営者の見解

・不備に起因して発生する可能性がある事象についての経営者の見解(例えば、関連するITを利用した内部統制によって防止されない虚偽表示)

・発見事項への対応についての経営者の暫定的な意向

小規模企業に特有の考慮事項

A3. 小規模企業における統制活動の本質は、大規模企業のものと同様であるが、運用形態は様々である。さらに、小規模企業では、経営者自らが実施する内部統制があるため、特定の種類の統制活動は必要ないと判断することがある。例えば、与信枠の付与や、重要な購買の承認を経営者自らが行うことは、重要な勘定残高や取引に関して効果的な内部統制となり、より詳細な統制活動の必要性が低下するか又は不要となることがある。

A4. また、小規模企業は、従業員が少数のため、適切な職務分離の実施ができないことが多い。しかし、オーナー経営の小規模企業では、オーナー経営者(企業の所有者であり、かつ、日々の事業運営に関与している者)は、大規模企業に比べより効果的な監督を実施することが可能な場合がある。

このような上位の経営者による監督は、経営者による内部統制の無効化の可能性が高いことを考慮する必要がある。

2. 重要な不備 (第5項(2)及び第7項参照)

A5. 内部統制の不備(単独又は複数組み合わさった不備)の程度は、実際に虚偽表示が発生したかどうかだけでなく、虚偽表示の発生可能性及び潜在的な虚偽表示の影響の大きさによっても影響を受ける。したがって、監査人が監査の過程において虚偽表示を識別しなかった場合でも、なお不備が存在する場合がある。

A6. 内部統制の不備又は不備の組合せが重要な不備となるかどうかの判断において、監査人の検討事項には、例えば以下の事項が含まれる。

・不備が、将来において財務諸表の重要な虚偽表示をもたらす可能性

・関連する資産又は負債における不正の起こりやすさ

・公正価値に関する会計上の見積り等、見積金額の決定に関わる主観的判断の程度と複雑性

・不備の影響を受ける財務諸表の金額

・不備の影響を受ける勘定残高又は取引種類において発生した又は発生する可能性のある取引量・件数

・財務報告プロセスにおける内部統制の重要性例えば、以下のものが挙げられる。

―包括的な監視活動(例えば、経営者による監督)

―不正の防止・発見に係る内部統制

―重要な会計方針の選択と適用に係る内部統制

―関連当事者との重要な取引に係る内部統制

―企業の通常の取引過程から外れた重要な取引に係る内部統制

―期末の財務報告プロセスに係る内部統制(例えば、非経常的な仕訳入力)

・内部統制の不備から生じた事象の原因と頻度

・内部統制の複数の不備の組合せによる影響

A7. 重要な不備の兆候には、例えば、以下のものが含まれる。

・統制環境に脆弱性があるという以下のような証拠がある。

―経営者が経済的利害関係を有する重要な取引が、監査役等によって適切に調査されていないという兆しがあること

―重要かどうかを問わず、企業の内部統制によって防止されなかった経営者による不正が識別されたこと

―以前に協議した重要な不備について、経営者が適切な是正措置を講じていないこと

・通常整備されていると想定される企業のリスク評価プロセスが欠如している。

・企業のリスク評価プロセスが脆弱であるという証拠がある（例えば、企業のリスク評価プロセスによって識別されるであろうと監査人が予測した虚偽表示を経営者が識別していない。）。

・識別した特別な検討を必要とするリスクへの対応が十分でないという証拠がある（例えば、当該リスクに対する内部統制が欠如している。）。

・企業の内部統制によって防止又は発見・是正されなかった重要な虚偽表示が監査手続によって発見された。

・誤謬又は不正による重要な虚偽表示の修正を反映するため、以前に公表した財務諸表の修正再表示又は訂正報告書が提出されている。

・経営者に財務諸表の作成責任を遂行する能力がないという証拠がある。

A8. 内部統制は、単独で又は他の幾つかとの組合せで虚偽表示を有効に防止又は発見・是正できるように整備及び運用されることがある（監基報315の A69項）。例えば、売掛金に対する内部統制は、自動化された内部統制と手作業による内部統制によって構成され、両者の組合せによって勘定残高の虚偽表示を防止又は発見・是正できるように整備及び運用されることがある。

内部統制の不備は、単独では重要な不備とはならない場合であっても、同じ勘定残高や開示項目、関連するアサーション、又は内部統制の構成要素に影響を与える不備が複数ある場合、それらの不備を組み合わせると、重要な不備になり、虚偽表示リスクが増加することがある。

A9. 上場企業等の監査に関して、監査人は、監査の過程で識別した法令により求められている内部統制の不備を、監査役等又は他の関係する者（例えば、規制当局）に報告することが必要な場合がある。法令が、それらの不備について特定の用語と定義を規定し、報告することを監査人に求めている場合、監査人は、法令に従った報告の実施においては、当該用語と定義を用いることになる。

A10. 法令によっては、報告が要求される内部統制の不備の種類について特定の用語が規定されているが、当該用語の定義がない場合、監査人は、法令の要請に加えて、報告すべき事項の判断が必要なことがある。その際、監査人は、本報告書の要求事項と適用指針を考慮することが適切と考えることがある。

A11. 本報告書の要求事項は、法令によって特定の用語又は定義を使用することが要求されている場合にも適用される。

3. 内部統制の不備に関するコミュニケーション

(1) 監査役等との重要な不備に関するコミュニケーション（第８項参照）

A12. 監査役等に重要な不備を書面により報告することは、当該事項の重要性を反映し、監査役等がその監視責任を果たすのに役立つ。

A13. 監査人は、書面による報告を行う時期を決定するに当たり、当該報告が、監査役等の監視責任を果たすための重要な要素となるかどうかを考慮することがある。また、監査役等が、法令等における内部統制に関連する特定の責任を果たすため、監査役等の監査報告書日の前に監査人による報告を必要とする場合がある。その必要がない場合においても、重要な不備についての監査人の書面による報告は、最終的な監査ファイルの一部を形成するため、適切な期限内に監査ファイルの最終的な整理を完了するまでに実施することになる。なお、監査基準委員会報告書230「監査調書」においては、監査ファイルの最終的な整理を完了する適切な期限は、監査報告書日から、通常60日程度を超えないものとする旨が記載されている（監基報230第13項及び A21項参照）。

A14. 重要な不備の書面による報告の時期にかかわらず、監査人は、経営者（適切な場合には監査役等）が重要な虚偽表示リスクをできるだけ低くするための是正措置を適時に講じられるよう、当該不備について、まず口頭で報告する場合がある。ただし、監査人は、口頭による報告によって、本報告書が要求している重要な不備の書面により報告する責任が免除されるわけではない。

A15．重要な不備の報告をどの程度詳細に行うかは、その状況に応じた監査人の職業的専門家としての判断事項である。

どの程度詳細に報告を行うことが適切か判断する際に、監査人は例えば以下の事項を考慮する。

・企業の事業活動等
例えば、会社法上の大会社において要求される報告は、それ以外の企業において求められる報告と異なることがある。

・企業の規模と複雑性
例えば、複雑な企業において求められる報告は、単純な事業を運営している企業において要求される報告と異なることがある。

・監査人が識別した重要な不備の性質

・監査役等の構成
例えば、企業が属する産業又は不備の影響を受ける領域に関して多くの経験を有さない者が監査役等に含まれる場合、報告を詳細に行うことが必要になる場合がある。

・特定の種類の内部統制の不備についての報告に関する法令で要求される事項

A16．経営者は、監査人が監査の過程で識別した重要な不備に既に気付いていたが、費用又は他の理由から、それらを是正しないことを選択する場合がある。是正措置の実施に関わる費用と便益を評価する責任は経営者が有し、それを監視する責任は監査役等が有する。経営者が当該不備を是正するかどうかの判断に際し費用又は他の理由を考慮することがあるが、その場合であっても第８項の要求事項は適用される。

A17．監査人が過年度の監査で監査役等及び経営者に重要な不備の報告を行ったとしても、是正措置がいまだ講じられていなければ、監査人がその報告を繰り返す必要性がなくなるものではない。以前に報告を行った重要な不備が是正されなかった場合、当年度の報告においては、過年度の報告で行った説明を繰り返すこともあれば、以前に行った報告への言及のみ行うこともある。監査人は、経営者（適切な場合には監査役等）に、重要な不備がいまだ是正されていない理由を質問することがある。合理的な説明がなく是正されていない場合には、それ自体が重要な不備を示していることがある。

小規模企業に特有の考慮事項

A18．小規模企業の監査の場合、監査人は、大規模企業の場合より簡略的な方法で、監査役等とコミュニケーションを行うことがある。

(2) 経営者との内部統制の不備に関するコミュニケーション（第９項参照）

A19．通常、適切な階層の経営者とは、内部統制の不備を評価し必要な是正措置を講じる責任と権限を有する者のことをいう。

重要な不備の場合、監査役等へ報告を行うことが求められているため、適切な階層の経営者は、最高経営責任者又は最高財務責任者（又はそれと同等の者）であることが多い。その他の場合、内部統制の不備の影響を受ける領域に対してより直接的に関与しており、適切な是正措置を講じる権限を有する管理者が適切な階層の経営者であることがある。

経営者との重要な不備に関するコミュニケーション（第９項(1)参照）

A20．識別した重要な不備によって経営者の誠実性や能力が問題となる場合がある。例えば、経営者による不正又は意図的な違法行為に関する証拠となる可能性がある場合や、経営者の適切な財務諸表の作成責任を遂行する能力に疑義が生じる場合が挙げられる。このような場合、当該不備について経営者に直接報告することが適切ではない場合がある。

A21．監査基準委員会報告書250「財務諸表監査における法令の検討」は、違法行為を識別したか又は疑いを抱いた場合（監査役等自身が違法行為に関与している場合を含む。）の報告に関する要求事項及び適用指針を提供している（監基報250第22項から第28項参照）。監基報250第

21項から第27項参照。監査基準委員会報告書240「財務諸表監査における不正」は、経営者が関与する不正を識別したか又は疑いを抱いた場合の監査役等とのコミュニケーションに関する要求事項及び適用指針を提供している（監基報240第40項参照）。

経営者とのその他の内部統制の不備に関するコミュニケーション（第９項⑵参照）

A22．監査人は、監査の過程で、重要な不備ではないが、経営者の注意を促すに値するその他の内部統制の不備を識別することがある。その他の内部統制の不備のうちのいずれが経営者の注意を促すに値するかの判断は、個々の状況に応じた職業的専門家としての判断事項である。監査人は、この判断において、当該不備の結果として財務諸表に虚偽表示が発生する可能性及び潜在的な虚偽表示の影響の大きさを検討する。

A23．経営者の注意を促すに値するその他の内部統制の不備の報告は、書面である必要はなく、口頭でもよい。監査人が発見事項に関する事実と状況について経営者と協議した場合、監査人は、その他の不備に関する経営者への報告が当該協議において行われたとすることがある。その場合には、正式に書面による報告を別途行う必要はない。

A24．監査人が、過年度に重要な不備以外の内部統制の不備について経営者に報告を行っており、経営者が費用又は他の理由からそれらを是正することを選択しなかった場合、監査人は、当年度において報告を繰り返す必要はない。また、内部監査人や規制当局等の他の関係者が経営者に既に報告を行っていた場合にも、当該報告を繰り返す必要はない。一方、経営者の交代があった場合や、不備に関する監査人と経営者のそれまでの理解とは異なる新たな情報に監査人が気付いた場合には、これらのその他の不備について監査人が再度報告を行うことが適切な場合がある。

ただし、以前に報告が行われたその他の内部統制の不備を経営者が是正しない場合には、監査役等への報告が要求される重要な不備に該当する結果となることがある。そのような場合に重要な不備に該当するかどうかは、個々の状況に応じた監査人の判断により決定される。

A25．監査役等は、監査人が経営者に報告を行ったその他の内部統制の不備の詳細又は概要について報告するように監査人に要請することがある。また、監査人が、経営者に行ったその他の不備に関するコミュニケーションについて監査役等に報告することが適切であると考えることもある。

いずれの場合も、監査人は、必要に応じて、監査役等に口頭又は書面で報告する。

⑶　重要な不備に関する書面によるコミュニケーションの内容（第10項参照）

A26．重要な不備によって見込まれる影響を説明する際、監査人は、影響額を算定する必要はない。監査人は、適切な場合、監査役等へ報告するために重要な不備を分類し集約することがある。また、監査人は、不備に対する是正措置の提案、経営者の実際の対応又は対応策、及び経営者の対応が実際に実施されているかどうかを検討するため監査人が何らかの手続を行ったか否かについて、書面に記載することがある。

A27．監査人は、報告の前提として、以下の情報を追加で記載することが適切であると判断することがある。

・監査人が、内部統制についてより広範囲に監査手続を実施した場合、報告すべき不備を更に識別した可能性があること、又は報告した不備の一部について実際には報告する必要がなかったと判断した可能性があること
・当該報告は監査役等のために提供されるものであり、他の目的には必ずしも適さないこと

A28．法令によって、監査人による重要な不備の報告の書面の写しを適切な規制当局に提出することが監査人又は経営者に要求されていることがある。その場合、監査人は、報告の書面において、当該規制当局を明記することがある。

Ⅳ 適 用

・本報告書（2011年12月22日）は、2012年４月１日以後開始する事業年度に係る監査及び同日以後開始する中間会計期間に係る中間監査から適用する。
・本報告書（2015年５月29日）は、2015年４月１日以後開始する事業年度に係る監査及び同日以後開始する中間会計期間に係る中間監査から適用する。
・本報告書（2018年10月19日）は、2019年４月１日以後開始する事業年度に係る監査及び同日以後開始する中間会計期間に係る中間監査から適用する。
・本報告書（2019年６月12日）は、2020年４月１日以後開始する事業年度に係る監査及び同日以後開始する中間会計期間に係る中間監査から適用する。ただし、2019年４月１日以後開始する事業年度に係る監査及び同日以後開始する中間会計期間に係る中間監査から早期適用することができる。

以　上

監査基準委員会報告書300

監査計画*

2011年12月22日
改正2019年6月12日
日本公認会計士協会
監査基準委員会
（報告書：第37号）

項番号

Ⅰ　本報告書の範囲及び目的

1．本報告書の範囲

1．本報告書は、財務諸表の監査計画に関する実務上の指針を提供するものである。本報告書における監査計画は、継続監査を前提としている。

初年度監査に関しては、追加的な考慮事項を別途記載している。

2．監査計画の機能と時期

2．監査計画には、監査業務に対する監査の基本的な方針の策定と詳細な監査計画の作成が含まれる。適切な監査計画は、監査を実施する上で様々な利点があり、例えば以下の事項が可能となる。（A1項から A3項参照）

・監査の重要な領域に対して監査人が適切な注意を払うこと
・潜在的な問題を適時に識別し解決すること
・監査業務を適切に管理し、その結果、効果的かつ効率的な方法で監査を実施すること
・リスクに対応するために、適切な能力及び適性を有する監査チームメンバーを選任し、作業を適切に割り当てること
・監査チームメンバーに対する指示、監督及び監査調書の査閲を適切に行うこと
・必要に応じて、構成単位の監査人の作業や専門家の業務と連携すること

3．本報告書の目的

3．本報告書における監査人の目的は、効果的かつ効率的な方法で監査を実施するために、監査を計画することである。

Ⅱ　要求事項

1．監査チームの主要メンバーの参画

4．監査責任者と監査チームの主要メンバーは、監査計画の策定に参画しなければならない。これには、監査チーム内の討議を計画し参加することを含む。（A4項参照）

2．監査契約に係る予備的な活動

5．監査人は、当年度の監査の開始に当たって、監査契約に係る予備的な活動として、以下を実施しなければならない。（A5項から A7項参照）

(1)　監査契約の更新の可否に関して、監査基準委員会報告書220「監査業務における品質管理」で要求される手続（監基報220第11項及び第12項参照）

(2)　独立性を含む関連する職業倫理に関する規定の遵守状況の評価に関して、監査基準委員会報告書220で要求される事項（監基報220第８項から第10項参照）

(3)　監査の契約条件の十分な理解に関して、監査基準委員会報告書210「監査業務の契約条件の合意」で要求される事項（監基報210第７項から第９項参照）

3．計画活動

6．監査人は、詳細な監査計画を作成するための指針となるように、監査業務の範囲、監査の実施時期及び監査の方向性を設定した監査の基本的な方針を策定しなければならない。

7．監査人は、監査の基本的な方針を策定する際、以下の事項を実施しなければならない。（A8項から A11項参照）

(1)　監査業務の範囲に影響を及ぼす事項を識別すること

(2)　監査の実施時期及び必要なコミュニケーションの内容を計画するために、監査報告の目的を明確にすること

(3)　監査人の職業的専門家としての判断により、監査チームの作業に重要な影響を及ぼす要素を考慮すること

(4)　監査契約に係る予備的な活動の結果を考慮すること（企業に対し監査以外の業務を行っている場合にはその業務から得られた知識の考慮も含む。）

(5)　監査の実施に必要な監査チームメンバーの能力、時期及び人数を明確にすること

8．監査人は、以下の事項を含む詳細な監査計画を作成しなければならない。（A12項参照）

(1)　監査基準委員会報告書315「企業及び企業環境の理解を通じた重要な虚偽表示リスクの識別と評価」により計画するリスク評価手続の種類、時期及び範囲

(2)　監査基準委員会報告書330「評価したリスクに対応する監査人の手続」により計画するアサーション・レベルのリスク対応手続の種類、時期及び範囲

(3)　他の監査基準委員会報告書等における要求事項により計画する監査手続（A12項から A14項参照）

9．監査人は、監査期間中必要に応じて、監査の基本的な方針及び詳細な監査計画を見直し修正しなければならない。（A13項参照）

10．監査人は、監査チームメンバーに対する指示、監督及び監査調書の査閲の内容、時期及び範囲を計画しなければならない。（A14項参照）

4．監査調書

11．監査人は、以下の事項を監査調書に記載しなければならない。（A15項から A18項参照）（監査基準委員会報告書230「監査調書」第７項から第10項及び A6項参照）

(1)　監査の基本的な方針

(2)　詳細な監査計画

(3)　監査の基本的な方針又は詳細な監査計画について監査期間中に行われた重要な変更の内容及びその理由

５．初年度監査における追加的な考慮事項

12．監査人は、初年度監査の開始前に、以下の事項を実施しなければならない。（A19項参照）

⑴　監査契約の締結の可否に関して、監査基準委員会報告書220で要求される事項（監基報220第11項及び第12項参照）

⑵　監査人の交代が行われる場合には、職業倫理に関する規定及び監査基準委員会報告書900「監査人の交代」で要求される前任監査人からの引継

Ⅲ　適用指針

１．監査計画の機能と時期（第２項参照）

A1．計画活動、すなわち監査計画に係る活動の内容と範囲は、企業の規模や複雑性、監査チームの主要なメンバーの当該企業における過去の経験、及び監査期間中に発生した状況の変化により異なる。

A2．監査計画の策定は、監査期間全体、すなわち、前年度の監査の終了直後、又は前年度の監査の最終段階から始まり、当年度の監査の終了まで継続する連続的かつ反復的なプロセスである。しかしながら、監査計画には、リスク対応手続の実施前に完了することが必要な一定の活動と監査手続の実施時期について考慮することが含まれる。例えば、重要な虚偽表示リスクの識別と評価の実施前に、以下の事項を考慮しておく必要がある。

・リスク評価手続として実施する分析的手続

・企業に適用される法令及び企業がこれをどのように遵守しているかについての全般的な理解

・監査上の重要性の決定

・専門家の業務の利用の程度の決定

・その他のリスク評価手続の実施

A3．監査人は、監査の実施と管理を円滑にするために、監査計画の内容について経営者と協議することがある。例えば、立案した監査手続の一部について、企業の従業員の業務と連携することが含まれる。これらの協議が行われたとしても、監査の基本的な方針及び詳細な監査計画に係る責任が監査人にあることに変わりはない。

監査の基本的な方針又は詳細な監査計画について協議を行う場合には、監査の有効性を損なわないための配慮が必要である。例えば、実施する詳細な監査手続の種類及び時期についての経営者との協議は、監査手続を容易に予測されることにより、監査の有効性を阻害してしまうことがある。

２．監査チームの主要メンバーの参画（第４項参照）

A4．監査経験や洞察力を十分に有する監査責任者及び監査チームの主要メンバーが監査計画の策定に参画することによって、監査計画のプロセスの有効性と効率性を高めることができる。なお、監査基準委員会報告書315第９項には、財務諸表の重要な虚偽表示の可能性についての監査チーム内の討議に関する指針を記載している。また、監査基準委員会報告書240「財務諸表監査における不正」第14項には、不正による財務諸表の重要な虚偽表示の可能性についての監査チーム内の討議における重点項目に関する指針を記載している。

３．監査契約に係る予備的な活動（第５項参照）

A5．監査人は、当年度の監査の開始に当たって、第５項に記載した監査契約に係る予備的な活動を実施することにより、監査の遂行に支障を来す可能性のある事象又は状況を識別し評価することが可能となる。

A6．監査人は、監査契約に係る予備的な活動を実施することによって、例えば、以下の事項を考慮した監査計画を策定することが可能となる。

・監査人が、必要とされる独立性と監査遂行能力を保持していること

・監査契約の更新に影響を及ぼす経営者の誠実性に問題がないこと

・監査の契約条件について企業との間に誤解が

ないこと

A7. 監査人は、監査期間中、状況の変化に応じて、監査契約の更新の可否及び独立性を含む関連する職業倫理に関する規定により要求される事項を検討する。

当年度の監査業務におけるこれらの事項についての当初の検討は、他の重要な監査業務の実施に先立って完了する。したがって、継続監査においては、前年度の監査の終了直後又は前年度の監査の最終段階からこの検討手続を開始することとなる。

4．計画活動

(1) 監査の基本的な方針（第６項から第７項参照）

A8. 監査人は、監査の基本的な方針の策定プロセスを通じて、かつリスク評価手続の完了により、以下の事項を明確にすることができる。

(1) 特定の監査の領域に配置すべき監査チームメンバーの経験や能力

例えば、重要な虚偽表示リスクの程度が高い領域に適切な経験を有する監査チームメンバーを配置することや、複雑な事項について専門家の業務を利用することが含まれる。

(2) 特定の監査の領域に配分すべき監査チームメンバーの人数や監査時間

例えば、重要な事業所の実地棚卸の立会に配置する監査チームメンバーの人数、グループ監査における他の監査人の作業の査閲の程度、重要な虚偽表示リスクの程度が高い領域に配分すべき監査時間が含まれる。

(3) 監査チームメンバーを配置すべき時期

例えば、期中の監査の段階又は特定の基準日に配置することが含まれる。

(4) 監査チームの管理、指示、監督の方法

例えば、監査チーム内で指示及び報告のために討議を実施する時期、監査責任者や監督機能を有する監査補助者が実施する監査調書の査閲等の方法（往査先での実施又は監査事務所での実施など）、監査業務に係る審査の時期が含まれる。

A9. 付録には、監査の基本的な方針を策定する際の考慮事項を例示している。

A10. 監査の基本的な方針の策定により、監査の基本的な方針で識別した事項に対応する詳細な監査計画の作成に着手することが可能となる。その際、監査人は、監査の目的を達成するために、監査チームメンバーの経験、能力、監査時間等の効率的な利用を検討する。

監査の基本的な方針と詳細な監査計画とは、必ずしも別個の、又は前後関係が明確なプロセスではなく、一方に修正が生じれば他方にも修正が生じることがある、相互に密接に関連するものである。

小規模企業に特有の考慮事項

A11. 小規模企業の監査は、小規模な監査チームで実施することがある。こうした場合、監査チームメンバー間のコミュニケーションは容易である。また、監査の基本的な方針の策定は、複雑かつ時間を要するものではなく、企業の規模、監査の複雑性及び監査チームの大きさによって様々である。

例えば、前年度の監査において識別された検討事項に関する簡潔な様式であっても、当年度においてオーナー経営者との協議に基づいて更新されており、第７項に記載した事項を含むのであれば、当年度の監査の基本的な方針の文書として用いることができる。

(2) 詳細な監査計画（第８項参照）

A12. 詳細な監査計画は、監査の基本的方針より詳細で、監査チームメンバーが実施すべき監査手続の種類、時期及び範囲を含むものである。

これらの監査手続の計画は、監査の進捗に応じて監査期間にわたり詳細な監査計画として作成される。例えば、リスク評価手続の計画は監査の初期の段階で作成され、また、リスク対応手続の種類、時期及び範囲に係る計画はリスク評価手続の結果に基づき作成される。

ただし、監査人は、全てのリスク対応手続に係る詳細な監査計画を作成する前であっても、一部の取引種類、勘定残高及び注記事項に関するリスク対応手続を実施することがある。

A13. 注記事項には広範囲かつ詳細な情報が含まれることから、注記事項に関連するリスク評価手続及びリスク対応手続の種類、時期及び範囲の決定は重要である。さらに、特定の注記事項には、総勘定元帳や補助元帳以外から入手した情報が含まれる可能性があるため、評価されたリスク及びそれに対応するための手続の種類、時期及び範囲に影響を及ぼすことがある。

A14. 監査の初期段階において注記事項を検討することによって、監査人は、取引種類、事象及び勘定残高と同様の方法で、注記事項への対応について適切に注意を払い、適切な監査時間を計画することができる。初期段階での検討は、監査人が監査に影響する以下の事項を判断するのに役立つことがある。

・企業環境、事業活動又は財務状況の変化の結果として必要となる重要な注記事項の追加又は変更（例えば、重要な企業結合によって必要となるセグメントの識別及びセグメント情報の記載の変更）

・適用される財務報告の枠組みの改正に伴う重要な注記事項の追加又は変更

・特定の注記事項に対する監査手続における監査人の利用する専門家の関与の必要性（例えば、年金その他の退職給付債務に関する注記事項）

・監査人が監査役等と協議することが想定される注記事項に関する事項（監査基準委員会報告書260「監査役等とのコミュニケーション」A13 項参照）

(3)　監査期間中における計画の修正（第９項参照）

A15. 監査人は、予期しない出来事が生じた場合、状況が変化した場合、又は監査手続の実施結果が想定した結果と異なった場合には、改訂されたリスク評価の結果に基づき、監査の基本的な方針及び詳細な監査計画並びにこれらに基づき計画したリスク対応手続の種類、時期及び範囲を修正することが必要な場合がある。

監査手続を計画した時点での利用可能な情報と著しく異なる情報に監査人が気付いた場合がこれに該当する。例えば、内部統制の運用評価手続から入手した監査証拠とは矛盾する監査証拠を実証手続の実施過程で入手した場合である。

(4)　指示、監督及び監査調書の査閲（第10項参照）

A16. 監査チームメンバーに対する指示、監督及び監査調書の査閲の内容、時期及び範囲は、以下のような多くの要因によって異なる。

・企業の規模と複雑性

・監査の領域

・評価した重要な虚偽表示リスク（例えば、特定の監査の領域に対して重要な虚偽表示リスクが高まると、通常はこれに対応して、監査チームメンバーへの指示と監督の程度を広げるとともに適時に行うことや、より詳細に監査調書の査閲を行うことが要求される。）

・監査業務を実施する監査チームの個々のメンバーの能力及び適性

監査基準委員会報告書220では、監査業務の指示、監督及び監査調書の査閲に関する詳細な指針を記載している。（監基報220第14項から第16項参照）

５．監査調書（第11項参照）

A17. 監査の基本的な方針の監査調書は、監査を適切に計画し、重要な事項を監査チームメンバーに伝達するために必要と考えられる、主要な決定事項を記録するものである。例えば、監査人は、監査の基本的な方針、すなわち監査の全体的な範囲、実施時期及び実施に関する主要な決定事項などを簡潔な様式により文書化することがある。

A18. 詳細な監査計画の監査調書は、計画したリスク評価手続並びに評価したリスクに対応して計画したアサーション・レベルにおけるリスク対応手続の種類、時期及び範囲を記録するものである。また、監査手続の実施に先立って監査手続の計画の適切性を査閲及び承認するための記録としても有用である。

監査人は、標準的な監査手続書又は監査完了チェックリストを個々の監査業務の状況を反映するために必要な修正を加えた上で使用することもある。

A19．監査の基本的な方針及び詳細な監査計画に対する重要な変更、これに伴う監査手続の種類、時期及び範囲に対する変更の記録は、重要な変更が行われた理由及び最終的な監査の基本的な方針と詳細な監査計画を採用した理由を説明する。これには、監査期間中に発生した重要な変更への適切な対応についても反映させる。

小規模企業に特有の考慮事項

A20．小規模企業のための監査の基本的な方針の監査調書は、A11項に記載したとおり、簡潔な様式を利用することがある。

また、詳細な監査計画の監査調書として、監査に関連する統制活動をほとんど有していない小規模企業を前提にした標準的な監査手続書又は監査完了チェックリストを監査人によるリスク評価を含む監査業務の状況に応じた修正を加えた上で使用することがある。

６．初年度監査における追加的な考慮事項
（第12項参照）

A21．監査計画の目的は、初年度監査、継続監査のいずれにおいても同じである。しかし、初年度監査においては、監査人は、通常、継続監査とは異なり、監査計画の策定時に考慮できる企業における過去の経験がないため、計画活動をより広く実施することがある。

初年度監査において、監査人が、監査の基本的な方針の策定及び詳細な監査計画の作成に当たって追加で考慮する事項には、以下が含まれることがある。

・前任監査人との引継（例えば、前任監査人の監査調書の閲覧）
・監査人としての選任に関して経営者と協議した主要な問題（例えば、会計基準、監査基準及び報告に関する基準の適用）、監査役等へのこれらの問題に関する伝達並びにこれらの問題が監査の基本的な方針及び詳細な監査計画に与える影響
・期首残高に関して十分かつ適切な監査証拠を入手するために必要な監査手続（監査基準委員会報告書510「初年度監査の期首残高」参照）
・初年度監査において監査事務所が定める品質管理のシステムで要求されるその他の手続（例えば、監査事務所が定める品質管理のシステムによっては、所定の担当者に、重要な監査手続の開始前に監査の基本的な方針を検討させたり、監査報告書の発行前に報告書の査閲に関与させたりすることがある。）

Ⅳ　適　用

・本報告書（2011年12月22日）は、2012年４月１日以後開始する事業年度に係る監査及び同日以後開始する中間会計期間に係る中間監査から適用する。
・本報告書（2019年６月12日）は、2020年４月１日以後開始する事業年度に係る監査及び同日以後開始する中間会計期間に係る中間監査から適用する。ただし、2019年４月１日以後開始する事業年度に係る監査及び同日以後開始する中間会計期間に係る中間監査から早期適用することができる。

付録 監査の基本的な方針を策定する際の考慮事項（第６項、第７項、A8項からA11項参照）

本付録は、監査人が監査の基本的な方針を策定する際に考慮することがある事項の例を示している。これらの考慮事項の多くは、詳細な監査計画にも影響を与えることがある。本例示は、多くの監査業務に適用可能な事項を広範囲に扱ったものである。また、他の監査基準委員会報告書等によって要求されている事項もあるが、全てがあらゆる監査業務に関連しているとは限らず、また必ずしも網羅されているとはいえない。

１．監査業務の特徴

・他の財務報告の枠組みとの必要な調整を含む、監査される財務情報の作成の基となる財務報告の枠組み
・規制当局によって義務付けられているような産業特有の報告事項
・期待される監査手続のカバレッジ（例えば、構成単位の数や所在地）
・連結の範囲を決定する親会社と構成単位との支配従属関係
・他の監査人が監査する構成単位の範囲
・企業の属する業界の特性（例えば、専門知識の必要性）
・監査の対象となる財務情報の通貨換算の必要性
・連結財務諸表監査の対象となる構成単位の法定監査の必要性
・企業の内部監査機能の有無、有している場合は、監査の目的に照らして内部監査人の作業を利用する領域及び利用の程度
・企業による委託会社の利用状況及び当該業務に係る内部統制のデザイン又は運用に関する監査証拠の入手方法
・過年度の監査で入手した監査証拠の利用可能性（例えば、リスク評価手続や運用評価手続により入手した監査証拠）
・監査手続の実施におけるITの影響（例えば、データやコンピュータ利用監査技法（CAAT）の利用可能性）
・期中の財務情報のレビュー業務と監査業務の実施時期や範囲の調整、及びこれから得られた情報が監査業務に与える影響
・企業の従業員の対応可能性やデータの利用可能性

２．報告の目的、監査の実施時期及びコミュニケーションの内容

・企業の報告に関する日程（例えば、期中と最終段階）
・実施する監査手続の種類、時期及びカバレッジに関して経営者及び監査役等との間で協議を行うための体制
・発行すべき報告書及び文書又は口頭によるその他の報告の内容や時期についての経営者及び監査役等との協議（例えば、監査報告書、マネジメントレター及び監査役等とのコミュニケーション）
・監査実施期間において、監査業務の遂行状況に関して期待されるコミュニケーションについての経営者との協議
・構成単位の監査に関連して発行すべき文書及びその他の事項の種類と時期についての構成単位の監査人との協議
・監査チーム内のコミュニケーションで期待される内容とその実施時期（例えば、実施した監査手続に関する監査調書の査閲の実施時期）
・第三者に対して予想される報告の有無（例えば、監査に関連して生じる全ての法的又は契約上の報告責任）

３．重要な要素、予備的な活動及び他の業務からの情報

・監査基準委員会報告書320「監査の計画及び実施における重要性」に従った監査上の重要性の決定及び適用のある場合には以下の事項
　―監査基準委員会報告書600「グループ監査」に従った構成単位の重要性の決定と構成単位の監査人への通知（監基報600第20項から第22項及び第39項(3)参照）
　―重要な構成単位、並びに重要な取引種類、勘定残高及び注記事項の予備的な識別
・重要な虚偽表示リスクの程度が高い可能性のある

領域の予備的な識別
・識別した財務諸表全体レベルでの重要な虚偽表示リスクが、監査チームメンバーに対する指示、監督及び監査調書の査閲に与える影響
・監査証拠を入手し評価する際に、職業的懐疑心を保持する必要性を監査チームメンバーに周知徹底する方法
・適用される財務報告の枠組みの改正（重要な注記事項の追加又は変更を含む。）
・内部統制の有効性の評価を含む過年度の監査結果（例えば、識別した内部統制の不備及びその不備に対する改善措置）
・監査に影響を与える可能性のある事項に関して、企業に他のサービスを提供している監査事務所の職員との協議
・適用される財務報告の枠組みで要求される注記事項を識別し、作成するために経営者が使用するプロセス。注記事項には、総勘定元帳や補助元帳以外から入手した情報を含む注記事項も含まれる。
・適切な内部統制の整備及び運用についての経営者の責任（例えば、このような内部統制に関しての適切な文書）
・内部統制に依拠することがより効率的になる一定の取引量の有無
・企業が事業を円滑に遂行する上での内部統制の重要性
・企業に影響を与える重要な事業展開（例えば、ITや業務プロセスの変更及び主要な経営者の交代並びに買収、合併及び事業の売却）
・重要な産業の情勢（例えば、産業の規制の変更及び報告事項の新設）
・会計基準の変更のような、財務報告の枠組みにおける重要な変更
・その他重要な関連する情勢（例えば、企業に影響を与える法律の変更）

4．監査チームの編成

・監査チームの選定（必要に応じて審査担当者を含む。）と、監査チームメンバーへの作業の割当て（重要な虚偽表示リスクの程度が高い可能性のある領域への適切な経験を有する監査チームメンバーの配置を含む。）
・重要な虚偽表示リスクの程度が高い可能性のある領域への監査時間の配分

以　上

監査基準委員会報告書315

企業及び企業環境の理解を通じた重要な虚偽表示リスクの識別と評価*

2011年12月22日
改正2015年5月29日
最終改正2019年6月12日
日本公認会計士協会
監査基準委員会
（報告書：第38号）

項番号

Ⅰ　本報告書の範囲及び目的

1．本報告書の範囲

1．本報告書は、内部統制を含む、企業及び企業環境の理解を通じて、財務諸表の重要な虚偽表示リスクを識別し評価することに関する実務上の指針を提供するものである。

2．本報告書の目的

2．本報告書における監査人の目的は、内部統制を含む、企業及び企業環境の理解を通じて、不正か誤謬かを問わず、財務諸表全体レベルの重要な虚偽表示リスクと、アサーション・レベルの重要な虚偽表示リスクを識別し評価することである。これにより、リスク対応手続の立案と実施に関する基礎が提供される。

3．定　義

3．本報告書における用語の定義は、以下のとおりとする。

(1)「アサーション」－経営者が財務諸表において明示的か否かにかかわらず提示するものをいい、監査人は発生する可能性のある虚偽表示の種類を考慮する際にこれを利用する。(A124項参照)

(2)「事業上のリスク」－企業目的の達成や戦略の遂行に悪影響を及ぼし得る重大な状況、事象、環境及び行動の有無に起因するリスク、又は不適切な企業目的及び戦略の設定に起因するリスクをいう。

(3)「特別な検討を必要とするリスク」－識別し評価した重要な虚偽表示リスクの中で、特別な監査上の検討が必要と監査人が判断したリスクをいう。

(4)「内部統制」－企業の財務報告の信頼性を確保し、事業経営の有効性と効率性を高め、事業経営に係る法令の遵守を促すという企業目的を達成するために、経営者、取締役会、監査役若しくは監査役会、監査等委員会又は監査委員会（以下、監査役若しくは監査役会、監査等委員会又は監査委員会を「監査役等」という。）及びその他の企業構成員により、整備及び運用されているプロセスをいう。

本報告書では、「内部統制」という用語を内部統制の構成要素の全てを含むものとして用いている場合と、一部に関係しているものとして用いている場合とがある。

(5)「リスク評価手続」－内部統制を含む、企業及び企業環境を理解し、不正か誤謬かを問わず、財務諸表全体レベルの重要な虚偽表示リスクと、アサーション・レベルの重要な虚偽表示リスクを識別し評価するために実施する監査手続をいう。

Ⅱ　要求事項

1．リスク評価手続とこれに関連する活動

4．監査人は、財務諸表全体レベルの重要な虚偽表示リスクと、アサーション・レベル（財務諸表項目レベル、すなわち取引種類、勘定残高及び注記事項に関連するアサーションごと）の重要な虚偽表示リスクを識別し評価する基礎を得るために、リスク評価手続を実施しなければならない。ただし、リスク評価手続を実施するのみでは、監査意見の基礎となる十分かつ適切な監査証拠を入手することはできない。(A1項からA5項参照)

5．リスク評価手続においては、以下の手続を含めなければならない。

(1)　経営者への質問、内部監査に従事する適切な者（内部監査機能がある場合）への質問、及び不正又は誤謬による重要な虚偽表示リスクを識別するために有用な情報を持っていると監査人が判断した場合には、その他の企業構成員への質問（A6項からA12項参照）

(2)　分析的手続（A13項からA16項参照）

(3)　観察及び記録や文書の閲覧（A17項参照）

6．監査人は、監査契約の新規の締結及び更新に当たって入手した情報が、重要な虚偽表示リス

クの識別に関連するものかどうかを考慮しなければならない。

7．監査人が企業の監査以外の業務に関与している場合には、監査人は、その業務から得られた情報が、重要な虚偽表示リスクの識別に関連するものかどうかを考慮しなければならない。

8．監査人は、企業での過去の経験と過年度の監査で実施した監査手続から得られた情報を利用しようとする場合には、その情報の当年度の監査における適合性に影響を及ぼす変化が生じていないかどうかを判断しなければならない。（A18項及びA19項参照）

9．監査責任者と監査チームの主要メンバーは、財務諸表に重要な虚偽表示が行われる可能性、並びに企業の実態及びその環境に基づき適用される財務報告の枠組みについて討議しなければならない。また、監査責任者は、討議に参加していない監査チームメンバーに伝達する事項を決定しなければならない。（A20項からA22項参照）

2．内部統制を含む、企業及び企業環境の理解

⑴　企業及び企業環境

10．監査人は、以下の事項を理解しなければならない。

⑴　企業に関連する産業、規制等の外部要因（適用される財務報告の枠組みを含む。）（A23項からA27項参照）

⑵　企業の事業活動等（A28項からA32項参照）

①　事業運営

②　所有とガバナンスの構造

③　特別目的事業体への投資を含む、既存又は計画中の投資

④　組織構造や資本関係と資金調達の方法

これらは、財務諸表に反映すべき取引種類、勘定残高及び注記事項を監査人が理解するために実施する。

⑶　企業の会計方針の選択及び適用（会計方針の変更理由を含む。）（A33項参照）

監査人は、企業の会計方針が、その事業にとって適切であり、適用される財務報告の枠組みに準拠し、企業の属する業界で適用されている会計方針と整合しているかどうかを評価しなければならない。

⑷　企業目的及び戦略並びにこれらに関連して重要な虚偽表示リスクとなる可能性のある事業上のリスク（A34項からA39項参照）

⑸　企業の業績の測定と検討（A40項からA45項参照）

⑵　内部統制

11．監査人は、監査に関連する内部統制を理解しなければならない。監査に関連する内部統制のほとんどは財務報告に係る内部統制であるが、財務報告に係る内部統制が全て監査に関連するとは限らない。内部統制が、単独で又は他の幾つかとの組合せで、監査に関連しているかどうかは、監査人の職業的専門家としての判断によることとなる。（A46項からA68項参照）

内部統制の理解の内容と程度

12．監査人は、監査に関連する内部統制を理解する際に、内部統制のデザインを評価し、これらが業務に適用されているかどうかについて、企業の担当者への質問とその他の手続を実施して評価しなければならない。（A69項からA71項参照）

内部統制の構成要素

統制環境

13．監査人は、統制環境を理解しなければならない。その理解に際して、監査人は以下の事項を評価しなければならない。（A72項からA82項参照）

⑴　経営者は、取締役会による監督及び監査役等による監査（以下「取締役会及び監査役等による監視」という。）の下で、誠実性と倫理的な行動を尊重する企業文化を醸成し維持しているかどうか。

⑵　統制環境の各要素の有効性が、内部統制の他の構成要素に適切な基礎を提供しているかどうか。また、内部統制の他の構成要素は、統制環境の不備によって損なわれていないか

どうか。

企業のリスク評価プロセス

14. 監査人は、企業が以下の事項に関するプロセス（以下「企業のリスク評価プロセス」という。）を有しているかどうかを理解しなければならない。（A83項参照）

(1) 財務報告に影響を及ぼす事業上のリスクの識別
(2) リスクの重要度の見積り
(3) リスクの発生可能性の評価
(4) リスクに対処する方法の決定

15. 監査人は、企業のリスク評価プロセスが設けられている場合には、これを理解し、その結果を入手しなければならない。

監査人は、経営者が識別していない重要な虚偽表示リスクを識別した場合には、企業のリスク評価プロセスにおいて本来識別されなければならないリスクが存在するかどうかを評価しなければならない。

本来識別されなければならないリスクが存在する場合には、監査人は、なぜ企業のリスク評価プロセスが識別できなかったのかを理解し、その状況に照らして適切であるかどうかを評価、又は企業のリスク評価プロセスに関する内部統制の重要な不備かどうかを判断しなければならない。

16. 監査人は、企業のリスク評価プロセスが全く設けられていない場合又は正式に確立されたプロセスが設けられていない場合には、財務報告に関連する事業上のリスクを識別したかどうか、どのように対処したかを経営者と協議しなければならない。監査人は、正式な企業のリスク評価プロセスが設けられていないことが、その状況において適切であるかどうかを評価し、又はこれが内部統制の重要な不備に相当するのかどうかを判断しなければならない。（A84項参照）

財務報告に関連する情報システム（関連する業務プロセスを含む。）と伝達

17. 監査人は、財務報告に関連する情報システム（関連する業務プロセスを含む。）について理解しなければならない。これには、以下の事項を含む。（A85項からA91項参照）

(1) 財務諸表に重要な影響を与える企業の事業活動に係る取引種類
(2) 取引の開始から、記録、処理、必要に応じた修正、総勘定元帳への転記、財務諸表での報告に至る手続（ITによるものか又は手作業によるものかを問わない。）
(3) 手書きによる記録か電子的記録かを問わず、取引の開始、記録、処理及び報告に使用される会計記録、裏付け情報及び財務諸表での特定の勘定（これには、誤った情報の修正と、情報がどのように総勘定元帳に転記されるかを含む。）
(4) 取引以外で、財務諸表に重要な影響を及ぼす事象の発生や状況を情報システムにより把握する方法
(5) 財務諸表を作成するために用いている財務報告プロセス（重要な会計上の見積りや注記事項を含む。）
(6) 仕訳入力に関する内部統制（非経常的な又は通例でない取引や修正の記録に使用される非定型的な仕訳を含む。）

監査人が理解すべき財務報告に関連する情報システムには、総勘定元帳や補助元帳だけではなく、それ以外の情報システムの注記事項に関連する部分を含めなければならない。

18. 監査人は、財務報告の役割と責任、財務報告に係る重要な事項について、企業がどのように内外に伝達しているかを理解しなければならない。これには、以下の事項を含む。（A92項及びA93項参照）

(1) 経営者と取締役会や監査役等との間の伝達
(2) 規制当局等の外部への伝達

監査に関連する統制活動

19. 監査人は、監査に関連する統制活動を理解しなければならない。

監査に関連する統制活動とは、アサーション・レベルで重要な虚偽表示リスクを評価し、リスク対応手続を立案するために理解が必要であると監査人が判断したものである。監査においては、重要な取引種類、勘定残高及び注記事

項のそれぞれに関する全ての統制活動、又はこれらに関連するアサーションに関する全ての統制活動を理解することが求められているわけではない。(A94項から A101項参照)

20. 監査人は、企業の統制活動の理解に際し、ITに起因するリスクに企業がどのように対応しているかを理解しなければならない。(A102項から A104項参照)

監視活動

21. 監査人は、監査に関連する統制活動に対するものを含め、企業が財務報告に係る内部統制の監視に用いている主要な活動を理解し、どのように内部統制の不備の是正措置を講じているかを理解しなければならない。(A105項から A107項参照)

22. 企業が内部監査機能を有している場合、監査人は、内部監査機能の責任、組織上の位置付け、及び実施された又は実施される予定の業務を理解しなければならない。(A108項から A115項参照)

なお、「監査基準委員会報告書610「内部監査人の作業の利用」第10項において、「内部監査機能」という用語を定義している。

23. 監査人は、企業が監視活動に利用している情報の情報源とともに、経営者が利用している情報が監視活動にとって十分に信頼できると経営者が判断している理由を理解しなければならない。(A116項参照)

3. 重要な虚偽表示リスクの識別と評価

24. 監査人は、リスク対応手続を立案し実施する基礎を得るために、以下の二つのレベルで重要な虚偽表示リスクを識別し評価しなければならない。

(1) 財務諸表全体レベル(A117項から A120項参照)

(2) アサーション・レベル(A121項から A125項参照)

25. 監査人は、重要な虚偽表示リスクを識別し評価するために、以下の事項を実施しなければならない。

(1) 企業及び企業環境(虚偽表示リスクに関連する内部統制を含む。)を理解する過程を通じて、また、取引種類、勘定残高及び注記事項(定性的及び定量的な情報を含む。)を検討することにより、虚偽表示リスクを識別する。(A126項から A130項参照)

(2) 識別した虚偽表示リスクが、財務諸表全体に広く関わりがあり、多くのアサーションに潜在的に影響を及ぼすものであるかどうかを評価する。

(3) 識別した虚偽表示リスクが、アサーション・レベルでどのような虚偽表示になり得るのかを関連付ける。このとき、当該リスクに関連する内部統制を考慮する(運用評価手続の実施を予定している場合)。(A131項から A133項参照)

(4) 複数の虚偽表示につながる可能性も含め、虚偽表示の発生可能性を検討し、潜在的な虚偽表示の影響の度合い(重要な虚偽表示となるかどうか。)を検討する。(A134項参照)

(1) 特別な検討を必要とするリスク

26. 監査人は、第24項に記載しているリスク評価の過程で、監査人の判断により、識別した重要な虚偽表示リスクが特別な検討を必要とするリスクであるかどうかを決定しなければならない。この判断に際して、監査人は、当該リスクに関連する内部統制の影響を考慮してはならない。

27. 監査人は、識別した重要な虚偽表示リスクが特別な検討を必要とするリスクであるかどうかを決定する際、少なくとも以下の事項を考慮しなければならない。(A135項から A139項参照)

(1) 不正リスクであるかどうか。

(2) 特別の配慮を必要とするような最近の重要な経済、会計などの動向と関連しているかどうか。

(3) 取引の複雑性

(4) 関連当事者との重要な取引に係るものであるかどうか。

(5) リスクに関連する財務情報の測定における主観的な判断の程度(特に広範囲にわたって

測定に不確実性がある場合）

(6) 企業の通常の取引過程から外れた取引又は通例でない取引のうち、重要な取引に係るものであるかどうか。

28. 監査人は、特別な検討を必要とするリスクがあると判断した場合には、当該リスクに関連する統制活動を含む内部統制を理解しなければならない。（A140項から A142項参照）

(2) 実証手続のみでは十分かつ適切な監査証拠を入手できないリスク

29. 監査人は、一部のリスクについて、実証手続のみでは、十分かつ適切な監査証拠を入手することができない又は実務的ではないと判断することがある。このようなリスクは、定型的で重要な取引種類又は勘定残高が正確に又は網羅的に記録されていないことや、手作業がほとんど又は全く介在しないことを可能にする高度に自動化された処理の特性に関係していることがある。

この場合には、これらのリスクに対応する内部統制は監査に関連するものであるので、監査人は当該内部統制を理解しなければならない。（A143項から A145項参照）

(3) リスク評価の修正

30. アサーション・レベルの重要な虚偽表示リスクに関する監査人の評価は、監査実施中に入手した他の監査証拠により変更されることがある。

監査人は、リスク対応手続において監査証拠を入手した場合や新しい情報を入手した場合において、当初の評価の基礎となった監査証拠と矛盾するときには、リスク評価を修正し、これに応じて立案したリスク対応手続も修正しなければならない。（A146項参照）

4．監査調書

31. 監査人は、以下の事項を監査調書に記載しなければならない。（A147項から A150項参照）（監査基準委員会報告書230「監査調書」第７項から第10項及び A6項参照）

(1) 監査チーム内での討議（第９項）及び重要な結論

(2) 企業及び企業環境の各々の事項（第10項）と内部統制の各構成要素（第13項から第23項）に関し理解した主な内容、理解に当たって利用した情報の情報源及び実施したリスク評価手続

(3) 識別し評価した財務諸表全体レベルの重要な虚偽表示リスクとアサーション・レベルの重要な虚偽表示リスク（第24項）

(4) 第26項から第29項で要求される事項により識別したリスク及びそのリスクに関連して監査人が理解した内部統制

Ⅲ 適用指針

1．リスク評価手続とこれに関連する活動

（第４項参照）

A1. 内部統制を含む、企業及び企業環境の理解は、監査の過程を通じた継続的かつ累積的な情報の収集、更新及び分析のプロセスである。

内部統制を含む、企業及び企業環境の理解は、例えば、以下の事項について監査人が計画する際の及び監査の過程を通じた職業的専門家としての判断を行う際の枠組みとなるものである。

- 財務諸表の重要な虚偽表示リスクの評価
- 監査基準委員会報告書320「監査の計画及び実施における重要性」に従った監査上の重要性の決定
- 会計方針の選択及び適用の適切性並びに財務諸表の開示の妥当性についての検討
- 特別な監査上の検討を必要とする可能性のある財務諸表の金額又は注記事項に関連する領域の特定（例えば、関連当事者との取引、継続企業の前提に関する経営者の評価又は取引の事業目的との整合性の検討）
- 分析的手続の際に利用する推定値の設定
- 識別した重要な虚偽表示リスクへの対応（十分かつ適切な監査証拠を入手するためのリスク対応手続の立案及び実施を含む。）

・入手した監査証拠の十分性と適切性の評価（会計上の見積りに使用される仮定や、口頭又は書面による経営者の陳述の適切性など）

A2．監査人は、リスク評価手続とこれに関連する活動を実施して入手した情報を、重要な虚偽表示リスクの評価を裏付ける監査証拠として使用することがある。

リスク評価手続において、監査人は、運用評価手続や実証手続として特に計画していなくとも、取引種類、勘定残高及び注記事項並びに関連するアサーションについての監査証拠を入手すること、並びに内部統制の有効性についての監査証拠を入手することがある。また、監査人は、効率的な場合には、リスク評価手続を運用評価手続や実証手続と同時に実施することがある。

A3．監査人は、内部統制を含む、企業及び企業環境の理解の程度を職業的専門家としての判断に基づいて決定する。監査人が主として検討することは、その理解が本報告書に記載した目的に適合する十分なものであるかどうかである。監査人に求められる全体的な理解の程度は、経営者の理解の程度よりも低いものとなる。

A4．評価されるリスクには、誤謬と不正の両方のリスクを含み、いずれも本報告書の対象としている。しかしながら、不正は特に重要であることから、監査基準委員会報告書240「財務諸表監査における不正」には、不正による重要な虚偽表示リスクの識別に利用する情報を入手するために実施するリスク評価手続とこれに関連する活動に関して更に要求される事項と指針を記載している。

A5．監査人は、内部統制を含む、企業及び企業環境の理解の過程（第10項から第23項参照）において、第５項に記載している全てのリスク評価手続の実施が要求されている。ただし、第10項から第23項に記載している事項それぞれに対して、監査人は全てのリスク評価手続を実施することが求められているわけではない。

また、重要な虚偽表示リスクを識別するために有用な情報が入手できる場合には、例えば、以下のようなその他の手続を実施することがある。

・業界誌や経済誌、アナリスト、銀行や格付機関の報告書、又は政府刊行物のような外部の情報源から得た情報の査閲

・顧問弁護士又は企業が利用した鑑定や評価の専門家に対する質問

(1)　経営者、内部監査人及びその他の企業構成員への質問（第５項(1)参照）

A6．監査人は、経営者及び財務報告の責任者に対する質問によって多くの情報を入手する。また、監査人は、内部監査に従事する適切な者（内部監査機能を有する場合）や、その他の企業構成員に対する質問を通じて情報を入手することもある。

A7．その他の企業構成員や異なる階層の従業員への質問を通じて、重要な虚偽表示リスクの識別に関する情報又は異なる見方を入手することもある。例えば、以下の事項がある。

・監査役等への質問は、財務諸表が作成される環境の理解に役立つ。監査基準委員会報告書260「監査役等とのコミュニケーション」では、監査人が監査役等から情報を入手する上での、双方向のコミュニケーションの重要性について記載している。

・複雑な取引又は通例でない取引を開始、処理、若しくは記録している従業員への質問は、このような取引に適用する会計方針の選択及び適用の状況の評価に役立つ。

・法務部門への質問は、訴訟、法令の遵守、不正又は不正の疑いについての認識、製品保証、瑕疵担保責任、共同支配企業などの業務提携形態、契約条項等の情報を提供する。

・マーケティング又は営業担当者への質問は、販売戦略、販売動向又は顧客との販売契約の変更についての情報を提供する。

・リスク管理に従事する者への質問は、財務報告に影響を及ぼす可能性がある事業運営上又は規制上のリスクについての情報を提供する。

・情報システムの担当者への質問は、情報シス

テムの変更、情報システムの不具合や内部統制の逸脱等の情報システムに関連するリスクについての情報を提供する。

A8. 企業及び企業環境の理解は、継続的かつ累積的なプロセスであるため、監査人は監査の過程を通じて質問を行う。

内部監査人への質問

A9. 内部監査に従事する適切な者（企業が内部監査機能を有する場合）への質問は、監査人が企業及び企業環境を理解する際や、財務諸表全体レベル及びアサーション・レベルの重要な虚偽表示リスクを識別し評価する際に、有益な情報をもたらす場合がある。内部監査人は、内部監査の実施を通じて、企業の事業運営や事業上のリスクに関する知識を有していることが多く、また、内部統制の不備等の指摘を行っていることがある。これらの情報は、監査人の企業の理解、監査人のリスク評価又は監査の他の局面において有益なことがある。したがって、監査人の質問は、実施する監査手続の種類若しくは時期を変更するか、又は範囲を縮小するために、監査人が内部監査人の作業を利用するか否かにかかわらず、実施される（内部監査人の作業の利用に関しては監査基準委員会報告書610参照）。

特に、内部監査人から取締役会又は監査役等に報告された事項や、内部監査人が実施したリスク評価プロセスの結果に関する事項についての質問は有益である。

A10. 監査人の質問に対する回答に企業の財務報告や監査に関連する可能性がある指摘事項が含まれる場合、監査人は、関連する内部監査の報告書を通読することが適切かどうかを検討することがある。関連する内部監査の報告書には、例えば、内部監査の方針や計画書、経営者、取締役会又は監査役等のために作成された内部監査の指摘事項を記載した報告書が含まれる。

A11. さらに、監査基準委員会報告書240「財務諸表監査における不正」第18 項に従い、監査人が、不正、不正の疑い又は不正の申立てに関する情報を内部監査人から入手した場合、監査人は、不正による重要な虚偽表示リスクを識別する際に当該情報を考慮する。

A12. 質問の対象となる内部監査に従事する適切な者は、適切な知識、経験及び権限を有すると監査人が判断した者、例えば、内部監査責任者や状況によっては内部監査に従事する他の者となる。監査人は、これらの者と定期的な協議を行うことが適切と考えることがある。

(2) 分析的手続（第５項(2)参照）

A13. リスク評価手続として実施される分析的手続は、監査人が気付いていなかった企業の状況を識別し、評価したリスクへの対応手続の立案と実施に関する基礎を得るための重要な虚偽表示リスクを評価する際に役立つことがある。リスク評価手続として実施される分析的手続は、売上高と売場面積や販売数量の関係などの財務情報と非財務情報の両方の検討を含むことがある。

A14. 分析的手続は、監査上留意すべき通例でない取引又は事象、金額、比率及び傾向の存在を識別するのに有益なことがある。識別された通例でない又は予期せぬ関係は、重要な虚偽表示リスク、特に不正による重要な虚偽表示リスクを監査人が識別する際に役立つことがある。

A15. しかしながら、分析的手続を総括的に集約された情報を用いて行う場合（例えば、リスク評価手続として分析的手続を実施する場合）には、分析的手続の結果は、重要な虚偽表示が存在するか否かについての兆候を示すにすぎない。そのため、このような場合には、重要な虚偽表示リスクの識別に際して収集したその他の情報を、分析的手続の結果とともに検討することが、分析的手続の結果を理解し評価するのに有用なことがある。

小規模企業に特有の考慮事項

A16. 小規模企業の中には、分析的手続のために利用することができる期中又は月次の財務情報を作成していない場合がある。この場合には、監査人は、監査を計画するために限定的な分析的手続を実施するか、又は質問により情報を得ることができるが、当該企業の財務諸表の初期段階の草案を入手した時点で、重要な虚偽表示リスクを識別し評価するための分析的手続の実施を計画することが必要な場合がある。

⑶　観察及び記録や文書の閲覧（第５項⑶参照）

A17．監査人は、観察及び記録や文書の閲覧により、経営者等に対する質問の回答を裏付けたり、企業及び企業環境についての情報を入手することがある。このような監査手続には、例えば、以下の事項がある。

・企業活動の観察
・文書（事業計画書や予算書等）、関連する記録及び内部統制マニュアルの閲覧
・経営者によって作成された四半期財務情報等や取締役会等の議事録の閲覧
・企業の施設や工場設備の視察

⑷　過年度に入手した情報（第８項参照）

A18．監査人は、企業での過去の経験と過年度の監査で実施した監査手続から、以下のような情報を入手することがある。

・過去の虚偽表示及びそれらが適時に修正されたかどうか。
・内部統制（不備を含む。）を含む、企業及び企業環境
・過年度からの企業又は事業運営の重大な変化（これは重要な虚偽表示リスクを識別し評価するために、監査人が当該企業を十分に理解する際に役立つことがある。）
・例えば、その複雑性のため、監査人が必要な監査手続を実施することが困難であった取引、事象又は勘定残高（関連する注記事項を含む。）

A19．監査人が当年度の監査において過年度に入手した情報を利用する場合には、当該情報が当年度においても依然として適合しているかどうかについて判断することが求められる。例えば、統制環境の変化は、過年度に入手した情報の適合性に影響を及ぼすことがある。

監査人は、情報の適合性に影響を及ぼすことがある変化の有無を判断する際には、質問及びその他の適切な監査手続、例えば、関連するシステムのウォークスルーを実施することがある。

⑸　監査チーム内の討議（第９項参照）

A20．財務諸表に重要な虚偽表示が行われる可能性に関して監査チーム内で討議を行うことによって、監査チームメンバーは、以下の事項を行うことが可能になる。

・監査責任者を含む、経験豊富な監査チームメンバーの企業に関する知識と洞察力を共有すること。
・企業が直面している事業上のリスク、及び不正又は誤謬による重要な虚偽表示が財務諸表のどこにどのように行われる可能性があるかについて意見交換すること。
・担当する特定の領域において、財務諸表の重要な虚偽表示が行われる可能性があるかどうかをより良く理解すること、並びに、実施する監査手続の結果が、実施するリスク対応手続の種類、時期及び範囲の決定を含む監査の他の局面にどのように影響を及ぼすことがあるかについて理解すること。
・監査の過程を通じて入手した重要な虚偽表示リスクの評価、又はリスク対応手続に影響を及ぼすことがある新しい情報を伝達し共有すること。

なお、監査基準委員会報告書240は、不正リスクについての監査チーム内の討議に関して更に要求される事項と指針を記載している。（監基報240第14項参照）

A21．第９項で要求される監査チーム内の討議の一環として、適用される財務報告の枠組みにおいて要求される注記事項を検討することは、注記事項に関連する重要な虚偽表示リスクを監査の初期段階において識別するのに役立つ。監査チームが討議する可能性がある事項には、例えば、以下のものが含まれる。

・新たな重要な注記事項又は重要な注記事項の変更をもたらす可能性がある、適用される財務報告の枠組みの改正
・新たな重要な注記事項又は重要な注記事項の

変更をもたらす可能性がある、企業環境、事業活動又は財務状況の変化（例えば、監査対象期間における重要な企業結合）
・過去に十分かつ適切な監査証拠を入手することが困難であった注記事項
・複雑な事項に関する注記事項（例えば、注記事項の要否及びその詳細さについて経営者の重要な判断を伴うものを含む。）

A22. 監査チーム内の討議では、例えば、複数の事業所を複数の監査チームで監査する場合に、全てのメンバーが参加して討議を行うことは必ずしも必要ではなく、実務的でもない。また、監査チームの全てのメンバーに、討議の結論の全てを知らせることも必ずしも必要ではない。

監査責任者は、適切と考える場合には、専門家や構成単位の監査責任者を含む監査チームの主要メンバーと討議を行うが、その一方で、監査チームメンバーにそれぞれ必要と考えられる情報の範囲を考慮に入れて、監査チームの主要メンバーにその他のメンバーとの討議を委ねることがある。監査責任者が同意した監査チーム内の討議に関する計画は、有意義である。

2. 内部統制を含む、企業及び企業環境の理解

2-1　企業及び企業環境

(1)　産業、規制等の外部要因（第10項(1)参照）

産業

A23. 産業に関連する外部要因には、競争的な環境、仕入先や顧客との関係、技術開発等の産業の状況を含んでいる。監査人の検討事項には、例えば、以下の事項がある。
・市場と競争（需要、供給及び価格競争を含む。）
・循環的又は季節的な変動
・企業の製品に関連する生産技術
・エネルギーの供給と価格

A24. 企業が属する産業によっては、事業の性質及び規制等の程度により、特定の重要な虚偽表示リスクが生じることがある。例えば、長期工事契約には、重要な虚偽表示リスクを発生させる収益及び費用の見積りが含まれていることがある。このような場合には、必要な知識と経験を十分に有するメンバーを監査チームに含めることが重要である。（監査基準委員会報告書220「監査業務における品質管理」第13項参照）

規制

A25. 規制に関連する外部要因には、規制環境、特に適用される財務報告の枠組みと法的及び政治的な環境を含んでいる。監査人の考慮事項には、例えば、以下の事項がある。
・会計基準と業界特有の実務
・規制産業に対する規制の枠組み（注記事項に関して要求される事項を含む。）
・企業の事業運営に著しく影響を与える法令（直接的な監督活動を含む。）
・税制（法人税ほか）
・企業の事業に影響を与える政策（例えば、外国為替管理等の金融政策、財政政策、政府の助成金制度のような財務的インセンティブ及び関税や通商制限）
・産業と企業の事業に影響を与える環境規制

A26. 監査基準委員会報告書250「財務諸表監査における法令の検討」には、企業及び企業が属する産業に対して適用される法令に関連する幾つかの特定の要求事項が含まれる。（監基報250第12項参照）

その他の外部要因

A27. 監査人が検討する企業に影響を及ぼすその他の外部要因には、例えば、以下の事項がある。
・一般的な経済情勢
・金利又は資金調達の容易さ
・インフレーション又は通貨価値の改定

(2)　企業の事業活動等（第10項(2)参照）

A28. 企業の事業活動等の理解は、監査人が以下のような事項を理解するのに役立つ。
・企業の構造の複雑性

例えば、多数の所在地に構成単位がある場合など、企業の複雑な構造は、重要な虚偽表示リスクを生じさせる論点につながることが多い。このような論点には、のれん、共同支

配企業、投資又は特別目的事業体が適切に会計処理されているかどうか、及び財務諸表に適切に開示されているかどうかが含まれる。

・所有構造及び所有者とその他の者との関係

関連当事者との取引が適切に識別され、記録され、財務諸表に適切に注記されていることを確かめる際に、所有構造及び所有者とその他の者との関係についての理解が役立つ。監査基準委員会報告書550「関連当事者」には、関連当事者に関連する監査人の考慮事項についての要求事項と適用指針が記載されている。

A29. 企業の事業活動等を理解する際に監査人が検討する事項には、例えば、以下の事項がある。

・事業運営

―収益の源泉、製品又はサービス、及び市場の特徴（例えば、インターネット販売のような電子商取引への参画やマーケティング活動）

―業務の運営（例えば、生産工程と方法、又は環境リスクを伴う活動）

―中長期の事業計画（例えば、環境（E）、社会（S）、ガバナンス（G）を重視するESG投資、持続可能な開発目標（SDGs）の事業に及ぼす影響）

―業務提携、共同支配企業及び外部委託

―地理的分散と事業セグメント

―生産設備、倉庫及び事務所の所在地、並びに棚卸資産の保管場所と数量

―主要顧客及び商品とサービスの主要仕入先、並びに雇用協定（例えば、労働協約、年金などの退職給付、ストック・オプションや業績連動賞与、労働関連法規）

―研究開発活動と支出

―関連当事者との取引

・投資及び投資活動

―計画中か若しくは最近実行された事業買収又は事業売却

―有価証券、貸付金等の投融資と処分

―設備投資

―パートナーシップ、共同支配企業及び特別目的事業体を含む、非連結企業への投資

・財務及び財務活動

―主要な子会社と関係会社（例えば、連結及び非連結の状況）

―負債構成とその関連条件（例えば、オフバランスでの資金調達等の契約とリース契約）

―実質的所有者（国内外、事業の評判と経験）及び関連当事者

―デリバティブ取引の利用状況

・財務報告の実務

―会計基準と、重要な取引種類、勘定残高及び注記事項を含む業界特有の実務（例えば、銀行にとっての融資と投資、製薬業にとっての研究開発）

―収益認識

―公正価値の会計処理

―外貨建資産及び負債並びに取引

―議論のある又は新たな領域における取引を含む、通例でない又は複雑な取引の会計処理（例えば、株式に基づく報酬の会計処理）

A30. 前年度からの企業の重要な変化は、重要な虚偽表示リスクの発生原因となるか、重要な虚偽表示リスクを変化させることがある。

⑶　特別目的事業体（第10項⑵参照）

A31. 特別目的事業体は、一般的に、リース、金融資産の証券化又は研究開発活動など、限定された明確な目的のために設立される事業体である。特別目的事業体は、法人、信託、パートナーシップ又は非法人型の組織の形態を取ることがある。他社が特別目的事業体に資金を提供しているとしても、企業は、自らのために特別目的事業体に資産を譲渡したり、特別目的事業体から資産の利用権を入手したり、又は特別目的事業体にサービスの提供を行ったりすることがある。特別目的事業体は、監査基準委員会報告書550が記載するように、特定の状況においては、企業の関連当事者である場合がある。（監基報550のA7項参照）

A32. 適用される財務報告の枠組みは、特別目的事業体を支配していると判断する具体的な条件

や、連結対象とすべき状況について明記していることが多い。そのような枠組みにおいて要求されている事項の適用にあたっては、特別目的事業体が関与している契約についての詳細な情報が必要とされることが多い。

(4) 企業の会計方針の選択及び適用（第10項(3)参照）

A33. 企業の会計方針の選択及び適用に関する理解には、例えば、以下の事項が含まれることがある。

・重要かつ通例でない取引の会計処理方法
・確立された指針等がない、議論のある又は新たな領域における重要な会計方針への影響
・会計方針の変更
・企業に新たに適用される会計基準及び法令、並びにその適用時期及び適用方法

(5) 企業目的及び戦略並びにこれらに関連する事業上のリスク（第10項(4)参照）

A34. 企業は、産業、規制その他の内外の要因に沿って事業を行っている。これらの要因に対応するため、企業の経営者等は企業目的を定義し、これが企業の全般的な計画となる。戦略は、経営者が企業目的を達成するための方法である。

企業の目的と戦略は、時とともに変化する。

A35. 事業上のリスクは、財務諸表の重要な虚偽表示リスクを含み、これよりも広義のリスクである。

事業上のリスクは、変化又は複雑性に起因して生じることがある。また、変化に対応する必要性を認識しないこともリスクとなることがある。

事業上のリスクは、例えば、以下の事項により発生することがある。

・新製品又はサービスの開発に失敗すること
・新製品又はサービスの開発に成功したとしても、市場で販売する段階で、市場がいまだ十分に成熟していないため販売が伸び悩むこと
・製品やサービスの欠陥により法的責任が生じ、又は評判に傷がつくこと

A36. 事業上のリスクの多くは財務諸表に影響を与えるため、企業が直面する事業上のリスクを理解することは、重要な虚偽表示リスクを識別する可能性を高める。

しかしながら、全ての事業上のリスクが必ずしも重要な虚偽表示リスクとなるわけではないので、監査人は全ての事業上のリスクを識別し評価する責任を負うものではない。

A37. 企業目的及び戦略並びに財務諸表の重要な虚偽表示リスクとなる可能性のある関連する事業上のリスクを理解する際に、監査人が検討することがある事項には、例えば、以下が含まれる。なお、括弧内はこれに関連する事業上のリスクの例示である。

・産業の発展（産業変化に対処できる人材や経験が企業にないこと）
・新しい製品やサービス（製造物責任の増加）
・事業の拡大(需要を正確に予測できないこと）
・新しい会計基準（不完全又は不適切な導入、対応するための費用の増加）
・法的な要求事項（増加する法的リスク）
・現在又は将来の資金需要（見込まれる需要に対応できないために生じる財務損失）
・ITの利用（システムとプロセスの不整合）
・戦略の導入の影響、特に新たな会計上の対応が必要となるような影響（不完全又は不適切な導入）

A38. 事業上のリスクには、直ちにアサーション・レベルの重要な虚偽表示リスクにつながるものもあれば、財務諸表全体レベルの重要な虚偽表示リスクにつながるものもある。

例えば、顧客基盤の縮小から生じる事業上のリスクは、売掛金の評価についての重要な虚偽表示リスクを高める可能性がある（アサーションに与える影響)。しかし、経済全体が停滞している場合には、同じリスクがより長期的な影響をもたらすことがあり、監査人は継続企業の前提の妥当性を検討する際に、その影響を考慮する(財務諸表全体に与える影響)。したがって、監査人は、事業上のリスクが重要な虚偽表示リスクとなる可能性があるかどうかについて、企

業の状況を考慮した上で検討する必要がある。

付録２には、重要な虚偽表示リスクを示唆する状況と事象を例示している。

A39．通常、経営者は事業上のリスクを識別し、これに対応するためのアプローチを策定する。このような企業のリスク評価プロセスは、内部統制の一部であり、第14項、A75項及びA76項で記載している。

⑹　企業の業績の測定と検討（第10項⑸参照）

A40．経営者及び企業内外の者は、重要とみなした業績を測定して検討する。

業績の測定は、企業内外を問わず、企業にプレッシャーを与える。これらのプレッシャーは、経営者に、業績の改善策を講じる動機付けとなることもあるが、財務諸表の虚偽表示を行う動機となることもある。

したがって、企業の業績の測定についての理解は、不正による場合を含め、業績目標の達成に対するプレッシャーが重要な虚偽表示リスクを高めるような経営者の行動という結果になることがあるかどうかを監査人が検討する際に役立つ。（不正リスクに関連する指針については監基報240を参照）

A41．業績の測定と検討の目的は、監視活動（A105項からA116項参照）の目的と重複することがあるが、以下のとおり同じものではない。

・業績の測定と検討は、業績が経営者（又は第三者）の設定した目標に沿っているかどうかに着目している。

・監視活動は、特に内部統制の運用状況の有効性に着目している。

しかし、業績の測定と検討に用いられる業績指標は、経営者が内部統制の不備を識別する情報を提供する場合もある。

A42．業績の測定と検討のために、経営者が使用し監査人が検討することがある、企業内部で作成された情報には、以下のような事項を含む。

・主要な業績指標（財務及び非財務）、主要比率、趨勢及び業務運営上の統計数値

・業績の期間比較分析

・予算、予測、差異分析、セグメント情報及び事業部又は他の組織レベルでの業績報告

・従業員の業績評価とインセンティブ報酬に関する方針

・競合企業との業績比較

A43．企業の外部でも業績の測定と検討を行うことがある。例えば、アナリストや格付機関の報告書のような外部情報は、監査人に有益な情報を提供することがある。このような報告書は、被監査会社から入手できることも多い。

A44．企業内部における業績の測定は、原因を判断して是正措置を取ること（時として虚偽表示の適時な発見と修正を含む。）を経営者に求めるような、予期しない結果や傾向を明らかにすることがある。

また、業績の測定は、関連する財務諸表上の虚偽表示リスクの存在を監査人に示すことがある。例えば、同業他社との比較によって企業の異常な急成長や異常な収益率に気が付くことがある。このような場合には、特に、業績連動賞与やインセンティブ報酬等のようなその他の要素と合わせると、財務諸表の作成において経営者の偏向が存在する潜在的なリスクを示している可能性がある。

小規模企業に特有の考慮事項

A45．小規模企業は、企業の業績を測定し検討するプロセスを有していないことが多い。

経営者への質問により、経営者が業績を評価して適切な行動を取るために一定の主要指標に依拠していることが明らかになる場合がある。質問により経営者が業績を測定し又は検討していないことが明らかになった場合には、虚偽表示が発見され修正されないリスクが高まることがある。

2-2　内部統制

A46．内部統制の理解は、監査人が、潜在的な虚偽表示の種類と重要な虚偽表示リスクに影響する要素を識別し、実施するリスク対応手続の種類、時期及び範囲を立案することに役立つ。

A47．内部統制に関する適用指針は、以下の四つ

の区分で記載している。

・内部統制の一般的な性質と特性
・監査に関連する内部統制
・内部統制の理解の内容と程度
・内部統制の構成要素

(1) 内部統制の一般的な性質と特性（第11項参照）

内部統制の意義

A48. 内部統制は、以下に関する企業目的の達成を妨げるおそれがあると識別した事業上のリスクに対応するために整備及び運用されている。

・企業の財務報告の信頼性
・事業経営の有効性と効率性
・事業経営に係る適用される法令の遵守

内部統制の整備及び運用の方法は、企業の規模や複雑性により異なっている。

小規模企業に特有の考慮事項

A49. 小規模企業では、内部統制の目的達成のために非公式な方法やより簡素な仕組み及び手続が用いられることがある。

内部統制の限界

A50. 内部統制は、いかに有効であっても、企業の財務報告の信頼性を確保するという目的の達成について企業に合理的な保証を提供するにすぎない。

財務報告の信頼性を確保する目的を達成する可能性は、内部統制の固有の限界により影響を受ける。これには、意思決定時の判断誤りや、過失により内部統制が機能しなくなる場合が含まれる。

例えば、内部統制のデザインやその変更において、不備が発生する可能性がある。同様に、内部統制目的で作成された情報（例えば、例外処理報告書）が、当該情報の検討に責任を有する者がその目的を理解していないこと又は適切な行動を取らなかったことにより、効果的に使用されなかった場合には、内部統制は有効に機能しないことがある。

A51. 内部統制は、共謀による場合、又は経営者が不当に内部統制を無効化した場合にも、本来の機能を果たせなくなる。例えば、経営者が、正規の承認を受けることなく標準的な販売契約の取引条件を変更する付帯契約を顧客と結ぶような場合には、結果的に不適切な収益認識につながることもある。また、特定の与信限度を超える取引を識別し報告するソフトウェア内のエディット・チェックによる内部統制が、経営者により無効にされてしまうことがある。

A52. さらに、内部統制のデザイン及び業務への適用に際し、経営者は、業務に適用する内部統制の種類と程度やその適用の前提となるリスクの種類と程度に関する判断を行うことがある。

小規模企業に特有の考慮事項

A53. 小規模企業は、従業員が少数のため、適切な職務の分離を有効に実施することができない場合が多い。

しかし、オーナー経営の小規模企業では、オーナー経営者（企業の所有者であり、かつ、日々の事業運営に関与している者）は、大規模企業に比べより効果的に監督することが可能な場合があり、限られた職務の分離を補完することがある。

A54. 他方、小規模企業の内部統制は非公式な方法やより簡素な仕組み及び手続であることが多いため、オーナー経営者は、内部統制を無効化することが容易になる。監査人は、不正による重要な虚偽表示リスクを識別する場合には、この点を考慮に入れる。

内部統制の構成要素への分割

A55. 内部統制を、本報告書の目的に応じて、以下の五つの構成要素に分割することは、内部統制の異なる局面がどのように監査に影響するかについて、監査人に有益な枠組みを提供する。

(1) 統制環境
(2) 企業のリスク評価プロセス
(3) 財務報告に関連する情報システム（関連する業務プロセスを含む。）と伝達
(4) 統制活動
(5) 監視活動

この五つの構成要素は、必ずしも、企業がどのように内部統制を整備及び運用しているか又はある内部統制がどの構成要素に分類されるか

を表しているわけではない。監査人は、五つの構成要素の内容が網羅されている場合は、内部統制の様々な局面や監査への影響を検討するために、本報告書に記載したもの以外の異なった用語や枠組みを使用することも可能である。

A56. 監査に関係する、内部統制の五つの構成要素に関連する適用指針は、A72項からA116項に記載している。付録1には、これらの内部統制の構成要素の詳細な説明がある。

監査人のリスク評価に関連する手作業による又は自動化された内部統制の特徴

A57. 企業の内部統制には、手作業によるものがあるが、自動化されたものも多い。手作業による又は自動化された内部統制の特徴が監査人のリスク評価やリスク対応手続に影響を及ぼすこととなる。

A58. 手作業による又は自動化された内部統制を利用するかにより、取引の開始から記録、処理、報告に至るまでの手続が影響を受ける。

・手作業による内部統制には、取引の承認、査閲、調整項目の調整手続や追跡調査等の手続を含むことがある。しかし、企業によっては、取引の開始から記録、処理、報告に至るまでの手続を自動化することがある。このような場合には、関連する会計記録等は、紙ではなく電子的に記録される。

・ITを利用した情報システムにおける内部統制は、あらかじめコンピュータ・プログラムに組み込まれた内部統制のように自動化された内部統制と手作業による内部統制の組合せから構成されている。さらに、手作業による内部統制には、ITに依存しないものもあれば、ITを利用した情報システムによって作成された情報を使用するものもある。また、手作業による内部統制の範囲が、ITや自動化された内部統制が有効に機能しているかを監視することや、例外処理に限定されている場合もある。ITが取引の開始から記録、処理、報告に至るまでの手続や財務諸表に含まれるその他の財務情報に利用されている場合には、ITを利用した情報システムやプログラムに、重要な勘定科目に係るアサーションに関連する内部統制が含まれることがある。また、そのような情報システムやプログラムはITに依存した手作業による内部統制が有効に機能するための前提となっていることが多い。

手作業による又は自動化された内部統制の組合せの状況は、企業が利用しているITの内容や複雑性によって異なる。

A59. 一般にITには、内部統制に対して、以下に掲げるような利点がある。

・大量の取引やデータを処理する場合であっても、あらかじめ定められた方針や規定に従い一貫して処理し、複雑な計算を実行できる。

・情報の適時性、可用性及び正確性を高める。

・情報の追加的な分析を容易にする。

・企業の活動状況と企業の方針及び手続を監視する能力を高める。

・内部統制の適用を回避してしまうリスクを抑える。

・アプリケーション・システム、データベース及びオペレーティング・システム内にセキュリティ・コントロールを導入することにより、適切な職務の分離を維持・確保することができる。

A60. ITは、例えば、以下に掲げるような特有のリスクを内部統制にもたらす。

・不正確なデータをそのまま処理してしまう、正確なデータを誤って処理してしまう、又はその両方を行ってしまうシステム若しくはプログラムへの依拠

・データの破壊や、未承認若しくは実在しない取引の記録又は取引の誤った記録等のデータの改竄につながる可能性がある適切な権限を有しない者によるデータへのアクセス。複数の利用者が共通のデータベースにアクセスするような場合にこのようなリスクは高まる。

・IT担当者が職務の分離によって割り当てられた権限を越えるアクセス権を有している可能性

・マスター・ファイル内のデータの未承認の変更

・システム又はプログラムの未承認の変更
・システム又はプログラムの必要な変更の不備
・不適切な手作業の介在
・データの消失又は必要なデータにアクセスできない可能性

A61. 例えば、以下の状況のように、適切な判断や裁量が必要とされる場合には、手作業による内部統制の方が適切となることがある。
・多額な取引、通例でない取引、又は非経常的な取引
・あらかじめ定義したり、想定したりすることが困難な誤りが発生する状況
・既存の自動化された内部統制が想定していない状況の発生
・自動化された内部統制の有効性の監視活動

A62. 手作業による内部統制は容易に回避、無視又は無効化することができ、また単純な間違いを起こしやすいため、一般的に、自動化された内部統制ほど信頼性は高くない。このため、手作業による内部統制が首尾一貫して適用される保証はなく、手作業の内部統制は、以下のような場合には必ずしも適していないことがある。
・大量の若しくは反復して発生する取引が行われている場合、又は想定される誤りを自動化されたパラメータによって防止若しくは発見・是正できる場合
・統制活動を適切に構築し自動化することができるような明確な方法が存在する場合

A63. 内部統制上のリスクの範囲と性質は、企業の情報システムの内容や特性によって異なる。企業は、自らの情報システムの特性を考慮に入れた有効な内部統制を確立することによって、IT 又は手作業の内部統制の利用から生ずるリスクに対応する。

(2) 監査に関連する内部統制

A64. 企業目的と、その達成を合理的に保証するために業務に適用されている内部統制との間には、直接的な関係がある。企業目的と内部統制は、企業の財務報告の信頼性を確保し、事業経営の有効性と効率性を高め、事業経営に係る法令の遵守を促すことに関係しているが、企業目的や内部統制の全てが監査人のリスク評価に関連しているわけではない。

A65. 内部統制が、単独で又は他のいくつかとの組合せで、監査に関連しているかどうかは、監査人の職業的専門家としての判断であり、その判断に関連する要因には、以下のような事項を含む場合がある。
・重要性
・関連するリスクの重要度
・企業の規模
・組織形態や所有形態を含む事業の性質
・事業の多様性と複雑性
・適用される法令や規制
・企業環境と適用される内部統制の構成要素
・内部統制の一部を構成するシステム（受託会社の利用を含む。）の性質と複雑性
・重要な虚偽表示を、防止又は発見・是正している特定の内部統制の有無（単独又は他のいくつかとの組合せ）及びその方法

A66. 企業が作成する情報の網羅性や正確性に対する内部統制も、監査人がリスク対応手続の立案や実施のために企業から入手した情報を利用しようとする場合には、監査に関連する可能性がある。

事業経営の有効性と効率性を高める目的と事業経営に係る法令の遵守を促す目的に関連する内部統制は、監査人が監査手続の適用の際に評価又は利用する情報に関係している場合には、監査に関連する。

A67. 資産の未承認の取得、使用又は処分を防止するための資産の保全に関する内部統制は、事業経営の有効性と効率性を高める目的と財務報告の信頼性を確保する目的の両方に関連する内部統制を含むことがある。監査人による資産の保全のための内部統制についての検討は、一般に財務報告の信頼性に関係する部分に限定される。

A68. 企業には、一般に企業目的に関連するが監査には関連せず、監査人が検討する必要のない内部統制もある。例えば、企業は、効率的で有

効な業務運営をもたらす高度に自動化された内部統制（例えば、航空会社の運航管理を維持する自動化された内部統制）に依拠する場合があるが、これらの内部統制は通常監査に関連しない。

また、内部統制は、企業全体、又は一部の事業単位や業務プロセスごとに適用されるが、企業の全ての事業単位や業務プロセスの内部統制の理解が必ずしも監査に必要なわけではない。

(3)　内部統制の理解の内容と程度（第12項参照）

A69. 内部統制のデザインの評価は、内部統制が単独で又は他のいくつかの内部統制との組合せで、重要な虚偽表示を有効に防止又は発見・是正できるかどうかを検討することを含む。内部統制が業務に適用されているということは、内部統制が存在し、実際に企業が利用していることを意味している。

デザインが有効でない内部統制について、業務への適用を評価することは、監査上意義がないので、内部統制のデザインが最初に検討される。不適切にデザインされた内部統制は、内部統制の重要な不備となることがある。

A70. 内部統制のデザインと業務への適用についての監査証拠を入手するためのリスク評価手続には、以下の事項を含むことがある。

・企業の担当者への質問
・特定の内部統制の適用状況の観察
・文書や報告書の閲覧
・財務報告に関連する情報システムを介した取引のウォークスルー

質問のみでは、内部統制のデザインと業務への適用についてのリスク評価手続の目的には十分ではない。

A71. 継続して一貫した業務処理が行われる自動化された内部統制が業務に適用されている場合を除き、内部統制の理解だけでは、運用評価手続としては十分ではない。例えば、手作業による内部統制が一定時点において業務に適用されているという監査証拠を入手したとしても、監査対象期間の他の時点で内部統制が有効に運用されていたという監査証拠とはならない。

しかしながら、全般統制（例えば、プログラム変更に対するもの）に関する監査人のデザイン及び運用の有効性の評価の結果にもよるが、処理に一貫性があるというIT固有の性質（A52項参照）により、自動化された内部統制が業務に適用されているかどうかを判断するための監査手続が、運用評価手続として利用できる場合がある。運用評価手続に関するより詳細な指針については、監査基準委員会報告書330「評価したリスクに対応する監査人の手続」に記載している。

(4)　内部統制の構成要素－統制環境（第13項参照）

A72. 統制環境には、ガバナンス及び経営の機能と、企業の内部統制及びその重要度に対する経営者、取締役会並びに監査役等の態度や姿勢並びに実際の行動が含まれる。統制環境は、内部統制に対する従業員の意識に影響を与え、社風を形成する。

A73. 統制環境の理解に際しては、以下に記載した統制環境の各要素が関連することがある。

(1)　誠実性と倫理観の伝達と定着

誠実性と倫理観は統制環境の基本的要素であり、内部統制のデザイン、運営及び監視に影響を及ぼす。

(2)　職務遂行に必要な能力の定義

特定の職務に必要となる能力のレベルと、当該レベルに必要な技能や知識をどのように明確にするかについての経営者の検討などの事項

(3)　取締役会や監査役等の参画

取締役会や監査役等の以下のような姿勢

・経営者からの独立
・経験や見識
・関与の範囲と入手している情報の程度及び監視活動
・経営者に対して行う経営判断に関する質問の程度、内部監査部門や監査人との連携を含む活動の適切性

(4) 経営理念と経営方針

経営者の以下のような特色

・事業上のリスクを管理する方法

・財務報告に対する考え方

・情報処理部門や経理部門の機能とその担当者に対する姿勢

(5) 組織構造

企業目的を達成するために企業活動を計画・実行し管理し、見直しを行うための枠組みである。

(6) 権限と責任の付与

業務活動に対する権限と責任がどのように付与され、承認と報告の指揮命令系統がどのように構築されているかが含まれる。

(7) 人事に関する方針と管理

人事に関する方針と管理には、採用、教育研修、評価制度、カウンセリング制度、昇進、給与体系、懲戒制度等が含まれる。

統制環境の各要素に対する監査証拠

A74. 関連する監査証拠は、質問と聴取した内容を裏付ける文書の閲覧や観察などのその他のリスク評価手続とを組み合わせて実施することにより、入手される場合がある。

例えば、監査人は、経営者と従業員への質問を通じて、企業経営に対する考え方や倫理的行動についての見解を経営者がどのように従業員に伝達しているかを知ることがある。

監査人は、さらに、関連する内部統制が業務に適用されているかどうかを、例えば、以下の事項を検討して判断する場合がある。

・経営者が正式な行動規範を策定しているかどうか。

・経営者が実際にその規範に準拠して行動しているか。

A75. 監査人は、監査に関連する内部統制において識別された不備に関して、内部監査人からの指摘や提言に対して経営者がどのように対応しているかを検討する場合がある。これには、経営者により行われた是正措置の実施状況及び内部監査人による是正措置の評価が含まれる。

重要な虚偽表示リスクの評価に統制環境が与える影響

A76. 統制環境の一部の要素は、重要な虚偽表示リスクの評価に広範な影響を及ぼす。

例えば、取締役会や監査役等の役割の一つが、市場からの要求や報酬体系から生ずる財務報告に関わるプレッシャーを受けている経営者を牽制することにあるため、企業の統制に対する姿勢は、取締役会や監査役等によって著しい影響を受ける。

取締役会や監査役等の参画に関連する統制環境のデザインの有効性は、以下のような事項によって影響を受ける。

・取締役会や監査役等の経営者からの独立性や経営者の行動を評価する能力

・取締役会や監査役等が企業の事業や取引を理解しているかどうか。

・取締役会や監査役等が、財務諸表が適用される財務報告の枠組みに従って作成されているか否かをどの程度評価しているか。これには、財務諸表において注記事項が適切に行われているかどうかが含まれる。

A77. 活動的で独立した取締役会や監査役等が、経営者の経営理念や経営方針に影響を及ぼすことがある。

しかし、その他の要素の影響はより限定的なこともある。例えば、必要な能力のある財務、会計及びIT 担当者を雇用する人事方針と管理は、財務情報の処理における誤謬のリスクを抑えることがあるとしても、これらが利益を過大に計上しようとする上級経営者の強い意図を必ずしも和らげるものではない。

A78. 有効な統制環境の存在は、重要な虚偽表示リスクを評価する際に、肯定的な判断材料を提供する。

有効な統制環境は不正を完全に排除するものではないが、不正リスクの軽減に役立つことがある。反対に、統制環境の不備は、特に不正に関連して、内部統制の有効性を損ねることがある。例えば、経営者がIT セキュリティのリスクに十分対応できる経営資源を確保しない場合には、コンピュータ・プログラムやデータの改竄や未承認の取引の処理を可能にし、内部統制に悪影響を及ぼすことがある。

統制環境は、監査基準委員会報告書330に記載しているように、実施するリスク対応手続の種類、時期及び範囲にも影響を及ぼす。（監基報330第11項参照）

A79．統制環境自体は、重要な虚偽表示を防止又は発見・是正するものではない。しかしながら、統制環境は、他の内部統制（例えば、監視活動と特定の統制活動の運用状況）の有効性と監査人による重要な虚偽表示リスクの評価に影響を及ぼすことがある。

小規模企業に特有の考慮事項

A80．小規模企業の統制環境は、大規模企業の統制環境と異なることが多い。例えば、小規模企業における取締役会や監査役等は、社外の者を含んでいないことがあるし、オーナー経営の場合には、オーナー経営者が直接にガバナンスの役割を担っている場合がある。また、統制環境は、その他の内部統制の重要度及びその欠如に影響を及ぼす場合がある。例えば、オーナー経営者の積極的な関与は、小規模企業における職務の分離の欠如より生ずるリスクを抑える場合がある。しかしながら、オーナー経営者の積極的な関与は、例えば、経営者による内部統制を無効化するリスクを高めることがある。

A81．また、統制環境の各要素についての監査証拠は、特に経営者と従業員との間の意思疎通が正式な形で行われないことが多い小規模企業では文書化された形で入手できない場合があるが、統制環境は有効なことがある。例えば、小規模企業では、文書化された行動規範はないが、その代わりに口頭による伝達や経営者による実践を通じて、誠実性と倫理的行動の重要性を重視する企業文化を醸成していることがある。

A82．その結果、経営者又はオーナー経営者の態度、認識及び行動が、小規模企業の統制環境の監査人の理解にとって、特に重要となる。

(5)　内部統制の構成要素－企業のリスク評価プロセス（第14項参照）

A83．企業のリスク評価プロセスは、管理の対象とすべきリスクを経営者がどのように決定するかの基礎となる。企業のリスク評価プロセスは、企業の内容、規模及びその複雑性を含むその環境にとって適切である場合には、監査人の重要な虚偽表示リスクの識別に役立つ。

企業のリスク評価プロセスがその環境において適切であるか否かは、監査人の判断事項である。

小規模企業に特有の考慮事項

A84．小規模企業においては、確立された企業のリスク評価プロセスが存在しないことが多い。このような場合、経営者は事業への直接的な関与により、リスクを識別することが多い。このような状況でも、経営者に、識別したリスクと当該リスクにどのように対処したかを質問することは必要である。

(6)　内部統制の構成要素－財務報告に関連する情報システム（関連する業務プロセスを含む。）と伝達

財務報告に関連する情報システム（関連する業務プロセスを含む。）（第17項参照）

A85．会計システムを含む、財務報告に関連する情報システムは、以下の事項をデザインし構築するための手続と記録から構成されている。

・企業の取引や会計事象を開始、記録、処理及び報告し、並びに資産、負債及び純資産を適正に計上すること
・取引の誤処理を解消すること（例えば、保留ファイルの自動処理による作成と、保留項目を適時に処理するフォロー手続）
・システムによる無効化又は内部統制の回避を調査し報告すること
・取引処理システムから総勘定元帳に情報を転送すること
・取引以外の財務報告に関連する事象や状況に関する情報を把握すること（例えば、資産の減価償却、及び売掛金の回収可能性の見直し

など)
・適用される財務報告の枠組みにより開示を要求される情報が、収集、記録、処理、要約され、財務諸表上で適切に報告されることを確かめること

A86. 財務諸表には総勘定元帳や補助元帳以外から入手した情報が開示される場合がある。そのような情報には、例えば以下のものがある。
・リース契約に関する情報(例えば、将来の支払リース料)
・企業のリスク管理システムにより作成された情報
・経営者が利用する専門家が作成した公正価値(時価を含む。)に関する情報
・会計上の見積りに使用されたモデル等に用いられる情報。これには以下のような、モデル等で使用された基礎データ及び仮定が含まれる。
　―資産の耐用年数に影響を及ぼす可能性がある社内で立てた仮定
　―企業の影響が及ばない要因により変動するデータ(例えば、金利)
・経営者が代替的な仮定を検討したことを示す感応度分析に関する情報
・企業の税務申告及び税務に関連する情報
・継続企業の前提に関する経営者の評価を裏付けるために実施された分析から得られた情報。例えば、継続企業の前提に重要な不確実性が認められた場合、又は継続企業の前提に重要な不確実性は認められないが、重要な疑義を生じさせるような事象若しくは状況が識別された場合、適用される財務報告の枠組みに基づいて財務諸表に開示される情報。(監査基準委員会報告書570「継続企業」第18項及び第19項参照)

A87. 第17項で求められている財務報告に関連する情報システムの理解の範囲は、監査人の職業的専門家としての判断に基づいて決定される事項である。財務諸表に開示される情報には総勘定元帳や補助元帳からだけではなく、それ以外から得られる情報も含まれるため、監査人が理解すべき財務報告に関連する情報システムには、総勘定元帳や補助元帳以外の情報システムのうち、注記事項に関連する部分が含まれる。例えば、企業の財務諸表の特定の金額又は開示(例えば、信用リスク、流動性リスク及び市場リスク)は企業のリスク管理システムから得られる情報に基づく場合がある。しかしながら、監査人はリスク管理システムの全てを理解することまでは求められておらず、どこまで理解する必要があるかを決めるのは職業的専門家としての判断による。

仕訳入力

A88. 一般に、企業の情報システムにおいて、販売、購買及び支払といった経常的な取引を帳簿に記録するために、又は売掛債権の回収不能見積額の見直しのような経営者が定期的に行う会計上の見積りを記録するために、反復して必要とされる定型的な仕訳が入力される。

A89. また、企業の財務報告プロセスには、非経常的な取引、通例でない取引又は修正のための非定型的な仕訳入力も含まれる。このような仕訳入力の例としては、連結修正、企業結合や事業廃止、固定資産の減損のような非経常的な見積りに関する仕訳入力がある。

手作業中心の帳簿体系では、非定型的な仕訳入力は、元帳、仕訳帳、証憑書類等の閲覧により識別できる場合がある。

自動化された手続により帳簿が作成され、財務諸表の作成が行われている場合には、このような仕訳入力は、電子的情報のみで存在するため、コンピュータ利用監査技法(CAAT)の利用により容易に識別できる場合がある。

関連する業務プロセス

A90. 企業の業務プロセスは、以下の事項のためにデザインされた活動である。
・製品やサービスの開発、購買、生産、販売及び流通
・法令の遵守の確保
・情報の記録(会計と財務報告の情報を含む。)

業務プロセスのフローは、情報システムによって記録、処理、報告されることにより、取

引として認識される。企業の業務プロセス（取引がどのようにその中で発生するかを含む。）の理解は、財務報告に関連する情報システムを、監査人が企業の状況に応じて理解することに役立つ。

小規模企業に特有の考慮事項

A91．小規模企業の財務報告に関連する情報システム（総勘定元帳や補助元帳だけでなく、それ以外の情報システムのうち注記事項に関連する部分を含む。）と関連する業務プロセスは、大規模企業よりも精緻でないことがあるが、これらの役割は同様に重要である。

経営者が積極的に関与する小規模企業では、広範囲にわたる会計手続の記述、精緻な会計記録、又は文書による方針を必要としないことがある。したがって、小規模企業の監査では、財務報告に関連する企業の情報システムの理解は、通常容易であり、書類や文書の査閲より質問で行われることが多い。ただし、企業のシステムとプロセスを理解することは重要である。

伝達（第18項参照）

A92．財務報告の役割と責任及びこれに関係する重要な事項に関しての伝達は、財務報告に関連する内部統制に関する個々の役割と責任を理解させることに関係している。

この伝達には、財務報告に関連する情報システムにおいて、企業構成員が自らの行動と他の企業構成員の仕事との関連をどの程度理解しているか、企業内の適切な上位者に対して例外事項をどのように報告するかも含んでいる。伝達は、財務報告の規定やマニュアルのような様式をとることがある。

自由闊達な雰囲気や風土は、例外事項の報告とこれに対する行動が行われることに役立つ。

小規模企業に特有の考慮事項

A93．小規模企業における伝達は、責任の階層が少なく、経営者の目が行き届くことから、大規模企業と比べて組織化されていないが、その目的の達成は容易な場合がある。

⑺　**内部統制の構成要素－統制活動**（第19項参照）

A94．統制活動は、経営者自らの指示が適切に実行されることの確保に役立つ方針及び手続である。統制活動は、ITを利用したものであるか手作業によるものであるかを問わず、様々な目的を持ち、組織のあらゆる階層と部署に適用されるものである。統制活動には、例えば以下の事項がある。

・承認
・業績の検討
・情報処理
・資産の保全
・職務の分離

A95．監査に関連する統制活動は、以下の事項がある。

・第28項及び第29項で要求される、特別な検討を必要とするリスクに関連する統制活動、及び実証手続のみでは十分かつ適切な監査証拠を入手することができないリスクに関連する統制活動
・監査人の判断により、監査に関連していると認識した統制活動

A96．統制活動が監査に関連しているかどうかについての監査人の判断は、監査人が重要な虚偽表示を生じさせる可能性があると識別したリスクに影響される。また、実証手続の範囲の決定に際して、監査人が内部統制の運用状況の有効性を検討する運用評価手続の実施が適切であると考えるかどうかにも影響される。

A97．監査人は、重要な虚偽表示リスクの程度が高いと判断する領域に対応する統制活動の識別と理解を重視する場合がある。複数の統制活動が、同一の目的の達成に寄与するような場合には、その目的に関連する全ての統制活動それぞれを理解する必要はない。

A98．監査に関連する統制活動には、勘定残高や取引に関連する重要な虚偽表示リスクに対応する統制活動に加え、適用される財務報告の枠組みに準拠して注記を適切に行うための統制活動を含むことがある。そのような統制活動は、総勘定元帳や補助元帳以外から入手した財務諸表

に含まれる情報に関連することがある。

A99. 内部統制のその他の構成要素の理解の過程で得た統制活動の有無についての監査人の知識は、監査人が統制活動をさらに理解する必要があるかどうかを判断する際に役立つ。

小規模企業に特有の考慮事項

A100. 小規模企業における統制活動の本質は、大規模企業のものと同様であるが、運用形態は様々である。

さらに、小規模企業では、経営者自らが実施する内部統制があるので、特定の種類の統制活動は適合しないと判断することがある。例えば、顧客への信用枠の付与や、重要な購買の承認を経営者自らが行うことは、重要な勘定残高や取引に関して強力な統制となり、より詳細な統制活動の必要性を低下、又はなくす。

A101. 小規模企業の監査に関連する統制活動は、収益、購買と人件費のような主要な取引サイクルと関連することが多い。

ITに起因するリスク（第20項参照）

A102. ITの利用は、統制活動の形態に影響を及ぼす。監査上は、関連する全般統制と業務処理統制を含め、ITを利用した情報システムに対する内部統制が、正確で網羅的な情報の適時の提供と、システムにより処理されるデータのセキュリティを保持している場合、有効であると判断される。

A103. 全般統制は、多くのアプリケーションに関係する方針及び手続であり、業務処理統制が有効に機能することを支えるものである。全般統制は、メインフレーム、サーバー、及びエンドユーザー・コンピューティング等どのような環境に対しても適用される。

情報の正確性、網羅性及び適時性並びに情報のセキュリティを保持するための全般統制には、通常、以下の事項に対する内部統制が含まれる。

・データ・センターとネットワークの運用
・システム・ソフトウェアの取得、変更及び保守
・プログラム変更
・アクセス・セキュリティ
・アプリケーションの取得、開発及び保守

これらは一般的に、A53項に記載しているリスクに対処するために導入されている。

A104. 業務処理統制は、通常、業務プロセスにおいて、個々のアプリケーションによる取引の処理に適用される手続であり、手作業による場合とプログラムに組み込まれて自動化されている場合とがある。

業務処理統制は防止的、発見的のいずれの種類もあり、会計記録が正確で網羅的な情報を適時に把握していることを確保するためにデザインされるものである。したがって、業務処理統制は、取引やその他の財務情報の開始から記録、処理、報告に至るまでの手続に関係し、発生した取引が承認され、網羅的かつ正確に記録・処理されることを担保する。例えば、入力データのエディット・チェックや、手作業での例外処理報告書の追跡調査や誤入力データの修正を伴う連番チェックなどがある。

(8) 内部統制の構成要素－監視活動（第21項参照）

A105. 監視活動は、期間を通じて内部統制の有効性を評価するプロセスである。監視活動には、内部統制の有効性の評価を適時に行うことと、必要な是正措置の実施が含まれる。

経営者は、日常的監視活動と独立的評価又はその組合せにより、監視活動を実施する。日常的監視活動は、しばしば日常の反復継続的な活動の中に組み込まれており、経営者や部門責任者等が通常行う経営管理活動を含むものである。

A106. 経営者による監視活動には、顧客からの苦情や規制当局からの改善勧告等、問題点を指摘し、改善の必要のある点を示唆することがある外部者からの情報の利用を含むことがある。

小規模企業に特有の考慮事項

A107. 小規模企業の経営者の監視活動は、多くの場合、オーナー経営者が事業運営に密接に参画することにより実施されている。このような場合、結果として内部統制の是正措置につながる事業運営上の想定と事実との重要な不一致や財務情報の重要な誤りがしばしば識別される。

内部監査機能（第22項参照）

A108．企業が内部監査機能を有する場合、内部監査機能の理解は、内部統制を含む企業及び企業環境を監査人が理解するのに役立つ。特に財務報告に係る内部統制の監視活動における内部監査機能の役割を理解することが重要である。また、内部監査機能の理解は、第５項(1)に記載している監査人の質問から得た情報と併せて、監査人が行う重要な虚偽表示リスクの識別及び評価に直接関連する情報をもたらす場合がある。

A109．内部監査機能の目的及び範囲並びに責任及び組織上の位置付け（権限及び説明責任を含む。）は様々であり、企業の規模及び構造並びに経営者、取締役会及び監査役等の要請に応じて定まる。これらの事項は、内部監査規程等に定められる場合がある。

A110．内部監査機能の責任には、経営者、取締役会又は監査役等に保証・助言を提供するため、リスク管理、内部統制及びガバナンス・プロセスのデザイン及び有効性に関する手続の実施及び結果の評価が含まれることがある。そのような場合、内部監査機能は財務報告に関する内部統制の監視活動において重要な役割を担う場合がある。しかしながら、内部監査機能の責任は、事業経営の経済性、有効性及び効率性の評価に限定されている場合があり、そのような場合には、内部監査人の作業は企業の財務報告に直接関連しないことがある。

A111．第５項(1)に従った内部監査に従事する適切な者に対する監査人の質問は、監査人による内部監査機能の責任の理解に役立つ。内部監査機能の責任が企業の財務報告に関連していると監査人が判断する場合、監査人は、監査対象期間の内部監査計画の査閲や、内部監査に従事する適切な者に対する追加的な質問により、内部監査人が実施した又は実施する予定の活動について理解を深めることがある。

A112．内部監査機能の責任や活動が企業の財務報告に関連する場合、監査人は、監査証拠の入手に当たり、監査人自らが実施する監査手続の種類若しくは時期を変更するか、又は範囲を縮小するために、内部監査人の作業を利用できる場合がある。例えば、過去の監査やリスク評価手続により、企業規模と企業の事業内容に見合った適切な内部監査体制が整備されており、かつ内部監査人が取締役会又は監査役等に直接報告するように位置付けられていると考えられる場合、監査人は、当該企業の内部監査人の作業を利用できる可能性が高い。

A113．内部監査機能に対する監査人の予備的な理解に基づき、監査人が実施する監査手続の種類若しくは時期を変更するか、又は範囲を縮小するために内部監査人の作業を利用する予定である場合、監査基準委員会報告書610が適用される。

A114．内部監査機能の活動は、財務報告に関連し得る他の監視活動（例えば、企業が虚偽表示を防止又は発見することに役立つように設計された会計情報の管理者による査閲等）とは区別される。（監基報610のＡ３項参照）

A115．監査の初期段階から監査期間を通じた内部監査に従事する適切な者との継続的なコミュニケーションは、効果的な情報共有を促進する。それにより、内部監査人が把握した重要な事項のうち、監査人の作業に影響を与える可能性がある情報が監査人に提供される関係が構築される。また、監査期間を通じた内部監査人とのコミュニケーションによって、監査証拠として利用する記録や証憑書類又は質問に対する回答の信頼性に疑念を抱かせるような情報を、内部監査人が監査人に伝達する機会がもたらされる。監査人は、重要な虚偽表示リスクの識別及び評価の際に、そのような情報を考慮することが可能となる。監査基準委員会報告書200「財務諸表監査における総括的な目的」は、そのような情報について注意を払うことを含め、監査人が職業的懐疑心を保持して監査を計画し実施することの重要性について記載している。

監視活動に利用されている情報の情報源（第23項参照）

A116．監視活動に使用される情報の多くは企業の情報システムによって作成される。経営者が何らかの根拠に基づくことなく監視活動に使用する情報を正確であるとみなしている場合には、情報に誤りが存在していることがあり、これにより経営者は誤った結論を導き出す可能性がある。

したがって、内部統制の構成要素としての企業の監視活動の理解の一環として、企業の監視活動に利用されている情報の情報源とともに、経営者が利用している情報が監視活動にとって十分に信頼できるとしている理由を理解することが必要である。

3．重要な虚偽表示リスクの識別と評価

(1) 財務諸表全体レベルの重要な虚偽表示リスクの評価（第24項(1)参照）

A117．財務諸表全体レベルの重要な虚偽表示リスクは、財務諸表全体に広く関わりがあり、アサーションの多くに潜在的に影響を及ぼす。当該リスクは、アサーション・レベル、すなわち、取引種類、勘定残高及び注記事項における特定のアサーションと必ずしも結び付けられるものではない。むしろ、経営者による内部統制の無効化のように、アサーション・レベルにおける重要な虚偽表示リスクを高めることがある状況を意味する。

また、財務諸表全体レベルのリスクは、不正による重要な虚偽表示リスクに関する監査人の検討に特に関連することがある。

A118．財務諸表全体レベルのリスクは、経済状況の悪化などの要因に基づいて生じる場合もあるが、特に不備のある統制環境に起因して生じることがある。例えば、経営者としての資質に欠ける、又は財務諸表の作成に対する監視に不備があるというような問題は、財務諸表に広範な影響を及ぼすものであり、監査人による全般的な対応が必要となることがある。

A119．監査人は内部統制を理解した結果、監査が実施可能かどうかについて、以下のような疑問を抱くこともある。

・経営者の不正な財務報告のリスクにより監査を実施できないと監査人が結論付けるほどの、経営者の誠実性についての深刻な懸念

・監査人が、財務諸表に対する無限定適正意見の基礎となる十分かつ適切な監査証拠を入手できないと結論付けるほどの、企業の会計記録の状況や信頼性についての懸念

A120．監査基準委員会報告書705「独立監査人の監査報告書における除外事項付意見」には、監査人が限定意見を表明すること若しくは意見を表明しないことが必要かどうかを、又はいくつかの場合必要であることがあるように、適用される法令の下で可能であれば、契約の解除を判断する際の要求される事項と指針が記載されている。

(2) アサーション・レベルの重要な虚偽表示リスクの評価（第24項(2)参照）

A121．アサーションごとに重要な虚偽表示リスクを検討することは、十分かつ適切な監査証拠を入手するために必要とされるアサーション・レベルでのリスク対応手続の種類、時期及び範囲の決定に直接役立つので、必要である。

また、監査人は、アサーション・レベルの重要な虚偽表示リスクの識別と評価の段階で、識別したリスクが財務諸表全体に広くかかわりがあり、多数のアサーションに潜在的に影響を及ぼすと結論付ける場合がある。

(3) アサーションの利用

A122．適用される財務報告の枠組みに準拠して財務諸表を提示することにより、経営者は、明示的か否かにかかわらず、取引種類や会計事象、勘定残高及び注記事項の認識、測定並びに表示について表明を行っている。

A123．監査人は、A124項(1)及び(2)のアサーションをそのまま利用することもあれば、同項の全てを検討した上で、同項と異なる組合せや表現にすることもある。例えば、監査人は、ある局面においては、勘定残高及び関連する注記事項に係るアサーションと取引種類や会計事象及び関連する注記事項に係るアサーションを組み合わせて、一つのアサーションとして設定するこ

とがある。

取引種類、勘定残高及び関連する注記事項に係るアサーション

A124. 発生する可能性のある様々な種類の潜在的な虚偽表示を考慮する際に監査人が利用するアサーションは、以下の区分に分類される。

(1) 監査対象期間の取引種類と会計事象及び関連する注記事項に係るアサーション

① 発生

記録又は注記された取引や会計事象が発生し、当該取引や会計事象が企業に関係していること。

② 網羅性

記録すべき取引や会計事象が全て記録されていること、及び財務諸表に関連する注記事項が全て含まれていること。

③ 正確性

記録された取引や会計事象に関する金額や他のデータが正確に記録されていること、及び関連する注記事項に含まれる金額の測定及び記述が適切であること。

④ 期間帰属

取引や会計事象が正しい会計期間に記録されていること。

⑤ 分類の妥当性

取引や会計事象が適切な勘定科目に記録されていること。

⑥ 表示及び注記

取引及び会計事象が適切に集計又は細分化され、明瞭に記述されていること、並びに適用される財務報告の枠組みに照らして、関連する注記事項が目的適合性を有し、理解しやすいこと。

(2) 期末の勘定残高及び関連する注記事項に係るアサーション

① 実在性

資産、負債及び純資産が実際に存在すること。

② 権利と義務

企業は資産の権利を保有又は支配していること。また、負債は企業の義務であること。

③ 網羅性

記録すべき資産、負債及び純資産が全て記録されていること並びに財務諸表に関連する注記事項が全て含まれていること。

④ 評価と期間配分

資産、負債及び純資産が適切な金額で財務諸表に計上され、評価の結果又は期間配分調整が適切に記録されていること、並びに関連する注記事項に含まれる金額の測定及び記述が適切であること。

⑤ 分類の妥当性

資産、負債及び純資産が適切な勘定科目に記録されていること。

⑥ 表示及び注記

資産、負債及び純資産が適切に集計又は細分化され、明瞭に記述されていること、並びに適用される財務報告の枠組みに照らして、関連する注記事項が目的適合性を有し、理解しやすいこと。

その他の注記事項に係るアサーション

A125. A124項(1)及び(2)に規定するアサーションは、状況に応じて、取引種類、会計事象又は勘定残高に直接関連しない注記事項において発生する可能性のある様々な種類の潜在的な虚偽表示を考慮する際に利用されることがある。これらの注記事項には、例えば、金融商品から生じるリスクについて、リスクに対するエクスポージャー及び当該リスクがどのように生じるのか、リスク管理の目的、方針及び手続、並びにリスクを測定するために用いている方法等に関する注記事項が該当する。

(4) 重要な虚偽表示リスクの識別のプロセス（第25項(1)参照）

A126. 内部統制のデザインを評価し、業務に適用されているかどうかを決定する際に入手した監査証拠を含め、リスク評価手続を実施して入手した情報は、リスク評価を裏付ける監査証拠として使用される。リスク評価結果に基づいて、リスク対応手続の種類、時期及び範囲が決定される。監査人は、監査基準委員会報告書200第

14項に従って、職業的懐疑心を保持及び発揮して、財務諸表の重要な虚偽表示リスクを識別する。

A127. 付録2は、注記事項に関連するものを含む、重要な虚偽表示リスクの存在を示すことがある状況と事象を例示している。

A128. 監査基準委員会報告書320の A1項で説明しているとおり、取引種類、勘定残高及び注記事項に関する重要な虚偽表示リスクの識別及び評価において、監査人は重要性と監査リスクを考慮する。監査人の重要性の決定は、職業的専門家としての判断事項であり、財務諸表の利用者の財務情報に対するニーズについての監査人の認識によって影響を受ける。

A129. 財務諸表の注記事項に関するリスクを識別する際、監査人は、定性的及び定量的な注記事項の双方について、重要となり得る虚偽表示（一般的には、虚偽表示は、財務諸表全体を基礎として形成される財務諸表の利用者の経済的意思決定に影響を与えると合理的に見込まれる場合に重要性があると判断される。）を検討する。企業や監査業務の状況によって異なるが、例えば、重要な虚偽表示リスクを評価する際に関連する可能性がある定性的な注記事項には以下が含まれる。

- 財政状態の悪化時における、企業の流動性や借入に係る財務制限条項
- 減損損失を認識することとなった事象又は状況
- 見積りの不確実性の主な原因（将来事象に関する仮定を含む。）
- 適用される財務報告の枠組みにより注記が要求される会計方針の変更の内容及び他の関連する注記事項（例えば、未適用の新しい財務報告の基準が企業の財政状態や経営成績に重要な影響を及ぼすことが予想される場合）
- 株式に基づく報酬契約（費用として認識した金額等の算定方法に関する情報や関連する他の注記事項を含む。）
- 関連当事者及び関連当事者取引
- 会計上の見積りに関連する感応度分析（計上又は注記された金額の測定の不確実性を利用者が理解するために記載された、企業の評価技法に使用されている仮定の変更の影響に関する注記事項を含む。）

小規模企業に特有の考慮事項

A130. 小規模企業の財務諸表の注記事項は、それほど詳細ではなく、又は複雑ではない場合がある（例えば、一部の財務報告の枠組みでは、小規模企業に対して、財務諸表の注記事項の簡素化が容認されている。）。しかしながら、これは、注記事項に関連する内部統制を含む企業及び企業環境を理解する監査人の責任を軽減するものではない。

(5) 内部統制とアサーションの関連（第25項(3)参照）

A131. リスク評価の実施過程において監査人は、特定のアサーションにおける重要な虚偽表示の防止又は発見・是正する可能性が高い内部統制を識別することがある。

一般的には、一つの統制活動が単独で一つのリスクに対応していないことが多いため、内部統制が組み込まれているプロセスやシステムの全体的な状況の中で、個々の内部統制を理解し、アサーションと関連付けることが有益である。多くの場合、複数の統制活動を他の内部統制の構成要素と組み合わせることによってのみ、リスクへの対応が十分となる。

A132. 反対に、ある統制活動が、特定の取引種類や勘定残高に係る個別のアサーションに直接的に影響することもある。例えば、従業員が年度の実地棚卸において棚卸資産の数量を適切に数え記録するために企業が設定した統制活動は、棚卸資産勘定残高に対する実在性と網羅性についてのアサーションに直接関係する。

A133. 内部統制は、アサーションに直接的にも間接的にも関係し得るものである。関係がより間接的であるほど、内部統制はそのアサーションにおける虚偽表示の防止又は発見・是正において効果が少なくなることがある。

例えば、営業担当管理者が、ある特定地域の

店舗の営業活動の概要を査閲することは、営業収益に対する網羅性のアサーションに間接的に関係するにすぎない。したがって、そのような間接的な内部統制は、出荷書類と請求書を照合するような直接的にアサーションと関係する内部統制と比較して、アサーションに対するリスクを抑える効果が少ない場合がある。

重要な虚偽表示

A134．注記事項を含む財務諸表における潜在的な虚偽表示は、その大きさのほか、内容又は状況に基づいて重要であるかどうかが判断される。（第25項(4)参照）

(6)　特別な検討を必要とするリスク

特別な検討を必要とするリスクの識別（第27項参照）

A135．特別な検討を必要とするリスクは、多くの場合、重要な非定型的取引や判断に依存している事項に係るものである。非定型的取引は、金額又は性質から通例でなく、それゆえにその発生はまれである。判断に依存している事項には、重要な測定の不確実性が存在する会計上の見積りを含むことがある。

機械的に処理される定型的で単純な取引は、特別な検討を必要とするリスクを生じさせないことが多い。

A136．重要な非定型的取引に係る重要な虚偽表示リスクは、以下のような事項に起因して増大することがある。

・会計処理に対する経営者の強い干渉
・情報の収集と処理に対する多数の手作業の介在
・計算又は会計基準の複雑性
・リスクに対する効果的な内部統制を企業が導入することを困難にさせるような非定型的取引の性質

A137．会計上の見積りを必要とするような重要な判断に依存している事項に係る重要な虚偽表示リスクは、以下のような事項に起因して増大することがある。

・会計上の見積り又は収益認識に関する会計基準が、異なる解釈をもたらす可能性がある。
・要求される判断が、主観的若しくは複雑であり、又は将来事象の影響についての仮定を必要としている（例えば、公正価値の判断）。

A138．監査基準委員会報告書330は、特別な検討を必要とするリスクを識別した場合のリスク対応手続を記載している。（監基報330第14項及び第20項参照）

不正による重要な虚偽表示リスクに関係する特別な検討を必要とするリスク

A139．監査基準委員会報告書240は、不正による重要な虚偽表示リスクの識別と評価に関係してさらに要求される事項と指針を記載している。（監基報240第24項から第26項参照）

特別な検討を必要とするリスクに関係する内部統制の理解（第28項参照）

A140．重要な非定型的事象又は判断に依存している事項に関連するリスクは、定型的な内部統制では対応できない場合が多いが、経営者はこのようなリスクへの別の対応を行っている場合がある。したがって、非定型的取引又は判断に依存している事項により生じる特別な検討を必要とするリスクに対応するための内部統制について企業がデザインし業務に適用しているかどうかの監査人の理解には、経営者が当該リスクに対応しているかどうか、又は経営者がどのように対応しているかが含まれる。

経営者による対応には、以下のような事項がある。

・上級経営者や専門家による、仮定の検討などの統制活動
・見積りに関する文書化された手順
・取締役会による承認

A141．非定型的事象として、例えば、重要な訴訟の通知を受領した場合の、企業の対応には、法務部や顧問弁護士等の適切な専門家の意見の聴取、潜在的な影響の評価、財務諸表上にどのように開示すべきかの検討が含まれる。

A142．特別な検討を必要とするリスクに対して、内部統制により適切に対処することを経営者が怠っている場合がある。このような状況は、企

業の内部統制に重要な不備があるということを示している場合がある。(監査基準委員会報告書265「内部統制の不備に関するコミュニケーション」A7項参照)

(7) 実証手続のみでは十分かつ適切な監査証拠を入手できないリスク(第29項参照)

A143. 重要な虚偽表示リスクが、定型的な取引種類又は勘定残高の記録と信頼できる財務諸表の作成に直接的に関係する場合がある。通常、このようなリスクは、企業の収益、購買及び現預金の入金や支払等の定型的で重要な取引種類に関して、正確に又は網羅的に処理されないリスクを含むことがある。

A144. 定型的な取引が、ほとんど又は全く手作業を介在させない高度な自動化処理により処理されている場合には、実証手続のみを実施することで関連するリスクに対応することが不可能なことがある。

例えば、統合業務システムのように、企業の膨大な情報が、電子的な方法によってのみ開始、記録、処理、報告されるような状況において、監査人は実証手続のみを実施することでは関連するリスクに対応することができないと考えることがある。この状況では、利用可能な監査証拠は電子媒体のみでしか存在しないことがあり、その十分性と適切性は、一般に、正確性と網羅性に対する内部統制の有効性に依存している。また、適切な内部統制が有効に運用されていない場合には、情報の不適切な開始又は変換が発生しても発見されない可能性が増大することがある。

A145. このようなリスクを識別した場合のリスク対応手続については、監査基準委員会報告書330に記載している。(監基報330第7項参照)

(8) リスク評価の修正(第30項参照)

A146. 監査人は、監査期間中に、当初のリスク評価の基礎となった情報と大きく乖離する情報に気付くことがある。例えば、監査人は、リスク評価において、内部統制が有効に運用されていると想定していたにもかかわらず、運用評価手続の実施により、監査期間中の内部統制が有効に運用されていないという監査証拠を入手することがある。同様に、実証手続を実施した結果、監査人は、そのリスク評価時に想定したよりも大きな金額又は多数の虚偽表示を発見する場合もある。

こうした状況においては、当初のリスク評価結果は企業の実態を適切に反映していない、又は立案したリスク対応手続では重要な虚偽表示を発見するのに有効ではない可能性がある。より詳細な指針については、監査基準委員会報告書330に記載している。

4. 監査調書(第31項参照)

A147. 第31項で要求される事項を監査調書に記載する方法は、監査人が職業的専門家としての判断に基づき決定する。例えば、小規模企業の監査においては、監査基準委員会報告書300「監査計画」において要求されるように、監査の基本的な方針と詳細な監査計画の監査調書を一体として記述する場合がある(監基報300第6項及び第8項参照)。同様に、例えば、リスク評価の結果は、別個の監査調書に記載することもあれば、リスク対応手続の監査調書の一部として記載することもある(監基報330第27項参照)。

この監査調書の様式と範囲は、企業とその内部統制の性質、規模及び複雑性並びに企業からの情報の入手可能性及び監査の過程で使用される監査の手法と技法によって異なる。

A148. 財務報告に関連して、複雑な事業やプロセスを持たない企業においては、監査調書は単純な形式で、かつ比較的簡潔なものとなる場合がある。企業や企業に関連する事項について、監査人が理解した全ての事項を監査調書に記載する必要はない。監査人が理解した事項のうち監査調書に記載する主なものとしては、監査人が重要な虚偽表示リスクを評価するための基礎とした事項などがある。

A149. 監査調書の記載の程度も、監査チームメンバーの経験と能力を反映することがある。監査基準委員会報告書230の要求事項に常に従い、経験豊富なメンバーを有する監査チームに比較して、経験が乏しいメンバーによる監査チームでは、企業に関する適切な理解を得やすくするために、より詳細な監査調書の記載が必要となる場合がある。

A150．継続監査においては、特定の監査調書は、翌期へ繰り越され、企業の事業やプロセスの変化を反映するため必要に応じて更新される場合がある。

Ⅳ　適　用

・本報告書（2011年12月22日）は、2012年４月１日以後開始する事業年度に係る監査及び同日以後開始する中間会計期間に係る中間監査から適用する。

・本報告書（2015年５月29日）は、2015年４月１日以後開始する事業年度に係る監査及び同日以後開始する中間会計期間に係る中間監査から適用する。

・本報告書（2019年６月12日）は、2020年４月１日以後開始する事業年度に係る監査及び同日以後開始する中間会計期間に係る中間監査から適用する。ただし、2019年４月１日以後開始する事業年度に係る監査及び同日以後開始する中間会計期間に係る中間監査から早期適用することができる。

付録１　内部統制の構成要素（A56項参照）

本付録は、第３項⑷、第13項から第24項、A72項からA116項に記載している内部統制の構成要素を更に解説している。

１．統制環境

１．統制環境には、以下の各要素が含まれる。

⑴　誠実性と倫理観の伝達と定着

内部統制の有効性は、これらを構築し管理し監視する人々の誠実性と倫理観に依存する。

誠実性と倫理的な行動は、企業の倫理基準や行動規範と、これらが企業内にいかに伝達され、定着しているかに関する成果である。誠実性と倫理観の定着には、例えば、不誠実な行為、違法行為、若しくは非倫理的な行動を誘引する原因を軽減又は取り除く経営者の行動も含まれる。

誠実性と倫理観に関する企業方針の伝達には、倫理に関する方針、行動規範及びこれらの具体的な適用例を通じての従業員への行動指針の伝達が含まれる。

⑵　職務遂行に必要な能力の定義

職務遂行に必要な能力とは、個々人に与えられている職務を達成するのに必要な知識と技能をさす。

⑶　取締役会及び監査役等の参画

企業の内部統制に対する意識は、取締役会及び監査役等により著しく影響される。取締役会及び監査役等の責任の重要性は、行動規範及びその他の法令、並びに取締役や監査役等の便宜のために作成された指針等で認識されている。

取締役会や監査役等のその他の責任には、内部通報制度の整備や有効な運用及び企業の内部統制の有効性を検討するプロセスを監視することも含まれる。

⑷　経営理念と経営方針

経営理念と経営方針には広範囲の特色が含まれる。例えば、経営者の財務報告に対する考え方は、会計方針の選択に際しての姿勢、会計上の見積りを行う際の誠実さや慎重さを通じて明らかになることがある。

(5) 組織構造

企業目的に適合した組織構造の構築には、適切な権限や職責を定め、適切な指揮・命令・報告の系統の検討が含まれる。企業に適切な組織構造は、ある程度企業の規模や事業活動の性質に依存する。

(6) 権限と責任の付与

権限と責任の付与には、適切な業務慣行、重要な役割を担う者の知識と経験、及び職務を達成するために提供される経営資源に関する方針を含むことがある。

さらに、全ての従業員に以下を確保するための方針と伝達を含むことがある。

- 企業目的の理解
- 従業員個人の行動と企業目的との相互関連及び貢献の自覚
- 従業員が説明責任を有している対象と方法の認識

(7) 人事に関する方針と管理

人事に関する方針と管理は、内部統制に対する意識に関連する重要な事項を示していることが多い。例えば、最適任者を採用するために学歴や職歴又は業務経験、資格や賞罰、及び誠実で倫理的な行動を重視するという採用基準の制定は、有能で信頼できる人材を確保しようとする企業の取組を示すものである。

期待される役割と責任を伝達し、社内外の研修への参加という実践を含む研修方針は、期待される成果と行動の水準を示している。

定期的に実施される実績評価に基づく昇進制度は、有能な人々をより責任のある高い職位に昇格させる企業の取組を明らかにするものである。

2．企業のリスク評価プロセス

2．財務報告のための企業のリスク評価プロセスには、経営者が、企業に適用される財務報告の枠組みに従った財務諸表の作成に関連する事業上のリスクをどのように識別し、リスクの重要度をどのように見積もり、リスク発生の可能性をどのように評価し、リスクに対処する方法をどのように決定するかが含まれる。

例えば、企業のリスク評価プロセスでは、簿外取引の可能性をどのように検討するか、又は財務諸表に計上された重要な見積りをどのように識別して分析するか、に注目することがある。

3．信頼できる財務報告に影響を及ぼすリスクには、財務情報の開始、記録、処理及び報告において、アサーションに影響を及ぼす可能性のある外部及び内部の事象、取引及び状況が含まれる。

経営者は、特定のリスクに対処するための計画、プログラム、又は行動に着手する場合や、若しくは対応に要する費用やその他の点を考慮してリスクを受け入れる決定をする場合がある。

リスクは、以下のような状況において、発生又は変化する可能性がある。

- 経営環境の変化

  規制環境や経営環境の変化は、競争力の変化や著しく異なるリスクをもたらす可能性がある。
- 新規雇用者

  新規に採用された人々は、内部統制に対する異なった見方や理解を有していることがある。
- 情報システムの導入や改良

  情報システムの重要かつ急速な変化は、内部統制に関連するリスクを変化させることがある。
- 事業の急成長

  事業の大幅で急速な拡大は内部統制を弱め、内部統制が機能しなくなるリスクを高める可能性がある。
- 新技術の導入

  生産プロセスや情報システムへの新技術の導入は、内部統制に関連するリスクを変化させることがある。
- 新たなビジネスモデルや新規事業の採用又は新製品の販売開始

  これまでに余り経験のない事業領域や取引への参入は、内部統制に関連する新たなリスクをもたらすことがある。
- リストラクチャリング

  リストラクチャリングは、内部統制に関連するリスクに変化をもたらすことがある従業員の削減と監督と職務の分離の変更により行われる。
- 海外での事業活動の拡大

  海外事業の拡大又は買収は、外貨取引による新しいリスク又は従来とは異なるリスクのように、内部統制に影響を及ぼす新規で独特のリスクをもたらすことがある。

・新しい会計基準の制定

新しい会計基準の適用や会計基準の改訂は、財務諸表の作成に係るリスクに影響することがある。

3．財務報告に関連する情報システム（関連する業務プロセスを含む。）と伝達

4．情報システムは、ハードウェアを含むインフラ設備、ソフトウェア、情報システムに関連する者、及び手続とデータから構成される。多くの情報システムは、ITを幅広く利用している。

5．財務報告に関連する情報システム（会計システムを含む。）は、以下のような方法や記録を含むものである。

・全ての正当な取引を識別し記録する。

・財務報告のために、取引の適切な分類を可能とするよう、十分かつ詳細、適時に取引を記録する。

・財務諸表に適切な金額で記録されるよう取引の価額を測定する。

・適切な会計期間に取引が記録されるよう取引発生の期間帰属を決定する。

・取引と関連する開示内容を財務諸表に適切に表示する。

6．システムが生成した情報の品質は、企業の活動を管理する際の意思決定を行うため及び信頼できる財務報告を作成するための経営者の能力に影響を及ぼす。

7．伝達は企業内での財務報告に係る内部統制に関する個々人の役割と責任を理解させることに関係し、会計と財務報告に関連する基本方針、マニュアル及び通達といった形式をとることがある。伝達は、電子的手段若しくは口頭で、又は経営者の行動を通して行われることもある。

4．統制活動

8．一般に、監査に関連する統制活動は、以下の事項に関係する方針及び手続に分類される。

・業績の検討

これらの統制活動には、以下が含まれる。

―実績と予算、見込み及び過年度実績との比較検討分析

―財務情報と非財務情報との相互関連の分析及び調査と是正措置

―社内の情報と社外から得られた情報との比較

―機能別又は活動別の実績検討

・情報処理

情報システムに関連する統制活動には、業務処理統制と全般統制がある。

業務処理統制は、個々のアプリケーションの処理に適用され、全般統制は、多くのアプリケーションに関係する方針及び手続であり、情報システムの継続的かつ適切な運用を確保することにより、業務処理統制が有効に機能することを支える。

業務処理統制には、記録の正確性のチェック、勘定明細や試算表の保持や査閲等の手作業による統制活動、入力データのエディット・チェックや連番チェック等のように自動化された統制活動、及びITが作成する例外処理報告書に基づく手作業による追跡調査等のように人とITが一体となって機能する統制活動がある。

全般統制には、プログラムの変更管理、プログラムやデータへのアクセス制限、新たなパッケージ・ソフトウェア導入時の管理、監査証跡を残さずに財務情報や記録を変更することができるシステム・ユーティリティへのアクセスを制限又は監視するシステム・ソフトウェアの管理等がある。

・資産の保全

資産の保全に係る統制活動には、以下が含まれる。

―資産や記録へのアクセスを守る設備のような適切な保全手段を含む資産の物理的保全

―コンピュータ・プログラムとデータファイルへのアクセス権限の付与

―資産の実際残高と帳簿残高との定期的な照合（例えば、現金、有価証券の実査及び棚卸資産の実地棚卸と帳簿残高との比較）

資産の窃盗や流用を防止するための資産の保全に係る内部統制の程度は、財務諸表の信頼性に関連し、したがって、資産の横領の可能性が非常に高い場合には、それは監査に関連する。

・職務の分離

職務の分離は、取引の承認、記録及び資産の管理に関する職責をそれぞれ違う担当者に割り当てることである。職務の分離は、職務担当者が不正や誤謬を犯し、隠蔽する機会を減少させることを意図している。

9．統制活動には、経営者や取締役会によってあらかじめ設定された方針を前提にするものである場合がある。例えば、取締役会が設定した投資基準等のガイドラインに基づき承認権限が委譲されている場合や、買収や投資の撤退等の非定型的な取引について上位の意思決定機関による承認（株主総会による承認を含む。）が必要となる場合がある。

5．監視活動

10．継続して内部統制を確立し維持することは、経営者の重要な責務である。経営者による監視活動には、内部統制が意図したとおりに運用されているかどうか、及び状況の変化に対して適切な修正が行われているかについての検討が含まれる。

監視活動には、銀行勘定調整表が適時に作成されているかどうかについての管理者による査閲、営業部門の販売契約の条件に関する企業の方針の遵守についての内部監査人による評価、又は企業倫理や企業行動指針についての法務部門による監視が含まれる場合もある。

監視は、内部統制が期間を通じて継続的に有効であるかどうかを確かめるために実施される。例えば、銀行勘定調整表が適時に網羅的に作成されているかどうかの監視が行われていない場合には、担当者は作成自体を中止してしまうこともある。

11．内部監査人又は内部監査人が実施する手続と同様の手続を実施している者は、独立的評価を通じて企業の内部統制の監視に貢献していることがある。

通常、内部監査人又は内部監査人が実施する手続と同様の手続を実施している者は、内部統制の有効性を評価することに焦点を合わせ、内部統制の機能についての情報を定期的に提供し、内部統制の強さと不備及びその改善勧告を伝達する。

12．監視活動には、問題を示唆し改善が必要な領域を明らかにすることがある、企業外部から伝えられた情報の利用を含むことがある。

請求書作成のデータ処理については、顧客が請求書どおりに支払っていること、又は顧客から請求書に対する苦情があることを通じて、明示的ではないが確証を得ることがある。

さらに、例えば、銀行検査を通じての伝達のように、規制当局が内部統制の機能に関連する事項を伝達することがある。

また、経営者は、監視活動を実施する際に、監査人からの内部統制に関する指摘事項を検討することがある。

付録２　重要な虚偽表示リスクを示唆する状況と事象（A38項及びA127項参照）

本付録は、財務諸表における重要な虚偽表示リスクの存在を示唆する状況と事象の例示である。以下の例示は、多くの監査業務に該当する一般的な状況と事象を包含しているが、全てがあらゆる監査業務に関連しているとは限らず、また、例示は必ずしも網羅的なものではない。

・経済的に不安定な地域における事業運営（例えば、重大な通貨切下げや高いインフレーション経済にある国々）
・市場の不安定性に晒されている事業運営（例えば、先物取引）
・非常に複雑な規制を受ける事業運営
・重要な顧客喪失等による事業継続と流動性の問題
・資金調達に関する制約
・企業が事業運営している産業の変化
・サプライチェーンの変更
・新製品や新サービスの開発若しくは提供又は新規事業への参入
・新地域への拡大
・大規模な買収若しくは組織変更又はその他の通例でない事象のような企業の変化
・売却の可能性のある関係会社又は事業セグメントの存在
・複雑な業務提携及び合弁企業の存在
・オフバランス化、特別目的事業体及びその他の複雑な財務上の契約の利用

・関連当事者との重要な取引
・適切な会計と財務報告の技能を持った人材の欠如
・主要な役員の退任を含む重要な人事異動
・特に経営者が対応していない内部統制の不備
・企業のIT戦略と事業戦略との間の不整合
・IT環境の変化
・財務報告に関係する重要な新規ITシステムの導入
・企業の事業運営又は経営成績についての規制当局等からの問合せ
・過去の虚偽表示、誤謬の履歴又は期末の重要な修正
・期末の関係会社間取引及び巨額の収益計上を含む非定型的又は機械的に処理されない重要な取引
・借入金の借換え、資産の売却予定及び市場性のある有価証券の分類のような経営者の意思に基づいて記録される取引
・新しい会計基準の適用
・複雑な計算プロセスを必要とする会計上の測定
・会計上の見積り及び関連する注記事項に係る重要な測定の不確実性を伴う事象又は取引
・重要な情報が省略されているか、又は不明瞭な注記事項
・係争中の訴訟と偶発債務（例えば、製品保証、保証債務、環境改善）

以　上

監査基準委員会報告書320

監査の計画及び実施における重要性*

2011年12月22日
改正2015年5月29日
最終改正2019年6月12日
日本公認会計士協会
監査基準委員会
（報告書：第42号）

項番号

Ⅰ　本報告書の範囲及び目的

1．本報告書の範囲

1．本報告書は、財務諸表監査の計画及び実施における重要性の概念の適用に関する実務上の指針を提供するものである。

監査基準委員会報告書450「監査の過程で識別した虚偽表示の評価」では、識別した虚偽表示が監査に与える影響や、未修正の虚偽表示が財務諸表に与える影響を評価する際、重要性がどのように適用されるかに関する実務上の指針を提供している。

2．監査における重要性

2．財務諸表の作成と表示における重要性の概念については、一般的には、以下のように考えられている。

・脱漏を含む虚偽表示は、個別に又は集計すると、当該財務諸表の利用者の経済的意思決定に影響を与えると合理的に見込まれる場合に、重要性があると判断される。

・重要性の判断は、それぞれの状況を考慮して行われ、虚偽表示の金額又は内容による影響を受ける。

・ある事項に関する重要性の判断は、財務諸表の一般的な利用者が有する財務情報に対する共通のニーズを勘案して行われる。財務情報の利用者には様々なニーズがあるものの、ごく限られた特定の利用者にしか影響を及ぼさないであろう事項に関する虚偽表示は考慮されない。

3．財務諸表監査の計画及び実施において監査人は第2項に示した重要性の概念に基づき重要性を決定することとなる。

4．監査人の重要性の決定は、職業的専門家としての判断事項であり、財務諸表の利用者が有する財務情報に対するニーズについての監査人の認識によって影響を受ける。

監査人は、通常、財務諸表の利用者として以下を想定している。

(1)　事業活動、経済活動及び会計に関する合理的な知識を有し、真摯に財務諸表上の情報を検討する意思を有している。
⑵　財務諸表が重要性を考慮して作成、表示及び監査されることを理解している。
⑶　見積り、判断及び将来事象の考慮に基づく金額の測定には、不確実性が伴うものであることを認識している。
⑷　財務諸表上の情報を基礎に、合理的な経済的意思決定を行う。

5．監査人は、監査を計画及び実施する際に重要性の概念を適用する。また、識別した虚偽表示が監査に与える影響や、未修正の虚偽表示が財務諸表に与える影響及び監査意見の形成に与える影響を評価する際にも、重要性の概念を適用する。（A1項参照）

6．監査人は、監査計画の策定に際して、重要と考える虚偽表示について判断を行うが、この判断は、以下の事項を実施するための基礎となる。
⑴　リスク評価手続の種類、時期及び範囲の決定
⑵　重要な虚偽表示リスクの識別と評価
⑶　リスク対応手続の種類、時期及び範囲の決定

監査計画の策定時に決定する重要性の基準値は、全ての未修正の虚偽表示が、いかなる場合においても、個別に又は集計しても重要性がないと評価できる金額として設定する必要はない。一方、監査の過程で識別した虚偽表示の評価の際には、監査人は、虚偽表示が重要性の基準値を下回っていたとしても、状況によっては当該虚偽表示に重要性があると評価することがある。

すなわち、監査計画の策定時においては質的な内容のみにより重要となり得る全ての虚偽表示を発見するための監査手続を立案するのは実務的とはいえない。しかし、財務諸表の注記事項に関する潜在的な虚偽表示の性質については、重要な虚偽表示リスクに対応する監査手続の立案に当たって考慮する（監査基準委員会報告書315「企業及び企業環境の理解を通じた重要な虚偽表示リスクの識別と評価」のA128項及びA129項参照）。

さらに、監査人は、全ての未修正の虚偽表示が財務諸表に与える影響を評価する際、金額だけでなく、内容や、虚偽表示が生じた特有の状況についても考慮する。（A２項参照）（監基報450のA20項参照）

3．本報告書の目的

7．本報告書における監査人の目的は、監査の計画及び実施において重要性の概念を適切に適用することである。

4．定　義

8．本報告書における用語の定義は、以下のとおりとする。
⑴　「重要性の基準値」－監査計画の策定時に決定した、財務諸表全体において重要であると判断する虚偽表示の金額（監査計画の策定後改訂した金額を含む。）をいう。
⑵　「特定の取引種類、勘定残高又は注記事項に対する重要性の基準値」－企業の特定の状況において、特定の取引種類、勘定残高又は注記事項に関する虚偽表示が重要性の基準値を下回る場合でも、財務諸表の利用者が財務諸表に基づいて行う経済的意思決定に影響を与えると合理的に見込まれる特定の取引種類、勘定残高又は注記事項がある場合に、当該特定の取引種類、勘定残高又は注記事項について適用する重要性の基準値をいう。
⑶　「手続実施上の重要性」－未修正の虚偽表示と未発見の虚偽表示の合計が重要性の基準値を上回る可能性を適切な低い水準に抑えるために、監査人が重要性の基準値より低い金額として設定する金額をいう。この手続実施上の重要性は、複数設定される場合がある。なお、特定の取引種類、勘定残高又は注記事項に対する重要性の基準値に対して設定した手続実施上の重要性を含む。

Ⅱ　要求事項

1．監査計画の策定時における重要性の基準値と手続実施上の重要性の決定

9．監査人は、監査の基本的な方針を策定する際、重要性の基準値を決定しなければならない。企業の特定の状況において、特定の取引種類、勘定残高又は注記事項に関する虚偽表示が、重要性の基準値を下回る場合でも、財務諸表の利用者が財務諸表に基づいて行う経済的意思決定に影響を与えると合理的に見込まれる場合に限り、監査人は、当該特定の取引種類、勘定残高又は注記事項について適用される重要性の基準値も決定しなければならない。（A3項からA9項参照）

10．監査人は、重要な虚偽表示リスクを評価し、リスク対応手続の種類、時期及び範囲を決定するために、手続実施上の重要性を決定しなければならない。（A10項参照）

2．監査の進捗に伴う改訂

11．監査人は、監査の実施過程において、当初決定した重要性の基準値を改訂すべき情報を認識した場合には、重要性の基準値を改訂しなければならない。なお、特定の取引種類、勘定残高又は注記事項に対する重要性の基準値を設定している場合には同様の検討が必要である。（A11項参照）

12．監査人は、重要性の基準値（設定している場合は、特定の取引種類、勘定残高又は注記事項に対する重要性の基準値）について、当初決定した金額よりも小さくすることが適切であると決定した場合には、手続実施上の重要性を改訂する必要があるか、さらに、リスク対応手続の種類、時期及び範囲が適切であるか判断しなければならない。

3．監査調書

13．監査人は、以下の重要性の金額及びその決定に際して考慮した要因を監査調書に記載しなければならない。（監査基準委員会報告書230「監査調書」第７項から第10項及びA6項参照）

(1)　重要性の基準値（第８項(1)参照）

(2)　設定している場合、特定の取引種類、勘定残高又は注記事項に対する重要性の基準値（第８項(2)参照）

(3)　手続実施上の重要性（第８項(3)参照）

(4)　監査の進捗に伴う上記の項目の改訂（第11項及び第12項参照）

Ⅲ　適用指針

1．重要性と監査リスク（第５項参照）

A1．財務諸表監査の実施における監査人の全般的な目的は、不正か誤謬かを問わず、財務諸表に全体として重要な虚偽表示がないということについての合理的な保証を得ることによって、財務諸表が、すべての重要な点において、適用される財務報告の枠組みに準拠して作成されているかどうかに関して、監査人が意見表明することである。また、監査人が発見した事項については、監査基準委員会報告書に従って経営者及び監査役若しくは監査役会、監査等委員会又は監査委員会（以下「監査役等」という。）に必要な報告を行う。（監査基準委員会報告書200「財務諸表監査における総括的な目的」第10項参照）

合理的な保証は、財務諸表の重要な虚偽表示を看過して誤った意見を形成する可能性、すなわち監査リスクを許容可能な低い水準に抑える十分かつ適切な監査証拠を入手することにより得られる。（監基報200第16項参照）

監査リスクは、重要な虚偽表示リスクと発見リスクの二つから構成される。（監基報200第12項(5)参照）

重要性と監査リスクは、監査の過程を通じて考慮されるが、特に以下の場合に考慮される。

(1)　重要な虚偽表示リスクを識別し評価する場合（監基報315参照）

⑵ リスク対応手続の種類、時期及び範囲を決定する場合（監査基準委員会報告書330「評価したリスクに対応する監査人の手続」参照）

⑶ 未修正の虚偽表示が財務諸表に与える影響及び監査報告書における意見形成に与える影響を評価する場合（監基報450及び監査基準委員会報告書700「財務諸表に対する意見の形成と監査報告」参照）

２．監査における重要性（第６項参照）

A2. 重要な虚偽表示リスクの識別及び評価を行う際、監査人は、職業的専門家としての判断に基づき、重要な虚偽表示となり得る取引種類、勘定残高及び注記事項（定性的な注記を含む。）を識別する。一般的には、虚偽表示は、財務諸表利用者の経済的意思決定に影響を与えると合理的に見込まれる場合に重要性があると判断される。

定性的な注記事項が重要であるかどうかを判断する際に、監査人が考慮する要因には、例えば以下がある。

・監査対象期間における企業の状況（例えば、期間内に、企業が重要な合併や買収を行っている場合）

・適用される財務報告の枠組み及びその改正（例えば、企業にとって重要な定性的な注記事項が新たに求められる場合）

・企業の事業活動等に起因して、財務諸表利用者にとって重要となる定性的な注記事項（例えば、金融機関においては、流動性リスクの注記が財務諸表利用者にとって重要である場合）

３．監査計画の策定時における重要性の基準値と手続実施上の重要性の決定

⑴ 財務諸表全体に対する重要性の決定における指標の利用（第９項参照）

A3. 重要性の決定には、職業的専門家としての判断を伴う。

監査人は、通常、重要性の基準値を決定する際に、最初に指標を選択し、その指標に対して特定の割合を適用する。

適切な指標の識別に影響を与える要因には、以下が含まれる。

・財務諸表の構成要素（例えば、資産、負債、純資産、収益、費用）

・当該企業の財務諸表の利用者が特に注目する傾向にある項目の有無（例えば、業績評価のため、財務諸表の利用者が利益、収益又は純資産に注目する傾向がある。）

・企業のライフサイクルの特性及び企業が属する産業や経済環境

・企業の所有構造と資金調達の方法（例えば、企業が主に借入で資金調達している場合、財務諸表の利用者は、企業の利益よりも資産の状況を重視することがある。）

・選択した指標の相対的な安定性

A4. 企業の状況に応じた適切な指標の例示としては、公表財務諸表で表示されている税引前利益、売上高、売上総利益及び費用合計などの損益項目、株主資本合計又は純資産がある。営利を目的とする企業では、税引前利益が使用されることが多い。業績が不安定な状況等においては、売上総利益や売上高などの他の指標がより適切な場合がある。

A5. 選択した指標に関連する財務データには、通常、過年度や期中の実績又は財政状態、当年度の予算又は見込みがあるが、それらに対して企業の状況の重要な変化（例えば、重要な事業買収など）や企業が属する産業や経済の環境変化に応じて修正した数値も含まれる。

例えば、ある企業に対する重要性の基準値が、税引前利益を基礎として決定されている場合、当該利益に異常な項目があれば、監査人は、過年度の数値を参考として正常な税引前利益を算定し、重要性の基準値を決定することがより適切であると判断する場合がある。

A6. 監査人は、重要性の基準値を、報告対象とする財務諸表に基づいて算定する。

新規設立企業や決算期変更のように、12か月ではない会計期間について財務諸表が作成されている場合、重要性の基準値は、当該会計期間

に対して作成される財務諸表に基づいて算定する。

A7．選択した指標に適用する割合の決定は、職業的専門家としての判断を伴うものである。例えば、監査人は、製造業を営む営利を目的とする企業において税引前利益を指標とする場合には５％が適切であると考えることがあるが、状況によっては、これとは異なる割合が適切であると判断することもある。また、選択する指標に適用する割合も指標の性質により異なり、売上高に適用する割合は、通常、税引前利益に適用する割合よりも小さい。

(2) 特定の取引種類、勘定残高又は注記事項に対する重要性の基準値（第９項参照）

A8．重要性の基準値を下回る虚偽表示であっても、財務諸表の利用者が財務諸表に基づいて行う経済的意思決定に影響を与えると合理的に見込まれる特定の取引種類、勘定残高又は注記事項がまれに存在する。そのような特定の取引種類、勘定残高又は注記事項の存在を示す要因には、以下が含まれる。

(1) 法令又は適用される財務報告の枠組みの要請により行われる特定の項目の測定又は財務諸表の注記事項が財務諸表の利用者の期待に影響を与えているかどうか。（例えば、関連当事者との取引、取締役及び監査役等の報酬、高い見積りの不確実性を伴う公正価値の測定について行われる感応度分析が該当する場合がある。）

(2) 企業が属する産業に関する主要な注記事項があるかどうか。（例えば、製薬会社の研究開発費が該当する場合がある。）

(3) 財務諸表において別個に注記されている企業の事業に関する特定の情報に注目が集まっているかどうか。（例えば、セグメント又は重要な企業結合に関する注記事項が該当する場合がある。）

A9．特定の状況において、上記のような取引種類、勘定残高又は注記事項が存在するかどうかを検討する際、監査人は、経営者及び監査役等が意識している事項についての理解が有益と判断することがある。

(3) 手続実施上の重要性（第10項参照）

A10．個別に重要な虚偽表示を発見することのみを意図した監査計画を策定すると、個別には重要ではないが集計すると重要な虚偽表示となる場合があること、さらに、未発見の虚偽表示が存在する可能性があることを考慮していないことになる。

監査人は、財務諸表の未修正の虚偽表示と未発見の虚偽表示の合計が重要性の基準値を上回る可能性を適切な低い水準に抑えるために、手続実施上の重要性を設定する。

なお、これは、定義で示したとおり、複数設定する場合がある。

同様に、特定の取引種類、勘定残高又は注記事項に関する手続実施上の重要性は、当該特定の取引種類、勘定残高又は注記事項項目に関する未修正の虚偽表示と未発見の虚偽表示の合計が、当該特定の取引種類、勘定残高又は注記事項に対する重要性の基準値を上回る可能性を、適切な低い水準に抑えるために設定する。

手続実施上の重要性は、単純で機械的な計算により決定されるものではなく、その決定には職業的専門家としての判断を伴う。

手続実施上の重要性の決定は、リスク評価手続の実施過程で更新された監査人の企業に対する理解、過年度の監査で識別された虚偽表示の内容と程度及び当年度の虚偽表示に関する監査人の予想によって影響を受ける。

４．監査の進捗に伴う改訂（第11項参照）

A11．監査の実施過程において、企業再編等の状況の変化、新たな情報又はリスク対応手続の実施の結果更新された企業及び事業活動に関する理解によって、監査人は、重要性の基準値（設定している場合、特定の取引種類、勘定残高、注記事項に対する重要性の基準値）を改訂することが必要と判断する場合がある。

例えば、監査の実施過程において、企業の実績が、重要性の基準値を当初決定する際に使用した年度の業績予測と大幅に乖離する可能性が高まった場合には、監査人は重要性の基準値を改訂する。

Ⅳ　適　用

・本報告書（2011年12月22日）は、2012年４月１日以後開始する事業年度に係る監査及び同日以後開始する中間会計期間に係る中間監査から適用する。

・本報告書（2015年５月29日）は、2015年４月１日以後開始する事業年度に係る監査及び同日以後開始する中間会計期間に係る中間監査から適用する。

・本報告書（2019年６月12日）は、2020年４月１日以後開始する事業年度に係る監査及び同日以後開始する中間会計期間に係る中間監査から適用する。ただし、2019年４月１日以後開始する事業年度に係る監査及び同日以後開始する中間会計期間に係る中間監査から早期適用することができる。

以　上

監査基準委員会報告書330

評価したリスクに対応する監査人の手続*

2011年12月22日
改正2013年6月17日
最終改正2019年6月12日
日本公認会計士協会
監査基準委員会
（報告書：第39号）

項番号

Ⅰ　本報告書の範囲及び目的

１．本報告書の範囲

１．本報告書は、監査基準委員会報告書315「企業及び企業環境の理解を通じた重要な虚偽表示リスクの識別と評価」に従い識別し評価した重要な虚偽表示リスクに対応した、監査人の運用評価手続と実証手続の立案及び実施に関する実務上の指針を提供するものである。

２．本報告書の目的

２．本報告書における監査人の目的は、評価した重要な虚偽表示リスクへの適切な対応を立案し実施することによって、このリスクについての十分かつ適切な監査証拠を入手することである。

３．定　義

３．本報告書における用語の定義は、以下のとおりとする。

⑴　「運用評価手続」－アサーション・レベルの重要な虚偽表示を防止又は発見・是正する内部統制について、その運用状況の有効性を評価するために立案し実施する監査手続をいう。

⑵　詳細テスト「実証手続」－アサーション・レベルの重要な虚偽表示を看過しないよう立案し実施する監査手続をいい、以下の二つの手続で構成される。

①　詳細テスト（取引種類、勘定残高及び注記事項に関して実施する。）

②　分析的実証手続

⑶　「リスク対応手続」－監査リスクを許容可能な低い水準に抑えるために、識別し評価したアサーション・レベルの重要な虚偽表示リスクに対応して、立案し実施する監査手続をいう。リスク対応手続は、運用評価手続と実証手続で構成する。

Ⅱ　要求事項

１．全般的な対応

４．監査人は、評価した財務諸表全体レベルの重要な虚偽表示リスクに応じて、全般的な対応を立案し実施しなければならない。（A1項からA3項参照）

２．評価したアサーション・レベルの重要な虚偽表示リスクに対応する監査人の手続

５．監査人は、評価したアサーション・レベルの重要な虚偽表示リスクに応じて、実施するリスク対応手続の種類、時期及び範囲を立案し実施しなければならない。（A4項からA8項参照）

６．監査人は、リスク対応手続の立案に当たって、以下を実施しなければならない。

⑴　取引種類、勘定残高及び注記事項の各々について、評価したアサーション・レベルの重要な虚偽表示リスクの根拠を、以下の事項を含めて考慮すること。（A9項からA17項参照）

①　関連する取引種類、勘定残高及び注記事項に係る特性に起因する重要な虚偽表示の発生可能性（固有リスク）

②　関連する内部統制を勘案しているか（統制リスク）。すなわち、実証手続の種類、時期及び範囲の決定において、有効に運用されている内部統制への依拠を予定しているか。この場合には、内部統制の運用状況が有効であるかどうかを判断するための監査証拠を入手することが必要である。

⑵　評価した重要な虚偽表示リスクの程度が高いほど、より確かな心証が得られる監査証拠を入手すること。（A18項参照）

⑴　運用評価手続

７．監査人は、以下のいずれかの場合には、関連する内部統制の運用状況の有効性に関して、十分かつ適切な監査証拠を入手する運用評価手続を立案し実施しなければならない。（A19項か

ら A23項参照)

(1) アサーション・レベルの重要な虚偽表示リスクを評価した際に、内部統制が有効に運用されていると想定する場合(すなわち、実証手続の種類、時期及び範囲の決定において、有効に運用されている内部統制への依拠を予定している場合)

(2) 実証手続のみでは、アサーション・レベルで十分かつ適切な監査証拠を入手できない場合

8．監査人は、運用評価手続の立案と実施に当たって、有効に運用されている内部統制への依拠の程度が高いほど、より確かな心証が得られる監査証拠を入手しなければならない。(A24項参照)

運用評価手続の種類と範囲

9．監査人は、運用評価手続の立案と実施に当たって、以下を実施しなければならない。

(1) 内部統制の運用状況の有効性に関する監査証拠を入手するために、質問とその他の監査手続を組み合わせて実施する。(A25項からA28項参照)

① 監査対象期間において内部統制がどのように運用されていたか。

② その運用は一貫していたか。

③ 誰が又はどのような方法で運用していたか。

(2) 運用評価手続の対象となる内部統制が他の内部統制(間接的な内部統制)に依存しているかどうか、依存している場合にはこれら間接的な内部統制の運用状況の有効性を裏付ける監査証拠を入手する必要があるかどうかを判断する。(A29項から A30項参照)

運用評価手続の実施の時期

10．監査人は、内部統制への依拠を予定している場合には、依拠に関する適切な基礎を入手するために、第11項及び第14項に留意して、特定の時点で又は期間に対して、運用評価手続を実施しなければならない。(A31項参照)

期中で入手した監査証拠の利用

11．監査人は、期中で内部統制の運用状況の有効性に関する監査証拠を入手する場合、以下の手続を実施しなければならない。

(1) 運用評価手続を実施した後の当該内部統制の重要な変更についての監査証拠を入手する。

(2) 期末日までの残余期間に対してどのような追加的な監査証拠を入手すべきかを決定する。(A32項から A33項参照)

過年度の監査で入手した監査証拠の利用

12．監査人は、過年度の監査で入手した内部統制の運用状況の有効性に関する監査証拠を利用することが適切かどうかを決定する場合、又は適切であると判断して運用評価手続のインターバルを決定する場合、以下の事項を考慮しなければならない。(A34項参照)

(1) 統制環境、監視活動、企業のリスク評価プロセス等を含む内部統制のその他の構成要素の有効性

(2) 内部統制が手作業によるか、自動化されているか等の内部統制の特性に起因するリスク

(3) 全般統制の有効性

(4) 内部統制の有効性及びその運用(例えば、過年度の監査で特定した内部統制の逸脱の内容及び件数、内部統制の運用に著しい影響を及ぼす人事異動があったかどうか。)

(5) 環境の変化に対応した内部統制の変更の必要性(必要な内部統制の変更が行われていないことによりリスクが生じているかどうか。)

(6) 重要な虚偽表示リスクと内部統制への依拠の程度

13．監査人は、過年度の監査で入手した内部統制の運用状況の有効性に関する監査証拠を利用する場合、当該内部統制の重要な変更が過年度の監査終了後に発生しているかどうかについての監査証拠を入手し、過年度の監査から引き継ぐ監査証拠の適合性を確認しなければならない。

監査人は、この監査証拠を、当該内部統制についての理解を確かめるため、質問に観察又は記録や文書の閲覧を組み合わせて実施して入手しなければならない。さらに、以下の事項に留意する。

(1) 過年度の監査から引き継ぐ監査証拠の適合

性に影響する変更があった場合には、当年度の監査で内部統制の運用評価手続を実施しなければならないこと。(A35項参照)

⑵　このような変更がない場合でも、少なくとも３年に１回は内部統制の運用評価手続を実施しなければならないこと。なお、毎期の監査において内部統制の一部について運用評価手続を実施しなければならず、依拠する全ての内部統制の運用評価手続をある年度で実施し、その後２年間運用評価手続を実施しないとすることはできない。(A36項からA38項参照)

特別な検討を必要とするリスクに対する内部統制

14．監査人は、特別な検討を必要とするリスクに対する内部統制に依拠する場合には、当年度の監査において、これに関連する内部統制の運用評価手続を実施しなければならない。

内部統制の運用状況の有効性の評価

15．監査人は、関連する内部統制の運用状況の有効性の評価において、実証手続によって発見された虚偽表示が、内部統制が有効に運用されていないことを示唆しているかどうかを評価しなければならない。なお、実証手続によって虚偽表示が発見されていないことは、検討対象となっているアサーションに関連する内部統制が有効であることの監査証拠とはならないことに留意する。(A39項参照)

16．監査人は、依拠しようとする内部統制からの逸脱を発見した場合には、逸脱が生じた原因及びその潜在的な影響を理解するために質問を実施し、以下の事項について判断しなければならない。(A40項参照)

⑴　実施した運用評価手続は内部統制への依拠に関する適切な基礎を提供するかどうか。

⑵　追加的な運用評価手続が必要かどうか。

⑶　虚偽表示の潜在的なリスクに対応する実証手続が必要かどうか。

⑵　実証手続

17．監査人は、評価した重要な虚偽表示リスクの程度にかかわらず、重要な取引種類、勘定残高及び注記事項の各々に対する実証手続を立案し実施しなければならない。(A41項からA46項参照)

18．監査人は、確認手続を実証手続として実施すべきかどうかを考慮しなければならない。(A47項からA50項参照)

財務諸表作成プロセスに関連する実証手続

19．監査人は、財務諸表作成プロセスに関連する実証手続に、以下の手続を含めなければならない。

⑴　注記事項を含む財務諸表に記載されている情報（総勘定元帳や補助元帳以外から入手した情報を含む。）とその基礎となる会計記録との一致又は調整内容を確かめること。

⑵　財務諸表作成プロセスにおける重要な仕訳及びその他の修正を確かめること。(A51項参照)

特別な検討を必要とするリスクに対応する実証手続

20．監査人は、評価したアサーション・レベルの重要な虚偽表示リスクが特別な検討を必要とするリスクであると判断した場合、そのリスクに個別に対応する実証手続を実施しなければならない。

監査人は、特別な検討を必要とするリスクに対して実証手続のみを実施する場合、詳細テストを含めなければならない。(A52項参照)

実証手続の実施の時期

21．監査人は、期末日前を基準日として実証手続を実施する場合には、期末日前を基準日として実施した実証手続の結果を期末日まで更新して利用するための合理的な根拠とするため、残余期間について以下のいずれかの手続を実施しなければならない。(A53項からA56項参照)

⑴　運用評価手続と組み合わせて、実証手続を実施すること。

⑵　監査人が十分と判断する場合、実証手続のみを実施すること。

22．監査人は、期中に、重要な虚偽表示リスクを評価するときに予期しなかった虚偽表示を発見した場合には、関連するリスク評価並びに残余期間に対して計画された実証手続の種類、時期及び範囲を変更する必要があるかどうかを評価しなければならない。(A57項参照)

3．財務諸表の表示及び注記事項の妥当性

23．監査人は、財務諸表の全体的な表示が、適用される財務報告の枠組みに準拠しているかどうかを評価する監査手続を実施しなければならない。この評価を行う上で、監査人は、財務諸表が以下の事項を適切に反映して表示されているかどうかを検討しなければならない（A58項参照)。

・財務情報並びにその基礎となる取引、事象及び状況の分類及び記述
・財務諸表の表示、構成及び内容

4．入手した監査証拠の十分性及び適切性の評価

24．監査人は、実施した監査手続及び入手した監査証拠に基づいて、アサーション・レベルの重要な虚偽表示リスクに関する評価が依然として適切であるかどうかを監査の最終段階において判断しなければならない。(A59項からA60項参照)

25．監査人は、十分かつ適切な監査証拠を入手したかどうかを結論付けなければならない。監査人は、監査意見の形成において、監査証拠が財務諸表におけるアサーションを裏付けるかどうかにかかわらず全ての関連する監査証拠を考慮しなければならない。(A61項参照)

26．監査人は、財務諸表の重要なアサーションについて十分かつ適切な監査証拠を入手していない場合には、監査証拠の追加の入手に努めなければならない。監査人は、十分かつ適切な監査証拠を入手できない場合には、限定意見を表明するか、又は意見を表明してはならない。

5．監査調書

27．監査人は、以下の事項を監査調書に記載しなければならない。(A62項参照)（監査基準委員会報告書230「監査調書」第７項から第10項及びA6項参照)

(1) 財務諸表全体レベルの重要な虚偽表示リスクに応じた全般的な対応、及び実施したリスク対応手続の種類、時期及び範囲
(2) アサーション・レベルの重要な虚偽表示リスクと実施したリスク対応手続との関連性
(3) 監査手続の結果（当該結果の記載のみでは結論が明確でない場合は、結論も含めて記載することを含む。)

28．監査人は、過年度の監査で入手した内部統制の運用状況の有効性についての監査証拠を利用する場合には、過年度の監査で運用評価手続を実施した内部統制に依拠できるか否かについての結論を監査調書に記載しなければならない。

29．監査人は、注記事項を含む財務諸表に記載されている情報（総勘定元帳や補助元帳以外から入手した情報を含む。）とその基礎となる会計記録との一致又は調整内容を確かめた結果を監査調書に記載しなければならない。

Ⅲ　適用指針

1．全般的な対応（第４項参照)

A1．評価した財務諸表全体レベルの重要な虚偽表示リスクに応じた全般的な対応には、例えば、以下が含まれる。

・監査チームメンバーが職業的懐疑心を保持すること。
・豊富な経験を有する又は特定分野における専門的な知識や技能を持つ監査チームメンバーの配置、専門家の利用
・監査チームメンバーへの指導監督の強化
・実施するリスク対応手続の選択に当たっての企業が想定しない要素の組込み
・実施すべき監査手続の種類、時期及び範囲の変更（例えば、実証手続を実施する基準日の期末日前から期末日への変更、又はより確かな心証が得られる監査証拠を入手するための監査手続の変更)

A2．監査人の統制環境の理解は、財務諸表全体

レベルの重要な虚偽表示リスクの評価と、それに関する監査人の全般的な対応に影響を及ぼす。

統制環境が有効である場合には、監査人の内部統制への依拠の程度及び企業の内部で作成された情報の監査証拠としての証明力が高くなるため、例えば、監査手続を実施する基準日を期末日ではなく期末日前にすることができる。

しかしながら、統制環境に不備がある場合には、反対に監査人は、例えば、以下のように対応することがある。

・基準日を期末日前ではなく期末日として、より多くの監査手続を実施すること。
・実証手続によってより多くの監査証拠を入手すること。
・監査対象とする事業所等の範囲を拡大すること。

A3. これらの統制環境に関する考慮は、監査人の監査アプローチの選択、例えば、実証手続を中心とした監査アプローチ又は運用評価手続と実証手続を組み合わせる監査アプローチを採用するかの判断に重要な影響を及ぼす。

2. 評価したアサーション・レベルの重要な虚偽表示リスクに対応する監査人の手続

(1) 実施するリスク対応手続の種類、時期及び範囲（第５項参照）

A4. アサーション・レベルで識別したリスクの評価は、監査人がリスク対応手続の立案及び実施に関する適切な監査アプローチを考慮する際の基礎を提供する。

例えば、監査人は以下のように判断することがある。

(1) 特定のアサーションに対して、運用評価手続を実施するだけで、評価した重要な虚偽表示リスクに有効に対応することが可能である。
(2) 特定のアサーションに対して、実証手続のみを実施することが適切であると判断し、関連するリスク評価の過程で内部統制の影響を考慮しない。これは、リスク評価手続においてアサーションに関連する内部統制を特定できない場合や運用評価手続の結果が十分でない場合であり、その際には、監査人は内部統制への依拠を予定せずに実施する実証手続の種類、時期及び範囲を決定する。
(3) 運用評価手続と実証手続を組み合わせる監査アプローチが有効である。

しかしながら、第17項で要求されるように、選択した監査アプローチに関係なく、監査人は、重要な取引種類、勘定残高及び注記事項のそれぞれに対して実証手続を立案し実施する。

A5. 監査手続の種類は、その目的（すなわち、運用評価手続又は実証手続）と手法（すなわち、閲覧、観察、質問、確認、再計算、再実施又は分析的手続）に関係している。評価したリスクへの対応という点では、監査手続の種類が最も重要である。

A6. 監査手続の実施の時期は、いつ監査手続を実施するか、又は監査証拠を入手する期間若しくは時点に関係している。

A7. 監査手続の範囲は、例えば、サンプル数や統制活動の観察回数等、監査手続を実施する量に関係している。

A8. 評価したアサーション・レベルの重要な虚偽表示リスクに応じた、リスク対応手続の種類、時期及び範囲を立案して実施することにより、リスク評価とリスク対応手続との間に明瞭な関連性が構築されることとなる。

評価したアサーション・レベルのリスクに対応する監査人の手続（第６項(1)参照）

手続の種類

A9. 監査人が評価した重要な虚偽表示リスクは、実施する監査手続の手法とこれらの組合せの両方に影響することがある。例えば、評価したリスクが高い場合、監査人は、記録や文書の閲覧に加えて、契約条件の網羅性を相手方に確認することがある。

さらに、実施する監査手続によって、アサーションとの関連の度合いが異なることがある。例えば、収益の網羅性というアサーションには運用評価手続が最も対応する場合があるが、収益の発生というアサーションには実証手続が最も対応することがある。

A10. リスク評価の根拠は、監査手続の種類の決定に関連している。

例えば、取引の特性から内部統制を考慮しなくても重要な虚偽表示リスクの程度が低いという評価のもとに、分析的実証手続だけで十分かつ適切な監査証拠を入手できると判断する場合もある。一方、内部統制を考慮して重要な虚偽表示リスクを低いと評価し、その評価をもとに実証手続を立案する場合には、第７項(1)に従って、内部統制が有効に運用されているかどうかを確かめるために運用評価手続を実施する。この状況には、例えば、適切に定型化された複雑でない取引種類が企業の情報システムによって規定どおりに処理、管理される場合が該当することがある。

実施の時期

A11. 監査人は、期末日前か期末日を基準日として、運用評価手続又は実証手続を実施する。

監査人は、重要な虚偽表示リスクの程度が高いほど、実証手続を期末日により近い時期又は期末日を基準日として実施すること、又は事前の通知なしに若しくは容易に予測できない時期に監査手続を実施することを決定することがある（例えば、予告せずに事業所に往査して監査手続を実施する。）。

これは、特に不正リスクへの対応を検討する場合に適合する。例えば、監査人は、意図的な虚偽表示又は利益操作が行われるリスクを識別した場合には、期末日前の結論を期末日まで更新して利用するために実施する監査手続は有効でないと結論付けることがある。

A12. 監査人は期末日前を基準日として監査手続を実施することで、重要な検討事項を監査の初期の段階で認識し、経営者とともに検討事項を解決すること、又は検討事項に対する有効な監査アプローチを採用することが可能となることがある。

A13. ただし、例えば、以下のような監査手続は、期末日以後のみに実施可能である。

・財務諸表及び注記事項に記載されている情報（総勘定元帳や補助元帳以外から入手した情報を含む。）とその基礎となる会計記録との一致又は調整内容を確かめる手続

・財務諸表の作成過程で行われる修正を検討する手続

・期末日において、企業が不適切な販売契約を締結するリスクや、期末日までに完結しない取引に関するリスクに対応して実施する監査手続

A14. 監査人が監査手続の実施の時期を検討する際に考慮する要因には、例えば、以下の事項がある。

・統制環境

・必要な情報が入手可能な時期（例えば、電子ファイルが後で上書処理される場合や観察対象の手続がある時点においてのみ実施される場合）

・虚偽表示リスクの内容（例えば、売上契約を事後的に偽造して予算達成のため収益を過大計上する可能性がある場合、監査人は期末日時点で利用可能な契約書の検討を望むことがある。）

・監査証拠が関連する期間又は時点

・財務諸表、特に貸借対照表、損益計算書、包括利益計算書、株主資本等変動計算書又はキャッシュ・フロー計算書に計上された金額についての詳細な説明を提供する注記事項の作成時期

手続の範囲

A15. 監査人の判断が必要な監査手続の範囲は、重要性、評価したリスク、及び監査人が得ようとする保証水準を考慮した後に決定される。

一つの目的に対応するために監査手続を組み合わせて実施する場合には、それぞれの手続の範囲は別々に検討される。

通常、重要な虚偽表示リスクの程度が高くなるほど監査手続の範囲は拡大する。例えば、評価した不正による重要な虚偽表示リスクに対応するためには、サンプル数の増加や、より詳細なレベルでの分析的実証手続の実施が適切なことがある。ただし、監査手続の範囲を拡大する

ことは監査手続自体が特定のリスクに適合している場合にのみ有効である。

A16．コンピュータ利用監査技法（CAAT）を用いることにより、電子的な取引ファイルと勘定ファイルに対するより広範な手続の実施が可能となるため、例えば、不正による重要な虚偽表示リスクへの対応において、監査人がテスト範囲の変更を決定する場合に有用であることがある。

CAATは、重要な電子的ファイルからのサンプルの抽出、特性に基づいた取引のソート、又は項目抽出を行わずに母集団全体の検討に利用できる。

小規模企業に特有の考慮事項

A17．小規模企業の場合、監査人が識別できる十分な統制活動がないことや、内部統制の文書化の程度が限られていることがある。このような場合には、監査人は、リスク対応手続として、主に実証手続を実施することがより効率的となることがある。

しかし、稀ではあるが、統制活動や内部統制のその他の構成要素の欠如により、十分かつ適切な監査証拠の入手が不可能となる場合もある。

リスクの程度が高いと評価した場合（第６項⑵参照）

A18．監査人は、重要な虚偽表示リスクの程度が高いと評価し、より確かな心証が得られる監査証拠を入手する場合には、監査証拠の量を増やすことや、より適合性が高く、より証明力の強い監査証拠を入手することがある。例えば、第三者からの証拠の入手に重点を置き、又は異なる複数の情報源から補強する証拠を入手する。

⑵　運用評価手続

運用評価手続の立案と実施（第７項参照）

A19．運用評価手続は、アサーション・レベルの重要な虚偽表示を防止又は発見・是正するために適切にデザインされていると監査人が判断する内部統制に対してのみ実施される。異なる内部統制が監査対象期間の異なる時期に適用される場合、各々の内部統制は別々に検討される。

A20．運用評価手続は、内部統制のデザインと業務への適用を理解し評価することとは異なるが、同一種類の監査手続が利用される。したがって、監査人は、内部統制のデザインと業務への適用を理解し評価すると同時に、内部統制の運用評価手続を実施することが効率的であると判断することもある。

A21．リスク評価手続は、運用評価手続として特に立案されていなくても、内部統制の運用状況の有効性に関する監査証拠を提供し、結果として運用評価手続となる場合がある。このようなリスク評価手続には、例えば、以下のような手続を含む。

・経営者等に対する予算管理についての質問
・経営者が月次で実施する経費の予算実績分析についての観察
・予算と実績の差異に関する調査報告書の閲覧

これらの監査手続によって、企業の予算管理方針及びそれが業務に適用されているかどうかについての情報とともに、経費の分類に関する重要な虚偽表示の防止又は発見に係る予算管理の運用状況の有効性に関する監査証拠も入手できる。

A22．さらに、監査人は、同一の取引に対して詳細テストと同時に実施する運用評価手続を立案する場合もある。運用評価手続の目的は詳細テストの目的とは異なるが、二つの目的は、同一取引に対する詳細テストと運用評価手続の実施を通じて同時に達成されることがあり、これは二重目的テストと呼ばれている。

例えば、監査人は、請求書の承認の有無を判断するため、及び取引に関する実証手続による監査証拠を入手するために、請求書を検討する手続を立案し、その結果を評価することがある。

二重目的テストは、それぞれのテストの目的を別々に考慮して、立案され、評価される。

A23．監査基準委員会報告書315に記載しているように、ある場合に監査人は、アサーション・レベルにおいて、実証手続のみでは十分かつ適切な監査証拠を入手することができないと判断することがある。（監基報315第29項参照）

例えば、企業がITを利用して業務を行っており、取引に関連する文書がITシステム外では作成、保存されていない場合である。このような場合には、第7項(2)に記載しているとおり、監査人には、関連する内部統制の運用評価手続の実施が要求される。

監査証拠と依拠の程度（第8項参照）

A24. 運用評価手続を主な監査手続とする監査アプローチを採用する場合において、特に実証手続のみでは十分かつ適切な監査証拠を入手することができない又は実務的でないときには、監査人は、内部統制の運用状況の有効性についてより高い保証水準を得ようとすることがある。

運用評価手続の種類と範囲

質問と組み合わせたその他の監査手続（第9項(1)参照）

A25. 質問だけでは内部統制の運用評価手続としては十分でないことから、その他の監査手続を組み合わせて実施する。その場合、観察は観察を実施する時点だけに関連するものであるから、質問と観察を実施するよりも、記録や文書の閲覧又は再実施を組み合わせて質問を実施する方が、より確かな心証を得られる監査証拠を入手することができる。

A26. 内部統制の特性が、内部統制の有効性に関する監査証拠を入手するために必要な監査手続に影響を及ぼす。例えば、運用状況の有効性に関する証跡が文書で残されている場合には、監査人は、運用状況の有効性に関する監査証拠を入手するため当該文書を閲覧する。

一方、内部統制の運用状況の有効性に関する証跡となる文書が利用可能でない場合もある。例えば、権限と責任の付与のような統制環境の一部の要素、又はコンピュータによって実施されるような統制活動の一部については、運用に関する証跡は文書で存在しないこともある。このような場合、運用状況の有効性に関する監査証拠は、質問と観察又はCAATを用いる等のその他の監査手続を組み合わせて実施することにより入手されることがある。

運用評価手続の範囲

A27. 内部統制の運用状況の有効性について、より確かな心証が得られる監査証拠が必要と判断する場合には、運用評価手続の範囲の拡大が適切なことがある。

運用評価手続の範囲を決定するに当たっては、内部統制への依拠の程度と同様に、以下の事項を考慮することがある。

・依拠する期間における内部統制の実施頻度
・監査対象期間のうち監査人が有効に運用されている内部統制に依拠する期間
・内部統制の予想逸脱率
・アサーション・レベルでの内部統制の運用状況の有効性について入手された監査証拠の適合性及び証明力
・アサーションに関連した別の内部統制について実施した運用評価手続から入手した監査証拠の程度

監査基準委員会報告書530「監査サンプリング」では、テストの範囲に関する詳細な指針を記載している。

A28. ITを利用した処理は一貫して行われることから、自動化された内部統制に対する運用評価手続の範囲を拡大させる必要がない場合もある。自動化された内部統制は、プログラム（プログラムによって利用されているテーブル、ファイル、マスターデータ等を含む。）の変更がなければ、一貫して継続的に機能する。

監査人は、内部統制が当初導入されたとき又はその後のある時点で、自動化された内部統制が意図したように機能していると判断した場合、その内部統制が継続して有効に機能しているかどうかを判断するための手続の実施を考慮することがある。

このような検討には、例えば、以下の事項を判断する手続が含まれる。

・適切なプログラム変更の内部統制に従って行われていないプログラム変更がないこと。
・承認された版のプログラムが取引処理に使用されていること。
・その他の関連する全般統制が有効であること。

企業がパッケージ・ソフトを変更又は手直しをせずに使用している場合に、そのような検討には、プログラムの変更が行われていないことを確かめることが含まれる。例えば、監査人は、監査対象期間において未承認のアクセスが発生していないという監査証拠を入手するために、ITセキュリティに関する管理記録を閲覧することがある。

間接的な内部統制の運用評価（第９項(2)参照）

A29．ある状況では、間接的な内部統制の運用状況の有効性を裏付ける監査証拠の入手が必要であることがある。

例えば、監査人が、与信限度を超える販売が記載された例外処理報告書の査閲の有効性の検証を実施すると決定したときは、その担当者による査閲及びそのフォローアップが監査に直接的に関連する内部統制であり、例外処理報告書の情報の正確性に関する内部統制（例えば、全般統制）が間接的な内部統制である。

A30．ITを利用した処理は一貫して行われるため、自動化された業務処理統制の業務への適用に関する監査証拠は、全般統制（特に、変更に関する内部統制）の運用状況の有効性に関する監査証拠と組み合わせるときに、業務処理統制の運用状況の有効性に関する監査証拠となることもある。

運用評価手続の実施の時期

依拠を予定する期間（第10項参照）

A31．期末日に実施する実地棚卸に係る内部統制を評価する場合のように、一時点だけに関係する監査証拠が監査人の目的を十分に満たすことがある。

一方、監査人が一定期間ある内部統制に依拠しようとする場合には、対象とする期間において内部統制が有効に運用されていることに関する監査証拠を入手できる運用評価手続が適切である。このような運用評価手続には、企業の内部統制に対する監視活動の運用評価手続を含むことがある。

期中で入手した監査証拠の利用（第11項(2)参照）

A32．期末日までの残余期間に運用されていた内部統制について、どのような追加的な監査証拠を入手するかの決定に関連する要因には、以下の事項を含む。

・評価したアサーション・レベルの重要な虚偽表示リスクの程度
・運用評価手続を実施した内部統制及び運用評価手続を実施した後の当該内部統制の重要な変更（変更には情報システム、プロセス及び担当者の変更を含む。）
・内部統制の運用状況の有効性について入手した監査証拠の程度
・残余期間の長さ
・監査人が内部統制に依拠することにより削減しようとする実証手続の範囲
・統制環境

A33．例えば、残余期間に関する運用評価手続の実施、又は企業の内部統制に対する監視活動の運用評価手続の実施によって、追加的な監査証拠を入手することがある。

過年度の監査で入手した監査証拠の利用（第12項参照）

A34．ある状況では、監査人が過年度の監査において入手した監査証拠について継続的な適合性を確かめるための監査手続を実施する場合に、これが当年度の監査証拠となることがある。

例えば、過年度の監査で自動化された内部統制が意図したように機能していると判断していた場合に、監査人は経営者に対する質問、及びどの内部統制が変更されたかを示すログの閲覧によって、その内部統制の運用状況の継続的な有効性に影響を及ぼす変更が、自動化された内部統制になされたかどうかの監査証拠を入手することがある。これらの変更に関する監査証拠の検討は、当年度において入手する予定の内部統制の運用状況の有効性に関する監査証拠の増減の裏付けとなることがある。

過年度の監査から内部統制に変更があった場合（第13項(1)参照）

A35．内部統制の変更は、過年度の監査で入手した監査証拠に継続して依拠する根拠がなくなる等、監査証拠の適合性に影響することがある。例えば、情報システムで新しいレポートの作成を可能にする変更は、過年度の監査で入手した監査証拠の適合性にはほとんど影響しないが、データの累積又は計算の方法を変更する場合には影響がある。

過年度の監査から内部統制に変更がない場合（第13項⑵参照）

A36．以下のいずれにも該当する内部統制について、過年度の監査で入手した監査証拠に依拠するかどうかは、監査人の職業的専門家としての判断による。

⑴　最後に運用評価手続を実施した後から変更されていない。

⑵　特別な検討を必要とするリスクに関連しない。

さらに、これらの内部統制の運用評価手続のインターバルも職業的専門家としての判断によるが、第13項⑵に記載しているとおり、少なくとも３年に１回の実施が必要である。

A37．一般的に、重要な虚偽表示リスクの程度が高いほど、又は内部統制に対する依拠の程度が高いほど、運用評価手続を実施しない期間があるとしても、運用評価手続のインターバルは短くなる可能性が高い。内部統制の運用評価手続のインターバルを短くする要因、又は過年度の監査において入手した監査証拠に全く依拠できなくなる要因には、以下の事項が含まれる。

・統制環境の不備
・監視活動の不備
・内部統制の重要な部分の手作業による実施
・内部統制の運用状況に重要な影響を及ぼす人事異動
・内部統制の変更の必要性を示す環境の変化
・全般統制の不備

A38．監査人が、過年度の監査において入手した監査証拠に依拠しようとする内部統制が多数存在する場合には、これらの内部統制の幾つかを各年度の監査において運用評価手続を実施することによって、統制環境の継続的な有効性を補強する情報が得られる。この情報は、過年度の監査において入手した監査証拠への依拠が適切かどうかについての監査人の決定に役立つ。

内部統制の運用状況の有効性の評価（第15項から第16項参照）

A39．監査人の手続によって発見された重要な虚偽表示が、内部統制の重要な不備の存在を強く示唆する。

A40．内部統制が有効に運用されているということは、内部統制からの逸脱が全くないことを意味しているわけではない。内部統制からの逸脱は、主要な担当者の交代、取引量の重要な季節的変動及び過失などの要因によって生じることがある。特に、予想した内部統制の逸脱率と比較した場合、実際の内部統制の逸脱率によっては、監査人が評価したアサーション・レベルのリスクを軽減するための内部統制に依拠できないことを示すことがある。

⑶　実証手続（第17項参照）

A41．監査人は、重要な取引種類、勘定残高及び注記事項の各々について、評価した重要な虚偽表示リスクの程度にかかわらず、実証手続を立案し実施することが第17項で要求されている。

この要求事項は、監査人のリスク評価が判断に基づくものであり重要な虚偽表示リスクの全てを識別していない場合があること、及び内部統制には経営者による内部統制の無効化を含む固有の限界があることといった事実を反映している。

実証手続の種類と範囲

A42．監査人は、状況に応じて、以下のいずれの事項に該当するかを判断することがある。

・監査リスクを許容可能な低い水準に抑えるためには、分析的実証手続の実施だけで十分であること。（例えば、監査人によるリスクの評価が、運用評価手続によって入手した監査証拠によって裏付けられている場合）
・詳細テストのみの実施が適切であること。
・分析的実証手続と詳細テストの組合せが評価したリスクに最も対応していること。

A43．分析的実証手続は、一般的に、取引量が多く予測可能な取引に対して適用される。

監査基準委員会報告書520「分析的手続」には、

監査における分析的手続の適用についての要求される事項と指針が記載されている。

A44．リスクの内容とアサーションの種類は、詳細テストの立案に関連している。例えば、実在性又は発生というアサーションに関係する詳細テストには、財務諸表に計上されている項目からの抽出及び関連する監査証拠の入手を伴うことがある。

一方、網羅性というアサーションに関係する詳細テストには、関連する財務諸表に計上されるべき項目からの抽出及びこれらが財務諸表に含まれているかどうかの検討を伴うことがある。

A45．重要な虚偽表示リスクの評価では内部統制が考慮されているため、運用評価手続の結果が意図したとおりでない場合、実証手続の範囲を拡大する必要が生じることがある。しかし、監査手続の範囲の拡大は、その監査手続自体が特定のリスクに適合している場合のみ適切である。

A46．詳細テストの立案に当たって、通常、テストの範囲はサンプル数によって表される。しかし、その他の選択可能な項目の抽出方法（例えば、特定項目の抽出）の利用がより有効であるかどうかを含め、サンプル数以外のその他の事項も関連している。（監基報530第９項参照）

確認手続の必要性についての検討（第18項参照）

A47．確認手続は、勘定残高とその明細に関連するアサーションに対応する場合に適合することが多いが、これらの項目に限定する必要はない。例えば、監査人は、企業と第三者との間の合意、契約又は取引に係る条件について確認を行うことがある。また、確認手続は、一定の条件が付されていないことに関する監査証拠の入手のために実施されることもある。例えば、確認依頼が企業の収益の期間帰属の適切性に関連する付帯契約がないという確認を具体的に要求することがある。

評価した重要な虚偽表示リスクに対応した監査証拠を入手するために確認手続を実施する状況には、以下が含まれる。

・金融機関との取引や残高に関する情報
・売掛金及び回収条件等
・第三者に保管されている棚卸資産
・保護預け又は担保として弁護士や金融機関に保管されている不動産権利証書
・保護預け又は担保提供、受渡し未了等、他に保管されている有価証券
・借入金、返済条件及び財務制限条項の内容
・買掛金及び支払条件等

A48．確認により、特定のアサーションに適合する監査証拠が入手できることがあるが、他のアサーションに対しては適合性の低い監査証拠しか入手できないことがある。例えば、売掛金に対する確認により入手した監査証拠は、実在性には適合するが、回収可能性には必ずしも適合しない。

A49．監査人は、ある目的のために実施する確認手続により、他の事項についての監査証拠も入手できると判断することがある。例えば、銀行に対する確認依頼は、預金等の勘定残高以外の財務諸表項目のアサーションに関連する情報の依頼を含むことが多い。

そのような考慮は、確認手続を実施するかどうかについての監査人の判断に影響を及ぼすことがある。

A50．確認手続を実証手続として実施するかどうかを判断するに当たり、監査人は、例えば、以下の事項を考慮する。

・対象となる事項についての確認回答者の知識。回答は、確認対象となる情報について必要な知識を有する者により行われる場合に、より信頼性がある。
・想定される確認回答者の回答する能力又は協力度合い。例えば、確認回答者は以下のような場合がある。
　―確認依頼に回答する立場にないと考える。
　―回答には、費用と時間がかかり過ぎると考える。
　―回答を行うことにより法的責任が生じる可能性を懸念する。
　―取引を異なる通貨により記録している。
　―確認依頼への回答は、日常業務の中で重要

な業務とは認識されていない。

上記の状況においては、確認回答者は回答を行わなかったり、非公式な方法で回答を行ったり、又は回答への依拠を制限しようとすることがある。

・想定される確認回答者の客観性。確認回答者が企業の関連当事者である場合、確認依頼への回答は信頼性が低いことがある。

財務諸表作成プロセスに関連する実証手続（第19項(2)参照）

A51. 財務諸表作成プロセスに関する監査人の実証手続の種類及び範囲は、企業の財務報告プロセスの性質及び複雑性並びにこれに関連する重要な虚偽表示リスクの程度によって異なる。

特別な検討を必要とするリスクに対応する実証手続（第20項参照）

A52. 監査人は、特別な検討を必要とするリスクであると監査人が判断したリスクに個別に対応する実証手続を実施することが第20項で要求されている。

監査人が確認回答者から直接受領する確認により入手した監査証拠は、監査人が不正か誤謬かを問わず、重要な虚偽表示リスクに対応するために要求される証明力の強い監査証拠となることがある。

例えば、経営者に利益目標の達成のプレッシャーがかかっていると監査人が識別した場合には、売上契約の条件に反して収益を認識すること又は出荷前に納品書を発行することによって、売上を過大計上するリスクが存在していることがある。これらの場合には、監査人は、例えば、売上債権残高だけでなく、日付、返品条件及び引渡条件を含めた販売契約の詳細を確認することがある。さらに、販売契約及び出荷条件の変更について、経理以外の部門に質問し、確認を補完することが有効な場合もある。

実証手続の実施の時期（第21項から第22項参照）

A53. 過年度の実証手続によって入手した監査証拠は、当年度においては、ほとんど又は全く監査証拠とならない。しかし、例えば、全く変更が生じていない証券化スキームに関係して、前年度の監査において入手した法的意見書は、当年度において監査証拠として適合する場合がある。このような場合には、その監査証拠及び関係する事項に基本的な変更がなく、当年度においてその継続的な適合性を確かめるための監査手続が実施されているときには、前年度の監査証拠の利用が適切なことがある。

期中で入手した監査証拠の利用（第21項参照）

A54. 監査人は、状況に応じて、期中において実証手続を実施すること、及び残余期間について異常と思われる金額を識別し、当該異常な金額について調査し、さらに、残余期間について分析的実証手続又は詳細テストを実施するために、期末日現在の残高と期中における対応する残高を比較、調整することが有効であると判断することがある。

A55. 実証手続を、期末日前を基準日として実施し、残余期間に対して追加手続を実施しない場合には、監査人が期末日に存在する虚偽表示を発見できないリスクは高まる。このリスクは、残余期間が長いほど高まる。以下のような要因が、期末日前を基準日として、実証手続を実施するかどうかに影響を及ぼすことがある。

・統制環境及びその他の関連する内部統制

・監査人の手続実施日における、その手続に必要な情報の利用可能性

・実証手続の目的

・評価した重要な虚偽表示リスク

・取引種類又は勘定残高の特性及び関連するアサーション

・期末日に存在する可能性がある虚偽表示を発見できないリスクを抑えるために、残余期間に係る実証手続又は運用評価手続との組合せで実施する実証手続の実施可能性

A56. 以下の要因が、残余期間に対して分析的実証手続を実施するかどうかに関して、影響を及ぼすことがある。

・期末日現在の特定の取引種類又は勘定残高に関し、その金額、相対的な重要性及び構成内容が合理的に予測できるかどうか。

・企業が実施する期末日前の取引種類又は勘定

残高に関する分析及び修正並びに期間帰属に関する手続が適切かどうか。

・財務報告に関連する情報システムから、以下の事項の検討に必要な期末日現在の残高及び残余期間における取引に関する十分な情報が得られるかどうか。

(1)　重要な通例でない取引又は仕訳（期末日及び期末日近くの取引及び仕訳を含む。）

(2)　重要な変動又は予想に反して発生しなかった変動のその他の原因

(3)　取引種類又は勘定残高の構成内容の変化

期中に虚偽表示を発見した場合（第22項参照）

A57．予想しない虚偽表示を期中に発見した結果、監査人が、残余期間に対して計画していた実証手続の種類、時期及び範囲を変更する必要があると結論付ける場合、そのような変更には、期中に実施した手続の期末日における範囲の拡大又は再実施が含まれることがある。

3．表示及び注記事項の妥当性（第23項参照）

A58．財務諸表の表示、配置及び内容の適切性の評価には、例えば、適用される財務報告の枠組みで要求される用語が使用されているか、十分詳細な情報が提供されているか、項目の集計及び細分化並びにその根拠の説明の検討が含まれる。

4．入手した監査証拠の十分性及び適切性の評価（第24項から第26項参照）

A59．財務諸表監査は、累積的かつ反復的なプロセスである。そのため、監査人は、立案した監査手続を実施するに従い、入手した監査証拠により他の立案した監査手続の種類、時期及び範囲を変更することがある。

また、監査人は、リスク評価の基礎となった情報と著しく異なる情報に気付くこともある。例えば、以下のような場合である。

・実証手続によって虚偽表示を発見した場合、その程度によっては、リスク評価に係る判断を変更することがある。また、内部統制の重要な不備を示すこともある。

・会計記録の矛盾、証拠の矛盾又は紛失に気付くことがある。

・財務諸表の全般的な結論を形成するための分析的手続によって、それまで認識していなかった重要な虚偽表示リスクに気付く場合がある。

これらの場合には、監査人は、取引種類、勘定残高及び注記事項に関連するアサーションの全て又は一部についての再評価したリスクに基づき、立案した監査手続の再検討が必要な場合もある。リスク評価の修正については、監査基準委員会報告書315に詳細な指針を記載している。（監基報315第30項参照）

A60．監査人は、発見した不正又は誤謬が単発的なものと推定することはできない。したがって、虚偽表示の発見が、評価した重要な虚偽表示リスクに、どのように影響を及ぼすかの検討は、リスク評価が依然として適切であるかどうかの判断に際して重要である。

A61．監査人の十分かつ適切な監査証拠に係る判断は、以下のような要因によって影響を受ける。

・アサーションにおける潜在的な虚偽表示の重要性、及び当該虚偽表示が、個別に又は他の虚偽表示と合計したときに、財務諸表に重要な影響を及ぼす可能性

・経営者のリスクへの対処及びリスクに対応する内部統制の有効性

・過年度の監査において発見した同様の虚偽表示

・実施した監査手続の結果（監査手続により不正又は誤謬の事実が識別されたかどうかを含む。）

・入手可能な情報の情報源及び信頼性

・監査証拠により形成された心証の程度

・内部統制を含む、企業及び企業環境の理解

5．監査調書（第27項参照）

A62．監査調書の様式及び範囲は職業的専門家としての判断に係る事項であり、企業とその内部統制の性質、規模及び複雑性並びに企業からの情報の利用可能性及び監査の手法と技法の影響

を受ける。

Ⅳ 適 用

・本報告書（2011年12月22日）は、2012年４月１日以後開始する事業年度に係る監査及び同日以後開始する中間会計期間に係る中間監査から適用する。
・本報告書（2013年６月17日）は、2014年３月31日以後終了する事業年度に係る監査から適用する。
・本報告書（2019年６月12日）は、2020年４月１日以後開始する事業年度に係る監査及び同日以後開始する中間会計期間に係る中間監査から適用する。ただし、2019年４月１日以後開始する事業年度に係る監査及び同日以後開始する中間会計期間に係る中間監査から早期適用することができる。

以　上

監査基準委員会報告書402
業務を委託している企業の監査上の考慮事項*

平成23年12月22日
改正平成27年５月29日
日本公認会計士協会
監査基準委員会
（報告書：第67号）

Ⅰ　本報告書の範囲及び目的

1．本報告書の範囲

1．本報告書は、委託会社が１社以上の受託会社の提供する業務を利用する場合の、委託会社監査人による十分かつ適切な監査証拠の入手に関する実務上の指針を提供するものである。特に、本報告書は、委託会社監査人が重要な虚偽表示リスクを識別し評価するために、監査に関連する内部統制を含め、委託会社を十分に理解するに当たって、監査基準委員会報告書315「企業及び企業環境の理解を通じた重要な虚偽表示リスクの識別と評価」を適用する方法を詳述している。また、識別したリスクに対応するリスク対応手続を立案し実施するに当たって、監査基準委員会報告書第330「評価したリスクに対応する監査人の手続」を適用する方法を詳述している。

2．企業は、その事業活動の一部を外部に委託することがあるが、特定の職務を企業の指示に基づいて実施させることもあれば、企業の特定の部署又は機能の全てを代行させることもある。そのような外部に委託している業務の多くは、企業の事業運営にとって必要不可欠であるが、それらの全ての業務が監査に関連しているわけではない。

3．受託会社の提供する業務とそれらに対する内部統制が、委託会社の財務報告に関連する情報システム（関連する業務プロセスを含む。）の一部を構成している場合には、当該業務は、委託会社の財務諸表監査に関連することになる。受託会社の大部分の内部統制は、財務報告に関連していることが多いが、それ以外にも資産の保全を対象とする内部統制などのように、監査に関連する内部統制が存在することもある。受託会社の業務が、以下のいずれかに影響を与える場合には、財務報告に関連する委託会社の情報システム（関連する業務プロセスを含む。）の一部を構成する。

(1) 委託会社の財務諸表に重要な影響を与える事業活動に係る取引種類
(2) 委託会社の取引の開始から、記録、処理、必要に応じた修正、総勘定元帳への転記、財務諸表に反映されるまでの手続（ITによるものか又は手作業によるものかを問わない。）
(3) 取引の開始、記録、処理及び報告に使用される委託会社の会計記録（手書きによる記録か電子的記録かを問わない。）、裏付け情報及び、財務諸表における特定の勘定（誤った情報の修正と、情報がどのように総勘定元帳に転記されるかを含む。）
(4) 取引以外で、財務諸表に重要な影響を与える事象の発生や状況を委託会社の情報システムにより把握する方法
(5) 委託会社の財務諸表を作成するために用いている財務報告プロセス（重要な会計上の見積りや開示を含む。）
(6) 仕訳入力に関する内部統制（非経常的な又は通例でない取引や修正を記録するための非定型的な仕訳を含む。）

4．委託会社監査人が受託会社の提供する業務に関して実施する手続の種類及び範囲は、当該業務の内容と委託会社にとっての重要性、及び監査への関連性によって決まる。

5．本報告書は、例えば、銀行による振込処理や、証券会社による有価証券の決済など、金融機関に開設されている企業の口座において企業が個別に承認した取引処理に限定して金融機関が提供する業務には適用されない。また、本報告書は、出資者持分が計算され持分保有者に報告される場合の、組合、法人及び共同事業体等の他の事業体への出資者持分に関連して発生する取引の監査にも適用されない。

2．本報告書の目的

6．委託会社が受託会社の業務を利用する場合の委託会社監査人の目的は、以下のとおりである。

(1) 重要な虚偽表示リスクを識別し評価するため、受託会社の提供する業務の種類と重要性、及びそれらが監査に関連する委託会社の内部統制に与える影響について理解すること
(2) 当該リスクに対応する監査手続を立案し実施すること

3．定　義

7．本報告書における用語の定義は、以下のとおりとする。

(1) 「委託会社」－財務諸表の監査を受けている会社で、受託会社の提供する業務を利用する会社をいう。
(2) 「委託会社監査人」－委託会社の財務諸表の監査を実施する監査人をいう。
(3) 「委託会社の相補的な内部統制」－受託業務をデザインする段階で、委託会社において整備されることを受託会社が想定する内部統制であり、受託会社のシステムに関する記述書において統制目的の達成に必要な内部統制として識別され、記載されるものをいう。
(4) 「再受託会社」－委託会社の財務報告に関連する情報システムの一部を構成する業務を委託会社に提供するために、受託会社が受託業務の一部を他の会社に再委託する場合の当該他の会社をいう。
(5) 「受託会社」－委託会社の財務報告に関連する情報システムの一部を構成する業務を、当該委託会社に提供する第三者組織（又はその一部）をいう。
(6) 「受託会社監査人」－受託会社からの依頼に基づき、受託会社の内部統制に関して保証報告書を提供する監査人をいう。
(7) 「受託会社のシステム」－受託会社監査人の

保証報告書が対象とする業務を委託会社に提供するために、受託会社がデザインし業務に適用する方針と手続をいう。

(8)「受託会社のシステムに関する記述書及び内部統制のデザインに関する報告書」(本報告書では「タイプ1の報告書」と呼称する。)－以下を含む報告書をいう。

① 受託会社のシステム、統制目的、及びそれらに関連して基準日現在でデザインされ業務に適用されている内部統制について、受託会社の経営者が作成した記述書

② 受託会社のシステム、統制目的及び関連する内部統制の記述並びに特定された統制目的を達成する内部統制のデザインの適切性に関する意見等の合理的な保証を提供する受託会社監査人の保証報告書

(9)「受託会社のシステムに関する記述書並びに内部統制のデザイン及び運用状況に関する報告書」(本報告書では「タイプ2の報告書」と呼称する。)－以下を含む報告書をいう。

① 受託会社のシステム、統制目的及び関連する内部統制、基準日現在又は特定期間にわたるそれらのデザインと業務への適用、並びに、場合によっては、特定期間にわたるそれらの運用状況の有効性について、受託会社の経営者が作成した記述書

② 以下の事項を含む、合理的な保証を提供する受託会社監査人の保証報告書

ア．受託会社のシステム、統制目的及び関連する内部統制に関する記述、特定の統制目的を達成する内部統制のデザインの適切性、並びに内部統制の運用状況の有効性に関する受託会社監査人の意見

イ．受託会社監査人の運用評価手続とその結果に関する記述

Ⅱ　要求事項

1．受託会社が提供する業務及び内部統制の理解

8．監査基準委員会報告書315第10項に従って委託会社を理解する場合、委託会社監査人は、委託会社がその事業運営において、以下を含め、受託会社の業務をどのように利用しているかを理解しなければならない。(A1項及びA2項参照)

(1) 受託会社が提供する業務の内容と委託会社にとっての当該業務の重要性(委託会社の内部統制に与える影響を含む。)(A3項からA5項参照)

(2) 受託会社が処理する取引、又は影響を与える勘定や財務報告プロセスの内容と重要性(A6項参照)

(3) 受託会社の活動と委託会社の活動との相互関連の度合い(A7項参照)

(4) 受託会社が引き受ける活動に関する契約条項を含む、委託会社と受託会社の関係(A8項及びA9項参照)

9．監査基準委員会報告書315第11項に従って監査に関連する内部統制を理解する場合、委託会社監査人は、受託会社にて処理される取引に適用する内部統制等を含めて、当該受託会社の提供する業務に関連する委託会社の内部統制のデザインと業務への適用を評価しなければならない。(A10項からA12項参照)

10．委託会社監査人は、重要な虚偽表示リスクの識別と評価に対する基礎を得るために、受託会社が提供する業務の内容と重要性、及びそれらが委託会社の監査に関連する内部統制に与える影響に関して、十分な理解を得たかどうかを判断しなければならない。

11．委託会社監査人は、受託会社が提供する業務に関する十分な理解を委託会社から得られなかった場合、以下の手続を1つ又は複数組み合わせて実施して理解を得なければならない。

(A13項から A18項参照)

(1) タイプ1又はタイプ2の報告書を入手する(利用可能な場合)。

(2) 委託会社を通じて受託会社に連絡して特定の情報を入手する。

(3) 受託会社を往査し、受託会社の提供する業務に関連する内部統制について必要な情報を入手するための手続を実施する。

(4) 受託会社の提供する業務に関連する内部統制について、必要な情報を入手する手続の実施に他の監査人を利用する。

理解を裏付けるためのタイプ1又はタイプ2の報告書の利用

12. 委託会社監査人は、タイプ1又はタイプ2の報告書が提供する監査証拠の十分性と適切性の判断に当たり、以下の点について確かめなければならない。

(1) 受託会社監査人の職業的専門家としての能力と受託会社からの独立性

(2) タイプ1又はタイプ2の報告書が準拠している基準の妥当性(A19項参照)

13. 委託会社監査人は、受託会社の内部統制のデザインと業務への適用に関する理解を裏付ける監査証拠として、タイプ1又はタイプ2の報告書の利用を計画した場合、以下を行わなければならない。(A20項及び A21項参照)

(1) 受託会社の記述書と内部統制のデザインの基準日又は対象期間は、委託会社監査人の目的にとって適切であるかどうか評価する。

(2) 監査に関連する受託会社の内部統制の理解のために、報告書が提供する証拠の十分性と適切性を評価する。

(3) 受託会社の記述書に含まれている委託会社の相補的な内部統制が、委託会社に該当するかどうか判断する。該当すると判断された場合、委託会社が当該内部統制をデザインして業務に適用しているかどうか理解する。

2. 評価した重要な虚偽表示リスクへの対応

14. 監査基準委員会報告書330に従い評価したリスクへの対応に当たり、委託会社監査人は、以下を行わなければならない。(A22項から A26項参照)

(1) 関連する財務諸表のアサーションに関する十分かつ適切な監査証拠は、委託会社が保有する記録から入手可能であるかどうか判断する。

(2) 入手不可能な場合、十分かつ適切な監査証拠を入手するためのリスク対応手続を受託会社において実施する。又は、委託会社監査人のために受託会社で当該手続を実施する他の監査人を利用する。

運用評価手続

15. 委託会社監査人がリスク評価において受託会社の内部統制が有効に運用されていることを想定している場合、委託会社監査人は、以下の手続を一つ又は複数組み合わせて実施することにより、当該内部統制の運用状況の有効性について監査証拠を入手しなければならない。

(1) タイプ2の報告書を入手する(利用可能な場合)。

(2) 受託会社で適切な運用評価手続を実施する。

(3) 委託会社監査人のために、受託会社で運用評価手続を実施する他の監査人を利用する。(A27項及び A28項参照)

運用状況に関する監査証拠としてのタイプ2の報告書の利用

16. 委託会社監査人は、第15項(1)に従って受託会社の内部統制が有効に運用されていることの監査証拠としてタイプ2の報告書の利用を計画する場合、以下の手続を実施することにより、委託会社監査人のリスク評価を裏付ける内部統制の運用状況の有効性について、受託会社監査人の保証報告書が十分かつ適切な監査証拠を提供するかどうかを判断しなければならない。

(1) 受託会社の記述書、内部統制のデザイン及び運用状況の有効性の基準日又は対象期間が、委託会社監査人の目的にとって適切であるかどうか評価する。

(2) 受託会社の記述書に含まれている委託会社の相補的な内部統制が、委託会社に該当するかどうか判断する。該当すると判断された場合、委託会社が当該内部統制をデザインして業務に適用しているかどうかを理解する。委託会社がデザインして業務に適用している場合には、それらの運用状況の有効性について評価手続を実施する。

(3)　運用評価手続の対象期間と、当該運用評価手続の実施以後の経過期間が適切かどうか評価する。

(4)　受託会社監査人の保証報告書に記載されている実施された運用評価手続及びその結果が、委託会社の財務諸表のアサーションに関連しているかどうか、及び委託会社監査人のリスク評価を裏付ける十分かつ適切な監査証拠を提供しているかどうかを評価する。(A29項からA37項参照)

3．再受託会社の業務を報告対象から除外したタイプ1とタイプ2の報告書

17．委託会社監査人が、再受託会社の提供する業務を報告対象から除外したタイプ1とタイプ2の報告書を利用する計画であり、当該業務が委託会社の財務諸表監査に関連している場合、委託会社監査人は、再受託会社の提供する業務に関して、本報告書の要求事項を適用しなければならない。(A38項参照)

4．受託会社の活動に関連した不正、違法行為及び未修正の虚偽表示

18．委託会社監査人は、受託会社における不正、違法行為や未修正の虚偽表示のうち委託会社の財務諸表に影響を与えるものについて、受託会社から委託会社に報告があったかどうか、又は報告がない場合であっても、委託会社が気付いているそれらの事項があるかどうかを、委託会社の経営者に質問しなければならない。

委託会社監査人は、当該事項が、委託会社監査人の結論及び監査報告書に与える影響を含め、委託会社監査人のリスク対応手続の種類、時期及び範囲に与える影響を評価しなければならない。(A39項参照)

5．委託会社監査人の監査報告書

19．委託会社監査人は、委託会社の財務諸表監査に関連する受託会社が提供する業務に関して、十分かつ適切な監査証拠を入手できなかった場合、監査基準委員会報告書705「独立監査人の監査報告書における除外事項付意見」第5項に従って委託会社監査人の監査報告書において除外事項付意見を表明しなければならない。(A40項参照)

20．監査人は表明した監査意見について単独で責任を負うものであるため、無限定意見を表明する場合は、委託会社監査人の監査報告書において受託会社監査人の業務を利用したことを記載してはならない。

21．委託会社監査人は、無限定意見を表明できない場合において、限定意見、否定的意見又は意見不表明の理由として受託会社監査人の業務に言及する場合、監査報告書において当該記載が監査意見に対する委託会社監査人の責任を軽減しないことを示さなければならない。(A41項参照)

Ⅲ　適用指針

1．受託会社が提供する業務及び内部統制の理解

(1)　受託会社が提供する業務内容に関する情報の情報源（第8項参照）

A1．受託会社が提供する業務内容に関する情報は、以下のような様々な情報源から入手可能な場合がある。

・ユーザマニュアル
・システム概要書
・技術マニュアル
・委託会社と受託会社の間の契約書又は業務内容合意書（サービス・レベル・アグリーメント）
・受託会社における内部統制についての、受託会社、内部監査人又は規制当局の報告書

・入手可能な場合には、受託会社監査人の報告書（マネジメントレターを含む。）

A2．委託会社監査人が、例えば、他の監査業務での経験等を通じて得た受託会社に関する知識は、受託会社が提供する業務内容を理解するのに役立つこともある。こうした知識は、業務及び当該業務を対象とする受託会社における内部統制が標準化されている場合に、特に役立つことがある。

(2) 受託会社が提供する業務の内容（第8項(1)参照）

A3．委託会社は、取引を処理し、報告するため、又は取引を記録しデータを処理するために、受託会社を利用することがある。当該業務を提供する受託会社には、例えば、年金資産等を運用管理する信託銀行、不動産担保貸付けの回収代行業者、並びに顧客の財務取引及び営業取引の処理を可能にするパッケージ化されたソフトウェア・アプリケーションやテクノロジーの環境を提供するアプリケーション・サービス・プロバイダー（ASP）などが含まれる。

A4．監査に関連する受託会社の業務には、例えば、以下がある。

・委託会社の会計記録の記帳

・資産の管理

・委託会社の代理人として行う取引の開始、記録又は処理

小規模企業に特有の考慮事項

A5．小規模企業は、取引の処理（例えば、給与の源泉所得税の支払など）と会計記録の記帳から財務諸表の作成にわたって外部の記帳代行業務を利用することがある。財務諸表作成のために受託会社を利用している場合であっても、小規模企業の経営者や監査役若しくは監査役会、監査等委員会又は監査委員会（以下、監査役若しくは監査役会、監査等委員会又は監査委員会を「監査役等」という。）の財務諸表に対する責任が軽減されることはない。（監査基準委員会報告書200「財務諸表監査における総括的な目的」第4項、A2項及びA3項参照）

(3) 受託会社が処理する取引の内容と重要性（第8項(2)参照）

A6．受託会社が策定する方針と手続は、委託会社の内部統制に影響を与えることがある。これらの方針と手続は、物理的に及び業務運営上、少なくとも一部については委託会社の方針と手続とは別に定められている。委託会社の内部統制に対する受託会社の内部統制の重要性は、委託会社のために処理する取引の内容と重要性等、受託会社が提供する業務の内容によって影響を受ける。受託会社の処理する取引と関連する勘定は、委託会社の財務諸表にとって重要であるように見えないことがあるが、処理される取引の内容が重要であり、委託会社監査人が、関連する内部統制を理解することが必要であると判断することがある。

(4) 受託会社と委託会社との間の相互関連の度合い（第8項(3)参照）

A7．委託会社の内部統制に対する受託会社の内部統制の重要性は、受託会社と委託会社との相互関連の度合いによっても影響を受ける。相互関連の度合いとは、委託会社が、受託会社が実施する処理に対して有効な内部統制を適用可能であり、かつ、適用している度合いをいう。例えば、委託会社が取引を承認し、受託会社が当該取引を処理して計上する場合、委託会社の活動と受託会社の活動との間の相互関連の度合いが高い。これらの状況では、委託会社が当該取引を対象とする有効な内部統制を業務に適用することができることがある。他方、受託会社が、委託会社の取引を開始するか最初に認識して記録し、処理し、計上する場合、両社間の相互関連の度合いは低い。これらの状況では、委託会社は、当該取引を対象とする有効な内部統制を適用できないか、又は適用しないことを選択し、受託会社の内部統制に依拠することがある。

(5) 委託会社と受託会社の関係（第8項(4)参照）

A8．委託会社と受託会社の間の契約書又は業務内容合意書（サービス・レベル・アグリーメン

ト）には、以下の事項が含まれることがある。

・委託会社に報告されるべき情報と、受託会社が引き受ける活動に関連して取引を開始する責任

・規制当局の要求に対応する記録の様式、又は記録へのアクセス

・業務不履行時に委託会社に提供される補償がある場合には、その内容

・受託会社がその内部統制に関する報告書を提供するかどうか、提供する場合、当該報告書はタイプ１の報告書とタイプ２の報告書のいずれであるか。

・委託会社監査人が、受託会社の記帳する委託会社の会計記録と監査の実施に必要なその他の情報にアクセス権を有しているかどうか。

・委託会社監査人と受託会社監査人の間の直接のコミュニケーションを許容しているかどうか。

A9. 受託会社と委託会社の間、及び受託会社と受託会社監査人の間には、契約による直接的な関係がある。これらの関係は、必ずしも、委託会社監査人と受託会社監査人の間に直接的な関係をもたらすものではない。委託会社監査人と受託会社監査人の間に直接的な関係がない場合、両者の間のコミュニケーションは、通常、委託会社と受託会社を通じて実施される。直接的な関係は、倫理及び秘密保持に関する事項を考慮した取り決めにより、委託会社監査人と受託会社監査人の間に構築されることもある。委託会社監査人は、例えば、以下のような手続の実施について、自らの実施に代えて、受託会社監査人を利用することがある。

⑴　受託会社における運用評価手続

⑵　受託会社が記帳する、委託会社の財務諸表を構成する取引と残高に対する実証手続

⑹　受託会社の提供する業務に関連する内部統制の理解（第９項参照）

A10. 委託会社は、受託会社の提供する業務を対象とした内部統制を整備及び運用することがあり、委託会社監査人はそれらについて運用評価手続を実施できることがある。その結果、委託会社監査人は、受託会社で運用される内部統制に関係なく、関連するアサーションの一部又は全部に対して、委託会社の内部統制が有効に運用されていると結論付けることがある。委託会社は、例えば、その給与計算の処理に受託会社を利用した場合、給与情報の提出と受領に関連して、重要な虚偽表示を防止又は発見する内部統制を整備及び運用することがある。これらの内部統制は、以下を含むことがある。

・受託会社に提出したデータと、そのデータの処理後に受託会社から受領した報告書を比較する。

・事務処理の正確性を確かめるためにサンプルを抽出し、給与計算を再実施する。さらに源泉控除後の支払合計額の妥当性を検討する。

A11. このような状況において、委託会社監査人は、委託会社の給与計算の内部統制を対象として、運用評価手続を実施することがある。その結果、委託会社監査人は、給与取引に関連するアサーションに対して、委託会社の内部統制が有効に運用されていると結論付けるための基礎を得ることがある。

A12. 監査基準委員会報告書315第29項に記載のとおり、委託会社監査人は、一部のリスクについて、実証手続のみでは十分かつ適切な監査証拠を入手することが不可能又は実務的ではないと判断することがある。このようなリスクは、定型的で重要な取引種類又は勘定残高が正確に又は網羅的に記録されないことに関係していることがある。それらは手作業がほとんど又は全く介在しない高度に自動化された処理の特性を持つことが多い。そのような自動化された処理の特性は、特に、委託会社が受託会社を利用する場合に現れることがある。この場合には、これらのリスクに対応する委託会社の内部統制は監査に関連するものであるため、委託会社監査人は第８項及び第９項に従い、当該内部統制を理解し、評価することが求められている。

(7) 委託会社から十分な理解が得られない場合の追加手続（第11項参照）

A13．委託会社監査人は、委託会社による受託会社の利用に関して重要な虚偽表示リスクの識別と評価の基礎となる必要な情報を入手するために、第11項の手続を単独で又は他のいくつかとの組合せで実施することが求められている。どの手続を実施するかの決定に当たり、委託会社監査人は以下の諸事項を考慮することがある。

- 委託会社と受託会社双方の規模
- 委託会社での取引の複雑性と、受託会社が提供する業務の複雑性
- 受託会社の所在地（例えば、委託会社監査人は、受託会社が遠隔地にある場合、自身に代わって受託会社で手続を実施する他の監査人の利用を決定することがある。）
- 当該手続により、十分かつ適切な監査証拠を効果的に委託会社監査人が入手できるかどうか。
- 委託会社と受託会社の関係

A14．受託会社は、受託会社のシステムに関する記述書及び内部統制のデザインに関する報告書（タイプ１の報告書）、又は受託会社のシステムに関する記述書並びに内部統制のデザイン及び運用状況に関する報告書（タイプ２の報告書）の発行を受託会社監査人に依頼することがある。タイプ１又はタイプ２の報告書は、監査・保証実務委員会実務指針第86号「受託業務に係る内部統制の保証報告書」、又は認知されている基準設定機関が制定した他の基準に基づいて発行されることがある（後者の基準の場合は、タイプA又はタイプBの報告書などの異なる名称を付していることがある。）。

A15．タイプ１又はタイプ２の報告書が利用可能か否かは、一般的に、受託会社と委託会社間の契約に受託会社による当該報告書の提供に関する条項が含まれているかどうかにも依存する。受託会社は、実務上の理由から、委託会社にタイプ１又はタイプ２の報告書を提供するという選択を行うこともある。また一方、場合によっては、タイプ１又はタイプ２の報告書を委託会社に提供しないこともある。

A16．委託会社は、例えば財務・会計機能など、一つ以上の重要な部署又は機能の全てを１社以上の受託会社に外部委託することがある。そのような状況において、受託会社の内部統制に関する報告書が入手できない場合、委託会社と受託会社間の契約関係を前提として、委託会社監査人が受託会社へ往査することは、受託会社の内部統制の理解を得るために最も有効な手続となることがある。

A17．他の監査人は、受託会社の提供する業務に関連する内部統制について、必要な情報を入手するための手続の実施に利用されることがある。タイプ１又はタイプ２の報告書が発行されているが、さらに必要な情報を入手するための手続を実施する場合、受託会社監査人は受託会社と既存の関係があるので、委託会社監査人は、受託会社監査人を利用することがある。委託会社監査人が他の監査人の作業を利用する場合、以下の事項に関して、監査基準委員会報告書600「グループ監査」第２項及び第18項の指針が有益なことがある。

- 他の監査人の理解（当該監査人の独立性と職業的専門家としての能力を含む。）
- 他の監査人が当該業務の種類、範囲及び時期を計画する際の委託会社監査人の関与
- 他の監査人が入手する監査証拠の十分性と適切性の評価

A18．委託会社は、再受託会社を利用している受託会社を利用することがある。再受託会社とは、委託会社の財務報告に関連する情報システムの一部を構成する業務を委託会社に提供するために、受託会社が受託業務の一部を他の会社に再委託する場合の当該他の会社をいう。再受託会社は、受託会社とは第三者の別会社であることもあれば、受託会社の関係会社であることもある。委託会社監査人は、再受託会社の提供する業務に関連する内部統制の検討が必要となることがある。１社以上の再受託会社が利用される状況では、委託会社の活動と受託会社の活動との相互関連は、委託会社、受託会社及び再受託

会社の相互作用を含むように拡張される。この相互関連の度合いは、受託会社と再受託会社が処理する取引の内容や重要性とともに、委託会社監査人が委託会社の内部統制に対する受託会社と再受託会社の内部統制の重要性を判断する際に検討すべき最も重要な要素である。

⑻　理解を裏付けるためのタイプ１又はタイプ２の報告書の利用（第12項及び第13項参照）

A19．委託会社監査人は、受託会社監査人が属する職業的専門家団体又は他の業務実施者に受託会社監査人について質問を行い、受託会社監査人を適切に監督する規制環境の下で業務が行われているかどうかを質問することがある。受託会社監査人は、受託会社の提供する業務に関する内部統制の報告書について、委託会社の財務諸表の監査の基準と異なる国又は地域の基準に準拠して業務を行っていることがある。その場合、委託会社監査人は、受託会社監査人が準拠する基準について、その基準設定機構から情報を入手することがある。

A20．タイプ１又はタイプ２の報告書は、委託会社に関して入手した情報と併せて利用することで、以下の事項に役立つことがある。

⑴　委託会社の取引の処理に影響を与える可能性がある、受託会社の内部統制の諸側面（再受託会社の利用を含む。）を理解する。

⑵　委託会社の財務諸表に関する重要な虚偽表示が取引の流れの中のどの箇所で発生する可能性があるのかを判断するために、受託会社における重要な取引の流れを理解する。

⑶　受託会社の統制目的が委託会社の財務諸表のアサーションに関連しているのかを理解する。

⑷　受託会社の内部統制が、委託会社の財務諸表に重要な虚偽表示を生じさせる可能性がある誤謬を防止又は発見するために、適切にデザインされ業務に適用されているかどうかを理解する。

タイプ１又はタイプ２の報告書は、重要な虚偽表示リスクを識別し評価するための十分な理解を得るに当たり、委託会社監査人に役立つことがあるが、タイプ１の報告書は、関連する内部統制の運用状況の有効性に関しては何も証拠を提供しない。

A21．タイプ１又はタイプ２の報告書の基準日又は対象期間が、委託会社の会計期間外であっても、当該会計期間に関して追加的に報告書以外から得た情報によって補完される場合、それらの報告書は、受託会社の提供する業務に適用された内部統制に関する予備的な理解を得るに当たり、委託会社監査人に役立つことがある。

受託会社の内部統制の記述の基準日又は対象期間が委託会社の会計期間の期首より前の場合、委託会社監査人は、以下のいずれかにより、タイプ１又はタイプ２の報告書上の情報を更新する手続を実施することがある。

・受託会社での変更を知り得る立場にある委託会社の担当者との変更に関する協議
・受託会社が発行した現状に関する文書や回答の検討
・受託会社の担当者との変更に関する協議

２．評価した重要な虚偽表示リスクへの対応
（第14項参照）

A22．受託会社の利用が委託会社の重要な虚偽表示リスクに影響を与えるかどうかは、提供される業務の内容とそれらの業務を対象とする内部統制によって決まる。

例えば、委託会社自体が、取引の開始、処理及び記録などのような、特定の活動を実施するために必要な専門知識又は十分な経営資源（例えば、IT システム）を保有していない場合に、受託会社の利用は、委託会社の重要な虚偽表示リスクを減少させることがある。

A23．受託会社が委託会社の会計記録の重要な内容を保持している場合、委託会社監査人が、当該記録を対象とする内部統制の運用状況に関して十分かつ適切な監査証拠を入手するために、若しくはそれらに記録された取引と残高に対して実証手続を実施するために、又はそれらの両方のために、当該記録への直接のアクセスが必

要になることがある。そのような記録へ直接アクセスする方法には、受託会社内における記録の閲覧、若しくは電子的に保存された記録に対する委託会社や他の場所からの調査、又はそれらの両方が含まれる。当該記録へ電子的に直接アクセスできる場合、委託会社監査人は、それによって、受託会社が責任を負う委託会社のデータの正確性と網羅性を対象とする受託会社の内部統制の十分性に関する証拠を入手することがある。

A24. 委託会社監査人は、委託会社のために受託会社が保管する資産残高や実施する取引に関して入手すべき監査証拠の種類及び範囲を決定する際に、以下の手続を検討することがある。

(1) 委託会社が保有する記録と文書の閲覧

この証拠の証明力は、委託会社が保存している会計記録と証憑書類の種類と範囲によって判断される。場合によっては、委託会社は、自身のために実施した特定の取引に関する独自の詳細な記録や文書を保持していないことがある。

(2) 受託会社が保有する記録と文書の閲覧

委託会社監査人による受託会社の記録の入手は、委託会社と受託会社の間の契約の一部として規定されることがある。委託会社監査人は、受託会社が保持する委託会社の記録を入手するために、自ら手続を実施することに代えて、他の監査人を利用することもある。

(3) 残高と取引に関する受託会社からの確認状の入手

委託会社が残高と取引の記録を独自に保持している場合、委託会社の記録を裏付ける受託会社からの確認状は、取引と資産の実在性に関して、証明力のある監査証拠となることがある。例えば、投資顧問や証券保管機関などの複数の受託会社が利用され、それらの受託会社が独自の記録を保持している場合、委託会社監査人は、この情報と委託会社の独自の記録を比較するために、当該受託会社より残高確認状を入手することがある。

委託会社が独自の記録を保持していない場合、受託会社からの確認状で入手した情報は、ただ単に、何が当該受託会社によって記録として保持されているのかを示すものでしかない。したがって、そのような確認状は、それだけでは、証明力のある監査証拠とはならない。これらの状況では、委託会社監査人は、代替する独自の証拠を識別できるかどうかを検討することがある。

(4) 委託会社が保持する記録、又は受託会社から受領する報告書への分析的手続の実施

分析的手続の有効性は、アサーションによって変わることが多く、入手可能な情報の範囲とその詳細さによって影響を受けることになる。

A25. 委託会社監査人のために、他の監査人が実証手続に相当する手続を実施することがある。例えば、委託会社と委託会社監査人及び受託会社と受託会社監査人によって合意された手続を他の監査人が実施することがある。

委託会社監査人は、他の監査人の実施した手続の結果発見した事項が、十分かつ適切な監査証拠となるかどうかを判断するため、当該発見事項を検討する。また、政府当局によって、又は契約によって、受託会社監査人が、指定された実証手続に相当する手続の実施を要求されることがある。要求される手続を受託会社の処理した残高と取引に対して適用した結果は、監査意見の裏付けに必要な証拠の一部として、委託会社監査人により利用されることがある。これらの状況では、委託会社監査人が閲覧する監査調書の内容又はその方法に関して、手続の実施前に委託会社監査人と受託会社監査人が合意することが有用となることがある。

A26. 委託会社がその財務機能の一部又は全部を受託会社に委託する場合などの特定の状況では、委託会社監査人は、監査証拠の重要な部分が受託会社に存在する状況に直面することがある。

委託会社監査人又は当該監査人のために手続を実施する他の監査人は、実証手続を受託会社で実施する必要があることがある。受託会社監査人は、タイプ２の報告書を提供するとともに、

さらに、委託会社監査人のために実証手続を実施することもある。

他の監査人の利用により、委託会社監査人がその意見を裏付ける合理的な基礎を得る十分かつ適切な監査証拠を入手するという委託会社監査人の責任は軽減されるものではない。検討に際しては、他の監査人が実施する実証手続の指示、監督及び実施における委託会社監査人の関与の程度、又は他の監査人による実証手続の指示、監督及び実施状況を確かめることが含まれる。

運用評価手続（第15項参照）

A27．委託会社監査人は、監査基準委員会報告書330第７項により、一定の状況においては、内部統制の運用状況の有効性に関して十分かつ適切な監査証拠を入手するための運用評価手続を立案し実施することが求められている。

受託会社との関連では、この要求事項は、以下のいずれかの場合に適用される。

⑴　委託会社監査人が重要な虚偽表示リスクの評価において受託会社の内部統制が有効に運用されていることを想定している場合（すなわち、委託会社監査人が、実証手続の種類、時期及び範囲の決定に当たって、有効に運用されている受託会社の内部統制に依拠する予定である場合）

⑵　実証手続のみか、又は委託会社の内部統制に係る運用状況の有効性の評価手続と組み合わせた実証手続では、アサーション・レベルでの十分かつ適切な監査証拠を入手できない場合

A28．タイプ２の報告書がない場合、委託会社監査人は、委託会社を通じて受託会社に連絡し、受託会社監査人が受託会社の内部統制の運用状況の有効性の評価手続を実施してタイプ２の報告書を提供するように要請することがある。又は、委託会社監査人は、受託会社の内部統制の運用状況の有効性の評価手続を実施する、他の監査人を利用することがある。委託会社監査人は、受託会社が同意した場合、受託会社を往査して、関連する内部統制の運用評価手続を実施することもある。委託会社監査人のリスク評価は、他の監査人の作業と委託会社監査人自身の手続から入手する、一体となった証拠に基づいている。

運用状況に関する監査証拠としてのタイプ２の報告書の利用（第16項参照）

A29．タイプ２の報告書は、様々な異なる委託会社監査人のニーズを満たすことを意図していることがあり、したがって、受託会社監査人の報告書に記載された運用評価手続とその結果が、委託会社の財務諸表において重要なアサーションに関連していないことがある。委託会社監査人は、委託会社監査人のリスク評価を裏付ける内部統制の有効性について、受託会社監査人の報告書が十分かつ適切な監査証拠を提供しているかどうかを、関連する運用評価手続とその結果を評価して判断することになる。その際、委託会社監査人は、以下を検討することがある。

⑴　運用評価手続の対象期間及び運用評価手続の実施後の経過期間

⑵　受託会社監査人の業務の範囲及び対象になる業務とプロセス、運用評価手続を実施した内部統制及び実施された運用評価手続、並びに運用評価手続を実施した内部統制と委託会社の内部統制の関係

⑶　当該運用評価手続の結果、及び内部統制の運用状況の有効性に関する受託会社監査人の意見

A30．一般に、一定のアサーションに対して、特定の運用評価手続の対象期間が短ければ短いほど、また、運用評価手続の実施以後の経過期間が長ければ長いほど、運用評価手続から入手できる監査証拠は少なくなる。

タイプ２の報告書の対象期間を委託会社の会計期間と比較するに当たり、委託会社監査人は、タイプ２の報告書の対象期間と委託会社監査人がその報告書への依拠を予定する期間の間に僅かな重なりしかなかった場合には、タイプ２の報告書がより少ない監査証拠しか提供しないと結論付けることがある。この場合、当該タイプ２の報告書よりも前の期間又はそれよりも後の

期間を対象期間とするタイプ２の報告書が、追加的な監査証拠を提供することがある。また、委託会社監査人は、当該内部統制の運用状況の有効性について十分かつ適切な監査証拠を入手するために、受託会社で運用評価手続を実施するか、それを実施する他の監査人を利用することが必要であると判断することもある。

A31．委託会社監査人が、タイプ２の報告書の対象期間外に発生した受託会社の内部統制の重要な変更について、追加的な証拠を入手するか、又は追加の監査手続の実施を決定することが必要になることもある。受託会社監査人の報告書の対象期間外に運用されていた受託会社の内部統制について、どのような追加的な監査証拠を入手するかの決定に関連する要因には、以下が含まれることがある。

・評価したアサーション・レベルの重要な虚偽表示リスクの程度
・運用評価手続を実施した特定の内部統制、及び、運用評価手続を実施した後の当該内部統制の重要な変更の有無（変更には情報システム、プロセス及び担当者の変更を含む。）
・これらの内部統制の運用状況の有効性について入手した監査証拠の程度
・タイプ２の報告書の対象外の期間の長さ
・委託会社監査人が内部統制に依拠することにより削減しようとする実証手続の範囲
・委託会社の監視活動と統制環境の有効性

A32．追加的な監査証拠は、例えば、タイプ２の報告書の対象外の期間を含めるように運用評価手続の対象期間を広げることや、受託会社の内部統制に係る委託会社の監視活動をテストすることにより、入手されることがある。

A33．受託会社監査人の運用評価手続の対象期間が完全に委託会社の会計期間外である場合、他の手続が実施されない限り、委託会社監査人は、委託会社の監査に関連する内部統制が有効に運用されていると結論付けるに当たって、当該運用評価手続に依拠することはできない。これは、受託会社監査人が実施した運用評価手続が、内部統制の有効性に関して当期の監査証拠を提供していないことによる。

A34．ある状況では、受託会社が提供する業務は、委託会社が一定の内部統制を業務に適用しているという想定の下でデザインされていることがある。例えば、受託会社に取引処理のための情報が送られる前に、委託会社が取引を承認する内部統制を整備しているという想定の下で、受託会社が提供する業務がデザインされていることがある。そのような状況では、受託会社の内部統制の記述には、当該委託会社の相補的な内部統制に関する記述が含まれていることがある。委託会社監査人は、受託会社の記述書に含まれている委託会社の相補的な内部統制が、受託会社から監査対象の委託会社に提供される業務に関連しているかどうかを検討する。

A35．受託会社監査人の報告書が十分かつ適切な監査証拠を提供しないかもしれないと委託会社監査人が考えた場合、例えば、受託会社監査人の報告書に当該監査人の運用評価手続とその結果に関する記述が含まれていない場合には、委託会社監査人は、委託会社を通じて、受託会社に連絡し、受託会社監査人の作業の範囲と結果に関する受託会社監査人との協議を要請することにより、受託会社監査人の手続の範囲と結論についての理解を補完することがある。また、委託会社監査人は、必要と考えた場合、受託会社監査人に受託会社で手続を実施することを要請するため、委託会社を通じて、受託会社に連絡することがある。若しくは、委託会社監査人、又は委託会社監査人の要請による他の監査人が、委託会社監査人が必要と考える手続を受託会社で実施することもある。

A36．受託会社監査人のタイプ２の報告書は、委託会社監査人の結論に影響を与える可能性がある例外事項やその他の情報を含む、運用評価手続の結果を特定している。受託会社監査人が例外事項を指摘している場合、又は受託会社監査人のタイプ２の報告書に除外事項が付されていたり、有効でないという結論が表明されていたり、不表明である場合、受託会社監査人のタイプ２の報告書が、委託会社の財務諸表の監査において重要な虚偽表示リスクを評価する際に有用でなくなることを自動的に意味しているわけではない。より正確に言えば、受託会社監査人のタイプ２の報告書の例外事項や除外事項付意見を生じさせた事項は、受託会社監査人が実施した運用評価手続に関する委託会社監査人の評価において検討される。

委託会社監査人は、例外事項や除外事項付意見を生じさせた事項の検討に当たり、受託会社監査人と当該諸事項を協議することがある。そのようなコミュニケーションが実施できるかどうかは、委託会社を通じて受託会社に連絡し、コミュニケーションをとることについて受託会社の了解が得られるかどうかに依存している。

監査の過程で識別された内部統制の不備のコミュニケーション

A37．委託会社監査人は、監査の過程で識別された重要な不備について、経営者及び監査役等に、適時に書面により報告することが要求されている。（監査基準委員会報告書265「内部統制の不備に関するコミュニケーション」第８項及び第９項参照）

委託会社監査人はまた、監査の過程で識別した他の内部統制の不備のうち、職業的専門家として、経営者の注意を促すに値すると判断した不備を、適切な階層の経営者に適時に報告することも要求されている（監基報265第９項参照)。委託会社監査人が監査の過程で識別し、委託会社の経営者及び監査役等に報告することがある事項には、以下のものが含まれる。

・委託会社が整備可能な、受託会社の内部統制に対する監視活動（タイプ１又はタイプ２の報告書の入手を受けて識別されたものを含む。）
・委託会社の相補的な内部統制が、タイプ１又はタイプ２の報告書で言及されているが、委託会社で整備されていない場合には、その旨
・受託会社で必要な可能性があるものの、整備されているかどうかが明らかでないか、又はタイプ２の報告書が明確に特定していない内部統制

３．再受託会社の業務を報告対象から除外したタイプ１とタイプ２の報告書（第17項参照）

A38．受託会社が再受託会社を利用した場合、受託会社監査人の報告書は、再受託会社の関連する統制目的と内部統制を、受託会社のシステムに関する記述書と受託会社監査人の業務の範囲に含めている場合（一体方式）もあるが、除外している場合（除外方式）もある。タイプ１とタイプ２の報告書が再受託会社の内部統制を除外し、再受託会社の提供する業務が委託会社の財務諸表の監査に関連していた場合、委託会社監査人は、再受託会社に関して本報告書の要求事項を適用することが要求される。再受託会社の提供する業務に関して委託会社監査人が実施すべき業務の種類と範囲は、当該業務の内容と委託会社にとっての重要性、及び監査への関連性によって決まる。委託会社監査人が再受託会社の影響と、実施すべき作業の種類及び範囲を決定する際に、第８項の要求事項を適用することは有用である。

４．受託会社の活動に関連した不正、違法行為及び未修正の虚偽表示（第18項参照）

A39．受託会社は、受託会社の経営者又は従業員による全ての不正、違法行為、又は未修正の虚偽表示について、影響を受ける委託会社に開示することを、委託会社との契約に基づいて要求されていることがある。第18項の要求に応じて、委託会社監査人は、受託会社がそのような事項を報告したかどうかに関して委託会社の経営者に質問を行うとともに、受託会社が報告した全ての事項が、委託会社監査人のリスク対応手続の種類、時期及び範囲に影響を与えるかどうかを評価する。状況によっては、委託会社監査人は、この評価を実施するために追加の情報が必要なこともあり、必要な情報を入手するため受託会社に連絡することを委託会社に要請することがある。

5．委託会社監査人の監査報告書（第19項参照）

A40．委託会社監査人が、委託会社の財務諸表の監査に関連した受託会社の提供する業務に関して、十分かつ適切な監査証拠を入手できない場合、監査範囲の制約が存在することになる。これには、以下の場合が含まれる。

・委託会社監査人が、受託会社の提供する業務に関して十分な理解を得ることができず、重要な虚偽表示リスクの識別と評価のための基礎を得ていない場合

・委託会社監査人のリスク評価において、受託会社の内部統制が有効に運用されていることが想定されているものの、当該内部統制の運用状況の有効性について、委託会社監査人が十分かつ適切な監査証拠を入手できない場合

・十分かつ適切な監査証拠が、受託会社で保有されている記録からのみ入手可能であり、委託会社監査人が、これらの記録に直接アクセスすることができない場合

委託会社監査人が、監査範囲に関する限定意見を表明するか又は意見を不表明にするかは、財務諸表に見込まれる影響が重要であるか又は広範であるかに関する、委託会社監査人の結論によって決まる。

受託会社監査人の作業への言及（第20項及び第21項参照）

A41．委託会社が受託会社を利用するという事実は、委託会社監査人の監査意見を裏付ける基礎を提供するために十分かつ適切な監査証拠を入手するという、一般に公正妥当と認められる監査の基準における委託会社監査人の責任を軽減しない。したがって、委託会社監査人は、委託会社の財務諸表に対する委託会社監査人の監査意見の部分的な基礎として、受託会社監査人の報告書を利用したことを記載しない。しかし、受託会社監査人の報告書における除外事項付意見を理由として、委託会社監査人が無限定意見を表明できない場合、その理由を説明するのに役立つのであれば、委託会社監査人は受託会社監査人の報告書へ言及することができる。そのような状況では、委託会社監査人は、当該言及を行う前に、受託会社監査人の同意を必要とすることがある。

Ⅳ　適　用

・本報告書（平成23年12月22日）は、平成24年４月１日以後開始する事業年度に係る監査及び同日以後開始する中間会計期間に係る中間監査から適用する。

・本報告書（平成27年５月29日）は、平成27年４月１日以後開始する事業年度に係る監査及び同日以後開始する中間会計期間に係る中間監査から適用する。

以　上

Ⅱ 会計士協会

監査基準委員会報告書450

監査の過程で識別した虚偽表示の評価*

2011年12月22日
改正2015年5月29日
改正2019年6月12日
最終改正2021年1月14日
日本公認会計士協会
監査基準委員会
(報告書：第43号)

項番号

Ⅰ 本報告書の範囲及び目的

1．本報告書の範囲

1．本報告書は、識別した虚偽表示が監査に与える影響と、未修正の虚偽表示が財務諸表に与える影響を評価する際の実務上の指針を提供するものである。

監査基準委員会報告書700「財務諸表に対する意見の形成と監査報告」では、監査意見の形成に当たり、財務諸表に全体として重要な虚偽表示がないということについての合理的な保証を得たかどうかを判断するための監査人の責任を述べている。

監査基準委員会報告書700が要求する財務諸表に対する監査人の意見は、本報告書に従って、未修正の虚偽表示が財務諸表に与える影響について監査人が行った評価に基づいて形成される。(監基報700第8項及び第9項参照)

監査基準委員会報告書320「監査の計画及び実施における重要性」では、財務諸表監査の計画及び実施における重要性の概念の適用に関する実務上の指針を提供している。

2．本報告書の目的

2．本報告書における監査人の目的は、以下の事項のとおりである。

(1) 識別した虚偽表示が監査に与える影響を評価すること

(2) 未修正の虚偽表示が財務諸表に与える影響を評価すること

3．定 義

3．本報告書における用語の定義は、以下のとおりとする。

(1) 「虚偽表示」－報告される財務諸表項目の金額、分類、表示又は注記事項と、適用される財務報告の枠組みに準拠した場合に要求される財務諸表項目の金額、分類、表示又は注記事項との間の差異をいう。虚偽表示は、誤謬又は不正から発生する可能性がある。監査人が、財務諸表がすべての重要な点において適正に表示されているかどうかに関して意見表明する場合、虚偽表示には、監査人の判断において、財務諸表がすべての重要な点において適正に表示されるために必要となる、金額、分類、表示又は注記事項の修正も含まれる。(A1項参照)

(2) 「未修正の虚偽表示」－監査人が監査の過程で集計対象とした虚偽表示のうち、修正されなかった虚偽表示をいう。

Ⅱ　要求事項

1．識別した虚偽表示の集計

4．監査人は、明らかに僅少なものを除き、監査の過程で識別した虚偽表示を集計しなければならない。(A2項及び A6項参照)

2．監査の進捗に伴い識別した虚偽表示の検討

5．監査人は、以下の場合、監査の基本的な方針及び詳細な監査計画を修正する必要があるかどうか判断しなければならない。

(1) 識別した虚偽表示の内容とその発生の状況が他の虚偽表示が存在する可能性を示唆しており、それらを合算した際に重要な虚偽表示となり得る他の虚偽表示が存在する可能性を示唆している場合(A7項参照)

(2) 監査の過程で集計した虚偽表示の合計が、監査基準委員会報告書320に従って決定した重要性の基準値に近づいている場合(A5項参照)

6．監査人の要請により、経営者が、取引種類、勘定残高又は注記事項を調査して、発見された虚偽表示を修正した場合においても、監査人は、未発見の虚偽表示があるかどうか判断するため追加的な監査手続を実施しなければならない。(A6項参照)

3．虚偽表示に関するコミュニケーション及び修正

7．監査人は、監査の過程で集計した全ての虚偽表示について、適切な階層の経営者に適時に報告し、これらの虚偽表示を修正するよう経営者に求めなければならない。(A10項及び A11項参照)

8．経営者が、監査人によって報告された虚偽表示の一部又は全てを修正することに同意しない場合、監査人は、経営者が修正しない理由を把握した上で、全体としての財務諸表に重要な虚偽表示がないかどうかを評価しなければならない。(A12項参照)

4．未修正の虚偽表示が及ぼす影響の評価

9．監査人は、未修正の虚偽表示が与える影響を評価する前に、監査基準委員会報告書320に従って決定した重要性の基準値が、実績値に照らして依然として適切であるかどうかを検討しなければならない。(A13項及び A14項参照)

10．監査人は、個別に又は集計して、未修正の虚偽表示が重要であるかどうかを判断しなければならない。監査人は、この評価を行うに当たって、以下を考慮しなければならない。

(1) 全体としての財務諸表及び関連する取引種類、勘定残高又は注記事項に対する虚偽表示の大きさと内容、並びに虚偽表示が発生した特定の状況(A15項から A21項)

(2) 過年度の未修正の虚偽表示が全体としての財務諸表及び関連する取引種類、勘定残高又は注記事項に与える影響(A22項参照)

監査役等とのコミュニケーション

11．監査人は、未修正の虚偽表示の内容とそれが個別に、又は集計して監査意見に与える影響について、監査役若しくは監査役会、監査等委員会又は監査委員会(以下「監査役等」という。)に報告しなければならない。未修正の虚偽表示のうち重要な虚偽表示がある場合には、監査人は、監査役等が経営者に重要な虚偽表示の修正を求めることができるように、未修正の重要な

虚偽表示であることを明示して報告しなければならない。(A23項から A25項参照)

12．監査人は、監査役等に、過年度の未修正の虚偽表示が関連する取引種類、勘定残高又は注記事項及び全体としての財務諸表に与える影響について報告しなければならない。

5．経営者確認書

13．監査人は、経営者に、未修正の虚偽表示の与える影響が個別にも集計しても全体としての財務諸表に対して重要性がないと判断しているかどうかについて、経営者確認書に記載することを求めなければならない。経営者確認書には、未修正の虚偽表示の要約を記載するか、又は添付することを求めなければならない。(A26項参照)

6．監査調書

14．監査人は、以下の事項を監査調書に記載しなければならない。(A27項参照)

(1) 明らかに僅少な虚偽表示と取り扱う金額(第４項参照)(監査基準委員会報告書230「監査調書」第７項から第10項及び A6項参照)

(2) 監査の実施過程で発見した全ての虚偽表示と修正の有無(第４項、第７項及び第11項参照)

(3) 未修正の虚偽表示が個別に又は集計して重要であるかどうかに関する監査人の結論及びその根拠(第10項参照)

Ⅲ 適用指針

1．虚偽表示の定義 (第３項(1)参照)

A1．虚偽表示は、以下の結果生じることがある。

(1) 財務諸表の基礎となるデータの収集又は処理上の誤り

(2) 金額又は注記事項の脱漏(不適切な、又は不完全な注記及び財務報告の枠組みにおいて明示的に要求されていないが、注記を求める趣旨に照らして必要と考えられる注記がなされていない場合を含む。)

(3) 事実の見落し又は明らかな誤解から生じる会計上の見積りの誤り

(4) 監査人が合理的でないと考える会計上の見積り又は監査人が不適切と考える会計方針の選択及び適用に関する経営者の判断

(5) 情報の不適切な区分、集計又は細分化

(6) 適正表示の枠組みに基づき作成された財務諸表の場合、枠組みでは明示的に求められていないが、適正表示の目的を達成するために必要な注記が行われていない場合

不正による虚偽表示の例示は、監査基準委員会報告書240「財務諸表監査における不正」に記載されている(監基報240の A1項から A5項参照)。

2．識別した虚偽表示の集計 (第４項参照)

(1) 「明らかに僅少」な虚偽表示

A2．第４項は、「明らかに僅少」なものを除き、監査の過程で識別した虚偽表示を集計することを求めている。「明らかに僅少」とは、「重要性がない」ということではない。「明らかに僅少」な虚偽表示は、重要性があると判断される虚偽表示と比べて金額的にごく少額な水準である、又は内容が全く異なる虚偽表示である。すなわち、「明らかに僅少」とは、個別にも集計しても、金額、内容又は状況のいずれにおいても、明らかに些細なことをいう。

ある虚偽表示について、「明らかに僅少」であるかどうかについて何らかの疑義がある場合は、「明らかに僅少」ではないと判断する。

(2) 財務諸表における虚偽表示

A3．監査人は、財務諸表に重要な影響を与えないことが明らかであると想定されるため集計する必要がないと判断する虚偽表示の金額を、財務諸表における「明らかに僅少」な額として定める場合がある。第４項で要求されているように、監査人は「明らかに僅少」な虚偽表示の額として設定した金額を超えない虚偽表示であっても、内容又は状況から判断すると「明らかに僅少」ではないと判断される場合には、当該虚

偽表示は第4項に従い集計されることとなる。

(3) 注記事項の虚偽表示

A4．注記事項に関する虚偽表示も、また、個別にも集計しても、又は金額、内容若しくは状況を考慮しても「明らかに僅少」である場合がある。監査人は、「明らかに僅少」ではない注記事項の虚偽表示については、当該虚偽表示に関連する注記事項及び財務諸表全体に与える影響を評価するために集計する。A16項は、定性的な注記事項に関する虚偽表示に重要性があると判断される場合の例を示している。

(4) 虚偽表示の集計

A5．A3項及びA4項に従い内容又は状況を考慮して集計された虚偽表示は、金額に関する虚偽表示のように合算することはできない。しかし、第10項に従い監査人は、個別に又は集計して(他の虚偽表示と合わせて) 虚偽表示が重要であるかどうかを判断することが求められている。

A6．監査人が、監査の過程で集計した虚偽表示の影響を評価し、経営者及び監査役等に虚偽表示を報告する際、確定した虚偽表示、判断による虚偽表示及び推定による虚偽表示に区分することが有益な場合がある。

・確定した虚偽表示とは、虚偽表示としての事実が確かめられた場合の虚偽表示をいう。

・判断による虚偽表示とは、監査人が合理的又は適切でないと考える財務諸表における認識、測定、表示及び注記事項（会計方針の選択及び適用を含む。）に関する経営者の判断から生じる差異をいう。

・推定による虚偽表示とは、母集団における虚偽表示の監査人の最善の見積りであり、サンプルにおいて識別した虚偽表示から母集団全体の虚偽表示を推定した額をいう。推定による虚偽表示の決定とその結果の評価についての指針は、監査基準委員会報告書530「監査サンプリング」に記載している。(監基報530第13項及び第14項参照)

3．監査の進捗に伴い識別した虚偽表示の検討（第5項及び第6項参照）

A7．虚偽表示は、単発的に発生するとは限らない。例えば、監査人が識別した虚偽表示が、内部統制が機能していないこと、又は企業が広範囲に適用している仮定や評価方法が不適切であることから生じている場合、他の虚偽表示が存在する可能性を示唆している。

A8．監査の過程で集計した虚偽表示が監査基準委員会報告書320に従って決定した重要性の基準値に近づいている場合、未発見の虚偽表示と監査の過程で集計した虚偽表示の合計が、重要性の基準値を上回るリスクを監査上許容可能な低い水準に抑えられないことがある。未発見の虚偽表示が存在する原因には、サンプリングリスクとノンサンプリングリスクがある（監基報530第4項(2)及び(3)参照)。

A9．監査人は、経営者に対して、監査人が識別した虚偽表示の原因を理解するため取引種類、勘定残高又は注記事項の調査や、実際に発生した虚偽表示の金額を確定するための手続の実施、及び財務諸表への適切な修正を要請することがある。

監査人は、例えば、サンプルにおいて識別した虚偽表示から母集団全体の虚偽表示を推定したとき、経営者にその虚偽表示の調査を要請することがある。

4．虚偽表示に関するコミュニケーション及び修正（第7項及び第8項参照）

A10．適切な階層の経営者に対して適時に虚偽表示に関するコミュニケーションを実施することは、経営者が取引種類、勘定残高及び注記事項について虚偽表示があるかどうかを評価し、虚偽表示であることに同意するかどうかを監査人に伝え、必要な措置を講ずることが可能になるため、重要である。

通常、適切な階層の経営者とは、虚偽表示を評価し、必要な措置を講ずる責任と権限を有する者をいう。

A11．監査人によって報告されたものを含め、全ての虚偽表示を修正することにより、経営者は、正確な会計帳簿と会計記録を維持することができ、さらに、過年度において重要でなかった未修正の虚偽表示の累積的な影響に起因する将来における財務諸表の重要な虚偽表示リスクを抑えることができる。

A12．監査基準委員会報告書700は、監査人に、財務諸表がすべての重要な点において、適用される財務報告の枠組みに準拠して作成され表示されているかどうか評価することを求めている。この評価には経営者が虚偽表示を修正しない理由を把握し、経営者のバイアスの兆候等企業の会計実務の質的側面を検討することが含まれる。（監基報700第10項参照）

５．未修正の虚偽表示が及ぼす影響の評価

（第９項及び第10項参照）

A13．監査基準委員会報告書320に従った監査人の重要性の基準値の決定は、通常、期中で行われるため、企業の業績の見込みに基づくこととなる。したがって、監査人は、未修正の虚偽表示を評価する前に、監査基準委員会報告書320に従って決定した重要性の基準値を実績値に基づき改訂することが必要となる場合がある。

A14．監査基準委員会報告書320には、監査人が、監査の進捗に伴い、重要性の基準値（設定している場合、特定の取引種類、勘定残高又は注記事項に対する重要性の基準値）を改訂すべき情報を認識した場合の指針が記載されている（監基報320第11項参照）。監査人が未修正の虚偽表示が与える影響を評価する前に、通常、重要性の基準値の改訂は行われる。

監査基準委員会報告書320に従って決定した重要性の基準値について監査人が検討した結果（本報告書第９項参照）、重要性の基準値が当初設定した金額を下回る額に改訂された場合、監査意見の基礎となる十分かつ適切な監査証拠を入手するために、手続実施上の重要性と、リスク対応手続の種類、時期及び範囲の適切性を再検討する。

A15．監査人は、金額に関する個々の虚偽表示が関連する取引種類、勘定残高又は注記事項に与える影響を検討する。特定の取引種類、勘定残高又は注記事項に対する重要性の基準値を設定している場合、監査人は、個々の虚偽表示の金額が当該重要性の基準値を上回っているかどうかを検討する。

A16．監査人は、定性的な注記事項に関する個々の虚偽表示が、関連する注記事項及び財務諸表全体に与える影響を検討する。定性的な注記事項に関する虚偽表示に重要性があるかどうかは、職業的専門家としての判断を伴う事項であり、適用される財務報告の枠組み及び企業の特定の状況を考慮して判断される。例えば、以下のような場合に監査人は虚偽表示に重要性があると判断する場合がある。

・減損損失の認識に至った事象又は状況について注記していない場合（例えば、鉱業を営む企業において、金属又はコモディティに対する需要の長期的な著しい低下など。）

・財政状態計算書（貸借対照表）、損益計算書、包括利益計算書、持分変動計算書（株主資本等変動計算書）又はキャッシュ・フロー計算書における重要な項目に関する会計方針の記述が不正確な場合

・保険及び銀行業務を行う企業において、自己資本管理の目的、方針及び手続に関する記述が不正確又は不完全な場合

・国際的な取引活動を行う企業において、為替レートの変動に対する感応度に関する記述が不十分な場合

A17．第10項で要求されるように、未修正の虚偽表示が内容的に重要であるかどうかを決定する場合、監査人は金額及び注記事項に関する未修正の虚偽表示を考慮する。そのような虚偽表示は、個別に、又は他の虚偽表示と合わせて重要であると判断される場合がある。例えば、注記事項において識別された虚偽表示について、監査人は以下を考慮することがある。

(1)　識別された虚偽表示が単純であったとしても、反復的又は広範囲に発生しており、リス

ク評価に影響するものであるかどうか。

(2) 識別された多くの虚偽表示が同一の事項に関連しており、総合的に判断すると当該事項の財務諸表利用者の理解に影響を与えるかどうか。

監査基準委員会報告書700「財務諸表に対する意見の形成と監査報告」の第11項(4)は、監査人に、関連しない情報又は注記された事項の適切な理解を曖昧にする情報を含めることにより、財務諸表の全体的な表示が損なわれていないかどうかを検討することを求めており、集計した虚偽表示の検討は、当該第11項(4)に従って財務諸表を評価する際にも役立つ。

A18. 個々の虚偽表示が重要であると判断した場合、当該虚偽表示を他の虚偽表示と通常相殺できない。例えば、売上の重要な過大計上があり、その利益影響額が同額の費用の過大計上によって相殺される場合でも、全体としての財務諸表において、重要な虚偽表示が存在することになる。

同じ勘定残高又は取引種類の虚偽表示を相殺することが適切な場合もある。ただし、重要性がない虚偽表示を相殺することが適切であると判断する場合でも、未発見の虚偽表示が存在するリスクに留意する。また、同じ勘定残高又は取引種類において多数の重要性がない虚偽表示を識別した場合、監査人は、当該勘定残高又は取引種類に対する重要な虚偽表示リスクを再評価しなければならないことがある。

A19. 勘定科目等の分類に係る虚偽表示が重要であるかどうかの判断には、質的な事項の評価を伴う。質的な事項には、例えば、勘定科目等の分類に係る虚偽表示が借入契約等に係る財務制限条項に与える影響、個々の勘定科目又は小計項目に与える影響、主要比率に与える影響が含まれる。

監査人は、勘定科目等の分類に係る虚偽表示が重要性の基準値（設定している場合、特定の取引種類、勘定残高又は注記事項に対する重要性の基準値）を上回っていても、全体としての財務諸表との関連では、重要ではないと判断する場合がある。例えば、貸借対照表の表示科目の分類の誤りは、その金額が、関連する貸借対照表の表示科目の計上額に比べて少額であり、かつ当該分類の誤りが、損益計算書又は主要比率に影響を与えていない場合、全体としての財務諸表との関連では重要ではないと判断する場合がある。

A20. 監査人は、虚偽表示が重要性の基準値を下回る場合でも、当該虚偽表示が、個別に、又は監査の過程で集計した他の虚偽表示と合わせて検討した結果、重要であると評価することがある。当該評価に影響を与える状況には、以下が含まれる。

- 虚偽表示が、法令遵守に影響を与えている。
- 虚偽表示が、借入に係る財務制限条項又はその他の契約条項の遵守に影響を与えている。
- 虚偽表示が当年度の財務諸表に与える影響は重要ではないが、翌年度以降の財務諸表に重要な影響を与える可能性が高い会計方針の不適切な選択又は適用に関連している。
- 虚偽表示があることによって、一般的な経済情勢や産業動向に基づいた利益又は他の趨勢の変化を認識できない状況になっている。
- 虚偽表示が、企業の財政状態、経営成績又はキャッシュ・フローの状況の評価に使用する比率に影響を与えている。
- 虚偽表示が、セグメント情報に影響を与えている（例えば、企業の事業活動や収益力に重要な役割を果たしていると認識されているセグメントに対して虚偽表示が重要である。）。
- 虚偽表示が、経営者の報酬を増加させている（例えば、虚偽表示により、報酬や賞与の要件を満たしている場合）。
- 虚偽表示が、既に公表した業績見込み等の財務諸表利用者に示された情報に照らして重要である。
- 虚偽表示が、特定の当事者との取引に関係している（例えば、経営者に関連する関連当事者との取引）。
- 開示に関する規則等において特に定められている事項のほか、財務諸表利用者が企業の財政状態、経営成績又はキャッシュ・フローの状況に関して適切な判断を行うために必要と監査人が判断する事項が注記されていない。

・虚偽表示が、年次報告書に含まれるその他の記載内容（例えば、有価証券報告書における「業績等の概要」、「財政状態、経営成績及びキャッシュ・フローの分析」に含まれる情報）に関連し、財務諸表利用者の経済的意思決定に影響を与えると合理的に見込まれる。監査基準委員会報告書720「その他の記載内容に関連する監査人の責任」は、その他の記載内容に関連する監査人の責任に関する実務上の指針を提供する。

上記の状況は例示であり、全てがあらゆる監査業務に関連しているとは限らず、また必ずしも網羅されているとは言えない。さらに、上記の状況に該当する場合であっても、虚偽表示が重要であるという結論に必ずしも至るわけではない。

A21．監査基準委員会報告書240は、不正に起因する又はその可能性がある虚偽表示について、財務諸表に関連して金額的重要性がない場合でも、他の監査の局面との関係に留意して、当該虚偽表示が示す意味を検討しなければならないことについて記載している（監基報240第34項参照）。財務諸表の注記事項に関する虚偽表示も、例えば、以下の場合、不正を示唆することがある。

・経営者の判断にバイアスがあることにより、誤解を招くような財務諸表の注記が行われている場合

・財務諸表の記載の適切な理解を妨げることを目的に、重複する又は有益でない注記が幅広く行われている場合

取引種類、勘定残高及び注記事項における虚偽表示の検討を行う際、監査人は監査基準委員会報告書200「財務諸表監査における総括的な目的」第14項に従い、職業的懐疑心を発揮する。

A22．過年度の重要性がない未修正の虚偽表示の累積的影響は、当年度の財務諸表に重要な影響を与えることがある。過年度の未修正の虚偽表示が当年度の財務諸表に与える影響を監査人が評価する方法には、複数の方法が考えられるが、同じ方法を使用することにより、期間の比較可能性を保つことができる。

監査役等とのコミュニケーション（第11項参照）

A23．監査役等にコミュニケーションを行う場合には、全ての監査役等に適切に情報が伝わるように配慮する。

A24．個別に重要性がない未修正の虚偽表示が多数ある場合、監査人は、個別の未修正の虚偽表示の詳細をそれぞれ報告することに替えて、未修正の虚偽表示の数と金額的影響の合計額を報告することがある。

A25．監査基準委員会報告書260「監査役等とのコミュニケーション」は、監査人が要請した経営者確認書の草案について監査役等にコミュニケーションを行うことを監査人に対して要求している（監基報260第14項(4)参照）。監査人は、虚偽表示の金額と内容、及び翌年度以降の財務諸表に見込まれる影響を考慮し、虚偽表示を修正しない理由と当該虚偽表示の示す意味について、監査役等と協議することがある。

6．経営者確認書（第13項参照）

A26．経営者は、重要な虚偽表示がある場合には当該虚偽表示を修正し、財務諸表を修正する責任がある。したがって、監査人は、経営者に、虚偽表示について経営者確認書への記載を要請することが求められる。

経営者が特定の未修正の虚偽表示について、それが虚偽表示であることに同意しない場合、経営者は、経営者確認書に以下のような記載を追加することがある。

「私たちは、項目××及び××が虚偽表示であることに同意しない。理由は以下のとおりである。［理由の記述］」

このような経営者確認書を入手した場合でも、監査人は、未修正の虚偽表示が与える影響について結論付けることが必要である。

7．監査調書（第14項参照）

A27．監査人は、未修正の虚偽表示に関する監査調書の記載に際し、以下を考慮することがある。

(1) 未修正の虚偽表示の合計額が与える影響の検討

(2) 特定の取引種類、勘定残高又は注記事項に対する重要性の基準値を設定している場合は、未修正の虚偽表示が、当該基準値を上回っているかどうかの評価

(3) 未修正の虚偽表示が、主要比率又は趨勢、並びに法令及び契約条項の遵守（例えば、借入に係る財務制限条項）に与える影響に関する評価

Ⅳ 適 用

・本報告書（2011年12月22日）は、2012年４月１日以後開始する事業年度に係る監査及び同日以後開始する中間会計期間に係る中間監査から適用する。

・本報告書（2015年５月29日）は、2015年４月１日以後開始する事業年度に係る監査及び同日以後開始する中間会計期間に係る中間監査から適用する。

・本報告書（2019年６月12日）は、2020年４月１日以後開始する事業年度に係る監査及び同日以後開始する中間会計期間に係る中間監査から適用する。ただし、2019年４月１日以後開始する事業年度に係る監査及び同日以後開始する中間会計期間に係る中間監査から早期適用することができる。

・本報告書（2021年１月14日）は、2022年３月31日以後終了する事業年度に係る監査から適用する。ただし、2021年３月31日以後終了する事業年度に係る監査から早期適用することができる。

以 上

監査基準委員会報告書500

監査証拠*

2011年12月22日
改正2018年10月19日
最終改正2021年１月14日
日本公認会計士協会
監査基準委員会
（報告書：第46号）

項番号

Ⅰ　本報告書の範囲及び目的

１．本報告書の範囲

１．本報告書は、財務諸表監査における監査証拠の構成内容について説明するとともに、意見表明の基礎となる十分かつ適切な監査証拠を入手できるように監査手続を立案し実施することに関する実務上の指針を提供するものである。

２．本報告書は、監査の過程で入手した全ての監査証拠に適用される。その他の監査基準委員会報告書等では、監査の特定の側面（例えば、監査基準委員会報告書315「企業及び企業環境の理解を通じた重要な虚偽表示リスクの識別と評価」、ある特定の事項に関して入手すべき監査証拠（例えば、監査基準委員会報告書570「継続企業」）、監査証拠を入手するための特定の手続（例えば、監査基準委員会報告書520「分析的手続」）、又は十分かつ適切な監査証拠が入手されたかどうかの評価（監査基準委員会報告書200「財務諸表監査における総括的な目的」及び同330「評価したリスクに対応する監査人の手続」）に関する実務上の指針を提供している。

２．本報告書の目的

３．本報告書における監査人の目的は、監査人が、結論を導き、意見表明の基礎となる十分かつ適切な監査証拠を入手できるように監査手続を立案し実施することである。

３．定　義

４．本報告書における用語の定義は、以下のとおりとする。

(1)　「会計記録」－企業が作成した取引や会計事象の記録とその裏付けとなる記録をいう。取引を認識した記録（起票）とその裏付けとなる記録（例えば、小切手、電信送金票、請求書、契約書等）や、総勘定元帳、補助元帳、仕訳帳、仕訳帳に記帳されない財務諸表に対するその他の修正、及び原価配分・計算・調整・開示を裏付けるワークシートやスプレッドシートなどの記録が含まれる。

(2) 「監査証拠」─監査人が意見表明の基礎となる個々の結論を導くために利用する情報をいう。監査証拠は、財務諸表の基礎となる会計記録に含まれる情報及びその他の情報源から入手した情報からなる。

(3) 「外部情報源」─以下のいずれかに該当する、幅広い利用者の使用に適する情報を提供する外部の個人または組織をいう。(A1－1項からA1－3項参照) 企業が財務諸表の作成に当たって使用する情報

・監査証拠として監査人が入手する情報

ただし、外部の個人又は組織が以下のいずれかとして情報を提供する場合、当該情報源に関しては、外部情報源とはみなされない。

・経営者の利用する専門家

・受託会社（監査基準委員会報告書402「業務を委託している企業の監査上の考慮事項」第7項参照）

・監査人の利用する専門家（監査基準委員会報告書620「専門家の業務の利用」第5項参照）

(4) 「(監査証拠の) 十分性」－監査証拠での量的尺度をいう。必要とされる監査証拠の量は、評価した重要な虚偽表示リスクの程度及び監査証拠の質によって影響を受ける。

(5) 「(監査証拠の) 適切性」－監査証拠の質的尺度をいう。すなわち、意見表明の基礎となる監査証拠の適合性と証明力をいう。

(6) 「経営者の利用する専門家」－企業が財務諸表を作成するに当たって、会計又は監査以外の分野において専門知識を有する個人又は組織の業務を利用する場合の当該専門知識を有する個人又は組織をいう。

Ⅱ　要求事項

1．十分かつ適切な監査証拠

5．監査人は、十分かつ適切な監査証拠を入手するために、個々の状況において適切な監査手続を立案し実施しなければならない。(A1項からA25項参照)

2．監査証拠として利用する情報

6．監査人は、監査手続を立案し実施する場合には、監査証拠として利用する情報（外部情報源から入手する情報を含む。）の適合性と信頼性を考慮しなければならない。(A26項からA33－8項参照)

7．監査人は、監査証拠として利用する情報が経営者の利用する専門家の業務により作成されている場合には、監査人の目的に照らして当該専門家の業務の重要性を考慮して、必要な範囲で以下の手続を実施しなければならない。(A34項からA36項参照)

(1) 経営者の利用する専門家の適性、能力及び客観性を評価すること（A37項からA43項参照）

(2) 経営者の利用する専門家の業務を理解すること（A44項からA47項参照）

(3) 経営者の利用する専門家の業務について、監査証拠としての適切性を関連するアサーションに照らして評価すること（A48項参照）

8．監査人は、企業が作成した情報を利用する場合には、当該情報が監査人の目的に照らして十分に信頼性を有しているかどうかを評価しなければならない。これには、個々の状況において必要な以下の事項が含まれる。

(1) 企業が作成した情報の正確性及び網羅性に関する監査証拠を入手すること（A49項及びA50項参照）

(2) 企業が作成した情報が監査人の目的に照らして十分に正確かつ詳細であるかどうかを評価すること（A51項参照）

3．監査手続の対象項目の抽出

9．監査人は、内部統制の運用評価手続及び詳細テストを立案する際には、監査手続の対象項目について監査手続の目的に適う有効な抽出方法を決定しなければならない。(A52項からA56項参照)

４．監査証拠における矛盾又は証明力に関する疑義

10．監査人は、以下のいずれかの場合、問題を解消するためにどのような監査手続の変更又は追加が必要であるかを判断し、監査の他の側面に与える当該事項の影響があればその影響を考慮しなければならない。（A57項参照）

⑴　ある情報源から入手した監査証拠が他の情報源から入手した監査証拠と矛盾する場合

⑵　監査人が監査証拠として利用する情報の信頼性に関して疑義を抱く場合

Ⅲ　適用指針

１．外部情報源

A1－1．外部情報源には、プライシング・サービス・ベンダー、政府機関、中央銀行又は広く認知された証券取引所などが含まれる。外部情報源から入手できる情報の例としては、以下が挙げられる。

・価格及び価格算定に関連する情報

・マクロ経済情報（失業率及び経済成長率の実績及び予測など）又は国勢調査に関する情報

・信用履歴に関する情報

・業界特有の情報（採掘産業で用いられる埋立費用の指標又はエンターテイメント産業の広告収入を決定するために使用される視聴率等の情報など）

・生命保険及び年金分野において負債を決定するために使用される生命表

A1－2．外部の個人又は組織が、情報を無償で公開したり、幅広い利用者に対価を得て提供したりする場合、このような情報は幅広い利用者の使用に適している可能性が高く、また特定の情報利用者による影響を受ける可能性が低い。当該情報が幅広い利用者の使用に適しているかどうかを検討する際に判断を求められることがあるが、この判断に当たっては、企業の外部情報源に対する影響力を考慮する。

A1－3．外部の個人又は組織は、提供する情報について、外部情報源となるか、又は以下のいずれかとなる。

・経営者の利用する専門家

・受託会社

・監査人の利用する専門家

A1－4．しかし、外部の個人又は組織は、ある情報については経営者の利用する専門家となり、別の情報については外部情報源となることがある。状況によって、ある情報について、それを提供する外部の個人又は組織が経営者の利用する専門家となるのか、外部情報源となるのかを決定するために、職業的専門家としての判断が必要となることもあれば、明確に区分できる場合もある。

例えば以下のとおりである。

・外部の個人又は組織が、幅広い利用者向けに地域別情報などの不動産価格に関する情報を提供する場合、外部情報源となることがある。一方、同一の外部組織が、企業の不動産について、企業固有の事情や状況を反映させて不動産価格の評価を行う場合、経営者又は監査人の利用する専門家となることがある。

・保険数理の団体の中には、広く一般に使われる目的で生命表を公開するものがある。この生命表を企業が利用した場合、生命表を公開した団体は、一般的に外部情報源と考えられる。一方、同一の保険数理の団体が、企業の年金制度の年金債務の算定のために、企業固有の状況を反映させた情報を提供する場合、当該団体は、経営者の利用する専門家となることがある。

・外部の個人又は組織が、観察可能な市場が存在しない有価証券の公正価値を見積るためのモデルの適用に関する専門知識を有していることがある。このような個人又は組織が、その専門知識を使用して企業のために有価証券の公正価値を見積り、見積価格が財務諸表の作成に利用された場合、当該個人又は組織は、見積価格に関して経営者が利用する専門家となる可能性が高い。一方、同一の個人又は組

織が、広く一般に使用される目的で取引価格や価格に関する情報を提供したのみであり、企業が独自の会計上の見積りにおいて当該情報を利用した場合、情報を提供した個人又は組織は、当該情報に関して外部情報源となる可能性が高い。

・外部の個人又は組織が、幅広い利用者に向けて、ある業界におけるリスク又は状況に関する情報を提供することがある。例えば、国際財務報告基準（IFRS）第７号「金融商品：開示」に準拠して開示を行う場合など、企業のリスクに関する開示にこのような情報が利用される場合、当該情報は一般的に外部情報源から入手されたものと考えられる。一方、同種の情報であるが、企業からの委託を受け、企業の状況を反映させたリスクに関する情報が作成された場合、情報を作成し提供した個人又は組織は、経営者が利用する専門家となる可能性が高い。

・外部の個人又は組織が、自らの専門知識を利用して、幅広い利用者に向けて現在及び将来の市場動向に関する情報を提供することがある。企業が、会計上の見積りにおける仮定を決定する際にこのような情報を利用する場合、利用される情報は外部情報源から入手されたと考えられる可能性が高い。一方、同種の情報が、企業からの委託を受け、企業固有の事実及び状況に関連する現在及び将来の市場動向に関する情報として作成された場合、情報を提供した個人又は組織は、経営者が利用する専門家となる可能性が高い。

２．十分かつ適切な監査証拠（第５項参照）

A1－5．監査証拠は、監査意見及び監査報告書を裏付けるために必要である。監査証拠は、累積的な性質のものであり、主として監査の過程で実施した監査手続から入手する。しかしながら、監査証拠は、過年度の監査において入手した情報（監査基準委員会報告書315第８項に記載のとおり、監査人が当年度の監査に影響を与える変化が生じていないかどうかを判断した場合）、又は監査契約の新規の締結及び更新に関する監査事務所の品質管理手続において入手した情報など、その他の情報源から入手した情報も含むことがある。

さらに、企業の会計記録及びその他の企業内部の情報源は監査証拠として重要な情報源である。また、監査証拠として利用する情報は、経営者の利用する専門家の業務により作成されたり、又は外部情報源から入手されたりすることがある。監査証拠は、アサーションを裏付ける情報と矛盾する情報の両方から構成される。さらに、情報がないことそれ自体が監査証拠となる場合（例えば、依頼した陳述を経営者が拒んだ場合）がある。

A2．監査意見の形成における監査人の作業のほとんどは、監査証拠を入手し評価することからなる。監査証拠を入手する監査手続には、質問に加え、閲覧、観察、確認、再計算、再実施及び分析的手続があり、多くの場合はそれらを組み合わせて実施する。質問は、重要な監査証拠を提供することがあり、虚偽表示の証拠を提供する可能性もあるが、通常、質問のみでは、アサーション・レベルの重要な虚偽表示がないこと又は内部統制の運用状況の有効性について十分な監査証拠を提供しない。

A3．監査基準委員会報告書200第５項において説明されているように、合理的な保証は、監査人が、監査リスク（監査人が、財務諸表の重要な虚偽表示を看過して誤った意見を形成する可能性）を許容可能な低い水準に抑えるために、十分かつ適切な監査証拠を入手した場合に得られる。

A4．監査証拠の十分性と適切性は、相互に関連する。十分性は監査証拠の量的尺度である。必要な監査証拠の量は、監査人が評価した虚偽表示リスクの程度によって影響を受け（評価したリスクの程度が高いほど、より多くの監査証拠が要求される。）、また、監査証拠の質によって影響を受ける（質が高いほど、より少ない監査証拠で済む。）。しかしながら、数多くの監査証拠を入手したとしても、監査証拠の質の低さを補完しないことがある。

A5．適切性は監査証拠の質的尺度である。すなわち、意見表明の基礎となる監査証拠の適合性と証明力である。監査証拠の証明力は、情報源及び種類により影響を受け、入手する状況により異なる。

A6．監査基準委員会報告書330第25項は、監査人が十分かつ適切な監査証拠を入手したかどうかを判断することを要求している。監査リスクを許容可能な低い水準に抑え、意見表明の基礎となる結論を導くための十分かつ適切な監査証拠を入手したかどうかは、職業的専門家としての判断に係る事項である。監査基準委員会報告書200は、監査人が十分かつ適切な監査証拠が入手されたかどうかについて職業的専門家としての判断を行う場合に関連する要因となる、監査手続の種類、財務報告の適時性及び費用と便益の比較衡量などの事項について記載している。

(1)　監査証拠の情報源

A7．監査証拠には、会計記録をテストすることによって入手するものがある。例えば、分析や検討、財務報告の作成プロセスで実施されている手続の再実施、及び複数の用途に利用される同一情報の照合・調整がある。監査人は、そのような監査手続の実施を通じて、会計記録が相互に整合しており、財務諸表と合致していると判断することがある。

A8．複数の情報源から入手した監査証拠に矛盾がない場合又は異なる種類の監査証拠が相互に矛盾しない場合には、通常、個々に検討された監査証拠に比べ、より確かな心証が得られる。例えば、企業から独立した情報源から入手した情報が、会計記録の中に存在する証拠、議事録又は経営者による陳述など企業内部で生成された監査証拠を裏付けている場合、監査人はより確かな心証を得ることがある。

A9．監査人が監査証拠として利用する、企業から独立した情報源からの情報としては、第三者に対する確認並びにアナリストのレポート及び同業他社とのデータ比較（ベンチマーク用のデータ）などの外部情報源から入手された情報を含むことがある。

(2)　監査証拠入手のための監査手続

A10．監査基準委員会報告書315及び同330が要求し詳細に説明しているように、意見表明の基礎となる監査証拠は以下の手続を実施することによって入手する。

(1)　リスク評価手続

(2)　以下により構成されるリスク対応手続

①　監査基準委員会報告書等で要求される場合、又は監査人がその実施を選択した場合に実施する内部統制の運用評価手続

②　詳細テスト及び分析的実証手続を含む、実証手続

A11．以下のA14項からA25項で記載されている監査手続は、監査人がそれらを適用する状況に応じて、リスク評価手続、内部統制の運用評価手続、又は実証手続として用いられることがある。監査基準委員会報告書330のA34項で説明しているように、過年度の監査で入手した監査証拠は、監査人がその継続的な適合性を確かめる監査手続を実施した場合には、適切な監査証拠となることがある。

A12．実施する監査手続の種類及び時期は、ある会計データとその他の情報が電子媒体のみであるか、又はある時点若しくはある期間においてのみ利用可能であるかどうかによって影響を受ける。例えば、注文書及び請求書のような原始文書は、企業が電子商取引を利用している場合には、電子媒体でのみ存在していることがあり、また、企業が保存や照合を容易にするために画像処理システムを使用している場合には、画像読取り後に破棄されていることもある。

A13．ある種の電子情報は、ファイルが上書き保存されバックアップ・ファイルがない場合には、所定の期間が経過した後では再現することができない。したがって、監査人は、企業のデータ保存方針によっては、監査のために情報の保存を要請するか、又は情報が利用可能なときに監査手続を実施する必要がある。

閲覧及び実査

A14. 記録や文書の閲覧は、紙媒体、電子媒体又はその他の媒体による企業内外の記録や文書を確かめる監査手続であり、また、実査は資産の現物を実際に確かめる監査手続である。記録や文書の性質や情報源によって、さらに、企業内部の記録や文書の場合にはそれらの作成に係る内部統制の有効性によって、監査人が記録や文書の閲覧により入手する監査証拠の証明力は異なる。運用評価手続として実施する記録や文書の閲覧の例として、承認の有無を確かめることがある。

A15. 文書には、株券や債券など、資産の実在性を直接に示す監査証拠を提供するものがある。そのような文書の閲覧からは、必ずしも、所有権又は評価に関する監査証拠を入手できるわけではない。さらに、契約書の閲覧により、収益認識についての会計方針の適用に関する監査証拠が得られることがある。

A16. 有形資産の実査からは、資産の実在性に関する証明力のある監査証拠を入手できるが、必ずしも資産に係る権利と義務又は評価に関する監査証拠を入手できるわけではない。個々の棚卸資産の実査は、実施されている棚卸手続の観察とともに立会において併せて実施されることがある。

観　察

A17. 観察は、他の者が実施するプロセスや手続を確かめる手続であり、例えば、企業の従業員が実施する棚卸資産の実地棚卸状況や統制活動の実施状況を監査人が観察する手続である。観察により、プロセス又は手続の実施に関する監査証拠を入手できるが、観察を行った時点に関する監査証拠に限定され、また、プロセスや手続の実施は観察されているという事実により影響を受けることがある。棚卸資産の実地棚卸状況の観察に関する詳細な指針については、監査基準委員会報告書501「特定項目の監査証拠」に記載されている。

確　認

A18. 確認は、紙媒体、電子媒体又はその他の媒体により、監査人が確認先である第三者から文書による回答を直接入手する監査手続である。確認手続は、勘定残高とその明細に関連するアサーションに対して適合することが多い。しかしながら、確認は勘定残高のみに限定する必要はない。例えば、監査人は、契約条件や企業が第三者と行った取引について確認を行うことがある。また、契約が変更されたかどうか、変更された場合には、その内容について問い合わせることがある。確認手続は、一定の条件が付いていないこと、例えば、収益認識に影響する付帯契約がないことに関する監査証拠の入手にも利用される。より詳細な指針については、監査基準委員会報告書505「確認」に記載している。

再 計 算

A19. 再計算は、記録や文書の計算の正確性を監査人自らが計算し確かめる監査手続である。再計算は、手作業によって又はITを用いて実施する。

再 実 施

A20. 再実施は、企業が内部統制の一環として実施している手続又は内部統制を監査人が自ら実施することによって確かめる手続である。

分析的手続

A21. 分析的手続は、監査人が財務データ相互間又は財務データ以外のデータと財務データとの間に存在すると推定される関係を分析・検討することによって、財務情報を評価する監査手続である。また、分析的手続には、他の関連情報と矛盾する、又は監査人の推定値と大きく乖離する変動や関係の調査も含まれる。より詳細な指針については、監査基準委員会報告書520「分析的手続」に記載している。

質　問

A22. 質問は、監査人が財務又は財務以外の分野に精通している企業内外の関係者に情報を求める監査手続である。質問は、質問以外の監査手続と組み合わせて監査の全過程で利用される。質問は、公式な書面による質問から非公式な口頭による質問まで様々である。質問に対する回答を評価することは、質問のプロセスの不可欠な部分である。

A23．質問に対する回答から、監査人は、新たな情報又は既に入手していた監査証拠を裏付ける情報を入手することがある。また、質問に対する回答から、監査人は既に入手した情報とは大きく異なる情報、例えば、経営者による内部統制の無効化の可能性に関する情報を入手することがある。質問に対する回答によっては、監査人は実施する手続を修正することや、監査手続を追加して実施することが必要となる。

A24．質問を通じて入手した監査証拠を裏付けることは特に重要であるが、経営者の意思に関連した質問の場合には、経営者の意思を裏付ける利用可能な情報は限定されていることがある。このような場合、経営者がその意思を実行に移した過去の実績、特定の行動方針の選択に関して経営者が説明した理由、及び特定の行動方針を遂行するための経営者の能力を理解することにより、質問により入手した証拠を裏付ける関連情報を入手できることがある。

A25．監査人は、口頭による質問への回答を確認するために、経営者から書面による陳述を入手する必要があるかどうかを検討することがある。より詳細な指針については、監査基準委員会報告書580「経営者確認書」に記載している。

3．監査証拠として利用する情報

(1)　適合性及び信頼性（第６項参照）

A26．A1－5項に記載のとおり、監査証拠は、主として監査の過程で実施した監査手続から入手するものであるが、他の情報源から入手することもある。例えば、状況によっては過年度の監査、監査契約の新規の締結及び更新に関する監査事務所の品質管理手続、法令又は職業倫理に関する規定（例えば、企業の法令違反に関するもの）による特定の追加の責任を遵守することから情報を入手することがある。全ての監査証拠の質は、監査証拠の基礎となる情報の適合性と信頼性により影響される。

適合性

A27．適合性は、監査手続の目的、及び適切な場合には検討中のアサーションとの論理的な関連性又は影響を扱う。監査証拠として利用する情報の適合性は、手続の目的によって影響される。例えば、監査手続の目的が買掛金の実在性又は評価の妥当性に関して過大計上の有無を確かめることである場合、帳簿に計上された買掛金を検討することが目的に適合する監査手続となることがある。一方、買掛金の網羅性に関して過小計上の有無を確かめる場合、帳簿に計上された買掛金の検討は目的に適合しておらず、期末日後の支払、未払の請求書、仕入先の支払通知書、不一致がある検収報告書などの情報の検討が目的に適合することがある。

A28．あるアサーションに適合する監査証拠を提供する監査手続は、他のアサーションに適合する監査証拠を提供しないことがある。例えば、期末日後の売掛金の回収に関連した文書の閲覧は、売掛金の期末日における実在性と評価の妥当性に関する監査証拠を提供するが、売掛金の期間帰属の適切性については必ずしも監査証拠を提供しない。同様に、あるアサーション（例えば、棚卸資産の実在性）に関する監査証拠を入手することは、他のアサーション（例えば、棚卸資産の評価の妥当性）に関する監査証拠を入手することの代替とはならない。一方、複数の情報源から入手した監査証拠や異なる種類の監査証拠が、同一のアサーションに適合する監査証拠を提供することも多い。

A29．運用評価手続は、アサーション・レベルの重要な虚偽表示を防止又は発見・是正する内部統制の運用状況の有効性を評価するように立案される。運用評価手続は、適合する監査証拠を入手するために、内部統制の適切な運用を示す状況（特徴又は属性）や逸脱を示す状況を識別できるように立案される。監査人は、こうした内部統制の運用や逸脱を示す状況の有無を確かめて、運用評価手続を実施する。

A30．実証手続は、アサーション・レベルの重要な虚偽表示を発見するために立案される。実証手続は、詳細テストと分析的実証手続で構成される。実証手続は、関連するアサーションにおいて虚偽表示となる状況を識別するという手続の目的に適合するように立案される。

信 頼 性

A31．監査証拠として利用する情報の信頼性ひいては監査証拠自体の証明力は、情報源及び情報の種類、並びに関連する場合には情報の作成と管理に関する内部統制を含む情報を入手する状況によって影響される。したがって、様々な種類の監査証拠の証明力については一般化することはできるが、重要な例外が存在する。監査証拠として利用する情報が企業の外部から得られる場合であっても、入手する状況によって情報の信頼性に影響する。例えば、企業から独立した情報源から入手した監査証拠であっても、その情報源が十分な知識を有していない個人又は組織である場合、又は経営者の利用する専門家が客観性を欠いている場合には、信頼できないことがある。監査証拠の証明力は、例外はあるものの、一般的には以下のとおりである。

・監査証拠の証明力は、企業から独立した情報源から入手した場合には、より強くなる。

・企業内部で作成される監査証拠の証明力は、情報の作成と管理に関する内部統制等、関連する内部統制が有効な場合には、より強くなる。

・監査人が直接入手した監査証拠（例えば、内部統制の運用について観察により入手した監査証拠）は、間接的に又は推論に基づいて入手する監査証拠（例えば、内部統制の運用について質問により入手した証拠）よりも、証明力が強い。

・監査証拠は、紙媒体、電子媒体又はその他の媒体にかかわらず、文書化されたものの方が、口頭で得たものよりも、証明力が強い（例えば、議事録は、会議の後の口頭による議事説明よりも証明力が強い）。

・原本によって提供された監査証拠は、コピーやファックス、フィルム化、デジタル化その他の方法で電子媒体に変換された文書によって提供された監査証拠よりも、証明力が強い。原本以外の文書の信頼性は、その作成と管理に関する内部統制に依存することがある。

A32．監査基準委員会報告書520第４項は、実証手続としての分析的手続を立案する際に利用するデータの信頼性についての指針を提供している。

A33－1．監査基準委員会報告書240「財務諸表監査における不正」第12項は、文書及び記録や証憑書類が真正ではない、又は、後から変更されているが監査人に開示されていないと疑われる状況を扱っている。

A33－2．監査基準委員会報告書250では、以下に関する詳細な指針を記載している。（監基報250第９項参照）

・企業の違法行為又はその疑いに関する法令又は職業倫理に関する規定による追加の責任の遵守（これにより監査人は、監査に関連する詳細な情報を入手することがある。）

・当該違法行為が監査の他の局面に及ぼす影響の評価

外部情報源

A33－3．監査査人は外部情報源から入手された情報を監査証拠として使用する場合、企業が財務諸表の作成に当たって使用した情報か監査人が入手した情報かにかかわらず、第６項に従って当該情報の適合性と信頼性を検討しなければならない。このような検討には、監査基準委員会報告書330「評価したリスクに対応する監査人の手続」及び該当する場合、監査基準委員会報告書540「会計上の見積りの監査」に従って、リスク対応手続を立案し、実施する過程で入手した外部情報源に関する監査証拠又は外部情報源による情報作成に関する監査証拠の検討が含まれることがある。

A33－4．経営者又は該当する場合には経営者が利用する専門家が、なぜ外部情報源を利用しているのか及びどのように情報の適合性と信頼性（情報の正確性及び網羅性を含む）を検討したのかを理解することが、監査人による当該情報の適合性と信頼性の検討に役立つことがある。

A33－5．外部情報源から入手した情報の適合性及び信頼性（情報の正確性及び網羅性を含む）

を検討する際に、以下の要因が重要となることがある。なお、以下の要因には、経営者が財務諸表の作成に当該情報を使用した場合又は監査人が当該情報を入手した場合のいずれか一方のみに関連する場合があることに留意する。

・外部情報源の性質と信用度（例えば、業界情報を広く一般に提供することを法律上義務付けられている中央銀行や政府の統計機関は、特定の情報についての最も信用のおける情報源となる可能性が高い。）
・企業が外部情報源との関係を通じて、入手した情報に対して影響を及ぼすことができる能力
・入手した情報に関する外部情報源の能力及び評判（情報源が、信頼できる情報を定期的に提供している実績があるかどうかに関する監査人の職業的専門家としての判断を含む。）
・外部情報源が提供する情報の信頼性に関する監査人の過去の経験
・当該情報が経営者又は監査人によって使用されたのと同様の目的で利用されている場合に、外部情報源が提供する情報の適合性や信頼性が一般利用者に幅広く受け入れられている事実
・企業が入手し、使用した情報の適合性及び信頼性を確かめるための内部統制の有無
・外部情報源は、市場の情報を総括的に集約しているのみなのか、それとも市場取引そのものにも直接関与しているのか
・当該情報が、使用されている方法に照らしてその情報を使用することが適切であるか否か、また、該当する場合、適用される財務報告の枠組みを考慮して作成されたか否か
・使用された情報と矛盾する可能性のある代替的な情報
・入手した情報に関する免責条項又はその他の制限の内容及び範囲
・当該情報の作成に用いられた見積手法、見積手法の適用方法（該当する場合、モデルがどのように用いられたかを含む。）、及び見積手法に係る内部統制に関する情報
・利用可能な場合、入手した情報を作成する過程で外部情報源が使用した仮定及びデータの適切性を検討するための関連情報

A33－6．監査人が検討する内容及び範囲の決定にあたっては、外部情報の使用が関連するアサーション・レベルの重要な虚偽表示リスクの評価、重要な虚偽表示リスクと評価した根拠に外部情報の使用が関連する程度、及び外部情報源から入手した情報が信頼できない可能性（例えば、情報が信頼できる情報源から提供されたものであるかどうかなど）を考慮する。

A33－3項に記載の検討事項に基づいて、監査人は、監査基準委員会報告書315に従い、内部統制を含む企業及び企業環境について更なる理解が必要であると判断することがある。また、監査基準委員会報告書330第５項及び該当する場合には監査基準委員会報告書540第29項に従い、外部情報源からの情報の使用に関する重要な虚偽表示リスクに対応するためにリスク対応手続が必要であると判断することがある。このようなリスク対応手続には、例えば以下が含まれる。

・外部情報源から得た情報と、別の独立した情報源から得た情報との比較の実施
・経営者が利用する外部情報源を検討する場合、外部情報源から入手した情報の信頼性を検討するための内部統制についての理解及び該当する場合は運用評価手続の実施
・外部情報源における内部統制の識別、理解及び該当する場合は運用評価手続の実施を目的として、外部情報源のプロセス、技法及び仮定を理解するために外部情報源から情報を入手する手続の実施

A33－7．中央銀行や政府のみがインフレ率に関する情報を提供している場合や一般に認知された唯一の業界団体からの情報のように情報提供者が一つしかない場合がある。このような場合、監査人は、情報源の性質と信頼性、外部情報が関連する重要な虚偽表示リスクの評価、及び重要な虚偽表示リスクと評価した根拠に外部情報の使用が関連する程度を考慮して、監査手続の

種類と範囲を決定することがある。例えば、情報が信頼できる権威のある情報源から得たものである場合、情報源のウェブサイトや公開されている情報と使用されている外部情報を照合するなど、監査人のリスク対応手続の範囲は限定的となることがある。一方、情報源が信頼できないと評価された場合、監査人は、より広範な手続が適切であると判断することがある。また、比較可能な代替の独立した情報源が存在しない場合、十分かつ適切な監査証拠を入手するために、外部情報源から情報を入手するための監査手続の実施が適切かどうかを検討することがある。

A33－8．監査人が外部情報源からの情報について適合性及び信頼性を検討するための十分な根拠を入手しておらず、代替手続を実施しても十分かつ適切な監査証拠を入手できない場合、監査範囲の制約となることがある。監査範囲の制約は、監査基準委員会報告書705「独立監査人の監査報告書における除外事項付意見」第12項の要求事項に従い評価する。

(2) 経営者の利用する専門家が作成した情報の信頼性（第７項参照）

A34．企業の財務諸表の作成には、保険数理計算、評価、技術データなど、会計又は監査以外の分野における専門知識が必要なことがある。企業は、財務諸表を作成する目的で必要な専門知識を得るために、このような分野の専門家を雇用し、又はこのような分野の専門家に依頼することにより業務に従事させることがある。

A35．監査証拠として利用する情報が経営者の利用する専門家の業務により作成された場合、第７項の規定が適用される。例えば、観察可能な市場が存在しない有価証券の公正価値の評価モデルの適用において、個人又は組織が専門知識を有していることがある。企業の財務諸表の作成に用いる見積りを算定するに当たって個人又は組織の専門知識を用いる場合、当該個人又は組織は経営者の利用する専門家となり第７項が適用される。一方、企業が独自の見積方法において、個人又は組織により提供される取引に関する価格データを使用しているだけの場合、当該情報を監査証拠として利用するならば第６項が適用され、当該情報は外部情報源から入手したものであるため、データを提供している個人又は組織は経営者の利用する専門家には該当しない。

A36．第７項で記載されている要求事項に関連して、実施する監査手続の種類、時期及び範囲は、例えば、以下の事項に影響される。

・経営者の利用する専門家が関係する事項の性質と複雑性
・対象となる事項における重要な虚偽表示リスク
・監査証拠の代替的な情報源の利用可能性
・経営者の利用する専門家の業務の内容、範囲及び目的
・経営者の利用する専門家は企業に雇用されているか、又は企業の依頼により業務に従事し関連するサービスを提供しているか。
・経営者の利用する専門家の業務に対して、経営者が支配又は影響を及ぼすことが可能な程度
・経営者の利用する専門家が、関連する専門的な業務実施基準、又は他の職業的専門家としての規定や業界の規定に従っているかどうか。
・経営者の利用する専門家の業務に対して適用される企業の内部統制の性質と範囲
・経営者の利用する専門家の専門分野に対する監査人の知識と経験
・当該専門家の業務に関する監査人の過去の経験

経営者の利用する専門家の適性、能力及び客観性（第７項⑴参照）

A37．適性は、経営者の利用する専門家の専門知識の内容と水準に関係している。能力は、経営者の利用する専門家が個々の状況においてその適性を発揮できるかどうかに関係している。能力に影響を与える要因には、例えば、所在地、時間や要員の利用可能性を含むことがある。客観性は、経営者の利用する専門家の職業的専門

家としての判断又は経営判断に対して、中立性の欠如、利益相反の有無又はその他の事項が与える潜在的影響に関係している。経営者の利用する専門家の適性、能力及び客観性、並びに専門家の業務に関する企業内の内部統制は、経営者の利用する専門家が作成する情報の信頼性に影響を与える重要な要因となる。

A38．経営者の利用する専門家の適性、能力及び客観性に関する情報は、以下のような様々な情報源によってもたらされることがある。

・当該専門家が以前に提供した業務を監査人が利用した経験
・当該専門家との協議
・当該専門家の業務に精通している者との協議
・当該専門家の資格、専門家団体又は業界団体への加入状況、開業免許等についての情報
・当該専門家が公表した論文又は著作物
・経営者の利用する専門家が作成した情報に関して十分かつ適切な監査証拠を入手するために、監査人の利用する専門家が関係する場合には当該専門家

A39．経営者の利用する専門家の適性、能力及び客観性の評価に関連する事項には、専門家の業務が専門的な業務実施基準又は他の職業的専門家としての規定や業界の規定（例えば、専門家団体又は業界団体の倫理規則及びその他会員が遵守すべき規定、資格認定団体による認定基準、又は法令が課す規定）に従っているかどうかを評価することが含まれる。

A40．上記の他に経営者の利用する専門家の評価に際して考慮する事項には、以下の事項が含まれる。

・専門家の業務を利用しようとしている事項に対する、専門家の特定領域における能力を含む、当該専門家の適性の適合性（例えば、保険数理人によっては、損害保険を専門に扱ってはいるが、年金数理計算に関しては限られた専門知識しか持っていないことがある。）
・会計上要求される事項に関する専門家の適性（例えば、適用される財務報告の枠組みに準拠している仮定と方法、及び利用している場合はモデルに関連する知識）
・当初の評価の再検討の必要性（予期しない出来事、状況の変化、又は監査手続の結果入手した監査証拠により、監査が進行するにつれて、専門家の適性、能力及び客観性に関する当初の評価を再検討する必要があることを示唆しているかどうか。）

A41．様々な状況（例えば、自己利益、擁護、馴れ合い、自己レビュー及び不当なプレッシャーを受ける脅威）によって、専門家の客観性が阻害されることがある。阻害要因はセーフガードによって軽減されることがあり、セーフガードは、外的仕組み（例えば、経営者の利用する専門家の所属する専門家団体、法律、又は規制）又は経営者の利用する専門家の業務環境（例えば、品質管理の方針及び手続）によって、設定されることがある。

A42．セーフガードによって経営者の利用する専門家の客観性に対する阻害要因の全てが除去できないが、専門家が企業に雇用されている場合よりも企業の依頼により業務に従事している場合の方が、阻害要因（例えば、不当なプレッシャーを受ける脅威など）の程度が低いことがあり、また、セーフガード（例えば、品質管理の方針及び手続）の有効性が高いことがある。企業の従業員であることによって生じる客観性に対する阻害要因は常に存在するため、企業に雇用されている専門家は、通常、当該企業の他の従業員に比べて高い客観性を有しているとみなすことはできない。

A43．企業の依頼により業務に従事している専門家の客観性を評価する場合、当該専門家の客観性に対する阻害要因となり得る利害関係や、客観性に対する阻害要因を軽減するセーフガードとして当該専門家に適用される職業的専門家の規定等について経営者及び当該専門家と協議することや、そのようなセーフガードが十分であるかを評価することが適切なことがある。阻害要因となり得る利害関係には以下のものを含むことがある。

・経済的利害関係

・事業上及び個人的な関係
・他のサービスの提供

経営者の利用する専門家の業務についての理解（第７項(2)参照）

A44．経営者の利用する専門家の業務についての理解には、専門分野に対する理解が含まれる。専門分野に対する理解は、監査人が経営者の利用する専門家の業務を評価する専門知識を有しているかどうか、又は監査人の利用する専門家を雇用又は依頼により業務に従事させる必要があるかどうかを判断する際に得られることがある。

A45．経営者の利用する専門家の専門分野に関し、監査人が理解する必要のある事項には、以下のものを含むことがある。
・専門家の専門分野が監査に関連する特定領域を含むかどうか。
・職業的専門家としての基準等及び法令等が適用されているかどうか。
・どのような仮定及び方法が経営者の利用する専門家によって採用されているか、及びそれらの仮定及び方法が専門家の専門分野において一般に認められており、財務報告目的にとって適切であるかどうか。
・専門家が使用する内外のデータ又は情報の性質

A46．経営者が専門家に依頼して業務に従事させている場合、通常、企業と当該専門家との間で、契約書やその他の合意文書が取り交わされている。経営者の利用する専門家の業務を理解する際に当該契約を検討することは、監査人が、監査人の目的に照らして、以下の事項の適切性を判断することに役立つことがある。
・専門家の業務の内容、範囲及び目的
・経営者及び専門家のそれぞれの役割と責任
・専門家が提出する報告書の様式を含め、経営者と専門家との間のコミュニケーションの内容、時期及び範囲

A47．経営者の利用する専門家が企業により雇用されている場合、業務内容を記載した契約書に相当する文書が存在する可能性は少ない。監査人が必要とする理解を得るには、専門家及び経営者に対する質問が最適な方法となることがある。

経営者の利用する専門家の業務の適切性の評価（第７項(3)参照）

A48．関連するアサーションについての監査証拠として、経営者の利用する専門家の業務の適切性を評価するに当たって、例えば、以下の事項を検討する。
・専門家の指摘事項又は結論の適合性や合理性、他の監査証拠との整合性、及びそれらが財務諸表に適切に反映されていること
・専門家の業務に重要な仮定及び方法が採用されている場合には、それらの仮定及び方法の適合性と合理性
・専門家の業務に基礎データが多用されている場合には、当該基礎データの目的適合性、網羅性及び正確性
・専門家の業務に外部情報源から入手した情報が使用されている場合には、当該情報の適合性及び信頼性

(3) 監査人が利用する企業が作成した情報（第８項(1)から(2)参照）

A49．監査人が証明力の強い監査証拠を入手するためには、監査手続に利用する企業が作成した情報の正確性及び網羅性が十分である必要がある。例えば、標準価格を販売数量の記録に適用して実施する収益に対する監査手続の有効性は、当該標準価格情報と販売数量データの正確性に依存する。同様に、監査人が、ある一定の属性（例えば、承認の有無）に関して、ある母集団（例えば、支払取引）をテストしようとする場合、テスト対象の項目を抽出した母集団が網羅的でない場合には、テスト結果は証明力が弱いものとなる。

A50．情報の正確性及び網羅性についての監査証拠を入手するための監査手続が当該情報を利用した監査手続と不可分である場合、情報の正確性及び網羅性についての監査証拠は、当該情報を利用した監査手続の実施と同時に入手される

ことがある。その他の状況では、監査人は、情報の作成と管理に関する内部統制の運用評価手続を実施することによって、当該情報の正確性及び網羅性についての監査証拠を入手することもある。しかしながら、ある状況では、監査人は追加的な監査手続が必要であると判断することもある。

A51．また、監査人は、企業が作成した情報を監査の目的のために利用しようとする場合がある。例えば、監査人は、企業が実施した業績の測定を分析的手続のために利用したり、又は内部監査報告書のように、統制活動を監視するために企業が作成した情報を利用しようとすることがある。そのような場合、入手した監査証拠の適切性は、その情報が監査人の目的に照らして、十分に正確かつ詳細であるかどうかにより影響を受ける。例えば、経営者が利用した業績の測定は、重要な虚偽表示を発見するには十分に正確ではないことがある。

監査手続の対象項目の抽出（第９項参照）

A52．有効な監査手続は、入手済み又は入手予定の他の監査証拠と合わせて、監査手続の目的を十分に満たす適切な監査証拠を提供する。監査手続の対象項目の抽出に当たって、第６項は監査人が監査証拠として利用する情報の適合性と信頼性について判断することを要求している。一方、監査手続の対象となる項目を抽出するに当たっては、他の側面（十分性）も重要な検討事項である。監査人が利用可能な、監査手続の対象項目の抽出方法には、以下のものがある。

⑴　精査（100％の検討）

⑵　特定項目抽出による試査

⑶　監査サンプリングによる試査

これらの方法のうちどの方法又はどのような組合せが適切かどうかは、特定の状況によって異なるが、例えば、アサーションに関連する重要な虚偽表示リスクやそれぞれの方法の実行可能性と効率性などによる。

⑷　精　査

A53．監査人は、取引種類又は勘定残高を構成している項目の母集団全体（又は当該母集団における階層）を検討することが最も適切であると判断することがある。精査は、内部統制の運用評価手続には通常適用しない。しかしながら、詳細テストにおいては、用いられることがある。

精査は、例えば、以下のいずれかの場合に適切であることがある。

・母集団が少数の金額的に大きい項目から構成されている場合

・特別な検討を必要とするリスクが存在する場合で、他の方法では十分かつ適切な監査証拠を入手することができない場合

・情報システムによって自動的に行われる反復的な性質の計算等、精査が費用対効果の高い方法である場合

⑸　特定項目抽出による試査

A54．監査人は、母集団から特定項目を抽出することを決定することがある。この決定をするに当たって、監査人は、企業の理解、評価した重要な虚偽表示リスク、及びテストする母集団の特性などを考慮する。監査人の判断による特定項目の抽出は、ノンサンプリングリスクを伴う。抽出される特定項目には、以下のものを含むことがある。

・高額の項目又は他の特性を示す項目

監査人は、高額の項目、又は他の特性を示す項目（例えば、疑いのある項目、通例でない項目、特にリスクが高い項目、又は過去に誤謬の発生した項目）を、母集団の中から特定項目として抽出することを決定することがある。

・一定金額以上の全ての項目

監査人は、取引種類又は勘定残高の合計金額の大きな割合を検討するため、一定金額を超える項目を試査することを決定することがある。

・情報を入手するための項目

監査人は、企業の特徴又は取引の性質などの情報を入手するために、項目を検討することがある。

A55．取引種類又は勘定残高から特定項目を抽出する試査は、監査証拠を入手する効率的な方法ではあるが、それは監査サンプリングによる試査には該当しない。この方法によって抽出した項目に対して実施した監査手続の結果からは、母集団全体にわたる一定の特性を推定することはできない。したがって、特定項目抽出による試査は、母集団の中から抽出されない母集団の残余部分に関する監査証拠を提供しない。

(6) 監査サンプリングによる試査

A56．監査サンプリングによる試査は、監査基準委員会報告書530「監査サンプリング」により、母集団からその一部の項目を抽出してテストすることによって、母集団全体に関する結論を導き出すことができるように立案する。

４．監査証拠における矛盾又は証明力に関する疑義（第10項参照）

A57．一つの情報源から入手した監査証拠が別の情報源から入手した監査証拠と矛盾する場合など、複数の情報源から監査証拠を入手することや、異なる種類の監査証拠を入手することにより、個々の監査証拠の証明力が低いことが示唆されていることがある。例えば、経営者、内部監査人若しくはその他の者への質問に対する回答が相互に矛盾している場合、又は経営者への質問に対する回答を裏付けるために実施した監査役等への質問に対する回答が経営者の回答と矛盾している場合がある。監査基準委員会報告書230「監査調書」第10項には、監査人が重要な事項に関する最終的な結論と矛盾する情報を識別した場合における文書化に関する要求事項が記載されている。

Ⅳ　適　用

・本報告書（2011年12月22日）は、2012年４月１日以後開始する事業年度に係る監査及び同日以後開始する中間会計期間に係る中間監査から適用する。

・本報告書（2018年10月19日）は、2019年４月１日以後開始する事業年度に係る監査及び同日以後開始する中間会計期間に係る中間監査から適用する。

・本報告書（2021年１月14日）は、以下の事業年度に係る監査等から適用する。

―会計上の見積りの監査に関連する要求事項及び適用指針（第４項(3)から(6)、第６項、A1－１項からA1－５項、A9項、A33－３項からA33－８項、A35項及びA48項）は、2023年３月決算に係る財務諸表の監査及び2022年９月に終了する中間会計期間に係る中間財務諸表の中間監査から実施する。ただし、それ以前の決算に係る財務諸表の監査及び中間会計期間に係る中間財務諸表の中間監査から実施することを妨げない。

―上記以外の改正は、2022年３月31日以後終了する事業年度に係る監査から適用する。ただし、2021年３月31日以後終了する事業年度に係る監査から早期適用することができる。

以　上

監査基準委員会報告書501

特定項目の監査証拠*

2011年12月22日
改正2015年5月29日
最終改正2019年6月12日
日本公認会計士協会
監査基準委員会
（報告書：第47号）

項番号

Ⅰ　本報告書の範囲及び目的

1．本報告書の範囲

1．本報告書は、監査基準委員会報告書330「評価したリスクに対応する監査人の手続」、監査基準委員会報告書500「監査証拠」及びその他の関連する監査基準委員会報告書等に準拠して十分かつ適切な監査証拠を入手するために、棚卸資産、企業が当事者となっている訴訟事件等（訴訟、賠償請求、更正、査定及び賦課並びにこれらに準ずる事象をいう。以下「訴訟事件等」という。）、及びセグメント情報について、財務諸表監査において監査人が特に考慮すべき事項に関する実務上の指針を提供するものである。

2．本報告書の目的

2．本報告書における監査人の目的は、以下の事項について十分かつ適切な監査証拠を入手することである。

(1)　棚卸資産の実在性と状態

(2)　企業が当事者となっている訴訟事件等の網羅性

(3)　適用される財務報告の枠組みに準拠したセグメント情報の表示と開示

Ⅱ　要求事項

1．棚卸資産

3．監査人は、棚卸資産が財務諸表において重要である場合には、以下の手続によって、棚卸資産の実在性と状態について十分かつ適切な監査証拠を入手しなければならない。

(1)　実務的に不可能でない限り、以下の目的で、実地棚卸の立会を実施すること（A1項からA3項参照）

①　実地棚卸結果を記録し管理するための経営者による指示と手続を評価すること（A4項参照）

②　実施されている棚卸手続を観察すること（A5項参照）

③　棚卸資産を実査すること（A6項参照）

④　テスト・カウントを実施すること（A7項及びA8項参照）

(2)　企業の最終的な在庫記録が実際の実地棚卸結果を正確に反映しているかどうかを判断するために、当該記録に対して監査手続を実施すること

4．監査人は、実地棚卸が期末日以外の日に実施される場合には、実地棚卸日と期末日の間における棚卸資産の増減が適切に記録されているかどうかについて監査証拠を入手するため、第3項で要求される手続に加えて、監査手続を実施しなければならない。（A9項からA11項参照）

5．監査人は、予期し得ない事態により実地棚卸の立会を実施することができない場合には、代替的な日に一部について実地棚卸又はその立会を実施するとともに、その間の取引に対して監査手続を実施しなければならない。

6．監査人は、実地棚卸の立会を実施することが実務的に不可能な場合には、棚卸資産の実在性と状態について十分かつ適切な監査証拠を入手するため、代替的な監査手続を実施しなければならない。

監査人は、代替的な監査手続を実施できない場合には、監査基準委員会報告書705「独立監査人の監査報告書における除外事項付意見」に従って、監査範囲の制約に関する限定意見を表明するか又は意見を表明してはならない。（A12項からA14項参照）

7．監査人は、第三者が保管し、管理している棚卸資産が財務諸表において重要である場合には、以下のいずれか又は両方の手続を実施することによって、棚卸資産の実在性と状態について十分かつ適切な監査証拠を入手しなければならない。

(1)　棚卸資産の数量及び状態に関して、第三者に対して確認を実施すること（A15項参照）

(2)　実査、又は個々の状況において適切な他の手続を実施すること（A16項参照）

2．訴訟事件等

8．監査人は、重要な虚偽表示リスクを生じさせる、企業が当事者となっている訴訟事件等を識別できるように、監査手続を立案し実施しなければならない。この場合の監査手続には、以下の手続が含まれる。（A17項からA19項参照）

(1)　経営者（必要に応じて法務担当者を含む企業内部の他の者）への質問

(2)　取締役会の議事録及び必要に応じて監査役若しくは監査役会、監査等委員会又は監査委員会（以下「監査役等」という。）の議事録の閲覧、並びに企業と顧問弁護士との間の文書の閲覧

(3)　法務関連費用の検討（A20項参照）

9．監査人は、識別した訴訟事件等に関する重要な虚偽表示リスクを評価する場合、又は実施した監査手続によって重要な訴訟事件等が存在する可能性があると判断した場合には、他の監査基準委員会報告書等が要求している手続と組み合わせて、企業の顧問弁護士と直接コミュニケーションをしなければならない。監査人は、経営者によって作成され監査人によって発送される質問書によって、企業の顧問弁護士と直接コミュニケーションをしなければならない。

監査人は、法令等又は各法律専門家団体により、企業の顧問弁護士が監査人と直接コミュニケーションをすることが禁止されている場合には、代替的な監査手続を実施しなければならない。（A21項からA25項参照）

10．監査人は、以下のいずれにも該当する場合には、監査基準委員会報告書705に従って、監査範囲の制約に関する限定意見を表明するか又は意見を表明してはならない。

(1)　監査人が企業の顧問弁護士とコミュニケーションをすることを経営者が許諾しない場合、又は企業の顧問弁護士が質問書への適切な回答を拒否している場合若しくは禁止されている場合

(2)　代替的な監査手続から十分かつ適切な監査証拠を入手できない場合

経営者確認書

11．監査人は、経営者に、財務諸表を作成する場合にその影響を考慮すべき、既に認識されている又は潜在的な訴訟事件等が全て監査人に示さ

れ、適用される財務報告の枠組みに準拠して処理され開示されている旨の経営者確認書を提出するように求めなければならない。

3．セグメント情報

12．監査人は、以下の手続によって、適用される財務報告の枠組みに準拠してセグメント情報が表示及び開示されているかどうかについて、十分かつ適切な監査証拠を入手しなければならない。(A26項参照)

⑴　セグメント情報を決定する際に経営者が用いた方法や手順を理解すること（A27項参照）

①　当該方法や手順によって作成される情報が、適用される財務報告の枠組みに準拠した開示となり得るかどうかを評価すること

②　適切な場合には、当該方法や手順の適用状況を検証すること

⑵　状況に応じて、分析的手続又はその他の監査手続を実施すること

Ⅲ　適用指針

1．棚卸資産

⑴　実地棚卸の立会（第３項⑴参照）

A1．経営者は、通常、財務諸表の作成の基礎とするため、及び該当する場合には企業の棚卸資産の継続記録の信頼性を確保するため、少なくとも年に一度実施する棚卸資産の実地棚卸の手続を策定している。

A2．実地棚卸の立会には、以下の手続がある。

・棚卸資産の実在性を確かめ、かつ、状態を評価するために棚卸資産を実査し、テスト・カウントを実施すること

・実地棚卸結果を記録して管理するために、経営者が定めた指示と手続の実施に関する遵守状況を観察すること

・実施されている棚卸手続の信頼性に関する監査証拠を入手すること

これらの手続は、監査人のリスク評価の結果及び計画したアプローチ並びに実施した特定の手続にもよるが、内部統制の運用評価手続や実証手続として利用される。

A3．実地棚卸の立会を計画する際には（又は本報告書の第３項から第７項に従った監査手続を立案して実施する際には)、例えば以下の事項を検討する。

・棚卸資産に関係する重要な虚偽表示リスク

・棚卸資産に対する内部統制の内容

・実地棚卸に対する十分な手続の策定及び適切な指示書の発行

・実地棚卸の実施時期

・企業による棚卸資産の継続記録の有無

・棚卸資産が保管されている事業所（適切な立会対象事業所を決定するためには、それぞれの事業所における棚卸資産の重要性及び重要な虚偽表示リスクを考慮する。他の監査人が遠方にある事業所における実地棚卸の立会に関与する場合には、監査基準委員会報告書600「グループ監査」を適用する。)

・監査人の利用する専門家の業務を利用する必要性（監査人が十分かつ適切な監査証拠を入手するために専門家の業務を利用する場合には、監査基準委員会報告書620「専門家の業務の利用」を適用する。)

経営者による指示と手続に対する評価（第３項⑴①参照）

A4．実地棚卸の結果を記録して管理することに対する経営者による指示と手続を評価する際には、例えば以下の事項に対処しているかどうかを評価することが含まれる。

・適切な統制活動の適用（例えば、使用された実地棚卸の記録用紙の回収、未使用の実地棚卸の記録用紙の取扱い、及びカウントと再カウント手続)

・仕掛品の進捗度、滞留品、陳腐化品又は破損品、及び預り品などの第三者が所有する棚卸資産の正確な識別

・数量の見積りのために適用された手続（例えば、山積みされた石炭の量を見積もるような場合)

・基準日前後の棚卸資産の保管場所の移動及び

入出庫に係る内部統制

実施されている棚卸手続の実施状況の観察（第３項⑴②参照）

A5．例えば、実地棚卸の実施前後及び実施中における棚卸資産の移動に係る内部統制に関するものなど、実施されている棚卸手続の実施状況を観察することは、監査人が経営者の指示や実地棚卸手続が適切にデザインされ業務に適用されているという監査証拠を入手することに役立つ。

また、監査人は、後日、棚卸資産の移動に関する会計処理について監査手続を実施するために、棚卸資産の移動明細などのカット・オフ情報の写しを入手することがある。

棚卸資産の実査（第３項⑴③参照）

A6．実地棚卸の立会時に棚卸資産を実査することは、監査人が棚卸資産の実在性を確かめること（ただし、必ずしもその所有権を確かめることはできない。）に役立つとともに、例えば、陳腐化品、破損品、又は老朽品を識別することにも役立つ。

テスト・カウントの実施（第３項⑴④参照）

A7．例えば、経営者の実地棚卸記録から抽出した品目を実物在庫と照合し、反対に、実物在庫から抽出した品目を経営者の実地棚卸記録と照合してテスト・カウントを実施することによって、経営者の実地棚卸記録の網羅性及び正確性についての監査証拠を入手する。

A8．監査人によるテスト・カウントの結果を記録することに加えて、経営者が完了した実地棚卸記録の写しを入手することは、監査人が当該企業の最終在庫記録が実際の実地棚卸の結果を正確に反映しているかどうかを判断するために後に実施する監査手続に役立つ。

⑵ 期末日以外の日における実地棚卸（第４項参照）

A9．実務上の理由により、実地棚卸が期末日以外の日に実施されることがある。これは、経営者が年次の実地棚卸によって棚卸数量を決定するか、又は継続記録を実施しているかにかかわらず、行われる場合がある。

どちらの場合であっても、棚卸資産の増減に係る内部統制の整備及び運用状況の有効性に基づき、期末日以外の日に実地棚卸を実施することが監査上適切であるかどうかが判断される。

期末日前に実証手続を実施する場合には、監査基準委員会報告書330第21項及び第22項を適用する。

A10．棚卸資産の継続記録が維持されている場合には、経営者は、企業の継続記録に記載されている棚卸数量の情報の信頼性を確かめるために、実地棚卸又はその他の検証を実施することがある。

経営者又は監査人が、継続記録と実際の実地棚卸数量に差異を識別する場合がある。これは、棚卸資産の増減に係る内部統制が有効に運用されていないことを示唆していることがある。

A11．実地棚卸日における棚卸資産の金額と最終在庫記録の金額との間の変動が適切に記録されているかどうかについて監査証拠を入手するための監査手続を立案する場合に考慮する関連事項には、以下のようなものがある。

・継続記録が適切に修正されているかどうか。
・企業の継続記録の信頼性
・実地棚卸時に入手した情報と継続記録との間に著しい差異がある場合の理由

⑶ 実地棚卸の立会を実施することが実務的に不可能な場合（第６項参照）

A12．実地棚卸の立会が実務的に不可能な場合がある。これは、例えば、棚卸資産が監査人の安全を脅かす可能性のある事業所に保管されている場合など、棚卸資産の性質及び保管場所などの要因による。

しかしながら、監査人にとって単に不都合であるということだけでは、立会が実務的に不可能であるという監査人の決定の十分な理由とはならない。さらに、監査基準委員会報告書200「財務諸表監査における総括的な目的」のA47項において説明されているように、監査手続に伴う困難さ、時間、又は費用の問題自体は、監査人が、代替手続がない監査手続を省略する又は心証を形成するに至らない監査証拠で足りるとする十分な理由とはならない。

A13．立会が実務的に不可能な場合には、例えば、実地棚卸日以前に取得又は購入した特定の棚卸資産品目について、実地棚卸日後に販売されたことを示す記録や文書を閲覧するなどの代替的な監査手続によって、実地棚卸日現在の棚卸資産の実在性及び状態についての十分かつ適切な監査証拠を入手することができることがある。

A14．しかしながら、代替的な監査手続を実施することによって、棚卸資産の実在性及び状態についての十分かつ適切な監査証拠を入手することができない場合もある。このような場合、監査基準委員会報告書705第12項に従い、財務諸表に及ぼす影響を考慮して、監査範囲の制約に関する限定意見を表明するか又は意見を表明しない。

⑷　第三者の保管と管理下にある棚卸資産

確認（第７項⑴参照）

A15．確認を実施する場合には、監査基準委員会報告書505「確認」を適用する。

他の監査手続（第７項⑵参照）

A16．例えば、第三者の信頼性及び客観性について疑義が生じる情報を入手した場合など、状況に応じて、監査人は、第三者の確認の代わりに又は追加して、他の監査手続を実施することが適切であるかどうかを検討することがある。

他の監査手続には以下のようなものがある。

・実務上可能な場合には、監査人が、第三者による棚卸資産の実地棚卸に立会を行うこと、又は他の監査人が立会を行う手配をすること
・棚卸資産の実地棚卸が適切に行われ適切な保全手続が講じられていることを確かめるために、第三者の内部統制の適切性に関して、他の監査人の監査報告書又は受託会社監査人の報告書を入手すること
・倉庫証券など第三者が保管する棚卸資産に関する文書を閲覧すること
・棚卸資産が担保に供されている場合には、他の関係者に対する確認を要求すること

２．訴訟事件等

⑴　訴訟事件等の網羅性（第８項参照）

A17．企業が当事者となっている訴訟事件等は、財務諸表に重要な影響を及ぼすことがあり、財務諸表において、開示又は処理が求められることがある。

A18．第８項で特定した手続に加えて、例えば、企業及び企業環境を理解する一環として実施したリスク評価手続により入手した情報を利用するなど、他の関連する手続によって、監査人が、企業が当事者となっている訴訟事件等に気付くことがある。

A19．重要な虚偽表示リスクを生じさせる訴訟事件等を識別するために入手した監査証拠は、評価又は測定など、訴訟事件等に関するその他の考慮事項についての監査証拠を提供することがある。

監査人が財務諸表における会計上の見積り又は開示が要求される訴訟事件等を検討する場合には、監査基準委員会報告書540「会計上の見積りの監査」を適用する。

法務関連費用の検討（第８項⑶参照）

A20．監査人は、法務関連費用を検討する際に、状況に応じて訴訟費用に関わる請求書などの関連する原始証憑を検討することが適切であると判断することがある。

⑵　企業の顧問弁護士とのコミュニケーション（第９項及び第10項参照）

A21．企業の顧問弁護士との直接のコミュニケーションは、監査人が、重要となる可能性がある訴訟事件等があるかどうか、及び法務関連費用を含む財務上の影響に関する経営者の見積りが合理的であるかどうかについて、十分かつ適切な監査証拠を入手することに役立つ。

A22．監査人は、一般的な質問書によって、企業の顧問弁護士との直接のコミュニケーションを求める場合がある。

この目的のために、一般的な質問書では、企業の顧問弁護士が気付いている全ての訴訟事件等について、当該訴訟事件等の結果等に関する評

価及び関連費用を含む財務上の影響に関する見積りとともに、監査人に知らせることを依頼する。

A23. 企業の顧問弁護士による一般的な質問書への適切な回答が期待できない場合（例えば、当該顧問弁護士が所属する専門家団体がこのような質問書への回答を禁止している場合）、監査人は特定の質問書によって直接にコミュニケーションをすることを求めることがある。

この場合の特定の質問書には、以下の事項が含まれる。

(1) 訴訟事件等のリスト

(2) 入手可能な場合には、識別した訴訟事件等のそれぞれについての結果に対する経営者の評価、及び関連費用を含む財務上の影響に関する経営者の見積り

(3) 企業の顧問弁護士が、経営者の評価の合理性を確認し、さらに顧問弁護士が当該リストを不完全又は不正確のものと考える場合には監査人に詳細な情報を提供するように依頼すること

A24. 監査人は、訴訟事件等の結果の見込みに関して協議するために、企業の顧問弁護士と面談することが必要であると判断することもある。これには、例えば以下のような場合がある。

・監査人が、当該案件が特別な検討を必要とするリスクであると判断する場合
・当該案件が複雑な場合
・経営者と企業の顧問弁護士の間に見解の不一致がある場合

通常、このような面談は、経営者の許可を必要とし、企業の担当者が同席して行われる。

A25. 監査人は、監査基準委員会報告書700「財務諸表に対する意見の形成と監査報告」第44項に基づき、監査報告書日には財務諸表に対する意見表明の基礎となる十分かつ適切な監査証拠を入手した日よりも前の日付を付してはならないとされている。

監査報告書日までの訴訟事件等の状況についての監査証拠は、関連事項の扱いに責任がある法務担当者を含む、経営者への質問によって入手されることがある。個々の状況により、監査人は、企業の顧問弁護士から更新された情報を入手することが必要な場合がある。

3．セグメント情報（第12項参照）

A26. 適用される財務報告の枠組みに基づき、企業は、財務諸表にセグメント情報の開示が要求され、又は任意に開示することがある。

セグメント情報の表示と開示に対する監査人の責任は、全体としての財務諸表に関連している。したがって、監査人は、単独で表示されるセグメント情報に対する意見の表明に必要な監査手続の実施は要求されていない。

経営者が用いた方法や手順の理解（第12項(1)参照）

A27. 状況に応じて、経営者がセグメント情報を決定する際に用いた方法や手順を理解し、当該方法や手順によって作成される情報が、適用される財務報告の枠組みに準拠した開示となり得るかどうかを理解する場合に関連すると考えられる事項の例として、以下のものがある。

・セグメント間の売上、振替及び配賦、並びにセグメント間の金額の消去
・予算やその他の予測値（例えば営業利益率から算出した利益）との比較
・セグメント間の資産と費用の配分
・前年度との継続性、及び継続性の変更に関する開示の妥当性

Ⅳ 適 用

・本報告書（2011年12月22日）は、2012年４月１日以後開始する事業年度に係る監査及び同日以後開始する中間会計期間に係る中間監査から適用する。
・本報告書（2015年５月29日）は、2015年４月１日以後開始する事業年度に係る監査及び同日以後開始する中間会計期間に係る中間監査から適用する。
・本報告書（2019年６月12日）は、2020年３月31日以後終了する事業年度に係る監査から適用する。

以　上

監査基準委員会報告書505

確　認*

平成23年12月22日
改正平成25年６月17日
最終改正平成27年５月29日
日本公認会計士協会
監査基準委員会
（報告書：第54号）

項番号

Ⅰ　本報告書の範囲及び目的

１．本報告書の範囲

１．本報告書は、監査基準委員会報告書330「評価したリスクに対応する監査人の手続」及び監査基準委員会報告書500「監査証拠」の要求事項に従った監査証拠を入手するため、監査人による確認手続の利用に関する実務上の指針を提供するものである。本報告書は、監査基準委員会報告書501「特定項目の監査証拠」で扱われる訴訟事件等に関連して実施する顧問弁護士等に対する確認には対応していない。

1－2．本報告書には、監査における不正リスク対応基準（以下「不正リスク対応基準」という。）に準拠して監査を実施する際に遵守が求められる要求事項と関連する適用指針（項番号の冒頭に「F」が付されている。）が含まれている。（監査基準委員会報告書200「財務諸表監査における総括的な目的」第21項⑶参照）

２．監査証拠を入手する確認手続

２．監査基準委員会報告書500は、監査証拠の証明力は、情報源及び種類により影響を受け、入手される状況により異なることを示している（監基報500のA5項）。監査基準委員会報告書500はまた、監査証拠に適用される以下の一般的な考え方を記載している（監基報500のA31項）。

・監査証拠は、企業から独立した情報源から入手した場合には、より証明力が強い。

・監査人が直接入手した監査証拠は、間接的に又は推論に基づいて入手する監査証拠よりも、証明力が強い。

・監査証拠は、紙媒体、電子媒体又はその他の媒体にかかわらず、文書化されたものの方が、証明力が強い。

したがって、監査の状況にもよるが、監査人が確認回答者から直接受領する確認により入手した監査証拠は、一般的には企業が内部的に作成した証拠よりも証明力が強い。

本報告書は、監査人が適合性と証明力のある監査証拠を入手するため、確認手続を立案し実施する際に適用される。

3．他の監査基準委員会報告書は、例えば、以下のように監査証拠としての確認の重要性について記載している。

・監査基準委員会報告書330は、監査人は、評価した財務諸表全体レベルの重要な虚偽表示リスクに応じて、全般的な対応を立案し実施するとともに、評価したアサーション・レベルの重要な虚偽表示リスクに応じて、実施するリスク対応手続の種類、時期及び範囲を立案し実施することを要求している（監基報330第４項及び第５項）。さらに、監査基準委員会報告書330は、監査人に、評価した重要な虚偽表示リスクの程度にかかわらず、重要な取引種類、勘定残高、開示等の各々に対する実証手続を立案し実施することを要求している（監基報330第17項）。また、監査人は、確認手続を実証手続として実施すべきかどうかを考慮することも要求されている（監基報330第18項）。

・監査基準委員会報告書330は、評価した重要な虚偽表示リスクの程度が高いほど、より確かな心証が得られる監査証拠を入手することを監査人に要求している（監基報330第６項⑵）。そのため、監査人は、監査証拠の量を増やすことや、より適合性が高く、より証明力の強い監査証拠を入手したり、その両方を行うことがある。例えば、監査人は、第三者から直接的に提供される証拠の入手や、異なる複数の情報源から補強する証拠の入手に、より重点を置くことがある。監査基準委員会報告書330はまた、確認により、不正又は誤謬による特別な検討を必要とするリスクに対応する証明力の強い監査証拠を入手できることがあることを示している（監基報330のA52項）。

・監査基準委員会報告書240「財務諸表監査における不正」は、監査人が、評価したアサーション・レベルの不正による重要な虚偽表示リスクに対応して、裏付けとなる追加的な情報を入手するため、確認手続を立案することがあると示している（監基報240のA35項）。

・監査基準委員会報告書500は、確認のような企業から独立した情報源から入手した情報が、会計記録の中に存在する証拠や経営者による陳述を裏付けている場合、監査人はより確かな心証を得ることがあると示している（監基報500のA8項及びA9項）。

3．本報告書の目的

4．本報告書における監査人の目的は、適合性と証明力のある監査証拠を入手するため、確認に関する監査手続を立案し実施することである。

4．定　義

5．本報告書における用語の定義は、以下のとおりとする。

⑴「確認」－紙媒体、電子媒体又はその他の媒体により、監査人が確認の相手先である第三者（確認回答者）から文書による回答を直接入手する監査手続をいう。

⑵「積極的確認」－確認回答者が、確認依頼の情報に同意するか、又は不同意かを示したり、依頼された情報を提供することにより、監査人に直接回答する方法をいう。

⑶「消極的確認」－確認回答者が確認依頼で提供された情報に同意しない場合にのみ、監査人に直接回答する方法をいう。

⑷「未回答」－確認回答者が積極的な確認依頼に対して回答しない場合や回答が不十分な場

合、又は確認依頼が配達不能で返送された場合をいう。

(5)「確認差異」－確認依頼した情報や企業の記録に含まれる情報と確認回答者の提供した情報との間にある差異をいう。

Ⅱ　要求事項

1．確認手続

6．監査人は、確認手続を利用する場合、確認手続に関連して以下のような事項について管理しなければならない。

(1)　確認又は依頼すべき情報の決定（A1項参照）

(2)　適切な確認回答者の選定（A2項参照）

(3)　確認依頼の立案（確認依頼の宛先が適切であり、監査人に直接返送する旨や回答に当たっての留意事項を含む。）（A3項からA6項参照）

(4)　確認回答者への依頼状の送付（該当する場合には再発送等の依頼を含む。）（A7項参照）

2．確認依頼の送付に対する経営者の不同意

7．経営者が監査人の確認依頼の送付に同意しない場合、監査人は、以下の手続を行わなければならない。

(1)　経営者が同意しない理由について質問し、その正当性と合理性に関する監査証拠を求めること。（A8項参照）

(2)　不正リスクを含む、関連する重要な虚偽表示リスクに関する監査人の評価及びその他の監査手続の種類、時期及び範囲に及ぼす影響を評価すること。（A9項参照）

(3)　適合性と証明力のある監査証拠を入手するため立案した代替的な監査手続を実施すること。（A10項参照）

8．監査人は、確認依頼の送付に経営者が同意しないことに合理性がないと結論付けた場合又は代替的な監査手続から適合性と証明力のある監査証拠を入手できなかった場合、監査基準委員会報告書260「監査役等とのコミュニケーション」第14項に従い、監査役若しくは監査役会、監査等委員会又は監査委員会に報告しなければならない。また、監査人は、監査基準委員会報告書705「独立監査人の監査報告書における除外事項付意見」に従い、監査の継続と監査意見に対する影響を判断しなければならない。

3．確認手続の結果

(1)　確認依頼への回答の信頼性

9．監査人は、確認依頼への回答の信頼性について疑義を抱く場合、疑義を解消するため、追加の監査証拠を入手しなければならない。（A11項からA16項参照）

10．監査人は、確認依頼への回答に信頼性がないと判断した場合、不正リスクを含む、関連する重要な虚偽表示リスクに関する評価及び関連するその他の監査手続の種類、時期及び範囲に及ぼす影響を評価しなければならない。（A17項参照）

(2)　未回答

11．未回答の場合はそれぞれの状況に応じて、監査人は、適合性と証明力のある監査証拠を入手するための代替的な監査手続を実施しなければならない。（A18項及びA19項参照）

F11－2．監査人は、不正リスクに対応する手続として積極的確認を実施したが未回答の場合、代替的な監査手続により十分かつ適切な監査証拠を入手できるか否か慎重に判断しなければならない。代替的な監査手続を実施する場合において、監査証拠として企業及び当該企業の子会社等が作成した情報のみを利用するときは、当該情報の信頼性についてより慎重に判断しなければならない。（A19－2項からFA19－4項参照）

(3)　十分かつ適切な監査証拠を入手するために積極的確認に対する回答が必要である場合

12．代替的な監査手続を実施しても、十分かつ適切な監査証拠が入手できず、積極的確認に対す

る回答が必要であると監査人が判断する場合がある。監査人は、そのような場合、監査基準委員会報告書705に従い、監査の継続と監査意見に対する影響を判断しなければならない。(A20項参照)

(4) 確認差異

13. 監査人は、確認差異が虚偽表示の兆候を示しているか否かを判断するために、当該事項を調査しなければならない。(A21項及び A22項参照)

4. 消極的確認

14. 消極的確認から入手する監査証拠は、積極的確認から入手する監査証拠と比べ証明力が弱い。したがって、監査人は、以下の全てに該当しない限り、アサーション・レベルで評価した重要な虚偽表示リスクに対応するための単独の実証手続として、消極的確認を利用してはならない。(A23項参照)

(1) 監査人が、重要な虚偽表示リスクを低いと評価し、アサーションに関連する内部統制の運用状況の有効性に関して十分かつ適切な監査証拠を入手したこと。

(2) 消極的確認の対象となる項目の母集団は、多数の少額で同種な勘定残高、取引又は条件から構成されていること。

(3) 確認差異の割合が非常に低く予想されていること。

(4) 消極的確認の相手先が確認依頼を無視するであろう状況や条件の存在を監査人が認識していないこと。

5. 入手した証拠の評価

15. 監査人は、確認手続の結果、適合性と証明力のある監査証拠が入手できたか、又は追加的な監査証拠の入手が必要であるかについて、評価しなければならない。(A24項及び A25項参照)

Ⅲ 適用指針

1. 確認手続

(1) 確認又は依頼すべき情報の決定 (第6項(1)参照)

A1. 確認手続は、勘定残高とその明細に関する情報を確認するために実施されることが多いが、企業と第三者との間の合意、契約又は取引に係る条件や付帯契約のような一定の条件の有無を確認するために実施されることがある。

(2) 適切な確認回答者の選定 (第6項(2)参照)

A2. 確認依頼は、確認すべき情報に精通していると監査人が考える確認回答者に送付すると、その回答はより適合性と証明力のある監査証拠となる。例えば、金融機関の場合、確認の対象となる取引や取決めに精通している担当部署又は担当責任者等に送付することが適切なことがある。

(3) 確認依頼の立案 (第6項(3)参照)

A3. 確認の回答率や、回答内容及び回答から得られる監査証拠の証明力は、確認依頼の立案内容によって直接影響を受けることがある。

A4. 確認依頼を立案する場合に検討する要素には、以下が含まれる。

- 対応するアサーション
- 不正リスクを含む、特定の識別した重要な虚偽表示リスク
- 確認状の構成と表現
- 監査業務等における過去の経験
- コミュニケーションの方法(例えば、紙媒体、電子媒体又はその他の媒体の選択等)
- 経営者による確認回答者に対する監査人への回答の承諾又は協力依頼(確認状に経営者が確認への回答を承諾している旨を記載することにより、回答が得やすくなる場合がある。)
- 依頼された情報を確認回答者が確認又は提供する権限と能力(例えば、支店単位で回答を

求めるか、全社単位で回答を求めるかなど）

A5．積極的確認は、確認回答者が与えられた情報に同意を示すか、確認回答者に情報の提供を求めることにより、全ての場合に監査人へ回答するよう確認回答者に求めている。積極的確認への回答は、通常、証明力のある監査証拠を提供すると期待されている。しかし、確認回答者が情報の正確性を検討せずに確認依頼に回答するリスクは存在する。監査人は、このリスクを抑えるために、確認依頼に金額（又は情報）を記載せず、確認回答者に金額の記入や他の情報の提供を依頼する積極的確認を利用することがある。他方、このようなブランクの確認依頼を利用すると、確認回答者に追加作業が要求されるため、回答率がより低くなることがある。

A6．確認状が適切な宛先に送付されることを確かめるため、確認状の送付前に、宛先の一部又は全部の妥当性をテストすることがある。

⑷　確認依頼の再発送等（第６項⑷参照）

A7．監査人は、確認依頼した回答を合理的期間内に入手できなかった場合、確認依頼を再発送又は追加送付することがある。例えば、監査人は、当初の宛先の正確性を検討した上で、再発送等のフォローアップをすることがある。

２．確認依頼の送付に対する経営者の不同意

⑴　経営者が同意しないことの合理性（第７項⑴参照）

A8．確認依頼の送付に経営者が同意しない場合、監査証拠を入手できなくなるため、監査人は経営者に不同意の理由について質問することが必要である。一般的な不同意の理由には、確認回答者との法的な紛争や現在継続中の交渉の存在が想定され、確認依頼の時期によっては、その解決に影響することがある。監査人は、不正又は誤謬を明らかにできる監査証拠を入手する機会を経営者が制限しようとするリスクがあるため、当該理由の正当性と合理性に関して監査証拠を求めることが必要である。

⑵　重要な虚偽表示リスクの評価に及ぼす影響（第７項⑵参照）

A9．監査人は、第７項⑵の評価により、監査基準委員会報告書315「企業及び企業環境の理解を通じた重要な虚偽表示リスクの識別と評価」第30項に従い、アサーション・レベルの重要な虚偽表示リスクの評価を修正して、計画した監査手続も変更することが適切であると結論付けることがある。例えば、経営者が確認しないよう要請することに合理性がない場合、監査基準委員会報告書240第23項において評価が求められている不正リスク要因を示唆することがある。

⑶　代替的な監査手続（第７項⑶参照）

A10．代替的な監査手続は、本報告書のA18項及びA19項に記載している未回答に対する適切な監査手続と同様であることがあり、また、監査人は、第７項⑵におけるリスク評価結果を考慮することもある。

３．確認手続の結果

⑴　確認依頼への回答の信頼性（第９項参照）

A11．監査基準委員会報告書500のA31項は、監査証拠を企業の外部から得られる場合であっても、入手する状況によって証明力に影響することについて記載している。全ての回答には、入手を妨害されたり、改竄又は不正に係る何らかのリスクがあり、当該リスクは、回答が紙媒体、電子媒体又はその他の媒体によるかに関係なく存在している。回答の信頼性について疑義がある状況としては、以下が含まれる。

・監査人が回答を間接的に受け取った場合

・当初想定した確認回答者以外の者が回答したと疑われる場合

A12．ファクシミリや電子メールなどによって電子的に受領した回答は、回答者の属性と権限を明らかにすることが困難であり、改竄が発見困難となることがあるため、信頼性についてのリスクに関連している。監査人と回答者が確認依頼の送付及び回答に利用する電子的なプロセスが信頼できる環境にある場合、これらのリスク

を軽減することができる。当該プロセスが信頼でき、適切に管理されていると監査人が心証を得た場合、回答の信頼性は高まる。電子的な確認プロセスは、例えば、暗号化、電子署名、ウェブサイトの信頼性を検討する手続などを利用して、電子媒体で情報の送り手を特定する様々な技術を組み込んでいることがある。

A13．確認回答者が第三者に確認依頼への回答作業を委託している場合、監査人は、以下のリスクに対応する手続を実施することがある。

(1) 回答が適切な情報源から得られていない可能性があること。

(2) 回答者が回答権限を持っていない可能性があること。

(3) 第三者との情報伝達の完全性が確保されない可能性があること。

A14．監査人は、監査基準委員会報告書500第10項により、監査証拠として利用する情報の信頼性に関する疑義を解消するため、監査手続の変更又は追加が必要であるかを判断することを求められている。監査人は、確認回答者と連絡を取ることにより、確認依頼への回答の情報源と内容を確かめることがある。例えば、確認回答者が電子メールで回答する場合、監査人は、確認回答者が実際に回答を送信したかどうかを、確認回答者に電話により確かめることがある。回答が間接的に監査人に返送された場合（例えば、確認回答者が誤って監査人ではなく企業を宛先とした場合等）、監査人は確認回答者に、直接監査人に文書により回答するよう依頼することがある。

A15．確認依頼への口頭による回答は、それだけでは監査人への直接の文書による回答ではないため、確認の定義には該当しない。したがって、確認依頼への口頭による回答を入手した際、監査人は、状況に応じて、文書により監査人に直接回答するよう確認回答者に依頼することがある。監査人は、文書による回答を受領しなかった場合、第11項に従い、口頭による回答の情報を裏付ける他の監査証拠を入手する。

A16．確認依頼への回答には、その利用に際して責任を限定する文言を含んでいることがあるが、そのような文言は、監査証拠としての回答の信頼性を必ずしも損ねるわけではない。

(2) 信頼性のない回答（第10項参照）

A17．監査人は、回答に信頼性がないと結論付ける場合、監査基準委員会報告書315第30項に従って、アサーション・レベルの重要な虚偽表示リスクの評価を修正し、必要に応じて、計画した監査手続を修正することがある。例えば、信頼性のない回答は、監査基準委員会報告書240第23項に従って不正リスクを評価する際の不正リスク要因を示すことがある。

(3) 未回答（第11項参照）

A18．監査人が実施する代替的な監査手続の例示には、以下のものが含まれる。

・売掛金残高に関しては、回収状況の検討、出荷書類との突合、及び期末近くの売上取引の調査

・買掛金残高に関しては、支払状況の検討、又は納品書等の記録の調査

A19．代替的な監査手続の種類及び範囲は、検討の対象となっている勘定とアサーションによって影響を受ける。確認依頼への未回答は、以前に識別されていなかった重要な虚偽表示リスクを示唆することがある。そのような状況では、監査人は、監査基準委員会報告書315第30項に従い、アサーション・レベルでの重要な虚偽表示リスクの評価を修正して、必要に応じて計画した監査手続を修正することがある。例えば、確認への回答が予想よりも多い場合又は少ない場合には、以前に識別されていなかった不正リスク要因を示唆することがあり、監査人は監査基準委員会報告書240第23項に従って評価する。

A19－2．不正リスク対応基準に準拠して監査を実施する際に遵守が求められる要求事項と関連する適用指針は、不正リスク対応基準が適用されない監査業務においても、業務の状況に応じて、参考となることがある。（第 F11－2項参照）

FA19－3．不正リスクに対応する手続として積

極的確認を実施したが未回答の場合、監査人は、代替的な監査手続に移行する前に、その理由について慎重に検討し、例えば、以下の方法により、回答の入手に努めることになる。（第F11－２項参照）

・確認回答者への回答の督促の実施
・確認依頼の再発送又は追加送付（A7項参照）

また、未回答の理由の検討には、企業の担当者に未回答の理由を質問し、不正リスク要因を示唆していないかどうかを検討することが含まれる。

FA19－4．監査証拠の証明力は、一般的に、企業から独立した情報源から入手した場合にはより強くなる。したがって、監査人は、代替的な監査手続を実施する場合において、企業及び当該子会社又は企業の影響力が及ぶ関連当事者の作成した情報を利用する場合にはより慎重に判断することが求められている。一方で、企業内部又は企業の影響力が及ぶ範囲で作成された情報であっても、情報の作成と管理に関する内部統制が有効な場合には、必要な監査証拠を入手できることがある。（監基報500のA31項参照）

(4)　十分かつ適切な監査証拠を入手するために積極的確認の回答が必要である場合（第12項参照）

A20．状況によって、監査人は、アサーション・レベルで評価した重要な虚偽表示リスクを識別し、それについて十分かつ適切な監査証拠を入手するため、積極的確認の回答を必要とする場合がある。そのような状況には、以下の場合がある。

・経営者のアサーションを裏付けるための利用可能な情報が、企業外部でのみ入手可能である場合
・経営者が内部統制を無効化するリスク、又は従業員や経営者が関与した共謀のリスクなど、特定の不正リスク要因があり、監査人が企業から入手する監査証拠に依拠できない場合

(5)　確認差異（第13項参照）

A21．確認の回答により生じた確認差異は、財務諸表における虚偽表示又は虚偽表示の可能性を示唆していることがある。監査人は、虚偽表示が識別された場合、監査基準委員会報告書240第34項に従って、当該虚偽表示が不正の兆候であるかどうかを評価する必要がある。確認差異は、類似の取引を行っている確認回答者からの回答、又は類似の特性を持つ勘定に対する回答の質の判断に当たっての参考となることがある。確認差異はまた、企業の財務報告に係る内部統制の不備を示唆していることもある。

A22．確認差異は必ずしも虚偽表示を意味するとは限らない。例えば、監査人は、確認の回答における差異が、確認手続の時期（基準日の設定）、測定、又は事務処理上の誤りなどに起因していると結論付けることがある。

４．消極的確認（第14項参照）

A23．消極的確認の回答を受領しなかったとしても、想定した確認回答者が確認依頼を受領したことや、確認状に記載した情報の正確性が検討されたことを明白に示しているわけではない。したがって、確認回答者が消極的確認に回答しなかったことは、積極的確認の回答と比べて、証明力が弱い監査証拠としかなり得ない。確認回答者はまた、確認依頼に記載されている情報が確認回答者にとって不利な場合は同意しない旨の回答をする可能性が高く、反対に、有利な情報が記載されている場合は回答しない傾向がある。例えば、銀行預金勘定の保有者は、当該勘定残高が確認依頼に過小に記載されている場合、回答する可能性が高いが、当該残高が過大に記載されている場合、回答する可能性は小さい。したがって、銀行預金勘定の保有者への消極的確認状の送付は、当該残高が過小に表示されているかを検討する場合には有用な手続であるが、監査人が過大表示に関する証拠を求めている場合には有効ではないことが多い。

５．入手した証拠の評価（第15項参照）

A24．個々の確認依頼の結果を評価する場合、監査人は、当該結果を次のように分類することが

ある。

(1) 確認差異がなく確認状に記載した情報に同意する旨を示す、適切な確認回答者による回答
(2) 信頼性がないと考えられる回答
(3) 未回答
(4) 確認差異がある回答

A25. 監査人が確認結果を評価することは、実施した他の監査手続を考慮に入れて、監査人が監査基準委員会報告書330第25項及び26項に従って、十分かつ適切な監査証拠を入手したかどうか、又は追加の監査証拠の入手が必要かどうかを結論付けるのに有用である。

Ⅳ 適 用

・本報告書（平成23年12月22日）は、平成24年4月1日以後開始する事業年度に係る監査及び同日以後開始する中間会計期間に係る中間監査から適用する。

・本報告書（平成25年6月17日）は、平成26年3月31日以後終了する事業年度に係る監査から適用する。

・本報告書（平成27年5月29日）は、平成27年4月1日以後開始する事業年度に係る監査及び同日以後開始する中間会計期間に係る中間監査から適用する。

以 上

監査基準委員会報告書510

初年度監査の期首残高*

2011年12月22日
改正2014年4月4日
改正2015年5月29日
改正2019年2月27日
改正2020年4月9日
最終改正2021年1月14日
日本公認会計士協会
監査基準委員会
（報告書：第68号）

項番号

Ⅰ　本報告書の範囲及び目的

1．本報告書の範囲

1．本報告書は、初年度監査における期首残高に関する実務上の指針を提供するものである。期首残高には、財務諸表に計上されている金額に加えて、期首に存在する偶発債務等の注記が必要な事項も含まれる。

財務諸表に比較情報が含まれる場合には、監査基準委員会報告書710「過年度の比較情報―対応数値と比較財務諸表」における要求事項と適用指針も併せて適用する。監査基準委員会報告書300「監査計画」には、初年度監査の開始前に実施する事項に関する追加的な要求事項と指針、監査基準委員会報告書900「監査人の交代」には、監査人の交代に際して倫理規則第16条に基づいて実施する監査業務の引継に関する指針が記載されている。

2．本報告書の目的

2．本報告書における監査人の目的は、初年度監査の実施において、期首残高に関する以下の事項についての十分かつ適切な監査証拠を入手することである。

(1)　期首残高に当年度の財務諸表に重要な影響を及ぼす虚偽表示が含まれているかどうか。

(2)　期首残高に適用した適切な会計方針が当年度の財務諸表に継続して適用されているかどうか、又は会計方針の変更が適用される財務報告の枠組みに準拠して適切に処理され、その表示及び注記事項が妥当かどうか。

3．定　義

3．本報告書における用語の定義は、以下のとおりとする。

(1)「初年度監査」－監査人が初めて締結する監査契約であり、以下のいずれかの場合がある。

①　前年度の財務諸表が監査されていない場合

② 前年度の財務諸表が前任監査人によって監査されている場合

(2) 「期首残高」－会計期間の開始時点に存在する勘定残高をいう。

期首残高は、前年度の期末残高に基づいており、過年度の取引及び事象の影響と前年度に採用した会計方針を適用している。期首残高には、期首に存在する偶発債務等の注記が必要な事項も含まれる。

(3) 「前任監査人」－前年度の財務諸表の監査報告書を提出したか、又は当年度の財務諸表の監査に着手したものの監査報告書を提出していない、別の監査事務所に属する退任した者(会社から監査人交代の通知を受けた者を含む。)のことをいう。なお、前任監査人は、複数存在する場合がある。

Ⅱ 要求事項

1．監査手続

(1) 期首残高

4．監査人は、注記事項を含む期首残高に関連する情報を入手するために、直近の財務諸表及び前任監査人の監査報告書が存在する場合はそれを通読しなければならない。

5．監査人は、以下の事項を通じて、期首残高に当年度の財務諸表に重要な影響を及ぼす虚偽表示が含まれているかどうかについて十分かつ適切な監査証拠を入手しなければならない。

(1) 前年度の期末残高(訂正報告書が提出されている場合には、訂正後の残高)が当年度に正しく繰り越されているかどうか、又は修正再表示が行われている場合は、当該修正再表示後の残高が当年度に正しく繰り越されているかどうかについて確かめること

(2) 期首残高に適切な会計方針が適用されているかどうかについて確かめること

(3) 以下の手続のうち、一つ又は複数の手続を実施すること(A1項から A5項参照)

① 前年度の財務諸表が監査されている場合、期首残高に関する監査証拠を入手するため、前任監査人の監査調書を閲覧すること

② 当年度に実施した監査手続によって期首残高に関する監査証拠を入手できるかどうかについて評価すること

③ 期首残高に関する監査証拠を入手するために特定の監査手続を実施すること

6．監査人は、期首残高に当年度の財務諸表に重要な影響を及ぼす可能性のある虚偽表示が含まれているという監査証拠を入手した場合、当年度の財務諸表に対する影響を判断するために、個々の状況に応じた適切な追加的監査手続を実施しなければならない。

監査人は、当年度の財務諸表にそのような虚偽表示が存在すると判断した場合、監査基準委員会報告書450「監査の過程で識別した虚偽表示の評価」に従って、当該虚偽表示について適切な階層の経営者及び監査役若しくは監査役会、監査等委員会又は監査委員会に報告しなければならない。(監基報450第７項及び第11項参照)

監査人は、監査期間中に、当年度の財務諸表にそのような虚偽表示が存在すると判断した場合には、その事項に関し、前任監査人を含め三者間で協議するよう会社に対し求めなければならない。

(2) 会計方針の継続性

7．監査人は、期首残高に適用した適切な会計方針が当年度の財務諸表に継続して適用されているかどうか、又は会計方針の変更が適用される財務報告の枠組みに準拠して適切に処理され、その表示及び注記事項が妥当かどうかについて、十分かつ適切な監査証拠を入手しなければならない。

(3) 前任監査人の監査報告書

8．前年度の財務諸表が前任監査人によって監査されており、前任監査人の監査意見が除外事項付意見の場合、監査人は、監査基準委員会報告書315「企業及び企業環境の理解を通じた重要な虚偽表示リスクの識別と評価」に従って当年

度の財務諸表の重要な虚偽表示リスクを評価する際、除外事項付意見の原因となった事項がリスク評価に及ぼす影響を評価しなければならない。

２．監査の結論と報告

⑴　期首残高

9．監査人は、期首残高に関する十分かつ適切な監査証拠を入手できず、その影響が重要である場合には、監査基準委員会報告書705「独立監査人の監査報告書における除外事項付意見」に従って、監査範囲の制約に関する限定意見を表明するか又は意見を表明してはならない。（A6項参照）

10．監査人は、期首残高に当年度の財務諸表に重要な影響を及ぼす虚偽表示が含まれており、かつ当該虚偽表示の影響が適切に処理されていない又はその表示若しくは注記事項が妥当でないと判断した場合には、監査基準委員会報告書705に従って、限定意見を表明するか又は否定的意見としなければならない。

⑵　会計方針の継続性

11．監査人は、以下のいずれかの影響が重要であると判断した場合には、監査基準委員会報告書705に従って、限定意見を表明するか又は否定的意見としなければならない。

⑴　適用される財務報告の枠組みに準拠して、期首残高に適用した会計方針が当年度の財務諸表に継続して適用されていない場合

⑵　会計方針の変更が適用される財務報告の枠組みに準拠して適切に処理されていない、又はその表示若しくは注記事項が妥当でない場合

⑶　前任監査人の監査報告書において監査意見が除外事項付意見である場合

12．前年度の財務諸表に対する前任監査人の監査報告書において、除外事項付意見が表明されており、除外事項付意見の原因となった事項が当年度の財務諸表に関連し重要な影響を及ぼしている場合には、監査人は、監査基準委員会報告書705及び監査基準委員会報告書710に従って、当年度の財務諸表に対する監査意見を除外事項付意見としなければならない。（A7項参照）

Ⅲ　適用指針

１．監査手続

期首残高（第５項⑶参照）

A1．期首残高に関する十分かつ適切な監査証拠を入手するために必要な監査手続の種類と範囲は、以下のような事項によって決定される。

・企業が適用する会計方針

・取引種類、勘定残高及び注記事項の特性、並びに当年度の財務諸表の重要な虚偽表示リスク

・当年度の財務諸表における期首残高の重要性

・前年度の財務諸表が監査されているかどうか、もし監査されている場合、前任監査人の監査意見が除外事項付意見かどうか。

A2．前年度の財務諸表が前任監査人によって監査されている場合、監査人は、前任監査人の監査調書を閲覧することによって、期首残高に関する十分かつ適切な監査証拠を入手できることがある。特に実査、立会、確認等に関連する監査調書の閲覧は有用であることが多い。

当該閲覧により十分かつ適切な監査証拠を入手できるかどうかは、前任監査人の専門的能力と独立性に影響を受ける。

A3．倫理規則等及び職業的専門家としての要求事項は、現在の監査人が前任監査人とコミュニケーションを行う際の指針となる。

A4．流動資産及び流動負債については、期首残高に関する監査証拠を当年度の監査手続により入手できることがある。例えば、期首に残高のある売掛金又は買掛金が当年度中に回収又は支払われることによって、売掛金又は買掛金の期首残高の実在性、権利と義務、網羅性及び評価に関する監査証拠を入手できることがある。

しかしながら、棚卸資産の場合、期末の棚卸

資産残高に対する当年度の監査手続によっても期首の実地棚卸数量についての監査証拠をほとんど入手できない。したがって、追加的監査手続が必要となることがあり、以下のうち一つ又は複数の監査手続を実施することによって十分かつ適切な監査証拠を入手できることがある。

・当年度の実地棚卸に立ち会い、その結果から期首の棚卸数量に遡って調整する。
・期首の棚卸資産残高の評価に対する監査手続を実施する。
・売上総利益と期間帰属に対する監査手続を実施する。

A5．有形固定資産、投資等の固定資産、長期債務等の固定負債に関しては、期首残高の基礎となる会計記録やその他の情報を検討することによって、監査証拠を入手できることがある。例えば、長期債務や投資といった特定の勘定の場合には、第三者に対する確認によって、期首残高に関する監査証拠を入手できることがある。他の勘定科目の場合、追加的監査手続を実施することが必要となることもある。

２．監査の結論と報告

⑴　期首残高（第９項参照）

A6．監査基準委員会報告書705は、財務諸表に対する監査意見を除外事項付意見とする場合の指針を提供しており、さらに個々の状況に応じた適切な監査意見の類型、及び除外事項付意見とする場合の監査報告書の記載内容について説明している。

監査人が期首残高に関する十分かつ適切な監査証拠を入手できず、その影響が重要である場合には、監査意見は以下のいずれかとなる。

(1)　個々の状況に応じて、監査範囲の制約に関する限定意見を表明するか又は意見を表明しない。

(2)　法令等により禁止されていない場合に限り、経営成績及びキャッシュ・フローの状況（関連する場合）については監査範囲の制約に関する限定意見を表明する又は意見を表明しない一方で、財政状態については無限定意見を表明する。

付録には、監査報告書の文例が記載されている。

⑵　前任監査人の監査報告書において監査意見が除外事項付意見である場合（第12項参照）

A7．前任監査人の監査意見が除外事項付意見である場合であっても、当年度の財務諸表に対する監査意見には関連せず、かつ重要でないことがある。例えば、前年度において監査範囲の制約が存在したが、当年度において当該監査範囲の制約が解消された場合がこれに該当する。

Ⅳ　適　用

・本報告書（2011年12月22日）は、2012年４月１日以後開始する事業年度に係る監査及び同日以後開始する中間会計期間に係る中間監査から適用する。
・本報告書（2014年４月４日）は、2015年４月１日以後に開始する事業年度又は会計期間に係る監査から適用する。ただし、監査基準委員会報告書800「特別目的の財務報告の枠組みに準拠して作成された財務諸表に対する監査」又は監査基準委員会報告書805「個別の財務表又は財務諸表項目等に対する監査」に基づいて2014年４月１日以後に監査報告書を発行する監査の場合には本報告書を適用する。
・本報告書（2015年５月29日）は、2015年４月１日以後開始する事業年度に係る監査及び同日以後開始する中間会計期間に係る中間監査から適用する。
・本報告書（2019年２月27日）は、2020年３月31日以後終了する事業年度に係る監査から適用する。ただし、米国証券取引委員会に登録している会社においては2019年12月31日以後終了する事業年度に係る監査から適用する。
・本報告書（2020年４月９日）は、2020年３月31日以後終了する事業年度に係る監査から適用する。
・本報告書（2021年１月14日）は、2022年３月31

日以後終了する事業年度に係る監査から適用する。ただし、2021年３月31日以後終了する事業年度に係る監査から早期適用することができる。

《付録　除外事項付意見の監査報告書の文例》（A6項参照）

	監査対象	財務報告の枠組み	グループ監査適用の有無	監査意見	その他の事項
文例１	財務諸表	一般目的／適正表示	適用なし	限定付適正意見	記載あり
文例２	財務諸表	一般目的／適正表示	適用なし	分割意見（経営成績及びキャッシュ・フローについては限定付適正意見、財政状態については無限定適正意見）	記載あり

文例１

文例の前提となる状況

・上場企業の適正表示の枠組みに準拠して作成された完全な一組の一般目的の財務諸表の監査である。当該監査は、グループ監査ではない（すなわち、監査基準委員会報告書600「グループ監査」は適用されない。）。

・監査契約書において、監査基準委員会報告書210「監査業務の契約条件の合意」の財務諸表に対する経営者の責任が記載されている。

・監査人は、当年度の期首における棚卸資産の実地棚卸に立ち会うことができず、棚卸資産の期首残高に関して十分かつ適切な監査証拠を入手できなかった。

・当事業年度末の財政状態は適正に表示されている。

・棚卸資産の期首残高に関する十分かつ適切な監査証拠を入手できないことが、企業の経営成績及びキャッシュ・フローの状況に及ぼす可能性のある影響は、重要であるが広範ではないと認められる。

・監査人は、入手した監査証拠に基づいて、監査基準委員会報告書570に従って、継続企業の前提に重要な疑義を生じさせるような事象又は状況に関連する重要な不確実性は存在しないと判断している。

・監査基準委員会報告書701に従って、監査上の主要な検討事項を報告することが求められている。

・監査人は、監査報告書日以前にその他の記載内容の全てを入手し、また、その他の記載内容に関して重要な虚偽記載を識別していない。

・比較情報が対応数値として表示されており、前年度の財務諸表は前任監査人によって監査されている。監査人は、監査報告書において、前任監査人が対応数値を監査している旨及びその意見をその他の事項として記載することとしている。

・会社は監査役会設置会社である。

・監査人は、財務諸表の監査に加えて、法令等に基づくその他の報告責任を有する。

独立監査人の監査報告書

［宛先］

［監査報告書の日付］
［○○監査法人］
［事業所名］
［監査人の署名］

<財務諸表監査>（注１）

限定付適正意見

当監査法人は、○○株式会社のX1年1月1日からX1年12月31日までの事業年度の財務諸表、すなわち貸借対照表、損益計算書、株主資本等変動計算書、キャッシュ・フロー計算書及び重要な会計方針を含む財務諸表の注記について監査を行った。

当監査法人は、上記の財務諸表が、「限定付適正意見の根拠」に記載した事項の財務諸表に及ぼす影響を除き、［適用される財務報告の枠組み(注2)］に準拠して、○○株式会社のX1年12月31日現在の財政状態並びに同日をもって終了する事業年度の経営成績及びキャッシュ・フローの状況を、全ての重要な点において適正に表示しているものと認める。

限定付適正意見の根拠当

当監査法人は、X1年6月30日に監査契約を締結したため、当事業年度の期首における棚卸資産の実地棚卸に立ち会うことができず、X0年12月31日時点に保有する棚卸資産××百万円の数量に関して、他の監査手続によっても十分かつ適切な監査証拠を入手することができなかった。

期首の棚卸資産は、経営成績及びキャッシュ・フローの状況に影響を与えるので、当監査法人は、損益計算書に計上されている利益や、キャッシュ･フロー計算書に記載されている営業活動による正味キャッシュ・フローに関して、何らかの修正が必要かどうかについて判断することができなかった。この影響は・・・・・・である(注3)。したがって、財務諸表に及ぼす可能性のある影響は重要であるが広範ではない。

当監査法人は、我が国において一般に公正妥当と認められる監査の基準に準拠して監査を行った。監査の基準における当監査法人の責任は、「財務諸表監査における監査人の責任」に記載されている。当監査法人は、我が国における職業倫理に関する規定に従って、会社から独立しており、また、監査人としてのその他の倫理上の責任を果たしている。当監査法人は、限定付適正意見表明の基礎となる十分かつ適切な監査証拠を入手したと判断している。

監査上の主要な検討事項

［監査基準委員会報告書701及び同705に従った記載］

その他の事項

会社のX0年12月31日をもって終了する事業年度の財務諸表は、前任監査人が監査し、X1年3月31日に当該財務諸表に対して無限定適正意見を表明している。

その他の記載内容

［監査基準委員会報告書720付録2文例1に従った記載］

財務諸表に対する経営者並びに監査役及び監査役会の責任

［監査基準委員会報告書700付録文例1に従った記載］

財務諸表監査における監査人の責任

［監査基準委員会報告書700付録文例1に従った記載］

＜法令等に基づくその他の報告＞

（省略）

利害関係

会社と当監査法人又は業務執行社員との間には、公認会計士法の規定により記載すべき利害関係はない。

文例2

文例の前提となる状況

・上場企業の適正表示の枠組みに準拠して作成された完全な一組の一般目的の財務諸表の監査である。
当該監査は、グループ監査ではない（すなわち、監査基準委員会報告書600「グループ監査」は適用されない。）。

・監査契約書において、監査基準委員会報告書210「監査業務の契約条件の合意」の財務諸表に対する経営者の責任が記載されている。

・監査人は、当年度の期首における棚卸資産の実地棚卸に立ち会うことができず、棚卸資産の期首残高に関して十分かつ適切な監査証拠を入手できなかった。
・棚卸資産の期首残高に関する十分かつ適切な監査証拠を入手できないことが、企業の経営成績及びキャッシュ・フローの状況に及ぼす可能性のある影響は、重要であるが広範ではないと認められる。(注)

(注) 監査人の判断において、企業の経営成績及びキャッシュ・フローの状況に及ぼす可能性のある影響が重要かつ広範であると考えられる場合には、監査人は、経営成績及びキャッシュ・フローの状況に関して意見を表明しない。

・当事業年度末の財政状態は適正に表示されている。
・経営成績及びキャッシュ・フローの状況に関しては限定付適正意見、財政状態に関しては無限定適正意見を表明することが法令等により禁止されておらず、そのような意見を表明することが当該状況においては適切と考えられる。
・監査人は、入手した監査証拠に基づいて、監査基準委員会報告書570に従って、継続企業の前提に重要な疑義を生じさせるような事象又は状況に関連する重要な不確実性は存在しないと判断している。
・監査基準委員会報告書701に従って、監査上の主要な検討事項を報告することが求められている。
・監査人は、監査報告書日以前にその他の記載内容の全てを入手し、また、その他の記載内容に関して重要な虚偽記載を識別していない。
・比較情報が対応数値として表示されており、過年度の財務諸表が前任監査人によって監査されている。監査人は、前任監査人が対応数値を監査している旨及びその意見をその他の事項として記載することとした。
・会社は監査役会設置会社である。
・監査人は、財務諸表の監査に加えて、法令等に基づくその他の報告責任を有する。

独立監査人の監査報告書

［宛先］

［監査報告書の日付］
［○○監査法人］
［事業所名］
［監査人の署名］

＜財務諸表監査＞(注1)

監査人の責任

当監査法人は、○○株式会社の×年×月×日から×年×月×日までの事業年度の財務諸表、すなわち貸借対照表、損益計算書、株主資本等変動計算書、キャッシュ・フロー計算書並びに重要な会計方針の要約及びその他の説明情報について監査を行った。

経営成績及びキャッシュ・フローの状況に対する限定付適正意見

当監査法人は、上記の損益計算書及びキャッシュ・フロー計算書が、「経営成績及びキャッシュ・フローの状況に対する限定付適正意見の根拠」に記載した事項の財務諸表に及ぼす可能性のある影響を除き、［適用される財務報告の枠組み(注2)］に準拠して、○○株式会社の×年×月×日をもって終了する事業年度の経営成績及びキャッシュ・フローの状況を、全ての重要な点において適正に表示しているものと認める。

財政状態に対する監査意見

当監査法人は、上記の貸借対照表が、［適用される財務報告の枠組み(注2)］に準拠して、○○株式会社の×年×月×日現在の財政状態を、全ての重要な点において適正に表示しているものと認める。

財政状態に対する監査意見並びに経営成績及びキャッシュ・フローの状況に対する限定付適正意見の根拠

当監査法人は、×年×月×日に監査契約を締結したため、当事業年度の期首における棚卸資産の実地棚卸に立ち会うことができず、×年×月×日時点に保有する棚卸資産××百万円の数量に関して、他の監査手続によっても十分かつ適切な監査証拠を入手することができなかった。

期首の棚卸資産は、経営成績及びキャッシュ・フローの状況に影響を与えるので、当監査法人は、損益計算書に計上されている利益や、キャッシュ・フロー計算書に記載されている営業活動による正味キャッシュ・フローに関して、何らかの修正が必要かどうかについて判断することができなかった。この影響は・・・・・・・である(注3)。したがって、財務諸表に及ぼす可能性のある影響は重要であるが広範ではない。

当監査法人は、我が国において一般に公正妥当と認められる監査の基準に準拠して監査を行った。監査の基準における当監査法人の責任は、「財務諸表監査における監査人の責任」に記載されている。当監査法人は、我が国における職業倫理に関する規定に従って、会社から独立しており、また、監査人としてのその他の倫理上の責任を果たしている。当監査法人は、財政状態に対する無限定適正意見、並びに経営成績及びキャッシュ・フローの状況に対する限定付適正意見表明の基礎となる十分かつ適切な監査証拠を入手したと判断している。

監査上の主要な検討事項

[監査基準委員会報告書701及び同705に従った記載]

その他の事項

会社の×年×月×日をもって終了する事業年度の財務諸表は、前任監査人が監査し、×年×月×日に当該財務諸表に対して無限定適正意見を表明している。

その他の記載内容

[監査基準委員会報告書720付録2文例1に従った記載]

財務諸表に対する経営者並びに監査役及び監査役会の責任

[監査基準委員会報告書700付録文例1に従った記載]

財務諸表監査における監査人の責任

[監査基準委員会報告書700付録文例1に従った記載]

＜法令等に基づくその他の報告＞

(省略)

利害関係

会社と当監査法人又は業務執行社員との間には、公認会計士法の規定により記載すべき利害関係はない。

《文例1及び文例2に対する注》

(注1) 「＜法令等に基づくその他の報告＞」がない場合は、「＜財務諸表監査＞」は不要である。

(注2) 適用される財務報告の枠組みの名称を具体的に記載する。

(注3) 「・・・・・・・」には、重要ではあるが広範ではないと判断し、意見不表明ではなく限定付適正意見とした理由を、財務諸表利用者の視点に立って分かりやすく具体的に記載する。広範性の判断に当たっては、監査基準委員会研究報告第6号「監査報告書に係るQ＆A」Q1－6「除外事項の重要性と広範性及び除外事項の記載上の留意点」を参照する。

以　上

監査基準委員会報告書520
分析的手続*

2011年12月22日
改正2019年６月12日
日本公認会計士協会
監査基準委員会
（報告書：第55号）

項番号

Ⅰ　本報告書の範囲及び目的

１．本報告書の範囲

１．本報告書は、監査人による実証手続としての分析的手続（以下「分析的実証手続」という。）の利用に関する実務上の指針を提供するものである。本報告書はまた、監査人が財務諸表に関する全般的な結論を形成する際に役立つ、監査の最終段階の分析的手続の実施に関する実務上の指針も提供する。監査基準委員会報告書315「企業及び企業環境の理解を通じた重要な虚偽表示リスクの識別と評価」はリスク評価手続としての分析的手続の利用に関する実務上の指針を提供する（監基報315第５項(2)参照）。監査基準委員会報告書330「評価したリスクに対応する監査人の手続」は、評価したリスクに対応する監査手続の種類、時期及び範囲に関する要求事項及び指針を記載している。これらの監査手続は分析的実証手続を含むことがある（監基報330第５項及び第17項参照）。

２．本報告書の目的

２．本報告書における監査人の目的は、以下を行うことである。

(1)　分析的実証手続を利用する場合に、適合性と証明力のある監査証拠を入手すること

(2)　監査の最終段階において、企業に関する監査人の理解と財務諸表が整合しているかどうかについて、全般的な結論を形成するために実施する分析的手続を立案し実施すること

３．定　義

３．本報告書における用語の定義は、以下のとおりとする。

「分析的手続」－財務データ相互間又は財務データと非財務データとの間に存在すると推定される関係を分析・検討することによって、財務情報を評価することをいう。分析的手続には、他の関連情報と矛盾する、又は監査人の推定値と大きく乖離する変動や関係の必要な調査も含まれる。（A1項からA3項参照）

Ⅱ　要求事項

1．分析的実証手続

4．監査基準委員会報告書330に従った実証手続として、単独で又は詳細テストとの組合せにより、分析的実証手続を立案し実施する場合に、監査人は以下を行わなければならない（監基報330第17項参照）。（A4項から A5項参照）

(1)　特定のアサーションに関して評価した重要な虚偽表示リスクと対応する詳細テスト（該当する場合）を考慮に入れ、これらのアサーションに対して特定の分析的実証手続が適切かどうかを判断すること（A6項から A10項参照）

(2)　利用可能な情報の情報源、比較可能性及び性質と目的適合性並びに作成に係る内部統制を考慮に入れて、計上された金額又は比率に対する監査人の推定に使用するデータの信頼性を評価すること（A11項から A13項参照）

(3)　計上された金額又は比率に関する推定を行い、当該推定が、個別に又は集計して重要な虚偽表示となる可能性のある虚偽表示を識別するために十分な精度であるかどうかを評価すること（A14項参照）

(4)　計上された金額と監査人の推定値との差異に対して、第６項により要求されるような追加的な調査を行わなくても監査上許容できる差異の金額を決定すること（A15項参照）

2．全般的な結論を形成するための分析的手続

5．監査人は、監査の最終段階において、企業に関する監査人の理解と財務諸表が整合していることについて全般的な結論を形成するために実施する分析的手続を立案し、実施しなければならない。（A16項から A18項参照）

3．分析的手続の結果の調査

6．本報告書に基づき実施する分析的手続により、他の関連情報と矛盾する、又は推定値と大きく乖離する変動若しくは関係が識別された場合、監査人は、以下を行うことにより当該矛盾又は乖離の理由を調査しなければならない。

(1)　経営者への質問及び経営者の回答に関する適切な監査証拠の入手

(2)　状況に応じて必要な他の監査手続の実施（A19項から A20項参照）

Ⅲ　適用指針

1．分析的手続の定義（第３項参照）

A1．分析的手続は、企業の財務情報と、例えば、以下の情報との比較についての検討を含む。

・比較可能な過年度情報
・予算や見込みなどの企業の業績予想、又は減価償却の見積りなどの監査人の推定
・業界情報（例えば、企業の売掛金回転率についての業界平均、又は同程度の規模の同業他社との比較）

A2．分析的手続は、例えば、以下の関係についての検討も含む。

・企業の実績が示すパターンに基づいて一定の推定が可能な財務情報の構成要素間の関係（例えば、売上総利益率）
・財務情報と関連する非財務情報との間の関係（例えば、給与と従業員数）

A3．多様な手法が分析的手続を実施するために利用される。これらの手法は、単純な比較の実施から高度な統計的手法を用いた複雑な分析の実施まで多岐にわたる。分析的手続は、連結財務諸表、構成単位及び情報の個々の構成要素に適用される。

2．分析的実証手続（第４項参照）

A4．アサーション・レベルでの監査人の実証手続は、詳細テスト、分析的実証手続又はその両方の組合せである。分析的実証手続の利用を含め、実施する監査手続は、アサーション・レベルの監査リスクを許容可能な低い水準に抑える

ために、利用可能な監査手続の有効性及び効率性についての監査人の判断に基づいて決定される。

A5．監査人は、分析的実証手続を実施するために必要な情報の利用可能性及び信頼性並びに企業が実施した分析的手続の結果に関して、経営者に質問することがある。監査人は、経営者が実施した分析的手続の結果及び利用したデータが適切であるという心証を得た場合、当該分析結果及びデータを利用することが効果的なことがある。

(1)　アサーションに対する特定の分析的手続の適切性（第４項(1)参照）

A6．一般的に、取引量が多く予測可能な取引に対して、分析的実証手続はより適合している。計画した分析的手続は、反証がない限り、データ間の関係が存在し継続するという推定に基づいて実施される。しかしながら、特定の分析的手続が適切かどうかは、監査人が実施する評価、すなわち、個別に、又は集計した場合に重要な虚偽表示となる可能性がある虚偽表示を発見するのに有効かどうかに関する評価に依存する。

A7．ある場合においては、単純な計算手法であっても、分析的手続として有効であることがある。例えば、年度を通じて、給与月額及び従業員数が明らかである場合、監査人はこのデータを利用して年度の給与合計を高い精度で見積もることができる。それによって、重要な財務諸表項目に対して監査証拠を入手し、給与に関して詳細テストを実施する必要性を低くすることがある。また、例えば、監査人が利用できると判断した一般に広く認知されている比率などの指標が存在する場合、計上された金額の一定の合理性を裏付ける証拠を入手するために、分析的実証手続にその比率を有効に利用することができる。

A8．分析的手続の種類により入手する保証の水準は様々である。例えば、部屋当たりの平均賃料、部屋数及び空室率等の要素を考慮し、それらを適切に検討する場合には、建物に関する賃貸収入を見積もる分析的手続によって、心証を形成するに足る証拠を入手することができ、詳細テストによる追加的な検討の必要性がなくなることがある。一方、売上高を確かめる手段としての売上総利益率の計算や比較のみでは、心証を形成するに足る監査証拠を入手できないことがあるが、その他の監査手続と組み合わせて利用する場合には、その他の手続により入手した監査証拠を補完することがある。

A9．特定の分析的実証手続が適切かどうかの判断は、アサーションの種類と、監査人の重要な虚偽表示リスクの評価によって影響を受ける。例えば、販売プロセスの一部の内部統制に不備がある場合、監査人は、売上に関連するアサーションに対して、分析的実証手続よりも詳細テストに依拠する程度を高めることがある。

A10．また、詳細テストが同じアサーションに対して実施される場合に、特定の分析的実証手続が適切であることがある。例えば、売掛金勘定残高の評価に係るアサーションについて監査証拠を入手する場合、監査人は、売掛金の回収可能性を判断するために、貸借対照表日後の売掛金の回収に関する詳細テストに組み合わせて、取引先ごとの残高や回転日数の前期比較などの分析的手続を実施することがある。

(2)　データの信頼性（第４項(2)参照）

A11．データの信頼性は、その情報源及び性質によって影響を受けるとともに、そのデータを入手する状況に依存する。したがって、分析的実証手続の立案のために、データが信頼できるかどうかを判断する場合に検討する事項には以下が含まれる。

(1)　利用可能な情報の情報源（例えば、情報は、企業外部の独立した情報源から入手される場合、より信頼できることがある。（監査基準委員会報告書500「監査証拠」のA31項参照）

(2)　利用可能な情報の比較可能性（例えば、市場に関する一般的なデータは、特定領域の製品を生産して販売する企業のデータと比較できるようにするため、調整が必要となることがある。)

(3) 利用可能な情報の性質及び目的適合性(例えば、予算が達成すべき目標ではなく予想される結果として策定されているかどうか。)

(4) 網羅性、正確性及び正当性を確保するように整備された情報の作成に関する内部統制(例えば、予算の編成、実績との比較検討及び見直しについての内部統制)

A12. 監査人は、評価したリスクに対応する分析的実証手続を実施するに当たって、利用する情報の作成に関する内部統制があれば、当該内部統制の運用評価手続の実施を検討することがある。当該内部統制が有効である場合、一般的にその情報の信頼性は高くなり、監査人は、結果として分析的実証手続においてより強い心証を得ることができる。非財務情報に関する内部統制の運用状況の有効性の検討は、多くの場合、その他の運用評価手続と一緒に行われる。例えば、企業は請求書発行に係る内部統制を販売数量の記録に係る内部統制と合わせて構築することがある。この場合、監査人は請求書発行に係る内部統制と一緒に販売数量の記録に係る内部統制の運用評価手続を行うことがある。また、監査人はその情報について既に監査手続を実施しているかどうかを確かめることがある。監査基準委員会報告書500は、分析的実証手続のために利用される情報について実施すべき監査手続の決定に関する要求事項と指針を提供している(監基報500第9項参照)。

A13. 監査人が分析的実証手続を、企業の期末の財務諸表について実施する場合も、期中に実施し、さらに残余期間についても実施することを計画している場合も、A11項(1)から A11項(4)に記載されている事項を検討する。監査基準委員会報告書330は、期中に実施する実証手続についての要求事項と指針を提供している(監基報330第21項及び22項参照)。

(3) 推定が十分に高い精度であるかどうかについての評価 (第4項(3)参照)

A14. 他の虚偽表示と集計した場合に重要な虚偽表示となることがある虚偽表示を識別するために、十分に高い精度で推定を行うことができるかどうかについての監査人の評価は、以下の事項を含む。

・分析的実証手続において推定する結果に関する予測の正確性(例えば、監査人は、研究開発費や広告宣伝費のような裁量により支出できる費用の比較よりも、売上総利益率の期間比較において、より高い一貫性を期待することがある。)

・情報を細分化できる程度(例えば、分析的実証手続は、企業の財務諸表全体に適用するよりも、個別の事業部門に関する財務情報や多角的な企業の構成単位の財務諸表に適用する方がより効果的である場合がある。)

・財務情報と非財務情報の両方の利用可能性(例えば、監査人は、予算や見込みなどの財務情報と、生産数量や販売数量などの非財務情報が、分析的実証手続を立案するために利用可能であるかどうかを考慮することがある。当該情報が利用可能である場合、監査人は、A11項から A12項において記載されているような情報の信頼性も検討することがある。)

(4) 計上された金額と推定値との許容可能な差異 (第4項(4)参照)

A15. 推定値との差異について、追加的な調査をせずに許容可能とするかどうかの監査人の判断は、個別に、又は他の虚偽表示と集計した場合に重要な虚偽表示となる可能性を考慮に入れて行われるが、重要性と手続から得ようとする保証水準によって影響を受ける(監査基準委員会報告書320「監査の計画及び実施における重要性」の A11項参照)。監査基準委員会報告書330は、評価した重要な虚偽表示リスクの程度が高いほど、より確かな心証が得られる監査証拠を入手するよう監査人に要求している(監基報330第6項(2)参照)。したがって、評価したリスクが高くなるのに応じて、確かな心証が得られる証拠を入手するため、調査をせずに許容可能と考えられる差異は減少する(監基報330の

A18項参照）。

3．全般的な結論を形成するための分析的手続（第５項参照）

A16．第５項に従って立案され実施された分析的手続の結果から得られた結論は、財務諸表の個別の構成単位又は構成要素について監査中に形成された結論を裏付けることが意図されている。これは、監査人が意見表明の基礎となる結論を導くのに役立つ。

A17．第５項に従って実施された分析的手続の結果、これまで認識していなかった重要な虚偽表示リスクを識別することがある。このような状況において、監査基準委員会報告書315は、監査人の重要な虚偽表示リスクの評価を修正し、これに応じて計画したリスク対応手続も修正するように監査人に要求している（監基報315第30項参照）。

A18．第５項に従って実施される分析的手続は、リスク評価手続として利用される手続と同様である場合がある。

4．分析的手続の結果の調査（第６項参照）

A19．経営者の回答に関連する監査証拠は、企業及び企業環境に関する監査人の理解を考慮に入れて、監査の過程で入手した他の監査証拠とともに、当該回答を評価することにより入手されることがある。

A20．例えば、経営者が説明できない場合や経営者の回答に関連して入手した監査証拠と照らして経営者の説明が不適切と考えられる場合には、他の監査手続を実施する必要性が生じることがある。

Ⅳ　適　用

・本報告書（2011年12月22日）は、2012年４月１日以後開始する事業年度に係る監査及び同日以後開始する中間会計期間に係る中間監査から適用する。

・本報告書（2019年６月12日）は、2020年４月１日以後開始する事業年度に係る監査及び同日以後開始する中間会計期間に係る中間監査から適用する。ただし、2019年４月１日以後開始する事業年度に係る監査及び同日以後開始する中間会計期間に係る中間監査から早期適用することができる。

以　上

監査基準委員会報告書530
監査サンプリング*

平成23年12月22日
日本公認会計士協会
監査基準委員会
（報告書：第48号）

項番号

Ⅰ　本報告書の範囲及び目的

1．本報告書の範囲

1．本報告書は、監査人が監査手続の実施において監査サンプリングを利用する場合に適用する。

本報告書は、監査サンプリングを立案してサンプルを抽出し、内部統制の運用評価手続と詳細テストを実施し、抽出したサンプルのテスト結果を評価する場合の監査人による統計的サンプリング及び非統計的サンプリングの利用に関する実務上の指針を提供するものである。

2．監査基準委員会報告書500「監査証拠」は、意見表明の基礎となる十分かつ適切な監査証拠を入手できるように、監査手続を立案し実施することに関する実務上の指針を提供している。当該報告書は、監査手続の対象項目の抽出方法に関する指針を提供しており、監査サンプリングはその一つの方法である。したがって、本報告書は、監査サンプリングについて監査基準委員会報告書500と併せて適用する。

2．本報告書の目的

3．本報告書における監査人の目的は、監査人が監査サンプリングを利用する場合に、抽出したサンプルから母集団全体に関する結論を導き出せるように合理的な基礎を得ることである。

3．定　義

4．本報告書における用語の定義は、以下のとおりとする。

(1)「監査サンプリング」又は「サンプリング」－監査人が監査対象となった母集団全体に関する結論を導き出すための合理的な基礎を得るため、母集団内の全てのサンプリング単位に抽出の機会が与えられるような方法で、母集団内の100％未満の項目に監査手続を適用することをいう。

(2)「サンプリングリスク」－抽出したサンプル

から導き出された監査人の結論が、母集団を構成する全ての項目に同じ監査手続を実施した場合の結論と異なるリスクをいう。

サンプリングリスクは、次のような２種類の誤った結論をもたらす可能性がある。

① 運用評価手続において、内部統制が実際の状態よりも有効であるとする結論、又は、詳細テストにおいて、実際に存在している重要な虚偽表示を存在していないとする結論。

このような誤った結論は、監査の有効性に影響を与え、誤った監査意見を形成する可能性が高いため、監査人は、とりわけ、この結論に関心をもつ。

② 運用評価手続において、内部統制が実際の状態よりも有効でないとする結論、又は、詳細テストにおいて、実際に存在していない重要な虚偽表示を存在しているとする結論。

このような誤った結論は、通常、当初の結論が正しくなかったことを確かめるための追加の作業が必要となるため、監査の効率性に影響を与える。

(3) 「ノンサンプリングリスク」－監査人が、サンプリングリスクに関連しない他の理由によって、誤った結論を導くリスクをいう。（A1項参照）

(4) 「統計的サンプリング」－以下の特性を持ったサンプリング手法をいう。

① サンプル項目の無作為抽出

② サンプリングリスクの測定を含めサンプルのテスト結果を評価するに当たっての確率論の利用

①及び②の特性を持たないサンプリング手法は、非統計的サンプリングとみなされる。

(5) 「母集団」－監査人がサンプルを抽出し、結論を導き出そうとする項目全体をいう。

(6) 「階層化」－母集団を類似した特性（多くの場合、金額）を持ったサンプリング単位の集団である幾つかの下位母集団に分けるプロセスをいう。

(7) 「サンプリング単位」－母集団を構成する個々の項目をいう。（A2項参照）

(8) 「許容逸脱率」－母集団における実際の逸脱率が一定の率を上回らないような適切な保証水準を得るために、監査人が設定した所定の内部統制の逸脱率をいう。

(9) 「許容虚偽表示額」－母集団内の実際の虚偽表示額が一定の金額を上回らないような適切な保証水準を得るために、監査人が設定した金額をいう。（A3項参照）

(10) 「例外的事象」－抽出したサンプルに対して実施した手続の結果、特定した母集団を明らかに代表していない虚偽表示又は内部統制の逸脱をいう。

Ⅱ　要求事項

1．監査サンプリングの立案、サンプル数及びテスト対象項目の抽出

5．監査人は、監査サンプリングを立案する場合、監査手続の目的と、サンプルを抽出する母集団の特性を考慮しなければならない。（A4項からA9項参照）

6．監査人は、サンプリングリスクを許容可能な低い水準に抑えるために、十分なサンプル数を決定しなければならない。（A10項及びA11項参照）

7．監査人は、母集団内の全てのサンプリング単位に抽出の機会が与えられるような方法で、サンプルを抽出しなければならない。（A12項及びA13項参照）

2．監査手続の実施

8．監査人は、抽出した各サンプルに対して、目的に照らして適切な監査手続を実施しなければならない。

9．監査人は、抽出したサンプルが監査手続の適用対象として適当でない場合、代わりのサンプルを抽出して手続を実施しなければならない。（A14項参照）

10．監査人は、抽出したサンプルに立案した監査手続又は適切な代替手続を実施できない場合、当該サンプルを、運用評価手続においては内部統制の逸脱として、詳細テストにおいては虚偽表示として扱わなければならない。（A15項及び A16項参照）

3．内部統制の逸脱と虚偽表示の内容と原因

11．監査人は、識別した全ての内部統制の逸脱又は虚偽表示の内容と原因を調査して、それらが監査手続の目的と監査の他の領域に及ぼす影響を評価しなければならない。（A17項参照）

12．監査人は、サンプルについて発見した虚偽表示又は内部統制の逸脱が例外的事象であると考える極めて稀な状況においては、その判断に当たり相当に高い心証を得なければならない。

　監査人は、この心証を得るために、その虚偽表示又は内部統制の逸脱が残りの母集団に影響を及ぼさないという、十分かつ適切な監査証拠を入手するための追加的な監査手続を実施しなければならない。

4．虚偽表示額の推定

13．監査人は、詳細テストにおいて、サンプルで発見した虚偽表示額から母集団全体の虚偽表示額を推定しなければならない。（A18項からA20項参照）

5．監査サンプリングの結果の評価

14．監査人は、以下を評価しなければならない。

⑴　サンプルのテスト結果（A21項及び A22項参照）

⑵　監査サンプリングの利用により、母集団に関する結論について合理的な基礎を得たかどうか（A23項参照）

Ⅲ　適用指針

1．定　義

⑴　ノンサンプリングリスク（第４項⑶参照）

A1．ノンサンプリングリスクには、例えば、不適切な監査手続の適用、又は監査証拠の誤った解釈により、虚偽表示又は内部統制の逸脱を識別できないことが含まれる。

⑵　サンプリング単位（第４項⑺参照）

A2．サンプリング単位は、金額単位のほか、例えば、預金入金票に記載されている小切手、銀行取引明細書の入金取引、顧客に対する請求書、貸付先などの金額単位以外の場合もある。

⑶　許容虚偽表示額（第４項⑼参照）

A3．監査人は、監査サンプリングを立案する場合、個別には重要でない虚偽表示が集計すると財務諸表に重要な虚偽表示となるリスクと未発見の虚偽表示の可能性を考慮して、許容虚偽表示額を決定する。

　許容虚偽表示額は、監査サンプリングに、監査基準委員会報告書320「監査の計画及び実施における重要性」で定義されている手続実施上の重要性を適用したものである（監基報320第８項参照）。許容虚偽表示額は、手続実施上の重要性と同額か、それより少額となる場合がある。

2．監査サンプリングの立案、サンプル数及びテスト対象項目の抽出

⑴　監査サンプリングの立案（第５項参照）

A4．監査サンプリングにおいては、監査人は、母集団から抽出したサンプルの特性に関する監査証拠を入手して評価することにより、当該母集団に関する結論を形成する。監査サンプリングには、非統計的サンプリングと統計的サンプリングがある。

A5．監査人は、監査サンプリングの立案に当たっ

て、特定の達成すべき目的と、その目的を達成するための監査手続の最適な組合せを考慮する。

監査人は、入手すべき監査証拠の性質と、当該監査証拠に関連する可能性のある内部統制の逸脱若しくは虚偽表示の発生の状況又はその他の特徴について考慮して、想定される内部統制の逸脱又は虚偽表示の定義を明確にするとともに適切な母集団を設定する。

監査基準委員会報告書500で求められているとおり、監査サンプリングを実施する場合、監査人は、サンプルを抽出する母集団の網羅性に関する監査証拠を入手するための監査手続を実施する。

A6．第５項で要求している監査手続の目的の考慮には、監査手続の目的に関連する状況のみを網羅的に内部統制の逸脱の評価又は虚偽表示の推定の対象にするために、何が内部統制の逸脱又は虚偽表示になるかを明確に理解することが含まれる。

例えば、売掛金の実在性を確かめるための確認手続においては、確認基準日前に行われた顧客の支払を会社が確認基準日直後に入金処理した場合、確認先から残高がゼロの回答を得たとしても、これを虚偽表示とみなさない。

また、得意先勘定間の転記誤りがあったとしても、売掛金の残高合計に影響を与えない。したがって、当該転記誤りが不正リスクの評価又は貸倒引当金の妥当性等の他の領域に重要な影響を及ぼすことがあるとしても、売掛金の実在性を確かめる監査手続に係るサンプルのテスト結果の評価においては、虚偽表示と考えることは適切でない。

A7．監査人は、母集団の特性を考慮するに当たり、内部統制の運用評価手続において、関連する内部統制の理解に基づいて、又は母集団から少数の項目を抽出して実施した検討結果に基づいて、内部統制からの逸脱率を予想し（以下、「予想逸脱率」という。）決定する。これは、監査サンプリングを立案し、サンプル数を決定するために行われる。例えば、監査人は、予想逸脱率が受け入れられないほど高い場合、通常、運用評価手続を実施しない。同様に、詳細テストにおいては、監査人は、母集団に含まれる虚偽表示額を予想し（以下、「予想虚偽表示額」という。）決定する。予想虚偽表示額が高い場合、詳細テストの実施時には、精査又はサンプル数の拡大が適切となることがある。

A8．監査人は、サンプルを抽出する母集団の特性を考慮するに当たり、階層化又は金額単位抽出法が適切であると判断することがある。

階層化及び金額単位抽出法に関しては、付録１に記載されている。

A9．統計的サンプリング又は非統計的サンプリングのいずれの手法を用いるかは、監査人の判断により決定されるが、抽出されるサンプル数自体は、統計的サンプリング又は非統計的サンプリングの選択を決定付ける判断基準とはならない。

⑵　サンプル数（第６項参照）

A10．監査人が許容できるサンプリングリスクは、必要とされるサンプル数に影響を与える。監査人が許容できるサンプリングリスクが低ければ低いほど、より多くのサンプル数が必要となる。

A11．サンプル数は、統計的手法を適用することによって、又は職業的専門家としての判断によって決定される。サンプル数の決定に影響を与える諸要因が、付録２と付録３に記載されている。これらの要因は、監査サンプリングを適用する状況が同様であれば、統計的サンプリング又は非統計的サンプリングのいずれであっても、サンプル数に同様の影響を与える。

⑶　テスト対象項目の抽出（第７項参照）

A12．統計的サンプリングにおいては、各サンプリング単位が確率論に基づいて抽出の機会が与えられるような方法でサンプルが抽出される。

非統計的サンプリングにおいては、サンプルの抽出に判断を用いる。

サンプリングの目的は、サンプルが抽出される母集団について、監査人が結論を導き出すための合理的な基礎を得ることにあるので、監査人は、母集団の特性を表すサンプルを選ぶことにより、偏向が回避された代表的なサンプルを抽出することが重要である。

A13. 主なサンプル抽出法には、無作為抽出法、系統的抽出法及び任意抽出法があり、これらの方法については、付録4に記載されている。

3. 監査手続の実施（第8項から第10項参照）

A14. 代わりのサンプルを抽出して手続を実施することが必要である場合の例としては、支払承認の証拠を入手するために実施するテストにおいて、書き損じ等のため無効にされた小切手が抽出される場合がある。監査人は、当該抽出した小切手が適切に無効処理されており、内部統制の逸脱にならないと判断した場合、適切に再抽出した代わりのサンプルを検討する。

A15. 監査人が、立案した監査手続を抽出したサンプルに適用できない場合の例としては、当該サンプルに関連する証拠書類が紛失している場合がある。

A16. 適切な代替手続の例としては、積極的確認の依頼に対する回答がない場合に、その後の入金状況の検討時に相手先と対象取引等についても確かめる場合がある。

4. 内部統制の逸脱と虚偽表示の内容と原因（第11項参照）

A17. 監査人は、識別した内部統制の逸脱と虚偽表示を分析するに当たり、その多くに、例えば、取引の種類、地域、製品種目又は期間に共通の特徴があることに気付く場合がある。そのような状況では、監査人は、母集団の中から共通の特徴をもつ項目を全て識別して、これらについて監査手続を拡大して実施することを決定する場合がある。さらに、そのような内部統制の逸脱又は虚偽表示は意図的であり、不正の可能性を示唆することもある。

5. 虚偽表示額の推定（第13項参照）

A18. 監査人は、虚偽表示の大きさに関する全体的な見解を得るために、母集団における虚偽表示額を推定することが必要であるが、この推定は、計上されるべき金額を確定するには十分でないことがある。

A19. 虚偽表示が例外的事象であることが確かめられた場合、当該虚偽表示は、母集団における虚偽表示額の推定から除外されることがある。しかし、母集団を代表しない例外的な虚偽表示の影響については、それが訂正されなかった場合、推定された虚偽表示額とは別に考慮する必要がある。

A20. 運用評価手続においては、サンプルの逸脱率が母集団全体に対する推定逸脱率とみなすことができるので、母集団全体に対する逸脱率について明確に推定する必要はない。

監査基準委員会報告書330「評価したリスクに対応する監査人の手続」は、監査人が依拠しようとする内部統制の逸脱を発見した場合の指針を提供している。（監基報330第16項参照）

6. 監査サンプリングの結果の評価（第14項参照）

A21. 運用評価手続において、サンプルにおける予想を超えた高い逸脱率は、当初の評価を裏付ける追加の監査証拠が入手されない限り、評価した重要な虚偽表示リスクの程度をより高くすることにつながる可能性がある。

詳細テストにおいて、サンプルにおける予想を超えた多額の虚偽表示は、重要な虚偽表示がないという追加の監査証拠を入手できない場合には、取引種類又は勘定残高に重要な虚偽表示があると監査人が判断する原因になることがある。

A22. 詳細テストの場合、推定による虚偽表示に例外的な虚偽表示（該当ある場合）を加えた額が、母集団における虚偽表示に係る監査人の最善の見積りとなる。

推定による虚偽表示に例外的な虚偽表示（該当ある場合）を加えた額が、許容虚偽表示額を上回っている場合には、テストされたサンプルは、母集団に関する結論に対して合理的な基礎を提供しない。

推定による虚偽表示に例外的な虚偽表示を加えた額が許容虚偽表示額に近づくほど、母集団における実際の虚偽表示が許容虚偽表示額を上回る可能性は高くなる。

また、推定による虚偽表示が、サンプル数の決定に用いられた予想虚偽表示額を上回った場合、監査人は、母集団における実際の虚偽表示が許容虚偽表示額を上回っているという受け入れられないサンプリングリスクが存在すると結論付けることがある。

監査人は母集団の中の実際の虚偽表示が許容虚偽表示額を上回っているかどうかを評価する際に、他の監査手続の結果を考慮し、追加的な監査証拠の入手が必要な場合がある。

A23．監査人は、監査サンプリングによって、母集団に関する結論に対して合理的な基礎を得られなかったと判断した場合、例えば以下のように対応する。

・経営者に対して、識別した虚偽表示及び他の虚偽表示が存在する可能性について調査を依頼し、全ての必要な修正を要請する。

・合理的な基礎を得るために必要なリスク対応手続の種類、時期及び範囲を見直す。例えば、運用評価手続の場合、監査人は、サンプル数を増やしたり、代替的な内部統制をテストしたり、又は関連する実証手続を修正する。

Ⅳ　適　用

本報告書は、平成24年４月１日以後開始する事業年度に係る監査及び同日以後開始する中間会計期間に係る中間監査から適用する。

付録１　母集団の階層化及び金額単位抽出法

（A8項参照）

監査人は、サンプルを抽出する母集団の特性の考慮において、母集団の階層化又は金額単位抽出法が適切であると判断することがある。

本付録は、母集団の階層化及び金額を単位としたサンプリング手法の利用に関して、監査人に指針を提供している。

１．母集団の階層化

１．監査人は、母集団を識別した特性ごとの下位母集団に分けることにより、母集団の階層化を行った場合、監査の効率性が高められることがある。

階層化の目的は、各階層に含まれる項目の持つ特性のバラツキを抑え、それによってサンプリングリスクを高めることなくサンプル数を減少させることにある。

２．詳細テストを実施する場合、母集団は金額によって階層化されることが多い。

これにより、過大計上という潜在的な虚偽表示の発生する可能性が高いと考えられる金額的に重要な項目に重点を置いた監査が可能となる。同様に、母集団は、例えば、売掛金の評価において貸倒引当金を検討する場合に、その残高を年齢により階層化するなど、高い虚偽表示リスクを示唆する特定の特性に従って階層化されることがある。

３．ある階層に属するサンプルに監査手続を実施した結果は、当該階層を構成している項目についてのみ推定できる。監査人は、母集団全体について結論を得るために、母集団全体を構成する他の全ての階層に関して、重要な虚偽表示リスクを考慮することが必要になる。例えば、母集団のうち20％の件数に当たる項目が勘定残高の90％を構成していることがある。監査人は、その20％の件数に当たる項目に対してサンプルの検討を決定することがある。監査人は、このサンプルの結果を評価し、残りの10％とは別に、勘定残高の90％について結論を得る。なお、残りの10％の残高については、追加のサンプルや他の方法を利用して監査証拠を入手するか、又は、その残高を重要でないと考えることもある。

4．取引種類又は勘定残高が階層に分けられた場合、虚偽表示額は、各階層について推定される。各階層について推定された虚偽表示額は、取引種類又は勘定残高の合計に与える影響の可能性を考慮する際に合計される。

2．金額単位抽出法

5．詳細テストを実施する場合、サンプリング単位を、母集団を構成する個々の金額単位とみなすことが効率的であることがある。

売掛金残高のような母集団の中から特定の金額単位を抽出して、監査人は、当該金額単位を含む項目、例えば、個別の残高などを検討することがある。

金額単位をサンプリング単位として定義するこの方法の一つの利点は、金額が多額の項目に抽出機会がより多くなるので、それらの項目に監査の重点を置き、結果としてより少ないサンプル数とすることができる点にある。

この方法は、系統的抽出法（付録4で記載）と一緒に用いられることがある。また、無作為に項目を抽出する場合、最も効率的になる。

付録2　運用評価手続におけるサンプル数に影響を与える諸要因の例示(A11項参照)

監査人は、運用評価手続におけるサンプル数を決定するに当たり、以下のような諸要因を考慮する。これらの諸要因は総合的に考慮される必要があり、監査人が、運用評価手続の種類又は時期及び実証手続のアプローチを一定にして、評価したリスクに対応することを想定している。

要　因	サンプル数に与える影響	
1．監査人のリスク評価において、関連する内部統制を考慮に入れる程度が増加する。	増加する。	監査人が内部統制の運用状況の有効性から相対的に高い保証を得ようとするほど、重要な虚偽表示リスクの評価は相対的に低くなり、相対的に多くのサンプル数が必要となる。 アサーション・レベルにおける重要な虚偽表示リスクの評価において、内部統制が有効に運用されていることが想定されている場合、監査人は、運用評価手続を実施することが必要である。 他の条件が同じであれば、監査人がリスク評価において内部統制の運用状況の有効性に依拠する程度が高くなるほど、監査人の運用評価手続の範囲は拡大され、サンプル数は増加する。
2．許容逸脱率が低い。	増加する。	許容逸脱率が低いほど、より多くのサンプル数が必要となる。
3．テストすべき母集団における予想逸脱率が高い。	増加する。	予想逸脱率が高いほど、実際の逸脱率を合理的に推定するためにより多くのサンプル数が必要となる。 監査人が予想逸脱率を検討する際に考慮すべき要因には、事業に関する監査人の理解（特に、内部統制を理解するために行うリスク評価手続）、担当者等の異動や内部統制の変更、及び過年度に実施した監査手続並びに他の監査手続の結果が含まれる。 予想逸脱率が高い場合は、通常、重要な虚偽表示リスクを軽減することはできない。
4．母集団における実際の逸脱率が許容逸脱率を上回っていな	増加する。	サンプルのテスト結果が現実に母集団における実際の逸脱を示していることについて、監査人が得ようとする保証水準が高いほど、より多くのサンプル数が必要となる。

いということについて、監査人が得ようとする保証水準が高くなる。		
5．母集団におけるサンプリング単位数が増加する。	無視できるほど小さい。	大きな母集団では、母集団を構成する項目数がサンプル数に与える影響は無視できるほど小さい。 しかし、小さな母集団では、監査サンプリングは、十分かつ適切な監査証拠を入手するための他の方法に比べて効率的でないことがある。

付録3　詳細テストにおけるサンプル数に影響を与える諸要因の例示（A11項参照）

監査人は、詳細テストにおけるサンプル数の決定に当たり、以下のような諸要因を考慮する。これらの諸要因は総合的に考慮される必要があり、監査人が、運用評価手続のアプローチや実証手続の種類又は時期を一定にして、評価したリスクに対応することを想定している。

要　因	サンプル数に与える影響	
1．監査人の重要な虚偽表示リスクの評価が高くなる。	増加する。	監査人の重要な虚偽表示リスクの評価が高くなるほど、より多くのサンプル数が必要となる。 監査人の重要な虚偽表示リスクの評価は、固有リスク及び統制リスクの影響を受ける。 例えば、監査人が運用評価手続を実施しない場合、特定のアサーションに関連する内部統制の有効な運用状況によって監査人のリスク評価を低くすることができない。 したがって、監査リスクを許容可能な低い水準に抑えるために、監査人は、発見リスクの程度を低くする必要があり、実証手続に依拠する程度を高めることになる。 より多くの監査証拠を詳細テストから入手しようとするほど、すなわち、発見リスクをより低くするほど、より多くのサンプル数が必要となる。
2．同一のアサーションに対してより多くの他の実証手続が実施される。	減少する。	監査人が、特定の母集団における発見リスクの程度を許容可能な水準に抑えるために、他の実証手続（詳細テスト又は分析的実証手続）に依拠する程度を高めるほど、サンプリングにおいて必要な保証水準は低くなり、したがって、サンプル数をより少なくすることができる。
3．母集団における実際の虚偽表示額が許容虚偽表示額を上回らないことについて、監査人が得ようとする保証水準が高くな	増加する。	サンプルのテスト結果が母集団における実際の虚偽表示を示していることについて、監査人が得ようとする保証水準が高くなるほど、より多くのサンプル数が必要となる。

る。		
4．許容虚偽表示額が低くなる。	増加する。	許容虚偽表示額が低くなるほど、より多くのサンプル数が必要となる。
5．母集団における予想虚偽表示額が増加する。	増加する。	母集団における予想虚偽表示額が大きいほど、母集団における実際の虚偽表示額を合理的に見積もるためには、より多くのサンプル数が必要となる。 予想虚偽表示額の考慮に関連する諸要因には、金額の決定に主観的判断が介入している程度、リスク評価手続の結果、運用評価手続の結果、過年度に実施した監査手続の結果、及び他の実証手続の結果が含まれる。
6．母集団の階層化（適切な場合）	減少する。	母集団における項目に金額の幅が相当ある場合、母集団の階層化が有用であることがある。 母集団を適切に階層化できる場合、各階層のサンプル数の合計は、一般に、サンプリングリスクの程度が同じであれば、階層化せずに母集団全体から抽出した場合のサンプル数よりも少なくなる。
7．母集団におけるサンプリング単位の数	無視できるほど小さい。	大きな母集団では、母集団を構成する項目数がサンプル数に与える影響は無視できるほど小さいが、小さな母集団では、監査サンプリングは、十分かつ適切な監査証拠を入手するための他の方法に比べて効率的でないことが多い。 しかしながら、金額単位抽出法を利用する場合、母集団の金額が増加すると、重要性の基準値（及び該当する場合には、特定の取引種類、勘定残高又は開示等に対する重要性の基準値）が比例して増加し母集団の金額の増加の影響が相殺されない限り、サンプル数は増加する。

付録４　サンプル抽出法（A13項参照）

サンプルの抽出には多くの方法があり、その主なものは以下のとおりである。

1．無作為抽出法

例えば、乱数表などの乱数ジェネレーターを利用して適用される。

2．系統的抽出法

この方法においては、母集団を構成するサンプリング単位数をサンプル数で割ることによってサンプル間隔が求められる。例えば、サンプル間隔が50である場合、初めの50項目の中から最初のサンプルを決定し、その後は50番目ごとにサンプリング単位を抽出する。最初のサンプルは任意抽出により決定してもよいが、コンピュータによる乱数ジェネレーター又は乱数表を利用して決定された場合、サンプルは真に無作為である可能性がより高くなる。系統的抽出法を使用する場合、監査人は、サンプル間隔がその母集団に特有のパターンと符合するような抽出方法で母集団におけるサンプリング単位が構成されていないと決定する必要がある。

3．金額単位抽出法

（付録１で記述されているような）項目の金額を重視した方法の一種であり、そのサンプル数、抽出及び評価は、金額によって結論付けられる。

4．任意抽出法

この方法においては、監査人は、ある定まった手法に従わずにサンプルを抽出する。定型化した手法を利用しないが、監査人は、それでもなお、全ての意識的な偏向や予測（例えば、捜すのが難しい項目を避けたり、常にページの最初若しくは最後の項目を選択したり又は選択しないようにすること）を避けて、母集団における全ての項目に抽出の機会があることを確かめるようにする。任意抽出法は、統計的サンプリングを使う場合には適切でない。

5．ブロック抽出法

母集団における連続した項目を一つ以上のブロックとして抽出する方法である。ほとんどの母集団は、連続した項目はお互いに類似した特性を持つが、連続していない他の項目とは特性が異なることが予想されるような構造になっているため、ブロック抽出法は、通常、監査サンプリングにおいて使用することはできない。状況によっては、ブロックとして抽出された項目を検討することが適切な監査手続になることもあるが、監査人がサンプルに基づいて母集団全体に対する適切な推定を行う場合、適切なサンプル抽出手法となることはほとんどない。

以　上

監査基準委員会報告書540
会計上の見積りの監査*

2011年12月22日
改正2015年5月29日
最終改正2021年1月14日
日本公認会計士協会
監査基準委員会
（報告書：第77号）

項番号

Ⅰ　本報告書の範囲及び目的

1．本報告書の範囲

1．本報告書は、財務諸表監査における会計上の見積り及び関連する注記事項に関する実務上の指針を提供するものである。特に、本報告書は、監査基準委員会報告書315「企業及び企業環境の理解を通じた重要な虚偽表示リスクの識別と評価」、同330「評価したリスクに対応する監査人の手続」、同450「監査の過程で識別した虚偽表示の評価」、同500「監査証拠」等を会計上の見積り及び関連する注記事項に関してどのように適用すべきかについての指針を記載している。また、本報告書は、会計上の見積り及び関連する注記事項に係る虚偽表示の評価並びに経営者の偏向が存在する兆候に関する指針についても記載している。

2．会計上の見積りの性質

2．会計上の見積りには様々なものがあり、金額を直接観察できない場合に経営者により行われるものである。見積金額の測定は、経営者の知識又はデータに係る固有の限界の影響を受け、見積りの不確実性を伴う。このような限界は、金額の測定結果に主観性と幅を生じさせる。会計上の見積りのプロセスにおいて、仮定及びデータを用いた見積手法が選択及び適用され、経営者による判断が必要となり、測定が複雑になる場合がある。金額の測定に係る複雑性、主観性又はその他の固有リスク要因の程度は、虚偽表示が生じる可能性に影響を与える。（A1項から A6項、付録１参照）

3．本報告書は全ての会計上の見積りに適用されるが、見積りの不確実性の影響を受ける程度は、個々の会計上の見積りによって大きく異なる。本報告書により求められるリスク評価とリスク対応手続の種類、時期及び範囲は、見積りの不確実性及び関連する重要な虚偽表示リスクの評価により異なる。会計上の見積りの中には、その性質上、見積りの不確実性が非常に低く、見積りを行うに当たっての複雑性及び主観性も非常に低いものがある。そのような会計上の見積りについては、本報告書が求めるリスク評価手続及びリスク対応手続が広範になることはない。見積りの不確実性、複雑性又は主観性が非常に高い場合には、これらの手続も極めて広範なものとなる。本報告書には、見積りの不確実性、複雑性又は主観性の程度に応じて要求事項がどのように適用されるかに関する指針が含まれる。（A7項参照）

3．本報告書に関連する基本的な概念

4．監査人は、会計上の見積りにおけるアサーション・レベルの重要な虚偽表示リスクの評価を目的として、固有リスクを統制リスクとは別に評価しなければならない。特定の会計上の見積りの性質によっては、アサーションが重要な虚偽表示となる可能性は、見積りの不確実性、複雑性、主観性又はその他の固有リスク要因及びこれらの相互関係性の影響を受けることがある。また、監査基準委員会報告書200「財務諸表監査における総括的な目的」A37項で説明されているとおり、一部のアサーション及び関連する取引種類、勘定残高及び注記事項の固有リスクは、他に比べて相対的に高いことがある。固有リスクは、固有リスク要因が虚偽表示の発生可能性又は影響の度合いに対して与える程度に基づき評価される。評価した固有リスクの程度は高いものから低いものまで様々であり、本報告書ではこれを固有リスクの分布（境界線がなく無段階に連続的に変化する固有リスクの分布）と呼んでいる。（A8項及び A9項、A65項及び A66項、付録１参照）

5．本報告書は、監査人による会計上の見積りに関連する内部統制の評価が重要であるため、監査基準委員会報告書315「企業及び企業環境の理解を通じた重要な虚偽表示リスクの識別と評価」及び同330「評価したリスクに対応する監査人の手続」の関連する要求事項を参照している。本報告書は、以下を含め、内部統制に関す

る指針を提供している。
・監査に関連する内部統制の識別、そのデザイン及び業務への適用の評価
・関連する内部統制の運用評価手続の実施

6．監査人は、会計上の見積りにおけるアサーション・レベルの重要な虚偽表示リスクを評価する際に、統制リスクを固有リスクとは別に評価することが求められている。統制リスクを評価する場合、監査人は有効に運用されている内部統制への依拠を前提としてリスク対応手続を計画するかどうかについて考慮することになる。監査人が運用評価手続を実施しない場合、特定のアサーションに関連する内部統制の有効な運用状況によって監査人のリスク評価を低くすることはできない。（A10項参照）（監基報530付録3参照）

7．本報告書は、固有リスク要因の影響及び監査人による統制リスクの評価を考慮して、監査人のリスク対応手続（該当する場合、内部統制の運用評価手続を含む。）が、アサーション・レベルの重要な虚偽表示リスクの評価の根拠に対応している必要があることを重視している。

8．監査人の固有リスク要因の検討結果が、会計上の見積りに関する職業的懐疑心の発揮に影響する。会計上の見積りの不確実性の程度がより高い場合、あるいは会計上の見積りが複雑性、主観性又はその他の固有リスク要因によって大きな影響を受ける場合には、職業的懐疑心の重要性が高まる。同様に、経営者の偏向又は不正による虚偽表示が生じる可能性が高い場合においても、職業的懐疑心を発揮することは重要である。（A11項参照）

9．監査人は、実施した監査手続と入手した監査証拠に基づき、適用される財務報告の枠組みに照らして会計上の見積り及び関連する注記事項が合理的であるか虚偽表示であるかを評価することが求められている（監査基準委員会報告書700「財務諸表に対する意見の形成と監査報告」第11項(3)参照）。本報告書において、適用される財務報告の枠組みに照らして合理的であるとは、以下の事項を含め、適用される財務報告の枠組みにおいて要求される事項が適切に適用されていることを意味する（A12項及びA13項、A139項からA144項参照）。
・会計上の見積りの実施（会計上の見積りの性質及び企業に関連する事実と状況に照らして、見積手法、仮定及びデータの選択を含む。）
・経営者の見積額の選択
・会計上の見積りに関する注記事項（どのように会計上の見積りが行われたのかに関する注記事項並びに見積りの不確実性の性質、程度及び原因の説明に関する注記事項を含む。）

4．本報告書の目的

10．本報告書における監査人の目的は、財務諸表における会計上の見積り及び関連する注記事項が適用される財務報告の枠組みに照らして合理的であるかどうかについて十分かつ適切な監査証拠を入手することである。

5．定義

11．本報告書における用語の定義は、以下のとおりとする。

(1)「会計上の見積り」―適用される財務報告の枠組みに従って、金額の測定に見積りの不確実性を伴うものをいう。（A14項参照）

(2)「監査人の見積額又は監査人の許容範囲」―経営者の見積額を評価するために、監査人が設定した金額又は金額の幅をいう。（A15項参照）

(3)「見積りの不確実性」―正確に測定することができないという性質に影響される程度をいう。（A16項、付録1参照）

(4)「経営者の偏向」―情報の作成における経営者の中立性の欠如をいう。（A17項参照）

(5)「経営者の見積額」―財務諸表で会計上の見積りとして認識又は注記するために経営者が選択した金額をいう。

(6)「会計上の見積りの確定額」―会計上の見積りに係る取引、事象又は状況が最終的に確定することによって生ずる実績金額をいう。（A18項参照）

Ⅲ　要求事項

1．リスク評価手続とこれに関連する活動

12．監査基準委員会報告書315により求められているとおり、企業の内部統制を含め、企業及び企業環境を理解する際、監査人は、企業の会計上の見積りに関連する以下の事項を理解しなければならない。この理解に当たって、監査人は、財務諸表全体レベルの重要な虚偽表示リスク及びアサーション・レベルの重要な虚偽表示リスクを識別し評価するための適切な基礎が得られるように、必要な範囲において手続を実施しなければならない。（A19項から A22項参照）

企業及び企業環境

⑴　財務諸表における会計上の見積りの認識若しくは注記が必要となる、又はこれらに係る変更が生じる可能性のある、企業の取引並びにその他の事象及び状況（A23項参照）

⑵　適用される財務報告の枠組みにおける、会計上の見積りに関連して要求される事項（認識要件、測定基礎並びに表示及び注記事項に関連して要求される事項を含む。）。また、固有リスク要因が、アサーションにおける虚偽表示の生じやすさにどのように影響を及ぼすかを含め、企業及び企業環境の状況に照らしてこれらの要求される事項がどのように適用されているか。（A24項及び A25項参照）

⑶　企業の会計上の見積りに関連する規制要因（金融機関等の場合には、健全性に関する監督機関が定めた規制の枠組みを含む。（A26項参照））

⑷　上記⑴から⑶の事項に関する監査人の理解に基づき、監査人が企業の財務諸表に含まれると予想する会計上の見積りの性質及び関連する注記事項の内容（A27項参照）

企業の内部統制

⑸　会計上の見積りに関連する経営者の財務報告プロセスに対する、企業の監督及びガバナンスの性質及び範囲（A28項から A30項参照）

⑹　経営者が、専門家の利用を含め、会計上の見積りに関連する専門的技能又は知識の必要性をどのように識別し適用しているか。（A31項参照）

⑺　企業のリスク評価プロセスにおいて、会計上の見積りに関連するリスクがどのように識別され対処されているか。（A32項及び A33項参照）

⑻　以下の各事項を含む、会計上の見積りに関連する企業の情報システム

①　財務諸表において重要であり、会計上の見積り及び関連する注記事項が必要となる、又はこれらに係る変更をもたらす、取引種類、事象及び状況（A34項及び A35項参照）

②　そのような会計上の見積り及び関連する注記事項に関する以下の事項

ア．経営者が適用される財務報告の枠組みに照らして、適切な見積手法、仮定又はデータ及びこれらに関する変更の必要性をどのように識別したか。これには以下を含む。（A36項及び A37項参照）

㋐　モデルの使用を含め、使用する見積手法をどのように選択又はデザインしたか、及びそれらをどのように適用したか。（A38項及び A39項参照）

㋑　代替的な仮定の検討を含め、使用する仮定をどのように選択したか、及び重要な仮定をどのように識別したか。（A40項から A43項参照）

㋒　使用するデータをどのように選択しているか。（A44項参照）

イ．経営者が見積りの不確実性の程度をどのように理解したか。これには生じ得る測定結果の範囲の検討を含む。（A45項参照）

ウ．経営者が見積りの不確実性にどのように対処しているか。これには財務諸表に計上される見積額と関連する注記事項をどのように選択したかを含む。（A46項

から A49項参照)

(9) (8)②に記載されている経営者の会計上の見積りを行うプロセスのうち、監査に関連する統制活動(A50項から A54項参照)

(10) 経営者は過年度の会計上の見積りの確定額をどのように検討し、検討結果にどのように対応しているか。

13. 監査人は、当年度における重要な虚偽表示リスクの識別と評価に役立てるために、過年度の会計上の見積りの確定額又は該当する場合には再見積額について検討しなければならない。監査人は、検討の内容と範囲を決定する際、会計上の見積りの性質を考慮しなければならない。当該監査人の検討は、見積りの時点において利用可能であった情報に基づき適切に行われた、過年度における会計上の見積りの判断を問題とするものではない。(A55項から A60項参照)

14. 会計上の見積りに関して、監査人は、リスク評価手続の実施、重要な虚偽表示リスクの識別及び評価、当該リスクに対応する監査手続の立案及び実施又は入手した監査証拠の評価に当たって、専門的な技能又は知識が監査チームに必要かどうかを決定しなければならない。(A61項から A63項参照)

2. 重要な虚偽表示リスクの識別と評価

15. 会計上の見積り及び関連する注記事項に関して、監査人は監査基準委員会報告書315で要求されるアサーション・レベルの重要な虚偽表示リスクを識別し評価する際に(監基報315第24項及び第25項)、固有リスクと統制リスクを分けて評価しなければならない。監査人は、重要な虚偽表示リスクを識別し固有リスクを評価する際に、以下を考慮しなければならない。(A64項から A71項参照)

(1) 会計上の見積りが見積りの不確実性の影響を受ける程度(A72項から A75項参照)

(2) 以下の事項が複雑性、主観性又はその他の固有リスク要因の影響を受ける程度(A76項から A79項参照)

① 会計上の見積りを行う際に使用する見積手法、仮定及びデータの選択と適用

② 財務諸表に計上される経営者の見積額と関連する注記事項の選択

16. 監査人は、第15項に従って識別し評価した重要な虚偽表示リスクが、特別な検討を必要とするリスクであるかどうかを判断しなければならない(監基報315第26項)。特別な検討を必要とするリスクであると判断した場合、監査人は、当該リスクに関連する統制活動を含む企業の内部統制を理解しなければならない。(監基報315第28項)(A80項参照)

3. 評価した重要な虚偽表示リスクへの対応

17. 監査基準委員会報告書330で求められているとおり、監査人は、評価したアサーション・レベルの重要な虚偽表示リスクの評価の根拠を考慮し、当該リスクに対応するリスク対応手続を立案し実施しなければならない(監基報330第5項から第14項、第17項及び第20項)。このリスク対応手続には、以下のアプローチのうち、少なくとも一つを含めなければならない。

(1) 監査報告書日までに発生した事象からの監査証拠の入手(第20項参照)

(2) 経営者がどのように会計上の見積りを行ったかの検討(第21項から第26項参照)

(3) 監査人の見積額又は許容範囲の設定(第27項及び第28項参照)

監査人は、リスク対応手続の立案に当たって、評価した重要な虚偽表示リスクが高いほど、より確かな心証が得られる監査証拠の入手が必要となることを考慮しなければならない(監基報330第6項(2))。監査人はまた、経営者の見積りを裏付ける監査証拠の入手に偏ることなく、矛盾する監査証拠を排除しないようにリスク対応手続を立案し実施しなければならない。(A81項から A84項参照)

18. 監査基準委員会報告書330で求められているとおり、監査人は、以下のいずれかの場合には、関連する内部統制の有効性に関して、十分かつ適切な監査証拠を入手する運用評価手続を立案し実施しなければならない。(監基報330第7項)

⑴　アサーション・レベルの重要な虚偽表示リスクを評価した際に、内部統制が有効に運用されていると想定する場合

⑵　実証手続のみでは、アサーション・レベルで十分かつ適切な監査証拠を入手できない場合

このような場合、監査人は、会計上の見積りに関して、評価した重要な虚偽表示リスクの評価の根拠に対応する内部統制の運用評価手続を立案し実施しなければならない。監査人は、運用評価手続の立案と実施に当たって、有効に運用されている内部統制への依拠の程度が高いほど、より確かな心証が得られる監査証拠を入手しなければならない。(監基報330第８項)（A85項から A89項参照)

19．会計上の見積りに関する特別な検討を必要とするリスクについて、監査人は、関連する内部統制に依拠しようとする場合には、当年度の監査におけるリスク対応手続に内部統制の運用評価手続を含めなければならない。監査人は、特別な検討を必要とするリスクに対して実証手続のみを実施する場合、詳細テストを含めなければならない。(監基報330第14項及び第20項参照)（A90項参照)

⑴　監査報告書日までに発生した事象からの監査証拠の入手

20．リスク対応手続として、監査報告書日までに発生した事象から監査証拠を入手している場合、監査人は、入手した監査証拠が会計上の見積りに関連する重要な虚偽表示リスクに対応する上で十分かつ適切であるかどうかを評価しなければならない。その際、測定日から当該事象までの期間における状況やその他の関連する条件の変化が、適用される財務報告の枠組みに照らして監査証拠の適合性に及ぼす影響を考慮しなければならない。（A91項から A93項参照)

⑵　経営者がどのように会計上の見積りを行ったかの検討

21．監査人は、経営者がどのように会計上の見積りを行ったかを検討する場合、以下の事項に関連する重要な虚偽表示リスクについて十分かつ適切な監査証拠を入手するために、リスク対応手続として、第22項から第25項に従って立案し実施する手続を含めなければならない。（A94項参照)

⑴　経営者が会計上の見積りを行う際に使用した見積手法、重要な仮定及びデータの選択及び適用

⑵　経営者による見積額の選択方法及び見積りの不確実性に関する注記事項

見積手法

22．見積手法に関するリスク対応手続は、以下の事項に対応するものでなければならない。

⑴　選択された見積手法が、適用される財務報告の枠組みに照らして適切であるかどうか、また、該当する場合には、過年度に使用された見積手法からの変更が適切であるかどうか。（A95項及び A97項参照)

⑵　見積手法の選択に関する判断が、経営者の偏向が存在する兆候を示していないかどうか。（A96項参照)

⑶　計算が見積手法に従って実施されており、正確であるかどうか。

⑷　見積手法の適用に際して複雑なモデルが使用されている状況にある場合、判断が整合的かどうか、また、以下が適切であるかどうか。（A98項から A100項参照)

①　モデルの設計が、適用される財務報告の枠組みにおける測定目的を満たし、その状況において適切であるか。また、過年度のモデルからの変更がある場合には、当該変更がその状況において適切であるか。

②　該当する場合、モデルのアウトプットに対する調整が、適用される財務報告の枠組みにおける測定目的と整合し、その状況において適切であるか。

⑸　見積手法の適用において、重要な仮定及びデータの完全性が維持されているかどうか。（A101項参照)

重要な仮定

23. 重要な仮定に関するリスク対応手続は、以下の事項に対応するものでなければならない。

(1) 重要な仮定が、適用される財務報告の枠組みに照らして適切であるかどうか。また、過年度からの変更がある場合には、当該変更が適切であるかどうか。(A95項、A102項及びA103項参照)

(2) 重要な仮定の選択に関する判断が経営者の偏向が存在する兆候を示していないかどうか。(A96項参照)

(3) 監査人が監査の過程で得た知識に基づき、重要な仮定が相互に整合しており、他の会計上の見積り又は企業の事業活動における他の領域で使用した仮定と整合しているかどうか。(A104項参照)

(4) 該当する場合、経営者が特定の行動方針を実行する意思とその能力を有しているかどうか。(A105項参照)

データ

24. データに関するリスク対応手続は、以下の事項に対応するものでなければならない。

(1) データが、適用される財務報告の枠組みに照らして適切であるかどうか。また、過年度からの変更がある場合には、当該変更が適切であるかどうか。(A95項及びA106項参照)

(2) データの選択に関する判断が、経営者の偏向が存在する兆候を示していないかどうか。(A96項参照)

(3) データが状況に応じた適合性と信頼性を有しているかどうか。(A107項参照)

(4) 契約条件に関するデータを含め、経営者がデータを適切に理解又は解釈しているかどうか。(A108項参照)

経営者による見積額の選択及び見積りの不確実性に関する注記事項

25. 経営者による見積額の選択及び見積りの不確実性に関する注記事項についてのリスク対応手続は、適用される財務報告の枠組みに照らして、経営者が以下を適切に行っているかどうかに対応するものでなければならない。

(1) 見積りの不確実性の理解(A109項参照)

(2) 見積りの不確実性への対処。これは、適切な見積額の選択と見積りの不確実性に関する注記により行われる。(A110項からA114項参照)

26. 監査人は、入手した監査証拠に基づき、経営者が見積りの不確実性に関して適切に理解又は対処していないと判断した場合、以下を実施しなければならない。(A115項からA117項参照)

(1) 経営者に対して、見積りの不確実性に関する理解又は対処を行うため、見積額の再検討又は見積りの不確実性に関する追加的な注記事項の検討を要請し、それに対する経営者の対応を第25項に従って評価する。

(2) 経営者が見積りの不確実性に十分に対処していないと判断した場合には、実施可能な範囲で、第27項及び第28項に従って監査人の見積額又は許容範囲を設定する。

(3) 内部統制に不備があるかどうかを評価し、不備がある場合には監査基準委員会報告書265「内部統制の不備に関するコミュニケーション」に従ってコミュニケーションを行う。

(3) 監査人の見積額又は許容範囲の設定

27. 経営者による見積額及び見積りの不確実性に関する注記事項を評価するために監査人の見積額又は許容範囲を設定する場合(第26項(2)により見積額又は許容範囲の設定が求められる場合を含む。)、監査人は、リスク対応手続に、使用した見積手法、仮定及びデータが適用される財務報告の枠組みに照らして適切であるかどうかを評価する手続を含めなければならない。監査人は、使用する見積手法、仮定及びデータが経営者によるものであるか監査人自身によるものであるかにかかわらず、第22項から第24項に従ってリスク対応手続を立案し実施しなければならない。(A118項からA123項参照)

28. 監査人は、監査人の許容範囲を設定する場合、以下を実施しなければならない。

(1) 十分かつ適切な監査証拠により裏付けられ、適用される財務報告の枠組みにおける測定目的及び他の要求事項に照らして合理的であると評価した金額のみが含まれるように許容範囲を決定すること（A124項及びA125項参照）

(2)　見積りの不確実性の注記事項に関連する重要な虚偽表示リスクに対して、十分かつ適切な監査証拠を入手するためのリスク対応手続を立案し実施すること

(4)　監査証拠に関するその他の検討事項

29．監査人は、会計上の見積りに関する重要な虚偽表示リスクに対する監査証拠を入手する際には、監査証拠として使用する情報の情報源にかかわらず、監査基準委員会報告書500を遵守しなければならない。

経営者の利用する専門家の業務を監査人が利用する場合、当該専門家の業務について、監査証拠としての適切性を関連するアサーションに照らして評価する必要がある（監基報500第7項(3)参照）。本報告書の第20項から第28項は、この評価に役立つことがある。経営者の利用する専門家の業務の適切性を評価する際、リスク対応手続の種類、時期及び範囲は、監査人による当該専門家の適性、能力及び客観性に関する評価、専門家が実施する業務の内容についての監査人の理解、並びに専門家の専門分野に関する監査人の知識に影響を受ける。（A126項からA132項参照）

4．会計上の見積りに関する注記事項

30．監査人は、会計上の見積りに関する注記事項（第25項(2)及び第28項(2)に記載されている見積りの不確実性に関する注記事項を除く。）について、アサーション・レベルで評価した重要な虚偽表示リスクに関する十分かつ適切な監査証拠を入手するためのリスク対応手続を立案し実施しなければならない。

5．経営者の偏向が存在する兆候

31．監査人は、財務諸表に含まれる会計上の見積りに関する経営者の判断及び決定について、それらが個々には合理的であっても、経営者の偏向が存在する兆候を示していないかどうかを評価しなければならない。監査人は、経営者の偏向が存在する兆候を識別した場合、監査への影響を評価しなければならない。意図的に誤解を与えることを目的としているのであれば、そのような経営者の偏向は不正に該当する。（A133項からA136項参照）

6．実施した監査手続に基づく総括的評価

32．監査人は、会計上の見積りに関して監査基準委員会報告書330第24項及び第25項を適用する際、実施した監査手続及び入手した監査証拠に基づき、以下を評価しなければならない。（A137項及びA138項参照）

(1)　経営者の偏向が存在する兆候が識別された場合を含め、アサーション・レベルの重要な虚偽表示リスクに関する評価が依然として適切であるかどうか。

(2)　財務諸表における会計上の見積りの認識、測定、表示及び注記事項に関する経営者の決定が、適用される財務報告の枠組みに準拠しているかどうか。

(3)　十分かつ適切な監査証拠を入手したかどうか。

33．監査人は、前項(3)の評価を行う際、裏付けとなるか矛盾するかにかかわらず、入手した全ての関連する監査証拠を考慮しなければならない（監基報500第10項）。十分かつ適切な監査証拠を入手できない場合、監査人は、監査基準委員会報告書705「独立監査人の監査報告書における除外事項付意見」に従って、監査報告書における意見への影響を含め、監査への影響を評価しなければならない。

会計上の見積りが合理的であるか虚偽表示であるかの判断

34．監査人は、会計上の見積り及び関連する注記事項が、適用される財務報告の枠組みに照らして合理的であるか虚偽表示であるかを判断しなければならない。監査基準委員会報告書450「監査の過程で識別した虚偽表示の評価」A6項は、未修正の虚偽表示が財務諸表に及ぼす影響を監

査人が評価するために、虚偽表示を確定した虚偽表示、判断による虚偽表示及び推定による虚偽表示に区分する際の指針を提供している。(A12項及びA13項、A139項からA144項参照)

35. 監査人は、会計上の見積りに関連して、以下のいずれかについて評価しなければならない。

(1) 適正表示の枠組みの場合、当該枠組みにおいて具体的に要求されていないものであっても、財務諸表全体の適正表示を達成するために必要な注記事項が記載されているかどうか。(監基報700第12項参照)

(2) 準拠性の財務報告の枠組みの場合、財務諸表の利用者の誤解を招かないように必要な注記事項が記載されているかどうか。(監基報700第17項参照)

７．経営者確認書

36. 監査人は、経営者に対し、会計上の見積りを行う際に使用された見積手法、重要な仮定及びデータ並びに関連する注記事項が、適用される財務報告の枠組みに準拠した認識、測定及び注記を達成する上で適切であるかどうかについて、経営者確認書に記載することを要請しなければならない(監基報580「経営者確認書」参照)。監査人は、使用された見積手法、仮定及びデータに関連するものを含め、特定の会計上の見積りに関する記載を要請する必要性についても検討しなければならない。(A145項参照)

８．監査役等、経営者又は他の関係する者とのコミュニケーション

37. 監査基準委員会報告書260「監査役等とのコミュニケーション」第14項(1)及び監査基準委員会報告書265「内部統制の不備に関するコミュニケーション」第８項では、監査人が企業の会計実務の質的側面のうち重要なもの及び内部統制の重要な不備を含む特定の事項について、監査役若しくは監査役会、監査等委員会若しくは監査委員会(以下「監査役等」という。)又は経営者とのコミュニケーションを行うことを要求している。その際、監査人は、会計上の見積りに関してコミュニケーションを行うべき事項があれば検討し、重要な虚偽表示リスクの原因が見積りの不確実性に関するものかどうか、又は会計上の見積り及び関連する注記を行う上での複雑性、主観性若しくはその他の固有リスク要因の影響に関するものかどうかについて考慮しなければならない。さらに、監査人は、特定の事項に関し、規制当局又は金融機関等の健全性に関する監督機関等の他の関係する者とのコミュニケーションを行うことが法律又は規制によって求められる場合がある。(A146項からA148項参照)

９．監査調書

38. 監査人は、以下の事項を監査調書に記載しなければならない。(監基報230「監査調書」第７項から第10項、A6項、A7項及びA10項参照)(A149項からA152項参照)

(1) 会計上の見積りに関連する企業の内部統制を含む、企業及び企業環境に関し監査人が理解した主な内容

(2) 固有リスク又は統制リスクのいずれかに関連する重要な虚偽表示リスクの評価の根拠を考慮した、アサーション・レベルの重要な虚偽表示リスクと実施したリスク対応手続との関連性(監基報330第27項(2)参照)

(3) 経営者が見積りの不確実性を適切に理解し対処するための措置を講じていない場合の監査人の対応

(4) (該当がある場合)会計上の見積りに関する経営者の偏向が存在する兆候及び第31項により求められる、監査への影響に関する監査人の評価

(5) 会計上の見積り及び関連する注記事項が、適用される財務報告の枠組みに照らして合理的であるか虚偽表示であるかの監査人の決定における重要な判断

Ⅲ　適用指針

1．会計上の見積りの性質（第２項参照）

⑴　会計上の見積りの例

A1．取引種類、勘定残高及び注記事項に関連する会計上の見積りには、例えば以下がある。
- ・滞留又は処分見込等の棚卸資産
- ・固定資産の減価償却
- ・インフラ資産の評価
- ・金融商品の評価
- ・係争中の訴訟の結果
- ・貸倒引当金（予想信用損失引当金）
- ・保険契約負債の評価
- ・製品保証引当金
- ・従業員の退職給付債務
- ・株式に基づく報酬
- ・のれん及び無形資産を含む、企業結合により取得した資産又は負債の公正価値
- ・固定資産の減損
- ・独立した事業当事者間で行われる金銭的対価を伴わない資産又は負債の交換取引
- ・長期契約に関する収益認識

⑵　見積手法

A2．見積手法とは、要求される測定基礎に従って経営者が会計上の見積りを行うために使用する測定技法である。例えば、株式に基づく報酬に関連する会計上の見積りを行う場合、一般的には、ブラック－ショールズのオプション評価モデルを使用してコール・オプションの理論価格を決定する手法がある。見積手法はモデルと呼ばれることがあり、計算ツール又は計算プロセスを用いて適用される。また、見積手法には仮定及びデータの適用に伴い、仮定及びデータ間の関係性が考慮される。

⑶　仮定及びデータ

A3．仮定には、金利や割引率の選択又は将来の状況や事象に関する見通し等について、入手可能な情報に基づく判断が伴う。経営者は、幅広い適切な代替案から仮定を選択できる。経営者の利用する専門家が作成又は識別する仮定は、会計上の見積りを作成する際に経営者によって使用される場合、経営者の仮定となる。

A4．本報告書において、データとは、直接観察することにより入手できる情報又は企業の外部から入手できる情報である。データを分析又は解釈することで得られた情報は、当該分析又は解釈の技法が十分に確立された理論に基づいており、経営者の判断の必要性が低い場合には派生データと呼ばれる。そうでない場合には、そのような情報は仮定となる。

A5．データには、例えば、以下のものがある。
- ・市場取引において合意された価格
- ・生産機械の稼働時間又は生産高
- ・借入契約における契約金利、返済スケジュール、期間等、契約に含まれる価格又はその他の条件
- ・外部情報源から入手した経済予測又は収益見通し等の将来の情報
- ・補間法を使って先渡し金利に基づき決定した将来の金利（派生データ）

A6．データは、以下のような様々な情報源から得られる。
- ・組織の内部又は外部で生成される情報
- ・総勘定元帳若しくは補助元帳のシステム内又はそれ以外のシステムから入手される情報
- ・契約書に記載された情報
- ・法令又は規制に関わる公表物に含まれる情報

⑷　適用の柔軟性（第３項参照）

A7．本報告書の要求事項の適用の柔軟性に関する指針は、A20項からA22項、A63項、A67項及びA84項に記載されている。

2．本報告書に関連する基本的な概念

⑴　固有リスク要因（第４項参照）

A8．固有リスク要因とは、関連する内部統制が存在していないとの仮定の上で、アサーションにおける虚偽表示の生じやすさに影響を及ぼす

事象又は状況の特徴である。付録1には、会計上の見積りの実施及び財務諸表の表示における固有リスク要因の性質及びこれらの要因の相互関係について詳細な説明が記載されている。

A9. 見積りの不確実性、複雑性又は主観性に加え、重要な虚偽表示リスクを識別し評価する際に監査人が考慮するその他の固有リスク要因には以下の事項が含まれることがある。

・関連する財務諸表項目の性質若しくは状況の変化、又は会計上の見積りを行うために使用される方法、仮定若しくはデータの変更が必要となる適用される財務報告の枠組みの改正

・会計上の見積りを行う際に経営者の偏向又は不正による虚偽表示が生じる可能性

(2) 統制リスク（第6項参照）

A10. 監査人がアサーション・レベルで統制リスクを評価する際には、依拠しようとする内部統制のデザインの有効性及び評価したアサーション・レベルの固有リスクに内部統制がどの程度対応しているかを検討することが重要である。内部統制が有効にデザインされ、業務に適用されているという監査人の評価は、内部統制の運用評価手続を実施するかどうかの判断に際して、内部統制が有効に運用されているであろうという想定を裏付ける。

(3) 職業的懐疑心（第8項参照）

A11. 監査人による職業的懐疑心の発揮については、A60項、A95項、A96項、A137項及びA139項で例示されている。また、A152項には、監査人が職業的懐疑心を発揮したことを文書化する場合の指針及び本報告書における具体的な要求事項が記載されている。A152項に記載された要求事項は、文書化により職業的懐疑心を発揮したことを示す証拠となり得る場合を例示したものである。

(4) 「合理的」という概念（第9項及び第35項参照）

A12. 適用される財務報告の枠組みに照らして、会計上の見積り及び関連する注記事項が合理的であるかどうかを監査人が検討する際のその他の検討事項には以下が含まれる。

・会計上の見積りを行う際に使用されたデータ及び仮定が相互に整合しており、他の会計上の見積り又は企業の事業活動における他の領域で使用したデータ及び仮定と整合しているかどうか。

・会計上の見積りにおいて、適用される財務報告の枠組みで求められる適切な情報が考慮されているか。

A13. 第9項における「適切に適用されている」という用語は、適用される財務報告の枠組みに準拠しているだけでなく、その枠組みにおける測定基礎の目的に合致した判断が行われることを意味している。

3. 定義

(1) 会計上の見積り（第11項(1)参照）

A14. 会計上の見積りは、財務諸表において認識又は注記される取引種類又は勘定残高に関連する金額である。また、会計上の見積りには、注記事項に含まれる金額又は取引種類若しくは勘定残高に関する認識若しくは注記の判断を行う際に使用される金額が含まれる。

(2) 監査人の見積額又は監査人の許容範囲（第11項(2)参照）

A15. 監査人の見積額又は許容範囲は、会計上の見積りを直接評価するために使用されることもあれば（例えば、減損損失又は各種金融商品の公正価値）、間接的に評価するために使用されることもある（例えば、会計上の見積りの重要な仮定として使用される金額）。監査人は、金額によらないデータ項目又は仮定（例えば、資産の見積耐用年数）を評価する際にも、同様のアプローチを取ることがある。

(3) 見積りの不確実性（第11項(3)参照）

A16. 全ての会計上の見積りで、見積りの不確実性の程度が高くなるわけではない。例えば、一部の財務諸表項目では、活発な公開市場が存在

し、その取引価格の信頼性が高く、かつ容易に利用可能なことがある。一方、評価方法やデータが明確であっても、見積りの不確実性が存在することもある。例えば、市場規模に比べて上場有価証券を大量に保有している場合や譲渡制限がある場合には、活発な公開市場において売買されている上場有価証券の相場価格について調整が必要となることがある。また、例えば、特定の市場における流動性が低い場合などの評価時点における経済環境が見積りの不確実性に影響を与えることがある。

⑷　経営者の偏向（第11項⑷参照）

A17．財務報告の枠組みの多くは、中立性を重視し、偏向がないことを要求しているが、見積りの不確実性により、会計上の見積りの実施には主観性を伴う。主観性の存在が経営者による判断を必要とし、また、例えば、望ましい利益目標や自己資本比率を達成しようとする動機から、意図的であるか否かを問わず経営者の偏向の影響を受ける可能性をもたらす。会計上の見積りが経営者の偏向の影響を受ける可能性は、会計上の見積りを行う際に経営者の主観性に依存する程度が高いほど増加することになる。

⑸　会計上の見積りの確定額（第11項⑹参照）

A18．会計上の見積りには、その性質上、本報告書に準拠して監査人が実施する遡及的検討などの手続に適合する確定額が存在しない場合がある。例えば、会計上の見積りが、一時点における市場参加者の認識に基づいて行われる場合である。対象となる資産や負債の価値についての市場参加者の認識は時間の経過と共に変化するため、資産の売却時又は負債の譲渡時に実現する価格は、報告日時点の会計上の見積りとは異なることがある。

４．リスク評価手続とこれに関連する活動

⑴　企業及び企業環境の理解（第12項参照）

A19．監査基準委員会報告書315の第10項から第23項は、監査人が内部統制を含む企業及び企業環境に関する一定の事項を理解することを求めている。本報告書の第12項は、監査基準委員会報告書315における一般的な要求事項を基礎として、会計上の見積りに関連した事項を具体的に示している。

適用の柔軟性

A20．会計上の見積りに関連する、内部統制を含む企業及び企業環境を理解するためのリスク評価手続の種類、時期及び範囲は、第12項に記載されている個々の事項の状況によって様々である。例えば、会計上の見積りが必要となる取引又は事象や状況がほとんどない場合や、適用される財務報告の要求事項が複雑でない場合、関連する規制要因が存在しない場合がある。さらに、会計上の見積りにおいて重要な判断の必要が無い場合や、会計上の見積りを行うプロセスが複雑でない場合がある。そのような状況では、会計上の見積りは、見積りの不確実性、複雑性、主観性又はその他の固有リスク要因の影響をそれほど受けない可能性があり、監査人は監査に関連する内部統制を識別しない場合がある。この場合、監査人のリスク評価手続は簡略なものとなり、主に、財務諸表に関する適切な責任を有する経営者への質問、及び会計上の見積りを行う際の経営者のプロセスの単純なウォークスルーにより、リスク評価を実施できることがある。

A21．反対に、会計上の見積りに経営者の重要な判断が必要な場合や、会計上の見積りを行う際のプロセスが複雑で、複雑なモデルを使用する場合がある。また、企業は高度な情報システム及び会計上の見積りに関する広範な内部統制を有している場合がある。そのような状況では、会計上の見積りは、見積りの不確実性、複雑性、主観性又はその他の固有リスク要因の影響を大きく受ける可能性がある。そのような場合、監査人のリスク評価手続の種類又は時期は、前項の状況における監査人のリスク評価手続の種類又は時期と異なり、より広範なものとなる。

A22．単純な事業のみを営む企業（これには、多くの小規模企業が含まれる。）については、以

下の考慮事項が関連することがある。

・事業活動が単純であったり、見積りの不確実性が低いため、会計上の見積りに関連するプロセスが複雑でないことがある。

・会計上の見積りが総勘定元帳又は補助元帳外で算定されたり、会計上の見積りに関する内部統制が限定的であったり、オーナー経営者が決定に重要な影響を及ぼしたりする場合がある。監査人が重要な虚偽表示リスクを識別する際、及び経営者の偏向のリスクを検討する際に、会計上の見積りにおけるオーナー経営者の役割を考慮しなければならない場合がある。

企業及び企業環境

企業の取引及びその他の事象や状況（第12項(1)参照）

A23. 会計上の見積りが新たに必要となるか、又は会計上の見積りの変更が生じる可能性のある状況の変化には、例えば以下が含まれる。

・新たな種類の取引の開始

・取引条件の変更

・新たな事象又は状況の発生

適用される財務報告の枠組みにおいて要求される事項（第12項(2)参照）

A24. 監査人は、適用される財務報告の枠組みにおいて要求される事項の理解に基づき、経営者が会計上の見積りに関連して適用される財務報告の枠組みにおいて要求される事項をどのように適用したか、また、要求事項が適切に適用されたかどうかの監査人の判断について、経営者及び適切な場合には監査役等と討議することとなる。この理解は、監査人が、重要な会計実務について、適用される財務報告の枠組みの下で受入可能であるが、企業の特定の状況においては最適なものではないと考える場合の監査役等への説明に有用である。（監基報260第14項(1)参照）

A25. 適用される財務報告の枠組みにおいて要求される事項を理解するに当たり、監査人は、適用される財務報告の枠組みに関して、例えば以下の点を理解する。

・会計上の見積りの認識要件又は測定方法を規定しているかどうか。

・公正価値での測定を許容又は要求する特定の要件を明記しているかどうか。

・会計上の見積りに関連する判断、仮定又はそれ以外の見積りの不確実性の要因等の注記事項を明示的に要求又は推奨しているかどうか。

また、監査人は適用される財務報告の枠組みの改正により、会計上の見積りに関する企業の会計方針の変更が必要となるかどうかを理解する。

規制要因（第12項(3)参照）

A26. 会計上の見積りに関連する規制要因がある場合にそれを理解することは、適用される規制の枠組み（例えば、銀行や保険会社の健全性に関する監督機関が定めた規制の枠組み）を監査人が識別する際に役立つことがある。また、規制の枠組みについて以下の事項を理解する際にも役立つ場合がある。

・会計上の見積りの認識要件や測定方法を規定しているかどうか、又はこれらに関する指針を提供しているかどうか。

・適用される財務報告の枠組みの要求事項に加えて、注記事項を明記しているかどうか、又はこれに関する指針を提供しているかどうか。

・規制の要求を満たすために経営者の偏向が生じる可能性のある領域を示唆しているかどうか。

・適用される財務報告の枠組みの要求事項と整合しない規制上の要求があるかどうか。それがある場合、重要な虚偽表示リスクを示唆する可能性がある。例えば、規制当局によっては、貸倒引当金（予想信用損失引当金）の最低水準について、適用される財務報告の枠組みの要求を超える水準を設定しようとすることがある。

監査人が企業の財務諸表に含まれると予想する会計上の見積り及び関連する注記事項の内容（第12項(4)参照）

A27. 監査人が企業の財務諸表に含まれると予想する会計上の見積り及び関連する注記事項の内

容を理解することは、関連する可能性のある会計上の見積りの測定基礎並びに注記事項の内容及び範囲の理解に役立つ。監査人は、この理解に基づき、経営者が会計上の見積りを行う方法について経営者と討議することとなる。

監査に関連する企業の内部統制

監督及びガバナンスの性質及び範囲（第12項(5)参照）

A28．会計上の見積りを行う経営者のプロセスに対する企業の監督及びガバナンスの性質及び範囲を監査人が理解することは、監査基準委員会報告書315第13項における以下の要求事項に関する監査人の評価に重要となることがある。

・経営者は、取締役会による監督及び監査役等による監査（以下「取締役会及び監査役等による監視」という。）の下で、誠実性と倫理的な行動を尊重する企業文化を醸成し維持しているかどうか。

・統制環境の各要素の有効性が、内部統制の他の構成要素に適切な基礎を提供しているかどうか。また、内部統制の他の構成要素は、統制環境の不備によって損なわれていないかどうか。

A29．監査人は、取締役会及び監査役等に関して以下を理解することがある。

・会計上の見積りを行う方法又はモデルの特徴及び会計上の見積りに関連するリスク（例えば、使用した見積手法やITに関連するリスク）を理解する技能又は知識があるか。

・経営者が適用される財務報告の枠組みに従って会計上の見積りを行ったかどうかを理解するための技能と知識があるか。

・経営者から独立しており、経営者がどのように会計上の見積りを行ったかを適時に評価するために必要な情報と、経営者の行動が不十分又は不適切と思われる際に経営者に異議を唱える権限を有しているか。

・モデルの使用を含む会計上の見積りを行うための経営者のプロセスを監視しているか。

・経営者による監視活動を監督しているか。これには、会計上の見積りに関する内部統制の整備状況又は運用状況における不備を発見して是正するためにデザインされた監督及び検討の手続が含まれることがある。

A30．取締役会及び監査役等による監視を理解することは、以下のような会計上の見積りが存在する場合に重要であることがある。

・主観性が高く経営者の判断が求められる会計上の見積り

・不確実性が高い会計上の見積り

・ITの広範な使用、大量のデータ若しくは複数の情報源の使用又は相互に複雑に関連する仮定の使用等により複雑性のある会計上の見積り

・見積手法、仮定又はデータについて過年度から変更されている、又は変更が必要となる会計上の見積り

・重要な仮定に基づく会計上の見積り

経営者による専門家の利用を含む、経営者の専門的技能又は知識の適用（第12項(6)参照）

A31．監査人は、以下の状況によって経営者が専門家の関与を必要とする可能性が高まるかどうかを検討する場合がある。（監基報500第７項参照）

・見積りを要する事項の性質が専門的である。例えば、採掘産業における鉱物や石油等の埋蔵量の測定や、複雑な契約条件を適用して算出した評価額が会計上の見積りに影響する場合

・適用される財務報告の枠組みで要求されるモデルの性質が複雑である。例えば、レベル３の公正価値の測定が該当する。

・会計上の見積りを要する状況、取引、又は事象の性質が通例でない、又は頻度が低い。

企業のリスク評価プロセス（第12項(7)参照）

A32．会計上の見積りに関するリスクが、企業のリスク評価プロセスによってどのように識別され対処されているかを理解することは、監査人が以下の事項を検討する際に役立つことがある。

・適用される財務報告の枠組みにおける、会計上の見積りに関連して、要求される事項の改正

・会計上の見積りに関連している、又は使用されたデータの信頼性に影響を及ぼす可能性がある、情報源の利用可能性又は性質の変化
・企業の情報システム又はIT 環境の変更
・主要な担当者の変更

A33. 監査人は、会計上の見積りを行う際に経営者の偏向又は不正による虚偽表示が生じる可能性を経営者がどのように識別し対処しているかを理解するに当たって、例えば以下を検討する場合がある。
・経営者が会計上の見積りを行う際に使用する見積手法、仮定及びデータの選択と適用に特段の注意を払っているかどうか、注意を払っている場合にはその方法
・経営者が過去の業績若しくは予算又はその他の要因と比較して、想定していない又は矛盾する業績を示す可能性のある主要な業績指標を監視しているかどうか、監視している場合にはその方法
・経営者が偏向をもたらす可能性のある金銭的誘因又はその他の誘因を識別しているかどうか、識別している場合にはどのように識別しているか。
・経営者が会計上の見積りを行う際に使用する見積手法、重要な仮定又はデータの変更の必要性を監視しているかどうか、監視している場合にはその方法
・経営者が会計上の見積りを行う際に使用するモデルを適切に監視しているかどうか、監視している場合にはその方法
・経営者が会計上の見積りを行う際の重要な判断の根拠の文書化又は第三者による検討を要求しているかどうか、要求している場合にはその方法

会計上の見積りに関連する企業の情報システム（第12項(8)①参照）

A34. 第12項(8)に記載されている取引種類、事象及び状況については、監査基準委員会報告書315第17項(1)及び(4)で説明されている。監査人は、会計上の見積りに関連する企業の情報システムを理解する際に、以下を検討する場合がある。
・会計上の見積りが定型的かつ経常的な取引の記録から生じるものであるか、又は非経常的若しくは通例でない取引から生じるものであるかどうか。
・情報システムが会計上の見積り及び関連する注記事項の網羅性にどのように対応しているか。特に、負債に関する会計上の見積りにどのように対応しているか。

A35. 監査人は、監査の過程で、経営者が識別できなかった会計上の見積り及び関連する注記事項が必要となる取引種類、事象及び状況を識別することがある。監査基準委員会報告書315は、監査人が、企業のリスク評価プロセスに係る重要な不備が存在するかどうかの評価を含め、経営者が識別していない重要な虚偽表示リスクを識別した場合の指針を提供している。（監基報315第15項参照）

経営者による見積手法、仮定及びデータの識別（第12項(8)②ア参照）

A36. 経営者が会計上の見積りを行う方法を変更した場合、監査人の検討事項には、例えば以下が含まれる。
・新たな見積りの方法がより適切であるかどうか。
・新たな見積りの方法が企業に影響を与える環境や状況の変化、又は適用される財務報告の枠組みにおいて要求される事項の改正や規制環境の変化に対応するものであるかどうか。
・その他、変更についての正当な理由があるかどうか。

A37. 経営者が会計上の見積りを行う方法を変更しなかった場合、監査人の検討事項には、現在の環境又は状況に照らして、従来の見積手法、仮定及びデータを継続して使用することが適切であるかどうかが含まれる。

見積手法（第12項(8)②ア(ア)参照）

A38. 適用される財務報告の枠組みが会計上の見積りを行う際に使用すべき見積手法を規定していることがある。しかしながら、多くの場合、適用される財務報告の枠組みでは、特定の見積

手法を規定していないか、又は測定基礎（付録1の第3項参照）を定めた上で、複数の代替的な見積手法が許容されているか、又はそのような代替的な見積手法を適用する状況を規定していることがある。

モデル

A39．経営者は、会計上の見積りを行うために使用するモデルに対応した内部統制を整備している場合がある。これは、自社で開発したモデルであるか、外部で開発されたモデルであるかにかかわらない。予想信用損失モデルやレベル3のインプットを使用した公正価値モデルなど、モデル自体の複雑性又は主観性が高い場合、そのような複雑性又は主観性に対処する内部統制は、監査に関連するものとして識別される可能性が高い。モデルに関連する複雑性が存在する場合、データの完全性に関する内部統制も監査に関連する可能性が高い。監査に関連するモデル及び統制活動を理解する際に、監査人が検討することが適切な要因には以下がある。

・経営者がモデルの適合性と正確性をどのように決定しているか。

・モデルの妥当性の確認又はバックテスト。これには、モデルの使用前における妥当性の確認や、引続き使用することが適切かどうかを判断するための定期的な妥当性の再確認が含まれる。企業によるモデルの妥当性の確認には、例えば、以下の評価が含まれる。

　―モデルの理論的な健全性

　―モデルの数学的な完全性

　―モデルに使用されるデータの正確性及び網羅性並びにデータ及び仮定の適切性

・市場又はその他の状況の変化に対し、モデルがどのように適時かつ適切に変更又は調整されているか。また、モデルに関する適切な変更管理の方針が存在するか。

・特定の産業においてオーバーレイと呼ばれる調整がモデルのアウトプットに対して行われているかどうか。また、そのような調整が、適用される財務報告の枠組みにおいて要求される事項に準拠し、調整が行われた状況において適切であるかどうか。調整が適切でない場合、その調整は経営者の偏向の兆候である可能性がある。

・モデルに関して適切に文書化されているかどうか。これには、モデルの想定される適用、限界、主要なパラメーター、必要なデータと仮定、モデルの妥当性に関して行われた確認の結果、アウトプットに対して行われた調整の性質と根拠が含まれる。

仮定（第12項(8)②ア(イ)参照）

A40．監査人は、経営者が会計上の見積りに使用する仮定をどのように選択したかを理解する際に、例えば以下を検討する場合がある。

・経営者による仮定の選択の根拠及び当該選択を裏付ける文書。なお、適用される財務報告の枠組みが仮定の選択の際に使用すべき要件や指針を提供していることがある。

・選択した仮定の目的適合性と網羅性を経営者がどのように評価しているか。

・使用した複数の仮定の間の整合性又は他の会計上の見積りに使用した仮定若しくは企業の事業活動の他の領域で使用した仮定との整合性を経営者がどのように判断しているか。

　また、以下のその他の事項との整合性を経営者がどのように判断しているか。

　―経営者による影響が及ぶ事項（例えば、資産の耐用年数の見積りに影響を与える可能性のある保守計画に関する仮定）。それらの事項が企業の事業計画及び外的環境と整合しているかどうかの判断を含む。

　―経営者による影響が及ばない事項（例えば、利子率、死亡率、潜在的な司法上又は規制上の措置に関する仮定）

・適用される財務報告の枠組みにおいて要求される仮定の注記に関する事項

A41．公正価値に関する会計上の見積りの仮定は、以下のように、データの情報源と仮定を裏付ける判断の根拠によって様々なものがある。

(1)　企業から独立した情報源から入手した市場データに基づいて設定する仮定で、市場参加者が資産又は負債を価格設定する際に使用す

るであろう仮定を反映したもの

(2) その状況において利用可能な最善のデータに基づいて設定する仮定で、市場参加者が資産又は負債を価格設定する際に使用するであろう仮定に関して企業自身の判断を反映したもの

なお、実務上、(1)と(2)の区別は必ずしも明確でない場合がある。これらは、データの情報源及び仮定を裏付ける判断の根拠の理解に応じて区別される。経営者が、使用する仮定を様々な市場参加者が使用する複数の仮定から選択することが必要な場合もある。

A42. 会計上の見積りを行う際に使用する仮定に関する変数が合理的な範囲で変化することによって、会計上の見積りの測定に重要な影響を与える場合、本報告書では、当該仮定を重要な仮定として扱う。会計上の見積りを行う際に使用する一つ又は複数の仮定によって測定額がどの程度異なるのかを示す際には、感応度分析が役立つことがある。

活発でない市場又は流動性が乏しい市場

A43. 市場が活発でない又は流動性が乏しい状況にある場合、経営者による仮定の選択方法についての監査人の理解には、例えば、以下が含まれる。

- 経営者が見積手法の適用に関する適切な方針を有しているか。これにはモデルの修正や適切となる新たなモデルの開発が含まれる。
- 経営者が必要に応じてモデルを緊急に修正又は開発する（適切となる評価技法の選択を含む。）ために必要な技能又は知識を備えた人員を有しているか。
- 経営者が会計上の見積りに伴う不確実性を考慮して、感応度分析などにより見積りの範囲を決定するための人員を有しているか。
- 市況の悪化などがある場合に、経営者が企業の事業、企業環境及び関連する事業上のリスクへの影響や企業の会計上の見積りへの影響を評価する手段を有しているか。
- 経営者が特定の外部情報源からの価格データ及びその適合性がどのように変化しているかを適切に理解しているか。

データ（第12項(8)②ア(ウ)参照）

A44. 経営者が会計上の見積りの根拠となるデータをどのように選択しているかを理解する際に、監査人が検討する事項には、例えば以下がある。

- データの性質及び情報源（外部の情報源から入手した情報を含む。）
- 経営者によるデータの適切性の評価方法
- データの正確性と網羅性
- 使用するデータと過年度に使用したデータとの整合性
- 大量のデータを扱う場合を含むデータの入手と処理に使用するITシステムの複雑性
- データの入手、転送及び処理の方法
- データの完全性を維持する方法

経営者による見積りの不確実性の理解と対処（第12項(8)②イ、ウ参照）

A45. 監査人は、経営者が見積りの不確実性の程度を理解しているか、また、どのように理解しているかについて、例えば以下を検討する。

- 経営者が適用される財務報告の枠組みに照らして適切な代替的な見積手法、重要な仮定又はデータを識別しているかどうか。識別している場合にはどのように識別しているか。
- 経営者が代替的な測定結果を検討しているかどうか。検討している場合にはその方法。これには、例えば、会計上の見積りに関する重要な仮定又はデータの変更の影響を判断するための感応度分析の実施などが含まれる。

A46. 適用される財務報告の枠組みにおいて、合理的に生じ得る測定結果から経営者の見積額を選択する方法が規定されていることがある。適切な見積額として、合理的に生じ得る測定結果から適切に選択することとしている場合もあれば、そのような測定結果の範囲においてどのような値が最も適合しているかを規定している場合もある。

A47. 例えば、公正価値の見積りに関して、国際財務報告基準（IFRS）第13号「公正価値測定」では、公正価値の測定に複数の評価技法を使用する場合には、それらの結果の評価を、それぞ

れが示す価値の範囲の合理性を考慮して行うことが求められ、公正価値は、その範囲の中から、その状況において公正価値を最もよく表す一点であると説明されている（IFRS 第13号第63項参照）。また、適用される財務報告の枠組みにおいて、以下の測定値の使用が規定されている場合がある。

・合理的に生じ得る測定結果の確率加重平均
・最も発生の可能性の高い測定値
・発生しない可能性よりも発生する可能性の方が高い測定値

A48．適用される財務報告の枠組みにおいて、会計上の見積りに関する注記事項又は注記を記載する目的（開示目的）を定めていることがある。また、企業によっては追加的な情報の注記を選択することもある。これらの注記事項や開示目的には、例えば、以下を扱っている場合がある。

・使用された見積手法（適用したモデル及びその選択の根拠を含む。）
・モデルから得られた情報又は財務諸表で認識若しくは注記された見積りの決定に使用された他の計算から得られた情報。モデルに使用された以下のような仮定と基礎データに関する情報を含む。
　―企業内部で設定された仮定
　―企業による影響が及ばない金利等のデータ
・見積手法の前年度からの変更の影響
・見積りの不確実性の要因
・公正価値情報
・経営者が代替的な仮定を検討したことを示す、財務モデルから導き出された感応度分析に関する情報

A49．適用される財務報告の枠組みが、例えば、以下のような見積りの不確実性に関する特定の注記事項の記載を要求していることがある。

・翌年度以降の資産及び負債の帳簿価額に重要な修正を生じさせる可能性が高くなる、又はそのような修正が大きくなる、将来についての仮定及び見積りの不確実性の他の主要な要因に関する注記事項。そのような注記は、「見積りの不確実性の主な要因」や「重要な会計上の見積り」などの表現で記述され、困難で、主観的又は複雑な経営者の判断が必要となる会計上の見積りに関連する場合がある。このような経営者の判断は、より主観的で複雑になるため、資産と負債の帳簿価額に重要な修正が結果的に生じる可能性は、見積りの不確実性の将来の解消に影響するデータ及び仮定の数とともに、増大することがある。注記される情報には、例えば、以下の事項が含まれる。
　―仮定又は見積りの不確実性に関する他の要因の内容
　―使用された見積手法及び仮定に対する帳簿価額の感応度。感応度の根拠を含む。
　―影響を受ける資産及び負債の帳簿価額に関する、予想される不確実性の解消及び合理的に生じ得る結果の範囲
　―不確実性が解消されずに残存している場合、そのような資産及び負債に関する過去の仮定に対する変更の説明
・生じ得る結果の範囲及びその範囲の決定に使用された仮定に関する注記事項
・以下を含む、特定の情報の注記事項
　―公正価値に関する会計上の見積りが、企業の財政状態及び経営成績に与える重要度に関する情報の注記事項
　―活発でない市場又は流動性が乏しい市場に関する注記事項
・定性的な情報の注記事項（例えば、リスク及びその内容、リスク管理に関する企業の目的、方針及び手続、リスクの測定に使用した方法並びにこれらの前年度からの変更）
・定量的な情報の注記事項（例えば、企業の主要な経営者に内部的に提供されている情報に基づいて、企業がリスク（信用リスク、流動性リスク及び市場リスクを含む。）に晒されている程度）

会計上の見積りに関する経営者のプロセスのうち、監査に関連する統制活動（第12項⑼参照）

A50．第12項⑻②に記載の経営者のプロセスにおいて、監査に関連する内部統制を識別し、デザ

イン及び業務に適用されているかどうかを評価する必要性は、監査人の判断による。会計上の見積りの複雑性によっては、監査人は、第12項(8)②の要素に関連する統制活動の全てを識別することが求められているわけではない。

A51. 監査人は、監査に関連する統制活動を理解する上で、以下の事項を検討する場合がある。

・経営者が会計上の見積りに使用するデータの適切性を決定する方法。これには、経営者が外部情報源を使用している場合や総勘定元帳と補助元帳以外のデータを使用している場合を含む。

・適切な階層の経営者による会計上の見積り(仮定又はデータを含む。)の査閲及び承認。適切な場合には取締役会及び監査役等による査閲及び承認。

・会計上の見積りを行う担当者と見積り対象の取引を行う担当者との間の職務の分離。これには、企業及びその商品・サービスの性質を考慮して適切に責任の付与がなされているかどうかという点も含む。例えば、金融機関における職務の分離には、金融商品の公正価値の見積り及び検証の責任を担う営業部門から独立した部門の存在が含まれる。

・統制活動のデザインの有効性。一般に、重要な虚偽表示を有効に防止又は発見・是正するために主観性及び見積りの不確実性に対処する内部統制をデザインすることは、複雑性に対処する内部統制をデザインするよりも経営者にとって困難な場合がある。主観性及び見積りの不確実性に対処する内部統制では手作業による内部統制が必要とされることがあるが、手作業による内部統制は経営者によって回避、無視又は無効化されやすいため、自動化された内部統制よりも信頼性が劣ることがある。複雑性に対処する内部統制のデザインの有効性は、複雑性の原因や性質によって異なることがある。例えば、定型的な見積手法やデータの完全性に関する有効な内部統制をデザインすることは、比較的容易な場合がある。

A52. 経営者が会計上の見積りを行う際にITを広範囲に利用する場合、監査に関連する内部統制には、ITの全般統制と業務処理統制が含まれる可能性が高い。このような内部統制には、例えば、以下に関連するリスクに対応するものが含まれる。

・情報システムが大量のデータを処理する能力を備えており、適切に構成されているか。

・見積手法の適用における複雑な計算。複雑な取引の処理に複数のシステムが必要とされる場合、それらのシステム間の調整が定期的に行われているか(特に、それらのシステムが自動インターフェース機能を備えていない場合、又は手作業が介在する場合)。

・モデルのデザインと調整が定期的に評価されているか。

・企業内部の記録又は外部の情報源から、会計上の見積りに必要なデータが網羅的かつ正確に抽出されているか。

・会計上の見積りに使用されるデータが企業の情報システムを通じ、網羅的かつ正確に処理されているか、データの変更が適切に行われているか、データの完全性とセキュリティが維持されているか。

・外部の情報源が使用される場合には、データが適切に処理又は記録されているか。

・経営者が、承認されたバージョンのモデルについて証跡を明確に残し、当該モデルに対する承認されていないアクセスや修正を防止するため、モデルへのアクセス、変更及び維持に関する内部統制を整備・運用しているかどうか。

・会計上の見積りに関連する情報の総勘定元帳への転記に関して適切な内部統制が存在するかどうか。関連する仕訳に関する適切な内部統制を含む。

A53. 銀行業や保険業などの一部の業種では、ガバナンスという用語を、監査基準委員会報告書315に記載されている統制環境、監視活動及びその他の内部統制の構成要素における活動を表すために使用することがある。(監基報315の

A72項参照）

A54．企業が内部監査機能を有している場合、内部監査人の作業は、監査人が以下の事項を理解する上で特に有益となることがある。

・経営者が使用する会計上の見積りの性質及び範囲
・会計上の見積りを行う際に使用されるデータ、仮定及びモデルに関連するリスクに対処する統制活動のデザインと業務への適用
・会計上の見積りに使用されるデータを生成する情報システム
・会計上の見積りに関連する新たなリスクの識別、評価及び管理方法

(2)　過年度の会計上の見積りの確定額又は再見積額の検討（第13項参照）

A55．過年度の会計上の見積りが当年度に資産又は負債の移転又は実現により確定する、又は再見積りされる場合、その確定額又は再見積額の検討（遡及的な検討）は、重要な虚偽表示リスクを識別し評価するのに役立つ。監査人は、遡及的な検討を実施することにより、以下を入手することがある。

・経営者の過年度の見積りプロセスの有効性に関する情報。監査人は、当該情報から経営者の当期の見積りプロセスの有効性の評価に関する監査証拠を入手することができる。
・財務諸表における注記が求められる事項（変更理由など）に関する監査証拠
・会計上の見積りの複雑性及び不確実性に関する情報
・会計上の見積りが経営者の偏向の影響を受ける可能性がある又は偏向の兆候を示す情報。監査人の職業的懐疑心は、そのような状況を識別し、リスク対応手続の種類、時期及び範囲を決定するのに役立つ。

A56．監査人は、遡及的な検討により、当年度の重要な虚偽表示リスクの識別及び評価を裏付ける監査証拠を入手することがある。遡及的な検討は、前年度の財務諸表、又は複数の会計期間若しくは会計期間より短い期間（半期や四半期など）に関する会計上の見積りに対して実施されることがある。会計上の見積りの確定額が決まるまでに長期間を要するような場合には、複数の会計期間にわたる遡及的な検討が適切なことがある。

A57．監査基準委員会報告書240は、重要な会計上の見積りに関連する経営者の判断と仮定に対して遡及的な検討を行うことを要求している（監基報240第31項(2)②参照）。実務上、この遡及的な検討は、監査人が本報告書に従いリスク評価手続として実施する過年度の会計上の見積りに関する検討と同時に実施されることがある。

A58．過年度における監査人の重要な虚偽表示リスクの評価に基づき、一つ又は複数の重要な虚偽表示リスクに関して固有リスクの程度が高いと評価された場合、監査人は、より詳細な遡及的な検討が必要であると判断することがある。例えば、監査人は、過年度の会計上の見積りを行う際に使用されたデータ及び重要な仮定の影響に特に注意を払うことがある。他方で、定型的かつ経常的な取引の記録から生じる会計上の見積りに対しては、リスク評価手続としての分析的手続の適用で十分と判断することがある。

A59．公正価値に関する会計上の見積り及びその他の会計上の見積りの測定目的は、測定時点の状況に基づき、一時点における価値を捉えることであるが、その価値は、企業が経営する事業環境が変化するにつれて著しく急速に変化することがある。このような場合、監査人は、重要な虚偽表示リスクの識別と評価に関連する情報を入手することを重視することがある。例えば、過年度の公正価値に関する会計上の見積りの確定額に影響を与えた市場参加者の仮定が変更となったことを理解しても、関連する目的に適った監査証拠を入手できないこともある。この場合、監査人は、仮定（キャッシュ・フロー予測等）の確定額及び経営者の過年度の見積りプロセスの有効性を理解することで、当年度の重要な虚偽表示リスクの識別と評価を裏付ける監査証拠を入手することがある。

A60．会計上の見積りの確定額と過年度の財務諸

表における認識額との間に差異があったとしても、必ずしも過年度の財務諸表に虚偽表示があったことを示しているわけではない。しかしながら、当該差異が、過年度の財務諸表の確定時に利用可能な情報、又は適用される財務報告の枠組みに照らして入手及び考慮することが合理的に期待される情報を経営者が適切に使用しなかったことにより生じているような場合には、虚偽表示を示していることがある（監基報560第13項参照）。そのような差異がある場合、経営者が会計上の見積りを行う際に情報を考慮するプロセスに問題があると判断されることがある。その結果、監査人は、統制リスクを再評価し、より証明力の強い監査証拠を入手する必要があると判断することがある。多くの財務報告の枠組みは、虚偽表示となる会計上の見積りの変更と虚偽表示とならない変更との区別に関する指針及びそれぞれの場合に遵守すべき会計上の取扱いを含んでいる。

(3) 専門的技能又は知識（第14項参照）

A61．監査チームに専門的技能又は知識が必要かどうかに関する監査人の決定に影響を与えることがある事項には、例えば、以下の事項がある。（監基報220第14項、及び同300第７項(5)参照）

・特定の事業又は産業における会計上の見積りの性質（例えば、鉱物資産、農業資産、複雑な金融商品、保険契約負債など）
・見積りの不確実性の程度
・使用された見積手法又はモデルの複雑性
・適用される財務報告の枠組みにおける、会計上の見積りに関連する要求事項の複雑性（異なる解釈若しくは実務慣行の存在が知られている領域があるかどうか、又は会計上の見積りの作成方法に一貫性がない領域が存在するかどうかを含む。）
・評価した重要な虚偽表示リスクに対応して監査人が立案した手続
・適用される財務報告の枠組みが規定していない事項について判断する必要性
・データと仮定の選択に必要な判断の程度
・企業が会計上の見積りの作成において利用しているITの複雑性と利用範囲

専門的技能及び知識を有する者の関与の内容、時期及び範囲は監査期間を通じて様々である。

A62．監査人が、会計又は監査以外の分野に関連する事項に必要となる専門的技能又は知識（例えば、評価に関する技能など）を保有していない場合、専門家の業務を利用することがある。（監査基準委員会報告書620「専門家の業務の利用」参照）

A63．会計上の見積りの多くにおいて、専門的技能又は知識は必要とされない。例えば、滞留期間に応じて機械的に棚卸資産の評価額を計算しているケースでは専門的技能又は知識は必要とされない。しかしながら、銀行の予想信用損失や保険会社の保険契約負債などについては、監査人は、専門的技能又は知識が必要であると結論付ける可能性が高い。

５．重要な虚偽表示リスクの識別と評価（第４項及び第15項参照）

A64．会計上の見積りに関する重要な虚偽表示リスクをアサーション・レベルで識別し評価することは、財務諸表に計上されるものだけでなく注記されるものも含めた、全ての会計上の見積りにおいて重要である。

A65．監査基準委員会報告書200のA39項では、一般に公正妥当と認められる監査の基準においては、通常、固有リスクと統制リスクは分けて評価しないと記載されている。しかしながら、監査基準委員会報告書330に従って会計上の見積りに関する重要な虚偽表示リスク（特別な検討を必要とするリスクを含む。）に対応するためのリスク対応手続を立案し実施する基礎を得るため、本報告書では、アサーション・レベルで固有リスクと統制リスクを分けて評価することを求めている。（監基報330第６項(2)参照）

A66．重要な虚偽表示リスクの識別及び固有リスクの評価では、会計上の見積りが見積りの不確実性、複雑性、主観性又はその他の固有リスク要因の影響を受ける程度を考慮することが監査人に求められる。監査人は固有リスク要因を考慮することで、以下の判断を行うための情報を得ることがある。

・固有リスクの分布においてどの水準で固有リスクが評価されるか

・アサーション・レベルの重要な虚偽表示リスクの評価の根拠及び第18項に従い監査人のリスク対応手続がそれらの根拠に対応しているか

付録１では、固有リスク要因間の相互関係についてより詳しく説明している。

A67．監査人によるアサーション・レベルの固有リスクの評価の根拠は、例えば以下のように、見積りの不確実性、複雑性、主観性又はその他の固有リスク要因の一つ又は複数に起因することがある。

(1)　予想信用損失は直接的に観察することができず、複雑なモデルの利用が必要となることがあるため、予想信用損失の会計上の見積りは複雑になることが多い。モデルでは、過去データと様々な予測困難な企業特有のシナリオにおける将来変化に関する仮定を複雑に組み合わせて使用していることがある。また、予想信用損失に関する会計上の見積りは、高い見積りの不確実性、及び将来の事象又は状況に関する判断を行う際の著しい主観性の影響を受ける可能性も高い。同様のことが保険契約負債にも当てはまることがある。

(2)　多種多様な棚卸資産を有する企業の棚卸資産の評価減に関する会計上の見積りには、複雑なシステムとプロセスが必要となることがあるが、棚卸資産の性質によっては、主観性はほとんど生じず、見積りの不確実性も低いことがある。

(3)　その他、複雑ではないが、見積りの不確実性が高く、重要な判断を要する会計上の見積りもある。例えば、金額が訴訟の結果に左右される負債に関する会計上の見積りには、訴訟結果の一点のみにおいて重要な判断が必要である。

A68．固有リスク要因の適合性と重要性は、会計上の見積りによって様々である。固有リスク要因が単純な会計上の見積りに及ぼす影響が個別にも組み合わせても小さい場合、識別されるリスクの数が少なくなったり、固有リスクの分布の中で固有リスクが最も低い水準と評価されたりすることがある。

A69．反対に、固有リスク要因が複雑な会計上の見積りに及ぼす影響が個別に又は組み合わせて大きい場合、監査人は、固有リスクの分布の中で固有リスクの程度が最も高い水準と評価することがある。このような場合、監査人による固有リスク要因の影響の検討は、識別される重要な虚偽表示リスクの数及び内容、当該リスクの評価並びに評価したリスクに対応するために監査証拠により形成すべき心証の程度に直接影響する可能性が高い。また、このような会計上の見積りでは、監査人による職業的懐疑心の発揮がとりわけ重要になることがある。

A70．期末日後に発生した事象から、監査人によるアサーション・レベルでの重要な虚偽表示リスクの評価に関連する追加的な情報が得られることがある。例えば、会計上の見積りの確定額が監査中に明らかになる場合である。この場合、監査人は、会計上の見積りが見積りの不確実性、複雑性、主観性又はその他の固有リスク要因の影響を受ける程度に関わらず、アサーション・レベルの重要な虚偽表示リスクの当初の評価を再検討又は修正することがある（監基報315第30項参照）。期末日後に発生した事象は、第17項に従って会計上の見積りを検討するための監査人のアプローチの選択に影響することもある。例えば、特定の従業員の報酬にパーセンテージを乗じて計算する単純な未払賞与について、監査人は、会計上の見積りを行う際の複雑性又は主観性は比較的低いと結論付け、アサーション・レベルの固有リスクが固有リスクの分布の中で最も低い水準であると評価することがある。期末日後の賞与の支払いが、アサーション・レベルの重要な虚偽表示リスクに対応する十分かつ適切な監査証拠となることがある。

A71．監査人による統制リスクの評価は、監査の手法に応じて異なる方法で実施される。統制リスクの評価結果は、定性的な区分（例えば、高い、中程度、低い、の区分）を使って表されることもあれば、識別されたリスクに対応する上で内部統制がどの程度有効であるかに関する監査人の想定、すなわち、計画している内部統制の運用状況の有効性への依拠度合により表されることもある。例えば、統制リスクが高いと評価した場合、監査人は内部統制の運用状況の有効性に依拠しないことがある。一方、統制リスクが高くないと評価した場合、監査人は内部統制の運用状況の有効性に依拠することがある。

(1) 見積りの不確実性（第15項(1)参照）

A72. 会計上の見積りについて見積りの不確実性が及ぼす影響の程度を考慮する際、監査人は、例えば、以下の事項を検討する。

・適用される財務報告の枠組みが以下を要求しているかどうか

—会計上の見積りを行うに当たり、見積りの不確実性が高くなる見積手法を使用すること。例えば、財務報告の枠組みによる観察不能なインプットの使用の要求

—見積りの不確実性が高くなる仮定（例えば、予測期間が長い仮定、観察不能なデータに基づくために経営者が設定することが困難な仮定、又は相互に関連する様々な仮定）の使用

—見積りの不確実性に関する注記事項

・事業環境。企業が、（例えば、大幅な為替変動や市場の縮小により）混乱のおそれがある市場で活動しているような場合、会計上の見積りは容易に観察できないデータに基づいていることがある。

・経営者が以下を行うことが可能かどうか（又は適用される財務報告の枠組みで許容される限りにおいて、実務上可能かどうか）。

—取引時点で未確定であった事項の実現（例えば、将来の事象に影響される契約条件に基づいて支払われる額）又は将来の事象若しくは状況の発生及び影響（例えば、将来の貸倒れの額や保険金の確定額及び支払いの時期）について正確かつ信頼性のある予測をすること

—現在の状態について正確かつ網羅的な情報（例えば、公正価値を見積るための、期末日現在の市場参加者の観点を反映する評価属性に関する情報）を入手すること

A73. 会計上の見積りは過小表示されている場合があるため、財務諸表に計上又は注記された会計上の見積りの金額の大きさ自体は、虚偽表示の可能性の指標とはならない。

A74. 見積りの不確実性が高すぎるために、合理的な会計上の見積りを行うことができないことがある。このような状況においては、適用される財務報告の枠組みによって、財務諸表における当該会計上の見積りの認識又は公正価値での測定が禁止されることがあり、会計上の見積り及び不確実性の注記事項が要求されることもある。この場合、会計上の見積りが認識されるべきかどうか、又は公正価値で測定されるべきかどうかだけではなく、注記事項の合理性に関する重要な虚偽表示リスクが存在する可能性がある。（A112項及びA113項、A143項及びA144項を参照）

A75. 状況によっては、会計上の見積りに関する見積りの不確実性により、継続企業の前提として存続する企業の能力に重要な疑義が生じることがある。監査基準委員会報告書570「継続企業」には、そうした状況における、要求事項及び適用指針が記載されている。

(2) 複雑性又は主観性（第15項(2)参照）

複雑性が見積手法の選択及び適用に影響する程度

A76. 会計上の見積りに使用する見積手法の選択及び適用について複雑性が及ぼす影響の程度を考慮する際、監査人は、例えば、以下の事項を検討することがある。

・経営者の専門的技能又は知識の必要性。必要な場合、見積手法が複雑であり、会計上の見積りから重要な虚偽表示が生じる可能性が高いことを示唆することがある。また、経営者

が自社でモデルを開発したもののモデルの開発経験が少ない場合、又は確立されていない方法若しくは特定の産業若しくは環境において一般的に使われていないモデルを使用する場合、重要な虚偽表示リスクが生じる可能性が高くなることがある。

・適用される財務報告の枠組みが要求する測定基礎の内容。内容によっては、複数の情報源からの相互に関係する過去及び将来予測に関するデータ又は仮定を要する複雑な見積手法が必要となる場合がある。例えば、予想信用損失の見積りには、過去実績データ及び将来予測の仮定に基づいて、将来の返済及びその他のキャッシュ・フローに関する判断が必要となる場合がある。同様に、保険契約負債の評価に当たり、過去実績並びに現在及び将来予測の趨勢に基づき、将来の保険金の支払いに関する判断が必要となる場合がある。

複雑性がデータの選択及び適用に影響する程度

A77. 会計上の見積りに使用するデータの選択及び適用に複雑性が及ぼす影響の程度を考慮する際、監査人は以下の事項を検討することがある。

・情報源の適合性と信頼性を考慮してデータを入手するプロセスの複雑性。ある情報源から入手したデータは、別の情報源から入手したデータよりも信頼性が高い場合がある。また、外部から入手した情報の中には、守秘義務又は権利上の理由により、使用されている基礎データの入手先や、データの蓄積及び処理の方法など、データの信頼性の検討に関連する情報の全部又は一部が開示されないことがある。

・データの完全性を維持することの複雑性。データが大量である、あるいは複数の情報源からデータを入手している場合、会計上の見積りを行う際に使用するデータの完全性を維持することに複雑性を伴うことがある。

・複雑な契約条件を解釈する必要性。例えば、仕入先からのリベートに関するキャッシュ・インフロー又は顧客へのリベートに関するキャッシュ・アウトフローの決定は、極めて複雑な契約条件に基づいていることがあるため、理解又は解釈するためには特定の経験や能力が必要になることがある。

主観性が、見積手法、仮定又はデータの選択及び適用に影響する程度

A78. 会計上の見積りに使用する見積手法、仮定又はデータの選択及び適用について主観性が及ぼす影響の程度を考慮する際、監査人は以下の事項を検討することがある。

・見積手法において用いられる評価アプローチ、概念、技法及び要素が適用される財務報告の枠組みによって明示されていない程度

・金額及び時期（予想期間の長さを含む）に関する不確実性。金額及び時期は、見積りの不確実性の原因となるものであり、見積額の選択において経営者の判断が必要となることから、経営者の偏向が発生する可能性が生じる。例えば、将来の仮定が含まれる会計上の見積りでは、主観性が高くなることがあり、経営者の偏向が生じることがある。

(3) その他の固有リスク要因（第15項(2)参照）

A79. 会計上の見積りに伴う主観性の程度は、経営者の偏向又は不正による虚偽表示が生じる可能性に影響を与える。例えば、主観性の程度が高い会計上の見積りの場合、経営者の偏向又は不正による虚偽表示の可能性はより高くなりやすく、結果的に生じ得る測定結果の範囲が広がることがある。経営者が、このような状況に照らして不適切な範囲から見積額を選択する又は経営者の偏向を反映した不適切な範囲（意図的であるか否かは問わない）から見積額を選択することにより、虚偽表示となることがある。継続監査の場合、過年度の監査の過程で識別された経営者の偏向の可能性を示す兆候は、当年度の計画とリスク評価手続に影響を及ぼすことがある。

(4) 特別な検討を必要とするリスク（第16項参照）

A80. 会計上の見積りが見積りの不確実性、複雑性、主観性又はその他の固有リスク要因の影響

を受ける程度を考慮して固有リスクの評価を行うことは、識別及び評価された重要な虚偽表示リスクが特別な検討を必要とするリスクであるかどうかを監査人が判断する上で役立つ。

6．評価した重要な虚偽表示リスクへの対応

(1) 監査人のリスク対応手続（第17項参照）

A81．リスク対応手続を立案して実施する際、監査人は第17項に記載されている三つのアプローチを個別に又は組み合わせて使用することがある。例えば、会計上の見積りに複数の仮定が使用されている場合、監査人はそれぞれの仮定に異なるアプローチを用いることがある。

裏付けとなる又は矛盾する関連する監査証拠の入手

A82．監査証拠は、アサーションを裏付ける情報と矛盾する情報の両方から構成される（監基報500のA1項参照）。これらを偏りなく入手するには、企業の内部及び外部の複数の情報源から証拠を入手することがある。しかしながら、監査人は監査証拠が含まれる全ての情報源を識別するために網羅的な調査を行うことは求められていない。

A83．監査基準委員会報告書330は、評価した重要な虚偽表示リスクの程度が高いほど、より確かな心証が得られる監査証拠を入手することを監査人に求めている（監基報330第６項(2)及びA18項参照）。そのため、会計上の見積りに関する固有リスクが、固有リスクの分布の中で最も高い水準と評価された場合には、監査証拠の質及び量を検討することがより重要となることがある。

適用の柔軟性

A84．監査人のリスク対応手続の種類、時期及び範囲は、例えば、以下の影響を受ける。

・評価された重要な虚偽表示リスク（監査証拠により形成すべき心証の程度及び監査人が会計上の見積りを監査する際に選択するアプローチに影響する。）例えば、期末日直後に従業員に対して支払われる単純な未払賞与の場合、実在性又は評価のアサーションに関する重要な虚偽表示リスクは低いと評価されることがある。この場合、監査人が十分かつ適切な監査証拠を入手するには、監査報告書日までに発生した事象を評価する方が他のアプローチより実務的なことがある。

・評価された重要な虚偽表示リスクの根拠

(2) 監査人が有効に運用されている内部統制に依拠する予定である場合（第18項参照）

A85．固有リスクが固有リスクの分布の中で高いと評価された場合（特別な検討を必要とするリスクと評価された場合を含む。）、関連する内部統制の運用評価手続が適切なことがある。例えば、会計上の見積りが複雑性に高度に影響を受ける場合である。一方、会計上の見積りが主観性の影響を大きく受け、経営者による重要な判断が求められる場合には、内部統制の固有の限界により、監査人は内部統制の運用評価手続よりも実証手続に重点を置くことがある。

A86．監査人は、会計上の見積りに関する内部統制の運用評価手続の種類、時期及び範囲を決定する際に、以下の要素を検討する場合がある。

・取引の種類、頻度及び量
・内部統制のデザインの有効性（内部統制が、評価された固有リスクに対応するために適切にデザインされているかどうかを含む。）及びガバナンスの強度
・全般的な統制目的及びプロセスに対する特定の内部統制の重要度（取引をサポートする情報システムの高度化の程度を含む。）
・内部統制の監視活動及び識別された内部統制の不備
・内部統制により対応することが想定されるリスクの内容。例えば、判断の行使に関する内部統制か基礎データに対する内部統制
・統制活動に関与する者の能力
・統制活動の実施頻度
・統制活動の実施に係る証拠

実証手続のみでは十分かつ適切な監査証拠を入手できない場合

A87．金融業等の一部の業界では、経営者が事業

を行うに当たって広範にITを利用している場合がある。その場合、実証手続のみでは十分かつ適切な監査証拠を入手することができないような会計上の見積りに関するリスクが存在する可能性が高い。

A88. 実証手続のみではアサーション・レベルで十分かつ適切な監査証拠を入手できないリスクが存在し得る状況には、以下が含まれる。

・総勘定元帳及び補助元帳以外から入手した情報の開始、記録、処理又は報告に関するリスクを軽減するために内部統制が必要となる状況。

・一つ又は複数のアサーションを裏付ける情報が電子的に開始、記録、処理又は報告される状況。取引若しくはデータの量が多い、又は複雑なモデルが使用されているため情報の正確性と網羅性の確保にITの広範な利用が必要となる状況がこれに該当する。金融機関等では、複雑な予想信用損失に係る引当金が必要となることがある。例えば、金融機関等では、予想信用損失に係る引当金を設定する際に使用されるデータは、大量の取引から生じる多数の少額な項目で構成されることがある。このような状況では、監査人は、予想信用損失に係る引当金を設定する際に使用したモデルに関する内部統制の運用評価手続を実施しなければ、十分かつ適切な監査証拠を入手できないと結論付けることがある。

これらの場合、監査証拠の十分性と適切性は、情報の正確性と網羅性に関する内部統制の有効性に依存することがある。

A89. 法令等により、監査人は、特定の企業（銀行や保険会社等）の財務諸表監査の一環として、内部統制に関連する追加手続の実施又は内部統制に対する保証の提供が求められることがある。このような状況やその他の類似する状況において、監査人は、目的適合性に影響し得る事後的な変化が発生していないかどうかを判断した上で、当該追加手続等を実施することにより入手した情報を監査証拠として使用できることがある。

(3)　特別な検討を必要とするリスク（第19項参照）

A90. 監査人は、監査基準委員会報告書330第20項に従い、特別な検討を必要とするリスクに対して実証手続のみを実施する場合、詳細テストを含めなければならない。監査人は、各状況における職業的専門家としての判断に基づき、第17項に記載されている各アプローチに即して詳細テストを立案し実施する。会計上の見積りに関連する、特別な検討を必要とするリスクに対応する詳細テストには、例えば、以下の手続が含まれる。

・条件や仮定を裏付けるための契約書の検証
・モデルの数学的な正確性の再計算による確認
・使用された仮定と、第三者が公表した情報等の根拠資料との照合

(4)　監査報告書日までに発生した事象からの監査証拠の入手（第20項参照）

A91. 状況によっては、監査報告書日までに発生した事象から監査証拠を入手することで、重要な虚偽表示リスクに対応するための十分かつ適切な監査証拠を得られることがある。例えば、生産中止となった製品在庫が期末日後すぐに全て販売された場合は、期末日時点の正味売却価額の見積りに関する十分かつ適切な監査証拠を入手できることがある。また、場合によっては、第17項(2)又は(3)のアプローチと組み合わせて監査報告書日までに発生した事象から監査証拠を入手することが必要となることがある。

A92. 一部の会計上の見積りについては、監査報告書日までに発生した事象から会計上の見積りに関する十分かつ適切な監査証拠が入手できないことがある。例えば、長期間にわたって会計上の見積りに関連する状況又は事象が生じる場合である。また、公正価値に関する会計上の見積りの場合、期末日後の情報は、期末日に存在する事象又は状況を反映していない可能性があるため、公正価値に関する会計上の見積りの測定に関連しないことがある。

A93. 監査人は、特定の会計上の見積りについて監査報告書日までに発生した事象に関するアプ

ローチを用いないと決定した場合においても、監査基準委員会報告書560「後発事象」を遵守する必要がある。監査人は、期末日の翌日から監査報告書日までの間に発生し、財務諸表の修正又は財務諸表における開示が要求される全ての事象が、識別され、財務諸表に適切に反映されているかどうかについて、十分かつ適切な監査証拠を入手するために立案した監査手続を実施する必要がある（監基報560第５項及び第７項参照）。公正価値に関する会計上の見積り以外の多くの会計上の見積りの測定は、通常、将来の状況、取引又は事象の結果によって決まるので、監査基準委員会報告書560に基づく監査人の作業と特に関連がある。

(5) 経営者がどのように会計上の見積りを行ったかの検討（第21項参照）

A94．経営者がどのように会計上の見積りを行ったかを検討することは、例えば以下の場合に適切なアプローチとなることがある。

・前年度の財務諸表に行われた同様の会計上の見積りについて監査人が検討した結果、経営者の当年度のプロセスが有効である可能性が高いことが示唆されている場合

・会計上の見積りが、個別には重要でない均質な多数の項目で構成される場合

・適用される財務報告の枠組みにおいて、経営者が会計上の見積りを行う方法が明示されている場合。例えば、予想信用損失に係る引当金がこれに該当することがある。

・会計上の見積りが、定型的なデータ処理に基づいている場合

経営者がどのように会計上の見積りを行ったかを検討することは、第17項の他のいずれのアプローチも実務的でない場合又は他のアプローチのいずれかと組み合わせる場合においても、適切なアプローチとなる可能性がある。

見積手法、重要な仮定又はデータの過年度からの変更（第22項(1)、第23項(1)及び第24項(1)参照））

A95．以下に該当する場合、監査人は経営者と協議を行い、使用された仮定の適切性について経営者の主張を批判的に検討することが必要な場合がある。

・見積手法、重要な仮定又はデータの過年度からの変更が、新たな状況又は新たな情報に基づくものでない場合

・重要な仮定が相互に整合しない場合、又は他の会計上の見積りに使用された仮定や企業の事業活動における他の領域で使用された関連する仮定と整合しない場合

経営者の偏向が存在する兆候（第22項(2)、第23項(2)及び第24項(2)参照）

A96．監査人は、経営者の偏向が存在する兆候を識別した場合、経営者と協議を行い、使用された見積手法、仮定及びデータがその状況において適切で裏付けがあることを示す十分かつ適切な監査証拠を入手できているかどうかについて、再検討が必要となることがある。特定の会計上の見積りにおいて経営者の偏向が存在する兆候の例として、複数の異なる仮定について経営者の設定する範囲は適切であるが、最も都合の良い見積り額となるようにそれぞれの仮定の範囲から上限又は下限を選択している場合が挙げられる。

見積手法

見積手法の選択（第22項(1)参照）

A97．監査人は、選択された見積手法が適用される財務報告の枠組みに照らして適切であるかどうか、また該当する場合には、過年度からの変更が適切であるかどうかについて以下を検討することがある。

・経営者が見積手法を選択した根拠が適切であるかどうか。

・会計上の見積りの性質、適用される財務報告の枠組みの要求事項、他の利用可能な評価に関する概念又は技法、法令等により要求される事項、事業、産業及び経営環境を踏まえ、見積手法がその状況において適切であるかどうか。

・別の見積手法を使用した場合に見積りの結果が著しく異なると経営者が判断している場合、経営者はその差異の原因をどのように調査し

ているか。

・見積手法の変更がある場合、新たな状況又は新たな情報に基づいているかどうか。もしこれらに基づいた変更ではない場合、その変更は合理的ではなく、適用される財務報告の枠組みに準拠していないことがある。恣意的な変更は、財務諸表の期間比較上の不整合を生じさせる結果、財務諸表における虚偽表示を生じさせる又は経営者の偏向が存在する兆候となることがある。(A133項から A136項参照)

これらの事項は、適用される財務報告の枠組みが測定方法を規定していない場合、又は複数の見積手法を許容している場合に重要となる。

複雑なモデル（第22項⑷参照）

A98．モデル及び関連する見積手法は、以下の場合に複雑である可能性が高い。

・見積手法の理解と適用（モデルの設計並びに適切なデータと仮定の選択及び使用を含む）に、専門的技能又は知識が必要な場合

・データの利用可能性や観察可能性に制約がある、又はデータへのアクセスが制限されているために、モデルを使用する際に必要なデータを入手することが困難な場合

・複数の評価属性、属性間の複数の関係性又は複数の反復計算によって、モデルに使用するデータと仮定の完全性（例えば、正確性、一貫性又は網羅性）を維持することが困難な場合

A99．経営者が複雑なモデルを使用している場合、監査人は、以下の事項を考慮することがある。

・モデルを使用する前、又はモデルに変更があった場合、モデルの妥当性が確認されているかどうか。また、当該モデルがその使用目的に対して引き続き適切であるかが定期的に検討されているかどうか。企業がモデルの妥当性を確認するプロセスは、例えば以下の評価を含む。

—モデルの理論的な健全性

—モデルの数学的な完全性

—モデルで用いられるデータと仮定の正確性及び網羅性

—モデルの計算結果と実際の取引との比較

・モデルの適切な変更管理の方針及び手続が存在するかどうか。

・経営者がモデルを使用する際に適切な技能と知識を行使しているかどうか。

これらの考慮事項は、複雑なモデルを使用しない見積手法に対しても有用なことがある。

A100．経営者は、適用される財務報告の枠組みに準拠するために、モデルの計算結果に調整を行うことがある。このような調整は、特定の産業においてオーバーレイと呼ばれる。公正価値に関する会計上の見積りでは、モデルの計算結果に調整を行う場合、市場参加者が類似の状況で使用するであろう仮定を反映しているかどうかを考慮することが適切な場合がある。

見積手法の適用において使用される重要な仮定及びデータの完全性の維持（第22項⑸参照）

A101．見積手法の適用における重要な仮定及びデータの完全性の維持は、情報処理の全ての段階にわたってデータと仮定の正確性と網羅性を維持することである。完全性が維持されなければ、データや仮定に関する情報が破損し、虚偽表示につながる可能性がある。この点に関して監査人が考慮する事項には、入力、保存、抽出、送信又は処理等の作業を通じて、データと仮定が、経営者の意図した変更を全て反映しており、かつ、意図しない変更を反映していないかどうかを検討することが含まれる。

重要な仮定（第23項参照）

A102．監査人は、重要な仮定が適用される財務報告の枠組みに照らして適切であるかどうか、また該当する場合には、過年度からの変更が適切であるかどうかについて以下を検討することがある。

・経営者が仮定を選択した根拠

・会計上の見積りの性質、適用される財務報告の枠組みの要求事項、事業、産業及び経営環境を踏まえ、仮定がその状況において適切であるかどうか。

・仮定の選択に関する過年度からの変更がある

場合、新たな状況又は新たな情報に基づいているかどうか。もしこれらに基づいた変更ではない場合、その変更は合理的ではなく、適用される財務報告の枠組みに準拠していないことがある。会計上の見積りにおける恣意的な変更は、財務諸表における重要な虚偽表示を生じさせる、又は経営者の偏向が存在する兆候となることがある。（A133項から A136項参照）

A103．経営者は、会計上の見積りの代替的な仮定又は結果を評価することがあり、これは、状況に応じて様々な方法を通じて行われることがある。経営者が取り得る方法の一つに感応度分析がある。感応度分析には、異なる仮定を使った場合に会計上の見積りの金額がどれだけ変動するかに係る判断が含まれることがある。公正価値で測定される会計上の見積りについても、異なる市場参加者が異なる仮定を使用することにより、ばらつきが生じることがある。経営者は、感応度分析により、「悲観的」シナリオや「楽観的」シナリオなどの複数の結果の範囲を想定することがある。

A104．監査の過程で得た知識を通じて、監査人は、企業の事業活動における他の領域で使用された仮定を理解することがある。例えば、事業の見通し、事業戦略に関する文書中の仮定及び将来キャッシュ・フローなどである。また、監査基準委員会報告書315第７項では、監査責任者が企業の監査以外の業務に関与している場合に、監査責任者はその業務から得られた情報が、重要な虚偽表示リスクの識別に関連するものかどうかを考慮することが求められている。監査以外の業務から得られた情報は、重要な仮定が互いに整合しているか、及び他の会計上の見積りで使用された仮定と整合しているかどうかを考慮する上でも有用なことがある。

A105．適用される財務報告の枠組みの要求事項に照らした重要な仮定の適切性は、特定の行動を実行する経営者の意思と能力に依存することがある。また、経営者は特定の資産や負債に関連した経営者の意思や計画を文書化することが多く、そのような文書化は適用される財務報告の枠組みにより要求されることもある。経営者の意思と能力に関して入手すべき監査証拠の内容と範囲は、職業的専門家としての判断によることとなるが、該当する場合、監査人の手続には以下の事項が含まれる。

・表明された意思の実行に関する経営者の過去の実績の検討
・計画書やその他の文書（該当する場合には、正式に承認された予算書、決裁書、議事録を含む）の閲覧
・特定の行動の理由についての経営者への質問
・期末日の翌日から監査報告書日までの間に発生している事象に関する検討
・企業が置かれている経済環境に基づいた、企業が特定の行動を実行する能力（既存のコミットメントによる影響及び経営者の行動の実行可能性に影響を及ぼしうる法令上、規制上又は契約上の制限の影響を含む。）の評価
・適用される財務報告の枠組みにおいて文書化に関する要求事項がある場合、経営者が当該要求事項を遵守しているかどうかの検討しかしながら、財務報告の枠組みによっては、会計上の見積りを行う際に経営者の意思や計画を考慮することを認めないことがある。公正価値に関する会計上の見積りの場合、市場参加者が使用する重要な仮定を反映することが要求されるため、経営者の意思や計画を考慮することが認められない場合が多い。

データ（第24項(1)参照）

A106．監査人は、選択されたデータが適用される財務報告の枠組みに照らして適切であるかどうか、また該当する場合には、過年度からの変更が適切であるかどうかについて以下を検討することがある。

・経営者がデータを選択した根拠
・会計上の見積りの性質、適用される財務報告の枠組みの要求事項、事業、産業及び経営環境を踏まえ、データがその状況において適切であるかどうか
・過年度と比べて、選択されたデータ又はその

データに含まれる項目若しくは情報源に変更がある場合、新たな状況又は新たな情報に基づいているかどうか。もしこれらに基づいた変更ではない場合、その変更は合理的ではなく、適用される財務報告の枠組みに準拠していないことがある。会計上の見積りにおける恣意的な変更は、財務諸表の期間比較上の不整合を生じさせる結果となり、財務諸表における虚偽表示を生じさせる又は経営者の偏向が存在する兆候となることがある。（A133項からA136項参照）

データの適合性と信頼性（第24項(3)参照）

A107．企業が作成した情報を使用する場合、監査基準委員会報告書500は、その情報が監査人の目的に照らして十分に信頼性を有しているかどうか評価することを監査人に求めている。これには、個々の状況において必要な、当該情報の正確性及び網羅性に関する監査証拠を入手すること、並びに監査人の目的に照らして十分に正確かつ詳細な情報であるかどうかを評価することが含まれる。（監基報500第８項参照）

複雑な法令上又は契約上の条件（第24項(4)参照）

A108．会計上の見積りが複雑な法令上又は契約上の条件に基づいている場合、監査人は以下の手続を考慮することがある。

・契約の理解又は解釈に専門的な技能又は知識が必要かどうかの検討
・法令上又は契約上の条件に関する企業の法律専門家への質問
・以下の実施を目的とした原契約の閲覧
　―取引又は合意の基礎となる事業目的の評価
　―契約条件が経営者の説明と整合しているかどうかの検討

経営者による見積額の選択及び見積りの不確実性に関する注記事項

経営者による見積りの不確実性の理解及び対処（第25項(1)参照）

A109．監査人は、経営者が見積りの不確実性の理解と対処を適切に行っているかについて、以下を検討することがある。

(1)　経営者が見積りの不確実性の原因を識別し、測定結果がどの程度変動し得るか及びその結果として合理的に生じ得る測定結果の範囲を評価することにより、見積りの不確実性を理解しているかどうか。

(2)　経営者が測定プロセスにおける複雑性又は主観性が重要な虚偽表示リスクにどの程度影響するかを特定し、結果として生じる虚偽表示の可能性に対して以下を適用して対処しているかどうか。

①　会計上の見積りを行うための適切な技能と知識

②　専門的な判断（どの程度経営者の偏向の影響を受けやすいかを特定し対処するための判断を含む。）

(3)　経営者の見積額及び見積りの不確実性を説明する注記事項を適切に選択することで、経営者が見積りの不確実性に対処しているかどうか。

経営者による見積額の選択及び見積りの不確実性に関する注記事項（第25項(2)参照）

A110．経営者による見積額の選択及び見積りの不確実性に関する注記事項に関連する論点には、以下が含まれる。

・使用された見積手法とデータは適切に選択されたものか（代替的な見積手法や代替的なデータの情報源が利用可能であった場合を含む。）。
・使用された評価属性は適切かつ網羅的であるか。
・使用された仮定は、合理的に生じ得る範囲の中から選択され、適合性及び信頼性のある適切なデータによって裏付けられているか。
・使用されたデータは、適切であり、適合性及び信頼性があり、当該データの完全性が維持されているか。
・計算は見積手法に従っており、数学的に正確であるか。
・経営者の見積額は、合理的に生じ得る測定結果の中から適切に選択されているか。
・関連する注記事項は、見積額を適切に記載しており、合理的に生じ得る測定結果がどの程度変動しうるかを含め、見積りプロセスの内容や制約を説明しているか。

A111. 経営者の見積額の適切性に関連して、監査人は、以下の事項を考慮することがある。

・適用される財務報告の枠組みの要求事項が、代替的な測定結果と仮定を考慮した上で見積額を使用するよう規定している、又は特定の測定方法を規定している場合、経営者は当該要求事項を遵守しているかどうか。

・適用される財務報告の枠組みが、合理的に生じ得る測定結果の中からどのように見積額を選択するかを規定していない場合、経営者は適用される財務報告の枠組みの要求事項を考慮して判断を行っているかどうか。

A112. 監査人は、見積りの不確実性についての注記事項に関連して、適用される財務報告の枠組みの要求事項を検討する。適用される財務報告の枠組みは、以下のような注記事項を求めることがある。

・会計上の見積りの金額の記載、及び合理的に生じ得る測定結果がどの程度変動しうるかを含めた見積りの作成プロセスの内容と制約の説明。適用される財務報告の枠組みが、開示目的を達成するための追加的な注記事項を要求していることもある。

・会計上の見積りに関する重要な会計方針。状況によっては、関連する会計方針には、財務諸表における会計上の見積りとその表示に適用される特定の会計原則、基礎、慣習、規制及び実務等が含まれることがある。

・重要な判断（例えば、財務諸表で認識される額に最も重要な影響を及ぼす判断）及び重要な将来の仮定又は見積りの不確実性を生じさせるその他の要因

また、一定の状況下では、適正表示を達成するため（準拠性の枠組みの場合には、財務諸表の利用者の誤解を招かないため）、財務報告の枠組みが明示的に要求しているもの以外にも追加的な注記事項が必要となることがある。

A113. 会計上の見積りの不確実性の影響を受ける程度が大きいほど、重要な虚偽表示リスクが高いと評価される可能性が高まる。この場合、経営者の見積額及び見積りの不確実性に関連する注記事項が適用される財務報告の枠組みに照らして合理的であるか虚偽表示であるかを第34項に従って判断するため、より確かな心証を得られる監査証拠の入手が必要となる。

A114. 会計上の見積りの不確実性及び関連する注記事項が、監査人が特に注意を払った事項である場合、監査上の主要な検討事項に該当する可能性がある。（監査基準委員会報告書701「独立監査人の監査報告書における監査上の主要な検討事項の報告」参照）

経営者が見積りの不確実性に関して適切に理解又は対処していない場合（第26項参照）

A115. 監査人は、経営者が見積りの不確実性に関して適切に理解又は対処していないと判断した場合、経営者に対して、見積りの不確実性を理解するため、追加的に代替的な仮定の検討又は感応度分析の実施等を要請することがある。

A116. 監査人の見積額又は許容範囲の設定が実務的に可能であるかどうかを検討する際、監査人は、独立性に関する要求事項に違反することなく見積額又は許容範囲を設定できるかどうかを考慮することが必要となることがある。当該要求事項には、経営者の責任を引き受けることを禁止する職業倫理に関する規定が含まれることがある。

A117. 監査人は、経営者の対応を考慮した上で、監査人の見積額又は許容範囲の設定が実務的に困難であると判断した場合、第33項に従って、監査又は監査意見への影響を評価する必要がある。

⑹ 監査人の見積額又は監査人の許容範囲の設定（第27項及び第28項参照）

A118. 経営者の見積額及び見積りの不確実性に関する注記事項を評価するために監査人の見積額又は許容範囲を設定することは、例えば、以下の状況において適切となることがある。

・前年度の財務諸表に行われた同様の会計上の見積りに関する監査人の検討が、経営者の当

年度のプロセスが有効でないことを示唆している場合
・会計上の見積りを行う経営者のプロセスに関連する内部統制が、適切にデザインされていないか、又は適切に業務に適用されていない場合
・期末日の翌日から監査報告書日までの間の事象又は取引が、経営者によって適切に考慮されておらず、そのような事象又は取引が経営者の見積額と矛盾していると考えられる場合
・監査人の見積額又は許容範囲を設定する際に利用可能であり、適切な代替的な仮定又は関連データの情報源が存在する場合
・経営者が、見積りの不確実性に関して適切に理解又は対処していない場合（第26項参照）

A119. 見積額又は許容範囲を設定するかどうかという判断は、適用される財務報告の枠組みにより影響を受けることがある。適用される財務報告の枠組みが、代替的な測定結果や仮定を検討した後に使用すべき見積額を規定している場合や、特定の測定方法（例えば、発生確率で加重平均した割引現在価値の使用又は最も確率の高い測定結果の使用など）を規定している場合である。

A120. 許容範囲ではなく監査人の見積額の設定を行うかどうかは、会計上の見積りの性質及びその状況における監査人の判断による。例えば、会計上の見積りの性質により、合理的に生じ得る測定結果の変動が小さいと予想されることがある。この場合、監査人の見積額を算定する方が効果的となることがある。これは、特により高い精度で見積額を算定できる場合に当てはまる。

A121. 監査人は、例えば以下のような様々な方法で見積額又は許容範囲を設定することがある。
・経営者が使用したモデルとは異なるモデルを使用する方法（例えば、特定の業種又は産業で一般的に使用されているモデルや、企業独自のモデル又は監査人の開発したモデル等）
・経営者のモデルを使用するが、経営者が使用したものとは異なる、代替的な仮定又は情報源を利用する方法
・監査人の独自の見積手法を使用し、経営者が使用したものとは異なる仮定を利用する方法
・モデルの開発若しくは適用又は関連する仮定の提供に関する専門的な知識を持つ者を利用する方法
・他の類似した状況、取引又は事象を考慮する方法（適切な場合には、類似した資産又は負債の市場を考慮する。）

A122. 監査人は、会計上の見積りの一部分について見積額又は許容範囲を設定することもある（例えば、特定の仮定のみに対して設定する場合や会計上の見積りの特定の部分のみが重要な虚偽表示リスクを生じさせる場合）。

A123. 監査人は、独自の見積手法、仮定又はデータを使用して見積額又は許容範囲を設定する場合、経営者の見積手法、仮定又はデータの適切性に関する証拠を入手することがある。例えば、監査人が経営者の見積額の合理性を評価するために、独自の仮定を使用して許容範囲を設定する場合、監査人は、会計上の見積りにおいて使用される重要な仮定を選択する経営者の判断に、経営者の偏向が存在する兆候を示していないかどうかについての見解を得ることがある。

A124. 第28項⑴は、監査人に許容範囲には十分かつ適切な監査証拠により裏付けられた金額のみを含めることを求めている。しかし、許容範囲内で生じ得るそれぞれの測定結果を裏付ける監査証拠を個別に入手することを監査人に期待するものではない。むしろ、監査人は、許容範囲の上限と下限がその状況において合理的であると判断するための証拠を入手する可能性が高く、それにより、これらの間の金額も合理的であると判断する場合がある。

A125. 監査人の許容範囲が重要性の基準値の数倍になることがある。特に、重要性の基準値が経営成績（例えば、税引前利益）に基づいて設定されており、その金額が資産又はその他の貸借対照表項目の金額と比較して相対的に小さい場合に起こり得る。このような状況は、会計上の見積りの不確実性自体が重要性の基準値の数

倍である場合に生じることが多い。これは特定の種類の会計上の見積り又は保険業や銀行業といった特定の業種（見積りの不確実性が高く、適用される財務報告の枠組みによって特別な要求事項が設定されていることがある。）においてより一般的である。本報告書の要求事項に従って実施した手続及び入手した監査証拠に基づき、監査人は、重要性の基準値の数倍の許容範囲がその状況においては適切であると結論付けることがある。この場合、見積りの不確実性に関する注記事項の合理性についての監査人による評価がより重要となる。特に、見積りの不確実性の程度が高いことと生じ得る結果の範囲がその注記によって適切に伝わるかどうかという点が重要である。A139項からA144項には、このような状況に関連する追加的な検討事項が含まれている。

(7)　監査証拠に関するその他の検討事項（第29項参照）

A126. 会計上の見積りに関する重要な虚偽表示リスクについての監査証拠として使用される情報には、企業が作成したもの、経営者の利用する専門家の業務により作成されたもの及び外部情報源により提供されたものがある。

外部情報源

A127. 監査基準委員会報告書500のA31項において説明されているとおり、外部情報源から得た情報の信頼性は、情報源、情報の種類及び情報を入手する状況などの要因に影響される。これらの要因は、会計上の見積りを行うために使用された情報の信頼性を検討する際の監査人のリスク対応手続の種類及び範囲に影響することがある。例えば、以下のように影響を受ける。

・市場データ、業界データ、価格又は価格決定に関するデータが、そのような情報を専門とする単一の外部情報源から入手された場合、監査人は、比較するための価格を代替的な独立した情報源から得ようとすることがある。

・市場データ、業界データ、価格又は価格決定に関するデータが、複数の独立した外部情報源から入手され、それらの情報源の間で一定のコンセンサスが得られている場合、監査人が入手する必要のある個々の情報源からのデータの信頼性に関する証拠は、より少なくてよいことがある。

・複数の情報源から入手された情報がそれぞれ異なる市場の見方を示す場合、監査人は市場の見方の相違の原因を理解しようとすることがある。そのような相違は、異なる見積手法、仮定又はデータの使用から生じる可能性がある。例えば、ある情報源は現在の価格を使用し、別の情報源は将来の価格を使用している場合がある。一方、市場の見方の相違が見積りの不確実性に関連する場合、第25項(2)において、監査人は、適用される財務報告の枠組みに照らして、財務諸表における見積りの不確実性を説明する注記事項が合理的であるかどうかについて、十分かつ適切な監査証拠を入手することが求められている。その場合には、適用された見積手法、仮定又はデータに関する情報を考慮する上で、職業的専門家としての判断も重要となる。

・単一の外部情報源から入手した情報が、その情報源が独自に開発したモデルにより作成されている場合に関連する指針として監査基準委員会報告書500のA33－7項がある。

A128. 公正価値の会計上の見積りの場合、監査人は、外部情報源から入手した情報の適合性と信頼性に関する以下の事項を追加的に検討することがある。

(1)　公正価値が、対象の資産又は負債の取引又は活発な市場の相場に基づいているかどうか。

(2)　公正価値が、類似の資産又は負債の取引に基づいている場合、それらの取引がどのように識別され、類似していると考えられているか。

(3)　対象の資産若しくは負債又は類似の資産若しくは負債のいずれについても取引が存在しない場合、当該情報がどのように作成されたか。これには、作成され使用されたインプットが、当該資産又は負債の価格を決定する際に市場参加者が使用するであろう仮定を表しているかどうかが含まれる。

⑷　公正価値の測定がブローカー価格に基づいている場合、当該ブローカー価格について以下の事項を検討する。

①　同じ種類の金融商品の取引を行っているマーケット・メーカーからの価格であるか。

②　拘束力のある価格及び拘束力のない価格がある場合に拘束力のあるオファーに基づいた価格を重視しているか。

③　適用される財務報告の枠組みによって要求される場合、期末日時点の市況を反映しているか。

A129．監査人は、外部情報源からの情報を監査証拠として使用する場合、外部情報源の使用した見積手法、仮定及びデータを理解するための情報が入手可能かどうか、又は情報が十分に詳細かどうかについて考慮することがある。必要な情報が入手できない又は入手出来ても十分に詳細でない場合があり、結果として、監査人の実施する手続の種類、時期及び範囲の検討に影響を与えることがある。例えば、プライシング・サービス・ベンダーは、使用した見積手法と仮定に関する情報を、個々の銘柄ごとではなく資産の分類ごとに提供することが多い。ブローカーは、個々の銘柄について参考価格を提供する際、使用したインプットと仮定について限られた情報のみを提供することが多い。監査基準委員会報告書500のA33－8項では、裏付けとなる情報を外部情報源が提供する場合の制限に関する指針を提供している。

経営者の利用する専門家

A130．経営者の利用する専門家によって設定又は識別された会計上の見積りに関する仮定は、会計上の見積りを行う際に、経営者が使用することにより経営者自らの仮定となる。したがって、監査人は、そのような仮定に対しても本報告書の関連する要求事項を適用する。

A131．経営者の利用する専門家の業務が、会計上の見積りに関する見積手法又は情報源の使用や見積額又は財務諸表に含まれる注記事項に関する専門家の指摘事項や結論の形成に関連する場合、本報告書の第20項から第28項の要求事項は、監査人が監査基準委員会報告書500第７項⑶を適用する上で役立つことがある。

受託会社

A132．監査基準委員会報告書402「業務を委託している企業の監査上の考慮事項」は、内部統制を含む受託会社が提供する業務に対する監査人の理解及び評価した重要な虚偽表示リスクに対する監査人の対応についての実務上の指針を提供するものである。企業が会計上の見積りを行う際に受託会社の提供する業務を利用する場合、監査基準委員会報告書402の要求事項と適用指針は監査人が本報告書の要求事項を適用する上で役立つことがある。

７．経営者の偏向が存在する兆候（第31項参照）

A133．経営者の偏向は、勘定科目レベルでは見出すのは困難なことがあり、監査人が複数の会計上の見積りを検討したり、全ての会計上の見積りを総括的に検討したり、又は複数の会計期間にわたって観察した場合にのみ識別されることがある。例えば、財務諸表に含まれる会計上の見積りが個々には合理的であっても、経営者の見積額が、合理的な監査人の許容範囲において経営者にとってより有利となる方向に一貫して偏っている場合、そのような状況は、経営者の偏向が存在する兆候を示していることがある。

A134．会計上の見積りに関連する経営者の偏向が存在する兆候の例示には、以下の事項がある。

・経営者が、状況の変化があったとの主観的な評価に基づいて、会計上の見積り又は見積手法を変更していること

・経営者の目的にとって都合の良い見積額となるような重要な仮定やデータを選択又は設定していること

・見積額の選択が、楽観的又は悲観的な傾向を示していること

このような兆候が識別された場合、アサーション・レベル又は財務諸表全体レベルの重要

な虚偽表示リスクが存在する可能性がある。個々の会計上の見積りの合理性に関して結論付ける際に、経営者の偏向が存在する兆候があったとしても、それだけでは虚偽表示とはならない。ただし、状況によっては、監査証拠が単なる経営者の偏向の兆候ではなく、虚偽表示を示すこともある。

A135. 経営者の偏向が存在する兆候は、監査人のリスク評価及び関連する対応が適切であるかどうかに関する監査人の結論に影響を与えることがある。監査人は、会計上の見積りに関する経営者の判断の適切性に更に疑問を持つ必要があるかなど、監査の他の側面への影響の検討を必要とすることがある。さらに、経営者の偏向が存在する兆候は、財務諸表全体に重要な虚偽表示がないかどうかに関する監査人の判断にも影響を及ぼすことがある。（監基報700第９項参照）

A136. 監査基準委員会報告書240では、財務諸表に含まれる会計上の見積りにおける経営者の判断及び決定が、不正による重要な虚偽表示となるような経営者の偏向が存在する兆候を示しているかどうかを評価することを監査人に求めている（監基報240第31項(2)参照）。不正な財務報告は、会計上の見積りに関する意図的な虚偽表示を通じて行われることが多い。これには、会計上の見積りの意図的な過小表示や過大表示などがある。経営者の偏向が存在する兆候は、不正リスク要因となる場合があり、監査人は、監査人のリスク評価、特に不正リスクの評価、及び関連するリスク対応手続が依然として適切であるかどうかを再評価することがある。

８．実施した監査手続に基づく総括的評価

（第32項参照）

A137. 監査人は、立案した監査手続を実施するに従い、入手した監査証拠により他の立案した監査手続の種類、時期及び範囲を変更することがある（監基報330の A59項参照）。会計上の見積りに関しては、監査証拠を入手するための監査手続を実施する過程で、リスク評価の基礎となった情報と著しく異なる情報に気付くこともある。例えば、監査人は、当初、会計上の見積りに関する主観性のみを根拠として重要な虚偽表示リスクを識別したが、重要な虚偽表示リスクに対応する手続を実施する過程で、会計上の見積りが想定以上に複雑であることが判明し、重要な虚偽表示リスクの評価を見直すことが必要となる場合がある（例えば、複雑性の影響により、固有リスクの程度をより高いものとして見直すことが必要な場合）。このような場合、監査人は、十分かつ適切な監査証拠を入手するために、追加的なリスク対応手続の実施を必要とすることがある。（監基報315第29項参照）

A138. 経営者が財務諸表において会計上の見積りを認識していない場合、監査人の評価の重点は、適用される財務報告の枠組みにおける認識要件が実際には満たされていたかどうかに置かれる可能性がある。会計上の見積りが認識されておらず、監査人がそれを適切であると判断する場合、財務報告の枠組みによっては、財務諸表において当該状況の注記事項が求められることがある。

会計上の見積りが合理的であるか虚偽表示であるかの判断（第８項及び第34項参照）

A139. 実施した監査手続及び入手した監査証拠に基づき、経営者の見積額及び関連する注記事項が合理的であるか虚偽表示であるかを判断する際、監査人は、以下の事項に留意する。

・監査証拠により許容範囲が裏付けられている場合、その許容範囲は大きくなることがあり、状況によっては、重要性の基準値の数倍の大きさとなることがある（A125項参照）。上記のように広範な許容範囲が適切となる場合でも、その許容範囲内の見積額の合理性に関する十分かつ適切な監査証拠を入手しているかどうかを監査人が再検討することが重要になることがある。

・監査証拠により経営者の見積額とは異なる見積額が裏付けられることがある。そのような場合、監査人の見積額と経営者の見積額との差額が虚偽表示となる。

・監査証拠により経営者の見積額が含まれない許容範囲が裏付けられることがある。そのような場合、経営者の見積額と監査人の許容範囲との最小の差額が虚偽表示となる。

A140．A110項からA114項は、経営者による見積額の選択及び財務諸表に含まれる関連する注記事項についての監査人の評価に役立つ指針を記載している。

A141．監査人のリスク対応手続として、経営者がどのように会計上の見積りを行ったかの検討又は監査人の見積額若しくは許容範囲の設定を含める場合、監査人は、見積りの不確実性に関する注記事項（第25項(2)及び第28項(2)参照）及びその他の注記事項（第30項参照）についての十分かつ適切な監査証拠を入手することが求められる。監査人は、その上で、適用される財務報告の枠組みに照らして会計上の見積り及び関連する注記事項が合理的であるか虚偽表示であるかの総括的な評価（第34項参照）の一環として、注記事項に関して入手した監査証拠を検討する。

A142．監査基準委員会報告書450は、定性的な注記事項及び注記事項における虚偽表示が不正の兆候である可能性を示す場合についての指針を提供している。（監基報450のA16項及びA21項参照）

A143．財務諸表が適正表示の枠組みに準拠して作成されている場合、監査人は、財務諸表が適正表示を達成しているかどうかを評価する際に、財務諸表の全体的な表示、構成及び内容、並びに関連する注記事項を含む財務諸表が基礎となる取引や会計事象を適正に表しているかどうかの検討を含める（監基報700第12項参照）。例えば、会計上の見積りの不確実性の程度がより高い場合、監査人は、適正表示を達成するためには追加的な注記事項が必要であると判断することがある。経営者がそのような追加的な注記事項を含めない場合、監査人は、財務諸表に重要な虚偽表示があると結論付けることがある。

A144．監査基準委員会報告書705は、経営者による財務諸表の注記事項が、（例えば、見積りの不確実性に関して）妥当でない又は利用者の誤解を招くと監査人が判断する場合における監査意見への影響に関する指針を提供している。（監基報705第21項及び第22項参照）

9．経営者確認書（第36項参照）

A145．経営者確認書には、特定の会計上の見積りに関して、以下の記載を含めることがある。

・会計上の見積りにおける重要な判断を、経営者が認識している全ての関連する情報を考慮して行っている旨
・会計上の見積りを行う際に経営者が使用した見積手法、仮定及びデータは、一貫して適切に選択又は適用している旨
・会計上の見積りと注記事項に関連して、使用した仮定が、企業を代表して特定の行動方針を実行する経営者の意思と能力を適切に反映している旨
・会計上の見積りに関する注記事項が、見積りの不確実性に関する注記事項を含め、適用される財務報告の枠組みに準拠して網羅的かつ適切である旨
・会計上の見積りを行う際に、適切な専門的技能又は知識が適用されている旨
・財務諸表に含まれる会計上の見積り及び注記事項に修正を必要とする後発事象がない旨
・会計上の見積りが財務諸表において認識又は注記されていない場合、適用される財務報告の枠組みにおける認識又は注記に関する要件を満たしていないという経営者の判断は適切である旨

10．監査役等、経営者又はその他の関連当事者とのコミュニケーション（第37項参照）

A146．監査基準委員会報告書260を適用する際、監査人は、会計上の見積り及び関連する注記事項に関する企業の会計実務の質的側面のうち重要なものについての監査人の見解を監査役等とコミュニケーションを行う（監基報260第14項(1)参照）。付録2には、監査人が監査役等とコミュニケーションを行うことを検討する可能性

のある、会計上の見積りに関する具体的な事項が含まれている。

A147. 監査基準委員会報告書265第８項は、監査人に、監査の過程で識別した重要な不備を、書面により監査役等に報告することを求めている。これらの重要な不備には、例えば以下に関するものが含まれる。

(1) 重要な会計方針の選択と適用、並びに見積手法、仮定及びデータの選択と適用
(2) リスク・マネジメント及び関連するシステム
(3) 外部からデータを入手した場合を含む、データの完全性
(4) 外部提供者から入手したモデルを含む、モデルの使用、開発及び妥当性の確認、並びにモデルに対してなされた必要な調整

A148. 監査人は、監査役等とのコミュニケーションに加えて、規制当局又は金融機関等の健全性に関する監督機関と直接コミュニケーションを行うことが許容又は要求される場合がある。そのようなコミュニケーションは、監査全体を通じて又は監査計画の立案や監査報告書の作成等の特定の段階で有用となることがある。例えば、特定の国では、金融機関の規制当局は、内部統制（金融商品取引、活発でない市場における金融商品の評価における課題、予想信用損失及び保険契約準備金に関する内部統制）の運用と適用に関する情報を共有するよう監査人に協力を求めることがある。また、その他の規制当局は、企業による費用の見積りを含む企業の事業の重要な側面に関する監査人の見解を理解しようとすることがある。このようなコミュニケーションは、監査人による重要な虚偽表示リスクの識別と評価及びリスクへの対応に有用となることがある。

11. 監査調書（第38項参照）

A149. 監査基準委員会報告書315第31項及びA147項からA150項並びに監査基準委員会報告書330第27項及びA62項は、監査基準委員会報告書230第７項(3)に基づき、企業に関する監査人の理解、リスク評価及び評価したリスクへの対応の文書化に関する要求事項及び適用指針を提供している。会計上の見積りの監査において、監査人は、会計上の見積りに関連する企業及び企業環境に関し理解した主な内容に関する監査調書を作成することが求められている。また、会計上の見積りに関する重要な虚偽表示リスクの評価についての監査人の判断及び対応は、監査役等及び経営者とのコミュニケーションの文書化により、更に補強されることがある。

A150. 監査基準委員会報告書330に従って、評価したアサーション・レベルの重要な虚偽表示リスクと実施したリスク対応手続との関連性を文書化する際、本報告書は、監査人がアサーション・レベルの重要な虚偽表示リスクの根拠を考慮することを求めている。そのような根拠は、一つ以上の固有リスク要因又は統制リスクの評価に関連することがある。ただし、それぞれの会計上の見積りについて重要な虚偽表示リスクを識別し評価する際に、全ての固有リスク要因をどのように考慮したのかを文書化することは求められていない。

A151. 監査人は、以下の事項についても文書化を検討することがある。

・見積手法の適用に際して複雑なモデルの使用を伴う場合、経営者の判断が首尾一貫しているかどうか。また、該当する場合には、モデルのデザインが適用される財務報告の枠組みの測定目的を満たしているかどうか。
・見積手法、重要な仮定又はデータの選択及び適用が複雑性の影響を大きく受ける場合、リスク評価手続の実施及びリスク対応手続の立案実施、並びに入手した監査証拠の評価に、専門的技能又は知識が必要かどうかに関する監査人の判断。これらの状況においては、必要な技能及び知識がどのように適用されたかについても監査調書に記載することがある。

A152. 監査基準委員会報告書230のA7項には、監査人の職業的専門家としての懐疑心を文書化する方法は一つではないが、監査調書が、監査人の職業的専門家としての懐疑心を行使したと

いう証拠を提供することがあると記載されている。例えば、会計上の見積りに関して、入手した監査証拠にアサーションを裏付ける証拠と矛盾する証拠の両方が含まれる場合、監査調書には、入手した監査証拠の十分性と適切性に関する結論を出す際の職業的専門家としての判断を含め、監査人がどのように当該証拠を評価したかが含まれることがある。本報告書の要求事項において、監査調書が、監査人の職業的専門家としての懐疑心を行使したという証拠を提供する例としては、以下の事項がある。

・第12項⑷は、企業の財務諸表に含まれる会計上の見積り及び関連する注記事項の内容を監査人が予想する際に、企業及び企業環境に関する監査人の理解をどのように適用するか、また、当該監査人の予想と経営者が作成した企業の財務諸表をどのように比較するかに関連するものである。
・第17項は、十分かつ適切な監査証拠を入手するため、監査人は、経営者の見積りを裏付ける監査証拠の入手に偏ることなく、矛盾する監査証拠を排除しない方法で、リスク対応手続を立案し実施することを求めている。
・第22項⑵、第23項⑵、第24項⑵及び第31項は、経営者の偏向が存在する兆候に対応することを求めている。
・第33項は、裏付けとなるか矛盾するかにかかわらず、監査人は、入手した全ての関連する監査証拠を考慮することを求めている。

Ⅳ　適用

・本報告書（2011年12月22日）は、2012年４月１日以後開始する事業年度に係る監査及び同日・以後開始する中間会計期間に係る中間監査から適用する。
・本報告書（2015年５月29日）は、2015年４月１日以後開始する事業年度に係る監査及び同日以後開始する中間会計期間に係る中間監査から適用する。
・本報告書（2021年１月14日）は、2023年３月決算に係る財務諸表の監査及び2022年９月に終了する中間会計期間に係る中間財務諸表の中間監査から実施する。ただし、それ以前の決算に係る財務諸表の監査及び中間会計期間に係る中間財務諸表の中間監査から実施することを妨げない。

付録１　固有リスク要因（第２項、第４項、第11項(3)、A8項及びA66項参照）

はじめに

1．会計上の見積り及び関連する注記事項に係るアサーション・レベルの重要な虚偽表示リスクを識別及び評価し、リスク対応手続を実施する際に、本報告書では、以下を考慮することを監査人に要求している。

- 会計上の見積りが見積りの不確実性の影響を受ける程度
- 以下の事項が複雑性、主観性又はその他の固有リスク要因の影響を受ける程度
- 会計上の見積りを行う際に使用する見積手法、仮定及びデータの選択と適用
- 財務諸表に計上される経営者の見積額と関連する注記事項の選択

2．会計上の見積りに関する固有リスクとは、内部統制が存在していないとの仮定の上で、会計上の見積りに関連するアサーションに重要な虚偽表示が発生する可能性のことである。固有リスクは、会計上の見積りを適切に行う上での問題を生じさせる固有リスク要因に起因するものである。本付録は、会計上の見積り及び財務諸表に計上される経営者の見積額と関連する注記事項の選択において、固有リスク要因である見積りの不確実性、複雑性、主観性及びそれらの相互関係についてより詳しく説明するものである。

測定基礎

3．測定基礎（取得原価、公正価値など）並びに財務諸表項目の性質、状態及び状況により、関連する評価属性が生じる。財務諸表項目の原価又は価格を直接観察できない場合、適切な見積手法を適用し、適切なデータと仮定を使用して会計上の見積りを行うことが要求される。見積手法は、適用される財務報告の枠組みにより規定されることもあれば、経営者により選択されることもあるが、関連する測定基礎に基づく財務諸表項目の原価又は価格に、関連する評価属性がどのように影響すると予想されるかについての利用可能な知識を反映した手法が用いられる。

見積りの不確実性

4．正確に測定することができないことにより影響を受ける程度は、会計の枠組みにおいて測定の不確実性と呼ばれることが多い。本報告書において、見積りの不確実性は、正確に測定することができないという性質に影響される程度と定義されている。見積りの不確実性は、財務諸表において認識又は注記が要求される金額を、原価又は価格の直接的な観察を通じて正確に測定できない場合に生じる。直接的に観察ができない場合、最も正確な代替的測定方法は、関連する評価属性についての観察可能なデータを使用して、関連する測定基礎に基づく財務諸表項目の原価又は価格に関して利用可能な知識を反映した見積手法である。

5．ただし、当該知識又はデータ利用の制約によって、測定プロセスにおけるインプットの検証可能性に限界が生じ、そのため測定結果の正確性にも限界がある場合がある。さらに、ほとんどの会計の枠組みは、情報を入手するための費用が便益を上回る場合等、考慮すべき情報には実務上の限界があることを認めている。このような限界によって生じる測定の正確性の欠如は、測定プロセスから排除することができないため、会計上の見積りに固有の性質である。したがって、そのような限界は見積りの不確実性の原因となる。測定プロセスで生じ得る他の測定の不確実性の原因は、少なくとも理論的には、見積手法が適切に適用されていれば排除することが可能である。したがって、見積りの不確実性というよりも、むしろ潜在的な虚偽表示の原因となる。

6．見積りの不確実性が、資産又は負債から最終的に生じる経済的便益の将来における不確実な流入又は流出によるものである場合、当該流出入の結果は、期末日後でなければ観察できない。適用される測定基礎の性質、並びに財務諸表項目の性質、状態及び状況によって、財務諸表を作成するまでにその結果を直接観察できることもあれば、作成後でなければその結果を直接観察できない場合もある。会計上の見積りによっては、その結果を全く観察することができないこともある。

7．個々の項目について、比較的容易に高い精度で不確実な結果を予測できる場合がある。例えば、生産

用機械の耐用年数は、同機種の平均耐用年数に関する十分な技術的情報を利用できる場合に容易に予測できることがある。保険数理上の仮定に基づく個人の平均余命のように、将来の結果を合理的な精度で予測することができない場合でも、グループ単位であればその結果をより高い精度で予測できることがある。状況によっては、測定目的に関する会計処理の単位として、測定基礎がポートフォリオ・レベルとされていることがあり、これにより固有の見積りの不確実性が低下することがある。

複雑性

8．複雑性（内部統制が存在していないとの仮定の上で会計上の見積りを行うプロセスに固有の複雑性）は、固有リスクを生じさせる。固有の複雑性は以下の場合に生じることがある。

・多くの評価属性があり、属性間に多くの相互関係又は非線形的な関連性がある場合

・一つ以上の評価属性に関して適切な値を決定する際に、複数のデータセットを必要とする場合

・会計上の見積りを行う際により多くの仮定が必要となる場合、又は必要な仮定の間に相関関係がある場合

・使用されるデータの識別、取得、アクセス又は理解が本質的に困難である場合

9．複雑性は、見積手法の複雑性、計算プロセスの複雑性又は計算プロセスを適用する際に使用するモデルの複雑性に関係していることがある。例えば、モデルは、不確実な将来の結果又は仮定に基づく動きを予測するために、確率に基づいた評価概念や評価技法、オプションの価格算定式、又はシミュレーション技法を適用する必要があり、それらを反映して複雑となることがある。同様に、計算プロセスは、仮定の決定、又は高度な数学的若しくは統計的概念の適用を裏付けるために、複数の情報源からのデータ又は複数のデータセットを必要とすることで複雑となる場合がある。

10．複雑性が増すに従って、経営者が会計上の見積りを行う際に、例えば以下の事項に関連して、専門的技能若しくは知識を適用する、又は経営者の利用する専門家を関与させることが必要となる可能性が高くなる。

・測定基礎及び測定目的又は適用される財務報告の枠組みにおけるその他の要求事項に照らして使用可能な評価概念及び評価技法、並びにそれらの概念及び技法の適用方法

・測定基礎の性質、並びに会計上の見積りを行う財務諸表項目の性質、状態及び状況に照らして、関連する可能性のある評価属性

・企業の内部（総勘定元帳又は補助元帳以外の情報源を含む）若しくは外部からの適切なデータの情報源の識別、これらの情報源からデータを入手すること若しくは見積手法を適用する際にデータの完全性を維持することの困難さへの対処方法の決定、又はそれらのデータの適合性と信頼性に関する理解

11．データに関連する複雑性は、例えば、以下の状況において生じることがある。

(1)　データの入手が困難な場合、又は一般的に情報を入手できない取引に関するデータの場合。仮に外部情報源等を通じてこのようなデータを入手できたとしても、外部情報源が使用した基礎データの情報源と実施したデータ処理に関する十分な情報を開示しなければ、このようなデータの適合性と信頼性を検討するのは難しい場合がある。

(2)　データが将来の状況又は事象に関する外部情報源の見解を反映したものとなっており、当該見解が、仮定の裏付けに関連する可能性があるため、それらの見解を反映する際に考慮された根拠と情報が明らかでなければ、当該データを理解するのが難しい場合

(3)　複雑な金融商品又は保険商品に関する取引についての契約条項で構成されているデータを適切に理解する必要がある場合のように、技術的に複雑なビジネス上の概念又は法的概念の理解を要するため、特定の種類のデータを理解することが本質的に難しい場合

主観性

12．主観性（内部統制が存在していないとの仮定の上で、会計上の見積りを行うプロセスに固有の主観性）は、評価属性に関して合理的に入手可能な知識又は

データの固有の限界に左右される。このような限界が存在しても、適用される財務報告の枠組みが、特定の判断を下す際の要求事項を定めている場合、主観性の程度が低下することがある。例えば、そのような要求事項が、明示的又は黙示的に測定目的、注記事項、会計処理の単位又はコストの制約による取扱い等を定めている場合が該当する。また、適用される財務報告の枠組みによっては、これらの判断に関する注記事項を求めることで当該判断の重要性が強調されていることもある。

13. 一般的に、主観性を伴うことが多い事項の決定を行う以下のような場合に経営者の判断が必要とされる。
 - ・適用される財務報告の枠組みの要求事項が定めていない範囲において、適切な評価アプローチ、概念、評価技法及び見積手法で使用する諸要素を入手可能な知識を勘案して決定する場合
 - ・評価属性は観察可能であるが、候補となる情報源が多数存在し、使用に適した情報源を決定する場合
 - ・評価属性が観察不能であり、入手可能な最善のデータ（例えば市場の見解）を勘案して、適切な仮定又は仮定の範囲を決定する場合
 - ・合理的に生じ得る見積額の範囲（そこから経営者の見積額が選択される）を決定する場合及びその範囲内の特定の金額が、適用される財務報告の枠組みにおいて要求される測定基礎の目的に合致する蓋然性を決定する場合
 - ・財務諸表における経営者の見積額の選択及び関連する注記事項を決定する場合

14. 将来の事象又は状況に関する仮定の設定には判断が伴い、その判断の難しさは、当該事象又は状況の不確実性の程度に応じて異なる。不確実な将来の事象又は状況を予測する場合の正確性は、知識（過去の事象、状況及び関連する帰結等の知識を含む。）に基づいて当該事象又は状況をどの程度まで確定できるかに依存する。上述のように、正確性の欠如もまた、見積りの不確実性をもたらす。

15. 将来の帰結に関して、仮定は不確実な側面についてのみ設定する必要がある。例えば、期末日における売掛金について発生可能性のある貸倒の測定を検討する場合に、売掛金の額は既に確定していて関連する取引書類で直接観察可能である一方、貸倒が生じた場合の損失額が不確実であったとする。この場合、損失の発生確率、金額及び時期についてのみ仮定が必要となる。

16. 他方で、資産に関連する権利から生じるキャッシュ・フローの額は、不確実である場合がある。このような場合、経営者はキャッシュ・フローを受け取る権利と、貸倒による損失の両方に関する仮定を設定しなければならない。

17. 経営者は、過去の事象及び状況に関する情報と併せて、現在の傾向及び将来の展開についての予想を考慮することが必要な場合がある。過去の事象及び状況から得られる過去実績の情報が、過去に繰り返されたパターンを示しており、その情報から将来の結果を推定できることがある。このような過去の情報は、時の経過によるパターンの変化（サイクル又はトレンド）を示すこともある。このような場合も、過去実績のパターンがある程度予測可能な形で変化していれば、その情報を将来の結果の推定に使用できることもある。それ以外にも、過去実績のパターン又は関連するサイクル若しくはトレンドの潜在的な変化を示す情報を入手できることもあるが、そのような情報に基づく将来予測には、難しい判断が必要とされることがある。

18. 会計上の見積りを行う際の判断の程度と性質（主観性の程度を含む。）によって、経営者が適切と考える会計上の見積りに係る一連の手順を決定する際に、経営者の偏向が生じる可能性がある。また、複雑性と見積りの不確実性のいずれか又は両方が高い場合にも、経営者の偏向のリスク及び機会又は不正のリスク及び機会が高まることがある。

見積りの不確実性と複雑性及び主観性との関係性

19. 見積りの不確実性があるため、会計上の見積りを行う際に様々な見積手法、情報源及び仮定が使用される可能性がある。これに起因して主観性が生じ、会計上の見積りを行う際に判断が必要となる。適切な見積手法及び情報源の選択、仮定の設定、並びに財務諸表における経営者の見積額及び関連する注記事項の選択に当たって、このような判断が求められ

る。適用される財務報告の枠組みにおける認識、測定、表示及び注記の要求事項に照らして判断を行ったとしても、当該判断を裏付ける知識又は情報の入手可能性に限界があるため、判断は主観的な性質を有する。

20. このような判断には主観性が伴うため、意図的であるか否かを問わず経営者の偏向の機会が生じる。会計の枠組みの多くは、財務諸表に含まれる情報が中立的であること（すなわち、当該情報に偏りがないこと）を求めている。見積りプロセスから偏向を排除することは理論的には可能であることを前提とすれば、主観性に対処するためになされた判断における潜在的な偏向の原因というのは潜在的な虚偽表示の原因である。見積りの不確実性の原因ではない。

21. 会計上の見積りを行う際には、様々な見積手法、情報源及び仮定が使用される可能性がある（第19項参照）ため、生じ得る測定結果にもばらつきが生じる。合理的に生じ得る測定結果の範囲の大きさは、見積りの不確実性の程度によっており、会計上の見積りの感応度と呼ばれることが多い。見積りのプロセスには、測定結果の決定に加え、使用される可能性のある見積手法、情報源及び仮定のばらつきが、合理的に生じ得る測定結果の範囲に与える影響の分析（感応度分析）も含まれる。

22. 適用される財務報告の枠組みにより求められる場合、忠実な表現（すなわち、網羅的かつ中立的であり誤謬がない。）を達成する会計上の見積りに関する財務諸表の表示の作成には、合理的に生じ得る測定結果の範囲から経営者の見積額を選択する際及び見積りの不確実性を記述する注記事項を表示する際に経営者が適切な判断を行うことが含まれる。これらの事項に対応する、適用される財務報告の枠組みにおいて要求される事項の内容によっては、判断そのものに主観性が伴う。例えば、適用される財務報告の枠組みが、経営者の見積額の選択に関して具体的な基礎（確率加重平均又は最善の見積り等）を求めることがある。同様に、適用される財務報告の枠組みが、特定の注記、特定の開示目的を満たす注記事項又はその状況において適正表示を達成するために必要な追加的な注記事項を要求することもある。

23. 見積りの不確実性が高い会計上の見積りは、不確実性が低い会計上の見積りよりも測定の正確性が劣ることがある。ただし、適用される財務報告の枠組みにより要求され、忠実な表現を達成できるのであれば、見積りの不確実性が高い会計上の見積りを財務諸表において認識することは、財務諸表の利用者に対しての目的適合性を満たすことがある。場合によっては、見積りの不確実性があまりにも高いため、適用される財務報告の枠組みの認識要件を満たさず、財務諸表において会計上の見積りを認識できないことがあるが、そのような場合でも、関連する注記事項が必要となることがある。例えば、見積額又は合理的に生じ得る測定結果の範囲及び見積りの不確実性や当該項目を認識する上での制約に関する情報の開示等である。適用される財務報告の枠組みがどの程度具体的に要求事項を設定するかは、状況によって異なる。したがって、状況によっては、主観性を伴う追加的な判断が生じる可能性がある。

付録2　監査役等とのコミュニケーション
（A146項参照）

会計上の見積り及び関連する注記事項に関する企業の会計実務の重要な質的側面についての監査人の見解として、監査人が監査役等とのコミュニケーションを検討する事項には、以下が含まれる。

⑴　経営者が、会計上の見積り及び関連する注記事項を必要とする又は変更を生じさせる可能性のある取引、事象及び状況を把握する方法

⑵　重要な虚偽表示リスク

⑶　財務諸表全体に対する会計上の見積りの相対的な重要性

⑷　会計上の見積りの性質、範囲及び会計上の見積りに関連するリスクについての経営者の理解（又は理解の欠如）

⑸　経営者が適切な専門的技能若しくは知識を適用しているかどうか、又は適切な専門家を関与させているかどうか

⑹　監査人の見積額又は許容範囲と経営者の見積額との差異に関する監査人の見解

⑺　会計上の見積り及び財務諸表における会計上の見積りの表示に関する、会計方針の選択の適切性についての監査人の見解

(8) 経営者の偏向が存在する兆候
(9) 見積手法に前年度から変更があるかどうか又は変更が必要であるかどうか
(10) 見積手法が前年度から変更されている場合には、その理由及び過年度の会計上の見積りの確定額
(11) 経営者がモデルを使用している場合を含め、経営者の見積手法が、測定目的、性質、状態及び状況、並びに適用される財務報告の枠組みの要求事項に照らして適切であるかどうか
(12) 会計上の見積りに利用された重要な仮定の性質と結果、仮定の設定における主観性の程度
(13) 重要な仮定が相互に整合しており、かつ他の会計上の見積りに使用された仮定や企業の事業活動における他の領域で使用された仮定と整合しているかどうか
(14) 重要な仮定の適切性又は適用される財務報告の枠組みの適切な適用に関連する場合、経営者には特定の行動を実行する意思とその能力があるかどうか
(15) 経営者が代替的な仮定若しくは結果を検討した方法及びそれらを採用しなかった理由、又は経営者が代替的な仮定若しくは結果を検討しなかった場合における見積りの不確実性の検討過程
(16) 会計上の見積りを行う際に経営者が使用したデータ及び重要な仮定は、適用される財務報告の枠組みに照らして適切であるかどうか
(17) 外部情報源から入手した情報の目的適合性と信頼性
(18) 外部情報源から入手したデータに関して、又は経営者若しくは経営者の利用する専門家が実施した評価に関して、十分かつ適切な監査証拠を入手する上で直面した困難な状況
(19) 経営者又は評価に関する経営者の利用する専門家の判断と監査人の判断との重要な差異
(20) 会計上の見積りに関する見積りの不確実性を含め、財務諸表に注記することが求められる重要なリスク及びエクスポージャーが企業の財務諸表に及ぼす潜在的な影響
(21) 財務諸表における見積りの不確実性に関する注記事項の合理性
(22) 財務諸表における会計上の見積りの認識、測定、表示及び注記（関連する注記事項を含む。）、並びに関連する注記事項についての経営者の判断は、適用される財務報告の枠組みに準拠しているかどうか

以　上

監査基準委員会報告書550
関連当事者*

2011年12月22日
改正2015年5月29日
改正2019年6月12日
最終改正2021年1月14日
日本公認会計士協会
監査基準委員会
（報告書：第57号）

Ⅰ　本報告書の範囲及び目的

1．本報告書の範囲

1．本報告書は、関連当事者との関係及び関連当事者との取引に関して、財務諸表監査における実務上の指針を提供するものである。

特に、本報告書は、監査基準委員会報告書

315「企業及び企業環境の理解を通じた重要な虚偽表示リスクの識別と評価」、同330「評価したリスクに対応する監査人の手続」及び同240「財務諸表監査における不正」を、関連当事者との関係及び関連当事者との取引に伴う重要な虚偽表示リスクに関してどのように適用すべきかについて記載している。

2．関連当事者との関係及び関連当事者との取引の内容

2．関連当事者との取引は、通常の取引過程において行われることが多い。この場合、関連当事者との取引による財務諸表の重要な虚偽表示リスクは、関連当事者以外の第三者との同様の取引と変わらないと考えられる。しかし、ある状況においては、関連当事者との関係及び関連当事者との取引の内容によって、財務諸表の重要な虚偽表示リスクが第三者との取引の場合よりも高くなることもある。例えば、以下の場合が含まれる。

・複数の関連当事者が存在する場合には、相互の関係や所有構造が広範で複雑となっていることがあり、それに対応して企業と関連当事者との取引も複雑となっていることがある。

・情報システムが、関連当事者との取引を識別し、債権債務残高を集計する上で有効でないことがある。

・関連当事者との取引は、例えば、関連当事者との取引が無償又は低廉な価格で実行されるなど、正常な市場での取引条件で実行されないことがある。

3．監査人の責任

3．企業と関連当事者とは独立した関係にはないことから、多くの財務報告の枠組みは、財務諸表の利用者が、関連当事者との関係や関連当事者との取引及び残高の内容、並びに財務諸表に対する影響を理解することができるよう、関連当事者との関係や関連当事者との取引及び残高に関する処理及び開示についての事項を定めている。適用される財務報告の枠組みにそのような事項が定められている場合には、監査人は、企業が、財務報告の枠組みにおいて要求される事項に準拠して、関連当事者との関係、取引又は残高を適切に処理又は開示しないことから生じる重要な虚偽表示リスクを識別し評価するとともに、評価したリスクに対応するための監査手続を実施する責任がある。

4．適用される財務報告の枠組みに関連当事者についての事項が定められていない場合、又は最小限の事項しか定められていない場合でも、監査人は、財務諸表が関連当事者との関係及び関連当事者との取引によって影響を受ける範囲内において、以下のいずれかの目的を達成するために、関連当事者との関係及び関連当事者との取引を十分に理解する必要がある。(A1項参照)

(1) (適正表示の枠組みの場合) 財務諸表において関連当事者に関する適正な表示が行われているかどうかを判断すること (A2項参照)

(2) (準拠性の枠組みの場合) 財務諸表の利用者の判断を誤らせないかどうかを判断すること (A3項参照)

5．また、不正の実行が関連当事者を通じて容易になる場合があるため、監査基準委員会報告書240第23項で要求されているとおり、監査人が不正リスク要因が存在するかどうかに関して評価する場合には、関連当事者との関係及び関連当事者との取引を理解する。

6．監査の固有の限界のため、一般に公正妥当と認められる監査の基準に準拠して適切に監査計画を策定し監査を実施しても、財務諸表の重要な虚偽表示が発見されないという回避できないリスクがある。関連当事者に関して、この固有の限界は監査人による重要な虚偽表示の発見に影響を与えるが、以下の理由によって、それによる影響はより大きくなる (監査基準委員会報告書200「財務諸表監査における総括的な目的」の A50項及び A51項参照)。

・経営者は、特に、適用される財務報告の枠組みに関連当事者についての事項が定められていない場合においては、関連当事者との関係及び関連当事者との取引の全てを認識してい

るとは限らない。
・関連当事者との関係を利用して、経営者が共謀、隠蔽又は改竄を行う機会が増すことがある。

7．したがって、関連当事者に関しては、関連当事者との関係や関連当事者との取引が開示されない可能性があるため、監査基準委員会報告書200第14項で要求されているとおり、職業的専門家としての懐疑心を保持して監査計画を策定し監査を実施することが、特に重要である。本報告書の要求事項は、関連当事者との関係及び関連当事者との取引に伴う重要な虚偽表示リスクの識別と評価、並びに評価したリスクに対応する監査手続の立案に資するように記載している。

4．本報告書の目的

8．本報告書における監査人の目的は、以下のとおりである。

(1)　適用される財務報告の枠組みにおいて関連当事者に関する事項が定められているかどうかにかかわらず、以下のいずれの事項にも資するよう、関連当事者との関係及び関連当事者との取引を十分に理解すること

①　不正による重要な虚偽表示リスクの識別と評価に関連する、関連当事者との関係及び関連当事者との取引から生じる不正リスク要因が存在する場合には、当該要因を認識すること

②　財務諸表が関連当事者との関係及び関連当事者との取引によって影響を受ける場合、入手した監査証拠に基づいて以下のいずれかを判断すること

・(適正表示の枠組みの場合）財務諸表において関連当事者に関する適正な表示が行われているかどうか。

・(準拠性の枠組みの場合）財務諸表の利用者の判断を誤らせないかどうか。

(2)　上記に加え、適用される財務報告の枠組みに関連当事者についての事項が定められている場合には、当該枠組みに準拠して、関連当事者との関係及び関連当事者との取引が、適切に識別され、処理され、開示されているかどうかについての十分かつ適切な監査証拠を入手すること

5．定　義

9．本報告書における用語の定義は、以下のとおりとする。

(1)「関連当事者」－以下のいずれかに該当する当事者をいう。(A4項からA7項参照)

①　適用される財務報告の枠組みにおいて定義される関連当事者

②　適用される財務報告の枠組みに関連当事者についての事項が定められていない場合、又は最小限の事項しか定められていない場合には、以下のいずれかに該当する者

ア．個人又は他の企業が、直接又は間接に、財務諸表作成会社を支配しているか又は重要な影響を及ぼしている場合の当該個人又は他の企業

イ．財務諸表作成会社が、直接又は間接に、支配しているか又は重要な影響を及ぼしている他の企業

ウ．以下のいずれかによって財務諸表作成会社と共通支配下にある他の企業

・共通の支配力を有する所有者
・近親者である所有者
・共通の主要な経営者

　ただし、政府（例えば、国又は地方公共団体など）の共通支配下にある企業の場合には、重要な取引があるか、又は相互に経営資源を相当程度共有している場合を除き、当該企業は関連当事者とはみなされない。

(2)「独立第三者間取引」－特定の関係にない買い手と売り手が、相互に独立して行動し、かつ自己の最善の利益を追求した場合の取引条件によって実行される取引をいう。

Ⅱ　要求事項

1．リスク評価手続とこれに関連する活動

10．監査人は、監査基準委員会報告書315第４項及び監査基準委員会報告書240第15項で要求されているリスク評価手続とこれに関連する活動の一環として、第11項から第16項に記載する監査手続とこれに関連する活動を実施して、関連当事者との関係及び関連当事者との取引に伴う重要な虚偽表示リスクを識別するための情報を入手しなければならない。

(1)　関連当事者との関係及び関連当事者との取引の理解

11．監査基準委員会報告書315第９項及び監査基準委員会報告書240第14項で要求されている監査チーム内の討議では、関連当事者との関係及び関連当事者との取引から生じる可能性がある不正又は誤謬により、財務諸表に重要な虚偽表示が行われる可能性について検討しなければならない。（A8項及び A9項参照）

12．監査人は、以下の事項について経営者に質問しなければならない。

(1)　前年度からの変更を含めた、経営者が識別した関連当事者（A10項から A13項参照）

(2)　関連当事者との関係

(3)　当年度における関連当事者との取引の有無、及び取引がある場合には当該取引の種類と目的

13．監査人は、経営者が以下のために構築した内部統制がある場合には、それらの内部統制を理解するため、経営者及びその他の企業構成員に質問を行うとともに、適切と考えられるその他のリスク評価手続を実施しなければならない。（A14項から A19項参照）

(1)　適用される財務報告の枠組みに準拠した、関連当事者との関係及び関連当事者との取引の識別、処理及び開示

(2)　関連当事者との重要な取引や取引条件についての権限の付与及び承認（A20項参照）

(3)　通常の取引過程から外れた重要な取引や取引条件についての権限の付与及び承認

(2)　記録や文書の閲覧時における留意事項

14．監査人は、監査期間中、記録や文書を閲覧する際、経営者が従来識別していない又は監査人に開示していない関連当事者との関係又は関連当事者との取引を示唆する可能性がある契約又はその他の情報に留意しなければならない。（A21項及び A22項参照）

特に、監査人は、経営者が従来識別していない又は監査人に開示していない関連当事者との関係又は関連当事者との取引を示唆しているかどうかについて、以下を閲覧しなければならない。

(1)　監査人が監査手続の一環として入手した銀行確認状及び弁護士への確認状

(2)　株主総会や取締役会等の議事録

(3)　監査人が必要と考えるその他の記録や文書

15．監査人は、第14項が要求する監査手続又はその他の監査手続を実施することによって、企業の通常の取引過程から外れた重要な取引を識別した場合、以下の事項について経営者に質問しなければならない。（A23項及び A24項参照）

(1)　当該取引の内容（A25項参照）

(2)　関連当事者が関与し得るかどうか。（A26項参照）

(3)　監査チーム内の関連当事者に関する情報の共有

16．監査人は、関連当事者について入手した情報を、監査チーム内で共有しなければならない。（A27項参照）

2．関連当事者との関係及び関連当事者との取引に伴う重要な虚偽表示リスクの識別と評価

17．監査人は、監査基準委員会報告書315第24項の要求事項に基づいて、関連当事者との関係及び関連当事者との取引に伴う重要な虚偽表示リ

スクを識別し評価するとともに、当該リスクが特別な検討を必要とするリスクであるかどうかを判断しなければならない。この判断を行うに当たって、監査人は、企業の通常の取引過程から外れた関連当事者との重要な取引について、特別な検討を必要とするリスクとして取り扱わなければならない。

18．監査人は、関連当事者に関してリスク評価手続とこれに関連する活動を実施する際に、不正リスク要因（絶大な影響力を有する関連当事者の状況を含む。）を識別した場合、監査基準委員会報告書240に従って、入手した情報を考慮しなければならない。（A6項、A28項及び A29項参照）

３．関連当事者との関係及び関連当事者との取引に伴う重要な虚偽表示リスクへの対応

19．監査人は、監査基準委員会報告書330第４項及び第５項の要求事項に基づいて、関連当事者との関係及び関連当事者との取引に伴う重要な虚偽表示リスクについて十分かつ適切な監査証拠を入手するため、リスク対応手続を立案し実施する。これらの監査手続には、第20項から第23項が要求する手続を含めなければならない。（A30項から A33項参照）

(1)　経営者が従来識別していない又は監査人に開示していない関連当事者との関係又は関連当事者との重要な取引の識別

20．監査人は、経営者が従来識別していない又は監査人に開示していない関連当事者との関係又は関連当事者との取引を示唆する契約やその他の情報を識別した場合、関連当事者との関係又は取引が存在しているかどうかを判断しなければならない。

21．監査人は、経営者が従来識別していない又は監査人に開示していない関連当事者との関係又は関連当事者との重要な取引を識別した場合、以下の手続を実施しなければならない。

(1)　関連する情報を監査チーム内に迅速に伝達する。（A34項参照）

(2)　適用される財務報告の枠組みに関連当事者に関する事項が定められている場合、以下の手続を実施する。

①　経営者に、新たに識別した関連当事者との全ての取引を特定することを要請する。

②　関連当事者との関係及び関連当事者との取引に対する企業の内部統制が、関連当事者との関係又は関連当事者との取引を識別できなかった又は監査人に開示できなかった理由について質問する。

(3)　新たに識別された関連当事者との関係又は関連当事者との重要な取引について、適切な実証手続を実施する。（A35項参照）

(4)　経営者が従来識別していない又は監査人に開示していないその他の関連当事者との関係又は関連当事者との重要な取引が存在するリスクについて再度検討するとともに、必要に応じて追加手続を実施する。

(5)　経営者が意図的に監査人に開示していない可能性がある（したがって、不正による重要な虚偽表示リスクを示唆している）場合、監査への影響を評価する。（A36項参照）

(2)　企業の通常の取引過程から外れた関連当事者との重要な取引の識別

22．監査人は、企業の通常の取引過程から外れた関連当事者との重要な取引を識別した場合、以下の手続を実施しなければならない。

(1)　取引の基礎となる契約又は合意がある場合には、それらを閲覧し、以下の事項について評価する。

①　当該取引の事業上の合理性（又はその欠如）が、不正な財務報告を行うため又は資産の流用を隠蔽するために行われた可能性を示唆するものかどうか（監基報240第31項(3)参照）。（A37項及び A38項参照）

②　取引条件が経営者の説明と整合しているかどうか。

③　適用される財務報告の枠組みに準拠して適切に処理され、開示されているかどうか。

(2)　取引に関する権限の付与が適切に行われて

おり、かつ取引が適切に承認されていることについて監査証拠を入手する。（A39項及びA40項参照）

(3) 関連当事者との取引が独立第三者間取引と同等の取引条件で実行された旨の記載

23．経営者が、財務諸表において、関連当事者との取引が独立第三者間取引と同等の取引条件で実行された旨を記載している場合、監査人は、独立第三者間取引と同等の取引条件で実行されたかどうかについて十分かつ適切な監査証拠を入手しなければならない。（A41項からA44項参照）

4．識別した関連当事者との関係及び関連当事者との取引の処理及び開示の評価

24．監査人は、監査基準委員会報告書700「財務諸表に対する意見の形成と監査報告」第８項から第13項に従って財務諸表に対する意見を形成するに当たり、以下の事項を評価しなければならない。（A45項参照）

(1) 識別した関連当事者との関係及び関連当事者との取引が、適用される財務報告の枠組みに準拠して適切に処理され、開示されているかどうか。（A46項参照）

(2) 関連当事者との関係及び関連当事者との取引によって、以下のいずれかの影響が生じているかどうか。

① （適正表示の枠組みの場合）財務諸表における適正な表示が妨げられていないかどうか。

② （準拠性の枠組みの場合）財務諸表の利用者の判断を誤らせる原因となっていないかどうか。

5．経営者確認書

25．適用される財務報告の枠組みに関連当事者に関する事項が定められている場合、監査人は、経営者から、以下の事項を記載した経営者確認書を入手しなければならない。（A47項及びA48項参照）

(1) 関連当事者の名称、認識している全ての関連当事者との関係及び関連当事者との取引を監査人に開示した旨

(2) 当該関係及び取引を適用される財務報告の枠組みに準拠して適切に処理し開示した旨

6．監査役等とのコミュニケーション

26．監査人は、監査期間中に発生した関連当事者に関連する重要な事項について、監査役若しくは監査役会、監査等委員会又は監査委員会（以下「監査役等」という。）とのコミュニケーションを実施しなければならない。（A49項参照）

7．監査調書

27．監査人は、識別した関連当事者の名称と関連当事者との関係の内容を監査調書に記載しなければならない（監査基準委員会報告書230「監査調書」第７項から第10項及びA6項参照）。

Ⅲ　適用指針

1．監査人の責任

(1) 関連当事者について最小限の事項のみを定めている財務報告の枠組み（第４項参照）

A1．関連当事者について最小限の事項のみを定めている財務報告の枠組みとは、関連当事者を定義しているものの、本報告書の第９項(1)②の定義よりも明らかに狭く、したがって、当該財務報告の枠組みにおいて関連当事者との関係及び関連当事者との取引を開示するために要求される事項が、明らかに狭い範囲の関連当事者との関係及び関連当事者との取引にしか適用されない枠組みをいう。

(2) 適正表示の枠組み（第４項(1)参照）

A2．適正表示の枠組み（監基報200第12項(13)参照）では、関連当事者との関係及び関連当事者との取引の経済的実態が財務諸表に適切に反映されていないような場合には、関連当事者との関係及び関連当事者との取引が財務諸表における適

正な表示を妨げる原因となることがある。例えば、企業が支配株主に対して、ある資産を公正な市場価格以外の価格で売却する場合、この取引が資本の拠出若しくは払戻し又は配当金の支払という性質のものであるにもかかわらず、損益取引として処理を行っているケースでは、適正な表示が行われていない可能性がある。

(3) 準拠性の枠組み（第４項(2)参照）

A3. 監査基準委員会報告書700に記載のとおり、準拠性の枠組みでは、関連当事者との関係及び関連当事者との取引が、財務諸表の利用者の判断を誤らせる原因となるかどうかを判断するには、その監査業務の特定の状況を考慮する。例えば、財務諸表において関連当事者との取引を開示しないことが、適用される財務報告の枠組みや法令等に準拠したものであっても、企業の収益の大部分が関連当事者との取引に依存しており、かつ、当該事実が開示されていない場合には、当該財務諸表はその利用者の判断を誤らせる可能性がある。

ただし、準拠性の枠組みでは、監査基準委員会報告書210「監査業務の契約条件の合意」第４項に従って監査人が当該枠組みを受入可能であると判断している場合には、当該枠組みに準拠して作成され表示された財務諸表を、その利用者の判断を誤らせると監査人が判断することは極めてまれである（監基報700のA17項参照）。

２．関連当事者の定義（第９項(1)参照）

A4. 関連当事者を定義する場合、財務報告の枠組みにおいては、多くの場合、支配力及び重要な影響力の概念が取り扱われている。これらの概念の表現方法はそれぞれの財務報告の枠組みによって異なるが、一般的には、以下のように説明されている。

(1) 支配力とは、企業の財務上及び営業上の方針に影響を与えることにより、その活動から便益を得るための力をいう。

(2) 重要な影響力とは、企業の財務上及び営業上の方針を支配していないが、その決定に関与することができる力をいう。重要な影響力は、持分の所有、法令又は契約によって行使されることがある。

A5. 以下のような関係が存在する場合には、支配力又は重要な影響力が存在することを示唆する可能性がある。

(1) 直接又は間接に、企業の持分又はその他の経済的利害関係を有していること

(2) 企業が、直接又は間接に、他の企業の持分又はその他の経済的利害関係を有していること

(3) 取締役会、監査役等又は主要な経営者（すなわち、企業の事業活動の計画、指揮及び管理に対する権限と責任を有する経営者）の一員であること

(4) 上記(3)に該当する者の近親者であること

(5) 上記(3)に該当する者と重要な事業上の関係を有していること

(1) 絶大な影響力を有する関連当事者

A6. 関連当事者は、支配力又は重要な影響力を行使することによって、企業又はその経営者に対して絶大な影響力を行使できる立場にあることがある。絶大な影響力を行使する行動については、A28項及びA29項で説明されているように、不正による重要な虚偽表示リスクの識別と評価を行う場合にも考慮する。

(2) 関連当事者としての特別目的事業体

A7. 監査基準委員会報告書315のA31項及びA32項に記載のとおり、特別目的事業体は、ある状況において、企業が極めて少ない持分しか所有していないか、又は持分を全く所有していなくても、当該企業による実質的な支配が行われている場合には、当該企業の関連当事者となることがある。

3．リスク評価手続とこれに関連する活動

(1) 関連当事者との関係及び関連当事者との取引の理解

監査チーム内の討議（第11項参照）

A8．監査チーム内の討議で取り扱う事項には、例えば以下の事項が含まれる。

・関連当事者との関係及び関連当事者との取引の内容と範囲（例えば、識別した関連当事者について、毎期の監査で更新した監査調書を利用する。）

・関連当事者との関係及び関連当事者との取引に伴う重要な虚偽表示が行われる可能性に対し、監査の過程を通じて、職業的懐疑心を保持することの重要性

・経営者が従来識別していない又は監査人に開示していない関連当事者との関係又は関連当事者との取引があることを示唆する企業の状況（例えば、組織構造が複雑である場合、オフ・バランス取引を目的として特別目的事業体を利用している場合、又は情報システムが不十分である場合）

・関連当事者との関係又は関連当事者との取引の存在を示唆する記録又は文書

・関連当事者との関係及び関連当事者との取引の識別、適切な処理及び開示について、経営者並びに取締役会及び監査役等が重視している程度（適用される財務報告の枠組みが関連当事者についての事項を定めている場合）、及び経営者が関連する内部統制を無効化するリスク

A9．さらに、不正に関する討議には、関連当事者がどのように不正に関与する可能性があるかについての特定の考慮が含まれることがある。例えば、以下の事項が含まれる。

・利益調整を目的として、経営者によって支配されている特別目的事業体をどのように利用する可能性があるか。

・企業の資産を流用するため、主要な経営者が事業上の関係を有する者と、企業との間の取引が、どのように行われる可能性があるか。

識別された関連当事者（第12項(1)参照）

A10．適用される財務報告の枠組みに関連当事者についての事項が定められている場合には、その会計及び開示について要求される事項に基づいて、企業の情報システムが関連当事者との関係及び関連当事者との取引を記録、処理及び集計する必要があることから、経営者は、識別された関連当事者に関する情報を容易に入手できることが多い。したがって、経営者は、関連当事者を一覧にしたリストを作成し、当該リストを毎期更新していることが多い。

継続監査においては、質問により、経営者から提供された情報と、関連当事者に関する前年度の監査調書とを比較する。

A11．一方、適用される財務報告の枠組みが関連当事者についての事項を定めていない場合には、企業は、上記のような情報システムを構築していないことがある。このような状況において、経営者は全ての関連当事者を把握していない可能性がある。しかしながら、経営者が本報告書に記載した定義に一致する関連当事者を把握している場合もあるため、適用される財務報告の枠組みに関連当事者についての事項が定められていない場合にも、質問の実施を求める第12項が適用される。ただし、この場合、関連当事者に関する監査人の質問は、以下に関する情報を入手するために実施される、監査基準委員会報告書315に従ったリスク評価手続とこれに関連する活動の一部を構成することが多い。

・所有と企業統治の構造

・既存又は計画中の投資

・組織構造や資本関係と資金調達の方法

企業にとって特定の相手先との関係が経済的に重要なものであれば、経営者は、当該相手先が共通支配下にあるかどうか（政府によって共通に支配されている場合を含む。）を把握している可能性が高い。そのため、企業と重要な取引を行っている、又は経営資源を相当程度共有している者が関連当事者かどうかに焦点を置いて質問を実施することが効果的であることが多い。

A12. グループ監査では、監査基準委員会報告書600「グループ監査」第39項(5)において、グループ監査チームは、グループ経営者が作成した関連当事者のリスト及びグループ監査チームが把握しているその他の関連当事者に係る情報を、各構成単位の監査人に提供することが要求されている。企業がグループの構成単位である場合、この情報は、関連当事者について構成単位の監査人が経営者に質問を行う際の有益な基礎となる。

A13. また、監査人は、監査契約の新規の締結及び更新の過程において実施する経営者への質問によって、関連当事者に関する情報を入手することもある。

関連当事者との関係及び関連当事者との取引に係る内部統制（第13項参照）

A14. その他の企業構成員とは、関連当事者との関係及び関連当事者との取引並びにそれらに対する内部統制についての情報を有すると考えられる者をいい、経営者以外の以下の者が含まれる。

- 取締役又は監査役等
- 企業の通常の取引過程から外れた重要な取引の開始、処理又は記録の担当者、及び当該担当者の管理者又は監視者
- 内部監査機能
- 法務部門担当者
- 倫理担当役員又は同等者

A15. 監査基準委員会報告書200の A2項に記載のとおり、監査は、経営者が、適用される財務報告の枠組みに準拠して財務諸表を作成すること（適正表示の枠組みの場合は、財務諸表を適正に表示することを含む。）、及び不正か誤謬かを問わず、重要な虚偽表示のない財務諸表を作成するために経営者が必要と判断する内部統制を整備及び運用することに関する責任を有することを認識し理解しているという監査実施の前提に基づいて実施される。

したがって、適用される財務報告の枠組みに関連当事者についての事項が定められている場合、経営者の財務諸表の作成責任には、取締役会による監督及び監査役等による監査（以下「監視」という。）の下で、適用される財務報告の枠組みに準拠して、関連当事者との関係及び関連当事者との取引を識別し、適切に処理し開示するため、関連当事者との関係及び関連当事者との取引に係る適切な内部統制を整備し運用することが含まれる。

取締役会及び監査役等は、その監視の役割において、経営者が当該内部統制に対する責任をどのように果たしているのかを監視する。取締役会及び監査役等は、その監視の役割において、適用される財務報告の枠組みで要求される事項とは関係なく、関連当事者との関係及び関連当事者との取引の内容及び事業上の合理性を理解するため、経営者から情報を入手することがある。

A16. 監査人は、監査基準委員会報告書315第13項の要求事項に基づいて統制環境を理解する場合、関連当事者との関係及び関連当事者との取引に伴う重要な虚偽表示リスクを低減するような、以下の特定の統制環境を考慮することがある。

- 企業が特定の種類の関連当事者との取引を管理するため、企業構成員に適切に伝達、運用されている倫理行動規範
- 経営者並びに取締役及び監査役等が関連当事者との取引に有する利害関係について、適切かつ適時に開示するための方針と手続
- 関連当事者との取引を識別、記録、集計及び開示するための企業内の責任者の任命
- 企業の通常の取引過程から外れた関連当事者との重要な取引についての経営者並びに取締役会及び監査役等との間の適時な開示及び協議（例えば、外部の職業的専門家に助言を求める等、取締役会及び監査役等が関連当事者との重要な取引の事業上の合理性について適切に対処したかどうかが含まれる。）
- 利益相反関係を生じさせる、又はその可能性がある関連当事者との取引を承認するための明確な指針（例えば、当該取引に係る取締役及び監査役を除いた者によって構成される、

取締役会による承認)
・定期的な内部監査（該当する場合）
・監査人又は顧問弁護士に助言を求める等、関連当事者の開示に係る問題を解決するために経営者が講じた措置
・内部通報制度の方針と手続の存在（該当する場合）

A17．関連当事者との関係及び関連当事者との取引に係る内部統制は、例えば以下の理由によって、不備があるか又は存在しないことがある。
・経営者が関連当事者との関係及び関連当事者との取引の識別、開示について重視していない。
・取締役会及び監査役等が適切な監視を行っていない。
・関連当事者を開示することにより、経営者が慎重な取扱いを期すると考える情報（例えば、経営者の親族が関与する取引の存在等）が明らかになることから、当該内部統制が意図的に無効化されている。
・経営者が、適用される財務報告の枠組みにおける関連当事者について要求される事項を十分理解していない。
・適用される財務報告の枠組みにおいて開示が求められていない。

関連当事者との関係及び関連当事者との取引に係る内部統制が有効でない又は存在しない場合、監査人は、関連当事者との関係及び関連当事者との取引について十分かつ適切な監査証拠を入手できないことがある。この場合、監査人は、監査基準委員会報告書705「独立監査人の監査報告書における除外事項付意見」に従って、監査報告書における意見への影響を含め、監査への影響を考慮することになる。

A18．監査基準委員会報告書240第30項及びA4項に記載のとおり、不正な財務報告は、経営者による内部統制の無効化によることが多い。企業と取引を行っている当事者との間に支配又は重要な影響を伴う関係を経営者が有する場合、当該経営者が不正を実行する動機や機会が増していることがあるため、経営者が内部統制を無効化するリスクは高くなる。例えば、経営者と特定の関連当事者との経済的利害関係は、企業の利益に相反して関連当事者の利益になる取引を企業に実行させること、また、当該関連当事者と共謀するか又はその行動を支配することにより、内部統制を無効化する動機を経営者に与える場合がある。不正の可能性については、以下の事項が含まれる。
・関連当事者との取引の事業上の合理性を不実表示するため、当該取引について架空の条件を創出する。
・経営者又はその他の者との間で、市場価格と著しく異なる金額での資産譲渡計画を不正に策定する。
・例えば、特別目的事業体などの関連当事者と、企業の財政状態や経営成績の不実表示を行うために仕組まれた複雑な取引を実行する。

小規模企業に特有の考慮事項

A19．小規模企業においては、大規模企業に比べて統制活動が確立されていないことが多く、関連当事者との関係及び関連当事者との取引を取り扱うための文書化された手順がない場合がある。オーナー経営者は、取引の主要な部分の全てに対して積極的に関与することにより、関連当事者との取引から生じるリスクの一部を低減させていることもあれば、逆に当該リスクを潜在的に増加させていることもある。このような企業の場合、監査人は、経営者への質問と、経営者による監視活動の観察や入手可能な関連文書の閲覧等のその他の手続とを組み合わせて実施することにより、関連当事者との関係及び関連当事者との取引並びにそれらに対して存在する内部統制を理解することができる。

重要な取引や取引条件の権限の付与と承認（第13項⑵参照）

A20．権限の付与とは、経営者並びに取締役会及び監査役等又は株主のいずれかを問わず、適切な権限を有する者が、あらかじめ定められた規準に従って特定の取引を実行することに対して承認する権限を与えることをいう。承認とは、適切な権限の付与を受けた者が、付与された権

限の範囲内で、実行する取引を承認することをいう。関連当事者との重要な取引及び取引条件、又は通常の取引過程から外れた重要な取引及び取引条件に係る権限の付与と承認のために企業が構築する内部統制には、例えば以下の統制が含まれる。

・権限の付与と承認のために、該当する取引及び取引条件を識別するための監視活動
・経営者並びに取締役会及び監査役等又は該当する場合には株主による、取引及び取引条件の承認

(2) 記録や文書の閲覧時における留意事項

監査人が閲覧する記録又は文書（第14項参照）

A21. 監査人は、例えば以下のような記録又は文書を閲覧することによって、関連当事者との関係及び関連当事者との取引に関する情報を入手することができる。

・銀行確認状及び弁護士への確認状に加えて監査人が入手した第三者の確認状
・企業の税務申告書
・企業が規制当局に提出した情報
・主要株主を識別するための株主名簿（また、必要と認めた場合には、株主名簿管理人等から入手した主要株主の一覧表）
・経営者並びに取締役及び監査役等の利益相反に関する明細
・企業の投資及び年金制度についての記録
・主要な経営者及び取締役又は監査役等との契約等
・企業の通常の取引過程から外れた重要な契約等
・企業への専門的な助言に関わる請求書や、企業との通信記録
・企業が取得した生命保険証券
・当期において企業が再交渉した重要な契約書
・内部監査報告書
・証券監督機関に対して企業が提出した文書（例えば、有価証券届出書）

上記の監査手続の実施に際して、必要と認めた場合には、株主名簿における名義貸し等の可能性を考慮して、関連当事者の存在の識別に影響を与える株主名簿の記載について検討する。この場合には、監査人は、例えば、以下の監査手続を実施する。

(1) 株式担当の責任者に対して名義株の有無について質問を行う。
(2) 株式の大量保有報告書が提出されているかどうかを確かめる。
(3) 経営者等に対する質問において名義株の有無について確かめる。

経営者が従来識別していない又は監査人に開示していない関連当事者との関係又は関連当事者との取引が含まれる可能性がある契約

A22. 契約には、公式か非公式かにかかわらず、以下の事項を目的とした企業と一人又は複数の当事者との間の合意が含まれる。

・適切な事業体又は組織上の構造を通じた事業上の関係の構築
・特定の取引条件に基づく取引の実行
・あらかじめ定められたサービス又は財務的支援の提供

経営者が従来識別していない又は監査人に開示していない関連当事者との関係又は関連当事者との取引が含まれる可能性がある契約には、例えば、以下のようなものがある。

・非法人型パートナーシップへの出資
・通常の取引過程から外れた条件で特定の当事者にサービスを提供することに係る契約
・保証契約

通常の取引過程から外れた重要な取引の識別（第15項参照）

A23. 企業の通常の取引過程から外れた重要な取引に係る詳細な情報を入手することにより、監査人は、不正リスク要因が存在するかどうかを評価し、さらに適用される財務報告の枠組みが関連当事者に関する事項を定めている場合には、重要な虚偽表示リスクを識別することが可能となる。

A24. 企業の通常の取引過程から外れた取引には、例えば、以下の取引が含まれる。

・複雑な株式や持分の取引（例えば、リストラ

クチャリングや買収）
・会社法が十分に整備されていない国又は地域の海外企業との取引
・無償又は低廉でのリース取引又は経営指導等
・通例でない多額の値引や返品を伴う販売
・循環的な取引（例えば、買戻しの義務を伴う販売）
・取引条件が期限前に変更された契約に基づく取引

通常の取引過程から外れた重要な取引の理解（第15項(1)参照）

A25．企業の通常の取引過程から外れた重要な取引の内容について質問することにより、取引の事業上の合理性及び取引条件を理解することができる。

関連当事者が関与する可能性に関する質問（第15項(2)参照）

A26．関連当事者は、取引の当事者になることによって取引に直接的に影響を及ぼすばかりでなく、取引の仲介を通じて間接的に影響を及ぼすことによって、企業の通常の取引過程から外れた重要な取引に関与することができる。このような関連当事者の影響は、不正リスク要因の存在を示していることがある。

(3) 監査チーム内の関連当事者に関する情報の共有（第16項参照）

A27．監査チームのメンバーで共有する関連当事者に関する情報には、例えば、以下の事項が含まれる。
・関連当事者の概要
・関連当事者との関係及び関連当事者との取引の内容
・監査上の特別な検討が必要とされる重要な又は複雑な関連当事者との関係や関連当事者との取引（特に、経営者、取締役又は監査役等が経済的に利害を有する取引）

4．関連当事者との関係及び関連当事者との取引に伴う重要な虚偽表示リスクの識別と評価

絶大な影響力を有する関連当事者に伴う不正リスク要因（第18項参照）

A28．監査基準委員会報告書240付録１に記載のとおり、特定又は少数の者により経営が支配されており、これに対する補完統制が整備されていない場合には、この状況が不正リスク要因となる。関連当事者が絶大な影響力を行使している兆候としては、以下のような状況が含まれる。
・関連当事者が、経営者又は取締役会等が行った重要な事業上の決定に反対している。
・重要な取引の最終承認には関連当事者の承諾が必要となっている。
・関連当事者から示された事業上の提案について、経営者並びに取締役会及び監査役等との間で議論がほとんど又は全く行われていない。
・関連当事者（又はその近親者）が関与する取引が、独立した第三者によって検討及び承認を受けることがほとんどない。

関連当事者が、企業設立時に主導的な役割を果たし、かつ、その後の企業経営においても主導的な役割を継続して果たしている場合にも、絶大な影響力が存在する可能性がある。

A29．その他のリスク要因と絶大な影響力を有する関連当事者の存在は、不正による特別な検討を必要とするリスクの兆候となることがあり、例えば、以下のような場合がある。
・上級経営者や専門分野の顧問が頻繁に交代している場合、関連当事者に有利な非倫理的又は不正な業務慣行が存在していることがある。
・重要な取引において明確な事業上の合理性がない第三者が介在している場合、関連当事者が、不正の目的で当該第三者を支配することによって、当該取引から利益を得ることがある。
・関連当事者が、会計方針の選択又は重要な会計上の見積りの判断に過度に介入していることが明らかな場合、不正な財務報告が行われ

る可能性を示唆していることがある。

５．関連当事者との関係及び関連当事者との取引に伴う重要な虚偽表示リスクへの対応（第19項参照）

A30．関連当事者との関係及び関連当事者との取引に伴う重要な虚偽表示リスクに対応するために、監査人が実施するリスク対応手続の種類、時期及び範囲は、当該リスクの内容及び企業の状況によって異なる（監基報330及び監基報240参照）。

A31．不正か誤謬かにかかわらず、経営者が関連当事者との特定の取引を適用される財務報告の枠組みに準拠して適切に処理又は開示しないリスクを、監査人が特別な検討を必要とするリスクと評価した場合には、実証手続として、例えば、以下のような手続を実施する。

・実務的に可能であり、かつ、法令又は倫理規則で禁じられていない場合、金融機関、法律事務所、保証人又は代理人などの第三者に対して、取引の特定の事項について確認を行い、又は協議する。

・関連当事者に対して、取引の目的、特定の条件又は金額の確認を行う。なお、当該監査手続は、関連当事者が監査人に対する回答において、企業による影響を受ける可能性が高いと監査人が判断する場合には、有効ではない可能性がある。

・関連当事者の財務諸表又は他の関連する財務情報を利用できる場合には、関連当事者の会計記録において取引が処理されている証拠として、それらを通読する。

A32．監査人は、絶大な影響力を有する関連当事者が存在するため、不正による特別な検討を必要とするリスクがあると評価した場合、関連当事者と企業との直接的又は間接的な事業上の関係を理解し、適切な実証手続を追加して実施する必要性を判断するため、監査基準委員会報告書240の要求事項に加えて、例えば以下のような監査手続を実施する。

・経営者並びに取締役及び監査役等への質問及び協議

・関連当事者への質問

・関連当事者との重要な契約書の閲覧

・インターネットや外部の企業情報に係る特定のデータベースなどを利用した背景調査

・従業員による内部通報の記録がある場合、当該記録の閲覧

A33．監査人は、リスク評価手続の結果によっては、関連当事者との関係及び関連当事者との取引に係る企業の内部統制の運用評価手続を実施せず、監査証拠を入手することが適切であると判断することがある。一方、関連当事者との関係及び関連当事者との取引に伴う重要な虚偽表示リスクについて、実証手続のみでは十分かつ適切な監査証拠を入手できないことがある。例えば、企業とその子会社等との間のグループ内取引が多数あり、その膨大な取引情報を、統合されたシステムにおいて、電子的な方法により開始、記録、処理、報告するような場合、監査人は、当該取引に伴う重要な虚偽表示リスクを許容可能な低い程度に抑えることができる有効な実証手続を立案できないと判断することがある。この場合、関連する内部統制の運用状況の有効性に関して、十分かつ適切な監査証拠を入手することを求める監査基準委員会報告書330第７項(2)の要求事項に基づいて、関連当事者との関係及び関連当事者との取引の記録の網羅性と正確性に係る内部統制を評価することが含まれる。

(1)　経営者が従来識別していない又は監査人に開示していない関連当事者との関係又は関連当事者との重要な取引の識別

新たに識別した関連当事者に係る情報の監査チームへの伝達（第21項(1)参照）

A34．新たに識別した関連当事者を監査チーム内に迅速に伝達することによって、他のメンバーが、既に実施したリスク評価手続の結果と当該手続から導いた結論が影響を受けるかどうかを、重要な虚偽表示リスクを再評価する必要があるかどうかを含めて判断することができる。

新たに識別した関連当事者又は関連当事者との重要な取引に関する実証手続（第21項(3)参照）

A35. 新たに識別した関連当事者又は関連当事者との重要な取引について監査人が実施する実証手続の例には、以下の手続が含まれる。

・新たに識別した関連当事者と企業との関係の内容について質問する。これには、企業とその事業についての重要な情報を有すると考えられる、企業外部の者（例えば、顧問弁護士、代理人、コンサルタント、保証人、又はその他の緊密な事業上の関係を有する者）への質問（質問することが適切であり、かつ法令又は倫理規則で禁止されていない場合）が含まれる。

・新たに識別した関連当事者との取引についての会計記録を分析する。コンピュータ利用監査技法の利用は、このような分析を容易にすることがある。

・新たに識別した関連当事者との取引の取引条件を検証し、かつ、適用される財務報告の枠組みに準拠して当該取引が適切に処理され、開示されているかどうかを評価する。

経営者による意図的な非開示（第21項(5)参照）

A36. 経営者が関連当事者又は関連当事者との重要な取引を監査人に意図的に開示していないと懸念される場合、監査基準委員会報告書240の要求事項と適用指針を参照する。また、監査人は、監査人の質問に対する経営者の回答や監査人に対する経営者の陳述の信頼性を再度評価する必要があるかどうかを考慮することもある。

(2) 企業の通常の取引過程から外れた関連当事者との重要な取引の識別

関連当事者との重要な取引の事業上の合理性の評価（第22項参照）

A37. 企業の通常の取引過程から外れた関連当事者との重要な取引の事業上の合理性を評価するに当たって、監査人は、以下の事項を検討することがある。

・取引が以下に該当するかどうか。

—非常に複雑である（例えば、連結グループ内において複数の取引関係を有する関連当事者間の取引の場合）。

—契約条件が通常とは異なる（例えば、通常とは異なる価格、金利、保証、返済条件等）。

—事業上の合理性が欠如している。

—従来識別されていない関連当事者が関係している。

—通常とは異なる方法やスキームで処理されている。

・経営者が取引の内容や処理を取締役会又は監査役等と協議したかどうか。

・経営者が、取引の基礎にある経済的側面を適切に考慮するよりも、特定の会計上の取扱いに、より重点を置いていないかどうか。

経営者の説明が関連当事者との取引の取引条件と著しく矛盾する場合、監査人は、監査基準委員会報告書500「監査証拠」第10項に従って、その他の重要な事項に関する経営者の説明と陳述の信頼性を検討することが要求される。

A38. 監査人は、関連当事者の視点から見た当該取引の事業上の合理性を理解しようとすることもある。これは、監査人が、取引の経済的実態や取引が実行された理由を理解するのに役立つことがあるためである。関連当事者の視点から見た事業上の合理性がその事業内容と整合しないと思われる場合、そのような事業上の合理性は不正リスク要因を示していることがある。

関連当事者との重要な取引の権限の付与と承認（第22項(2)参照）

A39. 企業の通常の取引過程から外れた関連当事者との重要な取引に関する、経営者、取締役会や監査役等、又は該当する場合には株主による権限の付与と承認は、当該取引が企業内の適切な階層において十分に検討されており、その取引条件が財務諸表に適切に反映されているという監査証拠となることがある。企業の通常の取引過程から外れ、かつ、このような権限の付与や承認を受けていない関連当事者との重要な取引があり、経営者や取締役会又は監査役等との協議において合理的な説明がない場合には、そのような取引の存在が不正又は誤謬による重要な虚偽表示リスクを示唆していることがある。このような場合、監査人は、他の同様の取引についても注意する必要がある場合がある。しかしながら、関連当事者との間での共謀がある場合や、企業が関連当事者による絶大な影響を受けている場合には、権限の付与や承認が有効でないことがある。したがって、権限の付与と承認だけでは、不正による重要な虚偽表示リスクがないかどうかを判断するには十分でないことがある。

小規模企業に特有の考慮事項

A40．小規模企業は、大規模企業のような、異なる階層からの権限の付与や承認による内部統制が整備されていないことがある。したがって、監査人は、小規模企業の監査においては、企業の通常の取引過程から外れた関連当事者との重要な取引の妥当性に関する監査証拠として、権限の付与と承認には余り依拠しないことがある。その代わりに、監査人は、関連文書の閲覧、関係する適切な者に対する取引の特定事項の確認、又はオーナー経営者による取引への関与の観察など、他の監査手続の実施を検討することがある。

(3)　関連当事者との取引が独立第三者間取引と同等の取引条件で実行された旨の記載（第23項参照）

A41．関連当事者との取引の価格と独立第三者間取引又は市場取引の価格との比較に関する監査証拠を容易に入手できることがあるが、取引の他の全ての部分が独立第三者間取引と同等であるという監査証拠を監査人が入手するのは実務的に困難なこともある。例えば、監査人は、関連当事者との取引が市場価格で実行されていることを確かめることができるが、他の取引条件（例えば、支払条件、偶発債務、特定の手数料）が、独立した第三者間で通常合意される条件と同等であるかどうかを確かめることは、実務上不可能なことがある。したがって、関連当事者との取引が独立第三者間取引と同等の取引条件で実行されたという経営者のアサーションに重要な虚偽表示リスクが存在する場合がある。

A42．経営者の財務諸表の作成責任には、関連当事者との取引が独立第三者間取引と同等の取引条件で実行されたというアサーションを裏付けることが含まれる。当該アサーションを経営者が裏付けるには、以下の方法によることがある。

・関連当事者との取引の条件を、関連当事者でない当事者との同一又は同様の取引の条件と比較すること
・取引の市場価格の判断及び市場での取引条件の確認のため、外部の専門家に業務を依頼すること
・取引条件を、一般市場におけるおおむね同様の取引に係る周知の取引条件と比較すること

A43．当該アサーションに対する経営者の裏付けを監査人が評価するには、以下の手続を実施することがある。

・当該アサーションを裏付けているプロセスの適切性を検討する。
・当該アサーションを裏付けている内部又は外部データの情報源を確かめるとともに、それらのデータの正確性、網羅性及び目的適合性を判断するための手続を実施する。
・当該アサーションの基礎となる重要な仮定の合理性を評価する。

A44．財務報告の枠組みには、独立第三者間取引と同等の取引条件で実行されていない関連当事者との取引を開示することを要求しているものがある。この状況において、経営者が財務諸表で関連当事者との取引を開示しない場合には、取引が独立第三者間取引と同等の取引条件で実行されたという暗黙のアサーションが存在する場合がある。

6．識別した関連当事者との関係及び関連当事者との取引の処理及び開示の評価

(1)　虚偽表示の評価における重要性の検討（第24項参照）

A45．監査基準委員会報告書450「監査の過程で識別した虚偽表示の評価」第10項(1)は、虚偽表示が重要かどうかの評価において、虚偽表示の

大きさと内容、及び虚偽表示が発生した特定の状況を考慮することを監査人に要求している。また、監査基準委員会報告書450の A20項は、虚偽表示の評価に影響を及ぼし得る状況に関して指針を提供している。財務諸表の利用者にとっての取引の重要性は、記録されている取引金額だけでなく、関連当事者との関係など、関連する他の特有の要因によっても影響を受けることがある。

(2) 関連当事者の開示の評価（第24項(1)参照）

A46. 関連当事者に関する開示を、適用される財務報告の枠組みにおいて要求される事項に照らして評価する際に、当該開示が容易に理解できるように、企業の関連当事者との関係及び関連当事者との取引に関する事実と状況が適切に記載されているかを検討する。関連当事者との取引の開示が理解できない場合とは、例えば以下のような場合をいう。

(1) 事業上の合理性及び取引の財務諸表への影響が不明瞭又は誤って表示されている。

(2) 関連当事者との取引を理解するために必要な、取引の主な条件やその他の重要な事項が適切に開示されていない。

7．経営者確認書（第25項参照）

A47. 特定の関連当事者との関係又は取引について特定の取締役から確認書を入手することが適切な場合がある。確認書を入手することが適切な状況には、以下の場合が含まれる。

- 取締役会が承認した関連当事者との取引のうち財務諸表に重要な影響を及ぼす取引
- 取締役が、一定の関連当事者との取引の詳細について、監査人に口頭で特定の陳述をしている場合
- 取締役が、関連当事者又は関連当事者との取引に関して、経済的又はその他の利害関係を有している場合

A48. また、監査人は、例えば、特定の関連当事者との取引について開示されていない付帯契約がないなど、経営者が行った特定のアサーションについて、経営者確認書を入手すると判断することもある。

なお、株主名簿における名義貸し等に関し、関連当事者の存在に影響を与える可能性があるため、必要と認めた場合には、有価証券報告書の「大株主等の状況」等の記載について適切な開示を行っている旨の記載を求めることを検討する。

8．監査役等とのコミュニケーション（第26項参照）

A49. 監査人が、監査基準委員会報告書230の A8項に記載されている、監査期間中に発生した関連当事者に関する重要な事項についてのコミュニケーションを実施することによって、当該事項の内容とその解決について、監査役等と共通の理解を得ることができる。関連当事者に関する重要な事項には、例えば、以下の事項が含まれる。

- 意図的かどうかにかかわらず、経営者が監査人に開示していない関連当事者又は関連当事者との重要な取引（これによって、監査役等が従来気付いていなかった重要な関連当事者との関係や関連当事者との取引について注意を促すことができる。）
- 権限の付与又は承認が適切に行われていない関連当事者との重要な取引の識別（これにより、不正が疑われることがある。）
- 適用される財務報告の枠組みに準拠した関連当事者との重要な取引の処理及び開示に関する経営者との見解の不一致
- 関連当事者との特定の種類の取引を禁止又は制限している法令等への違反
- 企業を最終的に支配する当事者の識別の困難性

Ⅳ 適 用

- 本報告書（2011年12月22日）は、2012年４月１日以後開始する事業年度に係る監査及び同日以後開始する中間会計期間に係る中間監査から適

用する。

・本報告書（2015年５月29日）は、2015年４月１日以後開始する事業年度に係る監査及び同日以後開始する中間会計期間に係る中間監査から適用する。

・本報告書（2019年６月12日）は、以下の事業年度に係る監査等から適用する。

―Ａ１項及びＡ３項の改正は、2020年３月31日以後終了する事業年度に係る監査等から適用する。

―Ａ７項及びA45項の改正は、2020年４月１日以後開始する事業年度に係る監査及び同日以後開始する中間会計期間に係る中間監査から適用する。ただし、2019年４月１日以後開始する事業年度に係る監査及び同日以後開始する中間会計期間に係る中間監査から早期適用することができる。

・本報告書（2021年１月14日）は、2022年３月31日以後終了する事業年度に係る監査及び同日以後開始する中間会計期間に係る中間監査から適用する。

以　上

監査基準委員会報告書560

後発事象＊

2011年7月1日
改正2011年12月22日
改正2015年5月29日
改正2019年6月12日
最終改正2021年1月14日
日本公認会計士協会
監査基準委員会
（報告書：第59号）

項番号

Ⅰ　本報告書の範囲及び目的

1．本報告書の範囲

1．本報告書は、財務諸表監査における後発事象に関する実務上の指針を提供するものである。なお、監査基準委員会報告書720「その他の記載内容に関連する監査人の責任」における、監査報告書日より後に入手したその他の記載内容に関連する監査人の責任に関する事項については、本報告書では取り扱っていない。ただし、監査報告書日より後に入手したその他の記載内容により、本報告書の範囲内である後発事象が明らかになることもある。（A1項参照）

2．財務諸表は、期末日後に発生した一定の事象によって影響を受けることがある。財務報告の枠組みの多くが、このような事象についての指針を設けている。

財務報告の枠組みにおいては、後発事象は一般的に、以下の二つの種類の事象に分類されている。

(1)　期末日現在において既に存在している状況に関する証拠を提供する事象（修正後発事象）

(2)　期末日後において発生した状況に関する証拠を提供する事象（開示後発事象）

監査基準委員会報告書700「財務諸表に対する意見の形成と監査報告」のA57項に記載のとおり、監査報告書日は、監査人がその日付までに気付き、かつその日付までに発生した事象や取引の影響を検討したことを、利用者に知らせるものである。

2．本報告書の目的

3．本報告書における監査人の目的は、以下の事項のとおりである。

⑴　期末日の翌日から監査報告書日までの間に発生し、財務諸表の修正又は財務諸表における開示が要求される事象が、財務諸表に適切に反映されているかどうかについて、十分かつ適切な監査証拠を入手すること

⑵　監査報告書日後に監査人が知るところとなったが、もし監査報告書日現在に気付いていたとしたら、監査報告書を修正する原因となった可能性のある事実に対して適切に対応すること

3．定　義

4．本報告書における用語の定義は、以下のとおりとする。

⑴　「監査報告書日」－監査人が、監査基準委員会報告書700に従って、監査報告書に記載する日付をいう。（A2項参照）

⑵　「期末日」－財務諸表が対象とする直近の会計期間の末日をいう。

⑶　「後発事象」－期末日の翌日から監査報告書日までの間に発生した事象をいう。

⑷　「財務諸表の承認日」－関連する注記を含む全ての財務諸表が作成されており、認められた権限を持つ者が、当該財務諸表に対する責任を認めた日付をいう。（A3項参照）

⑸　「財務諸表の発行日」－監査報告書と監査した財務諸表を第三者が入手可能となる日付をいう。（A4項参照）

⑹　「事後判明事実」－監査報告書日後に監査人が知るところとなったが、もし監査報告書日現在に気付いていたとしたら、監査報告書を修正する原因となった可能性のある事実をいう。

Ⅱ　要求事項

1．期末日の翌日から監査報告書日までの間に発生した事象

5．監査人は、期末日の翌日から監査報告書日までの間に発生し、財務諸表の修正又は財務諸表における開示が要求される全ての事象を識別したことについて十分かつ適切な監査証拠を入手するために立案した監査手続を実施しなければならない。

ただし、監査人には、既に実施した他の監査手続によって一定の結論が得られた事項について、追加的な監査手続を実施することが求められているわけではない。（A5項参照）

6．監査人は、期末日の翌日から監査報告書日までの期間を対象として、第5項が要求する手続を実施しなければならない。

監査人は、第5項の監査手続の種類及び範囲を決定する際には、リスク評価の結果を勘案しなければならない。これらの監査手続には、以下のものを含めなければならない。（A6項及びA7項参照）

⑴　後発事象を識別するために経営者が実施している手続を理解すること

⑵　経営者に、財務諸表に影響を及ぼす可能性のある後発事象が発生したかどうか質問すること（A8項参照）

⑶　期末日後に取締役会、監査役会、監査等委員会又は監査委員会、株主総会が開催されている場合、その議事録を閲覧する。議事録が入手できない場合には、会議で討議された事項について質問すること

⑷　利用可能な場合は、企業の翌年度の直近の月次等の期中財務諸表を通読すること

7．監査人は、第5項及び第6項に従って実施した手続の結果、財務諸表の修正又は財務諸表における開示が要求される事象を識別した場合、それらの事象が財務諸表に適切に反映されているかどうか判断しなければならない。

経営者確認書

8．監査人は、期末日後に発生し、かつ適用される財務報告の枠組みにより財務諸表の修正又は財務諸表における開示が要求される全ての事象が、適切に修正又は開示されていることについて、経営者に、監査基準委員会報告書580「経営者確認書」に従って経営者確認書に記載することを求めなければならない。

2．監査報告書日の翌日から財務諸表の発行日までの間に監査人が知るところとなった事実

9．監査人は、監査報告書日後に、財務諸表に関していかなる監査手続を実施する義務も負わない。

しかしながら、監査報告書日の翌日から財務諸表の発行日までの間に、もし監査報告書日現在に気付いていたとしたら、監査報告書を修正する原因となった可能性のある事実を知るところとなった場合には、監査人は以下の手続を実施しなければならない。(A9項参照)

⑴　経営者（及び適切な場合、監査役若しくは監査役会、監査等委員会又は監査委員会（以下「監査役等」という。））と当該事項について協議すること

⑵　財務諸表の修正又は財務諸表における開示が必要かどうか判断すること

⑶　財務諸表の修正又は財務諸表における開示が必要な場合、当該事項について財務諸表でどのように扱う予定であるか経営者に質問すること

10．経営者が財務諸表を修正又は財務諸表に開示する場合、監査人は以下の手続を実施しなければならない。

⑴　当該修正又は開示に関して、必要な監査手続を実施すること

⑵　第11項が適用される場合を除き、以下の手続を実施すること

①　第５項及び第６項の監査手続を、当該修正又は開示が追加された財務諸表に対する監査報告書日までの期間に拡大して実施すること

②　監査報告書を、当該修正又は開示が追加された財務諸表に対する監査報告書に差し替えること

修正又は開示が追加された差替後の財務諸表に対する監査報告書の日付は、差替後の財務諸表の承認日以降の日付とする。

11．法令等又は財務報告の枠組みにおいて、事後判明事実の影響に限定した財務諸表の修正又は財務諸表における開示が禁止されておらず、かつ、財務諸表に対して責任を有する者が、当該修正又は開示に限定して承認することが禁止されていない場合、監査人は第10項⑵①が要求する事後判明事実に関する監査手続を当該修正又は開示に限定して実施することが認められる。

このような場合、監査人は、以下のいずれかの手続を実施しなければならない。

⑴　監査報告書を訂正し、事後判明事実に関する監査手続が、財務諸表の関連する注記に記載された財務諸表の修正又は財務諸表における開示のみに限定して行われたことを示すため、監査報告書に当該修正又は開示に限定して対応する日付を追加的に記載すること(A10項参照)

⑵　事後判明事実に関する監査手続が、財務諸表の関連する注記に記載された財務諸表の修正又は財務諸表における開示のみに限定して行われたことを伝えるための記述を強調事項区分又はその他の事項区分に含めた監査報告書に差し替えること（監査基準委員会報告書706「独立監査人の監査報告書における強調事項区分とその他の事項区分」参照）

12．監査人が財務諸表の修正又は財務諸表における開示が必要であると判断する状況において、経営者が財務諸表の修正又は開示を行わない場合には、以下のいずれかの手続を実施しなければならない。

⑴　まだ監査報告書を企業に提出していない場合、監査基準委員会報告書705「独立監査人の監査報告書における除外事項付意見」に従って、監査意見に及ぼす影響を考慮した上

で、監査報告書を提出すること

⑵ 既に監査報告書を企業に提出している場合、監査人は、経営者及び監査役等に、必要な財務諸表の修正又は財務諸表における開示を行うまでは、財務諸表を第三者に対して発行しないよう通知すること

それにもかかわらず、必要な修正又は開示を行う前の財務諸表が発行された場合、監査人は、財務諸表の利用者による監査報告書への依拠を防ぐための適切な措置を講じなければならない。（A11項及びA12項参照）

3．財務諸表が発行された後に監査人が知るところとなった事実

13．監査人は、財務諸表が発行された後に、当該財務諸表に関していかなる監査手続を実施する義務も負わない。

しかしながら、財務諸表が発行された後に、もし監査報告書日現在に気付いていたとしたら、監査報告書を修正する原因となった可能性のある事実を知るところとなった場合には、監査人は以下の手続を実施しなければならない。

⑴ 経営者（及び適切な場合、監査役等）と当該事項について協議すること

⑵ 財務諸表の訂正が必要かどうか判断すること

⑶ 財務諸表の訂正が必要な場合、当該事項について財務諸表でどのように扱う予定であるか経営者に質問すること

14．経営者が財務諸表を訂正する場合、監査人は以下の手続を実施しなければならない。

⑴ 当該訂正に関して、必要な監査手続を実施すること

⑵ 財務諸表の訂正について、以前に発行した財務諸表とその監査報告書を受領した全ての者に対して伝達するために経営者が行う対応を検討すること

⑶ 第11項が適用される場合を除き、以下の手続を実施すること

① 第５項及び第６項の監査手続を、訂正後の財務諸表に対する監査報告書日までの期間に拡大して実施すること。訂正後の財務諸表に対する監査報告書の日付は、訂正後の財務諸表の承認日以降の日付とする。

② 訂正後の財務諸表に対する監査報告書を提出すること

⑷ 第11項が適用される場合、第11項に従って、訂正後の財務諸表に対する監査報告書を提出すること

15．監査人は、訂正後の財務諸表に対する監査報告書の強調事項区分又はその他の事項区分に、以前に発行した財務諸表を訂正した理由を詳細に記載している財務諸表の注記を参照し、監査人が以前に提出した監査報告書について記載しなければならない。

16．経営者が財務諸表の訂正について、以前に発行した財務諸表を受領した全ての者に対して伝達するために必要な対応を行わない場合、及び財務諸表に訂正が必要であると監査人が判断しているにもかかわらず経営者が財務諸表を訂正しない場合、監査人は、経営者及び監査役等に、財務諸表の利用者による監査報告書への依拠を防ぐための措置を講じる予定であることを通知しなければならない。（監査基準委員会報告書260「監査役等とのコミュニケーション」参照）

このような通知にもかかわらず、経営者が必要な対応を行わない場合、監査人は、監査報告書への依拠を防ぐための適切な措置を講じなければならない。（A13項参照）

Ⅲ 適用指針

1．本報告書の範囲及び目的（第１項参照）

A1．監査済の財務諸表が、発行された後にその他の書類（ただし、監査基準委員会報告書720の範囲内である年次報告書を除く。）に含まれることがあり、有価証券の募集又は売出しの際に、募集又は売出しを行う国の関連する法令等の要求事項に従う必要がある場合等、国内で財務諸表が発行された後に、監査した財務諸表が目論見書等その他の書類に含まれることがあり、

監査人は、検討すべき後発事象について本報告書に記載されたもの以外に追加の責任を有することがある。

例えば、監査人は、目論見書等の最終版の日付まで、追加的な監査手続を実施することが要求される場合がある。

このような手続には、目論見書等の最終版の日付又はその発効日に近い日付まで、第5項及び第6項に記載する手続を実施することや、目論見書等に含まれるその他の情報が、監査人が関与する財務情報と整合しているかを評価するために、目論見書等を通読することが含まれることがある。（監査基準委員会報告書200「財務諸表監査における総括的な目的」第2項参照）

2．定　義

(1)　監査報告書日（第4項(1)参照）

A2．監査報告書日は、監査人が財務諸表に対する意見表明の基礎となる十分かつ適切な監査証拠を入手した日より前の日付とすることはできない。十分かつ適切な監査証拠には、関連する注記を含む全ての財務諸表が作成され、認められた権限を持つ者が、当該財務諸表に対して責任を認めたことについての証拠が含まれる。（監基報700第44項参照）

したがって、監査報告書日は、第4項(4)で定義する財務諸表の承認日より前の日付とすることはできない。事務手続上、企業に監査報告書を提出する日は、第4項(1)で定義する監査報告書日より後となることもある。

(2)　財務諸表の承認日（第4項(4)参照）

A3．我が国では、株主総会又は取締役会による財務諸表の最終承認が要求されているが、そのような最終承認は、監査人が財務諸表に対する意見表明の基礎となる十分かつ適切な監査証拠を入手したと判断するために必要なものではない。したがって、本報告書では、財務諸表の承認日は、経営者が実施した後発事象の評価期間の末日を指し、通常、経営者確認書の日付となる。

(3)　財務諸表の発行日（第4項(5)参照）

A4．通常、財務諸表の発行日は、企業に適用される法令等によって決まる。ある状況においては、財務諸表の発行日は、規制当局に財務諸表を提出する日となる場合がある。

監査した財務諸表は、監査報告書が添付されていないと発行できないため、監査した財務諸表の発行日は、監査報告書日以降で、かつ企業に監査報告書が提出される日以降の日付でなければならない。

3．期末日の翌日から監査報告書日までの間に発生した事象（第5項から第8項参照）

A5．第5項が要求する監査手続には、監査人のリスク評価に応じて、十分かつ適切な監査証拠を入手するために必要な手続が含まれ、期末日の翌日から監査報告書日までの間に発生した取引又は会計記録の検討又は検証を伴う場合がある。

第5項及び第6項が要求する監査手続は、監査人が他の目的で実施する手続（例えば、カットオフ手続や期末日後の売掛金の入金に関する手続など、期末日現在の残高についての監査証拠を入手するための手続）に加えて実施されるものである。ただし、当該他の目的で実施する手続によって、後発事象に関する証拠が入手される場合もある。

A6．第6項は、第5項に従って実施することが要求される一定の監査手続を記載している。ただし、監査人が実施する後発事象に係る手続は、入手可能な情報と、特に、期末日後に作成された会計記録の範囲により影響を受ける場合がある。

最新の会計記録が作成されておらず、月次等の期中財務諸表（外部向けか内部向けかを問わない。）が作成されていない、又は取締役会、監査役会、監査等委員会、監査委員会等の議事録が作成されていない場合には、関連する監査手続は、入手可能な会計帳簿及び銀行取引明細書等の記録の閲覧という形式をとることがある。

A7項は、監査人が経営者に質問を実施する過程で検討する追加的な事項を例示している。

A7. 監査人は、第６項が要求する監査手続に加えて、以下の手続を実施することが必要かつ適切であると考えることがある。

・期末日後に申請・決裁された稟議書を閲覧すること（稟議書が回付中のものは、受付簿等でその内容を確認する。）

・期末日後の期間に対する予算や資金計画のような、最新の利用可能な経営管理資料を通読すること

・訴訟及び損害賠償請求に関して、企業の顧問弁護士に質問する、又は以前行った口頭若しくは文書による質問への回答を更新すること

・他の監査証拠を裏付け、十分かつ適切な監査証拠を入手するため、経営者確認書で特定の後発事象についての確認を行う必要があるかどうか検討すること

質問（第６項(2)参照）

A8. 監査人は、財務諸表に影響を及ぼす可能性のある後発事象が発生したかどうかについて経営者に質問する際に、暫定的なデータを基に会計処理された項目の現在の状況や以下の特定の事項について質問することがある。

・新たな約定、借入又は保証が行われたかどうか。

・資産の売却又は取得、又はその計画があるかどうか。

・資本の増加や債券の発行（例えば、新株や社債の発行）が行われているか、又は合併や清算の手続が行われているか、若しくはその計画があるかどうか。

・政府によって収用された、又は火災や出水等により重大な損害を受けた資産があるかどうか。

・偶発事象について何か進展があったかどうか。

・通常でない会計上の修正が行われたか、又は検討されているかどうか。

・財務諸表で使用している会計方針の適切性に疑問を抱かせるような事象が発生しているか、又は発生する可能性がないかどうか（例えば、継続企業の前提に疑義を生じさせるような事象）。

・財務諸表で行われた見積り又は引当金の測定に関連する事象が発生したかどうか。

・資産の回収可能性に関連する事象が発生したかどうか。

４．監査報告書日の翌日から財務諸表の発行日までの間に監査人が知るところとなった事実

(1) 監査報告書日より後に入手したその他の記載内容の影響（第９項参照）

A9. 監査人は、監査報告書日後は、財務諸表に関していかなる監査手続を実施する義務も負わないが、監査基準委員会報告書720は監査報告書日より後にその他の記載内容を入手した場合の要求事項を規定しており、これには監査報告書日の翌日から財務諸表の発行日までの間に入手したその他の記載内容も含まれる。

(2) 経営者の監査人に対する責任（第９項参照）

A10. 監査業務の契約条件に従い、経営者は、監査報告書日の翌日から財務諸表の発行日までの間に知るところとなった、財務諸表に影響を及ぼす可能性のある事実を監査人に通知する責任を有する。（監査基準委員会報告書210「監査業務の契約条件の合意」の A23項参照）

(3) 二重日付（第11項(1)参照）

A11. 第11項(1)に記載された状況において、監査人が、事後判明事実の影響による財務諸表の修正又は開示に限定して対応する日付を追加的に記載するために監査報告書を訂正する場合、差替前の財務諸表に対する監査報告書日は変更されない。これは、差替前の財務諸表に対する監査の作業が完了した時点を利用者に知らせるためである。

一方、当初の監査報告書日の後の監査人の手続は、財務諸表の事後的な修正部分に限定されていることを利用者に知らせるために、監査報告書に追加の日付が含められる。

以下は、追加される日付の記載例である。

「○年○月○日（監査報告書日）、ただし注記

Ｙについては○年○月○日（注記Ｙに記載された修正又は開示に限定して実施した監査手続の完了日）」

(4) 監査報告書への依拠を防ぐための監査人の措置（第12項(2)参照）

A12. 監査人は、財務諸表を発行しないように経営者に通知し、経営者がこの要請に同意したとしても、追加の法令上の義務を果たすことが必要な場合がある。

A13. 第三者に財務諸表を発行しないよう経営者に通知したにもかかわらず、経営者が財務諸表を発行した場合、当該財務諸表に対する監査報告書への依拠を防ぐために監査人が講じる措置は、監査人の法令上の権利及び義務によって決まる。これは監査役等への報告、適切な場合には株主総会での意見陳述、監査契約の解除等を含む。このため、監査人は、法律専門家に助言を求めることが有益と考えることがある。

5．財務諸表が発行された後に監査人が知るところとなった事実

(1) 財務諸表が発行された後に入手したその他の記載内容の影響（第13項参照）

A14. 監査人の監査報告書日より後に入手したその他の記載内容に対する義務については、監査基準委員会報告書720に規定されている。監査人は、財務諸表が発行された後に、当該財務諸表に関していかなる監査手続を実施する義務も負わないが、監査基準委員会報告書720は、監査報告書日より後にその他の記載内容を入手した場合の要求事項を規定している。

(2) 監査報告書への依拠を防ぐための監査人の措置（第16項参照）

A15. 監査人が、以前に発行された財務諸表に対する監査報告書への依拠を防ぐための措置を講じるように事前に通知したにもかかわらず、経営者が必要な対応を行っていないと監査人が判断した場合に監査人が講じる措置は、監査人の法令上の権利及び義務によって決まる。これは監査役等への報告、適切な場合には株主総会での意見陳述、監査契約の解除等を含む。このため、監査人は、法律専門家に助言を求めることが有益と考えることがある。

Ⅳ　適　用

・本報告書（2011年７月１日）は、2011年７月１日に発効し、2011年９月30日以後終了する中間会計期間に係る中間監査及び2012年３月31日以後終了する事業年度に係る監査から適用する。
・本報告書（2011年12月22日）は、2012年４月１日以後開始する事業年度に係る監査及び同日以後開始する中間会計期間に係る中間監査から適用する。
・本報告書（2015年５月29日）は、2015年４月１日以後開始する事業年度に係る監査及び同日以後開始する中間会計期間に係る中間監査から適用する。
・本報告書（2019年６月12日）は、2020年３月31日以後終了する事業年度に係る監査から適用する。
・本報告書（2021年１月14日）は、2022年３月31日以後終了する事業年度に係る監査から適用する。ただし、2021年３月31日以後終了する事業年度に係る監査から早期適用することができる。

以　上

監査基準委員会報告書570

継続企業*

2011年12月22日
改正2015年5月29日
改正2019年2月27日
改正2020年4月9日
最終改正2021年1月14日
日本公認会計士協会
監査基準委員会
（報告書：第65号）

項番号

Ⅰ　本報告書の範囲及び目的

1．本報告書の範囲

1．本報告書は、継続企業の前提に関する評価及びその監査報告書への影響に関する、財務諸表の監査における実務上の指針を提供するものである。（A1項参照）

2．継続企業の前提

2．継続企業の前提の下では、企業が予測し得る将来にわたって存続し、事業を継続することを前提に、財務諸表は作成されている。一般目的の財務諸表は、経営者に当該企業の清算若しくは事業停止の意図があるか、又はそれ以外に現実的な代替案がない場合を除いて、継続企業の前提に基づき作成される。特別目的の財務諸表は、継続企業の前提が関連する財務報告の枠組みに準拠して作成されることもあれば、そうでない場合もある（例えば、一部の国においては、税務目的で作成された財務諸表には継続企業の前提が必ずしも関係しないこともある。）。継続企業の前提に基づくことが適切な場合、企業の資産及び負債は、通常の事業活動において回収又は返済できるものとして計上されている。

3．継続企業の前提に関する評価と開示に関する責任

3．財務報告の枠組みの中には、経営者に対して継続企業の前提に関する特定の評価を行うことを要求する明示的な規定、並びに継続企業に関連して検討すべき事項及び注記事項に関する基準が含まれているものがある。例えば、国際会計基準（IAS）第１号「財務諸表の表示」は、経営者に継続企業の前提に関する評価をすることを求めている。さらに、法令において、継続企業の前提の評価に関する経営者の責任及び関連する注記又は開示に関する詳細な要求事項が規定されている場合もある。我が国においては、財務諸表の表示に関する規則等に従って継続企業の前提に関する注記及び開示の実務が行われている。

4．他方、財務報告の枠組みに、経営者に対して継続企業の前提に関する一定の評価を行うことを要求する明示的な規定がない場合もある。しかしながら、第２項に記載したとおり、継続企業の前提は財務諸表の作成における基本的な原則であるため、財務報告の枠組みに明示的な規定が含まれない場合であっても、経営者は財務諸表の作成において継続企業の前提を評価することが求められる。

5．継続企業の前提に関する経営者の評価は、事象又は状況に関する将来の結果に固有の不確実性について、特定の時点における判断を伴う。当該判断には、以下の要因が関連する。

- 事象又は状況若しくはその結果の発生までの期間が長くなるほど、当該事象又は状況の結果の不確実性は著しく高くなる。そのため、経営者による評価を明示的に要求している財務報告の枠組みの多くは、経営者が入手可能な全ての情報に基づいて継続企業の前提を評価しなければならない期間を規定している。
- 企業の規模及び複雑性、事業の性質及び状況、並びに企業が外部要因によって受ける影響の度合いは、事象又は状況の結果に関する判断に影響を及ぼす。
- 将来についての判断は、その判断を行う時点において入手可能な情報に基づいている。その後発生した事象によって、当初合理的であった判断とは整合しない結果となる場合がある。

監査人の責任

6．監査人は、経営者が継続企業を前提として財務諸表を作成することの適切性について十分かつ適切な監査証拠を入手し結論付けるとともに、入手した監査証拠に基づき、継続企業の前提に重要な疑義を生じさせるような事象又は状況に関する重要な不確実性（以下「継続企業の前提に関する重要な不確実性」という。）が認められるか否かを結論付ける責任がある。これらの責任は、財務諸表の作成に使用された財務報告

の枠組みに、経営者に対して継続企業の前提に関する一定の評価を行うことを要求する明示的な規定が含まれない場合にも存在する。

7．しかしながら、監査基準委員会報告書200「財務諸表監査における総括的な目的」に記載しているとおり、監査には固有の限界があるため、重要な虚偽表示が発見されないという回避できないリスクがある。企業が継続企業として存続できない状態を引き起こす可能性のある将来の事象又は状況に関しては、この限界の影響がより大きくなる。監査人はそのような将来の事象又は状況を予測することはできないため、継続企業の前提に関する重要な不確実性についての記載が監査報告書にないことをもって、企業が将来にわたって事業活動を継続することを保証するものではない。

4．本報告書の目的

8．本報告書における監査人の目的は、以下のとおりである。

(1)　経営者が継続企業を前提として財務諸表を作成することの適切性について十分かつ適切な監査証拠を入手し結論付けること

(2)　入手した監査証拠に基づき、継続企業の前提に関する重要な不確実性が認められるか否かについて結論付けること

(3)　監査報告書への影響について判断し、本報告書に従って報告すること

Ⅱ　要求事項

1．リスク評価手続とこれに関連する活動

9．監査人は、監査基準委員会報告書315「企業及び企業環境の理解を通じた重要な虚偽表示リスクの識別と評価」で要求されるリスク評価手続を実施する際、継続企業の前提に重要な疑義を生じさせるような事象又は状況が存在するか否かについて考慮しなければならない。その際、監査人は、経営者が継続企業の前提に関する予備的な評価を実施しているかどうかを判断した上で、以下のいずれかを実施しなければならない。（A2項から A5項参照）

(1)　経営者が予備的な評価を実施している場合、当該評価について経営者と協議し、単独で又は複合して継続企業の前提に重要な疑義を生じさせるような事象又は状況を経営者が識別したかどうかを判断する。さらに、経営者がそのような事象又は状況を識別している場合、当該事象又は状況に対する経営者の対応策について経営者と協議する。

(2)　経営者が予備的な評価をいまだ実施していない場合、経営者が継続企業を前提として財務諸表を作成しようとする根拠について経営者と協議する。さらに、単独で又は複合して継続企業の前提に重要な疑義を生じさせるような事象又は状況が存在するかどうかについて経営者に質問する。

10．監査人は、監査の過程を通じて、継続企業の前提に重要な疑義を生じさせるような事象又は状況に関する監査証拠に留意しなければならない。（A6項参照）

2．経営者の評価の検討

11．監査人は、継続企業の前提に関して経営者が行った評価を検討しなければならない。（A7項から A9項、A11項及び A12項参照）

12．監査人は、継続企業の前提に関して経営者が行った評価の検討に当たって、経営者の評価期間と同じ期間を対象としなければならない。この場合、経営者の評価期間は、適用される財務報告の枠組みで要求される期間又は法令に規定される期間となる。経営者の評価期間が期末日の翌日から12か月に満たない場合には、監査人は、経営者に対して、評価期間を少なくとも期末日の翌日から12か月間に延長するよう求めなければならない。（A10項から A12項参照）

13．監査人は、経営者が行った評価の検討に当たって、監査の結果として気付いた全ての関連する情報が経営者の評価に含まれているかどうかを考慮しなければならない。

3．経営者の評価を超えた期間

14．監査人は、経営者の評価期間を超えた期間に発生する可能性がある継続企業の前提に重要な疑義を生じさせるような事象又は状況に関して経営者が有する情報について質問しなければならない。（A13項及び A14項参照）

4．事象又は状況を識別した場合の追加的な監査手続

15．監査人は、継続企業の前提に重要な疑義を生じさせるような事象又は状況を識別した場合、追加的な監査手続（当該事象又は状況を解消する、又は改善する要因の検討を含む。）を実施することにより、継続企業の前提に関する重要な不確実性が認められるかどうか判断するための十分かつ適切な監査証拠を入手しなければならない。これらの追加的な監査手続には、以下の手続を含めなければならない。（A15項参照）

⑴　継続企業の前提に関する経営者の評価が未了の場合には、評価の実施を経営者に求める。

⑵　継続企業の評価に関連する経営者の対応策が、当該事象又は状況を解消し、又は改善するものであるかどうか、及びその実行可能性について検討する。（A16項参照）

⑶　企業が資金計画を作成しており、当該計画を分析することが経営者の対応策を評価するに当たって事象又は状況の将来の帰結を検討する際の重要な要素となる場合、以下を行う。（A17項及び A18項参照）

①　資金計画を作成するために生成した基礎データの信頼性を評価する。

②　資金計画の基礎となる仮定に十分な裏付けがあるかどうかを判断する。

⑷　経営者が評価を行った日の後に入手可能となった追加的な事実又は情報がないかどうかを検討する。

⑸　経営者に、経営者の対応策及びその実行可能性に関して記載した経営者確認書を要請する。（A19項参照）

5．監査人の結論

16．監査人は、経営者が継続企業を前提として財務諸表を作成することの適切性について十分かつ適切な監査証拠を入手し結論付けなければならない。

17．監査人は、入手した監査証拠に基づき、単独で又は複合して継続企業の前提に関する重要な不確実性が認められるか否かについて実態に即して判断し、結論付けなければならない。継続企業の前提に関する重要な不確実性は、以下の財務報告の枠組みの趣旨に照らして、当該不確実性がもたらす影響の大きさ及びその発生可能性により、不確実性の内容及び影響について適切な注記が必要であると監査人が判断した場合に存在していることになる。（A20項及び A21項参照）

⑴　（適正表示の枠組みの場合）財務諸表が適正に表示されること

⑵　（準拠性の枠組みの場合）財務諸表が利用者の判断を誤らせないこと

⑴　継続企業の前提に関する重要な不確実性が認められる場合における注記の適切性

18．監査人は、経営者がその状況において継続企業を前提として財務諸表を作成することが適切であるが、重要な不確実性が認められると結論付ける場合に、以下について判断しなければならない。（A21項及び A22項参照）

⑴　継続企業の前提に重要な疑義を生じさせるような事象又は状況、及び当該事象又は状況に対する経営者の対応策について、財務諸表における注記が適切であるかどうか。

⑵　通常の事業活動において資産を回収し負債を返済することができない可能性があり、継続企業の前提に関する重要な不確実性が認められることについて、財務諸表に明瞭に注記されているかどうか。

⑵　継続企業の前提に関する重要な不確実性が認められない場合における注記又は開示の適切性

19．継続企業の前提に重要な疑義を生じさせるような事象又は状況が識別されているが、入手した監査証拠に基づき、監査人が重要な不確実性が認められないと結論付けている場合、監査人は、適用される財務報告の枠組みにより要求される事項に基づき、財務諸表において当該事象及び状況について適切な注記がなされているかどうかを評価しなければならない。また、開示に関する規則等によって、継続企業の前提に重要な疑義を生じさせるような事象又は状況について財務諸表以外の箇所において開示することが求められている場合、監査人は監査基準委員会報告書720「その他の記載内容に関連する監査人の責任」に従って、当該記載内容を通読しなければならない。（A23項及びA24項参照）

６．監査報告書への影響

⑴　継続企業を前提として財務諸表を作成することが適切でない場合

20．監査人は、継続企業を前提として財務諸表が作成されている場合に、継続企業を前提として経営者が財務諸表を作成することが適切でないと判断したときには、否定的意見を表明しなければならない。この場合、監査報告書の「否定的意見の根拠」（適正表示の枠組みの場合は「不適正意見の根拠」）区分において、継続企業を前提として経営者が財務諸表を作成することが適切でないと判断した理由を記載しなければならない。（A25項及びA26項参照）

⑵　継続企業を前提として財務諸表を作成することが適切であるが、重要な不確実性が認められる場合

重要な不確実性に係る注記事項が適切である場合

21．重要な不確実性について財務諸表に適切な注記がなされている場合、監査人は無限定意見を表明し、財務諸表における注記事項について注意を喚起するために、監査報告書に「継続企業の前提に関する重要な不確実性」という見出しを付した区分を設け、継続企業の前提に関する重要な不確実性が認められる旨及び当該事項は監査人の意見に影響を及ぼすものではない旨を記載しなければならない。（A27項からA30項及びA33項参照）

重要な不確実性に係る注記事項が適切でない場合

22．重要な不確実性に係る注記事項が適切でない場合、監査人は、監査基準委員会報告書705「独立監査人の監査報告書における除外事項付意見」に従い、状況に応じて限定意見又は否定的意見を表明し、監査報告書の「限定意見の根拠」（適正表示の枠組みの場合は「限定付適正意見の根拠」）又は「否定的意見の根拠」（適正表示の枠組みの場合は「不適正意見の根拠」）区分において、継続企業の前提に関する重要な不確実性が認められる旨、及び財務諸表に当該事項が適切に注記されていない旨を記載しなければならない。（A31項からA33項参照）

経営者が評価を実施しない又は評価期間を延長しない場合

23．監査人は、監査人が評価の実施又は評価期間の延長を求めたにもかかわらず、経営者がこれを行わない場合に、監査報告書への影響を考慮しなければならない。（A34項参照）

７．監査役等とのコミュニケーション

24．監査人は、監査役若しくは監査役会、監査等委員会又は監査委員会（以下「監査役等」という。）に、識別した継続企業の前提に重要な疑義を生じさせるような事象又は状況についてコミュニケーションを行わなければならない。監査役等とのコミュニケーションには、以下を含めなければならない。

⑴　当該事象又は状況が重要な不確実性を構成するかどうか。

⑵　継続企業を前提として財務諸表を作成及び表示することが適切であるかどうか。

⑶　財務諸表における注記の適切性

⑷　該当する場合、監査報告書への影響

8．財務諸表の確定の著しい遅延

25．期末日後、経営者による財務諸表の確定が著しく遅延している場合、監査人は、遅延の理由について質問しなければならない。監査人は、当該遅延が継続企業の前提に関する事象又は状況と関係する可能性があると考える場合、第15項で要求されている追加的な監査手続を実施し、第17項に記載されている重要な不確実性の存在に関する監査人の結論への影響を考慮しなければならない。

Ⅲ　適用指針

1．本報告書の範囲（第１項参照）

A1．監査基準委員会報告書701「独立監査人の監査報告書における監査上の主要な検討事項の報告」は監査報告書において監査上の主要な検討事項を報告する監査人の責任を扱っている。監査基準委員会報告書701は、それが適用となる場合、継続企業の前提に関する事項が監査上の主要な検討事項と判断される場合があること、及び継続企業の前提に関する重要な不確実性は、その性質上、監査上の主要な検討事項に該当するが、監査報告書における記載は本報告書に基づくこととしている（監基報701第14項及びA41項参照）。

2．リスク評価手続とこれに関連する活動

(1)　継続企業の前提に重要な疑義を生じさせるような事象又は状況（第９項参照）

A2．以下の事項は、単独で又は複合して継続企業の前提に重要な疑義を生じさせるような事象又は状況を例示したものである。ただし、これらは網羅的に列挙したものではなく、また以下の事項のうちの一つ以上が存在する場合に、必ずしも重要な不確実性が存在していることを意味するわけではない。

財務関係

- 債務超過、又は流動負債が流動資産を超過している状態
- 返済期限が間近の借入金があるが、借換え又は返済の現実的見通しがない、又は長期性資産の資金調達を短期借入金に過度に依存している状態
- 債権者による財務的支援の打切りの兆候、又は債務免除の要請の動き
- 過去の財務諸表又は予測財務諸表におけるマイナスの営業キャッシュ・フロー
- 主要な財務比率の著しい悪化、又は売上高の著しい減少
- 重要な営業損失
- 資産の価値の著しい低下、又は売却を予定している重要な資産の処分の困難性
- 配当の遅延又は中止
- 支払期日における債務の返済の困難性
- 借入金の契約条項の不履行
- 仕入先からの与信の拒絶
- 新たな資金調達の困難性、特に主力の新製品の開発又は必要な投資のための資金調達ができない状況

営業関係

- 経営者による企業の清算又は事業停止の計画
- 主要な経営者の退任、又は事業活動に不可欠な人材の流出
- 主要な得意先、フランチャイズ、ライセンス若しくは仕入先、又は重要な市場の喪失
- 労務問題に関する困難性
- 重要な原材料の不足
- 強力な競合企業の出現

その他

- 法令に基づく重要な事業の制約、例えば、金融機関に対するソルベンシー規制や流動性規制等の自己資本規制その他の法的又は規制要件への抵触
- 巨額な損害賠償の履行の可能性
- 企業に不利な影響を及ぼすと予想される法令又は政策の変更
- 付保されていない又は一部しか付保されていない重大な災害による損害の発生
- ブランド・イメージの著しい悪化

上記の事象又は状況が及ぼす影響の程度は、他の要因によって軽減されることが多い。例えば、通常の債務返済が滞った場合、資産の処分、借入金の返済期限の延長又は増資等の代替的な方法によって十分なキャッシュ・フローを維持しようとする経営者の対応策によって、解消されることがある。同様に、主要な仕入先を喪失した場合、それに代替する仕入先が利用できることによりその影響が軽減されることがある。

A3．第９項で要求されるリスク評価手続により、経営者が継続企業を前提として財務諸表を作成することが重要な検討事項になる可能性があるかどうか及びそれによる監査計画への影響を監査人が判断することができる。さらに、当該リスク評価手続によって、より適時に経営者と協議することになるが、その協議には、識別した継続企業の前提に重要な疑義を生じさせるような事象又は状況を解消し、又は改善するための経営者の対応策が含まれる。

小規模企業に特有の考慮事項（第９項参照）

A4．企業の規模は、厳しい経営環境における企業の存続能力に影響を与えることがある。小規模企業は、様々な機会に迅速に対応することができる場合があるが、その一方で、事業活動を継続するための余力がない場合がある。

A5．小規模企業に特に関連する状況には、銀行や他の資金提供者が企業への支援を停止するかもしれないリスクの他に、主要な仕入先、主要な得意先、主要な従業員、又はライセンス、フランチャイズ若しくはその他の契約に基づく営業上の権利を喪失する可能性が含まれる。

(2)　**事象又は状況に関する継続的な留意**（第10項参照）

A6．監査人は、監査の過程において監査人のリスク評価に影響する他の監査証拠を入手した場合、リスク評価を修正し、それに応じて計画したリスク対応手続も修正することが監査基準委員会報告書315で要求されている。監査人は、リスク評価を行った後で継続企業の前提に重要な疑義を生じさせるような事象又は状況を識別した場合、第15項に記載した手続を実施することに加えて、重要な虚偽表示リスクの評価を修正することが必要になる場合がある。また、このような事象又は状況の存在は、リスク対応手続の種類、時期及び範囲に影響を及ぼすことがある。監査基準委員会報告書330「評価したリスクに対応する監査人の手続」は、これに関する要求事項を定め、指針を提供している。

３．経営者の評価の検討

(1)　**経営者の評価とその裏付けとなる分析、及び監査人の検討**（第11項参照）

A7．継続企業の前提に関する経営者の評価は、経営者が継続企業を前提として財務諸表を作成することに関する監査人の重要な検討対象である。

A8．経営者による分析の不足を補足することは監査人の責任ではない。しかしながら、状況によっては、監査人は、経営者がその評価を裏付けるための詳細な分析を行っていなくても、経営者が継続企業を前提として財務諸表を作成することがその状況において適切であるかどうかについて結論付けることがある。例えば、企業が利益基調であり、資金調達を容易に行い得る状況にある場合には、経営者は詳細な分析を行うことなく、継続企業の前提に関する評価を行うことがある。この場合、監査人は、他の監査手続によって、継続企業を前提として経営者が財務諸表を作成することがその状況において適切であるかどうか結論付けることが可能であれば、経営者が行った評価の適切性の検討について、詳細な評価手続を行わないこともある。

A9．第11項が要求する継続企業の前提に関する経営者の評価の検討には、経営者が当該評価を行うためのプロセス、評価の基礎とした仮定、並びに経営者の対応策及び当該対応策がその状況において実行可能であるかどうかについての評価を含むことがある。

(2)　**経営者の評価期間**（第12項参照）

A10．経営者による評価を明示的に要求している財務報告の枠組みの多くは、経営者に入手可能な全ての情報を検討することを要求する期間について規定している。例えば、国際会計基準（IAS）第１号「財務諸表の表示」は、少なくとも報告期間の末日から12か月の期間であるが、12か月に限定されないと定義している。我が国においては、財務諸表の表示に関する規則に従って、少なくとも期末日の翌日から１年間評価することになる。

(3) 小規模企業に特有の考慮事項（第11項及び第12項参照）

A11．小規模企業の経営者は、継続企業の前提について特段の詳細な評価を行っていないことが多いが、事業についての十分な知識や将来見通しに基づいて評価を行っていることがある。そのような場合にも、監査人は、本報告書の要求事項に従って、継続企業の前提について経営者が行った評価を検討する必要がある。小規模企業の場合で、経営者の評価を十分な証拠書類で裏付けることができ、かつ当該評価が監査人の企業についての理解と矛盾しないとき、企業の中長期の資金調達について経営者と協議することが適切なことがある。監査人は、第12項に従って、経営者に対して評価期間を少なくとも12か月とするよう求めなければならないが、当該要求事項は、経営者との協議、質問、及び、証憑書類（例えば、将来の売上を裏付ける顧客からの注文書があり、その実現可能性について評価されたもの）の閲覧などにより充足されることがある。

A12．小規模企業の場合、オーナー経営者による継続的な支援が継続企業の前提にとって重要な場合が多い。小規模企業の資金調達がオーナー経営者からの借入金に大きく依存している場合には、当該借入の継続が重要となる場合がある。例えば、財政が逼迫している小規模企業の存続は、オーナー経営者が企業に対し、銀行やその他の債権者より弁済順位が低い貸付を行っていること、又は企業の借入金に対して個人保証を提供していることに依存している場合がある。このような場合、監査人は、オーナー経営者による貸付の弁済順位や保証について適切な証拠書類を入手することがある。企業がオーナー経営者からの追加支援に依存している場合、監査人は、オーナー経営者が、支援の取決めに基づく義務を果たす能力を有するのかどうかを検討する場合がある。加えて、監査人は、当該支援に付されている条件及びオーナー経営者の意思又は理解について書面による確認を求める場合がある。

４．経営者の評価を超えた期間（第14項参照）

A13．監査人は、第12項に記載された期末日の翌日から少なくとも12か月間の経営者の評価期間を超えて継続企業の前提に重要な疑義を生じさせるような事象又は状況を識別するために、経営者へ質問を行う以外に、他の監査手続を追加して実施する必要はない。

A14．第10項で要求されているように、監査人は、監査の過程を通じて継続企業の前提に重要な疑義を生じさせるような事象又は状況に留意する必要があるが、それには、経営者の評価期間を超えた期間に発生することが判明又は予定されている事象又は状況のうち継続企業を前提として財務諸表を作成することの適切性が問題となるような事象又は状況が存在する可能性も含まれる。事象又は状況の発生までの期間が長くなるほど、その事象又は状況の結果の不確実性の程度は高くなる。したがって、経営者の評価期間を超えて将来の事象又は状況を検討するに当たっては、継続企業の前提に疑義を生じさせるような兆候が顕著である場合にのみ、監査人は追加的な手続の必要性を検討することになる。そのような事象又は状況を識別した場合、監査人は、経営者に、継続企業の前提に関する経営者の評価における当該事象又は状況の潜在的な重要性を評価することを依頼する必要が生じることがある。このような場合、第15項の手続が適用される。

５．事象又は状況を識別した場合の追加的な監査手続（第15項参照）

A15．第15項の要求事項に関連する監査手続には、以下の事項が含まれる。

・キャッシュ・フロー、利益その他関連する予測財務情報を分析し経営者と協議する。
・企業の入手可能な直近の財務諸表、中間財務諸表又は四半期財務諸表を分析し経営者と協議する。
・社債及び借入金の契約条項を閲覧し抵触しているものがないか検討する。
・資金調達の困難性に関して参考にするため、株主総会、取締役会、監査役会、監査等委員会、監査委員会等の議事録を閲覧する。
・訴訟や賠償請求等の存在、及びそれらの見通しと財務的な影響の見積りに関する経営者の評価の合理性について企業の顧問弁護士に照会する。
・新たな財務的支援又は既存の支援を継続する取決めの存在、その法的有効性及び実行可能性について、企業の親会社又は取引金融機関等の支援者に確認し当該支援者に追加資金を提供する財務的能力があるかどうかを評価する。
・顧客からの受注に対応する企業の能力を検討する。
・継続企業の前提に影響を及ぼす後発事象を識別するための監査手続を実施する。これには、重要な疑義を及ぼす事象又は状況を改善する事象を含む。
・借入枠の存在、条件及び十分性を確認する。
・規制当局からの報告書や通知書を入手し査閲する。
・計画されている資産処分に十分な裏付けがあるかどうか検討する。

⑴　経営者の対応策の評価（第15項⑵参照）

A16．経営者の対応策の評価においては、例えば、次のようなことを質問することが含まれる。

＜資産の処分による対応策＞

・資産処分の制限（抵当権設定等）
・処分予定資産の売却可能性
・売却先の信用力
・資産処分による影響（生産能力の縮小等）

＜資金調達による対応策＞

・新たな借入計画の実行可能性（与信限度、担保余力等）
・増資計画の実行可能性（割当先の信用力等）
・その他資金調達の実行可能性（売掛債権の流動化、リースバック等）
・経費の節減又は設備投資計画等の実施の延期による影響

＜債務免除による対応策＞

・債務免除を受ける計画の実行可能性（債権者との合意等）

⑵　経営者の評価期間（第15項⑶参照）

A17．監査人は、第15項⑶において要求される手続に加えて、以下を行うことがある。

・直近の数期間の予測財務情報と実績とを比較する。
・当年度に関する予測財務情報と現時点までの実績とを比較する。

A18．経営者の評価は、貸付の劣後化、資金提供の継続若しくは追加資金提供の確約、又は保証といった第三者による継続的な支援を前提としており、そのような支援が企業の継続企業の前提にとって重要な場合がある。こうした場合に、監査人は、当該第三者に対して、書面による確認（契約条件を含む。）を依頼することを検討するとともに、当該第三者が当該支援を行う能力を有するかどうかについての証拠の入手が必要なことがある。

⑶　経営者確認書（第15項⑸参照）

A19．監査人は、継続企業の前提に関する評価における経営者の対応策及びその実行可能性に関して入手した監査証拠を裏付けるために、経営者確認書において経営者の対応策及びその実行可能性についてより詳細で具体的な陳述を要請することが適切であると考える場合がある。

6．監査人の結論

(1) 継続企業の前提に重要な疑義を生じさせるような事象又は状況に関する重要な不確実性（第17項参照）

A20.「重要な不確実性」という用語は、我が国の財務諸表の表示に関する規則において、継続企業の前提に重要な疑義を生じさせるような事象又は状況に関連して、財務諸表に注記しなければならない不確実性を説明する場合に用いられている。「重要な不確実性」という用語は、国際会計基準（IAS）第1号「財務諸表の表示」などの他の財務報告の枠組みにおいても、同様の状況において用いられている。

(2) 継続企業の前提に関する重要な不確実性が認められる場合における注記の適切性

A21. 第17項では、継続企業の前提に関する重要な不確実性は、適正表示を達成するために（適正表示の枠組みの場合）、又は財務諸表が利用者の判断を誤らせないために（準拠性の枠組みの場合）、事象又は状況がもたらす影響の大きさ及びその発生可能性により、適切な注記が必要である場合に存在するとされている。第17項では、適用される財務報告の枠組みが継続企業の前提に関する重要な不確実性をどのように定義しているかにかかわらず、監査人が継続企業の前提に関する重要な不確実性があるかどうかを結論付けることを要求している。

A22. 監査人は、第18項に記載されている事項が財務諸表に適切に注記されているかについて判断することが求められる。当該判断は、適用される財務報告の枠組みにより要求されている継続企業の前提に関する重要な不確実性の注記事項が適切かどうかの監査人の判断に加えて行われる。財務報告の枠組みによっては、第18項に記載されている事項に加えて、以下の事項に関する注記が求められることがある。

・債務の履行義務を果たす企業の能力に関して、事象又は状況の重要性に対する経営者の評価
・継続企業の前提に関する評価の一環としてなされた経営者による重要な判断

財務報告の枠組みによっては、主な事象又は状況がもたらす影響の大きさ並びにその発生可能性及び時期に関する注記事項に係る経営者の検討について、追加的な指針を提供しているものもある。

(3) 継続企業の前提に関する重要な不確実性が認められない場合における注記又は開示の適切性（第19項参照）

A23. 第19項は、重要な不確実性が認められない場合であっても、適用される財務報告の枠組みにより要求される事項に基づき、財務諸表において継続企業の前提に重要な疑義を生じさせるような事象又は状況について適切な注記がなされているかどうかを評価することを監査人に要求している。一部の財務報告の枠組みでは以下に関する注記について対応している場合がある。

・主な事象又は状況
・債務の履行義務を果たす企業の能力に関して、当該事象又は状況の重要性に対する経営者の評価
・当該事象又は状況の影響を軽減するための経営者の対応策
・継続企業の前提に関する評価の一環としてなされた経営者による重要な判断

A24. 財務諸表が適正表示の枠組みに準拠して作成されている場合、財務諸表が適正に表示されているか否かの監査人の判断には、財務諸表の全体的な表示、構成及び内容の検討や、関連する注記事項を含む財務諸表が、基礎となる取引や会計事象を適正に表示しているかどうかの検討が含まれる。監査人は、事実と状況によって、適正表示を達成するために追加的な注記事項が必要であると判断する場合がある。これには、例えば、継続企業の前提に重要な疑義を生じさせるような事象又は状況が識別されているが、入手した監査証拠に基づき、監査人が重要な不確実性が認められないと結論付けており、かつ、適用される財務報告の枠組みにおいてこれらの状況に関する注記事項が明確には要求されてい

ない場合が該当する（監査基準委員会報告書700「財務諸表に対する意見の形成と監査報告」第12項参照）。ただし、我が国においては開示に関する規則等によって、継続企業の前提に重要な疑義を生じさせるような事象又は状況について財務諸表以外の箇所において開示することが求められている場合がある。

７．監査報告書への影響

⑴　継続企業を前提として財務諸表を作成することが適切でない場合（第20項参照）

A25．継続企業を前提として財務諸表が作成されているが、継続企業を前提として経営者が財務諸表を作成することが適切でないと監査人が判断した場合には、継続企業の前提に基づき財務諸表を作成することが不適切である旨が財務諸表に注記されているとしても、第20項に従い監査人は否定的意見を表明する。

継続企業を前提として財務諸表を作成することが適切でない場合には、例えば、次のような一定の事実が存在する場合がある。

・更生手続開始決定の取消し、更生計画の不認可など
・再生手続開始決定の取消し、再生計画の不認可など
・破産手続開始の申立て
・会社法の規定による特別清算開始の申立て
・法令の規定による整理手続によらない関係者の協議等による事業継続の中止に関する決定
・規制当局による事業停止命令

本報告書の付録の文例４は、監査人は継続企業を前提として財務諸表を作成することが適切でないと判断しているものの、財務諸表が継続企業を前提として作成されているため不適正意見を表明する場合の監査報告書の文例である。

A26．継続企業を前提として財務諸表を作成することが適切でない場合に、経営者は、継続企業を前提としていない他の基準（例えば、清算基準）に基づいて作成するよう要求されている又は選択することがある。監査人は、他の基準がその状況において受入可能であると判断したときには、当該財務諸表の監査を実施することができる場合がある。監査人は、財務諸表が作成されている他の基準について適切な開示がされていれば、当該財務諸表に対して無限定意見を表明できることがあるが、当該他の基準及びその採用の理由に対する財務諸表の利用者の注意を喚起するため、監査基準委員会報告書706「独立監査人の監査報告書における強調事項区分とその他の事項区分」に準拠して、監査報告書に「強調事項」区分を設けることが適切又は必要であると考えることがある。

⑵　継続企業を前提として財務諸表を作成することが適切であるが、重要な不確実性が認められる場合（第21項及び第22項参照）

A27．重要な不確実性の識別は、利用者が財務諸表を理解する上で重要な事項である。「継続企業の前提に関する重要な不確実性」という見出しを付した区分において、重要な不確実性に関する注記へ利用者の注意を喚起する。なお、当該見出しに関しては、適用される財務報告の枠組みにしたがって適宜修正する。

A28．本報告書の付録の文例１から文例３は、継続企業の前提に関する重要な不確実性が認められ、財務報告の枠組みにおいて財務諸表にその内容等を注記することが求められている場合の監査報告書の文例である。本報告書の付録にある文例は、財務報告の枠組みに合わせ、適宜修正する。

A29．第21項は、重要な不確実性に係る注記が適切である場合に、監査報告書に記載をしなければならない最小限の情報を示している。監査人は、これらの要求されている記述を補足するために、例えば、以下に関する追加的な情報を記載することがある。

・重要な不確実性の存在が、利用者が財務諸表を理解する基礎として重要であること。
・継続企業の前提に関する評価についての監査上の対応（Ａ１項参照）

重要な不確実性に係る注記が適切である場合（第21項参照）

A30．本報告書の付録の文例１は、経営者が継続企業を前提として財務諸表を作成することの適切性について、監査人が十分かつ適切な監査証拠を入手しているが、重要な不確実性が認められる場合で、財務諸表において注記が適切になされているときの監査報告書の文例である。また、監査基準委員会報告書700の付録の監査報告書の文例には、継続企業の前提に関する経営者の責任と監査人の責任についての記述が含まれている。

重要な不確実性に係る注記が適切でない場合（第22項参照）

A31．本報告書の付録の文例２及び３は、経営者が継続企業を前提として財務諸表を作成することの適切性について、監査人が十分かつ適切な監査証拠を入手しているが、重要な不確実性についての適切な注記が財務諸表になされていないため、限定付適正意見又は不適正意見を表明する場合の監査報告書の文例である。

A32．極めてまれな状況ではあるが、重要な不確実性が複数存在し、それが財務諸表に及ぼす可能性のある影響が複合的かつ多岐にわたる場合には、監査人は、第21項で要求されている記載に代えて意見不表明とすることが適切と考えることがある。監査基準委員会報告書705第９項が、このような場合に関する要求事項を定め、指針を提供している。

規制当局とのコミュニケーション（第21項及び第22項参照）

A33．規制産業に属する企業の監査人が、監査報告書に継続企業の前提に関する重要な不確実性について言及する必要性を検討する場合、監査人は適切な規制当局とコミュニケーションを行うことがある。

(3)　経営者が評価を実施しない又は評価期間を延長しない場合（第23項参照）

A34．監査人は、経営者に評価の実施又は評価期間の延長を求めることがあるが、経営者がこれを行わないときに、監査人は、監査報告書において限定意見の表明又は意見不表明とすることが適切な場合がある。これは、経営者が進めている対応策又は改善するその他の要因の存在についての監査証拠等、継続企業を前提として財務諸表を作成することに関する十分かつ適切な監査証拠を入手することができないためである。

Ⅳ　適　用

・本報告書（2011年12月22日）は、2012年４月１日以後開始する事業年度に係る監査及び同日以後開始する中間会計期間に係る中間監査から適用する。

・本報告書（2015年５月29日）は、2015年４月１日以後開始する事業年度に係る監査及び同日以後開始する中間会計期間に係る中間監査から適用する。

・本報告書（2019年２月27日）は、以下の事業年度に係る監査等から適用する。

―監査上の主要な検討事項に関連する適用指針（A1項及び文例）は、2021年３月31日以後終了する事業年度に係る監査から適用する。ただし、2020年３月31日（米国証券取引委員会に登録している会社においては2019年12月31日）以後終了する事業年度に係る監査から早期適用できる。

―上記以外の改正は、2020年３月31日以後終了する事業年度に係る監査から適用する。

・本報告書（2020年４月９日）は、2020年３月31日以後終了する事業年度に係る監査及び2020年９月30日以後終了する中間会計期間に係る中間監査から適用する。

・本報告書（2021年１月14日）は、2022年３月31日以後終了する事業年度に係る監査から適用する。ただし、2021年３月31日以後終了する事業年度に係る監査から早期適用することができる。

付録　継続企業の前提に関する監査報告書の文例（A28項、A30項及びA31項参照）

以下の表は、継続企業の前提に関する監査報告書の各文例が前提としている状況の主な違いを要約している。

	監査意見	継続企業の前提に関する重要な不確実性の区分	継続企業を前提とした財務諸表の作成	重要な不確実性	注　記
文例１	無限定適正	あり	適切	あり	適切
文例２	限定付適正	なし	適切	あり	適切でない（不十分）
文例３	不適正	なし	適切	あり	なし
文例４	不適正	なし	不適切	―	―

文例１　重要な不確実性が認められ、財務諸表において注記が適切になされている場合における無限定適正意見の監査報告書

文例の前提となる状況

・上場企業の適正表示の枠組みに準拠して作成された完全な一組の一般目的の財務諸表の監査である。当該監査は、グループ監査ではない（すなわち、監査基準委員会報告書600「グループ監査」は適用されない。）。

・財務報告の枠組みにおいて、継続企業の前提に関する重要な不確実性が認められる場合、財務諸表にその内容等を注記することが求められている。

・監査契約書において、監査基準委員会報告書210「監査業務の契約条件の合意」の財務諸表に対する経営者の責任が記載されている。

・監査人は、入手した監査証拠に基づいて、無限定適正意見が適切と判断している。

・監査人は、入手した監査証拠に基づいて、継続企業の前提に関する重要な不確実性が認められると結論付けている。財務諸表において重要な不確実性の注記が適切になされている。

・対応策及び継続企業の前提に関する重要な不確実性が認められる理由について、財務諸表における該当部分を参照する方法に基づいている。

・監査基準委員会報告書701に従って、監査上の主要な検討事項を報告することが求められている。

・監査人は、監査報告書日以前にその他の記載内容の全てを入手し、また、その他の記載内容に関して重要な誤りを識別していない。

・会社は監査役会設置会社である。

・監査人は、財務諸表の監査に加えて、法令等に基づくその他の報告責任を有する。

独立監査人の監査報告書

［宛先］

［監査報告書の日付］
［○○監査法人］
［事業所名］
［監査人の署名］

＜財務諸表監査＞（注１）

監査意見

当監査法人は、○○株式会社の×年×月×日から×年×月×日までの事業年度の財務諸表、すなわち貸借対照表、損益計算書、株主資本等変動計算書、キャッシュ・フロー計算書及び重要な会計方針を含む財務諸

表の注記について監査を行った。

当監査法人は、上記の財務諸表が、[適用される財務報告の枠組み(注2)]に準拠して、○○株式会社の×年×月×日現在の財政状態並びに同日をもって終了する事業年度の経営成績及びキャッシュ・フローの状況を全ての重要な点において適正に表示しているものと認める。

監査意見の根拠

当監査法人は、我が国において一般に公正妥当と認められる監査の基準に準拠して監査を行った。監査の基準における当監査法人の責任は、「財務諸表監査における監査人の責任」に記載されている。当監査法人は、我が国における職業倫理に関する規定に従って、会社から独立しており、また、監査人としてのその他の倫理上の責任を果たしている。当監査法人は、意見表明の基礎となる十分かつ適切な監査証拠を入手したと判断している。

継続企業の前提に関する重要な不確実性

継続企業の前提に関する注記に記載されているとおり、会社は、×年4月1日から×年3月31日までの事業年度に純損失××百万円を計上しており、×年3月31日現在において○○百万円の債務超過の状況にあることから、継続企業の前提に重要な疑義を生じさせるような事象又は状況が存在しており、現時点では継続企業の前提に関する重要な不確実性が認められる。なお、当該事象又は状況に対する対応策及び重要な不確実性が認められる理由については当該注記に記載されている。財務諸表は継続企業を前提として作成されており、このような重要な不確実性の影響は財務諸表に反映されていない。

当該事項は、当監査法人の意見に影響を及ぼすものではない。

監査上の主要な検討事項

監査上の主要な検討事項とは、当事業年度の財務諸表の監査において、監査人が職業的専門家として特に重要であると判断した事項である。監査上の主要な検討事項は、財務諸表全体に対する監査の実施過程及び監査意見の形成において対応した事項であり、当監査法人は、当該事項に対して個別に意見を表明するものではない。当監査法人は、「継続企業の前提に関する重要な不確実性」に記載されている事項のほか、以下に記載した事項を監査報告書において監査上の主要な検討事項として報告すべき事項と判断している。

[監査基準委員会報告書701に従った監査上の主要な検討事項の記載]

その他の記載内容

[監査基準委員会報告書720付録2文例1に従った記載]

財務諸表に対する経営者並びに監査役及び監査役会の責任

経営者の責任は、[適用される財務報告の枠組み(注2)]に準拠して財務諸表を作成し適正に表示することにある。これには、不正又は誤謬による重要な虚偽表示のない財務諸表を作成し適正に表示するために経営者が必要と判断した内部統制を整備及び運用することが含まれる。

財務諸表を作成するに当たり、経営者は、継続企業の前提に基づき財務諸表を作成することが適切であるかどうかを評価し、[適用される財務報告の枠組み(注2)]に基づいて継続企業に関する事項を開示する必要がある場合には当該事項を開示する責任がある。

監査役及び監査役会の責任は、財務報告プロセスの整備及び運用における取締役の職務の執行を監視することにある。

財務諸表監査における監査人の責任

監査人の責任は、監査人が実施した監査に基づいて、全体としての財務諸表に不正又は誤謬による重要な虚偽表示がないかどうかについて合理的な保証を得て、監査報告書において独立の立場から財務諸表に対する意見を表明することにある。虚偽表示は、不正又は誤謬により発生する可能性があり、個別に又は集計すると、財務諸表の利用者の意思決定に影響を与えると合理的に見込まれる場合に、重要性があると判断される。

監査人は、我が国において一般に公正妥当と認められる監査の基準に従って、監査の過程を通じて、職業的専門家としての判断を行い、職業的懐疑心を保持して以下を実施する。

・不正又は誤謬による重要な虚偽表示リスクを識別し、評価する。また、重要な虚偽表示リスクに対応した監査手続を立案し、実施する。監査手続の選択及び適用は監査人の判断による。さらに、意見表明の基礎となる十分かつ適切な監査証拠を入手する。

・財務諸表監査の目的は、内部統制の有効性について意見表明するためのものではないが、監査人は、リスク評価の実施に際して、状況に応じた適切な監査手続を立案するために、監査に関連する内部統制を検討する(注3)。

・経営者が採用した会計方針及びその適用方法の適切性、並びに経営者によって行われた会計上の見積りの合理性及び関連する注記事項の妥当性を評価する。

・経営者が継続企業を前提として財務諸表を作成することが適切であるかどうか、また、入手した監査証拠に基づき、継続企業の前提に重要な疑義を生じさせるような事象又は状況に関して重要な不確実性が認められるかどうか結論付ける。継続企業の前提に関する重要な不確実性が認められる場合は、監査報告書において財務諸表の注記事項に注意を喚起すること、又は重要な不確実性に関する財務諸表の注記事項が適切でない場合は、財務諸表に対して除外事項付意見を表明することが求められている。監査人の結論は、監査報告書日までに入手した監査証拠に基づいているが、将来の事象や状況により、企業は継続企業として存続できなくなる可能性がある。

・財務諸表の表示及び注記事項が、［適用される財務報告の枠組み(注2)］に準拠しているかどうかとともに、関連する注記事項を含めた財務諸表の表示、構成及び内容、並びに財務諸表が基礎となる取引や会計事象を適正に表示しているかどうかを評価する。

監査人は、監査役及び監査役会に対して、計画した監査の範囲とその実施時期、監査の実施過程で識別した内部統制の重要な不備を含む監査上の重要な発見事項、及び監査の基準で求められているその他の事項について報告を行う。

監査人は、監査役及び監査役会に対して、独立性についての我が国における職業倫理に関する規定を遵守したこと、並びに監査人の独立性に影響を与えると合理的に考えられる事項、及び阻害要因を除去又は軽減するためにセーフガードを講じている場合はその内容について報告を行う。

監査人は、監査役及び監査役会と協議した事項のうち、当事業年度の財務諸表監査で特に重要であると判断した事項を監査上の主要な検討事項と決定し、監査報告書において記載する。ただし、法令等により当該事項の公表が禁止されている場合や、極めて限定的ではあるが、監査報告書において報告することにより生じる不利益が公共の利益を上回ると合理的に見込まれるため、監査人が報告すべきでないと判断した場合は、当該事項を記載しない。

＜法令等に基づくその他の報告＞

（省略）

利害関係

会社と当監査法人又は業務執行社員との間には、公認会計士法の規定により記載すべき利害関係はない。

文例２　重要な不確実性が認められるものの不十分な注記がなされていることにより財務諸表に重要な虚偽表示がある場合における限定付適正意見の監査報告書

文例の前提となる状況

・上場企業の適正表示の枠組みに準拠して作成された完全な一組の一般目的の財務諸表の監査である。当該監査は、グループ監査ではない（すなわち、監査基準委員会報告書600は適用されない。）。

・財務報告の枠組みにおいて、継続企業の前提に関する重要な不確実性が認められる場合、財務諸表にその内容等を注記することが求められている。

・監査契約書において、監査基準委員会報告書210の財務諸表に対する経営者の責任が記載されている。

・監査人は、入手した監査証拠に基づいて、継続企業の前提に関する重要な不確実性が認められると結論付けている。財務諸表の注記においては、会社は債務超過の状況にあり継続企業の前提に重要な疑義を生じさせるような事象又は状況が存在している旨、当該状況に対する対応策並びに重要な不確実性が認められる旨及び理由について記述している。しかしながら、財務諸表には重要な一部の状況に関する注記がなされていない。
・重要な一部の状況について十分に注記がなされていないため、財務諸表に重要な虚偽表示が存在する。監査人は、当該不十分な注記事項が財務諸表に及ぼす影響は、重要であるが広範ではないと結論付けたため、限定付適正意見を表明している。
・監査基準委員会報告書701に従って、監査上の主要な検討事項を報告することが求められている。
・監査人は、監査報告書日以前にその他の記載内容の全てを入手し、また、限定付適正意見の原因となった財務諸表における除外事項は、その他の記載内容にも影響を与えている。したがって、監査報告書の利用者にとって重要な情報であると考えられるため、「限定付適正意見の根拠」区分に続いて、「その他の記載内容」区分を記載している。
・会社は監査役会設置会社である。
・監査人は、財務諸表の監査に加えて、法令等に基づくその他の報告責任を有する。

独立監査人の監査報告書

［宛先］

［監査報告書の日付］
［○○監査法人］
［事業所名］
［監査人の署名］

＜財務諸表監査＞(注1)

限定付適正意見

当監査法人は、○○株式会社の×年×月×日から×年×月×日までの事業年度の財務諸表、すなわち貸借対照表、損益計算書、株主資本等変動計算書、キャッシュ・フロー計算書及び重要な会計方針を含む財務諸表の注記について監査を行った。

当監査法人は、上記の財務諸表が、「限定付適正意見の根拠」に記載した事項の財務諸表に及ぼす影響を除き、［適用される財務報告の枠組み(注2)］に準拠して、○○株式会社の×年×月×日現在の財政状態並びに同日をもって終了する事業年度の経営成績及びキャッシュ・フローの状況を、全ての重要な点において適正に表示しているものと認める。

限定付適正意見の根拠

継続企業の前提に関する注記に記載されているとおり、会社は、×年４月１日から×年３月31日までの事業年度に純損失××百万円を計上しており、×年３月31日現在において○○百万円の債務超過の状況にあることから、継続企業の前提に重要な疑義を生じさせるような事象又は状況が存在しており、現時点では継続企業の前提に関する重要な不確実性が認められる。なお、当該事象又は状況に対する対応策及び重要な不確実性が認められる理由については当該注記に記載されているが、・・・・・・・・・・・・という状況が存在しており、財務諸表には当該事実が十分に注記されていない。この影響は・・・・・・である(注4)。したがって、財務諸表に及ぼす影響は重要であるが広範ではない。

当監査法人は、我が国において一般に公正妥当と認められる監査の基準に準拠して監査を行った。監査の基準における当監査法人の責任は、「財務諸表監査における監査人の責任」に記載されている。当監査法人は、我が国における職業倫理に関する規定に従って、会社から独立しており、また、監査人としてのその他の倫理上の責任を果たしている。当監査法人は、限定付適正意見表明の基礎となる十分かつ適切な監査証拠を入手したと判断している。

その他の記載内容

［監査基準委員会報告書720付録２文例５に従った記載］

監査上の主要な検討事項

［監査基準委員会報告書701及び同705に従った記載］

財務諸表に対する経営者並びに監査役及び監査役会の責任

［監査基準委員会報告書570付録文例１参照。

監査基準委員会報告書700第31項は、全ての企業を対象として、経営者の継続企業に関する責任について監査報告書に記載することを要求している。］

財務諸表監査における監査人の責任

［監査基準委員会報告書570付録文例１参照。

監査基準委員会報告書700第36項は、全ての企業を対象として、監査人の継続企業に関する責任について監査報告書に記載することを要求している。］

＜法令等に基づくその他の報告＞

（省略）

利害関係

会社と当監査法人又は業務執行社員との間には、公認会計士法の規定により記載すべき利害関係はない。

文例３　重要な不確実性が認められ、当該不確実性について要求される注記が財務諸表に行われていない場合における不適正意見の監査報告書

文例の前提となる状況

- 上場企業の適正表示の枠組みに準拠して作成された完全な一組の一般目的の財務諸表の監査である。当該監査は、グループ監査ではない（すなわち、監査基準委員会報告書600は適用されない。）。
- 財務報告の枠組みにおいて、継続企業の前提に関する重要な不確実性が認められる場合、財務諸表にその内容等を注記することが求められている。
- 監査契約書において、監査基準委員会報告書210の財務諸表に対する経営者の責任が記載されている。
- 監査人は、入手した監査証拠に基づいて、継続企業の前提に関する重要な不確実性が認められると結論付けている。しかしながら、財務諸表には、当該重要な不確実性に関して要求される注記がなされておらず、その財務諸表に対する影響が重要かつ広範であると認められるため、不適正意見を表明している。
- 監査基準委員会報告書701に従って、監査上の主要な検討事項を報告することが求められている。
- 監査人は、監査報告書日以前にその他の記載内容の全てを入手し、また、不適正意見の原因となった連結財務諸表における除外事項は、その他の記載内容にも影響を与えている。したがって、監査報告書の利用者にとって重要な情報であると考えられるため、「不適正意見の根拠」区分に続いて、「その他の記載内容」区分を記載している。
- 会社は監査役会設置会社である。
- 監査人は、財務諸表の監査に加えて、法令等に基づくその他の報告責任を有する。

独立監査人の監査報告書

［宛先］

［監査報告書の日付］
［○○監査法人］
［事業所名］
［監査人の署名］

＜財務諸表監査＞（注１）

不適正意見

当監査法人は、○○株式会社の×年×月×日から×年×月×日までの事業年度の財務諸表、すなわち貸借対照表、損益計算書、株主資本等変動計算書、キャッシュ・フロー計算書及び重要な会計方針を含む財務諸表の注記について監査を行った。

当監査法人は、上記の財務諸表が、「不適正意見の根拠」に記載した事項の財務諸表に及ぼす重要性に鑑み、[適用される財務報告の枠組み(注2)] に準拠して、○○株式会社の×年×月×日現在の財政状態並びに同日をもって終了する事業年度の経営成績及びキャッシュ・フローの状況を、適正に表示していないものと認める。

不適正意見の根拠

×年３月31日現在において会社は債務超過の状況であり、また、一年以内償還予定の社債が○○百万円あり、継続企業の前提に重要な疑義を生じさせるような状況が存在しており、当該社債を償還するための資金調達の目途が立っていないため、継続企業の前提に関する重要な不確実性が認められるが、財務諸表には、当該事実が何ら注記されていない。

当監査法人は、我が国において一般に公正妥当と認められる監査の基準に準拠して監査を行った。監査の基準における当監査法人の責任は、「財務諸表監査における監査人の責任」に記載されている。当監査法人は、我が国における職業倫理に関する規定に従って、会社から独立しており、また、監査人としてのその他の倫理上の責任を果たしている。当監査法人は、不適正意見表明の基礎となる十分かつ適切な監査証拠を入手したと判断している。

その他の記載内容

[監査基準委員会報告書720付録２文例６に従った記載]

監査上の主要な検討事項

[監査基準委員会報告書701及び同705に従った記載]

財務諸表に対する経営者並びに監査役及び監査役会の責任

[監査基準委員会報告書570付録文例１参照。

監査基準委員会報告書700第31項は、全ての企業を対象として、経営者の継続企業に関する責任について監査報告書に記載することを要求している。]

財務諸表監査における監査人の責任

[監査基準委員会報告書570付録文例１参照。

監査基準委員会報告書700第36項は、全ての企業を対象として、監査人の継続企業に関する責任について監査報告書に記載することを要求している。]

＜法令等に基づくその他の報告＞

（省略）

利害関係

会社と当監査法人又は業務執行社員との間には、公認会計士法の規定により記載すべき利害関係はない。

文例４　継続企業を前提として財務諸表を作成することが適切でないと判断されているが、継続企業の前提により財務諸表が作成されている場合における不適正意見の監査報告書

文例の前提となる状況

・上場企業の適正表示の枠組みに準拠して作成された完全な一組の一般目的の財務諸表の監査である。当該監査は、グループ監査ではない（すなわち、監査基準委員会報告書600は適用されない。）。

・財務報告の枠組みにおいて、継続企業の前提に関する重要な不確実性が認められる場合、財務諸表にその内容等を注記することが求められている。

・監査契約書において、監査基準委員会報告書210の財務諸表に対する経営者の責任が記載されている。

・監査人は、入手した監査証拠に基づいて、継続企業を前提として財務諸表を作成することが適切でないと判断している。しかしながら、財務諸表は継続企業を前提として作成されているため、不適正意見を表明している。

・監査基準委員会報告書701に従って、監査上の主要な検討事項を報告することが求められている。

・監査人は、監査報告書日以前にその他の記載内容の

全てを入手し、また、不適正意見の原因となった財務諸表における除外事項は、その他の記載内容にも影響を与えている。したがって、監査報告書の利用者にとって重要な情報であると考えられるため、「不適正意見の根拠」区分に続いて、「その他の記載内容」区分を記載している。
・会社は監査役会設置会社である。
・監査人は、財務諸表の監査に加えて、法令等に基づくその他の報告責任を有する。

独立監査人の監査報告書

［宛先］

［監査報告書の日付］
［○○監査法人］
［事業所名］
［監査人の署名］

＜財務諸表監査＞（注１）

不適正意見

当監査法人は、○○株式会社の×年×月×日から×年×月×日までの事業年度の財務諸表、すなわち貸借対照表、損益計算書、株主資本等変動計算書、キャッシュ・フロー計算書及び重要な会計方針を含む財務諸表の注記について監査を行った。

当監査法人は、上記の財務諸表が、「不適正意見の根拠」に記載した事項の財務諸表に及ぼす重要性に鑑み、［適用される財務報告の枠組み（注２）］に準拠して、○○株式会社の×年×月×日現在の財政状態並びに同日をもって終了する事業年度の経営成績及びキャッシュ・フローの状況を、適正に表示していないものと認める。

不適正意見の根拠

会社は返済期日が×年×月×日に到来する借入金について返済不能となり、×年×月×日に自己破産の申立てを○○裁判所に行った。このような状況にもかかわらず上記の財務諸表は、継続企業を前提として作成されている。

当監査法人は、我が国において一般に公正妥当と認められる監査の基準に準拠して監査を行った。監査の基準における当監査法人の責任は、「財務諸表監査における監査人の責任」に記載されている。当監査法人は、我が国における職業倫理に関する規定に従って、会社から独立しており、また、監査人としてのその他の倫理上の責任を果たしている。当監査法人は、不適正意見表明の基礎となる十分かつ適切な監査証拠を入手したと判断している。

その他の記載内容

［監査基準委員会報告書720付録２文例６に従った記載］

監査上の主要な検討事項

［監査基準委員会報告書701及び同705に従った記載］

財務諸表に対する経営者並びに監査役及び監査役会の責任

［監査基準委員会報告書570付録文例１参照。

監査基準委員会報告書700第31項は、全ての企業を対象として、経営者の継続企業に関する責任について監査報告書に記載することを要求している。］

財務諸表監査における監査人の責任

［監査基準委員会報告書570付録文例１参照。

監査基準委員会報告書700第36項は、全ての企業を対象として、監査人の継続企業に関する責任について監査報告書に記載することを要求している。］

<法令等に基づくその他の報告>
（省略）

利害関係
会社と当監査法人又は業務執行社員との間には、公認会計士法の規定により記載すべき利害関係はない。

文例１から文例４に対する注

(注１)「<法令等に基づくその他の報告>」がない場合は、「<財務諸表監査>」は不要である。

(注２) 適用される財務報告の枠組みの名称を具体的に記載する。

(注３) 監査人が、財務諸表監査に併せて内部統制の有効性に対して意見を表明している場合においても、財務諸表監査の目的は変わらないため、当該記載の変更は必要ない。

(注４)「・・・・・・・」には、重要ではあるが広範ではないと判断し、不適正意見ではなく限定付適正意見とした理由を、財務諸表利用者の視点に立って分かりやすく具体的に記載する。広範性の判断の記載に当たっては、監査基準委員会研究報告第６号「監査報告書に係るＱ＆Ａ」Ｑ１－６「除外事項の重要性と広範性及び除外事項の記載上の留意点」を参照する。

以　上

監査基準委員会報告書580
経営者確認書*

2011年12月22日
改正2012年6月15日
改正2015年5月29日
改正2019年6月12日
改正2020年3月17日
最終改正2021年1月14日
日本公認会計士協会
監査基準委員会
（報告書：第56号）

Ⅰ　本報告書の範囲及び目的

1．本報告書の範囲

1．本報告書は、財務諸表監査において経営者から入手する経営者確認書に関する実務上の指針を提供するものである。

2．付録1には、他の監査基準委員会報告書における特定の事項についての経営者確認書に関する要求事項を一覧にしている。本報告書以外に監査基準委員会報告書等が、経営者確認書に関する要求事項を定めている場合には、本報告書を当該報告書等に併せて適用する。

2．監査証拠としての経営者確認書

3．監査証拠とは、監査人が意見表明の基礎となる個々の結論を導くために利用する情報をいう（監査基準委員会報告書500「監査証拠」第4項(2)参照）。経営者確認書は、企業の財務諸表監査に関連して監査人が求める必要な情報である。したがって、経営者確認書は、質問に対する回答と同様、監査証拠である。（A1項参照）

4．経営者確認書は、必要な監査証拠であるが、

経営者確認書自体は、記載されている事項に関する十分かつ適切な監査証拠とはならない。また、経営者から信頼性のある経営者確認書を入手したとしても、経営者が監査実施の基礎となる責任を果たしたこと又は特定のアサーションに関して監査人が入手する他の監査証拠の種類又は範囲には影響を及ぼさない。

3．本報告書の目的

5．本報告書における監査人の目的は、以下の事項のとおりである。

⑴　経営者が、財務諸表の作成責任及び監査人に提供した情報の網羅性に対する責任を果たしたと判断していることについて、経営者から経営者確認書を入手すること

⑵　監査人が必要と判断する場合又は他の監査基準委員会報告書で要求されている場合、経営者確認書によって、財務諸表又は財務諸表における特定のアサーションに関して入手した他の監査証拠を裏付けること

⑶　経営者から入手した経営者確認書に適切に対応すること、又は監査人が要請した経営者確認書が提出されない場合には適切に対応すること

4．定　義

6．本報告書における用語の定義は、以下のとおりとする。「経営者確認書」－特定の事項を確認するため又は他の監査証拠を裏付けるため、経営者が監査人に提出する書面による陳述をいう。経営者確認書は、財務諸表、財務諸表におけるアサーション又はこれらの基礎となる帳簿及び記録を含まない。

7．本報告書における「経営者」は、取締役又は執行役のうち、企業における業務の執行において責任を有する者をいい、適用される財務報告の枠組みに準拠して財務諸表を作成する責任を有する。

Ⅱ　要求事項

1．経営者確認書の要請先

8．監査人は、財務諸表に対する最終的な責任を有し、確認事項についての知識を有する経営者に対して経営者確認書を提出するように要請しなければならない。（A2項から A6項参照）

2．経営者の責任に関する確認事項

⑴　財務諸表の作成

9．監査人は、経営者に対して、監査契約書に記載されたとおり（監査基準委員会報告書210「監査業務の契約条件の合意」第４項⑵①参照）、適用される財務報告の枠組みに準拠して財務諸表を作成する責任（適正表示の枠組みの場合、作成し適正に表示する責任）を果たした旨の経営者確認書を提出するように要請しなければならない。（A7項、A8項、A13項及び A18項参照）

⑵　監査人に提供される情報及び取引の網羅性

10．監査人は、経営者に、以下の事項について記載した経営者確認書を提出するように要請しなければならない。

⑴　監査契約書において合意したとおり、経営者が財務諸表の作成に関連すると認識している又は監査に関連して監査人が依頼した全ての情報及び情報を入手する機会を監査人に提供した旨（監基報210第４項⑵参照）

⑵　全ての取引が記録され、財務諸表に反映されている旨（A7項、A8項、A13項及び A18項参照）

⑶　経営者確認書における経営者の責任の記載

11．第９項及び第10項で要求される経営者の責任は、監査契約書に記載されているとおりに経営者確認書に記載されなければならない。

3．その他の確認事項

12．他の監査基準委員会報告書においても経営者

確認書の入手が要求されている事項がある。監査人は、これらの監査基準委員会報告書で要求されている確認事項に加えて、財務諸表又は財務諸表における特定のアサーションに関連する他の監査証拠を裏付けるため、その他の事項について経営者確認書を入手する必要があると判断した場合、当該確認事項についての経営者確認書を提出するように要請しなければならない。(A9項から A12項、A13項及び A18項参照)

４．経営者確認書の日付及び経営者確認書が対象とする事業年度

13．経営者確認書の日付は、財務諸表に対する監査報告書日より後であってはならない。経営者確認書は、監査報告書が対象とする全ての事業年度に対する全ての財務諸表を対象とするものでなければならない。(A14項から A17項参照)

５．経営者確認書の様式

14．経営者確認書は、監査人を宛先とする書簡でなければならない。付録２には、経営者確認書の文例を記載している。

６．経営者確認書の信頼性に疑義がある場合及び要請した事項の確認が得られない場合

⑴　経営者確認書の信頼性に疑義がある場合

15．監査人は、経営者の能力、誠実性若しくは倫理観、又はこれらに対する経営者の取組若しくは実践について懸念がある場合、そのような懸念が口頭又は書面による陳述の信頼性及び監査証拠全体の証明力に及ぼす影響を判断しなければならない。(A20項及び A21項参照)

16．特に、経営者確認書が他の監査証拠と矛盾する場合、監査人は、問題を解消するための監査手続を実施しなければならない。監査人は、問題が解消しない場合、経営者の能力、誠実性若しくは倫理観、又はこれらに対する経営者の取組若しくは実践についての評価を再検討し、それが口頭又は書面による陳述の信頼性及び監査証拠全体の証明力に及ぼす影響を判断しなければならない。(A19項参照)

17．監査人は、経営者確認書に信頼性がないと判断した場合、本報告書の第19項の要求事項を考慮し、監査基準委員会報告書705「独立監査人の監査報告書における除外事項付意見」に従って、監査意見に及ぼす影響を判断することを含め、適切な措置を講じなければならない。

⑵　要請した事項の確認が得られない場合

18．監査人が確認を要請した事項の全部又は一部について経営者から確認を得られない場合、監査人は以下の事項を実施しなければならない。

⑴　当該事項について経営者と協議すること

⑵　経営者の誠実性を再評価し、口頭又は書面による陳述の信頼性及び監査証拠全体の証明力に及ぼす影響を評価すること

⑶　本報告書の第19項の要求事項を考慮し、監査基準委員会報告書705に従って、監査意見への影響を判断することを含め、適切な措置を講じること

⑶　経営者の責任に関する確認事項

19．監査人は、監査基準委員会報告書705に従い、以下の場合には財務諸表に対する意見を表明してはならない。

⑴　監査人が、経営者の誠実性について深刻な疑義があり、第９項及び第10項により要求される経営者の責任に関する確認事項に信頼性がないと判断した場合

⑵　第９項及び第10項により要求される事項について経営者から確認が得られない場合

(A22項及び A23項参照)

Ⅲ　適用指針

１．監査証拠としての経営者確認書（第３項参照）

A1．経営者確認書は監査証拠の重要な情報源となる。監査人が要請した確認事項に経営者が変更を加える、又は経営者からの確認が得られない場合、一つ又は複数の重要な問題が存在する

可能性があることに対して監査人の注意を喚起することがある。また、口頭ではなく書面による陳述を要請することによって、多くの場合、当該事項をより厳密に検討することを経営者に促すことになり、結果として陳述の質が高まる。

2．経営者確認書の要請先（第８項参照）

A2．経営者確認書は、財務諸表を作成する責任を有する者に対して要請する。財務諸表を作成する責任を有する者は、ガバナンスの構造及び関連する法律又は規則により様々であるが、通常経営者が当該責任を有する。したがって、経営者確認書は、企業の最高経営責任者や最高財務責任者、又はこれらの役職名を使用しない企業の場合には企業内のその他の同等の者に対して要請することがある。

A3．経営者は、財務諸表の作成及び企業の事業運営に対する責任を有することから、経営者確認書の基礎となる財務諸表（アサーションを含む。）の作成、表示に関連するプロセスについて十分な知識を有すると想定される。

A4．ただし、経営者は、要請された確認事項に関連する専門知識を有する者等、財務諸表（アサーションを含む。）の作成、表示に関わるその他の者に質問することが必要と判断する場合がある。経営者が質問するその他の者には、例えば以下の者が含まれる。

・会計における数理計算上の測定に関する責任を有する保険数理人
・環境債務の測定に関する責任を有し、それについての専門知識を有する者
・訴訟事件等に関する法令等について必要な情報を提供する企業内弁護士

A5．経営者は、経営者確認書に、経営者が知り得る限りにおいて確認したという旨の記述を含めることがある。監査人は、経営者確認書に含まれる事項についての適切な責任と知識を有する者によって陳述が行われているという心証を得ている場合、そのような文言を受け入れるのは合理的である。

A6．監査人は、経営者が十分な情報を入手した上で陳述を行う必要性を高めるために、確認事項について経営者が適切と考えた質問を行ったという記述を経営者確認書に含めることを経営者に要請することがある。そのような経営者による質問のために、企業が既に確立しているプロセス以外に正式な内部のプロセスが必要となることは通常想定されない。

3．経営者の責任に関する確認事項（第９項及び第10項参照）

A7．監査人は、監査期間中に、経営者が第９項及び第10項に記載した責任を果たしたことについて監査証拠を入手するが、経営者がその責任を果たしたと判断している旨の確認書を入手しなければ十分ではない。これは、監査人は、経営者が、その責任についての認識と理解に関する合意に基づき財務諸表を作成、表示し、監査人に情報を提供したかどうかについて、その他の監査証拠のみから判断することはできないためである。例えば、監査人は、監査契約書において合意した全ての関連する情報を提供したかどうかについて経営者に質問し、それについて確認しなければ、経営者がそのような情報を監査人に提供したと結論付けることはできない。

A8．第９項及び第10項で要求される経営者確認書の記述は、監査実施の基礎となる経営者の責任について、監査業務の契約条件を踏まえ、当該責任を果たした旨の確認を求めるものである。監査人は、経営者確認書において、経営者の責任の認識と理解のために、監査業務の契約条件を再度記載することを経営者に求めることもある。以下の場合には、再度記載することが特に適切な場合もある。

・企業の代表者として監査契約書に署名した者が既に関連する責任を有しない場合
・監査契約書が前年度に作成されている場合
・経営者がその責任を誤解している兆候がある場合
・状況の変化によって、再確認が適切な場合

経営者の責任の認識と理解のために、監査業務の契約条件を再度掲載する場合、監査基準委

員会報告書210の要求事項と同様に、本報告書のA5項に記載している「経営者の知る限りにおいて」という文言は使用しない。（監基報210第４項(2)参照）

４．その他の確認事項（第12項参照）

(1)　財務諸表に関する追加的な確認事項

A9．監査人は、第９項で要求される確認事項に加えて、財務諸表に関するその他の確認事項を要請することが必要と判断することがある。このようなその他の確認事項は、第９項で要求される確認事項を補完するものであるが、代替するものではない。その他の確認事項には、例えば、以下に関する陳述が含まれる。

・会計方針の選択及び適用が適切であるかどうか。

・以下の事項が適用される財務報告の枠組みに準拠して認識、測定、表示又は注記されているかどうか。

―資産及び負債の帳簿価額又は分類に影響を及ぼす可能性のある経営計画又は経営者の意思

―負債（偶発債務を含む。）

―資産の所有権又は支配、資産に対する制約及び担保に供されている資産

―財務諸表に影響を及ぼす可能性のある法令及び契約上の合意事項（違法行為、契約不履行を含む。）

(2)　監査人に提供される情報に関する追加的な確認事項

A10．監査人は、第10項で要求される確認事項に加えて、経営者が気付いた全ての内部統制の不備を監査人に伝達した旨の陳述を経営者に要請することが必要と判断することがある。

(3)　特定のアサーションに関する確認事項

A11．監査人は、経営者の判断及び意思に関する監査証拠を入手又は評価する際、以下の事項を検討することがある。

・企業がその意思を実行に移した過去の実績

・企業が特定の行動方針を選択した理由

・特定の行動方針を遂行するための企業の能力

・監査の過程で入手したその他の情報が、経営者の判断又は意思と矛盾する可能性の有無

A12．さらに、監査人は、財務諸表における特定のアサーションに関する陳述を経営者に要請することが必要と判断することがある。特に、特定のアサーションに関連して、経営者の判断若しくは意思又はその他の事項等について、他の監査証拠から得た理解を裏付けるために、必要と判断することがある。例えば、経営者の意思が投資の評価の基礎として重要である場合、経営者の意思についての経営者の陳述がなければ、十分かつ適切な監査証拠を入手できないことがある。このような陳述は必要な監査証拠を提供するものであるが、それのみでは当該アサーションについての十分かつ適切な監査証拠とはならない。

５．未修正の虚偽表示の金額の考え方の伝達（第９項、第10項及び第12項参照）

A13．監査基準委員会報告書450「監査の過程で識別した虚偽表示の評価」は、明らかに僅少なものを除き、監査の過程で識別した虚偽表示を集計することを要求している（監基報450第４項参照）。監査人は、明らかに僅少であるとみなすことができない虚偽表示の金額を決定することがある。また、監査人は、経営者確認書に記載する未修正の虚偽表示の金額の考え方を経営者に伝達することを配慮することがある。

６．経営者確認書の日付及び経営者確認書が対象とする事業年度（第13項参照）

A14．経営者確認書は必要な監査証拠である。したがって、経営者確認書の日付より前に監査意見を表明することはできず、その結果、監査報告書日を経営者確認書の日付より前にすることはできない。さらに、監査人は、監査報告書日までに発生した財務諸表の修正又は財務諸表での注記を要する可能性のある事象を考慮するため、経営者確認書の日付は、通常、監査報告書

の日付とする。

A15．状況によっては、監査人は、財務諸表における特定のアサーションに関して、監査の過程で経営者確認書を入手することが適切なことがある。この場合、経営者確認書の更新の要請が必要となることがある。

A16．経営者確認書は、監査報告書が対象とする全ての事業年度を対象とする。これは、過年度に関して以前に作成された経営者確認書が依然として適切であるということを、経営者が再確認する必要があるためである。監査人と経営者は、過年度の経営者確認書の確認事項に変更があるかどうか及び変更がある場合、その変更内容に対応する確認を求めることになるため、過年度の経営者確認書の確認事項を更新するための方法について合意することがある。

A17．監査報告書が対象とする事業年度以後に経営者が交代している場合、現在の経営者は、該当する事業年度には経営者の立場になかったことを理由に、経営者確認書の一部又は全部を確認する立場にないと主張することがある。しかしながら、財務諸表全体に対する経営者の責任は当該事実によって軽減されないため、このような場合にも現在の経営者に対して関連する全ての事業年度を対象とする経営者確認書を要請する。

7．監査役等とのコミュニケーション（第９項、第10項及び第12項参照）

A18．監査基準委員会報告書260「監査役等とのコミュニケーション」は、監査人が経営者に要請した経営者確認書の草案について、監査役若しくは監査役会、監査等委員会又は監査委員会（以下「監査役等」という。）とコミュニケーションを行うことを監査人に要求している。（監基報260第14項⑷参照）

8．経営者確認書の信頼性に疑義がある場合及び要請した事項の確認が得られない場合

⑴　経営者確認書の信頼性に疑義がある場合（第15項及び第16項参照）

A19．監査人は、経営者確認書の確認事項と他の情報源から入手した監査証拠との間に矛盾があることを識別する場合がある。その場合、当初のリスク評価が依然として適切であるかどうかを検討し、その結果、リスク評価が適切でない場合には、リスク評価を修正し、リスク対応手続の種類、時期及び範囲を決定することがある。

A20．監査人は、経営者の能力、誠実性若しくは倫理観、又はこれらに対する経営者の取組若しくは実践についての懸念があるため、経営者が財務諸表に関して虚偽の陳述をするリスクがあり、監査を実施することができないと判断することがある。そのような場合、監査人は、監査役等による適切な是正措置が講じられない限り、監査契約の解除を考慮することがある。ただし、監査役等の是正措置によっても、監査人が無限定意見を表明するには十分でないことがある。

A21．監査人は、監査の過程で生じた重要な事項とその結論及びその際になされた職業的専門家としての重要な判断を文書化することが監査基準委員会報告書230「監査調書」で要求されている（監基報230第７項⑶及び第９項参照）。監査人は、経営者の能力、誠実性若しくは倫理観、又はこれらに対する経営者の取組若しくは実践に関して重要な問題を識別してもなお経営者確認書には信頼性があると結論付けることがある。この場合、当該重要な事項は監査基準委員会報告書230に従い文書化されることになる。

⑵　経営者の責任に関する確認事項（第19項参照）

A22．A7項に記載のとおり、監査人は、経営者が第９項及び第10項に記載している責任を果たしたかどうかについて経営者確認書以外の他の監査証拠のみから判断することはできない。したがって、第19項に記載されているように、監査人がこれらの確認事項に信頼性がないと判断

した場合、又はこれらの事項の確認が得られない場合には、監査人は十分かつ適切な監査証拠を入手することができない。この場合、監査証拠の入手が不可能であることの財務諸表への影響は、財務諸表の特定の構成要素、勘定又は項目に限定されず、広範囲に及ぶ。監査基準委員会報告書705は、このような場合に財務諸表に対する意見を表明しないことを求めている。

A23. 監査人が経営者確認書への記載を要請した事項に経営者が変更を加えている場合、そのことが、要請した事項の確認が得られなかったことを必ずしも意味するわけではない。ただし、以下のように、変更の理由が、監査報告書における意見に影響を及ぼすことがある。

・財務諸表の作成、表示に対する責任を経営者が果たしたことに関する確認事項に関して、経営者は、適用される財務報告の枠組みにおける特定の要求事項を除いて、財務諸表は当該財務報告の枠組みに準拠して作成され表示されていると判断している旨を記載することがある。監査人が、経営者確認書に信頼性があると判断した場合、第19項の要求事項は適用されない。ただし、監査人は、監査基準委員会報告書705に従って、当該除外事項が監査報告書における意見に及ぼす影響を検討することを要求される。

・監査契約書において合意した全ての関連する情報を監査人に提供したことについての経営者の責任に係る経営者確認書の記載に当たっては、経営者は、例えば、火災で焼失した情報を除いて、監査契約書において合意した全ての関連する情報を監査人に提供したと判断している旨を記載することがある。監査人が、経営者確認書に信頼性があると判断した場合、第19項の要求事項は適用されない。ただし、監査人は、監査基準委員会報告書705に従って、火災で焼失した情報が財務諸表に及ぼす影響の範囲が広範かどうか及びそれが監査報告書における意見に及ぼす影響を検討することを要求される。

Ⅳ　適　用

・本報告書（2011年12月22日）は、2012年４月１日以後開始する事業年度に係る監査及び同日以後開始する中間会計期間に係る中間監査から適用する。

・本報告書（2012年６月15日）は、2012年４月１日以後開始する事業年度に係る監査及び同日以後開始する中間会計期間に係る監査から適用する。

・本報告書（2015年５月29日）は、2015年４月１日以後開始する事業年度に係る監査及び同日以後開始する中間会計期間に係る中間監査から適用する。

・本報告書（2019年６月12日）は、2020年３月31日以後終了する事業年度に係る監査から適用する。

・本報告書（2020年３月17日）は、2020年３月31日以後終了する事業年度に係る監査及び2020年９月30日以後終了する中間会計期間に係る中間監査から適用する。

・本報告書（2021年１月14日）は、以下の事業年度に係る監査等から適用する。

―付録１及び付録２の会計上の見積りの監査に関連する要求事項は、2023 年３月決算に係る財務諸表の監査及び2022年９月に終了する中間会計期間に係る中間財務諸表の中間監査から実施する。ただし、それ以前の決算に係る財務諸表の監査及び中間会計期間に係る中間財務諸表の中間監査から実施することを妨げない。

―上記以外の改正は、2022年３月31日以後終了する事業年度に係る監査から適用する。ただし、2021年３月31日以後終了する事業年度に係る監査から早期適用することができる。

付録１　経営者確認書に関する要求事項を含む他の監査基準委員会報告書の一覧（第２項参照）

本付録は、財務諸表監査において、経営者確認書への記載に関する要求事項を含んだ監査基準委員会報告書を一覧にしたものである。

この一覧は、他の監査基準委員会報告書における要求事項及び適用指針の検討に代わるものではなく、それぞれの報告書を参照する必要がある。

- 監査基準委員会報告書240　「財務諸表監査における不正」第38項、F38-2項
- 監査基準委員会報告書250　「財務諸表監査における法令の検討」第16項
- 監査基準委員会報告書450　「監査の過程で識別した虚偽表示の評価」第13項
- 監査基準委員会報告書501　「特定項目の監査証拠」第11項
- 監査基準委員会報告書540　「会計上の見積りの監査」第36項
- 監査基準委員会報告書550　「関連当事者」第25項
- 監査基準委員会報告書560　「後発事象」第８項
- 監査基準委員会報告書570　「継続企業」第15項(5)
- 監査基準委員会報告書710　「過年度の比較情報－対応数値と比較財務諸表」第８項
- 監査基準委員会報告書720　「その他の記載内容に関連する監査人の責任」第12項(3)
- 監査基準委員会報告書910　「中間監査」第24項

付録２　経営者確認書の記載例（第14項参照）

以下の経営者確認書の記載例には、財務諸表監査において、本報告書及び他の監査基準委員会報告書で要求される確認事項が含まれている。以下の記載例は、我が国において一般に公正妥当と認められる企業会計の基準を前提に作成している。なお、これらの文例は、状況に応じて適宜修正する。

1．会社法に基づく監査の経営者確認書（計算書類）
2．金融商品取引法に基づく監査の経営者確認書（連結財務諸表）
3．金融商品取引法に基づく中間監査の経営者確認書（中間連結財務諸表）
4．その他追加項目の確認事項（財務諸表監査全般に共通する事項）

1．会社法に基づく監査の経営者確認書（計算書類）の記載例

連結計算書類を作成している場合は、金融商品取引法の経営者確認書の記載例を参考として、適宜修正する。

×年×月×日

○○監査法人
　指定社員
　業務執行社員　公認会計士　○○○○　殿(注１)

○○○○　株式会社
代表取締役　（署　名）
（又は記名捺印）
財務・経理担当取締役　（署　名）
（又は記名捺印）

本確認書は、当社の×年×月×日から×年×月×日までの第×期事業年度の計算書類及びその附属明細書（以下「計算書類等」という。）が、我が国において一般に公正妥当と認められる企業会計の基準に準拠して、全ての重要な点において適正に表示しているかどうかについて貴監査法人が意見を表明するに際して提出するものです。私たちは、下記のとおりであることを確認します。(注２)

記

計算書類等

1．私たちは、×年×月×日付けの（×年×月期に係る）監査契約書に記載されたとおり、会社計算規則及び我が国において一般に公正妥当と認められる企業会計の基準に準拠して計算書類等を作成する責任（継続企業の前提に基づき計算書類等を作成することが適切であるかどうかを評価し、継続企業に関する必要な開示を行う責任を含む。）を果たしました。計算書類等は、会社計算規則及び我が国において一般に公正妥当と認められる企業会計の基準に準拠して会社の財産及び損益の状況を適正に表示しております。

2．不正又は誤謬による重要な虚偽表示のない計算書類等を作成するために、経営者が必要と判断する内部統制を整備及び運用する責任は経営者にあることを承知しております。

3．会計上の見積りについて適用される財務報告の枠組みに照らして合理的な認識、測定及び注記を達成するために、使用した見積手法、データ及び重要な仮定並びに関連する注記事項は適切であると判断しております。

4．関連当事者との関係及び取引は、会社計算規則及び我が国において一般に公正妥当と認められる企業会計の基準に準拠して適切に処理し、かつ注記しております。(注3)

5．決算日後本確認書の日付までに発生した計算書類等に重要な影響を及ぼす事象は、全て計上又は注記されております。(注3)

6．計算書類等を作成する場合にその影響を考慮すべき、既に認識されている又は潜在的な訴訟事件等は全て、会社計算規則及び我が国において一般に公正妥当と認められる企業会計の基準に準拠して適切に処理又は注記されております。(注3)

7．未修正の虚偽表示が及ぼす影響は、個別にも集計しても計算書類等全体に対して重要ではないものと判断しております。未修正の虚偽表示の一覧は、本確認書に添付されております。(注3)(注5)

8．監査人が記載することが適切であると判断したその他の確認事項（本報告書のA9項及び本付録の4．その他追加項目の確認事項参照）

提供する情報

9．貴監査法人に以下を提供いたしました。

⑴　記録、文書及びその他の事項等、計算書類等の作成に関連すると認識している全ての情報を入手する機会

⑵　本日までに開催された株主総会及び取締役会の議事録並びに重要な稟議書

⑶　貴監査法人から要請のあった監査のための追加的な情報

⑷　監査証拠を入手するために必要であると貴監査法人が判断した、当社の役員及び従業員への制限のない質問や面談の機会

10．全ての取引は会計記録に適切に記録され、計算書類等に反映されております。

11．不正による計算書類等の重要な虚偽表示の可能性に対する経営者の評価を貴監査法人に示しております。

12．当社に影響を及ぼす不正又は不正の疑いがある事項に関して、以下の全ての情報を貴監査法人に提供いたしました。

―経営者による不正又は不正の疑い

―内部統制において重要な役割を担っている従業員による不正又は不正の疑い

―上記以外の者による計算書類等に重要な影響を及ぼす可能性がある不正又は不正の疑い

13．従業員、元従業員、投資家、規制当局又はその他の者から入手した計算書類等に影響を及ぼす不正の申立て又は不正の疑いがある事項に関する全ての情報を貴監査法人に提供いたしました。

14．計算書類等を作成する場合にその影響を考慮すべき違法行為又は違法行為の疑いに関して認識している全ての事実を貴監査法人に提示いたしました。

15．計算書類等を作成する場合にその影響を考慮すべき訴訟事件等(注4)又はそれらの可能性に関して認識している全ての事実を貴監査法人に提示いたしました。

16．関連当事者の名称、並びに認識された全ての関連当事者との関係及び関連当事者との取引を貴監査法人に提示いたしました。

17．監査人が記載することが適切であると判断したその他の確認事項（本報告書のA10項及び本付録の4．その他追加項目の確認事項参照）。

18．……………………………
19．……………………………

以　上

2．金融商品取引法に基づく監査の経営者確認書（連結財務諸表）の記載例

×年×月×日

○○監査法人
　指定社員
　業務執行社員　公認会計士　○○○○　殿（注1）

○○○○　株式会社
代表取締役　（署　名）
（又は記名捺印）
財務・経理担当取締役　（署　名）
（又は記名捺印）

本確認書は、当社の有価証券報告書に含まれる×年×月×日から×年×月×日までの第×期事業年度の財務諸表及び同期間の連結会計年度の連結財務諸表（以下「財務諸表等」という。）が、我が国において一般に公正妥当と認められる企業会計の基準に準拠して、全ての重要な点において適正に表示しているかどうかについて貴監査法人が意見を表明するに際して提出するものです。私たちは、下記のとおりであることを確認します。（注2）

記

財務諸表等

1．私たちは、×年×月×日付けの（×年×月期に係る）監査契約書に記載されたとおり、財務諸表等の用語、様式及び作成方法に関する規則及び連結財務諸表の用語、様式及び作成方法に関する規則（以下「財務諸表等規則等」という。）並びに我が国において一般に公正妥当と認められる企業会計の基準に準拠して財務諸表等を作成する責任（継続企業の前提に基づき財務諸表等を作成することが適切であるかどうかを評価し、継続企業に関する必要な開示を行う責任を含む。）を果たしました。財務諸表等は、財務諸表等規則等及び我が国において一般に公正妥当と認められる企業会計の基準に準拠して財政状態、経営成績及びキャッシュ・フローの状況を適正に表示しております。
2．不正又は誤謬による重要な虚偽表示のない財務諸表等を作成するために、経営者が必要と判断する内部統制を整備及び運用する責任は経営者にあることを承知しております。
3．会計上の見積りについて適用される財務報告の枠組みに照らして合理的な認識、測定及び注記を達成するために、使用した見積手法、データ及び重要な仮定並びに関連する注記事項は適切であると判断しております。
4．関連当事者との関係及び取引は、財務諸表等規則等及び我が国において一般に公正妥当と認められる企業会計の基準に準拠して適切に処理し、かつ注記しております。（注3）
5．決算日後本確認書の日付までに発生した財務諸表等に重要な影響を及ぼす事象は、全て計上又は注記されております。（注3）
6．財務諸表等を作成する場合にその影響を考慮すべき、既に認識されている又は潜在的な訴訟事件等は全て、財務諸表等規則等及び我が国において一般に公正妥当と認められる企業会計の基準に準拠して適切に処理又は注記されております。（注3）
7．未修正の虚偽表示が及ぼす影響は、個別にも集計しても財務諸表等全体に対して重要ではないものと判断しております。未修正の虚偽表示の一覧は、本確認書に添付されております。（注3）（注5）
8．監査人が記載することが適切であると判断したその他の確認事項（本報告書のA9項及び本付録の4．そ

の他追加項目の確認事項参照）

提供する情報

9．貴監査法人に以下を提供いたしました。

⑴　記録、文書及びその他の事項等、財務諸表等の作成に関連すると認識している全ての情報を入手する機会

⑵　本日までに開催された株主総会及び取締役会の議事録並びに重要な稟議書

⑶　貴監査法人から要請のあった監査のための追加的な情報

⑷　監査証拠を入手するために必要であると貴監査法人が判断した、当社の役員及び従業員への制限のない質問や面談の機会

10．全ての取引は会計記録に適切に記録され、財務諸表等に反映されております。

11．不正による財務諸表等の重要な虚偽表示の可能性に対する経営者の評価を貴監査法人に示しております。

12．当社及び連結子会社に影響を及ぼす不正又は不正の疑いがある事項に関して、以下の全ての情報を貴監査法人に提供いたしました。

—経営者による不正又は不正の疑い

—内部統制において重要な役割を担っている従業員による不正又は不正の疑い

—上記以外の者による財務諸表等に重要な影響を及ぼす可能性がある不正又は不正の疑い

13．従業員、元従業員、投資家、規制当局又はその他の者から入手した財務諸表等に影響を及ぼす不正の申立て又は不正の疑いがある事項に関する全ての情報を貴監査法人に提供いたしました。

14．財務諸表等を作成する場合にその影響を考慮すべき違法行為又は違法行為の疑いに関して認識している全ての事実を貴監査法人に提示いたしました。

15．財務諸表等を作成する場合にその影響を考慮すべき訴訟事件等(注4)又はそれらの可能性に関して認識している全ての事実を貴監査法人に提示いたしました。

16．関連当事者の名称、並びに認識された全ての関連当事者との関係及び関連当事者との取引を貴監査法人に提示いたしました。

17．監査人が記載することが適切であると判断したその他の確認事項（本報告書のA10項及び本付録の4．その他追加項目の確認事項参照）。

18．………………………………

19．………………………………

以　上

3．金融商品取引法に基づく中間監査の経営者確認書（中間連結財務諸表）の記載例

×年×月×日

○○監査法人

指定社員

業務執行社員　公認会計士　○○○○　殿(注1)

○○○○　株式会社

代表取締役　（署　名）

（又は記名捺印）

財務・経理担当取締役　（署　名）

（又は記名捺印）

本確認書は、当社の半期報告書に含まれる×年×月×日から×年×月×日までの第×期事業年度の中間会計期間（×年×月×日から×年×月×日まで）に係る中間財務諸表及び同期間の連結会計年度の中間連結会計期間（×年×月×日から×年×月×日まで）に係る中間連結財務諸表（以下「中間財務諸表等」という。）が、我が国において一般に公正妥当と認められる中間財務諸表等の作成基準に準拠して、有用な情報を表示して

いるかどうかについて貴監査法人が意見を表明するに際して提出するものです。私たちは、下記のとおりであることを確認します。(注2)

記

中間財務諸表等

1．私たちは、×年×月×日付けの（×年×月期に係る）監査契約書に記載されたとおり、中間財務諸表等の用語、様式及び作成方法に関する規則及び中間連結財務諸表の用語、様式及び作成方法に関する規則（以下「中間財務諸表等規則等」という。）並びに我が国において一般に公正妥当と認められる中間財務諸表等の作成基準に準拠して中間財務諸表等を作成する責任（継続企業の前提に基づき中間財務諸表等を作成することが適切であるかどうかを評価し、継続企業に関する必要な開示を行う責任を含む。）を果たしました。中間財務諸表等は、中間財務諸表等規則等及び我が国において一般に公正妥当と認められる中間財務諸表等の作成基準に準拠して財政状態、経営成績及びキャッシュ・フローの状況に関する有用な情報を表示しております。

2．不正又は誤謬による重要な虚偽表示のない中間財務諸表等を作成するために、経営者が必要と判断する内部統制を整備及び運用する責任は経営者にあることを承知しております。

3．会計上の見積りについて適用される財務報告の枠組みに照らして合理的な認識、測定及び注記を達成するために、使用した見積手法、データ及び重要な仮定並びに関連する注記事項は適切であると判断しております。

4．関連当事者との関係及び取引は、我が国において一般に公正妥当と認められる中間財務諸表等の作成基準に準拠して適切に処理しております。(注3)

5．中間決算日後本確認書の日付までに発生した中間財務諸表等に重要な影響を及ぼす事象は、全て計上又は注記されております。(注3)

6．中間財務諸表等を作成する場合にその影響を考慮すべき、既に認識されている又は潜在的な訴訟事件等は全て、中間財務諸表等規則等及び我が国において一般に公正妥当と認められる中間財務諸表等の作成基準に準拠して適切に処理又は注記されております。(注3)

7．未修正の虚偽表示が及ぼす影響は、個別にも集計しても中間財務諸表等全体に対して重要ではないものと判断しております。未修正の虚偽表示の一覧は、本確認書に添付されております。(注3)(注5)

8．監査人が記載することが適切であると判断したその他の確認事項（本報告書のA9項及び本付録の4．その他追加項目の確認事項参照）

提供する情報

9．貴監査法人に以下を提供いたしました。

(1)　記録、文書及びその他の事項等、中間財務諸表等の作成に関連すると認識している全ての情報を入手する機会

(2)　本日までに開催された株主総会及び取締役会の議事録並びに重要な稟議書

(3)　貴監査法人から要請のあった中間監査のための追加的な情報

(4)　監査証拠を入手するために必要であると貴監査法人が判断した、当社の役員及び従業員への制限のない質問や面談の機会

10．全ての取引は会計記録に適切に記録され、中間財務諸表等に反映されております。

11．不正による中間財務諸表等の重要な虚偽表示の可能性に対する経営者の評価を貴監査法人に示しております。

12．当社及び連結子会社に影響を及ぼす不正又は不正の疑いがある事項に関して、以下の全ての情報を貴監査法人に提供いたしました。

―経営者による不正又は不正の疑い

―内部統制において重要な役割を担っている従業員による不正又は不正の疑い

―上記以外の者による中間財務諸表等に重要な影響を及ぼす可能性がある不正又は不正の疑い

13．従業員、元従業員、投資家、規制当局又はその他の者から入手した中間財務諸表等に影響を及ぼす不正の申立て又は不正の疑いがある事項に関する全ての情報を貴監査法人に提供いたしました。

14．中間財務諸表等を作成する場合にその影響を考慮すべき違法行為又は違法行為の疑いに関して認識している全ての事実を貴監査法人に提示いたしました。
15．中間財務諸表等を作成する場合にその影響を考慮すべき訴訟事件等(注4)又はそれらの可能性に関して認識している全ての事実を貴監査法人に提示いたしました。
16．関連当事者の名称、並びに認識された全ての関連当事者との関係及び関連当事者との取引を貴監査法人に提示いたしました。
17．監査人が記載することが適切であると判断したその他の確認事項（本報告書のA10項及び本付録の4．その他追加項目の確認事項参照)。
18．……………………………
19．……………………………

以　上

4．その他追加項目の確認事項（財務諸表監査全般に共通する事項）の記載例

継続企業の前提に係る事項(注6)

（継続企業の前提に重要な疑義を生じさせるような事象又は状況が存在し、継続企業の前提に関する重要な不確実性が認められるとき）

・継続企業の前提に重要な疑義を生じさせるような事象又は状況が存在し、継続企業の前提に関する重要な不確実性が認められると判断しております。
・継続企業の前提に基づいて財務諸表を作成することが適切であると判断しております。
・継続企業の前提に関する事項は全て財務諸表に注記しております。
・財務諸表に注記した継続企業の前提に関する事項を除き、継続企業の前提に関する重要な不確実性が認められる事象又は状況はないと判断しております。
・貴監査法人に提示いたしました対応策は実行可能であり、継続企業の前提に関する重要な疑義を生じさせるような事象又は状況を解消（又は改善）するよう努力しております。

（継続企業の前提に重要な疑義を生じさせるような事象又は状況が存在するが、継続企業の前提に関する重要な不確実性が認められないとき）

・継続企業の前提に重要な疑義を生じさせるような事象又は状況が存在するが、貴監査法人に提示した対応策により、継続企業の前提に関する重要な不確実性は認められないと判断しております。

会計方針に係る事項

（会計方針の変更がない場合）

・財務諸表等は、前期と同一の会計方針に基づき作成しており、重要な会計方針は財務諸表等に適切に注記しております。

（会計方針の変更がある場合）

・財務諸表等は、下記の事項を除き、前期と同一の会計方針に基づき作成しており、重要な会計方針は財務諸表等に適切に注記しております。
・当期に行った○○に関する会計方針の変更は、[変更の理由を記載]であることから、当社の状況に即して適切であると判断しております。また、財務諸表等に含まれる比較情報については、新たな会計方針を適切に遡及適用しており、変更の理由とともにその影響額は当期の財務諸表等に適切に注記しております。(注7)

全般的事項

・財務諸表等の資産又は負債の計上額や表示に重要な影響を及ぼす経営計画や意思はありません。
・契約不履行の場合に財務諸表等に重要な影響を及ぼす契約諸条項は、全て遵守しております。
・過去の財務諸表等の訂正が必要となるような重要な事実は発生しておりません。

・当期において認識している内部統制の整備及び運用上の不備については、期中で是正されたものを含め、全て貴監査法人に開示しております。

連結の範囲及び持分法の適用範囲

・連結財務諸表において、当社及び子会社が意思決定機関を支配している会社を連結の範囲に適切に含めており、財務及び営業又は事業の方針の決定に対して重要な影響を与えることができる会社への投資は、持分法により適切に評価しております。

セグメント情報の表示区分

・連結財務諸表に注記しているセグメント情報は、事業活動の内容及びこれを行う経営環境に関して適切な情報を提供しており、一般に公正妥当と認められるセグメント情報の開示基準に準拠して作成しております。

資産

1．資産の所有権

・財務諸表等に注記しているものを除き、所有権に制約がある重要な資産はありません。

2．金融商品

（有価証券の時価等の回復可能性）

・時価が著しく下落しているにもかかわらず減損処理を行っていない有価証券については、その時価は一年以内に回復可能であると判断しております。

・時価を把握することが極めて困難と認められる株式で、実質価額が著しく低下しているにもかかわらず減損処理を行っていないものについては、入手した事業計画等に基づいて、その実質価額は合理的な期間内に回復可能であると判断しております。

（有価証券の保有目的）

・流動資産及び投資その他の資産に計上している有価証券は、当社の保有目的に基づき売買目的有価証券、満期保有目的の債券、子会社株式及び関連会社株式並びにその他有価証券に適切に分類し、会計処理しております。なお、満期保有目的の債券は、取得時から満期まで保有する当社の意思と能力に基づいて区分しております。

（金融商品の時価の算定方法と重要な仮定）

・○○（特定の金融商品を記載）の時価の算定方法及び重要な仮定に関する重要な情報を全て貴監査法人に提示し、また、当該金融商品の時価の算定方法及び重要な仮定は、合理的であると判断しており、財務諸表等に適切に計上又は注記しております。

・金融商品に関する会計基準に規定する金融資産及び金融負債の消滅の認識要件が満たされた場合にのみ、金融資産及び金融負債の消滅の認識の会計処理をしております。

（デリバティブ取引）

・全てのデリバティブ取引は当社のリスク管理方針に従っており、会計記録に適切に記録され、財務諸表等に適切に計上しております。なお、重要なデリバティブ取引は、財務諸表等に適切に注記しております。

3．棚卸資産の評価

・過剰在庫又は滞留在庫は適切に把握され、収益性の低下の事実を適切に反映するよう処理しています。

・正味売却価額を超過する金額で計上されている棚卸資産はありません。(注8)

4．営業債権の実在性と評価

・営業債権は、貸借対照表日以前の売上から生じた債務者に対する正当な債権であり、また、貸借対照表日後に発生すると予想される貸倒損失に対して適切な引当金を計上しております。

5．固定資産の減損

・固定資産の減損会計に関する重要な情報を全て貴監査法人に提示しております。当社及び連結子会社の採用した資産のグルーピングの方法、減損の兆候の識別、減損損失の認識の判定及び測定の方法は、当社及び連結子会社の状況から見て適切なものであると考えており、減損損失を適切に計上しております。

6．ソフトウェアの会計処理

・無形固定資産として計上されている社内利用のソフトウェア費用は、将来の収益獲得又は費用削減が確実なものであると判断しております。

負債及び偶発債務

1．退職給付債務の算定上の基礎率

・退職給付制度に関する重要な情報を全て貴監査法人に提示しております。また、退職給付債務及び退職給付費用を測定するための数理計算上の基礎率や計算方法は、当社の状況から見て適切なものであると考えております。

・財務諸表等への計上又は注記並びにそれらの基礎となる会計記録の金額の算定に当たっては、専門家を利用しておりますが、専門家の適性、能力及び客観性を検討し、〇〇の評価の際に利用した専門家の作業結果に合意しております。

2．資産除去債務等

・〇〇（固定資産を特定）の取得、建設、開発又は通常の使用によって生じ、当該有形固定資産の除去に関して法令又は契約で要求される法律上の義務及びそれに準ずるものは、資産除去債務に関する会計基準に従って、決算日現在入手可能な全ての証拠を勘案して計上しております。負債計上に当たって利用した将来キャッシュ・フローの見積金額、支出発生までの見込期間及び適用した割引率等の前提条件については合理的で説明可能な仮定及び予測に基づくものであります。また、重要な資産除去債務の内容、支出発生までの見込期間、適用した割引率等の前提条件及び資産除去債務の総額については財務諸表等に適切に注記しております。

3．債務及び偶発債務の網羅性

・財務諸表等の作成に関連すると認識している全ての債務又は偶発債務は、保証に係るものも含め、文書によるものも口頭によるものも貴監査法人に提示しており、また、財務諸表等に適切に計上又は注記されております。（注9）

4．訴訟事件等

・［請求者名］による〇〇損害賠償請求訴訟は、現時点では、合計〇〇百万円で解決する見込みであり、財務諸表等に適切に計上されております。（注4）

5．コミットメント

・貸借対照表日現在、当社の通常の事業では生じないような通例でなく、当社に不利な影響を及ぼす可能性のある［コミットメントや契約上の債務の具体的な内容（例えば、購買契約、買戻契約）を明示］はありません。

損益

1．売上

・実現主義の原則に従い収益の認識を行っており、これらには、通常の製品保証等を除き、販売の認識要件を満たさなくなるような返品等の付帯的な条項や返品権が付されておりません。

・［収益認識の判断に必要な取引条件を確認したい取引（例えば、代理店又は再販業者との間の販売取引）］に関する全ての契約は貴監査法人に提示しております。

・貴監査法人に提示した契約書が販売に関する取決めの全てであり、文書によるものも口頭によるものも含め他の取決めはありません。

2．税金

・適正な法人税等及び法人税等調整額を計上しております。なお、税務当局による重要な更正がある場合又はそれが予想される場合には、貴監査法人に会計処理を裏付ける税務当局の見解や文書又はその他の適切な情報を提示した上で、適切に計上しております。

・繰延税金資産に関しては将来の回収可能性を十分に検討し回収可能な額を計上しております。

その他
　株主名簿における名義貸し等に関し、関連当事者の存在に影響を及ぼす可能性がある場合
　・有価証券報告書の「大株主等の状況」等の記載については、適切に開示しております。

以　上

（注1）①　監査人が無限責任監査法人の場合で指定証明であるときには、上記の記載例とする。
②　監査人が無限責任監査法人の場合で指定証明でないときには、以下とする。
○○監査法人
業務執行社員　公認会計士　○○○○殿
③　監査人が有限責任監査法人の場合は、以下とする。
○○有限責任監査法人
指定有限責任社員
業務執行社員　　　　　公認会計士　○○○○殿
④　監査人が公認会計士の場合には以下とし、確認書本文中の「貴監査法人」を「貴殿」とする。
○○○○　公認会計士事務所
公認会計士　○○○○殿

（注2）A4項からA6項に該当する場合には、以下のいずれかの文言への修正を考慮する。
・私たちが知り得る限りにおいて、下記のとおりであることを確認します。
・私たちは、適切な情報を入手するために必要であると考えた質問を行った上で、下記のとおりであることを確認します。
・私たちは、適切な情報を入手するために必要であると考えた質問を行った上で、私たちが知り得る限りにおいて、下記のとおりであることを確認します。

（注3）該当する事項がない場合には、その旨を記載する等適宜修正する。

（注4）訴訟事件等とは、訴訟、賠償請求、更正、査定及び賦課並びにこれらに準ずる事象をいう。

（注5）金融商品取引法監査における監査対象財務諸表には、有価証券届出書等の一部の例外を除き比較情報が要求される。比較情報は当期の財務諸表の一部を構成するため、比較情報に重要な虚偽表示が含まれる場合（当年度数値において修正が行われたか否かを問わない。）、当期の財務諸表に対して除外事項付意見を表明しなければならない（監査基準委員会報告書710第11項参照）。また、比較情報に含まれる虚偽表示を当期数値に含めて修正又は解消された場合には、その影響が当期の損益に反映されることとなるため、比較可能性の観点から、当期における監査上の重要性に基づいて、当期の財務諸表に対して除外事項付意見を表明しなければならないことがある（監査基準委員会報告書710第10項参照）。したがって、経営者が重要性がないものと判断し経営者確認書に記載又は添付する未修正の虚偽表示には、以下を含める必要がある。
①　当年度数値に含まれる未修正の虚偽表示
②　比較情報に含まれる未修正の虚偽表示
③　当年度数値において修正（又は解消）されたことを原因として比較可能性が損なわれていることによる影響

これらの記載に当たっては、例えば、以下の方法が考えられる。

1．①、②について一覧を記載又は添付し、③については、本文７項の記載を以下に変更する。
「７．当年度数値及び比較情報に含まれる未修正の虚偽表示が及ぼす影響は、個別にも集計しても財務諸表等全体（比較可能性を含む。）に対して重要ではないものと判断しております。未修正の虚偽表示の一覧は、本確認書に添付しております。」
なお、前年度末の未修正の虚偽表示が当年度数値において修正されていることを明示的に示す場合は、「なお、前年度末の未修正の虚偽表示は当年度数値において修正しております。」との記述を追加することもある。

2．継続監査の場合で、当期の監査において、比較情報に新たに発見した虚偽表示がなかったときは、②の比較情報に含まれる未修正の虚偽表示については、一覧の添付に代えて、前期の経営者確認書を参照することにより重要性がないことを確認する方法や過去の財務諸表等の訂正が必要となるような

重要な事実はない旨を確認する方法もある。

3．会社法に基づき作成される計算書類には比較情報の要請はなく、単年度の財務諸表が作成される。このため、①当年度数値に含まれる未修正の虚偽表示と③当年度数値において修正（又は解消）されたことを原因として比較可能性が損なわれていることによる影響について確認することとなる。

（注6）　継続企業の前提に重要な疑義を生じさせるような重要な事象又は状況が存在する場合には、状況に応じて記載する。

（注7）　会社法に基づく監査の経営者確認書に記載する際には、適宜修正する。

（注8）　原材料等について再調達原価を使用している際には、例えば、「正味売却可能価額（原材料等については再調達原価）を超過する金額で計上されている棚卸資産はありません。」とする。

（注9）　債務又は偶発債務の網羅性を特に確認したい場合には、「財務諸表等の作成に関連すると認識している全ての債務又は偶発債務」を「全ての債務又は偶発債務」とする。

以　上

監査基準委員会報告書600

グループ監査*

2011年12月22日
改正2013年６月17日
改正2015年５月29日
改正2019年６月12日
最終改正2021年１月14日
日本公認会計士協会
監査基準委員会
（報告書：第41号）

項番号

Ⅰ　本報告書の範囲及び目的

1. 本報告書の範囲

1. 本報告書は、構成単位の監査人を関与させる場合に特に考慮すべき事項を中心に、グループ監査に関する実務上の指針を提供するものである。

1-2. 本報告書には、監査における不正リスク対応基準（以下「不正リスク対応基準」という。）に準拠して監査を実施する際に遵守が求められる要求事項と関連する適用指針（項番号の冒頭に「F」が付されている。）が含まれている。（監査基準委員会報告書200「財務諸表監査における総括的な目的」第21項(3)参照）

2. グループ監査とは、複数の構成単位からなるグループが作成する財務諸表に対する監査のことであり、連結財務諸表の監査がこれに該当するほか、個別財務諸表が複数の構成単位から作成される場合（例えば、本店、支店でそれぞれ財務情報を作成している場合）も該当する。さらに、本報告書は、グループ監査のほかにも、単一の構成単位から作成される財務諸表の監査において他の監査人を関与させる場合に、必要に応じて適用されることがある。例えば、遠方にある事業所の棚卸資産の実地棚卸の立会又は固定資産の実査に他の監査人を関与させる場合である。

3. グループ財務諸表に含まれる構成単位の監査人は、法令、規則又はその他の理由によって、構成単位の財務諸表に対して監査意見を表明することを要求される場合がある。グループ監査チームは、グループ財務諸表の監査における監査証拠の入手に当たり、構成単位の財務諸表の法定監査等において監査意見の基礎となった監査証拠を利用する場合は、本報告書において要求される事項を適用しなければならない。（A1項参照）

4. グループ監査責任者は、監査基準委員会報告書220「監査業務における品質管理」第13項及び第14項に基づいて、構成単位の監査人を含むグループ財務諸表の監査業務の担当者が、全体として、必要な適性と能力を保持していることを確かめる必要がある。また、グループ監査責任者は、グループ財務諸表の監査業務の指示、監督及び実施について責任を有する。

5. グループ監査責任者は、構成単位の財務情報に関する作業を実施する者がグループ監査チーム又は構成単位の監査人のいずれであっても、監査基準委員会報告書220の要求事項を適用する。本報告書は、構成単位の監査人が構成単位の財務情報に関する作業を実施する場合、グループ監査責任者が監査基準委員会報告書220の要求事項を満たすために役立つ。

6. 監査リスクは、財務諸表の重要な虚偽表示リスクと監査人がこのような虚偽表示を発見できないリスクから構成される（監基報200のA31項参照）。グループ財務諸表の監査においては、構成単位の監査人がグループ財務諸表の重要な虚偽表示の原因となり得る構成単位の財務情報の虚偽表示を発見できないリスクに加えて、グループ監査チームがこの虚偽表示を発見できないリスクが含まれる。本報告書は、グループ監査チームが、構成単位の財務情報に関して、構成単位の監査人が実施するリスク評価手続及びリスク対応手続に対する関与の内容、時期及び範囲を決定するに当たり考慮する事項を記載している。このグループ監査チームの関与は、グループ財務諸表についての意見表明の基礎となる十分かつ適切な監査証拠を入手するために行われる。

2．本報告書の目的

7．本報告書における監査人の目的は、以下の事項のとおりである。

(1) グループ財務諸表の監査契約を新規に締結又は更新するかどうかを決定すること。

(2) グループ財務諸表の監査人として業務を実施する場合には、以下の手続を実施すること。

① 構成単位の財務情報に対する作業の範囲及び時期並びに発見事項について、構成単位の監査人と明確なコミュニケーションを行うこと。

② グループ財務諸表が、すべての重要な点において、適用される財務報告の枠組みに準拠して作成されているかどうか（適正表示の枠組みの場合は、すべての重要な点において適正に表示しているかどうか）についての意見を表明するために、構成単位の財務情報及び連結プロセスに関する十分かつ適切な監査証拠を入手すること。

3．定　義

8．本報告書における用語の定義は、以下のとおりとする。

(1) 「グループ」－グループ財務諸表に含まれる財務情報の構成単位の総体をいう。グループは、常に複数の構成単位で構成される。

(2) 「グループ監査」－グループ財務諸表の監査をいう。

(3) 「グループ監査責任者」－グループ財務諸表の監査業務とその実施及びグループ財務諸表に対して発行する監査報告書に責任を有する者をいう。共同監査の場合には各共同監査の監査責任者及びその監査チームが一体としてグループ監査責任者及びグループ監査チームとなる。ただし、本報告書は、共同監査人の間の関係や、他の共同監査人の作業に関して各共同監査人が実施する作業については取り扱わない。

(4) 「グループ監査チーム」－グループ財務諸表の監査の基本的な方針を策定し、構成単位の監査人とコミュニケーションを行い、連結プロセスに関する作業を実施し、グループ財務諸表に対する意見形成のため監査証拠から導かれた結論を評価する、グループ監査責任者及び専門職員をいう。

(5) 「グループ経営者」－グループ財務諸表の作成に責任を有する経営者をいう。

(6) 「グループ財務諸表」－複数の構成単位の財務情報を含む財務諸表をいう。

(7) 「グループ財務諸表の監査意見」－グループ財務諸表に対する監査意見をいう。

(8) 「グループ全体統制」－グループとしての財務報告に対して、グループ経営者が整備及び運用する内部統制をいう。

(9) 「構成単位」－グループ財務諸表に含まれる財務情報の作成単位となる、企業又はその他の事業単位をいう。（A2項から A4項参照）

(10) 「構成単位の監査人」－グループ監査チームの依頼により、グループ財務諸表の監査のために、構成単位の財務情報に関する作業を実施する監査人をいう。（A7項参照）

(11) 「構成単位の経営者」－構成単位の財務情報の作成に責任を有する経営者をいう。

(12) 「構成単位の重要性の基準値」－グループ監査チームが決定する構成単位の重要性の基準値をいう。

(13) 「重要な構成単位」－グループ監査チームが、以下のいずれかに該当すると識別した構成単位をいう。（A5項及び A6項参照）

① グループに対する個別の財務的重要性を有する。
② 特定の性質又は状況により、グループ財務諸表に係る特別な検討を必要とするリスクが含まれる可能性がある。

9．本報告書において、「適用される財務報告の枠組み」とは、グループ財務諸表に適用される財務報告の枠組みを意図している。

また、「連結プロセス」とは、連結又は持分法若しくは原価法により、構成単位の財務情報をグループ財務諸表に認識、測定、表示及び開示するプロセスをいう。

Ⅲ　要求事項

1．責　任

10．グループ監査責任者は、職業的専門家としての基準及び適用される法令等を遵守し、グループ財務諸表の監査業務を指示、監督及び実施して、適切な監査報告書を発行することに対する責任を有している（監基報220第14項参照）。したがって、グループ監査責任者は、グループ財務諸表に対する監査報告書において、構成単位の監査人の利用に関して言及してはならない。(A8項及び A9項参照)

2．監査契約の新規の締結及び更新

11．グループ監査責任者は、監査基準委員会報告書220の適用に当たり、連結プロセス及び構成単位の財務情報について、グループ財務諸表の意見表明の基礎となる十分かつ適切な監査証拠を入手することを合理的に見込めるかどうかを判断しなければならない。このために、グループ監査チームは、重要な構成単位となる構成単位の識別ができるように、グループ全体、構成単位及びこれらの環境を理解しなければならない。

構成単位の監査人が重要な構成単位になると見込まれる構成単位の財務情報について作業を実施する場合、グループ監査責任者は、グループ監査チームが十分かつ適切な監査証拠の入手に必要な程度まで、これら構成単位の監査人の作業に関与できるかどうかを評価しなければならない。(A10項から A13項参照)

12．グループ監査責任者は、グループ経営者によって課される制約により、グループ監査チームが十分かつ適切な監査証拠を入手できず、かつ、それによって見込まれる影響が、グループ財務諸表に対する意見を表明しない（監査基準委員会報告書705「独立監査人の監査報告書における除外事項付意見」参照）ことにつながると判断した場合、監査契約の新規の締結又は更新を行ってはならない。(A14項から A17項参照)

監査業務の契約条件

13．グループ監査責任者は、監査基準委員会報告書210「監査業務の契約条件の合意」に従って、グループ財務諸表の監査業務の契約条件についてグループ経営者と合意しなければならない。(A18項及び A19項参照)

3．監査の基本的な方針及び詳細な監査計画

14．グループ監査チームは、監査基準委員会報告書300「監査計画」第6項から第10項に従って、グループ財務諸表の監査の基本的な方針を策定し、その詳細な監査計画を作成しなければならない。

15．グループ監査責任者は、グループ財務諸表の監査の基本的な方針及び詳細な監査計画を査閲しなければならない。(A20項参照)

4．グループ全体、構成単位及びこれらの環境の理解

16．監査人は、監査基準委員会報告書315「企業及び企業環境の理解を通じた重要な虚偽表示リスクの識別と評価」に記載のとおり、企業及び企業環境の理解を通じて、重要な虚偽表示リスクを識別し評価することが要求されている。

グループ監査チームは、以下を実施しなければならない。(A21項から A27項参照)

(1) 監査契約の新規の締結及び更新に当たって

入手した、グループ全体統制を含む、グループ、その構成単位及びそれらの環境の理解を深めること。

(2) 連結プロセス（グループ経営者が構成単位に送付する決算指示書を含む。）を理解すること。

17. グループ監査チームは、以下を実施できるように、グループ及びその構成単位並びにそれらの環境を十分に理解しなければならない。

(1) 当初の重要な構成単位の識別の妥当性について見直しを行うこと。

(2) 不正又は誤謬によるグループ財務諸表の重要な虚偽表示リスクを評価すること。（監基報315参照）（A28項及びA29項参照）

5．構成単位の監査人に関する理解

18. グループ監査チームは、構成単位の財務情報に関する作業の実施を構成単位の監査人に依頼する場合、以下の事項を理解しなければならない。（A30項からA33項参照）

(1) 構成単位の監査人が、グループ財務諸表の監査に関連する職業倫理に関する規定を理解し遵守しているか。特に独立性に問題がないか。（A35項参照）

(2) 構成単位の監査人が、職業的専門家としての能力を有しているか。（A36項参照）

(3) グループ監査チームが、十分かつ適切な監査証拠を入手するに当たり必要な程度まで構成単位の監査人の作業に関与することができるか。

(4) 構成単位の監査人が、監査人を適切に監督する規制環境の下で業務を行っているか。（A34項参照）

19. 構成単位の監査人がグループ財務諸表の監査に関連のある独立性に関する規定を遵守していない場合、又はグループ監査チームが第18項の項目(1)から(3)に列挙されている独立性以外の事項に関して重大な懸念を抱いている場合には、グループ監査チームは、当該構成単位の監査人に作業の実施を依頼せずに、当該構成単位の財務情報に関する十分かつ適切な監査証拠を入手しなければならない。（A37項からA39項参照）

6．重要性

20. グループ監査チームは、以下を決定しなければならない。（A40項参照）

(1) グループ財務諸表全体としての重要性の基準値（グループ財務諸表の監査の基本的な方針を策定する際に決定される。）

(2) グループ財務諸表における特定の取引種類又は勘定残高、開示等に対する重要性の基準値。グループの特定の状況において、グループ財務諸表全体としての重要性の基準値より低い金額の虚偽表示が、グループ財務諸表の利用者が行う経済的意思決定に影響すると合理的に見込まれるグループ財務諸表における特定の取引種類又は勘定残高、開示等がある場合に設定される。

(3) 構成単位の重要性の基準値。構成単位の監査人がグループ財務諸表の監査のために構成単位の財務情報の監査又はレビューを実施する場合に用いられる。（グループ財務諸表上の未修正の虚偽表示と未発見の虚偽表示の合計が、グループ財務諸表全体としての重要性の基準値を上回る可能性を許容可能な低い水準に抑えるために、グループ監査チームが決定する構成単位の重要性の基準値は、グループ財務諸表全体としての重要性の基準値より低くなければならない。）（A41項及びA42項参照）

(4) グループ財務諸表にとって明らかに僅少であるとみなすことができない虚偽表示の金額の基準（A43項参照）

21. 構成単位の監査人がグループ財務諸表の監査のために構成単位の監査を実施する場合、グループ監査チームは、手続実施上の重要性の妥当性を評価しなければならない。（A44項参照）

22. 構成単位が法令、規則又はその他の理由で要求される監査の対象で、グループ監査チームが構成単位の監査を利用してグループ財務諸表の監査における監査証拠を入手する場合、グループ監査チームは、構成単位の監査人が決定した以下の事項が本報告書の要求事項を満たすかどうかを判断しなければならない。

(1)　構成単位の財務諸表全体としての重要性の基準値

(2)　(1)の基準値に対して設定される手続実施上の重要性

7．評価したリスクへの対応

23．監査人は、監査基準委員会報告書330「評価したリスクに対応する監査人の手続」に記載のとおり、評価した重要な虚偽表示リスクに応じて、適切な対応を立案し実施することが要求されている。グループ監査チームは、構成単位の財務情報に関し、グループ監査チーム又はその指示を受けた構成単位の監査人が実施すべき作業の種類を決定しなければならない（第25項から第28項参照）。また、グループ監査チームは、構成単位の監査人の作業への関与の内容、時期及び範囲を決定しなければならない（第29項及び第30項参照）。

24．連結プロセス又は構成単位の財務情報に関して実施される作業の種類、時期及び範囲が、グループ全体統制が有効に運用されているという想定に基づいている場合、又は実証手続のみではアサーション・レベルの十分かつ適切な監査証拠を入手できない場合には、グループ監査チームは、関連するグループ全体統制の運用評価手続を実施するか、又は構成単位の監査人にその実施を依頼しなければならない。

(1)　構成単位の財務情報について実施する作業の種類の決定（A45項参照）

重要な構成単位

25．グループにおいて個別の財務的重要性を有する重要な構成単位については、グループ監査チーム又はその指示を受けた構成単位の監査人は、構成単位の重要性の基準値に基づいて、構成単位の財務情報の監査を実施しなければならない。

26．特定の性質又は状況によりグループ財務諸表に係る特別な検討を必要とするリスクが含まれる可能性がある重要な構成単位については、グループ監査チーム又はその指示を受けた構成単位の監査人は、以下の作業の種類のうち一つ又は複数組み合わせて実施しなければならない。

(1)　構成単位の重要性の基準値に基づく構成単位の財務情報の監査

(2)　グループ財務諸表に係る特別な検討を必要とするリスクに関連する一つ又は複数の特定の勘定残高、取引種類又は開示等の監査（A46項参照）

(3)　グループ財務諸表に係る特別な検討を必要とするリスクに関連する特定の監査手続（A47項参照）

重要な構成単位以外の構成単位

27．重要な構成単位以外の構成単位については、グループ監査チームは、グループ・レベルで分析的手続を実施しなければならない。（A48項参照）

28．グループ監査チームは、以下の事項の作業全てを実施してもなおグループ財務諸表についての意見表明の基礎となる十分かつ適切な監査証拠を入手できないと考える場合がある。

(1)　重要な構成単位の財務情報に関する作業の実施

(2)　グループ全体統制及び連結プロセスに関する作業の実施

(3)　グループ・レベルでの分析的手続の実施

このような場合には、グループ監査チームは重要な構成単位以外の構成単位から構成単位を選定し、かつ選定した構成単位の財務情報に関して以下の作業の種類のうち一つ又は複数組み合わせて実施するか、又は構成単位の監査人にその実施を依頼しなければならない。（A49項からA51項参照）

・構成単位の重要性の基準値に基づく構成単位の財務情報の監査

・一つ又は複数の特定の勘定残高、取引種類、開示等の監査

・構成単位の重要性の基準値に基づく構成単位の財務情報のレビュー

・特定の手続

グループ監査チームは、構成単位の選定を適宜見直さなければならない。

(2) 構成単位の監査人が実施する作業への関与

(A52項及びA53項参照)

重要な構成単位－リスク評価

29．構成単位の監査人が重要な構成単位の財務情報の監査を実施する場合、グループ監査チームは、グループ財務諸表に係る特別な検討を必要とするリスクを識別するため、構成単位の監査人のリスク評価に関与しなければならない。グループ監査チームは、構成単位の監査人に関する理解に基づき構成単位の監査人のリスク評価への関与の内容、時期及び範囲を決定することになるが、少なくとも以下を実施しなければならない。

(1) グループにとって重要である、構成単位の事業活動について、構成単位の監査人又は構成単位の経営者と協議すること。

(2) 構成単位の財務情報に不正又は誤謬による重要な虚偽表示が行われる可能性について、構成単位の監査人と討議すること。

(3) 識別されたグループ財務諸表に係る特別な検討を必要とするリスクに関して、構成単位の監査人の監査調書を査閲すること。このような監査調書は、識別された特別な検討を必要とするリスクに関する構成単位の監査人の結論を要約した簡潔な文書の形態をとる場合がある。

グループ財務諸表に係る特別な検討を必要とするリスク－リスク対応手続

30．構成単位の監査人が作業を実施する構成単位においてグループ財務諸表に係る特別な検討を必要とするリスクが識別されている場合には、グループ監査チームは、グループ財務諸表に係る特別な検討を必要とするリスクに対応するために実施されるリスク対応手続の適切性を評価しなければならない。グループ監査チームは、構成単位の監査人に関する理解に基づき、構成単位の監査人のリスク対応手続への関与が必要かどうかを決定しなければならない。

8．連結プロセス

31．グループ監査チームは、第16項に記載のとおり、グループ全体統制及び連結プロセス（グループ経営者が構成単位に送付する決算指示書を含む。）を理解する。連結プロセスに対して実施する作業の種類、時期及び範囲が、グループ全体統制が有効に運用されているとの想定に基づいている場合、又は実証手続のみではアサーション・レベルで十分かつ適切な監査証拠が入手できない場合には、第24項に記載のとおり、グループ監査チーム又はその指示を受けた構成単位の監査人が、グループ全体統制の有効性を検討する運用評価手続を実施する。

32．グループ監査チームは、連結プロセスから生じるグループ財務諸表の重要な虚偽表示リスクに対応するリスク対応手続の種類、時期及び範囲を立案し実施しなければならない。ここにおいては、含まれるべき全ての構成単位がグループ財務諸表に含まれているかどうかを評価しなければならない。

33．グループ監査チームは、連結のための修正及び組替の適切性、網羅性及び正確性を評価し、何らかの不正リスク要因又は経営者の偏向が存在する兆候があるかどうかを評価しなければならない。（A54項参照）

34．構成単位の財務情報がグループ財務諸表に適用されている会計方針と同一の会計方針に従い作成されていない場合、グループ監査チームは、その構成単位の財務情報が、グループ財務諸表の作成及び表示上で適切に修正されているかを評価しなければならない。

35．グループ監査チームは、構成単位の監査人とのコミュニケーションにおいて特定された財務情報（第40項(3)参照）と同一のものがグループ財務諸表に反映されているかどうかを確かめなければならない。

36．グループ財務諸表がグループと期末日の異なる構成単位の財務諸表を含む場合には、グループ監査チームは、適用される財務報告の枠組みに準拠して、これらの財務諸表に適切な修正が行われたかを評価しなければならない。

９．後発事象

37．グループ監査チーム又は構成単位の監査人が構成単位の財務情報についての監査を実施する場合には、グループ監査チーム又は構成単位の監査人は、それらの構成単位の財務情報の期末日とグループ財務諸表の監査報告書日の間に発生し、グループ財務諸表の修正又はグループ財務諸表における開示が要求される可能性のある事象を識別するために立案した手続を実施しなければならない。

38．構成単位の監査人が構成単位の財務情報について監査以外の作業を実施する場合には、グループ監査チームは、構成単位の監査人に、グループ財務諸表上で修正又は開示することが要求される可能性のある後発事象に気付いたときにはグループ監査チームへ通知するように依頼しなければならない。

10．構成単位の監査人とのコミュニケーション

39．グループ監査チームは、構成単位の監査人に、グループ財務諸表の監査において要求する事項として、実施すべき作業、その作業結果の利用目的並びに構成単位の監査人のグループ監査チームへの報告の様式及び内容を適時に伝達しなければならない。この伝達に際しては、さらに以下の事項を含めなければならない。（A55項、A56項及びA58項参照）

(1)　構成単位の監査人が、グループ監査チームによって自らの作業が利用されることを理解した上で、グループ監査チームに協力することの確認の依頼（A57項参照）

(2)　グループ財務諸表の監査に関連する職業倫理に関する規定（特に独立性に関する規定）

(3)　構成単位の財務情報の監査又はレビューの場合には、構成単位の重要性の基準値（また、設定している場合は、特定の取引種類、勘定残高又は開示等に対する重要性の基準値）、及びグループ財務諸表にとって明らかに僅少であるとみなすことができない虚偽表示の金額の基準

(4)　グループ監査チームが識別した、不正又は誤謬によるグループ財務諸表に係る特別な検討を必要とするリスクの中で、構成単位の監査人の作業に影響を及ぼすリスク（グループ監査チームは、グループ監査チームが伝達したもの以外に不正又は誤謬によるグループ財務諸表に係る特別な検討を必要とするリスクがあるかどうか及び当該リスクに対する構成単位の監査人の対応について適時に伝達するように、構成単位の監査人に依頼しなければならない。）

(5)　グループ経営者が作成した関連当事者のリスト及びグループ監査チームが把握しているその他の関連当事者（グループ監査チームは、構成単位の監査人に対して、グループ経営者又はグループ監査チームが認識していない関連当事者について、適時に伝達するように依頼しなければならない。グループ監査チームは、構成単位の監査人から伝達された関連当事者が、他の構成単位の監査人にとっての追加すべき関連当事者に該当するかどうかを判断しなければならない。）

F39－2．グループ監査チームは、監査の過程において、構成単位の監査人の作業に影響を及ぼす、グループ財務諸表に係る不正による重要な虚偽表示を示唆する状況を識別した場合には、構成単位の監査人に適時に伝達しなければならない。また、グループ監査チームは、構成単位の監査人に対して、構成単位の監査人が実施した手続の結果、不正による重要な虚偽表示を示唆する状況を識別した場合、当該状況の内容を適時に伝達するように、構成単位の監査人に依頼しなければならない。（A58－2項及びFA58－3項参照）

40．グループ監査チームは、構成単位の監査人に対して、グループ財務諸表の監査についてのグループ監査チームの結論に関連する事項を報告するように依頼しなければならない。報告事項には、以下の事項を含めなければならない。

（A58項参照）

⑴ 構成単位の監査人が、独立性及び職業的専門家としての能力を含め、グループ財務諸表の監査に関連する職業倫理に関する規定を遵守したかどうか。

⑵ 構成単位の監査人がグループ監査チームにより要求された事項を遵守したかどうか。

⑶ 構成単位の監査人が報告の対象とする構成単位の財務情報の特定

⑷ グループ財務諸表に重要な虚偽表示をもたらす可能性がある違法行為に関する情報

⑸ 構成単位の財務情報の未修正虚偽表示のリスト（このリストには、グループ監査チームによって伝達された明らかに僅少である虚偽表示の金額の基準以下の虚偽表示を含める必要はない。（第39項⑶参照）

⑹ 経営者の偏向が存在する兆候

⑺ 構成単位において識別された財務報告に関する内部統制の重要な不備に関する説明

⑻ 構成単位の監査人が構成単位の統治責任者（我が国では、企業統治の責任を担う者には監査役若しくは監査役会、監査等委員会又は監査委員会、又は取締役会が該当すると一般的には解されているが、国によって企業統治の責任を有する機関等の名称は異なる。本報告書には国外で事業を行う構成単位に関する手続も含まれるため、本報告書においては特定の機関名ではなく「統治責任者」という。）に報告し又は報告を予定しているその他の重要事項。これには、以下の不正又は不正の疑いが含まれる。（A58－2項及びFA58－4項参照）

・構成単位の経営者による不正又は不正の疑い

・構成単位の内部統制において重要な役割を担っている従業員による不正又は不正の疑い

・不正が構成単位の財務情報の重要な虚偽表示となる場合には、上記以外の者による不正又は不正の疑い

⑼ グループ財務諸表の監査に関連するか、又は構成単位の監査人がグループ監査チームの注意を喚起したいと考えるその他の事項（構成単位の監査人が構成単位の経営者から入手した経営者確認書に記載された事項のうち、特にグループ監査チームの注意を喚起したい例外的な事項を含む。）

⑽ 構成単位の監査人の発見事項、結論又は意見

11．入手した監査証拠の十分性及び適切性の評価

⑴ 構成単位の監査人とのコミュニケーション及びその作業の妥当性の評価

41．グループ監査チームは、構成単位の監査人からの報告事項（第40項参照）を評価しなければならない。グループ監査チームは、以下を実施しなければならない。

⑴ 適切な場合には、構成単位の監査人、構成単位の経営者又はグループ経営者とその評価の結果判明した重要な事項を協議すること。

⑵ 構成単位の監査人の監査調書のその他の関連する箇所を査閲する必要があるかどうかを決定すること。（A59項参照）

42．グループ監査チームは、構成単位の監査人の作業が不十分であると判断した場合には、グループ監査チームがどのような追加手続を実施すべきか、又はその追加手続を構成単位の監査人若しくはグループ監査チームのいずれが実施するかを決定しなければならない。

⑵ 監査証拠の十分性及び適切性

43．監査人は、意見表明の基礎となる合理的な結論を導くことができるように、監査リスクを許容可能な低い水準に抑える十分かつ適切な監査証拠を入手することが要求されている。（監基報200第16項）

グループ監査チームは、連結プロセスについて実施した監査手続、並びに構成単位の財務情報に対してグループ監査チーム及び構成単位の監査人が実施した作業から、グループ財務諸表についての意見表明の基礎を得るために十分か

つ適切な監査証拠が入手されたかどうかを評価しなければならない。(A60項参照)

44．グループ監査責任者は、未修正の虚偽表示(グループ監査チームが自ら発見した場合又は構成単位の監査人から報告を受けた場合のいずれも含む。)、及び十分かつ適切な監査証拠を入手することができなかった状況が、グループ財務諸表の監査意見に与える影響を評価しなければならない。(A61項参照)

12．グループ経営者及びグループ統治責任者とのコミュニケーション

(1)　グループ経営者とのコミュニケーション

45．グループ監査チームは、監査基準委員会報告書265「内部統制の不備に関するコミュニケーション」に従い、識別された内部統制の不備のうちどれをグループ経営者に報告するかを判断しなければならない。この判断に当たって、グループ監査チームは、次の事項を考慮しなければならない。

(1)　グループ監査チームが識別した、グループ全体の内部統制の不備

(2)　グループ監査チームが構成単位の内部統制において識別した、内部統制の不備

(3)　構成単位の監査人がグループ監査チームに報告した内部統制の不備

46．グループ監査チームは、不正を識別した場合、構成単位の監査人から不正について報告された場合（第40項(8)参照)、又は不正が存在する可能性があることを示す情報を入手した場合、不正の防止及び発見に対する責任を有する者に知らせるため、適切な階層のグループ経営者に適時にこれらの事項を報告しなければならない。(A62項参照)

47．構成単位の監査人は、法令、規則又はその他の理由によって、構成単位の財務諸表に対して監査意見を表明することを要求される場合がある。構成単位の財務諸表に重要な影響を及ぼす可能性がある事項で構成単位の経営者が把握していない事項にグループ監査チームが気付いた場合、グループ監査チームは、当該事項を構成単位の経営者に伝達するようにグループ経営者に依頼しなければならない。グループ経営者が構成単位の経営者に伝達することを拒否した場合には、グループ監査チームは、グループの統治責任者(以下「グループ統治責任者」という。)と協議しなければならない。これらによっても解決しない場合には、グループ監査チームは、法律上及び職業専門家としての守秘義務に従った上で、構成単位の監査人に対して、当該事項が解決するまでは構成単位の財務諸表に対する監査報告書を発行しないように助言するかどうかを考慮しなければならない。(A63項参照)

(2)　グループ統治責任者とのコミュニケーション

48．グループ監査チームは、監査基準委員会報告書260「監査役等とのコミュニケーション」の要求事項に加えて、以下の事項についてグループ統治責任者とコミュニケーションを行わなければならない。(A64項参照)

(1)　構成単位の財務情報について実施する作業の種類の概要

(2)　重要な構成単位の財務情報について構成単位の監査人が実施する作業に関してグループ監査チームが予定している関与の概要

(3)　グループ監査チームが構成単位の監査人の作業を評価したことによって判明した作業の品質に関する懸念事項

(4)　グループ財務諸表の監査に対する制約（例えば、グループ監査チームの情報の入手が制限されていること。)

(5)　以下の不正又は不正の疑い

・グループ経営者による不正又は不正の疑い
・構成単位の経営者による不正又は不正の疑い
・グループ全体統制において重要な役割を担っている従業員による不正又は不正の疑い
・不正がグループ財務諸表の重要な虚偽表示となる場合には、上記以外の者による不正又は不正の疑い（A58－2項及びFA64－2項参照)

13．監査調書

49．監査基準委員会報告書230「監査調書」第７項から第10項及びA6項に従い、グループ監査チームは、以下の事項を監査調書に記載しなければならない。

(1) 重要な構成単位を識別するために実施した分析、及び構成単位の財務情報について実施した作業の種類

(2) 重要な構成単位の監査人が実施した作業へのグループ監査チームの関与の内容、時期及び範囲（実施している場合には、グループ監査チームによる構成単位の監査人の監査調書のグループ財務諸表の監査に関連する部分の査閲及びその結論を含む。）

(3) グループ監査チームが要求した事項に関する、グループ監査チームと構成単位の監査人との書面によるコミュニケーション

Ⅲ 適用指針

１．法令、規則又はその他の理由により監査対象となる構成単位（第３項参照）

A1．グループ監査チームが、法令、規則又はその他の理由により要求される構成単位の監査を利用して、グループ財務諸表の監査の監査証拠を入手するかどうかは以下のような要因を考慮して判断する。

・構成単位の財務諸表を作成する際に適用される財務報告の枠組みとグループ財務諸表を作成する際に適用される財務報告の枠組みの相違

・構成単位の監査人が適用する監査その他の基準と、グループ財務諸表の監査に適用する監査その他の基準との相違

・構成単位の財務諸表の監査が、グループの報告日程に間に合うように完了するかどうか。

２．定 義

(1) 構成単位（第８項(9)参照）

A2．構成単位の識別は、グループの構造の影響を受ける。例えば、グループの財務報告システムが組織構造を基礎として構築され、構成単位（親会社、子会社、共同支配企業、その他の被投資会社、本社や事業部門又は支店を含む。）によって財務情報が作成される場合がある。

一方、財務報告システムが機能、プロセス、製品やサービス（又は製品群やサービス群）、又は所在地域別に構築されているグループもある。この場合、グループ財務諸表に含まれる財務情報の作成単位は、機能、プロセス、製品やサービス（又は製品群やサービス群）又は所在地域となることがある。

A3．グループの財務報告システムにレベルの異なる構成単位が存在するため、複数の構成単位をあるレベルで合算して一つの構成単位として識別するのが適切な場合がある。

A4．あるレベルで合算された構成単位がグループ財務諸表の監査において一つの構成単位となり、一方で、当該合算された構成単位自体が、更にグループ財務諸表を作成している場合がある（以下、この場合を「サブグループ」という。）。本報告書は、グループ内におけるサブグループのそれぞれのグループ監査責任者及び監査チームに適用される場合がある。

(2) 重要な構成単位（第８項(13)参照）

A5．構成単位の個別の財務的重要性が増加すると、通常、グループ財務諸表の重要な虚偽表示リスクが増加する。グループ監査チームは、個別の財務的重要性のある構成単位の識別に、選択した財務指標に対する比率を使用することがある。使用する財務指標の識別とそれに対して適用する比率の決定は、職業的専門家としての判断を伴うものである。適切な財務指標には、グループの性質及び状況に応じて、グループ財務諸表の資産、負債、キャッシュ・フロー、利益又は売上高等が含まれる。例えば、グループ

監査チームは、選択した財務指標の15%を超過する構成単位を重要な構成単位と考える場合がある。ただし、状況によっては、これより高い又は低い比率を適切と考える場合もある。

A6．グループ監査チームは、構成単位の特定の性質又は状況により、グループ財務諸表における特別な検討を必要とするリスク（監基報315第25項から第27項参照）を含む可能性がある構成単位を認識する場合もある。例えば、ある構成単位が外国為替取引に対する責任を有する場合には、この構成単位に個別の財務的重要性がなくても、グループ全体を特別な検討を必要とするリスクに晒すことがあり得る。

(3)　構成単位の監査人（第８項⑽参照）

A7．グループ監査チームにおける一部のメンバーが、グループ監査チームの依頼に応じて、グループ財務諸表の監査のために、構成単位の財務情報に関する作業を実施する場合がある。この場合、当該メンバーは、構成単位の監査人でもある。

３．責任（第10項参照）

A8．構成単位の監査人はグループ財務諸表の監査のために構成単位の財務情報に関する作業を実施し、その結果として自らの発見事項、結論又は意見についての責任を有するが、グループ財務諸表の監査意見については、グループ監査責任者又はグループ監査責任者の監査事務所が責任を有する。

A9．グループ監査チームは、構成単位の財務情報に関して十分かつ適切な監査証拠を入手することができなかったためにグループ財務諸表に対して除外事項付意見を表明する場合、監査報告書の除外事項付意見の根拠区分において、除外事項となった状況を十分に説明するために必要な場合を除いて、構成単位の監査人の利用に関しては言及しない。（監基報705第23項参照）

４．監査契約の新規の締結及び更新

(1)　監査契約の新規の締結及び更新に当たっての理解（第11項参照）

A10．監査契約の新規の締結の場合には、グループ監査チームは、以下により、グループ全体、構成単位及びこれらの環境を理解することができる。

・グループ経営者が提供する情報

・グループ経営者とのコミュニケーション

・該当する場合には、前任のグループ監査チーム、構成単位の経営者、又は構成単位の監査人とのコミュニケーション

A11．グループ監査チームの理解には、以下のような事項が含まれる。

・グループの法的な構造又は組織構造（すなわち、グループの財務報告システムがどのように構築されているか。）

・グループにとって重要な、構成単位の事業活動（当該事業活動が属する産業及び規制並びに経済的及び政治的な環境を含む。）

・受託会社の利用（シェアード・サービス・センターを含む。）

・グループ全体統制の内容

・連結プロセスの複雑性

・グループ監査責任者の監査事務所又はネットワークに属さない構成単位の監査人が構成単位の財務情報に関する作業を実施するかどうか、及びグループ経営者が当該監査人を利用する理由

・グループ監査チームは、グループ統治責任者、グループ経営者、構成単位の統治責任者、構成単位の経営者、構成単位の情報及び構成単位の監査人（グループ監査チームが求める関連する監査調書を含む。）に、制約を受けずに接することができ、かつ、構成単位の財務情報に関する必要な作業を実施できるか。

A12．既存の監査契約の更新の場合、グループ監査チームによる十分かつ適切な監査証拠の入手可能性は、例えば以下のような重要な変更により影響を受ける場合がある。

・グループの組織構造の変更（例えば、買収、処分、組織変更又は構築されたグループの財務報告システムの変更など）
・グループにとって重要な、構成単位の事業活動の変更
・グループ統治責任者、グループ経営者又は重要な構成単位の主要な経営者の構成の変化
・グループ又は構成単位の経営者の誠実性と適性に関してグループ監査チームが抱く懸念
・グループ全体統制の変更
・適用される財務報告の枠組みの変更

(2)　十分かつ適切な監査証拠の入手可能性（第11項参照）

A13．グループを構成する構成単位に重要な構成単位が存在しないケースがある。このような状況においては、グループ監査責任者は、グループ監査チームが以下の手続の双方を実施できるのであれば、グループ財務諸表についての意見表明の基礎となる十分かつ適切な監査証拠の入手を合理的に見込むことが可能となる。

(1)　グループ監査チームが、これらの構成単位のうち一部の構成単位の財務情報に関する作業を実施できること。

(2)　グループ監査チームが、(1)以外の構成単位の財務情報に関して、構成単位の監査人が実施する作業に、十分かつ適切な監査証拠の入手に必要な程度まで関与することができること。

(3)　情報の入手可能性（第12項参照）

A14．グループ監査チームにおける情報の入手可能性は、例えばグループ経営者が守秘義務や情報保護に関する法令等により情報を提供することができない状況によって、制約される場合がある。グループ監査チームが、関連する監査調書の閲覧を求めても、構成単位の監査人に拒否される場合もある。また、グループ経営者によって制約されることもあり得る。

A15．何らかの状況により情報の入手可能性が制約される場合でも、グループ監査チームが十分かつ適切な監査証拠を入手できることはあるが、構成単位のグループにおける重要性が増大するにつれて、その可能性は低くなる。

例えば、グループ監査チームが、持分法で会計処理されている構成単位の統治責任者、構成単位の経営者又は構成単位の監査人（グループ監査チームが求める関連する監査調書を含む。）に接することができない場合がある。当該構成単位が重要な構成単位ではなく、グループ監査チームが監査報告書を付した構成単位の財務諸表一式を入手し、その構成単位に関してグループ経営者が保有する情報を得ることができる場合には、グループ監査チームは、この情報がその構成単位に関する十分かつ適切な監査証拠を構成すると判断する場合もある。

しかし、当該構成単位が重要な構成単位であれば、グループ監査チームは当該グループ財務諸表の監査に関連する本報告書の要求事項を遵守することができないことになろう。例えば、グループ監査チームは、第29項及び第30項において要求される事項を遵守して構成単位の監査人の作業に関与することができず、その構成単位に関して十分かつ適切な監査証拠を入手することができない場合、監査基準委員会報告書705に従い、グループ監査チームが十分かつ適切な監査証拠を入手できないことによる監査報告に対する影響を評価することとなる。

A16．グループ経営者がグループ監査チーム又は構成単位の監査人に対して重要な構成単位の情報の入手可能性を制約する場合には、グループ監査チームは、十分かつ適切な監査証拠を入手することができないことになろう。

A17．このような制約が重要な構成単位以外の構成単位に関するものである場合には、グループ監査チームは十分かつ適切な監査証拠を入手できることもあるが、制約の原因自体がグループ財務諸表の監査意見に影響を及ぼす場合もある。例えば、制約の原因によっては、グループ監査チームの質問に対するグループ経営者の回答やグループ監査チームに対するグループ経営者の陳述の信頼性に影響する場合がある。

(4)　監査業務の契約条件（第13項参照）

A18．グループ財務諸表の監査業務の契約条件には、グループ財務諸表に適用される財務報告の枠組みが記載され（監基報210第６項参照）、さらに、以下のような事項を含む場合がある。

・グループ監査チームと構成単位の監査人との間のコミュニケーションは、法令に基づき可能な範囲で制約されない旨

・構成単位の監査人、構成単位の統治責任者及び構成単位の経営者との間の重要なコミュニケーションは、内部統制の重要な不備に関するコミュニケーションを含め、グループ監査チームに対しても同様に伝えられる旨

・規制当局と構成単位との間の財務報告事項に関連する重要なコミュニケーションは、グループ監査チームに伝えられる旨

・グループ監査チームが必要と認める範囲において、以下の事項が許容される旨

―構成単位の情報を入手すること、並びに構成単位の統治責任者、構成単位の経営者及び構成単位の監査人（グループ監査チームが求める関連する監査調書を含む。）へ接すること。

―構成単位の財務情報に関して作業を実施すること、又は構成単位の監査人へ作業の実施を依頼すること。

A19．グループ監査責任者が監査契約を締結した後に、以下のいずれかの事項について制約が課された場合には、十分かつ適切な監査証拠を入手することができず、グループ財務諸表の監査意見に影響を及ぼすことがあり、例外的な状況においては監査契約の解除に至る場合もある。

・グループ監査チームが、構成単位の情報を入手すること、並びに構成単位の統治責任者、構成単位の経営者又は構成単位の監査人（グループ監査チームが求める関連する監査調書を含む。）へ接すること。

・構成単位の財務情報に関する作業を実施すること。

５．監査の基本的な方針及び詳細な監査計画（第15項参照）

A20．グループ監査責任者によるグループ財務諸表の監査の基本的な方針及び詳細な監査計画についての査閲は、グループ監査責任者がグループ財務諸表の監査業務の指示を行う上で重要である。

６．グループ全体、構成単位及びこれらの環境の理解

(1)　グループ監査チームが理解する事項（第16項参照）

A21．監査基準委員会報告書315には、企業に影響を与える産業や規制等の外部要因（適用される財務報告の枠組みを含む。）、企業の事業活動等、企業目的や戦略及びこれらに関連する事業上のリスク、並びに企業の業績の測定と検討を理解する際に、監査人が検討する可能性のある事項に関する指針を記載している。（監基報315の A20項から A45項参照）

本報告書の付録１には、連結プロセスを含むグループ財務諸表の監査に特有の事項に関してグループ監査チームが理解する事項を例示している。

(2)　グループ経営者が構成単位に送付する決算指示書（第16項参照）

A22．財務情報の統一性と比較可能性を達成するために、グループ経営者は、通常、構成単位に決算指示書を送付する。決算指示書には、グループ財務諸表に含められる構成単位の財務情報に対して要求される事項が明記されるとともに、財務報告手続マニュアルと報告パッケージが含まれることが多い。報告パッケージは、通常、グループ財務諸表に組み込む財務情報を提供するための標準的な様式で構成されている。ただし、報告パッケージは、一般的には、適用される財務報告の枠組みに準拠して作成及び表示される完全な財務諸表の形式にはなっていない。

A23．決算指示書には、通常、以下の事項を含む。

・適用される会計方針
・グループ財務諸表に適用される法令及びその他の開示に関して要求される事項であり、以下の事項を含む。
　―セグメントの識別及び報告
　―関連当事者との関係及び関連当事者との取引
　―グループ内取引及び未実現利益
　―グループ内勘定残高
・報告日程

A24. 決算指示書についてのグループ監査チームの理解には、以下のような事項を含む。
・報告パッケージを完成させるための指示の明瞭性と実行可能性
・決算指示書が以下の事項を満たしているかどうか。
　―適用される財務報告の枠組みについて適切に記述している。
　―適用される財務報告の枠組みにおいて開示について要求される事項を遵守するために十分な規定がある（例えば、関連当事者との関係及び関連当事者との取引、セグメント情報）。
　―連結修正に必要な項目について規定している（例えば、グループ内取引及び未実現利益並びにグループ内勘定残高）。
　―構成単位の経営者による財務情報の承認について規定している。

(3) 不正（第16項参照）

A25. 監査人は、不正による財務諸表の重要な虚偽表示リスクを識別し評価するとともに、評価したリスクへの適切な対応を立案し実施することが要求されている（監査基準委員会報告書240「財務諸表監査における不正」）。不正によるグループ財務諸表の重要な虚偽表示リスクの識別に利用される情報には、例えば、以下の事項が含まれる。
・グループ財務諸表に不正による重要な虚偽表示が行われるリスクに関するグループ経営者の評価
・グループ経営者がグループの不正リスクの識別と対応について構築した一連の管理プロセス（グループ経営者が識別した特定の不正リスク、又は不正リスクが存在する可能性がある取引種類、勘定残高又は開示等を含む。）
・不正リスクの存在する可能性がある特定の構成単位の有無
・グループの不正リスクの識別と対応について構築した一連の管理プロセス、及び不正リスクを低減するためにグループ経営者が構築した内部統制についてのグループ統治責任者による監視の方法
・構成単位又はグループ全体に影響を与える不正、不正の疑い又は不正の申立てを把握しているかどうかについてのグループ監査チームの質問に対するグループ統治責任者、グループ経営者、内部監査人（適切な場合には、構成単位の経営者、構成単位の監査人及びその他の者）の回答

(4) グループ財務諸表の重要な虚偽表示リスク（不正リスクを含む。）に関するグループ監査チームと構成単位の監査人との討議（第16項参照）

A26. 監査チームの主要メンバーは、不正又は誤謬によって財務諸表に重要な虚偽表示が行われる可能性について討議することが要求されている。この討議では、不正による重要な虚偽表示リスクに特に重点を置く。

グループ財務諸表の監査においては、これらの討議に、構成単位の監査人が参加する場合がある（監基報240第14項及び監基報315第９項参照）。グループ監査責任者が討議に参加するメンバー、討議の方法、時期及び範囲について決定するに当たっては、グループについての過去の経験などの要因が影響する。

A27. グループ財務諸表に重要な虚偽表示が行われる可能性についての討議を行うことによって、以下の事項が可能になる。
・グループ全体統制を含む、構成単位とそれらの環境に係る知識を共有すること。

・構成単位又はグループに係る事業上のリスクについて情報交換すること。
・グループ財務諸表のどこに、どのように不正又は誤謬による重要な虚偽表示が行われる可能性があるのか、グループ経営者と構成単位の経営者がどのように不正な財務報告を行い、これを隠蔽できるのか、そして、どのように構成単位の資産が流用されることがあり得るのかについて意見交換すること。
・利益調整を目的とする不正な財務報告につながる可能性のある、グループ経営者又は構成単位の経営者がとる手法を識別すること（例えば、適用される財務報告の枠組みを遵守していない収益認識の実務）。
・グループ経営者、構成単位の経営者又は他の者が不正を実行する「動機・プレッシャー」、「機会」、「姿勢・正当化」に関するグループの外部及び内部要因を検討すること。
・グループ経営者又は構成単位の経営者が内部統制を無効化するリスクについて検討すること。
・グループ財務諸表に含まれる構成単位の財務情報の作成に当たって統一された会計方針が使用されているかどうか検討すること、及び構成単位で統一された会計方針が使用されておらず適用される財務報告の枠組みにおいて会計方針の相違を修正することが要求されている場合は、会計方針の相違を識別し修正を行っている方法について検討すること。
・構成単位における識別された不正又は不正の存在を示唆する情報について討議すること。
・各国での違法行為を示唆する情報を共有すること（例えば、賄賂の支払や移転価格に関する不適切な処理）。

(5)　リスク要因（第17項参照）

A28．付録2は、単独で又は組合せによって、グループ財務諸表の重要な虚偽表示リスク（不正リスクを含む。）を示唆する状況又は事象を例示している。

(6)　リスク評価（第17項参照）

A29．グループ監査チームは、以下のような情報に基づき、グループ財務諸表の重要な虚偽表示リスクをグループ・レベルで評価する。
・グループ全体、構成単位及びそれらの環境並びに連結プロセスの理解から得た情報（グループ全体統制及び連結手続に関連する内部統制のデザイン及び業務への適用を評価するに当たって入手した監査証拠を含む。）
・構成単位の監査人から入手した情報

7．構成単位の監査人に関する理解（第18項参照）

A30．グループ監査チームは、グループ財務諸表の監査のために構成単位の財務情報に関する作業の実施を構成単位の監査人に依頼する場合にのみ、当該構成単位の監査人を理解する必要がある。例えば、グループ監査チームがグループ・レベルでの分析的手続のみを実施する構成単位については、その構成単位の監査人について理解する必要はない。

(1)　構成単位の監査人を理解するためのグループ監査チームの手続及び監査証拠の入手方法（第18項参照）

A31．グループ監査チームが構成単位の監査人を理解するために実施する手続の種類、時期及び範囲は、構成単位の監査人に関する過去の経験や知識等の要因や、グループ監査チームと構成単位の監査人の方針及び手続がどの程度共通しているかによって影響を受ける。これには、例えば以下の事項を含む。
・グループ監査チームと構成単位の監査人が、以下を共有しているかどうか。
　―作業を実施するための共通の方針及び手続（例えば、監査手法など）
　―共通の品質管理の方針及び手続
　―共通の品質管理のシステムの監視に関する方針及び手続
・以下の事項に係る類似性があるか。
　―法令及び規則又は法制度

—職業的専門家に対する監視、規律及び外部からの品質保証に係る制度
—教育及び研修
—職業的専門家団体及び職業的専門家としての基準
—言語及び文化

A32. これらの要因は、相互に影響し合うもので、相互に排他的なものではない。例えば、ある構成単位の監査人が、共通の品質管理及びその監視に関する方針及び手続並びに共通の監査手法に継続して従っている場合、又はグループ監査責任者と同じ国若しくは地域で業務運営を行っている場合には、グループ監査チームが当該構成単位の監査人を理解するための手続の範囲は、共通の品質管理及びその監視に関する方針及び手続並びに共通の監査手法に従っていない、又はグループ監査責任者と異なる国若しくは地域で業務運営を行っている場合における構成単位の監査人を理解するための手続の範囲よりも狭いことがある。また、両者の構成単位の監査人に関して行う手続の内容も異なる可能性がある。

A33. グループ監査チームが構成単位の監査人を理解する方法は様々である。グループ監査チームは、構成単位の監査人に関与を依頼する初年度には、例えば、以下の事項を実施する場合がある。

・品質管理基準委員会報告書第１号「監査事務所における品質管理」第53項で要求されているように、グループ監査チーム及び構成単位の監査人が、共通の品質管理のシステムの監視に関する方針及び手続を利用する監査事務所又はネットワーク内の監査事務所に属している場合には、その品質管理の監視の結果を評価すること。
・第18項(1)から(3)の事項について構成単位の監査人と討議するために構成単位の監査人を訪問すること。
・構成単位の監査人に第18項(1)から(3)の事項を書面により確認するよう要請すること（付録３では、構成単位の監査人の受領を確かめる文書を例示している。)。
・構成単位の監査人に第18項(1)から(3)の事項に関する質問書への回答を要請すること。
・構成単位の監査人について知識を有する、グループ監査責任者の監査事務所内の者又は信頼できる第三者と、構成単位の監査人について討議すること。
・構成単位の監査人が属する職業的専門家団体、構成単位の監査人が登録や届出等を行う当局又はその他の第三者から確認を得ること。

次年度以降は、グループ監査チームの構成単位の監査人とのそれまでの経験が、構成単位の監査人の理解の基礎となることがある。グループ監査チームは、構成単位の監査人に、第18項(1)から(3)の事項に関連して前年度から変更があったかどうかの確認を求めることがある。

A34. 職業的専門家としての監査人を監督し監査の品質を監視するために、独立した監督機関が設立されている場合には、その規制環境を知ることは、グループ監査チームが構成単位の監査人の独立性及び職業的専門家としての能力の評価をするに当たり有用である。規制環境に関する情報は、構成単位の監査人、又は独立した監督機関が提供する情報から入手することができる。

(2) グループ財務諸表の監査に関連する職業倫理に関する規定（第18項(1)参照）

A35. グループ財務諸表の監査のために構成単位の財務情報に関して作業を実施する場合、構成単位の監査人はグループ財務諸表の監査業務に関連する職業倫理に関する規定に従う。当該規定は、構成単位の監査人の国又は地域で法定監査を実施する際に、構成単位の監査人に適用されるものとは異なる場合、又はそれに追加されるものである場合がある。したがって、グループ監査チームは、構成単位の監査人が、グループ財務諸表の監査において構成単位の監査人としての責任を果たせるように、グループ財務諸表の監査業務に関連する職業倫理に関する規定を理解し遵守しているかどうかを理解する必要がある。

(3)　構成単位の監査人の職業的専門家としての能力（第18項(2)参照）

A36．構成単位の監査人の職業的専門家としての能力に関するグループ監査チームの理解には、以下のような事項が含まれる。

・構成単位の監査人は、グループ財務諸表の監査に適用される監査及びその他の基準について、グループ財務諸表の監査における構成単位の監査人としての責任を果たせるように理解しているか。

・構成単位の監査人は、当該構成単位の財務情報に関する作業の実施に必要な特定分野における専門的な知識や技能（例えば、業界特有の知識）を有しているか。

・適切な場合には、構成単位の監査人は、適用される財務報告の枠組みについて、グループ財務諸表の監査における構成単位の監査人としての責任を果たせるように理解しているか（多くの場合、グループ経営者から構成単位に送付される決算指示書に、適用される財務報告の枠組みについて記述される。）。

(4)　構成単位の監査人に関するグループ監査チームの理解（第19項参照）

A37．グループ監査チームは、構成単位の監査人に独立性がない場合、構成単位の監査人の作業に関与し、又は構成単位の財務諸表について追加のリスク評価手続若しくはリスク対応手続を実施しても、その状況を克服することはできない。

A38．一方、グループ監査チームは、構成単位の監査人の職業的専門家としての能力に関して抱いている懸念が重大でない場合（例えば、業界特有の知識の不足）、又は構成単位の監査人が監査人を積極的に監督する環境下で業務を実施していない場合には、構成単位の監査人の作業に関与したり、又は構成単位の財務諸表について追加のリスク評価手続若しくはリスク対応手続を実施することにより、それを克服できる場合がある。

A39．構成単位の監査人の監査調書の関連する部分を閲覧することが法令で禁止されている場合、グループ監査チームは、この状況を克服するために、関連する情報を要約した文書を作成するよう構成単位の監査人に要請する場合がある。

8．重要性（第20項から第22項参照）

A40．監査人は、重要性について以下の事項が要求されている（監査基準委員会報告書320「監査の計画及び実施における重要性」第９項及び第10項参照）。

(1)　監査の基本的な方針を策定するに際して、次の事項を決定すること。

①　財務諸表全体としての重要性の基準値

②　企業の特定の状況において、当該企業の財務諸表全体としての重要性の基準値より低い金額の虚偽表示が財務諸表の利用者が行う経済的意思決定に影響すると合理的に見込まれる特定の取引種類、勘定残高又は開示等がある場合には、これらの特定の取引種類、勘定残高又は開示等に対する重要性の基準値

(2)　手続実施上の重要性を決定すること。

グループ財務諸表の監査では、重要性の基準値はグループ財務諸表全体及び構成単位の財務情報の双方について設定される。グループ財務諸表全体としての重要性の基準値はグループ財務諸表の監査の基本的な方針を策定する際に使用される。

A41．グループ財務諸表における未修正の虚偽表示と未発見の虚偽表示の合計が、グループ財務諸表全体としての重要性の基準値を上回る可能性を許容可能な低い水準に抑えるために、構成単位の重要性の基準値はグループ財務諸表全体としての重要性の基準値よりも低く設定される。構成単位の重要性の基準値は、構成単位ごとに異なる場合がある。なお、様々な構成単位における構成単位の重要性の基準値の合計がグループ財務諸表全体としての重要性の基準値と一致する必要はなく、それを超える場合もある。構成単位の重要性の基準値は構成単位の監査の基本的な方針を策定する際に使用される。

A42. 構成単位の重要性の基準値は、第25項、第26項(1)及び第28項に記載のとおり、グループ財務諸表の監査の一環として構成単位の財務情報を監査又はレビューする場合に構成単位に対して決定される。構成単位の重要性の基準値は、発見された未修正の虚偽表示が、個別に又は集計して重要であるかどうかを評価するために、構成単位の監査人によって使用される。

A43. グループ財務諸表について明らかに僅少であるとみなすことができない虚偽表示の金額の基準は、構成単位の重要性の基準値とは別に決定される。構成単位の財務情報において識別された、この金額の基準を超えるような虚偽表示は、グループ監査チームに伝達されることとなる。

A44. 構成単位の財務情報を監査する場合、構成単位の監査人（又はグループ監査チーム）は、構成単位の手続実施上の重要性を決定する。これは、構成単位の財務情報における未修正の虚偽表示と未発見の虚偽表示の合計が構成単位の重要性の基準値を上回る可能性を許容可能な低い水準に抑えるために必要である。実務上は、グループ監査チームは、構成単位の手続実施上の重要性を構成単位の重要性の基準値として設定する場合がある。この場合、構成単位の監査人は、構成単位の財務情報の重要な虚偽表示リスクを評価し、評価したリスクに対応するリスク対応手続を立案する局面と、さらに発見された虚偽表示が個別に又は集計して重要であるかどうか評価する局面の双方で、構成単位の重要性の基準値を用いる。

9. 評価したリスクへの対応

(1) 構成単位の財務情報に対して実施する作業の種類の決定（第25項及び第26項参照）

A45. 構成単位の財務情報に関して実施する作業、及び構成単位の監査人の作業への関与についてのグループ監査チームの決定は、以下の要因の影響を受ける。

(1) 構成単位のグループにおける重要性

(2) 識別された、グループ財務諸表に係る特別な検討を必要とするリスク

(3) グループ監査チームによるグループ全体統制のデザインの評価及びそれが業務に適用されているかどうかの判断

(4) 構成単位の監査人に関するグループ監査チームの理解

付録4は、グループ監査チームが構成単位の財務情報に関して実施する作業の種類を決定する際、構成単位のグループにおける重要性がどのような影響を与えるかを示している。

重要な構成単位（第26項(2)及び(3)参照）

A46. ある構成単位に、特定の性質又は状況によりグループ財務諸表に係る特別な検討を必要とするリスクが含まれる可能性がある場合、グループ監査チームは当該構成単位を重要な構成単位として識別する。この場合、グループ監査チームは、特別な検討を必要とするリスクの影響を受ける勘定残高、取引種類又は開示等を特定することができることがあり、その場合には勘定残高、取引種類又は開示等のみを対象とした監査を自ら実施するか、構成単位の監査人に対し依頼することがある。例えば、A6項のような状況においては、構成単位の財務情報に対して実施する作業は、当該構成単位の外国為替取引の影響を受ける勘定残高、取引種類、開示等の監査に限定される場合がある。ただし、グループ監査チームが構成単位の監査人に特定の勘定残高、取引種類又は開示等の監査を依頼する場合、グループ監査チームは、多くの財務諸表項目は相互に関連しているという事実を考慮してコミュニケーションを行う（第39項参照）。

A47. グループ監査チームは、グループ財務諸表に係る特別な検討を必要とするリスクに対応する監査手続を立案する場合がある。例えば、棚卸資産の陳腐化に関する特別な検討を必要とするリスクについて、グループ財務諸表の監査人は、陳腐化している可能性がある棚卸資産を大量に保有していることから重要な構成単位となるが、それ以外に重要な点を有しない構成単位に対して、棚卸資産の評価に関する特定の監査手続を自ら実施するか、又は構成単位の監査人

にその実施を依頼する場合がある。

重要な構成単位以外の構成単位（第27項及び第28項参照）

A48．監査業務の状況に応じて、構成単位の財務情報は、様々なレベルで集約され分析的手続が実施される場合がある。このような分析的手続の結果は、重要な構成単位以外の構成単位の財務情報を集約しても、重要な虚偽表示に係る特別な検討を必要とするリスクはないというグループ監査チームの判断の裏付けとなる。

A49．第28項に記載のとおり、選定する構成単位の数、選定する構成単位、及び選定された個々の構成単位の財務情報に対し実施する作業の種類についてのグループ監査チームの決定は、例えば、以下のような要因の影響を受ける。

・重要な構成単位の財務情報に関して入手することが見込まれる監査証拠の程度
・新たに設立又は買収された構成単位の有無
・構成単位に生じた重要な変更の有無
・構成単位における内部監査の実施の有無、及びそれがグループ財務諸表の監査に与える影響
・構成単位に適用される共通のシステムとプロセスの有無
・グループ全体統制の運用状況の有効性
・グループ・レベルで実施される分析的手続において発見された異常な変動
・重要な構成単位以外の構成単位全体における個々の構成単位の相対的な財務的重要性、又は存在するリスクの程度
・法律、規則又はその他の理由で監査が要求される構成単位の有無

重要な構成単位以外の構成単位を選定する際は、企業が想定しない要素を組み込むことにより、構成単位の財務情報の重要な虚偽表示を発見する可能性が高まることがある。選定される構成単位は、循環的に見直し、一部又は全部を変更することが多い。

A50．構成単位の財務情報のレビューは、適切な財務情報のレビュー基準に従って実施されるが、この場合、我が国において一般に公正妥当と認められる四半期レビューの基準や国際的なレビュー基準（例えば、国際監査・保証基準審議会が公表しているレビュー基準であるISRE 2400「財務諸表のレビュー業務」又はISRE 2410「独立監査人が実施する期中財務情報のレビュー」）が参考となる。グループ監査チームは当該業務に加えて追加手続を立案することがある。

A51．A13項に記載のとおり、グループを構成する構成単位に重要な構成単位が存在しないケースがある。このような状況では、第28項に記載のとおり構成単位の財務情報に対して実施する作業の種類を決定することにより、グループ監査チームはグループ財務諸表についての意見表明の基礎となる十分かつ適切な監査証拠を入手することができる。グループ監査チーム又は構成単位の監査人がグループ全体統制の有効性を検討する運用評価手続の実施と構成単位の財務情報に係る分析的手続の実施のみによって、グループ監査チームが、グループ財務諸表についての意見表明の基礎となる十分かつ適切な監査証拠を入手できる場合は少ない。

⑵　構成単位の監査人が実施する作業への関与

（第29項及び第30項参照）

A52．グループ監査チームが構成単位の監査人が実施する作業へ関与することに影響を与える要因には、以下の事項がある。

⑴　構成単位のグループにおける重要性
⑵　識別された、グループ財務諸表に係る特別な検討を必要とするリスク
⑶　構成単位の監査人に関するグループ監査チームの理解

グループ監査チームは、重要な構成単位又は識別された特別な検討を必要とするリスクに対して第29項及び第30項に記載された手続を実施する。重要な構成単位以外の構成単位に対しては、構成単位の監査人の作業に対するグループ監査チームの関与の内容、時期及び範囲は、構成単位の監査人に対するグループ監査チームの理解によって異なる。この場合、構成単位が重

要な構成単位ではないことは、二次的なものとなる。例えば、ある構成単位が重要な構成単位として考慮されていないとしても、グループ監査チームは、構成単位の監査人のリスク評価へ関与することを決定する場合がある。これは、構成単位の監査人の職業的専門家としての能力に重大ではないものの懸念がある場合（例えば、業界特有の知識の不足）や、構成単位の監査人が監査人を適切に監督する規制環境の下で業務を実施していない場合である。

A53．グループ監査チームは、第29項、第30項及び第41項に記載された事項以外の構成単位の監査人の作業への関与の形態として、構成単位の監査人に関する理解に基づき以下の一つ又は複数の手続を実施する場合がある。

(1) 構成単位及びその環境を理解するため、構成単位の経営者又は構成単位の監査人と協議すること。

(2) 構成単位の監査人の監査の基本的な方針及び詳細な監査計画を査閲すること。

(3) 構成単位レベルにおける重要な虚偽表示リスクを識別し評価するためリスク評価手続を実施すること（これは、構成単位の監査人とともに実施するか、又はグループ監査チームによって実施される。）。

(4) リスク対応手続を立案し実施すること（これは、構成単位の監査人とともに立案及び実施するか、又はグループ監査チームによって実施される。）。

(5) 構成単位の監査人と構成単位の経営者との、監査の最終段階の重要な協議及び他の重要な協議に参加すること。

(6) 構成単位の監査人の監査調書の関連する箇所を査閲すること。

10．連結プロセス

連結のための修正及び組替（第33項参照）

A54．連結プロセスでは、通常の取引処理システムを通さず、又は他の財務情報に適用される内部統制を適用せずに、グループ財務諸表上の金額が修正されることがある。グループ監査チームは、このような修正の適切性、網羅性及び正確性の評価において、以下の手続を実施することがある。

・重要な修正が、その修正の原因となる事象や取引を適切に反映しているかどうかを評価すること。

・重要な修正が正確に計算、処理され、グループ経営者（該当する場合には、構成単位の経営者）によって承認されているかどうかを判断すること。

・重要な修正が、適切に裏付けられ、十分に文書化されているかどうかを判断すること。

・グループ内取引と未実現利益及びグループ内勘定残高に係る照合・調整と消去を検証すること。

11．構成単位の監査人とのコミュニケーション（第39項から第40項参照）

A55．グループ監査チームと構成単位の監査人との間に有効な双方向のコミュニケーションが存在しない場合、グループ監査チームがグループ財務諸表についての意見表明の基礎となる十分かつ適切な監査証拠を入手できないリスクがある。グループ監査チームが要求する事項に関する適時の明確なコミュニケーションは、グループ監査チームと構成単位の監査人との間で、有効な双方向のコミュニケーションの基礎となる。

A56．グループ監査チームが構成単位の監査人に要求する事項は、多くの場合、指示書により伝達される。付録5には、伝達が必要とされる事項、及び任意で伝達する事項に関する指針が記載されている。また、構成単位の監査人によるグループ監査チームに対する報告は、実施した作業について記載した簡潔な文書又は報告書の形態で行われることが多い。

グループ監査チームと構成単位の監査人のコミュニケーションとは、必ずしも書面による必要はない。例えば、グループ監査チームは、識別した特別な検討を必要とするリスクについて討議するため、又は構成単位の監査人の監査調書のグループ財務諸表の監査に関連する部分を査閲するために、構成単位の監査人を訪問する場合がある。ただし、この場合においても、本報告書及び他の監査基準委員会報告書による監査調書についての要求事項は適用される。

A57．構成単位の監査人は、グループ監査チームと協力するに当たり、例えば、法令で禁じられていない限りは、グループ監査チームが関連する監査調書を閲覧することに応じることがある。

A58．グループ監査チームのメンバーが構成単位の監査人でもある場合、グループ監査チームは、特定の書面によるコミュニケーション以外の方法によっても、構成単位の監査人との明確なコミュニケーションを実施することが可能である。これには、例えば、以下のような場合がある。

・第39項で記載されているグループ監査チームにより要求される事項を伝達するには、構成単位の監査人がグループ財務諸表の監査の基本的な方針及び詳細な監査計画を閲覧すれば十分な場合がある。

・第40項で記載されているグループ監査チームの結論に関連する事項を報告するには、グループ監査チームが構成単位の監査人の監査調書を査閲すれば十分な場合がある。

A58－2．不正リスク対応基準に準拠して監査を実施する際に遵守が求められる要求事項と関連する適用指針は、不正リスク対応基準が適用されない監査業務においても、業務の状況に応じて、参考となることがある。（第F39－2項、第40項(8)及び第48項(5)参照）

FA58－3．監査基準委員会報告書240には、不正による重要な虚偽表示を示唆する状況に関する要求事項（監基報240第F35－2項から第F35－4項及び付録4）と関連する指針が含まれている。（第F39－2項参照）

FA58－4．第40項(8)の不正又は不正の疑いには、不正による重要な虚偽表示の疑義が含まれる。（監基報240第40項参照）

12．入手した監査証拠の十分性及び適切性の評価

(1)　構成単位の監査人の監査調書の査閲（第41項(2)参照）

A59．構成単位の監査人の監査調書のどの部分がグループ財務諸表の監査に関連するかは状況により異なる。グループ財務諸表に係る特別な検討を必要とするリスクに関連する監査調書は、査閲の重点的な対象とされることが多い。構成単位の監査人の監査調書が、所属する監査事務所内のレビューの対象になっているかどうかは、査閲の範囲の決定に影響を及ぼすことがある。

(2)　監査証拠の十分性及び適切性（第43項及び第44項参照）

A60．グループ監査チームが、グループ財務諸表についての意見表明の基礎となる十分かつ適切な監査証拠が入手できていないと判断した場合、構成単位の監査人に追加手続の実施を依頼することがある。それが実施可能ではない場合には、グループ監査チーム自ら、構成単位の財務情報について手続を実施する場合がある。

A61．グループ監査責任者は、（グループ監査チームが発見したか、又は構成単位の監査人から報告を受けた）虚偽表示を集計した結果を評価することによって、グループ財務諸表に全体として重要な虚偽表示があるかどうかを判断することが可能となる。

13．グループ経営者及びグループ統治責任者とのコミュニケーション

(1)　グループ経営者とのコミュニケーション（第45項から第47項参照）

A62．監査基準委員会報告書240（第39項から第41項参照）には、不正に関する経営者とのコミュニケーション、及び経営者が不正に関与している可能性がある場合の監査役等（本報告書では「統治責任者」という。）とのコミュニケーションに関する要求される事項と指針が含まれている。

A63．グループ経営者は、重要かつ慎重な取扱いを期する情報について、機密を保持することが必要な場合がある。構成単位の財務諸表に重要な影響を及ぼす可能性があるが、構成単位の経営者が把握していない事項の例としては、以下のものがある。

・訴訟の可能性
・重要な事業資産の廃棄計画
・後発事象
・重要な契約

(監基報240第40項参照)

⑵ グループ統治責任者とのコミュニケーション（第48項参照）

A64．グループ監査チームがグループ統治責任者とのコミュニケーションを行う事項には、構成単位の監査人から報告された事項のうち、グループ監査チームがグループ統治責任者の責任において重要であると判断するものを含むことがある。グループ統治責任者とのコミュニケーションは、グループ財務諸表の監査における様々な時点で行われる。例えば、第48項⑴及び⑵に関する事項のコミュニケーションは、構成単位の財務情報に対して実施する作業をグループ監査チームが決定した後に行われる。一方、第48項⑶に関する事項のコミュニケーションは監査の最終段階に行われ、第48項⑷及び⑸に関する事項のコミュニケーションはその発生時に行われる。

FA64－2．第48項⑸の不正又は不正の疑いには、不正による重要な虚偽表示の疑義が含まれる。

Ⅳ 適　用

・本報告書（2011年12月22日）は、2012年４月１日以後開始する事業年度に係る監査及び同日以後開始する中間会計期間に係る中間監査から適用する。
・本報告書（2013年６月17日）は、2014年３月31日以後終了する事業年度に係る監査から適用する。
・本報告書（2015年５月29日）は、2015年４月１日以後開始する事業年度に係る監査及び同日以後開始する中間会計期間に係る中間監査から適用する。
・本報告書（2019年６月12日）は、以下の事業年度に係る監査等から適用する。
―Ａ９項の改正は、2020年３月31日以後終了する事業年度に係る監査から適用する。
―A21項及び付録１第２項の改正は、2020年４月１日以後開始する事業年度に係る監査及び同日以後開始する中間会計期間に係る中間監査から適用する。ただし、2019年４月１日以後開始する事業年度に係る監査及び同日以後開始する中間会計期間に係る中間監査から早期適用することができる。
・本報告書（2021年１月14日）は、2022年３月31日以後終了する事業年度に係る監査及び同日以後開始する中間会計期間に係る中間監査から適用する。

付録１　グループ監査チームが理解する事項の例示（A21項参照）

以下の例示は、多くのグループ財務諸表の監査業務に該当する一般的な事項を包含しているが、全てがあらゆるグループ財務諸表の監査業務に関連しているとは限らず、また必ずしも網羅されているとはいえない。

グループ全体統制

１．グループ全体統制には、以下の事項の組合せを含むことがある。

・事業展開について討議し業績を検討するための、グループ経営者と構成単位の経営者との定期的な協議

・グループ経営者が構成単位の業績を予算と対比させて監視し、適切な措置を講じることができるようにする定期的な報告などの、構成単位の事業状況及び経営成績に対する監視

・グループ経営者によるリスク評価プロセス、すなわち、グループ財務諸表の重要な虚偽表示につながるような、不正リスクを含む事業上のリスクを識別、分析及び管理するプロセス

・グループ内取引及び未実現利益、並びにグループ内勘定残高を対象とするグループ・レベルでの監視、管理、照合・調整及び消去

・構成単位から受領する財務情報について、適時性を監視し、正確性及び網羅性を評価するプロセス

・同一の全般統制によって管理されている、グループの全体又は一部を対象とする集中ITシステム

・全ての構成単位又は一部の構成単位に共通するITシステム内の統制活動

・内部監査や自己点検プログラムなどの内部統制に対する監視

・グループとしての財務報告の手続マニュアルなどの一貫した方針及び手続

・行動規範や不正防止プログラムなどのグループ全体のプログラム

・構成単位の経営者に対する権限と責任の付与

２．内部監査は、グループ全体統制の一部として扱うことができる場合（例えば、内部監査機能を集中化しているような場合）がある。監査基準委員会報告書610「内部監査人の作業の利用」の第11項は、グループ監査チームが内部監査人の監査を利用することを計画している場合における当該内部監査人の能力及び客観性の評価を取り扱っている。

連結プロセス

３．グループ監査チームによる連結プロセスの理解には、以下のような事項を含むことがある。

適用される財務報告の枠組みに関連する事項

・構成単位の経営者が適用される財務報告の枠組みを理解している程度

・適用される財務報告の枠組みに準拠して構成単位を識別し会計処理するプロセス

・適用される財務報告の枠組みに準拠してセグメント報告のための報告セグメントを識別するプロセス

・適用される財務報告の枠組みに準拠して報告のための関連当事者との関係及び関連当事者との取引を識別するプロセス

・グループ財務諸表に適用される会計方針、前会計年度の会計方針からの変更、及び適用される財務報告の枠組みの下での新しい基準又は基準の改訂に起因する会計方針の変更

・グループと期末日が異なる構成単位の取扱い

連結プロセスに関連する事項

・構成単位が用いる会計方針を理解するグループ経営者のプロセス（該当する場合には、グループ財務諸表の作成のための構成単位の財務情報の作成に当たって統一された会計方針が使用されていること、及び適用される財務報告の枠組みにおいて要求されているときに、会計方針の相違が識別、修正されることを確保するためのグループ経営者のプロセス。統一された会計方針とは、グループが採用した、同様の取引を首尾一貫して報告するために構成単位が使用する、適用される財務報告の枠組みに基づいた特定の会計原則、基礎、慣習、規則及び実務である。これらの会計方針は、通常、グループ経営者が送付する財務報告手続マニュアル及び報告パッケージに記述される。）

・連結のための構成単位からの財務報告の網羅性、正確性、適時性を確保するためのグループ経営者

のプロセス

・国外にある構成単位の財務情報をグループ財務諸表の通貨に換算するプロセス
・連結のためにITがどのように構築されているか（手作業のプロセスと自動化されたプロセス、及び連結プロセスの様々な段階において構築されている手作業による内部統制と自動化された内部統制が含まれる。）
・後発事象に関する情報を入手するためのグループ経営者のプロセス

連結修正に関連する事項

・連結修正を記録するプロセス（関連する仕訳の作成、承認及び処理を含む。）及び連結の担当者の経験
・適用される財務報告の枠組みが要求する連結上の修正
・連結上の修正をもたらした事象や取引の事業上の合理性
・構成単位間の取引の頻度、取引内容及び規模
・グループ内取引及び未実現利益、並びにグループ内勘定残高を監視、管理、照合・調整及び消去するための手続
・適用される財務報告の枠組みに準拠した、取得資産及び負債の時価を算定する手続
・構成単位に発生する損失に関する支配株主又は少数株主との合意（例えば、少数株主が損失を負担する義務を有する旨の合意）

付録2　グループ財務諸表の重要な虚偽表示リスクを示唆する状況又は事象の例示（A28項参照）

以下の例示は、多くのグループ財務諸表の監査業務に該当する一般的な状況又は事象を包含しているが、全ての状況又は事象があらゆるグループ財務諸表の監査業務に関連しているとは限らず、また必ずしも網羅されているとはいえない。

・複雑なグループ構造（特に、頻繁な買収、処分又は組織変更がある場合）
・脆弱な企業統治構造（意思決定プロセスに透明性がない場合を含む。）
・グループ全体統制が存在しない又は有効でないこと（構成単位の事業及び業績の監視に関するグループ経営情報が不適切な場合を含む。）。
・国外で事業を行う構成単位が、貿易及び財政政策などの領域における政府による異常な介入、及び通貨の移動や配当に関する制限などの要因や、為替レートの変動などの要因に晒されていること。
・構成単位における、長期契約又は革新的若しくは複雑な金融商品など、高いリスクを伴う事業活動
・適用される財務報告の枠組みに準拠したグループ財務諸表に、どの構成単位を含めることが必要かに関する疑義があること（例えば、特別目的事業体や休眠会社の存在及びその連結について）。
・通例でない関連当事者との関係及び関連当事者との取引
・過年度の連結におけるグループ内勘定残高の不一致又は原因不明差異の発生
・複数の構成単位において会計処理されている複雑な取引の存在
・グループ財務諸表において適用されている会計方針と異なる会計方針が適用される構成単位の存在
・取引の時期の操作に利用される可能性がある、期末日の異なる構成単位
・未承認又は不完全な連結修正が過年度に発生していること。
・グループ内での強引なタックスプランニングや租税回避地域の事業体との多額の現金取引
・構成単位の監査人の頻繁な交代

付録３　構成単位の監査人の受領を確かめる文書の例示（A33項参照）

本付録の文書は、グループ監査責任者と構成単位の監査人が日本公認会計士協会の会員であることを前提とした例示であるが、標準的な雛型として使用することを意図したものではない。本文書は、構成単位の監査人又は年度によって異なる場合がある。

グループ監査責任者は、通常、本文書を構成単位の財務情報に関する作業を開始する前に入手する。

×年×月×日

（グループ監査責任者の氏名）
○○ 監 査 法 人
指 定 社 員
業務執行社員　公認会計士　○○○○　殿

（構成単位の監査人の氏名）
○○ 監 査 法 人
指 定 社 員
業務執行社員　公認会計士　（署　名）
（又は記名捺印）

私たちは、［適用される財務報告の枠組みの名称］に準拠して、［グループ財務諸表を作成する会社の名称］のグループ財務諸表が×年×月×日現在のグループの財政状態並びに同日をもって終了する事業年度の経営成績及びキャッシュ・フローの状況をすべての重要な点において適正に表示しているかどうかについて意見を表明するために貴監査法人が実施する監査に関連して、本書簡を提出いたします。

私たちは、×年×月×日に終了する事業年度の［構成単位の名称］の財務情報について特定の作業の実施を要請する×年×月×日付けの貴監査法人の指示書を受領しました。

1．私たちは、以下の事項を確認いたします。
(1)　私たちは、指示書の内容を遵守いたします。
(2)　指示書の内容は明確であり、私たちはその内容を理解しています。
(3)　私たちは、貴監査法人に協力し、貴監査法人がグループ監査に関連する［構成単位の名称］の監査調書を閲覧することを了承いたします。

2．私たちは、以下の事項を了解しています。
(1)　［構成単位の名称］の財務情報が、［グループ財務諸表を作成する会社の名称］のグループ財務諸表に含まれること。
(2)　貴監査法人が、×年×月×日に終了する事業年度の［構成単位の名称］の財務情報に関して、私たちに実施を要請した作業への関与が必要と考える場合があること。
(3)　貴監査法人が、［グループ財務諸表を作成する会社の名称］のグループ監査のため、私たちの作業を評価し、適切な場合には利用する意向であること。

3．私たちは、［グループ財務諸表を作成する会社の名称］の［構成単位につき記載すること。例えば、100%所有の子会社、子会社、共同支配企業、その他の被投資会社など］である［構成単位の名称］、の財務情報に関して実施する業務に関連して、以下のとおり確認します。
(1)　私たちは、グループ監査において私たちの責任を果たせるように、職業倫理に関する規定（公認会計士法・同施行令・同施行規則、及び日本公認会計士協会が公表する会則、倫理規則、独立性に関する指針及びその他の倫理に関する規定）を理解し、それを遵守いたします。特に、グループにおける［グループ財務諸表を作成する会社の名称］とその他の構成単位に関して、私たちは、公認会計士法並びに日本公認会計士協会が定める倫理規則及び独立性に関する指針を遵守し、独立性を保持しております。
(2)　私たちは、グループ監査において構成単位の監査人としての責任を果たすために、我が国において一般に公正妥当と認められる監査の基準を理解しており、それらの基準に準拠して、平成×年×月×日に終了する事業年度の［構成単位の名称］の財務情報に対する作業を実施いたします。

(3) 私たちは、特定の構成単位の財務情報に対する業務を実施するのに必要な特定分野における専門的な知識や技能（例えば、業界特有の知識）を有しています。

(4) 私たちは、グループ監査において構成単位の監査人としての責任を果たすために、［適用される財務報告の枠組みの名称］を理解しています。

私たちは、［構成単位の名称］の財務情報に対する業務の実施中に上記の記載内容に変更が生じた場合は、その変更内容について貴監査法人に通知いたします。

以　上

注1．宛先については以下のとおりとする。

① グループ監査責任者が無限責任監査法人の場合で指定証明であるときには、上記の記載例とする。

② グループ監査責任者が無限責任監査法人の場合で指定証明でないときには、以下とする。

○○監査法人

業務執行社員　公認会計士　○○○○殿

③ グループ監査責任者が有限責任監査法人の場合は、以下とする。

○○有限責任監査法人

指定有限責任社員

業務執行社員　　　　公認会計士　○○○○殿

④ グループ監査責任者が公認会計士の場合には以下とし、本文中の「貴監査法人」を「貴殿」とする。

○○○○　公認会計士事務所

公認会計士　○○○○殿

注2．本文書を提出する構成単位の監査人においても、注1の①から④の要領を踏まえて記載する。

注3．1(1)の指示書に遵守できない内容が含まれている場合には、以下の文章を挿入し、伝達する。

「私たちは、以下の理由［理由を特定して記載すること］により、以下の指示書の内容［指示書の内容を特定して記載すること］を遵守できません。」

注4．1(2)の指示書の内容について十分に理解できない場合には、指示書の特定の内容を具体的に記載し、より明確な指示を要請する。

注5．3(1)について、公認会計士法及び日本公認会計士協会が定める倫理規則以外の法令又は規則が適用される場合には、適宜適用される法令又は規則を記載する。

注6．3(2)について、我が国において一般に公正妥当と認められる監査の基準以外の監査の基準が適用される場合には、適宜適用される監査の基準を記載する。

注7．3(4)について、我が国において一般に公正妥当と認められる企業会計の基準以外の企業会計の基準が適用される場合には、その適用される企業会計の基準を記載する。なお、適用される企業会計の基準に代えてグループとしての財務報告の手続マニュアルと記載することもできる。

付録４　グループ監査チームが構成単位の財務情報に関して実施する作業の種類を決定する際に、構成単位のグループにおける重要性がどのような影響を与えるか（A45項参照）

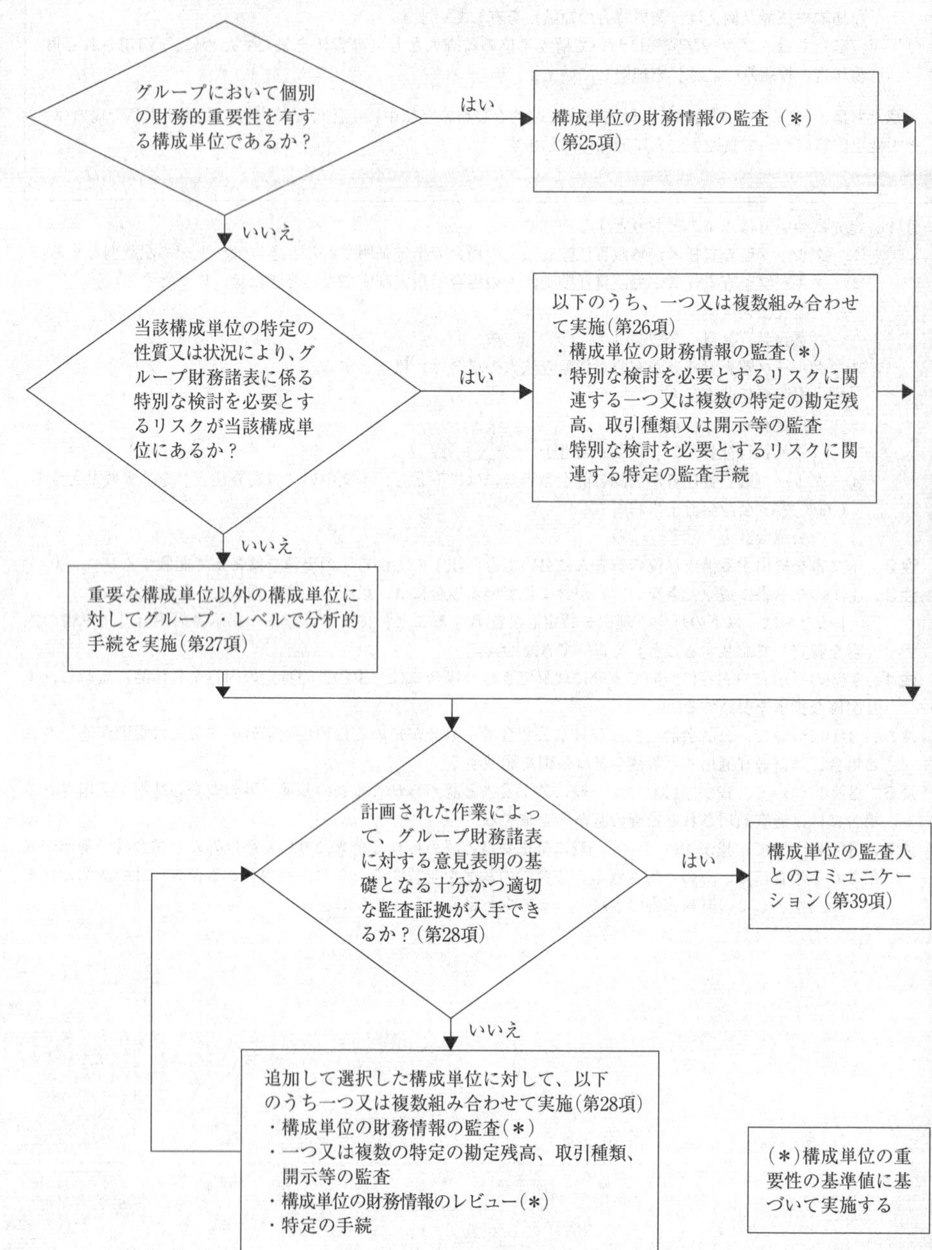

付録５　グループ監査チームが構成単位の監査人へ伝達する事項（A56項参照）

以下の事項は、構成単位の監査人への伝達が必要とされる事項と、任意で伝達する事項を区分して示している。また、不正リスク対応基準に準拠して実施されるグループ監査の場合に構成単位の監査人への伝達が必要とされる事項を「不正リスク対応基準に基づき伝達が必要とされる事項」として示している。

構成単位の監査人の作業の計画に関連する事項

伝達が必要とされる事項

・構成単位の監査人が、グループ監査チームが構成単位の監査人の作業を利用する状況を理解した上で、グループ監査チームと協力することの確認の依頼

・構成単位の監査人が実施すべき作業、及びグループ監査チームによる構成単位の監査人の作業の利用

・グループ財務諸表の監査に関連する職業倫理に関する規定、特に独立性に関する規定（例えば、監査基準委員会報告書610の A4－1項のとおり、我が国においては、法令により、監査人がその職務を行うに当たり、被監査会社の使用人等を補助者として使用することが禁じられていることから、監査人が監査手続を実施するに当たり、内部監査人が監査人を直接補助する場合を取扱わないこととしている。このため、構成単位の監査においても内部監査人が構成単位の監査人を直接補助することがないようにするため、海外の構成単位の監査人とコミュニケーションを行うこと。）

・構成単位の財務情報の監査又はレビューの場合には、構成単位の重要性の基準値（また、設定している場合は、特定の取引種類、勘定残高、開示等に対する重要性の基準値）、及びグループ財務諸表にとって明らかに僅少であるとみなすことができない虚偽表示の金額の基準

・グループ経営者が作成した関連当事者のリスト、及びグループ監査チームが把握しているその他の関連当事者

・グループ経営者又はグループ監査チームが認識していない関連当事者をグループ監査チームに適時に伝達することについての構成単位の監査人への要請

任意で伝達する事項

・監査を完了するスケジュール

・グループ経営者とグループ監査チームの訪問の予定日、及びその際の構成単位の経営者と構成単位の監査人とのミーティングの予定日

・主要な担当者の一覧

・監査の初期段階及び監査の期間中において協調して作業を行うための取決め（構成単位の監査人の作業について、グループ監査チームが予定している関与を含む。）

・グループ内取引、未実現利益及びグループ内勘定残高に対して実施する作業

・その他の法定の報告責任に関する指針（例えば、グループ経営者の内部統制の有効性に係る報告）

・構成単位の財務情報に関する作業の完了時期と、グループ監査チームがグループ財務諸表の監査意見を表明する時期が異なる場合には、後発事象の検討についての特別な指示

構成単位の監査人の作業の実施に関連する事項

伝達が必要とされる事項

・グループ監査チームが識別した、不正又は誤謬によるグループ財務諸表に係る特別な検討を必要とするリスクの中で構成単位の監査人の作業に影響を及ぼすリスク

・構成単位の監査人が識別した、不正又は誤謬によるグループ財務諸表に係る特別な検討を必要とするリスク及び当該リスクに対する構成単位の監査人の対応を適時に伝達することの要請

不正リスク対応基準に基づき伝達が必要とされる事項

・グループ監査チームが識別した、構成単位の監査人の作業に影響を及ぼすグループ財務諸表に係る不正による重要な虚偽表示を示唆する状況

・構成単位の監査人が実施した手続の結果、構成単位の監査人が識別した、不正による重要な虚偽表示を示唆する状況の内容を適時に伝達することの要請

任意で伝達する事項

・全ての又は一部の構成単位に共通の処理システムについてのグループ監査チームの運用評価手続の発見事項、及び構成単位の監査人が実施すべき運用評価手続

・構成単位の内部統制について、又は構成単位に関連して実施された作業に基づく内部監査における指摘事項

・構成単位の財務情報に対する作業の実施により、グループ監査チームがグループ・レベルで実施した当初のリスク評価の基礎となった監査証拠と矛盾するような監査証拠を入手した場合に、適時に報告することの要請

・構成単位の経営者が適用される財務報告の枠組みを遵守していることについて、又は構成単位の財務情報に適用された会計方針と、グループ財務諸表に適用される会計方針との相違が開示されていることについて、構成単位の経営者確認書に記載することの要請

・構成単位の監査人が文書化すべき事項

その他の事項

伝達が必要とされる事項

・構成単位の財務情報に対する作業が完了した時点において、第40項に列挙された事項をグループ監査チームへ報告することの要請

任意で伝達する事項

・以下の事項をグループ監査チームに対して適時に報告することの要請

—会計上の見積り及びそれに関連する判断を含む重要な会計上、財務報告上及び監査上の事項

—構成単位の継続企業の前提に係る事項

—訴訟及び損害賠償請求に関連する事項

—構成単位の監査人が識別した内部統制の重要な不備、及び不正の存在を示唆する情報

・できる限り早期に、グループ監査チームに対して、重要な又は通例でない事象を通知することの要請

以　上

監査基準委員会報告書610

内部監査人の作業の利用*

2011年12月22日
改正2015年5月29日
改正2019年6月12日
最終改正2021年1月14日
日本公認会計士協会
監査基準委員会
(報告書：第49号)

Ⅰ　本報告書の範囲及び目的

1．本報告書の範囲

1．本報告書は、監査人が監査証拠を入手するために内部監査人の作業を利用する際の、監査人の責任に関する実務上の指針を提供するものである。

2．本報告書は、監査人が監査手続を実施するに当たり、内部監査人が監査人を直接に補助する場合を取り扱うものではない。(A4－1項参照)

3．本報告書は、企業が内部監査機能を有しない場合には適用されない（A2項参照)。また、内部監査機能を有する場合においても、以下のいずれかに該当するときは、本報告書は適用されない。

(1)　内部監査機能の責任及び活動が監査に関連しない場合

(2)　監査基準委員会報告書315「企業及び企業環境の理解を通じた重要な虚偽表示リスクの識別と評価」に従った手続により得られた内部監査機能に対する予備的な理解の結果、監査証拠を入手するために内部監査人の作業を利用することを予定していない場合

本報告書は、監査証拠の入手に当たって、監査人自らが実施する監査手続の種類若しくは時期を変更するか、又は範囲を縮小するために、監査人に内部監査人の作業を利用することを要求するものではない。内部監査人の作業を利用するかどうかは、監査の基本的な方針の策定において監査人が決定する。

2．本報告書と監査基準委員会報告書315との関係

4．多くの企業が、ガバナンス及び内部統制の一環として、内部監査機能を構築している。内部監査機能の目的及び範囲並びに責任及び組織上の位置付け（権限及び説明責任を含む。）は様々であり、企業の規模及び構造並びに経営者、取

締役会及び監査役等の要請に応じて定まる。

5．監査基準委員会報告書315には、企業及び企業環境の理解並びに重要な虚偽表示リスクの識別及び評価において、監査人が内部監査機能の有する知識及び経験からどのように情報を得ることができるかについての指針が記載されている。また、内部監査人と監査人との効果的なコミュニケーションによって、監査人の作業に影響を与える可能性のある情報が監査人に提供される関係が構築されることも記載されている。(監基報315の A115項参照)

6．監査人は、以下の状況によっては、内部監査人の作業を効果的かつ効率的に利用できる場合がある。

・内部監査機能の組織上の位置付け並びに関連する方針及び手続により確保されている、内部監査人の客観性の程度

・内部監査機能の能力の水準

・内部監査機能の専門職としての規律ある姿勢と体系的な手法の適用の程度

本報告書は、監査人が監査基準委員会報告書315に従って得た内部監査機能に関する予備的な理解に基づき、監査証拠の一部として内部監査人の作業の利用を計画する場合の監査人の責任について記載している。内部監査人の作業の利用により、監査人が実施する手続の種類若しくは時期が変更され、又は範囲が縮小される。

7．企業に所属する者が、内部監査人が実施する手続と同様の手続を実施している場合がある。しかし、客観的かつ能力のある個人が専門職としての規律ある姿勢をもって体系的な手法（品質管理を含む。）を適用して実施しない限り、そのような手続は内部統制ではあるが、本報告書における内部監査人の作業には該当しない。この場合、内部統制の有効性に関する証拠の入手は、監査基準委員会報告書330「評価したリスクに対応する監査人の手続」に従って実施されるリスク対応手続を通じて行われる。

3．監査に対する監査人の責任

8．監査人は、表明した監査意見に単独で責任を負うものであり、内部監査人の作業を利用したとしても、監査人の責任は軽減されるものではない。内部監査人が監査人によって実施される監査手続と同様の手続を実施する場合でも、内部監査人は財務諸表監査において監査人に要求される独立性（監査基準委員会報告書200「財務諸表監査における総括的な目的」第13項参照）を保持しているわけではない。このため、本報告書は、監査人が内部監査人の作業を利用するための必要な条件を記載している。また、本報告書は、監査の目的に照らして内部監査人の作業が適切かどうかについて、十分かつ適切な監査証拠を入手するために必要な手続を記載している。本報告書は、内部監査人の作業の過度又は不適切な利用を防ぐため、監査人の判断に関するフレームワークを提供している。

4．本報告書の目的

9．本報告書における監査人の目的は、企業が内部監査機能を有し、監査人自らが実施する監査手続の種類若しくは時期を変更するか、又は範囲を縮小するために内部監査人の作業の利用を想定する場合に、以下の事項について判断することである。

⑴　内部監査人の作業を利用できるかどうか、及びその場合には、どの領域でどの程度利用するか。

⑵　内部監査人の作業を利用する場合、監査の目的に照らして当該作業が適切かどうか。

5．定　義

10．本報告書における用語の定義は、以下のとおりとする。

⑴「内部監査機能」－企業のガバナンス・プロセス、リスク管理及び内部統制の有効性を評価・改善するために、保証・助言活動を行う企業内部の機能をいう。（A1項から A4項参照）

⑵「内部監査人」－内部監査機能の活動に従事する者をいう。内部監査人は内部監査部門又はそれと同様の機能を有する部門に属するこ

とがある。

Ⅱ　要求事項

1．内部監査人の作業の利用の可否、利用する領域及び利用の程度の判断

(1)　内部監査機能の評価

11．監査人は、以下の事項を評価した上で、内部監査人の作業が監査の目的に照らして利用できるかどうかを判断しなければならない。

(1)　内部監査機能の組織上の位置付け並びに関連する方針及び手続により確保されている、内部監査人の客観性の程度（A5項からA9項参照）

(2)　内部監査機能の能力の水準（A5項からA9項参照）

(3)　内部監査機能が、品質管理を含め、専門職としての規律ある姿勢と体系的な手法を適用しているかどうか。（A10項及びA11項参照）

12．監査人が以下の判断をした場合には、監査人は内部監査人の作業を利用してはならない。

(1)　内部監査人の客観性が、内部監査機能の組織上の位置付け並びに関連する方針及び手続により十分に確保されていない。

(2)　内部監査機能が十分な能力を有していない。

(3)　内部監査機能に、品質管理を含め、専門職としての規律ある姿勢と体系的な手法が適用されていない。（A12項からA14項参照）

(2)　利用可能な内部監査人の作業の種類及び範囲の決定

13．内部監査人の作業が利用可能な場合において、監査人は、利用する作業の種類及び範囲を決定するに当たり、内部監査人により実施又は実施予定の作業の種類及び範囲並びに監査人が実施する監査の基本的な方針及び監査計画への適合性を検討しなければならない。（A15項からA17項参照）

14．監査人は、監査業務における全ての重要な判断をしなければならない。したがって、以下の場合、内部監査人の作業を不適切に利用しないように、監査人は内部監査人の作業の利用の範囲を縮小し、監査人自ら実施する作業を拡大するよう計画しなければならない。（A15項からA17項参照）

(1)　監査手続の立案及び実施並びに入手した監査証拠の評価に高度な判断が必要な場合（A18項及びA19項参照）

(2)　特別な検討を必要とするリスクを含め、監査人が評価したアサーション・レベルの重要な虚偽表示リスクが高い場合（A20項からA22項参照）

(3)　内部監査機能の組織上の位置付け並びに関連する方針及び手続により確保されている内部監査人の客観性が低い場合

(4)　内部監査機能の能力が不十分な場合

15．監査人は表明する監査意見に対して単独で責任を負うため、計画された範囲で内部監査人の作業を利用した場合でも、監査人が監査に十分に関与したかどうかを総合的に評価しなければならない。（A15項からA22項参照）

16．監査人は、監査基準委員会報告書260「監査役等とのコミュニケーション」第13項に従って、監査役若しくは監査役会、監査等委員会又は監査委員会（以下「監査役等」という。）と、計画した監査の範囲とその実施時期に関するコミュニケーションを行う際に、内部監査人の作業の利用をどのように計画したかについてコミュニケーションを行わなければならない。（A23項参照）

2．内部監査人の作業の利用

17．内部監査人の作業の利用を監査人が計画している場合、両者の作業の調整を図るため、当該作業の利用の計画について内部監査人と協議しなければならない。（A24項からA26項参照）

18．監査人は、内部監査人が実施した作業の種類及び範囲並びに関連する発見事項を理解するために、監査人が利用を計画している内部監査人の作業に関連する報告書を通読しなければならない。

19．監査人は、利用を計画している内部監査人の作業が監査の目的に照らして適切であるかどうかを判断するために、以下の評価を含めて、それらの作業全体に対して十分な監査手続を実施しなければならない。

(1)　内部監査人の作業が、適切に計画、実施、監督、査閲及び文書化されているかどうか。

(2)　内部監査人によって、合理的な結論を導くことが可能な十分かつ適切な証拠が入手されているかどうか。

(3)　内部監査人の結論が状況に照らして妥当かどうか、及び内部監査の報告書が実施した作業の結果と整合しているかどうか。（A27項からA30項参照）

20．内部監査人の作業に対して実施する監査人の手続の種類及び範囲は、以下の評価に応じたものでなければならない。

(1)　監査手続の立案及び実施並びに入手した監査証拠の評価に高度な判断が必要な程度

(2)　監査人が評価したアサーション・レベルの重要な虚偽表示リスク

(3)　内部監査機能の組織上の位置付け並びに関連する方針及び手続により確保されている内部監査人の客観性

(4)　内部監査機能の能力の水準（A27項からA29項参照）

また、監査手続には、内部監査人の作業の一部に対する再実施を含めなければならない。（A30項参照）

21．監査人は、計画段階における内部監査機能を利用できるかどうかに関する結論（第11項参照）並びに監査の目的に照らして利用する内部監査人の作業の種類及び範囲の決定（第14項及び第15項参照）が、依然として適切かどうかについて評価しなければならない。

３．監査調書

22．監査人は、内部監査人の作業を利用する場合、以下の事項を監査調書に記載しなければならない。

(1)　内部監査人の作業の利用に際しての以下の評価

・内部監査機能の組織上の位置付け並びに関連する方針及び手続により確保されている内部監査人の客観性の程度

・内部監査機能の能力の水準

・内部監査機能が、品質管理を含め、専門職としての規律ある姿勢と体系的な手法を適用しているかどうか。

(2)　利用する作業の種類及び範囲並びにその決定の根拠

(3)　利用する作業の適切性の評価に関して実施した監査手続

Ⅲ　適用指針

１．内部監査機能の定義等（第２項、第３項及び第10項(1)参照）

A1．内部監査機能の目的及び範囲には、一般的に、以下のようなガバナンス・プロセス、リスク管理及び内部統制の有効性の評価・改善のための保証・助言活動が含まれる。

・ガバナンス・プロセスに関連する活動

以下に関するそれぞれの目的の達成の観点からの、ガバナンス・プロセスの評価

―倫理観や価値観

―業績管理及び説明責任

―リスクと内部統制に関する情報の組織内における適切な部署への伝達

―経営者、取締役会、監査役等、内部監査人及び監査人の間のコミュニケーションの有効性

・リスク管理に関連する活動

―リスクに対する重要なエクスポージャーの識別・評価

―リスク管理及び内部統制（財務報告プロセスを含む。）の改善の促進

―不正発見のための手続の実施

・内部統制に関連する活動

―内部統制の評価

内部統制の検討、その運用状況の評価及

び改善に向けた助言の提供（例えば、内部監査機能は、監査に関連する内部統制を含む内部統制のデザイン、業務への適用及び運用状況の有効性に関して、経営者、取締役会又は監査役等に助言を提供するための手続を立案及び実施することがある。）

—財務情報及び業務情報の検討

・財務情報及び業務情報を識別、認識、測定、区分及び報告する方法の検討

・個別の事項についての具体的な調査（取引、残高及び実施された手順や手続についての詳細なテストを含む。）

—業務活動の検討

企業の財務報告以外の活動を含む業務活動の経済性、効率性及び有効性の検討

—法令等の遵守状況の検討

法令及びその他の外部規制の遵守状況並びに経営者の方針や指示及びその他の内部規定の遵守状況の検討

A2．内部監査機能と同様の活動が企業内の別の名称の部署により実施されることがある。また、内部監査機能の活動の一部又は全部が、外部委託されることがある。そのような活動を監査人が内部監査人の作業として利用できるかどうかは、部署の名称や外部委託されているかどうかではなく、以下を考慮して決定する。

・活動内容

・組織上の位置付け並びに関連する方針及び手続により確保されている客観性の程度

・能力の水準

・専門職としての規律ある姿勢と体系的な手法の適用

企業内の別の名称の部署の活動や外部委託された活動は、本報告書における内部監査人の作業に含まれる。

A3．ただし、内部監査機能に加えて対象業務に関連して業務上又は管理上の職責を担っている者が実施する照合手続などの統制活動は、一般的に客観性が損なわれると考えられるため、本報告書において内部監査機能の一部として扱うことは適切ではない。同様の理由から、オーナー経営者による監視活動は、内部監査機能とみなすことはできない。

なお、このような活動に対しては、監査基準委員会報告書330第９項に従って運用評価手続を実施することがある。

A4．監査人と企業の内部監査機能の目的は異なるが、監査人が財務諸表監査において実施する監査手続と同様の手続を企業の内部監査人が実施していることがある。そのような場合、監査人は、例えば以下の局面で内部監査機能を利用することがある。

・内部監査機能から不正又は誤謬による重要な虚偽表示リスクの評価に関連する情報を入手する。企業が内部監査機能を有する場合、監査人は内部監査に従事する適切な者に質問を実施し、内部監査機能の責任、組織上の位置付け及び実施された又は実施予定の活動を理解することが求められている（監基報315第５項(1)）。

・監査人は、内部監査人の作業についての評価を適切に実施した上で、監査人自らが入手すべき監査証拠の一部として、内部監査人によって当該期間に実施された作業を利用する（第15項から第25項参照）。

A4－1．我が国においては、法令により、監査人がその職務を行うに当たり、被監査会社の使用人等を補助者として使用することが禁じられていることから、本報告書は、監査人が監査手続を実施するに当たり、内部監査人が監査人を直接補助する場合を取り扱わないこととしている。このため、構成単位の監査においても内部監査人が構成単位の監査人を直接補助することがないようにするため、海外の構成単位の監査人とコミュニケーションを行うことが必要になることがある。

２．内部監査人の作業の利用の可否、利用する領域及び利用の程度の判断

(1)　内部監査機能の評価

客観性及び能力（第11項(1)及び(2)参照）

A5．監査人は、内部監査人の作業が監査の目的

に照らして利用できるかどうか、並びに利用する作業の種類及び利用する程度を決定するために、職業的専門家としての判断を行う。

A6. 内部監査機能の組織上の位置付け並びに関連する方針及び手続により確保される内部監査人の客観性の程度及び内部監査機能の能力の水準は、内部監査機能を利用できるかどうか、利用できる場合には、利用する作業の種類及び利用する程度を適切に判断する上で特に重要である。

A7. 客観性とは、専門職としての判断を歪めるようなバイアス、利益相反又は他者からの不当な影響を回避し、業務を遂行できる能力のことをいう。監査人による内部監査人の客観性の評価に影響を及ぼす要因には、例えば以下の事項がある。

- 内部監査機能の組織上の位置付け（権限及び説明責任を含む。）により、内部監査機能がバイアス、利益相反又は他者からの不当な影響を回避して専門職としての判断を行えるような状況が確保されているかどうか。例えば、内部監査人は、取締役会、監査役等若しくは適切な権限を有する者に報告をしているかどうか、又は経営者に報告している場合、取締役会若しくは監査役等と直接質問や面談をすることができるかどうか等、当該機関との緊密な連携関係を構築しているかどうか。
- 内部監査人が内部監査の対象業務に関与していないかどうか。例えば、内部監査人が内部監査機能に加えて対象業務に関連して業務上又は管理上の職責を担っていないかどうか。
- 取締役会又は監査役等は内部監査機能に関連する人事を監視しているかどうか。例えば、内部監査人の適切な業績評価の方針の決定に関与しているかどうか。
- 内部監査機能に対して経営者、取締役会又は監査役等による制約又は制限がないかどうか。例えば、内部監査機能による発見事項を監査人に報告する上で制約又は制限がないかどうか。
- 内部監査人は、内部監査に関連する専門職団体の会員であり、その会員は専門職としての客観性に関連する基準に準拠することが義務付けられているかどうか、又は企業内部に客観性に関連する同様の規程があるかどうか。

A8. 内部監査機能の能力とは、適用される内部監査の基準に準拠して担当業務を実施するのに必要とされる内部監査機能全体としての知識及び技能を有していることをいう。監査人による内部監査機能の能力の判断に影響する要因には、例えば以下の事項がある。

- 内部監査機能には、企業の規模及び業務内容に見合った経営資源の配分が適切になされているかどうか。
- 内部監査人の採用、研修及び業務分担について適切な規程があるかどうか。
- 内部監査人は、十分な専門的研修を受けており、内部監査の経験を有しているかどうか。監査人がそれを評価するための考慮事項には、例えば、内部監査人が関連する専門的な資格や実務経験を有しているかどうかが含まれる。
- 内部監査人は、企業の財務報告及び適用される財務報告の枠組みに関連して必要な知識を有しているかどうか。また、内部監査機能は、全体として、財務報告に関連した内部監査を実施するのに必要な技能や産業に特有の知識を有しているかどうか。
- 内部監査人は、専門職としての基準（継続的に専門的能力を向上することを求める規定を含む。）に準拠することを義務付ける専門職団体の会員かどうか。

A9. 監査人は、内部監査機能の客観性の程度と能力の水準を、それぞれ評価する。内部監査機能の組織上の位置付け並びに関連する方針及び手続により内部監査人の客観性が確保される程度が高く、かつ内部監査機能の能力の水準が高いほど、監査人は内部監査人の作業をより利用しやすく、より広い領域で利用することができる。しかしながら、組織上の位置付け並びに関連する方針及び手続により内部監査人の客観性が強く確保されていたとしても、内部監査機能の能力の不足を補うことはできない。同様に、内部監査機能の能力の水準が高いとしても、内部監査人の客観性の欠如を補うことはできない。

専門職としての規律ある姿勢と体系的な手法の適用（第11項⑶参照）

A10．内部監査の計画、実施、監督、査閲、文書化に対して専門職としての規律ある姿勢と体系的な手法を適用する点で、内部監査機能の活動は企業内部で実施されるその他の監視活動とは区別される。

A11．内部監査機能が専門職としての規律ある姿勢と体系的な手法を適用しているかどうかの監査人の判断に影響する要因には、例えば以下の事項がある。

・企業の規模及び状況に応じて、リスク評価、内部監査手続書、内部監査調書の作成及び報告等に関する文書化されたガイダンスが適切に作成、保管、利用されているかどうか。

・内部監査機能に関して、適切な品質管理の方針及び手続が適用されているか。適切な品質管理の方針及び手続には、例えば、品質管理基準委員会報告書第１号「監査事務所における品質管理」に規定されている方針及び手続のうち内部監査機能に適用可能な方針及び手続（例えば、「品質管理に関する責任」、「専門要員の採用、教育・訓練、評価及び選任」、「業務の実施」に関連するもの）又は専門職団体が設定した内部監査人に関する基準において規定されている品質管理の要求事項がある。専門職団体の規定には、例えば定期的な外部の品質評価の実施に関する要求事項が含まれていることがある。

内部監査人の作業を利用できない状況（第12項参照）

A12．監査人は、内部監査機能の組織上の位置付け並びに関連する方針及び手続により確保されている内部監査人の客観性の程度、内部監査機能の能力の水準、及び専門職としての規律ある姿勢と体系的な手法の適用の有無について評価する。その結果、監査人は内部監査人の作業を利用することが適切でないと判断することがある。

A13．監査の目的に照らして内部監査人の作業を利用することができないと結論付ける際には、個々の要因の検討だけでは十分でないこともあるため、本報告書のA7項、A8項及びA11項で記載されている個々の要因を総合的に検討することが重要である。例えば、内部監査機能の組織上の位置付けは、内部監査人の客観性の阻害要因を評価する上で特に重要である。内部監査人が経営者に直接報告している場合、本報告書のA7項に記載されているような他の要因が客観性の阻害要因を許容可能な水準とするための必要なセーフガードとなっていない限り、客観性について重大な阻害要因となる。

A14．さらに、我が国における職業倫理に関する規定によると、監査人が被監査会社から内部監査に関する業務を受嘱し、当該業務の結果が監査業務に利用される場合には、自己レビューのおそれが生じる。これは、内部監査の結果について、監査チームが適切に評価することなく、又は監査事務所に所属しない者によって実施された内部監査人の作業に対して適用するのと同程度の職業的懐疑心を適用することなく、利用する可能性があるためである。我が国における職業倫理に関する規定は、特定の状況において適用される禁止事項（例えば、公認会計士法上、大会社等に対して内部監査の外部委託に関する業務の提供は禁止されている。)、及びその他の状況において阻害要因を許容可能な水準にまで軽減するために適用することができるセーフガードについて記載している。（独立性に関する指針第１部第195項から第200項参照）

⑵ 利用可能な内部監査人の作業の種類及び範囲の決定

利用可能な内部監査人の作業の種類及び範囲の決定に影響する要因（第13項から第15項参照）

A15．監査の目的に照らして内部監査人の作業を利用することが可能と監査人が判断した場合、最初に検討すべき事項は、監査人が利用を計画する内部監査人の作業（実施済又は実施予定の作業の両者を含む。）の種類及び範囲が、監査基準委員会報告書300「監査計画」に従って監査人が策定した監査の基本的な方針及び監査計画と適合しているかどうかである。

A16．監査人が利用可能な内部監査人の作業の例には以下が含まれる。

・内部統制の運用評価手続
・複雑な判断を伴わない実証手続
・棚卸資産の実地棚卸の立会
・財務報告に関連する情報システムにおける取引のウォークスルー
・法令の要求事項の遵守状況のテスト
・特定の状況における、グループの重要な構成単位ではない子会社の財務情報の内部監査（監査基準委員会報告書600「グループ監査」の要求事項と矛盾しない場合）

A17．監査人が利用を計画する内部監査人の作業の種類及び範囲に関する監査人の決定は、内部監査人の客観性の程度及び内部監査機能の能力の水準に関する監査人の評価の影響を受ける（第14項参照）。また、この監査人の決定は、手続の立案及び実施並びに入手した証拠の評価に必要となる判断の程度並びに評価したアサーション・レベルの重要な虚偽表示リスクの影響を受ける。なお、第12項に記載されているとおり、監査人が監査の目的に照らして内部監査人の作業を利用できない場合がある。

監査手続の立案及び実施並びに入手した監査証拠の評価における判断（第14項(1)）

A18．監査手続の立案及び実施並びに監査証拠の評価において必要となる判断の程度が高くなるほど、第14項に従って、監査人自らがより多くの手続を実施することが必要となる。監査人は、内部監査人の作業の利用のみで十分かつ適切な監査証拠を入手することはできない。

A19．監査人は、表明する監査意見に対して単独で責任を負うため、第14項に従って、監査業務において重要な判断を行う必要がある。監査人の重要な判断には以下が含まれる。

・重要な虚偽表示リスクの評価
・実施した手続の十分性の評価
・経営者による継続企業の前提の評価の検討
・重要な会計上の見積りの評価
・財務諸表における注記事項の妥当性及び監査報告書に影響するその他の事項の評価

評価した重要な虚偽表示リスク（第14項(2)参照）

A20．特定の勘定残高、取引種類又は注記事項に関して、評価したアサーション・レベルの重要な虚偽表示リスクが高いほど、通常、監査手続の立案及び実施並びに監査証拠の評価に、より多くの判断を伴う。そのような状況では、第14項に従って、監査人自らがより多くの手続を実施する必要がある。したがって、十分かつ適切な監査証拠を入手する際に内部監査人の作業を利用する範囲は縮小する。さらに、監査基準委員会報告書200のA28項に記載されているとおり、評価した重要な虚偽表示リスクが高いほど、監査人はより確かな心証が得られる監査証拠を入手する必要があるため、監査人自らがより多くの作業を実施する必要がある。

A21．監査基準委員会報告書315第３項(3)で説明されているとおり、特別な検討を必要とするリスクは特別な監査上の検討が必要であるため、当該リスクに関する内部監査人の作業の利用は複雑な判断を伴わない手続に限定される。さらに、重要な虚偽表示リスクが低い場合を除いて、通常、内部監査人の作業の利用のみでは監査リスクを許容可能な低い水準に抑えることができず、監査人自らが手続を実施する必要がある。

A22．本報告書に従って内部監査人の作業の利用に関して検討した結果、監査人が重要な虚偽表示リスクの評価を見直すことがある。このリスク評価の見直しは、本報告書に基づく内部監査人の作業の利用の可否並びに利用する領域及び利用の程度に関する監査人の判断に影響することがある。

監査役等とのコミュニケーション（第16項参照）

A23. 監査基準委員会報告書260第13項に従って、監査人は計画した監査の範囲とその実施時期の概要について、監査役等とコミュニケーションを行うことが求められている。内部監査人の作業の利用に関する計画は、監査人の監査の基本的な方針の重要な一部であるため、監査役等の監査アプローチの理解に役立つ。

なお、内部監査人の作業の利用を通じて、三様監査の連携が強化され、それぞれの監査の有効性や効率性が向上することにより、企業のガバナンスの強化に資する場合がある。監査人は、このような点を考慮して、監査役等とのコミュニケーションを行うことが有益である。

3. 内部監査人の作業の利用

(1) 内部監査人との協議及び調整（第17項参照）

A24. 監査人が内部監査人の作業の利用に関する計画について内部監査人と協議する際に、以下の事項に留意して両者の作業の調整を図ることは有用である。

- 作業の内容及び実施時期
- 作業のカバレッジ（例えば、作業を実施する構成単位の数や所在地）
- 財務諸表全体に対する重要性の基準値（該当する場合、特定の取引種類、勘定残高又は注記事項に対する重要性の基準値）及び手続実施上の重要性
- 項目の抽出方法及びサンプル数
- 実施された作業の文書化
- 査閲及び報告の手続

A25. 例えば、以下のような場合、監査人と内部監査人との調整は有効なものとなる。

- 監査対象期間を通して適切な頻度で協議が行われている。
- 監査人が、内部監査機能に影響を及ぼす可能性がある重要な事項について内部監査人に伝達する。
- 監査に関連する内部監査報告書が発行されている場合、監査人が随時閲覧可能であること。さらに内部監査人の気付いた重要な事項が監査人の監査手続に影響を及ぼす可能性がある場合、監査人が監査業務においてそれらの影響を検討できるように、内部監査人から報告を受ける。

A26. 監査基準委員会報告書200は、監査人が職業的懐疑心を保持して監査を計画し実施することの重要性について記載している。これには、監査証拠として利用する記録や証憑書類又は質問に対する回答の信頼性に疑念を抱かせるような情報に注意を払うことが含まれる（監基報200第14項及び A17項）。したがって、監査対象期間を通して内部監査人とのコミュニケーションを行うことにより、監査人は、監査手続に影響を及ぼす可能性のある事項を把握し（監基報315の A111項）、それらの事項を重要な虚偽表示リスクの識別及び評価において考慮することができる。さらに、そのような情報が財務諸表の重要な虚偽表示リスクが高いことを示唆しているか、又は不正、不正の疑い若しくは不正の申立てに関連している可能性がある場合、監査人は監査基準委員会報告書240「財務諸表監査における不正」に従って不正による重要な虚偽表示リスクの識別において考慮することとなる。（監基報315の A11項）

(2) 内部監査人の作業の適切性を判断するための手続（第19項及び第20項参照）

A27. 監査人は、利用を計画している内部監査人の作業全体に対する監査手続によって、内部監査人の作業の全体的な品質及び作業実施時の客観性に対する評価の基礎を得ることができる。

A28. 第20項で求められている再実施のほかに、内部監査人が実施した作業の品質及び結論を評価するために監査人が実施する手続には、例えば、以下がある。

- 内部監査に従事する適切な者への質問
- 内部監査人が実施する手続の観察
- 内部監査人の内部監査手続書及び内部監査調書の閲覧

A29. 監査意見の基礎となる十分かつ適切な監査証拠を入手するため、監査人は、内部監査人の

作業の利用に関して適切な判断を行う必要がある。以下のいずれかに該当する場合、監査人は、内部監査人の作業の利用に関する適切な判断を行うために、内部監査人の作業全体に対し、より多くの監査手続を実施する必要が生じる。

・高度な判断が含まれる。
・重要な虚偽表示リスクが高い。
・内部監査機能の組織上の位置付け又は関連する方針及び手続により確保されている内部監査人の客観性の程度が低い。
・内部監査機能が十分な能力を有していない。

再実施（第20項参照）

A30. 本報告書における再実施は、内部監査人の結論が妥当であることを確かめることを目的として、監査人が独立的に実施する手続である。この目的は、内部監査人によって既に検討された項目を監査人が検討することにより達成されることもあれば、それが不可能な場合に、内部監査人が実際には検討していない他の類似項目から十分な件数を選定し、監査人が検討することによって達成されることもある。再実施は、A28項に記載されているその他の手続と比較すると、内部監査人の作業の適切性に関する、より確かな心証が得られる証拠を提供する。利用する内部監査人の作業の各領域について監査人が再実施を行う必要はないが、第20項に従って監査人が利用を計画している内部監査人の作業全体に対し、ある程度の再実施は必要である。手続の計画、実施及び結果の評価において内部監査人による高度な判断が行われる領域、及び重要な虚偽表示リスクが高い領域に対して、監査人はより多くの再実施を行うことになる。

Ⅳ　適　用

・本報告書（2011年12月22日）は、2012年４月１日以後開始する事業年度に係る監査及び同日以後開始する中間会計期間に係る中間監査から適用する。
・本報告書（2015年５月29日）は、2015年４月１日以後開始する事業年度に係る監査及び同日以後開始する中間会計期間に係る中間監査から適用する。
・本報告書（2019年６月12日）は、2020年４月１日以後開始する事業年度に係る監査及び同日以後開始する中間会計期間に係る中間監査から適用する。ただし、2019年４月１日以後開始する事業年度に係る監査及び同日以後開始する中間会計期間に係る中間監査から早期適用することができる。
・本報告書（2021年１月14日）は、2022年３月31日以後終了する事業年度に係る監査及び同日以後開始する中間会計期間に係る中間監査から適用する。

以　上

監査基準委員会報告書620
専門家の業務の利用*

平成23年12月22日
日本公認会計士協会
監査基準委員会
（報告書：第50号）

項番号

Ⅰ　本報告書の範囲及び目的

1．本報告書の範囲

1．本報告書は、監査人が十分かつ適切な監査証拠を入手する際に、会計又は監査以外の専門分野における個人又は組織の業務を利用する場合の実務上の指針を提供するものである。

2．本報告書は、以下の場合を取り扱うものではない。

(1)　監査チームが会計や監査の特殊な領域で専門知識を有するメンバーを含む場合、又は監査チームが会計や監査の特殊な領域で専門知識を有する個人若しくは組織に専門的見解の問合せを実施する場合（これらは、監査基準委員会報告書220「監査業務における品質管理」のA8項、A17項からA19項で取り扱う。）

(2)　企業が財務諸表を作成するに当たって、会計や監査以外の分野において専門知識を有する個人又は組織の業務を利用する場合の当該専門知識を有する個人又は組織（経営者の利用する専門家）の業務を監査人が利用する場合（これは、監査基準委員会報告書500「監査証拠」のA34項からA48項で取り扱う。）

2．監査意見に対する監査人の責任

3．監査人は、表明した監査意見に単独で責任を負うものであり、その責任は専門家の業務を利用したとしても軽減されるものではない。

しかしながら、専門家の業務を利用した監査人が、本報告書に従い、当該専門家の業務が監査人の目的に照らして適切であると結論付けた場合には、監査人は、当該専門家による専門分

野での指摘事項又は結論を適切な監査証拠として受け入れることができる。

3．本報告書の目的

4．本報告書における監査人の目的は、監査人の利用する専門家について以下の事項を実施することである。
(1)　専門家の業務を利用するかどうかを判断すること
(2)　専門家の業務を利用する場合、当該業務が監査人の目的に照らして適切であるかどうかを判断すること

4．定　義

5．本報告書における用語の定義は、以下のとおりとする。
(1)「監査人の利用する専門家」－監査人が十分かつ適切な監査証拠を入手するに当たって、会計や監査以外の分野において専門知識を有する個人又は組織の業務を利用する場合の当該専門知識を有する個人又は組織をいう。監査人の利用する専門家は、監査人の雇用する内部の専門家（監査事務所又はネットワーク・ファームの社員等又は専門職員（非常勤者を含む。））と監査人が業務を依頼する外部の専門家を含む。（A1項からA3項参照）
(2)「経営者の利用する専門家」－企業が財務諸表を作成するに当たって、会計や監査以外の分野において専門知識を有する個人又は組織の業務を利用する場合の当該専門知識を有する個人又は組織をいう。
(3)「専門知識」－特定分野での技能、知識及び経験をいう。

Ⅱ　要求事項

1．監査人の利用する専門家の必要性の判断

6．監査人は、十分かつ適切な監査証拠を入手するために会計又は監査以外の分野の専門知識が必要な場合、専門家の業務を利用するかどうかを判断しなければならない。（A4項からA9項参照）

2．監査手続の種類、時期及び範囲

7．本報告書の第8項から第12項における要求事項に関する監査人の手続の種類、時期及び範囲は、状況に応じて異なる。

監査人は、これらの手続の種類、時期及び範囲を決定する際、少なくとも以下を考慮しなければならない。（A10項参照）
(1)　専門家の業務が関係する事項の性質
(2)　専門家の業務が関係する事項の重要な虚偽表示リスク
(3)　監査における専門家の業務の重要性
(4)　専門家が以前に実施した業務に関する監査人の知識と経験
(5)　監査事務所の品質管理の方針と手続への専門家の準拠（A11項からA13項参照）

3．監査人の利用する専門家の適性、能力及び客観性

8．監査人は、監査人の利用する専門家が、監査人の目的に照らして必要な適性、能力及び客観性を備えているかどうかを評価しなければならない。監査人が外部の専門家を利用する場合、客観性の評価の手続には、当該専門家の客観性を阻害する可能性がある利害関係についての質問を含めなければならない。（A14項からA20項参照）

4．監査人の利用する専門家の専門分野の理解

9．監査人は、以下の事項を判断するために、監査人の利用する専門家の専門分野を十分に理解しなければならない。（A21項からA22項参照）
(1)　監査人の目的に照らして専門家の業務の内容、範囲及び目的を決定すること
(2)　監査人の目的に照らして専門家の業務の適切性を評価すること

5．監査人の利用する専門家との合意

10．監査人は、適切な場合には書面によって、監査人の利用する専門家と以下の事項について合意しなければならない。（A23項から A26項参照）

(1) 専門家の業務の内容、範囲及び目的（A27項参照）

(2) 監査人及び専門家のそれぞれの役割と責任（A28項から A29項参照）

(3) 専門家が提出する報告書の様式を含め、監査人と専門家との間のコミュニケーションの内容、時期及び範囲（A30項参照）

(4) 専門家が守秘義務を遵守する必要性（A31項参照）

6．監査人の利用する専門家の業務の適切性に係る評価

11．監査人は、監査人の目的に照らして、監査人の利用する専門家の業務の適切性を評価しなければならない。これには以下の事項を含む。（A32項参照）

(1) 専門家の指摘事項又は結論の適合性や合理性、及び他の監査証拠との整合性（A33項から A34項参照）

(2) 専門家の業務に重要な仮定及び方法が採用されている場合には、それらの仮定及び方法についての個々の状況における適合性と合理性（A35項から A37項参照）

(3) 専門家の業務にとって基礎データの利用が重要な場合には、当該基礎データの目的適合性、網羅性及び正確性（A38項から A39項参照）

12．監査人は、監査人の利用する専門家の業務が監査人の目的に照らして適切ではないと判断した場合、以下のいずれかを行わなければならない。（A40項参照）

(1) 専門家が実施する追加業務の内容及び範囲についての当該専門家との合意

(2) 監査人による、個々の状況において適切な追加的監査手続の実施

7．監査報告書における専門家の業務の利用に関する記載

13．監査人は、表明した監査意見に単独で責任を負うものであるため、無限定意見の監査報告書において監査人の専門家の業務を利用したことを記載してはならない。

14．監査人は、除外事項付意見を表明する場合において、除外事項付意見の理由に関連するために、監査報告書において監査人の専門家の業務を利用したことに言及するときは、当該記載が監査意見に対する監査人の責任を軽減しないことを監査報告書において示さなければならない。（A41項参照）

Ⅲ　適用指針

1．監査人の利用する専門家の定義（第５項(1)参照）

A1．会計又は監査以外の分野での専門知識には、以下のような事項を含むことがある。

・資産及び負債の評価
　―複雑な金融商品
　―土地及び建物、設備及び機械装置
　―宝石類、美術品、骨董品
　―無形固定資産
　―企業結合において受け入れた資産及び引き受けた負債
　―減損の可能性がある資産
・保険契約又は従業員の年金制度に伴う負債の数理計算
・石油及びガス埋蔵量の見積り
・環境債務及び土壌浄化費用の評価
・契約及び法令の解釈
・税法を遵守するための複雑又は通例でない課題の分析
・IT を利用した複雑な情報システム

A2．多くの場合、会計又は監査の専門知識と他の分野の専門知識の区別は、会計又は監査の特殊な領域に関係する場合であっても明確である。

例えば、繰延税金の会計処理に専門知識を有している者は会計の専門家であるため、本報告書における専門家ではない。なお、税法に関する特別な専門知識を有している者は、本報告書における専門家に相当する。同様の区別は、他の領域でも可能なことがある。例えば、金融商品の会計処理に関する専門知識は会計の専門知識に含まれるが、金融商品を評価するための複雑なモデルの専門知識は含まれない。

一方、特に会計又は監査の専門知識における新たな領域に関連する場合など、会計又は監査の特殊な領域とその他の分野の専門知識の区別は、職業的専門家としての判断事項となる。監査人に対する教育と適性の要件に関する職業的専門家としての基準及び規則は、監査人が当該判断を行使する際に役立つことがある。

A3．監査人の利用する専門家が個人又は組織のいずれでもあり得ることによって、どのように本報告書の要求事項の適用に影響するかについては、慎重な検討が必要になる。

例えば、監査人の利用する専門家の適性、能力及び客観性を評価する場合、監査人は専門家が所属する組織を以前に利用したことがあるが、当該組織が特定の業務に選任した専門家個人とは過去に業務経験がないことがある。反対に、監査人は専門家個人とは業務経験があるが、当該専門家が所属する組織とは業務経験がないことがある。

いずれの場合であっても、特定の個人の個人的資質と、組織の管理体制（例えば、組織が業務に適用する品質管理のシステムなど）の双方が、監査人の評価に関連することがある。

２．監査人の利用する専門家の必要性の判断（第６項参照）

A4．以下のような局面で、監査人が専門家の業務を利用することが必要になることがある。

・内部統制を含む、企業及び企業環境の理解
・重要な虚偽表示リスクの識別と評価
・財務諸表全体レベルで評価したリスクに応じた全般的な対応の決定と実施
・アサーション・レベルで評価したリスクに対応する、リスク対応手続の立案と実施
・監査意見の形成に当たって入手される、監査証拠の十分性と適切性の評価

A5．経営者が財務諸表の作成に当たって会計以外の分野の専門知識が必要な場合、重要な虚偽表示リスクが高まることがある。例えば、会計以外の分野の専門知識が相当に複雑である場合や、経営者が当該分野の専門知識を有していない場合である。経営者は、財務諸表の作成に当たって必要な専門知識を有していない場合、これらのリスクに対応するために経営者の利用する専門家を必要とすることがある。

なお、経営者の利用する専門家の業務に対する内部統制を含め、関連する内部統制があれば、重要な虚偽表示リスクを低減することがある。

A6．会計以外の分野における専門知識を利用して財務諸表が作成されている場合、監査人は会計及び監査に精通しているものの、財務諸表の監査に必要な当該専門知識を有していないことがある。

監査責任者は、監査チーム及び当該チームの一員ではない専門家が、監査業務を実施するために適性及び能力を総合的に備えていることを確かめることを求められている（監基報220第13項参照）。さらに、監査人は、監査の実施に必要な監査チームメンバーの能力、時期及び人数を確かめることが求められている（監査基準委員会報告書300「監査計画」第７項(5)参照）。

これらの要求事項を満たすに当たり、専門家の業務を利用するかどうか、利用する場合には、いつ、どの程度利用するかについての監査人の判断が必要になることがある。また、監査人は、監査の進捗に伴い又は状況の変化により、専門家の業務の利用に係る当初の判断を見直すことが必要になることがある。

A7．会計又は監査以外の分野の専門家ではない監査人であっても、当該分野について、専門家の業務を利用することなく、監査を実施するための十分な理解が得られることもある。

この理解は、例えば、以下を通じて得ることが

できる。

・財務諸表の作成に際して当該専門知識が要求される企業の監査経験

・当該特定分野での教育又は専門的能力の開発

これには、当該特定分野における監査人自身の能力を高めるために、適切な研修への参加や関連分野で専門知識を有する者との討議が含まれる。このような討議とは、特定の監査業務において行われる特定の状況に関する専門家への専門的な見解の問合せと異なる。専門家への専門的な見解の問合せにおいては、専門家は十分に関連する事実の提供を受け、特定の事項について詳細な情報を得た上で助言する（監基報220のA18項参照）。

・類似の業務を実施した監査人との討議

A8．しかしながら、監査人は、十分かつ適切な監査証拠を入手する際に、専門家を利用する必要があると判断することがあり、当該専門家を利用することを選択することもある。

専門家を利用するかどうかを判断する場合の考慮事項には、例えば、以下が含まれる。

・経営者が財務諸表の作成に当たって利用する専門家の有無（A9項参照）

・対象となる事項の内容、重要度及び複雑性

・対象となる事項の重要な虚偽表示リスク

・対象となる事項に関する専門家の業務に係る監査人の知識と経験、及び監査証拠の代替的な情報源の利用可能性を考慮した上で、識別したリスクに対応するために想定される手続の種類

A9．経営者が財務諸表の作成に専門家を利用した場合、監査人が専門家を利用するかどうかに関する判断は、以下のような要因によっても影響を受けることがある。

・経営者の利用する専門家の業務の内容、範囲及び目的

・経営者の利用する専門家は企業に雇用されているか、又は企業の依頼により業務に従事して関連するサービスを提供しているかどうか。

・経営者の利用する専門家の業務に対して、経営者が支配又は影響を及ぼすことが可能な程度

・経営者の利用する専門家の適性と能力

・経営者の利用する専門家が、関連する専門的な業務実施基準、又は他の職業的専門家としての規定や業界の規定に従っているかどうか。

・経営者の利用する専門家の業務に対して適用される企業の内部統制

監査基準委員会報告書500第７項は、経営者の利用する専門家の適性、能力及び客観性が監査証拠の証明力に与える影響に関する指針について記載している。

３．監査手続の種類、時期及び範囲（第７項参照）

A10．本報告書の第８項から第12項の要求事項に関する監査手続の種類、時期及び範囲は、個々の状況に応じて異なる。例えば、以下の状況においては、異なる手続やより広範囲な手続の必要性を示唆することがある。

・専門家の業務が主観的かつ複雑な判断を伴う重要な事項に関係している。

・監査人が以前に専門家の業務を利用しておらず、当該専門家の適性、能力及び客観性について予備知識がない。

・専門家が個々の事項に関して専門的な見解の問合せに対して助言を提供するのではなく、監査に不可欠な手続を実施している。

・専門家が外部の専門家であるため、監査事務所の品質管理の方針と手続に従っていない。

監査事務所の品質管理の方針と手続（第７項(5)参照）

A11．内部の専門家が監査事務所の社員等や専門職員（非常勤者を含む。）である場合には、品質管理基準委員会報告書第１号「監査事務所の品質管理」に準拠した当該事務所の品質管理の方針と手続に従う（品基報第11項(4)及び監基報220第２項参照）。

一方、内部の専門家がネットワーク・ファームの社員等や専門職員（非常勤者を含む。）である場合があり、監査事務所はネットワーク・ファームと共通の品質管理の方針及び手続を共

有することがある。

A12．外部の専門家は、監査チームの一員ではないため、品質管理基準委員会報告書第１号に準拠した品質管理の方針と手続は適用されない（品基報第11項⑷参照）。

A13．監査基準委員会報告書220に記載のとおり、監査チームは、監査事務所又は第三者から品質管理のシステムに改善を要する事項が存在する旨の通知がない限り、個々の監査業務における品質管理において、監査事務所が定めた品質管理のシステムに依拠することができる（監基報220第４項参照）。

依拠の程度は、個々の状況に応じて異なり、以下に関する監査人の手続の種類、時期及び範囲に影響を与えることがある。

・採用と研修を通じた、適性と能力
・客観性
・内部の専門家は、職業倫理で要求される事項（独立性に関する事項を含む。）に従う。
・内部の専門家の業務の適切性に関する監査人の評価

例えば、監査事務所の研修によって、内部の専門家がその専門知識と監査プロセスの関連性について適切な理解を得ることがある。このような研修や、専門家の業務範囲を決定する手順などのプロセスへの依拠は、専門家の業務の適切性を評価する監査人の手続の種類、時期及び範囲に影響を与えることがある。

・品質管理のシステムの監視を通じた、法令等の遵守
・専門家との合意

品質管理のシステムに依拠することによっても、本報告書の要求事項を満たす監査人の責任は軽減されない。

４．監査人の利用する専門家の適性、能力及び客観性（第８項参照）

A14．監査人の利用する専門家の適性、能力及び客観性は、専門家の業務が監査人の目的に照らして適切であるかどうかに重要な影響を与える要因である。適性は、専門家の専門知識の内容と水準に関係している。能力は、個々の業務の状況においてその適性を発揮できるかどうかに関係している。能力に影響を与える要因には、例えば、所在地、時間や要員の利用可能性を含むことがある。客観性は、専門家の職業的専門家としての判断又は業務上の判断に対して、中立性の欠如の程度、利益相反の有無又はその他の事項が与える潜在的影響に関係している。

A15．監査人の利用する専門家の適性、能力及び客観性に関する情報は、以下のような様々な情報源によってもたらされることがある。

・当該専門家が以前に提供した業務を利用した経験
・当該専門家との討議
・当該専門家の業務に精通している他の監査人等との討議
・当該専門家の資格、専門家団体又は業界団体への加入状況、開業免許等についての情報
・当該専門家が公表した論文又は著作物
・監査事務所の品質管理の方針と手続（A11項からA13項参照）

A16．監査人の利用する専門家の適性、能力及び客観性の評価に関連する事項には、専門家の業務が専門的な業務実施基準又は他の職業的専門家としての規定や業界の規定（例えば、専門家団体又は業界団体の倫理規則及びその他会員が遵守すべき規定、資格認定団体による認定基準、又は法令が課す規定）に従っているかどうかを評価することが含まれる。

A17．上記の他に監査人の利用する専門家の評価に際して考慮する事項には、以下の事項が含まれる。

・専門家の業務を利用しようとしている事項に対する、専門家の特定領域における能力を含む、当該専門家の適性の適合性（例えば、保険数理人によっては、損害保険を専門に扱ってはいるが、年金数理計算に関しては限られた専門知識しか持っていないことがある。）
・会計及び監査上要求される事項に関する専門家の適性（例えば、適用される財務報告の枠組みに準拠している仮定と方法、及び利用し

ている場合はモデルに関連する知識）
・当初の評価の再検討の必要性（予期しない出来事、状況の変化、又は監査手続の結果入手した監査証拠により、監査が進行するにつれて、専門家の適性、能力及び客観性に関する当初の評価を再検討する必要があることを示唆しているかどうか。）

A18．様々な状況（例えば、自己利益、擁護、馴れ合い、自己レビュー及び不当なプレッシャーを受ける脅威）によって、専門家の客観性が阻害されることがある。阻害要因はセーフガードによって除去又は軽減されることがあり、セーフガードは、外的仕組み（例えば、専門家の所属する専門団体、法律、又は規制）又は専門家の業務環境（例えば､品質管理の方針及び手続）によって、設定されることがある。また、個々の監査業務に特有のセーフガードが設定されることもある。

A19．客観性への阻害要因の重大性とセーフガードの必要性に関する評価は、専門家の役割と監査に関連した専門家の業務の重要性に依存することがある。

例えば、予定した専門家が監査対象となる情報の作成に重要な役割を果たした特定の者であった場合、すなわち、経営者の利用する専門家であった場合など、セーフガードにより阻害要因を許容可能な水準まで軽減できない一定の状況が存在することがある。

A20．監査人が外部の専門家の客観性を評価する場合、以下を実施することがある。

(1) 当該専門家の客観性に影響を与える可能性のある、外部の専門家と企業の間の既知の利害関係について、企業に質問する。

(2) 当該専門家に適用される職業的専門家としての規定を含め、適用可能なセーフガードについて当該専門家と討議し、セーフガードが阻害要因を許容可能な水準に軽減するために適切であるかどうかを評価する。監査人の専門家との討議の対象となる利害関係には、以下が含まれている。

・経済的利害関係
・事業上及び個人的な関係
・専門家による他のサービスの提供（外部の専門家が組織である場合には、当該組織が含まれる。）

監査人の外部の専門家が認識している企業との利害関係について、監査人が当該専門家から書面による陳述を入手することが適切な場合もある。

5．監査人の利用する専門家の専門分野の理解（第９項参照）

A21．監査人は、A7項に記載されている事項や専門家との討議を通じて、専門家の専門分野を理解することがある。

A22．専門家の専門分野に関し、監査人が理解する必要のある事項には、以下のものを含むことがある。

・専門家の専門分野が監査に関連する特定領域を含むかどうか。（A17項参照）
・職業的専門家としての基準等及び法令等が適用されているかどうか。
・どのような仮定及び方法（該当する場合はモデルを含む。）が専門家によって利用されているか、また、それらが専門家の専門分野において一般に認められており、財務報告目的にとって適切であるかどうか。
・専門家が使用する内外のデータ又は情報の性質

6．監査人の利用する専門家との合意（第10項参照）

A23．監査人及び専門家のそれぞれの役割と責任、並びに監査人と専門家の間のコミュニケーションの内容、時期及び範囲が様々であるため、専門家の業務の内容、範囲及び目的は、個々の状況に応じて相当に異なることがある。したがって、専門家が外部の専門家又は内部の専門家であるかどうかにかかわらず、監査人と専門家の間でこれらの事項を合意することが要求されている。

A24．第７項における事項は、書面による合意が適切であるかどうかを含め、監査人と専門家の間の合意に関する詳細さの程度と形式に影響を与えることがある。例えば、以下の状況においては、より詳細な合意や書面による合意の必要性を示唆することがある。

- 専門家が機密扱い又は部外秘の企業情報にアクセスすること
- 監査人及び専門家のそれぞれの役割又は責任が、通常期待されるものと異なること
- 複数の国の法令等が適用されること
- 専門家の業務に関係する事項が非常に複雑であること
- 監査人が当該専門家によって実施された業務を以前に利用したことがないこと
- 専門家の業務の範囲が広ければ広いほど、監査における重要性が高いこと

A25．監査人と外部の専門家との間の合意は、契約書の形式となることが多い。付録において、監査人が外部の専門家との合意に関して、契約書又はその他の形式の文書に含めることを考慮する事項を記載している。

A26．監査人と専門家の間に書面による合意がない場合、合意の内容は、例えば以下に含まれる場合がある。

- 監査計画時のメモ、又は監査手続書などの関連する監査調書
- 監査事務所の方針と手続

内部の専門家の場合、当該専門家が従う定められた方針と手続には、専門家の業務に関連する特別な方針と手続が含まれていることがある。監査調書における文書化の範囲は、そのような方針と手続の内容に依存している。例えば、監査事務所が専門家の業務を利用する状況に関して詳細な手順を定めている場合には、監査調書において合意の内容を文書化することは必ずしも要求されない。

⑴　専門家の業務の内容、範囲及び目的（第10項⑴参照）

A27．専門家の業務の内容、範囲及び目的について合意する場合に、当該専門家が従う専門的な業務実施基準又は他の職業的専門家としての規定や業界の規定に関して議論することは有用である。

⑵　監査人及び専門家のそれぞれの役割と責任（第10項⑵参照）

A28．監査人及び専門家のそれぞれの役割と責任に関する合意には、以下が含まれることがある。

- 監査人又は専門家のいずれかによる、基礎データの詳細テストの実施
- 監査人が専門家の指摘事項又は結論を企業等と協議し、必要であれば、当該専門家の指摘事項又は結論の詳細を監査報告書において除外事項付意見の根拠区分に含めることの同意（A42項参照）
- 専門家の業務に関する監査人の結論を当該専門家に通知することについての合意

調　書

A29．監査人と専門家それぞれの役割に関する合意には、相互の調書の閲覧及び保存についての合意を含めることもある。専門家が監査チームの一員である場合、当該専門家の調書は、監査調書の一部を構成する。他に合意がない限り、外部の専門家の調書は、当該専門家の所有に属し、監査調書の一部を構成しない。

⑶　コミュニケーション（第10項⑶参照）

A30．効果的な双方向のコミュニケーションにより、専門家の手続の種類、時期及び範囲を監査の他の作業と適切に一体化したり、専門家の業務の目的を監査の実施過程で適切に修正したりすることができる。例えば、専門家の業務が特別な検討を必要とするリスクに関する監査人の結論に関係する場合、当該専門家の業務結果の正式な書面による報告と、業務の進行に応じた口頭による報告の両方を実施することが適切であることがある。

専門家との連絡を担当する社員等又は専門職員を特定し、当該専門家と企業の間のコミュニケーション手続を定めておくことは、特に大規模な業務において、適時で効果的なコミュニ

ケーションに役立つ。

(4) 守秘義務（第10項(4)参照）

A31．監査人に適用される職業倫理で要求される守秘義務に関する事項は、専門家にも適用することが必要である。また、法令等によって追加的に要求される事項が課されることがある。さらに、企業が特定の守秘義務条項についての合意を外部の専門家に要請することもある。

7．監査人の利用する専門家の業務の適切性に係る評価（第11項参照）

A32．専門家の適性、能力及び客観性に関する監査人の評価、専門家の専門分野についての監査人の知識、及び専門家が実施する業務の内容は、監査人の目的に照らして当該専門家の業務の適切性を評価する監査手続の種類、時期及び範囲に影響する。

(1) 監査人の利用する専門家の指摘事項と結論（第11項(1)参照）

A33．監査人の目的に照らして専門家の業務の適切性を評価する手続には、以下を含めることがある。

・専門家への質問
・専門家の調書と報告書の査閲
・他の監査手続により入手した証拠を裏付ける手続
　―専門家の業務の観察
　―信頼できる権威ある情報源からの統計的な報告等の公表データの検討
　―第三者への関連事項の確認
　―詳細な分析的手続の実施
　―再計算
・専門家の指摘事項又は結論が他の監査証拠と整合していない場合等、関連する専門知識を有する他の専門家との討議
・専門家の報告についての経営者との協議

A34．報告書等の様式に関係なく、専門家の指摘事項又は結論の適合性と合理性を評価する場合において関連する要素には、以下を含めることがある。

・指摘事項や結論は、専門家の職業団体の基準や業界の規定と整合する方法で提示されているかどうか。
・指摘事項や結論には、監査人と合意した専門家の業務の目的、実施した業務の範囲、及び適用した基準等が明瞭に記載されているかどうか。
・指摘事項や結論は、関連する場合、適切な期間に基づき、後発事象を考慮に入れているかどうか。
・指摘事項や結論に、利用に関する条件、制限又は規制が付されているかどうか、その場合には、そのことが監査に影響するかどうか。
・指摘事項や結論は、専門家が特定した誤謬や逸脱についての適切な考慮に基づいているかどうか。

(2) 仮定、方法及び基礎データ

仮定及び方法（第11項(2)参照）

A35．専門家の業務が会計上の見積りを行う際に経営者によって使用される基礎的な仮定及び方法（該当する場合にはモデルを含む。）を評価することである場合、監査人は、主として、専門家が当該仮定及び方法を適切に検討したかどうかを評価するために手続を実施することが多い。

専門家の業務が経営者の見積額と比較するための監査人の見積額又は許容範囲を設定することである場合、監査人は、主として、当該専門家が使用した仮定及び方法（適切な場合にはモデルを含む。）を評価するために手続を実施することがある。

A36．監査基準委員会報告書540「会計上の見積りの監査」第７項、第12項及び第14項は、会計上の見積りを行う際に経営者が使用する仮定及び方法（場合により、企業が自社開発した極めて専門的なモデルの使用を含む。）を扱っており、それらに関して監査人が十分かつ適切な監査証拠を入手する観点から記述されているが、監査人の利用する専門家が使用する仮定及び方

法を評価する場合において役立つこともある。

A37．監査人の利用する専門家の業務が重要な仮定及び方法の利用を含む場合、当該仮定及び方法について監査人が評価する際に、以下を含めることがある。

・仮定及び方法が専門家の専門分野において一般に認められているかどうか。
・仮定及び方法が適用される財務報告の枠組みで要求される事項と整合しているかどうか。
・仮定及び方法が専門的なモデルの使用に依存しているかどうか。
・仮定及び方法が経営者の仮定及び方法と整合しているかどうか、及び整合していない場合には相違の理由と影響

監査人の利用する専門家が使用する基礎データ（第11項(3)参照）

A38．専門家の業務が、当該専門家の業務において重要である基礎データの使用を含む場合、当該データをテストするために、以下のような手続を実施することがある。

・データの源泉の検討（データと専門家へのデータの伝送（関連する場合）に対する内部統制を理解し、必要に応じてテストすることを含む。）
・データの網羅性と整合性に関する検討

A39．監査人は、多くの場合、自ら基礎データをテストできる。しかしながら、専門家の使用する基礎データが、当該専門家の専門分野において高度に専門的なデータである場合、当該専門家がその基礎データをテストすることになる。専門家が基礎データをテストした場合、監査人による当該専門家への質問や当該専門家のテストの監督又は査閲は、監査人が当該データの目的適合性、網羅性、及び正確性を評価するに当たり適切な方法であることがある。

(3)　専門家の業務が適切でない場合（第12項参照）

A40．監査人は、専門家の業務が監査人の目的に照らして適切でないと結論し、第12項によって要求される追加的監査手続（専門家と監査人双方が追加作業を実施したり、他の専門家を雇用又は業務を依頼すること等が含まれる。）によっても問題事項を解消できなかった場合、監査人は十分かつ適切な監査証拠を入手しなかったことにより、監査基準委員会報告書705「独立監査人の監査報告書における除外事項付意見」に従って、限定付意見の表明又は意見不表明が必要になることがある。

８．監査報告書における専門家の業務の利用に関する記載（第14項参照）

A41．除外事項付意見の理由を説明するために、監査報告書において専門家について言及することが、個々の状況によって適切となることがある。このような状況において、監査人は、当該言及を行う前に、専門家の同意を必要とすることがある。

Ⅳ　適　用

本報告書は、平成24年４月１日以後開始する事業年度に係る監査及び同日以後開始する中間会計期間に係る中間監査から適用する。

付録　監査人と外部の専門家との合意に際しての考慮事項（A25項参照）

本付録は、監査人と外部の専門家との合意に際しての考慮事項を示している。以下は例示であり、必ずしも網羅的に列挙したものではなく、本報告書で記載した考慮事項とともに利用されることを想定している。特別な事項を合意に含めるかどうかは、個々の業務の状況によって決まる。以下の事項は、監査人の内部の専門家との合意に当たって参考になることがある。

監査人の外部の専門家の業務の内容、範囲及び目的

- 外部の専門家が実施する手続の種類及び範囲
- 外部の専門家の業務の目的
- これは、専門家の業務が関係する事項の重要性とリスクの検討、及び関連する場合には、適用される財務報告の枠組みに照らして決定されることになる。
- 外部の専門家が従う専門的な業務実施基準又は他の職業的専門家としての規定や業界の規定
- 外部の専門家が使用する仮定及び方法（該当する場合にはモデルを含む。）、並びにそれらの出典
- 外部の専門家の業務に係る主題の基準日、又は該当する場合にはテスト期間、及び後発事象に関して要求される事項

監査人及び監査人の利用する専門家のそれぞれの役割と責任

- 関連する監査の基準と会計の基準、及び法令等
- 監査人が想定している、外部の専門家の報告書の利用に係る専門家の同意

  外部の専門家の報告書の利用について、必要な場合には監査報告書の除外事項付意見の根拠区分において言及したり、経営者又は監査役等に対して開示することが含まれる。
- 外部の専門家の業務に係る監査人の査閲の内容と範囲
- 監査人と外部の専門家のどちらが基礎データをテストするか
- 外部の専門家による、企業の記録やファイルの閲覧の機会及び経営者の利用する専門家や職員に対する質問や面談の機会
- 外部の専門家と企業の間のコミュニケーションの手続
- 監査人及び外部の専門家による相互の調書の閲覧
- 調書の保存要件を含む、業務実施中及び完了後における調書の所有権と管理
- 適切な技能と正当な注意を持って業務を実施する外部の専門家の責任
- 業務を実施する外部の専門家の適性と能力
- 外部の専門家が関連するすべての知識を用いること、又は制約が生じた場合には監査人に通知すること
- 監査報告書と関連付けて外部の専門家に言及することへの制限
- 外部の専門家の業務に関する監査人の結論を当該専門家に通知することへの合意

コミュニケーションと報告

- コミュニケーションの方法と頻度
  - ―外部の専門家の指摘事項又は結論の報告方法（書面による報告、口頭の報告、監査チームへの進捗に合わせた報告など）
  - ―監査チーム内における、外部の専門家との連絡担当者の特定
- 外部の専門家が業務を完了し、監査人に指摘事項又は結論を報告する時期
- 以下の事項について速やかに報告する外部の専門家の責任
  - ―業務完了の遅延の可能性
  - ―外部の専門家の指摘事項又は結論に関する条件若しくは制限が付される可能性
- 外部の専門家による、企業の記録やファイルの閲覧の機会及び経営者の利用する専門家や職員に対する質問や面談の機会に対して制限がある場合に速やかに報告する外部の専門家の責任
- 以前に報告された状況の変化を含め、外部の専門家が監査に関連すると考えるすべての情報を監査人に報告する外部の専門家の責任
- 外部の専門家の客観性に対する阻害要因となり得る状況と、当該阻害要因を除去又は許容可能な水

準に軽減することができるセーフガードを報告する外部の専門家の責任

守秘義務

・外部の専門家が守秘義務を遵守する必要性

—監査人に適用される職業倫理で要求される守秘義務に関する事項

—法令等によって課される追加的に要求される事項（該当する場合）

—企業が要請する特定の守秘義務条項（該当する場合）

以　上

監査基準委員会報告書700

財務諸表に対する意見の形成と監査報告＊

2011年７月１日
改正2011年12月22日
改正2014年４月４日
改正2019年２月27日
最終改正2021年１月14日
日本公認会計士協会
監査基準委員会
（報告書：第60号）

項番号

Ⅰ　本報告書の範囲及び目的

１．本報告書の範囲

１．本報告書は、財務諸表に対する意見の形成に関する実務上の指針を提供するものである。また、財務諸表に対する監査の結果に基づいて発行する監査報告書の様式及び記載内容に関する実務上の指針を提供するものである。

２．監査報告書において監査上の主要な検討事項を報告する監査人の責任は、監査基準委員会報告書701「独立監査人の監査報告書における監査上の主要な検討事項の報告」で扱われている。監査人が、監査報告書において除外事項付意見を表明する場合、又は監査報告書に「強調事項」区分若しくは「その他の事項」区分を設ける場合における監査報告書の様式及び内容に関する実務上の指針は、監査基準委員会報告書705「独立監査人の監査報告書における除外事項付意見」及び監査基準委員会報告書706「独立監査人の監査報告書における強調事項区分とその他の事項区分」で扱われている。なお、その他の監査基準委員会報告書にも、監査報告書を発行する場合に適用となる報告に関する要求事項が含まれている。

3．本報告書は、監査報告書の対象が完全な一組の一般目的の財務諸表であることを前提として記載されている。

財務諸表が特別目的の財務報告の枠組みに従って作成されている場合や、個別の財務表又は財務諸表項目等を対象として監査を実施する場合における特別な考慮事項は、それぞれ、監査基準委員会報告書800「特別目的の財務報告の枠組みに準拠して作成された財務諸表に対する監査」、監査基準委員会報告書805「個別の財務表又は財務諸表項目等に対する監査」で扱っており、本報告書と併せて適用される。

4．本報告書の要求事項は、監査報告書の一貫性及び比較可能性を確保するとともに、利用者にとって目的適合性のある情報を監査報告書において提供することを通じて監査報告書の価値を高めることを意図している。本報告書は、監査報告書間の様式や内容等の一貫性を保持することを促すものであるが、特定の状況に適応するための柔軟性も考慮している。我が国において一般に公正妥当と認められる監査の基準に準拠して監査が実施されている場合の監査報告書に一貫性が保持されていることにより、監査が我が国において一般に公正妥当と認められる監査の基準に準拠して実施されていることを容易に認識でき、市場における監査の信頼性を高める。

また、監査報告書間の様式や内容等の一貫性は、監査報告書の利用者の理解を助けるとともに、通例でない状況が生じた場合にこれを認識することを容易にする。

2．本報告書の目的

5．本報告書における監査人の目的は、以下の事項のとおりである。

(1)　入手した監査証拠から導いた結論の評価に基づき、財務諸表に対する意見を形成すること

(2)　監査報告書において、監査意見を明瞭に表明すること

3．定　義

6．本報告書における用語の定義は、以下のとおりとする。

(1)「一般目的の財務諸表」－一般目的の財務報告の枠組みに準拠して作成される財務諸表をいう。

(2)「一般目的の財務報告の枠組み」－広範囲の利用者に共通する財務情報に対するニーズを満たすように策定された財務報告の枠組みをいう。財務報告の枠組みには、「適正表示の枠組み」と「準拠性の枠組み」がある。

「適正表示の枠組み」は、その財務報告の枠組みにおいて要求されている事項の遵守が要求され、かつ、以下のいずれかを満たす財務報告の枠組みに対して使用される。

①　財務諸表の適正表示を達成するため、財務報告の枠組みにおいて具体的に要求されている以上の注記を行うことが必要な場合があることが、財務報告の枠組みにおいて明示的又は黙示的に認められている。

②　財務諸表の適正表示を達成するため、財務報告の枠組みにおいて要求されている事項からの離脱が必要な場合があることが、財務報告の枠組みにおいて明示的に認められている。ただし、このような離脱は、非常にまれな状況においてのみ必要となることが想定されている。

「準拠性の枠組み」は、その財務報告の枠組みにおいて要求される事項の遵守が要求されるのみで、上記①及び②のいずれも満たさない財務報告の枠組みに対して使用される。（監査基準委員会報告書200「財務諸表監査における総括的な目的」第12項⒀参照）

(3)「無限定意見」－適正表示の枠組みの場合、財務諸表が、適用される財務報告の枠組みに準拠して、すべての重要な点において適正に表示していると監査人が認める場合に表明される意見をいい、準拠性の枠組みの場合、財務諸表が、すべての重要な点において、適用

される財務報告の枠組みに準拠して作成されていると監査人が認める場合に表明される意見をいう。(第23項及び第24項参照)

7．本報告書において、財務諸表とは、関連する注記事項を含む完全な一組の一般目的の財務諸表を意味する（監査基準委員会報告書200第12項(9)参照)。関連する注記事項は、通常、重要な会計方針及びその他の説明情報から構成される。財務諸表の表示、構成及び内容並びに完全な一組の財務諸表が何により構成されているかは、適用される財務報告の枠組みによって定められている。我が国においては、「適用される財務報告の枠組み」に財務諸表の様式と内容、及び完全な一組の財務諸表を定める法令等が含まれることがある。

Ⅱ　要求事項

1．財務諸表に対する意見の形成

8．監査人は、財務諸表が、すべての重要な点において、適用される財務報告の枠組みに準拠して作成されているかどうか（適正表示の枠組みの場合は、財務諸表がすべての重要な点において適正に表示されているかどうか。）について意見を形成しなければならない。(監基報200第10項参照)

第23項及び第24項において、適正表示の枠組みの場合と準拠性の枠組みの場合のそれぞれにおいて、無限定意見を表明する際に用いる表現を示している。

9．監査人は、監査意見の形成に当たり、不正か誤謬かを問わず、財務諸表に全体として重要な虚偽表示がないということについての合理的な保証を得たかどうかを判断しなければならない。

この判断に当たり、監査人は以下の事項を勘案しなければならない。

(1)　十分かつ適切な監査証拠を入手したかどうかについての監査人の結論（監査基準委員会報告書330「評価したリスクに対応する監査人の手続」第25項参照)

(2)　未修正の虚偽表示が、個別に、又は集計した場合に重要であるかについての監査人の結論（監査基準委員会報告書450「監査の過程で識別した虚偽表示の評価」第10項参照)

(3)　第10項から第13項において要求されている評価

10．監査人は、財務諸表が、すべての重要な点において、適用される財務報告の枠組みに準拠して作成されているかどうかを評価しなければならない。

この評価においては、経営者の判断に偏向が存在する兆候等、企業の会計実務の質的側面も勘案しなければならない。(A1項からA3項参照)

11．監査人は、適用される財務報告の枠組みにより要求される事項に基づき、特に以下を評価しなければならない。

(1)　経営者が採用した重要な会計方針が、財務諸表において適切に開示されているかどうか。この評価において監査人は、会計方針の記述が企業の状況に照らして目的適合性を有しているか、及び理解可能かどうかを考慮しなければならない。(A4項参照)

(2)　経営者が採用した会計方針が、適用される財務報告の枠組みに準拠しており、かつ適切であるかどうか。

(3)　経営者の行った会計上の見積りが合理的であるかどうか。

(4)　財務諸表において表示及び注記された情報が目的適合性、信頼性及び比較可能性を有し、かつ理解可能なものであるかどうか。この評価において監査人は、以下を考慮しなければならない。

・必要な情報が含まれているかどうか、及び当該情報が適切に分類、集計又は細分化され、性質に応じた記載となっているかどうか。

・関連しない情報又は表示及び注記された事項の適切な理解を曖昧にする情報を含めることにより、財務諸表の全体的な表示が損なわれていないかどうか。(A5項参照)

⑸　重要な取引や会計事象が財務諸表に与える影響について、財務諸表の利用者が理解するために適切な注記がなされているかどうか。(A6項参照)

⑹　財務諸表の名称を含め、財務諸表で使用されている用語は適切であるかどうか。

12．監査人は、財務諸表が適正表示の枠組みに準拠して作成されている場合には、第10項及び第11項で求められている評価において、財務諸表が適正に表示されているかどうかの評価も行わなければならない。(A7項から A9項参照)

監査人は、財務諸表が適正に表示されているかどうかについて評価する場合には、以下を勘案しなければならない。

⑴　財務諸表の全体的な表示、構成及び内容

⑵　関連する注記事項を含む財務諸表が、基礎となる取引や会計事象を適正に表しているかどうか。

13．監査人は、財務諸表において、適用される財務報告の枠組みについて適切に記述されているかどうかを評価しなければならない。(A10項から A15項参照)

2．意見の様式

14．監査人は、財務諸表が、すべての重要な点において、適用される財務報告の枠組みに準拠して作成されていると認める場合、無限定意見を表明しなければならない。

15．監査人は、入手した監査証拠に基づき、全体としての財務諸表に重要な虚偽表示があると認める場合、又は全体としての財務諸表に重要な虚偽表示がないと認めるための十分かつ適切な監査証拠を入手できない場合には、監査基準委員会報告書705に従い、監査報告書において除外事項付意見を表明しなければならない。

16．適正表示の枠組みでは、適用される財務報告の枠組みにおいて要求される事項に準拠して財務諸表を作成したとしても、財務報告の枠組みにおいて具体的に要求されている以上の注記や、財務報告の枠組みからの離脱が必要な場合があることから、作成された財務諸表が適正に表示されているとは認められない場合がある。その場合には、監査人は、原因となっている事項について経営者と協議し、適用される財務報告の枠組みにより求められる事項、及びその事項がどのように解消されたかに応じて、監査基準委員会報告書705に基づき監査報告書において除外事項付意見を表明する必要があるかどうかを判断しなければならない。(A16項参照)

17．準拠性の枠組みでは、適用される財務報告の枠組みにおいて要求される事項の遵守が求められるのみであるため、財務諸表が準拠性の枠組みに準拠して作成されている場合、監査人は、財務諸表が適正に表示されているかどうか評価することを求められない。

しかし、極めてまれな状況において、財務諸表が利用者の誤解を招くと監査人が判断する場合、その原因となっている事項を経営者と協議するとともに、その事項がどのように解消されたかに応じて、監査報告書における記載の要否、及び記載する場合にはその方法について判断しなければならない。(A17項参照)

3．監査報告書

18．監査報告は文書によらなければならない。(A18項及び A19項参照)

⑴　我が国において一般に公正妥当と認められる監査の基準に準拠して実施した監査における監査報告書

表題

19．監査報告書には、独立監査人の報告書であることを明瞭に示す表題を付さなければならない。(A20項参照)

宛先

20．監査報告書には、契約内容に応じた宛先を記載しなければならない。(A21項参照)

監査意見

21．監査報告書の冒頭に、「監査意見」という見出しを付した区分を設け、監査意見を記載しなければならない。

22．監査報告書の「監査意見」区分には、以下の

事項を記載しなければならない。

(1) 監査対象である財務諸表を作成している企業の名称

(2) 財務諸表の監査を行った旨

(3) 財務諸表の名称

(4) 財務諸表に関連する注記事項（重要な会計方針を含む。）

(5) 財務諸表が対象とする日付又は期間（A22項及び A23項参照）

23．適正表示の枠組みに準拠して作成された財務諸表に対して無限定適正意見を表明する場合、監査意見において、「財務諸表が、［適用される財務報告の枠組み］に準拠して、…をすべての重要な点において適正に表示している」と記載しなければならない。（A24項から A31項参照）

24．準拠性の枠組みに準拠して作成された財務諸表に対して無限定意見を表明する場合、監査意見には、「財務諸表が、すべての重要な点において、［適用される財務報告の枠組み］に準拠して作成されている」と記載しなければならない。（A26項から A31項参照）

25．監査意見において、適用される財務報告の枠組みが国際会計基準審議会が公表する国際会計基準ではない場合には、監査意見において、財務報告の枠組みを設定している国を特定しなければならない。

監査意見の根拠

26．監査報告書には、「監査意見」区分に続けて「監査意見の根拠」という見出しを付した区分を設け、以下を記載しなければならない。（A32項参照）

(1) 我が国において一般に公正妥当と認められる監査の基準に準拠して監査を実施した旨（A33項参照）

(2) 監査人の責任に関し、監査報告書の「財務諸表監査における監査人の責任」の区分に記載がある旨

(3) 監査人は、我が国における職業倫理に関する規定に従って、会社から独立しており、また、監査人としてのその他の倫理上の責任を果たしている旨（A34項から A37項参照）

(4) 意見表明の基礎となる十分かつ適切な監査証拠を入手したと判断した旨

継続企業

27．監査人は監査基準委員会報告書570「継続企業」第20項から第22項に該当する場合、これらに従って、監査報告書において継続企業に関する事項を報告しなければならない。

監査上の主要な検討事項

28．法令により監査報告書において監査上の主要な検討事項の記載が求められる監査においては、監査人は監査基準委員会報告書701に従って、監査報告書において監査上の主要な検討事項を報告しなければならない。

29．前項のほか、監査人は、監査報告書において監査上の主要な検討事項を任意で報告することを契約条件により合意している場合、監査基準委員会報告書701に従って監査上の主要な検討事項を報告しなければならない。（A38項から A40項参照）

財務諸表に対する責任

30．監査報告書には、「財務諸表に対する経営者並びに監査役及び監査役会の責任」（監査役会設置会社の場合）という見出しを付した区分を設けなければならない。（A41項参照）

31．監査報告書の本区分では、経営者の責任として、以下の事項を記載しなければならない。（A42項から A45項参照）

(1) 経営者は、適用される財務報告の枠組みに準拠して財務諸表を作成する責任を有する旨、また、不正又は誤謬による重要な虚偽表示のない財務諸表を作成するために経営者が必要と判断した内部統制を整備及び運用する責任を有する旨

(2) 経営者は、継続企業を前提として財務諸表を作成することが適切であるかどうかを評価し、財務報告の枠組みに基づいて継続企業に関する事項を開示する必要がある場合は当該事項を開示する責任を有する旨（A45項参照）

32．監査報告書の本区分では、監査役若しくは監査役会、監査等委員会又は監査委員会（以下「監査役等」という。）の責任として、財務報告プ

ロセスの整備及び運用における取締役（監査委員会の場合は執行役及び取締役）の職務の執行を監視する旨を記載しなければならない。（A46項参照）

33．財務諸表が適正表示の枠組みに準拠して作成されている場合、監査報告書における財務諸表に対する経営者の責任は、「財務諸表を作成し適正に表示する」と記載しなければならない。

その他の記載内容

33－2．監査人は、監査基準委員会報告書720「その他の記載内容に関連する監査人の責任」に従って、監査報告書において、その他の記載内容に関する報告を行わなければならない。

財務諸表監査における監査人の責任

34．監査報告書には、「財務諸表監査における監査人の責任」という見出しを付した区分を設けなければならない。

35．「財務諸表監査における監査人の責任」区分には、以下を記載しなければならない。

⑴　監査人の責任は、実施した監査に基づき、全体としての財務諸表に不正又は誤謬による重要な虚偽表示がないかどうかについて合理的な保証を得て、監査報告書において独立の立場から財務諸表に対する意見を表明すること（A47項参照）

⑵　虚偽表示は不正又は誤謬により発生する可能性があること、及び虚偽表示は個別に又は集計すると、財務諸表の利用者の意思決定に影響を与えると合理的に見込まれる場合に、重要性があると判断されること（監査基準委員会報告書320「監査の計画及び実施における重要性」第２項参照）（A48項参照）

36．「財務諸表監査における監査人の責任」区分には、併せて以下を記載しなければならない。

⑴　監査人は、我が国において一般に公正妥当と認められる監査の基準に準拠して実施する監査の過程を通じて、職業的専門家としての判断を行い、職業的懐疑心を保持すること

⑵　以下に関する監査人の責任

①　不正又は誤謬による重要な虚偽表示リスクの識別及び評価並びに評価したリスクへの対応

・不正又は誤謬による財務諸表の重要な虚偽表示リスクを識別し、評価すること
・重要な虚偽表示リスクに対応した監査手続を立案し、実施すること
・監査手続の選択及び適用は監査人の判断によること
・意見表明の基礎となる十分かつ適切な監査証拠を入手すること

②　内部統制の理解

・財務諸表監査の目的は、内部統制の有効性について意見表明するためのものではないが、監査人は、リスク評価の実施に際して、状況に応じた適切な監査手続を立案するために、監査に関連する内部統制を検討すること（A49項参照）

③　会計方針及び会計上の見積りの評価

・経営者が採用した会計方針及びその適用方法の適切性、並びに経営者によって行われた会計上の見積りの合理性及び関連する注記事項の妥当性を評価すること

④　継続企業の前提の評価

・経営者が継続企業を前提として財務諸表を作成することが適切であるかどうか、また、入手した監査証拠に基づき、継続企業の前提に重要な疑義を生じさせるような事象又は状況に関して重要な不確実性が認められるかどうか結論付けること
・継続企業の前提に関する重要な不確実性が認められる場合は、監査報告書において財務諸表の注記事項に注意を喚起すること、又は重要な不確実性に関する財務諸表の注記事項が適切でない場合は、財務諸表に対して除外事項付意見を表明すること
・監査人の結論は、監査報告書日までに入手した監査証拠に基づいているが、将来の事象や状況により、企業は継続企業として存続できなくなる可能性があること

⑤　表示及び注記事項の検討

・財務諸表の表示及び注記事項が適用され

る財務報告の枠組みに準拠しているかどうかを評価すること
・適正表示の枠組みに従って作成されている場合、関連する注記事項を含めた財務諸表の表示、構成及び内容を評価するとともに、財務諸表が基礎となる取引や会計事象を適正に表示しているかどうかを評価すること

(3) 監査基準委員会報告書600「グループ監査」が適用となる場合の監査人の責任
① グループ財務諸表に対する意見を表明するための、グループ内の構成単位の財務情報に関する十分かつ適切な監査証拠を入手すること
② グループ財務諸表の監査の指示、監督及び実施をすること
③ グループ監査責任者として単独で意見表明を行うこと

37.「財務諸表監査における監査人の責任」区分には、更に以下を記載しなければならない。
(1) 監査人は、監査役等に対して、計画した監査の範囲とその実施時期、監査の実施過程で識別した内部統制の重要な不備を含む監査上の重要な発見事項、及び監査の基準で求められているその他の事項について、報告を行うこと
(2) 上場企業の財務諸表監査の場合、監査人は、監査役等に対して、独立性についての我が国における職業倫理に関する規定を遵守したこと、並びに監査人の独立性に影響を与えると合理的に考えられる事項、及び阻害要因を除去又は軽減するためにセーフガードを講じている場合はその内容について報告を行うこと(倫理規則及び監査基準委員会報告書260「監査役等とのコミュニケーション」第15項参照)
(3) 監査基準委員会報告書701に従って監査上の主要な検討事項を報告する場合、監査人は、監査役等と協議を行った事項のうち、当年度の財務諸表監査で特に重要であると判断した事項を監査上の主要な検討事項と決定し、監査報告書に記載すること。ただし、法令等により当該事項の公表が禁止されている場合や、極めて限定的ではあるが、監査報告書において報告することにより生じる不利益が公共の利益を上回ると合理的に見込まれるため、監査人が報告すべきでないと判断した場合は、当該事項を記載しないこと(A50項参照)

財務諸表監査における監査人の責任の記載場所

38. 第36項及び第37項により求められている財務諸表監査における監査人の責任の記載は、以下のいずれかに含めなければならない。(A51項参照)
(1) 監査報告書の本文
(2) 監査報告書の別紙(その場合、監査報告書は別紙の記載場所に対する参照を含めなければならない。)(A51項及びA52項参照)

その他の報告責任

39. 監査人が、財務諸表に対する監査報告書において、我が国において一般に公正妥当と認められる監査の基準に基づいて財務諸表に対して意見を表明する責任に加えて、その他の報告責任についても記載する場合、その他の報告責任については、「法令等に基づくその他の報告」又はその区分の記載内容に応じた適切な他の見出しを付して、監査報告書上、財務諸表監査とは別の区分を設けなければならない。(A53項及びA54項参照)

40. 監査報告書にその他の報告責任に関する別の区分を設ける場合、第19項から第37項に記載した事項は、「財務諸表監査」という見出しを記載し、その下に記載しなければならない。

「法令等に基づくその他の報告」区分は、「財務諸表監査」区分の後に記載しなければならない。

監査責任者の氏名

41. 監査報告書には監査責任者の氏名を含めなければならない。(A55項参照)

監査人の署名

42. 監査報告書には、自署・押印がなされなければならない。(A55項参照)

監査事務所の所在地

43. 監査報告書には、監査事務所の所在地を記載

しなければならない。（A56項参照）

監査報告書日

44．監査報告書には、監査人が、財務諸表に対する意見表明の基礎となる十分かつ適切な監査証拠を入手した日よりも前の日付を付してはならない。なお、以下の点について、財務諸表に対する意見表明の基礎となる十分かつ適切な監査証拠を入手しなければならない。（A57項からA60項参照）

(1)　関連する注記を含む全ての財務諸表が作成されていること

(2)　認められた権限を持つ者が、当該財務諸表に対して責任を認めたこと

(2)　法令等により監査報告書の様式又は用語が規定されている場合

45．法令等において、監査報告書に使用する具体的な様式や文言が規定されている場合、監査報告書に、最低限、以下の事項が含まれている場合にのみ、監査報告書において我が国において一般に公正妥当と認められる監査の基準に準拠している旨を記載することができる。（A61項及びA62項参照）

(1)　表題

(2)　契約内容に応じた宛先

(3)「監査意見」区分。これには、財務諸表に対する意見の表明と、財務諸表の作成に用いられた適用される財務報告の枠組みの特定（我が国において一般に公正妥当と認められる企業会計の基準、修正国際基準、指定国際会計基準又は国際会計基準審議会が公表する国際会計基準でない場合、財務報告の枠組みを設定している国の特定を含む。（第25項参照））が含まれる。

(4)　監査対象となった財務諸表についての記載

(5)　監査人は、我が国における職業倫理に関する規定に従って会社から独立しており、また、当該規定に従って監査人としてのその他の倫理上の責任を果たした旨

(6)　継続企業の前提に関して重要な不確実性に係る注記が適切である場合、監査基準委員会報告書570第21項に基づいて記載した「継続企業の前提に関する重要な不確実性」区分に相当する区分

(7)　継続企業の前提に関して重要な不確実性に係る注記が適切でない場合、監査基準委員会報告書570第22項に基づいて記載した除外事項付意見の根拠区分に相当する区分

(8)　監査上の主要な検討事項の記載が求められている場合、監査基準委員会報告書701により要求される情報に相当する区分、又は法令等により、監査上の主要な検討事項に関連した追加的な情報が求められる場合、当該情報を記載した区分に相当する区分（A63項からA65項参照）

(9)　法令等において、監査報告書に使用するその他の記載内容に関する具体的な様式や文言が規定されている場合、監査基準委員会報告書720第23項に基づく内容に相当する区分

(10)　第30項から第33項の要求事項に相当する財務諸表の作成に関する経営者の責任、及び監査役等の財務報告プロセスの整備及び運用における取締役（監査委員会の場合は執行役及び取締役）の職務の執行を監視する責任についての記載

(11)　我が国において一般に公正妥当と認められる監査の基準と法令等の名称、並びに第34項から第37項の要求事項に相当する財務諸表の監査における監査人の責任についての記載（A47項からA50項参照）

(12)　監査責任者の氏名

(13)　監査人の自署・押印

(14)　監査事務所の所在地

(15)　監査報告書日

(3)　我が国において一般に公正妥当と認められる監査の基準と他の監査の基準に準拠して実施される監査に対する監査報告書

46．監査人は、我が国において一般に公正妥当と認められる監査の基準に準拠して監査を行うことが求められている場合、それに加えて、監査の実施に際し、他の監査の基準も遵守する場合

がある。

この場合、以下のそれぞれの事項を満たす場合に限り、監査報告書において、我が国において一般に公正妥当と認められる監査の基準に加えて他の監査の基準に準拠している旨を記載することができる。(A66項及び A67項参照)

(1) 我が国において一般に公正妥当と認められる監査の基準と他の監査の基準の要求事項の間に、以下のいずれかが生じるような相違がない。

① 監査人が異なる意見を形成する。

② 我が国において一般に公正妥当と認められる監査の基準では「強調事項」区分又は「その他の事項」区分として記載することが要求されている特定の状況において、他の監査の基準では「強調事項」区分又は「その他の事項」区分として記載しないこととされている。

(2) 他の監査の基準が記載する監査報告書の様式又は文言を用いる場合、最低限、上記の第45項(1)から(14)の事項が含まれる。ただし、この場合には、第45項(10)における「法令等」は、「他の監査の基準」に読み替える。したがって、監査報告書において、他の監査の基準を明示しなければならない。

47．監査報告書は、他の監査の基準と我が国において一般に公正妥当と認められる監査の基準の両方に準拠している旨を記載する場合、他の監査の基準を設定している国又は設定主体を特定しなければならない。

4．財務諸表とともに補足的な情報が表示される場合（A68項から A74項参照）

48．適用される財務報告の枠組みで要求されていない補足的な情報が、監査した財務諸表とともに表示される場合には、監査人は、職業的専門家としての判断に基づき、当該補足的な情報が、その性質又は表示方法により、財務諸表の不可分の一部となるかどうかを評価しなければならない。財務諸表の不可分の一部となる場合、当該補足的な情報は監査意見の対象としなければならない。

49．適用される財務報告の枠組みで要求されていない補足的な情報が、監査した財務諸表の不可分の一部と考えられない場合、監査人は、当該補足的な情報が、監査した財務諸表から十分かつ明確に区別される方法で表示されているかどうかを評価しなければならない。補足的な情報が監査した財務諸表から十分かつ明確に区別されていない場合、監査人は、監査されていない補足的な情報の表示方法を変更するように経営者に求めなければならない。経営者がそれに応じない場合、監査人は、監査されていない補足的な情報を識別し、監査報告書において当該補足的な情報が監査されていない旨を記載しなければならない。

Ⅲ　適用指針

1．企業の会計実務の質的側面（第10項参照）

A1．経営者は、財務諸表における金額や開示に関する多くの判断を行う。

A2．会計実務の質的側面については、監査基準委員会報告書260付録２において関連する指針が提供されている。

監査人は、企業の会計実務の質的側面の検討において、経営者の判断に偏向が存在する可能性に気付くことがある。監査人は、経営者の判断における中立性の欠如の累積的な影響を未修正の虚偽表示の影響に加味した場合、全体としての財務諸表に対して重要な虚偽表示を生じさせていると判断することがある。全体としての財務諸表に重要な虚偽表示が存在するかどうかについての監査人の判断に影響を与える経営者の中立性の欠如を示す兆候としては、以下のようなものがある。

・監査の過程で経営者に報告した虚偽表示を、経営者が選択的に修正している場合（例えば、利益が増加する効果のある虚偽表示は修正するが、利益が減少する効果のある虚偽表示は修正しない場合など）

・会計上の見積りを行う際に経営者の偏向が存在する可能性

A3．監査基準委員会報告書540「会計上の見積りの監査」第20項は、会計上の見積りを行う際に経営者の偏向が存在する可能性について記載している。

個々の会計上の見積りの合理性に関して結論付ける際に、経営者の偏向が存在する兆候があったとしても、それだけでは虚偽表示とはならない。しかし、財務諸表に全体として重要な虚偽表示がないかどうかについての監査人の評価には影響を与えることがある。

2．財務諸表における会計方針の注記の適切性（第11項(1)参照）

A4．監査人が重要な会計方針が適切に注記されているかどうかを評価する際に考慮する事項には、以下が含まれる。

・適用される財務報告の枠組みにより要求される、重要な会計方針に関する全ての事項が注記されているかどうか。

・注記された重要な会計方針に関する情報に目的適合性があり、適用される財務報告の枠組みにおける認識、測定、及び表示の規準が、個々の企業の業務及び環境に応じて、取引種類、勘定残高、及び注記事項にどのように適用されているかの記述が含まれているかどうか。

・重要な会計方針の記述が明瞭であるかどうか。

3．財務諸表に表示及び注記された情報の目的適合性、信頼性、比較可能性及び理解可能性（第11項(4)参照）

A5．財務諸表の理解可能性の評価には、以下に関する事項の検討が含まれる。

・財務諸表に含まれる情報は、明確かつ簡潔な方法で表示及び注記されているかどうか。

・重要な注記事項は、適切に強調するように配置されているかどうか（例えば、利用者が企業特有の情報を重視している場合）、及び利用者が必要な情報を識別しやすいように適切に参照が付されているかどうか。

4．重要な取引や会計事象が財務諸表に与える影響の注記（第11項(5)参照）

A6．一般目的の財務報告の枠組みに準拠して作成される財務諸表は、企業の財政状態、経営成績及びキャッシュ・フローの状況を表示することが多い。監査人は、重要な取引と会計事象が、企業の財政状態、経営成績及びキャッシュ・フローの状況に与える影響について、財務諸表の利用者が理解できるように、適用される財務報告の枠組みに基づいて適切な注記が行われているかどうかに関する評価には、以下の事項を考慮することが含まれる。

・財務諸表の情報がどの程度目的適合性を有するか、また、企業に特有の情報をどの程度提供しているか。

・想定される利用者の理解に資するように適切な注記がなされているかどうか。

―適用される財務報告の枠組みに規定された認識の規準を満たさない取引又は事象から生じ得る企業の潜在的な資産又は負債の内容及び程度

―取引及び事象から生じた重要な虚偽表示リスクの内容及び程度

―会計上の見積りに関連して計上された金額又は注記事項（例えば、感応度分析）に影響を与える手法、仮定及び経営者の判断、並びにその変更

5．財務諸表が適正表示を達成しているかどうかに関する評価（第12項参照）

A7．財務報告の枠組みによっては、適正表示の概念が明示又は黙示されている。例えば、国際財務報告基準においては、「財務諸表は、企業の財政状態、財務業績及びキャッシュ・フローを適正に表示しなければならない。適正な表示をするには、財務報告に関する概念フレームワークに示されている資産、負債、収益及び費用の定義と認識規準に従って、取引及びその他の事象や状況の影響を忠実に表現することが要

求される」と明示されている。（国際会計基準第１号「財務諸表の表示」第15項）

本報告書の第６項(2)に記載されているとおり、適正表示の財務報告の枠組みにおいては、具体的に要求されている以上の注記を行うことが必要な場合があることが明示又は黙示されている。例えば、財務諸表等規則において「この規則において特に定める注記のほか、利害関係人が会社の財政状態、経営成績及びキャッシュ・フローの状況に関する適正な判断を行うために必要と認められる事項があるときは、当該事項を注記しなければならない」と規定されており（財務諸表等規則第８条の５）、同様の規定が連結財務諸表規則や会社計算規則にも存在する。また、国際財務報告基準においても、「特定の要求事項に準拠する開示だけでは、特定の取引、その他の事象及び状況が企業の財政状態及び経営成績に与える影響を利用者が理解するのに不十分である場合には、追加的な開示を提供すること」が定められている。（国際会計基準第１号「財務諸表の表示」第17項(c)）

A8．表示及び注記事項の双方において財務諸表が適正表示を達成しているかどうかに関する監査人の評価は、職業的専門家としての判断に関連する事項である。当該評価は、監査人の企業に関する理解及び監査において入手した監査証拠に基づいて、企業の事実及び状況並びにその変化を考慮する。当該評価においては、例えば、財務報告の利害関係者のニーズの変化又は経済環境の変化の影響等から生じる適正表示の達成に必要な表示及び注記を考慮することがある。適正表示の達成に必要な表示及び注記が行われない場合は虚偽表示に該当し、一般的には、虚偽表示は、財務諸表全体の観点から、財務諸表の利用者の経済的意思決定に影響を与えることが合理的に見込まれる場合に重要性があると判断される。

A9．財務諸表が適正表示を達成しているかどうかを評価する際に、監査人は、経営者及び監査役等との間で、例えば以下の項目について特定の表示を選択した理由及び検討した代替案があれば、それらに関する見解を討議することがある。

・財務諸表の金額が集計又は細分化される程度が適切かどうか、並びに表示及び注記事項が有用な情報を曖昧にする又は利用者の判断を誤らせる結果にならないか。
・業界の適切な会計慣行が適用されているか、又はそれら慣行と異なる方法を採用している場合は、企業の状況に照らして適切で合理性があるかどうか。

６．適用される財務報告の枠組みについての記述（第13項参照）

A10．監査基準委員会報告書200のA2項からA3項に記載されているように、経営者が財務諸表を作成する責任には、財務諸表において適用する財務報告の枠組みについて適切な記述を行うことが含まれている。

この記述により、財務諸表の利用者は財務諸表が準拠している財務報告の枠組みを知ることとなる。

A11．財務諸表が、対象とする年度において効力を有する財務報告の枠組みの求める全ての事項を遵守している場合にのみ、財務諸表が適用される財務報告の枠組みに準拠して作成されているという記述が適切となる。

A12．例えば、「財務諸表は国際会計基準におおむね準拠している」等、適用される財務報告の枠組みの記述において不明瞭又は限定的な表現が含まれている場合は、財務諸表の利用者に誤解を生じさせる可能性があるため適切ではない。

複数の財務報告の枠組みについての記述

A13．例えば、ある国の会計基準と国際会計基準等、財務諸表が、二つの財務報告の枠組みに準拠して作成されていると表示している場合がある。これは、二つの財務報告の枠組みに準拠して財務諸表を作成することが経営者に対して求められているか、又は経営者がそれを選択したことによるものであり、この場合には、そのどちらの枠組みも、財務諸表に適用される財務報告の枠組みとなる。

財務諸表が、両方の財務報告の枠組みをそれぞれ遵守している場合にのみ、このような記述が適切となる。財務諸表が、二つの財務報告の枠組みに同時に準拠しており、調整表の作成が不要である場合に、二つの財務報告の枠組みに準拠して作成されているとみなされる。

ある国の財務報告の枠組みとして、例えば、国際会計基準等他の財務報告の枠組みを採用している場合や、他の財務報告の枠組みに準拠するために障害となる事項が全て排除されているような場合でない限り、実務上、財務諸表が複数の財務報告の枠組みに同時に準拠して作成されているとみなされることはほとんどない。

A14．ある財務報告の枠組みに準拠して作成されており、かつ、他の財務報告の枠組みに基づいた結果との調整を行うための注記や補足的な明細を含む財務諸表は、当該他の財務報告の枠組みに準拠して作成されているものとはみなされない。なぜならば、当該財務諸表は、他の財務報告の枠組みが求める全ての情報を含んでいないからである。

A15．しかしながら、例えば、ある国の財務報告の枠組みに準拠して作成されている財務諸表が、国際会計基準をどの程度遵守しているかを記載している場合等、財務諸表は、ある財務報告の枠組みに準拠して作成されるとともに、追加的に、注記により他の財務報告の枠組みを遵守している程度について記載する場合がある。このような記載は、第48項に記述されるとおり、補足的な財務情報を構成することがあり、財務諸表と明確に区別することができない場合には、監査意見の対象になる。

7．意見の様式

A16．適正表示の枠組みにより求められる事項に準拠して財務諸表を作成したとしても、作成された財務諸表が適正に表示されているとは認められない場合がある。

このような場合、経営者は、財務報告の枠組みにおいて具体的に要求されている以上の追加的な注記を行うか、又は極めてまれな状況において、財務報告の枠組みにおいて要求されている事項から離脱することにより、財務諸表において適正な表示を行うことが可能な場合がある。（第16項参照）

A17．監査人が、準拠性の枠組みについて監査基準委員会報告書210「監査業務の契約条件の合意」第４項(1)に基づき、受入可能であると判断した場合には、当該準拠性の枠組みに準拠して作成された財務諸表が利用者に誤解を与えると監査人が判断することは極めてまれである。（第17項参照）

8．監査報告書（第18項参照）

A18．文書による報告書は、通常紙媒体で発行される。

A19．本報告書の付録には、財務諸表に対する監査報告書の文例を記載している。これらの文例には、第19項から第44項に記載する各項目が含まれている。これらの項目の記載順序は、「監査意見」区分及び「意見の根拠」区分を除いて、一律に定めるものではないが、想定利用者にとっての項目の相対的な重要性に基づいて記載することが適切である（監基報706の A16項参照）。

(1)　我が国において一般に公正妥当と認められる監査の基準に準拠して実施した監査における監査報告書

表題（第19項参照）

A20．独立監査人の報告書であることを示す「独立監査人の監査報告書」の表題は、監査人が独立性についての我が国における職業倫理に関する規定の全てを満たしていることを表明するものであり、それにより、独立監査人の監査報告書を独立監査人以外の者が発行する報告書と区別している。

宛先（第20項参照）

A21．監査報告書の宛先は、法令等又は契約条件において規定されていることがある。監査対象となる財務諸表を作成する企業の機関設計に応じて、監査報告書の提出先を宛先とする。我が国の場合、通常、取締役会となる。

監査意見（第22項から第24項参照）

監査の対象

A22．監査報告書において、例えば、監査人は監査対象とする財務諸表（すなわち、適用される財務報告の枠組みが要求する完全な一組の財務諸表を構成するそれぞれの名称と、対象とする日付又は期間、及び重要な会計方針を含む財務諸表に関連する注記事項）について監査したことを記載する。

A23．監査人は、監査した財務諸表を含む開示書類において監査対象外の情報が含まれている場合、財務諸表の利用者が監査報告書の対象となる財務諸表の記載場所を特定できるように、監査報告書上、監査した財務諸表が記載されている箇所又は頁番号を記載することを検討することが適切な場合がある。

A24．法令等により、「すべての重要な点において適正に表示している」と異なる文言を使用することが求められていたとしても、適正表示の枠組みに準拠して作成された財務諸表が適正に表示されているかどうか評価することを求める本報告書の第12項の要求事項を実施する。

A25．監査人が無限定意見を表明する場合、意見に関連して「前述の説明を前提として」又は「～を条件として」等の表現を用いることは、表明している意見に一定の条件を付したり、意見を曖昧にしたり、若しくは除外事項付意見を想起させることになるので、適切ではない。

財務諸表及び財務諸表が表示する事項についての記述

A26．監査意見は、適用される財務報告の枠組みが定義する完全な一組の財務諸表を対象とする。例えば、多くの一般目的の財務報告の枠組みの場合、財務諸表には、貸借対照表、損益計算書、包括利益計算書、株主資本等変動計算書、キャッシュ・フロー計算書、及び関連する注記（重要な会計方針及びその他の説明情報により構成される。）が含まれる。任意に記載された追加的な情報についても、財務諸表の不可分な一部と考えられることがある。

A27．適正表示の枠組みに準拠して作成される財務諸表の場合、監査意見には、財務諸表が、財務諸表が表示している情報（例えば、一般目的の財務報告の枠組みの多くの場合、企業の年度末における財政状態並びに同日をもって終了する年度の経営成績及びキャッシュ・フローの状況）を、すべての重要な点において適正に表示していると記載する。

適用される財務報告の枠組みについての記述と当該記述が監査意見に与える影響

A28．監査意見において、適用される財務報告の枠組みを明記するのは、監査報告書の利用者に、監査意見表明の判断基準について知らせるためであり、適用される財務報告の枠組みは、「××国において一般に公正妥当と認められる企業会計の基準に準拠して…」又は「国際会計基準に準拠して…」等の表現で記載される。なお、適用される財務報告の枠組みに関する当該記載にかかわらず、適正表示の枠組みに準拠して作成された財務諸表が適正に表示されているかどうか評価することを求める本報告書の第12項の要求事項を実施する。

A29．一方、適用される財務報告の枠組みに、財務報告の基準と法令等で要求される事項が含まれる場合、例えば、財務報告の枠組みは、「財務報告の基準及び××法の規定に準拠して…」等の表現で記載される。

財務報告の基準と法令等において要求される事項との間に不整合が生じる場合については、監査基準委員会報告書210第14項に記載されている。

A30．A13項に記載されているように、財務諸表は、２つの財務報告の枠組みに準拠して作成されることがあり、その場合、双方が、適用される財務報告の枠組みとなる。

したがって、監査人は、財務諸表に対する意見を形成する際、それぞれの財務報告の枠組みについて別個に検討し、第23項から第25項に従って表明する監査意見では、以下のようにそれぞれの財務報告の枠組みについて記載する。

(1)　財務諸表が、それぞれの財務報告の枠組みを個々に遵守している場合、２つの意見を表明する。すなわち、財務諸表が適用される財務報告の枠組みのうちの１つに準拠して作成されているという意見と、財務諸表がもう一方の適用される財務報告の枠組みに準拠して作成されているという意見を表明する。

これらの意見は、別個の文章で表明することもあれば、例えば、「財務諸表は、××会計基準に準拠し、かつ○○会計基準に準拠して、すべての重要な点において適正に表示されている」というように、１つの文章で表明することもある。

(2)　財務諸表が、財務報告の枠組みのうちの一方は遵守しているが、もう一方は遵守していない場合、財務諸表は一方の財務報告の枠組みに準拠して作成されているという無限定意見を表明することはできるが、もう一方の財務報告の枠組みに関しては、監査基準委員会報告書705に従い限定意見又は否定的意見を表明する。

A31. A15項に記載したとおり、財務諸表は、適用される財務報告の枠組みを遵守していると表示するのに加えて、他の財務報告の枠組みをどの程度遵守しているかについて注記することがある。

そのような補足的な情報は、財務諸表から明確に区別することができない場合には、監査意見の対象となる。（第48項及び第49項並びにA68項からA74項参照）

(1)　他の財務報告の枠組みの遵守の程度に関する注記事項が誤解を生じさせるものである場合には、監査基準委員会報告書705に従って、限定意見又は否定的意見を表明する。

(2)　その注記事項によって誤解は生じないが、当該注記事項は利用者が財務諸表を理解するのに不可欠な重要なものであると監査人が判断する場合には、監査基準委員会報告書706に従って、監査報告書に「強調事項」区分を追加し、当該注記事項に対する注意を喚起する。

監査意見の根拠（第26項参照）

A32. 監査意見の根拠の区分は、監査意見の表明に関する重要な前提が記載される。したがって、本報告書では、監査意見の根拠の区分は監査報告書の「監査意見」区分に続けて記載することを求めている。

A33. 監査人は、監査意見を表明するに当たり準拠した監査の基準を監査報告書に明記することにより、当該監査が広く認知されている基準に準拠して行われたことを、監査報告書の利用者に対して示している。

我が国における職業倫理に関する規定（第26項(3)参照）

A34. 我が国における職業倫理に関する規定を遵守していることを明示することは、監査の透明性の向上に資する。

A35. 我が国における職業倫理に関する規定は、品質管理基準委員会報告書第１号「監査事務所における品質管理」で記載しているとおり、公認会計士法・同施行令・同施行規則、日本公認会計士協会が公表する会則、倫理規則、独立性に関する指針、利益相反に関する指針、違法行為への対応に関する指針及びその他の倫理に関する規定をいう。なお、公認会計士法の規定（第25条第２項及び第34条の12第３項）により監査報告書に利害関係の有無を記載することが求められているため、利害関係の記載は、従来どおり、監査報告書の末尾に記載する。

グループ監査特有の考慮事項

A36. グループ監査の場合、監査報告書においては、通常、グループ監査チームに適用される職業倫理規程が記載される。これは、グループ監査においては、構成単位の監査人も、グループ財務諸表の監査に関連する職業倫理規程に従うことになるためである。（監基報600のA35項参照）

A37. 一般に公正妥当と認められる監査の基準は、監査人（構成単位の監査人を含む。）が遵守すべき独立性を含む職業倫理規程を定めるものではない。各国の職業倫理規程は、国際会計士連盟の「職業会計士に対する倫理規程」の財務諸表の監査における規定に、各国で要求されるより厳格な事項を加えて構成されていることが多い。そのため、グループ監査における職業倫理規程は複雑となる可能性がある。

監査基準委員会報告書600は、グループ監査において、構成単位の監査人がグループ監査に適用される独立性に関する要求事項を遵守していない場合を含め、構成単位の財務情報に関して監査人が作業を行う上での指針を提供している。(監基報600第18項及び第19項参照)

監査上の主要な検討事項（第29項参照）

A38．我が国では、財務諸表及び監査報告について広範な利用者が存在する金融商品取引法に基づいて開示を行っている企業（非上場企業のうち資本金５億円未満又は売上高10億円未満かつ負債総額200億円未満の企業は除く。）の財務諸表の監査報告書において、監査上の主要な検討事項の記載が求められる。

A39．監査人は、法令により求められていない場合であっても、監査上の主要な検討事項を任意で報告することを契約条件により合意する場合がある。例えば、多数の広範な利害関係者がおり、事業の内容及び規模を考慮すると、公共の利益への影響が高い可能性がある場合である。

A40．監査基準委員会報告書210は、監査人が、監査の契約条件に関して、経営者と合意することを求めており（監基報210第７項)、また、監査の契約条件の合意における経営者及び監査役等の役割は、ガバナンスの構造及び関連する法令等による旨を説明している（監基報210のA22項)。監査基準委員会報告書210は、監査契約書又は他の適切な形式による合意書において、監査人により発行されることが想定される報告書の様式及び内容に関して記載することを求めている（監基報210第８項)。また、法令等により監査人が監査上の主要な検討事項を報告することが求められていない場合、監査の契約条件において、監査基準委員会報告書701の適用に関する条項を記載することを求めている。

財務諸表に対する責任（第30項及び第31項参照）

A41．「監査役及び監査役会の責任」については、会社の機関設計に応じて適切な見出しを付す。

A42．監査人は、企業の特性等に照らして、財務諸表の作成に関連する追加的な責任を明示するため、第31項の経営者の責任に関して追加の記載を行うことが適切な場合がある。

A43．財務諸表に対する経営者の責任は、我が国において一般に公正妥当と認められる監査の基準に準拠して監査を実施するための前提として説明されている（監基報200第12項⑵参照)。また、このような経営者の責任は、監査契約書又はその他の適切な形式による合意書に記載が求められている（監基報210第４項⑵①及び②参照)。

A44．経営者の責任について規定する法令等において、会計帳簿と会計記録、又は会計システムの妥当性に対する経営者の責任について明記されている場合があるが、監査基準委員会報告書210及び第31項においては、経営者の責任として、それらを個別に記載することは求められていない。これは､監査基準委員会報告書315「企業及び企業環境の理解を通じた重要な虚偽表示リスクの識別と評価」第３項⑷にあるように、会計帳簿、会計記録及び会計システムは内部統制と不可分とみなすことができるためである。

A45．本報告書の付録において、継続企業の前提に関する重要な不確実性が認められる場合には、財務諸表においてその内容等を注記することが求められている財務報告の枠組みを前提とした監査報告書の文例を示している。

A46．監査基準委員会報告書260では、監査人はガバナンスの構造に応じてコミュニケーションを行うことが適切なガバナンスに責任を有する者を判断することが求められており、財務報告プロセスの整備及び運用状況の監視責任を有する者が監査人のコミュニケーションの対象となる。

財務諸表の作成に責任のある者が、財務報告プロセスの整備及び運用状況の監視責任を同時に負っている場合、財務報告プロセスの監視責任に対する記載は要求されない。例えば、我が国の会社法においては、株式の譲渡制限のある株式会社は、取締役会又は監査役等の設置が求められておらず、経営者が財務諸表の作成責任及び財務報告プロセスの監視責任の両方を負っている場合がある。

監査人の責任（第35項⑴参照）

A47．監査報告書において、財務諸表の作成に関する経営者の責任と監査人の責任を区別するため、監査人の責任は、全体としての財務諸表に不正又は誤謬による重要な虚偽表示がないかどうかについて合理的な保証を得て監査意見を表明することであると記載している。

重要性の記載（第35項⑵参照）

A48．本報告書の付録は、適用される財務報告の枠組みが我が国において一般に公正妥当と認められる企業会計の基準である場合の文例を提供している。したがって、他の財務報告の枠組みの場合、重要性の概念について、財務報告の枠組みに応じて、虚偽表示は、「個別に又は集計すると、財務諸表利用者の意思決定に影響を与えると合理的に見込まれる場合に、重要性があると判断される」を適宜修正する。

内部統制の理解（第36項⑵②参照）

A49．我が国の監査基準では、監査報告書に、財務諸表監査の目的は内部統制の有効性について意見表明するものではないことについて記載することを求めている。これは、財務諸表監査において、監査人はリスク評価の過程で内部統制の評価を実施するものの、内部統制の有効性について意見表明するものではないことを財務諸表監査の目的として記載することにより、監査人の責任を明確にするものである。したがって、監査人が、財務諸表監査に併せて、内部統制の有効性に対して意見を表明している場合においても、財務諸表監査の目的は変わらないため、内部統制の評価に関する当該記載は変更する必要はない。

監査上の主要な検討事項に関連する監査人の責任（第37項⑶参照）

A50．監査人は、監査人の責任に関する記載において、第37項⑶の要求事項に加えて、監査上の主要な検討事項についてより詳細な説明をすることが有用であると判断することがある。例えば、監査人は、監査を実施する上で特に注意を払った事項を決定する際、以下の項目を考慮しなければならない旨を監査基準委員会報告書701の第８項の要求事項を用いて説明を行う場合がある。

・監査基準委員会報告書315に基づき決定された特別な検討を必要とするリスク及び重要な虚偽表示リスクが高いと評価された領域
・見積りの不確実性が高いと識別された会計上の見積りを含む、経営者の重要な判断を伴う財務諸表の領域に関連する監査人の重要な判断
・当年度に発生した重要な事象又は取引が監査に与える影響

財務諸表監査における監査人の責任の記載場所（第38項及び第45項⑽参照）

A51．本報告書の第36項及び第37項により監査報告書における記載が要求される情報を監査報告書の別紙に記載することにより、監査報告書の本文が簡潔となり、有用なことがある。

監査報告書の別紙における記載場所（第38項⑵及び第45項⑽参照）

A52．監査報告書の本文において別紙に適切な参照を行っている場合、第38項は、第36項及び第37項で求められている財務諸表監査における監査人の責任を別紙に記載することを許容している。監査報告書において別紙への参照を行う場合に「財務諸表監査における監査人の責任」区分の記載は以下のようになる。

財務諸表監査における監査人の責任

監査人の責任は、実施した監査に基づき、全体としての財務諸表に不正又は誤謬による重要な虚偽表示がないかどうかについて合理的な保証を得て、監査報告書において独立の立場から監査意見を表明することにある。虚偽表示は、不正又は誤謬から発生する可能性があり、個別に又は集計すると、財務諸表利用者の意思決定に影響を与えると合理的に見込まれる場合に重要性があると判断される。

財務諸表の監査における監査人の責任のよ

り詳細な記載は、監査報告書の別紙X（必要に応じてページ数を記載）に含まれている。

当該記載は、監査報告書の一部である。

その他の報告責任（第39項から第40項参照）

A53. 国によっては、監査人は、我が国において一般に公正妥当と認められる監査の基準に基づく財務諸表に対する監査人の報告責任に加え、財務諸表に関連するその他の事項について報告責任を有する場合がある。

例えば、監査人は、財務諸表監査の実施中に特定の事項（適切な会計記録を維持していない場合など）に気付いた場合、当該事項を報告することが求められている場合がある。また、監査人は、特定の事項（会計帳簿と会計記録、財務報告に係る内部統制、又はその他の記載内容に含まれる項目の適切性など）について追加的に特定の手続を実施し報告することが求められていたり、意見を表明することが求められていたりすることがある。

特定の国における特定の追加的な報告責任に関する監査人の責任については、通常、それぞれの国の監査の基準が指針を提供している。

我が国においては、財務報告に係る内部統制の監査がこれに該当し、財務報告に係る内部統制の監査基準が指針を提供している。

A54. 関連する法令等により、これらのその他の報告責任について、財務諸表に対する監査報告書の中で報告することを監査人に要求又は容認していることもあれば、別個の報告書で報告することを要求又は容認していることもある。

監査人の署名（第41項及び第42項参照）

A55. 監査報告書には、国によっては、監査事務所名、監査人の個人名又はその両方のいずれかの署名がなされる。また、監査報告書において、監査人の署名に加えて、監査人の職業会計士の称号、又は監査人や監査事務所が当該国の適切な許認可を受けていることについて明示することが求められることがある。

我が国の場合、監査法人が会社その他の者の財務書類について証明をする場合には、当該証明に係る業務を執行した社員は、当該証明書にその資格を表示して自署し、かつ、自己の印を押さなければならないとされている（公認会計士法第34条の12第２項）。

和文の監査報告書の場合は、自署・押印により第41項の要求事項を満たしているものとする。

監査事務所の所在地（第43項参照）

A56. 我が国の場合、監査事務所の所在地として、例えば、監査責任者が執務する事業所の都市名又は登記されている事業所名を記載する。また、国外で流通する外国文の監査報告書の場合は、監査事務所の所在地として、例えば、監査責任者が執務する事業所の都市名及び国名を記載する。

監査報告書日（第44項参照）

A57. 監査報告書日は、監査人がその日付までに気付き、かつその日付までに発生した事象や取引の影響を検討したことを、利用者に知らせるものである。監査報告書日の翌日以降の会計事象と取引に対する実務上の指針については、監査基準委員会報告書560「後発事象」第９項から第16項に記載されている。

なお、監査人が財務諸表に対する意見表明の基礎となる十分かつ適切な監査証拠を入手した日よりも前の日付を監査報告書に付してはならないとされており、審査は、監査人が十分かつ適切な証拠を入手したかどうかを判断する一助となるため、監査報告書の日付は、関連する審査を完了した日以降とすることになる。

A58. 監査意見は財務諸表を対象としており、財務諸表に対する責任は経営者にある。したがって、監査人は、関連する注記を含む全ての財務諸表が作成され、認められた権限を持つ者が、当該財務諸表に対して責任を受け入れたという証拠を入手するまでは、十分かつ適切な監査証拠を入手したと判断することはできない。

A59. 国によっては、法令等によって、関連する注記を含むすべての財務諸表が作成されたと判断する責任を有する個人又は機関（例えば、取締役）が定められ、必要な承認プロセスが規定されている場合がある。その場合、当該承認に関する証拠を、財務諸表に対する監査報告書日以前に入手することになる。

一方、承認プロセスが法令等によって規定されていない国もある。その場合、監査人は、関連する注記を含むすべての財務諸表が作成されたと判断する権限を有する特定の個人又は機関を識別するため、企業の経営とガバナンスの構造を考慮して、企業が財務諸表の作成及び確定に当たって従う手続を検討することになる。

A60. 我が国では、株主総会又は取締役会による財務諸表の最終承認が要求されているが、そのような最終承認は、監査人が財務諸表に対する意見表明の基礎となる十分かつ適切な監査証拠を入手したと判断するために必要なものではない。また、我が国では、法令等において、認められた権限を持つ者が、関連する注記を含む財務諸表に対して責任を受け入れた日は明確には規定されていないが、監査の完了時期が想定されている。

一般に公正妥当と認められる監査の基準においては、財務諸表の承認日は、経営者確認書において、認められた権限を持つ者が、関連する注記を含む全ての財務諸表が作成されたと判断し、当該財務諸表に対して責任を認めた日付をいう。

(2)　法令等により監査報告書の様式又は用語が規定されている場合（第45項参照）

A61. 監査基準委員会報告書200のA54項は、監査人が、我が国において一般に公正妥当と認められる監査の基準に加えて、法令等により要求される事項の遵守が求められる場合があることを説明している。

法令等により要求される事項と我が国において一般に公正妥当と認められる監査の基準との間の差異が、監査報告書の様式や文言のみに関連しており、最低限、第45項(1)から(14)に記載された事項が監査報告書に含まれる場合には、監査報告書において、我が国において一般に公正妥当と認められる監査の基準に準拠している旨を記載することができる。そのような状況においては、第45項(1)から(14)に含まれていない第19項から第44項の要求事項（「監査意見」区分と監査意見の根拠の区分の監査報告書の記載順序を含む。）は適用されない。

A62. 法令等により要求される事項と我が国において一般に公正妥当と認められる監査の基準が整合している場合、本報告書の第19項から第44項により要求される監査報告書の様式と文言を採用することにより、監査報告書の利用者は、我が国において一般に公正妥当と認められる監査の基準に準拠して実施されている監査の監査報告書であることを容易に認識することができる。

監査基準委員会報告書701により要求される情報（第45項(8)）

A63. 法令等により、監査人は実施した監査に関する追加的な情報の提供を要求されることがある。追加的な情報には、監査基準委員会報告書701の目的と整合する情報が含まれることがある。また、法令等により、追加的な情報に関する報告の内容及び程度が規定されることがある。

A64. 我が国において一般に公正妥当と認められる監査の基準は、財務諸表監査に関係する法令等に優先するものではない。監査基準委員会報告書701が適用される場合、法令等を適用するに当たって、本報告書第45項(8)に従い記載される区分が、監査基準委員会報告書701の要求事項に相当する場合のみ、監査報告書において我が国において一般に公正妥当と認められる監査の基準に準拠している旨を記載することができる。そのような状況において、監査人は、監査基準委員会報告書701に基づく監査報告書における監査上の主要な検討事項の報告のうち特定の部分について、修正が必要となることがある。例えば、以下が挙げられる。

・法令等が特定の見出しを規定する場合、「監査上の主要な検討事項」の見出しを修正する。

・法令等により要求される情報が、監査報告書に記載される理由を説明する。例えば、関連する法令等を引用し、その情報がどのように監査上の主要な検討事項に関連するかを記載する。

・法令等により記載事項の内容及び程度が規定される場合、監査基準委員会報告書701第12項の要求事項と整合するように、法令等に規定された情報を補足する。

A65. 監査基準委員会報告書210は、関連する法令等により、監査報告書（特に、監査意見）について、我が国において一般に公正妥当と認められる監査の基準の要求事項と著しく異なる様式や用語が規定されていることがあることを説明している。

その場合、監査基準委員会報告書210は、監査人に以下の評価を行うことを求めている。

(1) 財務諸表監査から得られる保証について誤解が生ずる可能性があるかどうか。

(2) 誤解が生ずる可能性がある場合、監査報告書に追加的な説明を記載することによって、そのような可能性を軽減できるかどうか。

監査基準委員会報告書210は、監査人が、このような誤解が生ずる可能性を、監査報告書に追加的な説明を記載することによっても軽減できないと判断した場合、法令等により要求されていない限り、監査契約を締結しないように求めている。

監査基準委員会報告書210では、このような法令等に準拠して実施される監査は、我が国において一般に公正妥当と認められる監査の基準に準拠したものではないため、監査人は、監査報告書に、我が国において一般に公正妥当と認められる監査の基準に準拠して実施された監査であることを示すような記載を行ってはならないとしている。（監基報210第17項参照）

(3) 我が国において一般に公正妥当と認められる監査の基準と他の監査の基準に準拠して実施される監査に対する監査報告書（第47項参照）

A66. 監査人は、我が国において一般に公正妥当と認められる監査の基準に加えて、その監査に関連する他の監査の基準を遵守する場合、監査報告書において、我が国において一般に公正妥当と認められる監査の基準と他の監査の基準の両方に準拠して監査を実施した旨を記載することができる。（監基報200の A55項参照）

A67. 我が国において一般に公正妥当と認められる監査の基準と他の監査の基準の要求事項の間に不整合があり、それにより、監査人が異なる意見を形成する、又は、我が国において一般に公正妥当と認められる監査の基準では「強調事項」区分又は「その他の事項」区分として記載することが要求されている特定の状況において、他の監査の基準では「強調事項」区分又は「その他の事項」区分として記載しないことになる場合、我が国において一般に公正妥当と認められる監査の基準と他の監査の基準の両方に言及するのは適切ではない。

この場合、監査報告書は、準拠した監査の基準（我が国において一般に公正妥当と認められる監査の基準又は他の国の監査の基準のいずれか。）のみに準拠している旨を記載する。

9．財務諸表とともに補足的な情報が表示される場合（第48項及び第49項参照）

A68. 企業は、法令等又は基準によって、適用される財務報告の枠組みでは要求されない補足的な情報を財務諸表とともに表示することが求められる場合がある。また、企業が、そのような情報を自主的に表示する場合もある。

例えば、補足的な情報は、適用される財務報告の枠組みに関する利用者の理解を高めるため、又は特定の財務諸表項目に関する追加的な説明を提供するために表示されることがある。このような情報は、通常、付表又は注記の追加として表示される。

A69. 本報告書の第48項は、その性質又は表示方法により財務諸表の不可分の一部である補足的な情報は、監査意見の対象となると記載している。この評価は職業的専門家としての判断に係る事項であり、例えば、以下の状況が考えられる。

・財務諸表の注記に、当該財務諸表が他の財務報告の枠組みをどの程度遵守しているかについての説明又は調整を含めている場合、監査人は、財務諸表から明確に区別することができない補足的な情報であると考えることがある。また、財務諸表と相互に参照される注記又は付表も、監査意見の対象となる。

・財務諸表の付録として含まれる独立した明細表において、特定の費用項目を開示する追加的な損益情報が開示されている場合、財務諸表から明確に区別することができる補足的な情報であると監査人は考えることがある。

A70．補足的な情報が監査意見の対象となっていることが、監査報告書の冒頭に記載する監査の対象において、財務諸表を構成するそれぞれの名称とともに関連する注記が含まれる旨の記載で十分明らかである場合には、監査意見の対象となる補足的な情報について個別に記載する必要はない。

A71．補足的な情報は、法令等によって監査対象とすることが要求されない場合がある。その場合、経営者は、補足的な情報を財務諸表監査の対象外とすることがある。

A72．監査人は、例えば、監査されていない補足的な情報が、財務諸表及び監査された補足的な情報と区分して表示されているかについて、また、当該情報に「監査対象外」である旨を明記しているかどうかについて検討することにより、監査されていない補足的な情報が、監査意見の対象であると解釈されるおそれがないかどうかについて評価する。

A73．経営者は、例えば、以下の方法によって、監査意見の対象であると解釈される可能性のある監査されていない補足的な情報の表示方法を変更できる。

・財務諸表から、監査されていない付表又は監査されていない注記への参照を削除し、監査された情報と監査されていない情報の間の区分が十分に明確になるようにする。

・監査されていない補足的な情報を、財務諸表以外の箇所に記載する、又は、それが不可能な状況の場合、最低限、監査されていない注記を、監査が要求される財務諸表に対する注記の後にまとめて記載し、監査対象外である旨を明記する。

監査されていない注記が監査された注記の中に混在していると、当該注記も監査されたと誤って解釈される可能性がある。

A74．補足的な情報が監査されていないという事実は、監査基準委員会報告書720に記載された責任を免除するものではない。

Ⅳ 適 用

・本報告書（2011年７月１日）は、2011年７月１日に発効し、2011年９月30日以後終了する中間会計期間に係る中間監査及び2012年３月31日以後終了する事業年度に係る監査から適用する。

・本報告書（2011年12月22日）は、2012年４月１日以後開始する事業年度に係る監査及び同日以後開始する中間会計期間に係る中間監査から適用する。

・本報告書（2014年４月４日）は、2015年４月１日以後に開始する事業年度又は会計期間に係る監査から適用する。ただし、監査基準委員会報告書800「特別目的の財務報告の枠組みに準拠して作成された財務諸表に対する監査」又は監査基準委員会報告書805「個別の財務表又は財務諸表項目等に対する監査」に基づいて2014年４月１日以後に監査報告書を発行する監査の場合には本報告書を適用とする。

・本報告書（2019年２月27日）は、以下の事業年度に係る監査等から適用する。

―監査上の主要な検討事項に関連する要求事項及び適用指針（第28項、第29項、第37項(3)、第45項(8)、A38項、A39項、A40項、A50項、A63項、A64項及び文例）は、2021年３月31日以後終了する事業年度に係る監査から適用する。ただし、2020年３月31日（米国証券取引委員会に登録している会社においては2019年12月31日）以後終了する事業年度に係る監査から早期適用することができる。

―上記以外の改正は、2020年３月31日以後終了する事業年度に係る監査から適用する。

・本報告書（2021年１月14日）は、以下の事業年度に係る監査等から適用する。

―会計上の見積りの監査に関連する要求事項（第11項）は、2023年３月決算に係る財務諸表の監査及び2022年９月に終了する中間会計期間に係る中間財務諸表の中間監査から実施する。ただし、それ以前の決算に係る財務諸表の監査及び中間会計期間に係る中間財務諸表の中間監査から実施することを妨げない。

―上記以外の改正は、2022年３月31日以後終了する事業年度に係る監査から適用する。ただし、2021年３月31日以後終了する事業年度に係る監査から早期適用することができる。

付録　財務諸表に対する監査報告書の文例（A19項参照）

	監査対象	財務報告の枠組み	グループ監査適用の有無	上場・非上場	被監査会社の機関設計	監査上の主要な検討事項
文例１	財務諸表	一般目的／適正表示	適用なし	上場	監査役会	記載あり
文例２	連結財務諸表	一般目的／適正表示	適用あり	上場	監査委員会	記載あり
文例３	財務諸表	一般目的／準拠性	適用なし	非上場	監査役会	記載なし

本付録は、適正表示の枠組みと準拠性の枠組み双方の監査報告書における汎用的な用語や文言を記載しており、特定の「適用される財務報告の枠組み」を想定していない。そのため、「適用される財務報告の枠組み」に応じて適切な用語・文言を使用する必要がある。

文例１

文例の前提となる状況

・上場企業の適正表示の枠組みに準拠して作成された完全な一組の一般目的の財務諸表の監査である。当該監査は、グループ監査ではない（すなわち、監査基準委員会報告書600は適用されない。）。

・監査契約書において、監査基準委員会報告書210の財務諸表に対する経営者の責任が記載されている。

・監査人は、入手した監査証拠に基づいて、無限定適正意見が適切と判断している。

・監査人は、入手した監査証拠に基づいて、監査基準委員会報告書570に従って、継続企業の前提に重要な疑義を生じさせるような事象又は状況に関連する重要な不確実性は存在しないと判断している。

・監査基準委員会報告書701に従って、監査上の主要な検討事項を報告することが求められている。

・監査人は、監査報告書の日付以前にその他の記載内容の全てを入手し、また、その他の記載内容に関して重要な誤りを識別していない。

・会社は監査役会設置会社である。

・監査人は、財務諸表の監査に加えて、法令等に基づくその他の報告責任を有する。

独立監査人の監査報告書

［宛先］

［監査報告書の日付］
［○○監査法人］
［事業所名］
［監査人の署名］

<財務諸表監査>（注１）

監査意見

当監査法人は、○○株式会社の×年×月×日から×年×月×日までの事業年度の財務諸表、すなわち貸借対照表、損益計算書、株主資本等変動計算書、キャッシュ・フロー計算書及び重要な会計方針を含む財務諸表の注記について監査を行った。

当監査法人は、上記の財務諸表が、［適用される財務報告の枠組み(注2)］に準拠して、○○株式会社の×年×月×日現在の財政状態並びに同日をもって終了する事業年度の経営成績及びキャッシュ・フローの状況を、全ての重要な点において適正に表示しているものと認める。

監査意見の根拠

当監査法人は、我が国において一般に公正妥当と認められる監査の基準に準拠して監査を行った。監査の基準における当監査法人の責任は、「財務諸表監査における監査人の責任」に記載されている。当監査法人は、我が国における職業倫理に関する規定に従って、会社から独立しており、また、監査人としてのその他の倫理上の責任を果たしている。当監査法人は、意見表明の基礎となる十分かつ適切な監査証拠を入手したと判断している。

監査上の主要な検討事項

監査上の主要な検討事項とは、当事業年度の財務諸表の監査において、監査人が職業的専門家として特に重要であると判断した事項である。監査上の主要な検討事項は、財務諸表全体に対する監査の実施過程及び監査意見の形成において対応した事項であり、当監査法人は、当該事項に対して個別に意見を表明するものではない。

［監査基準委員会報告書701に従った監査上の主要な検討事項の記載］

その他の記載内容

［監査基準委員会報告書720に従った記載］

財務諸表に対する経営者並びに監査役及び監査役会の責任

経営者の責任は、［適用される財務報告の枠組み(注2)］に準拠して財務諸表を作成し適正に表示することにある。これには、不正又は誤謬による重要な虚偽表示のない財務諸表を作成し適正に表示するために経営者が必要と判断した内部統制を整備及び運用することが含まれる。

財務諸表を作成するに当たり、経営者は、継続企業の前提に基づき財務諸表を作成することが適切であるかどうかを評価し、［適用される財務報告の枠組み(注2)］に基づいて継続企業に関する事項を開示する必要がある場合には当該事項を開示する責任がある。

監査役及び監査役会の責任は、財務報告プロセスの整備及び運用における取締役の職務の執行を監視することにある。

財務諸表監査における監査人の責任

監査人の責任は、監査人が実施した監査に基づいて、全体としての財務諸表に不正又は誤謬による重要な虚偽表示がないかどうかについて合理的な保証を得て、監査報告書において独立の立場から財務諸表に対する意見を表明することにある。虚偽表示は、不正又は誤謬により発生する可能性があり、個別に又は集計すると、財務諸表の利用者の意思決定に影響を与えると合理的に見込まれる場合に、重要性があると判断される。

監査人は、我が国において一般に公正妥当と認められる監査の基準に従って、監査の過程を通じて、職業的専門家としての判断を行い、職業的懐疑心を保持して以下を実施する。

・不正又は誤謬による重要な虚偽表示リスクを識別し、評価する。また、重要な虚偽表示リスクに対応した監査手続を立案し、実施する。監査手続の選択及び適用は監査人の判断による。さらに、意見表明の基礎となる十分かつ適切な監査証拠を入手する。
・財務諸表監査の目的は、内部統制の有効性について意見表明するためのものではないが、監査人は、リスク評価の実施に際して、状況に応じた適切な監査手続を立案するために、監査に関連する内部統制を検討する(注3)。
・経営者が採用した会計方針及びその適用方法の適切性、並びに経営者によって行われた会計上の見積りの合理性及び関連する注記事項の妥当性を評価する。
・経営者が継続企業を前提として財務諸表を作成することが適切であるかどうか、また、入手した監査証拠に基づき、継続企業の前提に重要な疑義を生じさせるような事象又は状況に関して重要な不確実性が認められるかどうか結論付ける。継続企業の前提に関する重要な不確実性が認められる場合は、監査報告書において財務諸表の注記事項に注意を喚起すること、又は重要な不確実性に関する財務諸表の注記事項が適切でない場合は、財務諸表に対して除外事項付意見を表明することが求められている。監査人の結論は、監査報告書日までに入手した監査証拠に基づいているが、将来の事象や状況により、企業は継続企業として存続できなくなる可能性がある。

・財務諸表の表示及び注記事項が、［適用される財務報告の枠組み(注2)］に準拠しているかどうかとともに、関連する注記事項を含めた財務諸表の表示、構成及び内容、並びに財務諸表が基礎となる取引や会計事象を適正に表示しているかどうかを評価する。

監査人は、監査役及び監査役会に対して、計画した監査の範囲とその実施時期、監査の実施過程で識別した内部統制の重要な不備を含む監査上の重要な発見事項、及び監査の基準で求められているその他の事項について報告を行う。

監査人は、監査役及び監査役会に対して、独立性についての我が国における職業倫理に関する規定を遵守したこと、並びに監査人の独立性に影響を与えると合理的に考えられる事項、及び阻害要因を除去又は軽減するためにセーフガードを講じている場合はその内容について報告を行う。

監査人は、監査役及び監査役会と協議した事項のうち、当事業年度の財務諸表の監査で特に重要であると判断した事項を監査上の主要な検討事項と決定し、監査報告書において記載する。ただし、法令等により当該事項の公表が禁止されている場合や、極めて限定的ではあるが、監査報告書において報告することにより生じる不利益が公共の利益を上回ると合理的に見込まれるため、監査人が報告すべきでないと判断した場合は、当該事項を記載しない。

＜法令等に基づくその他の報告＞

（省略）

利害関係

会社と当監査法人又は業務執行社員との間には、公認会計士法の規定により記載すべき利害関係はない。

＊個別財務諸表に対する監査で監査基準委員会報告書600を適用する場合には、以下の文を監査人の責任区分の実施項目に追加する。

「・財務諸表に対する意見を表明するために、財務諸表に含まれる構成単位の財務情報に関する十分かつ適切な監査証拠を入手する。監査人は、構成単位の財務情報に関する監査の指示、監督及び実施に関して責任がある。監査人は、単独で監査意見に対して責任を負う。」

文例２

文例の前提となる状況

・上場企業の適正表示の枠組みに準拠して作成された完全な一組の一般目的の連結財務諸表の監査である。当該監査は、子会社を有する企業のグループ監査である（すなわち、監査基準委員会報告書600が適用される。）。

・監査契約書において、監査基準委員会報告書210の連結財務諸表に対する経営者の責任が記載されている。

・監査人は、入手した監査証拠に基づいて、無限定適正意見が適切と判断している。

・監査人は、入手した監査証拠に基づいて、監査基準委員会報告書570に従って、継続企業の前提に重要な疑義を生じさせるような事象又は状況に関連する重要な不確実性は存在しないと判断している。

・監査基準委員会報告書701に従って、監査上の主要な検討事項を報告することが求められている。

・監査人は、監査報告書の日付以前にその他の記載内容の全てを入手し、また、その他の記載内容に関して重要な誤りを識別していない。

・会社は指名委員会等設置会社である。

・監査人は、連結財務諸表の監査に加えて、法令等に基づくその他の報告責任を有する。

独立監査人の監査報告書

［宛先］

［監査報告書の日付］
［○○監査法人］
［事業所名］
［監査人の署名］

＜財務諸表監査＞(注１)

監査意見

当監査法人は、○○株式会社及び連結子会社の×年×月×日から×年×月×日までの連結会計年度の連結財務諸表、すなわち連結貸借対照表、連結損益計算書、連結包括利益計算書、連結株主資本等変動計算書、連結キャッシュ・フロー計算書及び重要な会計方針を含む連結財務諸表の注記について監査を行った。

当監査法人は、上記の連結財務諸表が、［適用される財務報告の枠組み(注２)］に準拠して、○○株式会社及び連結子会社の×年×月×日現在の財政状態並びに同日をもって終了する連結会計年度の経営成績及びキャッシュ・フローの状況を、全ての重要な点において適正に表示しているものと認める。

監査意見の根拠

当監査法人は、我が国において一般に公正妥当と認められる監査の基準に準拠して監査を行った。監査の基準における当監査法人の責任は、「連結財務諸表監査における監査人の責任」に記載されている。当監査法人は、我が国における職業倫理に関する規定に従って、会社及び連結子会社から独立しており、また、監査人としてのその他の倫理上の責任を果たしている。当監査法人は、意見表明の基礎となる十分かつ適切な監査証拠を入手したと判断している。

監査上の主要な検討事項

監査上の主要な検討事項とは、当連結会計年度の連結財務諸表の監査において、監査人が職業的専門家として特に重要であると判断した事項である。監査上の主要な検討事項は、連結財務諸表全体に対する監査の実施過程及び監査意見の形成において対応した事項であり、当監査法人は、当該事項に対して個別に意見を表明するものではない。

［監査基準委員会報告書701に従った監査上の主要な検討事項の記載］

その他の記載内容

［監査基準委員会報告書720に従った記載］

連結財務諸表に対する経営者及び監査委員会の責任

経営者の責任は、［適用される財務報告の枠組み(注２)］に準拠して連結財務諸表を作成し適正に表示することにある。これには、不正又は誤謬による重要な虚偽表示のない連結財務諸表を作成し適正に表示するために経営者が必要と判断した内部統制を整備及び運用することが含まれる。

連結財務諸表を作成するに当たり、経営者は、継続企業の前提に基づき連結財務諸表を作成することが適切であるかどうかを評価し、［適用される財務報告の枠組み(注２)］に基づいて継続企業に関する事項を開示する必要がある場合には当該事項を開示する責任がある。

監査委員会の責任は、財務報告プロセスの整備及び運用における執行役及び取締役の職務の執行を監視することにある。

連結財務諸表監査における監査人の責任

監査人の責任は、監査人が実施した監査に基づいて、全体としての連結財務諸表に不正又は誤謬による重要な虚偽表示がないかどうかについて合理的な保証を得て、監査報告書において独立の立場から連結財務諸表に対する意見を表明することにある。虚偽表示は、不正又は誤謬により発生する可能性があり、個別に又は集計すると、連結財務諸表の利用者の意思決定に影響を与えると合理的に見込まれる場合に、重要性があると判断される。

監査人は、我が国において一般に公正妥当と認められる監査の基準に従って、監査の過程を通じて、職業的専門家としての判断を行い、職業的懐疑心を保持して以下を実施する。

・不正又は誤謬による重要な虚偽表示リスクを識別し、評価する。また、重要な虚偽表示リスクに対応した監査手続を立案し、実施する。監査手続の選択及び適用は監査人の判断による。さらに、意見表明の基礎となる十分かつ適切な監査証拠を入手する。

・連結財務諸表監査の目的は、内部統制の有効性について意見表明するためのものではないが、監査人は、リスク評価の実施に際して、状況に応じた適切な監査手続を立案するために、監査に関連する内部統制を検討する(注3)。

・経営者が採用した会計方針及びその適用方法の適切性、並びに経営者によって行われた会計上の見積りの合理性及び関連する注記事項の妥当性を評価する。

・経営者が継続企業を前提として連結財務諸表を作成することが適切であるかどうか、また、入手した監査証拠に基づき、継続企業の前提に重要な疑義を生じさせるような事象又は状況に関して重要な不確実性が認められるかどうか結論付ける。継続企業の前提に関する重要な不確実性が認められる場合は、監査報告書において連結財務諸表の注記事項に注意を喚起すること、又は重要な不確実性に関する連結財務諸表の注記事項が適切でない場合は、連結財務諸表に対して除外事項付意見を表明することが求められている。監査人の結論は、監査報告書日までに入手した監査証拠に基づいているが、将来の事象や状況により、企業は継続企業として存続できなくなる可能性がある。

・連結財務諸表の表示及び注記事項が、[適用される財務報告の枠組み(注2)]に準拠しているかどうかとともに、関連する注記事項を含めた連結財務諸表の表示、構成及び内容、並びに連結財務諸表が基礎となる取引や会計事象を適正に表示しているかどうかを評価する。

・連結財務諸表に対する意見を表明するために、会社及び連結子会社の財務情報に関する十分かつ適切な監査証拠を入手する。監査人は、連結財務諸表の監査に関する指示、監督及び実施に関して責任がある。監査人は、単独で監査意見に対して責任を負う。

監査人は、監査委員会に対して、計画した監査の範囲とその実施時期、監査の実施過程で識別した内部統制の重要な不備を含む監査上の重要な発見事項、及び監査の基準で求められているその他の事項について報告を行う。

監査人は、監査委員会に対して、独立性についての我が国における職業倫理に関する規定を遵守したこと、並びに監査人の独立性に影響を与えると合理的に考えられる事項、及び阻害要因を除去又は軽減するためにセーフガードを講じている場合はその内容について報告を行う。

監査人は、監査委員会と協議した事項のうち、当連結会計年度の連結財務諸表の監査で特に重要であると判断した事項を監査上の主要な検討事項と決定し、監査報告書において記載する。ただし、法令等により当該事項の公表が禁止されている場合や、極めて限定的ではあるが、監査報告書において報告することにより生じる不利益が公共の利益を上回ると合理的に見込まれるため、監査人が報告すべきでないと判断した場合は、当該事項を記載しない。

＜法令等に基づくその他の報告＞

(省略)

利害関係

会社及び連結子会社と当監査法人又は業務執行社員との間には、公認会計士法の規定により記載すべき利害関係はない。

文例３

文例の前提となる状況

・上場企業以外の企業の準拠性の枠組みに準拠して作成された完全な一組の一般目的の財務諸表の監査である。当該監査は、グループ監査ではない（すなわち、監査基準委員会報告書600が適用されない。）。

・企業の経営者は、○国の○○法に準拠して財務諸表を作成している（すなわち、財務報告の枠組みが法令等で規定されており、広範囲の利用者に共通する財務情報に対するニーズを満たすように構成されているが、適正表示の枠組みではない。例えば、我が国では会社計算規則第98条第２項第１号又は第２号に基づいて注記の一部を省略している場合が該当する。）。

・監査契約書において、監査基準委員会報告書210の財務諸表に対する経営者の責任が記載されている。

・監査人は、入手した監査証拠に基づいて、無限定意見が適切と判断している。

・監査人は、入手した監査証拠に基づいて、監査基準委員会報告書570に従って、継続企業の前提に重要な疑義を生じさせるような事象又は状況に関連する重要な不確実性は存在しないと判断している。

・監査基準委員会報告書701に従った監査上の主要な検討事項の報告は求められていない。

・監査人は、監査報告書日付以前にその他の記載内容の全てを入手し、また、その他の記載内容に関して重要な誤りを識別していない。

・会社は監査役会設置会社である。

・監査人には、法令等に基づくその他の報告責任がない。

独立監査人の監査報告書

［宛先］

［監査報告書の日付］
［○○監査法人］
［○○県□□市］
［監査人の署名］

監査意見

当監査法人は、○○株式会社の×年×月×日から×年×月×日までの事業年度の財務諸表、すなわち貸借対照表、損益計算書、株主資本等変動計算書、キャッシュ・フロー計算書及び重要な会計方針を含む財務諸表の注記について監査を行った。

当監査法人は、上記の財務諸表が、全ての重要な点において、○国の○○法(注２)に準拠して作成されているものと認める。

監査意見の根拠

当監査法人は、我が国において一般に公正妥当と認められる監査の基準に準拠して監査を行った。

監査の基準における当監査法人の責任は、「財務諸表監査における監査人の責任」に記載されている。当監査法人は、我が国における職業倫理に関する規定に従って、会社から独立しており、また、監査人としてのその他の倫理上の責任を果たしている。当監査法人は、意見表明の基礎となる十分かつ適切な監査証拠を入手したと判断している。

その他の記載内容

［監査基準委員会報告書720に従った記載］

財務諸表に対する経営者並びに監査役及び監査役会の責任

経営者の責任は、○国の○○法(注２)に準拠して財務諸表を作成することにある。これには、不正又は誤謬による重要な虚偽表示のない財務諸表を作成するために経営者が必要と判断した内部統制を整備及び運用することが含まれる。

財務諸表を作成するに当たり、経営者は、継続企業の前提に基づき財務諸表を作成することが適切であるかどうかを評価し、[適用される財務報告の枠組み(注2)] に基づいて継続企業に関する事項を開示する必要がある場合には当該事項を開示する責任がある。

監査役及び監査役会の責任は、財務報告プロセスの整備及び運用における取締役の職務の執行を監視することにある。

財務諸表監査における監査人の責任

監査人の責任は、監査人が実施した監査に基づいて、全体としての財務諸表に不正又は誤謬による重要な虚偽表示がないかどうかについて合理的な保証を得て、監査報告書において独立の立場から財務諸表に対する意見を表明することにある。虚偽表示は、不正又は誤謬により発生する可能性があり、個別に又は集計すると、財務諸表の利用者の意思決定に影響を与えると合理的に見込まれる場合に、重要性があると判断される。

監査人は、我が国において一般に公正妥当と認められる監査の基準に従って、監査の過程を通じて、職業的専門家としての判断を行い、職業的懐疑心を保持して以下を実施する。

・不正又は誤謬による重要な虚偽表示リスクを識別し、評価する。また、重要な虚偽表示リスクに対応した監査手続を立案し、実施する。監査手続の選択及び適用は監査人の判断による。さらに、意見表明の基礎となる十分かつ適切な監査証拠を入手する。

・財務諸表監査の目的は、内部統制の有効性について意見表明するためのものではないが、監査人は、リスク評価の実施に際して、状況に応じた適切な監査手続を立案するために、監査に関連する内部統制を検討する(注3)。

・経営者が採用した会計方針及びその適用方法の適切性、並びに経営者によって行われた会計上の見積りの合理性及び関連する注記事項の妥当性を評価する。

・経営者が継続企業を前提として財務諸表を作成することが適切であるかどうか、また、入手した監査証拠に基づき、継続企業の前提に重要な疑義を生じさせるような事象又は状況に関して重要な不確実性が認められるかどうか結論付ける。継続企業の前提に関する重要な不確実性が認められる場合は、監査報告書において財務諸表の注記事項に注意を喚起すること、又は重要な不確実性に関する財務諸表の注記事項が適切でない場合は、財務諸表に対して除外事項付意見を表明することが求められている。監査人の結論は、監査報告書日までに入手した監査証拠に基づいているが、将来の事象や状況により、企業は継続企業として存続できなくなる可能性がある。

・財務諸表の表示及び注記事項が [適用される財務報告の枠組み(注2)] に準拠しているかどうかを評価する。

監査人は、監査役及び監査役会に対して、計画した監査の範囲とその実施時期、監査の実施過程で識別した内部統制の重要な不備を含む監査上の重要な発見事項、及び監査の基準で求められているその他の事項について報告を行う。

利害関係

会社と当監査法人又は業務執行社員との間には、公認会計士法の規定により記載すべき利害関係はない。

文例1から文例3に対する注

(注1) 「<法令等に基づくその他の報告>」がない場合は、「<財務諸表監査>」は不要である。

(注2) 適用される財務報告の枠組みの名称を具体的に記載する。

(注3) 監査人が、財務諸表監査に併せて内部統制の有効性に対して意見を表明している場合においても、財務諸表監査の目的は変わらないため、当該記載の変更は必要ない。

以　上

監査基準委員会報告書701

独立監査人の監査報告書における監査上の主要な検討事項の報告*

2019年2月27日
改正2021年1月14日
日本公認会計士協会
監査基準委員会
（報告書：第76号）

Ⅰ　本報告書の範囲及び目的

1．本報告書の範囲

1．本報告書は、監査報告書における監査上の主要な検討事項の報告に関する実務上の指針を提供するものである。本報告書は、監査報告書において監査上の主要な検討事項の報告を行う監査人の責任並びに監査上の主要な検討事項の決定についての監査人の判断及びその報告の様式と内容について取り扱っている。

2．監査上の主要な検討事項の報告の目的は、実施された監査に関する透明性を高めることにより、監査報告書の情報伝達手段としての価値を向上させることにある。監査上の主要な検討事項の報告により、想定される財務諸表の利用者に対して、当年度の財務諸表監査において監査人が職業的専門家として特に重要であると判断した事項を理解するのに役立つ追加的な情報が提供され、監査の透明性を高めることができる。また、監査上の主要な検討事項の報告は、想定される財務諸表の利用者が企業や監査済財務諸表における経営者の重要な判断が含まれる領域を理解するのに役立つ場合がある（A1項からA4項参照）。

3．監査報告書において、監査上の主要な検討事項を報告することによって、想定される財務諸表の利用者と、経営者や監査役若しくは監査役会、監査等委員会又は監査委員会（以下「監査役等」という。）との間で行われる、企業、監査済財務諸表又は実施された監査に関連する特定の事項についての対話が促進されることが期待される。

4．監査報告書における監査上の主要な検討事項の報告は、監査人が全体としての財務諸表に対する監査意見を形成した上で行われるものである。したがって、監査報告書における監査上の主要な検討事項の報告は、以下のいずれを意図するものでもない（A5項から A8項参照）。

(1) 適用される財務報告の枠組みにより経営者に求められている財務諸表の表示及び注記事項、又は適正表示を達成するために必要な財務諸表の追加的な注記事項の代替

(2) 監査基準委員会報告書705「独立監査人の監査報告書における除外事項付意見」に基づき除外事項付意見を表明しなければならない状況における除外事項付意見の表明の代替

(3) 継続企業の前提に関する重要な不確実性に関する報告の代替（監査基準委員会報告書570「継続企業」第18項及び第19項参照）

(4) 監査人が、財務諸表全体に対する監査意見とは別に行う、個別の事項に対する意見表明

5．本報告書は、法令により監査報告書において監査上の主要な検討事項の記載が求められる監査において適用される。また、本報告書は、監査報告書において監査上の主要な検討事項を任意で報告することを契約条件により合意した場合にも適用される。ただし、監査人が財務諸表に対する監査意見を表明しない場合には、監査上の主要な検討事項の報告を行ってはならないとされている（監基報705第28項参照）。

2．本報告書の目的

6．本報告書における監査人の目的は、監査上の主要な検討事項を決定すること、また、財務諸表に対する意見を形成した上で監査上の主要な検討事項を監査報告書において報告することである。

3．定　義

7．本報告書における用語の定義は、以下のとおりとする。

「監査上の主要な検討事項」－当年度の財務諸表の監査において、監査人が職業的専門家として特に重要であると判断した事項をいう。監査上の主要な検討事項は、監査人が監査役等とコミュニケーションを行った事項から選択される。

Ⅱ　要求事項

1．監査上の主要な検討事項の決定

8．監査人は、監査役等とコミュニケーションを行った事項の中から、監査を実施する上で監査人が特に注意を払った事項を決定しなければならない。その際、監査人は以下の項目等を考慮しなければならない（A9項から A18項参照）。

(1) 監査基準委員会報告書315「企業及び企業環境の理解を通じた重要な虚偽表示リスクの識別と評価」に基づき決定された特別な検討を必要とするリスク又は重要な虚偽表示リスクが高いと評価された領域（A19項から A22項参照）

(2) 見積りの不確実性の程度が高い会計上の見積りを含む、経営者の重要な判断を伴う財務諸表の領域に関連する監査人の重要な判断（A23項及び A24項参照）

(3) 当年度に発生した重要な事象又は取引が監査に与える影響（A25項及び A26項参照）

9．監査人は、第８項に従い決定した事項の中から更に、当年度の財務諸表の監査において、職業的専門家として特に重要であると判断した事項を監査上の主要な検討事項として決定しなければならない（A9項から A11項及び A27項から A30項参照）。

2．監査上の主要な検討事項の報告

10．監査人は、監査報告書に「監査上の主要な検討事項」区分を設け、第13項(1)若しくは(2)又は

第14項に該当する状況を除き、個々の監査上の主要な検討事項に適切な小見出しを付して記述しなければならない。また、「監査上の主要な検討事項」区分の冒頭に以下を記載しなければならない（A31項からA33項参照）。

⑴　監査上の主要な検討事項は、当年度の財務諸表の監査において、監査人が職業的専門家として特に重要であると判断した事項である。

⑵　監査上の主要な検討事項は、財務諸表全体に対する監査の実施過程及び監査意見の形成において監査人が対応した事項であり、当該事項に対して個別に意見を表明するものではない。

⑴　除外事項付意見表明を代替することの禁止

11．監査人は、監査基準委員会報告書705に基づき除外事項付意見を表明しなければならない状況において除外事項付意見を表明せず、除外事項に該当する事項を監査報告書の「監査上の主要な検討事項」区分において報告してはならない（A5項参照）。

⑵　個別の監査上の主要な検討事項の記載内容

12．監査報告書の「監査上の主要な検討事項」区分において、以下を記載しなければならない（A34項からA39項参照）。

⑴　関連する財務諸表における注記事項がある場合は、当該注記事項への参照（A40項及びA41項参照）

⑵　個々の監査上の主要な検討事項の内容

⑶　財務諸表監査において特に重要であるため、当該事項を監査上の主要な検討事項に決定した理由（A42項からA45項参照）

⑷　当該事項に対する監査上の対応（A46項からA51項参照）ただし、連結財務諸表及び個別財務諸表の監査を実施しており、連結財務諸表の監査報告書において同一内容の監査上の主要な検討事項が記載されている場合には、個別財務諸表の監査報告書においてその旨を記載し、当該内容の記載を省略することができる。

⑶　監査上の主要な検討事項として決定した事項を監査報告書において報告しない場合

13．監査人は、以下のいずれかに該当する場合を除き、監査報告書に監査上の主要な検討事項を記載しなければならない（A53項からA56項参照）。

⑴　法令等により、当該事項の公表が禁止されている場合（A52項参照）

⑵　極めて限定的ではあるが、監査報告書において報告することにより生じる不利益が公共の利益を上回ると合理的に見込まれるため、監査人が当該事項について報告すべきでないと判断した場合。ただし、企業が当該事項に関する情報を財務諸表以外の何らかの方法により公表している場合は、報告すべきでないと判断する状況には該当しない。

⑷　監査上の主要な検討事項の記載内容と監査報告書に記載すべきその他の項目の相互関係

14．監査報告書に対して除外事項付意見を表明する原因となる事項（監査基準委員会報告書705参照）、又は継続企業の前提に関する重要な不確実性（監査基準委員会報告書570参照）は、その性質上、監査上の主要な検討事項に該当する。しかしながら、監査人はこれらの事項を監査報告書の「監査上の主要な検討事項」区分に記載してはならず、第12項及び第13項の要求事項はこれらの事項には適用されない。この場合、監査人は、「監査上の主要な検討事項」区分への記載に代えて、以下を行わなければならない。

⑴　該当する監査基準委員会報告書に準拠してこれらの事項を監査報告書において報告する。

⑵　「監査上の主要な検討事項」区分に、「『[除外事項付意見］の根拠』に記載されている事項を除き」又は「『継続企業の前提に関する重要な不確実性』に記載されている事項を除き」と記載する。（A6項及びA7項参照）

⑸　その他の状況における「監査上の主要な検討事項」区分の様式及び内容

15．監査人は、企業及び監査に関する事実及び状況を踏まえて、報告すべき監査上の主要な検討事項がない場合、第14項に該当する事項以外に監査上の主要な検討事項がない場合、又は個別財務諸表の監査報告書において監査上の主要な検討事項の内容等の記載を省略している場合(第12項のただし書き)、監査報告書に「監査上の主要な検討事項」の見出しを付した区分を設けて、その旨を記載しなければならない(A57項から A59項参照)。

3．監査役等とのコミュニケーション

16．監査人は、以下に関して監査役等とコミュニケーションを行わなければならない。

(1) 監査人が、監査上の主要な検討事項と決定した事項

(2) 企業及び監査に関する事実及び状況により、監査報告書において報告すべき監査上の主要な検討事項がないと監査人が判断した場合はその旨(A60項から A63項参照)

4．文書化

17．監査人は、監査調書に以下を含めなければならない。(A64項参照)

(1) 第８項に従って決定した、監査人が特に注意を払った事項及び第９項に従って各事項が監査上の主要な検討事項となるかどうかの監査人の決定の根拠

(2) 監査報告書において報告する監査上の主要な検討事項がないと監査人が判断した場合、又は報告すべき監査上の主要な検討事項が第14項において取り扱われている除外事項若しくは継続企業の前提に関する重要な不確実性以外にない場合はその根拠

(3) 監査上の主要な検討事項であると決定された事項について監査報告書において報告しないと監査人が判断した場合はその根拠

Ⅲ　適用指針

1．本報告書の範囲 (第２項参照)

A1．ある事項が重要であるかについて、監査人は、職業的専門家としての判断に基づき、それぞれの状況に応じて相対的に決定する。重要であるかどうかは、当該事項の相対的な規模、性質及び影響並びに想定される財務諸表の利用者の関心など、金額的及び質的な要素を考慮して検討される。この場合、監査役等とのコミュニケーションの内容及び程度を含め、事実及び状況の客観的な分析も考慮される。

A2．財務諸表の利用者は、監査基準委員会報告書260「監査役等とのコミュニケーション」により要求される監査人と監査役等との間でなされた双方向のコミュニケーションの中で、特に重点的に議論がなされた事項に関心を有しており、そのようなコミュニケーションの内容が透明性をもって報告されることを求めている。例えば、財務諸表全体に対する監査意見を形成する際の監査人による重要な判断は、財務諸表を作成する際の経営者の重要な判断が含まれる領域に関連することが多いため、財務諸表の利用者は、そのような監査人の判断に特に関心を示している。

A3．監査報告書における監査上の主要な検討事項の報告を監査人に要求することにより、当該事項に関する監査人と監査役等とのコミュニケーションが深まる場合がある。また、監査報告書において参照される財務諸表における注記事項に経営者及び監査役等がより一層の注意を払うようになる場合がある。

A4．監査基準委員会報告書320「監査の計画及び実施における重要性」において記載のとおり、監査人は、通常、財務諸表の利用者として以下の(1)から(4)を想定している。

(1) 事業活動、経済活動及び会計に関する合理的な知識を有し、真摯に財務諸表上の情報を検討する意思を有している。

⑵　財務諸表が重要性を考慮して作成、表示及び監査されることを理解している。
⑶　見積り、判断及び将来事象の考慮に基づく金額の測定には、不確実性が伴うものであることを認識している。
⑷　財務諸表上の情報を基礎に合理的な経済的意思決定を行う。

監査報告書は監査済財務諸表に添付されるため、監査報告書の利用者は想定される財務諸表の利用者と同じと考えられる。

監査上の主要な検討事項、監査意見及び監査報告書に記載されるその他の項目の関係（第４項、第11項及び第14項参照）

A5．監査基準委員会報告書700「財務諸表に対する意見の形成と監査報告」は、財務諸表に対する監査意見の形成に関する要求事項と指針を提供している（監基報700第８項から第13項及びA1項からA15項参照）。監査上の主要な検討事項の報告は、適用される財務報告の枠組みにより経営者に求められている財務諸表の表示及び注記事項、又は適正表示を達成するために必要な財務諸表の注記事項を代替するものではない。監査人が、財務諸表の表示及び注記事項の妥当性又は十分性に関して財務諸表に重要な虚偽表示が存在すると判断した状況については、監査基準委員会報告書705において取り扱われている。

A6．監査人が、監査基準委員会報告書705に従って限定意見又は否定的意見を表明する場合、その原因となる事項を除外事項付意見の根拠区分において記載することにより、想定される財務諸表の利用者が除外事項付意見が表明されていることを認識し、その理由を理解することに役立つ。したがって、除外事項付意見の原因となる事項を「監査上の主要な検討事項」区分に記載された他の事項と区別して記載することにより、監査報告書において除外事項への注意を促すことができる。監査基準委員会報告書705の付録は、監査人が限定意見又は否定的意見を表明し、「監査上の主要な検討事項」区分においてその他の監査上の主要な検討事項の報告を行う場合における監査報告書の文例を示している。本報告書のA58項は、「［除外事項付意見］（限定意見又は否定的意見）の根拠」区分又は「継続企業の前提に関する重要な不確実性」区分に記載された事項以外に、報告すべきその他の監査上の主要な検討事項がないと監査人が判断した場合の「監査上の主要な検討事項」区分の文例を示している。

A7．監査人が限定意見又は否定的意見を表明する場合にも、限定意見又は否定的意見を表明する原因となる事項に加え、その他の事項について監査上の主要な検討事項として報告を行うことは、想定される財務諸表の利用者の監査に関する理解を高めることにつながる。したがって、このような場合にも、監査上の主要な検討事項の決定に関する要求事項が適用される。ただし、否定的意見を表明する場合には、特に以下の点を考慮する（監基報705第７項参照）。

・監査人は、否定的意見を表明する原因となる事項の影響の大きさに鑑み、それ以外には監査上の主要な検討事項は存在しないと判断する場合がある。そのような状況においては、第14項の要求事項が適用される（A58項参照）。
・監査人は、否定的意見を表明する原因となる事項以外に監査上の主要な検討事項を決定した場合、監査上の主要な検討事項の記述によって、財務諸表全体の信頼性が高まるという誤った印象を与えないようにすることが特に重要である（A47項参照）。

A8．監査基準委員会報告書706「独立監査人の監査報告書における強調事項区分とその他の事項区分」に基づいて「強調事項」区分又は「その他の事項」区分を記載する必要があると判断した場合には、「強調事項」区分又は「その他の事項」区分は、監査報告書において、「監査上の主要な検討事項」区分とは別に記載される。ただし、一つの事象が監査上の主要な検討事項であると同時に、強調事項又はその他の事項に該当する場合、第12項に従って監査上の主要な検討事項として記載することとなる。

監査上の主要な検討事項と強調事項又はその他の事項との関係についての追加的な指針が監査基準委員会報告書706のA1項からA4項、A9項及びA10項に記載されている。

2．監査上の主要な検討事項の決定（第８項及び第９項参照）

A9．監査人は、監査役等とコミュニケーションを行った事項の中から、監査人の判断に基づき、当年度の財務諸表監査において特に重要な事項を選択することによって、監査上の主要な検討事項を決定する。

A10．財務諸表に比較情報が含まれる場合、監査人は、比較情報に係る監査意見の表明方式が比較財務諸表方式か対応数値方式かにかかわらず、過年度の財務諸表監査に関連する監査上の主要な検討事項について、監査報告書において、通常記載しない。ただし、新規上場時等、初めて提出される有価証券届出書等に含まれる連結財務諸表が指定国際会計基準又は修正国際基準等に準拠して作成する場合で、かつ、法令により監査上の主要な検討事項の記載が求められる監査報告書に比較財務諸表方式で監査意見を表明する場合は、比較情報に係る事業年度の監査上の主要な検討事項を併せて記載する。

なお、以前に発行した財務諸表の訂正の要否を検討する場合（監査基準委員会報告書560「後発事象」第13項から第16項参照）等、当年度の財務諸表監査には比較情報に対する監査手続が含まれるため、監査人は、比較情報に対する監査手続を含めた当年度の財務諸表監査において特に重要であると判断した事項を監査上の主要な検討事項と決定する。

A11．監査人は、前年度の監査報告書に記載された監査上の主要な検討事項の内容を当年度の監査報告書において更新することは求められていない。ただし、前年度の財務諸表監査における監査上の主要な検討事項が、当年度の財務諸表監査においても引き続き監査上の主要な検討事項であるかどうか検討することは有用である。

(1) 監査人が特に注意を払った事項（第８項参照）

A12．監査上の主要な検討事項を決定するに当たり、監査人が特に注意を払った事項を考慮するのは、監査がリスク・アプローチに基づいて行われているためである。リスク・アプローチに基づく監査は、財務諸表の重要な虚偽表示リスクを識別・評価し、評価したリスクに対応した監査手続を立案・実施し、監査意見の基礎となる十分かつ適切な監査証拠を入手することに重点を置いた一連のプロセスである。特定の勘定残高、取引種類又は注記事項について、アサーション・レベルで評価した重要な虚偽表示リスクが高いほど、監査手続の計画・実施及びその結果の評価により多くの判断が必要となることが多い。リスク対応手続を立案する上で、監査人は、評価した重要な虚偽表示リスクの程度が高いほど、より確かな心証が得られる監査証拠を入手することが求められる。監査人は、重要な虚偽表示リスクの程度が高いと評価し、より確かな心証が得られる監査証拠を入手する場合には、監査証拠の量を増やしたり、より適合性が高く、より証明力の強い監査証拠を入手する。例えば、第三者からの証拠の入手に重点を置き、又は異なる複数の情報源から補強する証拠を入手する。

A13．したがって、監査人は、監査上の主要な検討事項を決定するに当たって、十分かつ適切な監査証拠を入手する上で、又は財務諸表に対する意見を形成する上で直面した困難な状況を考慮することがある。

A14．監査人が特に注意を払う領域は、財務諸表において、複雑性があり、経営者の重要な判断に関連することが多く、そのため、監査人の高度で複雑な判断を必要とすることが多い。したがって、監査人は、当該領域に重点を置いて監査の基本的な方針を策定する。例えば、当該領域に対処するために、監査チームの上位メンバーが関与する範囲や、監査人の利用する専門家又は会計若しくは監査の特殊な領域で専門知識を有するメンバー（監査事務所が雇用しているか、又は依頼により業務に従事しているかを問わない。）の配置を検討することがある。

A15．他の監査基準委員会報告書では、監査人は、特定の事項について監査役等とのコミュニケーションやその他の者との討議を行うことが求められており、それらは監査人が特に注意を払う領域に関連することがある。例えば、以下が挙げられる。

(1)　監査基準委員会報告書260は、監査人に、監査期間中に困難な状況に直面した場合は、その状況について監査役等とコミュニケーションを行うことを求めている（監基報260第14項(2)及び A17項参照）。困難な状況として、以下が他の監査基準委員会報告書に例示されている。

・関連当事者取引、特に、取引の価格以外の全ての部分が独立第三者間取引と同等であるという監査証拠を監査人が入手するのは実務的に困難なことがある（監査基準委員会報告書550「関連当事者」の A41項参照）。

・グループ財務諸表の監査に対する制約、例えば、グループ監査チームによる情報の入手が制限されていることがある（監査基準委員会報告書600「グループ監査」第48項参照）。

(2)　監査基準委員会報告書220「監査業務における品質管理」において、監査責任者は、専門性が高く、判断に困難を伴う事項や見解が定まっていない事項に関して、専門的な見解の問合せを適切に実施することが求められている。例えば、監査人は、監査事務所内外の者に、専門性の高い重要な事項に関して専門的な見解の問合せを行うことがある。また、監査責任者は、監査中に識別した重要な事項について審査担当者と討議することが求められている（監基報220第17項及び第18項参照）。そのような事項が、監査上の主要な検討事項となることがある。

(2)　監査人が特に注意を払った事項の決定に関する検討（第８項参照）

A16．監査人は、監査人が監査の実施過程で特に注意を払う可能性が高い事項を監査計画段階において検討し、監査人は、監査基準委員会報告書260に従って計画した監査の範囲とその実施時期について監査役等と討議する際に、当該事項に関してコミュニケーションを行うことが有用である。ただし、監査上の主要な検討事項は、監査の結果又は監査の実施過程を通じて入手した証拠に基づいて最終的に決定される。

A17．第８項の(1)から(3)は、監査人が特に注意を払った事項を決定するに当たって考慮すべき項目を示している。当該項目は、監査役等とコミュニケーションを行った事項の内容に焦点を当てており、財務諸表に記載されている事項に直接的に関連していることが多く、想定される財務諸表の利用者が特に関心を持つ可能性がある財務諸表監査の領域である。

このような考慮すべき項目に関連する事項の全てが監査上の主要な検討事項となるわけではなく、第９項に従って当該監査において特に重要であると判断された場合のみ、監査上の主要な検討事項となる。また、第８項の(1)から(3)の項目は相互に関係するため、例えば、(2)又は(3)に該当する事項が(1)の特別な検討を必要とするリスクとして識別される場合など、複数の項目に該当することがある。そのような場合は、監査人が当該事項を監査上の主要な検討事項として識別する可能性は高くなる。

A18．財務諸表に明記されない事項であっても、特に注意を払った事項となる可能性がある。例えば、当期において新しい IT システムが導入された場合又は既存の IT システムに重要な変更が行われた場合、監査の基本的な方針に重要な影響を与えることがある。また、収益認識に影響するシステムの更新又は変更のように、特別な検討を必要とするリスクに関連することもある。そのようなときには、IT システムの新規導入や重要な変更が監査人が特に注意を払った事項となることがある。

なお、第８項の(1)から(3)に記載された事項以外についても監査役等とコミュニケーションを行うことがあり、それらが監査人が特に注意を払った事項となることがある。

特別な検討を必要とするリスク又は重要な虚偽表示リスクが高いと評価された領域（第８項⑴参照）

A19．監査人は、識別された特別な検討を必要とするリスクについて監査役等とコミュニケーションを行うことが求められている（監基報260第13項参照）。また、監査人は、特別な検討を必要とするリスク以外に識別している重要な虚偽表示リスクが高い領域への監査人の対応について、監査役等とコミュニケーションを行うことがある（監基報260のA12項参照）。

A20．特別な検討を必要とするリスクは、識別し評価した重要な虚偽表示リスクの中で、特別な監査上の検討が必要と監査人が判断したリスクと定義されている（監基報315第３項⑶）。経営者の重要な判断に依存している領域及び重要かつ通例でない取引は、特別な検討を必要とするリスクとして識別されることが多い。したがって、特別な検討を必要とするリスクは、監査人が特に注意を払った事項と判断することが多い。

A21．しかしながら、全ての特別な検討を必要とするリスクが、監査上の主要な検討事項となるわけではない。例えば、監査人は収益認識には不正リスクがあると推定し、当該不正リスクを特別な検討を必要とするリスクとして扱うことが求められている（監査基準委員会報告書240「財務諸表監査における不正」第25項及び第26項）。さらに、経営者による内部統制の無効化は予期せぬ手段により行われるため、不正リスクであり、したがって、特別な検討を必要とするリスクとして扱うことが求められている（監基報240第30項）。これらの特別な検討を必要とするリスクは、その状況によっては、監査人が特に注意を払った事項には該当しないことがある。

A22．アサーション・レベルの重要な虚偽表示リスクに関する監査人の評価は、監査実施中に入手した他の監査証拠により変更されることがある（監基報315第30項）。財務諸表の特定の領域に関連して、監査人がリスク評価を修正した場合及び立案した監査手続を再検討した場合には、監査人は特に注意を払う必要がある領域と判断することがある。例えば、特に重要な虚偽表示リスクが高いと評価された領域において、内部統制が監査期間を通して有効に運用されていると想定していたが、内部統制が有効に運用されていないという監査証拠を入手したため監査アプローチの重要な変更を行った場合が該当することがある。

見積りの不確実性の程度が高い会計上の見積りを含む、経営者の重要な判断を伴う財務諸表の領域に関連する監査人の重要な判断（第８項⑵参照）

A23．監査人は、会計方針、会計上の見積り及び財務諸表における表示及び注記事項を含む、企業の会計実務の質的側面のうち重要なものに関する監査人の見解について、監査役等とコミュニケーションを行うことが求められている（監基報260第14項⑴参照）。多くの場合、これらの事項は重要な会計上の見積り及び関連する注記事項に関係し、監査人が特に注意を払った事項となる可能性が高く、また、特別な検討を必要とするリスクとしても識別されることがある。

A24．監査人が特別な検討を必要とするリスクであると判断していない場合であっても、見積りの不確実性の程度が高い会計上の見積り（監査基準委員会報告書540「会計上の見積りの監査」第15項及び第16項参照）に対して財務諸表の利用者は関心を示している場合がある。当該見積りは経営者の判断に依存する程度が高く、財務諸表上最も複雑な領域であることが多く、経営者の利用する専門家及び監査人の利用する専門家の両者の関与が必要となる場合がある。

また、財務諸表の利用者は、会計上の見積りを含め、財務諸表を理解する上で重要な影響のある会計方針（当該方針が変更された場合を含む。）について関心を示すことがあり、特に多くの同業他社の会計方針と異なる場合に高い関心を示すことがある。これらの場合は、監査人が特に注意を払った事項に該当することがある。

当年度に発生した重要な事象又は取引が監査に与える影響（第８項(3)参照）

A25．財務諸表又は監査に重要な影響を与える事象又は取引は、監査人が特に注意を払った領域に該当することがある。例えば、関連当事者との重要な取引又は企業の通常の取引過程から外れた重要な取引若しくは通例でないと思われる重要な取引が財務諸表に与えている影響の程度について、経営者及び監査役等と監査の様々な段階において広範な協議を行うことがある（監基報260第14項(1)、(3)、(4)、A18項及び付録２参照）。また、これらの取引は特別な検討を必要とするリスクとして識別されることがある。さらに、これらの取引の認識、測定、表示、又は注記事項に関して、経営者は困難又は複雑な判断を行うことがあり、監査の基本的な方針に重要な影響を与える可能性がある。

A26．当年度に発生した重要な事象には経営者の仮定又は判断に影響を与えている重要な経済、会計、規制、産業、又はその他の変化が含まれ、それらが全般的な監査アプローチに影響を与えている場合は、結果として監査人が特に注意を払う事項となることがある。

(3)　特に重要であると判断した事項の決定（第９項参照）

A27．監査人が特に注意を払った事項は、監査役等と重点的にコミュニケーションが通常行われる。監査役等とのコミュニケーションの内容及び程度は、どの事項が監査において特に重要であるかを示唆していることが多い。例えば、監査人又は経営者の重要な判断が必要な重要な会計方針の適用等、より困難かつ複雑な事項について、監査人は監査役等とより深度のあるコミュニケーションを頻繁に行うことが適切である。

A28．特に重要であると判断した事項の概念は、個々の監査業務において適用される。したがって、監査人は、当該監査における相対的な重要性を考慮して、被監査会社に特有の事項を識別し、監査上の主要な検討事項を決定する。

A29．監査役等とコミュニケーションを行った事項の相対的な重要性及び当該事項が監査上の主要な検討事項となるかどうかの決定に関連するその他の考慮事項には、例えば以下が含まれる。

・想定される財務諸表の利用者による財務諸表の理解にとっての重要性、特に、当該事項の財務諸表における重要性
・当該事項に関する会計方針の特性、又は同業他社と比較した場合の、経営者による会計方針の選択における複雑性又は主観的な判断の程度
・当該事項に関連して虚偽表示が識別された場合、不正又は誤謬による虚偽表示（修正済みか未修正かを問わない。）の内容及び金額的又は質的な重要性
・当該事項のために必要となる監査上の対応状況。例えば、以下が挙げられる。
　―監査手続を実施するために、又は当該手続の結果を評価するために必要な専門的な技能又は知識
　―監査チーム外の者に対する専門的な見解の問合せの内容
・監査手続の実施、結果の評価及び監査意見の基礎となる監査証拠の入手の難易度。特に監査人の判断が主観的になる場合においては、監査意見の基礎となる適合性が高く証明力の強い監査証拠の入手には困難が伴う。
・当該事項に関連して識別された内部統制の不備の程度
・当該事項は、関連する複数の監査上の考慮事項を含んでいるかどうか。例えば、長期契約は、収益認識、訴訟又はその他の偶発事象に関する監査人が特に注意を払った事項を含むことがあり、また、他の会計上の見積りに影響を与えることがある。

A30．監査人が特に注意を払った事項のうち、当年度の財務諸表監査において特に重要であると判断した事項の決定は、その数を含め、職業的専門家としての判断による。監査報告書に含まれる監査上の主要な検討事項の数は、一般に、企業の規模及び複雑性、事業及び環境、並びに

監査業務の状況により影響を受ける。

一般的には、監査上の主要な検討事項として当初決定された事項の数が多いほど、監査上の主要な検討事項の定義に照らして、当該事項の各々について監査上の主要な検討事項に該当するかどうかをより慎重に再度検討する必要性が高い。監査上の主要な検討事項として選定した項目が多い場合は、監査において特に重要ではない事項が含まれている可能性があるためである。

3．監査上の主要な検討事項の報告

(1) 監査報告書における「監査上の主要な検討事項」区分（第10項参照）

A31．個々の監査業務特有の情報は想定利用者にとって価値があると想定されるため、「監査上の主要な検討事項」区分は監査報告書において「監査意見」区分及び「監査意見の根拠」区分の後に記載され、これにより、当該情報への注意が促される。

A32．監査報告書の「監査上の主要な検討事項」区分における個々の事項の記載順序は、職業的専門家としての判断に係る事項である。例えば、監査人の判断に基づき、相対的な重要性に応じて、又は財務諸表における表示又は注記事項の順序に合わせて記載することがある。また、個々の監査上の主要な検討事項を区別するために、第10項は、それぞれに小見出しを付して記載することを求めている。

A33．比較情報が表示されている場合（特に意見表明方式が比較財務諸表方式で複数年度の監査意見が記載されている場合）、監査上の主要な検討事項は当年度の財務諸表監査のみに関連するということを明確にするため、「監査上の主要な検討事項」区分の冒頭に記載される説明文言において、例えば、「当年度」を「当年度（×年×月×日から×年×月×日までの第×期事業年度）」と記載することがある。

(2) 個別の監査上の主要な検討事項の記載内容（第12項参照）

A34．監査上の主要な検討事項の記述が適切であるかどうかは、職業的専門家としての判断による。監査上の主要な検討事項の内容、当該事項が監査において特に重要であると判断された理由及び当該事項に対する監査上の対応は、過度に専門的な監査用語の使用を避け、想定される財務諸表の利用者が理解できるように簡潔に記載されることが想定されている。監査人により提供される情報の内容及び範囲は、経営者と監査人のそれぞれの責任（二重責任の原則）を踏まえて決定される。すなわち、監査人は、企業に関する未公表の情報を不適切に提供することを避け、簡潔かつ理解可能な様式で有用な情報を提供する。

A35．企業に関する未公表の情報は、企業によって公にされていない当該企業に関する全ての情報をいう。当該情報の提供に関する責任は、経営者にある。なお、財務諸表又は監査報告書日において利用可能なその他の記載内容（監査基準委員会報告書720「その他の記載内容に関連する監査人の責任」第11項(1)参照）に含まれている情報や、決算発表又は投資家向け説明資料等により、企業が口頭又は書面により提供している情報等は企業によって公にされている情報であるため、企業に関する未公表の情報には含まれない。

A36．監査上の主要な検討事項の記載において、監査人が企業に関する未公表の情報を不適切に提供することは想定されていない。監査上の主要な検討事項は、監査の内容に関する情報を提供するものであるため、通常、企業に関する未公表の情報の提供を意図するものではない。しかしながら、当該事項を監査上の主要な検討事項として決定した理由及び監査上の対応について説明するために、法令等によって禁止されない限り、監査人は企業に関する未公表の情報を含む追加的な情報を記載することが必要であると考えることがある。その場合、監査報告書において企業に関する未公表の情報を提供することを決定する前に、監査人は経営者に追加の情報開示を促すとともに、必要に応じて監査役等と協議を行うことが適切である。この際、企業に関する情報の開示に責任を有する経営者には、監査人からの要請に積極的に対応することが期待される。また、経営者の職務の執行を監視する責任を有する監査役等には、経営者に追加の開示を促す役割を果たすことが期待される。

A37．経営者は、監査上の主要な検討事項が監査報告書において報告されることを考慮して、財務諸表又はその他の記載内容に、監査上の主要な検討事項に関連する追加的な情報を開示することを決定することがある。例えば、適正表示の観点から、財務諸表の利用者が適切に財務諸表を理解するために、会計処理の背景となる、より詳細な情報を財務諸表に追加して注記することがある。

A38．監査基準委員会報告書720は、年次報告書を定義し、経営者による事業（事業上のリスクを含む。）及び財務に関する報告若しくは類似の説明であるとしている。ガバナンスに責任を有する者による報告、コーポレート・ガバナンスに関する報告、内部統制及びリスク評価に関する報告も年次報告書の一部を構成する場合がある。監査基準委員会報告書720は、年次報告書に含まれるその他の記載内容に関する監査人の責任を取り扱う。監査人は、監査上の主要な検討事項の記述を検討する際に、その他の記載内容を考慮することがある。また、企業又はその他の信頼できる情報源により公表され、利用可能なその他の情報を考慮することもある。

A39．監査人が監査の実施過程において作成した監査調書は、監査上の主要な検討事項の記述を検討する際に有用である。例えば、監査役等との書面又は口頭によるコミュニケーションに関する監査人の記録及びその他の監査調書は、監査報告書における監査上の主要な検討事項の有用な基礎となる。これは、監査基準委員会報告書230「監査調書」に従って、監査の実施過程で生じた重要な事項とその結論及びその際になされた職業的専門家としての重要な判断、実施した監査手続の種類、時期及び範囲、当該手続の結果、並びに入手した監査証拠を監査調書に記載することが求められているためである。このように、監査調書は、監査報告書において監査上の主要な検討事項として決定した理由を監査人が記述する際に役立つ。

関連する財務諸表における注記事項への参照
（第12項⑴参照）

A40．第12項⑶及び⑷は、「監査上の主要な検討事項」区分に、当該事項を監査において特に重要であると判断した理由及び当該事項に対する監査上の対応を記載することを求めている。したがって、監査上の主要な検討事項は、財務諸表に注記されている内容を繰り返して記載することを意図するものではないが、関連する財務諸表における注記事項へ参照を付すことで、経営者が財務諸表を作成する上で当該事項をどのように取り扱ったかについて、想定される財務諸表の利用者が理解を深めることが可能となる。

A41．当年度の財務諸表における監査上の主要な検討事項に関連する注記事項は、その詳細さの程度によっては、監査人が当該事項にどのように対応したかをより的確に記述するのに役立つことがある。その結果、想定される財務諸表の利用者は、監査人が監査上の主要な検討事項として決定した理由をより理解することができる。監査人は関連する注記事項への参照を付すだけでなく、例えば以下のように、その内容を用いて記述することがある。

・企業が会計上の見積りに関してより具体的な注記を行っている場合には、監査上の主要な検討事項に該当すると判断した理由及び監査上の対応を説明するために、監査人は主要な仮定、見込まれる結果の範囲、見積りの不確実性の主な原因又は重要な会計上の見積りに関するその他の定性的及び定量的な注記事項に言及することがある。

・監査人は、監査基準委員会報告書570に従って、継続企業の前提に関する重要な不確実性がないと結論付けた場合でも、結論に至るまでに検討した事項を監査上の主要な検討事項として決定することがある。そのような状況においては、監査報告書における監査上の主要な検討事項の記載において、重要な営業損失、利用可能な借入枠、負債の借換え又は財務制限条項への抵触の可能性、及びこれらを軽減する要因など、財務諸表又はその他の記載内容に開示された特定の事象又は状況に言及することがある。

監査上の主要な検討事項に決定した理由（第12項⑶参照）

A42．監査報告書において監査上の主要な検討事項を記載する趣旨は、当該事項を監査上の主要な検討事項と決定した理由についての監査人の考察を示し、実施された監査の透明性を高めることにある。したがって、監査人が当該理由を監査報告書においてどのように記述するかを検討する際に、監査上の主要な検討事項の決定に関する要求事項及び適用指針（第８項、第９項、A12項から A29項参照）は役立つことがある。監査人が監査において特に注意を払い、特に重要であると判断した要因の説明に、想定される財務諸表の利用者は関心を持つことが多い。

A43．監査上の主要な検討事項をどのように記述するかを決定する際に考慮する要因には、想定される財務諸表の利用者にとっての情報の目的適合性がある。監査上の主要な検討事項の記述によって、想定される財務諸表の利用者の監査及び監査人の判断に対する理解が深まる場合、当該記載内容は想定される財務諸表の利用者にとって目的適合性があることになる。

A44．監査上の主要な検討事項を企業の特定の状況に直接関連付けて記載することにより、監査上の主要な検討事項が過度に標準化されることや、翌年度以降の監査上の主要な検討事項の有用性が低下する可能性を低減できる場合がある。例えば、産業の状況又は産業特有の財務報告の複雑性により、特定の産業の多くの企業において、ある事項が監査上の主要な検討事項と判断されることがある。しかしながら、このような状況においても、当該企業に特有の状況（例えば、当年度の財務諸表における経営者の判断に影響を与えた状況）を記載することにより、想定される財務諸表の利用者にとって目的適合性が増すことがある。このことは、複数期間にわたって同一の事項を繰り返して監査上の主要な検討事項として記載する場合においても重要である。

A45．監査上の主要な検討事項に決定した理由の記載において、監査業務の状況に照らして、監査人が特に重要か否かを判断する際に考慮した主な事項に言及することがある。例えば、以下の事項がある。

・監査証拠の入手可能性に影響を与えた経済情勢。例えば、特定の金融商品に関する市場の流動性が低下しており、公正価値の入手が困難な状況
・新規の事象又は見解が定まっていない事象（例えば、監査チームが監査事務所内において専門的な見解の問合せを実施した、企業又は産業に特有の事象）に関する会計方針
・財務諸表に重要な影響を与える、企業の戦略又はビジネスモデルの変更

監査上の主要な検討事項に対する監査上の対応（第12項⑷参照）

A46．監査上の対応に関する記載の詳細さの程度は、監査人の職業的専門家としての判断に係る事項である。監査人は、第12項⑷に基づき、監査上の対応について以下のいずれか、又は組み合わせて記載する。

・監査上の主要な検討事項に最も適合している、又は評価した重要な虚偽表示リスクに焦点を当てた監査人の対応又は監査アプローチの内容
・実施した手続の簡潔な概要
・監査人による手続の結果に関連する記述
・当該事項に関する主要な見解

A47．想定される財務諸表の利用者が、財務諸表監査における監査上の主要な検討事項の重要性及び監査上の主要な検討事項と監査意見等のその他の記載事項との関係を理解できるように、監査人は、監査上の主要な検討事項の記載に当たって、以下について留意することが適切であ

る。

・財務諸表に対する意見を監査人が形成する上で、当該事項への対応を監査人が適切に完了していないという印象を与えない。

・汎用的な又は標準化された文言を避け、当該事項を企業の具体的な状況に直接関連付ける。

・財務諸表に関連する注記事項がある場合、その内容を考慮する。

・財務諸表に含まれる個別の事項に対する意見を表明しない、又は表明しているという印象を与えない。

A48．監査人の対応又は監査アプローチの内容の記載は、想定される財務諸表の利用者が、通例でない状況や、重要な虚偽表示リスクに対応する過程で行った監査人の重要な判断を理解するのに役立つ場合がある。企業の状況に合わせて採用した監査アプローチの特徴的な面が記載される場合には特に有益である。さらに、特定の年度における監査アプローチは、企業に特有の状況、経済情勢又は企業が属する産業の動向によって影響を受けることがある。加えて、当該事項に関する監査役等とのコミュニケーションの内容及び程度を説明することが有用な場合がある。

A49．監査アプローチを記載する際に、例えば、複雑な金融商品の公正価値の評価のように見積りの不確実性が高い会計上の見積りに関して、監査人は、専門家の業務を利用したことについて記載することがある。そのような監査人の専門家の業務の利用に関する記載は、監査基準委員会報告書620「専門家の業務の利用」第13項に規定されている状況には該当せず、また、監査意見に対する監査人の責任を軽減するものではない。

A50．監査手続を記載する場合、実施した監査手続を簡潔に要約することは困難なことがある。特に、複雑で判断を伴う監査の領域においては、評価した重要な虚偽表示リスクに対する監査人の対応の内容及び範囲、並びに監査人の重要な判断を適切に理解できるように簡潔に要約することは困難なことがある。しかしながら、当該事項に対する監査人の対応として実施した特定の手続の記載が必要な場合には、通常、手続の内容を詳細に記述するのではなく、概括的に記述する。

A51．A46項に記載されているとおり、監査人は、監査上の主要な検討事項において、監査人の対応の結果に関連する記載を含める場合がある。この場合、当該記載が個々の監査上の主要な検討事項に対する個別の意見を表明しているとの印象又は全体としての財務諸表に対する監査意見に疑問を抱かせるような印象を与えないように注意する。

(3)　監査上の主要な検討事項として決定した事項を監査報告書において報告しない場合（第13項参照）

A52．法令等により、監査人が監査上の主要な検討事項として決定した特定の事項に関して、経営者又は監査人による公表が禁止されることがある。例えば、違法行為又はその疑いのある行為（マネー・ローンダリングなど）について、適切な機関による調査を害するおそれがある場合、法令等により公表が禁止されることがある。

A53．第13項(2)に記載されているとおり、監査上の主要な検討事項を監査報告書において報告しないと判断することは極めて限定的である。これは、監査の透明性の向上は公共の利益に資するためである。したがって、監査上の主要な検討事項の報告による企業又は社会に与える不利益が非常に大きいと想定され、その不利益が当該事項を報告することによりもたらされる公共の利益を上回ると合理的に見込まれる場合にのみ、監査人は当該事項を報告しないと判断できる。

A54．監査人は、監査上の主要な検討事項に関する事実又は状況を考慮して、当該事項の報告の要否を判断する。経営者及び監査役等とのコミュニケーションは、監査人が、当該事項の報告がもたらすおそれがある不利益の影響の大きさに関する経営者の見解を理解するのに役立つ。特に、経営者及び監査役等とのコミュニケーションは、以下のように、監査人の判断に資する。

・企業が当該事項を公表していないことの理由（例えば、公共の利益の観点から法令等で特定の状況の開示を一定期間留保することが認められている、又は当該事項を開示しないことが許容されている。）を監査人が理解することができる。また、公表していないことの理由が開示に伴う不利益に関する懸念である場合、それに関する経営者の見解を監査人が理解することができる。

　経営者は、当該事項を公表していない理由として、不利益の検討に関連する可能性のある法令等を示すことがある（例えば、企業の営業上の交渉、又は競争上の地位に対する損害などに関連する法令等）。しかしながら、不利益に関する経営者の見解のみでは、監査人は、第13項⑵に従って、報告をすることにより生じる当該不利益が公共の利益を上回ると合理的に見込まれるかどうかについて判断することはできない。

・当該事項に関して、該当する規制・監督当局等と企業のコミュニケーションが行われているかどうか、また、それが当該事項の公表が適切でないとする経営者の見解を裏付けていると考えられるかどうかについて検討する。

・監査人が、経営者に対して、必要に応じて監査役等を通じて、当該事項に関連する情報の公表を促すことができる場合がある。例えば、当該事項に関連する情報の開示に対する経営者及び監査役等の懸念が特定の側面に限定されているため、それ以外の側面に関する情報については開示が可能なことがある。

　監査人は、監査上の主要な検討事項の報告によって生じるおそれがある不利益の影響の大きさに関する経営者の見解を含む、当該事項の公表が適切ではない理由に関して、経営者確認書を入手することが必要と考えることがある。

A55．監査人は、監査上の主要な検討事項として決定した事項を報告することについて、我が国における職業倫理に関する規定に照らして検討することが必要となることがある。監査人が追加的な情報開示を促した場合において経営者が情報を開示しないときに、監査人が監査の基準に基づき正当な注意を払って職業的専門家としての判断において当該情報を監査上の主要な検討事項に含めることは、監査人の守秘義務が解除される正当な理由に該当する。（倫理規則第６条第８項第３号ニ）

　さらに、監査人は、当該事項に関して監査報告書において報告しているかどうかにかかわらず、規制・監督当局への報告が法令により要求されることがある（例えば、金融商品取引法第193条の３参照）。このような規制・監督当局への報告（その対象になるか否かの検討を含む。）は、当該事項を監査上の主要な検討事項として報告することによってもたらされる不利益に関する監査人の検討に役立つことがある。

A56．当該事項を監査上の主要な検討事項として報告しない場合、監査人が検討した論点は複合的であり、また、その決定は監査人の重要な判断を伴う。そのため、法律専門家に助言を求めることが適切と考えることがある。

⑷　その他の状況における「監査上の主要な検討事項」区分の様式及び内容（第15項参照）

A57．第15項の要求事項は、以下のいずれかの状況において適用される。

⑴　第９項に基づき、監査上の主要な検討事項がないと監査人が判断した場合（A59項参照）

⑵　第13項に基づき、監査上の主要な検討事項を監査報告書において報告しないと監査人が判断しており、また、それ以外に監査上の主要な検討事項がないと判断している場合

⑶　監査上の主要な検討事項として決定した事項が、第14項に従って、「監査上の主要な検討事項」区分以外で報告した事項のみである場合

⑷　連結財務諸表及び個別財務諸表の監査を実施しており、連結財務諸表の監査報告書に記載されている監査上の主要な検討事項と同一内容であるため個別財務諸表の監査報告書に

おいてその記載を省略している場合

A58．以下は、前項に該当する場合の監査報告書における「監査上の主要な検討事項」区分の文例である。

⑴⑵に該当する場合

監査上の主要な検討事項

監査上の主要な検討事項とは、（中略）・・個別に意見を表明するものではない。

当監査法人は、監査報告書において報告すべき監査上の主要な検討事項はないと判断している。

⑶に該当する場合

監査上の主要な検討事項

監査上の主要な検討事項とは、（中略）・・個別に意見を表明するものではない。

当監査法人は、「［除外事項付意見］の根拠」区分（又は「継続企業の前提に関する重要な不確実性」区分）に記載されている事項を除き、監査報告書において報告すべき監査上の主要な検討事項はないと判断している。

⑷に該当する場合

監査上の主要な検討事項

監査上の主要な検討事項とは、（中略）・・個別に意見を表明するものではない。

ｘｘｘ（小見出し）

連結財務諸表の監査報告書に記載されている監査上の主要な検討事項（参照番号xx）と同一内容であるため、記載を省略している。

A59．監査上の主要な検討事項は、監査人が特に注意を払った事項の相対的な重要性に基づいて判断される。したがって、上場企業の監査において、監査人が監査役等とコミュニケーションを行った事項の中には、監査報告書において報告すべき監査上の主要な検討事項がないと判断することはまれであり、少なくとも一つは存在していると考えられる。しかしながら、例えば、企業の実質的な事業活動が極めて限定される状況においては、監査人が特に注意を払った事項がないため、第９項に基づき監査上の主要な検討事項がないと監査人が判断することがある。

４．監査役等とのコミュニケーション（第16項参照）

A60．監査基準委員会報告書260第20項は、監査人が監査役等とのコミュニケーションを適時に行うことを求めている。監査上の主要な検討事項に関するコミュニケーションの適切な時期は、業務の状況により様々である。しかしながら、監査人は、計画した監査の範囲と実施時期についてコミュニケーションを行う際に、通常、監査上の主要な検討事項となる可能性がある事項についてもコミュニケーションを行う。また、これらの監査上の主要な検討事項となる可能性がある事項については、監査の過程で新たに追加したものを含め、監査上の発見事項を報告する際に更にコミュニケーションを行うこととなる。これらにより、財務諸表の発行に向けた最終段階における、監査上の主要な検討事項についての議論がより円滑になる。

A61．監査人とのコミュニケーションを通じて、監査役等は、監査人が監査報告書において報告することを想定している監査上の主要な検討事項を認識し、必要に応じて理解を深める機会を得ることができる。監査役等との協議を促進するために、監査報告書の草案を監査役等に提示することは有用である。そのような監査人とのコミュニケーションにより、監査役等は、監査上の主要な検討事項に関する監査人の判断の根拠及び当該事項が監査報告書において、どのように記述されているかを理解することができ、それが、監査役等が財務報告プロセスを監視する重要な役割を果たすことにつながる。また、監査人とのコミュニケーションによって、監査役等は、監査上の主要な検討事項が監査報告書において報告されることを踏まえて、当該事項に関連する追加的な情報を開示することが有用かどうかの検討に役立てることができる。

A62．第16項⑴によって要求される監査役等とのコミュニケーションには、監査上の主要な検討事項と決定された事項について、監査報告書において報告しない極めて限定的な状況の場合も含まれる（第13項及び A54項参照）。

A63．第16項⑵により、監査人は、監査報告書において報告すべき監査上の主要な検討事項がない旨について、監査役等とコミュニケーションを行うことが求められている。このような状況において、監査人は、当該監査及び監査上の主要な検討事項ではない重要な事項に精通している他の者（審査担当者を含む。）とより慎重に協議することがある。当該協議により、監査上の主要な検討事項がないという決定を、監査人が見直すことがある。

5．文書化（第17項参照）

A64．監査基準委員会報告書230第７項は、経験豊富な監査人が、以前に当該監査に関与していなくとも、特に職業的専門家としての重要な判断を理解できるように、監査調書を作成することを求めている。監査上の主要な検討事項の観点からは、これらの職業的専門家としての判断には、監査役等とコミュニケーションを行った事項の中から監査人が特に注意を払った事項を決定すること、及び監査人が特に注意を払った事項から、更に監査上の主要な検討事項を決定することが含まれる。したがって、監査人の判断の根拠は、通常、監査役等とのコミュニケーションに関する監査調書、個別の事項の監査調書（A39項参照）、及びこれら以外の重要な事項に関する監査調書に記載される。しかしながら、本報告書は、監査役等とコミュニケーションを行った事項のうち、監査人が特に注意を払った事項としなかったものについて、その理由を監査人が文書化することは要求していない。

Ⅳ　適　用

・本報告書（2019年２月27日）は、2021年３月31日以後終了する事業年度に係る監査から適用する。ただし、2020年３月31日（米国証券取引委員会に登録している会社においては2019年12月31日）以後終了する事業年度に係る監査から早期適用することができる。

・本報告書（2021年１月14日）は、以下の事業年度に係る監査等から適用する。

―会計上の見積りの監査に関連する要求事項及び適用指針（第８項及び A24項）は、2023年３月決算に係る財務諸表の監査及び2022年９月に終了する中間会計期間に係る中間財務諸表の中間監査から実施する。ただし、それ以前の決算に係る財務諸表の監査及び中間会計期間に係る中間財務諸表の中間監査から実施することを妨げない。

―上記以外の改正は、2022年３月31日以後終了する事業年度に係る監査から適用する。ただし、2021年３月31日以後終了する事業年度に係る監査から早期適用することができる。

以　上

監査基準委員会報告書705

独立監査人の監査報告書における除外事項付意見*

2011年7月1日
改正2011年12月22日
改正2014年4月4日
改正2015年5月29日
改正2019年2月27日
改正2020年4月9日
最終改正2021年1月14日
日本公認会計士協会
監査基準委員会
（報告書：第61号）

項番号

Ⅰ　本報告書の範囲及び目的

1．本報告書の範囲

1．本報告書は、監査人が、監査基準委員会報告書700「財務諸表に対する意見の形成と監査報告」に基づく監査意見の形成を行う際に、財務諸表に対して除外事項付意見を表明する必要があると判断する場合に、適切な監査報告書を発行するための実務上の指針を提供するものである。また、本報告書は監査基準委員会報告書700を基礎としており、本報告書の要求事項によって明示的に対応又は修正されない限り、監査基準委員会報告書700における監査報告書の要求事項が適用される。

2．除外事項付意見の類型

2．本報告書における除外事項付意見には、限定意見、否定的意見、及び意見不表明の三つの類型がある。

除外事項付意見を表明する場合にどの類型の意見を選択するのが適切かについては、以下の事項に基づいて決定される。

(1) 除外事項付意見を表明する原因が、以下のいずれの性質を有しているか。
・財務諸表に重要な虚偽表示がある場合
・十分かつ適切な監査証拠が入手できず、重要な虚偽表示の可能性がある場合

(2) 除外事項付意見を表明する原因となる事項が財務諸表に及ぼす影響の範囲、又は及ぼす可能性のある影響の範囲が広範なものかどうかという監査人の判断（A1項参照）

3．本報告書の目的

3．本報告書における監査人の目的は、以下の場合において、財務諸表に対して除外事項付意見を適切かつ明瞭に表明することである。

(1) 監査人が、自ら入手した監査証拠に基づいて、全体としての財務諸表に重要な虚偽表示があると判断する場合

(2) 監査人が、全体としての財務諸表に重要な虚偽表示がないと判断するための十分かつ適切な監査証拠を入手できない場合

4．定　義

4．本報告書における用語の定義は、以下のとおりとする。

(1)「広範」－未修正の虚偽表示が財務諸表全体に及ぼす影響の程度、又は監査人が十分かつ適切な監査証拠を入手できず、未発見の虚偽表示がもしあるとすれば、それが財務諸表全体に及ぼす可能性のある影響の程度について説明するために用いられる。

財務諸表に対して広範な影響を及ぼす場合とは、監査人の判断において以下のいずれかに該当する場合をいう。

① 未修正又は未発見の虚偽表示の及ぼす影響が、財務諸表の特定の構成要素、勘定又は項目に限定されない場合

② 未修正又は未発見の虚偽表示の及ぼす影響が、特定の構成要素、勘定又は項目に限定されているものの、財務諸表全体としての虚偽表示に当たる場合、又は当たる可能性がある場合

③ 注記事項における未修正又は未発見の虚偽表示の及ぼす影響が利用者の財務諸表の理解に不可欠であると判断される場合

(2)「除外事項付意見」－財務諸表に対する限定意見、否定的意見又は意見不表明をいう。

適正表示の枠組みの場合は、限定意見は限定付適正意見、否定的意見は不適正意見という。

Ⅱ　要求事項

1．除外事項付意見の表明が必要とされる場合

5．監査人は、以下の場合、監査報告書において除外事項付意見を表明しなければならない。

(1) 監査人が自ら入手した監査証拠に基づいて、全体としての財務諸表に重要な虚偽表示があると判断する場合（A2項からA7項参照）

(2) 監査人が、全体としての財務諸表に重要な虚偽表示がないと判断するための十分かつ適切な監査証拠を入手できない場合（A8項からA12項参照）

2．除外事項付意見の類型の決定

(1) 限定意見

6．監査人は、以下の場合、限定意見を表明しなければならない。

(1) 監査人が、十分かつ適切な監査証拠を入手した結果、虚偽表示が財務諸表に及ぼす影響

が、個別に又は集計した場合に、重要であるが広範ではないと判断する場合

(2) 監査人が、無限定意見表明の基礎となる十分かつ適切な監査証拠を入手できず、かつ、未発見の虚偽表示がもしあるとすれば、それが財務諸表に及ぼす可能性のある影響が、重要であるが広範ではないと判断する場合

(2) 否定的意見

7．監査人は、十分かつ適切な監査証拠を入手した結果、虚偽表示が財務諸表に及ぼす影響が、個別に又は集計した場合に、重要かつ広範であると判断する場合には、否定的意見を表明しなければならない。

(3) 意見不表明

8．監査人は、意見表明の基礎となる十分かつ適切な監査証拠を入手できず、かつ、未発見の虚偽表示がもしあるとすれば、それが財務諸表に及ぼす可能性のある影響が、重要かつ広範であると判断する場合には、意見を表明してはならない。

9．監査人は、複数の不確実性を伴う極めてまれな状況において、たとえ個々の不確実性については十分かつ適切な監査証拠を入手したとしても、それらが財務諸表に及ぼす可能性のある累積的影響が複合的かつ多岐にわたるため、財務諸表に対する意見を形成できないと判断する場合には、意見を表明してはならない。

(4) 監査人が監査契約を締結した後に経営者による監査範囲の制約によって十分かつ適切な監査証拠が入手できない場合

10．監査人は、監査契約を締結した後に、経営者による監査範囲の制約に気付き、財務諸表に対する限定意見の表明又は意見不表明につながる可能性が高いと判断する場合、経営者に当該制約を取り除くように要請しなければならない。

11．経営者が、第10項に記載した制約を取り除くことを拒否した場合、監査人は、監査役若しくは監査役会、監査等委員会又は監査委員会（以下「監査役等」という。）に当該事項を報告するとともに、十分かつ適切な監査証拠を入手するための代替手続を実施できるかどうかを判断しなければならない。

12．監査人は、十分かつ適切な監査証拠を入手できない場合には、以下に従って、その取扱いについて判断しなければならない。

(1) 監査人は、未発見の虚偽表示がもしあるとすれば、それが財務諸表に及ぼす可能性のある影響が、重要であるが広範ではないと判断する場合には、監査意見を限定しなければならない。

(2) 監査人は、未発見の虚偽表示がもしあるとすれば、それが財務諸表に及ぼす可能性のある影響は重要かつ広範であり、その状況を伝達するためには監査意見の限定では不十分であると判断する場合には、以下のいずれかを行わなければならない。

① 現実的な対応として可能であれば、監査契約を解除する。（A13項参照）

② 監査報告書を発行する前に監査契約を解除することが現実的に不可能な場合、財務諸表に対して意見を表明しない。

13．監査人は、第12項(2)①に従い監査契約を解除する場合には、監査契約を解除する前に、監査の過程で識別した除外事項付意見の原因となる虚偽表示に関する事項を、監査役等に報告しなければならない。（A14項参照）

(5) 否定的意見又は意見不表明に関するその他の考慮事項

14．監査人が、全体としての財務諸表に対して否定的意見を表明する、又は意見不表明とすることが必要であると判断する場合、監査報告書に、個別の財務表又は財務諸表項目等が適用される財務報告の枠組みに準拠しているという無限定意見を併せて表明してはならない。これは、一つの監査報告書にそのような無限定意見を含めることは、全体としての財務諸表に対する否定的意見又は意見不表明と矛盾するためである。（A15項参照）

3．除外事項付意見を表明する場合の監査報告書の様式と内容

⑴　**監査意見**

15．監査人は、財務諸表に対して除外事項付意見を表明する場合、監査報告書の「監査意見」区分において、状況に応じて「限定意見」（適正表示の枠組みの場合は「限定付適正意見」）、「否定的意見」（適正表示の枠組みの場合は「不適正意見」）又は「意見不表明」という見出しを付して適切に記載しなければならない。（A16項からA18項参照）

⑵　**限定意見**

16．監査人は、財務諸表の重要な虚偽表示により限定意見を表明する場合、意見区分に以下を記載しなければならない。

(1)　適正表示の枠組みの場合、財務諸表が、「限定付適正意見の根拠」区分に記載した事項の及ぼす影響を除き、適用される財務報告の枠組みに準拠して、全ての重要な点において適正に表示している旨

(2)　準拠性の枠組みの場合、財務諸表が、「限定意見の根拠」区分に記載した事項の及ぼす影響を除き、全ての重要な点において、適用される財務報告の枠組みに準拠して作成されている旨

無限定意見の基礎となる十分かつ適切な監査証拠を入手できないために除外事項付意見を表明する場合、監査人は、除外事項付意見において、「…事項の…に及ぼす可能性のある影響を除き」という文言により記載しなければならない。（A19項参照）

⑶　**否定的意見**

17．監査人は、否定的意見を表明する場合、意見区分に以下を記載しなければならない。

(1)　適正表示の枠組みの場合、財務諸表が、「不適正意見の根拠」区分に記載した事項の及ぼす影響の重要性に鑑み、適用される財務報告の枠組みに準拠して、適正に表示していない旨

(2)　準拠性の枠組みの場合、財務諸表が、「否定的意見の根拠」区分に記載した事項の及ぼす影響の重要性に鑑み、適用される財務報告の枠組みに準拠して作成されていない旨

⑷　**意見不表明**

18．監査人は、十分かつ適切な監査証拠を入手できずに意見を表明しない場合、「意見不表明の根拠」区分に記載した事項の及ぼす可能性のある影響の重要性に鑑み、財務諸表に対する意見表明の基礎となる十分かつ適切な監査証拠を入手することができなかったため、意見を表明しない旨を記載しなければならない。

⑸　**除外事項付意見の根拠区分**

19．監査人は、財務諸表に対して除外事項付意見を表明する場合、監査基準委員会報告書700が要求する特定の記載事項に加えて、以下を行わなければならない。（A20項参照）

(1)　監査基準委員会報告書700第26項が要求する「監査意見の根拠」の見出しを、状況に応じて、「限定意見の根拠」（適正表示の枠組みの場合は「限定付適正意見の根拠」）、「否定的意見の根拠」（適正表示の枠組みの場合は「不適正意見の根拠」）又は「意見不表明の根拠」に修正する。

(2)　本区分に、除外事項付意見を表明する原因となる事項について記載する。なお、この記載には、除外した不適切な事項及び財務諸表に与えている影響を踏まえて除外事項を付した限定意見とした理由の記載も含まれる。

20．定量的な注記事項を含め、財務諸表の特定の金額に関連する重要な虚偽表示が存在する場合、監査人は、金額的な影響額を算定することが困難でない限り、監査意見の根拠の区分に、当該虚偽表示による金額的な影響額とそれに関する説明を記載しなければならない。

監査人は、金額的な影響額を算定することが困難な場合、監査意見の根拠の区分にその旨を記載しなければならない。（A21項参照）

21．財務諸表に、定性的な注記事項に関連する重要な虚偽表示が存在する場合、監査人は、監査意見の根拠の区分に、当該虚偽表示の内容について記載しなければならない。

22．財務諸表に開示することが必要な情報が開示されていない場合、監査人は、以下を行わなければならない。

(1)　監査役等と、必要な情報が開示されていないことについて協議する。

(2)　監査意見の根拠の区分において、どのような情報が開示されていないかについて記載する。

(3)　法令等で禁止されていない場合、実務的に困難でなく、かつ監査人が開示されていない情報について十分かつ適切な監査証拠を入手したときは、監査人は、監査意見の根拠の区分に、開示されていない情報を記載しなければならない。（A22項参照）

23．無限定意見の表明の基礎となる十分かつ適切な監査証拠を入手できないために除外事項付意見を表明する場合、監査人は、監査意見の根拠の区分に十分かつ適切な監査証拠を入手できない理由を記載しなければならない。

24．監査人は、限定意見又は否定的意見を表明する場合、監査基準委員会報告書700第26項(4)の要求事項に関して、入手した監査証拠が監査人の限定意見又は否定的意見の基礎を得るために十分かつ適切なものであると判断した旨を記載しなければならない。

25．監査人は、財務諸表に対して意見を表明しない場合、監査報告書には監査基準委員会報告書700第26項(2)及び(4)により要求される以下の事項を含めてはならない。

・監査人の責任に関し、監査報告書の「財務諸表監査における監査人の責任」区分に記載がある旨

・意見表明の基礎となる十分かつ適切な監査証拠を入手したと判断した旨

26．監査人は、財務諸表に対して否定的意見を表明する、又は意見を表明しない場合に、否定的意見又は意見不表明の原因となる事項以外に除外事項付意見の原因となる事項を監査人が識別している場合には、当該事項についても全て、監査意見の根拠の区分に、その内容及びそれによる影響を記載しなければならない。（A23項参照）

(6)　監査人が意見を表明しない場合の「財務諸表監査における監査人の責任」の記載

27．監査人は、十分かつ適切な監査証拠を入手できないため財務諸表に対する意見を表明しない場合、「財務諸表監査における監査人の責任」区分に、監査基準委員会報告書700第35項から第37項により要求される事項に代えて、以下の事項を記載しなければならない。（A24項参照）

(1)　監査人の責任は、我が国において一般に公正妥当と認められる監査の基準に準拠して監査を実施し、監査報告書において意見を表明することにある旨

(2)　しかしながら、「意見不表明の根拠」区分に記載されているとおり、監査人は、財務諸表に対する意見表明の基礎となる十分かつ適切な監査証拠を入手することができなかった旨

(3)　監査基準委員会報告書700第26項(3)により要求されるとおり、監査人は、我が国における職業倫理に関する規定に従って、会社から独立しており、また、監査人としてのその他の倫理上の責任を果たしている旨

(7)　監査人が財務諸表に対する意見を表明しない場合の考慮事項

28．監査人が財務諸表に対する意見を表明しない場合、監査基準委員会報告書701「独立監査人の監査報告書における監査上の主要な検討事項の報告」第10項から第12項に基づいて「監査上の主要な検討事項」区分を設けて監査上の主要な検討事項を記載してはならず、また、監査基準委員会報告書720「その他の記載内容に関連する監査人の責任」に基づいて「その他の記載内容」区分を設けてその他の記載内容に関する事項を記載してはならない。（A25項参照）

4．監査役等とのコミュニケーション

29．監査人は、監査報告書において除外事項付意見の表明が見込まれる場合、その原因となる状況と、除外事項付意見の文言の草案について監査役等に報告しなければならない。（A26項参照）

Ⅲ　適用指針

1．除外事項付意見の類型（第２項参照）

A1．以下の表は、除外事項付意見を表明する原因の性質と、それが財務諸表に及ぼす影響の範囲、又は及ぼす可能性のある影響の範囲が広範かどうかという監査人の判断が、監査人の表明する意見の類型に対しどのように影響を及ぼすかを示している。

除外事項付意見を表明する原因の性質	除外事項付意見を表明する原因となる事項が財務諸表に及ぼす影響の範囲、又は及ぼす可能性のある影響の範囲が広範なものかどうかという監査人の判断	
	重要だが広範でない	重要かつ広範である
財務諸表に重要な虚偽表示がある	限定意見（限定付適正意見）	否定的意見（不適正意見）
十分かつ適切な監査証拠が入手できず、重要な虚偽表示の可能性がある	限定意見（限定付適正意見）	意見不表明

括弧内は適正表示の枠組みの場合の意見の類型を示している。

2．除外事項付意見の表明が必要とされる場合

⑴　重要な虚偽表示の性質（第５項⑴参照）

A2．監査基準委員会報告書700第９項は、財務諸表に対する意見を形成するため、財務諸表に全体として重要な虚偽表示がないということについての合理的な保証を得たかどうか判断することを監査人に求めている。

監査人は、この判断において監査基準委員会報告書450「監査の過程で識別した虚偽表示の評価」第10項に従った財務諸表における未修正の虚偽表示に関する評価を考慮する。

A3．監査基準委員会報告書450「監査の過程で識別した虚偽表示の評価」において、虚偽表示とは、財務諸表に含まれる財務諸表項目の金額、分類、表示又は注記事項と、適用される財務報告の枠組みに準拠した場合に要求される財務諸表項目の金額、分類、表示又は注記事項との間の差異として定義されている。

したがって、財務諸表の重要な虚偽表示は、以下に関連して生ずることがある。

⑴　選択した会計方針の適切性
⑵　選択した会計方針の適用
⑶　財務諸表の注記事項の適切性又は十分性

⑵　選択した会計方針の適切性

A4．経営者が選択した会計方針の適切性に関する財務諸表の重要な虚偽表示は、例えば、以下を原因として生ずることがある。

⑴　選択した会計方針が、適用される財務報告の枠組みに準拠していない。
⑵　財務諸表において、貸借対照表、損益計算書、包括利益計算書、株主資本等変動計算書、又はキャッシュ・フロー計算書に関する重要な会計方針が適切に記載されていない。
⑶　財務諸表において、基礎となる取引や会計事象について適正表示を達成する表示又は注記が行われていない。

A5．適用される財務報告の枠組みには、会計方針の変更における会計処理と注記事項に関する要求事項が含まれている。企業が重要な会計方針の変更を行う際にこれらの要求事項に準拠していない場合、財務諸表の重要な虚偽表示となることがある。

⑶　選択した会計方針の適用

A6．選択した会計方針の適用に関する財務諸表

の重要な虚偽表示は、以下を原因として生ずることがある。

⑴　経営者が、選択した会計方針を、適用される財務報告の枠組みに準拠して一貫して適用していない。これには、選択した会計方針を、各期間において継続的に適用していない場合や、類似の取引及び会計事象の間で一貫して適用していない場合が含まれる。（適用における一貫性）

⑵　選択した会計方針の適用方法（例えば、適用の際の意図的でない誤り）

⑷　財務諸表の注記事項の適切性又は十分性

A7．財務諸表の注記事項の適切性又は十分性に関する財務諸表の重要な虚偽表示は、以下を原因として生ずることがある。

⑴　財務諸表において、適用される財務報告の枠組みが求める注記事項の全部又は一部が含まれていない。

⑵　財務諸表の注記事項が、適用される財務報告の枠組みに準拠していない。

⑶　財務諸表の適正表示のために、適用される財務報告の枠組みによって具体的に要求されている以上の追加的な注記が行われていない。

⑸　十分かつ適切な監査証拠が入手できない場合（第５項⑵参照）

A8．監査人は、以下を原因として、十分かつ適切な監査証拠を入手できない場合がある。（監査範囲の制約）

⑴　企業の管理の及ばない状況

⑵　監査人の作業の種類又は実施時期に関する状況

⑶　経営者による監査範囲の制約

A9．監査人が特定の手続を実施できない場合においても、代替手続の実施により十分かつ適切な監査証拠を入手できる場合には、監査範囲の制約とはならない。代替手続の実施によっても十分かつ適切な監査証拠が入手できない場合には、必要に応じて第６項⑵、第８項及び第９項が適用される。

経営者による監査範囲の制約により、例えば、不正リスクの評価や、監査契約の更新についての検討など、他に検討すべき事項が生じる場合がある。

A10．企業の管理の及ばない状況には、例えば、以下が含まれる。

・企業の会計記録が滅失している。

・重要な構成単位の会計記録が行政当局により長期にわたり差し押さえられている。

A11．監査人の作業の種類又は実施時期に関する状況には、例えば、以下が含まれる。

・持分法の適用が要求される関連会社の財務情報に関して、持分法が適切に適用されているかどうかを評価するための十分かつ適切な監査証拠を入手できない。

・監査人の選任の時期により、棚卸資産の実地棚卸に立ち会うことができない。

・監査人は、実証手続の実施のみでは十分かつ適切な監査証拠を入手できないと判断しているが、これに関連する企業の内部統制が有効でない。

A12．経営者による監査範囲の制約により、十分かつ適切な監査証拠が入手できない場合には、例えば、以下が含まれる。

・監査人による実地棚卸の立会を経営者が拒否している。

・特定の勘定残高に関する外部確認についての監査人の要求を経営者が拒否している。

３．除外事項付意見の種類の決定

⑴　監査人が監査契約を締結した後に経営者による監査範囲の制約により十分かつ適切な監査証拠が入手できない場合（第12項⑵から第13項参照）

A13．監査契約の解除が現実的に可能かどうかは、経営者により監査範囲が制約された時点で、監査業務がどの程度完了しているのかによって決まることがある。

監査人は、監査のほとんどが完了しているような場合には、監査契約を解除せずに、実施可能な範囲で監査を完了し、監査報告書の「意見不表明の根拠」区分において監査範囲の制約について説明した上で、意見不表明とすることもある。

A14. 監査人が、監査範囲の制約により監査契約の解除が必要であると判断する場合、職業的専門家としての基準又は法令等の規定に基づき監査契約の解除に関する事項を株主総会で陳述することがある。

(2) 否定的意見又は意見不表明に関するその他の考慮事項（第14項参照）

A15. 否定的意見又は意見不表明とした場合においても、例えば、以下の状況があり得る。

- ある適用される財務報告の枠組みに基づき作成された財務諸表に対して無限定意見を表明し、かつ、同じ監査報告書において、同じ財務諸表に対し、別の適用される財務報告の枠組みに関しては否定的意見を表明する。（監基報700の A30項参照）
- 経営成績及びキャッシュ・フローの状況（関連する場合）に関しては意見不表明とし、財政状態に関しては無限定意見を表明する。（監基報510第９項参照）

４．除外事項付意見を表明する場合の監査報告書の様式と内容

監査報告書の文例（第15項参照）

A16. 付録の文例１、文例２及び文例６は、それぞれ、財務諸表に重要な虚偽表示があることから、限定付適正意見、不適正意見又は否定的意見を表明する場合の監査報告書の文例を記載している。

A17. 付録の文例３は、監査人が十分かつ適切な監査証拠を入手できず、限定付適正意見を表明する場合の監査報告書の文例を記載している。

付録の文例４は、財務諸表の一つの要素について十分かつ適切な監査証拠を入手できなかったことにより意見不表明となる場合の文例を記載している。

付録の文例５は、財務諸表の複数の要素について十分かつ適切な監査証拠を入手できなかったことにより意見不表明となる場合の文例を記載している。

なお、文例４及び文例５は、いずれも、十分かつ適切な監査証拠を入手できないことが財務諸表に及ぼす可能性のある影響が重要かつ広範な場合である。

除外事項付意見の監査報告書の文例は、監査基準委員会報告書570「継続企業」のほか、他の監査基準委員会報告書の付録にも含まれている。

(1) 監査意見（第15項参照）

A18. 意見区分にこれらの見出しを記載することによって、利用者に対し、除外事項付意見の表明が行われていることを明確にするとともに、監査意見の類型を示すことができる。

(2) 限定意見（第16項参照）

A19. 監査人が限定意見を表明する場合、意見区分において「前述の説明はあるが」や「を条件として」等の文言を使用するのは適切ではない。これは、これらの表現は十分に明瞭でない又は説得力がないためである。

(3) 除外事項付意見の根拠区分（第19項、第20項、第22項及び第26項参照）

A20. 監査報告書間の様式や内容等の一貫性は、監査報告書の利用者の理解を助けるとともに、通例でない状況が生じた場合にこれを認識することを容易にする。したがって、除外事項付意見の文言及び除外事項付意見の根拠に関する記載を同一にすることはできないにしても、監査報告書の様式と内容は、監査報告書間で一貫していることが望ましい。

A21. 例えば、棚卸資産の過大表示の場合、監査人は、監査報告書の監査意見の根拠の区分に、重要な虚偽表示に関する金額的な影響額として、税引前当期純損益、当期純損益及び純資産への影響額を記載することがある。

A22. 財務諸表に開示されていない情報を、監査報告書の監査意見の根拠の区分に開示すること

が実務的に困難な場合とは、以下のいずれかに該当する場合である。

(1)　当該開示を経営者が作成していない、又は監査人が容易に入手することができない場合

(2)　当該開示を監査報告書に含めるには膨大であると監査人が判断した場合

A23．監査意見の根拠の区分に記載した特定の事項に関連して、否定的意見を表明する、又は意見不表明とする場合であっても、除外事項付意見の表明が必要となるその他の事項を識別した場合には、当該事項に関する記載も行わなければならない。これは、監査人が識別したその他の事項に関する開示が、財務諸表の利用者の理解に資する場合があるためである。

(4)　監査人が意見を表明しない場合の財務諸表の監査における監査人の責任（第27項参照）

A24．監査人が財務諸表に対する意見を表明しない場合、本報告書の付録の文例４及び文例５のとおり、監査基準委員会報告書700においては監査報告書の「監査意見の根拠」区分に記載される以下の事項は、「財務諸表監査における監査人の責任」区分において記載されることになる。これは、監査報告書の全体の構成の観点から、利用者の理解可能性を考慮したものである。

・我が国において一般に公正妥当と認められる監査の基準に準拠して監査を実施した旨（監基報700第26項(1)）

・監査人は、我が国における職業倫理に関する規定に従って、会社から独立しており、また、監査人としてのその他の倫理上の責任を果たしている旨（監基報700第26項(3)）

(5)　監査人が財務諸表に対する意見を表明しない場合の考慮事項（第28項参照）

A25．監査報告書に対して除外事項付意見を表明する原因となる事項は、その性質上、監査上の主要な検討事項に該当するが、監査報告書の「監査上の主要な検討事項」区分に記載してはならないとされている（監基報701第14項参照）。監査人が財務諸表に対する意見を表明しない場合、監査人が十分かつ適切な監査証拠を入手できない理由を監査報告書の「意見不表明の根拠」区分に記載することにより、利用者は監査人が意見を表明しない理由を容易に特定でき、また、財務諸表の不適切な利用を防ぐこともできる。

一方、意見不表明の原因となった事項以外の監査上の主要な検討事項の報告は、財務諸表全体に対して意見を表明しないにもかかわらず、当該事項に対しては部分的に信頼を付与しているかのような誤解を与える可能性がある。同様に、その他の記載内容と財務諸表の重要な相違に関する監査人の検討を取り扱っている監査基準委員会報告書720に基づいて「その他の記載内容」区分を含めることは適切ではない。したがって、本報告書の第28項は、財務諸表に対する意見を監査人が表明しない場合、監査報告書に「監査上の主要な検討事項」区分を設けること又は「その他の記載内容」区分を設けることを禁止している。

５．監査役等とのコミュニケーション（第29項参照）

A26．除外事項付意見の表明が見込まれる原因となる状況と除外事項付意見の文言の草案について監査役等に報告することにより、以下が可能となる。

(1)　監査人は、監査役等に、除外事項付意見の表明が見込まれること、及び除外事項付意見の表明の理由又は状況を事前に知らせることができる。

(2)　監査人は、除外事項付意見を表明する原因となる事実に関する監査役等の見解を確認することができる。

(3)　該当する場合、監査役等は、見込まれる除外事項付意見の原因となる事項に関して、追加の情報や説明を監査人に提供できる。

Ⅳ　適　用

・本報告書（2011年７月１日）は、2011年７月１日に発効し、2011年９月30日以後終了する中間

会計期間に係る中間監査及び2012年３月31日以後終了する事業年度に係る監査から適用する。

・本報告書（2011年12月22日）は、2012年４月１日以後開始する事業年度に係る監査及び同日以後開始する中間会計期間に係る中間監査から適用する。

・本報告書（2014年４月４日）は、2015年４月１日以後に開始する事業年度又は会計期間に係る監査から適用する。ただし、監査基準委員会報告書800「特別目的の財務報告の枠組みに準拠して作成された財務諸表に対する監査」又は監査基準委員会報告書805「個別の財務表又は財務諸表項目等に対する監査」に基づいて2014年４月１日以後に監査報告書を発行する監査の場合には本報告書を適用する。

・本報告書（2015年５月29日）は、2015年４月１日以後開始する事業年度に係る監査及び同日以後開始する中間会計期間に係る中間監査から適用する。

・本報告書（2019年２月27日）は、以下の事業年度に係る監査等から適用する。
  - 監査上の主要な検討事項に関連する要求事項及び適用指針（第28項、A25項及び文例）は、2021年３月31日以後終了する事業年度に係る監査から適用する。ただし、2020年３月31日（米国証券取引委員会に登録している会社においては2019年12月31日）以降終了する事業年度に係る監査から早期適用することができる。
  - 上記以外の改正は、2020年３月31日以後終了する事業年度に係る監査から適用する。

・本報告書（2020年４月９日）は、2020年３月31日以後終了する事業年度に係る監査から適用する。

・本報告書（2021年１月14日）は、2022年３月31日以後終了する事業年度に係る監査から適用する。ただし、2021年３月31日以後終了する事業年度に係る監査から早期適用することができる。

付録　除外事項付意見の監査報告書の文例（A16項、A17項及びA24項参照）

	監査対象	財務報告の枠組み	グループ監査	上場・非上場	監査意見	除外事項	監査上の主要な検討事項
文例１	財務諸表	一般目的／適正表示	適用なし	上場	限定付適正意見	虚偽表示	除外事項以外に該当する事項の記載あり
文例２	連結財務諸表	一般目的／適正表示	適用あり	上場	不適正意見	虚偽表示	除外事項以外に該当する事項の記載なし
文例３	連結財務諸表	一般目的／適正表示	適用あり	上場	限定付適正意見	監査証拠	除外事項以外に該当する事項の記載あり
文例４	連結財務諸表	一般目的／適正表示	適用あり	非上場	意見不表明	監査証拠（一つの要素）	区分なし
文例５	財務諸表	一般目的／適正表示	適用なし	非上場	意見不表明	監査証拠（複数の要素）	区分なし
文例６	財務諸表	一般目的／準拠性	適用なし	非上場	否定的意見	虚偽表示	N／A

文例１　財務諸表の重要な虚偽表示による限定付適正意見の場合

文例の前提となる状況

- 上場企業の適正表示の枠組みに準拠して作成された完全な一組の一般目的の財務諸表の監査である。当該監査は、グループ監査ではない（すなわち、監査基準委員会報告書600「グループ監査」は適用されない。）。
- 監査契約書において、監査基準委員会報告書210「監査業務の契約条件の合意」の財務諸表に対する経営者の責任が記載されている。
- 棚卸資産に虚偽表示がある。当該虚偽表示は財務諸表にとって重要であるが広範ではないと認められるため、限定付適正意見が適切と判断している。
- 監査人は、入手した監査証拠に基づいて、監査基準委員会報告書570に従って、継続企業の前提に重要な疑義を生じさせるような事象又は状況に関連する重要な不確実性が存在しないと判断している。
- 監査基準委員会報告書701が適用されるが、監査人は、「限定付適正意見の根拠」区分に記載した事項以外に、監査上の主要な検討事項が報告されている。
- 監査人は、監査報告書日以前にその他の記載内容の全てを入手し、財務諸表に関する限定付適正意見を生じさせる事項は、その他の記載内容にも影響を及ぼしている。したがって、監査報告書の利用者にとって重要な情報であると考えられるため、「限定付適正意見の根拠」区分に続いて、「その他の記載内容」区分を記載している。
- 会社は監査役会設置会社である。
- 監査人は、財務諸表の監査に加えて、法令等に基づくその他の報告責任を有する。

独立監査人の監査報告書

［宛先］

［監査報告書の日付］
［○○監査法人］
［事業所名］
［監査人の署名］

<財務諸表監査>(注1)

限定付適正意見

当監査法人は、○○株式会社の×年×月×日から×年×月×日までの事業年度の財務諸表、すなわち貸借対照表、損益計算書、株主資本等変動計算書、キャッシュ・フロー計算書及び重要な会計方針を含む財務諸表の注記について監査を行った。

当監査法人は、上記の財務諸表が、「限定付適正意見の根拠」に記載した事項の財務諸表に及ぼす影響を除き、[適用される財務報告の枠組み(注2)]に準拠して、○○株式会社の×年×月×日現在の財政状態並びに同日をもって終了する事業年度の経営成績及びキャッシュ・フローの状況を、全ての重要な点において適正に表示しているものと認める。

限定付適正意見の根拠

会社は、貸借対照表上、棚卸資産をXXXで計上している。会社は、棚卸資産を取得原価と正味売却価額のうちいずれか低い方の価額ではなく、取得原価で計上している。これは、[適用される財務報告の枠組み(注2)]に準拠していない。財務諸表に計上されている棚卸資産を取得原価と正味売却価額のうちいずれか低い方の価額で評価していたならば、棚卸資産を正味売却価額までXXX切り下げることが必要であった。この結果、営業利益、経常利益及び税引前当期純利益はそれぞれXXX過大に、当期純利益及び純資産はXXX過大に表示されている。この影響は・・・・・・・である(注4)。したがって、財務諸表に及ぼす影響は重要であるが広範ではない。

当監査法人は、我が国において一般に公正妥当と認められる監査の基準に準拠して監査を行った。監査の基準における当監査法人の責任は、「財務諸表監査における監査人の責任」に記載されている。当監査法人は、我が国における職業倫理に関する規定に従って、会社から独立しており、また、監査人としてのその他の倫理上の責任を果たしている。当監査法人は、限定付適正意見表明の基礎となる十分かつ適切な監査証拠を入手したと判断している。

その他の記載内容

[監査基準委員会報告書720付録2文例5参照文例5の「その他の記載内容」区分の最後の段落は、必要に応じて変更し、限定付適正意見を生じさせ、またその他の記載内容にも影響する特定の問題について記載する。]

監査上の主要な検討事項

監査上の主要な検討事項とは、当事業年度の財務諸表の監査において、監査人が職業的専門家として特に重要であると判断した事項である。監査上の主要な検討事項は、財務諸表全体に対する監査の実施過程及び監査意見の形成において対応した事項であり、当監査法人は、当該事項に対して個別に意見を表明するものではない。当監査法人は、「限定付適正意見の根拠」に記載されている事項のほか、以下に記載した事項を監査報告書において監査上の主要な検討事項として報告すべき事項と判断している。

[監査基準委員会報告書701に従った監査上の主要な検討事項の記載]

財務諸表に対する経営者並びに監査役及び監査役会の責任

[監査基準委員会報告書700付録文例1に従った記載]

財務諸表監査における監査人の責任

[監査基準委員会報告書700付録文例1に従った記載]

<法令等に基づくその他の報告>

(省略)

利害関係

会社と当監査法人又は業務執行社員との間には、公認会計士法の規定により記載すべき利害関係はない。

文例２　連結財務諸表の重要な虚偽表示による不適正意見の場合

文例の前提となる状況

・上場企業の適正表示の枠組みに準拠して作成された完全な一組の一般目的の連結財務諸表の監査である。当該監査は、子会社を有する企業のグループ監査である（すなわち、監査基準委員会報告書600が適用される。）。

・監査契約書において、監査基準委員会報告書210の連結財務諸表に対する経営者の責任が記載されている。

・連結財務諸表には、子会社の連結を除外したことによる重要な虚偽表示が存在する。当該重要な虚偽表示は連結財務諸表にとって広範であると認められるため、当該虚偽表示の影響を集計して評価することは、実務的に困難であるため実施していないが、不適正意見が適切と判断している。

・監査人は、入手した監査証拠に基づいて、監査基準委員会報告書570に従って、継続企業の前提に重要な疑義を生じさせるような事象又は状況に関連する重要な不確実性が存在しないと判断している。

・監査基準委員会報告書701が適用されるが、監査人は、「不適正意見の根拠」区分に記載した事項以外に監査上の主要な検討事項はないと判断している。

・監査人は、監査報告書日以前にその他の記載事項の全てを入手し、連結財務諸表に関する不適正意見を生じさせる事項は、その他の記載内容にも影響を及ぼしている。したがって、監査報告書の利用者にとって重要な情報であると考えられるため、「不適正意見の根拠」区分に続いて、「その他の記載内容」区分を記載している。

・会社は監査役会設置会社である。

・監査人は、連結財務諸表の監査に加えて、法令等に基づくその他の報告責任を有する。

独立監査人の監査報告書

［宛先］

［監査報告書の日付］
［〇〇監査法人］
［事業所名］
［監査人の署名］

<財務諸表監査>（注１）

不適正意見

当監査法人は、〇〇株式会社及び連結子会社の×年×月×日から×年×月×日までの連結会計年度の連結財務諸表、すなわち連結貸借対照表、連結損益計算書、連結包括利益計算書、連結株主資本等変動計算書、連結キャッシュ・フロー計算書及び重要な会計方針を含む連結財務諸表の注記について監査を行った。

当監査法人は、上記の連結財務諸表が、「不適正意見の根拠」に記載した事項の連結財務諸表に及ぼす影響の重要性に鑑み、［適用される財務報告の枠組み（注２）］に準拠して、〇〇株式会社及び連結子会社の×年×月×日現在の財政状態並びに同日をもって終了する連結会計年度の経営成績及びキャッシュ・フローの状況を、適正に表示していないものと認める。

不適正意見の根拠

注記Ｘに記載されているとおり、会社は、×年×月にＸＸ株式会社の支配を獲得したが、支配獲得日においてＸＸ株式会社が保有する重要な資産及び負債の一部の時価を確定することができないことを理由に、子会社ＸＸ株式会社を連結の範囲に含めていない。そのため、当該投資は連結貸借対照表上、取得原価により計上されているが、［適用される財務報告の枠組み（注２）］に従えば、会社は当該子会社を連結し、また、暫定金額に基づいて当該取得を会計処理しなければならない。ＸＸ株式会社を連結の範囲に含めた場合、連結財務諸表上、多岐にわたり重要な影響を及ぼすため、ＸＸ株式会社を連結の範囲に含めなかったことによる影響金額を算定できなかった。

当監査法人は、我が国において一般に公正妥当と認められる監査の基準に準拠して監査を行った。監査の

基準における当監査法人の責任は、「連結財務諸表監査における監査人の責任」に記載されている。当監査法人は、我が国における職業倫理に関する規定に従って、会社及び連結子会社から独立しており、また、監査人としてのその他の倫理上の責任を果たしている。当監査法人は、不適正意見表明の基礎となる十分かつ適切な監査証拠を入手したと判断している。

その他の記載内容

［監査基準委員会報告書720付録２文例６参照文例６の「その他の記載内容」区分の最後の段落は、必要に応じて変更し、不適正意見を生じさせ、またその他の記載内容にも影響する特定の問題について記載する。］

監査上の主要な検討事項

監査上の主要な検討事項とは、当連結会計年度の連結財務諸表の監査において、監査人が職業的専門家として特に重要であると判断した事項である。監査上の主要な検討事項は、連結財務諸表全体に対する監査の実施過程及び監査意見の形成において対応した事項であり、当監査法人は、当該事項に対して個別に意見を表明するものではない。当監査法人は、「不適正意見の根拠」に記載されている事項を除き、監査報告書において報告すべき監査上の主要な検討事項はないと判断している。

連結財務諸表に対する経営者並びに監査役及び監査役会の責任

［監査基準委員会報告書700付録文例２に従って第２段落まで記載］

監査役及び監査役会の責任は、財務報告プロセスの整備及び運用における取締役の職務の執行を監視することにある。

連結財務諸表監査における監査人の責任

［監査基準委員会報告書700付録文例２に従った記載。なお、「監査委員会」を「監査役及び監査役会」に置き換える。］

＜法令等に基づくその他の報告＞

（省略）

利害関係

会社及び連結子会社と当監査法人又は業務執行社員との間には、公認会計士法の規定により記載すべき利害関係はない。

文例３　在外関連会社に関して十分な監査証拠を入手することができなかったことによる限定付適正意見の場合

文例の前提となる状況

- 上場企業の適正表示の枠組みに準拠して作成された完全な一組の一般目的の連結財務諸表の監査である。当該監査は、子会社を有する企業のグループ監査である（すなわち、監査基準委員会報告書600が適用される。）。
- 監査契約書において、監査基準委員会報告書210の連結財務諸表に対する経営者の責任が記載されている。
- 監査人は、在外関連会社に対する投資に関して十分かつ適切な監査証拠を入手することができなかった。十分かつ適切な監査証拠を入手することができないことが連結財務諸表に及ぼす可能性のある影響は、重要であるが広範ではないと認められるため、限定付適正意見が適切と判断している。
- 監査人は、入手した監査証拠に基づいて、監査基準委員会報告書570に従って、継続企業の前提に重要な疑義を生じさせるような事象又は状況に関連する重要な不確実性が存在しないと判断している。
- 監査基準委員会報告書701が適用されるが、監査人は、「限定付適正意見の根拠」区分に記載した事項以外に、監査上の主要な検討事項が報告されている。
- 監査人は、監査報告書日以前にその他の記載内容の全てを入手し、連結財務諸表に関する限定付適正意見を生じさせる事項は、その他の記載内容にも影響を及ぼしている。したがって、査監報告書の利用者にとって重要な情報であると考えられるため、「限定付適正意見の根拠」区分に続いて、「その他の記載内容」区分を記載している。
・会社は監査役会設置会社である。
・監査人は、連結財務諸表の監査に加えて、法令等に基づくその他の報告責任を有する。

独立監査人の監査報告書

［宛先］

［監査報告書の日付］
［○○監査法人］
［事業所名］
［監査人の署名］

＜財務諸表監査＞(注1)

限定付適正意見

当監査法人は、○○株式会社及び連結子会社の×年×月×日から×年×月×日までの連結会計年度の連結財務諸表、すなわち連結貸借対照表、連結損益計算書、連結包括利益計算書、連結株主資本等変動計算書、連結キャッシュ・フロー計算書及び重要な会計方針を含む連結財務諸表の注記について監査を行った。

当監査法人は、上記の連結財務諸表が、「限定付適正意見の根拠」に記載した事項の連結財務諸表に及ぼす可能性のある影響を除き、［適用される財務報告の枠組み(注2)］に準拠して、○○株式会社及び連結子会社の×年×月×日現在の財政状態並びに同日をもって終了する連結会計年度の経営成績及びキャッシュ・フローの状況を、全ての重要な点において適正に表示しているものと認める。

限定付適正意見の根拠

会社は、当連結会計年度中にXYZ社の株式を取得し、在外関連会社として当該会社の投資に対し持分法を適用している。XYZ社に対する投資は、×年12月31日現在の連結貸借対照表上XXXで計上され、XYZ社の当期純利益のうち会社の持分相当額であるXXXが、同日に終了した連結会計年度の会社の当期純利益に含まれている。当監査法人は、XYZ社の財務情報を入手することができず、また、XYZ社の経営者及び監査人とのコミュニケーションが認められなかったため、XYZ社に対する×年12月31日現在の会社の持分法による投資簿価及び同日に終了した連結会計年度の当期純利益のうち関連する持分法投資利益について、十分かつ適切な監査証拠を入手することができなかった。したがって、当監査法人は、これらの金額に修正が必要となるかどうかについて判断することができなかった。この影響は・・・・・・・である(注5)。したがって、連結財務諸表に及ぼす可能性のある影響は重要であるが広範ではない。

当監査法人は、我が国において一般に公正妥当と認められる監査の基準に準拠して監査を行った。監査の基準における当監査法人の責任は、「連結財務諸表監査における監査人の責任」に記載されている。当監査法人は、我が国における職業倫理に関する規定に従って、会社及び連結子会社から独立しており、また、監査人としてのその他の倫理上の責任を果たしている。当監査法人は、限定付適正意見表明の基礎となる十分かつ適切な監査証拠を入手したと判断している。

その他の記載内容

［監査基準委員会報告書720付録２文例５参照文例５の「その他の記載内容」区分の最後の段落は、必要に応じて変更し、限定付適正意見を生じさせ、またその他の記載内容にも影響する特定の問題について記載する。］

監査上の主要な検討事項

監査上の主要な検討事項とは、当連結会計年度の連結財務諸表の監査において、監査人が職業的専門家として特に重要であると判断した事項である。監査上の主要な検討事項は、連結財務諸表全体に対する監査の実施過程及び監査意見の形成において対応した事項であり、当監査法人は、当該事項に対して個別に意見を表明するものではない。当監査法人は、「限定付適正意見の根拠」に記載した事項のほか、以下に記載した事項を監査報告書において監査上の主要な検討事項として報告すべき事項と判断している。
［監査基準委員会報告書701に従った監査上の主要な検討事項の記載］

連結財務諸表に対する経営者並びに監査役及び監査役会の責任
［監査基準委員会報告書700付録文例２に従って第２段落まで記載］
監査役及び監査役会の責任は、財務報告プロセスの整備及び運用における取締役の職務の執行を監視することにある。

連結財務諸表監査における監査人の責任
［監査基準委員会報告書700付録文例２に従った記載。なお、「監査委員会」を「監査役及び監査役会」に置き換える。］

＜法令等に基づくその他の報告＞
（省略）

利害関係
会社及び連結子会社と当監査法人又は業務執行社員との間には、公認会計士法の規定により記載すべき利害関係はない。

文例４　連結財務諸表の一つの要素について十分かつ適切な監査証拠を入手できないことによる意見不表明

文例の前提となる状況

・上場企業以外の企業の適正表示の枠組みに準拠して作成された完全な一組の一般目的の連結財務諸表の監査である。当該監査は、子会社を有する企業のグループ監査である（すなわち、監査基準委員会報告書600が適用される。）。
・監査契約書において、監査基準委員会報告書210の連結財務諸表に対する経営者の責任が記載されている。
・監査人は、連結財務諸表の一つの要素について十分かつ適切な監査証拠を入手することができなかった。すなわち、監査人は、会社の純資産の90％超に相当する共同支配企業に対する投資に関して、当該共同支配企業の財務情報について十分かつ適切な監査証拠を入手することができなかった。十分かつ適切な監査証拠を入手することができず、未発見の虚偽表示がもしあるとすれば、それが財務諸表に及ぼす可能性のある影響は、重要かつ広範であると認められるため、意見不表明が適切と判断している。
・会社は監査役会設置会社である。
・意見不表明のため、「連結財務諸表監査における監査人の責任」区分の記載が変更される。
・監査人は、連結財務諸表の監査に加えて、法令等に基づくその他の報告責任を有する。

独立監査人の監査報告書

［宛先］

［監査報告書の日付］
［○○監査法人］
［事業所名］
［監査人の署名］

＜財務諸表監査＞（注１）

意見不表明
当監査法人は、○○株式会社及び連結子会社の×年×月×日から×年×月×日までの連結会計年度の連結財務諸表、すなわち連結貸借対照表、連結損益計算書、連結包括利益計算書、連結株主資本等変動計算書、連結キャッシュ・フロー計算書及び重要な会計方針を含む連結財務諸表の注記について監査を行った。

当監査法人は、「意見不表明の根拠」に記載した事項の連結財務諸表に及ぼす可能性のある影響の重要性に鑑み、連結財務諸表に対する意見表明の基礎となる十分かつ適切な監査証拠を入手することができなかったため、監査意見を表明しない。

意見不表明の根拠

会社の共同支配企業XYZ社に対する投資は、会社の連結貸借対照表上XXXで計上されており、これは、X年12月31日現在の会社の純資産の90%超に相当する。当監査法人は、XYZ社の経営者及び監査人とのコミュニケーションが認められず、また、XYZ社の監査人の監査調書の閲覧も認められなかった。その結果、当監査法人は、共同支配企業であるXYZ社の資産、負債及び損益に係る持分相当額、並びに連結株主資本等変動計算書と連結キャッシュ・フロー計算書を構成する数値に修正が必要となるか否かについて判断することができなかった。

連結財務諸表に対する経営者並びに監査役及び監査役会の責任

経営者の責任は、［適用される財務報告の枠組み(注2)］に準拠して連結財務諸表を作成し適正に表示することにある。これには、不正又は誤謬による重要な虚偽表示のない連結財務諸表を作成し適正に表示するために経営者が必要と判断した内部統制を整備及び運用することが含まれる。

連結財務諸表を作成するに当たり、経営者は、継続企業の前提に基づき連結財務諸表を作成することが適切であるかどうかを評価し、［適用される財務報告の枠組み(注2)］に基づいて継続企業に関する事項を開示する必要がある場合には当該事項を開示する責任がある。

監査役及び監査役会の責任は、財務報告プロセスの整備及び運用における取締役の職務の執行を監視することにある。

連結財務諸表監査における監査人の責任

監査人の責任は、我が国において一般に公正妥当と認められる監査の基準に準拠して監査を実施し、監査報告書において意見を表明することにある。しかしながら、本報告書の「意見不表明の根拠」に記載されているとおり、当監査法人は連結財務諸表に対する意見表明の基礎となる十分かつ適切な監査証拠を入手することができなかった。当監査法人は、我が国における職業倫理に関する規定に従って、会社及び連結子会社から独立しており、また、監査人としてのその他の倫理上の責任を果たしている。

＜法令等に基づくその他の報告＞

（省略）

利害関係

会社及び連結子会社と当監査法人又は業務執行社員との間には、公認会計士法の規定により記載すべき利害関係はない。

文例5　財務諸表の複数の要素に関して十分かつ適切な監査証拠を入手できないことによる意見不表明

文例の前提となる状況

・上場企業以外の企業の適正表示の枠組みに準拠して作成された完全な一組の一般目的の財務諸表の監査である。当該監査は、グループ監査ではない（すなわち、監査基準委員会報告書600は適用されない。）。

・監査契約書において、監査基準委員会報告書210の財務諸表に対する経営者の責任が記載されている。

・監査人は、財務諸表の複数の要素について十分かつ適切な監査証拠を入手することができなかった。

すなわち、監査人は、企業の棚卸資産と売掛金について監査証拠を入手することができなかった。

十分かつ適切な監査証拠を入手することができず、未発見の虚偽表示がもしあるとすれば、それが財務諸表に及ぼす可能性のある影響は、重要かつ広範であると認められる。

・会社は監査役会設置会社である。

・意見不表明のため、「財務諸表監査における監査人の責任」区分の記載が変更される。

・監査人は、財務諸表の監査に加えて、法令等に基づくその他の報告責任を有する。

独立監査人の監査報告書

［宛先］

［監査報告書の日付］
［○○監査法人］
［事業所名］
［監査人の署名］

＜財務諸表監査＞(注１)

意見不表明

当監査法人は、○○株式会社の×年×月×日から×年×月×日までの事業年度の財務諸表、すなわち貸借対照表、損益計算書、株主資本等変動計算書、キャッシュ・フロー計算書及び重要な会計方針を含む財務諸表の注記について監査を行った。

当監査法人は、「意見不表明の根拠」に記載した事項の財務諸表に及ぼす可能性のある影響の重要性に鑑み、財務諸表に対する意見表明の基礎となる十分かつ適切な監査証拠を入手することができなかったため、監査意見を表明しない。

意見不表明の根拠

当監査法人は、×年12月31日より後に監査契約を締結したため、当事業年度の期首及び期末の棚卸資産の実地棚卸に立ち会うことができず、×年及び×年12月31日現在において貸借対照表にそれぞれXXX及びXXXで計上されている棚卸資産の数量に関して、他の監査手続によっても十分かつ適切な監査証拠を入手することができなかった。また、×年９月に新しい売掛金システムを導入したことにより、売掛金に多数の誤謬が生じている。監査報告書日現在においても、システムの不具合を是正し誤謬を修正している過程にあった。当監査法人は、×年12月31日現在の貸借対照表に計上されている売掛金残高XXXを、他の方法によって確認又は検証することができなかった。これらの結果、当監査法人は、棚卸資産及び売掛金残高、関連する包括利益項目、並びに、株主資本等変動計算書及びキャッシュ・フロー計算書を構成する要素に関して、何らかの修正が必要かどうかについて判断することができなかった。

財務諸表に対する経営者並びに監査役及び監査役会の責任

［監査基準委員会報告書700付録文例１に従った記載］

財務諸表監査における監査人の責任

監査人の責任は、我が国において一般に公正妥当と認められる監査の基準に準拠して監査を実施し、監査報告書において意見を表明することにある。しかしながら、本報告書の「意見不表明の根拠」に記載されているとおり、当監査法人は財務諸表に対する意見表明の基礎となる十分かつ適切な監査証拠を入手することができなかった。当監査法人は、我が国における職業倫理に関する規定に従って、会社から独立しており、また、監査人としてのその他の倫理上の責任を果たしている。

＜法令等に基づくその他の報告＞

（省略）

利害関係

会社と当監査法人又は業務執行社員との間には、公認会計士法の規定により記載すべき利害関係はない。

文例６　否定的意見文例の前提となる状況

・上場企業以外の企業の準拠性の枠組みに準拠して作成された完全な一組の一般目的の財務諸表の監査である。当該監査は、グループ監査ではない（すなわち、監査基準委員会報告書600は適用されない。）。
・企業の経営者は、○国の○○法に準拠して財務諸表を作成している（すなわち、財務報告の枠組みが法令等で規定されており、広範囲の利用者に共通する財務情報に対するニーズを満たすように構成されているが、適正表示の枠組みではない。）。
・監査契約書において、監査基準委員会報告書210の財務諸表に対する経営者の責任が記載されている。
・財務諸表には、投資評価に関する重要な虚偽表示が存在する。当該重要な虚偽表示は財務諸表にとって広範であると認められるため、否定的意見が適切と判断されている。
・監査人は、入手した監査証拠に基づいて、監査基準委員会報告書570に従って、継続企業の前提に重要な疑義を生じさせるような事象又は状況に関連する重要な不確実性が存在しないと判断している。
・監査基準委員会報告書701に従った監査上の主要な検討事項の報告は求められていない。
・会社は監査役会設置会社である。
・監査人には、法令等に基づくその他の報告責任がない。

独立監査人の監査報告書

［宛先］

［監査報告書の日付］
［○○監査法人］
［事業所名］
［監査人の署名］

否定的意見

当監査法人は、○○株式会社の×年×月×日から×年×月×日までの事業年度の財務諸表、すなわち貸借対照表、損益計算書、株主資本等変動計算書、キャッシュ・フロー計算書及び重要な会計方針を含む財務諸表の注記について監査を行った。

当監査法人は、上記の財務諸表が、「否定的意見の根拠」に記載した事項の財務諸表に及ぼす影響の重要性に鑑み、○国の○○法に準拠して作成されていないものと認める。

否定的意見の根拠

会社のXYZ社に対する投資は、会社の貸借対照表上×××百万円で計上されており、これは、×年12月31日現在の会社の純資産の90％超に相当する。当監査法人は、XYZ社の監査済財務諸表の閲覧を実施した結果、XYZ社は債務超過の状態であり、XYZ社に対する投資の実質価額の取得価額までの回復可能性は認められないと判断した。我が国において一般に公正妥当と認められる企業会計の基準に準拠していれば、XYZ社に対する投資に×××百万円の評価損を計上することが必要である。この結果、税引前当期純利益は×××百万円過大に、当期純利益は△△△百万円過大に表示されている。

当監査法人は、我が国において一般に公正妥当と認められる監査の基準に準拠して監査を行った。監査の基準における当監査法人の責任は、「財務諸表監査における監査人の責任」に記載されている。当監査法人は、我が国における職業倫理に関する規定に従って、会社から独立しており、また、監査人としてのその他の倫理上の責任を果たしている。当監査法人は、否定的意見表明の基礎となる十分かつ適切な監査証拠を入手したと判断している。

財務諸表に対する経営者並びに監査役及び監査役会の責任

［監査基準委員会報告書700付録文例３に従った記載］

財務諸表監査における監査人の責任

［監査基準委員会報告書700付録文例３に従った記載］

利害関係
会社と当監査法人又は業務執行社員との間には、公認会計士法の規定により記載すべき利害関係はない。

文例１から文例６に対する注

（注１）「<法令等に基づくその他の報告>」がない場合は、「<財務諸表監査>」は不要である。

（注２） 適用される財務報告の枠組みの名称を具体的に記載する。

（注３） 監査人が、財務諸表監査に併せて内部統制の有効性に対して意見を表明している場合においても、財務諸表監査の目的は変わらないため、当該記載の変更は必要ない。

（注４）「・・・・・・・」には、重要ではあるが広範ではないと判断し、不適正意見ではなく限定付適正意見とした理由を、財務諸表利用者の視点に立って分かりやすく具体的に記載する。広範性の判断の記載に当たっては、監査基準委員会研究報告第６号「監査報告書に係るＱ＆Ａ」Ｑ１－６「除外事項の重要性と広範性及び除外事項の記載上の留意点」を参照する。

（注５）「・・・・・・・」には、重要ではあるが広範ではないと判断し、意見不表明ではなく限定付適正意見とした理由を、財務諸表利用者の視点に立って分かりやすく具体的に記載する。広範性の判断の記載に当たっては、監査基準委員会研究報告第６号「監査報告書に係るＱ＆Ａ」Ｑ１－６「除外事項の重要性と広範性及び除外事項の記載上の留意点」を参照する。

以　上

監査基準委員会報告書706

独立監査人の監査報告書における強調事項区分とその他の事項区分＊

2011年７月１日
改正2011年12月22日
改正2014年４月４日
改正2015年５月29日
改正2019年２月27日
改正2020年４月９日
最終改正2021年１月14日
日本公認会計士協会
監査基準委員会
（報告書：第62号）

項番号

Ⅰ　本報告書の範囲及び目的

1．本報告書の範囲

1．本報告書は、以下の場合における監査報告書の追記情報に関する実務上の指針を提供するものである。

(1)　財務諸表に表示又は開示されている事項について、利用者が財務諸表を理解する基礎として重要であるため、当該事項を強調し利用者の注意を喚起する必要があると監査人が判断する場合

(2)　財務諸表に表示又は開示されていない事項について、監査、監査人の責任又は監査報告書についての利用者の理解に関連するため、当該事項を説明し利用者の注意を喚起する必要があると監査人が判断する場合

2．監査基準委員会報告書701「独立監査人の監査報告書における監査上の主要な検討事項の報告」は、監査人が監査上の主要な検討事項を決定し、監査報告書において報告を行う場合の実務上の指針を提供している。監査人が監査報告書に監査上の主要な検討事項を含める場合、監査上の主要な検討事項と本報告書に基づく追記情報との関係を本報告書は取り扱っている。（A1項から A3項参照）

3．監査基準委員会報告書570「継続企業」は、継続企業を前提として財務諸表を作成すること

に関する、財務諸表の監査における実務上の指針を提供している。また、監査基準委員会報告書720「その他の記載内容に関連する監査人の責任」は、その他の記載内容に関する監査報告書の記載について実務上の指針を提供している。

4．付録1及び付録2には、それぞれ、監査報告書に「強調事項」区分及び「その他の事項」区分を設けることを監査人に求めている監査基準委員会報告書を記載している。これらの場合においては、監査報告書における「強調事項」区分及び「その他の事項」区分の様式に関する本報告書の要求事項が適用される。(A4項参照)

2．本報告書の目的

5．本報告書における監査人の目的は、財務諸表に対する意見を形成した上で、監査人が必要であると判断する場合に、監査報告書に明瞭に追記することによって、以下の事項について利用者の注意を喚起することである。

(1) 財務諸表に適切に表示又は開示されている事項のうち、利用者が財務諸表を理解する基礎として重要である事項

(2) 必要に応じて、財務諸表に表示又は開示されていない事項のうち、監査、監査人の責任又は監査報告書についての利用者の理解に関連する事項

3．定　義

6．本報告書における用語の定義は、以下のとおりとする。

(1) 「「強調事項」区分」－財務諸表に適切に表示又は開示されている事項について、利用者が財務諸表を理解する基礎として重要であると監査人が判断し、当該事項を強調するため監査報告書に設ける区分をいう。

(2) 「「その他の事項」区分」－財務諸表に表示又は開示されていない事項について、監査、監査人の責任又は監査報告書についての利用者の理解に関連すると監査人が判断し、当該事項を説明するため監査報告書に設ける区分をいう。

Ⅱ　要求事項

1．監査報告書における「強調事項」区分

7．監査人は、財務諸表に表示又は開示されている事項について、利用者が財務諸表を理解する基礎として重要であるため、当該事項を強調して利用者の注意を喚起する必要があると判断し、かつ以下のいずれにも該当する場合、監査報告書に「強調事項」区分を設けなければならない。(A1項からA6項参照)

(1) 監査基準委員会報告書705「独立監査人の監査報告書における除外事項付意見」に従い強調事項に関連して除外事項付意見を表明する必要がないと判断している。

(2) 監査基準委員会報告書701が適用される場合、「強調事項」区分への記載を検討する事項が、監査上の主要な検討事項に該当しないと判断している(A1項からA3項参照)。

8．監査人は、監査報告書に「強調事項」区分を設ける場合、以下に従って記載しなければならない。

(1) 「強調事項」という用語を含めた適切な見出しを付して、当該区分を監査報告書の独立した区分として設ける。

(2) 当該区分に、財務諸表における記載箇所と関連付けて、強調する事項を明瞭に記載する。当該区分は、財務諸表において表示又は開示されている情報にのみ参照される。

(3) 強調事項は監査人の意見に影響を及ぼすものではないことを記載する。(A7項、A8項、A16項及びA17項参照)

2．監査報告書における「その他の事項」区分

9．監査人は、財務諸表に表示又は開示されていない事項について、監査、監査人の責任又は監査報告書についての利用者の理解に関連するため監査報告書において説明する必要があると判断した場合で、かつ、以下のいずれにも該当す

る場合、監査報告書に「その他の事項」区分を設けなければならない。(A10項からA17項参照)

⑴　法令等によって監査報告書に記載することが禁止されていない。

⑵　監査基準委員会報告書701が適用される場合、「その他の事項」区分への記載を検討する事項が、監査上の主要な検討事項に該当しないと判断している。(A10項からA14項参照)

10．監査人が監査報告書に「その他の事項」区分を設ける場合、監査人は、独立した区分として「その他の事項」又は他の適切な見出しを付さなければならない。(A15項からA17項参照)

3．監査役等とのコミュニケーション

11．監査人は、監査報告書に「強調事項」区分又は「その他の事項」区分を設けることが見込まれる場合、その旨と当該区分の文言の草案について、監査役若しくは監査役会、監査等委員会又は監査委員会（以下「監査役等」という。）にコミュニケーションを行わなければならない。(A18項参照)

Ⅲ　適用指針

1．監査報告書における「強調事項」区分と監査上の主要な検討事項の関係（第２項及び第７項⑵参照）

A1．監査基準委員会報告書701において、監査上の主要な検討事項は、当年度の財務諸表監査において、監査人が職業的専門家として特に重要であると判断した事項であると定義されている。監査上の主要な検討事項は、当年度の財務諸表監査における重要な発見事項を含め、監査基準委員会報告書260「監査役等とのコミュニケーション」第14項に基づいて監査役等とコミュニケーションした事項の中から選択される。監査上の主要な検討事項の報告により、想定される財務諸表の利用者に対して、当年度の財務諸表監査において監査人が職業的専門家として特に重要であると判断した事項を理解するのに役立つ追加的な情報が提供される。また、監査上の主要な検討事項の報告は、想定される財務諸表の利用者が企業や監査済財務諸表における経営者の重要な判断が含まれる領域を理解するのに役立つ場合がある。監査基準委員会報告書701が適用となる場合、「強調事項」区分の利用は、監査上の主要な検討事項の記載の代替とはならない。

A2．監査人は、監査基準委員会報告書701に従って決定した監査上の主要な検討事項が、同時に強調事項に該当すると判断することがある。すなわち、監査上の主要な検討事項の報告において、監査人は当該事項が相対的に重要であることを強調し、注意喚起することが適切と判断することがある。そのような場合、監査人は、当該事項を「監査上の主要な検討事項」区分の最初に記載したり、利用者が財務諸表を理解する基礎として重要であることを示唆する追加の情報を、監査上の主要な検討事項の記載に含めることが考えられる。

A3．監査人は、監査基準委員会報告書701に基づき監査上の主要な検討事項には該当しないが、「強調事項」区分を設けることが適切であると判断することがある。例えば、後発事象等、利用者が財務諸表を理解する基礎として重要であると監査人が判断する事項がある場合、利用者の注意を喚起するために、本報告書に従って当該事項を監査報告書の「強調事項」区分に記載する。

⑴　「強調事項」区分が必要となる可能性がある場合（第４項及び第７項参照）

A4．付録１は、特定の状況において監査報告書に「強調事項」区分を設けることを監査人に要求している他の監査基準委員会報告書を記載している。当該事項が、監査基準委員会報告書701に基づく監査上の主要な検討事項に該当する場合には「監査上の主要な検討事項」区分及び「強調事項」区分の両方に記載することにな

る。

A5. 監査人は、例えば、会計方針の変更、重要な偶発事象、重要な後発事象について「強調事項」区分に追記する場合がある。以下は、「強調事項」区分が必要と監査人が判断する可能性がある場合の例である。

会計方針の変更

・財務諸表に重要な影響を与える新しい会計基準の早期適用（早期適用が認められている場合）

重要な偶発事象又は重要な後発事象

・重要な訴訟や規制上の措置の将来の結果に関する不確実性

・企業の財政状態に重大な影響を与えた、又は今後も引き続き与える大きな災害

・期末日の翌日から監査報告書日までの間に発生した重要な合併（監基報560第５項参照）

A6. しかしながら、「強調事項」区分を多用すると、強調事項の記載の有効性を損ねることになる。

(2) 監査報告書における「強調事項」区分の性格（第８項参照）

A7. 監査報告書に「強調事項」区分を設けることは、監査意見に影響を及ぼすものではなく、したがって以下を代替するものではない。

(1) 監査人が、除外事項付意見を表明すること(監査基準委員会報告書705参照)

(2) 適用される財務報告の枠組みにより経営者に要求される財務諸表の注記事項、又は適正表示を達成するために必要な財務諸表の追加的な注記事項

(3) 継続企業の前提に関する重要な不確実性に関する報告を行うこと（監査基準委員会報告書570第22項及び第23項参照）

A8. A16項及び A17項は、特定の状況における「強調事項」区分の記載箇所に関する、追加の実務上の指針を提供している。

２. 監査報告書における「その他の事項」区分（第９項及び第10項参照）

(1) 「その他の事項」区分が必要となる可能性がある場合

A9. 付録２は、特定の状況において監査報告書に「その他の事項」区分を設けることを監査人に要求している他の監査基準委員会報告書を記載している。当該事項が、監査基準委員会報告書701に基づく監査上の主要な検討事項に該当する場合には「監査上の主要な検討事項」区分及び「その他の事項」区分の両方に記載することになる。

監査人の責任又は監査報告書についての利用者の理解に関連する事項

A10. 監査基準委員会報告書260第14項は、計画された監査の範囲とその実施時期について、監査人が監査役等とコミュニケーションを行うことを要求しており、これには監査人により識別された特別な検討を必要とするリスクが含まれる。特別な検討を必要とするリスクに関する事項は監査上の主要な検討事項と判断される場合があるが、その他の監査計画及び範囲に関する事項（例えば、計画した監査の範囲、又は監査における重要性の適用）は、監査基準委員会報告書701における定義から、通常、監査上の主要な検討事項とはならない。しかしながら、監査計画及び範囲に関する事項は、法令等により監査報告書において報告することが要求される場合、又は監査人が「その他の事項」区分で当該事項を報告することが必要であると考える場合がある。

A11. 法令等又は一般に認められる実務慣行によって、財務諸表監査における監査人の責任又は監査報告書についての追加的な説明を記載することが監査人に要求されている又は認められている場合がある。例えば、我が国の場合、公認会計士法の規定により要求される利害関係の記載がこれに該当する。「その他の事項」区分が、監査、監査人の責任又は監査報告書についての利用者の理解に関連すると監査人が判断した複

数の事項を含む場合、各事項に小見出しを付すことがある。

A12.「その他の事項」区分は、監査人が我が国において一般に公正妥当と認められる監査の基準に基づく監査人の責任に加えてその他の報告責任を有する状況（監査基準委員会報告書700「財務諸表に対する意見の形成と監査報告」第39項及び第40項参照）、若しくは、監査人が追加的な特定の手続を実施し報告すること、又は特定の事項について意見を表明することを依頼されている状況を扱うものではない。

一組の財務諸表が複数作成されている場合の報告

A13. ある適用される財務報告の枠組み（例えば、我が国において一般に公正妥当と認められる企業会計の基準）に準拠して作成された一般目的の一組の財務諸表に加え、他の適用される財務報告の枠組み（例えば、国際会計基準）に準拠したもう一組の一般目的の財務諸表が作成されている場合、監査人は、両方の一組の財務諸表に対して報告する業務を依頼されることがある。

監査人は、二つの適用される財務報告の枠組みがそれぞれの状況において受入可能なものであると判断した場合、監査報告書の「その他の事項」区分において、企業が他の適用される財務報告の枠組みに準拠した財務諸表を別に作成している旨、及び監査人が当該別の財務諸表に対して監査報告書を発行している旨を記載することがある。

監査報告書の配布又は利用制限

A14. 一般目的の財務諸表が、特定の利用者の財務情報に対するニーズを満たすと特定の利用者が判断する場合には、一般目的の適用される財務報告の枠組みに準拠して作成された財務諸表が特定の目的に利用される場合がある。この場合の監査報告書は特定の利用者を想定しているため、監査人は、「その他の事項」区分を設け、監査報告書は特定の利用者のみを対象としており、当該監査報告書が特定の利用者以外に配布又は利用されてはならない旨を記載する必要があると判断することがある。

(2)　監査報告書におけるその他の事項区分の性格

A15.「その他の事項」区分は、財務諸表で表示及び開示することが要求されていない事項であることを明瞭に示す内容となる。

「その他の事項」区分には、法令等又は他の職業的専門家としての基準（例えば、情報の秘密保持に関する倫理基準）によって、監査人が提供することが禁止されている情報は記載しない。また、「その他の事項」区分には、経営者が提供することが要求されている情報も記載しない。

3．監査報告書における「強調事項」区分と「その他の事項」区分の記載箇所（第８項及び第10項参照）

A16. 監査報告書における「強調事項」区分又は「その他の事項」区分の記載箇所は、当該事項の内容、及び想定利用者にとっての相対的重要性に関する監査人の判断によって決まる。相対的重要性は、監査基準委員会報告書700に従って報告することが求められる他の要素と比較して判断される。

以下は記載箇所に関する例である。

「強調事項」区分

・「強調事項」区分が適用される財務報告の枠組みに関連する場合（例えば、監基報210第15項及び監基報800第13項に基づく場合）、監査人は当該「強調事項」区分が監査意見と適切に関連づけられるように、監査意見の根拠の区分の後に記載することが適切と考えることがある。

・「監査上の主要な検討事項」区分が監査報告書において記載されている場合、「強調事項」区分に含まれる情報の相対的重要性に関する監査人の判断に基づいて、「強調事項」区分は、「監査上の主要な検討事項」区分の前後いずれかに記載する。また、監査人は、「強調事項」区分を「監査上の主要な検討事項」区分に記載される個別の事項と区別するため、「強調事項」の見出しに追加的な情報を加えることがある。

「その他の事項」区分

・監査報告書において、「監査上の主要な検討事項」区分とともに、「その他の事項」区分の記載も必要と考えられる場合、監査人は、「その他の事項」の見出しに追加の情報を加えることによって、当該「その他の事項」区分を「監査上の主要な検討事項」区分に記載された個別の事項と区別することがある。

・監査報告書に記載される法令等によるその他の報告責任に関連する事項について利用者の注意を喚起するためにその他の事項を記載する場合、「その他の事項」区分は、「法令等が要求するその他の事項に対する報告」に含められる場合がある。

・財務諸表監査と法令等が要求するその他の報告責任の双方に関連する場合や、監査報告書についての理解に関連する場合には、「その他の事項」区分は、「財務諸表監査」と「法令等に基づくその他の報告」の次に、別個の区分として設けられる場合がある。

A17. 付録３には、監査上の主要な検討事項が含まれている監査報告書の文例を記載している。

４. 監査役等とのコミュニケーション（第11項参照）

A18. 本報告書の第11項により監査人が「強調事項」区分又は「その他の事項」区分を含む監査報告書の草案を監査役等に示すことによって、監査役等は監査報告書で記載される特定の事項の性質について認識することができる。また、監査役等は必要に応じて監査人から追加的な説明を受ける機会を得ることができる。

継続監査において、特定の事項に関する「その他の事項」区分が監査報告書に毎期設けられる場合、法令等により要求されない限り、監査人は、監査役等とのコミュニケーションを毎期繰り返す必要はないと判断することがある。

Ⅳ 適 用

・本報告書（2011年７月１日）は、2011年７月１日に発効し、2011年９月30日以後終了する中間会計期間に係る中間監査及び2012年３月31日以後終了する事業年度に係る監査から適用する。

・本報告書（2011年12月22日）は、2012年４月１日以後開始する事業年度に係る監査及び同日以後開始する中間会計期間に係る中間監査から適用する。

・本報告書（2014年４月４日）は、2015年４月１日以後に開始する事業年度又は会計期間に係る監査から適用する。ただし、監査基準委員会報告書800「特別目的の財務報告の枠組みに準拠して作成された財務諸表に対する監査」又は監査基準委員会報告書805「個別の財務表又は財務諸表項目等に対する監査」に基づいて2014年４月１日以後に監査報告書を発行する監査の場合には本報告書を適用する。

・本報告書（2015年５月29日）は、2015年４月１日以後開始する事業年度に係る監査及び同日以後開始する中間会計期間に係る中間監査から適用する。

・本報告書（2019年２月27日）は、以下の事業年度に係る監査等から適用する。

－監査上の主要な検討事項に関連する適用指針（A1項からA3項）は、2021年３月31日以後終了する事業年度に係る監査から適用する。ただし、2020年３月31日（米国証券取引委員会に登録している会社においては2019年12月31日）以後終了する事業年度に係る監査から早期適用することができる。

－上記以外の改正は、2020年３月31日以後終了する事業年度に係る監査から適用する。

・本報告書（2020年４月９日）は、2020年３月31日以後終了する事業年度に係る監査から適用する。

・本報告書（2021年１月14日）は、2022年３月31日以後終了する事業年度に係る監査から適用する。ただし、2021年３月31日以後終了する事業年度に係る監査から早期適用することができる。

付録１　「強調事項」区分の要求事項を含む監査基準委員会報告書（第４項及びA4項参照）

本付録は、特定の状況において監査報告書に「強調事項」区分を設けることを監査人に要求している他の監査基準委員会報告書を記載している。以下に示された要求事項は、本報告書の要求事項及び適用指針に代わるものとはならない。

・監査基準委員会報告書210「監査業務の契約条件の合意」第15項(2)（財務報告の枠組みが受入可能ではないと監査人が判断したが、法令等により財務報告の枠組みが規定されている場合で、監査契約締結の条件として経営者が合意した追加的な開示が行われた場合）

・監査基準委員会報告書560「後発事象」第11項(2)（事後判明事実に限定して監査手続を実施した場合）、第15項（訂正後の財務諸表に対する監査報告書における財務諸表の訂正理由への参照と以前に発行した監査報告書について記載）

・監査基準委員会報告書800「特別目的の財務報告の枠組みに準拠して作成された財務諸表に対する監査」第13項（財務諸表が特別目的の財務報告の枠組みに準拠して作成されていることについて）

付録２　「その他の事項」区分の要求事項を含む監査基準委員会報告書（第４項参照）

本付録は、特定の状況において監査報告書に「その他の事項」区分を設けることを監査人に要求している他の監査基準委員会報告書を記載している。

「その他の事項」区分を設けるか否かは個々の状況に応じて判断されるものであり、以下に限定されないことに留意する。

・監査基準委員会報告書560第11項(2)（事後判明事実に限定して監査手続を実施した場合）、第15項（訂正後の財務諸表に対する監査報告書における財務諸表の訂正理由への参照と以前に発行した監査報告書について記載）

・監査基準委員会報告書710「過年度の比較情報－対応数値と比較財務諸表」第12項（対応数値方式において、前年度の財務諸表が前任監査人により監査されており、前任監査人が対応数値を監査している旨及びその意見を監査報告書に記載することにした場合）、第13項（対応数値方式において、前年度の財務諸表が未監査の場合）、第15項（比較財務諸表方式において、前年度の財務諸表に前年とは異なる意見を付す場合）、第16項（比較財務諸表方式において、前任監査人が前年度の財務諸表に係る監査報告書を再発行しない場合）、第18項（比較財務諸表方式において、前年度の財務諸表が未監査の場合）

付録３　「強調事項」区分及び「その他の事項」区分が設けられた監査報告書の文例

	監査対象	財務報告の枠組み	グループ監査適用の有無	監査意見	その他の事項	強調事項
文例１	財務諸表	一般目的／適正表示	適用なし	無限定適正	記載あり	記載あり
文例２	財務諸表	一般目的／適正表示	適用なし	限定付適正	記載なし	記載あり

文例１　「監査上の主要な検討事項」区分、「強調事項」区分、及び「その他の事項」区分を含む監査報告書の文例（A17項参照）

文例の前提となる状況

・上場企業の適正表示の枠組みに準拠して作成された完全な一組の一般目的の財務諸表の監査である。当該監査は、グループ監査ではない（すなわち、監査基準委員会報告書600「グループ監査」は適用されない。)。

・監査契約書において、監査基準委員会報告書210の財務諸表に対する経営者の責任が記載されている。

・監査人は、入手した監査証拠に基づいて、無限定適正意見が適切と判断している。

・監査人は、入手した監査証拠に基づいて、監査基準委員会報告書570に従って、継続企業の前提に重要な疑義を生じさせるような事象又は状況に関連する重要な不確実性が存在しないと判断している。

・財務諸表作成日と監査報告書日の間に、企業の生産設備において火災が発生したため、財務諸表に後発事象として開示されている。当該事項は、利用者は財務諸表を理解する基礎として重要であると監査人は判断している。当該事項は当事業年度の財務諸表監査における、監査人が特に注意を払った事項ではない。

・監査基準委員会報告書701に従って、監査上の主要な検討事項が報告することが求められている。

・監査人は、監査報告書日以前にその他の記載内容の全てを入手し、また、その他の記載内容に関して重要な誤りを識別していない。

・比較数値が表示されており、過年度の財務諸表は前任監査人により監査されている。比較数値に関して前任監査人が監査している旨及びその意見を記載することは法令により禁止されておらず、また、監査人はそれを記載することとしている。

・会社は監査役会設置会社である。

・監査人は、財務諸表の監査に加えて、法令等に基づくその他の報告責任を有する。

独立監査人の監査報告書

［宛先］

［監査報告書の日付］
［○○監査法人］
［事業所名］
［監査人の署名］

＜財務諸表監査＞（注１）

監査意見

当監査法人は、○○株式会社の×年×月×日から×年×月×日までの事業年度の財務諸表、すなわち貸借対照表、損益計算書、株主資本等変動計算書、キャッシュ・フロー計算書及び重要な会計方針を含む財務諸表の注記について監査を行った。

当監査法人は、上記の財務諸表が、［適用される財務報告の枠組み（注２）］に準拠して、○○株式会社の×年×月×日現在の財政状態並びに同日をもって終了する事業年度の経営成績及びキャッシュ・フローの状況を、全ての重要な点において適正に表示しているものと認める。

監査意見の根拠

当監査法人は、我が国において一般に公正妥当と認められる監査の基準に準拠して監査を行った。監査の基準における当監査法人の責任は、「財務諸表監査における監査人の責任」に記載されている。当監査法人は、我が国における職業倫理に関する規定に従って、会社から独立しており、また、監査人としてのその他の倫理上の責任を果たしている。当監査法人は、意見表明の基礎となる十分かつ適切な監査証拠を入手したと判断している。

強調事項(注3)

注記Xに記載されているとおり、会社の生産設備において×年×月×日に火災が発生し、その影響額については算定中である。

当該事項は、当監査法人の意見に影響を及ぼすものではない。

監査上の主要な検討事項

[監査基準委員会報告書701に従った記載]

その他の事項

会社の×年×月×日をもって終了した前事業年度の財務諸表は、前任監査人によって監査されている。前任監査人は、当該財務諸表に対して×年×月×日付けで無限定適正意見を表明している。

その他の記載内容

[監査基準委員会報告書720付録2文例1参照]

財務諸表に対する経営者並びに監査役及び監査役会の責任

[監査基準委員会報告書700付録文例1に従った記載]

財務諸表監査における監査人の責任

[監査基準委員会報告書700付録文例1に従った記載]

<法令等に基づくその他の報告>

(省略)

利害関係

会社と当監査法人又は業務執行社員との間には、公認会計士法の規定により記載すべき利害関係はない。

文例2　「強調事項」区分、財務諸表の重要な虚偽表示による限定付適正意見を含む監査報告書の文例(A8項参照)

文例の前提となる状況

・上場企業の適正表示の枠組みに準拠して作成された完全な一組の一般目的の財務諸表の監査である。当該監査は、グループ監査ではない(すなわち、監査基準委員会報告書600は適用されない。)。

・監査契約書において、監査基準委員会報告書210の財務諸表に対する経営者の責任が記載されている。

・財務報告の枠組みに準拠していない事項が存在するため、限定付適正意見となっている。

・監査人は、入手した監査証拠に基づいて、監査基準委員会報告書570に従って、継続企業の前提に重要な疑義を生じさせるような事象又は状況に関連する重要な不確実性が存在しないと判断している。

・財務諸表作成日と監査報告書日の間に、企業の生産設備において火災が発生したため、財務諸表に後発事象として開示されている。当該事項は、利用者は財務諸表を理解する基礎として重要であると監査人は判断している。当該事項は当事業年度の財務諸表監査における、監査人が特に注意を払った事項ではない。

・監査基準委員会報告書701に従って、監査上の主要な検討事項を報告することが求められている。

・監査人は、監査報告書日以前にその他の記載内容を入手していない。
・会社は監査役会設置会社である。
・監査人は、財務諸表の監査に加えて、法令等に基づくその他の報告責任を有する。

独立監査人の監査報告書

［宛先］

［監査報告書の日付］
［○○監査法人］
［事業所名］
［監査人の署名］

＜財務諸表監査＞(注１)

限定付適正意見

当監査法人は、○○株式会社の×年×月×日から×年×月×日までの事業年度の財務諸表、すなわち貸借対照表、損益計算書、株主資本等変動計算書、キャッシュ・フロー計算書及び重要な会計方針を含む財務諸表の注記について監査を行った。

当監査法人は、上記の財務諸表が、「限定付適正意見の根拠」に記載した事項の財務諸表に及ぼす影響を除き、［適用される財務報告の枠組み(注２)］に準拠して、○○株式会社の×年×月×日現在の財政状態並びに同日をもって終了する事業年度の経営成績及びキャッシュ・フローの状況を、全ての重要な点において適正に表示しているものと認める。

限定付適正意見の根拠

会社は、貸借対照表上、売買目的有価証券を XXX で計上している。会社は、これらの有価証券を時価でなく取得原価で計上している。これは、［適用される財務報告の枠組み(注２)］に準拠していない。売買目的有価証券を時価で計上した場合、当事業年度の損益計算書において有価証券評価損 XXX を計上することが必要であった。この結果、貸借対照表に計上されている有価証券の帳簿価額は×年×月×日現在で同額過大に表示されており、経常利益及び税引前当期純利益はそれぞれ XXX 過大に、当期純利益は XXX 過大に表示されている。この影響は・・・・・・である(注４)。したがって、財務諸表に及ぼす影響は重要であるが広範ではない。

当監査法人は、我が国において一般に公正妥当と認められる監査の基準に準拠して監査を行った。監査の基準における当監査法人の責任は、「財務諸表監査における監査人の責任」に記載されている。当監査法人は、我が国における職業倫理に関する規定に従って、会社から独立しており、また、監査人としてのその他の倫理上の責任を果たしている。当監査法人は、限定付適正意見表明の基礎となる十分かつ適切な監査証拠を入手したと判断している。

強調事項－火災の影響

注記Ｘに記載されているとおり、会社の生産設備において×年×月×日に火災が発生し、その影響額については算定中である。

当該事項は、当監査法人の意見に影響を及ぼすものではない。

監査上の主要な検討事項

［監査基準委員会報告書701及び同705に従った記載］

その他の記載内容

［監査基準委員会報告書720に従った記載］

財務諸表に対する経営者並びに監査役及び監査役会の責任

［監査基準委員会報告書700付録文例１に従った記載］

財務諸表監査における監査人の責任

［監査基準委員会報告書700付録文例１に従った記載］

<法令等に基づくその他の報告>

（省略）

利害関係

会社と当監査法人又は業務執行社員との間には、公認会計士法の規定により記載すべき利害関係はない。

文例１及び文例２に対する注

（注１）「<法令等に基づくその他の報告>」がない場合は、「<財務諸表監査>」は不要である。

（注２）適用される財務報告の枠組みの名称を具体的に記載する。

（注３）本報告書 A16項に記載されているとおり、強調事項に記載されている情報の相対的重要性に関する監査人の判断に基づき、「強調事項」区分は「監査上の主要な検討事項」区分の前後いずれかに記載する。

（注４）「・・・・・・・」には、重要ではあるが広範ではないと判断し、不適正意見ではなく限定付適正意見とした理由を、財務諸表利用者の視点に立って分かりやすく具体的に記載する。広範性の判断の記載に当たっては、監査基準委員会研究報告第６号「監査報告書に係るＱ＆Ａ」Ｑ１－６「除外事項の重要性と広範性及び除外事項の記載上の留意点」を参照する。

以　上

監査基準委員会報告書710

過年度の比較情報－対応数値と比較財務諸表*

2011年7月1日
改正2011年12月22日
改正2014年4月4日
改正2015年5月29日
改正2019年2月27日
改正2020年4月9日
最終改正2021年1月14日
日本公認会計士協会
監査基準委員会
（報告書：第63号）

項番号

Ⅰ　本報告書の範囲及び目的

1．本報告書の範囲

1．本報告書は、財務諸表監査における比較情報に関する実務上の指針を提供するものである。

前年度の財務諸表が、前任監査人によって監査されていた場合、又は監査が実施されていない場合には、監査基準委員会報告書510「初年度監査の期首残高」における期首残高に関する要求事項と適用指針、及び監査基準委員会報告書900「監査人の交代」も併せて適用する。

2．比較情報の性質

2．財務諸表に表示される比較情報の性質は、適用される財務報告の枠組みで要求される事項によって定められる。

比較情報に関する監査意見の表明の方式には、大別して二つの異なる方式がある。監査人が採用すべき方式は、通常、法令等で規定されているが、監査契約書において定められる場合もある。

3．この二つの方式における、監査意見を表明する上での本質的な相違点は以下のとおりである。

(1)　対応数値方式の場合、財務諸表に対する監査意見は当年度のみを対象として表明される。

(2)　比較財務諸表方式の場合、監査意見は財務諸表に表示された各々の年度を対象として表明される。

本報告書は、監査意見の表明に関する要求事項を、各方式別に記載している。

3．本報告書の目的

4．本報告書における監査人の目的は、以下の事項のとおりである。

(1)　財務諸表に含まれる比較情報が、全ての重要な点において、適用される財務報告の枠組みにおける比較情報に関して要求される事項に準拠して表示されているかどうかについて十分かつ適切な監査証拠を入手すること

(2)　監査意見を表明する責任に基づき監査報告を行うこと

4．定　義

5．本報告書における用語の定義は、以下のとおりとする。

⑴　「比較情報」－適用される財務報告の枠組みに基づき財務諸表に含まれる過年度の金額及び注記事項をいう。

⑵　「対応数値」－比較情報が、当年度の財務諸表に不可分の一部として含まれ、当年度に関する金額及びその他の注記事項（以下、「当年度の数値」という。）と関連付けて読まれることのみを意図しており、対応する金額と注記事項をどの程度詳細に表示するかは、主に、当年度の数値との関連性において決定されるものとして監査意見を表明する場合の当該比較情報をいう。

⑶　「比較財務諸表」－当年度の財務諸表との比較のために、当年度の財務諸表と同程度の比較情報が含まれており、比較情報について監査が実施されている場合に、比較情報に対する監査意見が当年度の監査報告書に記載されるときの当該比較情報をいう。

比較情報に過去複数年度の金額及び注記事項が含まれる場合には、本報告書における「前年度」は「過年度」を表すものとする。

Ⅱ　要求事項

1．監査手続

6．監査人は、適用される財務報告の枠組みで要求されている比較情報が財務諸表に含まれているかどうか、並びに当該情報が適切に表示及び分類されているかどうかを判断しなければならない。

監査人は、この判断に当たって、以下の事項を検討しなければならない。

⑴　比較情報が、前年度に表示された金額及び注記事項（訂正報告書が提出されている場合には、訂正後の金額及び注記事項）と一致しているかどうか、又は、修正再表示された場合、修正再表示された金額及び注記事項が妥当かどうか。

⑵　比較情報に適用した会計方針又は表示方法が当年度に適用した会計方針又は表示方法と一致しているかどうか、また、会計方針又は表示方法の変更があった場合には、当該変更が適切に処理され、その表示及び注記事項が妥当かどうか。

7．監査人は、当年度の監査の実施の過程において比較情報に重要な虚偽表示が存在する可能性があることに気付いた場合、重要な虚偽表示の有無に関して判断を行うのに十分かつ適切な監査証拠を入手するため、必要と認められる追加的な監査手続を実施しなければならない。

監査人は、前年度の財務諸表を監査していた場合、監査基準委員会報告書560「後発事象」第13項から第16項の関連する要求事項にも従わなければならない。

前年度の財務諸表が訂正されている場合、監査人は、比較情報が訂正後の財務諸表と一致しているか確かめなければならない。

8．監査基準委員会報告書580「経営者確認書」第13項で要求されているとおり、監査人は、経営者確認書に監査意見を表明する全ての対象年度について記載することを要請しなければならない。

また、監査人は、比較情報に影響を及ぼす前年度の財務諸表の重要な虚偽表示を解消するために行われた全ての修正再表示に関する確認事項を含めて、経営者確認書を入手しなければならない。（A1項参照）

2．監査報告

⑴　対応数値

9．比較情報が対応数値として表示される場合、監査人は、第10項、第11項及び第13項に記載されている場合を除き、監査意見において対応数値に言及してはならない。（A2項参照）

10．以前に発行した前年度の監査報告書において除外事項付意見（すなわち限定意見、否定的意見、又は意見不表明）が表明されており、かつ当該除外事項付意見の原因となった事項が未解消の場合、監査人は、当年度の財務諸表に対して除外事項付意見を表明しなければならない。

監査人は、監査報告書の除外事項付意見の根拠区分において、以下のいずれかを記載しなければならない。

(1) 当該事項が当年度の数値に及ぼす影響又は及ぼす可能性のある影響が重要である場合、除外事項付意見の原因となった事項の説明において、当年度の数値と対応数値の両方に及ぼす影響について記載する。

(2) 上記以外の場合には、当年度の数値と対応数値の比較可能性の観点から、未解消事項が及ぼす影響又は及ぼす可能性のある影響を勘案した結果、除外事項付意見が表明されている旨を記載する。（A3項から A5項参照）

11．監査人は、以前に無限定意見が表明されている前年度の財務諸表に重要な虚偽表示が存在するという監査証拠を入手したが、対応数値が適切に修正再表示されていない又は注記事項が妥当ではない場合、当年度の財務諸表に対する監査報告書において、当該財務諸表に含まれる対応数値に関する除外事項付意見として、限定意見又は否定的意見を表明しなければならない。（A6項参照）

前年度の財務諸表を前任監査人が監査している場合

12．前年度の財務諸表を前任監査人が監査しており、監査報告書において前任監査人が対応数値を監査している旨及びその意見を記載することが法令等によって禁止されておらず、かつ監査人がそれを記載することにした場合、監査人は、監査報告書のその他の事項区分に、以下の事項を記載しなければならない。

(1) 前年度の財務諸表は、前任監査人により監査された旨

(2) 前任監査人が表明した監査意見の類型、及び、除外事項付意見が表明されていた場合にはその理由

(3) 前任監査人の監査報告書の日付（A7項参照）

前年度の財務諸表が監査されていない場合

13．前年度の財務諸表が監査されていない場合、監査人は、監査報告書のその他の事項区分に、対応数値が監査されていない旨を記載しなければならない。

ただし、当該記載によっても、監査基準委員会報告書510第５項に記載されているとおり、当年度の財務諸表に重要な影響を及ぼす虚偽表示が期首残高に含まれていないという十分かつ適切な監査証拠の入手に関する要求事項が免除されるわけではない。（A8項参照）

(2) 比較財務諸表

14．比較情報が比較財務諸表として表示される場合、監査人は、財務諸表の表示期間に含まれるそれぞれの年度に関して監査意見を表明しなければならない。（A9項及び A10項参照）

15．当年度の監査に関連して前年度の財務諸表に対して監査意見を表明する場合において、前年度の財務諸表に対する監査意見が、以前に表明した監査意見と異なる場合には、監査人は、監査基準委員会報告書706「独立監査人の監査報告書における強調事項区分とその他の事項区分」第９項に従い、その他の事項区分で、監査意見が異なる理由を記載しなければならない。（A11項参照）

前年度の財務諸表を前任監査人が監査している場合

16．前年度の財務諸表を前任監査人が監査している場合、前年度の財務諸表に対する前任監査人の監査報告書が当年度の財務諸表とともに再発行される場合を除き、監査人は、当年度の財務諸表に対する意見表明に加えて、その他の事項区分に、以下の事項を記載しなければならない。

(1) 前年度の財務諸表は、前任監査人により監査された旨

(2) 前任監査人が表明した監査意見の類型、及び、除外事項付意見が表明されていた場合にはその理由

(3) 前任監査人の監査報告書の日付

17．監査人は、前任監査人が以前に無限定意見を

表明した前年度の財務諸表に影響を及ぼす重要な虚偽表示が存在すると判断する場合、当該虚偽表示について適切な階層の経営者及び監査役若しくは監査役会、監査等委員会又は又は監査委員会（以下「監査役等」という。）に報告するとともに、前任監査人を含め三者間で協議するよう求めなければならない。

前年度の財務諸表が訂正され、前任監査人が、訂正された前年度の財務諸表に対して新しい監査報告書を発行することに同意する場合、監査人は、当年度の財務諸表のみに監査意見を表明しなければならない。（A12項参照）

前年度の財務諸表が監査されていない場合

18. 前年度の財務諸表が監査されていない場合、監査人は、監査報告書のその他の事項区分に、比較財務諸表が監査されていない旨を記載しなければならない。

ただし、当該記載によっても、監査基準委員会報告書510第５項に記載されているとおり、当年度の財務諸表に重要な影響を及ぼす虚偽表示が期首残高に含まれていないという十分かつ適切な監査証拠の入手に関する要求事項が免除されるわけではない。（A13項参照）

Ⅲ 適用指針

１．監査手続

経営者確認書（第８項参照）

A1. 比較財務諸表の場合、監査人は、監査意見を表明する全ての対象年度について、経営者確認書に記載することを要請する。これは、前年度に関して以前に作成された経営者確認書が依然として適切であることを、経営者が再確認する必要があるためである。対応数値の場合、監査人は、当年度の財務諸表のみについて、経営者確認書に記載することを要請する。これは、監査意見が、対応数値を含む当年度の財務諸表に対するものであるためである。

また、いずれの場合も、監査人は、比較情報に影響を及ぼす前年度の財務諸表の重要な虚偽表示を訂正するために行われた全ての修正再表示に関する確認事項を含めて、経営者確認書に記載することを要請する。

２．監査報告

(1) 対応数値

意見表明における原則的取扱い（第９項参照）

A2. 対応数値の場合、監査意見は、対応数値を含む当年度の財務諸表全体に対して表明されるため、監査人は、対応数値については意見を表明しない。

前年度の除外事項付意見の原因が未解消の場合の監査報告書上の取扱い（第10項参照）

A3. 以前に発行した前年度の監査報告書において、除外事項付意見（すなわち限定意見、否定的意見、又は意見不表明）が表明されていたが、除外事項付意見の原因となった事項が解消され、適用される財務報告の枠組みに準拠して財務諸表において当該事項が適切に会計処理又は注記された結果、比較可能性が確保されている場合、前年度の除外事項を当年度の財務諸表に対する監査報告書において除外事項として取り扱う必要はない。

A4. 以前に表明した前年度の監査意見が除外事項付意見であった場合、除外事項付意見の原因となった未解消事項は、当年度の数値には関連しないことがある。その場合においても、当年度の数値と対応数値の比較可能性の観点から、未解消事項が及ぼす影響又は及ぼす可能性のある影響によって、当年度の財務諸表に対して限定意見、意見不表明又は否定的意見が要求されることがある。

A5. 本報告書の付録の文例１及び文例２には、前年度の監査報告書において除外事項付意見が表明されており、かつ当該除外事項付意見の原因となった事項が未解消である場合の監査報告書の文例を記載している。

前年度の財務諸表における虚偽表示（第11項参照）

A6. 虚偽表示のある前年度の財務諸表が訂正されておらず、監査報告書も再発行されていないが、当年度の財務諸表において、対応数値が適切に修正再表示されている、又は注記が行われている場合、監査人は、監査報告書に強調事項区分を設けて、財務諸表の注記事項の関連する記載箇所を参照し、当該事項に関する概要を記載することを検討する。(監基報706参照)

前年度の財務諸表を前任監査人が監査している場合(第12項参照)

A7. 付録の文例3には、前年度の財務諸表を前任監査人が監査しており、監査報告書において前任監査人が対応数値を監査している旨及びその意見を記載することが法令等により禁止されていない場合の監査報告書の文例を記載している。

なお、監査人は、前任監査人が以前に無限定意見を表明した前年度の財務諸表に影響を及ぼす重要な虚偽表示が存在すると判断する場合、通常、当該虚偽表示について適切な階層の経営者及び監査役等に報告するとともに、前任監査人を含め三者間で協議するよう求める。

前年度の財務諸表が監査されていない場合(第13項参照)

A8. 監査人が、期首残高に関して十分かつ適切な監査証拠を入手できなかった場合、監査人は、監査基準委員会報告書705「独立監査人の監査報告書における除外事項付意見」に従い、当該財務諸表について限定意見を表明するか、又は意見を表明しないことが求められる。また、監査人が、期首残高は当期の財務諸表に重要な影響を及ぼす虚偽表示を含んでいないことについて十分かつ適切な監査証拠を入手することが困難である場合、監査人は、監査基準委員会報告書701「独立監査人の監査報告書における監査上の主要な検討事項の報告」に従い、当該事項を監査上の主要な検討事項と判断することがある。

(2) 比較財務諸表

意見表明における原則的取扱い(第14項参照)

A9. 比較財務諸表に対する監査報告書は、表示されるそれぞれの年度の財務諸表を対象としている。したがって、監査人は、ある年度の財務諸表に対しては、除外事項付意見(すなわち限定意見、否定的意見、又は意見不表明)を表明し、又は強調事項区分を設けて記載する一方で、他の年度の財務諸表に対しては異なる監査意見を表明することがある。

A10. 付録の文例4には、監査人が、当年度の監査に関連して、当年度と前年度の両方の財務諸表に対して監査意見を表明することが要求されている場合で、前年度の監査報告書において除外事項付意見を表明しており、かつ当該除外事項付意見の原因となった事項が未解消である場合の監査報告書の文例を記載している。

前年度の財務諸表に対して以前と異なる意見を表明する場合(第15項参照)

A11. 監査人は、当年度の監査に関連して前年度の財務諸表に対して監査意見を表明する場合において、当年度の監査を実施する中で、前年度の財務諸表に重要な影響を及ぼす状況又は事象に気付いた場合、前年度の財務諸表に対して以前と異なる意見を表明することがある。

前年度の財務諸表を前任監査人が監査している場合(第17項参照)

A12. 前任監査人は、前年度の財務諸表に対する監査報告書を再発行することができない、又はそれを拒否することがある。監査人は、監査報告書のその他の事項区分において、前任監査人が訂正前の前年度の財務諸表に対して監査意見を表明した旨を記載する場合がある。

加えて、監査人が訂正事項について監査を行う場合において、適切に訂正が行われたことに関する心証を得るに足る十分かつ適切な監査証拠を入手した場合、監査報告書に、以下のような記載を含める場合がある。

また、当監査法人は、X2年の財務諸表に対する監査において、注記Xに記載されたX1年の財務諸表の訂正事項について監査を行った。

当監査法人は、当該訂正事項は適切であり、X1年の財務諸表に適切に反映されていると認める。

当監査法人は、当該訂正事項に関して実施した手続を除き、会社のX1年の財務諸表に対して、監査、レビュー又は他のいかなる手続も実施していない。したがって、当監査法人は、X1年の財務諸表全体に対して、意見又は他のいかなる種類の保証も提供しない。

前年度の財務諸表が監査されていない場合（第18項参照）

A13．監査人が、期首残高に関して十分かつ適切な監査証拠を入手できなかった場合、監査人は、監査基準委員会報告書705に従い、当該財務諸表について限定意見を表明するか、又は意見を表明しないことが求められる。

また、監査人が、期首残高は当期の財務諸表に重要な影響を及ぼす虚偽表示を含んでいないことについて十分かつ適切な監査証拠を入手することが困難である場合、監査人は、監査基準委員会報告書701に従い、当該事項を監査上の主要な検討事項と判断することがある。

Ⅳ　適　用

・本報告書（2011年７月１日）は、2011年７月１日に発効し、2011年９月30日以後終了する中間会計期間に係る中間監査及び2012年３月31日以後終了する事業年度に係る監査から適用する。

・本報告書（2011年12月22日）は、2012年４月１日以後開始する事業年度に係る監査及び同日以後開始する中間会計期間に係る中間監査から適用する。

・本報告書（2014年４月４日）は、2014年４月１日以後開始する事業年度に係る監査及び同日以後開始する中間会計期間に係る中間監査から適用する。

・本報告書（2015年５月29日）は、2015年４月１日以後開始する事業年度に係る監査及び同日以後開始する中間会計期間に係る中間監査から適用する。

・本報告書（2019年２月27日）は、以下の事業年度に係る監査等から適用する。

—監査上の主要な検討事項に関連する適用指針（A8項及びA13項並びに文例）は、2021年３月31日以後終了する事業年度に係る監査から適用する。ただし、2020年３月31日（米国証券取引委員会に登録している会社においては2019年12月31日）以後終了する事業年度に係る監査から早期適用することができる。

—上記以外の改正は、2020年３月31日以後終了する事業年度に係る監査から適用する。

・本報告書（2020年４月９日）は、2020年３月31日以後終了する事業年度に係る監査から適用する。

・本報告書（2021年１月14日）は、2022年３月31日以後終了する事業年度に係る監査から適用する。ただし、2021年３月31日以後終了する事業年度に係る監査から早期適用することができる。

付録　監査報告書の文例（A5項、A7項及びA10項参照）

	監査対象	財務報告の枠組み	グループ監査適用の有無	意見表明方式	監査意見	その他の事項
文例１	財務諸表	一般目的／適正表示	適用なし	対応数値	限定付適正	記載なし
文例２	財務諸表	一般目的／適正表示	適用なし	対応数値	限定付適正	記載なし
文例３	財務諸表	一般目的／適正表示	適用なし	対応数値	無限定適正	記載あり
文例４	財務諸表	一般目的／適正表示	適用なし	比較財務諸表	限定付適正	記載なし

文例１

文例の前提となる状況

・上場企業の適正表示の枠組みに準拠して作成された完全な一組の一般目的の財務諸表の監査である。当該監査は、グループ監査ではない（すなわち、監査基準委員会報告書600「グループ監査」は適用されない。）。

・監査契約書において、監査基準委員会報告書210「監査業務の契約条件の合意」の財務諸表に対する経営者の責任が記載されている。

・以前に発行した前年度の監査報告書において限定付適正意見を表明している。

・除外事項付意見の原因となった事項が未解消である。

・当該事項が当年度の数値に及ぼす影響又は及ぼす可能性のある影響が重要であり、当年度の財務諸表に対して除外事項付意見が求められる。

・監査人は、入手した監査証拠に基づいて、監査基準委員会報告書570「継続企業」に従って、継続企業の前提に重要な疑義を生じさせるような事象又は状況に関連する重要な不確実性は存在しないと判断している。

・監査基準委員会報告書701に従って、監査上の主要な検討事項を報告することが求められている。

・監査人は、監査報告書日以前にその他の記載内容を入手していない。

・会社は監査役会設置会社である。

・監査人は、財務諸表の監査に加えて、法令等に基づくその他の報告責任を有する。

独立監査人の監査報告書

［宛先］

［監査報告書の日付］
［○○監査法人］
［事業所名］
［監査人の署名］

＜財務諸表監査＞（注１）

限定付適正意見

当監査法人は、○○株式会社の×年×月×日から×年×月×日までの事業年度の財務諸表、すなわち貸借対照表、損益計算書、株主資本等変動計算書、キャッシュ・フロー計算書及び重要な会計方針を含む財務諸表の注記について監査を行った。

当監査法人は、上記の財務諸表が、「限定付適正意見の根拠」に記載した事項の財務諸表に及ぼす影響を除き、［適用される財務報告の枠組み（注２）］に準拠して、○○株式会社の×年×月×日現在の財政状態並びに同日をもって終了する事業年度の経営成績及びキャッシュ・フローの状況を、全ての重要な点において適正に表示しているものと認める。

限定付適正意見の根拠

財務諸表の注記Ｘに記載されているとおり、財務諸表には減価償却費が計上されておらず、［適用される財務報告の枠組み（注２）］に準拠していない。これは、前事業年度における経営者の意思決定の結果であり、当監査法人が当該年度の財務諸表に対して除外事項付意見を表明する原因となっている。

建物については年５％、設備については年20％の償却率を用いた定額法による減価償却費を計上した場合に比べ、当期純損失は、X1年にXXX、X0年にXXX過少に表示され、有形固定資産は、X1年にXXX、X0年にXXX過大に、また欠損金は、X1年にXXX、X0年にXXX過少に表示されている。この影響は……である（注３）。したがって、財務諸表に及ぼす影響は重要であるが広範ではない。

当監査法人は、我が国において一般に公正妥当と認められる監査の基準に準拠して監査を行った。監査の基準における当監査法人の責任は、「財務諸表監査における監査人の責任」に記載されている。当監査法人は、我が国における職業倫理に関する規定に従って、会社から独立しており、また、監査人としてのその他の倫理上の責任を果たしている。当監査法人は、限定付適正意見表明の基礎となる十分かつ適切な監査証拠を入手したと判断している。

監査上の主要な検討事項
［監査基準委員会報告書701及び同705に従った記載］

その他の記載内容
［監査基準委員会報告書720に従った記載］

財務諸表に対する経営者並びに監査役及び監査役会の責任
［監査基準委員会報告書700付録文例１に従った記載］

財務諸表監査における監査人の責任
［監査基準委員会報告書700付録文例１に従った記載］

<法令等に基づくその他の報告>
（省略）

利害関係
会社と当監査法人又は業務執行社員との間には、公認会計士法の規定により記載すべき利害関係はない。

文例２

文例の前提となる状況

・上場企業の適正表示の枠組みに準拠して作成された完全な一組の一般目的の財務諸表の監査である。当該監査は、グループ監査ではない（すなわち、監査基準委員会報告書600「グループ監査」は適用されない。）。
・監査契約書において、監査基準委員会報告書210「監査業務の契約条件の合意」の財務諸表に対する経営者の責任が記載されている。
・以前に発行した前年度の監査報告書において限定付適正意見を表明している。
・除外事項付意見の原因となった事項が未解消である。
・監査人は、当該事項が当年度の数値に及ぼす影響又は及ぼす可能性のある影響が重要ではないが、（未解消事項が）当年度の数値と対応数値の比較可能性に及ぼす影響又は及ぼす可能性のある影響によって、当年度の財務諸表に対して除外事項付限定意見が適切と判断している。
・監査人は、入手した監査証拠に基づいて、監査基準委員会報告書570に従って、継続企業の前提に重要な疑義を生じさせるような事象又は状況に関連する重要な不確実性は存在しないと判断している。
・監査基準委員会報告書701に従って、監査上の主要な検討事項を報告することが求められている。
・監査人は、監査報告書日以前にその他の記載内容を入手していない。
・会社は監査役会設置会社である。
・監査人は、財務諸表の監査に加えて、法令等に基づくその他の報告責任を有する。

独立監査人の監査報告書

［宛先］

［監査報告書の日付］
［○○監査法人］
［事業所名］
［監査人の署名］

<財務諸表監査>（注１）

限定付適正意見
当監査法人は、○○株式会社の×年×月×日から×年×月×日までの事業年度の財務諸表、すなわち貸借

表の注記について監査を行った。

当監査法人は、上記の財務諸表が、「限定付適正意見の根拠」に記載した事項の財務諸表に及ぼす影響を除き、［適用される財務報告の枠組み(注2)］に準拠して、○○株式会社の×年×月×日現在の財政状態並びに同日をもって終了する事業年度の経営成績及びキャッシュ・フローの状況を、全ての重要な点において適正に表示しているものと認める。

限定付適正意見の根拠

当監査法人は、×年×月×日に監査契約を締結したため、前事業年度の期首の棚卸資産の実地棚卸に立ち会うことができず、また、代替手続によって当該棚卸資産の数量を検証することができなかった。期首の棚卸資産は経営成績に影響を及ぼすため、当監査法人は、前事業年度の経営成績と利益剰余金期首残高に修正が必要かどうか判断することができず、×年×月×日をもって終了する前事業年度の財務諸表に対して限定付適正意見を表明している。よって、当該事項が当事業年度の数値と対応数値の比較可能性に影響を及ぼす可能性があるため、当事業年度の財務諸表に対して限定付適正意見を表明している。この影響は・・・・・・である(注4)。したがって、財務諸表に及ぼす可能性のある影響は重要であるが広範ではない。

当監査法人は、我が国において一般に公正妥当と認められる監査の基準に準拠して監査を行った。監査の基準における当監査法人の責任は、「財務諸表監査における監査人の責任」に記載されている。当監査法人は、我が国における職業倫理に関する規定に従って、会社から独立しており、また、監査人としてのその他の倫理上の責任を果たしている。当監査法人は、限定付適正意見表明の基礎となる十分かつ適切な監査証拠を入手したと判断している。

監査上の主要な検討事項

［監査基準委員会報告書701及び同705に従った記載］

その他の記載内容

［監査基準委員会報告書720に従った記載］

財務諸表に対する経営者並びに監査役及び監査役会の責任

［監査基準委員会報告書700付録文例１に従った記載］

財務諸表監査における監査人の責任

［監査基準委員会報告書700付録文例１に従った記載］

＜法令等に基づくその他の報告＞

（省略）

利害関係

会社と当監査法人又は業務執行社員との間には、公認会計士法の規定により記載すべき利害関係はない。

文例３

文例の前提となる状況

・上場企業の適正表示の枠組みに準拠して作成された完全な一組の一般目的の財務諸表の監査である。当該監査は、グループ監査ではない（すなわち、監査基準委員会報告書600は適用されない。）。

・監査契約書において、監査基準委員会報告書210の財務諸表に対する経営者の責任が記載されている。

・監査人は、入手した監査証拠に基づいて、無限定適正意見が適切と判断している。

・監査人は、入手した監査証拠に基づいて、監査基準委員会報告書570に従って、継続企業の前提に重要な疑義を生じさせるような事象又は状況に関連する重要な不確実性は存在しないと判断している。

・監査基準委員会報告書701に従って、監査上の主要な検討事項を報告することが求められている。

・監査人は、監査報告書日以前にその他の記載内容の全てを入手し、また、その他の記載内容に関して重要な誤りを識別していない。

・比較情報が対応数値として表示されており、前年度の財務諸表を前任監査人が監査している。

・監査人は、監査報告書において、前任監査人が対応数値を監査している旨及びその意見をその他の事項として記載することとしている。
・会社は監査役会設置会社である。
・監査人は、財務諸表の監査に加えて、法令等に基づくその他の報告責任を有する。

独立監査人の監査報告書

［宛先］

［監査報告書の日付］
［○○監査法人］
［事業所名］
［監査人の署名］

＜財務諸表監査＞(注1)

監査意見

当監査法人は、○○株式会社の×年×月×日から×年×月×日までの事業年度の財務諸表、すなわち貸借対照表、損益計算書、株主資本等変動計算書、キャッシュ・フロー計算書及び重要な会計方針を含む財務諸表の注記について監査を行った。

当監査法人は、上記の財務諸表が、［適用される財務報告の枠組み(注2)］に準拠して、○○株式会社の×年×月×日現在の財政状態並びに同日をもって終了する事業年度の経営成績及びキャッシュ・フローの状況を、全ての重要な点において適正に表示しているものと認める。

監査意見の根拠

当監査法人は、我が国において一般に公正妥当と認められる監査の基準に準拠して監査を行った。監査の基準における当監査法人の責任は、「財務諸表監査における監査人の責任」に記載されている。当監査法人は、我が国における職業倫理に関する規定に従って、会社から独立しており、また、監査人としてのその他の倫理上の責任を果たしている。当監査法人は、意見表明の基礎となる十分かつ適切な監査証拠を入手したと判断している。

監監査上の主要な検討事項

［監査基準委員会報告書701及び同705に従った記載］

その他の事項

会社の×年×月×日をもって終了した前事業年度の財務諸表は、前任監査人によって監査されている。前任監査人は、当該財務諸表に対して×年×月×日付けで無限定適正意見を表明している。

その他の記載内容

［監査基準委員会報告書720に従った記載］

財務諸表に対する経営者並びに監査役及び監査役会の責任

［監査基準委員会報告書700付録文例１に従った記載］

財務諸表監査における監査人の責任

［監査基準委員会報告書700付録文例１に従った報告］

＜法令等に基づくその他の報告＞

（省略）

利害関係

会社と当監査法人又は業務執行社員との間には、公認会計士法の規定により記載すべき利害関係はない。

文例４

文例の前提となる状況

・上場企業の適正表示の枠組みに準拠して作成された完全な一組の一般目的の財務諸表の監査である。当該監査は、グループ監査ではない（すなわち、監査基準委員会報告書600「グループ監査」は適用されない。）。

・監査契約書において、監査基準委員会報告書210「監査業務の契約条件の合意」の財務諸表に対する経営者の責任が記載されている。

・監査人は、当年度の監査に関連して、当年度の財務諸表と前年度の財務諸表の両方に対して監査意見を表明することが求められている。

・以前に発行した前年度の監査報告書において限定付適正意見を表明している。

・除外事項付意見の原因となった事項が未解消である。

・監査人は、当該事項が当年度の数値に及ぼす影響又は及ぼす可能性のある影響が当年度の財務諸表と前年度の財務諸表のいずれにとっても重要であり、除外事項付限定意見が適切と判断している。

・監査人は、入手した監査証拠に基づいて、監査基準委員会報告書570に従って、継続企業の前提に重要な疑義を生じさせるような事象又は状況に関連する重要な不確実性は存在しないと判断している。

・監査基準委員会報告書701に従って、監査上の主要な検討事項を報告することが求められている。

・監査人は、監査報告書日以前にその他の記載内容を入手していない。

・会社は監査役会設置会社である。

・監査人は、財務諸表の監査に加えて、法令等に基づくその他の報告責任を有する。

独立監査人の監査報告書

［宛先］

［監査報告書の日付］
［○○監査法人］
［事業所名］
［監査人の署名］

<財務諸表監査>（注１）

限定付適正意見

当監査法人は、○○株式会社のX1年×月×日からX1年×月×日まで、及びX0年X月X日からX0年X月X日までの２事業年度の財務諸表、すなわち貸借対照表、損益計算書、株主資本等変動計算書、キャッシュ・フロー計算書及び重要な会計方針を含む財務諸表の注記について監査を行った。

当監査法人は、上記の財務諸表が、「限定付適正意見の根拠」に記載した事項の財務諸表に及ぼす影響を除き、［適用される財務報告の枠組み（注２）］に準拠して、○○株式会社のX1年X月X日及びX0年X月X日現在の財政状態並びに同日をもって終了するそれぞれの事業年度の経営成績及びキャッシュ・フローの状況を、全ての重要な点において適正に表示しているものと認める。

限定付適正意見の根拠

財務諸表の注記Xに記載されているとおり、財務諸表には減価償却費が計上されておらず、［適用される財務報告の枠組み（注２）］に準拠していない。

建物については年５％、設備については年20％の償却率を用いた定額法による減価償却費を計上した場合に比べ、当期純損失は、X1年にXXX、X0年にXXX過少に表示され、有形固定資産は、X1年にXXX、X0年にXXX過大に、また欠損金は、X1年にXXX、X0年にXXX過少に表示されている。この影響は……である（注３）。したがって、財務諸表に及ぼす影響は重要であるが広範ではない。

当監査法人は、我が国において一般に公正妥当と認められる監査の基準に準拠して監査を行った。監査の

基準における当監査法人の責任は、「財務諸表監査における監査人の責任」に記載されている。当監査法人は、我が国における職業倫理に関する規定に従って、会社から独立しており、また、監査人としてのその他の倫理上の責任を果たしている。当監査法人は、限定付適正意見表明の基礎となる十分かつ適切な監査証拠を入手したと判断している。

監査上の主要な検討事項

［監査基準委員会報告書701及び同705に従った記載］

その他の記載内容

［監査基準委員会報告書720に従った記載］

財務諸表に対する経営者並びに監査役及び監査役会の責任

［監査基準委員会報告書700付録文例１に従った記載］

財務諸表監査における監査人の責任

［監査基準委員会報告書700付録文例１に従った記載］

＜法令等に基づくその他の報告＞

（省略）

利害関係

会社と当監査法人又は業務執行社員との間には、公認会計士法の規定により記載すべき利害関係はない。

文例１から文例４に対する注

（注１）「＜法令等に基づくその他の報告＞」がない場合は、「＜財務諸表監査＞」は不要である。

（注２）適用される財務報告の枠組みの名称を具体的に記載する。

（注３）「・・・・・・・」には、重要ではあるが広範ではないと判断し、不適正意見ではなく限定付適正意見とした理由を、財務諸表利用者の視点に立って分かりやすく具体的に記載する。広範性の判断の記載に当たっては、監査基準委員会研究報告第６号「監査報告書に係るＱ＆Ａ」Ｑ１－６「除外事項の重要性と広範性及び除外事項の記載上の留意点」を参照する。

（注４）「・・・・・・・」には、重要ではあるが広範ではないと判断し、意見不表明ではなく限定付適正意見とした理由を、財務諸表利用者の視点に立って分かりやすく具体的に記載する。広範性の判断の記載に当たっては、監査基準委員会研究報告第６号「監査報告書に係るＱ＆Ａ」Ｑ１－６「除外事項の重要性と広範性及び除外事項の記載上の留意点」を参照する。

以　上

監査基準委員会報告書720

その他の記載内容に関連する監査人の責任*

2011年7月1日
改正2011年12月22日
最終改正2021年1月14日
日本公認会計士協会
監査基準委員会
(報告書：第78号)

Ⅰ 本報告書の範囲及び目的

1．本報告書の範囲

1．本報告書は、財務情報又は非財務情報を問わず、監査した財務諸表を含む開示書類のうち当該財務諸表と監査報告書とを除いた部分の記載内容、つまり、通常、企業の年次報告書に含まれるその他の記載内容（財務諸表及びその監査報告書以外の情報）に関連する監査人の責任について実務上の指針を提供するものである。企業の年次報告書は、単一の文書である場合と、同様の目的のために作成される複数の文書から構成される場合がある。

2．本報告書は、独立監査人による財務諸表監査を前提としている。したがって、本報告書における監査人の目的は、監査基準委員会報告書200「財務諸表監査における総括的な目的」第10項に記載された監査人の総括的な目的の観点から理解される必要がある。監査基準委員会報告書の要求事項は、監査人が各報告書に記載された目的を達成すること、及びそれにより監査人の総括的な目的を達成することができるようにデザインされている。財務諸表に対する監査意見はその他の記載内容を対象とせず、また、本報告書は財務諸表に対する意見を形成するために要求される以上の監査証拠の入手を監査人に要求するものではない。

3．本報告書は、監査人に、その他の記載内容を通読し、財務諸表及び監査人が監査の過程で得た知識とその他の記載内容に重要な相違があるかどうかを検討することを要求している。

　財務諸表又は監査人が監査の過程で得た知識と重要な相違があるその他の記載内容の存在は、財務諸表に重要な虚偽表示があること又はその他の記載内容に重要な誤りがあることを示唆している可能性があり、そのいずれの場合においても財務諸表及びその監査報告書の信頼性を損なう可能性があるためである。そのような重要な虚偽表示又は誤りは、監査報告書の利用者の経済的意思決定に不適切な影響を及ぼす可能性がある。

4．倫理規則に定める基本原則１　誠実性の原則は、監査人が以下の情報をそれと認識しながらその作成や開示に関与してはならないと定めている。(倫理規則第３条第１項)

・重要な虚偽又は誤解を招く陳述が含まれる情報
・業務上必要とされる注意を怠って作成された陳述又は情報が含まれる情報
・必要な情報を省略する又は曖昧にすることにより誤解を生じさせるような場合において当該情報を省略する又は曖昧にする情報

　本報告書は、当該原則の遵守に資するものである。

5．その他の記載内容には、財務諸表の数値又は数値以外の項目と同一の情報、要約した情報又はより詳細な情報を提供することを意図した情報が含まれることがある。また、その他の記載内容は、財務諸表には記載されていないが、監査人が監査の過程で知り得た数値又は数値以外の項目を含むこともある。さらに、その他の記載内容には、それら以外の事項が含まれることもある。

6．その他の記載内容に関する監査人の責任は、監査報告書における報告責任を除き、監査人がその他の記載内容を監査報告書日以前に入手したか監査報告書日より後に入手したかにかかわらず同じである。なお、監査人は、その他の記載内容が存在しないと判断した場合であっても、本報告書に従った監査報告書における報告責任を有する。

7．本報告書において「監査した財務諸表を含む開示書類」は、通常、第11項(3)で定義されている年次報告書である。(第11項(1)参照)そのため、本報告書は、決算短信等の財務情報の速報には適用されない。ただし、本報告書は、有価証券届出書等、監査した財務諸表を含む年次報告書以外の開示書類にも適用されることがある。

8．本報告書における監査人の責任は、その他の記載内容に関する保証業務を構成するものではなく、また、監査人にその他の記載内容について保証を得て意見又は結論を表明する義務を課すものでもない。

9．法令等によりその他の記載内容について監査人に対して追加の義務が課される場合もあるが、そのような追加の義務は本報告書では取り扱っていない。

2．本報告書の目的

10．本報告書における監査人の目的は、その他の記載内容を通読し、以下を行うことである。

(1)　その他の記載内容と財務諸表との間に重要な相違があるかどうかを検討すること
(2)　その他の記載内容と監査人が監査の過程で得た知識との間に重要な相違があるかどうかを検討すること
(3)　重要な相違又はその他の記載内容に重要な誤りがあると思われる状況を識別した場合、適切に対応すること
(4)　本報告書に準拠して報告すること

3．定義

11．本報告書における用語の定義は、以下のとおりとする。

(1) 「その他の記載内容」－監査した財務諸表を含む開示書類のうち当該財務諸表と監査報告書とを除いた部分の記載内容をいう。その他の記載内容は、通常、財務諸表及びその監査報告書を除く、企業の年次報告書に含まれる財務情報及び非財務情報である。（A8項からA10項参照）

(2) 「その他の記載内容の誤り」－その他の記載内容における不正確な記載又は誤解を生じさせる記載（その他の記載内容に開示された事項の適切な理解のために必要な情報を省略している場合又は曖昧にしている場合を含む。）（A6項及び A7項参照）

(3) 「年次報告書」－法令等又は慣行により経営者が通常年次で作成する単一又は複数の文書であり、企業の事業並びに財務諸表に記載されている経営成績及び財政状態に関する情報を所有者（又は類似の利害関係者）に提供することを目的としているものをいう。年次報告書には、財務諸表及びその監査報告書が含まれているか、又は添付されており、通常、企業の動向、将来の見通し、リスク及び不確実性に関する情報並びに企業のガバナンスに関する情報が含まれる。（A1項から A5項参照）

Ⅱ　要求事項

1．その他の記載内容の入手

12．監査人は以下の事項を行わなければならない。（A11項から A22項参照）

(1) 経営者との協議を通じて、年次報告書を構成する文書並びにその発行方法及び発行時期の予定を特定する。

(2) 年次報告書を構成する文書の最終版を、適時に、また可能であれば監査報告書日以前に入手するため、経営者と適切な調整を行う。

(3) 監査人は、(1)において特定された文書の一部又は全てを監査報告書日までに入手できない場合がある。そのような場合、本報告書により要求される手続を完了できるようにするため、経営者に対し、企業が当該文書を発行する前に最終版の提供が可能となった時点で監査人に提供する旨を経営者確認書に含めるよう要請する。（A22項参照）

2．その他の記載内容の通読及び検討

13．監査人は、その他の記載内容を通読しなければならない。また、通読の過程において、以下を行わなければならない。（A23項及び A24項参照）

(1) その他の記載内容と財務諸表の間に重要な相違があるかどうか検討すること。当該検討の基礎として、財務諸表とその他の記載内容の整合性を評価するため、監査人は、その他の記載内容の数値又は数値以外の項目のうち、財務諸表の数値又は数値以外の項目と同一の情報、要約した情報又はより詳細な情報を提供することを意図した情報から選択したものを、財務諸表における当該数値又は数値以外の項目と比較しなければならない。（A25項から A29項参照）

(2) 監査において入手した証拠と到達した結論の観点から、その他の記載内容と監査人が監査の過程で得た知識の間に重要な相違があるかどうか検討すること。（A30項から A36項参照）

14．監査人は、第13項に従ってその他の記載内容を通読する過程において、財務諸表又は監査人が監査の過程で得た知識に関連しないその他の記載内容について、重要な誤りがあると思われる兆候に注意を払わなければならない。（A24項、A37項及び A38項参照）

3．重要な相違があると思われる場合又はその他の記載内容に重要な誤りがあると思われる場合の対応

15．監査人は、重要な相違があると思われる場合（又は重要な誤りがあると思われるその他の記載内容に気付いた場合）、当該事項について経営者と協議し、以下に該当するかどうかを判断するために、必要に応じてその他の手続を実施しなければならない。（A39項から A43項参照）

⑴ その他の記載内容に重要な誤りがあること

⑵ 財務諸表に重要な虚偽表示があること

⑶ 監査人の企業及び企業環境に関する理解を更新する必要があること

4．監査人がその他の記載内容に重要な誤りがあると判断した場合の対応

16．監査人は、その他の記載内容に重要な誤りがあると判断した場合、経営者にその他の記載内容の修正を要請し、以下を実施しなければならない。

⑴ 経営者が修正に同意した場合、監査人は修正が行われたことを確認しなければならない。

⑵ 経営者が修正に同意しない場合、監査人は監査役若しくは監査役会、監査等委員会又は監査委員会（以下「監査役等」という。）に当該事項を報告するとともに、修正を要請しなければならない。

17．監査報告書日以前に入手したその他の記載内容に重要な誤りがあると判断し、また監査役等への報告後もその他の記載内容が修正されていない場合、監査人は以下を含む適切な措置を講じなければならない。（A44項参照）

⑴ 監査報告書に及ぼす影響を検討し、監査報告書において重要な誤りに関して監査人がどのように対応する計画かを監査役等に対して報告する。（A45項参照）

⑵ 現実的な対応として可能であれば、監査契約を解除する。（A46項参照）

18．監査報告書日より後に入手したその他の記載内容に、重要な誤りがあると判断した場合、監査人は以下のいずれかを行わなければならない。

⑴ その他の記載内容が修正された場合、状況に応じて必要な手続を実施する。（A47項参照）

⑵ 監査役等に報告した後もその他の記載内容が修正されない場合、未修正の重要な誤りについて監査報告書の利用者の注意が適切に喚起されるよう、監査人としての法的権利と義務を検討して適切な措置を講じる。（A48項及び A49項参照）

5．財務諸表に重要な虚偽表示がある、又は監査人の企業及び企業環境に関する理解を更新する必要がある場合の対応

19．監査人は、第13項及び第14項の手続を実施した結果、財務諸表に重要な虚偽表示がある、又は監査人の企業及び企業環境に関する理解を更新する必要があると判断した場合、他の監査基準委員会報告書に従って適切に対応しなければならない。（A50項参照）

6．報告

20．監査人は、監査報告書に「その他の記載内容」又は他の適切な見出しを付した区分を設けなければならない。

21．「その他の記載内容」区分には以下を含めなければならない。ただし、第12項に基づいて実施した手続の結果、その他の記載内容が存在しないと判断した場合には、その他の記載内容が存在しないと判断した旨及びその他の記載内容に対していかなる作業も実施していない旨を記載する。（A51項参照）

⑴ その他の記載内容の特定

① 監査報告書日以前に監査人が入手したその他の記載内容

② 監査報告書日より後に入手する予定のその他の記載内容

⑵ 経営者のその他の記載内容に対する責任及び監査役等のその他の記載内容に対する責任

⑶ 監査意見の対象にはその他の記載内容は含まれておらず、監査人は意見を表明するもの

ではなく、また、表明する予定もない旨
(4) 本報告書で求められる、その他の記載内容の通読、検討及び報告に関する監査人の責任
(5) 監査報告書日以前に入手したその他の記載内容がある場合には、以下のいずれかの記載
① 監査人が報告すべき事項はない旨
② 監査人がその他の記載内容に未修正の重要な誤りがあると結論付けた場合、当該未修正の重要な誤りの内容

22. 監査人は、監査基準委員会報告書705に従って、財務諸表に対して限定付適正意見又は不適正意見を表明する場合、第21項(5)に基づく記載において、除外事項付意見の原因となった事項の影響を検討しなければならない。（A52項から A56項参照）

法令等により監査報告書の様式又は用語が規定されている場合

23. 法令等において、監査報告書に使用するその他の記載内容に関する具体的な様式や文言が規定されている場合、監査報告書に、最低限、以下の記載が含まれている場合にのみ、監査報告書において一般に公正妥当と認められる監査の基準に準拠している旨を記載することができる。（A57項参照）
(1) 監査報告書日以前に監査人が入手したその他の記載内容の特定
(2) その他の記載内容に関する監査人の責任
(3) 本報告書に基づいて実施した監査人の作業結果の明示

7．監査調書

24. 監査基準委員会報告書230「監査調書」の適用に当たっては、監査人は、同報告書第７項から第10項に注意を払い、以下の事項を監査調書に含めなければならない。
(1) 本報告書により実施した手続の記載
(2) 本報告書により要求される作業を監査人が実施したその他の記載内容の最終版

Ⅲ 適用指針

1．定義

(1) 年次報告書（第11項(3)参照）

A1. その他の記載内容は、監査した財務諸表を含む開示書類のうち当該財務諸表と監査報告書とを除いた部分の記載内容であり、通常、財務諸表及びその監査報告書を除く、企業の年次報告書に含まれる財務情報及び非財務情報である。年次報告書の内容及び名称は、法令等又は慣行により規定される場合があり、様々である。

A2. 年次報告書は、通常、年次で作成される。ただし、監査対象となる財務諸表が一年未満又は一年を超える期間を対象として作成される場合、年次報告書もその財務諸表と同じ期間を対象として作成されることもある。

A3. 企業の年次報告書は、「年次報告書」又はその他の名称が付された単一の文書の場合がある。

また、法令等又は慣行により、企業はその所有者（又は類似の利害関係者）に対し、企業の事業並びに財務諸表に記載された経営成績及び財政状態に関する情報を、単一の文書又は複数の文書の組合せにより提供するよう要請される場合もある。これらの単一の文書又は複数の文書も年次報告書に該当する場合がある。例えば、法令等又は慣行によっては、以下の事項を記載した単一又は複数の文書が年次報告書の一部を構成する場合がある。
・経営者による事業（事業上のリスクを含む。）及び財務に関する報告若しくは類似の説明
・ガバナンスに責任を有する者による報告
・コーポレート・ガバナンスに関する報告
・内部統制及びリスク評価に関する報告。ただし、金融商品取引法に基づく場合等、財務報告に係る内部統制の監査を行っているときは、内部統制報告書は監査対象となっているため、本報告書におけるその他の記載内容には含まれない。

A4. 年次報告書は、書面で又は企業のウェブサ

イトを含め電子的に、利用者に提供される。利用者への提供方法は、ある文書が年次報告書の定義を満たすかどうかに影響しない。

A5．特定の利害関係者グループの情報ニーズを満たすために作成された報告書や、特定の規制による報告要請に準拠するために作成された報告書は、外部に公表されるとしても、その性質、目的、内容において年次報告書とは異なる。これらの文書は、単一の文書として発行された場合、通常、法令等又は慣行に基づく年次報告書の一部を構成する文書に該当せず、したがって、本報告書の対象となるその他の記載内容には該当しない。これには、以下が含まれる。

・銀行、保険等の特定業種で作成が求められる規制上の報告書（例えば、自己資本の適切性に関する報告書）
・企業の社会的責任に関する報告書
・サステナビリティー報告書
・多様性及び機会の平等に関する報告書
・製品責任に関する報告書
・労働慣行及び労働条件に関する報告書
・人権に関する報告書

⑵ その他の記載内容の誤り（第11項⑵参照）

A6．その他の記載内容に特定の事項が開示されている場合、当該事項の適切な理解のために必要な情報が省略されていたり、又は曖昧になっていることがある。例えば、その他の記載内容が経営者の主要な業績評価指標に言及している場合、経営者が利用する複数の業績評価指標のうち1つの指標を省略して記載することは、利用者に誤解を生じさせる可能性がある。

A7．その他の記載内容に関する作成基準等において重要性の概念が取り扱われている場合には、監査人が本報告書に係る重要性を判断する際の参考となる。しかし、多くの場合、その他の記載内容に適用される枠組みにおいて重要性の概念は取り扱われていない可能性がある。そのような状況においては、以下の特性がその他の記載内容の誤りの重要性を判断する際の参考となる。

・重要性は、監査報告書の一般的な利用者が有する共通の情報ニーズの観点から検討される。その他の記載内容の利用者は、財務諸表に関する背景情報を得ることを期待してその他の記載内容を利用すると考えられるため、財務諸表の利用者と同一と想定される。
・重要性の判断は、未修正の誤りが利用者に影響を及ぼすかどうか、誤りのそれぞれの状況を検討して行われる。全ての誤りが利用者の経済的意思決定に影響するわけではない。
・重要性の判断は、質的な側面及び量的な側面の双方を検討して行われる。したがって、その判断に当たりその他の記載内容に記載された事項の性質及び影響の大きさを、年次報告書全体に照らして検討することがある。

なお、我が国においては、記述情報の開示の重要性は、投資家の投資判断にとって重要か否かにより判断すべきという考え方が「記述情報の開示に関する原則」において示されている。

⑶ その他の記載内容（第11項⑴参照）

A8．付録1は、その他の記載内容に含まれる可能性のある数値又は数値以外の項目の例を示している。

A9．適用される財務報告の枠組みによっては、特定の開示を財務諸表以外の箇所に記載することを許容する場合がある。例えば、国際財務報告基準（IFRS）第7号「金融商品：開示」は、要求される特定の開示を、財務諸表と同じ条件で同じ時期に財務諸表の利用者が入手することのできるその他の文書（経営者による説明書又はリスク報告書など）に財務諸表から参照することを許容している。当該開示は適用される財務報告の枠組みに基づく開示のため、財務諸表の一部を構成する。したがって、当該開示は本報告書の目的においてその他の記載内容を構成しない。

A10．XBRLのタグは、本報告書に定義されるその他の記載内容ではない。

2．その他の記載内容の入手（第12項参照）

A11．年次報告書又は年次報告書を構成する文書は、通常、法令等に基づき明確に特定される。一方、複数の文書が慣行に基づいて発行されている場合、どの文書が年次報告書を構成する文書であるか明確ではないことがある。そのような場合、文書の発行時期及び目的（並びに想定される利用者）が監査人による年次報告書の特定に関連することがある。

A12．年次報告書が法令等に従い他の言語に翻訳されている場合（例えば、複数の公用言語が存在する国の場合）、又は複数の年次報告書が異なる法律に基づき作成される場合（例えば、複数の国に上場している場合）、単一又は複数の年次報告書がその他の記載内容を構成するかを検討する必要が生じることがある。

我が国においては、例えば、以下の場合に作成される報告書は、それぞれ年次報告書として完結しているため、他方のその他の記載内容を構成しないものとする。

(1) 会社法及び金融商品取引法に基づく監査を実施している場合
- 計算書類及び事業報告並びにこれらの附属明細書
- 有価証券報告書

(2) 有価証券報告書を基に他の言語に翻訳されたアニュアルレポートの監査を実施している場合
- 有価証券報告書
- アニュアルレポート

(3) 企業が米国 SEC に登録している場合
- 有価証券報告書
- SEC 規則に基づく年次報告書（Form20-F）

A13．経営者は、年次報告書を作成する責任を有する。監査人は、以下の事項に関して、経営者とコミュニケーションを行う場合がある。
- 監査人が本報告書により要求される手続を監査報告書日以前に完了することができるよう、適時に年次報告書を構成する複数の文書の組合せを含む最終版を入手することを想定している旨。又は、当該入手が実務上不可能な場合には、企業が当該情報を発行する前に可能な限り早く入手することを想定している旨
- 監査報告書日より後にその他の記載内容を入手する場合の監査への影響

A14．A13項に記載されたコミュニケーションは、例えば以下の場合に特に適切になることがある。
- 初年度の監査業務
- 経営者の交代があった場合
- 監査報告書日より後にその他の記載内容を入手することが想定される場合

A15．年次報告書の発行に関して、認められた権限を持つ者が承認したものがその他の記載内容の最終版となる。なお、我が国では、会社法において取締役会による事業報告の最終承認が要求されているが、そのような最終承認は監査人がその他の記載内容について本報告書で要求される手続を行うために必要なものではない。したがって、本報告書では、事業報告の最終版は、経営者が最終版であることを表明した事業報告を指し、通常、経営者確認書の日付までに監査人に提出された事業報告となる。

A16．企業の年次報告書が、法令等又は慣行により、単一の文書として期末日後速やかに発行される場合、監査人は、年次報告書を監査報告書日以前に通常入手できる。

一方、期末日後、相当の期間経過後まで発行が要求されない場合や、企業が発行時期を選択できる場合もある。また、企業の年次報告書が複数の文書から構成される場合、法令等又は慣行により、各文書の発行時期が異なる場合もある。

我が国においては、法令等に基づいて作成される年次報告書を構成する有価証券報告書や事業報告は、それぞれが完結した単一の文書として作成されるものと考えられる。したがって、それらの一部分のみが監査報告書日以前に入手できないことは通常想定されない。

A17．企業が年次報告書の一部を構成する可能性がある文書の作成を検討しているが（例えば、利害関係者に対する任意の報告書）、監査報告

書日において、経営者が監査人に対し当該文書の目的又は発行時期を示すことができない場合がある。監査人が当該文書の目的又は発行時期を確認できないのであれば、当該文書は本報告書におけるその他の記載内容には該当しない。

A18．監査人がその他の記載内容を監査報告書日以前に適時に入手することにより、財務諸表、監査報告書又はその他の記載内容に対する必要な修正を発行前に行うことが可能となる。監査人は、その他の記載内容を適時に、また可能であれば監査報告書日以前に監査人に提供することを経営者と合意し、その旨を監査契約書に含めることがある。（監査基準委員会報告書210「監査業務の契約条件の合意」の A24項参照）

A19．その他の記載内容が、利用者にとって企業のウェブサイトにおいてのみ利用可能である場合であっても、本報告書に従って監査人が手続を実施すべき文書は、企業のウェブサイトから直接入手したその他の記載内容ではなく、企業から入手したその他の記載内容である。本報告書において、監査人は企業のウェブサイトを含めその他の記載内容を探索する責任や、その他の記載内容が企業のウェブサイトにおいて適切に表示され、又は送信若しくは電子開示されていることを確認するための手続を実施する責任はない。

A20．監査人は、その他の記載内容の一部又は全部を入手していない場合であっても、監査報告書の日付を決定し、又は監査報告書を発行することができる。

A21．監査人は、監査報告書日より後にその他の記載内容を入手した場合、監査基準委員会報告書560「後発事象」の第５項及び第６項に従って実施した手続を更新することは要求されない。

A22．監査基準委員会報告書580「経営者確認書」は、経営者確認書に関する要求事項を規定し、また実務上の指針を提供するものである。第12項(3)によって要求される経営者確認書は、監査報告書日より後にのみ入手可能なその他の記載内容に関して、本報告書において要求される手続を監査人が完了できるようにすることを意図している。また、監査人は、経営者確認書において、例えば以下のその他の確認事項を要請することが有用であると判断する場合がある。

・経営者は、発行を予定しているその他の記載内容を構成する可能性がある全ての文書について監査人に通知した旨
・財務諸表と監査報告書日以前に監査人に提供したその他の記載内容には一貫性があり、また当該その他の記載内容には重要な誤りが含まれていない旨
・監査報告書日以前に監査人に提供されなかったその他の記載内容に関して、経営者が当該その他の記載内容を作成し、発行する意図がある旨及び発行時期の予定

３．その他の記載内容の通読及び検討（第13項及び第14項参照）

A23．監査人は、監査基準委員会報告書200第14項において、職業的懐疑心を保持して監査を計画し実施することが要求されている。その他の記載内容の通読及び検討において職業的懐疑心を保持することには、例えば、経営者が計画の達成に関して過度に楽観的である可能性を認識することや、以下と相違する可能性がある情報に関して注意を払うことが含まれる。

(1)　財務諸表
(2)　監査人が監査の過程で得た知識

A24．監査責任者は、監査基準委員会報告書220第14項(1)において、職業的専門家としての基準及び適用される法令等に準拠して監査業務を指示、監督及び実施することに責任を負うことが要求されている。第13項及び第14項の要求事項に対応するための適切な監査チームメンバーを決定する際に、以下の事項を考慮することがある。

・監査チームメンバーの相対的な経験
・業務を割り当てられる監査チームメンバーは、その他の記載内容と関連する知識との相違を識別するための、監査の過程で得た知識を有しているかどうか
・第13項及び第14項の要求事項に対応するため

に必要な判断の程度。例えば、財務諸表の金額と同一であることが意図された、その他の記載内容の金額の整合性を評価する手続は、より経験の浅い監査チームメンバーによって実施されることもある
・グループ監査の場合、構成単位に関連するその他の記載内容に対応するために、構成単位の監査人に質問する必要があるかどうか

(1) その他の記載内容と財務諸表に重要な相違があるかどうかの検討（第13項(1)参照）

A25. その他の記載内容に、財務諸表の数値又は数値以外の項目と同一の情報、要約した情報又はより詳細な情報を提供することを意図した情報が含まれる場合がある。そのような数値又は数値以外の項目には、例えば以下がある。
・財務諸表の抜粋を含む表、図表又はグラフ
・財務諸表に表示された残高又は勘定より詳細な開示、例えば「20X1年の売上は、製品○○売上高XXX百万円と製品□□売上高XXX百万円から構成される。」
・経営成績の記述、例えば「研究開発費の合計は、20X1年はXXX百万円であった。」

A26. その他の記載内容から選択された数値又は数値以外の項目について財務諸表との整合性を評価する際、監査人は、その他の記載内容に含まれる財務諸表の数値又は数値以外の項目と同一の情報、要約した情報又はより詳細な情報を提供することを意図した情報の全てを財務諸表において対応する情報と比較することは要求されていない。

A27. 比較する数値又は数値以外の項目の選択は、職業的専門家としての判断に関する事項である。その判断に関連する要因には、以下のような事項を含む。
・数値又は数値以外の項目の記載の方法や文脈を考慮した重要度。例えば、主要な比率又は金額として記載された場合など、記載の方法や文脈は、利用者が数値又は数値以外の項目をどの程度重要と考えるかに影響を与えることがある。
・定量的である場合、財務諸表又はその他の記載内容の関連する勘定又は項目との比較における、相対的な金額の大きさ
・その他の記載内容における慎重な取扱いを要する特定の数値又は数値以外の項目（例えば、上級経営者の株式報酬）

A28. 本報告書における監査人の責任は、その他の記載内容に対する保証業務を構成するものではなく、またその他の記載内容について保証を得て意見又は結論を表明する義務を課すものでもない。それらを認識した上で、第13項(1)の要求事項に対応するための手続の種類及び範囲を決定することは、職業的専門家としての判断に係る事項である。対応するための手続例には以下がある。
・財務諸表の情報と同一であることが意図された情報については、当該情報と財務諸表を比較する。
・財務諸表の開示と同じ意味を伝えることが意図された情報については、使用された文言を比較し、また使用された文言の相違の重要性及び当該相違により意味が異なるかどうかを検討する。
・その他の記載内容の金額と財務諸表の調整を経営者から入手し、以下の手続を実施する。
　―当該調整における項目を財務諸表及びその他の記載内容と比較する。
　―当該調整における計算が正確かどうかを確認する。

A29. その他の記載内容から選択された数値又は数値以外の項目と財務諸表との整合性の評価には、その他の記載内容の性質に応じ、財務諸表の表示方法との比較が含まれる。

(2) その他の記載内容と監査人が監査の過程で得た知識との間に重要な相違があるかどうかの検討（第13項(2)参照）

A30. その他の記載内容には、監査人が監査の過程で得た知識と関連する数値又は数値以外の項目が含まれることがある（第13項(1)に関するものは除く。）。当該数値又は数値以外の項目の例

には以下が含まれる。

・生産、受注及び販売の実績に関する開示（生産量、受注量又は販売量に関する開示）

・「当社は製品○○と製品□□を当事業年度に発売した」という記述

・「当社は主として○○国において事業を行っており、また□□国及び△△国においても事業を行っている。」等の主要な事業拠点の要約

A31．監査人が監査の過程で得た知識には、監査基準委員会報告書315「企業及び企業環境の理解を通じた重要な虚偽表示リスクの識別と評価」に従って得た、内部統制を含む企業及び企業環境に関する監査人の理解が含まれる。

監査基準委員会報告書315では、以下の事項を含め、監査人が理解しなければならない事項が規定されている。

⑴　企業に関連する産業、規制等の外部要因

⑵　企業の事業活動等

⑶　企業の会計方針の選択と適用

⑷　企業目的及び戦略

⑸　企業の業績の測定と検討

⑹　企業の内部統制

A32．監査人が監査の過程で得た知識には、将来に関連する事項が含まれることがある。例えば、のれん等の無形資産に関する減損テストにおいて経営者が使用した仮定を検討する場合、又は継続企業の前提に関する経営者の評価を検討する場合に、監査人が検討した事業の予測や将来キャッシュ・フローが含まれることがある。

A33．その他の記載内容と監査人が監査の過程で得た知識の間に重要な相違があるかどうか検討する際に、監査人は、その他の記載内容の誤りが重要な誤りとなり得る項目に焦点を当てることがある。

A34．その他の記載内容における多くの事項について、監査において入手した監査証拠及び結論に対する認識と照らし合わせて検討することで十分なことがある。監査人が、経験豊富で監査の主要な部分に精通しているほど、関連する事項に対する監査人の認識と照らし合わせることで十分である可能性が高まる。例えば、経営者若しくは監査役等との協議又は取締役会議事録の通読といった監査期間中に実施した手続から得た情報に関する監査人の認識と照らし合わせることのみにより、監査人はその他の記載内容と監査人が監査の過程で得た知識の間に重要な相違があるかどうか検討することが可能な場合もある。

A35．監査人は、例えば以下のような場合には、重要な相違があるかどうかの監査人の検討の基礎として、関連する監査調書を参照する、又は関連する監査チームのメンバー若しくは構成単位の監査人に質問を行うことが適切と判断する場合がある。

・その他の記載内容において、主要な製品の製造中止計画が記述されている場合、監査人は当該中止計画を知っていても、当該記述が監査人が監査の過程で得た知識と重要な相違がないかどうかに関する監査人の検討を裏付けるために、当該領域の監査手続を実施した監査チームメンバーに質問を行う場合がある。

・その他の記載内容において、監査において対応した訴訟の重要な詳細が記述されており、監査人の記憶が曖昧な場合、監査人の認識を裏付けるために、その詳細が要約された監査調書を参照することが必要となる場合がある。

A36．監査人が関連する監査調書を参照するかどうか、又は監査チームのメンバー若しくは構成単位の監査人に対して質問を行うかどうか、及びその場合の範囲は、職業的専門家としての判断に係る事項である。したがって、その他の記載内容に含まれる事項に関して、監査人が関連する監査調書を参照する、又は監査チームのメンバー若しくは構成単位の監査人に対して質問を行うことが必要でない場合もある。

⑶　その他の記載内容における重要な誤りのその他の兆候への注意（第14項参照）

A37．その他の記載内容には、財務諸表に関連しておらず、また監査人が監査の過程で得た知識の範囲を超える事項に関する議論が含まれるこ

とがある。例えば、その他の記載内容は、企業の温室効果ガスの排出に関する記述を含むことがある。

A38. 財務諸表又は監査人が監査の過程で得た知識に関連しないその他の記載内容における重要な誤りのその他の兆候に注意を払うことは、監査人の倫理規則への準拠に資する（第４項参照)。重要な誤りのその他の兆候に注意を払うことで、結果として監査人は、その他の記載内容に重要な誤りがあると思われる以下の事項を識別する場合がある。

・その他の記載内容を通読した監査チームメンバーが監査の過程で得た知識とは別の一般的な知識と、その他の記載内容との相違点
・その他の記載内容における不整合

４．重要な相違があると思われる場合又はその他の記載内容に重要な誤りがあると思われる場合の対応（第15項参照）

A39. 監査人は、重要な相違（又は重要な誤りがあると思われるその他の記載内容）に関する経営者との協議において、経営者に対して、その他の記載内容における経営者の記述の裏付けの提供を要求する場合がある。監査人は、経営者からの追加の情報又は説明により、その他の記載内容に重要な誤りがないと判断することもある。例えば、経営者の説明は、判断の相違に関する合理的かつ十分な根拠を示すことがある。

A40. 反対に、経営者との協議は、その他の記載内容に重要な誤りがあるという監査人の結論を裏付ける追加の情報を提供する場合がある。

A41. 判断に関する事項について経営者に疑問を呈することは、事実に関する事項の場合に比べて困難な場合がある。しかしながら、状況によっては、監査人はその他の記載内容が、財務諸表と整合しない、又は監査人が監査の過程で得た知識と整合しない記述を含むと結論付ける場合がある。当該状況においては、その他の記載内容、財務諸表又は監査人が監査の過程で得た知識に疑義が生じることがある。

A42. その他の記載内容には様々な情報が含まれるため、起こり得る重要な誤りは多岐にわたる。したがって、監査人がその他の記載内容に重要な誤りがあるかどうかの判断のために実施するその他の手続の種類及び範囲は、その状況における監査人の職業的専門家としての判断に関する事項である。

A43. ある事項が財務諸表又は監査人が監査の過程で得た知識と関連しない場合、監査人は監査人の質問に対する経営者の回答を十分に評価することができないことがある。そのような状況であっても、経営者からの追加の情報若しくは説明又はその他の記載内容に対する経営者による草案の変更に基づき、監査人は、重要な相違又はその他の記載内容に重要な誤りがあると思われる状況には該当しないと判断することがある。監査人はそのような判断ができない場合には、経営者に対し、適格な第三者（例えば、経営者の利用する専門家又は顧問弁護士）への相談を要請することがある。監査人は経営者による第三者への相談結果を検討してもなお、その他の記載内容に重要な誤りがあるかどうかを判断できないことがある。その場合に監査人は、以下の措置を講じるときがある。

・監査人の利用する法律専門家から助言を得る。
・監査報告書に及ぼす影響、例えば経営者から課された制限がある状況を記載するかどうかを検討する。
・現実的な対応として可能であれば、監査契約を解除する。

５．監査人がその他の記載内容に重要な誤りがあると判断した場合の対応

(1) 監査報告書日以前に入手したその他の記載内容に重要な誤りがあると監査人が判断した場合の対応（第17項参照）

A44. 監査役等への報告後においてもその他の記載内容が修正されない場合の監査人による措置は、監査人の職業的専門家としての判断による事項である。経営者及び監査役等から提供された、修正しないことに関する根拠に利用者に誤解を与える意図が疑われる場合などにおいては、

監査人は、経営者又は監査役等の信頼性や誠実性に関する疑義を生じさせるかどうかを考慮することがある。監査人は、法律専門家に助言を求めることが適切と考えることもある。監査人は、職業的専門家としての基準及び適用される法令等により、当該事項を規制当局に報告することが求められる場合や国によっては関連する職業的専門家団体に報告することが求められる場合がある。

監査報告書に関する事項（第17項(1)参照）

A45. まれではあるが、経営者及び監査役等がその他の記載内容における重要な誤りの修正に同意せず、経営者及び監査役等の誠実性に関して疑義が生じ、監査証拠全体の証明力が疑われる場合には、財務諸表に対して意見不表明とすることが適切なことがある。

監査契約の解除（第17項(2)参照）

A46. 経営者及び監査役等がその他の記載内容における重要な誤りの修正に同意せず、経営者及び監査役等の誠実性に関して疑義が生じ、監査の過程で入手した経営者及び監査役等の陳述の信頼性が疑われる場合には、現実的な対応として可能であれば、監査契約を解除することが適切なことがある。

(2) 監査人が監査報告書日より後に入手したその他の記載内容に重要な誤りがあると判断した場合の対応（第18項参照）

A47. 監査報告書日より後に入手したその他の記載内容に重要な誤りがあると監査人が判断し、かつ当該重要な誤りが修正された場合に必要となる監査人の手続には、第16項(1)に従った修正が行われたことの確認が含まれる。また、すでにその他の記載内容が発行されている場合には、その他の記載内容を受領した者に対して修正内容を伝達するために経営者が行う対応を検討することが含まれることがある。

A48. 監査役等がその他の記載内容の修正に同意せず、監査人が未修正の誤りに対して、監査報告書の利用者の注意を喚起するために適切な措置を講じる場合には、職業的専門家としての判断を要し、また関連する法令により影響を受ける場合がある。したがって、監査人の法的権利及び義務に関して、監査人は法律専門家に助言を求めることが適切と考えることがある。

A49. その他の記載内容の重要な誤りが未修正である場合、未修正の重要な誤りに関して監査報告書の利用者の注意を喚起することを求めるために、監査人がとる可能性がある適切な措置には、法令により許容される場合、例えば以下が含まれる。

・第21項に従い、その他の記載内容に重要な誤りがある旨を含む新しい又は訂正された監査報告書を経営者に提供すること並びにこの新しい又は訂正された監査報告書を監査報告書の利用者に提供することを経営者に要請する。このために監査人は、監査基準委員会報告書の要求事項又は適用される法令の観点から、新しい又は訂正された監査報告書の日付に対する影響を検討することが必要となる場合がある。監査人は、新しい又は訂正された監査報告書をその利用者に提供するための経営者の対応を確認することもある。
・その他の記載内容の重要な誤りに対して、例えば、株主総会において当該事項の説明をする等、監査報告書の利用者の注意を喚起する。
・未修正の重要な誤りに関して、規制当局等に報告する。
・監査契約の継続に関連する事項を検討する。（A46項についても参照）

6．財務諸表に重要な虚偽表示がある場合又は監査人の企業及び企業環境に関する理解を更新する必要がある場合の対応（第19項参照）

A50. 監査人は、その他の記載内容の通読によって、以下の事項に影響する新たな情報に気付くことがある。

・企業及び企業環境に関する監査人の理解。また、それらに応じて、リスク評価を修正する必要性（監基報315第10項、第30項及びA1項参照）

・識別した虚偽表示が監査に与える影響や未修正の虚偽表示が財務諸表に与える影響を評価する監査人の責任（監査基準委員会報告書450「監査の過程で識別した虚偽表示の評価」参照）
・後発事象に関する監査人の責任（監基報560第９項及び第13項参照）

７．報告（第21項から第24項参照）

(1) 文例（第21項及び第22項参照）

A51．付録２には、監査報告書の「その他の記載内容」区分の文例を記載している。

(2) 財務諸表に対する監査意見が限定意見又は否定的意見である場合の報告事項（第22項参照）

A52．除外事項付意見の原因となった事項がその他の記載内容に含まれていない、又は参照されておらず、当該事項がその他の記載内容のどの部分にも影響しない場合、財務諸表に対する限定意見又は否定的意見は第21項(5)で要求される記載に影響しないことがある。例えば、適用される財務報告の枠組みにより要求される、担保資産を開示しないことによる財務諸表に対する限定意見は、本報告書において要求される事項に関連しないことがある。その他の状況においては、A53項からA56項に記載された報告事項があることがある。

財務諸表の重要な虚偽表示による限定意見

A53．監査意見が限定意見である場合、財務諸表に対する限定意見の原因となった事項又は関連する事項について、その他の記載内容にも重要な誤りがあるかどうか検討することがある。

監査範囲の制約による限定意見

A54．財務諸表の重要な項目に関して監査範囲の制約がある場合、監査人は当該事項に関して十分かつ適切な監査証拠を入手していない。このような状況において、監査人は、当該事項に関連するその他の記載内容の数値又は数値以外の項目が、重要な誤りとなるかどうかを判断できないことがある。そのような場合には、第21項(5)の適用において、監査人は、限定意見の根拠区分で記載されている事項に関連したその他の記載内容の記述を検討できない旨を記載することがある。ただし、監査人は、その他の記載内容に、他の未修正の重要な誤りを識別した場合には報告することが要求されている。

否定的意見

A55．否定的意見の根拠区分に記載した特定の事項に関連して、財務諸表に対する否定的意見を表明する場合であっても、第21項(5)②に従って監査人は識別したその他の記載内容の重要な誤りを監査報告書において報告しなければならない。財務諸表に対して否定的意見を表明する場合、監査人は第21項(5)で要求される記載において、財務諸表に対する否定的意見の原因となった事項又は関連する事項に関して、その他の記載内容の数値又は数値以外の項目に重要な誤りがあることを示すことがある。

意見不表明

A56．監査人が財務諸表に対する意見を表明しない場合、その他の記載内容に関する区分を含め、監査に関するより詳細な情報を提供することにより、財務諸表全体に対する意見不表明と矛盾しているとの誤解を与えるおそれがある。したがって、このような状況においては、監査基準委員会報告書705第27項で要求されるとおり、監査報告書には、その他の記載内容に関する区分は含めない。

(3) 法令等により監査報告書の様式又は用語が規定されている場合（第23項参照）

A57．監査基準委員会報告書200のA54項は、監査人が一般に公正妥当と認められる監査の基準に加えて、法令により要求される事項の遵守が求められる場合があることを説明している。この場合、監査人は本報告書とは異なる監査報告書の具体的な様式や文言の使用を義務付けられることがある。一般に公正妥当と認められる監査の基準に準拠して実施されている場合の監査報告書の一貫性が保たれていることにより、監査が一般に公正妥当と認められる監査の基準に準拠して実施されていることを容易に認識でき、市場における監査の信頼性を高める。その他の記載内容に関して法令等により要求される事項と一般に公正妥当と認められる監査の基準との間の差異が、監査報告書の様式や文言のみに関連しており、最低限、第23項に記載された事項が監査報告書に含まれる場合には、監査報告書において、一般に公正妥当と認められる監査の基準に準拠している旨を記載することができる。したがって、この場合、監査人は、監査報告書で使用する様式や文言が、法令等により監査報告書に関して要求される事項によって規定されている場合であっても、一般に公正妥当と認められる監査の基準の要求事項を遵守したと判断される。

Ⅳ 適用

・本報告書は、2011年７月１日に発効し、2011年９月30日以後終了する中間会計期間に係る中間監査及び2012年３月31日以後終了する事業年度に係る監査から適用する。

・本報告書（2011年12月22日）は、2012年４月１日以後開始する事業年度に係る監査及び同日以後開始する中間会計期間に係る中間監査から適用する。

・本報告書（2021年１月14日）は、2022年３月31日以後終了する事業年度に係る監査から適用する。ただし、2021年３月31日以後終了する事業年度に係る監査から早期適用することができる。

付録１　その他の記載内容に含まれる可能性がある数値又は数値以外の項目の例

（第13項及びA8項参照）

その他の記載内容に含まれる可能性がある数値又は数値以外の項目の例は以下のとおりである。この例示は、必ずしも網羅的なものではない。

数値

・主要な経営指標等の要約に含まれる項目。例えば、売上高又は経常収益、売上原価、販売費及び一般管理費、当期純利益、１株当たり当期純利益、１株当たり配当額。

・事業の状況に含まれるデータ。例えば、製品・サービス別又は地域別のセグメントの売上高等。

・特定の項目。例えば、資産の譲渡、債務保証損失引当金、資産の減損、法人税等の修正、環境対策引当金、並びにリストラクチャリング及び組織再編費用等。

・資本の財源及び資金の流動性に関する項目。例えば、現金、現金同等物、市場性のある有価証券、配当、負債、ファイナンスリース、非支配株主持分等。

・セグメント又は部門ごとの資本的支出

・オフ・バランスシート取引の金額、及びその財務的影響

・保証、契約債務、法的若しくは環境上の負債、並びにその他の偶発事象に関連する金額

・財務的指標又は比率。例えば、売上総利益率、総資産利益率、株主資本利益率、流動比率、インタレスト・カバレッジ・レシオ、負債比率等。これらの一部については、財務諸表と直接的に整合性を検討できる場合もある。数値以外の項目

・重要な会計上の見積り及びその仮定の説明

・関連当事者の識別及び関連当事者との取引の記述

・先渡取引、金利スワップ、その他の金融商品の利用等による、企業のコモディティ・リスク、為替リスク、又は金利リスクの管理方針やアプローチの記述

・オフ・バランスシート取引の内容に関する記述

・保証、賠償金、契約債務、訴訟、若しくは環境訴訟債務及びその他の偶発債務の記述（企業の関連

するエクスポージャーに対する経営者の定性的な評価を含む)
- 法令等の改正に関する記述。例えば、企業の事業若しくは財政状態に重要な影響を与える、又は企業の将来の財務的な予想に重要な影響を与える、新しい税制又は環境上の規制等。
- 当事業年度に適用となった、又は翌期に適用となる、新しい会計基準が企業の経営成績、財政状態及びキャッシュ・フローに与える影響に関する経営者の定性的な評価
- 事業環境及び展望に関する全般的な記述
- 経営戦略の概要
- 主要な商品又は原材料の市場価格の趨勢に関する記述
- 地域ごとの、需要及び供給並びに規制環境の比較
- 企業の特定セグメントの収益性に影響する特定の要因に関する記述

付録２　その他の記載内容に関する監査報告書の文例（第20項及び第21項、A52項参照）

以下の表は、その他の記載内容に関する監査報告書の各文例が前提としている状況の主な違いを要約している。

	その他の記載内容の入手状況		その他の記載内容に関する重要な誤りの識別	監査意見
	監査報告書日以前	監査報告書日より以後		
文例１	全て入手	―	無	無限定適正
文例２	一部入手	入手予定	無	無限定適正
文例３	未入手	入手予定	―	無限定適正
文例４	全て入手	―	有	無限定適正
文例５	全て入手	―	無（範囲の制約有）	限定付適正（範囲制限）
文例６	全て入手	―	有	不適正
文例７	その他の記載内容が存在しない		―	―

文例１　監査人が監査報告書日以前に全てのその他の記載内容を入手し、またその他の記載内容に関して重要な誤りを識別していない場合における、無限定適正意見の監査報告書

文例の前提となる状況

- 上場か非上場かを問わず、適正表示の枠組みに準拠して作成された完全な一組の一般目的の財務諸表の監査である。当該監査は、グループ監査ではない（すなわち、監査基準委員会報告書600「グループ監査」は適用されない。)。
- 監査契約書において、監査基準委員会報告書210の財務諸表に対する経営者の責任が記載されている。
- 監査人は、入手した監査証拠に基づいて、無限定適正意見が適切と判断している。
- 監査人は、入手した監査証拠に基づいて、監査基準委員会報告書570「継続企業」に従って、継続企業の前提に重要な疑義を生じさせるような事象又は状況に関連する重要な不確実性が存在しないと判断している。
- 監査基準委員会報告書701「独立監査人の監査報告書における監査上の主要な検討事項の報告」に従って、監査上の主要な検討事項を報告することが求められている。
- 監査人は監査報告書の日付以前にその他の記載内容の全てを入手し、また、その他の記載内容に関して重要な誤りを識別していない。
- 会社は監査役会設置会社である。
- 監査人は、財務諸表の監査に加えて、法令等に基づくその他の報告責任を有する。

独立監査人の監査報告書

［宛先］

［監査報告書の日付］
［○○監査法人］
［事業所名］
［監査人の署名］

<財務諸表監査>(注１)

監査意見

当監査法人は、○○株式会社の×年×月×日から×年×月×日までの事業年度の財務諸表、すなわち貸借対照表、損益計算書、株主資本等変動計算書、キャッシュ・フロー計算書及び重要な会計方針を含む財務諸表の注記について監査を行った。

当監査法人は、上記の財務諸表が、［適用される財務報告の枠組み(注２)］に準拠して、○○株式会社の×年×月×日現在の財政状態並びに同日をもって終了する事業年度の経営成績及びキャッシュ・フローの状況を、全ての重要な点において適正に表示しているものと認める。

監査意見の根拠

当監査法人は、我が国において一般に公正妥当と認められる監査の基準に準拠して監査を行った。監査の基準における当監査法人の責任は、「財務諸表監査における監査人の責任」に記載されている。当監査法人は、我が国における職業倫理に関する規定に従って、会社から独立しており、また、監査人としてのその他の倫理上の責任を果たしている。当監査法人は、意見表明の基礎となる十分かつ適切な監査証拠を入手したと判断している。

監査上の主要な検討事項(注３)

監査上の主要な検討事項とは、当事業年度の財務諸表の監査において、監査人が職業的専門家として特に重要であると判断した事項である。監査上の主要な検討事項は、財務諸表全体に対する監査の実施過程及び監査意見の形成において対応した事項であり、当監査法人は、当該事項に対して個別に意見を表明するものではない。

［監査基準委員会報告書701に従った監査上の主要な検討事項の記載］

その他の記載内容

その他の記載内容は、［対象となる報告書の名称(注４)］に含まれる情報のうち、財務諸表及びその監査報告書以外の情報である。経営者の責任は、その他の記載内容を作成し開示することにある。また、監査役及び監査役会の責任は、その他の記載内容の報告プロセスの整備及び運用における取締役の職務の執行を監視することにある。

当監査法人の財務諸表に対する監査意見の対象にはその他の記載内容は含まれておらず、当監査法人はその他の記載内容に対して意見を表明するものではない。

財務諸表監査における当監査法人の責任は、その他の記載内容を通読し、通読の過程において、その他の記載内容と財務諸表又は当監査法人が監査の過程で得た知識との間に重要な相違があるかどうか検討すること、また、そのような重要な相違以外にその他の記載内容に重要な誤りの兆候があるかどうか注意を払うことにある。

当監査法人は、実施した作業に基づき、その他の記載内容に重要な誤りがあると判断した場合には、その事実を報告することが求められている。

その他の記載内容に関して、当監査法人が報告すべき事項はない。

財務諸表に対する経営者並びに監査役及び監査役会の責任

［監査基準委員会報告書700に従った記載］

財務諸表監査における監査人の責任
［監査基準委員会報告書700に従った記載］

<法令等に基づくその他の報告>
（省略）

利害関係
会社と当監査法人又は業務執行社員との間には、公認会計士法の規定により記載すべき利害関係はない。

（注１）「<法令等に基づくその他の報告>」がない場合は、「<財務諸表監査>」は不要である。
（注２）適用される財務報告の枠組みの名称を具体的に記載する。
（注３）監査上の主要な検討事項の区分は、法令により求められる場合又は任意で記載する場合にのみ要求される。
（注４）対象となる報告書の名称を具体的に記載する。

文例２　監査人が監査報告書日以前にその他の記載内容の一部を入手し、当該その他の記載内容に関して重要な誤りを識別しておらず、また監査報告書日より後にそれ以外のその他の記載内容を入手する予定である場合における、無限定適正意見の監査報告書

文例の前提となる状況
・上場か非上場かを問わず、適正表示の枠組みに準拠して作成された完全な一組の一般目的の財務諸表の監査である。当該監査は、グループ監査ではない（すなわち、監査基準委員会報告書600は適用されない。）。
・監査契約書において、監査基準委員会報告書210の財務諸表に対する経営者の責任が記載されている。
・監査人は、入手した監査証拠に基づいて、無限定適正意見が適切と判断している。
・監査人は、入手した監査証拠に基づいて、監査基準委員会報告書570に従って、継続企業の前提に重要な疑義を生じさせるような事象又は状況に関連する重要な不確実性が存在しないと判断している。
・監査基準委員会報告書701に従って、監査上の主要な検討事項を報告することが求められている。
・監査報告書の日付以前にその他の記載内容の一部を監査人が入手し、当該その他の記載内容に関して重要な誤りを識別しておらず、また監査報告書日より後にそれ以外のその他の記載内容を入手することを予定している。
・会社は監査役会設置会社である。
・監査人は、財務諸表の監査に加えて、法令等に基づくその他の報告責任を有する。

独立監査人の監査報告書

［宛先］

［監査報告書の日付］
［○○監査法人］
［事業所名］
［監査人の署名］

<財務諸表監査>（注１）

監査意見
当監査法人は、○○株式会社の×年×月×日から×年×月×日までの事業年度の財務諸表、すなわち貸借対照表、損益計算書、株主資本等変動計算書、キャッシュ・フロー計算書及び重要な会計方針を含む財務諸表の注記について監査を行った。
当監査法人は、上記の財務諸表が、［適用される財務報告の枠組み（注２）］に準拠して、○○株式会社の×

年×月×日現在の財政状態並びに同日をもって終了する事業年度の経営成績及びキャッシュ・フローの状況を、全ての重要な点において適正に表示しているものと認める。

監査意見の根拠

当監査法人は、我が国において一般に公正妥当と認められる監査の基準に準拠して監査を行った。監査の基準における当監査法人の責任は、「財務諸表監査おける監査人の責任」に記載されている。当監査法人は、我が国における職業倫理に関する規定に従って、会社から独立しており、また、監査人としてのその他の倫理上の責任を果たしている。当監査法人は、意見表明の基礎となる十分かつ適切な監査証拠を入手したと判断している。

監査上の主要な検討事項

監査上の主要な検討事項とは、当事業年度の財務諸表の監査において、監査人が職業的専門家として特に重要であると判断した事項である。監査上の主要な検討事項は、財務諸表全体に対する監査の実施過程及び監査意見の形成において対応した事項であり、当監査法人は、当該事項に対して個別に意見を表明するものではない。

[監査基準委員会報告書701に従った監査上の主要な検討事項の記載]

その他の記載内容

その他の記載内容は、この監査報告書の日付以前に当監査法人が入手した［対象となる報告書の名称(注3)］(ただし、財務諸表及びその監査報告書を除く。) 及びこの監査報告書の日付より後に当監査法人に提供されることが予定される［対象となる報告書の名称(注3)］から構成される。経営者の責任は、その他の記載内容を作成し開示することにある。また、監査役及び監査役会の責任は、その他の記載内容の報告プロセスの整備及び運用における取締役の職務の執行を監視することにある。

当監査法人の財務諸表に対する監査意見の対象にはその他の記載内容は含まれておらず、当監査法人はその他の記載内容に対して意見を表明するものではない。また、表明する予定もない。

財務諸表監査における当監査法人の責任は、その他の記載内容を通読し、通読の過程において、その他の記載内容と財務諸表又は当監査法人が監査の過程で得た知識との間に重要な相違があるかどうか検討すること、また、そのような重要な相違以外にその他の記載内容に重要な誤りの兆候があるかどうか注意を払うことにある。

当監査法人は、この監査報告書の日付以前に入手したその他の記載内容に対して実施した作業に基づき、当該その他の記載内容に重要な誤りがあると判断した場合には、その事実を報告することが求められている。

当該その他の記載内容に関して、当監査法人が報告すべき事項はない。

［当監査法人は、［この監査報告書の日付より後に当監査法人に提供されることが想定される対象となる報告書の名称(注3)］を通読し、重要な誤りがあると判断した場合、当該事項を監査役等に報告し、また、［法令で別途定められている措置がある場合は、それを記載する。］することが求められている。］(注4)

財務諸表に対する経営者並びに監査役及び監査役会の責任

［監査基準委員会報告書700に従った記載］

財務諸表監査における監査人の責任

［監査基準委員会報告書700に従った記載］

<法令等に基づくその他の報告>

(省略)

利害関係

会社と当監査法人又は業務執行社員との間には、公認会計士法の規定により記載すべき利害関係はない。

(注1)　「<法令等に基づくその他の報告>」がない場合は、「<財務諸表監査>」は不要である。

(注2)　適用される財務報告の枠組みの名称を具体的に記載する。

(注3)　対象となる報告書の名称を具体的に記載する。

（注４） 監査報告書日より後に入手したその他の記載内容に関して、監査人が未修正の重要な誤りを識別し、その対応として特定の措置を講じる法的義務がある場合に、本記載を行うことが有用であれば、記載することができる。

文例３　監査人は監査報告書日以前にその他の記載内容を入手していないが、監査報告書日より後にその他の記載内容を入手する予定である場合における、無限定適正意見の監査報告書

文例の前提となる状況

・上場か非上場かを問わず、適正表示の枠組みに準拠して作成された完全な一組の一般目的の財務諸表の監査である。当該監査は、グループ監査ではない（すなわち、監査基準委員会報告書600は適用されない。）。

・監査契約書において、監査基準委員会報告書210の財務諸表に対する経営者の責任が記載されている。

・監査人は、入手した監査証拠に基づいて、無限定適正意見が適切と判断している。

・監査人は、入手した監査証拠に基づいて、監査基準委員会報告書570に従って、継続企業の前提に重要な疑義を生じさせるような事象又は状況に関連する重要な不確実性が存在しないと判断している。

・監査基準委員会報告書701に従って、監査上の主要な検討事項を報告することが求められている。

・監査人は、監査報告書の日付以前にその他の記載内容を入手していないが、監査報告書日より後にその他の記載内容を入手することを予定している。

・会社は監査役会設置会社である。

・監査人は、財務諸表の監査に加えて、法令等に基づくその他の報告責任を有する。

独立監査人の監査報告書

［宛先］

［監査報告書の日付］
［○○監査法人］
［事業所名］
［監査人の署名］

＜財務諸表監査＞（注１）

監査意見

当監査法人は、○○株式会社の×年×月×日から×年×月×日までの事業年度の財務諸表、すなわち貸借対照表、損益計算書、株主資本等変動計算書、キャッシュ・フロー計算書及び重要な会計方針を含む財務諸表の注記について監査を行った。

当監査法人は、上記の財務諸表が、［適用される財務報告の枠組み（注２）］に準拠して、○○株式会社の×年×月×日現在の財政状態並びに同日をもって終了する事業年度の経営成績及びキャッシュ・フローの状況を、全ての重要な点において適正に表示しているものと認める。

監査意見の根拠

当監査法人は、我が国において一般に公正妥当と認められる監査の基準に準拠して監査を行った。監査の基準における当監査法人の責任は、「財務諸表の監査における監査人の責任」に記載されている。当監査法人は、我が国における職業倫理に関する規定に従って、会社から独立しており、また、監査人としてのその他の倫理上の責任を果たしている。当監査法人は、意見表明の基礎となる十分かつ適切な監査証拠を入手したと判断している。

監査上の主要な検討事項

監査上の主要な検討事項とは、当事業年度の財務諸表の監査において、監査人が職業的専門家として特に重要であると判断した事項である。監査上の主要な検討事項は、財務諸表全体に対する監査の実施過程及び監査意見の形成において対応した事項であり、当監査法人は、当該事項に対して個別に意見を表明するもの

ではない。

［監査基準委員会報告書701に従った監査上の主要な検討事項の記載］

その他の記載内容

その他の記載内容は、［対象となる報告書の名称(注3)］に含まれる情報のうち、財務諸表及びその監査報告書以外の情報から構成される。その他の記載内容は、この監査報告書の日付より後に当監査法人に提供されることが予定されている。経営者の責任は、その他の記載内容を作成し開示することにある。また、監査役及び監査役会の責任は、その他の記載内容の報告プロセスの整備及び運用における取締役の職務の執行を監視することにある。

当監査法人の財務諸表に対する監査意見の対象にはその他の記載内容は含まれておらず、当監査法人はその他の記載内容に対して意見を表明するものではない。

財務諸表監査における当監査法人の責任は、その他の記載内容を通読し、通読の過程において、その他の記載内容と財務諸表又は当監査法人が監査の過程で得た知識との間に重要な相違があるかどうか検討すること、また、そのような重要な相違以外にその他の記載内容に重要な誤りの兆候があるかどうか注意を払うことにある。

［［対象となる報告書の名称(注3)］を通読し、重要な誤りがあると判断した場合、当監査法人は、当該事項を監査役等に報告し、また、［法令で別途定められている措置がある場合は、それを記載する。］することが求められている。］(注4)

財務諸表に対する経営者並びに監査役及び監査役会の責任

［監査基準委員会報告書700に従った記載］

財務諸表監査における監査人の責任

［監査基準委員会報告書700に従った記載］

＜法令等に基づくその他の報告＞

（省略）

利害関係

会社と当監査法人又は業務執行社員との間には、公認会計士法の規定により記載すべき利害関係はない。

（注１）　「＜法令等に基づくその他の報告＞」がない場合は、「＜財務諸表監査＞」は不要である。

（注２）　適用される財務報告の枠組みの名称を具体的に記載する。

（注３）　対象となる報告書の名称を具体的に記載する。

（注４）　監査報告書日より後に入手したその他の記載内容に関して、監査人が未修正の重要な誤りを識別し、その対応として特定の措置を講じる法的義務がある場合に、本記載を行うことが有用であれば、記載することができる。

文例４　監査人が監査報告書日以前に全てのその他の記載内容を入手し、またその他の記載内容に関して重要な誤りが存在すると結論付けた場合における、無限定適正意見の監査報告書

文例の前提となる状況

・上場か非上場かを問わず、適正表示の枠組みに準拠して作成された完全な一組の一般目的の財務諸表の監査である。当該監査は、グループ監査ではない（すなわち、監査基準委員会報告書600は適用されない。）。

・監査契約書において、監査基準委員会報告書210の財務諸表に対する経営者の責任が記載されている。

・監査人は、入手した監査証拠に基づいて、無限定適正意見が適切と判断している。

・監査人は、入手した監査証拠に基づいて、監査基準委員会報告書570に従って、継続企業の前提に重要な疑義を生じさせるような事象又は状況に関連する重要な不確実性が存在しないと判断している。

・監査基準委員会報告書701に従って、監査上の主要な検討事項を報告することが求められている。

・監査人は監査報告書の日付以前に全てのその他の記載内容を入手しており、また、その他の記載内容における重要な誤りを識別している。したがって、監査報告書の利用者にとって重要な情報であると考えられるため、「監査意見の根拠」区分に続いて、「その他の記載内容」区分を記載している。

・会社は監査役会設置会社である。

・監査人には、法令等に基づくその他の報告責任がない。

独立監査人の監査報告書

[宛先]

[監査報告書の日付]

[○○監査法人]

[事業所名]

[監査人の署名]

監査意見

当監査法人は、○○株式会社の×年×月×日から×年×月×日までの事業年度の財務諸表、すなわち貸借対照表、損益計算書、株主資本等変動計算書、キャッシュ・フロー計算書及び重要な会計方針を含む財務諸表の注記について監査を行った。

当監査法人は、上記の財務諸表が、[適用される財務報告の枠組み(注1)]に準拠して、○○株式会社の×年×月×日現在の財政状態並びに同日をもって終了する事業年度の経営成績及びキャッシュ・フローの状況を、全ての重要な点において適正に表示しているものと認める。

監査意見の根拠

当監査法人は、我が国において一般に公正妥当と認められる監査の基準に準拠して監査を行った。監査の基準における当監査法人の責任は、「財務諸表の監査における監査人の責任」に記載されている。当監査法人は、我が国における職業倫理に関する規定に従って、会社から独立しており、また、監査人としてのその他の倫理上の責任を果たしている。当監査法人は、意見表明の基礎となる十分かつ適切な監査証拠を入手したと判断している。

その他の記載内容

その他の記載内容は、[対象となる報告書の名称(注2)]に含まれる情報のうち、財務諸表及びその監査報告書以外の情報である。経営者の責任は、その他の記載内容を作成し開示することにある。また、監査役及び監査役会の責任は、その他の記載内容の報告プロセスの整備及び運用における取締役の職務の執行を監視することにある。

当監査法人の財務諸表に対する監査意見の対象にはその他の記載内容は含まれておらず、当監査法人はその他の記載内容に対して意見を表明するものではない。

財務諸表監査における当監査法人の責任は、その他の記載内容を通読し、通読の過程において、その他の記載内容と財務諸表又は当監査法人が監査の過程で得た知識との間に重要な相違があるかどうか検討すること、また、そのような重要な相違以外にその他の記載内容に重要な誤りの兆候があるかどうか注意を払うことにある。

当監査法人は、実施した作業に基づき、その他の記載内容に重要な誤りがあると判断した場合には、その事実を報告することが求められている。

以下に記載のとおり、当監査法人は、その他の記載内容に重要な誤りがあると判断している。

[その他の記載内容の重要な誤りの記述]

監査上の主要な検討事項(注3)

監査上の主要な検討事項とは、当事業年度の財務諸表の監査において、監査人が職業的専門家として特に重要であると判断した事項である。監査上の主要な検討事項は、財務諸表全体に対する監査を実施過程及び監査意見の形成において対応した事項であり、当監査法人は、当該事項に対して個別に意見を表明するものではない。
［監査基準委員会報告書701に従った監査上の主要な検討事項の記載］

財務諸表に対する経営者並びに監査役及び監査役会の責任
［監査基準委員会報告書700に従った記載］

財務諸表の監査における監査人の責任
［監査基準委員会報告書700に従った記載］

利害関係
会社と当監査法人又は業務執行社員との間には、公認会計士法の規定により記載すべき利害関係はない。

(注1)　適用される財務報告の枠組みの名称を具体的に記載する。
(注2)　対象となる報告書の名称を具体的に記載する。
(注3)　監査上の主要な検討事項の区分は、法令により求められる場合又は任意で記載する場合にのみ要求される。

文例5　監査人が監査報告書日以前に全てのその他の記載内容を入手し、また連結財務諸表の重要な項目に関して監査範囲の制約があり、当該制約がその他の記載内容にも影響する場合における、限定付適正意見の監査報告書

文例の前提となる状況
・上場か非上場かを問わず、適正表示の枠組みに準拠して作成された完全な一組の一般目的の連結財務諸表の監査である。当該監査は、グループ監査である（すなわち、監査基準委員会報告書600が適用される。）。
・監査契約書において、監査基準委員会報告書210の連結財務諸表に対する経営者の責任が記載されている。
・監査人は、在外関連会社に対する投資に関して十分かつ適切な監査証拠を入手することができなかった。十分かつ適切な監査証拠を入手することができないことが連結財務諸表に及ぼす可能性のある影響は、重要であるが広範ではないと認められるため、限定付適正意見を表明している。
・監査人は、入手した監査証拠に基づいて、監査基準委員会報告書570に従って、継続企業の前提に重要な疑義を生じさせるような事象又は状況に関連する重要な不確実性が存在しないと判断している。
・監査基準委員会報告書701に従って、監査上の主要な検討事項を報告することが求められている。
・監査人は監査報告書の日付以前にその他の記載内容の全てを入手しており、連結財務諸表に関する限定付適正意見を生じさせる事項はその他の記載内容にも影響を及ぼしている。したがって、監査報告書の利用者にとって重要な情報であると考えられるため、「限定付適正意見の根拠」区分に続いて、「その他の記載内容」区分を記載している。
・会社は監査役会設置会社である。
・監査人には、法令等に基づくその他の報告責任がない。

独立監査人の監査報告書

［宛先］

［監査報告書の日付］
［○○監査法人］
［事業所名］

［監査人の署名］

限定付適正意見

当監査法人は、○○株式会社及び連結子会社の×年×月×日から×年×月×日までの連結会計年度の連結財務諸表、すなわち連結貸借対照表、連結損益計算書、連結包括利益計算書、連結株主資本等変動計算書、連結キャッシュ・フロー計算書並びに重要な会計方針を含む連結財務諸表の注記について監査を行った。

当監査法人は、上記の連結財務諸表が、「限定付適正意見の根拠」に記載した事項の連結財務諸表に及ぼす可能性のある影響を除き、［適用される財務報告の枠組み(注1)］に準拠して、○○株式会社及び連結子会社の×年×月×日現在の財政状態並びに同日をもって終了する連結会計年度の経営成績及びキャッシュ・フローの状況を、全ての重要な点において適正に表示しているものと認める。

限定付適正意見の根拠

会社は、当連結会計年度中にXYZ社の株式を取得し、在外関連会社として当該会社の投資に対し持分法を適用している。XYZ社に対する投資は、×年×月×日現在の連結貸借対照表上XXXで計上され、XYZ社の当期純利益のうち会社の持分相当額であるXXXが、同日に終了した連結会計年度の会社の当期純利益に含まれている。当監査法人は、XYZ社の財務情報を入手することができず、また、XYZ社の経営者及び監査人とのコミュニケーションが認められなかったため、XYZ社に対する×年×月×日現在の会社の持分法による投資簿価及び同日に終了した連結会計年度の当期純利益のうち関連する持分法投資利益について、十分かつ適切な監査証拠を入手することができなかった。したがって、当監査法人は、これらの金額に修正が必要となるかどうかについて判断することができなかった。この影響は・・・・・・・である(注4)。したがって、連結財務諸表に及ぼす可能性のある影響は重要であるが広範ではない。

当監査法人は、我が国において一般に公正妥当と認められる監査の基準に準拠して監査を行った。監査の基準における当監査法人の責任は、「連結財務諸表監査における監査人の責任」に記載されている。当監査法人は、我が国における職業倫理に関する規定に従って、会社及び連結子会社から独立しており、監査人としてのその他の倫理上の責任を果たしている。当監査法人は、限定付適正意見表明の基礎となる十分かつ適切な監査証拠を入手したと判断している。

その他の記載内容

その他の記載内容は、［対象となる報告書の名称(注2)］に含まれる情報のうち、連結財務諸表及びその監査報告書以外の情報である。経営者の責任は、その他の記載内容を作成し開示することにある。また、監査役及び監査役会の責任は、その他の記載内容の報告プロセスの整備及び運用における取締役の職務の執行を監視することにある。

当監査法人の連結財務諸表に対する監査意見の対象にはその他の記載内容は含まれておらず、当監査法人はその他の記載内容に対して意見を表明するものではない。

連結財務諸表監査における当監査法人の責任は、その他の記載内容を通読し、通読の過程において、その他の記載内容と連結財務諸表又は当監査法人が監査の過程で得た知識との間に重要な相違があるかどうか検討すること、また、そのような重要な相違以外にその他の記載内容に重要な誤りの兆候があるかどうか注意を払うことにある。

当監査法人は、実施した作業に基づき、その他の記載内容に重要な誤りがあると判断した場合には、その事実を報告することが求められている。

上記の「限定付適正意見の根拠」に記載したとおり、XYZ社に対する×年×月×日現在の会社の持分法による投資簿価及び同日に終了した連結会計年度の当期純利益のうち関連する持分法投資利益について、十分かつ適切な監査証拠を入手することができなかった。

したがって、当監査法人は、当該事項に関するその他の記載内容に重要な誤りがあるかどうか判断することができなかった。

監査上の主要な検討事項(注3)

監査上の主要な検討事項とは、当連結会計年度の連結財務諸表の監査において、監査人が職業的専門家として特に重要であると判断した事項である。監査上の主要な検討事項は、連結財務諸表全体に対する監査の実施過程及び監査意見の形成において対応した事項であり、当監査法人は、当該事項に対して個別に意見を表明するものではない。当監査法人は、「限定付適正意見の根拠」に記載した事項のほか、以下に記載した事項を監査報告書において監査上の主要な検討事項として報告すべき事項と判断している。

［監査基準委員会報告書701に従った監査上の主要な検討事項の記載］

連結財務諸表に対する経営者並びに監査役及び監査役会の責任

［監査基準委員会報告書700に従って第２段落まで記載］

監査役及び監査役会の責任は、財務報告プロセスの整備及び運用における取締役の職務の遂行を監視することにある。

連結財務諸表監査における監査人の責任

［監査基準委員会報告書700に従った記載］

利害関係

会社及び連結子会社と当監査法人又は業務執行社員との間には、公認会計士法の規定により記載すべき利害関係はない。

（注１）　適用される財務報告の枠組みの名称を具体的に記載する。

（注２）　対象となる報告書の名称を具体的に記載する。

（注３）　監査上の主要な検討事項の区分は、法令により求められる場合又は任意で記載する場合にのみ要求される。

（注４）　「・・・・・・・」には、重要ではあるが広範ではないと判断し、意見不表明ではなく限定付適正意見とした理由を、財務諸表利用者の視点に立って分かりやすく具体的に記載する。広範性の判断の記載に当たっては、監査基準委員会研究報告第６号「監査報告書に係るＱ＆Ａ」Ｑ１-６「除外事項の重要性と広範性及び除外事項の記載上の留意点」を参照する。

文例６　監査人が監査報告書日以前に全てのその他の記載内容を入手し、また連結財務諸表に対する不適正意見がその他の記載内容にも影響する場合における、企業の不適正意見の監査報告書

文例の前提となる状況

・上場か非上場かを問わず、適正表示の枠組みに準拠して作成された完全な一組の一般目的の連結財務諸表の監査である。当該監査は、グループ監査である（すなわち、監査基準委員会報告書600が適用される。）。

・監査契約書において、監査基準委員会報告書210の連結財務諸表に対する経営者の責任が記載されている。

・連結財務諸表には、子会社の連結を除外したことによる重要な虚偽表示が存在する。当該重要な虚偽表示は連結財務諸表にとって広範であると認められるため、当該虚偽表示の影響を集計して評価することは、実務的に困難であるため実施していないが、不適正意見が表明されている。

・監査人は、入手した監査証拠に基づいて、監査基準委員会報告書570に従って、継続企業の前提に重要な疑義を生じさせるような事象又は状況に関連する重要な不確実性が存在しないと判断している。

・監査基準委員会報告書701に従って、監査上の主要な検討事項を報告することが求められている。

・監査人は監査報告書の日付以前にその他の記載内容の全てを入手しており、連結財務諸表に関する不適正意見を生じさせる事項はその他の記載内容にも影響を及ぼしている。したがって、監査報告書の利用者にとって重要な情報であると考えられるため、「不適正意見の根拠」区分に続いて、「その他の記載内容」区分を記載している。

・会社は監査役会設置会社である。

・監査人には、法令等に基づくその他の報告責任がない。

独立監査人の監査報告書

［宛先］

［監査報告書の日付］
［○○監査法人］
［事業所名］
［監査人の署名］

不適正意見

当監査法人は、○○株式会社及び連結子会社の×年×月×日から平成×年×月×日までの連結会計年度の連結財務諸表、すなわち連結貸借対照表、連結損益計算書、連結包括利益計算書、連結株主資本等変動計算書、連結キャッシュ・フロー計算書及び重要な会計方針を含む連結財務諸表の注記について監査を行った。

当監査法人は、上記の連結財務諸表が、「不適正意見の根拠」に記載した事項の連結財務諸表に及ぼす影響の重要性に鑑み、［適用される財務報告の枠組み(注1)］に準拠して、○○株式会社及び連結子会社の×年×月×日現在の財政状態並びに同日をもって終了する連結会計年度の経営成績及びキャッシュ・フローの状況を、適正に表示していないものと認める。

不適正意見の根拠

注記Xに記載されているとおり、会社は、当連結会計年度にXX社の支配を獲得したが、XX社が保有する重要な資産及び負債の一部の取得日における公正価値を確定することができないことを理由に、子会社XX社を連結の範囲に含めていない。そのため、当該投資は連結貸借対照表上、取得原価により計上されているが、［適用される財務報告の枠組み(注1)］に従えば、会社は当該子会社を連結し、また、暫定金額に基づいて当該取得を会計処理しなければならない。XX社を連結の範囲に含めた場合、連結財務諸表上、多岐にわたり重要な影響を及ぼすため、XX社を連結の範囲に含めなかったことによる影響金額を算定できなかった。

当監査法人は、我が国において一般に公正妥当と認められる監査の基準に準拠して監査を行った。監査の基準における当監査法人の責任は、「連結財務諸表の監査における監査人の責任」に記載されている。当監査法人は、我が国における職業倫理に関する規定に従って、会社及び連結子会社から独立しており、また、監査人としてのその他の倫理上の責任を果たしている。当監査法人は、不適正意見表明の基礎となる十分かつ適切な監査証拠を入手したと判断している。

その他の記載内容

その他の記載内容は、［対象となる報告書の名称(注2)］に含まれる情報のうち、連結財務諸表及びその監査報告書以外の情報である。経営者の責任は、その他の記載内容を作成し開示することにある。また、監査役及び監査役会の責任は、その他の記載内容の報告プロセスの整備及び運用における取締役の職務の執行を監視することにある。

当監査法人の連結財務諸表に対する監査意見の対象にはその他の記載内容は含まれておらず、当監査法人はその他の記載内容に対して意見を表明するものではない。

連結財務諸表監査における当監査法人の責任は、その他の記載内容を通読し、通読の過程において、その他の記載内容と連結財務諸表又は当監査法人が監査の過程で得た知識との間に重要な相違があるかどうか検討すること、また、そのような重要な相違以外にその他の記載内容に重要な誤りの兆候があるかどうか注意を払うことにある。

当監査法人は、実施した作業に基づき、その他の記載内容に重要な誤りがあると判断した場合には、その事実を報告することが求められている。

上記の「不適正意見の根拠」に記載したとおり、会社及び連結子会社はXX社を連結し、取得に関する会計処理を暫定の金額に基づいて行う必要があった。

当監査法人は、同様の理由から、［対象となる報告書の名称(注2)］に含まれるXX社を連結しなかったことにより影響を受ける数値又は数値以外の項目に関して、その他の記載内容に重要な誤りがあると判断した。

監査上の主要な検討事項(注3)

監査上の主要な検討事項とは、当連結会計年度の連結財務諸表の監査において、当監査法人が職業的専門家として特に重要であると判断した事項である。監査上の主要な検討事項は、連結財務諸表全体に対する監査の実施過程及び監査意見の形成において対応した事項であり、当監査法人は、当該事項に対して個別に意見を表明するものではない。当監査法人は、「不適正意見の根拠」に記載した事項のほか、以下に記載した事項を監査報告書において監査上の主要な検討事項として報告すべき事項と判断している。

［監査基準委員会報告書701に従った監査上の主要な検討事項の記載］

連結財務諸表に対する経営者及び監査役等の責任

［監査基準委員会報告書700に従って第２段落まで記載］

監査役及び監査役会の責任は、財務報告プロセスの整備及び運用における取締役の職務の遂行を監視することにある。

連結財務諸表監査に対する監査人の責任

［監査基準委員会報告書700に従った記載］

利害関係

会社及び連結子会社と当監査法人又は業務執行社員との間には、公認会計士法の規定により記載すべき利害関係はない。

(注１)　適用される財務報告の枠組みの名称を具体的に記載する。
(注２)　対象となる報告書の名称を具体的に記載する。
(注３)　監査上の主要な検討事項の区分は、法令により求められる場合又は任意で記載する場合にのみ要求される。

文例７　その他の記載内容が存在しない場合における監査報告書

文例の前提となる状況

・監査人はその他の記載内容が存在しないと判断している。

その他の記載内容

その他の記載内容は、監査した財務諸表を含む開示書類に含まれる情報のうち、財務諸表及びその監査報告書以外の情報である。

当監査法人は、その他の記載内容が存在しないと判断したため、その他の記載内容に対するいかなる作業も実施していない。

以　上

監査基準委員会報告書800

特別目的の財務報告の枠組みに準拠して作成された財務諸表に対する監査＊

2014年４月４日
改正2020年３月17日
最終改正2021年１月14日
日本公認会計士協会
監査基準委員会
（報告書：第73号）

項番号

Ⅰ　本報告書の範囲及び目的

１．本報告書の範囲

１．本報告書は、特別目的の財務報告の枠組みに準拠して作成された財務諸表に対する監査において、他の監査基準委員会報告書を適用する際に特に考慮すべき事項について、実務上の指針を提供するものである。なお、本報告書において定められていない事項及び定義等については、他の監査基準委員会報告書が適用される。

２．本報告書は、監査の対象が特別目的の財務報告の枠組みに準拠して作成された完全な一組の財務諸表であることを前提として記載されている。

監査基準委員会報告書805「個別の財務表又は財務諸表項目等に対する監査」は、個別の財務表又は財務諸表項目等を対象として監査を実施する場合において特に考慮すべき事項について、実務上の指針を提供するものである。

３．本報告書は、他の監査基準委員会報告書の要求事項に加えて適用されることを前提としている。また、本報告書は、個々の監査業務に関連して特に考慮すべき事項を網羅的に提供するものではない。

２．本報告書の目的

４．本報告書における監査人の目的は、特別目的の財務報告の枠組みに準拠して作成された財務諸表に対する監査において他の監査基準委員会報告書を適用する際に、以下に関連して特に考慮すべき事項に適切に対処することである。

⑴　監査契約の締結

⑵　監査の計画と実施

⑶　意見の形成と監査報告

３．定義

５．本報告書における用語の定義は、以下のとおりとする。

⑴　「特別目的の財務諸表」－特別目的の財務報告の枠組みに準拠して作成される財務諸表をいう。（A4項参照）なお、監査基準では、特

別目的の財務諸表は、特定の利用者のニーズを満たすべく特別の利用目的に適合した会計の基準に準拠して作成された財務諸表と説明されている。

(2) 「特別目的の財務報告の枠組み」－特定の利用者の財務情報に対するニーズを満たすように策定された財務報告の枠組みをいう。

監査基準委員会報告書200「財務諸表監査における総括的な目的」第12項(13)において、財務報告の枠組みには、適正表示の枠組みと準拠性の枠組みがあることが記載されている。(A1項から A4項参照)

6．本報告書において、財務諸表とは、完全な一組の特別目的の財務諸表を意味する。財務諸表の表示、構成及び内容並びに完全な一組の財務諸表が何により構成されているかは、適用される財務報告の枠組みによって定められている。特別目的の財務諸表には関連する注記事項が含まれる。

Ⅱ　要求事項

1．監査契約の締結における考慮事項

財務報告の枠組みの受入可能性

7．監査人は、監査基準委員会報告書210「監査業務の契約条件の合意」第４項(1)に従い、財務諸表の作成において適用される財務報告の枠組みが受入可能なものであるかどうかを判断することが求められている。

特別目的の財務諸表に対する監査において、監査人は、以下について理解しなければならない。(A5項から A8項参照)

(1)　財務諸表の作成目的

(2)　想定利用者

(3)　適用される財務報告の枠組みが状況に照らして受入可能なものであると判断するために経営者が行った検討内容

2．監査の計画と実施における考慮事項

8．監査人は、監査基準委員会報告書200第17項に従い、監査基準、法令により準拠が求められる場合、監査における不正リスク対応基準（以下「不正リスク対応基準」という。)、及び監査基準委員会報告書を含む日本公認会計士協会が公表する監査実務指針のうち個々の監査業務に関連するものは全て遵守することが求められている。

監査人は、特別目的の財務諸表に対する監査の計画及び実施において、監査基準及び監査実務指針を適用するに当たり、個々の監査業務に応じて、特別な考慮が必要かどうかを判断しなければならない。(A9項から A12項参照)

9．監査人は、監査基準委員会報告書315「企業及び企業環境の理解を通じた重要な虚偽表示リスクの識別と評価」第10項(3)に従い、企業の会計方針の選択と適用を理解することが求められている。

財務諸表が、契約書において定められている財務報告の枠組みに準拠して作成される場合、監査人は、財務諸表の作成に当たり経営者が行った、財務報告の枠組みに係る取決めに関する全ての重要な解釈を理解しなければならない。複数の合理的な解釈が取り得る場合、解釈により財務諸表に表示される情報に重要な差異が生じるのであれば、経営者が行った解釈は重要なものである。

3．意見の形成と監査報告における考慮事項

10．監査人は、特別目的の財務諸表に対する意見の形成と監査報告を行う際、監査基準委員会報告書700「財務諸表に対する意見の形成と監査報告」の要求事項を適用しなければならない。(A13項から A19項参照)

(1)　適用される財務報告の枠組みについての記述

11．監査基準委員会報告書700第13項に基づき、監査人は、財務諸表において、適用される財務報告の枠組みについて適切に記述されているかどうかを評価しなければならない。財務諸表が、契約書において定められている財務報告の枠組みに係る取決めに準拠して作成される場合、監

査人は、財務諸表において、財務報告の枠組みに係る取決めに関する全ての重要な解釈について適切に記述されているかどうかを評価しなければならない。

12. 監査基準委員会報告書700は、記載区分の順序を含む、監査報告書の様式及び記載内容に関する実務上の指針を提供している。特別目的の財務諸表に対する監査の場合、監査人は監査報告書において以下の事項を併せて記載しなければならない。

(1) 財務諸表の作成目的及び想定利用者（作成目的の記載によって想定利用者が明確である場合を除く。）又はこれらの情報について記載している特別目的の財務諸表の注記への参照

(2) 経営者が、特別目的の財務諸表の作成において財務報告の枠組みの選択肢を有する場合、財務諸表に対する経営者の責任の区分において、経営者は適用される財務報告の枠組みが状況に照らして受入可能なものであることを判断する責任を有する旨

(2) 財務諸表が特別目的の財務報告の枠組みに準拠して作成されていることについての注意喚起

13. 特別目的の財務諸表に対する監査報告書には、監査報告書の利用者の注意を喚起するため、「強調事項」区分を設け、財務諸表は特別目的の財務報告の枠組みに準拠して作成されており、したがって、他の目的には適合しないことがある旨を記載しなければならない。(A20項参照)

(3) 配布又は利用制限

14. 監査人は、第13項で要求されている注意喚起に加えて、監査報告書が特定の利用者のみを想定しており、監査報告書に配布又は利用の制限を付すことが適切であると判断する場合には、適切な見出しを付してその旨を記載しなければならない。

Ⅲ　適用指針

1．特別目的の財務報告の枠組みの定義（第5項参照）

A1. 特別目的の財務報告の枠組みには、例えば以下が挙げられる。

・借入、組合出資又はプロジェクトの補助金等の契約書において定められている財務報告に関する取決め

・規制当局が、監督上、必要な事項を満たすように設定した財務報告に関する規則等

A2. 特別目的の財務報告の枠組みは、一般目的の財務報告の枠組みを基礎として、特定利用者のニーズに照らして必要な修正を加えたり、他の財務報告の枠組みで要求されている事項の全部又は一部を組み合わせて策定されることがある。我が国においては、例えば以下が該当する。

・会社計算規則及び我が国において一般に公正妥当と認められる企業会計の基準に基づき、貸借対照表及び損益計算書のみを作成し、注記表の一部の項目を表示する場合の財務諸表の作成基準

・会社計算規則及び我が国において一般に公正妥当と認められる企業会計の基準に基づき計算書類（貸借対照表、損益計算書、株主資本等変動計算書及び注記表）を作成するとともに、キャッシュ・フロー計算書を作成する場合の財務諸表の作成基準

特別目的の財務報告の枠組みが基礎とした枠組みの全ての要求事項には準拠していない場合、個々の監査業務において受入可能なものであると判断したとしても、財務諸表において、適用される財務報告の枠組みについて、認知されている会計基準設定主体が設定する財務報告の枠組み又は法令等により規定されている財務報告の枠組みの全ての要求事項に準拠しているとの誤解を与えるような記載をするのは適切でない。例えば、契約書において、我が国において一般に公正妥当と認められる企業会計の基準の一部

を適用除外とする取決めを定め、それに準拠して財務諸表を作成することを求めている場合がある。このような場合、財務諸表及び監査報告書において、適用される財務報告の枠組みに関して、我が国において一般に公正妥当と認められる企業会計の基準に準拠していると記載するのは適切ではなく、契約書において定められている財務報告に関する取決めに準拠していると記載することが適切である。

また、財務諸表の作成基準が明確に確立していない状況において、利害関係者の間で枠組みを決定し、特別目的の財務報告の枠組みとして取り扱う場合もある。

A3．A2項に記載されている状況において、基礎とした財務報告の枠組みが適正表示の枠組みであったとしても、当該特別目的の財務報告の枠組みは適正表示の枠組みには当てはまらないことがある。これは、そのような特別目的の財務報告の枠組みは、認知されている会計基準設定主体が設定する財務報告の枠組み又は法令等に規定されている財務報告の枠組みが規定する、適正表示の達成に必要な全ての要求事項を伴っているとは限らないためである。

A4．企業が、特別目的の財務報告の枠組みに準拠して作成される財務諸表以外に財務諸表を作成していない場合、当該財務諸表は、財務報告の枠組みが想定している利用者以外の者によっても利用されることがある。このような状況においても、一般に公正妥当と認められる監査の基準においては、当該財務諸表は特別目的の財務諸表として取り扱われる。

第12項から第14項の要求事項は、財務諸表が作成される目的についての利用者による誤解を避けるために規定されているものである。

注記事項は、適用される財務報告の枠組みにより求められている、又は明示的か否かにかかわらず記載が認められている説明的若しくは記述的な情報から構成される。注記事項は、財務諸表本表において、又は脚注方式で記載されるが、財務諸表から他の文書に参照をすることによって財務諸表に組み込まれることもある。(監基報200第12項(9)参照)

2．監査契約の締結における考慮事項

財務報告の枠組みの受入可能性（第７項参照）

A5．特別目的の財務諸表の場合、想定利用者の財務情報に対するニーズが、財務諸表の作成において適用される財務報告の枠組みが受入可能なものであるかどうかを判断する際の重要な要素となる。

A6．適用される財務報告の枠組みは、特別目的の財務諸表に関する基準を公表する権限を有する又は認知されている会計基準設定主体により公表されることがある。そのような基準は、当該設定主体が、確立された透明性のあるプロセス（関連する利害関係者の見解についての審議及び検討を含む。）に従っているのであれば、特別目的の財務報告の枠組みとして受入可能なものであると推定される。

また、特定種類の企業の特別目的の財務諸表の作成において、経営者が採用すべき財務報告の枠組みが法令等により規定されていることがある。例えば、規制当局が、監督上、必要な事項を満たすように財務報告の規則を設定している場合が挙げられる。そのような財務報告の枠組みは、反証がない限り、当該特定種類の企業が作成する特別目的の財務諸表のための財務報告の枠組みとして受入可能なものであると推定される。

A7．A6項に記載している認知されている会計基準設定主体により公表された財務報告の基準が法令等によって補完されている場合、監査基準委員会報告書210に基づいて、監査人は、財務報告の基準と法令等による追加的な要求事項との間で不整合が生じていないかを判断することが求められている。さらに、監査基準委員会報告書210第14項は、不整合が生じている場合に監査人が実施すべき措置も記載している。

A8．適用される財務報告の枠組みは、契約書において財務報告に関する取決めとして定められる等、A6項及びA7項に記載された財務報告の基準や法令以外のもので構成されていることが

ある。その場合、監査人は、財務報告の枠組みが、受入可能な財務報告の枠組みが通常示す特性（監基報210の付録参照）を示しているかどうかを検討し、当該枠組みが個々の監査業務において受入可能なものであるかどうかを判断する。特別目的の財務報告の枠組みにおける各特性の相対的な重要性は、個々の業務において職業的専門家としての判断に基づき決定される。例えば、売却日における企業の純資産価値算定が目的の場合、売手と買手は、回収不能売掛金に対して非常に保守的に引当金を見積もることがある。このような財務情報は一般目的の財務報告の枠組みに準拠して作成された財務情報と比較すると中立性という特性に欠けるが、両者のニーズにとって適切であると売手と買手が合意することがある。

3．監査の計画と実施における考慮事項（第8項参照）

A9．監査人は、監査基準委員会報告書200に従い、(1)　財務諸表監査業務に関連する職業倫理に関する規定（独立性に関連するものを含む。）及び(2)　監査基準、法令により準拠が求められる場合は不正リスク対応基準、及び監査実務指針のうち個々の監査業務に関連するものは全て遵守することが求められている。また、監査人は、特定の監査基準委員会報告書がその監査業務に全く関連しない場合、一定の条件の下で要求される事項であり、その監査業務に条件が合致しないため、要求事項がその監査業務に関連しない場合、又は不正リスク対応基準に基づく要求事項であり、その監査業務に不正リスク対応基準が適用されないため、要求事項がその監査業務に関連しない場合を除いて、監査基準委員会報告書に記載された要求事項を遵守することが求められている。監査人は、例外的な状況において、監査基準委員会報告書の関連する要求事項の趣旨を達成するため、当該要求事項に代えて代替的な監査手続を実施することが必要と判断する場合がある。（監基報200第13項、第17項、第21項及び第22項参照）

A10．監査人は、特別目的の財務諸表に対する監査において、監査基準委員会報告書の要求事項の適用に際して特別な考慮が必要なことがある。例えば、監査基準委員会報告書320「監査の計画及び実施における重要性」第２項では、一般的に、ある事項に関する重要性の判断は、財務諸表の一般的な利用者が有する財務情報に対する共通のニーズを勘案して行われるとされている。しかし、特別目的の財務諸表に対する監査の場合、このような判断は、想定利用者の財務情報に対するニーズを勘案して行われることになる。

A11．特別目的の財務諸表の場合、例えば契約書において定められている財務報告に関する取決めに基づいて財務諸表を作成するとき、経営者は、想定利用者との間で、監査において識別された虚偽表示のうち修正を行わない金額の基準について合意することがある。そのような金額の基準が存在したとしても、監査人は特別目的の財務諸表に対する監査の計画及び実施において、監査基準委員会報告書320の要求事項に基づいて重要性を決定することが求められている。

A12．監査基準委員会報告書260「監査役等とのコミュニケーション」では、監査人はガバナンスの構造に応じてコミュニケーションを行うことが適切な者を判断することが求められている（監基報260第10項参照）。監査基準委員会報告書260では、ガバナンスに責任を有する全ての者が経営にも関与している場合を記載している。こうした場合、状況に応じて要求事項に従ったコミュニケーションを行う。完全な一組の一般目的の財務諸表に加えて、特別目的の財務諸表が作成されている場合、特別目的の財務諸表作成の監視責任を有する者と、一般目的の財務諸表作成の監視責任を有する者とが同じではないことがある。

4．意見の形成と監査報告における考慮事項（第10項参照）

A13．本報告書の付録には、特別目的の財務諸表に対する監査報告書の文例を記載している。なお、他の監査基準委員会報告書に含まれる監査報告書の文例が特別目的の財務諸表に対する監査報告書の作成に役立つ場合がある。（監基報700、監基報705、監基報706、監基報720及び監基報570の付録参照）

特別目的の財務諸表に対する監査報告書への監査基準委員会報告書700の適用

A14．本報告書の第10項は、特別目的の財務諸表に対する意見の形成と監査報告を行う際、監査基準委員会報告書700の要求事項を適用することを求めている。また、監査人は、他の監査基準委員会報告書における監査報告に関する要求事項を適用することが求められており、その際の特別な考慮事項が以下のA15項からA19項に示されている。

継続企業の前提

A15．特別目的の財務諸表は、継続企業を前提としない財務報告の枠組みに従い作成されることがある（例えば、ある管轄区域では、税務目的の財務諸表において継続企業を前提としないことがある。）（監基報570第２項参照）。特別目的の財務諸表を作成するために適用される財務報告の枠組みにより、監査報告書における経営者の責任の区分での継続企業の前提に関する記述は必要な場合に修正される可能性がある。監査報告書における監査人の責任に関する記述についても、業務の状況により監査基準委員会報告書570がどのように適用されるかに応じて修正される可能性がある。

監査上の主要な検討事項

A16．監査基準委員会報告書700は、法令により要求される場合、又は任意で契約条件により合意した場合に、監査基準委員会報告書701「独立監査人の監査報告書における監査上の主要な検討事項の報告」に従って、監査上の主要な検討事項を監査報告書において報告することを要求している。特別目的の財務諸表についても同様に、特別目的の財務諸表に対する監査報告書において監査上の主要な検討事項を報告することが法令により要求されている場合、又は任意で契約条件により合意した場合に、監査基準委員会報告書701が適用される。特別目的の財務諸表に対する監査報告書において監査上の主要な検討事項が報告される場合、監査基準委員会報告書701を全体として適用する。

その他の記載内容

A17．監査基準委員会報告書720「その他の記載内容に関連する監査人の責任」は、その他の記載内容に関連する監査人の責任を扱っている。この観点から、特別目的の財務諸表に記載された事項に関する情報を所有者（又は類似の利害関係者）に提供することを目的とする特別目的の財務諸表を含む開示書類は、監査基準委員会報告書720における年次報告書に該当すると考えられる。特別目的の枠組みにより作成された財務諸表の場合、類似の利害関係者という用語は、特別目的の財務諸表を作成するために利用された特別目的の枠組みの内容に財務情報ニーズが合う特定の利用者を含んでいる。そのような開示書類が発行される計画であると監査人が判断した場合、監査基準委員会報告書720の要求事項は特別目的の財務諸表に対する監査に適用される。

監査責任者の氏名

A18．監査人が監査報告書に監査責任者の氏名を含めるという監査基準委員会報告書700の要求事項は、特別目的の財務諸表に対する監査にも適用される。

完全な一組の一般目的の財務諸表に対する監査報告書への参照

A19．監査人は、特別目的の財務諸表に対する監査報告書の「その他の事項」区分において、完全な一組の一般目的の財務諸表に対する監査報告書又は当該報告書に記載された事項を参照することが適切と判断することがある。例えば、監査人は、特別目的の財務諸表に対する監査報告書において、完全な一組の一般目的の財務諸表に対する監査報告書における「継続企業の前提に関する重要な不確実性」区分を参照することが適切と判断する場合がある。

財務諸表が特別目的の財務報告の枠組みに準拠して作成されていることについての注意喚起（第13項参照）

A20. 特別目的の財務諸表は、想定されていない目的に利用されることがある。例えば、規制当局が、特定の企業に対して、特別目的の財務諸表を公表することを要求する場合がある。こうした場合、監査人は、想定されていない利用者の誤解を避けるため、財務諸表が特別目的の財務報告の枠組みに準拠して作成されており、したがって、他の目的には適合しないことがある旨を監査報告書の「強調事項」区分に記載し、その利用者に対する注意を喚起する。さらに、一般目的の財務報告の枠組み（例えば、我が国において一般に公正妥当と認められる企業会計の基準）と異なる旨を記載する場合もある。監査基準委員会報告書706「独立監査人の監査報告書における強調事項区分とその他の事項区分」は、この注意喚起を強調事項という見出しで監査報告書の別の区分として監査報告書に含めることを要求している。その場合、監査人は、適切な見出しを付した区分を設けて当該事項を記載する。

Ⅳ 適　用

・本報告書（2014年４月４日）は、2015年４月１日以後開始する事業年度又は会計期間に係る特別目的の財務諸表の監査から適用する。ただし、本報告書の全ての要求事項が適用可能である場合には、2014年４月１日以後に発行する監査報告書から適用することを妨げない。
・本報告書（2020年３月17日）は、2020年３月31日以後終了する事業年度又は会計期間に係る特別目的の財務諸表に対する監査から適用する。
・本報告書（2021年１月14日）は、2022年３月31日以後終了する事業年度に係る監査から適用する。ただし、2021年３月31日以後終了する事業年度に係る監査から早期適用することができる。

付録　特別目的の財務諸表に対する監査報告書の文例（A13項参照）

ここに掲げる監査報告書の文例は、いずれも、監査人が無限責任監査法人の場合で、かつ、指定証明であるときのものである。

1．各文例の構成

	監査対象	財務報告の枠組み	上場・非上場	被監査会社の機関設計	継続企業の前提に関する重要な不確実性	監査上の主要な検討事項	その他の事項
文例１	計算書類等	特別目的／準拠性	非上場	監査役	なし	記載なし	記載なし
文例２	財務諸表	特別目的／準拠性	非上場	監査役等の設置なし	なし	記載なし	記載なし
文例３	財務諸表	特別目的／準拠性	非上場	監査役会	なし	記載なし	記載なし
文例４	財務諸表	特別目的／準拠性	非上場	監査役会	なし	記載なし	記載なし
文例５	財務諸表	特別目的／準拠性	上場	監査役会	あり	記載あり	記載あり

2．各文例の概要及び適用される財務報告の枠組み

	概　要	財務報告の枠組みの内容		備　考
文例１	・会計監査人設置会社以外の会社が作成する完全な一組の財務諸表に対する任意監査 ・金融機関との銀行取引約定書において、一般に公正妥当と認められる企業会計の慣行により財務諸表を作成し、監査報告書を添付して提出することが求められている。	中小企業の会計に関する基本要領に基づいて策定した会計の基準	特別目的	個々の企業における実際の利用者のニーズを念頭において、経営者が一般に公正妥当と認められる企業会計の慣行から会計処理の方法を選択して決定している。
		財務諸表の構成： 貸借対照表、損益計算書、株主資本等変動計算書及び個別注記表並びにその附属明細書	準拠性	貸借対照表、損益計算書、株主資本等変動計算書及び個別注記表並びにその附属明細書は、会社計算規則に基づき作成されている。なお、注記は、同第98条第２項第１号又は第２号に基づき省略されている。
文例２	・匿名組合契約において定められている財務報告に関する取決めに基づいて作成された完全な一組の財務諸表に対する任意監査 ・匿名組合契約により、匿名組合出資者に提出する	匿名組合契約書の条項に定められた会計の基準	特別目的	我が国において一般に公正妥当と認められる企業会計の基準（＊1）に従っているが、表示及び開示については契約により個別に指定されている。
		財務諸表の構成： 貸借対照表、損益計算書、重要な会計方針及びその他	準拠性	契約書において、付すべき注記が指定されている。

	ことが求められている。	の注記		
文例３	・融資を受けるために、金融機関からの要請に基づいて作成された完全な一組の財務諸表に対する任意監査 ・金融機関から提出を求められている。	金融機関との合意に基づく会計の基準 財務諸表の構成： 貸借対照表、損益計算書、重要な会計方針及びその他の注記	特別目的	我が国において一般に公正妥当と認められる企業会計の基準(＊1)に従っているが、表示及び開示すべき項目は金融機関により個別に指定されている。
			準拠性	注記は、重要な会計方針、担保提供資産及び重要な偶発事象のみが求められている。
文例４	・会社法の大会社（金融商品取引法非適用）が、取引先との契約において定められている財務報告に関する取決めに基づいて作成した完全な一組の財務諸表に対する任意監査 ・取引先に提出することが求められている。	我が国において一般に公正妥当と認められる企業会計の基準(＊1)。ただし、表示及び開示については、計算書類等は会社計算規則、キャッシュ・フロー計算書（比較情報を除く。）は財務諸表等規則(＊2)に基づく。 財務諸表の構成： 貸借対照表、損益計算書、株主資本等変動計算書、キャッシュ・フロー計算書、重要な会計方針、その他の注記及び附属明細書	特別目的	会社計算規則に基づく計算書類等と財務諸表等規則に基づくキャッシュ・フロー計算書（比較情報を除く。）を組み合わせている。
			適正表示	貸借対照表、損益計算書、株主資本等変動計算書は会社計算規則第98条第１項、キャッシュ・フロー計算書は財務諸表等規則に基づき注記を付すことが要請されている。
文例５	・規制当局が定める財務報告に関する規則に基づき作成した完全な一組の財務諸表に対して実施する法定監査 ・規制当局に提出することが求められている。	規制当局が定める財務報告に関する規則 財務諸表の構成： 貸借対照表、損益計算書、資金収支計算書、重要な会計方針及びその他の注記	特別目的	規制当局の定める財務報告に関する規則により、我が国において一般に公正妥当と認められる企業会計の基準(＊1)と異なる扱いが定められている。
			準拠性	適用される財務報告の枠組みには追加開示の要請はないため、準拠性の枠組みである。

(＊1)　本報告書において、「我が国において一般に公正妥当と認められる企業会計の基準」は、財務諸表等の用語、様式及び作成方法に関する規則第１条第２項及び第３項により該当するとされている企業会計の基準を指している。

(＊2)　財務諸表等の用語、様式及び作成方法に関する規則（昭和38年大蔵省令第59号）

文例１

文例の前提となる状況

・金融機関との借入契約で求められている、会計監査人設置会社以外の会社が作成する完全な一組の財務諸表に対する任意監査である。当該監査は、グループ監査ではない（すなわち、監査基準委員会報告書600が適用されない。）。

・金融機関との銀行取引約定書において、一般に公正妥当と認められる企業会計の慣行により財務諸表を作成し、監査報告書を添付して提出することが求められている。経営者は、財務報告の枠組みとして、中小企業の会計に関する基本要領に基づき、一部税法基準によることを選択している。（第12項(2)参照）

・会社計算規則第98条第２項第１号又は第２号により

注記が省略されているため、適用される財務報告の枠組みは準拠性の枠組みである。ただし、継続企業の前提に関する注記は、利用者が財務諸表を理解する基礎として重要であると考えられるため、省略しないこととしている。

・監査契約書において、監査基準委員会報告書210の財務諸表に対する経営者の責任が記載されている。

・適用される財務報告の枠組みが会計監査人設置会社に適用される我が国において一般に公正妥当と認められる企業会計の基準と異なる旨を記載することが必要であると監査人が判断している（A20項参照）。

・監査人は、入手した監査証拠に基づいて、無限定意見が適切と判断している。

・監査人は、入手した監査証拠に基づいて、監査基準委員会報告書570に従って、継続企業の前提に重要な疑義を生じさせるような事象又は状況に関連する重要な不確実性は存在しないと判断している。

・監査報告書の配布及び利用は制限されていない。

・監査基準委員会報告書701に従った監査上の主要な検討事項の報告は求められていない。

・監査人は、その他の記載内容は存在しないと判断している。

・会社は監査役設置会社である。

・監査人には、法令等に基づくその他の報告責任がない。

・計算書類の注記×には以下の記載がある。

> 本計算書類は、株式会社○○銀行との銀行取引約定書の財務報告条項を遵守するため、会計監査人設置会社に適用される「我が国において一般に公正妥当と認められる企業会計の基準」によらず、中小企業のための一般に公正妥当と認められる企業会計の慣行として認められている「中小企業の会計に関する基本要領」に基づいて、重要な会計方針に記載されている会計方針に従って作成されている。
>
> 「中小企業の会計に関する基本要領」においては、一定の場合には会計処理の簡便化や法人税法で規定する処理の適用が容認されており、これらについては、重要な会計方針に記載されている。
>
> 本計算書類の作成に当たり採用した重要な会計方針は、以下のとおりである。………

独立監査人の監査報告書

×年×月×日

○○株式会社
　取締役会　御中

○　○　監　査　法　人
○○事務所
指　定　社　員
業務執行社員　公認会計士　○○○○　印
指　定　社　員
業務執行社員　公認会計士　○○○○　印

監査意見

当監査法人は、○○株式会社の×年×月×日から×年×月×日までの事業年度の計算書類、すなわち、貸借対照表、損益計算書、株主資本等変動計算書及び個別注記表並びにその附属明細書（以下「計算書類等」という。）について監査を行った。

当監査法人は、上記の計算書類等が、全ての重要な点において、個別注記表の注記Xに記載された会計の基準に準拠して作成されているものと認める。

監査意見の根拠

当監査法人は、我が国において一般に公正妥当と認められる監査の基準に準拠して監査を行った。監査の

基準における当監査法人の責任は、「計算書類等の監査における監査人の責任」に記載されている。当監査法人は、我が国における職業倫理に関する規定に従って、会社から独立しており、また、監査人としてのその他の倫理上の責任を果たしている。当監査法人は、意見表明の基礎となる十分かつ適切な監査証拠を入手したと判断している。

強調事項－計算書類等作成の基礎(注1)

注記Xに記載されているとおり、計算書類等は、株式会社○○銀行との銀行取引約定書の財務報告条項を遵守するため、会計監査人設置会社に適用される「我が国において一般に公正妥当と認められる企業会計の基準」によらず、中小企業のための一般に公正妥当と認められる企業会計の慣行として認められている「中小企業の会計に関する基本要領」に準拠して作成されている。同要領においては、一定の場合には会計処理の簡便化や法人税法で規定する処理の適用が容認されているため、上記以外の目的には適合しないことがある。当該事項は、当監査法人の意見に影響を及ぼすものではない。

その他の記載内容

その他の記載内容は、監査した計算書類等を含む開示書類に含まれる情報のうち、計算書類等及びその監査報告書以外の情報である。

当監査法人は、その他の記載内容が存在しないと判断したため、その他の記載内容に対するいかなる手続も実施していない。

計算書類等に対する経営者及び監査役の責任

経営者の責任は、注記Xに記載された会計の基準に準拠して計算書類等を作成することにあり、また、計算書類等の作成に当たり適用される会計の基準が状況に照らして受入可能なものであるかどうかについて判断することにある。経営者の責任には、不正又は誤謬による重要な虚偽表示のない計算書類等を作成するために経営者が必要と判断した内部統制を整備及び運用することが含まれる。

計算書類等を作成するに当たり、経営者は、継続企業の前提に基づき計算書類等を作成することが適切であるかどうかを評価し、継続企業に関する事項を開示する必要がある場合には当該事項を開示する責任がある。(注2)監査役の責任は、財務報告プロセスの整備及び運用における取締役の職務の執行を監視することにある。

計算書類等の監査における監査人の責任

監査人の責任は、監査人が実施した監査に基づいて、全体としての計算書類等に不正又は誤謬による重要な虚偽表示がないかどうかについて合理的な保証を得て、監査報告書において独立の立場から計算書類等に対する意見を表明することにある。虚偽表示は、不正又は誤謬により発生する可能性があり、個別に又は集計すると、計算書類等の利用者の意思決定に影響を与えると合理的に見込まれる場合に、重要性があると判断される。

監査人は、我が国において一般に公正妥当と認められる監査の基準に従って、監査の過程を通じて、職業的専門家としての判断を行い、職業的懐疑心を保持して以下を実施する。

・不正又は誤謬による重要な虚偽表示リスクを識別し、評価する。また、重要な虚偽表示リスクに対応した監査手続を立案し、実施する。監査手続の選択及び適用は監査人の判断による。さらに、意見表明の基礎となる十分かつ適切な監査証拠を入手する。
・計算書類等の監査の目的は、内部統制の有効性について意見表明するためのものではないが、監査人は、リスク評価の実施に際して、状況に応じた適切な監査手続を立案するために、監査に関連する内部統制を検討する。
・経営者が採用した会計方針及びその適用方法の適切性、並びに経営者によって行われた会計上の見積りの合理性及び関連する注記事項の妥当性を評価する。
・経営者が継続企業を前提として計算書類等を作成することが適切であるかどうか、また、入手した監査証拠に基づき、継続企業の前提に重要な疑義を生じさせるような事象又は状況に関して重要な不確実性が認められるかどうか結論付ける。継続企業の前提に関する重要な不確実性が認められる場合は、監査報告書において計算書類等の注記事項に注意を喚起すること、又は重要な不確実性に関する計算書類等の注記事項が適切でない場合は、計算書類等に対して除外事項付意見を表明することが求められている。監査人の結論は、監査報告書日までに入手した監査証拠に基づいているが、将来の事象や状況により、企業は継続企業として存続できなくなる可能性がある。(注2)

・計算書類等の表示及び注記事項が、注記Xに記載された会計の基準に準拠しているかどうかを評価する。

監査人は、監査役に対して、計画した監査の範囲とその実施時期、監査の実施過程で識別した内部統制の重要な不備を含む監査上の重要な発見事項、及び監査の基準で求められているその他の事項について報告を行う。

利害関係

会社と当監査法人又は業務執行社員との間には、公認会計士法の規定により記載すべき利害関係はない。

(注1) 特別目的の枠組みに関する注意喚起は、強調事項であることを示す適切な見出しを付して記載し（監基報706第8項(1)）、監査意見と適切に関連付けられるように監査意見の根拠の区分の後に記載することが適切である（監基報706のA16項）。また、監査報告書の配布及び利用制限を付す場合には、以下のように見出しを適宜修正し、配布及び利用制限の文章を追加する。

「強調事項－計算書類等作成の基礎並びに配布及び利用制限

注記Xに記載されているとおり、計算書類等は、…（中略）…以外の目的には適合しないことがある。当該事項は、当監査法人の意見に影響を及ぼすものではない。

本報告書は、[（例）○○株式会社及び株式会社○○銀行] のみを利用者として想定しており、[（例）○○株式会社及び株式会社○○銀行] 以外に配布及び利用されるべきものではない。」

(注2) 一般目的か特別目的かを問わず、準拠する財務報告の枠組みにおいて継続企業の前提に関する注記を行うことが明記されていない場合には、財務諸表に当該注記を行うかどうかは、配布又は利用制限の有無など、財務諸表の作成目的や想定利用者等を加味して判断することになる。この結果、当該注記を行わないこととした場合には、監査報告書において、継続企業の前提に関する必要な注記を行う責任及び当該注記に関する監査人の責任を記載しないことになる。

なお、特別目的の財務報告の枠組みは、継続企業を前提としている場合とそうでない場合の両方が考えられる（監基報570第2項）。継続企業の前提が成立していないことが一定の事実をもって明らかな状況においては、特別目的の財務報告の枠組みを清算基準に基づいて策定する場合もある。しかし、多くの特別目的の財務報告の枠組みは、継続企業を前提とした一般目的の財務報告の枠組みをベースに特定の利用者の情報ニーズに合わせてカスタマイズして策定されており、黙示的ではあるものの、継続企業を前提とした枠組みであると考えられる。したがって、特別目的の枠組みにおいて清算基準によることが明示されていない限り、監査報告書において、継続企業の前提に関する経営者の評価及び必要な注記を行う責任及び監査人の責任を記載することが一般的と考えられる。

文例2

文例の前提となる状況

・匿名組合契約において定められている財務報告に関する取決めに基づいて作成された完全な一組の財務諸表に対する任意監査である。当該監査は、グループ監査ではない（すなわち、監査基準委員会報告書600が適用されない。）。

・○○匿名組合の営業者である○○株式会社の経営者は、匿名組合契約において定められている財務報告に関する取決めに準拠して○○匿名組合の財務諸表を作成し、匿名組合出資者に提出することが求められている。

・○○株式会社の経営者は、財務報告の枠組みに他の選択肢はなく、上記の財務報告の枠組みの適用が強制されている（第12項(2)参照）。

・匿名組合契約における財務報告に関する取決めにおいて、財務諸表は我が国において一般に公正妥当と認められる企業会計の基準に従って作成するが、付すべき注記が指定されているため、適用される財務報告の枠組みは準拠性の枠組みである。なお、継続企業の前提に関する注記は、利用者が財務諸表を理解する基礎として重要であると考えられるため、該当事項があれば記載することとしている。

・監査契約書において、監査基準委員会報告書210の財務諸表に対する経営者の責任が記載されている。
・監査人は、入手した監査証拠に基づいて、無限定意見が適切と判断している。
・監査人は、入手した監査証拠に基づいて、監査基準委員会報告書570に従って、継続企業の前提に重要な疑義を生じさせるような事象又は状況に関連する重要な不確実性は存在しないと判断している。
・監査報告書の配布及び利用が制限されている。
・監査基準委員会報告書701に従った監査上の主要な検討事項の報告は求められていない。
・監査人は、その他の記載内容は存在しないと判断している。
・会社の機関は取締役のみであり、監査役等は置かれていない。（監基報700A46項）
・監査人には、法令等に基づくその他の報告責任がない。
・注記×には以下の記載がある。

> 本財務諸表は、○○匿名組合の出資者が、○○株式会社を営業者とする○○匿名組合の財政状態及び経営成績を把握するために、○○株式会社と○○匿名組合出資者との間の×年×月×日付けの匿名組合契約（以下「契約書」という。）第×条に定められている財務報告の枠組みに準拠して作成されている。
>
> 本財務諸表は、我が国において一般に公正妥当と認められる企業会計の基準に従って作成されているが、財務諸表の表示及び開示については、契約書の定めに従っている。
>
> 本財務諸表の作成に当たり採用した重要な会計方針は、以下のとおりである。………

独立監査人の監査報告書

×年×月×日

○○匿名組合
　営業者　○○株式会社
　代表取締役　○○○○殿

○ ○ 監 査 法 人
○○事務所
指 定 社 員
業務執行社員　公認会計士　○○○○　印
指 定 社 員
業務執行社員　公認会計士　○○○○　印

監査意見

当監査法人は、○○株式会社を営業者とする○○匿名組合の×年×月×日から×年×月×日までの事業年度の財務諸表、すなわち、貸借対照表、損益計算書、重要な会計方針及びその他の注記について監査を行った。

当監査法人は、上記の財務諸表が、全ての重要な点において、営業者と匿名組合出資者との間の×年×月×日付けの○○匿名組合契約（以下「契約書」という。）第X条に定められている財務報告に関する取決めに準拠して作成されているものと認める。

監査意見の根拠

当監査法人は、我が国において一般に公正妥当と認められる監査の基準に準拠して監査を行った。監査の基準における当監査法人の責任は、「財務諸表監査における監査人の責任」に記載されている。当監査法人は、我が国における職業倫理に関する規定に従って、営業者から独立しており、また、監査人としてのその他の倫理上の責任を果たしている。当監査法人は、意見表明の基礎となる十分かつ適切な監査証拠を入手したと判断している。

強調事項－財務諸表作成の基礎並びに配布及び利用制限（注１）

注記Ｘに記載されているとおり、財務諸表は、上記の契約書第Ｘ条において定められている財務報告に関する取決めに基づき匿名組合出資者に提出するために営業者により作成されており、それ以外の目的には適合しないことがある。当該事項は、当監査法人の意見に影響を及ぼすものではない。

本報告書は、営業者と匿名組合出資者のみを利用者として想定しており、営業者及び匿名組合出資者以外に配布及び利用されるべきものではない。

その他の記載内容

その他の記載内容は、監査した財務諸表を含む開示書類に含まれる情報のうち、財務諸表及びその監査報告書以外の情報である。

当監査法人は、その他の記載内容が存在しないと判断したため、その他の記載内容に対するいかなる手続も実施していない。

財務諸表に対する経営者の責任

経営者の責任は、契約書第Ｘ条に定められている財務報告に関する取決めに準拠して財務諸表を作成することにある。これには、不正又は誤謬による重要な虚偽表示のない財務諸表を作成するために経営者が必要と判断した内部統制を整備及び運用することが含まれる。

財務諸表を作成するに当たり、経営者は、継続企業の前提に基づき財務諸表を作成することが適切であるかどうかを評価し、継続企業に関する事項を開示する必要がある場合には当該事項を開示する責任がある。（注２）

財務諸表監査における監査人の責任

監査人の責任は、監査人が実施した監査に基づいて、全体としての財務諸表に不正又は誤謬による重要な虚偽表示がないかどうかについて合理的な保証を得て、監査報告書において独立の立場から財務諸表に対する意見を表明することにある。虚偽表示は、不正又は誤謬により発生する可能性があり、個別に又は集計すると、財務諸表の利用者の意思決定に影響を与えると合理的に見込まれる場合に、重要性があると判断される。

監査人は、我が国において一般に公正妥当と認められる監査の基準に従って、監査の過程を通じて、職業的専門家としての判断を行い、職業的懐疑心を保持して以下を実施する。

・不正又は誤謬による重要な虚偽表示リスクを識別し、評価する。また、重要な虚偽表示リスクに対応した監査手続を立案し、実施する。監査手続の選択及び適用は監査人の判断による。さらに、意見表明の基礎となる十分かつ適切な監査証拠を入手する。
・財務諸表監査の目的は、内部統制の有効性について意見表明するためのものではないが、監査人は、リスク評価の実施に際して、状況に応じた適切な監査手続を立案するために、監査に関連する内部統制を検討する。
・経営者が採用した会計方針及びその適用方法の適切性、並びに経営者によって行われた会計上の見積りの合理性及び関連する注記事項の妥当性を評価する。
・経営者が継続企業を前提として財務諸表を作成することが適切であるかどうか、また、入手した監査証拠に基づき、継続企業の前提に重要な疑義を生じさせるような事象又は状況に関して重要な不確実性が認められるかどうか結論付ける。継続企業の前提に関する重要な不確実性が認められる場合は、監査報告書において財務諸表の注記事項に注意を喚起すること、又は重要な不確実性に関する財務諸表の注記事項が適切でない場合は、財務諸表に対して除外事項付意見を表明することが求められている。監査人の結論は、監査報告書日までに入手した監査証拠に基づいているが、将来の事象や状況により、匿名組合は継続企業として存続できなくなる可能性がある。（注２）
・財務諸表の表示及び注記事項が契約書第Ｘ条に定められている財務報告に関する取決めに準拠しているかどうかを評価する。

監査人は、経営者に対して、計画した監査の範囲とその実施時期、監査の実施過程で識別した内部統制の重要な不備を含む監査上の重要な発見事項、及び監査の基準で求められているその他の事項について報告を行う。

利害関係
営業者と当監査法人又は業務執行社員との間には、公認会計士法の規定により記載すべき利害関係はない。

(注1)(注2) 文例1に同じ

文例3

文例の前提となる状況

・融資を受けるために、金融機関からの要請に基づいて作成された完全な一組の財務諸表に対する任意監査である。当該監査は、グループ監査ではない（すなわち、監査基準委員会報告書600が適用されない。）。
・財務諸表は、企業の経営者が金融機関に財務諸表を提出するために作成されており、貸借対照表、損益計算書、重要な会計方針に係る事項に関する注記、担保提供資産に関する注記、偶発債務に関する注記から構成されている。会計処理に関しては我が国において一般に公正妥当と認められる企業会計の基準に準拠し、重要な会計方針、担保提供資産及び偶発債務に関する注記は、それぞれ、会社計算規則第101条、第103条第１項第１号及び第５号に基づくことが要請されている。
・経営者は、特別目的の財務諸表の作成において財務報告の枠組みの選択肢を有していない（第12項(2)参照）。
・適用される財務報告の枠組みは、開示される注記項目が会社計算規則第98条第１項各号に掲げる注記項目に比較してその一部のみとなっていることから、準拠性の枠組みである。なお、継続企業の前提に関する注記は記載しないこととし、監査報告書の継続企業の前提に関する経営者の責任及び監査人の責任から、財務諸表の注記に関する記載を削除している。
・監査契約書において、監査基準委員会報告書210の財務諸表に対する経営者の責任が記載されている。
・監査人は、入手した監査証拠に基づいて、無限定意見が適切と判断している。
・監査人は、入手した監査証拠に基づいて、監査基準委員会報告書570に従って、継続企業の前提に重要な疑義を生じさせるような事象又は状況に関連する重要な不確実性は存在しないと判断している。
・監査報告書の利用が制限されているが、配布は制限されていない。
・監査基準委員会報告書701に従った監査上の主要な検討事項の報告は求められていない。
・監査人は、その他の記載内容は存在しないと判断している。
・会社は監査役会設置会社である。
・監査人には、法令等に基づくその他の報告責任がない。
・注記×には以下の記載がある。

本財務諸表は、当社が融資を受けるために株式会社○○銀行へ提出するために作成されている。
本財務諸表は、会計処理に関しては我が国において一般に公正妥当と認められる企業会計の基準に準拠し、貸借対照表及び損益計算書の表示は会社計算規則に準拠して作成され、開示される注記項目の内容は同規則第101条、第103条第１項第１号及び第５号に基づいて作成されている。
本財務諸表の作成に当たり採用した重要な会計方針は、以下のとおりである。………。

独立監査人の監査報告書

×年×月×日

〇〇株式会社
　取締役会御中

〇　〇　監　査　法　人
〇〇事務所
指　定　社　員
業務執行社員　　公認会計士　〇〇〇〇　印
指　定　社　員
業務執行社員　　公認会計士　〇〇〇〇　印

監査意見

当監査法人は、〇〇株式会社の×年×月×日から×年×月×日までの事業年度の財務諸表、すなわち、貸借対照表、損益計算書、重要な会計方針及びその他の注記について監査を行った。

当監査法人は、上記の財務諸表が、全ての重要な点において、注記Ｘに記載された会計の基準に準拠して作成されているものと認める。

監査意見の根拠

当監査法人は、我が国において一般に公正妥当と認められる監査の基準に準拠して監査を行った。監査の基準における当監査法人の責任は、「財務諸表監査における監査人の責任」に記載されている。当監査法人は、我が国における職業倫理に関する規定に従って、会社から独立しており、また、監査人としてのその他の倫理上の責任を果たしている。当監査法人は、意見表明の基礎となる十分かつ適切な監査証拠を入手したと判断している。

強調事項－財務諸表作成の基礎及び利用制限(注１)

注記Ｘに記載されているとおり、財務諸表は、株式会社〇〇銀行へ提出するために注記Ｘに記載された会計の基準に準拠して作成されており、したがって、それ以外の目的には適合しないことがある。当該事項は、当監査法人の意見に影響を及ぼすものではない。

本報告書は、〇〇株式会社及び株式会社〇〇銀行のみを利用者として想定しており、〇〇株式会社及び株式会社〇〇銀行以外に利用されるべきものではない。

その他の記載内容

その他の記載内容は、監査した財務諸表を含む開示書類に含まれる情報のうち、財務諸表及びその監査報告書以外の情報である。

当監査法人は、その他の記載内容が存在しないと判断したため、その他の記載内容に対するいかなる手続も実施していない。

財務諸表に対する経営者並びに監査役及び監査役会の責任

経営者の責任は、注記Ｘに記載された会計の基準に準拠して財務諸表を作成することにある。これには、不正又は誤謬による重要な虚偽表示のない財務諸表を作成するために経営者が必要と判断した内部統制を整備及び運用することが含まれる。

財務諸表を作成するに当たり、経営者は、継続企業の前提に基づき財務諸表を作成することが適切であるかどうかを評価する責任がある。(注２)

監査役及び監査役会の責任は、財務報告プロセスの整備及び運用における取締役の職務の執行を監視することにある。

財務諸表監査における監査人の責任

監査人の責任は、監査人が実施した監査に基づいて、全体としての財務諸表に不正又は誤謬による重要な虚偽表示がないかどうかについて合理的な保証を得て、監査報告書において独立の立場から財務諸表に対する意見を表明することにある。虚偽表示は、不正又は誤謬により発生する可能性があり、個別に又は集計すると、財務諸表の利用者の意思決定に影響を与えると合理的に見込まれる場合に、重要性があると判断される。

監査人は、我が国において一般に公正妥当と認められる監査の基準に従って、監査の過程を通じて、職業的専門家としての判断を行い、職業的懐疑心を保持して以下を実施する。

・不正又は誤謬による重要な虚偽表示リスクを識別し、評価する。また、重要な虚偽表示リスクに対応した監査手続を立案し、実施する。監査手続の選択及び適用は監査人の判断による。さらに、意見表明の基礎となる十分かつ適切な監査証拠を入手する。
・財務諸表監査の目的は、内部統制の有効性について意見表明するためのものではないが、監査人は、リスク評価の実施に際して、状況に応じた適切な監査手続を立案するために、監査に関連する内部統制を検討する。
・経営者が採用した会計方針及びその適用方法の適切性、並びに経営者によって行われた会計上の見積りの合理性及び関連する注記事項の妥当性を評価する。
・経営者が継続企業を前提として財務諸表を作成することが適切であるかどうか、また、入手した監査証拠に基づき、継続企業の前提に重要な疑義を生じさせるような事象又は状況に関して重要な不確実性が認められるかどうか結論付ける。監査人の結論は、監査報告書日までに入手した監査証拠に基づいているが、将来の事象や状況により、企業は継続企業として存続できなくなる可能性がある。(注2)
・財務諸表の表示及び注記事項が注記Xに記載された会計の基準に準拠しているかどうかを評価する。

監査人は、監査役及び監査役会に対して、計画した監査の範囲とその実施時期、監査の実施過程で識別した内部統制の重要な不備を含む監査上の重要な発見事項、及び監査の基準で求められているその他の事項について報告を行う。

利害関係

会社と当監査法人又は業務執行社員との間には、公認会計士法の規定により記載すべき利害関係はない。

(注1)(注2)　文例1に同じ

文例4

文例の前提となる状況

・会社法の大会社（金融商品取引法非適用）が、取引先との契約において定められている財務報告に関する取決めに基づいて作成した完全な一組の財務諸表に対する任意監査である。当該監査は、グループ監査ではない（すなわち、監査基準委員会報告書600が適用されない。）。
・財務諸表は、○○株式会社の経営者が、取引先である□□株式会社に財務諸表を提出するために作成されており、会社計算規則に基づく貸借対照表、損益計算書、株主資本等変動計算書、注記及びその附属明細書、並びに財務諸表等規則に基づくキャッシュ・フロー計算書（比較情報を除く。重要な会計方針及びその他の注記を含む。）から構成されている。

会社計算規則第98条第2項第1号又は第2号による注記の省略は行っていない。会計処理に関しては我が国において一般に公正妥当と認められる企業会計の基準に準拠することが求められている。

・会社計算規則に基づく計算書類等に財務諸表等規則に基づくキャッシュ・フロー計算書が組み合わされているため、財務報告の枠組みとして我が国において一般に公正妥当と認められる企業会計の基準と監査報告書に記載することは適切ではないが、適正表示の枠組みである。
・経営者は、特別目的の財務諸表の作成において財務報告の枠組みの選択肢を有していない。（第12項(2)参照）
・監査契約書において、監査基準委員会報告書210の財務諸表に対する経営者の責任が記載されている。

・監査人は、入手した監査証拠に基づいて、無限定適正意見が適切と判断している。
・監査人は、入手した監査証拠に基づいて、監査基準委員会報告書570に従って、継続企業の前提に重要な疑義を生じさせるような事象又は状況に関連する重要な不確実性は存在しないと判断している。
・監査報告書の配布及び利用は制限されていない。
・監査基準委員会報告書701に従った監査上の主要な検討事項の報告は求められていない。
・監査人は、その他の記載内容は存在しないと判断している。
・会社は監査役会設置会社である。
・監査人には、法令等に基づくその他の報告責任がない。
・注記×には以下の記載がある。

> 本財務諸表は、取引先である□□株式会社に財務諸表を提出するために作成されている。
> 本財務諸表は、会計処理に関しては我が国において一般に公正妥当と認められる企業会計の基準に準拠し、表示及び開示に関しては、貸借対照表、損益計算書、株主資本等変動計算書、注記及びその附属明細書は会社計算規則、キャッシュ・フロー計算書（比較情報を除く。重要な会計方針及びその他の注記を含む。）は財務諸表等規則に基づいて、作成されている。
> 本財務諸表の作成に当たり採用した重要な会計方針は、以下のとおりである。………

独立監査人の監査報告書

×年×月×日

○○株式会社
取締役会御中

○　○　監　査　法　人
○○事務所

指　定　社　員
業務執行社員　　公認会計士　○○○○　印

指　定　社　員
業務執行社員　　公認会計士　○○○○　印

監査意見

当監査法人は、○○株式会社の×年×月×日から×年×月×日までの事業年度の財務諸表、すなわち、貸借対照表、損益計算書、株主資本等変動計算書、キャッシュ・フロー計算書、重要な会計方針、その他の注記及び附属明細書について監査を行った。

当監査法人は、上記の財務諸表が、注記Xに記載された会計の基準に準拠して、○○株式会社の×年×月×日現在の財政状態並びに同日をもって終了する事業年度の経営成績及びキャッシュ・フローの状況を、全ての重要な点において適正に表示しているものと認める。

監査意見の根拠

当監査法人は、我が国において一般に公正妥当と認められる監査の基準に準拠して監査を行った。監査の基準における当監査法人の責任は、「財務諸表監査における監査人の責任」に記載されている。当監査法人は、我が国における職業倫理に関する規定に従って、会社から独立しており、また、監査人としてのその他の倫理上の責任を果たしている。当監査法人は、意見表明の基礎となる十分かつ適切な監査証拠を入手したと判断している。

強調事項－財務諸表作成の基礎(注1)

注記Xに記載されているとおり、財務諸表は、取引先である□□株式会社に提出するために注記Xに記載された会計の基準に準拠して作成されており、したがって、それ以外の目的には適合しないことがある。当該事項は、当監査法人の意見に影響を及ぼすものではない。

その他の記載内容

その他の記載内容は、監査した財務諸表を含む開示書類に含まれる情報のうち、財務諸表及びその監査報告書以外の情報である。

当監査法人は、その他の記載内容が存在しないと判断したため、その他の記載内容に対するいかなる手続も実施していない。

財務諸表に対する経営者並びに監査役及び監査役会の責任

経営者の責任は、注記Xに記載された会計の基準に準拠して財務諸表を作成し適正に表示することにある。これには、不正又は誤謬による重要な虚偽表示のない財務諸表を作成し適正に表示するために経営者が必要と判断した内部統制を整備及び運用することが含まれる。

財務諸表を作成するに当たり、経営者は、継続企業の前提に基づき財務諸表を作成することが適切であるかどうかを評価し、継続企業に関する事項を開示する必要がある場合には当該事項を開示する責任がある。

監査役及び監査役会の責任は、財務報告プロセスの整備及び運用における取締役の職務の執行を監視することにある。

財務諸表監査における監査人の責任

監査人の責任は、監査人が実施した監査に基づいて、全体としての財務諸表に不正又は誤謬による重要な虚偽表示がないかどうかについて合理的な保証を得て、監査報告書において独立の立場から財務諸表に対する意見を表明することにある。虚偽表示は、不正又は誤謬により発生する可能性があり、個別に又は集計すると、財務諸表の利用者の意思決定に影響を与えると合理的に見込まれる場合に、重要性があると判断される。

監査人は、我が国において一般に公正妥当と認められる監査の基準に従って、監査の過程を通じて、職業的専門家としての判断を行い、職業的懐疑心を保持して以下を実施する。

・不正又は誤謬による重要な虚偽表示リスクを識別し、評価する。また、重要な虚偽表示リスクに対応した監査手続を立案し、実施する。監査手続の選択及び適用は監査人の判断による。さらに、意見表明の基礎となる十分かつ適切な監査証拠を入手する。

・財務諸表監査の目的は、内部統制の有効性について意見表明するためのものではないが、監査人は、リスク評価の実施に際して、状況に応じた適切な監査手続を立案するために、監査に関連する内部統制を検討する。

・経営者が採用した会計方針及びその適用方法の適切性、並びに経営者によって行われた会計上の見積りの合理性及び関連する注記事項の妥当性を評価する。

・経営者が継続企業を前提として財務諸表を作成することが適切であるかどうか、また、入手した監査証拠に基づき、継続企業の前提に重要な疑義を生じさせるような事象又は状況に関して重要な不確実性が認められるかどうか結論付ける。継続企業の前提に関する重要な不確実性が認められる場合は、監査報告書において財務諸表の注記事項に注意を喚起すること、又は重要な不確実性に関する財務諸表の注記事項が適切でない場合は、財務諸表に対して除外事項付意見を表明することが求められている。監査人の結論は、監査報告書日までに入手した監査証拠に基づいているが、将来の事象や状況により、企業は継続企業として存続できなくなる可能性がある。

・財務諸表の表示及び注記事項が、注記Xに記載された会計の基準に準拠しているかどうかとともに、関連する注記事項を含めた財務諸表の表示、構成及び内容、並びに財務諸表が基礎となる取引や会計事象を適正に表示しているかどうかを評価する。

監査人は、監査役及び監査役会に対して、計画した監査の範囲とその実施時期、監査の実施過程で識別した内部統制の重要な不備を含む監査上の重要な発見事項、及び監査の基準で求められているその他の事項について報告を行う。

利害関係
　会社と当監査法人又は業務執行社員との間には、公認会計士法の規定により記載すべき利害関係はない。

（注１）　文例１に同じ

文例５

文例の前提となる状況
・規制当局が定める財務報告に関する規則に基づき作成した完全な一組の財務諸表に対して実施する法定監査である。当該監査は、グループ監査ではない（すなわち、監査基準委員会報告書600が適用されない。）。
・企業の経営者は、一般目的の財務諸表のほかに、規制当局の監督上の必要から定められた財務報告の規則に準拠した財務諸表を作成し、当該規制当局に提出することが求められている。
・経営者は財務報告の枠組みに他の選択肢はなく、上記の財務報告の枠組みの適用が強制されている。（第12項(2)参照）
・適用される財務報告の枠組みには追加開示の要請はなく、したがって準拠性の枠組みである。なお、継続企業の前提に関する注記は、利用者が財務諸表を理解する基礎として重要であると考えられるため、記載することとしている。
・監査契約書において、監査基準委員会報告書210の財務諸表に対する経営者の責任が記載されている。
・監査人は、入手した監査証拠に基づいて、無限定意見が適切と判断している。
・監査人は、入手した監査証拠に基づいて、監査基準委員会報告書570に従って、継続企業の前提に重要な疑義を生じさせるような事象又は状況に関連する重要な不確実性が存在すると判断している。財務諸表において重要な不確実性の注記が適切になされている。監査報告書の配布及び利用が制限されている。
・「その他の事項」区分において、監査人が、一般目的の財務報告の枠組みに準拠して○○株式会社が作成した同一事業年度の財務諸表に対しても、監査報告書を発行している旨を記載している。（監査基準委員会報告書706「独立監査人の監査報告書における強調事項区分とその他の事項区分」の A13項参照）
・監査基準委員会報告書701に従って監査上の主要な検討事項を報告することが、規制当局から求められている。
・監査人は、その他の記載内容は存在しないと判断している。
・会社は監査役会設置会社である。
・監査人は、法令等が要求するその他の報告責任を有する。

独立監査人の監査報告書

×年×月×日

○○株式会社
　取締役会御中

○　○　監　査　法　人
○○事務所
指　定　社　員
業務執行社員　　公認会計士　○○○○　印
指　定　社　員
業務執行社員　　公認会計士　○○○○　印

〈財務諸表監査〉
監査意見
　当監査法人は、ＸＸ法第ＸＸ条の規定に基づく監査証明を行うため、○○株式会社の×年×月×日から×

年×月×日までの事業年度の財務諸表、すなわち貸借対照表、損益計算書、資金収支計算書、重要な会計方針及びその他の注記について監査を行った。

当監査法人は、上記の財務諸表が、全ての重要な点において、○○規則第Ｘ条に定められている会計の基準に準拠して作成されているものと認める。

監査意見の根拠

当監査法人は、我が国において一般に公正妥当と認められる監査の基準に準拠して監査を行った。監査の基準における当監査法人の責任は、「財務諸表監査における監査人の責任」に記載されている。当監査法人は、我が国における職業倫理に関する規定に従って、会社から独立しており、また、監査人としてのその他の倫理上の責任を果たしている。当監査法人は、意見表明の基礎となる十分かつ適切な監査証拠を入手したと判断している。

強調事項－財務諸表作成の基礎並びに配布及び利用制限(注１)

注記Ｘに記載されているとおり、財務諸表は、会社が［法令の名称］の規定に従い［規制当局の名称］に提出するために作成されており、したがって、それ以外の目的には適合しないことがある。

当該事項は、当監査法人の意見に影響を及ぼすものではない。

本報告書は、○○株式会社及び［規制当局の名称］のみを利用者として想定しており、○○株式会社及び［規制当局の名称］以外に配布及び利用されるべきものではない。

継続企業の前提に関する重要な不確実性(注２)

継続企業の前提に関する注記に記載されているとおり、会社は、×年４月１日から×年３月31日までの事業年度に純損失××百万円を計上しており、×年３月31日現在において○○百万円の債務超過の状況にあることから、継続企業の前提に重要な疑義を生じさせるような事象又は状況が存在しており、現時点では継続企業の前提に関する重要な不確実性が認められる。なお、当該事象又は状況に対する対応策及び重要な不確実性が認められる理由については当該注記に記載されている。財務諸表は継続企業を前提として作成されており、このような重要な不確実性の影響は財務諸表に反映されていない。

当該事項は、当監査法人の意見に影響を及ぼすものではない。

監査上の主要な検討事項

監査上の主要な検討事項とは、当事業年度の財務諸表の監査において、監査人が職業的専門家として特に重要であると判断した事項である。監査上の主要な検討事項は、財務諸表全体に対する監査の実施過程及び監査意見の形成において対応した事項であり、当監査法人は、当該事項に対して個別に意見を表明するものではない。当監査法人は、「継続企業の前提に関する重要な不確実性」に記載されている事項のほか、以下に記載した事項を監査報告書において監査上の主要な検討事項として報告すべき事項と判断している。

［監査基準委員会報告書701に従った監査上の主要な検討事項の記載］

その他の事項

会社は、上記の財務諸表のほかに、×年×月×日をもって終了する事業年度について、会社法及び金融商品取引法の規定に基づき我が国において一般に公正妥当と認められる企業会計の基準に準拠した計算書類及びその附属明細書並びに財務諸表をそれぞれ作成しており、当監査法人は、これらに対して、×年×月×日に会社法の規定に基づく監査報告書を、×年×月×日に金融商品取引法の規定に基づく監査報告書を発行している。

その他の記載内容

その他の記載内容は、監査した財務諸表を含む開示書類に含まれる情報のうち、財務諸表及びその監査報告書以外の情報である。

当監査法人は、その他の記載内容が存在しないと判断したため、その他の記載内容に対するいかなる手続も実施していない。

財務諸表に対する経営者並びに監査役及び監査役会の責任

経営者の責任は、○○規則第X条に定められた会計の基準に準拠して財務諸表を作成することにある。これには、不正又は誤謬による重要な虚偽表示のない財務諸表を作成するために経営者が必要と判断した内部統制を整備及び運用することが含まれる。

財務諸表を作成するに当たり、経営者は、継続企業の前提に基づき財務諸表を作成することが適切であるかどうかを評価し、継続企業に関する事項を開示する必要がある場合には当該事項を開示する責任がある。(注2)

監査役及び監査役会の責任は、財務報告プロセスの整備及び運用における取締役の職務の執行を監視することにある。

財務諸表監査における監査人の責任

監査人の責任は、監査人が実施した監査に基づいて、全体としての財務諸表に不正又は誤謬による重要な虚偽表示がないかどうかについて合理的な保証を得て、監査報告書において独立の立場から財務諸表に対する意見を表明することにある。虚偽表示は、不正又は誤謬により発生する可能性があり、個別に又は集計すると、財務諸表の利用者の意思決定に影響を与えると合理的に見込まれる場合に、重要性があると判断される。

監査人は、我が国において一般に公正妥当と認められる監査の基準に従って、監査の過程を通じて、職業的専門家としての判断を行い、職業的懐疑心を保持して以下を実施する。

・不正又は誤謬による重要な虚偽表示リスクを識別し、評価する。また、重要な虚偽表示リスクに対応した監査手続を立案し、実施する。監査手続の選択及び適用は監査人の判断による。さらに、意見表明の基礎となる十分かつ適切な監査証拠を入手する。
・財務諸表監査の目的は、内部統制の有効性について意見表明するためのものではないが、監査人は、リスク評価の実施に際して、状況に応じた適切な監査手続を立案するために、監査に関連する内部統制を検討する。
・経営者が採用した会計方針及びその適用方法の適切性、並びに経営者によって行われた会計上の見積りの合理性及び関連する注記事項の妥当性を評価する。
・経営者が継続企業を前提として財務諸表を作成することが適切であるかどうか、また、入手した監査証拠に基づき、継続企業の前提に重要な疑義を生じさせるような事象又は状況に関して重要な不確実性が認められるかどうか結論付ける。継続企業の前提に関する重要な不確実性が認められる場合は、監査報告書において財務諸表の注記事項に注意を喚起すること、又は重要な不確実性に関する財務諸表の注記事項が適切でない場合は、財務諸表に対して除外事項付意見を表明することが求められている。監査人の結論は、監査報告書日までに入手した監査証拠に基づいているが、将来の事象や状況により、企業は継続企業として存続できなくなる可能性がある。(注2)
・財務諸表の表示及び注記事項が、○○規則第X条に定められた会計の基準に準拠しているかどうかを評価する。

監査人は、監査役及び監査役会に対して、計画した監査の範囲とその実施時期、監査の実施過程で識別した内部統制の重要な不備を含む監査上の重要な発見事項、及び監査の基準で求められているその他の事項について報告を行う。

監査人は、監査役及び監査役会に対して、独立性についての我が国における職業倫理に関する規定を遵守したこと、並びに監査人の独立性に影響を与えると合理的に考えられる事項、及び阻害要因を除去又は軽減するためにセーフガードを講じている場合はその内容について報告を行う。監査人は、監査役及び監査役会と協議した事項のうち、当事業年度の財務諸表の監査で特に重要であると判断した事項を監査上の主要な検討事項と決定し、監査報告書において記載する。ただし、法令等により当該事項の公表が禁止されている場合や、極めて限定的ではあるが、監査報告書において報告することにより生じる不利益が公共の利益を上回ると合理的に見込まれるため、監査人が報告すべきでないと判断した場合は、当該事項を記載しない。

〈法令等が要求するその他の事項に対する報告〉

（省略）

利害関係

会社と当監査法人又は業務執行社員との間には、公認会計士法の規定により記載すべき利害関係はない。

（注１）（注２） 文例１に同じ

以　上

監査基準委員会報告書805

個別の財務表又は財務諸表項目等に対する監査*

2014年4月4日
改正2020年3月17日
最終改正2021年1月14日
日本公認会計士協会
監査基準委員会
（報告書：第74号）

Ⅰ　本報告書の範囲及び目的

1．本報告書の範囲

1．本報告書は、個別の財務表又は財務諸表項目等に対する監査において、他の監査基準委員会報告書を適用する際に特に考慮すべき事項について、実務上の指針を提供するものである。なお、本報告書において定められていない事項及び定義等については、他の監査基準委員会報告書が適用される。完全な一組の財務諸表以外の過去財務情報の監査において他の監査基準委員会報告書を適用する場合には、状況に応じて適宜読み替えて適用することが必要になる。

個別の財務表又は財務諸表項目等は、一般目的の財務報告の枠組み又は特別目的の財務報告の枠組みに準拠して作成される。個別の財務表又は財務諸表項目等が、特別目的の財務報告の枠組みに準拠して作成されている場合は、監査基準委員会報告書800「特別目的の財務報告の枠組みに準拠して作成された財務諸表に対する監査」も併せて適用されることになる。（A1項からA4項参照）

2．本報告書は、グループ財務諸表の監査において、グループ監査チームの依頼により構成単位の監査人が構成単位の財務情報に関して作業を実施し、その結果として発行する構成単位の監査人の報告書には適用されない。（監査基準委員会報告書600「グループ監査」参照）

3．本報告書は、他の監査基準委員会報告書の要求事項に追加して適用されることを前提としている。また、本報告書は、個々の監査業務に関連して特に考慮すべき事項を網羅的に提供するものではない。

2．本報告書の目的

4．本報告書における監査人の目的は、個別の財務表又は財務諸表項目等に対する監査において他の監査基準委員会報告書を適用する際に、以下に関連して特に考慮すべき事項に適切に対処することである。

(1) 監査契約の締結

(2) 監査の計画と実施

(3) 意見の形成と監査報告

3．定　義

5．本報告書における用語の定義は、以下のとおりとする。

(1) 「財務表」－完全な一組の財務諸表を構成する、貸借対照表、損益計算書、キャッシュ・フロー計算書等のそれぞれを指す。

(2) 「財務諸表項目等」－財務諸表の構成要素、勘定又はその他の項目を意味する。

個別の財務表、財務諸表項目等には、関連する注記事項が含まれる。関連する注記事項は、通常、財務表又は財務諸表項目等に関連する説明的又は記述的な情報から構成される。

Ⅱ　要求事項

1．監査契約の締結における考慮事項

(1) 一般に公正妥当と認められる監査の基準の適用

6．監査人は、監査基準委員会報告書200「財務諸表監査における総括的な目的」第17項に従い、監査基準、法令により準拠が求められる場合、監査における不正リスク対応基準（以下「不正リスク対応基準」という。）及び監査基準委員会報告書を含む日本公認会計士協会が公表する監査実務指針のうち個々の監査業務に関連するものは全て遵守することが求められている。この要求事項は、監査人が対象となる企業の完全な一組の財務諸表の監査も行っているかどうかにかかわらず、個別の財務表又は財務諸表項目等に対する監査において適用される。

監査人は、対象となる企業の完全な一組の財務諸表の監査を行わない場合、一般に公正妥当と認められる監査の基準に準拠して個別の財務表又は財務諸表項目等に対する監査を行うことが実務的な観点から実行可能であるかどうかを判断しなければならない。（A5項及び A6項参照）

(2) 財務報告の枠組みの受入可能性

7．監査人は、監査基準委員会報告書210「監査業務の契約条件の合意」第4項(1)に従い、財務諸表の作成において適用される財務報告の枠組みが受入可能なものであるかどうかを判断することが求められている。個別の財務表又は財務諸表項目等に対する監査の場合、受入可能性の検討に当たり、監査人は、当該財務報告の枠組みを適用することにより、想定利用者が、個別の財務表又は財務諸表項目等により提供される情報、及び重要な取引や会計事象がその情報に及ぼす影響を理解できるような適切な開示が提供されるかどうかを判断しなければならない。（A7項参照）

(3) 意見の様式

8．監査人は、監査基準委員会報告書210第8項(5)に基づいて、監査業務の契約条件の合意内容として、監査報告書の想定される様式を監査契約書に記載しなければならない。個別の財務表又は財務諸表項目等に対する監査の場合、監査人は、想定される意見の様式が個別の状況において適切であるかどうかを検討しなければならない。（A8項及び A9項参照）

2．監査の計画と実施における考慮事項

9．監査基準委員会報告書200においては、監査基準委員会報告書は、監査人による財務諸表監査の観点から記載されており、したがって、そ

の他の過去財務情報の監査に対して適用される場合には、状況に応じて適宜読み替えて適用されることになる旨が記載されている（監基報200第２項及び第12項(9)参照）。監査人は、個別の財務表又は財務諸表項目等に対する監査の計画及び実施において、監査基準委員会報告書を含む日本公認会計士協会が公表する監査実務指針を適用するに当たり、個々の監査業務の状況に応じて関連する全ての監査実務指針を適用しなければならない。（A10項から A14項参照）

３．意見の形成と監査報告における考慮事項

10．監査人は、個別の財務表又は財務諸表項目等に対する監査意見の形成と監査報告を行う際、監査基準委員会報告書700「財務諸表に対する意見の形成と監査報告」、及び適用される場合には監査基準委員会報告書800「特別目的の財務報告の枠組みに準拠して作成された財務諸表に対する監査」の要求事項を、個々の監査業務の状況に応じて適宜読み替えて適用しなければならない。（A16項から A22項参照）

(1)　企業の完全な一組の財務諸表に対する監査報告及び（完全な一組の財務諸表における）個別の財務表又は財務諸表項目等に対する監査報告

11．監査人は、企業の完全な一組の財務諸表に対する監査に併せて、個別の財務表又は財務諸表項目等に対する監査報告を行う場合、それぞれ別の業務として意見を表明しなければならない。

12．監査した個別の財務表又は財務諸表項目等は、企業の完全な一組の財務諸表とともに発行されることがある。監査人は、個別の財務表又は財務諸表項目等の表示が、完全な一組の財務諸表から区別されていないと判断した場合、そのような状況を是正するよう経営者に求めなければならない。

また、監査人は、一つの監査報告書において完全な一組の財務諸表と個別の財務表又は財務諸表項目等に対する意見を表明する場合であっても、個別の財務表又は財務諸表項目等に対する意見を完全な一組の財務諸表に対する意見とは別に記載しなければならない。なお、完全な一組の財務諸表に対する意見が否定的意見又は意見不表明である場合は、第14項及び第15項で取り扱っている。監査人は、個別の財務表又は財務諸表項目等が完全な一組の財務諸表と区別されていることを確認するまでは、個別の財務表又は財務諸表項目等に対する監査報告書を発行してはならない。

(2)　企業の完全な一組の財務諸表に対する監査報告書に含まれる特定の事項が、個別の財務表又は財務諸表項目等に対する監査及びその監査報告書に及ぼす影響の検討

13．監査人は、企業の完全な一組の財務諸表に対する監査報告書が次の事項を含む場合、当該事項が個別の財務表又は財務諸表項目等に対する監査及びその監査報告書に及ぼす影響を検討しなければならない。（A23項から A27項参照）

(1)　監査基準委員会報告書705「独立監査人の監査報告書における除外事項付意見」に従った除外事項付意見

(2)　同706「独立監査人の監査報告書における強調事項区分とその他の事項区分」に従った「強調事項」区分又は「その他の事項」区分

(3)　同570「継続企業」に従った「継続企業の前提に関する重要な不確実性」区分

(4)　同701「独立監査人の監査報告書における監査上の主要な検討事項の報告」に従った監査上の主要な検討事項の報告

(5)　同720「その他の記載内容に関連する監査人の責任」に従ったその他の記載内容の未修正の重要な誤りについて記載した内容

企業の完全な一組の財務諸表に対する監査報告書における否定的意見又は意見不表明

14．監査人は、企業の完全な一組の財務諸表全体に対して否定的意見を表明する、又は意見不表明とすることが必要であると判断する場合、監査基準委員会報告書705第14項に基づき、一つの監査報告書に、当該完全な一組の財務諸表の一部を構成する個別の財務表又は財務諸表項目

等に対する無限定意見を含めてはならない。これは、一つの監査報告書にそのような無限定意見を含めることは、企業の完全な一組の財務諸表全体に対する否定的意見又は意見不表明と矛盾するためである。（A28項参照）

15．監査人は、企業の完全な一組の財務諸表全体に対して否定的意見を表明する、又は意見不表明とすることが必要であると判断した場合であっても、当該完全な一組の財務諸表に含まれる財務諸表項目等に対する別の監査業務においては、当該財務諸表項目等に対して無限定意見を表明することが適切であると考える場合がある。その場合、以下の状況を全て満たさなければ、当該財務諸表項目等に対して無限定意見を表明してはならない。

⑴　法令等で禁止されていないこと。

⑵　当該意見が表明される監査報告書が、否定的意見又は意見不表明が含まれる監査報告書とともに発行されないこと。

⑶　財務諸表項目等が、企業の完全な一組の財務諸表の主要部分を構成しないこと。

16．監査人は、完全な一組の財務諸表全体に対して否定的意見を表明する、又は意見不表明とする場合、完全な一組の財務諸表に含まれる個別の財務表に対して無限定意見を表明してはならない。個別の財務表に対する監査報告書が、否定的意見又は意見不表明が含まれる監査報告書とともに発行されない場合であっても無限定意見を表明してはならない。これは、個別の財務表は当該完全な一組の財務諸表の主要部分を構成するとみなされるためである。

Ⅲ　適用指針

1．本報告書の範囲（第1項及び第5項参照）

A1．監査基準委員会報告書200第12項⑴において、過去財務情報とは、過去の一定期間に発生した経済事象、又は過去の一定時点における経済的な状態若しくは状況について財務的に表現した特定の企業に関連する情報であり、主として企業の会計システムから得られると定義されている。

A2．監査基準委員会報告書200第12項⑼において、財務諸表とは、財務報告の枠組みに準拠して、過去財務情報を体系的に表したものであり、関連する注記事項が含まれると定義され、一定時点における企業の経済資源若しくは義務、又は一定期間におけるそれらの変動を伝えることを目的としているとされている。また、財務諸表とは、通常、適用される財務報告の枠組みにおいて要求される完全な一組の財務諸表を指すが、個別の財務表を指すこともある。

注記事項は、適用される財務報告の枠組みにより求められている、又は明示的か否かにかかわらず記載が認められている説明的若しくは記述的な情報から構成される。注記事項は、財務諸表本表において、又は脚注方式で記載されるが、財務諸表から他の文書に参照をすることによって財務諸表に組み込まれることもある。（監基報200第12項⑼参照）

第5項に記載されたとおり、個別の財務表、財務諸表項目等には、関連する注記事項が含まれる。

A3．監査基準委員会報告書は、財務諸表監査を前提として記載されているため、個別の財務表及び財務諸表項目等に対する監査に対して適用される場合には、状況に応じて適宜読み替えて適用されることになる。本報告書は、そのような財務諸表以外の過去財務情報の監査における実務上の指針を提供するものである（付録1には、財務諸表項目等の例を記載している。）。

A4．過去財務情報以外に対して行う合理的保証業務は、保証業務実務指針3000「監査及びレビュー業務以外の保証業務に関する実務指針」に従って実施される。

2．監査契約の締結における考慮事項

⑴　監査基準委員会報告書の適用（第6項参照）

A5．監査人は、監査基準委員会報告書200に従い、

⑴　財務諸表監査業務に関連する職業倫理に関する規定（独立性に関連するものを含む。）及

び⑵　監査基準、法令により準拠が求められる場合、不正リスク対応基準、及び監査実務指針のうち個々の監査業務に関連するものは全て遵守することが求められている。また、監査人は、特定の監査基準委員会報告書がその監査業務に全く関連しない場合、一定の条件の下で要求される事項であり、その監査業務に条件が合致しないため、要求事項がその監査業務に関連しない場合、又は不正リスク対応基準に基づく要求事項であり、その監査業務に不正リスク対応基準が適用されないため、要求事項がその監査業務に関連しない場合を除いて、監査基準委員会報告書に記載された要求事項を遵守することが求められている。監査人は、例外的な状況において、監査基準委員会報告書の関連する要求事項の趣旨を達成するため、当該要求事項に代えて代替的な監査手続を実施することが必要と判断する場合がある。（監基報200第13項、第17項、第21項及び第22項参照）

A6．監査人は、同一企業の完全な一組の財務諸表の監査を行っていない場合、個別の財務表又は財務諸表項目等に対する監査に関連する監査基準委員会報告書の要求事項に準拠することが実務的な観点から実行可能ではないことがある。完全な一組の財務諸表の監査を行っていない場合、監査人は、内部統制を含む企業及び企業環境について、企業の完全な一組の財務諸表の監査を行っている場合と同程度の理解を有していないことが多い。また、監査人は、企業の完全な一組の財務諸表の監査において入手する、会計記録又はその他の会計情報の一般的な品質についての監査証拠を入手していない。したがって、会計記録から入手した監査証拠を裏付けるため、追加の証拠が必要となることもある。

財務諸表項目等に対する監査の場合、一部の監査基準委員会報告書の要求事項を遵守しようとすると、監査対象に照らして、過重な作業となることがある。例えば、監査基準委員会報告書570「継続企業」の要求事項は、固定資産明細表を監査対象とする場合は、減損の要否の判定が必要になるため関連することが多いが、これらの要求事項を遵守することは、要求される作業を考慮すると実務的ではないことがある。

監査人は、一般に公正妥当と認められる監査の基準に準拠して個別の財務表又は財務諸表項目等に対する監査を実施することが実務的ではないと結論付けた場合、他の種類の業務契約の方がより実務的であるかどうかを経営者と協議することがある。

⑵　財務報告の枠組みの受入可能性（第７項参照）

A7．個別の財務表又は財務諸表項目等の作成において適用される財務報告の枠組みは、認知されている会計基準設定主体が設定する完全な一組の財務諸表の作成のための財務報告の枠組みを基礎としていることがある。そのような場合、適用される枠組みが受入可能なものであるかどうかの判断には、当該枠組みに、その基礎とした認知された会計基準設定主体が設定する枠組みにおいて求められる、個別の財務表又は財務諸表項目等の表示に関連する全ての要求事項が含まれており、その結果適切な開示がなされるかどうかの検討を伴うことがある。

⑶　意見の様式（第８項参照）

A8．監査人が表明すべき意見の様式は、適用される財務報告の枠組み及び法令等によって決定される（監基報200第８項）。監査人は、監査基準委員会報告書700第23項及び第24項において、以下の意見のいずれかを表明することが求められている。

⑴　適正表示の枠組みに準拠して作成された完全な一組の財務諸表に対して無限定意見を表明する場合、法令等が別に規定していない限り、監査意見は、「財務諸表が、［適用される財務報告の枠組み］に準拠して、…をすべての重要な点において適正に表示している」と記載する。

⑵　準拠性の枠組みに準拠して作成された完全な一組の財務諸表に対して無限定意見を表明する場合、監査意見は、「財務諸表が、すべての重要な点において、［適用される財務報

告の枠組み］に準拠して作成されている」と記載する。

A9．認知されている会計基準設定主体が設定する完全な一組の財務諸表の作成に関する一般目的の財務報告の枠組みを基礎としている場合等、適用される財務報告の枠組みに、個別の財務表又は財務諸表項目等のみを作成する場合の表示又は注記事項に関する明示的な規定がないことがある。

このような場合を含め、監査人は、以下のような要因を考慮して、適用される財務報告の枠組みに照らして、適正性に関する意見又は準拠性に関する意見のいずれが適切であるかを判断する。

・基礎とした財務報告の枠組みは、適正表示の枠組みか、準拠性の枠組みか。
・基礎とした財務報告の枠組みは、明示的又は黙示的に、完全な一組の財務諸表を作成することを適正性の条件としているか。
・個別の財務表又は財務諸表項目等は、基礎とした財務報告の枠組みで求められている関連する全ての要求事項（関連する注記事項に関する要求事項を含む。）に準拠して作成することが求められているか。
・個別の財務表又は財務諸表項目等に適用される財務報告の枠組みにおいて、適正表示の達成のために、具体的に要求されている以上の開示を行うことが求められているか。

想定される意見の様式に関する監査人の判断は、職業的専門家としての判断に係る事項である。ただし、個別の財務表又は財務諸表項目等に対して適正性に関する意見を述べることが適切かどうかについては状況に照らして慎重に判断することが必要である。特に、伝達される情報が限定される財務諸表項目等に対する監査の場合は、準拠性に関する意見が適切であることが多い。

３．監査の計画と実施における考慮事項（第９項参照）

A10．個別の財務表又は財務諸表項目等に対する監査の計画及び実施において、各監査基準委員会報告書が関連するかについては、慎重な検討が必要となる。監査の対象が財務諸表項目等のみの場合であっても、監査基準委員会報告書240「財務諸表監査における不正」、同550「関連当事者」及び同570「継続企業」等の監査基準委員会報告書は原則として関連する。これは、適用される財務報告の枠組みの下で、不正、関連当事者取引の影響、又は継続企業の前提に基づく会計処理の不適切な適用により、財務諸表項目等に虚偽表示が生じることがあるためである。

A11．監査基準委員会報告書260「監査役等とのコミュニケーション」では、監査人はガバナンスの構造に応じてコミュニケーションを行うことが適切な者を判断することが求められている。監査基準委員会報告書260では、ガバナンスに責任を有する全ての者が経営にも関与している場合についても記載しており、状況に応じて要求事項に従ったコミュニケーションを行う。完全な一組の一般目的の財務諸表に加えて、個別の財務表又は財務諸表項目等が作成されている場合、個別の財務表又は財務諸表項目等作成の監視責任を有する者が、一般目的の財務諸表作成の監視責任を有する者と同じではないことがある。

A12．また、監査基準委員会報告書は、監査人による財務諸表監査の観点から記載されている。したがって、個別の財務表又は財務諸表項目等に対する監査に対して適用される場合には、状況に応じて適宜読み替えて適用されることになる。例えば、完全な一組の財務諸表に関する経営者確認書に代えて、適用される財務報告の枠組みに準拠した個別の財務表又は財務諸表項目等に関する経営者確認書を入手することとなる。（監基報200第２項参照）

A13．監査人は、一般に公正妥当と認められる監査の基準に基づき、個別の財務表又は財務諸表項目等に対する意見の基礎となる十分かつ適切な監査証拠を入手するために、個別の財務表又は財務諸表項目等に対する監査を計画し実施することが求められている。ただし、監査人は、企業の完全な一組の財務諸表の監査と併せて、個別の財務表又は財務諸表項目等に対する監査を計画し実施する場合は、企業の完全な一組の財務諸表の監査において入手した監査証拠を、個別の財務表又は財務諸表項目等に対する監査にも利用できることがある。また、完全な一組の財務諸表に対する監査報告書に含まれる事項が、個別の財務表又は財務諸表項目等に対する監査に影響を及ぼすことがある。

A14．完全な一組の財務諸表を構成する個別の財務表及び財務諸表項目等の多くは、関連する注記事項を含めて、相互に関連している。そのため、監査人は、個別の財務表又は財務諸表項目等に対する監査を行う際に、当該個別の財務表又は財務諸表項目等のみを対象として検討を行うことができないことがある。したがって、監査人は、監査の目的を達成するために、相互に関連する項目に関する手続を実施することが必要なことがある。

A15．また、個別の財務表又は財務諸表項目等に対して決定される重要性の基準値は、完全な一組の財務諸表に対して決定される重要性の基準値より小さいことがある。このような重要性の基準値の決定は、監査手続の種類、時期及び範囲、並びに未修正の虚偽表示の評価に影響を与えることになる。

4．意見の形成と監査報告における考慮事項（第10項参照）

A16．監査基準委員会報告書700第11項(5)に基づき、監査人は、監査意見の形成に当たり、想定利用者が、重要な取引や会計事象が財務諸表に及ぼす影響について理解するための適切な注記がなされているかどうか評価することが求められている。

監査対象が個別の財務表又は財務諸表項目等の場合には、適用される財務報告の枠組みに照らして、想定利用者が以下の事項を理解するための適切な注記がなされていることが重要である。

・個別の財務表又は財務諸表項目等により提供される情報（関連する注記事項を含む。）

・重要な取引や会計事象がこれらの情報に及ぼす影響

A17．本報告書の付録2には、個別の財務表及び財務諸表項目等に対する監査報告書の文例を記載している。他の監査基準委員会報告書の付録に掲載されている監査報告書に関する文例が個別の財務表又は財務諸表項目等に対する監査報告書に役立つ場合がある。（監基報700、監基報705、監基報706、監基報720及び監基報570の付録等参照）

個別の財務表又は財務諸表項目等に対する監査報告書への監査基準委員会報告書700の適用

A18．本報告書の第10項は、個別の財務表又は財務諸表項目等に対する監査意見の形成と監査報告を行う際、個々の監査業務の状況に応じて、監査基準委員会報告書700の要求事項を適用することを要求している。監査人は、そのため個々の監査業務の状況に応じて、他の監査基準委員会報告書における監査報告に関する要求事項も適用することが求められている。また、監査意見の形成と監査報告においては、A19項からA21項における考慮事項が有用なことがある。

継続企業の前提

A19．個別の財務表又は財務諸表項目等を作成するために適用される財務報告の枠組みにより、監査報告書における経営者の責任の区分での継続企業の前提に関する記述は必要に応じて修正されることがある。監査報告書における監査人の責任の区分での継続企業の前提に関する記述についても、個々の監査業務の状況に応じた監査基準委員会報告書570の適用方法によっては修正されることがある。

監査上の主要な検討事項

A20．監査基準委員会報告書700は、法令により要求される場合又は任意で契約条件により合意した場合に、監査基準委員会報告書701「独立監査人の監査報告書における監査上の主要な検討事項の報告」に従って、監査上の主要な検討事項を監査報告書において報告することを要求している。個別の財務表又は財務諸表項目等についても同様に、監査報告書において監査上の主要な検討事項を報告することが法令により要求されている場合又は任意で契約条件により合意した場合に、監査基準委員会報告書701が適用される。個別の財務表又は財務諸表項目等に対する監査報告書において監査上の主要な検討事項が報告される場合、監査基準委員会報告書701の要求事項及び適用指針の全てを適用する。

その他の記載内容

A21. 監査基準委員会報告書720は、その他の記載内容に関連する監査人の責任を扱っている。この観点から、個別の財務表又は財務諸表項目等に記載された事項に関する情報を所有者（又は類似の利害関係者）に提供することを目的とする個別の財務表又は財務諸表項目等を含む開示書類は、監査基準委員会報告書720における年次報告書に該当すると考えられる。そのような開示書類が発行される計画であると監査人が判断した場合、監査基準委員会報告書720の要求事項は個別の財務表又は財務諸表項目等に対する監査に適用される。

監査責任者の氏名

A22. 監査人が監査報告書に監査責任者の氏名を含めるという監査基準委員会報告書700の要求事項は、個別の財務表又は財務諸表項目等に対する監査にも適用される。

(1) 企業の完全な一組の財務諸表に対する監査報告及び（完全な一組の財務諸表における）個別の財務表又は財務諸表項目等に対する監査報告（第13項参照）

企業の完全な一組の財務諸表に対する監査報告書に含まれる特定の事項が、個別の財務表又は財務諸表項目等に対する監査及びその監査報告書に及ぼす影響の検討

A23. 本報告書の第13項は、該当する場合、完全な一組の財務諸表に対する監査報告書に含まれる特定の事項が、個別の財務表又は財務諸表項目等に対する監査及びその監査報告書に及ぼす影響を監査人が検討することを要求している。完全な一組の財務諸表に対する監査報告書に含まれる事項が、個別の財務表又は財務諸表項目等に対する監査に関連するかどうかの検討は、職業的専門家としての判断を伴う。

A24. A23項に記載されている影響の検討に関連する要因には次の事項が含まれることがある。

・完全な一組の財務諸表に対する監査報告書に記載されている事項の内容、及び個別の財務表又は財務諸表項目等に含まれる事項との関連性の程度

・完全な一組の財務諸表に対する監査報告書に記載されている事項の財務諸表全体に及ぼす影響の程度

・完全な一組の財務諸表に適用される財務報告の枠組みとの相違の内容と程度

・完全な一組の財務諸表の対象期間と個別の財務表又は財務諸表項目等が対象とする日付又は期間との相違の程度

・完全な一組の財務諸表に対する監査報告書日からの経過期間

A25. 例えば、完全な一組の財務諸表に対する監査報告書において売掛金に関する除外事項があり、個別の財務表が売掛金を含む場合又は財務諸表項目等が売掛金に関連する場合には、通常、当該個別の財務表又は財務諸表項目等に対する監査に影響がある。

他方、完全な一組の財務諸表に対する監査報告書の除外事項が長期借入金の表示上の分類に

関連しており、個別の財務表に対する監査が損益計算書を対象としている場合又は財務諸表項目等に対する監査が売掛金に関連したものである場合には、通常、当該個別の財務表又は財務諸表項目等に対する監査に影響しない。

A26．完全な一組の財務諸表に対する監査報告書において報告された監査上の主要な検討事項が、個別の財務表又は財務諸表項目等に対する監査に影響を及ぼすことがある。完全な一組の財務諸表に対する監査報告書における「監査上の主要な検討事項」区分に含まれる監査上の対応の記載は、個別の財務表又は財務諸表項目等に対する監査に関連する場合、監査人の対応の判断に役立つことがある。

完全な一組の財務諸表に対する監査報告書への参照

A27．完全な一組の財務諸表に対する監査報告書に含まれる特定の事項が、個別の財務表又は財務諸表項目等に対する監査又は監査報告書に影響しない場合であっても、監査人は個別の財務表又は財務諸表項目等に対する監査報告書の「その他の事項」区分において当該事項を参照することが適切であると考えることがある。(監基報706参照)

例えば、監査人は、個別の財務表又は財務諸表項目等に対する監査報告書において、完全な一組の財務諸表に対する監査報告書における「継続企業の前提に関する重要な不確実性」区分を参照することが適切であると判断することがある。

企業の完全な一組の財務諸表に対する監査報告書における否定的意見の表明又は意見不表明（第14項参照）

A28．企業の完全な一組の財務諸表に対する監査報告書において、経営成績及びキャッシュ・フローの状況（関連する場合）に関しては意見不表明とし、財政状態に関しては無限定意見を表明することは認められる。これは、意見不表明は経営成績及びキャッシュ・フローの状況に対してのみ行われ、全体としての財務諸表に関するものではないことによる。(監査基準委員会報告書510「初年度監査の期首残高」のA6項及び監基報705のA15項参照)

Ⅳ　適　用

・本報告書（2014年４月４日）は、2015年４月１日以後開始する事業年度又は会計期間に係る個別の財務表又は財務諸表項目等の監査から適用する。ただし、本報告書の全ての要求事項が適用可能である場合には、2014年４月１日以後に発行する監査報告書から適用することを妨げない。

・本報告書（2020年３月17日）は、2020年３月31日以後終了する事業年度又は会計期間に係る個別の財務表又は財務諸表項目等に対する監査から適用する。

・本報告書（2021年１月14日）は、2022年３月31日以後終了する事業年度に係る監査から適用する。ただし、2021年３月31日以後終了する事業年度に係る監査から早期適用することができる。

付録１　財務諸表項目等の例（A3項参照）

・売掛金、貸倒引当金、棚卸資産、退職給付債務、識別した無形資産の計上額（それぞれ、関連する注記を含む。）

・退職給付制度における外部拠出の年金資産及び関連損益の明細表（関連する注記を含む。）

・有形固定資産の明細表（関連する注記を含む。）

・リース会社が作成し借手に提出する、リース資産に関する支払明細表（関連する注記を含む。）

・プロフィット・パーティシペーション（従業員に対する利益分配）又は従業員賞与の明細表（関連する注記を含む。）

・海外子会社における出向者への日本国内における給与の支払額を記載した計算書（関連する注記を含む。）

・売上高計算書（関連する注記を含む。）

付録２　個別の財務表及び財務諸表項目等に対する監査報告書の文例（A17項参照）

ここに掲げる監査報告書の文例は、いずれも、監査人が無限責任監査法人の場合で、かつ、指定証明であるときのものである。

１．各文例の構成

	監査対象	財務報告の枠組み	被監査会社の機関設計	継続企業の前提に関する重要な不確実性	監査上の主要な検討事項	強調事項	その他の事項
文例１	財務表	一般目的／適正表示	監査役会	なし	記載なし	記載なし	記載なし
文例２	財務表	特別目的／準拠性	監査役会	なし	記載なし	記載あり	記載あり
文例３	財務表	特別目的／準拠性	監査役等の設置なし	（注１）	記載なし	記載あり	記載なし
文例４	財務表	特別目的／準拠性	監査役会	なし	記載なし	記載あり	記載あり
文例５	財務諸表項目等	特別目的／準拠性	監査役会	（注１）	記載なし	記載あり	記載なし
文例６	財務諸表項目等	特別目的／準拠性	監査役会	なし	記載なし	記載あり	記載なし

（注１）　財務表又は財務諸表項目等の作成に当たっては、継続企業の前提が成立するか否かは関係しない。

２．各文例の概要及び適用される財務報告の枠組み

	概　　要	財務報告の枠組み		備　　考
文例１	・会社計算規則に基づき作成した貸借対照表のみを対象とした任意監査	監査対象： 貸借対照表（重要な会計方針及びその他の注記を含む。）	財務表	
		会計の基準： 会社計算規則及び我が国において一般に公正妥当と認められる企業会計の基準（＊１）	一般目的 適正表示	会社計算規則第98条第２項第１号又は第２号による貸借対照表の注記の省略は行っていない。
文例２	・会社法の大会社（金融商品取引法非適用）が、金融機関との契約において定められている財務報告に関する取決めに基づいて作成したキャッシュ・フロー計算書に対する任意監査 ・金融機関に提出することが	監査対象： キャッシュ・フロー計算書（比較情報を除く。重要な会計方針及びその他の注記を含む。）	財務表	
		会計の基準： 計算書の注記×に記載された会計の基準（借入契約に	特別目的 準拠性	

	求められている。 ・キャッシュ・フロー計算書とともに、監査人が監査した計算書類とその監査報告書が金融機関に提供されている。	おいて、財務諸表等規則(＊2)及び我が国において一般に公正妥当と認められる企業会計の基準(＊1)に基づいて作成することが定められている。)		
文例３	・災害義援金・補助金・寄付金等の収支結果を資金提供者に報告・開示するために作成する資金収支計算書に対する任意監査	監査対象： 資金収支計算書（重要な会計方針及びその他の注記を含む。）	財務表	
		会計の基準： 計算書の注記×に記載された会計の基準（理事者が決定）	特別目的 準拠性	特定の想定利用者に対して報告するために理事者が決定した枠組みであり、追加開示の要請がないため、準拠性の枠組みである。
文例４	・○○法の規定に基づく○○事業部門別収支計算規則に基づく部門別収支計算書に対する監査 ・規制当局に提出することが法令で求められている。	監査対象： 部門別収支計算書（重要な会計方針及びその他の注記を含む。）	財務表	
		会計の基準： ○○法の規定に基づく○○事業部門別収支計算規則	特別目的 準拠性	規制当局に提出するために、当局の監督上の要請に基づき定められた計算規則であり、追加開示の要請がないため、準拠性の枠組みである。
文例５	・○○国への出向者に対する日本国内における給与の支払額を記載した明細表に対する監査 ・○○国の税務当局に提出する。	監査対象： 給与支払明細表（重要な会計方針及びその他の注記を含む。）	財務諸表 項目等	
		会計の基準： 明細表の注記×に記載された会計の基準（○○国の税務当局の要求事項を満たすように経営者が決定）	特別目的 準拠性	税務当局に提出するために経営者が決定した枠組みを使用しており、追加開示の要請がないため、準拠性の枠組みである。
文例６	・ロイヤリティ契約の要求事項を満たすために、特定の商品に係る売上高計算書に対する任意監査 ・ライセンサーに提出が求められている。	監査対象： 特定商品の売上を示した売上高計算書（重要な会計方針及びその他の注記を含む。）	財務諸表 項目等	
		会計の基準： 計算書の注記×に記載された会計の基準（契約書の条項で定められた会計の基準）	特別目的 準拠性	契約当事者間で合意した枠組みであり、報告する財務諸表項目等が契約に基づいて限定されているため、準拠性の枠組みである。

（＊１）　本報告書において、「我が国において一般に公正妥当と認められる企業会計の基準」は、財務諸表等の用語、様式及び作成方法に関する規則第１条第２項及び第３項により該当するとされている企業会計の基

準を指している。

（＊2） 財務諸表等の用語、様式及び作成方法に関する規則（昭和38年大蔵省令第59号）

文例1

文例の前提となる状況

・個別の財務表である貸借対照表に対する任意監査である。

・貸借対照表は、会社計算規則及び我が国において一般に公正妥当と認められる企業会計の基準における貸借対照表の作成に関連する要求事項に準拠して、企業の経営者により作成された（会社計算規則第98条第２項第１号又は第２号による貸借対照表の注記の省略は行っていない）。

・適用される財務報告の枠組みは、一般目的の財務報告の枠組みであり、適正表示の枠組みである。

・監査契約書において、監査基準委員会報告書210の財務諸表に対する経営者の責任が記載されている。

・監査報告書の配布及び利用は制限されていない。

・監査人は、入手した監査証拠に基づいて、監査基準委員会報告書570に従って、継続企業の前提に重要な疑義を生じさせるような事象又は状況に関連する重要な不確実性は存在しないと判断している。

・監査基準委員会報告書701に従った監査上の主要な検討事項の報告は求められていない。

・監査人は、その他の記載内容は存在しないと判断している。

・会社は監査役会設置会社である。

・監査人には、法令等に基づくその他の報告責任がない。

独立監査人の監査報告書

×年×月×日

○○株式会社

取締役会　御中

○　○監査法人

○○事務所

指定社員
業務執行社員　公認会計士　○○○○　印

指定社員
業務執行社員　公認会計士　○○○○　印

監査意見

当監査法人は、○○株式会社の×年×月×日現在の貸借対照表、重要な会計方針及びその他の注記（以下「貸借対照表」という。）について監査を行った。

当監査法人は、上記の貸借対照表が、会社計算規則及び我が国において一般に公正妥当と認められる企業会計の基準に準拠して、○○株式会社の×年×月×日現在の財政状態を、全ての重要な点において適正に表示しているものと認める。

監査意見の根拠

当監査法人は、我が国において一般に公正妥当と認められる監査の基準に準拠して監査を行った。監査の基準における当監査法人の責任は、「貸借対照表の監査における監査人の責任」に記載されている。当監査法人は、我が国における職業倫理に関する規定に従って、会社から独立しており、また、監査人としてのその他の倫理上の責任を果たしている。当監査法人は、意見表明の基礎となる十分かつ適切な監査証拠を入手したと判断している。

その他の記載内容

その他の記載内容は、監査した貸借対照表を含む開示書類に含まれる情報のうち、貸借対照表及びその監査報告書以外の情報である。
　当監査法人は、その他の記載内容が存在しないと判断したため、その他の記載内容に対するいかなる手続も実施していない。

貸借対照表に対する経営者並びに監査役及び監査役会の責任
　経営者の責任は、会社計算規則及び我が国において一般に公正妥当と認められる企業会計の基準に準拠して貸借対照表を作成し適正に表示することにある。これには、不正又は誤謬による重要な虚偽表示のない貸借対照表を作成するために経営者が必要と判断した内部統制を整備及び運用することが含まれる。
　貸借対照表を作成するに当たり、経営者は、継続企業の前提に基づき貸借対照表を作成することが適切であるかどうかを評価し、会社計算規則及び我が国において一般に公正妥当と認められる企業会計の基準に基づいて継続企業に関する事項を開示する必要がある場合には当該事項を開示する責任がある。(注1)
　監査役及び監査役会の責任は、財務報告プロセスの整備及び運用における取締役の職務の執行を監視することにある。

貸借対照表の監査における監査人の責任
　監査人の責任は、監査人が実施した監査に基づいて、全体としての貸借対照表に不正又は誤謬による重要な虚偽表示がないかどうかについて合理的な保証を得て、監査報告書において独立の立場から貸借対照表に対する意見を表明することにある。虚偽表示は、不正又は誤謬により発生する可能性があり、個別に又は集計すると、貸借対照表の利用者の意思決定に影響を与えると合理的に見込まれる場合に、重要性があると判断される。
　監査人は、我が国において一般に公正妥当と認められる監査の基準に従って、監査の過程を通じて、職業的専門家としての判断を行い、職業的懐疑心を保持して以下を実施する。
・不正又は誤謬による重要な虚偽表示リスクを識別し、評価する。また、重要な虚偽表示リスクに対応した監査手続を立案し、実施する。監査手続の選択及び適用は監査人の判断による。さらに、意見表明の基礎となる十分かつ適切な監査証拠を入手する。
・貸借対照表の監査の目的は、内部統制の有効性について意見表明するためのものではないが、監査人は、リスク評価の実施に際して、状況に応じた適切な監査手続を立案するために、監査に関連する内部統制を検討する。
・経営者が採用した会計方針及びその適用方法の適切性、並びに経営者によって行われた会計上の見積りの合理性及び関連する注記事項の妥当性を評価する。
・経営者が継続企業を前提として貸借対照表を作成することが適切であるかどうか、また、入手した監査証拠に基づき、継続企業の前提に重要な疑義を生じさせるような事象又は状況に関して重要な不確実性が認められるかどうか結論付ける。継続企業の前提に関する重要な不確実性が認められる場合は、監査報告書において貸借対照表の注記事項に注意を喚起すること、又は重要な不確実性に関する貸借対照表の注記事項が適切でない場合は、貸借対照表に対して除外事項付意見を表明することが求められている。監査人の結論は、監査報告書日までに入手した監査証拠に基づいているが、将来の事象や状況により、企業は継続企業として存続できなくなる可能性がある。(注1)
・貸借対照表の表示及び注記事項が、会社計算規則及び我が国において一般に公正妥当と認められる企業会計の基準に準拠しているかどうかとともに、関連する注記事項を含めた貸借対照表の表示、構成及び内容、並びに貸借対照表が基礎となる取引や会計事象を適正に表示しているかどうかを評価する。
　監査人は、監査役及び監査役会に対して、計画した監査の範囲とその実施時期、監査の実施過程で識別した内部統制の重要な不備を含む監査上の重要な発見事項、及び監査の基準で求められているその他の事項について報告を行う。

利害関係
　会社と当監査法人又は業務執行社員との間には、公認会計士法の規定により記載すべき利害関係はない。

（注１） 一般目的か特別目的かを問わず、準拠する財務報告の枠組みにおいて継続企業の前提に関する注記を行うことが明記されていない場合には、財務諸表に当該注記を行うかどうかは、配布及び利用制限の有無など、財務諸表の作成目的や想定利用者等を加味して判断することになる。この結果、当該注記を行わないこととした場合には、監査報告書において、継続企業の前提に関する必要な注記を行う責任及び当該注記に関する監査人の責任を記載しないことになる。

なお、特別目的の財務報告の枠組みは、継続企業を前提として策定される場合とそうでない場合の両方が考えられる（監基報570第２項）。継続企業の前提が成立していないことが一定の事実をもって明らかな状況においては、特別目的の財務報告の枠組みを清算基準に基づいて策定する場合もある。しかし、多くの特別目的の財務報告の枠組みは、継続企業を前提とした一般目的の財務報告の枠組みをベースに特定の利用者の情報ニーズに合わせてカスタマイズして策定されており、黙示的ではあるものの、継続企業を前提とした枠組みであると考えられる。したがって、特別目的の枠組みにおいて清算基準によることが明示されていない限り、監査報告書において、継続企業の前提に関する経営者の評価及び必要な注記を行う責任並びに監査人の責任を記載することが一般的と考えられる。

また、継続企業に関する重要な不確実性が認められ、個別の財務表又は財務諸表項目等において注記が適切になされている場合には、「継続企業の前提に関する重要な不確実性」という見出しを付した区分を設け（監基報570第21項）、監基報570の付録の文例１のように、以下の記載をすることが考えられる。

「継続企業の前提に関する重要な不確実性

継続企業の前提に関する注記に記載されているとおり、会社は、×年４月１日から×年３月31日までの事業年度に純損失××百万円を計上しており、×年３月31日現在において○○百万円の債務超過の状況にあることから、継続企業の前提に重要な疑義を生じさせるような事象又は状況が存在しており、現時点では継続企業の前提に関する重要な不確実性が認められる。なお、当該事象又は状況に対する対応策及び重要な不確実性が認められる理由については当該注記に記載されている。貸借対照表は継続企業を前提として作成されており、このような重要な不確実性の影響は貸借対照表に反映されていない。

当該事項は、当監査法人の意見に影響を及ぼすものではない。」

文例２

文例の前提となる状況

- 個別の財務表であるキャッシュ・フロー計算書（比較情報を除く。）に対する任意監査である。
- キャッシュ・フロー計算書は、キャッシュ・フロー情報に対する取引先金融機関からの要請に応じるため、借入契約において、財務諸表等規則及び我が国において一般に公正妥当と認められる企業会計の基準に基づいて作成することが定められている。
- 会社法上の大会社であり、監査人が会計監査人として計算書類の監査を行っており、キャッシュ・フロー計算書とともに、計算書類とその監査報告書が取引先金融機関に提供されている。
- 適用される財務報告の枠組みは、特別目的の財務報告の枠組みであり、準拠性の枠組みである。
- 経営者は、特別目的の財務表の作成において財務報告の枠組みの選択肢を有していない（監基報800第12項⑵参照）。
- 監査契約書において、監査基準委員会報告書210の財務諸表に対する経営者の責任が記載されている。
- 監査報告書の配布及び利用が制限されている。
- 監査人は、入手した監査証拠に基づいて、監査基準委員会報告書570に従って、継続企業の前提に重要な疑義を生じさせるような事象又は状況に関連する重要な不確実性は存在しないと判断している。
- 監査基準委員会報告書701に従った監査上の主要な検討事項の報告は求められていない。
- 監査人は、その他の記載内容は存在しないと判断している。
- 会社は監査役会設置会社である。
- 監査人には、法令等に基づくその他の報告責任がある。
- 注記×には以下の記載がある。

> 本キャッシュ・フロー計算書（比較情報を除く。）は、株式会社○○銀行へ提出するために、財務諸表等規則及び我が国において一般に公正妥当と認められる企業会計の基準に基づいて作成されている。

　本キャッシュ・フロー計算書の作成に当たり採用した重要な会計方針は、以下のとおりである。
………。

独立監査人の監査報告書

×年×月×日

○○株式会社
　取締役会　御中

○　○　監　査　法　人
○○事務所
指　定　社　員
業務執行社員　公認会計士　○○○○　印
指　定　社　員
業務執行社員　公認会計士　○○○○　印

監査意見
　当監査法人は、○○株式会社の×年×月×日から×年×月×日までのキャッシュ・フロー計算書、重要な会計方針及びその他の注記（以下「キャッシュ・フロー計算書」という。）について監査を行った。
　当監査法人は、上記のキャッシュ・フロー計算書が、全ての重要な点において、注記Xに記載された会計の基準に準拠して作成されているものと認める。

監査意見の根拠
　当監査法人は、我が国において一般に公正妥当と認められる監査の基準に準拠して監査を行った。監査の基準における当監査法人の責任は、「キャッシュ・フロー計算書の監査における監査人の責任」に記載されている。当監査法人は、我が国における職業倫理に関する規定に従って、会社から独立しており、また、監査人としてのその他の倫理上の責任を果たしている。当監査法人は、意見表明の基礎となる十分かつ適切な監査証拠を入手したと判断している。

強調事項－キャッシュ・フロー計算書作成の基礎並びに配布及び利用制限（注1）
　注記Xに記載されているとおり、キャッシュ・フロー計算書は、株式会社○○銀行へ提出するために、注記Xに記載された会計の基準に準拠して作成されており、したがって、それ以外の目的には適合しないことがある。当該事項は、当監査法人の意見に影響を及ぼすものではない。
　本報告書は、○○株式会社及び株式会社○○銀行のみを利用者として想定しており、○○株式会社及び株式会社○○銀行以外に配布及び利用されるべきものではない。

その他の事項
　○○株式会社は、上記のキャッシュ・フロー計算書のほかに、×年×月×日をもって終了する事業年度について、会社法の規定に基づき我が国において一般に公正妥当と認められる企業会計の基準に準拠した計算書類及びその附属明細書を作成しており、当監査法人は、これらに対して、×年×月×日に別途、会社法の規定に基づく監査報告書を発行している。

その他の記載内容
　その他の記載内容は、監査したキャッシュ・フロー計算書を含む開示書類に含まれる情報のうち、キャッシュ・フロー計算書及びその監査報告書以外の情報である。

当監査法人は、その他の記載内容が存在しないと判断したため、その他の記載内容に対するいかなる手続も実施していない。

キャッシュ・フロー計算書に対する経営者並びに監査役及び監査役会の責任

経営者の責任は、注記Xに記載された会計の基準に準拠してキャッシュ・フロー計算書を作成することにある。これには、不正又は誤謬による重要な虚偽表示のないキャッシュ・フロー計算書を作成するために経営者が必要と判断した内部統制を整備及び運用することが含まれる。

キャッシュ・フロー計算書を作成するに当たり、経営者は、継続企業の前提に基づきキャッシュ・フロー計算書を作成することが適切であるかどうかを評価し、継続企業に関する事項を開示する必要がある場合には当該事項を開示する責任がある。(注2)

監査役及び監査役会の責任は、財務報告プロセスの整備及び運用における取締役の職務の執行を監視することにある。

キャッシュ・フロー計算書の監査における監査人の責任

監査人の責任は、監査人が実施した監査に基づいて、全体としてのキャッシュ・フロー計算書に不正又は誤謬による重要な虚偽表示がないかどうかについて合理的な保証を得て、監査報告書において独立の立場からキャッシュ・フロー計算書に対する意見を表明することにある。虚偽表示は、不正又は誤謬により発生する可能性があり、個別に又は集計すると、キャッシュ・フロー計算書の利用者の意思決定に影響を与えると合理的に見込まれる場合に、重要性があると判断される。

監査人は、我が国において一般に公正妥当と認められる監査の基準に従って、監査の過程を通じて、職業的専門家としての判断を行い、職業的懐疑心を保持して以下を実施する。

・不正又は誤謬による重要な虚偽表示リスクを識別し、評価する。また、重要な虚偽表示リスクに対応した監査手続を立案し、実施する。監査手続の選択及び適用は監査人の判断による。さらに、意見表明の基礎となる十分かつ適切な監査証拠を入手する。

・キャッシュ・フロー計算書の監査の目的は、内部統制の有効性について意見表明するためのものではないが、監査人は、リスク評価の実施に際して、状況に応じた適切な監査手続を立案するために、監査に関連する内部統制を検討する。

・経営者が採用した会計方針及びその適用方法の適切性、並びに経営者によって行われた会計上の見積りの合理性及び関連する注記事項の妥当性を評価する。

・経営者が継続企業を前提としてキャッシュ・フロー計算書を作成することが適切であるかどうか、また、入手した監査証拠に基づき、継続企業の前提に重要な疑義を生じさせるような事象又は状況に関して重要な不確実性が認められるかどうか結論付ける。継続企業の前提に関する重要な不確実性が認められる場合は、監査報告書においてキャッシュ・フロー計算書の注記事項に注意を喚起すること、又は重要な不確実性に関するキャッシュ・フロー計算書の注記事項が適切でない場合は、キャッシュ・フロー計算書に対して除外事項付意見を表明することが求められている。監査人の結論は、監査報告書日までに入手した監査証拠に基づいているが、将来の事象や状況により、企業は継続企業として存続できなくなる可能性がある。(注2)

・キャッシュ・フロー計算書の表示及び注記事項が、注記Xに記載された会計の基準に準拠しているかどうかを評価する。

監査人は、監査役及び監査役会に対して、計画した監査の範囲とその実施時期、監査の実施過程で識別した内部統制の重要な不備を含む監査上の重要な発見事項、及び監査の基準で求められているその他の事項について報告を行う。

利害関係

会社と当監査法人又は業務執行社員との間には、公認会計士法の規定により記載すべき利害関係はない。

(注1) 特別目的の枠組みに関する注意喚起は、強調事項であることを示す適切な見出しを付して記載し(監基報706第8項(1))、監査意見と適切に関連付けられるように監査意見の根拠の区分の後に記載すること

が適切である。（監基報706の A16項）

（注２） 文例１（注１）に同じ

文例３

文例の前提となる状況

・個別の財務表である資金収支計算書に対する任意監査である。

・災害義援金・補助金・寄付金等の収支結果を報告・開示するために、資金収支計算書は、資金収支計算書の注記に記載した会計の基準に基づいて法人の理事者により作成されている。

・理事者は、特別目的の財務表の作成において財務報告の枠組みの選択肢を有している（監基報800第12項⑵参照）。

・適用される財務報告の枠組みは、資金提供者の財務情報のニーズを満たすように表示及び注記事項を理事者が定めており、追加開示の要請がないため、特別目的の財務報告の枠組みであり、準拠性の枠組みである。監査基準委員会報告書800は、特別目的の財務報告の枠組みに準拠して作成される財務諸表の様式と内容に関する要求事項と指針を提供している。

・監査契約書において、監査基準委員会報告書210の財務諸表に対する理事者の責任が記載されている。

・資金提供者が閲覧することを予定しているため、監査報告書の配布及び利用は制限されていない。

・資金収支計算書の作成に当たっては、継続企業の前提が成立するか否かは関係しない。

・監査基準委員会報告書701に従った監査上の主要な検討事項の報告は求められていない。

・監査人は、その他の記載内容は存在しないと判断している。

・監査人には、法令等に基づくその他の報告責任がない。

・注記×には以下の記載がある。

> 本資金収支計算書は、○○法人が×年×月×日から×年×月×日までの期間において行った○○に関する活動の資金収支の結果について資金提供者に報告・開示するために作成するものであり、○○法人の財政状態、経営成績及びキャッシュ・フローの状況を表示することを目的とした財務諸表に相当するものではない。
>
> ○○に関する活動の資金の範囲並びに収入及び支出の認識の基準は、以下のとおりである。
>
> ………。

独立監査人の監査報告書

×年×月×日

○○法人
　理事会　御中

○　○　監　査　法　人
○○事務所

指　定　社　員
業務執行社員　　公認会計士　○○○○　印

指　定　社　員
業務執行社員　　公認会計士　○○○○　印

監査意見

当監査法人は、○○法人の×年×月×日から×年×月×日までの○○に関する資金収支計算書、重要な会計方針及びその他の注記（以下「資金収支計算書」という。）について監査を行った。当監査法人は、上記の資金収支計算書が、全ての重要な点において、注記Xに記載された会計の基準に準拠して作成されているものと認める。

監査意見の根拠

当監査法人は、我が国において一般に公正妥当と認められる監査の基準に準拠して監査を行った。監査の基準における当監査法人の責任は、「資金収支計算書の監査における監査人の責任」に記載されている。当監査法人は、我が国における職業倫理に関する規定に従って、法人から独立しており、また、監査人としてのその他の倫理上の責任を果たしている。当監査法人は、意見表明の基礎となる十分かつ適切な監査証拠を入手したと判断している。

強調事項－資金収支計算書の基礎(注1)

注記Xに記載されているとおり、資金収支計算書は、○○に関する資金収支の結果について資金提供者に報告・開示するために注記Xに記載された会計の基準に準拠して作成されており、したがって、それ以外の目的には適合しないことがある。当該事項は、当監査法人の意見に影響を及ぼすものではない。

その他の記載内容

その他の記載内容は、監査した資金収支計算書を含む開示書類に含まれる情報のうち、資金収支計算書及びその監査報告書以外の情報である。

当監査法人は、その他の記載内容が存在しないと判断したため、その他の記載内容に対するいかなる手続も実施していない。

資金収支計算書に対する理事者及び監事の責任(注2)

理事者の責任は、注記Xに記載された会計の基準に準拠して資金収支計算書を作成することにあり、また、資金収支計算書の作成に当たり適用される会計基準が状況に照らして受入可能なものであるかどうかについて判断することにある。理事者の責任には、不正又は誤謬による重要な虚偽表示のない資金収支計算書を作成するために理事者が必要と判断した内部統制を整備及び運用することが含まれる。

監事の責任は、財務報告プロセスの整備及び運用における理事の職務の執行を監視することにある。

資金収支計算書の監査における監査人の責任(注2)

監査人の責任は、監査人が実施した監査に基づいて、全体としての資金収支計算書に不正又は誤謬による重要な虚偽表示がないかどうかについて合理的な保証を得て、監査報告書において独立の立場から資金収支計算書に対する意見を表明することにある。虚偽表示は、不正又は誤謬により発生する可能性があり、個別に又は集計すると、資金収支計算書の利用者の意思決定に影響を与えると合理的に見込まれる場合に、重要性があると判断される。

監査人は、我が国において一般に公正妥当と認められる監査の基準に従って、監査の過程を通じて、職業的専門家としての判断を行い、職業的懐疑心を保持して以下を実施する。

・不正又は誤謬による重要な虚偽表示リスクを識別し、評価する。また、重要な虚偽表示リスクに対応した監査手続を立案し、実施する。監査手続の選択及び適用は監査人の判断による。さらに、意見表明の基礎となる十分かつ適切な監査証拠を入手する。
・資金収支計算書の監査の目的は、内部統制の有効性について意見表明するためのものではないが、監査人は、リスク評価の実施に際して、状況に応じた適切な監査手続を立案するために、監査に関連する内部統制を検討する。
・理事者が採用した会計方針及びその適用方法の適切性、並びに経営者によって行われた会計上の見積りの合理性及び関連する注記事項の妥当性を評価する。
・資金収支計算書の表示及び注記事項が、注記Xに記載された会計の基準に準拠しているかどうかを評価する。

監査人は、監事に対して、計画した監査の範囲とその実施時期、監査の実施過程で識別した内部統制の重要な不備を含む監査上の重要な発見事項、及び監査の基準で求められているその他の事項について報告を行う。

利害関係
　法人と当監査法人又は業務執行社員との間には、公認会計士法の規定により記載すべき利害関係はない。

（注１）　文例２に同じ
（注２）　文例１（注１）に同じ

文例４

文例の前提となる状況

・規制料金業種における企業の個別の財務表である、○○事業法で定める部門別収支計算書に対する監査である。
・部門別収支計算書は、規制当局に提出が求められており、料金算定の監督上、必要な事項を満たすように定めた「○○事業部門別収支計算規則」に準拠して経営者により作成される。
・経営者は、特別目的の財務表の作成において財務報告の枠組みの選択肢を有していない（監基報800第12項⑵参照）。
・適用される財務報告の枠組みは、規制当局が料金算定の監督上必要事項を定めており、特別目的の財務報告の枠組みであり、準拠性の枠組みである。監査基準委員会報告書800は、特別目的の財務報告の枠組みに準拠して作成される財務諸表の様式と内容に関する要求事項と指針を含んでいる。
・監査契約書において、監査基準委員会報告書210の財務諸表に対する経営者の責任が記載されている。
・監査報告書の配布及び利用が制限されている。
・監査人は、入手した監査証拠に基づいて、監査基準委員会報告書570に従って、継続企業の前提に重要な疑義を生じさせるような事象又は状況に関連する重要な不確実性は存在しないと判断している。
・監査基準委員会報告書701に従った監査上の主要な検討事項の報告は求められていない。
・監査人は、その他の記載内容は存在しないと判断している。
・会社は監査役会設置会社である。
・監査人には、法令等に基づくその他の報告責任がある。
・注記×には以下の記載がある。

　本部門別収支計算書は、○○事業法第○条で定める「○○事業部門別収支計算規則」（以下、「事業部門別収支計算規則」）に準拠して、○○株式会社○○事業部門の×年×月×日から×年×月×日までの事業年度における部門別収支の状況を示すものであり、○○事業法の定めにより規制当局に提出するために作成されている。
　本部門別収支計算書の作成に当たり採用した重要な会計方針は、以下のとおりである。………。

<u>**独立監査人の監査報告書**</u>

×年×月×日

○○株式会社
　取締役会　御中

○　○　監　査　法　人
○○事務所
指　定　社　員
業務執行社員　　公認会計士　○○○○　印
指　定　社　員
業務執行社員　　公認会計士　○○○○　印

監査意見
　当監査法人は、○○事業法第○条で定める「○○事業部門別収支計算規則」（以下「部門別収支計算規則」

という。）第X条の規定に基づき、○○株式会社の×年×月×日から×年×月×日までの事業年度の部門別収支計算書、重要な会計方針及びその他の注記（以下「計算書」という。）について監査を行った。

当監査法人は、上記の計算書が、全ての重要な点において、部門別収支計算規則に準拠して作成されているものと認める。

監査意見の根拠

当監査法人は、我が国において一般に公正妥当と認められる監査の基準に準拠して監査を行った。監査の基準における当監査法人の責任は、「計算書の監査における監査人の責任」に記載されている。当監査法人は、我が国における職業倫理に関する規定に従って、会社から独立しており、また、監査人としてのその他の倫理上の責任を果たしている。当監査法人は、意見表明の基礎となる十分かつ適切な監査証拠を入手したと判断している。

強調事項－計算書作成の基礎並びに配布及び利用制限（注1）

注記Xに記載されているとおり、計算書は、○○株式会社が○○事業法の定めにより規制当局に提出するために部門別収支計算規則に準拠して作成されており、したがって、それ以外の目的には適合しないことがある。当該事項は、当監査法人の意見に影響を及ぼすものではない。

本報告書は、○○株式会社及び規制当局のみを利用者として想定しており、○○株式会社及び規制当局以外に配布及び利用されるべきものではない。

その他の事項（注2）

○○株式会社は、上記の計算書のほかに、×年×月×日をもって終了する事業年度について、会社法及び金融商品取引法の規定に基づき我が国において一般に公正妥当と認められる企業会計の基準に準拠した計算書類及びその附属明細書並びに財務諸表をそれぞれ作成しており、当監査法人は、これらに対して、×年×月×日に会社法の規定に基づく監査報告書を、×年×月×日に金融商品取引法の規定に基づく監査報告書を発行している。

その他の記載内容

その他の記載内容は、監査した計算書を含む開示書類に含まれる情報のうち、計算書及びその監査報告書以外の情報である。

当監査法人は、その他の記載内容が存在しないと判断したため、その他の記載内容に対するいかなる手続も実施していない。

計算書に対する経営者並びに監査役及び監査役会の責任

経営者の責任は、部門別収支計算規則に準拠して計算書を作成することにある。これには、不正又は誤謬による重要な虚偽表示のない計算書を作成するために経営者が必要と判断した内部統制を整備及び運用することが含まれる。

計算書を作成するに当たり、経営者は、継続企業の前提に基づき計算書を作成することが適切であるかどうかを評価し、継続企業に関する事項を開示する必要がある場合には当該事項を開示する責任がある。（注3）

監査役及び監査役会の責任は、財務報告プロセスの整備及び運用における取締役の職務の執行を監視することにある。

計算書の監査における監査人の責任

監査人の責任は、監査人が実施した監査に基づいて、全体としての計算書に不正又は誤謬による重要な虚偽表示がないかどうかについて合理的な保証を得て、監査報告書において独立の立場から計算書に対する意見を表明することにある。虚偽表示は、不正又は誤謬により発生する可能性があり、個別に又は集計すると、計算書の利用者の意思決定に影響を与えると合理的に見込まれる場合に、重要性があると判断される。

監査人は、我が国において一般に公正妥当と認められる監査の基準に従って、監査の過程を通じて、職業的専門家としての判断を行い、職業的懐疑心を保持して以下を実施する。

・不正又は誤謬による重要な虚偽表示リスクを識別し、評価する。また、重要な虚偽表示リスクに対応した監査手続を立案し、実施する。監査手続の選択及び適用は監査人の判断による。さらに、意見表明の基礎となる十分かつ適切な監査証拠を入手する。

・計算書の監査の目的は、内部統制の有効性について意見表明するためのものではないが、監査人は、リスク評価の実施に際して、状況に応じた適切な監査手続を立案するために、監査に関連する内部統制を検討する。

・経営者が採用した会計方針及びその適用方法の適切性、並びに経営者によって行われた会計上の見積りの合理性及び関連する注記事項の妥当性を評価する。

・経営者が継続企業を前提として計算書を作成することが適切であるかどうか、また、入手した監査証拠に基づき、継続企業の前提に重要な疑義を生じさせるような事象又は状況に関して重要な不確実性が認められるかどうか結論付ける。継続企業の前提に関する重要な不確実性が認められる場合は、監査報告書において計算書の注記事項に注意を喚起すること、又は重要な不確実性に関する計算書の注記事項が適切でない場合は、計算書に対して除外事項付意見を表明することが求められている。監査人の結論は、監査報告書日までに入手した監査証拠に基づいているが、将来の事象や状況により、企業は継続企業として存続できなくなる可能性がある。(注3)

・計算書の表示及び注記事項が、部門別収支計算規則に準拠しているかどうかを評価する。

監査人は、監査役及び監査役会に対して、計画した監査の範囲とその実施時期、監査の実施過程で識別した内部統制の重要な不備を含む監査上の重要な発見事項、及び監査の基準で求められているその他の事項について報告を行う。

利害関係

会社と当監査法人又は業務執行社員との間には、公認会計士法の規定により記載すべき利害関係はない。

(注1)　文例2に同じ

(注2)　監基報805のA27項では、完全な一組の財務諸表に対する監査報告書に含まれる特定の事項が、個別の財務表又は財務諸表項目等に対する監査又は監査報告書に影響しない場合であっても、監査人は個別の財務表又は財務諸表項目等に対する監査報告書の「その他の事項」区分において当該事項を参照することが適切であると考えることがあるとされている。

　この適用指針に関連して、完全な一組の財務諸表に対する監査報告書において、計算書に関連する監査上の主要な検討事項が記載されており、当該事項を計算書の監査報告書の「その他の事項」区分において参照することが適切である場合には、以下の記載を追加することが考えられる。

　「なお、×年×月×日に発行した金融商品取引法の規定に基づく監査報告書において、○○事業部門の売上高に関する監査上の主要な検討事項が報告されている。」

(注3)　文例1（注1）に同じ

文例5

文例の前提となる状況

・○○国の海外子会社における出向者に対する日本国内における給与の支払額を記載した明細表に対して行う監査である。

・明細表は、○○国税務当局に提出するため、同国税法の要求事項を満たすために作成されるが、明細表自体の形式は企業の経営者の任意であり、その記載項目が明細表の注記に記載されている。

・適用される財務報告の枠組みは、特別目的の財務報告の枠組みであり、準拠性の枠組みである。監査基準委員会報告書800は、特別目的の財務報告の枠組みに準拠して作成される財務諸表の様式と内容に関する要求事項と指針を提供している。

・経営者は、特別目的の財務諸表項目等の作成において財務報告の枠組みの選択肢を有する（監基報800第12項(2)参照）。

・監査契約書において、監査基準委員会報告書210の明細表に対する経営者の責任が記載されている。

・監査報告書の配布及び利用が制限されている。

・給与の支払額を記載した明細書の作成に当たっては、継続企業の前提が成立するか否かは関係しない。
・監査基準委員会報告書701に従った監査上の主要な検討事項の報告は求められていない。
・監査人は、その他の記載内容は存在しないと判断している。
・会社は監査役会設置会社である。
・監査人には、法令等に基づくその他の報告責任がない。
・注記×には以下の記載がある。

> 本明細表は、○○国における税務申告を行うために作成されている。
> 本明細表に記載された給与額は、当社から○○国の海外子会社における出向者××名に対して、当社が日本国内で×年×月×日から×年×月×日までの事業年度において支払った給与額を表示している。

独立監査人の監査報告書

×年×月×日

○○株式会社
取締役会　御中

○　○ 監 査 法 人
○○事務所
指 定 社 員
業務執行社員　公認会計士　○○○○　印
指 定 社 員
業務執行社員　公認会計士　○○○○　印

監査意見

当監査法人は、○○株式会社が×年×月×日から×年×月×日までの事業年度において、○○国の海外子会社における出向者ＸＸ名に対して日本国内で支払った給与額を記載した明細表、重要な会計方針及びその他の注記（以下「明細表」という。）について監査を行った。

当監査法人は、上記の明細表が、全ての重要な点において、注記Ｘに記載された会計の基準に準拠して作成されているものと認める。

監査意見の根拠

当監査法人は、我が国において一般に公正妥当と認められる監査の基準に準拠して監査を行った。監査の基準における当監査法人の責任は、「明細表の監査における監査人の責任」に記載されている。当監査法人は、我が国における職業倫理に関する規定に従って、会社から独立しており、また、監査人としてのその他の倫理上の責任を果たしている。当監査法人は、意見表明の基礎となる十分かつ適切な監査証拠を入手したと判断している。

強調事項－明細表作成の基礎並びに配布及び利用制限（注1）

注記Ｘに記載されているとおり、明細表は、○○株式会社が○○国における税務申告を行うために注記Ｘに記載された会計の基準に準拠して作成されており、したがって、それ以外の目的には適合しないことがある。当該事項は、当監査法人の意見に影響を及ぼすものではない。

本報告書は、○○株式会社及び○○国税務当局のみを利用者として想定しており、○○株式会社及び○○国税務当局以外に配布及び利用されるべきものではない。

その他の記載内容

その他の記載内容は、監査した明細表を含む開示書類に含まれる情報のうち、明細表及びその監査報告書以外の情報である。
　当監査法人は、その他の記載内容が存在しないと判断したため、その他の記載内容に対するいかなる手続も実施していない。

明細表に対する経営者並びに監査役及び監査役会の責任(注2)
　経営者の責任は、注記Xに記載された会計の基準に準拠して明細表を作成することにあり、また、明細表の作成に当たり適用される財務報告の枠組みが状況に照らして受入可能なものであるかどうかについて判断することにある。経営者の責任には、不正又は誤謬による重要な虚偽表示のない明細表を作成するために経営者が必要と判断した内部統制を整備及び運用することが含まれる。
　監査役及び監査役会の責任は、財務報告プロセスの整備及び運用における取締役の職務の執行を監視することにある。

明細表の監査における監査人の責任(注2)
　監査人の責任は、監査人が実施した監査に基づいて、明細表に不正又は誤謬による重要な虚偽表示がないかどうかについて合理的な保証を得て、監査報告書において独立の立場から明細表に対する意見を表明することにある。虚偽表示は、不正又は誤謬により発生する可能性があり、個別に又は集計すると、明細表の利用者の意思決定に影響を与えると合理的に見込まれる場合に、重要性があると判断される。
　監査人は、我が国において一般に公正妥当と認められる監査の基準に従って、監査の過程を通じて、職業的専門家としての判断を行い、職業的懐疑心を保持して以下を実施する。
・不正又は誤謬による重要な虚偽表示リスクを識別し、評価する。また、重要な虚偽表示リスクに対応した監査手続を立案し、実施する。監査手続の選択及び適用は監査人の判断による。さらに、意見表明の基礎となる十分かつ適切な監査証拠を入手する。
・明細表の監査の目的は、内部統制の有効性について意見表明するためのものではないが、監査人は、リスク評価の実施に際して、状況に応じた適切な監査手続を立案するために、監査に関連する内部統制を検討する。
・経営者が採用した会計方針及びその適用方法の適切性、並びに経営者によって行われた会計上の見積りの合理性及び関連する注記事項の妥当性を評価する。
・明細表の表示及び注記事項が、注記Xに記載された会計の基準に準拠しているかどうかを評価する。
　監査人は、監査役及び監査役会に対して、計画した監査の範囲とその実施時期、監査の実施過程で識別した内部統制の重要な不備を含む監査上の重要な発見事項、及び監査の基準で求められているその他の事項について報告を行う。

利害関係
　会社と当監査法人又は業務執行社員との間には、公認会計士法の規定により記載すべき利害関係はない。

(注1)　文例2に同じ
(注2)　文例1（注1）に同じ

文例6

文例の前提となる状況
・会社の売上高のうち、特定の商品に係る売上高計算書に対する任意監査である。
・売上高計算書は、ロイヤリティ契約の要求事項を満たすために、契約書において定められた会計の基準に準拠して、経営者により作成されている。
・ロイヤリティ契約書においては、会社が特定の商品の年度売上高金額を示した売上高計算書を作成することを求めており、また、売上高計算書の金額の認識・測定に当たっては、我が国において一般に公正妥当と認められる企業会計の基準を適用することを求めている。
・経営者は、特別目的の財務諸表項目等の作成において財務報告の枠組みの選択肢を有していない。（監基報800第12項(2)参照）

・適用される財務報告の枠組みは、特別目的の財務報告の枠組みであり、準拠性の枠組みである。監査基準委員会報告書800は、特別目的の財務報告の枠組みに準拠して作成される財務諸表の様式と内容に関する要求事項と指針を含んでいる。
・監査契約書において、監査基準委員会報告書210の財務諸表に対する経営者の責任が記載されている。
・監査報告書の配布及び利用が制限されている。
・監査人は、入手した監査証拠に基づいて、監査基準委員会報告書570に従って、継続企業の前提に重要な疑義を生じさせるような事象又は状況に関連する重要な不確実性は存在しないと判断している。
・監査基準委員会報告書701に従った監査上の主要な検討事項の報告は求められていない。
・監査人は、その他の記載内容は存在しないと判断している。
・会社は監査役会設置会社である。
・監査人には、法令等に基づくその他の報告責任がない。
・注記×には以下の記載がある。

> 本計算書は、○○株式会社と□□株式会社の間の×年×月×日付けの販売代理店契約書(以下「契約書」という。)第Y条に基づき、商品△△に係る年間売上高を報告するために作成したものである。また、売上高計算書の金額の認識・測定に当たっては、我が国において一般に公正妥当と認められる企業会計の基準を適用し、商品△△に係る年間売上高を表示している。本計算書の作成に当たり採用した重要な会計方針は、以下のとおりである。………。

独立監査人の監査報告書

×年×月×日

○○株式会社
取締役会　御中

○　○　監　査　法　人
○○事務所
指　定　社　員
業務執行社員　公認会計士　○○○○　印
指　定　社　員
業務執行社員　公認会計士　○○○○　印

監査意見

当監査法人は、○○株式会社の×年×月×日から×年×月×日までの年度の商品△△に係る売上高計算書、重要な会計方針及びその他の注記(以下「売上高計算書」という。)について監査を行った。

当監査法人は、上記の売上高計算書が、全ての重要な点において、○○株式会社と□□株式会社の間の×年×月×日付けの販売代理店契約書(以下「契約書」という。)第Y条に定められている会計の基準に準拠して作成されているものと認める。

監査意見の根拠

当監査法人は、我が国において一般に公正妥当と認められる監査の基準に準拠して監査を行った。監査の基準における当監査法人の責任は、「売上高計算書の監査における監査人の責任」に記載されている。当監査法人は、我が国における職業倫理に関する規定に従って、会社から独立しており、また、監査人としてのその他の倫理上の責任を果たしている。当監査法人は、意見表明の基礎となる十分かつ適切な監査証拠を入手したと判断している。

強調事項－売上高計算書作成の基礎並びに配布及び利用制限(注1)

注記Xに記載されているとおり、売上高計算書は、契約書において定められている財務報告に関する取決めを○○株式会社が遵守するために、契約書第Ｙ条に定められている会計の基準に準拠して作成されており、したがって、それ以外の目的には適合しないことがある。当該事項は、当監査法人の意見に影響を及ぼすものではない。

本報告書は、○○株式会社及び□□株式会社のみを利用者として想定しており、○○株式会社及び□□株式会社以外に配布及び利用されるべきものではない。

その他の記載内容

その他の記載内容は、監査した売上高計算書を含む開示書類に含まれる情報のうち、売上高計算書及びその監査報告書以外の情報である。

当監査法人は、その他の記載内容が存在しないと判断したため、その他の記載内容に対するいかなる手続も実施していない。

売上高計算書に対する経営者並びに監査役及び監査役会の責任

経営者の責任は、契約書第Ｙ条に定められている会計の基準に準拠して売上高計算書を作成することにある。これには、不正又は誤謬による重要な虚偽表示のない売上高計算書を作成するために経営者が必要と判断した内部統制を整備及び運用することが含まれる。

売上高計算書を作成するに当たり、経営者は、継続企業の前提に基づき売上高計算書を作成することが適切であるかどうかを評価し、継続企業に関する事項を開示する必要がある場合には当該事項を開示する責任がある。(注2)

監査役及び監査役会の責任は、財務報告プロセスの整備及び運用における取締役の職務の執行を監視することにある。

売上高計算書の監査における監査人の責任

監査人の責任は、監査人が実施した監査に基づいて、売上高計算書に不正又は誤謬による重要な虚偽表示がないかどうかについて合理的な保証を得て、監査報告書において独立の立場から売上高計算書に対する意見を表明することにある。虚偽表示は、不正又は誤謬により発生する可能性があり、個別に又は集計すると、売上高計算書の利用者の意思決定に影響を与えると合理的に見込まれる場合に、重要性があると判断される。

監査人は、我が国において一般に公正妥当と認められる監査の基準に従って、監査の過程を通じて、職業的専門家としての判断を行い、職業的懐疑心を保持して以下を実施する。

・不正又は誤謬による重要な虚偽表示リスクを識別し、評価する。また、重要な虚偽表示リスクに対応した監査手続を立案し、実施する。監査手続の選択及び適用は監査人の判断による。さらに、意見表明の基礎となる十分かつ適切な監査証拠を入手する。
・売上高計算書の監査の目的は、内部統制の有効性について意見表明するためのものではないが、監査人は、リスク評価の実施に際して、状況に応じた適切な監査手続を立案するために、監査に関連する内部統制を検討する。
・経営者が採用した会計方針及びその適用方法の適切性、並びに経営者によって行われた会計上の見積りの合理性及び関連する注記事項の妥当性を評価する。
・経営者が継続企業を前提として売上高計算書を作成することが適切であるかどうか、また、入手した監査証拠に基づき、継続企業の前提に重要な疑義を生じさせるような事象又は状況に関して重要な不確実性が認められるかどうか結論付ける。継続企業の前提に関する重要な不確実性が認められる場合は、監査報告書において売上高計算書の注記事項に注意を喚起すること、又は重要な不確実性に関する売上高計算書の注記事項が適切でない場合は、売上高計算書に対して除外事項付意見を表明することが求められている。監査人の結論は、監査報告書日までに入手した監査証拠に基づいているが、将来の事象や状況により、企業は継続企業として存続できなくなる可能性がある。(注2)
・売上高計算書の表示及び注記事項が、契約書第Ｙ条に定められている会計の基準に準拠しているかどうかを評価する。

監査人は、監査役及び監査役会に対して、計画した監査の範囲とその実施時期、監査の実施過程で識別した内部統制の重要な不備を含む監査上の重要な発見事項、及び監査の基準で求められているその他の事項について報告を行う。

利害関係

会社と当監査法人又は業務執行社員との間には、公認会計士法の規定により記載すべき利害関係はない。

（注1） 文例2に同じ
（注2） 文例1（注1）に同じ

以　上

監査基準委員会報告書810

要約財務諸表に関する報告業務*

平成28年1月26日
日本公認会計士協会
監査基準委員会
（報告書：第75号）

Ⅰ　本報告書の範囲及び目的

1．本報告書の範囲

1．本報告書は、一般に公正妥当と認められる監査の基準に準拠して監査を実施した監査人が、監査済財務諸表を基礎として作成された要約財務諸表に関して報告業務を行う場合における監査人の責任について、実務上の指針を提供するものである。

2．本報告書の目的

2．本報告書における監査人の目的は、以下の事項のとおりである。

(1)　要約財務諸表に関する報告業務の契約を締結することが適切かどうかを判断すること。

(2)　要約財務諸表に関する報告業務の契約を締結した場合には、以下を行うこと。

①　入手した証拠から導いた結論の評価に基づき、意見表明の基礎を得て要約財務諸表に対する意見を形成すること。

②　報告書において、意見を明瞭に表明すること。

3．定　義

3．本報告書における用語の定義は、以下のとおりとする。

(1)「監査済財務諸表」－監査人が一般に公正妥当と認められる監査の基準に準拠して監査した財務諸表で、要約財務諸表を作成する基礎となる財務諸表をいう。

(2) 「適用される要約の規準」－要約財務諸表の作成に当たって経営者により適用される規準をいう。

(3) 「要約財務諸表」－一定時点における企業の経済的資源若しくは義務又は一定期間におけるそれらの変動に関して、財務諸表ほど詳細ではないが、それと整合する体系的な情報を提供するために、財務諸表を基礎として作成された過去財務情報をいう。なお、監査基準委員会報告書200「財務諸表監査における総括的な目的」第12項(9)には、「財務諸表」の定義が示されている。

Ⅱ　要求事項

1．業務契約の締結

4．監査人は、要約財務諸表を作成する基礎となる財務諸表に対して一般に公正妥当と認められる監査の基準に準拠した監査を実施していない限り、本報告書に準拠した要約財務諸表に関する報告業務の契約を締結してはならない。（A1項参照）

5．監査人は、要約財務諸表に関する報告業務の契約の締結前に、以下の事項を実施しなければならない。（A2項参照）

(1) 要約財務諸表の作成に当たり適用される要約の規準が受入可能なものであるかどうかを判断すること。（A3項からA7項参照）

(2) 以下の責任を有することを認識し理解していることについて経営者の合意を得ること。

① 適用される要約の規準に準拠して要約財務諸表を作成する責任

② 要約財務諸表に関して監査人が作成した報告書を利用することが想定されている者（以下「想定される要約財務諸表の利用者」という。）が、過度な負担なく監査済財務諸表を利用できるようにする責任（又は、法令若しくは想定される要約財務諸表の利用者との契約等において、想定される要約財務諸表の利用者に監査済財務諸表を利用可能にする必要がない旨及び要約財務諸表に適用される要約の規準の両方を規定している場合には、要約財務諸表において当該法令若しくは契約等の内容を記述する責任）

③ 要約財務諸表が含まれる書類において、監査人が本報告書に基づく報告業務を行っている旨を経営者が記載する場合には、当該書類に要約財務諸表に対する報告書を含める責任

(3) 要約財務諸表に対する報告書の想定される様式及び内容並びに状況により想定された様式及び内容と異なる場合があることについて経営者と合意すること。（第10項参照）

6．監査人は、適用される要約の規準が受入可能でない場合、又は第５項(2)に記載されている経営者の合意を得られないと判断した場合には、法令等により要求されていない限り、要約財務諸表に関する報告業務の契約を締結してはならない。そのような法令等に準拠して行われる報告業務は、本報告書に準拠したものではないので、監査人は、要約財務諸表に対する報告書に、本報告書に準拠して行われた報告業務であることを示すような記載を行ってはならない。監査人は、報告業務の契約条件において、要約財務諸表に関する報告業務は法令等に準拠しているが、本報告書に準拠したものではないことを記載しなければならない。また、監査人は、適用される要約の規準が受入可能でない場合、又は第５項(2)に記載されている経営者の合意が得られないと判断した場合には、それが要約財務諸表を作成する基礎となる財務諸表に対する監査に及ぼす影響も併せて判断しなければならない。

2．手続の種類

7．監査人は、要約財務諸表に対する監査人の意見の基礎として、以下に掲げる手続及び必要と認める他の手続を実施しなければならない。

(1) 要約財務諸表において、監査済財務諸表が特定され、当該財務諸表から要約されたものであることが適切に開示されているかどうか

を評価する。

(2)　要約財務諸表に監査済財務諸表が添付されていない場合には、要約財務諸表に以下のいずれかについて明瞭に記述されているかどうかを評価する。

①　監査済財務諸表の入手又は閲覧の方法

②　法令又は想定される要約財務諸表の利用者との契約等が、想定される要約財務諸表の利用者に監査済財務諸表を利用可能にする必要がない旨及び要約財務諸表に適用される要約の規準の両方を規定しているときには、当該法令又は契約等の内容

(3)　要約財務諸表において、適用される要約の規準が適切に開示されているかどうかを評価する。

(4)　要約財務諸表が、監査済財務諸表上の関連する情報と一致するか、又はそれらの関連する情報から再計算が可能かどうかを判断するため、要約財務諸表を監査済財務諸表上の関連する情報と比較する。

(5)　要約財務諸表が適用される要約の規準に準拠して作成されているかどうかを評価する。

(6)　要約財務諸表に、状況に照らして利用者の判断を誤らせないために、必要となる情報が含まれているかどうか、及び要約の程度が適切であるかどうかを、要約財務諸表の目的を考慮して評価する。

(7)　想定される要約財務諸表の利用者が過度な負担なく監査済財務諸表を利用できるかどうかを評価する（ただし、法令又は想定される要約財務諸表の利用者との契約等が、想定される要約財務諸表の利用者に対し、監査済財務諸表を利用可能にする必要がない旨及び要約財務諸表に適用される要約の規準の両方を規定している場合を除く。）。（A8項参照）

3．経営者確認書（A9項参照）

8．監査人は、以下の事項について記載した経営者確認書を提出するように経営者に要請しなければならない。経営者確認書は、監査人を宛先とする書簡でなければならない。

(1)　経営者は、契約書で記載したとおり、適用される要約の規準に準拠して要約財務諸表を作成する責任を果たした旨、及び適用される要約の規準は受入可能であると判断している旨

(2)　要約財務諸表に監査済財務諸表が添付されていない場合、経営者は、想定される要約財務諸表の利用者に対して監査済財務諸表を過度な負担なく利用できるようにしている旨。

ただし、法令又は想定される要約財務諸表の利用者との契約等が、想定される要約財務諸表の利用者に監査済財務諸表を利用可能にする必要がない旨及び要約財務諸表に適用される要約の規準の両方を規定している場合には、当該法令又は契約等の内容を要約財務諸表に明瞭に記述している旨

(3)　要約財務諸表に対する報告書の日付が監査済財務諸表に対する監査報告書の日付よりも後である場合には、以下が含まれる。

・監査済財務諸表に対する経営者確認書を修正する必要があると経営者が判断した情報の有無

・期末日の後に、監査済財務諸表の修正又は開示が必要となる事象の有無

9．経営者確認書の日付は、要約財務諸表に対する報告書の日付より後であってはならない。

経営者確認書は、要約財務諸表に対する報告書が対象とする全ての事業年度に対する全ての要約財務諸表を対象とするものでなければならない。

4．意見の様式

10．監査人が要約財務諸表に対して無限定意見が適切であると判断した場合、監査人の意見は、「要約財務諸表が、すべての重要な点において、［適用される要約の規準］に準拠して監査済財務諸表と整合している」という表現を使用しなければならない。

5．作業の実施時期及び監査済財務諸表に対する監査報告書日後に発生した事象

11．要約財務諸表に対する報告書日は、監査済財務諸表に対する監査報告書日より後の日付となることがある。そのような場合、要約財務諸表及び監査済財務諸表は、監査済財務諸表に対する監査報告書日後に発生した事象の影響を反映していない旨を、要約財務諸表に対する報告書に記載しなければならない。（A10項参照）

12．監査人は、監査済財務諸表に対する監査報告書日に存在していたが、これまで気付かなかった事実に気付くことがある。そのような場合、監査人は、監査基準委員会報告書560「後発事象」に定める監査済財務諸表に対する事後判明事実に関する手続及び検討が完了するまで、要約財務諸表に対する報告書を発行してはならない。

6．要約財務諸表に対する報告書

⑴ 報告書に記載する事項

13．要約財務諸表に対する報告書には、以下の記載事項を含めなければならない。（A15項参照）

⑴ 独立監査人の報告書であることを明瞭に示す表題（A11項参照）

⑵ 宛先（A12項参照）

⑶ 報告の対象

① 監査人が報告を行う要約財務諸表（各財務表の名称及び対象とする日付又は期間を含む。）（A13項参照）

② 監査済財務諸表が対象とする日付又は期間

③ 監査済財務諸表に対する監査報告書の日付、無限定意見を表明している旨（除外事項付意見を表明している場合又は強調事項若しくはその他の事項の記載がある場合には、第16項及び第17項参照）

④ 要約財務諸表に対する報告書の日付が、監査済財務諸表に対する監査報告書の日付よりも後の場合には、要約財務諸表と監査済財務諸表が、監査済財務諸表に対する監査報告書日後に発生した事象の影響を反映していない旨

⑤ 要約財務諸表には監査済財務諸表の作成に当たり適用される財務報告の枠組みにおいて要求される全ての情報は含まれておらず、したがって、要約財務諸表は、監査済財務諸表を代替するものではない旨

⑷ 適用される要約の規準に従って要約財務諸表を作成する責任は経営者にある旨

⑸ 監査人の責任は、本報告書が要求する手続に基づき要約財務諸表に対する意見を表明することにある旨、並びに本業務においては、主として要約財務諸表と基礎となる監査済財務諸表の関連する情報との比較、及び要約財務諸表が適用される要約の規準に準拠して作成されているか否かを評価する手続が実施される旨

⑹ 監査人の意見（第10項参照）

⑺ 監査人の自署・押印

⑻ 報告書日（A14項参照）

⑼ 監査事務所の所在地（A15項参照）

14．要約財務諸表に対する報告書の宛先が、監査済財務諸表に対する監査報告書の宛先と異なる場合には、監査人は、異なる宛先を用いることの適切性を評価しなければならない。（A12項参照）

15．監査人は、要約財務諸表に対する報告書に以下のいずれの日よりも前の日付を付してはならない。（A14項参照）

⑴ 監査人が要約財務諸表に対する意見の基礎となる十分かつ適切な証拠を入手した日

⑵ 監査済財務諸表に対する監査報告書日

⑵ 監査済財務諸表に対する監査報告書における除外事項付意見、強調事項区分又はその他の事項区分（A15項参照）

16．監査済財務諸表に対する監査報告書において限定意見を表明している場合、又は強調事項区分若しくはその他の事項区分を設けている場合で、要約財務諸表が、すべての重要な点において、適用される要約の規準に準拠して監査済財務諸表と整合していると監査人が判断するとき

は、要約財務諸表に対する報告書には、第13項の事項に加えて、以下の事項を含めなければならない。

(1)　監査済財務諸表に対する監査報告書において限定意見を表明している旨、又は強調事項区分若しくはその他の事項区分（ただし、利害関係の記載は除く。）を設けている旨

(2)　以下の事項の記載

①　監査済財務諸表に対する限定意見の根拠、又は強調事項若しくはその他の事項の内容

②　それらが要約財務諸表に与える影響（強調事項又はその他の事項の場合は、要約財務諸表に影響を与えているときに記載する。）

17．監査済財務諸表に対する監査報告書において否定的意見を表明している場合又は意見不表明としている場合には、要約財務諸表に対する報告書には、第13項の事項に加えて、以下の事項を含めなければならない。

(1)　監査済財務諸表に対する監査報告書において否定的意見を表明している旨又は意見不表明としている旨

(2)　当該否定的意見又は意見不表明の根拠

(3)　否定的意見又は意見不表明の結果、要約財務諸表に対して意見を表明することが適切でない旨

(3)　要約財務諸表に対する否定的意見

18．要約財務諸表が、重要な点において、適用される要約の規準に準拠しておらず、監査済財務諸表と整合していない場合で、経営者が必要な変更を行うことに同意しないときには、監査人は、要約財務諸表に対して否定的意見を表明しなければならない。（A15項参照）

7．配布若しくは利用の制限又は財務諸表作成の基礎についての利用者に対する注意喚起

19．監査済財務諸表に対する監査報告書の配布若しくは利用が制限されている場合、又は監査済財務諸表に対する監査報告書に監査済財務諸表が特別目的の財務報告の枠組みに準拠して作成されていることを利用者に注意喚起している場合には、監査人は、要約財務諸表に対する報告書にも同様の制限又は注意喚起を含めなければならない。

8．比較情報

20．監査済財務諸表には比較情報が含まれているが、要約財務諸表では比較情報が省略されている場合、監査人は、当該省略が個々の業務の状況において合理的であるかどうかを判断しなければならない。当該省略が合理的ではない場合、監査人は、要約財務諸表に対する報告書に与える影響を判断しなければならない。（A16項参照）

21．要約財務諸表に、前任監査人が本報告書に基づいて報告業務を行った比較情報が含まれている場合、又は未監査の前年度の財務諸表を基礎とする比較情報が含まれている場合、要約財務諸表に対する報告書には、監査基準委員会報告書710「過年度の比較情報―対応数値と比較財務諸表」に従い、監査済財務諸表に対する監査報告書に含めることが求められている事項も含めなければならない。（A17項参照）

9．監査されていない補足的な情報が要約財務諸表とともに表示される場合

22．監査されていない補足的な情報が要約財務諸表とともに表示される場合、監査人は、当該補足的な情報が要約財務諸表から明確に区別されているかどうかを評価しなければならない。監査されていない補足的な情報が要約財務諸表から明確に区別されていないと判断する場合、監査人は、監査されていない補足的な情報の表示方法を変更するように経営者に求めなければならない。経営者がそれに応じない場合、監査人は、要約財務諸表に対する報告書に、当該情報は報告書の対象ではない旨を記載しなければならない。（A18項参照）

10．要約財務諸表が含まれる開示書類におけるその他の記載内容

23．監査人は、要約財務諸表との重要な相違を識別するため、要約財務諸表及び要約財務諸表に対する報告書が含まれる開示書類におけるその他の記載内容を通読しなければならない。

監査人は、その他の記載内容を通読することにより重要な相違を識別した場合には、要約財務諸表又はその他の記載内容を修正する必要があるかどうかを判断しなければならない。監査人は、その他の記載内容を通読する際に、明らかな事実の重要な虚偽記載に気付いた場合には、経営者と当該事項について協議しなければならない。（A19項参照）

11．監査人の関与に関する記載

24．監査人は、要約財務諸表が含まれる開示書類に要約財務諸表に対する報告書が含まれず、監査人が当該報告書を発行している旨が記載される予定であることに気付いた場合には、開示書類に報告書を含めることを経営者に要請しなければならない。経営者が要請に応じない場合には、開示書類において、監査人が要約財務諸表に対する報告書を発行している旨のみが記載されることは適切でないため、監査人は、その他の適切な措置を決定して実行しなければならない。（A20項参照）

25．企業が要約財務諸表を作成しているが、監査人は要約財務諸表に関する報告業務は依頼されないことがある。この場合に、企業が開示書類において、監査人に関して記載すること及び要約財務諸表が監査済財務諸表を基礎として作成されているという事実を記載することを予定していると気付いたときは、監査人は以下の事項について確かめなければならない。

⑴　監査人に関する記載が、監査済財務諸表に対する監査報告書に関連していること。

⑵　当該記載が、監査人が要約財務諸表に対して報告書を発行しているという印象を与えていないこと。（A21項参照）

⑴又は⑵が満たされていない場合、監査人は、それらを満たすように記載を変更するか、開示書類において監査人に関して記載しないように経営者に要請しなければならない。経営者が記載を変更しない場合又は監査人に関する記載を削除しない場合には、監査人は、監査人に関して記載することに同意しないことを経営者に伝えるとともに、経営者が監査人に関して記載することは適切でないため、その他の適切な措置を決定して実行しなければならない。（A20項参照）

Ⅲ　適用指針

1．業務契約の締結（第４項及び第５項参照）

A1．要約財務諸表を作成する基礎となる財務諸表に対する監査は、本報告書に準拠した要約財務諸表に関する報告業務における監査人の責任を果たすために必要な知識を提供する。要約財務諸表を作成する基礎となる財務諸表の監査を行っていない場合には、たとえ本報告書を適用したとしても、要約財務諸表に対する意見の基礎となる十分かつ適切な証拠を入手することができない。

A2．第５項に記載された経営者の合意は、報告業務の契約条件について記載した契約書の締結によって確かめられる。

要約の規準（第５項⑴参照）

A3．経営者は、要約財務諸表の作成において、要約財務諸表が監査済財務諸表とすべての重要な点において整合するように、要約財務諸表に反映させる必要のある情報を決定することが求められる。要約財務諸表は、情報が集約され開示も限定されているため、その性質上、個々の状況において利用者の判断を誤らせないために必要となる情報を提供できないリスクがある。要約財務諸表に潜在するそのようなリスクは、要約財務諸表の作成に関して確立された要約の規準が存在しない場合に高まることとなる。

A4．適用される要約の規準が受入可能かどうか

Ⅱ 会計士協会

について監査人が判断する際に、以下のような要素を考慮することがある。

・企業の特性
・要約財務諸表の目的
・想定される要約財務諸表の利用者の情報に対するニーズ
・適用される要約の規準に従って要約財務諸表が作成された場合には、個々の状況において当該要約財務諸表が利用者の判断を誤らせるものとならないかどうか。

A5．要約財務諸表の作成に関する規準は、利用すべき規準を公表する権限を有する若しくは認知されている会計基準設定主体又は法令等によって規定されていることがある。そのような場合、監査人は、監査基準委員会報告書210「監査業務の契約条件の合意」の A3項、A8項及びA9項と同様に、当該規準は受入可能なものであると推定することが多い。

A6．要約財務諸表の作成に関する確立された要約の規準が存在しない場合には、例えば、特定の業界の実務慣行などに基づいて、経営者が適用される要約の規準を策定することがある。

個々の状況において受入可能な規準を適用して作成された要約財務諸表は、以下のような特性を示すこととなる。

(1)　監査済財務諸表を特定し、当該財務諸表から要約されたものであることを適切に開示している。

(2)　監査済財務諸表の入手又は閲覧の方法を明瞭に記載している。又は、法令若しくは想定される要約財務諸表の利用者との契約等において、想定される要約財務諸表の利用者に監査済財務諸表を利用可能にすることが求められていない場合には、要約財務諸表の作成に関する規準を規定している当該法令若しくは契約等の内容について明瞭に記載している。

(3)　適用される要約の規準が適切に開示されている。

(4)　開示されている情報が、監査済財務諸表上の関連する情報と一致するか、又はそれらの関連情報から再計算できる。

(5)　要約財務諸表の目的を考慮して、個々の状況において利用者の判断を誤らせないために必要な情報が含まれており、要約の程度が適切である。例えば、継続企業の前提に重要な疑義を生じさせるような事象又は状況に関する重要な不確実性が認められる旨が監査済財務諸表に記載されている場合には、要約財務諸表にも適切な要約が記載されている。

A7．財務諸表が要約されたものであること（A6項(1)参照）を開示するために、報告業務の対象となる要約財務諸表の表題として、「要約財務諸表」や「計算書類の要旨」等の名称を用いることがある。

2．監査済財務諸表の利用可能性の評価（第7項(7)参照）

A8．想定される要約財務諸表の利用者が過度な負担なく監査済財務諸表を利用できるかどうかについての監査人の評価は、以下のような要素によって影響を受ける。

・監査済財務諸表が公表されているかどうか。
・想定される要約財務諸表の利用者が監査済財務諸表を入手又は閲覧できる方法を経営者が確立しているかどうか。
・監査済財務諸表の入手又は閲覧の方法が、要約財務諸表に明瞭に記述されているかどうか。

3．経営者確認書（第８項及び第９項参照）

A9．要約財務諸表に関する報告業務において、経営者確認書は必要な証拠である。したがって、経営者確認書の日付より前に意見を表明することはできず、その結果、報告書日を経営者確認書の日付より前にすることはできない。経営者確認書の日付は、通常、報告書の日付とする。経営者確認書を入手するに当たっては、監査基準委員会報告書580「経営者確認書」の要求事項及び適用指針を状況に応じて適宜読み替えて適用する。

4．作業の実施時期及び監査済財務諸表に対する監査報告書日後に発生した事象（第11項参照）

A10．第７項に記載されている要約財務諸表に対する手続は、財務諸表監査と並行して、又はその直後に実施されることが多い。要約財務諸表は監査済財務諸表を基礎として作成されるものであり、監査済財務諸表を更新するものではない。したがって、監査人は、財務諸表監査の終了後に要約財務諸表に関する報告業務を行う場合には、監査済財務諸表に関して追加的な証拠を入手したり、監査済財務諸表に対する監査報告書日後に発生した事象の影響について報告したりすることは要求されていない。

5．要約財務諸表に対する報告書

(1)　報告書に記載する事項

表題（第13項(1)参照）

A11．独立監査人の報告書であることを示す「独立監査人の報告書」の表題は、監査人が独立性についての職業倫理に関する規定の全てを満たしていることを表明するものであり、それにより、独立監査人の報告書を独立監査人以外の者が発行する報告書と区別している。

宛先（第13項(2)及び第14項参照）

A12．監査人は、報告書の宛先の適切性を評価する際に、業務の契約条件、企業の特性及び要約財務諸表の目的等を考慮する場合がある。

報告の対象（第13項(3)①参照）

A13．監査人は、開示書類に要約財務諸表以外の情報が含まれている場合には、要約財務諸表の利用者が報告書の対象となる要約財務諸表の記載場所を特定できるように、独立監査人の報告書上、要約財務諸表が記載されている箇所又は頁番号を記載することを検討することが適切な場合がある。

報告書日（第13項(8)及び第15項参照）

A14．要約財務諸表に対する報告書日は、監査人が要約財務諸表に対する意見の基礎となる十分かつ適切な証拠を入手した日よりも前の日付とすることはできない。十分かつ適切な証拠には、要約財務諸表の作成に関して、認められた権限を持つ者がその責任を認めたことについての証拠（経営者確認書）が含まれる。要約財務諸表の作成に関して、認められた権限を持つ者は、業務の契約条件、企業の特性及び要約財務諸表の目的によって異なる。

意見の類型、所在地及び文例（第13項、第16項、第17項及び第18項参照）

A15．要約財務諸表の性質上、限定意見を表明することは適切ではないため、本報告書に基づく報告業務の意見の類型は、肯定的意見、否定的意見又は意見の不表明となる。

また、国内のみで流通することを前提に日本語で作成された報告書は、報告書に監査事務所の所在地を記載する必要性は乏しいため、その記載を省略することができる。

本報告書の付録には、要約財務諸表に対する報告書の文例を記載している。

(2)　比較情報（第20項及び第21項参照）

A16．監査済財務諸表に比較情報が含まれている場合には、要約財務諸表においても比較情報が通常含まれる。要約財務諸表において比較情報が省略されている場合、当該省略が合理的であるかどうかの判断に影響を与える事項には、要約財務諸表の性質と目的、適用される要約の規準及び想定される要約財務諸表の利用者の情報ニーズが含まれる。

A17．比較情報に対する意見表明の方式には、対応数値方式又は比較財務諸表方式の二つの方式がある。監査基準委員会報告書710は、それぞれの方式において、比較情報が前任監査人によって監査されている場合又は前年度の財務諸表が監査されていない場合におけるその他の事項区分の記述の方法について記載している。

本報告書に基づく報告業務は、監査済財務諸表の監査人によってのみ行われるものであることから、監査人の交代があった場合又は前年度の財務諸表が監査されていない場合には、前年度の財務諸表の監査を実施していない当年度の監査人は、要約財務諸表に含まれる比較情報を本報告書の報告対象に含めることはできないこととなる。本報告書の付録の文例７において、そのような場合に付すその他の事項区分の記載例を示している。

(3)　監査されていない補足的な情報が要約財務諸表とともに表示される場合（第22項参照）

A18．第22項の評価を行うに当たっては、監査基準委員会報告書700「財務諸表に対する意見の形成と監査報告」の第43項及び第44項における要求事項及び関連する適用指針が参考になる。

(4)　要約財務諸表が含まれる開示書類におけるその他の記載内容（第23項参照）

A19．第23項の要求事項を適用するに当たっては、監査基準委員会報告書720「監査した財務諸表が含まれる開示書類におけるその他の記載内容に関連する監査人の責任」の要求事項及び適用指針が参考になる。

(5)　監査人の関与に関する記載（第24項及び第25項参照）

A20．経営者が要請された措置をとらない場合に監査人が講じるその他の適切な措置は、監査人の法令又は業務契約等に定められた権利及び義務によって決まる。したがって、監査人は、監査役等への報告、契約の解除等考えられる適切な措置について法律専門家に助言を求めることを検討することがある。

A21．監査人は、企業が作成している要約財務諸表に関する報告業務を行っていない場合には、監査人が要約財務諸表に対して報告書を発行しているという印象を与えないようにするため、監査人が要約財務諸表に関する報告業務を行っていない旨を開示書類に記載するように経営者に要請することが適切なことがある。

Ⅳ　適　用

・本報告書は、平成29年１月１日以後契約する報告業務から適用する。ただし、本報告書の全ての要求事項が適用可能である場合には、平成28年１月26日以後に契約する報告業務から適用することができる。

付録　要約財務諸表に対する報告書の文例（A15項参照）

	前提となる状況		要約財務諸表に対する報告書	
	要約財務諸表に適用される要約の規準	監査済財務諸表に対する監査意見の類型	要約財務諸表に対する意見の類型	強調事項又はその他の事項
文例１	確立された規準	無限定意見	無限定意見	－
文例２	経営者が策定した規準	無限定意見	無限定意見	－
文例３	経営者が策定した規準	限定意見	無限定意見	－
文例４	経営者が策定した規準	否定的意見	要約財務諸表に対する意見の不表明	－
文例５	確立された規準	無限定意見	否定的意見	－
文例６	経営者が策定した規準	無限定意見	無限定意見	監査済財務諸表が特別目的の財務報告の枠組みに準拠して作成されていることに関する強調事項を記載

文例 7	経営者が策定した規準	無限定意見	無限定意見	前事業年度の財務諸表の監査及び要約財務諸表に関する報告業務は前任監査人が行っていることに関するその他の事項を記載

いずれの文例も、要約財務諸表に対する報告書は、監査済財務諸表に対する監査報告書日後に発行される場合を想定している。

文例 1

文例の前提となる状況

・監査済財務諸表に対して無限定意見が表明されている。

・要約財務諸表の作成に対する確立された要約の規準が存在する。

要約財務諸表に対する独立監査人の報告書

平成X年X月X日

○○株式会社
取締役会　御中

○　○監査法人
指定社員
業務執行社員　公認会計士　○○○○　印
指定社員
業務執行社員　公認会計士　○○○○　印
(注1)

○○株式会社の平成X年X月X日から平成X年X月X日までの事業年度の要約財務諸表、すなわち、要約貸借対照表、要約損益計算書、要約株主資本等変動計算書、要約キャッシュ・フロー計算書及び関連する注記は、○○株式会社の同事業年度の監査済財務諸表（以下「監査済財務諸表」という。）を基礎として作成されている。当監査法人(注2)は、監査済財務諸表に対して、平成X年X月X日付けの監査報告書において無限定意見(注3)を表明した。なお、監査済財務諸表及び要約財務諸表は、上記の監査報告書日後に発生した事象の影響を反映していない(注4)。

要約財務諸表には、［監査済財務諸表に適用された財務報告の枠組みを記載する。］により求められる全ての情報は含まれておらず、したがって、要約財務諸表は、監査済財務諸表を代替するものではない。

要約財務諸表に対する経営者の責任

経営者の責任は、［確立された要約の規準を記載する。］に準拠して監査済財務諸表を基礎とした要約財務諸表を作成することにある。

監査人の責任

当監査法人(注2)の責任は、当監査法人(注2)が実施した手続に基づいて、独立の立場から要約財務諸表に対して意見を表明することにある。当監査法人(注2)は、日本公認会計士協会が公表した監査基準委員会報告書810「要約財務諸表に関する報告業務」に準拠して業務を行った。

本業務においては、主として要約財務諸表と基礎となる監査済財務諸表の関連する情報との比較、及び要約財務諸表が［確立された要約の規準を記載する。］に準拠して作成されているか否かを評価するための手続が実施される。

意見

当監査法人(注2)は、上記の要約財務諸表が、すべての重要な点において、［確立された要約の規準を記載する。］に準拠して監査済財務諸表と整合しているものと認める。

利害関係

会社と当監査法人又は業務執行社員(注2)との間には、公認会計士法の規定により記載すべき利害関係はない。

以　上

（注1）　①　監査人が無限責任監査法人の場合で、指定証明でないときには、以下とする。

○　○　監査法人
代表社員
業務執行社員　公認会計士　○○○○　印
業務執行社員　公認会計士　○○○○　印

②　監査人が有限責任監査法人の場合には、以下とする。

○　○　有限責任監査法人
指定有限責任社員
業務執行社員　公認会計士　○○○○　印
指定有限責任社員
業務執行社員　公認会計士　○○○○　印

③　監査人が公認会計士の場合には、以下とする。

○○○○　公認会計士事務所
公認会計士　○○○○印
○○○○　公認会計士事務所
公認会計士　○○○○　印

（注2）　監査人が公認会計士の場合には、「私」又は「私たち」とする。

（注3）　監査済財務諸表に適用される財務報告の枠組みが適正表示の枠組みの場合には、「無限定適正意見」と記載する。

（注4）　要約財務諸表に対する報告書と監査済財務諸表に対する監査報告書の日付が同一である場合には、以下の文は削除する。

「なお、監査済財務諸表及び要約財務諸表は、上記の監査報告書日後に発生した事象の影響を反映していない。」

文例2

文例の前提となる状況

・監査済財務諸表に対して無限定意見（無限定適正意見）が表明されている。

・適用される要約の規準は経営者により策定され、注記Xで以下のように開示されている。

本要約財務諸表は、財務諸表等の用語、様式及び作成方法に関する規則及び我が国において一般に公正妥当と認められる企業会計の基準に準拠して作成された平成X年X月X日に終了する事業年度の監査済財務諸表を基礎として、財政状態又は経営成績の概観を得るために、以下の要約の規準に基づき作成したものである。

要約の規準：

・監査済財務諸表に含まれる各財務表を含めている。＊1

・要約財務諸表に含まれる情報が監査済財務諸表に含まれる関連する情報と一致するか、又はそれらの関連する情報から再計算が可能である。

・監査済財務諸表の主要な合計（小計）を含めている。

・

・

・

・監査済財務諸表に含まれる情報のうち要約財務諸表に重要又は広範な影響を及ぼす事項を含めている。

XX事業年度の監査済財務諸表の入手方法：

・・・・・

＊1　監査済財務諸表に含まれる財務表のうち、要約財務諸表で省略されている財務表がある場合には、その旨を記載する。

・監査人は適用される要約の規準が状況に照らして受入可能であると判断した。

要約財務諸表に対する独立監査人の報告書

平成X年X月X日

○○株式会社
取締役会　御中

○　○ 監 査 法 人
指 定 社 員　業務執行社員　公認会計士　○○○○　印
指 定 社 員　業務執行社員　公認会計士　○○○○　印（注1）

○○株式会社の平成X年X月X日から平成X年X月X日までの事業年度の要約財務諸表、すなわち、要約貸借対照表、要約損益計算書、要約株主資本等変動計算書、要約キャッシュ・フロー計算書及び関連する注記は、○○株式会社の同事業年度の監査済財務諸表（以下「監査済財務諸表」という。）を基礎として作成されている。当監査法人(注2)は、監査済財務諸表に対して、平成X年X月X日付けの監査報告書において無限定適正意見(注3)を表明した。なお、監査済財務諸表及び要約財務諸表は、上記の監査報告書日後に発生した事象の影響を反映していない(注4)。

要約財務諸表には、財務諸表等の用語、様式及び作成方法に関する規則及び我が国において一般に公正妥当と認められる企業会計の基準により求められる全ての情報は含まれておらず、したがって、要約財務諸表は、監査済財務諸表を代替するものではない。

要約財務諸表に対する経営者の責任

経営者の責任は、注記Xに記載された要約の規準に準拠して監査済財務諸表を基礎とした要約財務諸表を作成することにある。

監査人の責任

当監査法人(注2)の責任は、当監査法人(注2)が実施した手続に基づいて、独立の立場から要約財務諸表に対して意見を表明することにある。当監査法人(注2)は、日本公認会計士協会が公表した監査基準委員会報告書810「要約財務諸表に関する報告業務」に準拠して業務を行った。

本業務においては、主として要約財務諸表と基礎となる監査済財務諸表の関連する情報との比較、及び要約財務諸表が注記Xに記載された要約の規準に準拠して作成されているか否かを評価するための手続が実施される。

意見

当監査法人(注2)は、上記の要約財務諸表が、すべての重要な点において、注記Xに記載された要約の規準に準拠して監査済財務諸表と整合しているものと認める。

利害関係

会社と当監査法人又は業務執行社員(注2)との間には、公認会計士法の規定により記載すべき利害関係はない。

以　上

(注１)(注２)(注４)　文例１に同じ
(注３)　監査済財務諸表に適用される財務報告の枠組みが準拠性の枠組みの場合には、「無限定意見」と記載する。

文例３

文例の前提となる状況
・監査済財務諸表に対して限定意見（限定付適正意見）が表明されている。
・適用される要約の規準は経営者により策定され、注記Ｘ（文例２参照）で開示されている。
・監査人は適用される要約の規準が状況に照らして受入可能であると判断した。

要約財務諸表に対する独立監査人の報告書

平成Ｘ年Ｘ月Ｘ日

○○株式会社
取締役会　御中

○　○　監　査　法　人
指　定　社　員
業務執行社員　公認会計士　○○○○　印
指　定　社　員
業務執行社員　公認会計士　○○○○　印
(注１)

○○株式会社の平成Ｘ年Ｘ月Ｘ日から平成Ｘ年Ｘ月Ｘ日までの事業年度の要約財務諸表、すなわち、要約貸借対照表、要約損益計算書、要約株主資本等変動計算書、要約キャッシュ・フロー計算書及び関連する注記は、○○株式会社の同事業年度の監査済財務諸表（以下「監査済財務諸表」という。）を基礎として作成されている。当監査法人(注２)は、監査済財務諸表に対して、平成Ｘ年Ｘ月Ｘ日付けの監査報告書において限定付適正意見(注３)を表明した（「意見」区分参照）。なお、監査済財務諸表及び要約財務諸表は、上記の監査報告書日後に発生した事象の影響を反映していない(注４)。

要約財務諸表には、[監査済財務諸表に適用された財務報告の枠組みを記載する。]により求められる全ての情報は含まれておらず、したがって、要約財務諸表は、監査済財務諸表を代替するものではない。

要約財務諸表に対する経営者の責任

経営者の責任は、注記Ｘに記載された要約の規準に準拠して監査済財務諸表を基礎とした要約財務諸表を作成することにある。

監査人の責任

当監査法人(注２)の責任は、当監査法人(注２)が実施した手続に基づいて、独立の立場から要約財務諸表に対して意見を表明することにある。当監査法人(注２)は、日本公認会計士協会が公表した監査基準委員会報告書810「要約財務諸表に関する報告業務」に準拠して業務を行った。

本業務においては、主として要約財務諸表と基礎となる監査済財務諸表の関連する情報との比較、及び要約財務諸表が注記Ｘに記載された要約の規準に準拠して作成されているか否かを評価するための手続が実施される。

意見

当監査法人(注２)は、上記の要約財務諸表が、すべての重要な点において、注記Ｘに記載された要約の規準に準拠して監査済財務諸表と整合しているものと認める。

ただし、当監査法人(注２)は、監査済財務諸表に対する平成Ｘ年Ｘ月Ｘ日付けの監査報告書において限定付適正意見(注３)を表明しており、「限定付適正意見(注３)の根拠」に記載した除外事項は要約財務諸表に同様の影響を及ぼしている(注5)。

監査済財務諸表に対する監査報告書の「限定付適正意見(注3)の根拠」において以下の記載がある。

「会社は、貸借対照表上、棚卸資産をXXX円で計上している。会社は、棚卸資産を取得原価と正味売却価額のうちいずれか低い方の価額ではなく、取得原価で計上している。これは、[監査済財務諸表に適用された財務報告の枠組みを記載する。]に準拠していない。財務諸表に計上されている棚卸資産を取得原価と正味売却価額のうちいずれか低い方の価額で評価していたならば、棚卸資産を正味売却価額までXXX円切り下げることが必要であった。この結果、営業利益、経常利益及び税引前当期純利益はそれぞれXXX円過大に、当期純利益及び純資産はXXX円過大に表示されている。」

当監査法人(注2)は、監査済財務諸表が、当該除外事項の財務諸表に及ぼす影響を除き、[監査済財務諸表に適用された財務報告の枠組みを記載する。]に準拠して、○○株式会社の平成X年X月X日現在の財政状態並びに同日をもって終了する事業年度の経営成績及びキャッシュ・フローについて、すべての重要な点において、適正に表示している旨の意見を表明している。

利害関係

会社と当監査法人又は業務執行社員(注2)との間には、公認会計士法の規定により記載すべき利害関係はない。

以　上

(注1)(注2)(注4)　文例1に同じ

(注3)　監査済財務諸表に適用される財務報告の枠組みが準拠性の枠組みの場合には、「限定意見」と記載する。

(注5)　監査済財務諸表に限定付適正意見(注3)を表明しており、当該除外事項が要約財務諸表に影響を及ぼさない場合には、第16項(2)に従って、「なお、当監査法人(注2)は、○○株式会社の平成X年X月X日をもって終了する事業年度の監査済財務諸表に対して平成X年X月X日付けで限定付適正意見(注3)を表明しているが、「限定付適正意見(注3)の根拠」に記載した除外事項は要約財務諸表に影響を及ぼすものではない。」と記載する。

文例4

文例の前提となる状況

・監査済財務諸表に対して否定的意見(不適正意見)が表明されている。

・適用される要約の規準は経営者により策定され、注記X(文例2参照)で開示されている。

・監査人は適用される要約の規準が状況に照らして受入可能であると判断した。

要約財務諸表に対する独立監査人の報告書

平成X年X月X日

○○株式会社
取締役会　御中

○ ○ 監 査 法 人

指 定 社 員
業務執行社員　公認会計士　○○○○　印

指 定 社 員
業務執行社員　公認会計士　○○○○　印
(注1)

○○株式会社の平成X年X月X日から平成X年X月X日までの事業年度の要約財務諸表、すなわち、要約貸借対照表、要約損益計算書、要約株主資本等変動計算書、要約キャッシュ・フロー計算書及び関連する注記は、○○株式会社の同事業年度の監査済財務諸表(以下「監査済財務諸表」という。)を基礎として作成されている。なお、監査済財務諸表及び要約財務諸表は、上記の監査報告書日後に発生した事象の影響を反映していない(注4)。

要約財務諸表には、［監査済財務諸表に適用された財務報告の枠組みを記載する。］により求められる全ての情報は含まれておらず、したがって、要約財務諸表は、監査済財務諸表を代替するものではない。

要約財務諸表に対する経営者の責任

経営者の責任は、注記Ｘに記載された要約の規準に準拠して監査済財務諸表を基礎とした要約財務諸表を作成することにある。

監査人の責任

当監査法人(注2)の責任は、当監査法人(注2)が実施した手続に基づいて、独立の立場から要約財務諸表に対して意見を表明することにある。当監査法人(注2)は、日本公認会計士協会が公表した監査基準委員会報告書810「要約財務諸表に関する報告業務」に準拠して業務を行った。

本業務においては、主として要約財務諸表と基礎となる監査済財務諸表の関連する情報との比較、及び要約財務諸表が注記Ｘに記載された要約の規準に準拠して作成されているか否かを評価するための手続が実施される。

要約財務諸表に対する意見の不表明

当監査法人(注2)は、監査済財務諸表に対する平成Ｘ年Ｘ月Ｘ日付けの監査報告書において、不適正意見(注3)を表明した。当監査法人(注2)の不適正意見(注3)の根拠は、［不適正意見の根拠を記載する。］であった。当監査法人(注2)は、監査済財務諸表が、上記の不適正意見(注3)の根拠に記載した事項の財務諸表に及ぼす影響の重要性に鑑み、［監査済財務諸表に適用された財務報告の枠組みを記載する。］に準拠して、○○株式会社の平成Ｘ年Ｘ月Ｘ日現在の財政状態並びに同日をもって終了する事業年度の経営成績及びキャッシュ・フローの状況を適正に表示していないものと認める旨の意見を表明している。上記の事項の重要性に鑑み、○○株式会社の平成Ｘ年Ｘ月Ｘ日をもって終了する事業年度の要約財務諸表に対して意見を表明することは適切でないため、当監査法人(注2)は意見を表明しない。

利害関係

会社と当監査法人又は業務執行社員(注2)との間には、公認会計士法の規定により記載すべき利害関係はない。

以　上

(注１)(注２)(注４)　文例１に同じ

(注３)　監査済財務諸表に適用される財務報告の枠組みが準拠性の枠組みの場合には、「否定的意見」と記載する。

文例５

文例の前提となる状況

・監査済財務諸表に対して無限定意見が表明されている。

・要約財務諸表の作成に対する確立された要約の規準が存在する。

・監査人は要約財務諸表に対して無限定意見を表明できないと結論付けている。

要約財務諸表に対する独立監査人の報告書

平成X年X月X日

○○株式会社
取締役会　御中

○　○監査法人
指定社員
業務執行社員　公認会計士　○○○○　印
指定社員
業務執行社員　公認会計士　○○○○　印
(注1)

○○株式会社の平成X年X月X日から平成X年X月X日までの事業年度の要約財務諸表、すなわち、要約貸借対照表、要約損益計算書、要約株主資本等変動計算書、要約キャッシュ・フロー計算書及び関連する注記は、○○株式会社の同事業年度の監査済財務諸表（以下「監査済財務諸表」という。）を基礎として作成されている。当監査法人(注2)は、監査済財務諸表に対して、平成X年X月X日付けの監査報告書において無限定意見(注3)を表明した。なお、監査済財務諸表及び要約財務諸表は、上記の監査報告書日後に発生した事象の影響を反映していない(注4)。

要約財務諸表には、［監査済財務諸表に適用された財務報告の枠組みを記載する。］により求められる全ての情報は含まれておらず、したがって、要約財務諸表は、監査済財務諸表を代替するものではない。

要約財務諸表に対する経営者の責任

経営者の責任は、［確立された要約の規準を記載する。］に準拠して監査済財務諸表を基礎とした要約財務諸表を作成することにある。

監査人の責任

当監査法人(注2)の責任は、当監査法人(注2)が実施した手続に基づいて、独立の立場から要約財務諸表に対して意見を表明することにある。当監査法人(注2)は、日本公認会計士協会が公表した監査基準委員会報告書810「要約財務諸表に関する報告業務」に準拠して業務を行った。

本業務においては、主として要約財務諸表と基礎となる監査済財務諸表の関連する情報との比較、及び要約財務諸表が［確立された要約の規準を記載する。］に準拠して作成されているか否かを評価するための手続が実施される。

否定的意見の根拠

［要約財務諸表が、重要な点において、［確立された要約の規準を記載する。］に準拠しておらず、監査済財務諸表と整合していない原因となった事項を記載する。］

否定的意見

当監査法人(注2)は、「否定的意見の根拠」に記載した事項の要約財務諸表に及ぼす影響の重要性に鑑み、上記の要約財務諸表が、［確立された要約の規準を記載する。］に準拠して監査済財務諸表と整合していないものと認める。

利害関係

会社と当監査法人又は業務執行社員(注2)との間には、公認会計士法の規定により記載すべき利害関係はない。

以　上

(注1)(注2)(注3)(注4)　文例1に同じ

文例６

文例の前提となる状況

・監査済財務諸表の注記Ｚには、以下の記載がある。

> 本財務諸表は、株式会社○○銀行に提出するために作成されている。
>
> 本財務諸表は、会計処理に関しては我が国において一般に公正妥当と認められる企業会計の基準に準拠し、表示及び開示に関しては、貸借対照表、損益計算書、株主資本等変動計算書及び注記は会社計算規則、キャッシュ・フロー計算書（比較情報を除く。重要な会計方針及びその他の注記を含む。）は財務諸表等の用語、様式及び作成方法に関する規則に基づいて作成されている。
>
> 本財務諸表の作成に当たり採用した重要な会計方針は、以下のとおりである。・・・。

・監査済財務諸表に対して無限定意見（無限定適正意見）が表明されている。

・適用される要約の規準は経営者により策定され、注記Ｘで以下のように開示されている。

> 本要約財務諸表は、平成Ｘ年Ｘ月Ｘ日に終了する事業年度の以下に記載した監査済財務諸表を基礎として、以下の要約の規準に基づき作成したものである。
>
> 監査済財務諸表：
>
> 株式会社○○銀行に提出するために、会計処理に関しては我が国において一般に公正妥当と認められる企業会計の基準に準拠し、表示及び開示に関しては、貸借対照表、損益計算書、株主資本等変動計算書及び注記は会社計算規則、キャッシュ・フロー計算書（比較情報を除く。重要な会計方針及びその他の注記を含む。）は財務諸表等の用語、様式及び作成方法に関する規則に基づいて作成したものである。
>
> 要約の規準：
>
> ・監査済財務諸表に含まれる各財務表を含めている。＊1
>
> ・要約財務諸表に含まれる情報が監査済財務諸表に含まれる関連する情報と一致するか、又はそれらの関連する情報から再計算が可能である。
>
> ・監査済財務諸表の主要な合計（小計）を含めている。
>
> ・
>
> ・
>
> ・
>
> ・監査済財務諸表に含まれる情報のうち要約財務諸表に重要又は広範な影響を及ぼす事項を含めている。
>
> ＸＸ事業年度の監査済財務諸表の入手方法：
>
> ・・・・・
>
> ＊1　監査済財務諸表に含まれる財務表のうち、要約財務諸表で省略されている財務表がある場合には、その旨を記載する。

・監査人は適用される要約の規準が状況に照らして受入可能であると判断した。

要約財務諸表に対する独立監査人の報告書

平成Ｘ年Ｘ月Ｘ日

○○株式会社
取締役会　御中

○　○　監　査　法　人

指　定　社　員
業務執行社員　公認会計士　○○○○　印

指　定　社　員
業務執行社員　公認会計士　○○○○　印
（注１）

○○株式会社の平成Ｘ年Ｘ月Ｘ日から平成Ｘ年Ｘ月Ｘ日までの事業年度の要約財務諸表、すなわち、要約貸借対照表、要約損益計算書、要約株主資本等変動計算書、要約キャッシュ・フロー計算書及び関連する注記は、○○株式会社の同事業年度の監査済財務諸表（以下「監査済財務諸表」という。）を基礎として作成されている。当監査法人（注２）は、監査済財務諸表に対して、平成Ｘ年Ｘ月Ｘ日付けの監査報告書において無限定適正意見(注3)を表明した。なお、監査済財務諸表及び要約財務諸表は、上記の監査報告書日後に発生した事象の影響を反映していない(注4)。

要約財務諸表には、監査済財務諸表の注記Zに記載された会計の基準により求められる全ての情報は含まれておらず、したがって、要約財務諸表は、監査済財務諸表を代替するものではない。

要約財務諸表に対する経営者の責任

経営者の責任は、注記Xに記載された要約の規準に準拠して監査済財務諸表を基礎とした要約財務諸表を作成することにある。

監査人の責任

当監査法人(注2)の責任は、当監査法人(注2)が実施した手続に基づいて、独立の立場から要約財務諸表に対して意見を表明することにある。当監査法人(注2)は、日本公認会計士協会が公表した監査基準委員会報告書810「要約財務諸表に関する報告業務」に準拠して業務を行った。

本業務においては、主として要約財務諸表と基礎となる監査済財務諸表の関連する情報との比較、及び要約財務諸表が注記Xに記載された要約の規準に準拠して作成されているか否かを評価するための手続が実施される。

意見

当監査法人(注2)は、上記の要約財務諸表が、すべての重要な点において、注記Xに記載された要約の規準に準拠して監査済財務諸表と整合しているものと認める。

監査済財務諸表作成の基礎

注記Xに記載されているとおり、要約財務諸表の基礎となった監査済財務諸表は、株式会社○○銀行に提出するために注記Xに記載された会計の基準に準拠して作成されており、したがって、それ以外の目的には適合しないことがある。当該事項は、当監査法人(注2)の意見に影響を及ぼすものではない。

この強調事項は、監査済財務諸表に対する当監査法人の監査報告書にも含まれている。

利害関係

会社と当監査法人又は業務執行社員(注2)との間には、公認会計士法の規定により記載すべき利害関係はない。

以　上

(注1)(注2)(注4)　文例1に同じ

(注3)　監査済財務諸表に適用される財務報告の枠組みが準拠性の枠組みの場合には、「無限定意見」と記載する。

文例7

文例の前提となる状況

・監査済財務諸表に対して無限定意見（無限定適正意見）が表明されている。

・適用される要約の規準は経営者により策定され、注記X（文例2参照）で開示されている。

・監査人は適用される要約の規準が状況に照らして受入可能であると判断した。

・監査済財務諸表及び要約財務諸表に比較情報が含まれているが、当期より監査人が交代しており、監査済財務諸表に対する監査報告書のその他の事項区分において、監査基準委員会報告書710に基づき、前年度の財務諸表が前任監査人により監査された旨、前任監査人の監査意見の類型及び監査報告書の日付が記載されている。

・前任監査人は、前年度の要約財務諸表に対して本報告書に基づく報告業務を行っている。

要約財務諸表に対する独立監査人の報告書

平成Ｘ年Ｘ月Ｘ日

○○株式会社
取締役会　御中

○　○　監　査　法　人
指　定　社　員
業務執行社員　公認会計士　○○○○　印
指　定　社　員
業務執行社員　公認会計士　○○○○　印
(注１)

○○株式会社の平成Ｘ年Ｘ月Ｘ日から平成Ｘ年Ｘ月Ｘ日までの事業年度の要約財務諸表、すなわち、要約貸借対照表、要約損益計算書、要約株主資本等変動計算書、要約キャッシュ・フロー計算書及び関連する注記は、○○株式会社の同事業年度の監査済財務諸表（以下「監査済財務諸表」という。）を基礎として作成されている。当監査法人(注２)は、監査済財務諸表に対して、平成Ｘ年Ｘ月Ｘ日付けの監査報告書において無限定適正意見(注３)を表明した。なお、監査済財務諸表及び要約財務諸表は、上記の監査報告書日後に発生した事象の影響を反映していない(注４)。

要約財務諸表には、財務諸表等の用語、様式及び作成方法に関する規則及び我が国において一般に公正妥当と認められる企業会計の基準により求められる全ての情報は含まれておらず、したがって、要約財務諸表は、監査済財務諸表を代替するものではない。

要約財務諸表に対する経営者の責任

経営者の責任は、注記Ｘに記載された要約の規準に準拠して監査済財務諸表を基礎とした要約財務諸表を作成することにある。

監査人の責任

当監査法人(注２)の責任は、当監査法人(注２)が実施した手続に基づいて、独立の立場から要約財務諸表に対して意見を表明することにある。当監査法人(注２)は、日本公認会計士協会が公表した監査基準委員会報告書810「要約財務諸表に関する報告業務」に準拠して業務を行った。

本業務においては、主として要約財務諸表と基礎となる監査済財務諸表の関連する情報との比較、及び要約財務諸表が注記Ｘに記載された要約の規準に準拠して作成されているか否かを評価するための手続が実施される。

意見

当監査法人(注２)は、上記の要約財務諸表が、すべての重要な点において、注記Ｘに記載された要約の規準に準拠して監査済財務諸表と整合しているものと認める。

その他の事項(注５)

当監査法人(注２)は、監査済財務諸表に対する平成Ｘ年Ｘ月Ｘ日付けの監査報告書において、その他の事項として、平成Ｘ年Ｘ月Ｘ日をもって終了した前事業年度の財務諸表は前任監査人によって監査されている旨、及び前任監査人は前事業年度の財務諸表に対して平成Ｘ年Ｘ月Ｘ日付けで無限定適正意見を表明している旨を記載している。

また、前任監査人は、前事業年度の要約財務諸表に対して監査基準委員会報告書810に基づき平成Ｘ年Ｘ月Ｘ日付けで無限定意見を表明している。

利害関係

会社と当監査法人又は業務執行社員(注2)との間には、公認会計士法の規定により記載すべき利害関係はない。

以　上

(注1)(注2)(注4)　文例1に同じ

(注3)　監査済財務諸表に適用される財務報告の枠組みが準拠性の枠組みの場合には、「無限定意見」と記載する。

(注5)　前任監査人が前事業年度の要約財務諸表に対して本実務指針に基づく報告業務を行っていない場合には、以下のように記載する。

当監査法人(注2)は、監査済財務諸表に対する平成X年X月X日付けの監査報告書において、その他の事項として、平成X年X月X日をもって終了した前事業年度の財務諸表は前任監査人によって監査されている旨、及び前任監査人は前事業年度の財務諸表に対して平成X年X月X日付けで無限定適正意見を表明している旨を記載している。

ただし、前任監査人及び当監査法人のいずれも、前事業年度の要約財務諸表に対して監査基準委員会報告書810に基づく報告業務を行っていない。

前事業年度の財務諸表が監査されていない場合には、以下のように記載する。

前事業年度の財務諸表は監査されていないため、要約財務諸表に含まれる比較情報は、監査基準委員会報告書810に基づく本報告書の報告対象に含まれていない。

以　上

監査基準委員会報告書900

監査人の交代*

2011年12月22日
改正2013年6月17日
改正2015年5月29日
改正2018年10月19日
最終改正2019年6月12日
日本公認会計士協会
監査基準委員会
（報告書：第69号）

項番号

Ⅰ　本報告書の範囲及び目的

1．本報告書の範囲

1．本報告書は、監査人の交代に際しての監査業務の引継に関する実務上の指針を提供するものである。本報告書は、関連する職業倫理に関する規定と併せて適用される。

なお、監査基準委員会報告書300「監査計画」には、初年度監査の開始前に実施する事項に関する追加的な要求事項と指針、監査基準委員会報告書510「初年度監査の期首残高」には、初年度監査の実施における期首残高に関する要求事項と指針、監査基準委員会報告書210「監査業務の契約条件の合意」には、監査業務の契約条件の合意に関する要求事項と指針が提供されている。

2．品質管理基準委員会報告書第1号「監査事務所における品質管理」に基づいて、監査事務所は、監査事務所間の引継が適切に行われることを合理的に確保するため、前任の監査事務所となる場合及び後任の監査事務所となる場合の双方についての方針及び手続を整備し運用する義務がある。本報告書は、監査事務所が品質管理基準委員会報告書第1号を遵守していることを前提としている。

また、前任及び後任の監査事務所の監査責任者は、監査基準委員会報告書220「監査業務における品質管理」において、本報告書に基づいて、監査事務所が定める監査業務の引継に関する方針及び手続に準拠して、監査業務の十分な引継を行うことが求められている。

2．監査人の責任

3．監査人予定者及び監査人は、監査人の交代に際して、前任監査人から入手した情報を利用した場合においても、監査契約の締結の可否の判断及び監査意見の表明について責任を負うものである。監査人の期中交代に際して、前任監査人の監査手続の実施結果を利用した場合も、監査人は、前任監査人の監査手続の実施結果の利用の可否並びにその程度、及び監査意見の表明について責任を負っている。

3．本報告書の目的

4．本報告書における監査人の目的は、監査人の交代に当たって、監査人が職業的専門家としての基準及び適用される法令等を遵守して適切に監査事務所間の引継を行うことにより、監査契約の締結の可否の判断及び監査を実施する上で有用な情報を入手することである。

4．定　義

5．本報告書における用語の定義は、以下のとおりとする。

(1) 「監査人予定者」－会社から前任監査人に代わって監査人となることを指定された者をいう。

(2) 「前任監査人」－前年度の財務諸表の監査報告書を提出したか、又は当年度の財務諸表の監査に着手したものの監査報告書を提出していない別の監査事務所に属する退任した者（会社から監査人交代の通知を受けた者を含む。）のことをいう。なお、前任監査人は、複数存在する場合がある。

Ⅱ　要求事項

1．監査業務の引継―監査人予定者及び監査人

6．監査人予定者及び監査人は、監査人の交代に際して、倫理規則に定める基本原則を遵守するため概念的枠組みアプローチを適用し（倫理規則第16条第１項参照）、基本原則の遵守の阻害要因を識別しなければならない。（A１項参照）

7．監査人予定者は、会社に、前任監査人及び監査人予定者に対して監査人予定者の指定に関する通知を書面で行うよう依頼しなければならない。（A２項参照）

8．監査人予定者及び監査人は、前任監査人に対して監査業務の引継を求めなければならない。監査業務の引継は、主に、監査人予定者及び監査人による質問及び監査調書の閲覧によって実施される。（A３項参照）

9．監査人予定者は、監査契約の締結の可否を適切に判断するため、前任監査人に対して、監査契約の締結の前に少なくとも次の事項の有無及び該当がある場合にはその内容を質問しなければならない。（A４項参照）

(1) 経営者の能力、誠実性若しくは倫理観、又はこれらに対する経営者の取組若しくは実践についての懸念

(2) 監査人の交代事由に関する前任監査人の見解

(3) 会計処理、表示及び監査手続に関する会社との間の重要な意見の相違

(4) 監査基準委員会報告書240「財務諸表監査における不正」第40項に基づき、監査役等とのコミュニケーションが求められている以下の不正又は不正の疑い

・経営者による不正又は不正の疑い

・内部統制において重要な役割を担っている従業員による不正又は不正の疑い

・それ以外の者による財務諸表に重要な影響を及ぼす可能性がある不正又は不正の疑い

(5) 監査基準委員会報告書250「財務諸表監査における法令の検討」第22項に基づき、監査役等とのコミュニケーションが求められている違法行為又はその疑いに関連する事項

(6) 監査基準委員会報告書260「監査役等とのコミュニケーション」第14項に基づき、監査役等とのコミュニケーションが求められている以下の事項

・会計方針、会計上の見積り及び財務諸表の開示を含む、企業の会計実務の質的側面のうち重要なものについての監査人の見解

・監査期間中に困難な状況に直面した場合はその状況

・監査の過程で発見され、経営者と協議したか又は経営者に伝達した重要な事項

・監査の過程で発見され、監査人が、職業的専門家としての判断において財務報告プロ

セスに対する監査役等による監視にとって重要と判断したその他の事項

⑺ 監査基準委員会報告書265「内部統制の不備に関するコミュニケーション」第８項に基づき、監査役等とのコミュニケーションが求められている内部統制の重要な不備

⑻ 監査基準委員会報告書550「関連当事者」第26項に基づき、監査役等とのコミュニケーションが求められている関連当事者に関連する重要な事項

⑼ 監査基準委員会報告書570「継続企業」第24項に基づき、監査役等とのコミュニケーションが求められている継続企業の前提に重要な疑義を生じさせるような事象又は状況

⑽ 監査基準委員会報告書450「監査の過程で識別した虚偽表示の評価」第11項及び第12項に基づき、監査役等とのコミュニケーションが求められている未修正の虚偽表示（金融商品取引法監査の場合は各四半期又は中間期における未修正の虚偽表示を含む。）及び同第４項に基づき集計した修正済みの虚偽表示

⑾ 期中交代の場合、既に発見している当期の財務諸表について未修正及び修正済みの虚偽表示

⑿ 監査基準委員会報告書706「独立監査人の監査報告書における強調事項区分とその他の事項区分」第11項に基づき、監査役等とのコミュニケーションが求められている重要な偶発事象、又は重要な偶発債務となる可能性がある事象

10．監査人予定者は、法令等に従って、監査人の交代に関する手続が会社により適切に行われているかどうか検討しなければならない。

11．監査人予定者は、前任監査人から監査業務の十分な引継を受けられない場合には、第三者への問合せ、又は会社の経営者や監査役等の背景調査を行う等、他の方法により阻害要因に関する情報を収集し（倫理規則第16条第５項参照）、監査契約の締結に伴うリスクを低い水準に抑えることができるか否かについて、より慎重に検討しなければならない。（Ａ５項参照）

12．監査人予定者は、監査人の交代に際して、基本原則の遵守の阻害要因の重要性の程度を許容可能な水準まで軽減できないと判断した場合は当該業務の契約を締結してはならない（倫理規則第16条第２項参照）。（Ａ６項参照）

２．監査業務の引継―前任監査人

13．前任監査人は、第７項で示す通知書を受け取った場合は、適時に、職業的専門家としての基準及び適用される法令等に基づき、監査人予定者及び監査人が監査契約の締結の可否の判断及び監査を実施する上で有用な情報を誠実かつ明確に提供しなければならない。（倫理規則第16条第４項参照）

13-2．前任監査人は、前任監査人が監査契約の締結の辞退又は契約の解除を行った場合、監査人予定者の要請に基づき、監査人予定者が監査契約の締結の可否を判断する前に知っておく必要があると前任監査人が判断した違法行為又はその疑いに関する全ての事実と情報を監査人予定者に提供しなければならない。（違法行為への対応に関する指針第30項参照）

14．前任監査人は、不正リスクへの対応状況、監査基準委員会報告書で監査役等とのコミュニケーションが求められている事項等、前任監査人が監査の過程で識別した重要な事項を、監査人予定者及び監査人に伝達しなければならない。（Ａ７項及びＡ８項参照）

これには、前任監査人の監査意見に影響を及ぼした重要な虚偽表示、又は期中交代の場合は前任監査人が監査意見に影響を及ぼす可能性があると判断した当期の財務諸表における重要な虚偽表示に関わる情報又は状況が含まれる。（監査に関する品質管理基準第十 監査事務所間の引継第１項参照）

15．前任監査人は、監査人予定者及び監査人に対して以下の監査調書の閲覧の求めに応じなければならない。（Ａ９項からA11項参照）

・第14項に規定している項目に関連する監査調書
・期首残高に関連する監査調書

また、前任監査人は、監査調書の閲覧方法（複写の範囲を含む。）について、監査人予定者及び監査人と協議しなければならない。

なお、監査人予定者及び監査人による前任監査人の監査調書の閲覧に関して目的外の利用が制限されていること等を明確にするため、前任監査人と監査人予定者及び監査人は、監査調書の閲覧の前に「監査調書の閲覧に伴う守秘義務に関する承諾書」を取り交わさなければならない。

16．前任監査人は、監査人予定者及び監査人に対して監査業務の十分な引継を実施することができない場合においても可能な範囲で監査業務の引継を実施しなければならない。（A5項参照）

また、前任監査人は、監査人予定者及び監査人と協議することについて会社から同意を得られない場合、その事実を監査人予定者及び監査人に開示しなければならない。

3．相互確認

17．監査人予定者及び監査人と前任監査人は、実施した監査業務の引継の内容について、相互に確認し、その記録をそれぞれ保管しなければならない。（A12項参照）

4．守秘義務

18．前任監査人、監査人予定者及び監査人は、業務上知り得た情報を他の者に漏洩し、又は自己若しくは第三者の利益のために利用してはならない（倫理規則第6条第1項参照）。

なお、守秘義務が解除される正当な理由に、監査業務の引継を行う場合が含まれており（倫理規則第6条第8項第3号ニ参照）、あらかじめ監査契約書又は監査約款にその旨を明記しなければならない。

19．監査人予定者及び監査人は、前任監査人から入手した情報について、監査契約の締結の可否の判断及び円滑な監査業務の引継に役立てるために利用し、それ以外に利用してはならない。

20．監査人予定者は、監査契約を締結するか否かにかかわらず、監査契約の締結前に会社から得た情報及び監査業務の引継に関して前任監査人から得た情報に対しても守秘義務を負い（倫理規則第6条第4項参照）、会社とその旨を文書で確認しなければならない。（A13項参照）

Ⅲ　適用指針

1．監査業務の引継―監査人予定者及び監査人

A1．倫理規則は、専門業務を実施するに際し、次の基本原則の遵守を求めている。

(1)　誠実性の原則

(2)　公正性の原則

(3)　職業的専門家としての能力及び正当な注意の原則

(4)　守秘義務の原則

(5)　職業的専門家としての行動の原則

倫理規則第16条第1項では、監査人の交代を依頼された場合、これらの基本原則を遵守するために概念的枠組みアプローチを適用することが求められている。概念的枠組みアプローチに基づき、監査人予定者及び監査人は、基本原則の遵守を阻害する要因を識別し、その重要性の程度を評価し、必要に応じてセーフガードを適用して阻害要因を除去するか許容できる水準に軽減することになる。（第6項参照）

A2．付録1に「監査人予定者の指定に関する通知書」の文例が示されている。（第7項参照）

なお、グループ監査において、グループ監査チームと構成単位の監査人が同一法人又は同じネットワークに属する場合、グループ監査チームが当該通知書を親会社からグループ単位で一括して入手しているときは、構成単位の監査人は、グループ監査チームから監査人の交代に関する通知を受けることもある。

A3．前任監査人及び監査人予定者が会社から監査人予定者の指定に関する通知書を入手した時点から監査業務の引継が開始される（倫理規則第16条第3項参照）。監査人予定者及び監査人は、適切な引継（複数の前任監査人に引継を求

めることが必要かどうかの判断を含む。）を実施することにより、次の事項が可能となる。（第８項参照）

⑴　監査契約の締結に伴うリスクを低い水準に抑えることができるか否かを的確に判断すること。

⑵　会社に都合の良い監査意見を求めている兆候があるか否かを判断すること。

⑶　監査を効果的かつ効率的に実施すること。

A4．監査人予定者は、経営者の誠実性及び監査人の交代事由についての質問をする際、以下の項目に留意する。（第９項参照）

・経営者から特定の監査報告書の記載内容（監査意見の類型を含む。）について不当なプレッシャーを受けているか否か。

・会社に都合の良い監査意見を求めている兆候があるか否か。

A5．監査人予定者及び監査人は、次のような事由により、前任監査人から監査業務の十分な引継を受けられない場合がある。（第11項及び第16項参照）

⑴　前任監査人が既に死亡している。

⑵　前任監査人が資格を喪失している。

⑶　前任監査人が業務上の行為について訴訟中である。

⑷　災害等により物理的に情報を提供できない状況にある。

⑸　前任監査人が監査人予定者及び監査人と協議することについて会社から同意を得られない。

A6．前任監査人が監査契約を継続しない理由に、基本原則の遵守が困難となる状況等職務上の事由が存在する場合がある。このような場合、監査人予定者が関連する事実を十分に知る前に当該業務の契約を締結するならば、職業的専門家としての能力及び正当な注意の原則の遵守を阻害する要因を生じさせる可能性がある。

監査人交代の理由が、事実を十分に反映したものになっておらず、前任監査人と会社との間に監査業務の契約の締結の可否に関する判断に影響を与える可能性のある意見の相違があることを示唆することがある。このような場合、監査人予定者は、当該業務の契約を締結することが適当か否かの判断をするに際し、前任監査人と直接意見を交換し、事実又は状況を確認した上で慎重に判断する。（第12項参照）

２．監査業務の引継―前任監査人

A7．前任監査人が監査人予定者又は監査人に伝達する事項には、監査の過程で前任監査人が識別した以下の重要な事項が含まれる。（監基報230の A8項参照）。（第14項参照）

・特別な検討を必要とするリスクを生ずる事項

・監査手続を実施した結果重要な虚偽表示の可能性を示した事項

・当初の重要な虚偽表示リスクの評価やその対応を修正する必要を生じさせた事項

・監査手続の実施に重大な支障をきたした状況

・監査意見に影響を与えた（又はその可能性があった）事象

・強調事項を付した（又はその検討を行った）事項

また、これら事項のうち、貸借対照表項目や偶発事象に関する事項は、監査人予定者及び監査人が監査する事業年度以降の財務諸表に重要な影響を及ぼす可能性があるため、前任監査人は十分な説明を付すことが適切である。

A8．前任監査人は、経営者又は監査役等に提出した監査実施結果を記載した報告書の写し、及び会社から入手した経営者確認書を用いて、監査の過程で識別した重要な事項を監査人予定者又は監査人に説明することが有用である。この場合、監査人予定者又は監査人からの求めに応じて、前任監査人はこれらの写しを提供することがある。（第14項参照）

A9．品質管理基準委員会報告書第１号第59項に従って、前任監査人となった場合に監査人予定者又は監査人の閲覧に供する監査調書の範囲は、監査事務所の方針及び手続として定めることが求められている。監査人予定者又は監査人の閲覧に供する監査調書の範囲には、リスク評価手続及びリスク対応手続の実施結果、第15項の重要な事項に関する監査調書が含まれる。例えば、識別したリスクの内容、実施した個々のリスク対応手続の結果とその結果の評価から導かれた結論を記載した監査調書、監査結果の取りまとめの監査調書（例えば、監査で識別した未修正の虚偽表示の一覧や内部統制の不備の一覧等）が閲覧の対象となる。（第15項参照）

A10．引継の目的に関連しない監査調書は、前任監査人は、閲覧の対象に含めないことができる。例えば、監査時間や報酬等の業務管理のための資料や、監査事務所が品質管理目的で使用している各種チェックリスト等である。（第15項参照）

A11．付録３に、前任監査人と監査人予定者及び監査人との間で取り交わす「監査調書の閲覧に伴う守秘義務に関する承諾書」の文例が示されている。（第15項参照）

３．相互確認

A12．監査人予定者及び監査人と前任監査人による相互確認は、監査人予定者及び監査人が監査業務の引継に関する内容を記載した議事録を前任監査人に提供し、前任監査人がその内容を確認することにより行われる。（第17項参照）

議事録には、監査業務の引継の際に行われた監査人予定者及び監査人による質問、それに対する前任監査人の回答、並びに監査人予定者及び監査人への閲覧に供した監査調書の範囲等が記載される。（第８項及び第９項参照）

４．守秘義務

A13．付録２に、監査人予定者が会社との間で監査契約の締結前に守秘義務について確認するための文例「監査人予定者が監査契約の締結前に取り交わす守秘義務についての確認書」が示されている。（第20項参照）

Ⅳ　適　用

・本報告書（2011年12月22日）は、2012年４月１日以後開始する事業年度に係る監査及び同日以後開始する中間会計期間に係る中間監査から適用する。なお、本報告書の適用開始後に行われる監査人の交代から、本報告書は適用される。
・本報告書（2013年６月17日）は、2013年10月１日以後に行われる監査人の交代から適用する。
・本報告書（2015年５月29日）は、2015年５月29日以後に行われる監査人の交代から適用する。
・本報告書（2018年10月19日）は、2019年４月１日以後に行われる監査人の交代から適用する。
・本報告書（2019年６月12日）は、2020年３月31日以後に行われる監査人の交代から適用する。

付録１　監査人予定者の指定に関する通知書の文例（A2項参照）

×年×月×日

［前任監査人名］
○○監査法人
代表社員　○○○○　殿
［監査人予定者名］
□□監査法人
代表社員　○○○○　殿

［会社名］
○○○○株式会社
代表取締役　○○○○　印

拝啓　時下ますますご清祥のこととお慶び申し上げます。

さて、弊社の監査人の交代に際して、［監査人予定者名］□□監査法人を［前任監査人名］○○監査法人に代わる監査人予定者として指定したことを通知いたします。

監査契約書（又は監査約款）により、監査業務の引継に必要とされる情報に関して、［前任監査人名］○○監査法人の守秘義務は解除されております。そのため、□□監査法人による監査契約の締結の可否の判断及び監査を実施する上で有用な情報を○○監査法人が提供することについて、以下の事項を了解しております。

(1)　□□監査法人が○○監査法人の監査調書の閲覧を行うこと。
(2)　○○監査法人は監査業務の引継に関する□□監査法人からの質問について、回答を行うこと。
(3)　弊社の経営者、監査役及び監査役会（監査委員及び監査委員会、又は監査等委員及び監査等委員会）とのコミュニケーションのために、○○監査法人が作成し弊社に提出した書面（計画した監査の範囲とその実施時期の概要及び監査上の重要な発見事項を記載した報告書並びに経営者確認書）の複写を、○○監査法人が□□監査法人に提供すること。

なお、□□監査法人との引継に関して○○監査法人に発生する報酬は、弊社が負担することについて了解しております。

また、本通知文書については、弊社の監査役に対しても写しを提供しております。

敬　具

上記文例は、監査人が個人事務所の場合など、監査業務の引継の状況に応じて適宜修正の上使用されることを予定している。監査調書の複写を提供することを予定している場合は、適宜、(3)に加筆修正する。

付録２　監査人予定者が監査契約の締結前に取り交わす守秘義務についての確認書の文例（A13項参照）

守秘義務に関する確認書

［監査予定会社名］〇〇株式会社（以下「甲」という。）と［監査人予定者名］□□監査法人（以下「乙」という。）は、甲乙間の監査契約の締結前に甲及び［前任監査人名］〇〇監査法人（以下「丙」という。）が監査業務の引継のために乙に開示する秘密情報の取扱いに関し、次のとおり確認する。

１．本確認書でいう秘密情報とは、甲及び丙が監査業務の引継のために乙に開示する情報の全てであり、文書又は電子的媒体により開示又は提供するもののほか、口頭による説明を含むものとする。ただし、以下の情報は秘密情報から除くものとする。

(1)　甲又は丙から開示された時点で、既に公知となっていたもの
(2)　甲又は丙から開示された後で、乙の責に帰すべき事由によらず公知となったもの
(3)　甲又は丙から開示された時点で、既に乙が保有していたもの
(4)　守秘義務を負うことなく、第三者から正当に開示されたもの

２．乙は、正当な理由なく、業務上知り得た秘密情報を他の者に漏洩してはならず、これを甲との監査契約の締結の可否の判断及び監査契約締結後に実施する監査に役立てる目的のみに使用するものとする。

３．甲乙間で監査契約を締結した場合には、本確認書に基づく守秘義務に代えて当該監査契約に基づく守秘義務に係る条項を適用するものとする。一方、監査契約を締結しなかった場合においては、本確認書に基づく守秘義務は将来にわたり存続するものとする。

４．乙は、本確認書に基づく守秘義務の履行を怠ったときは、甲に対しその損害を賠償するものとする。

×年×月×日

甲（住　所）
〇〇〇〇株式会社
代表取締役　〇〇〇〇　印
乙（住　所）
□□監査法人
代 表 社 員　〇〇〇〇　印

上記文例は、監査人が個人事務所の場合など、監査業務の引継の状況に応じて適宜修正の上使用されることを予定している。

付録３　監査調書の閲覧に伴う守秘義務に関する承諾書の文例（A11項参照）

×年×月×日

監査調書の閲覧に伴う守秘義務に関する承諾書

（住　所）
○○監査法人［前任監査人名］
代表社員
公認会計士　　○○○○殿

（住　所）
□□監査法人［監査人予定者］
代表社員
公認会計士　　○○○○　印

【監査人予定者又は監査人】□□監査法人（以下「甲」という。）は、○○○○株式会社（以下「会社」という。）による×年×月×日付け監査人予定者の指定に関する通知書に基づき、監査業務の引継のために実施する甲による【前任監査人】○○監査法人（以下「乙」という。）の監査調書の閲覧（甲の質問に対する乙の回答等、監査業務の引継のために行われる乙から甲へのその他の情報の提供を含む。以下同じ。）に関して、以下の事項を了解しております。

1．甲による閲覧対象は、監査業務の引継に必要な範囲における、会社の×１年○月○日に終了した第○期事業年度に係る財務諸表及び連結会計年度に係る連結財務諸表（以下「財務諸表等」という。）に係る監査調書とする。なお、甲は、乙が、会社法に基づく監査報告書については×年×月×日付けで提出しているが、金融商品取引法に基づく監査報告書については提出していないことを了解している。（注１）
2．甲が乙の上記１．に記載した事業年度の監査調書の閲覧を行う目的は、会社及び乙の監査結果に関する情報を入手することにより、甲の監査契約の締結の可否の判断及び監査契約締結後に実施する監査に役立てることにある。甲は、監査調書の閲覧の結果を当該目的のためのみに利用し、他の目的には利用しないものとする。
3．乙の監査調書は、乙の職業的専門家としての判断、監査リスクの評価、重要性等に基づき作成されており、これらは、甲による判断又は評価とは異なる可能性がある。そのため、乙は、乙の監査調書に含まれる情報が甲の閲覧の目的に照らして、十分かつ適切であるかどうかについて保証するものではない。
4．甲は、乙による会社の監査が、我が国において一般に公正妥当と認められる監査の基準に準拠して実施されたかどうかについて、法令等の要請に基づく場合を除き、乙の監査調書の閲覧から得た情報を基に、第三者に対して、口頭又は書面のいずれによっても論評しない。
5．甲は、乙による会社の監査に関連する訴訟に係る支援業務契約の締結又は当該業務の提供を行わない。
6．甲は、会社の×２年○月○日に終了する第○期事業年度に係る財務諸表等に対する監査において、甲の実施する監査手続の種類、範囲及び実施時期の決定、並びに監査意見の表明に全責任を負う。
7．甲は、乙の監査調書の閲覧により入手した情報及び監査調書の複写について、甲の監査調書の整理、管理及び保存に関する方針及び手続に準拠して保管する責任を負う。
8．会社の監査に関連して作成された甲の監査調書の閲覧について第三者（９.の者を除く。）から依頼があった場合、乙の監査調書から入手した情報及び監査調書の複写を第三者の閲覧に供する場合には、甲は、甲が監査調書を閲覧に供する前に、乙に通知し了解を得なければならない。（注２）
　また、甲は、甲の監査調書を当該第三者の閲覧に供するに当たり、当該第三者から、閲覧の目的、守秘義務その他本書面に記載の事項を了解する旨を記載した書面を、乙に代わって入手する。
9．法令又は法令に基づく権限により、乙の監査調書から入手した情報及び監査調書の複写が含まれる甲の監査調書の閲覧又は提出が求められ、提供した場合は、甲は直ちに乙に通知する。（注３）ただし、甲は、提供の要請や提供した旨の伝達を秘匿する旨の要請があり、当該要請が合理的である場合においては、通知

しないことができる。(注4)

以　上

(注1)　監査の種類及び監査調書の閲覧の時期に応じて、記載を適宜変更する。

・金融商品取引法に基づく監査報告書提出後に監査調書の閲覧を行う場合

「なお、乙は、会社法に基づく監査報告書は×年×月×日付けで提出し、金融商品取引法に基づく監査報告書については×年×月×日付けで提出しており、監査報告書の日付以降は、いかなる監査手続も実施していないことを甲は了解している。」

・期中交代の場合

「甲による閲覧対象は、監査業務の引継に必要な範囲における、会社の×０年○月○日に終了した第○期事業年度に係る財務諸表及び連結会計年度に係る連結財務諸表（以下「財務諸表等」という。)、並びに×１年○月○日に終了する第○期事業年度に係る財務諸表等に係る監査調書とする。なお、乙は会社法及び金融商品取引法に基づく監査報告書は提出していないことを、甲は了解している。」

(注2)　監査調書の閲覧を依頼する第三者には、会社の親会社の監査人（グループ監査チーム）などが想定される。

(注3)　日本公認会計士協会の会則に基づき同協会の質問又は調査に応じる場合が含まれる。

(注4)　公認会計士法に基づく規制当局の求めに対する報告又は資料の提出等を行う場合が含まれる。

以　上

監査基準委員会報告書910

中間監査＊

2011年12月22日
改正2013年６月17日
最終改正2021年１月14日
日本公認会計士協会
監査基準委員会
（報告書：第71号）

項番号

Ⅰ　本報告書の範囲及び目的

１．本報告書の範囲

１．本報告書は、中間監査に関する実務上の指針を提供するものである。なお、本報告書において定められていない事項及び定義等については、他の監査基準委員会報告書が適用される。

1-2．本報告書には、監査における不正リスク対応基準（以下「不正リスク対応基準」という。）に準拠して監査を実施する際に関連する指針（項番号の冒頭に「F」が付されている。）が含まれている。（監査基準委員会報告書200「財務諸表監査における総括的な目的」第21項(3)参照）

２．中間監査の特質

２．我が国において一般に公正妥当と認められる中間監査の基準は、監査人に、中間監査意見表明の基礎として、中間財務諸表には全体として投資者の判断を損なうような重要な虚偽表示がないということについて、合理的な保証を得ることを求めている。中間監査意見の基礎となる合理的保証は、監査人が、中間監査リスクを許容可能な低い水準に抑える十分かつ適切な監査証拠を入手した場合に得られる。

毎期継続して実施する年度監査の狭間において年度監査の一環として行われるものとして位置付けられる中間監査の保証水準は、年度における財務諸表の監査（以下「年度監査」という。）と同程度ではなく、中間財務諸表が有用な情報を表示している旨の監査人の意見は、年度監査と同程度の信頼性を保証するものではない。

したがって、中間監査においては、中間監査リスクを年度監査に係る監査リスクに比し高めに設定することができ、評価したリスクに対応した手続を実施する際には、発見リスクの水準を年度監査に係るそれよりも高くすることができる。

中間監査における不正リスク対応基準の適用

F2-2．中間監査は、年度監査の一環として行われるものとして位置付けられる。したがって、監査人は、年度監査において不正リスク対応基準が適用される場合、中間監査の実施において、中間監査の特質を考慮した上で、不正リスク対応基準を適用することが求められる。(A7-2項参照)

3．本報告書の目的

3．本報告書における監査人の目的は、経営者の作成した中間財務諸表が、一般に公正妥当と認められる中間財務諸表の作成基準に準拠して、企業の中間会計期間に係る財政状態、経営成績及びキャッシュ・フローの状況に関する有用な情報を表示しているかどうかについて、我が国の中間監査の基準に準拠して監査人が自ら入手した監査証拠に基づいて判断した結果を意見として表明することにある。

4．定　義

4．本報告書における用語の定義は、以下のとおりとする。

「中間監査リスク」－中間監査に係る監査リスクをいい、監査人が中間財務諸表の有用な情報の表示に関して投資者の判断を損なうような重要な虚偽表示を看過して誤った意見を形成する可能性をいう。

Ⅱ　要求事項

1．中間監査に係る監査計画

5．監査人は、中間財務諸表に係る投資者の判断を損なうような重要な虚偽表示を看過することなく、かつ、中間監査を効果的かつ効率的に実施するため、中間監査と年度監査の関係を考慮し、年度監査に係る監査計画の一環として中間監査に係る監査計画を策定しなければならない。

6．監査人は、中間監査に係る監査計画の策定に当たり、中間監査に係る重要性の基準値、重要な虚偽表示リスクの識別と評価、中間監査に係るリスク対応手続、中間監査に係るグループ監査、継続企業の前提について考慮しなければならない。

2．中間監査に係る重要性の基準値

7．監査人は、年度監査に係る重要性の基準値を上限として、中間監査に係る重要性の基準値を設定しなければならない。(A1項参照)

3．重要な虚偽表示リスクの識別と評価

8．監査人は、監査基準委員会報告書315「企業及び企業環境の理解を通じた重要な虚偽表示リスクの識別と評価」に従って、内部統制を含む、企業及び企業環境の理解を通じて、不正か誤謬かを問わず、中間財務諸表全体レベルの重要な虚偽表示リスクと、アサーション・レベル（中間財務諸表項目レベル、すなわち、取引種類、勘定残高、開示等に関連するアサーションごと）の重要な虚偽表示リスクを識別し評価しなければならない。(A2項からA3項参照)

9．監査人は、中間監査に係る重要な虚偽表示リスクの評価の過程において、監査人の判断により、識別した中間監査に係る重要な虚偽表示リスクが、中間監査に係る特別な検討を必要とするリスクであるかどうか決定しなければならない。

10．監査人は、中間監査に係る重要な虚偽表示リスクが特別な検討を必要とするリスクであると判断した場合、当該リスクに関連する統制活動を含む内部統制を理解しなければならない。

4．中間監査に係るリスク対応手続

11．監査人は、監査基準委員会報告書330「評価したリスクに対応する監査人の手続」に基づき、中間監査に係る自己の意見を形成するに足る基礎を得るために、評価したアサーション・レベルの重要な虚偽表示リスクに応じて、十分かつ適切な監査証拠を入手しなければならない。(A4項からA5項参照)

12．監査人は、中間監査においては年度監査と同一の監査手続を実施する必要はないが、分析的手続及び質問を中心とする監査手続は必ず実施しなければならない。(A6項参照)

13．監査人は、設定した発見リスクの水準に適合した実証手続を実施しなければならない。（A7項からFA7－3項参照）

14．監査人は、評価した中間監査に係る重要な虚偽表示リスクの程度にかかわらず、中間財務諸表における、重要な取引種類、勘定残高、開示等の各々に対する実証手続の立案及び実施について考慮しなければならない。（監査基準委員会報告書330第17項参照）

15．監査人は、第９項の規定により識別した、中間監査に係る特別な検討を必要とするリスクについて、以下の手続を実施しなければならない。

・当該リスクに個別に対応する実証手続を実施する。

・当該リスクを軽減させる内部統制に依拠する場合は、当中間会計期間の監査において運用評価手続を実施し、内部統制の運用状況の有効性に関する監査証拠を入手する。

・当該リスクに対して実証手続のみを実施する場合は、詳細テストを含める。

５．中間監査に係るグループ監査（A8項参照）

16．監査人は、監査基準委員会報告書600「グループ監査」に従い、中間監査の特質を考慮した上で、中間監査に係るグループ監査を実施しなければならない。

17．監査人は、グループにおいて個別の財務的な重要性を有する重要な構成単位については、構成単位の重要性の基準値に基づいて、構成単位の財務情報に対して分析的手続及び質問を中心とする監査手続に追加の実証手続を実施しなければならない。

18．監査人は、特定の性質又は状況によりグループ財務諸表に係る特別な検討を必要とするリスクが含まれる可能性のある重要な構成単位について、以下のうち少なくともいずれかの手続を実施しなければならない。

⑴　構成単位の重要性の基準値に基づいて、構成単位の財務情報に対する分析的手続及び質問を中心とする監査手続及び追加の実証手続

⑵　グループ財務諸表に係る特別な検討を必要とするリスクに関連する特定の勘定残高、取引種類又は開示等に対する分析的手続及び質問を中心とする監査手続及び追加の実証手続

⑶　グループ財務諸表に係る特別な検討を必要とするリスクに関連する分析的手続及び質問を中心とする特定の監査手続及び追加の実証手続

19．グループ監査チームは、重要な構成単位以外の構成単位について、グループレベルで分析的手続及び質問を中心とする監査手続を実施しなければならない。

６．継続企業の前提

20．監査人は中間監査において、監査基準委員会報告書570「継続企業」に従って、継続企業を前提として中間財務諸表を作成することの適切性に関して合理的な期間について経営者が行った評価を検討しなければならない。（A9項参照）

21．監査人は、前事業年度の貸借対照表日において、継続企業の前提に重要な疑義を生じさせるような事象又は状況が存在し、継続企業の前提に関する重要な不確実性が認められた場合には、当該事象又は状況の変化並びにこれらに係る経営者の評価及び対応策の変更、及び開示の適切性について検討しなければならない。（A10項参照）

22．監査人は、次のいずれかに該当する場合、当該事象又は状況に関して、中間貸借対照表日の翌日から少なくとも１年間の期間について経営者が行った評価及び対応策について検討した上で、なお継続企業の前提に関する重要な不確実性が認められるか否かを検討しなければならない。

―前項の検討の結果、前事業年度の貸借対照表日において識別された当該事象又は状況並びにこれらに係る経営者の評価又は対応策のいずれかに大きな変化があった場合

―前事業年度の貸借対照表日において、継続企業の前提に関する重要な不確実性が認められなかったものの、当中間会計期間において、継続企業の前提に重要な疑義を生じさせるよ

うな事象又は状況が存在していると判断した場合（前事業年度の貸借対照表日から継続して存在する場合を含む。）

監査人が継続企業の前提に関する重要な不確実性が認められると判断した場合は、一般に公正妥当と認められる中間財務諸表の作成基準に従って、継続企業の前提に関する開示が適切に行われているかどうかを検討しなければならない。（A11項から A12項参照）

7．比較情報

23．監査人は、中間財務諸表に含まれる比較情報について、監査基準委員会報告書710「過年度の比較情報－対応数値と比較財務諸表」に基づいて、監査手続を実施しなければならない。

8．経営者確認書

24．監査人は中間監査において、監査基準委員会報告書580「経営者確認書」に従って、経営者確認書を入手しなければならない。

9．中間監査の過程で識別した虚偽表示の評価

25．中間監査の過程で識別した虚偽表示の評価にあたっては、監査人は、監査基準委員会報告書450「監査の過程で識別した虚偽表示の評価」に基づき、識別した虚偽表示が中間監査に与える影響と、未修正の虚偽表示が中間財務諸表に与える影響を評価しなければならない。ただし、中間監査に係る重要性の基準値が中間財務諸表でなく年度の財務諸表に基づいて設定されている場合には、発見された虚偽表示が当該基準値の範囲にあったとしても、上半期の実績数値が通年のものよりも小さいことなどにより、中間財務諸表に重要な影響を与えている可能性があるため、当該虚偽表示の影響を十分考慮しなければならない。

10．中間監査報告書

26．監査人は、監査基準委員会報告書700「財務諸表に対する意見の形成と監査報告」に従って、中間財務諸表に対する意見を形成し、中間監査報告書において中間監査意見を表明しなければならない。

中間監査の保証水準は年度監査の保証水準ほど高くないことを明確にするため、中間監査報告書においては、中間監査が分析的手続及び質問を中心とした監査手続に必要に応じて追加の監査手続を適用して行われており、年度監査に係る監査手続とは異なる旨を記載しなければならない。

27．監査人は、中間監査を行った中間財務諸表との重要な相違を識別するため、その他の記載内容を通読しなければならない

28．監査人は、その他の記載内容を通読することにより中間監査を行った中間財務諸表との重要な相違を識別した場合、中間財務諸表又はその他の記載内容を修正する必要があるかどうかを判断しなければならない。

29．中間監査を行った中間財務諸表に修正が必要であるが、経営者が修正することに同意しない場合、監査人は、除外事項付意見を表明しなければならない。

30．その他の記載内容に修正が必要であるが、経営者が修正することに同意しない場合、監査人は、監査役等に当該事項を報告するとともに、以下のいずれかを行わなければならない。

(1) 中間監査報告書に「その他の事項」区分を設け、中間監査を行った中間財務諸表との重要な相違について記載する。

(2) 中間監査報告書を発行しない。

(3) 可能な場合、監査契約を解除する。

31．監査人は、中間監査を行った中間財務諸表との重要な相違を識別するためにその他の記載内容を通読する際に、明らかな事実の重要な誤りに気付いた場合、経営者と当該事項について協議しなければならない。

32．監査人は、その他の記載内容に事実の重要な誤りが存在すると判断したが経営者がそれを修正又は訂正することに同意しない場合、監査役等にその他の記載内容に関する監査人の懸念を知らせるとともに、適切な措置を講じなければ

ならない。この適切な措置には、監査人の顧問弁護士に助言を求めることが含まれる。

11．監査調書

33．監査人は、中間監査に当たり、年度監査と同様に、監査基準委員会報告書230「監査調書」に従って、一般に公正妥当と認められる中間監査の基準に準拠して監査を実施したこと及び十分かつ適切な監査証拠に基づいて中間財務諸表に対する意見を形成したことを示す証拠として監査調書を作成しなければならない。（A13項参照）

34．中間監査に関する監査調書は、年度監査に関する監査調書と同様の管理等を行わなければならない（品質管理基準委員会報告書第１号「監査事務所における品質管理」第44項から第46項参照）。

35．中間監査に関する監査調書は、年度監査の監査ファイルとは別の監査ファイルとしなければならない。

Ⅲ　適用指針

１．中間監査に係る重要性の基準値

A1．中間監査に係る重要性の基準値の上限は、中間監査に係る重要性の基準値が年度監査に係る重要性の基準値を超えると、年度監査において上半期の取引や勘定について再度監査を実施しなければならなくなることを考慮したことによる。

実務上、中間監査は年度監査の一環として行われる点を勘案し、年度監査に係る重要性の基準値を中間監査で適用するのが合理的である。（第７項参照）

２．重要な虚偽表示リスクの識別と評価

A2．監査人は、通常、年度監査のリスク評価の一環として識別し評価する重要な虚偽表示リスクを利用して、中間監査に係る重要な虚偽表示リスクを識別し評価することになる。（第８項参照）

A3．監査人は、中間会計期間における、内部統制を含む、企業及び企業環境に重要な変更が生じていないことを確かめた場合には、前年度の重要な虚偽表示リスクの評価結果を中間監査において利用することができる。（第８項参照）

３．中間監査に係るリスク対応手続

A4．監査人は、評価したアサーション・レベルの重要な虚偽表示リスクに応じて、中間監査に係るリスク対応手続を立案する際、中間監査に係る発見リスクの水準を年度監査に係るそれよりも高くすることができる。

また、中間監査は、年度監査の一環としても実施されるため、固定資産及び固定負債の増減項目、損益項目等については、中間監査の結果を年度監査でも活用できるよう配慮することがある。（第11項参照）

A5．監査人は、中間会計期間における内部統制に重要な変更が行われていないことを確かめた場合には、前年度の内部統制の運用状況の有効性の評価結果を利用することができる。（第11項参照）

A6．分析的手続及び質問を中心とする監査手続は、監査基準委員会報告書520「分析的手続」のうち、主に「比較可能な過年度情報」及び「企業の実績が示すパターンに基づいて一定の推定が可能な財務情報の要素間の関係」を検討して中間財務諸表項目の合理性を確かめ、必要に応じ経営者等への質問、基礎資料の通読による概観的な把握等を行う一連の監査手続である。（第12項参照）

A7．監査人は、設定した発見リスクの水準に応じて、例えば以下の手続を実施する。（第13項参照）

・発見リスクの水準を低く抑える場合

分析的手続及び質問を中心とする監査手続に追加して証明力の強い監査証拠を入手するための他の実証手続を実施する。追加する実証手続は、実査、立会又は確認といった監査手続を選択し適用すべき場合もあれば、その

実施の基準日を中間貸借対照表日とすべき場合やその実施の範囲を拡大して実施すべき場合もある。

・発見リスクの水準を中程度とする場合

分析的手続及び質問を中心とする監査手続に追加して他の実証手続を実施する。追加する実証手続は、実査、立会、確認までを必要とするものではなく、また、その実施の基準日を中間貸借対照表日前とすることができる場合もある。

・発見リスクの水準を高くする場合

分析的手続及び質問を中心とする監査手続を実施し、必要に応じて追加の実証手続を実施する。

・発見リスクの水準をさらに高くする場合

分析的手続及び質問を中心とする監査手続を実施する。

A7－2．不正リスク対応基準に準拠して監査を実施する際に遵守が求められる要求事項と関連する適用指針は、不正リスク対応基準が適用されない監査業務においても、業務の状況に応じて、参考となることがある。（第 F2－2 項参照）

FA7－3．中間監査においては、中間監査に係る発見リスクを年度監査に係る発見リスクに比し高めに設定することができる。ただし、中間監査の実施の過程で、不正による重要な虚偽表示を示唆する状況を識別した場合、監査基準委員会報告書240「財務諸表監査における不正」の指針(不正による重要な虚偽表示の疑義)に従って、それが中間財務諸表における重要な虚偽表示をもたらしていないかを確かめるための手続を実施することが求められる。（第13項参照）

４．中間監査に係るグループ監査

A8．中間監査に、監査基準委員会報告書600を適用するに当たっては、以下の点を考慮する。（第16項から第18項参照）

・重要な構成単位の財務情報について追加で実施する実証手続は、アサーション・レベルの重要な虚偽表示リスクの程度が高い勘定残高、取引種類又は開示等に対して行う。

・中間監査リスクは年度監査に係る監査リスクに比し高めに設定することができるため、重要な構成単位の財務情報に対し、分析的手続及び質問を中心とする監査手続に追加の実証手続を実施するに当たっては、年度のグループ監査と同じ作業を構成単位の監査人に指示しない場合がある。

・中間監査は、年度監査の一環としても実施されるため、重要な構成単位に対して実施する監査手続について、中間監査に係るグループ監査の結果を年度のグループ監査でも活用できるよう配慮することがある。

５．継続企業の前提

A9．一般に公正妥当と認められる中間財務諸表の作成基準では、前事業年度の貸借対照表日に継続企業の前提に関する重要な不確実性が認められていたか否かにより、求められている経営者の評価期間や対応策の期間が年度の財務諸表と異なっているため、それに対応した監査手続を実施することになる。（第20項参照）

A10．監査人は、当該中間会計期間の属する事業年度末までの期間について経営者の行った継続企業の前提に関する評価及び対応策の提示を求め、経営者への質問及び他の監査手続により、以下を検討する。（第21項参照）

・前事業年度の貸借対照表日において識別された当該事象又は状況に大きな変化がないかどうか。

・前事業年度の貸借対照表日において識別された事象又は状況に対する対応策が計画どおり実施されているか、追加対応策が講じられていないか。

これは、対応策が計画どおりに実施されなかったことや想定した効果が得られずに追加対応策が必要となったことにより、継続企業の前提に重要な疑義を生じさせるような事象又は状況の新たな発生や変化を示唆していることがあり、それらの事象又は状況並びにこれらに係る経営者の評価及び対応策を含めて継続企業の前提に関する重要な不確実性が認められるか否かを総合的に判断する必要があるためである。

・継続企業の前提に関する開示が適切に行われているかどうか。

一般に公正妥当と認められる中間財務諸表の作成基準では、前事業年度の貸借対照表日において識別された継続企業の前提に重要な疑義を生じさせるような事象又は状況並びにこれらに係る経営者の評価及び対応策のいずれにおいても大きな変化がない場合は、経営者が前事業年度の財務諸表における開示を踏まえて当該中間会計期間の属する事業年度末までの期間に対応する内容を開示することが求められている。

A11．監査人は、経営者の行った継続企業の前提に関する評価について質問及び他の監査手続を行う。その結果、又は他の目的で実施した監査手続の結果、当中間貸借対照表日において継続企業の前提に重要な疑義を生じさせるような事象又は状況が存在すると判断した場合には、さらに、少なくとも当該中間会計期間の属する事業年度末までの期間についての経営者の対応策の提示を求め、対応策が当該事象又は状況を解消し、又は改善するものであるかどうか、及びその実行可能性について検討することとなる。（第22項参照）

A12．経営者の対応策の期間が経営者の評価期間（中間貸借対照表日の翌日から１年）より短い場合、監査人は、具体的に対応策が提示されていない期間において経営者がどのように対応する意向であるかについて質問するとともに、実行可能な範囲で関連文書の閲覧等の手続を通常実施する。

経営者の対応策の期間が評価期間より短い場合に、継続企業の前提に重要な疑義を生じさせるような事象又は状況が解消又は改善し、継続企業の前提に関する重要な不確実性が存在しないと判断するには慎重な判断が必要となる。

例えば、翌事業年度の上半期に返済期限が到来する債務の返済に関して継続企業の前提に重要な疑義を生じさせるような事象又は状況が存在している場合、経営者は中間監査時においては翌事業年度の上半期に実施する対応策を策定していないことがある。こうした場合に、監査人は、経営者に対して翌事業年度以降の具体的な資金的手当に関する対応策の提示を求めることまでは実施する必要はないが、経営者にどのように対応する意向であるかを質問することが適切である。その結果、経営者は翌事業年度の上半期に講じ得る手段を検討している段階にあり、実際にどの対応策を実行していくのかが未定の場合、継続企業の前提に重要な疑義を生じさせるような事象又は状況の影響や発生可能性が低減されていないと判断し、継続企業の前提に関する重要な不確実性が認められると判断することもある。

このように、翌事業年度の上半期に継続企業の前提に重要な疑義を生じさせるような事象の発生が見込まれ、具体的な対応策が未定である場合は、継続企業の前提に関する重要な不確実性が認められる理由として記載されることになる。（第22項参照）

６．監査調書

A13．中間監査は、年度監査の一環として実施されるため、中間監査と年度監査の調書の作成においては、両者の関連性に留意する。（第33項参照）

Ⅳ　適　用

・本報告書（2011年12月22日）は、2012年４月１日以後開始する事業年度に係る監査及び同日以後開始する中間会計期間に係る中間監査から適用する。

・本報告書（2013年６月17日）は、2015年３月31日以後終了する事業年度に係る中間監査から適用する。

・本報告書（2021年１月14日）は、2021年１月14日から適用する。

以　上

●監査・保証実務委員会報告

監査・保証実務委員会報告第74号

継続企業の前提に関する開示について

平成14年11月６日
改正平成21年４月21日
日本公認会計士協会

１．はじめに

企業が将来にわたって事業活動を継続するとの前提（以下「継続企業の前提」という。）に関する開示は、平成14年10月18日付けで「財務諸表等の用語、様式及び作成方法に関する規則」及び「連結財務諸表の用語、様式及び作成方法に関する規則」が改正され、平成15年３月１日以後終了する事業年度に係る財務諸表から開始されている。これは、企業会計審議会から、平成14年１月25日付けで公表された「監査基準の改訂に関する意見書」を受けたものであったが、投資者により有用な情報を提供する等との観点から、継続企業の前提に関する監査の実施手続に係る現行の規定の見直しが企業会計審議会において行われ、平成21年４月９日に「監査基準の改訂に関する意見書」が公表された。また、継続企業の前提に関する開示に係る現行規定の見直しも行われ、平成21年４月20日に「財務諸表等の用語、様式及び作成方法に関する規則」等の関係府令が改正された。これらの見直しを受けて、本報告についても必要な見直しを行った。

本報告に基づく開示の基本的な考え方は、金融商品取引法に基づく財務諸表等のみならず、会社法に基づく計算書類等においても十分に斟酌されることが望まれる。

２．継続企業の前提に基づく財務諸表

財務諸表は、一般に公正妥当と認められる企業会計の基準に準拠して作成されるが、当該会計基準は継続企業の前提を基礎としていると解されているため、財務諸表に計上されている資産及び負債は、将来の継続的な事業活動において回収又は返済されることが予定されている。しかし、企業は様々なリスクにさらされながら事業活動を営んでいるため、企業が将来にわたって事業活動を継続できるかどうかは、もともと不確実性を有することとなる。このため、継続企業の前提に基づき作成された財務諸表といえども、必ずしも企業が将来にわたって事業活動を継続して営みうることを保証するものではない。

３．継続企業の前提の評価と開示

一般に公正妥当と認められる企業会計の基準に準拠して財務諸表を作成する責任は経営者にある。したがって、経営者は、財務諸表の作成に当たり、継続企業の前提が適切であるかどうかを評価することが求められる。また、経営者は、継続企業の前提に関する評価の結果、期末において、継続企業の前提に重要な疑義を生じさせるような事象又は状況が存在する場合であって、当該事象又は状況を解消し、又は改善するための対応をしてもなお継続企業の前提に関する重要な不確実性が認められるときは、継続企業の前提に関する事項を財務諸表に注記することが必要となる。

また、企業活動の継続が損なわれるような重要な事象又は状況が突然生起することは稀であると考えられるため、継続企業の前提に関する開示の検討に際しては、継続企業の前提に重要な疑義を生じさせるような事象又は状況につながる虞のある重要な事項を幅広く検討することが必要であり、継続企業の前提に関する重要な不確実性が認められるまでには至らない場合であっても、有価証券報告書等における財務諸表以外の箇所において適切に開示する必要がある。

このような基本的な考え方から「企業内容等の開示に関する内閣府令」は、継続企業の前提に関する注記を開示するまでには至らない場合であっても、継続企業の前提に重要な疑義を生じさせるような事象又は状況が存在する場合には、有価証券報

告書の「事業等のリスク」及び「財政状態、経営成績及びキャッシュ・フローの状況の分析」にその旨及びその内容等を開示することを求めている。

なお、継続企業の前提に関する事項を財務諸表に注記する場合においても、当該注記に係る継続企業の前提に重要な疑義を生じさせるような事象又は状況が発生した経緯及び経過等について、「事業等のリスク」及び「財政状態、経営成績及びキャッシュ・フローの状況の分析」に記載することになる。

会社法に基づく事業報告においても、会社法施行規則第120条第１項第４号、第８号及び第９号等に基づき、適切な開示をすることが望まれる。

４．継続企業の前提に重要な疑義を生じさせるような事象又は状況

貸借対照表日において、単独で又は複合して継続企業の前提に重要な疑義を生じさせるような事象又は状況としては、例えば、以下のような項目が考えられる。

＜財務指標関係＞
・売上高の著しい減少
・継続的な営業損失の発生又は営業キャッシュ・フローのマイナス
・重要な営業損失、経常損失又は当期純損失の計上
・重要なマイナスの営業キャッシュ・フローの計上
・債務超過
＜財務活動関係＞
・営業債務の返済の困難性
・借入金の返済条項の不履行又は履行の困難性
・社債等の償還の困難性
・新たな資金調達の困難性
・債務免除の要請
・売却を予定している重要な資産の処分の困難性
・配当優先株式に対する配当の遅延又は中止
＜営業活動関係＞
・主要な仕入先からの与信又は取引継続の拒絶
・重要な市場又は得意先の喪失
・事業活動に不可欠な重要な権利の失効
・事業活動に不可欠な人材の流出
・事業活動に不可欠な重要な資産の毀損、喪失又は処分
・法令に基づく重要な事業の制約
＜その他＞
・巨額な損害賠償金の負担の可能性
・ブランド・イメージの著しい悪化

これらの項目の中には、単独の事象又は状況により、破産の原因たる事実の生ずる虞や、事業の継続に著しい支障を来すことなく弁済期にある債務を弁済することができなくなることも考えられる。例えば、債務超過に陥ったときや借入金の契約条項の不履行が発生したときには、場合によっては民事再生等の手続に移行することもあり得るため、より慎重に検討を行う必要がある。

しかし、通常これらの項目は、複数の事象又は状況が密接に関連して発生又は発現することが多いと考えられる。このため、経営者は継続企業の前提の評価の過程において、上記に例示するような項目が継続企業の前提に重要な疑義を生じさせるような事象又は状況に該当するかどうかについて、総合的に判断する必要がある。

これらの項目はあくまで例示であり、その企業の規模や業種等により、金額的重要性や質的重要性を加味して判断すべき事項もあり、また、その企業が営む業種の特殊性等により、これらの項目と異なる財務指標を用いることが適切な場合や、これらとは異なる事象又は状況が継続企業の前提に重要な疑義を生じさせるような場合もある。

なお、企業が連結財務諸表を作成する際には、経営者は親会社の個別財務諸表に関する継続企業の前提の評価の過程に加え、連結ベースの財務指標や、子会社において発生又は発現した継続企業の前提に重要な疑義を生じさせるような事象又は状況のうち親会社の継続企業の前提に重要な影響を及ぼす項目も検討する必要がある。

５．対応策の検討

継続企業の前提に重要な疑義を生じさせるような事象又は状況を解消し、又は改善するための対応策は、財務諸表作成時現在計画されており、効

果的で実行可能であるかどうかについて留意しなければならない。

具体的な対応策の内容としては、例えば、借入金の契約条項の履行が困難であるという状況に対しては、企業が保有する有価証券若しくは固定資産等の資産の処分に関する計画、新規の借入れ若しくは借換え、又は新株若しくは新株予約権の発行等の資金調達の計画などが考えられる。

また、重要な市場又は得意先の喪失については、他の同等な市場又は得意先の開拓といった計画などが考えられる。

6．継続企業の前提に係る評価期間と検討の程度

継続企業の前提に関する評価は、継続企業の前提に重要な疑義を生じさせるような事象又は状況を解消し、又は改善するための経営者の対応策を含み、合理的な期間（少なくとも貸借対照表日の翌日から1年間）にわたり企業が事業活動を継続できるかどうかについて、入手可能なすべての情報に基づいて行うことが求められる。

この場合、検討の程度は、企業を取り巻く経済環境やその企業の財政状態等によって影響を受けることとなる。例えば、企業が利益基調であり、資金調達を容易に行い得る状況にある場合には、詳細な検討を行うことなく、合理的な期間にわたって事業活動を継続できると容易に結論付けることができるが、そのような状況にない場合には、将来における収益性や債務の返済予定に対する資金調達の実行可能性など、継続企業としての諸要因の検討が必要になる。

7．継続企業の前提に関する注記

継続企業の前提が適切であるかどうかを総合的に評価した結果、貸借対照表日において、単独で又は複合して継続企業の前提に重要な疑義を生じさせるような事象又は状況が存在する場合であって、当該事象又は状況を解消し、又は改善するための対応をしてもなお継続企業の前提に関する重要な不確実性が認められるときは、継続企業の前提に関する事項として、以下の事項を財務諸表に注記する。

① 当該事象又は状況が存在する旨及びその内容
② 当該事象又は状況を解消し、又は改善するための対応策
③ 当該重要な不確実性が認められる旨及びその理由
④ 財務諸表は継続企業を前提として作成されており、当該重要な不確実性の影響を財務諸表に反映していない旨

貸借対照表日後に継続企業の前提に重要な疑義を生じさせるような事象又は状況が発生した場合であって、当該事象又は状況を解消し、又は改善するための対応をしてもなお継続企業の前提に関する重要な不確実性が認められ、翌事業年度以降の財政状態、経営成績及びキャッシュ・フローの状況に重要な影響を及ぼすときは、重要な後発事象として、以下の事項について財務諸表に注記する。

① 当該事象又は状況が発生した旨及びその内容
② 当該事象又は状況を解消し、又は改善するための対応策
③ 継続企業の前提に関する重要な不確実性が認められる旨及びその理由

ただし、このような後発事象のうち、貸借対照表日において既に存在していた状態で、その後その状態が一層明白になったものについては、継続企業の前提に関する注記の要否を検討する必要がある。

なお、貸借対照表日後において、継続企業の前提に重要な疑義を生じさせるような事象又は状況が解消し、又は改善したため、継続企業の前提に関する重要な不確実性が認められなくなったときには継続企業の前提に関する注記を行う必要はない。ただし、この場合には、当該継続企業の前提に重要な疑義を生じさせるような事象又は状況を解消し、又は改善するために実施した対応策が重要な後発事象として注記対象となることも考えられるため、留意する必要がある。

8．適　用

「監査委員会報告第74号「継続企業の前提に関する開示について」の改正について」（平成21年４月21日）は、平成21年３月31日以後終了する事業年度から適用する。

以　上

付　録　継続企業の前提に関する注記の参考文例

以下の文例は、経営者が、継続企業の前提が適切であるかどうかを総合的に評価した結果、貸借対照表日において、単独又は複合して継続企業の前提に重要な疑義を生じさせるような事象又は状況が存在すると判断した場合であって、当該事象又は状況を解消し、又は改善するための対応をしてもなお継続企業の前提に関する重要な不確実性が認められると経営者が判断したときの参考文例である。このような注記が適切に記載されているかに対して、監査上の判断が行われることになる。

〔連結財務諸表注記　文例１〕

当グループは、当連結会計年度において、○○百万円の当期純損失を計上した結果、○○百万円の債務超過になっています。当該状況により、継続企業の前提に重要な疑義を生じさせるような状況が存在しています。

連結財務諸表提出会社である当社は、当該状況を解消すべく、○○株式会社に対し○○億円の第三者割当て増資を平成○年○月を目途に計画しています。また、主力金融機関に対しては○○億円の債務免除を要請しております。

しかし、これらの対応策に関する先方の最終的な意思表明が行われていないため、現時点では継続企業の前提に関する重要な不確実性が認められます。

なお、連結財務諸表は継続企業を前提として作成しており、継続企業の前提に関する重要な不確実性の影響を連結財務諸表に反映していません。

〔連結財務諸表注記　文例２〕

当グループは、○○株式会社とフランチャイズ契約を締結しています。当連結会計年度における当該フランチャイズ契約関連の売上高は○○百万円であり、売上高全体の○○％を占めています。しかし、期末時点では来期以降の契約更新が行われておりません。当該状況により、継続企業の前提に重要な疑義を生じさせるような状況が存在しています。

連結財務諸表提出会社である当社は、当該状況を解消すべく、○○株式会社との契約更新の交渉を継続していますが、この契約更新の交渉期限は平成○年○月となっています。なお、この○○株式会社との交渉期限である平成○年○月以降には、○○株式会社の競合会社である△△株式会社とのフランチャイズ契約の交渉を開始する予定になっています。

しかし、これらの対応策に関する先方との最終的な合意が得られていないため、現時点では継続企業の前提に関する重要な不確実性が認められます。

なお、連結財務諸表は継続企業を前提として作成しており、継続企業の前提に関する重要な不確実性の影響を連結財務諸表に反映していません。

〔財務諸表注記　文例３〕

当社は、前期○○百万円、当期に○○百万円の大幅な営業損失を計上し、また、当期には営業キャッシュ・フローも○○百万円と大幅なマイナスとなっています。当該状況により、継続企業の前提に重要な疑義を生じさせるような状況が存在しています。

当社は、当該状況を解消し又は改善すべく、不採算部門の○○事業からの撤退を○年○月を目途に計画しています。この計画の中では、当該事業に関わる設備を売却するとともに、早期退職制度の導入により○○名の人員削減を行い、併せて全社ベースで費用の○％削減を行う予定です。また、主力金融機関との間で、新たに○○億円のコミットメント・ラインの設定を交渉しています。

しかし、これらの対応策を関係者との協議を行いながら進めている途上であるため、現時点では継続企業の前提に関する重要な不確実性が認められます。

なお、財務諸表は継続企業を前提として作成しており、継続企業の前提に関する重要な不確実性の影響を財務諸表に反映していません。

監査・保証実務委員会報告第76号

後発事象に関する監査上の取扱い

平成15年３月25日
改正平成18年６月28日
改正平成20年７月９日
改正平成21年４月21日
最終改正平成21年７月８日
日本公認会計士協会

１．はじめに

後発事象に関しては、昭和58年３月29日に監査第一委員会報告第44号として「後発事象に関する監査上の取扱い」及び昭和59年７月６日に会計制度委員会から「重要な後発事象の開示について」を公表しているが、後発事象に係る開示内容の多様化と開示の適時性の在り方が最近特に注目されるところとなっており、連結財務諸表中心の情報開示への転換とともに企業集団の動向に関する判断に必要な情報として、企業内容のディスクロージャー制度において後発事象の開示が果たす役割の重要性は増大している。

本報告は、平成15年３月に、このような後発事象の重要性に鑑み、これまでの実務上の問題点の整理を踏まえて、後発事象に関する基本的な考え方及び開示の内容等に検討を加え、連結監査上の取扱いを含め、後発事象に関する監査手続を明示することを目的として上記の各委員会報告の見直しを行った結果、監査第一委員会報告第44号を廃止し、新たな実務指針として公表した。

その後、平成18年５月の会社法の施行に伴い、後発事象が計算書類等に注記されることとなったことや会社法監査の意見区分が証券取引法（現金融商品取引法）監査の意見区分と一致したこと等により会社法上と証券取引法(現金融商品取引法)上の後発事象の取扱いが主な点で一致することに対応するため改正を行った。

また、平成20年３月25日付けで監査・保証実務委員会報告第75号「監査報告書作成に関する実務指針」が改正されて金融商品取引法監査の監査報告書の日付に係る取扱いが見直されたことや金融商品取引法における四半期報告制度が導入されること等に対応するため改正を行った。

さらに、企業会計審議会から、平成21年４月９日付けで「監査基準の改訂に関する意見書」、また、６月30日付けで「中間監査基準及び四半期レビュー基準の改訂に関する意見書」が公表され、監査基準、中間監査基準及び四半期レビュー基準における継続企業の前提に関する規定の見直しが行われたことに対応するため改正を行った。

なお、後発事象に関して他の会計基準・委員会報告等で特別の取扱いが定められている場合には、当該取扱いによるものとする。また、本報告では金融商品取引法の内部統制報告書に記載される後発事象については取り扱っていない。

２．定　義

本報告で使用する用語の定義は、次のとおりである。

(1) 財務諸表とは、会社の財政状態、経営成績及びキャッシュ・フローの状況についての情報を利害関係者に提供するため、一般に公正妥当と認められる企業会計の基準に準拠して経営者が作成するものである。本報告で「財務諸表」と用いる場合には、会社法の計算書類、連結計算書類及び臨時計算書類並びに金融商品取引法の財務諸表、四半期財務諸表、中間財務諸表、連結財務諸表、四半期連結財務諸表及び中間連結財務諸表が含まれるが、特定の財務諸表を表す場合には、当該財務諸表名を用いている。

(2) 翌事業年度以降とは、年度の財務諸表の場合には、当該事業年度の翌事業年度以降のことをいうが、臨時計算書類、四半期（連結）

財務諸表、中間（連結）財務諸表の場合には、それぞれ、以下のとおり読み替えるものとする。

・臨時計算書類の場合には、「当該臨時決算日を含む事業年度以降」と読み替える。

・四半期財務諸表の場合には、「当該四半期財務諸表に係る四半期会計期間が属する事業年度（当該四半期会計期間における四半期累計期間を除く。）以降」と読み替える。

・四半期連結財務諸表の場合には、「当該四半期連結財務諸表に係る四半期連結会計期間が属する連結会計年度（当該四半期連結会計期間における四半期連結累計期間を除く。）以降」と読み替える。

・中間財務諸表の場合には、「当該中間財務諸表に係る中間会計期間が属する事業年度（当該中間会計期間を除く。）以降」と読み替える。

・中間連結財務諸表の場合には、「当該中間連結財務諸表に係る中間連結会計期間が属する連結会計年度（当該中間連結会計期間を除く。）以降」と読み替える。

(3) 監査報告書日とは、監査対象となる財務諸表に対して作成される監査報告書に記載された日付であり、監査人が自らの責任において監査が終了したと判断したときの日付が記載される。本報告で「監査報告書日」と用いる場合には、中間財務諸表等に対する中間監査報告書の日付等も含まれるが、特定の財務諸表に対して用いる場合には、当該特定の財務諸表に対する監査報告書の日付であることが分かるような用語、例えば、中間財務諸表に対しては中間監査報告書日、を用いている。

(4) 後発事象とは、決算日後に発生した会社の財政状態、経営成績及びキャッシュ・フローの状況に影響を及ぼす会計事象をいい、このうち、監査対象となる後発事象は、監査報告書日までに発生した後発事象のことをいう。

3．監査対象となる後発事象の範囲

監査対象となる後発事象は次のように分類される。

(1) 財務諸表を修正すべき後発事象

財務諸表を修正すべき後発事象（「後発事象の監査に関する解釈指針」（昭和58年2月14日 企業会計審議会）における第一の事象、以下「修正後発事象」という。）は、決算日後に発生した会計事象ではあるが、その実質的な原因が決算日現在において既に存在しており、決算日現在の状況に関連する会計上の判断ないし見積りをする上で、追加的ないしより客観的な証拠を提供するものとして考慮しなければならない会計事象である。したがって、重要な後発事象については、財務諸表の修正を行うことが必要となる。

(2) 財務諸表に注記すべき後発事象

財務諸表に注記すべき後発事象（「後発事象の監査に関する解釈指針」（昭和58年2月14日 企業会計審議会）における第二の事象、以下「開示後発事象」という。）は、決算日後において発生し、当該事業年度の財務諸表には影響を及ぼさないが、翌事業年度以降の財務諸表に影響を及ぼす会計事象である。したがって、重要な後発事象については、会社の財政状態、経営成績及びキャッシュ・フローの状況に関する的確な判断に資するため、当該事業年度の財務諸表に注記を行うことが必要となる。

【後発事象の分類】

後発事象（会計事象）	修正後発事象	…発生した事象の実質的な原因が決算日現在において既に存在しているため、財務諸表の修正を行う必要がある事象
	開示後発事象	…発生した事象が翌事業年度以降の財務諸表に影響を及ぼすため、財務諸表に注記を行う必要がある事象

4．修正後発事象に関する取扱い

(1) 修正後発事象についての基本的な考え方

後発事象の中には、決算日後に発生した会計事象ではあるがその実質的な原因が決算日現在において既に存在しており、決算日現在の状況に関連する会計上の判断ないし見積りをする上で、追加的ないしより客観的な証拠を提供するものであって、これによって当該事象が発生する以前の段階における判断又は見積りを修正する必要が生ずる場合がある。このような会計事象は、当該決算期の財務諸表に影響を及ぼすことから、重要な後発事象については、財務諸表の修正を行うことが必要となる。

(2)　財務諸表における修正後発事象の取扱い

①　個別財務諸表

a．会社法監査

計算書類が会計監査人に提出されるまでに発生した修正後発事象は、その影響を反映させるため計算書類を修正する。

計算書類が会計監査人に提出された後、会計監査人の監査報告書日までに発生した修正後発事象についても、その影響を反映させるため計算書類を修正する。

なお、臨時計算書類について臨時決算日後に発生した修正後発事象においても同様に取り扱うものとする。

b．金融商品取引法監査及び四半期レビュー

(a)　財務諸表監査

金融商品取引法に基づく監査報告書日までに発生した修正後発事象は、その影響を反映させるため財務諸表を修正する。

ただし、修正後発事象が会社法監査における会計監査人の監査報告書日後に発生した場合には、金融商品取引法に基づいて作成される財務諸表においては、計算書類との単一性を重視する立場から当該修正後発事象は開示後発事象に準じて取り扱うものとする。

なお、会社法監査を受けていない会社が、金融商品取引法監査の対象となっている場合には、会計監査人の監査報告書の提出がないため、実務的には、監査役若しくは監査役会又は監査委員会（以下「監査役等」という。）の監査報告書日までに発生した修正後発事象についてその影響を反映させるため財務諸表を修正することが妥当と考えられる。

(b)　四半期財務諸表の四半期レビュー又は中間財務諸表監査

四半期レビュー報告書日又は中間監査報告書日までに発生した修正後発事象は、その影響を反映させるため四半期財務諸表又は中間財務諸表を修正する。

②　連結財務諸表

a．会社法監査

計算書類の会計監査人の監査報告書日から連結計算書類の会計監査人の監査報告書日までに発生した修正後発事象は、本来連結計算書類を修正すべきものと考えられるが、計算書類との単一性を重視する立場から、開示後発事象に準じて取り扱うこととする。

連結子会社及び持分法適用会社（以下「連結子会社等」という。）に係る後発事象は、各社の決算日（又は仮決算日）を基準として認識し、修正後発事象については次のように取り扱う。

i　連結子会社等の決算日が連結決算日と同一の場合

親会社の会計監査人の計算書類に係る監査報告書日までに発生した連結子会社等の修正後発事象は、連結計算書類上修正を行う。

ii　連結子会社等の決算日が連結決算日と異なる場合

1)　連結子会社等の会計監査人又は監査役等の監査報告書日までに発生した修正後発事象

連結子会社等の計算書類において当該事象に関する修正が行われているので、当該修正済の計算書類に基づき連結計算書類を作成する。

2)　連結子会社等の計算書類に係る監査報告書日後、親会社の計算書類に係る監査報告書日までに発生した修正後発事象

当該修正後発事象が連結計算書類に重要な影響を及ぼすと認められるときは連結計算書類において当該事象に関する修正を行う。

3) 親会社の計算書類に係る監査報告書日後、連結計算書類に係る監査報告書日までに発生した修正後発事象

開示後発事象に準じて取り扱う。

b．金融商品取引法監査及び四半期レビュー

(a) 連結財務諸表監査

会社法の連結計算書類に係る監査報告書日までの取扱いは、会社法監査に準じて次のように取り扱う。

1) 親会社の会計監査人の計算書類に係る監査報告書日までに発生した修正後発事象（連結子会社等に係るものを含む。）

連結財務諸表において当該事象に関する修正を行う。

2) 親会社の計算書類に係る監査報告書日後、連結財務諸表の監査報告書日までに発生した修正後発事象（連結子会社等に係るものを含む。）

開示後発事象に準じて取り扱う。

(b) 四半期連結財務諸表の四半期レビュー又は中間連結財務諸表監査

四半期連結財務諸表の四半期レビュー報告書日又は中間連結財務諸表の中間監査報告書日までに発生した修正後発事象については、四半期連結財務諸表又は中間連結財務諸表において当該事象に関する修正を行う。

(3) 監査報告書又は四半期レビュー報告書における修正後発事象の取扱い

① 個別財務諸表監査

a．会社法監査

重要な後発事象が、修正後発事象に該当しているにもかかわらず、計算書類又は臨時計算書類の修正が行われていない場合には、会計監査人は監査報告書に監査意見に係る除外事項として記載する。

b．金融商品取引法監査及び四半期レビュー

(a) 財務諸表監査

重要な修正後発事象が及ぼす影響を財務諸表に反映すべきものについて、その影響が財務諸表に反映されていない場合は、監査報告書に監査意見に係る除外事項として記載する。

なお、会社法監査上、修正後発事象に関連して監査意見に係る除外事項が記載されている場合には、監査報告書に監査意見に係る除外事項として記載する。

(b) 四半期財務諸表の四半期レビュー又は中間財務諸表監査

重要な後発事象が及ぼす影響を四半期財務諸表又は中間財務諸表に反映すべきものについて、その影響が当該四半期財務諸表又は当該中間財務諸表に反映されていない場合は、四半期レビュー報告書に結論に係る除外事項又は中間監査報告書に中間監査意見に係る除外事項として記載する。

② 連結財務諸表監査

a．会社法監査

重要な後発事象が、修正後発事象に該当しているにもかかわらず、連結計算書類の修正が行われていない場合には、会計監査人は監査報告書に監査意見に係る除外事項として記載する。

なお、親会社又は連結子会社等の計算書類に係る監査報告書において、修正後発事象に関連して監査意見に係る除外事項が記載されており、かつ、連結子会社等の修正後発事象が連結計算書類上修正されていない場合で、当該修正後発事象が連結計算書類に重要な影響を及ぼすと認められるときは、会計監査人は、監査報告書に監査意見に係る除外事項として記載する。

b．金融商品取引法監査及び四半期レビュー

(a) 連結財務諸表監査

重要な修正後発事象が及ぼす影響を連結財務諸表に反映すべきものについて、

Ⅱ 会計士協会

その影響が当該連結財務諸表に反映されていない場合は、監査報告書に監査意見に係る除外事項として記載する。会社法の連結計算書類における除外事項は、金融商品取引法の連結財務諸表においても除外事項とする。

(b)　四半期連結財務諸表の四半期レビュー又は中間連結財務諸表監査

重要な後発事象が及ぼす影響を四半期連結財務諸表又は中間連結財務諸表に反映すべきものについて、その影響が当該四半期連結財務諸表又は当該中間連結財務諸表に反映されていない場合は、四半期レビュー報告書に結論に係る除外事項又は中間監査報告書に中間監査意見に係る除外事項として記載する。

(4)　修正後発事象の例示

①　決算日後における訴訟事件の解決により、決算日において既に債務が存在したことが明確となった場合には、単に偶発債務として開示するのではなく、既存の引当金の修正又は新たな引当金の計上を行わなければならない。

②　決算日後に生じた販売先の倒産により、決算日において既に売掛債権に損失が存在していたことが裏付けられた場合には、貸倒引当金を追加計上しなければならない。

5．開示後発事象に関する取扱い

(1)　開示後発事象についての基本的な考え方

①　開示に関する判断

後発事象として開示すべき内容は、会社計算規則と（連結）財務諸表等規則（四半期（連結）財務諸表等規則及び中間（連結）財務諸表規則を含む。）との間に相違はないと考えられる。なお、開示すべき後発事象を判断するに当たっては、財務諸表等規則の規定の文言から、a．翌事業年度以降の財政状態、経営成績及びキャッシュ・フローの状況に影響を及ぼす事象であること、b．財政状態、経営成績及びキャッシュ・フローの状況に重要な影響を及ぼす事象であること、c．決算日後に発生した事象であることの三つの要素に留意する必要がある。

a．「翌事業年度以降の財政状態、経営成績及びキャッシュ・フローの状況に影響を及ぼす事象」であること

「財政状態、経営成績及びキャッシュ・フローの状況に影響を及ぼす事象」であるということから、ここでの後発事象は会計事象であり、翌事業年度以降の財務諸表に直接影響を及ぼす既発生事象のほか影響を及ぼすことが確実に予想される事象を含むと解することが適当である。なお、財務諸表によって開示される財務情報には、財政状態、経営成績及びキャッシュ・フローの状況を補足して説明するための注記事項も含まれる。したがって、翌事業年度以降にこれらに重要な影響を及ぼす事象も開示後発事象の対象になるものと考えられる。

b．「財政状態、経営成績及びキャッシュ・フローの状況に重要な影響を及ぼす事象」であること

後発事象として開示される事象は、財政状態、経営成績及びキャッシュ・フローの状況に重要な影響を及ぼすものである。この場合、「重要な影響を及ぼす事象」とは、経営活動の中で臨時的、非経常的に生ずる事象であって、その影響が質的・金額的に重要性があるものと解することができる。

c．「決算日後に発生した事象」であること

後発事象は、「決算日後に発生した事象」であるが、この場合の「発生」の時点は、次のように解する必要がある。

(a)　新株の発行等のように会社の意思決定により進めることができる事象

……当該意思決定があったとき

(b)　合併のように会社が他の会社等との合意等に基づいて進めることができる事象

……当該合意等の成立又は事実の公表があったとき

(c)　災害事故等のように会社の意思に関係

のない事象

……当該事象の発生日又は当該事象を知ったとき

開示後発事象のうち開示の対象となるものは重要な後発事象であるが、これについて開示する事項は、当該事象の内容（事象の概要、事象発生の原因又は目的、その後の進展の見通し又はスケジュール等）及び今後において、これらの事象が会社の財政状態、経営成績及びキャッシュ・フローの状況に及ぼす影響額等である。なお、影響額を見積もる場合には、信頼度の高い資料にその根拠を求める等により客観的に見積もる必要がある。影響額を客観的に見積もることができない場合には、その旨及び理由等の開示が必要となる。

② 開示すべき事象に関する考え方

開示すべき事象については、後発事象の発生時点及び監査報告書日における状況に基づいて判断することとなる。

新株の発行を例として、開示すべき事象に係る具体的な判断を示すと、以下のように考えることとなる。

ケース＼時期	決算日以前	決算日後監査報告書日まで	監査報告書日後
①		新株の発行に関する取締役会決議	新株の払込み
②	新株の発行に関する取締役会決議	新株の払込み	
③	新株の発行に関する取締役会決議		新株の払込み

ケース①の場合は、新株の発行に関する取締役会の決議があったことを後発事象として開示することになる。

ケース②の場合は、新株の発行に関する取締役会の決議は決算日以前に行われているので開示の対象とならないが、これに基づく新株の払込みが決算日後監査報告書日までに行われているので、当該払込みのあったことを後発事象として開示することになる。

ケース③の場合は、新株の発行に関する取締役会の決議が決算日以前に行われており、また、これに基づく新株の払込みが監査報告書日までに行われていないので、後発事象として開示の対象となるものはない。しかしながら、取締役会の決議に基づく新株の払込みが今後行われることになるので、これについて追加情報としての注記が必要となる。同様に、合併について、当該事業年度中に合併の合意及び公表はなされたが合併承認手続が未了の場合、また、当該事業年度中に合併承認総会で合併契約書が承認されたが、いまだ合併期日が到来していない場合のように、当該事業年度中に行われた意思決定又は発生した一連の取引に係る事象について、決算日後監査報告書日までの間に当該行為又は取引が終結していない状況が生ずることがあり、決算日後に発生していないので後発事象に該当しないが、重要な事象であればこれを追加情報として開示することが適切である。

また、一度後発事象として開示された事象であっても、例えば、係争事件における訴えの提起から解決までの間の経過のように、それが財務諸表に反映されるまでに様々な経緯を経るものがあり、これによって開示すべき内容の正確度が高まり、又は経緯そのものが利害関係人にとって重要な意味を持つことがある。このようなことから、後発事象として開示した事象について、その影響が財務諸表に反映されるまでの間に生じた事情に応じ、先に開示した事項を更改又は補正し、又はその経緯そのものを開示するため、これらを後発事象、追加情報、偶発債務等として、引き続き開示する必要がある場合がある。

(2) 計算書類又は財務諸表における開示後発事象の取扱い

① 個別財務諸表

a．会社法監査

決算日後会計監査人の監査報告書日まで

の間に重要な開示後発事象が発生した場合には、計算書類において、重要な後発事象に関する注記として記載する。なお、臨時計算書類について臨時決算日後に発生した開示後発事象においても同様に取り扱うものとする。

b．金融商品取引法監査及び四半期レビュー

(a)　財務諸表

決算日後監査報告書日までの間に、重要な開示後発事象が発生したときは、当該事象を財務諸表に注記する。

(b)　四半期財務諸表又は中間財務諸表

四半期決算日後又は中間決算日後、会社の当該四半期財務諸表に係る四半期会計期間又は当該中間財務諸表に係る中間会計期間が属する事業年度（当該四半期会計期間における四半期累計期間又は当該中間会計期間を除く。）以降の財政状態、経営成績及びキャッシュ・フローの状況に重要な影響を及ぼす開示後発事象が発生したときは、当該事象を四半期財務諸表又は中間財務諸表に注記する。

② **連結財務諸表**

a．会社法監査

連結決算日後会計監査人の監査報告書日までの間に、親会社及び連結子会社等に重要な開示後発事象が発生した場合には、連結計算書類において、重要な後発事象に関する注記として記載する。

b．金融商品取引法監査及び四半期レビュー

(a)　連結財務諸表

連結決算日後連結監査報告書日までの間に、親会社及び連結子会社等に重要な開示後発事象が発生したときは、当該事象を注記しなければならない。

(b)　四半期連結財務諸表又は中間連結財務諸表

四半期連結決算日後四半期レビュー報告書日までの間又は中間連結決算日後中間連結監査報告書日までの間に、親会社及び連結子会社等に重要な開示後発事象が発生したときは、当該事象を注記しなければならない。

c．連結子会社等の事業年度の末日が連結決算日と異なる場合の取扱い

連結子会社等の事業年度の末日が連結決算日と異なる場合には、当該連結子会社等に係る後発事象については、当該連結子会社等の決算日後に発生した事象を後発事象として注記する。

連結子会社等の四半期決算日又は中間決算日が連結決算日と異なる場合には、当該連結子会社等に係る後発事象については、当該連結子会社等の四半期決算日後又は中間決算日後に発生した事象を後発事象として注記する。

(3) 開示後発事象の例示

重要な後発事象については企業会計原則注解及び財務諸表等規則ガイドラインに例示があるが、このほかにも、会社の財政状態、経営成績及びキャッシュ・フローの状況に及ぼす影響によっては、重要な後発事象として開示が必要となるものが存在する。企業会計原則注解及び財務諸表等規則ガイドラインに掲げられているもの、実務上開示されているもの等のうち主なものを分類整理してみると、おおむね次のとおりである。ただし、ここに掲げたものは、必ず開示が必要とされるものではなく、会社の財政状態、経営成績及びキャッシュ・フローの状況に及ぼす影響の度合い又は態様に応じて開示が必要かどうかについて判断されなければならない。また、ここに掲げていないものであっても、翌事業年度以降の会社の財政状態、経営成績及びキャッシュ・フローの状況に重要な影響を及ぼす後発事象については開示が必要である。なお、ここに掲げたものであっても、財務諸表を修正すべき修正後発事象でないかどうかを慎重に検討しなければならないことに留意する必要がある。

開示後発事象の例示

Ⅰ　財務諸表提出会社、子会社及び関連会社

1．会社が営む事業に関する事象

①　重要な事業の譲受

②* 重要な事業の譲渡

③　重要な合併

④　重要な会社分割

⑤* 現物出資等による重要な部門の分離

⑥* 重要な事業からの撤退

⑦* 重要な事業部門の操業停止

⑧* 重要な資産の譲渡

⑨* 重要な契約の締結又は解除

⑩　大量の希望退職者の募集

⑪* 主要な取引先の倒産

⑫* 主要な取引先に対する債権放棄

⑬　重要な設備投資

⑭　新規事業に係る重要な事象（出資、会社設立、部門設置等）

2．資本の増減等に関する事象

①　重要な新株の発行（新株予約権等の行使・発行を含む。）

②　重要な資本金又は準備金の減少

③　重要な株式交換、株式移転

④　重要な自己株式の取得

⑤　重要な自己株式の処分（ストック・オプション等を含む。）

⑥　重要な自己株式の消却

⑦　重要な株式併合又は株式分割

3．資金の調達又は返済等に関する事象

①　多額な社債の発行

②　多額な社債の買入償還又は繰上償還（デット・アサンプションを含む。）

③　借換え又は借入条件の変更による多額な負担の増減

④　多額な資金の借入

4．子会社等に関する事象

①* 子会社等の援助のための多額な負担の発生

②* 重要な子会社等の株式の売却

③　重要な子会社等の設立

④　株式取得による会社等の重要な買収

⑤* 重要な子会社等の解散・倒産

5．会社の意思にかかわりなく蒙ることとなった損失に関する事象

①　火災、震災、出水等による重大な損害の発生

②　外国における戦争の勃発等による重大な損害の発生

③　不祥事等を起因とする信用失墜に伴う重大な損失の発生

6．その他

①* 重要な経営改善策又は計画の決定（デット・エクイティ・スワップを含む。）

②* 重要な係争事件の発生又は解決

③　重要な資産の担保提供

④* 投資に係る重要な事象（取得、売却等）

Ⅱ　連結財務諸表固有の後発事象

①　重要な連結範囲の変更

②　セグメント情報に関する重要な変更

③　重要な未実現損益の実現

上に掲げた開示後発事象の例示において、＊を付した項目で損失が発生するときは、修正後発事象となることも多いことに留意する必要がある。

(4)　監査報告書における開示後発事象の取扱い

①　個別財務諸表監査

a．会社法監査

(a)　計算書類に注記すべき重要な後発事象について適切な注記がなされていない場合には、監査報告書において、監査意見に係る除外事項として記載する。

(b)　計算書類に適切な注記が行われている重要な後発事象に関して、監査人が説明を付す必要があると判断したとき又は当該事項に係る記載につき強調する必要があると判断したときには、その内容を監査報告書に追記情報として記載する。

(c)　監査人が特に追記情報として記載する必要があると判断した重要な後発事象が、

計算書類に注記されていない場合には、注記を求めなければならない。当該注記が行われていない場合又は当該注記が不十分な場合には、監査報告書において、監査意見に係る除外事項として記載するか、意見を表明しない。

なお、臨時計算書類の監査においても同様に取り扱うものとする。

b．金融商品取引法監査及び四半期レビュー

(a)　財務諸表監査

i　財務諸表に注記すべき重要な後発事象について適切な注記がなされていない場合には、監査報告書において、監査意見に係る除外事項として記載する。

ii　財務諸表に適切な注記が行われている重要な後発事象に関して、監査人が説明を付す必要があると判断したとき又は当該事項に係る記載につき強調する必要があると判断したときには、その内容を監査報告書に追記情報として記載する。

iii　監査人が特に追記情報として記載する必要があると判断した重要な後発事象が、財務諸表に注記されていない場合には、注記を求めなければならない。当該注記が行われていない場合又は当該注記が不十分な場合には、監査報告書において、監査意見に係る除外事項として記載するか、意見を表明しない。

なお、四半期財務諸表の四半期レビュー又は中間財務諸表監査においても同様に取り扱うものとする。

②　連結財務諸表監査

a．会社法監査

(a)　連結計算書類に注記すべき重要な後発事象について適切な注記がなされていない場合には、監査報告書において、監査意見に係る除外事項として記載する。

(b)　連結計算書類に適切な注記が行われている重要な後発事象に関して、監査人が説明を付す必要があると判断したとき又は当該事項に係る記載につき強調する必要があると判断したときには、その内容を監査報告書に追記情報として記載する。

(c)　監査人が特に追記情報として記載する必要があると判断した重要な後発事象が、連結計算書類に注記されていない場合には、注記を求めなければならない。当該注記が行われていない場合又は当該注記が不十分な場合には、監査報告書において、監査意見に係る除外事項として記載するか、意見を表明しない。

b．金融商品取引法監査及び四半期レビュー

(a)　連結財務諸表に注記すべき重要な後発事象について適切な注記がなされていない場合には、監査報告書において、監査意見に係る除外事項として記載する。

(b)　連結財務諸表に適切な注記が行われている重要な後発事象に関して、監査人が説明を付す必要があると判断したとき又は当該事項に係る記載につき強調する必要があると判断したときには、その内容を監査報告書に追記情報として記載する。

(c)　監査人が特に追記情報として記載する必要があると判断した重要な後発事象が、連結財務諸表に注記されていない場合には、注記を求めなければならないが、当該注記が行われていない場合又は当該注記が不十分な場合には、監査報告書において、監査意見に係る除外事項として記載するか、意見を表明しない。

なお、四半期連結財務諸表の四半期レビュー又は中間連結財務諸表監査においても同様に取り扱うものとする。

6．金融商品取引法の監査報告書日後、有価証券報告書の提出日までに発生した後発事象について、経営者から報告を受けた場合の取扱い

(1)　監査の終了時点と監査報告書日との関係

監査基準の改訂について（平成14年1月25日）「三　主な改訂点とその考え方　9　監査意見及び監査報告書　(4)　監査報告書の日

付及び署名」に記載されているように、監査人が自らの責任において監査が終了したと判断したときに監査報告書が作成されるため、監査報告書が作成された時点、すなわち、監査報告書日が監査の終了時点となる。

(2) 金融商品取引法の監査報告書日後、有価証券報告書の提出日までに発生した後発事象について、経営者から報告を受けた場合の取扱い

上記(1)のとおり、監査報告書日で監査が終了したことになるが、金融商品取引法監査で監査報告書日と有価証券報告書の提出日が異なる場合には、監査報告書日後、有価証券報告書の提出日までに後発事象が発生するときがあり、発生した後発事象について、経営者から報告を受けた場合には、監査人は、経営者がどのような対応を行うのか確かめることとなる。この場合、経営者から報告を受けた後発事象が、監査報告書日現在、既に発生している後発事象であるかどうかについて留意する必要がある。

なお、金融商品取引法の監査報告書日後、有価証券報告書の提出日までに発生した後発事象についての経営者の対応には、次のような場合が考えられる。

ａ．経営者が、当該後発事象を反映させた財務諸表を新たに作成し、かつ、有価証券報告書において開示する財務諸表として、既に監査報告書が付された財務諸表に替えて、新たに作成した財務諸表を開示する場合（当該後発事象について、臨時報告書が作成されるときもある。）

ｂ．経営者が、当該後発事象について、「経理の状況」における「連結財務諸表等」又は「財務諸表等」の「その他」に記載する場合

(3) 経営者が、金融商品取引法の監査報告書日後、有価証券報告書の提出日までに発生した後発事象を反映させた財務諸表を新たに作成し、かつ、当該財務諸表を有価証券報告書で開示する場合の取扱い

経営者が、金融商品取引法の監査報告書日後、有価証券報告書の提出日までに発生した後発事象を反映させた財務諸表を新たに作成し、かつ、当該財務諸表を有価証券報告書で開示する場合（上記(2)ａ．の場合）には、当該事業年度の監査対象となる財務諸表が新たに作成される財務諸表に替わるため、後発事象に関する監査手続を追加して実施するとともに、当該財務諸表に対して新たに監査報告書を発行しなければならない。この後発事象に関する監査手続は、経営者から報告を受けた後発事象のみを対象として実施するのではなく、「８．後発事象に関する監査手続」を新たに発行される監査報告書の日付まで延長して実施しなければならないことに留意する必要がある。

なお、中間（連結）財務諸表監査においても同様に取り扱うものとし、また、四半期（連結）財務諸表の四半期レビューにおいては、監査・保証実務委員会報告第83号「四半期レビューに関する実務指針」Ｖ ４ (7) 後発事象に係る四半期レビュー手続を新たに発行される四半期レビュー報告書日まで延長して実施するものとする。

７．継続企業の前提に関する事項を重要な後発事象として開示する場合の取扱い

(1) 財務諸表における開示

決算日後に継続企業の前提に重要な疑義を生じさせるような事象又は状況が発生した場合であって、当該事象又は状況を解消し、又は改善するための対応をしてもなお継続企業の前提に関する重要な不確実性が認められ、翌事業年度以降の財政状態、経営成績及びキャッシュ・フローの状況に重要な影響を及ぼすときは、重要な後発事象として、以下の事項について財務諸

表に注記する。

① 当該事象又は状況が発生した旨及びその内容

② 当該事象又は状況を解消し、又は改善するための対応策

③ 継続企業の前提に関する重要な不確実性が認められる旨及びその理由

ただし、このような後発事象のうち、決算日において既に存在していた状態で、その後その状態が一層明白になったものについては、継続企業の前提に関する注記の要否を検討する必要がある。

なお、決算日後において、継続企業の前提に重要な疑義を生じさせるような事象又は状況が解消し、又は改善したため、継続企業の前提に関する重要な不確実性が認められなくなったときには継続企業の前提に関する注記を行う必要はない。ただし、この場合には、当該継続企業の前提に重要な疑義を生じさせるような事象又は状況を解消し、又は改善するために実施した対応策が重要な後発事象として注記対象となることも考えられるため、留意する必要がある。

(2) 監査報告書における記載

決算日後に継続企業の前提に重要な疑義を生じさせるような事象又は状況が発生した場合であって、当該事象又は状況を解消し、又は改善するための対応をしてもなお継続企業の前提に関する重要な不確実性が認められ、翌事業年度以降の財政状態、経営成績及びキャッシュ・フローの状況に重要な影響を及ぼすときに、重要な後発事象として適切な開示が行われている場合には、監査報告書において、当該後発事象につき追記情報として記載を行う。

なお、四半期レビュー報告書又は中間監査報告書においても同様に取り扱うものとする。

8．後発事象に関する監査手続

(1) 後発事象の監査手続の実施に係る基本的な考え方

監査人が後発事象の有無を把握するに当たっては、会社の内部統制及び経営環境の評価結果に基づいて後発事象の把握に関する十分性について検討を加えるとともに、各業務又は取引サイクルの内部統制に係るリスク評価を踏まえた監査手続の実施過程において、後発事象との関連性に注意を払い、把握の網羅性に留意することが必要となる。

また、連結財務諸表の場合には、企業集団としての後発事象を把握するため、連結子会社及び持分法適用会社等の状況についても十分な注意を払い、重要な後発事象に係る会計処理や財務諸表注記が漏れることのないよう留意することが必要となる。

(2) 後発事象に関する内部報告制度の整備・運用状況の検討

後発事象の発生の有無及び発生した場合の内容等を把握するための内部報告制度が整備されているか否かについて十分な検討を行うこととなるが、重要な後発事象の発生は臨時的、非経常的なものであり、その網羅性と財務諸表に与える影響を考慮し、実証的検証を重視した監査手続を実施することに十分な配慮を行うことが必要である。

(3) 財務諸表に係る実証手続

① 後発事象に係る情報入手及び検討

a．決算日後に開催された株主総会、取締役会、監査役会、監査委員会及び常務会等の重要な会議の議事録を閲覧する。

議事録が入手できない場合には、会議で討議された事項について質問する。

決算日後に申請・決裁された稟議書を閲覧する。稟議書が回付中のものは、受付簿等でその内容を確認する。

b．重要な後発事象を漏れなく認識するために経営者が実施した諸手続及び実施結果を検討する。

c．後発事象の発生の有無に関する記載を含む経営者確認書を入手する。

d．予算や資金計画のような、最新の利用可能な経営管理資料を閲覧し、分析する。

e．決算日後の月次試算表等に関する会計記録の内容を検討する。

f.「5．開示後発事象に関する取扱い (3) 開示後発事象の例示」に掲げられているような特定の事象及び後発事象として認識すべき事象が発生したか否かについて財務・経理担当役員等に質問する。

② 法務対応・専門家の利用

訴訟やクレーム等に関し、弁護士等の専門家に対して確認を実施し、後発事象に関する会計処理及び開示が適切になされているか否かの判断を行う。

③ 関係会社に関する後発事象の把握

連結子会社等について後発事象の発生の有無を把握するため以下の手続を行う。

a．連結子会社及び持分法適用会社について往査する場合には、上記①（c．を除く。）及び②の手続を実施する。

b．関係会社管理部等関係会社を管理する部門の責任者に対して、後発事象の発生の有無について確かめる。

c．連結子会社等が他の監査人により監査されている場合には、当該他の監査人に対して後発事象の発生の有無について回答書等の文書を入手する。この場合、他の監査人に対し、予定している監査報告書日付を知らせる必要があることに留意する。

④ 会計処理及び開示に関する妥当性の評価

修正後発事象については当該事象に関する修正が財務諸表において適切に行われていることを、また、開示後発事象については当該事象に関する開示が適切に行われていることを確かめる。

⑤ 継続企業の前提に関する重要な不確実性についての評価

決算日後に継続企業の前提に重要な疑義を生じさせるような事象又は状況が発生した場合に、当該事象又は状況を解消し、又は改善するための対応をしてもなお継続企業の前提に関する重要な不確実性が認められるかどうかを確認する必要がある。重要な不確実性が認められる場合には、重要な後発事象として開示すべきか、又は決算日において存在していた継続企業の前提に関する事項として注記すべきかのいずれに該当するかについて、その内容に関する十分な評価検討を行い慎重に判断する必要がある。

⑥ 追記情報の検討

翌事業年度以降の財政状態、経営成績及びキャッシュ・フローの状況に重要な影響を及ぼす事象があった場合、特に追記情報として監査報告書に記載する必要があるかどうかを検討する。

9．適　用

(1) 本報告は、平成15年3月1日以後終了する連結会計年度及び事業年度に係る監査並びに平成15年9月1日以後終了する中間会計期間に係る中間監査から適用する。

(2) 「監査委員会報告第76号「後発事象に関する監査上の取扱い」の改正について」（平成18年6月28日）は、平成18年5月1日以後終了する連結会計年度及び事業年度に係る監査並びに連結中間会計期間及び中間会計期間に係る中間監査から適用する。

(3) 「監査委員会報告第76号「後発事象に関する監査上の取扱い」の改正について」（平成20年7月9日）は、平成20年7月9日から適用する。

(4) 「監査・保証実務委員会報告第76号「後発事象に関する監査上の取扱い」の改正について」（平成21年4月21日）は、平成21年3月31日以後終了する事業年度に係る監査から適用する。

(5) 「監査・保証実務委員会報告第76号「後発事象に関する監査上の取扱い」の改正について」（平成21年7月8日）は、平成21年6月30日以後終了する中間会計期間に係る中間監査及び四半期会計期間に係る四半期レビューから適用する。

以　上

〔付表１〕

Ⅰ　重要な後発事象に関する個別財務諸表上の取扱い（会計監査人設置会社の場合）

１．時系列による分類

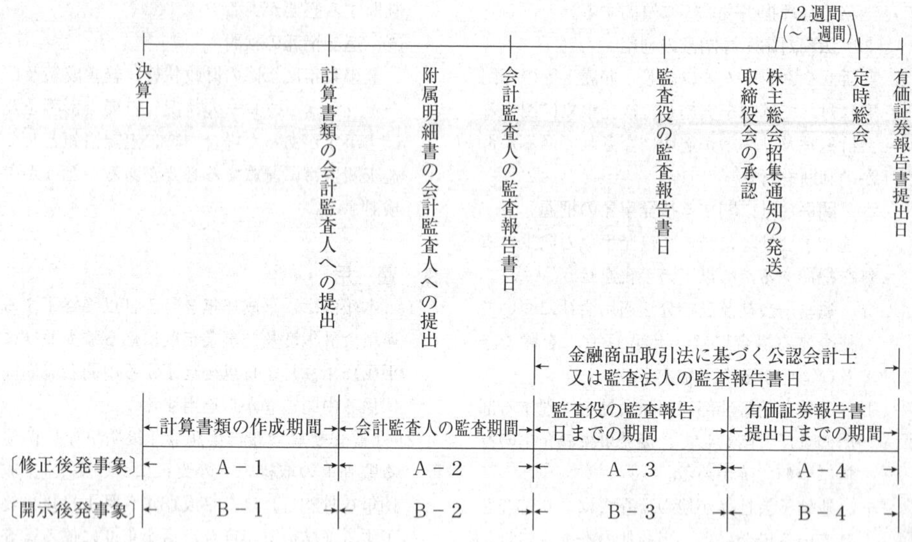

２．実務上の取扱い

〔修正後発事象〕

<table>
<tr><th>分　類</th><th>会　社　法　監　査</th><th>金融商品取引法監査</th></tr>
<tr><td>A－1
A－2</td><td>計算書類において当該事象に関する修正を行う。修正が行われない場合は、会計監査人は監査報告書において、監査意見に係る除外事項として記載する。</td><td>財務諸表において当該事象に関する修正を行う。修正が行われない場合は、監査報告書において、監査意見に係る除外事項として記載する。</td></tr>
<tr><td>A－3</td><td>会計監査人の監査報告書が提出されているので、計算書類の修正は実務上困難であり、監査役が監査報告書にその内容を追加して記載する。</td><td rowspan="2">財務諸表の修正は実務上困難であるので財務諸表において開示後発事象として注記する。
財務諸表に注記がない場合は、監査報告書において、監査意見に係る除外事項として記載する。
なお、金融商品取引法の監査報告書日後、有価証券報告書の提出日までに発生した後発事象についての経営者の対応には、次のような場合が考えられる。
ａ．経営者が、当該後発事象を反映させた財務諸表を新たに作成し、かつ、当該財務諸表を有価証券報告書で開示する場合（当該後発事象について、臨時報告書が作成されるときもある。）</td></tr>
<tr><td>A－4</td><td>監査役の監査報告書が提出されているので、計算書類の修正も監査報告書による開示も事実上不可能である。なお、株主総会において取締役から報告することが考えられる。</td></tr>
</table>

		b．経営者が、当該後発事象について、「経理の状況」における「連結財務諸表等」又は「財務諸表等」の「その他」に記載する場合 上記a．の場合には、監査人は、後発事象に関する監査手続を実施しなければならず、したがって、当該財務諸表に対して新たに監査報告書を発行することになるので留意が必要である。

〔開示後発事象〕

分　類	会　社　法　監　査	金融商品取引法監査
B－1 B－2	計算書類に注記するものとする。 計算書類に注記がない場合は、監査報告書において、監査意見に係る除外事項として記載する。	財務諸表に注記するものとする。 財務諸表に注記がない場合は、監査報告書において、監査意見に係る除外事項として記載する。 なお、金融商品取引法の監査報告書日後、有価証券報告書の提出日までに発生した後発事象についての経営者の対応には、次のような場合が考えられる。 a．経営者が、当該後発事象を反映させた財務諸表を新たに作成し、かつ、当該財務諸表を有価証券報告書で開示する場合（当該後発事象について、臨時報告書が作成されるときもある。） b．経営者が、当該後発事象について、「経理の状況」における「連結財務諸表等」又は「財務諸表等」の「その他」に記載する場合 上記a．の場合には、監査人は、後発事象に関する監査手続を実施しなければならず、したがって、当該財務諸表に対して新たに監査報告書を発行することになるので留意が必要である。
B－3	監査役が監査報告書にその事実を追加して記載する。	
B－4	いずれの書類によっても開示は事実上不可能である。なお、株主総会において取締役から報告することが考えられる。	

Ⅱ　決算日が連結決算日と異なる連結子会社に発生した重要な後発事象に関する連結財務諸表上の取扱い

1．時系列による分類

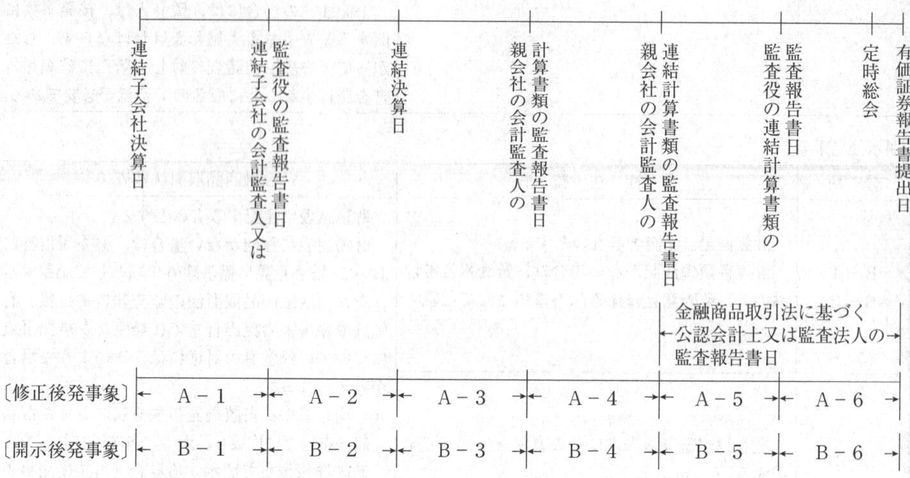

2．実務上の取扱い

〔修正後発事象〕

分　類	会　社　法　監　査	金融商品取引法監査
A－1	連結子会社の計算書類において当該事象に関する修正が行われているので、当該修正済の計算書類に基づき連結計算書類を作成する。 なお、連結子会社の会計監査人又は監査役の監査報告書において当該後発事象に関連して監査意見に係る除外事項が記載されており、その内容が連結計算書類上修正されていない場合で、当該修正後発事象が連結計算書類に重要な影響を及ぼすと認められるときは、会計監査人は連結計算書類に係る監査報告書において、監査意見に係る除外事項として記載する。	連結財務諸表において当該事象に関する修正を行う。 修正が行われない場合は、監査報告書において、監査意見に係る除外事項として記載する。
A－2 A－3	当該修正後発事象が連結計算書類に重要な影響を及ぼすと認められるときは連結計算書類において当該事象に関する修正を行う。 連結計算書類において修正が行われない場合は、会計監査人は連結計算書類に係る監査報告書において、監査意見に係る除外事項として記載する。	

<table>
<tr><th>分 類</th><th>会 社 法 監 査</th><th>金融商品取引法監査</th></tr>
<tr><td>A－4</td><td>連結計算書類の修正は実務上困難であり、連結計算書類において開示後発事象として注記する。
連結計算書類に注記がない場合は、監査報告書において、監査意見に係る除外事項として記載する。</td><td>連結財務諸表の修正は実務上困難であり、連結財務諸表において開示後発事象として注記する。
連結財務諸表に注記がない場合は、監査報告書において、監査意見に係る除外事項として記載する。</td></tr>
<tr><td>A－5</td><td>会計監査人の連結計算書類に係る監査報告書日後は、連結計算書類の修正も会計監査人の監査報告書による記載も事実上不可能であり、監査役が、監査報告書にその内容を追加して記載する。</td><td rowspan="2">連結財務諸表の修正は事実上不可能であり、連結財務諸表において開示後発事象として注記する。
連結財務諸表に注記がない場合は、監査報告書において、監査意見に係る除外事項として記載する。
なお、金融商品取引法の監査報告書日後、有価証券報告書の提出日までに発生した後発事象についての経営者の対応には、次のような場合が考えられる。
a．経営者が、当該後発事象を反映させた財務諸表を新たに作成し、かつ、当該財務諸表を有価証券報告書で開示する場合（当該後発事象について、臨時報告書が作成されるときもある。）
b．経営者が、当該後発事象について、「経理の状況」における「連結財務諸表等」又は「財務諸表等」の「その他」に記載する場合
上記a．の場合には、監査人は、後発事象に関する監査手続を実施しなければならず、したがって、当該財務諸表に対して新たに監査報告書を発行することになるので留意が必要である。</td></tr>
<tr><td>A－6</td><td>監査役の連結計算書類に係る監査報告書日後は、連結計算書類の修正も監査報告書による開示も事実上不可能である。
なお、株主総会において取締役から報告することが考えられる。</td></tr>
</table>

〔開示後発事象〕

<table>
<tr><th>分　類</th><th>会　社　法　監　査</th><th>金融商品取引法監査</th></tr>
<tr><td>B－1</td><td>連結計算書類に注記するものとする。
連結計算書類に注記がない場合は、監査報告書において、監査意見に係る除外事項として記載する。</td><td rowspan="4">連結財務諸表に注記するものとする。
連結財務諸表に注記がない場合は、監査報告書において、監査意見に係る除外事項として記載する。
なお、金融商品取引法の監査報告書日後、有価証券報告書の提出日までに発生した後発事象についての経営者の対応には、次のような場合が考えられる。
a．経営者が、当該後発事象を反映させた財務諸表を新たに作成し、かつ、当該財務諸表を有価証券報告書で開示する場合（当該後発事象について、臨時報告書が作成されるときもある。）
b．経営者が、当該後発事象について、「経理の状況」における「連結財務諸表等」又は「財務諸表等」の「その他」に記載する場合
上記a．の場合には、監査人は、後発事象に関する監査手続を実施しなければならず、したがって、当該財務諸表に対して新たに監査報告書を発行することになるので留意が必要である。</td></tr>
<tr><td>B－2
B－3
B－4</td><td>連結子会社の計算書類の修正は困難であるが、連結計算書類に注記するものとする。
連結計算書類に注記がない場合は、監査報告書において、監査意見に係る除外事項として記載する。</td></tr>
<tr><td>B－5</td><td>会計監査人の連結計算書類に係る監査報告書日後は、連結計算書類への注記は事実上不可能であり、監査役が、監査報告書にその内容を追加して記載する。</td></tr>
<tr><td>B－6</td><td>監査役の連結計算書類に係る監査報告書日後は、連結計算書類への記載も監査役の監査報告書による記載も事実上不可能である。
なお、株主総会において取締役から報告することが考えられる。</td></tr>
</table>

〔付表2〕

―― 開示後発事象の開示内容の例示 ――

<table>
<tr><th>事　　象</th><th>事象発生の時期</th><th>開　示　す　る　事　項</th></tr>
<tr><td colspan="3">1．会社が営む事業に関する事象</td></tr>
<tr><td>①　重要な事業の譲受</td><td>合意成立又は事実の公表のとき</td><td>1．その旨及び目的
2．譲り受ける相手会社の名称
3．譲り受ける事業の内容
4．譲り受ける資産・負債の額
5．譲受の時期
6．その他重要な特約等がある場合にはその内容</td></tr>
<tr><td>②　重要な事業の譲渡</td><td>合意成立又は事実の公表のとき</td><td>1．その旨及び理由
2．譲渡する相手会社の名称
3．譲渡する事業の内容、規模（直近期の売上高、生産高等）
4．譲渡する資産・負債の額
5．譲渡の時期
6．譲渡価額
7．その他重要な特約等がある場合にはその内容</td></tr>
</table>

事　象	事象発生の時期	開示する事項
③　重要な合併	合意成立又は事実の公表のとき	1．その旨及び目的 2．合併する相手会社の名称 3．合併の方法、合併後の会社の名称 4．合併比率、合併交付金の額、合併により発行する株式の種類及び数、増加すべき資本・準備金・その他利益剰余金等の額、引き継ぐ資産・負債の額 5．相手会社の主な事業の内容、規模（直近期の売上高、当期純利益、資産・負債及び純資産の額、従業員数等） 6．合併の時期 7．配当起算日 8．その他重要な特約等がある場合にはその内容
④　重要な会社分割	取締役会等の決議があったとき	1．その旨及び理由 2．会社分割する事業内容、規模（直近期の売上高、生産高等） 3．会社分割の形態 4．会社分割に係る分割会社又は承継会社の名称、当該会社の資産・負債及び純資産の額、従業員数等 5．会社分割の時期 6．その他重要な事項がある場合にはその内容
⑤　現物出資等による重要な部門の分離	取締役会等の決議があったとき	1．その旨及び理由 2．部門分離の形態 3．現物出資する資産等の内容 4．現物出資等により設立する会社の名称、事業内容、資産・負債及び純資産の額、従業員数等 5．現物出資等の時期 6．その他重要な事項がある場合にはその内容
⑥　重要な事業からの撤退	取締役会等の決議があったとき	1．その旨及び理由 2．撤退する事業の内容、規模（直近期の売上高、生産高等） 3．撤退の時期 4．撤退が営業活動等へ及ぼす重要な影響 5．その他重要な事項がある場合にはその内容
⑦　重要な事業部門の操業停止	取締役会等の決議があったとき	1．その旨及び理由 2．操業停止する部門の事業の内容、規模（直近期の売上高、生産高等） 3．操業停止の時期、期間 4．操業停止が営業活動等へ及ぼす重要な影響 5．その他重要な事項がある場合にはその内容
⑧　重要な資産の譲渡	合意成立又は事実の公表のとき	1．その旨及び理由 2．譲渡する相手会社の名称 3．譲渡資産の種類、譲渡前の使途 4．譲渡の時期 5．譲渡価額 6．その他重要な特約等がある場合にはその内容

事　　象	事象発生の時期	開示する事項
⑨　重要な契約の締結又は解除	取締役会等の決議があったとき	1．その旨及び目的又は理由 2．契約の相手会社の名称 3．締結又は解除の時期 4．契約の内容 5．契約の締結又は解除が営業活動等へ及ぼす重要な影響 6．その他重要な事項があればその内容
⑩　大量の希望退職者の募集	取締役会等の決議があったとき	1．その旨及び理由 2．希望退職募集の対象者、募集人員 3．募集期間 4．希望退職による損失の見込額 5．その他重要な特約等がある場合にはその内容
⑪　主要な取引先の倒産	倒産の事実を認知したとき	1．その旨及び倒産の原因 2．当該取引先の名称、当該取引先との取引内容 3．当該取引先の状況、負債総額 4．当該取引先に対する債権の額 5．当該取引先に対する保証債務の額 6．当該倒産が営業活動等へ及ぼす重要な影響 7．その他重要な事項がある場合にはその内容
⑫　主要な取引先に対する債権放棄	取締役会等の決議があったとき	1．その旨及び債権放棄に至った経緯 2．当該取引先の名称、当該取引先との取引内容 3．当該取引先の状況 4．債権放棄の時期 5．当該取引先に対する債権放棄の額 6．当該債権放棄が営業活動等へ及ぼす重要な影響 7．その他重要な事項がある場合にはその内容
⑬　重要な設備投資	取締役会等の決議があったとき	1．その旨及び目的 2．設備投資の内容 3．設備の導入時期（着工、完成時期等） 4．当該設備が営業・生産活動に及ぼす重要な影響 5．その他重要な事項がある場合にはその内容
⑭　新規事業に係る重要な事象（出資、会社設立、部門設置等）	取締役会等の決議があったとき	1．その旨 2．新規事業の内容 3．新規事業開始の時期 4．当該新規事業が営業活動に及ぼす重要な影響 5．その他重要な事項がある場合にはその内容

事　　象	事象発生の時期	開　示　す　る　事　項
2．資本の増減等に関する事象		
①　重要な新株の発行（新株予約権等の行使・発行を含む。）	取締役会等の決議があったとき	1．その旨 2．募集等の方法 3．発行する株式の種類及び数、発行価額、発行総額、発行価額のうち資本へ組入れる額 4．発行のスケジュール 5．新株の配当起算日 6．資金の使途 7．その他重要な事項がある場合にはその内容
②　重要な資本金又は準備金の減少	取締役会等の決議があったとき	1．その旨及び目的 2．資本金又は準備金の減少の方法 3．減少する資本金又は準備金の額、減少する発行済株式数 4．減資等のスケジュール 5．その他重要な事項がある場合にはその内容
③　重要な株式交換、株式移転	取締役会等の決議があったとき	1．その旨及び目的 2．株式交換又は株式移転の方法及び内容 3．株式交換又は株式移転の時期 4．その他重要な事項がある場合にはその内容
④　重要な自己株式の取得	取締役会等の決議があったとき	1．その旨及び理由 2．取得の方法、取得する株式の数、取得価額 3．取得の時期 4．その他重要な事項がある場合にはその内容
⑤　重要な自己株式の処分（ストック・オプション等を含む。）	取締役会等の決議があったとき	1．その旨及び理由 2．処分の方法、処分する株式の数、処分価額 3．処分の時期、期間 4．その他重要な事項がある場合にはその内容
⑥　重要な自己株式の消却	取締役会等の決議があったとき	1．その旨及び理由 2．消却の方法、消却する株式の数 3．消却の時期 4．その他重要な事項がある場合にはその内容
⑦　重要な株式併合又は株式分割	取締役会等の決議があったとき	1．その旨及び目的 2．株式併合又は株式分割の割合 3．株式併合又は株式分割の時期 4．一株当たり情報に及ぼす影響 5．その他重要な事項がある場合にはその内容

事　　　象	事象発生の時期	開　示　す　る　事　項
3．資金の調達又は返済等に関する事象		
①　多額な社債の発行	取締役会等の決議があったとき	1．その旨 2．発行する社債の種類及び数、発行価額、発行総額、利率、償還方法、償還期間 3．新株予約権付社債の新株予約権の内容 4．発行の時期 5．担保の内容 6．資金の使途 7．その他重要な特約等がある場合にはその内容
②　多額な社債の買入償還又は繰上償還（デット・アサンプションを含む。）	取締役会等の決議があったとき	1．その旨及び目的 2．償還する社債の種類、銘柄、償還額 3．償還の方法、償還の時期 4．償還のための資金調達の方法 5．社債の減少による支払利息の減少見込額 6．その他重要な特約等がある場合にはその内容
③　借換え又は借入条件の変更による多額な負担の増減	合意成立又は事実の公表のとき	1．その旨及び目的 2．借入先の名称 3．借換え又は条件変更の内容（金利、期間等） 4．借換え又は条件変更の実施時期又は期間 5．借換え又は条件変更による影響（借入利息の増減見込額等） 6．その他重要な特約等がある場合にはその内容
④　多額な資金の借入	合意成立又は事実の公表のとき	1．その旨及び使途 2．借入先の名称 3．借入金額、借入条件（利率、返済条件等） 4．借入の実施時期、返済期限 5．担保提供資産又は保証の内容 6．その他重要な特約等がある場合にはその内容
4．子会社等に関する事象		
①　子会社等援助のための多額な負担の発生	取締役会等の決議があったとき	1．その旨及び理由 2．援助する相手会社の名称 3．援助の内容（債権放棄、金利たな上げ、増資払込み、債務肩代り等）、金額、及び実施時期 4．その他重要な事項がある場合にはその内容
②　重要な子会社等の株式の売却	合意成立又は事実の公表のとき	1．その旨及び理由 2．売却する相手会社の名称 3．売却の時期 4．当該子会社等の名称、事業内容及び会社との取引内容 5．売却する株式の数、売却価額、売却損益及び売却後の持分比率 6．その他重要な特約等がある場合にはその内容

事　　象	事象発生の時期	開　示　す　る　事　項
③　重要な子会社等の設立	取締役会等の決議があったとき	1．その旨及び目的 2．設立する会社の名称、事業内容、規模 3．設立の時期 4．取得する株式の数、取得価額及び取得後の持分比率等 5．その他重要な事項がある場合にはその内容
④　株式取得による会社等の買収	合意成立又は事実の公表のとき	1．その旨及び目的 2．株式取得の相手会社の名称 3．買収する会社の名称、事業内容、規模 4．株式取得の時期 5．取得する株式の数、取得価額及び取得後の持分比率 6．取得価値額が多額な場合には、支払資金の調達及び支払方法 7．その他重要な特約等がある場合にはその内容
⑤　重要な子会社等の解散・倒産	取締役会等の決議があったとき又は解散・倒産の事実を認知したとき	1．その旨及び理由 2．当該子会社等の名称、事業内容、持分比率等 3．解散・倒産時期 4．子会社等の状況、負債総額 5．当該解散・倒産による会社の損失見込額 6．当該解散・倒産が営業活動等へ及ぼす重要な影響
5．会社の意思にかかわりなく蒙ることとなった損失に関する事象		
①　火災、震災、出水等による重大な損害の発生	火災、震災、出水等による損害の発生を認知したとき	1．その旨 2．被害の状況 3．損害額 4．復旧の見通し 5．当該災害が営業活動等に及ぼす重要な影響 6．その他重要な事項がある場合にはその内容
②　外国における戦争の勃発等による重大な損害の発生	戦争の勃発等による損害の発生を認知したとき	1．その旨及び戦争の状況 2．被害の状況 3．損害額 4．当該戦争が営業活動等に及ぼす重要な影響 5．その他重要な事項がある場合にはその内容
③　不祥事等を起因とする信用失墜に伴う重大な損失の発生	不祥事等を起因とする信用失墜に伴う損失が生ずる可能性を認知したとき	1．その旨 2．信用失墜の状況 3．損失の程度 4．営業活動等に及ぼす重要な影響 5．その他重要な事項がある場合にはその内容
6．その他		
①　重要な経営改善策又は計画の決定（デット・エクイティ・スワップを含む。）	取締役会等の決議があったとき	1．その旨 2．計画の内容 3．計画の実施時期 4．当該計画が営業活動等に及ぼす重要な影響 5．その他重要な事項がある場合にはその内容

事　　象	事象発生の時期	開　示　す　る　事　項
②　重要な係争事件の発生又は解決	訴えが提起されたとき又は解決したとき	1．その旨 2．事件の内容、相手の名 3．損害賠償請求額、その他の要求の内容 4．事件に対する会社の意見 5．裁判又は交渉の進展状況 6．判決、和解、示談の成立等があった場合にはその内容 7．その他重要な事項がある場合にはその内容
③　重要な資産の担保提供	合意成立又は事実の公表のとき	1．その旨及び理由 2．担保提供の目的、提供期間 3．担保提供資産の種類及び簿価 4．その他重要な特約等がある場合にはその内容
④　投資に係る重要な事象（取得、売却等）	取締役会等の決議があったとき又は発生原因となる事実を認知したとき	1．その旨 2．その内容 3．損益に及ぼす重要な影響 4．その他重要な事項がある場合にはその内容
連結財務諸表固有の後発事象		
①　重要な連結範囲の変更	連結範囲の変更に係る意思決定を行ったとき	1．その旨 2．変更による影響 3．その他重要な事項がある場合にはその内容
②　セグメント情報に関する重要な変更	セグメント情報に関する変更に係る意思決定を行ったとき	1．その旨 2．変更による影響 3．その他重要な事項がある場合にはその内容
③　重要な未実現損益の実現	未実現損益の実現をもたらす事象が発生したとき	1．その旨 2．実現する額 3．その他重要な事項がある場合にはその内容

以　上

監査・保証実務委員会実務指針第78号

正当な理由による会計方針の変更等に関する監査上の取扱い

平成15年３月25日
改正平成23年３月29日
日本公認会計士協会

Ⅰ　はじめに

1．従来の監査委員会報告第65号「正当な理由に基づく会計方針の変更」（平成11年９月７日、以下「報告第65号」という。）では、会計基準及び法令の改正等（以下「会計基準等の改正」という。）に伴って会計処理の原則又は手続を変更する場合において、特定の会計処理の原則又は手続の採用が強制され、他の原則又は手続を任意に選択する余地がないときは、会計処理の原則又は手続の変更が行われるものの、正当な理由による会計方針の変更には該当せず、追加情報として取り扱われてきた。

平成14年１月の監査基準の改訂において、それまで正当な理由による会計方針の変更として取り扱われていなかった会計基準等の改正による会計処理の原則又は手続の変更が、正当な理由による会計方針の変更に該当するとされたことを受けて、当協会は正当な理由による会計方針の変更についての考え方の見直しを行い、報告第65号を廃止し、これに代わる新たな実務指針として平成15年３月に本指針を公表した。

2．企業会計基準委員会から、平成21年12月に企業会計基準第24号「会計上の変更及び誤謬の訂正に関する会計基準」（以下「過年度遡及会計基準」という。）及び企業会計基準適用指針第24号「会計上の変更及び誤謬の訂正に関する会計基準の適用指針」（以下「過年度遡及適用指針」という。）が公表された。過年度遡及会計基準及び過年度遡及適用指針は、企業会計基準委員会における会計基準の国際的なコンバージェンスの取組みの中で、国際的な会計基準で見られるような、会計方針の変更、表示方法の変更及び誤謬の訂正が行われた場合の過去の財務諸表の遡及処理に関する取扱いを定めている。このため、当協会は、過年度遡及会計基準及び過年度遡及適用指針との整合性を図るため、本指針の見直しを行った。

また、従来からの中間財務諸表と年度財務諸表との会計処理の首尾一貫性についての考え方を踏まえて、正当な理由による会計方針の変更にあたり留意すべき事項の検討を行った。

これらの見直しの結果、当協会は、本指針を過年度遡及会計基準及び過年度遡及適用指針の取扱いを前提とした監査人の判断の指針を示すものと位置付け、「正当な理由による会計方針等に関する監査上の取扱い」として公表することとした。

Ⅱ　会計方針の変更

3．「会計方針」とは、財務諸表の作成に当たって採用した会計処理の原則及び手続をいう（過年度遡及会計基準第４項(1)）。「会計方針の変更」とは、従来採用していた一般に公正妥当と認められた会計方針から他の一般に公正妥当と認められた会計方針に変更することをいう（過年度遡及会計基準第４項(5)）。

4．以下、会計方針の変更の分類ごとに取扱いを示す。

(1)　会計基準等の改正に伴う会計方針の変更

会計基準等の改正によって特定の会計処理の原則又は手続の採用が強制され、他の原則又は手続を任意に選択する余地がない場合、これに伴って会計方針を変更する場合も、当該変更の事実を明確にするために、正当な理由による会計方針の変更として取り扱う。

この会計基準等の改正には、既存の会計基準の変更のほか、新たな基準の設定、実務指針等の公表・改廃及び法令の改正等が含まれる。

(2) (1)以外の正当な理由による会計方針の変更

企業会計上、一つの会計事象や取引（以下「会計事象等」という。）について一般に公正妥当と認められる複数の会計処理の原則又は手続が認められており、その中から一つの原則又は手続を選択適用する場合において、従来から採用している認められた会計処理の原則又は手続から他の認められた原則又は手続への変更は、正当な理由により変更するものである限り、会計方針の変更となる。

5．下記事項は、会計処理の対象となっていた事実に係る会計上の見積りの変更、あるいは新たな会計処理の原則又は手続の採用等であり、会計方針の変更には該当しない。

① 会計上の見積りの変更

② 重要性が増したことに伴う本来の会計処理の原則又は手続への変更

③ 新たな事実の発生に伴う新たな会計処理の原則又は手続の採用

これらの取扱いについては、過年度遡及会計基準及び過年度遡及適用指針並びに監査・保証実務委員会実務指針第77号「追加情報の注記について」を参照されたい。

Ⅲ 会計方針の変更における正当な理由

6．会計方針は、継続して適用することを原則とするが、正当な理由がある場合にはこれを変更することが認められる。

7．過年度遡及適用指針では、企業が会計方針の変更を行う際の判断の指針として、会計基準等の改正に伴う会計方針の変更以外の会計方針の変更を行うための正当な理由がある場合とは、下記の２つの要件が満たされているときをいうとされている（過年度遡及適用指針第６項）。

① 会計方針の変更が企業の事業内容又は企業内外の経営環境の変化に対応して行われるものであること

② 会計方針の変更が会計事象等を財務諸表に、より適切に反映するために行われるものであること

8．監査人は、経営者による会計方針の選択及び適用方法が会計事象や取引を適切に反映するものであるかどうかを評価しなければならない。会計方針の変更のための正当な理由があるかどうかの判断に当たっては、監査人は、以下の事項を総合的に勘案する必要がある。

(1) 会計方針の変更が企業の事業内容又は企業内外の経営環境の変化に対応して行われるものであること

経営環境とは、会計事象等について会計方針を選択する場合の判断に影響を及ぼす社会的経済的要因（物価水準、為替相場、金利水準の動向等）又は企業内部の要因（管理システムの整備、諸制度の改定、事業目的の変更等）をいう。

(2) 会計方針の変更が会計事象等を財務諸表に、より適切に反映するために行われるものであること

会計方針の変更により、企業の財政状態、経営成績及びキャッシュ・フローの状況がより適切に示され、財務諸表等の利用者の意思決定又は企業の業績などの予測に、より有用かつ適切な情報が生み出されるものであることが必要である。

(3) 変更後の会計方針が一般に公正妥当と認められる企業会計の基準に照らして妥当であること

会計方針の変更は、一つの会計事象等について複数の会計処理の原則又は手続が認められている場合に、その範囲内で行われるものであることは当然であるが、それに加えて、変更後の原則又は手続が類似の会計事象等に対して適用されている原則又は手続と首尾一貫したものであることにも留意しなければならない。

なお、その会計事象等について適用すべき会計基準等が明確でない場合や会計基準等において詳細な定めのない場合の会計方針については、経営者が採用した会計方針が会計事象等を適切に反映するものであるかどうか監査人が自己の判断で評価し、あるいは会計基準等の趣旨を踏まえ評価することが必要である。

(4) 会計方針の変更が利益操作等を目的としていないこと

財務諸表等の利用者は、当期純利益の金額だけでなく、企業の成長性、財務の安定性、事業区分ごとの収益性、所有資産の評価額等多くの事項に関心を持っている。それらは財務諸表の勘定科目の金額だけでなく、注記事項としても表示されている。会計方針の変更によって、これらに関する情報を不当に操作する意図がないことにも留意することが必要である。

また、個別的には正当な理由による会計方針の変更と認められる場合であっても、当該事業年度において採用されている他の会計方針と総合してみるとき、財務諸表に著しい影響を与えることを目的としていることが明らかであると認められる場合には、正当な理由による変更とは認められないことに留意する。

(5) 会計方針を当該事業年度に変更することが妥当であること

会計方針の変更のための正当な理由があるかどうかを判断するに当たっては、なぜ当該事業年度において会計方針を変更しなければならないのか（変更の適時性）についても、留意することが必要である。

Ⅳ 四半期・中間・年度の首尾一貫性

9．会計方針は、原則として、事業年度を通じて首尾一貫していなければならない（以下「首尾一貫性」という。）。四半期決算を行う企業の第2四半期以降における自発的な会計方針の変更は、当該四半期会計期間（第4四半期会計期間を含む。）において発生した特殊の事情、例えば直前の四半期会計期間の末日までには考慮する必要がなかったが、当該四半期会計期間に至って考慮せざるを得ない状況が発生した場合等に限って認められる。中間決算を行う企業の下期における自発的な会計方針の変更も同様である。

10．監査人は、首尾一貫性を重視する観点から、四半期決算を行う企業の第1四半期における会計方針について十分検討しなければならない。第2四半期以降の四半期レビューにおいても、第2四半期以降に会計方針が変更されているか、また変更されている場合には、第2四半期以降に会計方針の変更を行った理由を吟味するとともに、直前の四半期会計期間において会計方針の変更を行わなかったことについての合理的な事情が存在するかどうかを十分検討しなければならない。中間決算を行う企業の中間期やその後における検討においても同様である。

Ⅴ 表示方法の変更

11．「表示方法」とは、財務諸表の作成に当たって採用した表示の方法（注記による開示を含む。）をいい、財務諸表項目の科目分類、科目配列及び報告様式が含まれる（過年度遡及会計基準第4項(2)）。「表示方法の変更」とは、従来採用していた一般に公正妥当と認められた表示方法から他の一般に公正妥当と認められた表示方法に変更することをいう（過年度遡及会計基準第4項(6)）。

表示方法の変更には、貸借対照表の流動資産あるいは固定資産の区分や損益計算書の営業損益等の同一区分内での勘定科目の区分掲記、統合あるいは勘定科目名の変更等を行うものと、当該区分を超えて表示方法を変更するものがある。企業会計基準適用指針第24号では、表示方法の変更には、財務諸表の表示区分を超えた表示方法の変更も含まれるとされている（過年度遡及適用指針第4項）。

12．表示方法は、下記のいずれかの場合を除き、毎期継続して適用する（過年度遡及会計基準第13項）。

① 表示方法を定めた会計基準又は法令等の改正により表示方法の変更を行う場合

② 会計事象等を財務諸表により適切に反映するために表示方法の変更を行う場合

13．表示方法の変更が、第12項②の会計事象等を財務諸表により適切に反映するために行う変更であるかどうかを判断するに当たっても、監査人は第8項の判断の指針に留意することが必要である。

Ⅵ 適　用

14. 本指針は、平成15年3月1日以降終了する連結会計年度及び事業年度に係る監査並びに平成15年9月1日以後終了する中間会計期間に係る中間監査から適用する。

15.「監査委員会報告第78号「正当な理由による会計方針の変更」の改正について」（平成23年3月29日）は、平成23年4月1日以後開始する連結会計年度及び事業年度に係る監査から適用する。

以　上

監査・保証実務委員会報告第82号

財務報告に係る内部統制の監査に関する実務上の取扱い

2007年10月24日
改正2009年3月23日
改正2011年8月10日
改正2012年6月15日
改正2019年7月5日
改正2020年3月17日
最終改正2021年4月7日
日本公認会計士協会

目　次

Ⅰ　はじめに

１．2004年秋以降の開示不正の問題の発覚を受け、金融庁・金融審議会は、ディスクロージャー制度の信頼性確保のために、財務報告に係る内部統制の経営者による評価の基準及び公認会計士等による検証の基準の明確化を企業会計審議会に要請した。

２．企業会計審議会は、2005年１月開催の同審議会総会において、内部統制部会の設置を決議し、その審議が開始された。内部統制部会では、公認会計士等による検証の水準について検討が行われ、内部統制監査は、有効な財務諸表監査の実施を支える財務報告に係る内部統制の経営者による評価について検証を行うものであることから、財務諸表監査と同程度の信頼性の保証が求められるとの結論に至っている。

3．2006年6月には、金融商品取引法が参議院本会議で可決成立し、2008年4月1日以後開始する事業年度から、上場企業に対し財務報告に係る内部統制の経営者による評価と財務諸表監査の監査人による内部統制監査の制度が導入されることが明らかにされた。2007年2月には、企業会計審議会総会において、「財務報告に係る内部統制の評価及び監査の基準並びに財務報告に係る内部統制の評価及び監査に関する実施基準の設定について（意見書）」（以下「意見書」という。）が承認、公表されている。

4．本報告は、内部統制報告制度の導入に当たり、意見書を踏まえて、監査人が実施する内部統制監査における実務上の取扱いとして具体的な監査手続、留意すべき事項及び監査報告書の文例等を取りまとめたものである。

5．2011年改正の本報告は、2008年4月から導入された内部統制報告制度について制度導入後2年が経過したことから、実際に制度を実施した経験を踏まえた企業等からの要望・意見等に基づき制度運用の見直しを図るため2011年3月に企業会計審議会から公表された「財務報告に係る内部統制の評価及び監査の基準並びに財務報告に係る内部統制の評価及び監査に関する実施基準の改訂について（意見書）」等を受けて、監査人が実施する内部統制監査における実務上の取扱いに反映させたものである。なお、「財務報告に係る内部統制の評価及び監査の基準並びに財務報告に係る内部統制の評価及び監査に関する実施基準の改訂について（意見書）」は、内部統制監査における実務上の取扱いに影響を及ぼすものの、財務諸表監査において監査基準や監査基準委員会報告書等により要求される事項には直接影響を及ぼすものではない点に留意する必要がある。

5－2．2012年改正の本報告は、2011年12月の新起草方針に基づく監査基準委員会報告書の改正版の公表を受けたものである。

5－3．2019年改正の本報告は、2018年7月に企業会計審議会から公表された「監査基準の改訂に関する意見書」及び2019年2月の監査基準委員会報告書の改正版の公表を受け、監査報告書の文例（財務諸表監査部分）について、所要の見直しを行ったものである。

5－4．2020年改正の本報告は、2019年12月に企業会計審議会から公表された「財務報告に係る内部統制の評価及び監査の基準並びに財務報告に係る内部統制の評価及び監査に関する実施基準の改訂に関する意見書」の公表を受け、所要の見直しを行ったものである。

6．監査人は、内部統制監査の実施に当たり、意見書のほか、意見書のⅢ２のとおり「監査基準」の一般基準や「監査に関する品質管理基準」を遵守し、本報告を十分に踏まえ、効果的かつ効率的な監査が行われるよう適切な実務対応を図らなければならないことに留意する必要がある。

Ⅱ　用　語

7．本報告において、次の方針に基づき、用語を使用している。

・内部統制府令…財務計算に関する書類その他の情報の適正性を確保するための体制に関する内閣府令（2007年8月10日、内閣府令第62号）

・内部統制府令ガイドライン…「財務計算に関する書類その他の情報の適正性を確保するための体制に関する内閣府令」の取扱いに関する留意事項について

・監査基準…公認会計士等が財務諸表の監査を行うに当たり遵守すべき規範として企業会計審議会により制定された基準（2019年9月6日最終改正）。本報告で単に「監査基準」と記載している場合は、財務諸表の監査基準を指す。

・財務報告に係る内部統制の評価及び監査の基準並びに財務報告に係る内部統制の評価及び監査に関する実施基準…企業会計審議会によ

り制定された基準並びに実施基準（2019年12月６日最終改正）で次の３部からそれぞれ構成されている。

Ⅰ　内部統制の基本的枠組み…経営者が整備及び運用する役割と責任を有している内部統制の定義及び概念的な枠組みが示されている。本報告では「内部統制の枠組みの基準」「内部統制の枠組みの実施基準」といい、両者あわせて「内部統制の枠組み基準」という。

Ⅱ　財務報告に係る内部統制の評価及び報告…財務報告に係る内部統制の有効性に関する経営者による評価の基準についての考え方が示されている。本報告では、「内部統制評価の基準」、「内部統制評価の実施基準」といい、両者あわせて「内部統制評価基準」という。

Ⅲ　財務報告に係る内部統制の監査…財務報告に係る内部統制の有効性に関する公認会計士等による監査の基準についての考え方が示されている。本報告では「内部統制監査の基準」「内部統制監査の実施基準」といい、両者あわせて「内部統制監査基準」という。

・内部統制基準…「内部統制の枠組みの基準」、「内部統制評価の基準」と「内部統制監査の基準」の総称

・内部統制実施基準…「内部統制の枠組みの実施基準」、「内部統制評価の実施基準」と「内部統制監査の実施基準」の総称

・一体監査…内部統制監査基準に基づいて、財務諸表監査と一体的に内部統制監査を実施する場合の監査を一体監査という。

Ⅲ　内部統制監査の意義

１．内部統制監査の目的

8．企業会計審議会が公表した意見書の前文によれば、ディスクロージャーの信頼性を確保するため、開示企業における内部統制の充実を図る方策が真剣に検討されるべきであるとされている。

9．内部統制に係る公認会計士等による検証は、信頼し得る財務諸表作成の前提であると同時に、効果的かつ効率的な財務諸表監査の実施を支える経営者による内部統制の有効性の評価について検証を行うものである。この検証は、財務諸表監査の深度ある効率的実施を担保するためにも財務諸表の監査と一体となって行われるが、同一の監査人が、財務諸表監査と異なる水準の保証を得るために異なる手続や証拠の収集等を行うことは適当でないのみならず、同一の監査証拠を利用する際にも、保証の水準の違いから異なる判断が導き出されることは、かえって両者の監査手続を煩雑なものとすることになる。これらのことから、公認会計士等による内部統制の有効性の評価についての検証は、「監査」の水準との結論が明らかにされた。

10．経営者による財務報告に係る内部統制の有効性の評価結果に対する財務諸表監査の監査人による監査（以下「内部統制監査」という。）は、ディスクロージャーの信頼性を確保するために、開示企業における財務報告に係る内部統制の有効性に関する経営者の評価に対する公認会計士等による保証を付与することを目的としていると考えられる。

２．監査アプローチの特性

11．内部統制監査基準によれば、内部統制監査の監査対象は経営者が作成した内部統制報告書であり、これが、一般に公正妥当と認められる内部統制の評価の基準に準拠して、内部統制の有効性の評価結果を全ての重要な点において適正に表示しているかどうかについて、監査人自らが入手した監査証拠に基づいて判断した結果を意見として表明することになる。内部統制報告書が適正である旨の監査人の意見は、内部統制報告書には、重要な虚偽の表示がないということについて、合理的な保証を得たとの監査人の判断を含んでいるとし、この「合理的な保証」とは、監査人が意見を表明するために十分かつ適切な証拠を入手したことを意味すると定義さ

れている。

12．一方、意見書の前文では、内部統制の評価及び監査に係るコスト負担が過大なものとならないよう、先行して制度が導入された米国における運用の状況等も検証し、具体的に種々の方策が講じられており、その方策の一つとして、「ダイレクト・レポーティング」の不採用が掲げられている。「ダイレクト・レポーティング」は、直接報告業務と呼ばれ、開示企業の財務報告に係る内部統制そのものの有効性について意見を表明するものである。

13．内部統制監査の実践において、意見書がダイレクト・レポーティングを採用しないとしながらも、「内部統制の有効性の評価結果を全ての重要な点において適正に表示しているかどうかについて、監査人自らが入手した監査証拠に基づいて判断した結果を意見として表明すること」を求めていることに留意すべきである。すなわち、基本的には、監査人は自ら適切な監査証拠を入手して行うこととなるが、監査人は、経営者が抽出したサンプルの妥当性の検討や経営者による作業結果の一部について検討を行った上で、経営者が評価において選択したサンプル及びその作業結果を自らの監査証拠として利用することができる。

3．内部統制監査の対象

14．内部統制監査は、有価証券報告書の「経理の状況」の部分のみならず、その他の部分をも監査対象として実施される。内部統制実施基準において示されているように、内部統制監査は有価証券報告書の「経理の状況」以外の、例えば「企業の概況」、「事業の状況」、「生産、受注及び販売の状況」、その他財務諸表監査の対象外であるセクションに係る経営者の評価の妥当性も監査対象とされている。財務諸表監査と内部統制監査の対象範囲の相違に注意すべきである。

15．内部統制評価の実施基準において、「財務報告」は、「財務諸表及び財務諸表の信頼性に重要な影響を及ぼす開示事項等に係る外部報告をいう。」とある。

ここで「財務諸表」とは、連結財務諸表の用語、様式及び作成方法に関する規則（昭和51年大蔵省令第28号。以下「連結財務諸表規則」という。）第１条に規定する連結財務諸表及び財務諸表等の用語、様式及び作成方法に関する規則（昭和38年大蔵省令第59号。以下「財務諸表等規則」という。）第１条に規定する財務諸表をいう（以下同じ。）。「財務諸表」については、我が国において一般に公正妥当と認められる企業会計の基準により作成する場合だけでなく、指定国際会計基準（連結財務諸表規則第93条に規定する指定国際会計基準をいう。以下同じ。）及び修正国際基準（連結財務諸表規則第94条に規定する修正国際基準をいう。以下同じ。）により作成する場合も含むこととされている。また、連結財務諸表規則第８条の３に規定する比較情報（当連結会計年度に係る連結財務諸表（連結附属明細表を除く。）に記載された事項に対応する前連結会計年度に係る事項をいう。）及び財務諸表等規則第６条に規定する比較情報（当事業年度に係る財務諸表（附属明細表を除く。）に記載された事項に対応する前事業年度に係る事項をいう。）は当連結会計年度又は事業年度（当期）の「財務諸表」の一部を構成することとされており、当該比較情報についても当連結会計年度又は事業年度の「財務報告」の範囲に含まれる点に留意する。

16．一方、「財務諸表の信頼性に重要な影響を及ぼす開示事項等」とは、①財務諸表に記載された金額、数値、注記を要約、抜粋、分解又は利用して記載すべき開示事項（以下「財務諸表の表示等を用いた記載」という。）及び、②関係会社の判定、連結の範囲の決定、持分法の適用の要否、関連当事者の判定その他財務諸表の作成における判断に密接に関わる事項である。

(1)「財務諸表の表示等を用いた記載」

例えば、「生産、受注及び販売の状況」については、その項目のうち、「財務諸表の表示等を用いた記載」部分が財務報告の範囲である。したがって、この中で、通常、受注情報は、財務諸表に記載された金額、数値若しくは注記又はこれらを要約、抜粋若しくは分解したものではないので財務報告の範囲には含まれない。また、生産情報を原価計算とは区分した企業独自の統計資料によって作成し、公表しているケースは、財務報告の範囲には該当しない。

また、「財務諸表の表示等を用いた記載」に係る経営者の評価は、財務諸表に記載された内容が適切に要約、抜粋、分解又は利用される体制の整備及び運用がなされているかについてのものであり、評価の検討に当たっては、財務諸表に係る評価範囲となる業務プロセスに係る内部統制との整合に留意する。

評価の対象範囲となっていない業務プロセスに係る内部統制から形成された情報が「財務諸表の表示等を用いた記載」に含まれることが考えられる。例えば、「事業の状況」の「研究開発活動」には研究開発費の金額の記載があるが、虚偽記載の発生するリスクが小さいとの判断で研究開発費の計上に係る業務プロセスを評価の対象範囲としていない場合が考えられる。内部統制の評価対象とする業務プロセス以外から形成された情報については、虚偽記載の発生するリスクが高いと判断される項目でなければ、必ずしも「財務諸表の表示等を用いた記載」全ての項目を業務プロセスとしての評価の対象とするものではないことに留意する。

⑵「関係会社の判定、連結の範囲の決定、持分法の適用の要否、関連当事者の判定その他財務諸表の作成における判断に密接に関わる事項」

財務報告の範囲としては、例えば、有価証券報告書の記載事項中、「企業の概況」の「事業の内容」及び「関係会社の状況」の項目、「提出会社の状況」の「大株主の状況」の項目における関係会社、関連当事者、大株主等の記載事項が挙げられる。経営者の評価は、これらの事項が財務諸表作成における重要な判断に及ぼす影響の大きさを勘案して行われるものであり、必ずしも上記開示項目における記載内容の全てを対象とするものではない。関係会社の判定、連結の範囲の決定、持分法の適用の要否、関連当事者の判定などその他の財務諸表作成における判断に密接に関わる部分と関連した開示項目に係る記載内容が財務報告の範囲である。

したがって、例えば、「大株主の状況」に記載されている全ての情報が経営者評価の対象となるのではなく、関係会社の判定や関連当事者の判定等に特に重要な影響を及ぼし、かつ持株比率が高い株主に関する情報が対象となる。

なお、内部統制監査を効率的に行うためには、財務報告の範囲について、経営者と十分協議する必要がある。

17. 監査人は、財務諸表監査の実施に当たって、従来から内部統制の整備状況を含む理解と期末の実証手続の種類、実施の時期及び範囲を決定する目的で、監査対象企業の内部統制を検証している。内部統制報告制度が導入されると、内部統制監査を実施することで、従来実施していた財務諸表監査のための内部統制の検証は引き続き必要なのかどうかということが問題になる。

意見書の前文は、この点について「内部統制監査で得られた監査証拠及び財務諸表監査で得られた監査証拠は、双方で利用することが可能となり、効果的かつ効率的な監査の実施が期待できる」としており、財務諸表監査においても従来と同様内部統制の検証が必要であることを示唆している。

このことから、監査人は、二つの監査の目的、すなわち、内部統制監査目的と財務諸表監査目的の両者を考慮し、綿密な監査計画を策定する必要があることに留意すべきである。

4．内部統制監査の監査手続の選択及び適用

18. 内部統制監査基準では、監査人は、内部統制監査の基準・実施基準等の内容や趣旨を踏まえ、経営者による会社の状況等を考慮した内部統制の評価の方法等を適切に理解・尊重した上で内部統制監査を実施する必要があるとされている。

したがって、監査人は、監査計画の策定に当たって、経営者が計画している評価の方法等を把握し、必要に応じて経営者と協議した上で、経営者がそれぞれの会社の状況等に応じて自ら適切に工夫しつつ内部統制の整備及び運用状況の検証を行っている場合には、原則として、経営者の評価の方法等を尊重する必要がある。

また、内部統制監査基準では、各監査人の定めている監査の手続や手法と異なることをもって、経営者に対し、画一的にその手法等を強制することのないよう留意することとされており、経営者の評価方法と監査人の監査手続や手法とは必ずしも同一である必要はないことが明らかにされている。これは、経営者と監査人の役割や立場の違いに起因するものと考えられる。

19. 経営者は、会社の内部統制に日常的に関与し、内部統制の最適な評価方法及び必要とする証拠の決定に影響を及ぼす知識及び情報を入手することが可能である。また、経営者は、モニタリングという内部統制の基本的要素が適切に整備され有効に運用されているとするならば、自己点検による実施結果に対して独立したモニタリングを適切に実施することにより、内部統制の評価において判断の基礎として自己点検を利用することも考えられる。

20. 一方、監査人は、内部統制の有効性の評価結果という経営者の主張に関して独立の立場から意見を表明することが役割として求められている。このような経営者と監査人との役割や立場の違いにより、監査人は経営者のように会社の内部統制に日常的に関わることもそれを観察することもないことから、内部統制監査の意見の基礎となる十分かつ適切な監査証拠を入手するために、監査人自らの判断により経営者の評価方法とは異なる監査手続や手法を実施することもある。また、監査人は内部統制の整備及び運用状況の評価の検討に当たっては、一体監査のより一層の効果的かつ効率的な実施の観点から、内部統制監査の目的だけではなく財務諸表監査の目的も同時に達成されるように留意する必要がある。したがって、監査人は、監査上の重要性を勘案しつつ、できる限り二つの監査の目的が同時に達成されるように、財務報告の信頼性に及ぼす影響の重要性に基づいて、監査人自らの判断により内部統制監査の監査手続の選択及び適用を行う必要がある。

21. なお、内部統制監査基準では、「監査人は、経営者の評価結果を利用する場合を除き、経営者の評価方法を具体的に検証する必要はないことに留意する。」とされており、内部統制監査における監査人の意見の表明に当たり、経営者の評価方法の妥当性そのものを監査の対象として検証することは求められていない。

Ⅳ　財務諸表監査と内部統制監査との関係

1．財務諸表監査と内部統制監査の一体化

22. 内部統制監査は、財務諸表監査と一体となって行われることにより、同一の監査証拠をそれぞれの監査において利用するなど効果的かつ効率的な監査が実施されると考えられることから、原則として、財務諸表監査の監査人と同一の監査人（監査事務所のみならず、業務執行社員も同一であることを求めている。）により行われることとされている。

したがって、財務諸表監査と内部統制監査の一層の一体的実施を通じた効率化を図る観点から、同一の業務執行社員の指示・監督下で監査チームが構成され、監査計画の策定、監査証拠の十分性と適切性に関する監査人の判断、監査証拠を入手するための監査手続の実施、意見表明までの監査実施の一連の過程の全てにおいて財務諸表監査と内部統制監査は一体となって効果的かつ効率的に実施される必要があることに留意する。

23. 内部統制監査の実施に伴い、従来の財務諸表監査の実施との関係で最も影響を及ぼすと考えられるのは、監査計画の策定からリスク評価手続及びリスク対応手続に係る実施の時期と範囲に関する事項である。

24. 財務諸表監査では、監査の初期の段階で策定

する詳細な監査計画においてリスク評価手続とリスク対応手続のそれぞれに係る実施の時期及び範囲について、過年度の監査実施の結果等を考慮して決定することになる。リスク対応手続は、内部統制の運用状況の評価手続と実証手続で構成されており、監査人は、アサーション・レベルの重要な虚偽表示リスクに関する評価に基づいて、リスク対応手続の立案及び実施に関する適切な監査アプローチを検討することになる。この際に、監査人は、運用評価手続を実施するだけで監査人が検討した特定のアサーション・レベルの重要な虚偽表示リスクに効果的に対応することが可能と判断する場合もあれば、リスク評価手続において関連する内部統制を特定できない場合や、運用評価手続の結果が十分でない場合、実証手続の実施のみがアサーション・レベルの重要な虚偽表示リスクに適切に対応すると判断し、リスク評価の過程で内部統制の影響を考慮しない場合もある。ただし、実証手続のみを実施することがアサーション・レベルの重要な虚偽表示リスクを合理的に低い水準に抑えるために効果的であるとするには、リスク評価において十分な検討が必要であると考えられる。また、運用評価手続と実証手続を組み合わせる監査アプローチが効果的であるが、どのような監査アプローチを選択した場合でも、重要な取引、勘定科目残高、開示等の各々に対して実証手続を立案し実施することが求められている。

25．財務諸表監査では監査人による企業の内部統制の有効性の検討は、主として実証手続の立案との関係で実施されており、運用評価手続の実施の範囲や時期については、実務的には効率的な監査の実施の観点から監査の受入れの時期について企業との間で協議を行ってはいたものの、監査人の判断により決定されていた。

26．内部統制監査では、経営者が財務報告に対する金額的及び質的影響の重要性を考慮し合理的に評価の範囲を決定した上で、経営者自身により有効性の評価が行われることになり、この経営者の評価結果に関して監査人が監査意見を表明することが求められている。

27．この結果、財務諸表監査と内部統制監査を一体として実施するためには、監査人は、経営者が内部統制の有効性の評価範囲を決定することにより、内部統制監査の対象となる業務プロセスが特定できることとなることから、財務諸表監査と内部統制監査を一体として効果的かつ効率的に実施するためには、財務諸表監査における実証手続の立案も視野に、監査計画の策定に際しては、監査人が実施する内部統制の評価の検討の時期等十分留意しておく必要がある。なお、この点については、内部統制監査の実施基準においても、監査人による評価範囲の妥当性の検討の結果、経営者の決定した評価範囲が適切でないと判断されることが考えられ、この場合、経営者は新たな評価範囲について内部統制の有効性を評価し直す必要が生じるが、その手続の実施には時間的な制約等の困難が伴う場合も想定されるので、これを回避するために、経営者が内部統制の評価の範囲を決定した後に、当該範囲を決定した方法及びその根拠等について、必要に応じて監査人と経営者が協議を行うことが適切であるとしている。

このため、経営者の内部統制の評価の範囲の決定に係る監査人と経営者との協議の実施時期については、監査計画の策定に先立って実施することが適当である。この協議を受けて、財務諸表監査と内部統制監査を一体として実施するための監査計画の策定を行うことになる。経営者との協議の時期は、具体的には監査対象事業年度の初期の段階に実施することが考えられる。

28．内部統制監査では、経営者による全社的な内部統制の評価及び決算・財務報告プロセスの評価についても監査対象とされている。全社的な内部統制については、財務諸表監査では、整備状況を含む理解は求められていたが、その運用状況の検討についてまでは明確に求められていたわけではない。また、決算・財務報告プロセスについては、財務諸表監査の過程では通常その概要の理解にとどまり、整備状況や運用状況の評価のための監査手続を実施することは稀であったと思われる。特に企業が実施する連結決算作業や開示資料の作成作業については、当該プロセスに含まれる内部統制に対する整備状況や運用状況の評価手続を実施し当該内部統制に依拠するアプローチを採用するよりも、監査人が実証手続を実施し、連結仕訳や開示資料の草案の根拠となる資料を入手又は閲覧することが多かったと思われる。したがって、これらの範囲について実施すべき手続の種類及び実施時期についても、財務諸表監査と内部統制監査を一体として実施する際の監査計画の策定の段階で考慮しておく必要がある。

29. 監査人の手続の実施時期については、経営者自身による有効性の評価が行われることが前提となるが、全社的な内部統制の評価結果は、業務プロセスの評価範囲や経営者自身が実施すべき評価手続に影響を及ぼすため監査対象事業年度の初期の段階で監査人による手続の実施が可能となるように経営者と協議しておく必要があると考えられる。また、決算・財務報告プロセスに係る内部統制の運用状況の評価及び検討については、その性質上、当該プロセスで内部統制の不備が発見された場合、開示すべき重要な不備に該当する可能性もあるため、前年度の運用状況、四半期報告等の作成を利用して決算・財務報告プロセスについて監査対象事業年度の初期の段階で検討ができるように経営者と協議しておくことが効果的かつ効率的と考えられる。

2．財務諸表監査への内部統制監査結果利用の論点

30. 内部統制監査において経営者が決定した内部統制の評価の範囲について、経営者との協議の結果、監査人が予備的に妥当なものと判断した場合、評価の範囲の対象外となった業務プロセス（例えば、有形固定資産関係や給与人事関係の業務プロセス）に関連して、財務諸表監査の過程では、監査人が、内部統制が有効に運用されていると想定していた場合や、実証手続だけではアサーション・レベルにおいて十分かつ適切な監査証拠を入手できないと判断した場合は、内部統制監査とは別に財務諸表監査の手続の一環として運用評価手続の実施を検討する必要がある。

31. 経営者の評価の範囲の対象となった内部統制についても、経営者による内部統制の有効性評価と内部統制監査が効果的かつ効率的に実施可能となるように、それぞれの実施時期や手続の種類についても十分な打合せが必要と考えられる。なお、監査人は、内部統制監査の結果が財務諸表監査の意見表明にも影響を及ぼす可能性があることに十分留意する。例えば、経営者による内部統制評価が計画どおりに進捗しない場合であっても、経営者が評価の範囲とした内部統制について、財務諸表監査の意見表明に必要となる程度のリスク評価手続とリスク対応手続を実施することが可能となるように、検討しておく必要がある。

3．経営者による内部統制の評価の理解と監査計画

32. 財務諸表監査において、適切な内部統制の整備及び運用に関する経営者の責任の遂行状況は、監査の基本的な方針を検討する際の重要な項目であることが示されているが（監査基準委員会報告書300「監査計画」付録 3．重要な要素、予備的な活動及び他の業務からの情報 参照）、検討すべき具体的な内容については、必ずしも明確ではない。内部統制報告制度が適用される上場会社においては、経営者自身が内部統制の有効性評価を実施することになったため、内部統制の不備（開示すべき重要な不備を含む。）、評価対象範囲の設定方針、内部統制の評価方法や評価のための体制の整備に関する経営者の考え方等が一般に公正妥当と認められる内部統制評価の基準に照らして適切なものかどうかを、監査計画策定時に監査人が十分に理解することが求められる。この結果、この理解の過程で入手した情報等により内部統制の整備及び運用に関する経営者の責任の遂行状況を客観的に評価することが可能となり、この様な評価結果も考慮して、監査基準委員会報告書315「企業及び

企業環境の理解を通じた重要な虚偽表示リスクの識別と評価」（以下「監基報315」という。）が求めている重要な虚偽表示リスクの評価や監査基準委員会報告書330「評価したリスクに対応する監査人の手続」（以下「監基報330」という。）が求めているリスク対応手続の立案が行われることになる。

４．内部統制の整備及び運用状況の評価の検討手続

33．内部統制監査では、監査人は、経営者が評価範囲に含めた内部統制について、整備及び運用状況の有効性に関する経営者の評価結果の妥当性を毎期検証する必要があるが、内部統制監査で実施すべき手続の範囲と深度は、財務報告の信頼性に及ぼす影響の重要性に応じて決定する。

その際、内部統制監査では、経営者によって内部統制の整備及び運用状況に関する評価の記録（内部統制評価の実施基準３．⑺）が作成されることから、当該評価の記録等の活用も含めて実施すべき手続の範囲と深度を決定することになる。

34．財務諸表監査では、運用評価手続は、質問とその他の監査手続を組み合わせて実施しなければならない。質問の実施に当たっては、記録や文書の閲覧又は再実施を組み合わせて実施する方が、通常、質問と観察のみを実施するよりも強い心証を得ることができる。この点は、内部統制監査において適用する手続についても、実施の範囲と深度を除けば、大きな相違はないと考えられる。

５．全社的な内部統制と決算・財務報告プロセスの評価の検討

35．財務諸表監査では、全社的な内部統制に関する理解は求められていたが、その整備及び運用状況の検討についてまでは明確に求められていたわけではない。内部統制監査では、全社的な内部統制の整備及び運用状況を検討するために適切な手続を立案・実施して十分な監査証拠の入手が必要となる。なお、全社的な内部統制の整備及び運用状況を検討するために実施する手続には、文書による検討が困難な場合もあることから、質問や観察のみにより実施される場合がある。

36．決算・財務報告プロセスについては、財務諸表監査の過程では通常内部統制の検証の範囲に含まれていないため、内部統制監査では、決算・財務報告プロセスに係る内部統制の整備及び運用状況を検討するための適切な手続を立案・実施して十分な監査証拠を入手することが必要となる。

６．内部統制監査における監査手続と財務諸表監査における内部統制に対する監査手続の関係

37．全社的な内部統制、決算・財務報告プロセス、業務プロセスの区分ごとに内部統制監査における監査手続と財務諸表監査における内部統制に対する監査手続の状況を要約すると次のとおりである。

なお、業務プロセスは、財務諸表の勘定科目単位ごとにいくつかのプロセスが想定されるが、ここでは、内部統制評価の実施基準に従い、企業の事業目的に大きく関わる勘定科目に至る業務プロセスとその他の業務プロセスの２区分として整理した。

⑴　全社的な内部統制

①　内部統制監査

監査人は、原則として、全ての事業拠点（財務報告に対する影響が僅少なものは除く。以下同じ。）について、全社的な内部統制の概要を理解し、内部統制評価の実施基準（参考１）「財務報告に係る全社的な内部統制に関する評価項目の例」に示された評価項目に留意し、経営者の実施した全社的な内部統制の整備及び運用状況の評価の妥当性について検討する。

②　財務諸表監査

内部統制監査の監査対象となった全社的な内部統制については、財務諸表監査における監査手続の実施に当たり、内部統制監

査における監査結果を利用することが想定される。

③　一体監査の状況

経営者が実施した全社的な内部統制の評価の結果に対して監査が行われることから、その運用状況の評価が検討の対象として追加されるとともに、内部統制に対する記録の充実が期待でき、内部統制に対する監査手続の深度が深まる。

(2)　決算・財務報告プロセス

①　内部統制監査

決算・財務報告プロセスのうち、全社的な観点で評価することが適切と考えられるものについては、原則として、全ての事業拠点について全社的な内部統制に準じ、経営者が実施した整備及び運用状況の評価の妥当性について検討する。

②　財務諸表監査

内部統制監査の監査対象となった決算・財務報告プロセスについては、財務諸表監査における監査手続の実施に当たり、内部統制監査における監査結果を利用することが想定される。

③　一体監査の状況

経営者が実施した決算・財務報告プロセスの評価の結果に対して監査が行われることから、その運用状況の評価の検討が対象として追加されるとともに、内部統制に対する記録の充実が期待でき、内部統制に対する監査手続の深度が深まる。

(3)　企業の事業目的に大きく関わる勘定科目に至る業務プロセス（例：販売プロセス等）

①　内部統制監査

企業が複数の事業拠点を有する場合に、売上高等の重要性により決定した重要な事業拠点における企業の事業目的に大きく関わる勘定科目に至る業務プロセスについて、経営者が実施した整備及び運用状況の評価の妥当性について検討する。

②　財務諸表監査

財務諸表監査における監査手続は、重要な事業拠点（本年度の評価対象とされていない重要な事業拠点を除く。）については、内部統制監査における監査結果を利用することが想定される。

本年度の評価対象とされていない重要な事業拠点及び重要な事業拠点以外の事業拠点については、財務報告への影響を勘案して個別に評価対象に追加する業務プロセスに該当すると判断される場合を除き、監査人は自らの判断で、内部統制の理解、運用状況の検討のための手続の種類と範囲を決定する。

③　一体監査の状況

重要な事業拠点（本年度の評価対象とされていない重要な事業拠点を除く。）については、経営者が実施した財務報告に係る内部統制の評価の結果に対して内部統制監査が行われることから、内部統制に対する記録の充実が期待でき、内部統制に対する監査手続の深度が深まる。本年度の評価対象とされていない重要な事業拠点及び重要な事業拠点以外の事業拠点については、財務報告への影響を勘案して個別に評価対象に追加する業務プロセスに該当すると判断される場合を除き、財務諸表監査の枠組みに基づき内部統制の整備及び運用状況の検討が行われる。

(4)　その他の業務プロセス（例：金融取引やデリバティブ取引を行っている事業又は業務に係る業務プロセス等）

①　内部統制監査

その他の業務プロセスについて、財務報告への影響を勘案して個別に評価対象に追加する業務プロセスに該当すると判断される場合は、経営者の実施した当該その他の業務プロセスの整備及び運用状況の評価の妥当性を検討する。

内部統制評価の実施基準では、財務報告への影響を勘案して個別に評価対象に追加する業務プロセスとして、リスクが大きい取引を行っている事業又は業務に係る業務プロセス、見積りや経営者による予測を伴う重要な勘定科目に係る業務プロセス、非定型・不規則な取引など虚偽記載が発生するリスクが高いものとして、特に留意すべき業務プロセスを挙げている。

② 財務諸表監査

財務報告への影響を勘案して個別に評価対象に追加する業務プロセスに該当する場合には、内部統制監査の結果を利用することが想定される。財務報告への影響を勘案しても個別に評価対象に追加する業務プロセスに該当しない場合には、監査人は自らの判断で、内部統制の整備及び運用状況の検討のための手続の種類と範囲を決定する。なお、この場合、内部統制の整備状況の検討手続のみを実施することがある。

③ 一体監査の状況

財務報告への影響を勘案して個別に評価対象に追加する業務プロセスに該当する場合には、内部統制監査の結果を利用する。経営者が実施した財務報告に係る内部統制の評価の結果に対して監査が行われることから、内部統制に対する記録の充実が期待でき、内部統制に対する監査手続の深度が深まる。

財務報告への影響を勘案しても個別に評価対象に追加する業務プロセスに該当しない場合には、財務諸表監査の枠組みに基づき内部統制の整備及び運用状況の検討が行われるが、内部統制の整備状況の検討手続のみを実施することがある。

7．内部統制監査の結果が財務諸表監査へ及ぼす影響

38．内部統制監査では、内部統制の評価範囲、評価手続及び評価結果についての、経営者が行った記載に関して不適切なものがあり、その影響が内部統制監査報告書で無限定適正意見を表明することができない程度に重要ではあるものの、内部統制報告書を全体として虚偽の表示に当たるとするほどではないと判断したときには、除外事項を付した限定付適正意見を表明しなければならないとされている。この場合には、別に区分を設けて、除外した不適切な事項、及び財務諸表監査に及ぼす影響を記載しなければならないとされている。また、内部統制の評価範囲、評価手続及び評価結果についての、経営者が行った記載に関して不適切なものがあり、その影響が内部統制報告書全体として虚偽の表示に当たるとするほどに重要であると判断した場合には、内部統制報告書が不適正である旨の意見を表明しなければならない。この場合には、別に区分を設けて、内部統制報告書が不適正である旨及びその理由、並びに財務諸表監査に及ぼす影響について記載しなければならないとされている。

39．内部統制監査の結果が財務諸表監査の監査計画に影響を及ぼす可能性のある主な事項としては、次の内容が想定される。

(1) 経営者が決定した評価範囲

例えば、監査の初期段階で経営者と協議した結果、評価範囲について全社的な内部統制の評価結果を受け、業務プロセスに係る内部統制の評価範囲を拡大する必要が生じた場合等

(2) 経営者の評価手続

例えば、経営者が財務報告の信頼性に重要な影響を及ぼす内部統制を統制上の要点として適切に識別していない場合。なお、ここでいう識別は、適切に統制上の要点を選定しているかどうかという実質的な問題であり、形式的に特定のフォームでの記録を作成しているかどうかといった問題ではない。また、経営者が実施した全ての評価手続の妥当性を検討することを意味しているものではなく、例えば経営者が行った運用状況のテストの具体的内容等についての検証が求められているものではないことに留意する。

40．内部統制監査の結果の内容や影響の程度に応じ、適時に監査計画を見直すことにより財務諸表監査を実施する。監査計画の見直し方法としては、財務諸表監査の一環として運用評価手続

を実施し内部統制の有効性を評価した上で、実証手続の種類、実施時期、実施範囲を再検討する方法と、運用評価手続は実施せずに実証手続の種類、実施時期、実施範囲を再検討する方法が考えられるが、いずれの方法を採用するかは監査人の判断による。見直し後の監査計画により、監査手続を実施し、経営者の作成した財務諸表が、一般に公正妥当と認められる企業会計の基準に準拠して、企業の財政状態、経営成績及びキャッシュ・フローの状況を全ての重要な点において適正に表示していると認められると判断したときは、財務諸表監査の意見は無限定適正意見を表明することが可能となる。

41．見直し後の監査計画によっても、重要な監査手続を実施できなかったことにより、無限定適正意見を表明することができない場合において、その影響が財務諸表全体に対する意見表明ができないほどではないと判断したときには、除外事項を付した限定付適正意見を表明しなければならない。なお、見直し後の監査計画によっても、重要な監査手続を実施できなかったことにより、財務諸表全体に対する意見表明のための基礎を得ることができなかったときには、意見を表明してはならない。

8．財務諸表監査の結果が内部統制監査へ及ぼす影響

42．期中の財務諸表監査の過程（通常は実証手続の実施）で発見した虚偽記載について、経営者が財務諸表を修正し、かつ、虚偽記載が生じた原因が内部統制の不備であると判断された場合で、当該不備を期末日までに是正し、監査人がその運用状況の有効性を確認できた場合には、通常、内部統制監査では無限定適正意見が表明されることになる。

43．期中の財務諸表監査の過程（通常は実証手続の実施）で発見した虚偽記載について、経営者が財務諸表を修正し、かつ、虚偽記載が生じた原因が内部統制の不備であると判断された場合で、当該不備が期末日までに是正されなかった場合には、監査人は経営者の当該不備に対する内部統制報告書での取扱いについて検討し、内部統制監査の意見形成を行う。

44．期末日以降の財務諸表監査の過程（通常は実証手続の実施）で発見した虚偽記載について、経営者が財務諸表を修正し、かつ、虚偽記載が生じた原因が内部統制の不備であると判断された場合には、監査人は経営者の当該不備に対する内部統制報告書での取扱いについて検討し、内部統制監査の意見形成を行うことになる。

9．内部統制監査におけるコミュニケーション

(1) 監査役等とのコミュニケーション

44－2．内部統制監査を含めた一体監査における監査役、監査役会、監査等委員会又は監査委員会（以下「監査役等」という。）とのコミュニケーションについては、財務諸表監査における要求事項に加えて、次の点に留意する必要がある。

(1) 監査役等とのコミュニケーションを行うことが要求される事項

一体監査での監査役等とのコミュニケーションについては、監査基準委員会報告書260「監査役等とのコミュニケーション」（以下「監基報260」という。）により監査役等とのコミュニケーションが要求される事項に加えて、内部統制監査に係る次の事項に留意する。

① 内部統制監査に関連する監査人の責任

監査人は、内部統制監査に関連する監査人の責任について、監査役等とコミュニケーションを行わなければならない。内部統制監査に関連する監査人の責任についての監査役等とのコミュニケーションには、以下の事項を含めなければならない。

・監査人は、経営者が作成する内部統制報告書に対して監査意見を形成し、表明する責任を有すること
・内部統制監査は、経営者又は監査役等の責任を代替するものではないこと

② 計画した監査の範囲とその実施時期の概要

監査人は、計画した内部統制監査の範囲とその実施時期の概要について、監査役等とコミュニケーションを行わなければならない。

また、監査役等とのコミュニケーションにあたっては、内部監査人の作業の利用をどのように計画したかについても含めなければならない（監査基準委員会報告書610「内部監査人の作業の利用」（以下「監基報610」という。）第16項）。

③　監査上の重要な発見事項

監査人は、内部統制監査の過程で発見され、経営者と協議したか又は経営者に伝達した重要な事項について監査役等とコミュニケーションを行わなければならない。

内部統制監査における監査上の重要な発見事項としては、例えば、監査人が経営者の評価範囲が適切でないと判断し、経営者と協議又は経営者に伝達した重要な事項や内部統制監査の過程で監査人が発見した開示すべき重要な不備が含まれる。

また、監査人は、内部統制監査報告書において除外事項付意見の表明若しくは強調事項区分又はその他の事項区分を設けることが見込まれる場合、当該文言の草案等について、監査役等に報告しなければならない。

④　監査人の独立性

上場企業の場合、監査人は、監査事務所とネットワーク・ファームが企業及び企業が支配する構成単位に対して提供した監査及び監査以外の業務に係る監査対象期間に関連した報酬金額について、監査役等とコミュニケーションを行わなければならないとされている（監基報260第15項参照）。

一体監査の場合には、監査人は、当該「監査対象期間に関連した報酬金額」には、内部統制監査に関連した報酬も含めなければならない。なお、これらの報酬に関する情報は、監査人の独立性に与える影響を監査役等が評価するのに役立つ程度に集計し、適切に区分しなければならないとされている。

ただし、監査役等の全員が関連する事実を知っていることが明らかな場合等、監査人の独立性に関するコミュニケーションを行わない場合もある。また、監査人の監査事務所とネットワーク・ファームが財務諸表監査及び内部統制監査以外に企業に関与することがほとんどないような場合には、監査人の独立性に関するコミュニケーションを行わないこともある（監基報260A22項参照）。

⑵　コミュニケーション・プロセス

監査人は、想定されるコミュニケーションの手段、実施時期及び内容について、監査役等とコミュニケーションを行わなければならないとされている（監基報260第17項参照）。さらに、監査人は、職業的専門家としての判断により、口頭によるコミュニケーションが適切ではないと考える場合、監査上の重要な発見事項について、監査役等と書面によりコミュニケーションを行わなければならないとされている（監基報260第18項参照）。

したがって、監査人は、監査の過程で識別した内部統制の重要な不備を、適時に、書面により監査役等に報告しなければならない（監査基準委員会報告書265「内部統制の不備に関するコミュニケーション」（以下「監基報265」という。）第８項参照）。このとき、内部統制評価の基準に規定する開示すべき重要な不備は、一般的に監基報265「内部統制の不備に関するコミュニケーション」第５項に規定する重要な不備に含まれることに留意する（重要な不備と開示すべき重要な不備の関係については、付録６「内部統制の不備、重要な不備、開示すべき重要な不備の整理」を参照）。

⑶　監査役等からの情報の入手

監査役等とのコミュニケーションの目的には、監査人が監査に関連する情報を監査役等から入手することも含まれる（監基報260第

8項(2)参照)。

特に、内部統制実施基準においては、監査人は、監査役等の活動を含めた経営レベルにおける内部統制の整備及び運用状況を、統制環境やモニタリング等の一部として考慮することとされている。また、全社的な内部統制の整備及び運用の状況の検討に当たっては、監査役等における監視機能について確認することが重要であるとされている。

したがって、監査人は、会社の統制環境やモニタリング等の重要な一部を担う監査役等との有効な双方向のコミュニケーションを通じて、監査役等から監査に関連する必要な情報を入手することが重要と考えられる。

(2) 会社法監査と内部統制監査

45. 内部統制監査の実施基準では、監査人は、内部統制監査の過程で発見した内部統制の開示すべき重要な不備については、会社法監査の終了日までに、経営者、取締役会及び監査役等に報告することが必要と考えられるとされている。

46. 通常、会社法監査の終了日時点では、大部分の内部統制監査の手続の実施も終了していることが想定されるが、内部統制監査の一部の手続(例えば、有価証券報告書の作成に係る決算・財務報告プロセスの評価の検討)については終了していないと考えられる。したがって、内部統制監査報告書日付までの間に実施する手続により、経営者等に報告すべき内容が変更又は追加される可能性があることに留意する必要がある。また、会社法監査と金融商品取引法監査の監査報告書日付が異なるため、後発事象の検討対象期間も異なることから、会社法監査報告書日では認識していなかった内部統制の開示すべき重要な不備を特定することもある。監査人は、経営者、取締役会及び監査役等への報告に当たっては、経営者の内部統制報告書のドラフトを入手する等、内容を確認の上、書面又は口頭により報告を行う。会社法監査終了日時点での監査人の報告は、あくまでも内部統制監査の経過報告であることに留意する。

V 監査人の独立性

47. 監査人は、被監査会社が内部統制監査に耐え得るような評価体制を整備できるよう適切に指摘していくことが期待されるが、一方で、独立監査人としての独立性の確保を図る必要がある。実際の助言・指摘業務を実施するに際しては、公認会計士法第24条の2に規定する同時提供の禁止の規定への抵触など独立性が損なわれる業務を行わないような対応が必要である。

48. 独立性に関する法改正対応解釈指針第4号「大会社等監査における非監査証明業務について」(日本公認会計士協会2008年2月13日改訂)では、監査又は証明をしようとする財務書類を自らが作成していると認められる業務又は監査業務の依頼人の経営判断に関与すると認められる業務を禁止している。

49. 財務報告に係る内部統制の整備及び運用の業務は、被監査会社が実質的にも外観的にも作業主体でなければならず、監査人である公認会計士等は、経営者の責任において実施する作業に対して助言や指摘をすることはできるが、内部統制の構築や運用・監視を実施するような業務を行ってはならない。

50. 「職業倫理に関する解釈指針」(日本公認会計士協会2019年3月19日最終改正)のQ24では、禁止される具体的な業務として、次の例示がされている。

(1) 被監査会社のプロジェクトの運営管理責任者及び構成員になること。また、プロジェクトの運営管理を行うこと

(2) 全社的な内部統制及び業務プロセスに係る内部統制の有効性の評価を、経営者に代わって実施すること

(3) 経営者による内部統制の評価範囲に係る意思決定を経営者に代わって行うこと

(4) 内部統制に関する報告書作成を請け負うこと

(5) 経営者による内部統制に関する報告書の作成において、発見された内部統制の不備に関

して、開示すべき重要な不備かどうかの意思決定を行うこと

(6)　内部統制の運用状況を確かめるためのテストを請け負うこと

なお、監査業務を実施していない企業に対しては、監査上の独立性の保持の問題は生じないため、助言・指摘の枠組みを超えた業務の提供が認められる。しかし、内部統制の整備及び運用は、あくまでも、経営者が主体となってその責任において行うことが前提であり、その前提を超えた業務は行うべきでないことに留意が必要である。

51. 内部統制の枠組みの実施基準５．(2)財務報告に係る内部統制構築のプロセスに例示されている内部統制の構築の手続の内容に沿って、内部統制監査との同時提供が可能かどうかを示せば、次のようになる。

財務報告に係る内部統制構築等のプロセス	内部統制監査業務と非監査証明業務の同時提供
①　基本的計画及び方針の決定	
・適正な財務報告を実現するために構築すべき内部統制の方針・原則、範囲及び水準	経営者の機能を代行することになるので不可。ただし、実質的に企業の内部統制構築の責任者が意思決定を行っているのであれば、企業が作成した案に対するコメントの提供は可能
・内部統制の構築に当たる経営者以下の責任者及び全社的な管理体制	同上
・内部統制の構築に必要な手順及び日程	同上
・内部統制の構築に係る個々の手続に関与する人員及びその編成並びに事前の教育・訓練の方法等	同上。なお、教育・訓練は実施可能
②　内部統制の整備状況の把握	
・全社的な内部統制について、既存の内部統制に関する規程、慣行及びその遵守状況等を踏まえ、全社的な内部統制の整備状況を把握し、記録・保存する。	可能。また、内部統制の基本的枠組みと現状とを比較し、不十分な部分について指摘を行うことも可能。ただし、監査人自らによる内部統制の構築と誤解されないように留意する。
・重要な業務プロセスについて、取引の流れ、会計処理の過程を、必要に応じ図や表を活用して整理し、理解する。	企業の内部統制の現状把握とその記録については、実施可能。ただし、あくまで現状の記録であり、内部統制の構築と誤解されることのないように留意する。
・重要な業務プロセスについて虚偽記載の発生するリスクを識別し、それらのリスクがいかなる財務報告又は勘定科目等と関連性を有するのか、また、識別されたリスクが業務の中に組み込まれた内部統制によって、十分に低減できるものになっているか、必要に応じ図や表を活用して、検討する。	監査人が気づいた整備状況の不備を指摘することは、従来の財務諸表監査においても行われていたことであり実施可能。ただし、企業の具体的な内部統制のデザインの提案に踏み込まないよう留意する必要がある。
③　把握された不備への対応及び是正	
・新たに内部統制を織り込み業務手続をデザインする。	自ら実施した作業を対象として監査を実施する結果になるので不可
・是正措置導入の支援	是正の方向性について経営者と意見交換を行うことは可。ただし、監査人自らによる内部統制の構築と誤解されないように留意する。
④　内部監査の手続を「財務報告に係る内部統制の評価及び報告」に対応させるための監査手続に関するコメントの提供	可能
⑤　経営者による評価	直接的な支援は不可。経営

範囲の決定	者が決定した評価範囲に関してコメントを提供することは可能
⑥　経営者による内部統制の有効性の評価の支援	有効性の評価の実施を請け負うことは不可。有効性評価の考え方に関する助言を行うことは可

Ⅵ　監査計画の策定

52．内部統制監査と財務諸表監査は、それぞれ目的に違いはあるものの、一体監査として行われることにより、同一の監査証拠をそれぞれの監査において利用するなど効果的かつ効率的な監査が実施されると考えられることから、原則として、同一の監査人が実施することとされている。

したがって、監査人は、それぞれの会社の状況等に応じ、経営者による内部統制の整備並びに運用状況及び評価の状況を十分理解し、監査上の重要性を勘案しつつ、内部統制監査と財務諸表監査が一体となって効果的かつ効率的に実施する必要がある。

53．前項のとおり、監査人は両方の監査の目的を達成できるよう、監査計画を一体の計画として策定しなければならない。この監査計画の策定に当たっては、従来からの財務諸表監査に係る監査計画に加え、内部統制監査を実施するために次の項目を追加又は考慮する必要がある。

１．内部統制監査として監査計画上考慮すべき事項

⑴　財務報告に係る内部統制の有効性を評価する経営者の評価手続の内容及びその実施時期等に関する計画の理解

54．内部統制監査の目的は、経営者の作成した内部統制報告書が、一般に公正妥当と認められる内部統制評価の基準に準拠して、内部統制の有効性の評価結果を全ての重要な点において適正に表示しているかどうかについて、監査人自らが入手した監査証拠に基づいて判断した結果を意見として表明することにあるため、まず経営者の評価手続の内容を理解することが必要となる。

55．監査人は、経営者の評価結果の妥当性の検討を、経営者による内部統制の整備状況の評価を踏まえて行うこととなるため、監査計画の策定に当たっては、経営者の評価手続の実施時期を把握しておく必要がある。

⑵　内部統制の評価の範囲に関する経営者との協議の実施

56．経営者の決定した評価範囲が適切でない場合、経営者は、新たな評価範囲について、評価し直す必要が生じるが、その手続の実施は、時間的な制約等から困難になる場合も想定される。したがって、監査人は、経営者が評価の範囲を決定した後に、当該範囲を決定した方法及びその根拠について、必要に応じて、監査開始の早い時期に経営者と協議を行っておくことが必要である。

⑶　経営者や取締役会、監査役等に報告された内部統制の不備、開示すべき重要な不備の有無とその内容

57．既に明らかになっている内部統制の不備があれば、虚偽記載が発生する可能性が高い項目として監査上の対応を検討しなければならない。また、経営者や取締役会、監査役等に報告された内部統制の不備が合理的な期間内に改善されない場合には、信頼性のある財務報告が重視されるような統制環境が備わっておらず内部統制に開示すべき重要な不備があると判断しなければならない可能性が高い。

２．従来の財務諸表監査における内部統制評価範囲の見直し

58．従来の財務諸表監査においては、全ての財務諸表項目に係る内部統制を運用状況まで含めて網羅的に評価しているわけではなく、内部統制の運用評価手続を実施しなくても実証手続のみで監査リスクを十分低い水準に抑えることができると判断した際は、監査人は内部統制に依拠するために必要となる運用評価手続を実施せず、

実証手続のみを実施する場合がある。しかし、これらの財務諸表項目が決算・財務報告プロセス、企業の事業目的に大きく関わる勘定科目に至る業務プロセス、財務報告への重要な影響を持つ業務プロセスに該当する場合には、内部統制監査での評価対象となる。

59．なお、逆のケースとして、被監査会社が、内部統制監査で評価対象に含めるべき「企業の事業目的に大きく関わる勘定科目」を売上高、売掛金、棚卸資産の三つの勘定科目としている場合で、他に追加すべき評価対象が認められない場合には、財務諸表監査で必要な内部統制の検討を内部統制監査では実施しない可能性がある。そのような場合には、監査人は、必要に応じ、経営者が評価対象としていない内部統制についてリスク評価手続とリスク対応手続（少なくとも整備状況の有効性の評価）を自ら実施する。

３．子会社等、持分法適用関連会社の内部統制監査の手続

⑴　連結子会社等が上場会社の場合

60．連結対象となる子会社等（組合等を含む。）は、評価範囲を決定する際の対象に含まれる。子会社等が上場しており、当該子会社等が内部統制評価の実施基準に基づき内部統制報告書を作成し内部統制監査を受けている場合、親会社は、当該子会社等の財務報告に係る内部統制の有効性の評価に当たって、当該子会社の内部統制報告書（内部統制報告書が作成途上である場合における当該子会社等からの報告等を含む。）を利用することができる。

61．監査人は、当該子会社等の作成した内部統制報告書の閲覧に加え、自ら必要な全ての監査手続を実施した場合と同様に十分かつ適切な監査証拠を入手するため、監査人として十分に関与しなければならない。当該子会社等の監査が、他の監査人により実施されている場合は、監査基準委員会報告書600「グループ監査」（以下「監基報600」という。）を踏まえ、必要な手続を実施しなければならない。

⑵　連結子会社等が非上場会社の場合

62．非上場子会社等についても、重要な事業拠点として選定された場合は、内部統制監査の対象となるので、次にその場合の留意点を説明する。

①　全社的な内部統制

63．全社的な内部統制は、企業集団全体に関わり連結ベースでの財務報告全体に重要な影響を及ぼす内部統制であり、通常は、親会社が策定した内部統制を、原則として全ての事業拠点について全社的な観点で評価する。

64．企業集団内の子会社や事業部等に独特の歴史、慣習、組織構造等が認められ、当該子会社や事業部等を対象とする内部統制を別途評価対象とすることが適切と判断される場合には、個々の子会社や事業部等のみを対象とする全社的な内部統制を評価することもある。ここに「適切と判断される場合」には、例えば、買収で新たに取得した子会社を評価する場合等も含まれる。全社的な内部統制の評価は、当該子会社について、整備及び運用状況の検討が行われることに留意する。

②　決算・財務報告プロセス

65．決算・財務報告プロセスは、全ての事業拠点について全社的な観点で評価することが適切と考えられるものについては、全社的な内部統制に準じて、全ての事業拠点について全社的な観点で評価することとされていることから、原則は、上記①　全社的な内部統制　と同様となる。

③　企業の事業目的に大きく関わる勘定科目に至る業務プロセス

66．売上高等の重要性により選定された重要な事業拠点については、企業の事業目的に大きく関わる勘定科目（例えば、一般的な事業会社の場合、原則として、売上、売掛金及び棚卸資産）に至る業務プロセスは、原則として、全てを評価の対象とする。

監査人は、選定された子会社等の当該業務プロセスの整備及び運用状況の有効性の検討のための手続を行わなければならない。

④ **財務報告への影響を勘案して、追加された重要性の大きい業務プロセス**

67. 選定された事業拠点及びそれ以外の事業拠点について、財務報告への影響を勘案して、重要性の大きい業務プロセスについては、個別に評価対象に追加する。

68. 当該追加選定となった業務プロセスの整備及び運用状況の有効性検討のための手続を行う。追加的に評価対象に含める場合において、財務報告への影響の重要性を勘案して、事業又は業務の全体ではなく、特定の取引又は事象（又は、その中の特定の主要な業務プロセス）のみを評価対象に含めれば足りる場合には、その部分だけを評価対象に含めることで足りるので留意する。

(3) **持分法適用関連会社の場合**

69. 持分法適用関連会社についても、重要性の判断により内部統制の評価対象とすることになる。しかし、持分法適用関連会社の場合は、支配が及ばないことから子会社と同等の対応を行うことは、実務上困難な場合が多い。したがって、内部統制の評価対象は、全社的な内部統制を中心に、当該関連会社への質問書の送付、聞き取りあるいは当該関連会社で作成している報告等の閲覧、当該関連会社に係る管理プロセスの確認（当該関連会社に対する投資損益の把握などの管理プロセスの確認）等により評価を行う。なお、持分法適用関連会社が重要な事業拠点として選定された場合又は虚偽記載リスクが高いと判断する状況がある場合は、業務プロセスの評価についても検討することに留意する。

(4) **連結子会社の事業年度の末日後の財務報告に係る内部統制の重要な変更等の取扱い**

70. 「事業年度の末日が内部統制報告書提出会社の連結決算日（以下この項において「連結決算日」という。）と異なる連結子会社について、当該連結子会社の当該事業年度に係る財務諸表を基礎として内部統制報告書提出会社の連結財務諸表が作成されている場合には、当該連結子会社の当該事業年度の末日後、当該連結財務諸表に係る連結決算日までの間に当該連結子会社の財務報告に係る内部統制に重要な変更があった場合を除き、内部統制報告書提出会社の内部統制報告書を作成するに当たっての当該連結子会社の財務報告に係る内部統制の評価については、当該連結子会社の当該事業年度の末日における当該連結子会社の財務報告に係る内部統制の評価を基礎として行うことができる。」（内部統制府令第5条第3項）

71. 当該連結子会社の決算日後において、財務報告に係る内部統制に重要な変更があった場合、監査人は、変更後の内部統制に対し経営者が実施した整備状況及び運用状況の評価結果が適切であるかどうかを検討することになる。この場合において、当該重要な変更があった内部統制の変更点だけを評価の検討対象として追加すれば足りる場合には、当該部分だけを評価の検討対象とする。

また、連結子会社の決算日後重要な変更が行われたかどうかについて、監査人は、通常、会社が入手した連結子会社からの報告に基づき把握することになる。したがって、監査計画策定時に、連結子会社の決算日以降連結決算日までの重要な変更を検討する手続を織り込むことに留意する。

72. 財務報告に係る内部統制の有効性の評価は、あくまでも連結決算日現在で行われるため、例えば、連結子会社の決算日現在、当該連結子会社の内部統制に開示すべき重要な不備が存在していたが、連結決算日現在では是正措置が完了して内部統制が有効に機能している場合、又は、連結子会社の決算日現在、当該連結子会社には内部統制の開示すべき重要な不備は存在しなかったが、連結決算日現在では開示すべき重要な不備が存在することとなった場合には、いずれも連結決算日現在の内部統制の有効性の評価結果に対し、内部統制監査意見を表明することになる。また、連結子会社の決算日後の財務報告に係る内部統制の重要な変更について、時間的制約等の理由により経営者の評価ができなかった場合、監査人は「やむを得ない事情」が存在するかどうかについて、検討することになる。

Ⅶ 評価範囲の妥当性の検討

1．評価範囲の検討

73．我が国の内部統制監査については、直接報告業務を採用していないことから、通常、評価範囲は経営者と監査人とで一致することになる。ただし、監査人は、内部統制監査の観点とは別に、経営者の決定した評価範囲にかかわらず、財務諸表監査の観点から、これまで同様、経営者が評価対象としていない事業拠点や業務プロセスに係る内部統制を独自に検証の対象とすることはあり得ることに留意する。

74．経営者は、評価範囲を決定する計画段階で、前年度の売上高なども参考に当期の業績予想や当期に予定している子会社等の売却等についても一定程度考慮して評価範囲を決定することが適当である。また、経営者が計画段階でそうした事情も考慮して適切に評価範囲を決定しているのであれば、例えば、重要な事業拠点の選定において、重要な事業拠点として選定されている親会社の業績悪化や期中の大幅な為替変動等の結果、当初の評価範囲とした事業拠点の売上高等の合計が一定割合（概ね２／３）に達しない場合であっても、全社的な内部統制が有効であることを前提として、期末日時点において一定割合を著しく下回らない限りにおいて、選定している重要な事業拠点をもって適切な評価範囲であると判断することが可能であり、評価対象に新たな事業拠点を重要な事業拠点として追加するなど改めて当期の内部統制の評価範囲を見直す必要はない。

75．監査人は、経営者により決定された内部統制の評価範囲の妥当性を判断するために、経営者が当該範囲を決定した方法及びその根拠の合理性を検討しなければならない。監査人は、経営者が選定した評価範囲とその根拠を示す文書を入手し、経営者との協議等を通じて評価範囲の決定方針を理解する。

76．評価範囲に関する経営者との協議は、監査対象事業年度のなるべく早い時期に行うことが適切であり、監査人は、過去の財務諸表監査の経験や監査計画で実施したリスク評価手続（監基報315第３項(5)参照）で入手した情報を勘案して、経営者が内部統制評価基準に従って適切に内部統制の評価範囲を決定しているかどうかを検討しなければならない。監査人は、経営者が採用した評価範囲の決定方針やその適用が適切でないと判断した場合は、その旨を指摘するとともに、財務報告に対する影響の程度等に応じ、経営者に対し評価範囲の見直しを促すなどの追加的な対応を求める。最終的に経営者が評価範囲の追加に応じない場合や時間的制約から経営者の評価が一部未了となる場合、又はやむを得ない事情により内部統制の一部の評価が実施できなかった場合は、評価範囲の制約として取り扱うかどうかを検討することになる（ⅩⅥ 内部統制監査報告書　５．評価範囲の制約がある場合の留意事項 参照）。

77．評価範囲の検討を監査対象事業年度の早い時期に行う場合には、直前年度の財務数値や当該検討の時期における事業の状況に基づいて行うことになるため、期中における事業内容や組織の変更等を含め、期末日近くに評価範囲が適切であるかどうかについて再確認する必要があることに留意する。その場合にも、監査人は、経営者が特定の比率を機械的に適用するのではなく、財務報告に対する影響の程度等を考慮して判断しているかどうか確かめる必要がある。

２．全社的な内部統制及び全社的な観点から評価することが適切な決算・財務報告プロセスの評価範囲の検討

(1)　対象とする事業拠点

78．全社的な内部統制と、全社的な観点から評価することが適切な決算・財務報告プロセス（以下「全社レベルの決算・財務報告プロセス」という。）は、持分法適用関連会社を含め、原則として全ての事業拠点について評価する必要がある。ただし、財務報告に対する影響の重要性が僅少である事業拠点に係るものについて、そ

の重要性を勘案して、評価対象としないことを妨げるものではない（内部統制評価の実施基準２．⑵）。

79．監査人は、経営者が評価から除外した事業拠点がある場合は、その理由を確認し、その妥当性を検討しなければならない。財務報告に対する影響の重要性が僅少であるかどうかは、金額的側面と質的側面の両面から検討する必要があることに留意する。経営者が一定の数値基準（例えば、連結売上高や連結総資産、税金等調整前当期純損益、利益剰余金（持分法適用関連会社の場合）に占める割合等）に基づき評価から除外する事業拠点を判定している場合は、個々の事業拠点の財務報告に対する影響だけでなく、除外した事業拠点の合計の連結ベースでの財務報告に対する影響も勘案しなければならない。

80．通常、全社的な内部統制の評価範囲と全社レベルの決算・財務報告プロセスの評価範囲は一致するものと考えられるが、両者に差異が生じている場合はその理由を確かめる必要がある。

81．全社的な内部統制及び全社レベルの決算・財務報告プロセスの評価対象に複数の事業拠点や評価項目が含まれる場合においても、監査人は全ての事業拠点や評価項目を同じ深度により画一的な検証を行うことは必ずしも求められているものではない。監査人は、経営者が評価範囲に含めた内部統制について、経営者の評価方法（例えば、全社的な内部統制の評価項目の運用状況の評価について、一定の複数会計期間内に一度の頻度で実施されることがある。）にかかわらず、監査人自らの判断により内部統制監査の監査手続を選択及び適用し、内部統制の整備及び運用状況の有効性に関する経営者の評価結果の妥当性を毎期検証する必要があるが、事業拠点や評価項目の財務報告の信頼性に及ぼす影響の重要性によっては、経営者等に対する質問、内部統制の整備及び運用状況に関する評価の記録（内部統制評価の実施基準３．⑺）の閲覧などの手続を適宜、選択及び適用することで足りる場合がある。

⑵　比較情報

82．内部統制評価の実施基準には、全社的な観点で評価することが適切と考えられる決算・財務報告プロセスとして、以下のような手続が例示されている。

- 総勘定元帳から財務諸表を作成する手続
- 連結修正、報告書の結合及び組替など連結財務諸表作成のための仕訳とその内容を記録する手続
- 財務諸表に関連する開示事項を記載するための手続

比較情報の作成に係る手続は、上記の手続に加え全社的な観点で評価することが適切と考えられる決算・財務報告プロセスに該当すると考えられる。比較情報の作成に係る手続に関しては、前期の数値が整合的に比較情報に反映又は転記されているか等の事項を確保するための体制について評価等を実施する必要があるとされており、以下の事項を確保するための体制について検討する必要があると考えられる。

①　比較情報が、前年度に表示された金額及びその他の開示（訂正報告書が提出されている場合には、訂正後の金額及びその他の開示）と一致しているかどうか、又は、修正再表示された場合、修正再表示された金額及びその他の開示が妥当かどうか。

②　比較情報に適用した会計方針又は表示方法が当年度に適用した会計方針又は表示方法と一致しているかどうか、また、会計方針又は表示方法の変更があった場合には、当該変更が適切に処理され、その表示及び開示が妥当かどうか。

83．比較情報に係る内部統制の評価の検証のための監査手続の実施範囲については、比較情報の作成に係る手続が重要な虚偽記載の発生するリスクが高いか否かという観点から、各社の状況に応じて判断することになる。

84．内部統制の評価の対象は当期の財務報告であることから、遡及適用に係る処理や財務諸表の組替えに係る処理は、実際に会計方針の変更又は表示方法の変更を行った年度の内部統制とし

て評価の検証の対象となるが、内部統制の評価時点は当期の期末日であることから、前期の内部統制について遡及的に評価の検証を実施する必要はない。

また、会計方針の変更に伴う遡及適用や表示方法の変更に伴う財務諸表の組替えにより比較情報の財務数値が前期に開示した財務数値と事後的に大きく変動する場合であっても、遡及適用後又は財務諸表の組替え後の前期の財務数値に基づいて改めて前期の評価範囲の見直しを行うことや重要性の判断基準を変更することも必要ない。

⑶　指定国際会計基準等により初めて財務諸表を作成する場合

85．指定国際会計基準又は修正国際基準（以下「指定国際会計基準等」という。）を適用した連結会計年度又は事業年度においては、指定国際会計基準等による財務諸表及び当該財務諸表の表示等を用いた記載が内部統制の評価及び監査の対象となることとされている。

86．財務諸表を指定国際会計基準等により初めて作成する場合、当期の財務諸表には、前期の期首の財政状態計算書及び日本基準から指定国際会計基準等への調整表が含まれる場合があることに留意する。

87．指定国際会計基準等への移行に当たっては、例えば、過年度において採用していた日本基準に基づく財務数値に必要な累積的影響額を加味することで前期の期首財政状態計算書及び日本基準から指定国際会計基準等への調整表を作成する場合が想定される。この場合、当該累積的影響額の算定プロセスに係る内部統制は比較情報の作成に係る手続に準じて当期の評価の検証の対象となるものの、内部統制の評価時点は当期の期末日であることから、指定国際会計基準等への移行を理由に過年度の全社的な内部統制又は業務プロセスに係る内部統制について遡及的に評価の検証を実施する必要はない。

また、同一の売上取引等について、指定国際会計基準等への移行の準備として、過年度において採用していた日本基準に基づく業務プロセスとは別に指定国際会計基準等に基づく業務プロセスを併存させて財務報告の数値を二重に保有する場合も想定される。この場合も、内部統制の評価時点は当期の期末日であることから、過年度における指定国際会計基準等に基づく業務プロセスに係る内部統制の評価は、指定国際会計基準等の適用初年度の期末日（評価の基準日）における内部統制の有効性の評価に集約されることから、過年度の指定国際会計基準等に基づく業務プロセスを対象に遡及的に評価の検証を実施する必要はない。

88．連結財務諸表を指定国際会計基準により初めて作成する場合、「事業の状況」において、①日本基準又は修正国際基準による要約連結財務諸表、②当該要約連結財務諸表作成のための基本となる重要な事項の変更に関する事項及び③主要な項目についての日本基準と指定国際会計基準との差異に関する事項（当該差異の概算額等）を記載することになるが、これらの記載については、内部統制の評価及び監査の対象とはされていない。

88－2．連結財務諸表を修正国際基準により初めて作成する場合、「事業の状況」において、①日本基準、指定国際会計基準又は米国基準による要約連結財務諸表、②当該要約連結財務諸表作成のための基本となる重要な事項の変更に関する事項及び③主要な項目についての日本基準と修正国際基準との差異に関する事項（当該差異の概算額等）を記載することになるが、これらの記載については、内部統制の評価及び監査の対象とはされていない。

３．業務プロセスに係る内部統制の評価範囲の検討

⑴　重要な事業拠点の選定

89．企業が複数の事業拠点を有する場合、評価対象とする事業拠点を売上高等の重要性により決定する（内部統制評価の実施基準２．⑵①）。これは、企業集団における各事業拠点の事業活動の規模の割合が高い事業拠点を評価対象にすることを意図していると考えられることから、

監査人は、経営者が重要な事業拠点をどのように選定しているかを検討する際には、第90項から第96項に留意する。

89－2．本報告における「重要な事業拠点」と監基報600第８項⒀①におけるグループに対する個別の財務的重要性を有する重要な構成単位（以下「個別の財務的重要性を有する重要な構成単位」という。）とは、その選定を主体的に行うのが経営者であるか監査人であるかといった相違点があり、その選定方法も異なる場合があるため、両者は必ずしも一致するものではない。例えば、経営者が連結ベースの売上高の概ね３分の２を占める事業拠点を「重要な事業拠点」として選定する一方で、監査人はグループ財務諸表の売上高以外の財務指標（これには、グループ財務諸表の資産、負債、キャッシュ・フロー、利益等が含まれる。）の15％を超過する構成単位を「個別の財務的重要性を有する重要な構成単位」として識別する場合もあり、両者は必ずしも一致するものではない。ただし、両者は重要な虚偽表示リスクを潜在的に有するという点では共通するため、監査人は一体監査の効果的かつ効率的な実施の観点から、両者の関係には留意が必要となる。例えば、監査人は、経営者がグループ内の中核会社として「特に重要な事業拠点」として選定した事業拠点がある場合には、それを「個別の財務的重要性を有する重要な構成単位」として識別する必要がないかについて検討することが考えられる。

①　事業拠点の捉え方

90．事業拠点は、企業集団を構成する会社単位で捉えることが多いと考えられるが、必ずしも地理的な概念や法的な組織区分にこだわる必要はなく、経営者が企業集団の経営管理（権限委譲の状況や事業上のリスク、プロセスや経営管理手法の同質性等を含む。）の実態に応じて事業拠点を識別しているかどうかを検討する必要がある。例えば、企業集団が事業部制により運営されており、事業部ごとに特色ある事業と管理体制がとられている場合は、各事業部で管理している子会社を含めて各事業部を事業拠点として捉えた方が適切な場合もある。また、各都道府県や地域ごとに販売会社を設立している場合は、販売会社をまとめて一つの事業拠点として捉えた方が適切な場合もある。

②　事業拠点の選定指標

91．監査人は、経営者が採用した重要な事業拠点の選定指標が企業集団における各事業拠点の事業活動の規模を表す指標として妥当であるかどうかを検討する。選定指標としては、内部統制評価の実施基準２．⑵①で例示されているとおり、各事業拠点の内部取引を消去した売上高の連結売上高に占める割合が適切であると考えられるが、内部取引消去後の売上高を事業拠点ごとに正確に把握することが容易でない場合は、各事業拠点の内部取引消去前の売上高と単純合算ベースの売上高の比率を用いることも認められている。<参考例１>には、連結ベースの売上高（内部取引消去後）により、親会社、販売子会社を選定している事例を掲げている。

また、各会社の内部取引消去前の売上高を用いて重要な事業拠点を選定した場合には、内部売上の多い事業拠点が上位に位置付けられてしまう可能性があるため、連結グループ外の得意先に販売している会社が選定されない状況が考えられる。この場合には、当該会社の販売プロセス等を財務報告への影響を勘案して重要性の大きい業務プロセスとして個別に評価対象に追加することを検討しているかどうか検証する。

なお、売上高による指標に追加的又は代替的に連結総資産等の指標を用いる場合もあるので、事業活動の状況等に応じて適切な指標により判断することが必要である。

＜参考例１＞

企業の事業目的に大きく関わる勘定科目	事業拠点A（親会社―特に重要な事業拠点）	事業拠点B（販売子会社のうち、最も売上高の大きい拠点）	事業拠点C（販売子会社のうち、２番目に売上高の大きい拠点）	事業拠点D（販売子会社のうち、３番目に売上高の大きい拠点）	……	重要な事業拠点（A、B）合計	本年度の評価対象となる重要な事業拠点(A)合計
売上高	53%	14%	７%	５%	………	67%	53%
売掛金	60%	18%	５%	７%	………	78%	60%
棚卸資産	20%	13%	10%	９%	………	33%	20%

(注１) 親会社、販売子会社からなる企業集団を仮定する。

(注２) 重要な事業拠点を選定する指標は、連結ベースの売上高（内部取引消去後）による。結果、売上高の２／３程度超となる事業拠点AとBを重要な事業拠点として選定した。

(注３) 中核会社である事業拠点Aを特に重要な事業拠点として選定している。一方、事業拠点Bについては、前年度に重要な事業拠点として評価範囲に入っており、イ）前年度の当該拠点に係る内部統制の評価結果が有効であること、ロ）当該拠点の内部統制の整備状況に重要な変更がないこと、ハ）重要な事業拠点の中でも、特に重要な事業拠点でないことを確認できたため、本年度の評価対象とはしていない。結果として、本年度の評価対象となる重要な事業拠点の連結売上高に占める割合は50%程度と、「概ね２／３」を相当程度下回っている。

(注４) 棚卸資産等の企業の事業目的に大きく関わる勘定科目の連結財務諸表の勘定科目残高に対する割合（カバレッジ）及び重要な虚偽記載が発生するリスクが高いことにより個別に評価対象に追加する業務プロセスについては、後述の(2) 重要な事業拠点における業務プロセスの識別 ② 重要な事業拠点における企業の事業目的に大きく関わる勘定科目の連結財務諸表の勘定科目残高に対する割合（カバレッジ）及び(3) 個別に評価対象に追加する業務プロセス 参照

③ 一定割合

92．内部統制評価の実施基準では、本社を含む各事業拠点の売上高等の金額の高い拠点から合算していき、連結ベースの売上高等の一定の割合に達している事業拠点を評価の対象とするとしている。この一定割合については、各企業により事業や業務の特性が異なることから必ずしも一律に適用すべきものではないが、全社的な内部統制の評価が「有効」である場合、連結ベースの売上高等の一定割合を概ね２／３程度とすることが示されている。連結ベースの売上高に追加的又は代替的に連結総資産等の売上高と異なる指標を用いている場合についても、一定割合として「概ね２／３程度」が参考になるものと考えられる。

93．全社的な内部統制の評価が「有効」であるかどうかは、全社的な内部統制が財務報告に係る虚偽の記載及び開示が発生するリスクを低減するため、次の条件を満たしているかどうかで判断する（内部統制評価の実施基準３．(4)①ロ）。

・全社的な内部統制が、一般に公正妥当と認められる内部統制の枠組みに準拠して整備及び運用されていること

・全社的な内部統制が、業務プロセスに係る内部統制の有効な整備及び運用を支援し、企業における内部統制全般を適切に構成している状態にあること

94．経営者がこの全社的な内部統制の評価を「有効でない」と判断している場合は一定割合を引き上げることなどが考えられるが、どの程度引き上げるかは、有効でないとされた全社的な内部統制が財務報告に係る虚偽の記載及び開示が発生するリスクに与える影響の範囲と程度によって判断することになる。この場合、一定割合の水準を一律に引き上げるという方法などのほかに、全社的な内部統制の不備が報告されて

いる事業拠点における業務プロセスを追加する方法などが考えられる。監査人は、企業グループの組織編成（中央集権型、分権管理型等）の状況も考慮し、その妥当性を検討しなければならない。

95．一定割合については、当該事業拠点が前年度に重要な事業拠点として評価範囲に入っており、イ）前年度の当該拠点に係る内部統制の評価結果が有効であること、ロ）当該拠点の内部統制の整備状況に重要な変更がないこと、ハ）重要な事業拠点の中でも、グループ内の中核会社でないなどの特に重要な事業拠点でないことを経営者が確認できた場合には、当該事業拠点を本年度の評価対象としないことができると考えられ、その結果として、売上高等の概ね２／３を相当程度下回ることがあり得る。この場合、監査人は、経営者が当該要件について確認した状況を把握し、その判断の妥当性を検証する。

96．特に重要な事業拠点以外の重要な事業拠点については、監査人は、経営者が少なくとも２年に１回は評価範囲に含めているかどうかに留意する必要がある。また、一定割合が、結果として連結ベースの売上高等の概ね２／３を相当程度下回る場合には、監査人は、経営者が内部統制報告書において、当該評価範囲の決定方法及び根拠等についても記載しているかどうか確かめる必要がある。

(2)　重要な事業拠点における業務プロセスの識別

97．監査人は、上記(1)　重要な事業拠点の選定で選定した重要な事業拠点（持分法適用関連会社を除く。）について、経営者が企業の事業目的に大きく関わる勘定科目とそれに至る業務プロセスを適切に選定しているかどうかについて検討しなければならない。

①　企業の事業目的に大きく関わる勘定科目の選定

98．内部統制評価の実施基準では、一般的な事業会社の場合の企業の事業目的に大きく関わる勘定科目として、売上、売掛金及び棚卸資産が例示されている。「企業の事業目的に大きく関わる勘定科目」は、財務諸表を利用する一般投資家等の利害関係者が、企業の主たる事業の経営成績・財政状態等を判断するために重要と判断して着目する勘定科目と考えられる。また、これらの勘定科目は過去の様々な不正な財務報告事例において利用されてきた代表的な勘定科目であることにも留意が必要である。

99．製造業や物品販売業等の一般的な事業会社の場合は、通常、例示されている三つの勘定科目を重要な事業拠点における「企業の事業目的に大きく関わる勘定科目」とすれば足りると考えられる。

100．一般的な事業会社以外の場合には、業種の特性に基づいてどのような勘定科目が「企業の事業目的に大きく関わる勘定科目」に該当するかどうかについて、慎重な判断を行う必要がある。売上や売掛金に相当する勘定科目は企業の収益獲得活動そのものに関連するため、どのような業種の場合も「企業の事業目的に大きく関わる勘定科目」に該当することになると考えられるが、棚卸資産に相当する勘定科目がないかほとんど重要性がない業種の場合には、売上及び売掛金以外のどのような勘定科目が企業の事業目的に大きく関わるかは、業種の特性に基づいて判断することになる。その際、主たる事業活動に不可欠な要素の内容と規模とすることも考えられるが、それによってのみ判断するのではなく、勘定科目の不正リスクの存在の程度を勘案することに留意する必要がある。例えば、連結損益計算書上、売上総利益を開示している事業会社においては、売上総利益に影響を与える勘定科目を「企業の事業目的に大きく関わる勘定科目」とすることを検討するほか、売上総利益を開示していない業種においても、営業費用に占める人件費の割合が高いサービス業などにおける人件費、設備が事業資産の大きな割合を占める業種における有形固定資産などを虚偽記載が発生するリスクを検討の上、「企業の事業目的に大きく関わる勘定科目」と経営者が判断することは考えられる。また、複数の事業セグメントから構成される企業グループにおいては、事業セグメント単位で「企業の事業目的に大きく関わる勘定科目」が異なる可能性もある。

なお、企業集団が異なる業種の重要な事業拠点で構成される場合、それぞれの重要な事業拠点が属する業種の特性により企業の事業目的に大きく関わる勘定科目を経営者が慎重に検討することが適当と考えられる。

②　重要な事業拠点における企業の事業目的に大きく関わる勘定科目の連結財務諸表の勘定科目残高に対する割合（カバレッジ）

101．重要な事業拠点において、企業の事業目的に大きく関わる勘定科目に至る業務プロセスは原則全てを評価の対象としなければならない。ただし、当該重要な事業拠点が行う重要な事業又は業務との関連性が低く、財務報告に対する影響の重要性も僅少である業務プロセスについては、それらを評価対象としないことができる。監査人は、経営者が当該重要な事業拠点が行う重要な事業又は業務との関連性が低く、財務報告に対する影響の重要性も僅少であるとして評価対象から除外した業務プロセスと評価対象としなかった理由について適切であるかどうか十分に検討する必要がある。

102．財務報告に対する影響の重要性が僅少である業務プロセスとして評価対象から除外できる場合としては、前述のとおり、重要な事業拠点は、原則、連結ベースの売上高等に基づいて選定しているため、ある重要な事業拠点において、企業の事業目的に大きく関わる勘定科目の残高が極めて僅少な場合がある。

103．重要な事業拠点において企業の事業目的に大きく関わる勘定科目として選定した勘定残高の合計が連結財務諸表における当該勘定科目の残高に対して、一定の割合（２／３）に達しないケースも想定される。例えば、月次の売上高の変動や回収条件の関係から、重要な事業拠点の売掛金の残高の合計が連結財務諸表の売掛金残高の２／３に達しない場合があるが、重要な事業拠点や企業の事業目的に大きく関わる勘定科目が適切に選定されている限り、勘定科目ごとの評価対象割合が重要な事業拠点の選定に際して利用した一定割合に達している必要はなく（上記⑴　重要な事業拠点の選定　②　事業拠点の選定指標 <参考例１>参照）、このようにして選定された重要な事業拠点以外の事業拠点に重要な虚偽記載が発生するリスクが高い業務プロセスがある場合には、下記の⑶　個別に評価対象に追加する業務プロセス により評価対象に追加する。

③　企業の事業目的に大きく関わる勘定科目に至る業務プロセス

104．重要な事業拠点が行う重要な事業又は業務との関連性が低く、財務報告に対する影響の重要性も僅少である業務プロセスとして評価対象から除外できる場合としては、次のケースが考えられる。

ある重要な事業拠点で計上する売上高が異なるプロセスで処理される複数の取引種類で構成されている場合がある。例えば、卸売販売と店頭販売に分かれるようなケースである（内部統制の枠組みの実施基準５．⑵②の業務プロセスの細分化の例参照）。卸売販売が主で店頭販売はマーケット動向を把握するための付随的な販売形態と位置付けられ、店頭販売による売上高も僅少な場合、売上・売掛金の計上に至る業務プロセスとしては、卸売販売のみを対象とすることができると考えられる。

このような場合、財務報告に対する影響の重要性は、原則的には、評価対象から除外された取引種類において、金額的及び質的に重要な虚偽記載が発生する可能性が高いか否かに基づき判断することになる。この際、財務報告に対する影響の重要性が僅少であるかどうかの実務的な判断については、例えば、経営者が以下のいずれかの方法又はその組み合わせに基づき毎期継続して判定している場合は、監査上、妥当なものとして取り扱うことが適当である。

・各重要な事業拠点で、評価対象から除外した取引種類に関連する企業の事業目的に大きく関わる勘定科目残高が各事業拠点の企業の事業目的に大きく関わる勘定科目残高に及ぼす影響度
・各重要な事業拠点で、評価対象から除外した取引種類に関連する企業の事業目的に大きく

関わる勘定科目残高の合計が企業の事業目的に大きく関わる勘定科目の連結財務諸表残高に及ぼす影響度

105．評価対象とされた企業の事業目的に大きく関わる勘定科目の一つ（例えば売上）に至る業務プロセスに複数の取引種類が含まれる場合においても、監査人は全ての取引種類を同じ深度により画一的な検証を行うことは必ずしも求められているものではない。監査人は、経営者が評価範囲に含めた内部統制について、経営者の評価方法（例えば、業務プロセスに係る内部統制の整備及び運用状況の評価について、一定の複数会計期間内に一度の頻度で実施されることがある。）にかかわらず、監査人自らの判断により内部統制監査の監査手続を選択及び適用し、内部統制の整備及び運用状況の有効性に関する経営者の評価結果の妥当性を毎期検証する必要があるが、取引種類の財務報告の信頼性に及ぼす影響の重要性によっては、経営者等に対する質問、内部統制の整備及び運用状況に関する評価の記録（内部統制評価の実施基準３．(7)）の閲覧などの手続を適宜、選択及び適用することで足りる場合がある。

(3)　個別に評価対象に追加する業務プロセス

106．個別に評価対象に追加する業務プロセスとは、選定された重要な事業拠点及びそれ以外の事業拠点について、財務報告への影響を勘案して、重要な虚偽記載が発生する可能性の高い業務プロセスであり、監査人は、経営者が持分法適用関連会社を含め、全ての事業拠点から重要な虚偽記載のリスクが高い次の業務プロセスを適切に評価対象に加えているかどうかを検討しなければならない。

①　リスクが大きい取引を行っている事業又は業務に係る業務プロセス

107．例えば、財務報告の重要な虚偽記載に結び付きやすい事業上のリスクを有する事業又は業務（例えば、金融取引やデリバティブ取引を行っている事業又は業務や価格変動の激しい棚卸資産を抱えている事業又は業務等）や、不動産、金融資産の流動化又は証券化取引等複雑な会計処理が必要な取引を行っている事業又は業務を行っている場合が考えられる。

②　見積りや経営者による予測を伴う重要な勘定科目に係る業務プロセス

108．例えば、引当金、固定資産の減損損失又は繰延税金資産（負債）など見積りや経営者による予測を伴う重要な勘定科目に係る業務プロセスは、財務報告に及ぼす影響が最終的に大きくなる可能性があると考えられる。各種引当金については、引当の対象になる事象（例えば、貸倒引当金の場合の金銭債権の総額）の状況等についても留意する。引当金、固定資産の減損損失又は繰延税金資産（負債）など見積りや経営者による予測を伴う勘定科目の計上は、通常、決算・財務報告プロセスに関係している。

③　非定型・不規則な取引など虚偽記載が発生するリスクが高いものとして、特に留意すべき業務プロセス

109．例えば、通常の契約条件や決済方法と異なる取引、期末に集中しての取引、過年度の趨勢から見て突出した取引等非定型・不規則な取引を行っている場合には、定型的な販売、購買、支払といった反復継続する取引を処理する業務プロセスと同水準の内部統制が適用できないリスクがあることから虚偽記載の発生するリスクが高いものと考えられる。

④　個別に評価対象に追加する業務プロセスの評価

110．財務報告への影響の重要性を勘案して、事業又は業務の全体ではなく、特定の取引又は事象（又はその中の特定の主要な業務プロセス）のみを評価対象に含めれば足りる場合には、その部分だけを含めれば足りる。

111．第107項から第109項では、ある事業拠点の重要な虚偽記載のリスクが高い業務プロセスを個別に選定することが前提となっていることから、同様の業務プロセスが他の事業拠点に存在しても当該他の事業拠点での取引量が少なく財務報告への影響が軽微である場合は評価対象としないことができる。財務報告への影響の判断に当たっては、例えば、一定の金額的な重要性を超える勘定科目残高や取引量を有する事業拠点の業務プロセスを一律に評価対象にすることを求めているわけではないが、監査人は、重要な虚偽記載をもたらす可能性が高い業務プロセスを経営者が適切に選定しているかどうかを留意しなければならない。

112. 監査人は、過年度の財務諸表監査の経験やリスク評価手続の実施を通じて特定した特別な検討を必要とするリスクを有する勘定科目が、重要な事業拠点における企業の事業目的に大きく関わる勘定科目に至るプロセスか、又は個別に評価対象に追加するプロセスに関連しているかどうかを確認する。特別な検討を必要とするリスクを有する勘定科目に関連するプロセスは、その性格から、通常、経営者による内部統制の評価対象に含まれるべきであると考えられるが、経営者が内部統制の評価対象に含めていない場合は、評価対象にしないことに合理的な理由があるかどうかを慎重に検討しなければならない（特別な検討を必要とするリスクについては、監基報315第26項から第28項参照）。

4．持分法適用関連会社の取扱い

113. 連結ベースで行う内部統制評価は、連結財務諸表を構成する有価証券報告書提出会社及び当該会社の子会社並びに関連会社を対象として実施するとされており、持分法適用関連会社は、評価範囲を決定する際の対象に含まれる。持分法適用関連会社が連結財務諸表に影響するのは、持分法による投資損益（連結損益計算書）と関連会社株式の残高（連結貸借対照表）の部分ではあるが、財務報告への影響を勘案して、虚偽記載リスクの大きい業務プロセスがあれば、経営者が個別に評価対象に追加することを検討しているかどうかを検証する。

114. 評価対象に選定された関連会社については、経営者が次のいずれかの方法により適切な評価を実施しているかどうかを監査人は検討する。

・当該関連会社が内部統制評価基準に基づき内部統制報告書を作成し監査を受けている場合で、当該関連会社の内部統制の有効性の検討に有用と認められる場合には、当該関連会社の内部統制報告書とそれに係る内部統制監査報告書を利用できる。当該関連会社が他の会社の子会社であって、当該関連会社の親会社が内部統制評価基準に基づき内部統制報告書を作成し監査を受けている場合、①当該親会社の内部統制報告書又は②当該親会社が当該関連会社の財務報告に係る内部統制の有効性に関して確認を行っている旨の書面を利用することができる。

・当該関連会社における他の支配株主の存在の有無、当該関連会社への投資持分及び持分法損益の状況、役員（取締役、監査役等）の派遣や兼任の状況などによって、子会社と同様の評価が行えないことが考えられるが、そうした場合には、全社的な内部統制を中心として、当該関連会社への質問書の送付、聞き取りあるいは当該関連会社で作成している報告等の閲覧、当該関連会社に係る管理プロセスの確認等の適切な方法により評価が行われているかどうかの検討を行う。

115.「当該関連会社に係る管理プロセスの確認」という評価方法は、ⅰ）当該関連会社が重要な事業拠点に相当するケースであっても、その全社的な内部統制だけではなく、業務プロセスに係る内部統制の評価を実施する場合も適用できること、また、ⅱ）全社的な内部統制を中心として、当該関連会社への質問書の送付、聞き取りあるいは当該関連会社で作成している報告等の閲覧を基本とするが、当該評価が行えないなど、特段の事情がある場合に利用することができることに留意する。

Ⅷ　全社的な内部統制の評価の検討方法

1．全社的な内部統制の評価の位置付け

116. 全社的な内部統制とは、企業集団全体に関わり連結ベースでの財務報告全体に重要な影響を及ぼす内部統制とされている（内部統制評価の実施基準２．⑴）。ただし、全社的な内部統制は、企業集団内の子会社や事業部等に独特の歴史、慣習、組織構造等が認められ、当該子会

社や事業部等を対象とする内部統制を別途評価対象とすることが適切と判断される場合があるともされている（内部統制評価の実施基準3．⑵①）。すなわち、全社的な内部統制及び全社的な観点で評価することが適切と考えられる決算・財務報告プロセスは、基本的には企業集団全体に適用される内部統制であるため、監基報600第８項に規定するグループ全体統制（グループとしての財務報告に対して、グループ経営者が整備及び運用する内部統制をいう。以下同じ。）と同一の概念であるものの、企業集団を構成する一部で行われている統制環境やリスク評価、情報と伝達、モニタリング等に属する内部統制も全社的な内部統制に含まれる場合がある。したがって、全社的な内部統制及び全社的な観点で評価することが適切と考えられる決算・財務報告プロセスのうち、企業集団全体に適用される内部統制が、グループ全体統制に該当する関係にあると考えられる。

経営者及び監査人は、ともに、まず全社的な内部統制を評価し、その評価結果を踏まえて、全社的な内部統制では重要な虚偽記載を防止・発見できないと判断した業務プロセスに係る内部統制を評価する、いわゆるトップダウン型のリスク・アプローチに基づく内部統制の評価又は監査をそれぞれ実施することが求められている。

117．監査人は、全社的な内部統制の評価の検討（特に整備状況の評価の検討）は、監査プロセスの早い段階で実施することが必要であり、通常、監査計画の一環として実施する。また、財務諸表監査においては、財務諸表全体レベルとアサーション・レベルの重要な虚偽表示リスクを評価する際に「全社的な内部統制」に相当する内部統制を評価しているものの、「全社的な内部統制」に含まれる内部統制の範囲や評価対象事業拠点の選定は監査人の判断に委ねられている。一体監査を実施するに当たっては、監査人は経営者が内部統制評価基準に従って評価した「全社的な内部統制」の評価結果を入手し、適切に評価されているかどうかを検証し、その結果を財務諸表全体レベルとアサーション・レベルの重要な虚偽表示リスクの評価に反映させることになる。なお、財務諸表監査においては、全社的な内部統制に相当する内部統制のうち、アサーション・レベルの重要な虚偽表示リスクの軽減に直接的に影響を及ぼさないもの（例えば統制環境）については、整備状況を評価するのみで必ずしも運用状況の評価までは必要ではないことに留意が必要である。

118．全社的な内部統制には、ITに係る全社的な内部統制も含まれる。ITに係る全社的な内部統制では、ITに関する基本方針・体制・手続が整備され周知されていること、ITに関するリスクが評価され対応されていることが対象となる。

２．全社的な内部統制の評価の検討

119．監査人は、全社的な内部統制を評価するに当たって、内部統制評価の実施基準3．⑺①イ及びロに記載されている経営者による全社的な内部統制の評価の状況を示した記録を入手し、次の手順に従って検討する。通常、全社的な内部統制の整備状況は、親会社で検証可能である。また、運用状況については、内部統制の同一性をモニタリングする内部監査が良好に運用されていることを前提に、親会社の本社等で評価の検討を行うことになるが、事業拠点に往査するかどうかは、重要な虚偽記載の発生するリスクが高いと判断される場合に検討することになると考えられる。

120．重要な虚偽記載の発生するリスクが高いかどうかについての判断は、例えば、過去に開示すべき重要な不備が発見された事業拠点などを考慮することになると考えられる。

121．事業拠点に往査する必要があると判断された場合の監査手続としては、質問、関係書類の閲覧、観察等が考えられるが、具体的なリスクを想定して往査することになるため、識別したリスクに有効な監査手続に的を絞って実施することになる。

122．全社的な内部統制の検証は、決算・財務報

告プロセス、業務プロセスに係る内部統制の検証と併せて行うことにより効果的かつ効率的に監査を実施することに留意する。

123．全社的な内部統制の経営者による評価範囲の検討は、Ⅶ　評価範囲の妥当性の検討 に記載している。

⑴　**整備状況の評価の検討**

124．経営者の採用する評価項目が、内部統制評価の実施基準の（参考１）に示された財務報告に係る全社的な内部統制に関する評価項目の例に照らして、企業の状況に即した適切な内容となっているかどうかを検討する。その際、経営者が、企業集団内の子会社や事業部等の歴史や慣習、組織構造等の観点から、全社的な内部統制の評価単位を適切に設定しているかどうかも検討する。例えば、企業集団が分権型の組織構造で運営されている場合、海外子会社等を含めたグループ全体に適用される方針や手続等が確立されていないケースが想定される。そのような場合は、内部統制評価の実施基準の（参考１）に示されているほとんどの項目について、共通の方針や手続で運営されている評価単位ごとに整備状況の評価が必要となる可能性もある。反対に中央集権的に企業集団が運営されており、海外子会社にも適用される世界共通の方針や手続が確立されている場合には、親会社でそれらの方針や手続の整備状況を評価することにより、各子会社や事業部単位での整備状況の評価はほとんど必要がなくなることも考えられる。企業集団のそれぞれの状況に応じて、評価単位と評価項目が適切に設定されているかを検討する。

125．経営者の作成した内部統制の記録の閲覧や経営者等に対する質問等を通じて、各評価項目についての経営者の評価結果、経営者が当該評価結果を得るに至った根拠等を確認し、経営者の行った評価結果の適切性を判断する。

126．整備状況の評価の検討には、内部統制のデザインの検討と、それが業務に適用されているかどうかを判断することが含まれる。内部統制が適切にデザインされ、それが業務に適用されているかどうかを判断するための監査証拠を入手する手続は、財務諸表監査のリスク評価手続と同様であり、企業の担当者等への質問、特定の内部統制の適用状況の観察、内部統制が適用されていることを示す文書や報告書の閲覧が含まれる。監査人は、全社的な内部統制の整備状況を検討するに当たって、これらの手続を適宜、組み合わせて実施する。

127．全社的な内部統制には、アサーション・レベルの重要な虚偽記載の発生するリスクを直接防止・発見するものと、そうでないものが含まれている。例えば、統制環境は不正リスクや財務諸表全体レベルの重要な虚偽記載の発生するリスクには重要な影響を及ぼすが、個々の取引、勘定残高、開示等におけるアサーション・レベルの重要な虚偽記載の発生するリスクを防止又は発見・是正するものではない。一方、統制活動や日常的なモニタリングは、通常、アサーション・レベルの重要な虚偽記載の発生するリスクを直接防止・発見・是正するように整備及び運用されていることがあり、これらは業務プロセスに係る内部統制として詳細に検討されることが多い。全社的な内部統制を一体監査の早い段階で評価する目的は、業務プロセスに係る内部統制の評価対象範囲と実施すべき運用評価手続、その実施の時期及び範囲を決定することにある。

128．内部統制の有効性の検証においては、「全社的な内部統制の評価が有効」かどうかについての判断を、基本的には企業集団全体として検討することになるが、個々の子会社や事業部等を評価対象とすることが適切と判断する場合には、個々の子会社や事業部等のみを対象とする全社的な内部統制の評価の検討を行うこともある。

⑵　**運用状況の評価の検討**

129．それぞれの基本的要素ごとに有効に整備され、実際に業務に適用されている内部統制から、運用評価手続の対象となる内部統制を選択する。識別した全ての全社的な内部統制の運用状況を評価する必要はない。

130．運用評価手続の種類は、財務諸表監査のリスク対応手続として実施するものと同様であり、担当者等への質問、関連文書の閲覧、観察、再実施がある。このうち、再実施が最も強力な監査証拠を提供するが、全社的な内部統制を監査人が再実施することは現実問題としては極めて困難である。また、統制環境に係るいくつかの項目は、内部統制の運用状況に関する記録が作成されないケースや記録が残されていたとしても形式的な記録しか作成されていないものもある。その場合、監査人は、関係者への質問や観察等により、運用状況を確認する。

131．全社的な内部統制の評価の検討は、監査の早い段階での実施が前提となるため、経営者及び監査人は、内部統制が期末日までに引き続き有効に整備及び運用されていることを確かめなければならない。経営者が内部統制の変更点を適時・適切に把握するモニタリング手続を整備及び運用している場合は、監査人は当該モニタリング手続の有効性を検討する。例えば、全ての事業拠点から、全社的な内部統制に変更が生じた時点で適時に報告が親会社になされている場合、期末日近くに報告内容を閲覧し、実際にそのとおりの変更がなされているかどうかを質問や関連文書の閲覧、観察等を組み合わせて実施する。有効なモニタリング手続が未整備の場合は、監査人は経営者に整備及び運用状況の評価手続を実施した日以降期末日までの期間の有効性を確かめるための手続（以下「ロールフォワード手続」という。）の実施を求め、当該ロールフォワード手続の内容と実施結果を検討する。

３．全社的な内部統制の不備の評価の検討

132．特定の財務諸表項目の虚偽記載を直接防止・発見しないタイプの全社的な内部統制に不備が特定された場合、それらの不備がどの程度の大きさの虚偽記載となり得るかを特定することはできないが、財務諸表全体レベル及びアサーション・レベルの重要な虚偽記載の発生可能性に影響を及ぼす可能性がある。したがって、全社的な内部統制の不備の評価の検討は、特定した不備により財務諸表の重要な虚偽記載が発生する可能性に基づき行う。具体的な評価の検討は、次の手順に従って行う。

⑴　**内部統制評価の実施基準３．⑷①ハに例示されている次の内部統制の開示すべき重要な不備となる全社的な内部統制の不備に該当するか。**

①　経営者が財務報告の信頼性に関するリスクの評価と対応を実施していない。

②　取締役会又は監査役等が財務報告の信頼性を確保するための内部統制の整備及び運用を監督、監視、検証していない。

③　財務報告に係る内部統制の有効性を評価する責任部署が明確でない。

④　財務報告に係る IT に関する内部統制に不備があり、それが改善されずに放置されている。

⑤　業務プロセスに関する記述、虚偽記載のリスクの識別、リスクに対する内部統制に関する記録など、内部統制の整備状況に関する記録を欠いており、取締役会又は監査役等が、財務報告に係る内部統制の有効性を監督、監視、検証することができない。

⑥　経営者や取締役会、監査役等に報告された全社的な内部統制の不備が合理的な期間内に改善されない。

⑵　**基本的要素ごとに集約した全事業拠点の全社的な内部統制の不備の一覧に基づき、監査人は、それらが連結財務諸表の重要な虚偽記載の発生可能性に与える影響について、次の項目を検討する。**

①　当該不備が他の内部統制の有効性に与える影響の範囲

②　当該不備のある内部統制の基本的要素（統制環境、リスクの評価と対応等）に占める相対的重要性

③　過去の虚偽記載の発生の事実等から判断して、当該不備によりエラーの発生するリスクが増大しているか

④　当該不備により不正の発生するリスクが増大しているか（経営者による内部統制の無効化のリスクを含む。）

⑤　当該不備は、他の内部統制で特定した運用状況の例外事項の原因となっているか、又は例外事項の頻度に影響を与えているか

⑥　当該不備は、将来どのような影響・結果をもたらすか

133．これらの検討を加えた結果、全社的な内部統制が連結財務諸表の虚偽記載の発生するリスクを低減するために、次の条件（内部統制評価の実施基準３．⑷①ロ）の両方を満たしている場合は有効であると考えられる。

・全社的な内部統制が、一般に公正妥当と認められる内部統制の枠組みに準拠して整備及び運用されていること

・全社的な内部統制が、業務プロセスに係る内部統制の有効な整備及び運用を支援し、企業における内部統制全般を適切に構成している状態にあること

134．全社的な内部統制が有効であるということは、全社的な内部統制に開示すべき重要な不備がないということであり、たとえ、全社的な内部統制に一部不備があった場合もその不備が財務報告に重要な虚偽記載をもたらす可能性が高くない場合は、全社的な内部統制は有効と判断することができる。内部統制の六つの基本的要素全てが「有効」と判断できる場合は、全社的な内部統制を有効と比較的単純に判断することができると考えられるが、部分的に不備が検出されている場合は高度な判断が必要になる。内部統制評価の実施基準では、全社的な内部統制に不備がある場合でも業務プロセスに係る内部統制が単独で有効に機能することがあり得ることを示している。その一方で、全社的な内部統制に不備があるという状況は、基本的な内部統制の整備に不備があることを意味しており、全体としての内部統制が有効に機能する可能性は限定されると考えられるとしており、慎重な判断が必要となる。

４．全社的な内部統制の評価結果が与える影響（トップダウン型のリスク・アプローチ）

135．監査人は、経営者が全社的な内部統制の評価結果を踏まえて、業務プロセスに係る内部統制の評価の範囲、方法等を適切に決定しているかを検討しなければならない。その検討に当たっては、次の事項に留意する。

⑴　内部統制の評価範囲への影響

136．経営者は、全社的な内部統制の評価が有効である場合は、重要な事業拠点の占める一定割合は売上高等選定指標の概ね２／３程度とすることができるのに対し、全社的な内部統制の評価が有効でない場合は、重要な事業拠点の割合を引き上げなければならない（Ⅶ　評価範囲の妥当性の検討 参照）。また、全社的な内部統制に含まれるいくつかの内部統制の状況が、個別に評価対象に追加する業務プロセスの選定に大きな影響を与える。例えば、企業集団全体に適用するグループ会計方針や会計処理マニュアル等が整備されておらず、子会社ごとに会計方針や具体的な適用方法が異なる場合は、評価対象となる業務プロセスが子会社の数だけ存在することになる。また、貸倒引当金の計上に関する基本的な計上方法が各社各様で行われている場合は、金額的な重要性も加味して貸倒引当金の計上プロセスの評価対象範囲を会社単位で決定することになるが、グループ方針で一定の方法が決められている場合は、貸倒引当金の計上プロセスが企業集団に原則一つと解釈することも可能となる。

⑵　内部統制の運用評価手続への影響

137．全社的な内部統制と業務プロセスに係る内部統制は相互に影響し合い、補完する関係にあるため、監査人は、経営者が両者のバランスを適切に考慮して業務プロセスの内部統制の運用状況の評価を行っているかどうかを次の点に留意して検討する。

①　経営者が、全社的な内部統制の評価結果が有効でないと判断している場合には、当該全社的な内部統制の影響を受ける業務プロセスに係る内部統制の運用評価を実施する際により強い証拠力を有する手続の追加、実施範囲の拡大、又は実施時期をより期末に近い時期に実施する等、適切に対応しているかどうかを監査人は検討しなければならない。

②　経営者は、全社的な内部統制の評価結果が有効であると判断できる場合は、業務プロセ

スに係る内部統制の評価に際して、サンプリングの範囲を縮小するなど簡易な評価手続をとり、又は重要性等を勘案し、評価範囲の一部について、一定の複数会計期間ごと（例えば３年ごと）に評価の対象とすることが考えられる。内部統制監査の実施基準では、日常反復継続する取引について評価対象となる統制上の要点ごとに少なくとも25件のサンプルを取ることが例示されているが、このサンプル数は統計的サンプリングに基づいて、母集団に予想される逸脱（内部統制が遵守されないケース）がないと仮定したサンプル数であるため、通常、全社的な内部統制の評価が有効であることが前提になっていると考えられる。したがって、全社的な内部統制に不備があり業務プロセスに係る内部統制の逸脱がある程度予想される場合は、監査人は、予想逸脱率を修正して運用評価手続のサンプル数の拡大が必要ないかどうか、経営者がどのように対応しているかを含め検討しなければならない。また、財務諸表監査の観点から、重要な虚偽表示リスクの程度が高いほど、関連する内部統制の運用状況の有効性に関する多くの監査証拠を入手する必要があり、特別な検討を必要とするリスクに関連する内部統制の運用状況の有効性に関しては、全社的な内部統制の評価が有効である場合でも、過年度の監査において入手した監査証拠に依拠してはならないため、当年度の監査において監査証拠を入手しなければならない（監基報330第14項参照）。

③　複数の営業拠点や店舗を展開している場合において、統一的な規程により業務が実施され、業務の意思決定に必要な情報と伝達が良好であり、内部統制の同一性をモニタリングする内部監査が実施されている等、全社的な内部統制が良好に運用されていると評価される場合には、毎期全ての営業拠点について運用状況の評価を実施するのではなく、運用状況のテスト対象拠点をサンプリングにより抽出し、一定の複数会計期間ごとに運用状況の評価を実施することができる。また、運用状況のテスト対象拠点をサンプリングにより抽出する場合には、個々の営業拠点の特性に応じていくつかのグループに分け、各グループから運用状況のテスト対象拠点を抽出し、抽出した拠点における運用状況の評価を実施して、その結果により全体の内部統制の運用状況を推定することができる。監査人は、経営者が全社的な内部統制の評価結果に基づき適切に業務プロセスの運用評価手続を決定しているかどうかを検討する。

138. 全社的な内部統制の評価結果と、業務プロセスに係る内部統制の評価手続の設計例を下表に示す。なお、企業集団内の子会社や事業部等の特性等に鑑み、その重要性を勘案して、個々の子会社や事業部等のみを対象とする全社的な内部統制の評価が行われた場合には、その評価結果を踏まえて、当該子会社や事業部等に係る業務プロセスに係る内部統制の評価を行う。

全社的な内部統制の評価結果	業務プロセスに係る内部統制の運用評価手続例		
	サンプル数	手続の種類	多店舗・支店等の場合の往査先の選定
有　効	小	質問や関係書類の閲覧が中心、重要な内部統制については観察や再実施も行う。	①　一定の複数会計期間ごとに一巡するように運用評価手続の実施先を選定する。 ②　業務内容や規模等に基づき個々の営業拠点の特性に応じグルーピングし、それぞれからサンプリングで往査先を選定する。
		より強力な証拠を得られるように質問や関係書類の閲覧に加えて、より	①　一定の複数会計期間ごとに一巡するように運用評価手続の実施先を選定することに

有効でない	拡大	広範に観察や再実施を行う。	ついては慎重に検討する。 ②　サンプリングの適用については慎重に検討する。

５．内部統制の基本的要素との関係

139．内部統制評価の枠組みの実施基準２．では、「組織において内部統制の目的が達成されるためには、６つの基本的要素が全て適切に整備及び運用されることが重要である。」としている。財務報告に係る内部統制の評価は、全社的な内部統制の評価を行い、その評価結果を踏まえて、業務プロセスの評価の範囲を決定するが、全社的な内部統制、業務プロセスに係る内部統制と六つの基本的要素との関係は、概ね次のとおりである。

140．全社的な内部統制は、企業全体に広く影響を及ぼし、企業全体を対象とする内部統制であり、基本的には企業集団全体を対象とする内部統制を意味する。具体的な評価に当たっては、財務報告の信頼性について、直接又は間接に企業全体に広範囲な影響を及ぼす内部統制を、内部統制の六つの基本的要素の観点から評価することになる。

141．一方、業務プロセスに係る内部統制は、業務プロセスに組み込まれ一体となって遂行される内部統制であり、予想されるリスクに対して防止又は発見する機能を担う。基本的要素との関係では、主として統制活動、情報と伝達、モニタリング及びITへの対応が関係している。

142．六つの基本的要素のうち統制環境は、組織の気風を決定し、内部統制に対する組織構成員の意識に強く影響を及ぼすものであり、他の五つの基本的要素の基礎となる。統制環境は、財務報告の信頼性に関わる内部統制にとって最も重要な基本的要素であることに留意する。

Ⅸ　業務プロセスに係る内部統制の評価の検討方法

143．監査人が、評価対象となった業務プロセスに係る内部統制の整備及び運用状況を理解し、経営者の評価の妥当性について検討するに当たり、具体的な監査手続及び留意すべき点は次のとおりである。

１．業務プロセスに係る内部統制の整備状況の評価の検討

⑴　整備状況の評価の検討

144．監査人は業務プロセスに係る内部統制の整備状況の評価の検討に際し、経営者と協議し評価対象となった全ての業務プロセスについて取引の開始、承認、記録、処理、報告を含め、取引の流れを把握し、取引の発生から集計、記帳といった会計処理の過程を理解する。当該業務プロセスにおいて経営者が財務報告の重要な虚偽記載の発生するリスクをどのように識別したか、当該虚偽記載が発生するリスクを低減するために中心的な役割を果たす内部統制（統制上の要点）をどのように識別したのかを把握し、その結果識別したリスクが適切であるかどうか及び当該リスクに対して経営者が識別した統制上の要点が妥当であり、当該統制上の要点が有効に運用された場合に虚偽記載の発生するリスクを防止又は適時に発見することが可能であるかどうかを判断する。この際、コンピュータ・プログラムに組み込まれて自動化されているITに係る業務処理統制が、内部統制として認識されないことがないよう内部統制の整備状況の評価の検討に当たっては、評価対象とすべきITに係る業務処理統制に漏れがないか留意する必要がある。

⑵　整備状況の評価の検討に関する監査手続の種類

145．業務プロセスに係る内部統制の整備状況の有効性を検討し、経営者の行った評価の妥当性を検討するために実施する監査手続には質問、観察、例えば業務の流れ図（以下「フローチャート」という。）等の関連する記録や文書の閲覧、

ウォークスルー（取引の開始から取引記録が財務諸表に計上されるまでの流れを内部統制評価の実施基準３．⑺①ハ．ニ．ホ．ヘ．に記載の内部統制の記録等により追跡する手続）等がある。事業規模が小規模で、比較的簡素な構造を有している組織等においては、様々な記録の形式・方法をとり得る。監査人は、この場合の記録として例えば、すでに作成されている当該会社の経営者からの社内への通達等、経営者から組織の内外の者に対する質問書、各業務の業務内容を前任者から後任者に伝達するための文書等、販売担当者が受注の際に作成した文書等、ソフトウェアのマニュアル、伝票や領収書などの原資料、受注入力後販売管理システムから出力される出荷指図書などの業務指示書等を適宜、利用し、必要に応じてそれに補足を行っていくことで足りるとされていることに留意する。

146．監査人は、質問や関連する記録や文書の閲覧により、経営者が財務報告の重要な虚偽記載の発生するリスクをどのように識別したのか、当該虚偽記載が発生するリスクを低減するために中心的な役割を果たす内部統制（統制上の要点）をどのように識別したのかを把握する。記録の閲覧や質問等の実施では、内部統制の整備状況について理解することが困難である場合には、監査人は、必要に応じ、業務プロセスの現場に赴いて観察を行う。ウォークスルーは、監査人が内部統制の整備状況に関する理解を確実なものとするための有用な手続の一つである。監査人は、ウォークスルーを実施する場合には、内部統制の整備状況を理解するために、経営者が実施した評価の記録等を基礎として実施することが適当であると考えられる。

147．監査人は、財務諸表監査における内部統制の理解の過程で業務プロセスに係る内部統制の整備状況の有効性に関する証拠も入手できることがあることに留意する。

⑶　整備状況の評価の検討に関する留意点

148．監査人は、内部統制の適切な管理者及び担当者が内部統制の整備に関し、必要な権限や能力を有しているかどうか、担当者が内部統制を無視した指示を受けることがあるかどうかにも留意する。上記の手続の実施の結果得られる監査証拠、財務諸表監査の過程で得られる監査証拠により、経営者が選定した統制上の要点が不適切であると判断する場合や、経営者の行った当該業務プロセスに係る内部統制の整備状況の有効性の評価結果と異なる結論が導かれる場合が考えられる。これらの判断はある内部統制の不備を補う内部統制（補完統制）などの状況を踏まえ、十分に検討した上でなされるべきであるが、この場合、当該内部統制の整備状況の不備については、適切な管理責任者へ適時に報告を行う。業務プロセスに係る内部統制の整備状況の有効性が確かめられたものにつき、業務プロセスに係る内部統制の運用状況の評価の検討の手続に移行する。

２．業務プロセスに係る内部統制の運用状況の評価の検討

⑴　運用状況の評価の検討

149．監査人は、評価対象となった業務プロセスに係る内部統制の運用状況を理解し、内部統制が適切に運用されているかどうかを確かめ、内部統制の運用状況の有効性に関する経営者の評価の妥当性を検討する。運用状況の有効性の検討は、内部統制がデザインどおりに適切に運用されているかどうか及び統制を実施する担当者等が当該統制を有効に実施するのに必要な権限と能力等を有しているかどうかを把握することである。

⑵　運用状況の評価の検討に係る監査手続の種類

150．監査人は、業務プロセスに係る内部統制の運用状況の有効性に関して経営者の行った評価の妥当性を検討しなければならない。監査人が実施する監査手続には、質問、関連文書の閲覧、業務の観察、企業の担当者等による作業の再現、監査人による再実施等があり、これらを組み合わせたものから構成される。

151．通常、質問のみでは内部統制の運用の有効性を裏付けるには十分な証拠を入手できないため、質問以外の他の種類の手続を実施して質問

の結果により得られた回答の内容を裏付ける必要がある。監査人は、内部統制の重要性及び複雑さ並びに内部統制の運用に際しなされる判断の重要性、内部統制の実施者の能力、内部統制の実施頻度及び前年度の検討結果やその後の変更の状況等も考慮し、手続を決定しなければならない。

152．内部統制の特性が、運用状況の評価の検討に関して実施する監査手続の種類に影響を及ぼす場合がある。例えば、文書等による記録が存在する内部統制については、当該記録を確かめることができるが、コンピュータ・プログラムに組み込まれて自動化されている内部統制のように運用状況の有効性に関する証跡が文書等として残されていない場合には、質問や観察又はコンピュータ利用監査技法を用いた手続等を組み合わせて実施する。

(3)　サンプリング方法

153．業務プロセスに係る内部統制の運用状況の評価の検討のための手続は、基本的に、監査人自らが選択したサンプリング方法を用いた試査により適切な証拠を入手する方法で行われる（ただし、経営者が抽出したサンプルの利用については Ⅲ　内部統制監査の意義　2．監査アプローチの特性 参照）。なお、母集団を推定する必要があるため、特定項目を抽出する方法は、予定しない。サンプリング方法は、サンプリングに際して恣意性が排除される限りは、統計的サンプリングのみならず、非統計的サンプリングの手法も考えられるが、監査人は、個々の状況により、十分かつ適切な監査証拠を最も効果的かつ効率的に入手することができるかどうかにより判断する。

154．内部統制の運用状況の評価の検討のための手続のサンプル数の決定は、監査人が内部統制に依拠しようとする程度、監査人が受け入れることのできる所定の内部統制からの逸脱率（許容逸脱率）、監査人が母集団の中に存在すると予想する所定の内部統制からの逸脱率（予想逸脱率）、監査人が必要とするサンプリングの信頼度及び母集団を構成する項目数から決定される（監査基準委員会報告書530「監査サンプリング」参照）。内部統制監査においては、内部統制自体の有効性評価の検討を目的としていることから、サンプル数の決定は、許容逸脱率、予想逸脱率、監査人が必要とするサンプリングの信頼度及び母集団を構成する項目数から決定されることになると考えられる。

155．統計的サンプリングにおいては、母集団の逸脱率についての結論を出すためのサンプリングとして、属性サンプリングが用いられる。つまり、金額ではなく、特定の属性の有無を判定することになるため、結果は率（%）で表される。

156．統計的サンプリングにおいて、テストの結果、内部統制の逸脱を発見した場合や信頼度を向上させる必要がある場合はサンプルの件数は増大することに留意が必要である（付録2参照）。

157．日常反復的に発生する取引以外の取引は、日次、週次、月次、四半期、年次等の頻度に従い、適切なサンプル数を決定する。

158．その際、例えば、反復継続的に発生する定型的な取引について、経営者が無作為にサンプルを抽出しているような場合には、監査人自らが同じ方法で別のサンプルを選択することは効率的でないため、統制上の要点として選定した内部統制ごとに、経営者が抽出したサンプルの妥当性の検討を行った上で、監査人自らが改めて当該サンプルをサンプルの全部又は一部として選択することができる。さらに、当該サンプルについて、経営者が行った評価結果についても、評価方法等の妥当性を検証し、経営者による作業結果の一部について検証した上で、経営者の評価に対する監査証拠として利用することができる。

なお、前年度において、内部統制の評価結果が有効であった業務プロセスに係る内部統制の運用状況の評価に当たっては、当該業務プロセスに係る内部統制の整備状況に重要な変更がないなど新たに確認すべき事項がない場合、経営者が評価において選択した当年度のサンプル及びその作業結果を利用するなど効率的な手続の実施に留意する。

159. 監査人は、事業規模が小規模で、比較的簡素な構造を有している組織等においては、経営者が直接行った日常的モニタリングの結果や監査役が直接行った内部統制の検証結果（例えば、棚卸の立会などの往査の結果をまとめた報告書等）を内部統制の実施状況の検証として利用するなど、効率的な運用状況の検討が可能な場合があることに留意する。

(4) 運用状況の評価の検討の実施時期

160. 監査人は、期末日現在において、内部統制が有効に運用されているか判断できるよう、適切な時期に内部統制の運用状況の評価の検討を行わなければならない。経営者の評価の実施から期末日までの期間に内部統制に重要な変更があった場合、経営者が内部統制評価基準に照らして、変更に係る内部統制の整備及び運用状況の把握並びに評価のために必要な追加手続を実施しているかどうか確認するほか、自ら実施した運用状況の評価の検討のための手続が期中に行われた場合、当該評価結果が期末日現在も継続しているかどうかの検討が必要である。監査人は、運用状況の評価の検討のための手続実施後、期末日までの残存期間や運用状況の評価の検討のための手続実施の過程で入手した監査証拠の性質、期末日までの内部統制の変更の有無について考慮し、企業のモニタリング手続の実施状況も参考にロールフォワード手続等追加の手続の必要性を検討しなければならない。

(5) ITに係る業務処理統制の運用状況の評価の検討

161. ITに係る業務処理統制の運用状況の評価の検討に当たっては、関連するITに係る全般統制も評価することが前提となっている。したがって、原則としてITに係る業務処理統制のみを評価して、内部統制の有効性について結論を出すことはできない点に留意する。ITに係る全般統制の評価の検討については X ITに係る全般統制の評価の検討方法 を参照

162. 監査人は、ITに係る業務処理統制についても、統制上の要点として選定した内部統制ごとに、経営者が抽出したサンプルの妥当性の検討を行った上で、監査人自らが改めて当該サンプルをサンプルの全部又は一部として選択することができる。当該サンプルについて、経営者が行った評価結果についても、評価方法等の妥当性を検証し、経営者による作業結果の一部について検証した上で、経営者の評価に対する監査証拠として利用することができる。

163. ITに係る業務処理統制のうち、自動化された内部統制については、一旦適切な業務処理統制を組み込めば、意図的に手を加えない限り継続して機能する性質を有している。したがって、ITに係る全般統制の評価結果が有効であることを前提とすれば、必要最低限のサンプル数で運用状況の評価の検討を実施できる。

164. ITに係る業務処理統制のうち、自動化された内部統制に関して期中で運用状況の評価の検討を実施した場合には、運用状況の評価の検討のための手続実施後のプログラム変更の有無や障害の発生状況、及び関連するITに係る全般統制の有効性を検討した上で、追加手続実施の必要性を判断する。

165. ITを利用して自動化された内部統制については、内部統制監査の実施基準において「過年度の検討結果を考慮し、検討した時点から内部統制が変更されていないこと、障害・エラー等の不具合が発生していないこと、及び関連する全般統制の整備及び運用の状況を検討した結果、全般統制が有効に機能していると判断できる場合には、その結果を記録することで、当該検討結果を継続して利用することができる。」とされている。当該検討結果を何年間利用できるかについては一律の定めはないが、上記に加えて例えば、以下の事項を考慮して判断することになる。

・過去の監査手続の実施から得られた監査人の理解
・対象システムの複雑性
・当該ITを利用して自動化された内部統制が組み込まれている業務プロセスの重要性

なお、前年度において、内部統制の評価結果

が有効であったITに係る業務処理統制の運用状況の評価に当たっては、当該業務処理統制の整備状況に重要な変更がないなど新たに確認すべき事項がない場合、経営者が評価において選択した当年度のサンプル及びその評価結果を利用するなど効率的な手続の実施に留意する。

3．決算・財務報告プロセス

166．決算・財務報告プロセスは、主として経理部門が担当する月次の合計残高試算表の作成、個別財務諸表、連結財務諸表を含む外部公表用の有価証券報告書を作成する一連の過程をいう。

167．決算・財務報告プロセスは、引当金の計上、税効果会計、固定資産の減損会計の適用等会計上の見積りや判断にも関係し、財務報告の信頼性に関して非常に重要な業務プロセスの一つである。決算・財務報告プロセスに係る内部統制は、その実施頻度が日常的な取引に関連する業務プロセスなどに比して低いことから評価できる実例の数は少ないものとなることもあり、整備及び運用状況を検討するためには十分慎重に監査手続を実施する必要がある。

168．内部統制評価の実施基準では、決算・財務報告に係る業務プロセスを、全社的な観点で評価することが適切と考えられるものと財務報告への影響を勘案して個別に評価対象に追加することが適切なものがあるとの整理がされている。これは、連結会計方針の決定や会計上の予測、見積りなど経営者の方針や考え方等のように全社的な内部統制に性格的に近いといえるものと、個別財務諸表作成に当たっての決算整理に関する手続等は、業務プロセスに係る内部統制に近い性格があるとの解釈と考えられる。

169．内部統制評価の実施基準では、次の全社的な観点で評価することが適切と考えられる決算・財務報告プロセスの手続の例示が示されている。

・総勘定元帳から財務諸表を作成する手続
・連結修正、報告書の結合及び組替など連結財務諸表作成のための仕訳とその内容を記録する手続
・財務諸表に関連する開示事項を記載するための手続

170．全社的な内部統制に準じて全社的な観点で評価することが適切と考えられるものと財務報告への影響を勘案して個別に評価対象に追加することが適切なものについては、必ずしも一律に決定されるものではなく、企業の実情に応じ、両者を区分・整理し対応を図ることが適切である。

(1)　全社的な内部統制に準じて全社的な観点で評価される場合

171．決算・財務報告プロセスのうち、全社的な観点で評価されることが適切と考えられる内部統制に対する監査手続は、企業においてグループ会計方針が示され、明確な手続が確立されている場合は、特に内部統制が複雑にならないため、全社的な内部統制に準じて、経営者が実施したチェックリスト等を入手して全社的な観点から検討することも可能である。

172．全社的な観点で評価される内部統制の一例を示せば次のとおりである。

①　当期の決算において適用される会計方針、連結財務諸表に適用される法令その他の開示に関して要求される事項を記載した決算指示書（監基報600A22項からA24項参照）を作成し、各事業拠点に配付、説明し、周知徹底を図る。

②　連結決算のために必要となる子会社等の財務情報等を収集するために必要となる報告パッケージの様式が設計されている。

③　上記の報告パッケージの様式について、親会社への報告日程を含め、記載上の留意事項を子会社等に配付し、説明している。

④　各事業拠点から収集された報告パッケージについて、親会社の責任者による査閲（対予算比較、対前期比較等）が実施され、異常な増減等があれば、原因が調査され、必要に応じ経営者に説明している。

⑤　有価証券報告書の開示に際し、経営者による査閲が実施され、財務諸表等に異常な増減等があれば適切に対応されている。

⑥ 法令等の改正により新たに適用される開示項目について、早期に検討され、必要に応じて法律の専門家や監査人等と協議している。

(2) 財務報告への影響を勘案して個別に評価対象に追加する場合

173. 財務報告への影響を勘案して個別に評価対象に追加する決算・財務報告プロセスには、例えば、事業拠点における決算処理手続等が該当すると考えられる。引当金や固定資産の減損損失、繰延税金資産（負債）など見積りや経営者による予測を伴う重要な勘定科目に係る業務プロセスで財務報告に及ぼす影響が最終的に大きくなる可能性があるものは、追加的に経営者による評価の対象に含めるかどうかを検討しなければならない。個別に評価対象に追加された場合、フローチャート等の記録を入手し、原則として他の業務プロセスにおける監査手続と同様の手続を実施し、経営者による当該プロセスの内部統制の整備状況や運用状況の評価が妥当であるかどうかを確かめなければならない。

174. 決算・財務報告プロセスに係る内部統制の運用状況の評価の検討については、当該プロセスの性質上、仮に、当該プロセスで内部統制の不備が発見された場合、財務報告に及ぼす影響や当該事業年度の期末日までに是正措置が実施できないことから、開示すべき重要な不備に該当する可能性も高い。内部統制監査の実施基準においては、内部統制の評価時期について、弾力的な取扱いが示されており、期末日までに内部統制に関する重要な変更があった場合に適切な追加手続が実施されることを前提に、必ずしも当期の期末日以降でなく、適切な時期に評価を行うことで足りるとされている。したがって、前年度の運用状況、四半期決算等の作業を通じ、決算・財務報告プロセスについて期中において検証しておくことが効果的かつ効率的と考えられる。

(3) スプレッドシートが使用されている場合

175. 決算・財務報告プロセスでは、決算処理手続、連結財務諸表の作成等を通じ、一般に数値データの計算・集計・分析・加工等に用いられる表計算ソフト（以下「スプレッドシート」という。）が広く利用されている。この場合、システムの利用者であるユーザー自らが業務システムを構築し運用に直接携わるエンドユーザーコンピューティング（EUC）の観点からのリスクの評価が重要になると考えられ、これに対する内部統制の有効性の評価の検討を行う監査手続が特に重要になる場合がある。

176. スプレッドシートについては、次の点について検討する必要がある。

① スプレッドシートを使用し、財務報告の基礎資料を作成している場合、マクロや計算式等を検証していること

② スプレッドシートのマクロ、計算式等の検証が適切になされていない場合、手計算で確かめる等の代替的な手段がとられていること

③ スプレッドシートに対するアクセス制御、変更管理、バックアップ等の対応について検証していること

4．委託業務に係る内部統制の評価の検討

177. 企業が、財務諸表の作成の基礎となる取引の承認、実行、計算、集計、記録又は開示事項の作成等の業務を企業集団の外部の専門会社に委託している場合がある。当該委託業務は、企業の財務報告に係る内部統制の重要な業務プロセスの一部を構成していると解釈できる。監査人は、当該内部統制の有効性に係る経営者の評価を検討するために、監査基準委員会報告書402「業務を委託している企業の監査上の考慮事項」に準拠して、例えば次の手続を実施する。

(1) 以下の観点から受託会社の業務をどのように利用しているかを理解する。

・受託会社が提供する業務の内容と委託会社にとっての当該業務の重要性（委託会社の内部統制に与える影響を含む。）

・受託会社が処理する取引、又は影響を与える勘定や財務報告プロセスの内容と重要性

・受託会社の活動と委託会社の活動との相互関連の度合い

・受託会社が引き受ける活動に関する契約条

項を含む、委託会社と受託会社の関係

⑵　委託業務に係る内部統制について、受託会社が実施している内部統制、及び受託会社が提供している業務に対し、企業（委託会社）が実施している内部統制を理解する。

⑶　受託会社の業務に対し企業（委託会社）が自らサンプリングによる検証を実施している場合には、経営者の行った検証の状況を確認する。

⑷　委託業務について受託会社が実施した内部統制の整備及び運用状況に関する評価の結果を記載した報告書等を企業（委託会社）が受託会社から入手している場合には、当該報告書等が十分かつ適切な監査証拠を提供しているかどうか検討する。

178．委託業務の評価の検討に当たっては、例えば、販売プロセスに関連して入出荷業務を外部倉庫業者の専用倉庫に委託しており、評価対象となる統制上の要点が倉庫業者側で実施されている場合には、経営者による評価を前提に監査人が自ら当該倉庫に往査することも考えられる。

179．受託会社から報告書を入手している場合には、内部統制の整備状況及び運用状況について、当該報告書が十分かつ適切な監査証拠を提供しているかどうかを確かめるため、次に掲げる事項等を検討しなければならない。

・受託会社の内部統制の記述とデザイン及び運用状況の有効性の基準日又は対象期間は、委託会社監査人の目的にとって適切であるかどうか評価する。また、受託会社の内部統制の運用状況の有効性の評価の対象期間と、当該評価の実施以後の経過期間が適切かどうか評価する。

・委託業務の内部統制の理解のために、報告書が提供する証拠の十分性と適切性を評価する。

・受託会社の内部統制の記述に含まれている委託会社の相補的な内部統制が、委託会社に該当するかどうか判断する。該当すると判断された場合、委託会社が当該内部統制をデザインして業務に適用しているかどうか理解する。委託会社がデザインして業務に適用している場合には、それらの運用状況の有効性について評価手続を実施する。

180．受託会社からの報告書としては、受託会社内部で作成された報告書を入手することが考えられる。その他受託会社からの報告書の例としては、日本公認会計士協会が公表している監査・保証実務委員会実務指針第86号「受託業務に係る内部統制の保証報告書」に定める「受託会社のシステムに関する記述書並びに内部統制のデザイン及び運用状況に関する独立受託会社監査人の保証報告書」、米国公認会計士協会（AICPA）が策定した Statement on Standards for Attestation Engagements（SSAE）No.16「Reporting on Controls at a Service Organization」による報告書、国際会計士連盟（IFAC）の中に設置されている国際監査・保証基準審議会（IAASB）が策定した International Standard on Assurance Engagements（ISAE）No.3402「Assurance Reports on Controls at a Service Organization」による報告書等の諸外国の制度における報告書が考えられる。

Ⅹ　ITに係る全般統制の評価の検討方法

1．ITに係る全般統制の位置付け

181．ITを利用した情報システムに対する内部統制にはITに係る業務処理統制とITに係る全般統制が含まれる。

182．ITに係る業務処理統制のうち、コンピュータ・プログラムに組み込まれた自動化された内部統制は、意図的又は誤りによって変更を加えない限り、継続して機能する性質がある。

ITに係る業務処理統制が継続して機能するためには、当該ITに係る業務処理統制が組み込まれたアプリケーション・システム、及びそれを支えるハードウェア、ネットワーク、オペレーティング・システム等のIT基盤が適切に管理されていることが必要であり、このための統制が、ITに係る全般統制である。

ITに係る全般統制には、通常、以下の事項に対する内部統制が含まれる。

・データ・センターとネットワークの運用
・アプリケーションの取得、開発及び保守
・システム・ソフトウェアの取得、変更及び保守
・プログラム変更
・アクセス・セキュリティ

そして、これらの財務報告に係る内部統制の重要な業務の一部を外部委託している場合には、外部委託に関する契約管理が含まれる点に留意する。

このため、ITに係る全般統制は、評価範囲となったITに係る業務処理統制に対応するIT基盤の概要をもとに評価単位を識別し、実施することになる。ITに係る全般統制は、その対象となるIT基盤に対応するアプリケーション・システムのITに係る業務処理統制の信頼性に影響を与える。

監査人は、ITに係る全般統制について理解し、ITに係る全般統制に対する経営者の評価の妥当性の検討を行った上で、ITに係る業務処理統制の評価の検討を実施する必要がある。

2．ITに係る全般統制の評価の検討

183. 監査人は、経営者によるITに係る全般統制の評価を検証するに当たって、経営者によるIT環境についての状況を示した文書を入手し、次の手順に従って検討する。

(1) ITに係る全般統制の評価範囲の妥当性についての検討

① 経営者により作成されたIT環境の概要等が記載された文書を利用し、連結グループ全体のIT環境について理解する。

② 評価対象となったITに係る業務処理統制に対応するIT基盤が、ITに係る全般統制の評価範囲となっているかどうかを確認する。

(2) 整備状況の評価の検討

① 経営者が採用する評価項目が、内部統制評価の実施基準3．(3)⑤「ITを利用した内部統制の評価」に照らして、適切なものになっているかどうか確認する。

② ITに係る全般統制のデザイン・適用について、経営者による評価の結果作成された書類及び記録を閲覧し、経営者への質問等により、経営者の行った評価の妥当性を検討する。

(3) 運用状況の評価の検討

① 経営者によるITに係る全般統制の整備状況の評価結果において、有効に整備されていると評価されたものの中から、運用状況の評価の検討手続の対象となるITに係る全般統制を選択する。

② 選択したITに係る全般統制に対して、運用状況の評価の検討のための手続を実施する。運用状況の評価の検討のための手続は、財務諸表監査におけるITに係る全般統制の評価手続と同様である。運用状況の評価の検討では、必要に応じ監査人自らがサンプルを抽出する。

3．ITに係る全般統制の不備の評価の検討

184. ITに係る全般統制は、ITに係る業務処理統制の継続的な運用を確実にすることを間接的に支援するものであり、ITに係る全般統制に不備があれば、関連する全てのITに係る業務処理統制に影響し、有効に機能しない可能性があるため、虚偽記載が発生するリスクが高まる場合がある。

185. ITに係る全般統制の不備は、それ自体が財務報告の重要な事項に虚偽記載が発生するリスクに直接繋がるものではないため、それだけでは不備の程度を判断することはできない。まず、代替的又は補完的な他のITに係る全般統制により、目的が達成されているかを検討する。目的が達成されないと判断された場合には、そのITに係る全般統制が支援するITに係る業務処理統制にどのような影響を及ぼすかを検討する。業務プロセスにおける関連するITに係る業務処理統制が現に有効に機能していることが検証できれば、ITに係る全般統制の不備が直ちに開示すべき重要な不備と評価されるものではないことに留意する。なお、ITに係る業務処理統制に開示すべき重要な不備が識別され、それがITに係る全般統制の不備に起因すると

判断された場合には、当該ITに係る全般統制の不備も合わせて開示すべき重要な不備と判断される。

Ⅺ　内部統制の不備の程度の評価

1．内部統制の不備

186．内部統制の不備は、内部統制が存在しない、又は規定されている内部統制では内部統制の目的を十分に果たすことができない等の整備上の不備と、整備段階で意図したように内部統制が運用されていない、又は運用に際して誤りが多い、又は内部統制を実施する者が統制内容や目的を正しく理解していない等の運用上の不備からなる。

2．開示すべき重要な不備の判断指針

187．開示すべき重要な不備とは、単独で、又は複数組み合わせて、財務報告に重要な影響を及ぼす可能性が高い内部統制の不備をいう。開示すべき重要な不備の判断指針は、企業の置かれた環境や事業の特性等によって異なるものであり、一律に示すことはできないが、基本的には、財務報告全般に関する虚偽記載の発生可能性と影響の大きさのそれぞれから判断される。開示すべき重要な不備に該当するかどうかは、実際に虚偽記載が発生したかどうかではなく、潜在的に重要な虚偽記載の発生を防止又は適時に発見できない可能性がどの程度あるか（潜在性）によって判断される。

3．金額的重要性と質的重要性

188．内部統制の開示すべき重要な不備は、一定の金額を上回る虚偽記載、又は質的に重要な虚偽記載をもたらす可能性が高いものであり、重要性を判断する際には、金額的な重要性及び質的な重要性の双方について、原則として連結財務諸表に対して検討を行う。なお、内部統制の不備に関わる重要性の判断指針は、最終的には財務諸表の信頼性に関わることから、財務諸表監査における重要性と同一になると考えられる。

189．金額的重要性は、連結総資産、連結売上高、連結税引前利益などの指標に対する比率で判断する。これらの指標や比率は画一的に適用するのではなく、会社の業種、規模、特性など、会社の状況に応じて適切に用いる必要がある。例えば、連結税引前利益を指標とする場合には、概ね５％程度とすることが考えられるが、連結税引前損失を計上している場合、連結税引前利益の金額が著しく小さい場合、あるいは、連結税引前利益が事業の性質等から事業年度ごとに著しく変動する場合などは、使用する指標や比率が適切であるか否かを検討する。

190．質的重要性については、上場廃止基準や財務制限条項に関する記載事項などが投資判断に与える影響の程度、関連当事者との取引や大株主の状況に関する記載事項などが財務報告の信頼性に与える影響の程度で判断する。

⑴　上場廃止基準

191．金融商品取引所が定める上場廃止基準は、いくつかの項目がある。例えば、株式会社東京証券取引所では、流通株式数、株主数、時価総額、債務超過、有価証券報告書等の虚偽記載、監査人による不適正意見又は意見不表明、売買高等の定めがある。

開示すべき重要な不備に該当するかどうかの検討は、これらの事項が財務諸表作成における重要な判断に及ぼす影響の大きさを勘案して行われるものであることから、例えば債務超過の回避等、財務諸表に対する虚偽記載が上場廃止基準に抵触することとなる場合には、質的な重要性があると判断する。

⑵　財務制限条項

192．金融機関が債務者に融資を実行する際に、債務者の財政状態、経営成績が一定の条件に該当する場合には、債務者は借入金について期限の利益を失い直ちに一括返済の義務を負う。財務制限条項には、例えば、純資産維持条項、利益維持条項、現預金維持条項等がある。

財務諸表に対する虚偽記載が財務制限条項を回避することとなる場合には、質的な重要性があると判断することとなる。

(3) 関連当事者との取引

193．開示の対象とすべき関連当事者の存在及び当該関連当事者との取引の識別並びにその開示に係る網羅性の検討に係る内部統制に不備が認められる場合には、質的な重要性があると判断する。

(4) 大株主の状況

194．(3) 関連当事者との取引 とも一部重複があるが、とりわけ、関連当事者の存在の検討に係る内部統制において、名義株の検討、大量保有報告書の検討等、財務諸表提出会社の親会社、その他の関係会社、主要株主の判定における内部統制に不備が認められる場合には、質的な重要性があると判断する。

なお、「大株主の状況」では、所有株式数の多い順に10名程度の株主が記載されるが、財務報告に係る内部統制の評価にあっては、これら全ての大株主の記載が正しいことを求めているわけではないことに留意する。

4．補完統制の考慮

195．補完統制とは、ある内部統制の不備を補う内部統制のことをいう。監査人は、不備が単独で、又は、複数合わさって、開示すべき重要な不備に該当していないかどうかを検討する際に、補完統制が以下 5．不備の潜在的な影響額の算定 及び6．重要な虚偽記載が発生する可能性の検討 に記載する虚偽記載の潜在的な影響額又は発生可能性をどの程度低減しているかを検討する。また、補完統制を考慮する際には、補完統制が有効に整備され、運用されていることを検討しなければならない。例えば、会社が事業計画や予算の達成状況を分析するために実施する財務分析等を補完統制として利用する際には、監査人は、当該分析により重要な虚偽記載が発見される精度等について慎重に検討する必要がある。

5．不備の潜在的な影響額の算定

196．監査人は、業務プロセスに係る内部統制の不備の程度を判断するに当たっては、当該業務プロセスに係る内部統制の不備がどの勘定科目にどの範囲で影響を及ぼすかを検討する。潜在的な影響額は、当該不備により影響を受ける最大の金額をいい、不備の識別された内部統制により影響を受ける財務諸表の勘定残高や取引種類の取引総額に基づき算定する。また、特定の内部統制の不備を補う補完統制がある場合、不備の潜在的な影響額を補完統制の効果を考慮して減額できることがある。例えば、不備のある内部統制により影響を受ける勘定残高又は取引種類のうち、一定金額以上の取引については別の内部統制（補完統制）が適用される場合、補完統制が適用される取引の金額は不備の潜在的な影響額から除くことができる。

197．整備状況の不備は対象となる勘定残高や取引総額の全体が識別した不備に影響を受けるのに対して、運用状況の不備について、部分的に内部統制が運用されていると考えられる場合には、統計的な考え方を準用する等の方法により、不備により影響を受ける潜在的な影響額を合理的に算定できる場合もある。

6．重要な虚偽記載が発生する可能性の検討

198．潜在的な影響額が金額的重要性を上回る場合、又は、金額的重要性を上回らなくても、質的重要性があると判断した場合には、重要な虚偽記載が発生する可能性の検討を行う。

199．内部統制の不備の評価に当たっては、金額的又は質的重要性の要件に該当する場合であっても、重要な虚偽記載の発生する可能性が低いものは開示すべき重要な不備とはならない。不備の程度の判断に当たり、以下に記載する考慮事項等に基づいて、重要な虚偽記載の発生可能性を定性的に判断することになる。

(1) 業務プロセスに係る内部統制の不備による虚偽記載の発生可能性の検討

200．内部統制監査の実施基準には、業務プロセスに係る内部統制の不備の影響が実際に発生する可能性を検討する際の一つの方法として、発生確率をサンプリングの結果を用いて統計的に導き出す方法が例示されている。ただし、内部

統制の逸脱により必ず実際に虚偽記載が発生するとは限らないことから、内部統制の逸脱の「発生確率」は「影響が実際に発生する可能性」を考慮する際の判断要素の一つではあるが、必ずしもそれに限定されるものではなく、以下に記載する検出された例外事項の大きさ・頻度等の各項目や虚偽記載の発生可能性に影響を及ぼしうる各要因をあわせて検討する必要があることに留意する。

・検出された例外事項の大きさ・頻度

例えば、経営者あるいは監査人が試査により内部統制の運用評価手続を実施した結果、内部統制が意図したとおりには運用されていない例外事項を発見することがある。この場合、実際に発見した例外事項の件数が多いほど、通常、母集団において当該内部統制が運用されていない確率が高くなるため、重要な虚偽記載の発生可能性も高くなると考えられる。また、運用評価手続の実施により、財務諸表に計上されている金額に誤謬が検出されることがある。この検出された誤謬等の規模（金額）が大きく、検出の頻度（件数）が高いほど、重要な虚偽記載の発生可能性は高いと判断される。また、監査人が財務諸表監査において実施した実証手続から誤謬を検出した場合も、誤謬の原因が内部統制の不備に起因するかどうかを検討し、発見した誤謬の大きさや件数を同様に考慮する。実証手続により重要性の基準値に近い高い水準の誤謬が発見された場合は、極めて少額の誤謬が発見された場合に比べ、相対的に重要な虚偽記載の発生可能性が高いと判断することがあることに留意する。

・検出された例外事項の原因

例えば、事業拠点において内部統制の担当者は内部統制のルールを認識していたが、不注意によりたまたま逸脱が発生したという場合、内部統制のルールが全く認識されていなかったという場合よりも、不備の影響の発生可能性は低いと判断される。

・ある内部統制と他の内部統制との代替可能性

例えば、内部統制に代替可能性が認められる場合、ある内部統制の不備を他の内部統制が補完している可能性があり、その場合には影響の発生する可能性が低減される（補完統制については　4．補完統制の考慮 参照）。

また、これらの事項に加え、次に記載する事項も、一般的に発生可能性に影響を及ぼす要因として考えられるが、個々の状況によってそれぞれの要因の発生可能性に影響を及ぼす程度は異なることに留意する。

・財務諸表の勘定科目や開示と虚偽記載が発生するリスク（網羅性、実在性等の適切な財務情報を作成するための要件に関連付けたリスク）の性質
・不正の発生のしやすさ
・財務諸表の計上金額を決定するために必要な主観的判断の程度や当該金額決定における複雑性
・他の統制との相互の依存関係（他の内部統制の有効性に与える影響の有無）
・複数の不備の組み合わせによる影響

201．不備による当期の財務諸表に重要な虚偽記載が発生する可能性が低い場合でも、当該不備をそのまま放置することにより将来の財務諸表に重要な虚偽記載が発生する可能性がある場合には、将来に及ぼす影響も考慮して、開示すべき重要な不備か否かを判断することがある。

(2)　全社的な内部統制の不備の評価の検討

202．全社的な内部統制の不備は、業務プロセスに係る内部統制にも直接又は間接に広範な影響を及ぼし、最終的な財務報告の内容にも広範な影響を及ぼすことになる。ただし、全社的な内部統制は、一般的には特定の財務諸表項目の虚偽記載を直接防止又は発見するものではないため、不備の程度を検討するに際しては、不備により影響を受ける特定の財務諸表項目の潜在的な影響額の算定ができず、財務諸表全体レベル及びアサーション・レベルの重要な虚偽記載が発生する可能性が高いか否かで判断する。評価に当たっては、Ⅷ　全社的な内部統制の評価の検討方法　3．全社的な内部統制の不備の評価

の検討 を参照する。

203. 全社的な観点で評価する決算・財務報告プロセスの不備は、全社的な内部統制の不備の評価の検討に準じて検討を行うが、潜在的な影響額が算定できる場合には、業務プロセスに係る内部統制の不備に準じて検討を行う。

(3) ITに係る全般統制の不備の評価の検討

204. ITに係る全般統制の不備は、財務諸表の虚偽記載に直接繋がるものではないため、原則として、ITに係る業務処理統制を通じて重要な虚偽記載が発生する可能性をもたらしているか否かを検討する。なお、評価に当たっては、X ITに係る全般統制の評価の検討方法 3．ITに係る全般統制の不備の評価の検討 を参照する。

7．内部統制の不備が複数存在する場合の検討

205. 単独の不備としては開示すべき重要な不備に該当しなくても、複数の不備が及ぼす影響を組み合わせて検討すると、重要な虚偽記載を発生させる可能性が高まる場合があるため、複数の不備が組み合わさって開示すべき重要な不備に該当していないかどうかを評価する必要がある。

206. 複数の不備の程度も、個別の不備と同様に、複数の不備による潜在的な影響額と発生可能性に基づき実施するが、個別の不備の程度の判定と複数の不備の程度の判定を同時に実施することもある。

207. 複数の不備の潜在的な影響額の合算に当たっては、以下の事項に留意する。

・同一の勘定科目や開示項目ごとに潜在的な影響額を合算する。同一の勘定科目は、売上高、売掛金、棚卸資産等のアサーション・レベルであり、財務諸表項目が複数の細目科目で構成される場合にそれら細目科目ごとに不備を合算することは想定されていない。

・一般に、複数の不備が利益に及ぼす影響を算出することは困難であり、また不備により関連する勘定残高が過大表示となるのか過小表示となるかを推定することは困難であるため、不備の影響額は原則として絶対値を用いて合算する。

・同一勘定科目等の複数の不備による影響額を合算する際、重複する影響額は控除する。複数の不備の影響額の重複を厳密に考慮することが困難である場合は、勘定科目や取引種類の計上残高を複数の不備の重複を排除した金額とみなすことがある。

・不備の影響額を合算する際には、影響額が非常に軽微な不備まで合算することは合理的でないため、金額的重要性の判断基準に照らして、合算する不備の最低金額（許容可能な不備）を定めることが適当な場合がある。

208. 複数の不備が組み合わさって、関連する勘定科目に重要な虚偽記載の発生する可能性があるか否かについては、6．重要な虚偽記載が発生する可能性の検討 で記述した発生可能性の考慮事項要因に基づき判断する。

209. 複数の同質的な不備が同一又は複数の勘定科目で生じており、それが、全社的な内部統制の不備に起因していると判断できる場合、全社的な内部統制の開示すべき重要な不備に該当するかどうかを検討する。

8．開示すべき重要な不備に該当するかどうかを検討すべき内部統制の不備

210. 内部統制評価の実施基準3．(4)①ハ．では、財務報告に係る内部統制の開示すべき重要な不備となる全社的な内部統制の不備が例示されているが、開示すべき重要な不備に該当するかどうかを検討すべき内部統制の不備の状況を示す例としては、次の場合が挙げられる。

(1) 前期以前の財務諸表につき重要な修正をして公表した場合

(2) 企業の内部統制により識別できなかった財務諸表の重要な虚偽記載を監査人が検出した場合

(3) 上級経営者層の一部による不正が特定された場合

211. 次に挙げる分野で内部統制の不備が発見さ

れた場合には、財務報告の信頼性に与える影響が大きいことから、開示すべき重要な不備に該当する可能性を慎重に検討する。

・会計方針の選択適用に関する内部統制
・不正の防止･発見に関する制度
・リスクが大きい取引を行っている事業又は業務に係る内部統制
・見積りや経営者による予測を伴う重要な勘定科目に係る内部統制
・非定型・不規則な取引に関する内部統制

9．経営者が開示すべき重要な不備等を識別した場合の対応

212．内部統制評価の実施基準では、「財務報告に係る内部統制の評価の過程で識別した内部統制の不備（開示すべき重要な不備を含む。）は、その内容及び財務報告全体に及ぼす影響金額、その対応策、その他有用と思われる情報とともに、識別した者の上位の管理者等適切な者にすみやかに報告し是正を求めるとともに、開示すべき重要な不備（及び、必要に応じて内部統制の不備）は、経営者、取締役会、監査役等及び会計監査人に報告する必要がある。なお、開示すべき重要な不備が期末日に存在する場合には、内部統制報告書に、開示すべき重要な不備の内容及びそれが是正されない理由を記載しなければならない。」としている。

213．開示すべき重要な不備及び必要に応じて開示すべき重要な不備以外の内部統制の不備（以下「開示すべき重要な不備等」という。）が監査人に報告されることになるが、監査人は、経営者が識別した開示すべき重要な不備等を勘案して財務報告の重要な虚偽記載が発生するリスクを考慮する必要がある。

214．監査人は、全社的な内部統制の評価の検討に当たり、経営者が識別した開示すべき重要な不備等について、その判断基準に照らして、経営者の評価結果、経営者が当該評価結果を得るに至った根拠等を確認するとともに、業務プロセスに係る内部統制に及ぼす影響を含め、財務報告に重要な影響を及ぼす可能性について慎重に検討し、経営者の評価が妥当であるか確認する。

215．監査人は、業務プロセスに係る内部統制の評価の検討に当たり、経営者が識別した開示すべき重要な不備等について、どの勘定科目等にどの範囲で影響を及ぼし得るか、影響が実際に発生する可能性、質的･金額的重要性等から判断して、経営者の評価が妥当であるかどうか確認する。

216．監査人は、経営者が開示すべき重要な不備について評価時点（期末日）までに是正措置を行った場合には、実施された是正措置について経営者が行った評価が妥当であるかどうかの確認を行う。この際、開示すべき重要な不備を識別してから最終的な評価時点（期末日）までに、一定の期間が確保され、是正措置の評価が適切に行われたかどうかに留意する。

217．経営者が開示すべき重要な不備について評価時点（期末日）までに是正措置を行っていない場合には、内部統制報告書における経営者の評価結果に関する事項の記載内容（開示すべき重要な不備があり、財務報告に係る内部統制は有効でない旨並びにその開示すべき重要な不備の内容及びそれが事業年度の末日までに是正されなかった理由）の妥当性を検討し、当該記載内容が適切であるか否かについて判断する。経営者が上記の記載に加え、内部統制府令ガイドライン４−５により、当該開示すべき重要な不備の是正に向けての方針、当該方針を実行するために検討している計画等を記載しているときは、当該方針や計画等の実在性を検討する。

218．経営者が開示すべき重要な不備について期末日後に是正措置を行った場合には、当該是正措置に係る内部統制報告書における付記事項などの記載内容の妥当性を検討し、当該記載内容が適切であるか否かについて判断する。

10．開示すべき重要な不備等の報告と是正

219．監査人は、内部統制監査の実施において内部統制の開示すべき重要な不備を発見した場合には、経営者に報告して是正を求めるとともに、

当該開示すべき重要な不備の是正措置を適時に確認しなければならない。また、当該開示すべき重要な不備の内容及びその是正結果を取締役会及び監査役等に報告しなければならない。開示すべき重要な不備以外の内部統制の不備を発見した場合も、適切な管理責任者に報告しなければならない。

220．内部統制監査は、全ての内部統制の不備を発見することを目的としているわけではなく、是正を求める対象は、内部統制監査の実施において発見された開示すべき重要な不備である。監査人は、開示すべき重要な不備以外の内部統制の不備を積極的に発見することを要求されてはいないが、監査の過程において開示すべき重要な不備以外の内部統制の不備を発見した場合には、適切な管理責任者に適時に報告しなければならないことに留意する。

11．財務諸表監査に及ぼす影響

221．財務報告に係る内部統制に開示すべき重要な不備があり内部統制が有効でない場合、財務諸表監査において、監査基準の定める内部統制に依拠した通常の試査による監査は実施できないと考えられるため、財務諸表監査の監査計画を修正しなければならない可能性が高い。

222．開示すべき重要な不備が発見された場合であっても、それが内部統制報告書における評価時点（期末日）までに是正されていれば、財務報告に係る内部統制は有効であると認めることができるが、財務諸表監査においては、監査対象期間のうち開示すべき重要な不備が是正される前の期間について、内部統制への依拠が限定的になる可能性がある。開示すべき重要な不備の是正状況を適時に確認し、内部統制に依拠できる範囲を検討する必要がある。開示すべき重要な不備の是正が評価時点（期末日）の直前に行われた等の場合には、財務諸表監査において大幅な追加手続が必要になることも考えられるため、開示すべき重要な不備の是正は、できるだけ早期に図られることが望ましい。

222－2．財務報告に係る内部統制における開示すべき重要な不備自体は、監査基準委員会報告書701「独立監査人の監査報告書における監査上の主要な検討事項の報告」（以下「監基報701」という。）における監査上の主要な検討事項として取り扱う必要は必ずしもない。ただし、当該識別された開示すべき重要な不備が財務諸表監査に及ぼす影響を考慮して、当該不備に関連する事項が監査上の主要な検討事項に該当すると判断した場合は、財務諸表監査の監査報告書に記載することがある。その場合、財務諸表監査の監査報告書の監査上の主要な検討事項において内部統制監査報告書の強調事項や不適正意見の根拠に参照を付すことがある。

XII 不正等への対応

223．監査人は、内部統制監査の実施において不正又は法令に違反する重大な事実（以下「不正等」という。）を発見した場合には、経営者、取締役会及び監査役等に報告して適切な対応を求めるとともに、内部統制の有効性に及ぼす影響の程度について評価しなければならない。

224．監査基準委員会報告書240「財務諸表監査における不正」によれば、不正とは、「不当又は違法な利益を得るために他者を欺く行為を伴う、経営者、取締役等、監査役等、従業員又は第三者による意図的な行為をいう。」とされている。

225．財務報告に関連する主な不正には、財務報告の虚偽記載（粉飾等）と資産の流用がある。また、不正への関与者により、不正は経営者不正と従業員不正に区分され、いずれの場合にも不正を隠蔽するために企業外の第三者との共謀や文書の偽造、虚偽の説明を伴うことが多い。

226．内部統制監査において、監査人は、経営者の作成した内部統制報告書に重要な虚偽表示がないことについて監査意見を表明する責任を有しており、不正等が内部統制の有効性に及ぼす影響の程度についての評価を行う責任は、一義的には経営者にある。

227．内部統制監査は、不正の発見をその直接の目的としているわけではないが、監査人が不正等を発見した場合は、内部統制の有効性に問題があることが予想されるため、経営者に報告するとともに当該事象に関わる内部統制の有効性評価への影響を検討する必要がある。

XIII　経営者の評価の利用

1．内部監査人等の作業の利用

228．監査基準では、「監査人は、企業の内部監査の目的及び手続が監査人の監査の目的に適合するかどうか、内部監査の方法及び結果が信頼できるかどうかを評価した上で、内部監査の結果を利用できると判断した場合には、財務諸表の項目に与える影響等を勘案して、その利用の程度を決定しなければならない。」（第三　実施基準　四 他の監査人等の利用　3）としており、必ずしも内部監査人等の作業の利用を前提とはしていない。他方、内部統制監査の実施基準では、「監査人は、内部統制の基本的要素であるモニタリングの一部をなす企業の内部監査の状況を評価した上で、内部監査の業務を利用する範囲及び程度を決定しなければならない。」としており、内部監査人等の作業の利用が想定されている。

229．この相違は、従来財務報告に係る内部統制についての内部監査の実施程度が企業間でも差異があったことに起因していると考えられるが、意見書の公表により、内部監査が内部統制の基本的要素のモニタリングの独立的評価として実施されるものであることが明確になった。したがって、今後は内部監査が一定の水準で実施されることが期待されるため、効果的かつ効率的に監査を実施する観点から内部統制監査においては内部監査人等の作業の利用の可能性が示されたものと考えられる。

230．内部監査人等の作業の利用については、企業が実施している内部監査の状況を評価することが求められており、評価に際して検討すべき内容については、監基報610に準拠することが適切と考えられる。

なお、監基報610では、内部監査人等の作業を利用可能であると結論付けた場合でも、監査人は、表明した監査意見に単独で責任を負うものであり、内部監査人等の作業を利用したとしても、監査人の責任は軽減されるものではないとされている。また、次の事項にも留意が必要である。

・内部監査人等の作業から間接的に入手した監査証拠は、監査人自身が同様の監査手続を実施することにより直接入手できる監査証拠よりも監査証拠としての証明力が弱い。
・財務諸表項目に金額的重要性がある場合、特定のアサーション・レベルの重要な虚偽表示リスク（固有リスク及び統制リスク）が高い場合や引当金等の評価の妥当性に関する監査手続において監査証拠の評価に際して監査人の専門的判断が必要とされる程度が高い場合には、自ら監査手続を実施することによって監査証拠を直接入手する必要性が高くなる。

231．内部統制監査では、経営者の評価範囲が、全社的な内部統制、決算・財務報告プロセス、重要な事業拠点の企業目的に大きく関わる勘定科目に至る業務プロセス、重要な事業拠点及びそれ以外の事業拠点の重要性の大きい業務プロセスとなっており、重要な虚偽記載のリスクが高いと考えられる内部統制が主な評価範囲となると考えられるため、内部監査人等の作業の利用に際しては、その利用する程度を慎重に検討する必要がある。

232．全社的な内部統制のうち統制環境に関する評価項目については、統制環境が他の内部統制の基本的要素の基礎をなしており、当該評価項目に関する内部監査の結果については内部監査の担当者の主観的判断が介入する余地が高いため、利用について特に慎重に検討する必要がある。

233．内部監査人等における「等」には、内部監査人だけではなく、評価対象とは別の部署に所属しモニタリング等を実施する者や社外の専門家など経営者に代わって内部統制の評価を行う内部監査人以外の一定の者も含まれ、ここでいう「部署」には、例えば、内部統制評価プロジェクトチームや経理部が含まれると考えられる。いずれの場合も、経営者を補助して評価を実施する部署及び機関並びにその要員は、以下の二つの要件を満たすことが必要である旨が内部統制評価の実施基準に示されている。

・評価者が評価対象から独立し、客観性を保っていること

・評価者は、評価に必要な能力を有していること、すなわち、内部統制の整備及びその評価業務に精通しており、評価の方法及び手続を十分に理解し適切な判断力を有すること

また、内部監査人等は、品質管理を含め、専門職としての規律ある姿勢と体系的な手法を適用しているかどうかについても検討する（監基報610第11項参照）。

234．監査人は、内部監査人等の作業を利用するかどうかを検討するに当たっては、評価対象の業務プロセスや全社的な内部統制等の内部統制の領域ごとに上述の評価者の客観性と能力を検討し、利用の可否とその程度を判断することができる。特に決算・財務報告プロセスにおける内部統制やITの統制に関する評価に当たっては、会計やITに関する専門知識が必要であることから、実際の担当者又は同一部署内の評価者による評価を実施せざるを得ないことがある。内部統制評価の実施基準は、日常の業務を遂行する者又は業務を執行する部署自身による内部統制の自己点検は、それのみでは内部統制の独立的評価とは認められないとしつつも、自己点検による実施結果に対して独立したモニタリングを適切に実施することにより、経営者は内部統制の評価における判断の基礎として利用することが考えられるとしている。したがって、監査人は、経営者が自己点検による評価を行っている場合は、経営者の採用するサンプル抽出及びテスト結果のモニタリングの程度（自己点検者にとって不都合なテスト結果を差替えることが可能かどうか）を含め、経営者が自己点検の客観性を保つためにどのような方策を講じているかを検討する。

234－2．監査人は、検討の結果、内部監査人等の作業を利用する場合には、監査人と内部監査人等の作業の調整を図るため、内部監査人等の作業の利用の計画について内部監査人等と協議しなければならない（監基報610第17項）。

235．監査人は、内部監査人等の作業を利用する場合を除き、内部監査人等が具体的にどのような評価方法を行ったかについての検証は求められていない点に留意する。つまり、内部監査人等の作業を利用する場合にのみ、内部監査人等の評価方法の妥当性について検討を行う。

2．内部監査人等の作業の利用の程度

236．内部統制監査において監査人が意見を表明するに当たって、監査人は自ら、十分かつ適切な監査証拠を入手し、それに基づいて意見表明することとされていることから、内部監査人等の作業を自己の検証そのものに代えて利用することはできない。

237．内部監査人等の作業を利用する場合は、利用を計画している内部統制が対応するリスクの程度、内部統制の性質（他の内部統制に与える影響を含む。）や重要性（特定のアサーション・レベルの重要な虚偽記載のリスクに対応する唯一の内部統制か、複数のアサーション・レベルの重要な虚偽記載のリスクに対応する内部統制か等）、及び内部統制の運用並びに運用評価に必要な判断の程度と共に、次の事項に留意して内部監査人等の作業の品質を検討することが考えられる。

(1)　作業の範囲は目的を達成するのに適切か。

(2)　作業の実施過程は適切か。

(3)　作業実施者は適切な専門的能力を備えているか。

(4)　作業実施者は評価を実施した業務から独立しているか。

(5)　実施された作業は検証可能な形で記録として保存されているか。

(6)　結論は状況に照らして適切か。

238．前項の留意事項を検討した結果、内部監査人等の客観性と能力が確保されており、内部監査人等による評価作業の品質が監査証拠として

利用できる水準であることを確認できた場合は、それらを利用することができる。監査人が内部監査人等による評価作業の品質を確認するために実施する手続には、内部監査人等による評価作業の一部を再実施したり、内部監査人等が抽出したサンプルのほかに別のサンプルを抽出して運用評価手続を実施して結果を比較する方法が含まれるが、どの程度実施するかは監査人の判断による。

このとき、前年度において、内部監査人等による評価作業の品質が監査証拠として利用できる水準にあることを確認できている場合は、内部監査人等の作業の品質を確認するために実施する手続を軽減できる場合があることに留意する。

239．このような内部監査人等による作業の利用に関する監査人の判断は、統制上の要点として選定した内部統制ごとに行うが、利用する場合は、利用方針や内部監査人等の作業の品質を確かめるために実施した手続の内容とその結果について監査調書に記載する。なお、結果として、監査人は、事業拠点や業務プロセス単位で内部監査人等による作業を利用できると判断することもあり得る点に留意する。

240．内部統制監査の実施基準では、例えば、反復継続的に発生する定型的な取引について、内部監査人等が無作為にサンプルを抽出しているような場合には、監査人は、統制上の要点として選定した内部統制ごとに、内部監査人等が抽出したサンプルの妥当性の検討を行った上で、監査人自らが改めて当該サンプルをサンプルの全部又は一部として選択し、利用することができるとされている。この場合も、監査人は、内部監査人等の作業の利用に際して検討すべき事項を考慮した上で、内部監査人等が選定したサンプルをどの程度利用するかを判断する。

なお、前年度において、内部統制の評価結果が有効であった業務プロセスに係る内部統制の運用状況の評価に当たっては、当該業務プロセスに係る内部統制の整備状況に重要な変更がないなど新たに確認すべき事項がない場合、内部監査人等の作業において選択した当年度のサンプル及びその作業結果を利用するなど効率的な手続の実施に留意する。

３．内部監査人等の作業を利用する場合における監査人の整備及び運用状況の評価手続の実施時期

241．監査人は、経営者が決定した評価範囲や統制上の要点の識別の妥当性については、通常、経営者がこれらを決定した後でなければ、その妥当性の検討を行うことはできない。ただし、経営者がそれらを暫定的に決定している場合は、暫定的に決定した評価範囲や統制上の要点の識別について監査人は検討を開始することができる。また、企業集団全体で完了している必要はなく、監査人は、経営者の作業が暫定的に完了した事業拠点や業務プロセス等から部分的に監査手続を実施することができる。したがって、経営者の整備状況の暫定評価が確認できた時点で監査人は整備状況の評価を開始でき、内部監査人等の作業を利用しない限り、運用評価手続も続けて実施することができる。

242．運用評価手続において内部監査人等の作業を利用する場合は、内部監査人等の作業が完了した後でなければ、その妥当性の検証を実施することができず、内部監査人等の作業の利用及び利用の程度は当該検証手続後に最終的に確定することとなる。ただし、監査の効率的な実施の観点からは、経営者が計画している評価方法について監査人は予め検討し、過年度の監査経験等を踏まえて、利用の程度を暫定的に計画することができる。

243．内部監査人等の作業を一部利用することを計画している業務プロセス等において、監査人が自ら一部のサンプルを抽出して運用評価手続を実施する場合、内部監査人等の運用評価手続に先行して監査人が運用評価手続を実施することも可能であると考えられる。内部監査人等の運用評価手続が完了した時点で、監査人は内部監査人等の作業の品質を検証するために再実施等の手続を実施することになるが、その結果、

当初の計画時に想定していた内部監査人等の作業の品質が確保されていることが確かめられた場合は、監査人が独自に選定したサンプルに基づく運用評価手続の結果とあわせて、当該内部統制の運用状況の結論を導くことが考えられる。

XIV 他の監査人等の利用

1．内部統制監査における他の監査人の利用で準拠すべき監査の基準

244．企業が複数の事業拠点を有する場合に、他の監査人を特定の事業拠点の内部統制監査に関与させることがある。内部統制監査における他の監査人の利用においては、監基報600を踏まえ、利用の際に次の事項に留意する。

(1) 他の監査人が、内部統制監査に関連する職業倫理に関する規定を理解し遵守しているか。特に独立性に問題がないか。

(2) 他の監査人が、職業的専門家としての能力を有しているか。

(3) 監査人が、十分かつ適切な監査証拠を入手するに当たり必要な程度まで他の監査人の作業に関与することができるか。

(4) 他の監査人が、当該他の監査人を適切に監督する規制環境の下で業務を行っているか。

2．在外子会社及び在外関連会社における他の監査人の監査結果の利用

245．監査人は、他の監査人たる海外の監査人が我が国以外の内部統制監査基準に準拠して在外子会社又は在外関連会社の内部統制監査を実施する場合において、我が国の内部統制監査基準に準拠して実施する場合と実質的に同等であると監査人が判断できるときには、当該内部統制監査基準に準拠して実施された監査結果を利用することができる。

監査人は、他の監査人の監査結果を利用するに当たっては、以下の点に留意する必要がある。

(1) 他の監査人たる海外の監査人が我が国以外の内部統制のフレームワークに基づき内部統制監査を行っている場合には、質問書への回答の入手等を通じて、我が国の内部統制の枠組み基準の要件を充足しているかどうか等の検討をする。

(2) 我が国の内部統制監査基準と実質的に同等でないと判断した場合や、内部統制報告制度がないと認められる場合には、海外の監査人に対し原則として、我が国の内部統制監査基準に準拠して実施するよう指示し、その回答を入手する。

3．他の監査人を利用した場合の監査人の責任

246．他の監査人の監査結果を利用した場合においても、内部統制監査報告書に特段の記載は行わない。

監査人は、内部統制監査報告書に、監査人は監査責任者として単独で意見に対する責任を負う旨を内部統制監査報告書に記載する。

4．内部統制監査における専門家の業務の利用で準拠すべき監査の基準

247．監査人の利用する専門家とは、監査人が十分かつ適切な監査証拠を入手するに当たって、会計や監査以外の分野において専門知識を有する個人又は組織の業務を利用する場合の当該専門知識を有する個人又は組織をいう（監査基準委員会報告書620「専門家の業務の利用」（以下「監基報620」という。）第５項(1)参照）。内部統制監査における監査人の利用する専門家の業務の利用においては、監基報620を適用する。

248．経営者の利用する専門家とは、企業が財務諸表を作成するに当たって、会計又は監査以外の分野において専門知識を有する個人又は組織の業務を利用する場合の当該専門知識を有する個人又は組織をいう（監査基準委員会報告書500「監査証拠」（以下「監基報500」という。）第４項(5)参照）。内部統制監査における経営者の利用する専門家の業務の利用においては、監基報500を適用する。

249．特にITの専門家の業務を利用する場合には、IT委員会実務指針第６号「ITを利用した

情報システムに関する重要な虚偽表示リスクの識別と評価及び評価したリスクに対応する監査人の手続について」第61項に準拠する必要がある。

250．ITに係る全般統制及び業務処理統制の評価の検討に際してITの専門家の業務を利用するような場合には、ITの専門家との討議を十分に実施することに留意する。

XV　監査調書

251．監査基準委員会報告書230「監査調書」（以下「監基報230」という。）は、財務諸表監査の観点から、監査調書の内容及び目的、適時な監査調書の作成、実施した監査手続及び入手した監査証拠の文書化、監査ファイルの最終的な整理等について定めているが、内部統制監査は財務諸表監査と一体的に行われるため、内部統制監査の監査調書の作成に当たって、監査人は、監基報230において示されている実務上の指針に従って監査調書を作成しなければならない。なお、本報告及び監基報230以外に日本公認会計士協会が公表する委員会報告書等が内部統制監査の監査調書に関する指針を定めている場合には、当該報告書等を併せて適用する。

252．監査ファイルは、通常、監査報告書ごとに作成することとされている（品質管理基準委員会報告書第1号「監査事務所における品質管理」A50項参照）が、財務諸表監査と内部統制監査の監査報告書は一体的に作成されることと、両監査が密接に関連していることからそれぞれ別個に監査ファイルを作成せず、一つの監査ファイルとすることができる。

253．内部統制監査において監査調書に記載する事項を付録1に例示している。

XVI　内部統制監査報告書

1．内部統制監査報告書と財務諸表監査報告書

254．監査人は、経営者の作成した内部統制報告書が、一般に公正妥当と認められる財務報告に係る内部統制の評価の基準に準拠し、財務報告に係る内部統制の評価結果について、全ての重要な点において適正に表示しているかどうかについて、内部統制監査報告書により意見を表明しなければならず、内部統制監査報告書は、原則として、財務諸表監査における監査報告書に合わせて記載するものとするとされている（内部統制監査の基準4．(2)）。したがって、内部統制監査報告書と財務諸表監査報告書は一つの監査報告書として一体的に作成する方法を原則とする。

ただし、やむを得ない理由がある場合には、この限りではない（内部統制府令第7条）。この場合は、一体的に作成する場合と同じ情報が監査報告書の利用者に提供されるように、次の点に留意し、必要な説明文をそれぞれの監査報告書に追加記載する。

・内部統制監査報告書の署名者は連結財務諸表監査報告書（連結財務諸表が作成されていない場合は財務諸表監査報告書）と同じでなければならない。
・内部統制監査報告書と連結財務諸表監査報告書それぞれに、両監査が同時に行われたこと及び他方の監査報告書で表明した監査意見を記載する。

255．内部統制府令、内部統制監査基準及び本報告に特段の定めがない事項については、監査・保証実務委員会実務指針第85号「監査報告書の文例」に基づいて内部統制監査報告書を作成する。なお、財務諸表監査報告書の日付は、監査人が意見表明の基礎となる十分かつ適切な監査証拠を入手した日以降の日付とすることが求められており、また、審査は、監査人が十分かつ適切な監査証拠を入手したかどうかを判断する一助となるため、財務諸表監査報告書の日付は、関連する審査を完了した日以降となるとされている。したがって、一体監査においては、財務諸表監査及び内部統制監査の両方の審査が完了し、意見表明の基礎となる十分かつ適切な監査証拠を入手したと監査人が判断した日以降の日

付となることに留意する。

2．内部統制監査報告書の記載事項

256．内部統制監査報告書は、基本的に「監査意見」、「監査意見の根拠」、「経営者及び監査役等の責任」、「監査人の責任」という四つの区分に分け、それぞれ見出しを付して明瞭に記載する。

(1) 監査意見

① 内部統制監査の対象となった内部統制報告書の範囲（○○株式会社の×年×月×日現在の内部統制報告書）

② 内部統制監査の対象となった内部統制報告書における経営者の評価結果

③ 内部統制監査の対象となった内部統制報告書が、一般に公正妥当と認められる財務報告に係る内部統制の評価の基準に準拠して、財務報告に係る内部統制の評価結果について、全ての重要な点において適正に表示しているかどうかについての意見

(2) 監査意見の根拠

① 内部統制監査に当たって、監査人が一般に公正妥当と認められる財務報告に係る内部統制の監査の基準に準拠して監査を実施したこと

② 内部統制監査に当たって、監査人は職業倫理に関する規定に従い独立し、倫理上の責任を果たしていること

③ 内部統制監査の結果として入手した監査証拠が意見表明の基礎を与える十分かつ適切なものであること

(3) 内部統制報告書に対する経営者及び監査役等の責任

① 財務報告に係る内部統制の整備及び運用並びに内部統制報告書の作成の責任が経営者にあること

② 財務報告に係る内部統制の整備及び運用状況を監視、検証する責任が監査役等にあること

③ 財務報告に係る内部統制により財務報告の虚偽の記載を完全には防止又は発見することができない可能性があること

(4) 内部統制監査における監査人の責任

① 内部統制監査を実施した監査人の責任は、独立の立場から内部統制報告書に対する意見を表明することにあること

② 内部統制監査の過程を通じて、職業的専門家としての判断を行い、職業的懐疑心を保持したこと

③ 財務報告に係る内部統制の監査の基準は監査人に内部統制報告書には重要な虚偽表示がないことについて、合理的な保証を得ることを求めていること

④ 内部統制監査は、内部統制報告書における財務報告に係る内部統制の評価結果に関して監査証拠を得るための手続を含むこと

⑤ 内部統制監査は、経営者が決定した評価範囲、評価手続及び評価結果を含め全体としての内部統制報告書の表示を検討していること

⑥ 内部統制監査の監査手続の選択及び適用は、監査人の判断によること

⑦ 監査人は監査責任者として単独で意見に対する責任を負っていること

⑧ 監査人は、監査役等に対して、計画した内部統制監査の範囲とその実施時期、内部統制監査の実施結果、識別した内部統制の開示すべき重要な不備、その是正結果、及び内部統制の監査の基準で求められているその他の事項について報告を行うこと

⑨ 上場企業の場合、監査人は、監査役等に対して、独立性についての我が国における職業倫理に関する規定を遵守したこと、並びに監査人の独立性に影響を与えると合理的に考えられる事項、及び阻害要因を除去又は軽減するためにセーフガードを講じている場合はその内容について報告を行うこと。なお、上場企業の場合に適用される監査人の独立性に関するコミュニケーションについての要求事項は、その他の企業、特に、事業内容、事業規模又は事業体の属性により利害関係者が広範囲に及ぶため、社会的影響度が高い事業体にも適用される場

合がある。上場企業ではないが、監査人の独立性に関するコミュニケーションが適切となることがある企業の例示としては、金融機関及び保険会社等を挙げることができる（監基報260 A28項参照）。

３．内部統制報告書に重要な虚偽表示がないということの意味

257．監査人は、内部統制監査の対象となった内部統制報告書が、一般に公正妥当と認められる財務報告に係る内部統制の評価の基準に準拠して、当該内部統制報告書に係る事業年度末の内部統制の状況を全ての重要な点において適正に表示しているかどうかについての意見を述べることが求められている。内部統制報告書が適正に表示されているとは、内部統制報告書に重要な虚偽表示（脱漏を含む。）がないということであり、具体的には、一般に公正妥当と認められる財務報告に係る内部統制の評価の基準に準拠して、次の点が適切であることを意味している。内部統制報告書において、次の重要な点につき記載が適切でないものがある場合は、監査人は無限定適正意見を表明することはできない。

⑴　財務報告に係る内部統制の評価範囲

⑵　財務報告に係る内部統制の評価手続

⑶　財務報告に係る内部統制の評価結果

⑷　付記事項等の内容

４．追記情報

258．監査人は、内部統制報告書の記載について強調する必要がある事項及び説明を付す必要がある事項を内部統制監査報告書において情報として追記する場合には、意見の表明とは明確に区別しなければならず（内部統制監査の基準４．⑵）、また、内部統制報告書の記載について強調することが適当と判断した事項（強調事項）とその他説明することが適当と判断した事項（その他の事項）を区分して記載することが求められている（内部統制監査の基準４．⑹）。

259．追記情報として記載すべき事項としては、次の事項その他の監査人が強調すること又はその他説明することが適当であると判断した事項とされている（内部統制府令第６条第６項）。

⑴　経営者が、内部統制報告書に財務報告に係る内部統制に開示すべき重要な不備の内容及びそれが是正されない理由を記載している場合において、当該開示すべき重要な不備がある旨及び当該開示すべき重要な不備が財務諸表監査に及ぼす影響

経営者の内部統制報告書に適正に記載されている開示すべき重要な不備の内容とそれが是正されない理由を内部統制監査報告書において繰り返し記述する必要はないが、当該開示すべき重要な不備がある旨とそれが財務諸表監査に及ぼす影響を記載する。なお、財務諸表監査に及ぼす影響とは、財務諸表に対する監査意見に及ぼす影響であることに留意する。

⑵　上記⑴の場合で、事業年度の末日後に、開示すべき重要な不備を是正するために実施された措置がある場合には、その内容

監査人は、経営者が内部統制報告書に付記事項として記載している事業年度の末日後に実施した是正措置が適正に表示されているか否かは、当該是正措置により新たに導入された内部統制の整備及び運用状況について評価の検討を実施した上で判断する。なお、内部統制監査報告書日までに開示すべき重要な不備の是正方針や計画のみが存在している場合、当該是正方針や計画は、経営者の内部統制報告書においては付記事項としてではなく、開示すべき重要な不備の内容とそれが是正されなかった理由に併せて記載することができることになっている（内部統制府令ガイドライン４－５）ため、追記情報とはならないことに留意する。

⑶　財務報告に係る内部統制の有効性の評価に重要な影響を及ぼす後発事象

財務報告に係る内部統制の有効性の評価に重要な影響を及ぼす後発事象は、修正後発事象と開示後発事象の二つに分類されており、内部統制監査においては、重要な修正後発事

象については、経営者による財務報告に係る内部統制の有効性の評価の結果についての監査人の判断に影響を及ぼす事項であり、追記情報として記載される後発事象は開示後発事象となることに留意する。

なお、会社法監査における会計監査人の監査報告書日後に発生した財務報告に係る内部統制の有効性の評価に重要な影響を及ぼす修正後発事象については、監査・保証実務委員会報告第76号「後発事象に関する監査上の取扱い」に関わらず、内部統制監査の意見形成において考慮する。

(4) 内部統制報告書において、経営者の評価手続の一部が実施できなかったことについて、やむを得ない事情によると認められるとして無限定適正意見を表明する場合において、十分な評価手続を実施できなかった範囲及びその理由 5．評価範囲の制約がある場合の留意事項 (3)やむを得ない事情がある場合 参照

なお、上記の(1)から(4)の事項については、監査人からの情報として内部統制報告書の利用者に提供されるものであるが、内部統制報告書の作成責任は経営者にあることにより、内部統制報告書に記載されていない情報を監査人が経営者に代わって提供することを予定するものではない。したがって、これらの追記情報は、強調事項として取り扱われることになるため、監査人は、内部統制監査報告書において、「強調事項」又は他の適切な見出しを付した強調事項区分を「監査意見の根拠」区分の次に設けて、当該区分に強調する事項を明瞭に記載する。

5．評価範囲の制約がある場合の留意事項

260．監査人は、次のような場合に特に留意することが必要である。

(1) 監査人が評価対象とすべきであると判断する内部統制が経営者により評価されなかった場合

261．内部統制評価基準に基づき、本来、経営者が評価範囲に含めるべきであると監査人が判断する内部統制について経営者が評価を実施していない場合、当該領域について、監査人は監査対象がそもそも存在せず、必要な監査手続を実施できないことになる。したがって、そのような場合は、監査人は、経営者が評価対象としなかった範囲の与える影響に応じて、基本的には、監査範囲の制約に係る除外事項を付した限定付適正意見又は意見不表明を検討することになる。つまり、経営者による評価範囲の妥当性の判断は、監査範囲の制約の問題として取り扱うことに留意が必要である。

(2) 経営者による内部統制評価の対象範囲外の領域から重要な虚偽記載が監査人により特定された場合

262．財務諸表監査の過程で監査人により財務諸表の重要な誤謬が指摘され、当該誤謬が経営者による内部統制評価の対象ではない重要な事業拠点や業務プロセスから発生している場合、又は監査人が財務諸表監査目的で経営者による内部統制評価の対象ではない業務プロセスの評価を実施し開示すべき重要な不備に相当する内部統制の不備を特定した場合、重要な誤謬や開示すべき重要な不備が発生した重要な事業拠点や業務プロセスを内部統制の評価対象に加えるべきではなかったかどうかを監査人は検討しなければならない。監査人が当該重要な事業拠点や業務プロセスを内部統制の評価対象とすべきであったという結論に達し、時間的制約から経営者による評価が不可能な場合は、最終的に内部統制監査では監査範囲の制約として取り扱う。

なお、このような例外的ケースでは、結果的に監査人による当該領域の内部統制の検討が経営者による評価より先行することが考えられる。しかし、経営者が監査人の指摘により当該領域について自らの方針に基づいて有効性評価を実施する限り、監査人による評価に依存しているとはみなされず、監査人の独立性は侵害されないと解される。

(3) やむを得ない事情がある場合

263．監査人は、経営者がやむを得ない事情により、内部統制の一部について十分な評価手続を実施できなかったとして、評価手続を実施でき

なかった範囲を除外した内部統制報告書を作成している場合には、経営者が当該範囲を除外した事情が合理的であるかどうか及び当該範囲を除外することが財務諸表監査に及ぼす影響について、十分に検討しなければならない。「やむを得ない事情」とは、期限内に内部統制評価の基準に準拠した評価手続を経営者が実施することが困難と認められる事情がある場合であり、例えば次のようなケースが想定されている。

・他企業を合併又は買収し、被合併会社や被買収会社の規模や事業の複雑性を考慮すると、内部統制評価には相当の準備期間が必要であり、当該年度の決算が取締役会の承認を受けるまでの期間に評価が完了しないことに合理性がある場合。例えば、下期に大規模な他企業を合併又は買収した場合などは、通常、これに該当するものと考えられる(なお、「下期」はあくまでも例示であり、該当する事象が発生したが内部統制報告書作成日までに、やむを得ず評価を完了することができない場合でその合理性が認められるときには、「下期」に限られないことに留意する。)。
・大規模なシステム変更
・大規模な地震や風水害などの災害が発生した場合
・クーデター等の政情不安により企業活動に支障をきたしている場合

したがって、内部統制評価の責任を有する役職者や担当者の突然の異動・退職、内部統制評価の基礎となる重要な文書の不注意による滅失等、企業側の責任に帰す事情により内部統制評価が実施できなかった場合は「やむを得ない事情」には該当しないことに留意する。

264.「やむを得ない事情」の性質により、財務諸表監査と内部統制監査の意見形成に与える影響が異なる場合も想定される。例えば、下期に他企業を合併又は買収した場合は、財務諸表監査上は通常は監査範囲の制約には該当しないため、内部統制監査上のみ監査範囲の制約の程度を検討することになる。大規模な災害が発生した場合は、会計記録を再構築できる場合を除いて、両監査において監査範囲の制約となる可能性があるが、その場合も監査範囲の制約の程度をそれぞれの監査目的に照らして検討しなければならない。

265. 監査人は、経営者の評価手続の一部が実施できなかったことについて、やむを得ない事情によると認められるとして無限定適正意見を表明する場合において、経営者がやむを得ない事情により十分な評価手続を実施できなかった範囲及びその理由を監査報告書に強調事項として記載しなければならない。

266.「やむを得ない事情」により内部統制の評価ができなかった範囲の影響が内部統制報告書に対する意見を表明できないほどに重要であると判断した際には、やむを得ない事情に正当な理由がある場合であっても、監査人は意見を表明してはならない。

267. 監査人は、正当な理由が認められるとして無限定適正意見を表明する場合には、i）経営者による評価が、やむを得ない事情を除き、全体として適切に実施されていること、ii）やむを得ない事情により、十分な評価手続を実施できなかったことが財務報告の信頼性に重要な影響を及ぼすまでには至っていないことに留意する必要がある。

268. やむを得ない事情により、十分な評価手続を実施できなかったことが財務報告の信頼性に重要な影響を及ぼすまでに至っているか否かを判断する際には、例えば、全社的な内部統制の評価結果及び「やむを得ない事情」に関連する財務報告の数値について会社が何らかの確認作業（合併承継財産の引継ぎの確認作業やシステム移行の確認作業など）を実施しているか否かを勘案する。

(4) 経営者が必要な評価範囲の内部統制の評価手続を完了できない場合

① 内部統制報告書に内部統制の評価結果を表明できない旨が記載されている場合

269. 経営者がやむを得ない事情か否かに関わらず必要な評価範囲の内部統制の評価手続を完了できず、全体として、評価結果を表明するに足る証拠が得られない場合で、内部統制報告書において、「重要な評価手続が実施できなかったため、財務報告に係る内部統制の評価結果を表明できない旨並びに実施できなかった評価手続及びその理由」が記載されているときには、監査人は、重要な監査手続を実施できなかったことにより、内部統制報告書に対する意見表明の基礎となる十分かつ適切な監査証拠を入手することができないため、意見を表明してはならない。

270．前項の場合に、経営者が評価を実施した範囲において、開示すべき重要な不備を識別し、内部統制報告書において、「開示すべき重要な不備があり、財務報告に係る内部統制は有効でない旨及びその開示すべき重要な不備の内容及びそれが事業年度末日までに是正されなかった理由」を適切に記載しているときでも、監査人は、意見を表明してはならない。内部統制監査報告書において、意見を表明しない旨及びその理由、並びに強調事項として内部統制報告書に開示すべき重要な不備の記載がある旨及び当該開示すべき重要な不備が財務諸表監査に及ぼす影響について記載する。

② 内部統制報告書に内部統制の評価結果を表明している場合

271．経営者がやむを得ない事情とは認められない理由により必要な評価範囲の内部統制の評価手続の一部を完了できず、内部統制報告書において、「評価手続の一部が実施できなかったが、財務報告に係る内部統制は有効である旨、並びに実施できなかった評価手続及びその理由」が記載されている場合には、監査人は、重要な監査手続を実施できない可能性もあるため、その影響に応じて、意見不表明とするか又は監査範囲の制約に関する除外事項を付すかを慎重に検討しなければならない。

272．前項の場合に、意見を表明しないときには、上記 ① 内部統制報告書に内部統制の評価結果を表明できない旨が記載されている場合 に準拠して取り扱うものとする。監査範囲の制約に関する除外事項を付すときには、内部統制監査報告書に除外事項及び当該除外事項が財務諸表監査に及ぼす影響を記載する。更に以下を検討する。

(i) 識別した開示すべき重要な不備が内部統制報告書に記載されている場合

監査範囲の制約に関する除外事項を付した限定付適正意見を表明する場合で、経営者が評価を実施した範囲において、開示すべき重要な不備を識別し内部統制報告書において、「開示すべき重要な不備があり、財務報告に係る内部統制は有効でない旨及びその開示すべき重要な不備の内容及びそれが事業年度末日までに是正されなかった理由」を適切に記載しているときには、強調事項として内部統制監査報告書に当該開示すべき重要な不備の記載がある旨及び当該開示すべき重要な不備が財務諸表監査に及ぼす影響について記載する。

(ii) 識別した開示すべき重要な不備が内部統制報告書に記載されていない場合

経営者が評価を実施した範囲において開示すべき重要な不備を識別したが、内部統制報告書において必要な記載を行っていない場合には、内部統制報告書が不適正である旨の意見を表明する。この場合、別に区分を設けて、経営者の内部統制報告書が不適正である旨及びその理由、並びに財務諸表監査に及ぼす影響を記載する。

6．内部統制監査報告書における監査意見

(1) 無限定適正意見

273．内部統制監査の対象となった内部統制報告書が、一般に公正妥当と認められる財務報告に係る内部統制の評価の基準に準拠して、財務報告に係る内部統制の評価結果について、全ての重要な点において適正に表示していると認められる旨を記載する。

<想定されるケース>

① 経営者は内部統制報告書において財務報告に係る内部統制は有効であると結論付けており、かつ、内部統制の評価範囲、評価

手続及び評価結果についての、経営者が行った記載が適切である場合(付録3(1)【文例1】参照)

② 経営者は内部統制報告書において財務報告に係る内部統制に開示すべき重要な不備があるため有効でない旨及び是正できない理由等を記載しており、かつ、内部統制の評価範囲、評価手続及び評価結果についての、経営者が行った記載が適切である場合。この場合は、内部統制監査報告書において、当該開示すべき重要な不備がある旨及び当該開示すべき重要な不備が財務諸表監査に及ぼす影響を強調事項として記載する。(付録3(2)【文例2】参照)

③ 経営者は、やむを得ない事情により内部統制の一部について十分な評価手続を実施できなかったが、内部統制報告書において財務報告に係る内部統制は有効であると結論付けており、かつ、内部統制の評価範囲、評価手続及び評価結果についての、経営者が行った記載が適切である場合。この場合は、十分な評価手続が実施できなかった範囲及びその理由を強調事項として記載する(付録3(3)【文例3】参照)。

(2) 意見に関する除外事項を付した限定付適正意見

274. 内部統制監査の対象となった内部統制報告書において、内部統制の評価範囲、評価手続及び評価結果についての、経営者が行った記載に関して不適切なものがあり、その影響が無限定適正意見を表明することができない程度に重要ではあるものの、内部統制報告書を全体として虚偽の表示に当たるとするほどではないと判断したときには、監査人は、除外事項を付し、一般に公正妥当と認められる財務報告に係る内部統制の評価の基準に準拠して、全ての重要な点において適正に表示していると認められる旨を表明する。

274－2. この場合、監査人は「監査意見」区分において「限定付適正意見」という見出しを付して適切に記載しなければならない。その上で、「監査意見の根拠」の見出しを「限定付適正意見の根拠」に修正し、除外した不適切な事項の内容及び当該除外した不適切な事項が財務諸表監査に及ぼす影響を記載しなければならない。

275. 監査人が評価対象とすべきであると判断する内部統制が経営者により評価されなかった場合は、監査範囲の制約として取り扱うため、「評価範囲に不適切なものがある場合」には含まれないことに留意が必要である。

(3) 不適正意見

276. 内部統制監査の対象となった内部統制報告書において、内部統制の評価範囲、評価手続及び評価結果についての、経営者が行った記載に関して不適切なものがあり、その影響が内部統制報告書全体として虚偽の表示に当たるとするほどに重要であると判断した場合には、監査人は、不適正意見を表明する。

276－2. この場合、監査人は「監査意見」区分において「不適正意見」という見出しを付して適切に記載しなければならない。その上で、「監査意見の根拠」の見出しを「不適正意見の根拠」に修正し、監査の対象となった内部統制報告書が不適正であるとした理由及び財務諸表監査に及ぼす影響を記載しなければならない。

<想定されるケース>

① 監査人が特定した開示すべき重要な不備を経営者は特定しておらず、内部統制報告書に記載していない場合。これには、経営者が開示すべき重要な不備を特定し財務報告に係る内部統制は有効ではないという結論を導いている場合であっても、経営者が特定した開示すべき重要な不備以外に、監査人が他の開示すべき重要な不備を特定している場合で、経営者に内部統制報告書に追加記載を求めたが、経営者の合意が得られず、内部統制報告書に記載されなかった場合を含む（付録3(4)【文例4】参照)。

② 内部統制の評価範囲、評価手続及び評価結果に関して、内部統制報告書の記載内容が事実と異なり、その影響が内部統制報告書全体として虚偽の表示に当たるとするほ

どに重要であると判断した場合

(4) 意見不表明

277．重要な監査手続を実施できなかったこと等により監査範囲の制約を受けた結果、内部統制報告書に対する意見表明のための基礎を得ることができなかった場合、意見を表明してはならない。

277－2．この場合、監査人は「監査意見」区分において「意見不表明」という見出しを付して意見を表明しない旨を記載しなければならない。その上で、「監査意見の根拠」の見出しを「意見不表明の根拠」に修正し、意見を表明しない理由を記載しなければならない。また、監査人は「内部統制監査における監査人の責任」の区分において、第256項(4)により要求される事項に代えて、以下の事項を記載しなければならない。

① 監査人の責任は、我が国において一般に公正妥当と認められる財務報告に係る内部統制の監査の基準に準拠して実施した内部統制監査に基づいて、内部統制監査報告書において独立の立場から内部統制報告書に対する意見を表明すること

② しかしながら、「意見不表明の根拠」に記載した事項により、監査人は、内部統制報告書に対する意見表明の基礎となる十分かつ適切な監査証拠を入手することができなかったこと

③ 監査人は、我が国における職業倫理に関する規定に従って、会社から独立しており、また、監査人としてのその他の倫理上の責任を果たしていること

<想定されるケース>

① 重大な災害の発生等により経営者が実施した評価範囲に制約が生じた場合（付録３(5)【文例５】参照）

② 上記①に加え、経営者が評価を実施した範囲で開示すべき重要な不備を発見し、当該事実を内部統制報告書に記載を行っている場合（付録３(7)【文例７】参照）

(5) 監査範囲の制約に関する除外事項を付した限定付適正意見

278．重要な監査手続を実施できなかったこと等により監査範囲の制約を受けた場合に、その影響が内部統制報告書全体に対する意見表明ができないほどではないと判断したときには、監査範囲の制約に関する除外事項を付す。

278－2．この場合、監査人は「監査意見」区分において「限定付適正意見」という見出しを付して適切に記載しなければならない。その上で、「監査意見の根拠」の見出しを「限定付適正意見の根拠」に修正し、実施できなかった監査手続等及び財務諸表監査に及ぼす影響を記載しなければならない。

<想定されるケース>

① 経営者の実施した内部統制の評価範囲が一部不十分であるが、経営者の評価結果そのものは適切である場合。なお、一部範囲が限定される場合で経営者の評価結果が不適切な場合は、不適正意見となるが、内部統制監査報告書においては不適正となった理由とともに範囲限定の状況を記載する（付録３(6)【文例６】参照）。

② 経営者の実施した内部統制の評価範囲が一部不十分であるが、経営者の評価結果そのものは適切であり、経営者が評価を実施した範囲で開示すべき重要な不備を発見し、当該事実を内部統制報告書に記載を行っている場合（付録３(8)【文例８】参照）

７．米国基準による内部統制監査を実施している場合の日本基準の内部統制監査報告書の取扱い

279．米国SEC登録会社であるため、米国において米国基準又は国際会計基準の連結財務諸表を開示している会社が、日本国内では日本基準の連結財務諸表を開示している場合、日本国内で開示される内部統制報告書は日本基準となるため、内部統制監査報告書も日本基準で作成することになる。この場合、内部統制監査は米国基準に準拠して実施されている可能性があるが、

日本基準の内部統制監査は、実質的に米国基準の内部統制監査を相当程度利用できるものと考えられる。このため、監査人は、日本基準の内部統制監査報告書作成に関して必要と認めた手続があれば、当該手続を追加して実施することにより対応できるものと考えられる。

ここでいう「必要と認めた手続」とは、通常、持分法適用関連会社の評価の検討及び財務諸表の信頼性に重要な影響を及ぼす開示事項等の検討に係るものが該当すると考えられる。

ⅩⅦ　内部統制監査において入手すべき経営者による確認書

280．経営者による確認書（以下「経営者確認書」という。）は、監査人が提出する監査報告書ごとに、通常、監査報告書日に入手することになる。しかし、内部統制監査は、財務諸表監査チームにより財務諸表監査と一体的に行われ、内部統制監査の過程で入手した監査証拠は財務諸表監査の内部統制の評価における監査証拠として利用され、また財務諸表監査の過程で得られた証拠を内部統制監査に利用されることより、経営者に確認を求めるべき内容が両監査で重複することがある。さらに、両目的の監査報告書は同日付で発行されるため、経営者確認書は両監査目的で一体的に作成するのが実務的である。

281．内部統制監査を財務諸表監査と一体的に行う場合には、監査人は、経営者に対して、財務諸表監査に関する確認事項に加え、少なくとも次の事項について記載した経営者確認書を提出するよう要請しなければならない。なお、経営者確認書の文例は、付録4に記載している。

財務諸表及び内部統制報告書

(1)　内部統制報告書の作成に関する事項

①　監査契約書に記載されたとおり、内部統制府令及び我が国において一般に公正妥当と認められる財務報告に係る内部統制の評価の基準に準拠して財務報告に係る内部統制を評価し、内部統制報告書を作成する責任を果たした旨

②　内部統制報告書は、内部統制府令及び我が国において一般に公正妥当と認められる財務報告に係る内部統制の評価の基準に準拠して、期末日現在の内部統制の状況を適正に表示している旨

③　財務報告に係る内部統制の評価に当たっては、内部統制府令及び我が国において一般に公正妥当と認められる財務報告に係る内部統制の評価の基準に準拠して、適切に評価範囲と評価手続を決定し、実施した評価手続に基づき十分な裏付けをもって有効性を評価し、その記録を保存している旨

(2)　内部統制報告書に重要な影響を及ぼす事項

①　期末日後本確認書の日付までに発生した内部統制報告書に重要な影響を及ぼす事象は、全て記載されている旨

②　（内部統制報告書の提出日までに改善措置が完了し、開示すべき重要な不備が是正されたと経営者が主張する開示すべき重要な不備がある場合）内部統制報告書に記載されている期末日以降に実施した改善措置によって、期末日現在に存在した内部統制の開示すべき重要な不備が是正されたことにつき、十分な検証期間を持ってその有効性を確認した旨

③　（内部統制報告書の提出日現在で改善措置が進行中（評価未了を含む。）である旨が内部統制報告書に記載されている場合）内部統制報告書に記載されている期末日以降に実施した改善措置は、×年×月には完了予定であり、改善措置が完了した際には期末日現在に存在した内部統制の開示すべき重要な不備を是正できると確信している旨

(3)　財務報告に係る内部統制の有効性に係る事項

特定した財務報告に係る内部統制の不備のうち、個別にも又は他の不備と合わせた場合にも、開示すべき重要な不備に相当する不備はなく、×年×月×日現在の財務報告に係る

内部統制は有効に整備及び運用されている旨（なお、開示すべき重要な不備が報告されている場合は、「特定した財務報告に係る内部統制の不備のうち、個別に又は他の不備と合わせた場合に、開示すべき重要な不備に相当する不備は内部統制報告書に適切に記載しており、記載したもの以外に開示すべき重要な不備に相当する不備はない旨」を確認する。）

提供する情報

(4) 監査人に提供される情報の網羅性

① 経営者が内部統制報告書の作成に関連すると認識している又は内部統制監査に関連して監査人が依頼した全ての情報及び情報を入手する機会を監査人に提供した旨

② 内部統制評価の過程で特定した財務報告に係る内部統制の整備及び運用上の不備のうち、内部統制評価の実施基準３．(4)④に定める開示すべき重要な不備（及び、必要に応じて内部統制の不備）については、期中で是正された場合は是正措置の内容とともに、全て監査人に開示した旨

282. 監査人が確認を要請した事項の全部又は一部について経営者から確認を得られない場合、監査人は以下の事項を実施しなければならない。

(1) 当該事項について経営者と協議すること

(2) 経営者の誠実性を再評価し、口頭又は書面による陳述の信頼性及び監査証拠全体の証明力に及ぼす影響を評価すること

(3) 次項を考慮し、内部統制監査の監査意見への影響を判断することを含め、適切な措置を講じること

283. 監査人が確認を要請した事項の全部又は一部について経営者から確認を得られないことは、監査範囲の制約となり、監査人は意見を限定する又は意見を表明しないことを検討しなければならない。監査報告書上の取扱いを決定するに当たり、監査人は、当該事項の影響の重要性及び当該確認の拒否が監査の過程で経営者が行った他の質問に対する回答の信頼性に与える影響を考慮する。なお、監査人は、以下の場合には、内部統制報告書に対する監査意見を表明してはならない。

・経営者の誠実性について深刻な疑義があり、内部統制監査の前提となる経営者の責任に関する確認事項（第281項(1)及び(4)により要求される確認事項をいう。以下同じ。）に信頼性がないと判断した場合

・内部統制監査の前提となる経営者の責任に関する確認事項について経営者から確認が得られない場合

XVIII 適用

284. 本報告は、2008年４月１日以後開始する事業年度における内部統制監査から適用する。

285.「監査・保証実務委員会報告第82号「財務報告に係る内部統制の監査に関する実務上の取扱い」の改正について」（2009年３月23日）は、2009年３月23日から適用する。

286.「監査・保証実務委員会報告第82号「財務報告に係る内部統制の監査に関する実務上の取扱い」の改正について」（2011年８月10日）は、2011年４月１日以後開始する事業年度における内部統制監査から適用する。

287.「監査・保証実務委員会報告第82号「財務報告に係る内部統制の監査に関する実務上の取扱い」の改正について」（2012年６月15日）は、2012年４月１日以後開始する事業年度における内部統制監査から適用する。

288.「監査・保証実務委員会報告第82号「財務報告に係る内部統制の監査に関する実務上の取扱い」の改正について」（2019年７月５日）は、2020年３月31日以後終了する連結会計年度及び事業年度に係る内部統制監査から適用する。なお、監査上の主要な検討事項に関連する項目は、2021年３月31日以後終了する連結会計年度及び事業年度に係る監査から適用する。ただし、監査上の主要な検討事項に関連する項目については2020年３月31日以後終了する連結会計年度及び事業年度に係る監査から適用することができる。

なお、米国証券取引委員会に登録している会社においては、2019年12月31日以後終了する連結会計年度に係る監査から適用することができる。

289.「監査・保証実務委員会報告第82号「財務報告に係る内部統制の監査に関する実務上の取扱い」の改正について」(2020年３月17日）は、2020年３月31日以後終了する連結会計年度及び事業年度に係る内部統制監査から適用する。なお、監査上の主要な検討事項に関連する項目は、2021年３月31日以後終了する連結会計年度及び事業年度に係る監査から適用する。ただし、監査上の主要な検討事項に関連する項目については2020年３月31日以後終了する連結会計年度及び事業年度に係る監査から適用することができる。

290.「監査・保証実務委員会報告第82号「財務報告に係る内部統制の監査に関する実務上の取扱い」の改正について」(2021年４月７日）は、以下の事業年度に係る内部統制監査等から適用する。

・会計上の見積りの監査に関連する改正（付録４）は、2023年３月31日以後終了する連結会計年度及び事業年度に係る内部統制監査から実施する。ただし、それ以前の決算に係る監査から実施することを妨げない。

・上記以外の改正は、2022年３月31日以後終了する連結会計年度及び事業年度に係る内部統制監査から適用する。ただし、2021年３月31日以後終了する連結会計年度及び事業年度に係る監査から適用することができる。

付録１　内部統制監査において監査調書に記録する事項の例示

(1)　監査計画の策定

内部統制監査の監査計画の文書化に当たり、記録する事項の例示は次のとおりである。

①　財務報告に係る内部統制の有効性を評価する経営者の評価手続の内容及びその実施時期等に関する計画の理解

財務報告に係る内部統制の有効性を評価する経営者の評価手続の内容及びその実施時期に関する計画について理解した内容を記録する。この際、監査人は、経営者が計画している評価方法等について予め検討し、経営者と協議した内容・結果について記録する。

経営者の評価体制について理解し、内部監査人等の客観性と能力の評価結果並びにその利用の可否、利用する場合の対象領域と利用の程度を記録する。

②　経営者や取締役会、監査役等に報告された内部統制の不備（開示すべき重要な不備を含む。）の有無とその内容

経営者や取締役会、監査役等に報告された内部統制の不備（開示すべき重要な不備を含む。）について理解した内容、監査上の対応についての検討結果を記録する。

③　子会社等、持分法適用関連会社の内部統制監査の手続

連結子会社等、持分法適用関連会社が評価対象とする事業拠点として選択された場合には、連結子会社等、持分法適用関連会社の内部統制監査に関する計画、実施する手続について記録する。他の監査人に対する指示書が含まれる場合もある。

【評価範囲の妥当性の検討】

④　内部統制の評価の範囲に関する経営者との協議の実施

経営者による内部統制の評価の範囲について当該範囲を決定した方法及び根拠について経営者と協議した結果を記録する。

⑤　全社的な内部統制及び全社レベルの決算・財務報告プロセスの評価範囲の検討

ア．評価範囲の選定について理解した内容

イ．評価対象から除外した事業拠点又は全社的な内部統制と全社レベルの決算・財務報告プロセスで評価対象となる事業拠点に差異がある場合、その検討結果

ウ．評価範囲が妥当でないと判断した場合に

は、経営者との協議結果

⑥ 業務プロセスに係る内部統制の評価範囲の検討

ア．重要な事業拠点の選定

重要な事業拠点の選定の検討に当たり、次の事項を監査調書に記録する。

(ア) 評価範囲の選定について理解した内容

(イ) 重要な事業拠点の捉え方、採用する選定指標の妥当性についての検討結果

(ウ) 選定指標に基づく選定割合及び選定した重要な事業拠点の妥当性に関する検討結果

イ．評価対象とする業務プロセスの識別

企業の事業目的に大きく関わる勘定科目に至る業務プロセス及び財務報告への影響を勘案して個別に評価対象に追加する業務プロセスのそれぞれについて、次の事項を監査調書に記録する。

(ア) 経営者が評価対象として決定した業務プロセスの範囲について理解した内容

(イ) 評価対象となる業務プロセスに委託業務が含まれているかどうかについて理解した内容

(ウ) 当該委託業務が重要な業務プロセスの一部を構成しているかどうかについて理解した内容

(エ) 評価範囲が妥当でないと判断した場合には、経営者との協議結果

(2) 実施した監査手続の結果

【全社的な内部統制の評価の検討】

① 全社的な内部統制の整備状況の評価の検討

全社的な内部統制の整備状況の評価の妥当性についての検討に関して、次の事項を監査調書に記録する。

ア．経営者が採用した全社的な内部統制の評価項目の一覧表について理解した内容とその適切性についての検討結果

イ．経営者が実施した全社的な内部統制の整備状況の評価手続及び評価結果について理解した内容

ウ．監査人が実施した閲覧や質問等の監査手続の結果及び入手した監査証拠

エ．監査人が発見した全社的な内部統制の整備状況の不備があれば、経営者が識別した不備との比較結果

オ．経営者による全社的な内部統制の整備状況の評価結果の妥当性についての検討結果

② 全社的な内部統制の運用状況の評価の検討

全社的な内部統制の運用状況の評価の妥当性についての検討に関して、次の事項を監査調書に記録する。

ア．経営者が実施した全社的な内部統制の運用状況の評価手続及び評価結果について理解した内容

イ．監査人が実施した質問、関連文書の閲覧、観察等の監査手続の結果及び入手した監査証拠

ウ．監査人が発見した全社的な内部統制の運用状況の不備があれば、経営者が識別した不備との比較結果

エ．経営者による全社的な内部統制の運用状況の評価結果の妥当性についての検討結果

【全社レベルの決算・財務報告プロセスの評価の検討】

① 全社レベルの決算・財務報告プロセスの評価の検討

ア．全社レベルの決算・財務報告プロセスの整備状況の評価の検討

「全社的な内部統制の評価の検討①全社的な内部統制の整備状況の評価の検討」を準用する。

イ．全社レベルの決算・財務報告プロセスの運用状況の評価の検討

「全社的な内部統制の評価の検討　②全社的な内部統制の運用状況の評価の検討」を準用する。

【業務プロセスに係る内部統制の評価の検討】

① 業務プロセスに係る内部統制の整備状況の評価の検討

業務プロセスに係る内部統制の整備状況の評価の妥当性についての検討に関して、次の事項を監査調書に記録する。

ア．経営者が実施した業務プロセスに係る内部統制の整備状況の評価手続及び評価結果について理解した内容

イ．監査人が実施した質問、観察、閲覧、ウォークスルー等の監査手続の結果及び入手した監査証拠

ウ．経営者が識別した統制上の要点が適切な財務情報を作成するための要件を確保する合理的な保証を提供しているかどうかに関する監査人の検討結果

エ．監査人が発見した業務プロセスに係る内部統制の整備状況の不備があれば、経営者が識別した不備との比較結果

オ．経営者による業務プロセスに係る内部統制の整備状況の評価結果の妥当性についての検討結果

② 業務プロセスに係る内部統制の運用状況の評価の検討

業務プロセスに係る内部統制の運用状況の評価の妥当性についての検討に関して、次の事項を監査調書に記録する。

ア．経営者が実施した業務プロセスに係る内部統制の運用状況の評価手続及び評価結果について理解した内容

イ．監査人が実施した質問、関連文書の閲覧、観察、企業の担当者等による作業の再現、監査人による再実施等の監査手続の結果及び入手した監査証拠

ウ．監査人の判断により内部監査人等が作業において選択したサンプルを自ら選択したサンプルの全部又は一部として利用する場合には、自ら選択したサンプルの全部又は一部として利用した根拠、内部監査人等が抽出したサンプルの妥当性の検討のために実施した手続及びその検討結果

エ．監査人が発見した業務プロセスに係る内部統制の運用状況の不備があれば、経営者が識別した不備との比較結果

オ．経営者による業務プロセスに係る内部統制の運用状況の評価結果の妥当性についての検討結果

(3)　不備等の集計

① 内部統制の不備の評価の検討に関して、次の事項を監査調書に記録する。

ア．経営者が作成した内部統制の不備を記載した一覧表についての理解した内容

イ．それぞれの不備が関連する勘定科目、影響を及ぼす範囲等についての検討結果

ウ．内部統制の不備により虚偽記載が実際に発生する可能性に関する検討結果（ある内部統制と他の内部統制との代替可能性の検討を含む。）

エ．内部統制の不備が単独で又は複数存在する場合、影響額を合算した上で、開示すべき重要な不備に該当するかどうかについての検討結果

オ．識別した内部統制の不備等が財務諸表監査に与える影響の検討結果

② 監査人は、経営者が開示すべき重要な不備について是正措置を実施した場合、次の事項を監査調書に記録する。

ア．経営者が実施した是正措置について理解した内容

イ．是正措置に対する経営者の評価の妥当性に対する検討結果

ウ．是正結果の取締役会及び監査役等への報告状況

③ 後発事象について、実施した手続の内容及びその結果を監査調書に記録する。

付録２　統計的サンプル数の例示

許容逸脱率が９％、サンプリングリスクが10％（信頼度が90％）、予想逸脱率が０％である場合のサンプル数は、次の表の枠囲みのとおり。

運用評価手続のための統計的サンプル数

		許容逸脱率										
		2％	3％	4％	5％	6％	7％	8％	9％	10％	15％	20％
予想逸脱率	0.00%	114 (0)	76 (0)	57 (0)	45 (0)	38 (0)	32 (0)	28 (0)	[25] (0)	22 (0)	15 (0)	11 (0)
	0.25%	194 (1)	129 (1)	96 (1)	77 (1)	64 (1)	55 (1)	48 (1)	42 (1)	38 (1)	25 (1)	18 (1)
	0.50%	194 (1)	129 (1)	96 (1)	77 (1)	64 (1)	55 (1)	48 (1)	42 (1)	38 (1)	25 (1)	18 (1)
	0.75%	265 (2)	129 (1)	96 (1)	77 (1)	64 (1)	55 (1)	48 (1)	42 (1)	38 (1)	25 (1)	18 (1)
	1.00%	*	176 (2)	96 (1)	77 (1)	64 (1)	55 (1)	48 (1)	42 (1)	38 (1)	25 (1)	18 (1)
	1.25%	*	221 (3)	132 (2)	77 (1)	64 (1)	55 (1)	48 (1)	42 (1)	38 (1)	25 (1)	18 (1)
	1.50%	*	*	132 (2)	105 (2)	64 (1)	55 (1)	48 (1)	42 (1)	38 (1)	25 (1)	18 (1)
	1.75%	*	*	166 (3)	105 (2)	88 (2)	55 (1)	48 (1)	42 (1)	38 (1)	25 (1)	18 (1)
	2.00%	*	*	198 (4)	132 (3)	88 (2)	75 (2)	48 (1)	42 (1)	38 (1)	25 (1)	18 (1)
	2.25%	*	*	*	132 (3)	88 (2)	75 (2)	65 (2)	42 (1)	38 (1)	25 (1)	18 (1)
	2.50%	*	*	*	158 (4)	110 (3)	75 (2)	65 (2)	58 (2)	38 (1)	25 (1)	18 (1)
	2.75%	*	*	*	209 (6)	132 (4)	94 (3)	65 (2)	58 (2)	52 (2)	25 (1)	18 (1)
	3.00%	*	*	*	*	132 (4)	94 (3)	65 (2)	58 (2)	52 (2)	25 (1)	18 (1)
	3.25%	*	*	*	*	153 (5)	113 (4)	82 (3)	58 (2)	52 (2)	25 (1)	18 (1)
	3.50%	*	*	*	*	194 (7)	113 (4)	82 (3)	73 (3)	52 (2)	25 (1)	18 (1)
	3.75%	*	*	*	*	*	131 (5)	98 (4)	73 (3)	52 (2)	25 (1)	18 (1)
	4.00%	*	*	*	*	*	149 (6)	98 (4)	73 (3)	65 (3)	25 (1)	18 (1)

5.00%	＊	＊	＊	＊	＊	＊	160 (8)	115 (6)	78 (4)	34 (2)	18 (1)
6.00%	＊	＊	＊	＊	＊	＊	＊	182 (11)	116 (7)	43 (3)	25 (2)
7.00%	＊	＊	＊	＊	＊	＊	＊	＊	199 (14)	52 (4)	25 (2)

※　この表は、ある程度大きな母集団を想定して作成されたものである。
※　括弧内は予想逸脱件数
※　「＊」の箇所は、サンプル数が多くなり費用対効果が合わないため件数が示されていない。

（American Institute of Certified Public Accountants Audit and Accounting Guide-AUDIT SAMPLING(1983) p.107「TABLE2 Statistical Sample Sizes for Compliance Testing Ten-Percent Risk of Overreliance (with number of expected errors in parentheses)」を一部修正）

付録３　一体型内部統制監査報告書の文例（無限責任監査法人の場合で、指定証明であるとき）

⑴　**【文例１】**財務諸表監査報告書（無限定適正意見）と内部統制監査報告書（無限定適正意見）一体型

独立監査人の監査報告書及び内部統制監査報告書

×年×月×日

○　○　株式会社
取締役会　御中

○　○　監　査　法　人
○○事務所(注１)

指　定　社　員
業務執行社員　　公認会計士　○○○○　印

指　定　社　員
業務執行社員　　公認会計士　○○○○　印
(注２)

<財務諸表監査>

監査意見

当監査法人(注３)は、金融商品取引法第193条の２第１項の規定に基づく監査証明を行うため、「経理の状況」に掲げられている○○株式会社の×年×月×日から×年×月×日までの連結会計年度の連結財務諸表、すなわち、連結貸借対照表、連結損益計算書、連結包括利益計算書(注４)、連結株主資本等変動計算書、連結キャッシュ・フロー計算書、連結財務諸表作成のための基本となる重要な事項、その他の注記及び連結附属明細表について監査を行った。

当監査法人(注３)は、上記の連結財務諸表が、我が国において一般に公正妥当と認められる企業会計の基準に準拠して、○○株式会社及び連結子会社の×年×月×日現在の財政状態並びに同日をもって終了する連結会計年度の経営成績及びキャッシュ・フローの状況を、全ての重要な点において適正に表示しているものと認める。

監査意見の根拠

当監査法人(注３)は、我が国において一般に公正妥当と認められる監査の基準に準拠して監査を行った。監査の基準における当監査法人(注３)の責任は、「連結財務諸表監査における監査人の責任」に記載されている。当監査法人(注３)は、我が国における職業倫理に関する規定に従って、会社及び連結子会社から独立しており、また、監査人としてのその他の倫理上の責任を果たしている。当監査法人(注3)は、意見表明の基礎となる十分かつ適切な監査証拠を入手したと判断している。

監査上の主要な検討事項

監査上の主要な検討事項とは、当連結会計年度の連結財務諸表の監査において、監査人が職業的専門家として特に重要であると判断した事項である。監査上の主要な検討事項は、連結財務諸表全体に対する監査の実施過程及び監査意見の形成において対応した事項であり、当監査法人(注3)は、当該事項に対して個別に意見を表明するものではない。

[監基報701に従った監査上の主要な検討事項の記載例
(表形式にする場合の記載例)]

○○○○(監査上の主要な検討事項の見出し及び該当する場合には連結財務諸表の注記事項への参照)	
監査上の主要な検討事項の内容及び決定理由	監査上の対応
・・・・・・(監査上の主要な検討事項の内容及び決定理由の内容を記載する)・・・・・・。	・・・・・・(監査上の対応を記載する)・・・・・・。

]

その他の記載内容

その他の記載内容は、有価証券報告書に含まれる情報のうち、連結財務諸表及び財務諸表並びにこれらの監査報告書以外の情報である。経営者の責任は、その他の記載内容を作成し開示することにある。また、監査役及び監査役会(注5)の責任は、その他の記載内容の報告プロセスの整備及び運用における取締役の職務の執行を監視することにある(注6)。

当監査法人(注3)の連結財務諸表に対する監査意見の対象にはその他の記載内容は含まれておらず、当監査法人(注3)はその他の記載内容に対して意見を表明するものではない。

連結財務諸表監査における当監査法人(注3)の責任は、その他の記載内容を通読し、通読の過程において、その他の記載内容と連結財務諸表又は当監査法人(注3)が監査の過程で得た知識との間に重要な相違があるかどうか検討すること、また、そのような重要な相違以外にその他の記載内容に重要な誤りの兆候があるかどうか注意を払うことにある。

当監査法人(注3)は、実施した作業に基づき、その他の記載内容に重要な誤りがあると判断した場合には、その事実を報告することが求められている。

その他の記載内容に関して、当監査法人(注3)が報告すべき事項はない。(注7)

連結財務諸表に対する経営者並びに監査役及び監査役会(注5)の責任

経営者の責任は、我が国において一般に公正妥当と認められる企業会計の基準に準拠して連結財務諸表を作成し適正に表示することにある。これには、不正又は誤謬による重要な虚偽表示のない連結財務諸表を作成し適正に表示するために経営者が必要と判断した内部統制を整備及び運用することが含まれる。

連結財務諸表を作成するに当たり、経営者は、継続企業の前提に基づき連結財務諸表を作成することが適切であるかどうかを評価し、我が国において一般に公正妥当と認められる企業会計の基準に基づいて継続企業に関する事項を開示する必要がある場合には当該事項を開示する責任がある。

監査役及び監査役会(注5)の責任は、財務報告プロセスの整備及び運用における取締役の職務の執行を監視することにある(注8)。

連結財務諸表監査における監査人の責任

監査人の責任は、監査人が実施した監査に基づいて、全体としての連結財務諸表に不正又は誤謬による重要な虚偽表示がないかどうかについて合理的な保証を得て、監査報告書において独立の立場から連結財務諸表に対する意見を表明することにある。虚偽表示は、不正又は誤謬により発生する可能性があり、個別に又は集計すると、連結財務諸表の利用者の意思決定に影響を与えると合理的に見込まれる場合に、重要性があると判断される。

監査人は、我が国において一般に公正妥当と認められる監査の基準に従って、監査の過程を通じて、職業的専門家としての判断を行い、職業的懐疑心を保持して以下を実施する。

・不正又は誤謬による重要な虚偽表示リスクを識別し、評価する。また、重要な虚偽表示リスクに対応した監査手続を立案し、実施する。監査手続の選択及び適用は監査人の判断による。さらに、意見表明の基礎となる十分かつ適切な監査証拠を入手する。

・連結財務諸表監査の目的は、内部統制の有効性について意見表明するためのものではないが、監査人は、リスク評価の実施に際して、状況に応じた適切な監査手続を立案するために、監査に関連する内部統制を検討する。

・経営者が採用した会計方針及びその適用方法の適切性、並びに経営者によって行われた会計上の見積りの合理性及び関連する注記事項の妥当性を評価する。

・経営者が継続企業を前提として連結財務諸表を作成することが適切であるかどうか、また、入手した監査証拠に基づき、継続企業の前提に重要な疑義を生じさせるような事象又は状況に関して重要な不確実性が認められるかどうか結論付ける。継続企業の前提に関する重要な不確実性が認められる場合は、監査報告書において連結財務諸表の注記事項に注意を喚起すること、又は重要な不確実性に関する連結財務諸表の注記事項が適切でない場合は、連結財務諸表に対して除外事項付意見を表明することが求められている。

　監査人の結論は、監査報告書日までに入手した監査証拠に基づいているが、将来の事象や状況により、企業は継続企業として存続できなくなる可能性がある。

・連結財務諸表の表示及び注記事項が、我が国において一般に公正妥当と認められる企業会計の基準に準拠しているかどうかとともに、関連する注記事項を含めた連結財務諸表の表示、構成及び内容、並びに連結財務諸表が基礎となる取引や会計事象を適正に表示しているかどうかを評価する。

・連結財務諸表に対する意見を表明するために、会社及び連結子会社の財務情報に関する十分かつ適切な監査証拠を入手する。監査人は、連結財務諸表の監査に関する指示、監督及び実施に関して責任がある。監査人は、単独で監査意見に対して責任を負う。

監査人は、監査役及び監査役会(注5)に対して、計画した監査の範囲とその実施時期、監査の実施過程で識別した内部統制の重要な不備を含む監査上の重要な発見事項、及び監査の基準で求められているその他の事項について報告を行う。

監査人は、監査役及び監査役会(注5)に対して、独立性についての我が国における職業倫理に関する規定を遵守したこと、並びに監査人の独立性に影響を与えると合理的に考えられる事項、及び阻害要因を除去又は軽減するためにセーフガードを講じている場合はその内容について報告を行う。(注9)

監査人は、監査役及び監査役会(注5)と協議した事項のうち、当連結会計年度の連結財務諸表の監査で特に重要であると判断した事項を監査上の主要な検討事項と決定し、監査報告書において記載する。ただし、法令等により当該事項の公表が禁止されている場合や、極めて限定的ではあるが、監査報告書において報告することにより生じる不利益が公共の利益を上回ると合理的に見込まれるため、監査人が報告すべきでないと判断した場合は、当該事項を記載しない。(注10)

＜内部統制監査＞

監査意見

当監査法人(注3)は、金融商品取引法第193条の２第２項の規定に基づく監査証明を行うため、○○株式会社の×年×月×日現在の内部統制報告書について監査を行った。

当監査法人(注3)は、○○株式会社が×年×月×日現在の財務報告に係る内部統制は有効であると表示した上記の内部統制報告書が、我が国において一般に公正妥当と認められる財務報告に係る内部統制の評価の基準に準拠して、財務報告に係る内部統制の評価結果について、全ての重要な点において適正に表示しているものと認める。

監査意見の根拠

当監査法人(注3)は、我が国において一般に公正妥当と認められる財務報告に係る内部統制の監査の基準に準拠して内部統制監査を行った。財務報告に係る内部統制の監査の基準における当監査法人(注3)の責任は、「内部統制監査における監査人の責任」に記載されている。当監査法人(注3)は、我が国における職業倫理に関する規定に従って、会社及び連結子会社から独立しており、また、監査人としてのその他の倫理上の責任を果たしている。当監査法人(注3)は、意見表明の基礎となる十分かつ適切な監査証拠を入手したと判断している。

内部統制報告書に対する経営者並びに監査役及び監査役会(注5)の責任

経営者の責任は、財務報告に係る内部統制を整備及び運用し、我が国において一般に公正妥当と認められる財務報告に係る内部統制の評価の基準に準拠して内部統制報告書を作成し適正に表示することにある。

監査役及び監査役会(注5)の責任は、財務報告に係る内部統制の整備及び運用状況を監視、検証することにある。

なお、財務報告に係る内部統制により財務報告の虚偽の記載を完全には防止又は発見することができない可能性がある。

内部統制監査における監査人の責任

監査人の責任は、監査人が実施した内部統制監査に基づいて、内部統制報告書に重要な虚偽表示がないかどうかについて合理的な保証を得て、内部統制監査報告書において独立の立場から内部統制報告書に対する意見を表明することにある。

監査人は、我が国において一般に公正妥当と認められる財務報告に係る内部統制の監査の基準に従って、監査の過程を通じて、職業的専門家としての判断を行い、職業的懐疑心を保持して以下を実施する。

・内部統制報告書における財務報告に係る内部統制の評価結果について監査証拠を入手するための監査手続を実施する。内部統制監査の監査手続は、監査人の判断により、財務報告の信頼性に及ぼす影響の重要性に基づいて選択及び適用される。
・財務報告に係る内部統制の評価範囲、評価手続及び評価結果について経営者が行った記載を含め、全体としての内部統制報告書の表示を検討する。
・内部統制報告書における財務報告に係る内部統制の評価結果に関する十分かつ適切な監査証拠を入手する。監査人は、内部統制報告書の監査に関する指示、監督及び実施に関して責任がある。監査人は、単独で監査意見に対して責任を負う。(注11)

監査人は、監査役及び監査役会(注5)に対して、計画した内部統制監査の範囲とその実施時期、内部統制監査の実施結果、識別した内部統制の開示すべき重要な不備、その是正結果、及び内部統制の監査の基準で求められているその他の事項について報告を行う。

監査人は、監査役及び監査役会(注5)に対して、独立性についての我が国における職業倫理に関する規定を遵守したこと、並びに監査人の独立性に影響を与えると合理的に考えられる事項、及び阻害要因を除去又は軽減するためにセーフガードを講じている場合はその内容について報告を行う。(注9)

利害関係

会社及び連結子会社と当監査法人又は業務執行社員(注3)との間には、公認会計士法の規定により記載すべき利害関係はない。

以　上

(注1)　事業所の都市名を記載する場合は、「○○県□□市」のように記載する。

(注2)　①　監査人が無限責任監査法人の場合で、指定証明でないときには、以下とする。

○　○　監査法人
○○県□□市(注1)
代 表 社 員
業務執行社員　公認会計士　○○○○　印
業務執行社員　公認会計士　○○○○　印

② 監査人が有限責任監査法人の場合は、以下とする。
○　○　有限責任監査法人
○○県□□市(注1)
指定有限責任社員
業務執行社員　公認会計士　○○○○　印
指定有限責任社員
業務執行社員　公認会計士　○○○○　印

③ 監査人が公認会計士の場合には、以下とする。
○○○○　公認会計士事務所
○○県□□市(注1)
公認会計士　○○○○　印
○○○○　公認会計士事務所
○○県□□市(注1)
公認会計士　○○○○　印

(注3)　監査人が公認会計士の場合には、「私」又は「私たち」とする。

(注4)　連結損益及び包括利益計算書を作成する場合には、「連結損益計算書、連結包括利益計算書」を「連結損益及び包括利益計算書」とする。

(注5)　監査役及び監査役会」は、会社の機関設計に応じて修正する。
指名委員会等設置会社の場合は「監査委員会」、監査等委員会設置会社の場合は「監査等委員会」とする。

(注6)「監査役及び監査役会の責任は、その他の記載内容の報告プロセスの整備及び運用における取締役の職務の執行を監視することにある。」の下線部分は、会社の機関設計に応じて下記のように修正する。
・指名委員会等設置会社の場合
「監査委員会の責任は、その他の記載内容の報告プロセスの整備及び運用における執行役及び取締役の職務の執行を監視することにある。」
・監査等委員会設置会社の場合
「監査等委員会の責任は、その他の記載内容の報告プロセスの整備及び運用における取締役の職務の執行を監視することにある。」

(注7)　監査報告書日より後にその他の記載内容の一部又は全部を入手する予定である場合は、監査基準委員会報告書720「その他の記載内容に関連する監査人の責任」付録2文例2又は文例3を参照。

(注8)「監査役及び監査役会の責任は、財務報告プロセスの整備及び運用における取締役の職務の執行を監視することにある。」の下線部分は、会社の機関設計に応じて下記のように修正する。
・指名委員会等設置会社の場合
「監査委員会の責任は、財務報告プロセスの整備及び運用における執行役及び取締役の職務の執行を監視することにある。」
・監査等委員会設置会社の場合
「監査等委員会の責任は、財務報告プロセスの整備及び運用における取締役の職務の執行を監視することにある。」

(注9)　上場企業又は上場企業ではないが上場企業の場合に適用される監査人の独立性に関するコミュニケーションについての要求事項が適用される企業の財務諸表監査の場合のみ記載する事項であるため、それ以外の企業の場合は削除する。

(注10)　監基報701に従って監査上の主要な検討事項を報告する場合のみ記載する事項であるため、監査上の主要な検討事項を報告しない場合は削除する。

(注11)　連結財務諸表を作成していない場合は、「監査人は、単独で監査意見に対して責任を負う。」を削除することができる。

(注12)　(注1)～(注11) については、以下の文例においても同様とする。

(2) 【文例２】財務諸表監査報告書（無限定適正意見）と内部統制監査報告書（無限定適正意見と開示すべき重要な不備に関する追記情報）一体型

独立監査人の監査報告書及び内部統制監査報告書

×年×月×日

○ ○ 株式会社
取締役会　御中

○ ○ 監 査 法 人
○○事務所(注１)
指 定 社 員
業務執行社員　公認会計士　○○○○　印
指 定 社 員
業務執行社員　公認会計士　○○○○　印
(注２)

＜財務諸表監査＞
(財務諸表監査の部分は省略)

＜内部統制監査＞
監査意見
当監査法人(注３)は、金融商品取引法第193条の２第２項の規定に基づく監査証明を行うため、○○株式会社の×年×月×日現在の内部統制報告書について監査を行った。
当監査法人(注３)は、○○株式会社が×年×月×日現在の財務報告に係る内部統制は開示すべき重要な不備があるため有効でないと表示した上記の内部統制報告書が、我が国において一般に公正妥当と認められる財務報告に係る内部統制の評価の基準に準拠して、財務報告に係る内部統制の評価結果について、全ての重要な点において適正に表示しているものと認める。

監査意見の根拠
当監査法人(注３)は、我が国において一般に公正妥当と認められる財務報告に係る内部統制の監査の基準に準拠して内部統制監査を行った。財務報告に係る内部統制の監査の基準における当監査法人(注３)の責任は、「内部統制監査における監査人の責任」に記載されている。当監査法人(注３)は、我が国における職業倫理に関する規定に従って、会社及び連結子会社から独立しており、また、監査人としてのその他の倫理上の責任を果たしている。当監査法人(注３)は、意見表明の基礎となる十分かつ適切な監査証拠を入手したと判断している。

強調事項
内部統制報告書に記載されているとおり、会社の○○プロセスには開示すべき重要な不備が存在しているが、会社は当該プロセスで処理される全取引に対して契約内容の再照合を行い、その結果特定した必要な修正は全て財務諸表及び連結財務諸表に反映している。
これによる財務諸表監査に及ぼす影響はない。

内部統制報告書に対する経営者並びに監査役及び監査役会(注５)の責任
経営者の責任は、財務報告に係る内部統制を整備及び運用し、我が国において一般に公正妥当と認められる財務報告に係る内部統制の評価の基準に準拠して内部統制報告書を作成し適正に表示することにある。
監査役及び監査役会(注５)の責任は、財務報告に係る内部統制の整備及び運用状況を監視、検証することにある。
なお、財務報告に係る内部統制により財務報告の虚偽の記載を完全には防止又は発見することができない可能性がある。

内部統制監査における監査人の責任

監査人の責任は、監査人が実施した内部統制監査に基づいて、内部統制報告書に重要な虚偽表示がないかどうかについて合理的な保証を得て、内部統制監査報告書において独立の立場から内部統制報告書に対する意見を表明することにある。

監査人は、我が国において一般に公正妥当と認められる財務報告に係る内部統制の監査の基準に従って、監査の過程を通じて、職業的専門家としての判断を行い、職業的懐疑心を保持して以下を実施する。

・内部統制報告書における財務報告に係る内部統制の評価結果について監査証拠を入手するための監査手続を実施する。内部統制監査の監査手続は、監査人の判断により、財務報告の信頼性に及ぼす影響の重要性に基づいて選択及び適用される。

・財務報告に係る内部統制の評価範囲、評価手続及び評価結果について経営者が行った記載を含め、全体としての内部統制報告書の表示を検討する。

・内部統制報告書における財務報告に係る内部統制の評価結果に関する十分かつ適切な監査証拠を入手する。監査人は、内部統制報告書の監査に関する指示、監督及び実施に関して責任がある。監査人は、単独で監査意見に対して責任を負う。(注11)

監査人は、監査役及び監査役会(注5)に対して、計画した内部統制監査の範囲とその実施時期、内部統制監査の実施結果、識別した内部統制の開示すべき重要な不備、その是正結果、及び内部統制の監査の基準で求められているその他の事項について報告を行う。

監査人は、監査役及び監査役会(注5)に対して、独立性についての我が国における職業倫理に関する規定を遵守したこと、並びに監査人の独立性に影響を与えると合理的に考えられる事項、及び阻害要因を除去又は軽減するためにセーフガードを講じている場合はその内容について報告を行う。(注9)

利害関係

会社及び連結子会社と当監査法人又は業務執行社員(注3)との間には、公認会計士法の規定により記載すべき利害関係はない。

以　上

(3)　【文例3】財務諸表監査報告書（無限定適正意見）と内部統制監査報告書（無限定適正意見とやむを得ない事情による評価範囲の制約に関する追記情報）一体型

独立監査人の監査報告書及び内部統制監査報告書

×年×月×日

○　○　株式会社
取締役会　御中

○ ○ 監 査 法 人
○○事務所(注1)

指 定 社 員
業務執行社員　公認会計士　○○○○　印

指 定 社 員
業務執行社員　公認会計士　○○○○　印
(注2)

＜財務諸表監査＞
（財務諸表監査の部分は省略）

<内部統制監査>

監査意見

当監査法人(注3)は、金融商品取引法第193条の２第２項の規定に基づく監査証明を行うため、○○株式会社の×年×月×日現在の内部統制報告書について監査を行った。

当監査法人(注3)は、○○株式会社が×年×月×日現在の財務報告に係る内部統制は有効であると表示した上記の内部統制報告書が、我が国において一般に公正妥当と認められる財務報告に係る内部統制の評価の基準に準拠して、財務報告に係る内部統制の評価結果について、全ての重要な点において適正に表示しているものと認める。

監査意見の根拠

当監査法人(注3)は、我が国において一般に公正妥当と認められる財務報告に係る内部統制の監査の基準に準拠して内部統制監査を行った。財務報告に係る内部統制の監査の基準における当監査法人(注3)の責任は、「内部統制監査における監査人の責任」に記載されている。当監査法人(注3)は、我が国における職業倫理に関する規定に従って、会社及び連結子会社から独立しており、また、監査人としてのその他の倫理上の責任を果たしている。当監査法人(注3)は、意見表明の基礎となる十分かつ適切な監査証拠を入手したと判断している。

強調事項

会社は、内部統制報告書に記載のとおり、×年×月×日付けの株式取得により連結子会社となった△△株式会社の財務報告に係る内部統制について、やむを得ない事情により十分な評価手続を実施できなかったとして、期末日現在の内部統制評価から除外している。これは、当該会社の規模、事業の多様性や複雑性等から、内部統制の評価には、相当の期間が必要であり、当事業年度の取締役会による決算承認までの期間に評価を完了することが困難であったことによる。

内部統制報告書に対する経営者並びに監査役及び監査役会(注5)の責任

経営者の責任は、財務報告に係る内部統制を整備及び運用し、我が国において一般に公正妥当と認められる財務報告に係る内部統制の評価の基準に準拠して内部統制報告書を作成し適正に表示することにある。

監査役及び監査役会(注5)の責任は、財務報告に係る内部統制の整備及び運用状況を監視、検証することにある。

なお、財務報告に係る内部統制により財務報告の虚偽の記載を完全には防止又は発見することができない可能性がある。

内部統制監査における監査人の責任

監査人の責任は、監査人が実施した内部統制監査に基づいて、内部統制報告書に重要な虚偽表示がないかどうかについて合理的な保証を得て、内部統制監査報告書において独立の立場から内部統制報告書に対する意見を表明することにある。

監査人は、我が国において一般に公正妥当と認められる財務報告に係る内部統制の監査の基準に従って、監査の過程を通じて、職業的専門家としての判断を行い、職業的懐疑心を保持して以下を実施する。

・内部統制報告書における財務報告に係る内部統制の評価結果について監査証拠を入手するための監査手続を実施する。内部統制監査の監査手続は、監査人の判断により、財務報告の信頼性に及ぼす影響の重要性に基づいて選択及び適用される。

・財務報告に係る内部統制の評価範囲、評価手続及び評価結果について経営者が行った記載を含め、全体としての内部統制報告書の表示を検討する。

・内部統制報告書における財務報告に係る内部統制の評価結果に関する十分かつ適切な監査証拠を入手する。監査人は、内部統制報告書の監査に関する指示、監督及び実施に関して責任がある。監査人は、単独で監査意見に対して責任を負う。(注11)

監査人は、監査役及び監査役会(注5)に対して、計画した内部統制監査の範囲とその実施時期、内部統制監査の実施結果、識別した内部統制の開示すべき重要な不備、その是正結果、及び内部統制の監査の基準で求められているその他の事項について報告を行う。

　監査人は、監査役及び監査役会(注5)に対して、独立性についての我が国における職業倫理に関する規定を遵守したこと、並びに監査人の独立性に影響を与えると合理的に考えられる事項、及び阻害要因を除去又は軽減するためにセーフガードを講じている場合はその内容について報告を行う。(注9)

利害関係

　会社及び連結子会社と当監査法人又は業務執行社員(注3)との間には、公認会計士法の規定により記載すべき利害関係はない。

以　上

(4)　【文例４】財務諸表監査報告書（無限定適正意見）と内部統制監査報告書（不適正意見）一体型

独立監査人の監査報告書及び内部統制監査報告書

×年×月×日

○　○　株式会社
　取締役会　御中

○　○ 監 査 法 人
○○事務所(注1)
指 定 社 員
業務執行社員　公認会計士　○○○○　印
指 定 社 員
業務執行社員　公認会計士　○○○○　印
(注2)

＜財務諸表監査＞
（財務諸表監査の部分は省略）

＜内部統制監査＞
不適正意見

　当監査法人(注3)は、金融商品取引法第193条の２第２項の規定に基づく監査証明を行うため、○○株式会社の×年×月×日現在の内部統制報告書について監査を行った。

　当監査法人(注3)は、○○株式会社が×年×月×日現在の財務報告に係る内部統制は有効であると表示した上記の内部統制報告書が、「不適正意見の根拠」に記載した事項の内部統制報告書に及ぼす影響の重要性に鑑み、我が国において一般に公正妥当と認められる財務報告に係る内部統制の評価の基準に準拠して、財務報告に係る内部統制の評価結果について、適正に表示していないものと認める。

不適正意見の根拠

　会社は、○○事業部において、顧客との間に物品及びサービスの複合契約を個別に締結しているが、適正な収益計上に必要な契約内容の検討及び承認手続が不十分であり、当期の売上高及び前受収益に重要な修正を記帳した。当監査法人(注3)は当該内部統制の不備は、我が国において一般に公正妥当と認められる財務報告に係る内部統制の評価の基準に従えば、財務報告に重要な影響を及ぼす可能性が高く、開示すべき重要な不備に相当すると判断した。しかし、会社は、当該内部統制の不備を開示すべき重要な不備には該当しないと結論付けており、内部統制報告書には開示されていない。

　当監査法人(注3)は、我が国において一般に公正妥当と認められる財務報告に係る内部統制の監査の基準に準拠して内部統制監査を行った。財務報告に係る内部統制の監査の基準における当監査法人(注3)の責任は、「内部統制監査における監査人の責任」に記載されている。当監査法人(注3)は、我が国における職業倫理に関する規定に従って、会社及び連結子会社から独立しており、また、監査人としてのその他の倫理上の責任を果たしている。当監査法人(注3)は、不適正意見表明の基礎となる十分かつ適切な監査証拠を入手したと判断している。

なお、上記の開示すべき重要な不備に関連する契約書は会社により全件契約条件の再照合と必要な修正記帳が実施されており、これによる財務諸表監査に及ぼす影響はない。

内部統制報告書に対する経営者並びに監査役及び監査役会(注5)の責任

経営者の責任は、財務報告に係る内部統制を整備及び運用し、我が国において一般に公正妥当と認められる財務報告に係る内部統制の評価の基準に準拠して内部統制報告書を作成し適正に表示することにある。

監査役及び監査役会(注5)の責任は、財務報告に係る内部統制の整備及び運用状況を監視、検証することにある。

なお、財務報告に係る内部統制により財務報告の虚偽の記載を完全には防止又は発見することができない可能性がある。

内部統制監査における監査人の責任

監査人の責任は、監査人が実施した内部統制監査に基づいて、内部統制報告書に重要な虚偽表示がないかどうかについて合理的な保証を得て、内部統制監査報告書において独立の立場から内部統制報告書に対する意見を表明することにある。

監査人は、我が国において一般に公正妥当と認められる財務報告に係る内部統制の監査の基準に従って、監査の過程を通じて、職業的専門家としての判断を行い、職業的懐疑心を保持して以下を実施する。

・内部統制報告書における財務報告に係る内部統制の評価結果について監査証拠を入手するための監査手続を実施する。内部統制監査の監査手続は、監査人の判断により、財務報告の信頼性に及ぼす影響の重要性に基づいて選択及び適用される。
・財務報告に係る内部統制の評価範囲、評価手続及び評価結果について経営者が行った記載を含め、全体としての内部統制報告書の表示を検討する。
・内部統制報告書における財務報告に係る内部統制の評価結果に関する十分かつ適切な監査証拠を入手する。監査人は、内部統制報告書の監査に関する指示、監督及び実施に関して責任がある。監査人は、単独で監査意見に対して責任を負う。(注11)

監査人は、監査役及び監査役会(注5)に対して、計画した内部統制監査の範囲とその実施時期、内部統制監査の実施結果、識別した内部統制の開示すべき重要な不備、その是正結果、及び内部統制の監査の基準で求められているその他の事項について報告を行う。

監査人は、監査役及び監査役会(注5)に対して、独立性についての我が国における職業倫理に関する規定を遵守したこと、並びに監査人の独立性に影響を与えると合理的に考えられる事項、及び阻害要因を除去又は軽減するためにセーフガードを講じている場合はその内容について報告を行う。(注9)

利害関係

会社及び連結子会社と当監査法人又は業務執行社員(注3)との間には、公認会計士法の規定により記載すべき利害関係はない。

以　上

(5)【文例５】財務諸表監査報告書（無限定適正意見）と内部統制監査報告書（意見不表明）一体型

独立監査人の監査報告書及び内部統制監査報告書

×年×月×日

○　○　株式会社
取締役会　御中

○　○ 監 査 法 人
○○事務所(注１)
指 定 社 員
業務執行社員　公認会計士　○○○○　印
指 定 社 員
業務執行社員　公認会計士　○○○○　印
(注２)

＜財務諸表監査＞
（財務諸表監査の部分は省略）

＜内部統制監査＞
意見不表明

当監査法人(注３)は、金融商品取引法第193条の２第２項の規定に基づく監査証明を行うため、○○株式会社の×年×月×日現在の内部統制報告書について監査を行った。

当監査法人(注３)は、「意見不表明の根拠」に記載した事項の内部統制報告書に及ぼす可能性のある影響の重要性に鑑み、監査意見の基礎を与える十分かつ適切な監査証拠を入手することができなかったため、○○株式会社の×年×月×日現在の財務報告に係る内部統制は有効であると表示した上記の内部統制報告書に対して意見を表明しない。

意見不表明の根拠

内部統制報告書に記載のとおり、×年×月×日に連結子会社である△△株式会社の本社社屋が火災により焼失し、当該連結子会社の財務報告に係る内部統制の評価手続等の重要な記録が失われた。

会社はこの評価範囲の制約による影響は限定的として取り扱っているが、当該連結子会社の売上高は連結売上高の×％、その総資産は連結総資産の×％を占めることから、当監査法人(注３)は、○○株式会社の×年×月×日現在の財務報告に係る内部統制は有効であると表示した上記の内部統制報告書に関して、何らかの修正が必要かどうかについて判断することができなかった。

内部統制報告書に対する経営者並びに監査役及び監査役会(注５)の責任

経営者の責任は、財務報告に係る内部統制を整備及び運用し、我が国において一般に公正妥当と認められる財務報告に係る内部統制の評価の基準に準拠して内部統制報告書を作成し適正に表示することにある。

監査役及び監査役会(注５)の責任は、財務報告に係る内部統制の整備及び運用状況を監視、検証することにある。

なお、財務報告に係る内部統制により財務報告の虚偽の記載を完全には防止又は発見することができない可能性がある。

内部統制監査における監査人の責任

監査人の責任は、監査人が、我が国において一般に公正妥当と認められる財務報告に係る内部統制の監査の基準に準拠して実施した内部統制監査に基づいて、内部統制監査報告書において独立の立場から内部統制報告書に対する意見を表明することにある。

しかしながら、本報告書の「意見不表明の根拠」に記載した事項により、当監査法人(注３)は、内部統制報告書に対する意見表明の基礎となる十分かつ適切な監査証拠を入手することができなかった。当監査法人(注3)は、我が国における職業倫理に関する規定に従って、会社及び連結子会社から独立しており、また、監査人としてのその他の倫理上の責任を果たしている。

利害関係

会社及び連結子会社と当監査法人又は業務執行社員(注3)との間には、公認会計士法の規定により記載すべき利害関係はない。

以上

(6) 【文例6】財務諸表監査報告書（無限定適正意見）と内部統制監査報告書（監査範囲の制約の除外事項付き限定付適正意見（やむを得ない事情とは認められない場合））一体型

独立監査人の監査報告書及び内部統制監査報告書

×年×月×日

○　○　株式会社
取締役会　御中

○　○監査法人
○○事務所(注1)

指定社員
業務執行社員　公認会計士　○○○○　印

指定社員
業務執行社員　公認会計士　○○○○　印
(注2)

＜財務諸表監査＞
(財務諸表監査の部分は省略)

＜内部統制監査＞
限定付適正意見

当監査法人(注3)は、金融商品取引法第193条の2第2項の規定に基づく監査証明を行うため、○○株式会社の×年×月×日現在の内部統制報告書について監査を行った。

当監査法人(注3)は、○○株式会社の×年×月×日現在の財務報告に係る内部統制は有効であると表示した上記の内部統制報告書が、「限定付適正意見の根拠」に記載した事項の内部統制報告書に及ぼす可能性のある影響を除き、我が国において一般に公正妥当と認められる財務報告に係る内部統制の評価の基準に準拠して、財務報告に係る内部統制の評価結果について、全ての重要な点において適正に表示しているものと認める。

限定付適正意見の根拠

会社は、内部統制報告書に記載のとおり、×年×月×日付けの株式取得により連結子会社となった△△株式会社の財務報告に係る内部統制を期末日現在の内部統制評価から除外しているが、株式取得日から相当の期間が経過しており、やむを得ない事情に相当するとは認められなかった。このため、当監査法人(注3)は、当該連結子会社の財務報告に係る内部統制について、十分かつ適切な監査証拠を入手することができなかった。

当監査法人(注3)は、我が国において一般に公正妥当と認められる財務報告に係る内部統制の監査の基準に準拠して内部統制監査を行った。財務報告に係る内部統制の監査の基準における当監査法人(注3)の責任は、「内部統制監査における監査人の責任」に記載されている。当監査法人(注3)は、我が国における職業倫理に関する規定に従って、会社及び連結子会社から独立しており、また、監査人としてのその他の倫理上の責任を果たしている。当監査法人(注3)は、限定付適正意見の基礎となる十分かつ適切な監査証拠を入手したと判断している。

なお、内部統制報告書において評価範囲外とされた△△株式会社については、連結財務諸表に反映されており、これによる財務諸表監査に及ぼす影響はない。

内部統制報告書に対する経営者並びに監査役及び監査役会(注5)の責任

経営者の責任は、財務報告に係る内部統制を整備及び運用し、我が国において一般に公正妥当と認められる財務報告に係る内部統制の評価の基準に準拠して内部統制報告書を作成し適正に表示することにある。

監査役及び監査役会(注5)の責任は、財務報告に係る内部統制の整備及び運用状況を監視、検証することにある。

なお、財務報告に係る内部統制により財務報告の虚偽の記載を完全には防止又は発見することができない可能性がある。

内部統制監査における監査人の責任

監査人の責任は、監査人が実施した内部統制監査に基づいて、内部統制報告書に重要な虚偽表示がないかどうかについて合理的な保証を得て、内部統制監査報告書において独立の立場から内部統制報告書に対する意見を表明することにある。

監査人は、我が国において一般に公正妥当と認められる財務報告に係る内部統制の監査の基準に従って、監査の過程を通じて、職業的専門家としての判断を行い、職業的懐疑心を保持して以下を実施する。

・内部統制報告書における財務報告に係る内部統制の評価結果について監査証拠を入手するための監査手続を実施する。内部統制監査の監査手続は、監査人の判断により、財務報告の信頼性に及ぼす影響の重要性に基づいて選択及び適用される。

・財務報告に係る内部統制の評価範囲、評価手続及び評価結果について経営者が行った記載を含め、全体としての内部統制報告書の表示を検討する。

・内部統制報告書における財務報告に係る内部統制の評価結果に関する十分かつ適切な監査証拠を入手する。監査人は、内部統制報告書の監査に関する指示、監督及び実施に関して責任がある。監査人は、単独で監査意見に対して責任を負う。(注11)

監査人は、監査役及び監査役会(注5)に対して、計画した内部統制監査の範囲とその実施時期、内部統制監査の実施結果、識別した内部統制の開示すべき重要な不備、その是正結果、及び内部統制の監査の基準で求められているその他の事項について報告を行う。

監査人は、監査役及び監査役会(注5)に対して、独立性についての我が国における職業倫理に関する規定を遵守したこと、並びに監査人の独立性に影響を与えると合理的に考えられる事項、及び阻害要因を除去又は軽減するためにセーフガードを講じている場合はその内容について報告を行う。(注9)

利害関係

会社及び連結子会社と当監査法人又は業務執行社員(注3)との間には、公認会計士法の規定により記載すべき利害関係はない。

以　上

(7) 【文例7】財務諸表監査報告書（無限定適正意見）と内部統制監査報告書（意見不表明（内部統制報告書に開示すべき重要な不備に関する記載がある場合））一体型

独立監査人の監査報告書及び内部統制監査報告書

×年×月×日

○ ○ 株式会社
取締役会 御中

○ ○ 監 査 法 人
○○事務所(注1)

指 定 社 員 業務執行社員	公認会計士	○○○○ 印
指 定 社 員 業務執行社員	公認会計士	○○○○ 印

(注2)

<財務諸表監査>
(財務諸表監査の部分は省略)

<内部統制監査>
意見不表明

当監査法人(注3)は、金融商品取引法第193条の2第2項の規定に基づく監査証明を行うため、○○株式会社の×年×月×日現在の内部統制報告書について監査を行った。

当監査法人(注3)は、「意見不表明の根拠」に記載した事項の内部統制報告書に及ぼす可能性のある影響の重要性に鑑み、監査意見の基礎を与える十分かつ適切な監査証拠を入手することができなかったため、○○株式会社の×年×月×日現在の財務報告に係る内部統制は開示すべき重要な不備があるため有効でないと表示した上記の内部統制報告書に対して意見を表明しない。

意見不表明の根拠

内部統制報告書に記載のとおり、×年×月×日に連結子会社である△△株式会社の本社社屋が火災により焼失し、当該連結子会社の財務報告に係る内部統制の評価手続等の重要な記録が失われた。

会社はこの評価範囲の制約による影響は限定的として取り扱っているが、当該連結子会社の売上高は連結売上高の×%、その総資産は連結総資産の×%を占めることから、当監査法人(注3)は、○○株式会社の×年×月×日現在の財務報告に係る内部統制は開示すべき重要な不備があるため有効でないと表示した上記の内部統制報告書に関して、何らかの修正が必要かどうかについて判断することができなかった。

強調事項

内部統制報告書に記載のとおり、会社の○○事業部における適正な収益計上に必要な契約内容の検討及び承認手続が不十分であり、当期の売上高及び前受収益の認識についての内部統制手続には開示すべき重要な不備が存在しているが、この開示すべき重要な不備に関連する契約書は、会社により全件契約条件の再照合と必要な修正記帳が実施されている。これによる財務諸表監査に及ぼす影響はない。

内部統制報告書に対する経営者並びに監査役及び監査役会(注5)の責任

経営者の責任は、財務報告に係る内部統制を整備及び運用し、我が国において一般に公正妥当と認められる財務報告に係る内部統制の評価の基準に準拠して内部統制報告書を作成し適正に表示することにある。

監査役及び監査役会(注5)の責任は、財務報告に係る内部統制の整備及び運用状況を監視、検証することにある。

なお、財務報告に係る内部統制により財務報告の虚偽の記載を完全には防止又は発見することができない可能性がある。

内部統制監査における監査人の責任

監査人の責任は、監査人が、我が国において一般に公正妥当と認められる財務報告に係る内部統制の監査の基準に準拠して実施した内部統制監査に基づいて、内部統制監査報告書において独立の立場から内部統制報告書に対する意見を表明することにある。しかしながら、本報告書の「意見不表明の根拠」に記載した事項により、当監査法人(注3)は、内部統制報告書に対する意見表明の基礎となる十分かつ適切な監査証拠を入手することができなかった。当監査法人(注3)は、我が国における職業倫理に関する規定に従って、会社及び連結子会社から独立しており、また、監査人としてのその他の倫理上の責任を果たしている。

利害関係

会社及び連結子会社と当監査法人又は業務執行社員(注3)との間には、公認会計士法の規定により記載すべき利害関係はない。

以　上

(8)　**【文例８】** 財務諸表監査報告書（無限定適正意見）と内部統制監査報告書（監査範囲の制約の除外事項付き限定付適正意見（やむを得ない事情とは認められない場合）と開示すべき重要な不備に関する追記情報）一体型

独立監査人の監査報告書及び内部統制監査報告書

×年×月×日

○　○　株式会社
取締役会　御中

○　○監査法人
○○事務所(注1)

指定社員
業務執行社員　公認会計士　○○○○　印

指定社員
業務執行社員　公認会計士　○○○○　印
(注2)

<財務諸表監査>
(財務諸表監査の部分は省略)

<内部統制監査>
限定付適正意見

当監査法人(注3)は、金融商品取引法第193条の２第２項の規定に基づく監査証明を行うため、○○株式会社の×年×月×日現在の内部統制報告書について監査を行った。

当監査法人(注3)は、○○株式会社の×年×月×日現在の財務報告に係る内部統制は開示すべき重要な不備があるため有効でないと表示した上記の内部統制報告書が、「限定付適正意見の根拠」に記載した事項の内部統制報告書に及ぼす可能性のある影響を除き、我が国において一般に公正妥当と認められる財務報告に係る内部統制の評価の基準に準拠して、財務報告に係る内部統制の評価結果について、全ての重要な点において適正に表示しているものと認める。

限定付適正意見の根拠

会社は、内部統制報告書に記載のとおり、×年×月×日付けの株式取得により連結子会社となった△△株式会社の財務報告に係る内部統制を期末日現在の内部統制評価から除外しているが、株式取得日から相当の期間が経過しており、やむを得ない事情に相当するとは認められなかった。このため、当監査法人(注3)は、当該連結子会社の財務報告に係る内部統制について、十分かつ適切な監査証拠を入手することができなかった。

当監査法人(注3)は、我が国において一般に公正妥当と認められる財務報告に係る内部統制の監査の基準に準拠して内部統制監査を行った。財務報告に係る内部統制の監査の基準における当監査法人(注3)の責任は、「内部統制監査における監査人の責任」に記載されている。当監査法人(注3)は、我が国における職業倫理に関する規定に従って、会社及び連結子会社から独立しており、また、監査人としてのその他の倫理上の責任を果たしている。当監査法人(注3)は、限定付適正意見の基礎となる十分かつ適切な監査証拠を入手したと判断している。

なお、内部統制報告書において評価範囲外とされた△△株式会社については、連結財務諸表に反映されており、これによる財務諸表監査に及ぼす影響はない。

強調事項

内部統制報告書に記載のとおり、○○事業部における適正な収益計上に必要な契約内容の検討及び承認手続が不十分であり、当期の売上高及び前受収益の認識についての内部統制手続に開示すべき重要な不備が存在しているが、上記の開示すべき重要な不備に関連する契約書は会社により全件契約条件の再照合と必要な修正記帳が実施されている。

これによる財務諸表監査に及ぼす影響はない。

内部統制報告書に対する経営者並びに監査役及び監査役会(注5)の責任

経営者の責任は、財務報告に係る内部統制を整備及び運用し、我が国において一般に公正妥当と認められる財務報告に係る内部統制の評価の基準に準拠して内部統制報告書を作成し適正に表示することにある。

監査役及び監査役会(注5)の責任は、財務報告に係る内部統制の整備及び運用状況を監視、検証することにある。

なお、財務報告に係る内部統制により財務報告の虚偽の記載を完全には防止又は発見することができない可能性がある。

内部統制監査における監査人の責任

監査人の責任は、監査人が実施した内部統制監査に基づいて、内部統制報告書に重要な虚偽表示がないかどうかについて合理的な保証を得て、内部統制監査報告書において独立の立場から内部統制報告書に対する意見を表明することにある。

監査人は、我が国において一般に公正妥当と認められる財務報告に係る内部統制の監査の基準に従って、監査の過程を通じて、職業的専門家としての判断を行い、職業的懐疑心を保持して以下を実施する。

・内部統制報告書における財務報告に係る内部統制の評価結果について監査証拠を入手するための監査手続を実施する。内部統制監査の監査手続は、監査人の判断により、財務報告の信頼性に及ぼす影響の重要性に基づいて選択及び適用される。
・財務報告に係る内部統制の評価範囲、評価手続及び評価結果について経営者が行った記載を含め、全体としての内部統制報告書の表示を検討する。
・内部統制報告書における財務報告に係る内部統制の評価結果に関する十分かつ適切な監査証拠を入手する。監査人は、内部統制報告書の監査に関する指示、監督及び実施に関して責任がある。監査人は、単独で監査意見に対して責任を負う。(注11)

監査人は、監査役及び監査役会(注5)に対して、計画した内部統制監査の範囲とその実施時期、内部統制監査の実施結果、識別した内部統制の開示すべき重要な不備、その是正結果、及び内部統制の監査の基準で求められているその他の事項について報告を行う。

監査人は、監査役及び監査役会(注5)に対して、独立性についての我が国における職業倫理に関する規定を遵守したこと、並びに監査人の独立性に影響を与えると合理的に考えられる事項、及び阻害要因を除去又は軽減するためにセーフガードを講じている場合はその内容について報告を行う。(注9)

利害関係
　会社及び連結子会社と当監査法人又は業務執行社員(注3)との間には、公認会計士法の規定により記載すべき利害関係はない。

以　上

付録4　経営者確認書の文例（連結及び個別財務諸表監査並びに内部統制監査一体型）

×年×月×日

○○監 査 法 人
指 定 社 員
業務執行社員　公認会計士　○○○○殿　(注1)

○○株式会社
代表取締役　（署　名）
（又は記名捺印）
財務・経理担当取締役　（署　名）
（又は記名捺印）

　本確認書は、当社の有価証券報告書に含まれる×年×月×日から×年×月×日までの第×期事業年度の財務諸表及び同期間の連結会計年度の連結財務諸表（以下「財務諸表等」という。）並びに×年×月×日現在の内部統制報告書が、我が国において一般に公正妥当と認められる企業会計の基準及び財務報告に係る内部統制の評価の基準に準拠して、全ての重要な点において適正に表示しているかどうかについて貴監査法人が意見を表明するに際して提出するものです。私たちは、下記のとおりであることを確認します。(注2)

記

財務諸表等及び内部統制報告書
1．私たちは、×年×月×日付けの（×年×月期に係る）監査契約書(注3)に記載されたとおり、財務諸表等の用語、様式及び作成方法に関する規則及び連結財務諸表の用語、様式及び作成方法に関する規則（以下「財務諸表等規則等」という。）並びに我が国において一般に公正妥当と認められる企業会計の基準に準拠して財務諸表等を作成する責任（継続企業の前提に基づき財務諸表等を作成することが適切であるかどうかを評価し、継続企業に関する必要な開示を行う責任を含む。）を果たしました。財務諸表等は、財務諸表等規則等及び我が国において一般に公正妥当と認められる企業会計の基準に準拠して財政状態、経営成績及びキャッシュ・フローの状況を適正に表示しております。
2．私たちは、×年×月×日付けの（×年×月期に係る）監査契約書(注3)に記載されたとおり、財務計算に関する書類その他の情報の適正性を確保するための体制に関する内閣府令（以下「内部統制府令」という。）及び我が国において一般に公正妥当と認められる財務報告に係る内部統制の評価の基準に準拠して財務報告に係る内部統制を評価し、内部統制報告書を作成する責任を果たしました。内部統制報告書は、内部統制府令及び我が国において一般に公正妥当と認められる財務報告に係る内部統制の評価の基準に準拠して期末日現在の内部統制の状況を適正に表示しております。
3．不正又は誤謬による重要な虚偽表示のない財務諸表等を作成するために、経営者が必要と判断する内部統制を整備及び運用する責任は経営者にあることを承知しております。
4．会計上の見積りについて適用される財務報告の枠組みに照らして合理的な認識、測定及び注記を達成するために、使用した見積手法、データ及び重要な仮定並びに関連する注記事項は適切であると判断しております。
5．関連当事者との関係及び取引は、財務諸表等規則等及び我が国において一般に公正妥当と認められる企業会計の基準に準拠して適切に処理し、かつ注記しております。(注4)
6．決算日後本確認書の日付までに発生した財務諸表等又は内部統制報告書に重要な影響を及ぼす事象は、

全て計上若しくは注記又は記載されております。(注4)
7. 財務諸表等を作成する場合にその影響を考慮すべき、既に認識されている又は潜在的な訴訟事件等は全て、財務諸表等規則等及び我が国において一般に公正妥当と認められる企業会計の基準に準拠して適切に処理又は注記されております。(注4)
8. 未修正の虚偽表示が及ぼす影響は、個別にも集計しても財務諸表等全体に対して重要ではないものと判断しております。未修正の虚偽表示の一覧は、本確認書に添付されております。(注4)(注6)
9. 財務報告に係る内部統制の評価に当たっては、内部統制府令及び我が国において一般に公正妥当と認められる財務報告に係る内部統制の評価の基準に準拠して、適切に評価範囲と評価手続を決定しております。また、経営者として実施した評価手続に基づき十分な裏付けをもって有効性を評価し、その記録を保存しております。
10. (内部統制報告書の提出日までに改善措置が完了し、開示すべき重要な不備が是正されたと経営者が主張する開示すべき重要な不備がある場合)内部統制報告書に記載されている期末日以降に実施した改善措置によって、期末日現在に存在した内部統制の開示すべき重要な不備が是正されたことにつき、十分な検証期間を持ってその有効性を確認しております。
11. (内部統制報告書の提出日現在で改善措置が進行中(評価未了を含む。)である旨が内部統制報告書に記載されている場合)内部統制報告書に記載されている期末日以降に実施した改善措置は、×年×月までに完了する予定であり、改善措置が完了した際には期末日現在に存在した内部統制の開示すべき重要な不備を是正できると確信しております。
12. 特定した財務報告に係る内部統制の不備のうち、個別にも又は他の不備と合わせた場合にも、開示すべき重要な不備に相当する不備はなく、×年×月×日現在の財務報告に係る内部統制は有効に整備及び運用されていると判断しております。
13. 監査人が記載することが適切であると判断したその他の確認事項(注7)

提供する情報

14. 貴監査法人に以下を提供しました。
(1) 記録、文書及びその他の事項等、財務諸表等及び内部統制報告書の作成に関連すると認識している全ての情報を入手する機会
(2) 本日までに開催された株主総会及び取締役会の議事録並びに重要な稟議書
(3) 貴監査法人から要請のあった財務諸表監査及び内部統制監査のための追加的な情報
(4) 監査証拠を入手するために必要であると貴監査法人が判断した、当社の役員及び従業員への制約のない質問や面談の機会
15. 全ての取引は会計記録に適切に記録され、財務諸表等に反映されております。
16. 不正による財務諸表等の重要な虚偽表示の可能性に対する経営者の評価を貴監査法人に示しております。
17. 当社及び連結子会社に影響を及ぼす不正又は不正の疑いがある事項に関して、以下の全ての情報を貴監査法人に提供いたしました。
―経営者による不正又は不正の疑い
―内部統制において重要な役割を担っている従業員による不正又は不正の疑い
―上記以外の者による財務諸表等に重要な影響を及ぼす可能性がある不正又は不正の疑い
18. 従業員、元従業員、投資家、規制当局又はその他の者から入手した財務諸表等に影響を及ぼす不正の申立て又は不正の疑いがある事項に関する全ての情報を貴監査法人に提供いたしました。
19. 財務諸表等を作成する場合にその影響を考慮すべき違法行為又は違法行為の疑いに関して認識している全ての事実を貴監査法人に提示いたしました。
20. 財務諸表等を作成する場合にその影響を考慮すべき訴訟事件等(注5)又はそれらの可能性に関して認識している全ての事実を貴監査法人に提示いたしました。
21. 関連当事者の名称、並びに認識された全ての関連当事者との関係及び関連当事者との取引を貴監査法人に提示いたしました。
22. 内部統制評価の過程で特定した財務報告に係る内部統制の整備及び運用上の不備のうち、財務報告に係

る内部統制の評価及び監査に関する実施基準Ⅱ３．⑷④に定める開示すべき重要な不備（及び、必要に応じて内部統制の不備）については、期中で是正された場合は是正措置の内容とともに、全て監査人に開示しております。
23．監査法人が記載することが適切であると判断したその他の確認事項(注７)
24．………………………
25．………………………

以　上

（注１）　①　監査人が無限責任監査法人の場合で指定証明であるときには、上記の記載例とする。
②　監査人が無限責任監査法人の場合で指定証明でないときには、以下とする。
○○監査法人
業務執行社員公認会計士　○○○○　殿
③　監査人が有限責任監査法人の場合は、以下とする。
○○有限責任監査法人
指定有限責任社員
業　務　執　行　社　員　公認会計士　○○○○　殿
指定有限責任社員
業　務　執　行　社　員　公認会計士　○○○○　殿
④　監査人が公認会計士の場合には、以下とし、確認書本文中の「貴監査法人」を「貴殿」とする。
○○○○　公認会計士事務所
公認会計士　○○○○　殿

（注２）　監査基準委員会報告書580「経営者確認書」（以下「監基報580」という。）のＡ４項からＡ６項に該当する場合には、以下のいずれかの文言への修正を考慮する。
・私たちが知り得る限りにおいて、下記のとおりであることを確認します。
・私たちは、適切な情報を入手するために必要であると考えた質問を行った上で、下記のとおりであることを確認します。
・私たちは、適切な情報を入手するために必要であると考えた質問を行った上で、私たちが知り得る限りにおいて、下記のとおりであることを確認します。

（注３）　監査契約において、四半期レビュー契約と同時に一体として締結している場合は、「監査契約書」を「監査及び四半期レビュー契約書」とする。

（注４）　該当する事項がない場合には、その旨を記載する等適宜修正する。

（注５）　訴訟事件等とは、訴訟、賠償請求、更生、査定及び賦課並びにこれらに準ずる事象をいう。

（注６）　経営者が重要性がないものと判断し経営者確認書に記載又は添付する未修正の虚偽表示の記載に当たっては、監基報580を参照する。

（注７）　その他追加項目の確認事項（財務諸表監査全般に共通する事項）の記載に当たっては、監基報580を参照する。

付録５　「中小規模企業」の内部統制監査上の留意点

中小規模企業の多くは、大規模企業に比べて、事業が複雑ではなく、以下に記載するいくつかの特性を有していることが多い。本付録では、このような特性を有する「事業規模が小規模で、比較的簡素な構造を有している組織等」を「中小規模企業」と記載する。

【中小規模企業が有する特性】

・事業の種類が少なく、各事業において生産又は販売する製品も少ない。
・業務プロセス及び財務報告プロセスが複雑でない。
・販売されているパッケージ・ソフトウェアをそのまま利用するような比較的簡易なシステムを有している。
・経営者が日常の業務活動において広範な関与

を行っている。

・経営者が広範な統制責任をもっているフラットな組織である。

なお、これらは、組織等の実態に応じて適切に判断する必要がある。

中小規模企業が有するこれらの特性は、経営者が実施する虚偽記載の発生するリスクの評価と、それらのリスクに対処するために整備する内部統制に影響する。その結果、これらの特性は、内部統制監査に広範な影響を与えることがある。

監査人は、これらの特性が与える影響を、①財務諸表全体レベルのリスク評価、②アサーション・レベルのリスク評価、③統制上の要点の識別の妥当性の検証、④内部統制の整備及び運用状況の検証方法等に適切に反映させ、十分かつ適切な監査証拠を得る必要がある。

内部統制監査の実施基準１．に記載されているとおり、中小規模企業の内部統制監査の実施に当たり、経営者からの相談に対しては、内部統制の有効性を保ちつつ、特に効果的かつ効率的な内部統制の構築や評価を行うとの観点から、監査人は、当該会社の内部統制の構築や評価において経営資源配分上の制約が大きい場合があることを踏まえ、適切な指摘を行う必要があることに留意する。

例えば、経営者が監査人に対して新しい事象に関する会計処理や新しい会計基準の取扱い等の照会・相談を行うことが考えられる。この場合、監査人は独立監査人としての独立性の確保を図る必要はあるものの、会計方針の採用の決定や関連する内部統制の構築等に係る作業や決定は、監査人によってではなく、あくまで企業・経営者によって行われるという前提の下で、適切な会計方針の採用や有効な内部統制の構築等に向けて適切な指摘を行うことは妨げられるものではないと考えられる。また、経営者が監査人に対して照会・相談を行うことは、信頼性のある財務報告の作成に必要な能力が不足しているとして直ちに内部統制の不備と判断されるものではないことに留意が必要である。

以下では、これらの中小規模企業の特性が内部統制監査に与える影響について記載する。

(1) 全社的な内部統制の評価

中小規模企業では、経営者が日常業務に深く関与することにより、アサーション・レベルの虚偽記載を適時に防止・発見できることがある。したがって、経営者が十分な精度で適時に全社的な内部統制を実施していれば、監査人は、当該全社的な内部統制の評価を実施することにより、十分かつ適切な監査証拠が得られ、業務プロセスにおける内部統制の評価に当たり、その評価まで行う必要がない場合がある（Ⅷ　全社的な内部統制の評価の検討方法　２．全社的な内部統制の評価の検討 参照）。

さらに、監査人は、中小規模企業においては、経営者が直接行った日常的モニタリングの結果や監査役が直接行った内部統制の検証の結果（例えば、棚卸の立会などの往査の結果をまとめた報告書）を内部統制の実施状況の検証として利用するなど、効率的な運用状況の検討が可能な場合があることに留意する。

ただし、中小規模企業では、経営者の経営哲学や経営スタイルが、統制環境等の全社的な内部統制に多大な影響を及ぼすことがあることに留意が必要である。

また、経営者が支配的な地位を占め、経営者が日常的な業務や期末の決算・財務報告プロセスに深く関与し、管理者層が薄く、取締役会や監査役会が経営者に対して独立の程度が高くないような場合には、経営者による内部統制の無効化のリスクが生ずる可能性があることに留意が必要である。

したがって、中小規模企業の監査人は、監査計画段階で、全社的な内部統制の評価の結果を、実施すべき監査手続の種類、実施時期及び実施範囲に適切に反映させる必要がある。監査人は、全社的な内部統制を評価する際には、特に次の点に留意してリスクの評価を実施するとともに、その結果得られた監査証拠について十分検討する必要がある。

・経営者の誠実性及び倫理観の評価

・取締役会及び監査役会の独立性及びその構

成員の資質の評価

・内部通報の仕組みなど通常の報告経路から独立した伝達経路の状況の評価

(2)　中小規模企業における職務分掌

一般に、両立し得ない職務を同一の担当者が実施すると、担当者のミスが訂正されない、又は不正を犯す機会を増大させることになるため、内部統制には適切な職務分掌が必要である。しかし、中小規模企業では、社員が少ないことから十分な職務分掌を実施できない場合が想定される。このような場合でも、監査人は、職務分掌と同等の統制目的を達成する代替的な内部統制を評価することにより、虚偽記載の発生するリスクが十分に低減されているか確かめることが可能である。

職務分掌の代替的な内部統制としては、以下の内部統制が考えられる。

・担当者の職務分掌が十分に行われていない場合に、上長が担当者の業務をチェックしている。例えば、上長による取引報告、取引記録のレビュー、担当者が行った勘定残高の調整のチェックが挙げられる。

・システムの開発・運用、給与計算又は出荷業務や実地棚卸の作業等を外部に委託し、その結果を確認している。

・日常業務での職務分掌が十分に行われていない場合に、担当者以外の者が定期的に資産の実査や残高確認を実施している。

(3)　ITシステム

一般に、中小規模企業では、ビジネス・プロセスはシンプルで、かつ、より集中化された会計機能を有している。そのような会社では、以下に記載するように、複雑ではないIT環境の下、業務が遂行されている場合が多い。

【複雑ではないIT環境の例示】

①　使用システム

・市販の簡易なパッケージ・ソフトウェアをカスタマイズせずに、ほぼそのまま使用している。

②　システム構成とシステム変更

・IT基盤数が限られている、また、システム間のインターフェースも限定的であり、システム構成が複雑でない。

・企業におけるITの利用が限定的であり、安定度が高く、システムの重要な変更が少ない。

③　業務におけるシステムの使用状況

・複雑なシステム処理がない。

・システムへの入力内容と出力結果を容易に比較・照合することが可能である。会社は、業務プロセスに係る内部統制において自動化された内部統制ではなく手作業による内部統制に、より重点を置いて実施する場合が多い。

複雑ではないIT環境においては、監査人は、パッケージ・ソフトウェアに予め組み込まれた業務処理統制を効果的に運用するために重要となる特定のITに係る全般統制を重視して、監査を実施する場合がある。

例えば、複雑ではないIT環境では、ITに係る全般統制のうち、権限のないデータの変更を防ぐためのアクセス統制、必要なソフトウェアが適切にアップデートされたことを確認する内部統制、財務諸表を作成するのに必要なデータのバックアップに関する内部統制等を特に重要と考えて監査を実施する場合がある。

また、業務プロセスに係る内部統制において自動化された内部統制ではなく手作業による内部統制に、より重点を置いている場合には、内部統制監査に当たっても、手作業による内部統制に、より重点を置いて監査を実施することになると考えられる。

(4)　財務報告能力の補完

中小規模企業では、経理や税務の専門的人材が少なく、財務報告能力が不足することがある。それを補完するために、財務報告を支援する外部の専門家を利用することが考えられる。例えば、中小規模企業では、税金計算又は連結財務諸表の作成や有価証券報告書の全体的なレビュー手続等について、監査人以外の公認会計士、税理士その他の職業的専門家を利用していることがある。このような場合には、監査人は、経営者が利用している外部の専門家の能力を合わせて評価することができる。

なお、監査人が外部の専門家の能力を合わせて評価する際には、専門家が実施した業務結果について、経営者が依頼した基本的内容を満たしているか、また経営者がどのように確認しているかを検討する必要がある。

(5) 中小規模企業における必要とされる文書化の程度と範囲

中小規模企業は、社員が少数であること、事業の種類が少ないこと、ビジネス・プロセスがシンプルであること等の特性があるため、文書化された方針やマニュアル、正式な組織図や職務規程、業務指示書等が充実していなくても、内部統制を有効に運用できることがある。また、中小規模企業は、内部統制の評価に際して、経営者が会社の全容を把握しやすい状況にあるため、取引の開始から終了までが記載された詳細なフローチャートや業務記述書、事業拠点や業務プロセスにおけるリスク分析等の必要性が乏しいこともある。

このような状況において、監査人は、会社に存在する様々な資料等を活用し、かつ、統制活動の観察、既存の文書の閲覧、再実施等に、十分な質問等を組み合わせて内部統制を評価することにより、内部統制が実際に有効に運用されていることについて十分かつ適切な証拠を得られることがある。

なお、会社に存在する様々な資料等には、例えば、当該会社の経営者からの社内への通達等、当該会社の作成している経営者から組織の内外の者に対する質問書、各業務の業務内容を前任者から後任者に伝達するための文書等、販売担当者が受注の際に作成した文書等、ソフトウェアのマニュアル、伝票や領収書等の原資料、受注入力後販売管理システムから出力される出荷指図書等の業務指示書等が含まれる。

監査人は、単に経営者の内部統制の文書化の量が少ない、又は証跡の保管が不十分という事実のみで、内部統制が有効ではないという結論を導いてはならない。監査人は、監査の早い段階で経営者の文書化の状況を確かめ、いつ、どのような監査手続を実施すれば監査証拠を入手できるかを検討する必要がある。

付録6 内部統制の不備、重要な不備、開示すべき重要な不備の整理

(1) 内部統制の不備

内部統制評価の実施基準では、「内部統制の不備は、内部統制が存在しない、又は規定されている内部統制では内部統制の目的を十分に果たすことができない等の整備上の不備と、整備段階で意図したように内部統制が運用されていない、又は運用上の誤りが多い、あるいは内部統制を実施する者が統制内容や目的を正しく理解していない等の運用の不備からなる。」と定義している。一方、監査基準委員会報告書265「内部統制の不備に関するコミュニケーション」(以下「監基報265」という。)では、「内部統制の不備は、以下のいずれかの場合に存在する。①内部統制の整備及び運用が不適切であり、財務諸表の虚偽表示を適時に防止又は発見・是正できない場合②財務諸表の虚偽表示を適時に防止又は発見・是正するのに必要な内部統制が存在しない場合」と定義しており、内部統制の不備の定義について両者は同じである。

(2) 重要な不備

監基報265において、重要な不備は、「監査人が職業的専門家として、監査役等の注意を促すに値するほど重要と判断した内部統制の不備又は不備の組合せをいう。」と定義している。

(3) 開示すべき重要な不備

内部統制評価の実施基準では、開示すべき重要な不備は、「財務報告に重要な影響を及ぼす可能性が高い財務報告に係る内部統制の不備をいう。」と定義している。

(4)　重要な不備と開示すべき重要な不備の関係

監基報265における重要な不備は、財務諸表監査においてどのような不備をコミュニケーションの対象とするかという視点で定められたものである。財務諸表監査上、監査人は内部統制の有効性に関する意見を表明することを目的としないため、監査役等と内部統制の不備についてコミュニケーションを行う際に、内部統制の不備の程度を厳密に評価する必要はなく、内部統制の不備のうち、監査役等の注意を促すに値するほど重要と監査人が判断したものが重要な不備となる。

一方、本報告における開示すべき重要な不備については、内部統制の有効性の評価について意見を表明することを目的として定められているため、内部統制の不備が開示すべき重要な不備に該当するかどうかは、財務報告全般に関する虚偽記載の発生可能性と影響の大きさのそれぞれから経営者及び監査人が判断することになる。

内部統制監査上の開示すべき重要な不備は、少なくとも監査人が監査役等の注意を促すに値するほど重要と判断する内部統制の不備に該当すると考えられるため、一般的に財務諸表監査上の重要な不備に含まれることになる。一方、財務諸表監査上の重要な不備は、全てが開示すべき重要な不備に該当するとは限らず、重要な不備があったとしても、必ずしも開示すべき重要な不備があることを意味するものではないと考えられる。

なお、内部統制の不備に関する監査人の報告義務は、監基報265と内部統制監査基準でそれぞれ定められているため、財務諸表監査と内部統制監査を一体として効果的かつ効率的に実施するためには報告事項、時期等に十分留意する必要がある。

以　上

監査・保証実務委員会報告第83号

四半期レビューに関する実務指針

2007年10月30日
改正2009年7月8日
改正2011年7月8日
改正2012年6月22日
改正2016年2月26日
改正2020年3月17日
最終改正2021年4月7日
日本公認会計士協会

目　次

Ⅰ　はじめに

1．2006年6月に成立した金融商品取引法において、2008年4月1日以後開始する事業年度から、上場会社等に対して四半期報告書の提出が義務付けられ、当該報告書に掲載される四半期財務諸表については公認会計士又は監査法人の監査証明を受けることとされた。

これを受けて、企業会計基準委員会は四半期財務諸表の作成基準である企業会計基準第12号「四半期財務諸表に関する会計基準」及び企業会計基準適用指針第14号「四半期財務諸表に関する会計基準の適用指針」を2007年3月14日に公表するとともに、企業会計審議会は2007年3月27日に、四半期レビュー基準を公表した。なお、四半期レビュー基準は、2005年7月に国際監査・保証基準審議会（IAASB）が年度の監査人が行う期中財務情報に係るレビューについて公表した国際レビュー業務基準（ISRE）第2410号を参考として作成されている。

このような経緯を踏まえ、当協会は、2007年10月30日付けで本報告を公表した。

1－2．企業会計審議会から2009年６月30日付けで継続企業の前提に関する規定の見直しを含む「中間監査基準及び四半期レビュー基準の改訂に関する意見書」が公表されたため、本報告についても必要な見直しを行い、2009年７月８日付けで改正した。

1－3．企業会計審議会から2010年３月26日付けで監査報告書における意見表明の内容等を規定している報告基準における国際監査基準（ISA）との差異を調整等するため、「監査基準の改訂に関する意見書」が公表された。四半期レビュー基準についても、2011年６月30日付けで、同様の観点から「中間監査基準及び四半期レビュー基準の改訂に関する意見書」が公表された。

また、企業会計基準委員会は、公益財団法人財務会計基準機構内に設けられている基準諮問会議からの提言を受け、四半期財務報告の大幅な簡素化に伴う会計基準等の見直しを行い、2011年３月25日付けで企業会計基準第12号「四半期財務諸表に関する会計基準」（以下「四半期会計基準」という。）及び企業会計基準適用指針第14号「四半期財務諸表に関する会計基準の適用指針」等の改正を行った。それに伴い、金融庁から2011年３月31日に関係する府令等の改正が公表された。

このような経緯を踏まえ、本報告についても必要な見直しを行い、2011年７月８日付けで改正した。

1－4．当協会は、2011年12月22日付けで明瞭性プロジェクトにより改訂された国際監査基準を参考に新起草方針に基づく監査基準委員会報告書を公表し、これに伴い本報告についても必要な見直しを行い、2012年６月22日付けで改正した。

1－5．2016年２月改正の本指針は、2015年９月４日付けで企業内容等開示府令及び監査証明府令が改正され、「修正国際基準（国際会計基準と企業会計基準委員会による修正会計基準によって構成される会計基準）」（以下「修正国際基準」という。）に従って作成された四半期連結財務諸表に係る四半期レビュー報告書の取扱いの対応が必要になったことから、所要の見直しを行ったものである。

1－6．企業会計審議会から2018年７月５日付けで監査報告書における意見表明の内容等を規定している報告基準における国際監査基準（ISA）との差異を調整等するため、「監査基準の改訂に関する意見書」が公表された。四半期レビュー基準についても、2019年９月６日付けで、同様の観点から「四半期レビュー基準の改訂に関する意見書」が公表されたため、本報告についても必要な見直しを行い、2020年３月17日付けで改正した。

2．削除

3．削除

4．削除

5．削除

6．削除

7．本報告は、上記金融商品取引法において求められる四半期財務諸表に対して行われる四半期レビューを実施する際に適用されるものである。なお、四半期財務諸表に対して任意で実施するレビューについて、金融商品取引法に基づく四半期報告制度と同様の状況の下で実施される場合には、本報告を適用することができる（保証業務実務指針2400「財務諸表のレビュー業務」A2項参照）。

8．本報告では、「監査人」という用語を用いているが、これは、監査人が監査機能を発揮するという意味ではなく、四半期財務諸表に対して行う四半期レビューは年度の財務諸表の監査人により実施されることが求められているためである。

Ⅱ　四半期レビューの目的

9．四半期レビューの目的は、経営者の作成した四半期財務諸表について、一般に公正妥当と認められる四半期財務諸表の作成基準に準拠して、企業の財政状態、経営成績及びキャッシュ・フローの状況を適正に表示していないと信じさせる事項が全ての重要な点において認められなかったかどうかに関し、監査人が自ら入手した証拠に基づいて判断した結果を結論として表明することにある。当該結論は、四半期財務諸表に重要な虚偽表示があるときに不適切な結論を表明するリスクを適度な水準に抑えるために必要な手続を実施して表明されるものであるが、四半期レビューは、財務諸表には全体として重要な虚偽表示がないということについて合理的な保証を得るために実施される年度の財務諸表の監査と同様の保証を得ることを目的とするものでない（「四半期レビュー基準」第一　四半期レビューの目的）。

10. このように当該四半期レビューの目的と年度の財務諸表の監査の目的とは異なるものであり、四半期レビューは、四半期財務諸表が一般に公正妥当と認められる四半期財務諸表の作成基準に準拠して、企業の財政状態、経営成績及びキャッシュ・フローの状況を全ての重要な点において適正に表示しているかどうかについて意見を表明するものではなく、企業の財政状態、経営成績及びキャッシュ・フローの状況を適正に表示していないと信じさせる事項が全ての重要な点において認められなかったかどうかについての結論を表明するものである。したがって、四半期レビュー手続は、質問、分析的手続その他の四半期レビュー手続に限定されており、年度の財務諸表の監査で要求される証拠の全てを入手する手続は求められていない。

11. すなわち、四半期レビューにおいては、通常、内部統制の運用評価手続や実査、立会、確認、証憑突合、質問に対する回答についての証拠の入手及びその他の実証手続に基づく証拠の入手は要求されていない。したがって、四半期レビューは、重要な事項がもしあれば、監査人に気付かせるものであるが、年度の財務諸表の監査であれば可能であったであろう全ての重要な事項を発見することを保証するものではない。

Ⅲ　四半期レビューにおける一般基準

12. 監査人は、四半期レビューの実施に当たって、職業倫理に関する規定及び品質管理の基準を遵守しなければならない。職業倫理に関する規定は、公認会計士法・同施行令・同施行規則、日本公認会計士協会が公表する会則、倫理規則、独立性に関する指針及びその他の倫理に関する規定をいう。品質管理の基準は、企業会計審議会により公表された「監査に関する品質管理基準」並びに日本公認会計士協会により公表された品質管理基準委員会報告書第１号「監査事務所における品質管理」及び監査基準委員会報告書220「監査業務における品質管理」をいう。

また、「四半期レビュー基準の設定に関する意見書」二１において、監査人は、四半期レビューにおいても、年度の財務諸表の監査と同様に職業的専門家としての正当な注意を払い、職業的懐疑心を保持することが求められている。具体的には、監査人は四半期レビュー計画の策定から、その実施、結論を表明するための基礎の入手及び評価、結論の表明に至るまで、四半期財務諸表が一般に公正妥当と認められる四半期財務諸表の作成基準に準拠して作成されていないと信じさせる事項が存在するおそれに常に注意を払う必要がある。また、監査人は、四半期財務諸表に関する重要な虚偽表示の可能性に常に注意し、質問、分析的手続その他の四半期レビュー手続の結果や経営者の陳述が相互に矛盾していないかどうかについて批判的に評価し、さらにそれらの信憑性に疑念を抱かせることになる四半期レビュー手続の結果にも注意を払うなど、職業的懐疑心を保持して四半期レビューを遂行しなければならない。

Ⅳ　四半期レビュー契約の締結

13. 四半期レビューを行う監査人は、契約を締結し、業務の内容について合意しなければならない。

14. 当該契約は、文書をもって行うこととなるが、四半期レビューは、年度の財務諸表の監査人と同一の監査人が行うこととなり、また金融商品取引法上監査証明として規定されていることから、監査契約と同時に一体として締結することも可能である。

15. 特に第1四半期会計期間末日は、前年度の財務諸表の監査終了後すぐに到来することから、四半期レビュー契約に関して、第1四半期会計期間に係る四半期レビュー手続開始前にその契約内容について合意しておく必要がある。

16. 四半期レビュー契約書の作成に当たって、少なくとも以下の四半期レビューに特有の事項が記載されることとなる。

- ・四半期レビューの目的
- ・四半期レビューの対象とする四半期財務諸表の範囲（第45項参照）
- ・四半期財務諸表の作成責任が経営者にあること
- ・四半期財務諸表を作成するための内部統制を整備及び運用する責任が経営者にあること
- ・四半期レビューの実施に必要な会計記録及び資料を全て提示する責任が経営者にあること
- ・監査人が四半期レビューの実施に当たり口頭で説明を受けた事項及び会計記録等に内在するアサーションを確認するために、経営者確認書を提供することに合意すること

Ⅴ　四半期レビュー手続

1．四半期レビュー計画

17. 監査人は、四半期財務諸表に係る投資家の判断を損なうような重要な虚偽表示を看過することなく、四半期レビューを効果的かつ効率的に実施するため、四半期レビューと年度の財務諸表の監査の関係を考慮し、年度の財務諸表の監査計画の一環として四半期レビュー計画を策定できる。

18. 特に第1四半期会計期間末日は、前年度の財務諸表の監査終了後すぐに到来することから、第1四半期の四半期レビュー計画の策定は、前年度の財務諸表の監査の終了直後又はその最終段階から始まり、当該監査結果を踏まえ、第1四半期における新たな事象や状況の変化等を考慮することとなる。年度の財務諸表の監査計画と同様、四半期レビュー計画も連続的、反復的なプロセスであるので、各四半期会計期間のみならず、第3四半期レビュー終了まで必要に応じて、見直し、修正されることとなる。

19. 四半期レビューに係る計画の策定に当たり、監査人は、重要性の基準値、重要な虚偽表示リスクの識別と評価、四半期レビュー手続、構成単位に対する四半期レビュー手続、構成単位の監査人の利用、継続企業の前提等について考慮する。

2．重要性の基準値

20. 実務上、四半期レビューは年度の財務諸表の監査を前提として実施されるものであることから、年度の財務諸表の監査に係る重要性の基準値を四半期レビューにおいても適用することが合理的である。また、四半期の実績数値が通年のものよりも小さいことなどにより、四半期レビューに係る重要性の基準値を年度の財務諸表の監査に係る重要性の基準値よりも小さくする場合もあり得るが、少なくとも、年度の財務諸表の監査に係る重要性の基準値を上限とすべきである。これは四半期レビューに係る重要性の基準値が年度の財務諸表の監査に係る重要性の基準値を超えると、年度の財務諸表の監査において各四半期の取引や勘定について行うべき監査手続を適時にかつ効果的に実施することを計画できない、又は、年度の財務諸表の監査において検討すべき重要な着眼点等を十分に検討できないことを考慮したことによる。

3．内部統制を含む、企業及び企業環境の理解

21.「四半期レビュー基準」第二実施基準1において、監査人は、年度の財務諸表の監査において行われる、重要な虚偽表示のリスクの評価を

考慮するとともに、質問や分析を行うべき事象、取引及びアサーション等を特定し、四半期レビュー計画を十分に策定し、結論の表明のための基礎を得るために実施する質問、分析的手続その他の四半期レビュー手続を選択し、選択した四半期レビュー手続を実施するためには、年度の財務諸表のみならず四半期財務諸表の作成に係る内部統制を含む、企業及び企業環境について十分な理解を得ることが求められている。

22. 年度の財務諸表の監査における内部統制を含む、企業及び企業環境についての理解は、監査基準委員会報告書315「企業及び企業環境の理解を通じた重要な虚偽表示リスクの識別と評価」(以下「監基報315」という。)に従い、年度の監査計画を作成する上で求められている。四半期レビューにおいて、四半期における内部統制の変更の有無、企業の属する業界及び企業の事業の現状と今後の動向に関する事項を、質問等によって理解する。

23. 前年度に財務諸表の監査を行っている場合における四半期レビューにおいては、前年度の財務諸表の監査における理解を更新することにより、企業及び企業環境を理解することとなる。

なお、監基報315 Ⅲ適用指針 2. 内部統制を含む、企業及び企業環境の理解 2―1 企業及び企業環境には、企業及び企業環境を理解するに当たって監査人が検討する事項が列挙されており、四半期レビューにおいても参考となる。

24. 内部統制を含む、企業及び企業環境についての理解に係る手続を以下に例示する。

・前年度の監査調書及び当該四半期会計期間以前の四半期レビュー調書を閲覧し、内部統制及び企業環境についての理解を更新する。
・前年度の財務諸表、前年同期の四半期財務諸表から、企業の現状及び今後の動向、並びに季節的変動を理解する。
・前年度における修正済の虚偽表示及び未修正の虚偽表示の内容を吟味し、重要な虚偽表示リスクがあるかどうか検討する。
・内部統制の重要な不備(監査人が職業的専門家として、監査役若しくは監査役会、監査等委員会(以下「監査役等」という。)の注意を促すに値するほど重要と判断した内部統制の不備又は不備の組合せをいう。)の存在など、継続的に重要な虚偽表示が生じる可能性のある重要な会計及び開示上考慮・判断すべき事項について検討する。
・当事業年度中に実施した監査手続の結果が四半期レビューに与える影響を検討する。
・企業の事業活動の重要な変化の有無、その影響について、経営者に質問する。
・内部監査の結果及びそれに対する経営者の対応について、内部監査の担当者に質問する。
・内部統制の重要な変更、及びその変更が四半期財務諸表の作成に与える影響に関して経営者に質問する。
・不正により重要な虚偽表示が発生する可能性に対する経営者の評価結果について経営者に質問する。
・四半期財務諸表の作成プロセス及び四半期財務諸表の基礎となった会計記録の信頼性について経営者に質問する。
・特別な検討を必要とするリスクについて検討する(過去に経営者が内部統制を無視したことによるリスクを含む。)。

25. 四半期財務諸表の作成に関係する内部統制が、例えば、四半期特有の会計処理に係る内部統制等、年度財務諸表の作成に関係する内部統制とは異なる可能性があるため、監査人は四半期財務諸表に係る内部統制を十分に把握し理解する必要がある。

4. 質問、分析的手続その他の四半期レビュー手続

26.「四半期レビュー基準の設定に関する意見書」二 2において、四半期レビューの手続は、質問及び分析的手続等を基本とすること、質問及び分析的手続の実施に当たっては、経営者等に対して、四半期財務諸表の重要な項目に関して的確な質問を実施するとともに、業種の特性等を踏まえたきめ細かな分析的手続を実施することとされている。このように四半期レビューは、

質問（経営者、財務及び会計に関する事項に責任を有する者その他適切な者に対して実施）、分析的手続その他の四半期レビュー手続に限定されている。当該四半期レビュー手続の範囲及び種類等は、内部統制を含む、企業及び企業環境の理解に基づき、選択されることとなるが、一般に公正妥当と認められる四半期財務諸表の作成基準に準拠して、企業の財政状態、経営成績及びキャッシュ・フローの状況を適正に表示していないと信じさせる事項が全ての重要な点において認められなかったかどうかについての監査人の結論の基礎が得られるように実施しなければならない。

27．四半期財務諸表が、一般に公正妥当と認められる四半期財務諸表の作成基準に準拠して、企業の財政状態、経営成績及びキャッシュ・フローの状況を適正に表示していないと信じさせる事項が全ての重要な点において認められなかったかどうかについて検討する必要があるが、具体的な四半期レビュー手続を以下の第28項から第46項に例示する。ただし、例示した全ての手続が実施されることを意図するものではなく、また、四半期財務諸表に重要な虚偽表示が存在する可能性が高いと認められる場合には、ここに掲げている手続以外の追加的な手続が必要となることも考えられる。

⑴　過去に発生した修正済又は未修正の虚偽表示の検討

28．過去の年度の財務諸表の監査又は四半期レビューにおける修正済又は未修正の虚偽表示が当四半期会計期間における四半期レビューに与える影響を検討し、四半期レビュー手続に反映させる。

⑵　議事録の閲覧等

29．株主総会議事録、取締役会議事録及びその他の重要な会議の議事録又は重要な決裁文書を閲覧し、重要な意思決定及び四半期財務諸表に重要な影響を与える事象の発生の有無を確かめる。また、議事録等に記載されていない重要な事実の有無について質問する。

⑶　経営者とのディスカッション

30．少なくとも、以下のような事象がある場合には、監査人は、経営者とのディスカッションの実施を検討する。

・継続企業の前提に重要な疑義を生じさせるような事象又は状況が存在する場合
・重要な未修正の虚偽表示が存在する場合
・重要な後発事象が存在する場合
・四半期財務諸表に重要な影響を与える不正等がある場合

⑷　質問及び分析的手続

31．監査人は、議事録の閲覧や分析的手続の結果を踏まえて、的確な質問を実施する必要がある。四半期レビューにおいては、通常、質問に対する回答について、証憑突合等の分析的手続・追加的な手続以外の手続を実施することにより、質問に対する回答を裏付ける証拠を入手することは要求されていない。したがって、質問に対する回答が合理的であり、かつ、整合的であるかについて十分注意を払う必要がある。

①　質　問

「四半期レビュー基準」第二　実施基準4において、監査人は、四半期財務諸表の重要な項目に関して、それらの項目が一般に公正妥当と認められる四半期財務諸表の作成基準に準拠して作成されているかどうか、及び、会計方針の変更や新たな会計方針の適用があるかどうか等について、経営者、財務及び会計に関する事項に責任を有する者その他適切な者に質問を実施することが求められている。この質問に際しては、質問事項について十分な知識を有し、責任をもって回答できる適切な経営者又は役職者等に対して実施する必要があることに留意する。

質問の例示は、次のとおりである。

ア．四半期レビュー対象となる四半期財務諸表について、以下の事項を質問する。

・四半期財務諸表が一般に公正妥当と認められる四半期財務諸表の作成基準に準拠して適正に作成されているか。

・重要な会計方針又は表示方法の変更（会計基準等の改正に伴う会計方針又は表示方法の変更を含む。）があるか（変更がある場合には、その内容、理由及び適切に遡及適用されているか等）。

・新たに会計方針を採用又は適用すべき重要な新規事象、取引等はあるか。

・四半期財務諸表における会計方針の適用に当たって経営者が設けた仮定や見積り計算方法などに変更があるか。

・簡便的な会計処理又は四半期特有の会計処理を採用しているか（簡便的な会計処理又は四半期特有の会計処理を採用している場合には、その内容及び簡便的な会計処理又は四半期特有の会計処理を採用することの合理性）。

・偶発債務等の重要な会計事象又は状況が発生したか（重要な偶発債務又は偶発損失が存在した場合には、その内容並びに会計処理及び開示の方針）。

・その他、四半期財務諸表の作成に係る重要な事項があるか。

－未修正の虚偽表示があるか（未修正の虚偽表示がある場合には、その内容）。

－企業結合や事業セグメントの売却などの四半期財務諸表に重要な影響を与える可能性のある非定型的又は複雑な事象や取引があるか。

－関連当事者との取引が適切に計上されているか。

－重要な契約が締結されているか。重要な契約又はそれに伴う契約債務に重大な変更がないか。

イ．不正による四半期財務諸表の重要な虚偽表示の可能性に対する経営者の評価について質問する。

ウ．次の者が関与する企業に影響を及ぼす不正又は不正の疑いがある事項に関する情報の有無について質問する。

・経営者

・内部統制において重要な役割を担っている従業員

・四半期財務諸表に重要な影響を及ぼすような不正に関与している者

エ．従業員、元従業員、投資家、規制当局又はその他の者から入手した四半期財務諸表に影響を及ぼす不正の申立て又は不正の疑いに関する情報の有無について質問する。

オ．四半期財務諸表に重要な影響を与える違法行為の有無について質問する。

カ．四半期財務諸表に重要な影響を及ぼすと認められる事項に気が付いた場合には、当該事項の内容が四半期財務諸表において適切に会計処理及び開示されているかについて質問する。

キ．社債・借入金等に係る契約条項を遵守しているかについて質問する。

ク．四半期会計期間末日近くに重要な取引が発生したか否かについて質問する。

ケ．簿外資産・負債の有無について質問する。

コ．訴訟事件等の有無について質問する。

・偶発債務、後発事象等の検討において訴訟事件の有無（今後の発生可能性の有無を含む。）及びその会計処理、開示の適正性について質問を行うこととなるが、通常四半期レビューにおいては、弁護士への確認等の実証手続の実施を要しない。しかしながら、四半期財務諸表に係る会計処理や開示に疑義があり、顧問弁護士が関連する情報を有していると考えられる場合は、顧問弁護士と協議を行うことを検討する必要がある。

② 分析的手続

分析的手続は、四半期財務諸表について企業の財政状態、経営成績及びキャッシュ・フローの状況を適正に表示していないと信じさせる事項の有無を検討することを目的として、重要な項目間の関連性の矛盾、異常変動の有無及び異常性のある特定の事項等を識別するため、四半期レビュー計画において策定され実施されるものである。分析的手続の実施に当たっては、単純な比較から統計的手法まで多様な手法が用いられるが、趨勢分析、比率分析、回帰分析等が含まれる。

「四半期レビュー基準」第二　実施基準　5において、監査人は、四半期財務諸表と過去の年度の財務諸表や四半期財務諸表の比較、及び、重要な項目の趨勢分析等、財務数値の間や財務数値と非財務数値等の間の関係を確かめるために設計された分析的手続を、業種の特性等を踏まえて実施することが求められている。分析的手続の実施に際しては、監査人は、当該企業が属する業種の特性等の企業及び企業環境を理解した上で、適切に実施しなければならない。また、分析的手続を実施した結果、矛盾又は異常な変動等がある場合には追加的な質問を実施し、その原因を確かめる必要があることに留意する。

なお、四半期レビュー手続において分析的手続は重要な手続であるが、年度の財務諸表の監査における分析的手続と特段異なる手法を用いるものではない。ただし、四半期レビューにおいて、実証手続は求められていないので、実証手続として分析的手続を行うわけではないこと、対象とするデータは監査済データであることを要しないこと、年度の財務諸表の監査に比し精度の高い推定値は必ずしも必要ないこと、及び、矛盾又は異常な変動の調査において質問を行った結果に対して回答の合理性を確かめるために証憑突合を行う必要がないこと等において監査手続とは異なる点に留意する必要がある。

分析的手続には、「四半期レビュー基準」第二　実施基準　5に示されている例示に加え、監査人が実施する手続として次のようなものが考えられる。

・四半期財務諸表と経営者が予測した四半期財務諸表（例えば、計画、予算、見込等）との比較
・監査人による推定値（金額・比率、傾向等）との比較（なお、監査人は企業及びその企業が属する業種についての理解に基づき合理的に推定を行うことに留意する。）

分析的手続においては、総括的な分析に加え、事業セグメント（又は、さらに細かい事業区分）ごとの期間比較（四半期、月次、週次等）、所在地別期間比較、取引の属性別期間比較等きめ細やかな分析的手続を行うことに留意する。

また、分析的手続には、比率分析、趨勢分析の他回帰分析などの統計的手法が用いられる場合もあり、これらは手作業又はコンピュータを利用して実施されるものと考えられる。

(5)　会計記録に基づく作成

32.「四半期レビュー基準」第二　実施基準　6において、監査人は、四半期財務諸表が、年度の財務諸表の作成の基礎となる会計記録に基づいて作成されているか確認することが求められている。しかし、このことは監査人が、四半期財務諸表について証憑や関連資料等の原始資料との突合等の実証手続を行うことを意図しているものではないことに留意する。すなわち、監査人は、四半期財務諸表と総勘定元帳、連結精算表等との突合を行い両者が一致又は調整後一致することにより、四半期財務諸表が、年度の財務諸表の作成の基礎となる会計記録に基づいて作成されているか否かを確かめる必要はあるが、当該会計記録の適正性について証拠を入手することは求められていない。

(6)　追加的な手続

33.「四半期レビュー基準」第二　実施基準　7において、監査人は、四半期財務諸表に企業の財政状態、経営成績及びキャッシュ・フローの状況を重要な点において適正に表示していない

事項が存在する可能性が高いと認められる場合には、追加的な質問や関係書類の閲覧等の追加的な手続を実施して当該事項の有無を確かめ、その事項の結論への影響を検討することが求められている。この追加的な手続は、質問及び分析的手続等の四半期レビュー手続を行った結果、監査人が四半期財務諸表について、企業の財政状態、経営成績及びキャッシュ・フローの状況を重要な点において適正に表示していない事項が存在する可能性が高いと認められる場合、又は疑義が生じた場合に行う。

34．四半期財務諸表について、企業の財政状態、経営成績及びキャッシュ・フローの状況を重要な点において適正に表示していない事項が存在する可能性が高いと認められる場合又は疑義が生じた場合とは、例えば、重大な売上取引に関して一般に公正妥当と認められる四半期財務諸表の作成基準に準拠しているかどうかについて疑義が認められた場合が該当し、この場合監査人は、財務及び会計に関する事項に責任を有する者、営業、売上、会計担当者等の適切な者に取引内容や取引条件等について質問、売買契約書の閲覧等の追加的な手続を実施し、重要な虚偽表示の有無、及び結論への影響を検討しなければならない。

(7)　後発事象等に係る四半期レビュー手続

35．「四半期レビュー基準」第二　実施基準　8において、監査人は、四半期財務諸表において修正又は開示すべき後発事象があるかどうかについて、経営者に質問することが求められている。具体的には、経営者、財務及び会計に関する責任を有する者その他適切な者に質問するとともに、株主総会、取締役会等の議事録の閲覧を行うこと等が考えられるが、第31項①コに記載したように弁護士に対する確認等の実証手続を行う必要はない。

35－2．監査人は、四半期レビュー報告書日後に、四半期財務諸表に関していかなる四半期レビュー手続を実施する義務を負わない。

なお、監査人は、四半期レビュー報告書日後に、もし四半期レビュー報告書日現在に気付いていたとしたら、四半期レビュー報告書を修正する原因となった可能性のある事実（事後判明事実）を知るところとなった場合には、必要な手続等を実施する（監査基準委員会報告書560「後発事象」参照）。

(8)　継続企業の前提に係る四半期レビュー手続

36．「四半期レビュー基準」第二　実施基準　9は、前会計期間（直前の四半期会計期間をいう。ただし、第1四半期の場合には、直前の事業年度をいう。なお、提出会社が特定事業会社であって第2四半期会計期間が中間会計期間となる場合の第3四半期については、直前の中間会計期間をいう。）の決算日において、継続企業の前提に重要な疑義を生じさせるような事象又は状況が存在し、継続企業の前提に関する重要な不確実性が認められた場合と、前会計期間の決算日において、継続企業の前提に関する重要な不確実性が認められなかったものの、当四半期会計期間において、継続企業の前提に重要な疑義を生じさせるような事象又は状況を認めた場合に分けて、監査人が実施すべき四半期レビュー手続を定めている。

具体的には以下のような場合に応じ、監査人が適切な四半期レビュー手続を実施することを求めている。

① 前会計期間の決算日において、継続企業の前提に重要な疑義を生じさせるような事象又は状況が存在し、継続企業の前提に関する重要な不確実性が認められた場合、監査人は、当四半期会計期間における事象又は状況の変化並びにこれらに係る経営者の評価及び対応策の変更について質問等を行うこととなる。その結果、前会計期間の決算日において識別された継続企業の前提に重要な疑義を生じさせるような事象又は状況並びにこれらに係る経営者の評価及び対応策のいずれにおいても大きな変化がない場合には、前会計期間の開示を踏まえた開示が行われているかどうかを検討しなければならない。これに対して、前会計期間の決算日において識別された継続企業の前提

に重要な疑義を生じさせるような事象又は状況並びにこれらに係る経営者の評価又は対応策のいずれかに大きな変化がある場合には、継続企業の前提に基づき四半期財務諸表を作成することが適切であるかどうかについて慎重な検討が必要となる。

② 前会計期間の決算日において、継続企業の前提に重要な疑義を生じさせるような事象又は状況が存在したものの、継続企業の前提に関する重要な不確実性が認められなかった場合、監査人は、当四半期会計期間における事象又は状況の変化並びにこれらに係る経営者の評価及び対応策の変更について質問等を行うこととなる。その結果、前会計期間の決算日において識別された継続企業の前提に重要な疑義を生じさせるような事象又は状況並びにこれらに係る経営者の評価及び対応策のいずれにおいても大きな変化がない場合には、前会計期間と同様に、継続企業の前提に関する重要な不確実性が認められないものとして取り扱うこととなる。これに対して、前会計期間の決算日において識別された継続企業の前提に重要な疑義を生じさせるような事象又は状況並びにこれらに係る経営者の評価又は対応策のいずれかに大きな変化がある場合には、継続企業の前提に関する重要な不確実性が認められるかどうかについて慎重な検討が必要である。特に、経営者が継続企業の前提に関する注記を行っていない場合は、対応策が当該事象又は状況を解消し、又は改善するものであるかどうか、及びその実行可能性について、なお一層の慎重な検討が必要なことに留意する。

③ 前会計期間の決算日において、継続企業の前提に重要な疑義を生じさせるような事象又は状況が存在しなかったものの、当四半期会計期間において実施した質問、議事録等の閲覧及び分析的手続等の四半期レビュー手続の結果、継続企業の前提に重要な疑義を生じさせるような事象又は状況を認めた場合は、継続企業の前提に関する重要な不確実性が認められるかどうかについて慎重な検討が必要である。

37. 監査人は、継続企業の前提に重要な疑義を生じさせるような事象又は状況に関し、合理的な期間について経営者が行った評価及び対応策について検討する必要がある。

38. 合理的な期間については、第36項①で大きな変化がない場合には、監査人は経営者に、当四半期会計期間の決算日の翌日から、前会計期間における評価の対象となった期間の末日までの評価を求め、かつ、少なくとも当四半期会計期間の翌四半期会計期間の末日までの対応策を求めなければならない。したがって、前事業年度末には重要な不確実性が認められなかったものの、その後の四半期会計期間末に新たに重要な不確実性が認められた場合で、翌四半期会計期間以降において大きな変化がないときには、当該翌四半期会計期間以降において、評価期間は当初の12か月から経過した期間だけ漸減していくことになるが、対応策は常に少なくとも翌四半期会計期間末までのものが必要とされていることに留意する。ただし、前事業年度末に重要な不確実性が認められた場合で、当四半期会計期間において大きな変化がないときには、前事業年度において１年間の評価及び対応策が求められていることから、各四半期会計期間においてこれらを引き継ぎ、当四半期会計期間が属する事業年度の末日までの評価及び対応策を求めることになる。

39. 一方、第36項①で大きな変化がある場合、第36項②では大きな変化の有無にかかわらずこれに該当する場合、又は第36項③に該当する場合には、監査人は経営者に対し、当該四半期会計期間末から１年間の経営計画の提出までは必ずしも求める必要はないが、当四半期会計期間の決算日の翌日から少なくとも１年間の期間における評価を求め、かつ、少なくとも当四半期会計期間の翌四半期会計期間の末日までの対応策を求めることとされている。このため、経営者により示された対応策の対象期間と経営者による評価期間との間には差異が生じることがあるが、経営者により示された対応策の期間が経営者による評価期間より短い場合には、継続企業の前提に関する重要な不確実性が存在すると判断することもあり、対応策が提示されていない期間が長ければ長いほど事業活動の継続性に関する判断が難しくなることに留意しなければならない。

40．例えば、対応策の対象とならない期間に返済期限が到来する債務の返済に関して継続企業の前提に重要な疑義を生じさせるような事象又は状況が存在している場合、経営者は四半期レビュー時においては対応策を策定していないことがある。このような場合に、監査人は経営者に対して具体的な資金的手当に関する対応策の提示を求めることまでは実施する必要はないが、具体的な資金的手当に関する対応策が未定であれば、経営者から具体的に対応策が提示されていない期間においてどのように対応する意向であるかを確認できたとしても、継続企業の前提に関する重要な不確実性が認められないとまでは判断できないこともある。

41．監査人は、経営者による対応策が、継続企業の前提に重要な疑義を生じさせるような事象又は状況を解消し、又は改善するものであるかどうか、及びその実行可能性について検討し、また、経営者から具体的に対応策が提示されていない期間について、経営者はどのように対応する意向があるかについて質問等を行う。これらの手続の結果として、継続企業の前提に関する重要な不確実性が存在するか否かを総合的に判断する必要がある。

42．前会計期間の決算日において識別された事象又は状況並びに経営者の評価又は対応策のいずれかに大きな変化がある場合には、前会計期間の決算日において識別された事象又は状況に関する大きな変化だけではなく、それらに対する対応策が計画どおり実施されなかった場合や、追加対応策が必要となった場合も含まれる点に留意する。これは、対応策が計画どおりに実施されなかったときや想定した効果が得られずに追加対応策が必要となったときは、継続企業の前提に重要な疑義を生じさせるような事象並びに状況の新たな発生又は変化を示唆していることがあり、それらのさらなる変化が識別された事象又は状況並びにこれらに係る経営者の評価及び対応策を含めて継続企業の前提に関する重要な不確実性が認められるか否かを判断する必要があるためである。また、第３四半期末のように、期間の経過により過去に経営者が行った継続企業の前提の評価の見直しが行われることも多いと想定され、このような場合も経営者の評価及び対応策の大きな変化に該当することもある。

43．「四半期レビュー基準の改訂に関する意見書　四半期レビュー基準の改訂について」（2009年６月30日企業会計審議会）二　１では、四半期レビューは、質問と分析的手続を基本とした限定された手続であることから、積極的に継続企業の前提に関する重要な不確実性が認められるか否かを確かめることまでは求められていない。これは、監査人はあくまで、継続企業の前提に関する重要な不確実性が認められると判断した場合に、質問や関係書類の閲覧等の追加的な手続により、継続企業の前提に関する開示の要否として、注記が一般に公正妥当と認められる四半期財務諸表の作成基準に準拠して適正に表示されていないと信じさせる事項が認められないかどうかについて検討することとされており、実証手続を行うことまでは求められていないことを明記したものである。したがって、通常、継続企業の前提に関する開示の要否や注記の根拠となる証拠資料及び対応策の合理性等に関する証拠資料を入手する必要はない。

(9)　比較情報に係る四半期レビュー手続

44．監査人は、一般に公正妥当と認められる四半期財務諸表の作成基準で要求されている比較情報が四半期財務諸表に含まれているかどうか、並びに当該情報が適切に表示及び分類されているかどうかを判断しなければならない。

監査人は、この判断に当たって、以下の事項を検討しなければならない。

① 比較情報が、前年同四半期及び前年度に表示された金額並びにその他の開示（訂正報告書が提出されている場合には、訂正後の金額及びその他の開示）と一致しているかどうか、又は、修正再表示された場合、修正再表示された金額及びその他の開示が妥当かどうか。

② 比較情報に適用した会計方針又は表示方法が当四半期累計期間に適用した会計方針又は表示方法と一致しているかどうか、また、会計方針又は表示方法の変更があった場合には、当該変更が適切に処理され、その表示及び開示が妥当かどうか。

45．前年度における対応する四半期において四半期会計期間に係る四半期損益計算書等又は四半期累計期間に係る四半期キャッシュ・フロー計算書の開示が行われず、当年度の四半期より開示される場合、前年度における対応する期間に係る開示は要しないとされている（四半期会計基準第７―４項）。ただし、前年度における対応する期間において開示されていない四半期損益計算書等及び四半期キャッシュ・フロー計算書（以下「前年度に開示されていない財務情報」という。）については、監査人によるレビュー手続を経た上で、任意に開示することが許容されている（同第37―３項）。

会社が前年度に開示されていない財務情報を当年度の四半期より比較情報として開示する場合には、監査人は当該財務情報に対して当年度の四半期損益計算書等及び四半期キャッシュ・フロー計算書に対する四半期レビュー手続と同様の手続を実施しなければならない。したがって、四半期レビュー契約の締結又は第１四半期の四半期レビュー手続を実施するに当たっては、事前に上記の四半期レビュー手続を実施することが可能であるかどうかを検討しなければならない。なお、監査人が交代した場合には、通常、監査人が前年度に開示されていない財務情報に対して四半期レビュー手続を実施することが困難であると考えられるため、監査人は、より慎重に検討しなければならない。

46．監査人は、四半期レビューの実施の過程において比較情報に重要な虚偽表示が存在する可能性があることに気付いた場合、追加的な質問等の四半期レビュー手続を実施しなければならない。

５．四半期レビュー手続の実施時期及び四半期レビューと年度の財務諸表の監査の関係

47．四半期レビュー手続は、四半期財務諸表作成後だけでなく、四半期財務諸表の作成時又は作成前に多くの四半期レビュー手続を行うことができると考えられる。例えば、内部統制を含む、企業及び企業環境の理解についての手続や、株主総会や取締役会等の議事録の閲覧については、四半期会計期間の末日以前から四半期レビュー手続を実施することが考えられる。このように四半期レビュー手続を早期に実施することにより、四半期財務諸表に影響を与える重要な会計上の問題を含む重要な着眼点等を認識し、検討を開始することができる。

48．四半期レビューは、年度の財務諸表の監査を前提として実施されるものであるので、年度の財務諸表の監査の実効性の向上のため、監査人は四半期レビュー手続と同時に一部の監査手続を行い、年度の財務諸表の監査と適切に組み合わせて四半期レビューを効果的かつ効率的に実施することとなる。例えば、四半期レビュー手続として実施した取締役会議事録の閲覧の結果及び閲覧の結果実施した追加的な手続がもしあればその結果についても、年度の財務諸表の監査で利用することができる。また、四半期会計期間に発生した重要な取引又は非経常的な取引、例えば、企業結合、組織変更、事業セグメント等の売却や巨額の収益計上に係る監査手続を四半期レビューの対象となる四半期会計期間における四半期レビュー手続の実施と同時期に実施することも年度の財務諸表の監査の実効性の向上のため適切であると考えられる。

６．虚偽表示の評価

49．監査人は、気が付いた未修正の虚偽表示について、四半期財務諸表全体に対し、個別に又は

集計して重要であるかどうかについて評価しなければならない。

これは、四半期レビューは、財務諸表には全体として重要な虚偽表示がないということについて合理的な保証を得るために実施される年度の財務諸表の監査と同様の保証を得ることを目的とするものでないものの、虚偽表示に気が付いたが修正されない場合に、一般に公正妥当と認められる四半期財務諸表の作成基準に準拠して、企業の財政状態、経営成績及びキャッシュ・フローの状況を重要な点において適正に表示していないと信じさせる事項と認められるかどうかについて判断するためである。

また、虚偽表示に気が付いたが修正されない場合は、職業的専門家として当該未修正の虚偽表示について評価を行わなければならない。この評価に際して、金額的影響のみならず、質的影響についても考慮しなければならない。したがって、虚偽表示の原因、過去に発生した事象に基づくものか、四半期レビューの対象となっている四半期会計期間に発生したものか、また四半期レビューの対象となっている四半期会計期間より前の、あるいは、その後の四半期会計期間や年度財務諸表に影響を及ぼす事項かどうか等、当該虚偽表示の意味するところを検討する必要がある。監査人は、当該虚偽表示の意味するところを十分に考慮した上で、その金額的影響について、四半期レビューに係る重要性の基準値(改訂されているときは改訂後の基準値)を基礎として決定した重要性の基準値又は四半期財務諸表の実績数値に照らして検討する。この場合、虚偽表示を評価するに当たっての判断基準は、年度の財務諸表の監査における重要性の基準値を基礎とするが、四半期の実績数値が通年のものよりも小さいことなども考慮して判断する。なお、ごく少額の虚偽表示でそれが集計しても四半期財務諸表全体に重要な影響を及ぼさないことが明らかな場合には、当該虚偽表示を気が付いた未修正の虚偽表示の集計から除外することができる。

7．経営者からの書面による確認

50．監査人は、経営者に対して、四半期レビュー契約書に記載されたとおり、一般に公正妥当と認められる四半期財務諸表の作成基準に準拠して四半期財務諸表を作成し適正に表示する責任を果たした旨の経営者確認書を提出するように要請しなければならない。

50－2．監査人は、経営者に、以下の事項について記載した経営者確認書を提出するように要請しなければならない。

(1) 四半期レビュー契約書において合意したとおり、経営者が四半期財務諸表の作成に関連すると認識している又は四半期レビューに関連して監査人が依頼した全ての情報及び情報を入手する機会を監査人に提供した旨

(2) 全ての取引が記録され、四半期財務諸表に反映されている旨

(3) 不正を防止し発見する内部統制を整備及び運用する責任は、経営者にあることを承知している旨

(4) 不正による四半期財務諸表の重要な虚偽表示の可能性に対する経営者の評価を監査人に示した旨

(5) 以下の企業に影響を与える不正又は不正の疑いがある事項に関する情報が存在する場合、当該情報を監査人に示した旨

① 経営者による不正又は不正の疑い

② 内部統制において重要な役割を担っている従業員による不正又は不正の疑い

③ 上記以外の者による四半期財務諸表に重要な影響を及ぼす可能性がある不正又は不正の疑い

(6) 従業員、元従業員、投資家、規制当局又はその他の者から入手した四半期財務諸表に影響する不正の申立て又は不正の疑いがある事項に関する情報を監査人に示した旨

(7) 四半期財務諸表を作成する場合にその影響を考慮すべき、既に認識されている違法行為又はその疑いを全て監査人に示した旨

(8) 未修正の虚偽表示の与える影響が個別にも集計しても全体としての四半期財務諸表に対

して重要性がないと判断している旨（当該未修正の虚偽表示の要約は経営者確認書に記載するか又は添付することを求めなければならない。）

(9)　四半期財務諸表を作成する場合にその影響を考慮すべき、既に認識されている又は潜在的な訴訟事件等を、全て監査人に示した旨及び一般に公正妥当と認められる四半期財務諸表の作成基準に準拠して適正に処理し開示した旨

(10)　会計上の見積りを行う際に使用した重要な仮定が合理的であると判断している旨

(11)　関連当事者の名称、認識している全ての関連当事者との関係及び関連当事者との取引を監査人に示した旨並びに当該関係及び取引を一般に公正妥当と認められる四半期財務諸表の作成基準に準拠して適切に処理している旨

(12)　四半期決算日後に発生し、かつ一般に公正妥当と認められる四半期財務諸表の作成基準により四半期財務諸表の修正又は四半期財務諸表における開示が要求される全ての事象を、適切に修正又は開示した旨

51．前項に掲げた事項に加えて、その他の事項について経営者確認書を入手する必要があると判断した場合、当該確認事項についての経営者確認書を提出するように要請しなければならない。その他の確認事項には、例えば、以下に関する陳述が含まれる。

・会計方針の選択及び適用が適切であるかどうか。

・以下の事項が一般に公正妥当と認められる四半期財務諸表の作成基準に準拠して認識、測定、表示又は開示されているかどうか。

　－資産及び負債の帳簿価額又は分類に影響を及ぼす可能性のある経営計画又は経営者の意思

　－負債（偶発債務を含む。）

　－資産の所有権又は支配、資産に対する制約及び担保に供されている資産

　－四半期財務諸表に影響を及ぼす可能性のある法令及び契約上の合意事項（違法行為、契約不履行を含む。）

・継続企業の前提に重要な疑義を生じさせるような事象又は状況を識別した場合、経営者の対応策及び当該対応策の実行可能性

・財務諸表（四半期財務諸表を含む。）の作成に係る内部統制の不備に関して、経営者が気付いた全ての事項を監査人に伝達した旨

8．構成単位に対する四半期レビュー手続

52．監査人は、四半期レビューの特質及び重要性並びに重要な虚偽表示リスクを考慮した上で、年度のグループ監査における重要な構成単位から、四半期レビュー手続を実施すべき重要な構成単位を決定する。監査人は、当該重要な構成単位に往査するか又は構成単位の監査人に依頼して、質問、分析的手続その他四半期レビュー手続を実施する。この場合、当該重要な構成単位の内部統制を含む、企業及び企業環境を理解するためには相応の手続を要すると考えられるため、構成単位の監査人に依頼せず往査することのみで四半期レビュー手続を実施するかどうかについて、特に、重要な海外子会社等について留意しつつ慎重な検討が必要である。

53．監査人は、四半期レビュー手続を実施すべき重要な構成単位に該当しない構成単位については、グループ全体統制を理解し、グループ・レベルで分析的手続及び質問を中心とする四半期レビュー手続を実施する。さらに追加で四半期レビュー手続を行うことが必要と判断した場合、当該構成単位に往査するか又は構成単位の監査人に依頼して追加の四半期レビュー手続を実施する。

54．四半期レビュー手続を実施すべき重要な構成単位を決定するに当たっては、四半期レビューの目的に照らして、例えば、以下のような構成単位を参考にすることが適当である。

・売上高構成率、利益構成率、資産構成率、連結剰余金構成率等からみて相当規模と認められる連結子会社又は持分法適用会社

・投機的なデリバティブ取引を行っている連結子会社又は持分法適用会社

・前年度又は前四半期に重要な虚偽表示が発見された連結子会社又は持分法適用会社
・重要な偶発事象等がある連結子会社又は持分法適用会社
・継続企業の前提に重要な疑義を生じさせるような事象又は状況が存在する連結子会社又は持分法適用会社

なお、純粋持株会社の事業子会社は、四半期レビュー手続を実施すべき重要な構成単位に該当する可能性が高いので、慎重な検討が必要である。

9．構成単位の監査人の利用

55．監査人は、構成単位の財務情報に関する作業の実施を構成単位の監査人に依頼する場合には、構成単位の財務情報に対する作業の範囲及び時期並びに発見事項について明確なコミュニケーションを行うこととされているため、以下の事項を理解しなければならない。以下の事項を理解するに当たり、年度の財務諸表の監査において理解した事項に変更があるかどうかについて質問等により確かめることができると考えられる。

(1) 構成単位の監査人が、四半期財務諸表の四半期レビューに関連する職業倫理に関する規定を理解し遵守しているか。特に独立性に問題がないか。

(2) 構成単位の監査人が、職業的専門家としての能力を有しているか。

(3) 監査人が、四半期財務諸表の四半期レビュー手続を実施するに当たり必要な程度まで構成単位の監査人の作業に関与することができるか。

(4) 構成単位の監査人が、適切に監督される規制環境の下で業務を行っているか。

55－2．監査人は、構成単位の監査人に、四半期財務諸表の四半期レビューにおいて要求する事項として、実施すべき作業、その作業結果の利用目的並びに構成単位の監査人の報告の様式及び内容を適時に伝達しなければならない。また、監査人は、構成単位の監査人に対して、四半期財務諸表の四半期レビューについての監査人の結論に関連する事項を報告するように依頼しなければならない。

Ⅵ　経営者への伝達と対応及び監査役等とのコミュニケーション

56．四半期レビューの結果、四半期財務諸表について一般に公正妥当と認められる四半期財務諸表の作成基準に準拠して、企業の財政状態、経営成績及びキャッシュ・フローの状況を重要な点において適正に表示していないと信じさせる事項が認められる場合には、監査人は、適切な階層の経営者に速やかに報告し、改善を求めなければならない。経営者が合理的な期間内に適切に対処しない場合は、監査人は監査役等に報告しなければならない。また、合理的な期間内に適切に対処しない場合は、監査人は、限定付結論とするかどうかの検討に加え、年度の財務諸表の監査及び四半期レビュー契約の継続の可否等についても検討する必要がある。

56－2．当該報告は、適時に行われる必要があり、口頭又は書面で行われる。いずれの方法によるかは、内容、影響度や重要性等、又は報告の時期によっても異なる。口頭で報告が行われた場合にも、監査人はその内容を四半期レビュー調書に記録する。

56－3．特に、四半期レビューの結果、不正や違法行為等の存在に気が付いた場合にも、監査人は、適切な階層の経営者及び監査役等に速やかに報告し、改善を求めなければならない。どの階層の経営者に報告するかは、共謀の可能性や経営者の関与等にも留意して決定する必要がある。

57．監査人は、四半期レビューに関連する監査人の責任、計画した四半期レビューの範囲とその実施時期の概要、四半期レビュー上の重要な発見事項及び監査人の独立性について、監査役等とコミュニケーションを行わなければならない。

57－2．監査人は、想定されるコミュニケーションの手段、実施時期及び内容について、監査役等とコミュニケーションを行わなければならない。

(1)　監査人は、職業的専門家としての判断により、口頭によるコミュニケーションが適切ではないと考える場合には、監査役等と書面によりコミュニケーションを行わなければならない。

(2)　監査人は、監査役等とのコミュニケーションを適時に行わなければならない。

(3)　監査人は、口頭でコミュニケーションを行った場合には、いつ、誰と、どのような内容についてコミュニケーションを行ったかを四半期レビュー調書に記載しなければならない。また、書面でコミュニケーションを行った場合、その写しを四半期レビュー調書として保存しなければならない。

58. 四半期レビューの過程において、財務報告プロセスに対する監査役等による監視にとって重要と判断した事項に監査人が気付いた場合には、監査役等に報告する必要がある。

59. 監査人は、四半期レビュー報告書において除外事項付結論の表明若しくは強調事項区分又はその他の事項区分を設けることが見込まれる場合、当該文言の草案等について、監査役等に報告しなければならない。

Ⅶ　四半期レビュー報告書

1．全般的事項

60. 四半期レビュー報告書は、基本的に「監査人の結論」、「結論の根拠」、「経営者及び監査役等の責任」、「監査人の責任」という四つの区分に分けて記載し（「四半期レビュー基準」第三　報告基準　3　四半期レビュー報告書の記載）、それぞれ見出しを付けることとなる。これらの区分に分けて記載される事項以外に表題、日付、宛先、監査事務所の所在地及び署名等も四半期レビュー報告書に記載される。

監査事務所の所在地については、我が国の場合、監査事務所の所在地として、例えば、監査責任者が執務する事業所の都市名又は登記されている事業所名を記載する（監査基準委員会報告書700「財務諸表に対する意見の形成と監査報告」（以下「監基報700」という。）第43項及び A56項参照)。

なお、四半期レビュー報告書の日付は、関連する審査を完了した日以降とする（監基報700A57項参照)。

(1)　監査人の結論

61.「四半期レビュー基準」第三　報告基準　5　無限定の結論　(1)では、四半期レビューの対象とした四半期財務諸表の範囲、及び経営者の作成した四半期財務諸表が、一般に公正妥当と認められる四半期財務諸表の作成基準に準拠して、企業の財政状態、経営成績及びキャッシュ・フローの状況を適正に表示していないと信じさせる事項が全ての重要な点において認められなかったことを記載することが求められている。

ここで、「一般に公正妥当と認められる四半期財務諸表の作成基準」については、年度の財務諸表の監査と同様の考え方で、「我が国において一般に公正妥当と認められる四半期財務諸表の作成基準」という表現を用いる。

(2)　結論の根拠

61-2.「四半期レビュー基準」第三　報告基準　5　無限定の結論　(2)では、一般に公正妥当と認められる四半期レビューの基準に準拠して四半期レビューを行ったこと、四半期レビューの結果として入手した証拠が結論の表明の基礎を与えるものであることを記載することが求められている。また、これらに加えて、監査人の責任に関し、四半期レビュー報告書の「四半期財務諸表の四半期レビューにおける監査人の責任」の区分に記載がある旨、及び監査人は我が国における職業倫理に関する規定に従って会社から独立しており、また、監査人としてのその他の倫理上の責任を果たしている旨を記載しなければならない。

ここで、「一般に公正妥当と認められる四半期レビューの基準」の表現については、前項で述べたことと同様の趣旨により、「我が国において一般に公正妥当と認められる四半期レビューの基準」という表現を用いる。

⑶ **経営者及び監査役等の責任**

62.「四半期レビュー基準」第三　報告基準　5　無限定の結論　⑶では、経営者には、四半期財務諸表の作成責任があること、四半期財務諸表に重要な虚偽表示がないように内部統制を整備及び運用する責任があること、継続企業の前提に関する評価を行い必要な開示を行う責任があること、監査役等には、財務報告プロセスを監視する責任があることを記載することが求められている。

継続企業の前提に関する評価を行い必要な開示を行う責任としては、経営者は、継続企業を前提として四半期財務諸表を作成することが適切であるかどうかを評価し、財務報告の枠組みに基づいて継続企業に関する事項を開示する必要がある場合は当該事項を開示する責任を有する旨を記載しなければならない（監基報700第31項⑵参照）。

また、監査役等には財務報告プロセスを監視する責任があることについては、監査役等の責任として、財務報告プロセスの整備及び運用における取締役（監査委員会の場合は執行役及び取締役）の職務の執行を監視する旨を記載しなければならない（監基報700第32項参照）。

⑷ **監査人の責任**

63.「四半期レビュー基準」第三　報告基準　5　無限定の結論　⑷では、監査人の責任は独立の立場から四半期財務諸表に対する結論を表明することにあること、四半期レビューは質問、分析的手続その他の四半期レビュー手続からなり、年度の財務諸表の監査に比べて限定的な手続となること、継続企業の前提に関する経営者の評価を検討すること、監査役等と適切な連携を図ることを記載することが求められている。

63-2．継続企業の前提の評価に関する監査人の責任としては、以下を記載しなければならない（監基報700第36項⑵④参照）。

① 継続企業の前提に関する事項について、重要な疑義を生じさせるような事象又は状況に関して重要な不確実性が認められると判断した場合には、入手した証拠に基づき、四半期財務諸表において、一般に公正妥当と認められる四半期財務諸表の作成基準に準拠して、適正に表示されていないと信じさせる事項が認められないかどうか結論付けること

② 継続企業の前提に関する重要な不確実性が認められる場合、四半期レビュー報告書において四半期財務諸表の注記事項に注意を喚起すること、又は重要な不確実性に関する四半期財務諸表の注記事項が適切でない場合は、四半期財務諸表に対して除外事項を付した限定付結論又は否定的結論を表明すること

③ 監査人の結論は、四半期レビュー報告書日までに入手した証拠に基づいているが、将来の事象や状況により、企業は継続企業として存続できなくなる可能性があること

63-3．また、監査役等と適切な連携を図ることに関する監査人の責任については、以下を記載しなければならない。

① 監査人は、監査役等に対して、計画した四半期レビューの範囲とその実施時期、四半期レビュー上の重要な発見事項について報告を行うこと（監基報700第37項⑴参照）。

② 上場企業の四半期レビューの場合、監査人は、監査役等に対して、独立性についての我が国における職業倫理に関する規定を遵守したこと、並びに監査人の独立性に影響を与えると合理的に考えられる事項、及び阻害要因を除去又は軽減するためにセーフガードを講じている場合はその内容について報告を行うこと（監基報700第37項⑵参照）。なお、上場企業の場合に適用される監査人の独立性に関するコミュニケーションについての要求事項は、その他の企業、特に、事業内容、事業規模又は事業体の属性により利害関係者が広範囲に及ぶため、社会的影響度が高い事業体にも適用される場合がある。上場企業ではないが、監査人の独立性に関するコミュニケーションが適切となることがある企業の例示としては、金融機関及び保険会社等を挙げることができる（監基報260 A28項参照）。

Ⅱ 会計士協会

63－4．監査人の責任としては、更に以下を記載しなければならない。

① 監査人は、我が国において一般に公正妥当と認められる四半期レビューの基準に準拠して実施する四半期レビューの過程を通じて、職業的専門家としての判断を行い、職業的懐疑心を保持すること（監基報700第36項(1)参照）

② 表示及び注記事項の検討

四半期財務諸表の表示及び注記事項が、我が国において一般に公正妥当と認められる四半期財務諸表の作成の基準に準拠していないと信じさせる事項が認められないかどうかとともに、関連する注記事項を含めた四半期財務諸表の表示、構成及び内容、並びに四半期財務諸表が基礎となる取引や会計事象を適正に表示していないと信じさせる事項が認められないかどうかを評価すること（監基報700第36項(2)⑤参照）

③ 第52項から第55－2項に記載されている構成単位に対する四半期レビュー手続を実施する場合の監査人の責任（監基報700第36項(3)参照）

ア．グループ四半期財務諸表に対する結論を表明するための、グループ内の構成単位の財務情報に関する証拠を入手すること

イ．グループ四半期財務諸表の四半期レビューの指示、監督及び実施をすること

ウ．グループ監査責任者として単独で結論の表明を行うこと

(5) 利害関係

64．公認会計士法の規定（第25条第2項及び第34条の12第3項）により四半期レビュー報告書に利害関係の有無を記載することが求められているため、四半期レビュー報告書の末尾に「利害関係」という見出しを付した上で利害関係の有無について記載する（監基報700A35項参照）。

なお、四半期連結財務諸表の四半期レビューの場合には、当該利害関係の記載に連結子会社を含めることに留意する。

2．結論に関する除外

65．「四半期レビュー基準」第三報告基準6において、監査人は、経営者の作成した四半期財務諸表について、一般に公正妥当と認められる四半期財務諸表の作成基準に準拠して、企業の財政状態、経営成績及びキャッシュ・フローの状況を重要な点において適正に表示していないと信じさせる事項が認められ、その影響が無限定の結論を表明することができない程度に重要ではあるものの、四半期財務諸表全体に対して否定的結論を表明するほどではないと判断したときには「限定付結論」の区分において除外事項を付した限定付結論を表明し、「限定付結論の根拠」の区分において、修正すべき事項、可能であれば当該事項が四半期財務諸表に与える影響及びこれらを踏まえて除外事項を付した限定付結論とした理由を記載することが求められている。

上記、一般に公正妥当と認められる四半期財務諸表の作成基準に準拠して、企業の財政状態、経営成績及びキャッシュ・フローの状況を重要な点において適正に表示していないと信じさせる事項が認められるかどうかの判断に当たっては、年度の財務諸表の監査と同様、①経営者が採用した会計方針が、四半期財務諸表の作成基準に準拠して継続的に適用されているかどうか、②経営者の採用した会計方針の選択及び適用方法が会計事象や取引を適切に反映するものであるかどうか、③四半期財務諸表の表示方法が適切であるかどうか、について検討しなければならない。

ここで上記影響の記載について、「可能であれば記載しなければならない」とされているのは、四半期レビュー手続が質問、分析的手続その他の四半期レビュー手続に限定されていること、及び四半期報告書について四半期会計期間終了後45日以内に提出することが義務付けられており、適時性が求められていることに鑑み、場合によっては、影響の算出が困難な場合があることが想定されるための配慮であるものと考えられる。

なお、当該影響額の記載を行う場合は、年度の財務諸表の監査における影響額の記載に準じて記載することとなる。

また、除外した不適切な事項及び財務諸表に与えている影響を踏まえて除外事項を付した限定付結論とした理由も併せて記載しなければならない。

3．否定的結論

66．「四半期レビュー基準」第三　報告基準　7において、監査人は、経営者の作成した四半期財務諸表について、一般に公正妥当と認められる四半期財務諸表の作成基準に準拠して、企業の財政状態、経営成績及びキャッシュ・フローの状況を重要な点において適正に表示していないと信じさせる事項が認められる場合において、その影響が四半期財務諸表全体として虚偽表示に当たるとするほどに重要であると判断したときには、否定的結論を表明し、「結論の根拠」の区分に、その理由を記載することが求められている。

当該否定的結論を表明する場合には、「否定的結論」の区分において、当該不適切な事項の四半期財務諸表に与える影響の重要性に鑑み、四半期財務諸表は適正に表示していないと信じさせる事項が認められた旨を記載し、また、「否定的結論の根拠」の区分において、否定的結論の理由を記載する。当該理由には、除外した不適切な事項に加え、もし影響額の算定が可能である場合においては、当該事項が四半期財務諸表に与えている影響の記載が含まれることに留意する。当該事項が四半期財務諸表に与えている影響の記載については、四半期レビューの性格、適時性の要請による時間的制約及び国際レビュー業務基準（ISRE）第2410号において求められていない点に考慮し、算定が可能である場合のみ記載を求めることとした。

4．四半期レビュー範囲の制約及び結論の不表明

67．監査人は、四半期財務諸表に対して行う四半期レビューの結論の表明に当たり、当該結論を表明するための基礎を得るために四半期レビュー計画を策定し、四半期レビュー手続を実施するが、四半期レビューの状況によっては、重要な四半期レビュー手続を実施できない場合がある。この場合、監査人は四半期レビュー範囲の制約を受けたことになる。「四半期レビュー基準」第三　報告基準　8において、監査人は、重要な四半期レビュー手続を実施できなかったことにより、無限定の結論を表明できない場合において、その影響が四半期財務諸表全体に対する結論の表明ができないほどではないと判断したときは、除外事項を付した限定付結論を表明し、「結論の根拠」の区分に、実施できなかった四半期レビュー手続、当該事実が影響する事項及びこれらを踏まえて除外事項を付した限定付結論とした理由を記載することが求められている。

また、同9において、監査人は、重要な四半期レビュー手続を実施できなかったことにより、無限定の結論の表明ができない場合において、その影響が四半期財務諸表全体に対する結論の表明ができないほどに重要であると判断したときは、結論を表明してはならないとされ、別に区分を設けて、四半期財務諸表に対する結論を表明しない旨及びその理由を記載することが求められている。

68．四半期レビュー範囲の制約を受け、重要な四半期レビュー手続を実施できない場合には、無限定の結論を表明することはできないが、その影響が四半期財務諸表全体に対する結論の表明ができないほどではないと判断したときには、「限定付結論」の区分に除外事項を付した限定付結論を表明し、四半期レビュー範囲の制約に係る除外事項として、次の事項を「限定付結論の根拠」の区分に記載する。

・実施できなかった四半期レビュー手続
・四半期財務諸表に対する結論において当該事実が影響する事項
・上記を踏まえて除外事項を付した限定付結論とした理由

ここでいう当該事実が影響する事項については、除外事項に係る四半期財務諸表に計上されている項目の金額又は注記事項の金額は分かるが、四半期レビュー範囲の制約によりその適正性を判断する基礎が入手できないことから、最終的な金額的影響額を算定することは通常困難である。したがって、四半期レビュー範囲の制約の事実が影響する事項の金額的影響額の記載は、四半期財務諸表に計上されている項目の金額又は注記事項の金額を記載することになる。

また、実施できなかった四半期レビュー手続及び四半期財務諸表に与えている影響を踏まえて除外事項を付した限定付結論とした理由も併せて記載しなければならない。

69. 四半期財務諸表に計上されていない事項又は注記されていない事項で、何らかの会計処理又は開示が必要と判断されるものについて四半期レビュー範囲の制約があるため、当該取扱いの判断ができない場合は、その旨を記載する。

70. 重要な四半期レビュー手続を実施できないことにより四半期レビュー範囲の制約を受けた場合に、その影響が四半期財務諸表全体に対する結論の表明ができないほどに重要と判断したときは、結論を表明しない旨を「結論の不表明」の区分に記載し、結論を表明しない理由を「結論の不表明の根拠」の区分に記載する。

なお、この場合であっても、「結論の不表明」の区分において、四半期財務諸表について四半期レビューを行った旨を記載しなければならない。

また、「監査人の責任」の区分において、以下の事項を記載しなければならない。

「監査人の責任は、我が国において一般に公正妥当と認められる四半期レビューの基準に準拠して実施した四半期レビューに基づいて、四半期レビュー報告書において独立の立場から四半期財務諸表に対する結論を表明することにある。

しかしながら、本報告書の「結論の不表明の根拠」に記載されているとおり、当監査法人は、四半期財務諸表に対する結論の表明の基礎となる証拠を入手することができなかった。」

71. 「四半期レビュー基準」第二　実施基準　12において、監査人は、他の監査人によって行われた四半期レビュー等の結果を利用する場合には、当該他の監査人が関与した四半期財務諸表等の重要性及び他の監査人の品質管理の状況等に基づく信頼性の程度を勘案して、他の監査人の実施した四半期レビュー等の結果を利用する程度及び方法を決定することが求められている。

四半期レビューの計画策定段階、四半期レビューの実施過程において他の監査人の四半期レビュー等の結果を利用しようとする場合でも、当該他の監査人が実施した四半期レビュー手続を実施すべき重要な構成単位についての四半期レビュー等の結果が、四半期レビュー日程の変更などにより利用できない場合など、他の監査人の実施した四半期レビュー等の重要な事項について、その結果を利用できないケースがある。この場合において、さらに当該事項について、重要な四半期レビュー手続を追加して実施できなかった場合には、重要な四半期レビュー手続が実施できなかった場合に準じて、結論の表明の適否を判断しなければならない（「四半期レビュー基準」第三　報告基準　10）。

72. 前項のほか、①経営者から、四半期レビューの範囲について制約を課された場合、②質問事項について十分な知識を有し、責任をもって回答できる適切な役職者が不在等により、十分な質問が実施できなかった場合、③火災等による焼失又は司法当局による証拠資料の押収等によって、重要な会計帳簿や会計記録を閲覧できなかった場合、又は十分な分析的手続を実施できなかった場合においても、前項と同様に結論の表明の適否を判断しなければならない。

73. 重要な偶発事象等の将来の帰結が予測し得ない事象又は状況について、四半期財務諸表に与える当該事象又は状況の影響が複合的かつ多岐にわたる場合には、重要な四半期レビュー手続を実施できなかった場合に準じて、結論の表明ができるか否かを慎重に判断しなければならない（「四半期レビュー基準」第三　報告基準

11)。

5．継続企業の前提

74.「四半期レビュー基準」第三　報告基準　12において、監査人は、継続企業の前提に関する重要な不確実性が認められる場合には、次のとおり結論の表明及び四半期レビュー報告書の記載を行うことが求められている。

① 継続企業の前提に関する事項が四半期財務諸表に適切に記載されていると判断して、無限定の結論を表明する場合には、当該継続企業の前提に関する事項について四半期レビュー報告書に記載しなければならない。

② 継続企業の前提に関する事項が四半期財務諸表に適切に記載されていないと判断した場合は、当該不適切な記載についての除外事項を付した限定付結論又は否定的結論を表明し、その理由を記載しなければならない。

上記の継続企業の前提に関する手続の記載の前提となる注記において、継続企業の前提に重要な疑義を生じさせるような事象又は状況を解消し、又は改善するための対応策が記載されることとなっているが、対応策の期間が経営者の評価期間より短い場合、具体的に対応策が提示されていない期間において、なぜ事業活動を継続することができると評価したのかについての具体的な評価内容等が記載されているかどうか検討する必要がある。当該記載は、具体的に対応策が提示されていない期間が生じている場合に重要な不確実性が認められる場合もあることから、重要な不確実性が認められる理由において記載されることになると考えられる。

75.「四半期レビュー基準」には、監査基準及び中間監査基準の報告基準における継続企業の前提の項に規定されている「意見の不表明」に相当する規定は置かれていない。これについては、「四半期レビュー基準の改訂に関する意見書　四半期レビュー基準の改訂について」(2009年6月30日　企業会計審議会) 二　2に記載されているとおり、理論的には、経営者が評価及び対応策を示さないときには、監査人は、重要な四半期レビュー手続を実施できなかったとして結論の表明ができない場合があり得るが、質問及び分析的手続等を基本とする限定されたレビュー手続に基づく消極的形式による結論の表明であること、及び開示の要否や注記の根拠となる証拠資料及び対応策の合理性等に関する証拠資料を入手する必要がないこと等を踏まえ、結論の不表明となる場合が非常に限定されることになるということを示していると考えられる。したがって、通常は、四半期財務諸表に経営者の対応策及び具体的に対応策が提示されていない期間についての経営者の評価内容等が、重要な不確実性を反映し適切に注記される場合には、四半期レビュー報告書に継続企業の前提に関する事項を記載し、無限定の結論が表明されることとなる。

76. 極めてまれな状況ではあるが、重要な不確実性が複数存在し、それが四半期財務諸表に及ぼす可能性のある影響が複合的かつ多岐にわたる場合には、監査人は、結論を表明しないことが適切と考えることがある。この場合、監査人は、結論の表明ができるか否かを慎重に判断しなければならない。また、経営者の対応策及び具体的に対応策が提示されていない期間についての経営者の評価内容等が、注記の内容として不十分と考えられる場合、監査人には、限定付結論、又は、否定的結論を表明することについての慎重な検討が求められる。

77. 重要な不確実性について財務諸表に適切な注記がなされている場合、監査人は無限定の結論を表明し、四半期財務諸表における注記事項について注意を喚起するために、四半期レビュー報告書に「継続企業の前提に関する重要な不確実性」という見出しを付した区分を設け、継続企業の前提に関する重要な不確実性が認められる旨及び当該事項は監査人の結論に影響を及ぼすものではない旨を記載しなければならない。

78. 削除

79. 監査人は、継続企業の前提が成立していないことが一定の事実をもって明らかな場合で、四半期財務諸表が継続企業の前提に基づいて作成されているときは、否定的結論を表明する。

80．四半期会計基準第19項⒂においては、事業の性質上営業収益又は営業費用に著しい季節的変動がある場合には、その状況についての注記が求められている。これは同第39項に記載されているように、四半期財務諸表の作成基準が実績主義を採用していることにより、各四半期における実績数値が事業の性質によっては一事業年度内において大きく変動することがあることから、業績予測に資する情報の提供の観点から季節変動性についての十分な定性的情報を開示することにより、四半期財務諸表利用者を誤った判断に導く可能性を回避するために求められている注記である。このように四半期毎に大きく業績が変動するような事業の性格等を有する企業においては、一時的に業績が大きく悪化することにより、継続企業の前提に重要な疑義を生じさせるような事象又は状況が発生する可能性がある。特に一時的に業績が大きく悪化したことにより債務超過になった場合には、著しい季節的変動等による一時的な悪化であったとしても、継続企業の前提に関する事項の注記が原則として求められているので、監査人は適切な注記がなされているかどうかについて検討することが必要である。

81．注記が適切に行われているか否かの監査人の判断は、いわゆる二重責任の原則に基づくとともに、四半期財務諸表に記載されているものを対象に行うことになる。また、四半期財務諸表に重要な後発事象として記載された事項が継続企業の前提に関する事項である場合、監査人は、当該後発事象としての開示の適正性に加え、継続企業の前提についての開示が適正に行われているか否かの判断も行わなければならないことに留意する。

6．追記情報

82．「四半期レビュー基準の改訂に関する意見書　四半期レビュー基準の改訂について」（2011年6月30日　企業会計審議会）では、監査人が四半期財務諸表の記載を前提に当該記載を強調することが適当であると判断して追記する強調事項と、監査人が投資者等に対して説明することが適当であると判断して追記する説明事項とを区分して記載することが求められている。

7．その他の記載内容に関連する監査人の責任

83．監査人は、四半期レビューを行った四半期財務諸表との重要な相違を識別するため、その他の記載内容を通読しなければならない。

84．監査人は、その他の記載内容を通読することにより重要な相違を識別した場合、四半期レビューを行った四半期財務諸表又はその他の記載内容を修正する必要があるかどうかを判断しなければならない。

85．四半期レビューを行った四半期財務諸表に修正が必要であるが、経営者が修正することに同意しない場合、監査人は、除外事項付結論を表明しなければならない。

86．その他の記載内容に修正が必要であるが、経営者が修正することに同意しない場合、監査人は、監査役等に当該事項を報告するとともに、以下のいずれかを行わなければならない。

⑴　四半期レビュー報告書にその他の事項区分を設け、重要な相違について記載する。

⑵　四半期レビュー報告書を発行しない。

⑶　可能な場合、四半期レビュー契約を解除する。

87．監査人は、重要な相違を識別するためにその他の記載内容を通読する際に、明らかな事実の重要な虚偽記載に気付いた場合、経営者と当該事項について協議しなければならない。

88．監査人は、その他の記載内容に事実の重要な虚偽記載が存在すると判断したが、経営者がそれを修正又は訂正することに同意しない場合、監査役等にその他の記載内容に関する監査人の懸念を知らせるとともに、適切な措置を講じなければならない。この適切な措置には、監査人の顧問弁護士に助言を求めることが含まれる。

8．比較情報

89．比較情報が対応数値として表示される場合、監査基準委員会報告書710「過年度の比較情報―対応数値と比較財務諸表」に準じて四半期財務諸表に対する結論を記載することとなるが、第90項及び第91項に記載されている場合を除き、四半期財務諸表に対する結論において対応数値に言及してはならない。

なお、四半期財務諸表の比較情報には、前事業年度に対応する四半期会計期間及び四半期累計期間に係る四半期損益計算書並びに前事業年度に対応する四半期累計期間に係る四半期キャッシュ・フロー計算書（以下「前年同四半期に係る四半期財務諸表」という。）及び前事業年度に係る貸借対照表が含まれる。

90．以前に発行した前年同四半期の四半期レビュー報告書において除外事項付結論（すなわち、限定付結論、否定的結論又は結論の不表明）が表明されている場合又は以前に発行した前年度の監査報告書において貸借対照表関連の項目を原因とする除外事項付意見が表明されている場合で、かつ当該四半期レビュー報告書における除外事項付結論又は当該監査報告書における除外事項付意見の原因となった事項が未解消のとき、監査人は、当四半期に係る四半期財務諸表に対して除外事項付結論を表明しなければならない。

この場合、監査人は、四半期レビュー報告書の除外事項付結論の根拠区分において、以下のいずれかを記載しなければならない。

① 当該事項が当四半期の数値に及ぼす影響又は及ぼす可能性のある影響が重要である場合、除外事項付結論の原因となった事項の説明において、当四半期の数値と比較情報の両方に及ぼす影響について記載する（＜文例３―２＞参照）。

② 上記以外の場合には、当四半期の数値と比較情報との比較可能性の観点から、未解消事項が及ぼす影響又は及ぼす可能性のある影響を勘案した結果、除外事項付結論が表明されている旨を記載する（＜文例３―３＞参照）。

91．監査人は、以前に無限定の結論が表明されている四半期財務諸表や無限定適正意見が表明されている前年度の貸借対照表に重要な虚偽表示が存在するという証拠を四半期レビュー手続により入手したが、比較情報が適切に修正再表示されていない又は開示が妥当ではない場合、四半期財務諸表に対する結論において、当該四半期財務諸表に含まれる比較情報について限定付結論又は否定的結論を表明しなければならない。

92．前年同四半期に係る四半期財務諸表について前任監査人が四半期レビューをしており、又は前年度の財務諸表について前任監査人が監査をしている場合に、監査人が四半期レビュー報告書において、前任監査人により比較情報の四半期レビュー又は監査が行われている旨及びその結論又は意見を記載することとしたときは、監査人は、追記情報（その他の事項区分）として以下の事項を記載しなければならない（＜文例８―２＞参照）。

① 前年同四半期に係る四半期財務諸表が前任監査人により四半期レビューされた旨又は前年度の財務諸表が前任監査人により監査された旨。ただし、比較情報について、四半期会計基準第37－３項なお書きに基づき前年度における対応する期間の四半期損益計算書及び四半期包括利益計算書等又は四半期キャッシュ・フロー計算書の開示が行われている場合には、当該前四半期損益計算書及び前四半期包括利益計算書等又は前四半期キャッシュ・フロー計算書が前任監査人により四半期レビューされていない旨を併せて記載する（＜文例８―３＞参照）。

② 前任監査人が表明した四半期財務諸表に対する結論の類型及び除外事項付結論が表明された場合にはその理由、又は前任監査人が表明した監査意見の類型及び除外事項付意見が表明された場合にはその理由

③ 前任監査人の四半期レビュー報告書又は監査報告書の日付

Ⅷ　四半期レビュー調書

93．監査人は、四半期レビューに当たり、一般に公正妥当と認められる四半期レビューの基準に準拠して四半期レビューを実施したこと及び結論を表明するための基礎に基づいて四半期財務諸表に対する結論を表明したことを明らかにするための資料として、十分かつ適切に四半期レビュー調書を作成しなければならない。

また、監査人が四半期レビュー調書に記録する内容の範囲と詳細の程度を決定するに際しては、当該四半期レビューに関与していない別の監査人に対して当該四半期レビュー業務を説明するために必要な情報、すなわち、どのような四半期レビュー手続を、いつ、どの程度実施し、それによりどのような情報からどのような結果が得られたのか、また検討した重要な事項は何であったか、その経過及び結果等、当該情報について理解させるためにはどの程度の文書化が必要かを考慮することが有益である。

なお、四半期レビューに関する調書のファイルは、年度監査の監査ファイルとは別のファイルにして整理することとなるが、四半期レビュー調書作成においては、四半期レビュー調書間の関連性に留意するとともに、四半期レビューが年度の財務諸表の監査と適切に組み合わせて実施されることを踏まえ、それぞれの四半期レビューと年度の財務諸表の監査の調書との関連性にも留意する必要がある。

Ⅸ　四半期レビューに際してのその他の留意事項

1．監査人の責任及び四半期レビュー手続

94．四半期レビューは、公認会計士又は監査法人が四半期財務諸表に対して行う監査証明（金融商品取引法第193条の２第１項）であるので、監査人は、四半期レビューに当たり、年度の財務諸表の監査と同様にその手続の実施において職業的専門家としての正当な注意を払う必要があることに留意する。

2．監査人の交代

95．「四半期レビュー基準の設定に関する意見書」二　２なお書きにおいて、監査人が交代した場合には、後任の監査人は、前任の監査人から適切な引継ぎを行うとともに、年度の財務諸表の監査計画を踏まえ、四半期レビューが的確に行われるように計画することが求められている。監査人の交代に当たっては監査基準委員会報告書900「監査人の交代」に従う。特に、会計監査人の選任手続と第１四半期の四半期レビュー手続等のタイミングを踏まえ、四半期レビューにおいては交代の適時性及び迅速性が要求されるので、適切に引き継ぐよう注意が必要である。なお、四半期レビューにおいて留意が必要な点は以下のとおりである。

・前任監査人と後任監査人は適時に速やかに引継ぎを行うとともに、特に前任監査人は当該趣旨に鑑み、十分な協力を行わなければならない。
・後任監査人は、適時に迅速に引継ぎを受けなければならない。引継ぎに当たっては、四半期レビューにおいては内部統制を含む企業及び企業環境の理解が不可欠であるので、四半期及び年度の財務諸表に係る内部統制を含む企業及び企業環境の十分な理解に努める必要がある。
・引継ぎにおいては、質問を行うとともに、監査調書の閲覧を行うこととされているが、当該監査調書には、四半期レビュー調書も含まれることに留意する。
・監査人が期中で交代する場合、後任監査人は、前任監査人の四半期レビュー手続の実施結果を利用できるか否かを慎重に検討しなければならない。その結果を利用した場合においても、四半期レビューの結論の表明についての責任は後任監査人が負うものであり、後任監査人は、自らの判断によって四半期レビューの結論を表明しなければならない。

3．審　査

96．「四半期レビュー基準の設定に関する意見書」二　3(1)において、監査人は、年度の財務諸表の監査における意見表明に係る審査と同様、四半期レビューに係る結論の表明に先立ち、監査に関する品質管理の基準に基づいて定められた方針と手続に従い、自己の結論が四半期レビューの基準に準拠して適切に形成されているかどうかの審査を受けることが求められている。

当該審査は、年度の財務諸表の監査と四半期レビューの目的や内容等の違いを踏まえて、監査事務所における品質管理に関する方針及び手続に従い、実施されることになる。なお、四半期レビュー業務の品質が合理的に確保される範囲において、四半期レビュー業務に係る審査の方法、内容等を柔軟に定めることができる。

Ⅹ　適　用

97．本報告は、2008年4月1日以後開始する連結会計年度又は事業年度に係る四半期連結財務諸表又は四半期財務諸表の四半期レビューから適用する。

98．「監査・保証実務委員会報告第83号「四半期レビューに関する実務指針」の改正について」(2009年7月8日）は、2009年6月30日以後終了する四半期会計期間に係る四半期財務諸表の四半期レビューから適用する。

99．「監査・保証実務委員会報告第83号「四半期レビューに関する実務指針」の改正について」(2011年7月8日）は、2011年4月1日以後開始する連結会計年度又は事業年度に係る四半期連結財務諸表又は四半期財務諸表の四半期レビューから適用する。

100．「監査・保証実務委員会報告第83号「四半期レビューに関する実務指針」の改正について」(2012年6月22日）は、2012年4月1日以後開始する連結会計年度又は事業年度に係る四半期連結財務諸表又は四半期財務諸表の四半期レビューから適用する。

101．「監査・保証実務委員会報告第83号「四半期レビューに関する実務指針」の改正について」(2016年2月26日）は、2016年4月1日以後開始する連結会計年度に係る四半期連結財務諸表の四半期レビューから適用する。

102．「監査・保証実務委員会報告第83号「四半期レビューに関する実務指針」の改正について」(2020年3月17日）は、2020年4月1日以後開始する連結会計年度又は事業年度に係る四半期連結財務諸表又は四半期財務諸表の四半期レビューから適用する。

なお、米国証券取引委員会に登録している会社においては、2020年1月1日以後開始する連結会計年度又は事業年度に係る四半期連結財務諸表又は四半期財務諸表の四半期レビューから適用することができる。

103．「監査・保証実務委員会報告第83号「四半期レビューに関する実務指針」の改正について」(2021年4月7日）は、2021年4月1日以後開始する連結会計年度又は事業年度に係る四半期連結財務諸表又は四半期財務諸表の四半期レビューから適用する。

付録１　四半期レビュー報告書の文例

１．四半期連結財務諸表に関する四半期レビュー報告書

⑴　第１四半期連結財務諸表及び第３四半期連結財務諸表に関する四半期レビュー報告書（無限定の結論）の文例（無限責任監査法人の場合で、指定証明の場合）は、以下のとおりである。

＜文例１＞

独立監査人の四半期レビュー報告書

×年×月×日

○○株式会社
　取締役会　御中

○　○　監 査 法 人
○○事務所(注１)
指 定 社 員
業務執行社員　　公認会計士　○○○○　印
指 定 社 員
業務執行社員　　公認会計士　○○○○　印
(注２)

監査人の結論

当監査法人(注３)は、金融商品取引法第193条の２第１項の規定に基づき、「経理の状況」に掲げられている○○株式会社の×年×月×日から×年×月×日までの連結会計年度の第×四半期連結会計期間（×年×月×日から×年×月×日まで）及び第×四半期連結累計期間（×年×月×日から×年×月×日まで）に係る四半期連結財務諸表、すなわち、四半期連結貸借対照表、四半期連結損益計算書、四半期連結包括利益計算書(注４)(注５)(注６)及び注記について四半期レビューを行った。

当監査法人(注３)が実施した四半期レビューにおいて、上記の四半期連結財務諸表が、我が国において一般に公正妥当と認められる四半期連結財務諸表の作成基準に準拠して、○○株式会社及び連結子会社の×年×月×日現在の財政状態及び同日をもって終了する第×四半期連結累計期間の経営成績(注４)(注５)(注７)を適正に表示していないと信じさせる事項が全ての重要な点において認められなかった。

監査人の結論の根拠

当監査法人(注３)は、我が国において一般に公正妥当と認められる四半期レビューの基準に準拠して四半期レビューを行った。四半期レビューの基準における当監査法人(注３)の責任は、「四半期連結財務諸表の四半期レビューにおける監査人の責任」に記載されている。当監査法人(注３)は、我が国における職業倫理に関する規定に従って、会社及び連結子会社から独立しており、また、監査人としてのその他の倫理上の責任を果たしている。当監査法人(注３)は、結論の表明の基礎となる証拠を入手したと判断している。

四半期連結財務諸表に対する経営者並びに監査役及び監査役会(注８)の責任

経営者の責任は、我が国において一般に公正妥当と認められる四半期連結財務諸表の作成基準に準拠して四半期連結財務諸表を作成し適正に表示することにある。これには、不正又は誤謬による重要な虚偽表示のない四半期連結財務諸表を作成し適正に表示するために経営者が必要と判断した内部統制を整備及び運用することが含まれる。

四半期連結財務諸表を作成するに当たり、経営者は、継続企業の前提に基づき四半期連結財務諸表を作成することが適切であるかどうかを評価し、我が国において一般に公正妥当と認められる四半期連結財務諸表の作成基準に基づいて継続企業に関する事項を開示する必要がある場合には当該事項を開示する責任がある。

監査役及び監査役会(注８)の責任は、財務報告プロセスの整備及び運用における取締役の職務の執行を監視

することにある(注9)。

四半期連結財務諸表の四半期レビューにおける監査人の責任

監査人の責任は、監査人が実施した四半期レビューに基づいて、四半期レビュー報告書において独立の立場から四半期連結財務諸表に対する結論を表明することにある。

監査人は、我が国において一般に公正妥当と認められる四半期レビューの基準に従って、四半期レビューの過程を通じて、職業的専門家としての判断を行い、職業的懐疑心を保持して以下を実施する。

・主として経営者、財務及び会計に関する事項に責任を有する者等に対する質問、分析的手続その他の四半期レビュー手続を実施する。四半期レビュー手続は、我が国において一般に公正妥当と認められる監査の基準に準拠して実施される年度の財務諸表の監査に比べて限定された手続である。

・継続企業の前提に関する事項について、重要な疑義を生じさせるような事象又は状況に関して重要な不確実性が認められると判断した場合には、入手した証拠に基づき、四半期連結財務諸表において、我が国において一般に公正妥当と認められる四半期連結財務諸表の作成基準に準拠して、適正に表示されていないと信じさせる事項が認められないかどうか結論付ける。また、継続企業の前提に関する重要な不確実性が認められる場合は、四半期レビュー報告書において四半期連結財務諸表の注記事項に注意を喚起すること、又は重要な不確実性に関する四半期連結財務諸表の注記事項が適切でない場合は、四半期連結財務諸表に対して限定付結論又は否定的結論を表明することが求められている。監査人の結論は、四半期レビュー報告書日までに入手した証拠に基づいているが、将来の事象や状況により、企業は継続企業として存続できなくなる可能性がある。

・四半期連結財務諸表の表示及び注記事項が、我が国において一般に公正妥当と認められる四半期連結財務諸表の作成基準に準拠していないと信じさせる事項が認められないかどうかとともに、関連する注記事項を含めた四半期連結財務諸表の表示、構成及び内容、並びに四半期連結財務諸表が基礎となる取引や会計事象を適正に表示していないと信じさせる事項が認められないかどうかを評価する。

・四半期連結財務諸表に対する結論を表明するために、会社及び連結子会社の財務情報に関する証拠を入手する。監査人は、四半期連結財務諸表の四半期レビューに関する指示、監督及び実施に関して責任がある。監査人は、単独で監査人の結論に対して責任を負う。

監査人は、監査役及び監査役会(注8)に対して、計画した四半期レビューの範囲とその実施時期、四半期レビュー上の重要な発見事項について報告を行う。

監査人は、監査役及び監査役会(注8)に対して、独立性についての我が国における職業倫理に関する規定を遵守したこと、並びに監査人の独立性に影響を与えると合理的に考えられる事項、及び阻害要因を除去又は軽減するためにセーフガードを講じている場合はその内容について報告を行う。(注10)

利害関係

会社及び連結子会社と当監査法人又は業務執行社員(注3)との間には、公認会計士法の規定により記載すべき利害関係はない。

以　上

(注1)　事業所の都市名を記載する場合は、「○○県□□市」のように記載する(第60項)。

(注2)　①　監査人が無限責任監査法人の場合で、指定証明でないときには、以下とする。

○　○　監査法人
○○県□□市(注1)
代 表 社 員
業務執行社員　公認会計士　○○○○　印
業務執行社員　公認会計士　○○○○　印

②　監査人が有限責任監査法人の場合は、以下とする。

○　○　有限責任監査法人
○○事務所(注1)

指定有限責任社員
業務執行社員　公認会計士　○○○○　印
指定有限責任社員
業務執行社員　公認会計士　○○○○　印

③　監査人が公認会計士の場合には、以下とする。

○○○○ 公認会計士事務所
○○県□□市(注1)
公認会計士　○○○○　印
○○○○ 公認会計士事務所
○○県□□市(注1)
公認会計士　○○○○　印

(注3)　監査人が公認会計士の場合には、「私」又は「私たち」とする。

(注4)　四半期連結累計期間に係る四半期連結キャッシュ・フロー計算書を作成する場合の「監査人の結論」区分の記載は、以下とする。

①　四半期レビューの対象の記載

「四半期連結貸借対照表、四半期連結損益計算書、四半期連結包括利益計算書」を「四半期連結貸借対照表、四半期連結損益計算書、四半期連結包括利益計算書、四半期連結キャッシュ・フロー計算書」とする。

②　監査人の結論の記載

「×年×月×日現在の財政状態及び同日をもって終了する第×四半期連結累計期間の経営成績」を「×年×月×日現在の財政状態並びに同日をもって終了する第×四半期連結累計期間の経営成績及びキャッシュ・フローの状況」とする。

(注5)　四半期連結会計期間に係る四半期連結損益計算書及び四半期連結包括利益計算書並びに四半期連結累計期間に係る四半期連結キャッシュ・フロー計算書を作成する場合の「監査人の結論」区分の記載は、以下とする。

①　四半期レビューの対象の記載

「四半期連結貸借対照表、四半期連結損益計算書、四半期連結包括利益計算書」を「四半期連結貸借対照表、四半期連結損益計算書、四半期連結包括利益計算書、四半期連結キャッシュ・フロー計算書」とする。

②　監査人の結論の記載（第1四半期連結会計期間の場合）

「×年×月×日現在の財政状態及び同日をもって終了する第×四半期連結累計期間の経営成績」を「×年×月×日現在の財政状態並びに同日をもって終了する第1四半期連結累計期間の経営成績及びキャッシュ・フローの状況」とする。

③　監査人の結論の記載（第3四半期連結会計期間の場合）

「×年×月×日現在の財政状態及び同日をもって終了する第×四半期連結累計期間の経営成績」を「×年×月×日現在の財政状態、同日をもって終了する第3四半期連結会計期間及び第3四半期連結累計期間の経営成績並びに第3四半期連結累計期間のキャッシュ・フローの状況」とする。

(注6)　四半期連結損益及び包括利益計算書を作成する場合は、「四半期連結損益計算書、四半期連結包括利益計算書」を「四半期連結損益及び包括利益計算書」とする。

(注7)　第3四半期連結会計期間に係る四半期連結損益計算書及び四半期連結包括利益計算書を作成する場合は、「×年×月×日現在の財政状態及び同日をもって終了する第×四半期連結累計期間の経営成績」を「×年×月×日現在の財政状態並びに同日をもって終了する第3四半期連結会計期間及び第3四半期連結累計期間の経営成績」とする。

(注8)　「監査役及び監査役会」は、会社の機関設計に応じて修正する（第60項）。

指名委員会等設置会社の場合は「監査委員会」、監査等委員会設置会社の場合は「監査等委員会」とする。

(注9)　「監査役及び監査役会の責任は、財務報告プロセスの整備及び運用における取締役の職務の執行を監

視することにある。」の下線部分は、会社の機関設計に応じて下記のように修正する。
・指名委員会等設置会社の場合
「監査委員会の責任は、財務報告プロセスの整備及び運用における執行役及び取締役の職務の執行を監視することにある。」
・監査等委員会設置会社の場合
「監査等委員会の責任は、財務報告プロセスの整備及び運用における取締役の職務の執行を監視することにある。」

(注10) 上場企業又は上場企業ではないが上場企業の場合に適用される監査人の独立性に関するコミュニケーションについての要求事項が適用される企業の四半期連結財務諸表の四半期レビューの場合のみ記載する事項であるため、それ以外の企業の場合は削除する（第63－3項）。ただし、新規上場のための有価証券届出書等の場合には記載を行う。

(注11) 四半期レビュー報告書の作成に当たっては、以下の監査基準委員会報告書及び監査・保証実務委員会実務指針の取扱いを参考にすることとする。
・監査基準委員会報告書700「財務諸表に対する意見の形成と監査報告」
・監査基準委員会報告書705「独立監査人の監査報告書における除外事項付意見」
・監査基準委員会報告書706「独立監査人の監査報告書における強調事項区分とその他の事項区分」
・監査基準委員会報告書710「過年度の比較情報－対応数値と比較財務諸表」
・監査基準委員会報告書560「後発事象」
・監査・保証実務委員会実務指針第85号「監査報告書の文例」

⑵ 第２四半期連結財務諸表に関する四半期レビュー報告書（無限定の結論）の文例（無限責任監査法人の場合で、指定証明の場合）は、以下のとおりである。

＜文例２＞

独立監査人の四半期レビュー報告書

×年×月×日

○○株式会社
取締役会　御中

○　○　監査法人
○○事務所(注１)

指定社員
業務執行社員　公認会計士　○○○○　印

指定社員
業務執行社員　公認会計士　○○○○　印(注２)

監査人の結論

当監査法人(注３)は、金融商品取引法第193条の２第１項の規定に基づき、「経理の状況」に掲げられている○○株式会社の×年×月×日から×年×月×日までの連結会計年度の第２四半期連結会計期間（×年×月×日から×年×月×日まで）及び第２四半期連結累計期間（×年×月×日から×年×月×日まで）に係る四半期連結財務諸表、すなわち、四半期連結貸借対照表、四半期連結損益計算書、四半期連結包括利益計算書(注４)、四半期連結キャッシュ・フロー計算書及び注記について四半期レビューを行った。

当監査法人(注３)が実施した四半期レビューにおいて、上記の四半期連結財務諸表が、我が国において一般に公正妥当と認められる四半期連結財務諸表の作成基準に準拠して、○○株式会社及び連結子会社の×年×月×日現在の財政状態並びに同日をもって終了する第２四半期連結累計期間の経営成績及びキャッシュ・フローの状況(注５)を適正に表示していないと信じさせる事項が全ての重要な点において認められなかった。

監査人の結論の根拠

当監査法人(注3)は、我が国において一般に公正妥当と認められる四半期レビューの基準に準拠して四半期レビューを行った。四半期レビューの基準における当監査法人(注3)の責任は、「四半期連結財務諸表の四半期レビューにおける監査人の責任」に記載されている。当監査法人(注3)は、我が国における職業倫理に関する規定に従って、会社及び連結子会社から独立しており、また、監査人としてのその他の倫理上の責任を果たしている。当監査法人(注3)は、結論の表明の基礎となる証拠を入手したと判断している。

四半期連結財務諸表に対する経営者並びに監査役及び監査役会(注6)の責任

経営者の責任は、我が国において一般に公正妥当と認められる四半期連結財務諸表の作成基準に準拠して四半期連結財務諸表を作成し適正に表示することにある。これには、不正又は誤謬による重要な虚偽表示のない四半期連結財務諸表を作成し適正に表示するために経営者が必要と判断した内部統制を整備及び運用することが含まれる。

四半期連結財務諸表を作成するに当たり、経営者は、継続企業の前提に基づき四半期連結財務諸表を作成することが適切であるかどうかを評価し、我が国において一般に公正妥当と認められる四半期連結財務諸表の作成基準に基づいて継続企業に関する事項を開示する必要がある場合には当該事項を開示する責任がある。

監査役及び監査役会(注6)の責任は、財務報告プロセスの整備及び運用における取締役の職務の執行を監視することにある(注7)。

四半期連結財務諸表の四半期レビューにおける監査人の責任

監査人の責任は、監査人が実施した四半期レビューに基づいて、四半期レビュー報告書において独立の立場から四半期連結財務諸表に対する結論を表明することにある。

監査人は、我が国において一般に公正妥当と認められる四半期レビューの基準に従って、四半期レビューの過程を通じて、職業的専門家としての判断を行い、職業的懐疑心を保持して以下を実施する。

・主として経営者、財務及び会計に関する事項に責任を有する者等に対する質問、分析的手続その他の四半期レビュー手続を実施する。四半期レビュー手続は、我が国において一般に公正妥当と認められる監査の基準に準拠して実施される年度の財務諸表の監査に比べて限定された手続である。

・継続企業の前提に関する事項について、重要な疑義を生じさせるような事象又は状況に関して重要な不確実性が認められると判断した場合には、入手した証拠に基づき、四半期連結財務諸表において、我が国において一般に公正妥当と認められる四半期連結財務諸表の作成基準に準拠して、適正に表示されていないと信じさせる事項が認められないかどうか結論付ける。また、継続企業の前提に関する重要な不確実性が認められる場合は、四半期レビュー報告書において四半期連結財務諸表の注記事項に注意を喚起すること、又は重要な不確実性に関する四半期連結財務諸表の注記事項が適切でない場合は、四半期連結財務諸表に対して限定付結論又は否定的結論を表明することが求められている。監査人の結論は、四半期レビュー報告書日までに入手した証拠に基づいているが、将来の事象や状況により、企業は継続企業として存続できなくなる可能性がある。

・四半期連結財務諸表の表示及び注記事項が、我が国において一般に公正妥当と認められる四半期連結財務諸表の作成基準に準拠していないと信じさせる事項が認められないかどうかとともに、関連する注記事項を含めた四半期連結財務諸表の表示、構成及び内容、並びに四半期連結財務諸表が基礎となる取引や会計事象を適正に表示していないと信じさせる事項が認められないかどうかを評価する。

・四半期連結財務諸表に対する結論を表明するために、会社及び連結子会社の財務情報に関する証拠を入手する。監査人は、四半期連結財務諸表の四半期レビューに関する指示、監督及び実施に関して責任がある。監査人は、単独で監査人の結論に対して責任を負う。

監査人は、監査役及び監査役会(注6)に対して、計画した四半期レビューの範囲とその実施時期、四半期レビュー上の重要な発見事項について報告を行う。

監査人は、監査役及び監査役会(注6)に対して、独立性についての我が国における職業倫理に関する規定を遵守したこと、並びに監査人の独立性に影響を与えると合理的に考えられる事項、及び阻害要因を除去又は軽減するためにセーフガードを講じている場合はその内容について報告を行う。(注8)

利害関係

会社及び連結子会社と当監査法人又は業務執行社員(注3)との間には、公認会計士法の規定により記載すべき利害関係はない。

以　上

(注1)(注2)(注3)　<文例1>に同じ

(注4)　<文例1>(注6)に同じ

(注5)　第2四半期連結会計期間に係る四半期連結損益計算書及び四半期連結包括利益計算書を作成する場合は、「×年×月×日現在の財政状態並びに同日をもって終了する第2四半期連結累計期間の経営成績及びキャッシュ・フローの状況」を「×年×月×日現在の財政状態、同日をもって終了する第2四半期連結会計期間及び第2四半期連結累計期間の経営成績並びに第2四半期連結累計期間のキャッシュ・フローの状況」とする。

(注6)　<文例1>(注8)に同じ

(注7)　<文例1>(注9)に同じ

(注8)　<文例1>(注10)に同じ

(注9)　<文例1>(注11)に同じ

⑶　結論に関する除外

以下の3つの文例は、第2四半期連結財務諸表に関する四半期レビュー報告書の文例である。

<文例3―1>

限定付結論

当監査法人は、金融商品取引法第193条の2第1項の規定に基づき、「経理の状況」に掲げられている○○株式会社の×年×月×日から×年×月×日までの連結会計年度の第2四半期連結会計期間(×年×月×日から×年×月×日まで)及び第2四半期連結累計期間(×年×月×日から×年×月×日まで)に係る四半期連結財務諸表、すなわち、四半期連結貸借対照表、四半期連結損益計算書、四半期連結包括利益計算書、四半期連結キャッシュ・フロー計算書及び注記について四半期レビューを行った。

当監査法人が実施した四半期レビューにおいて、上記の四半期連結財務諸表が、「限定付結論の根拠」に記載した事項の四半期連結財務諸表に及ぼす影響を除き、我が国において一般に公正妥当と認められる四半期連結財務諸表の作成基準に準拠して、○○株式会社及び連結子会社の×年×月×日現在の財政状態並びに同日をもって終了する第2四半期連結累計期間の経営成績及びキャッシュ・フローの状況を適正に表示していないと信じさせる事項が全ての重要な点において認められなかった。

限定付結論の根拠

会社は、…………について、…………の計上を行っていない。我が国において一般に公正妥当と認められる四半期連結財務諸表の作成基準に準拠していれば…………を計上することが必要である。当該事項は、四半期連結財務諸表における…………の…………に影響を与えており、結果として、営業利益、経常利益及び税金等調整前四半期純利益はそれぞれ○○百万円過大に、四半期純利益は○○百万円過大に表示されている(注1)。この影響は…………である(注2)。したがって、四半期連結財務諸表に及ぼす影響は重要であるが広範ではない。

当監査法人は、我が国において一般に公正妥当と認められる四半期レビューの基準に準拠して四半期レビューを行った。四半期レビューの基準における当監査法人の責任は、「四半期連結財務諸表の四半期レビューにおける監査人の責任」に記載されている。当監査法人は、我が国における職業倫理に関する規定に従って、会社及び連結子会社から独立しており、また、監査人としてのその他の倫理上の責任を果たしている。当監査法人は、限定付結論の表明の基礎となる証拠を入手したと判断している。

(注1)　四半期連結財務諸表に及ぼしている影響の記載は、当該影響を記載することができる場合に記載する。

(注2)　「…………」には、重要ではあるが広範ではないと判断し、否定的結論ではなく限定付

結論とした理由を、財務諸表利用者の視点に立って分かりやすく具体的に記載する。広範性の記載に当たっては、監査基準委員会研究報告第６号「監査報告書に係るＱ＆Ａ」Ｑ１－６「除外事項の重要性と広範性及び除外事項の記載上の留意点」を参照する。

（第90項①に基づく限定付結論を表明する場合）

＜文例３－２＞

本文例の前提となる状況は、次のとおりである。

・前年同四半期において、減価償却に関する重要な虚偽表示により四半期連結財務諸表に対して限定付結論を表明しており、かつ、前連結会計年度においても、連結財務諸表に対して限定付適正意見を表明している。

・当四半期においても、除外事項の原因となった事項は未解消であり、当該事項が当四半期の四半期連結財務諸表に及ぼす影響は重要であるが広範ではないため、当四半期の四半期連結財務諸表に対して限定付結論を表明することとした。

限定付結論

当監査法人は、金融商品取引法第193条の２第１項の規定に基づき、「経理の状況」に掲げられている○○株式会社の×年×月×日から×年×月×日までの連結会計年度の第２四半期連結会計期間（×年×月×日から×年×月×日まで）及び第２四半期連結累計期間（×年×月×日から×年×月×日まで）に係る四半期連結財務諸表、すなわち、四半期連結貸借対照表、四半期連結損益計算書、四半期連結包括利益計算書、四半期連結キャッシュ・フロー計算書及び注記について四半期レビューを行った。

当監査法人が実施した四半期レビューにおいて、上記の四半期連結財務諸表が、「限定付結論の根拠」に記載した事項の四半期連結財務諸表に及ぼす影響を除き、我が国において一般に公正妥当と認められる四半期連結財務諸表の作成基準に準拠して、○○株式会社及び連結子会社の×年×月×日現在の財政状態並びに同日をもって終了する第２四半期連結累計期間の経営成績及びキャッシュ・フローの状況を適正に表示していないと信じさせる事項が全ての重要な点において認められなかった。

限定付結論の根拠

四半期連結財務諸表には減価償却費が計上されておらず、我が国において一般に公正妥当と認められる四半期連結財務諸表の作成基準に準拠していない。これは、前連結会計年度における経営者の意思決定の結果であり、当監査法人が前連結会計年度の第２四半期連結会計期間及び第２四半期連結累計期間の四半期連結財務諸表に対して限定付結論を表明する原因となっており、また、前連結会計年度の連結財務諸表に対して限定付適正意見を表明する原因となっている。当該事項は、四半期連結財務諸表における…………の…………に影響を与えており、結果として、建物については年５％、設備については年20％の償却率を用いた定額法による減価償却費を計上した場合に比べ、前連結会計年度の第２四半期連結累計期間について、営業利益、経常利益及び税金等調整前四半期純利益はそれぞれ○○百万円過大に、四半期純利益は○○百万円過大に表示され、当連結会計年度の第２四半期連結累計期間について、営業利益、経常利益及び税金等調整前四半期純利益はそれぞれ○○百万円過大に、四半期純利益は○○百万円過大に表示されている。また、前連結会計年度の連結貸借対照表について、有形固定資産及び利益剰余金は○○百万円過大に表示され、当連結会計年度の第２四半期連結会計期間の四半期連結貸借対照表について、有形固定資産及び利益剰余金は○○百万円過大に表示されている(注１)。この影響は…………である(注２)。したがって、四半期連結財務諸表に及ぼす影響は重要であるが広範ではない。

当監査法人は、我が国において一般に公正妥当と認められる四半期レビューの基準に準拠して四半期レビューを行った。四半期レビューの基準における当監査法人の責任は、「四半期連結財務諸表の四半期レビューにおける監査人の責任」に記載されている。当監査法人は、我が国における職業倫理に関する規定に従って、会社及び連結子会社から独立しており、また、監査人としてのその他の倫理上の責任を果たしている。当監査法人は、限定付結論の表明の基礎となる証拠を入手したと判断している。

(注１)(注２)　＜文例３－１＞に同じ

（第90項②に基づく限定付結論を表明する場合）

＜文例３－３＞

本文例の前提となる状況は、次のとおりである。

・前連結会計年度において、期首の棚卸資産について十分かつ適切な監査証拠を入手することができず、かつ、未発見の虚偽表示の四半期連結財務諸表に及ぼす可能性のある影響が重要であるが広範ではないため、前年同四半期の四半期連結財務諸表に対して限定付結論を表明している。

・当四半期においても、除外事項の原因となった事項は遡及的に解消されていない。当該事項は当四半期の四半期連結財務諸表に影響を与えていないが、未解消事項が当四半期の四半期連結財務諸表の数値と対応数値の比較可能性に及ぼす可能性のある影響によって、当四半期の四半期連結財務諸表に対して限定付結論を表明することとした。

限定付結論

当監査法人は、金融商品取引法第193条の２第１項の規定に基づき、「経理の状況」に掲げられている○○株式会社の×年×月×日から×年×月×日までの連結会計年度の第２四半期連結会計期間（×年×月×日から×年×月×日まで）及び第２四半期連結累計期間（×年×月×日から×年×月×日まで）に係る四半期連結財務諸表、すなわち、四半期連結貸借対照表、四半期連結損益計算書、四半期連結包括利益計算書、四半期連結キャッシュ・フロー計算書及び注記について四半期レビューを行った。

当監査法人が実施した四半期レビューにおいて、上記の四半期連結財務諸表が、「限定付結論の根拠」に記載した事項の比較情報に及ぼす可能性のある影響を除き、我が国において一般に公正妥当と認められる四半期連結財務諸表の作成基準に準拠して、○○株式会社及び連結子会社の×年×月×日現在の財政状態並びに同日をもって終了する第２四半期連結累計期間の経営成績及びキャッシュ・フローの状況を適正に表示していないと信じさせる事項が全ての重要な点において認められなかった。

限定付結論の根拠

当監査法人は、×年×月×日に監査契約を締結したため、前連結会計年度の期首の棚卸資産の実地棚卸に立ち会うことができず、また、代替手続によって当該棚卸資産の数量を検証することができなかった。期首の棚卸資産は経営成績に影響を及ぼすため、当監査法人は、前連結会計年度の第２四半期連結累計期間の経営成績と利益剰余金期首残高に修正が必要かどうか判断することができず、前連結会計年度の第２四半期連結累計期間の四半期連結財務諸表に対して限定付結論を表明している。当該事項が当連結会計年度の第２四半期連結累計期間の数値と対応数値の比較可能性に影響を及ぼす可能性があるため、当連結会計年度の第２四半期連結累計期間の四半期連結財務諸表に対して限定付結論を表明している。この影響は…………である（注）。したがって、四半期連結財務諸表に及ぼす影響は重要であるが広範ではない。

当監査法人は、我が国において一般に公正妥当と認められる四半期レビューの基準に準拠して四半期レビューを行った。四半期レビューの基準における当監査法人の責任は、「四半期連結財務諸表の四半期レビューにおける監査人の責任」に記載されている。当監査法人は、我が国における職業倫理に関する規定に従って、会社及び連結子会社から独立しており、また、監査人としてのその他の倫理上の責任を果たしている。当監査法人は、限定付結論の表明の基礎となる証拠を入手したと判断している。

（注）「…………」には、重要ではあるが広範ではないと判断し、結論の不表明ではなく限定付結論とした理由を、財務諸表利用者の視点に立って分かりやすく具体的に記載する。広範性の記載に当たっては、監査基準委員会研究報告第６号「監査報告書に係るＱ＆Ａ」Ｑ１－６「除外事項の重要性と広範性及び除外事項の記載上の留意点」を参照する。

(4) 否定的結論

以下の文例は、第２四半期連結財務諸表に関する四半期レビュー報告書の文例である。

＜文例４＞

否定的結論

当監査法人は、金融商品取引法第193条の２第

１項の規定に基づき、「経理の状況」に掲げられている○○株式会社の×年×月×日から×年×月×日までの連結会計年度の第２四半期連結会計期間（×年×月×日から×年×月×日まで）及び第２四半期連結累計期間（×年×月×日から×年×月×日まで）に係る四半期連結財務諸表、すなわち、四半期連結貸借対照表、四半期連結損益計算書、四半期連結包括利益計算書、四半期連結キャッシュ・フロー計算書及び注記について四半期レビューを行った。

当監査法人が実施した四半期レビューにおいて、上記の四半期連結財務諸表が、「否定的結論の根拠」に記載した事項の四半期連結財務諸表に及ぼす影響の重要性に鑑み、我が国において一般に公正妥当と認められる四半期連結財務諸表の作成基準に準拠して、○○株式会社及び連結子会社の×年×月×日現在の財政状態並びに同日をもって終了する第２四半期連結累計期間の経営成績及びキャッシュ・フローの状況を、重要な点において適正に表示していないと信じさせる事項が認められた。

否定的結論の根拠

会社は、…………について、…………の計上を行っていない。我が国において一般に公正妥当と認められる四半期連結財務諸表の作成基準に準拠していれば…………を計上する必要がある。この結果、営業利益、経常利益及び税金等調整前四半期純利益はそれぞれ○○百万円過大に、四半期純利益は○○百万円過大に表示されている(注)。

当監査法人は、我が国において一般に公正妥当と認められる四半期レビューの基準に準拠して四半期レビューを行った。四半期レビューの基準における当監査法人の責任は、「四半期連結財務諸表の四半期レビューにおける監査人の責任」に記載されている。当監査法人は、我が国における職業倫理に関する規定に従って、会社及び連結子会社から独立しており、また、監査人としてのその他の倫理上の責任を果たしている。当監査法人は、否定的結論の表明の基礎となる証拠を入手したと判断している。

(注)　四半期連結財務諸表に及ぼしている影響の記載は、当該影響額を記載することができる場合に記載する。

(5)　四半期レビュー範囲の制約

以下の文例は、第２四半期連結財務諸表に関する四半期レビュー報告書の文例である。

<文例５>

限定付結論

当監査法人は、金融商品取引法第193条の２第１項の規定に基づき、「経理の状況」に掲げられている○○株式会社の×年×月×日から×年×月×日までの連結会計年度の第２四半期連結会計期間（×年×月×日から×年×月×日まで）及び第２四半期連結累計期間（×年×月×日から×年×月×日まで）に係る四半期連結財務諸表、すなわち、四半期連結貸借対照表、四半期連結損益計算書、四半期連結包括利益計算書、四半期連結キャッシュ・フロー計算書及び注記について四半期レビューを行った。

当監査法人が実施した四半期レビューにおいて、上記の四半期連結財務諸表が、「限定付結論の根拠」に記載した事項の四半期連結財務諸表に及ぼす可能性のある影響を除き、我が国において一般に公正妥当と認められる四半期連結財務諸表の作成基準に準拠して、○○株式会社及び連結子会社の×年×月×日現在の財政状態並びに同日をもって終了する第２四半期連結累計期間の経営成績及びキャッシュ・フローの状況を適正に表示していないと信じさせる事項が全ての重要な点において認められなかった。

限定付結論の根拠

当監査法人は、（実施できなかった重要な四半期レビュー手続及び当該事実が影響する事項を具体的に記載する）…………ことができなかった。この影響は…………である(注)。したがって、四半期連結財務諸表に及ぼす可能性のある影響は重要であるが広範ではない。

当監査法人は、我が国において一般に公正妥当と認められる四半期レビューの基準に準拠して四半期レビューを行った。四半期レビューの基準における当監査法人の責任は、「四半期連結財務諸表の四半期レビューにおける監査人の責任」に記載されている。当監査法人は、我が国における職業倫理に関する規定に従って、会社及び連結子会社から独立しており、また、監査人としてのその他の倫理上の責任を果たしている。当監査法人は、限定付結論の表明の基礎となる証拠を入手したと判断している。

(注) ＜文例３－３＞に同じ

⑹ 結論の不表明

以下の文例は、第２四半期連結財務諸表に関する四半期レビュー報告書の文例である。

＜文例６＞

結論の不表明

当監査法人は、金融商品取引法第193条の２第１項の規定に基づき、「経理の状況」に掲げられている○○株式会社の×年×月×日から×年×月×日までの連結会計年度の第２四半期連結会計期間（×年×月×日から×年×月×日まで）及び第２四半期連結累計期間（×年×月×日から×年×月×日まで）に係る四半期連結財務諸表、すなわち、四半期連結貸借対照表、四半期連結損益計算書、四半期連結包括利益計算書、四半期連結キャッシュ・フロー計算書及び注記について四半期レビューを行った。

当監査法人が実施した四半期レビューにおいて、上記の四半期連結財務諸表が、「結論の不表明の根拠」に記載した事項の四半期連結財務諸表に及ぼす可能性のある影響の重要性に鑑み、○○株式会社及び連結子会社の×年×月×日現在の財政状態並びに同日をもって終了する第２四半期連結累計期間の経営成績及びキャッシュ・フローの状況を適正に表示していないと信じさせる事項が全ての重要な点において認められなかったかどうかについての結論を表明しない。

結論の不表明の根拠

当監査法人は、（実施できなかった重要な四半期レビュー手続及び結論の表明を行えない理由を具体的に記載する）…………ことができなかった。

四半期連結財務諸表に対する経営者並びに監査役及び監査役会の責任

（文例２と同じ）

四半期連結財務諸表の四半期レビューにおける監査人の責任

監査人の責任は、我が国において一般に公正妥当と認められる四半期レビューの基準に準拠して実施した四半期レビューに基づいて、四半期レビュー報告書において独立の立場から四半期連結財務諸表に対する結論を表明することにある。しかしながら、本報告書の「結論の不表明の根拠」に記載されているとおり、当監査法人は四半期連結財務諸表に対する結論の表明の基礎となる証拠を入手することができなかった。当監査法人は、我が国における職業倫理に関する規定に従って、会社及び連結子会社から独立しており、また、監査人としてのその他の倫理上の責任を果たしている。

⑺ 継続企業の前提

① 無限定の結論の表明

監査人は、入手した監査証拠に基づいて、継続企業の前提に関する重要な不確実性が認められると結論付けている。四半期連結財務諸表において重要な不確実性の注記が適切になされていることから、無限定の結論を表明する。その場合には、四半期レビュー報告書に「継続企業の前提に関する重要な不確実性」という見出しを付した区分を設け、継続企業の前提に関する重要な不確実性が認められる旨及び当該事項は監査人の結論に影響を及ぼすものではない旨を記載する。

（継続企業の前提に関する重要な不確実性が認められ、四半期連結財務諸表における注記が適切な場合の無限定の結論を表明する場合）

以下の文例は、第２四半期連結財務諸表に関する四半期レビュー報告書の文例である。

＜文例７―１＞

継続企業の前提に関する重要な不確実性

継続企業の前提に関する注記に記載されているとおり、会社は、×年×月×日から×年×月×日までの四半期連結累計期間に四半期純損失○○百万円を計上しており、×年×月×日現在において四半期連結貸借対照表上○○百万円の債務超過の状況にあることから、継続企業の前提に重要な疑義を生じさせるような事象又は状況が存在しており、現時点では継続企業の前提に関する重要な不確実性が認められる。なお、当該事象又は状況に対する対応策及び重要な不確実性が認められる理由については当該注記に記載されている。四半期連結財務諸表は継続企業を前提として作成されており、このような重要な不確実性の影響は四半期連結財務諸表に反映されていない。

当該事項は、当監査法人の結論に影響を及ぼすものではない。

②　結論に関する除外と否定的結論

継続企業の前提に重要な疑義を生じさせる事象又は状況が識別されているが、重要な不確実性に係る注記事項が適切でない場合、監査人は、状況に応じて限定付結論又は否定的結論を表明し、四半期レビュー報告書の「限定付結論の根拠」区分又は「否定的結論の根拠」区分において、継続企業の前提に関する重要な不確実性が認められる旨、及び四半期連結財務諸表に当該事項が適切に注記されていない旨を記載する。

監査人は、継続企業を前提として四半期連結財務諸表が作成されている場合に、継続企業を前提として経営者が四半期連結財務諸表を作成することが適切でないと判断したときには、否定的結論を表明しなければならない。この場合、四半期レビュー報告書の「否定的結論の根拠」区分において、継続企業を前提として経営者が四半期連結財務諸表を作成することが適切でないと判断した理由を記載する。

(継続企業の前提に関する重要な不確実性が認められるにもかかわらず、継続企業の前提に関する事項の開示が不足しており、その内容の四半期連結財務諸表に及ぼす影響を勘案し限定付結論を表明する場合)

以下の文例は、第２四半期連結財務諸表に関する四半期レビュー報告書の文例である。

<文例７―２>

限定付結論

当監査法人は、金融商品取引法第193条の２第１項の規定に基づき、「経理の状況」に掲げられている○○株式会社の×年×月×日から×年×月×日までの連結会計年度の第２四半期連結会計期間（×年×月×日から×年×月×日まで）及び第２四半期連結累計期間（×年×月×日から×年×月×日まで）に係る四半期連結財務諸表、すなわち、四半期連結貸借対照表、四半期連結損益計算書、四半期連結包括利益計算書、四半期連結キャッシュ・フロー計算書及び注記について四半期レビューを行った。

当監査法人が実施した四半期レビューにおいて、上記の四半期連結財務諸表が、「限定付結論の根拠」に記載した事項の四半期連結財務諸表に及ぼす影響を除き、我が国において一般に公正妥当と認められる四半期連結財務諸表の作成基準に準拠して、○○株式会社及び連結子会社の×年×月×日現在の財政状態並びに同日をもって終了する第２四半期連結累計期間の経営成績及びキャッシュ・フローの状況を適正に表示していないと信じさせる事項が全ての重要な点において認められなかった。

限定付結論の根拠

継続企業の前提に関する注記に記載されているとおり、会社は、×年×月×日から×年×月×日までの四半期連結累計期間に純損失○○百万円を計上しており、×年×月×日現在において四半期連結貸借対照表上○○百万円の債務超過の状況にあることから、継続企業の前提に重要な疑義を生じさせるような事象又は状況が存在しており、現時点では継続企業の前提に関する重要な不確実性が認められる。なお、当該事象又は状況に対する対応策及び重要な不確実性が認められる理由については当該注記に記載されているが、…………という状況が存在しており、四半期連結財務諸表には当該事実が十分に注記されていない。この影響は…………である(注)。したがって、四半期連結財務諸表に及ぼす影響は重要であるが広範ではない。

当監査法人は、我が国において一般に公正妥当と認められる四半期レビューの基準に準拠して四半期レビューを行った。四半期レビューの基準における当監査法人の責任は、「四半期連結財務諸表の四半期レビューにおける監査人の責任」に記載されている。当監査法人は、我が国における職業倫理に関する規定に従って、会社及び連結子会社から独立しており、また、監査人としてのその他の倫理上の責任を果たしている。当監査法人は、限定付結論の表明の基礎となる証拠を入手したと判断している。

（注）＜文例３－１＞（注２）に同じ

（継続企業の前提に関する重要な不確実性が認められるにもかかわらず、会社が何らの開示を行っておらず、かつ、その事象又は状況が四半期連結財務諸表に重要な影響を及ぼしており、否定的結論を表明する場合）

以下の文例は、第２四半期連結財務諸表に関する四半期レビュー報告書の文例である。

＜文例７－３＞

否定的結論

当監査法人は、金融商品取引法第193条の２第１項の規定に基づき、「経理の状況」に掲げられている○○株式会社の×年×月×日から×年×月×日までの連結会計年度の第２四半期連結会計期間（×年×月×日から×年×月×日まで）及び第２四半期連結累計期間（×年×月×日から×年×月×日まで）に係る四半期連結財務諸表、すなわち、四半期連結貸借対照表、四半期連結損益計算書、四半期連結包括利益計算書、四半期連結キャッシュ・フロー計算書及び注記について四半期レビューを行った。

当監査法人が実施した四半期レビューにおいて、上記の四半期連結財務諸表が、「否定的結論の根拠」に記載した事項の四半期連結財務諸表に及ぼす影響の重要性に鑑み、我が国において一般に公正妥当と認められる四半期連結財務諸表の作成基準に準拠して、○○株式会社及び連結子会社の×年×月×日現在の財政状態並びに同日をもって終了する第２四半期連結累計期間の経営成績及びキャッシュ・フローの状況を、重要な点において適正に表示していないと信じさせる事項が認められた。

否定的結論の根拠

×年×月×日現在において会社は債務超過の状況であり、また、一年以内償還予定の社債が○○百万円あり、継続企業の前提に重要な疑義を生じさせるような状況が存在しており、当該社債を償還するための資金調達の目途が立っていないため、継続企業の前提に関する重要な不確実性が認められるが、四半期連結財務諸表には、当該事実が何ら注記されていない。

当監査法人は、我が国において一般に公正妥当と認められる四半期レビューの基準に準拠して四半期レビューを行った。四半期レビューの基準における当監査法人の責任は、「四半期連結財務諸表の四半期レビューにおける監査人の責任」に記載されている。当監査法人は、我が国における職業倫理に関する規定に従って、会社及び連結子会社から独立しており、また、監査人としてのその他の倫理上の責任を果たしている。当監査法人は、否定的結論の表明の基礎となる証拠を入手したと判断している。

（自己破産の申立てという継続企業の前提が成立していない場合において、継続企業の前提に基づいて四半期連結財務諸表を作成しているときに、否定的結論を表明する場合）

以下の文例は、第２四半期連結財務諸表に関する四半期レビュー報告書の文例である。

＜文例７－４＞

否定的結論

当監査法人は、金融商品取引法第193条の２第１項の規定に基づき、「経理の状況」に掲げられている○○株式会社の×年×月×日から×年×月×日までの連結会計年度の第２四半期連結会計期間（×年×月×日から×年×月×日まで）及び第２四半期連結累計期間（×年×月×日から×年×月×日まで）に係る四半期連結財務諸表、すなわち、四半期連結貸借対照表、四半期連結損益計算書、四半期連結包括利益計算書、四半期連結キャッシュ・フロー計算書及び注記について四半期レビューを行った。

当監査法人が実施した四半期レビューにおいて、上記の四半期連結財務諸表が、「否定的結論の根拠」に記載した事項の四半期連結財務諸表に及ぼす影響の重要性に鑑み、我が国において一般に公正妥当と認められる四半期連結財務諸表の作成基準に準拠して、○○株式会社及び連結子会社の×年×月×日現在の財政状態並びに同日をもって終了する第２四半期連結累計期間の経営成績及びキャッシュ・フローの状況を重要な点において適正に表示していないと信じさせる事項が認められた。

否定的結論の根拠

会社は返済期日が×年×月×日に到来する借入金について返済不能となり、×年×月×日に自己破産の申立てを○○裁判所に行った。このような状況にもかかわらず上記の四半期連結財務諸表は、継続企業を前提として作成されている。

当監査法人は、我が国において一般に公正妥当と認められる四半期レビューの基準に準拠して四半期レビューを行った。四半期レビューの基準における当監査法人の責任は、「四半期連結財務諸表の四半期レビューにおける監査人の責任」に記載されている。当監査法人は、我が国における職業倫理に関する規定に従って、会社及び連結子会社から独立しており、また、監査人としてのその他の倫理上の責任を果たしている。当監査法人は、否定的結論の表明の基礎となる証拠を入手したと判断している。

⑻　追記情報

監査人は、四半期レビュー報告書に「強調事項」区分を設ける場合は「強調事項」という用語を含めた適切な見出しを付し、「その他の事項」区分を設ける場合は「その他の事項」又は他の適切な見出しを付さなければならない（監査基準委員会報告書706「独立監査人の監査報告書における強調事項区分とその他の事項区分」（以下「監基報706」という。）第８項⑴及び第10項参照）。

また、四半期レビュー報告書における「強調事項」区分又は「その他の事項」区分の記載箇所は、当該事項の内容、及び想定利用者にとっての相対的重要性に関する監査人の判断によって決まる。相対的重要性は、本実務指針に従って報告することが求められる他の要素と比較して判断される（監基報706A16項参照）。

以下の文例は、追記情報の文例である。

（追記情報（強調事項）を記載する場合）

<文例８－１>

強調事項注記事項××に記載されているとおり、…………。

当該事項は、当監査法人の結論に影響を及ぼすものではない。

（第92項に基づく追記情報（その他の事項）を記載する場合）

<文例８－２>

本文例の前提となる状況は、次のとおりである。

・監査人は、×１年４月１日以後開始する連結会計年度から監査及び四半期レビュー契約を会社と締結した。なお、前年度までは、前任監査人によって四半期レビュー及び監査が実施されていた。

・監査人は、四半期レビュー報告書において、前任監査人によって比較情報の四半期レビュー及び監査が行われている旨を記載することとした。

・前任監査人の四半期レビュー報告書及び監査報告書に係る情報は、以下のとおりである。

①　前連結会計年度の第１四半期連結会計期間及び第１四半期連結累計期間の四半期連結財務諸表に係る前任監査人の四半期レビュー報告書

無限定の結論（×０年８月×日付け）

②　前連結会計年度の連結財務諸表に係る前任監査人の監査報告書

無限定適正意見（×１年６月×日付け）

その他の事項

会社の×１年３月31日をもって終了した前連結会計年度の第１四半期連結会計期間及び第１四半期連結累計期間に係る四半期連結財務諸表並びに前連結会計年度の連結財務諸表は、それぞれ、前任監査人によって四半期レビュー及び監査が実施されている。前任監査人は、当該四半期連結財務諸表に対して×０年８月×日付けで無限定の結論を表明しており、また、当該連結財務諸表に対して×１年６月×日付けで無限定適正意見を表明している。

（第92項①ただし書きに基づく追記情報（その他の事項）を記載する場合）

＜文例８－３＞

本文例の前提となる状況は、次のとおりである。

・監査人は、×１年４月１日以後開始する連結会計年度から監査及び四半期レビュー契約を会社と締結した。なお、前年度までは、前任監査人によって四半期レビュー及び監査が実施されていた。

・会社は、前第２四半期連結会計期間及び前第３四半期連結会計期間の四半期連結損益計算書及び四半期連結包括利益計算書並びに前第１四半期連結累計期間及び前第３四半期連結累計期間の四半期連結キャッシュ・フロー計算書を作成していなかったが、当四半期から作成及び開示を行うこととし、比較情報についても開示することとした。なお、監査人は、これらの比較情報に係る四半期レビュー手続を実施することが可能であると判断した。

・監査人は、四半期レビュー報告書において、前任監査人により比較情報の四半期レビュー及び監査が行われている旨を記載することとした。

・前任監査人の四半期レビュー報告書及び監査報告書に係る情報は、以下のとおりである。

①　前連結会計年度の四半期連結財務諸表に係る前任監査人の四半期レビュー報告書

イ　第１四半期

無限定の結論（×０年８月×日付け）

ロ　第２四半期

無限定の結論（×０年11月×日付け）

ハ　第３四半期

無限定の結論（×１年２月×日付け）

②　前連結会計年度の連結財務諸表に係る前任監査人の監査報告書

無限定適正意見（×１年６月×日付け）

（第１四半期レビュー報告書の文例）

その他の事項

会社の×１年３月31日をもって終了した前連結会計年度の第１四半期連結会計期間及び第１四半期連結累計期間に係る四半期連結財務諸表並びに前連結会計年度の連結財務諸表は、それぞれ、前任監査人によって四半期レビュー及び監査が実施されている。ただし、比較情報のうち、前第１四半期連結累計期間に係る四半期連結キャッシュ・フロー計算書については、前任監査人による四半期レビューの対象となっていない。前任監査人は、当該四半期連結財務諸表に対して×０年８月×日付けで無限定の結論を表明しており、また、当該連結財務諸表に対して×１年６月×日付けで無限定適正意見を表明している。

（第２四半期レビュー報告書の文例）

その他の事項

会社の×１年３月31日をもって終了した前連結会計年度の第２四半期連結会計期間及び第２四半期連結累計期間に係る四半期連結財務諸表並びに前連結会計年度の連結財務諸表は、それぞれ、前任監査人によって四半期レビュー及び監査が実施されている。ただし、比較情報のうち、前第２四半期連結会計期間に係る四半期連結損益計算書及び四半期連結包括利益計算書については、前任監査人による四半期レビューの対象となっていない。前任監査人は、当該四半期連結財務諸表に対して×０年11月×日付けで無限定の結論を表明しており、また、当該連結財務諸表に対して×１年６月×日付けで無限定適正意見を表明している。

（第３四半期レビュー報告書の文例）

その他の事項

会社の×１年３月31日をもって終了した前連結会計年度の第３四半期連結会計期間及び第３四半期連結累計期間に係る四半期連結財務諸表並びに前連結会計年度の連結財務諸表は、それぞれ、前任監査人によって四半期レビュー及び監査が実施されている。ただし、比較情報のうち、前第３四

半期連結会計期間に係る四半期連結損益計算書及び四半期連結包括利益計算書並びに前第３四半期連結累計期間に係る四半期連結キャッシュ・フロー計算書については、前任監査人による四半期レビューの対象となっていない。前任監査人は、当該四半期連結財務諸表に対して×１年２月×日付けで無限定の結論を表明しており、また、当該連結財務諸表に対して×１年６月×日付けで無限定適正意見を表明している。

２．四半期財務諸表に関する四半期レビュー報告書

⑴　第１四半期財務諸表及び第３四半期財務諸表に関する四半期レビュー報告書（無限定の結論）の文例（無限責任監査法人の場合で、指定証明の場合）は、以下のとおりである。なお、無限定の結論以外の文例については、「１．四半期連結財務諸表に関する四半期レビュー報告書」に準じて取り扱うものとする。

＜文例９＞

独立監査人の四半期レビュー報告書

×年×月×日

○○株式会社
　取締役会　御中

○　○　監査法人
○○事務所(注１)
指定社員
業務執行社員　公認会計士　○○○○　印
指定社員
業務執行社員　公認会計士　○○○○　印
(注２)

監査人の結論

当監査法人(注３)は、金融商品取引法第193条の２第１項の規定に基づき、「経理の状況」に掲げられている○○株式会社の×年×月×日から×年×月×日までの第×期事業年度の第×四半期会計期間（×年×月×日から×年×月×日まで）及び第×四半期累計期間（×年×月×日から×年×月×日まで）に係る四半期財務諸表、すなわち、四半期貸借対照表、四半期損益計算書(注４)(注５)及び注記について四半期レビューを行った。

当監査法人(注３)が実施した四半期レビューにおいて、上記の四半期財務諸表が、我が国において一般に公正妥当と認められる四半期財務諸表の作成基準に準拠して、○○株式会社の×年×月×日現在の財政状態及び同日をもって終了する第×四半期累計期間の経営成績(注４)(注５)(注６)を適正に表示していないと信じさせる事項が全ての重要な点において認められなかった。

監査人の結論の根拠

当監査法人(注３)は、我が国において一般に公正妥当と認められる四半期レビューの基準に準拠して四半期レビューを行った。四半期レビューの基準における当監査法人(注３)の責任は、「四半期財務諸表の四半期レビューにおける監査人の責任」に記載されている。当監査法人(注３)は、我が国における職業倫理に関する規定に従って、会社から独立しており、また、監査人としてのその他の倫理上の責任を果たしている。当監査法人(注３)は、結論の表明の基礎となる証拠を入手したと判断している。

四半期財務諸表に対する経営者並びに監査役及び監査役会(注7)**の責任**

経営者の責任は、我が国において一般に公正妥当と認められる四半期財務諸表の作成基準に準拠して四半期財務諸表を作成し適正に表示することにある。これには、不正又は誤謬による重要な虚偽表示のない四半期財務諸表を作成し適正に表示するために経営者が必要と判断した内部統制を整備及び運用することが含まれる。四半期財務諸表を作成するに当たり、経営者は、継続企業の前提に基づき四半期財務諸表を作成することが適切であるかどうかを評価し、我が国において一般に公正妥当と認められる四半期財務諸表の作成基準に基づいて継続企業に関する事項を開示する必要がある場合には当該事項を開示する責任がある。

監査役及び監査役会(注7)の責任は、財務報告プロセスの整備及び運用における取締役の職務の執行を監視することにある(注8)。

四半期財務諸表の四半期レビューにおける監査人の責任

監査人の責任は、監査人が実施した四半期レビューに基づいて、四半期レビュー報告書において独立の立場から四半期財務諸表に対する結論を表明することにある。

監査人は、我が国において一般に公正妥当と認められる四半期レビューの基準に従って、四半期レビューの過程を通じて、職業的専門家としての判断を行い、職業的懐疑心を保持して以下を実施する(注9)。

・主として経営者、財務及び会計に関する事項に責任を有する者等に対する質問、分析的手続その他の四半期レビュー手続を実施する。四半期レビュー手続は、我が国において一般に公正妥当と認められる監査の基準に準拠して実施される年度の財務諸表の監査に比べて限定された手続である。

・継続企業の前提に関する事項について、重要な疑義を生じさせるような事象又は状況に関して重要な不確実性が認められると判断した場合には、入手した証拠に基づき、四半期財務諸表において、我が国において一般に公正妥当と認められる四半期財務諸表の作成基準に準拠して、適正に表示されていないと信じさせる事項が認められないかどうか結論付ける。また、継続企業の前提に関する重要な不確実性が認められる場合は、四半期レビュー報告書において四半期財務諸表の注記事項に注意を喚起すること、又は重要な不確実性に関する四半期財務諸表の注記事項が適切でない場合は、四半期財務諸表に対して限定付結論又は否定的結論を表明することが求められている。監査人の結論は、四半期レビュー報告書日までに入手した証拠に基づいているが、将来の事象や状況により、企業は継続企業として存続できなくなる可能性がある。

・四半期財務諸表の表示及び注記事項が、我が国において一般に公正妥当と認められる四半期財務諸表の作成基準に準拠していないと信じさせる事項が認められないかどうかとともに、関連する注記事項を含めた四半期財務諸表の表示、構成及び内容、並びに四半期財務諸表が基礎となる取引や会計事象を適正に表示していないと信じさせる事項が認められないかどうかを評価する。

監査人は、監査役及び監査役会(注7)に対して、計画した四半期レビューの範囲とその実施時期、四半期レビュー上の重要な発見事項について報告を行う。

監査人は、監査役及び監査役会(注7)に対して、独立性についての我が国における職業倫理に関する規定を遵守したこと、並びに監査人の独立性に影響を与えると合理的に考えられる事項、及び阻害要因を除去又は軽減するためにセーフガードを講じている場合はその内容について報告を行う。(注10)

利害関係

会社と当監査法人又は業務執行社員(注3)との間には、公認会計士法の規定により記載すべき利害関係はない。

以　上

(注1)(注2)(注3)　<文例1>に同じ

(注4)　四半期累計期間に係る四半期キャッシュ・フロー計算書を作成する場合の「監査人の結論」の区分の記載は、それぞれ以下とする。

①　四半期レビュー対象の記載

「四半期貸借対照表、四半期損益計算書」を「四半期貸借対照表、四半期損益計算書、四半期キャッシュ・フロー計算書」とする。

② 監査人の結論の記載
「×年×月×日現在の財政状態及び同日をもって終了する第×四半期累計期間の経営成績」を「×年×月×日現在の財政状態並びに同日をもって終了する第×四半期累計期間の経営成績及びキャッシュ・フローの状況」とする。

(注5) 四半期会計期間に係る四半期損益計算書及び四半期累計期間に係る四半期キャッシュ・フロー計算書を作成する場合の「監査人の結論」の区分の記載は、それぞれ以下とする。

① 四半期レビューの対象の記載
「四半期貸借対照表、四半期損益計算書」を「四半期貸借対照表、四半期損益計算書、四半期キャッシュ・フロー計算書」とする。

② 監査人の結論の記載（第1四半期会計期間の場合）
「×年×月×日現在の財政状態及び同日をもって終了する第×四半期累計期間の経営成績」を「×年×月×日現在の財政状態並びに同日をもって終了する第1四半期累計期間の経営成績及びキャッシュ・フローの状況」とする。

③ 監査人の結論の記載（第3四半期会計期間の場合）
「×年×月×日現在の財政状態及び同日をもって終了する第×四半期累計期間の経営成績」を「×年×月×日現在の財政状態、同日をもって終了する第3四半期会計期間及び第3四半期累計期間の経営成績並びに第3四半期累計期間のキャッシュ・フローの状況」とする。

(注6) 第3四半期会計期間に係る四半期損益計算書を作成する場合は、「×年×月×日現在の財政状態及び同日をもって終了する第×四半期累計期間の経営成績」を「×年×月×日現在の財政状態並びに同日をもって終了する第3四半期会計期間及び第3四半期累計期間の経営成績」とする。

(注7) <文例1>(注8) に同じ

(注8) <文例1>(注9) に同じ

(注9) 四半期財務諸表に対する四半期レビューで第52項から第55－2項に記載されている構成単位に対する四半期レビュー手続を実施する場合には、以下の文を実施項目に追加する。

・四半期財務諸表に対する結論を表明するために、四半期財務諸表に含まれる構成単位の財務情報に関する証拠を入手する。監査人は、構成単位の財務情報に関する四半期レビューの指示、監督及び実施に関して責任がある。監査人は、単独で監査人の結論に対して責任を負う。

(注10) 上場企業又は上場企業ではないが上場企業の場合に適用される監査人の独立性に関するコミュニケーションについての要求事項が適用される企業の四半期財務諸表の四半期レビューの場合のみ記載する事項であるため、それ以外の企業の場合は削除する（第63－3項)。ただし、新規上場のための有価証券届出書等の場合には記載を行う。

(注11) <文例1>に同じ

(2) 第2四半期財務諸表に関する四半期レビュー報告書（無限定の結論）の文例（無限責任監査法人の場合で、指定証明の場合）は、以下のとおりである。なお、無限定の結論以外の文例については、「1．四半期連結財務諸表に関する四半期レビュー報告書」に準じて取り扱うものとする。

<文例10>

独立監査人の四半期レビュー報告書

×年×月×日

○○株式会社
取締役会　御中

○ ○ 監 査 法 人
○○事務所(注1)

指 定 社 員
業務執行社員　公認会計士　○○○○　印

指 定 社 員
業務執行社員　公認会計士　○○○○　印
(注2)

監査人の結論

当監査法人(注3)は、金融商品取引法第193条の２第１項の規定に基づき、「経理の状況」に掲げられている○○株式会社の×年×月×日から×年×月×日までの第×期事業年度の第２四半期会計期間（×年×月×日から×年×月×日まで）及び第２四半期累計期間（×年×月×日から×年×月×日まで）に係る四半期財務諸表、すなわち、四半期貸借対照表、四半期損益計算書、四半期キャッシュ・フロー計算書及び注記について四半期レビューを行った。

当監査法人(注3)が実施した四半期レビューにおいて、上記の四半期財務諸表が、我が国において一般に公正妥当と認められる四半期財務諸表の作成基準に準拠して、○○株式会社の×年×月×日現在の財政状態並びに同日をもって終了する第２四半期累計期間の経営成績及びキャッシュ・フローの状況(注4)を適正に表示していないと信じさせる事項が全ての重要な点において認められなかった。

監査人の結論の根拠

当監査法人(注3)は、我が国において一般に公正妥当と認められる四半期レビューの基準に準拠して四半期レビューを行った。四半期レビューの基準における当監査法人(注3)の責任は、「四半期財務諸表の四半期レビューにおける監査人の責任」に記載されている。当監査法人(注3)は、我が国における職業倫理に関する規定に従って、会社から独立しており、また、監査人としてのその他の倫理上の責任を果たしている。当監査法人(注3)は、結論の表明の基礎となる証拠を入手したと判断している。

四半期財務諸表に対する経営者並びに監査役及び監査役会(注5)の責任

経営者の責任は、我が国において一般に公正妥当と認められる四半期財務諸表の作成基準に準拠して四半期財務諸表を作成し適正に表示することにある。これには、不正又は誤謬による重要な虚偽表示のない四半期財務諸表を作成し適正に表示するために経営者が必要と判断した内部統制を整備及び運用することが含まれる。

四半期財務諸表を作成するに当たり、経営者は、継続企業の前提に基づき四半期財務諸表を作成することが適切であるかどうかを評価し、我が国において一般に公正妥当と認められる四半期財務諸表の作成基準に基づいて継続企業に関する事項を開示する必要がある場合には当該事項を開示する責任がある。

監査役及び監査役会(注5)の責任は、財務報告プロセスの整備及び運用における取締役の職務の執行を監視することにある(注6)。

四半期財務諸表の四半期レビューにおける監査人の責任

監査人の責任は、監査人が実施した四半期レビューに基づいて、四半期レビュー報告書において独立の立場から四半期財務諸表に対する結論を表明することにある。

監査人は、我が国において一般に公正妥当と認められる四半期レビューの基準に従って、四半期レビューの過程を通じて、職業的専門家としての判断を行い、職業的懐疑心を保持して以下を実施する(注7)。

・主として経営者、財務及び会計に関する事項に責任を有する者等に対する質問、分析的手続その他の四半期レビュー手続を実施する。四半期レビュー手続は、我が国において一般に公正妥当と認められる監査の基準に準拠して実施される年度の財務諸表の監査に比べて限定された手続である。
・継続企業の前提に関する事項について、重要な疑義を生じさせるような事象又は状況に関して重要な不確実性が認められると判断した場合には、入手した証拠に基づき、四半期財務諸表において、我が国において一般に公正妥当と認められる四半期財務諸表の作成基準に準拠して、適正に表示されていないと信じさせる事項が認められないかどうか結論付ける。また、継続企業の前提に関する重要な不確実性が認められる場合は、四半期レビュー報告書において四半期財務諸表の注記事項に注意を喚起すること、又は重要な不確実性に関する四半期財務諸表の注記事項が適切でない場合は、四半期財務諸表に対して限定付結論又は否定的結論を表明することが求められている。監査人の結論は、四半期レビュー報告書日までに入手した証拠に基づいているが、将来の事象や状況により、企業は継続企業として存続できなくなる可能性がある。
・四半期財務諸表の表示及び注記事項が、我が国において一般に公正妥当と認められる四半期財務諸表の作成基準に準拠していないと信じさせる事項が認められないかどうかとともに、関連する注記事項を含めた四半期財務諸表の表示、構成及び内容、並びに四半期財務諸表が基礎となる取引や会計事象を適正に表示していないと信じさせる事項が認められないかどうかを評価する。

監査人は、監査役及び監査役会(注5)に対して、計画した四半期レビューの範囲とその実施時期、四半期レビュー上の重要な発見事項について報告を行う。

監査人は、監査役及び監査役会(注5)に対して、独立性についての我が国における職業倫理に関する規定を遵守したこと、並びに監査人の独立性に影響を与えると合理的に考えられる事項、及び阻害要因を除去又は軽減するためにセーフガードを講じている場合はその内容について報告を行う。(注8)

利害関係
会社と当監査法人又は業務執行社員(注3)との間には、公認会計士法の規定により記載すべき利害関係はない。

以　上

(注1)(注2)(注3)　<文例1>に同じ
(注4)　第2四半期会計期間に係る四半期損益計算書を作成する場合は、「×年×月×日現在の財政状態並びに同日をもって終了する第2四半期累計期間の経営成績及びキャッシュ・フローの状況」を「×年×月×日現在の財政状態、同日をもって終了する第2四半期会計期間及び第2四半期累計期間の経営成績並びに第2四半期累計期間のキャッシュ・フローの状況」とする。
(注5)　<文例1>(注8)に同じ
(注6)　<文例1>(注9)に同じ
(注7)　<文例9>(注9)に同じ
(注8)　<文例9>(注10)に同じ
(注9)　<文例1>(注11)に同じ

3．四半期連結財務諸表に関する四半期レビュー報告書(IFRS任意適用会社)

(1)　要約四半期連結財務諸表(※)に関する四半期レビュー報告書(無限定の結論)の文例(無限責任監査法人の場合で、指定証明の場合)は、以下のとおりである。なお、無限定の結論以外の文例については、「1．四半期連結財務諸表に関する四半期レビュー報告書」に準じて取り扱うものとする。

<文例11>

独立監査人の四半期レビュー報告書

×年×月×日

○○株式会社
取締役会　御中

○　○　監査法人
○○事務所(注1)

指定社員
業務執行社員　公認会計士　○○○○　印

指定社員
業務執行社員　　公認会計士　○○○○　印
(注2)

監査人の結論

当監査法人(注3)は、金融商品取引法第193条の２第１項の規定に基づき、「経理の状況」に掲げられている○○株式会社の×年×月×日から×年×月×日までの連結会計年度の第×四半期連結会計期間（×年×月×日から×年×月×日まで）及び第×四半期連結累計期間（×年×月×日から×年×月×日まで）に係る要約四半期連結財務諸表、すなわち、要約四半期連結財政状態計算書、要約四半期連結損益計算書、要約四半期連結包括利益計算書(注4)、要約四半期連結持分変動計算書、要約四半期連結キャッシュ・フロー計算書及び注記について四半期レビューを行った。

当監査法人(注3)が実施した四半期レビューにおいて、上記の要約四半期連結財務諸表が、「四半期連結財務諸表の用語、様式及び作成方法に関する規則」第93条により規定された国際会計基準第34号「期中財務報告」(注5)に準拠して、○○株式会社及び連結子会社の×年×月×日現在の財政状態、同日をもって終了する第×四半期連結会計期間及び第×四半期連結累計期間の経営成績並びに第×四半期連結累計期間のキャッシュ・フローの状況(注6)を適正に表示していないと信じさせる事項が全ての重要な点において認められなかった。

監査人の結論の根拠

当監査法人(注3)は、我が国において一般に公正妥当と認められる四半期レビューの基準に準拠して四半期レビューを行った。四半期レビューの基準における当監査法人(注3)の責任は、「要約四半期連結財務諸表の四半期レビューにおける監査人の責任」に記載されている。当監査法人(注3)は、我が国における職業倫理に関する規定に従って、会社及び連結子会社から独立しており、また、監査人としてのその他の倫理上の責任を果たしている。当監査法人(注3)は、結論の表明の基礎となる証拠を入手したと判断している。

要約四半期連結財務諸表に対する経営者並びに監査役及び監査役会(注7)の責任

経営者の責任は、国際会計基準第34号「期中財務報告」(注5)に準拠して要約四半期連結財務諸表を作成し適正に表示することにある。これには、不正又は誤謬による重要な虚偽表示のない要約四半期連結財務諸表を作成し適正に表示するために経営者が必要と判断した内部統制を整備及び運用することが含まれる。

要約四半期連結財務諸表を作成するに当たり、経営者は、継続企業の前提に基づき要約四半期連結財務諸表を作成することが適切であるかどうかを評価し、国際会計基準第１号「財務諸表の表示」第４項に基づき、継続企業に関する事項を開示する必要がある場合には当該事項を開示する責任がある(注8)。

監査役及び監査役会(注7)の責任は、財務報告プロセスの整備及び運用における取締役の職務の執行を監視することにある(注9)。

要約四半期連結財務諸表の四半期レビューにおける監査人の責任

監査人の責任は、監査人が実施した四半期レビューに基づいて、四半期レビュー報告書において独立の立場から要約四半期連結財務諸表に対する結論を表明することにある。

監査人は、我が国において一般に公正妥当と認められる四半期レビューの基準に従って、四半期レビューの過程を通じて、職業的専門家としての判断を行い、職業的懐疑心を保持して以下を実施する。

・主として経営者、財務及び会計に関する事項に責任を有する者等に対する質問、分析的手続その他の四半期レビュー手続を実施する。四半期レビュー手続は、我が国において一般に公正妥当と認められる監査の基準に準拠して実施される年度の財務諸表の監査に比べて限定された手続である。
・継続企業の前提に関する事項について、重要な疑義を生じさせるような事象又は状況に関して重要な不確実性が認められると判断した場合には、入手した証拠に基づき、要約四半期連結財務諸表において、国際会計基準第１号「財務諸表の表示」第４項に基づき、適正に表示されていないと信じさせる事項が認められないかどうか結論付ける。また、継続企業の前提に関する重要な不確実性が認められる場合は、四半期レビュー報告書において要約四半期連結財務諸表の注記事項に注意を喚起すること、又は重要な不確実性に関する要約四半期連結財務諸表の注記事項が適切でない場合は、要約四半期連結財務諸表に対して限定付結論又は否定的結論を表明することが求められている。監査人の結論は、四半期レビュー報告書日までに入手した証拠に基づいているが、将来の事象や状況により、企業は継続企業として存続できなくなる可能性がある。
・要約四半期連結財務諸表の表示及び注記事項が、国際会計基準第34号「期中財務報告」(注5)に準拠していないと信じさせる事項が認められないかどうかとともに、関連する注記事項を含めた要約四半期連結財務諸表の表示、構成及び内容、並びに要約四半期連結財務諸表が基礎となる取引や会計事象を適正に表示していないと信じさせる事項が認められないかどうかを評価する。
・要約四半期連結財務諸表に対する結論を表明するために、会社及び連結子会社の財務情報に関する証拠を入手する。監査人は、要約四半期連結財務諸表の四半期レビューに関する指示、監督及び実施に関して責任がある。監査人は、単独で監査人の結論に対して責任を負う。

監査人は、監査役及び監査役会(注7)に対して、計画した四半期レビューの範囲とその実施時期、四半期レビュー上の重要な発見事項について報告を行う。

監査人は、監査役及び監査役会(注7)に対して、独立性についての我が国における職業倫理に関する規定を遵守したこと、並びに監査人の独立性に影響を与えると合理的に考えられる事項、及び阻害要因を除去又は軽減するためにセーフガードを講じている場合はその内容について報告を行う。(注10)

利害関係

会社及び連結子会社と当監査法人又は業務執行社員(注3)との間には、公認会計士法の規定により記載すべき利害関係はない。

以　上

※　要約四半期連結財務諸表とは、国際会計基準第34号「期中財務報告」第８項で規定されている財務諸表のことを意味している。

(注1)(注2)(注3)　<文例１>に同じ

(注4)　(要約）四半期連結損益計算書及び（要約）四半期連結包括利益計算書を１計算書方式で作成する場合には、「(要約）四半期連結損益計算書、(要約）四半期連結包括利益計算書」を「(要約）四半期連結包括利益計算書」とする。

(注5)　指定国際会計基準が国際会計基準と異なる場合には、「国際会計基準第34号「期中財務報告」」を「指定国際会計基準が定める国際会計基準第34号「期中財務報告」」とする。

(注6)　第１四半期連結会計期間の場合、「×年×月×日現在の財政状態、同日をもって終了する第×四半期連結会計期間及び第×四半期連結累計期間の経営成績並びに第×四半期連結累計期間のキャッシュ・フローの状況」を「×年×月×日現在の財政状態並びに同日をもって終了する第１四半期連結累計期間の経営成績及びキャッシュ・フローの状況」とする。

(注7)　<文例１>（注８）に同じ

(注8)　国際会計基準等に基づく（要約）四半期連結財務諸表を日本の四半期レビュー基準に基づき四半期レビューを行う場合、適用される財務報告の枠組みに基づき適切な記述を行うことができる。国際会計基準に基づく（要約）四半期連結財務諸表の四半期レビューの場合には、「経営者は、継続企業の前提に基づき（要約）四半期連結財務諸表を作成することが適切であるかどうかを評価し、」を「経営者は、経営者が清算若しくは事業停止の意図があるか、又はそれ以外に現実的な代替案がない場合を除いて、継続企業の前提に基づき（要約）四半期連結財務諸表を作成することが適切であるかどうかを評価し、」と記載することが考えられる。

(注9)(注10)(注11)　<文例１>に同じ

(2)　四半期連結財務諸表（※）に関する四半期レビュー報告書（無限定の結論）の文例（無限責任監査法人の場合で、指定証明の場合）は、以下のとおりである。なお、無限定の結論以外の文例については、「１．四半期連結財務諸表に関する四半期レビュー報告書」に準じて取り扱うものとする。

＜文例12＞

独立監査人の四半期レビュー報告書

×年×月×日

○○株式会社
取締役会　御中

○　○　監査法人
○○事務所(注1)

指定社員
業務執行社員　公認会計士　○○○○　印

指定社員
業務執行社員　公認会計士　○○○○　印
(注2)

監査人の結論

当監査法人(注3)は、金融商品取引法第193条の2第1項の規定に基づき、「経理の状況」に掲げられている○○株式会社の×年×月×日から×年×月×日までの連結会計年度の第×四半期連結会計期間（×年×月×日から×年×月×日まで）及び第×四半期連結累計期間（×年×月×日から×年×月×日まで）に係る四半期連結財務諸表、すなわち、四半期連結財政状態計算書、四半期連結損益計算書、四半期連結包括利益計算書(注4)、四半期連結持分変動計算書、四半期連結キャッシュ・フロー計算書、四半期連結財務諸表作成のための基本となる重要な事項及びその他の注記について四半期レビューを行った。

当監査法人(注3)が実施した四半期レビューにおいて、上記の四半期連結財務諸表が、「四半期連結財務諸表の用語、様式及び作成方法に関する規則」第93条により規定された国際会計基準第34号「期中財務報告」(注5)に準拠して、○○株式会社及び連結子会社の×年×月×日現在の財政状態、同日をもって終了する第×四半期連結会計期間及び第×四半期連結累計期間の経営成績並びに第×四半期連結累計期間のキャッシュ・フローの状況(注6)を適正に表示していないと信じさせる事項が全ての重要な点において認められなかった。

監査人の結論の根拠

当監査法人(注3)は、我が国において一般に公正妥当と認められる四半期レビューの基準に準拠して四半期レビューを行った。四半期レビューの基準における当監査法人(注3)の責任は、「四半期連結財務諸表の四半期レビューにおける監査人の責任」に記載されている。当監査法人(注3)は、我が国における職業倫理に関する規定に従って、会社及び連結子会社から独立しており、また、監査人としてのその他の倫理上の責任を果たしている。当監査法人(注3)は、結論の表明の基礎となる証拠を入手したと判断している。

四半期連結財務諸表に対する経営者並びに監査役及び監査役会(注7)の責任

経営者の責任は、国際会計基準第34号「期中財務報告」(注5)に準拠して四半期連結財務諸表を作成し適正に表示することにある。これには、不正又は誤謬による重要な虚偽表示のない四半期連結財務諸表を作成し適正に表示するために経営者が必要と判断した内部統制を整備及び運用することが含まれる。

四半期連結財務諸表を作成するに当たり、経営者は、継続企業の前提に基づき四半期連結財務諸表を作成することが適切であるかどうかを評価し、国際会計基準第1号「財務諸表の表示」第4項に基づき、継続企業に関する事項を開示する必要がある場合には当該事項を開示する責任がある(注8)。

監査役及び監査役会(注7)の責任は、財務報告プロセスの整備及び運用における取締役の職務の執行を監視することにある(注9)。

四半期連結財務諸表の四半期レビューにおける監査人の責任

監査人の責任は、監査人が実施した四半期レビューに基づいて、四半期レビュー報告書において独立の立場から四半期連結財務諸表に対する結論を表明することにある。

監査人は、我が国において一般に公正妥当と認められる四半期レビューの基準に従って、四半期レビューの過程を通じて、職業的専門家としての判断を行い、職業的懐疑心を保持して以下を実施する。

・主として経営者、財務及び会計に関する事項に責任を有する者等に対する質問、分析的手続その他の四半期レビュー手続を実施する。四半期レビュー手続は、我が国において一般に公正妥当と認められる監査の基準に準拠して実施される年度の財務諸表の監査に比べて限定された手続である。

・継続企業の前提に関する事項について、重要な疑義を生じさせるような事象又は状況に関して重要な不確実性が認められると判断した場合には、入手した証拠に基づき、四半期連結財務諸表において、国際会計基準第１号「財務諸表の表示」第４項に基づき、適正に表示されていないと信じさせる事項が認められないかどうか結論付ける。また、継続企業の前提に関する重要な不確実性が認められる場合は、四半期レビュー報告書において四半期連結財務諸表の注記事項に注意を喚起すること、又は重要な不確実性に関する四半期連結財務諸表の注記事項が適切でない場合は、四半期連結財務諸表に対して限定付結論又は否定的結論を表明することが求められている。監査人の結論は、四半期レビュー報告書日までに入手した証拠に基づいているが、将来の事象や状況により、企業は継続企業として存続できなくなる可能性がある。

・四半期連結財務諸表の表示及び注記事項が、国際会計基準第34号「期中財務報告」(注5)に準拠していないと信じさせる事項が認められないかどうかとともに、関連する注記事項を含めた四半期連結財務諸表の表示、構成及び内容、並びに四半期連結財務諸表が基礎となる取引や会計事象を適正に表示していないと信じさせる事項が認められないかどうかを評価する。

・四半期連結財務諸表に対する結論を表明するために、会社及び連結子会社の財務情報に関する証拠を入手する。監査人は、四半期連結財務諸表の四半期レビューに関する指示、監督及び実施に関して責任がある。監査人は、単独で監査人の結論に対して責任を負う。

監査人は、監査役及び監査役会(注7)に対して、計画した四半期レビューの範囲とその実施時期、四半期レビュー上の重要な発見事項について報告を行う。

監査人は、監査役及び監査役会(注7)に対して、独立性についての我が国における職業倫理に関する規定を遵守したこと、並びに監査人の独立性に影響を与えると合理的に考えられる事項、及び阻害要因を除去又は軽減するためにセーフガードを講じている場合はその内容について報告を行う。(注10)

利害関係

会社及び連結子会社と当監査法人又は業務執行社員(注3)との間には、公認会計士法の規定により記載すべき利害関係はない。

以　上

※　四半期連結財務諸表とは、国際会計基準第34号「期中財務報告」第５項で規定されている完全な１組の財務諸表のことを意味している。

(注１)(注２)(注３)　＜文例１＞に同じ
(注４)(注５)(注６)　＜文例11＞に同じ
(注７)　＜文例１＞(注８）に同じ
(注８)　＜文例11＞に同じ
(注９)(注10)(注11)　＜文例１＞に同じ

４．四半期連結財務諸表に関する四半期レビュー報告書（修正国際基準適用会社）

(1)　要約四半期連結財務諸表(※)に関する四半期レビュー報告書（無限定の結論）の文例（無限責任監査法人の場合で、指定証明の場合）は、以下のとおりである。なお、無限定の結論以外の文例については、「１．四半期連結財務諸表に関する四半期レビュー報告書」に準じて取り扱うものとする。

＜文例13＞

独立監査人の四半期レビュー報告書

×年×月×日

○○株式会社
取締役会　御中

○　○　監査法人
○○事務所(注1)

指定社員
業務執行社員　公認会計士　○○○○　印

指定社員
業務執行社員　公認会計士　○○○○　印
(注2)

監査人の結論

当監査法人(注3)は、金融商品取引法第193条の２第１項の規定に基づき、「経理の状況」に掲げられている○○株式会社の×年×月×日から×年×月×日までの連結会計年度の第×四半期連結会計期間（×年×月×日から×年×月×日まで）及び第×四半期連結累計期間（×年×月×日から×年×月×日まで）に係る要約四半期連結財務諸表、すなわち、要約四半期連結財政状態計算書、要約四半期連結損益計算書、要約四半期連結包括利益計算書(注4)、要約四半期連結持分変動計算書、要約四半期連結キャッシュ・フロー計算書及び注記について四半期レビューを行った。

当監査法人(注3)が実施した四半期レビューにおいて、上記の要約四半期連結財務諸表が、「四半期連結財務諸表の用語、様式及び作成方法に関する規則」第94条により規定された修正国際基準に定める国際会計基準第34号「期中財務報告」に準拠して、○○株式会社及び連結子会社の×年×月×日現在の財政状態、同日をもって終了する第×四半期連結会計期間及び第×四半期連結累計期間の経営成績並びに第×四半期連結累計期間のキャッシュ・フローの状況(注5)を適正に表示していないと信じさせる事項が全ての重要な点において認められなかった。

監査人の結論の根拠

当監査法人(注3)は、我が国において一般に公正妥当と認められる四半期レビューの基準に準拠して四半期レビューを行った。四半期レビューの基準における当監査法人(注3)の責任は、「要約四半期連結財務諸表の四半期レビューにおける監査人の責任」に記載されている。当監査法人(注3)は、我が国における職業倫理に関する規定に従って、会社及び連結子会社から独立しており、また、監査人としてのその他の倫理上の責任を果たしている。当監査法人(注3)は、結論の表明の基礎となる証拠を入手したと判断している。

要約四半期連結財務諸表に対する経営者並びに監査役及び監査役会(注6)の責任

経営者の責任は、修正国際基準に定める国際会計基準第34号「期中財務報告」に準拠して要約四半期連結財務諸表を作成し適正に表示することにある。これには、不正又は誤謬による重要な虚偽表示のない要約四半期連結財務諸表を作成し適正に表示するために経営者が必要と判断した内部統制を整備及び運用することが含まれる。

要約四半期連結財務諸表を作成するに当たり、経営者は、継続企業の前提に基づき要約四半期連結財務諸表を作成することが適切であるかどうかを評価し、国際会計基準第１号「財務諸表の表示」第４項に基づき、継続企業に関する事項を開示する必要がある場合には当該事項を開示する責任がある(注7)。

監査役及び監査役会(注6)の責任は、財務報告プロセスの整備及び運用における取締役の職務の執行を監視することにある(注8)。

要約四半期連結財務諸表の四半期レビューにおける監査人の責任

監査人の責任は、監査人が実施した四半期レビューに基づいて、四半期レビュー報告書において独立の立場から要約四半期連結財務諸表に対する結論を表明することにある。

監査人は、我が国において一般に公正妥当と認められる四半期レビューの基準に従って、四半期レビューの過程を通じて、職業的専門家としての判断を行い、職業的懐疑心を保持して以下を実施する。

・主として経営者、財務及び会計に関する事項に責任を有する者等に対する質問、分析的手続その他の四半期レビュー手続を実施する。四半期レビュー手続は、我が国において一般に公正妥当と認められる監査の基準に準拠して実施される年度の財務諸表の監査に比べて限定された手続である。

・継続企業の前提に関する事項について、重要な疑義を生じさせるような事象又は状況に関して重要な不確実性が認められると判断した場合には、入手した証拠に基づき、要約四半期連結財務諸表において、国際会計基準第１号「財務諸表の表示」第４項に基づき、適正に表示されていないと信じさせる事項が認められないかどうか結論付ける。また、継続企業の前提に関する重要な不確実性が認められる場合は、四半期レビュー報告書において要約四半期連結財務諸表の注記事項に注意を喚起すること、又は重要な不確実性に関する要約四半期連結財務諸表の注記事項が適切でない場合は、要約四半期連結財務諸表に対して限定付結論又は否定的結論を表明することが求められている。監査人の結論は、四半期レビュー報告書日までに入手した証拠に基づいているが、将来の事象や状況により、企業は継続企業として存続できなくなる可能性がある。

・要約四半期連結財務諸表の表示及び注記事項が、修正国際基準に定める国際会計基準第34号「期中財務報告」に準拠していないと信じさせる事項が認められないかどうかとともに、関連する注記事項を含めた要約四半期連結財務諸表の表示、構成及び内容、並びに要約四半期連結財務諸表が基礎となる取引や会計事象を適正に表示していないと信じさせる事項が認められないかどうかを評価する。

・要約四半期連結財務諸表に対する結論を表明するために、会社及び連結子会社の財務情報に関する証拠を入手する。監査人は、要約四半期連結財務諸表の四半期レビューに関する指示、監督及び実施に関して責任がある。監査人は、単独で監査人の結論に対して責任を負う。

監査人は、監査役及び監査役会(注６)に対して、計画した四半期レビューの範囲とその実施時期、四半期レビュー上の重要な発見事項について報告を行う。

監査人は、監査役及び監査役会(注６)に対して、独立性についての我が国における職業倫理に関する規定を遵守したこと、並びに監査人の独立性に影響を与えると合理的に考えられる事項、及び阻害要因を除去又は軽減するためにセーフガードを講じている場合はその内容について報告を行う。(注９)

利害関係

会社及び連結子会社と当監査法人又は業務執行社員(注３)との間には、公認会計士法の規定により記載すべき利害関係はない。

以　上

※　要約四半期連結財務諸表とは、修正国際基準に定める国際会計基準第34号「期中財務報告」第８項で規定されている財務諸表のことを意味している。

(注１)(注２)(注３)　＜文例１＞に同じ

(注４)　＜文例11＞に同じ

(注５)　＜文例11＞(注６) に同じ

(注６)　＜文例１＞(注８) に同じ

(注７)　国際会計基準等に基づく（要約）四半期連結財務諸表を日本の四半期レビュー基準に基づき四半期レビューを行う場合、適用される財務報告の枠組みに基づき適切な記述を行うことができる。修正国際基準に基づく（要約）四半期連結財務諸表の四半期レビューの場合には、「経営者は、継続企業の前提に基づき（要約）四半期連結財務諸表を作成することが適切であるかどうかを評価し、」を「経営者は、経営者が清算若しくは事業停止の意図があるか、又はそれ以外に現実的な代替案がない場合を除いて、継続企業の前提に基づき（要約）四半期連結財務諸表を作成することが適切であるかどうかを評価し、」

と記載することが考えられる。

(注8)　＜文例1＞(注9) に同じ

(注9)　＜文例1＞(注10) に同じ

(注10)　＜文例1＞(注11) に同じ

(2)　四半期連結財務諸表(※)に関する四半期レビュー報告書（無限定の結論）の文例（無限責任監査法人の場合で、指定証明の場合）は、以下のとおりである。なお、無限定の結論以外の文例については、「1．四半期連結財務諸表に関する四半期レビュー報告書」に準じて取り扱うものとする。

＜文例14＞

独立監査人の四半期レビュー報告書

×年×月×日

○○株式会社

取締役会　御中

○　○　監査法人

○○事務所(注1)

指定社員　業務執行社員　公認会計士　○○○○　印

指定社員　業務執行社員　公認会計士　○○○○　印(注2)

監査人の結論

当監査法人(注3)は、金融商品取引法第193条の2第1項の規定に基づき、「経理の状況」に掲げられている○○株式会社の×年×月×日から×年×月×日までの連結会計年度の第×四半期連結会計期間（×年×月×日から×年×月×日まで）及び第×四半期連結累計期間（×年×月×日から×年×月×日まで）に係る四半期連結財務諸表、すなわち、四半期連結財政状態計算書、四半期連結損益計算書、四半期連結包括利益計算書(注4)、四半期連結持分変動計算書、四半期連結キャッシュ・フロー計算書、四半期連結財務諸表作成のための基本となる重要な事項及びその他の注記について四半期レビューを行った。

当監査法人(注3)が実施した四半期レビューにおいて、上記の四半期連結財務諸表が、「四半期連結財務諸表の用語、様式及び作成方法に関する規則」第94条により規定された修正国際基準に定める国際会計基準第34号「期中財務報告」に準拠して、○○株式会社及び連結子会社の×年×月×日現在の財政状態、同日をもって終了する第×四半期連結会計期間及び第×四半期連結累計期間の経営成績並びに第×四半期連結累計期間のキャッシュ・フローの状況(注5)を適正に表示していないと信じさせる事項が全ての重要な点において認められなかった。

監査人の結論の根拠

当監査法人(注3)は、我が国において一般に公正妥当と認められる四半期レビューの基準に準拠して四半期レビューを行った。四半期レビューの基準における当監査法人(注3)の責任は、「四半期連結財務諸表の四半期レビューにおける監査人の責任」に記載されている。当監査法人(注3)は、我が国における職業倫理に関する規定に従って、会社及び連結子会社から独立しており、また、監査人としてのその他の倫理上の責任を果たしている。当監査法人(注3)は、結論の表明の基礎となる証拠を入手したと判断している。

四半期連結財務諸表に対する経営者並びに監査役及び監査役会(注6)の責任

経営者の責任は、修正国際基準に定める国際会計基準第34号「期中財務報告」に準拠して四半期連結財務諸表を作成し適正に表示することにある。これには、不正又は誤謬による重要な虚偽表示のない四半期連結財務諸表を作成し適正に表示するために経営者が必要と判断した内部統制を整備及び運用することが含まれる。

四半期連結財務諸表を作成するに当たり、経営者は、継続企業の前提に基づき四半期連結財務諸表を作成することが適切であるかどうかを評価し、国際会計基準第１号「財務諸表の表示」第４項に基づき、継続企業に関する事項を開示する必要がある場合には当該事項を開示する責任がある(注7)。

監査役及び監査役会(注6)の責任は、財務報告プロセスの整備及び運用における取締役の職務の執行を監視することにある(注8)。

四半期連結財務諸表の四半期レビューにおける監査人の責任

監査人の責任は、監査人が実施した四半期レビューに基づいて、四半期レビュー報告書において独立の立場から四半期連結財務諸表に対する結論を表明することにある。

監査人は、我が国において一般に公正妥当と認められる四半期レビューの基準に従って、四半期レビューの過程を通じて、職業的専門家としての判断を行い、職業的懐疑心を保持して以下を実施する。

・主として経営者、財務及び会計に関する事項に責任を有する者等に対する質問、分析的手続その他の四半期レビュー手続を実施する。四半期レビュー手続は、我が国において一般に公正妥当と認められる監査の基準に準拠して実施される年度の財務諸表の監査に比べて限定された手続である。

・継続業の前提に関する事項について、重要な疑義を生じさせるような事象又は状況に関して重要な不確実性が認められると判断した場合には、入手した証拠に基づき、四半期連結財務諸表において、国際会計基準第１号「財務諸表の表示」第４項に基づき、適正に表示されていないと信じさせる事項が認められないかどうか結論付ける。また、継続企業の前提に関する重要な不確実性が認められる場合は、四半期レビュー報告書において四半期連結財務諸表の注記事項に注意を喚起すること、又は重要な不確実性に関する四半期連結財務諸表の注記事項が適切でない場合は、四半期連結財務諸表に対して限定付結論又は否定的結論を表明することが求められている。監査人の結論は、四半期レビュー報告書日までに入手した証拠に基づいているが、将来の事象や状況により、企業は継続企業として存続できなくなる可能性がある。

・四半期連結財務諸表の表示及び注記事項が、修正国際基準に定める国際会計基準第34号「期中財務報告」に準拠していないと信じさせる事項が認められないかどうかとともに、関連する注記事項を含めた四半期連結財務諸表の表示、構成及び内容、並びに四半期連結財務諸表が基礎となる取引や会計事象を適正に表示していないと信じさせる事項が認められないかどうかを評価する。

・四半期連結財務諸表に対する結論を表明するために、会社及び連結子会社の財務情報に関する証拠を入手する。監査人は、四半期連結財務諸表の四半期レビューに関する指示、監督及び実施に関して責任がある。監査人は、単独で監査人の結論に対して責任を負う。

監査人は、監査役及び監査役会(注6)に対して、計画した四半期レビューの範囲とその実施時期、四半期レビュー上の重要な発見事項について報告を行う。

監査人は、監査役及び監査役会(注6)に対して、独立性についての我が国における職業倫理に関する規定を遵守したこと、並びに監査人の独立性に影響を与えると合理的に考えられる事項、及び阻害要因を除去又は軽減するためにセーフガードを講じている場合はその内容について報告を行う。(注9)

利害関係

会社及び連結子会社と当監査法人又は業務執行社員(注3)との間には、公認会計士法の規定により記載すべき利害関係はない。

以　上

※　四半期連結財務諸表とは、修正国際基準に定める国際会計基準第34号「期中財務報告」第５項で規定されている完全な１組の財務諸表のことを意味している。

(注1)(注2)(注3)　＜文例1＞に同じ
(注4)　＜文例11＞に同じ
(注5)　＜文例11＞(注6)に同じ
(注6)　＜文例1＞(注8)に同じ
(注7)　＜文例13＞に同じ
(注8)　＜文例1＞(注9)に同じ
(注9)　＜文例1＞(注10)に同じ
(注10)　＜文例1＞(注11)に同じ

付録2　経営者確認書の記載例

×年×月×日

○○監査法人
　指定社員
　業務執行社員　公認会計士　○○○○　殿(注1)

○○株式会社
代表取締役　（署　名）
（又は記名捺印）
財務・経理担当取締役　（署　名）
（又は記名捺印）

本確認書は、当社の四半期報告書に含まれる×年×月×日から×年×月×日までの連結会計年度の第×四半期連結会計期間（×年×月×日から×年×月×日まで）及び第×四半期連結累計期間（×年×月×日から×年×月×日まで）の四半期連結財務諸表(注2)が、我が国において一般に公正妥当と認められる四半期連結財務諸表の作成基準に準拠して、適正に表示していないと信じさせる事項が全ての重要な点において認められないかどうかについて貴監査法人が結論を表明するに際して提出するものです。私たちは、下記のとおりであることを確認します(注3)。なお、貴監査法人によって実施された四半期レビューが、年度の財務諸表の監査に比べ限定された手続によって行われていることについても承知しております。

記

四半期連結財務諸表

1．私たちは、×年×月×日付けの（×年×月期に係る）四半期レビュー契約書(注4)に記載されたとおり、四半期連結財務諸表の用語、様式及び作成方法に関する規則（以下「四半期連結財務諸表規則」という。）及び我が国において一般に公正妥当と認められる四半期連結財務諸表の作成基準に準拠して四半期連結財務諸表を作成する責任（継続企業の前提に基づき四半期連結財務諸表を作成することが適切であるかどうかを評価し、継続企業に関する必要な開示を行う責任を含む。）を果たしました。四半期連結財務諸表は、四半期連結財務諸表規則及び我が国において一般に公正妥当と認められる四半期連結財務諸表の作成基準に準拠して財政状態、経営成績及びキャッシュ・フローの状況を適正に表示しております。

2．不正又は誤謬による重要な虚偽表示のない四半期連結財務諸表を作成するために、経営者が必要と判断する内部統制を整備及び運用する責任は経営者にあることを承知しております。

3．時価による測定を含め、会計上の見積りを行うに際して使用した重要な仮定は、合理的であると判断しております。

4．関連当事者との関係及び取引は、我が国において一般に公正妥当と認められる四半期連結財務諸表の作成基準に準拠して適切に処理しております(注5)。

5．四半期連結決算日後本確認書の日付までに発生した四半期連結財務諸表に重要な影響を及ぼす事象は、全て計上又は注記されております。(注5)

6．四半期連結財務諸表を作成する場合にその影響を考慮すべき、既に認識されている又は潜在的な訴訟事件等は全て、四半期連結財務諸表規則及び我が国において一般に公正妥当と認められる四半期連結財務諸表の作成基準に準拠して適切に処理又は注記されております(注5)。

7．未修正の虚偽表示が及ぼす影響は、個別にも集計しても四半期連結財務諸表全体に対して重要ではないものと判断しております。未修正の虚偽表示の一覧は、本確認書に添付されております(注5)(注6)。

8．監査人が記載することが適切であると判断したその他の確認事項(注7)

提供する情報

9．貴監査法人に以下を提供いたしました。

(1)　記録、文書及びその他の事項等、四半期連結財務諸表の作成に関連すると認識している全ての情報を入手する機会

(2)　本日までに開催された株主総会及び取締役会の議事録並びに重要な稟議書

(3)　貴監査法人から要請のあった四半期レビューのための追加的な情報

(4)　証拠を入手するために必要であると貴監査法人が判断した、当社の役員及び従業員への制限のない質問や面談の機会

10．全ての取引は会計記録に適切に記録され、四半期連結財務諸表に反映されております。

11．不正による四半期連結財務諸表の重要な虚偽表示の可能性に対する経営者の評価を貴監査法人に示しております。

12．当社及び連結子会社に影響を及ぼす不正又は不正の疑いがある事項に関して、以下の全ての情報を貴監査法人に提供いたしました。

－経営者による不正又は不正の疑い

－内部統制において重要な役割を担っている従業員による不正又は不正の疑い

－上記以外の者による四半期連結財務諸表に重要な影響を及ぼす可能性がある不正又は不正の疑い

13．従業員、元従業員、投資家、規制当局又はその他の者から入手した四半期連結財務諸表に影響を及ぼす不正の申立て又は不正の疑いがある事項に関する全ての情報を貴監査法人に提供いたしました。

14．四半期連結財務諸表を作成する場合にその影響を考慮すべき違法行為又は違法行為の疑いに関して認識している全ての事実を貴監査法人に提示いたしました。

15．四半期連結財務諸表を作成する場合にその影響を考慮すべき訴訟事件等(注8)又はそれらの可能性に関して認識している全ての事実を貴監査法人に提示いたしました。

16．関連当事者の名称、並びに認識された全ての関連当事者との関係及び関連当事者との取引を貴監査法人に提示いたしました。

17．監査人が記載することが適切であると判断したその他の確認事項(注7)

18．……………………………

19．……………………………

以　上

(注1)　①　監査人が無限責任監査法人の場合で指定証明であるときには、上記の記載例とする。

②　監査人が無限責任監査法人の場合で指定証明でないときには、以下とする。

○○監査法人
業務執行社員　公認会計士　○○○○殿

③　監査人が有限責任監査法人の場合は、以下とする。

○○有限責任監査法人
指定有限責任社員
業務執行社員　公認会計士　○○○○殿

④　監査人が公認会計士の場合には以下とし、確認書本文中の「貴監査法人」を「貴殿」とする。

○○○○　公認会計士事務所
公認会計士　○○○○殿

(注2)　四半期レビュー対象会社が四半期財務諸表を作成している場合は、確認書本文中の「四半期連結財務諸表」を「四半期財務諸表」、「当社及び連結子会社」を「当社」、「四半期連結財務諸表の用語、様式及

び作成方法に関する規則」を「四半期財務諸表等の用語、様式及び作成方法に関する規則」とする。

(注3) 監査基準委員会報告書580「経営者確認書」(以下「監基報580」という。)A4項からA6項に該当する場合には、以下のいずれかの文言への修正を考慮する。

・私たちが知り得る限りにおいて、下記のとおりであることを確認します。

・私たちは、適切な情報を入手するために必要であると考えた質問を行った上で、下記のとおりであることを確認します。

・私たちは、適切な情報を入手するために必要であると考えた質問を行った上で、私たちが知り得る限りにおいて、下記のとおりであることを確認します。

(注4) 四半期レビュー契約において、監査契約と同時に一体として締結している場合は、「四半期レビュー契約書」を「監査及び四半期レビュー契約書」とする。

(注5) 該当する事項がない場合には、その旨を記載する等適宜修正する。

(注6) 経営者が重要性がないものと判断し経営者確認書に記載又は添付する未修正の虚偽表示には、以下を含める必要がある。

① 当四半期数値に含まれる未修正の虚偽表示

② 比較情報に含まれる未修正の虚偽表示

③ 前期末の未修正の虚偽表示が当四半期数値において修正(又は解消)されたことを原因として比較可能性が損なわれていることによる影響

なお、継続監査の場合で、当期の四半期レビューにおいて、比較情報に新たに発見した虚偽表示が無かったときは、②の比較情報に含まれる未修正の虚偽表示については、一覧の添付に代えて、前期の経営者確認書を参照することにより重要性がないことを確認する方法や過去の年度の財務諸表及び四半期財務諸表の訂正が必要となるような重要な事実はない旨を確認する方法もある。

これらの記載に当たっては、監基報580を参考とすることが有用である。

(注7) その他追加項目の確認事項(四半期レビュー全般に共通する事項)としては、例えば、以下のものが考えられるが、これらの記載に当たっては、監基報580を参考とすることが有用である。

① 全般的事項

－四半期連結財務諸表の資産又は負債の計上額や表示に重要な影響を及ぼす経営計画等の有無

－契約不履行の場合に四半期連結財務諸表に重要な影響を及ぼす契約条項の遵守

－過去の四半期連結財務諸表等に訂正が必要となるような重要な事実の発生の有無

－当四半期において認識している内部統制の整備及び運用上の不備に係る監査人への提示

② 継続企業の前提に係る事項に関する経営者の見解

－継続企業の前提に重要な疑義を生じさせるような事象又は状況が存在し、継続企業の前提に関する重要な不確実性が認められるとき

－継続企業の前提に重要な疑義を生じさせるような事象又は状況が存在するが、継続企業の前提に関する重要な不確実性が認められないとき

③ 会計方針の変更に係る事項(会計方針の変更がない場合を含む。)に関する経営者の見解

④ 連結の範囲及び持分法の適用範囲に関する経営者の見解

⑤ セグメント情報の表示区分に関する経営者の見解

⑥ 資産に関する経営者の見解

－資産の所有権

－有価証券の時価等の回復可能性

－有価証券の保有目的

－金融商品の時価の算定方法と重要な仮定

－デリバティブ取引

－棚卸資産の評価

－営業債権の実在性と評価

－固定資産の減損

－ソフトウェアの会計処理

⑦　負債及び偶発債務に関する経営者の見解
－退職給付債務の算定上の基礎率
－資産除去債務等
－債務及び偶発債務の網羅性
－訴訟事件等
－コミットメント
⑧　損益に関する経営者の見解
－収益の認識基準
－収益認識の判断に必要な取引に関連する全ての契約の監査人への提示
－法人税等及び法人税等調整額の計上
－繰延税金資産の回収可能性
⑨　その他

(注8)　訴訟事件等とは、訴訟、賠償請求、更正、査定及び賦課並びにこれらに準ずる事象をいう。

以　上

監査・保証実務委員会実務指針第85号

監査報告書の文例

2011年７月８日
改正2012年４月10日
改正2012年７月４日
改正2014年８月20日
改正2016年２月26日
改正2019年６月27日
改正2020年３月17日
最終改正2021年４月７日
日本公認会計士協会

目　次

Ⅰ　本実務指針の適用範囲

1．適用範囲

1．本実務指針は、金融商品取引法監査及び会社法監査において使用する監査報告書の文例について、関連する監査基準委員会報告書の要求事項を適切に適用するために留意する事項を適用指針として取りまとめたものである。

2．本実務指針の適用に際し関連する監査基準委員会報告書は、主に以下のとおりである。

・監査基準委員会報告書260「監査役等とのコミュニケーション」（以下「監基報260」という。）

・監査基準委員会報告書560「後発事象」（以下「監基報560」という。）

・監査基準委員会報告書570「継続企業」（以下「監基報570」という。）

・監査基準委員会報告書700「財務諸表に対する意見の形成と監査報告」（以下「監基報700」という。）

・監査基準委員会報告書701「独立監査人の監査報告書における監査上の主要な検討事項の報告」（以下「監基報701」という。）

・監査基準委員会報告書705「独立監査人の監査報告書における除外事項付意見」（以下「監基報705」という。）

・監査基準委員会報告書706「独立監査人の監査報告書における強調事項区分とその他の事項区分」（以下「監基報706」という。）

・監査基準委員会報告書710「過年度の比較情報－対応数値と比較財務諸表」（以下「監基報710」）という。

・監査基準委員会報告書720「その他の記載内容に関連する監査人の責任」（以下「監基報720」という。）

・監査基準委員会報告書910「中間監査」（以下「監基報910」という。）

なお、適用に際しては、本実務指針に記載されている監査基準委員会報告書のみではなく、個々の監査業務に関連する全ての監査基準委員会報告書と併せて理解することが求められている（監査基準委員会報告書200「財務諸表監査における総括的な目的」第17項から第19項及び第21項）。

3．本実務指針は、監査基準委員会報告書に記載された要求事項を遵守するに当たり、当該要求事項及び適用指針と合わせて適用するための指針を示すものであり、新たな要求事項は設けていない。

4．なお、本実務指針は金融商品取引法の内部統制監査報告書及び四半期レビュー報告書の文例については、対象としていない。したがって、これらについては、監査・保証実務委員会報告第82号「財務報告に係る内部統制の監査に関する実務上の取扱い」及び同第83号「四半期レビューに関する実務指針」をそれぞれ参照する。

2．背　景

5．企業会計審議会は、2018年７月５日付けで、「監査基準の改訂に関する意見書」を公表し、監査人が当年度の財務諸表の監査において特に重要であると判断した事項、すなわち監査上の主要な検討事項の記載を求める監査基準の改訂を行った。この改訂においては、監査上の主要な検討事項の記載以外にも、監査報告書の記載内容の明瞭化や充実を図ることを目的とした改訂が行われ、監査報告書の記載区分等及び継続企業の前提に関する事項の改訂が行われた。

また、企業会計審議会は、2019年９月３日付けで、「監査基準の改訂に関する意見書」及び「中間監査基準の改訂に関する意見書」を公表し、監査報告書の意見の根拠の記載を明瞭化することを目的とした改訂を行うとともに、中間監査基準においても中間監査報告書の記載の明瞭化に関する改訂を行った。

さらに、企業会計審議会は、2020年11月６日付けで、「監査基準の改訂に関する意見書」を公表し、監査した財務諸表を含む開示書類のうち当該財務諸表と監査報告書とを除いた部分の記載内容、すなわち、その他の記載内容について、監査人の手続を明確にするとともに、監査報告書に必要な記載を求める改訂を行った。

6．日本公認会計士協会では、2018年7月5日付けの監査基準の改訂等に対応するため、監査報告書に関連する監査基準委員会報告書の改正及び監査上の主要な検討事項に関する監査基準委員会報告書の新たな策定を行い、2019年2月27日付けで公表した。また、2020年11月6日付けの監査基準の改訂等に対応するため、その他の記載内容に関連する監査人の責任に関する監査基準委員会報告書の改正を行い、2021年1月14日付けで公表した。これらの監査報告書に関連する監査基準委員会報告書は、監査報告書の様式及び記載内容等に関する実務指針を提供するものであり、その付録には、特定の法令や適用される財務報告の枠組みを前提としない汎用的な監査報告書の文例が示されている。

なお、2020年11月6日付けの中間監査基準の改訂においては、その他の記載内容に関する改訂は行われず、従前の取扱いを継続することとされたため、改正前の監査基準委員会報告書720「監査した財務諸表が含まれる開示書類におけるその他の記載内容に関連する監査人の責任」の定めのうち、中間監査に関連する事項を監基報910に含める改正を行い、2021年1月14日付けで公表した。

Ⅱ　無限定適正意見を表明する場合の監査報告書の文例

1．監査報告書の様式及び記載内容等

⑴　表題

7．監査報告書には、独立監査人の報告書であることを明瞭に示す表題を付さなければならない(監基報700第19項)。独立監査人の報告書であることを示す「独立監査人の監査報告書」という表題は、監査人が独立性についての我が国における職業倫理に関する規定の全てを満たしていることを表明するものであり、それにより、独立監査人の監査報告書を独立監査人以外の者が発行する報告書と区別している（監基報700 A20項)。

⑵　宛先

8．監査報告書には、契約内容に応じた宛先を記載しなければならない（監基報700第20項)。監査報告書の提出先を宛先とし、通常、取締役会となる（監基報700 A21項)。ただし、任意の会計監査人設置会社で取締役会を設置していない会社の場合には、「代表取締役」等を宛先とすることが適当であると考える。

会社法監査の場合で監査役会に提出する監査報告書（又は監査委員会若しくは監査等委員会に提出する監査報告書)については、「監査役会」(又は「監査委員会」若しくは「監査等委員会」)を宛先とすることが想定されるが、取締役会宛の監査報告書謄本を提出することもできる。なお、会計監査人の会計監査報告の内容について、会社計算規則第130条第1項において特定監査役及び特定取締役に通知する旨の規定があるので、宛先が「監査役会」又は「取締役会」等でも事務的には監査報告の内容をそれぞれの規定に従い特定監査役及び特定取締役に通知するものとし、通知に際して送り状を付けるなどの方法によれば、監査報告書の宛先と通知先の事実関係がより明確になるものと考える。

⑶　監査意見

9．監査報告書の冒頭に、「監査意見」という見出しを付した区分を設け、監査意見を記載しなければならない（監基報700第21項)。

10．「監査意見」区分には、以下の事項を記載しなければならない（監基報700第22項)。

⑴　監査対象である財務諸表を作成している企業の名称

⑵　財務諸表の監査を行った旨

⑶　財務諸表の名称

⑷　財務諸表に関連する注記事項（重要な会計方針を含む。）

⑸ 財務諸表が対象とする日付又は期間

⑷ 監査意見の根拠

11．監査報告書には、「監査意見」区分に続けて「監査意見の根拠」という見出しを付した区分を設けなければならない（監基報700第26項）。なお、財務諸表に対して除外事項付意見を表明する場合、「監査意見の根拠」の見出しを、状況に応じて、「限定付適正意見の根拠」、「不適正意見の根拠」又は「意見不表明の根拠」に修正する（監基報705第19項⑴）。

⑸ 継続企業の前提

12．継続企業の前提に重要な疑義を生じさせる事象又は状況が識別されており、重要な不確実性について財務諸表に適切な注記がなされている場合、監査人は無限定適正意見を表明し、財務諸表における注記事項について注意を喚起するために、監査報告書に「継続企業の前提に関する重要な不確実性」という見出しを付した区分を設け、継続企業の前提に関する重要な不確実性が認められる旨及び当該事項は監査人の意見に影響を及ぼすものではない旨を記載しなければならない（監基報570第21項）。

13．継続企業の前提に関する重要な不確実性（監基報570参照）は、その性質上、監査上の主要な検討事項に該当する。しかしながら、監査人はこれらの事項を監査報告書の「監査上の主要な検討事項」区分に記載してはならず、監基報701第12項及び第13項の要求事項はこれらの事項には適用されない（監基報701第14項）。

継続企業の前提に重要な疑義を生じさせる事象又は状況が識別されており、重要な不確実性について財務諸表に適切な注記がなされている場合、監査人は無限定適正意見を表明することになるが、「継続企業の前提に関する重要な不確実性」区分に記載された事項以外に、監査上の主要な検討事項の報告を行う場合の文例を示している≪文例５参照≫。

⑹ 監査上の主要な検討事項

14．法令により監査報告書において監査上の主要な検討事項の記載が求められる監査においては、監査人は監基報701に従って、監査報告書において監査上の主要な検討事項を報告しなければならない（監基報700第28項）。また、監査上の主要な検討事項を報告する場合は、監査人は、監査報告書に「監査上の主要な検討事項」区分を設け、監基報701第13項⑴若しくは⑵又は監基報701第14項に該当する状況を除き、個々の監査上の主要な検討事項に適切な小見出しを付して記述しなければならない（監基報701第10項）。

我が国では、財務諸表及び監査報告について広範な利用者が存在する金融商品取引法に基づいて開示を行っている企業（非上場企業のうち資本金５億円未満又は売上高10億円未満かつ負債総額200億円未満の企業は除く。）の財務諸表の監査報告書において、監査上の主要な検討事項の記載が求められる（監基報700 A38項）。

上記のほか、監査人は、監査報告書において監査上の主要な検討事項を任意で報告することを契約条件により合意している場合、監基報701に従って監査上の主要な検討事項を報告しなければならない（監基報700第29項）。

⑺ その他の記載内容

15．監査報告書に「その他の記載内容」又は他の適切な見出しを付した区分を設けなければならない（監基報720第20項）。

なお、中間監査報告書においては、「その他の記載内容」区分は設けず、中間監査を行った中間財務諸表との重要な相違がある場合に、「その他の事項」区分を設けて記載する（第54項）。

16．「その他の記載内容」区分には、以下の事項を記載しなければならない。ただし、その他の記載内容が存在しないと判断した場合には、その他の記載内容が存在しないと判断した旨及びその他の記載内容に対して、いかなる作業も実施していない旨を記載する（監基報720第21項）。

⑴ その他の記載内容の特定

① 監査報告書日以前に監査人が入手したその他の記載内容

② 監査報告書日より後に入手する予定のその他の記載内容

⑵ 経営者のその他の記載内容に対する責任及

び監査役等のその他の記載内容に対する責任

(3)　監査意見の対象にはその他の記載内容は含まれておらず、監査人は意見を表明するものではなく、また表明する予定もない旨

(4)　監基報720で求められる、その他の記載内容の通読、検討及び報告に関する監査人の責任

(5)　監査報告書日以前に入手したその他の記載内容がある場合には、以下のいずれかの記載

①　監査人が報告すべき事項はない旨

②　監査人がその他の記載内容に未修正の重要な誤りがあると結論付けた場合、当該未修正の重要な誤りの内容

(8)　財務諸表に対する経営者及び監査役等の責任

17．監査報告書には、「財務諸表に対する経営者並びに監査役及び監査役会の責任」（監査役会設置会社の場合）という見出しを付した区分を設けなければならない（監基報700第30項）。なお、「監査役及び監査役会の責任」については、会社の機関設計に応じて適切な見出しを付す（監基報700 A41項）。

(9)　財務諸表監査における監査人の責任

18．監査報告書には、「財務諸表監査における監査人の責任」という見出しを付した区分を設けなければならない（監基報700第34項）。

19．監査基準委員会報告書600「グループ監査」（以下「監基報600」という。）が適用となる場合、「財務諸表監査における監査人の責任」には、以下を記載しなければならない（監基報700第36項(3)）。

(1)　グループ財務諸表に対する意見を表明するための、グループ内の構成単位の財務情報に関する十分かつ適切な監査証拠を入手すること

(2)　グループ財務諸表の監査の指示、監督及び実施をすること

(3)　グループ監査責任者として単独で意見表明を行うこと

20．上場企業の財務諸表監査の場合、「財務諸表監査における監査人の責任」に、監査人は、監査役等に対して、独立性についての我が国における職業倫理に関する規定を遵守したこと、並びに監査人の独立性に影響を与えると合理的に考えられる事項、及び阻害要因を除去又は軽減するためにセーフガードを講じている場合はその内容について報告を行うこと（倫理規則及び監基報260第15項参照）を記載しなければならない（監基報700第37項(2)）。

なお、上場企業の場合に適用される監査人の独立性に関するコミュニケーションについての要求事項は、その他の企業、特に事業内容、事業規模又は事業体の属性により利害関係者が広範囲に及ぶため、社会的影響度が高い事業体にも適用される場合がある。上場企業ではないが、監査人の独立性に関するコミュニケーションが適切となることがある企業の例示としては、金融機関及び保険会社等を挙げることができる（監基報260 A28項）。

21．監基報701に従って監査上の主要な検討事項を報告する場合、「財務諸表監査における監査人の責任」に、監査人は、監査役等と協議を行った事項のうち、当年度の財務諸表監査で特に重要であると判断した事項を監査上の主要な検討事項と決定し、監査報告書に記載すること、ただし、法令等により当該事項の公表が禁止されている場合や、極めて限定的ではあるが、監査報告書において報告することにより生じる不利益が公共の利益を上回ると合理的に見込まれるため、監査人が報告すべきでないと判断した場合は、当該事項を記載しないことを記載しなければならない（監基報700第37項(3)）。

22．監基報700第36項及び第37項により求められている財務諸表監査における監査人の責任の記載は、以下のいずれかに含めなければならない（監基報700第38項）。

(1)　監査報告書の本文

(2)　監査報告書の別紙（その場合、監査報告書は別紙の記載場所に対する参照を含めなければならない。）

(10)　監査人の署名

23．監査報告書には監査責任者の氏名を含めなけ

ればならない（監基報700第41項）。また、監査報告書には、自署・押印がなされなければならない（監基報700第42項）。

公認会計士法では、監査法人が会社その他の者の財務書類について証明をする場合には、当該証明に係る業務を執行した社員は、当該証明書にその資格を表示して自署し、かつ、自己の印を押さなければならないとされている（監基報700 A55項）。

和文の監査報告書の場合は、自署・押印により監基報700第41項の要求事項を満たしているものとする（監基報700 A55項）。

⑾　**監査報告書日**

24．監査報告書には、監査人が、財務諸表に対する意見表明の基礎となる十分かつ適切な監査証拠を入手した日よりも前の日付を付してはならない。なお、以下の点について、財務諸表に対する意見表明の基礎となる十分かつ適切な監査証拠を入手しなければならない（監基報700第44項）。

⑴　関連する注記を含む全ての財務諸表が作成されていること

⑵　認められた権限を持つ者が、当該財務諸表に対して責任を認めたこと

また、監査報告書の日付は、関連する審査を完了した日以降とすることになる（監基報700 A57項）。

⑿　**監査事務所の所在地**

25．監査報告書には、監査事務所の所在地を記載しなければならない（監基報700第43項）。我が国の場合、監査事務所の所在地として、例えば、監査責任者が執務する事業所の都市名又は登記されている事業所名を記載する（監基報700 A56項）。

⒀　**その他**

①　**利害関係**

26．公認会計士法の規定（第25条第２項及び第34条の12第３項）により監査報告書に利害関係の有無を記載することが求められているため、利害関係の記載は、監査報告書の末尾に記載することとされている（監基報700 A35項）。したがって、本実務指針は、監査報告書に「利害関係」という見出しを付した上で利害関係の有無について記載することにした（第52項参照）。

なお、連結財務諸表の監査の場合には、当該利害関係の記載に連結子会社を含めることに留意する。

②　**記載順序**

27．「継続企業の前提に関する重要な不確実性」区分、「監査上の主要な検討事項」区分、追記情報（強調事項又はその他の事項）及び「その他の記載内容」区分の記載順序については、利用者にとって関心の高い情報、つまり相対的重要性に関する監査人の判断によって決定することになる。

③　**取得による企業結合が行われた場合の概算額の注記**

28．金融商品取引法監査においては、取得による企業結合が行われた場合の概算額の注記については、監査されていない旨を併せて記載することにより監査証明の対象から除くこととされている。一方、会社法監査では計算関係書類の注記表に記載された事項について監査の対象から除くという解釈はないとされているため、会社法の計算関係書類に記載された注記事項は、すべて監査の対象としなければならない。そのため、会社が会社法の計算関係書類へ概算額の注記を行った場合、監査の対象としなければならないことになる。しかし、金融商品取引法監査においては、概算額の注記を監査対象としないという取扱いをしていることから、会社法の計算関係書類へ概算額の注記を行い、会計監査人が監査対象とすることは事実上困難であることを、被監査会社に説明する必要があることに留意する。

④　**臨時計算書類の監査**

29．臨時計算書類の作成基準については、会計制度委員会研究報告第12号「臨時計算書類の作成基準について」が公表され、臨時計算書類の作成に当たっての実務の参考として供されている。

臨時計算書類が、主に臨時決算日における分配可能額の算定のために作成されることに鑑み

れば、年度の計算書類の監査と同様、一般に公正妥当と認められる監査の基準に準拠して実施することが必要であると考える。したがって、臨時計算書類に関する監査報告書は、年度の計算書類に関する監査報告書に準じて作成することになると考える。

⑤　会計監査人が、会計監査報告の内容を会社計算規則第130条第１項各号に規定する日までに、特定監査役及び特定取締役に通知しない場合の取扱い

30．会社計算規則第130条第３項では、会計監査人が会計監査報告の内容を、特定監査役及び特定取締役に対し、同条第１項各号に規定する通知をすべき日までに通知しない場合には、当該通知をすべき日に、計算関係書類については会計監査人の監査を受けたものとみなすとされている。

同条第３項は、何らかの事由により当該監査期日までに監査が終了せず、かつ、計算関係書類の作成者側との間で通知期限延長の合意が成立しない場合に、その後の総会招集手続を継続できるようにするための規定であり、この場合には、結果的に会計監査人は意見を表明しないことになる。

なお、この同条第３項は、監査意見の表明が可能である場合に、意図的に会計監査報告の内容を通知しないことを予定したものではないと考えられる。

２．比較情報

31．比較情報が対応数値として表示される場合は、監査人は、第45項及び第46項に記載されている場合を除き、監査意見において対応数値に言及してはならない（監基報710第９項）。

金融商品取引法上、有価証券報告書等においては、原則として(注)、比較情報の開示が求められているが、会社法上の計算書類等においては、比較情報の開示は求められていない。

(注)　有価証券報告書を提出していない会社が有価証券の募集又は売出しを行うために提出する有価証券届出書、新たに外形基準に該当することとなったために提出する有価証券報告書に記載される財務諸表が、我が国で一般に公正妥当と認められる企業会計の基準に準拠して作成される場合、財務諸表等規則附則第３項及び第４項並びに連結財務諸表規則附則第２項及び第３項により、比較情報を含めないで財務諸表を作成することとされている（第60項参照）。

≪文例≫

ここに掲げる監査報告書の文例は、いずれも、会社が監査役会設置会社の場合の記載であり、また、監査人が無限責任監査法人の場合で、かつ、指定証明であるときのものである。

I　金融商品取引法監査（年度監査）

以下の文例では、有価証券報告書に含まれる連結財務諸表又は財務諸表に対する監査報告書を前提としている。

文例1　連結財務諸表

独立監査人の監査報告書

×年×月×日

○○株式会社
取締役会　御中

○　○ 監 査 法 人
○○事務所(注1)
指 定 社 員
業務執行社員　公認会計士　○○○○　印
指 定 社 員
業務執行社員　公認会計士　○○○○　印
(注2)

監査意見

当監査法人(注3)は、金融商品取引法第193条の2第1項の規定に基づく監査証明を行うため、「経理の状況」に掲げられている○○株式会社の×年×月×日から×年×月×日までの連結会計年度の連結財務諸表、すなわち、連結貸借対照表、連結損益計算書、連結包括利益計算書(注4)、連結株主資本等変動計算書、連結キャッシュ・フロー計算書、連結財務諸表作成のための基本となる重要な事項、その他の注記及び連結附属明細表について監査を行った。

当監査法人(注3)は、上記の連結財務諸表が、我が国において一般に公正妥当と認められる企業会計の基準に準拠して、○○株式会社及び連結子会社の×年×月×日現在の財政状態並びに同日をもって終了する連結会計年度の経営成績及びキャッシュ・フローの状況を、全ての重要な点において適正に表示しているものと認める。

監査意見の根拠

当監査法人(注3)は、我が国において一般に公正妥当と認められる監査の基準に準拠して監査を行った。監査の基準における当監査法人(注3)の責任は、「連結財務諸表監査における監査人の責任」に記載されている。当監査法人(注3)は、我が国における職業倫理に関する規定に従って、会社及び連結子会社から独立しており、また、監査人としてのその他の倫理上の責任を果たしている。当監査法人(注3)は、意見表明の基礎となる十分かつ適切な監査証拠を入手したと判断している。

監査上の主要な検討事項

監査上の主要な検討事項とは、当連結会計年度の連結財務諸表の監査において、監査人が職業的専門家として特に重要であると判断した事項である。監査上の主要な検討事項は、連結財務諸表全体に対する監査の実施過程及び監査意見の形成において対応した事項であり、当監査法人(注3)は、当該事項に対して個別に意見を表明するものではない。

［監基報701に従った監査上の主要な検討事項の記載例
（表形式にする場合の記載例）

○○○○（監査上の主要な検討事項の見出し及び該当する場合には連結財務諸表の注記事項への参照）	
監査上の主要な検討事項の内容及び決定理由	監査上の対応
……（監査上の主要な検討事項の内容及び決定理由の内容を記載する）……。	……（監査上の対応を記載する）……。

］

その他の記載内容

当監査法人(注3)の連結財務諸表に対する監査意見の対象にはその他の記載内容は含まれておらず、当監査法人(注3)はその他の記載内容に対して意見を表明するものではない。

連結財務諸表監査における当監査法人(注3)の責任は、その他の記載内容を通読し、通読の過程において、その他の記載内容と連結財務諸表又は当監査法人(注3)が監査の過程で得た知識との間に重要な相違があるかどうか検討すること、また、そのような重要な相違以外にその他の記載内容に重要な誤りの兆候があるかどうか注意を払うことにある。

当監査法人(注3)は、実施した作業に基づき、その他の記載内容に重要な誤りがあると判断した場合には、その事実を報告することが求められている。

その他の記載内容に関して、当監査法人(注3)が報告すべき事項はない。(注7)

連結財務諸表に対する経営者並びに監査役及び監査役会(注5)の責任

経営者の責任は、我が国において一般に公正妥当と認められる企業会計の基準に準拠して連結財務諸表を作成し適正に表示することにある。これには、不正又は誤謬による重要な虚偽表示のない連結財務諸表を作成し適正に表示するために経営者が必要と判断した内部統制を整備及び運用することが含まれる。

連結財務諸表を作成するに当たり、経営者は、継続企業の前提に基づき連結財務諸表を作成することが適切であるかどうかを評価し、我が国において一般に公正妥当と認められる企業会計の基準に基づいて継続企業に関する事項を開示する必要がある場合には当該事項を開示する責任がある。

監査役及び監査役会(注5)の責任は、財務報告プロセスの整備及び運用における取締役の職務の執行を監視することにある(注8)。

連結財務諸表監査における監査人の責任

監査人の責任は、監査人が実施した監査に基づいて、全体としての連結財務諸表に不正又は誤謬による重要な虚偽表示がないかどうかについて合理的な保証を得て、監査報告書において独立の立場から連結財務諸表に対する意見を表明することにある。虚偽表示は、不正又は誤謬により発生する可能性があり、個別に又は集計すると、連結財務諸表の利用者の意思決定に影響を与えると合理的に見込まれる場合に、重要性があると判断される。

監査人は、我が国において一般に公正妥当と認められる監査の基準に従って、監査の過程を通じて、職業的専門家としての判断を行い、職業的懐疑心を保持して以下を実施する。

・不正又は誤謬による重要な虚偽表示リスクを識別し、評価する。また、重要な虚偽表示リスクに対応した監査手続を立案し、実施する。監査手続の選択及び適用は監査人の判断による。さらに、意見表明の基礎となる十分かつ適切な監査証拠を入手する。
・連結財務諸表監査の目的は、内部統制の有効性について意見表明するためのものではないが、監査人は、リスク評価の実施に際して、状況に応じた適切な監査手続を立案するために、監査に関連する内部統制を検討する。
・経営者が採用した会計方針及びその適用方法の適切性、並びに経営者によって行われた会計上の見積りの合理性及び関連する注記事項の妥当性を評価する。
・経営者が継続企業を前提として連結財務諸表を作成することが適切であるかどうか、また、入手した監査証拠に基づき、継続企業の前提に重要な疑義を生じさせるような事象又は状況に関して重要な不確実性が認められるかどうか結論付ける。継続企業の前提に関する重要な不確実性が認められる場合は、監査報告書において連結財務諸表の注記事項に注意を喚起すること、又は重要な不確実性に関する連結財務諸表の注記事項が適切でない場合は、連結財務諸表に対して除外事項付意見を表明することが求められている。監査人の結論は、監査報告書日までに入手した監査証拠に基づいているが、将来の事象や状況により、企業は継続企業として存続できなくなる可能性がある。

・連結財務諸表の表示及び注記事項が、我が国において一般に公正妥当と認められる企業会計の基準に準拠しているかどうかとともに、関連する注記事項を含めた連結財務諸表の表示、構成及び内容、並びに連結財務諸表が基礎となる取引や会計事象を適正に表示しているかどうかを評価する。

・連結財務諸表に対する意見を表明するために、会社及び連結子会社の財務情報に関する十分かつ適切な監査証拠を入手する。監査人は、連結財務諸表の監査に関する指示、監督及び実施に関して責任がある。監査人は、単独で監査意見に対して責任を負う。

監査人は、監査役及び監査役会(注5)に対して、計画した監査の範囲とその実施時期、監査の実施過程で識別した内部統制の重要な不備を含む監査上の重要な発見事項、及び監査の基準で求められているその他の事項について報告を行う。

監査人は、監査役及び監査役会(注5)に対して、独立性についての我が国における職業倫理に関する規定を遵守したこと、並びに監査人の独立性に影響を与えると合理的に考えられる事項、及び阻害要因を除去又は軽減するためにセーフガードを講じている場合はその内容について報告を行う。(注9)

監査人は、監査役及び監査役会(注5)と協議した事項のうち、当連結会計年度の連結財務諸表の監査で特に重要であると判断した事項を監査上の主要な検討事項と決定し、監査報告書において記載する。ただし、法令等により当該事項の公表が禁止されている場合や、極めて限定的ではあるが、監査報告書において報告することにより生じる不利益が公共の利益を上回ると合理的に見込まれるため、監査人が報告すべきでないと判断した場合は、当該事項を記載しない。(注10)

利害関係

会社及び連結子会社と当監査法人又は業務執行社員(注3)との間には、公認会計士法の規定により記載すべき利害関係はない。

以　上

(注1)　事業所の都市名を記載する場合は、「○○県□□市」のように記載する。

(注2)　①　監査人が無限責任監査法人の場合で、指定証明でないときには、以下とする。

○　○監査法人
○○県□□市(注1)
代 表 社 員
業務執行社員　公認会計士　○○○○　印
業務執行社員　公認会計士　○○○○　印

②　監査人が有限責任監査法人の場合は、以下とする。

○　○有限責任監査法人
○○事務所(注1)
指定有限責任社員
業 務 執 行 社 員　公認会計士　○○○○　印
指定有限責任社員
業 務 執 行 社 員　公認会計士　○○○○　印

③　監査人が公認会計士の場合には、以下とする。

○○○○　公認会計士事務所
○○県□□市(注1)
公認会計士　○○○○　印

○○○○　公認会計士事務所
○○県□□市(注1)
公認会計士　○○○○　印

(注3)　監査人が公認会計士の場合には、「私」又は「私たち」とする。

(注4)　連結損益及び包括利益計算書を作成する場合には、「連結損益計算書、連結包括利益計算書」を「連結損益及び包括利益計算書」とする。

(注5)　「監査役及び監査役会」は、会社の機関設計に応じて修正する（第17項）。
指名委員会等設置会社の場合は「監査委員会」、監査等委員会設置会社の場合は「監査等委員会」とする。

(注6)　「監査役及び監査役会の責任は、その他の記載内容の報告プロセスの整備及び運用における取締役の職務の執行を監視することにある。」の下線部分は、会社の機関設計に応じて下記のように修正する。

・指名委員会等設置会社の場合
「監査委員会の責任は、その他の記載内容の報告プロセスの整備及び運用における執行役及び取締役の職務の執行を監視することにある。」

・監査等委員会設置会社の場合
「監査等委員会の責任は、その他の記載内容の報告プロセスの整備及び運用における取締役の職務の執行を監視することにある。」

(注7)　監査報告書日より後にその他の記載内容の一部又は全部を入手する予定である場合は、監基報720付録2文例2又は文例3を参照。

(注8)　「監査役及び監査役会の責任は、財務報告プロセスの整備及び運用における取締役の職務の執行を監視することにある。」の下線部分は、会社の機関設計に応じて下記のように修正する。

・指名委員会等設置会社の場合
「監査委員会の責任は、財務報告プロセスの整備及び運用における執行役及び取締役の職務の執行を監視することにある。」

・監査等委員会設置会社の場合
「監査等委員会の責任は、財務報告プロセスの整備及び運用における取締役の職務の執行を監視することにある。」

(注9)　上場企業又は上場企業ではないが上場企業の場合に適用される監査人の独立性に関するコミュニケーションについての要求事項が適用される企業の財務諸表監査の場合のみ記載する事項であるため、それ以外の企業の場合は削除する（第20項）。

(注10)　監基報701に従って監査上の主要な検討事項を報告する場合のみ記載する事項であるため、監査上の主要な検討事項を報告しない場合は削除する（第21項）。

文例2　個別財務諸表

独立監査人の監査報告書

×年×月×日

○○株式会社
取締役会　御中

○　○　監　査　法　人
○○事務所(注1)

指　定　社　員
業務執行社員　公認会計士　○○○○　印

指　定　社　員
業務執行社員　公認会計士　○○○○　印
(注2)

監査意見

当監査法人(注3)は、金融商品取引法第193条の２第１項の規定に基づく監査証明を行うため、「経理の状況」に掲げられている○○株式会社の×年×月×日から×年×月×日までの第×期事業年度の財務諸表、すなわち、貸借対照表、損益計算書、株主資本等変動計算書、キャッシュ・フロー計算書、重要な会計方針、その他の注記及び附属明細表について監査を行った。

当監査法人(注3)は、上記の財務諸表が、我が国において一般に公正妥当と認められる企業会計の基準に準拠して、○○株式会社の×年×月×日現在の財政状態並びに同日をもって終了する事業年度の経営成績及びキャッシュ・フローの状況を、全ての重要な点において適正に表示しているものと認める。

監査意見の根拠

当監査法人(注3)は、我が国において一般に公正妥当と認められる監査の基準に準拠して監査を行った。監査の基準における当監査法人(注3)の責任は、「財務諸表監査における監査人の責任」に記載されている。当監査法人(注3)は、我が国における職業倫理に関する規定に従って、会社から独立しており、また、監査人としてのその他の倫理上の責任を果たしている。当監査法人(注3)は、意見表明の基礎となる十分かつ適切な監査証拠を入手したと判断している。

監査上の主要な検討事項

監査上の主要な検討事項とは、当事業年度の財務諸表の監査において、監査人が職業的専門家として特に重要であると判断した事項である。監査上の主要な検討事項は、財務諸表全体に対する監査の実施過程及び監査意見の形成において対応した事項であり、当監査法人(注3)は、当該事項に対して個別に意見を表明するものではない。

[監基報701に従った監査上の主要な検討事項の記載例

(表形式にする場合の記載例)

○○○○（監査上の主要な検討事項の見出し及び該当する場合には財務諸表の注記事項への参照）	
監査上の主要な検討事項の内容及び決定理由	監査上の対応
……（監査上の主要な検討事項の内容及び決定理由の内容を記載する）……。	……（監査上の対応を記載する）……。

](注4)

その他の記載内容

その他の記載内容は、有価証券報告書に含まれる情報のうち、財務諸表及びその監査報告書(注5)以外の情報である。経営者の責任は、その他の記載内容を作成し開示することにある。また、監査役及び監査役会(注6)の責任は、その他の記載内容の報告プロセスの整備及び運用における取締役の職務の執行を監視することにある(注7)。

当監査法人(注3)の財務諸表に対する監査意見の対象にはその他の記載内容は含まれておらず、当監査法人(注3)はその他の記載内容に対して意見を表明するものではない。

財務諸表監査における当監査法人(注3)の責任は、その他の記載内容を通読し、通読の過程において、その他の記載内容と財務諸表又は当監査法人(注3)が監査の過程で得た知識との間に重要な相違があるかどうか検討すること、また、そのような重要な相違以外にその他の記載内容に重要な誤りの兆候があるかどうか注意を払うことにある。

当監査法人(注3)は、実施した作業に基づき、その他の記載内容に重要な誤りがあると判断した場合には、その事実を報告することが求められている。

その他の記載内容に関して、当監査法人(注3)が報告すべき事項はない。(注8)

財務諸表に対する経営者並びに監査役及び監査役会(注6)の責任

経営者の責任は、我が国において一般に公正妥当と認められる企業会計の基準に準拠して財務諸表を作成し適正に表示することにある。これには、不正又は誤謬による重要な虚偽表示のない財務諸表を作成し適正に表示するために経営者が必要と判断した内部統制を整備及び運用することが含まれる。

財務諸表を作成するに当たり、経営者は、継続企業の前提に基づき財務諸表を作成することが適切であるかどうかを評価し、我が国において一般に公正妥当と認められる企業会計の基準に基づいて継続企業に関する事項を開示する必要がある場合には当該事項を開示する責任がある。

監査役及び監査役会(注6)の責任は、財務報告プロセスの整備及び運用における取締役の職務の執行を監視することにある(注9)。

財務諸表監査における監査人の責任

監査人の責任は、監査人が実施した監査に基づいて、全体としての財務諸表に不正又は誤謬による重要な虚偽表示がないかどうかについて合理的な保証を得て、監査報告書において独立の立場から財務諸表に対する意見を表明することにある。虚偽表示は、不正又は誤謬により発生する可能性があり、個別に又は集計すると、財務諸表の利用者の意思決定に影響を与えると合理的に見込まれる場合に、重要性があると判断される。

監査人は、我が国において一般に公正妥当と認められる監査の基準に従って、監査の過程を通じて、職業的専門家としての判断を行い、職業的懐疑心を保持して以下を実施する。(注10)

・不正又は誤謬による重要な虚偽表示リスクを識別し、評価する。また、重要な虚偽表示リスクに対応した監査手続を立案し、実施する。監査手続の選択及び適用は監査人の判断による。さらに、意見表明の基礎となる十分かつ適切な監査証拠を入手する。
・財務諸表監査の目的は、内部統制の有効性について意見表明するためのものではないが、監査人は、リスク評価の実施に際して、状況に応じた適切な監査手続を立案するために、監査に関連する内部統制を検討する。
・経営者が採用した会計方針及びその適用方法の適切性、並びに経営者によって行われた会計上の見積りの合理性及び関連する注記事項の妥当性を評価する。
・経営者が継続企業を前提として財務諸表を作成することが適切であるかどうか、また、入手した監査証拠に基づき、継続企業の前提に重要な疑義を生じさせるような事象又は状況に関して重要な不確実性が認められるかどうか結論付ける。継続企業の前提に関する重要な不確実性が認められる場合は、監査報告書において財務諸表の注記事項に注意を喚起すること、又は重要な不確実性に関する財務諸表の注記事項が適切でない場合は、財務諸表に対して除外事項付意見を表明することが求められている。監査人の結論は、監査報告書日までに入手した監査証拠に基づいているが、将来の事象や状況により、企業は継続企業として存続できなくなる可能性がある。
・財務諸表の表示及び注記事項が、我が国において一般に公正妥当と認められる企業会計の基準に準拠しているかどうかとともに、関連する注記事項を含めた財務諸表の表示、構成及び内容、並びに財務諸表が基礎となる取引や会計事象を適正に表示しているかどうかを評価する。

監査人は、監査役及び監査役会(注6)に対して、計画した監査の範囲とその実施時期、監査の実施過程で識別した内部統制の重要な不備を含む監査上の重要な発見事項、及び監査の基準で求められているその他の事項について報告を行う。

監査人は、監査役及び監査役会(注6)に対して、独立性についての我が国における職業倫理に関する規定を遵守したこと、並びに監査人の独立性に影響を与えると合理的に考えられる事項、及び阻害要因を除去又は軽減するためにセーフガードを講じている場合はその内容について報告を行う。(注11)

監査人は、監査役及び監査役会(注6)と協議した事項のうち、当事業年度の財務諸表の監査で特に重要であると判断した事項を監査上の主要な検討事項と決定し、監査報告書において記載する。ただし、法令等により当該事項の公表が禁止されている場合や、極めて限定的ではあるが、監査報告書において報告することにより生じる不利益が公共の利益を上回ると合理的に見込まれるため、監査人が報告すべきでないと判断した場合は、当該事項を記載しない。(注12)

利害関係

会社と当監査法人又は業務執行社員(注3)との間には、公認会計士法の規定により記載すべき利害関係はない。

以　上

（注１）（注２）（注３）　文例１に同じ
（注４）　連結財務諸表及び個別財務諸表の監査を実施しており、連結財務諸表の監査報告書において同一内容の監査上の主要な検討事項が記載されている場合には、個別財務諸表の監査報告書においてその旨を以下のとおり記載し、当該内容の記載を省略することができる。
監査上の主要な検討事項
　監査上の主要な検討事項とは、（中略）…個別に意見を表明するものではない。
×××（小見出し）
　連結財務諸表の監査報告書に記載されている監査上の主要な検討事項（×××）と同一内容であるため、記載を省略している。
（注５）　有価証券報告書に連結財務諸表及びその監査報告書も掲載されている場合は、「財務諸表及びその監査報告書」を「連結財務諸表及び財務諸表並びにこれらの監査報告書」とする。
（注６）　文例１（注５）に同じ
（注７）　文例１（注６）に同じ
（注８）　文例１（注７）に同じ
（注９）　文例１（注８）に同じ
（注10）　個別財務諸表に対する監査で監基報600を適用する場合には、以下の文を実施項目に追加する。
・財務諸表に対する意見を表明するために、財務諸表に含まれる構成単位の財務情報に関する十分かつ適切な監査証拠を入手する。監査人は、構成単位の財務情報に関する監査の指示、監督及び実施に関して責任がある。監査人は、単独で監査意見に対して責任を負う。
（注11）　文例１（注９）に同じ
（注12）　文例１（注10）に同じ

文例３　連結財務諸表（IFRS任意適用会社）

独立監査人の監査報告書

×年×月×日

○○株式会社
　取締役会　御中

○　○　監　査　法　人
○○事務所（注１）
指　定　社　員
業務執行社員　　公認会計士　○○○○　印
指　定　社　員
業務執行社員　　公認会計士　○○○○　印
（注２）

監査意見
　当監査法人（注３）は、金融商品取引法第193条の２第１項の規定に基づく監査証明を行うため、「経理の状況」に掲げられている○○株式会社の×年×月×日から×年×月×日までの連結会計年度の連結財務諸表、すなわち、連結財政状態計算書、連結損益計算書、連結包括利益計算書（注４）、連結持分変動計算書、連結キャッシュ・フロー計算書、連結財務諸表作成のための基本となる重要な事項及びその他の注記（注５）について監査を行った（注６）。
　当監査法人（注３）は、上記の連結財務諸表が、「連結財務諸表の用語、様式及び作成方法に関する規則」第93条により規定された国際会計基準（注７）に準拠して、○○株式会社及び連結子会社の×年×月×日現在の財政状態並びに同日をもって終了する連結会計年度の経営成績及びキャッシュ・フローの状況を、全ての重要な点において適正に表示しているものと認める。

監査意見の根拠

当監査法人(注3)は、我が国において一般に公正妥当と認められる監査の基準に準拠して監査を行った。監査の基準における当監査法人(注3)の責任は、「連結財務諸表監査における監査人の責任」に記載されている。当監査法人(注3)は、我が国における職業倫理に関する規定に従って、会社及び連結子会社から独立しており、また、監査人としてのその他の倫理上の責任を果たしている。当監査法人(注3)は、意見表明の基礎となる十分かつ適切な監査証拠を入手したと判断している。

監査上の主要な検討事項

監査上の主要な検討事項とは、当連結会計年度の連結財務諸表の監査において、監査人が職業的専門家として特に重要であると判断した事項である。監査上の主要な検討事項は、連結財務諸表全体に対する監査の実施過程及び監査意見の形成において対応した事項であり、当監査法人(注3)は、当該事項に対して個別に意見を表明するものではない。

[監基報701に従った監査上の主要な検討事項の記載例

（表形式にする場合の記載例）

○○○○（監査上の主要な検討事項の見出し及び該当する場合には連結財務諸表の注記事項への参照）	
監査上の主要な検討事項の内容及び決定理由	監査上の対応
……（監査上の主要な検討事項の内容及び決定理由の内容を記載する）……。	……（監査上の対応を記載する）……。

]

その他の記載内容

その他の記載内容は、有価証券報告書に含まれる情報のうち、連結財務諸表及び財務諸表並びにこれらの監査報告書以外の情報である。経営者の責任は、その他の記載内容を作成し開示することにある。また、監査役及び監査役会(注8)の責任は、その他の記載内容の報告プロセスの整備及び運用における取締役の職務の執行を監視することにある(注9)。

当監査法人(注3)の連結財務諸表に対する監査意見の対象にはその他の記載内容は含まれておらず、当監査法人(注3)はその他の記載内容に対して意見を表明するものではない。

連結財務諸表監査における当監査法人(注3)の責任は、その他の記載内容を通読し、通読の過程において、その他の記載内容と連結財務諸表又は当監査法人(注3)が監査の過程で得た知識との間に重要な相違があるかどうか検討すること、また、そのような重要な相違以外にその他の記載内容に重要な誤りの兆候があるかどうか注意を払うことにある。

当監査法人(注3)は、実施した作業に基づき、その他の記載内容に重要な誤りがあると判断した場合には、その事実を報告することが求められている。

その他の記載内容に関して、当監査法人(注3)が報告すべき事項はない。(注10)

連結財務諸表に対する経営者並びに監査役及び監査役会(注8)の責任

経営者の責任は、国際会計基準(注7)に準拠して連結財務諸表を作成し適正に表示することにある。これには、不正又は誤謬による重要な虚偽表示のない連結財務諸表を作成し適正に表示するために経営者が必要と判断した内部統制を整備及び運用することが含まれる。

連結財務諸表を作成するに当たり、経営者は、継続企業の前提に基づき連結財務諸表を作成することが適切であるかどうかを評価し、国際会計基準(注7)に基づいて継続企業に関する事項を開示する必要がある場合には当該事項を開示する責任がある(注11)。

監査役及び監査役会(注8)の責任は、財務報告プロセスの整備及び運用における取締役の職務の執行を監視することにある(注12)。

連結財務諸表監査における監査人の責任

監査人の責任は、監査人が実施した監査に基づいて、全体としての連結財務諸表に不正又は誤謬による重要な虚偽表示がないかどうかについて合理的な保証を得て、監査報告書において独立の立場から連結財務諸表に対する意見を表明することにある。虚偽表示は、不正又は誤謬により発生する可能性があり、個別に又は集計すると、連結財務諸表の利用者の意思決定に影響を与えると合理的に見込まれる場合に、重要性があると判断される。

監査人は、我が国において一般に公正妥当と認められる監査の基準に従って、監査の過程を通じて、職業的専門家としての判断を行い、職業的懐疑心を保持して以下を実施する。

・不正又は誤謬による重要な虚偽表示リスクを識別し、評価する。また、重要な虚偽表示リスクに対応した監査手続を立案し、実施する。監査手続の選択及び適用は監査人の判断による。さらに、意見表明の基礎となる十分かつ適切な監査証拠を入手する。

・連結財務諸表監査の目的は、内部統制の有効性について意見表明するためのものではないが、監査人は、リスク評価の実施に際して、状況に応じた適切な監査手続を立案するために、監査に関連する内部統制を検討する。

・経営者が採用した会計方針及びその適用方法の適切性、並びに経営者によって行われた会計上の見積りの合理性及び関連する注記事項の妥当性を評価する。

・経営者が継続企業を前提として連結財務諸表を作成することが適切であるかどうか、また、入手した監査証拠に基づき、継続企業の前提に重要な疑義を生じさせるような事象又は状況に関して重要な不確実性が認められるかどうか結論付ける。継続企業の前提に関する重要な不確実性が認められる場合は、監査報告書において連結財務諸表の注記事項に注意を喚起すること、又は重要な不確実性に関する連結財務諸表の注記事項が適切でない場合は、連結財務諸表に対して除外事項付意見を表明することが求められている。監査人の結論は、監査報告書日までに入手した監査証拠に基づいているが、将来の事象や状況により、企業は継続企業として存続できなくなる可能性がある。

・連結財務諸表の表示及び注記事項が、国際会計基準(注7)に準拠しているかどうかとともに、関連する注記事項を含めた連結財務諸表の表示、構成及び内容、並びに連結財務諸表が基礎となる取引や会計事象を適正に表示しているかどうかを評価する。

・連結財務諸表に対する意見を表明するために、会社及び連結子会社の財務情報に関する十分かつ適切な監査証拠を入手する。監査人は、連結財務諸表の監査に関する指示、監督及び実施に関して責任がある。監査人は、単独で監査意見に対して責任を負う。

監査人は、監査役及び監査役会(注8)に対して、計画した監査の範囲とその実施時期、監査の実施過程で識別した内部統制の重要な不備を含む監査上の重要な発見事項、及び監査の基準で求められているその他の事項について報告を行う。

監査人は、監査役及び監査役会(注8)に対して、独立性についての我が国における職業倫理に関する規定を遵守したこと、並びに監査人の独立性に影響を与えると合理的に考えられる事項、及び阻害要因を除去又は軽減するためにセーフガードを講じている場合はその内容について報告を行う。(注13)

監査人は、監査役及び監査役会(注8)と協議した事項のうち、当連結会計年度の連結財務諸表の監査で特に重要であると判断した事項を監査上の主要な検討事項と決定し、監査報告書において記載する。ただし、法令等により当該事項の公表が禁止されている場合や、極めて限定的ではあるが、監査報告書において報告することにより生じる不利益が公共の利益を上回ると合理的に見込まれるため、監査人が報告すべきでないと判断した場合は、当該事項を記載しない。(注14)

利害関係

会社及び連結子会社と当監査法人又は業務執行社員(注3)との間には、公認会計士法の規定により記載すべき利害関係はない。

以　上

(注1)(注2)(注3)　文例1に同じ

(注４)　連結損益計算書及び連結包括利益計算書を１計算書方式で作成している場合には、「連結損益計算書、連結包括利益計算書」を「連結包括利益計算書」とする。
(注５)　「連結財務諸表作成のための基本となる重要な事項及びその他の注記」については、当該注記を表す連結財務諸表上の記載に合わせて適宜変更することができる。
(注６)　会社が指定国際会計基準に準拠して開始連結財政状態計算書を作成している場合においても、本文例を使用する。
(注７)　指定国際会計基準が国際会計基準と異なる場合には、「国際会計基準」を「指定国際会計基準」とする。
(注８)　文例１（注５）に同じ
(注９)　文例１（注６）に同じ
(注10)　文例１（注７）に同じ
(注11)　国際会計基準等に基づく連結財務諸表を日本の監査基準に基づき監査を行う場合、適用される財務報告の枠組みに基づき適切な記述を行うことができる。国際会計基準に基づく連結財務諸表の監査の場合には、「経営者は、継続企業の前提に基づき連結財務諸表を作成することが適切であるかどうかを評価し、」を「経営者は、経営者が清算若しくは事業停止の意図があるか、又はそれ以外に現実的な代替案がない場合を除いて、継続企業の前提に基づき連結財務諸表を作成することが適切であるかどうかを評価し、」と記載することが考えられる。
(注12)　文例１（注８）に同じ
(注13)　文例１（注９）に同じ
(注14)　文例１（注10）に同じ

文例４　連結財務諸表（修正国際基準適用会社）

独立監査人の監査報告書

×年×月×日

○○株式会社
取締役会　御中

○　○監査法人
○○事務所(注１)
指定社員
業務執行社員　公認会計士　○○○○　印
指定社員
業務執行社員　公認会計士　○○○○　印
(注２)

監査意見

当監査法人(注３)は、金融商品取引法第193条の２第１項の規定に基づく監査証明を行うため、「経理の状況」に掲げられている○○株式会社の×年×月×日から×年×月×日までの連結会計年度の連結財務諸表、すなわち、連結財政状態計算書、連結損益計算書、連結包括利益計算書(注４)、連結持分変動計算書、連結キャッシュ・フロー計算書、連結財務諸表作成のための基本となる重要な事項及びその他の注記(注５)について監査を行った(注６)。

当監査法人(注３)は、上記の連結財務諸表が、「連結財務諸表の用語、様式及び作成方法に関する規則」第94条により規定された修正国際基準に準拠して、○○株式会社及び連結子会社の×年×月×日現在の財政状態並びに同日をもって終了する連結会計年度の経営成績及びキャッシュ・フローの状況を、全ての重要な点において適正に表示しているものと認める。

監査意見の根拠

当監査法人(注３)は、我が国において一般に公正妥当と認められる監査の基準に準拠して監査を行った。監査の基準における当監査法人(注３)の責任は、「連結財務諸表監査における監査人の責任」に記載されている。

当監査法人(注3)は、我が国における職業倫理に関する規定に従って、会社及び連結子会社から独立しており、また、監査人としてのその他の倫理上の責任を果たしている。当監査法人(注3)は、意見表明の基礎となる十分かつ適切な監査証拠を入手したと判断している。

監査上の主要な検討事項

監査上の主要な検討事項とは、当連結会計年度の連結財務諸表の監査において、監査人が職業的専門家として特に重要であると判断した事項である。監査上の主要な検討事項は、連結財務諸表全体に対する監査の実施過程及び監査意見の形成において対応した事項であり、当監査法人(注3)は、当該事項に対して個別に意見を表明するものではない。

[監基報701に従った監査上の主要な検討事項の記載例

(表形式にする場合の記載例)

○○○○(監査上の主要な検討事項の見出し及び該当する場合には連結財務諸表の注記事項への参照)	
監査上の主要な検討事項の内容及び決定理由	監査上の対応
……(監査上の主要な検討事項の内容及び決定理由の内容を記載する)……。	……(監査上の対応を記載する)……。

]

その他の記載内容

その他の記載内容は、有価証券報告書に含まれる情報のうち、連結財務諸表及び財務諸表並びにこれらの監査報告書以外の情報である。経営者の責任は、その他の記載内容を作成し開示することにある。また、監査役及び監査役会(注7)の責任は、その他の記載内容の報告プロセスの整備及び運用における取締役の職務の執行を監視することにある(注8)。

当監査法人(注3)の連結財務諸表に対する監査意見の対象にはその他の記載内容は含まれておらず、当監査法人(注3)はその他の記載内容に対して意見を表明するものではない。

連結財務諸表監査における当監査法人(注3)の責任は、その他の記載内容を通読し、通読の過程において、その他の記載内容と連結財務諸表又は当監査法人(注3)が監査の過程で得た知識との間に重要な相違があるかどうか検討すること、また、そのような重要な相違以外にその他の記載内容に重要な誤りの兆候があるかどうか注意を払うことにある。

当監査法人(注3)は、実施した作業に基づき、その他の記載内容に重要な誤りがあると判断した場合には、その事実を報告することが求められている。

その他の記載内容に関して、当監査法人(注3)が報告すべき事項はない。(注9)

連結財務諸表に対する経営者並びに監査役及び監査役会(注7)の責任

経営者の責任は、修正国際基準に準拠して連結財務諸表を作成し適正に表示することにある。これには、不正又は誤謬による重要な虚偽表示のない連結財務諸表を作成し適正に表示するために経営者が必要と判断した内部統制を整備及び運用することが含まれる。

連結財務諸表を作成するに当たり、経営者は、継続企業の前提に基づき連結財務諸表を作成することが適切であるかどうかを評価し、修正国際基準に基づいて継続企業に関する事項を開示する必要がある場合には当該事項を開示する責任がある(注10)。

監査役及び監査役会(注7)の責任は、財務報告プロセスの整備及び運用における取締役の職務の執行を監視することにある(注11)。

連結財務諸表監査における監査人の責任

監査人の責任は、監査人が実施した監査に基づいて、全体としての連結財務諸表に不正又は誤謬による重要な虚偽表示がないかどうかについて合理的な保証を得て、監査報告書において独立の立場から連結財務諸表に対する意見を表明することにある。虚偽表示は、不正又は誤謬により発生する可能性があり、個別に又は集計すると、連結財務諸表の利用者の意思決定に影響を与えると合理的に見込まれる場合に、重要性があると判断される。

監査人は、我が国において一般に公正妥当と認められる監査の基準に従って、監査の過程を通じて、職業的専門家としての判断を行い、職業的懐疑心を保持して以下を実施する。

・不正又は誤謬による重要な虚偽表示リスクを識別し、評価する。また、重要な虚偽表示リスクに対応した監査手続を立案し、実施する。監査手続の選択及び適用は監査人の判断による。さらに、意見表明の基礎となる十分かつ適切な監査証拠を入手する。

・連結財務諸表監査の目的は、内部統制の有効性について意見表明するためのものではないが、監査人は、リスク評価の実施に際して、状況に応じた適切な監査手続を立案するために、監査に関連する内部統制を検討する。

・経営者が採用した会計方針及びその適用方法の適切性、並びに経営者によって行われた会計上の見積りの合理性及び関連する注記事項の妥当性を評価する。

・経営者が継続企業を前提として連結財務諸表を作成することが適切であるかどうか、また、入手した監査証拠に基づき、継続企業の前提に重要な疑義を生じさせるような事象又は状況に関して重要な不確実性が認められるかどうか結論付ける。継続企業の前提に関する重要な不確実性が認められる場合は、監査報告書において連結財務諸表の注記事項に注意を喚起すること、又は重要な不確実性に関する連結財務諸表の注記事項が適切でない場合は、連結財務諸表に対して除外事項付意見を表明することが求められている。監査人の結論は、監査報告書日までに入手した監査証拠に基づいているが、将来の事象や状況により、企業は継続企業として存続できなくなる可能性がある。

・連結財務諸表の表示及び注記事項が、修正国際基準に準拠しているかどうかとともに、関連する注記事項を含めた連結財務諸表の表示、構成及び内容、並びに連結財務諸表が基礎となる取引や会計事象を適正に表示しているかどうかを評価する。

・連結財務諸表に対する意見を表明するために、会社及び連結子会社の財務情報に関する十分かつ適切な監査証拠を入手する。監査人は、連結財務諸表の監査に関する指示、監督及び実施に関して責任がある。監査人は、単独で監査意見に対して責任を負う。

監査人は、監査役及び監査役会(注7)に対して、計画した監査の範囲とその実施時期、監査の実施過程で識別した内部統制の重要な不備を含む監査上の重要な発見事項、及び監査の基準で求められているその他の事項について報告を行う。

監査人は、監査役及び監査役会(注7)に対して、独立性についての我が国における職業倫理に関する規定を遵守したこと、並びに監査人の独立性に影響を与えると合理的に考えられる事項、及び阻害要因を除去又は軽減するためにセーフガードを講じている場合はその内容について報告を行う。(注12)

監査人は、監査役及び監査役会(注7)と協議した事項のうち、当連結会計年度の連結財務諸表の監査で特に重要であると判断した事項を監査上の主要な検討事項と決定し、監査報告書において記載する。ただし、法令等により当該事項の公表が禁止されている場合や、極めて限定的ではあるが、監査報告書において報告することにより生じる不利益が公共の利益を上回ると合理的に見込まれるため、監査人が報告すべきでないと判断した場合は、当該事項を記載しない。(注13)

利害関係

会社及び連結子会社と当監査法人又は業務執行社員(注3)との間には、公認会計士法の規定により記載すべき利害関係はない。

以　上

(注1)(注2)(注3)　文例1に同じ

(注4)(注5)　文例3に同じ

(注6)　会社が修正国際基準に準拠して開始連結財政状態計算書を作成している場合においても、本文例を使用する。

(注7)　文例1（注5）に同じ

（注8） 文例1（注6）に同じ
（注9） 文例1（注7）に同じ
（注10） 国際会計基準等に基づく連結財務諸表を日本の監査基準に基づき監査を行う場合、適用される財務報告の枠組みに基づき適切な記述を行うことができる。修正国際基準に基づく連結財務諸表の監査の場合には、「経営者は、継続企業の前提に基づき連結財務諸表を作成することが適切であるかどうかを評価し、」を「経営者は、経営者が清算若しくは事業停止の意図があるか、又はそれ以外に現実的な代替案がない場合を除いて、継続企業の前提に基づき連結財務諸表を作成することが適切であるかどうかを評価し、」と記載することが考えられる。
（注11） 文例1（注8）に同じ
（注12） 文例1（注9）に同じ
（注13） 文例1（注10）に同じ

文例5　継続企業の前提に関する重要な不確実性が認められ、財務諸表における注記が適切な場合の無限定適正意見の監査報告書

（文例の前提となる状況）

監査人は、入手した監査証拠に基づいて、継続企業の前提に関する重要な不確実性が認められると結論付けている。連結財務諸表において重要な不確実性の注記が適切になされていることから、無限定適正意見を表明する。なお、監査人は、「継続企業の前提に関する重要な不確実性」区分に記載した事項以外に、監査上の主要な検討事項を報告する。

また、監査人は監査報告書の日付以前にその他の記載内容の全てを入手し、その他の記載内容に関して重要な誤りを識別していない。

監査意見

当監査法人は、金融商品取引法第193条の2第1項の規定に基づく監査証明を行うため、「経理の状況」に掲げられている○○株式会社の×年×月×日から×年×月×日までの連結会計年度の連結財務諸表、すなわち、連結貸借対照表、連結損益計算書、連結包括利益計算書、連結株主資本等変動計算書、連結キャッシュ・フロー計算書、連結財務諸表作成のための基本となる重要な事項、その他の注記及び連結附属明細表について監査を行った。

当監査法人は、上記の連結財務諸表が、我が国において一般に公正妥当と認められる企業会計の基準に準拠して、○○株式会社及び連結子会社の×年×月×日現在の財政状態並びに同日をもって終了する連結会計年度の経営成績及びキャッシュ・フローの状況を、全ての重要な点において適正に表示しているものと認める。

監査意見の根拠

当監査法人は、我が国において一般に公正妥当と認められる監査の基準に準拠して監査を行った。監査の基準における当監査法人の責任は、「連結財務諸表監査における監査人の責任」に記載されている。当監査法人は、我が国における職業倫理に関する規定に従って、会社及び連結子会社から独立しており、また、監査人としてのその他の倫理上の責任を果たしている。当監査法人は、意見表明の基礎となる十分かつ適切な監査証拠を入手したと判断している。

継続企業の前提に関する重要な不確実性

継続企業の前提に関する注記に記載されているとおり、会社は、×年×月×日から×年×月×日までの連結会計年度に純損失×××百万円を計上しており、×年×月×日現在において連結貸借対照表上△△△百万円の債務超過の状況にあることから、継続企業の前提に重要な疑義を生じさせるような事象又は状況が存在しており、現時点では継続企業の前提に関する重要な不確実性が認められる。なお、当該事象又は状況に対する対応策及び重要な不確実性が認められる理由については当該注記に記載されている。連結財務諸表は継

続企業を前提として作成されており、このような重要な不確実性の影響は連結財務諸表に反映されていない。
　当該事項は、当監査法人の意見に影響を及ぼすものではない。

監査上の主要な検討事項(注)
　監査上の主要な検討事項とは、当連結会計年度の連結財務諸表の監査において、監査人が職業的専門家として特に重要であると判断した事項である。監査上の主要な検討事項は、連結財務諸表全体に対する監査の実施過程及び監査意見の形成において対応した事項であり、当監査法人は、当該事項に対して個別に意見を表明するものではない。
　当監査法人は、「継続企業の前提に関する重要な不確実性」に記載されている事項のほか、以下に記載した事項を監査報告書において監査上の主要な検討事項として報告すべき事項と判断している。
[監基報701に従った監査上の主要な検討事項の記載例
　(表形式にする場合の記載例)

○○○○(監査上の主要な検討事項の見出し及び該当する場合には連結財務諸表の注記事項への参照)	
監査上の主要な検討事項の内容及び決定理由	監査上の対応
……(監査上の主要な検討事項の内容及び決定理由の内容を記載する)……。	……(監査上の対応を記載する)……。

]

その他の記載内容
　その他の記載内容は、有価証券報告書に含まれる情報のうち、連結財務諸表及び財務諸表並びにこれらの監査報告書以外の情報である。経営者の責任は、その他の記載内容を作成し開示することにある。また、監査役及び監査役会の責任は、その他の記載内容の報告プロセスの整備及び運用における取締役の職務の執行を監視することにある。
　当監査法人の連結財務諸表に対する監査意見の対象にはその他の記載内容は含まれておらず、当監査法人はその他の記載内容に対して意見を表明するものではない。
　連結財務諸表監査における当監査法人の責任は、その他の記載内容を通読し、通読の過程において、その他の記載内容と連結財務諸表又は当監査法人が監査の過程で得た知識との間に重要な相違があるかどうか検討すること、また、そのような重要な相違以外にその他の記載内容に重要な誤りの兆候があるかどうか注意を払うことにある。
　当監査法人は、実施した作業に基づき、その他の記載内容に重要な誤りがあると判断した場合には、その事実を報告することが求められている。
　その他の記載内容に関して、当監査法人が報告すべき事項はない。

(注)「継続企業の前提に関する重要な不確実性」区分に記載した事項以外に、監査上の主要な検討事項はないと判断している場合には、以下とする。

監査上の主要な検討事項
　監査上の主要な検討事項とは、当連結会計年度の連結財務諸表の監査において、監査人が職業的専門家として特に重要であると判断した事項である。監査上の主要な検討事項は、連結財務諸表全体に対する監査の実施過程及び監査意見の形成において対応した事項であり、当監査法人は、当該事項に対して個別に意見を表明するものではない。
　当監査法人は、「継続企業の前提に関する重要な不確実性」に記載されている事項を除き、監査報告書において報告すべき監査上の主要な検討事項はないと判断している。

文例6　監査報告書日以前に全てのその他の記載内容を入手し、またその他の記載内容に関して重要な誤りが存在すると結論付けた場合における、無限定適正意見の監査報告書

（文例の前提となる状況）

監査人は監査報告書の日付以前に全てのその他の記載内容を入手しており、また、その他の記載内容における重要な誤りを識別している。したがって、監査報告書の利用者にとって重要な情報であると考えられるため、「監査意見の根拠」区分に続いて、「その他の記載内容」区分を記載している。

その他の記載内容

その他の記載内容は、有価証券報告書に含まれる情報のうち、連結財務諸表及び財務諸表並びにこれらの監査報告書以外の情報である。経営者の責任は、その他の記載内容を作成し開示することにある。また、監査役及び監査役会の責任は、その他の記載内容の報告プロセスの整備及び運用における取締役の職務の執行を監視することにある。

当監査法人の連結財務諸表に対する監査意見の対象にはその他の記載内容は含まれておらず、当監査法人はその他の記載内容に対して意見を表明するものではない。

連結財務諸表監査における当監査法人の責任は、その他の記載内容を通読し、通読の過程において、その他の記載内容と連結財務諸表又は当監査法人が監査の過程で得た知識との間に重要な相違があるかどうか検討すること、また、そのような重要な相違以外にその他の記載内容に重要な誤りの兆候があるかどうか注意を払うことにある。

当監査法人は、実施した作業に基づき、その他の記載内容に重要な誤りがあると判断した場合には、その事実を報告することが求められている。

以下に記載のとおり、当監査法人は、その他の記載内容に重要な誤りがあると判断している。

[その他の記載内容の重要な誤りの記述]

監査上の主要な検討事項

監査上の主要な検討事項とは、当連結会計年度の連結財務諸表の監査において、監査人が職業的専門家として特に重要であると判断した事項である。監査上の主要な検討事項は、連結財務諸表全体に対する監査の実施過程及び監査意見の形成において対応した事項であり、当監査法人は、当該事項に対して個別に意見を表明するものではない。

[監基報701に従った監査上の主要な検討事項の記載例

（表形式にする場合の記載例）

○○○○（監査上の主要な検討事項の見出し及び該当する場合には連結財務諸表の注記事項への参照）	
監査上の主要な検討事項の内容及び決定理由	監査上の対応
……（監査上の主要な検討事項の内容及び決定理由の内容を記載する）……。	……（監査上の対応を記載する）……。

]

Ⅱ　金融商品取引法監査（中間監査）

文例７　中間連結財務諸表

独立監査人の中間監査報告書

×年×月×日

○○株式会社
　取締役会　御中

○　○監査法人
○○事務所(注１)

指定社員
業務執行社員　公認会計士　○○○○　印

指定社員
業務執行社員　公認会計士　○○○○　印

(注２)

中間監査意見

当監査法人(注３)は、金融商品取引法第193条の２第１項の規定に基づく監査証明を行うため、「経理の状況」に掲げられている○○株式会社の×年×月×日から×年×月×日までの連結会計年度の中間連結会計期間（×年×月×日から×年×月×日まで）に係る中間連結財務諸表、すなわち、中間連結貸借対照表、中間連結損益計算書、中間連結包括利益計算書(注４)、中間連結株主資本等変動計算書、中間連結キャッシュ・フロー計算書、中間連結財務諸表作成のための基本となる重要な事項及びその他の注記について中間監査を行った。

当監査法人(注３)は、上記の中間連結財務諸表が、我が国において一般に公正妥当と認められる中間連結財務諸表の作成基準に準拠して、○○株式会社及び連結子会社の×年×月×日現在の財政状態並びに同日をもって終了する中間連結会計期間（×年×月×日から×年×月×日まで）の経営成績及びキャッシュ・フローの状況に関する有用な情報を表示しているものと認める。

中間監査意見の根拠

当監査法人(注３)は、我が国において一般に公正妥当と認められる中間監査の基準に準拠して中間監査を行った。中間監査の基準における当監査法人(注３)の責任は、「中間連結財務諸表監査における監査人の責任」に記載されている。当監査法人(注３)は、我が国における職業倫理に関する規定に従って、会社及び連結子会社から独立しており、また、監査人としてのその他の倫理上の責任を果たしている。当監査法人(注３)は、中間監査の意見表明の基礎となる十分かつ適切な監査証拠を入手したと判断している。

中間連結財務諸表に対する経営者並びに監査役及び監査役会(注５)の責任

経営者の責任は、我が国において一般に公正妥当と認められる中間連結財務諸表の作成基準に準拠して中間連結財務諸表を作成し有用な情報を表示することにある。これには、不正又は誤謬による重要な虚偽表示のない中間連結財務諸表を作成し有用な情報を表示するために経営者が必要と判断した内部統制を整備及び運用することが含まれる。

中間連結財務諸表を作成するに当たり、経営者は、継続企業の前提に基づき中間連結財務諸表を作成することが適切であるかどうかを評価し、我が国において一般に公正妥当と認められる中間連結財務諸表の作成基準に基づいて継続企業に関する事項を開示する必要がある場合には当該事項を開示する責任がある。

監査役及び監査役会(注５)の責任は、財務報告プロセスの整備及び運用における取締役の職務の執行を監視することにある(注６)。

中間連結財務諸表監査における監査人の責任

監査人の責任は、監査人が実施した中間監査に基づいて、全体として中間連結財務諸表の有用な情報の表示に関して投資者の判断を損なうような重要な虚偽表示がないかどうかの合理的な保証を得て、中間監査報告書において独立の立場から中間連結財務諸表に対する意見を表明することにある。虚偽表示は、不正又は誤謬により発生する可能性があり、個別に又は集計すると、中間連結財務諸表の利用者の意思決定に影響を与えると合理的に見込まれる場合に、重要性があると判断される。

監査人は、我が国において一般に公正妥当と認められる中間監査の基準に従って、中間監査の過程を通じて、職業的専門家としての判断を行い、職業的懐疑心を保持して以下を実施する。

・不正又は誤謬による中間連結財務諸表の重要な虚偽表示リスクを識別し、評価する。また、重要な虚偽表示リスクに対応する中間監査手続を立案し、実施する。中間監査手続の選択及び適用は監査人の判断による。さらに、中間監査の意見表明の基礎となる十分かつ適切な監査証拠を入手する。なお、中間監査手続は、年度監査と比べて監査手続の一部が省略され、監査人の判断により、不正又は誤謬による中間連結財務諸表の重要な虚偽表示リスクの評価に基づいて、分析的手続等を中心とした監査手続に必要に応じて追加の監査手続が選択及び適用される。
・中間連結財務諸表監査の目的は、内部統制の有効性について意見表明するためのものではないが、監査人は、リスク評価の実施に際して、状況に応じた適切な中間監査手続を立案するために、中間連結財務諸表の作成と有用な情報の表示に関連する内部統制を検討する。
・経営者が採用した会計方針及びその適用方法並びに経営者によって行われた会計上の見積りの合理性及び関連する注記事項の妥当性を評価する。
・経営者が継続企業を前提として中間連結財務諸表を作成することが適切であるかどうか、また、入手した監査証拠に基づき、継続企業の前提に重要な疑義を生じさせるような事象又は状況に関して重要な不確実性が認められるかどうか結論付ける。継続企業の前提に関する重要な不確実性が認められる場合は、中間監査報告書において中間連結財務諸表の注記事項に注意を喚起すること、又は重要な不確実性に関する中間連結財務諸表の注記事項が適切でない場合は、中間連結財務諸表に対して除外事項付意見を表明することが求められている。監査人の結論は、中間監査報告書日までに入手した監査証拠に基づいているが、将来の事象や状況により、企業は継続企業として存続できなくなる可能性がある。
・中間連結財務諸表の表示及び注記事項が、我が国において一般に公正妥当と認められる中間連結財務諸表の作成基準に準拠しているかどうかとともに、関連する注記事項を含めた中間連結財務諸表の表示、構成及び内容、並びに中間連結財務諸表が基礎となる取引や会計事象に関して有用な情報を表示しているかどうかを評価する。
・中間連結財務諸表に対する意見を表明するために、会社及び連結子会社の財務情報に関する十分かつ適切な監査証拠を入手する。監査人は、中間連結財務諸表の中間監査に関する指示、監督及び実施に関して責任がある。監査人は、単独で中間監査意見に対して責任を負う。

監査人は、監査役及び監査役会(注5)に対して、計画した中間監査の範囲とその実施時期、中間監査の実施過程で識別した内部統制の重要な不備を含む中間監査上の重要な発見事項、及び中間監査の基準で求められているその他の事項について報告を行う。

監査人は、監査役及び監査役会(注5)に対して、独立性についての我が国における職業倫理に関する規定を遵守したこと、並びに監査人の独立性に影響を与えると合理的に考えられる事項、及び阻害要因を除去又は軽減するためにセーフガードを講じている場合はその内容について報告を行う。(注7)

利害関係

会社及び連結子会社と当監査法人又は業務執行社員(注2)との間には、公認会計士法の規定により記載すべき利害関係はない。

以　上

(注1)(注2)(注3)(注5)　文例1に同じ

(注4)　中間連結損益及び包括利益計算書を作成する場合には、「中間連結損益計算書、中間連結包括利益計算書」を「中間連結損益及び包括利益計算書」とする。

(注6)　文例1（注8）に同じ

(注7)　文例1（注9）に同じ

文例８　中間個別財務諸表

独立監査人の中間監査報告書

×年×月×日

○○株式会社
取締役会　御中

○　○監査法人
○○事務所(注１)
指定社員
業務執行社員　公認会計士　○○○○　印
指定社員
業務執行社員　公認会計士　○○○○　印
(注２)

中間監査意見

当監査法人(注３)は、金融商品取引法第193条の２第１項の規定に基づく監査証明を行うため、「経理の状況」に掲げられている○○株式会社の×年×月×日から×年×月×日までの第×期事業年度の中間会計期間（×年×月×日から×年×月×日まで）に係る中間財務諸表、すなわち、中間貸借対照表、中間損益計算書、中間株主資本等変動計算書、中間キャッシュ・フロー計算書、重要な会計方針及びその他の注記について中間監査を行った。

当監査法人(注３)は、上記の中間財務諸表が、我が国において一般に公正妥当と認められる中間財務諸表の作成基準に準拠して、○○株式会社の×年×月×日現在の財政状態並びに同日をもって終了する中間会計期間（×年×月×日から×年×月×日まで）の経営成績及びキャッシュ・フローの状況に関する有用な情報を表示しているものと認める。

中間監査意見の根拠

当監査法人(注３)は、我が国において一般に公正妥当と認められる中間監査の基準に準拠して中間監査を行った。中間監査の基準における当監査法人(注３)の責任は、「中間財務諸表監査における監査人の責任」に記載されている。当監査法人(注３)は、我が国における職業倫理に関する規定に従って、会社から独立しており、また、監査人としてのその他の倫理上の責任を果たしている。当監査法人(注３)は、中間監査の意見表明の基礎となる十分かつ適切な監査証拠を入手したと判断している。

中間財務諸表に対する経営者並びに監査役及び監査役会(注４)の責任

経営者の責任は、我が国において一般に公正妥当と認められる中間財務諸表の作成基準に準拠して中間財務諸表を作成し有用な情報を表示することにある。これには、不正又は誤謬による重要な虚偽表示のない中間財務諸表を作成し有用な情報を表示するために経営者が必要と判断した内部統制を整備及び運用することが含まれる。

中間財務諸表を作成するに当たり、経営者は、継続企業の前提に基づき中間財務諸表を作成することが適切であるかどうかを評価し、我が国において一般に公正妥当と認められる中間財務諸表の作成基準に基づいて継続企業に関する事項を開示する必要がある場合には当該事項を開示する責任がある。

監査役及び監査役会(注４)の責任は、財務報告プロセスの整備及び運用における取締役の職務の執行を監視することにある(注５)。

中間財務諸表監査における監査人の責任

監査人の責任は、監査人が実施した中間監査に基づいて、全体として中間財務諸表の有用な情報の表示に関して投資者の判断を損なうような重要な虚偽表示がないかどうかの合理的な保証を得て、中間監査報告書において独立の立場から中間財務諸表に対する意見を表明することにある。虚偽表示は、不正又は誤謬により発生する可能性があり、個別に又は集計すると、中間財務諸表の利用者の意思決定に影響を与えると合理的に見込まれる場合に、重要性があると判断される。

監査人は、我が国において一般に公正妥当と認められる中間監査の基準に従って、中間監査の過程を通じて、職業的専門家としての判断を行い、職業的懐疑心を保持して以下を実施する。(注6)

・不正又は誤謬による中間財務諸表の重要な虚偽表示リスクを識別し、評価する。また、重要な虚偽表示リスクに対応する中間監査手続を立案し、実施する。中間監査手続の選択及び適用は監査人の判断による。さらに、中間監査の意見表明の基礎となる十分かつ適切な監査証拠を入手する。なお、中間監査手続は、年度監査と比べて監査手続の一部が省略され、監査人の判断により、不正又は誤謬による中間財務諸表の重要な虚偽表示リスクの評価に基づいて、分析的手続等を中心とした監査手続に必要に応じて追加の監査手続が選択及び適用される。
・中間財務諸表監査の目的は、内部統制の有効性について意見表明するためのものではないが、監査人は、リスク評価の実施に際して、状況に応じた適切な中間監査手続を立案するために、中間財務諸表の作成と有用な情報の表示に関連する内部統制を検討する。
・経営者が採用した会計方針及びその適用方法並びに経営者によって行われた会計上の見積りの合理性及び関連する注記事項の妥当性を評価する。
・経営者が継続企業を前提として中間財務諸表を作成することが適切であるかどうか、また、入手した監査証拠に基づき、継続企業の前提に重要な疑義を生じさせるような事象又は状況に関して重要な不確実性が認められるかどうか結論付ける。継続企業の前提に関する重要な不確実性が認められる場合は、中間監査報告書において中間財務諸表の注記事項に注意を喚起すること、又は重要な不確実性に関する中間財務諸表の注記事項が適切でない場合は、中間財務諸表に対して除外事項付意見を表明することが求められている。監査人の結論は、中間監査報告書日までに入手した監査証拠に基づいているが、将来の事象や状況により、企業は継続企業として存続できなくなる可能性がある。
・中間財務諸表の表示及び注記事項が、我が国において一般に公正妥当と認められる中間財務諸表の作成基準に準拠しているかどうかとともに、関連する注記事項を含めた中間財務諸表の表示、構成及び内容、並びに中間財務諸表が基礎となる取引や会計事象に関して有用な情報を表示しているかどうかを評価する。

監査人は、監査役及び監査役会(注4)に対して、計画した中間監査の範囲とその実施時期、中間監査の実施過程で識別した内部統制の重要な不備を含む中間監査上の重要な発見事項、及び中間監査の基準で求められているその他の事項について報告を行う。

監査人は、監査役及び監査役会(注4)に対して、独立性についての我が国における職業倫理に関する規定を遵守したこと、並びに監査人の独立性に影響を与えると合理的に考えられる事項、及び阻害要因を除去又は軽減するためにセーフガードを講じている場合はその内容について報告を行う。(注7)

利害関係

会社と当監査法人又は業務執行社員(注3)との間には、公認会計士法の規定により記載すべき利害関係はない。

以　上

(注1)(注2)(注3)　文例1に同じ

(注4)　文例1（注5）に同じ

(注5)　文例1（注8）に同じ

(注6)　中間個別財務諸表に対する監査で監基報600を適用する場合には、以下の文を実施項目に追加する。
「中間財務諸表に対する意見を表明するために、中間財務諸表に含まれる構成単位の財務情報に関する十分かつ適切な監査証拠を入手する。監査人は、構成単位の財務情報に関する中間監査の指示、監督及び実施に関して責任がある。監査人は、単独で中間監査意見に対して責任を負う。」

(注7)　文例1（注9）に同じ

文例９　中間連結財務諸表（IFRS任意適用会社）

独立監査人の中間監査報告書

×年×月×日

○○株式会社
取締役会　御中

○　○監査法人
○○事務所（注１）

指定社員
業務執行社員　公認会計士　○○○○　印

指定社員
業務執行社員　公認会計士　○○○○　印
（注２）

中間監査意見

当監査法人（注３）は、金融商品取引法第193条の２第１項の規定に基づく監査証明を行うため、「経理の状況」に掲げられている○○株式会社の×年×月×日から×年×月×日までの連結会計年度の中間連結会計期間（×年×月×日から×年×月×日まで）に係る中間連結財務諸表、すなわち、中間連結財政状態計算書、中間連結損益計算書、中間連結包括利益計算書（注４）、中間連結持分変動計算書、中間連結キャッシュ・フロー計算書、中間連結財務諸表作成のための基本となる重要な事項及びその他の注記（注５）について中間監査を行った。（注６）

当監査法人（注３）は、上記の中間連結財務諸表が、「中間連結財務諸表の用語、様式及び作成方法に関する規則」第87条により規定された国際会計基準第34号「期中財務報告」（注７）に準拠して、○○株式会社及び連結子会社の×年×月×日現在の財政状態並びに同日をもって終了する中間連結会計期間（×年×月×日から×年×月×日まで）の経営成績及びキャッシュ・フローの状況に関する有用な情報を表示しているものと認める。

中間監査意見の根拠

当監査法人（注３）は、我が国において一般に公正妥当と認められる中間監査の基準に準拠して中間監査を行った。中間監査の基準における当監査法人（注３）の責任は、「中間連結財務諸表監査における監査人の責任」に記載されている。当監査法人（注３）は、我が国における職業倫理に関する規定に従って、会社及び連結子会社から独立しており、また、監査人としてのその他の倫理上の責任を果たしている。当監査法人（注３）は、中間監査の意見表明の基礎となる十分かつ適切な監査証拠を入手したと判断している。

中間連結財務諸表に対する経営者並びに監査役及び監査役会（注８）の責任

経営者の責任は、国際会計基準第34号「期中財務報告」（注７）に準拠して中間連結財務諸表を作成し有用な情報を表示することにある。これには、不正又は誤謬による重要な虚偽表示のない中間連結財務諸表を作成し有用な情報を表示するために経営者が必要と判断した内部統制を整備及び運用することが含まれる。

中間連結財務諸表を作成するに当たり、経営者は、継続企業の前提に基づき中間連結財務諸表を作成することが適切であるかどうかを評価し、国際会計基準第１号「財務諸表の表示」第４項に基づき、継続企業に関する事項を開示する必要がある場合には当該事項を開示する責任がある（注９）。

監査役及び監査役会（注８）の責任は、財務報告プロセスの整備及び運用における取締役の職務の執行を監視することにある（注10）。

中間連結財務諸表監査における監査人の責任

監査人の責任は、監査人が実施した中間監査に基づいて、全体として中間連結財務諸表の有用な情報の表示に関して投資者の判断を損なうような重要な虚偽表示がないかどうかの合理的な保証を得て、中間監査報告書において独立の立場から中間連結財務諸表に対する意見を表明することにある。虚偽表示は、不正又は誤謬により発生する可能性があり、個別に又は集計すると、中間連結財務諸表の利用者の意思決定に影響を与えると合理的に見込まれる場合に、重要性があると判断される。

監査人は、我が国において一般に公正妥当と認められる中間監査の基準に従って、中間監査の過程を通じて、職業的専門家としての判断を行い、職業的懐疑心を保持して以下を実施する。

- 不正又は誤謬による中間連結財務諸表の重要な虚偽表示リスクを識別し、評価する。また、重要な虚偽表示リスクに対応する中間監査手続を立案し、実施する。中間監査手続の選択及び適用は監査人の判断による。さらに、中間監査の意見表明の基礎となる十分かつ適切な監査証拠を入手する。なお、中間監査手続は、年度監査と比べて監査手続の一部が省略され、監査人の判断により、不正又は誤謬による中間連結財務諸表の重要な虚偽表示リスクの評価に基づいて、分析的手続等を中心とした監査手続に必要に応じて追加の監査手続が選択及び適用される。
- 中間連結財務諸表監査の目的は、内部統制の有効性について意見表明するためのものではないが、監査人は、リスク評価の実施に際して、状況に応じた適切な中間監査手続を立案するために、中間連結財務諸表の作成と有用な情報の表示に関連する内部統制を検討する。
- 経営者が採用した会計方針及びその適用方法並びに経営者によって行われた会計上の見積りの合理性及び関連する注記事項の妥当性を評価する。
- 経営者が継続企業を前提として中間連結財務諸表を作成することが適切であるかどうか、また、入手した監査証拠に基づき、継続企業の前提に重要な疑義を生じさせるような事象又は状況に関して重要な不確実性が認められるかどうか結論付ける。継続企業の前提に関する重要な不確実性が認められる場合は、中間監査報告書において中間連結財務諸表の注記事項に注意を喚起すること、又は重要な不確実性に関する中間連結財務諸表の注記事項が適切でない場合は、中間連結財務諸表に対して除外事項付意見を表明することが求められている。監査人の結論は、中間監査報告書日までに入手した監査証拠に基づいているが、将来の事象や状況により、企業は継続企業として存続できなくなる可能性がある。
- 中間連結財務諸表の表示及び注記事項が、国際会計基準第34号「期中財務報告」(注7)に準拠しているかどうかとともに、関連する注記事項を含めた中間連結財務諸表の表示、構成及び内容、並びに中間連結財務諸表が基礎となる取引や会計事象に関して有用な情報を表示しているかどうかを評価する。
- 中間連結財務諸表に対する意見を表明するために、会社及び連結子会社の財務情報に関する十分かつ適切な監査証拠を入手する。監査人は、中間連結財務諸表の中間監査に関する指示、監督及び実施に関して責任がある。監査人は、単独で中間監査意見に対して責任を負う。

監査人は、監査役及び監査役会(注8)に対して、計画した中間監査の範囲とその実施時期、中間監査の実施過程で識別した内部統制の重要な不備を含む中間監査上の重要な発見事項、及び中間監査の基準で求められているその他の事項について報告を行う。

監査人は、監査役及び監査役会(注8)に対して、独立性についての我が国における職業倫理に関する規定を遵守したこと、並びに監査人の独立性に影響を与えると合理的に考えられる事項、及び阻害要因を除去又は軽減するためにセーフガードを講じている場合はその内容について報告を行う。(注11)

利害関係

会社及び連結子会社と当監査法人又は業務執行社員(注3)との間には、公認会計士法の規定により記載すべき利害関係はない。

以　上

(注1)(注2)(注3)　文例1に同じ

(注4)　中間連結損益計算書及び中間連結包括利益計算書を1計算書方式で作成している場合には、「中間連結損益計算書、中間連結包括利益計算書」を「中間連結包括利益計算書」とする。

(注5)　「中間連結財務諸表作成のための基本となる重要な事項及びその他の注記」については、当該注記を表す中間連結財務諸表上の記載に合わせて適宜変更することができる。

(注6)　文例3に同じ

(注7)　指定国際会計基準が国際会計基準と異なる場合には、「国際会計基準第34号「期中財務報告」」を「指

定国際会計基準に定める国際会計基準第34号「期中財務報告」」とする。

（注８）　文例１（注５）に同じ

（注９）　国際会計基準等に基づく中間連結財務諸表を日本の中間監査基準に基づき監査を行う場合、適用される財務報告の枠組みに基づき適切な記述を行うことができる。国際会計基準に基づく中間連結財務諸表の監査の場合には、「経営者は、継続企業の前提に基づき中間連結財務諸表を作成することが適切であるかどうかを評価し、」を「経営者は、経営者が清算若しくは事業停止の意図があるか、又はそれ以外に現実的な代替案がない場合を除いて、継続企業の前提に基づき中間連結財務諸表を作成することが適切であるかどうかを評価し、」と記載することが考えられる。

（注10）　文例１（注８）に同じ

（注11）　文例１（注９）に同じ

文例10　中間連結財務諸表（修正国際基準適用会社）

独立監査人の中間監査報告書

×年×月×日

○○株式会社
取締役会　御中

○　○監査法人
○○事務所(注１)

指定社員
業務執行社員　公認会計士　○○○○　印

指定社員
業務執行社員　公認会計士　○○○○　印

(注２)

中間監査意見

当監査法人(注３)は、金融商品取引法第193条の２第１項の規定に基づく監査証明を行うため、「経理の状況」に掲げられている○○株式会社の×年×月×日から×年×月×日までの連結会計年度の中間連結会計期間（×年×月×日から×年×月×日まで）に係る中間連結財務諸表、すなわち、中間連結財政状態計算書、中間連結損益計算書、中間連結包括利益計算書(注４)、中間連結持分変動計算書、中間連結キャッシュ・フロー計算書、中間連結財務諸表作成のための基本となる重要な事項及びその他の注記(注５)について中間監査を行った。(注６)

当監査法人(注３)は、上記の中間連結財務諸表が、「中間連結財務諸表の用語、様式及び作成方法に関する規則」第88条により規定された修正国際基準に定める国際会計基準第34号「期中財務報告」に準拠して、○○株式会社及び連結子会社の×年×月×日現在の財政状態並びに同日をもって終了する中間連結会計期間（×年×月×日から×年×月×日まで）の経営成績及びキャッシュ・フローの状況に関する有用な情報を表示しているものと認める。

中間監査意見の根拠

当監査法人(注３)は、我が国において一般に公正妥当と認められる中間監査の基準に準拠して中間監査を行った。中間監査の基準における当監査法人(注３)の責任は、「中間連結財務諸表監査における監査人の責任」に記載されている。当監査法人(注３)は、我が国における職業倫理に関する規定に従って、会社及び連結子会社から独立しており、また、監査人としてのその他の倫理上の責任を果たしている。当監査法人(注３)は、中間監査の意見表明の基礎となる十分かつ適切な監査証拠を入手したと判断している。

中間連結財務諸表に対する経営者並びに監査役及び監査役会(注７)の責任

経営者の責任は、修正国際基準に定める国際会計基準第34号「期中財務報告」に準拠して中間連結財務諸表を作成し有用な情報を表示することにある。これには、不正又は誤謬による重要な虚偽表示のない中間連結財務諸表を作成し有用な情報を表示するために経営者が必要と判断した内部統制を整備及び運用することが含まれる。

中間連結財務諸表を作成するに当たり、経営者は、継続企業の前提に基づき中間連結財務諸表を作成することが適切であるかどうかを評価し、国際会計基準第１号「財務諸表の表示」第４項に基づき、継続企業に関する事項を開示する必要がある場合には当該事項を開示する責任がある(注8)。

監査役及び監査役会(注7)の責任は、財務報告プロセスの整備及び運用における取締役の職務の執行を監視することにある(注9)。

中間連結財務諸表監査における監査人の責任

監査人の責任は、監査人が実施した中間監査に基づいて、全体として中間連結財務諸表の有用な情報の表示に関して投資者の判断を損なうような重要な虚偽表示がないかどうかの合理的な保証を得て、中間監査報告書において独立の立場から中間連結財務諸表に対する意見を表明することにある。虚偽表示は、不正又は誤謬により発生する可能性があり、個別に又は集計すると、中間連結財務諸表の利用者の意思決定に影響を与えると合理的に見込まれる場合に、重要性があると判断される。

監査人は、我が国において一般に公正妥当と認められる中間監査の基準に従って、中間監査の過程を通じて、職業的専門家としての判断を行い、職業的懐疑心を保持して以下を実施する。

・不正又は誤謬による中間連結財務諸表の重要な虚偽表示リスクを識別し、評価する。また、重要な虚偽表示リスクに対応する中間監査手続を立案し、実施する。中間監査手続の選択及び適用は監査人の判断による。さらに、中間監査の意見表明の基礎となる十分かつ適切な監査証拠を入手する。なお、中間監査手続は、年度監査と比べて監査手続の一部が省略され、監査人の判断により、不正又は誤謬による中間連結財務諸表の重要な虚偽表示リスクの評価に基づいて、分析的手続等を中心とした監査手続に必要に応じて追加の監査手続が選択及び適用される。
・中間連結財務諸表監査の目的は、内部統制の有効性について意見表明するためのものではないが、監査人は、リスク評価の実施に際して、状況に応じた適切な中間監査手続を立案するために、中間連結財務諸表の作成と有用な情報の表示に関連する内部統制を検討する。
・経営者が採用した会計方針及びその適用方法並びに経営者によって行われた会計上の見積りの合理性及び関連する注記事項の妥当性を評価する。
・経営者が継続企業を前提として中間連結財務諸表を作成することが適切であるかどうか、また、入手した監査証拠に基づき、継続企業の前提に重要な疑義を生じさせるような事象又は状況に関して重要な不確実性が認められるかどうか結論付ける。継続企業の前提に関する重要な不確実性が認められる場合は、中間監査報告書において中間連結財務諸表の注記事項に注意を喚起すること、又は重要な不確実性に関する中間連結財務諸表の注記事項が適切でない場合は、中間連結財務諸表に対して除外事項付意見を表明することが求められている。監査人の結論は、中間監査報告書日までに入手した監査証拠に基づいているが、将来の事象や状況により、企業は継続企業として存続できなくなる可能性がある。
・中間連結財務諸表の表示及び注記事項が、修正国際基準に定める国際会計基準第34号「期中財務報告」に準拠しているかどうかとともに、関連する注記事項を含めた中間連結財務諸表の表示、構成及び内容、並びに中間連結財務諸表が基礎となる取引や会計事象に関して有用な情報を表示しているかどうかを評価する。
・中間連結財務諸表に対する意見を表明するために、会社及び連結子会社の財務情報に関する十分かつ適切な監査証拠を入手する。監査人は、中間連結財務諸表の中間監査に関する指示、監督及び実施に関して責任がある。監査人は、単独で中間監査意見に対して責任を負う。

監査人は、監査役及び監査役会(注7)に対して、計画した中間監査の範囲とその実施時期、中間監査の実施過程で識別した内部統制の重要な不備を含む中間監査上の重要な発見事項、及び中間監査の基準で求められているその他の事項について報告を行う。

監査人は、監査役及び監査役会(注7)に対して、独立性についての我が国における職業倫理に関する規定を遵守したこと、並びに監査人の独立性に影響を与えると合理的に考えられる事項、及び阻害要因を除去又は軽減するためにセーフガードを講じている場合はその内容について報告を行う。(注10)

利害関係
　会社及び連結子会社と当監査法人又は業務執行社員(注3)との間には、公認会計士法の規定により記載すべき利害関係はない。

以　上

(注1)(注2)(注3)　文例1に同じ
(注4)(注5)　文例9に同じ
(注6)　文例4に同じ
(注7)　文例1（注5）に同じ
(注8)　国際会計基準等に基づく中間連結財務諸表を日本の中間監査基準に基づき監査を行う場合、適用される財務報告の枠組みに基づき適切な記述を行うことができる。修正国際基準に基づく中間連結財務諸表の監査の場合には、「経営者は、継続企業の前提に基づき中間連結財務諸表を作成することが適切であるかどうかを評価し、」を「経営者は、経営者が清算若しくは事業停止の意図があるか、又はそれ以外に現実的な代替案がない場合を除いて、継続企業の前提に基づき中間連結財務諸表を作成することが適切であるかどうかを評価し、」と記載することが考えられる。
(注9)　文例1（注8）に同じ
(注10)　文例1（注9）に同じ

Ⅲ　会社法監査

文例11　計算書類

独立監査人の監査報告書

×年×月×日

〇〇株式会社
　取締役会　御中

〇　〇 監 査 法 人
〇〇事務所(注1)
指 定 社 員
業務執行社員　公認会計士　〇〇〇〇　印
指 定 社 員
業務執行社員　公認会計士　〇〇〇〇　印
(注2)

監査意見
　当監査法人(注3)は、会社法第436条第2項第1号の規定に基づき、〇〇株式会社の×年×月×日から×年×月×日までの第×期事業年度の計算書類、すなわち、貸借対照表、損益計算書、株主資本等変動計算書及び個別注記表(注4)並びにその附属明細書（以下「計算書類等」という。）について監査を行った。
　当監査法人(注3)は、上記の計算書類等が、我が国において一般に公正妥当と認められる企業会計の基準(注5)に準拠して、当該計算書類等に係る期間の財産及び損益の状況を、全ての重要な点において適正に表示しているものと認める。

監査意見の根拠
　当監査法人(注3)は、我が国において一般に公正妥当と認められる監査の基準に準拠して監査を行った。監査の基準における当監査法人(注3)の責任は、「計算書類等の監査における監査人の責任」に記載されている。当監査法人(注3)は、我が国における職業倫理に関する規定に従って、会社から独立しており、また、監査人としてのその他の倫理上の責任を果たしている。当監査法人(注3)は、意見表明の基礎となる十分かつ適切な監査証拠を入手したと判断している。

その他の記載内容

その他の記載内容は、事業報告及びその附属明細書である。経営者の責任は、その他の記載内容を作成し開示することにある。また、監査役及び監査役会(注6)の責任は、その他の記載内容の報告プロセスの整備及び運用における取締役の職務の執行を監視することにある(注7)。

当監査法人(注3)の計算書類等に対する監査意見の対象にはその他の記載内容は含まれておらず、当監査法人(注3)はその他の記載内容に対して意見を表明するものではない。

計算書類等の監査における当監査法人(注3)の責任は、その他の記載内容を通読し、通読の過程において、その他の記載内容と計算書類等又は当監査法人(注3)が監査の過程で得た知識との間に重要な相違があるかどうか検討すること、また、そのような重要な相違以外にその他の記載内容に重要な誤りの兆候があるかどうか注意を払うことにある。

当監査法人(注3)は、実施した作業に基づき、その他の記載内容に重要な誤りがあると判断した場合には、その事実を報告することが求められている。

その他の記載内容に関して、当監査法人(注3)が報告すべき事項はない。(注8)

計算書類等に対する経営者並びに監査役及び監査役会(注6)の責任

経営者の責任は、我が国において一般に公正妥当と認められる企業会計の基準(注5)に準拠して計算書類等を作成し適正に表示することにある。これには、不正又は誤謬による重要な虚偽表示のない計算書類等を作成し適正に表示するために経営者が必要と判断した内部統制を整備及び運用することが含まれる。

計算書類等を作成するに当たり、経営者は、継続企業の前提に基づき計算書類等を作成することが適切であるかどうかを評価し、我が国において一般に公正妥当と認められる企業会計の基準(注5)に基づいて継続企業に関する事項を開示する必要がある場合には当該事項を開示する責任がある。

監査役及び監査役会(注6)の責任は、財務報告プロセスの整備及び運用における取締役の職務の執行を監視することにある(注9)。

計算書類等の監査における監査人の責任

監査人の責任は、監査人が実施した監査に基づいて、全体としての計算書類等に不正又は誤謬による重要な虚偽表示がないかどうかについて合理的な保証を得て、監査報告書において独立の立場から計算書類等に対する意見を表明することにある。虚偽表示は、不正又は誤謬により発生する可能性があり、個別に又は集計すると、計算書類等の利用者の意思決定に影響を与えると合理的に見込まれる場合に、重要性があると判断される。

監査人は、我が国において一般に公正妥当と認められる監査の基準に従って、監査の過程を通じて、職業的専門家としての判断を行い、職業的懐疑心を保持して以下を実施する。(注10)

・不正又は誤謬による重要な虚偽表示リスクを識別し、評価する。また、重要な虚偽表示リスクに対応した監査手続を立案し、実施する。監査手続の選択及び適用は監査人の判断による。さらに、意見表明の基礎となる十分かつ適切な監査証拠を入手する。
・計算書類等の監査の目的は、内部統制の有効性について意見表明するためのものではないが、監査人は、リスク評価の実施に際して、状況に応じた適切な監査手続を立案するために、監査に関連する内部統制を検討する。
・経営者が採用した会計方針及びその適用方法の適切性、並びに経営者によって行われた会計上の見積りの合理性及び関連する注記事項の妥当性を評価する。
・経営者が継続企業を前提として計算書類等を作成することが適切であるかどうか、また、入手した監査証拠に基づき、継続企業の前提に重要な疑義を生じさせるような事象又は状況に関して重要な不確実性が認められるかどうか結論付ける。継続企業の前提に関する重要な不確実性が認められる場合は、監査報告書において計算書類等の注記事項に注意を喚起すること、又は重要な不確実性に関する計算書類等の注記事項が適切でない場合は、計算書類等に対して除外事項付意見を表明することが求められている。監査人の結論は、監査報告書日までに入手した監査証拠に基づいているが、将来の事象や状況により、企業は継続企業として存続できなくなる可能性がある。

・計算書類等の表示及び注記事項が、我が国において一般に公正妥当と認められる企業会計の基準(注5)に準拠しているかどうかとともに、関連する注記事項を含めた計算書類等の表示、構成及び内容、並びに計算書類等が基礎となる取引や会計事象を適正に表示しているかどうかを評価する。

監査人は、監査役及び監査役会(注6)に対して、計画した監査の範囲とその実施時期、監査の実施過程で識別した内部統制の重要な不備を含む監査上の重要な発見事項、及び監査の基準で求められているその他の事項について報告を行う。

監査人は、監査役及び監査役会(注6)に対して、独立性についての我が国における職業倫理に関する規定を遵守したこと、並びに監査人の独立性に影響を与えると合理的に考えられる事項、及び阻害要因を除去又は軽減するためにセーフガードを講じている場合はその内容について報告を行う。(注11)

利害関係

会社と当監査法人又は業務執行社員(注3)との間には、公認会計士法の規定により記載すべき利害関係はない。

以　上

(注1)　文例1に同じ

(注2)　①　会計監査人が無限責任監査法人の場合で、指定証明でないときには、以下とする。

○　○監査法人
○○県□□市(注1)
代表社員
業務執行社員　公認会計士　○○○○　印
業務執行社員　公認会計士　○○○○　印

②　会計監査人が有限責任監査法人の場合は、以下とする。

○　○有限責任監査法人
○○事務所(注1)
指定有限責任社員
業務執行社員　公認会計士　○○○○　印
指定有限責任社員
業務執行社員　公認会計士　○○○○　印

③　会計監査人が公認会計士の場合には、以下とする。

○○○○　公認会計士事務所
○○県□□市(注1)
公認会計士　○○○○　印
○○○○　公認会計士事務所
○○県□□市(注1)
公認会計士　○○○○　印

(注3)　会計監査人が公認会計士の場合には、「私」又は「私たち」とする。

(注4)　会社計算規則第57条第3項の規定に基づき、個別注記表と題する計算関係書類を作成していない場合には、「貸借対照表、損益計算書、株主資本等変動計算書及び個別注記表並びにその附属明細書」を「貸借対照表、損益計算書、株主資本等変動計算書、重要な会計方針及びその他の注記並びにその附属明細書」とする。

(注5)　会社計算規則第126条では、会計監査人は監査の対象となった計算関係書類が我が国において一般に公正妥当と認められる企業会計の慣行に準拠して、当該計算関係書類に係る期間の財産及び損益の状況を全ての重要な点において適正に表示しているか否かについて意見を表明することを求め、会計監査人が監査を行うに当たっての判断のよりどころを「企業会計の慣行」という用語により規定している。

同規定の趣旨は、会計監査報告の内容について監査基準等に則した表現や内容を求めるものであると考えられることから、金融商品取引法監査に係る監査報告書の文言と整合するよう、この会計監査人が監査を行うに当たっての判断のよりどころを文中「企業会計の基準」として示した。

（注６） 文例１（注５）に同じ

（注７） 文例１（注６）に同じ

（注８） 文例１（注７）に同じ

（注９） 文例１（注８）に同じ

（注10） 計算書類等に対する監査で監基報600を適用する場合には、以下の文を実施項目に追加する。

・計算書類等に対する意見を表明するために、計算書類等に含まれる構成単位の財務情報に関する十分かつ適切な監査証拠を入手する。監査人は、構成単位の財務情報に関する監査の指示、監督及び実施に関して責任がある。監査人は、単独で監査意見に対して責任を負う。

（注11） 上場企業又は上場企業ではないが上場企業の場合に適用される監査人の独立性に関するコミュニケーションについての要求事項が適用される企業の会社法監査の場合のみ記載する事項であるため、それ以外の企業の場合は削除する（第20項）。

文例12　連結計算書類

独立監査人の監査報告書

×年×月×日

○○株式会社
取締役会　御中

○　○　監　査　法　人
○○事務所（注１）

指　定　社　員
業務執行社員　公認会計士　○○○○　印

指　定　社　員
業務執行社員　公認会計士　○○○○　印

（注２）

監査意見

当監査法人（注３）は、会社法第444条第４項の規定に基づき、○○株式会社の×年×月×日から×年×月×日までの連結会計年度の連結計算書類、すなわち、連結貸借対照表、連結損益計算書（注４）、連結株主資本等変動計算書及び連結注記表（注５）について監査を行った。

当監査法人（注３）は、上記の連結計算書類が、我が国において一般に公正妥当と認められる企業会計の基準（注６）に準拠して、○○株式会社及び連結子会社からなる企業集団の当該連結計算書類に係る期間の財産及び損益の状況を、全ての重要な点において適正に表示しているものと認める。

監査意見の根拠

当監査法人（注３）は、我が国において一般に公正妥当と認められる監査の基準に準拠して監査を行った。監査の基準における当監査法人（注３）の責任は、「連結計算書類の監査における監査人の責任」に記載されている。当監査法人（注３）は、我が国における職業倫理に関する規定に従って、会社及び連結子会社から独立しており、また、監査人としてのその他の倫理上の責任を果たしている。当監査法人（注３）は、意見表明の基礎となる十分かつ適切な監査証拠を入手したと判断している。

その他の記載内容

その他の記載内容は、事業報告及びその附属明細書である。経営者の責任は、その他の記載内容を作成し開示することにある。また、監査役及び監査役会（注７）の責任は、その他の記載内容の報告プロセスの整備及び運用における取締役の職務の執行を監視することにある（注８）。

当監査法人（注３）の連結計算書類に対する監査意見の対象にはその他の記載内容は含まれておらず、当監査法人（注３）はその他の記載内容に対して意見を表明するものではない。

連結計算書類の監査における当監査法人(注3)の責任は、その他の記載内容を通読し、通読の過程において、その他の記載内容と連結計算書類又は当監査法人(注3)が監査の過程で得た知識との間に重要な相違があるかどうか検討すること、また、そのような重要な相違以外にその他の記載内容に重要な誤りの兆候があるかどうか注意を払うことにある。

当監査法人(注3)は、実施した作業に基づき、その他の記載内容に重要な誤りがあると判断した場合には、その事実を報告することが求められている。

その他の記載内容に関して、当監査法人(注3)が報告すべき事項はない。(注9)

連結計算書類に対する経営者並びに監査役及び監査役会(注7)の責任

経営者の責任は、我が国において一般に公正妥当と認められる企業会計の基準(注6)に準拠して連結計算書類を作成し適正に表示することにある。これには、不正又は誤謬による重要な虚偽表示のない連結計算書類を作成し適正に表示するために経営者が必要と判断した内部統制を整備及び運用することが含まれる。

連結計算書類を作成するに当たり、経営者は、継続企業の前提に基づき連結計算書類を作成することが適切であるかどうかを評価し、我が国において一般に公正妥当と認められる企業会計の基準(注6)に基づいて継続企業に関する事項を開示する必要がある場合には当該事項を開示する責任がある。

監査役及び監査役会(注7)の責任は、財務報告プロセスの整備及び運用における取締役の職務の執行を監視することにある(注10)。

連結計算書類の監査における監査人の責任

監査人の責任は、監査人が実施した監査に基づいて、全体としての連結計算書類に不正又は誤謬による重要な虚偽表示がないかどうかについて合理的な保証を得て、監査報告書において独立の立場から連結計算書類に対する意見を表明することにある。虚偽表示は、不正又は誤謬により発生する可能性があり、個別に又は集計すると、連結計算書類の利用者の意思決定に影響を与えると合理的に見込まれる場合に、重要性があると判断される。

監査人は、我が国において一般に公正妥当と認められる監査の基準に従って、監査の過程を通じて、職業的専門家としての判断を行い、職業的懐疑心を保持して以下を実施する。

・不正又は誤謬による重要な虚偽表示リスクを識別し、評価する。また、重要な虚偽表示リスクに対応した監査手続を立案し、実施する。監査手続の選択及び適用は監査人の判断による。さらに、意見表明の基礎となる十分かつ適切な監査証拠を入手する。
・連結計算書類の監査の目的は、内部統制の有効性について意見表明するためのものではないが、監査人は、リスク評価の実施に際して、状況に応じた適切な監査手続を立案するために、監査に関連する内部統制を検討する。
・経営者が採用した会計方針及びその適用方法の適切性、並びに経営者によって行われた会計上の見積りの合理性及び関連する注記事項の妥当性を評価する。
・経営者が継続企業を前提として連結計算書類を作成することが適切であるかどうか、また、入手した監査証拠に基づき、継続企業の前提に重要な疑義を生じさせるような事象又は状況に関して重要な不確実性が認められるかどうか結論付ける。継続企業の前提に関する重要な不確実性が認められる場合は、監査報告書において連結計算書類の注記事項に注意を喚起すること、又は重要な不確実性に関する連結計算書類の注記事項が適切でない場合は、連結計算書類に対して除外事項付意見を表明することが求められている。監査人の結論は、監査報告書日までに入手した監査証拠に基づいているが、将来の事象や状況により、企業は継続企業として存続できなくなる可能性がある。
・連結計算書類の表示及び注記事項が、我が国において一般に公正妥当と認められる企業会計の基準(注6)に準拠しているかどうかとともに、関連する注記事項を含めた連結計算書類の表示、構成及び内容、並びに連結計算書類が基礎となる取引や会計事象を適正に表示しているかどうかを評価する。
・連結計算書類に対する意見を表明するために、会社及び連結子会社の財務情報に関する十分かつ適切な監査証拠を入手する。監査人は、連結計算書類の監査に関する指示、監督及び実施に関して責任がある。監査人は、単独で監査意見に対して責任を負う。

監査人は、監査役及び監査役会(注7)に対して、計画した監査の範囲とその実施時期、監査の実施過程で識別した内部統制の重要な不備を含む監査上の重要な発見事項、及び監査の基準で求められているその他の事項について報告を行う。

監査人は、監査役及び監査役会(注7)に対して、独立性についての我が国における職業倫理に関する規定を遵守したこと、並びに監査人の独立性に影響を与えると合理的に考えられる事項、及び阻害要因を除去又は軽減するためにセーフガードを講じている場合はその内容について報告を行う。(注11)

利害関係

会社及び連結子会社と当監査法人又は業務執行社員(注3)との間には、公認会計士法の規定により記載すべき利害関係はない。

以　上

(注1)(注2)(注3)(注11)　文例11に同じ

(注4)　連結損益計算書について

会社法上、監査対象として要求されている連結損益計算書は、売上高から当期純損益までを構成する項目を表示する計算書のことをいい、包括利益会計基準が定める連結包括利益計算書や連結損益及び包括利益計算書のその他の包括利益の内訳部分は、監査対象ではないとされている。このため、会計監査人は、売上高から当期純損益までで構成される連結損益計算書のみを監査対象とする。

なお、会社が任意にその他の包括利益の内訳を示すことも妨げられないとされているが、この場合には、監査対象を明確にするため、連結損益計算書に加えて連結包括利益計算書を作成する、いわゆる2計算書方式によることが適当と考えられる。この場合、連結包括利益計算書は監査対象外であることが明らかになるように記載することが適当である。

(注5)　会社計算規則第57条第3項の規定に基づき、連結注記表と題する計算関係書類を作成していない場合には、「連結貸借対照表、連結損益計算書、連結株主資本等変動計算書及び連結注記表」を「連結貸借対照表、連結損益計算書、連結株主資本等変動計算書、連結計算書類の作成のための基本となる重要な事項及びその他の注記」とする。

(注6)　文例11（注5）に同じ

(注7)　文例1（注5）に同じ

(注8)　文例1（注6）に同じ

(注9)　文例1（注7）に同じ

(注10)　文例1（注8）に同じ

文例13　連結計算書類（会社計算規則第120条第1項前段の規定により定められた指定国際会計基準又は同規則第120条の2第1項の規定により定められた修正国際基準に準拠して連結計算書類が作成されている場合※）

独立監査人の監査報告書

×年×月×日

○○株式会社
取締役会　御中

○　○監査法人
○○事務所(注1)

指定社員
業務執行社員　公認会計士　○○○○　印

指定社員
業務執行社員　公認会計士　○○○○　印
(注2)

監査意見

当監査法人(注3)は、会社法第444条第４項の規定に基づき、○○株式会社の×年×月×日から×年×月×日までの連結会計年度の連結計算書類、すなわち、連結財政状態計算書、連結包括利益計算書、連結持分変動計算書、連結キャッシュ・フロー計算書、連結計算書類の作成のための基本となる重要な事項及びその他の注記(注4)について監査を行った。

当監査法人(注3)は、上記の連結計算書類が、会社計算規則第120条第１項前段の規定により定められた指定国際会計基準(注5)(注6)に準拠して、○○株式会社及び連結子会社からなる企業集団の当該連結計算書類に係る期間の財産及び損益の状況を、全ての重要な点において適正に表示しているものと認める。

監査意見の根拠

当監査法人(注3)は、我が国において一般に公正妥当と認められる監査の基準に準拠して監査を行った。監査の基準における当監査法人(注3)の責任は、「連結計算書類の監査における監査人の責任」に記載されている。当監査法人(注3)は、我が国における職業倫理に関する規定に従って、会社及び連結子会社から独立しており、また、監査人としてのその他の倫理上の責任を果たしている。当監査法人(注3)は、意見表明の基礎となる十分かつ適切な監査証拠を入手したと判断している。

その他の記載内容

その他の記載内容は、事業報告及びその附属明細書である。経営者の責任は、その他の記載内容を作成し開示することにある。また、監査役及び監査役会(注7)の責任は、その他の記載内容の報告プロセスの整備及び運用における取締役の職務の執行を監視することにある(注8)。

当監査法人(注3)の連結計算書類に対する監査意見の対象にはその他の記載内容は含まれておらず、当監査法人(注3)はその他の記載内容に対して意見を表明するものではない。

連結計算書類の監査における当監査法人(注3)の責任は、その他の記載内容を通読し、通読の過程において、その他の記載内容と連結計算書類又は当監査法人(注3)が監査の過程で得た知識との間に重要な相違があるかどうか検討すること、また、そのような重要な相違以外にその他の記載内容に重要な誤りの兆候があるかどうか注意を払うことにある。

当監査法人(注3)は、実施した作業に基づき、その他の記載内容に重要な誤りがあると判断した場合には、その事実を報告することが求められている。

その他の記載内容に関して、当監査法人(注3)が報告すべき事項はない。(注9)

連結計算書類に対する経営者並びに監査役及び監査役会(注7)の責任

経営者の責任は、指定国際会計基準(注5)(注6)に準拠して連結計算書類を作成し適正に表示することにある。これには、不正又は誤謬による重要な虚偽表示のない連結計算書類を作成し適正に表示するために経営者が必要と判断した内部統制を整備及び運用することが含まれる。

連結計算書類を作成するに当たり、経営者は、継続企業の前提に基づき連結計算書類を作成することが適切であるかどうかを評価し、指定国際会計基準(注5)(注6)に基づいて継続企業に関する事項を開示する必要がある場合には当該事項を開示する責任がある(注10)。

監査役及び監査役会(注7)の責任は、財務報告プロセスの整備及び運用における取締役の職務の執行を監視することにある(注11)。

連結計算書類の監査における監査人の責任

監査人の責任は、監査人が実施した監査に基づいて、全体としての連結計算書類に不正又は誤謬による重要な虚偽表示がないかどうかについて合理的な保証を得て、監査報告書において独立の立場から連結計算書類に対する意見を表明することにある。虚偽表示は、不正又は誤謬により発生する可能性があり、個別に又は集計すると、連結計算書類の利用者の意思決定に影響を与えると合理的に見込まれる場合に、重要性があると判断される。

監査人は、我が国において一般に公正妥当と認められる監査の基準に従って、監査の過程を通じて、職業的専門家としての判断を行い、職業的懐疑心を保持して以下を実施する。

・不正又は誤謬による重要な虚偽表示リスクを識別し、評価する。また、重要な虚偽表示リスクに対応した監査手続を立案し、実施する。監査手続の選択及び適用は監査人の判断による。さらに、意見表明の基礎となる十分かつ適切な監査証拠を入手する。

・連結計算書類の監査の目的は、内部統制の有効性について意見表明するためのものではないが、監査人は、リスク評価の実施に際して、状況に応じた適切な監査手続を立案するために、監査に関連する内部統制を検討する。

・経営者が採用した会計方針及びその適用方法の適切性、並びに経営者によって行われた会計上の見積りの合理性及び関連する注記事項の妥当性を評価する。

・経営者が継続企業を前提として連結計算書類を作成することが適切であるかどうか、また、入手した監査証拠に基づき、継続企業の前提に重要な疑義を生じさせるような事象又は状況に関して重要な不確実性が認められるかどうか結論付ける。継続企業の前提に関する重要な不確実性が認められる場合は、監査報告書において連結計算書類の注記事項に注意を喚起すること、又は重要な不確実性に関する連結計算書類の注記事項が適切でない場合は、連結計算書類に対して除外事項付意見を表明することが求められている。監査人の結論は、監査報告書日までに入手した監査証拠に基づいているが、将来の事象や状況により、企業は継続企業として存続できなくなる可能性がある。

・連結計算書類の表示及び注記事項が、指定国際会計基準(注5)(注6)に準拠しているかどうかとともに、関連する注記事項を含めた連結計算書類の表示、構成及び内容、並びに連結計算書類が基礎となる取引や会計事象を適正に表示しているかどうかを評価する。

・連結計算書類に対する意見を表明するために、会社及び連結子会社の財務情報に関する十分かつ適切な監査証拠を入手する。監査人は、連結計算書類の監査に関する指示、監督及び実施に関して責任がある。監査人は、単独で監査意見に対して責任を負う。

監査人は、監査役及び監査役会(注7)に対して、計画した監査の範囲とその実施時期、監査の実施過程で識別した内部統制の重要な不備を含む監査上の重要な発見事項、及び監査の基準で求められているその他の事項について報告を行う。

監査人は、監査役及び監査役会(注7)に対して、独立性についての我が国における職業倫理に関する規定を遵守したこと、並びに監査人の独立性に影響を与えると合理的に考えられる事項、及び阻害要因を除去又は軽減するためにセーフガードを講じている場合はその内容について報告を行う。(注12)

利害関係

会社及び連結子会社と当監査法人又は業務執行社員(注3)との間には、公認会計士法の規定により記載すべき利害関係はない。

以　上

※　会社計算規則第120条第1項前段の規定により定められた指定国際会計基準又は同規則第120条の2第1項の規定により定められた修正国際基準に準拠して連結計算書類が作成されている場合とは、国際会計基準第1号「財務諸表の表示」第10項の完全な一組の財務諸表が作成されている場合である。すなわち、指定国際会計基準又は修正国際基準に準拠して当連結会計年度の連結財政状態計算書、連結包括利益計算書、連結持分変動計算書、連結キャッシュ・フロー計算書、連結計算書類の作成のための基本となる重要な事項及びその他の注記が作成されていることのみならず、比較情報や該当する場合には開始連結財政状態計算書についても作成されている場合をいう。

(注1)(注2)(注3)　文例11に同じ

(注4)　「連結計算書類の作成のための基本となる重要な事項及びその他の注記」については、当該注記を表す連結計算書類上の記載に合わせて適宜変更することができる。

(注5)　会社計算規則第120条第2項では、同条第1項の規定により作成した連結計算書類には、指定国際会計基準に従って作成した旨を注記することが求められているが、これは指定国際会計基準が国際会計基準と同一である場合に「国際会計基準」と記載することを妨げるものではない。

(注６)　会社計算規則第120条の２第１項の規定により定められた修正国際基準に準拠して連結計算書類が作成されている場合には、「会社計算規則第120条第１項前段の規定により定められた指定国際会計基準」を「会社計算規則第120条の２第１項の規定により定められた修正国際基準」、「指定国際会計基準」を「修正国際基準」とする。

(注７)　文例１（注５）に同じ

(注８)　文例１（注６）に同じ

(注９)　文例１（注７）に同じ

(注10)　国際会計基準等に基づく連結計算書類を日本の監査基準に基づき監査を行う場合、適用される財務報告の枠組みに基づき適切な記述を行うことができる。会社計算規則第120条第１項前段の規定により定められた指定国際会計基準又は同規則第120条の２第１項の規定により定められた修正国際基準に準拠して作成された連結計算書類の監査の場合には「経営者は、継続企業の前提に基づき連結計算書類を作成することが適切であるかどうかを評価し、」を「経営者は、経営者が清算若しくは事業停止の意図があるか、又はそれ以外に現実的な代替案がない場合を除いて、継続企業の前提に基づき連結計算書類を作成することが適切であるかどうかを評価し、」と記載することが考えられる。

(注11)　文例１（注８）に同じ

(注12)　文例11（注11）に同じ

文例14　連結計算書類（会社計算規則第120条第１項後段の規定により指定国際会計基準又は同規則第120条の２第３項において準用する同規則第120条第１項後段の規定により修正国際基準で求められる開示項目の一部を省略して連結計算書類が作成されている場合）

独立監査人の監査報告書

×年×月×日

○○株式会社
取締役会　御中

○　○　監　査　法　人
○○事務所(注１)

指　定　社　員
業務執行社員　公認会計士　○○○○　印

指　定　社　員
業務執行社員　公認会計士　○○○○　印

(注２)

監査意見

当監査法人(注３)は、会社法第444条第４項の規定に基づき、○○株式会社の×年×月×日から×年×月×日までの連結会計年度の連結計算書類、すなわち、連結財政状態計算書、連結損益計算書、連結持分変動計算書、連結計算書類の作成のための基本となる重要な事項及びその他の注記(注４)について監査を行った。

当監査法人(注３)は、会社計算規則第120条第１項後段の規定(注５)により指定国際会計基準(注６)(注７)で求められる開示項目の一部を省略して作成された上記の連結計算書類が、○○株式会社及び連結子会社からなる企業集団の当該連結計算書類に係る期間の財産及び損益の状況を、全ての重要な点において適正に表示しているものと認める。

監査意見の根拠

当監査法人(注３)は、我が国において一般に公正妥当と認められる監査の基準に準拠して監査を行った。監査の基準における当監査法人(注３)の責任は、「連結計算書類の監査における監査人の責任」に記載されている。当監査法人(注３)は、我が国における職業倫理に関する規定に従って、会社及び連結子会社から独立しており、また、監査人としてのその他の倫理上の責任を果たしている。当監査法人(注３)は、意見表明の基礎となる十分かつ適切な監査証拠を入手したと判断している。

その他の記載内容

その他の記載内容は、事業報告及びその附属明細書である。経営者の責任は、その他の記載内容を作成し開示することにある。また、監査役及び監査役会(注8)の責任は、その他の記載内容の報告プロセスの整備及び運用における取締役の職務の執行を監視することにある(注9)。

当監査法人(注3)の連結計算書類に対する監査意見の対象にはその他の記載内容は含まれておらず、当監査法人(注3)はその他の記載内容に対して意見を表明するものではない。

連結計算書類の監査における当監査法人(注3)の責任は、その他の記載内容を通読し、通読の過程において、その他の記載内容と連結計算書類又は当監査法人(注3)が監査の過程で得た知識との間に重要な相違があるかどうか検討すること、また、そのような重要な相違以外にその他の記載内容に重要な誤りの兆候があるかどうか注意を払うことにある。

当監査法人(注3)は、実施した作業に基づき、その他の記載内容に重要な誤りがあると判断した場合には、その事実を報告することが求められている。

その他の記載内容に関して、当監査法人(注3)が報告すべき事項はない。(注10)

連結計算書類に対する経営者並びに監査役及び監査役会(注8)の責任

経営者の責任は、連結計算書類を指定国際会計基準(注6)(注7)で求められる開示項目の一部を省略して作成することを認めている会社計算規則第120条第1項後段の規定(注5)により作成し、適正に表示することにある。これには、不正又は誤謬による重要な虚偽表示のない連結計算書類を作成し適正に表示するために経営者が必要と判断した内部統制を整備及び運用することが含まれる。

連結計算書類を作成するに当たり、経営者は、継続企業の前提に基づき連結計算書類を作成することが適切であるかどうかを評価し、指定国際会計基準(注6)(注7)で求められる開示項目の一部を省略して作成することを認めている会社計算規則第120条第1項後段の規定(注5)に基づいて継続企業に関する事項を開示する必要がある場合には当該事項を開示する責任がある(注11)。

監査役及び監査役会(注8)の責任は、財務報告プロセスの整備及び運用における取締役の職務の執行を監視することにある(注12)。

連結計算書類の監査における監査人の責任

監査人の責任は、監査人が実施した監査に基づいて、全体としての連結計算書類に不正又は誤謬による重要な虚偽表示がないかどうかについて合理的な保証を得て、監査報告書において独立の立場から連結計算書類に対する意見を表明することにある。虚偽表示は、不正又は誤謬により発生する可能性があり、個別に又は集計すると、連結計算書類の利用者の意思決定に影響を与えると合理的に見込まれる場合に、重要性があると判断される。

監査人は、我が国において一般に公正妥当と認められる監査の基準に従って、監査の過程を通じて、職業的専門家としての判断を行い、職業的懐疑心を保持して以下を実施する。

・不正又は誤謬による重要な虚偽表示リスクを識別し、評価する。また、重要な虚偽表示リスクに対応した監査手続を立案し、実施する。監査手続の選択及び適用は監査人の判断による。さらに、意見表明の基礎となる十分かつ適切な監査証拠を入手する。
・連結計算書類の監査の目的は、内部統制の有効性について意見表明するためのものではないが、監査人は、リスク評価の実施に際して、状況に応じた適切な監査手続を立案するために、監査に関連する内部統制を検討する。
・経営者が採用した会計方針及びその適用方法の適切性、並びに経営者によって行われた会計上の見積りの合理性及び関連する注記事項の妥当性を評価する。
・経営者が継続企業を前提として連結計算書類を作成することが適切であるかどうか、また、入手した監査証拠に基づき、継続企業の前提に重要な疑義を生じさせるような事象又は状況に関して重要な不確実性が認められるかどうか結論付ける。継続企業の前提に関する重要な不確実性が認められる場合は、監査報告書において連結計算書類の注記事項に注意を喚起すること、又は重要な不確実性に関する連結計算書類の注記事項が適切でない場合は、連結計算書類に対して除外事項付意見を表明することが求められている。監査人の結論は、監査報告書日までに入手した監査証拠に基づいているが、将来の事象や状況により、企業は継続企業として存続できなくなる可能性がある。

・連結計算書類の表示及び注記事項が、指定国際会計基準(注6)(注7)で求められる開示項目の一部を省略して作成することを認めている会社計算規則第120条第1項後段の規定(注5)に準拠しているかどうかとともに、関連する注記事項を含めた連結計算書類の表示、構成及び内容、並びに連結計算書類が基礎となる取引や会計事象を適正に表示しているかどうかを評価する。

・連結計算書類に対する意見を表明するために、会社及び連結子会社の財務情報に関する十分かつ適切な監査証拠を入手する。監査人は、連結計算書類の監査に関する指示、監督及び実施に関して責任がある。監査人は、単独で監査意見に対して責任を負う。

監査人は、監査役及び監査役会(注8)に対して、計画した監査の範囲とその実施時期、監査の実施過程で識別した内部統制の重要な不備を含む監査上の重要な発見事項、及び監査の基準で求められているその他の事項について報告を行う。

監査人は、監査役及び監査役会(注8)に対して、独立性についての我が国における職業倫理に関する規定を遵守したこと、並びに監査人の独立性に影響を与えると合理的に考えられる事項、及び阻害要因を除去又は軽減するためにセーフガードを講じている場合はその内容について報告を行う。(注13)

利害関係

会社及び連結子会社と当監査法人又は業務執行社員(注2)との間には、公認会計士法の規定により記載すべき利害関係はない。

以　上

(注1)(注2)(注3)　文例11に同じ

(注4)　「連結計算書類の作成のための基本となる重要な事項及びその他の注記」については、当該注記を表す連結計算書類上の記載に合わせて適宜変更することができる。

(注5)　会社計算規則第120条の2第1項の規定により修正国際基準に準拠して連結計算書類が作成されており、同規則第120条の2第3項において準用する同規則第120条第1項後段の規定により開示の一部を省略している場合には、「会社計算規則第120条第1項後段の規定」を「会社計算規則第120条の2第3項において準用する同規則第120条第1項後段の規定」と記載する。

(注6)　会社計算規則第120条第3項では、同条第1項後段の規定により省略した事項がある同項の規定により作成した連結計算書類である旨、すなわち指定国際会計基準に従って作成した旨を注記することが求められているが、これは指定国際会計基準が国際会計基準と同一である場合に「国際会計基準」と記載することを妨げるものではない。

(注7)　会社計算規則第120条の2第1項の規定により修正国際基準に準拠して連結計算書類が作成されている場合には、「指定国際会計基準」を「修正国際基準」と記載する。

(注8)　文例1(注5)に同じ

(注9)　文例1(注6)に同じ

(注10)　文例1(注7)に同じ

(注11)　国際会計基準等に基づく連結計算書類を日本の監査基準に基づき監査を行う場合、適用される財務報告の枠組みに基づき適切な記述を行うことができる。会社計算規則第120条第1項後段の規定により指定国際会計基準又は同規則第120条の2第3項において準用する同規則第120条第1項後段の規定により修正国際基準で求められる開示項目の一部を省略して作成された連結計算書類の監査の場合には、「経営者は、継続企業の前提に基づき連結計算書類を作成することが適切であるかどうかを評価し、」を「経営者は、経営者が清算若しくは事業停止の意図があるか、又はそれ以外に現実的な代替案がない場合を除いて、継続企業の前提に基づき連結計算書類を作成することが適切であるかどうかを評価し、」と記載することが考えられる。

（注12）　文例１（注６）に同じ
（注13）　文例11（注11）に同じ

文例15　臨時計算書類

独立監査人の監査報告書

×年×月×日

○○株式会社
　取締役会　御中

○　○監査法人
○○事務所（注１）

指定社員　業務執行社員　公認会計士　○○○○　印
指定社員　業務執行社員　公認会計士　○○○○　印
（注２）

監査意見

当監査法人（注３）は、会社法第441条第２項の規定に基づき、○○株式会社の×年×月×日から×年×月×日までの臨時会計年度の臨時計算書類、すなわち、臨時貸借対照表、臨時損益計算書、重要な会計方針及びその他の注記について監査を行った。

当監査法人（注３）は、上記の臨時計算書類が、我が国において一般に公正妥当と認められる企業会計の基準（注４）に準拠して、当該臨時計算書類に係る期間の財産及び損益の状況を、全ての重要な点において適正に表示しているものと認める。

監査意見の根拠

当監査法人（注３）は、我が国において一般に公正妥当と認められる監査の基準に準拠して監査を行った。監査の基準における当監査法人（注３）の責任は、「臨時計算書類の監査における監査人の責任」に記載されている。当監査法人（注３）は、我が国における職業倫理に関する規定に従って、会社から独立しており、また、監査人としてのその他の倫理上の責任を果たしている。当監査法人（注３）は、意見表明の基礎となる十分かつ適切な監査証拠を入手したと判断している。

その他の記載内容

その他の記載内容は、監査した臨時計算書類を含む開示書類に含まれる情報のうち、臨時計算書類及びその監査報告書以外の情報である。

当監査法人（注３）は、その他の記載内容が存在しないと判断したため、その他の記載内容に対するいかなる作業も実施していない。

臨時計算書類に対する経営者並びに監査役及び監査役会（注５）の責任

経営者の責任は、我が国において一般に公正妥当と認められる企業会計の基準（注４）に準拠して臨時計算書類を作成し適正に表示することにある。これには、不正又は誤謬による重要な虚偽表示のない臨時計算書類を作成し適正に表示するために経営者が必要と判断した内部統制を整備及び運用することが含まれる。

臨時計算書類を作成するに当たり、経営者は、継続企業の前提に基づき臨時計算書類を作成することが適切であるかどうかを評価し、我が国において一般に公正妥当と認められる企業会計の基準（注４）に基づいて継続企業に関する事項を開示する必要がある場合には当該事項を開示する責任がある。

監査役及び監査役会（注５）の責任は、財務報告プロセスの整備及び運用における取締役の職務の執行を監視することにある（注６）。

臨時計算書類の監査における監査人の責任

監査人の責任は、監査人が実施した監査に基づいて、全体としての臨時計算書類に不正又は誤謬による重要な虚偽表示がないかどうかについて合理的な保証を得て、監査報告書において独立の立場から臨時計算書類に対する意見を表明することにある。虚偽表示は、不正又は誤謬により発生する可能性があり、個別に又は集計すると、臨時計算書類の利用者の意思決定に影響を与えると合理的に見込まれる場合に、重要性があると判断される。

監査人は、我が国において一般に公正妥当と認められる監査の基準に従って、監査の過程を通じて、職業的専門家としての判断を行い、職業的懐疑心を保持して以下を実施する。(注7)

・不正又は誤謬による重要な虚偽表示リスクを識別し、評価する。また、重要な虚偽表示リスクに対応した監査手続を立案し、実施する。監査手続の選択及び適用は監査人の判断による。さらに、意見表明の基礎となる十分かつ適切な監査証拠を入手する。
・臨時計算書類の監査の目的は、内部統制の有効性について意見表明するためのものではないが、監査人は、リスク評価の実施に際して、状況に応じた適切な監査手続を立案するために、監査に関連する内部統制を検討する。
・経営者が採用した会計方針及びその適用方法の適切性、並びに経営者によって行われた会計上の見積りの合理性及び関連する注記事項の妥当性を評価する。
・経営者が継続企業を前提として臨時計算書類を作成することが適切であるかどうか、また、入手した監査証拠に基づき、継続企業の前提に重要な疑義を生じさせるような事象又は状況に関して重要な不確実性が認められるかどうか結論付ける。継続企業の前提に関する重要な不確実性が認められる場合は、監査報告書において臨時計算書類の注記事項に注意を喚起すること、又は重要な不確実性に関する臨時計算書類の注記事項が適切でない場合は、臨時計算書類に対して除外事項付意見を表明することが求められている。監査人の結論は、監査報告書日までに入手した監査証拠に基づいているが、将来の事象や状況により、企業は継続企業として存続できなくなる可能性がある。
・臨時計算書類の表示及び注記事項が、我が国において一般に公正妥当と認められる企業会計の基準(注4)に準拠しているかどうかとともに、関連する注記事項を含めた臨時計算書類の表示、構成及び内容、並びに臨時計算書類が基礎となる取引や会計事象を適正に表示しているかどうかを評価する。

監査人は、監査役及び監査役会(注5)に対して、計画した監査の範囲とその実施時期、監査の実施過程で識別した内部統制の重要な不備を含む監査上の重要な発見事項、及び監査の基準で求められているその他の事項について報告を行う。

監査人は、監査役及び監査役会(注5)に対して、独立性についての我が国における職業倫理に関する規定を遵守したこと、並びに監査人の独立性に影響を与えると合理的に考えられる事項、及び阻害要因を除去又は軽減するためにセーフガードを講じている場合はその内容について報告を行う。(注8)

利害関係

会社と当監査法人又は業務執行社員(注3)との間には、公認会計士法の規定により記載すべき利害関係はない。

以　上

(注1)(注2)(注3)　文例11に同じ
(注4)　文例11（注5）に同じ
(注5)　文例1に同じ
(注6)　文例1（注8）に同じ
(注7)　臨時計算書類に対する監査で監基報600を適用する場合には、以下の文を実施項目に追加する。
・臨時計算書類に対する意見を表明するために、臨時計算書類に含まれる構成単位の財務情報に関する十分かつ適切な監査証拠を入手する。監査人は、構成単位の財務情報に関する監査の指示、監督及び実施に関して責任がある。監査人は、単独で監査意見に対して責任を負う。
(注8)　文例11（注11）に同じ

Ⅲ　除外事項付意見を表明する場合の監査報告書の文例

１．除外事項付意見の類型

32．除外事項付意見には、適正表示の枠組みの場合は、限定付適正意見、不適正意見及び意見不表明の三つの類型がある（監基報705第２項）。除外事項付意見は、除外事項付意見を表明する原因の性質と、それが財務諸表に及ぼす影響の範囲、又は及ぼす可能性のある影響の範囲が広範かどうかという監査人の判断によって、以下の表のように分類することができる（監基報705 A1項）。

除外事項付意見を表明する原因の性質	除外事項付意見を表明する原因となる事項が財務諸表に及ぼす影響の範囲、又は及ぼす可能性のある影響の範囲が広範なものかどうかという監査人の判断	
	重要だが広範でない	重要かつ広範である
財務諸表に重要な虚偽表示がある	限定付適正意見	不適正意見
十分かつ適切な監査証拠が入手できず、重要な虚偽表示の可能性がある	限定付適正意見	意見不表明

２．除外事項付意見を表明する場合の監査報告書の様式と記載内容

⑴　監査意見

33．監査人は、財務諸表に対して除外事項付意見を表明する場合、監査報告書の「監査意見」区分において、状況に応じて「限定付適正意見」、「不適正意見」又は「意見不表明」という見出しを付して適切に記載しなければならない（監基報705第15項）。

⑵　監査意見の根拠

34．監査人は、除外事項付意見を表明する場合、監査報告書に、監基報700が要求する特定の記載事項に加えて、以下を行わなければならない（監基報705第19項）。

⑴　監基報700第26項が要求する「監査意見の根拠」の見出しを、状況に応じて、「限定付適正意見の根拠」、「不適正意見の根拠」又は「意見不表明の根拠」に修正する。

⑵　本区分に、除外事項付意見を表明する原因となる事項について記載する。

定量的な注記事項を含め、財務諸表の特定の金額に関連する重要な虚偽表示が存在する場合、監査人は、金額的な影響額を算定することが困難でない限り、監査意見の根拠の区分に、当該虚偽表示による金額的な影響額とそれに関連する説明を記載しなければならない（監基報705第20項）。例えば、棚卸資産の過大表示の場合、監査人は、監査報告書の監査意見の根拠の区分に、重要な虚偽表示に関する金額的な影響額として、税引前当期純損益、当期純損益及び純資産への影響額を記載することがある（監基報705 A21項）。監査人は、金額的な影響額を算定することが困難な場合、監査意見の根拠の区分にその旨を記載しなければならない（監基報705第20項）。

また、除外した不適切な事項又は実施できなかった監査手続及び財務諸表に与えている影響を踏まえて除外事項を付した限定付適正意見とした理由も併せて記載しなければならない。

35．監査人は、不適正意見を表明する、又は意見を表明しない場合に、不適正意見又は意見不表明の原因となる事項以外に除外事項付意見の原因となる事項を監査人が識別している場合には、当該事項についても全て、監査意見の根拠の区分に、その内容及びそれによる影響を記載しなければならない（監基報705第26項）。

36．監査人は、限定付適正意見又は不適正意見を表明する場合、監基報700第26項⑷の要求事項に関して、入手した監査証拠が監査人の限定付適正意見又は不適正意見の基礎を得るために十分かつ適切なものであると判断した旨を記載しなければならない（監基報705第24項）。

⑶ 監査上の主要な検討事項

37. 監査報告書に対して除外事項付意見を表明する原因となる事項（監基報705参照）は、その性質上、監査上の主要な検討事項に該当する。しかしながら、監査人はこれらの事項を監査報告書の「監査上の主要な検討事項」区分に記載してはならず、監基報701第12項及び第13項の要求事項はこれらの事項には適用されない（監基報701第14項）。

監査人が限定付適正意見又は不適正意見を表明し、「限定付適正意見の根拠」区分又は「不適正意見の根拠」区分に記載された事項以外に、監査上の主要な検討事項の報告を行う場合の文例を示している≪文例16及び文例17参照≫。また、「限定付適正意見の根拠」区分又は「不適正意見の根拠」区分に記載された事項以外に、報告すべきその他の監査上の主要な検討事項がないと監査人が判断した場合の文例を示している≪文例18参照≫。

⑷ その他の記載内容

38. 財務諸表に対して限定付適正意見又は不適正意見を表明する場合、監基報720第21項⑸に基づく記載において、除外事項付意見の原因となった事項の影響を検討しなければならない（監基報720第22項）。

39. 財務諸表の重要な項目に関して監査範囲の制約がある場合、監査人は当該事項に関して十分かつ適切な監査証拠を入手していない。このような状況において、監査人は、当該事項に関連するその他の記載内容の数値又は数値以外の項目が、重要な誤りとなるかどうかを判断できないことがある。そのような場合には、監基報720第21項⑸の適用において、監査人は、限定意見の根拠区分で記載されている事項に関連したその他の記載内容の記述を検討できない旨を記載することがある。ただし、監査人は、その他の記載内容に、他の未修正の重要な誤りを識別した場合には報告することが要求されている（監基報720 A54項）。

40. 否定的意見の根拠区分に記載した特定の事項に関連して、財務諸表に対する否定的意見を表明する場合であっても、監基報720第21項⑸②に従って監査人は識別したその他の記載内容の重要な誤りを監査報告書において報告しなければならない。財務諸表に対して否定的意見を表明する場合、監査人は監基報720第21項⑸で要求される記載において、財務諸表に対する否定的意見の原因となった事項又は関連する事項に関して、その他の記載内容の数値又は数値以外の項目に重要な誤りがあることを示すことがある（監基報720 A55項）。

41. 監査人が財務諸表に対する意見を表明しない場合、その他の記載内容に関する区分を含め、監査に関するより詳細な情報を提供することにより、財務諸表全体に対する意見不表明と矛盾しているとの誤解を与えるおそれがある。したがって、このような状況においては、監基報705第27項で要求されるとおり、監査報告書には、その他の記載内容に関する区分は含めない（監基報720 A56項）。

⑸ 監査人が意見を表明しない場合の「財務諸表監査における監査人の責任」の記載

42. 監査人は、十分かつ適切な監査証拠を入手できないため財務諸表に対する意見を表明しない場合、「財務諸表監査における監査人の責任」区分に、監基報700第35項から第37項により要求される事項に代えて、以下の事項を記載しなければならない（監基報705第27項）。

⑴ 監査人の責任は、我が国において一般に公正妥当と認められる監査の基準に準拠して監査を実施し、監査報告書において意見を表明することにある旨

⑵ しかしながら、「意見不表明の根拠」区分に記載されているとおり、監査人は、財務諸表に対する意見表明の基礎となる十分かつ適切な監査証拠を入手することができなかった旨

⑶ 監基報700第26項⑶により要求されるとおり、監査人は、我が国における職業倫理に関する規定に従って、会社から独立しており、また、監査人としてのその他の倫理上の責任を果たしている旨

≪文例≫

Ⅰ　金融商品取引法監査（年度監査/連結財務諸表）

1．限定付適正意見

文例16　重要な虚偽表示による限定付適正意見

（文例の前提となる状況）

連結財務諸表に重要な虚偽表示があるが、その影響が広範ではないと認められ、連結財務諸表を全体として虚偽表示に当たるとするほどではないと判断した場合。なお、監査人は、「限定付適正意見の根拠」区分に記載した事項以外に、監査上の主要な検討事項を報告する。

また、監査人は監査報告書の日付以前にその他の記載内容の全てを入手しており、連結財務諸表に関する限定付適正意見を生じさせる事項はその他の記載内容にも影響を及ぼしている。したがって、監査報告書の利用者にとって重要な情報であると考えられるため、「限定付適正意見の根拠」区分に続いて、「その他の記載内容」区分を記載している。

限定付適正意見

当監査法人は、金融商品取引法第193条の２第１項の規定に基づく監査証明を行うため、「経理の状況」に掲げられている○○株式会社の×年×月×日から×年×月×日までの連結会計年度の連結財務諸表、すなわち、連結貸借対照表、連結損益計算書、連結包括利益計算書、連結株主資本等変動計算書、連結キャッシュ・フロー計算書、連結財務諸表作成のための基本となる重要な事項、その他の注記及び連結附属明細表について監査を行った。

当監査法人は、上記の連結財務諸表が、「限定付適正意見の根拠」に記載した事項の連結財務諸表に及ぼす影響を除き、我が国において一般に公正妥当と認められる企業会計の基準に準拠して、○○株式会社及び連結子会社の×年×月×日現在の財政状態並びに同日をもって終了する連結会計年度の経営成績及びキャッシュ・フローの状況を、全ての重要な点において適正に表示しているものと認める。

限定付適正意見の根拠

会社は、…………について、…………ではなく、………………………により計上している。我が国において一般に公正妥当と認められる企業会計の基準に準拠していれば、…………を計上することが必要である。当該事項は、連結財務諸表における……の……に影響を与えており、結果として、営業利益、経常利益及び税金等調整前当期純利益はそれぞれ×××百万円過大に表示され、当期純利益は△△△百万円過大に表示されている(注１)。この影響は……である(注２)。したがって、連結財務諸表に及ぼす影響は重要であるが広範ではない。

当監査法人は、我が国において一般に公正妥当と認められる監査の基準に準拠して監査を行った。監査の基準における当監査法人の責任は、「連結財務諸表監査における監査人の責任」に記載されている。当監査法人は、我が国における職業倫理に関する規定に従って、会社及び連結子会社から独立しており、また、監査人としてのその他の倫理上の責任を果たしている。当監査法人は、限定付適正意見表明の基礎となる十分かつ適切な監査証拠を入手したと判断している。

その他の記載内容

その他の記載内容は、有価証券報告書に含まれる情報のうち、連結財務諸表及び財務諸表並びにこれらの監査報告書以外の情報である。経営者の責任は、その他の記載内容を作成し開示することにある。また、監査役及び監査役会(注３)の責任は、その他の記載内容の報告プロセスの整備及び運用における取締役の職務の執行を監視することにある(注４)。

当監査法人の連結財務諸表に対する監査意見の対象にはその他の記載内容は含まれておらず、当監査法人はその他の記載内容に対して意見を表明するものではない。

連結財務諸表監査における当監査法人の責任は、その他の記載内容を通読し、通読の過程において、その他の記載内容と連結財務諸表又は当監査法人が監査の過程で得た知識との間に重要な相違があるかどうか検討すること、また、そのような重要な相違以外にその他の記載内容に重要な誤りの兆候があるかどうか注意を払うことにある。

当監査法人は、実施した作業に基づき、その他の記載内容に重要な誤りがあると判断した場合には、その事実を報告することが求められている。

上記の「限定付適正意見の根拠」に記載したとおり、会社は、…………を計上することが必要であった。

当監査法人は、同様の理由から、有価証券報告書に含まれる…………を計上しなかったことにより影響を受ける数値又は数値以外の項目に関して、その他の記載内容に重要な誤りがあると判断した。

監査上の主要な検討事項

監査上の主要な検討事項とは、当連結会計年度の連結財務諸表の監査において、監査人が職業的専門家として特に重要であると判断した事項である。監査上の主要な検討事項は、連結財務諸表全体に対する監査の実施過程及び監査意見の形成において対応した事項であり、当監査法人は、当該事項に対して個別に意見を表明するものではない。

当監査法人は、「限定付適正意見の根拠」に記載されている事項のほか、以下に記載した事項を監査報告書において監査上の主要な検討事項として報告すべき事項と判断している。

［監基報701に従った監査上の主要な検討事項の記載例

（表形式にする場合の記載例）

○○○○（監査上の主要な検討事項の見出し及び該当する場合には連結財務諸表の注記事項への参照）	
監査上の主要な検討事項の内容及び決定理由	監査上の対応
……（監査上の主要な検討事項の内容及び決定理由の内容を記載する）……。	……（監査上の対応を記載する）……。

］

（注１）　重要な虚偽表示に関する金額的な影響額については、連結損益計算書又は連結損益及び包括利益計算書の各区分損益項目以外にも、第34項に基づき、連結財務諸表に重要な影響を及ぼすと考えられるその他の重要な項目についても適宜記載する。

（注２）「……」には、重要ではあるが広範ではないと判断し、不適正意見ではなく限定付適正意見とした理由を、財務諸表利用者の視点に立って分かりやすく具体的に記載する。広範性の判断の記載に当たっては、監査基準委員会研究報告第６号「監査報告書に係るＱ＆Ａ」Ｑ１－６「除外事項の重要性と広範性及び除外事項の記載上の留意点」を参照する。

（注３）　文例１（注５）に同じ

（注４）　文例１（注６）に同じ

文例17　監査範囲の制約による限定付適正意見

（文例の前提となる状況）

監査人は、特定のアサーションについて重要な監査手続を実施できず十分かつ適切な監査証拠を入手することができなかったが、連結財務諸表に及ぼす可能性のある影響は、重要ではあるが広範ではないと認められ、連結財務諸表全体に対する意見表明ができないほどではないと判断した場合。なお、監査人は、「限定付適正意見の根拠」区分に記載した事項以外に、監査上の主要な検討事項を報告する。

また、監査人は監査報告書の日付以前にその他の記載内容の全てを入手しており、連結財務諸表に関する限定付適正意見を生じさせる事項はその他の記載内容にも影響を及ぼしている。したがって、監査報告書の利用者にとって重要な情報であると考えられるため、「限定付適正意見の根拠」区分に続いて、「その他の記載内容」区分を記載している。

限定付適正意見

当監査法人は、金融商品取引法第193条の2第1項の規定に基づく監査証明を行うため、「経理の状況」に掲げられている○○株式会社の×年×月×日から×年×月×日までの連結会計年度の連結財務諸表、すなわち、連結貸借対照表、連結損益計算書、連結包括利益計算書、連結株主資本等変動計算書、連結キャッシュ・フロー計算書、連結財務諸表作成のための基本となる重要な事項、その他の注記及び連結附属明細表について監査を行った。

当監査法人は、上記の連結財務諸表が、「限定付適正意見の根拠」に記載した事項の連結財務諸表に及ぼす可能性のある影響を除き、我が国において一般に公正妥当と認められる企業会計の基準に準拠して、○○株式会社及び連結子会社の×年×月×日現在の財政状態並びに同日をもって終了する連結会計年度の経営成績及びキャッシュ・フローの状況を、全ての重要な点において適正に表示しているものと認める。

限定付適正意見の根拠

会社は、…………している。当監査法人は、……により……できなかったため、……について、十分かつ適切な監査証拠を入手することができなかった。

したがって、当監査法人は、連結財務諸表における……の……に関連する金額に修正が必要となるかどうかについて判断することができなかった。この影響は………である(注1)。したがって、連結財務諸表に及ぼす可能性のある影響は重要であるが広範ではない。

当監査法人は、我が国において一般に公正妥当と認められる監査の基準に準拠して監査を行った。監査の基準における当監査法人の責任は、「連結財務諸表監査における監査人の責任」に記載されている。当監査法人は、我が国における職業倫理に関する規定に従って、会社及び連結子会社から独立しており、また、監査人としてのその他の倫理上の責任を果たしている。当監査法人は、限定付適正意見表明の基礎となる十分かつ適切な監査証拠を入手したと判断している。

その他の記載内容

その他の記載内容は、有価証券報告書に含まれる情報のうち、連結財務諸表及び財務諸表並びにこれらの監査報告書以外の情報である。経営者の責任は、その他の記載内容を作成し開示することにある。また、監査役及び監査役会(注2)の責任は、その他の記載内容の報告プロセスの整備及び運用における取締役の職務の執行を監視することにある(注3)。

当監査法人の連結財務諸表に対する監査意見の対象にはその他の記載内容は含まれておらず、当監査法人はその他の記載内容に対して意見を表明するものではない。

連結財務諸表監査における当監査法人の責任は、その他の記載内容を通読し、通読の過程において、その他の記載内容と連結財務諸表又は当監査法人が監査の過程で得た知識との間に重要な相違があるかどうか検討すること、また、そのような重要な相違以外にその他の記載内容に重要な誤りの兆候があるかどうか注意を払うことにある。

当監査法人は、実施した作業に基づき、その他の記載内容に重要な誤りがあると判断した場合には、その事実を報告することが求められている。

上記の「限定付適正意見の根拠」に記載したとおり、……について、十分かつ適切な監査証拠を入手することができなかった。

したがって、当監査法人は、当該事項に関するその他の記載内容に重要な誤りがあるかどうか判断することができなかった。

監査上の主要な検討事項

監査上の主要な検討事項とは、当連結会計年度の連結財務諸表の監査において、監査人が職業的専門家として特に重要であると判断した事項である。監査上の主要な検討事項は、連結財務諸表全体に対する監査の実施過程及び監査意見の形成において対応した事項であり、当監査法人は、当該事項に対して個別に意見を表明するものではない。

当監査法人は、「限定付適正意見の根拠」に記載されている事項のほか、以下に記載した項を監査報告書において監査上の主要な検討事項として報告すべき事項と判断している。

［監基報701に従った監査上の主要な検討事項の記載例

（表形式にする場合の記載例）

○○○○（監査上の主要な検討事項の見出し及び該当する場合には連結財務諸表の注記事項への参照）	
監査上の主要な検討事項の内容及び決定理由	監査上の対応
……（監査上の主要な検討事項の内容及び決定理由の内容を記載する）……。	……（監査上の対応を記載する）……。

］

（注１）「……」には、重要ではあるが広範ではないと判断し、意見不表明ではなく限定付適正意見とした理由を、財務諸表利用者の視点に立って分かりやすく具体的に記載する。広範性の判断の記載に当たっては、監査基準委員会研究報告第６号「監査報告書に係るＱ＆Ａ」Ｑ１－６「除外事項の重要性と広範性及び除外事項の記載上の留意点」を参照する。

（注２）　文例１（注５）に同じ

（注３）　文例１（注６）に同じ

２．不適正意見

文例18　重要な虚偽表示による限定付適正意見

（文例の前提となる状況）

連結財務諸表に重要な虚偽表示があり、その影響が広範であると認められ、連結財務諸表を全体として虚偽表示に当たると判断した場合。なお、監査人は、「不適正意見の根拠」区分に記載した事項以外に、監査上の主要な検討事項はないと判断している。

また、監査人は監査報告書の日付以前にその他の記載内容の全てを入手しており、連結財務諸表に関する不適正意見を生じさせる事項はその他の記載内容にも影響を及ぼしている。したがって、監査報告書の利用者にとって重要な情報であると考えられるため、「不適正意見の根拠」区分に続いて、「その他の記載内容」区分を記載している。

不適正意見

当監査法人は、金融商品取引法第193条の２第１項の規定に基づく監査証明を行うため、「経理の状況」に掲げられている○○株式会社の×年×月×日から×年×月×日までの連結会計年度の連結財務諸表、すなわち、連結貸借対照表、連結損益計算書、連結包括利益計算書、連結株主資本等変動計算書、連結キャッシュ・フロー計算書、連結財務諸表作成のための基本となる重要な事項、その他の注記及び連結附属明細表について監査を行った。

当監査法人は、上記の連結財務諸表が、「不適正意見の根拠」に記載した事項の連結財務諸表に及ぼす影響の重要性に鑑み、我が国において一般に公正妥当と認められる企業会計の基準に準拠して、○○株式会社及び連結子会社の×年×月×日現在の財政状態並びに同日をもって終了する連結会計年度の経営成績及びキャッシュ・フローの状況を、適正に表示していないものと認める。

不適正意見の根拠

会社は、…………について、…………ではなく、…………により計上している。我が国において一般に公正妥当と認められる企業会計の基準に準拠していれば、…………を計上することが必要である。この結果、営業利益、経常利益及び税金等調整前当期純利益はそれぞれ×××百万円過大に表示され、当期純利益は△△△百万円過大に表示されている(注１)。

当監査法人は、我が国において一般に公正妥当と認められる監査の基準に準拠して監査を行った。監査の基準における当監査法人の責任は、「連結財務諸表監査における監査人の責任」に記載されている。当監査法人は、我が国における職業倫理に関する規定に従って、会社及び連結子会社から独立しており、また、監査人としてのその他の倫理上の責任を果たしている。当監査法人は、不適正意見表明の基礎となる十分かつ適切な監査証拠を入手したと判断している。

監査上の主要な検討事項

監査上の主要な検討事項とは、当連結会計年度の連結財務諸表の監査において、監査人が職業的専門家として特に重要であると判断した事項である。監査上の主要な検討事項は、連結財務諸表全体に対する監査の実施過程及び監査意見の形成において対応した事項であり、当監査法人は、当該事項に対して個別に意見を表明するものではない。

当監査法人は、「不適正意見の根拠」に記載されている事項を除き、監査報告書において報告すべき監査上の主要な検討事項はないと判断している。

その他の記載内容

その他の記載内容は、有価証券報告書に含まれる情報のうち、連結財務諸表及び財務諸表並びにこれらの監査報告書以外の情報である。経営者の責任は、その他の記載内容を作成し開示することにある。また、監査役及び監査役会(注2)の責任は、その他の記載内容の報告プロセスの整備及び運用における取締役の職務の執行を監視することにある(注3)。

当監査法人の連結財務諸表に対する監査意見の対象にはその他の記載内容は含まれておらず、当監査法人はその他の記載内容に対して意見を表明するものではない。

連結財務諸表監査における当監査法人の責任は、その他の記載内容を通読し、通読の過程において、その他の記載内容と連結財務諸表又は当監査法人が監査の過程で得た知識との間に重要な相違があるかどうか検討すること、また、そのような重要な相違以外にその他の記載内容に重要な誤りの兆候があるかどうか注意を払うことにある。

当監査法人は、実施した作業に基づき、その他の記載内容に重要な誤りがあると判断した場合には、その事実を報告することが求められている。

上記の「不適正意見の根拠」に記載したとおり、会社は、…………を計上することが必要であった。

当監査法人は、同様の理由から、有価証券報告書に含まれる…………を計上しなかったことにより影響を受ける数値又は数値以外の項目に関して、その他の記載内容に重要な誤りがあると判断した。

(注1) 文例16(注1)に同じ
(注2) 文例1(注5)に同じ
(注3) 文例1(注6)に同じ

3．意見不表明

文例19　監査範囲の制約による意見不表明

(文例の前提となる状況)

監査人は、会社の純資産の90%超に相当する共同支配企業に対する投資に関して、当該共同支配企業の財務情報について十分かつ適切な監査証拠を入手することができず、未発見の虚偽表示がもしあるとすれば、それが連結財務諸表に及ぼす可能性のある影響は、重要かつ広範であると認められるため、連結財務諸表全体に対する意見表明のための基礎を得ることができなかったと判断した場合

意見不表明

当監査法人は、金融商品取引法第193条の2第1項の規定に基づく監査証明を行うため、「経理の状況」に掲げられている○○株式会社の×年×月×日から×年×月×日までの連結会計年度の連結財務諸表、すなわち、連結貸借対照表、連結損益計算書、連結包括利益計算書、連結株主資本等変動計算書、連結キャッシュ・フロー計算書、連結財務諸表作成のための基本となる重要な事項、その他の注記及び連結附属明細表について監査を行った。

当監査法人は、「意見不表明の根拠」に記載した事項の連結財務諸表に及ぼす可能性のある影響の重要性に鑑み、連結財務諸表に対する意見表明の基礎となる十分かつ適切な監査証拠を入手することができなかったため、監査意見を表明しない。

意見不表明の根拠

会社の共同支配企業XYZ社に対する投資は、会社の連結貸借対照表上×××百万円で計上されており、これは、×年12月31日現在の会社の純資産の90%超に相当する。当監査法人は、XYZ社の経営者及び監査人とのコミュニケーションが認められず、また、XYZ社の監査人の監査調書の閲覧も認められなかった。その結果、当監査法人は、共同支配企業であるXYZ社の資産、負債及

び損益に係る持分相当額、並びに連結株主資本等変動計算書と連結キャッシュ・フロー計算書を構成する数値に修正が必要となるか否かについて判断することができなかった。

連結財務諸表に対する経営者並びに監査役及び監査役会の責任

（文例１に同じ）

連結財務諸表監査における監査人の責任

監査人の責任は、我が国において一般に公正妥当と認められる監査の基準に準拠して監査を実施し、監査報告書において意見を表明することにある。しかしながら、本報告書の「意見不表明の根拠」に記載されているとおり、当監査法人は連結財務諸表に対する意見表明の基礎となる十分かつ適切な監査証拠を入手することができなかった。当監査法人は、我が国における職業倫理に関する規定に従って、会社及び連結子会社から独立しており、また、監査人としてのその他の倫理上の責任を果たしている。

文例20　文例19のケースに加え、その他に重要な虚偽表示がある場合

（文例の前提となる状況）

文例19の状況により、監査人は、連結財務諸表全体に対する意見表明のための基礎を得ることができないと判断しており意見不表明とするが、さらに、これに加え、重要ではあるが広範ではないと認められる虚偽表示があると判断したため、第35項に基づく記載を合わせて行う場合

意見不表明

当監査法人は、金融商品取引法第193条の２第１項の規定に基づく監査証明を行うため、「経理の状況」に掲げられている○○株式会社の×年×月×日から×年×月×日までの連結会計年度の連結財務諸表、すなわち、連結貸借対照表、連結損益計算書、連結包括利益計算書、連結株主資本等変動計算書、連結キャッシュ・フロー計算書、連結財務諸表作成のための基本となる重要な事項、その他の注記及び連結附属明細表について監査を行った。

当監査法人は、「意見不表明の根拠」に記載した事項の連結財務諸表に及ぼす可能性のある影響の重要性に鑑み、連結財務諸表に対する意見表明の基礎となる十分かつ適切な監査証拠を入手することができなかったため、監査意見を表明しない。

意見不表明の根拠

会社の共同支配企業XYZ社に対する投資は、会社の連結貸借対照表上×××百万円で計上されており、これは、×年12月31日現在の会社の純資産の90％超に相当する。当監査法人は、XYZ社の経営者及び監査人とのコミュニケーションが認められず、また、XYZ社の監査人の監査調書の閲覧も認められなかった。その結果、当監査法人は、共同支配企業であるXYZ社の資産、負債及び損益に係る持分相当額、並びに連結株主資本等変動計算書と連結キャッシュ・フロー計算書を構成する数値に修正が必要となるか否かについて判断することができなかった。

なお、上記のほかに、会社は、…………について、…………ではなく、…………………………により計上している。我が国において一般に公正妥当と認められる企業会計の基準に準拠していれば、…………を計上することが必要である。この結果、営業利益、経常利益及び税金等調整前当期純利益はそれぞれ×××百万円過大に表示され、当期純利益は△△△百万円過大に表示されている(注)。

連結財務諸表に対する経営者並びに監査役及び監査役会の責任

（文例１に同じ）

連結財務諸表監査における監査人の責任

監査人の責任は、我が国において一般に公正妥当と認められる監査の基準に準拠して監査を実施し、監査報告書において意見を表明することにある。しかしながら、本報告書の「意見不表明の根拠」に記載されているとおり、当監査法人は連結財務諸表に対する意見表明の基礎となる十分かつ適切な監査証拠を入手することができなかった。当監査法人は、我が国における職業倫理に関する規定に従って、会社及び連結子会社から独立しており、また、監査人としてのその他の倫理上の責任を果たしている。

(注)　文例16（注１）に同じ

文例21　複数の事象で監査範囲の制約がある場合

(文例の前提となる状況)

監査人は、企業の棚卸資産と売掛金について監査証拠を入手することができなかったことにより、十分かつ適切な監査証拠を入手することができず、未発見の虚偽表示がもしあるとすれば、それが連結財務諸表に及ぼす可能性のある影響は、重要かつ広範であると認められるため、連結財務諸表全体に対する意見表明のための基礎を得ることができなかったと判断した場合(注)

(注)　上記「文例の前提となる状況」のように、例えば、複数の事象（上記例では、棚卸資産と売掛金残高）の監査範囲制約について、単独では、意見不表明とするほどではないが、複数の事象であるため、財務諸表全体に及ぼす影響を総合的に考慮して意見不表明とする場合も考えられる。

意見不表明

当監査法人は、金融商品取引法第193条の２第１項の規定に基づく監査証明を行うため、「経理の状況」に掲げられている○○株式会社の×年×月×日から×年×月×日までの連結会計年度の連結財務諸表、すなわち、連結貸借対照表、連結損益計算書、連結包括利益計算書、連結株主資本等変動計算書、連結キャッシュ・フロー計算書、連結財務諸表作成のための基本となる重要な事項、その他の注記及び連結附属明細表について監査を行った。

当監査法人は、「意見不表明の根拠」に記載した事項の連結財務諸表に及ぼす可能性のある影響の重要性に鑑み、連結財務諸表に対する意見表明の基礎となる十分かつ適切な監査証拠を入手することができなかったため、監査意見を表明しない。

意見不表明の根拠

当監査法人は、×年12月31日より後に監査契約を締結したため、当連結会計年度の期首及び期末の棚卸資産の実地棚卸に立ち会うことができず、×年及び×年12月31日現在において連結貸借対照表にそれぞれ×××百万円及び△△△百万円で計上されている棚卸資産の数量に関して、他の監査手続によっても十分かつ適切な監査証拠を入手することができなかった。また、×年９月に新しい売掛金システムを導入したことにより、売掛金に多数の誤謬が生じている。監査報告書日現在においても、システムの不具合を是正し誤謬を修正している過程にあった。当監査法人は、×年12月31日現在の連結貸借対照表に計上されている売掛金残高×××百万円を、他の方法によって確認又は検証することができなかった。

これらの結果、当監査法人は、棚卸資産及び売掛金残高、関連する包括利益項目、並びに、連結株主資本等変動計算書及び連結キャッシュ・フロー計算書を構成する要素に関して、何らかの修正が必要かどうかについて判断することができなかった。

連結財務諸表に対する経営者並びに監査役及び監査役会の責任

（文例１に同じ）

連結財務諸表監査における監査人の責任

監査人の責任は、我が国において一般に公正妥当と認められる監査の基準に準拠して監査を実施し、監査報告書において意見を表明することにある。しかしながら、本報告書の「意見不表明の根拠」に記載されているとおり、当監査法人は連結財務諸表に対する意見表明の基礎となる十分かつ適切な監査証拠を入手することができなかった。当監査法人は、我が国における職業倫理に関する規定に従って、会社及び連結子会社から独立しており、また、監査人としてのその他の倫理上の責任を果たしている。

Ⅱ　金融商品取引法監査（中間監査/中間連結財務諸表）

文例22　重要な虚偽表示による限定付意見

(文例の前提となる状況)

中間連結財務諸表に重要な虚偽表示があるが、その影響が広範ではないと認められ、中間連結財務諸表を全体として虚偽表示に当たるとするほどではないと判断した場合

(除外事項を付した限定意見の文例)

限定付意見

当監査法人は、金融商品取引法第193条の２第１項の規定に基づく監査証明を行うため、「経理

の状況」に掲げられている○○株式会社の×年×月×日から×年×月×日までの連結会計年度の中間連結会計期間（×年×月×日から×年×月×日まで）に係る中間連結財務諸表、すなわち、中間連結貸借対照表、中間連結損益計算書、中間連結包括利益計算書、中間連結株主資本等変動計算書、中間連結キャッシュ・フロー計算書、中間連結財務諸表作成のための基本となる重要な事項及びその他の注記について中間監査を行った。

当監査法人は、上記の中間連結財務諸表が、「限定付意見の根拠」に記載した事項の中間連結財務諸表に及ぼす影響を除き、我が国において一般に公正妥当と認められる中間連結財務諸表の作成基準に準拠して、○○株式会社及び連結子会社の×年×月×日現在の財政状態並びに同日をもって終了する中間連結会計期間（×年×月×日から×年×月×日まで）の経営成績及びキャッシュ・フローの状況に関する有用な情報を表示しているものと認める。

限定付意見の根拠

会社は、…………について、………ではなく、…………………………により計上している。我が国において一般に公正妥当と認められる中間連結財務諸表の作成基準に従えば……を計上することが必要である。当該事項は、中間連結財務諸表における……の……に影響を与えており、結果として、営業利益、経常利益及び税金等調整前中間純利益はそれぞれ×××百万円過大に表示され、中間純利益は△△△百万円過大に表示されている(注1)。この影響は……である(注2)。したがって、中間連結財務諸表に及ぼす影響は重要であるが広範ではない。

当監査法人は、我が国において一般に公正妥当と認められる中間監査の基準に準拠して中間監査を行った。中間監査の基準における当監査法人の責任は、「中間連結財務諸表監査における監査人の責任」に記載されている。当監査法人は、我が国における職業倫理に関する規定に従って、会社及び連結子会社から独立しており、また、監査人としてのその他の倫理上の責任を果たしている。当監査法人は、限定付意見表明の基礎となる十分かつ適切な監査証拠を入手したと判断している。

（注1）　重要な虚偽表示に関する金額的な影響額については、中間連結損益計算書又は中間連結損益及び包括利益計算書の各区分損益項目以外にも、第34項に基づき、中間連結財務諸表に重要な影響を及ぼすと考えられるその他の重要な項目についても適宜記載する。

（注2）「……」には、重要ではあるが広範ではないと判断し、否定的意見ではなく限定付意見とした理由を、財務諸表利用者の視点に立って分かりやすく具体的に記載する。広範性の判断の記載に当たっては監査基準委員会研究報告第６号「監査報告書に係るＱ＆Ａ」Ｑ１－６「除外事項の重要性と広範性及び除外事項の記載上の留意点」を参照する。

文例23　重要な虚偽表示による否定的意見

（文例の前提となる状況）

中間連結財務諸表に重要な虚偽表示があり、その影響が広範であると認められ、中間連結財務諸表を全体として虚偽表示に当たると判断した場合

否定的意見

当監査法人は、金融商品取引法第193条の２第１項の規定に基づく監査証明を行うため、「経理の状況」に掲げられている○○株式会社の×年×月×日から×年×月×日までの連結会計年度の中間連結会計期間（×年×月×日から×年×月×日まで）に係る中間連結財務諸表、すなわち、中間連結貸借対照表、中間連結損益計算書、中間連結包括利益計算書、中間連結株主資本等変動計算書、中間連結キャッシュ・フロー計算書、中間連結財務諸表作成のための基本となる重要な事項及びその他の注記について中間監査を行った。

当監査法人は、上記の中間連結財務諸表が、「否定的意見の根拠」に記載した事項の中間連結財務諸表に及ぼす影響の重要性に鑑み、我が国において一般に公正妥当と認められる中間連結財務諸表の作成基準に準拠して、○○株式会社及び連結子会社の×年×月×日現在の財政状態並びに同日をもって終了する中間連結会計期間（×年×月×日から×年×月×日まで）の経営成績及びキャッシュ・フローの状況に関する有用な情報を表示していないものと認める。

否定的意見の根拠

会社は、…………について、…………ではなく、………により計上している。我が国において一般に公正妥当と認められる中間連結財務諸表の作成基準に従えば……を計上することが必要である。

この結果、営業利益、経常利益及び税金等調整前中間純利益はそれぞれ×××百万円過大に表示され、中間純利益は△△△百万円過大に表示されている(注)。

当監査法人は、我が国において一般に公正妥当と認められる中間監査の基準に準拠して中間監査を行った。中間監査の基準における当監査法人の責任は、「中間連結財務諸表監査における監査人の責任」に記載されている。当監査法人は、我が国における職業倫理に関する規定に従って、会社及び連結子会社から独立しており、また、監査人としてのその他の倫理上の責任を果たしている。当監査法人は、否定的意見表明の基礎となる十分つ適切な監査証拠を入手したと判断している。

(注)　文例22（注１）に同じ

Ⅲ　会社法監査（計算書類）

文例24　重要な虚偽表示による不適正意見

(文例の前提となる状況)

計算書類に重要な虚偽表示があり、その影響が広範であると認められ、計算書類を全体として虚偽表示に当たると判断している。

また、監査人は監査報告書の日付以前にその他の記載内容の全てを入手しており、計算書類及びその附属明細書に関する不適正意見を生じさせる事項はその他の記載内容にも影響を及ぼしている。したがって、監査報告書の利用者にとって重要な情報であると考えられるため、「不適正意見の根拠」区分に続いて、「その他の記載内容」区分を記載している。

不適正意見

当監査法人は、会社法第436条第２項第１号の規定に基づき、○○株式会社の×年×月×日から×年×月×日までの第×期事業年度の計算書類、すなわち、貸借対照表、損益計算書、株主資本等変動計算書及び個別注記表並びにその附属明細書(以下「計算書類等」という。)について監査を行った。

当監査法人は、上記の計算書類等が、「不適正意見の根拠」に記載した事項の計算書類等に及ぼす影響の重要性に鑑み、我が国において一般に公正妥当と認められる企業会計の基準に準拠して、当該計算書類等に係る期間の財産及び損益の状況を、適正に表示していないものと認める。

不適正意見の根拠

会社は、…………について、………ではなく、……により計上している。我が国において一般に公正妥当と認められる企業会計の基準に準拠していれば……を計上することが必要である。この結果、営業利益、経常利益及び税引前当期純利益はそれぞれ×××百万円過大に、当期純利益は△△△百万円過大に表示されている(注)。

当監査法人は、我が国において一般に公正妥当と認められる監査の基準に準拠して監査を行った。監査の基準における当監査法人の責任は、「計算書類等の監査における監査人の責任」に記載されている。当監査法人は、我が国における職業倫理に関する規定に従って、会社から独立しており、また、監査人としてのその他の倫理上の責任を果たしている。当監査法人は、不適正意見表明の基礎となる十分かつ適切な監査証拠を入手したと判断している。

その他の記載内容

その他の記載内容は、事業報告及びその附属明細書である。経営者の責任は、その他の記載内容を作成し開示することにある。また、監査役及び監査役会(注2)の責任は、その他の記載内容の報告プロセスの整備及び運用における取締役の職務の執行を監視することにある(注3)。

当監査法人の計算書類等に対する監査意見の対象にはその他の記載内容は含まれておらず、当監査法人はその他の記載内容に対して意見を表明するものではない。

計算書類等の監査における当監査法人の責任は、その他の記載内容を通読し、通読の過程において、その他の記載内容と計算書類等又は当監査法人が監査の過程で得た知識との間に重要な相違があるかどうか検討すること、また、そのような重要な相違以外にその他の記載内容に重要な誤りの兆候があるかどうか注意を払うことにある。

当監査法人は、実施した作業に基づき、その他の記載内容に重要な誤りがあると判断した場合には、その事実を報告することが求められている。

上記の「不適正意見の根拠」に記載したとおり、会社は、……を計上することが必要であった。

当監査法人は、同様の理由から、事業報告及びその附属明細書に含まれる……を計上しなかったことにより影響を受ける数値又は数値以外の項目に関して、その他の記載内容に重要な誤りがあると判断した。

（注１）　重要な虚偽表示に関する金額的な影響額については、損益計算書の各区分損益項目以外にも、第34項に基づき、計算書類等に重要な影響を及ぼすと考えられるその他の重要な項目についても適宜記載する。

（注２）　文例１（注５）に同じ

（注３）　文例１（注６）に同じ

３．継続企業の前提

43．継続企業の前提に重要な疑義を生じさせる事象又は状況が識別されているが、重要な不確実性に係る注記事項が適切でない場合、監査人は、監基報705に従い、状況に応じて限定付適正意見又は不適正意見を表明し、監査報告書の「限定付適正意見の根拠」区分又は「不適正意見の根拠」区分において、継続企業の前提に関する重要な不確実性が認められる旨、及び財務諸表に当該事項が適切に注記されていない旨を記載しなければならない（監基報570第22項）。

44．監査人は、継続企業を前提として財務諸表が作成されている場合に、継続企業を前提として経営者が財務諸表を作成することが適切でないと判断したときには、不適正意見を表明しなければならない。この場合、監査報告書の「不適正意見の根拠」区分において、継続企業を前提として経営者が財務諸表を作成することが適切でないと判断した理由を記載しなければならない（監基報570第20項）。

≪文例≫

Ⅰ　金融商品取引法監査（年度監査/連結財務諸表）

１．限定付適正意見

文例25　継続企業の前提に関する注記が不足していることによる限定付適正意見

（文例の前提となる状況）

継続企業の前提に関する重要な不確実性が認められるにもかかわらず、継続企業の前提に関する事項の注記が不足しており、その内容の連結財務諸表に及ぼす影響を勘案し限定付適正意見を表明する場合。なお、監査人は、「限定付適正意見の根拠」区分に記載した事項以外に、監査上の主要な検討事項を報告する。

また、監査人は監査報告書の日付以前にその他の記載内容の全てを入手し、その他の記載内容に関して重要な誤りを識別していない。

限定付適正意見

当監査法人は、金融商品取引法第193条の２第１項の規定に基づく監査証明を行うため、「経理の状況」に掲げられている○○株式会社の×年×月×日から×年×月×日までの連結会計年度の連結財務諸表、すなわち、連結貸借対照表、連結損益計算書、連結包括利益計算書、連結株主資本等変動計算書、連結キャッシュ・フロー計算書、連結財務諸表作成のための基本となる重要な事項、その他の注記及び連結附属明細表について監査を行った。

当監査法人は、上記の連結財務諸表が、「限定付適正意見の根拠」に記載した事項の連結財務諸表に及ぼす影響を除き、我が国において一般に公正妥当と認められる企業会計の基準に準拠して、○○株式会社及び連結子会社の×年×月×日現在の財政状態並びに同日をもって終了する連結会計年度の経営成績及びキャッシュ・フローの状況を、全ての重要な点において適正に表示しているものと認める。

限定付適正意見の根拠

継続企業の前提に関する注記に記載されているとおり、会社は、×年×月×日から×年×月×日までの連結会計年度に純損失×××百万円を計上しており、×年×月×日現在において連結貸借対照表上△△△百万円の債務超過の状況にあることから、継続企業の前提に重要な疑義を生じさせるような事象又は状況が存在しており、現時点では継続企業の前提に関する重要な不確実性が認められる。なお、当該事象又は状況に対する対応策及び重要な不確実性が認められる理由については当該注記に記載されているが、…………という状況が存在しており、連結財務諸表には当該事実が十分に注記されていない。この影響は……である(注1)。したがって、連結財務諸表に及ぼす影響は重要であるが広範ではない。

当監査法人は、我が国において一般に公正妥当と認められる監査の基準に準拠して監査を行った。監査の基準における当監査法人の責任は、「連結財務諸表監査における監査人の責任」に記載されている。当監査法人は、我が国における職業倫理に関する規定に従って、会社及び連結子会社から独立しており、また、監査人としてのその他の倫理上の責任を果たしている。当監査法人は、限定付適正意見表明の基礎となる十分かつ適切な監査証拠を入手したと判断している。

監査上の主要な検討事項

監査上の主要な検討事項とは、当連結会計年度の連結財務諸表の監査において、監査人が職業的専門家として特に重要であると判断した事項である。監査上の主要な検討事項は、連結財務諸表全体に対する監査の実施過程及び監査意見の形成において対応した事項であり、当監査法人は、当該事項に対して個別に意見を表明するものではない。

当監査法人は、「限定付適正意見の根拠」に記載されている事項のほか、以下に記載した事項を監査報告書において監査上の主要な検討事項として報告すべき事項と判断している。。

[監基報701に従った監査上の主要な検討事項の記載例

(表形式にする場合の記載例)

○○○○(監査上の主要な検討事項の見出し及び該当する場合には連結財務諸表の注記事項への参照)	
監査上の主要な検討事項の内容及び決定理由	監査上の対応
……(監査上の主要な検討事項の内容及び決定理由の内容を記載する)……。	……(監査上の対応を記載する)……。

]

その他の記載内容

その他の記載内容は、有価証券報告書に含まれる情報のうち、連結財務諸表及び財務諸表並びにこれらの監査報告書以外の情報である。経営者の責任は、その他の記載内容を作成し開示することにある。また、監査役及び監査役会(注2)の責任は、その他の記載内容の報告プロセスの整備及び運用における取締役の職務の執行を監視することにある(注3)。

当監査法人の連結財務諸表に対する監査意見の対象にはその他の記載内容は含まれておらず、当監査法人はその他の記載内容に対して意見を表明するものではない。

連結財務諸表監査における当監査法人の責任は、その他の記載内容を通読し、通読の過程において、その他の記載内容と連結財務諸表又は当監査法人が監査の過程で得た知識との間に重要な相違があるかどうか検討すること、また、そのような重要な相違以外にその他の記載内容に重要な誤りの兆候があるかどうか注意を払うことにある。

当監査法人は、実施した作業に基づき、その他の記載内容に重要な誤りがあると判断した場合には、その事実を報告することが求められている。

その他の記載内容に関して、当監査法人が報告すべき事項はない。

(注1) 文例16(注2)に同じ

（注２）　文例１（注５）に同じ
（注３）　文例１（注６）に同じ

２．不適正意見

文例26　継続企業の前提に関する注記が何ら行われていないことによる不適正意見

（文例の前提となる状況）

継続企業の前提に関する重要な不確実性が認められるにもかかわらず、会社が何ら注記を行っておらず、かつ、その事象又は状況が連結財務諸表に重要な影響を及ぼしており、不適正意見を表明する場合。なお、監査人は、「不適正意見の根拠」区分に記載した事項以外に、監査上の主要な検討事項はないと判断している。

なお、監査人は監査報告書の日付以前に全てのその他の記載内容を入手しており、また、有価証券報告書の「事業等のリスク」においても継続企業の前提に関する重要な不確実性に関して何ら開示が行われておらず、その他の記載内容における重要な誤りを識別している。したがって、監査報告書の利用者にとって重要な情報であると考えられるため、「不適正意見の根拠」区分に続いて、「その他の記載内容」区分を記載している。

不適正意見

当監査法人は、金融商品取引法第193条の２第１項の規定に基づく監査証明を行うため、「経理の状況」に掲げられている○○株式会社の×年×月×日から×年×月×日までの連結会計年度の連結財務諸表、すなわち、連結貸借対照表、連結損益計算書、連結包括利益計算書、連結株主資本等変動計算書、連結キャッシュ・フロー計算書、連結財務諸表作成のための基本となる重要な事項、その他の注記及び連結附属明細表について監査を行った。

当監査法人は、上記の連結財務諸表が、「不適正意見の根拠」に記載した事項の連結財務諸表に及ぼす影響の重要性に鑑み、我が国において一般に公正妥当と認められる企業会計の基準に準拠して、○○株式会社及び連結子会社の×年×月×日現在の財政状態並びに同日をもって終了する連結会計年度の経営成績及びキャッシュ・フローの状況を、適正に表示していないものと認める。

不適正意見の根拠

×年×月×日現在において会社は債務超過の状況であり、また、一年以内償還予定の社債が×××百万円あり、継続企業の前提に重要な疑義を生じさせるような状況が存在しており、当該社債を償還するための資金調達の目途が立っていないため、継続企業の前提に関する重要な不確実性が認められるが、連結財務諸表には、当該事実が何ら注記されていない。

当監査法人は、我が国において一般に公正妥当と認められる監査の基準に準拠して監査を行った。監査の基準における当監査法人の責任は、「連結財務諸表監査における監査人の責任」に記載されている。当監査法人は、我が国における職業倫理に関する規定に従って、会社及び連結子会社から独立しており、また、監査人としてのその他の倫理上の責任を果たしている。当監査法人は、不適正意見表明の基礎となる十分かつ適切な監査証拠を入手したと判断している。

その他の記載内容

その他の記載内容は、有価証券報告書に含まれる情報のうち、連結財務諸表及び財務諸表並びにこれらの監査報告書以外の情報である。経営者の責任は、その他の記載内容を作成し開示することにある。また、監査役及び監査役会（注１）の責任は、その他の記載内容の報告プロセスの整備及び運用における取締役の職務の執行を監視することにある（注２）。

当監査法人の連結財務諸表に対する監査意見の対象にはその他の記載内容は含まれておらず、当監査法人はその他の記載内容に対して意見を表明するものではない。

連結財務諸表監査における当監査法人の責任は、その他の記載内容を通読し、通読の過程において、その他の記載内容と連結財務諸表又は当監査法人が監査の過程で得た知識との間に重要な相違があるかどうか検討すること、また、そのような重要な相違以外にその他の記載内容に重要な誤りの兆候があるかどうか注意を払うことにある。

当監査法人は、実施した作業に基づき、その他の記載内容に重要な誤りがあると判断した場合には、その事実を報告することが求められている。

以下に記載のとおり、当監査法人は、その他の記載内容に重要な誤りがあると判断している。

有価証券報告書の「事業等のリスク」において、継続企業の前提に関する重要な不確実性が何ら開示されていない。

監査上の主要な検討事項

監査上の主要な検討事項とは、当連結会計年度の連結財務諸表の監査において、監査人が職業的専門家として特に重要であると判断した事項である。監査上の主要な検討事項は、連結財務諸表全体に対する監査の実施過程及び監査意見の形成において対応した事項であり、当監査法人は、当該事項に対して個別に意見を表明するものではない。

当監査法人は、「不適正意見の根拠」に記載されている事項を除き、監査報告書において報告すべき監査上の主要な検討事項はないと判断している。

（注１）　文例１（注５）に同じ
（注２）　文例１（注６）に同じ

文例27　継続企業の前提が不成立であるが、継続企業の前提により連結財務諸表を作成していることによる不適正意見

（文例の前提となる状況）

自己破産の申立てという継続企業の前提が成立していない場合において、継続企業の前提に基づいて連結財務諸表を作成しているときに、不適正意見を表明する場合。なお、監査人は、「不適正意見の根拠」区分に記載した事項以外に、監査上の主要な検討事項はないと判断している。

また、監査人は監査報告書の日付以前にその他の記載内容の全てを入手しており、連結財務諸表に関する不適正意見を生じさせる事項はその他の記載内容にも影響を及ぼしている。したがって、監査報告書の利用者にとって重要な情報であると考えられるため、「不適正意見の根拠」区分に続いて、「その他の記載内容」区分を記載している。

不適正意見

当監査法人は、金融商品取引法第193条の２第１項の規定に基づく監査証明を行うため、「経理の状況」に掲げられている○○株式会社の×年×月×日から×年×月×日までの連結会計年度の連結財務諸表、すなわち、連結貸借対照表、連結損益計算書、連結包括利益計算書、連結株主資本等変動計算書、連結キャッシュ・フロー計算書、連結財務諸表作成のための基本となる重要な事項、その他の注記及び連結附属明細表について監査を行った。

当監査法人は、上記の連結財務諸表が、「不適正意見の根拠」に記載した事項の連結財務諸表に及ぼす影響の重要性に鑑み、我が国において一般に公正妥当と認められる企業会計の基準に準拠して、○○株式会社及び連結子会社の×年×月×日現在の財政状態並びに同日をもって終了する連結会計年度の経営成績及びキャッシュ・フローの状況を、適正に表示していないものと認める。

不適正意見の根拠

会社は返済期日が×年×月×日に到来する借入金について返済不能となり、×年×月×日に自己破産の申立てを○○裁判所に行った。このような状況にもかかわらず上記の連結財務諸表は、継続企業を前提として作成されている。

当監査法人は、我が国において一般に公正妥当と認められる監査の基準に準拠して監査を行った。監査の基準における当監査法人の責任は、「連結財務諸表監査における監査人の責任」に記載されている。当監査法人は、我が国における職業倫理に関する規定に従って、会社及び連結子会社から独立しており、また、監査人としてのその他の倫理上の責任を果たしている。当監査法人は、不適正意見表明の基礎となる十分かつ適切な監査証拠を入手したと判断している。

その他の記載内容

その他の記載内容は、有価証券報告書に含まれる情報のうち、連結財務諸表及び財務諸表並びにこれらの監査報告書以外の情報である。経営者の責任は、その他の記載内容を作成し開示することにある。また、監査役及び監査役会（注１）の責任は、その他の記載内容の報告プロセスの整備及び運用における取締役の職務の執行を監視することにある（注２）。

当監査法人の連結財務諸表に対する監査意見の対象にはその他の記載内容は含まれておらず、当監査法人はその他の記載内容に対して意見を表明するものではない。

連結財務諸表監査における当監査法人の責任は、その他の記載内容を通読し、通読の過程において、

その他の記載内容と連結財務諸表又は当監査法人が監査の過程で得た知識との間に重要な相違があるかどうか検討すること、また、そのような重要な相違以外にその他の記載内容に重要な誤りの兆候があるかどうか注意を払うことにある。

当監査法人は、実施した作業に基づき、その他の記載内容に重要な誤りがあると判断した場合には、その事実を報告することが求められている。

上記の「不適正意見の根拠」に記載したとおり、継続企業の前提が成立していない状況にもかかわらず上記の連結財務諸表は、継続企業を前提として作成されている。

当監査法人は、同様の理由から、有価証券報告書に含まれる継続企業を前提として連結財務諸表を作成したことにより影響を受ける数値又は数値以外の項目に関して、その他の記載内容に重要な誤りがあると判断した。

監査上の主要な検討事項

監査上の主要な検討事項とは、当連結会計年度の連結財務諸表の監査において、監査人が職業的専門家として特に重要であると判断した事項である。監査上の主要な検討事項は、連結財務諸表全体に対する監査の実施過程及び監査意見の形成において対応した事項であり、当監査法人は、当該事項に対して個別に意見を表明するものではない。

当監査法人は、「不適正意見の根拠」に記載されている事項を除き、監査報告書において報告すべき監査上の主要な検討事項はないと判断している。

（注１）　文例１（注５）に同じ

（注２）　文例１（注６）に同じ

Ⅱ　会社法監査（計算書類）

文例28　継続企業の前提に関する注記が何ら行われていないことによる不適正意見

（文例の前提となる状況）

継続企業の前提に関する重要な不確実性が認められるにもかかわらず、会社が何らの注記を行っておらず、かつ、その事象又は状況が計算書類に重要な影響を及ぼしており、不適正意見を表明している。

なお、監査人は監査報告書の日付以前に全てのその他の記載内容を入手しており、また、事業報告においても継続企業の前提に関する重要な不確実性に関して何ら開示が行われておらず、その他の記載内容における重要な誤りを識別している。したがって、監査報告書の利用者にとって重要な情報であると考えられるため、「不適正意見の根拠」区分に続いて、「その他の記載内容」区分を記載している。

不適正意見

当監査法人は、会社法第436条第２項第１号の規定に基づき、○○株式会社の×年×月×日から×年×月×日までの第×期事業年度の計算書類、すなわち、貸借対照表、損益計算書、株主資本等変動計算書及び個別注記表並びにその附属明細書（以下「計算書類等」という。）について監査を行った。

当監査法人は、上記の計算書類等が、「不適正意見の根拠」に記載した事項の計算書類等に及ぼす影響の重要性に鑑み、我が国において一般に公正妥当と認められる企業会計の基準に準拠して、当該計算書類等に係る期間の財産及び損益の状況を、適正に表示していないものと認める。

不適正意見の根拠

×年×月×日現在において会社は債務超過の状況であり、また、一年以内償還予定の社債が×××百万円あり、継続企業の前提に重要な疑義を生じさせるような状況が存在しており、当該社債を償還するための資金調達の目途が立っていないため、継続企業の前提に関する重要な不確実性が認められるが、計算書類等には、当該事実が何ら注記されていない。

当監査法人は、我が国において一般に公正妥当と認められる監査の基準に準拠して監査を行った。監査の基準における当監査法人の責任は、「計算書類等の監査における監査人の責任」に記載されている。当監査法人は、我が国における職業倫理に関する規定に従って、会社から独立しており、また、監査人としてのその他の倫理上の責任を果たしている。当監査法人は、不適正意見表明の基礎となる十分かつ適切な監査証拠を入手したと判断している。

その他の記載内容

その他の記載内容は、事業報告及びその附属明細書である。経営者の責任は、その他の記載内容を作成し開示することにある。また、監査役及び監査役会(注1)の責任は、その他の記載内容の報告プロセスの整備及び運用における取締役の職務の執行を監視することにある(注2)。

当監査法人の計算書類等に対する監査意見の対象にはその他の記載内容は含まれておらず、当監査法人はその他の記載内容に対して意見を表明するものではない。

計算書類等の監査における当監査法人の責任は、その他の記載内容を通読し、通読の過程において、その他の記載内容と計算書類等又は当監査法人が監査の過程で得た知識との間に重要な相違があるかどうか検討すること、また、そのような重要な相違以外にその他の記載内容に重要な誤りの兆候があるかどうか注意を払うことにある。

当監査法人は、実施した作業に基づき、その他の記載内容に重要な誤りがあると判断した場合には、その事実を報告することが求められている。

以下に記載のとおり、当監査法人は、その他の記載内容に重要な誤りがあると判断している。

事業報告において、継続企業の前提に関する重要な不確実性が何ら開示されていない。

(注1)　文例1(注5)に同じ

(注2)　文例1(注6)に同じ

4．比較情報

45．監査人は、以前に発行した前年度の監査報告書において除外事項付意見(すなわち限定付適正意見、不適正意見、又は意見不表明)が表明されており、かつ、当該除外事項付意見の原因となった事項が未解消の場合、当年度の財務諸表に対して除外事項付意見を表明しなければならない(監基報710第10項)。

≪文例≫

文例29　重要な虚偽表示による限定付適正意見(前連結会計年度と同一事象により継続して虚偽表示による限定付適正意見を表明する場合)

(文例の前提となる状況)

以前に発行した前連結会計年度の監査報告書において重要な虚偽表示により限定付適正意見を表明した(文例16の状況)が、除外事項付意見の原因となった事項が未解消であり、当該事項が当連結会計年度の連結財務諸表に及ぼす影響が重要であり、限定付適正意見を表明する場合

限定付適正意見

当監査法人は、金融商品取引法第193条の2第1項の規定に基づく監査証明を行うため、「経理の状況」に掲げられている○○株式会社の×年×月×日から×年×月×日までの連結会計年度の連結財務諸表、すなわち、連結貸借対照表、連結損益計算書、連結包括利益計算書、連結株主資本等変動計算書、連結キャッシュ・フロー計算書、連結財務諸表作成のための基本となる重要な事項、その他の注記及び連結附属明細表について監査を行った。

当監査法人は、上記の連結財務諸表が、「限定付適正意見の根拠」に記載した事項の連結財務諸表に及ぼす影響を除き、我が国において一般に公正妥当と認められる企業会計の基準に準拠して、○○株式会社及び連結子会社の×年×月×日現在の財政状態並びに同日をもって終了する連結会計年度の経営成績及びキャッシュ・フローの状況を、全ての重要な点において適正に表示しているものと認める。

限定付適正意見の根拠

前連結会計年度より、会社は、…………について、…………ではなく、…………………………により計上している。我が国において一般に公正妥当と認められる企業会計の基準に準拠していれば、…………を計上することが必要である。これは、当監査法人が前連結会計年度の連結財務諸表に対して限定付適正意見を表明する原因となっている。前連結会計年度について、当該事項は、連結財務諸表における……の……に影響を与えており、結果として、営業利益、経常利益及び税金等調整前当期純利益はそれぞれ×××百万円過大に表示され、当期純利益は△△△百万円過大に表示され、また、当連結会計年度について、営業利益、経常利益及び税金等調整前当期純利益はそれぞれ○○○百万円過大に表示され、当期純利益は□□□百万円過大に表示されている(注1)。この影響は……である(注2)。したがって、連結財務諸表に及ぼす影響は重要であるが広範ではない。

当監査法人は、我が国において一般に公正妥当と認められる監査の基準に準拠して監査を行った。監査の基準における当監査法人の責任は、「連結

財務諸表監査における監査人の責任」に記載されている。当監査法人は、我が国における職業倫理に関する規定に従って、会社及び連結子会社から独立しており、また、監査人としてのその他の倫理上の責任を果たしている。当監査法人は、限定付適正意見表明の基礎となる十分かつ適切な監査証拠を入手したと判断している。

その他の記載内容
　その他の記載内容は、有価証券報告書に含まれる情報のうち、連結財務諸表及び財務諸表並びにこれらの監査報告書以外の情報である。経営者の責任は、その他の記載内容を作成し開示することにある。また、監査役及び監査役会の責任は、その他の記載内容の報告プロセスの整備及び運用における取締役の職務の執行を監視することにある。
　当監査法人の連結財務諸表に対する監査意見の対象にはその他の記載内容は含まれておらず、当監査法人はその他の記載内容に対して意見を表明するものではない。
　連結財務諸表監査における当監査法人の責任は、その他の記載内容を通読し、通読の過程において、その他の記載内容と連結財務諸表又は当監査法人が監査の過程で得た知識との間に重要な相違があるかどうか検討すること、また、そのような重要な相違以外にその他の記載内容に重要な誤りの兆候があるかどうか注意を払うことにある。
　当監査法人は、実施した作業に基づき、その他の記載内容に重要な誤りがあると判断した場合には、その事実を報告することが求められている。
　上記の「限定付適正意見の根拠」に記載したとおり、前連結会計年度より、会社は、…………について、我が国において一般に公正妥当と認められる企業会計の基準に準拠していれば、…………を計上する必要があった。
　当監査法人は、同様の理由から、有価証券報告書に含まれる、前連結会計年度より…………を計上しなかったことにより影響を受ける数値又は数値以外の項目に関して、その他の記載内容に重要な誤りがあると判断した。

(注１)(注２)　文例16に同じ

文例30　監査範囲の制約による限定付適正意見（前連結会計年度と同一事象により継続して監査範囲の制約による限定付適正意見を表明する場合）

（文例の前提となる状況）
　以前に発行した前連結会計年度の監査報告書において限定付適正意見を表明した（文例17の状況）が、除外事項付意見の原因となった事項が未解消であり、当該事項が当連結会計年度の連結財務諸表に及ぼす可能性のある影響は重要ではないが、未解消事項が当連結会計年度の連結財務諸表と比較情報である前連結会計年度の連結財務諸表の比較可能性に及ぼす可能性のある影響によって、当年度の連結財務諸表に対して、限定付適正意見を表明する場合

限定付適正意見
　当監査法人は、金融商品取引法第193条の２第１項の規定に基づく監査証明を行うため、「経理の状況」に掲げられている○○株式会社の×年×月×日から×年×月×日までの連結会計年度の連結財務諸表、すなわち、連結貸借対照表、連結損益計算書、連結包括利益計算書、連結株主資本等変動計算書、連結キャッシュ・フロー計算書、連結財務諸表作成のための基本となる重要な事項、その他の注記及び連結附属明細表について監査を行った。
　当監査法人は、上記の連結財務諸表が、「限定付適正意見の根拠」に記載した事項の比較情報に及ぼす可能性のある影響を除き、我が国において一般に公正妥当と認められる企業会計の基準に準拠して、○○株式会社及び連結子会社の×年×月×日現在の財政状態並びに同日をもって終了する連結会計年度の経営成績及びキャッシュ・フローの状況を、全ての重要な点において適正に表示しているものと認める。

限定付適正意見の根拠
　会社は、…………しており、当監査法人は、……により……できなかったため、……について、十分かつ適切な監査証拠を入手することができなかった。この結果、連結財務諸表における……の……に関連する金額に修正が必要となるかどうかについて判断することができなかったため、前連結会計年度の連結財務諸表に対して限定付適正意

見を表明している。当該事項が当連結会計年度の連結財務諸表と比較情報である前連結会計年度の連結財務諸表の比較可能性に影響を及ぼす可能性があるため、当連結会計年度の連結財務諸表に対して限定付適正意見を表明している。この影響は……である(注)。したがって、連結財務諸表に及ぼす可能性のある影響は重要であるが広範ではない。

当監査法人は、我が国において一般に公正妥当と認められる監査の基準に準拠して監査を行った。監査の基準における当監査法人の責任は、「連結財務諸表監査における監査人の責任」に記載されている。当監査法人は、我が国における職業倫理に関する規定に従って、会社及び連結子会社から独立しており、また、監査人としてのその他の倫理上の責任を果たしている。当監査法人は、限定付適正意見表明の基礎となる十分かつ適切な監査証拠を入手したと判断している。

その他の記載内容

その他の記載内容は、有価証券報告書に含まれる情報のうち、連結財務諸表及び財務諸表並びにこれらの監査報告書以外の情報である。経営者の責任は、その他の記載内容を作成し開示することにある。また、監査役及び監査役会の責任は、その他の記載内容の報告プロセスの整備及び運用における取締役の職務の執行を監視することにある。

当監査法人の連結財務諸表に対する監査意見の対象にはその他の記載内容は含まれておらず、当監査法人はその他の記載内容に対して意見を表明するものではない。

連結財務諸表監査における当監査法人の責任は、その他の記載内容を通読し、通読の過程において、その他の記載内容と連結財務諸表又は当監査法人が監査の過程で得た知識との間に重要な相違があるかどうか検討すること、また、そのような重要な相違以外にその他の記載内容に重要な誤りの兆候があるかどうか注意を払うことにある。

当監査法人は、実施した作業に基づき、その他の記載内容に重要な誤りがあると判断した場合には、その事実を報告することが求められている。

上記の「限定付適正意見の根拠」に記載したとおり、会社は、…………しており、当監査法人は、……により……できなかったため、……について、十分かつ適切な監査証拠を入手することができなかった。

したがって、当監査法人は、当該事項に関するその他の記載内容に重要な誤りがあるかどうか判断することができなかった。

(注) 文例17に同じ

46. 監査人は、以前に無限定適正意見が表明されている前年度の財務諸表に重要な虚偽表示が存在するという監査証拠を入手したが、対応数値が適切に修正再表示されていない又は注記事項が妥当ではない場合、当年度の財務諸表に対する監査報告書において、当該財務諸表に含まれる対応数値に関する除外事項付意見として、限定付適正意見又は不適正意見を表明しなければならない（監基報710第11項）。

Ⅳ 追記情報を記載する場合の監査報告書の文例

1．強調事項区分とその他の事項区分

(1) 追記情報

47. 監査基準において、会計方針の変更、重要な偶発事象、重要な後発事象が、監査人が強調することが適当と判断した事項として掲げられているが、これらは例示に過ぎず、これらの他にも追記情報として記載すべきものがある場合がある。また、強調することが適当と判断した事項（強調事項）と説明することが適当と判断した事項（その他の事項）とを明確に区分することが、監査人に要求される。

(2) 強調事項区分

48. 監査人は、財務諸表に表示又は開示されている事項について、利用者が財務諸表を理解する基礎として重要であるため、当該事項を強調して利用者の注意を喚起する必要があると判断し、かつ、以下のいずれにも該当する場合、監査報告書に「強調事項」区分を設けなければならない（監基報706第7項）。

(1) 監基報705に従い強調事項に関連して除外事項付意見を表明する必要がないと判断している。

Ⅱ 会計士協会

⑵　監基報701が適用される場合、「強調事項」区分への記載を検討する事項が、監査上の主要な検討事項に該当しないと判断している。

なお、監査上の主要な検討事項が、同時に強調事項に該当すると判断した場合には、監査上の主要な検討事項の報告において、当該事項が相対的に重要であることを強調し、注意喚起することが適切と判断し、当該事項を「監査上の主要な検討事項」区分の最初に記載したり、利用者が財務諸表を理解する基礎として重要であることを示唆する追加の情報を、監査上の主要な検討事項の記載に含めることが考えられる（監基報706 A2項）。

また、特定の状況において、監査報告書に「強調事項」区分を設けることが他の監査基準委員会報告書で要求されている場合に、監査上の主要な検討事項にも該当する場合には、「監査上の主要な検討事項」区分及び「強調事項」区分の両方に記載することになる（監基報706 A4項）。

49．監査人は、監査報告書に「強調事項」区分を設ける場合、以下に従って記載しなければならない（監基報706第８項）。

⑴　「強調事項」という用語を含めた適切な見出しを付して、当該区分を監査報告書の独立した区分として設ける。

⑵　当該区分に、財務諸表における記載箇所と関連付けて、強調する事項を明瞭に記載する。当該区分は、財務諸表において表示又は開示されている情報のみ参照される。

⑶　強調事項は監査人の意見に影響を及ぼすものではないことを記載する。

監査人は、例えば、会計方針の変更、重要な偶発事象、重要な後発事象について、「強調事項」区分に追記する場合がある（監基報706 Ａ５項）。

50．「強調事項」区分の記載箇所は、当該事項の内容、及び想定利用者にとっての相対的重要性に関する監査人の判断によって決まり、相対的重要性は、監基報700に従って報告することが求められる他の要素と比較して判断される（監基報706 A16項）。

また、監査人は、「強調事項」区分を「監査上の主要な検討事項」区分に記載される個別の事項と区別するため、「強調事項」の見出しに追加的な情報を加えることがある。（監基報706 A16項）。

≪文例≫

文例31　重要な訴訟により他社に対する損害賠償支払の可能性が生じている場合

（文例の前提となる状況）

他社に対する損害賠償支払の可能性が生じており、将来の結果に不確実性が存在している。

当該事項については、財務諸表の注記において以下の開示が行われている。

> 注記事項Ｘ（連結貸借対照表関係）
>
> 当社は米国内で販売した製品が特許権を侵害しているとして、Ａ社より以下のように損害賠償請求訴訟を提起されておりますが、…………であり、当該訴訟の最終的な結論は現在のところ得られていないため、その判決により生ずるかもしれない負担金額については、連結財務諸表に計上しておりません。（以下省略）

> 強調事項
>
> 注記事項Ｘ（連結貸借対照表関係）に記載されているとおり、会社は特許権の侵害に関する損害賠償請求訴訟の被告となっている。当該訴訟の最終的な結論は現在のところ得られていないため、その判決により生ずるかもしれない負担金額については、連結財務諸表に計上されていない。
>
> 当該事項は、当監査法人の意見に影響を及ぼすものではない。

（注１）　上記文例では、注記の該当部分を参照又は要約して強調事項を記載しているが、注記の該当部分をそのまま引用して強調事項を記載することもできる。

（注２）　注記の該当部分を参照又は要約して強調事項を記載する場合には、注記に使用されている用語を使用することに留意する。

（注３）　監査上の主要な検討事項の記載を行う場合、第48項における取扱いに留意する。

文例32　会計基準の早期適用を行っている場合

（文例の前提となる状況）

当年度において、財務諸表に広範な影響を及ぼす新しい会計基準を早期適用している。

> 強調事項
>
> 連結財務諸表作成のための基本となる重要な事項の変更に記載されているとおり、会社は当連結会計年度より「○○○○に関する会計基準」を早期適用している。
>
> 当該事項は、当監査法人の意見に影響を及ぼすものではない。

（注）　文例31（注３）に同じ

(3)　その他の事項区分

51．監査人は、財務諸表に表示又は開示されていない事項について、監査、監査人の責任又は監査報告書についての利用者の理解に関連するため監査報告書において説明する必要があると判断した場合で、かつ、以下のいずれにも該当する場合、監査報告書に「その他の事項」区分を設けなければならない（監基報706第９項）。

(1)　法令等によって監査報告書に記載することが禁止されていない。

(2)　監基報701が適用される場合、「その他の事項」区分への記載を検討する事項が、監査上の主要な検討事項に該当しないと判断している。

ただし、特定の状況において、監査報告書に「その他の事項」区分を設けることが他の監査基準委員会報告書で要求されている場合に、当該事項が監査上の主要な検討事項にも該当する場合には、「監査上の主要な検討事項」区分及び「その他の事項」区分の両方に記載することになる（監基報706 A9項）。

52．監査人は、監査報告書に「その他の事項」区分を設ける場合、独立した区分として「その他の事項」又は他の適切な見出しを付さなければならない（監基報706第10項）。「その他の事項」区分の例としては、監査報告書の利害関係の記載が該当する（監基報706 A11項）。

53．「その他の事項」区分の記載箇所は、当該事項の内容、及び想定利用者にとっての相対的重要性に関する監査人の判断によって決まり、相対的重要性は、監基報700に従って報告することが求められる他の要素と比較して判断される（監基報706 A16項）。

(4)　中間連結財務諸表が含まれる開示書類のその他の記載内容について識別した重要な相違

54．財務諸表が含まれる開示書類のその他の記載内容に修正が必要であるが、経営者が修正することに同意しない場合、監査人は、監査役等に当該事項を報告するとともに、以下のいずれかを行わなければならない（監基報910第30項）。

(1)　中間監査報告書に「その他の事項」区分を設け、中間監査を行った中間財務諸表との重要な相違について記載する。

(2)　中間監査報告書を発行しない。

(3)　可能な場合、監査契約を解除する。

≪文例≫

文例33　中間財務諸表の表示と開示書類におけるその他の記載内容との間に重要な相違がある場合

（文例の前提となる状況）

半期報告書における中間連結財務諸表の表示（売上高）とその他の記載内容に重要な相違が生じている。

中間連結財務諸表の表示（売上高）は修正を要しない。

> その他の事項
>
> 半期報告書における「第２　事業の状況　３．経営者による財政状態、経営成績及びキャッシュ・フローの状況の分析」において、会社はセグメント別の販売実績を記載しているが、その合計金額と中間連結財務諸表との表示（売上高）との間には、……により重要な相違が生じている。

２．後発事象

期末日の翌日から監査報告書日までの間に発生した事象

55．監査人は、監基報560第５項及び第６項に従って実施した手続の結果、財務諸表の修正又は財務諸表における開示が要求される事象を識別した場合、それらの事象が財務諸表に適切に反映されているかどうか判断しなければならない（監基報560第７項）。

≪文例≫

文例34　監査報告書日前に開示後発事象が発生した場合

（文例の前提となる状況）

貸借対照表日後、会社法監査の監査報告書日前に企業の生産設備において火災が発生した。

計算書類等の注記において、以下の開示が行われている。

重要な後発事象
×年×月×日に当社○○工場の生産設備において火災が発生し、一時的な操業停止、一部の有形固定資産への損害が生じております。（以下省略）

強調事項
重要な後発事象に記載されているとおり、会社の生産設備において×年×月×日に火災が発生し、その影響額については算定中である。
当該事項は、当監査法人の意見に影響を及ぼすものではない。

３．事後判明事実

⑴　監査報告書日の翌日から財務諸表の発行日までの間に監査人が知るところとなった事実

56．経営者が財務諸表を修正又は開示する場合、監査人は、以下の手続を実施しなければならない（監基報560第10項）。

⑴　当該修正又は開示に関して、必要な手続を実施すること

⑵　監基報560第11項が適用される場合を除き、以下の手続を実施すること

①　監基報560第５項及び第６項の監査手続を、当該修正又は開示が追加された財務諸表に対する監査報告書日までの期間に拡大して実施すること

②　監査報告書を、当該修正又は開示が追加された財務諸表に対する監査報告書に差し替えること

修正又は開示が追加された差替後の財務諸表に対する監査報告書の日付は、差替後の財務諸表の承認日以降の日付とする。

⑵　財務諸表が発行された後に監査人が知るところとなった事実

57．経営者が財務諸表を訂正する場合、監査人は、以下の手続を実施しなければならない（監基報560第14項）。

⑴　当該訂正に関して、必要な監査手続を実施すること

⑵　財務諸表の訂正について、以前に発行した財務諸表とその監査報告書を受領した全ての者に対して伝達するために経営者が行う対応を検討すること

⑶　監基報560第11項が適用される場合を除き、以下の手続を実施すること

①　監基報560第５項及び第６項の監査手続を、訂正後の財務諸表に対する監査報告書日までの期間に拡大して実施すること。訂正後の財務諸表に対する監査報告書の日付は、訂正後の財務諸表の承認日以降の日付とする。

②　訂正後の財務諸表に対する監査報告書を提出すること

⑷　監基報560第11項が適用される場合、第11項に従って、訂正後の財務諸表に対する監査報告書を提出すること

58．監査人は、訂正後の財務諸表に対する監査報告書の「強調事項」区分又は「その他の事項」区分に、以前に発行した財務諸表を訂正した理由を詳細に記載している財務諸表の注記事項を参照し、監査人が以前に提出した監査報告書について記載しなければならない（監基報560第15項）。

≪文例≫

文例35　事後判明事実により訂正報告書を提出する場合

（文例の前提となる状況）

会社は、×２年３月期の有価証券報告書を提出した後、×２年３月期の連結財務諸表に係る重要な虚偽表示が×２年12月に発見されたため、当該連結財務諸表を訂正し、その訂正報告書を×３年２月に提出した。

監査人は、訂正後の×２年３月期の連結財務諸表に対する監査報告書を提出した。

なお、訂正後の×２年３月期の連結財務諸表には、訂正の事実・内容の注記は行われていない。

> その他の事項
> 　有価証券報告書の訂正報告書の提出理由に記載されているとおり、会社は、連結財務諸表を訂正している。なお、当監査法人は、訂正前の連結財務諸表に対して×年×月×日に監査報告書を提出した。

（注）　訂正の事実、内容について、経営者が自主的に連結財務諸表に注記の開示も行っている場合には、当該注記を参照し、強調事項として監査報告書に以下のように記載することとなる。

「連結財務諸表の注記Xに記載されているとおり、会社は、連結財務諸表を訂正している。当該事項は、当監査法人の意見に影響を及ぼすものではない。

なお、当監査法人は、訂正前の連結財務諸表に対して×年×月×日に監査報告書を提出した。」

４．比較情報

59．前年度の財務諸表を前任監査人が監査しており、監査人が監査報告書において前任監査人が対応数値を監査している旨及びその意見を記載することにした場合、監査人は、監査報告書のその他の事項区分に、以下の事項を記載しなければならない（監基報710第12項）。

(1)　前年度の財務諸表は、前任監査人により監査された旨

(2)　前任監査人が表明した監査意見の類型、及び除外事項付意見が表明されていた場合にはその理由

(3)　前任監査人の監査報告書の日付

≪文例≫

文例36　前期の財務諸表を前任監査人が監査している場合

（文例の前提となる状況）

過年度の比較情報は前任監査人が監査しており、無限定適正意見が表明されている。

比較情報の修正を必要とする事項は検出されていない。

> その他の事項
> 　会社の×０年×月×日をもって終了した前連結会計年度の連結財務諸表は、前任監査人によって監査されている。前任監査人は、当該連結財務諸表に対して×０年×月×日付けで無限定適正意見を表明している。

Ⅴ　新規上場時等、初めて提出される有価証券届出書等に記載される財務諸表の監査報告書の文例

60．新規上場時等、初めて提出される有価証券届出書等に記載される財務諸表が我が国において一般に公正妥当と認められる企業会計の基準に準拠して作成される場合、当年度及び前年度の財務諸表は、比較情報を含まないで作成することとされており、それぞれが独立した財務諸表として位置付けられており、また、前年度の財務諸表は、当年度の財務諸表の作成方法と同様の方法で作成することとされている（財務諸表等規則附則第３項及び第４項、連結財務諸表規則附則第２項及び第３項）。

この場合、監査人は、当年度及び前年度の財務諸表、それぞれに対して個別に監査報告書を作成して監査意見を表明することとされている（監査証明府令第１条第１号、同第１条第４号、

同第１条第７号、同第１条第８号、同第３条第１項）。また、監査証明府令により監査上の主要な検討事項の記載が求められる場合には、それぞれに対して監査上の主要な検討事項を記載する（監査証明府令第４条第２項）≪文例37、文例38参照≫。

61．一方、新規上場時等、初めて提出される有価証券届出書等に記載される連結財務諸表が指定国際会計基準又は修正国際基準等に準拠して作成される場合で、かつ、監査報告書に監査証明府令第４条第２項による記載を行うときは、当連結会計年度の連結財務諸表のみを作成することとされている（企業内容等開示府令第２号の４様式記載上の注意⑿から⒂、同第２号様式記載上の注意(60)2015年９月４日改正）(注)。

この場合、監査人は、監査報告書に比較情報に関する事項を含めて記載すること、すなわち、比較財務諸表方式で監査意見を表明することとされている（監査証明府令第４条第２項）(注)。したがって、監査人は、財務諸表の表示期間に含まれるそれぞれの年度に関して監査意見を表明しなければならず（監基報710第14項）、監査証明府令により監査上の主要な検討事項の記載が求められる場合には、比較情報に係る事業年度の監査上の主要な検討事項も併せて記載する（監査証明府令第４条第２項、監基報701 A10項）≪文例39、文例40参照≫。

(注)　監査報告書に監査証明府令第４条第２項による記載を行わない場合、当連結会計年度及び前連結会計年度の２連結会計年度に係る連結財務諸表を作成することとされている。この場合、監査人は、継続開示される有価証券報告書に記載される財務諸表に対する監査報告書と同様、対応数値方式で監査意見を表明することとなる≪文例３、文例４参照≫。

62．比較情報に関する監査意見の表明方式には、対応数値方式と比較財務諸表方式という二つの異なる方式があるが（監基報710第２項及び第３項）、いずれの監査意見の表明方式であっても、監基報710第６項及び第７項において監査人に求められる比較情報に対する監査手続に相違はなく、前年度の財務諸表が監査済みであることまでを要求するものではない。また、前年度の財務諸表が監査されていない場合、対応数値方式と比較財務諸表方式のいずれの監査意見の表明方式であっても、当年度の監査報告書のその他の事項区分に前年度の財務諸表が監査されていない旨の記載が求められている（監基報710第13項又は第18項）。

新規上場時等、初めて提出される有価証券届出書等に記載される連結財務諸表が指定国際会計基準又は修正国際基準等に準拠して作成される場合で、かつ、監査報告書に監査証明府令第４条第２項による記載を行うときは、比較情報に重要な虚偽表示がないかどうかについて監査を実施していることが前提であるため、監基報710第18項で監査人に求められる監査報告書のその他の事項区分に前年度の財務諸表が監査されていない旨の記載が行われることはない。

63．以下の表は、新規上場時等、初めて提出される有価証券届出書等に記載される財務諸表（第60項及び第61項）及び継続開示される有価証券報告書に記載される財務諸表について、適用される財務報告の枠組み、監査対象年度及び比較情報の有無、比較情報に関する監査意見の表明方式並びに本実務指針で掲げられている文例との関係を示したものである。

区　分	新規上場時等、初めて提出される有価証券届出書等(注)に記載される財務諸表			継続開示される有価証券報告書に記載される財務諸表	
適用される財務報告の枠組み	我が国において一般に公正妥当と認められる企業会計の基準	指定国際会計基準・修正国際基準		我が国において一般に公正妥当と認められる企業会計の基準	指定国際会計基準・修正国際基準
監査対象年度及び比較情報の有無	当年度（比較情報無し）及び前年度（比較情報無し）	当年度（比較情報有り）	当年度（比較情報有り）及び前年度（比較情報有り）	当年度（比較情報有り）	当年度（比較情報有り）
比較情報に関する監査意見の表明方式	該当無し	比較財務諸表方式（監査証明府令第４条第２項による記載を行う場合）	対応数値方式（監査証明府令第４条第２項による記載を行わない場合）	対応数値方式	対応数値方式
文　例	・文例37（連結財務諸表）	・文例39（連結財務諸表）	・文例３（連結財務諸表）	・文例１（連結財務諸表）	・文例３（連結財務諸表）
	・文例38（個別財務諸表）	・文例40（連結財務諸表）	・文例４（連結財務諸表）	・文例２（個別財務諸表）	・文例４（連結財務諸表）

(注)　当該項目には、新規公開時の有価証券届出書（第二号の四様式）の他、通常方式の有価証券届出書（第二号様式）などを含む。

≪文例≫

ここに掲げる監査報告書の文例は、いずれも監査人が無限責任監査法人の場合で、かつ、指定証明であるときのものである。

文例37　新規上場時等、初めて提出される有価証券届出書等に記載される連結財務諸表が我が国において一般に公正妥当と認められる企業会計の基準に準拠して作成される場合

(文例の前提となる状況)

本文例は、新規上場時等、初めて提出される有価証券届出書等のうち、新規公開時の有価証券届出書（第二号の四様式）に記載される連結財務諸表が我が国において一般に公正妥当と認められる企業会計の基準に準拠して作成される場合を前提としている。

監査対象となる連結財務諸表は、以下の各連結会計年度の連結財務諸表であり、監査報告書は、それぞれの連結財務諸表に対して個別に作成することになるが、本文例は、①の連結財務諸表に対する監査報告書の文例である。

① 「×１年１月１日から×１年12月31日まで」の連結会計年度の連結財務諸表（比較情報無し）
② 「×０年１月１日から×０年12月31日まで」の連結会計年度の連結財務諸表（比較情報無し）

独立監査人の監査報告書

×年×月×日

○○株式会社
　取締役会　御中

○　○　監　査　法　人

○○事務所(注1)

指 定 社 員　業務執行社員　公認会計士　○○○○　印

指 定 社 員　業務執行社員　公認会計士　○○○○　印

(注2)

監査意見

当監査法人(注3)は、金融商品取引法第193条の２第１項の規定に基づく監査証明を行うため、「経理の状況」に掲げられている○○株式会社の×１年１月１日から×１年12月31日までの連結会計年度の連結財務諸表、すなわち、連結貸借対照表、連結損益計算書、連結包括利益計算書(注4)、連結株主資本等変動計算書、連結キャッシュ・フロー計算書、連結財務諸表作成のための基本となる重要な事項、その他の注記及び連結附属明細表について監査を行った。

当監査法人(注3)は、上記の連結財務諸表が、我が国において一般に公正妥当と認められる企業会計の基準に準拠して、○○株式会社及び連結子会社の×１年12月31日現在の財政状態並びに同日をもって終了する連結会計年度の経営成績及びキャッシュ・フローの状況を、全ての重要な点において適正に表示しているものと認める。

監査意見の根拠

当監査法人(注3)は、我が国において一般に公正妥当と認められる監査の基準に準拠して監査を行った。監査の基準における当監査法人(注3)の責任は、「連結財務諸表監査における監査人の責任」に記載されている。当監査法人(注3)は、我が国における職業倫理に関する規定に従って、会社及び連結子会社から独立しており、また、監査人としてのその他の倫理上の責任を果たしている。当監査法人(注3)は、意見表明の基礎となる十分かつ適切な監査証拠を入手したと判断している。

監査上の主要な検討事項(注5)

監査上の主要な検討事項とは、当連結会計年度の連結財務諸表の監査において、監査人が職業的専門家として特に重要であると判断した事項である。監査上の主要な検討事項は、連結財務諸表全体に対する監査の実施過程及び監査意見の形成において対応した事項であり、当監査法人(注3)は、当該事項に対して個別に意見を表明するものではない。

[監基報701に従った監査上の主要な検討事項の記載例

(表形式にする場合の記載例)

○○○○（監査上の主要な検討事項の見出し及び該当する場合には連結財務諸表の注記事項への参照）	
監査上の主要な検討事項の内容及び決定理由	監査上の対応
……（監査上の主要な検討事項の内容及び決定理由の内容を記載する）……。	……（監査上の対応を記載する）……。

]

その他の記載内容

その他の記載内容は、有価証券届出書　第二部【企業情報】(注6)に含まれる情報のうち、連結財務諸表及び財務諸表並びにこれらの監査報告書以外の情報である。経営者の責任は、その他の記載内容を作成し開示することにある。また、監査役及び監査役会の責任(注7)は、その他の記載内容の報告プロセスの整備及び運用における取締役の職務の執行を監視することにある(注8)。

当監査法人(注3)の連結財務諸表に対する監査意見の対象にはその他の記載内容は含まれておらず、当監査法人(注3)はその他の記載内容に対して意見を表明するものではない。

連結財務諸表監査における当監査法人(注3)の責任は、その他の記載内容を通読し、通読の過程において、その他の記載内容と連結財務諸表又は当監査法人(注3)が監査の過程で得た知識との間に重要な相違があるかどうか検討すること、また、そのような重要な相違以外にその他の記載内容に重要な誤りの兆候があるかどうか注意を払うことにある。

当監査法人(注3)は、実施した作業に基づき、その他の記載内容に重要な誤りがあると判断した場合には、その事実を報告することが求められている。

その他の記載内容に関して、当監査法人(注3)が報告すべき事項はない。(注9)

連結財務諸表に対する経営者並びに監査役及び監査役会(注7)の責任

経営者の責任は、我が国において一般に公正妥当と認められる企業会計の基準に準拠して連結財務諸表を作成し適正に表示することにある。これには、不正又は誤謬による重要な虚偽表示のない連結財務諸表を作成し適正に表示するために経営者が必要と判断した内部統制を整備及び運用することが含まれる。

連結財務諸表を作成するに当たり、経営者は、継続企業の前提に基づき連結財務諸表を作成することが適切であるかどうかを評価し、我が国において一般に公正妥当と認められる企業会計の基準に基づいて継続企業に関する事項を開示する必要がある場合には当該事項を開示する責任がある。

監査役及び監査役会(注7)の責任は、財務報告プロセスの整備及び運用における取締役の職務の執行を監視することにある(注10)。

連結財務諸表監査における監査人の責任

監査人の責任は、監査人が実施した監査に基づいて、全体としての連結財務諸表に不正又は誤謬による重要な虚偽表示がないかどうかについて合理的な保証を得て、監査報告書において独立の立場から連結財務諸表に対する意見を表明することにある。虚偽表示は、不正又は誤謬により発生する可能性があり、個別に又は集計すると、連結財務諸表の利用者の意思決定に影響を与えると合理的に見込まれる場合に、重要性があると判断される。

監査人は、我が国において一般に公正妥当と認められる監査の基準に従って、監査の過程を通じて、職業的専門家としての判断を行い、職業的懐疑心を保持して以下を実施する。

・不正又は誤謬による重要な虚偽表示リスクを識別し、評価する。また、重要な虚偽表示リスクに対応した監査手続を立案し、実施する。監査手続の選択及び適用は監査人の判断による。さらに、意見表明の基礎となる十分かつ適切な監査証拠を入手する。
・連結財務諸表監査の目的は、内部統制の有効性について意見表明するためのものではないが、監査人は、リスク評価の実施に際して、状況に応じた適切な監査手続を立案するために、監査に関連する内部統制を検討する。
・経営者が採用した会計方針及びその適用方法の適切性、並びに経営者によって行われた会計上の見積りの合理性及び関連する注記事項の妥当性を評価する。
・経営者が継続企業を前提として連結財務諸表を作成することが適切であるかどうか、また、入手した監査証拠に基づき、継続企業の前提に重要な疑義を生じさせるような事象又は状況に関して重要な不確実性が認められるかどうか結論付ける。継続企業の前提に関する重要な不確実性が認められる場合は、監査報告書において連結財務諸表の注記事項に注意を喚起すること、又は重要な不確実性に関する連結財務諸表の注記事項が適切でない場合は、連結財務諸表に対して除外事項付意見を表明することが求められている。監査人の結論は、監査報告書日までに入手した監査証拠に基づいているが、将来の事象や状況により、企業は継続企業として存続できなくなる可能性がある。
・連結財務諸表の表示及び注記事項が、我が国において一般に公正妥当と認められる企業会計の基準に準拠しているかどうかとともに、関連する注記事項を含めた連結財務諸表の表示、構成及び内容、並びに連結財務諸表が基礎となる取引や会計事象を適正に表示しているかどうかを評価する。
・連結財務諸表に対する意見を表明するために、会社及び連結子会社の財務情報に関する十分かつ適切な監査証拠を入手する。監査人は、連結財務諸表の監査に関する指示、監督及び実施に関して責任がある。監査人は、単独で監査意見に対して責任を負う。

監査人は、監査役及び監査役会(注7)に対して、計画した監査の範囲とその実施時期、監査の実施過程で識別した内部統制の重要な不備を含む監査上の重要な発見事項、及び監査の基準で求められているその他の事項について報告を行う。

　監査人は、監査役及び監査役会(注7)に対して、独立性についての我が国における職業倫理に関する規定を遵守したこと、並びに監査人の独立性に影響を与えると合理的に考えられる事項、及び阻害要因を除去又は軽減するためにセーフガードを講じている場合はその内容について報告を行う。(注11)

　監査人は、監査役及び監査役会(注7)と協議した事項のうち、当連結会計年度の連結財務諸表の監査で特に重要であると判断した事項を監査上の主要な検討事項と決定し、監査報告書において記載する。ただし、法令等により当該事項の公表が禁止されている場合や、極めて限定的ではあるが、監査報告書において報告することにより生じる不利益が公共の利益を上回ると合理的に見込まれるため、監査人が報告すべきでないと判断した場合は、当該事項を記載しない。(注12)

利害関係

　会社及び連結子会社と当監査法人又は業務執行社員(注3)との間には、公認会計士法の規定により記載すべき利害関係はない。

以　上

(注1)(注2)(注3)(注4)　文例1に同じ
(注5)　監査上の主要な検討事項の記載が求められる場合に記載を行う。
(注6)　「その他の記載内容は、有価証券届出書　第二部【企業情報】に含まれる情報のうち、連結財務諸表及び財務諸表並びにこれらの監査報告書以外の情報である。」の下線部分は、有価証券届出書等の様式に応じて下記のように修正する。なお、新規上場時等、初めて提出される有価証券届出書等の主な様式とその他の記載内容の対象範囲の記載に当たっては、監査基準委員会研究報告第6号「監査報告書に係るQ＆A」Q1－8「証券発行に関する文書に関するその他の記載内容の適用範囲」を参照する。
・有価証券届出書（通常様式（第二号様式））の場合
「その他の記載内容は、有価証券届出書　第二部【企業情報】及び第三部【提出会社の保証会社等の情報】に含まれる情報のうち、連結財務諸表及び財務諸表並びにこれらの監査報告書以外の情報である。」
(注7)　文例1（注5）に同じ
(注8)　文例1（注6）に同じ
(注9)　文例1（注7）に同じ
(注10)　文例1（注8）に同じ
(注11)　新規上場のための有価証券届出書等の場合には記載を行う。
(注12)　文例1（注10）に同じ

文例38　新規上場時等、初めて提出される有価証券届出書等に記載される我が国において一般に公正妥当と認められる企業会計の基準に準拠して作成される財務諸表の場合

(文例の前提となる状況)

　本文例は、新規上場時等、初めて提出される有価証券届出書等のうち、新規公開時の有価証券届出書（第二号の四様式）に記載される我が国において一般に公正妥当と認められる企業会計の基準に準拠して作成される財務諸表の場合を前提としている。

　監査対象となる財務諸表は、以下の各事業年度の財務諸表であり、監査報告書は、それぞれの財務諸表に対して個別に作成することになるが、本文例は、①の財務諸表に対する監査報告書の文例である。

①　「×1年1月1日から×1年12月31日までの第×1期事業年度」の財務諸表（比較情報無し）
②　「×0年1月1日から×0年12月31日までの第×0期事業年度」の財務諸表（比較情報無し）

独立監査人の監査報告書

×年×月×日

○○株式会社
　取締役会　御中

○　○ 監 査 法 人
○○事務所(注1)
指 定 社 員
業務執行社員　公認会計士　○○○○　印

指 定 社 員
業務執行社員　公認会計士　○○○○　印
(注2)

監査意見

当監査法人(注3)は、金融商品取引法第193条の2第1項の規定に基づく監査証明を行うため、「経理の状況」に掲げられている○○株式会社の×1年1月1日から×1年12月31日までの第×1期事業年度の財務諸表、すなわち、貸借対照表、損益計算書、株主資本等変動計算書、キャッシュ・フロー計算書、重要な会計方針、その他の注記及び附属明細表について監査を行った。

当監査法人(注3)は、上記の財務諸表が、我が国において一般に公正妥当と認められる企業会計の基準に準拠して、○○株式会社の×1年12月31日現在の財政状態並びに同日をもって終了する事業年度の経営成績及びキャッシュ・フローの状況を、全ての重要な点において適正に表示しているものと認める。

監査意見の根拠

当監査法人(注3)は、我が国において一般に公正妥当と認められる監査の基準に準拠して監査を行った。監査の基準における当監査法人(注3)の責任は、「財務諸表監査における監査人の責任」に記載されている。当監査法人(注3)は、我が国における職業倫理に関する規定に従って、会社から独立しており、また、監査人としてのその他の倫理上の責任を果たしている。当監査法人(注3)は、意見表明の基礎となる十分かつ適切な監査証拠を入手したと判断している。

監査上の主要な検討事項(注4)

監査上の主要な検討事項とは、当事業年度の財務諸表の監査において、監査人が職業的専門家として特に重要であると判断した事項である。監査上の主要な検討事項は、財務諸表全体に対する監査の実施過程及び監査意見の形成において対応した事項であり、当監査法人(注3)は、当該事項に対して個別に意見を表明するものではない。

[監基報701に従った監査上の主要な検討事項の記載例
　(表形式にする場合の記載例)

○○○○（監査上の主要な検討事項の見出し及び該当する場合には連結財務諸表の注記事項への参照）	
監査上の主要な検討事項の内容及び決定理由	監査上の対応
……（監査上の主要な検討事項の内容及び決定理由の内容を記載する）……。	……（監査上の対応を記載する）……。

](注5)

その他の記載内容

その他の記載内容は、有価証券届出書　第二部【企業情報】(注6)に含まれる情報のうち、財務諸表及びその監査報告書(注7)以外の情報である。経営者の責任は、その他の記載内容を作成し開示することにある。また、監査役及び監査役会の責任(注8)は、その他の記載内容の報告プロセスの整備及び運用における取締役の職務の執行を監視することにある(注9)。

当監査法人(注3)の財務諸表に対する監査意見の対象にはその他の記載内容は含まれておらず、当監査法人(注3)はその他の記載内容に対して意見を表明するものではない。

財務諸表監査における当監査法人(注3)の責任は、その他の記載内容を通読し、通読の過程において、その他の記載内容と財務諸表又は当監査法人(注3)が監査の過程で得た知識との間に重要な相違があるかどうか検討すること、また、そのような重要な相違以外にその他の記載内容に重要な誤りの兆候があるかどうか注意を払うことにある。

当監査法人(注3)は、実施した作業に基づき、その他の記載内容に重要な誤りがあると判断した場合には、その事実を報告することが求められている。

その他の記載内容に関して、当監査法人(注3)が報告すべき事項はない。(注10)

財務諸表に対する経営者並びに監査役及び監査役会(注8)の責任

経営者の責任は、我が国において一般に公正妥当と認められる企業会計の基準に準拠して財務諸表を作成し適正に表示することにある。これには、不正又は誤謬による重要な虚偽表示のない財務諸表を作成し適正に表示するために経営者が必要と判断した内部統制を整備及び運用することが含まれる。

財務諸表を作成するに当たり、経営者は、継続企業の前提に基づき財務諸表を作成することが適切であるかどうかを評価し、我が国において一般に公正妥当と認められる企業会計の基準に基づいて継続企業に関する事項を開示する必要がある場合には当該事項を開示する責任がある。

監査役及び監査役会(注8)の責任は、財務報告プロセスの整備及び運用における取締役の職務の執行を監視することにある(注11)。

財務諸表監査における監査人の責任

監査人の責任は、監査人が実施した監査に基づいて、全体としての財務諸表に不正又は誤謬による重要な虚偽表示がないかどうかについて合理的な保証を得て、監査報告書において独立の立場から財務諸表に対する意見を表明することにある。虚偽表示は、不正又は誤謬により発生する可能性があり、個別に又は集計すると、財務諸表の利用者の意思決定に影響を与えると合理的に見込まれる場合に、重要性があると判断される。

監査人は、我が国において一般に公正妥当と認められる監査の基準に従って、監査の過程を通じて、職業的専門家としての判断を行い、職業的懐疑心を保持して以下を実施する。(注12)

- 不正又は誤謬による重要な虚偽表示リスクを識別し、評価する。また、重要な虚偽表示リスクに対応した監査手続を立案し、実施する。監査手続の選択及び適用は監査人の判断による。さらに、意見表明の基礎となる十分かつ適切な監査証拠を入手する。
- 財務諸表監査の目的は、内部統制の有効性について意見表明するためのものではないが、監査人は、リスク評価の実施に際して、状況に応じた適切な監査手続を立案するために、監査に関連する内部統制を検討する。
- 経営者が採用した会計方針及びその適用方法の適切性、並びに経営者によって行われた会計上の見積りの合理性及び関連する注記事項の妥当性を評価する。
- 経営者が継続企業を前提として財務諸表を作成することが適切であるかどうか、また、入手した監査証拠に基づき、継続企業の前提に重要な疑義を生じさせるような事象又は状況に関して重要な不確実性が認められるかどうか結論付ける。継続企業の前提に関する重要な不確実性が認められる場合は、監査報告書において財務諸表の注記事項に注意を喚起すること、又は重要な不確実性に関する財務諸表の注記事項が適切でない場合は、財務諸表に対して除外事項付意見を表明することが求められている。監査人の結論は、監査報告書日までに入手した監査証拠に基づいているが、将来の事象や状況により、企業は継続企業として存続できなくなる可能性がある。
- 財務諸表の表示及び注記事項が、我が国において一般に公正妥当と認められる企業会計の基準に準拠しているかどうかとともに、関連する注記事項を含めた財務諸表の表示、構成及び内容、並びに財務諸表が基礎となる取引や会計事象を適正に表示しているかどうかを評価する。

監査人は、監査役及び監査役会(注8)に対して、計画した監査の範囲とその実施時期、監査の実施過程で識別した内部統制の重要な不備を含む監査上の重要な発見事項、及び監査の基準で求められているその他の事項について報告を行う。

監査人は、監査役及び監査役会(注8)に対して、独立性についての我が国における職業倫理に関する規定を遵守したこと、並びに監査人の独立性に影響を与えると合理的に考えられる事項、及び阻害要因を除去又は軽減するためにセーフガードを講じている場合はその内容について報告を行う。(注13)

監査人は、監査役及び監査役会(注8)と協議した事項のうち、当事業年度の財務諸表の監査で特に重要であると判断した事項を監査上の主要な検討事項と決定し、監査報告書において記載する。ただし、法令等により当該事項の公表が禁止されている場合や、極めて限定的ではあるが、監査報告書において報告することにより生じる不利益が公共の利益を上回ると合理的に見込まれるため、監査人が報告すべきでないと判断した場合は、当該事項を記載しない。(注14)

利害関係

会社と当監査法人又は業務執行社員(注3)との間には、公認会計士法の規定により記載すべき利害関係はない。

以　上

(注1)(注2)(注3)　文例1に同じ
(注4)　文例37(注5)に同じ
(注5)　文例2(注4)に同じ
(注6)　文例37(注6)に同じ
(注7)　文例2(注7)に同じ
(注8)　文例1(注5)に同じ
(注9)　文例1(注6)に同じ
(注10)　文例1(注7)に同じ
(注11)　文例1(注8)に同じ
(注12)　文例2(注10)に同じ
(注13)　文例37(注11)に同じ
(注14)　文例1(注10)に同じ

文例39　新規上場時等、初めて提出される有価証券届出書等に記載される連結財務諸表が指定国際会計基準に準拠して作成され、かつ、比較財務諸表方式で監査報告書を作成する場合(IFRS任意適用会社)

(文例の前提となる状況)

・本文例は、新規上場時等、初めて提出される有価証券届出書等のうち、新規公開時の有価証券届出書(第二号の四様式)に記載される連結財務諸表が指定国際会計基準に準拠して作成される場合を前提としている。
・連結財務諸表は、×1年12月31日に終了する連結会計年度から初めて指定国際会計基準に準拠して作成されており、その移行日は×0年1月1日である。
・監査人は、前年度の連結財務諸表及び×0年1月1日現在の開始連結財政状態計算書についても監査を実施しており、監査証明府令第4条第2項により、比較財務諸表方式で監査報告書を作成することとした。

独立監査人の監査報告書

×年×月×日

○○株式会社
取締役会　御中

○　○　監　査　法　人
○○事務所(注1)

指　定　社　員
業務執行社員　公認会計士　○○○○　印

指　定　社　員
業務執行社員　公認会計士　○○○○　印
(注2)

監査意見

当監査法人(注3)は、金融商品取引法第193条の2第1項の規定に基づく監査証明を行うため、「経理の状況」に掲げられている○○株式会社の連結財務諸表、すなわち、×1年12月31日現在、×0年12月31日現在及び×0年1月1日現在の連結財政状態計算書(注4)、×1年12月31日及び×0年12月31日に終了する2連結会計年度の連結損益計算書、連結包括利益計算書(注5)、連結持分変動計算書及び連結キャッシュ・フロー計算書並びに連結財務諸表作成のための基本となる重要な事項及びその他の注記(注6)について、監査を行った。

当監査法人(注3)は、上記の連結財務諸表が、「連結財務諸表の用語、様式及び作成方法に関する規則」第93条により規定された国際会計基準(注7)に準拠して、○○株式会社及び連結子会社の×1年12月31日現在、×0年12月31日現在及び×0年1月1日現在の財政状態(注4)並びに×1年12月31日及び×0年12月31日をもって終了するそれぞれの連結会計年度の経営成績及びキャッシュ・フローの状況を全ての重要な点において適正に表示しているものと認める。

監査意見の根拠

当監査法人(注3)は、我が国において一般に公正妥当と認められる監査の基準に準拠して監査を行った。監査の基準における当監査法人(注3)の責任は、「連結財務諸表監査における監査人の責任」に記載されている。当監査法人(注3)は、我が国における職業倫理に関する規定に従って、会社及び連結子会社から独立しており、また、監査人としてのその他の倫理上の責任を果たしている。当監査法人(注3)は、意見表明の基礎となる十分かつ適切な監査証拠を入手したと判断している。

監査上の主要な検討事項(注8)

監査上の主要な検討事項とは、×1年12月31日及び×0年12月31日に終了する2連結会計年度の連結財務諸表のそれぞれの監査において、監査人が職業的専門家として特に重要であると判断した事項である。監査上の主要な検討事項は、連結財務諸表全体に対する監査の実施過程及び監査意見の形成において対応した事項であり、当監査法人(注3)は、当該事項に対して個別に意見を表明するものではない。

・×1年12月31日に終了する連結会計年度の連結財務諸表の監査における監査上の主要な検討事項
［監基報701に従った監査上の主要な検討事項の記載例
（表形式にする場合の記載例）

○○○○（監査上の主要な検討事項の見出し及び該当する場合には連結財務諸表の注記事項への参照）	
監査上の主要な検討事項の内容及び決定理由	監査上の対応
……（監査上の主要な検討事項の内容及び決定理由の内容を記載する）……。	……（監査上の対応を記載する）……。

］

・×0年12月31日に終了する連結会計年度の連結財務諸表の監査における監査上の主要な検討事項

[監基報701に従った監査上の主要な検討事項の記載例
（表形式にする場合の記載例）

○○○○（監査上の主要な検討事項の見出し及び該当する場合には連結財務諸表の注記事項への参照）	
監査上の主要な検討事項の内容及び決定理由	監査上の対応
……（監査上の主要な検討事項の内容及び決定理由の内容を記載する）……。	……（監査上の対応を記載する）……。

]

その他の記載内容

その他の記載内容は、有価証券届出書　第二部【企業情報】(注9)に含まれる情報のうち、連結財務諸表及び財務諸表並びにこれらの監査報告書以外の情報である。経営者の責任は、その他の記載内容を作成し開示することにある。また、監査役及び監査役会の責任(注10)は、その他の記載内容の報告プロセスの整備及び運用における取締役の職務の執行を監視することにある(注11)。

当監査法人(注3)の連結財務諸表に対する監査意見の対象にはその他の記載内容は含まれておらず、当監査法人(注3)はその他の記載内容に対して意見を表明するものではない。

連結財務諸表監査における当監査法人(注3)の責任は、その他の記載内容を通読し、通読の過程において、その他の記載内容と連結財務諸表又は当監査法人(注3)が監査の過程で得た知識との間に重要な相違があるかどうか検討すること、また、そのような重要な相違以外にその他の記載内容に重要な誤りの兆候があるかどうか注意を払うことにある。

当監査法人(注3)は、実施した作業に基づき、その他の記載内容に重要な誤りがあると判断した場合には、その事実を報告することが求められている。

その他の記載内容に関して、当監査法人(注3)が報告すべき事項はない。(注12)

連結財務諸表に対する経営者並びに監査役及び監査役会(注10)の責任

経営者の責任は、国際会計基準(注7)に準拠して連結財務諸表を作成し適正に表示することにある。これには、不正又は誤謬による重要な虚偽表示のない連結財務諸表を作成し適正に表示するために経営者が必要と判断した内部統制を整備及び運用することが含まれる。

連結財務諸表を作成するに当たり、経営者は、継続企業の前提に基づき連結財務諸表を作成することが適切であるかどうかを評価し、国際会計基準(注7)に基づいて継続企業に関する事項を開示する必要がある場合には当該事項を開示する責任がある(注13)。

監査役及び監査役会(注10)の責任は、財務報告プロセスの整備及び運用における取締役の職務の執行を監視することにある(注14)。

連結財務諸表監査における監査人の責任

監査人の責任は、監査人が実施した監査に基づいて、全体としての連結財務諸表に不正又は誤謬による重要な虚偽表示がないかどうかについて合理的な保証を得て、監査報告書において独立の立場から連結財務諸表に対する意見を表明することにある。虚偽表示は、不正又は誤謬により発生する可能性があり、個別に又は集計すると、連結財務諸表の利用者の意思決定に影響を与えると合理的に見込まれる場合に、重要性があると判断される。

監査人は、我が国において一般に公正妥当と認められる監査の基準に従って、監査の過程を通じて、職業的専門家としての判断を行い、職業的懐疑心を保持して以下を実施する。

・不正又は誤謬による重要な虚偽表示リスクを識別し、評価する。また、重要な虚偽表示リスクに対応した監査手続を立案し、実施する。監査手続の選択及び適用は監査人の判断による。さらに、意見表明の基礎となる十分かつ適切な監査証拠を入手する。

・連結財務諸表監査の目的は、内部統制の有効性について意見表明するためのものではないが、監査人は、リスク評価の実施に際して、状況に応じた適切な監査手続を立案するために、監査に関連する内部統制を検討する。

・経営者が採用した会計方針及びその適用方法の適切性、並びに経営者によって行われた会計上の見積りの合理性及び関連する注記事項の妥当性を評価する。

・経営者が継続企業を前提として連結財務諸表を作成することが適切であるかどうか、また、入手した監査証拠に基づき、継続企業の前提に重要な疑義を生じさせるような事象又は状況に関して重要な不確実性が認められるかどうか結論付ける。継続企業の前提に関する重要な不確実性が認められる場合は、監査報告書において連結財務諸表の注記事項に注意を喚起すること、又は重要な不確実性に関する連結財務諸表の注記事項が適切でない場合は、連結財務諸表に対して除外事項付意見を表明することが求められている。監査人の結論は、監査報告書日までに入手した監査証拠に基づいているが、将来の事象や状況により、企業は継続企業として存続できなくなる可能性がある。

・連結財務諸表の表示及び注記事項が、国際会計基準(注７)に準拠しているかどうかとともに、関連する注記事項を含めた連結財務諸表の表示、構成及び内容、並びに連結財務諸表が基礎となる取引や会計事象を適正に表示しているかどうかを評価する。

・連結財務諸表に対する意見を表明するために、会社及び連結子会社の財務情報に関する十分かつ適切な監査証拠を入手する。監査人は、連結財務諸表の監査に関する指示、監督及び実施に関して責任がある。監査人は、単独で監査意見に対して責任を負う。

監査人は、監査役及び監査役会(注10)に対して、計画した監査の範囲とその実施時期、監査の実施過程で識別した内部統制の重要な不備を含む監査上の重要な発見事項、及び監査の基準で求められているその他の事項について報告を行う。

監査人は、監査役及び監査役会(注10)に対して、独立性についての我が国における職業倫理に関する規定を遵守したこと、並びに監査人の独立性に影響を与えると合理的に考えられる事項、及び阻害要因を除去又は軽減するためにセーフガードを講じている場合はその内容について報告を行う。(注15)

監査人は、監査役及び監査役会(注10)と協議した事項のうち、×１年12月31日及び×０年12月31日に終了する２連結会計年度の連結財務諸表のそれぞれの監査で特に重要であると判断した事項を監査上の主要な検討事項と決定し、監査報告書において記載する。ただし、法令等により当該事項の公表が禁止されている場合や、極めて限定的ではあるが、監査報告書において報告することにより生じる不利益が公共の利益を上回ると合理的に見込まれるため、監査人が報告すべきでないと判断した場合は、当該事項を記載しない。(注16)

利害関係

会社及び連結子会社と当監査法人又は業務執行社員(注３)との間には、公認会計士法の規定により記載すべき利害関係はない。

以　上

(注１)(注２)(注３)　文例１に同じ
(注４)　会社が開始連結財政状態計算書を作成していない場合は、「×１年12月31日現在、×０年12月31日現在及び×０年１月１日現在の」を「×１年12月31日現在及び×０年12月31日現在の」とする。
(注５)　文例３（注４）に同じ
(注６)　文例３（注５）に同じ
(注７)　文例３に同じ
(注８)　文例37（注５）に同じ
(注９)　文例37（注６）に同じ
(注10)　文例１（注５）に同じ
(注11)　文例１（注６）に同じ
(注12)　文例１（注７）に同じ
(注13)　文例３（注11）に同じ
(注14)　文例１（注８）に同じ
(注15)　文例37（注11）に同じ

（注16）　文例１（注10）に同じ

文例40　新規上場時等、初めて提出される有価証券届出書等に記載される連結財務諸表が修正国際基準に準拠して作成され、かつ、比較財務諸表方式で監査報告書を作成する場合（修正国際基準適用会社）

（文例の前提となる状況）

・本文例は、新規上場時等、初めて提出される有価証券届出書等のうち、新規公開時の有価証券届出書（第二号の四様式）に記載される連結財務諸表が修正国際基準に準拠して作成される場合を前提としている。

・連結財務諸表は、×１年12月31日に終了する連結会計年度から初めて修正国際基準に準拠して作成されており、その移行日は×０年１月１日である。

・監査人は、前年度の連結財務諸表及び×０年１月１日現在の開始連結財政状態計算書についても監査を実施しており、監査証明府令第４条第２項により、比較財務諸表方式で監査報告書を作成することとした。

独立監査人の監査報告書

×年×月×日

○○株式会社
　取締役会　御中

○　○　監　査　法　人
○○事務所（注１）

指　定　社　員
業務執行社員　　公認会計士　○○○○　印

指　定　社　員
業務執行社員　　公認会計士　○○○○　印
（注２）

監査意見

　当監査法人（注３）は、金融商品取引法第193条の２第１項の規定に基づく監査証明を行うため、「経理の状況」に掲げられている○○株式会社の連結財務諸表、すなわち、×１年12月31日現在、×０年12月31日現在及び×０年１月１日現在の連結財政状態計算書（注４）、×１年12月31日及び×０年12月31日に終了する２連結会計年度の連結損益計算書、連結包括利益計算書（注５）、連結持分変動計算書及び連結キャッシュ・フロー計算書並びに連結財務諸表作成のための基本となる重要な事項及びその他の注記（注６）について、監査を行った。

　当監査法人（注３）は、上記の連結財務諸表が、「連結財務諸表の用語、様式及び作成方法に関する規則」第94条により規定された修正国際基準に準拠して、○○株式会社及び連結子会社の×１年12月31日現在、×０年12月31日現在及び×０年１月１日現在の財政状態（注４）並びに×１年12月31日及び×０年12月31日をもって終了するそれぞれの連結会計年度の経営成績及びキャッシュ・フローの状況を全ての重要な点において適正に表示しているものと認める。

監査意見の根拠

　当監査法人（注３）は、我が国において一般に公正妥当と認められる監査の基準に準拠して監査を行った。監査の基準における当監査法人（注３）の責任は、「連結財務諸表監査における監査人の責任」に記載されている。当監査法人（注３）は、我が国における職業倫理に関する規定に従って、会社及び連結子会社から独立しており、また、監査人としてのその他の倫理上の責任を果たしている。当監査法人（注３）は、意見表明の基礎となる十分かつ適切な監査証拠を入手したと判断している。

監査上の主要な検討事項(注7)

監査上の主要な検討事項とは、×1年12月31日及び×0年12月31日に終了する2連結会計年度の連結財務諸表のそれぞれの監査において、監査人が職業的専門家として特に重要であると判断した事項である。監査上の主要な検討事項は、連結財務諸表全体に対する監査の実施過程及び監査意見の形成において対応した事項であり、当監査法人(注3)は、当該事項に対して個別に意見を表明するものではない。

・×1年12月31日に終了する連結会計年度の連結財務諸表の監査における監査上の主要な検討事項

［監基報701に従った監査上の主要な検討事項の記載例

（表形式にする場合の記載例）

○○○○（監査上の主要な検討事項の見出し及び該当する場合には連結財務諸表の注記事項への参照）	
監査上の主要な検討事項の内容及び決定理由	監査上の対応
……（監査上の主要な検討事項の内容及び決定理由の内容を記載する）……。	……（監査上の対応を記載する）……。

］

・×0年12月31日に終了する連結会計年度の連結財務諸表の監査における監査上の主要な検討事項

［監基報701に従った監査上の主要な検討事項の記載例

（表形式にする場合の記載例）

○○○○（監査上の主要な検討事項の見出し及び該当する場合には連結財務諸表の注記事項への参照）	
監査上の主要な検討事項の内容及び決定理由	監査上の対応
……（監査上の主要な検討事項の内容及び決定理由の内容を記載する）……。	……（監査上の対応を記載する）……。

］

その他の記載内容

その他の記載内容は、有価証券届出書　第二部【企業情報】(注8)に含まれる情報のうち、連結財務諸表及び財務諸表並びにこれらの監査報告書以外の情報である。経営者の責任は、その他の記載内容を作成し開示することにある。また、監査役及び監査役会(注9)の責任は、その他の記載内容の報告プロセスの整備及び運用における取締役の職務の執行を監視することにある(注10)。

当監査法人(注3)の連結財務諸表に対する監査意見の対象にはその他の記載内容は含まれておらず、当監査法人(注3)はその他の記載内容に対して意見を表明するものではない。

連結財務諸表監査における当監査法人(注3)の責任は、その他の記載内容を通読し、通読の過程において、その他の記載内容と連結財務諸表又は当監査法人(注3)が監査の過程で得た知識との間に重要な相違があるかどうか検討すること、また、そのような重要な相違以外にその他の記載内容に重要な誤りの兆候があるかどうか注意を払うことにある。

当監査法人(注3)は、実施した作業に基づき、その他の記載内容に重要な誤りがあると判断した場合には、その事実を報告することが求められている。

その他の記載内容に関して、当監査法人(注3)が報告すべき事項はない。(注11)

連結財務諸表に対する経営者並びに監査役及び監査役会(注9)の責任

経営者の責任は、修正国際基準に準拠して連結財務諸表を作成し適正に表示することにある。これには、不正又は誤謬による重要な虚偽表示のない連結財務諸表を作成し適正に表示するために経営者が必要と判断した内部統制を整備及び運用することが含まれる。

連結財務諸表を作成するに当たり、経営者は、継続企業の前提に基づき連結財務諸表を作成することが適切であるかどうかを評価し、修正国際基準に基づいて継続企業に関する事項を開示する必要がある場合には当該事項を開示する責任がある(注12)。

監査役及び監査役会(注9)の責任は、財務報告プロセスの整備及び運用における取締役の職務の執行を監視することにある(注13)。

連結財務諸表監査における監査人の責任

監査人の責任は、監査人が実施した監査に基づいて、全体としての連結財務諸表に不正又は誤謬による重要な虚偽表示がないかどうかについて合理的な保証を得て、監査報告書において独立の立場から連結財務諸表に対する意見を表明することにある。虚偽表示は、不正又は誤謬により発生する可能性があり、個別に又は集計すると、連結財務諸表の利用者の意思決定に影響を与えると合理的に見込まれる場合に、重要性があると判断される。

監査人は、我が国において一般に公正妥当と認められる監査の基準に従って、監査の過程を通じて、職業的専門家としての判断を行い、職業的懐疑心を保持して以下を実施する。

・不正又は誤謬による重要な虚偽表示リスクを識別し、評価する。また、重要な虚偽表示リスクに対応した監査手続を立案し、実施する。監査手続の選択及び適用は監査人の判断による。さらに、意見表明の基礎となる十分かつ適切な監査証拠を入手する。

・連結財務諸表監査の目的は、内部統制の有効性について意見表明するためのものではないが、監査人は、リスク評価の実施に際して、状況に応じた適切な監査手続を立案するために、監査に関連する内部統制を検討する。

・経営者が採用した会計方針及びその適用方法の適切性、並びに経営者によって行われた会計上の見積りの合理性及び関連する注記事項の妥当性を評価する。

・経営者が継続企業を前提として連結財務諸表を作成することが適切であるかどうか、また、入手した監査証拠に基づき、継続企業の前提に重要な疑義を生じさせるような事象又は状況に関して重要な不確実性が認められるかどうか結論付ける。継続企業の前提に関する重要な不確実性が認められる場合は、監査報告書において連結財務諸表の注記事項に注意を喚起すること、又は重要な不確実性に関する連結財務諸表の注記事項が適切でない場合は、連結財務諸表に対して除外事項付意見を表明することが求められている。監査人の結論は、監査報告書日までに入手した監査証拠に基づいているが、将来の事象や状況により、企業は継続企業として存続できなくなる可能性がある。

・連結財務諸表の表示及び注記事項が、修正国際基準に準拠しているかどうかとともに、関連する注記事項を含めた連結財務諸表の表示、構成及び内容、並びに連結財務諸表が基礎となる取引や会計事象を適正に表示しているかどうかを評価する。

・連結財務諸表に対する意見を表明するために、会社及び連結子会社の財務情報に関する十分かつ適切な監査証拠を入手する。監査人は、連結財務諸表の監査に関する指示、監督及び実施に関して責任がある。監査人は、単独で監査意見に対して責任を負う。

監査人は、監査役及び監査役会(注9)に対して、計画した監査の範囲とその実施時期、監査の実施過程で識別した内部統制の重要な不備を含む監査上の重要な発見事項、及び監査の基準で求められているその他の事項について報告を行う。

監査人は、監査役及び監査役会(注9)に対して、独立性についての我が国における職業倫理に関する規定を遵守したこと、並びに監査人の独立性に影響を与えると合理的に考えられる事項、及び阻害要因を除去又は軽減するためにセーフガードを講じている場合はその内容について報告を行う。(注14)

監査人は、監査役及び監査役会(注9)と協議した事項のうち、×1年12月31日及び×0年12月31日に終了する2連結会計年度の連結財務諸表のそれぞれの監査で特に重要であると判断した事項を監査上の主要な検討事項と決定し、監査報告書において記載する。ただし、法令等により当該事項の公表が禁止されている場合や、極めて限定的ではあるが、監査報告書において報告することにより生じる不利益が公共の利益を上回ると合理的に見込まれるため、監査人が報告すべきでないと判断した場合は、当該事項を記載しない。(注15)

利害関係

会社及び連結子会社と当監査法人又は業務執行社員(注3)との間には、公認会計士法の規定により記載すべき利害関係はない。

以　上

（注１）（注２）（注３）　文例１に同じ
（注４）　文例39に同じ
（注５）　文例３（注４）に同じ
（注６）　文例３（注５）に同じ
（注７）　文例37（注５）に同じ
（注８）　文例37（注６）に同じ
（注９）　文例１（注５）に同じ
（注10）　文例１（注６）に同じ
（注11）　文例１（注７）に同じ
（注12）　文例４（注10）に同じ
（注13）　文例１（注８）に同じ
（注14）　文例37（注11）に同じ
（注15）　文例１（注10）に同じ

Ⅵ　適用時期

64．本実務指針は、2011年４月１日以後開始する連結会計年度及び事業年度に係る監査並びに中間連結会計期間及び中間会計期間に係る中間監査から適用する。

65．本実務指針の公表日（2011年７月８日）をもって、監査・保証実務委員会実務指針第75号「監査報告書作成に関する実務指針」は廃止する。ただし、2011年４月１日前に開始する連結会計年度及び事業年度に係る監査並びに中間連結会計期間及び中間会計期間に係る中間監査については、同指針を適用する。

66．「監査・保証実務委員会実務指針第85号「監査報告書の文例」の改正について」（2012年４月10日）は、2012年３月31日以後終了する連結会計年度及び事業年度に係る監査並びに中間連結会計期間及び中間会計期間に係る中間監査から適用する。

67．「監査・保証実務委員会実務指針第85号「監査報告書の文例」の改正について」（2012年７月４日）は、2012年４月１日以後開始する連結会計年度及び事業年度に係る監査並びに中間連結会計期間及び中間会計期間に係る中間監査から適用する。

68．「監査・保証実務委員会実務指針第85号「監査報告書の文例」の改正について」（2014年８月20日）は、2014年８月20日以後提出する有価証券届出書又は有価証券報告書に含まれる連結財務諸表又は財務諸表に係る監査から適用する。

69．「監査・保証実務委員会実務指針第85号「監査報告書の文例」の改正について」（2016年２月26日）は、2016年３月31日以後終了する連結会計年度に係る監査及び2016年４月１日以後開始する中間連結会計期間に係る中間監査から適用する。

70．「監査・保証実務委員会実務指針第85号「監査報告書の文例」の改正について」（2019年６月27日）は、2020年３月31日以後終了する連結会計年度及び事業年度に係る監査から適用する。なお、監査上の主要な検討事項に関連する項目は、2021年３月31日以後終了する連結会計年度及び事業年度に係る監査から適用する。ただし、監査上の主要な検討事項に関連する項目については2020年３月31日以後終了する連結会計年度及び事業年度に係る監査から適用することができる。

なお、米国証券取引委員会に登録している会社においては、2019年12月31日以後終了する連結会計年度に係る監査から適用することができる。

71．「監査・保証実務委員会実務指針第85号「監査報告書の文例」の改正について」（2020年３

月17日）は、2020年３月31日以後終了する連結会計年度及び事業年度に係る監査並びに2020年９月30日以後終了する中間連結会計期間及び中間会計期間に係る中間監査から適用する。

文例14の臨時計算書類に対する監査報告書については、2020年３月31日以後終了する臨時会計年度に係る監査報告書から適用する。

72.「監査・保証実務委員会実務指針第85号「監査報告書の文例」の改正について」(2021年４月７日）は、2022年３月31日以後終了する連結会計年度及び事業年度に係る監査から適用する。ただし、2021年３月31日以後終了する連結会計年度及び事業年度に係る監査から適用することができる。

また、中間監査に関連する項目については2021年１月14日から適用する。

以　上

III　関係法令編

会 社 法(抄)

(平成17年7月26日法律第86号
最終改正令和2年12月11日法律第78号)

会社法施行規則(抄)

(「規」と略称)

(平成18年2月7日法務省令第12号
最終改正令和3年1月29日法務省令第2号)

会社計算規則(抄)

(「計規」と略称)

(平成18年2月7日法務省令第13号
最終改正令和3年1月29日法務省令第1号)

Ⅲ 関係法令

目　次

会社法施行規則

目　次

第１編　総　則

第１章　通　則

（定義）

第２条　この法律において、次の各号に掲げる用語の意義は、当該各号に定めるところによる。

一　会社　株式会社、合名会社、合資会社又は合同会社をいう。

二　外国会社　外国の法令に準拠して設立された法人その他の外国の団体であって、会社と同種のもの又は会社に類似するものをいう。

三　子会社　会社がその総株主の議決権の過半数を有する株式会社その他の当該会社がその経営を支配している法人として法務省令で定めるものをいう。

三の二　子会社等　次のいずれかに該当する者をいう。

イ　子会社

ロ　会社以外の者がその経営を支配している法人として法務省令で定めるもの

四　親会社　株式会社を子会社とする会社その他の当該株式会社の経営を支配している法人として法務省令で定めるものをいう。

四の二　親会社等　次のいずれかに該当する者をいう。

イ　親会社

ロ　株式会社の経営を支配している者（法人であるものを除く。）として法務省令で定めるもの

五　公開会社　その発行する全部又は一部の株式の内容として譲渡による当該株式の取得について株式会社の承認を要する旨の定款の定めを設けていない株式会社をいう。

六　大会社　次に掲げる要件のいずれかに該当する株式会社をいう。

イ　最終事業年度に係る貸借対照表（第439条前段に規定する場合にあっては、同条の規定により定時株主総会に報告された貸借対照表をいい、株式会社の成立後最初の定時株主総会までの間においては、第435条第１項の貸借対照表をいう。ロにおいて同じ。）に資本金として計上した額が５億円以上であること。

ロ　最終事業年度に係る貸借対照表の負債の部に計上した額の合計額が200億円以上であること。

七　取締役会設置会社　取締役会を置く株式会社又はこの法律の規定により取締役会を置かなければならない株式会社をいう。

八　会計参与設置会社　会計参与を置く株式会社をいう。

九　監査役設置会社　監査役を置く株式会社（その監査役の監査の範囲を会計に関するものに限定する旨の定款の定めがあるものを除く。）又はこの法律の規定により監査役を置かなければならない株式会社をいう。

十　監査役会設置会社　監査役会を置く株式会社又はこの法律の規定により監査役会を置かなければならない株式会社をいう。

十一　会計監査人設置会社　会計監査人を置く株式会社又はこの法律の規定により会計監査人を置かなければならない株式会社をいう。

十一の二　監査等委員会設置会社　監査等委員会を置く株式会社をいう。

十二　指名委員会等設置会社　指名委員会、監査委員会及び報酬委員会（以下「指名委員会等」という。）を置く株式会社をいう。

十三　種類株式発行会社　剰余金の配当その他の第108条第１項各号に掲げる事項について内容の異なる２以上の種類の株式を発行する株式会社をいう。

十四　種類株主総会　種類株主（種類株式発行会社におけるある種類の株式の株主をいう。以下同じ。）の総会をいう。

十五　社外取締役　株式会社の取締役であって、次に掲げる要件のいずれにも該当するものをいう。

イ　当該株式会社又はその子会社の業務執行取締役（株式会社の第363条第１項各号に掲げる取締役及び当該株式会社の業務を執行したその他の取締役をいう。以下同じ。）若しくは執行役又は支配人その他の使用人（以下「業務執行取締役等」という。）でなく、かつ、その就任の前10年間当該株式会社又はその子会社の業務執行取締役等であったことがないこと。

ロ　その就任の前10年内のいずれかの時において当該株式会社又はその子会社の取締役、会計参与（会計参与が法人であるときは、その職務を行うべき社員）又は監査役であったことがある者（業務執行取締役等であったことがあるものを除く。）にあっては、当該取締役、会計参与又は監査役への就任の前10年間当該株式会社又はその子会社の業務執行取締役等であったことがないこと。

ハ　当該株式会社の親会社等（自然人であるものに限る。）又は親会社等の取締役若しくは執行役若しくは支配人その他の使用人でないこと。

ニ　当該株式会社の親会社等の子会社等（当該株式会社及びその子会社を除く。）の業務執行取締役等でないこと。

ホ　当該株式会社の取締役若しくは執行役若しくは支配人その他の重要な使用人又は親会社等（自然人であるものに限る。）の配偶者又は２親等内の親族でないこと。

十六　社外監査役　株式会社の監査役であって、次に掲げる要件のいずれにも該当するものをいう。

イ　その就任の前10年間当該株式会社又はその子会社の取締役、会計参与（会計参与が法人であるときは、その職務を行うべき社員。ロにおいて同じ。）若しくは執行役又は支配人その他の使用人であったことがないこと。

ロ　その就任の前10年内のいずれかの時において当該株式会社又はその子会社の監査役であったことがある者にあっては、当該監査役への就任の前10年間当該株式会社又はその子会社の取締役、会計参与若しくは執行役又は支配人その他の使用人であったことがないこと。

ハ　当該株式会社の親会社等（自然人であるものに限る。）又は親会社等の取締役、監査役若しくは執行役若しくは支配人その他の使用人でないこと。

ニ　当該株式会社の親会社等の子会社等（当該株式会社及びその子会社を除く。）の業務執行取締役等でないこと。

ホ　当該株式会社の取締役若しくは支配人その他の重要な使用人又は親会社等（自然人であるものに限る。）の配偶者又は２親等内の親族でないこと。

十七　譲渡制限株式　株式会社がその発行する全部又は一部の株式の内容として譲渡による当該株式の取得について当該株式会社の承認を要する旨の定めを設けている場合における当該株式をいう。

十八　取得請求権付株式　株式会社がその発行する全部又は一部の株式の内容として株主が当該株式会社に対して当該株式の取得を請求することができる旨の定めを設けている場合における当該株式をいう。

十九　取得条項付株式　株式会社がその発行する全部又は一部の株式の内容として当該株式会社が一定の事由が生じたことを条件として当該株式を取得することができる旨の定めを設けている場合における当該株式をいう。

二十　単元株式数　株式会社がその発行する株式について、一定の数の株式をもって株主が株主総会又は種類株主総会において１個の議決権を行使することができる１単元の株式とする旨の定款の定めを設けている場合における当該一定の数をいう。

二十一　新株予約権　株式会社に対して行使することにより当該株式会社の株式の交付を受けることができる権利をいう。

二十二　新株予約権付社債　新株予約権を付した社債をいう。

二十三　社債　この法律の規定により会社が行う割当てにより発生する当該会社を債務者とする金銭債権であって、第676条各号に掲げる事項についての定めに従い償還されるものをいう。

二十四　最終事業年度　各事業年度に係る第435条第２項に規定する計算書類につき第438条第２項の承認（第439条前段に規定する場合にあっては、第436条第３項の承認）を受けた場合における当該各事業年度のうち最も遅いものをいう。

二十五　配当財産　株式会社が剰余金の配当をする場合における配当する財産をいう。

二十六　組織変更　次のイ又はロに掲げる会社がその組織を変更することにより当該イ又はロに定める会社となることをいう。

イ　株式会社　合名会社、合資会社又は合同会社

ロ　合名会社、合資会社又は合同会社　株式会社

二十七　吸収合併　会社が他の会社とする合併であって、合併により消滅する会社の権利義務の全部を合併後存続する会社に承継させるものをいう。

二十八　新設合併　２以上の会社がする合併であって、合併により消滅する会社の権利義務の全部を合併により設立する会社に承継させるものをいう。

二十九　吸収分割　株式会社又は合同会社がその事業に関して有する権利義務の全部又は一部を分割後他の会社に承継させることをいう。

三十　新設分割　１又は２以上の株式会社又は合同会社がその事業に関して有する権利義務の全部又は一部を分割により設立する会社に承継させることをいう。

三十一　株式交換　株式会社がその発行済株式（株式会社が発行している株式をいう。以下同じ。）の全部を他の株式会社又は合同会社に取得させることをいう。

三十二　株式移転　１又は２以上の株式会社がその発行済株式の全部を新たに設立する株式会社に取得させることをいう。

三十二の二　株式交付　株式会社が他の株式会社をその子会社（法務省令で定めるものに限る。第774条の３第２項において同じ。）とするために当該他の株式会社の株式を譲り受け、当該株式の譲渡人に対して当該株式の対価として当該株式会社の株式を交付することをいう。

三十三　公告方法　会社（外国会社を含む。）が公告（この法律又は他の法律の規定により官報に掲載する方法によりしなければならないものとされているものを除く。）をする方法をいう。

三十四　電子公告　公告方法のうち、電磁的方法（電子情報処理組織を使用する方法その他の情報通信の技術を利用する方法であって法務省令で定めるものをいう。以下同じ。）により不特定多数の者が公告すべき内容である情報の提供を受けることができる状態に置く措置であって法務省令で定めるものをとる方法をいう。

（子会社及び親会社）

規第３条　法第２条第３号に規定する法務省令で定めるものは、同号に規定する会社が他の会社等の財務及び事業の方針の決定を支配している場合における当該他の会社等とする。

２　法第２条第４号に規定する法務省令で定めるものは、会社等が同号に規定する株式会社の財務及び事業の方針の決定を支配している場合における当該会社等とする。

３　前２項に規定する「財務及び事業の方針の決

定を支配している場合」とは、次に掲げる場合（財務上又は事業上の関係からみて他の会社等の財務又は事業の方針の決定を支配していないことが明らかであると認められる場合を除く。）をいう（以下この項において同じ。）。

一　他の会社等（次に掲げる会社等であって、有効な支配従属関係が存在しないと認められるものを除く。以下この項において同じ。）の議決権の総数に対する自己（その子会社及び子法人等（会社以外の会社等が他の会社等の財務及び事業の方針の決定を支配している場合における当該他の会社等をいう。）を含む。以下この項において同じ。）の計算において所有している議決権の数の割合が100分の50を超えている場合

イ　民事再生法（平成11年法律第225号）の規定による再生手続開始の決定を受けた会社等

ロ　会社更生法（平成14年法律第154号）の規定による更生手続開始の決定を受けた株式会社

ハ　破産法（平成16年法律第75号）の規定による破産手続開始の決定を受けた会社等

ニ　その他イからハまでに掲げる会社等に準ずる会社等

二　他の会社等の議決権の総数に対する自己の計算において所有している議決権の数の割合が100分の40以上である場合（前号に掲げる場合を除く。）であって、次に掲げるいずれかの要件に該当する場合

イ　他の会社等の議決権の総数に対する自己所有等議決権数（次に掲げる議決権の数の合計数をいう。次号において同じ。）の割合が100分の50を超えていること。

⑴　自己の計算において所有している議決権

⑵　自己と出資、人事、資金、技術、取引等において緊密な関係があることにより自己の意思と同一の内容の議決権を行使すると認められる者が所有している議決権

⑶　自己の意思と同一の内容の議決権を行使することに同意している者が所有している議決権

ロ　他の会社等の取締役会その他これに準ずる機関の構成員の総数に対する次に掲げる者（当該他の会社等の財務及び事業の方針の決定に関して影響を与えることができるものに限る。）の数の割合が100分の50を超えていること。

⑴　自己の役員

⑵　自己の業務を執行する社員

⑶　自己の使用人

⑷　⑴から⑶までに掲げる者であった者

ハ　自己が他の会社等の重要な財務及び事業の方針の決定を支配する契約等が存在すること。

ニ　他の会社等の資金調達額（貸借対照表の負債の部に計上されているものに限る。）の総額に対する自己が行う融資（債務の保証及び担保の提供を含む。ニにおいて同じ。）の額（自己と出資、人事、資金、技術、取引等において緊密な関係のある者が行う融資の額を含む。）の割合が100分の50を超えていること。

ホ　その他自己が他の会社等の財務及び事業の方針の決定を支配していることが推測される事実が存在すること。

三　他の会社等の議決権の総数に対する自己所有等議決権数の割合が100分の50を超えている場合（自己の計算において議決権を所有していない場合を含み、前２号に掲げる場合を除く。）であって、前号ロからホまでに掲げるいずれかの要件に該当する場合

4　法第135条第１項の親会社についての第２項の規定の適用については、同条第１項の子会社を第２項の法第２条第４号に規定する株式会社とみなす。

（子会社等及び親会社等）

規第３条の２　法第２条第３号の２ロに規定する法務省令で定めるものは、同号ロに規定する者が他の会社等の財務及び事業の方針の決定を支配している場合における当該他の会社等とする。

2　法第２条第４号の２ロに規定する法務省令で定めるものは、ある者（会社等であるものを除く。）が同号ロに規定する株式会社の財務及び事業の方針の決定を支配している場合における当該ある者とする。

3　前２項に規定する「財務及び事業の方針の決定を支配している場合」とは、次に掲げる場合（財務上又は事業上の関係からみて他の会社等の財務又は事業の方針の決定を支配していないことが明らかであると認められる場合を除く。）をいう（以下この項において同じ。）。

一　他の会社等（次に掲げる会社等であって、有効な支配従属関係が存在しないと認められるものを除く。以下この項において同じ。）の議決権の総数に対する自己（その子会社等を含む。以下この項において同じ。）の計算において所有している議決権の数の割合が100分の50を超えている場合

イ　民事再生法の規定による再生手続開始の決定を受けた会社等

ロ　会社更生法の規定による更生手続開始の決定を受けた株式会社

ハ　破産法の規定による破産手続開始の決定を受けた会社等

ニ　その他イからハまでに掲げる会社等に準ずる会社等

二　他の会社等の議決権の総数に対する自己の計算において所有している議決権の数の割合が100分の40以上である場合（前号に掲げる場合を除く。）であって、次に掲げるいずれかの要件に該当する場合

イ　他の会社等の議決権の総数に対する自己所有等議決権数（次に掲げる議決権の数の合計数をいう。次号において同じ。）の割合が100分の50を超えていること。

⑴　自己の計算において所有している議決権

⑵　自己と出資、人事、資金、技術、取引等において緊密な関係があることにより自己の意思と同一の内容の議決権を行使すると認められる者が所有している議決権

⑶　自己の意思と同一の内容の議決権を行使することに同意している者が所有している議決権

⑷　自己（自然人であるものに限る。）の配偶者又は２親等内の親族が所有している議決権

ロ　他の会社等の取締役会その他これに準ずる機関の構成員の総数に対する次に掲げる者（当該他の会社等の財務及び事業の方針の決定に関して影響を与えることができるものに限る。）の数の割合が100分の50を超えていること。

⑴　自己（自然人であるものに限る。）

⑵　自己の役員

⑶　自己の業務を執行する社員

⑷　自己の使用人

⑸　⑵から⑷までに掲げる者であった者

⑹　自己（自然人であるものに限る。）の配偶者又は２親等内の親族

ハ　自己が他の会社等の重要な財務及び事業の方針の決定を支配する契約等が存在すること。

ニ　他の会社等の資金調達額（貸借対照表の負債の部に計上されているものに限る。）の総額に対する自己が行う融資（債務の保証及び担保の提供を含む。ニにおいて同じ。）の額（自己と出資、人事、資金、技術、取引等において緊密な関係のある者及び自己（自然人であるものに限る。）の配偶者又は２親等内の親族が行う融資の額を含む。）の割合が100分の50を超えていること。

ホ　その他自己が他の会社等の財務及び事業の方針の決定を支配していることが推測される事実が存在すること。

三　他の会社等の議決権の総数に対する自己所有等議決権数の割合が100分の50を超えている場合（自己の計算において議決権を所有していない場合を含み、前２号に掲げる場合を除く。）であって、前号ロからホまでに掲げるいずれかの要件に該当する場合

第２編　株式会社

第４章　機　関

第２節　株主総会以外の機関の設置

（株主総会以外の機関の設置）

第326条　株式会社には、１人又は２人以上の取締役を置かなければならない。

２　株式会社は、定款の定めによって、取締役会、会計参与、監査役、監査役会、会計監査人、監査等委員会又は指名委員会等を置くことができる。

（取締役会等の設置義務等）

第327条　次に掲げる株式会社は、取締役会を置かなければならない。

一　公開会社

二　監査役会設置会社

三　監査等委員会設置会社

四　指名委員会等設置会社

２　取締役会設置会社（監査等委員会設置会社及び指名委員会等設置会社を除く。）は、監査役を置かなければならない。ただし、公開会社でない会計参与設置会社については、この限りでない。

３　会計監査人設置会社（監査等委員会設置会社及び指名委員会等設置会社を除く。）は、監査役を置かなければならない。

４　監査等委員会設置会社及び指名委員会等設置会社は、監査役を置いてはならない。

５　監査等委員会設置会社及び指名委員会等設置会社は、会計監査人を置かなければならない。

６　指名委員会等設置会社は、監査等委員会を置いてはならない。

（社外取締役の設置義務）

第327条の２　監査役会設置会社（公開会社であり、かつ、大会社であるものに限る。）であって金融商品取引法第24条第１項の規定によりその発行する株式について有価証券報告書を内閣総理大臣に提出しなければならないものは、社外取締役を置かなければならない。

（大会社における監査役会等の設置義務）

第328条　大会社（公開会社でないもの、監査等委員会設置会社及び指名委員会等設置会社を除く。）は、監査役会及び会計監査人を置かなければならない。

２　公開会社でない大会社は、会計監査人を置かなければならない。

第３節　役員及び会計監査人の選任及び解任

第１款　選　任

（選任）

第329条　役員（取締役、会計参与及び監査役をいう。以下この節、第371条第４項及び第394条第３項において同じ。）及び会計監査人は、株主総会の決議によって選任する。

２　監査等委員会設置会社においては、前項の規定による取締役の選任は、監査等委員である取締役とそれ以外の取締役とを区別してしなければならない。

３　第１項の決議をする場合には、法務省令で定めるところにより、役員（監査等委員会設置会社にあっては、監査等委員である取締役若しくはそれ以外の取締役又は会計参与。以下この項において同じ。）が欠けた場合又はこの法律若しくは定款で定めた役員の員数を欠くこととなるときに備えて補欠の役員を選任することができる。

（補欠の会社役員の選任）

規第96条　法第329条第３項の規定による補欠の会社役員（執行役を除き、監査等委員会設置会社にあっては、監査等委員である取締役若しくはそれ以外の取締役又は会計参与。以下この条において同じ。）の選任については、この条の定めるところによる。

２　法第329条第３項に規定する決議により補欠の会社役員を選任する場合には、次に掲げる事項も併せて決定しなければならない。

一　当該候補者が補欠の会社役員である旨

二　当該候補者を補欠の社外取締役として選任するときは、その旨

三　当該候補者を補欠の社外監査役として選任するときは、その旨

四　当該候補者を１人又は２人以上の特定の会社役員の補欠の会社役員として選任するときは、その旨及び当該特定の会社役員の氏名（会計参与である場合にあっては、氏名又は名称）

五　同一の会社役員（２以上の会社役員の補欠として選任した場合にあっては、当該２以上の会社役員）につき２人以上の補欠の会社役員を選任するときは、当該補欠の会社役員相互間の優先順位

六　補欠の会社役員について、就任前にその選任の取消しを行う場合があるときは、その旨及び取消しを行うための手続

３　補欠の会社役員の選任に係る決議が効力を有する期間は、定款に別段の定めがある場合を除き、当該決議後最初に開催する定時株主総会の開始の時までとする。ただし、株主総会（当該補欠の会社役員を法第108条第１項第９号に掲げる事項についての定めに従い種類株主総会の決議によって選任する場合にあっては、当該種類株主総会）の決議によってその期間を短縮することを妨げない。

Ⅲ 関係法令

（株式会社と役員等との関係）

第330条　株式会社と役員及び会計監査人との関係は、委任に関する規定に従う。

（取締役の任期）

第332条　取締役の任期は、選任後２年以内に終了する事業年度のうち最終のものに関する定時株主総会の終結の時までとする。ただし、定款又は株主総会の決議によって、その任期を短縮することを妨げない。

2　前項の規定は、公開会社でない株式会社（監査等委員会設置会社及び指名委員会等設置会社を除く。）において、定款によって、同項の任期を選任後10年以内に終了する事業年度のうち最終のものに関する定時株主総会の終結の時まで伸長することを妨げない。

3　監査等委員会設置会社の取締役（監査等委員であるものを除く。）についての第１項の規定の適用については、同項中「２年」とあるのは、「１年」とする。

4　監査等委員である取締役の任期については、第１項ただし書の規定は、適用しない。

5　第１項本文の規定は、定款によって、任期の満了前に退任した監査等委員である取締役の補欠として選任された監査等委員である取締役の任期を退任した監査等委員である取締役の任期の満了する時までとすることを妨げない。

6　指名委員会等設置会社の取締役についての第１項の規定の適用については、同項中「２年」とあるのは、「１年」とする。

7　前各項の規定にかかわらず、次に掲げる定款の変更をした場合には、取締役の任期は、当該定款の変更の効力が生じた時に満了する。

一　監査等委員会又は指名委員会等を置く旨の定款の変更

二　監査等委員会又は指名委員会等を置く旨の定款の定めを廃止する定款の変更

三　その発行する株式の全部の内容として譲渡による当該株式の取得について当該株式会社の承認を要する旨の定款の定めを廃止する定款の変更（監査等委員会設置会社及び指名委員会等設置会社がするものを除く。）

（会計参与の資格等）

第333条　会計参与は、公認会計士若しくは監査法人又は税理士若しくは税理士法人でなければならない。

2　会計参与に選任された監査法人又は税理士法人は、その社員の中から会計参与の職務を行うべき者を選定し、これを株式会社に通知しなければならない。この場合においては、次項各号に掲げる者を選定することはできない。

3　次に掲げる者は、会計参与となることができない。

一　株式会社又はその子会社の取締役、監査役若しくは執行役又は支配人その他の使用人

二　業務の停止の処分を受け、その停止の期間を経過しない者

三　税理士法（昭和26年法律第237号）第43条の規定により同法第２条第２項に規定する税理士業務を行うことができない者

（会計参与の任期）

第334条　第332条（第４項及び第５項を除く。次項において同じ。）の規定は、会計参与の任期について準用する。

2　前項において準用する第332条の規定にかかわらず、会計参与設置会社が会計参与を置く旨の定款の定めを廃止する定款の変更をした場合には、会計参与の任期は、当該定款の変更の効力が生じた時に満了する。

（監査役の資格等）

第335条　第331条第１項及び第２項並びに第331条の２の規定は、監査役について準用する。

2　監査役は、株式会社若しくはその子会社の取締役若しくは支配人その他の使用人又は当該子会社の会計参与（会計参与が法人であるときは、その職務を行うべき社員）若しくは執行役を兼ねることができない。

3　監査役会設置会社においては、監査役は、３人以上で、そのうち半数以上は、社外監査役でなければならない。

（監査役の任期）

第336条　監査役の任期は、選任後４年以内に終了する事業年度のうち最終のものに関する定時

株主総会の終結の時までとする。

2　前項の規定は、公開会社でない株式会社において、定款によって、同項の任期を選任後10年以内に終了する事業年度のうち最終のものに関する定時株主総会の終結の時まで伸長することを妨げない。

3　第１項の規定は、定款によって、任期の満了前に退任した監査役の補欠として選任された監査役の任期を退任した監査役の任期の満了する時までとすることを妨げない。

4　前３項の規定にかかわらず、次に掲げる定款の変更をした場合には、監査役の任期は、当該定款の変更の効力が生じた時に満了する。

一　監査役を置く旨の定款の定めを廃止する定款の変更

二　監査等委員会又は指名委員会等を置く旨の定款の変更

三　監査役の監査の範囲を会計に関するものに限定する旨の定款の定めを廃止する定款の変更

四　その発行する全部の株式の内容として譲渡による当該株式の取得について当該株式会社の承認を要する旨の定款の定めを廃止する定款の変更

（会計監査人の資格等）

第337条　会計監査人は、公認会計士又は監査法人でなければならない。

2　会計監査人に選任された監査法人は、その社員の中から会計監査人の職務を行うべき者を選定し、これを株式会社に通知しなければならない。この場合においては、次項第２号に掲げる者を選定することはできない。

3　次に掲げる者は、会計監査人となることができない。

一　公認会計士法の規定により、第435条第２項に規定する計算書類について監査をすることができない者

二　株式会社の子会社若しくはその取締役、会計参与、監査役若しくは執行役から公認会計士若しくは監査法人の業務以外の業務により継続的な報酬を受けている者又はその配偶者

三　監査法人でその社員の半数以上が前号に掲げる者であるもの

（会計監査人の任期）

第338条　会計監査人の任期は、選任後１年以内に終了する事業年度のうち最終のものに関する定時株主総会の終結の時までとする。

2　会計監査人は、前項の定時株主総会において別段の決議がされなかったときは、当該定時株主総会において再任されたものとみなす。

3　前２項の規定にかかわらず、会計監査人設置会社が会計監査人を置く旨の定款の定めを廃止する定款の変更をした場合には、会計監査人の任期は、当該定款の変更の効力が生じた時に満了する。

第２款　解　任

（解任）

第339条　役員及び会計監査人は、いつでも、株主総会の決議によって解任することができる。

2　前項の規定により解任された者は、その解任について正当な理由がある場合を除き、株式会社に対し、解任によって生じた損害の賠償を請求することができる。

（監査役等による会計監査人の解任）

第340条　監査役は、会計監査人が次のいずれかに該当するときは、その会計監査人を解任することができる。

一　職務上の義務に違反し、又は職務を怠ったとき。

二　会計監査人としてふさわしくない非行があったとき。

三　心身の故障のため、職務の執行に支障があり、又はこれに堪えないとき。

2　前項の規定による解任は、監査役が２人以上ある場合には、監査役の全員の同意によって行わなければならない。

3　第１項の規定により会計監査人を解任したときは、監査役（監査役が２人以上ある場合にあっては、監査役の互選によって定めた監査役）は、その旨及び解任の理由を解任後最初に招集される株主総会に報告しなければならない。

4　監査役会設置会社における前３項の規定の適

用については、第１項中「監査役」とあるのは「監査役会」と、第２項中「監査役が２人以上ある場合には、監査役」とあるのは「監査役」と、前項中「監査役（監査役が２人以上ある場合にあっては、監査役の互選によって定めた監査役）」とあるのは「監査役会が選定した監査役」とする。

5　監査等委員会設置会社における第１項から第３項までの規定の適用については、第１項中「監査役」とあるのは「監査等委員会」と、第２項中「監査役が２人以上ある場合には、監査役」とあるのは「監査等委員」と、第３項中「監査役（監査役が２人以上ある場合にあっては、監査役の互選によって定めた監査役）」とあるのは「監査等委員会が選定した監査等委員」とする。

6　指名委員会等設置会社における第１項から第３項までの規定の適用については、第１項中「監査役」とあるのは「監査委員会」と、第２項中「監査役が２人以上ある場合には、監査役」とあるのは「監査委員会の委員」と、第３項中「監査役（監査役が２人以上ある場合にあっては、監査役の互選によって定めた監査役）」とあるのは「監査委員会が選定した監査委員会の委員」とする。

第３款　選任及び解任の手続に関する特則

（役員の選任及び解任の株主総会の決議）

第341条　第309条第１項の規定にかかわらず、役員を選任し、又は解任する株主総会の決議は、議決権を行使することができる株主の議決権の過半数（３分の１以上の割合を定款で定めた場合にあっては、その割合以上）を有する株主が出席し、出席した当該株主の議決権の過半数（これを上回る割合を定款で定めた場合にあっては、その割合以上）をもって行わなければならない。

（監査役の選任に関する監査役の同意等）

第343条　取締役は、監査役がある場合において、監査役の選任に関する議案を株主総会に提出するには、監査役（監査役が２人以上ある場合にあっては、その過半数）の同意を得なければならない。

2　監査役は、取締役に対し、監査役の選任を株主総会の目的とすること又は監査役の選任に関する議案を株主総会に提出することを請求することができる。

3　監査役会設置会社における前２項の規定の適用については、第１項中「監査役（監査役が２人以上ある場合にあっては、その過半数）」とあるのは「監査役会」と、前項中「監査役は」とあるのは「監査役会は」とする。

4　第341条の規定は、監査役の解任の決議については、適用しない。

（会計監査人の選任等に関する議案の内容の決定）

第344条　監査役設置会社においては、株主総会に提出する会計監査人の選任及び解任並びに会計監査人を再任しないことに関する議案の内容は、監査役が決定する。

2　監査役が２人以上ある場合における前項の規定の適用については、同項中「監査役が」とあるのは、「監査役の過半数をもって」とする。

3　監査役会設置会社における第１項の規定の適用については、同項中「監査役」とあるのは、「監査役会」とする。

（監査等委員である取締役の選任に関する監査等委員会の同意等）

第344条の２　取締役は、監査等委員会がある場合において、監査等委員である取締役の選任に関する議案を株主総会に提出するには、監査等委員会の同意を得なければならない。

2　監査等委員会は、取締役に対し、監査等委員である取締役の選任を株主総会の目的とすること又は監査等委員である取締役の選任に関する議案を株主総会に提出することを請求することができる。

3　第341条の規定は、監査等委員である取締役の解任の決議については、適用しない。

（会計参与等の選任等についての意見の陳述）

第345条　会計参与は、株主総会において、会計参与の選任若しくは解任又は辞任について意見を述べることができる。

2　会計参与を辞任した者は、辞任後最初に招集される株主総会に出席して、辞任した旨及びその理由を述べることができる。

3　取締役は、前項の者に対し、同項の株主総会を招集する旨及び第298条第1項第1号に掲げる事項を通知しなければならない。

4　第1項の規定は監査役について、前2項の規定は監査役を辞任した者について、それぞれ準用する。この場合において、第1項中「会計参与の」とあるのは、「監査役の」と読み替えるものとする。

5　第1項の規定は会計監査人について、第2項及び第3項の規定は会計監査人を辞任した者及び第340条第1項の規定により会計監査人を解任された者について、それぞれ準用する。この場合において、第1項中「株主総会において、会計参与の選任若しくは解任又は辞任について」とあるのは「会計監査人の選任、解任若しくは不再任又は辞任について、株主総会に出席して」と、第2項中「辞任後」とあるのは「解任後又は辞任後」と、「辞任した旨及びその理由」とあるのは「辞任した旨及びその理由又は解任についての意見」と読み替えるものとする。

（役員等に欠員を生じた場合の措置）

第346条　役員（監査等委員会設置会社にあっては、監査等委員である取締役若しくはそれ以外の取締役又は会計参与。以下この条において同じ。）が欠けた場合又はこの法律若しくは定款で定めた役員の員数が欠けた場合には、任期の満了又は辞任により退任した役員は、新たに選任された役員（次項の一時役員の職務を行うべき者を含む。）が就任するまで、なお役員としての権利義務を有する。

2　前項に規定する場合において、裁判所は、必要があると認めるときは、利害関係人の申立てにより、一時役員の職務を行うべき者を選任することができる。

3　裁判所は、前項の一時役員の職務を行うべき者を選任した場合には、株式会社がその者に対して支払う報酬の額を定めることができる。

4　会計監査人が欠けた場合又は定款で定めた会計監査人の員数が欠けた場合において、遅滞なく会計監査人が選任されないときは、監査役は、一時会計監査人の職務を行うべき者を選任しなければならない。

5　第337条及び第340条の規定は、前項の一時会計監査人の職務を行うべき者について準用する。

6　監査役会設置会社における第4項の規定の適用については、同項中「監査役」とあるのは、「監査役会」とする。

7　監査等委員会設置会社における第4項の規定の適用については、同項中「監査役」とあるのは、「監査等委員会」とする。

8　指名委員会等設置会社における第4項の規定の適用については、同項中「監査役」とあるのは、「監査委員会」とする。

（種類株主総会における取締役又は監査役の選任等）

第347条　第108条第1項第9号に掲げる事項（取締役（監査等委員会設置会社にあっては、監査等委員である取締役又はそれ以外の取締役）に関するものに限る。）についての定めがある種類の株式を発行している場合における第329条第1項、第332条第1項、第339条第1項、第341条並びに第344条の2第1項及び第2項の規定の適用については、第329条第1項中「株主総会」とあるのは「株主総会（取締役（監査等委員会設置会社にあっては、監査等委員である取締役又はそれ以外の取締役）については、第108条第2項第9号に定める事項についての定款の定めに従い、各種類の株式の種類株主を構成員とする種類株主総会）」と、第332条第1項及び第339条第1項中「株主総会の決議」とあるのは「株主総会（第41条第1項の規定により又は第90条第1項の種類創立総会若しくは第347条第1項の規定により読み替えて適用する第329条第1項の種類株主総会において選任された取締役（監査等委員会設置会社にあっては、監査等委員である取締役又はそれ以外の取締役。以下この項において同じ。）については、当該取締役の選任に係る種類の株式の種類株主を構成員とする種類株主総会（定款に別段の定めがある場合又は当該取締役の任期満了前に当該種

Ⅲ 関係法令

類株主総会において議決権を行使することができる株主が存在しなくなった場合にあっては、株主総会））の決議」と、第341条中「第309条第１項」とあるのは「第309条第１項及び第324条」と、「株主総会」とあるのは「株主総会（第347条第１項の規定により読み替えて適用する第329条第１項及び第339条第１項の種類株主総会を含む。）」と、第344条の２第１項及び第２項中「株主総会」とあるのは「第347条第１項の規定により読み替えて適用する第329条第１項の種類株主総会」とする。

2　第108条第１項第９号に掲げる事項（監査役に関するものに限る。）についての定めがある種類の株式を発行している場合における第329条第１項、第339条第１項、第341条並びに第343条第１項及び第２項の規定の適用については、第329条第１項中「株主総会」とあるのは「株主総会（監査役については、第108条第２項第９号に定める事項についての定款の定めに従い、各種類の株式の種類株主を構成員とする種類株主総会）」と、第339条第１項中「株主総会」とあるのは「株主総会（第41条第３項において準用する同条第１項の規定により又は第90条第２項において準用する同条第１項の種類創立総会若しくは第347条第２項の規定により読み替えて適用する第329条第１項の種類株主総会において選任された監査役については、当該監査役の選任に係る種類の株式の種類株主を構成員とする種類株主総会（定款に別段の定めがある場合又は当該監査役の任期満了前に当該種類株主総会において議決権を行使することができる株主が存在しなくなった場合にあっては、株主総会））」と、第341条中「第309条第１項」とあるのは「第309条第１項及び第324条」と、「株主総会」とあるのは「株主総会（第347条第２項の規定により読み替えて適用する第329条第１項の種類株主総会を含む。）」と、第343条第１項及び第２項中「株主総会」とあるのは「第347条第２項の規定により読み替えて適用する第329条第１項の種類株主総会」とする。

第４節　取締役

（業務の執行）

第348条　取締役は、定款に別段の定めがある場合を除き、株式会社（取締役会設置会社を除く。以下この条において同じ。）の業務を執行する。

2　取締役が２人以上ある場合には、株式会社の業務は、定款に別段の定めがある場合を除き、取締役の過半数をもって決定する。

3　前項の場合には、取締役は、次に掲げる事項についての決定を各取締役に委任することができない。

一　支配人の選任及び解任

二　支店の設置、移転及び廃止

三　第298条第１項各号（第325条において準用する場合を含む。）に掲げる事項

四　取締役の職務の執行が法令及び定款に適合することを確保するための体制その他株式会社の業務並びに当該株式会社及びその子会社から成る企業集団の業務の適正を確保するために必要なものとして法務省令で定める体制の整備

五　第426条第１項の規定による定款の定めに基づく第423条第１項の責任の免除

4　大会社においては、取締役は、前項第４号に掲げる事項を決定しなければならない。

（業務の適正を確保するための体制）

規第98条　法第348条第３項第４号に規定する法務省令で定める体制は、当該株式会社における次に掲げる体制とする。

一　当該株式会社の取締役の職務の執行に係る情報の保存及び管理に関する体制

二　当該株式会社の損失の危険の管理に関する規程その他の体制

三　当該株式会社の取締役の職務の執行が効率的に行われることを確保するための体制

四　当該株式会社の使用人の職務の執行が法令及び定款に適合することを確保するための体制

五　次に掲げる体制その他の当該株式会社並びにその親会社及び子会社から成る企業集団における業務の適正を確保するための体制

イ　当該株式会社の子会社の取締役、執行役、業務を執行する社員、法第598条第１項の職務を行うべき者その他これらの者に相当する者（ハ及びニにおいて「取締役等」という。）の職務の執行に係る事項の当該株式会社への報告に関する体制

ロ　当該株式会社の子会社の損失の危険の管理に関する規程その他の体制

ハ　当該株式会社の子会社の取締役等の職務の執行が効率的に行われることを確保するための体制

ニ　当該株式会社の子会社の取締役等及び使用人の職務の執行が法令及び定款に適合することを確保するための体制

2　取締役が２人以上ある株式会社である場合には、前項に規定する体制には、業務の決定が適正に行われることを確保するための体制を含むものとする。

3　監査役設置会社以外の株式会社である場合には、第１項に規定する体制には、取締役が株主に報告すべき事項の報告をするための体制を含むものとする。

4　監査役設置会社（監査役の監査の範囲を会計に関するものに限定する旨の定款の定めがある株式会社を含む。）である場合には、第１項に規定する体制には、次に掲げる体制を含むものとする。

一　当該監査役設置会社の監査役がその職務を補助すべき使用人を置くことを求めた場合における当該使用人に関する事項

二　前号の使用人の当該監査役設置会社の取締役からの独立性に関する事項

三　当該監査役設置会社の監査役の第１号の使用人に対する指示の実効性の確保に関する事項

四　次に掲げる体制その他の当該監査役設置会社の監査役への報告に関する体制

イ　当該監査役設置会社の取締役及び会計参与並びに使用人が当該監査役設置会社の監査役に報告をするための体制

ロ　当該監査役設置会社の子会社の取締役、会計参与、監査役、執行役、業務を執行する社員、法第598条第１項の職務を行うべき者その他これらの者に相当する者及び使用人又はこれらの者から報告を受けた者が当該監査役設置会社の監査役に報告をするための体制

五　前号の報告をした者が当該報告をしたことを理由として不利な取扱いを受けないことを確保するための体制

六　当該監査役設置会社の監査役の職務の執行について生ずる費用の前払又は償還の手続その他の当該職務の執行について生ずる費用又は債務の処理に係る方針に関する事項

七　その他当該監査役設置会社の監査役の監査が実効的に行われることを確保するための体制

（業務の執行の社外取締役への委託）

第348条の２　株式会社（指名委員会等設置会社を除く。）が社外取締役を置いている場合において、当該株式会社と取締役との利益が相反する状況にあるとき、その他取締役が当該株式会社の業務を執行することにより株主の利益を損なうおそれがあるときは、当該株式会社は、その都度、取締役の決定(取締役会設置会社にあっては、取締役会の決議）によって、当該株式会社の業務を執行することを社外取締役に委託することができる。

2　指名委員会等設置会社と執行役との利益が相反する状況にあるとき、その他執行役が指名委員会等設置会社の業務を執行することにより株主の利益を損なうおそれがあるときは、当該指名委員会等設置会社は、その都度、取締役会の決議によって、当該指名委員会等設置会社の業務を執行することを社外取締役に委託することができる。

3　前２項の規定により委託された業務の執行は、第２条第15号イに規定する株式会社の業務の執行に該当しないものとする。ただし、社外取締役が業務執行取締役（指名委員会等設置会社にあっては、執行役）の指揮命令により当該委託された業務を執行したときは、この限りでない。

第５節　取締役会

第１款　権限等

（取締役会の権限等）

第362条　取締役会は、すべての取締役で組織する。

2　取締役会は、次に掲げる職務を行う。

一　取締役会設置会社の業務執行の決定
二　取締役の職務の執行の監督
三　代表取締役の選定及び解職

3　取締役会は、取締役の中から代表取締役を選定しなければならない。

4　取締役会は、次に掲げる事項その他の重要な業務執行の決定を取締役に委任することができない。

一　重要な財産の処分及び譲受け
二　多額の借財
三　支配人その他の重要な使用人の選任及び解任
四　支店その他の重要な組織の設置、変更及び廃止
五　第676条第１号に掲げる事項その他の社債を引き受ける者の募集に関する重要な事項として法務省令で定める事項
六　取締役の職務の執行が法令及び定款に適合することを確保するための体制その他株式会社の業務並びに当該株式会社及びその子会社から成る企業集団の業務の適正を確保するために必要なものとして法務省令で定める体制の整備
七　第426条第１項の規定による定款の定めに基づく第423条第１項の責任の免除

5　大会社である取締役会設置会社においては、取締役会は、前項第６号に掲げる事項を決定しなければならない。

（業務の適正を確保するための体制）

規第100条　法第362条第４項第６号に規定する法務省令で定める体制は、当該株式会社における次に掲げる体制とする。

一　当該株式会社の取締役の職務の執行に係る情報の保存及び管理に関する体制
二　当該株式会社の損失の危険の管理に関する規程その他の体制
三　当該株式会社の取締役の職務の執行が効率的に行われることを確保するための体制
四　当該株式会社の使用人の職務の執行が法令及び定款に適合することを確保するための体制
五　次に掲げる体制その他の当該株式会社並びにその親会社及び子会社から成る企業集団における業務の適正を確保するための体制
　イ　当該株式会社の子会社の取締役、執行役、業務を執行する社員、法第598条第１項の職務を行うべき者その他これらの者に相当する者（ハ及びニにおいて「取締役等」という。）の職務の執行に係る事項の当該株式会社への報告に関する体制
　ロ　当該株式会社の子会社の損失の危険の管理に関する規程その他の体制
　ハ　当該株式会社の子会社の取締役等の職務の執行が効率的に行われることを確保するための体制
　ニ　当該株式会社の子会社の取締役等及び使用人の職務の執行が法令及び定款に適合することを確保するための体制

2　監査役設置会社以外の株式会社である場合には、前項に規定する体制には、取締役が株主に報告すべき事項の報告をするための体制を含むものとする。

3　監査役設置会社（監査役の監査の範囲を会計に関するものに限定する旨の定款の定めがある株式会社を含む。）である場合には、第１項に規定する体制には、次に掲げる体制を含むものとする。

一　当該監査役設置会社の監査役がその職務を補助すべき使用人を置くことを求めた場合における当該使用人に関する事項
二　前号の使用人の当該監査役設置会社の取締役からの独立性に関する事項
三　当該監査役設置会社の監査役の第１号の使用人に対する指示の実効性の確保に関する事項
四　次に掲げる体制その他の当該監査役設置会社の監査役への報告に関する体制
　イ　当該監査役設置会社の取締役及び会計参与並びに使用人が当該監査役設置会社の監査役に報告をするための体制
　ロ　当該監査役設置会社の子会社の取締役、会計参与、監査役、執行役、業務を執行する社員、法第598条第１項の職務を行うべき者その他これらの者に相当する者及び使用人又はこれらの者から報告を受けた者が当該監査役設置会社の監査役に報告をするための体制
五　前号の報告をした者が当該報告をしたことを理由として不利な取扱いを受けないことを

確保するための体制
六　当該監査役設置会社の監査役の職務の執行について生ずる費用の前払又は償還の手続その他の当該職務の執行について生ずる費用又は債務の処理に係る方針に関する事項
七　その他当該監査役設置会社の監査役の監査が実効的に行われることを確保するための体制

第７節　監査役

（監査役の権限）

第381条　監査役は、取締役（会計参与設置会社にあっては、取締役及び会計参与）の職務の執行を監査する。この場合において、監査役は、法務省令で定めるところにより、監査報告を作成しなければならない。

２　監査役は、いつでも、取締役及び会計参与並びに支配人その他の使用人に対して事業の報告を求め、又は監査役設置会社の業務及び財産の状況の調査をすることができる。

３　監査役は、その職務を行うため必要があるときは、監査役設置会社の子会社に対して事業の報告を求め、又はその子会社の業務及び財産の状況の調査をすることができる。

４　前項の子会社は、正当な理由があるときは、同項の報告又は調査を拒むことができる。

（監査報告の作成）

規第105条　法第381条第１項の規定により法務省令で定める事項については、この条の定めるところによる。

２　監査役は、その職務を適切に遂行するため、次に掲げる者との意思疎通を図り、情報の収集及び監査の環境の整備に努めなければならない。この場合において、取締役又は取締役会は、監査役の職務の執行のための必要な体制の整備に留意しなければならない。
一　当該株式会社の取締役、会計参与及び使用人
二　当該株式会社の子会社の取締役、会計参与、執行役、業務を執行する社員、法第598条第１項の職務を行うべき者その他これらの者に相当する者及び使用人
三　その他監査役が適切に職務を遂行するに当たり意思疎通を図るべき者

３　前項の規定は、監査役が公正不偏の態度及び独立の立場を保持することができなくなるおそれのある関係の創設及び維持を認めるものと解してはならない。

４　監査役は、その職務の遂行に当たり、必要に応じ、当該株式会社の他の監査役、当該株式会社の親会社及び子会社の監査役その他これらに相当する者との意思疎通及び情報の交換を図るよう努めなければならない。

（計算関係書類の提供）

計規第125条　計算関係書類を作成した取締役（指名委員会等設置会社にあっては、執行役）は、会計監査人に対して計算関係書類を提供しようとするときは、監査役（監査等委員会設置会社にあっては監査等委員会の指定した監査等委員、指名委員会等設置会社にあっては監査委員会の指定した監査委員）に対しても計算関係書類を提供しなければならない。

（取締役への報告義務）

第382条　監査役は、取締役が不正の行為をし、若しくは当該行為をするおそれがあると認めるとき、又は法令若しくは定款に違反する事実若しくは著しく不当な事実があると認めるときは、遅滞なく、その旨を取締役（取締役会設置会社にあっては、取締役会）に報告しなければならない。

（取締役会への出席義務等）

第383条　監査役は、取締役会に出席し、必要があると認めるときは、意見を述べなければならない。ただし、監査役が２人以上ある場合において、第373条第１項の規定による特別取締役による議決の定めがあるときは、監査役の互選によって、監査役の中から特に同条第２項の取締役会に出席する監査役を定めることができる。

２　監査役は、前条に規定する場合において、必要があると認めるときは、取締役（第366条第１項ただし書に規定する場合にあっては、招集権者）に対し、取締役会の招集を請求することができる。

３・４（略）

（株主総会に対する報告義務）

第384条　監査役は、取締役が株主総会に提出しようとする議案、書類その他法務省令で定めるものを調査しなければならない。この場合において、法令若しくは定款に違反し、又は著しく不当な事項があると認めるときは、その調査の結果を株主総会に報告しなければならない。

（監査役の調査の対象）

規第106条　法第384条に規定する法務省令で定めるものは、電磁的記録その他の資料とする。

（監査役による取締役の行為の差止め）

第385条　監査役は、取締役が監査役設置会社の目的の範囲外の行為その他法令若しくは定款に違反する行為をし、又はこれらの行為をするおそれがある場合において、当該行為によって当該監査役設置会社に著しい損害が生ずるおそれがあるときは、当該取締役に対し、当該行為をやめることを請求することができる。

2　前項の場合において、裁判所が仮処分をもって同項の取締役に対し、その行為をやめることを命ずるときは、担保を立てさせないものとする。

（監査役設置会社と取締役との間の訴えにおける会社の代表等）

第386条　第349条第４項、第353条及び第364条の規定にかかわらず、次の各号に掲げる場合には、当該各号の訴えについては、監査役が監査役設置会社を代表する。

一　監査役設置会社が取締役（取締役であった者を含む。以下この条において同じ。）に対し、又は取締役が監査役設置会社に対して訴えを提起する場合

二　株式交換等完全親会社（第849条第２項第１号に規定する株式交換等完全親会社をいう。次項第３号において同じ。）である監査役設置会社がその株式交換等完全子会社（第847条の２第１項に規定する株式交換等完全子会社をいう。次項第３号において同じ。）の取締役、執行役（執行役であった者を含む。以下この条において同じ。）又は清算人（清算人であった者を含む。以下この条において同じ。）の責任（第847条の２第１項各号に掲げる行為の効力が生じた時までにその原因となった事実が生じたものに限る。）を追及する訴えを提起する場合

三　最終完全親会社等（第847条の３第１項に規定する最終完全親会社等をいう。次項第４号において同じ。）である監査役設置会社がその完全子会社等（同条第２項第２号に規定する完全子会社等をいい、同条第３項の規定により当該完全子会社等とみなされるものを含む。次項第４号において同じ。）である株式会社の取締役、執行役又は清算人に対して特定責任追及の訴え（同条第１項に規定する特定責任追及の訴えをいう。）を提起する場合

2　第349条第４項の規定にかかわらず、次に掲げる場合には、監査役が監査役設置会社を代表する。

一　監査役設置会社が第847条第１項、第847条の２第１項若しくは第３項（同条第４項及び第５項において準用する場合を含む。）又は第847条の３第１項の規定による請求（取締役の責任を追及する訴えの提起の請求に限る。）を受ける場合

二　監査役設置会社が第849条第４項の訴訟告知（取締役の責任を追及する訴えに係るものに限る。）並びに第850条第２項の規定による通知及び催告（取締役の責任を追及する訴えに係る訴訟における和解に関するものに限る。）を受ける場合

三　株式交換等完全親会社である監査役設置会社が第847条第１項の規定による請求（前項第２号に規定する訴えの提起の請求に限る。）をする場合又は第849条第６項の規定による通知（その株式交換等完全子会社の取締役、執行役又は清算人の責任を追及する訴えに係るものに限る。）を受ける場合

四　最終完全親会社等である監査役設置会社が第847条第１項の規定による請求（前項第３号に規定する特定責任追及の訴えの提起の請

求に限る。）をする場合又は第849条第７項の規定による通知（その完全子会社等である株式会社の取締役、執行役又は清算人の責任を追及する訴えに係るものに限る。）を受ける場合

（監査役の報酬等）

第387条　監査役の報酬等は、定款にその額を定めていないときは、株主総会の決議によって定める。

２　監査役が２人以上ある場合において、各監査役の報酬等について定款の定め又は株主総会の決議がないときは、当該報酬等は、前項の報酬等の範囲内において、監査役の協議によって定める。

３　監査役は、株主総会において、監査役の報酬等について意見を述べることができる。

（定款の定めによる監査範囲の限定）

第389条　公開会社でない株式会社（監査役会設置会社及び会計監査人設置会社を除く。）は、第381条第１項の規定にかかわらず、その監査役の監査の範囲を会計に関するものに限定する旨を定款で定めることができる。

２　前項の規定による定款の定めがある株式会社の監査役は、法務省令で定めるところにより、監査報告を作成しなければならない。

３　前項の監査役は、取締役が株主総会に提出しようとする会計に関する議案、書類その他の法務省令で定めるものを調査し、その調査の結果を株主総会に報告しなければならない。

４　第２項の監査役は、いつでも、次に掲げるものの閲覧及び謄写をし、又は取締役及び会計参与並びに支配人その他の使用人に対して会計に関する報告を求めることができる。

一　会計帳簿又はこれに関する資料が書面をもって作成されているときは、当該書面

二　会計帳簿又はこれに関する資料が電磁的記録をもって作成されているときは、当該電磁的記録に記録された事項を法務省令で定める方法により表示したもの

５　第２項の監査役は、その職務を行うため必要があるときは、株式会社の子会社に対して会計に関する報告を求め、又は株式会社若しくはその子会社の業務及び財産の状況の調査をすることができる。

６　前項の子会社は、正当な理由があるときは、同項の規定による報告又は調査を拒むことができる。

７　第381条から第386条までの規定は、第１項の規定による定款の定めがある株式会社については、適用しない。

（監査報告の作成）

規第107条　法第389条第２項の規定により法務省令で定める事項については、この条の定めるところによる。

２　監査役は、その職務を適切に遂行するため、次に掲げる者との意思疎通を図り、情報の収集及び監査の環境の整備に努めなければならない。この場合において、取締役又は取締役会は、監査役の職務の執行のための必要な体制の整備に留意しなければならない。

一　当該株式会社の取締役、会計参与及び使用人

二　当該株式会社の子会社の取締役、会計参与、執行役、業務を執行する社員、法第598条第１項の職務を行うべき者その他これらの者に相当する者及び使用人

三　その他監査役が適切に職務を遂行するに当たり意思疎通を図るべき者

３　前項の規定は、監査役が公正不偏の態度及び独立の立場を保持することができなくなるおそれのある関係の創設及び維持を認めるものと解してはならない。

４　監査役は、その職務の遂行に当たり、必要に応じ、当該株式会社の他の監査役、当該株式会社の親会社及び子会社の監査役その他これらに相当する者との意思疎通及び情報の交換を図るよう努めなければならない。

（監査の範囲が限定されている監査役の調査の対象）

規第108条　法第389条第３項に規定する法務省令で定めるものは、次に掲げるものとする。

一　計算関係書類

二　次に掲げる議案が株主総会に提出される場合における当該議案

イ　当該株式会社の株式の取得に関する議案（当該取得に際して交付する金銭等の合計

額に係る部分に限る。）
ロ　剰余金の配当に関する議案（剰余金の配当に際して交付する金銭等の合計額に係る部分に限る。）
ハ　法第447条第１項の資本金の額の減少に関する議案
ニ　法第448条第１項の準備金の額の減少に関する議案
ホ　法第450条第１項の資本金の額の増加に関する議案
ヘ　法第451条第１項の準備金の額の増加に関する議案
ト　法第452条に規定する剰余金の処分に関する議案
三　次に掲げる事項を含む議案が株主総会に提出される場合における当該事項
イ　法第199条第１項第５号の増加する資本金及び資本準備金に関する事項
ロ　法第236条第１項第５号の増加する資本金及び資本準備金に関する事項
ハ　法第749条第１項第２号イの資本金及び準備金の額に関する事項
ニ　法第753条第１項第６号の資本金及び準備金の額に関する事項
ホ　法第758条第４号イの資本金及び準備金の額に関する事項
ヘ　法第763条第１項第６号の資本金及び準備金の額に関する事項
ト　法第768条第１項第２号イの資本金及び準備金の額に関する事項
チ　法第773条第１項第５号の資本金及び準備金の額に関する事項
リ　法第774条の３第１項第３号の資本金及び準備金の額に関する事項
ヌ　法第774条の３第１項第８号イの資本金及び準備金の額に関する事項
四　前３号に掲げるもののほか、これらに準ずるもの

第８節　監査役会

第１款　権限等

第390条　監査役会は、すべての監査役で組織する。
２　監査役会は、次に掲げる職務を行う。ただし、第３号の決定は、監査役の権限の行使を妨げることはできない。
一　監査報告の作成
二　常勤の監査役の選定及び解職
三　監査の方針、監査役会設置会社の業務及び財産の状況の調査の方法その他の監査役の職務の執行に関する事項の決定
３　監査役会は、監査役の中から常勤の監査役を選定しなければならない。
４　監査役は、監査役会の求めがあるときは、いつでもその職務の執行の状況を監査役会に報告しなければならない。

第２款　運　営

（招集権者）
第391条　監査役会は、各監査役が招集する。
（招集手続）
第392条　監査役会を招集するには、監査役は、監査役会の日の１週間（これを下回る期間を定款で定めた場合にあっては、その期間）前までに、各監査役に対してその通知を発しなければならない。
２　前項の規定にかかわらず、監査役会は、監査役の全員の同意があるときは、招集の手続を経ることなく開催することができる。
（監査役会の決議）
第393条　監査役会の決議は、監査役の過半数をもって行う。
２　監査役会の議事については、法務省令で定めるところにより、議事録を作成し、議事録が書面をもって作成されているときは、出席した監査役は、これに署名し、又は記名押印しなければならない。
３　前項の議事録が電磁的記録をもって作成されている場合における当該電磁的記録に記録された事項については、法務省令で定める署名又は記名押印に代わる措置をとらなければならない。
４　監査役会の決議に参加した監査役であって第２項の議事録に異議をとどめないものは、その決議に賛成したものと推定する。

〔監査役会〕
規第109条　法第393条第２項の規定による監査役会の議事録の作成については、この条の定める

ところによる。
2　監査役会の議事録は、書面又は電磁的記録をもって作成しなければならない。
3　監査役会の議事録は、次に掲げる事項を内容とするものでなければならない。
一　監査役会が開催された日時及び場所（当該場所に存しない監査役、取締役、会計参与又は会計監査人が監査役会に出席をした場合における当該出席の方法を含む。）
二　監査役会の議事の経過の要領及びその結果
三　次に掲げる規定により監査役会において述べられた意見又は発言があるときは、その意見又は発言の内容の概要
イ　法第357条第２項の規定により読み替えて適用する同条第１項（法第482条第４項において準用する場合を含む。）
ロ　法第375条第２項の規定により読み替えて適用する同条第１項
ハ　法第397条第３項の規定により読み替えて適用する同条第１項
四　監査役会に出席した取締役、会計参与又は会計監査人の氏名又は名称
五　監査役会の議長が存するときは、議長の氏名
4　法第395条の規定により監査役会への報告を要しないものとされた場合には、監査役会の議事録は、次の各号に掲げる事項を内容とするものとする。
一　監査役会への報告を要しないものとされた事項の内容
二　監査役会への報告を要しないものとされた日
三　議事録の作成に係る職務を行った監査役の氏名

（議事録）
第394条　監査役会設置会社は、監査役会の日から10年間、前条第２項の議事録をその本店に備え置かなければならない。
2　監査役会設置会社の株主は、その権利を行使するため必要があるときは、裁判所の許可を得て、次に掲げる請求をすることができる。
一　前項の議事録が書面をもって作成されているときは、当該書面の閲覧又は謄写の請求
二　前項の議事録が電磁的記録をもって作成されているときは、当該電磁的記録に記録された事項を法務省令で定める方法により表示したものの閲覧又は謄写の請求
3　前項の規定は、監査役会設置会社の債権者が役員の責任を追及するため必要があるとき及び親会社社員がその権利を行使するため必要があるときについて準用する。
4　裁判所は、第２項（前項において準用する場合を含む。以下この項において同じ。）の請求に係る閲覧又は謄写をすることにより、当該監査役会設置会社又はその親会社若しくは子会社に著しい損害を及ぼすおそれがあると認めるときは、第２項の許可をすることができない。

（監査役会への報告の省略）
第395条　取締役、会計参与、監査役又は会計監査人が監査役の全員に対して監査役会に報告すべき事項を通知したときは、当該事項を監査役会へ報告することを要しない。

第９節　会計監査人

（会計監査人の権限等）
第396条　会計監査人は、次章の定めるところにより、株式会社の計算書類及びその附属明細書、臨時計算書類並びに連結計算書類を監査する。この場合において、会計監査人は、法務省令で定めるところにより、会計監査報告を作成しなければならない。
2　会計監査人は、いつでも、次に掲げるものの閲覧及び謄写をし、又は取締役及び会計参与並びに支配人その他の使用人に対し、会計に関する報告を求めることができる。
一　会計帳簿又はこれに関する資料が書面をもって作成されているときは、当該書面
二　会計帳簿又はこれに関する資料が電磁的記録をもって作成されているときは、当該電磁的記録に記録された事項を法務省令で定める方法により表示したもの
3　会計監査人は、その職務を行うため必要があるときは、会計監査人設置会社の子会社に対して会計に関する報告を求め、又は会計監査人設置会社若しくはその子会社の業務及び財産の状

況の調査をすることができる。

4　前項の子会社は、正当な理由があるときは、同項の報告又は調査を拒むことができる。

5　会計監査人は、その職務を行うに当たっては、次のいずれかに該当する者を使用してはならない。

一　第337条第３項第１号又は第２号に掲げる者

二　会計監査人設置会社又はその子会社の取締役、会計参与、監査役若しくは執行役又は支配人その他の使用人である者

三　会計監査人設置会社又はその子会社から公認会計士又は監査法人の業務以外の業務により継続的な報酬を受けている者

6　指名委員会等設置会社における第２項の規定の適用については、同項中「取締役」とあるのは、「執行役、取締役」とする。

〔会計監査人〕

規第110条　法第396条第１項後段の規定により法務省令で定める事項については、この条の定めるところによる。

2　会計監査人は、その職務を適切に遂行するため、次に掲げる者との意思疎通を図り、情報の収集及び監査の環境の整備に努めなければならない。ただし、会計監査人が公正不偏の態度及び独立の立場を保持することができなくなるおそれのある関係の創設及び維持を認めるものと解してはならない。

一　当該株式会社の取締役、会計参与及び使用人

二　当該株式会社の子会社の取締役、会計参与、執行役、業務を執行する社員、法第598条第１項の職務を行うべき者その他これらの者に相当する者及び使用人

三　その他会計監査人が適切に職務を遂行するに当たり意思疎通を図るべき者

（会計監査報告の内容）

計規第126条　会計監査人は、計算関係書類を受領したときは、次に掲げる事項を内容とする会計監査報告を作成しなければならない。

一　会計監査人の監査の方法及びその内容

二　計算関係書類が当該株式会社の財産及び損益の状況を全ての重要な点において適正に表示しているかどうかについての意見があるときは、その意見（当該意見が次のイからハまでに掲げる意見である場合にあっては、それぞれ当該イからハまでに定める事項）

イ　無限定適正意見　監査の対象となった計算関係書類が一般に公正妥当と認められる企業会計の慣行に準拠して、当該計算関係書類に係る期間の財産及び損益の状況を全ての重要な点において適正に表示していると認められる旨

ロ　除外事項を付した限定付適正意見　監査の対象となった計算関係書類が除外事項を除き一般に公正妥当と認められる企業会計の慣行に準拠して、当該計算関係書類に係る期間の財産及び損益の状況を全ての重要な点において適正に表示していると認められる旨、除外事項並びに除外事項を付した限定付適正意見とした理由

ハ　不適正意見　監査の対象となった計算関係書類が不適正である旨及びその理由

三　前号の意見がないときは、その旨及びその理由

四　継続企業の前提に関する注記に係る事項

五　第２号の意見があるときは、事業報告及びその附属明細書の内容と計算関係書類の内容又は会計監査人が監査の過程で得た知識との間の重要な相違等について、報告すべき事項の有無及び報告すべき事項があるときはその内容

六　追記情報

七　会計監査報告を作成した日

2　前項第５号に規定する「追記情報」とは、次に掲げる事項その他の事項のうち、会計監査人の判断に関して説明を付す必要がある事項又は計算関係書類の内容のうち強調する必要がある事項とする。

一　会計方針の変更

二　重要な偶発事象

三　重要な後発事象

（会計監査報告の通知期限等）

計規第130条　会計監査人は、次の各号に掲げる会計監査報告の区分に応じ、当該各号に定める日までに、特定監査役及び特定取締役に対し、当該会計監査報告の内容を通知しなければならない。

一　各事業年度に係る計算書類及びその附属明細書についての会計監査報告　次に掲げる日のいずれか遅い日

イ　当該計算書類の全部を受領した日から４

週間を経過した日
ロ　当該計算書類の附属明細書を受領した日から１週間を経過した日
ハ　特定取締役、特定監査役及び会計監査人の間で合意により定めた日があるときは、その日
二　臨時計算書類についての会計監査報告　次に掲げる日のいずれか遅い日
イ　当該臨時計算書類の全部を受領した日から４週間を経過した日
ロ　特定取締役、特定監査役及び会計監査人の間で合意により定めた日があるときは、その日
三　連結計算書類についての会計監査報告　当該連結計算書類の全部を受領した日から４週間を経過した日（特定取締役、特定監査役及び会計監査人の間で合意により定めた日がある場合にあっては、その日）
2　計算関係書類については、特定監査役及び特定取締役が前項の規定による会計監査報告の内容の通知を受けた日に、会計監査人の監査を受けたものとする。
3　前項の規定にかかわらず、会計監査人が第１項の規定により通知をすべき日までに同項の規定による会計監査報告の内容の通知をしない場合には、当該通知をすべき日に、計算関係書類については、会計監査人の監査を受けたものとみなす。
4　第１項及び第２項に規定する「特定取締役」とは、次の各号に掲げる場合の区分に応じ、当該各号に定める者（当該株式会社が会計参与設置会社である場合にあっては、当該各号に定める者及び会計参与）をいう（第132条において同じ。）。
一　第１項の規定による通知を受ける者を定めた場合　当該通知を受ける者として定められた者
二　前号に掲げる場合以外の場合　監査を受けるべき計算関係書類の作成に関する職務を行った取締役及び執行役
5　第１項及び第２項に規定する「特定監査役」とは、次の各号に掲げる株式会社の区分に応じ、当該各号に定める者とする（以下この章において同じ。）。
一　監査役設置会社（監査役会設置会社を除く。）　次のイからハまでに掲げる場合の区分に応じ、当該イからハまでに定める者
イ　２以上の監査役が存する場合において、第１項の規定による会計監査報告の内容の通知を受ける監査役を定めたとき　当該通知を受ける監査役として定められた監査役
ロ　２以上の監査役が存する場合において、第１項の規定による会計監査報告の内容の通知を受ける監査役を定めていないとき　全ての監査役
ハ　イ又はロに掲げる場合以外の場合　監査役
二　監査役会設置会社　次のイ又はロに掲げる場合の区分に応じ、当該イ又はロに定める者
イ　監査役会が第１項の規定による会計監査報告の内容の通知を受ける監査役を定めた場合　当該通知を受ける監査役として定められた監査役
ロ　イに掲げる場合以外の場合　全ての監査役
三　監査等委員会設置会社　次のイ又はロに掲げる場合の区分に応じ、当該イ又はロに定める者
イ　監査等委員会が第１項の規定による会計監査報告の内容の通知を受ける監査等委員を定めた場合　当該通知を受ける監査等委員として定められた監査等委員
ロ　イに掲げる場合以外の場合　監査等委員のうちいずれかの者
四　指名委員会等設置会社　次のイ又はロに掲げる場合の区分に応じ、当該イ又はロに定める者
イ　監査委員会が第１項の規定による会計監査報告の内容の通知を受ける監査委員を定めた場合　当該通知を受ける監査委員として定められた監査委員
ロ　イに掲げる場合以外の場合　監査委員のうちいずれかの者

（会計監査人の職務の遂行に関する事項）
計規第131条　会計監査人は、前条第１項の規定による特定監査役に対する会計監査報告の内容の通知に際して、当該会計監査人についての次に掲げる事項（当該事項に係る定めがない場合にあっては、当該事項を定めていない旨）を通知しなければならない。ただし、全ての監査役（監査等委員会設置会社にあっては監査等委員会、指名委員会等設置会社にあっては監査委員会）が既に当該事項を知っている場合は、この限りでない。

一　独立性に関する事項その他監査に関する法令及び規程の遵守に関する事項
二　監査、監査に準ずる業務及びこれらに関する業務の契約の受任及び継続の方針に関する事項
三　会計監査人の職務の遂行が適正に行われることを確保するための体制に関するその他の事項

（監査役に対する報告）
第397条　会計監査人は、その職務を行うに際して取締役の職務の執行に関し不正の行為又は法令若しくは定款に違反する重大な事実があることを発見したときは、遅滞なく、これを監査役に報告しなければならない。
２　監査役は、その職務を行うため必要があるときは、会計監査人に対し、その監査に関する報告を求めることができる。
３　監査役会設置会社における第１項の規定の適用については、同項中「監査役」とあるのは、「監査役会」とする。
４　監査等委員会設置会社における第１項及び第２項の規定の適用については、第１項中「監査役」とあるのは「監査等委員会」と、第２項中「監査役」とあるのは「監査等委員会が選定した監査等委員」とする。
５　指名委員会等設置会社における第１項及び第２項の規定の適用については、第１項中「取締役」とあるのは「執行役又は取締役」と、「監査役」とあるのは「監査委員会」と、第２項中「監査役」とあるのは「監査委員会が選定した監査委員会の委員」とする。

（定時株主総会における会計監査人の意見の陳述）
第398条　第396条第１項に規定する書類が法令又は定款に適合するかどうかについて会計監査人が監査役と意見を異にするときは、会計監査人（会計監査人が監査法人である場合にあっては、その職務を行うべき社員。次項において同じ。）は、定時株主総会に出席して意見を述べることができる。
２　定時株主総会において会計監査人の出席を求める決議があったときは、会計監査人は、定時株主総会に出席して意見を述べなければならない。
３　監査役会設置会社における第１項の規定の適用については、同項中「監査役」とあるのは、「監査役会又は監査役」とする。
４　監査等委員会設置会社における第１項の規定の適用については、同項中「監査役」とあるのは、「監査等委員会又は監査等委員」とする。
５　指名委員会等設置会社における第１項の規定の適用については、同項中「監査役」とあるのは、「監査委員会又はその委員」とする。

（会計監査人の報酬等の決定に関する監査役の関与）
第399条　取締役は、会計監査人又は一時会計監査人の職務を行うべき者の報酬等を定める場合には、監査役（監査役が２人以上ある場合にあっては、その過半数）の同意を得なければならない。
２　監査役会設置会社における前項の規定の適用については、同項中「監査役（監査役が２人以上ある場合にあっては、その過半数）」とあるのは、「監査役会」とする。
３　監査等委員会設置会社における第１項の規定の適用については、同項中「監査役（監査役が２人以上ある場合にあっては、その過半数）」とあるのは、「監査等委員会」とする。
４　指名委員会等設置会社における第１項の規定の適用については、同項中「監査役（監査役が２人以上ある場合にあっては、その過半数）」とあるのは、「監査委員会」とする。

第９節の２　監査等委員会

第１款　権限等

（監査等委員会の権限等）
第399条の２　監査等委員会は、全ての監査等委員で組織する。
２　監査等委員は、取締役でなければならない。
３　監査等委員会は、次に掲げる職務を行う。
一　取締役（会計参与設置会社にあっては、取締役及び会計参与）の職務の執行の監査及び監査報告の作成
二　株主総会に提出する会計監査人の選任及び

解任並びに会計監査人を再任しないことに関する議案の内容の決定

三　第342条の２第４項及び第361条第６項に規定する監査等委員会の意見の決定

4　監査等委員がその職務の執行（監査等委員会の職務の執行に関するものに限る。以下この項において同じ。）について監査等委員会設置会社に対して次に掲げる請求をしたときは、当該監査等委員会設置会社は、当該請求に係る費用又は債務が当該監査等委員の職務の執行に必要でないことを証明した場合を除き、これを拒むことができない。

一　費用の前払の請求

二　支出をした費用及び支出の日以後におけるその利息の償還の請求

三　負担した債務の債権者に対する弁済（当該債務が弁済期にない場合にあっては、相当の担保の提供）の請求

（監査等委員会による調査）

第399条の３　監査等委員会が選定する監査等委員は、いつでも、取締役（会計参与設置会社にあっては、取締役及び会計参与）及び支配人その他の使用人に対し、その職務の執行に関する事項の報告を求め、又は監査等委員会設置会社の業務及び財産の状況の調査をすることができる。

2　監査等委員会が選定する監査等委員は、監査等委員会の職務を執行するため必要があるときは、監査等委員会設置会社の子会社に対して事業の報告を求め、又はその子会社の業務及び財産の状況の調査をすることができる。

3　前項の子会社は、正当な理由があるときは、同項の報告又は調査を拒むことができる。

4　第１項及び第２項の監査等委員は、当該各項の報告の徴収又は調査に関する事項についての監査等委員会の決議があるときは、これに従わなければならない。

（取締役会への報告義務）

第399条の４　監査等委員は、取締役が不正の行為をし、若しくは当該行為をするおそれがあると認めるとき、又は法令若しくは定款に違反する事実若しくは著しく不当な事実があると認めるときは、遅滞なく、その旨を取締役会に報告しなければならない。

（株主総会に対する報告義務）

第399条の５　監査等委員は、取締役が株主総会に提出しようとする議案、書類その他法務省令で定めるものについて法令若しくは定款に違反し、又は著しく不当な事項があると認めるときは、その旨を株主総会に報告しなければならない。

（監査等委員の報告の対象）

規第110条の２　法第399条の５に規定する法務省令で定めるものは、電磁的記録その他の資料とする。

（監査等委員による取締役の行為の差止め）

第399条の６　監査等委員は、取締役が監査等委員会設置会社の目的の範囲外の行為その他法令若しくは定款に違反する行為をし、又はこれらの行為をするおそれがある場合において、当該行為によって当該監査等委員会設置会社に著しい損害が生ずるおそれがあるときは、当該取締役に対し、当該行為をやめることを請求することができる。

2　前項の場合において、裁判所が仮処分をもって同項の取締役に対し、その行為をやめることを命ずるときは、担保を立てさせないものとする。

（監査等委員会設置会社と取締役との間の訴えにおける会社の代表等）

第399条の７　第349条第４項、第353条及び第364条の規定にかかわらず、監査等委員会設置会社が取締役（取締役であった者を含む。以下この条において同じ。）に対し、又は取締役が監査等委員会設置会社に対して訴えを提起する場合には、当該訴えについては、次の各号に掲げる場合の区分に応じ、当該各号に定める者が監査等委員会設置会社を代表する。

一　監査等委員が当該訴えに係る訴訟の当事者である場合　取締役会が定める者（株主総会

が当該訴えについて監査等委員会設置会社を代表する者を定めた場合にあっては、その者）
二　前号に掲げる場合以外の場合　監査等委員会が選定する監査等委員
2　前項の規定にかかわらず、取締役が監査等委員会設置会社に対して訴えを提起する場合には、監査等委員（当該訴えを提起する者であるものを除く。）に対してされた訴状の送達は、当該監査等委員会設置会社に対して効力を有する。
3　第349条第４項、第353条及び第364条の規定にかかわらず、次の各号に掲げる株式会社が監査等委員会設置会社である場合において、当該各号に定める訴えを提起するときは、当該訴えについては、監査等委員会が選定する監査等委員が当該監査等委員会設置会社を代表する。
一　株式交換等完全親会社（第849条第２項第１号に規定する株式交換等完全親会社をいう。次項第１号及び第５項第３号において同じ。）　その株式交換等完全子会社（第847条の２第１項に規定する株式交換等完全子会社をいう。第５項第３号において同じ。）の取締役、執行役（執行役であった者を含む。以下この条において同じ。）又は清算人（清算人であった者を含む。以下この条において同じ。）の責任（第847条の２第１項各号に掲げる行為の効力が生じた時までにその原因となった事実が生じたものに限る。）を追及する訴え
二　最終完全親会社等（第847条の３第１項に規定する最終完全親会社等をいう。次項第２号及び第５項第４号において同じ。）　その完全子会社等（同条第２項第２号に規定する完全子会社等をいい、同条第３項の規定により当該完全子会社等とみなされるものを含む。第５項第４号において同じ。）である株式会社の取締役、執行役又は清算人に対する特定責任追及の訴え（同条第１項に規定する特定責任追及の訴えをいう。）
4　第349条第４項の規定にかかわらず、次の各号に掲げる株式会社が監査等委員会設置会社である場合において、当該各号に定める請求をするときは、監査等委員会が選定する監査等委員が当該監査等委員会設置会社を代表する。
一　株式交換等完全親会社　第847条第１項の規定による請求（前項第１号に規定する訴えの提起の請求に限る。）
二　最終完全親会社等　第847条第１項の規定による請求（前項第２号に規定する特定責任追及の訴えの提起の請求に限る。）
5　第349条第４項の規定にかかわらず、次に掲げる場合には、監査等委員が監査等委員会設置会社を代表する。
一　監査等委員会設置会社が第847条第１項、第847条の２第１項若しくは第３項（同条第４項及び第５項において準用する場合を含む。）又は第847条の３第１項の規定による請求（取締役の責任を追及する訴えの提起の請求に限る。）を受ける場合（当該監査等委員が当該訴えに係る訴訟の相手方となる場合を除く。）
二　監査等委員会設置会社が第849条第４項の訴訟告知（取締役の責任を追及する訴えに係るものに限る。）並びに第850条第２項の規定による通知及び催告（取締役の責任を追及する訴えに係る訴訟における和解に関するものに限る。）を受ける場合（当該監査等委員がこれらの訴えに係る訴訟の当事者である場合を除く。）
三　株式交換等完全親会社である監査等委員会設置会社が第849条第６項の規定による通知（その株式交換等完全子会社の取締役、執行役又は清算人の責任を追及する訴えに係るものに限る。）を受ける場合
四　最終完全親会社等である監査等委員会設置会社が第849条第７項の規定による通知（その完全子会社等である株式会社の取締役、執行役又は清算人の責任を追及する訴えに係るものに限る。）を受ける場合

第２款　運営

（招集権者）
第399条の８　監査等委員会は、各監査等委員が招集する。

（招集手続等）

第399条の９　監査等委員会を招集するには、監査等委員は、監査等委員会の日の１週間（これを下回る期間を定款で定めた場合にあっては、その期間）前までに、各監査等委員に対してその通知を発しなければならない。

２　前項の規定にかかわらず、監査等委員会は、監査等委員の全員の同意があるときは、招集の手続を経ることなく開催することができる。

３　取締役（会計参与設置会社にあっては、取締役及び会計参与）は、監査等委員会の要求があったときは、監査等委員会に出席し、監査等委員会が求めた事項について説明をしなければならない。

（監査等委員会の決議）

第399条の10　監査等委員会の決議は、議決に加わることができる監査等委員の過半数が出席し、その過半数をもって行う。

２　前項の決議について特別の利害関係を有する監査等委員は、議決に加わることができない。

３　監査等委員会の議事については、法務省令で定めるところにより、議事録を作成し、議事録が書面をもって作成されているときは、出席した監査等委員は、これに署名し、又は記名押印しなければならない。

４　前項の議事録が電磁的記録をもって作成されている場合における当該電磁的記録に記録された事項については、法務省令で定める署名又は記名押印に代わる措置をとらなければならない。

５　監査等委員会の決議に参加した監査等委員であって第３項の議事録に異議をとどめないものは、その決議に賛成したものと推定する。

（監査等委員会の議事録）

規第110条の３　法第399条の10第３項の規定による監査等委員会の議事録の作成については、この条の定めるところによる。

２　監査等委員会の議事録は、書面又は電磁的記録をもって作成しなければならない。

３　監査等委員会の議事録は、次に掲げる事項を内容とするものでなければならない。

一　監査等委員会が開催された日時及び場所（当該場所に存しない監査等委員、取締役（監査等委員であるものを除く。）、会計参与又は会計監査人が監査等委員会に出席をした場合における当該出席の方法を含む。）

二　監査等委員会の議事の経過の要領及びその結果

三　決議を要する事項について特別の利害関係を有する監査等委員があるときは、その氏名

四　次に掲げる規定により監査等委員会において述べられた意見又は発言があるときは、その意見又は発言の内容の概要

イ　法第357条第３項の規定により読み替えて適用する同条第１項

ロ　法第375条第３項の規定により読み替えて適用する同条第１項

ハ　法第397条第４項の規定により読み替えて適用する同条第１項

五　監査等委員会に出席した取締役（監査等委員であるものを除く。）、会計参与又は会計監査人の氏名又は名称

六　監査等委員会の議長が存するときは、議長の氏名

４　法第399条の12の規定により監査等委員会への報告を要しないものとされた場合には、監査等委員会の議事録は、次の各号に掲げる事項を内容とするものとする。

一　監査等委員会への報告を要しないものとされた事項の内容

二　監査等委員会への報告を要しないものとされた日

三　議事録の作成に係る職務を行った監査等委員の氏名

（議事録）

第399条の11　監査等委員会設置会社は、監査等委員会の日から10年間、前条第３項の議事録をその本店に備え置かなければならない。

２　監査等委員会設置会社の株主は、その権利を行使するため必要があるときは、裁判所の許可を得て、次に掲げる請求をすることができる。

一　前項の議事録が書面をもって作成されているときは、当該書面の閲覧又は謄写の請求

二　前項の議事録が電磁的記録をもって作成されているときは、当該電磁的記録に記録された事項を法務省令で定める方法により表示し

たものの閲覧又は謄写の請求

3　前項の規定は、監査等委員会設置会社の債権者が取締役又は会計参与の責任を追及するため必要があるとき及び親会社社員がその権利を行使するため必要があるときについて準用する。

4　裁判所は、第２項（前項において準用する場合を含む。以下この項において同じ。）の請求に係る閲覧又は謄写をすることにより、当該監査等委員会設置会社又はその親会社若しくは子会社に著しい損害を及ぼすおそれがあると認めるときは、第２項の許可をすることができない。

（監査等委員会への報告の省略）

第399条の12　取締役、会計参与又は会計監査人が監査等委員の全員に対して監査等委員会に報告すべき事項を通知したときは、当該事項を監査等委員会へ報告することを要しない。

第３款　監査等委員会設置会社の取締役会の権限等

（監査等委員会設置会社の取締役会の権限）

第399条の13　監査等委員会設置会社の取締役会は、第362条の規定にかかわらず、次に掲げる職務を行う。

一　次に掲げる事項その他監査等委員会設置会社の業務執行の決定

イ　経営の基本方針

ロ　監査等委員会の職務の執行のため必要なものとして法務省令で定める事項

ハ　取締役の職務の執行が法令及び定款に適合することを確保するための体制その他株式会社の業務並びに当該株式会社及びその子会社から成る企業集団の業務の適正を確保するために必要なものとして法務省令で定める体制の整備

二　取締役の職務の執行の監督

三　代表取締役の選定及び解職

2　監査等委員会設置会社の取締役会は、前項第１号イからハまでに掲げる事項を決定しなければならない。

3　監査等委員会設置会社の取締役会は、取締役（監査等委員である取締役を除く。）の中から代表取締役を選定しなければならない。

4　監査等委員会設置会社の取締役会は、次に掲げる事項その他の重要な業務執行の決定を取締役に委任することができない。

一　重要な財産の処分及び譲受け

二　多額の借財

三　支配人その他の重要な使用人の選任及び解任

四　支店その他の重要な組織の設置、変更及び廃止

五　第676条第１号に掲げる事項その他の社債を引き受ける者の募集に関する重要な事項として法務省令で定める事項

六　第426条第１項の規定による定款の定めに基づく第423条第１項の責任の免除

5　前項の規定にかかわらず、監査等委員会設置会社の取締役の過半数が社外取締役である場合には、当該監査等委員会設置会社の取締役会は、その決議によって、重要な業務執行の決定を取締役に委任することができる。ただし、次に掲げる事項については、この限りでない。

一　第136条又は第137条第１項の決定及び第140条第４項の規定による指定

二　第165条第３項において読み替えて適用する第156条第１項各号に掲げる事項の決定

三　第262条又は第263条第１項の決定

四　第298条第１項各号に掲げる事項の決定

五　株主総会に提出する議案（会計監査人の選任及び解任並びに会計監査人を再任しないことに関するものを除く。）の内容の決定

六　第348条の２第１項の規定による委託

七　第361条第７項の規定による同項の事項の決定

八　第365条第１項において読み替えて適用する第356条第１項の承認

九　第366条第１項ただし書の規定による取締役会を招集する取締役の決定

十　第399条の７第１項第１号の規定による監査等委員会設置会社を代表する者の決定

十一　前項第６号に掲げる事項

十二　補償契約（第430条の２第１項に規定する補償契約をいう。第416条第４項第14号に

おいて同じ。）の内容の決定
十三　役員等賠償責任保険契約（第430条の３第１項に規定する役員等賠償責任保険契約をいう。第416条第４項第15号において同じ。）の内容の決定
十四　第436条第３項、第441条第３項及び第444条第５項の承認
十五　第454条第５項において読み替えて適用する同条第１項の規定により定めなければならないとされる事項の決定
十六　第467条第１項各号に掲げる行為に係る契約（当該監査等委員会設置会社の株主総会の決議による承認を要しないものを除く。）の内容の決定
十七　合併契約（当該監査等委員会設置会社の株主総会の決議による承認を要しないものを除く。）の内容の決定
十八　吸収分割契約（当該監査等委員会設置会社の株主総会の決議による承認を要しないものを除く。）の内容の決定
十九　新設分割計画（当該監査等委員会設置会社の株主総会の決議による承認を要しないものを除く。）の内容の決定
二十　株式交換契約（当該監査等委員会設置会社の株主総会の決議による承認を要しないものを除く。）の内容の決定
二十一　株式移転計画の内容の決定
二十二　株式交付計画（当該監査等委員会設置会社の株主総会の決議による承認を要しないものを除く。）の内容の決定

6　前２項の規定にかかわらず、監査等委員会設置会社は、取締役会の決議によって重要な業務執行（前項各号に掲げる事項を除く。）の決定の全部又は一部を取締役に委任することができる旨を定款で定めることができる。

（業務の適正を確保するための体制）
規第110条の４　法第399条の13第１項第１号ロに規定する法務省令で定めるものは、次に掲げるものとする。
一　当該株式会社の監査等委員会の職務を補助すべき取締役及び使用人に関する事項
二　前号の取締役及び使用人の当該株式会社の他の取締役（監査等委員である取締役を除く。）からの独立性に関する事項
三　当該株式会社の監査等委員会の第１号の取締役及び使用人に対する指示の実効性の確保に関する事項
四　次に掲げる体制その他の当該株式会社の監査等委員会への報告に関する体制
イ　当該株式会社の取締役（監査等委員である取締役を除く。）及び会計参与並びに使用人が当該株式会社の監査等委員会に報告をするための体制
ロ　当該株式会社の子会社の取締役、会計参与、監査役、執行役、業務を執行する社員、法第598条第１項の職務を行うべき者その他これらの者に相当する者及び使用人又はこれらの者から報告を受けた者が当該株式会社の監査等委員会に報告をするための体制
五　前号の報告をした者が当該報告をしたことを理由として不利な取扱いを受けないことを確保するための体制
六　当該株式会社の監査等委員の職務の執行（監査等委員会の職務の執行に関するものに限る。）について生ずる費用の前払又は償還の手続その他の当該職務の執行について生ずる費用又は債務の処理に係る方針に関する事項
七　その他当該株式会社の監査等委員会の監査が実効的に行われることを確保するための体制

2　法第399条の13第１項第１号ハに規定する法務省令で定める体制は、当該株式会社における次に掲げる体制とする。
一　当該株式会社の取締役の職務の執行に係る情報の保存及び管理に関する体制
二　当該株式会社の損失の危険の管理に関する規程その他の体制
三　当該株式会社の取締役の職務の執行が効率的に行われることを確保するための体制
四　当該株式会社の使用人の職務の執行が法令及び定款に適合することを確保するための体制
五　次に掲げる体制その他の当該株式会社並びにその親会社及び子会社から成る企業集団における業務の適正を確保するための体制

イ　当該株式会社の子会社の取締役、執行役、業務を執行する社員、法第598条第１項の職務を行うべき者その他これらの者に相当する者（ハ及びニにおいて「取締役等」という。）の職務の執行に係る事項の当該株式会社への報告に関する体制

ロ　当該株式会社の子会社の損失の危険の管理に関する規程その他の体制

ハ　当該株式会社の子会社の取締役等の職務の執行が効率的に行われることを確保するための体制

ニ　当該株式会社の子会社の取締役等及び使用人の職務の執行が法令及び定款に適合することを確保するための体制

（社債を引き受ける者の募集に際して取締役会が定めるべき事項）

規第110条の５　法第399条の13第４項第５号に規定する法務省令で定める事項は、次に掲げる事項とする。

一　２以上の募集（法第676条の募集をいう。以下この条において同じ。）に係る法第676条各号に掲げる事項の決定を委任するときは、その旨

二　募集社債の総額の上限（前号に規定する場合にあっては、各募集に係る募集社債の総額の上限の合計額）

三　募集社債の利率の上限その他の利率に関する事項の要綱

四　募集社債の払込金額（法第676条第９号に規定する払込金額をいう。以下この号において同じ。）の総額の最低金額その他の払込金額に関する事項の要綱

２　前項の規定にかかわらず、信託社債（当該信託社債について信託財産に属する財産のみをもってその履行の責任を負うものに限る。）の募集に係る法第676条各号に掲げる事項の決定を委任する場合には、法第399条の13第４項第５号に規定する法務省令で定める事項は、当該決定を委任する旨とする。

（監査等委員会による取締役会の招集）

第399条の14　監査等委員会設置会社においては、招集権者の定めがある場合であっても、監査等委員会が選定する監査等委員は、取締役会を招集することができる。

第10節　指名委員会等及び執行役

第２款　指名委員会等の権限等

（指名委員会等の権限等）

第404条　指名委員会は、株主総会に提出する取締役（会計参与設置会社にあっては、取締役及び会計参与）の選任及び解任に関する議案の内容を決定する。

２　監査委員会は、次に掲げる職務を行う。

一　執行役等（執行役及び取締役をいい、会計参与設置会社にあっては、執行役、取締役及び会計参与をいう。以下この節において同じ。）の職務の執行の監査及び監査報告の作成

二　株主総会に提出する会計監査人の選任及び解任並びに会計監査人を再任しないことに関する議案の内容の決定

３・４　（略）

第11節　役員等の損害賠償責任

（役員等の株式会社に対する損害賠償責任）

第423条　取締役、会計参与、監査役、執行役又は会計監査人（以下この章において「役員等」という。）は、その任務を怠ったときは、株式会社に対し、これによって生じた損害を賠償する責任を負う。

２　取締役又は執行役が第356条第１項（第419条第２項において準用する場合を含む。以下この項において同じ。）の規定に違反して第356条第１項第１号の取引をしたときは、当該取引によって取締役、執行役又は第三者が得た利益の額は、前項の損害の額と推定する。

３　第356条第１項第２号又は第３号（これらの規定を第419条第２項において準用する場合を含む。）の取引によって株式会社に損害が生じたときは、次に掲げる取締役又は執行役は、その任務を怠ったものと推定する。

一　第356条第１項（第419条第２項において準用する場合を含む。）の取締役又は執行役

二　株式会社が当該取引をすることを決定した取締役又は執行役

三　当該取引に関する取締役会の承認の決議に賛成した取締役（指名委員会等設置会社においては、当該取引が指名委員会等設置会社と取締役との間の取引又は指名委員会等設置会社と取締役との利益が相反する取引である場合に限る。）

4　前項の規定は、第356条第１項第２号又は第３号に掲げる場合において、同項の取締役（監査等委員であるものを除く。）が当該取引につき監査等委員会の承認を受けたときは、適用しない。

（株式会社に対する損害賠償責任の免除）

第424条　前条第１項の責任は、総株主の同意がなければ、免除することができない。

（責任の一部免除）

第425条　前条の規定にかかわらず、第423条第１項の責任は、当該役員等が職務を行うにつき善意でかつ重大な過失がないときは、賠償の責任を負う額から次に掲げる額の合計額（第427条第１項において「最低責任限度額」という。）を控除して得た額を限度として、株主総会（株式会社に最終完全親会社等（第847条の３第１項に規定する最終完全親会社等をいう。以下この節において同じ。）がある場合において、当該責任が特定責任（第847条の３第４項に規定する特定責任をいう。以下この節において同じ。）であるときにあっては、当該株式会社及び当該最終完全親会社等の株主総会。以下この条において同じ。）の決議によって免除することができる。

一　当該役員等がその在職中に株式会社から職務執行の対価として受け、又は受けるべき財産上の利益の１年間当たりの額に相当する額として法務省令で定める方法により算定される額に、次のイからハまでに掲げる役員等の区分に応じ、当該イからハまでに定める数を乗じて得た額

イ　代表取締役又は代表執行役　6

ロ　代表取締役以外の取締役（業務執行取締役等であるものに限る。）又は代表執行役以外の執行役　4

ハ　取締役（イ及びロに掲げるものを除く。）、会計参与、監査役又は会計監査人　2

二　当該役員等が当該株式会社の新株予約権を引き受けた場合（第238条第３項各号に掲げる場合に限る。）における当該新株予約権に関する財産上の利益に相当する額として法務省令で定める方法により算定される額

2　前項の場合には、取締役（株式会社に最終完全親会社等がある場合において、同項の規定により免除しようとする責任が特定責任であるときにあっては、当該株式会社及び当該最終完全親会社等の取締役）は、同項の株主総会において次に掲げる事項を開示しなければならない。

一　責任の原因となった事実及び賠償の責任を負う額

二　前項の規定により免除することができる額の限度及びその算定の根拠

三　責任を免除すべき理由及び免除額

3　監査役設置会社、監査等委員会設置会社又は指名委員会等設置会社においては、取締役（これらの会社に最終完全親会社等がある場合において、第１項の規定により免除しようとする責任が特定責任であるときにあっては、当該会社及び当該最終完全親会社等の取締役）は、第423条第１項の責任の免除（取締役（監査等委員又は監査委員であるものを除く。）及び執行役の責任の免除に限る。）に関する議案を株主総会に提出するには、次の各号に掲げる株式会社の区分に応じ、当該各号に定める者の同意を得なければならない。

一　監査役設置会社　監査役（監査役が２人以上ある場合にあっては、各監査役）

二　監査等委員会設置会社　各監査等委員

三　指名委員会等設置会社　各監査委員

4　第１項の決議があった場合において、株式会社が当該決議後に同項の役員等に対し退職慰労金その他の法務省令で定める財産上の利益を与えるときは、株主総会の承認を受けなければならない。当該役員等が同項第２号の新株予約権を当該決議後に行使し、又は譲渡するときも同様とする。

5　第１項の決議があった場合において、当該役員等が前項の新株予約権を表示する新株予約権証券を所持するときは、当該役員等は、遅滞なく、当該新株予約権証券を株式会社に対し預託しなければならない。この場合において、当該役員等は、同項の譲渡について同項の承認を受けた後でなければ、当該新株予約権証券の返還を求めることができない。

（責任免除を受けた役員等に対し退職慰労金等を与える議案等）

規第84条の２　次の各号に掲げる場合において、取締役が法第425条第４項（法第426条第８項及び第427条第５項において準用する場合を含む。）に規定する承認の決議に関する議案を提出するときは、株主総会参考書類には、責任を免除し、又は責任を負わないとされた役員等が得る第114条各号に規定する額及び当該役員等に与える第115条各号に規定するものの内容を記載しなければならない。

一　法第425条第１項に規定する決議に基づき役員等の責任を免除した場合

二　法第426条第１項の規定による定款の定めに基づき役員等の責任を免除した場合

三　法第427条第１項の契約によって同項に規定する限度を超える部分について同項に規定する非業務執行取締役等が損害を賠償する責任を負わないとされた場合

（報酬等の額の算定方法）

規第113条　法第425条第１項第１号に規定する法務省令で定める方法により算定される額は、次に掲げる額の合計額とする。

一　役員等がその在職中に報酬、賞与その他の職務執行の対価（当該役員等が当該株式会社の取締役、執行役又は支配人その他の使用人を兼ねている場合における当該取締役、執行役又は支配人その他の使用人の報酬、賞与その他の職務執行の対価を含む。）として株式会社から受け、又は受けるべき財産上の利益（次号に定めるものを除く。）の額の事業年度（次のイからハまでに掲げる場合の区分に応じ、当該イからハまでに定める日を含む事業年度及びその前の各事業年度に限る。）ごとの合計額（当該事業年度の期間が１年でない場合にあっては、当該合計額を１年当たりの額に換算した額）のうち最も高い額

イ　法第425条第１項の株主総会の決議を行った場合　当該株主総会（株式会社に最終完全親会社等がある場合において、同項の規定により免除しようとする責任が特定責任であるときにあっては、当該株式会社の株主総会）の決議の日

ロ　法第426条第１項の規定による定款の定めに基づいて責任を免除する旨の同意（取締役会設置会社にあっては、取締役会の決議。ロにおいて同じ。）を行った場合　当該同意のあった日

ハ　法第427条第１項の契約を締結した場合　責任の原因となる事実が生じた日（２以上の日がある場合にあっては、最も遅い日）

二　イに掲げる額をロに掲げる数で除して得た額

イ　次に掲げる額の合計額

⑴　当該役員等が当該株式会社から受けた退職慰労金の額

⑵　当該役員等が当該株式会社の取締役、執行役又は支配人その他の使用人を兼ねていた場合における当該取締役若しくは執行役としての退職慰労金又は支配人その他の使用人としての退職手当のうち当該役員等を兼ねていた期間の職務執行の対価である部分の額

⑶　⑴又は⑵に掲げるものの性質を有する財産上の利益の額

ロ　当該役員等がその職に就いていた年数（当該役員等が次に掲げるものに該当する場合における次に定める数が当該年数を超えている場合にあっては、当該数）

⑴　代表取締役又は代表執行役　６

⑵　代表取締役以外の取締役（業務執行取締役等であるものに限る。）又は代表執行役以外の執行役　４

⑶　取締役（⑴及び⑵に掲げるものを除く。）、会計参与、監査役又は会計監査人　２

（特に有利な条件で引き受けた職務執行の対価以外の新株予約権）

規第114条　法第425条第１項第２号に規定する法務省令で定める方法により算定される額は、次の各号に掲げる場合の区分に応じ、当該各号に定める額とする。

一　当該役員等が就任後に新株予約権（当該役員等が職務執行の対価として株式会社から受

けたものを除く。以下この条において同じ。）を行使した場合　イに掲げる額からロに掲げる額を減じて得た額（零未満である場合にあっては、零）に当該新株予約権の行使により当該役員等が交付を受けた当該株式会社の株式の数を乗じて得た額

イ　当該新株予約権の行使時における当該株式の１株当たりの時価

ロ　当該新株予約権についての法第236条第１項第２号の価額及び法第238条第１項第３号の払込金額の合計額の当該新株予約権の目的である株式１株当たりの額

二　当該役員等が就任後に新株予約権を譲渡した場合　当該新株予約権の譲渡価額から法第238条第１項第３号の払込金額を減じて得た額に当該新株予約権の数を乗じた額

（責任の免除の決議後に受ける退職慰労金等）

規第115条　法第425条第４項（法第426条第８項及び第427条第５項において準用する場合を含む。）に規定する法務省令で定める財産上の利益とは、次に掲げるものとする。

一　退職慰労金

二　当該役員等が当該株式会社の取締役又は執行役を兼ねていたときは、当該取締役又は執行役としての退職慰労金

三　当該役員等が当該株式会社の支配人その他の使用人を兼ねていたときは、当該支配人その他の使用人としての退職手当のうち当該役員等を兼ねていた期間の職務執行の対価である部分

四　前３号に掲げるものの性質を有する財産上の利益

（取締役等による免除に関する定款の定め）

第426条　第424条の規定にかかわらず、監査役設置会社（取締役が２人以上ある場合に限る。）、監査等委員会設置会社又は指名委員会等設置会社は、第423条第１項の責任について、当該役員等が職務を行うにつき善意でかつ重大な過失がない場合において、責任の原因となった事実の内容、当該役員等の職務の執行の状況その他の事情を勘案して特に必要と認めるときは、前条第１項の規定により免除することができる額を限度として取締役（当該責任を負う取締役を除く。）の過半数の同意（取締役会設置会社にあっては、取締役会の決議）によって免除することができる旨を定款で定めることができる。

2　前条第３項の規定は、定款を変更して前項の規定による定款の定め（取締役（監査等委員又は監査委員であるものを除く。）及び執行役の責任を免除することができる旨の定めに限る。）を設ける議案を株主総会に提出する場合、同項の規定による定款の定めに基づく責任の免除（取締役（監査等委員又は監査委員であるものを除く。）及び執行役の責任の免除に限る。）についての取締役の同意を得る場合及び当該責任の免除に関する議案を取締役会に提出する場合について準用する。この場合において、同条第３項中「取締役（これらの会社に最終完全親会社等がある場合において、第１項の規定により免除しようとする責任が特定責任であるときにあっては、当該会社及び当該最終完全親会社等の取締役）」とあるのは、「取締役」と読み替えるものとする。

3　第１項の規定による定款の定めに基づいて役員等の責任を免除する旨の同意（取締役会設置会社にあっては、取締役会の決議）を行ったときは、取締役は、遅滞なく、前条第２項各号に掲げる事項及び責任を免除することに異議がある場合には一定の期間内に当該異議を述べるべき旨を公告し、又は株主に通知しなければならない。ただし、当該期間は、１箇月を下ることができない。

4　公開会社でない株式会社における前項の規定の適用については、同項中「公告し、又は株主に通知し」とあるのは、「株主に通知し」とする。

5　株式会社に最終完全親会社等がある場合において、第３項の規定による公告又は通知（特定責任の免除に係るものに限る。）がされたときは、当該最終完全親会社等の取締役は、遅滞なく、前条第２項各号に掲げる事項及び責任を免除することに異議がある場合には一定の期間内に当該異議を述べるべき旨を公告し、又は株主に通知しなければならない。ただし、当該期間は、１箇月を下ることができない。

6　公開会社でない最終完全親会社等における前

項の規定の適用については、同項中「公告し、又は株主に通知し」とあるのは、「株主に通知し」とする。

7　総株主（第３項の責任を負う役員等であるものを除く。）の議決権の100分の３（これを下回る割合を定款で定めた場合にあっては、その割合）以上の議決権を有する株主が同項の期間内に同項の異議を述べたとき（株式会社に最終完全親会社等がある場合において、第１項の規定による定款の定めに基づき免除しようとする責任が特定責任であるときにあっては、当該株式会社の総株主（第３項の責任を負う役員等であるものを除く。）の議決権の100分の３（これを下回る割合を定款で定めた場合にあっては、その割合）以上の議決権を有する株主又は当該最終完全親会社等の総株主（第３項の責任を負う役員等であるものを除く。）の議決権の100分の３（これを下回る割合を定款で定めた場合にあっては、その割合）以上の議決権を有する株主が第３項又は第５項の期間内に当該各項の異議を述べたとき）は、株式会社は、第１項の規定による定款の定めに基づく免除をしてはならない。

8　前条第４項及び第５項の規定は、第１項の規定による定款の定めに基づき責任を免除した場合について準用する。

（責任限定契約）

第427条　第424条の規定にかかわらず、株式会社は、取締役（業務執行取締役等であるものを除く。）、会計参与、監査役又は会計監査人（以下この条及び第911条第３項第25号において「非業務執行取締役等」という。）の第423条第１項の責任について、当該非業務執行取締役等が職務を行うにつき善意でかつ重大な過失がないときは、定款で定めた額の範囲内であらかじめ株式会社が定めた額と最低責任限度額とのいずれか高い額を限度とする旨の契約を非業務執行取締役等と締結することができる旨を定款で定めることができる。

2　前項の契約を締結した非業務執行取締役等が当該株式会社の業務執行取締役等に就任したときは、当該契約は、将来に向かってその効力を失う。

3　第425条第３項の規定は、定款を変更して第１項の規定による定款の定め（同項に規定する取締役（監査等委員又は監査委員であるものを除く。）と契約を締結することができる旨の定めに限る。）を設ける議案を株主総会に提出する場合について準用する。この場合において、同条第３項中「取締役（これらの会社に最終完全親会社等がある場合において、第１項の規定により免除しようとする責任が特定責任であるときにあっては、当該会社及び当該最終完全親会社等の取締役）」とあるのは、「取締役」と読み替えるものとする。

4　第１項の契約を締結した株式会社が、当該契約の相手方である非業務執行取締役等が任務を怠ったことにより損害を受けたことを知ったときは、その後最初に招集される株主総会（当該株式会社に最終完全親会社等がある場合において、当該損害が特定責任に係るものであるときにあっては、当該株式会社及び当該最終完全親会社等の株主総会）において次に掲げる事項を開示しなければならない。

一　第425条第２項第１号及び第２号に掲げる事項

二　当該契約の内容及び当該契約を締結した理由

三　第423条第１項の損害のうち、当該非業務執行取締役等が賠償する責任を負わないとされた額

5　第425条第４項及び第５項の規定は、非業務執行取締役等が第１項の契約によって同項に規定する限度を超える部分について損害を賠償する責任を負わないとされた場合について準用する。

（役員等の第三者に対する損害賠償責任）

第429条　役員等がその職務を行うについて悪意又は重大な過失があったときは、当該役員等は、これによって第三者に生じた損害を賠償する責任を負う。

2　次の各号に掲げる者が、当該各号に定める行

為をしたときも、前項と同様とする。ただし、その者が当該行為をすることについて注意を怠らなかったことを証明したときは、この限りでない。

一　取締役及び執行役　次に掲げる行為
　イ　株式、新株予約権、社債若しくは新株予約権付社債を引き受ける者の募集をする際に通知しなければならない重要な事項についての虚偽の通知又は当該募集のための当該株式会社の事業その他の事項に関する説明に用いた資料についての虚偽の記載若しくは記録
　ロ　計算書類及び事業報告並びにこれらの附属明細書並びに臨時計算書類に記載し、又は記録すべき重要な事項についての虚偽の記載又は記録
　ハ　虚偽の登記
　ニ　虚偽の公告（第440条第３項に規定する措置を含む。）
二　会計参与　計算書類及びその附属明細書、臨時計算書類並びに会計参与報告に記載し、又は記録すべき重要な事項についての虚偽の記載又は記録
三　監査役、監査等委員及び監査委員　監査報告に記載し、又は記録すべき重要な事項についての虚偽の記載又は記録
四　会計監査人　会計監査報告に記載し、又は記録すべき重要な事項についての虚偽の記載又は記録

（役員等の連帯責任）
第430条　役員等が株式会社又は第三者に生じた損害を賠償する責任を負う場合において、他の役員等も当該損害を賠償する責任を負うときは、これらの者は、連帯債務者とする。

第５章　計算等

第１節　会計の原則

第431条　株式会社の会計は、一般に公正妥当と認められる企業会計の慣行に従うものとする。

第２節　会計帳簿等

第１款　会計帳簿

（会計帳簿の作成及び保存）
第432条　株式会社は、法務省令で定めるところにより、適時に、正確な会計帳簿を作成しなければならない。

２　株式会社は、会計帳簿の閉鎖の時から10年間、その会計帳簿及びその事業に関する重要な資料を保存しなければならない。

〔計算関係書類〕
規第116条　次に掲げる規定に規定する法務省令で定めるべき事項（事業報告及びその附属明細書に係るものを除く。）は、会社計算規則の定めるところによる。
一　法第432条第１項
二　法第435条第１項及び第２項
三　法第436条第１項及び第２項
四　法第437条
五　法第439条
六　法第440条第１項及び第３項
七　法第441条第１項、第２項及び第４項
八　法第444条第１項、第４項及び第６項
九　法第445条第４項から第６項まで
十　法第446条第１号ホ及び第７号
十一　法第452条
十二　法第459条第２項
十三　法第460条第２項
十四　法第461条第２項第２号イ、第５号及び第６号
十五　法第462条第１項

〔会計帳簿〕
計規第４条　法第432条第１項及び第615条第１項の規定により会社が作成すべき会計帳簿に付すべき資産、負債及び純資産の価額その他会計帳簿の作成に関する事項（法第445条第４項から第６項までの規定により法務省令で定めるべき事項を含む。）については、この編の定めるところによる。
２　会計帳簿は、書面又は電磁的記録をもって作成しなければならない。

（会計帳簿の閲覧等の請求）
第433条　総株主（株主総会において決議をする

Ⅲ関係法令

ことができる事項の全部につき議決権を行使することができない株主を除く。）の議決権の100分の３（これを下回る割合を定款で定めた場合にあっては、その割合）以上の議決権を有する株主又は発行済株式（自己株式を除く。）の100分の３（これを下回る割合を定款で定めた場合にあっては、その割合）以上の数の株式を有する株主は、株式会社の営業時間内は、いつでも、次に掲げる請求をすることができる。この場合においては、当該請求の理由を明らかにしてしなければならない。

一　会計帳簿又はこれに関する資料が書面をもって作成されているときは、当該書面の閲覧又は謄写の請求

二　会計帳簿又はこれに関する資料が電磁的記録をもって作成されているときは、当該電磁的記録に記録された事項を法務省令で定める方法により表示したものの閲覧又は謄写の請求

2　前項の請求があったときは、株式会社は、次のいずれかに該当すると認められる場合を除き、これを拒むことができない。

一　当該請求を行う株主（以下この項において「請求者」という。）がその権利の確保又は行使に関する調査以外の目的で請求を行ったとき。

二　請求者が当該株式会社の業務の遂行を妨げ、株主の共同の利益を害する目的で請求を行ったとき。

三　請求者が当該株式会社の業務と実質的に競争関係にある事業を営み、又はこれに従事するものであるとき。

四　請求者が会計帳簿又はこれに関する資料の閲覧又は謄写によって知り得た事実を利益を得て第三者に通報するため請求したとき。

五　請求者が、過去２年以内において、会計帳簿又はこれに関する資料の閲覧又は謄写によって知り得た事実を利益を得て第三者に通報したことがあるものであるとき。

3　株式会社の親会社社員は、その権利を行使するため必要があるときは、裁判所の許可を得て、会計帳簿又はこれに関する資料について第１項各号に掲げる請求をすることができる。この場合においては、当該請求の理由を明らかにしてしなければならない。

4　前項の親会社社員について第２項各号のいずれかに規定する事由があるときは、裁判所は、前項の許可をすることができない。

（会計帳簿の提出命令）

第434条　裁判所は、申立てにより又は職権で、訴訟の当事者に対し、会計帳簿の全部又は一部の提出を命ずることができる。

第２款　計算書類等

（計算書類等の作成及び保存）

第435条　株式会社は、法務省令で定めるところにより、その成立の日における貸借対照表を作成しなければならない。

2　株式会社は、法務省令で定めるところにより、各事業年度に係る計算書類（貸借対照表、損益計算書その他株式会社の財産及び損益の状況を示すために必要かつ適当なものとして法務省令で定めるものをいう。以下この章において同じ。）及び事業報告並びにこれらの附属明細書を作成しなければならない。

3　計算書類及び事業報告並びにこれらの附属明細書は、電磁的記録をもって作成することができる。

4　株式会社は、計算書類を作成した時から10年間、当該計算書類及びその附属明細書を保存しなければならない。

（成立の日の貸借対照表）

計規第58条　法第435条第１項の規定により作成すべき貸借対照表は、株式会社の成立の日における会計帳簿に基づき作成しなければならない。

（各事業年度に係る計算書類）

計規第59条　法第435条第２項に規定する法務省令で定めるものは、この編の規定に従い作成される株主資本等変動計算書及び個別注記表とする。

2　各事業年度に係る計算書類及びその附属明細書の作成に係る期間は、当該事業年度の前事業年度の末日の翌日（当該事業年度の前事業年度

がない場合にあっては、成立の日）から当該事業年度の末日までの期間とする。この場合において、当該期間は、１年（事業年度の末日を変更する場合における変更後の最初の事業年度については、１年６箇月）を超えることができない。

3　法第435条第２項の規定により作成すべき各事業年度に係る計算書類及びその附属明細書は、当該事業年度に係る会計帳簿に基づき作成しなければならない。

（計算書類等の監査等）

第436条　監査役設置会社（監査役の監査の範囲を会計に関するものに限定する旨の定款の定めがある株式会社を含み、会計監査人設置会社を除く。）においては、前条第２項の計算書類及び事業報告並びにこれらの附属明細書は、法務省令で定めるところにより、監査役の監査を受けなければならない。

2　会計監査人設置会社においては、次の各号に掲げるものは、法務省令で定めるところにより、当該各号に定める者の監査を受けなければならない。

一　前条第２項の計算書類及びその附属明細書　監査役（監査等委員会設置会社にあっては監査等委員会、指名委員会等設置会社にあっては監査委員会）及び会計監査人

二　前条第２項の事業報告及びその附属明細書　監査役（監査等委員会設置会社にあっては監査等委員会、指名委員会等設置会社にあっては監査委員会）

3　取締役会設置会社においては、前条第２項の計算書類及び事業報告並びにこれらの附属明細書（第１項又は前項の規定の適用がある場合にあっては、第１項又は前項の監査を受けたもの）は、取締役会の承認を受けなければならない。

〔計算関係書類の監査〕

計規第121条　法第436条第１項及び第２項、第441条第２項並びに第444条第４項の規定による監査（計算関係書類（成立の日における貸借対照表を除く。以下この編において同じ。）に係るものに限る。以下この編において同じ。）については、この編の定めるところによる。

2　前項に規定する監査には、公認会計士法（昭和23年法律第103号）第２条第１項に規定する監査のほか、計算関係書類に表示された情報と計算関係書類に表示すべき情報との合致の程度を確かめ、かつ、その結果を利害関係者に伝達するための手続を含むものとする。

（会計監査報告の内容）

計規第126条　（前掲）

（会計監査人設置会社の監査役の監査報告の内容）

計規第127条　会計監査人設置会社の監査役は、計算関係書類及び会計監査報告（第130条第３項に規定する場合にあっては、計算関係書類）を受領したときは、次に掲げる事項（監査役会設置会社の監査役の監査報告にあっては、第１号から第５号までに掲げる事項）を内容とする監査報告を作成しなければならない。

一　監査役の監査の方法及びその内容

二　会計監査人の監査の方法又は結果を相当でないと認めたときは、その旨及びその理由（第130条第３項に規定する場合にあっては、会計監査報告を受領していない旨）

三　重要な後発事象（会計監査報告の内容となっているものを除く。）

四　会計監査人の職務の遂行が適正に実施されることを確保するための体制に関する事項

五　監査のため必要な調査ができなかったときは、その旨及びその理由

六　監査報告を作成した日

（会計監査人設置会社の監査役会の監査報告の内容等）

計規第128条　会計監査人設置会社の監査役会は、前条の規定により監査役が作成した監査報告（以下この条において「監査役監査報告」という。）に基づき、監査役会の監査報告（以下この条において「監査役会監査報告」という。）を作成しなければならない。

2　監査役会監査報告は、次に掲げる事項を内容とするものでなければならない。この場合において、監査役は、当該事項に係る監査役会監査報告の内容が当該事項に係る監査役の監査役監査報告の内容と異なる場合には、当該事項に係る各監査役の監査役監査報告の内容を監査役会監査報告に付記することができる。

一　監査役及び監査役会の監査の方法及びその内容

二　前条第２号から第５号までに掲げる事項

III 関係法令

三　監査役会監査報告を作成した日
3　会計監査人設置会社の監査役会が監査役会監査報告を作成する場合には、監査役会は、１回以上、会議を開催する方法又は情報の送受信により同時に意見の交換をすることができる方法により、監査役会監査報告の内容（前項後段の規定による付記を除く。）を審議しなければならない。

（監査等委員会の監査報告の内容）
計規第128条の２　監査等委員会は、計算関係書類及び会計監査報告（第130条第３項に規定する場合にあっては、計算関係書類）を受領したときは、次に掲げる事項を内容とする監査報告を作成しなければならない。この場合において、監査等委員は、当該事項に係る監査報告の内容が当該監査等委員の意見と異なる場合には、その意見を監査報告に付記することができる。
一　監査等委員会の監査の方法及びその内容
二　第127条第２号から第５号までに掲げる事項
三　監査報告を作成した日
2　前項に規定する監査報告の内容（同項後段の規定による付記を除く。）は、監査等委員会の決議をもって定めなければならない。

（監査委員会の監査報告の内容）
計規第129条　監査委員会は、計算関係書類及び会計監査報告（次条第３項に規定する場合にあっては、計算関係書類）を受領したときは、次に掲げる事項を内容とする監査報告を作成しなければならない。この場合において、監査委員は、当該事項に係る監査報告の内容が当該監査委員の意見と異なる場合には、その意見を監査報告に付記することができる。
一　監査委員会の監査の方法及びその内容
二　第127条第２号から第５号までに掲げる事項
三　監査報告を作成した日
2　前項に規定する監査報告の内容（同項後段の規定による付記を除く。）は、監査委員会の決議をもって定めなければならない。

（会計監査報告の通知期限等）
計規第130条　（前掲）

（会計監査人の職務の遂行に関する事項）
計規第131条　（前掲）

（会計監査人設置会社の監査役等の監査報告の通知期限）
計規第132条　会計監査人設置会社の特定監査役は、次の各号に掲げる監査報告の区分に応じ、当該各号に定める日までに、特定取締役及び会計監査人に対し、監査報告（監査役会設置会社にあっては、第128条第１項の規定により作成した監査役会の監査報告に限る。以下この条において同じ。）の内容を通知しなければならない。
一　連結計算書類以外の計算関係書類についての監査報告　次に掲げる日のいずれか遅い日
イ　会計監査報告を受領した日（第130条第３項に規定する場合にあっては、同項の規定により監査を受けたものとみなされた日。次号において同じ。）から１週間を経過した日
ロ　特定取締役及び特定監査役の間で合意により定めた日があるときは、その日
二　連結計算書類についての監査報告　会計監査報告を受領した日から１週間を経過した日（特定取締役及び特定監査役の間で合意により定めた日がある場合にあっては、その日）
2　計算関係書類については、特定取締役及び会計監査人が前項の規定による監査報告の内容の通知を受けた日に、監査役（監査等委員会設置会社にあっては監査等委員会、指名委員会等設置会社にあっては監査委員会）の監査を受けたものとする。
3　前項の規定にかかわらず、特定監査役が第１項の規定により通知をすべき日までに同項の規定による監査報告の内容の通知をしない場合には、当該通知をすべき日に、計算関係書類については、監査役（監査等委員会設置会社にあっては監査等委員会、指名委員会等設置会社にあっては監査委員会）の監査を受けたものとみなす。

（計算書類等の株主への提供）
第437条　取締役会設置会社においては、取締役は、定時株主総会の招集の通知に際して、法務省令で定めるところにより、株主に対し、前条第３項の承認を受けた計算書類及び事業報告（同条第１項又は第２項の規定の適用がある場合にあっては、監査報告又は会計監査報告を含む。）を提供しなければならない。

（事業報告等の提供）
規第133条　法第437条の規定により株主に対して行う提供事業報告（次の各号に掲げる株式会社

の区分に応じ、当該各号に定めるものをいう。以下この条において同じ。）の提供に関しては、この条に定めるところによる。

一　株式会社（監査役設置会社、監査等委員会設置会社及び指名委員会等設置会社を除く。）　事業報告

二　監査役設置会社、監査等委員会設置会社及び指名委員会等設置会社　次に掲げるもの

イ　事業報告

ロ　事業報告に係る監査役（監査役会設置会社にあっては監査役会、監査等委員会設置会社にあっては監査等委員会、指名委員会等設置会社にあっては監査委員会）の監査報告があるときは、当該監査報告（2以上の監査役が存する株式会社（監査役会設置会社を除く。）の各監査役の監査報告の内容（監査報告を作成した日を除く。）が同一である場合にあっては、1又は2以上の監査役の監査報告）

ハ　前条第3項の規定により監査を受けたものとみなされたときは、その旨を記載又は記録をした書面又は電磁的記録

2　定時株主総会の招集通知（法第299条第2項又は第3項の規定による通知をいう。以下この条において同じ。）を次の各号に掲げる方法により行う場合には、提供事業報告は、当該各号に定める方法により提供しなければならない。

一　書面の提供　次のイ又はロに掲げる場合の区分に応じ、当該イ又はロに定める方法

イ　提供事業報告が書面をもって作成されている場合　当該書面に記載された事項を記載した書面の提供

ロ　提供事業報告が電磁的記録をもって作成されている場合　当該電磁的記録に記録された事項を記載した書面の提供

二　電磁的方法による提供　次のイ又はロに掲げる場合の区分に応じ、当該イ又はロに定める方法

イ　提供事業報告が書面をもって作成されている場合　当該書面に記載された事項の電磁的方法による提供

ロ　提供事業報告が電磁的記録をもって作成されている場合　当該電磁的記録に記録された事項の電磁的方法による提供

3　事業報告に表示すべき事項（次に掲げるものを除く。）に係る情報を、定時株主総会に係る招集通知を発出する時から定時株主総会の日から3箇月が経過する日までの間、継続して電磁的方法により株主が提供を受けることができる状態に置く措置（第222条第1項第1号ロに掲げる方法のうち、インターネットに接続された自動公衆送信装置を使用する方法によって行われるものに限る。第7項において同じ。）をとる場合における前項の規定の適用については、当該事項につき同項各号に掲げる場合の区分に応じ、当該各号に定める方法により株主に対して提供したものとみなす。ただし、この項の措置をとる旨の定款の定めがある場合に限る。

一　第120条第1項第4号、第5号、第7号及び第8号、第121条第1号、第2号及び第3号の2から第6号の3まで、第121条の2、第125条第2号から第4号まで並びに第126条第7号の2から第7号の4までに掲げる事項

二　事業報告に表示すべき事項（前号に掲げるものを除く。）につきこの項の措置をとることについて監査役、監査等委員会又は監査委員会が異議を述べている場合における当該事項

4　前項の場合には、取締役は、同項の措置をとるために使用する自動公衆送信装置のうち当該措置をとるための用に供する部分をインターネットにおいて識別するための文字、記号その他の符号又はこれらの結合であって、情報の提供を受ける者がその使用に係る電子計算機に入力することによって当該情報の内容を閲覧し、当該電子計算機に備えられたファイルに当該情報を記録することができるものを株主に対して通知しなければならない。

5　第3項の規定により事業報告に表示した事項の一部が株主に対して第2項各号に定める方法により提供したものとみなされた場合において、監査役、監査等委員会又は監査委員会が、現に株主に対して提供される事業報告が監査報告を作成するに際して監査をした事業報告の一部であることを株主に対して通知すべき旨を取締役に請求したときは、取締役は、その旨を株主に対して通知しなければならない。

6　取締役は、事業報告の内容とすべき事項について、定時株主総会の招集通知を発出した日から定時株主総会の前日までの間に修正をすべき事情が生じた場合における修正後の事項を株主に周知させる方法を、当該招集通知と併せて通知することができる。

7　第3項の規定は、同項各号に掲げる事項に係

る情報についても、電磁的方法により株主が提供を受けることができる状態に置く措置をとることを妨げるものではない。

（事業報告等の提供の特則）

規第133条の２　前条第３項の規定にかかわらず、株式会社の取締役が定時株主総会の招集の手続を行う場合において、提供事業報告（同条第１項に規定する提供事業報告をいう。以下この条において同じ。）に表示すべき事項（次に掲げるものを除く。以下この条において同じ。）に係る情報を、定時株主総会に係る招集通知（法第299条第２項又は第３項の規定による通知をいう。以下この条において同じ。）を発出する時から定時株主総会の日から３箇月が経過する日までの間、継続して電磁的方法により株主が提供を受けることができる状態に置く措置（第222条第１項第１号ロに掲げる方法のうち、インターネットに接続された自動公衆送信装置を使用する方法によって行われるものに限る。）をとるときにおける前条第２項の規定の適用については、当該事項につき同項各号に掲げる場合の区分に応じ、当該各号に定める方法により株主に対して提供したものとみなす。ただし、同条第３項の措置をとる旨の定款の定めがある場合に限る。

一　第120条第１項第５号及び第７号、第121条第１号、第２号及び第３号の２から第６号の３まで、第121条の２、第125条第２号から第４号まで並びに第126条第７号の２から第７号の４までに掲げる事項

二　事業報告に表示すべき事項（前号に掲げるものを除く。）につきこの項の措置をとることについて監査役、監査等委員会又は監査委員会が異議を述べている場合における当該事項

２　前項の場合には、取締役は、同項の措置をとるために使用する自動公衆送信装置のうち当該措置をとるための用に供する部分をインターネットにおいて識別するための文字、記号その他の符号又はこれらの結合であって、情報の提供を受ける者がその使用に係る電子計算機に入力することによって当該情報の内容を閲覧し、当該電子計算機に備えられたファイルに当該情報を記録することができるものを株主に対して通知しなければならない。

３　第１項の規定により提供事業報告に表示すべき事項が株主に対して前条第２項各号に定める方法により提供したものとみなされる場合において、監査役、監査等委員会又は監査委員会が、現に株主に対して提供される事業報告が監査報告を作成するに際して監査をした事業報告の一部であることを株主に対して通知すべき旨を取締役に請求したときは、取締役は、その旨を株主に対して通知しなければならない。

４　取締役は、提供事業報告に表示すべき事項（前条第３項の事業報告に表示すべき事項を除く。）に係る情報について第１項の措置をとる場合には、株主の利益を不当に害することがないよう特に配慮しなければならない。

（計算書類等の提供）

計規第133条　法第437条の規定により株主に対して行う提供計算書類（次の各号に掲げる株式会社の区分に応じ、当該各号に定めるものをいう。以下この条において同じ。）の提供に関しては、この条に定めるところによる。

一　株式会社（監査役設置会社（監査役の監査の範囲を会計に関するものに限定する旨の定款の定めがある株式会社を含む。次号において同じ。）及び会計監査人設置会社を除く。）　計算書類

二　会計監査人設置会社以外の監査役設置会社　次に掲げるもの

イ　計算書類

ロ　計算書類に係る監査役（監査役会設置会社にあっては、監査役会）の監査報告があるときは、当該監査報告（２以上の監査役が存する株式会社（監査役会設置会社を除く。）の各監査役の監査報告の内容（監査報告を作成した日を除く。）が同一である場合にあっては、１又は２以上の監査役の監査報告）

ハ　第124条第３項の規定により監査を受けたものとみなされたときは、その旨の記載又は記録をした書面又は電磁的記録

三　会計監査人設置会社　次に掲げるもの

イ　計算書類

ロ　計算書類に係る会計監査報告があるときは、当該会計監査報告

ハ　会計監査人が存しないとき（法第346条第４項の一時会計監査人の職務を行うべき者が存する場合を除く。）は、会計監査人が存しない旨の記載又は記録をした書面又は電磁的記録

ニ　第130条第３項の規定により監査を受け

たものとみなされたときは、その旨の記載又は記録をした書面又は電磁的記録

ホ　計算書類に係る監査役（監査役会設置会社にあっては監査役会、監査等委員会設置会社にあっては監査等委員会、指名委員会等設置会社にあっては監査委員会）の監査報告があるときは、当該監査報告（２以上の監査役が存する株式会社（監査役会設置会社を除く。）の各監査役の監査報告の内容（監査報告を作成した日を除く。）が同一である場合にあっては、１又は２以上の監査役の監査報告）

へ　前条第３項の規定により監査を受けたものとみなされたときは、その旨の記載又は記録をした書面又は電磁的記録

2　定時株主総会の招集通知（法第299条第２項又は第３項の規定による通知をいう。以下同じ。）を次の各号に掲げる方法により行う場合にあっては、提供計算書類は、当該各号に定める方法により提供しなければならない。

一　書面の提供　次のイ又はロに掲げる場合の区分に応じ、当該イ又はロに定める方法

イ　提供計算書類が書面をもって作成されている場合　当該書面に記載された事項を記載した書面の提供

ロ　提供計算書類が電磁的記録をもって作成されている場合　当該電磁的記録に記録された事項を記載した書面の提供

二　電磁的方法による提供　次のイ又はロに掲げる場合の区分に応じ、当該イ又はロに定める方法

イ　提供計算書類が書面をもって作成されている場合　当該書面に記載された事項の電磁的方法による提供

ロ　提供計算書類が電磁的記録をもって作成されている場合　当該電磁的記録に記録された事項の電磁的方法による提供

3　提供計算書類を提供する際には、当該事業年度より前の事業年度に係る貸借対照表、損益計算書又は株主資本等変動計算書に表示すべき事項（以下この項において「過年度事項」という。）を併せて提供することができる。この場合において、提供計算書類の提供をする時における過年度事項が会計方針の変更その他の正当な理由により当該事業年度より前の事業年度に係る定時株主総会において承認又は報告をしたものと異なるものとなっているときは、修正後の過年度事項を提供することを妨げない。

4　提供計算書類に表示すべき事項（株主資本等変動計算書又は個別注記表に係るものに限る。）に係る情報を、定時株主総会に係る招集通知を発出する時から定時株主総会の日から３箇月が経過する日までの間、継続して電磁的方法により株主が提供を受けることができる状態に置く措置（会社法施行規則第222条第１項第１号ロに掲げる方法のうち、インターネットに接続された自動公衆送信装置（公衆の用に供する電気通信回線に接続することにより、その記録媒体のうち自動公衆送信の用に供する部分に記録され、又は当該装置に入力される情報を自動公衆送信する機能を有する装置をいう。以下この章において同じ。）を使用する方法によって行われるものに限る。第８項において同じ。）をとる場合における第２項の規定の適用については、当該事項につき同項各号に掲げる場合の区分に応じ、当該各号に定める方法により株主に対して提供したものとみなす。ただし、この項の措置をとる旨の定款の定めがある場合に限る。

5　前項の場合には、取締役は、同項の措置をとるために使用する自動公衆送信装置のうち当該措置をとるための用に供する部分をインターネットにおいて識別するための文字、記号その他の符号又はこれらの結合であって、情報の提供を受ける者がその使用に係る電子計算機に入力することによって当該情報の内容を閲覧し、当該電子計算機に備えられたファイルに当該情報を記録することができるものを株主に対して通知しなければならない。

6　第４項の規定により計算書類に表示した事項の一部が株主に対して第２項各号に定める方法により提供したものとみなされる場合において、監査役、会計監査人、監査等委員会又は監査委員会が、現に株主に対して提供された計算書類が監査報告又は会計監査報告を作成するに際して監査をした計算書類の一部であることを株主に対して通知すべき旨を取締役に請求したときは、取締役は、その旨を株主に対して通知しなければならない。

7　取締役は、計算書類の内容とすべき事項について、定時株主総会の招集通知を発出した日から定時株主総会の前日までの間に修正をすべき事情が生じた場合における修正後の事項を株主に周知させる方法を当該招集通知と併せて通知することができる。

8　第４項の規定は、提供計算書類に表示すべき事項のうち株主資本等変動計算書又は個別注記表に係るもの以外のものに係る情報についても、電磁的方法により株主が提供を受けることができる状態に置く措置をとることを妨げるものではない。

（計算書類等の提供の特則）

計規第133条の２　前条第４項の規定にかかわらず、株式会社の取締役が定時株主総会の招集の手続を行う場合において、提供計算書類（同条第１項に規定する提供計算書類をいう。以下この条において同じ。）に表示すべき事項に係る情報を、定時株主総会に係る招集通知を発出する時から定時株主総会の日から３箇月が経過する日までの間、継続して電磁的方法により株主が提供を受けることができる状態に置く措置（会社法施行規則第222条第１項第１号ロに掲げる方法のうち、インターネットに接続された自動公衆送信装置を使用する方法によって行われるものに限る。）をとるときにおける前条第２項の規定の適用については、当該事項につき同項各号に掲げる場合の区分に応じ、当該各号に定める方法により株主に対して提供したものとみなす。ただし、次の各号のいずれにも該当する場合に限る。

一　前条第４項の措置をとる旨の定款の定めがあること。

二　提供計算書類及びその附属明細書（第５号において「提供計算書類等」という。）についての会計監査報告の内容に第126条第１項第２号イに定める事項が含まれていること。

三　前号の会計監査報告に係る監査役、監査役会、監査等委員会又は監査委員会の監査報告（監査役会設置会社にあっては、第128条第１項の規定により作成した監査役会の監査報告に限る。）の内容として会計監査人の監査の方法又は結果を相当でないと認める意見がないこと。

四　第128条第２項後段、第128条の２第１項後段又は第129条第１項後段の規定により第２号の会計監査報告に係る監査役会、監査等委員会又は監査委員会の監査報告に付記された内容が前号の意見でないこと。

五　提供計算書類等が第132条第３項の規定により監査を受けたものとみなされたものでないこと。

六　取締役会を設置していること。

2　前項の場合には、取締役は、同項の措置をとるために使用する自動公衆送信装置のうち当該措置をとるための用に供する部分をインターネットにおいて識別するための文字、記号その他の符号又はこれらの結合であって、情報の提供を受ける者がその使用に係る電子計算機に入力することによって当該情報の内容を閲覧し、当該電子計算機に備えられたファイルに当該情報を記録することができるものを株主に対して通知しなければならない。

3　第１項の規定により提供計算書類に表示すべき事項が株主に対して前条第２項各号に定める方法により提供したものとみなされる場合において、監査役、会計監査人、監査等委員会又は監査委員会が、現に株主に対して提供された計算書類が監査報告又は会計監査報告を作成するに際して監査をした計算書類の一部であることを株主に対して通知すべき旨を取締役に請求したときは、取締役は、その旨を株主に対して通知しなければならない。

4　取締役は、提供計算書類に表示すべき事項（前条第４項の提供計算書類に表示すべき事項を除く。）に係る情報について第１項の措置をとる場合には、株主の利益を不当に害することがないよう特に配慮しなければならない。

（計算書類等の定時株主総会への提出等）

第438条　次の各号に掲げる株式会社においては、取締役は、当該各号に定める計算書類及び事業報告を定時株主総会に提出し、又は提供しなければならない。

一　第436条第１項に規定する監査役設置会社（取締役会設置会社を除く。）　第436条第１項の監査を受けた計算書類及び事業報告

二　会計監査人設置会社（取締役会設置会社を除く。）　第436条第２項の監査を受けた計算書類及び事業報告

三　取締役会設置会社　第436条第３項の承認を受けた計算書類及び事業報告

四　前３号に掲げるもの以外の株式会社　第435条第２項の計算書類及び事業報告

2　前項の規定により提出され、又は提供された計算書類は、定時株主総会の承認を受けなければならない。

3　取締役は、第１項の規定により提出され、又は提供された事業報告の内容を定時株主総会に報告しなければならない。

（会計監査人設置会社の特則）

第439条　会計監査人設置会社については、第436条第３項の承認を受けた計算書類が法令及び定款に従い株式会社の財産及び損益の状況を正しく表示しているものとして法務省令で定める要件に該当する場合には、前条第２項の規定は、適用しない。この場合においては、取締役は、当該計算書類の内容を定時株主総会に報告しなければならない。

〔計算書類等の承認の特則に関する要件〕

計規第135条　法第439条及び第441条第４項（以下この条において「承認特則規定」という。）に規定する法務省令で定める要件は、次の各号（監査役設置会社であって監査役会設置会社でない株式会社にあっては、第３号を除く。）のいずれにも該当することとする。

一　承認特則規定に規定する計算関係書類についての会計監査報告の内容に第126条第１項第２号イに定める事項（当該計算関係書類が臨時計算書類である場合にあっては、当該事項に相当する事項を含む。）が含まれていること。

二　前号の会計監査報告に係る監査役、監査役会、監査等委員会又は監査委員会の監査報告（監査役会設置会社にあっては、第128条第１項の規定により作成した監査役会の監査報告に限る。）の内容として会計監査人の監査の方法又は結果を相当でないと認める意見がないこと。

三　第128条第２項後段、第128条の２第１項後段又は第129条第１項後段の規定により第１号の会計監査報告に係る監査役会、監査等委員会又は監査委員会の監査報告に付記された内容が前号の意見でないこと。

四　承認特則規定に規定する計算関係書類が第132条第３項の規定により監査を受けたものとみなされたものでないこと。

五　取締役会を設置していること。

（計算書類の公告）

第440条　株式会社は、法務省令で定めるところにより、定時株主総会の終結後遅滞なく、貸借対照表（大会社にあっては、貸借対照表及び損益計算書）を公告しなければならない。

2　前項の規定にかかわらず、その公告方法が第939条第１項第１号又は第２号に掲げる方法である株式会社は、前項に規定する貸借対照表の要旨を公告することで足りる。

3　前項の株式会社は、法務省令で定めるところにより、定時株主総会の終結後遅滞なく、第１項に規定する貸借対照表の内容である情報を、定時株主総会の終結の日後５年を経過する日までの間、継続して電磁的方法により不特定多数の者が提供を受けることができる状態に置く措置をとることができる。この場合においては、前２項の規定は、適用しない。

4　金融商品取引法第24条第１項の規定により有価証券報告書を内閣総理大臣に提出しなければならない株式会社については、前３項の規定は、適用しない。

（臨時計算書類）

第441条　株式会社は、最終事業年度の直後の事業年度に属する一定の日（以下この項において「臨時決算日」という。）における当該株式会社の財産の状況を把握するため、法務省令で定めるところにより、次に掲げるもの（以下「臨時計算書類」という。）を作成することができる。

一　臨時決算日における貸借対照表

二　臨時決算日の属する事業年度の初日から臨時決算日までの期間に係る損益計算書

2　第436条第１項に規定する監査役設置会社又は会計監査人設置会社においては、臨時計算書類は、法務省令で定めるところにより、監査役又は会計監査人（監査等委員会設置会社にあっては監査等委員会及び会計監査人、指名委員会等設置会社にあっては監査委員会及び会計監査人）の監査を受けなければならない。

3　取締役会設置会社においては、臨時計算書類（前項の規定の適用がある場合にあっては、同項の監査を受けたもの）は、取締役会の承認を受けなければならない。

4　次の各号に掲げる株式会社においては、当該各号に定める臨時計算書類は、株主総会の承認を受けなければならない。ただし、臨時計算書類が法令及び定款に従い株式会社の財産及び損益の状況を正しく表示しているものとして法務省令で定める要件に該当する場合は、この限りでない。

一　第436条第１項に規定する監査役設置会社又は会計監査人設置会社（いずれも取締役会設置会社を除く。）　第２項の監査を受けた臨時計算書類

二　取締役会設置会社　前項の承認を受けた臨時計算書類

三　前２号に掲げるもの以外の株式会社　第１項の臨時計算書類

（計算書類等の備置き及び閲覧等）

第442条　株式会社は、次の各号に掲げるもの（以下この条において「計算書類等」という。）を、当該各号に定める期間、その本店に備え置かなければならない。

一　各事業年度に係る計算書類及び事業報告並びにこれらの附属明細書（第436条第１項又は第２項の規定の適用がある場合にあっては、監査報告又は会計監査報告を含む。）　定時株主総会の日の１週間（取締役会設置会社にあっては、２週間）前の日（第319条第１項の場合にあっては、同項の提案があった日）から５年間

二　臨時計算書類（前条第２項の規定の適用がある場合にあっては、監査報告又は会計監査報告を含む。）　臨時計算書類を作成した日から５年間

２　株式会社は、次の各号に掲げる計算書類等の写しを、当該各号に定める期間、その支店に備え置かなければならない。ただし、計算書類等が電磁的記録で作成されている場合であって、支店における次項第３号及び第４号に掲げる請求に応じることを可能とするための措置として法務省令で定めるものをとっているときは、この限りでない。

一　前項第１号に掲げる計算書類等　定時株主総会の日の１週間（取締役会設置会社にあっては、２週間）前の日（第319条第１項の場合にあっては、同項の提案があった日）から３年間

二　前項第２号に掲げる計算書類等　同号の臨時計算書類を作成した日から３年間

３　株主及び債権者は、株式会社の営業時間内は、いつでも、次に掲げる請求をすることができる。ただし、第２号又は第４号に掲げる請求をするには、当該株式会社の定めた費用を支払わなければならない。

一　計算書類等が書面をもって作成されているときは、当該書面又は当該書面の写しの閲覧の請求

二　前号の書面の謄本又は抄本の交付の請求

三　計算書類等が電磁的記録をもって作成されているときは、当該電磁的記録に記録された事項を法務省令で定める方法により表示したものの閲覧の請求

四　前号の電磁的記録に記録された事項を電磁的方法であって株式会社の定めたものにより提供することの請求又はその事項を記載した書面の交付の請求

４　株式会社の親会社社員は、その権利を行使するため必要があるときは、裁判所の許可を得て、当該株式会社の計算書類等について前項各号に掲げる請求をすることができる。ただし、同項第２号又は第４号に掲げる請求をするには、当該株式会社の定めた費用を支払わなければならない。

（計算書類等の提出命令）

第443条　裁判所は、申立てにより又は職権で、訴訟の当事者に対し、計算書類及びその附属明細書の全部又は一部の提出を命ずることができる。

第３款　連結計算書類

第444条　会計監査人設置会社は、法務省令で定めるところにより、各事業年度に係る連結計算書類（当該会計監査人設置会社及びその子会社から成る企業集団の財産及び損益の状況を示すために必要かつ適当なものとして法務省令で定めるものをいう。以下同じ。）を作成すること

ができる。

2　連結計算書類は、電磁的記録をもって作成することができる。

3　事業年度の末日において大会社であって金融商品取引法第24条第１項の規定により有価証券報告書を内閣総理大臣に提出しなければならないものは、当該事業年度に係る連結計算書類を作成しなければならない。

4　連結計算書類は、法務省令で定めるところにより、監査役（監査等委員会設置会社にあっては監査等委員会、指名委員会等設置会社にあっては監査委員会）及び会計監査人の監査を受けなければならない。

5　会計監査人設置会社が取締役会設置会社である場合には、前項の監査を受けた連結計算書類は、取締役会の承認を受けなければならない。

6　会計監査人設置会社が取締役会設置会社である場合には、取締役は、定時株主総会の招集の通知に際して、法務省令で定めるところにより、株主に対し、前項の承認を受けた連結計算書類を提供しなければならない。

7　次の各号に掲げる会計監査人設置会社においては、取締役は、当該各号に定める連結計算書類を定時株主総会に提出し、又は提供しなければならない。この場合においては、当該各号に定める連結計算書類の内容及び第４項の監査の結果を定時株主総会に報告しなければならない。

一　取締役会設置会社である会計監査人設置会社　第５項の承認を受けた連結計算書類

二　前号に掲げるもの以外の会計監査人設置会社　第４項の監査を受けた連結計算書類

（連結計算書類）

計規第61条　法第444条第１項に規定する法務省令で定めるものは、次に掲げるいずれかのものとする。

一　この編（第120条から第120条の３までを除く。）の規定に従い作成される次のイからニまでに掲げるもの

イ　連結貸借対照表

ロ　連結損益計算書

ハ　連結株主資本等変動計算書

ニ　連結注記表

二　第120条の規定に従い作成されるもの

三　第120条の２の規定に従い作成されるもの

四　第120条の３の規定に従い作成されるもの

（連結計算書類の提供）

計規第134条　法第444条第６項の規定により株主に対して連結計算書類の提供をする場合において、定時株主総会の招集通知を次の各号に掲げる方法により行うときは、連結計算書類は、当該各号に定める方法により提供しなければならない。

一　書面の提供　次のイ又はロに掲げる場合の区分に応じ、当該イ又はロに定める方法

イ　連結計算書類が書面をもって作成されている場合　当該書面に記載された事項を記載した書面の提供

ロ　連結計算書類が電磁的記録をもって作成されている場合　当該電磁的記録に記録された事項を記載した書面の提供

二　電磁的方法による提供　次のイ又はロに掲げる場合の区分に応じ、当該イ又はロに定める方法

イ　連結計算書類が書面をもって作成されている場合　当該書面に記載された事項の電磁的方法による提供

ロ　連結計算書類が電磁的記録をもって作成されている場合　当該電磁的記録に記録された事項の電磁的方法による提供

2　前項の連結計算書類に係る会計監査報告又は監査報告がある場合において、当該会計監査報告又は監査報告の内容をも株主に対して提供することを定めたときにおける同項の規定の適用については、同項第１号イ及びロ並びに第２号イ及びロ中「連結計算書類」とあるのは、「連結計算書類（当該連結計算書類に係る会計監査報告又は監査報告を含む。）」とする。

3　連結計算書類を提供する際には、当該連結会計年度より前の連結会計年度に係る連結貸借対照表、連結損益計算書又は連結株主資本等変動計算書に表示すべき事項（以下この項において「過年度事項」という。）を併せて提供することができる。この場合において、連結計算書類の提供をする時における過年度事項が会計方針の変更その他の正当な理由により当該連結会計年度より前の連結会計年度に相当する事業年度に係る定時株主総会において報告をしたものと異なるものとなっているときは、修正後の過年度

事項を提供することを妨げない。

4　連結計算書類（第２項に規定する場合にあっては、当該連結計算書類に係る会計監査報告又は監査報告を含む。）に表示すべき事項に係る情報を、定時株主総会に係る招集通知を発出する時から定時株主総会の日から３箇月が経過する日までの間、継続して電磁的方法により株主が提供を受けることができる状態に置く措置（会社法施行規則第222条第１項第１号ロに掲げる方法のうち、インターネットに接続された自動公衆送信装置を使用する方法によって行われるものに限る。）をとる場合における第１項の規定の適用については、当該事項につき同項各号に掲げる場合の区分に応じ、当該各号に定める方法により株主に対して提供したものとみなす。ただし、この項の措置をとる旨の定款の定めがある場合に限る。

5　前項の場合には、取締役は、同項の措置をとるために使用する自動公衆送信装置のうち当該措置をとるための用に供する部分をインターネットにおいて識別するための文字、記号その他の符号又はこれらの結合であって、情報の提供を受ける者がその使用に係る電子計算機に入力することによって当該情報の内容を閲覧し、当該電子計算機に備えられたファイルに当該情報を記録することができるものを株主に対して通知しなければならない。

6　第４項の規定により連結計算書類に表示した事項の一部が株主に対して第１項各号に定める方法により提供したものとみなされた場合において、監査役、会計監査人、監査等委員会又は監査委員会が、現に株主に対して提供された連結計算書類が監査報告又は会計監査報告を作成するに際して監査をした連結計算書類の一部であることを株主に対して通知すべき旨を取締役に請求したときは、取締役は、その旨を株主に対して通知しなければならない。

7　取締役は、連結計算書類の内容とすべき事項について、定時株主総会の招集通知を発出した日から定時株主総会の前日までの間に修正をすべき事情が生じた場合における修正後の事項を株主に周知させる方法を当該招集通知と併せて通知することができる。

〔**施行**　会社法の一部を改正する法律（令和元年法律第70号）の公布の日〔令和元年12月11日〕から起算して３年６月を超えない範囲内において政令で定める日〕

（連結計算書類の提供）

計規第134条　現行条文に同じ

1・2　現行条文に同じ

3　電子提供措置をとる旨の定款の定めがある場合において、第１項の連結計算書類に係る会計監査報告又は監査報告があり、かつ、その内容をも株主に対して提供することを定めたときは、前２項の規定による提供に代えて当該会計監査報告又は監査報告に記載され、又は記録された事項に係る情報について電子提供措置をとることができる。

4～8　現行第134条第３項～第７項の条文に同じ

第８編　罰　則

（取締役等の贈収賄罪）

第967条　次に掲げる者が、その職務に関し、不正の請託を受けて、財産上の利益を収受し、又はその要求若しくは約束をしたときは、５年以下の懲役又は500万円以下の罰金に処する。

一　第960条第１項各号又は第２項各号に掲げる者

二　第961条に規定する者

三　会計監査人又は第346条第４項の規定により選任された一時会計監査人の職務を行うべき者

2　前項の利益を供与し、又はその申込み若しくは約束をした者は、３年以下の懲役又は300万円以下の罰金に処する。

（没収及び追徴）

第969条　第967条第１項又は前条第１項の場合において、犯人の収受した利益は、没収する。その全部又は一部を没収することができないときは、その価額を追徴する。

（法人における罰則の適用）

第972条　第960条、第961条、第963条から第966条まで、第967条第１項又は第970条第１項に規定する者が法人であるときは、これらの規定及び第962条の規定は、その行為をした取締役、執行役その他業務を執行する役員又は支配人に対してそれぞれ適用する。

（過料に処すべき行為）

第976条　発起人、設立時取締役、設立時監査役、設立時執行役、取締役、会計参与若しくはその職務を行うべき社員、監査役、執行役、会計監査人若しくはその職務を行うべき社員、清算人、清算人代理、持分会社の業務を執行する社員、民事保全法第56条に規定する仮処分命令により選任された取締役、監査役、執行役、清算人若しくは持分会社の業務を執行する社員の職務を代行する者、第960条第１項第５号に規定する一時取締役、会計参与、監査役、代表取締役、委員、執行役若しくは代表執行役の職務を行うべき者、同条第２項第３号に規定する一時清算人若しくは代表清算人の職務を行うべき者、第967条第１項第３号に規定する一時会計監査人の職務を行うべき者、検査役、監督委員、調査委員、株主名簿管理人、社債原簿管理人、社債管理者、事務を承継する社債管理者、社債管理補助者、事務を承継する社債管理補助者、代表社債権者、決議執行者、外国会社の日本における代表者又は支配人は、次のいずれかに該当する場合には、100万円以下の過料に処する。ただし、その行為について刑を科すべきときは、この限りでない。

一　この法律の規定による登記をすることを怠ったとき。

二　この法律の規定による公告若しくは通知をすることを怠ったとき、又は不正の公告若しくは通知をしたとき。

三　この法律の規定による開示をすることを怠ったとき。

四　この法律の規定に違反して、正当な理由がないのに、書類若しくは電磁的記録に記録された事項を法務省令で定める方法により表示したものの閲覧若しくは謄写又は書類の謄本若しくは抄本の交付、電磁的記録に記録された事項を電磁的方法により提供すること若しくはその事項を記載した書面の交付を拒んだとき。

五　この法律の規定による調査を妨げたとき。

六　官庁、株主総会若しくは種類株主総会、創立総会若しくは種類創立総会、社債権者集会又は債権者集会に対し、虚偽の申述を行い、又は事実を隠蔽したとき。

七　定款、株主名簿、株券喪失登録簿、新株予約権原簿、社債原簿、議事録、財産目録、会計帳簿、貸借対照表、損益計算書、事業報告、事務報告、第435条第２項若しくは第494条第１項の附属明細書、会計参与報告、監査報告、会計監査報告、決算報告又は第122条第１項、第149条第１項、第171条の２第１項、第173条の２第１項、第179条の５第１項、第179条の10第１項、第182条の２第１項、第182条の６第１項、第250条第１項、第270条第１項、第682条第１項、第695条第１項、第782条第１項、第791条第１項、第794条第１項、第801条第１項若しくは第２項、第803条第１項、第811条第１項、第815条第１項若しくは第２項、第816条の２第１項若しくは第816条の10第１項の書面若しくは電磁的記録に記載し、若しくは記録すべき事項を記載せず、若しくは記録せず、又は虚偽の記載若しくは記録をしたとき。

八　第31条第１項の規定、第74条第６項、第75条第３項、第76条第４項、第81条第２項若しくは第82条第２項（これらの規定を第86条において準用する場合を含む。）、第125条第１項、第171条の２第１項、第173条の２第２項、第179条の５第１項、第179条の10第２項、第182条の２第１項、第182条の６第２項、第231条第１項若しくは第252条第１項、第310条第６項、第311条第３項、第312条第４項、第318条第２項若しくは第３項若しくは第319条第２項（これらの規定を第325条において準用する場合を含む。）、第371条第１項（第490条第５項において準用する場合を含む。）、第378条第１項、第394条第１項、第399条の11第１項、第413条第１項、第442条第１項若しくは第２項、第496条第１項、第684条第１項、第731条第２項、第782条第１項、第791条第２項、第794条第１項、第801条第３項、第803条第１項、第811条第２項、第815条第３項、第816条の２第１項又は第816条の10第２項の規定に違反して、帳簿又は書類若しくは電磁的記録を備え置かなかったとき。

九　正当な理由がないのに、株主総会若しくは種類株主総会又は創立総会若しくは種類創立総会において、株主又は設立時株主の求めた事項について説明をしなかったとき。

十　第135条第１項の規定に違反して株式を取得したとき、又は同条第３項の規定に違反して株式の処分をすることを怠ったとき。

十一　第178条第１項又は第２項の規定に違反して、株式の消却をしたとき。

十二　第197条第１項又は第２項の規定に違反して、株式の競売又は売却をしたとき。

十三　株式、新株予約権又は社債の発行の日前に株券、新株予約権証券又は社債券を発行したとき。

十四　第215条第１項、第288条第１項又は第696条の規定に違反して、遅滞なく、株券、新株予約権証券又は社債券を発行しなかったとき。

十五　株券、新株予約権証券又は社債券に記載すべき事項を記載せず、又は虚偽の記載をしたとき。

十六　第225条第４項、第226条第２項、第227条又は第229条第２項の規定に違反して、株券喪失登録を抹消しなかったとき。

十七　第230条第１項の規定に違反して、株主名簿に記載し、又は記録したとき。

十八　第296条第１項の規定又は第307条第１項第１号（第325条において準用する場合を含む。）若しくは第359条第１項第１号の規定による裁判所の命令に違反して、株主総会を招集しなかったとき。

十九　第303条第１項又は第２項（これらの規定を第325条において準用する場合を含む。）の規定による請求があった場合において、その請求に係る事項を株主総会又は種類株主総会の目的としなかったとき。

十九の二　第327条の２の規定に違反して、社外取締役を選任しなかったとき。

十九の三　第331条第６項の規定に違反して、社外取締役を監査等委員である取締役の過半数に選任しなかったとき。

二十　第335条第３項の規定に違反して、社外監査役を監査役の半数以上に選任しなかったとき。

二十一　第343条第２項（第347条第２項の規定により読み替えて適用する場合を含む。）又は第344条の２第２項（第347条第１項の規定により読み替えて適用する場合を含む。）の規定による請求があった場合において、その請求に係る事項を株主総会若しくは種類株主総会の目的とせず、又はその請求に係る議案を株主総会若しくは種類株主総会に提出しなかったとき。

二十二　取締役（監査等委員会設置会社にあっては、監査等委員である取締役又はそれ以外の取締役）、会計参与、監査役、執行役又は会計監査人がこの法律又は定款で定めたその員数を欠くこととなった場合において、その選任（一時会計監査人の職務を行うべき者の選任を含む。）の手続をすることを怠ったとき。

二十三　第365条第２項（第419条第２項及び第489条第８項において準用する場合を含む。）又は第430条の２第４項（同条第５項において準用する場合を含む。）の規定に違反して、取締役会又は清算人会に報告せず、又は虚偽の報告をしたとき。

二十四　第390条第３項の規定に違反して、常勤の監査役を選定しなかったとき。

二十五　第445条第３項若しくは第４項の規定に違反して資本準備金若しくは準備金を計上せず、又は第448条の規定に違反して準備金の額の減少をしたとき。

二十六　第449条第２項若しくは第５項、第627条第２項若しくは第５項、第635条第２項若しくは第５項、第670条第２項若しくは第５

項、第779条第２項若しくは第５項（これらの規定を第781条第２項において準用する場合を含む。）、第789条第２項若しくは第５項（これらの規定を第793条第２項において準用する場合を含む。）、第799条第２項若しくは第５項（これらの規定を第802条第２項において準用する場合を含む。）、第810条第２項若しくは第５項（これらの規定を第813条第２項において準用する場合を含む。）、第816条の８第２項若しくは第５項又は第820条第１項若しくは第２項の規定に違反して、資本金若しくは準備金の額の減少、持分の払戻し、持分会社の財産の処分、組織変更、吸収合併、新設合併、吸収分割、新設分割、株式交換、株式移転、株式交付又は外国会社の日本における代表者の全員の退任をしたとき。

二十七　第484条第１項若しくは第656条第１項の規定に違反して破産手続開始の申立てを怠ったとき、又は第511条第２項の規定に違反して特別清算開始の申立てをすることを怠ったとき。

二十八　清算の結了を遅延させる目的で、第499条第１項、第660条第１項又は第670条第２項の期間を不当に定めたとき。

二十九　第500条第１項、第537条第１項又は第661条第１項の規定に違反して、債務の弁済をしたとき。

三十　第502条又は第664条の規定に違反して、清算株式会社又は清算持分会社の財産を分配したとき。

三十一　第535条第１項又は第536条第１項の規定に違反したとき。

三十二　第540条第１項若しくは第２項又は第542条第１項若しくは第２項の規定による保全処分に違反したとき。

三十三　第702条の規定に違反して社債を発行し、又は第714条第１項（第714条の７において準用する場合を含む。）の規定に違反して事務を承継する社債管理者若しくは社債管理補助者を定めなかったとき。

三十四　第827条第１項の規定による裁判所の命令に違反したとき。

三十五　第941条の規定に違反して、電子公告調査を求めなかったとき。

> **〔施行　会社法の一部を改正する法律**（令和元年法律第70号）の公布の日〔令和元年12月11日〕から起算して３年６月を超えない範囲内において政令で定める日〕
>
> （過料に処すべき行為）
>
> **第976条**　現行条文に同じ
>
> 一〜十八の二　現行条文に同じ
>
> 十九　第325条の３第１項（第325条の７において準用する場合を含む。）の規定に違反して、電子提供措置をとらなかったとき。
>
> 十九の二〜三十五　現行条文に同じ

附　則（平成20年６月13日法律第65号　金融商品取引法等の一部を改正する法律）

（施行期日）

第１条　この法律は、公布の日から起算して６月を超えない範囲内において政令で定める日〔平成20年12月12日〕から施行する。（以下略）

附　則（平成26年６月27日法律第90号　会社法の一部を改正する法律）

（施行期日）

第１条　この法律は、公布の日から起算して１年６月を超えない範囲内において政令で定める日〔平成27年５月１日〕から施行する。

第２条〜第25条　（略）

附　則（令和元年12月11日法律第70号　会社法の一部を改正する法律）

（施行期日）

第１条　この法律は、公布の日から起算して１年６月を超えない範囲内において政令で定める日〔令和３年３月１日〕から施行する。ただし、（中略）第976条中第19号を第18号の２とし、同号の次に１号を加える改正規定は、公布の日から起算して３年６月を超えない範囲内において政令で定める日から施行する。

（経過措置の原則）

第２条　この法律による改正後の会社法（以下「新法」という。）の規定（罰則を除く。）は、この附則に特別の定めがある場合を除き、この法律

（前条ただし書に規定する規定については、当該規定。附則第10条において同じ。）の施行前に生じた事項にも適用する。ただし、この法律による改正前の会社法（以下「旧法」という。）の規定によって生じた効力を妨げない。

第３条・第４条　（略）

（社外取締役の設置義務等に関する経過措置）

第５条　この法律の施行の際現に監査役会設置会社（会社法第２条第５号に規定する公開会社であり、かつ、同条第６号に規定する大会社であるものに限る。）であって金融商品取引法（昭和23年法律第25号）第24条第１項の規定によりその発行する株式について有価証券報告書を内閣総理大臣に提出しなければならないものについては、新法第327条の２の規定は、この法律の施行後最初に終了する事業年度に関する定時株主総会の終結の時までは、適用しない。この場合において、旧法第327条の２に規定する場合における理由の開示については、なお従前の例による。

第６条～第11条　（略）

金融商品取引法（抄）

（昭和23年４月13日法律第25号
最終改正令和２年６月12日法律第50号）

金融商品取引法施行令（抄）

（「令」と略称）

（昭和40年９月30日政令第321号
最終改正令和３年２月３日政令第21号）

目　次

金融商品取引法施行令
目　次

第１章　総　則

（目的）

第１条　この法律は、企業内容等の開示の制度を整備するとともに、金融商品取引業を行う者に関し必要な事項を定め、金融商品取引所の適切な運営を確保すること等により、有価証券の発行及び金融商品等の取引等を公正にし、有価証券の流通を円滑にするほか、資本市場の機能の十全な発揮による金融商品等の公正な価格形成等を図り、もつて国民経済の健全な発展及び投資者の保護に資することを目的とする。

第２章　企業内容等の開示

（募集又は売出しの届出）

第４条　有価証券の募集（特定組織再編成発行手続を含む。第13条及び第15条第２項から第６項までを除き、以下この章及び次章において同じ。）又は有価証券の売出し（次項に規定する適格機関投資家取得有価証券一般勧誘及び第３項に規定する特定投資家等取得有価証券一般勧誘に該当するものを除き、特定組織再編成交付手続を含む。以下この項において同じ。）は、発行者が当該有価証券の募集又は売出しに関し内閣総理大臣に届出をしているものでなければ、することができない。ただし、次の各号のいずれかに該当するものについては、この限りでない。

一　有価証券の募集又は売出しの相手方が当該有価証券に係る次条第１項各号に掲げる事項に関する情報を既に取得し、又は容易に取得することができる場合として政令で定める場合における当該有価証券の募集又は売出し

二　有価証券の募集又は売出しに係る組織再編成発行手続又は組織再編成交付手続のうち、次に掲げる場合のいずれかに該当するものがある場合における当該有価証券の募集又は売出し（前号に掲げるものを除く。）

イ　組織再編成対象会社が発行者である株券（新株予約権証券その他の政令で定める有価証券を含む。）に関して開示が行われている場合に該当しない場合

ロ　組織再編成発行手続に係る新たに発行される有価証券又は組織再編成交付手続に係る既に発行された有価証券に関して開示が行われている場合

三　その有価証券に関して開示が行われている場合における当該有価証券の売出し（前２号に掲げるものを除く。）

四　外国で既に発行された有価証券又はこれに準ずるものとして政令で定める有価証券の売出し（金融商品取引業者等が行うものに限る。）のうち、国内における当該有価証券に係る売買価格に関する情報を容易に取得することができることその他の政令で定める要件を満たすもの（前３号に掲げるものを除く。）

五　発行価額又は売出価額の総額が１億円未満の有価証券の募集又は売出しで内閣府令で定めるもの（前各号に掲げるものを除く。）

２～７　（略）

（募集又は売出しの届出を要しない有価証券の募集又は売出し）

令第２条の12　法第４条第１項第１号に規定する政令で定める場合は、次の各号のいずれかに該当する場合とする。

一　株券（金融商品取引所に上場されているもの又は店頭売買有価証券に該当するものに限る。以下この号において同じ。）又は法第２条第１項第17号に掲げる有価証券のうち株券の性質を有するもの（以下この号において「株券等」と総称する。）の発行者である会社（外国会社を含む。第14条の17第10号、第27条の４第６号及び第33条の２第６号を除き、以下同じ。）が、当該会社又は当該会社がその経営を支配している会社として内閣府令で定めるものの取締役、会計参与、監査役、執行役又は使用人（以下この条において「取締役等」という。）を相手方として、株券等（取締役等が交付を受けることとなる日の属する事業年度経過後３月（外国会社にあつては６月）を超える期間譲渡が禁止される旨の制限が付されているものに限る。）の取得勧誘又は売付け勧誘等を行う場合

二　新株予約権証券（会社法第236条第１項第６号に掲げる事項が定められているものに限る。）又は法第２条第１項第17号に掲げる有価証券のうち新株予約権証券の性質を有するもので内閣府令で定める条件が付されているもの（以下この号において「新株予約権証券等」と総称する。）の発行者である会社が、当該会社又は当該会社がその経営を支配している会社として内閣府令で定めるものの取締役等を相手方として、新株予約権証券等の取得勧誘又は売付け勧誘等を行う場合

（有価証券届出書の提出）

第５条　前条第１項から第３項までの規定による有価証券の募集又は売出し（特定有価証券（その投資者の投資判断に重要な影響を及ぼす情報がその発行者が行う資産の運用その他これに類似する事業に関する情報である有価証券として政令で定めるものをいう。以下この項、第５項、第10項及び第11項、第７条第４項、第24条並びに第24条の７第１項において同じ。）に係る有価証券の募集及び売出しを除く。以下この項及び次項において同じ。）に係る届出をしようとする発行者は、その者が会社（外国会社を含む。第50条の２第９項、第66条の40第５項及び第156条の３第２項第３号を除き、以下同じ。）である場合（当該有価証券（特定有価証券を除く。以下この項から第４項までにおいて同じ。）の発行により会社を設立する場合を含む。）においては、内閣府令で定めるところにより、次に掲げる事項を記載した届出書を内閣総理大臣に提出しなければならない。ただし、当該有価証券の発行価格の決定前に募集をする必要がある場合その他の内閣府令で定める場合には、第１号のうち発行価格その他の内閣府令で定める事項を記載しないで提出することができる。

一　当該募集又は売出しに関する事項

二　当該会社の商号、当該会社の属する企業集団（当該会社及び当該会社が他の会社の議決権の過半数を所有していることその他の当該会社と密接な関係を有する者として内閣府令で定める要件に該当する者（内閣府令で定める会社その他の団体に限る。）の集団をいう。以下同じ。）及び当該会社の経理の状況その

他事業の内容に関する重要な事項その他の公益又は投資者保護のため必要かつ適当なものとして内閣府令で定める事項

2　前条第1項本文、第2項本文又は第3項本文の規定の適用を受ける有価証券の募集又は売出しのうち発行価額又は売出価額の総額が5億円未満のもので内閣府令で定めるもの（第24条第2項において「少額募集等」という。）に関し、前項の届出書を提出しようとする者のうち次の各号のいずれにも該当しない者は、当該届出書に、同項第2号に掲げる事項のうち当該会社に係るものとして内閣府令で定めるものを記載することにより、同号に掲げる事項の記載に代えることができる。

一　第24条第1項第1号、第2号又は第4号に掲げる有価証券に該当する有価証券の発行者

二　前条第1項本文、第2項本文又は第3項本文の規定の適用を受けた有価証券の募集又は売出しにつき前項第2号に掲げる事項を記載した同項の届出書を提出した者又は提出しなければならない者（前号に掲げる者を除く。）

三　既に、有価証券報告書（第24条第1項に規定する報告書をいう。以下この条及び第7条において同じ。）のうち同項本文に規定する事項を記載したもの又は第24条の4の7第1項若しくは第2項の規定による四半期報告書（以下この条において「四半期報告書」という。）のうち第24条の4の7第1項に規定する事項を記載したもの若しくは半期報告書（第24条の5第1項に規定する報告書をいう。以下この条、第7条第4項及び第24条第2項において同じ。）のうち第24条の5第1項に規定する事項を記載したものを提出している者（前2号に掲げる者を除く。）

3　既に内閣府令で定める期間継続して有価証券報告書のうち内閣府令で定めるものを提出している者は、前条第1項から第3項までの規定による届出をしようとする場合には、第1項の届出書に、内閣府令で定めるところにより、その者に係る直近の有価証券報告書及びその添付書類並びにその提出以後に提出される四半期報告書又は半期報告書並びにこれらの訂正報告書の写しをとじ込み、かつ、当該有価証券報告書提出後に生じた事実で内閣府令で定めるものを記載することにより、同項第2号に掲げる事項の記載に代えることができる。

4　次に掲げる全ての要件を満たす者が前条第1項から第3項までの規定による届出をしようとする場合において、第1項の届出書に、内閣府令で定めるところにより、その者に係る直近の有価証券報告書及びその添付書類並びにその提出以後に提出される四半期報告書又は半期報告書及び臨時報告書（第24条の5第4項に規定する報告書をいう。）並びにこれらの訂正報告書（以下「参照書類」という。）を参照すべき旨を記載したときは、第1項第2号に掲げる事項の記載をしたものとみなす。

一　既に内閣府令で定める期間継続して有価証券報告書のうち内閣府令で定めるものを提出していること。

二　当該者に係る第1項第2号に掲げる事項に関する情報が既に公衆に広範に提供されているものとして、その者が発行者である有価証券で既に発行されたものの取引所金融商品市場における取引状況等に関し内閣府令で定める基準に該当すること。

5　第1項から前項までの規定は、当該有価証券が特定有価証券である場合について準用する。この場合において、第1項中「有価証券の募集及び売出しを除く」とあるのは「有価証券の募集又は売出しに限る」と、「当該有価証券（特定有価証券を除く。以下この項から第4項までにおいて同じ。）」とあるのは「当該特定有価証券」と、同項第2号中「当該会社の商号、当該会社の属する企業集団（当該会社及び当該会社が他の会社の議決権の過半数を所有していることその他の当該会社と密接な関係を有する者として内閣府令で定める要件に該当する者（内閣府令で定める会社その他の団体に限る。）の集団をいう。以下同じ。）及び当該会社の経理の状況その他事業」とあるのは「当該会社が行う資産の運用その他これに類似する事業に係る資

Ⅲ関係法令

産の経理の状況その他資産」と、第２項中「有価証券の募集又は売出しのうち」とあるのは「特定有価証券に係る有価証券の募集又は売出しのうち」と、同項第１号中「有価証券の」とあるのは「特定有価証券の」と、同項第２号中「有価証券の募集又は売出し」とあるのは「特定有価証券に係る有価証券の募集又は売出し」と、同項第３号中「同項本文」とあるのは「第24条第５項において準用する同条第１項本文」と、「第24条の４の７第１項若しくは第２項」とあるのは「第24条の４の７第３項において準用する同条第１項若しくは第２項」と、「第24条の４の７第１項に規定する事項」とあるのは「第24条の４の７第３項において準用する同条第１項に規定する事項」と、「第24条の５第１項に規定する事項」とあるのは「第24条の５第３項において準用する同条第１項に規定する事項」と読み替えるものとするほか、必要な技術的読替えは、政令で定める。

6　第１項の規定により届出書を提出しなければならない外国会社（以下「届出書提出外国会社」という。）は、公益又は投資者保護に欠けることがないものとして内閣府令で定める場合には、同項の届出書に代えて、内閣府令で定めるところにより、次に掲げる書類を提出することができる。

一　第１項第１号に掲げる事項を記載した書類

二　外国において開示（当該外国の法令（外国金融商品市場を開設する者その他の内閣府令で定める者の規則を含む。）に基づいて当該外国において公衆の縦覧に供されることをいう。第24条第８項、第24条の４の７第６項及び第24条の５第７項において同じ。）が行われている参照書類又は第１項の届出書に類する書類であつて英語で記載されているもの

7　前項第２号に掲げる書類には、内閣府令で定めるところにより、当該書類に記載されている事項のうち公益又は投資者保護のため必要かつ適当なものとして内閣府令で定めるものの要約の日本語による翻訳文、当該書類に記載されていない事項のうち公益又は投資者保護のため必要かつ適当なものとして内閣府令で定めるものを記載した書類その他内閣府令で定めるもの（次項及び第13条第２項第１号において「補足書類」という。）を添付しなければならない。

8　前２項の規定により届出書提出外国会社が第６項各号に掲げる書類（以下この章において「外国会社届出書」という。）及びその補足書類を提出した場合には、当該外国会社届出書及びその補足書類を第１項の届出書とみなし、これらの提出を同項の届出書を提出したものとみなして、この法律又はこの法律に基づく命令（以下この章から第２章の４までにおいて「金融商品取引法令」という。）の規定を適用する。

9　内閣総理大臣は、外国会社届出書を提出した届出書提出外国会社が第６項の規定により外国会社届出書を提出することができる場合に該当しないと認めるときは、当該届出書提出外国会社に対し、その旨を通知しなければならない。この場合においては、行政手続法（平成５年法律第88号）第13条第１項の規定による意見陳述のための手続の区分にかかわらず、聴聞を行わなければならない。

10　特定有価証券（その募集又は売出しの状況を勘案して内閣府令で定めるものに限る。以下この条及び第７条第４項において同じ。）の募集又は売出しにつき、第１項の規定により届出書を提出しなければならない会社（以下この条及び第７条において「特定有価証券届出書提出会社」という。）は、当該特定有価証券の募集又は売出しが既に内閣府令で定める期間継続して行われている場合には、同項の届出書に代えて、内閣府令で定めるところにより、同項第１号に掲げる事項を記載した書面（以下この条及び第７条第３項において「募集事項等記載書面」という。）を提出することができる。ただし、当該募集又は売出しが当該募集事項等記載書面の提出の直前まで行われている場合に限る。

11　前項の規定により募集事項等記載書面を提出する特定有価証券届出書提出会社は、当該募集事項等記載書面を、その提出の日の属する当該特定有価証券の特定期間（第24条第５項におい

て読み替えて準用する同条第１項に規定する特定期間をいう。以下この項及び第７条第４項において同じ。）の直前の特定期間に係る有価証券報告書及びその添付書類と併せて提出しなければならない。

12　前２項の規定により特定有価証券届出書提出会社が募集事項等記載書面並びに有価証券報告書及びその添付書類を提出した場合には、当該募集事項等記載書面及び有価証券報告書を第１項の届出書とみなし、これらの提出を同項の届出書を提出したものとみなして、金融商品取引法令の規定を適用する。

13　第１項の届出書には、定款その他の書類で公益又は投資者保護のため必要かつ適当なものとして内閣府令で定めるものを添付しなければならない。

（特定有価証券の範囲）

令第２条の13　法第５条第１項（法第27条において準用する場合を含む。）に規定する政令で定める有価証券（以下この章において「特定有価証券」という。）は、次に掲げるものとする。

一　法第２条第１項第４号、第８号、第13号及び第15号に掲げる有価証券（同号に掲げる有価証券については、資産流動化法に規定する特定約束手形に限る。）

二　法第２条第１項第10号及び第11号に掲げる有価証券

三　法第２条第１項第14号に掲げる有価証券（有価証券信託受益証券に該当するものを除く。）

四　法第２条第１項第16号に掲げる有価証券

五　法第２条第１項第18号に掲げる有価証券

六　有価証券信託受益証券（前各号に掲げる有価証券を受託有価証券とするものに限る。）

七　法第２条第２項の規定により有価証券とみなされる有価証券投資事業権利等（法第３条第３号イに規定する有価証券投資事業権利等をいう。以下同じ。）（第１条の３の４に規定する債権を除く。）

八　法第２条第２項の規定により有価証券とみなされる同項第１号に掲げる権利（電子記録移転権利に該当するものに限り、有価証券信託受益証券に該当するものを除く。）

九　法第２条第２項の規定により有価証券とみなされる同項第２号に掲げる権利（電子記録移転権利に該当するものに限る。）

十　法第２条第２項の規定により有価証券とみなされる同項第３号に掲げる権利（電子記録移転権利に該当するものに限る。）のうち、その出資総額の100分の50を超える額を有価証券に対する投資に充てて事業を行う合名会社、合資会社又は合同会社の社員権

十一　法第２条第２項の規定により有価証券とみなされる同項第４号に掲げる権利（電子記録移転権利に該当するものに限る。）のうち、前号に掲げる権利の性質を有するもの

十二　法第２条第２項の規定により有価証券とみなされる同項第５号及び第６号に掲げる権利（電子記録移転権利に該当するものに限る。）

十三　前各号に掲げるものに準ずるものとして内閣府令で定めるもの

（目論見書の作成及び虚偽記載のある目論見書等の使用禁止）

第13条　その募集又は売出し（適格機関投資家取得有価証券一般勧誘（有価証券の売出しに該当するものを除く。）及び特定投資家等取得有価証券一般勧誘（有価証券の売出しに該当するものを除く。）を含む。以下この条並びに第15条第２項から第４項まで及び第６項において同じ。）につき第４条第１項本文、第２項本文又は第３項本文の規定の適用を受ける有価証券の発行者は、当該募集又は売出しに際し、目論見書を作成しなければならない。開示が行われている場合（同条第７項に規定する開示が行われている場合をいう。以下この章において同じ。）における有価証券の売出し（その売出価額の総額が１億円未満であるものその他内閣府令で定めるものを除く。）に係る有価証券（以下この章において「既に開示された有価証券」という。）の発行者についても、同様とする。ただし、当該有価証券の募集が新株予約権証券の募集（会社法第277条に規定する新株予約権無償割当てにより行うものであつて、第４条第１項本文、第２項本文又は第３項本文の規定の適用を受けるものに限る。）であつて、次に掲げる要件の

全てに該当する場合は、この限りでない。

一　当該新株予約権証券が金融商品取引所に上場されており、又はその発行後、遅滞なく上場されることが予定されていること。

二　当該新株予約権証券に関して第４条第１項本文、第２項本文又は第３項本文の規定による届出を行つた旨その他内閣府令で定める事項を当該届出を行つた後、遅滞なく、時事に関する事項を掲載する日刊新聞紙に掲載すること。

2　前項の目論見書は、次の各号に掲げる場合の区分に応じ、当該各号に定める事項に関する内容を記載しなければならない。ただし、第１号に掲げる場合の目論見書については、第５条第１項ただし書の規定により同項第１号のうち発行価格その他の内閣府令で定める事項（以下この項及び第15条第５項において「発行価格等」という。）を記載しないで第５条第１項本文の規定による届出書を提出した場合には、当該発行価格等を記載することを要しない。

一　第15条第２項本文の規定により交付しなければならない場合　次のイ又はロに掲げる有価証券の区分に応じ、当該イ又はロに定める事項

イ　その募集又は売出しにつき第４条第１項本文、第２項本文又は第３項本文の規定の適用を受ける有価証券　次に掲げる事項

(1)　第５条第１項各号に掲げる事項（当該募集又は売出しにつき同条第６項及び第７項の規定により外国会社届出書及びその補足書類が提出された場合には、これらの規定により当該書類に記載すべきものとされる事項。以下この項において同じ。）のうち、投資者の投資判断に極めて重要な影響を及ぼすものとして内閣府令で定めるもの

(2)　第５条第１項各号に掲げる事項以外の事項であつて内閣府令で定めるもの

ロ　既に開示された有価証券　次に掲げる事項

(1)　イ(1)に掲げる事項

(2)　第５条第１項各号に掲げる事項以外の事項であつて内閣府令で定めるもの

二　第15条第３項の規定により交付しなければならない場合　次のイ又はロに掲げる有価証券の区分に応じ、当該イ又はロに定める事項

イ　その募集又は売出しにつき第４条第１項本文、第２項本文又は第３項本文の規定の適用を受ける有価証券　次に掲げる事項

(1)　第５条第１項各号に掲げる事項のうち、投資者の投資判断に重要な影響を及ぼすものとして内閣府令で定めるもの

(2)　第５条第１項各号に掲げる事項以外の事項であつて内閣府令で定めるもの

ロ　既に開示された有価証券　次に掲げる事項

(1)　イ(1)に掲げる事項

(2)　第５条第１項各号に掲げる事項以外の事項であつて内閣府令で定めるもの

三　第15条第４項本文の規定により交付しなければならない場合　第７条第１項の規定による訂正届出書に記載した事項

３～５　（略）

（虚偽記載のある届出書の提出会社の役員等の賠償責任）

第21条　有価証券届出書のうちに重要な事項について虚偽の記載があり、又は記載すべき重要な事項若しくは誤解を生じさせないために必要な重要な事実の記載が欠けているときは、次に掲げる者は、当該有価証券を募集又は売出しに応じて取得した者に対し、記載が虚偽であり又は欠けていることにより生じた損害を賠償する責めに任ずる。ただし、当該有価証券を取得した者がその取得の申込みの際記載が虚偽であり、又は欠けていることを知つていたときは、この限りでない。

一　当該有価証券届出書を提出した会社のその提出の時における役員（取締役、会計参与、監査役若しくは執行役又はこれらに準ずる者をいう。第163条から第167条までを除き、以下同じ。）又は当該会社の発起人（その提出が会社の成立前にされたときに限る。）

二　当該売出しに係る有価証券の所有者（その者が当該有価証券を所有している者からその売出しをすることを内容とする契約によりこれを取得した場合には、当該契約の相手方）

三　当該有価証券届出書に係る第193条の２第１項に規定する監査証明において、当該監査証明に係る書類について記載が虚偽であり又は欠けているものを虚偽でなく又は欠けていないものとして証明した公認会計士又は監査法人

四　当該募集に係る有価証券の発行者又は第２号に掲げる者のいずれかと元引受契約を締結した金融商品取引業者又は登録金融機関

２　前項の場合において、次の各号に掲げる者は、当該各号に掲げる事項を証明したときは、同項に規定する賠償の責めに任じない。

一　前項第１号又は第２号に掲げる者　記載が虚偽であり又は欠けていることを知らず、かつ、相当な注意を用いたにもかかわらず知ることができなかつたこと。

二　前項第３号に掲げる者　同号の証明をしたことについて故意又は過失がなかつたこと。

三　前項第４号に掲げる者　記載が虚偽であり又は欠けていることを知らず、かつ、第193条の２第１項に規定する財務計算に関する書類に係る部分以外の部分については、相当な注意を用いたにもかかわらず知ることができなかつたこと。

３・４　（略）

（虚偽記載等のある届出書の提出会社の役員等の賠償責任）

第22条　有価証券届出書のうちに重要な事項について虚偽の記載があり、又は記載すべき重要な事項若しくは誤解を生じさせないために必要な重要な事実の記載が欠けているときは、第21条第１項第１号及び第３号に掲げる者は、当該記載が虚偽であり、又は欠けていることを知らないで、当該有価証券届出書の届出者が発行者である有価証券を募集若しくは売出しによらないで取得した者又は処分した者に対し、記載が虚偽であり、又は欠けていることにより生じた損害を賠償する責めに任ずる。

２　第21条第２項第１号及び第２号の規定は、前項に規定する賠償の責めに任ずべき者について準用する。

（有価証券報告書の提出）

第24条　有価証券の発行者である会社は、その会社が発行者である有価証券（特定有価証券を除く。次の各号を除き、以下この条において同じ。）が次に掲げる有価証券のいずれかに該当する場合には、内閣府令で定めるところにより、事業年度ごとに、当該会社の商号、当該会社の属する企業集団及び当該会社の経理の状況その他事業の内容に関する重要な事項その他の公益又は投資者保護のため必要かつ適当なものとして内閣府令で定める事項を記載した報告書（以下「有価証券報告書」という。）を、内国会社にあつては当該事業年度経過後３月以内（やむを得ない理由により当該期間内に提出できないと認められる場合には、内閣府令で定めるところにより、あらかじめ内閣総理大臣の承認を受けた期間内）、外国会社にあつては公益又は投資者保護のため必要かつ適当なものとして政令で定める期間内に、内閣総理大臣に提出しなければならない。ただし、当該有価証券が第３号に掲げる有価証券（株券その他の政令で定める有価証券に限る。）に該当する場合においてその発行者である会社（報告書提出開始年度（当該有価証券の募集又は売出しにつき第４条第１項本文、第２項本文若しくは第３項本文又は第23条の８第１項本文若しくは第２項の規定の適用を受けることとなつた日の属する事業年度をいい、当該報告書提出開始年度が複数あるときは、その直近のものをいう。）終了後５年を経過している場合に該当する会社に限る。）の当該事業年度の末日及び当該事業年度の開始の日前４年以内に開始した事業年度全ての末日における当該有価証券の所有者の数が政令で定めるところにより計算した数に満たない場合であつて有価証券報告書を提出しなくても公益又は投資者保護に欠けることがないものとして内閣府令で定めるところにより内閣総理大臣の承認を受けたと

き、当該有価証券が第４号に掲げる有価証券に該当する場合において、その発行者である会社の資本金の額が当該事業年度の末日において５億円未満（当該有価証券が第２条第２項の規定により有価証券とみなされる有価証券投資事業権利等又は電子記録移転権利である場合にあつては、当該会社の資産の額として政令で定めるものの額が当該事業年度の末日において政令で定める額未満）であるとき、及び当該事業年度の末日における当該有価証券の所有者の数が政令で定める数に満たないとき、並びに当該有価証券が第３号又は第４号に掲げる有価証券に該当する場合において、有価証券報告書を提出しなくても公益又は投資者保護に欠けることがないものとして政令で定めるところにより内閣総理大臣の承認を受けたときは、この限りでない。

一　金融商品取引所に上場されている有価証券（特定上場有価証券を除く。）

二　流通状況が前号に掲げる有価証券に準ずるものとして政令で定める有価証券（流通状況が特定上場有価証券に準ずるものとして政令で定める有価証券を除く。）

三　その募集又は売出しにつき第４条第１項本文、第２項本文若しくは第３項本文又は第23条の８第１項本文若しくは第２項の規定の適用を受けた有価証券（前２号に掲げるものを除く。）

四　当該会社が発行する有価証券（株券、第２条第２項の規定により有価証券とみなされる有価証券投資事業権利等及び電子記録移転権利その他の政令で定める有価証券に限る。）で、当該事業年度又は当該事業年度の開始の日前４年以内に開始した事業年度のいずれかの末日におけるその所有者の数が政令で定める数以上（当該有価証券が同項の規定により有価証券とみなされる有価証券投資事業権利等又は電子記録移転権利である場合にあつては、当該事業年度の末日におけるその所有者の数が政令で定める数以上）であるもの（前３号に掲げるものを除く。）

２～15　（略）

（上場有価証券に準ずる有価証券等）

令第３条　法第６条第２号（法第12条、第23条の12第１項、第24条第７項、第24条の２第３項、第24条の４の２第５項（法第24条の４の８第１項及び第24条の５の２第１項において準用する場合を含む。）、第24条の４の３第２項（法第24条の４の８第２項及び第24条の５の２第２項において準用する場合を含む。）、第24条の４の４第５項、第24条の４の５第２項、第24条の４の７第５項、第24条の５第６項及び第24条の６第３項において準用し、並びにこれらの規定（同項を除く。）を法第27条において準用する場合を含む。以下この条において同じ。）に規定する政令で定める有価証券及び第24条第１項第２号（同条第５項において準用し、及びこれらの規定を法第27条において準用する場合を含む。）に規定する流通状況が法第24条第１項第１号に掲げる有価証券に準ずるものとして政令で定める有価証券は、店頭売買有価証券とし、法第６条第２号（法第27条において準用する場合を含む。）、第24条の７第４項第２号（同条第６項において準用し、及びこれらの規定を法第27条において準用する場合を含む。）、第25条第３項及び第５項（これらの規定を法第27条において準用する場合を含む。）、第27条の30の２、第27条の30の６第１項並びに第27条の30の８第１項に規定する政令で定める認可金融商品取引業協会は、当該店頭売買有価証券を登録する認可金融商品取引業協会とする。

（外国の者の有価証券報告書の提出期限）

令第３条の４　法第24条第１項（同条第５項（法第27条において準用する場合を含む。以下この条において同じ。）及び法第27条において準用する場合を含む。）に規定する政令で定める期間は、６月とする。ただし、法第24条第１項各号（法第27条において準用する場合を含む。）又は法第24条第５項において準用する同条第１項第１号から第３号までに掲げる有価証券の発行者である外国の者が、その本国の法令又は慣行その他やむを得ない理由により、有価証券報告書をその事業年度経過後６月以内に提出できないと認められる場合には、内閣府令で定めるところにより、あらかじめ金融庁長官の承認を受けた期間とする。

（有価証券報告書の提出を要しないこととなる有価証券の範囲等）

令第３条の５　法第24条第１項ただし書に規定する政令で定める有価証券は、次に掲げる有価証券とする。

一　株券

二　法第２条第１項第17号に掲げる有価証券で株券の性質を有するもの

三　有価証券信託受益証券で、受託有価証券が前号に掲げる有価証券であるもの

四　法第２条第１項第20号に掲げる有価証券で、第２号に掲げる有価証券に係る権利を表示するもの

2　法第24条第１項ただし書に規定する政令で定めるところにより計算した数は、300とする。

（有価証券報告書の提出を要しないこととなる資産の額等）

令第３条の６　法第24条第１項ただし書に規定する資産の額として政令で定めるものは、資本金の額とする。

2　法第24条第１項ただし書に規定する政令で定める額は、次の各号に掲げる電子記録移転権利の区分に応じ、当該各号に定める額とする。

一　法第２条第２項第１号に掲げる権利（有価証券信託受益証券であつて受託有価証券が株券であるものに限る。）　５億円

二　法第２条第２項第３号に掲げる権利　１億円

3　法第24条第１項ただし書に規定する政令で定める数は、300とする。

4　法第24条第１項第２号に規定する流通状況が特定上場有価証券に準ずるものとして政令で定める有価証券は、特定店頭売買有価証券とする。

5　法第24条第１項第４号に規定する政令で定める有価証券は、株券、有価証券信託受益証券であつて受託有価証券が株券であるもの、法第２条第１項第20号に掲げる有価証券で株券に係る権利を表示するもの及び同条第２項の規定により有価証券とみなされる電子記録移転権利（特定有価証券に該当するものを除く。）のうち同項第３号に掲げる権利とする。

6　法第24条第１項第４号に規定する政令で定める数は、次の各号に掲げる有価証券の区分に応じ、当該各号に定める数とする。

一　株券、有価証券信託受益証券であつて受託有価証券が株券であるもの及び法第２条第１項第20号に掲げる有価証券で株券に係る権利を表示するもの　1000（これらの有価証券が特定投資家向け有価証券である場合には、1000に内閣府令で定めるところにより計算した特定投資家の数を加えた数）

二　前号に掲げる有価証券以外の有価証券　500

（有価証券報告書の提出を要しない旨の承認）

令第４条　法第24条第１項第３号（法第27条において準用する場合を含む。以下この条において同じ。）又は第４号（法第27条において準用する場合を含む。）に掲げる有価証券の発行者（特定有価証券に該当する有価証券の発行者を除く。次項において同じ。）が法第24条第１項ただし書（法第27条において準用する場合を含む。）に規定する承認を受けようとする場合には、承認申請書に定款、株主名簿の写しその他の内閣府令で定める書類を添えて、これを金融庁長官に提出しなければならない。

2　金融庁長官は、前項の承認の申請があつた場合において、その者が次の各号のいずれかに該当すると認めるときは、当該申請のあつた日の属する事業年度（その日が事業年度開始後３月以内（その者が外国の者である場合には、第３条の４に定める期間内。以下この項において同じ。）の日である場合には、その直前事業年度）から当該各号に該当しないこととなる日の属する事業年度（その日が事業年度開始後３月以内の日である場合には、その直前事業年度）の直前事業年度までの事業年度に係る有価証券報告書については、その提出を要しない旨の承認をするものとする。

一　清算中の者

二　相当の期間事業を休止している者

三　法第24条第１項第３号に掲げる有価証券の発行者で、内閣府令で定めるところにより算定した当該有価証券の所有者の数が内閣府令で定める数未満である者

3　前項の承認は、同項の者が内閣府令で定めるところにより毎事業年度（同項に規定する申請があつた日の属する事業年度及び当該事業年度終了の日後内閣府令で定める期間内に終了するものに限る。）経過後３月以内（その者が外国の者である場合には、第３条の４に定める期間内）に株主名簿の写しその他の内閣府令で定める書類を金融庁長官に提出することを条件として、行われるものとする。

4　金融庁長官は、第１項の承認の申請があつた

場合（第2項の規定による承認が行われている場合を除く。）において、その者が更生手続開始の決定を受けた者であり、かつ、当該申請が当該更生手続開始の決定があつた日後3月以内に行われた場合には、当該更生手続開始の決定があつた日の属する事業年度に係る有価証券報告書については、その提出を要しない旨の承認をするものとする。

（特定有価証券に係る有価証券報告書の提出を要しない旨の承認）

令第4条の2　前条第1項の規定は法第24条第1項第3号及び第4号に掲げる有価証券で特定有価証券に該当するものの発行者が同条第5項(法第27条において準用する場合を含む。）において準用する法第24条第1項ただし書に規定する承認を受けようとする場合について、前条第2項及び第3項の規定は当該承認について、それぞれ準用する。この場合において、同条第2項中「当該申請」とあるのは「当該有価証券につき、当該申請」と、「事業年度」とあるのは「特定期間」と、同項第3号中「掲げる有価証券」とあるのは「掲げる有価証券で特定有価証券に該当するもの」と、同条第3項中「毎事業年度」とあるのは「当該有価証券につき、毎特定期間」と、「事業年度及び当該事業年度」とあるのは「特定期間及び当該特定期間」と読み替えるものとする。

2　法第24条第5項（法第27条において準用する場合を含む。以下この条において同じ。）において読み替えて準用する法第24条第1項ただし書に規定する資産の額として政令で定めるものは、次の各号に掲げる有価証券投資事業権利等又は電子記録移転権利の区分に応じ、当該各号に定めるものとする。

一　法第2条第2項第1号に掲げる権利　信託財産に属する資産の価額の総額

二　法第2条第2項第3号に掲げる権利　資本金の額

三　法第2条第2項第5号に掲げる権利　出資の総額又は拠出金の総額

3　法第24条第5項において読み替えて準用する同条第1項ただし書に規定する政令で定める額は、1億円とする。

4　法第24条第5項において読み替えて準用する同条第1項第4号に規定する政令で定める有価証券は、法第2条第2項の規定により有価証券とみなされる有価証券投資事業権利等のうち同項第1号、第3号及び第5号に掲げる権利並びに同項の規定により有価証券とみなされる電子記録移転権利（特定有価証券に該当するものに限る。）のうち同項第1号に掲げる権利（有価証券信託受益証券に該当するものを除く。）並びに同項第3号及び第5号に掲げる権利とする。

5　法第24条第5項において読み替えて準用する同条第1項第4号に規定する政令で定める数は、500とする。

（外国会社報告書の提出期限）

令第4条の2の2　法第24条第10項（法第27条において準用する場合を含む。）の規定により読み替えて適用する法第24条第1項及び第5項に規定する政令で定める期間は、4月とする。ただし、報告書提出外国会社（同条第8項に規定する報告書提出外国会社をいう。以下同じ。）が、その本国の法令又は慣行その他やむを得ない理由により、外国会社報告書（同条第8項に規定する外国会社報告書をいう。以下同じ。）をその事業年度経過後4月以内に提出できないと認められる場合には、内閣府令で定めるところにより、あらかじめ金融庁長官の承認を受けた期間とする。

（虚偽記載のある有価証券報告書の提出会社の役員等の賠償責任）

第24条の4　第22条の規定は、有価証券報告書のうちに重要な事項について虚偽の記載があり、又は記載すべき重要な事項若しくは誤解を生じさせないために必要な重要な事実の記載が欠けている場合について準用する。この場合において、同条第1項中「有価証券を募集若しくは売出しによらないで取得した者」とあるのは、「有価証券を取得した者」と読み替えるものとする。

（有価証券報告書の記載内容に係る確認書の提出）

第24条の4の2　第24条第1項の規定による有価証券報告書を提出しなければならない会社（第23条の3第4項の規定により当該有価証券報告書を提出した会社を含む。次項において同じ。）のうち、第24条第1項第1号に掲げる有価証券の発行者である会社その他の政令で定めるものは、内閣府令で定めるところにより、当該有価証券報告書の記載内容が金融商品取引法令に基づき適正であることを確認した旨を記載した確認書（以下この条及び次条において「確認書」

という。）を当該有価証券報告書（第24条第8項の規定により同項に規定する有価証券報告書等に代えて外国会社報告書を提出する場合にあつては、当該外国会社報告書）と併せて内閣総理大臣に提出しなければならない。

2～6　（略）

（確認書を提出しなければならない会社の範囲等）

令第4条の2の5　法第24条の4の2第1項（法第27条において準用する場合を含む。）に規定する政令で定めるものは、法第24条第1項第1号又は第2号（これらの規定を法第27条において準用する場合を含む。）に掲げる有価証券（次の各号に掲げる有価証券に該当するものに限る。）の発行者とする。

一　株券

二　優先出資証券

三　法第2条第1項第17号に掲げる有価証券で前2号に掲げる有価証券の性質を有するもの

四　有価証券信託受益証券で、受託有価証券が前3号に掲げる有価証券であるもの

五　法第2条第1項第20号に掲げる有価証券で、第1号から第3号までに掲げる有価証券に係る権利を表示するもの

2～4　（略）

（訂正確認書の提出）

第24条の4の3　第7条第1項、第9条第1項及び第10条第1項の規定は、確認書について準用する。この場合において、第7条第1項中「第4条第1項から第3項までの規定による届出の日以後当該届出がその効力を生ずることとなる日前において、第5条第1項及び第13項の規定による届出書類」とあるのは「確認書」と、「届出者」とあるのは「確認書の提出者」と、「訂正届出書」とあるのは「訂正確認書」と、第9条第1項中「届出者」とあるのは「確認書の提出者」と、「訂正届出書」とあるのは「訂正確認書」と、第10条第1項中「届出者」とあるのは「確認書の提出者」と、「訂正届出書の提出を命じ、必要があると認めるときは、第4条第1項から第3項までの規定による届出の効力の停止」とあるのは「訂正確認書の提出」と読み替えるものとするほか、必要な技術的読替えは、政令で定める。

2　第6条の規定は、前項において準用する第7条第1項、第9条第1項又は第10条第1項の規定により確認書の訂正確認書が提出された場合について準用する。この場合において、必要な技術的読替えは、政令で定める。

3　第24条第8項、第9項及び第11項の規定は、第1項において読み替えて準用する第7条第1項、第9条第1項又は第10条第1項の規定により外国会社が提出した確認書の訂正確認書を提出する場合について準用する。この場合において、必要な技術的読替えは、政令で定める。

（財務計算に関する書類その他の情報の適正性を確保するための体制の評価）

第24条の4の4　第24条第1項の規定による有価証券報告書を提出しなければならない会社（第23条の3第4項の規定により当該有価証券報告書を提出した会社を含む。次項において同じ。）のうち、第24条第1項第1号に掲げる有価証券の発行者である会社その他の政令で定めるものは、内閣府令で定めるところにより、事業年度ごとに、当該会社の属する企業集団及び当該会社に係る財務計算に関する書類その他の情報の適正性を確保するために必要なものとして内閣府令で定める体制について、内閣府令で定めるところにより評価した報告書（以下「内部統制報告書」という。）を有価証券報告書（同条第8項の規定により同項に規定する有価証券報告書等に代えて外国会社報告書を提出する場合にあつては、当該外国会社報告書）と併せて内閣総理大臣に提出しなければならない。

2～6　（略）

（内部統制報告書を提出しなければならない会社の範囲等）

令第4条の2の7　法第24条の4の4第1項（法第27条において準用する場合を含む。）に規定する政令で定めるものは、法第24条第1項第1号又は第2号（これらの規定を法第27条において準用する場合を含む。）に掲げる有価証券（次の各号に掲げる有価証券に該当するものに限る。）の発行者とする。

一　株券
二　優先出資証券
三　法第２条第１項第17号に掲げる有価証券で前２号に掲げる有価証券の性質を有するもの
四　有価証券信託受益証券で、受託有価証券が前３号に掲げる有価証券であるもの
五　法第２条第１項第20号に掲げる有価証券で、第１号から第３号までに掲げる有価証券に係る権利を表示するもの
２・３　(略)

(訂正内部統制報告書の提出)

第24条の４の５　第７条第１項、第９条第１項及び第10条第１項の規定は、内部統制報告書及びその添付書類について準用する。この場合において、第７条第１項中「第４条第１項から第３項までの規定による届出の日以後当該届出がその効力を生ずることとなる日前において、第５条第１項及び第13項の規定による届出書類」とあるのは「内部統制報告書及びその添付書類」と、「届出者」とあるのは「内部統制報告書の提出者」と、「訂正届出書」とあるのは「訂正報告書」と、第９条第１項中「届出者」とあるのは「内部統制報告書の提出者」と、「訂正届出書」とあるのは「訂正報告書」と、第10条第１項中「届出者」とあるのは「内部統制報告書の提出者」と、「訂正届出書の提出を命じ、必要があると認めるときは、第４条第１項から第３項までの規定による届出の効力の停止」とあるのは「訂正報告書の提出」と読み替えるものとするほか、必要な技術的読替えは、政令で定める。

２　第６条の規定は、前項において準用する第７条第１項、第９条第１項又は第10条第１項の規定により内部統制報告書又はその添付書類について訂正報告書が提出された場合について準用する。この場合において、必要な技術的読替えは、政令で定める。

３　第24条第８項、第９項及び第11項の規定は、第１項において読み替えて準用する第７条第１項、第９条第１項又は第10条第１項の規定により外国会社が提出した内部統制報告書の訂正報告書を提出する場合について準用する。この場合において、必要な技術的読替えは、政令で定める。

(賠償責任に関する規定の準用)

第24条の４の６　第22条の規定は、内部統制報告書（その訂正報告書を含む。）のうちに重要な事項について虚偽の記載があり、又は記載すべき重要な事項若しくは誤解を生じさせないために必要な重要な事実の記載が欠けている場合について準用する。この場合において、同条第１項中「当該有価証券届出書の届出者が発行者である有価証券を募集若しくは売出しによらないで取得した者」とあるのは、「当該内部統制報告書（その訂正報告書を含む。）の提出者が発行者である有価証券を取得した者」と読み替えるものとするほか、必要な技術的読替えは、政令で定める。

(四半期報告書の提出)

第24条の４の７　第24条第１項の規定による有価証券報告書を提出しなければならない会社（第23条の３第４項の規定により当該有価証券報告書を提出した会社を含む。次項において同じ。）のうち、第24条第１項第１号に掲げる有価証券の発行者である会社その他の政令で定めるもの（以下この項及び次項において「上場会社等」という。）は、その事業年度が３月を超える場合は、内閣府令で定めるところにより、当該事業年度の期間を３月ごとに区分した各期間（政令で定める期間を除く。以下同じ。）ごとに、当該会社の属する企業集団の経理の状況その他の公益又は投資者保護のため必要かつ適当なものとして内閣府令で定める事項（以下この項において「四半期報告書記載事項」という。）を記載した報告書（以下「四半期報告書」という。）を、当該各期間経過後45日以内の政令で定める期間内（やむを得ない理由により当該期間内に提出できないと認められる場合には、内閣府令で定めるところにより、あらかじめ内閣総理大臣の承認を受けた期間内）に、内閣総理大臣に提出しなければならない。この場合において、上場会社等のうち内閣府令で定める事業を行う

会社は、四半期報告書記載事項のほか、当該会社の経理の状況その他の公益又は投資者保護のため必要かつ適当なものとして内閣府令で定める事項を記載した四半期報告書を、当該各期間経過後60日以内の政令で定める期間内（やむを得ない理由により当該期間内に提出できないと認められる場合には、内閣府令で定めるところにより、あらかじめ内閣総理大臣の承認を受けた期間内）に、内閣総理大臣に提出しなければならない。

2～13　（略）

（四半期報告書を提出しなければならない会社の範囲等）

令第4条の2の10　法第24条の4の7第1項（法第27条において準用する場合を含む。以下この条において同じ。）に規定する発行者である会社その他の政令で定めるものは、法第24条第1項第1号又は第2号（これらの規定を法第27条において準用する場合を含む。）に掲げる有価証券（次の各号に掲げる有価証券に該当するものに限る。）の発行者とする。

一　株券

二　優先出資証券

三　法第2条第1項第17号に掲げる有価証券で前2号に掲げる有価証券の性質を有するもの

四　有価証券信託受益証券で、受託有価証券が前3号に掲げる有価証券であるもの

五　法第2条第1項第20号に掲げる有価証券で、第1号から第3号までに掲げる有価証券に係る権利を表示するもの

2　法第24条の4の7第1項に規定する事業年度の期間を3月ごとに区分した各期間から除く政令で定める期間は、当該各期間のうち最後の期間とする。

3　法第24条の4の7第1項に規定する45日以内の政令で定める期間は、45日とする。

4　法第24条の4の7第1項に規定する60日以内の政令で定める期間は、次の各号に掲げる四半期（同項に規定する事業年度の期間を3月ごとに区分した各期間をいう。以下この項において同じ。）の区分に応じ、当該各号に定める期間とする。

一　事業年度における最初の四半期の翌四半期　60日

二　前号に掲げる四半期以外の四半期　45日

5～9　（略）

（確認書に関する規定の四半期報告書への準用）

第24条の4の8　第24条の4の2の規定は、前条第1項又は第2項（これらの規定を同条第3項において準用する場合を含む。）の規定により四半期報告書を提出する場合及び同条第4項において読み替えて準用する第7条第1項、第9条第1項又は第10条第1項の規定により訂正報告書を提出する場合について準用する。この場合において、第24条の4の2第1項中「有価証券報告書の記載内容」とあるのは「四半期報告書（その訂正報告書を含む。以下この条において同じ。）の記載内容」と、「有価証券報告書等に代えて外国会社報告書」とあるのは「四半期報告書に代えて外国会社四半期報告書」と、「当該外国会社報告書」とあるのは「当該外国会社四半期報告書」と、同条第2項中「有価証券報告書と併せて」とあるのは「四半期報告書と併せて」と、同条第6項中「第24条の4の2第1項又は第2項（これらの規定を同条第3項（同条第4項において準用する場合を含む。）及び第4項において準用する場合を含む。）の規定による確認書」とあるのは「第24条の4の8において読み替えて準用する第24条の4の2第1項又は第2項（これらの規定を同条第3項（同条第4項において準用する場合を含む。）及び第4項において準用する場合を含む。）の規定による確認書」と読み替えるものとするほか、必要な技術的読替えは、政令で定める。

2　（略）

（四半期報告書に係る確認書に関する読替え）

令第4条の2の11　法第24条の4の8第1項（法第27条において準用する場合を含む。以下この条において同じ。）において法第24条の4の7第1項又は第2項の規定により四半期報告書を提出する場合及び同条第4項において読み替えて準用する法第7条第1項、第9条第1項又は第10条第1項の規定により訂正報告書を提出する場合について法の規定を準用する場合におけ

る法第24条の４の８第１項の規定による技術的読替えは、次の表のとおりとする。

読み替える法の規定	読み替えられる字句	読み替える字句
第24条の４の２第１項	を当該有価証券報告書	を当該四半期報告書

（半期報告書及び臨時報告書の提出）

第24条の５　第24条第１項の規定による有価証券報告書を提出しなければならない会社（第23条の３第４項の規定により有価証券報告書を提出した会社を含む。第４項において同じ。）のうち、第24条の４の７第１項の規定により四半期報告書を提出しなければならない会社（同条第２項の規定により四半期報告書を提出した会社を含む。第３項において同じ。）以外の会社は、その事業年度が６月を超える場合には、内閣府令で定めるところにより、事業年度ごとに、当該事業年度が開始した日以後６月間の当該会社の属する企業集団及び当該会社の経理の状況その他事業の内容に関する重要な事項その他の公益又は投資者保護のため必要かつ適当なものとして内閣府令で定める事項を記載した報告書（以下「半期報告書」という。）を、当該期間経過後３月以内（やむを得ない理由により当該期間内に提出できないと認められる場合には、内閣府令で定めるところにより、あらかじめ内閣総理大臣の承認を受けた期間内）に、内閣総理大臣に提出しなければならない。

２・３　（略）

４　第24条第１項（同条第５項において準用する場合を含む。）の規定による有価証券報告書を提出しなければならない会社は、その会社が発行者である有価証券の募集又は売出しが外国において行われるとき、その他公益又は投資者保護のため必要かつ適当なものとして内閣府令で定める場合に該当することとなつたときは、内閣府令で定めるところにより、その内容を記載した報告書（以下「臨時報告書」という。）を、遅滞なく、内閣総理大臣に提出しなければならない。

５～21　（略）

（確認書に関する規定の半期報告書への準用）

第24条の５の２　第24条の４の２の規定は、前条第１項（同条第３項において準用する場合を含む。）の規定により半期報告書を提出する場合及び同条第５項において読み替えて準用する第７条第１項、第９条第１項又は第10条第１項の規定により訂正報告書を提出する場合について準用する。この場合において、第24条の４の２第１項中「有価証券報告書の記載内容」とあるのは「半期報告書（その訂正報告書を含む。以下この条において同じ。）の記載内容」と、「有価証券報告書等に代えて外国会社報告書」とあるのは「半期報告書に代えて外国会社半期報告書」と、「当該外国会社報告書」とあるのは「当該外国会社半期報告書」と、同条第２項中「有価証券報告書と併せて」とあるのは「半期報告書と併せて」と、同条第６項中「第24条の４の２第１項又は第２項（これらの規定を同条第３項（同条第４項において準用する場合を含む。）及び第４項において準用する場合を含む。）の規定による確認書」とあるのは「第24条の５の２において読み替えて準用する第24条の４の２第１項又は第２項（これらの規定を同条第３項（同条第４項において準用する場合を含む。）及び第４項において準用する場合を含む。）の規定による確認書」と読み替えるものとするほか、必要な技術的読替えは、政令で定める。

２　（略）

（半期報告書に係る確認書に関する読替え）

令第４条の２の13　法第24条の５の２第１項（法第27条において準用する場合を含む。）において法第24条の５第１項（同条第３項において準用し、これらの規定を法第27条において準用する場合を含む。）の規定により半期報告書を提出する場合及び法第24条の５第５項（法第27条において準用する場合を含む。以下この条において同じ。）において読み替えて準用する法第７条第１項、第９条第１項又は第10条第１項の規定により訂正報告書（法第24条の５第５項に規定する訂正報告書をいう。）を提出する場合について法の規定を準用する場合における法第24条の5の2第1項の規定による技術的読替えは、次の表のとおりとする。

読み替える法の規定	読み替えられる字句	読み替える字句
第24条の4の2第1項	を当該有価証券報告書	を当該半期報告書

（有価証券届出書等の公衆縦覧）

第25条　内閣総理大臣は、内閣府令で定めるところにより、次の各号に掲げる書類（以下この条及び次条第1項において「縦覧書類」という。）を、当該縦覧書類を受理した日から当該各号に定める期間を経過する日（当該各号に掲げる訂正届出書、訂正発行登録書、訂正報告書又は訂正確認書にあつては、当該訂正の対象となつた当該各号に掲げる第5条第1項及び第13項の規定による届出書及びその添付書類、同条第4項の規定の適用を受ける届出書及びその添付書類、発行登録書及びその添付書類、有価証券報告書及びその添付書類、確認書、内部統制報告書及びその添付書類、四半期報告書、半期報告書、臨時報告書、自己株券買付状況報告書又は親会社等状況報告書に係る当該経過する日、第5号及び第9号に掲げる確認書（当該確認書の対象が有価証券報告書及びその添付書類の訂正報告書、四半期報告書の訂正報告書又は半期報告書の訂正報告書である場合に限る。）にあつては、当該訂正の対象となつた有価証券報告書及びその添付書類、四半期報告書又は半期報告書に係る当該経過する日）までの間、公衆の縦覧に供しなければならない。

一　第5条第1項及び第13項の規定による届出書及びその添付書類並びにこれらの訂正届出書（同条第4項の規定の適用を受ける届出書及びその添付書類並びにこれらの訂正届出書を除く。）　5年

二　第5条第4項の規定の適用を受ける届出書及びその添付書類並びにこれらの訂正届出書　1年

三　発行登録書及びその添付書類、発行登録追補書類及びその添付書類並びにこれらの訂正発行登録書　発行登録が効力を失うまでの期間

四　有価証券報告書及びその添付書類並びにこれらの訂正報告書　5年

五　第24条の4の2の規定による確認書及びその訂正確認書　5年

六　内部統制報告書及びその添付書類並びにこれらの訂正報告書　5年

七　四半期報告書及びその訂正報告書　3年

八　半期報告書及びその訂正報告書　3年

九　第24条の4の8及び第24条の5の2において準用する第24条の4の2の規定による確認書及びその訂正確認書　3年

十　臨時報告書及びその訂正報告書　1年

十一　自己株券買付状況報告書及びその訂正報告書　1年

十二　親会社等状況報告書及びその訂正報告書　5年

2～8　（略）

第7章　雑　則

（財務諸表の用語、様式及び作成方法）

第193条　この法律の規定により提出される貸借対照表、損益計算書その他の財務計算に関する書類は、内閣総理大臣が一般に公正妥当であると認められるところに従つて内閣府令で定める用語、様式及び作成方法により、これを作成しなければならない。

（公認会計士又は監査法人による監査証明）

第193条の2　金融商品取引所に上場されている有価証券の発行会社その他の者で政令で定めるもの（次条において「特定発行者」という。）が、この法律の規定により提出する貸借対照表、損益計算書その他の財務計算に関する書類で内閣府令で定めるもの（第4項及び次条において「財務計算に関する書類」という。）には、その者と特別の利害関係のない公認会計士又は監査法人の監査証明を受けなければならない。ただし、次に掲げる場合は、この限りでない。

一　第2条第1項第17号に掲げる有価証券で同

項第9号に掲げる有価証券の性質を有するものその他の政令で定める有価証券の発行者が、外国監査法人等（公認会計士法第1条の3第7項に規定する外国監査法人等をいう。次項第1号及び第3項において同じ。）から内閣府令で定めるところにより監査証明に相当すると認められる証明を受けた場合

二　前号の発行者が、公認会計士法第34条の35第1項ただし書に規定する内閣府令で定める者から内閣府令で定めるところにより監査証明に相当すると認められる証明を受けた場合

三　監査証明を受けなくても公益又は投資者保護に欠けることがないものとして内閣府令で定めるところにより内閣総理大臣の承認を受けた場合

2　金融商品取引所に上場されている有価証券の発行会社その他の者で政令で定めるもの（第4号において「上場会社等」という。）が、第24条の4の4の規定に基づき提出する内部統制報告書には、その者と特別の利害関係のない公認会計士又は監査法人の監査証明を受けなければならない。ただし、次に掲げる場合は、この限りでない。

一　前項第1号の発行者が、外国監査法人等から内閣府令で定めるところにより監査証明に相当すると認められる証明を受けた場合

二　前号の発行者が、公認会計士法第34条の35第1項ただし書に規定する内閣府令で定める者から内閣府令で定めるところにより監査証明に相当すると認められる証明を受けた場合

三　監査証明を受けなくても公益又は投資者保護に欠けることがないものとして内閣府令で定めるところにより内閣総理大臣の承認を受けた場合

四　上場会社等（資本の額その他の経営の規模が内閣府令で定める基準に達しない上場会社等に限る。）が、第24条第1項第1号に掲げる有価証券の発行者に初めて該当することとなつた日その他の政令で定める日以後3年を経過する日までの間に内部統制報告書を提出する場合

3　第1項第1号及び前項第1号の規定は、これらの規定に規定する外国監査法人等について、公認会計士法第34条の38第2項の規定により同条第1項の指示に従わなかつた旨又は同法第34条の39第1項の規定による届出があつた旨の同条第2項の規定による公表がされた場合（同法第34条の38第2項の規定による公表がされた場合において、同条第3項の規定による公表がされたときを除く。）には、適用しない。

4　第1項及び第2項の特別の利害関係とは、公認会計士又は監査法人が財務計算に関する書類を提出する者及び内部統制報告書を提出する者との間に有する公認会計士法第24条（同法第16条の2第6項において準用する場合を含む。）、第24条の2（同法第16条の2第6項において準用する場合を含む。）、第24条の3（同法第16条の2第6項において準用する場合を含む。）、第34条の11第1項又は第34条の11の2第1項若しくは第2項に規定する関係及び公認会計士又は監査法人がその者に対し株主若しくは出資者として有する関係又はその者の事業若しくは財産経理に関して有する関係で、内閣総理大臣が公益又は投資者保護のため必要かつ適当であると認めて内閣府令で定めるものをいう。

5　第1項及び第2項の監査証明は、内閣府令で定める基準及び手続によつて、これを行わなければならない。

6　内閣総理大臣は、公益又は投資者保護のため必要かつ適当であると認めるときは、第1項及び第2項の監査証明を行つた公認会計士又は監査法人に対し、参考となるべき報告又は資料の提出を命ずることができる。

7　公認会計士又は監査法人が第1項に規定する財務計算に関する書類及び第2項に規定する内部統制報告書について監査証明をした場合において、当該監査証明が公認会計士法第30条又は第34条の21第2項第1号若しくは第2号に規定するものであるときその他不正なものであるときは、内閣総理大臣は、1年以内の期間を定めて、当該期間内に提出される有価証券届出書、有価証券報告書（その訂正報告書を含む。）又

は内部統制報告書（その訂正報告書を含む。）で当該公認会計士又は監査法人の監査証明に係るものの全部又は一部を受理しない旨の決定をすることができる。この場合においては、行政手続法第13条第1項の規定による意見陳述のための手続の区分にかかわらず、聴聞を行わなければならない。

8　内閣総理大臣は、前項の決定をした場合においては、その旨を当該公認会計士又は監査法人に通知し、かつ、公表しなければならない。

（公認会計士等の監査証明を必要とする者）

令第35条　法第193条の2第1項に規定する政令で定める者は、次に掲げる者（法第2条第1項第17号に掲げる有価証券で同項第1号から第3号まで又は第6号に掲げる有価証券の性質を有するものの発行者を除く。）とする。

一　法第4条第1項から第3項までの規定による届出をしようとする者

二　法第24条第1項各号（法第27条において準用する場合を含む。）に掲げる有価証券の発行者

2　法第193条の2第1項第1号に規定する政令で定める有価証券は、次に掲げるものとする。

一　法第2条第1項第10号に規定する外国投資信託の受益証券

二　法第2条第1項第11号に規定する外国投資証券

三　法第2条第1項第14号に規定する受益証券発行信託の受益証券（外国の者が発行者であるものに限る。）

四　法第2条第1項第17号に掲げる有価証券で同項第4号、第5号、第7号から第9号まで又は第12号から第16号までに掲げる有価証券の性質を有するもの

五　法第2条第1項第18号に掲げる有価証券

六　法第2条第1項第19号又は第20号に掲げる有価証券（外国の者が発行者であるものに限る。）

七　第1条第1号に掲げる証券又は証書

八　法第2条第2項の規定により有価証券とみなされる同項第2号、第4号又は第6号に掲げる権利

（内部統制報告書に係る監査証明）

令第35条の2　法第193条の2第2項に規定する政令で定めるものは、法第24条第1項第1号又は第2号（これらの規定を法第27条において準用する場合を含む。）に掲げる有価証券（第4条の2の7第1項各号に掲げるものに限る。）の発行者とする。

（内部統制報告書に係る監査証明が免除される期間の起算日）

令第35条の3　法第193条の2第2項第4号に規定する政令で定める日は、法第24条第1項第1号又は第2号（これらの規定を法第27条において準用する場合を含む。）に掲げる有価証券（第4条の2の7第1項各号に掲げるものに限る。）の発行者に初めて該当することとなつた日（その日が当該発行者の事業年度開始後3月以内の日である場合には、その事業年度開始後3月を経過した日）とする。

（法令違反等事実発見への対応）

第193条の3　公認会計士又は監査法人が、前条第1項の監査証明を行うに当たつて、特定発行者における法令に違反する事実その他の財務計算に関する書類の適正性の確保に影響を及ぼすおそれがある事実（次項第1号において「法令違反等事実」という。）を発見したときは、当該事実の内容及び当該事実に係る法令違反の是正その他の適切な措置をとるべき旨を、遅滞なく、内閣府令で定めるところにより、当該特定発行者に書面で通知しなければならない。

2　前項の規定による通知を行つた公認会計士又は監査法人は、当該通知を行つた日から政令で定める期間が経過した日後なお次に掲げる事項のすべてがあると認める場合において、第1号に規定する重大な影響を防止するために必要があると認めるときは、内閣府令で定めるところにより、当該事項に関する意見を内閣総理大臣に申し出なければならない。この場合において、当該公認会計士又は監査法人は、あらかじめ、内閣総理大臣に申出をする旨を当該特定発行者に書面で通知しなければならない。

一　法令違反等事実が、特定発行者の財務計算に関する書類の適正性の確保に重大な影響を及ぼすおそれがあること。

二　前項の規定による通知を受けた特定発行者が、同項に規定する適切な措置をとらないこと。

3　前項の規定による申出を行つた公認会計士又は監査法人は、当該特定発行者に対して当該申出を行つた旨及びその内容を書面で通知しなければならない。

（法令違反等事実に係る法令違反の是正その他の措置をとるべき期間）

令第36条　法第193条の３第２項に規定する政令で定める期間は、同条第１項の通知を行つた日（以下この条において「通知日」という。）から通知日後最初に到来する次のいずれかに掲げる日までの間とする。

一　法第24条第１項に規定する有価証券報告書の提出期限の６週間前の日又は通知日から起算して２週間を経過した日のいずれか遅い日（当該日が当該提出期限以後の日である場合は、当該提出期限の前日）

二　法第24条の４の７第１項に規定する四半期報告書又は法第24条の５第１項に規定する半期報告書の提出期限の前日

第８章　罰　則

第197条　次の各号のいずれかに該当する者は、10年以下の懲役若しくは1,000万円以下の罰金に処し、又はこれを併科する。

一　第５条（第27条において準用する場合を含む。）の規定による届出書類（第５条第４項の規定の適用を受ける届出書の場合には、当該届出書に係る参照書類を含む。）、第７条第１項、第９条第１項若しくは第10条第１項（これらの規定を第27条において準用する場合を含む。）の規定による訂正届出書（当該訂正届出書に係る参照書類を含む。）、第23条の３第１項及び第２項（これらの規定を第27条において準用する場合を含む。）の規定による発行登録書（当該発行登録書に係る参照書類を含む。）及びその添付書類、第23条の４、第23条の９第１項若しくは第23条の10第１項の規定若しくは同条第５項において準用する同条第１項（これらの規定を第27条において準用する場合を含む。）の規定による訂正発行登録書（当該訂正発行登録書に係る参照書類を含む。）、第23条の８第１項及び第５項（これらの規定を第27条において準用する場合を含む。）の規定による発行登録追補書類（当該発行登録追補書類に係る参照書類を含む。）及びその添付書類又は第24条第１項若しくは第３項（これらの規定を同条第５項（第27条において準用する場合を含む。）及び第27条において準用する場合を含む。）若しくは第24条の２第１項（第27条において準用する場合を含む。）の規定による有価証券報告書若しくはその訂正報告書であつて、重要な事項につき虚偽の記載のあるものを提出した者

二　第27条の３第１項（第27条の22の２第２項において準用する場合を含む。）、第27条の６第２項若しくは第３項（これらの規定を第27条の22の２第２項において準用する場合を含む。）、第27条の７第１項若しくは第２項（これらの規定を第27条の８第12項並びに第27条の22の２第２項及び第６項において準用する場合を含む。）、第27条の８第８項（第27条の22の２第２項及び第27条の22の３第４項において準用する場合を含む。）、第27条の８第11項（第27条の22の２第２項において準用する場合を含む。）、第27条の10第４項から第６項まで、第27条の11第２項（第27条の22の２第２項において準用する場合を含む。）又は第27条の13第１項（第27条の22の２第２項において準用する場合を含む。）の規定による公告又は公表に当たり、重要な事項につき虚偽の表示をした者

三　第27条の３第２項（第27条の22の２第２項において準用する場合を含む。）の規定による公開買付届出書、第27条の８第１項から第４項まで（これらの規定を第27条の22の２第２項において準用する場合を含む。）の規定による訂正届出書、第27条の11第３項（第27条の22の２第２項において準用する場合を含む。）の規定による公開買付撤回届出書、第27条の13第２項（第27条の22の２第２項において準用する場合を含む。）の規定による公開買付報告書又は第27条の13第３項及び第27

条の22の2第7項において準用する第27条の8第1項から第4項までの規定による訂正報告書であつて、重要な事項につき虚偽の記載のあるものを提出した者

四　第27条の22の3第1項又は第2項の規定による公表を行わず、又は虚偽の公表を行つた者

四の二　第27条の31第2項の規定による特定証券情報（同条第3項の規定の適用を受ける特定証券情報の場合には、当該特定証券情報に係る参照情報を含む。）、同条第4項の規定による訂正特定証券情報（当該訂正特定証券情報に係る参照情報を含む。）、第27条の32第1項若しくは第2項の規定による発行者情報又は同条第3項の規定による訂正発行者情報であつて、重要な事項につき虚偽のあるものの提供又は公表をした者

五　第157条、第158条又は第159条の規定に違反した者（当該違反が商品関連市場デリバティブ取引のみに係るものである場合を除く。）

2　財産上の利益を得る目的で、前項第5号の罪を犯して有価証券等の相場を変動させ、又はくぎ付けし、固定し、若しくは安定させ、当該変動させ、又はくぎ付けし、固定し、若しくは安定させた相場により当該有価証券等に係る有価証券の売買その他の取引又はデリバティブ取引等を行つた者（当該罪が商品関連市場デリバティブ取引のみに係るものである場合を除く。）は、10年以下の懲役及び3,000万円以下の罰金に処する。

第197条の2　次の各号のいずれかに該当する者は、5年以下の懲役若しくは500万円以下の罰金に処し、又はこれを併科する。

一　第4条第1項の規定による届出を必要とする有価証券の募集若しくは売出し、同条第2項の規定による届出を必要とする適格機関投資家取得有価証券一般勧誘又は同条第3項の規定による届出を必要とする特定投資家等取得有価証券一般勧誘について、これらの届出が受理されていないのに当該募集、売出し、適格機関投資家取得有価証券一般勧誘若しくは特定投資家等取得有価証券一般勧誘又はこれらの取扱いをした者

二　第6条（第12条、第23条の12第1項、第24条第7項、第24条の2第3項、第24条の4の4第5項、第24条の4の5第2項、第24条の4の7第5項、第24条の5第6項及び第24条の6第3項において準用し、並びにこれらの規定（第24条の6第3項を除く。）を第27条において準用する場合を含む。）、第24条の7第4項（同条第6項（第27条において準用する場合を含む。）及び第27条において準用する場合を含む。）、第27条の3第4項（第27条の8第6項（第27条の13第3項において準用する場合を含む。）、第27条の11第4項、第27条の13第3項並びに第27条の22の2第2項及び第3項において準用する場合を含む。）又は第27条の22の2第4項（同条第8項において準用する場合を含む。）の規定による書類の写しの提出又は送付に当たり、重要な事項につき虚偽があり、かつ、写しの基となつた書類と異なる内容の記載をした書類をその写しとして提出し、又は送付した者

三　第15条第1項（第27条において準用する場合を含む。）、第23条の8第1項（第27条において準用する場合を含む。）、第27条の3第3項（第27条の22の2第2項において準用する場合を含む。）、第27条の9第7項（第27条の22の2第2項において準用する場合を含む。）又は第27条の8第9項（第27条の22の2第2項及び第27条の22の3第4項において準用する場合を含む。）の規定に違反した者

四　第27条の3第1項（第27条の22の2第2項において準用する場合を含む。）又は第27条の10第4項の規定による公告を行わない者

五　第24条第1項若しくは第3項（これらの規定を同条第5項（第27条において準用する場合を含む。）及び第27条において準用する場合を含む。）若しくは第24条第6項（第27条において準用する場合を含む。）の規定による有価証券報告書若しくはその添付書類、第

Ⅲ関係法令

24条の2第1項（第27条において準用する場合を含む。）において準用する第10条第1項の規定による訂正報告書、第24条の4の4第1項（同条第3項（第27条において準用する場合を含む。）及び第27条において準用する場合を含む。）若しくは第4項（第27条において準用する場合を含む。）の規定による内部統制報告書若しくはその添付書類、第24条の4の5第1項（第27条において準用する場合を含む。）において準用する第10条第1項の規定による訂正報告書、第27条の3第2項（第27条の22の2第2項において準用する場合を含む。）の規定による公開買付届出書、第27条の11第3項（第27条の22の2第2項において準用する場合を含む。）の規定による公開買付撤回届出書、第27条の13第2項（第27条の22の2第2項において準用する場合を含む。）の規定による公開買付報告書、第27条の23第1項若しくは第27条の26第1項の規定による大量保有報告書又は第27条の25第1項若しくは第27条の26第2項の規定による変更報告書を提出しない者

六　第24条第6項若しくは第24条の2第1項（これらの規定を第27条において準用する場合を含む。）、第24条の4の4第1項（同条第3項（第27条において準用する場合を含む。）及び第27条において準用する場合を含む。）若しくは第4項（第27条において準用する場合を含む。）、第24条の4の5第1項（第27条において準用する場合を含む。）、第24条の4の7第1項若しくは第2項（同条第3項（第27条において準用する場合を含む。）及び第27条において準用する場合を含む。）、第24条の4の7第4項（第27条において準用する場合を含む。）、第24条の5第1項（同条第3項（第27条において準用する場合を含む。）及び第27条において準用する場合を含む。）若しくは第24条の5第4項若しくは第5項（これらの規定を第27条において準用する場合を含む。）の規定による添付書類、内部統制報告書若しくはその添付書類、四半期報告書、半期報告書、臨時報告書若しくはこれらの訂正報告書、第24条の6第1項若しくは第2項の規定による自己株券買付状況報告書若しくはその訂正報告書、第24条の7第1項若しくは第2項（これらの規定を同条第6項（第27条において準用する場合を含む。）及び第27条において準用する場合を含む。）若しくは第24条の7第3項（同条第6項（第27条において準用する場合を含む。）及び第27条において準用する場合を含む。）において準用する第7条第1項、第9条第1項若しくは第10条第1項の規定による親会社等状況報告書若しくはその訂正報告書、第27条の10第1項の規定による意見表明報告書、同条第8項において準用する第27条の8第1項から第4項までの規定による訂正報告書、第27条の10第11項の規定による対質問回答報告書、同条第12項において準用する第27条の8第1項から第4項までの規定による訂正報告書、第27条の23第1項若しくは第27条の26第1項の規定による大量保有報告書、第27条の25第1項若しくは第27条の26第2項の規定による変更報告書又は第27条の25第3項（第27条の26第6項において準用する場合を含む。）若しくは第27条の29第1項において準用する第9条第1項若しくは第10条第1項の規定による訂正報告書であつて、重要な事項につき虚偽の記載のあるものを提出した者

七　第25条第2項（第27条において準用する場合を含む。）の規定による書類（第25条第1項第5号及び第9号に掲げる書類を除く。）の写しの公衆縦覧に当たり、重要な事項につき虚偽があり、かつ、写しの基となつた書類と異なる内容の記載をした書類をその写しとして公衆の縦覧に供した者

八　第27条の9第1項（第27条の22の2第2項において準用する場合を含む。）の規定による公開買付説明書又は第27条の9第3項（第27条の22の2第2項において準用する場合を含む。）の規定により訂正した公開買付説明書であつて、重要な事項につき虚偽の記載の

あるものを交付した者
九　第27条の６第１項の規定に違反して公開買付けの買付条件等の変更を行う旨の公告を行つた者又は第27条の11第１項ただし書（第27条の22の２第２項において準用する場合を含む。）の規定に該当しないにもかかわらず、第27条の11第１項本文（第27条の22の２第２項において準用する場合を含む。）に規定する公開買付けの撤回等を行う旨の公告を行つた者
十　第27条の22の３第２項の規定による通知を行わず、又は虚偽の通知を行つた者
十の二　特定勧誘等について、当該特定勧誘等に係る特定証券情報が提供され、又は公表されていないのに当該特定勧誘等又はその取扱いをした者
十の三　第27条の32第１項若しくは第２項の規定による発行者情報の提供若しくは公表をしない者又は同条第４項の規定（発行者情報に係る部分に限る。）に違反した者
十の四　第29条の規定に違反して内閣総理大臣の登録を受けないで金融商品取引業を行つた者
十の五　不正の手段により第29条の登録を受けた者
十の六　第36条の３の規定に違反して他人に金融商品取引業を行わせた者
十の七　第40条の４又は第66条の14の２の規定に違反した者
十の八　第63条第２項若しくは第63条の３第１項の規定による届出をせず、若しくは虚偽の届出をし、又は第63条第３項若しくは第４項の規定により同条第２項の届出に添付すべき書類若しくは電磁的記録に虚偽の記載若しくは記録をしてこれを提出した者
十の九　第63条の５第３項（第63条の３第２項において準用する場合を含む。）の規定による適格機関投資家等特例業務の廃止の処分に違反した者
十一　第101条の９の規定により発行する株式を引き受ける者の募集（私募を含む。以下この号において同じ。）をするに当たり、重要な事項について虚偽の記載のある目論見書、当該募集の広告その他の当該募集に関する文書を行使した会員金融商品取引所の役員（仮理事及び仮監事を含む。次号において同じ。）又は事業に関するある種類若しくは特定の事項の委任を受けた使用人
十二　第101条の９の規定により発行する株式の払込みを仮装するため預合いを行つた会員金融商品取引所の役員若しくは事業に関するある種類若しくは特定の事項の委任を受けた使用人又は当該預合いに応じた者
十三　第157条、第158条若しくは第159条の規定に違反した者（当該違反が商品関連市場デリバティブ取引のみに係るものである場合に限る。）又は第166条第１項若しくは第３項若しくは第167条第１項若しくは第３項の規定に違反した者
十四　第167条の２第１項の規定に違反した者（当該違反により同項の伝達を受けた者又は同項の売買等をすることを勧められた者が当該違反に係る第166条第１項に規定する業務等に関する重要事実について同項の公表がされたこととなる前に当該違反に係る特定有価証券等に係る売買等をした場合（同条第６項各号に掲げる場合に該当するときを除く。）に限る。）
十五　第167条の２第２項の規定に違反した者（当該違反により同項の伝達を受けた者又は同項の買付け等若しくは売付け等をすることを勧められた者が当該違反に係る公開買付け等事実について第167条第１項の公表がされたこととなる前に当該違反に係る株券等に係る買付け等又は売付け等をした場合（同条第５項各号に掲げる場合に該当するときを除く。）に限る。）

第197条の３　第38条の２第１号の規定に違反した場合（当該違反が投資運用業（第28条第４項に規定する投資運用業をいう。以下この章において同じ。）に関して行われたものである場合に限る。）においては、その行為をした金融商

品取引業者等の代表者、代理人、使用人その他の従業者は、５年以下の懲役若しくは500万円以下の罰金に処し、又はこれを併科する。

第205条　次の各号のいずれかに該当する者は、６月以下の懲役若しくは50万円以下の罰金に処し、又はこれを併科する。

一～四　（略）

五　第26条第１項（第27条において準用する場合を含む。）、第27条の22第１項（第27条の22の２第２項において準用する場合を含む。）若しくは第２項、第27条の30第１項、第27条の37第１項又は第193条の２第６項の規定による報告若しくは資料を提出せず、又は虚偽の報告若しくは資料を提出した者

六～二十　（略）

第207条　法人（法人でない団体で代表者又は管理人の定めのあるものを含む。以下この項及び次項において同じ。）の代表者又は法人若しくは人の代理人、使用人その他の従業者が、その法人又は人の業務又は財産に関し、次の各号に掲げる規定の違反行為をしたときは、その行為者を罰するほか、その法人に対して当該各号に定める罰金刑を、その人に対して各本条の罰金刑を科する。

一　第197条　７億円以下の罰金刑

二　第197条の２（第11号及び第12号を除く。）又は第197条の３　５億円以下の罰金刑

三　第198条（第４号の２及び第５号を除く。）又は第198条の３から第198条の５まで　３億円以下の罰金刑

四　第198条の６（第８号、第９号、第12号、第13号及び第15号を除く。）又は第199条　２億円以下の罰金刑

五　第200条（第12号の３、第15号の２、第17号、第18号の２及び第19号を除く。）又は第201条第１号、第２号、第４号、第６号若しくは第９号から第11号まで　１億円以下の罰金刑

六　第198条第４号の２、第198条の６第８号、第９号、第12号、第13号若しくは第15号、第200条第12号の３、第15号の２、第17号、第18号の２若しくは第19号、第201条（第１号、第２号、第４号、第６号及び第９号から第11号までを除く。）、第205条から第205条の２の２まで、第205条の２の３（第13号及び第14号を除く。）又は前条（第５号を除く。）　各本条の罰金刑

２　前項の規定により第197条、第197条の２（第11号及び第12号を除く。）又は第197条の３の違反行為につき法人又は人に罰金刑を科する場合における時効の期間は、これらの規定の罪についての時効の期間による。

３　第１項の規定により法人でない団体を処罰する場合には、その代表者又は管理人がその訴訟行為につきその団体を代表するほか、法人を被告人又は被疑者とする場合の刑事訴訟に関する法律の規定を準用する。

第208条の２　次の各号のいずれかに該当する者は、30万円以下の過料に処する。

一　第79条の23第２項の規定に違反した者

二　第162条第１項（同条第２項において準用する場合を含む。）の規定に違反した者

三　第162条の２の規定による内閣府令に違反した者

四　第193条の３第１項の規定に違反した者

五　第193条の３第２項の規定に違反して、申出をせず、又は虚偽の申出をした者

六　第193条の３第３項の規定に違反して、通知をせず、又は虚偽の通知をした者

附　則　（平成21年６月24日法律第58号　金融商品取引法等の一部を改正する法律）

（施行期日）

第１条　この法律は、公布の日から起算して１年を超えない範囲内において政令で定める日〔平成22年４月１日〕から施行する。（以下略）

附　則　（平成23年５月25日法律第49号　資本市場及び金融業の基盤強化のための金融商品取引法等の一部を改正する法律）

（施行期日）

第１条　この法律は、公布の日から起算して１年を超えない範囲内において政令で定める日〔平成24年４月１日〕から施行する。ただし、次の各号に掲げる規定は、当該各号に定める日から

施行する。

一　第１条中金融商品取引法第197条の２第10号の４を同条第10号の７とし、同条第10号の３の次に３号を加える改正規定（中略）及び第207条第１項第３号の改正規定並びに同項第６号の改正規定（「第198条（第５号及び第８号を除く。）」を「第198条第４号の２」に改める部分に限る。）（中略）　公布の日から起算して20日を経過した日〔平成23年６月14日〕

二　第１条中金融商品取引法（中略）第207条第１項第５号の改正規定並びに同項第６号の改正規定（「第200条第17号」を「第200条第12号の３、第17号」に改める部分に限る。）（中略）　公布の日から起算して６月を超えない範囲内において政令で定める日〔平成23年11月24日〕

附　則（平成24年９月12日法律第86号　金融商品取引法等の一部を改正する法律）

（施行期日）

第１条　この法律は、公布の日から起算して１年６月を超えない範囲内において政令で定める日〔平成26年３月11日〕から施行する。（以下略）

附　則（平成25年６月19日法律第45号　金融商品取引法等の一部を改正する法律）

（施行期日）

第１条　この法律は、公布の日から起算して１年を超えない範囲内において政令で定める日〔平成26年４月１日〕から施行する。ただし、次の各号に掲げる規定は、当該各号に定める日から施行する。

一　第１条中金融商品取引法第197条の２の次に１条を加える改正規定（中略）　公布の日から起算して20日を経過した日〔平成25年７月９日〕

二　（略）

三　第２条の規定（中略）　公布の日から起算して１年６月を超えない範囲内において政令で定める日〔平成26年12月１日〕

附　則（平成26年５月30日法律第44号　金融商品取引法等の一部を改正する法律）

（施行期日）

第１条　この法律は、公布の日から起算して１年を超えない範囲内において政令で定める日〔平成27年５月29日〕から施行する。（以下略）

附　則（平成27年６月３日法律第32号　金融商品取引法の一部を改正する法律）

（施行期日）

第１条　この法律は、公布の日から起算して１年を超えない範囲内において政令で定める日〔平成28年３月１日〕から施行する。

附　則（平成29年５月24日法律第37号　金融商品取引法の一部を改正する法律）

（施行期日）

第１条　この法律は、公布の日から起算して１年を超えない範囲内において政令で定める日〔平成30年４月１日〕から施行する。（以下略）

附　則（令和元年６月７日法律第28号　情報通信技術の進展に伴う金融取引の多様化に対応するための資金決済に関する法律等の一部を改正する法律）

（施行期日）

第１条　この法律は、公布の日から起算して１年を超えない範囲内において政令で定める日〔令和２年５月１日〕から施行する。（以下略）

財務諸表等の監査証明に関する内閣府令

（昭和32年３月28日大蔵省令第12号
最終改正令和２年12月23日内閣府令第75号）

監査証明府令ガイドライン

（「財務諸表等の監査証明に関する内閣府令」
の取扱いに関する留意事項について）

（平成12年７月金融庁総務企画部
最終改正令和２年12月23日金融庁企画市場局）

このガイドラインは、財務諸表等の監査証明に関する留意事項（制定・発出時点において最適と考えられる法令解釈・運用等）を示したものである。

（監査証明を受けなければならない財務計算に関する書類の範囲）

第１条　金融商品取引法（昭和23年法律第25号。以下「法」という。）第193条の２第１項に規定する内閣府令で定める書類は、次の各号に掲げるもの（財務諸表等の用語、様式及び作成方法に関する規則（昭和38年大蔵省令第59号。以下「財務諸表等規則」という。）第８条の17第１項第11号（中間財務諸表等の用語、様式及び作成方法に関する規則（昭和52年大蔵省令第38号。以下「中間財務諸表等規則」という。）第５条の10において準用する場合を含む。）及び連結財務諸表の用語、様式及び作成方法に関する規則（昭和51年大蔵省令第28号。以下「連結財務諸表規則」という。）第15条の12第１項第12号（中間連結財務諸表の用語、様式及び作成方法に関する規則（平成11年大蔵省令第24号。以下「中間連結財務諸表規則」という。）第17条の４において準用する場合を含む。）に掲げる事項の注記を除く。）とする。

一　法第５条第１項の規定により提出される届出書に含まれる財務諸表（財務諸表等規則第１条第１項に規定する財務諸表のうち同項に規定する指定法人（以下「指定法人」という。）が提出する財務諸表以外のものをいう。以下この条において同じ。）又は財務書類（財務諸表等規則第131条の規定により外国会社が提出する財務書類をいう。以下同じ。）のうち、特定有価証券（法第５条第１項に規定する特定有価証券をいう。以下この号において同じ。）以外の有価証券に係るものにあつては最近事業年度及びその直前事業年度、特定有価証券に係るものにあつては最近特定期間（法第24条第５項において準用する同条第１項に規定する特定期間をいう。以下この号において同じ。）及びその直前特定期間に係るもの（届出書に含まれる最近事業年度又は特定期間（以下この条において「事業年度等」という。）及びその直前事業年度等に係る財務諸表又は財務書類（以下この号において「書類」という。）のうち、従前において、法第５条第１項又は第24条第１項若しくは第３項（これらの規定を同条第５項において準用する場合を含む。以下この条において同じ。）の規定により提出された届出書又は有価証券報告書に含まれた書類と同一の内容のものを除く。）

二　法第５条第１項の規定により提出される届出書に含まれる四半期財務諸表（四半期財務諸表等の用語、様式及び作成方法に関する規則（平成19年内閣府令第63号。以下「四半期財務諸表等規則」という。）第１条第１項に規定する四半期財務諸表のうち指定法人が提出する四半期財務諸表以外のものをいう。以下この条において同じ。）（届出書に含まれる四半期財務諸表のうち、従前において、法第

５条第１項又は第24条の４の７第１項若しくは第２項（これらの規定を同条第３項において準用する場合を含む。以下この条において同じ。）の規定により提出された届出書又は四半期報告書（企業内容等の開示に関する内閣府令（昭和48年大蔵省令第５号。以下「開示府令」という。）第17条の15第２項各号に掲げる事業を行う会社（以下「特定事業会社」という。）により提出された四半期報告書のうち当該事業年度の最初の四半期会計期間（四半期財務諸表等規則第３条第４号に規定する四半期会計期間をいう。以下同じ。）の翌四半期会計期間に係るもの（以下「第２・四半期報告書」という。）を除く。）に含まれた四半期財務諸表と同一の内容のものを除く。）

三　法第５条第１項の規定により提出される届出書に含まれる中間財務諸表（中間財務諸表等規則第１条第１項に規定する中間財務諸表のうち指定法人が提出する中間財務諸表以外のものをいう。以下この条において同じ。）（届出書に含まれる中間財務諸表のうち、従前において、法第５条第１項、法第24条の４の７第１項若しくは第２項又は第24条の５第１項（同条第３項において準用する場合を含む。以下この条において同じ。）の規定により提出された届出書、四半期報告書（特定事業会社により提出された第２・四半期報告書に限る。）又は半期報告書に含まれた中間財務諸表と同一の内容のものを除く。）

四　法第５条第１項の規定により提出される届出書に含まれる連結財務諸表（開示府令第１条第21号に規定する連結財務諸表のうち指定法人が提出する連結財務諸表以外のものをいう。以下この条において同じ。）（届出書に含まれる連結財務諸表のうち、従前において、法第５条第１項又は第24条第１項若しくは第３項の規定により提出された届出書又は有価証券報告書に含まれた連結財務諸表と同一の内容のものを除く。）

五　法第５条第１項の規定により提出される届出書に含まれる四半期連結財務諸表（四半期連結財務諸表の用語、様式及び作成方法に関する規則（平成19年内閣府令第64号。以下「四半期連結財務諸表規則」という。）第１条第１項に規定する四半期連結財務諸表のうち、指定法人が提出する四半期連結財務諸表以外のものをいう。以下この条において同じ。）（届出書に含まれる四半期連結財務諸表のうち、従前において、法第５条第１項又は第24条の４の７第１項若しくは第２項の規定により提出された届出書又は四半期報告書（特定事業会社により提出された第２・四半期報告書を除く。）に含まれた四半期連結財務諸表と同一の内容のものを除く。）

六　法第５条第１項の規定により提出される届出書に含まれる中間連結財務諸表（中間連結財務諸表規則第１条第１項に規定する中間連結財務諸表のうち、指定法人が提出する中間連結財務諸表以外のものをいう。以下この条において同じ。）（届出書に含まれる中間連結財務諸表のうち、従前において、法第５条第１項、第24条の４の７第１項若しくは第２項又は第24条の５第１項の規定により提出された届出書、四半期報告書（特定事業会社により提出された第２・四半期報告書に限る。）又は半期報告書に含まれた中間連結財務諸表と同一の内容のものを除く。）

七　法第24条第１項又は第３項の規定により提出される有価証券報告書に含まれる財務諸表又は財務書類（以下この号において「書類」という。）のうち、最近事業年度等及びその直前事業年度等に係るもの（同条第１項の規定により提出される有価証券報告書に含まれる書類のうち、従前において、法第５条第１項の規定により提出された届出書に含まれた書類と同一の内容のものを除く。）

八　法第24条第１項又は第３項の規定により提出される有価証券報告書に含まれる連結財務諸表（同条第１項の規定により提出される有価証券報告書に含まれる連結財務諸表のうち、従前において、法第５条第１項の規定により提出された届出書に含まれた連結財務諸表と同一の内容のものを除く。）

九　法第24条の4の7第1項又は第2項の規定により提出される四半期報告書（特定事業会社により提出された第2・四半期報告書を除く。）に含まれる四半期財務諸表（四半期報告書に含まれる四半期財務諸表のうち、従前において、法第5条第1項の規定により提出された届出書に含まれた四半期財務諸表と同一の内容のものを除く。）

十　法第24条の4の7第1項又は第2項の規定により提出される四半期報告書（特定事業会社により提出された第2・四半期報告書に限る。）に含まれる中間財務諸表（四半期報告書に含まれる中間財務諸表のうち、従前において、法第5条第1項の規定により提出された届出書に含まれた中間財務諸表と同一の内容のものを除く。）

十一　法第24条の4の7第1項又は第2項の規定により提出される四半期報告書（特定事業会社により提出された第2・四半期報告書を除く。）に含まれる四半期連結財務諸表（四半期報告書に含まれる四半期連結財務諸表のうち、従前において、法第5条第1項の規定により提出された届出書に含まれた四半期連結財務諸表と同一の内容のものを除く。）

十一の二　法第24条の4の7第1項の規定により提出される四半期報告書（第1・四半期報告書（最初の四半期会計期間に係るものをいう。）に限る。）に含まれる連結財務諸表規則第93条又は第94条の規定による連結財務諸表

十二　法第24条の4の7第1項又は第2項の規定により提出される四半期報告書（特定事業会社により提出された第2・四半期報告書に限る。）に含まれる中間連結財務諸表（四半期報告書に含まれる中間連結財務諸表のうち、従前において、法第5条第1項の規定により提出された届出書に含まれた中間連結財務諸表と同一の内容のものを除く。）

十三　法第24条の5第1項の規定により提出される半期報告書に含まれる中間財務諸表（半期報告書に含まれる中間財務諸表のうち、従前において、法第5条第1項の規定により提出された届出書に含まれた中間財務諸表と同一の内容のものを除く。）

十四　法第24条の5第1項の規定により提出される半期報告書に含まれる中間連結財務諸表（半期報告書に含まれる中間連結財務諸表のうち、従前において、法第5条第1項の規定により提出された届出書に含まれた中間連結財務諸表と同一の内容のものを除く。）

十五　法第7条第1項、第9条第1項又は第10条第1項（これらの規定を第24条の2第1項、第24条の4の7第4項及び第24条の5第5項において準用する場合を含む。）の規定により提出される訂正届出書又は訂正報告書において、前各号の書類を訂正する書類

十六　法第27条において準用する法第5条第1項の規定により提出される届出書、法第27条において準用する法第24条第1項又は第3項（これらの規定を法第27条において準用する法第24条第5項において準用する場合を含む。）の規定により提出される有価証券報告書、法第27条において準用する法第24条の4の7第1項又は第2項（これらの規定を法第27条において準用する法第24条の4の7第3項において準用する場合を含む。）の規定により提出される四半期報告書及び法第27条において準用する法第24条の5第1項（法第27条において準用する法第24条の5第3項において準用する場合を含む。）の規定により提出される半期報告書に含まれる第1号から第14号までに定める書類又はこれらに相当する書類

十七　法第27条において準用する法第7条第1項（法第27条において準用する法第24条の2第1項、法第27条において準用する法第24条の4の7第4項及び法第27条において準用する法第24条の5第5項において準用する場合を含む。）、法第27条において準用する法第9条第1項（法第27条において準用する法第24条の2第1項、法第27条において準用する法

第24条の４の７第４項及び法第27条において準用する法第24条の５第５項において準用する場合を含む。）又は法第27条において準用する法第10条第１項（法第27条において準用する法第24条の２第１項、法第27条において準用する法第24条の４の７第４項及び法第27条において準用する法第24条の５第５項において準用する場合を含む。）の規定により提出される訂正届出書又は訂正報告書において、前号の書類を訂正する書類

（監査証明に相当すると認められる証明）

第１条の２　法第193条の２第１項第１号に規定する内閣府令で定めるところにより監査証明に相当すると認められる証明を受けた場合は、外国監査法人等（公認会計士法（昭和23年法律第103号）第１条の３第７項に規定する外国監査法人等をいう。）から外国会社等財務書類（同法第34条の35第１項に規定する外国会社等財務書類をいう。）について同法第２条第１項の業務に相当すると認められる業務の提供を受けることにより、監査証明に相当すると認められる証明を受けた場合とする。

（監査証明を受けることを要しない旨の承認）

第１条の３　第１条各号に規定する書類を提出する会社（指定法人を含む。以下同じ。）が法第193条の２第１項第３号に規定する承認を受けようとする場合には、当該書類に係る承認申請書を当該書類を提出すべき財務局長等（開示府令第20条（第３項を除く。）又は特定有価証券の内容等の開示に関する内閣府令（平成５年大蔵省令第22号）第30条の規定により当該書類を提出すべき財務局長又は福岡財務支局長をいう。第５条において同じ。）に提出しなければならない。

（公認会計士又は監査法人と被監査会社との特別の利害関係）

第２条　法第193条の２第４項に規定する公認会計士（公認会計士法第16条の２第５項に規定する外国公認会計士を含む。以下同じ。）に係る内閣府令で定めるものは、次のいずれかに該当する場合における関係とする。ただし、第６号については、連結財務諸表等（連結財務諸表（開示府令第１条第21号に規定する連結財務諸表をいう。以下同じ。）、中間連結財務諸表（中間連結財務諸表規則第１条第１項に規定する中間連結財務諸表をいう。以下同じ。）及び四半期連結財務諸表（四半期連結財務諸表規則第１条第１項に規定する四半期連結財務諸表をいう。以下同じ。）をいう。以下同じ。）の法第193条の２第１項の監査証明（以下「監査証明」という。）に関する場合に限る。

一　公認会計士法第24条第１項又は第３項（これらの規定を同法第16条の２第６項において準用する場合を含む。）に規定する関係を有する場合

二　公認会計士法第24条の２（同法第16条の２第６項において準用する場合を含む。）の規定により同法第２条第１項の業務を行つてはならない場合

三　公認会計士法第24条の３第１項（同法第16条の２第６項において準用する場合を含む。）の規定により同法第24条の３第３項に規定する監査関連業務を行つてはならない場合

四　監査証明を受けようとする会社（以下「被監査会社」という。）について行う監査に補助者として従事する者（以下「補助者」という。）が、公認会計士法第24条第１項第１号若しくは第２号若しくは第３項又は公認会計士法施行令（昭和27年政令第343号）第７条第１項第１号、第４号から第６号まで、第８号若しくは第９号に掲げる関係を有する場合

五　公認会計士の２親等以内の親族が、公認会計士法第24条第１項第１号又は公認会計士法施行令第７条第１項第１号に掲げる関係を有する場合

六　公認会計士、その配偶者又は補助者が、被監査会社の連結子会社（被監査会社が、内国会社（開示府令第１条第20号の３に規定する内国会社をいう。以下同じ。）である場合には、連結財務諸表規則第２条第４号、中間連結財務諸表規則第２条第３号及び四半期連結財務諸表規則第２条第７号に規定する連結子会社

をいい、被監査会社が、外国会社（開示府令第1条第20号の4に規定する外国会社をいう。以下同じ。）である場合には、連結財務諸表規則第2条第4号、中間連結財務諸表規則第2条第3号及び四半期連結財務諸表規則第2条第7号に規定する連結子会社に相当する会社をいう。以下同じ。）又は持分法適用会社（被監査会社が、内国会社である場合には、連結財務諸表規則第2条第8号、中間連結財務諸表規則第2条第7号及び四半期連結財務諸表規則第2条第11号に規定する持分法が適用される非連結子会社（連結財務諸表規則第2条第6号、中間連結財務諸表規則第2条第5号及び四半期連結財務諸表規則第2条第9号に規定する非連結子会社をいう。以下同じ。）及び関連会社（連結財務諸表規則第2条第7号、中間連結財務諸表規則第2条第6号及び四半期連結財務諸表規則第2条第10号に規定する関連会社をいう。以下同じ。）をいい、被監査会社が、外国会社である場合には、連結財務諸表規則第2条第8号、中間連結財務諸表規則第2条第7号及び四半期連結財務諸表規則第2条第11号に規定する持分法が適用される非連結子会社及び関連会社に相当する会社をいう。以下同じ。）との間に、公認会計士法第24条第1項第1号若しくは第2号若しくは第3項又は公認会計士法施行令第7条第1項第1号若しくは第4号から第7号までに掲げる関係（補助者については同項第7号に掲げる関係を除く。）を有する場合

2　法第193条の2第4項に規定する監査法人に係る内閣府令で定めるものは、次のいずれかに該当する場合における関係とする。ただし、第6号から第9号までについては、連結財務諸表等の監査証明に関する場合に限る。

一　公認会計士法第34条の11第1項に規定する関係を有する場合

二　公認会計士法第34条の11の2の規定により同法第2条第1項の業務を行つてはならない場合

三　被監査会社についての監査証明に係る業務を執行する監査法人の社員又はその配偶者が、公認会計士法第34条の11第3項に規定する関係を有する場合

四　補助者が、公認会計士法第24条第1項第1号若しくは第2号若しくは第3項又は公認会計士法施行令第7条第1項第1号、第4号から第6号まで、第8号若しくは第9号に掲げる関係を有する場合

五　被監査会社についての監査証明に係る業務を執行する社員の2親等以内の親族が、公認会計士法第24条第1項第1号又は公認会計士法施行令第7条第1項第1号に掲げる関係を有する場合

六　監査法人が、被監査会社の連結子会社又は持分法適用会社との間に、公認会計士法第34条の11第1項第1号又は公認会計士法施行令第15条第1号から第3号までに掲げる関係を有する場合

七　被監査会社についての監査証明に係る業務を執行する監査法人の社員、その配偶者又は補助者が、被監査会社の連結子会社又は持分法適用会社との間に、公認会計士法第24条第1項第1号若しくは第2号若しくは第3項又は公認会計士法施行令第7条第1項第1号若しくは第4号から第7号までに掲げる関係（補助者については同項第7号に掲げる関係を除く。）を有する場合

八　監査法人の社員のうちに、被監査会社の持分法適用会社の取締役、執行役、監査役若しくは使用人である者がある場合又は被監査会社の連結子会社若しくは持分法適用会社との間に、公認会計士法施行令第15条第5号に掲げる関係を有する者がある場合

九　監査法人の社員の半数以上の者が、本人又は配偶者につき、被監査会社との間の公認会計士法施行令第15条第7号に規定する関係又は被監査会社の連結子会社若しくは持分法適用会社との間の公認会計士法第24条第1項第1号若しくは第2号若しくは第3項又は公認会計士法施行令第7条第1項第1号若しくは第4号から第7号までに掲げる関係を有する

場合

府令第２条（公認会計士又は監査法人と被監査会社との特別の利害関係）関係

2-1　財務諸表等の監査証明に関する内閣府令（昭和32年大蔵省令第12号。以下「府令」という。）第２条第１項第４号に定める「補助者」とは、監査契約書に補助者として掲名されている者及び当該監査に従事する者であって監査意見の形成に重要な影響を与える者をいうものとする。

2-2　監査証明をしようとする連結財務諸表に係る連結会計年度の各期首、中間連結財務諸表に係る中間連結会計期間の各期首及び四半期連結財務諸表に係る四半期連結会計期間の各期首において、非連結子会社又は関連会社に対する投資について持分法を適用することを被監査会社が決定していない場合の当該監査証明に係る特別の利害関係については、府令第２条第１項第６号及び第２項第６号から第９号までに規定する関係のうち、持分法適用会社に係る関係は、適用がないものとして取り扱うものとする。

（監査証明の手続）

第３条　財務諸表（財務諸表等規則第１条第１項に規定する財務諸表をいう。以下同じ。）、財務書類又は連結財務諸表（以下「財務諸表等」という。）の監査証明は、財務諸表等の監査を実施した公認会計士又は監査法人が作成する監査報告書により、中間財務諸表（中間財務諸表等規則第１条第１項に規定する中間財務諸表をいう。以下同じ。）又は中間連結財務諸表（以下「中間財務諸表等」という。）の監査証明は、中間財務諸表等の監査（以下「中間監査」という。）を実施した公認会計士又は監査法人が作成する中間監査報告書により、四半期財務諸表（四半期財務諸表等規則第１条第１項に規定する四半期財務諸表をいう。以下同じ。）又は四半期連結財務諸表（以下「四半期財務諸表等」という。）の監査証明は、四半期財務諸表等の監査（以下「四半期レビュー」という。）を実施した公認会計士又は監査法人が作成する四半期レビュー報告書により行うものとする。

2　前項の監査報告書、中間監査報告書又は四半期レビュー報告書は、一般に公正妥当と認められる監査に関する基準及び慣行に従つて実施された監査、中間監査又は四半期レビューの結果に基いて作成されなければならない。

3　金融庁組織令（平成10年政令第392号）第24条第１項に規定する企業会計審議会により公表された次に掲げる監査に関する基準は、前項に規定する一般に公正妥当と認められる監査に関する基準に該当するものとする。ただし、第５号に掲げる基準は、次項の規定により適用される場合に限る。

一　監査基準

二　中間監査基準

三　監査に関する品質管理基準

四　四半期レビュー基準

五　監査における不正リスク対応基準

4　前項第５号に掲げる基準は、監査証明を受けようとする者が次のいずれかに該当する者であるときに限り、適用されるものとする。

一　その発行する有価証券が法第24条第１項第１号又は第２号に該当することにより同項の規定により有価証券報告書を提出しなければならない会社（法第27条において準用する法第24条第１項の規定により有価証券報告書を提出しなければならない協同組織金融機関（協同組織金融機関の優先出資に関する法律（平成５年法律第44号）第２条第１項に規定する協同組織金融機関をいう。）を含む。）

二　その発行する有価証券が法第24条第１項第３号又は第４号に該当することにより同項の規定により有価証券報告書を提出しなければならない会社（最終事業年度に係る貸借対照表に資本金として計上した額が５億円未満又は最終事業年度に係る損益計算書による売上高（事業収益及び営業収益その他これに準ずるものを含む。以下この号において同じ。）の額若しくは直近３年間に終了した各事業年度に係る損益計算書による売上高の額の合計額を３で除して得た額のうちいずれか大きい方の額が10億円未満であり、かつ、最終事業年度に係る貸借対照表の負債の部に計上した額の合計額が200億円未満である会社を除く。）

（監査報告書等の記載事項）

第４条　前条第１項の監査報告書、中間監査報告書又は四半期レビュー報告書には、次の各号に掲げる区分に応じ、当該各号に定める事項を簡潔明瞭に記載し、かつ、公認会計士又は監査法人の代表者が作成の年月日を付して自署し、かつ、自己の印を押さなければならない。この場合において、当該監査報告書、中間監査報告書又は四半期レビュー報告書が監査法人の作成するものであるときは、当該監査法人の代表者のほか、当該監査証明に係る業務を執行した社員（以下「業務執行社員」という。）が、自署し、かつ、自己の印を押さなければならない。ただし、指定証明（公認会計士法第34条の10の４第２項に規定する指定証明をいう。）又は特定証明（同法第34条の10の５第２項に規定する特定証明をいう。）であるときは、当該指定証明に係る指定社員（同法第34条の10の４第２項に規定する指定社員をいう。以下同じ。）又は当該特定証明に係る指定有限責任社員（同法第34条の10の５第２項に規定する指定有限責任社員をいう。以下同じ。）である業務執行社員が作成の年月日を付して自署し、かつ、自己の印を押さなければならない。

一　監査報告書　次に掲げる事項

イ　監査を実施した公認会計士又は監査法人の意見に関する次に掲げる事項

(1)　当該意見に係る監査の対象となつた財務諸表等の範囲

(2)　監査の対象となつた財務諸表等が、一般に公正妥当と認められる企業会計の基準に準拠して、当該財務諸表等に係る事業年度（連結財務諸表の場合には、連結会計年度。以下同じ。）の財政状態、経営成績及びキャッシュ・フローの状況を全ての重要な点において適正に表示しているかどうかについての意見

ロ　イ(2)に掲げる意見の根拠

ハ　財務諸表等規則第８条の27（連結財務諸表規則第15条の22において準用する場合を含む。）の規定による注記に係る事項

ニ　監査上の主要な検討事項（第21項に規定する意見の表明をしない旨及びその理由を監査報告書に記載する場合を除く。）

ホ　追記情報

ヘ　経営者及び監査役等（監査役、監査役会、監査等委員会又は監査委員会をいう。以下同じ。）の責任

ト　監査を実施した公認会計士又は監査法人の責任

チ　公認会計士法第25条第２項（同法第16条の２第６項及び第34条の12第３項において準用する場合を含む。以下同じ。）の規定により明示すべき利害関係

二　中間監査報告書　次に掲げる事項

イ　中間監査を実施した公認会計士又は監査法人の意見に関する次に掲げる事項

(1)　当該意見に係る中間監査の対象となつた中間財務諸表等の範囲

(2)　中間監査の対象となつた中間財務諸表等が、一般に公正妥当と認められる中間財務諸表等の作成基準に準拠して、当該中間財務諸表等に係る中間会計期間（中間連結財務諸表の場合には、中間連結会計期間（中間連結財務諸表規則第３条第２項に規定する中間連結会計期間をいう。）。以下同じ。）の財政状態、経営成績及びキャッシュ・フローの状況に関する有用な情報を表示しているかどうかについての意見

ロ　イ(2)に掲げる意見の根拠

ハ　中間財務諸表等規則第５条の18（中間連結財務諸表規則第17条の14において準用する場合を含む。）の規定による注記に係る事項

ニ　追記情報

ホ　経営者及び監査役等の責任

ヘ　中間監査を実施した公認会計士又は監査法人の責任

ト　公認会計士法第25条第２項の規定により

明示すべき利害関係

三　四半期レビュー報告書　次に掲げる事項

イ　四半期レビューを実施した公認会計士又は監査法人の結論に関する次に掲げる事項

(1)　当該結論に係る四半期レビューの対象となつた四半期財務諸表等の範囲

(2)　四半期レビューの対象となつた四半期財務諸表等が、一般に公正妥当と認められる四半期財務諸表等の作成基準に準拠して、当該四半期財務諸表等に係る四半期会計期間等（四半期会計期間及び四半期財務諸表等規則第３条第６号に規定する四半期累計期間をいう。以下同じ。）（四半期連結財務諸表の場合には、四半期連結会計期間等（同条第５号に規定する四半期連結会計期間及び同条第７号に規定する四半期連結累計期間をいう。）。以下同じ。）の財政状態、経営成績及びキャッシュ・フローの状況を適正に表示していないと信じさせる事項が全ての重要な点において認められなかつたかどうかについての結論

ロ　イ(2)に掲げる結論の根拠

ハ　四半期財務諸表等規則第21条（四半期連結財務諸表規則第27条において準用する場合を含む。）の規定による注記に係る事項

ニ　追記情報

ホ　経営者及び監査役等の責任

ヘ　四半期レビューを実施した公認会計士又は監査法人の責任

ト　公認会計士法第25条第２項の規定により明示すべき利害関係

2　法第５条第１項又は第24条第１項若しくは第３項の規定により有価証券の発行者が初めて提出する届出書又は有価証券報告書に含まれる指定国際会計基準（連結財務諸表規則第93条に規定する指定国際会計基準をいう。以下この条において同じ。）若しくは修正国際基準（連結財務諸表規則第94条に規定する修正国際基準をいう。以下この条において同じ。）に準拠して作成した連結財務諸表又は米国式連結財務諸表（連結財務諸表規則第95条に規定する米国式連結財務諸表をいう。）の監査を実施した公認会計士又は監査法人が作成する監査報告書に、比較情報（連結財務諸表規則第８条の３に規定する比較情報に相当するものをいう。）に関する事項を記載する場合には、前項第１号に定める事項に、当該連結財務諸表又は米国式連結財務諸表に係る連結会計年度の前連結会計年度に関する事項を含めて記載するものとする。

3　第１項第１号イ(2)に掲げる意見は、次の各号に掲げる意見の区分に応じ、当該各号に定める事項を記載するものとする。

一　無限定適正意見　監査の対象となつた財務諸表等が、一般に公正妥当と認められる企業会計の基準に準拠して、当該財務諸表等に係る事業年度の財政状態、経営成績及びキャッシュ・フローの状況を全ての重要な点において適正に表示していると認められる旨

二　除外事項を付した限定付適正意見　監査の対象となつた財務諸表等が、除外事項を除き一般に公正妥当と認められる企業会計の基準に準拠して、当該財務諸表等に係る事業年度の財政状態、経営成績及びキャッシュ・フローの状況をすべての重要な点において適正に表示していると認められる旨

三　不適正意見　監査の対象となつた財務諸表等が不適正である旨

4　第１項第１号ロに掲げる意見の根拠は、次に掲げる事項について記載するものとする。

一　監査が一般に公正妥当と認められる監査の基準に準拠して行われた旨

二　監査の結果として入手した監査証拠が意見表明の基礎を与える十分かつ適切なものであること。

三　第１項第１号イ(2)に掲げる意見が前項第２号に掲げる意見の区分である場合には、次のイ又はロに掲げる事項

イ　除外事項及び当該除外事項が監査の対象となつた財務諸表等に与えている影響並びにこれらを踏まえて前項第２号に掲げる意見とした理由

ロ　実施できなかつた重要な監査手続及び当該重要な監査手続を実施できなかつた事実が影響する事項並びにこれらを踏まえて前項第２号に掲げる意見とした理由

四　第１項第１号イ⑵に掲げる意見が前項第３号に掲げる意見の区分である場合には、監査の対象となつた財務諸表等が不適正である理由

5　第１項第１号ニに掲げる監査上の主要な検討事項（監査を実施した公認会計士又は監査法人が、当該監査の対象となつた事業年度に係る財務諸表等の監査の過程で、監査役等と協議した事項のうち、監査及び会計の専門家として当該監査において特に重要であると判断した事項をいう。以下同じ。）は、次に掲げる事項について記載するものとする。

一　財務諸表等において監査上の主要な検討事項に関連する開示が行われている場合には、当該開示が記載されている箇所

二　監査上の主要な検討事項の内容

三　監査上の主要な検討事項であると決定した理由

四　監査上の主要な検討事項に対する監査における対応

6　第１項第１号ホに掲げる追記情報は、会計方針の変更、重要な偶発事象、重要な後発事象その他の事項であつて、監査を実施した公認会計士若しくは監査法人が強調し、又は説明することが適当と判断した事項についてそれぞれ区分して記載するものとする。

7　第１項第１号へに掲げる経営者及び監査役等の責任は、次の各号に掲げる事項について、当該各号に定める事項を記載するものとする。

一　経営者の責任　次に掲げる事項

イ　財務諸表等を作成する責任があること。

ロ　財務諸表等に重要な虚偽の表示がないように内部統制を整備及び運用する責任があること。

ハ　継続企業の前提（財務諸表等規則第８条の27（連結財務諸表規則第15条の22において準用する場合を含む。）に規定する継続企業の前提をいう。次項第７号において同じ。）に関する評価を行い必要な開示を行う責任があること。

二　監査役等の責任　財務報告（財務計算に関する書類その他の情報の適正性を確保するための体制に関する内閣府令（平成19年内閣府令第62号）第２条第１号に規定する財務報告をいう。以下同じ。）に係る過程を監視する責任があること。

8　第１項第１号トに掲げる監査を実施した公認会計士又は監査法人の責任は、次に掲げる事項について記載するものとする。

一　監査を実施した公認会計士又は監査法人の責任は独立の立場から財務諸表等に対する意見を表明することにあること。

二　一般に公正妥当と認められる監査の基準は監査を実施した公認会計士又は監査法人に財務諸表等に重要な虚偽の表示がないかどうかの合理的な保証を得ることを求めていること。

三　監査は財務諸表項目に関する監査証拠を得るための手続を含むこと。

四　監査は経営者が採用した会計方針及びその適用方法並びに経営者によつて行われた見積りの評価も含め全体として財務諸表等の表示を検討していること。

五　監査手続の選択及び適用は監査を実施した公認会計士又は監査法人の判断によること。

六　財務諸表監査の目的は、内部統制の有効性について意見を表明するためのものではないこと。

七　継続企業の前提に関する経営者の評価について検討すること。

八　監査役等と適切な連携を図ること。

九　監査上の主要な検討事項を決定して監査報告書に記載すること（第21項に規定する意見の表明をしない旨及びその理由を監査報告書に記載する場合を除く。）。

9　第１項第１号ニ及び前項第９号に掲げる事項は、次に掲げる場合のいずれにも該当しない場合には、記載しないことができる。

一　監査証明を受けようとする者が第３条第４

項各号に掲げる者であつて、法第５条第１項（法第27条において準用する場合を含む。）の規定により届出書又は法第７条第１項、第９条第１項若しくは第10条第１項（これらの規定を法第27条において準用する場合を含む。）の規定により訂正届出書を提出する場合

二　監査証明を受けようとする者が第３条第４項各号に掲げる者であつて、法第24条第１項（法第27条において準用する場合を含む。）の規定により有価証券報告書又は法第24条の２第１項（法第27条において準用する場合を含む。）において読み替えて準用する法第７条第１項、第９条第１項若しくは第10条第１項の規定により訂正報告書を提出する場合

10　第１項第１号ニに掲げる事項は、連結財務諸表の監査報告書において同一の内容が記載される場合には、財務諸表又は財務書類の監査報告書においてその旨を記載し、当該事項の記載を省略することができる。

11　第１項第２号イ⑵に掲げる意見は、次の各号に掲げる意見の区分に応じ、当該各号に定める事項を記載するものとする。

一　中間財務諸表等が有用な情報を表示している旨の意見　中間監査の対象となつた中間財務諸表等が、一般に公正妥当と認められる中間財務諸表等の作成基準に準拠して、当該中間財務諸表等に係る中間会計期間の財政状態、経営成績及びキャッシュ・フローの状況に関する有用な情報を表示している旨

二　除外事項を付した限定付意見　中間監査の対象となつた中間財務諸表等が、除外事項を除き一般に公正妥当と認められる中間財務諸表等の作成基準に準拠して、当該中間財務諸表等に係る中間会計期間の財政状態、経営成績及びキャッシュ・フローの状況に関する有用な情報を表示している旨

三　中間財務諸表等が有用な情報を表示していない旨の意見　中間監査の対象となつた中間財務諸表等が有用な情報を表示していない旨

12　第１項第２号ロに掲げる意見の根拠は、次に掲げる事項について記載するものとする。

一　中間監査が一般に公正妥当と認められる中間監査の基準に準拠して行われた旨

二　中間監査の結果として入手した監査証拠が意見表明の基礎を与える10分かつ適切なものであること。

三　第１項第２号イ⑵に掲げる意見が前項第２号に掲げる意見の区分である場合には、次のイ又はロに掲げる事項

イ　除外事項及び当該除外事項が中間監査の対象となつた中間財務諸表等に与えている影響並びにこれらを踏まえて前項第２号に掲げる意見とした理由

ロ　実施できなかつた重要な中間監査手続及び当該重要な中間監査手続を実施できなかつた事実が影響する事項並びにこれらを踏まえて前項第２号に掲げる意見とした理由

四　第１項第２号イ⑵に掲げる意見が前項第３号に掲げる意見の区分である場合には、中間監査の対象となつた中間財務諸表等が有用な情報を表示していない理由

13　第１項第２号ニに掲げる追記情報は、会計方針の変更、重要な偶発事象、重要な後発事象その他の事項であつて、中間監査を実施した公認会計士若しくは監査法人が強調し、又は説明することが適当と判断した事項についてそれぞれ区分して記載するものとする。

14　第１項第２号ホに掲げる経営者及び監査役等の責任は、次の各号に掲げる事項について、当該各号に定める事項を記載するものとする。

一　経営者の責任　次に掲げる事項

イ　中間財務諸表等を作成する責任があること。

ロ　中間財務諸表等に重要な虚偽の表示がないように内部統制を整備及び運用する責任があること。

ハ　継続企業の前提（中間財務諸表等規則第５条の18（連結中間財務諸表規則第17条の14において準用する場合を含む。）に規定する継続企業の前提をいう。次項第７号において同じ。）に関する評価を行い必要な開示を行う責任があること。

二　監査役等の責任　財務報告に係る過程を監視する責任があること。

15　第１項第２号へに掲げる中間監査を実施した公認会計士又は監査法人の責任は、次に掲げる事項について記載するものとする。

一　中間監査を実施した公認会計士又は監査法人の責任は独立の立場から中間財務諸表等に対する意見を表明することにあること。

二　一般に公正妥当と認められる中間監査の基準は中間監査を実施した公認会計士又は監査法人に中間財務諸表等には全体として中間財務諸表等の有用な情報の表示に関して投資者の判断を損なうような重要な虚偽の表示がないかどうかの合理的な保証を得ることを求めていること。

三　中間監査は分析的手続等（分析的手続、質問及び閲覧をいう。）を中心とした監査手続に必要に応じて追加の監査手続を適用して行われていること。

四　中間監査は経営者が採用した会計方針及びその適用方法並びに経営者によつて行われた見積りの評価も含め中間財務諸表等の表示を検討していること。

五　中間監査手続の選択及び適用は中間監査を実施した公認会計士又は監査法人の判断によること。

六　中間監査の目的は、内部統制の有効性について意見を表明するためのものではないこと。

七　継続企業の前提に関する経営者の評価について検討すること。

八　監査役等と適切な連携を図ること。

16　第１項第３号イ⑵に掲げる結論は、次の各号に掲げる結論の区分に応じ、当該各号に定める事項を記載するものとする。

一　無限定の結論　四半期レビューの対象となつた四半期財務諸表等が、一般に公正妥当と認められる四半期財務諸表等の作成基準に準拠して、当該四半期財務諸表等に係る４半期会計期間等の財政状態、経営成績及びキャッシュ・フローの状況を適正に表示していないと信じさせる事項が全ての重要な点において認められなかつた旨

二　除外事項を付した限定付結論　四半期レビューの対象となつた四半期財務諸表等が、除外事項を除き一般に公正妥当と認められる四半期財務諸表等の作成基準に準拠して、当該四半期財務諸表等に係る四半期会計期間等の財政状態、経営成績及びキャッシュ・フローの状況を重要な点において適正に表示していないと信じさせる事項が認められなかつた旨

三　否定的結論　四半期レビューの対象となつた四半期財務諸表等が、一般に公正妥当と認められる四半期財務諸表等の作成基準に準拠して、当該四半期財務諸表等に係る四半期会計期間等の財政状態、経営成績及びキャッシュ・フローの状況を重要な点において適正に表示していないと信じさせる事項が認められた旨

17　第１項第３号ロに掲げる結論の根拠は、次に掲げる事項について記載するものとする。

一　四半期レビューが一般に公正妥当と認められる四半期レビューの基準に準拠して行われた旨

二　四半期レビューの結果として入手した証拠が結論の表明の基礎を与えるものであること。

三　第１項第３号イ⑵に掲げる結論が前項第２号に掲げる結論の区分である場合には、次のイ又はロに掲げる事項

イ　除外事項及び当該除外事項が四半期レビューの対象となつた四半期財務諸表等に与えている影響（当該影響を記載することができる場合に限る。）並びにこれらを踏まえて前項第２号に掲げる結論とした理由

ロ　実施できなかつた重要な四半期レビュー手続及び当該重要な四半期レビュー手続を実施できなかつた事実が影響する事項並びにこれらを踏まえて前項第２号に掲げる結論とした理由

四　第１項第３号イ⑵に掲げる結論が前項第３号に掲げる結論の区分である場合には、四半期レビューの対象となつた四半期財務諸表等が、一般に公正妥当と認められる四半期財務

諸表等の作成基準に準拠して、当該四半期財務諸表等に係る四半期会計期間等の財政状態、経営成績及びキャッシュ・フローの状況を重要な点において適正に表示していないと信じさせる事項が認められた理由［項を削る。］

18　第１項第３号ニに掲げる追記情報は、会計方針の変更、重要な偶発事象、重要な後発事象その他の事項であつて、四半期レビューを実施した公認会計士若しくは監査法人が強調し、又は説明することが適当と判断した事項についてそれぞれ区分して記載するものとする。

19　第１項第３号ホに掲げる経営者及び監査役等の責任は、次の各号に掲げる事項について、当該各号に定める事項を記載するものとする。

一　経営者の責任　次に掲げる事項

イ　四半期財務諸表等を作成する責任があること。

ロ　四半期財務諸表等に重要な虚偽の表示がないように内部統制を整備及び運用する責任があること。

ハ　継続企業の前提（四半期財務諸表等規則第21条（連結四半期財務諸表規則第27条において準用する場合を含む。）に規定する継続企業の前提をいう。次項第３号において同じ。）に関する評価を行い必要な開示を行う責任があること。

二　監査役等の責任　財務報告に係る過程を監視する責任があること。

20　第１項第３号へに掲げる四半期レビューを実施した公認会計士又は監査法人の責任は、次に掲げる事項について記載するものとする。

一　四半期レビューを実施した公認会計士又は監査法人の責任は独立の立場から四半期財務諸表等に対する結論を表明することにあること。

二　四半期レビューは質問、分析的手続その他の四半期レビュー手続により行われ、年度の財務諸表等の監査に比べて限定的な手続により行われたこと。

三　継続企業の前提に関する経営者の評価について検討すること。

四　監査役等と適切な連携を図ること。

21　公認会計士又は監査法人は、重要な監査手続又は四半期レビュー手続が実施されなかつたこと等により、第１項第１号イ(2)に定める意見を表明するための基礎を得られなかつた場合若しくは同項第２号イ(2)に定める意見を表明するための基礎を得られなかつた場合又は同項第３号イ(2)に定める結論の表明ができない場合には、同項の規定にかかわらず、同項第１号イ(2)若しくは第２号イ(2)の意見又は同項第３号イ(2)の結論の表明をしない旨及びその理由を監査報告書若しくは中間監査報告書又は四半期レビュー報告書に記載しなければならない。

22　監査の対象となつた財務諸表等が指定国際会計基準に準拠して作成されている場合には、第１項第１号イ(2)並びに第３項第１号及び第２号に規定する一般に公正妥当と認められる企業会計の基準については、次の各号に掲げる場合の区分に応じ、当該各号に定める事項を記載するものとする。

一　指定国際会計基準が国際会計基準（連結財務諸表規則第93条に規定する国際会計基準をいう。以下この号及び次号において同じ。）と同一である場合　国際会計基準

二　指定国際会計基準が国際会計基準と異なる場合　指定国際会計基準

23　前項の規定は、中間監査の対象となつた中間財務諸表等が指定国際会計基準に準拠して作成されている場合について準用する。この場合において、同項中「第１項第１号イ(2)並びに第３項第１号及び第２号に規定する一般に公正妥当と認められる企業会計の基準」とあるのは、「第１項第２号イ(2)並びに第11項第１号及び第２号に規定する一般に公正妥当と認められる中間財務諸表等の作成基準」と読み替えるものとする。

24　第22項の規定は、四半期レビューの対象となつた四半期財務諸表等が指定国際会計基準に準拠して作成されている場合について準用する。この場合において、同項中「第１項第１号イ(2)並びに第３項第１号及び第２号に規定する一般に公正妥当と認められる企業会計の基準」とあ

るのは、「第１項第３号イ⑵及び第16項各号に規定する一般に公正妥当と認められる四半期財務諸表等の作成基準」と読み替えるものとする。

25　監査の対象となつた連結財務諸表が修正国際基準に準拠して作成されている場合には、第１項第１号イ⑵並びに第３項第１号及び第２号に規定する一般に公正妥当と認められる企業会計の基準については、修正国際基準を記載するものとする。

26　前項の規定は、中間監査の対象となつた中間連結財務諸表が修正国際基準に準拠して作成されている場合について準用する。この場合において、同項中「第１項第１号イ⑵並びに第３項第１号及び第２号に規定する一般に公正妥当と認められる企業会計の基準」とあるのは、「第１項第２号イ⑵並びに第11項第１号及び第２号に規定する一般に公正妥当と認められる中間財務諸表等の作成基準」と読み替えるものとする。

27　第25項の規定は、四半期レビューの対象となつた四半期連結財務諸表が修正国際基準に準拠して作成されている場合について準用する。この場合において、同項中「第１項第１号イ⑵並びに第３項第１号及び第２号に規定する一般に公正妥当と認められる企業会計の基準」とあるのは、「第１項第３号イ⑵及び第16項各号に規定する一般に公正妥当と認められる四半期財務諸表等の作成基準」と読み替えるものとする。

府令第４条（監査報告書等の記載事項）関係

4-1　監査法人が作成する監査報告書、中間監査報告書又は四半期レビュー報告書に係る府令第４条第１項第１号チ、第２号ト及び第３号トに規定する「明示すべき利害関係」には、当該監査、中間監査又は四半期レビューに係る業務を執行した社員と被監査会社等との間の利害関係をも含むことに留意する。

4-2　府令第４条第１項第１号チ、第２号ト及び第３号トに規定する「明示すべき利害関係」の記載については、公認会計士法（昭和23年法律第103号）第25条第２項及び公認会計士法施行規則（平成19年内閣府令第81号）第12条の規定により記載すべき内容を記載することに留意する。

4-3　府令第４条第３項各号及び第11項各号に規定する意見並びに同条第16項各号に規定する結論は、「監査基準」若しくは「中間監査基準」にいう意見又は「四半期レビュー基準」にいう結論をいうものであることに留意する。

4-4　府令第４条第６項、第13項及び第18項に規定する追記情報は、「監査基準」、「中間監査基準」又は「四半期レビュー基準」にいう追記情報の記載であることに留意する。

4-5　府令第４条第23項の規定の適用に関しては、次の点に留意する。

1　中間監査の対象となった中間財務諸表等が国際会計基準第34号「期中財務報告」によって作成されている場合には、その旨を記載するものとする。

2　中間監査の対象となった中間財務諸表等が指定国際会計基準に定める国際会計基準第34号「期中財務報告」によって作成されている場合には、その旨を記載するものとする。

4-6　府令第４条第24項の規定の適用に関しては、次の点に留意する。

1　四半期レビューの対象となった四半期財務諸表等が国際会計基準第34号「期中財務報告」によって作成されている場合には、その旨を記載するものとする。

2　四半期レビューの対象となった四半期財務諸表等が指定国際会計基準に定める国際会計基準第34号「期中財務報告」によって作成されている場合には、その旨を記載するものとする。

4-7　府令第４条第26項の規定の適用に関して、中間監査の対象となった中間連結財務諸表が修正国際基準に定める国際会計基準第34号「期中財務報告」によって作成されている場合には、その旨を記載するものとする。

4-8　府令第４条第27項の規定の適用に関して、四半期レビューの対象となった四半期連結財務諸表が修正国際基準に定める国際会計基準第34号「期中財務報告」によって作成されている場合には、その旨を記載するものとする。

（監査概要書等の提出）

第５条　公認会計士又は監査法人は、法第193条の２第６項の規定により提出すべき報告又は資料の一部として、監査、中間監査又は四半期レビュー（以下「監査等」という。）の従事者、監査日数その他当該監査等に関する事項の概要を記載した概要書を、当該監査等の終了後当該監査等に係る第１条各号に規定する書類を提出すべき財務局長等に提出しなければならない。

2　前項に規定する概要書は、次の各号に掲げる監査等の区分に応じ、当該各号に定める様式により作成しなければならない。

一　財務諸表等（特定有価証券の内容等の開示に関する内閣府令第１条第９号に規定するファンド及び同条第９号の４に規定する信託財産（以下この項において「ファンド及び信託財産」という。）に係る財務諸表等を除く。）の監査に係る概要書　第一号様式

二　中間財務諸表等（ファンド及び信託財産に係る中間財務諸表等を除く。）の中間監査に係る概要書　第二号様式

三　ファンド及び信託財産に係る財務諸表等の監査及び中間財務諸表等の中間監査に係る概要書　第三号様式

四　四半期レビューに係る概要書　第四号様式

3　第１項に規定する概要書は、次の各号に掲げる概要書の区分に応じ、当該各号に定める日までに提出しなければならない。

一　前項第１号、第２号及び第４号に掲げる概要書　当該概要書に係る監査報告書、中間監査報告書又は四半期レビュー報告書の作成日の翌月の末日

二　前項第３号に掲げる概要書　当該概要書に係る監査報告書又は中間監査報告書の作成日から３月を経過する日の属する月の末日

府令第５条（監査概要書等の提出）関係

5-1　府令第５条の規定により提出する監査概要書、中間監査概要書、四半期レビュー概要書並びにファンド及び信託財産に係る監査等概要書（以下「監査概要書等」という。）について、複数の被監査会社に係る監査概要書等をその提出期限ごとに一括して提出する場合には、一括して提出する各被監査会社の監査概要書を編綴して提出することに留意する。この場合において、同一の公認会計士、監査法人又は監査事務所その他適当な単位で一括して提出することができることに留意する。

5-2　第一号様式記載上の注意⑶ａの規定による監査責任者等の氏名の記載は、監査人が監査法人である場合において、監査証明が指定証明又は特定証明に係るものではないときは業務執行社員の氏名を記載し、監査証明が指定証明又は特定証明に係るものであるときは指定社員又は指定有限責任社員の氏名を記載することに留意する。なお、指定社員又は指定有限責任社員の中に業務を執行しない者がいる場合には、その旨を記載することを妨げない。

5-3　第一号様式記載上の注意⑷ｂの規定による備考欄の記載においては、監査又は証明業務としては、例えば、金融商品取引法監査、中間監査及び四半期レビュー、会社法監査、金融商品取引所の規則による意見表明業務などを記載し、その他の業務としては、監査又は証明業務以外の業務で、監査業務と同時に行うことができる業務を記載することになることに留意する。なお、備考欄に記載する業務が多数である場合には、注を付す等により当該記載事項を欄外に記載することができるものとする。

5-4　第一号様式記載上の注意⑷ｃ及び⑺ｄの規定により付記する「特に重要な連結子会社」には、親会社が持株会社である場合において実質的に中核的事業を行っている連結子会社、連結財務諸表規則第15条の２に規定するセグメント情報における一のセグメントに係る売上高の大宗を占めている連結子会社その他実質的に連結財務諸表の主要な構成要素となる連結子会社が含まれることに留意する。なお、連結子会社の監査報酬及び監査日数等は欄外又は別に欄を設けて記載することとし、記載する連結子会社が複数ある場合には、個々の連結子会社について区分して記載することもできることに留意する。

5-5　第一号様式記載上の注意⑻の記載については、連結財務諸表の監査において監査人と同一の公認会計士又は監査法人が行つた連結子会社の財務諸表の監査の結果を利用している場合には、監査人が利用した当該連結子会社の財務諸表の監査の結果に関して特に考慮した事項等が含まれることに留意する。

5-6　第一号様式記載上の注意⑻ｂにいう「重要な事項」とは、当期の監査計画の策定又は監査手続の実施における固有リスク及び統制リスクの評価又は監査手続の実施に関して特に重要

な事項をいい、監査計画の策定又は監査手続の実施における一般的な重要事項を記載することは要しないことに留意する。

5-7　第三号様式は、ファンド及び信託財産に係る財務諸表等の監査について記載する様式であり、ファンドの委託会社及び信託財産の受託者に係る財務諸表等の監査若しくは四半期レビュー又は投資法人に係る財務諸表等の監査若しくは四半期レビューに関する監査概要書、中間監査概要書又は四半期レビュー概要書は、第一号様式、第二号様式又は第四号様式によることに留意する。

5-8　第三号様式中、「監査日数又は時間」及び「監査報酬」は、同一の委託会社等に係るファンドについて、個別に監査契約を締結していない場合等においては、合計又は総額で記載することができることに留意する。

（監査証明に関する書類の財務局長等の受理）

第５条の２　金融商品取引法施行令（昭和40年政令第321号）第39条第２項第１号に規定する内閣府令で定めるものは、前条第１項に規定する監査概要書、中間監査概要書又は四半期レビュー概要書とする。

（監査調書の作成及び備置）

第６条　公認会計士又は監査法人は、監査等の終了後遅滞なく、当該監査等に係る記録又は資料を当該監査等に係る監査調書として整理し、これをその事務所に備えておかなければならない。

（法令違反等事実の通知）

第７条　監査証明を行うに当たり特定発行者（法第193条の２第１項に規定する特定発行者をいう。次条において同じ。）における法令違反等事実（法第193条の３第１項に規定する法令違反等事実をいう。）を発見した公認会計士又は監査法人は、当該事実の内容及び当該事実に係る法令違反の是正その他の適切な措置をとるべき旨を記載した書面により、当該特定発行者の監査役又は監事その他これらに準ずる者（法第193条の３第１項に規定する適切な措置をとることについて他に適切な者がある場合には、当該者）に対して通知しなければならない。

（意見の申出の手続）

第８条　法第193条の３第２項の申出をしようとする公認会計士又は監査法人は、次に掲げる事項を記載した書面を、金融庁長官に提出しなければならない。

一　公認会計士又は監査法人の氏名又は名称及び住所又は主たる事務所の所在地

二　特定発行者の商号又は名称

三　法第193条の３第１項の規定による通知を行つた日

四　意見の要旨

五　意見の内容（法第193条の３第２項第１号の事項及び同項第２号の事項の別に記載すること。）

附　則

1　この省令は、公布の日〔昭和32年３月28日〕から施行する。

2　第１条の規定は、次の各号に掲げる銀行、信託会社、保険会社及び公共工事の前払金保証事業に関する法律（昭和27年法律第184号）第２条第４項に規定する保証事業会社（この項及び次項において「銀行等」という。）の当該各号に掲げる財務諸表等については、当分の間、適用しない。

一　設立の日における資本の額が５億円未満の銀行等　当該設立の日の属する事業年度に係る財務諸表等

二　設立の日の属する事業年度の末日における資本の額が５億円未満かつ負債の合計金額が200億円未満の銀行等　当該設立の日の属する事業年度の翌事業年度に係る財務諸表等

三　事業年度（設立の日の属する事業年度を除く。）の末日における資本の額が５億円未満かつ当該事業年度及び当該事業年度の直前事業年度の末日における負債の合計金額がそれぞれ200億円未満の銀行等　当該事業年度の翌事業年度に係る財務諸表等

3　第１条の規定は、次の各号に掲げる銀行等の当該各号に掲げる中間財務諸表については、当分の間、適用しない。

一　設立の日における資本の額が５億円未満の

銀行等　当該設立の日の属する事業年度を構成する中間会計期間に係る中間財務諸表

二　設立の日の属する事業年度の末日における資本の額が５億円未満かつ負債の合計金額が200億円未満の銀行等　当該設立の日の属する事業年度の翌事業年度を構成する中間会計期間に係る中間財務諸表

三　事業年度（設立の日の属する事業年度を除く。）の末日における資本の額が５億円未満かつ当該事業年度及び当該事業年度の直前事業年度の末日における負債の合計金額がそれぞれ200億円未満の銀行等　当該事業年度の翌事業年度を構成する中間会計期間に係る中間財務諸表

4　第１条の規定は、会社が、証券取引所の規則に定める有価証券の上場に関する特別の基準（有価証券の上場申請に係る監査報告書の提出について、特別の定めがあるものに限る。以下「上場特則基準」という。）により、当該証券取引所に発行株式を上場しようとする場合において、当該証券取引所の規則により発行株式の募集又は売出しを行うため、法第５条第１項の規定により提出する届出書に含まれる最近事業年度の直前事業年度に係る財務諸表及び最近連結会計年度の直前連結会計年度に係る連結財務諸表が平成８年１月１日前に開始する事業年度又は連結会計年度に係るものである場合には、当該財務諸表及び当該連結財務諸表については適用しないことができる。

5　第１条の規定は、会社が、上場特則基準により、証券取引所に発行株式を上場した場合において、法第24条第２項の規定により提出する有価証券報告書に含まれる最近事業年度の直前事業年度に係る財務諸表及び最近連結会計年度の直前連結会計年度に係る連結財務諸表が平成８年１月１日前に開始する事業年度又は連結会計年度に係るものである場合には、当該財務諸表及び当該連結財務諸表については適用しないことができる。

6　第１条の規定は、会社が、証券業協会の規則に定める有価証券の登録に関する特別の基準（以下「店頭特則基準」という。）により、当該証券業協会に発行株式を店頭売買有価証券（法第76条に規定する店頭売買有価証券をいう。以下同じ。）として登録しようとする場合において、当該証券業協会の規則により発行株式の募集又は売出しを行うため、法第５条第１項の規定により提出する届出書に含まれる最近事業年度の直前事業年度に係る財務諸表及び最近連結会計年度の直前連結会計年度に係る連結財務諸表が平成７年10月11日前に開始する事業年度又は連結会計年度に係るものである場合には、当該財務諸表及び当該連結財務諸表については適用しないことができる。

7　第１条の規定は、会社が、店頭特則基準により、証券業協会に発行株式を店頭売買有価証券として登録した場合において、法第24条第２項の規定により提出する有価証券報告書に含まれる最近事業年度の直前事業年度に係る財務諸表及び最近連結会計年度の直前連結会計年度に係る連結財務諸表が平成７年10月11日前に開始する事業年度又は連結会計年度に係るものである場合には、当該財務諸表及び当該連結財務諸表については適用しないことができる。

8　第１条の規定は、法第２条第１項第７号に掲げる証券投資信託の受益証券の発行者（次項において「証券投資信託の受益証券の発行者」という。）が、法第５条第１項の規定により提出する届出書に含まれる最近事業年度の直前事業年度に係る財務諸表（特定有価証券の内容等の開示に関する省令（平成５年大蔵省令第22号）第四号様式第三部中「第２　委託会社の経理状況」に記載すべき貸借対照表、損益計算書及び利益金処分又は損失金処理に限る。）が平成９年４月１日前に開始する事業年度に係るものである場合には、当該財務諸表については適用しないことができる。

9　第１条の規定は、証券投資信託の受益証券の発行者が、法第24条第１項及び第２項の規定により提出する有価証券報告書に含まれる最近事業年度の直前事業年度に係る財務諸表（特定有価証券の内容等の開示に関する省令第七号様式

中「第５　委託会社の経理状況」に記載すべき貸借対照表、損益計算書及び利益金処分又は損失金処理に限る。）が平成９年４月１日前に開始する事業年度に係るものである場合には、当該財務諸表については適用しないことができる。

10　第１条の規定は、金融システム改革のための関係法律の整備等に関する法律（平成10年法律第107号）附則第３条の規定の適用を受ける法第２条第１項第７号に掲げる証券投資信託の受益証券の発行者（次項において「証券投資信託の受益証券の発行者」という。）が、法第５条第１項の規定により提出する届出書に含まれる最近事業年度の直前事業年度に係る財務諸表（特定有価証券の内容等の開示に関する内閣府令第四号様式第二部中「第４　ファンドの経理状況」に記載すべき財務諸表に限る。）が平成10年10月１日前に開始する計算期間に係るものである場合には、当該財務諸表については適用しないことができる。

11　第１条の規定は、証券投資信託の受益証券の発行者が、法第24条第１項及び第２項の規定により提出する有価証券報告書に含まれる最近事業年度の直前事業年度に係る財務諸表（特定有価証券の内容等の開示に関する内閣府令第七号様式中「第４　ファンドの経理状況」に記載すべき財務諸表に限る。）が平成10年10月１日前に開始する計算期間に係るものである場合には、当該財務諸表については適用しないことができる。

12　第１条の規定は、金融商品取引法施行令第１条第２号に掲げる証券若しくは証書を発行し、若しくは発行しようとする学校法人等（私立学校法（昭和24年法律第270号）第３条に規定する学校法人又は同法第64条第４項に規定する法人をいう。以下この項において同じ。）又は金融商品取引法施行令第１条の３の４に規定する権利を有価証券として発行し、若しくは発行しようとする学校法人等が法第27条において準用する法第５条第１項の規定により提出する届出書（開示府令第二号様式又は第二号の五様式により作成するものに限る。）又は法第27条において準用する法第24条第１項若しくは第３項の規定により提出する有価証券報告書（開示府令第三号様式又は第三号の二様式により作成するものに限る。）に含まれる第１条第１号、第４号、第７号又は第８号に掲げる書類が、平成19年９月30日前に終了する事業年度又は連結会計年度に係るものである場合には、当該書類については適用しないことができる。

附　則（昭和39年蔵令第21号～平成19年内閣府令第84号）（略）

附　則（平成20年５月30日内閣府令第35号　企業内容等の開示に関する内閣府令等の一部を改正する内閣府令）

この府令は、平成20年６月１日から施行する。

附　則（平成20年６月６日内閣府令第36号　財務諸表等の用語、様式及び作成方法に関する規則等の一部を改正する内閣府令）

（施行期日）

第１条　この府令は、公布の日から施行する。

附　則（平成21年３月24日内閣府令第５号　財務諸表等の用語、様式及び作成方法に関する規則等の一部を改正する内閣府令）

（施行期日）

第１条　この府令は、公布の日から施行する。

（財務諸表等の監査証明に関する内閣府令の一部改正に伴う経過措置）

第８条　第７条の規定による改正後の財務諸表等の監査証明に関する内閣府令の規定の適用は、次の各号に掲げる改正規定の区分に応じ、当該各号に定めるところによる。

一　第１条の改正規定（同条中「第８条の17第１項第13号」を「第８条の17第１項第10号」に改める部分に限る。）　附則第２条第１項第１号に掲げる改正規定の適用を受ける財務諸表について適用する。

二　第１条の改正規定（同条中「第15条第１項第９号」を「第15条第１項第７号」に改める部分に限る。）　附則第６条第１項第１号に掲げる改正規定の適用を受ける四半期財務諸表について適用する。

三　第１条の改正規定（同条中「第15条の12第１項第12号」を「第15条の12第１項第11号」

に改める部分に限る。）　附則第３条第１項第１号に掲げる改正規定の適用を受ける連結財務諸表について適用する。

２　前項第１号に規定する氏名については、旧氏（住民基本台帳法施行令（昭和42年政令第292号）第30条の13に規定する旧氏をいう。以下同じ。）及び名を括弧書で併せて記載することができる。

附　則（平成21年12月11日内閣府令第73号 連結財務諸表の用語、様式及び作成方法に関する規則等の一部を改正する内閣府令）

（施行期日）

第１条　この府令は、公布の日から施行する。

（財務諸表等の監査証明に関する内閣府令の一部改正に伴う経過措置）

第９条　第８条の規定による改正後の財務諸表等の監査証明に関する内閣府令（次項において「新監査証明府令」という。）第１条第11号の２の規定は、平成22年３月31日以後に終了する連結会計年度に係る連結財務諸表を連結財務諸表提出会社が新連結財務諸表規則第93条の規定により最初に作成する場合に適用する。

２　前項の場合において、新監査証明府令第１条第４号及び第８号の規定の適用については、同条第４号及び第８号中「法第５条第１項又は第24条第１項若しくは第３項の規定により提出された届出書又は有価証券報告書」とあるのは、「法第５条第１項、第24条第１項若しくは第３項又は第24条の４の７第１項の規定により提出された届出書、有価証券報告書又は四半期報告書（第１・四半期報告書に限る。）」とする。

附　則（平成22年９月30日内閣府令第45号 連結財務諸表の用語、様式及び作成方法に関する規則等の一部を改正する内閣府令）

（施行期日）

第１条　この府令は、公布の日から施行する。

（財務諸表等の監査証明に関する内閣府令の一部改正に伴う経過措置）

第12条　第８条の規定による改正後の財務諸表等の監査証明に関する内閣府令（以下「新監査証明府令」という。）の規定の適用は、次の各号に掲げる規定の区分に応じ、当該各号に定めるところによる。

一　新監査証明府令第１条第７号及び第８号並びに第４条第１項から第15項まで　平成24年３月31日以後に終了する連結会計年度及び事業年度（以下この条において「連結会計年度等」という。）に係る連結財務諸表及び財務諸表（以下この条において「連結財務諸表等」という。）の監査証明について適用し、同日前に終了する連結会計年度等に係る連結財務諸表等の監査証明については、なお従前の例による。

二　新監査証明府令第４条第16項　施行日以後に終了する連結会計年度等に係る連結財務諸表等の監査証明について適用する。

三　新監査証明府令第４条第17項　施行日以後に開始する中間連結会計期間及び中間会計期間（以下この条において「中間連結会計期間等」という。）に係る中間連結財務諸表及び中間財務諸表（以下この条において「中間連結財務諸表等」という。）の監査証明について適用する。

四　新監査証明府令第４条第18項　施行日以後に開始する連結会計年度に属する四半期連結会計期間等に係る四半期連結財務諸表並びに事業年度に属する四半期会計期間及び四半期累計期間（第７号において「四半期会計期間等」という。）に係る四半期財務諸表の監査証明について適用する。

五　新監査証明府令様式第一号　平成23年３月31日以後に終了する連結会計年度等に係る連結財務諸表等の監査証明について適用し、同日前に終了する連結会計年度等に係る連結財務諸表等の監査証明については、なお従前の例によることができる。

六　新監査証明府令様式第二号　平成23年４月１日以後に開始する中間連結会計期間等に係る中間連結財務諸表等の監査証明について適用し、同日前に開始する中間連結会計期間等に係る中間連結財務諸表等の監査証明については、なお従前の例によることができる。

七　新監査証明府令様式第四号　平成23年４月

１日以後に開始する連結会計年度に属する四半期連結会計期間等に係る四半期連結財務諸表及び事業年度に属する四半期会計期間等に係る四半期財務諸表の監査証明について適用し、同日前に開始する連結会計年度に属する四半期連結会計期間等に係る四半期連結財務諸表及び事業年度に属する四半期会計期間等に係る四半期財務諸表の監査証明については、なお従前の例によることができる。

附　則（平成23年３月31日内閣府令第10号　四半期連結財務諸表の用語、様式及び作成方法に関する規則等の一部を改正する内閣府令）

（施行期日）

第１条　この府令は、平成23年４月１日（以下「施行日」という。）から施行する。

（財務諸表等の監査証明に関する内閣府令の一部改正に伴う経過措置）

第９条　第８条の規定による改正後の財務諸表等の監査証明に関する内閣府令は、施行日以後に開始する連結会計年度及び事業年度に係る連結財務諸表及び財務諸表、中間連結財務諸表及び中間財務諸表並びに四半期連結財務諸表及び四半期財務諸表の監査証明について適用し、同日前に開始する連結会計年度及び事業年度に係る連結財務諸表及び財務諸表、中間連結財務諸表及び中間財務諸表並びに四半期連結財務諸表及び四半期財務諸表の監査証明については、なお従前の例による。

附　則（平成23年７月15日内閣府令第34号　財務諸表等の監査証明に関する内閣府令の一部を改正する内閣府令）

１　この府令は、公布の日から施行する。

２　この府令による改正後の財務諸表等の監査証明に関する内閣府令の規定は、平成23年４月１日以後開始する事業年度に係る中間財務諸表若しくは四半期財務諸表又は連結会計年度に係る中間連結財務諸表若しくは四半期連結財務諸表について適用し、同日前に開始する事業年度に係る中間財務諸表若しくは四半期財務諸表又は連結会計年度に係る中間連結財務諸表若しくは四半期連結財務諸表については、なお従前の例による。

附　則（平成24年２月15日内閣府令第４号　資本市場及び金融業の基盤強化のための金融商品取引法等の一部を改正する法律の施行に伴う金融庁関係内閣府令の整備等に関する内閣府令）

（施行期日）

第１条　この府令は、資本市場及び金融業の基盤強化のための金融商品取引法等の一部を改正する法律の施行の日（平成24年４月１日）から施行する。

附　則（平成25年５月24日内閣府令第35号　財務諸表等の監査証明に関する内閣府令の一部を改正する内閣府令）

１　この府令は、公布の日から施行する。

２　この府令による改正後の財務諸表等の監査証明に関する内閣府令第３条第３項及び第４項の規定は、平成26年３月31日以後終了する事業年度及び連結会計年度（以下「事業年度等」という。）に係る財務諸表及び連結財務諸表（以下「財務諸表等」という。）の監査証明並びに平成26年９月30日以後終了する中間会計期間及び中間連結会計期間（以下「中間会計期間等」という。）に係る中間財務諸表及び中間連結財務諸表（以下「中間財務諸表等」という。）の監査証明について適用し、平成26年３月31日前に終了する事業年度等に係る財務諸表等及び平成26年９月30日前に終了する中間会計期間等に係る中間財務諸表等の監査証明については、なお従前の例による。

附　則（平成25年10月28日内閣府令第70号　連結財務諸表の用語、様式及び作成方法に関する規則等の一部を改正する内閣府令）

この府令は、公布の日から施行する。

附　則（平成26年３月26日内閣府令第19号　財務諸表等の用語、様式及び作成方法に関する規則等の一部を改正する内閣府令）

（施行期日）

第１条　この府令は、公布の日から施行する。

附　則（平成26年３月28日内閣府令第22号　財務諸表等の用語、様式及び作成方法に関する規則等の一部を改正する内閣府令）

（施行期日）

第１条　この府令は、公布の日から施行する。

附　則（平成26年８月20日内閣府令第57号 企業内容等の開示に関する内閣府令及び財務諸表等の監査証明に関する内閣府令の一部を改正する内閣府令）

（施行期日）

第１条　この府令は、公布の日から施行する。

附　則（平成27年９月４日内閣府令第52号 連結財務諸表の用語、様式及び作成方法に関する規則等の一部を改正する内閣府令）

（施行期日）

第１条　この府令は、公布の日から施行する。

（財務諸表等の監査証明に関する内閣府令の一部改正に伴う経過措置）

第５条　第４条の規定による改正後の財務諸表等の監査証明に関する内閣府令（以下この条において「新監査証明府令」という。）の規定の適用は、次の各号に掲げる規定の区分に応じ、当該各号に定めるところによる。

一　新監査証明府令第１条第11号の２　平成28年３月31日以後に終了する連結会計年度に係る連結財務諸表を連結財務諸表提出会社が新連結財務諸表規則第93条又は第94条の規定により作成する場合に適用する。この場合において、新監査証明府令第１条第４号の規定の適用については、同号中「法第５条第１項又は第24条第１項若しくは第３項の規定により提出された届出書又は有価証券報告書」とあるのは、「法第５条第１項、第24条第１項若しくは第３項又は第24条の４の７第１項の規定により提出された届出書、有価証券報告書又は四半期報告書（第１・四半期報告書に限る。）」とする。

二　新監査証明府令第４条第２項及び第22項　平成28年３月31日以後に終了する連結会計年度に係る連結財務諸表の監査証明について適用する。

三　新監査証明府令第４条第23項　平成28年４月１日以後に開始する中間連結会計期間に係る中間連結財務諸表の監査証明について適用する。

四　新監査証明府令第４条第24項　平成28年４月１日以後に開始する連結会計年度に属する四半期連結会計期間及び四半期連結累計期間に係る四半期連結財務諸表の監査証明について適用する。

附　則（平成30年11月30日内閣府令第54号 財務諸表等の監査証明に関する内閣府令及び企業内容等の開示に関する内閣府令の一部を改正する内閣府令）

（施行期日）

第１条　この府令は、公布の日から施行する。

（財務諸表等の監査証明に関する内閣府令の一部改正に伴う経過措置）

第２条　第１条の規定による改正後の財務諸表等の監査証明に関する内閣府令（以下この条において「新監査証明府令」という。）第４条第１項第１号ニ、第５項及び第８項（第９号に限る。）から第10項までの規定は、令和３年３月31日以後に終了する連結会計年度及び事業年度（以下この条において「連結会計年度等」という。）に係る連結財務諸表、財務諸表及び財務書類（以下この条において「連結財務諸表等」という。）の監査証明について適用し、同日前に終了する連結会計年度等に係る連結財務諸表等の監査証明については、なお従前の例による。ただし、令和３年３月31日以後に終了する連結会計年度等に係る連結財務諸表等の監査証明については、これらの規定を適用することができる。

2　新監査証明府令第４条第１項第１号（ニを除く。）、第３項、第４項、第６項から第８項（第９号を除く。）まで及び第１号様式の規定は、令和２年３月31日以後に終了する連結会計年度等に係る連結財務諸表等の監査証明について適用し、同日前に終了する連結会計年度等に係る連結財務諸表等の監査証明については、なお従前の例による。

3　前２項の規定にかかわらず、連結財務諸表の用語、様式及び作成方法に関する規則（昭和51年大蔵省令第28号。以下この項及び次条第２項において「連結財務諸表規則」という。）第93条に規定する国際会計基準に基づいて作成した連結財務諸表を米国証券取引委員会に登録している連結財務諸表規則第１条の２に規定する指定国際会計基準特定会社又は米国預託証券の発行等に関して要請されている用語、様式及び作成方法により作成した連結財務諸表（同項において「米国式連結財務諸表」という。）を米国証券取引委員会に登録している連結財務諸表提出会社の令和元年年12月31日以後に終了する連結会計年度等に係る連結財務諸表等の監査証明については、新監査証明府令の規定を適用することができる。

附　則（令和元年５月７日内閣府令第２号　無尽業法施行細則等の一部を改正する内閣府令）

この府令は、公布の日から施行する。

附　則（令和元年６月21内閣府令第13号　企業内容等の開示に関する内閣府令等の一部を改正する内閣府令）

（施行期日）

第１条　この府令は、公布の日から施行する。（以下略）

附　則（令和元年６月24日内閣府令第14号　不正競争防止法等の一部を改正する法律の施行に伴う金融庁関係内閣府令の整理に関する内閣府令）

この府令は、不正競争防止法等の一部を改正する法律の施行の日（令和元年７月１日）から施行する

附　則（令和元年12月27日内閣府令第53号　財務諸表等の監査証明に関する内閣府令及び企業内容等の開示に関する内閣府令の一部を改正する内閣府令）

（施行期日）

第１条　この府令は、公布の日から施行する。

（財務諸表等の監査証明に関する内閣府令の一部改正に伴う経過措置）

第２条　第１条の規定による改正後の財務諸表等の監査証明に関する内閣府令（次項において「新監査証明府令」という。）第４条の規定は、令和２年３月31日以後に終了する事業年度及び連結会計年度（以下この条において「事業年度等」という。）に係る財務諸表、財務書類及び連結財務諸表（以下この条において「財務諸表等」という。）の監査証明、同年９月30日以後に終了する中間会計期間及び中間連結会計期間（以下この条において「中間会計期間等」という。）に係る中間財務諸表及び中間連結財務諸表（以下この条において「中間財務諸表等」という。）の監査証明並びに同年４月１日以後に開始する四半期会計期間及び四半期連結会計期間（以下この条において「四半期会計期間等」という。）に係る四半期財務諸表及び四半期連結財務諸表（以下この条において「四半期財務諸表等」という。）の監査証明について適用し、同年３月31日前に終了する事業年度等に係る財務諸表等、同年９月30日前に終了する中間会計期間等に係る中間財務諸表等及び同年４月１日前に開始する四半期会計期間等に係る四半期財務諸表等の監査証明については、なお従前の例による。

2　前項の規定にかかわらず、連結財務諸表の用語、様式及び作成方法に関する規則（昭和51年大蔵省令第28号。以下この項において「連結財務諸表規則」という。）第93条に規定する国際会計基準に基づいて作成した連結財務諸表を米国証券取引委員会に登録している連結財務諸表規則第１条の２に規定する指定国際会計基準特定会社又は米国預託証券の発行等に関して要請されている用語、様式及び作成方法により作成した連結財務諸表を米国証券取引委員会に登録している連結財務諸表規則第２条第１号に規定する連結財務諸表提出会社（次条第２項において「米国証券取引委員会登録会社」と総称する。）の令和元年12月31日以後に終了する事業年度等に係る財務諸表等、令和２年６月30日以後に終了する中間会計期間等に係る中間財務諸表等及び同年１月１日以後に開始する四半期会計期間等に係る四半期財務諸表等の監査証明については、新監査証明府令の規定を適用することができる。

附　則（令和２年12月23日内閣府令第75号　無尽業法施行細則等の一部を改正する内閣府令）

この府令は、公布の日から施行する。（以下略）

第一号様式

監 査 概 要 書（表紙）

年　月　日提出

＿＿財務（支）局長　殿

公認会計士の事務所名及び氏名
又は監査法人の名称(1)

事務所又は監査法人の所在地

電話番号

被監査会社名の一覧(2)
（番号）

（本書面の枚数　表紙共　　枚）

（日本産業規格　Ａ４　210×297ミリメートル）

監 査 概 要 書

会社名　（番号）
公認会計士の氏名又は監査法人の名称

財務諸表　事業年度　第　期　年　月　日から
年　月　日まで

連結財務諸表　連結会計年度　年　月　日から
年　月　日まで

第一部　監査人等の概況

1　監査人の状況(3)
(1)　監査責任者等の氏名
(2)　補助者の状況
(3)　監査人等の異動状況

2　監査契約等の状況(4)
(1)　監査報酬等の額

	本事業年度	前事業年度	備　考
監査又は証明業務	千円	千円	
その他の業務	千円	千円	

(2)　監査契約の解除

3　品質管理の状況(5)

(1)　品質管理を担当する公認会計士の氏名又は監査法人の部署

(2)　意見審査を行つた公認会計士又は監査法人の担当者の氏名等

第二部　監査の実施状況等(6)

1　監査の実施状況(7)

従事者の内訳	人数	従事日数又は時間数
監査責任者又は業務執行社員		
公認会計士		
その他		
小計		
審査担当者		
合計		

2　監査の実施において特に考慮した事項等(8)

(1)　監査人の交代における引継ぎの有無

(2)　監査計画の策定及び監査手続の実施において特に考慮した重要な事項

(3)　内部統制の開示すべき重要な不備に関する経営者等への報告の状況

(4)　重要な不正及び違法行為に関する対処の状況

(5)　経営者等とのディスカッションの状況

3　他の監査人の監査結果等の利用状況(9)

4　監査意見等に関する事項(10)

(1)　監査意見

(2)　無限定適正意見以外の意見又は意見を表明しない場合の理由

(3)　審査の状況

5　継続企業の前提に関する注記に係る事項

6　監査上の主要な検討事項(11)

7　追記情報の有無及び事由

(記載上の注意)

(1)　一般的事項

a　共同監査の場合には、監査人（監査契約を締結している公認会計士又は監査法人をいう。第一号様式から第三号様式までにおいて同じ。）それぞれの氏名及び共同監査である旨を記載すること。
b　氏を改めた者においては、旧氏及び名を氏名を記載する欄に括弧書で併せて記載することができる。
c　監査概要書提出前１年内に監査法人の名称に変更があつた場合にはその旨を付記すること。
d　監査を行つた財務諸表等に係る事業年度又は連結会計年度を記載すること。

(2)　複数の被監査会社の財務諸表の監査に係る監査概要書を一括して提出する場合には、表紙に当該会社の会社名及び当該会社の提出した有価証券届出書又は有価証券報告書に付された会社の番号を列記すること。

(3)　監査人の状況
a　「監査責任者等の氏名」には、監査人が監査法人ではない場合には監査人たる公認会計士の氏名及び連続して監査人であつた会計期間を記載し、監査人が監査法人である場合には業務執行社員、指定社員又は指定有限責任社員の氏名及び連続して監査に関与した会計期間を記載すること。
b　「補助者の状況」には、補助者の人数及び補助者であつて過去において監査責任者又は業務執行社員、指定社員若しくは指定有限責任社員であつた者の氏名を記載すること。
c　「監査人等の異動状況」には、当事業年度の中間会計期間又は前事業年度の監査人又は業務執行社員、指定社員若しくは指定有限責任社員が当事業年度の監査人又は業務執行社員、指定社員若しくは指定有限責任社員と異なる場合に、当事業年度の中間会計期間又は前事業年度の監査人の名称又は業務執行社員、指定社員若しくは指定有限責任社員の氏名を記載すること。

(4)　監査契約等の状況
a　「監査又は証明業務」欄には、公認会計士法第２条第１項の業務に係る報酬を記載し、「その他の業務」欄には公認会計士法第２条第２項の業務に係る報酬を記載すること。
b　「備考」欄には、監査又は証明業務及びその他の業務の内容を簡潔に記載すること。
c　特に重要な連結子会社（第５条第１項の規定により監査概要書を提出しなければならない会社を除く。）について、監査人と同一の公認会計士又は監査法人が監査を行つている場合には、その旨及び当該連結子会社に係る監査報酬の額を「(1)　監査報酬等の額」の記載に付記すること。
d　「監査契約の解除」には、監査報告書を被監査会社に提出した後、監査概要書の提出までの間に監査契約の解除があつた場合に、その旨及び理由を記載すること。

(5)　品質管理の状況
a　意見審査を他の公認会計士又は監査法人が行つた場合には、その旨並びに当該公認会計士の氏名又は監査法人の名称及び担当者並びに連続して監査人であつた会計期間又は連続して監査に関与した会計期間を記載すること。
b　意見審査を行つた監査法人の担当者が指定社員又は指定有限責任社員である場合にはその旨を付記すること。

(6)　「監査の実施状況等」の２から７に掲げる事項の記載は、当該事項に該当する場合に記載すること。

(7)　監査の実施状況
a　「従事者の内訳」中「監査責任者又は業務執行社員」の記載には監査人が監査法人ではない場合には監査責任者の人数及び従事日数を記載し、監査人が監査法人である場合には業務執行社員の人数及び従事日数を記載すること。
b　「従事者の内訳」中「その他」には、公認会計士以外の補助者の人数及び従事日数を記載すること。
c　「従事者の内訳」中「審査担当者」には、監査証明業務に係る審査を行う者の人数及び従事日数又は時間数を記載すること。
d　「従事日数又は時間数」には、監査の従事日数又は監査時間のいずれかにより記載すること。
e　特に重要な連結子会社（第５条第１項の規定により監査概要書を提出しなければならない会社を除く。）について、監査人と同一の公認会計士又は監査法人が監査を行つている場合には、当該連結子会社に係る監査における従事日数又は時間数を「監査の実施状況」の記載に付記すること。

(8)　監査の実施において特に考慮した事項等
a　「監査人の交代における引継ぎの有無」には、監査人の交代による初度監査の場合に、前任監査人からの引継ぎの有無及び引継ぎがなかつた場合の理由を記載すること。
b　「監査計画の策定及び監査手続の実施において特に考慮した重要な事項」には、経営環境の重大な変化、経営上の重大な問題の発生等、当事業年度の監査計画の策定において特に考慮した重要な事項及び監査手続の実施に特に重要な影響を及ぼした事項について記載すること。
c　「内部統制の開示すべき重要な不備に関する経営者等への報告の状況」には、内部統制の開示すべき重要な不備についての経営者等への報告を行つた場合に、その概要及び改善の状況について記載すること。

d 「重要な不正及び違法行為に関する対処の状況」には、重大な不正及び違法行為を発見した場合に、経営者等への報告の状況、監査計画の修正及び財務諸表への影響の有無等について記載すること。

e 「経営者等とのディスカッションの状況」には、経営者等と行つたディスカッションについて、その対象者及び趣旨を記載すること。

(9) 「他の監査人の監査結果等の利用状況」の記載は、重要な子会社等について他の監査人の監査結果を利用した場合に、当該他の監査人の名称及び監査結果を利用した範囲（子会社等の名称を含む。）を記載すること。

(10) 監査意見等に関する事項

a 「監査意見」には、無限定適正意見、意見の除外に係る除外事項を付した限定付適正意見、監査範囲の制約に係る除外事項を付した限定付適正意見又は不適正意見若しくは意見の表明をしない旨を記載すること。

b 「審査の状況」には、審査の対象、意見審査の結果及び意見審査において特に重要と認められた事項を記載すること。

(11) 「監査上の主要な検討事項」には、監査上の主要な検討事項の内容、監査上の主要な検討事項であると決定した理由及び監査上の主要な検討事項に対する監査における対応について記載すること。

第二号様式

中間監査概要書（表紙）

年　月　日提出

＿＿財務（支）局長　殿

公認会計士の事務所名及び氏名
又は監査法人の名称

＿＿＿＿＿＿＿＿＿＿＿＿＿＿
事務所又は監査法人の所在地

＿＿＿＿＿＿＿＿＿＿＿＿＿＿
電話番号
＿＿＿＿＿＿＿＿＿＿＿＿＿＿

被監査会社名の一覧
（番号）

（本書面の枚数　表紙共　枚）

（日本産業規格　Ａ４　210×297ミリメートル）

中間監査概要書

会社名　（番号）
公認会計士の氏名又は監査法人の名称
＿＿＿＿＿＿＿＿＿＿＿＿＿＿

中間財務諸表　第　期に係る中間会計期間　年　月　日から
年　月　日まで
中間連結財務諸表　中間連結会計期間　年　月　日から

年　月　日まで

第一部　監査人等の概況

1　監査責任者等の氏名
2　補助者の状況
3　監査人等の異動状況
4　意見審査を行つた公認会計士又は監査法人の担当者の氏名等
5　監査契約の解除

第二部　中間監査の実施状況等

1　中間監査の実施状況

従事者の内訳	人数	従事日数又は時間数
監査責任者又は業務執行社員		
公認会計士		
その他		
小計		
審査担当者		
合計		

2　監査意見
3　継続企業の前提に関する注記に係る事項
4　追記情報の有無及び事由

(記載上の注意)
監査概要書に準じて記載すること。

第三号様式

ファンド及び信託財産に係る監査等概要書（表紙）

年　月　日提出

＿＿財務(支)局長　殿

公認会計士の事務所名及び氏名
又は監査法人の名称

＿＿＿＿＿＿＿＿＿＿
事務所又は監査法人の所在地

＿＿＿＿＿＿＿＿＿＿
電話番号

＿＿＿＿＿＿＿＿＿＿

(本書面の枚数　表紙共　　枚)

（日本産業規格　Ａ４　210×297ミリメートル）

（監査人の氏名又は名称）

ファンド又は信託財産の名称（番号）	監査対象の財務諸表等の計算期間	監査責任者又は業務執行社員の氏名	監査日数又は時間	監査報酬	備　考
	年　月　日から 年　月　日まで				
	年　月　日から 年　月　日まで				
	年　月　日から 年　月　日まで				
	年　月　日から 年　月　日まで				
	年　月　日から 年　月　日まで				
	年　月　日から 年　月　日まで				
	年　月　日から 年　月　日まで				
	年　月　日から 年　月　日まで				
	年　月　日から 年　月　日まで				
	年　月　日から 年　月　日まで				
	年　月　日から 年　月　日まで				
	年　月　日から 年　月　日まで				
	年　月　日から 年　月　日まで				
	年　月　日から 年　月　日まで				
	年　月　日から 年　月　日まで				
	年　月　日から 年　月　日まで				

（記載上の注意）

1　氏を改めた者においては、旧氏及び名を氏名を記載する欄に括弧書で併せて記載することができる。

2　ファンド及び信託財産ごとに名称及び有価証券届出書、有価証券報告書又は半期報告書に付された番号を記載すること。

3　監査又は中間監査の別を備考欄に記載すること。

第四号様式

四半期レビュー概要書（表紙）

年　月　日提出

＿＿財務(支)局長　殿

公認会計士の事務所名及び氏名
又は監査法人の名称

事務所又は監査法人の所在地

電話番号

被監査会社名の一覧
（番号）

(本書面の枚数　表紙共　　枚)

（日本産業規格　Ａ４　210×297ミリメートル）

四半期レビュー概要書

会社名　　　　　　　　　（番号）
公認会計士の氏名又は監査法人の名称

四半期財務諸表　　第　期に係る第　四半期会計期間
年　月　日から　　年　月　日まで
同四半期累計期間
年　月　日から　　年　月　日まで
四半期連結財務諸表　第　四半期連結会計期間　年　月　日から　　年　月　日まで
同四半期連結累計期間　年　月　日から　　年　月　日まで

(2)

第一部　監査人等の概況
1　監査責任者等の氏名
2　補助者の状況
3　監査人等の異動状況

4　結論審査を行った公認会計士又は監査法人の担当者の氏名等

5　監査契約の解除

第二部　四半期レビューの実施状況等

1　四半期レビューの実施状況

従事者の内訳	人数	従事日数又は時間数
監査責任者又は業務執行社員		
公認会計士		
その他		
小計		
審査担当者		
合計		

2　四半期レビューの結論

3　継続企業の前提に関する注記に係る事項

4　追記情報の有無及び事由

(記載上の注意)

(1)　監査概要書に準じて記載すること。

(2)　連結財務諸表を作成している会社は下２段の四半期連結財務諸表に係る箇所を、連結財務諸表を作成していない会社は上２段の四半期財務諸表に係る箇所を記入すること。

内部統制府令

（財務計算に関する書類その他の情報の適正性を確保するための体制に関する内閣府令）

（平成19年８月10日内閣府令第62号
最終改正令和２年12月23日内閣府令第75号）

内部統制府令ガイドライン

（「財務計算に関する書類その他の情報の適正性を確保するための体制に関する内閣府令」の取扱いに関する留意事項について）

（平成19年10月１日金融庁総務企画局
最終改正令和２年３月23日金融庁企画市場局）

このガイドラインは、財務計算に関する書類その他の情報の適正性を確保するための体制に関する留意事項（制定・発出時点において最適と考えられる法令解釈・運用等）を示したものである。

III 関係法令

目　次

第１章　総　則

（適用の一般原則）

第１条　金融商品取引法（以下「法」という。）第24条の４の４（法第27条において準用する場合を含む。以下同じ。）の規定により提出される内部統制報告書の用語、様式及び作成方法は、この府令の定めるところによるものとし、この府令において定めのない事項については、一般に公正妥当と認められる財務報告に係る内部統制の評価の基準に従うものとする。

２　法第193条の２第２項の規定による内部統制報告書の監査証明は、内部統制報告書の監査を実施した公認会計士（公認会計士法（昭和23年法律第103号）第16条の２第５項に規定する外国公認会計士を含む。以下同じ。）又は監査法人が作成する内部統制監査報告書により行うものとする。

３　前項の内部統制監査報告書は、この府令の定めるところによるもののほか、一般に公正妥当と認められる財務報告に係る内部統制の監査に関する基準及び慣行に従って実施された監査の結果に基づいて作成されなければならない。

４　金融庁組織令（平成10年政令第392号）第24条第１項に規定する企業会計審議会により公表された財務報告に係る内部統制の評価及び監査に関する基準は、第１項に規定する一般に公正妥当と認められる財務報告に係る内部統制の評価の基準及び前項に規定する一般に公正妥当と認められる財務報告に係る内部統制の監査に関する基準に該当するものとする。

1−1　財務計算に関する書類その他の情報の適正性を確保するための体制に関する内閣府令（平成19年内閣府令第62号。以下「内部統制府令」という。）第１条第２項の金融商品取引法第193条の２第２項の規定による内部統制報告書の監査証明には、同法第24条の４の５の規定に基づき提出する訂正内部統制報告書の監査証明を含まないことに留意する。

（定義）

第２条　この府令において、次の各号に掲げる用語の意義は、当該各号に定めるところによる。
一　財務報告　財務諸表（連結財務諸表（企業内容等の開示に関する内閣府令（昭和48年大蔵省令第5号。以下この条において「開示府令」という。）第1条第21号に規定する連結財務諸表をいう。第5条第3項において同じ。）を含む。以下この号において同じ。）及び財務諸表の信頼性に重要な影響を及ぼす開示に関する事項に係る外部報告をいう。
二　財務報告に係る内部統制　会社における財務報告が法令等に従って適正に作成されるための体制をいう。
三　内部統制報告書提出会社　法第24条の4の4第1項の規定により内部統制報告書を有価証券報告書と併せて提出すべき会社（財務諸表等の用語、様式及び作成方法に関する規則（昭和38年大蔵省令第59号）第1条第1項に規定する指定法人（以下この条において「指定法人」という。）を含む。）又は法第24条の4の4第2項の規定により内部統制報告書を有価証券報告書と併せて提出する会社（指定法人を含む。）をいう。
三の二　外国会社内部統制報告書　法第24条の4の4第6項において準用する法第24条第8項（法第27条において準用する場合を含む。以下同じ。）に規定する外国会社内部統制報告書をいう。
四　内国会社　開示府令第1条第20号の3に規定する内国会社をいう。
五　外国会社　開示府令第1条第20号の4に規定する外国会社をいう。
六　連結子会社　連結財務諸表の用語、様式及び作成方法に関する規則（昭和51年大蔵省令第28号。以下「連結財務諸表規則」という。）第2条第4号に規定する連結子会社をいう。
七　財務諸表監査　法第193条の2第1項の規定に基づき、公認会計士又は監査法人が実施する監査証明をいう。
八　内部統制監査　法第193条の2第2項の規定に基づき、公認会計士又は監査法人が実施する監査証明をいう。
九　連結財務諸表提出会社　連結財務諸表規則第2条第1号に規定する連結財務諸表提出会社をいう。
十　開示すべき重要な不備　財務報告に重要な影響を及ぼす可能性が高い財務報告に係る内部統制の不備をいう。

（財務計算に関する書類その他の情報の適正性を確保するために必要な体制）

第3条　法第24条の4の4第1項に規定する当該会社の属する企業集団及び当該会社に係る財務計算に関する書類その他の情報の適正性を確保するために必要な体制として内閣府令で定めるものは、当該会社における財務報告が法令等に従って適正に作成されるための体制をいう。

> **3-1**　内部統制府令第3条の財務計算に関する書類その他の情報の適正性を確保するために必要な体制には、会社が業務を委託している場合におけるその委託業務も含まれる。なお、委託先が国若しくは地方公共団体又はそれらに準ずる機関の場合には、この限りでない。

（外国会社の代理人）

第3条の2　外国会社は、法第24条の4の4第1項の規定による内部統制報告書若しくは同条第6項において準用する法第24条第8項の規定による外国会社内部統制報告書又はこれらの訂正に係る書類を提出する場合には、本邦内に住所を有する者であって、これらの書類の提出に関する一切の行為につき、当該外国会社を代理する権限を有するものを定めなければならない。

第2章　財務報告に係る内部統制の評価

（内部統制報告書の記載事項）

第4条　内部統制報告書提出会社は、次の各号に掲げる区分に応じ、当該各号に定める様式により内部統制報告書3通を作成し、法第24条第1項の規定による有価証券報告書と併せて財務局長又は福岡財務支局長（第10条及び第11条の2において「財務局長等」という。）に提出しなければならない。

一　内国会社　第一号様式
二　外国会社　第二号様式

2　外国会社が提出する内部統制報告書には、次に掲げる書面を添付しなければならない。この場合において、当該書面が日本語によって記載したものでないときは、その訳文を付さなければならない。

一　内部統制報告書に記載された代表者が当該内部統制報告書の提出に関し正当な権限を有する者であることを証する書面

二　当該外国会社が、本邦内に住所を有する者に、当該内部統制報告書の提出に関する一切の行為につき当該外国会社を代理する権限を付与したことを証する書面

4-1　内部統制府令第一号様式記載上の注意(4)又は第二号様式記載上の注意(4)に規定する最高財務責任者については、次の点に留意する。

1　会社が、会社内部における役職のいかんにかかわらず、財務報告に関し代表者に準ずる責任を有する者を定めている場合における当該者をいい、単に財務を担当している者は、含まない。

2　会社が、最高財務責任者を定めていない場合には、「内部統制報告書の最高財務責任者の役職氏名」への記載は要しない。

4-2　内部統制府令第一号様式記載上の注意(6)のｂ又は第二号様式記載上の注意(7)のｂに規定する「財務報告に係る内部統制を整備及び運用する際に準拠した基準の名称」には、「財務報告に係る内部統制の評価及び監査に関する基準」その他の準拠した基準の具体的な名称を記載する。

4-3　内部統制府令第一号様式記載上の注意(7)のｃ又は第二号様式記載上の注意(8)のｃに規定する「財務報告に係る内部統制の評価手続の概要」には、会社の行った手続のうち、評価範囲内における統制上の要点（財務報告の信頼性に重要な影響を及ぼす統制上の要点をいう）の選定など財務報告に係る内部統制の評価結果に重要な影響を及ぼす手続の概要を簡潔に記載することに留意する。

4-4　内部統制府令第一号様式記載上の注意(7)のｄ又は第二号様式記載上の注意(8)のｄに規定する「財務報告に係る内部統制の評価の範囲」の記載については、次の点に留意する。

1　財務報告に係る内部統制の評価範囲としては、会社並びに連結子会社及び持分法適用会社について、財務報告の信頼性に及ぼす影響の重要性の観点から必要な範囲を財務報告に係る内部統制の評価範囲とした旨を記載する。

2　当該評価範囲を決定した手順、方法等としては、財務報告に対する金額的及び質的影響の重要性を考慮し、全社的な内部統制の評価結果を踏まえ、業務プロセスに係る内部統制の評価範囲を合理的に決定した旨などを記載するものとする。なお、連結財務諸表における売上高その他の指標の一定割合を基準として重要な事業拠点を選定する際の当該指標及び一定割合、当該重要な事業拠点における企業の事業目的に大きく関わる勘定科目などについても併せて記載することに留意する。

4-5　内部統制府令第一号様式記載上の注意(8)のｃ又は第二号様式記載上の注意(9)のｃの規定により、開示すべき重要な不備の内容及びそれが事業年度の末日までに是正されなかった理由を記載している場合において、当該開示すべき重要な不備の是正に向けての方針、当該方針を実行するために検討している計画等があるときは、その内容を併せて記載することができる。

4-6　内部統制府令第一号様式記載上の注意(3)又は第二号様式記載上の注意(3)に規定する「代表者の役職氏名」及び内部統制府令第一号様式記載上の注意(4)又は第二号様式記載上の注意(4)に規定する「最高財務責任者の氏名」については、内部統制報告書提出日現在のものを記載することに留意する。

（基準日）

第5条　内部統制報告書提出会社は、当該会社の事業年度の末日を基準日として内部統制報告書を作成するものとする。

2　決算日の変更その他の事由により、基準日を変更した場合には、その旨及び変更の理由を内部統制報告書に記載しなければならない。

3　事業年度の末日が内部統制報告書提出会社の連結決算日（以下この項において「連結決算日」という。）と異なる連結子会社について、当該連結子会社の当該事業年度に係る財務諸表を基礎として内部統制報告書提出会社の連結財務諸

表が作成されている場合には、当該連結子会社の当該事業年度の末日後、当該連結財務諸表に係る連結決算日までの間に当該連結子会社の財務報告に係る内部統制に重要な変更があった場合を除き、内部統制報告書提出会社の内部統制報告書を作成するに当たっての当該連結子会社の財務報告に係る内部統制の評価については、当該連結子会社の当該事業年度の末日における当該連結子会社の財務報告に係る内部統制の評価を基礎として行うことができる。

5-1　内部統制府令第5条第3項に規定する「当該連結子会社の財務報告に係る内部統制に重要な変更があった場合」には、合併等による組織、決算方法及び取扱品目の大幅な変更等が該当することに留意する。

第3章　財務報告に係る内部統制の監査

（内部統制監査報告書の記載事項）

第6条　第1条第2項に規定する内部統制監査報告書には、次に掲げる事項を簡潔明瞭に記載し、かつ、公認会計士又は監査法人の代表者が作成の年月日を付して自署し、かつ、自己の印を押さなければならない。この場合において、当該内部統制監査報告書が監査法人の作成するものであるときは、当該監査法人の代表者のほか、当該監査証明に係る業務を執行した社員（以下「業務執行社員」という。）が、自署し、かつ、自己の印を押さなければならない。ただし、指定証明（公認会計士法第34条の10の4第2項に規定する指定証明をいう。）又は特定証明（同法第34条の10の5第2項に規定する特定証明をいう。）であるときは、当該指定証明に係る指定社員（同法第34条の10の4第2項に規定する指定社員をいう。）又は当該特定証明に係る指定有限責任社員（同法第34条の10の5第2項に規定する指定有限責任社員をいう。）である業務執行社員が作成の年月日を付して自署し、かつ、自己の印を押さなければならない。

一　内部統制監査を実施した公認会計士又は監査法人の意見に関する次に掲げる事項

イ　当該意見に係る内部統制監査の対象となった内部統制報告書の範囲

ロ　内部統制報告書が、一般に公正妥当と認められる財務報告に係る内部統制の評価の基準に準拠して、財務報告に係る内部統制の評価結果について、全ての重要な点において適正に表示しているかどうかについての意見

二　前号ロに掲げる意見の根拠

三　経営者及び監査役等（監査役、監査役会、監査等委員会又は監査委員会をいう。第4項において同じ。）の責任

四　内部統制監査を実施した公認会計士又は監査法人の責任

五　追記情報

六　公認会計士法第25条第2項（同法第16条の2第6項及び第34条の12第3項において準用する場合を含む。）の規定により明示すべき利害関係

2　前項第1号ロに掲げる意見は、次の各号に掲げる意見の区分に応じ、当該各号に定める事項を記載するものとする。

一　無限定適正意見　内部統制監査の対象となった内部統制報告書が、一般に公正妥当と認められる財務報告に係る内部統制の評価の基準に準拠して、財務報告に係る内部統制の評価について、全ての重要な点において適正に表示していると認められる旨

二　除外事項を付した限定付適正意見　内部統制監査の対象となった内部統制報告書が、除外事項を除き一般に公正妥当と認められる財務報告に係る内部統制の評価の基準に準拠して、財務報告に係る内部統制の評価について、全ての重要な点において適正に表示していると認められる旨

三　不適正意見　内部統制監査の対象となった内部統制報告書が不適正である旨

3　第1項第2号に掲げる意見の根拠は、次に掲げる事項について記載するものとする。

一　内部統制監査に当たって、公認会計士又は監査法人が一般に公正妥当と認められる財務報告に係る内部統制の監査の基準に準拠して監査を実施したこと。

二　内部統制監査の結果として入手した監査証拠が意見表明の基礎を与える10分かつ適切なものであること。

三　第１項第１号ロに掲げる意見が前項第２号に掲げる意見の区分である場合には、次のイ又はロに掲げる事項

イ　除外した不適切な事項及び当該事項が財務諸表監査に及ぼす影響

ロ　実施できなかった重要な監査手続及び当該重要な監査手続を実施できなかった事実が財務諸表監査に及ぼす影響

四　第１項第１号ロに掲げる意見が前項第３号に掲げる意見の区分である場合には、内部統制監査の対象となった内部統制報告書が不適正である理由及び当該内部統制報告書が不適正であることが財務諸表監査に及ぼす影響

4　第１項第３号に掲げる経営者及び監査役等の責任は、次に掲げる事項について記載するものとする。

一　経営者には、財務報告に係る内部統制の整備及び運用並びに内部統制報告書の作成の責任があること。

二　監査役等には、財務報告に係る内部統制の整備及び運用状況を監視し、かつ、検証する責任があること。

三　財務報告に係る内部統制により財務報告の虚偽の記載を完全には防止又は発見することができない可能性があること。

5　第１項第４号に掲げる内部統制監査を実施した公認会計士又は監査法人の責任は、次に掲げる事項について記載するものとする。

一　内部統制監査を実施した公認会計士又は監査法人の責任は、独立の立場から内部統制報告書に対する意見を表明することにあること。

二　財務報告に係る内部統制監査の基準は、公認会計士又は監査法人に内部統制報告書には重要な虚偽表示がないことについて、合理的な保証を得ることを求めていること。

三　内部統制監査は、内部統制報告書における財務報告に係る内部統制の評価結果に関して監査証拠を得るための手続を含むこと。

四　内部統制監査は、経営者が決定した評価範囲、評価手続及び評価結果を含め、全体としての内部統制報告書の表示を検討していること。

五　内部統制監査の監査手続の選択及び適用は、公認会計士又は監査法人の判断によること。

6　第１項第５号に掲げる事項は、次に掲げる事項その他の内部統制監査を実施した公認会計士又は監査法人が強調すること又はその他説明することが適当であると判断した事項について区分して記載するものとする。

一　内部統制報告書に財務報告に係る内部統制に開示すべき重要な不備の内容及びそれが是正されない理由を記載している場合は、当該開示すべき重要な不備がある旨及び当該開示すべき重要な不備が財務諸表監査に及ぼす影響

二　前号の場合において、当該事業年度の末日後に、開示すべき重要な不備を是正するために実施された措置がある場合には、その内容

三　財務報告に係る内部統制の有効性の評価に重要な影響を及ぼす後発事象

四　内部統制報告書において、経営者の評価手続の一部が実施できなかったことについて、やむを得ない事情によると認められるとして無限定適正意見を表明する場合において、十分な評価手続を実施できなかった範囲及びその理由

7　公認会計士又は監査法人は、重要な監査手続が実施されなかったこと等により、第１項第１号ロに掲げる意見を表明するための基礎を得られなかった場合には、同項の規定にかかわらず、同号ロに掲げる意見の表明をしない旨及びその理由を内部統制監査報告書に記載しなければならない。

6-1　監査法人が作成する内部統制監査報告書

に係る内部統制府令第6条第1項第6号に規定する「明示すべき利害関係」には、当該内部統制監査に係る業務を執行した社員と被監査会社等との間の利害関係をも含むことに留意する。

6-2　内部統制府令第6条第1項第6号に規定する「明示すべき利害関係」の記載については、公認会計士法（昭和23年法律第103号）第25条第2項及び公認会計士法施行規則（平成19年内閣府令第81号）第12条の規定により記載すべき内容を記載することに留意する。

第7条　第1条第2項に規定する内部統制監査報告書は、財務諸表等の監査証明に関する内閣府令（昭和32年大蔵省令第12号）第3条第1項に規定する監査報告書と合わせて作成するものとする。ただし、やむを得ない理由がある場合には、この限りではない。

7-1　内部統制府令第7条に規定する内部統制監査報告書は財務諸表等の監査証明に関する内閣府令（昭和32年大蔵省令第12号。以下「監査証明府令」という。）第3条第1項に規定する監査報告書と合わせて作成するとは、財務諸表監査における監査報告書の次に内部統制監査報告書を付加する形式によることをいう。

7-2　7-1の場合において、当該会社の連結財務諸表に対する監査報告書と内部統制監査報告書が合わせて作成されているときは、当該会社の財務諸表に対する監査報告書に対して、内部統制監査報告書を合わせて作成する必要がないことに留意する。

7-3　内部統制府令第7条の規定に基づいて、財務諸表監査における監査報告書と内部統制監査報告書が合わせて作成されている場合には、当該統合された監査報告書及び内部統制監査報告書は、有価証券報告書の連結財務諸表（連結財務諸表を作成していない場合にあっては、財務諸表）のみに添付することとし、内部統制報告書には添付しないことに留意する。

第8条　公認会計士又は監査法人は、内部統制監査を実施した場合には、財務諸表等の監査証明に関する内閣府令第5条第2項第1号に規定する概要書に、内部統制監査の従事者、監査日数その他内部統制監査に関する事項の概要を合わせて記載するものとする。

8-1　内部統制府令第8条に規定する内部統制監査に関する事項の概要の記載は、監査証明府令第一号様式において、内部統制監査に係る概要を内書きする形式により行うことができる。

8-2　従事者、監査日数その他監査に関する事項のうち、財務諸表監査に係る部分と内部統制監査に係る部分を明確に区分して記載することが困難である場合には、監査契約、監査計画等に基づいて合理的に区分した上で記載することができる。この場合には、その旨を併せて記載することに留意する。

（監査証明に相当すると認められる証明）

第9条　法第193条の2第2項第1号に規定する内閣府令で定めるところにより監査証明に相当すると認められる証明を受けた場合は、外国監査法人等（公認会計士法第1条の3第7項に規定する外国監査法人等をいう。第13条第3号において同じ。）から外国会社等財務書類（同法第34条の35第1項に規定する外国会社等財務書類をいう。）について同法第2条第1項の業務に相当すると認められる業務の提供を受けることにより、監査証明に相当すると認められる証明を受けた場合とする。

（監査証明を受けることを要しない旨の承認）

第10条　内部統制報告書提出会社が法第193条の2第2項第3号に規定する承認を受けようとする場合には、承認申請書を財務局長等に提出しなければならない。

（監査証明を受けることを要しない上場会社等の規模）

第10条の2　法第193条の2第2項第4号に規定する内閣府令で定める基準は、法第24条第1項第1号又は第2号（これらの規定を法第27条において準用する場合を含む。）に掲げる有価証券（令第4条の2の7第1項各号に掲げるものに限る。）の発行者に該当することとなった日の属する事業年度の直前事業年度に係る連結貸借対照表若しくは貸借対照表に資本金として計上した額が100億円以上であり、又は当該連結貸借対照表若しくは貸借対照表の負債の部に計上した額の合計額が1000億円以上であることとする。

（公認会計士又は監査法人と被監査会社との特別の利害関係）

第11条　法第193条の２第４項に規定する公認会計士に係る内閣府令で定めるものは、次のいずれかに該当する場合における関係とする。

一　公認会計士法第24条第１項又は第３項（これらの規定を同法第16条の２第６項において準用する場合を含む。）に規定する関係を有する場合

二　公認会計士法第24条の２（同法第16条の２第６項において準用する場合を含む。）の規定により同法第２条第１項の業務を行ってはならない場合

三　公認会計士法第24条の３第１項（同法第16条の２第６項において準用する場合を含む。）の規定により同法第24条の３第３項に規定する監査関連業務を行ってはならない場合

四　監査証明を受けようとする会社（以下「被監査会社」という。）について行う監査に補助者として従事する者（以下「補助者」という。）が、公認会計士法第24条第１項第１号若しくは第２号若しくは第３項又は公認会計士法施行令（昭和27年政令第343号）第７条第１項第１号、第４号から第６号まで、第８号若しくは第９号に掲げる関係を有する場合

五　公認会計士の二親等以内の親族が、公認会計士法第24条第１項第１号又は公認会計士法施行令第７条第１項第１号に掲げる関係を有する場合

六　公認会計士、その配偶者又は補助者が、被監査会社の連結子会社（被監査会社が、内国会社である場合には、連結子会社をいい、被監査会社が、外国会社である場合には、連結子会社に相当する会社をいう。以下同じ。）又は持分法適用会社（被監査会社が、内国会社である場合には、連結財務諸表規則第２条第８号に規定する持分法が適用される非連結子会社（連結財務諸表規則第２条第６号に規定する非連結子会社をいう。以下同じ。）及び関連会社（連結財務諸表規則第２条第７号に規定する関連会社をいう。以下同じ。）をいい、被監査会社が、外国会社である場合には、連結財務諸表規則第２条第８号に規定する持分法が適用される非連結子会社及び関連会社に相当する会社をいう。以下同じ。）との間に、公認会計士法第24条第１項第１号若しくは第２号若しくは第３項又は公認会計士法施行令第７条第１項第１号若しくは第４号から第７号までに掲げる関係（補助者については同項第７号に掲げる関係を除く。）を有する場合

2　法第193条の２第４項に規定する監査法人に係る内閣府令で定めるものは、次のいずれかに該当する場合における関係とする。

一　公認会計士法第34条の11第１項に規定する関係を有する場合

二　公認会計士法第34条の11の２の規定により同法第２条第１項の業務を行ってはならない場合

三　被監査会社についての監査証明に係る業務を執行する監査法人の社員又はその配偶者が、公認会計士法第34条の11第３項に規定する関係を有する場合

四　補助者が、公認会計士法第24条第１項第１号若しくは第２号若しくは第３項又は公認会計士法施行令第７条第１項第１号、第４号から第６号まで、第８号若しくは第９号に掲げる関係を有する場合

五　被監査会社についての監査証明に係る業務を執行する社員の二親等以内の親族が、公認会計士法第24条第１項第１号又は公認会計士法施行令第７条第１項第１号に掲げる関係を有する場合

六　監査法人が、被監査会社の連結子会社又は持分法適用会社との間に、公認会計士法第34条の11第１項第１号又は公認会計士法施行令第15条第１号から第３号までに掲げる関係を有する場合

七　被監査会社についての監査証明に係る業務

を執行する監査法人の社員、その配偶者又は補助者が、被監査会社の連結子会社又は持分法適用会社との間に、公認会計士法第24条第１項第１号若しくは第２号若しくは第３項又は公認会計士法施行令第７条第１項第１号若しくは第４号から第７号までに掲げる関係（補助者については同項第７号に掲げる関係を除く。）を有する場合

八　監査法人の社員のうちに、被監査会社の持分法適用会社の取締役、執行役、監査役若しくは使用人である者がある場合又は被監査会社の連結子会社若しくは持分法適用会社との間に、公認会計士法施行令第15条第５号に掲げる関係を有する者がある場合

九　監査法人の社員の半数以上の者が、本人又は配偶者につき、被監査会社との間の公認会計士法施行令第15条第７号に規定する関係又は被監査会社の連結子会社若しくは持分法適用会社との間の公認会計士法第24条第１項第１号若しくは第２号若しくは第３項又は公認会計士法施行令第７条第１項第１号若しくは第４号から第７号までに掲げる関係を有する場合

11－1　内部統制府令第11条第１項第４号に定める「補助者」とは、監査契約書に補助者として掲名されている者及び当該監査に従事する者であって監査意見の形成に重要な影響を与える者をいうものとする。

11－2　監査証明をしようとする内部統制報告書に係る連結会計年度の各期首において、非連結子会社又は関連会社に対する投資について持分法を適用することを被監査会社が決定していない場合の当該監査証明に係る特別の利害関係については、内部統制府令第11条第１項第６号及び第２項第６号から第９号までに規定する関係のうち、持分法適用会社に係る関係は、適用がないものとして取り扱うものとする。

（訂正報告書の提出先）

第11条の２　第４条第１項の規定により財務局長等に提出した内部統制報告書に係る訂正報告書は、当該財務局長等に提出しなければならない。ただし、金融庁長官が法第24条の４の５第１項において準用する法第９条第１項及び第10条第１項の規定による訂正報告書の提出を命じた場合には、当該訂正報告書は、金融庁長官に提出するものとする。

第４章　外国会社の財務報告に係る内部統制

（外国会社の内部統制報告書）

第12条　外国会社がその本国（本拠とする州その他の地域を含む。以下同じ。）において開示している財務計算に関する書類を財務書類として提出することを、金融庁長官が公益又は投資者保護に欠けることがないものとして認める場合であって、当該外国会社がその本国において開示している財務報告に係る内部統制を評価した報告書（これに類する書類を含む。）を内部統制報告書として提出することを、金融庁長官が公益又は投資者保護に欠けることがないものとして認めるときは、当該外国会社の作成する内部統制報告書の用語、様式及び作成方法は、金融庁長官が必要と認めて指示する事項を除き、その本国における用語、様式及び作成方法によることができる。

２　外国会社がその本国において開示している財務計算に関する書類が前項の規定に基づく金融庁長官の認めるところとならない場合等において、当該外国会社がその本国以外の本邦外地域において開示している財務計算に関する書類を財務書類として提出することを、金融庁長官が公益又は投資者保護に欠けることがないものとして認める場合であって、当該外国会社がその本国以外の本邦外地域において開示している財務報告に係る内部統制を評価した報告書（これに類する書類を含む。）を内部統制報告書として提出することを金融庁長官が公益又は投資者保護に欠けることがないものとして認めるときは、当該外国会社の作成する財務報告に係る内部統制報告書の用語、様式及び作成方法は、金融庁長官が必要と認めて指示する事項を除き、当該本国以外の本邦外地域における用語、様式

及び作成方法によることができる。

> 12－1　内部統制府令第12条の規定の適用を受ける外国会社の作成する内部統制報告書について、内部統制府令第二号様式の【表紙】に相当する部分については、同様式に従って作成することに留意する。

第13条　前条の規定による内部統制報告書には、次の事項を追加して記載するものとする。
一　当該内部統制報告書を作成するに当たって準拠している用語、様式及び作成方法
二　前条の規定を適用しないで作成する場合との主要な相違点
三　当該内部統制報告書について、外国監査法人等が法第193条の２第２項第１号の監査証明に相当すると認められる証明を実施している場合における、内部統制監査との主要な相違点

（外国会社内部統制報告書の提出要件）

第14条　法第24条の４の４第６項において準用する法第24条第８項に規定する内閣府令で定める場合は、内部統制報告書を提出しなければならない外国会社が内部統制報告書等（法第24条の４の４第６項において準用する法第24条第８項に規定する内部統制報告書等をいう。）に代えて外国会社内部統制報告書を提出することを、その用語、様式及び作成方法に照らし、金融庁長官が公益又は投資者保護に欠けることがないものとして認める場合とする。

（外国会社内部統制報告書の提出等）

第15条　法第24条の４の４第６項において準用する法第24条第８項の規定により外国会社内部統制報告書を提出しようとする外国会社は、外国会社内部統制報告書及びその補足書類（法第24条の４の４第６項において準用する法第24条第９項（法第27条において準用する場合を含む。以下同じ。）に規定する補足書類をいう。第17条第２項第１号において同じ。）３通を関東財務局長に提出しなければならない。

2　法第24条の４の４第６項において準用する法第24条第９項に規定する外国会社内部統制報告書に記載されている事項のうち公益又は投資者保護のため必要かつ適当なものとして内閣府令で定めるものは、第二号様式のうち次に掲げる項目に記載すべき事項に相当する事項とする。
一「１　財務報告に係る内部統制の基本的枠組みに関する事項」
二「２　評価の範囲、基準日及び評価手続に関する事項」
三「３　評価結果に関する事項」
四「４　付記事項」
五「５　特記事項」

3　法第24条の４の４第６項において準用する法第24条第９項に規定するその他内閣府令で定めるものは、次に掲げるものとする。
一　外国会社内部統制報告書に関し、第13条各号に掲げる事項に相当する事項を日本語によって記載したもの
二　第二号様式による内部統制報告書に記載すべき事項と当該事項に相当する外国会社内部統制報告書の記載事項との対照表
三　金融庁長官が公益又は投資者保護の観点から必要と認めて指示する事項を日本語によって記載したもの
四　外国会社内部統制報告書に記載された代表者が当該外国会社内部統制報告書の提出に関し正当な権限を有する者であることを証する書面
五　当該外国会社が、本邦内に住所を有する者に、当該外国会社内部統制報告書の提出に関する一切の行為につき当該外国会社を代理する権限を付与したことを証する書面
六　第三号様式により作成した書面

4　前項第４号及び第５号に掲げる書類が日本語又は英語によって記載したものでないときは、その訳文を付さなければならない。

（外国会社訂正報告書の提出要件）

第16条　法第24条の４の５第３項（法第27条において準用する場合を含む。次条第２項において同じ。）において準用する法第24条第８項に規定する内閣府令で定める場合は、外国会社が訂

正報告書に代えて外国会社訂正報告書（同項に規定する外国会社訂正報告書をいう。次条第１項において同じ。）を提出することを、その用語、様式及び作成方法に照らし、金融庁長官が公益又は投資者保護に欠けることがないものとして認める場合とする。

（外国会社訂正報告書の提出等）

第17条　第15条第１項及び第３項（第６号に係る部分に限る。）の規定は、外国会社が外国会社訂正報告書を提出する場合について準用する。

2　法第24条の４の５第３項において準用する法第24条第９項に規定するその他内閣府令で定めるものは、次に掲げる事項を日本語によって記載したものとする。

一　訂正の対象となる内部統制報告書及びその補足書類の提出日

二　訂正の理由

三　訂正の箇所及び訂正の内容

第５章　雑　則

第18条　連結財務諸表規則第93条に規定する国際会計基準に基づいて作成した連結財務諸表を米国証券取引委員会に登録している連結財務諸表規則第１条の２に規定する指定国際会計基準特定会社が連結財務諸表規則第93条の規定による連結財務諸表を提出する場合又は米国預託証券の発行等に関して要請されている用語、様式及び作成方法により作成した連結財務諸表（以下「米国式連結財務諸表」という。）を米国証券取引委員会に登録している連結財務諸表提出会社が当該米国式連結財務諸表を法の規定による連結財務諸表として提出することを、金融庁長官が公益又は投資者保護に欠けることがないものとして認める場合には、当該会社の提出する内部統制報告書の用語、様式及び作成方法は、金融庁長官が必要と認めて指示した事項を除き、米国において要請されている内部統制報告書の用語、様式及び作成方法によることができる。

18－1　内部統制府令第18条の規定の適用を受ける会社の作成する内部統制報告書について、内部統制府令第一号様式の【表紙】に相当する部分については、同様式に従って作成することに留意する。

18－2　内部統制府令第18条の規定の適用を受ける会社の作成する内部統制報告書について、内部統制府令第20条第２号に掲げる事項は、内部統制府令第一号様式の「４【付記事項】」に記載することに留意する。

第19条　前条の規定による内部統制報告書は、日本語をもって記載しなければならない。

第20条　第18条の規定による内部統制報告書には、次の事項を追加して記載するものとする。

一　当該内部統制報告書を作成するに当たって準拠している用語、様式及び作成方法

二　第18条の規定を適用しないで作成する場合との主要な相違点

第21条　連結財務諸表規則第１条の２に規定する指定国際会計基準特定会社又は米国式連結財務諸表を米国証券取引委員会に登録している連結財務諸表提出会社が第18条の規定により内部統制報告書を作成する場合には、当該会社の作成する内部統制報告書に対して実施される監査証明は、金融庁長官が必要と認めて指示する事項を除き、米国における一般に公正妥当と認められる財務報告に係る内部統制の監査に関する基準及び慣行に従って実施することができる。

2　前項に規定する内部統制報告書に対して実施される監査証明に係る内部統制監査報告書には、次に掲げる事項を記載しなければならない。

一　当該内部統制監査報告書を作成するに当たって準拠している監査の基準

二　前項の規定を適用しないで作成する場合との主要な相違点

21－1　内部統制府令第21条の規定による内部統制監査報告書は、内部統制府令第６条に規定する事項を記載すること、及び日本語で作成することに留意する。ただし、内部統制府令第６条第１項第１号ロを「財務報告に係る有効な内部統制が維持されているかどうかについての意見」と読み替えて適用するものとする。

21－2　内部統制府令第21条第２項第２号に掲げ

る事項は、内部統制府令第６条第１項第５号に掲げる事項として記載することに留意する。

附　則

この府令は、証券取引法等の一部を改正する法律（平成18年法律第65号）の施行の日〔平成19年９月30日〕から施行する。

附　則（平成20年６月６日内閣府令第36号　財務諸表等の用語、様式及び作成方法に関する規則等の一部を改正する内閣府令）

（施行期日）

第１条　この府令は、公布の日から施行する。

附　則（平成21年12月11日内閣府令第73号　連結財務諸表の用語、様式及び作成方法に関する規則等の一部を改正する内閣府令）

（施行期日）

第１条　この府令は、公布の日から施行する。

（財務計算に関する書類その他の情報の適正性を確保するための体制に関する内閣府令の一部改正に伴う経過措置）

第10条　第９条の規定による改正後の財務計算に関する書類その他の情報の適正性を確保するための体制に関する内閣府令の規定は、平成22年３月31日以後に終了する連結会計年度に係る連結財務諸表を作成する場合に適用し、同日前に終了する連結会計年度に係る連結財務諸表を作成する場合については、なお従前の例による。

２　前項の規定にかかわらず、平成22年３月31日に終了する連結会計年度に係る連結財務諸表を旧連結財務諸表規則第93条の規定により作成する場合には、第９条の規定による改正前の財務計算に関する書類その他の情報の適正性を確保するための体制に関する内閣府令（次項において「旧内部統制府令」という。）第18条及び第21条の規定を適用することができる。

附　則（平成21年12月28日内閣府令第78号　金融商品取引法等の一部を改正する法律の施行に伴う金融庁関係内閣府令の整備等に関する内閣府令）

（施行期日）

第１条　この府令は、金融商品取引法等の一部を改正する法律（平成21年法律第58号。以下「改正法」という。）の施行の日（平成22年４月１日）から施行する。（以下略）

附　則（平成22年９月30日内閣府令第45号　連結財務諸表の用語、様式及び作成方法に関する規則等の一部を改正する内閣府令）

（施行期日）

第１条　この府令は、公布の日から施行する。

附　則（平成23年３月29日内閣府令第７号　財務計算に関する書類その他の情報の適正性を確保するための体制に関する内閣府令の一部を改正する内閣府令）

１　この府令は、平成23年４月１日から施行する。

２　この府令による改正後の財務計算に関する書類その他の情報の適正性を確保するための体制に関する内閣府令の規定は、この府令の施行の日以後に開始する事業年度から適用し、同日前に開始する事業年度については、なお、従前の例による。

附　則（平成23年８月31日内閣府令第44号　連結財務諸表の用語、様式及び作成方法に関する規則等の一部を改正する内閣府令）

この府令は、公布の日から施行する

附　則（平成25年10月28日内閣府令第70号　連結財務諸表の用語、様式及び作成方法に関する規則等の一部を改正する内閣府令）

この府令は、公布の日から施行する。

附　則（平成27年５月15日内閣府令第38号　金融商品取引業等に関する内閣府令等の一部を改正する内閣府令）

（施行期日）

第１条　この府令は、金融商品取引法等の一部を改正する法律の施行の日（平成27年５月29日）から施行する。〔以下略〕

附　則（平成27年９月４日内閣府令第52号　連結財務諸表の用語、様式及び作成方法に関する規則等の一部を改正する内閣府令）

（施行期日）

第１条　この府令は、公布の日から施行する。

（財務計算に関する書類その他の情報の適正性を確保するための体制に関する内閣府令の一部改正に伴う経過措置）

第９条　第８条の規定による改正後の財務計算に関する書類その他の情報の適正性を確保するた

めの体制に関する内閣府令の規定は、平成28年３月31日以後に終了する連結会計年度に係る連結財務諸表を作成する場合に適用し、同日前に終了する連結会計年度に係る連結財務諸表を作成する場合については、なお従前の例による。

附　則（令和元年５月７日内閣府令第２号 無尽業法施行細則等の一部を改正する内閣府令）

この府令は、公布の日から施行する。

附　則（令和２年３月23日内閣府令第13号 財務計算に関する書類その他の情報の適正性を確保するための体制に関する内閣府令の一部を改正する内閣府令）

（施行期日）

第１条　この府令は、公布の日から施行する。

（財務計算に関する書類その他の情報の適正性を確保するための体制に関する内閣府令の一部改正に伴う経過措置）

第２条　この府令による改正後の財務計算に関する書類その他の情報の適正性を確保するための体制に関する内閣府令の規定は、令和２年３月31日以後に終了する事業年度及び連結会計年度（以下この条において「事業年度等」という。）に係る財務諸表、財務書類及び連結財務諸表（以下この条において「財務諸表等」という。）の内部統制監査（金融商品取引法第193の２第２項の規定に基づき、公認会計士又は監査法人が実施する監査証明をいう。以下この条において同じ。）について適用し、同日前に終了する事業年度等に係る財務諸表等の内部統制監査については、なお従前の例による。

附　則（令和２年12月23日内閣府令第75号 無尽業法施行細則等の一部を改正する内閣府令）

この府令は、公布の日から施行する。（以下略）

第一号様式

【表紙】
【提出書類】　内部統制報告書
【根拠条文】　金融商品取引法第24条の４の４第＿項
【提出先】　＿財務（支）局長
【提出日】　年　月　日
【会社名】⑵　＿＿＿＿
【英訳名】　＿＿＿＿
【代表者の役職氏名】⑶　＿＿＿＿
【最高財務責任者の役職氏名】⑷　＿＿＿＿
【本店の所在の場所】　＿＿＿＿
【縦覧に供する場所】⑸　名称
（所在地）

1 【財務報告に係る内部統制の基本的枠組みに関する事項】⑹

2 【評価の範囲、基準日及び評価手続に関する事項】⑺

3 【評価結果に関する事項】⑻

4 【付記事項】⑼

5 【特記事項】⑽

（記載上の注意）

⑴　一般的事項

a　記載事項及び記載上の注意で、これによりがたいやむを得ない事情がある場合には、投資者に誤解を生じさせない範囲内において、これに準じて記載することができる。

b　以下の規定により記載が必要とされている事項に加えて、内部統制報告書の各記載項目に関連した事項を追加して記載することができる。

⑵　会社名

提出者が指定法人である場合には、「会社」を「指定法人」に読み替えて記載すること。

⑶　代表者の役職氏名

氏を改めた者においては、旧氏（住民基本台帳法施行令（昭和42年政令第292号）第30条の13に規定する旧氏をいう。）及び名を括弧書で併せて記載することができる。

⑷　最高財務責任者の役職氏名

会社が、財務報告に関し、代表者に準ずる責任を有する者として、最高財務責任者を定めている場合には、当該者の役職氏名を記載する。

なお、氏名については、⑶に準じて記載することができる。

⑸　縦覧に供する場所

公衆の縦覧に供する主要な支店、金融商品取引所又は認可金融商品取引業協会について記載すること。

⑹　財務報告に係る内部統制の基本的枠組みに関する事項

a　代表者及び最高財務責任者（会社が⑷の最高財務責任者を定めている場合に限る。）が、財務報告に係る内部統制の整備及び運用の責任を有している旨

b　財務報告に係る内部統制を整備及び運用する際に準拠した基準の名称

c　財務報告に係る内部統制により財務報告の虚偽の記載を完全には防止又は発見することができない可能性がある旨

(7)　評価の範囲、基準日及び評価手続に関する事項

a　財務報告に係る内部統制の評価が行われた基準日

b　財務報告に係る内部統制の評価に当たり、一般に公正妥当と認められる財務報告に係る内部統制の評価の基準に準拠した旨

c　財務報告に係る内部統制の評価手続の概要

d　財務報告に係る内部統制の評価の範囲

財務報告に係る内部統制の評価範囲及び当該評価範囲を決定した手順、方法等を簡潔に記載すること。なお、やむを得ない事情により、財務報告に係る内部統制の一部の範囲について十分な評価手続が実施できなかった場合には、その範囲及びその理由を記載すること。

(8)　評価結果に関する事項

財務報告に係る内部統制の評価結果は、次に掲げる区分に応じ記載するものとする。

a　財務報告に係る内部統制は有効である旨

b　評価手続の一部が実施できなかったが、財務報告に係る内部統制は有効である旨並びに実施できなかった評価手続及びその理由

c　開示すべき重要な不備があり、財務報告に係る内部統制は有効でない旨並びにその開示すべき重要な不備の内容及びそれが事業年度の末日までに是正されなかった理由

d　重要な評価手続が実施できなかったため、財務報告に係る内部統制の評価結果を表明できない旨並びに実施できなかった評価手続及びその理由

(9)　付記事項

a　財務報告に係る内部統制の有効性の評価に重要な影響を及ぼす後発事象

事業年度の末日後、内部統制報告書の提出日までに、財務報告に係る内部統制の有効性の評価に重要な影響を及ぼす事象が発生した場合には、当該事象を記載すること。

b　事業年度の末日後に開示すべき重要な不備を是正するために実施された措置がある場合には、その内容

事業年度の末日において、開示すべき重要な不備があり、財務報告に係る内部統制が有効でないと判断した場合において、事業年度の末日後内部統制報告書の提出日までに、記載した開示すべき重要な不備を是正するために実施された措置がある場合には、その内容を記載すること。

(10)　特記事項

財務報告に係る内部統制の評価について特記すべき事項がある場合には、その旨及び内容を記載すること。

第二号様式

【表紙】	
【提出書類】	内部統制報告書
【根拠条文】	金融商品取引法第24条の４の４第__項
【提出先】	関東財務局長
【提出日】	年　月　日
【会社名】 (2)	
【代表者の役職氏名】 (3)	
【最高財務責任者の役職氏名】 (4)	
【代理人の氏名又は名称】 (5)	
【代理人の住所又は所在地】	
【電話番号】	
【縦覧に供する場所】 (6)	名称 (所在地)

1【財務報告に係る内部統制の基本的枠組みに関する事項】 (7)

2【評価の範囲、基準日及び評価手続に関する事項】(8)

3【評価結果に関する事項】(9)

4【付記事項】(10)

5【特記事項】(11)

(記載上の注意)

(1) 一般的事項

a　記載事項及び記載上の注意で、これによりがたいやむを得ない事情がある場合には、投資者に誤解を生じさせない範囲内において、これに準じて記載することができる。

b　以下の規定により記載が必要とされている事項に加えて、内部統制報告書の各記載項目に関連した事項を追加して記載することができる。

c　記載事項のうち金額に関する事項について、本邦通貨以外の通貨建ての金額により表示している場合には、主要な事項について本邦通貨に換算した金額を併記すること。なお、その場合には、換算の基準として、換算日、換算率、為替相場の種類その他必要な事項を記載すること。

d　第12条の規定に基づき、本報告書の用語、様式及び作成方法を本国又は本国以外の本邦外地域において開示している財務報告に係る内部統制を評価した報告書によっている場合には、当該内部統制報告書を作成するに当たって準拠している用語、様式及び作成方法その他第13条に規定する事項を記載すること。なお、この場合には、「1財務報告に係る内部統制の基本的枠組みに関する事項」の記載に先立って、適当な事項名を付した上で記載すること。

e　第12条の規定の適用を受ける内部統制報告書について、外国監査法人等（公認会計士法第１条の３第７項に規定する外国監査法人等をいう。）から法第193条の２第２項第１号の監査証明に相当すると認められる証明を受けている場合は、その旨を記載すること。

(2) 会社名

原語名を括弧内に記載すること。

(3) 代表者の役職氏名

氏を改めた者においては、旧氏（住民基本台帳法施行令（昭和42年政令第292号）第30条の13に規定する旧氏をいう。）及び名を括弧書で併せて記載することができる。

(4) 最高財務責任者の役職氏名

会社が、財務報告に関し、代表者に準ずる責任を有する者として、最高財務責任者を定めている場合には、当該者の役職氏名を記載する。

なお、氏名については、(3)に準じて記載することができる。

(5) 代理人の氏名又は名称

本邦内に住所を有する者であって、内部統制報告書の提出に関する一切の行為につき提出会社を代理する権限を有する者（以下この(5)において「代理人」という。）の氏名（代理人が法人である場合には、その名称及び代表者の氏名）を記載すること。

なお、氏名については、(3)に準じて記載することができる。

(6) 縦覧に供する場所

公衆の縦覧に供する主要な支店、金融商品取引所又は認可金融商品取引業協会について記載すること。

(7) 財務報告に係る内部統制の基本的枠組みに関する事項

a　代表者及び最高財務責任者（会社が(4)の最高財務責任者を定めている場合に限る。）が、財務報告に係る内部統制の整備及び運用の責任を有している旨

b　財務報告に係る内部統制を整備及び運用する際に準拠した基準の名称

c　財務報告に係る内部統制により財務報告の虚偽の記載を完全には防止又は発見することができない可能性がある旨

(8) 評価の範囲、基準日及び評価手続に関する事項

a　財務報告に係る内部統制の評価が行われた基準日

b　財務報告に係る内部統制の評価に当たり、一般に公正妥当と認められる財務報告に係る内部統制の評価の基準に準拠した旨

c　財務報告に係る内部統制の評価手続の概要
d　財務報告に係る内部統制の評価の範囲
財務報告に係る内部統制の評価範囲及び当該評価範囲を決定した手順、方法等を簡潔に記載すること。なお、やむを得ない事情により、財務報告に係る内部統制の一部の範囲について十分な評価手続が実施できなかった場合には、その範囲及びその理由を記載すること。
(9)　評価結果に関する事項
財務報告に係る内部統制の評価結果は、次に掲げる区分に応じ記載するものとする。
a　財務報告に係る内部統制は有効である旨
b　評価手続の一部が実施できなかったが、財務報告に係る内部統制は有効である旨並びに実施できなかった評価手続及びその理由
c　開示すべき重要な不備があり、財務報告に係る内部統制は有効でない旨並びにその開示すべき重要な不備の内容及びそれが事業年度の末日までに是正されなかった理由
d　重要な評価手続が実施できなかったため、財務報告に係る内部統制の評価結果を表明できない旨並びに実施できなかった評価手続及びその理由
(10)　付記事項
a　財務報告に係る内部統制の有効性の評価に重要な影響を及ぼす後発事象
事業年度の末日後、内部統制報告書の提出日までに、財務報告に係る内部統制の有効性の評価に重要な影響を及ぼす事象が発生した場合には、当該事象を記載すること。
b　事業年度の末日後に開示すべき重要な不備を是正するために実施された措置がある場合には、その内容
事業年度の末日において、開示すべき重要な不備があり、財務報告に係る内部統制が有効でないと判断した場合において、事業年度の末日後内部統制報告書の提出日までに、記載した開示すべき重要な不備を是正するために実施された措置がある場合には、その内容を記載すること。
(11)　特記事項
財務報告に係る内部統制の評価について特記すべき事項がある場合には、その旨及び内容を記載すること。

第三号様式

【表紙】	
【提出書類】	外国会社内部統制報告書
【提出先】	関東財務局長
【提出日】	年　月　日
【会社名】	
【代表者の役職氏名】	
【最高財務責任者の役職氏名】	
【代理人の氏名又は名称】	
【代理人の住所又は所在地】	
【電話番号】	
【縦覧に供する場所】	名称 （所在地）

（記載上の注意）
第二号様式の記載に準じて記載すること。

公認会計士法(抄)

(昭和23年7月6日法律第103号
最終改正令和3年5月19日法律第37号)

公認会計士法施行令(抄)

(「令」と略称)

(昭和27年8月14日政令第343号
最終改正令和2年4月3日政令第142号)

公認会計士法施行規則(抄)

(「規」と略称)

(平成19年12月7日内閣府令第81号
最終改正令和2年12月23日内閣府令第75号)

目　次

頁

公認会計士法施行令

目　次

公認会計士法施行規則

目　次

第1章　総　則

(公認会計士の使命)

第1条　公認会計士は、監査及び会計の専門家として、独立した立場において、財務書類その他の財務に関する情報の信頼性を確保することにより、会社等の公正な事業活動、投資者及び債権者の保護等を図り、もつて国民経済の健全な発展に寄与することを使命とする。

(公認会計士の職責)

第1条の2　公認会計士は、常に品位を保持し、その知識及び技能の修得に努め、独立した立場において公正かつ誠実にその業務を行わなければならない。

(定義)

第1条の3　この法律において「財務書類」とは、財産目録、貸借対照表、損益計算書その他財務に関する書類（これらの作成に代えて電磁的記録（電子的方式、磁気的方式その他の人の知覚によつては認識することができない方式で作られる記録であつて、電子計算機による情報処理の用に供されるもので内閣府令で定めるものをいう。以下同じ。）を作成する場合における当該電磁的記録を含む。）をいう。

2　この法律において「公表する」とは、公告をすることその他株主、債権者その他多数の者の知り得る状態に置くことをいう。

3　この法律において「監査法人」とは、次条第1項の業務を組織的に行うことを目的として、この法律に基づき設立された法人をいう。

4　この法律において「有限責任監査法人」とは、その社員の全部を有限責任社員とする定款の定めのある監査法人をいう。

5　この法律において「無限責任監査法人」とは、その社員の全部を無限責任社員とする定款の定めのある監査法人をいう。

6　この法律において「特定社員」とは、監査法人の社員のうち、公認会計士及び外国公認会計士（第16条の2第5項に規定する外国公認会計士をいう。）以外の者をいう。

7　この法律において「外国監査法人等」とは、第34条の35第1項の規定による届出をした者をいう。

(電磁的記録)

規第1条　公認会計士法（以下「法」という。）第1条の3第1項に規定する内閣府令で定める電磁的記録は、磁気ディスクその他これに準ずる方法により一定の情報を確実に記録しておくことができる物をもって調製するファイルに情報を記録したものとする。

2　前項に規定する電磁的記録は、作成者の署名又は記名押印に代わる措置として、作成者による電子署名（電子署名及び認証業務に関する法律（平成12年法律第102号）第2条第1項の電子署名をいう。）が行われているものでなければならない。

(公認会計士の業務)

第2条　公認会計士は、他人の求めに応じ報酬を得て、財務書類の監査又は証明をすることを業とする。

2　公認会計士は、前項に規定する業務のほか、公認会計士の名称を用いて、他人の求めに応じ報酬を得て、財務書類の調製をし、財務に関する調査若しくは立案をし、又は財務に関する相談に応ずることを業とすることができる。ただし、他の法律においてその業務を行うことが制限されている事項については、この限りでない。

3　第1項の規定は、公認会計士が他の公認会計士又は監査法人の補助者として同項の業務に従事することを妨げない。

(公認会計士の資格)

第3条　公認会計士試験に合格した者（同一の回の公認会計士試験において、第8条に規定する短答式による試験及び論文式による試験の試験科目の全部について、第9条及び第10条の規定により短答式による試験及び論文式による試験を免除された者を含む。第12条を除き、以下同じ。）であつて、第15条第1項に規定する業務補助等の期間が2年以上であり、かつ、第16条第1項に規定する実務補習を修了し同条第7項の規定による内閣総理大臣の確認を受けた者は、公認会計士となる資格を有する。

（欠格条項）

第4条　次の各号のいずれかに該当する者は、公認会計士となることができない。

一　未成年者

二　この法律若しくは金融商品取引法（昭和23年法律第25号）第197条から第198条までの規定に違反し、又は投資信託及び投資法人に関する法律（昭和26年法律第198号）第233条第1項（第3号に係る部分に限る。）の罪、保険業法（平成7年法律第105号）第328条第1項（第3号に係る部分に限る。）の罪、資産の流動化に関する法律（平成10年法律第105号）第308条第1項（第3号に係る部分に限る。）の罪若しくは会社法（平成17年法律第86号）第967条第1項（第3号に係る部分に限る。）の罪を犯し、禁錮以上の刑に処せられた者であつて、その執行を終わり、又は執行を受けることがなくなつてから5年を経過しないもの

三　禁錮以上の刑に処せられた者であつて、その執行を終わり、又は執行を受けることがなくなつてから3年を経過しないもの

四　破産手続開始の決定を受けて復権を得ない者

五　国家公務員法（昭和22年法律第120号）、国会職員法（昭和22年法律第85号）又は地方公務員法（昭和25年法律第261号）の規定により懲戒免職の処分を受け、当該処分の日から3年を経過しない者

六　第30条又は第31条の規定により登録の抹消の処分を受け、当該処分の日から5年を経過しない者

七　第30条又は第31条の規定により業務の停止の処分を受け、当該業務の停止の期間中にその登録が抹消され、いまだ当該期間を経過しない者

八　第34条の10の17第2項の規定により特定社員の登録の抹消の処分を受け、当該処分の日から5年を経過しない者

九　第34条の10の17第2項の規定により、監査法人の第34条の5各号に掲げる業務を執行し、監査法人の意思決定に関与し、又は補助者として監査法人の業務に従事することの禁止の処分を受け、当該禁止の期間を経過しない者

十　税理士法（昭和26年法律第237号）、弁護士法（昭和24年法律第205号）若しくは外国弁護士による法律事務の取扱いに関する特別措置法（昭和61年法律第66号）又は弁理士法（平成12年法律第49号）により業務の禁止又は除名の処分を受けた者。ただし、これらの法律により再び業務を営むことができるようになつた者を除く。

〔**施行　外国弁護士による法律事務の取扱いに関する特別措置法の一部を改正する法律**（令和2年法律第33号）の公布の日〔令和2年5月29日〕から起算して2年6月を超えない範囲内において政令で定める日〕

（欠格条項）

第4条　現行条文に同じ

一～九　現行条文に同じ

十　税理士法（昭和26年法律第237号）、弁護士法（昭和24年法律第205号）若しくは外国弁護士による法律事務の取扱い等に関する法律（昭和61年法律第66号）又は弁理士法（平成12年法律第49号）により業務の禁止又は除名の処分を受けた者。ただし、これらの法律により再び業務を営むことができるようになつた者を除く。

第2章　公認会計士試験等

（公認会計士試験の目的及び方法）

第5条　公認会計士試験は、公認会計士になろうとする者に必要な学識及びその応用能力を有するかどうかを判定することをその目的とし、第8条に定めるところによつて、短答式（択一式を含む。第8条及び第9条において同じ。）及び論文式による筆記の方法により行う。

第6条及び第7条　削除

（公認会計士試験の試験科目等）

第8条　短答式による試験は、次に掲げる科目について行う。

一　財務会計論（簿記、財務諸表論その他の内閣府令で定める分野の科目をいう。以下同じ。）
二　管理会計論（原価計算その他の内閣府令で定める分野の科目をいう。以下同じ。）
三　監査論
四　企業法（会社法その他の内閣府令で定める分野の科目をいう。以下同じ。）

2　論文式による試験は、短答式による試験に合格した者及び次条の規定により短答式による試験を免除された者（試験科目の全部について試験を免除された者を含む。）につき、次に掲げる科目について行う。
一　会計学（財務会計論及び管理会計論をいう。以下同じ。）
二　監査論
三　企業法
四　租税法（法人税法その他の内閣府令で定める分野の科目をいう。以下同じ。）
五　次の科目のうち受験者のあらかじめ選択する１科目
イ　経営学
ロ　経済学
ハ　民法
ニ　統計学

3　前２項に規定する試験科目については、内閣府令で定めるところにより、その全部又は一部について範囲を定めることができる。

4　公認会計士試験においては、その受験者が公認会計士となろうとする者に必要な学識及び応用能力を備えているかどうかを適確に評価するため、知識を有するかどうかの判定に偏することなく、実践的な思考力、判断力等の判定に意を用いなければならない。

（短答式による試験科目の一部免除等）

第9条　次の各号のいずれかに該当する者に対しては、その申請により、短答式による試験を免除する。
一　学校教育法（昭和22年法律第26号）による大学若しくは高等専門学校、旧大学令（大正７年勅令第388号）による大学（予科を含む。以下同じ。）、旧高等学校令（大正７年勅令第389号）による高等学校高等科若しくは旧専門学校令（明治36年勅令第61号）による専門学校において３年以上商学に属する科目の教授若しくは准教授の職にあつた者又は商学に属する科目に関する研究により博士の学位を授与された者
二　学校教育法による大学若しくは高等専門学校、旧大学令による大学、旧高等学校令による高等学校高等科若しくは旧専門学校令による専門学校において３年以上法律学に属する科目の教授若しくは准教授の職にあつた者又は法律学に属する科目に関する研究により博士の学位を授与された者
三　高等試験本試験に合格した者
四　司法試験に合格した者

2　前項各号に定めるもののほか、次の各号のいずれかに該当する者に対しては、その申請により、当該各号に定める科目について、短答式による試験を免除する。
一　税理士法第３条第１項第１号若しくは第２号の規定により税理士となる資格を有する者又は税理士試験の試験科目のうち簿記論及び財務諸表論の２科目について同法第７条第１項に規定する政令で定める基準以上の成績を得た者（同条第３項の規定により、同条第１項に規定する政令で定める基準以上の成績を得たものとみなされる者を含む。）　財務会計論
二　商学に属する科目その他内閣府令で定めるものに関する研究により学校教育法第104条第３項に規定する文部科学大臣の定める学位で内閣府令で定めるものを授与された者　政令で定める科目
三　前条第１項各号に掲げる科目の全部又は一部に関連する事務又は業務に従事した期間が通算して７年以上である者として政令で定める者　政令で定める科目

3　短答式による試験に合格した者に対しては、その申請により、当該短答式による試験に係る合格発表の日から起算して２年を経過する日ま

でに行われる短答式による試験を免除する。
4　前３項の申請の手続は、内閣府令で定める。

〔施行　令和４年10月１日〕
（短答式による試験科目の一部免除等）
第９条　現行条文に同じ
一～三　現行条文に同じ
四　司法修習生となる資格（高等試験司法科試験の合格を除く。）を得た者
２～４　現行条文に同じ

（論文式による試験科目の一部免除）
第10条　次の各号のいずれかに該当する者に対しては、その申請により、当該各号に定める科目について、論文式による試験を免除する。
一　前条第１項第１号に掲げる者　会計学及び経営学
二　前条第１項第２号又は第４号に掲げる者　企業法及び民法
三　前条第１項第３号に掲げる者　高等試験本試験において受験した科目（当該科目が商法である場合にあつては、企業法）
四　学校教育法による大学若しくは高等専門学校、旧大学令による大学、旧高等学校令による高等学校高等科若しくは旧専門学校令による専門学校において３年以上経済学に属する科目の教授若しくは准教授の職にあつた者又は経済学に属する科目に関する研究により博士の学位を授与された者　経済学
五　不動産鑑定士試験に合格した者　経済学又は民法
六　税理士法第３条第１項第１号又は第２号の規定により税理士となる資格を有する者　租税法
七　第８条第２項各号に掲げる科目の全部又は一部について、公認会計士となろうとする者に必要な学識及び応用能力を有するものとして政令で定める者　政令で定める科目
2　論文式による試験において、試験科目のうちの一部の科目について公認会計士・監査審査会が相当と認める成績を得た者については、その申請により、当該論文式による試験に係る合格発表の日から起算して２年を経過する日までに行われる論文式による当該科目についての試験を免除する。
3　前２項の申請の手続は、内閣府令で定める。

（受験手数料）
第11条　公認会計士試験を受けようとする者は、実費を勘案して政令で定める額の受験手数料を納付しなければならない。
2　前項の規定により納付した受験手数料は、公認会計士試験を受けなかつた場合においても、これを還付しない。

（合格証書）
第12条　公認会計士試験に合格した者には、当該試験に合格したことを証する証書を授与する。

（試験の執行）
第13条　公認会計士試験は、公認会計士・監査審査会が、これを行う。
2　公認会計士試験は、毎年１回以上、これを行う。

（合格の取消等）
第13条の２　公認会計士・監査審査会は、不正の手段によつて公認会計士試験を受け、又は受けようとした者に対しては、合格の決定を取り消し、又はその試験を受けることを禁止することができる。
2　公認会計士・監査審査会は、前項の規定による処分を受けた者に対し、情状により３年以内の期間を定めて公認会計士試験を受けることができないものとすることができる。

（試験の細目）
第14条　この法律に定めるもののほか、公認会計士試験に関し必要な事項は、内閣府令で定める。

（業務補助等）
第15条　業務補助等の期間は、公認会計士試験の合格の前後を問わず、次に掲げる期間を通算した期間とする。
一　第２条第１項の業務について公認会計士又は監査法人を補助した期間
二　財務に関する監査、分析その他の実務で政令で定めるものに従事した期間
2　この法律に定めるもののほか、業務補助等に

ついて必要な事項は、内閣府令で定める。

（実務補習）

第16条　実務補習は、公認会計士試験に合格した者に対して、公認会計士となるのに必要な技能を修習させるため、公認会計士の組織する団体その他の内閣総理大臣の認定する機関（以下この条において「実務補習団体等」という。）において行う。

2　前項の認定を申請しようとする者は、内閣府令で定める事項を記載した申請書に内閣府令で定める書類を添付して、これを内閣総理大臣に提出しなければならない。

3　内閣総理大臣は、前項の認定の申請があつた場合において、実務補習の内容、方法その他の事項に関し内閣府令で定める基準に適合するものであると認めるときは、その認定を行うものとする。

4　内閣総理大臣は、実務補習団体等が行う実務補習の内容、方法その他の事項が前項に規定する内閣府令で定める基準に照らして適当でないと認めるときは、当該実務補習団体等に対し、必要な指示をすることができる。

5　内閣総理大臣は、実務補習団体等が第３項に規定する内閣府令で定める基準に適合しなくなつたと認めるとき、若しくは前項の規定による指示に従わないとき、又は当該実務補習団体等から実務補習団体等としての認定の取消しの申請があつたときは、第１項の認定を取り消すことができる。

6　実務補習団体等は、公認会計士試験に合格した者で当該実務補習団体等において実務補習を受けている者（次項において「受講者」という。）がすべての実務補習の課程を終えたときは、遅滞なく、内閣府令で定めるところにより、当該実務補習の状況を書面で内閣総理大臣に報告しなければならない。

7　内閣総理大臣は、前項の規定による報告に基づき、受講者が実務補習のすべての課程を修了したと認めるときは、当該受講者について実務補習の修了したことの確認を行わなければならない。

8　この法律に定めるもののほか、実務補習について必要な事項は、内閣府令で定める。

（外国で資格を有する者の特例）

第16条の２　外国において公認会計士の資格に相当する資格を有し、かつ、会計に関連する日本国の法令について相当の知識を有する者は、内閣総理大臣による資格の承認を受け、かつ、日本公認会計士協会による外国公認会計士名簿への登録を受けて、第２条に規定する業務を行うことができる。ただし、第４条各号のいずれかに該当する者については、この限りでない。

2　内閣総理大臣は、前項の資格の承認をする場合には、内閣府令で定めるところにより、公認会計士・監査審査会をして試験又は選考を行わせるものとする。

3　前項の試験又は選考を受けようとする者は、実費を勘案して政令で定める額の手数料を納付しなければならない。

4　前項の規定により納付した手数料は、第２項の試験又は選考を受けなかつた場合においても、これを還付しない。

5　第１項の登録を受けた者（以下「外国公認会計士」という。）が次の各号のいずれかに該当する場合には、日本公認会計士協会は、同項の登録を抹消しなければならない。

一　第21条第１項各号のいずれかに該当するとき。

二　外国において公認会計士の資格に相当する資格を失つたとき。

6　第18条の２から第20条まで、第22条、第24条から第34条の２まで及び第49条の規定は、外国公認会計士について準用する。

第３章　公認会計士の登録

（登録の義務）

第17条　公認会計士となる資格を有する者が、公認会計士となるには、公認会計士名簿に、氏名、生年月日、事務所その他内閣府令で定める事項の登録（以下この章において単に「登録」という。）を受けなければならない。

（名簿）

第18条　公認会計士名簿及び外国公認会計士名簿は、日本公認会計士協会に、これを備える。

（登録拒否の事由）

第18条の2　次の各号のいずれかに該当する者は、公認会計士の登録を受けることができない。

一　懲戒処分により、税理士、弁護士、外国法事務弁護士又は弁理士の業務を停止された者で、現にその処分を受けているもの

二　心身の故障により公認会計士の業務を行わせることがその適正を欠くおそれがある者又は公認会計士の信用を害するおそれがある者

（登録の手続）

第19条　登録を受けようとする者は、登録申請書を日本公認会計士協会に提出しなければならない。

2　前項の登録申請書には、公認会計士となる資格を有することを証する書類を添付しなければならない。

3　日本公認会計士協会は、第1項の規定により登録申請書の提出があつた場合において、登録を受けようとする者が公認会計士となることができる者であり、かつ、登録を受けることができる者であると認めたときは、遅滞なく登録を行い、登録を受けようとする者が公認会計士となることができない者又は登録を受けることができない者であると認めたときは、資格審査会（第46条の11に規定する資格審査会をいう。第21条第2項、第34条の10の11第2項及び第34条の10の14第2項において同じ。）の議決に基づいて、登録を拒否しなければならない。

4　日本公認会計士協会は、前項の規定により登録を拒否するときは、その理由を付記した書面によりその旨を当該申請者に通知しなければならない。

（登録を拒否された場合の審査請求）

第19条の2　前条第3項の規定により登録を拒否された者は、当該処分に不服があるときは、内閣総理大臣に対して、審査請求をすることができる。

2　前条第1項の規定により登録申請書を提出した者は、当該申請書を提出した日から3月を経過しても当該申請に対して何らの処分がされない場合には、当該登録を拒否されたものとして、内閣総理大臣に対して、前項の審査請求をすることができる。

3　前2項の場合において、内閣総理大臣は、行政不服審査法（平成26年法律第68号）第25条第2項及び第3項並びに第46条第2項の規定の適用については、日本公認会計士協会の上級行政庁とみなす。

（変更登録）

第20条　公認会計士は、登録を受けた事項に変更を生じたときは、直ちに変更の登録を申請しなければならない。

（登録の抹消）

第21条　次の各号のいずれかに該当する場合には、日本公認会計士協会は、公認会計士の登録を抹消しなければならない。

一　公認会計士がその業務を廃止したとき。

二　公認会計士が死亡したとき。

三　公認会計士が第4条各号のいずれかに該当するに至つたとき。

四　公認会計士が心身の故障により公認会計士の業務を行わせることがその適正を欠くおそれがあるとき。

2　日本公認会計士協会は、前項第4号の規定により登録を抹消するときは、資格審査会の議決に基づいて行わなければならない。

3　第19条第4項並びに第19条の2第1項及び第3項の規定は、第1項第4号の規定による登録の抹消について準用する。この場合において、同条第3項中「第46条第2項」とあるのは、「第46条第1項」と読み替えるものとする。

（登録及び登録の抹消の公告）

第21条の2　日本公認会計士協会は、公認会計士又は外国公認会計士の登録をしたとき及び当該登録を抹消したときは、遅滞なく、その旨を官報をもつて公告しなければならない。

（登録抹消の制限）

第21条の3　日本公認会計士協会は、公認会計士又は外国公認会計士が懲戒の手続に付された場合においては、その手続が結了するまでは、第

21条第１項第１号又は第16条の２第５項第１号（第21条第１項第１号の規定に係る場合に限る。）の規定による当該公認会計士又は外国公認会計士の登録の抹消をすることができない。

（登録の細目）

第22条　この章に定めるもののほか、登録の手続、登録の抹消、公認会計士名簿その他登録に関して必要な事項は、内閣府令で定める。

第23条　削除

第４章　公認会計士の義務

（特定の事項についての業務の制限）

第24条　公認会計士は、財務書類のうち、次の各号の一に該当するものについては、第２条第１項の業務を行なつてはならない。

一　公認会計士又はその配偶者が、役員、これに準ずるもの若しくは財務に関する事務の責任ある担当者であり、又は過去１年以内にこれらの者であつた会社その他の者の財務書類

二　公認会計士がその使用人であり、又は過去１年以内に使用人であつた会社その他の者の財務書類

三　前２号に定めるもののほか、公認会計士が著しい利害関係を有する会社その他の者の財務書類

2　前項第３号の著しい利害関係とは、公認会計士又はその配偶者が会社その他の者との間にその者の営業、経理その他に関して有する関係で、公認会計士の行なう第２条第１項の業務の公正を確保するため業務の制限をすることが必要かつ適当であるとして政令で定めるものをいう。

3　国家公務員若しくは地方公務員又はこれらの職にあつた者は、その在職中又は退職後２年間は、その在職し、又は退職前２年間に在職していた職と職務上密接な関係にある営利企業の財務について、第２条第１項の業務を行つてはならない。

（公認会計士に係る著しい利害関係）

令第７条　法第24条第２項（法第16条の２第６項において準用する場合を含む。）に規定する政令で定める関係は、次の各号に掲げる場合における当該各号に規定する公認会計士又はその配偶者と被監査会社等との間の関係とする。

一　公認会計士又はその配偶者が、監査又は証明（法第２条第１項の業務として行う監査又は証明をいう。以下同じ。）をしようとする財務書類に係る会計期間（法第24条の３に規定する会計期間をいう。以下同じ。）の開始の日からその終了後３月を経過する日までの期間（以下「監査関係期間」という。）内に当該財務書類につき監査又は証明を受けようとする会社その他の者（以下「被監査会社等」という。）の役員、これに準ずるもの又は財務に関する事務の責任ある担当者（以下「役員等」という。）であつた場合

二　公認会計士の配偶者が、当該公認会計士に係る被監査会社等の使用人である場合又は過去１年以内にその使用人であつた場合

三　公認会計士の配偶者が、国家公務員若しくは地方公務員であり、又はこれらの職にあつた者でその退職後２年を経過していないものである場合において、その在職し、又は退職前２年以内に在職していた職と当該公認会計士に係る被監査会社等（営利企業に該当するものに限る。）とが職務上密接な関係にあるとき。

四　公認会計士又はその配偶者が、被監査会社等の株主、出資者、債権者又は債務者である場合。ただし、株主又は出資者にあつては相続又は遺贈により被監査会社等の株式又は出資を取得後１年を経過しない場合を、債権者又は債務者にあつてはその有する債権又は債務が被監査会社等との間の法第２条第１項又は第２項の業務に関する契約に基づく場合、その有する債権又は債務の額が100万円未満である場合、相続又は遺贈により被監査会社等の債権又は債務を取得後１年を経過しない場合その他内閣府令で定める特別の事情を有する債権又は債務である場合を除く。

五　公認会計士又はその配偶者が、被監査会社等から無償又は通常の取引価格より低い対価による事務所又は資金の提供その他の特別の経済上の利益の供与を受けている場合

六　公認会計士又はその配偶者が、被監査会社等から税理士業務（税理士法（昭和26年法律第237号）第２条に規定する税理士業務をいう。以下同じ。）その他法第２条第１項及び

第２項の業務以外の業務により継続的な報酬を受けている場合
七　公認会計士又はその配偶者が、被監査会社等の役員等又は過去１年以内若しくは監査関係期間内にこれらの者であつた者から第５号又は前号に規定する利益の供与又は報酬を受けている場合
八　公認会計士又はその配偶者が、被監査会社等の関係会社等の役員若しくはこれに準ずるものである場合又は過去１年以内若しくは監査関係期間内にこれらの者であつた場合
九　公認会計士が、被監査会社等の親会社等又は子会社等の使用人である場合

2　前項第８号に規定する関係会社等とは、次の各号のいずれかに該当する者をいう。
一　被監査会社等（当該被監査会社等の子会社等を含む。）が他の会社等（会社その他の団体をいう。以下同じ。）の財務及び営業又は事業の方針の決定に対して重要な影響を与えることができる場合における当該他の会社等として内閣府令で定めるもの
二　他の会社等（当該他の会社等の子会社等を含む。）が被監査会社等の財務及び営業又は事業の方針の決定に対して重要な影響を与えることができる場合における当該他の会社等として内閣府令で定めるもの

3　第１項第９号に規定する親会社等とは、他の会社等の財務及び営業又は事業の方針を決定する機関（株主総会その他これに準ずる機関をいう。以下この項において「意思決定機関」という。）を支配している会社等として内閣府令で定めるものをいい、同号及び前項各号に規定する子会社等とは、親会社等によりその意思決定機関を支配されている他の会社等をいう。この場合において、親会社等及び子会社等又は子会社等が他の会社等の意思決定機関を支配している場合における当該他の会社等は、その親会社等の子会社等とみなす。

（特別の事情を有する債権又は債務）
規第２条　公認会計士法施行令（以下「令」という。）第７条第１項第４号及び第15条第１号に規定する内閣府令で定める特別の事情を有する債権又は債務は、第１号から第12号までに掲げるものに係る債権（第11号及び第12号にあっては、当該各号に掲げる契約に基づく債権）又は第13号から第18号までに掲げるものに係る債務（第17号にあっては、同号に掲げる契約に基づく債務）とする。
一　預金（貯金を含む。）
二　銀行法（昭和56年法律第59号）第２条第４項に規定する定期積金等
三　無尽業法（昭和６年法律第42号）第１条に規定する掛金
四　特別の法令により設立された法人の発行する債券
五　長期信用銀行法（昭和27年法律第187号）第８条に規定する長期信用銀行債
六　金融機関の合併及び転換に関する法律（昭和43年法律第86号）第８条第１項（同法第55条第４項において準用する場合を含む。）に規定する特定社債
七　その債務について政府が保証している社債
八　内国法人の発行する社債のうち、契約により、発行に際して応募額が総額に達しない場合に金融商品取引法（昭和23年法律第25号）第２条第９項に規定する金融商品取引業者（同法第28条第１項に規定する第１種金融商品取引業を行う者に限る。）がその残額を取得するものとされたもの
九　金銭信託のうち、共同しない多数の委託者の信託財産を合同して運用するもの（貸付信託法（昭和27年法律第195号）第２条第１項に規定する貸付信託を含む。）
十　投資信託及び投資法人に関する法律（昭和26年法律第198号）第２条第３項の投資信託
十一　生命保険契約
十二　損害保険契約
十三　自己の居住の用に供する住宅又は自己の業務の用に供する事務所の建築又は購入の費用（土地の所有権又は借地権の取得及び土地の造成に係る費用を含む。）の全部又は一部に充てるための金銭の借入れ（被監査会社等（令第７条第１項第１号に規定する被監査会社等をいう。以下同じ。）に係る監査証明業務（法第２条第１項の業務をいう。以下同じ。）を行う前にした借入れに限る。）であって、当該住宅若しくは事務所又はこれらに係る土地に設定されている抵当権によって担保されているもの
十四　自己の居住の用に供する住宅又は自己の業務の用に供する事務所（被監査会社等に係る監査証明業務を行う前から賃借しているものに限る。）に係る賃借料、管理費及び更新

料
十五　自己の用に供する自動車又は自己の業務の用に供する自動車の購入費用の全部又は一部に充てるための金銭の借入れ（被監査会社等に係る監査証明業務を行う前にした借入れに限る。）
十六　電気、ガス、上下水道及び電話の使用料金
十七　法第34条の33第３項の契約（以下「保証委託契約」という。）
十八　第13号から前号までに掲げるもののほか、被監査会社等による公認会計士（法第16条の２第５項に規定する外国公認会計士を含む。以下同じ。）又は監査法人の業務の遂行に通常必要な物又は役務の提供

（関係会社等）
規第３条　令第７条第２項第１号に規定する内閣府令で定めるものは、次に掲げる会社等（同号に規定する会社等をいう。以下同じ。）とする。
一　被監査会社等の子会社等（令第７条第３項に規定する子会社等をいう。以下この条及び第５条において同じ。）
二　被監査会社等の関連会社等
２　前項第２号に規定する関連会社等とは、被監査会社等（当該被監査会社等が子会社等を有する場合には、当該子会社等を含む。）が、出資、人事、資金、技術、取引等の関係を通じて、子会社等以外の他の会社等の財務及び営業又は事業の方針の決定に対して重要な影響を与えることができる場合における当該子会社等以外の他の会社等とする。
３　前項に規定する子会社等以外の他の会社等の財務及び営業又は事業の方針の決定に対して重要な影響を与えることができる場合とは、次に掲げる場合とする。ただし、財務上又は営業上若しくは事業上の関係からみて子会社等以外の他の会社等の財務及び営業又は事業の方針の決定に対して重要な影響を与えることができないことが明らかであると認められるときは、この限りでない。
一　子会社等以外の他の会社等（民事再生法（平成11年法律第225号）の規定による再生手続開始の決定を受けた会社等、会社更生法（平成14年法律第154号）の規定による更生手続開始の決定を受けた会社、破産法（平成16年法律第75号）の規定による破産手続開始の決定を受けた会社等その他これらに準ずる会社等であって、かつ、当該会社等の財務及び営業又は事業の方針の決定に対して重要な影響を与えることができないと認められる会社等を除く。以下この項において同じ。）の議決権（株式会社にあっては、株主総会において決議することができる事項の全部につき議決権を行使することができない株式についての議決権を除き、会社法（平成17年法律第86号）第879条第３項の規定により議決権を有するものとみなされる株式についての議決権を含む。以下同じ。）の100分の20以上を自己の計算において所有している場合
二　子会社等以外の他の会社等の議決権の100分の15以上、100分の20未満を自己の計算において所有している場合であって、かつ、次に掲げるいずれかの要件に該当する場合
イ　役員、業務を執行する社員若しくは使用人である者、又はこれらであった者で自己が子会社等以外の他の会社等の財務及び営業又は事業の方針の決定に関して影響を与えることができる者が、当該子会社等以外の他の会社等の代表取締役、取締役又はこれらに準ずる役職に就任していること。
ロ　子会社等以外の他の会社等に対して重要な融資（債務の保証及び担保の提供を含む。次条第２号ニにおいて同じ。）を行っていること。
ハ　子会社等以外の他の会社等に対して重要な技術を提供していること。
ニ　子会社等以外の他の会社等との間に重要な販売、仕入れその他の営業上又は事業上の取引があること。
ホ　その他子会社等以外の他の会社等の財務及び営業又は事業の方針の決定に対して重要な影響を与えることができることが推測される事実が存在すること。
三　自己の計算において所有している議決権と自己と出資、人事、資金、技術、取引等において緊密な関係があることにより自己の意思と同一の内容の議決権を行使すると認められる者及び自己の意思と同一の内容の議決権を行使することに同意している者が所有している議決権とを合わせた場合（自己の計算において議決権を所有していない場合を含む。）に子会社等以外の他の会社等の議決権の100分の20以上を占めているときであって、かつ、前号イからホまでに掲げるいずれかの要件に

該当する場合
4　令第７条第２項第２号に規定する内閣府令で定めるものは、次に掲げる会社等とする。
一　被監査会社等の親会社等（令第７条第３項に規定する親会社等をいう。以下同じ。）
二　被監査会社等が他の会社等の関連会社等（第２項に規定する関連会社等をいう。第５条において同じ。）である場合における当該他の会社等

（親会社等）

規第４条　令第７条第３項に規定する内閣府令で定めるものは、次に掲げる会社等とする。ただし、財務上又は営業上若しくは事業上の関係からみて他の会社等の意思決定機関（同項に規定する意思決定機関をいう。以下この条において同じ。）を支配していないことが明らかであると認められる会社等は、この限りでない。
一　他の会社等（民事再生法の規定による再生手続開始の決定を受けた会社等、会社更生法の規定による更生手続開始の決定を受けた会社、破産法の規定による破産手続開始の決定を受けた会社等その他これらに準ずる会社等であって、かつ、有効な支配従属関係が存在しないと認められる会社等を除く。以下この条において同じ。）の議決権の過半数を自己の計算において所有している会社等
二　他の会社等の議決権の100分の40以上、100分の50以下を自己の計算において所有している会社等であって、かつ、次に掲げるいずれかの要件に該当する会社等
イ　自己の計算において所有している議決権と自己と出資、人事、資金、技術、取引等において緊密な関係があることにより自己の意思と同一の内容の議決権を行使すると認められる者及び自己の意思と同一の内容の議決権を行使することに同意している者が所有している議決権とを合わせて、他の会社等の議決権の過半数を占めていること。
ロ　役員、業務を執行する社員若しくは使用人である者、又はこれらであった者で自己が他の会社等の財務及び営業又は事業の方針の決定に関して影響を与えることができる者が、当該他の会社等の取締役会その他これに準ずる機関の構成員の過半数を占めていること。
ハ　他の会社等の重要な財務及び営業又は事業の方針の決定を支配する契約等が存在すること。
ニ　他の会社等の資金調達額（貸借対照表の負債の部に計上されているものに限る。）の総額の過半について融資を行っていること（自己と出資、人事、資金、技術、取引等において緊密な関係のある者が行う融資の額を合わせて資金調達額の総額の過半となる場合を含む。）。
ホ　その他他の会社等の意思決定機関を支配していることが推測される事実が存在すること。
三　自己の計算において所有している議決権と自己と出資、人事、資金、技術、取引等において緊密な関係があることにより自己の意思と同一の内容の議決権を行使すると認められる者及び自己の意思と同一の内容の議決権を行使することに同意している者が所有している議決権とを合わせた場合（自己の計算において議決権を所有していない場合を含む。）に他の会社等の議決権の過半数を占めている会社等であって、かつ、前号ロからホまでに掲げるいずれかの要件に該当する会社等

（大会社等に係る業務の制限の特例）

第24条の２　公認会計士は、当該公認会計士、その配偶者又は当該公認会計士若しくはその配偶者が実質的に支配していると認められるものとして内閣府令で定める関係を有する法人その他の団体が、次の各号のいずれかに該当する者（以下「大会社等」という。）から第２条第２項の業務（内閣府令で定めるものに限る。）により継続的な報酬を受けている場合には、当該大会社等の財務書類について、同条第１項の業務を行つてはならない。
一　会計監査人設置会社（資本金の額、最終事業年度に係る貸借対照表の負債の部に計上した額の合計額その他の事項を勘案して政令で定める者を除く。）
二　金融商品取引法第193条の２第１項又は第２項の規定により監査証明を受けなければならない者（政令で定める者を除く。）
三　銀行法（昭和56年法律第59号）第２条第１項に規定する銀行
四　長期信用銀行法（昭和27年法律第187号）

第２条に規定する長期信用銀行

五　保険業法第２条第２項に規定する保険会社

六　前各号に掲げる者に準ずる者として政令で定める者

（大会社等から除かれる者）

令第８条　法第24条の２第１号（法第16条の２第６項において準用する場合を含む。）に規定する政令で定める者は、最終事業年度に係る貸借対照表に資本金として計上した額が100億円未満であり、かつ、最終事業年度に係る貸借対照表の負債の部に計上した額の合計額が1,000億円未満の株式会社とする。

令第９条　法第24条の２第２号（法第16条の２第６項において準用する場合を含む。）に規定する政令で定める者は、次の各号のいずれかに該当する者とする。

一　金融商品取引法第24条第１項第３号又は第４号（これらの規定を同法第27条において準用する場合を含む。）に該当することにより同項に規定する有価証券報告書を提出しなければならない発行者（同法第２条第５項に規定する発行者をいう。次号並びに第30条第３号及び第６号において同じ。）であつて、次に掲げる要件の全てを満たす者

イ　最終事業年度に係る貸借対照表に資本金として計上した額（当該発行者が金融商品取引法施行令第１条第２号に掲げる証券若しくは証書若しくは同令第２条の８に定めるもの又は金融商品取引法第２条第２項の規定により有価証券とみなされる同令第１条の３の４に規定する債権の発行者である場合にあつては、その貸借対照表上の純資産額）が５億円未満であること又は最終事業年度に係る損益計算書による売上高（これに準ずるものとして内閣府令で定めるものを含む。以下この号において同じ。）の額若しくは直近３年間に終了した各事業年度に係る損益計算書による売上高の額の合計額を３で除して得た額のうちいずれか大きい方の額が10億円未満であること。

ロ　最終事業年度に係る貸借対照表の負債の部に計上した額の合計額が200億円未満であること。

二　金融商品取引法第５条第１項（同法第27条において準用する場合を含む。）に規定する特定有価証券（同法第６条各号に掲げるものを除く。以下この号において「特定有価証券」という。）の発行者であつて、次の各号のいずれにも該当しない者

イ　特定有価証券以外の有価証券に関して金融商品取引法第４条第１項から第３項までの規定による届出をしようとする者

ロ　特定有価証券以外の有価証券に関して金融商品取引法第24条第１項（同法第27条において準用する場合を含む。）の規定により同項に規定する有価証券報告書を提出しなければならない者

（大会社等の範囲）

令第10条　法第24条の２第６号（法第16条の２第６項において準用する場合を含む。）に規定する政令で定める者は、次に掲げる者とする。

一　全国を地区とする信用金庫連合会

二　全国を地区とする労働金庫連合会

三　全国を地区とする信用協同組合連合会

四　農林中央金庫

五　独立行政法人通則法（平成11年法律第103号）第39条第１項の規定により会計監査人の監査を受けなければならない独立行政法人

六　国立大学法人及び大学共同利用機関法人

七　地方独立行政法人法（平成15年法律第118号）第35条第１項の規定により会計監査人の監査を受けなければならない地方独立行政法人

（実質的に支配していると認められる関係）

規第５条　法第24条の２（法第16条の２第６項において準用する場合を含む。次条において同じ。）及び法第34条の11の２第１項に規定する内閣府令で定める関係は、当該公認会計士若しくはその配偶者又は当該監査法人と子会社等又は関連会社等との関係とする。

（業務の制限）

規第６条　法第24条の２及び法第34条の11の２第１項に規定する内閣府令で定めるものは、次に掲げるものとする。

一　会計帳簿の記帳の代行その他の財務書類（法第１条の３第１項に規定する財務書類をいう。以下同じ。）の調製に関する業務

二　財務又は会計に係る情報システムの整備又は管理に関する業務

三　現物出資財産（会社法第207条第１項に規定する現物出資財産をいう。）その他これに準ずる財産の証明又は鑑定評価に関する業務

四　保険数理に関する業務
五　内部監査の外部委託に関する業務
六　前各号に掲げるもののほか、監査又は証明（監査証明業務として行う監査又は証明をいう。）をしようとする財務書類を自らが作成していると認められる業務又は被監査会社等の経営判断に関与すると認められる業務

（売上高に準ずるもの）
規第７条　令第９条第１号イに規定する内閣府令で定めるものは、次に掲げるものとする。
一　事業収益
二　営業収益
三　その他前２号に掲げる収益に準ずるもの

第24条の３　公認会計士は、大会社等の７会計期間（事業年度その他これらに準ずる期間をいう。以下同じ。）の範囲内で政令で定める連続する会計期間（当該連続する会計期間に準ずるものとして内閣府令で定める会計期間にあつては、当該会計期間。以下この項、第34条の11の３及び第34条の11の４第１項において「連続会計期間」という。）のすべての会計期間に係る財務書類について監査関連業務を行つた場合には、当該連続会計期間の翌会計期間以後の政令で定める会計期間に係る当該大会社等の財務書類について監査関連業務を行つてはならない。ただし、当該公認会計士（監査法人の社員である者を除く。）が当該連続会計期間の翌会計期間以後の会計期間に係る当該大会社等の財務書類について監査関連業務を行うことにつき、内閣府令で定めるやむを得ない事情があると認められる場合において、内閣府令で定めるところにより、会計期間ごとに内閣総理大臣の承認を得たときは、この限りでない。

２　金融商品取引所（金融商品取引法第２条第16項に規定する金融商品取引所をいう。以下同じ。）にその発行する有価証券を上場しようとする者その他の政令で定める者（大会社等を除く。）の発行する当該有価証券が上場される日その他の政令で定める日の属する会計期間前の３会計期間の範囲内で内閣府令で定める会計期間に係るその者の財務書類について公認会計士が監査関連業務を行つた場合には、その者を大会社等とみなして、前項の規定を適用する。この場合において、同項中「公認会計士は」とあるのは、「次項の監査関連業務を行つた公認会計士は」とする。

３　第１項（前項の規定により読み替えて適用する場合を含む。）及び前項の監査関連業務とは、第２条第１項の業務、監査法人の行う同項の業務にその社員として関与すること及びこれらに準ずる業務として内閣府令で定めるものをいう。

（監査関連業務の禁止における連続する会計期間）
令第11条　法第24条の３第１項（法第16条の２第６項において準用する場合を含む。）に規定する７会計期間の範囲内で政令で定める連続する会計期間は、７会計期間とする。

（監査関連業務の禁止期間）
令第12条　法第24条の３第１項（法第16条の２第６項において準用する場合を含む。）に規定する連続会計期間の翌会計期間以後の政令で定める会計期間は、２会計期間とする。

（大会社等とみなされる者等）
令第13条　法第24条の３第２項（法第16条の２第６項において準用する場合を含む。）並びに第34条の11の５第１項及び第２項に規定する政令で定める者は次に掲げる者とし、これらの規定に規定する政令で定める日は次の各号に掲げる者の区分に応じ当該各号に定める日とする。
一　金融商品取引所（金融商品取引法第２条第16項に規定する金融商品取引所をいう。以下同じ。）にその発行する有価証券を上場しようとする者　当該有価証券が金融商品取引所に上場される日
二　金融商品取引法第67条の11第１項の規定によりその発行する有価証券について認可金融商品取引業協会（同法第２条第13項に規定する認可金融商品取引業協会をいう。以下同じ。）の登録を受けようとする者　当該有価証券が同法第67条の11第１項の規定により認可金融商品取引業協会の登録を受ける日

（連続する会計期間に準ずるもの）
規第８条　次の各号に掲げる規定において連続する会計期間に準ずるものとして連続会計期間とされる会計期間（法第24条の３第１項に規定す

る会計期間をいう。以下同じ。）は、当該各号に定める会計期間とする。

一　法第24条の３第１項（法第16条の２第６項において準用する場合を含む。）　連続する会計期間において、監査関連業務（法第24条の３第３項に規定する監査関連業務をいう。以下同じ。）を行わない連続する会計期間が令第12条に規定する会計期間未満である場合に、当該監査関連業務を行わない会計期間においても監査関連業務を行ったものとみなして計算した会計期間が７会計期間となる場合における当該７会計期間

二　法第34条の11の３　連続する会計期間において、監査関連業務を行わない連続する会計期間が令第17条に規定する会計期間未満である場合に、当該監査関連業務を行わない会計期間においても監査関連業務を行ったものとみなして計算した会計期間が７会計期間となる場合における当該７会計期間

三　法第34条の11の４第１項　連続する会計期間において、監査関連業務を行わない連続する会計期間が令第20条に規定する会計期間未満である場合に、当該監査関連業務を行わない会計期間においても監査関連業務を行ったものとみなして計算した会計期間が５会計期間となる場合における当該５会計期間

（監査関連業務等）

規第９条　法第24条の３第１項ただし書（法第16条の２第６項において準用する場合を含む。次項において同じ。）に規定する内閣府令で定めるやむを得ない事情は、周辺地域において公認会計士が不足している等により、交替が著しく困難な状況にある場合とする。

２　法第24条の３第１項ただし書に規定する承認を受けようとする場合には、同項ただし書に規定するやむを得ない事情があると認められたときから承認を受けようとする会計期間が開始するまでの間に、当該会計期間ごとに別紙様式第１号により作成した承認申請書を、遅滞なく、金融庁長官に提出し、承認を受けなければならない。

３　法第24条の３第３項（法第16条の２第６項において準用する場合を含む。）に規定する内閣府令で定めるものは、次に掲げるものとする。

一　他の公認会計士の監査証明業務に補助者として従事しているにもかかわらず、当該業務に当該他の公認会計士と同程度以上に実質的な関与をしていると認められる業務

二　他の公認会計士から委託を受け、監査証明業務に係る審査（被監査会社等の財務書類に係る意見又は結論を表明するに先立ち、意見又は結論の形成に至る一切の過程の妥当性について検討し、必要な措置を講じることをいう。第23条第２号及び第26条第４号において同じ。）を行う業務

三　監査法人の監査証明業務に補助者として従事しているにもかかわらず、当該業務に当該監査法人の法第34条の12第２項に規定する社員と同程度以上に実質的な関与をしていると認められる業務

４　公認会計士・監査審査会は、第２項の承認を受けた被監査会社等の会計期間に係る監査関連業務につき、必要があると認められる場合には、法第41条の２の規定による権限又は法第49条の４第２項の規定により委任された法第49条の３第１項若しくは第２項の規定による権限を行使することができる。

（新規上場企業等に係る監査関連業務の禁止における会計期間）

規第10条　法第24条の３第２項（法第16条の２第６項において準用する場合を含む。）並びに法第34条の11の５第１項及び第２項に規定する内閣府令で定める会計期間は、２会計期間とする。ただし、公認会計士又は監査法人が令第13条各号に定める日以前に１会計期間に限り監査関連業務を行った場合には、１会計期間とする。

第24条の４　公認会計士は、大会社等の財務書類について第２条第１項の業務を行うときは、他の公認会計士若しくは監査法人と共同し、又は他の公認会計士を補助者として使用して行わなければならない。ただし、他の公認会計士若しくは監査法人と共同せず、又は他の公認会計士を補助者として使用しないことにつき内閣府令で定めるやむを得ない事情がある場合は、この限りでない。

（単独監査を行うやむを得ない事情）

規第11条　法第24条の４ただし書（法第16条の２第６項において準用する場合を含む。）に規定する内閣府令で定めるやむを得ない事情は、次に掲げる事情とする。

一　共同して監査証明業務を行う他の公認会計

士又は補助者として使用する他の公認会計士が登録を抹消されたこと。
二　共同して監査証明業務を行う他の公認会計士又は補助者として使用する他の公認会計士が事故、病気その他これに準ずる事由により業務を行うことができなくなったこと。
三　共同して監査証明業務を行う他の公認会計士若しくは監査法人又は補助者として使用する他の公認会計士が移転したことにより共同で当該業務を行うことができなくなったこと。
四　共同して監査証明業務を行う監査法人が解散したこと。
五　前各号に準ずるやむを得ない事情であって、当該公認会計士の責めに帰すべき事由がないもの

（証明の範囲及び証明者の利害関係の明示）
第25条　公認会計士は、会社その他の者の財務書類について証明をする場合には、いかなる範囲について証明をするかを明示しなければならない。
2　公認会計士は、会社その他の者の財務書類について証明をする場合には、当該会社その他の者と利害関係を有するか否か、及び利害関係を有するときはその内容その他の内閣府令で定める事項を証明書に明示しなければならない。
3　公認会計士は、前項の規定による証明書による証明に代えて、内閣府令で定めるところにより、当該証明に係る会社その他の者の承諾を得て、電磁的方法（電子情報処理組織を使用する方法その他の情報通信の技術を利用する方法であつて内閣府令で定めるものをいう。以下同じ。）により同項に規定する事項を併せて明示することにより当該証明をすることができる。この場合においては、同項の規定は、適用しない。

（監査証明書の追加記載事項）
規第12条　法第25条第２項（法第16条の２第６項及び法第34条の12第３項において準用する場合を含む。）に規定する内閣府令で定める事項は、次に掲げる事項とする。
一　当該公認会計士又は当該監査法人の被監査会社等との利害関係の有無
二　当該公認会計士又は当該監査法人が被監査会社等と利害関係を有するときはその内容

（信用失墜行為の禁止）
第26条　公認会計士は、公認会計士の信用を傷つけ、又は公認会計士全体の不名誉となるような行為をしてはならない。
（秘密を守る義務）
第27条　公認会計士は、正当な理由がなく、その業務上取り扱つたことについて知り得た秘密を他に漏らし、又は盗用してはならない。公認会計士でなくなつた後であつても、同様とする。
（研修）
第28条　公認会計士は、内閣府令で定めるところにより、日本公認会計士協会が行う資質の向上を図るための研修を受けるものとする。
（公認会計士の就職の制限）
第28条の２　公認会計士が会社その他の者の財務書類について第２条第１項の業務を行つた場合には、当該公認会計士（公認会計士であつた者を含む。）は、当該財務書類に係る会計期間の翌会計期間の終了の日までの間は、当該会社その他の者又はその連結会社等（当該会社その他の者と連結して財務書類を作成するものとされる者として内閣府令で定めるものをいう。以下この条及び第34条の11第１項第３号において同じ。）の役員又はこれに準ずるものに就いてはならない。ただし、当該会社その他の者又はその連結会社等の役員又はこれに準ずるものに就くことにつきやむを得ない事情があると認められるときその他の内閣府令で定める場合において、内閣総理大臣の承認を得たときは、この限りでない。

（公認会計士等の就職の制限）
規第13条　法第28条の２本文（法第16条の２第６項及び第34条の14の２において準用する場合を含む。以下この条において同じ。）に規定する内閣府令で定めるものは、次に掲げる会社等とする。
一　被監査会社等の連結子会社等（連結財務諸表の用語、様式及び作成方法に関する規則（昭

和51年大蔵省令第28号）第２条第４号に規定する連結子会社並びに持分法（同条第８号に規定する持分法をいう。）が適用される非連結子会社（同条第６号に規定する非連結子会社をいう。）及び関連会社（同条第７号に規定する関連会社をいう。）をいう。以下この項において同じ。）又は被監査会社等をその連結子会社等とする会社等

二　被監査会社等をその連結子会社等とする会社等の連結子会社等（被監査会社等を除く。）

2　法第28条の２ただし書（法第16条の２第６項において準用する場合を含む。）に規定する内閣府令で定める場合は、次に掲げる場合とする。

一　公認会計士（公認会計士であった者を含む。）が法第28条の２本文の規定によりその役員又はこれに準ずるもの（以下この条において「役員等」という。）に就いてはならないとされる会社等（以下この条において「就職制限会社等」という。）以外の会社等の役員等に就いた後に、当該会社等が当該就職制限会社等と合併することとなった場合において、当該公認会計士が合併後存続する会社等の役員等に就くこととなった場合（当該公認会計士が、当該就職制限会社等以外の会社等の役員等に就く際に、当該合併について知っていた場合を除く。）

二　その他前号に準ずるやむを得ない事由が認められる場合

3　法第34条の14の２において準用する法第28条の２ただし書に規定する内閣府令で定める場合は、次に掲げる場合とする。

一　監査法人が会社その他の者の財務書類について監査証明業務を行った場合における当該業務を執行した社員（社員であった者を含む。）が就職制限会社等以外の会社等の役員等に就いた後に、当該会社等が当該就職制限会社等と合併することとなった場合において、当該業務を執行した社員が合併後存続する会社等の役員等に就くこととなった場合（当該業務を執行した社員が、当該就職制限会社等以外の会社等の役員等に就く際に、当該合併について知っていた場合を除く。）

二　その他前号に準ずるやむを得ない事由が認められる場合

（使用人等に対する監督義務）

第28条の３　公認会計士は、第２条第１項又は第２項の業務を行うため使用人その他の従業者を使用するときは、当該業務を適正に遂行するよう当該使用人その他の従業者を監督しなければならない。

（業務の状況に関する説明書類の縦覧等）

第28条の４　公認会計士は、年度（毎年４月１日から翌年３月31日までをいい、大会社等の財務書類について第２条第１項の業務を行つたものに限る。）ごとに、業務の状況に関する事項として内閣府令で定めるものを記載した説明書類を作成し、当該公認会計士の事務所に備え置き、公衆の縦覧に供しなければならない。

2　前項に規定する説明書類は、電磁的記録をもつて作成することができる。

3　第１項に規定する説明書類が電磁的記録をもつて作成されているときは、公認会計士の事務所において当該説明書類の内容である情報を電磁的方法により不特定多数の者が提供を受けることができる状態に置く措置として内閣府令で定めるものをとることができる。この場合においては、同項の説明書類を、同項の規定により備え置き、公衆の縦覧に供したものとみなす。

4　前３項に定めるもののほか、第１項に規定する説明書類を公衆の縦覧に供する期間その他前３項の規定の適用に関し必要な事項は、内閣府令で定める。

（説明書類に記載する業務の状況に関する事項）

規第14条　法第28条の４第１項（法第16条の２第６項において準用する場合を含む。第17条第１項において同じ。）に規定する内閣府令で定めるものは、次に掲げる事項とする。

一　業務の概況に関する次に掲げる事項

イ　業務の概要

ロ　業務の内容（被監査会社等の数を含む。）

ハ　業務の運営の状況（次に掲げる事項を含む。）

(1)　業務の執行の適正の確保に関する状況

(2)　業務の品質の管理（法第34条の13第３項に規定する業務の品質の管理をいう。以下同じ。）の状況

(3)　直近において法第46条の９の２第１項の規定による日本公認会計士協会（以下

「協会」という。）の調査を受けた年月

ニ　他の公認会計士（大会社等（法第24条の2に規定する大会社等をいう。以下同じ。）の財務書類について監査証明業務を行ったものに限る。）又は監査法人との業務上の提携に関する次に掲げる事項

⑴　提携を行う当該他の公認会計士又は監査法人の氏名又は名称

⑵　提携を開始した年月

⑶　業務上の提携の内容

二　事務所の概況に関する次に掲げる事項（事務所が２以上あるときは、各事務所ごとの次に掲げる事項を含む。）

イ　名称

ロ　所在地

ハ　当該事務所に勤務する公認会計士の数

三　被監査会社等（大会社等に限る。）の名称

（電磁的方法）

規第15条　法第28条の４第３項（法第16条の２第６項において準用する場合を含む。次条において同じ。）に規定する電子情報処理組織を使用する方法であって内閣府令で定めるものは、次に掲げる方法とする。

一　送信者の使用に係る電子計算機と受信者の使用に係る電子計算機とを接続する電気通信回線を通じて送信し、受信者の使用に係る電子計算機に備えられたファイルに記録する方法

二　送信者の使用に係る電子計算機に備えられたファイルに記録された情報の内容を電気通信回線を通じて情報の提供を受ける者の閲覧に供し、当該情報の提供を受ける者の使用に係る電子計算機に備えられたファイルに当該情報を記録する方法

２　前項各号に掲げる方法は、受信者がファイルへの記録を出力することにより書面を作成することができるものでなければならない。

（不特定多数の者が提供を受けることができる状態に置く措置）

規第16条　法第28条の４第３項及び法第34条の16の３第３項に規定する不特定多数の者が提供を受けることができる状態に置く措置として内閣府令で定めるものは、電磁的記録（法第１条の３第１項に規定する電磁的記録をいう。以下同じ。）に記録された事項を紙面又は映像面に表示する方法とする。

（縦覧期間等）

規第17条　公認会計士又は監査法人は、法第28条の４第１項又は法第34条の16の３第１項の規定により作成した書面（法第28条の４第２項（法第16条の２第６項において準用する場合を含む。）及び法第34条の16の３第２項の規定により作成された電磁的記録を含む。以下この項及び次項において「縦覧書類」という。）の縦覧を、年度（法第28条の４第１項に規定する年度をいう。以下この項において同じ。）又は会計年度（法第34条の15に規定する会計年度をいう。以下同じ。）経過後３月以内に開始し、当該年度又は当該会計年度の翌年度又は翌会計年度に係る縦覧書類の縦覧を開始するまでの間、公衆の縦覧に供しなければならない。

２　公認会計士又は監査法人は、やむを得ない理由により前項に規定する期間までに縦覧書類の縦覧を開始できない場合には、あらかじめ金融庁長官の承認を受けて、当該縦覧の開始を延期することができる。

３　公認会計士又は監査法人は、前項の規定による承認を受けようとするときは、承認申請書に理由書を添付して、金融庁長官に提出しなければならない。

４　金融庁長官は、前項の規定による承認の申請があったときは、当該申請をした公認会計士又は監査法人が第１項の規定による縦覧の開始を延期することについてやむを得ない理由があるかどうかを審査するものとする。

第５章　公認会計士の責任

（懲戒の種類）

第29条　公認会計士に対する懲戒処分は、次の３種とする。

一　戒告

二　２年以内の業務の停止

三　登録の抹消

（虚偽又は不当の証明についての懲戒）

第30条　公認会計士が、故意に、虚偽、錯誤又は脱漏のある財務書類を虚偽、錯誤及び脱漏のないものとして証明した場合には、内閣総理大臣は、前条第２号又は第３号に掲げる懲戒の処分をすることができる。

２　公認会計士が、相当の注意を怠り、重大な虚偽、錯誤又は脱漏のある財務書類を重大な虚偽、

錯誤及び脱漏のないものとして証明した場合には、内閣総理大臣は、前条第1号又は第2号に掲げる懲戒の処分をすることができる。

3　監査法人が虚偽、錯誤又は脱漏のある財務書類を虚偽、錯誤及び脱漏のないものとして証明した場合において、当該証明に係る業務を執行した社員である公認会計士に故意又は相当の注意を怠つた事実があるときは、当該公認会計士について前2項の規定を準用する。

（一般の懲戒）

第31条　公認会計士がこの法律若しくはこの法律に基づく命令に違反した場合又は第34条の2の規定による指示に従わない場合には、内閣総理大臣は、第29条各号に掲げる懲戒の処分をすることができる。

2　公認会計士が、著しく不当と認められる業務の運営を行つた場合には、内閣総理大臣は、第29条第1号又は第2号に掲げる懲戒の処分をすることができる。

（課徴金納付命令）

第31条の2　公認会計士が会社その他の者の財務書類について証明をした場合において、第30条第1項又は第2項に規定する場合に該当する事実があるときは、内閣総理大臣は、第34条の40から第34条の62までに定める手続に従い、当該公認会計士に対し、次の各号に掲げる場合の区分に応じ、当該各号に定める額の課徴金を国庫に納付することを命じなければならない。

一　当該証明について第30条第1項に規定する場合に該当する事実がある場合　当該証明を受けた当該会社その他の者の財務書類に係る会計期間における報酬その他の対価として政令で定める額（次号において「監査報酬相当額」という。）の1.5倍に相当する額

二　当該証明について第30条第2項に規定する場合に該当する事実がある場合　監査報酬相当額

2　前項の規定にかかわらず、内閣総理大臣は、次に掲げる場合には、同項の公認会計士に対して、同項の課徴金を納付させることを命じないことができる。

一　第30条第1項に規定する場合に該当する事実がある場合において、当該公認会計士に対して同項の処分をする場合（同項の財務書類に係る虚偽、錯誤又は脱漏が当該財務書類全体の信頼性に与える影響が比較的軽微であると認められる場合として内閣府令で定める場合に限る。）

二　第30条第2項に規定する場合に該当する事実がある場合において、当該公認会計士に対して同項の処分をする場合（同項の相当の注意を著しく怠つた場合として内閣府令で定める場合を除く。）

三　当該公認会計士に対して第29条第2号に掲げる処分をする場合（第34条の10の4第4項に規定する被監査会社等との間で既に締結されている契約に基づく第2条第1項の業務として内閣府令で定めるものの停止を命ずる場合に限る。）

四　当該公認会計士に対して第29条第3号に掲げる処分をする場合

3　第1項の規定により計算した課徴金の額が1万円未満であるときは、課徴金の納付を命ずることができない。

4　第1項の規定により計算した課徴金の額に1万円未満の端数があるときは、その端数は、切り捨てる。

5　第1項の規定による命令を受けた者は、同項の規定による課徴金を納付しなければならない。

（監査報酬相当額）

令第14条　法第31条の2第1項第1号（法第16条の2第6項において準用する場合を含む。）及び第34条の21の2第1項第1号に規定する政令で定める額は、公認会計士（法第16条の2第5項に規定する外国公認会計士を含む。）又は監査法人がこれらの規定に規定する会計期間においてこれらの規定に規定する会社その他の者の財務書類について行つた法第2条第1項の業務の対価として支払われ、又は支払われるべき金銭その他の財産の価額の総額とする。

（処分の手続）

第32条　何人も、公認会計士に第30条又は第31条に規定する場合に該当する事実があると思料するときは、内閣総理大臣に対し、その事実を報告し、適当な措置をとるべきことを求めることができる。

2　前項に規定する報告があつたときは、内閣総理大臣は、事件について必要な調査をしなければならない。

3　内閣総理大臣は、公認会計士に第30条又は第31条に規定する場合に該当する事実があると思料するときは、職権をもつて、必要な調査をすることができる。

4　内閣総理大臣は、第30条又は第31条の規定により第29条第1号又は第2号に掲げる懲戒の処分をしようとするときは、行政手続法（平成5年法律第88号）第13条第1項の規定による意見陳述のための手続の区分にかかわらず、聴聞を行わなければならない。

5　第30条又は第31条の規定による懲戒の処分は、聴聞を行つた後、相当な証拠により第30条又は第31条に規定する場合に該当する事実があると認めたときにおいて、公認会計士・監査審査会の意見を聴いて行う。ただし、懲戒の処分が第41条の2の規定による勧告に基づくものである場合は、公認会計士・監査審査会の意見を聴くことを要しないものとする。

（調査のための権限）

第33条　内閣総理大臣は、前条第2項（第46条の10第2項において準用する場合を含む。）又は第3項の規定により事件について必要な調査をするため、当該職員に次に掲げる処分をさせることができる。

一　事件関係人若しくは参考人に出頭を命じて審問し、又はこれらの者から意見若しくは報告を徴すること。

二　鑑定人に出頭を命じて鑑定させること。

三　帳簿書類その他の物件の所有者に対し、当該物件の提出を命じ、又は提出物件を留めて置くこと。

四　事件に関係のある事務所その他の場所に立ち入り、事件に関係のある帳簿書類その他の物件を検査すること。

2　前項の規定により出頭又は鑑定を命ぜられた参考人又は鑑定人は、政令の定めるところにより、旅費、日当その他の費用を請求することができる。

（調書の作成及び公開並びに懲戒処分の公告）

第34条　内閣総理大臣は、事件について必要な調査をしたときは、その要旨を調書に記載し、かつ、前条に規定する処分があつたときは、特にその結果を明らかにしておかなければならない。

2　利害関係人は、内閣総理大臣に対し、前項の調書の縦覧を求め、又は内閣府令で定めるところにより実費を支弁して、その謄本若しくは抄本の交付を求めることができる。ただし、当該公認会計士又はその代理人以外の者は、事件について懲戒処分若しくは第34条の53第1項から第3項までの規定による決定がされ、又は懲戒処分をしない旨の決定若しくは同条第6項の規定による決定があつた後でなければ、前項の調書の縦覧を求め、又はその謄本若しくは抄本の交付を求めることができない。

3　内閣総理大臣は、第30条又は第31条の規定により懲戒の処分をしたときは、その旨を公告しなければならない。

（指示）

第34条の2　内閣総理大臣は、公認会計士がこの法律若しくはこの法律に基づく命令に違反したとき、又は公認会計士が行う第2条第1項の業務が著しく不当と認められる場合において、当該公認会計士が行う同項の業務の適正な運営を確保するために必要であると認められるときは、当該公認会計士に対し、必要な指示をすることができる。

第5章の2　監査法人

第1節　通　則

（設立等）

第34条の2の2　公認会計士（外国公認会計士を含む。以下この章、次章及び第6章の2において同じ。）及び第34条の10の８の登録を受けた者は、この章の定めるところにより、監査法人を設立することができる。

2　第１条及び第１条の２の規定は、監査法人について準用する。

（名称）

第34条の３　監査法人は、その名称中に監査法人という文字を使用しなければならない。

2　有限責任監査法人は、その名称中に社員の全部が有限責任社員であることを示す文字として内閣府令で定めるものを使用しなければならない。

（有限責任形態の監査法人の名称）

規第18条　法第34条の３第２項に規定する社員の全部が有限責任社員であることを示す文字として内閣府令で定めるものは、有限責任とする。

（社員）

第34条の４　監査法人の社員は、公認会計士又は第34条の10の８の登録を受けた者でなければならない。

2　次に掲げる者は、監査法人の社員となることができない。

一　第30条又は第31条の規定により業務の停止の処分を受け、当該業務の停止の期間を経過しない者

二　他の監査法人において、第34条の10の17第２項の規定により、監査法人の次条各号に掲げる業務を執行し、監査法人の意思決定に関与し、又は補助者として監査法人の業務に従事することの禁止の処分を受け、当該禁止の期間を経過しない者

三　第34条の21第２項の規定により他の監査法人が解散又は業務の停止を命ぜられた場合において、その処分の日以前30日内に当該他の監査法人の社員であつた者でその処分の日から３年（業務の停止を命ぜられた場合にあつては、当該業務の停止の期間）を経過しないもの

3　監査法人の社員のうちに公認会計士である社員の占める割合は、100分の50を下らない内閣府令で定める割合以上でなければならない。

（公認会計士である社員の占める割合）

規第19条　法第34条の４第３項に規定する内閣府令で定める割合は、100分の75とする。

（業務の範囲）

第34条の５　監査法人は、第２条第１項の業務を行うほか、その業務に支障のない限り、定款で定めるところにより、次に掲げる業務の全部又は一部を行うことができる。

一　第２条第２項の業務

二　公認会計士試験に合格した者に対する実務補習

（登記）

第34条の６　監査法人は、政令で定めるところにより、登記をしなければならない。

2　前項の規定により登記をしなければならない事項は、登記の後でなければ、これをもつて第三者に対抗することができない。

（設立の手続）

第34条の７　監査法人を設立するには、その社員になろうとする者が、共同して定款を定めなければならない。この場合において、その社員になろうとする者のうちには、５人以上の公認会計士である者を含まなければならない。

2　会社法第30条第１項の規定は、監査法人の定款について準用する。

3　定款には、少なくとも次に掲げる事項を記載しなければならない。

一　目的

二　名称

三　事務所の所在地

四　社員の氏名及び住所

五　社員の全部が無限責任社員又は有限責任社員のいずれであるかの別

六　社員の出資の目的（有限責任社員にあつては、金銭その他の財産に限る。）及びその価額又は評価の標準

七　業務の執行に関する事項

4　無限責任監査法人を設立しようとする場合に

は、前項第５号に掲げる事項として、その社員の全部を無限責任社員とする旨を記載しなければならない。

5　有限責任監査法人を設立しようとする場合には、第３項第５号に掲げる事項として、その社員の全部を有限責任社員とする旨を記載しなければならない。

第34条の８　削除

（成立の時期）

第34条の９　監査法人は、その主たる事務所の所在地において設立の登記をすることによつて成立する。

（成立の届出）

第34条の９の２　監査法人は、成立したときは、成立の日から２週間以内に、登記事項証明書及び定款の写しを添えて、その旨を内閣総理大臣に届け出なければならない。

（成立の届出）

規第20条　法第34条の９の２の規定による成立の届出は、次に掲げる事項を記載した届出書を提出してしなければならない。

一　名称、主たる事務所の所在地及び電話番号

二　成立の年月日

2　前項の届出書には、次に掲げる書類を添付しなければならない。

一　登記事項証明書

二　定款の写し

三　社員である公認会計士及び特定社員（法第１条の３第６項に規定する特定社員をいう。以下同じ。）の登録年月日及び登録番号を記載した書類

四　社員が法第34条の４第２項各号に該当しないことを当該社員が誓約する書類

五　使用人の数を公認会計士及びその他の者に区分して記載した書類

六　事務所が２以上あるときは、各事務所ごとに、その所在地、当該事務所で勤務する社員の数並びに公認会計士及びその他の者に区分した使用人の数を記載した書類

七　成立の日の属する会計年度における監査証明業務の対象となる会社その他の者の名称を記載した業務計画書

八　社員の経歴書

九　業務の品質の管理の方針を記載した書類

十　社員のうちに公認会計士である社員の占める割合が法第34条の４第３項に規定する内閣府令で定める割合を下回らないことを証する書類

（定款の変更）

第34条の10　監査法人は、定款に別段の定めがある場合を除き、総社員の同意によつて、定款の変更をすることができる。

2　監査法人は、定款の変更をしたときは、変更の日から２週間以内に、変更に係る事項を内閣総理大臣に届け出なければならない。

（定款変更の届出）

規第21条　法第34条の10第２項の規定による定款変更の届出は、次に掲げる事項を記載した届出書を提出してしなければならない。

一　名称、主たる事務所の所在地及び電話番号

二　定款変更の内容及び年月日

2　前項の届出書には、変更後の定款の写しを添付しなければならない。

3　定款の変更が社員の変更に係るものであるときは、前項の書類のほか、次の各号に掲げる場合の区分に応じ、当該各号に定める書類を第１項の届出書に添付しなければならない。

一　新たに社員が加入した場合　当該社員に係る前条第２項第３号、第４号及び第８号に掲げる書類

二　社員の数が変動した場合　変更後の社員の数（公認会計士である社員及び特定社員の区分ごとの内訳を含む。）を記載した書類

4　定款の変更が事務所の新設、移転又は廃止に係るものであるときは、第２項の書類のほか、当該変更後の前条第２項第６号に掲げる書類を第１項の届出書に添付しなければならない。

第２節　社　員

（業務の執行等）

第34条の10の２　監査法人の行う第２条第１項の業務については、公認会計士である社員のみが業務を執行する権利を有し、義務を負う。

2　監査法人の行う業務であつて第34条の５各号

に掲げるものについては、監査法人のすべての社員が業務を執行する権利を有し、義務を負う。

3　前２項に規定するもののほか、公認会計士である社員は、定款の定めにより監査法人の意思決定に関与し、又は補助者として監査法人の業務に従事することができる。

4　第２項に規定するもののほか、特定社員は、定款の定めにより監査法人の意思決定に関与し、又は補助者として監査法人の業務に従事することができる。

（法人の代表）

第34条の10の３　第２条第１項の業務については、公認会計士である社員のみが各自監査法人を代表する。ただし、公認会計士である社員の全員の同意によつて、公認会計士である社員のうち同項の業務について特に監査法人を代表すべき社員を定めることを妨げない。

2　第34条の５各号に掲げる業務については、監査法人のすべての社員が、各自監査法人を代表する。ただし、定款又は総社員の同意によつて、社員のうち当該各号に掲げる業務について特に監査法人を代表すべき社員を定めることを妨げない。

3　監査法人を代表する社員は、監査法人の業務（特定社員にあつては、第２条第１項の業務を除く。）に関する一切の裁判上又は裁判外の行為をする権限を有する。

4　前項の権限に加えた制限は、善意の第三者に対抗することができない。

5　監査法人を代表する社員は、定款によつて禁止されていないときに限り、特定の行為の代理を他人に委任することができる。

（指定社員）

第34条の10の４　無限責任監査法人は、特定の証明について、１人又は数人の業務を担当する社員（特定社員を除く。次項及び第６項において同じ。）を指定することができる。

2　前項の規定による指定がされた証明（以下この条及び第34条の10の６において「指定証明」という。）については、指定を受けた社員（以下この条及び第34条の10の６において「指定社員」という。）のみが業務を執行する権利を有し、義務を負う。

3　指定証明については、前条の規定にかかわらず、指定社員のみが無限責任監査法人を代表する。

4　無限責任監査法人は、第１項の規定による指定をしたときは、証明を受けようとする者（以下この条及び第34条の10の６において「被監査会社等」という。）に対し、その旨を書面により通知しなければならない。

5　被監査会社等は、その受けようとする証明について、無限責任監査法人に対して、相当の期間を定め、その期間内に第１項の規定による指定をするかどうかを明らかにすることを求めることができる。この場合において、無限責任監査法人が、その期間内に前項の通知をしないときは、無限責任監査法人はその後において、指定をすることができない。ただし、被監査会社等の同意を得て指定をすることを妨げない。

6　指定証明について、当該証明に係る業務の結了前に指定社員が欠けたときは、無限責任監査法人は、新たな指定をしなければならない。その指定がされなかつたときは、全社員を指定したものとみなす。

7　無限責任監査法人は、第四項の規定による書面による通知に代えて、内閣府令で定めるところにより、被監査会社等の承諾を得て、当該書面に記載すべき事項を電磁的方法により提供することができる。この場合において、当該無限責任監査法人は、当該書面による通知をしたものとみなす。

（指定有限責任社員）

第34条の10の５　有限責任監査法人は、当該有限責任監査法人の行うすべての証明について、各証明ごとに１人又は数人の業務を担当する社員（特定社員を除く。次項、第５項及び第６項において同じ。）を指定しなければならない。

2　前項の規定による指定がされた証明（以下この条及び次条において「特定証明」という。）については、指定を受けた社員（以下この条及び次条において「指定有限責任社員」という。）

のみが業務を執行する権利を有し、義務を負う。

3　特定証明については、第34条の10の３の規定にかかわらず、指定有限責任社員のみが有限責任監査法人を代表する。

4　有限責任監査法人は、第１項の規定による指定をしたときは、証明を受けようとする者に対し、その旨を書面その他の内閣府令で定める方法により通知しなければならない。

5　第１項の規定による指定がされない証明があつたときは、当該証明については、全社員を指定したものとみなす。

6　特定証明について、当該証明に係る業務の結了前に指定有限責任社員が欠けたときは、有限責任監査法人は、新たな指定をしなければならない。その指定がされなかつたときは、全社員を指定したものとみなす。

（指定の通知の方法）

規第22条　法第34条の10の５第４項に規定する内閣府令で定める方法は、書面又は電磁的方法（法第28条の４第３項に規定する電磁的方法をいう。第47条において同じ。）とする。

（社員の責任）

第34条の10の６　監査法人の財産をもつてその債務を完済することができないときは、各社員は、連帯してその弁済の責任を負う。

2　監査法人の財産に対する強制執行がその効を奏しなかつたときも、前項と同様とする。

3　前項の規定は、社員が監査法人に資力があり、かつ、執行が容易であることを証明したときは、適用しない。

4　第34条の10の４第１項の規定による指定がされ、同条第４項の規定による通知がされている場合（同条第６項の規定により指定したものとみなされる場合を含む。次項及び第６項において同じ。）において、指定証明に関し被監査会社等に対して負担することとなつた無限責任監査法人の債務をその無限責任監査法人の財産をもつて完済することができないときは、第１項の規定にかかわらず、指定社員（指定社員であつた者を含む。以下この条において同じ。）が、連帯してその弁済の責任を負う。ただし、脱退した指定社員が脱退後の事由により生じた債務であることを証明した場合は、この限りでない。

5　第34条の10の４第１項の規定による指定がされ、同条第４項の規定による通知がされている場合において、指定証明に関し被監査会社等に生じた債権に基づく無限責任監査法人の財産に対する強制執行がその効を奏しなかつたときは、指定社員が、無限責任監査法人に資力があり、かつ、執行が容易であることを証明した場合を除き、前項と同様とする。

6　第34条の10の４第１項の規定による指定がされ、同条第４項の規定による通知がされている場合において、指定を受けていない社員が指定の前後を問わず指定証明に係る業務に関与したときは、当該社員は、その関与に当たり注意を怠らなかつたことを証明した場合を除き、指定社員が前２項の規定により負う責任と同一の責任を負う。無限責任監査法人を脱退した後も、同様とする。

7　有限責任監査法人の社員は、その出資の価額（既に有限責任監査法人に対し履行した出資の価額を除く。）を限度として、有限責任監査法人の債務を弁済する責任を負う。

8　前項の規定にかかわらず、前条第１項の規定による指定がされ、同条第４項の規定による通知がされている場合（同条第５項又は第６項の規定により指定したものとみなされる場合を含む。次項及び第10項において同じ。）において、特定証明に関して負担することとなつた有限責任監査法人の債務をその有限責任監査法人の財産をもつて完済することができないときは、指定有限責任社員（指定有限責任社員であつた者を含む。以下この条において同じ。）が、連帯してその弁済の責任を負う。ただし、脱退した指定有限責任社員が脱退後の事由により生じた債務であることを証明した場合は、この限りでない。

9　前条第１項の規定による指定がされ、同条第４項の規定による通知がされている場合におい

Ⅲ関係法令

て、特定証明に関し生じた債権に基づく有限責任監査法人の財産に対する強制執行がその効を奏しなかつたときは、指定有限責任社員が、有限責任監査法人に資力があり、かつ、執行が容易であることを証明した場合を除き、前項と同様とする。

10　前条第１項の規定による指定がされ、同条第４項の規定による通知がされている場合において、指定を受けていない社員が指定の前後を問わず特定証明に係る業務に関与したときは、当該社員は、その関与に当たり注意を怠らなかつたことを証明した場合を除き、指定有限責任社員が前２項の規定により負う責任と同一の責任を負う。有限責任監査法人を脱退した後も、同様とする。

11　会社法第612条の規定は、監査法人の社員の脱退について準用する。ただし、第４項又は第８項の場合において、指定証明に関し被監査会社等に対して負担することとなつた無限責任監査法人の債務又は特定証明に関し負担することとなつた有限責任監査法人の債務については、この限りでない。

（社員であると誤認させる行為をした者の責任）

第34条の10の７　無限責任監査法人の社員でない者が自己を無限責任監査法人の社員であると誤認させる行為をしたときは、当該無限責任監査法人の社員でない者は、その誤認に基づいて無限責任監査法人と取引をした者に対し、無限責任監査法人の社員と同一の責任を負う。

2　有限責任監査法人の社員でない者が自己を有限責任監査法人の社員であると誤認させる行為をしたときは、当該有限責任監査法人の社員でない者は、その誤認に基づいて有限責任監査法人と取引をした者に対し、その誤認させた責任の範囲内で当該有限責任監査法人の債務を弁済する責任を負う。

3　有限責任監査法人の社員がその責任の限度を誤認させる行為をしたときは、当該有限責任監査法人の社員は、その誤認に基づいて有限責任監査法人と取引をした者に対し、その誤認させた責任の範囲内で当該有限責任監査法人の債務を弁済する責任を負う。

（特定社員の登録義務）

第34条の10の８　特定社員となろうとする者は、特定社員の名簿（以下この節において「特定社員名簿」という。）に、氏名、生年月日、所属する監査法人その他の内閣府令で定める事項の登録（以下この節（第34条の10の10第７号及び第８号を除く。）において単に「登録」という。）を受けなければならない。

（特定社員名簿）

第34条の10の９　特定社員名簿は、日本公認会計士協会に、これを備える。

（登録拒否の事由）

第34条の10の10　次の各号のいずれかに該当する者は、特定社員の登録を受けることができない。

一　公認会計士

二　未成年者、成年被後見人又は被保佐人

三　この法律若しくは金融商品取引法第197条から第198条までの規定に違反し、又は投資信託及び投資法人に関する法律第233条第１項（第３号に係る部分に限る。）の罪、保険業法第328条第１項（第３号に係る部分に限る。）の罪、資産の流動化に関する法律第308条第１項（第３号に係る部分に限る。）の罪若しくは会社法第967条第１項（第３号に係る部分に限る。）の罪を犯し、禁錮以上の刑に処せられた者であつて、その執行を終わり、又は執行を受けることがなくなつてから５年を経過しないもの

四　禁錮以上の刑に処せられた者であつて、その執行を終わり、又は執行を受けることがなくなつてから３年を経過しないもの

五　破産者であつて復権を得ない者

六　国家公務員法、国会職員法又は地方公務員法の規定により懲戒免職の処分を受け、当該処分の日から３年を経過しない者

七　第30条又は第31条の規定により公認会計士の登録の抹消の処分を受け、当該処分の日から５年を経過しない者

八　第30条又は第31条の規定により業務の停止の処分を受け、当該業務の停止の期間中に公

認会計士の登録が抹消され、いまだ当該期間を経過しない者
九　第34条の10の17第２項の規定により登録の抹消の処分を受け、当該処分の日から５年を経過しない者
十　第34条の10の17第２項の規定により、監査法人の第34条の５各号に掲げる業務を執行し、監査法人の意思決定に関与し、又は補助者として監査法人の業務に従事することの禁止の処分を受け、当該禁止の期間中に第34条の10の14第１項（第１号又は第３号に係る部分に限る。）の規定により特定社員の登録が抹消され、いまだ当該期間を経過しない者
十一　税理士法、弁護士法若しくは外国弁護士による法律事務の取扱いに関する特別措置法又は弁理士法により業務の禁止又は除名の処分を受けた者。ただし、これらの法律により再び業務を営むことができるようになつた者を除く。
十二　心身の故障により監査法人の業務の執行に支障があり、又はこれに堪えない者

〔施行　**外国弁護士による法律事務の取扱いに関する特別措置法の一部を改正する法律**（令和２年法律第33号）の公布の日〔令和２年５月29日〕から起算して２年６月を超えない範囲内において政令で定める日〕
（登録拒否の事由）
第34条の10の10　現行条文に同じ
一～十　現行条文に同じ
十一　税理士法、弁護士法若しくは外国弁護士による法律事務の取扱い等に関する法律又は弁理士法により業務の禁止又は除名の処分を受けた者。ただし、これらの法律により再び業務を営むことができるようになつた者を除く。
十二　現行条文に同じ

（登録の手続）
第34条の10の11　登録を受けようとする者は、登録申請書を日本公認会計士協会に提出しなければならない。
２　日本公認会計士協会は、前項の規定により登録申請書の提出があつた場合において、登録を受けようとする者が登録を受けることができる者であると認めたときは、遅滞なく登録を行い、登録を受けようとする者が登録を受けることができない者であると認めたときは、資格審査会の議決に基づいて登録を拒否しなければならない。
３　日本公認会計士協会は、前項の規定により登録を拒否するときは、その理由を付記した書面によりその旨を当該申請者に通知しなければならない。
（登録を拒否された場合の審査請求）
第34条の10の12　前条第２項の規定により登録を拒否された者は、当該処分に不服があるときは、内閣総理大臣に対して、審査請求をすることができる。
２　前条第１項の規定により登録申請書を提出した者は、当該申請書を提出した日から３月を経過しても当該申請に対して何らの処分がされない場合には、当該登録を拒否されたものとして、内閣総理大臣に対して、審査請求をすることができる。
３　前２項の場合において、内閣総理大臣は、行政不服審査法第25条第２項及び第３項並びに第46条第２項の規定の適用については、日本公認会計士協会の上級行政庁とみなす。
（変更登録）
第34条の10の13　登録を受けた者は、登録を受けた事項に変更を生じたときは、直ちに変更の登録を申請しなければならない。
（登録の抹消）
第34条の10の14　次の各号のいずれかに該当する場合には、日本公認会計士協会は、登録を抹消しなければならない。
一　特定社員が監査法人の社員でなくなつたとき。
二　特定社員が死亡したとき。
三　特定社員が第34条の10の10各号に掲げる者のいずれかに該当するに至つたとき。
２　日本公認会計士協会は、前項第３号の規定により登録の抹消（第34条の10の10第12号に掲げ

る者に該当する場合における登録の抹消に限る。次項において同じ。）をするときは、資格審査会の議決に基づいて行わなければならない。

3　第34条の10の11第3項並びに第34条の10の12第1項及び第3項の規定は、前項の規定による登録の抹消について準用する。この場合において、同条第3項中「第46条第2項」とあるのは、「第46条第1項」と読み替えるものとする。

4　日本公認会計士協会は、特定社員が第34条の10の17第2項の処分の手続に付された場合においては、その手続が結了するまでは、第1項第1号の規定による当該特定社員の登録の抹消をすることができない。

（登録の細目）

第34条の10の15　この節に定めるもののほか、登録の手続、登録の抹消、特定社員名簿その他登録に関して必要な事項は、内閣府令で定める。

（秘密を守る義務）

第34条の10の16　特定社員は、正当な理由がなく、その業務上取り扱つたことについて知り得た秘密を他に漏らし、又は盗用してはならない。特定社員でなくなつた後であつても、同様とする。

（特定社員に対する処分）

第34条の10の17　特定社員に対する処分は、次の3種とする。

一　戒告

二　監査法人の第34条の5各号に掲げる業務を執行し、監査法人の意思決定に関与し、又は補助者として監査法人の業務に従事することの2年以内の禁止

三　登録の抹消

2　特定社員がこの法律又はこの法律に基づく命令に違反した場合には、内閣総理大臣は、前項各号に掲げる処分をすることができる。

3　第32条から第34条までの規定は、前項の処分について準用する。

第3節　業　務

（特定の事項についての業務の制限）

第34条の11　監査法人は、財務書類のうち、次の各号のいずれかに該当するものについては、第2条第1項の業務を行つてはならない。

一　監査法人が株式を所有し、又は出資している会社その他の者の財務書類

二　監査法人の社員のうちに会社その他の者と第24条第1項第1号に規定する関係を有する者がある場合における当該会社その他の者の財務書類

三　会社その他の者の財務書類について監査法人の行う第2条第1項の業務にその社員として関与した者が、当該財務書類に係る会計期間又はその翌会計期間（以下この号において「関与社員会計期間」という。）内に当該会社その他の者又はその連結会社等の役員又はこれに準ずる者となつた場合における当該関与社員会計期間に係る当該会社その他の者又はその連結会社等の財務書類

四　前3号に定めるもののほか、監査法人が著しい利害関係を有する会社その他の者の財務書類

2　前項第4号の著しい利害関係とは、監査法人又はその社員が会社その他の者との間にその者の営業、経理その他に関して有する関係で、監査法人の行う第2条第1項の業務の公正を確保するため業務の制限をすることが必要かつ適当であるとして政令で定めるものをいう。

3　監査法人の社員のうち会社その他の者と第24条第1項又は第3項に規定する関係を有する者は、当該監査法人が行う第2条第1項の業務で当該会社その他の者の財務書類に係るものには関与してはならない。

（監査法人に係る著しい利害関係）

令第15条　法第34条の11第2項に規定する政令で定める関係は、次の各号に掲げる場合における当該各号に規定する監査法人又はその社員と被監査会社等との間の関係とする。

一　監査法人が、被監査会社等の債権者又は債務者である場合。ただし、当該監査法人の有する債権又は債務が被監査会社等との間の法第2条第1項又は第2項の業務に関する契約に基づく債権又は債務その他内閣府令で定める特別の事情を有する債権又は債務である場

合を除く。
二　監査法人が、被監査会社等から第７条第１項第５号に規定する利益の供与を受けている場合
三　監査法人が、被監査会社等の役員等又は過去１年以内若しくは監査関係期間内にこれらの者であつた者から第７条第１項第５号に規定する利益の供与を受けている場合
四　監査法人の社員のうちに被監査会社等の使用人である者がある場合
四の二　監査法人の社員のうちに被監査会社等の親会社等（第７条第３項に規定する親会社等をいう。）又は子会社等（同項に規定する子会社等をいう。）の役員等又は使用人である者がある場合
五　監査法人の社員のうちに被監査会社等から税理士業務により継続的な報酬を受けている者がある場合
六　前３号に該当する場合を除き、被監査会社等の財務書類について監査法人の行う法第２条第１項の業務にその社員として関与した者若しくは被監査会社等の財務書類の証明について法第34条の10の４第１項の規定による指定を受けた社員若しくは法第34条の10の５第１項の規定による指定を受けた社員（同条第５項又は第６項の規定により指定を受けたとみなされる者を除く。）又はこれらの者の配偶者が被監査会社等と次のいずれかの関係を有する場合
　イ　法第24条第１項第２号又は第３項に規定する関係
　ロ　第７条第１項第１号から第８号までに規定する関係
七　第４号から前号までに該当する場合を除き、監査法人の社員の半数以上の者が、本人又はその配偶者につき、被監査会社等と同号イ又はロのいずれかの関係を有する場合

（大会社等に係る業務の制限の特例）
第34条の11の２　監査法人は、当該監査法人又は当該監査法人が実質的に支配していると認められるものとして内閣府令で定める関係を有する法人その他の団体が、大会社等から第２条第２項の業務（財務書類の調製に関する業務その他の内閣府令で定めるものに限る。次項において同じ。）により継続的な報酬を受けている場合には、当該大会社等の財務書類について、同条第１項の業務を行つてはならない。
２　監査法人は、その社員が大会社等から第２条第２項の業務により、継続的な報酬を受けている場合には、当該大会社等の財務書類について、同条第１項の業務を行つてはならない。

第34条の11の３　監査法人は、大会社等の財務書類について第２条第１項の業務を行う場合において、当該監査法人の社員が当該大会社等の７会計期間の範囲内で政令で定める連続会計期間のすべての会計期間に係る財務書類について当該社員が監査関連業務（第24条の３第３項に規定する監査関連業務をいう。以下この条から第34条の11の５までにおいて同じ。）を行つた場合には、当該政令で定める連続会計期間の翌会計期間以後の政令で定める会計期間に係る当該大会社等の財務書類について当該社員に監査関連業務を行わせてはならない。

（監査法人に係る監査関連業務の禁止における連続する会計期間）
令第16条　法第34条の11の３に規定する７会計期間の範囲内で政令で定める連続会計期間は、７会計期間とする。
（監査法人に係る監査関連業務の禁止期間）
令第17条　法第34条の11の３に規定する連続会計期間の翌会計期間以後の政令で定める会計期間は、２会計期間とする。

（大規模監査法人の業務の制限の特例）
第34条の11の４　大規模監査法人は、金融商品取引所に上場されている有価証券の発行者その他の政令で定める者（以下この項において「上場有価証券発行者等」という。）の財務書類について第２条第１項の業務を行う場合において、当該業務を執行する社員のうちその事務を統括する者その他の内閣府令で定める者（以下この項において「筆頭業務執行社員等」という。）が上場有価証券発行者等の５会計期間の範囲内で政令で定める連続会計期間のすべての会計期間に係る財務書類について監査関連業務を行つた場合には、当該政令で定める連続会計期間の

翌会計期間以後の政令で定める会計期間に係る当該上場有価証券発行者等の財務書類について当該筆頭業務執行社員等に監査関連業務を行わせてはならない。

2　前項（次条第２項の規定により読み替えて適用する場合を含む。）の大規模監査法人とは、その規模が大きい監査法人として内閣府令で定めるものをいう。

（大規模監査法人の筆頭業務執行社員等に係る監査関連業務の禁止における連続する会計期間）

令第19条　法第34条の11の４第１項に規定する５会計期間の範囲内で政令で定める連続会計期間は、５会計期間とする。

（大規模監査法人の筆頭業務執行社員等に係る監査関連業務の禁止期間）

令第20条　法第34条の11の４第１項に規定する連続会計期間の翌会計期間以後の政令で定める会計期間は、５会計期間とする。

（有限責任監査法人の最低資本金の金額）

令第22条　法第34条の27第１項第３号に規定する政令で定める金額は、社員の総数に100万円を乗じて得た額に相当する金額とする。

（筆頭業務執行社員等）

規第23条　法第34条の11の４第１項に規定する内閣府令で定める者は、次に掲げる者とする。

一　監査証明業務を執行する社員のうちその事務を統括する者として監査報告書の筆頭に自署し、自己の印を押す社員１名

二　監査証明業務に係る審査に関与し、当該審査に最も重要な責任を有する者１名

（大規模監査法人）

規第24条　法第34条の11の４第２項に規定する内閣府令で定めるものは、監査法人の直近の会計年度においてその財務書類について当該監査法人が監査証明業務を行った上場有価証券発行者等（同条第１項に規定する上場有価証券発行者等をいう。）の総数が100以上である場合における当会計年度における当該監査法人とする。

（新規上場企業等に係る業務の制限）

第34条の11の５　金融商品取引所にその発行する有価証券を上場しようとする者その他の政令で定める者（大会社等を除く。）の発行する当該有価証券が上場される日その他の政令で定める日の属する会計期間前の３会計期間の範囲内で内閣府令で定める会計期間に係る財務書類について監査法人が監査関連業務を行つた場合には、その者を大会社等とみなして、第34条の11の３の規定を適用する。この場合において、同条中「監査法人は」とあるのは、「第34条の11の５第１項の監査関連業務を行つた監査法人は」とする。

2　金融商品取引所にその発行する有価証券を上場しようとする者その他の政令で定める者の発行する有価証券が上場される日その他の政令で定める日の属する会計期間前の３会計期間の範囲内で内閣府令で定める会計期間に係る財務書類について前条第２項に規定する大規模監査法人が監査関連業務を行つた場合には、その者を同条第１項に規定する上場有価証券発行者等とみなして、同項の規定を適用する。この場合において、同項中「大規模監査法人」とあるのは、「次条第２項の監査関連業務を行つた大規模監査法人」とする。

（監査又は証明の業務の執行方法）

第34条の12　監査法人は、その公認会計士である社員以外の者に第２条第１項の業務を行わせてはならない。

2　監査法人が会社その他の者の財務書類について証明をする場合には、当該証明に係る業務を執行した社員は、当該証明書にその資格を表示して署名しなければならない。

3　監査法人は、前項の規定による証明書による証明に代えて、内閣府令で定めるところにより、当該証明に係る会社その他の者の承諾を得て、電磁的方法であつて同項の規定による措置に代わる措置を講ずるものとして内閣府令で定めるものにより当該証明をすることができる。この場合においては、同項の規定は、適用しない。

4　第25条の規定は、監査法人が会社その他の者の財務書類について証明をする場合に準用する。

（業務管理体制の整備）

第34条の13　監査法人は、業務を公正かつ的確に遂行するため、内閣府令で定めるところにより、業務管理体制を整備しなければならない。

2　前項に規定する業務管理体制は、次に掲げる

事項（第44条第１項第12号、第46条の９の２第１項及び第49条の４第２項第２号において「業務の運営の状況」という。）を含むものでなければならない。

一　業務の執行の適正を確保するための措置

二　業務の品質の管理の方針の策定及びその実施

三　公認会計士である社員以外の者が公認会計士である社員の第２条第１項の業務の執行に不当な影響を及ぼすことを排除するための措置

3　前項第２号の業務の品質の管理とは、業務に係る契約の締結及び更新、業務を担当する社員その他の者の選任、業務の実施及びその審査その他の内閣府令で定める業務の遂行に関する事項について、それぞれの性質に応じて業務の妥当性、適正性又は信頼性を損なう事態の発生を防止するために必要な措置を講ずることをいう。

4　監査法人がその活動に係る重要な事項として内閣府令で定めるものに関する意思決定をその社員の一部をもつて構成される合議体で行う場合には、当該合議体を構成する社員のうちに公認会計士である社員の占める割合は、100分の50を下らない内閣府令で定める割合以上でなければならない。

5　監査法人又はその特定社員は、監査法人に対する国民の信頼を失墜させる行為をしてはならない。

（業務管理体制の整備）

規第25条　法第34条の13第１項の規定により監査法人が整備しなければならない業務管理体制は、次に掲げる要件を満たさなければならない。

一　業務の執行の適正を確保するための措置（経営の基本方針及び経営管理に関する措置並びに法令遵守に関する措置を含む。第27条第１号及び第39条第１号ホにおいて同じ。）がとられていること。

二　業務の品質の管理の方針の策定及びその実施に関する措置（次に掲げるものを含む。）がとられていること。

イ　業務の品質の管理の監視に関する措置

ロ　業務の品質の管理の方針の策定及びその実施に関する責任者の選任その他の責任の所在の明確化に関する措置

三　公認会計士である社員以外の者が公認会計士である社員の監査証明業務の執行に不当な影響を及ぼすことを排除するための措置がとられていること。

四　特定社員が協会の会員となり、協会の会則を遵守するための措置がとられていること。

五　社員の総数の過半数が、公認会計士の登録を受けた後、３年以上監査証明業務に従事している者であること。

六　監査証明業務を適切に行うために必要な施設及び財産的基礎を有すること。

七　従たる事務所を設ける場合には、当該事務所に社員が常駐していること。

（品質の管理）

規第26条　法第34条の13第３項に規定する内閣府令で定める業務の遂行に関する事項は、次に掲げる事項とする。

一　業務に関する職業倫理の遵守及び独立性の確保

二　業務に係る契約の締結及び更新

三　業務を担当する社員その他の者の採用、教育、訓練、評価及び選任

四　業務の実施及びその審査（次に掲げる事項を含む。）

イ　専門的な見解の問い合わせ（業務に関して専門的な知識及び経験等を有する者から専門的な事項に係る見解を得ることをいう。）

ロ　監査上の判断の相違（監査証明業務を実施する者の間又はこれらの者と監査証明業務に係る審査を行う者との間の判断の相違をいう。）の解決

ハ　監査証明業務に係る審査

（監査法人の活動に係る重要な事項）

規第27条　法第34条の13第４項に規定する内閣府令で定めるものは、次に掲げる事項とする。

一　業務の執行の適正を確保するための措置

二　業務の品質の管理の方針の策定

三　公認会計士である社員以外の者が公認会計士である社員の監査証明業務の執行に不当な影響を及ぼすことを排除するための措置

（合議体を構成する社員のうち公認会計士である社員の占める割合）

規第28条　法第34条の13第４項に規定する内閣府令で定める割合は、100分の75とする。

（社員の競業の禁止）

第34条の14　監査法人の社員は、他の監査法人の社員となつてはならない。

２　監査法人の社員は、自己又は第三者のためにその監査法人の業務の範囲に属する業務を行つてはならない。ただし、当該範囲に属する業務が第２条第２項の業務である場合において、当該範囲に属する業務を行うことにつき、当該社員以外の社員の全員の承認を受けたときは、この限りでない。

３　監査法人の社員が前項の規定に違反して自己又は第三者のためにその監査法人の業務の範囲に属する業務を行つたときは、当該業務によつて当該社員又は第三者が得た利益の額は、監査法人に生じた損害の額と推定する。

（関与社員の就職の制限）

第34条の14の２　第28条の２の規定は、監査法人が会社その他の者の財務書類について第２条第１項の業務を行つた場合における当該業務を執行した社員について準用する。

（使用人等に対する監督義務の規定の準用）

第34条の14の３　第28条の３の規定は、監査法人について準用する。

第４節　会計帳簿等

（会計年度）

第34条の15　監査法人の会計年度は、毎年４月１日に始まり、翌年３月31日に終わるものとする。ただし、定款に別段の定めがある場合は、この限りでない。

（会計の原則）

第34条の15の２　監査法人の会計は、一般に公正妥当と認められる企業会計の慣行に従うものとする。

（会計帳簿の作成及び保存）

第34条の15の３　監査法人は、内閣府令で定めるところにより、適時に、正確な会計帳簿を作成しなければならない。

２　監査法人は、会計帳簿の閉鎖の時から10年間、その会計帳簿及びその業務に関する重要な資料を保存しなければならない。

（会計帳簿の提出命令）

第34条の15の４　裁判所は、申立てにより又は職権で、訴訟の当事者に対し、会計帳簿の全部又は一部の提出を命ずることができる。

（計算書類の作成等）

第34条の16　監査法人は、内閣府令で定めるところにより、その成立の日における貸借対照表を作成しなければならない。

２　監査法人は、毎会計年度経過後２月以内に、計算書類（貸借対照表、損益計算書その他監査法人の財産及び損益の状況を示すために必要かつ適当な書類として内閣府令で定めるものをいう。次条及び第34条の32第１項において同じ。）及び業務の概況その他内閣府令で定める事項を記載した業務報告書を作成し、これらの書類を内閣総理大臣に提出しなければならない。

３　前項の書類は、電磁的記録をもつて作成し、又は提出することができる。

４　監査法人は、第２項の書類を作成したときから10年間、これを保存しなければならない。

（貸借対照表等の提出命令）

第34条の16の２　裁判所は、申立てにより又は職権で、訴訟の当事者に対し、計算書類の全部又は一部の提出を命ずることができる。

（業務及び財産の状況に関する説明書類の縦覧等）

第34条の16の３　監査法人は、会計年度ごとに、業務及び財産の状況に関する事項として内閣府令で定めるものを記載した説明書類を作成し、当該監査法人の事務所に備え置き、公衆の縦覧に供しなければならない。

２　前項に規定する説明書類は、電磁的記録をもつて作成することができる。

３　第１項に規定する説明書類が電磁的記録をもつて作成されているときは、監査法人の事務所において当該説明書類の内容である情報を電磁的方法により不特定多数の者が提供を受けることができる状態に置く措置として内閣府令で定めるものをとることができる。この場合においては、同項の説明書類を、同項の規定により備え置き、公衆の縦覧に供したものとみなす。

４　前３項に定めるもののほか、第１項に規定する説明書類を公衆の縦覧に供する期間その他前３項の規定の適用に関し必要な事項は、内閣府令で定める。

第５節　法定脱退

第34条の17　監査法人の社員は、次に掲げる理由によつて脱退する。
一　公認会計士である社員にあつては、公認会計士の登録の抹消
二　特定社員にあつては、特定社員の登録の抹消
三　定款に定める理由の発生
四　総社員の同意
五　除名

第６節　解散及び合併

（解散）
第34条の18　監査法人は、次に掲げる理由によつて解散する。
一　定款に定める理由の発生
二　総社員の同意
三　合併（合併により当該監査法人が消滅する場合に限る。）
四　破産手続開始の決定
五　解散を命ずる裁判
六　第34条の21第２項の規定による解散の命令
２　監査法人は、前項の規定による場合のほか、公認会計士である社員が４人以下になり、そのなつた日から引き続き６月間その公認会計士である社員が５人以上にならなかつた場合においても、その６月を経過した時に解散する。
３　監査法人は、第１項第３号及び第６号の事由以外の事由により解散したときは、解散の日から２週間以内に、その旨を内閣総理大臣に届け出なければならない。

（解散の届出）
規第40条　法第34条の18第３項の規定による解散の届出は、次に掲げる事項を記載した届出書を提出してしなければならない。
一　解散した監査法人の名称、主たる事務所の所在地及び電話番号
二　解散の理由及び年月日

（合併）
第34条の19　監査法人は、総社員の同意があるときは、他の監査法人と合併することができる。
２　合併は、合併後存続する監査法人又は合併により設立する監査法人が、その主たる事務所の所在地において登記をすることによつて、その効力を生ずる。
３　監査法人は、合併したときは、合併の日から２週間以内に、登記事項証明書（合併により設立する監査法人にあつては、登記事項証明書及び定款の写し）を添えて、その旨を内閣総理大臣に届け出なければならない。
４　合併後存続する監査法人又は合併により設立する監査法人は、当該合併により消滅した監査法人の権利義務（当該監査法人が行うその業務に関し、行政庁の処分に基づいて有する権利義務を含む。）を承継する。

（合併の届出）
規第41条　法第34条の19第３項の規定による合併の届出は、次に掲げる事項を記載した届出書を提出してしなければならない。
一　合併後存続する監査法人又は合併により設立する監査法人の名称、主たる事務所の所在地及び電話番号
二　合併の年月日
２　前項の届出書には、次に掲げる書類を添付しなければならない。
一　第20条第２項第１号から第６号までに掲げる書類
二　合併の日の属する会計年度における監査証明業務の対象となる会社その他の者の名称を記載した業務計画書
三　合併契約書を作成している場合には、その写し

第７節　処分等

（虚偽又は不当の証明等についての処分等）
第34条の21　内閣総理大臣は、監査法人がこの法

律（第34条の10の５及び次章を除く。以下この項及び次項第３号において同じ。）若しくはこの法律に基づく命令に違反したとき、又は監査法人の行う第２条第１項の業務の運営が著しく不当と認められる場合において、同項の業務の適正な運営を確保するために必要であると認めるときは、当該監査法人に対し、必要な指示をすること（同号に該当した場合において、次項の規定により業務管理体制の改善を命ずること及び第３項の規定により社員が監査法人の業務又は意思決定の全部又は一部に関与することを禁止することを除く。）ができる。

2　内閣総理大臣は、監査法人が次の各号のいずれかに該当するときは、その監査法人に対し、戒告し、第34条の13第１項に規定する業務管理体制の改善を命じ、２年以内の期間を定めて業務の全部若しくは一部の停止を命じ、又は解散を命ずることができる。

一　社員の故意により、虚偽、錯誤又は脱漏のある財務書類を虚偽、錯誤及び脱漏のないものとして証明したとき。

二　社員が相当の注意を怠つたことにより、重大な虚偽、錯誤又は脱漏のある財務書類を重大な虚偽、錯誤及び脱漏のないものとして証明したとき。

三　この法律若しくはこの法律に基づく命令に違反し、又は運営が著しく不当と認められるとき。

四　前項の規定による指示に従わないとき。

3　内閣総理大臣は、監査法人が前項各号のいずれかに該当するときは、その監査法人に対し、２年以内の期間を定めて、当該各号に該当することとなつたことに重大な責任を有すると認められる社員が当該監査法人の業務又は意思決定の全部又は一部に関与することを禁止することができる。

4　第32条から第34条までの規定は、前２項の処分について準用する。

5　第２項及び第３項の規定による処分の手続に付された監査法人は、清算が結了した後においても、この条の規定の適用については、当該手続が結了するまで、なお存続するものとみなす。

6　第２項及び第３項の規定は、これらの規定により監査法人を処分する場合において、当該監査法人の社員である公認会計士につき第30条又は第31条に該当する事実があるときは、その社員である公認会計士に対し、懲戒の処分を併せて行うことを妨げるものと解してはならない。

7　第２項及び第３項の規定は、これらの規定により監査法人を処分する場合において、当該監査法人の特定社員につき第34条の10の17第２項に該当する事実があるときは、当該特定社員に対し、同項の処分を併せて行うことを妨げるものと解してはならない。

（課徴金納付命令）

第34条の21の２　監査法人が会社その他の者の財務書類について証明をした場合において、当該監査法人が前条第２項第１号又は第２号に該当する事実があるときは、内閣総理大臣は、第34条の40から第34条の62までに定める手続に従い、当該監査法人に対し、次の各号に掲げる場合の区分に応じ、当該各号に定める額の課徴金を国庫に納付することを命じなければならない。

一　当該証明について監査法人が前条第２項第１号に該当する事実がある場合　当該証明を受けた当該会社その他の者の財務書類に係る会計期間における報酬その他の対価として政令で定める額（次号において「監査報酬相当額」という。）の1.5倍に相当する額

二　当該証明について監査法人が前条第２項第２号に該当する事実がある場合　監査報酬相当額

2　前項の規定にかかわらず、内閣総理大臣は、次に掲げる場合には、同項の監査法人に対して、同項の課徴金を納付させることを命じないことができる。

一　前条第２項第１号に該当する事実がある場合において、当該監査法人に対して同項の処分をする場合（同号の財務書類に係る虚偽、錯誤又は脱漏が当該財務書類全体の信頼性に与える影響が比較的軽微であると認められる場合として内閣府令で定める場合に限る。）

二　前条第２項第２号に該当する事実がある場合において、当該監査法人に対して同項の処分をする場合（同号の相当の注意を著しく怠つた場合として内閣府令で定める場合を除く。）

三　第34条の10の４第４項に規定する被監査会社等との間で既に締結されている契約に基づく第２条第１項の業務として内閣府令で定めるものの停止を命ずる場合

四　解散を命ずる場合

3　第１項の規定により計算した課徴金の額が１万円未満であるときは、課徴金の納付を命ずることができない。

4　第１項の規定により計算した課徴金の額に１万円未満の端数があるときは、その端数は、切り捨てる。

5　第１項の規定による命令を受けた者は、同項の規定による課徴金を納付しなければならない。

6　監査法人が合併により消滅したときは、当該監査法人がした行為は、合併後存続し、又は合併により設立された監査法人がした行為とみなして、この条の規定を適用する。

7　第32条第１項から第３項まで、第33条、第34条及び前条第５項から第７項までの規定は、第１項の規定による命令について準用する。この場合において、同条第５項から第７項までの規定中「第２項及び第３項」とあるのは、「次条第１項」と読み替えるものとする。

第５章の３　有限責任監査法人の登録に関する特則

（登録）

第34条の24　有限責任監査法人は、内閣総理大臣の登録（次条から第34条の31までにおいて単に「登録」という。）を受けなければ、第２条第１項の業務又は第34条の５各号に掲げる業務を行つてはならない。

（登録の申請）

第34条の25　登録を受けようとする有限責任監査法人（第34条の22第８項の規定による定款の変更をしようとする無限責任監査法人を含む。第34条の27第１項第２号ロにおいて同じ。）は、次に掲げる事項を記載した申請書を内閣総理大臣に提出しなければならない。

一　名称

二　事務所の所在地

三　社員の氏名及び住所

四　資本金の額

五　その他内閣府令で定める事項

2　前項の申請書には、定款その他の内閣府令で定める事項を記載した書類を添付しなければならない。

（登録の実施）

第34条の26　内閣総理大臣は、登録の申請があつた場合においては、次条第１項の規定により登録を拒否する場合を除くほか、次に掲げる事項を有限責任監査法人登録簿に登録しなければならない。

一　前条第１項各号に掲げる事項

二　登録年月日及び登録番号

2　内閣総理大臣は、前項の規定により登録をした場合においては、遅滞なく、その旨を登録の申請者に通知しなければならない。

3　内閣総理大臣は、有限責任監査法人登録簿を公衆の縦覧に供しなければならない。

（登録の拒否）

第34条の27　内閣総理大臣は、登録の申請者が次の各号のいずれかに該当する場合には、その登録を拒否しなければならない。

一　第34条の29第２項の規定により申請者が登録を取り消され、その取消しの日から３年を経過しない場合

二　社員のうちに次のいずれかに該当する者がいる場合

イ　第34条の４第２項各号のいずれかに該当する者

ロ　第34条の29第２項の規定により他の登録を受けた有限責任監査法人（以下「登録有限責任監査法人」という。）が登録を取り消された場合において、その取消しの日前30日以内に当該他の登録有限責任監査法人

の社員であつた者でその処分の日から３年を経過しないもの

三　資本金の額が公益又は投資者保護のため必要かつ適当なものとして政令で定める金額に満たない場合

四　申請者の社員のうちに公認会計士である社員の占める割合が100分の50を下らない内閣府令で定める割合を下回る場合

2　内閣総理大臣は、前項の規定により登録の拒否をした場合においては、遅滞なく、理由を付して、その旨を申請者に通知しなければならない。

（変更登録等）

第34条の28　登録有限責任監査法人は、登録を受けた事項に変更を生じたときは、直ちに変更の登録を申請しなければならない。

2　登録有限責任監査法人が、第34条の18第１項若しくは第２項の規定により解散したとき、第34条の22第８項の規定による定款の変更をしようとする場合において、登録を受けた後、２週間以内に、その定款の変更の効力が生じないとき、又は同条第９項に規定する定款の変更をしたときは、当該登録有限責任監査法人の登録は、その効力を失う。

（登録有限責任監査法人に対する処分等）

第34条の29　内閣総理大臣は、登録有限責任監査法人が第34条の10の５若しくはこの章の規定又はこれらの規定に基づく命令に違反したときは、当該登録有限責任監査法人に対し、必要な指示をすること（次項第３号に該当した場合において、同項の規定により業務管理体制の改善を命ずること及び第３項の規定により社員が監査法人の業務又は意思決定の全部又は一部に関与することを禁止することを除く。）ができる。

2　内閣総理大臣は、登録有限責任監査法人が次の各号のいずれかに該当する場合には、その登録有限責任監査法人に対し、戒告し、第34条の13第１項に規定する業務管理体制の改善を命じ、２年以内の期間を定めて業務の全部若しくは一部の停止を命じ、又は登録を取り消すことができる。

一　第34条の27第１項各号（第１号を除く。）のいずれかに該当することとなつたとき。

二　不正の手段により登録を受けたとき。

三　第34条の10の５若しくはこの章の規定又はこれらの規定に基づく命令に違反したとき。

四　前項の規定による指示に従わないとき。

3　内閣総理大臣は、登録有限責任監査法人が前項第３号又は第４号に該当するときは、その登録有限責任監査法人に対し、２年以内の期間を定めて、同項第３号又は第４号に該当することとなつたことに重大な責任を有すると認められる社員が当該登録有限責任監査法人の業務又は意思決定の全部又は一部に関与することを禁止することができる。

4　第32条から第34条までの規定は、前２項の処分について準用する。

5　第２項及び第３項の規定による処分の手続に付された登録有限責任監査法人は、清算が結了した後においても、この条の規定の適用については、当該手続が結了するまで、なお存続するものとみなす。

6　第２項及び第３項の規定は、これらの規定により登録有限責任監査法人を処分する場合において、当該監査法人の社員である公認会計士につき第30条又は第31条に該当する事実があるときは、その社員である公認会計士に対し、懲戒の処分を併せて行うことを妨げるものと解してはならない。

7　第２項及び第３項の規定は、これらの規定により登録有限責任監査法人を処分する場合において、当該監査法人の特定社員につき第34条の10の17第２項に該当する事実があるときは、当該特定社員に対し、同項の処分を併せて行うことを妨げるものと解してはならない。

（登録の抹消）

第34条の30　内閣総理大臣は、第34条の28第２項の規定により登録がその効力を失つたとき、又は前条第２項の規定により登録を取り消したときは、当該登録を抹消しなければならない。

（登録の細目）

第34条の31　この章に定めるもののほか、登録の手続、登録の抹消、有限責任監査法人登録簿その他登録に関して必要な事項は、内閣府令で定める。

（計算書類の作成に関する特則）

第34条の32　登録有限責任監査法人は、その計算書類について、内閣府令で定めるところにより、当該登録有限責任監査法人と政令で定める特別の利害関係のない公認会計士又は監査法人の監査報告書を添付しなければならない。ただし、当該計算書類に係る会計年度における当該登録有限責任監査法人の収益の額その他の政令で定める勘定の額が政令で定める基準に達しない場合は、この限りでない。

2　前項の監査報告書については、これに記載すべき事項を記録した電磁的記録の添付をもつて、監査報告書の添付に代えることができる。

（供託に関する特則）

第34条の33　登録有限責任監査法人は、第34条の21第２項第１号又は第２号に該当することによつて生ずる損害の賠償を請求する権利（以下この条において「優先還付対象債権」という。）を有する者（以下この条及び次条において「優先還付対象債権者」という。）に対する債務の履行を確保するため必要かつ適当なものとして政令で定める額の金銭を、主たる事務所の最寄りの供託所に供託しなければならない。

2　内閣総理大臣は、優先還付対象債権者に対する債務の履行を確保するため必要があると認めるときは、登録有限責任監査法人に対し、その業務を開始する前に、前項の政令で定める額のほか、相当と認める額の金銭の供託を命ずることができる。

3　登録有限責任監査法人は、政令で定めるところにより、当該登録有限責任監査法人のために所要の供託金が内閣総理大臣の命令に応じて供託される旨の契約を締結し、その旨を内閣総理大臣に届け出たときは、当該契約の効力の存する間、当該契約において供託されることとなつている金額（以下この条において「契約金額」という。）につき前２項の規定により供託する供託金の全部又は一部を供託しないことができる。

4　内閣総理大臣は、優先還付対象債権者に対する債務の履行を確保するため必要があると認めるときは、登録有限責任監査法人と前項の契約を締結した者又は当該登録有限責任監査法人に対し、契約金額に相当する金額の全部又は一部を供託すべき旨を命ずることができる。

5　登録有限責任監査法人（第34条の22第８項の規定による定款の変更の効力が生じていないものを除く。）は、第１項の規定により供託する供託金（第２項の規定により同項の金銭の供託を命ぜられた場合には、その供託金を含む。）につき供託又は第３項の契約の締結を行い、その旨を内閣総理大臣に届け出た後でなければ、その業務を行つてはならない。

6　優先還付対象債権者は、優先還付対象債権に関し、当該登録有限責任監査法人に係る供託金について、他の債権者に先立ち弁済を受ける権利を有する。

7　前項の権利の実行に関し必要な事項は、政令で定める。

8　登録有限責任監査法人は、第６項の権利の実行その他の理由により、供託金の額（契約金額を含む。）が第１項の政令で定める額に不足することとなつたときは、内閣府令で定める日から政令で定める期間以内にその不足額につき供託又は第３項の契約の締結（第52条の４において単に「供託」という。）を行い、遅滞なく、その旨を内閣総理大臣に届け出なければならない。

9　第１項、第２項又は前項の規定により供託する供託金は、国債証券、地方債証券その他の内閣府令で定める有価証券をもつてこれに充てることができる。

10　第１項、第２項、第４項又は第８項の規定により供託した供託金は、次の各号のいずれかに該当することとなつたときは、内閣総理大臣の承認を受けて、その全部又は一部を取り戻すことができる。

一　第34条の18第１項各号のいずれかに該当することとなつたとき。

二　第34条の18第２項に該当することとなつた

とき。

三　第34条の22第９項に規定する定款の変更を行い、同条第10項の規定によりその旨を内閣総理大臣に届け出たとき。

四　業務の状況の変化その他の理由により供託金の額が第１項の政令で定める額を超えることとなつたとき。

11　内閣総理大臣は、前項の承認をするときは、優先還付対象債権の弁済を確保するために必要と認める限度において、取り戻すことができる時期及び取り戻すことができる供託金の額を指定することができる。

12　前各項に定めるもののほか、供託金に関し必要な事項は、内閣府令・法務省令で定める。

（有限責任監査法人責任保険契約に関する特則）

第34条の34　登録有限責任監査法人は、政令で定めるところにより、その業務を行うに当たり生ずる責任に関する保険契約（次項及び第３項において「有限責任監査法人責任保険契約」という。）を締結し、内閣総理大臣の承認を受けたときは、当該契約の効力の存する間、当該契約の保険金の額に応じて前条第１項、第２項若しくは第８項の規定により供託する供託金の全部若しくは一部の供託又は同条第３項の契約の締結をしないことができる。

2　内閣総理大臣は、優先還付対象債権者に対する債務の履行を確保するため必要があると認めるときは、有限責任監査法人責任保険契約を締結した登録有限責任監査法人に対し、前条第１項、第２項又は第８項の規定により供託する供託金につき供託又は同条第３項の契約の締結をしないことができるとされた金額の全部又は一部を供託すべき旨を命ずることができる。

3　前２項に定めるもののほか、有限責任監査法人責任保険契約に関し必要な事項は、内閣府令で定める。

第５章の４　外国監査法人等

（届出）

第34条の35　外国の法令に準拠し、外国において、他人の求めに応じ報酬を得て、財務書類の監査又は証明をすることを業とする者は、金融商品取引法第２条第１項第17号に掲げる有価証券で同項第９号に掲げる有価証券の性質を有するものその他の政令で定める有価証券の発行者その他内閣府令で定める者が同法の規定により提出する財務書類（以下「外国会社等財務書類」という。）について第２条第１項の業務に相当すると認められる業務を行うときは、あらかじめ、内閣府令で定めるところにより、内閣総理大臣に届け出なければならない。ただし、外国会社等財務書類について同項の業務に相当すると認められる業務を行う者に対する監督を行う外国の行政機関その他これに準ずるものの適切な監督を受けると認められる者として内閣府令で定めるものについては、この限りでない。

2　内閣総理大臣は、前項の規定による届出があつたときは、その旨を官報で公示しなければならない。

（外国会社等財務書類の対象となる有価証券）

令第30条　法第34条の35第１項に規定する政令で定める有価証券は、次に掲げるものとする。

一　金融商品取引法第２条第１項第10号に規定する外国投資信託の受益証券

二　金融商品取引法第２条第１項第11号に規定する外国投資証券

三　金融商品取引法第２条第１項第14号に規定する受益証券発行信託の受益証券（外国の者が発行者であるものに限る。）

四　金融商品取引法第２条第１項第17号に掲げる有価証券で同項第４号、第５号、第７号から第９号まで又は第12号から第16号までに掲げる有価証券の性質を有するもの

五　金融商品取引法第２条第１項第18号に掲げる有価証券

六　金融商品取引法第２条第１項第19号又は第20号に掲げる有価証券（外国の者が発行者であるものに限る。）

七　金融商品取引法施行令第１条第１号に掲げる証券又は証書

八　金融商品取引法第２条第２項の規定により有価証券とみなされる同項第２号、第４号又は第６号に掲げる権利

（届出事項）

第34条の36　前条第１項の規定による届出を行う者は、次に掲げる事項を記載した届出書を内閣総理大臣に提出しなければならない。

一　名称又は氏名

二　主たる事務所の所在地

三　法人にあつては、役員の氏名

四　法人にあつては、資本金の額又は出資の総額

五　その他内閣府令で定める事項

2　前項の規定による届出書には、定款その他の内閣府令で定める事項を記載した書類を添付しなければならない。

第6章　公認会計士・監査審査会

（設置）

第35条　金融庁に、公認会計士・監査審査会（以下「審査会」という。）を置く。

2　審査会は、次に掲げる事務をつかさどる。

一　公認会計士及び外国公認会計士に対する懲戒処分並びに監査法人に対する処分（監査法人に対する第34条の21の2第１項の規定による命令を除く。）に関する事項を調査審議すること。

二　公認会計士、外国公認会計士及び監査法人の第2条第1項の業務、外国監査法人等の同項の業務に相当すると認められる業務並びに日本公認会計士協会の事務の適正な運営を確保するため行うべき行政処分その他の措置について内閣総理大臣に勧告すること。

三　公認会計士試験を行うこと。

四　前３号に掲げるもののほか、この法律の規定によりその権限に属させられた事項を処理すること。

（職権の行使）

第35条の2　審査会の会長及び委員は、独立してその職権を行う。

（組織）

第36条　審査会は、会長及び委員９人以内をもつて組織する。

2　委員は、非常勤とする。ただし、そのうち１人は、常勤とすることができる。

（会長）

第37条　会長は、会務を総理し、審査会を代表する。

2　会長に事故があるときは、あらかじめその指名する委員が、その職務を代理する。

（会長及び委員の任命）

第37条の2　会長及び委員は、公認会計士に関する事項について理解と識見とを有する者のうちから、両議院の同意を得て、内閣総理大臣が任命する。

2　会長又は委員の任期が満了し、又は欠員が生じた場合において、国会の閉会又は衆議院の解散のために両議院の同意を得ることができないときは、内閣総理大臣は、前項の規定にかかわらず、同項に定める資格を有する者のうちから、会長又は委員を任命することができる。

3　前項の場合においては、任命後最初の国会において両議院の事後の承認を得なければならない。この場合において、両議院の事後の承認が得られないときは、内閣総理大臣は、直ちにその会長又は委員を罷免しなければならない。

（会長及び委員の任期）

第37条の3　会長及び委員の任期は、３年とする。ただし、補欠の会長又は委員の任期は、前任者の残任期間とする。

2　会長及び委員は、再任されることができる。

3　会長及び委員の任期が満了したときは、当該会長及び委員は、後任者が任命されるまで引き続きその職務を行うものとする。

（会長及び委員の身分保障）

第37条の4　会長及び委員は、審査会により、心身の故障のため職務の遂行ができないと認められた場合又は職務上の義務違反その他会長若しくは委員たるに適しない非行があると認められた場合を除いては、在任中、その意に反して罷免されることがない。

（会長及び委員の罷免）

第37条の5　内閣総理大臣は、会長又は委員が前条に該当する場合は、その会長又は委員を罷免しなければならない。

（会長及び委員の服務等）

第37条の6　会長及び委員は、職務上知ることのできた秘密を漏らしてはならない。その職を退いた後も同様とする。

2　会長及び委員は、在任中、政党その他の政治的団体の役員となり、又は積極的に政治運動をしてはならない。

3　会長及び常勤の委員は、在任中、内閣総理大臣の許可のある場合を除くほか、報酬を得て他の職務に従事し、又は営利事業を営み、その他金銭上の利益を目的とする業務を行つてはならない。

（会長及び委員の給与）

第37条の7　会長及び委員の給与は、別に法律で定める。

（試験委員）

第38条　審査会に、公認会計士試験の問題の作成及び採点を行わせるため、試験委員を置く。

2　試験委員は、前項の試験を行うについて必要な学識経験を有する者のうちから、試験の執行ごとに、審査会の推薦に基づき、内閣総理大臣が任命し、その試験が終わつたときは退任する。

3　試験委員は、非常勤とする。

第39条　削除

（議事及び議決の方法）

第40条　審査会は、委員の過半数の出席がなければ、会議を開くことができない。

2　審査会の議事は、出席者の過半数をもつて決する。

3　委員は、自己に関係のある議事については、議決に加わることができない。

（事務局）

第41条　審査会の事務を処理させるため、審査会に事務局を置く。

2　事務局に、事務局長及び所要の職員を置く。

3　事務局長は、会長の命を受けて、局務を掌理する。

（勧告）

第41条の2　審査会は、第49条の4第2項又は第3項の規定に基づき第46条の12第1項、第49条の3第1項若しくは第2項又は第49条の3の2第1項若しくは第2項の規定による権限を行使した場合において、必要があると認めるときは、その結果に基づき、公認会計士、外国公認会計士若しくは監査法人の第2条第1項の業務、外国監査法人等の同項の業務に相当すると認められる業務又は日本公認会計士協会の事務の適正な運営を確保するため行うべき行政処分その他の措置について内閣総理大臣に勧告することができる。

（政令への委任）

第42条　第35条から前条までに規定するもののほか、審査会の所掌事務及び委員その他の職員その他審査会に関し必要な事項は、政令で定める。

第6章の2　日本公認会計士協会

（設立、目的及び法人格）

第43条　公認会計士は、この法律の定めるところにより、全国を通じて1箇の日本公認会計士協会（以下「協会」という。）を設立しなければならない。

2　協会は、公認会計士の品位を保持し、第2条第1項の業務の改善進歩を図るため、会員の指導、連絡及び監督に関する事務を行い、並びに公認会計士及び特定社員の登録に関する事務を行うことを目的とする。

3　協会は、法人とする。

（会則）

第44条　協会は、会則を定め、これに次に掲げる事項を記載しなければならない。

一　名称及び事務所の所在地

二　入会及び退会に関する規定

三　会員の種別及びその権利義務に関する規定

四　役員に関する規定

五　会議に関する規定

六　支部に関する規定

七　公認会計士及び特定社員の登録に関する規定

八　資格審査会に関する規定

九　会員の品位保持に関する規定

十　会員の研修に関する規定

十一　公認会計士試験に合格した者の実務補習

に関する規定
十二　会員の第２条第１項の業務の運営の状況の調査に関する規定
十三　会員の業務に関する紛議の調停に関する規定
十四　会費に関する規定
十五　会計及び資産に関する規定
十六　事務局に関する規定
２　会則の変更は、内閣総理大臣の認可を受けなければ、その効力を生じない。

（支部）
第45条　協会は、その目的を達成するため必要があるときは、支部を設けることができる。

（登記）
第46条　協会は、政令で定めるところにより、登記をしなければならない。
２　前項の規定により登記をしなければならない事項は、登記の後でなければ、これをもつて第三者に対抗することができない。

（入会及び退会）
第46条の２　公認会計士及び監査法人は、当然、協会の会員となり、公認会計士がその登録を抹消されたとき及び監査法人が解散したときは、当然、協会を退会する。

（会則を守る義務）
第46条の３　会員は、協会の会則を守らなければならない。

（役員）
第46条の４　協会に、会長、副会長その他会則で定める役員を置く。
２　会長は、協会を代表し、その会務を総理する。
３　副会長は、会長の定めるところにより、会長を補佐し、会長に事故があるときはその職務を代理し、会長が欠けたときはその職務を行なう。
４　会長は、会則又は総会の決議によつて禁止されていないときに限り、特定の行為の代理を他人に委任することができる。

（総会）
第46条の５　協会は、毎年、定期総会を開かなければならない。
２　協会は、必要と認める場合には、臨時総会を開くことができる。

（総会の決議を必要とする事項）
第46条の６　協会の会則の変更、予算及び決算は、総会の決議を経なければならない。

（総会の決議等の報告）
第46条の７　協会は、総会の決議並びに役員の就任及び退任を内閣総理大臣に報告しなければならない。

（紛議の調停）
第46条の８　協会は、会員の業務に関する紛議につき、会員又は当事者その他関係人の請求により調停をすることができる。

（建議及び答申）
第46条の９　協会は、公認会計士に係る業務又は制度について、官公署に建議し、又はその諮問に答申することができる。

（監査又は証明の業務の調査）
第46条の９の２　協会は、会員の第２条第１項の業務の運営の状況（当該会員が公認会計士である場合にあつては、第34条の13第２項第１号及び第２号に掲げる事項に限る。第49条の４第２項第２号において同じ。）の調査を行うものとする。
２　協会は、定期的に、又は必要に応じて、前項の調査の結果を内閣総理大臣に報告するものとする。

（懲戒事由に該当する事実の報告）
第46条の10　協会は、その会員に第30条、第31条、第31条の２第１項、第34条の21第２項若しくは第３項、第34条の21の２第１項又は第34条の29第２項若しくは第３項の規定に該当する事実があると認めたときは、内閣総理大臣に対し、その事実を報告するものとする。
２　第32条第２項の規定は、前項の報告があつた場合について準用する。

（資格審査会）
第46条の11　協会に、資格審査会を置く。
２　資格審査会は、協会の請求により、第19条第３項及び第34条の10の11第２項の規定による登録の拒否並びに第21条第１項第４号の規定による登録の抹消及び第34条の10の14第１項第３号の規定による同条第2項に規定する登録の抹消につき必要な審査を行うものとする。
3　資格審査会は、会長及び委員4人をもつて組織する。
4　会長は、協会の会長をもつてこれに充てる。
5　委員は、会長が、内閣総理大臣の承認を受けて、公認会計士、公認会計士に係る行政事務に従事する金融庁の職員及び学識経験者のうちから委嘱する。
6　委員の任期は、2年とする。ただし、欠員が生じた場合の補欠の委員の任期は、前任者の残任期間とする。
7　前各項に規定するもののほか、資格審査会の組織及び運営に関し必要な事項は、政令で定める。

（貸借対照表等）

第46条の11の2　協会は、毎事業年度、第46条の6に規定する総会の決議を経た後、遅滞なく、貸借対照表及び収支計算書を官報に公告し、かつ、貸借対照表、収支計算書、附属明細書、事業報告書及び監事の意見書を、事務所に備えて置き、内閣府令で定める期間、一般の閲覧に供しなければならない。

（報告及び検査）

第46条の12　内閣総理大臣は、協会の適正な運営を確保するため必要があると認めるときは、協会に対し、報告若しくは資料の提出を求め、又は当該職員に協会の事務所に立ち入り、帳簿書類その他の物件を検査させることができる。
2　前項の規定により立入検査をしようとする職員は、その身分を示す証票を携帯し、関係人の請求があつたときは、これを提示しなければならない。
3　第1項の規定による立入検査の権限は、犯罪捜査のために認められたものと解してはならない。

（監督上の命令）

第46条の12の2　内閣総理大臣は、協会が法令、法令に基づく行政官庁の処分若しくは協会の会則その他の規則（以下この条において「法令等」という。）に違反した場合又は会員が法令等に違反する行為をしたにもかかわらず、当該会員に対し法令等を遵守させるために協会がこの法律、この法律に基づく命令若しくは当該会則その他の規則により認められた権能を行使せずその他必要な措置をすることを怠つた場合において、協会の適正な運営を確保するため必要があると認めるときは、その事務の方法の変更を命じ、又は会則その他の規則に定める必要な措置をすることを命ずることができる。

（総会の決議の取消し）

第46条の13　内閣総理大臣は、協会の総会の決議が法令又は協会の会則に違反し、その他公益を害するときは、その決議の取消しを命ずることができる。

（一般社団法人及び一般財団法人に関する法律の準用）

第46条の14　一般社団法人及び一般財団法人に関する法律第4条及び第78条の規定は、協会について準用する。

第7章　雑　則

（監査及び証明を受けた旨の公表の禁止）

第47条　公認会計士、外国公認会計士又は監査法人の監査又は証明を受けた場合を除くほか、何人も、その公表する財務書類の全部又は一部が公認会計士、外国公認会計士又は監査法人の監査又は証明を受けたものである旨を公表してはならない。

（公認会計士又は監査法人でない者の業務の制限）

第47条の2　公認会計士又は監査法人でない者は、法律に定のある場合を除くほか、他人の求めに応じ報酬を得て第2条第1項に規定する業務を営んではならない。

（名称の使用制限）

第48条　公認会計士でない者は、公認会計士の名称又は公認会計士と誤認させるような名称を使用してはならない。
2　前項の規定は、法律の規定により定められた名称を使用すること又は外国公認会計士がその資格を示す適当な名称を使用することを妨げない。

第48条の２　監査法人でない者は、その名称中に監査法人又は監査法人と誤認させるような文字を使用してはならない。

２　無限責任監査法人は、その名称中に有限責任監査法人又は有限責任監査法人と誤認させるような文字を使用してはならない。

３　協会でない者は、協会の名称又は協会と誤認させるような名称を使用してはならない。

（公認会計士又は監査法人の業務上調製した書類）

第49条　公認会計士又は監査法人が他人の求めに応じて監査又は証明を行うに際して調製した資料その他の書類は、特約のある場合を除くほか、公認会計士又は監査法人の所有に属するものとする。

（公認会計士の使用人等の秘密を守る義務）

第49条の２　公認会計士、外国公認会計士若しくは監査法人の使用人その他の従業者又はこれらの者であつた者は、正当な理由がなく、第２条第１項又は第２項の業務を補助したことについて知り得た秘密を他に漏らし、又は盗用してはならない。

（内閣府令への委任）

第49条の５　この法律に定めるもののほか、この法律の実施に関し必要な事項は、内閣府令で定める。

附　則（平成19年６月27日法律第99号　公認会計士法等の一部を改正する法律）

（施行期日）

第１条　この法律は、公布の日から起算して１年を超えない範囲内において政令で定める日〔平成20年４月１日〕（以下「施行日」という。）から施行する。（以下略）

附　則（平成26年６月13日法律第69号　行政不服審査法の施行に伴う関係法律の整備等に関する法律）

（施行期日）

第１条　この法律は、行政不服審査法（平成26年法律第68号）の施行の日〔平成28年４月１日〕から施行する。

附　則（平成29年５月31日法律第41号　学校教育法の一部を改正する法律）

（施行期日）

第１条　この法律は、平成31年４月１日から施行する。〔以下略〕

（公認会計士法の一部改正に伴う経過措置）

第７条　前条の規定による改正後の公認会計士法第９条第２項第２号の規定は、施行日以後に新学校教育法第104条第３項に規定する学位を授与された者について適用し、施行日前にこの法律による改正前の学校教育法（以下「旧学校教育法」という。）第104条第１項に規定する文部科学大臣の定める学位を授与された者に係る公認会計士試験の短答式による試験科目の免除については、なお従前の例による。

附　則（令和元年６月14日法律第37号　成年被後見人等の権利の制限に係る措置の適正化等を図るための関係法律の整備に関する法律）

（施行期日）

第１条　この法律は、公布の日から起算して３月を経過した日〔令和元年９月14日〕から施行する。（以下略）

附　則（令和元年６月26日法律第44号　法科大学院の教育と司法試験等との連携等に関する法律等の一部を改正する法律）

（施行期日）

第１条　この法律は、平成32年〔令和２年〕４月１日から施行する。ただし、次の各号に掲げる規定は、当該各号に定める日から施行する。

一・二　（略）

三　（前略）附則第５条から第８条までの規定　平成34年〔令和４年〕10月１日

附　則（令和２年５月29日法律第33号　外国弁護士による法律事務の取扱いに関する特別措置法の一部を改正する法律）

（施行期日）

第１条　この法律は、公布の日から起算して２年６月を超えない範囲内において政令で定める日から施行する。（以下略）

附　則（令和３年５月19日法律第37号　デジタル社会の形成を図るための関係法律の整備に関する法律）

（施行期日）

第１条　この法律は、令和３年９月１日から施行

する。（以下略）

Ⅳ　法改正解釈指針編

独立性に関する法改正対応解釈指針第２号

大会社等監査における単独監査の禁止について

（平成16年１月15日
改訂平成20年２月13日
日本公認会計士協会）

本指針の目的

1．平成15年改正公認会計士法（以下「15年改正法」という。）第24条の４は、公認会計士が、大会社等の財務書類について法第２条第１項の業務（監査証明業務）を行うときは、他の公認会計士若しくは監査法人と共同監査とするか、又は他の公認会計士を補助者として使用して行わなければならない旨規定し、大会社等を単独で監査することを禁止した。

本指針は、15年改正法令における単独監査禁止に対する基本的考え方を整理し、留意事項を念のために通知することを目的としている。

単独監査禁止の趣旨

2．15年改正法第24条の４が設けられた趣旨は、大会社等は取引の内容が複雑・高度であり、取引規模も大きいため、複数の公認会計士による組織的監査が必要であるということが考えられる。

留意事項

3．15年改正法第24条の４ただし書きにおいて、他の公認会計士若しくは監査法人と共同せず、又は他の公認会計士を補助者として使用しないことにつき内閣府令で定めるやむを得ない事情がある場合はこの限りでない旨規定され、「やむを得ない事情」については公認会計士法施行規則第11条にて下記①から⑤のとおり規定されている。

① 共同して監査証明業務を行う他の公認会計士又は補助者として使用する他の公認会計士が登録を抹消されたこと。

② 共同して監査証明業務を行う他の公認会計士又は補助者として使用する他の公認会計士が事故、病気その他これに準ずる事由により業務を行うことができなくなったこと。

③ 共同して監査証明業務を行う他の公認会計士若しくは監査法人又は補助者として使用する他の公認会計士が移転したことにより共同で当該業務を行うことができなくなったこと。

④ 共同して監査証明業務を行う監査法人が解散したこと。

⑤ 前各号に準ずるやむを得ない事情であって、当該公認会計士の責めに帰すべき事由がないもの

4．15年改正法第24条の４ただし書きの趣旨は、共同監査を行っていたが、一方の共同監査人が監査の途中で登録抹消等により欠けた場合、結果として単独監査になり違法行為となってしまうことを避けるための措置である。したがって、監査人は当初より単独監査が許容されている場合があるものと解してはならず、共同監査が難しければ、少なくとも他の公認会計士を補助者として使用しなければならない。

(注) 15年改正法は、平成16年４月１日から施行となっている。ただし、15年改正法第24条の４は、経過措置として附則第14条に「大会社等の財務書類で、施行日以後に開始する会計期間に係るものの新法第２条第１項の業務について適用し、当該大会社等の財務書類で、施行日前に開始した会計期間に係るものの同項の業務については、なお従前の例による。」旨規定されている。

したがって、15年改正法令で単独監査禁止となる時期の開始日は、次のとおり関与先の決算日によって異なる。

(1) 例－３月決算会社の場合
平成16年４月１日から平成17年３月31日までの会計期間から適用

(2) 例－２月決算会社の場合

IV 解釈指針

平成17年３月１日から平成18年２月28日までの会計期間から適用

以　上

独立性に関する法改正対応解釈指針第４号

大会社等監査における非監査証明業務について

（平成16年３月17日
改訂平成20年２月13日
日本公認会計士協会）

本指針の目的

１．平成15年改正公認会計士法（以下「15年改正法」という。）第24条の２及び同第34条の11の２は、監査人の独立性に関する新たな規制として「公認会計士は、当該公認会計士、その配偶者又は当該公認会計士若しくはその配偶者が実質的に支配していると認められるものとして内閣府令で定める関係を有する法人その他の団体が、大会社等から法第２条第２項の業務（内閣府令で定めるものに限る。）により継続的な報酬を受けている場合には、当該大会社等の財務書類について、同条第１項の業務を行つてはならない。」旨規定した。この業務制限は、監査証明業務の信頼性を確保するため、自己監査及び監査人の経営判断への関与を防止する観点から、公認会計士又は監査法人等（公認会計士又は監査法人等が実質的に支配する子会社及び関連会社等を含む。）が、15年改正法第24条の２に規定される大会社等に対して監査証明業務と特定の非監査証明業務を同時に提供することを禁止しようとするものである。当該非監査証明業務については、公認会計士法施行規則（以下「施行規則」という。）第６条に次のとおり規定されている。

① 会計帳簿の記帳の代行その他の財務書類の調製に関する業務

② 財務又は会計に係る情報システムの整備又は管理に関する業務

③ 現物出資その他これに準ずるものに係る財産の証明又は鑑定評価に関する業務

④ 保険数理に関する業務

⑤ 内部監査の外部委託に関する業務

⑥ 上記のほか、監査又は証明をしようとする財務書類を自らが作成していると認められる業務又は被監査会社等の経営判断に関与すると認められる業務

２．上記の禁止業務は、米国企業改革法による規制業務を踏まえたものであるが、①から④までの業務は、財務諸表の作成者としての立場の業務であるから主として自己監査の防止の観点より禁止される。また、上記⑤の業務は、主として経営者から独立した立場であるべき外部監査人が経営判断に関わることを防止する観点から禁止される。さらに、業務の多様化等に個別的に対応して禁止業務を限定的に列挙することは困難と考えられること等から包括的な禁止規定が施行規則第６条第６号として設けられている。

３．一般に公正妥当と認められる監査に関する基準及び慣行に基づき監査人が実施しなければならない過程であると認められる業務（以下「監査証明業務の一環として実施される業務」という。）は、法第２条第１項の監査証明業務の一環であり監査証明業務に包含されると考えられるので、同時提供が禁止される非監査証明業務には該当しないものと認められる。例えば、次のような業務がこれに該当すると考えられる。

・監査の過程で行われる会計処理に関する助言・指導業務

・監査対象となる財務諸表の作成方法に関する助言・指導業務

・監査対象となる内部統制システムに関する助言・指導業務

また、監査証明業務又は監査手続と直接的関連性を有するため、監査人により提供されることが効率的であり、かつ、監査の質を向上させることにも有用であると認められる業務（以下「監査証明業務と直接的関連性を有する業務」

という。）、又は法規制により監査人が実施することを要請されている業務は、禁止される非監査証明業務として規制されるものではない。例えば、次のような業務がこれに該当すると考えられる。

・コンフォートレターの作成業務
・海外等の法規制により内部統制の証明業務を監査人が提供することを義務付けられている場合における当該業務に係る基準に準拠して適切に実施しなければならない過程の業務
・銀行等の金融機関に対する、金融庁による金融検査マニュアルに記載されている種々のリスク管理に関する「外部監査」に相当する業務
・業種別監査委員会報告第30号「自己資本比率の算定に関する外部監査を『金融機関の内部管理体制に対する外部監査に関する実務指針』に基づき実施する場合の当面の取扱い」における業務
・業種別監査委員会報告第28号「証券会社における顧客資産の分別保管に対する検証業務等に関する実務指針（中間報告）」における業務
・監査基準委員会報告書第18号「委託業務に係る統制リスクの評価」における受託会社監査人の業務
・監査対象となる財務諸表を含む開示書類又は上場申請書類等に関して実施される当該財務諸表に関連する項目に対する助言・指導業務
・規制による報告のための情報の分析及び集計
・規制当局等により要求される報告書等の提供に関する業務

4．本指針は、15年改正法令において被監査会社等（大会社等が適用対象であり、当該大会社等の関係会社は含まれない。以下同様。）に対する監査証明業務との同時提供が禁止されることとなった「非監査証明業務」及び「継続的な報酬」に関する個々の業務形態を踏まえた実務面における対応を明らかにすることを目的としている。

法令で禁止される「非監査証明業務」の範囲

5．施行規則第6条により同時提供が禁止される非監査証明業務について、その業務内容及び留意事項を示すと次のとおりである。

⑴　会計帳簿の記帳の代行その他の財務書類の調製に関する業務（施行規則第6条第1号）

①　同時提供が禁止される業務内容

会計帳簿を作成する業務及び財務書類を調製する業務が該当し、具体的な禁止業務を示すと次のとおりである。

〔具体的な禁止業務〕

㋐　取引を認識した上で会計処理を決定し、会計帳簿を作成及び維持すること

㋑　取引を承認又は実行する権限が付与されていること、又はその権限を行使すること

㋒　会計帳簿及び財務書類の基礎となる資料若しくは原始データを作成又は変更すること

㋓　貸借対照表、損益計算書その他の財務書類を調製すること

②　留意事項

監査証明業務の一環として実施される業務とは、法第2条第1項の監査証明業務の一環として実施されるものである。また、監査証明業務と直接的関連性を有する業務とは、経営者としての機能を果たすことにはならない業務であって、施行規則第6条第1号で禁止する会計帳簿の記帳代行や財務書類を調製する業務として規制されるものではない。

〔監査証明業務の一環として実施される業務、又は監査証明業務と直接的関連性を有する業務の例示〕

㋐　被監査会社等に対する会計処理基準の採用に関する助言・指導業務

㋑　被監査会社等に対する修正仕訳の提案

及び財務書類における開示項目の作成に関する助言・指導業務

(ウ) 被監査会社等が作成する連結財務諸表（各国における法定の決算を企業グループの会計方針又は国際財務報告基準等に準拠させるための変換を含む。）に関する助言・指導業務

(エ) 被監査会社等が作成する財務諸表に対して行う国際財務報告基準のような日本と異なる報告の枠組みへの変換に関する助言又・指導業務

(オ) 被監査会社等が作成する海外子会社の各国における法定財務諸表に関する助言・指導業務

(カ) 被監査会社等が日本基準で作成する財務諸表の英文財務諸表への移行に関する助言・指導業務

(キ) 被監査会社等の監査証明の対象となる財務書類を含む有価証券報告書・届出書等の開示書類及び上場申請書類の作成に関して実施する被監査会社等又は被監査会社等が雇用した外部の第三者により作成される当該財務書類に関連する項目に対する助言・指導業務

なお、上記に例示した監査証明業務の一環として実施される業務、監査証明業務と直接的関連性を有する業務は、被監査会社等が作成する財務書類等に関する専門家としての助言又は指導業務の領域に限定されるべきものであって、財務書類等の作成代行になる業務として行ってはならない。したがって、財務書類等の調製に該当する業務は当然に禁止されるものである。

(2) 財務又は会計に係る情報システムの整備又は管理に関する業務（施行規則第6条第2号）

① 同時提供が禁止される業務内容

同時提供が禁止される「財務又は会計に係る情報システムの整備又は管理に関する業務」において、「財務又は会計に係る情報システム」とは、財務諸表の基礎となる原始データを集計し、又は被監査会社等の財務諸表全体として重要となる情報を生成するハードウェア、ソフトウェア又はネットワークシステムをいう。また、「整備又は管理に関する業務」とは、これらの設計及び導入、構築、運用及び監視を行う業務であって、財務情報に関して、本来、経営者の機能である内部統制を構築し維持する役割を担うこととなる業務や、「整備及び管理」の結果が監査人の監査実施対象又は内部統制の有効性を検証する対象として帰結することが合理的に推測される場合の業務を指す。

すなわち、監査人が財務諸表に影響を及ぼすシステムの設計、導入、運用等を行うことは、当該監査人が経営者に代わってその役割を担い、自らが整備又は運用した内部統制の有効性の結果に対して自ら監査する結果となるものと解されるため、当該業務の同時提供を禁止するものである。具体的な禁止業務を示すと次のとおりである。

〔具体的な禁止業務〕

(ア) 財務諸表監査の対象項目となる当該原始データを直接組成・加工するいわゆる財務会計システムの設計、導入、構築、運用及び監視を行う業務

(イ) 連結財務諸表作成システムの設計、導入、構築、運用及び監視を行う業務

② 留意事項

ア．監査証明業務の一環として実施される業務、監査証明業務と直接的関連性を有する業務、又は法規制により監査人が実施することを要請されている業務

被監査会社等の財務情報システムは、財務諸表が作成される過程における重要な会社の仕組みであり、当該システムの内容や処理過程における内部統制システムの整備・運用状況の有効性の検証は監査実施過程において一般に公正妥当と認められる監査の基準に準拠して実施されなければならない手続であり、その検証手続又はこれに関連する業務は監査証明

業務の一環をなすものである。また、監査人が専門家を利用して財務諸表の作成過程におけるコンピュータ利用状況の検証を行い、そこで認識された内部統制上の欠陥について、改善の助言・提言を行うことも監査手続の一環たりうるのであって、禁止業務として規制されるものではない。

〔監査証明業務の一環として実施される業務、監査証明業務と直接的関連性を有する業務、又は法規制により監査人が実施することを要請されている業務の例示〕

(ア)　監査実施過程における財務情報システムの有効性を評価するために実施する財務情報システムの整備・運用状況の評価（内部統制監査実施過程における場合を含むが、経営者の行う内部統制の有効性の評価の実施を請け負うことはできないことに留意する。）

(イ)　監査実施過程における財務情報システム改善のための助言・指導業務（内部統制監査実施過程における場合を含む。）

(ウ)　監査証明業務に付随する海外等の法規制により内部統制の証明業務を監査人が提供することを義務付けられている場合、当該業務に係る基準に準拠して実施しなければならない過程の業務

なお、経営者又は情報システムの整備又は管理を請け負うプロバイダー（ベンダー）が行う設計、導入、構築、運用及び監視業務に関する専門家としての助言（例えば、第三者が行うERPパッケージ導入に対する専門家としての助言）、又は被監査会社等の財務諸表若しくは会計記録に関連しないハードウェア、ソフトウェア若しくはネットワークシステムに係る業務については、原則として規制の対象から除かれる。

また、「財務報告に係る内部統制の監査に関する実務上の取扱い」（監査・保証実務委員会報告第82号平成19年10月24日日本公認会計士協会）の「５．監査人の独立性」には、内部統制実施基準に例示される内部統制の構築の手続の内容に沿って、内部統制監査との同時提供が可能かどうかが示されている。

イ．財務又は会計に係る情報システムの整備又は管理に関する業務の結果、当該ハードウェア又はソフトウェアが生成する情報が被監査会社等の財務諸表に重要な影響を及ぼすことが合理的に推測される場合は当該サービスの提供が禁止されることは当然であるが、被監査会社等の財務諸表に重要な影響を及ぼさない場合は、禁止業務からは除かれる。

(3)　現物出資その他これに準ずるものに係る財産の証明又は鑑定評価に関する業務（施行規則第６条第３号）

①　同時提供が禁止される業務内容

被監査会社等の投資等に関する意思決定のために行う財産に対する評価証明若しくは鑑定評価業務、企業価値評価業務又は公正な価額（時価）に係る意見表明業務で、かかる業務の結果が、個々に又は全体として、監査期間中に被監査会社等の財務諸表の監査対象となる場合、及び被監査会社等の財務諸表に重要な影響を及ぼすことが合理的に推測される場合には経営者の機能を担うことになり、かつ、自己監査に陥ることとなるので同時提供が禁止される業務に該当する。具体的な禁止業務を示すと次のとおりである。

〔具体的な禁止業務〕

(ア)　会社法第199条における現物出資の財産の評価証明業務（当該業務は、資本充実維持原則の要請により現物出資財産の価格補填責任を評価者である公認会計士等も連帯して負う対象（会社法第213条参照）となるため、禁止業務に該当する。）

Ⅳ 解釈指針

(イ) 企業買収における企業価値（株式）に関する意見表明業務

(ウ) 営業譲渡・譲受における事業価値に関する意見表明業務

(エ) 合併、株式交換、株式移転、会社分割等を行う場合の第三者的観点からの合併比率等に関する意見表明業務

② 留意事項

ア．デュー・デリジェンスは、一般に依頼人と契約当事者の「合意された手続(agreed-upon procedures)」により特定の利用者のみを前提とし、当該手続を実施した範囲にかかる調査結果に限り依頼人に報告される業務である。このようなデュー・デリジェンスについては、それが実質的に評価に関する意見表明業務にまで及ぶものであれば、自己監査を防止する観点から禁止業務に該当することとなるので留意を要する。

イ．被監査会社等又は被監査会社等が雇用した第三者である専門家が実施した作業に対する監査人又は監査人が独自に評価の専門家を利用して行う助言については、当該被監査会社等又は当該専門家が提供した財務情報の基礎資料を基にこれを行うことから自己監査には該当しないと解されるので、禁止業務として規制されるものではない。

ウ．非財務情報を評価する業務は、原則として禁止業務として規制されるものではない。

エ．被監査会社等に対する鑑定評価業務及び公正な価額（時価）に係る意見表明業務であっても、当該業務の結果が、個々に又は全体として、被監査会社等の財務諸表に重要な影響を及ぼさない場合は、禁止業務として規制されるものではない。

(4) 保険数理に関する業務（施行規則第６条第４号）

① 同時提供が禁止される業務内容

保険数理に関する業務とは、退職給付債務、責任準備金及び関連勘定を含む保険数理に関する算定業務をいう。退職給付債務等に係る保険数理計算を被監査会社等に代わって算定することは自己監査に陥ることとなるので、同時提供が禁止される業務に該当する。

② 留意事項

監査の過程における監査手続の実施に関連して行われる次の業務は、監査証明業務の一環をなすもの、又は監査証明業務と直接的関連性を有する業務であるから、禁止される保険数理業務として規制されるものではない。

〔監査証明業務の一環として実施される業務、又は監査証明業務と直接的関連性を有する業務の例示〕

(ア) 財務諸表及び関連する勘定科目の会計取引記録を決定するための保険数理や保険数理評価のために使われる仮定の適正性の評価にかかる被監査会社等への助言

(イ) 被監査会社等又は被監査会社等が委託した第三者である保険数理人が実施した保険数理作業に対する助言

なお、(ア)及び(イ)には、監査人が保険数理人を補助者として、又は専門家への委託業務として用いることも含まれる。

(5) 内部監査の外部委託に関する業務（施行規則第６条第５号）

① 同時提供が禁止される業務内容

内部監査の外部委託に関する業務とは、財務会計に関わる内部統制及び情報システム並びに財務諸表の作成・開示に関する内部監査の外部委託業務をいう。経営者によって決定される内部監査の業務内容は、「財務情報及び業務情報の信頼性の評価」、「業務の経済性、効率性及び有効性の評価」及び「法令又は経営方針等へのコンプライアンスの評価」が考えられ、これらは被監査会社等における内部統制システムの一部を構成するものであり、また、当該内部統制システムは経営者の責任において構築・

維持されなければならない。

したがって、経営者から独立した外部監査人がこの機能を担うことは経営者の責任を分担することとなり適切ではないので、被監査会社等の財務会計に影響を与えると考えられ、財務会計に関わる内部統制及び情報システム並びに財務諸表の作成・開示に関する内部監査を監査人が受託することは禁止される。

② 留意事項

監査の過程における監査手続の実施に関連して行われる次の業務は、監査証明業務の一環をなすもの、監査証明業務と直接的関連性を有する業務、又は法規制により監査人が実施することを要請されている業務であるから、禁止される内部監査の外部委託業務として規制されるものではない。

〔監査証明業務の一環として実施される業務、監査証明業務と直接的関連性を有する業務、又は法規制により監査人が実施することを要請されている業務の例示〕

(ア) 監査実施の過程として行われる財務会計に関わる内部統制及び情報システムの改善のための助言・指導業務

(イ) 監査証明業務に付随する海外等の法規制により内部統制の証明業務を監査人により提供することが義務付けられている場合、当該業務に係る基準に準拠して実施しなければならない過程の業務

なお、内部会計統制・財務システム及び財務諸表に関連しない内部監査業務については、原則として規制の対象から除かれる。

(6) 上記のほか、監査又は証明をしようとする財務書類を自らが作成していると認められる業務又は被監査会社等の経営判断に関与すると認められる業務（施行規則第６条第６号）

① 同時提供が禁止される業務内容

施行規則第６条第６号は、公認会計士業務の多様化等に個別的に対応して禁止業務を限定的に列挙することは困難と考えられること等から、同時提供が禁止される観点を明確にした上で包括的に禁止規定を定めたものである。

我が国の現状では、公認会計士業務（実質的に支配する関係会社等のグループ経営の観点を含む。）としての重要性には未だ乏しいので個別に列挙されていない人事・管理に係る代行サービス、法律業務等がこの包括規定に含まれるものと想定される。当該業務については、これらが自己監査に該当するか否か、又は被監査会社等の経営判断に関与することになるか否かといった観点から、同時提供の禁止業務に該当するか否かを15年改正法の趣旨に照らし、実質的な判断を行うこととなる。

具体的な禁止業務を示すと次のとおりである。

〔具体的な禁止業務〕

(ア) 経営幹部の紹介業務及び採用面接等の代行

(イ) 被監査会社等の訴訟案件に関わるサポートサービス等、被監査会社等の利益を擁護するような業務

上記の他、監査証明業務と非監査証明業務との同時提供が禁止される対象者の範囲（施行規則第５条）は、公認会計士等（監査法人についても準用される。）が実質的に支配している子会社及び関連会社等にまで及ぶので、例えばグループのコンサルティング・ファームや税理士法人等を通じて、公認会計士の称号を用いない場合であっても被監査会社等の財務諸表の作成、鑑定評価業務又は法廷における代理を実施するような場合においては、当該公認会計士等の支配がコンサルティング・ファームや税理士法人等に及ぶ限りは自己監査に該当すること又は経営判断に関わることとなり、同時提供禁止業務に該当することに留意する。ただし、実質的に支配が及ぶか否かは、財務諸表等規則における規定と同様に実質基準により判断されることとなる。

② 留意事項

監査証明業務と直接的関連性を有する業務、又は法規制により監査人が実施することを要請されている業務は、禁止される非監査証明業務として規制されるものではない。例えば、3．に挙げるコンフォートレターの作成業務他がこれに該当すると考えられる。

「継続的な報酬を受けている場合」の意義

6．15年改正法第24条の2に規定する「法第2条第2項業務（内閣府令で定めるものに限る。）により継続的な報酬を受けている場合」とは、基本的に会社法第337条第3項第2号の規定における「継続的な報酬」と同様の考え方であり、一定の行為又は状態が続けられることをいう。

例えば、何らかの非監査証明業務をたまたま臨時に行ったという場合は「継続的な報酬を受けている場合」には、原則として該当しない。しかし、反復・継続して提供される業務の対価について、契約により支払条件を1年の一括払いとしているような場合には、実質的な判断により「継続的な報酬を受けている場合」に該当すると認められるケースがあることに留意する必要がある。

また、「継続的な報酬を受けている場合」に該当しない場合であっても、当該業務の提供が財務書類に重要な影響を与えると合理的に推測される場合、又は経営判断に関わることになる場合には、法の趣旨に鑑みて業務の提供を差し控えることが望ましい。なお、例えば、財務情報システムの整備又は運営に関する業務の結果、監査対象となる財務諸表に影響する財務数値の合計金額が総資産又は売上のいずれの金額においても1％に相当する金額を超えないような場合、又は鑑定評価業務及び公正な価額（時価）に係る意見表明業務であって、当該鑑定評価の対象となった価額が総資産又は売上のいずれの金額においても1％に相当する金額を超えないような場合には、通常、重要な影響を与えていないものと考えられる。

以　上

独立性に関する法改正対応解釈指針第５号

大会社等監査における規制対象範囲について

（平成16年３月17日
改訂平成20年２月13日
日本公認会計士協会）

本指針の目的

１．平成15年改正公認会計士法（以下「15年改正法」という。）は、大会社等に対する監査証明業務に関して非監査証明業務との同時提供の禁止、継続的監査の制限、及び単独監査の禁止といった新たな監査人の独立性強化のための業務制限に関する特例を規定した。

２．本指針は、15年改正法において業務が制限される大会社等の範囲、及び大会社等の監査を行う公認会計士又は監査法人の規制対象の範囲を明らかにした上で、その留意事項を通知することを目的としている。

なお、平成19年改正公認会計士法（以下「19年改正法」という。）による関係政令の改正を反映している。

法令における大会社等の範囲

３．大会社等の範囲は、15年改正法第24条の２及び同施行令（以下「施行令」という。）第10条により次のとおりとなっている。

① 会計監査人設置会社（ただし、最終事業年度に係る貸借対照表に資本金として計上した額が百億円未満であり、かつ、最終事業年度に係る貸借対照表の負債の部に計上した金額の合計額が千億円未満の株式会社を除く。施行令第８条参照。）

② 金融商品取引法第193条の２第１項の規定により監査証明を受けなければならない者（ただし、金融商品取引法第５条第１項の特定有価証券の発行者で、特定有価証券以外に一定の有価証券を発行していない者を除く。また、金融商品取引法第24条第１項第３号又は第４号により有価証券報告書を提出する発行者で一定の要件を満たす者を除く。施行令第９条参照。）

③ 銀行法（昭和56年法律第59号）第２条第１項に規定する銀行

④ 長期信用銀行法（昭和27年法律第187号）第２条に規定する長期信用銀行

⑤ 保険業法第２条第２項に規定する保険会社

⑥ 全国を地区とする信用金庫連合会

⑦ 全国を地区とする労働金庫連合会

⑧ 全国を地区とする信用協同組合連合会

⑨ 農林中央金庫

⑩ 独立行政法人通則法第39条の規定により会計監査人の監査を受けなければならない独立行政法人

⑪ 国立大学法人及び大学共同利用機関法人

⑫ 地方独立行政法人法第35条の規定により会計監査人の監査を受けなければならない地方独立行政法人

４．法令上の大会社等の範囲は、上記①から⑫の会社等に限定されているので、これ以外の監査会社等は、業務制限の対象会社には該当しない。また、大会社等の関係会社（子会社及び関連会社等）も大会社等には含まれないので、当該関係会社自体が大会社等に該当する場合を除き、業務制限の対象会社に該当することはない。

なお、倫理規則等では、監査関与先が大会社等の場合、その関連企業等との利害や関係が監査人の独立性に与える影響についても別途規定していることに留意が必要である。

公認会計士等の規制対象範囲

５．大会社等の監査を行う公認会計士又は監査法人の規制対象の範囲は、15年改正法第24条の２

及び第34条の11の２により、公認会計士又は監査法人、その配偶者（監査法人の場合は当該監査法人）及びそれらのものが実質的に支配していると認められる法人その他の団体とされている。この実質的に支配していると認められる法人その他の団体とは、施行規則第５条において、実質的に支配していると認められる子会社等又は関連会社等とされたので、資本面だけではなく、人事・経営上の影響力までを含めた実質基準で判断することとなる。

6．実務的には、財務諸表等規則に定める実質基準と同様であり、実質支配関係については、監査委員会報告第60号「連結財務諸表における子会社及び関連会社の範囲の決定に関する監査上の取扱い」に準拠して判断することになると考えられる。税理士法人等についても当該実質基準により判断することになる。

なお、倫理規則等では、監査事務所と同一のネットワークに属する他の事業体と監査関与先との利害や関係が監査人の独立性に与える影響についても別途規定していることに留意が必要である。

新規上場会社の取扱い

7．大会社等に該当しない会社が新規株式公開等により、新たに15年改正法第24条の２第二号に規定する大会社等に該当することになった会社については、その後最初に提出される有価証券報告書又は半期報告書において新たに監査対象となる会計期間から大会社等に該当することとなるので、最初に提出する有価証券届出書に含まれる財務諸表の監査対象会計期間については、法令上、非監査証明業務の同時提供が禁止される期間に該当しない。ただし、ローテーションについては、平成19年改正で「みなし規定」が設けられ、当該監査対象期間においても「大会社等」とみなしてローテーションに係る規制が適用される。

例えば、平成20年３月期をもって新規上場した場合、上場後に最初に提出される平成21年３月期の有価証券報告書において新たに監査対象となる平成21年３月期から大会社等に該当することとなるが、最初に提出する有価証券届出書に含まれる財務諸表の監査対象期間（例えば平成19年３月期及び平成20年３月期）についても、すでに監査証明業務を行っているのであるから、大会社等とみなして大会社等に係るローテーションの規定が適用される。一方非監査証明業務の同時提供については、このような「みなし規定」はないが、倫理規則等では、大会社以外の監査関与先に対する非監査証明業務についても、監査関与先との利害や関係が監査人の独立性に与える影響について別途規定していることに留意が必要である。

留意事項

8．会計監査人設置会社で「大会社等」の範囲から除かれる者は、15年改正法施行令第８条により、最終事業年度の貸借対照表に資本金として計上した額が百億円未満であり、かつ、負債の部に計上した金額の合計額が千億円未満の株式会社とされているが、資本金の額又は負債の額の増減により、大会社等に該当しなくなる場合、又は新たに該当することとなる場合のその時期の取扱いについては、資本金の額又は負債の部の金額が最終事業年度の貸借対照表によって判定される関係上、次のように取り扱う。

① 「大会社等」に該当しなくなった日が含まれる事業年度については引き続き「大会社等」として取り扱い、翌事業年度より「大会社等」の範囲から除かれる。

② 「大会社等」に該当することになった日が含まれる事業年度については未だ「大会社等」としては取り扱わず、翌事業年度より「大会社等」として取り扱う。

以上

独立性に関する法改正対応解釈指針第６号

大会社等監査におけるローテーションについて

平成16年３月17日
改訂平成20年２月13日
日本公認会計士協会

本指針の目的

1．平成15年改正公認会計士法（以下「15年改正法」という。）第24条の３及び同第34条の11の３は、監査人の独立性に関する新たな規制として、公認会計士又は監査法人の社員が大会社等の連続する７会計期間以内の一定の会計期間に係る財務書類について監査関連業務を行った場合には、当該連続する会計期間の翌会計期間以後の一定会計期間に係る当該大会社等の財務書類について監査関連業務を行ってはならない旨規定し、大会社等の監査を担当する公認会計士又は業務執行社員等を一定期間で交替させることを義務付けた。交替期限(以下「ローテーション」という。）の上限については、15年改正法施行令（以下「施行令」という。）第11条及び同第16条により７会計期間、また、ローテーションの上限に達した後の監査禁止期間（以下「インターバル」という。）については、施行令第12条及び同第17条により２会計期間とされている。

平成19年改正公認会計士法（以下「19年改正法」という。）では、大規模監査法人における上場会社等の監査証明業務の特例（筆頭業務執行社員等のローテーション、いわゆる５年・５年ルール）及び新規公開企業に係る公開後の最初の連続会計期間の制限の規定が導入された。また、交替期限の上限の計算において、政令で定める連続する会計期間が経過する前に短期間のインターバルをとるなどの場合の連続会計期間のみなし計算（連続する会計期間に準ずるもの）の措置がとられた。

大会社等の継続的監査を制限する趣旨は、同一監査人が大会社等に長期間関与することから生ずる当該監査人の外観的独立性に対する疑念を払拭することにより、監査証明の客観性を確保することにある。

2．本指針は、15年改正法令においてローテーションの対象となる監査関連業務の範囲、適用対象者、やむを得ない事情がある場合のローテーション適用除外の要件、ローテーションの適用開始時期等及び19年改正法の新たな規定の内容を明らかにすることを目的としている。

連続する会計期間に準ずるもの

3．19年改正法第24条の３第１項、同第34条の11の３及び同第34条の11の４第１項の規定において「連続する会計期間に準ずるもの」として連続会計期間とされる会計期間を内閣府令で定めることとされた。

内閣府令では、連続する会計期間において、監査関連業務を行わない連続する会計期間が政令に規定する会計期間（２会計期間（第34条の11の４第１項は５会計期間））未満である場合に、当該監査関連業務を行わない会計期間においても監査関連業務を行ったものとみなして計算した会計期間（以下「連続会計期間」という。）が７会計期間（第34条の11の４第１項は５会計期間、以下同じ）となる場合における当該７会計期間とされている。

これにより、連続する会計期間が経過する前に短期間のインターバルをとるなどの場合でも、連続会計期間のカウントが途切れないこととなった。

例えば、７年・２年ルールの場合には次のようになる。

監査関連業務を行わない会計期間

1会計期間	2会計期間	3会計期間	4会計期間	5会計期間	6会計期間	7会計期間	1会計期間	2会計期間

連続会計期間　　インターバル期間

ローテーションの対象となる監査関連業務及び適用対象者

4．ローテーションの対象となる監査関連業務の範囲は、19年改正法第24条の３第３項において、法第２条第１項の業務、監査法人の行う同項の業務にその社員として関与すること及びこれらに準ずる業務として公認会計士法施行規則（以下「施行規則」という。）第９条第３項に次の業務が定められている。

① 他の公認会計士の監査証明業務に補助者として従事しているにもかかわらず、当該業務に当該公認会計士と同程度以上に実質的な関与をしていると認められる業務

② 他の公認会計士から委託を受け、監査証明業務の意見審査（被監査会社等の財務書類に係る監査意見を表明するに先立ち、監査意見の形成に至る一切の過程の妥当性について検討し、必要な措置を講じることをいう。）を行う業務

③ 監査法人の監査証明業務に補助者として従事しているにもかかわらず、当該業務に当該監査法人の法第34条の12第２項に規定する社員（業務執行社員）と同程度以上に実質的な関与をしていると認められる業務

5．したがって、監査関連業務の実施により交替が義務付けられることとなるローテーションの適用対象者は、次のとおりである。

⑴ 公認会計士の場合

① 監査関連業務のうち監査証明業務を行った者がローテーションの適用対象者となる。

・監査責任者がこれに該当する。

② 上記の他施行規則第９条第３項第１号及び第２号に該当する次の者がローテーションの適用対象者となる。

・他の公認会計士の監査証明業務に補助者として従事しているにもかかわらず、当該業務に当該他の公認会計士と同程度以上に実質的な関与をしていると認められる者

・他の公認会計士から委託を受け、監査証明業務の意見審査を行う者

⑵ 監査法人の場合

① 監査法人の監査証明業務を行った当該業務執行社員は、ローテーションの適用対象者となる。

・業務執行社員とは、「監査証明に係る業務を執行した社員」（財務諸表等の監査証明に関する内閣府令第４条第１項）であり、「当該証明書にその資格を表示して自署し、かつ、自己の印を押した社員」（法第34条の12第２項）をいう。

② 監査法人の行う監査証明業務に関与した業務執行社員以外の社員もローテーションの適用対象者となる。

・監査法人の行う監査証明業務にその社員として関与した者には、業務執行社員の他、当該被監査会社等の監査証明業務の執行に重要な影響を与える社員が含まれる。監査法人において個別の監査証明の審査を担当する社員（いわゆる審査担当社員を指す。監査法人により、コンカリング・パートナー又はレビュー・パートナーなどと呼ばれることがある。）がいる場合は、当該社員は監査証明業務の執行に重要な影響を与える社員に該当する。

これに対して、法人の審議組織としての合議制による審査の場合は、その審査

に参加した個々の社員は組織の構成員として当該業務を行ったに過ぎないため、通常、監査証明業務の執行に重要な影響を与える社員に該当することはない。ただし、合議制の審査組織を採用している場合でも、その構成員のうち特定の社員の影響力が強く、審議会を支配し、他の社員は形式的に合議に参加しているに過ぎず、実質的な合議が行われていない場合には、審議会を支配していた社員は「関与したとき」に該当すると考えられる。（公認会計士制度委員会研究報告第３号「指定社員制度Ｑ&Ａ」のＱ８参照）

③　施行規則第９条第３項第３号に該当する次の者もローテーションの適用対象者となる。

・監査法人の監査証明業務に補助者として従事しているにもかかわらず、業務を執行した社員と同等以上に当該業務に実質的な関与をしていると認められる者

なお、監査法人の社員としての地位を返上し、職員としての立場でなお当該業務に従事している者も、業務を執行する社員と同等以上に実質的な関与をしている場合には、適用対象者に該当する。

やむを得ない事情

6．大会社等の７会計期間を超える継続監査は、原則として禁止されているが、「当該公認会計士（監査法人の社員である者を除く。）が当該連続会計期間の翌会計期間以後の会計期間に係る当該大会社等の財務書類について監査関連業務を行うことにつき、内閣府令で定めるやむを得ない事情があると認められる場合において、内閣府令で定めるところにより、会計期間ごとに内閣総理大臣の承認を得たときは、この限りでない。」旨法第24条の３第１項ただし書きに規定されている。また、施行規則第９条第１項において「内閣府令で定めるやむを得ない事情」とは、周辺地域において公認会計士が不足している等により、交替が著しく困難な状況にある場合とする旨規定されている。これは、地方における公認会計士不足が著しく、個人の公認会計士にとって交替すべき公認会計士を確保することが困難な場合等を想定して配慮されたものである。

7．適用除外の申請に当たっては、施行規則第９条第２項に「やむを得ない事情があると認められたときから承認を受けようとする会計期間が開始するまでの間に、当該会計期間ごとに別紙様式により作成した承認申請書を、遅滞なく、金融庁長官に提出し、承認を受けなければならない。」旨その手続が規定されているが、同条の様式において「協会の品質管理レビューを受けることに同意すること」が求められることに留意しておく必要がある。また、同様式の記載上の注意として、やむを得ない事情はできるだけ詳細に記載することが求められている。当該会計期間の承認を受けた場合、承認を受けた会計期間については品質管理レビューにより独立性等がチェックされ、レビュー結果は公認会計士・監査審査会に報告される。公認会計士・監査審査会では、レビュー結果をモニタリングし、公益又は投資者保護のため必要かつ適当であると認めるときは立入検査を行い、業務改善の指示等の措置をとるべきことを金融庁長官に勧告する場合のあることに留意しなければならない。

大規模監査法人における上場会社等の監査証明業務の特例

8．当協会の自主規制ルールを踏まえ、19年改正法第34条の11の４により、大規模監査法人においては上場有価証券発行者等の財務書類について監査証明業務を執行する社員のうちその事務を統括する者その他の内閣府令で定める者（以下「筆頭業務執行社員等」という。）が、上場有価証券発行者等の５会計期間の範囲内で政令で定める連続会計期間のすべての会計期間に係る財務書類について監査関連業務を行った場合、政令で定める会計期間に係る当該上場有価証券発行者等の財務書類について当該筆頭業務執行社員等に監査関連業務を行わせてはならない旨

規定されている。

連続会計期間については、施行令第19条により５会計期間、インターバルについては、施行令第20条により５会計期間とされている。

大規模監査法人の具体的な内容は、施行規則第24条により監査法人の直近の会計年度においてその財務書類について当該監査法人が監査証明業務を行った上場有価証券発行者等の総数が100以上である場合における当会計年度における当該監査法人とされている。

また、筆頭業務執行社員等の具体的な範囲は、施行規則第23条により監査証明業務を執行する社員のうちその事務を統括する者に加えて、当該被監査会社に係る監査証明について個別に審査を担当する社員（いわゆる審査担当社員を指す。監査法人により、コンカリング・パートナー又はレビュー・パートナーなどと呼ばれることがある。）が含まれる。

１会計期間	２会計期間	３会計期間	４会計期間	５会計期間	１会計期間	２会計期間	３会計期間	４会計期間	５会計期間
連続会計期間					インターバル期間				

<「３．連続する会計期間に準ずるもの」　５年・５年ルールの場合>

監査関連業務を行わない会計期間

１会計期間	２会計期間	３会計期間	４会計期間	５会計期間	１会計期間	２会計期間	３会計期間	４会計期間	５会計期間
連続会計期間					インターバル期間				

新規公開企業に係る公開後の最初の連続会計期間の制限

９．新規公開企業については、公開準備等の過程において監査人が一定期間、監査関連業務を提供することが一般的であることから、19年改正法第24条の３第２項及び第34条の11の５により、金融商品取引所にその発行する有価証券を新規に上場しようとする者（その他政令で定める者（大会社等を除く。））の発行する当該有価証券が上場される日（その他政令で定める日）の属する会計期間前の３会計期間の範囲内で内閣府令で定める会計期間（２会計期間。ただし、上場される日以前に１会計期間に限り監査関連業務を行った場合には１会計期間。）に係るその者の財務書類について公認会計士（又は監査法人）が監査関連業務を行った場合には、その者を大会社等とみなして、法第24条の３第１項（監査法人の場合は第34条の11の３）の規定を適用することとなる。

具体的には、上場しようとする会社の財務書類について公認会計士又は監査法人の社員が監査関連業務を行った場合、上場される日の属する会計期間の前の一定会計期間については、連続会計期間に算入することとなり、公開後の最初の連続会計期間が制限されることとなる。

<7年・2年ルール　2会計期間制限の場合>

上場する日の属する会計期間

1会計期間	2会計期間	3会計期間	4会計期間	5会計期間	6会計期間	7会計期間	1会計期間	2会計期間

みなし会計期間

連続会計期間　　インターバル期間

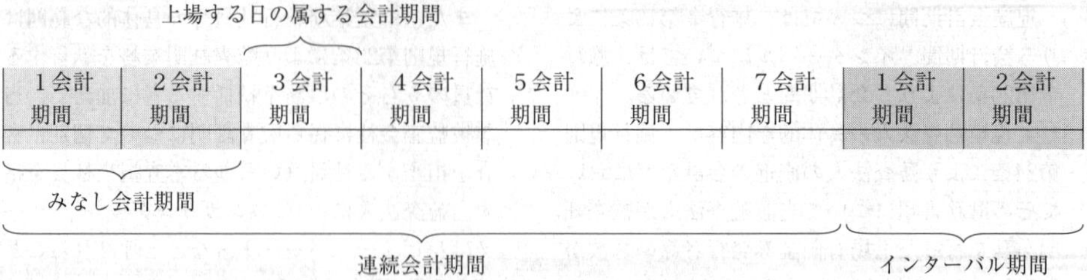

<5年・5年ルール　2会計期間制限の場合>

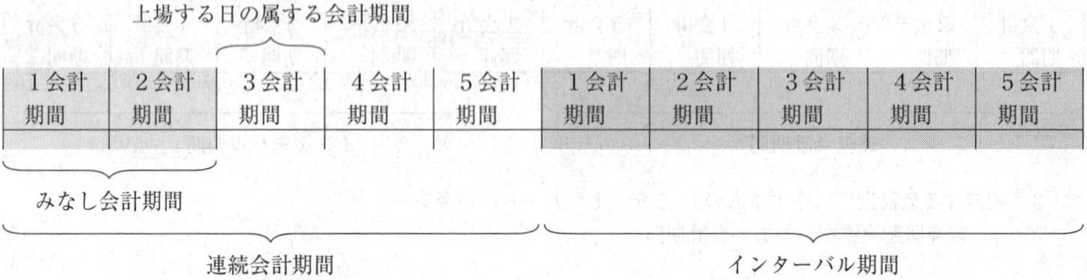

上場する日の属する会計期間

1会計期間	2会計期間	3会計期間	4会計期間	5会計期間	1会計期間	2会計期間	3会計期間	4会計期間	5会計期間

みなし会計期間

連続会計期間　　インターバル期間

ローテーション適用開始の時期

10．ローテーションに対する当協会の従来の対応1を踏まえ、ローテーション適用開始の時期を次のとおり取り扱うものとする。

① 法令上のローテーション適用開始の時期は、15年改正法施行日である平成16年4月1日以後に開始する大会社等の会計期間であって、当該大会社等の財務書類について監査関連業務を行った会計期間以後の連続する会計期間について適用される。

しかしながら、当協会は、かねてより自主規制としての交替制を導入しており、平成14年1月28日付けで「監査の品質管理」に関する監査基準委員会報告書第12号（中間報告）を改正し、証券取引法監査対象会社、商法特例法適用監査会社の中で社会的影響の大きい会社、及びこれに準ずる生損保会社、信用金庫等の一定規模以上の企業等について、主要な担当者（監査責任者又は関与社員、15年改正法においては業務執行社員）の交替制を導入した。したがって、これらの背景を踏まえ、当協会の自主規制としては、監査基準委員会報告書第12号（中間報告）の適用開始日である平成14年4月1日をもって、主要な担当者の交替制を実施しているので、ローテーションの適用開始の時期は平成14年4月1日以後に開始する会計期間とすることが適切である。ただし、自主規制としてのローテーション対象業務には、15年改正法における監査関連業務の一つとされる個別の審査業務が含まれていないこと、また、ローテーションの適用対象会社が改正法における大会社等とその範囲を異にしていることに留意する必要がある。

② 15年改正法における大会社等のうち、自主規制の対象外であった企業等に対する監査証明業務、及びすべての監査関連業務（監査証明業務を除く。）に関する自主規制としてのローテーション適用開始の時期は、①記載の法令上のローテーション適用開始の時期と同様である。また、これらの監査関連業務に関与していた公認会計士又は社員のローテーション適用開始の時期もこれと同様である。

③　15年改正法により、新たにローテーションの適用対象者となる監査責任者及び業務執行社員以外の者についても、15年改正法の施行日である平成16年４月１日以後に開始される会計期間からローテーションが適用されることとなる。

ローテーション適用開始の時期　７年・２年ルール

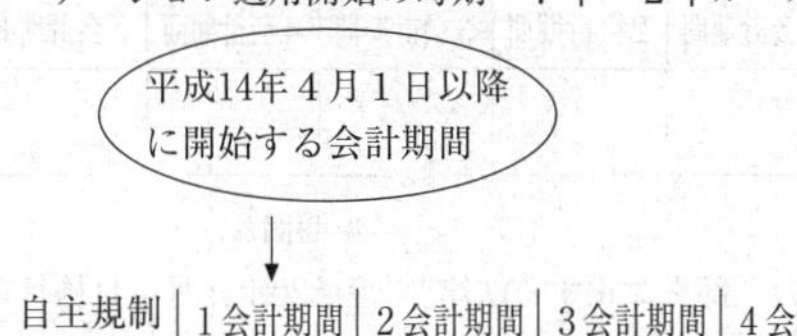

自主規制対象企業	１会計期間	２会計期間	３会計期間	４会計期間	５会計期間	６会計期間	７会計期間	１会計期間	２会計期間
	連続会計期間							インターバル期間	

（倫理規則の独立性（第14条）の解説　平成13年11月５日　監査基準委員会報告書第12号「監査の品質管理」（中間報告）平成14年１月28日改正）

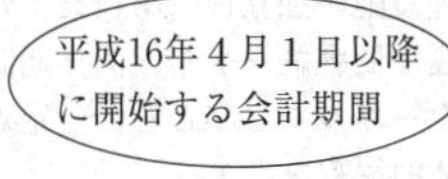

大会社等（自主規制対象外の企業等を含む）	１会計期間	２会計期間	３会計期間	４会計期間	５会計期間	６会計期間	７会計期間	１会計期間	２会計期間
	連続会計期間							インターバル期間	

（平成16年４月１日施行「改正公認会計士法」）

④　19年改正法第34条の11の４による大規模監査法人の業務の制限の特例は、施行日である平成20年４月１日以後に開始する会計期間以後の連続会計期間から適用されるが、協会は、同様の交替制を自主規制により、平成18年４月１日以後開始する事業年度に係る監査業務から導入している。したがって、平成20年４月１日以後に開始する会計期間以後に上場有価証券発行者等となる会社の場合や、平成20年４月１日以後に大規模監査法人となる場合を除き、自主規制による交替制を継続して適用することになる。

ローテーション適用開始の時期　５年・５年ルール

平成18年４月１日以降
に開始する会計期間

上場会社	１会計期間	２会計期間	３会計期間	４会計期間	５会計期間	１会計期間	２会計期間	３会計期間	４会計期間	５会計期間
	連続会計期間					インターバル期間				

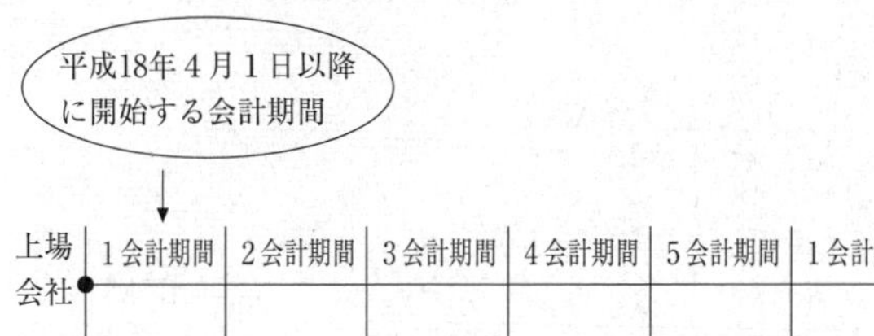

（平成18年２月16日「倫理規則注解及び倫理規制の独立性（第14条）の解説の一部改正について」）

平成20年４月１日以降に開始する会計期間

上場会社	１会計期間	２会計期間	３会計期間	４会計期間	５会計期間	１会計期間	２会計期間	３会計期間	４会計期間	５会計期間
	連続会計期間					インターバル期間				

（「公認会計士法等の一部を改正する法律」（平成20年４月１日施行））

⑤　19年改正法第24条の３第２項及び同法第34条の11の５による新規公開企業に係る公開後の最初の連続会計期間の制限は、施行日以降において、規定により大会社等と見なされる者（第34条の11の５第２項については、上場有価証券発行者等と見なされる者）の財務書類について適用されることになる。

以　上

1　ローテーションに関する協会としての対応の経緯は次のとおりである。

H９.７.23　監査基準委員会報告書第12号（中間報告）「監査の品質管理」公表。証券取引法監査における監査法人の関与社員の交替に関する方針と手続を策定する旨規定。付録にて、継続的に関与社員を担当する最長期間を、「例えば、概ね10年」とする。H10.４.１適用。

H12.７.６　倫理規則制定。同第14条及び注解11にて、留意しなければならない「独立性の保持に疑いをもたれるような関係や外観」の一つの例示として、「監査業務の主要な担当者が、長期間継続して同一の関与先の監査業務に従事している場合」を掲げ、一定規模以上の企業等については適用すべきであるとした。

H13.11.５　倫理規則の独立性（第14条）の解説を理事会決議。長期間継続を７年、関与期間と関与期間とのインターバルを２年とし、一定規模以上の企業等の具体的解釈を示す。

H14.１.28　改正監査基準委員会報告書第12号（中間報告）を公表。証券取引法適用対象会社に限定せず「一定規模以上の企業等」について、監査責任者又は関与社員の交替に関する方針と手続を策定することを義務化。付録にて、継続的に監査責任者又は関与社員となることができる最長期間を、14条解説と併せ「７年」とする。H14.４.１適用。

H18.２.16　倫理規則注解及び倫理規則の独立性（第14条）の解説を一部改正し、一定規模以上の監査法人における監査関与先が上場会社の場合の筆頭業務執行社員等の長期間関与（いわゆる５年・５年ルール）を追加。H18.４.１以後開始する事業年度に係る監査業務から適用。

独立性に関する法改正対応解釈指針第7号

就職制限又は公認会計士及び監査法人の業務制限について

（平成16年3月17日
改訂平成20年2月13日
日本公認会計士協会）

本指針の目的

1．平成15年改正公認会計士法（以下「15年改正法」という。）第28条の2及び同第34条の14の2は「公認会計士が会社その他の者の財務書類について第2条第1項の業務を行つた場合には、当該公認会計士（公認会計士であつた者を含む。）又は業務を執行した社員は、当該財務書類に係る会計期間の翌会計期間の終了の日までの間は、当該会社その他の者の役員又はこれに準ずるものに就いてはならない。」旨規定し、公認会計士又は業務執行社員の就職を一定期間制限した。

また、平成19年改正公認会計士法（以下「19年改正法」という。）により、公認会計士又は業務執行社員の就職の制限の範囲をその連結会社等にまで拡大され、当該連結会社等については、公認会計士法施行規則（以下「施行規則」という。）第13条で次のように定められている。

・被監査会社等の連結子会社等（連結子会社、持分法適用会社（非連結子会社及び関連会社））
・被監査会社等を連結子会社等とする会社等
・被監査会社等を連結子会社等とする会社等の連結子会社等（被監査会社等を除く。）（いわゆる兄弟会社）

本規定が設けられた趣旨は、監査人が将来関与先に就職することを見込んで、現在の監査証明が不当に歪められることを排除するためのものである。

なお、本規定は大会社等に限定されたものではなく、大会社等以外の会社その他の者にも適用される。

2．従来から特定の事項についての業務の制限として、公認会計士（その配偶者が含まれる場合がある。）は法第24条にて、監査法人及び監査法人の社員（その配偶者が含まれる場合がある。）は法第34条の11にて、被監査会社等との間に一定の身分的若しくは経済的な関係がある場合又はあった場合には、当該被監査会社等に対する法第2条第1項の業務を執行し、又は従事することができなかった。15年改正法は、前述した就職の制限規定に反する業務を禁止する観点から15年改正法第34条の11第1項第3号が新設されたこと等の他は、従来からの規制内容に大きな変更はない。ただし、15年改正法第28条の2、同第24条及び同第34条の11の規制において適用対象者が異なることもあるために留意が必要である。

3．本指針は、就職の制限及び特定の事項についての業務の制限の基本的考え方、並びにその適用関係を整理することを目的としている。

法令における就職の制限と業務の制限－適用時期及び適用期間について

4．19年改正法による就職の制限の範囲の拡大は、施行日である平成20年4月1日以後に開始する会計期間に係る財務書類の監査証明業務から適用される（19年改正法附則第3条及び同第9条）。

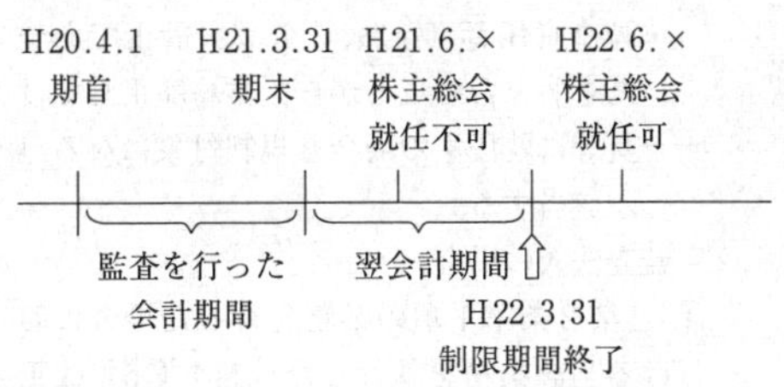

法令における就職の制限と業務の制限―就職の制限と業務の制限規定との関係について

5．15年改正法第34条の11第１項第３号は、15年改正法第34条の14の２における就職の制限規定と歩調を合わせ、就職の制限に抵触する者がいた場合に監査法人に対しても法第２条第１項の業務を行うことを禁止している。15年改正法第34条の14の２の就職の制限は「業務を執行した社員」が適用対象であるが、15年改正法第34条の11第１項第３号の業務の制限は、監査法人が第２条第１項の業務を行ってはならない財務書類として「会社その他の者の財務書類について監査法人の行う第２条第１項の業務にその社員として関与した者が、当該財務書類に係る会計期間又はその翌会計期間（以下「関与社員会計期間」という）内に当該会社その他の者の役員又はこれに準ずる者となった場合における当該関与社員会計期間に係る当該会社その他の者の財務書類」と規定し、「その業務に社員として関与した者」が適用対象となる。

法令における就職の制限と業務の制限－適用対象者について

6．就職の制限、及びこれに関連する特定の事項についての業務の制限の規定が適用される対象者については、公認会計士又は監査法人に区分し、次のとおり整理できる。

⑴　公認会計士の場合

①「第２条第１項の業務を行った公認会計士」（15年改正法第28条の２）が就職の制限規定の適用対象者となる。

・監査責任者（なお、「公認会計士であった者」を含むことから、業務廃止して役員等に就任する場合も規制対象になる。）が該当する。

⑵　監査法人の場合

①「第２条第１項の業務を行った場合における当該業務を執行した社員」（15年改正法第34条の14の２）が就職の制限規定の適用対象者となる。

・業務を執行した社員（業務執行社員）とは、「監査証明に係る業務を執行した社員」（財務諸表等の監査証明に関する内閣府令第４条第１項）であり、「当該証明書にその資格を表示して自署し、かつ、自己の印を押した」（15年改正法第34条の12第２項）社員をいう。また、15年改正法第34条の10の４に基づき、業務を担当する社員として指定を受けた社員（指定社員）のうち、指定証明業務を執行した場合はここでいう業務執行社員に含まれる。

②「監査法人の行う第２条第１項の業務にその社員として関与した者」（15年改正法第34条の11第１項第３号）は特定の事項についての業務の制限規定の適用対象者となる。

この15年改正法第34条の11第１項第３号には、監査法人の行う第２条第１項業務に関与した社員が、関与社員会計期間内に当該会社その他の者の役員又はこれに準ずる者となった場合、当該監査法人は当該関与社員会計期間について第２条第１項業務を行うことができない旨規定されている。

したがって、15年改正法第34条の14の２（就職の制限）にて規制される場合と同様の効果が生ずると考えられる。

ただし、適用対象者が「業務を執行した社員」よりも広く解釈されるために、監査法人の社員の就職の制限規定が実質的には広く適用されることになる。

・監査法人の行う法第２条第１項の業務にその社員として関与した者には、業務執行社員の他、当該被監査会社等の監査証明業務の執行に重要な影響を与える社員が含まれる。監査法人において個別の監査証明の審査を担当する社員（いわゆる審査担当社員を指す。監査法人により、コンカリング・パートナー又はレビュー・パートナーなどと呼ばれることがある。）

がいる場合は、当該社員は監査証明業務の執行に重要な影響を与える社員に該当する。これに対して、法人の審議組織としての合議制による審査の場合は、その審査結果について法人が責任を負うのは当然としても、その審査に参加した個々の社員は組織の構成員として当該業務を行ったに過ぎないため、通常、監査証明業務の執行に重要な影響を与える社員に該当することはない。ただし、合議制の審査組織を採用している場合でも、その構成員のうち特定の社員の影響力が強く、審議会を支配し、他の社員は形式的に合議に参加しているに過ぎず、実質的な合議が行われていない場合には、審議会を支配していた社員は「関与したとき」に該当すると考えられる。（公認会計士制度委員会研究報告第３号「指定社員制度Q&A」のＱ８参照）

法令における就職の制限と業務の制限ー就職が制限される役職について

7．就職が制限される役職は、15年改正法第28条の２に「役員又はこれに準ずるもの」と規定されるだけで限定的に列挙されていないが、上記１に掲げる立法趣旨に鑑み、監査証明業務に影響を与え得る役職と考えられる。

したがって、「役員又はこれに準ずるもの」については、各種団体、機関の多様化等を勘案すると、就職の制限の対象となる役職を限定的に列挙することは困難であるが、現在の監査証明に影響を与えるに足る役職としては、名称・呼称の如何を問わず法人その他団体においてその業務執行、業務・会計の監査などの権限を会社法、民法等の法令により有する幹部たる役職等が該当すると考えられ、例えば、取締役、会計参与、監査役、執行役、理事、監事、合名会社等における業務を執行する社員、労働組合法監査における当該労働組合の執行委員長等が含まれると考えられる。なお、会社法上の制度ではなく、法令上の権限を有しない幹部としての「執行役員」については、代表取締役の業務執行を補助する重要な使用人と一般に位置付けられていることから、「これに準ずるもの」には含まれないと考えられる。

法令における就職の制限と業務の制限ーその他

8．15年改正法第28条の２ただし書きは、やむを得ない事情の取扱いとして、「ただし、当該会社その他の者の役員又はこれに準ずるものに就くことにつきやむを得ない事情があると認められるときその他の内閣府令で定める場合において、内閣総理大臣の承認を得たときは、この限りでない。」旨規定し、施行規則第13条第２項及び同条第３項は「内閣府令で定める場合」として次のとおり規定している。

① 公認会計士の場合

・公認会計士（公認会計士であった者を含む。）が法第28条の２本文（法第16条の２第４項において準用する場合を含む。）の規定によりその役員又はこれに準ずるもの（以下この条において「役員等」という。）に就いてはならないとされる会社等（以下この号において「就職制限会社等」という。）以外の会社等の役員等に就いた後に、当該会社等が当該就職制限会社等と合併することとなった場合において、当該公認会計士が合併後存続する会社等の役員等に就くこととなった場合（当該公認会計士が、当該就職制限会社等以外の会社等の役員等に就く際に、当該合併について知っていた場合を除く。）

・その他前号に準ずるやむを得ない事由が認められる場合

② 監査法人の場合

・監査法人が会社その他の者の財務書類について法第２条第１項の業務を行った場合における当該業務を執行した社員（社員であった者を含む。）が就職制限会社等以外の会社等の役員等に就いた後に、当該会社等が当該就職制限会社等と合併することとなった場合において、当該業務を執行した社員が合併後存続する会社等の役員等に就くこととなった場合（当該業務を執行した社員が、当該就職制限会社等以外の会社等の役員等に就く際に、当該合併について知っていた場合を除く。）

・その他前号に準ずるやむを得ない事由が認められる場合

したがって、やむを得ない事情とは、監査人の知る由もなく合併することとなったような場合であって、監査人の予期せぬ事態により直ちに違法行為となってしまうことを避けるための措置である。

9．法令における就職の制限に違反した場合には懲戒処分の対象となり得る他、罰則が設けられており、15年改正法54条第１項第１号に基づき100万円以下の過料に処することとなる。

法第２条第１項業務の制限

10．公認会計士又は監査法人における特定の事項の業務の制限に係る法第24条又は法第34条の11は、基本的に15年改正法前と同様であるが、主な変更点として次のような規定がある。

⑴　規制対象となる関与先の範囲の拡大

公認会計士法は、以前より第24条第１項第３号「公認会計士が著しい利害関係を有する会社その他の者の財務書類」に対しては法２条第１項の業務を行ってはならないとされており、この著しい利害関係が公認会計士法施行令（以下「施行令」という。）第７条第１項に列挙されていたが、同項第８号及び同第９号が次のとおり一部改正された。

・公認会計士又はその配偶者が、被監査会社等の関係会社等の役員若しくはこれに準ずるものである場合又は過去１年以内若しくは監査関係期間内にこれらの者であつた場合

・公認会計士が、被監査会社等の親会社等又は子会社等の使用人である場合

第７条第１項第８号の「被監査会社等」については、改正前にあっては「その財務書類につき監査又は証明を　受けようとする会社（以下「被監査会社」という。）」となっていた。しかしながら、平成15年の改正で「被監査会社等」となったことにより、関与先が株式会社でない場合についても、その関係会社の役員等に就任している場合には監査証明業務を行うことが禁止されることとなる。特に関与先が、独立行政法人、学校法人のような非営利法人等の場合は注意されたい。なお、第９号においても同様である。

⑵　実質的支配力基準の採用

上記⑴に加え、関与先の親会社、子会社等の範囲の決定に関し、現在の形式基準だけではなく実質支配力基準で判断するため、施行令第７条及び利害関係府令第２条（※平成19年の改正により施行規則第３条に変更。）が整備された。

⑶　監査法人における「特定の事項の業務の制限」の一部変更

15年改正法第34条の11第１項第２号に、第24条第１項第１号（公認会計士又はその配偶者が、役員、これに準ずるもの若しくは財務に関する事務の責任ある担当者であり、又は過去１年以内にこれらの者であった会社その他の者がある場合における当該会社その他の者の財務書類）の関係が準用されたことにより、監査法人の社員のうちに過去１年以内に当該関係を有していた者があった場合も新たに規制の対象となった。

以　上

就職の制限に係る15年改正法の適用に当たっては、経過措置として附則第16条に「新法第28条の２（新法第16条の２第４項及び第34条の14の２において準用する場合を含む。）の規定は、施行日以後に開始

する会計期間に係る財務書類について新法第２条第１項の業務を行った場合について適用する。」旨規定されている。

例えば、法２条１項業務を行った３月決算会社の監査役に就任する場合は、次のように考えられる。

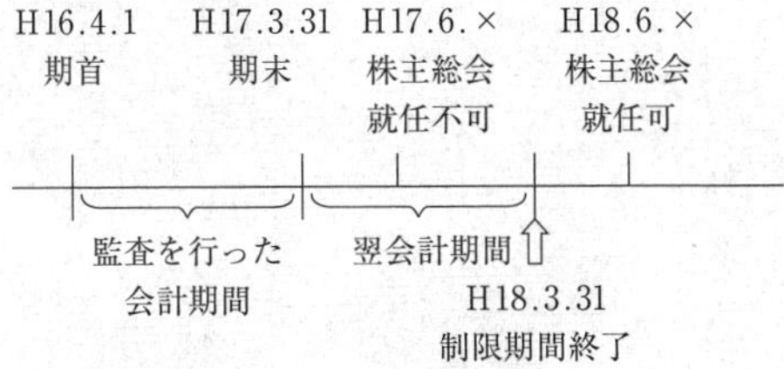

監査法規集〔第5版〕

2009年9月30日　第1版第1刷発行
2010年11月10日　第1版第18刷発行
2012年3月1日　第2版第1刷発行
2013年8月20日　第3版第1刷発行
2014年7月10日　第3版第3刷発行
2015年3月30日　第4版第1刷発行
2018年10月20日　第4版第12刷発行
2021年7月20日　第5版第1刷発行

編集兼発行人　山本　継
発行所　㈱中央経済社
発売元　㈱中央経済グループパブリッシング

〒101-0051　東京都千代田区神田神保町1-31-2
電話 03（3293）3371（編集代表）
03（3293）3381（営業代表）
印刷／昭和情報プロセス㈱
製本／誠製本㈱

https://www.chuokeizai.co.jp
ISBN978-4-502-34351-3　C3034

現在最もくわしいテキスト

スタンダードテキスト財務会計論Ⅱ

応用論点編

佐藤信彦・河﨑照行・齋藤真哉
柴健次・高須教夫・松本敏史（編著）

会計基準等の解説だけでなく，その基礎にある考え方に重点を置いたテキスト。<応用論点編>では，金融商品，減損，退職給付，税効果，企業結合，事業分離，連結，外貨換算等の論点を詳述。

<目次>

中央経済社

〔使用方法〕
このインデックスの項目は、国家試験において頻繁に出題されると予想されるものです。

主　要　監　査　諸　則	略　称
Ⅰ　企業会計審議会編	
監査基準	監査基準
監査における不正リスク対応基準	不正リスク対応基準
四半期レビュー基準	四半期レビュー基準
監査に関する品質管理基準	品質管理基準
財務報告に係る内部統制の評価及び監査の基準・実施基準	内部統制基準·実施基準
財務情報等に係る保証業務の概念的枠組みに関する意見書	保証業務意見書
Ⅱ　公認会計士協会委員会報告編	
会則、倫理規則	会則·倫理規則
品質管理基準委員会報告書第１号「監査事務所における品質管理」	監査事務所品質管理
《監査基準委員会報告書》	
序　「監査基準委員会報告書の体系及び用語」	序　体系及び用語
200「財務諸表監査における総括的な目的」	200　総括的な目的
220「監査業務における品質管理」	220　業務品質管理
230「監査調書」	230　監査調書
240「財務諸表監査における不正」	240　不　正
250「財務諸表監査における法令の検討」	250　法令の検討
260「監査役等とのコミュニケーション」	260　コミュニケーション
300「監査計画」	300　監査計画
315「企業及び企業環境の理解を通じた重要な虚偽表示リスクの識別と評価」	315　重要な虚偽表示リスク
320「監査の計画及び実施における重要性」	320　監査計画·実施の重要性
330「評価したリスクに対応する監査人の手続」	330　リスク対応手続
450「監査の過程で識別した虚偽表示の評価」	450　虚偽表示の評価
500「監査証拠」	500　監査証拠
501「特定項目の監査証拠」	501　特定項目の監査証拠
505「確認」	505　確　認
520「分析的手続」	520　分析的手続
530「監査サンプリング」	530　監査サンプリング
540「会計上の見積りの監査」	540　見積り監査
560「後発事象」	560　後発事象
570「継続企業」	570　ＧＣ
580「経営者確認書」	580　経営者確認書
620「専門家の業務の利用」	620　専門家の利用
700「財務諸表に対する意見の形成と監査報告」	700　意見形成と監査報告
701「独立監査人の監査報告書における監査上の主要な検討事項の報告」	701　監査上の主要検討事項
705「独立監査人の監査報告書における除外事項付意見」	705　除外事項付意見
706「独立監査人の監査報告書における強調事項区分とその他の事項区分」	706　強調区分とその他区分
710「過年度の比較情報—対応数値と比較財務諸表」	710　過年度の比較情報
720「その他の記載内容に関連する監査人の責任」	720　その他の記載内容
800「特別目的の財務報告の枠組みに準拠して作成された財務諸表に対する監査」	800　特別目的の財務諸表監査
900「監査人の交代」	900　監査人の交代
《監査・保証実務委員会報告》	
74号「継続企業の前提に関する開示について」	74　GCの開示
78号「正当な理由による会計方針の変更等に関する監査上の取扱い」	78　会計方針の変更
82号「財務報告に係る内部統制の監査に関する実務上の取扱い」	82　内部統制監査の取扱い
83号「四半期レビューに関する実務指針」	83　四半期レビュー実務指針
85号「監査報告書の文例」	85　監査報告書の文例
Ⅲ　関係法令編	
会社法・施行規則・会社計算規則、金融商品取引法・施行令	会社法·金商法
財務諸表等の監査証明に関する内閣府令・ガイドライン	監査証明府令·ガイドライン
内部統制府令・ガイドライン	内部統制府令·ガイドライン
公認会計士法・施行令・施行規則	公認会計士法
Ⅳ　法改正解釈指針編	法改正解釈指針

監査法規集　INDEX

㈱中央経済社

監査基準	不正リスク対応基準	四半期レビュー基準	品質管理基準	内部統制基準・実施基準	保証業務意見書
会則・倫理規則	監査事務所品質管理	序 体系及び用語	200 総括的な目的	220 業務品質管理	230 監査調書
240 不正	250 法令の検討	260 コミュニケーション	300 監査計画	315 重要な虚偽表示リスク	320 監査計画・実施の重要性
330 リスク対応手続	450 虚偽表示の評価	500 監査証拠	501 特定項目の監査証拠	505 確認	520 分析的手続
530 監査サンプリング	540 見積りの監査	560 後発事象	570 GC	580 経営者確認書	620 専門家の利用
700 意見形成と監査報告	701 監査上の主要検討事項	705 除外事項付意見	706 強調区分とその他区分	710 過年度の比較情報	720 その他の記載内容
800 特別目的の財務諸表監査	900 監査人の交代	74 GCの開示	78 会計方針の変更	82 内部統制監査の取扱い	83 四半期レビュー実務指針
85 監査報告書の文例	会社法・金商法	監査証明府令・ガイドライン	内部統制府令・ガイドライン	公認会計士法	法改正解釈指針

監査基準	不正リスク対応基準	四半期レビュー基準	品質管理基準	内部統制基準・実施基準	保証業務意見書
会則・倫理規則	監査事務所品質管理	序 体系及び用語	200 総括的な目的	220 業務品質管理	230 監査調書
240 不正	250 法令の検討	260 コミュニケーション	300 監査計画	315 重要な虚偽表示リスク	320 監査計画・実施の重要性
330 リスク対応手続	450 虚偽表示の評価	500 監査証拠	501 特定項目の監査証拠	505 確認	520 分析的手続
530 監査サンプリング	540 見積りの監査	560 後発事象	570 GC	580 経営者確認書	620 専門家の利用
700 意見形成と監査報告	701 監査上の主要検討事項	705 除外事項付意見	706 強調区分とその他区分	710 過年度の比較情報	720 その他の記載内容
800 特別目的の財務諸表監査	900 監査人の交代	74 GCの開示	78 会計方針の変更	82 内部統制監査の取扱い	83 四半期レビュー実務指針
85 監査報告書の文例	会社法・金商法	監査証明府令・ガイドライン	内部統制府令・ガイドライン	公認会計士法	法改正解釈指針